1 年级

中国名师教学设计和课堂实录

新时代小学数学名师课堂

邱学华 叶建云 主编

世界图书出版公司

图书在版编目（CIP）数据

新时代小学数学名师课堂 / 邱学华，叶建云主编
. -- 北京：世界图书出版公司，2022.6
ISBN 978-7-5192-9470-0

Ⅰ. ①新… Ⅱ. ①邱… ②叶… Ⅲ. 小学数学课 - 课堂教学 - 教学设计 Ⅳ. ① G623.502

中国版本图书馆 CIP 数据核字 (2022) 第 041721 号

书　　名	新时代小学数学名师课堂
（汉语拼音）	XINSHIDAI XIAOXUE SHUXUE MINGSHI KETANG
主　　编	邱学华　叶建云
总 策 划	吴　迪
责任编辑	冯晓红
封面设计	田雨艳
内文设计	娟　子
出版发行	世界图书出版公司长春有限公司
地　　址	吉林省长春市春城大街 789 号
邮　　编	130062
电　　话	0431-86805551（发行）　0431-86805562（编辑）
网　　址	http：//www.wpcdb.com.cn
邮　　箱	DBSJ@163.com
经　　销	各地新华书店
印　　刷	河北品睿印刷有限公司
开　　本	787 mm × 1092 mm　1/16
印　　张	127.25
字　　数	2 357 千字
印　　数	1—5 000
版　　次	2022 年 6 月第 1 版　　2022 年 6 月第 1 次印刷
国际书号	ISBN 978-7-5192-9470-0
定　　价	498.00 元（全 6 册）

邱学华

简介

邱学华，1935 年 7 月生于江苏常州，1956 年考入华东师范大学教育系，曾做过小学教师、中学教师、大学教师、师范学校校长。1984 年被评为特级教师，1988 年被评为有突出贡献中青年专家，1992 年享受国务院颁发的政府特殊津贴。他对小学数学教学进行了长达 50 多年的实践与研究，在口算表、口算量表、基本训练、标准化考试、尝试教学实验等方面进行了多项具有创新性的研究，在教育界产生了深远影响。他出版过 270 多本著作，在国内外教育杂志上发表了 600 多篇文章，尝试教学实验遍及全国 31 个省、自治区、直辖市，实验基地 2 100 多所，60 多万名老师、70 多万个班级、3 000 多万名学生参与其中。他的足迹遍布全国各地，做过 700 多场学术报告，约 60 万人听讲。

邱学华老师博学多才、谦虚谨慎、执着顽强，既有深厚的理论功底，又有丰富的实践经验，因此在教育界享有盛誉，可谓是小学教育界的泰斗。当代著名教育改革家朱永新教授称他为“创造记录的长者，教育的光明使者”。

《人民教育》2011 年第 13—14 期“尝试教学”专辑，从“专家解读”“应用案例”和“区域推广”三个方面全面、深入地介绍了尝试教学的相关理论与实践，反响很好。

叶建云

简介

叶建云，中学高级教师，岭南师范学院广东省中小学教师发展中心客座教授，江西省“国培计划”指导专家，常州大学尝试教育科学研究院兼职研究员，深圳城市学院教师继续教育授课专家，深圳市宝安区高层次教育类人才，深圳市名教师，深圳市叶建云名教师工作室主持人，广东省首届骨干教师培养人选、南粤优秀教师，深圳市宝安区官田学校小学数学教师。在《人民教育》《新教师》《小学数学教师》《中国教育报》等40多家教育刊报上发表文章100多篇，出版教育专著《追寻幸福的教育》《课堂解码——小学数学精品课评析》和《小学数学有效评课的理论与实践》等3本，合著、主编教育著作16本，先后参与、主持过近10个市级、省级和国家级课题，4次获新世纪版全国小学数学录像课、课例资源、现场辩课和主题成果评比一等奖。《小学教学（数学版）》2012年第12期和《教师》2017年第12期封面人物。

FOREWORD 前言

先说一说为什么要编写这套《新时代小学数学名师课堂》。

20 世纪 90 年代，我们曾编写过一套《新编小学数学备课手册》，主要是为了推广应用尝试教学法，帮助教师备课，此事距今已时隔 30 多年了。

随着我国小学数学教学改革的深入发展，小学数学教育的水平不断提高，已达到世界一流水平，引起国际数学教育界的关注和认可。一些国家纷纷派人到中国考察，探究中国小学数学教育高质量的奥秘。

英国全面引进上海小学数学课本和练习册；浙江教育出版社出版的小学数学实验课本被译成法文；湖南教育出版社应非洲南苏丹的请求，为该国编写了全套小学数学课本及配套资料。中国的小学数学教育已走向世界，为中华民族的伟大复兴贡献了非凡的力量。

我国数学教育界已开始研究总结数学教育中的“中国经验”。所谓“中国经验”，是指数学教育中继承和发扬中华教育传统之精华，借鉴国外先进教育理念，通过中国数学教师在教学实践中不断探索与创新，逐渐形成具有中国特色的教学方法。“中国经验”大致可概括为以下十个方面：

1. 数学教学中的教育性

2. 重视自学

3. 教学导入

4. 尝试教学

5. 加强“双基”教学

6. 变式练习

7. 师班互动

8. 提炼数学思想方法

9. 当堂检测

10. 完整的教研网络

教育实践是教育理论的源泉。这十条“中国经验”主要是从许多优秀教师的课堂教学中提炼出来的。由此，我们应该从源头追溯“中国经验”，通过学习和研究优秀教师的课堂教学，达到认识、学习和发展“中国经验”的目的。

2021 年 7 月 24 日，中共中央办公厅、国务院办公厅印发《关于进一步减轻义务教育阶段学生作业负担和校外培训负担的意见》。随着“学生作业负担”和“校外培训负担”的“双减’，迫切需要一线教师提高课堂教学效率。“中国经验”在长期积淀中发展，在理论上已经比较完善，在实践中已经成熟。由此，我们萌发编一套《新时代小学数学名师课堂》的设想。《新时代小学数学名师课堂》就是“中国经验”的最好体现，期待其为新时期基础教育的减负增效助力。

再说一说怎样编写的这套《新时代小学数学名师课堂》。

当下出版的教案集不少，有各种版本小学数学课本的教学指导书（相当于备课手册）、各位名家的课堂实录、按一定教育理念汇编的教学设计等。本套书的特色主要表现在两个方面：一曰新时代，二曰名师课堂。

1. 突出新时代。这套书收录的名师课堂具有时代特征，反映新时代的教育理念、教学方法、教学手段，同时也显示了中国特色，体现“中国经验”，是诠释“中国经验”的具体写照。

2. 直指名师。被选入这套书的都是名师的教学设计和课堂实录。由于我国有优越的社会制度、尊师重教的社会风气、数学教师专业化的规定，新中国成立 70 多年来，特别是改革开放 40 多年来，涌现出一批又一批小学数学名师，包括特级教师、正高级教师、学科带头人、骨干教师、教坛新秀等。

在众多的名师中还产生了一批闻名全国的小学数学名家，他们有各具特色的教育理念和高超的教学艺术。例如，吴正宪的好吃有营养的课堂、黄爱华的智慧课堂、徐长青的简约课堂、徐斌的无痕课堂、华应龙的化错课堂、李志军的游戏化课堂、邱学华的尝试课堂等。纵观世界各国，在小学数学教育领域中有这么多名家和名师是很少见的。

名家和名师的教学设计和课堂实录大都散见在各种教育杂志上。这套书就是把它们汇集起来，想必会受到大家的欢迎。

3. 分年级按领域编排。编辑这套书必须考虑如何把这些名家名师的教学设计和课堂实录有序地编排起来。为了方便教师使用，分年级编排，一个年级一本，1—6 年级共 6 本。受篇幅所限，每个年级不可能按课本分单元编排，每个课题也不可能都能找到名师的课堂设计。本书按“数学课程标准”要求，分四个模块编排：数学与代数、图形与几何、统计与概率、综合与实践。每个模块选择有代表性的典型课例。目前小学数学课本有各种版本，如人教版、苏教版、新世纪版、西师版、青岛版等。本套书总的是按照“数学课程标准”的要求，淡化版本，这样能够满足广大教师的需要，不管使用哪种版本的教师，都能参考这套书。

4. 记录名师课堂的形式以课堂实录为主，记录课堂教学有多种形式，大致分为两种：一种是课前写的，也是上课之前预设的，一般称为备课、教案、教学案、教学设计等。一种是课后整理的，为了研究需要，课后根据教学实际情况整理，一般称为课堂实录、课堂纪要、教学片段等。课堂实录要全面反映一堂课的实况；课堂纪要只是要求记录一堂课的几个重点部分；教学片段要求更简单些，仅是记录一两个片段。

上述两种形式各有特点，满足不同需要。教学设计是为了上好课而在课前准备的，课堂实录是教师和研究者为了研究的需要而在课后整理的。如果把两者混为一谈是不科学的，也是不现实的。有的学校要求教师备课都要按课堂实录形式进行，这不就闹笑话了嘛，你还没有上课，怎么能知道学生怎么回答呢？

为了使读者能够全面学习名师的经验，这套书尽量采用课堂实录的形式，少部分采用教学设计的形式。

有些重要课题同时有几个名师课例，我们把它们编排在一起，这也是同课异构，让读者分析比较，从中体现不同名师的课堂教学特色。

最后要说的是，编写这套书是一项复杂的系统工程，必须依靠集体的力量才能完成。我们两位主编，仅仅是搬运工，为的是把名师课堂集中汇编起来，呈现给大家。所以这套书是全国名师共同协作的成果，是集体智慧的结晶。

在编写过程中出现许多动人的情景：中国教育学会小数会理事长、小学数学教育家吴正宪非常支持这项工作，她说这套书是总结“中国经验”的大事，是功德无量的好事，并同意使用她的课堂实例。广东省特级教师、深圳市教科院黄爱华把他多年来搜集的名师课例毫无保留地提供给我们。天津市特级教师、简约教育创立者徐长青，在他的名师工作室范围内，广泛向名师组稿，提供了不少好课例。湖北省教育厅刘莉、甘肃省教育厅基教研究中心张炳意都积极支持，推荐本省名师参与。江苏省苏州工业区跨塘实验小学校长缪建平、浙江省宁波市高新区外国语学校副校长郑水忠在百忙之中协助做最后的校稿工作。所有入选课例的名师都赠送样书并支付稿酬，如果有些名师联系不上，此书出版3个月后尚未收到样书和稿酬，请与叶建云先生联系，邮箱：754828511@qq.com。

这套书的顺利出版，应感谢北京师联时代公司的策划和世界图书出版公司编辑出版。

希望广大教师喜欢这套书，并提出宝贵意见。

谢谢大家。

2022 年 3 月

CONTENTS 目录

一、数与代数

二、图形与几何

三、统计与概率

四、综合与实践

一、数与代数

1. “1 ~ 5 的认识”教学设计与反思

周艳
（四川省成都市石笋街小学校，青年名师）

※ 课前思考

本课的学习，学生可能存在的问题：

1. 对数的认识停留在表象，对数字意义的理解浅显

大部分小朋友都能够准确数数、认数。但是对于数的意义是什么，数字可以表示什么？数字背后的故事是什么？并不清楚，或者理解不透彻。

2. 学习习惯没有完全建立，语言表达不够规范

现在小朋友的语言都很丰富，怎样学会清晰地表达，用数学的语言表达就成了问题。

3. 对数学学习的界定比较狭窄，没有与生活建立联系

在之前的经验学习中，很多小朋友就认为数学学习就是简单的认识数字或者计算。没有拓宽视野，没有了解到数学与生活的紧密联系以及数学在生活中的重要性。

因此，我觉得整个教学应该按下列过程进行：

1. 学习过程体验要完整

本节课是学生对数 1 ~ 5 的认识，每一个数字的理解都要让学生经历一个从具体到抽象，又从抽象到具体的过程。认识每一个数字，认什么？说每一个数的故事，说什么？整个学习过程学生要从头到尾思考。

2. 学习经验积累要深刻

大量的说一说、认一认、数一数的活动又是在培养学生的数学学习习惯与思考习惯，这是学习方法与能力的培养。放慢脚步，每一个活动都要让学生亲身经历与体验，用心参与，体验到数学学习的快乐感。

3. 对数的意义理解要深入

让学生经历从具体情境中抽象数字“1 ~ 5”。比如数字“1”可以表示 1 个很大的物体，也可以表示 1 个很小的物体；可以是自然现象，也可以是生活

用品；可以是有生命的，也可以是无生命的；可以是一个一个的个体，还可以表示一个整体。每一个数字的认识都要从本质上理解，摒弃非本质的因素。

※ 教学过程

一、谈话引入，触发兴趣

师：今天，老师和同学们一起去看看快乐的家园。在这幅快乐的家园图中，你发现图中都有什么？

鼓励学生说的信息一定是图中呈现出来的。

预设：学生会主动地回答。学生也许会在丰富的图中说出自己喜欢的物体的数量。

【设计意图】会看图，会表达。怎样从丰富的情境图中抓住信息。怎样从信息中读出数学内容，并用数学语言准确表达。老师的语言要亲切，问题要清楚聚焦。

二、独立研习，探寻新知——抽象数字 1

师：图中还有哪些物体的数量也是 1 呢？

预设：学生听懂老师的问题后，就会去寻找图中能用数量 1 表示的物体。

有 1 个太阳，1 个萝卜，1 筐萝卜，1 棵树，1 只小狗，1 个小朋友，1 条河，1 只船，1 座房子……

发现：原来数字 1 有强大的魔力，它就像一个魔法师，它可以表示 1 个很大的物体，还可以表示 1 个很小的物体；可以表示 1 个物体（比如 1 个萝卜），还可以表示很多物体（1 筐萝卜）。1 可以表示有生命的，1 个小朋友，还可以表示无生命的，1 条船。

小结：原来数字 1 可以表示天上的、地上的、水中的物体。1 看似简单，实际上它表示的物体种类可以是很多很多的。这个过程就是数的意义的理解过程。

三、同伴研讨，探究解惑——认识数字 2 ～ 5，抽象出数的意义的本质，去除不必要的因素

师：你还能找到用数字 2 表示的实例吗？

（学生独立思考后与同桌交流）

预设：2 个人或者 2 只小鸟。

小结数数方法：2 只小鸟是按照从左到右或者从右到左的顺序数的。2 个人就更有意义了，他们的距离更加的远，在数了其中 1 个人以后，再继续数 1 个就是 2 了。

继续思考：用数字3、4、5表示的例子？

（学生独立地说一说，通过交流可以发现，会学习的孩子能够按照一定的顺序数数，习惯不太好的同学容易根据自己的感官观察数数。不管是哪一种数数方法，先鼓励，然后在同伴的交流中不断地完善与改进。）

总结：数数的方法，数到哪一个数字结束，数量就是多少。

在数物体的数量时，可以从不同的方向数数。

四、团队研述，探索提炼——数学与生活的联系

师：说一说生活中的哪些物体可以用数字2表示，数字3表示，数字4表示，数字5表示？

预设：学生在大量的寻找中说一说。他们应该是先找身边的，教室里面的，然后才是走出教室，找外面的。

只要学生说得合理就可以，这一环节应该是轻松愉快的，在和谐的氛围中增强学生数学学习的兴趣。

小结：学生能够用数学的眼光观察生活、喜欢数学，这就是数学的魅力与价值。

【设计意图】每一种概念的建立，数感的培养，都是在理解的基础上建立起来的。而初入学儿童对数学的理解就是大量的实际例子，在例子中去琢磨，在琢磨中感悟。这样，也为后面的学习奠定了基础。

五、拓展延伸，思考做题的方法比完成一道题目更重要

第一题，学生第一次正式完成练习题目，教学生如何做练习题目很重要。

首先，学会读题，题目是数一数，画一画。其次，明白题目意思，这是两个要求，先数再画，数什么？数每幅图上面有几个物体。画什么？在每幅图的下面画出和上面物体同样多数量的图形。图形可以是圆形、三角形、正方形。最后，认真答题。想清楚想明白后再落笔做题，画图做到整洁、美观、正确。

第二题。照样子，圈一圈。解决问题也要经历一读题二理解三作答的顺序。让学生思考，照什么样子？读懂示例，左边有3个小男孩，就从右边的6顶帽子中圈出的数量3，要圈出的和左边数量一样多。这道题目也体现了个性化的解答，从多数量中圈出一部分，可以有很多种不同的圈法，但是不同圈法的共同点是数量是一样的，这也体现了数的意义，数的大小与圈法没有关系，只与圈的数量有关。

第五题，寻找生活中可以用数表示的例子，先找身边看得见的，认识数字1～5，教室里或者自己身体上就可以找到。再想生活中的，学生可以放宽视野，走出教室，走进生活，寻找到更多更丰富的例子。

【设计意图】习惯培养优于解决问题。这是学生第一次做题，让学生学会做练习题目，就要放慢脚步，找到做练习题目的方法，正确的方法比完成一道练习题目更重要。

六、全课小结

请你对第一次的数学课进行评价。你想对这节数学课说什么？

（原则就是给学生鼓励，建立数学学习的信心，提高学生学习的积极性）

※ 课后反思

反思整节课，做得比较好的有：

一、用心的交流

在这节课，老师可以用讲故事或者聊天的方式进入课堂，在聊一聊中开展。不管学生说什么，老师都抓住每一个同学的发言进行表扬与鼓励。比如：像这个同学就观察特别仔细，发现许许多多事物的数量；她说话声音我特别喜欢，让每个同学都听清楚了。教师用亲切的语言，温和的交流，建立起师生之间的信任。

二、重视数的理解

在认识每一个数字的时候，教师都从大量的例子中抽象出数的意义。理解数的本质含义，加强学生对数感的培养。

三、数学思想的渗透

学生在大量的找一找，数一数，认一认过程中，会迁移之前的学习经验，努力找寻，并尽可能找完整。尤其在认识数 2 ~ 5 时，这里面有一个重要的数学思想——传递。自然数的累加，它是一个递增的过程。这就是数感的培养，自然数的多少就是一个累加的过程。学生的学习活动经验也是这样积累起来的。学生好的学习习惯也是在说一说、大胆说中培养起来的。

2. “0的认识”教学设计

何惠仪 冼碧云
（广东省中山市小榄广源学校，青年名师；广东省中山市小榄镇中心小学，青年名师）

※ 课前思考

本节课是在学生认识1～5各数的基础上进行教学的。教材呈现的是小猴吃桃的连环画情境图。第一幅图描绘的是小猴盘里有2个桃子；第二幅图是小猴吃了一个桃子，盘子还剩下一个；第三幅图是小猴把桃子吃完了，借助盘子上一个桃子也没有，引出对“0”的认识。教材设置了学生感兴趣的活动情境，鼓励学生尝试用自己的方式来表示“0”，在这一活动中经历了符号创造的过程，并在这一现实情境中体会“0”表示的实际意义。同时图中借助直尺“0”，唤起学生的生活经验，体会“0”不仅可以表示一个数，还可以表示开始或起点，让学生感受数学与生活的密切联系。

“0的认识”的内容对于学生而言是较为抽象的。首先，是因为“0”表示“一个也没有”，所以不能提供直观、具体的数量与之建立联系，学生理解起来有一定的难度。其次，是因为“0”不仅表示一个数，还可以表示起点，受学生的认知、理解能力的影响，接受起来会有难度。为此，要遵循学生的认知特点，在教学时从生活实际出发，尽量创设他们感兴趣的问题情境、生活情境以及游戏活动，激活学生已有的生活经验和数学知识，为顺利教学创设良好氛围。

※ 教学过程

一、多个情境激趣引入

1.情境一：猴子吃桃

师：今天是小猴的生日，小猴妈妈给它准备了桃子，你看发生了什么？

师：第一幅图小猴看到了几个桃子？可以用几个小圆片来表示？还可以用数字几来表示？……

师：一个桃子也没有，数学上可以用数字“0”表示，“0”和数字宝宝1、2一样都是数字王国的一员，今天我们就来认识“0”这个新朋友。

【设计意图】通过创设小猴吃桃的情境，调动起学生的学习积极性，介绍“一个桃子也没有，数学上用数字0表示”。引出“0”和数字1、2一样都是数字，是本节课要学习的内容，直接引出课题“0的认识”。

2.情境二：小兔拔萝卜

师：森林里除了有小猴，还有小兔，请看兔子在做什么？……

师：地上有几个萝卜？（地上什么都没有，一个萝卜也没有，可以用“0”表示）

3.情境三：奖励苹果贴纸

师：同学们都很认真，所以老师给你们带来了礼物，你们来看看是什么？（5个苹果贴纸）

师：5个苹果贴纸用数字几表示？（5）那我把这些苹果贴纸奖励给认真思考、积极回答、表现最棒的孩子。现在你们看，老师手上有几个苹果贴纸？（老师一个苹果贴纸也没有，可以用“0”表示）

二、多个角度探究新知

环节一：揭示0的含义（一个也没有）

1.多个情境结合揭示0的含义

师：咦，1个苹果贴纸也没有用“0”表示，1个萝卜也没有用“0”表示，1个桃子也没有用“0”表示，到底“0”表示什么呀？（“0”表示一个也没有/什么也没有）

师：你们真厉害，发现了“0”表示“一个也没有”。（板书）

【设计意图】通过对“三个情境”进行归纳总结，让学生自主探究，从而揭示“0”的含义——“0表示：一个也没有/什么也没有”。（图1）

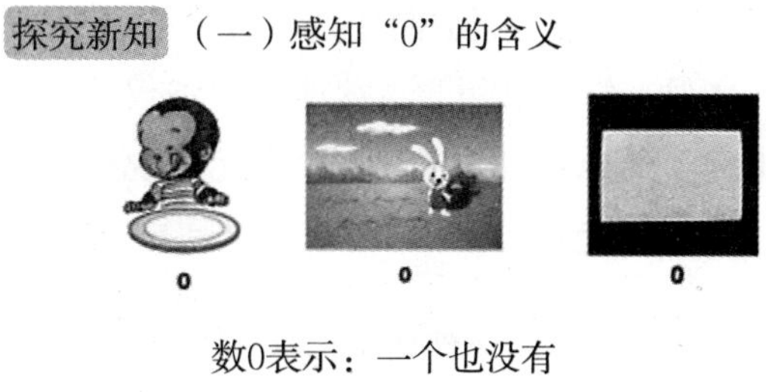

2.引导学生用“0表示一个也没有”举例

师：如果让你用“0表示一个也没有”来举例子，你会吗？（教师示范、学生举例）

【设计意图】通过奖励的形式，活跃课堂气氛，提高学生的学习热情，并同时让学生通过用“0表示一个也没有”列举实例，加深对0的含义的理解。

环节二：通过小游戏从不同角度感悟0，充分感知0就在生活中

1. 看到“0”

师：刚刚我们说的“0”支铅笔，“0”个苹果贴纸等都是能用眼睛看得到的“0”，如果我们不用眼睛看能找到“0”吗？

生：能 / 不能……

【设计意图】在学生充分认识“0 表示一个也没有”的含义后，对课堂出现的实例进行提炼概括，发现这些例子中的“0”都是能用眼睛看得见的，引出是否可以不用眼睛找到“0”，激发认知矛盾，引导学生进行探究和辨析。

2. 听到“0”

师：有的同学说能，有的说不能，那我们一起来玩个游戏好吗？老师有一个铁盒，里面装着硬币。请用你的耳朵仔细听，你猜猜有几个硬币？用数字几表示？

师：现在你再来猜几个？（0 个硬币）为什么是 0 个硬币？

师：你们真厉害，原来不仅可以用眼睛看到“0”，还可以用耳朵听到“0”。

【设计意图】通过“听一听、猜一猜”的游戏，既可以调节课堂气氛，又可以让学生感悟到不仅能通过视觉感悟到 0，还可以通过听觉，充分拓宽思考的广度和深度，加深学生对 0 的理解。

3. 摸到“0”

师：那如果我们不用眼睛看，也不用耳朵听，能找到“0”吗？我们再来玩个小游戏，好吗？我们有一个魔法袋，还有一些乒乓球，不看也不听，谁来摸一摸有几个乒乓球？用数字几表示？

【设计意图】通过“摸一摸、说一说”的游戏，让学生思考“不用耳朵听，也不用眼睛看，能否找到 0”这一问题，进一步激发认知矛盾，让学生在游戏过程中感悟“不看不听也能找到 0”，加深学生对“0”的理解，并让学生充分体会到“0 表示一个也没有”有多种表现形式，但是含义都是一样的，领会到“0”就在身边，与生活息息相关。

环节三：生活中的“0”

师：你们真厉害，发现我们不仅可以看到“0”，还能听到“0”，还能摸到“0”。原来“0”就在我们身边，你能说说在哪里见过“0”吗？

师：老师也找到了一些生活中的“0”，你们看：电话、键盘、温度计、120 救护车、计时器、尺子上都有“0”。

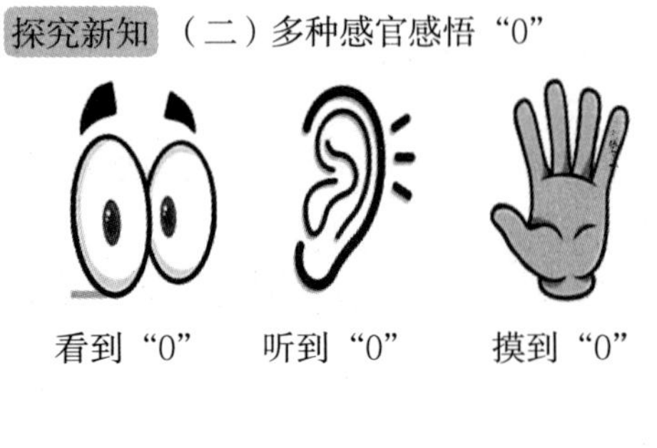

【设计意图】让学生充分领会可以用不同方式找到“0”后，让学生进行列举生活中见到的“0”，并以此作为承上启下的过渡，引出尺子上也有“0”，为探究“0”的另一含义作铺垫。

环节四：通过活动，自主探究0的另一含义（开始或起点）

师：你知道尺子上的“0”在哪里吗？（点名说并让学生指一指）

师：通过刚刚的学习我们知道了0可以表示“一个也没有”，那0还有其他的意思吗？接下来让我们一起探究。请看小兔和青蛙正在进行跳远比赛呢。请仔细观察小兔是从哪跳到哪？青蛙呢？……

师：袋鼠闻风而至（在1的位置），这个比赛公平吗？为什么（生谈论并汇报）……

师：是的，“0”像起跑线一样，可以表示开始或起点。

【设计意图】通过“开火车”游戏，让学生积累活动经验，感受每一次“开火车”都是从“0”开始，由此探究出尺子上的“0”表示开始或起点这一含义。

环节五：辨析0的两个不同含义

师：你们真厉害，知道了0不仅可以表示一个也没有，还知道了0可以表示起点。

【设计意图】让学生在充分体会0的两个不同含义。

环节六：教学“0”的书写

师：今天我们认识了0这么久，到底0要怎么写呢？首先你们说0像什么？（鸡蛋）那0要怎么写呢？请你们认真看，老师是怎么写的？

师：请你们拿出小手指来一边说一边跟着老师写一写。

师：那写要注意什么呢。（圆不能有棱角；起笔收笔相连）……

【设计意图】通过动画讲解以及教师示范，让学生学习田字格中“0”的正确书写方式。

三、多层练习巩固新知

1. 给数字宝宝排队。（加强学生对0的大小和顺序的理解）

2. 看图写数。（书本第30页第1题）

3. 拓展练习。（猪八戒吃西瓜，结合几和第几等内容进行复习巩固）

【设计意图】通过有趣的把尺子变为数字的活动，让学生对数字进行排序，加强学生对0的大小和顺序的理解；引导学生自主完成书本30页第一题，巩固学生对点数法、数字0 ~ 5的掌握；对小猪吃西瓜题目结合几和第几等内容进行复习巩固。

四、课堂总结

师：你们太厉害了，已经学会了0怎么写。那谁来说说今天我们学习了什么？

师：这些就是今天我们学习的内容，下课！

【设计意图】引导学生学会回顾、总结，并能提出新的研究问题。逐步培养学生善于反思、提问的意识。

3. “7 的组成”教学设计

李志军
（四川省眉山师范附属小学，特级教师）

※ 课前预设

教学内容：7 的组成巩固练习。

道具准备：每 4 人一个学习小组，每组一个骰子；教师准备一个大骰子道具。（说明：骰子的特点是有六个面，每个面上都有不同的点数，而且相对的两个面上的点数合起来都是“7”）

※ 教学过程

师：（举起大骰子道具）这个东西你们认识吗？

生：骰子！

师：骰子是用一个“点”就表示一个 1，比如说“3”就用 3 个点来表示。“4”该用几个点来表示？

生：4 个。

师：一个骰子能表示出多少个数？

生 1：5 个。

生 2：6 个。

师：请回答“5 个”的孩子上台来数一数。

（教师引导该生按上下、前后、左右成对的面数）

师：请你大声地告诉大家一个骰子能表示出多少个数？

生：6 个！

师：大家掌声鼓励！“前车之鉴，后事之师”，他在这里“翻过车”，以后就不会再在这里“翻车”啦！

师：其实啊，骰子上的数的排列还有一个秘密呢。

师：是什么秘密呢？我请两个小朋友上台来，我给你线索，看你能不能自己揭开秘密。

（甲乙两个小朋友上台后分别面对面站在大骰子道具两边）

师：（指着甲）请你报出你正面骰子上的数。

师：（指着乙）也请你报出你正面骰子上的数。

（教师指挥甲乙两人换位置，分别面对面站在大骰子道具两边报数，教师适时可用表示“合”的手势启发下学生）

生：相对的两个面上的点数合起来都是“7”！

师：哇！这个大秘密被你自己发现了，太了不起啦！

师：下面我们就用骰子来玩两个游戏吧！

1. 学习小组游戏

游戏规则：

①每 4 名学生为一组，首先通过“剪刀、石头、布”决定谁掷骰子。

②当一名学生掷好后，如，骰子向上一面是“5”，另一名学生就要很快说出：“7 可以分成 5 和 2，5 的对面是 2”，另外两名同学依次分别一边书空一边说出“7-2=5”“7-5=2”。

③重新通过“剪刀、石头、布”决定谁掷骰子，进入第二轮……。

2. 集体游戏——收集情报

游戏规则：

①全班分为 4 个小组，每组每次各派 1 名学生围着讲桌各站一边。

②老师掷骰子，围着讲桌的每个同学依次把自己观察到的数以书空形式向本小组汇报，该小组的同学就根据获得的信息边记录边推算对面数字。如，小王观察到的三个数分别是 3、5、6，该小组同学就该这样记录和推算对面数字。

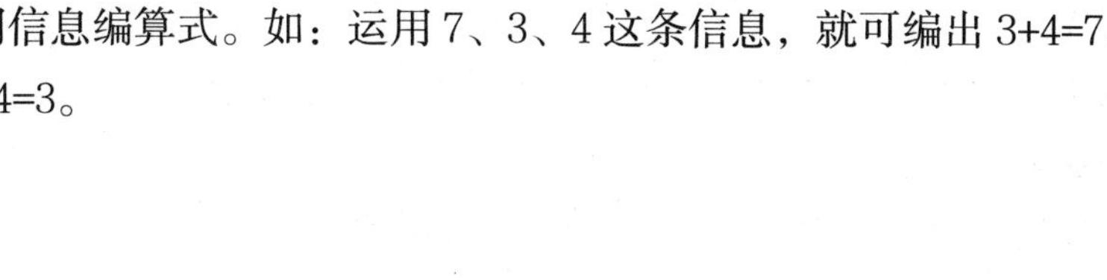

③运用信息编算式。如：运用 7、3、4 这条信息，就可编出 3+4=7、4+3=7、7-3=4、7-4=3。

4. “10 的认识”课堂实录与反思

林杉
（福建省福州鼓楼实验小学，青年名师）

※ 课前思考

“10 的认识”是在学习了“1 ~ 5 的认识”的基础上学习的，它是 “6 ~ 10 的认识和加减法”中的内容。这一课对于现在的一年级学生来说，并不存在什么新的知识，他们对于数 10、写 10、10 以内的数的顺序等知识早已有了生活的体验，只是欠缺一个系统化、数学化的认知。

本课内容书本编排上与“6 和 7” “8 和 9”基本一致，并可拓展 11 ~ 20 各数的认识。所以教学本节课，我采用结构化教学方式，寻找知识之间的联系，让这部分内容轻松教学。

何谓结构化教学，说白了就是找到问题的原型，渗透模型思想。利用好知识之间的联系，让数学由零散的点变得更系统，更具整体性，更方便学生理解和记忆。本节课通过猜一猜、数一数、看一看等多种活动建立 10 的数感；先后通过实际操作掌握 10 的组成、应用数轴理解 10 以内数的顺序，并会比较 10 以内数的大小；初步渗透 10 个一就是 1 个十的思想。使学生通过认识 10，拓展延伸认识更多的数，从而达到较好的教学效果。

※ 教学过程

一、数一数，建立 10 的典型表象

1. 出示草莓、苹果图片，建立数感

师：同学们，你们爱吃水果吗？林老师今天带来了几种水果，你能帮忙数一数有几个吗？（黑板展示草莓）我带了几个草莓？

生：8 个。

师：你能上来带大家数一数吗？草莓有 8 个，用数字 8 来表示。

（黑板展示梨）

师：我还带来了什么水果？

生：梨。

师：有几个梨？

生：9 个。

师：你们怎么这么快就知道是 9 个了呢？

生 1：因为一一对应后，梨比草莓多了 1 个。

生 2：比 8 多 1 是 9。

师：你们真是会仔细观察的孩子。梨有 9 个，用数字 9 来表示。

（黑板展示苹果）

师：苹果有几个？

生：10 个。

师：你们没数怎么知道是 10 个？

生 1：苹果比梨多 1。

生 2：比 9 多 1 是 10。

师：9 和 10 相比谁大？

生齐读：10 大于 9，9 小于 10。

2. 揭示课题，体会 10 的特殊性

师：之前我们还学习了 7、6、5……这些数，今天认识的 10 和之前学的数比较有什么不同？

生：它是个两位数。

师：它由 2 个数字组成。为什么 10 这么特殊这么不同，要用 2 个数字表示呢？今天这节课我们就来认识 10。

（出示课题：认识 10）

二、认识生活中的 10

师：10 除了可以表示 10 个苹果，还可以用来表示什么？

（学生举例）

师：我们身体上能找到可以用 10 来表示的吗？

生：我有 10 个手指。

师：你能找到图片中第 10 个小朋友吗？ 10 除了可以表示一共有 10 个，还可以表示第 10 个。

三、初步感受十进制的优势

1. 用小棒感受十进制

（黑板上贴 10 根小棒）

师：我们把 10 个小朋友用 10 根小棒代替，用皮筋捆成 1 捆，这一捆里有几根小棒？（生：10 根）捆成 1 捆（黑板上贴 1 捆小棒），我们在 1 捆的下面写上“1”。这里 1 捆表示 1 个十。

问 1：这里的“1”，还是 1 根小棒吗？

生：不是，是 1 捆。

问 2：再来 1 根合起来，用什么数表示？（生：用 11 表示）

“11”左边的 1 表示什么？右边的 1 表示什么？

生：左边表示 1 捆，右边表示 1 根。

问 3：“13”中，“1”表示什么？ 3 呢？

生：1 表示 1 捆，3 表示 3 根。

问 4：“19”中，“1”表示什么？ 9 呢？（生：1 表示 1 捆，9 表示 9 根）

问 5：（黑板上出示 2 捆）如果给你 2 捆，用什么数来表示？

问 6：再多 1 根呢？（生：用 21 表示）

师总结：同学们，之后我们还会认识很多的数，它们都是由我们之前学过的 0 ~ 9 这 10 个数字组成的。你能在数轴上找到他们吗？ 10 在哪里？ 11 在哪里？再下一个数是谁呢？数轴越往后数越大。刚才我们把 10 根小棒捆成 1 捆，为什么要 10 根捆一捆呢？请同学们看一段视频。

2. 播放视频，了解数的历史，体会十进制的优势

3. 小结、过渡语

师：通过这节课的学习，我们知道了 10 是由 1 和 0 两个数字组成，知道了 10 个一是十，认识了最特别的 10。现在我们一起来看看下面的练习吧，请大家拿出学习单。

四、练习

1. 数一数

（1）一共有（　）只鞋？

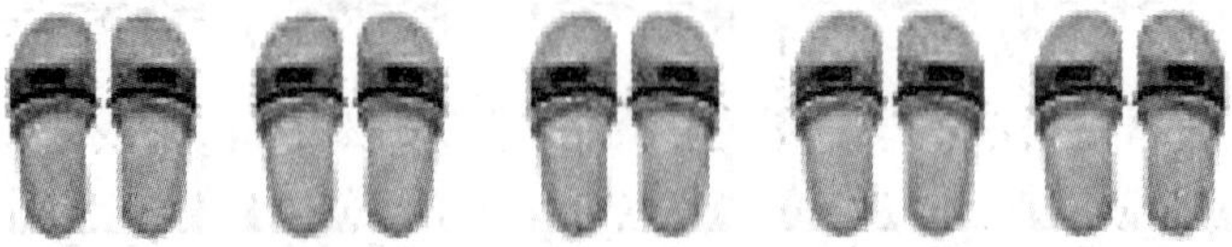

（2）一共有（　）个橘子？

2. 你会填吗？动手试试吧

10

1		3		5		7	8	
	8		6		4			1

师：这用了我们学的什么知识呢？

生：分与和。

师：你们能一边说一边分吗？请同学们拿出 1 捆小棒，这里有几根？

生：10 根小棒。

牛皮筋解开，一般我们先拿出 1 根，我们一起边摆边有顺序地说。

生：10 可以分成 1 和 9，1 和 9 组成 10……

师：这些可是大家以后的学习拐杖，回家要背一背。

3. 你会按顺序从 1 走到 10 吗？

→

1	2	3	4
2	3	6	5
3	4	7	6
6	5	8	7
7	8	9	8
5	9	10	6

↓

师：大家瞧，每个上来反馈的小朋友都用今天所学的知识从 1 走到了 10，老师奖励他们每人一捆小棒。10 个小朋友，一共 10 捆，你知道一共奖励了多少根小棒吗？大家回家思考一下。今天这节课就上到这。下课！

※ 课后反思

本课教学实践有以下启示：

一、先进的、新的教学方法，只有适合学生年龄特点，才能取得预期的教学效果。因此，从某种意义上说教学方法永远只有最适宜的，没有最新的。

二、低年级课堂里，教师更应该充分发挥组织者、引导者和合作者的作用。过早、过多地放手不利于学生良好探索习惯、操作习惯和合作习惯的形成。

三、获得更多学习数学的乐趣。

5. “10 的应用”教学设计

李志军
（四川省眉山师范附属小学，特级教师）

一、对口令

1. 教师在黑板上出示：10 - □ = □

教师和一名学生先示范。

教师在“减数”位置一边书空写数字“1”一边说：“我填 1”，教师引导学生在“差”的位置一边书空写数字“9”一边对出：“我得 9”，然后教师和学生一起说：“10 减 1 等于 9”。

接着教师可以在“差”的位置一边书空写数字“2”一边说：“我得 2”，教师引导学生在“减数”的位置一边书空写数字“8”一边对出：“我填 8”，然后教师和学生一起说：“10 减 8 等于 2”……

2. 学生轮流上台扮老师，全班对口令。

二、对口令——添砖加瓦

1. 教师在黑板上出示：10 - □ = □

教师和一名学生先示范。

教师在“10”的上方用简笔画画出一个“桃形图”，并说：“有 10 个桃”。教师在“减数”位置一边书空写数字“1”一边说：“我吃了 1 个桃”，教师引导学生在“差”的位置一边书空写数字“9”一边对出：“还剩 9 个桃”，然后教师和学生一起说：“10 减 1 等于 9”。

接着教师可以在“差”的位置一边书空写数字“2”一边说：“吃了一些后还剩 2 个桃”，教师引导学生在“减数”的位置一边书空写数字“8”一边对出：“已经吃了 8 个桃”，然后教师和学生一起说：“10 减 8 等于 2”……

接着教师在“10”的上方用简笔画画出一棵“树”，把“桃”换成“树”，并说：“要种 10 棵树”，然后进行游戏……

2. 学生轮流上台扮老师，自己把“10”想象成“要写 10 个字”“树上有 10 只鸟”……，全班对口令。

三、独立作业

教材中的相关练习。

6. “11 ~ 20 各数的认识”教学设计与反思（课例一）

杜紫红
（福建省厦门市海沧区延奎实验小学，青年名师）

※ 课前思考

数学知识是整体的，也是有结构的，用整体性和结构化的思维引导数学学习是一条非常重要的路径。结构化的数学知识，有助于学生清晰、高效地思考问题，有效地用数学思维的方式去探寻并解决生活中的实际问题。因此，数学教学，要为学生提供一个由已知到未知再到已知的通路，让学生了解并清楚知识的来龙去脉，从而建立一个具有生命力的处于运动中的思维网络。那么，教学“11 ~ 20 各数的认识”，如何在这一知识原有的背景下，构建学生对 11 ~ 20 各数的认识，实现学生有意义建构知识的过程呢？

※ 教学过程

一、激趣导入，唤起原知

1. 计数故事，感受“十”

（1）数字宝宝排队，引出：1 ~ 10。

（2）故事引入：你们知道古人是怎样计数的吗？

2. 操作小棒，理解“十”

（1）引言：今天我们就用小棒来表示石子或绳子帮助我们计数。

（2）思考操作：你觉得可以怎样用小棒清楚地表示 10 呢？

（3）反馈：一根一根地数，数出 10 根；10 根小棒捆成一捆，变成了“1 捆小棒”。

（4）比较：两种方法数出的小棒根数都是 10，怎么拿更方便？

3. 联系生活，体验“十”

（1）交流：生活中经常用到这样的“十”，如 10 瓶饮料装一箱等。

（2）体验：“以一当十”可以让我们的计数更方便！

4. 揭示课题：11 ~ 20 各数的认识

【设计意图】从数概念的历史说起，10 个小石子换一个大石子，10 个小绳结换一个大绳结，迁移学习10根小棒捆成一捆，初步感受“十进制”；再通过现实生活中的一箱等感受“十”的存在，体会十个十个数的优越性，初步理解计数单位“十”。

二、实践探索，建构新知

1. 数一数，摆一摆，探究1个十几个一组成十几

（1）观察：小明在摆小棒，请你们数一数，他摆了多少根小棒？

（电脑画面出示 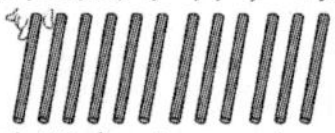 停顿一小会儿隐去）

（2）思考：请同学们想一想，谁能摆出一种让大家一眼看出是几根小棒的方法？

（3）操作：学生动手操作摆小棒。

（4）反馈：学生摆小棒的情况：1根1根地摆；2根2根地摆；摆2个5根，再摆2根；10根1捆，再摆2根……

（5）讨论：同学们，看了这几个同学的摆法，你觉得哪一种方法能最快看出是12根啊？体会10根小棒捆成一捆的好处。

（6）小结：如果一捆代表10根，我们就不用再一根一根地数了。

【设计意图】教师并不直接教给学生数的组成，而是通过让学生自主思考、动手操作怎样摆小棒才能一眼看出有12根，发现可以把10根小棒捆成一捆，强化了一个“十”的概念，同时感受到了“捆成一捆”数数的好处。学生借助小棒，在头脑中形成了1个十和几个一的概念，初步建立数的组成的知识表象。

2. 说一说，想一想，深化一个十和几个一组成十几

（1）说数：现在大家都会摆小棒了，请你们看一看 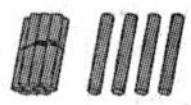 、 ，这些小棒有几根？

（2）提问：这回怎么这么快就看出是几根了？

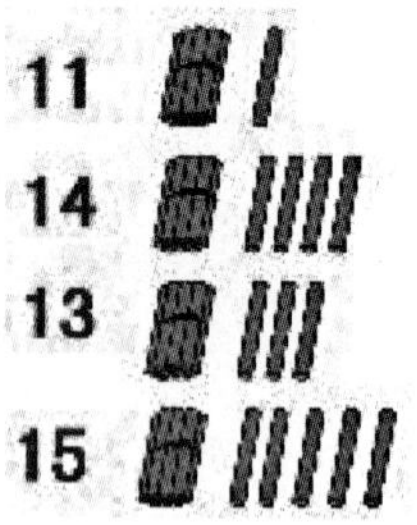

（3）观察：观察这几幅小棒图（右侧），它们有什么相同的地方呢？

（4）揭示：都有一捆和几根，都是由1个十和几个一组成的。

（5）提升：这一个1代表的是什么？那后面的5代表什么？理解：15里面有几个十和几个一。

3. 摆一摆，议一议，认识20有两个十

（1）提问：如果让你们再摆一个更大的数，19，你会摆吗？想一想，19里面有几个十和几个一？如果19再加上一根，是几根？

（2）思考：20应该怎样摆呢？

（3）比较： 和  两种摆法，怎样摆好？

（4）揭示：摆成两个十更容易看清楚，理解“满十进一”。

【设计意图】在学生发现“把 10 根小棒捆成一捆”的优越性与必要性之后，马上让学生用这种办法摆小棒，巩固新知，并通过观察交流，发现十几就是“由一个十几个一”组成的。从学生的认知出发，通过有目的的操作、观察、交流、讨论，从直观到抽象，使学生主动构建自己的认知结构。

三、内化提升，培养数感

1. 在头脑中摆小棒，看数说组成

【设计意图】学生脱离具体的小棒，在头脑中摆，再到看数说组成，由具体到抽象，这是一个知识内化的过程，对学生切实掌握数的组成，培养学生的数感起到了不可忽视的作用。

2. 区分 20 和 12 里面的 2 表示不同的意义

20 和 12 里面都有一个数字 2，这个 2 表示的意思一样吗？

【设计意图】通过比较，学生初步感受不同数位上的数表示不同的意义，适当增加难度，更让学有余力的学生尝到了跳一跳摘果子的乐趣，关注了不同程度学生的发展。

3. 认识 11 ～ 20 各数的顺序、大小

（1）出示：

我们的老朋友来了,上面的数字哪去了,我们一起大声地把它们叫出来,好吗？

（2）数数: 数宝宝们都出来了，谁能闭着眼睛从 7 数到 13？从 20 数到 14 呢？请男生把上面的单数数出来吧！请女生把双数数出来吧！

（3）比大小：这些数里谁最小？ 16 和 11 比，谁更大？ 14 的前面是谁？ 16 的后面是谁？

【设计意图】11 到 20 之间的数对学生来说并不难，利用尺子图帮助学生进一步理解 11 到 20 之间的数序，同时培养学生的问题意识和良好的合作学习习惯。

四、拓展延伸，整体建构

1. 看图写数

2. 沟通联系

（1）1 块小石子表示几？ 1 块大石子呢？ 2 块呢？如果有这样的 10 块大石子，这时候该怎么办？（引导学生理解可以换更大块的大石子等。）

（2）这是多少根小棒？（1 捆）有这样的 10 捆小棒该怎么办呢？

3. 课堂总结：“以一当十”，我们将来可以学习更大的数

【设计意图】学生理解了计数单位“十和一”后，通过不同材料的“数一数”活动，引导学生自觉用计数单位来数数；从小石子、小棒引出“一个十，再次回到小石子和小棒，引申到比 20 更大的数，引导学生感受数字符号的发展。

※ 课后反思

数学是一门思维的科学。结构化教学是以发展思维为导向的教学活动，强调“用思维方法的分析去带动数学内容的教学”，让学生经历元素之间沟通与联系的再发现过程，将教材的学科结构转变为学生的认知结构。笔者在以结构化教学的理念设计执教 11 ～ 20 各数的认识过程中，有以下思考：

一、追本溯源，探知识起步之路

数学知识间有着千丝万缕的关联，要将新知纳入学生已有的知识体系中，必须找到新知与旧知的联结之处，并以符合学生年龄特征的方式呈现。只有这样，才能真正走进学生的心灵，引发认知上愉悦的共鸣，进而将所学知识内化成学生的认知结构，更好地拓展思维空间。因此，旧知与新知之间存在的联系与区别，需要教师设置不同的教学活动，帮助学生完成知识间的过渡。

二、把握本质，探知识深化之路

知识的思维价值往往是隐含在形成结论的过程中，数学学习的实质，其实也就是让学生经历学习的过程，让课堂成为学生自己去“发现”看似未知的数学结果，在学习的过程中经历一个个充满探索的数学学习过程，从而让原本存在于学生头脑中但非正规的数学知识和数学体验上升为科学的结论，使学生感受数学发现的兴趣。这样，学生获得的知识结构更为清晰，思维空间也将得到拓展。

三、构建系统，探知识延伸之路

教学中，学生完成了旧知与新知的联结，将新知纳入已有的知识体系中，教师还可以创设一定的思考情境，将学生的学习指向今后的学习，帮助学生初步建立一个前后联结的知识结构。

其实，在小学阶段，有许多知识都和“11~20 各数的认识”一样，学生看似懂，实则问题重重。如果只是简单以学生会或不会作为教学判断，那么，学生在后续学习中容易产生一系列错误和问题。这就需要教师整体把握知识体系，重视知识的生成、发生、发展等过程，引导学生深度学习，体悟数学本质，系统建构结构化知识，从而拓宽学生自身的数学思维空间，提升数学思维能力。

7. “11 ~ 20 各数的认识”课堂片段与评析（课例二）

曹振荣 徐兰
（苏州高新区秦馀小学，特级教师；苏州工业园区车坊实验小，青年名师）

※ 课前思考

“11 ~ 20 各数的认识”是苏教版九年义务教育课程标准实验教材一年级上册第十单元的认数（二）的第一段教学内容，通过教学可以使学生直观认识“十”，初步认识 10 个一是 1 个十，直观理解 11 ~ 20 各数的意义，认、读 11 ~ 20 各数，知道 20 以内数的顺序。

与曹老师交流中知道，教者在教授本课内容时，调查过学生在学前教育时，已经能熟练地数出数量是 11 ~ 20 间物体的个数，大部分学生也都能正确地读、写 11 ~ 20 各数，但对这些数只知形不知意，于是将本课的教学重难点确定为：（1）直观认识“十”，初步认识 10 个一是 1 个十；（2）直观感知 11 ~ 20 各数的大小和顺序，体会到这些数的组成，是由一个十和几个一组成的。

为了突破这一重难点，曹老师在教学中，采用“语言、细节上做文章”的教学策略，激发了学生的学习激情，低年级学生能够高度保持注意力集中，动脑，动手操作中会说“这个数，是由一个十和几个一组成的”这一知识难点，不仅出色地完成了自订的教学目标，而且教者生动的语言，灵活的教学，使学生得到的更是思维的提升。下面一起来分享课堂教学的精彩片段。

※ 教学过程

一、教学片段一：北宋理学家邵雍写的《一去二三里》

师：孩子们，今天这节课，曹老师带来了北宋理学家邵雍写的《一去二三里》，会背吗？

生：一去二三里，烟村四五家。亭台六七座，八九十枝花。

师：这首诗里出现的最大的一个数是？

生：出现的最大的一个数是 10。

师：生活中 10 是最大的数吗？有比 10 更大的数吗？

生：12。

生：1000

……

师：（笑了一笑）这是你们心目中更大的数。

师：今天我们来学习比 10 大的数。老师手里有一把小棒，帮曹老师一起来数数。一共有几根小棒？

生：10 根小棒。

老师再请两名学生说说手里有几根小棒。

师：小朋友在今后的学习中，会把这 10 根小棒捆成一捆，你们知道这一捆是多少根吗？

生：一共有 10 根。

师：请数出 10 根小棒，然后把它们捆起来。谁能说说我们现在手里是几捆小棒？谁知道这一捆小棒就是代表几个十？

生：一捆小棒代表 10 个十。

师：仔细看，老师手里有几捆小棒？

生：一捆小棒，我错了，一捆小棒应该是 1 个十。

师：（会心地一笑）对了，那这 1 个十可以看作几个一？

生：10 个一。

师：10 个一就是一个十，跟着老师说一遍。

生 1：10 个一就是 1 个十。

师：说得真棒，那位小朋友做得真认真，老师奖励你把这句话再说一遍好吗？

（学生回答后教师板书：10 个一就是 1 个十。）

师：“十”和“一”都是单位，帮助我们来计数。（边说边突出“十”和“一”）

【评析】义务教育阶段数学课程标准强调：从学生已有的知识经验出发，让学生亲身经历将实际问题抽象成数学模型，并进行解释与应用的过程。教者用北宋理学家邵雍写的《一去二三里》包含学过的旧知引出新知，学生在背诗中展开学习。用北宋理学家邵雍写的《一去二三里》里面非常经典的包含了已经认识过的数 1 ~ 10 这些数，从这首诗入手引发出让学生思考有没有比 10 更大的数，这一教学策略旨在从学生身边熟悉的诗出发，有效激发学生的学习积极性。明确这节课将要学习比 10 更大的数后，接着教者出示小棒，学生一起数小棒，数到 10 根后，教者说明满 10 根小棒可以捆成一捆，一则是为让学生能够顺利地从具体到抽象，初步认识到 1 捆就是 1 个十，1 个十就是 10 个一，一则是为接下去学

11 ~ 20 这些数的组成做好铺垫。

二、教学片段二：两次抓小棒游戏

师：请看，老师盒子里也有小棒，随意抓一把，谁来猜猜看老师手里比 10 多还是比 10 少？

生 1：比 10 多

生 2：比 10 少。

生 3：一样多。

师：有三种不同的答案，我们亲自来验证数一数吧。

师：这 14 根摆在这儿根本看不出来，谁有好办法？

生 1：分开点放。

生 2：把右边放 10 根，左边放 4 根。

师：谁听见了？哪位小朋友愿意再来说一遍？（请多名小朋友说一说。）

生 3：更妙的方法，可以把这 10 根小棒捆起来，一捆就知道是 10 根，然后看旁边多了几根，就是十几根。

师：你的点子真妙，现在看到了几个十？

生：1 个十。

师：还有几个一。

生：4 个一。

师：合在一起是多少根？

生：14 根。

师：这样摆我们就能一眼看出 14 根。谁来说说我们刚刚是怎么摆的？

……

（同样地继续认识了 11，18，弄清楚是由哪两部分组成的。认识 19，先让孩子摆出 19 根，说说是怎么摆的，再添上一根，就是 20 根）

师：这 20 根小棒一眼看不出来，谁有好办法？

生：把另外 10 根也捆起来。

师：多么聪明的孩子呀！

师：那这 20 根小棒也就是几捆呢？

老师让孩子学着说 2 捆小棒也就是 20 根小棒，明确 2 捆小棒就是 20 根后，

课件出示：（　　）个十是 20？

生：2 个十是 20。

师：谁来学着这位小老师说一说？

师：想想刚刚我们学了哪些比 10 大的数？

生：11 ~ 20。

师：是的，这就是我们今天认识的 11 ~ 20。相机板书课题：11 ~ 20 各数的认识。

请学生听会音乐，想一想有没有什么不明白的地方？可以来问问老师。

接着，每组选一名小朋友上老师这儿抓一把，抓好回去。组员帮忙一起数，学生汇报。其中有一个学生抓到了 26，26 今天还没有学，学生明确 26 是比 20 大的……

【评析】教者安排了两次抓小棒活动，第一抓，教者自己抓，利用学生好奇喜好猜的心理，明确抓的小棒应该是比 10 大的数，那到底是多少根呢？需要一起数一数验证一下，确定是 14 后，教者话锋一转，这 14 根摆在这儿根本看不出来，谁有好办法？一语激起千层浪，学生们踊跃发言，学生的发言很有价值，可以把这 10 根小棒捆起来，一捆就知道是 10 根，然后看旁边多了几根，就是十几根。学生不经意间学会说数的组成。第二抓，小组选一名小朋友抓，组员一起数，需要的是大家的同心协力，速度慢的就不能汇报得数，这一抓的过程，不但抓牢了学生的注意力，而且又巩固了 11 ~ 20 这些数的顺序，真可谓一箭双雕！

三、教学片段三：渗透估的方法

课件出示：出现了一个草莓，再出现了 5 个草莓（大多数小朋友一眼也能看出草莓的个数，不需要一个一个数）；这次屏幕上出现了更多的草莓，这次大多数小朋友不通过数，不能很肯定地确定出多少个草莓了……

生 1：20 个。

生 2：18 个。

……

这时，教者让学生把现在的草莓个数和那 5 个草莓去比，孩子们都肯定比 5 要大，根据这个去估一估。

师：细心听老师猜的过程，和刚刚的 5 个去比较的话，应该是比 10 个多一点，这个在数学里叫作估。我们亲自来数一数验证我们的估计。

听完老师的话，学生们兴致勃勃地数开了……因为前面知道满 10 根捆成一捆，学生很聪明，能够举一反三，数草莓，小朋友有建议，满 10 个可以圈一圈，这样可以很清楚地看出是十几。

……

【评析】教者出示草莓的顺序是这样的：第一次 1 个，第二次 5 个，第三次故意设置的草莓个数多得不能一下子看出来了，激发学生猜的热情，毕竟面对的是一年级学生，猜得有些天马行空，这个时候教者不妨现身说法，适时提醒学生猜也不能乱猜，直接说明不明确的情况下叫作估，和刚刚出现的 5 个比，很明显这一堆肯定比 5 大，应该比 10 多一点，然后验证一下估的过程。这一环节为以后学生要掌握的必要的估算技能埋下了伏笔。

四、教学片段四：应用实际

师：（屏幕上出现了一把缺了数字的尺），同学们，这里有一把缺了数字的尺，你能把它补全吗？

生 1：8 在 7 的后面。7 在 8 的前面。

生 2：第 2 个盒子是 11。11 在 10 的后面。10 在 11 的前面。

师：请一起来读一读。

师：我们再来一个脑筋急转弯，13 从左边数，是第 13 个数吗？

生 1：是。

生 2：不是。

师：用事实来证明。

通过数，学生发现 13 并不是第 13 个数，学生明白了，看题目要细心思考确定后再回答。

师：（拿出准备好的数字卡片），谁来贴上去？

指一名学生随意贴数，再指一名学生上台来排数，其余学生自己排列。

师：你们的数是按照什么顺序排列的？

生：从小到大。

师：还可以怎么排列？

生：还可以倒着数。

师：猜猜我是谁？我在 13 和 15 中间。

生举起卡片。

师：谁会说在 13 和 15 中间的数。（生举起卡片）

师：我比 16 多 1。我比 20 小，但是比 17 大。……

师：原来，生活中有很多这样的数。

师：选择你喜欢的数。

生 1：我喜欢的是 9。

生 2：我喜欢的是 20。

师：20 表示的意思是？

生：20 表示 2 个 10。

师：当你按到 14，会在 14 层下，电梯有可能会继续上升，也有可能会继续下降。

师：我们来模仿电梯的显示屏，来数一数。

出示红绿灯显示的数，引导学生数到 20。

师：见到红绿灯 20 了吗，你觉得下一个数会是几？

生：21、22、…

生：不是，是 20、19、18…

老师再一次反复中倒着把数数了一遍，孩子们乐此不疲地数着……

【评析】数学课程标准针对“数与代数”部分的教学提出：要引导学生联系自己身边具体、有趣的事物，通过观察、操作、解决问题等丰富的活动，感受数的意义，体会数用来表示和交流的作用，初步建立数感。一把缺了数的尺子，猜一猜我是几？电梯的显示屏，红绿灯，学生在教者精心的设计下饶有兴趣地说数，单纯地读数很枯燥，教者采用单双数读，男女生读，不同的方式巩固数的顺序。看直尺上的数，去体会按着顺序读。追问学生，从左往右数，13 是第 13 个数吗？借助错误让学生谨记看清题目要求，培养学生严谨的读题习惯。电梯的题目，一般情况处理就是让学生读读上面的数，但是教者的方法值得一学，如果你按了电梯 12，电梯可能会上升，也可能会下降，上升下降的过程中把 11 ~ 20 的数序又巩固了一遍。在这些活动中，学生深刻地感受到了数的意义，体会到了数可以用来表示和交流的作用。

※ 全课评析

通读整节课，师生之间那种默契的交流，细节的处理，足以反映出曹老师的教学品质。高效的课堂，从细节做起，它主要体现在如下几个方面：

一、生动的语言

曾经在钱志亮教授的讲座上听说过，真正的课堂是心和心之间的交流。物体距离决定了心理距离。亲其师，才会信其道。没有心近，谈什么爱呢？最直接的爱就是生动的语言。笔者注意到教者上课时的细节，手心向上，整个人感觉很有亲和力，激励性的语言用得非常精彩，不重复，不枯燥，比如谁的眼睛最亮？谁的动作最快？谁也想学一学？谁的手举得最快？金眼睛在哪？最聪明的小朋友在哪？小老师的话听清楚了吗？猜猜老师接下来要干吗？有谁在像某某学呀？你有一双金耳朵。绅士，淑女在哪？谢谢同学们听得这么认真。收音机音量开小点，收音机音量开大点。43 个小朋友在读，老师能不能听到一个小朋友的声音啊？同学说的和你想的一样时点点头。慢慢来，老师和你合作。他听得可认真了，会听的孩子是会学习的孩子！你听得认真，这可是尊重他人的表现呀！ ×× 同学听得很认真，第一个举起了小手，请你回答！试问听到这样温馨的话，哪个小朋友能不心动，能不认真听讲呢？甜甜的笑容，亲切的语言，让孩子在快乐中重复，在重复中掌握了知识。教者由唐诗“一去二三里，烟村四五家，亭台六七座，八九十枝花”引入。这首诗里最大是几？生活中 10 是最大的数吗？还有谁比 10 更大？一语激起千层浪，孩子们踊跃发言，虽然不免有些啼笑皆非的答案，但是教者温柔的一句“嗯，这是你心目中大的数。”折服于教者的教育机智。

二、灵活的教学

她的课堂不是简单的按部就班教教材，而是经过了精心的处理展现在孩子们面前；她的教学也不是僵硬的，而是灵活地处理，让孩子既动脑又动手，让孩子在轻松快乐中掌握了知识。

教者无时无刻不在细节上做文章，有的是办法让学生乐意说，反复说，课的最后，见到红绿灯，那下一个数会是几？ 20，19，18…再一次反复中倒着把数数了一遍，孩子们乐此不疲地数着……教者又一次提升了学生对全课学习的认识，真可谓是独具匠心。

记得钱志亮教授曾经说过一句话：“一节好课应该做到：饱满的激情、殷切的希冀、热情的关注、亲切的语言、丰富的体语、出神入化的演示、深入浅出的讲授、恰到好处的点拨、游刃有余的教材驾驭、收放得体的课堂调控、紧张有序的分层递进……”听这样的课何尝不是一种美的享受，生动的语言，灵活的教学，对于教材的理解与改造处理，对学生的鼓励与引领，演绎出一堂实在又不失精彩的课。

（本课由曹振荣施教、徐兰评析）

8. “加法的认识”教学设计与反思

林佳
（四川省成都市解放北路第一小学，青年名师）

※ 课前思考

“一共有多少”是学生学习运算的开始。对于运算的学习，一般从三个线索展开：理解运算的意义，探索计算的方法，解决简单的实际问题。而加法又是运算中最基本最初始的一种运算，我们在教学中要帮助一年级儿童抽象出数据，将生活中的实际问题抽象为数学问题，建立加法模型，学会用加法解决生活中求和的问题。

※ 教学过程

一、创设情境，理解合并的意义

出示情境图，让学生动手做一做，说一说，有几支铅笔。

师：你能像图中笑笑那样拿出铅笔做一做，说一说一共有几支铅笔吗？

生：我一只手有 2 支铅笔，另一只手有 3 支铅笔，合起来一共有 5 支铅笔。

师：你是怎么得出有 5 支的？

生：我是把它们合起来数的，一共有 1、2、3、4、5 支铅笔。

师：你把它们合起来，这个动作做得非常好，让我们知道了要知道两只手一共有几支铅笔就要把它们合并在一起来数。

【设计意图】动作演示“合并”，在做一做中感受加法合并的意义。

二、建立问题模型，解决一共有多少的问题

1. 独立研习，数一数一共有多少

师：刚才是铅笔，我们可以把它们合并起来一起数，现在我们来到大熊猫基地参观大熊猫啦！你们看，这里有多少只熊猫呀？（出示情境图）

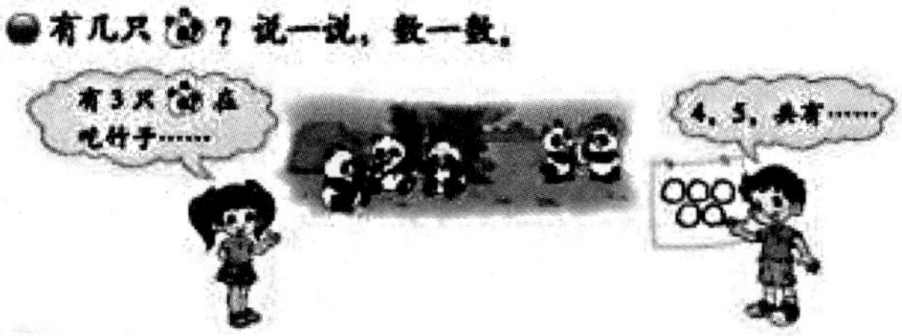

学生独立探究，尝试用不同的办法数出一共有几只熊猫。

2. 同伴研讨，画一画一共有多少

全班交流，展示各自不同的方法。

生 1：我从左到右先数吃竹子的熊猫有 1、2、3 只，再接着数玩球的熊猫，一共有 4、5 只。

师：你数得真有顺序！

生 2：熊猫不能像铅笔一样合并起来一起数了，所以我就用画圆圈的办法来一边画一边数，一个圆圈代表一只熊猫，一个圆圈对应一只熊猫，一共画了 5 个圆圈，所以一共就有 5 只熊猫。

师：你太会想办法啦，还会用符号来代表熊猫呢，这个办法又简单又方便。

生 3：老师，我看左边有 3 只熊猫，右边有 2 只熊猫，就可以用 3+2=5，所以这里一共有 5 只熊猫。

师：你真是个聪明的孩子，都已经会用加法算式来解决这个问题啦！今天你就和老师一起来介绍“加法”这个新朋友给全班同学认识好吗？

【设计意图】这一环节在于展示学生的不同方法，如何解决“有几只熊猫的问题”。学生认知水平不同，思维层次也就不同，通过“接着数”“画图形代替数”“加法计算”等进行有层次的多样化方法的展示，让学生经历逐步抽象的过程。

团队研述，认识加法。

师：就像刚才生 3 说的一样，像这样求一共有多少的问题，我们可以用加法来计算，3+2=5，中间这个像“十”一样的符号叫作“加号”，两根一样长的小短横是“等于”号，这个算式读作：3 加 2 等于 5。请大家跟我一起一边书空一边读一读这个算式：3 加 2 等于 5。

【设计意图】抽象出加法算式，掌握加法的读写方法。

三、建立模型，求和用加法

1. 从具体情境中类比、抽象出加法模型

师：（对着生 3 说）你能告诉大家在这个算式中 3、2、5 分别表示什么意思吗？

生 3：3 表示左边吃竹子的熊猫有 3 只，2 表示右边玩球的熊猫有 2 只。5 表示图中一共有 5 只熊猫。

师：你说得真好！其他同学也像他一样和同桌说说算式中每个数表示什么。

师：算式 3+2=5 听了大家的说法很高兴，但是它还有一点点不服气，它说“我可不止是可以表示 3 只熊猫、2 只熊猫和 5 只熊猫呢！我还可以表示别的意义呢！”小朋友们你知道算式中的三个数还可以表示什么意义吗？（此时出示情境图一）

生 1：我知道啦！3 还可以表示笑笑的一只手有 3 支铅笔，2 表示另一只手有 2 支铅笔，5 表示合起来一共有 5 支铅笔。

生 2：原来 3+2=5 还可以解决笑笑有多少支铅笔的问题呀！

师：同学们太聪明啦，你们知道为什么吗？

生 3：我知道，它们都是在问一共有多少支（只），而且一个数都是 3，另一个数都是 2，表示都在问 3 和 2 合起来一共是多少！

师：（竖起大拇指）你太会观察和思考啦！

【设计意图】在这一环节中，通过两个情境的类比、归纳和总结，帮助学生建立加法模型，理解加法的意义，明白求一共有多少的问题都可以用加法算式来解决。

2. 在直观操作中理解加法的意义

出示图片

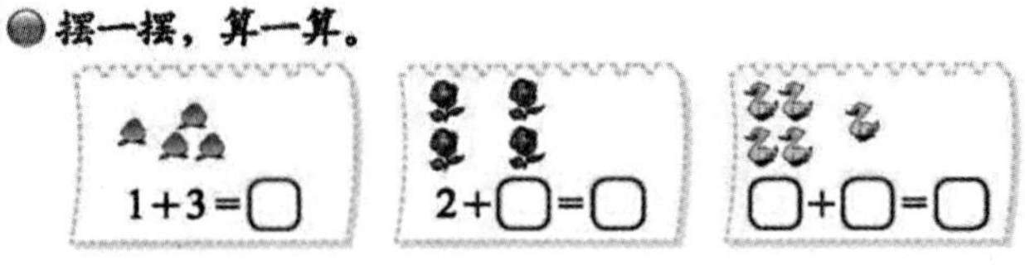

师：同学们，加法可以解决很多像这样“合起来一共有多少”的问题呢。你能用学具代表图中的物品摆一摆，算一算，并说一说算式中每个数表示什么意思吗？

生独立完成，师巡视指导。

【设计意图】让学生利用实物图，通过实物操作摆一摆，进而感受加法合并的意义。

四、联系生活，抽象出加法问题

师：在我们的生活中有很多像这样可以用加法来解决的实际问题呢，你们看（出示图片），你能看图，提出一个用加法来解决的问题吗？

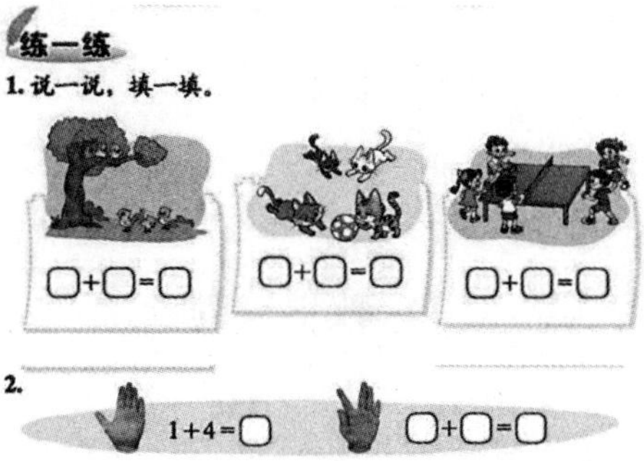

【设计意图】练习 1 联系生活实际，抽象出加法问题，让学生根据不同的理解抽象出不同的加法算式，根据不同的理解，图 2、图 3 可以抽象出不同的算式，也是培养学生思维灵活性的开放题目。图 2 中借助我们的手，帮助学生逐渐培养起用数学的眼光看待我们的身体，用数学联系我们身边的事物，逐步学会用数学的思维去思考问题。

五、全课小结

※ 课后反思

这一课既是加法运算的起始课，也是培养学生提出问题、解决问题能力的启蒙课：一是加法意义的理解要到位；二是加法问题的模型要建立好，要培养学生抽象的能力，能够从生活情境中抽象出数学信息，提出加法问题，并能用加法算式来解决。

但是一年级儿童注意力很容易被学具和其他事物所分散，所以课堂上学具的使用、摆放习惯这些细节都是值得我们花心思去培养的。我们要注意要求学生在自己分享时应做到声音洪亮、表达有条理、完整又清楚；倾听他人分享时应做到眼睛看、耳朵听、手管好、脑思考，会赞赏，学会尊重和正确评价他人，在这个过程中逐步培养学生的学习能力。

9. “加法的初步认识”课堂实录

余文琳
（福建省泉州市丰泽区第四中心小学，青年名师）

※ 教学过程

一、课前谈话，创设情境

师：孩子们，平常在家喜欢看动画片吗？

生：喜欢。

师：在数学课中看动画片吗？

生摇头。

师：就让我们一起看一段动画片吧！

孩子们很惊喜！

播放动画片《白雪公主和七个小矮人》。

师：孩子们，今天我们要学的知识就躲在这部动画片中。让我们开始今天的学习吧！

二、探究新知，构建加法模型

1. 演一演

出示课文的主题图。

师：你能说说图中的小女孩在做什么吗？

生：小女孩拿着铅笔。

生：小女孩一只手拿着 3 支笔，另一只手拿着 2 支笔。

师：这是第一幅图的情景，接着呢？

生：她把这些笔合在一起了。

师：也就是把它们合起来。

师板书 “合起来”。

师：也就是说小女孩一只手拿了 3 支铅笔，另一只手拿了 2 支铅笔，合起来有几支铅笔？你们都看懂图中小女孩在做什么了吗？你能学着她做一做吗？

一生上台演示。

全班一起用小棒或铅笔边说边演示（这是 3 支铅笔，这是 2 支铅笔，合起来有几支铅笔）

师：一共有几支铅笔呢？

生：有 5 支铅笔。

师：你怎么知道的？

生：我这样数 1，2，3，4，5。

师：有不同的数法吗？

生：我是直接数 4，5。

师：谁听懂他的意思？

生：这边已经有 3 支了，所以接着数 4，5。

师：也就是说在 3 支的基础上往后再数几个？

生：2 个。

师：将 3 支铅笔和 2 支铅笔合并起来得到了（5 支铅笔）。

2. 摆一摆

出示情境图 2（3 只吃竹子的熊猫和 2 只拍皮球的熊猫）

师：图上的动物是什么？

生齐答：熊猫。

师：你能说说讲的是什么故事吗？

生：有 3 只小熊猫在吃竹子，还有 2 只小熊猫在拍皮球。

生：一共有几只小熊猫？

师：说得真好！能连在一起完整地说一说吗？

生齐说：有 3 只小熊猫在吃竹子，还有 2 只小熊猫在拍皮球，一共有几只小熊猫？

师：孩子们，你们能用小圆片代替这些小熊猫边说边摆出这幅图吗？

（学生动手摆一摆，数一数，先同桌交流，再全班交流）

生：我先摆 3 个圆片，再摆 2 个圆片，一共是 5 个圆片。

师：这些圆片中，哪几个代表 3 只小熊猫，哪几个代表 2 只小熊猫？

生：前 3 个圆片代表吃竹子的小熊猫，后 2 个代表拍皮球的小熊猫。

师：说得非常清晰，让大家都听明白了。有谁的摆法能让大家看得更明白吗？

另一名学生上台摆圆片：

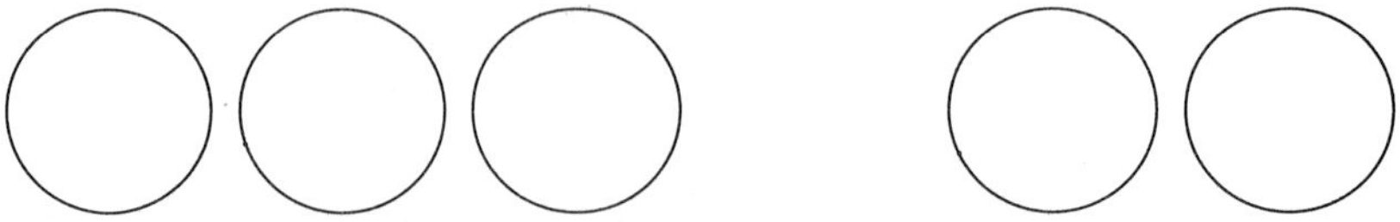

师：这样摆确实看得更明白了。一共有几只小熊猫呢?

生齐答 5 只。

师：你是怎么知道的?

生：我是从 3 开始数 4，5 得到的。

师：真棒！你已经会用前面学到的方法了。从左边的 3 开始往后数了，数几个呀?

师：还有不同的数法吗?

生：我从这边的 2 往后数，3，4，5。

3. 认一认

①认识算式

师指着两个情境图边说边板书：像这样的两个数学故事都可以用这个加法算式表示。3+2=5（板书：加法）。

师指着熊猫图问：你知道这个算式的每个数字在这里表示什么意思吗?

生：数字 3 表示这 3 只小熊猫，2 表示另一边的 2 只小熊猫。

师：5 表示?

生：一共有 5 只小熊猫。

师：这个加法算式你会读吗?

生齐读。

②认识加号和等号

师指着加号：这是什么符号？它表示什么意思?

生：加号，表示合起来。

生：后面的是等号，表示?

生：表示结果是 5。

4. 写一写

师指着铅笔的情景图：这个数学故事也可以用这个算式表示吗?

生：可以。

师：请你写出这个加法算式，等同桌写完后说说你的算式表达什么意思?

同桌交流后，集体交流。

5. 摆一摆，算一算

分别出示课本 24 页中的 3 道练习题。

师：孩子们，你能用小圆片分别表示这3幅图的意思，然后再数一数，算一算，写出结果吗？

生点头。

师：摆完，算出得数再思考一下认为对了，请举手。

生独立摆，并计算。

师：谁能在黑板上摆一摆，再说给大家听呢？

生纷纷举手。

生：我摆的这个圆片表示这1个桃子，这3个圆片表示另一边的3个桃子，它们合起来一共有4个，所以得数是4。

师：你觉得他说得怎样？

生：说得很好，让我们都听明白了。

师：接下来的两幅图，你们也能这样说吗？

生齐答。

三、巩固提升，应用模型

1.完成课本25页的练一练第1，2，3题

生独立完成，并表达每个算式的意思。

2.完成课本第26页第7题

出现电话铃声。

师：这是什么声音？

生：电话铃声。

师：让我们听听谁来电话了？

电脑传出：小朋友们，你们好！我是明明，欢迎你们到我家做客。

师：同学们想不想去明明家做客？

生：想。

师：明明家有很多加法，请同学们找一找，看哪一组找的加法最多？

生：明明加爸爸和妈妈，1+2=3。

生：1+4=5。1个凳子和4个凳子合起来。

生：1个杯子和1个杯子加起来等于2。

生：4盆花加1盆花等于5盆花，4+1=5。

生：5盆花加前面的1盆花等于6盆花，5+1=6。

……

师：小朋友们在明明家找到了好多加法，白雪公主也想请你们找找她身边有

什么加法，让我们出发吧！

电脑接着放课前动画片。

师：找到加法的同学请马上举手。（看到学生举手，按暂停）

生：1 只兔子 +3 只兔子 =4 只兔子。

师：我们继续看。（学生边看边说）

生：1 只小鸟 +2 只小鸟 =3 只小鸟。

生：4 只小鹿 +1 只小鹿 =5 只小鹿。

生：1 只小鸟 +1 个白雪公主 =2……

师：1 只小鸟加 1 个白雪公主等于什么？是 2 只小鸟还是 2 个白雪公主呢？

生（笑）：他们不一样，不能相加。

师：对，不同类的东西，通常不能相加。

……

师：我们教室里有加法吗？你们可以离开座位，在教室里寻找。

（学生独立活动一分钟）

生：3 个灯 +3 个灯 =6 个灯。

生：2 架空调 +1 架空调 =3 架空调。

生：4 块窗帘 +2 块窗帘 =6 块窗帘。

……

师：这节课你学会了什么？

生：加法。

生：认识了加号。

生：找到了许多加法。

师：我们的生活中到处都有加法，请你们在回去的路上或家里找找看有什么加法，告诉你们的爸爸妈妈和老师，好吗？

10. “加法的含义”教学设计

冼碧云
（广东省中山市小榄镇中心小学，青年名师）

※ 课前思考

一年级学生认知特点以形象思维为主，对抽象概念很难掌握，对概念和数量关系的理解要依靠具体形象的帮助。本课时着重加法这一运算的建模过程，在引入和理解加法的含义时，应该借助大量的实物情境，提供丰富的加法案例，结合动作和语言表征，帮助学生完成从具体情境到半抽象（点子图），再到抽象（符号与算式）的过渡。

在“加法的含义”这一课时之前，学生已掌握了数数的方法，能正确认、读、写 5 以内各数，会用 5 以内各数表示物体的个数和顺序，区分数字的基数和序数含义，能对 5 以内的数进行分与合，并会比较 5 以内数的大小。

考虑到学生的数学知识基础不一，因此，工作室成员分别对校内的一年级学生进行了访谈形式的随机调查，旨在了解学生对加法的认识基础。

※ 教学过程

一、创设情景，在情境中理解合并

1. 展示游乐园的多个情境，激趣引入

情境一：套娃娃游戏，按照教师的指令在希沃白板上帮助男孩和女孩套娃娃。

（1）男孩要套 3 只小熊，女孩要套 1 只小熊。

（2）请说说小朋友们在套娃娃区的收获：男孩套了 3 只小熊，女孩套了 1 只小熊，合起来一共套了 4 只小熊。

（3）怎么得出 4 只呢？（点数法）

情境二：捞金鱼游戏：按照教师的指令在希沃白板上帮助男孩和女孩捞金鱼。

（1）女孩捞了 3 条黄金鱼，男孩捞了 1 条黑金鱼。

（2）请说说小朋友们在捞金鱼区的收获：女孩捞了 3 条黄金鱼，男孩捞了 1 条黑金鱼，合起来一共捞了 4 条金鱼。

情境三：小丑分气球

（1）观察小丑的动作和说的话。

（2）小丑的一只手拿着 3 个粉色气球，另一只手拿着 1 个蓝色气球。

（3）小丑做了一个动作，这个动作表示把两部分合起来。小丑问了一个问题：一共有多少个气球？

（4）用完整的话来描述小丑拿着的气球：小丑的一只手拿着 3 个粉色气球，另一只手拿着 1 个蓝色气球，合起来一共有 4 个气球。

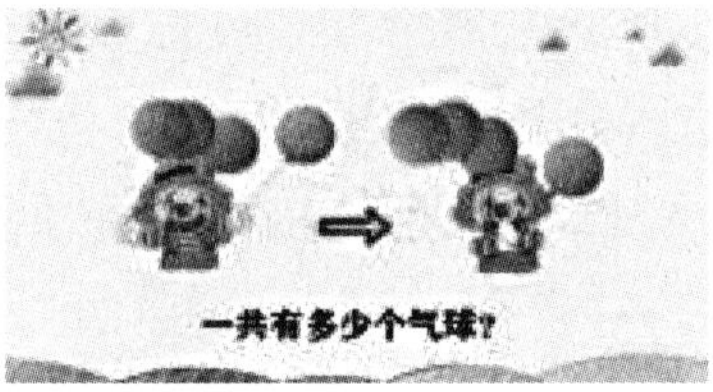

2. 归纳情境的共性，感悟“合并”

请同学们观察刚才游乐园中的三个情境，它们之间有哪些相同的地方？（左边部分的数量都是 3，右边的数量都是 1，合起来都是 4，都是把两部分合起来）

【设计意图】通过创设多种情境，从学生熟悉的游戏引入，使学生积极参与观察、发现等数学活动，能把自己观察到的情境用自己的语言描述清楚，并初步感悟合并的含义。

二、摆一摆，在操作中加深理解合并

1. 用手势表示小丑拿气球的情境

同学们的手中没有气球，大家能不能用手势来表示小丑拿着气球的情境呢？边摆边说。

（小丑的一只手拿着 3 个粉气球，用 3 根手指来表示，另一只手拿着 1 个蓝气球，用 1 根手指表示，把它们合起来，一共有 4 个气球）

2. 用学具摆一摆

请同学们思考，怎样用学具把小丑拿气球的过程摆出来，让人一看就明白，边摆边说。（摆的有挨在一起的情况，有分开的情况）

请生到前面摆，边摆边说。（3 个粉气球摆 3 个圆片，1 个蓝气球再摆 1 个圆片。合起来是 4 个圆片）

注意：摆的时候要强调这是不同的两部分，所以要分开。

【设计意图】通过手势比一比，学具摆一摆等活动使学生进一步理解合并的含义，将两部分合并在一起，为理解加法的含义奠定基础。

三、呈现点子图，用画图来表征

教师介绍：在之前的学习中，我们还学习了用点子图来表示物体，3 个粉色气球可以用 3 个点子表示，1 个蓝色气球可以用 1 个点子表示，合起来，可以画一个大圆圈把所有点子包围住。

区分两部分：这里所有的点子是一样的吗？为了区分不同颜色的点子是两部分，我们在中间画一条直线区分开来。

理解点子图：请学生解释点子图的含义。

【设计意图】学生在大量的语言表述的基础上由直观事物抽象出数学图形，通过点子图，画一画等活动，从多角度理解合并的意思，初步建立加法的模型。

四、揭示加法，初步了解加法算式

1. 认识加法算式

小丑拿着的气球，除了可以用学具摆一摆、用点子图画一画，还可以用数学符号表示。

3 个粉色气球可以用数字 3 表示它们的数量，1 个蓝气球可以用数字 1 表示它的数量，合起来要怎么表示呢？

认识加号：表示两部分合起来，可以用加号表示。加号在这里表示什么意思呢？表示把 3 个粉气球和 1 个蓝气球合起来。

形成算式：小丑的手上一共有 4 个气球（板书数字 4），3 和 1 组成 4，两边的数量同样多，用等号来连接。得出：3+1=4 。读作：3 加 1 等于 4。

2. 理解算式含义

在这一条加法算式当中，各部分分别表示什么呢？

3 表示 3 个粉气球，1 表示 1 个蓝气球，+ 表示把两部分的气球合起来。

3. 揭示题目，认识加法

师：小朋友们，其实，像刚才那样，把这两部分合起来，求一共有多少的问题，我们可以用加法来解决。这就是今天我们学习的加法（板书加法）。加法用加号来表示，这条算式当中有一个加号，所以这是一条加法算式。

4. 加深理解算式意义

小朋友们再来思考（呈现三个情景图），3+1=4 除了表示刚才的气球以外还可以表示什么意思呢？

【设计意图】通过这个环节的设计，让学生逐渐体会到，图中所表述的合并的意思在数学中可以用“+”来表示，使学生在算式中理解合并的意思。通过让学生结合具体的例子来描述 3+1=4 的意思，让学生体会到数学的简洁性，从具体到半抽象到抽象又回到具体之中，使加法概念在学生的心中生根。

五、尝试练习，加深巩固

下面我们来挑战几道练习。

1. 看图说一说算式表示的意思

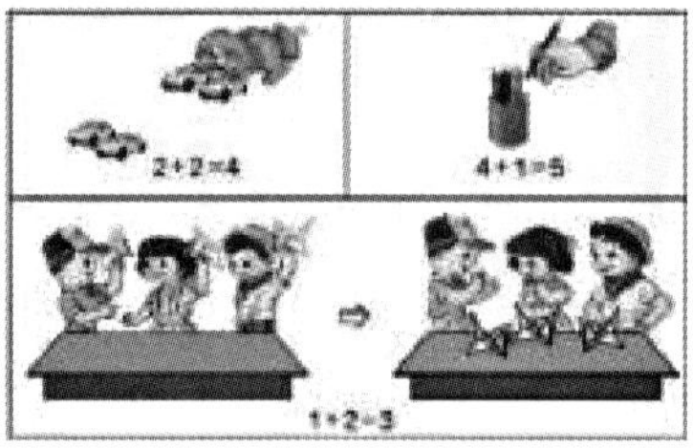

2. 看算式讲故事：3+2=5

3. 运用加法

来看我们这一节课的收获，第一组得到了 2 颗星，第二组得到了 1 颗星，如果老师想知道第一组和第二组一共得到几颗星，应该用什么方法解决？（请学生说自己的想法，并列出加法算式，说说算式各部分的含义，并解释为什么用加法来解决）

【设计意图】练习题突出针对性、层次性、开放性，训练学生思维的灵活性，从多方面加深学生对加法的认识和理解，培养学生解决问题的能力。

六、全课总结，回顾提升

师：通过今天的学习你知道了什么？你还有什么疑惑吗？

11. “认识减法”教学设计与反思

何耀妮
（广东省深圳市宝安区官田学校，青年名师）

※ 课前思考

教学本课前，我有以下三个方面的思考：

1. 本课的学习起点在哪里

知识起点：本节课虽然是学生第一次接触到减法运算，但在以往的实际生活中，会经常遇到这些原型，并已经初步感觉到“从一个整体中拿走或去掉一个或多个物体，数量在减少”这一现象，只是仍处在实物感知阶段。

2. 本课的学习终点在哪里

本节课开始就是要帮助学生逐步理解减法的意义，直观体会到从总数中去掉一部分，求剩下的部分时可以用减法计算。

3. 本课需要关注哪些过程与方法

在本节课的教学中，从学生已有的知识经验入手，挖掘生活中的数学素材，让学生动脑、动手，动口。教学中学生是积极的探索者，根据自己的体验，用自己的思维方式，与同伴合作交流。通过说一说、摆一摆、画一画活动，让学生经历探索 5 以内数的减法过程，理解减法的意义，充分体现学生学习的自主性。

※ 教学过程

一、课的引入—— 从动画故事中激趣

同学们看，这是谁呀？（贴出光头强）你们喜欢看吗？今天光头强来到一棵苹果树下（黑板上先画好一棵树），抬头一看，高兴极了，因为苹果树上结了几个苹果，大家数一数有几个，（5 个）贴出。“树上有 5 个苹果”，一阵大风后，同学们你发现了什么？（掉了 2 个）

师：根据这些信息，我们可以编出一道数学题，树上有 5 个苹果，掉了 2 个，问题是什么呢？有谁知道？

生：还剩下几个苹果？

师：今天我们就来学习：还剩下多少。

二、探究新知—— 从说、摆、画、算中探索

1. 说一说，感受减法意义

师：谁来完整地说说图意。

生 1：树上有 5 个苹果，掉了 2 个，还剩下几个苹果？还剩下 3 个苹果。

师：谁听清楚他说的了？

生 2：树上有 5 个苹果，掉了 2 个，还剩下几个苹果？还剩下 3 个苹果。

师：谁听明白了，你再说说。

不同形式的让学生多说。

2. 摆一摆，感知减法意义

（1）用学具摆一摆，边摆边说。学生独立完成。

（2）学生展示，请 2 名同学到黑板上演示摆和说的过程。

（3）老师在黑板上摆出 5 个苹果，然后圈起 2 个，让学生说说圈起来的意思。

师：我是这样做的（画 5 个圆，然后用虚线圈起 2 个）你能看懂吗？想一想，再和你的同桌说一说，你看懂了什么？

师：谁愿意上来分享你的想法。

生：5 个圆表示 5 个苹果，用虚线圈起 2 个表示掉下来的 2 个苹果。

3. 画一画，感悟减法意义

师：光头强高兴地捡起苹果，准备和森林里的熊大熊二分享，他把苹果切成了几块？（课件出示 5 块）

生：5 块。

师：熊大熊二，每人吃了一块后，还剩下多少块？淘气这样做的，（课件出示）

师：你看懂了什么？和你的同桌说说。

生：（5 个 0 表示一共有 5 块苹果，画线的 2 个表示去掉 2 块，3 个没画线，表示剩下 3 块）

师：谁听懂了，你再说一说。

师：和你的同桌再说说。

师：你们说我来画好吗？老师根据学生说的在黑板上画一画。

4. 算一算，认识减法算式

师：像这样：树上有 5 个苹果，掉了 2 个，还剩下几个苹果？有 5 块苹果，吃了 2 块，还剩下多少块？除了用圈一圈和画一画的方法外，还有更简便的方法吗？

生：可以用 5-2=3。

师：对，你真聪明，5-2=3 是减法算式，也就是用减法计算来表示更简便是吗？

师：这里的 5、2、3 各表示什么意思呢？

生：5 表示有 5 个苹果，2 表示掉了 2 个苹果，3 表示还剩下 3 个苹果。

师：谁听明白他说的了，你再来说一说好吗？

另一生重复说。

师：算式中“－”叫减号，它表示什么意思呢？

生：表示有 5 个苹果，掉了 2 个苹果，还剩下 3 个苹果。

师 ：对，在上面的情境中减法是表示还剩下多少个苹果，也就是求还剩下多少这样的问题，我们可以用减法解决。

师：这个减法算式怎样读呢？

生：读作：5 减 2 等于 3。

5. 画一画，算一算，丰富对减法意义的理解

师：同学们看，现在苹果树上有几个苹果？

生：5 个。

师：如果一阵风来了，掉了 1 个，你会像淘气一样用画一画的方式表示吗？

生：会。

师：好的，那就试一试吧！画完后再用算式表示哟！

学生独立完成。

师：你愿意上来说一说你做题的想法和过程吗？

师：你说得真好！如果突然来了一阵风，你认为会掉下几个苹果呢？想好了，你来移一移，表示掉了几个。

生：掉了 3 个。

师：请同学们根据这个同学的想法，画一画，算 一算吧！

学生独立完成，请一名学生上来做一做，然后全班交流。

师：如果再来一阵风，你认为会掉下几个苹果，根据自己的想法，画一画，并算一算。

生独立完成。

让做的不同的同学说说自己的想法和做法。

师：同学真爱动脑筋，想法真多。

三、课堂总结——从说中感悟知识升华

师：今天你学会了什么？

师：同学们说得很好。我们今天学习了减法，是从总数中去掉一部分，求还剩下多少，可用减法计算。

四、巩固练习——从体验中学以致用

1. 完成书上第 28 页第 1 题。

2. 找一找，说一说生活中什么地方可以用 5-2=3 解决的问题。

※ 课后反思

以学生的生活为基础。

学生的学习离不开学生的生活。本课的教学过程，充分体现了以学生的生活为基础，用学生喜欢看的动画片人物导入，并且整节课围绕苹果树情节进行教学。学生的学习兴趣浓，积极性高，所以教学效果好。

以说、摆、画、算为活动纽带。

学习任何知识的最佳途径是通过自己的实践活动去发现，本节课充分让学生动口、动手，很好地体现这学习过程。本节课虽然是学生第一次接触到减法运算，但学生已有的经验中，他们已经知道，5-2=3，但他们不知道这其中用减法的意义，所以在教学过程中让学生理解减法意义是很重要的，故课堂上用不同形式的方法去说，从说中理解减法的意义；然后根据说的去摆一摆，树上有5个苹果，掉了2个，还剩下多少个苹果？这种从总数量中拿掉一部分的减法意义；接着让学生理解画一画去掉的方法，学习从总数量中拿掉一部分的减法意义；最后引出用减法算式计算是最简便的表示方法。

12. “减法的初步认识”教学设计

潘锦嫦
（广东省中山市西区烟洲小学，青年名师）

※ 课前预设

教学重点：知道减法的含义、能正确计算 5 以内数的减法。

教学难点：初步理解减法的含义。

教具准备：多媒体课件，板书小圆片、图形。

学具准备：同桌两人共用 5 个小圆片，1 张练习纸。

※ 教学过程

一、复习——加法的含义

我们的老朋友小丑先生又来了，我们来看看（出示情境图），回顾加法的含义：几个 ×× 和几个 ×× 合起来是几个 ××，算式是几加几等于几。

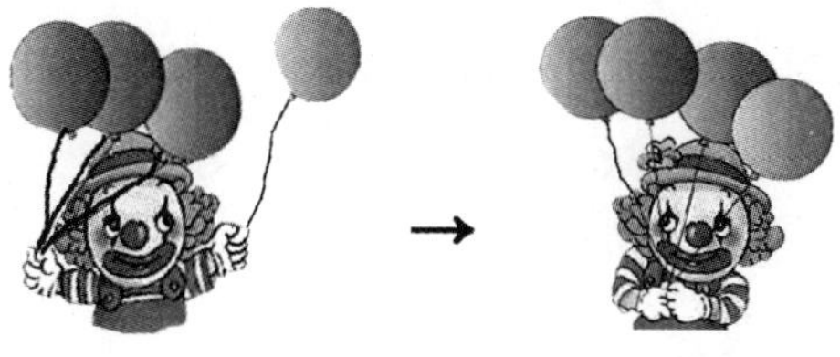

二、观察——整体感知减法

小丑先生现在手里拿着几个气球？我们可以用 4 个小圆点来表示，用数字几来表示？

老师动态演示小丑拿气球图。

1. 请小朋友们仔细观察，小丑先生一不小心……

飞走 1 个气球，用数字几来表示？

从4个气球中，飞走了1个，我们在点图中用虚线圈出一个，这就是飞走了一个，也可以说成是减去了一个。除了用虚线以外，还可以怎么表示呢？（引导学生用斜线来表示）

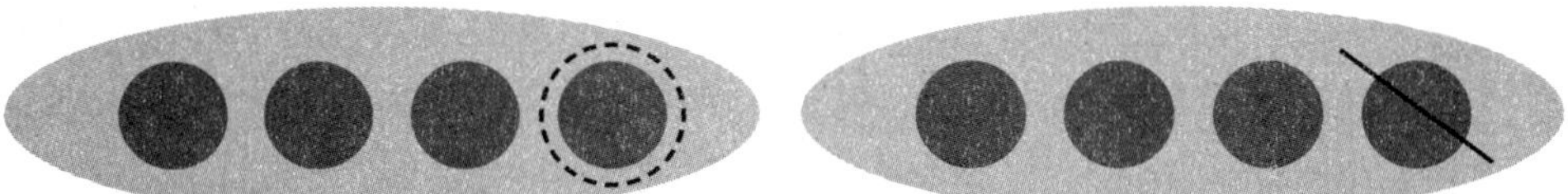

剩下几个气球？用数字几来表示？

板书：4 1 3

2. 引导学生完整表达图意过程

有 4 个气球，飞走了 1 个，还剩 3 个。

谁能对照电子图再说一说（引导学生用减去，或者去掉来说）

3. 从 4 个气球里减去了 1 个气球，要用这个符号来表示（在 4 与 1 的中间写上减号）

这个符号是减号，表示减去的意思。一起读一次“减号”，这个算式读作4减1。

4.4 减 1 等于几？图中哪里找到 3 的？ 3 表示什么？

5. 读完整的减法算式：4 减 1 等于 3。

6. 在这个算式中 4、1、3、分别表示什么？（表示有 4 个气球，飞走了 1 个气球，还剩 3 个气球）

【设计意图】以学生的观察活动为基础，分别从现实情境，具体的图画情境和抽象的数学情境三个层次体会“减去”的含义。使学生感受减法的产生，整体感知减法算式，学会减法算式的正确读法。

三、操作——具体理解减法

1. 展示整个过程，学生完成的叙述过程。（请同学用各种各样的方式说，表

达图意）

2. 学生使用教具摆一摆。

3. 请一个同学上来摆一摆，说一说。（老师配合板书，抽象成点子图）

4. 列算式：5-1=4。

5. 说一说各个数字的含义和算式的含义：原来有 5 只小鸡，走了 1 只，还剩 4 只。

【设计意图】把学生的操作和表达密切结合起来，突出“减去”这个减法意义的核心要点，具体理解减法算式中各数的含义。

四、表达——简洁表达减法

1. 展示整个过程，学生自由说图意，老师提示算式。（引导学生把图意和算式连起来表达）

2. 老师提出要求：能说得更简单一些吗？

3. 同学们，你来听听老师是怎么说的：从 4 只燕子里面减去 2 只，还剩 2 只。怎样是不是比较简短，你能像我这样说一说吗？

4. 巩固：让多个同学用简单的话说，全班再说一说。

5. 同桌一人说一幅图，用简洁的话说。

从几个 ×× 里面减去几个 ××，还剩几个 ××，可以用算式几减几等于几。

6. 引导学生有顺序地观察图片，并说说算式的含义。

【设计意图】在学生整体感知和具体理解减法的基础上，引导学生形成简洁的表达范式，有利于培养学生的观察和表达能力，体会数学语言的概括性和准确性，巩固对减法含义的理解。

五、巩固——体会减法的价值

1.喂养小动物：在学习纸上，通过“斜线”或者“虚线框”表示去掉的方法，编一道减法解决的题目，并列出减法算式。

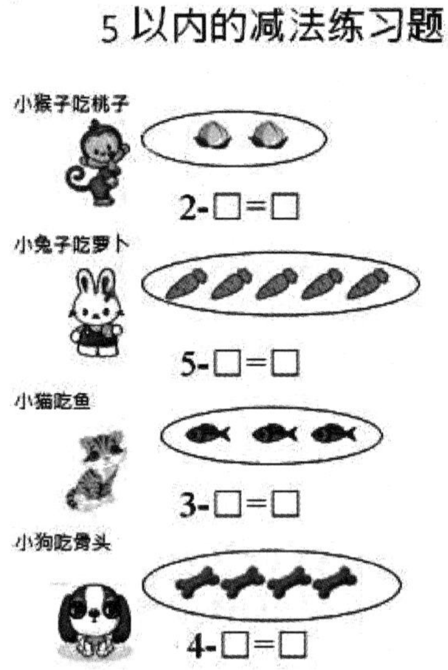

2.再同桌互相说一说，要求用一句话简洁说。

3.请几个同学汇报说。

【设计意图】从生活中的情境出发，自己设计减法，有利于检验学生对减法的认识水平以及减法中各个数字的含义的理解，巩固学习成果。同时使学生进一步感受数学知识在生活中的广泛应用。

六、总结全课

今天我们学习了减法，当从整体里减去一部分的时候，我们就需要用到减法，这个减去包括气球飞走了；小鸡离开了；铁铲拿走了；吃了，扔了，关了……

13. “减法运算”课堂片段与反思

王芳
（湖北省潜江市田家炳实验小学，青年名师）

※ 课前思考

“还剩下多少”这节课是学生第一次接触到减法运算，尽管是第一次接触，但在以往的实际生活中，孩子们经常遇到减法的生活原型，比如：从一个整体中拿走或去掉一个或多个物体，拿走，去掉，表示数量在减少这一现象，本节课，就是开始在这些丰富的实物感知中逐步理解减法的意义，知道生活中哪些现象是可以用减法计算的，以此引出初步探索 5 以内减法的计算方法。

※ 教学过程

一、教学片段一：还剩下多少个苹果

出示情境图（一）

（1）师：请大家仔细观察，这棵苹果树上一共有几个苹果？现在发生了什么？掉下了几个苹果？现在树上还剩几个苹果？你能把这个数学故事完整地讲出来吗？

生：树上原来有 5 个苹果，掉了 2 个，树上还剩下 3 个苹果。

（2）师：你能根据这个数学故事完整地表达出两个数学信息，并提出一个数学问题吗？

生：原来有 5 个苹果，掉下 2 个，还剩多少个？

（3）师：今天我们就来解决还剩下多少这一类的数学问题。（板书课题）

（4）摆一摆。

师：刚才我们讲出了这个数学故事，其实我们还可以把这个故事用我们手上的学具摆出来。请同学们拿出 5 个圆片来代替 5 个苹果，摆一摆。

学生动手摆一摆。（先摆 5 个圆片，拿走 2 个圆片，还有 3 个）

（5）你是怎么摆的？又是怎样知道还剩下 3 个苹果的？

生（宇博）：我是这样摆的，我先摆 5 个圆片，也就是一共有 5 个，从总数 5 里拿掉 2 个，就是少了 2 个，我数一数，还剩下 3 个。

生（雅琪）：我是这样摆的，我也是先摆 5 个，先拿一个，还剩 4 个，再拿一个，也就是一起拿走了 2 个，还剩 3 个。

师：谁听懂他们的想法了吗？

生：宇博同学是一下子拿走 2 个，直接数出剩下的。而雅琪同学是一个一个地拿走。

生：我还想补充，他们都是从总数 5 个里拿走了 2 个，就少了 2 个，所以剩得都是 3 个。

（6）板书贴图。

师：同学们说得真好，是的，我们都是从整体中去掉、拿走一部分，另一部分就是剩下的。

二、教学片段二：还剩下几块奶酪

出示情境图（二）

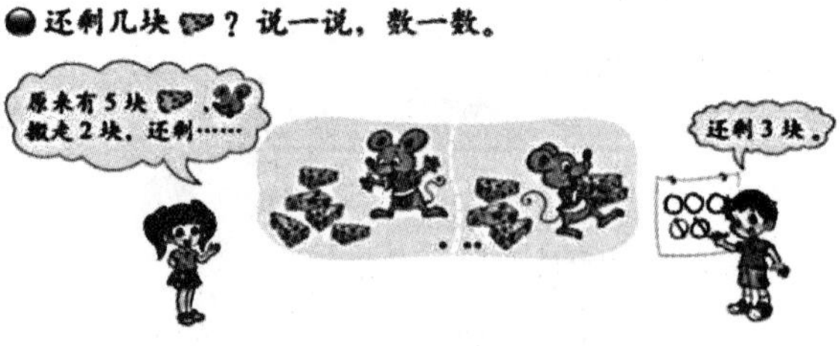

（1）师：数一数，一共有几块奶酪？看，小老鼠干什么呢？你能把这个数学故事完整地讲出来吗？

生：我看到了有 5 块奶酪，搬走 2 块，还有 3 块。

（2）师：你能根据这个数学故事完整地表达出两个数学信息，并提出一个数学问题吗？

生：有 5 块奶酪，搬走 2 块，还剩几块？

（3）摆一摆。同桌互说。

你能把图中的意思用圆片摆出来吗？同桌互相说一说，你是怎样摆的。

师：你是怎么知道还剩 3 块奶酪的？哪组同桌来和大家分享你们的摆法？

生：我们是先摆 5 个圆片，然后拿走 2 个，还剩下 3 个。这 3 个我是直接数出来的。

生：我们是从 5 个里拿走 2 个，这 2 个没有了，就剩 3 个了。

师：刚才我们用圆片帮助表示从整体中去掉一部分，另一部分就是剩下的。

师：数学故事不仅可以讲出来，摆出来，还可以画出来呢，我们可以用图形（圆，三角形，正方形等形状）代替奶酪，怎样把 5 块奶酪，拿走 2 块画下来，思考一下，把这个过程画在本上。

（4）交流汇报。

生 1：我是画了 5 个三角形，把其中的 2 个圈起来，表示拿走这 2 个，还剩 3 个。

生 2：我先画 5 个圆形，拿走 2 个，我就划掉了其中的 2 个，还剩下 3 个。

师：数学故事不仅会摆出来，还会画下来讲出来，大家真的很棒！

三、教学片段三：抽象理解，认识减法

（1）师：谁愿意再来说一说这两个数学故事？

生（指贴图）：第一个故事是树上有 5 个苹果，掉下来 2 个，还剩 3 个。

生（指贴图）：第二个故事是有 5 块奶酪，小老鼠拿走 2 块，还剩 3 块。

（2）师：我们把这两个数学故事用算式表示出来，怎么表示？

生：5-2=3。

（3）师：你知道每个数都表示什么意思吗？

生：这里不管是苹果还是奶酪都有 5 个。

师：你真会观察它们的相同之处，也就是总数都是 5。

生：我还发现，掉下来 2 个，小老鼠拿走 2 块，都是变少了。

师：你的发现真有价值，不管是掉下，还是拿走，都表示从总数里减少了 2 个。那还剩下多少呢？

生：还剩下 3 个。

师：于是我们把讲出来的，摆的，画的这些数学故事用最简洁的算式表达出来。

（4）认识减号，读算式。

这里的“-”是减号，表示去掉的意思，像这样的有减号的算法，叫作减法，补充课题，认识减法。

师：这个算式怎么读呢？（5 减 2 等于 3）从左往右读，能把减号两边的数交

换吗？

生：不能。

（5）这两个数学问题为什么要用减法计算呢？

引导归纳：从总数中去掉一部分，求还剩下多少要用减法来计算？

（6）生活中还有很多这样用减法来计算的例子，我们还是以 5-2=3 为例子，它还有可能讲的是什么数学故事呢？

引导学生完整表达。

比如 5 颗糖，吃了 2 颗，还剩下 3 颗。有 5 元钱，花了 2 元，还有 3 元钱。

（7）师：老师想把智慧老人带来的 5 颗智慧星奖发下去，如果一次拿走 1 颗，你想用什么方式来记录这个过程？

生：算式 5-1=4。

师：如果我一下子拿走 2 颗呢？

生：5-2=3。

师：如果我一下子拿走 3 颗呢？

生： 5-3=2。

师：如果我一下子拿走 4 颗呢？

生：5-4=1。

师：如果我一下子拿走 5 颗呢？

生（兴奋地）：全部拿走了没有了，应该是 5-5=0。

师：大家真能干，下节课我们将继续学习这类得数是 0 的减法。

※ 课后反思

一年级小学生的思维处在实物感知的阶段，生活中，与一个没有上小学的孩子交流，如果你问他，5-2 等于几，反应快的孩子可以是本能得出 5-2=3，有的孩子可会搬手指头比画，给出答案。但如果你加入实际的情境，比如 5 颗糖，你吃了 2 颗，还剩几颗？或者说有 5 本书，妈妈拿走 2 本，还有几本书？他一下子就能答出来。

一、丰盈问题情境，积累感悟意义的经验

第一个问题串，树上还剩下几个苹果，这是一种最常见的从总数里拿走一部分这一减法原型。用两幅动态连环画的呈现，第一幅图树上有 5 个苹果，第二幅图树上掉下来 2 个，树上还剩 3 个，在这个过程中，重点让学生通过淘气和笑笑的对话直观感知体验。第二个问题串，还剩下几块奶酪？说一说，数一数。用两幅动态的连环画呈现小老鼠运奶酪的情境，原有5块，拿走2块，还剩3块，进一步理解减法的意义。这顺应低年级学生的认知规律是感知、动作——表象——概念、符号。从丰富的现实情境入手，积累感悟减法意义的认知经验。

二、丰实操作表象，搭建理解意义的桥梁

实践证明只有建立正确、牢固而清晰的表象，才能支持抽象思维。本节课学具操作能让学生在感知大量事例的过程中，建立牢固而清晰的表象，逐步认识减法的意义。教材中，第二个问题串与第一个问题不同的是，在求减少的、剩余的过程中，淘气用画圈代替奶酪拿走的过程，慢慢让学生从直观的实物，具体的情境，渐渐剥离抽象出减法的基本计算策略，淘气从总数5个圆圈中划掉2个，为后续抽象出算式铺平道路。教学中，两个问题串的教学，都充分让学生去摆，去表达，再让学生去画一画，这样把表达与操作，形与数结合，为学生理解减法的意义搭建了桥梁。

三、丰厚抽象概括，有效体验意义的模型

教师要把握好形象直观——抽象概括的“度”。教学中从直观的实物呈现，逐步抽象概括数学本质的概念，并逐步过渡到由“实物呈现”转变为由“形代替实物”的“形呈现”，从而实现思维的质的飞跃。本节课是把握抽象概括的最佳时机。水到渠成地找出两个数学故事的相同之处，是从总数里拿走一部分，都可以用5－2＝3来表示，学生对用符号表达和对每个部分的意义的理解达到最优化。学生逻辑思维能力得到培养和发展。

14. “还剩下多少”教学设计

卢伟伦
（广东省韶关市武江区田家炳沙湖绿洲小学，青年名师）

※ 课前思考

初步接触减法是“加与减”领域的重要内容之一。教材通过小组活动为学生提供了丰富多彩的实践素材，让学生在动手实践中探索、讨论、交流、发现减法的含义。教材在呈现教学内容时分两个层次提出问题：第一层是通过看图说话的形式理解减法的含义；第二层是认识减法，规范读写。这样的编排，不但重视学生知识探索的形成过程，而且让学生经历了从具体到抽象的思维过程。

本课试图在一种开放的教学环境下，教学中通过学生动手操作，用两种方法解决同一个问题，引导学生比较算式和数量关系，发现它们的内在联系，再让学生照例子列举同类算式，分析共同特点，从中发现减法的算理，这样从具体到抽象，符合学生的一般认知规律，让学生亲历“举例—思考—交流—概括”这一过程，真正落实学生的主体地位，引导学生学会学习。

※ 教学过程

一、复习旧知

1. 出示课件提问题，复习加法算式。

2. 开火车算加法算式。

【设计意图】关注学生的已有经验，将新知和旧知联系起来。

二、激趣引入

老师告诉大家一个好消息，笑笑家的苹果成熟了，她邀请我们一起去看看，想不想去呢？（课件出示情境图）

活动：树上还有几个苹果？

观察情境，读懂图意。请同学们仔细观察，这棵苹果树上一共有几个苹果？

哎哟！快看，一阵风刮过，掉下来了几个苹果？现在树上还剩几个苹果？

利用课件展示苹果掉落的情境：

你能把这个故事完整地讲出来吗？

引导学生讲数学故事，把数学信息说完整，语言尽量要简练，突出减法的数量关系：树上原来有 5 个苹果，掉下来 2 个，还剩 3 个。

你能用一个数学问题来表示吗？

树上原来有 5 个苹果，掉下来 2 个，还剩下多少个苹果？

这就是今天咱们要一起研究的“还剩下多少”（板书）的问题。

【设计意图】创设有趣的情境，让学生发现数学信息，提出简单的数学问题，激发了学生的求知欲和学习兴趣，自然巧妙地导入新课。

三、合作探究

1. 活动二：还剩几块奶酪

（1）观察情境图，说一说图意。

师：刚才我们看了笑笑家的苹果树，现在老师带大家一起去看看爱偷吃的小老鼠今天又干什么坏事了，大家看这是什么？（课件出示情境图）

生：有 5 块奶酪。

师：快看，小老鼠干什么呢？

生：小老鼠在搬奶酪？

师：你能把这个故事讲给同桌听一听吗？ 你能用一个数学问题来表示吗？

引导学生说出：有 5 块奶酪，小老鼠搬走了 2 块，还剩下多少块奶酪？

（2）实物操作，初步感知减法的意义。

请同学们一起做一做：①拿出 5 根小棒。②去掉 2 根小棒。③看还剩下多少根小棒？④谁来说一说还剩下多少块奶酪？

（3）探究“还剩下多少块奶酪”的计算方法。

提出问题：你是怎么知道还剩3块奶酪的？说说你是怎么想的？学生上讲台说自己的想法，边说边操作。追问：除了以上的方法，你还会用其他的方式表达吗？引导学生用画图的方式表达。

2. 活动三：认一认

（1）认识减号和减法算式。

提出问题：谁能把这两个数学故事用一个简单算式表示出来呢？

原来有5个苹果就写“5”，掉下去了2个，写“2”，掉下去了用“-”。还剩下3个。写“=3”。

板书：5-2=3。

读作：5减2等于3。

（2）说一说“5-2=3”表示的意义。

小结：5是总数，2是去掉的部分，3是得数。

结合两个情境说一说：

你能在生活中找到“5-2=3”的例子说一说吗？

（3）写一写“5-2=3”这个算式。

教师在黑板格子里示范一次，然后让学生在本子上学写。

【设计意图】要让学生动手操作，而不只是用眼睛看和用耳朵听，让学生带着问题动手、动口、动脑，调用多种感官参与数学学习活动，通过自主探究，小组合作的一系列活动，让学生理解减法的含义。

四、课堂练习

1. 微课视频展示课本27页“画一画，算一算”

（1）出示题目。

（2）学生讨论，交流。

（3）展示答案并讲解。

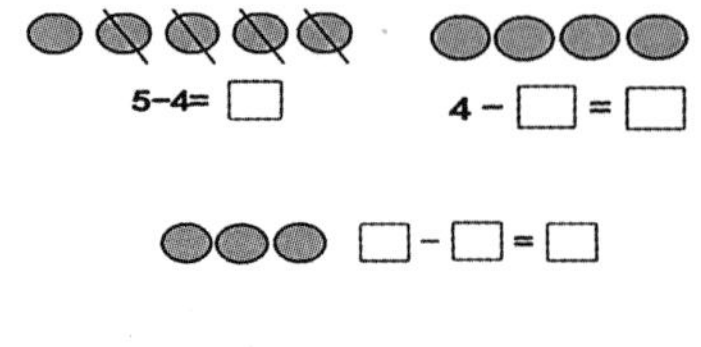

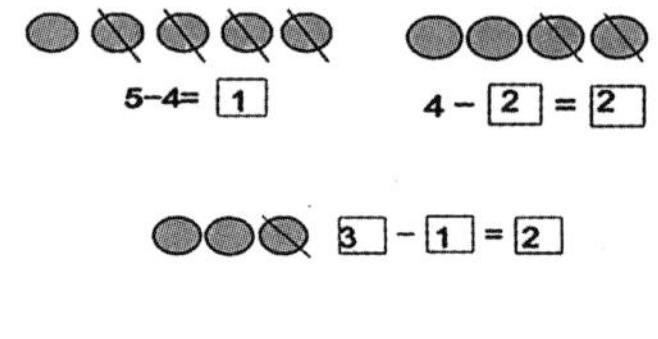

2. 课本 28 页“练一练”第 2 题

（1）课件出示题目。

（2）学生独立完成，教师点名回答。

【设计意图】在信息技术与学科深度融合的基础上进行微课初探。本微课视频可利用各种信息终端，让学生不受地域、时间限制，可供学生碎片化学习。以不同形式出示练习，让学生初步感受微课，同时也激发学生的好奇与兴趣，更有利于孩子的学习。

五、课堂小结

1. 请说一说今天有什么收获？

2. 同学们，今天我们每一个人的表现都非常棒，老师很满意。求还剩下多少的问题要用减法解决，老师希望你们能回到家中和家长一起找一找身边能用 5 以内减法表示的例子。

15. “求两数相差多少应用题”教学设计

邱学华
（江苏省常州大学尝试教育科学研究院，特级教师，中小学荣誉教授）

※ 课前预设

教学准备：每个学生准备一块磁性演示板，这是由作者自己设计创造的学具，一块长方形铁皮，一面画有方格，另一面中间镶嵌磁铁的塑料花（有红色和黄色两种）。

※ 教学过程

一、导入新课

在磁性学具板上第一行摆8朵红花（磁性教具），第二行摆5朵黄花，要求学生提问题（一共有多少朵花），引导学生思考还能提出什么问题（红花比黄花多几朵，或黄花比红花少多少朵）。

教师用通俗的语言直接导出课题：以前我们学过求两个数一共有多少的应用题，现在开始学习求两个数相差多少的应用题。

【设计意图】从求和应用题引出求差应用题。这样把“求差应用题”纳入求和应用题的旧的知识结构中，形成新的知识结构，使新旧知识联系起来。

二、尝试新课

让学生尝试操作，从大量的感性认识中初步了解求两数相差多少应用题的数量关系。

1. 让学生观察比较学具板上的实物：8朵红花，5朵黄花。

●●●●●：●●●

○○○○○：

红花可以分成两部分，一部分是同黄花同样多的5朵，一部分是红花比黄花多的3朵。

2. 尝试操作：学具板上摆 9 个红皮球，5 个黄皮球，观察比较红皮球比黄皮球多几个。

3. 学生观察教师演示的磁性教具：7 个苹果，3 个橘子。先要求学生讲三句话，然后连起来变出一道应用题："有 7 个苹果，3 个橘子，苹果比橘子多几个？"让学生尝试练习。

4. 观察教师演示可贴式卡片：8 只黑兔，3 只白兔。先引导学生说三句话，然后编出两道应用题：

①有 8 只黑兔，3 只白兔，黑兔比白兔多几只？

②有 8 只黑兔，3 只白兔，白兔比黑兔少几只？

5. 带领学生阅读课本第 33 页第 3 题。"学校里养了 12 只白兔，7 只黑兔。白兔比黑兔多几只？

12−7=5（只）。

口答：白兔比黑兔多 5 只。

【设计意图】让学生尝试操作，从大量的感性认识中初步了解求两数相差多少的应用题的数量关系。从动作→实物→图画→讲几句话→编出应用题，也就是从动作阶段→实物图画阶段→符号阶段，逐步上升，使学生清晰地感知，在大量的直观基础上，抽象出相差应用题的数量关系。

三、巩固新课

1. 课本第 34 页"做一做"练习：方民家收了 8 棵大白菜，13 棵圆白菜。圆白菜比大白菜多几棵？

2. 看图编题，出示动物园图画：画中有 2 只大象，4 只长颈鹿，7 只猴子等。让学生互相编题，然后推举代表编题。

【设计意图】通过以上看图编题，使学生初步懂得比较大小是相对的，培养学生思维的灵活性。

四、课堂游戏

1. 表演。挑选男生、女生到讲台前面，要求说出男生比女生多几人？女生比男生少几人？

2. 比大小游戏。每个学生准备 1~10 十张数字卡片或扑克牌，同桌两人各自拿出一张比大小。要求学生说："我比你多多少，你比我少多少"。

3. 编题竞赛。学生根据教室里所看到的人和物编题，看哪一组编得多。

【设计意图】通过游戏活动，让学生在愉快的情境中进行训练，使学生进一步知道求差应用题的数量关系。并通过观察周围的事物编题，培养学生用数学的眼光观察世界。

五、课堂小结

教师概括：以前学过求两个数一共有多少，今天这堂课学习求两个数相差多少的应用题，我们周围的事物，都可以来比较两个数相差多少。

16. “练习三（1 ～ 5 的认识、比大小）”教学设计与反思

刘东伟
（广东省中山市实验小学，青年名师）

※ 教学预设

教具准备：教学一体机、希沃白板 5 软件、希沃授课助手、智能手机。

※ 教学过程

一、猜一猜，比一比

师：同学们，我这里有你们学过的几个数和符号，但是被遮住了（用“蒙层”效果遮蔽，内容为 1、2、3、4、5、＞、＜以及＝），你能猜猜是什么吗?

师：老师帮你掀开一点儿遮盖的部分（擦除蒙层中的部分遮蔽，显示出某数字或符号的一部分），你再猜猜。

师：你真棒。奖励你一个贴纸！请跟我读出这个符号（或者数）。

生：“＞”！（板书“符号：＞”）

师：这是什么？你们再猜猜！

生：5。

师：你真会猜。请跟我读这个数“5”。（如此类推复习 1 ～ 5，大于、小于和等于号，并板书）

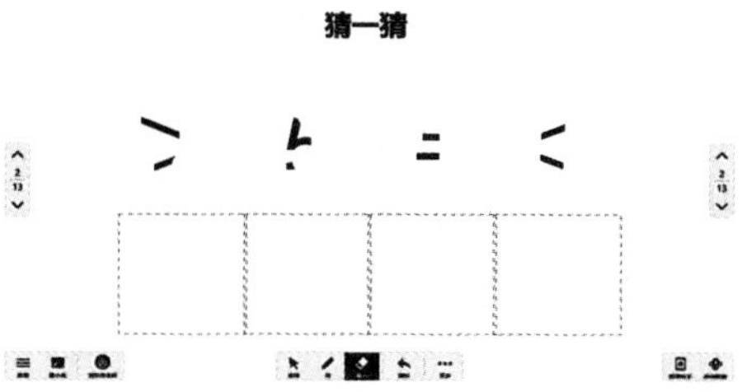

师：你们不但会猜，而且对前面学过的知识记得非常牢固。下面你们能不能用这些学过的知识，来和老师玩个游戏，PK 一下？（出示课堂活动）

师：这个游戏是（生读：选一选，选出正确答案）。我先来示范一下怎么做（师示范游戏玩法）。你学会了吗？谁来和我 PK 一下？

预设一：生输。

师：啊，真可惜。不过大家还是给他一点掌声鼓励吧。

师：输了？我们可以怎么锻炼一下呢？（预设：多练习）看来我们学会新知识后，还要做一些练习巩固一下，才有可能赢啊。那老师给大家一些帮助，让你们多赢一点好不好？老师带来了一些闯关练习，一关比一关难，我们来挑战一下吧。也许做完这些闯关练习，你就能够赢了。

预设二：生赢或平局。

师：你赢了，你平时在家是怎么学习的？知识掌握得这么好？（预设：在家练习）

二、集体练习

1. 第一关：数一数，比一比

师：第一关要求我们做什么？（出示课件，生读：数一数，比一比）

师：你想数什么和什么？数完把他们的数量比较一下。

预设：我想数花和蜜蜂。

师：你这朵花数过了吗？你怎么知道自己数过了？（预设：我记住了）那我们看不出你数过了啊，有没有什么方法让我们看出或者让你提醒自己，哪些是已经数过了？

预设：划掉数过的。

师：这种数数的方法好不好？数了一个就划掉一个有什么好处？

预设：不容易重复数，也不容易漏掉。

师：这种方法真棒。在数东西数量的时候，我们把数过的划掉或者做一个记号，那就可以提醒自己或者别人，你数过了。这样就不容易重复数，或者漏数了。你们学会了吗？谢谢你分享，你获得一个奖章。还有谁想数一数，比一比？

2. 第二关：涂一涂，比一比

师：第二关要求我们做什么？（出示课件，生读：涂一涂，比一比）

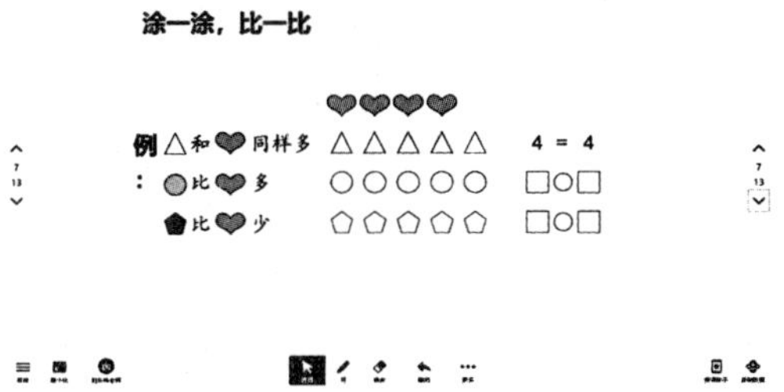

师：先观察一下，你看到了什么？老师看到这些三角形只有 4 个涂色了，还有一个没涂？你知道怎么回事吗？

师：那这里 4=4 是表示什么和什么比？这个 4 是什么的数量？这个呢？

师：你们听明白了吗？给他掌声。读一读下一题，看看是什么图形和爱心的数量比较？那圆形该怎么涂？这里比较的式子该怎么写呢？

师：5 > 4，5 是谁的数量？ 4 呢？

师：你们同意吗？说得真好，你获得一个贴纸。那这里还有一种图形也要跟爱心比较一下。你们认识这种图形吗？老师给你们介绍一下。这些是五边形。那我们要涂几个五边形呢？

预设：1 个。

师：你说得真好。有没有不同的意见？

预设：涂两个、三个。

师：为什么啊？

预设：因为两个、三个也是比爱心少。

师：那也就是说这道题有不止一种答案？那我能涂四个吗？五个呢？真好，我们找到了三种答案。你们同意吗？

3. 第三关：填一填，比一比

师：第三关要做什么？（出示课件，生读：填一填，比一比）

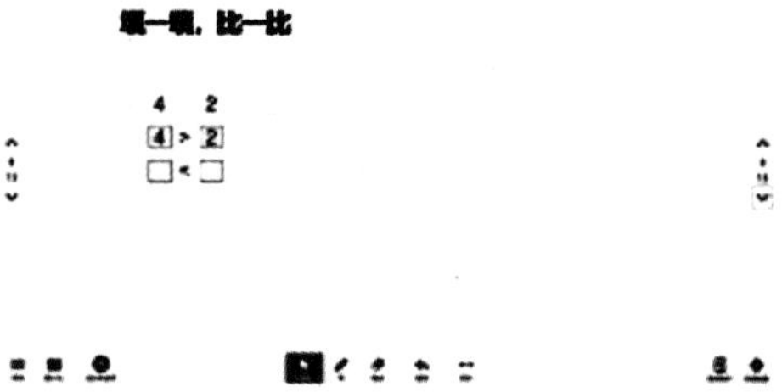

师：第一题，题目给了我们两个数，是什么？它还给了我们一个比较两个数的例子？是什么？这两个数除了可以用大于号比较，还可以怎么比？

师：那就是说两个不同的数比较，可以有两种写法，一种是用大于号，另一种是（生：小于号）。

师：虽然两个式子不一样，但是其实它们的意思是（生：一样的）。（依次出示剩余题目）再来看看下面我们还要比较什么？

4. 第四关：涂一涂，数一数，填一填，比一比

师：第四关最难啦，它要我们做什么？（出示课件，生读：涂一涂，数一数，填一填，比一比）

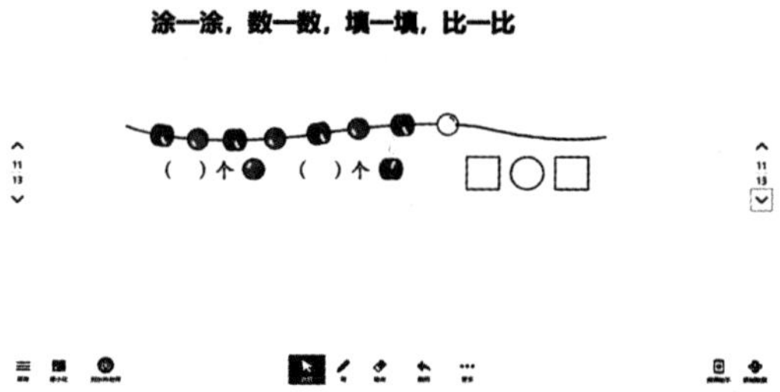

师：我们要涂哪里？涂什么颜色呢？为什么？

预设：涂最后一颗珠子，涂橙色。因为它是一个绿色，一个橙色，一个绿色，一个橙色这样子串起来的。

师：你的眼睛真会观察，你发现了这一串珠子的规律。那我们现在把它涂上橙色吧。涂一涂，我们完成了。下面，我们要干吗呢？（预设：数一数）好的，数什么？怎么数才不容易数重复、数漏？

师：接着我们要比一比。什么的数量和什么的数量要比一比？比完了结果用什么样的式子表示？

预设：橙珠子和绿珠子的数量比一比。4=4。

师：这个4是谁的数量？这个呢？经过比较，我们知道两种珠子的数量（预设：一样）恭喜你们，顺利通过四关练习！下面请你再来PK一下吧，看看是否有进步！（重复课堂活动）看来经过努力学习、练习，你们又进步一点啦！

三、个人练习

师：请完成书中的练习三。做好了请举手，老师可以把他的作业分享到屏幕上给大家展示一下，这样就可以获得老师的奖章啦！（使用授课助手拍摄学生练习成果，并讲评）

四、总结

师：这节课我们运用前几天学到的知识完成了一些练习。请大家再看看（板书）这些知识是什么？1、2、3、4、5是我们学过的一些数，>、<和=是我们学过的一些符号，我们可以用这些符号来比较数的大小。

※ 课后反思

“1～5的认识”是数概念中最基础的知识之一，是学生正式学习数的起始课。在我看来，本节课并不是简单要求会认会读写1～5各数，掌握数的顺序就行了，而是让学生经历数的产生的过程，理解数的意义，比较数的大小，进而建立数感才是重点。所以，教学中，我通过呈现情境场景、画画涂涂、看看比比等游戏方式，引领学生在具体情境中抽象出1～5各数，利用珠子数序规律，形象中寓抽象，抽象中有形象，在潜移默化中建立数感，达到了较好的教学效果。

17. “数的大小关系”教学设计与反思

李绿梅
（广东省韶关市武江区田家炳沙湖绿洲小学，青年名师）

※ 课前思考

学习“快乐的午餐”以前，学生已经经历了数数的活动，对自然数的基数意义和序数意义有了一定的认识。本节课是在对数的认识的基础上，进一步学习数的概念体系中的一个重要的内容，即数的大小关系。教科书没有满足于仅让学生根据数的顺序进行数的大小比较，也没有急于引入“=”“<”“>”符号。而是在具体的情境中经历“一一对应”的活动过程，直观认识两个数量之间的相等和不相等关系。

6周岁的儿童认知能力和言语能力有了一定发展，对感兴趣的实物能集中较长时间的注意力，有意注意也有了一定的稳定性。但他们对学习目的没有一个明确的认识，没有形成自觉的学习习惯，在课堂上可能会出现“坐不住”“开小差”的现象。从教材内容可见，本节课操作性比较强，刚入学的儿童也难以组织学习。因此，教学时需要教师营造轻松、活泼的课堂氛围，适当穿插与教学有关的趣味性的活动，组织学生有序操作、大胆表达，让学生在“学中玩”“玩中学”，从而感受数学学习的无限乐趣。

本课试图创造趣味性的情境，让学生经历“数一数”“比一比”“画一画”“说一说”“玩一玩”的活动，直观认识10以内两个数间的大小关系，结合动手操作活动，引导学生清楚地表达“谁和谁同样多”“谁比谁多”“谁比谁少”，积累“一一对应”的活动经验。

※ 教学过程

一、游戏导入，激发兴趣

拍一拍，数一数。

教师：同学们，给大家介绍一个新朋友。（课件展示出一只小松鼠）

松鼠：大家好，我是松鼠小丽，我们一起来做游戏吧，我拍几，你说几。

【设计意图】课前用有趣的游戏调动学生学习的兴趣，同时，培养学生认真倾听的能力。

二、问题驱动，探究新知

1. 情境导入

创设故事情境：松鼠小丽高高兴兴来到动物餐厅，准备美餐一顿。请学生观察，情境图中有什么，有多少？（引导学生说出图中的数学信息）

小松鼠们正在举办快乐的聚会。要吃午餐了，餐桌上摆了一圈盘子、勺子和杯子，它们围桌而坐，松鼠小丽说：等等，我还没有盘子呢。

教师：桌上摆的盘子够吗？其他餐具够不够呢？让我们一起来帮它们数一数，比一比吧。（板书课题：快乐的午餐）

2. 探究新知

（1）认识“一样多”。

提出问题：图中有几只松鼠？有几个盘子？每只松鼠需要一个盘子，盘子够吗？

教师做好示范，并且强调 1 只松鼠要对着 1 个盘子，逐一用线连起来，每只松鼠都有 1 个盘子，盘子没有多余的。引导学生清楚表达松鼠的数量和盘子的数量一样多或相等。

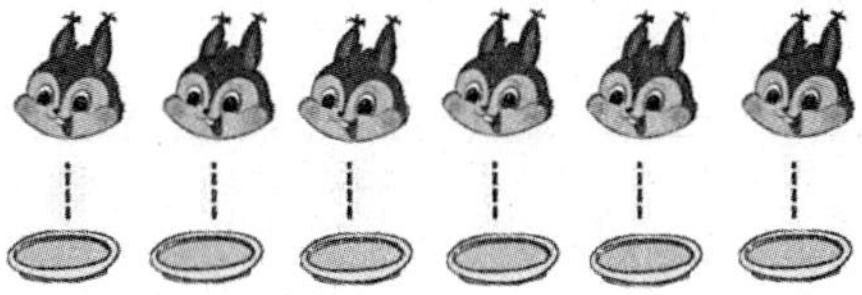

学生操作活动：用正方形纸片代表松鼠，用圆片代表盘子，先拿出它们各自相应的数量，再动手摆一摆，摆完后跟同伴说一说松鼠和盘子数量的大小关系。

教师小结：一只松鼠对应一个盘子，这样一个对一个地摆，松鼠和盘子都没有多余的，我们就说“松鼠和盘子一样多”，盘子够了。

（2）两种物体比多少。

设问：每只松鼠需要一个勺子和一个杯子，勺子够吗？杯子呢？

用一一对应的方法比较，使用学具摆一摆（正方形代表松鼠，小棒代表勺子，三角形代表杯子）。通过实际操作活动，引导学生清楚表达：勺子的数量比松鼠的数量少1；杯子的数量比松鼠的数量多1。

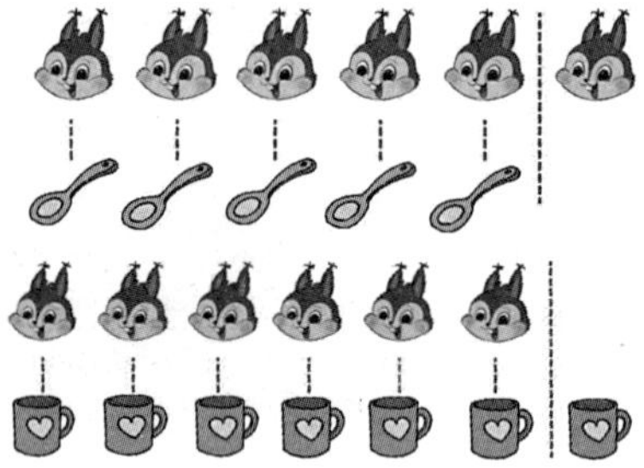

教师小结：一个对一个地摆，勺子少了1个，不够，我们就说“松鼠比勺子多或勺子比松鼠少”；杯子够了，还多1个，我们就说“松鼠比杯子少或杯子比松鼠多”。

（3）三种物体比多少。

爱提问的小丽又有一个新的数学问题。桌上摆好的盘子、杯子、勺子，哪个最多，哪个最少？请你说一说。

把杯子、勺子、盘子三种物品的数量进行比较，给予学生充足的时间独立观察、思考，充分组织学生说一说，感受三个数量之间比较多少的方法。

小结：“最”是指两个以上物品进行比较时居首位的。把三种物品一一对齐摆放，也就是一一对应，哪种物品摆得最长，哪种就最多；哪种物品摆得最短，哪种就最少。从图中可知杯子最多，勺子最少。

【设计意图】创设富有童趣的故事情境，既贴近儿童的生活实际，又激发了学生的学习兴趣和求知欲。让学生在故事情境中经历“数一数”“摆一摆”“说一说”的学习活动，围绕层层递进的三个数学问题进行思考和操作，直观体会一一对应的方法。

三、练习巩固，强化新知

1. 说一说，做一做

松鼠：餐具都摆放好，准备上美味的食物吧。

教师：该准备多少食物呢，请同学们一起帮忙解决这个难题。

教师准备一些水果图片，让学生用水果图片摆一摆，并鼓励学生清楚地表达“谁和谁同样多”“谁比谁多”“谁比谁少”“谁最多”“谁最少”。

（1）苹果的数量和松鼠的数量一样多，应该准备多少个苹果？（有6只松鼠，应该准备6个苹果）

（2）梨的数量比苹果的数量多，需要多少个梨？（梨的数量比苹果多，可以是7个、8个、9个……）

（3）西瓜的数量比苹果少。（西瓜的数量比苹果少，西瓜可以是5、4、3、2、1个，学生答对一个即可）

（4）这三种水果，哪种最多？哪种最少？（最多的画“√”，最少的画“○”）

2. 比一比，画一画

教师：松鼠小丽非常感谢大家给它们准备了那么多美味的食物，它也带来一些有趣的活动，请大家一起来参与。

让学生尝试使用一一对应的方法解决实物之间比较的问题。教师指导学生画的时候，一个对着一个画。画“□”和“|”是体会一样多。画“○”比4只小松鼠多，可以画5个、6个……画“△”比6只小熊少，可以画5、4、3、2、1个，答案不唯一，学生答对一个即可。

3. 玩一玩，说一说

请按指令拍手掌，边拍边数。

（1）请你拍得跟我一样多。（教师拍5下）

（2）请你拍得比我多。（教师拍4下）

（3）请你拍得比我少。（教师拍6下）

（4）请两个学生跟老师一起拍，师生三人分别拍掌，谁拍得最多，谁拍得最少。

【设计意图】顺着故事情节的发展，在故事情境中进行练习巩固，创设三个不同层次的练习，让学生经历说一说、画一画、玩一玩的学习活动，在富有童趣的活动及游戏中巩固新知，不仅进一步强化用一一对应的方法比较大小的知识，还继续学习并养成认真倾听，有序操作，大胆表达的习惯。

四、课堂小结，深化认知

通过这节课的学习，你有什么收获?

五、布置作业

把今天的学习收获，回家跟爸爸妈妈说一说。

※ 课后反思

一、贴近儿童的生活实际

小学生的数学学习兴趣是学好数学的前提、是学生积极主动学习的内部驱动力。只有当学生对数学学习感兴趣时，才会集中注意力学数学，才会把数学学得更好。“小松鼠聚餐”的故事极富儿童情趣、又贴近儿童的生活实际，极大地激发了学生的学习兴趣和求知欲。在一个又一个游戏中让学生理解了“一样多”“谁比谁多”“谁比谁少”“最多”“最少”，体验了一一对应的数学思想，掌握了运用一一对应的方法去比较两种或三种物体的多少。

二、关注学生的语言表达

在教学中应根据一年级学生的年龄特点，科学地设计课堂教学，组织好适合孩子的教学用语。让孩子多一点表现自我的时间与空间，逐步地培养学生的语言表达能力。

三、注重学习的操作过程

加强数学教学的实践性，给数学找到生活的原型，让学生体验到“学数学”不是在“记数学、背数学、练数学、考数学”而是在“做数学”。在教学中应以学生为主体，教师为主导，教师在“导”中帮助学生主动建构知识。充分发挥学生的主动性，积极性和创新精神，最终达到使学生有效地实现对当前所学知识的意义建构的目的，更好地发展学生的各方面能力，从而培养学生的核心素养。

18. “9 加几”教学设计与反思（课例一）

林碧珍
（福建省福州金山小学，特级教师，正高级教师）

※ 课前预设

教学重点：能运用“凑十法”正确地进行 9 加几的计算。

教学难点：感悟“化新为旧”的数学学习门道。

教具：实物投影，多媒体课件，展板，数字卡片，每人准备 20 个正方形学具。

※ 教学过程

一、创设情境，激趣引思

1. 师生共同用数字卡玩凑十游戏。

2. 口算 10 + 3、10 + 5、10 + 8、10 + 6、10 + 4、10 + 7、10 + 2，算后思考两个问题：

（1）这些算式有什么共同的地方？

（2）10 加几的口算为什么能算得这样快？

二、自主尝试，探究算法

1. 出示学校运动会的情境图，引导学生收集数学信息

（1）一年级参加各项比赛的人数：踢毽子 9 人，跳绳 3 人，跑步 6 人，跳远 7 人。

（2）学校服务小队给运动员们准备了牛奶。（箱子里有 9 盒、箱子外面有 4 盒）

2. 关注数学问题，展示多种算法

（1）根据服务小队准备的牛奶信息，可以提出什么问题？该怎样计算一共有多少盒牛奶？为什么用加法计算？

（2）让学生借助学具自主尝试计算。

（3）请学生说说自己是怎样算出得数的？

生 1：我是接着数的，箱子里有 9 盒，然后接着再数 10、11、12、13，一共

有 13 盒。

生 2：我是把外面的一盒牛奶放进箱子里凑成 10，10 盒再加上剩下的 3 盒，10 + 3 = 13，一共有 13 盒。

（4）借助学具摆一摆，进一步初步理解“凑十法”：从箱子外拿了一盒，怎么拿？哪个同学能到台上来摆一摆。

对应板书：

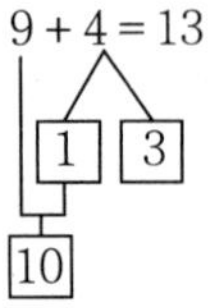

（5）师生共同小结“凑十法”。

3. 学生尝试用“凑十法”解决问题

①出示 9 朵红花和 5 朵黄花，让学生提出一个用加法解决的问题？

②让学生借助学具用“凑十法”来解决问题。

○○○○○　　○○○

○○○○　　○○

③ 学生借助学具操作（用笔在图上圈一圈，表示凑十法）交流小结用“凑十法”计算的过程。

三、利用资源，练习巩固

1. 请学生根据参加各项比赛的人数继续提出用加法计算的问题。

2. 利用学生提出的与 9 加几密切相关的问题，进行练习。

A. 踢毽子的和跑步的一共有多少人?

B. 踢毽子的和跳绳的一共有多少人?

C. 踢毽子的和跳远的一共有多少人?

3. 学生独立完成后汇报交流。

9 + 6 =□　　　9 + 3 =□　　　9 + 7 =□

4. 课堂小结，分享计算经验。

四、回顾总结，感悟思想

1. 观察比较，引出课题：同学们，仔细观察这些算式，它们有什么相同之处。（都是 9 加几的题目；都是用凑十法进行计算）

2. 感悟思想，积累经验：①老师有个疑问，今天我们明明是在学习 9 加几的计算，可是为什么你们不直接去计算 9 加几，却要把 9 加几凑成 10 加几来计算呢?（10 加几好算）② 10 加几不仅好算，而且是我们会算的。在我们学习中，如果遇到我们不会算的新问题时，我们可以把它变成我们学过的会算的旧问题，把新问题变成旧问题，旧问题解决了，新问题也就随着解决了。（板书：新——旧）

③如果明天我们要学习 8+7=？，这又是我们遇到的新问题，你准备怎样解决？（变成我们学过的 9 加几和 10 加几）那你自己动手试着变一变吧。（学生在转化的过程中发现变成 9 加几，依然不好算，还要再一次变成 10 加几，于是，他们在实践中感悟到：把新的知识变成旧的知识时，还要尽量变成简单的好算的旧知识。）

※ 课后反思

古代道家学派著作中有一句话："授人以鱼不如授人以渔"。运用到我们的课堂教学中就可以理解为：传授给学生要学的知识，不如传授给学生学习知识的方法。由此可见"授人以鱼"和"授人以渔"是教师在课堂教学中所呈现的两种不同境界，"授人以渔"的教师不仅教给学生知识和技能，还引导学生掌握探索知识的方法，因此比"授人以鱼"的教师教学境界更高一筹，但实践证明，停留在"授人以渔"，传授方法的层次还不够，课堂教学的最高境界应该是"悟其渔识"。

何谓"悟其渔识"？要理解"悟其渔识"这一概念，首先要理解"悟"和"识"这两个字。"悟"是领悟的意思，"识"是规律、门道的意思。也就是说教师在引导学生学习知识（授人以鱼）和培养学生掌握学习方法（授人以渔）的基础上，要适时地渗透数学思想、感悟解决问题的方法，进而逐步形成自己解决问题的见识和规律、领悟学习数学的门道。由此可见，"授人以鱼"是课堂教学的第一重境界，"授人以渔"则是课堂教学的第二重境界；课堂教学的第三重境界，也就是最高的境界是"悟其渔识"。

以 9 加几的教学为例，如果老师直接告诉孩子 9 加几，就是从几里拿出 1 给 9，与 9 凑成十，十加上剩下的几就是十几，也就是 9 加几的得数，这种设计叫授人以"鱼"，就是直接把计算方法抛给学生。而课程改革后的今天大部分老师不会采用这种授人以"鱼"直接告诉的方法进行教学了，大多数老师的设计都跟我的教学设计中的前三个环节一样：借助情境和学具引导孩子去探索 9 加几的算法，发现并理解利用凑十法来解决问题，已经达到授人以"渔"的境界。那"悟其渔识"的境界在这节课中该如何实现呢？这就是我设计这节课的真正意图。

"悟其渔识"的关键是"悟"，也就是告诉我们在授人以"鱼"、授人以"渔"时，要有意识地分阶段引导学生悟。"悟"从反思中来，因此我在学生经历探索的过程，理解并掌握了用"凑十法"解决问题后，留给学生反思的时间和空间，让学生观察比较今天学习的这几道计算有什么相同的地方？你们都是怎样计算的？并适时抛出一个问题：计算“9加几”为什么要把“9”凑成“10”后再计算呢？让孩子感悟到9加几是新知识，我无法解决，而十加几是我能熟练计算的旧知识，通过“凑十”就把9加几这个新知识变成10加几这个旧知识，顺利地解决了新问题。这样的设问让孩子在解决问题的同时，又能感悟“转化”的数学思想方法，有了“转化”的数学思想方法的感悟，孩子今后学习8加几、7加几……时，就能主动尝试着把这些新知识转化成已经学过的旧知识，真正做到“举一隅，能以三隅反”。也就到达设计的最高境界——“悟其渔识”。

19. “9加几”课堂实录（课例二）

徐斌
（江苏省苏州大学实验学校，特级教师）

※ 教学过程

一、创设情境，复习引新

师：今天的数学课，有一只可爱的小动物要和我们一起学。（出示图片）

生：小猴。

师：小猴想让我们先算一些口算题。看谁算得好！请大家看题——（出示口算卡片）

生：10+1=11。

师：很好，如果声音能再响一点就更好了。

师：第2道。

生：10+3=13。

师：下一道。

生：10+5=15。

师：对不对？接下来如果算对了我们就点头表示。

师：这一道，请你来。

生：10+7=17。

师：恩，不错。

师：接下来我们速度快一点，老师一叫你，马上就回答。

生：10+2=12。

师：下一道。

生：10+4=14。

师：所有的男生算这道题——

男生齐：10+6=16。

师：所有的女生算这道题——

女生齐：10+8=18。

师：同学们，这些题大家算得都很好。不仅算对了，而且还算得挺快的，大家看这些题，你为什么算起来这么快呀？

生：10 加 1 是 11，加 1、2、3、4、5、6、7、8 就是 11、12、13、14、15、16、17、18。

师：哦，也就是说，十加几就是……

生齐：十几。

师：对！这些都是我们已经学过的加法计算。

二、操作探究，学习新知

师：（出示图片）有一天，猴妈妈出去了，她把摘的桃放在桌上，让小猴算一算一共有多少个。小猴看到这么多桃，馋得口水直往下流，哪有心思算呀，急得直抓头。小朋友们，你们愿意帮助小猴吗？

生：愿意。

师：我们先观察一下，猴妈妈给它准备的桃，有一些是放在什么地方啊？

生：盒子里。

师：我们来数数盒子里有几个？

生一起数：1、2、3、4、5、6、7、8、9。

师：盒子里放了 9 个桃。（板书 9）

师：我们一眼看出盒子外面有几个桃。

生齐：4 个。（板书：4）

师：那么要求盒子里面和外面一共有多少个桃，要用什么方法来计算呢？

生 1：用加法计算。

生 2：9+4。

师：对。9+4 你会算吗？

生：会。

师：把你的想法告诉你的同桌吧。

（同桌互说，教师巡视）

师：现在大家说说看。9+4 一共是多少个桃？

生：13。（板书 9+4=13）

师：你是怎样得到 13 的？能具体把你思考的过程说给大家听听吗？

生：我是在那边先数好，然后再……

师：数好哪边？

生：数好那个盒子里面的 9 个。

师：然后呢？

生：我再把它们合起来，就是 13。

师：你是怎么合到 13 的？

生：我是这样子算的，9 还缺一个才是 10，如果我把 4 分成了 1 和 3，那 1 给 9 了，剩 3 个，那 10+3 就等于 13。

师：说得也不错。还有哪些同学的想法和她的不一样？

生：我是数出来的。

师：当然可以呀。你是怎么数的？

生：这边不是 9 个吗？然后是 10、11、12、13。

师：对呀。我们可以数，也可以像那位同学那样边数边算。

师：老师想请刚才的那位女生到前面来，动手拿一拿桃子，让同学们看得更清楚好吗？

生（边拿边说）：这里有 9 个桃，这里有 4 个，只要把这边 1 个桃放到这里来，那盒里就有 10 个桃了，外面就只有 3 个桃了，10+3 等于 13。

师：说得真好，建议小朋友们给她来点掌声！

师：请大家看，原来是 9+4 的，现在被她变成了——

生齐：10+3。

师：就是 13。

师：刚才小朋友说，把这 1 个桃拿出来，也就是这 4 个桃就分成了 1 和几？（边说边板书）

师：这 1 个桃和盒子里的 9 个桃合在一起就是——

生：10 个。

师：盒子里面就是 10 个桃。

师：盒子里的 10 个桃再加上外面的 3 个，就变成了 10+3，等于——

生：13。

（逐步对应板书如下）

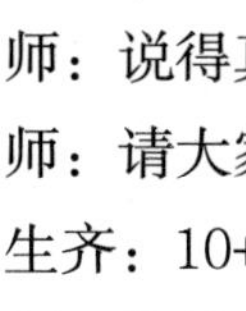

师：刚才大家算得很好。我们一起去小猴家的花园里看看，花园里栽了两种颜色的鲜花——（在黑板上出示“试一试”图片）

师：我们先来数一数，红颜色的有几朵。

生：1、2、3……9。

师：黄颜色的呢？

生：1、2、3……7。

师：要求黄颜色的和红颜色的花一共有多少朵，用什么方法？

生：用加法。

师：怎样列式？

生：9+7。

师：我想请一位小朋友到前面来，移动一下花片使其他同学一眼就看出得数是多少？（生到前面移动花片）

师：大家看，他拿了一个过来，那么左边就变成多少个？

生：10 个。

师：右边还有几个？

生：6 个。

师：9+7 就变成——

生齐：10+6。

师：10+6 就是多少？

生：16。

师：我们可以怎样写出思考过程呢？也就是把黄花片分成了几和几？

生：1 和 6。

师：红颜色的 9 个再加 1 个就是几？

生：10。

师：10+6 就是——

生：16。

师：（完善板书）

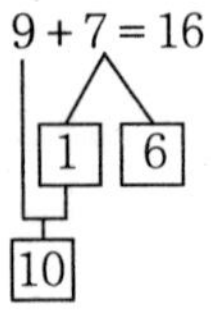

师：如果不移动黄花片，怎样移动，也能算出得数？谁来试试看。

（生到前面移红花片）

师：你移哪种颜色的花片？

生：红色。

师：移动红色花片，你移了几个？

生：3 个。

师：这样一移，右边就变成了多少？

生：10 个。

师：左边还有多少？

生：6 个。

师：一共就是多少？

生：16。

师：（板书 9+7）如果这样移的话，也就是把 9 个红颜色的花片分成了几和几？

生：6 个和 3 个。

师：3 个红颜色的和 7 个黄颜色的合在一起就是几？

生：10 个。

师：10 再加上 6，也能得到 16。

师：像刚才这道题，同学们经过移动花片，就能凑成多少呀？

生：凑成了 10。

师：（完善板书）

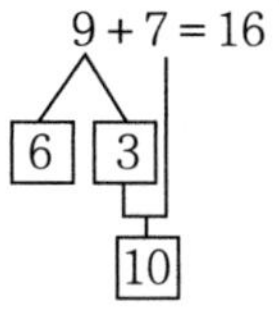

师：是啊！前面一题是先凑成了 10，再加 6；这一题也是先凑成了 10，再加 6。看来小朋友喜欢先凑成 10，再算 10 加几，就变成了我们以前学过的知识了。

三、巩固新知，形成技能

师：小猴也想继续来计算呢。（出示图片）你能看出小猴到底想算几加几呀？我们来数数看。

生：1、2……9。

师：这就是原来的 9 个方木块。右边现在有几个？

生：1、2……5。

师（指着小猴手里的那 1 个）：这个是从哪里来的？那么右边原来是几个？

生：6 个。

师：也就是小猴想算的是 9+6。

师：请大家仔细观察并思考——你觉得小猴聪明吗？小猴的聪明表现在哪里？

生：小猴聪明！它把 6 分成了 1 和 5，这样只需要搬动 1 个就能很快凑成 10

算出来。

师：是啊！它只搬了右边的1个就能把左边的凑成了10，所以小猴是很聪明的。你能把小猴是怎样想的写出来吗？请大家把课本翻到第89页，在右边的方框里一起来写写看。（生填写课本）

师：（拿一个同学的课本展示）大家来看，我们一起来说说看，把6分成——

生：1和5。

师：9加1等于——

生：10。

师：10加5等于——

生：15。

师：是啊！大家也很聪明，学会了巧妙“凑十”的方法。

师：都写对的小朋友冲徐老师笑一个。真好！

师：通过刚才的学习，我们已经学了一些加法计算题啦，一开始我们学习的是——

生：9加4。

师：（在复习时的10加几旁边对应板书）老师再写一遍，9加4就等于13。然后我们又学了——

生：9+7=16。（师板书）

师：刚刚我们又学了——

生：9+6=15。

师：这三道题有什么共同的地方？

生：前面的加数都是9。

师：是啊！我们今天学习的就是——

生：9加几。

师：（板书课题）9加几的加法还有一些呢，还想继续学习吗？这一次我想请所有小朋友都来摆一摆小棒。先数出9根小棒，和徐老师一起来摆。

生：（边数边摆）

师： 9根先摆好，然后中间空一点距离，在右边摆出3根小棒。也就是说，我们要算9加几呀？

生：9加3。

师：你能移动一根小棒就能很快看出得数是多少吗？

（生移动小棒）

师：原来左边 9 根小棒，移了 1 根过来就有几根啦？

生：10 根。

师：9 加 3 就变成了 10 加几？那得数就是多少？

生：10+2=12。

师：把书继续翻开，拿出铅笔，像黑板上这样，把 10 根小棒圈在一起。

（教师示范，学生圈）

师：圈好后在下面方框里写上算式和得数。

师：我们再来看下一题，左边有几根小棒？右边呢？也就是要算几加几？

生：9 加 8。

师：你能先圈出 10 根再算吗？

（生先圈再填方框）

师：刚才我们学习加法时，有通过看图学习的，也有自己摆小棒学习的，还有在图上圈一圈再学习的，如果没有图，也不摆小棒，你能直接计算吗？

（师出示卡片 9+2）

师：你能把 9 加几变成 10 加几吗？谁来变变看。

生：2 可以分成两部分，把 1 给 9，它就可以变成 10+1 等于 11。

师：很好！也就是把 9 加 2 的 2 分 1 个给 9，那还有一个 1，和 10 合起来就是——

生：11。

（师显示翻折卡片 9+1+1，并板书）

师：像刚才这样思考，你能来把 9+5 变成 10 加几吗？

生：我是把 5 给 9 一个 1。

师：5 就分成 1 和 4。得数就是？

生：9+5=14。

师：最后一道，请大家来看，你知道徐老师想算 9 加几吗？

（师出示 9+1+8）

生：9 加 9。

师：对不对呢？我只看到一个 9，还有一个 9 在哪？

生：1 和 8 合起来就是 9。

师：是啊！我们会算 9+1+8，就会算 9+9。那 9+9 就是多少？

生齐：18。

师：同学们，9 加几的计算题我们一下算了这么多，你能把这些题一起来读一读吗？

（生轻轻地齐读）

师：在刚才读和观察的过程中，你有没有发现9加几的算式与得数有没有什么特别的地方？有没有什么规律？同桌先互相说说看。

（同桌学生互相说）

师：算式中左边9加的是2，右边得数的个位就变成了几？

生：1。（师用红笔描写）

师：第二题左边9加的是3，右边得数的个位就变成了几？

生：2。（师用红笔描写）

师：也就是说得数的个位总是比前面要少1。为什么会少1个？这个1跑到哪儿去了呢？

生：跑到9里面去了。

师：是呀！1给了9就变成几啦？

生：10。

师：9+2就变成10+1，9+3就变成10+2。

师：接下来徐老师想请大家再读一读。先听听徐老师怎么读，把9加的这个数和得数个位上的数都读得响一点。比如9+2=11（2和1读得重一点），9+3=12（3和2读得重一点）。咱们来试试。

（生齐读）

师：大家注意到没有，得数除了个位上少了1个，得数的十位大家看看，你发现了什么？

生：十位都是1。

师：也就是9加这些数就变成了十几了。老师现在想把这些算式变成一道算式。

（师贴出9+□=1□）

师：假如左边方框里填4，那么右边方框里就填几？

生：3。

师：左边填7，那么右边就填——

生：6。

师：下面徐老师来出题，请大家来算。左边填5，得数是多少？

生：14。

师：左边填8。

生：17。

师：接下来请同桌同学互相出题算一算。

（生互相出题算）

师：9 加几的计算我们基本上学会了，小朋友们能记住这些算式和得数吗？每个人自己读一遍，读的时候可以像刚才这样有的读得重一点，边读边记，过会儿我们来比一比，看谁会算这些加法了。

（生自由读和算）

四、总结全课，内化新知

师：大家看，小蚂蚁呀也想和大家来算一算，谁愿意来扮演小蚂蚁？

（指名一生戴上蚂蚁头饰）

师：小蚂蚁要动脑筋出题，下面的小朋友也要动脑筋计算。我们来看一看，小蚂蚁手里拿的是——

生：9+。

师：把这个加号移到哪个数上，就表示 9 加这个数。小蚂蚁移到哪，我们就算到哪，好不好？

（台上学生移动卡片）

师：9+5 等于几？

生：14。

（接着依次是 9+2，9+4，9+6，9+0，9+1，9+8，9+3，9+7，9+9，9+10）

（学生抢答）

师：大家算得都不错，我们来出一道题考考小蚂蚁怎么样？

师：如果把得数说出来，你能把卡片上的加号移到那个数字上面来吗？比如得数是 18，把加号移到哪个数上面？

（生移动卡片，互动交流）

师：最后，我们一起动手，把今天学的 9 加几的算式都写出来吧。大家把书翻开，89 页最下面第 5 题，把得数填到方框里。

（生独立填写）

师：下课回家之后，把 9 加几的算式说熟练了，明天说给老师听，同学之间也可以互相比一比谁算得好。今天这节课我们就学到这里，下课。

20. “6、7 的解决问题”教学设计

程彦
（广东省广州市花都区教育发展研究院，青年名师）

※ 课前思考

新课改一个很重要的理念，就是要让学生从运算意义出发，在具体的情境中，找寻数学信息，分析数量关系，探究解决问题的思路。

本课时，教材第一次出现用情境图呈现数学问题的形式，而且情境图配以大括号和问号。教学设计尊重教材但不拘泥于教材，结合上课时，以“金色的秋天”为线索，引领学生在“扑蝴蝶”“摆蝴蝶”“收向日葵”“摘石榴”的情境中，初步明确知道两个相关的信息和一个相关的问题，就可以构成一个简单的数学问题；理解了大括号和问号在情境中的意义，把要求的问题与图里的信息联系起来，逐步学习发现并提出数学问题、解决问题。

※ 教学过程

一、创设情境，开门见山

师：同学们，这节课程老师要和咱们一块儿来学习，我感到特别高兴！老师特意为每个组准备了一个礼物盒，咱们来比一比，看看哪个组学得最棒，得到的礼物最多！

师：现在，先请大家欣赏一下秋天里的景色。请看大屏幕！

（课件呈现配乐情景：美丽的秋天）

师：同学们，你们觉得秋天美吗？

师：确实很美！那你们知道吗，在这些美丽的画面中还藏着好多的数学问题呢！今天这节课，咱们就一起去发现问题，并且解决这些问题！

（板书课题）

【设计意图】在充分理解教材编写意图的基础上，对教材的例题和课后习题

进行了加工整合，用一个完整的情境将整节课的内容相连接。

二、结合情境，探索交流

1. 用加法解决问题

（1）寻找信息，提问解答

师：请看，在这美丽的秋天里，这几个小朋友玩得可开心啦！

（课件出示扑蝴蝶图）

师：同学们好好看看，左、右两边各有几个小朋友？

生回答。

师：通过观察，大家发现左边有 4 个小朋友，右边有 2 个小朋友。你们能试着提出一个数学问题吗？请同桌互相说一说！

生讨论。

师：谁能把你们提出的问题说给大家听听？

生 1：4+2=7。

师：4 加 2 等于“7”吗？

生：不是，应该等于 6。

师：你再说说，4 加 2 等于几？

生 1：4 加 2 等于 6。

师：对了，4 加 2 等于 6。但是，这是一道算式，不是一个问题，我们来听听其他同学提出的问题，好吗？

生 1：好。

师：谁再来说说你提出的问题！

生 2：合起来有多少个小朋友？

师：不错，都已经学会提出数学问题了！

师：谁还想说说你的问题？

生 3：一共有多少个小朋友？

师：这位同学提出的问题是“一共有多少个小朋友？”。真是好样的！

师：那你们知道“一共”是什么意思吗？

生：就是合起来。

师：说得好极了！“一共”就是合起来的意思。来，同学们把小手拿出来，跟着老师一块儿边说边比画——想知道“一共有多少个小朋友？”就是把左边的 4 个小朋友和右边的 2 个小朋友合起来！同学们，咱们自己来一遍好吗？

生活动，师引导。

师：非常棒！你们知道吗？我们还可以用一个符号来表示合起来。

（板书：︸）

这就是咱们今天要认识的第一位新朋友，它的名字叫“大括号”，（师生共读）它表示把两部分合起来。

师：刚才我们提出的问题“一共有多少个小朋友？”，（适时板书：？人）老师在大括号的下面写上一个问号。这就是我们今天要认识的第二位新朋友——问号！问号表示这是一个问题。

【设计意图】在教学中让学生亲身经历将实际问题抽象成数学模型并进行解释与应用，进而使学生获得对数学知识的理解，突出大括号和问号的教学重点。

师：那么，要解决“一共有多少个小朋友？”，我们该用什么方法来列式呢？

生：加法。

师：你们同意吗？

师：老师也同意！把两个部分合起来，我们就用加法计算。（板书：+）

师：谁来列一道加法算式？

生：4+2=6。

师：这里的“4”表示什么？“2”呢？很好！把左边的“4个”小朋友和右边的“2个”小朋友加起来，一共是6个小朋友！4+2=6。请大家齐读一遍！

（板书：4+2=6，生齐读）

师：谁还能列一道加法算式？

生：2+4=6。

【设计意图】利用学生的认知起点，尊重学生的不同理解和思考，在教学中体现了算法多样化。当学生列出“4+2=6”后问学生：“谁还能再列一道加法算式？”关注学生的数学思考，给学生以思考的时间和空间。

师：对，刚才我们一起寻找了图里的信息，提出问题并进行了解答，最后我们还要检验一下解答是否正确！

学生检验。

【设计意图】和学生一起经历解决问题的整个过程，进一步加深学生对解决问题基本步骤的了解。

（2）动手操作，及时巩固

师：同学们一起开动脑筋，解决了藏在画面中的第一个数学问题，知道了一共有6个小朋友。你们知道这些小朋友捉的蝴蝶都上哪儿去了吗？

师：其实啊，这些蝴蝶已经飞到咱们身边来了！看看，每个小组都有一块这

样的小白板，白板的左边和右边各有几只蝴蝶。（师出示白板）

师：请大家先在小组内数一数小白板的左边和右边各有几只蝴蝶，组长负责写在白板上。好了，请组长把小白板拿到桌上，开始吧！

（学生操作、汇报）

生1：我们组在白板的左边贴了4只蝴蝶，右边贴了3只。

生2：我们的左边有5只蝴蝶，右边有2只。

师：说得很好！其他组呢？

生：我们都已经在白板的左边贴了几只蝴蝶，在右边也贴了几只，那合起来呢？（手势）合起来可以用我们刚才学过的什么符号表示？

生：大括号。

师：同意吗？老师为每个组各准备了一个大括号，小组的同学商量商量，商量好了，就贴上去吧！

生操作。

师：大括号贴好了，现在你们能提出一个数学问题吗？好，先在小组内说一说，再在你们的白板上合适的地方写上一个"？"，表示你们的问题，然后列式解答。

小组汇报：

生1：我们提出的问题是一共有多少只蝴蝶？列式4+3=7，一共有7只蝴蝶。

生2：我们也是用加法计算的，2+5=7。

师：一共有7只蝴蝶。其他几个组呢，请组长把小白板举起来让大家看看！嗯！咱们六个组的表现都非常棒！大家一起为自己鼓掌吧！

师：藏在画面中的第二个问题也被大家发现了！下面，我们来轻松一下，跟着音乐的节奏来动一动！

（课间活动）

【设计意图】教学中始终能够把握低年级儿童解决问题教学的重点，把主要经历和时间用于解决问题方法的探究。教师精心为每个小组准备了可供操作的磁性白板、蝴蝶和大括号，学生在实践操作的过程中真正理解了大括号、问号的意义，对把两个部分合起来的问题采用什么方法解决更加明晰。

2.用减法解决问题

（1）迁移对比，学习例题

师：刚才，我们已经知道，把两个部分合起来，应该用加法！现在，请同学们观察这幅图。你们看到了什么？

（完整出示例2图，与例1并列）

请2 ~ 3生回答。

师：再看看，这还有一个……小男孩，他在干什么？摘下了几个？

（在喷绘板上板书：3个）继续往下看，图上有我们认识的朋友吗？

师：我们已经知道，大括号表示“合起来”。那它下面的“7个”是什么意思？

生：一共有7个向日葵。

师：是的，我们已经知道了“一共有7个向日葵”。

（板书：7）

师：现在，大括号的下面不再是问号，那问号在哪儿呢？你们发现了吗？谁来指一指？（生上讲台指）

师：哦，问号上这儿来了！我们知道，问号表示这是一个问题。那这个问题是什么呢？

生：还剩几个向日葵。

师：对！谁再来说说，问题是什么？（生）

师：大家都会说吗？说说吧！（生）

师：很好！一共有7个向日葵，摘下了3个，还剩几个？（手势）要解决这个问题，还能再用加法吗？那该用什么方法？

师：对，要解决还剩几个向日葵，应该用减法！（板书：-）

师：减几呢？（减3）（板书：3）

师：为什么要减3？（摘下了3个）

师：一共有7个向日葵，摘下了3个，我们就从总共的7个向日葵里面减去摘下来的3个。

师：还剩几个呢？

生：4个。（完整板书：7-3=4）

师：7-3=4。还剩4个向日葵。请大家齐读一遍！

师：刚才，我们一起努力，知道了要解决“还剩几个向日葵？”，要用减法！

【设计意图】理解大括号和问号的意义既是本课的重点也是难点，教学时借助手势，形象地帮助学生理解大括号和问号的意义，并以大括号和问号为切入点，引导学生亲身经历观察画面、理解画面内容、选择条件和恰当方法进行计算的全过程。

（2）及时练习，巩固提升

师：同学们太棒了！不知不觉，我们已经发现并解决了藏在画面中的三个问题！大家还想不想再试一试？

（课件出示石榴树，连续演示。）

师：请大家边看边思考：这是一棵石榴树……。同学们，这里又提出了一个什么数学问题呢?

师：说得多好啊！老师奖给你们组一朵红花。他不仅说出了问题是：还剩多少个石榴？而且，还发现了“一共有6个石榴，摘了3个”。

师：谁再来说说，问题是什么?

师：表达越来越完整！

师：知道了一共有6个石榴，摘了3个，还剩多少个就可以解决了。请大家拿出练习纸，完成这一题。

【设计意图】老师巧妙地将学生数学语言的训练与解决问题能力的培养结合在一起，通过“老师提出问题—学生尝试提出问题—学生完整叙述条件和问题”，在训练学生数学语言表达能力的同时，进行数学学习方法的渗透。

三、课堂小结，深化认识

师：同学们，这节课，我们认识了大括号和问号这两位新朋友，而且一块儿解决了这么多的数学问题，你们高兴吗?

师：最后，一起来看看咱们的礼物盒。同学们，左边有3个盒子，右边也有3个盒子，一共有几个盒子呢？你们是用什么方法计算的？（加法）

师：咱们再看看，今天得到礼物最多的是第2组，请把热烈的掌声送给他们，请第2组的组长来领取奖品。

【设计意图】在本课中，学生不仅经历了知识形成的过程，而且老师充分运用评价语言极大丰富学生的情感体验。本节课是异地上课，老师运用富有激情而亲切的语言，拉近了学生和陌生老师间的心理距离；还运用如“真不错，都已经学会提问了！”“真是好样的！”“说得好极了！”“老师也同意！”“大家一起为自己鼓掌吧！”等不同的评价语言来激发学生的学习积极性。

师：同学们，一共有6个盒子，拿走了1个，还剩几个？你们是用什么方法计算的？（减法）

师：嗯！我们知道了把两个数合起来用加法计算，知道总数，从总数里去掉一部分需要用到减法。除了第2组，其他五个组的表现也非常棒！让我们再次把最热烈的掌声送给所有的同学！

【设计意图】在课的最后，安排了一个“分发礼品”的活动，巧妙将6、7的加减法蕴含于情境之中，学生在快乐中学习数学，在学习中感受到数学和生活的联系。

21. “7、6、5加几”课堂实录

李绿梅
（广东省韶关市武江区田家炳沙湖绿洲小学，青年名师）

※ 课前思考

本节课内容为“有几只小鸟”，是在学习了9加几、8加几的进位加法的基础上，继续探索7、6、5加几的计算方法。学生已有了9加几、8加几进位加法的计算经验，这节课的学习显得轻松。

※ 教学过程

一、情景导入，提出问题

师：小朋友唱着《凑十歌》来到森林公园，我们跟着他一起唱吧。

凑十歌

一九一九好朋友，

二八二八手拉手，

三七三七真亲密，

四六四六一起走，

五五凑成一双手。

师：（呈现情景图）在美丽的森林公园里有一棵大树，树上有几只小鸟，又飞来几只小鸟？根据图上的信息，可以提出什么数学问题？

生 1：树上有 7 只小鸟，又飞来 6 只小鸟。

师：能准确地说出图上的信息，说明你很善于观察。根据这些信息可以提出什么数学问题？

生：一共有多少只鸟？

师：咱们把图上的信息和问题编成小故事，完整地说一说。

生：树上原来有 7 只小鸟，又飞来 6 只小鸟，现在一共有多少只小鸟？

二、引发思考，初步感知

师：“一共有几只鸟？”怎么列式解决这个问题。

生：7+6。

师：“7+6”等于几？

学生异口同声回答“13”。

师：计算的过程比计算的结果更重要，“7+6=13”是怎么计算出来的？

孩子们纷纷举起小手，各有自己的看法。

生：树上原来有 7 只小鸟，又飞来 6 只，接着数“8、9、10、11、12、13”。

师：用“接着数”的方法一个一个地数出来，是个好方法。还有其他方法吗？

生：把 6 分成 3 和 3，7 加 3 等于 10，10 再加 3 等于 13。

师：为什么把 6 分成 3 和 3 呢？

生：因为 3+3=6。

继续追问：2+4 也等于 6 啊，怎么不分成“2 和 4”，却分成“3 和 3”？

生：7 和 3 才能凑成 10，从 6 中分 3 给 7 凑成 10，10 再与 6 剩下的 3 相加，合起来就是 13。

师：这是什么办法？

学生异口同声回答：凑十法。

师：还有其他想法吗？

生：树上有 7 只小鸟，先飞来 3 只，一共是 10 只，再飞来 3 只，合起来就是 13 只。

师：你能通过讲故事的形式把计算的过程说清楚，特别了不起。

学生讲述的故事，也是对“凑十法”形象化的理解，边讲故事，脑海中就是有故事的画面，树上原来有 7 只小鸟，先飞来 3 只，一共 10 只，就是“7+3=10”。再飞来 3 只，就是“10+3=13”。

师：还有不同的想法吗？

生：还可以把 7 分成 3 和 4，4 与 6 相加等于 10，10 再加 3 等于 13。

师：对于他的回答，你们有什么不明白的地方需要提问他的？

生：为什么把 7 分成 3 和 4 呢？

生：6 和 4 能凑成 10，把 7 分成 3 和 4，就有 4 和 6 凑成 10 了。10 再与 7 剩下的 3 相加就是 13。

还有个孩子小手高举着，想表达自己的想法。

生：我们前面已经学习了 8+6=14，“7+6”比“8+6”少 1，所以结果就比 14 少 1，就是 13。

师：会用学过的知识来解决今天的问题，说明你善于思考问题，能通过对比去发现不同，找出解决问题的办法。这种学习方法在我们今后学习数学过程中经常会用到的，非常可贵。

三、动手操作，强化认识

（一）做一做，说一说，展示“凑十”的过程

师：咱们摆小棒、计数器做一做，并说一说计算过程。

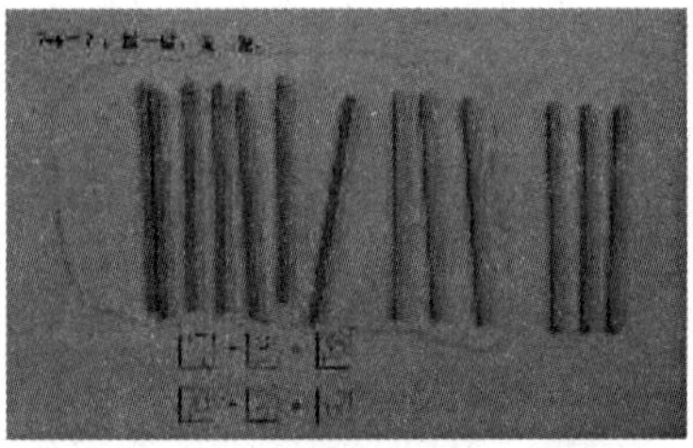
学生操作的方法1

生：先摆 7 根小棒，再摆 6 根小棒，左边的 7 根小棒和右边的 3 根合起来就是 10 根，10 根再和右边剩下的 3 根合起来就是 13。

师：用算式表示怎么说？

生： 7+3=10，10+3=13。

师：先说出你摆的方法，再说说用算式可以怎么表示出来。

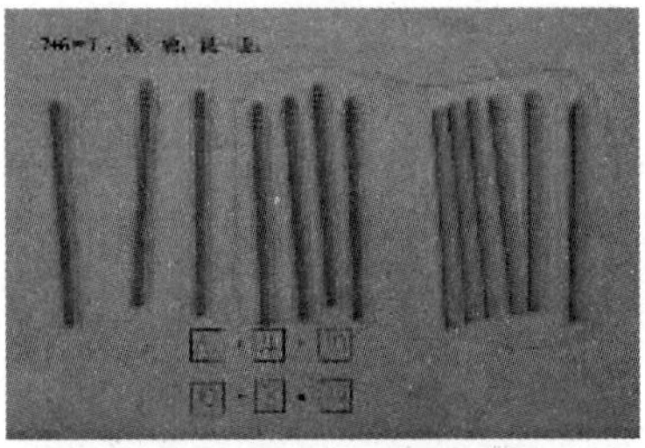
学生操作的方法2

生：左边摆 7 根小棒，右边摆 6 根小棒，右边的 6 根跟左边的 4 根加起来是 10，6+4=10，10 根小棒和 3 根小棒是 13，10+3=13。

师：把计算的道理说明白，把计算的过程说清楚。这点很重要。

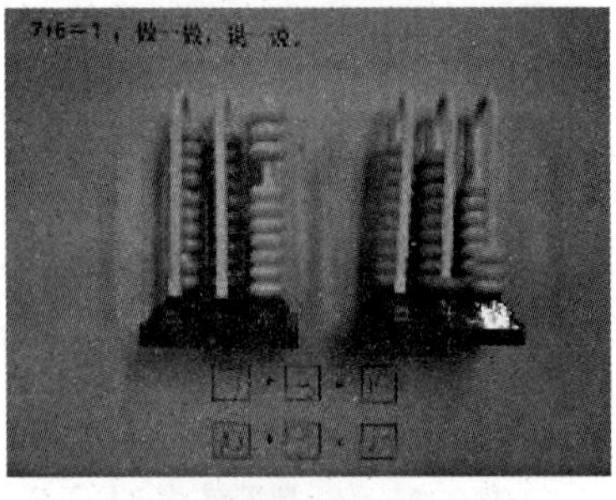
学生操作的方法3

生：还可以用计数器。

师：怎么拨？

生：先拨 7 颗珠子。

师：在哪里拨 7 颗？

生：在个位拨 7 颗珠子，再拨 3 颗珠子。7+3=10。再继续拨 3 颗珠子。就是 13。

师：请说慢一点，不着急，说清楚很重要。个位 7 颗珠子再拨 3 颗就是 10 颗，现在个位能马上再拨 3 颗吗？现在个位是多少个一了？

生：7 颗加 3 颗，现在个位是 10 个一了。

师：10 个一，就是……

全班异口同声说：1 个十。

师：那该怎么拨？

生：现在把 10 颗珠子换成一个十，在十位拨一颗珠子就是 1 个十。再继续在个位拨 3 个珠子就是 13。

师：用算式表示就是……

生：7+3=10，10+3=13。

师：孩子们真棒，不管是用小棒摆一摆，还是用计数器拨一拨，咱们在边操作的过程，能把计算的过程和计算的道理说清楚，就特别了不起，为你们点赞。

（二）圈一圈，算一算，加强对“凑十法”的理解

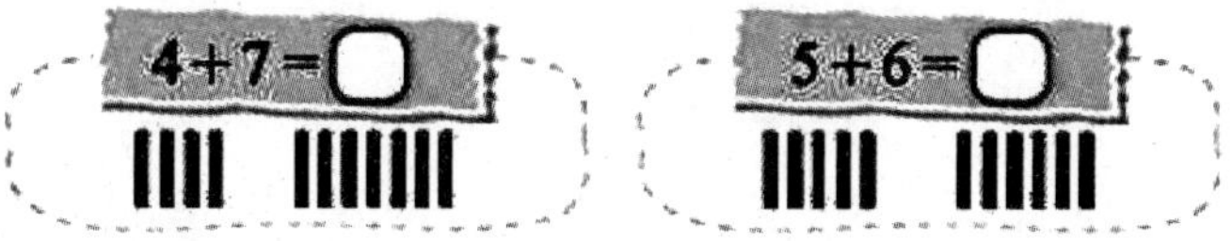

师：“凑十法”的方法很实用，9 加几、8 加几、7 加几的加法计算都可以用凑十法解决，其他的计算也一样可以这样计算。我们用“凑十法”来试试，圈一圈，算一算，并说一说你是怎么想的。

生：左边的 4 根小棒和右边 6 根小棒圈起来等于 10，10 再加 1 等于 11。

生：还可以把左边的 4 根小棒分成 1 和 3，其中的 3 根小棒和右边的 7 根小棒凑成 10，10 再和左边剩下的 1 根小棒加起来就是 11。4+7=11。

生：5 和 5 凑成 10，左边的 5 根小棒和右边 5 根小棒圈起来凑成 10，右边的 6 根小棒还剩 1 根，一共是 11 根小棒。5+6=11。

师：第二个算式还可以怎么圈？

生：左边的 4 根小棒和右边的 6 根小棒圈起来，合起来就是 10，10 和左边剩下的 1 根小棒加起来就是 11，所以 5+6=11。

师：瞧，学会了“凑十法”， 5 加几、6 加几的计算也是一件容易的事儿。

四、巩固应用，拓展延伸

（一）想一想，填一填，尝试接着写算式

7+6=13	6+7=13	5+5=□
7+5=□	6+6=□	4+5=□
7+4=□	6+5=□	3+5=□
……	……	……

师：想一想，请把计算的结果填一填。

生：7+5=12，7+4=11。

生：6+6=12，6+5=11。

生：5+5=10，4+5=9，3+5=8。

师：仔细观察这些算式，能从中发现什么规律？

生：数字越来越小。

师：说清楚很重要，你指的是哪些算式，怎么看的，什么数字越来越小？

生：这边三个。

师：哪边？左边、中间，还是右边？来，请你指出来，说一说。

生：左边的三个算式，从上往下看，得数越来越小。

师：咦？这是怎么回事？怎么得数会越来越少的呢？咱们对比一下前面的两个加数，加数就是加号前后的两个数。

生：加号前面的都是 7，加号后面的数变小了。

师：第一个加数没有变，都是 7，第二个加数逐渐减少，依次少了几？

生：少了 1。

师：从上往下看，一个加数没有变，另一个加数每减少 1，和，也就是得数也会减少 1。其他几组算式也有这样的规律吗？

生：有，我发现中间的三个算式也有规律。加号前面的数没有变，加号后面的少 1，得数也少 1。

生：第 3 组算式，加号前面的数少 1，加号后面的数都是 5，结果也少 1。

师：看来大家都能通过观察和比较，发现规律。现在，你能接着写下去吗？

生：7+3=10，6+4=10，2+5=7。

师：省略号，就说明还可以继续往下写。在今后的学习中也应该像这样，有序地观察、有条理地表达。

（二）玩一玩，算一算，巧用“凑十法”计算

从下面 10 张扑克牌中取出两张扑克牌，凑成 11，并说出算式。

生：1 和 10，1+10=11。

师：还有其他想法吗？请说。

生：2 和 9，2 可以分成 1 和 1，9+1=10，10+1=11。

师：真不错，用到“凑十法”计算。

生：还可以拿出 3 和 8 这两张扑克牌，3+8=11。

师：算得又快又对啊。有不同想法的都可以说说。

生：4+7=11。

生：5+6=11。

五、课堂小结，分享收获

师：今天这节课，我们发现可以用多种方法来计算 7 加几、6 加几和 5 加几，你能说说你的收获吗？

生：可以用“凑十法”计算。

生：“凑十法”不仅能计算 9 加几、8 加几，还能计算 7、6、5 加几。

生：可以用小棒摆一摆，或者用计数器拨一拨。

……

师：计算的方法有很多，我们可以选择自己喜欢的方法来计算，说清楚计算的过程，计算时还要独立思考、细心计算。

22. “8 和 9 的加减法解决问题”教学设计

周艳
（四川省成都市石笋街小学校，青年名师）

※ 课前思考

本节课是在学生对 8 和 9 的加减法的计算方法已经掌握的基础上，一方面是引导学生进一步巩固 8 和 9 的加减法计算，另一方面是使学生能够运用所学的知识进行解决简单的实际问题。这是学生以解决实际问题为重点的第一课，教材第一次用独有的课例进行学习解决问题，之前的解决问题都是在学习计算的基础上进行的。所以，本节课是重中之重。

本节课是一年级上册第三单元加与减的知识，是在学生掌握了 9 以内数的加减法算法的基础上进行的。大部分学生对于纯粹的计算都能快速地算出答案，也能用 9 以内数的加减法知识解决很简单的加减法问题。所以，学习本节课前学生已储备了一定的计算经验。他们的难点在于：第一，不知道什么类型题目是解决问题。第二，在解决问题的过程中，怎样做才算完整地解决了一个问题。第三，在分析理解阶段，可以运用哪些方法帮助他们进行理解，如用学具操作和画图等解决问题的策略帮助自己学习。第四，经验与理解“解决问题”的矛盾。学生可以根据已有的经验推算出结果，但是并不理解“解决问题”的题目为什么要那样做，做的意义是什么？对于解决问题的题目说理性不够。

※ 教学过程

一、情境故事，引入课题

师：同学们，周末老师带我儿子去了一个非常美丽的地方。（师课件出示“极地海洋世界”）在那里，老师看到了可爱的企鹅宝宝。（板书课题：可爱的企鹅）

师：你能做一个像企鹅宝宝那样可爱的动作吗？（学生活动）

师：可爱的企鹅要来我们的数学课堂，（师课件出示）它说：只要你上课认真听，仔细看，大胆说，积极想，它们就会出现，而且还可以获得企鹅小印章。（企鹅粘贴奖励）。

【设计意图】童趣与童话，激发学习兴趣。开课，不管是话题的引入，还是图画的设计，都是围绕可爱的企鹅展开的。一方面使学生对学习有了亲近感，另一方面也与课题衔接过渡得无声胜有声。

二、新知探究，解决问题

任务一：一共有几只企鹅？——理解加法解决的问题

1. 问题聚焦，提出核心问题

师：用最美的坐姿迎接企鹅宝宝的到来吧！（师 PPT 动画出示：情景图一）你看到了什么？

预设：

生：前面有 3 只企鹅，后面有 5 只企鹅。

师：你读懂了图，并说出了图中的数学信息，那能提出什么数学问题呢？

生：一共有几只企鹅？

师：信息就是我们从图中直接发现到的，问题就是要把发现的信息建立联系。这个问题是一共有几只企鹅。完整的一道解决问题的题目应该是由信息和问题结合在一起的。

2. 分析理解，明确解决问题的步骤

师：对解决问题的题目，孩子们第一步要读懂题意，第二步分析理解。第三步准确列式计算。

学生齐读题目。

3. 尝试解决，理解解决问题的策略

问题一：求一共有几只企鹅？

师：一共是什么意思？合起来就可以用什么算式表示呢？

活动要求：独立思考，全班交流

预设：

把两个部分合起来，求一共是多少？可以用加法算式解决。8 的加法算式就解决了这个问题。

任务二：冰山后面有几只企鹅？——理解减法解决的问题

1. 根据情境提出问题

师：这 8 只可爱的企鹅也玩起了捉迷藏的游戏，瞧，它们快速地躲起来了。咦，一眨眼只有 2 只企鹅看得见，那你想知道什么？

预设：

藏起来的有几只呢？

2. 独立尝试解决问题

师：请独立尝试解决，想想你打算用哪种方法分析理解？

（学生独立尝试解决，然后全班交流）

预设：

（1）先摆出 8 个小圆片，拿走了 2 个，这 2 个表示的看到的企鹅的数量，另外 6 个就是藏在了冰山后面的企鹅数量。

（2）还可以画 8 个图形，圈出 2 个，表示看到的企鹅的数量，通过画图也知道少了 6 只，所以冰山后面有 6 只企鹅。

3. 找到直观操作间的联系，抽象出算式

师：摆一摆、画一画的方法都帮助我们直观地找到了冰山后面有 6 只企鹅，它们有一个共同的地方，都表示出了企鹅的总只数是 8，把看到的 2 只这部分标记出来，剩余的部分就是藏起来的只数。如果用一个简单算式解决，8-2=6。最后解决完整之后还要作答。

小结：不管是摆一摆，还是画一画。8 表示的是总数，2 表示总数中的一部分，6 表示问题需要解决的。结合图和算式找到整体中去掉一部分，剩下的就是另一部分，用减法计算。

4. 答疑解惑，分析理解

师：有一部分同学的算式是 8-6=2。想想这个算式表示的意义是什么？

预设：

8 表示总数，6 表示躲起来的 6 只，2 表示露出来的。

结合题目要求看：问题是藏起来的只数，是我们要求的问题，在解决问题的时候，算式的答案应该是求露出来的只数，不应该是藏起来的只数。这也是计算与解决问题的不同，解决问题有规范的解答，计算只要用不同的方式算出来即可。

5. 建立模型思想

师：以后遇到已知总数和一部分，求另一部分的时候，都可以用这样的减法算式解决。

解决问题要经历的过程是：读懂题；会操作；找关系；列式答；验证。

小结：解决问题时，要认真读题，根据信息问题分析题意，然后选择正确的加法或减法进行计算解决。

【设计意图】分析理解，策略清晰。在一步一步地解决问题的环节中，让学生找到解决问题的方法，怎样解决问题。在经验与实际出现矛盾的时候，能够辨析计算与解决问题的不同之处，学生的经验更多是计算，计算方法又多样。解决问题的算式要求要规范解答，在多样性与规范性之间明白解决问题的要求。

任务三：结合生活原型，说一说——算式与图的联系

1. 结合图说

师：看到企鹅宝宝们与你们玩得那么愉快，还有一些小动物们也在愉快的玩捉迷藏的游戏。【出示算式：9-（ ）=（ ）】

师：看到这个算式，你知道了什么？

预设：

总数是 9 只。

师：你想这个数学故事是怎样的呢？

（尝试说一说）

预设：

有 9 只小鸡，3 只在玩耍，藏起来的有几只小鸡？

师：这个故事可以用 9-3=6 来解决。

小结：只要已知总数和其中一部分，求另一部分，用减法计算。

2. 联系生活说一说

师：生活中还有哪些问题可以用 9-（ ）=（ ）来表示呢？

（生独立想后同桌交流，最后全班汇报）

任务四：巩固应用

1. 应用

尝试解决练一练的第 3 题。进一步体会到总数与部分之间的关系。

2. 游戏猜一猜

练一练的第 5 题。先师生对练，再同伴互练。

三、全课小结

师：这节课快乐吗？你最喜欢谁的发言？为什么？你仔细看，认真听，积极想，大胆说了吗？

23. “连加”教学设计

潘锦嫦
（广东省中山市西区烟洲小学，青年名师）

※ 课前思考

本节课的教学设计，以发展学生为本，构想设计现实、生动、活泼、充满童趣的情景，让学生在观察、欣赏、提出问题、解决问题、动手操作、合作交流等多种活动中学习数学、感受数学与生活的密切关系。

连加在学生已经学习了10以内加减法计算的基础上进行安排，目的是通过教学，使学生体会算式的运算顺序，能正确进行计算，从而扩大学生用加、减解决实际问题的范围，并为学生学习20以内进位加法和退位减法打基础。

※ 教学过程

一、创设情景，以旧引新

1.10以内的口算练习

师：这个周末天气晴朗，有一位叫小明的同学，去乡下的奶奶家玩，一大早，妈妈就带着她乘上了“口算号”公共汽车出发了，来，我们一起来看看有哪些口算呢？

学生看屏幕口算：

4+1=　　5+2=　　3+4=　　4+5=　　7+1=

2+4=　　3+2=　　2+6=　　5+1=　　3+3=

师：不一会儿，他们就来到了奶奶家，小明可是一个懂事的孩子，马上就帮奶奶干起活来了，大家看，他正在干什么呢？（引出例1）

二、结合情景，探究新知

1.课件展示，引导学生仔细观察，分步列式

师：看，有多少只小鸡在吃米呢？我们可以用数字几来表示？（板书数字5）发生了什么事情，又来了几只？可以用数字几来表示？（板书数字2）哪个小朋友能提个问题考考大家？（引导学生提问：一共有多少只小鸡？）（板书：5+2=7）

师：现在有几只小鸡在吃米，用数字几来表示？（板书数字7）瞧，还有一只小淘气贪玩，迟到了吧？这一只迟到的小鸡，我们可以用数字几来表示？（板书数字1）哪个小朋友又能提个问题考考大家？（引导学生提问：一共有多少只小鸡？）（板书：7+1=8）

表扬大家：看，大家说得多清楚呀，用我们学过的知识解决了生活中的数学问题。

2.列综合算式

师：我们回忆一下，原来有5只小鸡在吃米，有一些小鸡过来了，这些小鸡

是一起来吃米的吗？分了几次来呢？请大家从头再观看一遍。你能将整个过程用自己的话说一说吗？（引导学生说出先来了 2 只，又来了 1 只）重点表扬学生能用“先，后”“又”“再”等词语来描述，体现了小鸡是分两次来的。

表扬学生：口才不错，你说得可真完整！

师：你能提出什么问题来考考大家？刚才我们列了两个算式来解决问题，我们能列出一个算式来解决吗？

师：（提问算式的含义）5+2+1=8，这个算式表示什么意思？谁能告诉大家？哦，原来要求一共有多少只小鸡，可以直接把 5、2、1 三个数加起来！

引导学生看这两个算式与以前学过的加法算式有什么不同（有两个加号），让学生给算式起名字。

老师小结：像这样三个数或者三个以上的数加在一起叫作连加。（板书：连加）

3. 计算算式

师：请你仔细听听老师是怎么读这一条算式的？ 5 加 2 再加 1（学生集体跟读、分男女生或小组读、巩固读法）你会读这一道连加的算式吗？那它是怎么进行计算的呢？（先算 5+2=7，再算 7+1=8，板书计算过程）计算完，数一数小鸡的数量，验证结果。

师：是呀。计算连加时，我们一般先把前面两个数相加，算出得数，再加上第三个数，这样的计算，也就是说按照从左往右的计算顺序。（板书：从左往右）

三、联系情景，巩固练习

1. 看图列式

师：小明听到了小鸟的叫声，抬头一看，一群燕子正在电线周围快乐地飞翔呢！（多媒体出示动态图）你能完整地说一说整个过程吗？我们要用什么方法来解决呢？能列出一道连加的算式吗？ 3+4+2 表示什么意思？ 9 表示什么？（计算过程中再次强调计算的顺序）

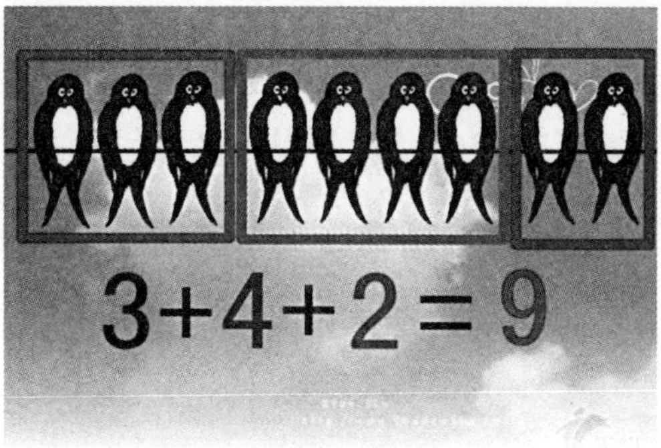

2. 动手操作

师：看着大家学得那么棒，老师想出一道题目来考考大家，敢接受挑战吗？

老师在黑板上摆小棒，要求学生描述过程，并列式解答。学生练习完成书本65页的做一做第1题，仿照“做一做”摆一摆小棒，并完成填空。

四、全课总结，延伸课外

愉快的乡下之旅结束了，我们大家又坐上了公共汽车回来了，小明说，这一天的收获可真大啊，小朋友们，让我们也说一说吧！这节课我们学会了什么？有什么收获呢？

五、结合实际，应用拓展

师：今天我们学习的连加在生活中是经常可以用到的，这不，晚上妈妈带小明去小超市，为明天的秋游准备一些干粮，我们来看看是不是就能用上今天学习的知识了呢？妈妈可是有要求的哦，我们一起来看看。

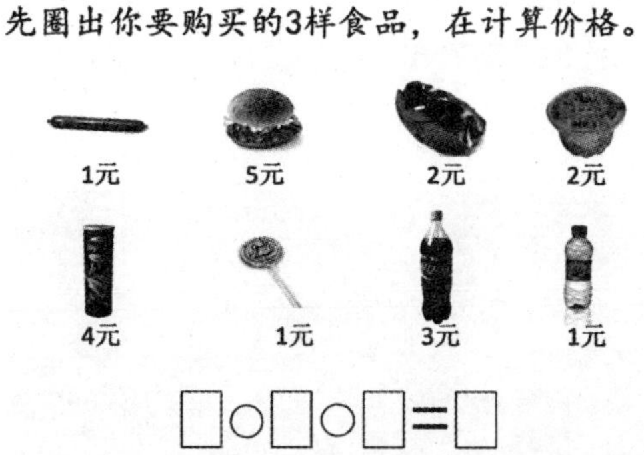

要求：不能超过10元，只能购买3样。（老师示范要求，学生在练习纸上完成）

拓展：如可以买4样呢？又应该怎么计算出总计来？

24. “8、7、6 加几”教学设计与反思

陆建英
（浙江省宁波国家高新区外国语学校，青年名师）

※ 课前思考

8、7、6 加几是 20 以内进位加法的第 2 课时，在此之前学生已经学习了 9 加几的进位加法，认识了凑十法。教学 8、7、6 加几，在例题和练习的设计中都要体现让学生经历表象操作到符号操作的基本思维过程，要让学生学会用数学语言表达思维过程，让学生在动手、动口、动脑的活动中做到“理清”“法明”。本节课将以自主为主旋律，采用三环六学的模式展开。

※ 教学过程

一、导学

1. 口算复习

9+5　10+1　9+6　9+8　10+3　9+7

哪两题特别简单？为什么？

选择 9+5 说说你是怎么算的？并板书。

2. 呈现主题图，寻找信息提出问题

小朋友，春晓小学的运动会跑步项目已经开始了，从图中你找到数学信息了吗？并提出数学问题了吗？

根据学生的回答板书：

前面有8人， 后面有5人。	穿蓝色衣服的有7人， 穿灰色衣服的有6人。

一共有几人在跑步？

二、试学

1. 会列出算式吗？板书：8+5　　7+6

2. 以“8+5”为例，你能用画图圈一圈的方法或者用算式分一分的方法把计算的过程表示出来吗？

学生操作，教师巡视。

三、展学

预设：

A. 8+5=13

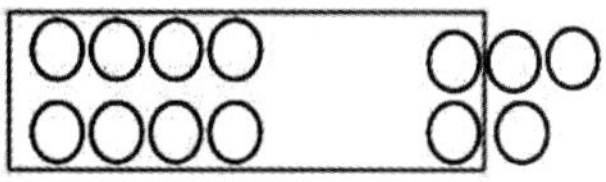

B.

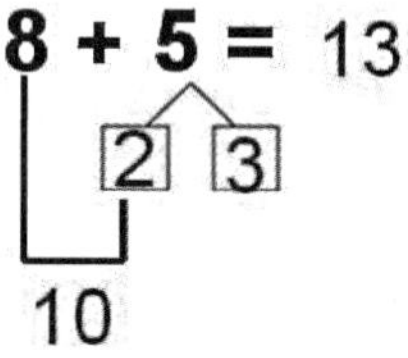

C.

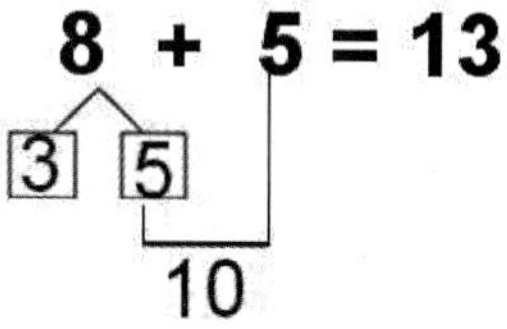

小先生介绍，生生互动质疑。

> A.小先生介绍自己的想法，互动质疑。
>
> 小先生：我用画图表示，先把8个圆圈和2个圆圈合起来，变成10个，这样就可以一眼看出是13。
>
> 生质疑：你为什么要把8个圆和2个圆圈起来？（明知故问）

B.小先生2：我把5分成2和3，8+2=10，10+3=13。

生质疑：为什么不分成1+4呢？

小先生：分成1和4，计算不方便，分成2和3，8+2=10就很简单了。

C.小先生3：你们能看懂我是怎么想的吗？

生回答：你把8分成5和3，先算5+5=10，再算10+3=13。你也是用了凑十法。

小先生3：是的，5和5也可以凑成10，所以这道题目既可以看到8想到2，也可以看到5想到5，可以用不同的方法计算。

四、研学

1. 沟通 A、B 两种方法之间的关系

这两种方法一种画图解答，一种用数的分成来解答，它们有什么相同的地方吗？

生：都是把 8 和 2 合在一起组成 10。

师：这种方法就是我们数学里面的“凑十法”。

2. 数形结合小游戏

教师在算式里点数，请你到图中找它们的位置。

师：5 可以分成 2 和 3，图中在哪里？

8+2=10，图中在哪里？

10+3=13，图中在哪里？

3. 比较 B、C 两种方法有什么不同的地方？有什么相同的地方？（都是凑成 10）

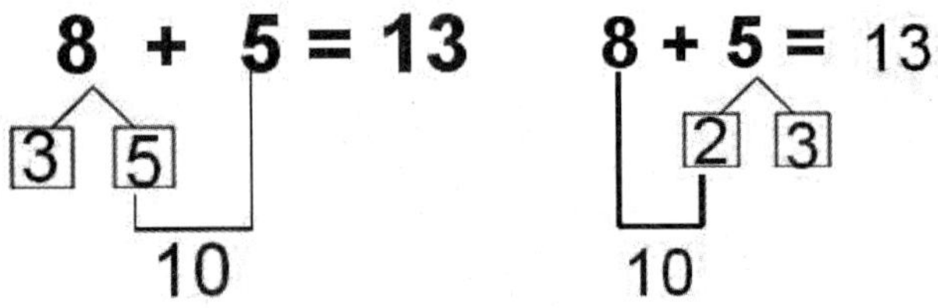

4. 如果第三种方法用图来圈一圈，该怎么圈？

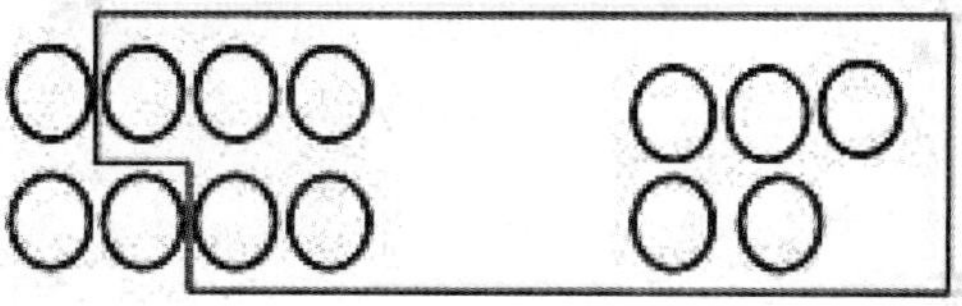

5. 有了凑十法真方便，我们不仅会解答 9+ 几的题目，还会解答 8+ 几的题目了。猜猜我们接下去会学习什么？（7+ 几）（6+ 几）

6.7+6，6+5 我们不画图了，谁来说说你是怎么算的？

7. 小结：解决 6+5 的时候，哪个数字宝宝帮了我们的忙呢？（4），为什么？（4 和 6 组成 10，算起来就很方便）

那其他算式呢？是哪些数字宝宝在帮你忙呢？这些数字宝宝们都帮我们做了一件什么事情呢？

8. 课间操：凑十歌

看来凑十法在我们计算 9、8、7、6 加几的时候帮了我们很大的忙，让我们来轻松一下，拍拍手唱儿歌。

1，9，1，9 好朋友，2，8，2，8 手拉手，3，7，3，7 真亲密，4，6，4，6 一起走，5，5 凑成一双手。

五、固学

1. 圈一圈，算一算

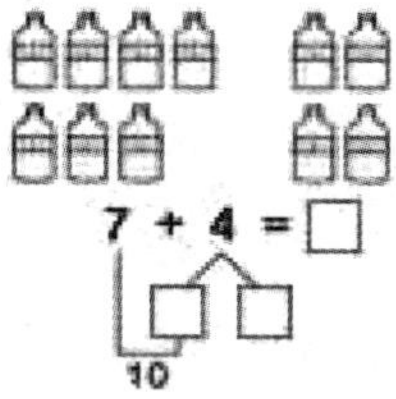

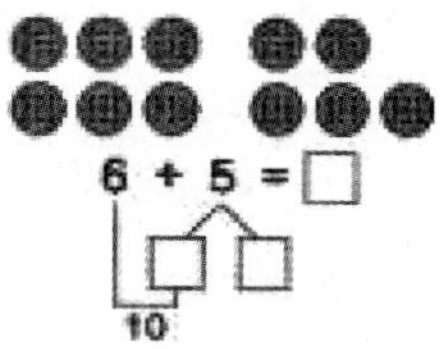

2. 算一算，找规律

7+3+3= 7+6=	6+4+2= 6+6=	8+2+2= 8+4=

你发现了什么？

3. 摘苹果游戏

请把摘下的苹果分分类，竖着观察加数、加数、和，你发现了什么？

7+4=11　　8+2=10

7+5=12　　8+4=12

7+6=13　　8+6=14

7+7=14　　8+8=16

六、延学

算式跷跷板游戏

（算式掉在跷跷板的两头会发生什么变化，请你用手势表示出来）

※ 课后反思

一、自主尝试，凸显以生为本

周玉仁教授说过："凡是学生能探索的，我绝不代替；凡学生能自己发现的，我绝不暗示；凡学生能自己总结的，我绝不包办。我想说：凡学生能讲解的，我坚决退到后台，真正落实学生的主体地位。一直以来，受传统课堂文化的影响，教师对学生总有这样那样的不放心、不放手，殊不知，给孩子一个尝试的机会，孩子们一定会还我们一片精彩。在上面的课堂中，因为教师的放手，学生在探究8加几的时候用了不同的方法，小先生精彩讲解、学生积极质疑，还能明知故问。在生生互动中，烹饪出一道道美味佳肴。而这正是源于平时的课堂我们大胆放手，给了孩子们多次锻炼的机会，让学生在生生交流、师生交流中充分表达自己的观点。

二、沟通比较，感受知识间的联系

展学环节，学生的尝试和互动生成了多种信息，成为重要的数学资源。教师在这一环节要积极观察学生的讲解已经到了什么程度，思考接下去的研学环节通过怎样的提问和操作帮助学生再次提升和发展！课堂中教师抓住图和分解过程的比较，两种"破十法"的比较，以及8、7、6加几和9加几的共性，将算理算法融合。

25. “解决问题”教学设计

徐海燕
（浙江省金华市湖海塘小学，青年名师）

※ 课前思考

本节课是在学生掌握了 1 ~ 9 加减法的基础上进行教学的。1 ~ 9 加减法教学中，教材设计都是借助情境，在解决问题的过程中理解运算（加减法）的实际意义，可以说“计算与解决问题并重”。“可爱的企鹅”是第一次以解决问题为重点，设计了“一共有几只企鹅？”“冰山后面有几只企鹅？”求总数、求部分的加减问题，让孩子借助语言、文字、图画等多元表征分析加减数量关系，寻求解决问题方法的一节课。

一年级孩子的思维以形象思维为主，之前教学都是借助故事情节解决问题，这里将第一次接触带大括号和问号的图画式解决问题，教学中我将借助动态画面的演示，慢慢过渡到符号化，进一步降低图意理解的难度。对于加法关系，孩子把两部分合起来用加法计算并不困难。但是减法关系的理解，很多孩子思维定式在飞走了、吃掉了、拿走了等情节就要用减法上，而对于“已知整体和一部分，求另一部分”的关系用减法理解比较困难，教学中通过让孩子说一说、摆一摆、画一画等活动，利用语言、动作、画图等多元表征进一步厘清解决问题的数量关系。

※ 教学过程

一、情境导入

1. 游戏导入，复习 8、9 加减法

师：请你猜一猜，拿出糖果，分一分。

左手 3 颗糖，右手 5 颗糖，一共几颗糖？

左手 2 颗糖，右手 7 颗糖，一共几颗糖？

左手 5 颗糖，右手 4 颗糖，一共几颗糖？

一共 8 颗糖，左手 1 颗糖，右手几颗糖？

一共 9 颗糖，左手 3 颗糖，右手几颗糖？

2. 出示课题，导入新课

师：今天这节课一起走进冰天雪地的南极，跟随这群可爱的企鹅来一次冒险之旅。（出示课题：可爱的企鹅）

二、探究新知

1. 解决加法问题

（1）找信息

师：企鹅们来到了一座冰山，来看，（课件演示前面 3 只企鹅）再看（课件演示后面 5 只企鹅）。你发现了哪些数学信息？

生：前面有 3 只企鹅，后面有 5 只企鹅。

师：谁也来说说你找到的信息？（请 2 ～ 3 个孩子）

（2）提问题

师：根据这些信息，你能提出什么问题？

生：一共有几只企鹅？

师：一共有几只企鹅？大家提出的问题在这里（课件出示大括号），认识这个符号吗？大括号，表示把前面的 3 只企鹅和后面的 5 只企鹅合起来。

师：大括号下面的？就表示要解决的问题是一共有几只企鹅？

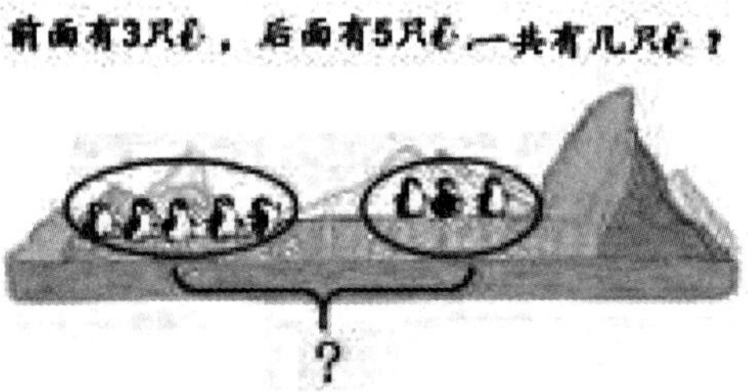

（3）列式计算

师：你会怎样解决？

生：3+5=8（只），5+3=8（只）。

师：说说你的想法？

生：把前面的 3 只企鹅和后面的 5 只企鹅合起来就是一共的企鹅。

师：两个同学都是把前面的 3 只企鹅和后面的 5 只企鹅这两部分合起来，就是一共企鹅的只数。要用加法来计算（请 2 ～ 3 人回答）

一共有几只？一共有 8 只（课件出示 8）

师评价：刚才同学们利用自己的聪明才智解决了第一个问题，帮助小企鹅翻过了第一座冰山。表扬你们。

2. 解决减法问题

师：走着走着，这 8 只小企鹅来到了第二座冰山，你发现了什么？

生：一共有 8 只小企鹅，只看到了 2 只，其余的跑到冰山后面去了。

师：你想解决什么问题？

生：冰山后面有几只企鹅？

师：一共有 8 只企鹅，只看到了 2 只，请问冰山后面有多少只？

师：你可以用自己喜欢的方法来解决，可以摆一摆、可以画一画，也可以列一列。开始吧！

生 1：摆一摆

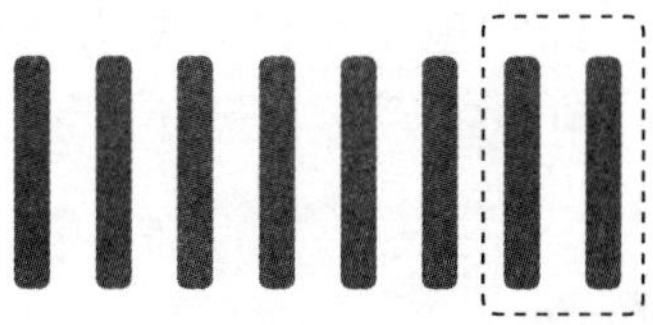

我是这样想的，先摆 8 根小棒表示一共的 8 只企鹅，圈起来的表示只看到的 2 只企鹅，那么冰山后面就是 6 只企鹅。

生 2：画一画

8 个圆表示一共的 8 只企鹅，这两个圆表示只看到的 2 只企鹅，冰山后面的就是 6 只企鹅。

生 3：列算式：8−2=6。

师：8 表示？ 2 表示？ 6 表示？为什么要 −2？

生：一共的 8 只企鹅，去掉已经知道的 2 只，就是剩下躲在冰山后面不知道的 6 只。

师：来看，这是刚才大家解决问题的三种方法，它们有什么相同的地方？

师：来看，8 根小棒，8 个圆，减法算式的 8，都表示一共企鹅的只数，这里的 2 根小棒，2 个圆，减法算式的 2 都表示已经知道的企鹅只数，那么从一共的 8 只企鹅里面去掉已经知道的 2 只企鹅，就是冰山后面不知道的企鹅只数！要用减法来计算。算式就是 8−2=6（只）。（板写）

师：请你像这样指一指、说一说这个算式表示什么？

3. 小步子练习

如果只看到的部分是 1 只？怎么求？（8−1=7）

只看到的部分是 6 只呢？（8−6=2）

只看到部分是 3 只？只看到的部分是 5 只？

师：从总数里面去掉已经知道的部分，就等于要解决的部分。

4. 对比加减数量关系

师：回顾一下刚才我们解决的这两个问题（课件出示），请你仔细观察，它们有什么不同的地方吗？

生：一个求的是一共有几只？用加法计算，另一个求的是冰山后面有几只？用减法计算。

师：什么时候用加法计算？什么时候用减法计算呢？（多请学生说）

生：像这样把两部分合起来求一共有几只的时候，求两部分的和，我们用加法，像知道一共的只数是 9 只，已经知道是 2 只，要求其中没有看到的一部分的时候就要用减法。求其中的一部分用减法。

三、巩固练习

1. 解决减法问题，并自己编一编生活中用减法计算的问题

9 − □ = □

2. 看图列式

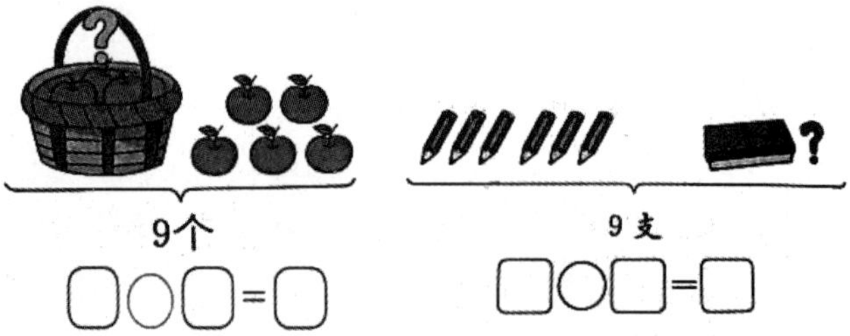

生：篮子里还剩下几个苹果？　笔盒里还剩下几支笔？

变式练习：

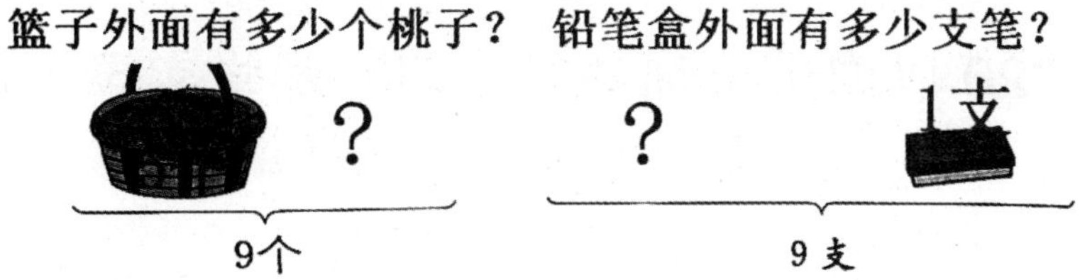

3. 看图提问题，再列式计算

生：

一共有多少个小朋友？

6 + 1 = 7　　1 + 6 = 7

左边有多少个小朋友？右边有多少个小朋友？

7 − 1 = 6　　7 − 6 = 1

四、全课总结

师：通过本节课的学习你有什么收获？

26. “20 以内进位加法的复习”课堂实录与反思

莫忻娟
（苏州工业园区金鸡湖学校，苏州名师）

※ 课前思考

本课的核心是 20 以内的进位加法表，如何运用这张表帮助学生进一步建构 20 以内进位加法的计算，同时初步感受到加法算式中的一些简单变化规律呢？我想，能否改变教材填写算式的环节，从乱序的算式出发，让学生产生整理的需求，在整理的过程中发现算式间的规律。发现的规律也是为计算而服务的，学生在练习中逐步深化，将进位加法的核心方法进一步夯实。

※ 教学过程

一、复习 20 以内进位加的计算方法（凑十法）

1. 出示复习第 1 题：看图列式，复习算法，形成板书

师：仔细看图，说一说你看到了什么？

生：盒子里有 9 个足球，小男孩拿来了 5 个足球。

师：要求什么问题呢？

生：要求一共有多少个足球？

师：谁来列式？

生：9+5。

师：右边的图你也能完整地说一说已知什么条件，要求什么问题吗？

生：左边有 4 个梨，右边有 8 个梨，一共有多少个梨？

师：你会列式吗？

生：4+8。

2. 交流算法

师：这两道题你们能算一算吗？

生 1：我算 9+5，把 5 分成 1 和 4，1 和 9 凑成 10，10 加 4 等于 14。

生 2：算 4+8，把 4 分成 2 和 2，先算 2 加 8 等于 10，再算 10+2=12。

师：刚刚的两道加法算式是我们学过的进位加法计算，今天这堂课我们就来复习 20 以内的进位加法。在算这样的进位加法时，你们都是怎么算的？

生：拆小数，凑大数，凑成十，加剩数。（板书）

师：这样的方法就是凑十法（板书：凑十法），齐读凑十法的方法。

二、探索规律

1. 乱序出示进位加法表中的算式

师：掌握了算法，你们能快速地来计算吗？（出示打乱顺序的加法表算式）我这里有这么多算式，你们有信心都算对吗？

生：有！

师：可是，这么多算式，你觉得怎么样呢？

生：这些算式很乱。

生：算式很多。

师：是啊，这些算式看着又多又乱，算起来比较麻烦，有什么好方法呢？

生：可以整理一下。

师：想想看，你准备先整理怎样的算式？你能结合我们这个单元学习顺序来整理吗？

生：可以从小到大，先整理 9 加几的算式，再整理 8 加几的算式……

师生共同整理，拖动算式卡片进行排序。

师：孩子们，你们真厉害，把这些算式整理成了一张进位加法表，今天这节课就来研究这张表。

师：先来快速地算一算九加几的算式，你们一起来吧。

生：9+2=11、9+3=12、9+4=13、9+5=14、9+6=15、9+7=16、9+8=17、9+9=18。

师：看来经过整理的算式，算起来果然很快。

2. 复习加数变化引起和的变化

师：仔细观察这张表，你发现了怎样的排列规律呢？

生：竖着观察，第一竖排都是 9 加几〔出示：9+（ ）〕，第二竖排都是 8 加几〔出示：8+（ ）〕，第三竖排都是 7 加几〔出示：7+（ ）〕……

师：通过观察，我们发现：每一竖排都有一个加数是一样的，还有补充吗？

生：第一个加数一样，第二个加数越来越大，和越来越大。

师：你真会总结，一个加数不变，另一个加数越大，和也越大。还有别的发现吗？

生：横着看，第一行是几加 2，第二行是几加 3，第三行是几加 4……

师：观察真仔细，算一算每一行，你发现和越来越……？（小）为什么和越来越小呢？

生：因为第二个加数不变，第一个加数越来越小，和也越来越小。

师：同学们真善于观察，不管是横着看还是竖着看，我们发现当一个加数不变，另一个加数发生变化时，和也会随着变化。

（在加法表中随机去掉一些算式）师：现在老师去掉几个算式，你能用发现的规律说出这些算式吗？

生：能！

生：最下面一行是 6+9。

师：正确，你是怎么填的？

生：横着看，9+9、8+9、7+9 后面就是 6+9。

师：还有别的方法吗？

生：竖着看，6+7、6+8 下面是 6+9。

师生共同完成其他缺少的算式。

3. 复习 9 加几、8 加几……进位加的得数特征

（1）复习特征。

师：我们不仅要能用规律来计算，还要能快速地说出每道算式的得数，第一列都是 9 加几的算式，你们能读算式报出得数吗？

生齐读。

追问：9 加几的得数有什么特点？

生：各位上的数都比不是 9 的加数少 1。

师：1 去哪了呢？

生：给 9 凑成 10 了。

师：对啊，我们在算 9 加几的时候，只要想这个几要去掉 1 给 9 凑成 1 个十，直接想剩下几写在个位上就可以了。

师：提问：那 8 加几、7 加几、6 加几的得数你们又是怎么想的呢？

师生一起交流，课件呈现。

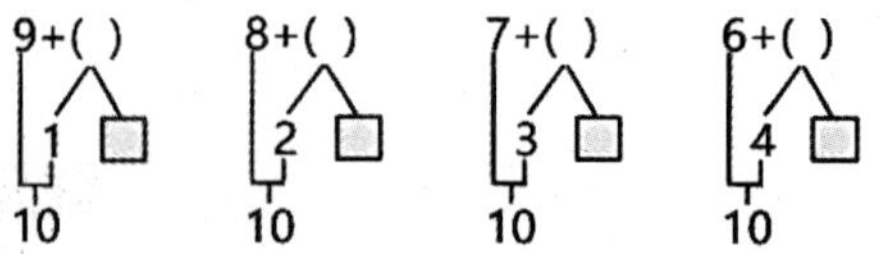

（2）教师随机圈出算式，学生口算答案。

（3）同桌练习：卡片争夺赛，使用进位加法口算卡片。

师：有了好方法，下面我们要进行同桌“卡片争夺赛”，请听比赛要求：口算卡片放中间，同桌进行 2 分钟抢算，算对获得卡片。听明白要求，就开始吧。

同桌活动。

（4）快速计算——打地鼠小游戏。

师：2 分钟你们获得了这么多卡片，真了不起，下面我们来玩“打地鼠”的游戏，只有算对了答案，才能打到地鼠，准备好了我们一起来吧！

男女生分算。

（5）猜一猜。

师：现在难度升级了，如果我告诉你 9+（　）=17，你能算出括号里的数吗？说说你是怎么想的？

生：（　）里是 8，因为要拆 1 给 9 凑成 10，还剩 7，合起来是 8。

师：真好，你还能反过来思考，那几加 8 等于 15 呢？

生：（　）是 7，要拆 2 给 8 凑成 10，还剩 5，合起来是 8。

师：如果拆的是 8，那你知道 8 少了几吗？

生：3。

师：为什么呢？

生：8 拆给了 7 一个 3 凑成 10，还剩下 5，合起来正好是 15。

师：对啊，解决问题我们可以从不同的角度来思考。

3. 发现和不变的算式特征

（1）观察发现特征。

师：我们横着看、竖着看发现了和变化的规律，那你还有什么发现呢？

生：斜着观察，得数都相同。

师：把得数相等的算式移到同一行（移动算式），再观察。你能找出得数是 11 的算式吗？

生：9+2、8+3、7+4、6+5、5+6、4+7、3+8、2+9。

师：这些算式的排列有什么规律？

生：第一个加数每次多 1，第二个加数每次少 1，和不变。

师：那第二横排也有这样的规律吗？得数都是多少呢？往下呢？

生：得数分别是 12、13、14、15、16、17、18。

师：这些进位加法的得数最小是 11，最大是 18，它们都是 20 以内的进位加法（完善课题），今天这堂课，我们一起复习了20以内的进位加法。

（2）巩固。

师：（出示9+4），这题的得数是多少？

生：13。

师：你能找到和它得数一样的算式吗？

生：4+9。

生：8+5。

师：你是怎么想到的？

生：8+5=13。

师：通过计算得数的方法不错，还有不同的方法吗？

生：第一个加数少1，第二个加数多1。

师：对啊，根据我们发现的规律也能帮助我们，那么还能写出哪些算式呢？

生：7+6、6+7、5+8、4+9。

师：对啊，我们按顺序写出了这些算式他们的得数都相等。

（3）游戏。

那如果给你6+9，你能找出和它得数相等的算式吗？想一想，说给同桌听一听。

师：都想好得数是15的算式了吗？下面我们开启男女生游戏，请两位代表在下落面的算式中找出得数是15的算式。

学生游戏。

师：女生这局胜利了，男生继续加油哦。还想不想挑战？

生：想。

三、闯关练习

第一关：口算练习——复习第6题。

师：那让我们一起打开数学书，挑战第一关，比一比自己的口算能力吧。

学生口算，集体校对。

第二关：比一比——复习第5题加以扩充。

师：给你算式和数，你会比较大小吗？

出示题目，学生依次比较。

$9+6 < 16$　　$8+5 = 13$　　$3+9 > 10$

$9+6 = 6+9$　　$4+8 < 5+8$　　$7+8 > 7+7$

第三关：找规律，填算式。

师：你会接着写算式吗？

出示，开火车接龙。

(1) 9+2=11　9+4=13　?

(2) 8+5=13　7+5=12　?

(3) 6+6=12　5+7=12　?

四、回顾总结

师：今天这堂课，我们复习了20以内的进位加法，你们又学到了哪些本领呢？

生：我知道了一个加数不变，另一个加数变大，和也会变大。

生：我知道了一个加数多1，另一个加数少1，和没有变。

师：同学们真了不起，通过观察进位加法表，发现了加法算式中变与不变的奥秘，还解决了很多问题，在生活中，我们只要善于观察和思考，一定会有更多的收获。下课！

※ 课后反思

这是一堂单元复习课，也是回顾整个单元，巩固建模、综合建构的好时机。这堂课我充分运用了20以内进位加法表，通过横着、竖着、斜着观察，发现算式的变化特征，从和变、和不变两个维度建构算式模型。当一个加数不变，另一个加数变化时，和也会随之变化；当一个加数变大，另一个加数相应变小，和不会改变。围绕这两个模型，我也设计了相应的练习，如根据规律补全表格，按顺序说出得数是11的算式，找出和9+4得数相等的算式，男女生PK判断得数是15的算式，这一系列的练习设计都是在应用发现的规律，在分层练习中也有层次地运用了规律：不计算比较两个算式的大小、找规律接着写算式，多角度多方位的练习，旨在构建夯实、以练促模，促进学生和变与不变基本模型思想的建立。

此外，我也多角度地复习了凑十法的数学建模，从正向9加几、8加几……的得数特征和逆向9+（　）=17，反向思考，这个数既要给9一个1凑成10，还要剩7写在和的个位上，由此得出1和7合成8，通过整体的复习回顾——巩固强化——对比深化将学生的计算能力进一步提高。

27. “十几减九”教学设计

潘锦嫦
（广东省中山市西区烟洲小学，青年名师）

※ 课前预设

教学重难点：

十几减九的计算方法。

教具学具：

课件，展示平台，计数棒。

※ 教学过程

课前背诵：一九一九好朋友，二八二八手拉手，三七三七真亲密，四六四六一起走，五五握成一双手。

教师提问：两个数凑十的时候，我们看到9，想到几？看到8，想到几？看到7，想到几？看到6，想到几？看到5，想到几？

一、创设生活情境，提出问题

1.师生交谈

师：同学们，你们喜欢游园活动吗？

生：喜欢。

师：今天我们就一起来参加一个有趣的游园活动。

（课件出示情境1：书上8至9页的主题图）

师：看，这些同学玩得多开心呀！谁来说说他们在做些什么？

师：有趣的游园活动中，有很多有趣的数学问题。你想不想来解决这里面的数学问题？

生：想。

2. 根据情境，提出数学问题

师：首先，我们往卖气球的小丑先生那看一看。请小朋友们仔细观察动画。

师：告诉老师，你们看懂了什么？

生：原来有 15 个气球，卖了 9 个。

师：从你看到的信息中，你能解决什么问题？

生：还剩下几个气球？（还有几个气球）

师: 这个问题提得真好！还有哪些小朋友也想解决这个问题？（几乎全班举手）

师：现在我们就一起来解决这个问题。

二、学生寻找解决问题的方法，主动探究新知

1. 交流解决问题的方式

师：你们可以通过什么办法知道还剩几个气球？

生：数一数。（教师给予肯定）

生：用小棒摆一摆。（教师给予肯定）

生：我们还可以列出算式算一算。

师：好办法！谁能列出解决这个问题的算式？

生：列式是 15-9= 。

师：你们的桌上已经有你们解决问题需要的用具，现在你们就可以用你们的方法来解决这个问题了。

（给学生充分的探究时间，教师巡视，注意发现不同的解决方法，对有困难的学生给予帮助）

2. 学生汇报解决问题的方法

师：谁来向大家介绍你的方法，告诉大家你是怎么想的。

学生可能出现以下方法中的几种方法：

（1）数一数。

一个一个地数。1、2、3…9，拿走9个，1、2、3，剩下6个气球。

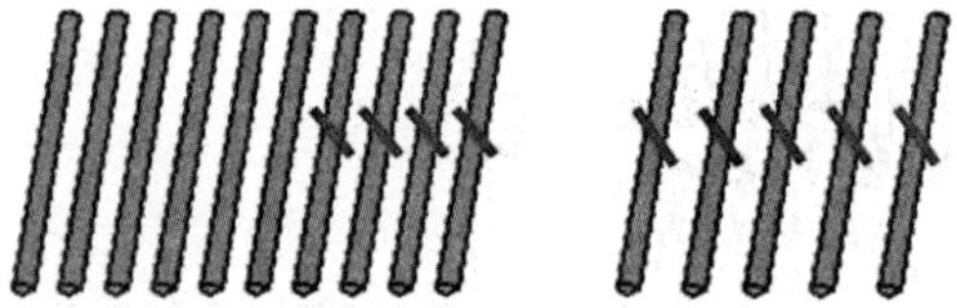

（2）摆一摆小棒。

方法1：把15根小棒分成两份，一份摆10根，一份摆5根。先从10根小棒里面拿走9根，剩下1根，10−9=1；剩下的1根和5根合起来就是6根，1+5=6。所以15−9=6。

教师要追问：5为什么要加1？

因为是从10里面先减去9，我们把这种方法叫作“破十法”。

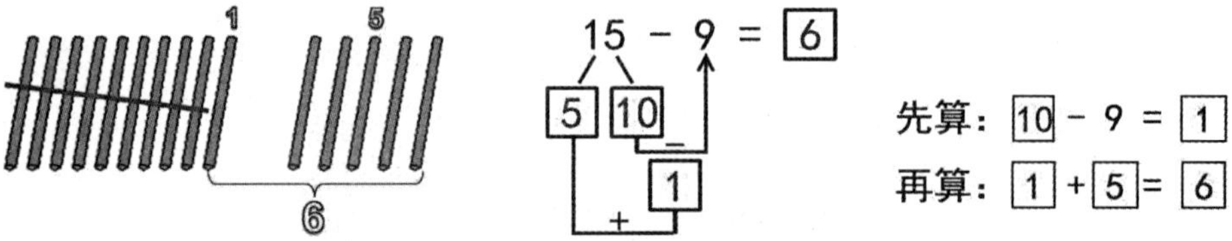

方法2：把15根小棒分成两份，一份摆10根，一份摆5根。先把5根拿走，再从10根里面拿走4根，剩下的就是6根。所以15−9=6。这种方法连续进行了两次减法，我们给它命名为“连减法”。

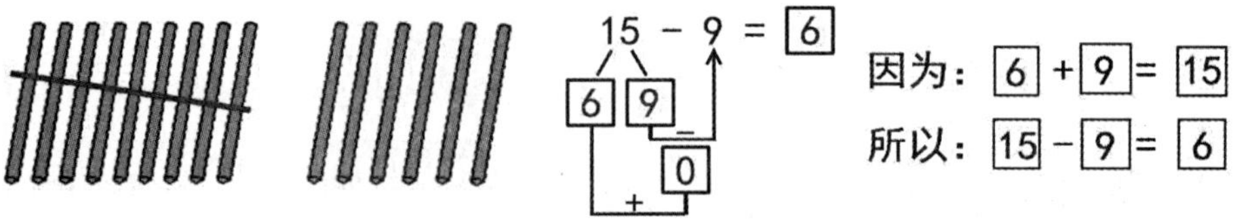

方法3：把15根小棒分成两份，一份摆9根，一份摆6根。把9根拿走，剩下就是6根，所以15−9=6。

师：这种方法是把15分成了9和几？

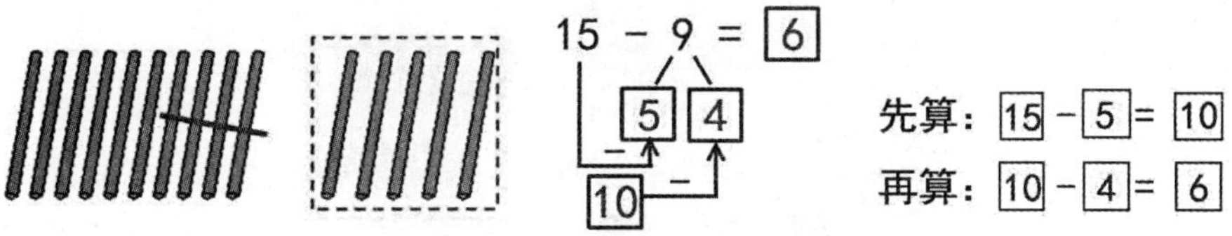

其实，也就是想“几 +9=15”！因为 6+9=15，所以 15-9=6，这也就是通过想加法来计算减法，那叫作“想加算减法”吧。

（学生通过自己合理的分开小棒和拿走 9 根小棒，教师做相应的提示和指导，使学生通过摆小棒的过程，逐步理解 15-9=6 的计算过程，三种方法的出示顺序不固定）

3. 方法小结

师：你们今天太了不起了，想出了这么多种方法来计算 15-9=？，上面的这么多方法，挑出你最喜欢的一种，和你的同桌说一说。

师：通过刚才的研究，你们知道还剩下几个气球了吗?

生：6 个。

三、学生在情境问题的解决中巩固十几减九的计算方法

1. 师：接下来我们再来看看卖风车的摊位遇到了什么数学问题。

生：阿姨原来有 12 个风车，卖了 9 个。

师：根据刚才看到的，你们能提出什么问题?

生：还剩下几个风车?

师：通过刚才的学习，你们会列式解决这个问题吗?

生：会。

教师板书：12-9=3，你能分享你的计算方法吗?

2. 我们再看套圈游戏时又发生了什么，引导学生列式解决：14-9=5，并说出计算的方法。

3. 揭示课题

师：看一看，想一想，今天我们解决问题所列的算式都有什么特点？（引导学生说出都是十几减九的计算）

师：（板书课题：十几减九）这就是我们今天学习的内容。

师：今后在计算这样的题目时，你觉得哪种方法好用，算起来方便，速度快，就用哪种方法计算。

四、运用新知，自主练习，体验成功

1. 书上“做一做”的 3 道题

学生做完后集体订正，做第 1 题的学生到展示平台上来边摆小棒边讲方法，做第 2 题的学生把图片在全班展示，做第 3 题的学生说说自己的想法。

2. 读算式，直接说得数。（课件出示情境 4：出示一些小动物，他们的背后藏着算术题）

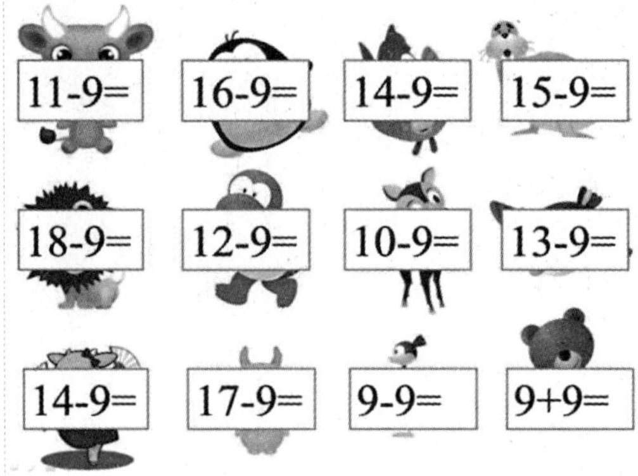

师：看，这里有很多小动物，让我们把他们邀请到游园活动中来。你们想邀请谁？（学生选择小动物后，电脑出示相应的题目，学生立刻算出得数）

3. 做一个全班同学都可以参与的计算游戏

师：同学们，学习了十几减九的计算，你们想不想自己当老师，出题考考你的同桌？

（1）每个人在一张白纸上，出 3 个十几减九的算式题。

（2）把你的题目交给你的同桌，然后听老师的口令，现在开始做，看谁做得又对又快。

（3）交换批改，你当老师批改一下你的学生的作业，如果他做对了，你就给他画一个大笑脸；如果他做错了，就给他一些鼓励。

（4）说说你的同桌哪一题错了，教教她怎么改正。

五、总结，师生交流

师：今天你学会了什么？

师：我们把今天学习的十几减九的算式再复习一遍。让学生开火车说出得数。

10−9=	11−9=
12−9=	13−9=
14−9=	15−9=
16−9=	17−9=
18−9=	19−9=

师：你们为什么算得越来越快？你从这些算式里面还能发现一些什么吗？

11 − 9 = 2
12 − 9 = 3
13 − 9 = 4
14 − 9 = 5
15 − 9 = 6
16 − 9 = 7
17 − 9 = 8
18 − 9 = 9

巧算“十几减9”的方法：

就是把被减数个位上的数加1就是“十几减9”的差。

（学生能发现规律就说，不能发现教师可以根据情况适当点拨规律：十几减九的得数比被减数的个位数多一或者说十几减九可以用十几减十再加一）

28. “认识钟表”教学设计（课例一）

吴景萍
（福建省福州高新区第一中心小学旗山分校，青年名师）

※ 课前思考

《义务教育数学课程标准（2011 年版）》中强调：数学活动必须建立在学生已有的经验基础上开展。学生的经验涵盖多方面，如：生活经验、知识经验、方法经验等，唤醒经验与学习知识的过程相互融合，对新知识的学习以旧经验整理螺旋提升的方式开展，以促进通过知识学习过程内化、深化建构数学模型。“认识钟表”这节课安排在一年级上册第八单元，对刚入学不久的孩子是第一次比较系统、规范的学习有关时间的概念。钟表是孩子日常熟悉的事物，调取经验帮助学习是本节课的基础。教材主题图呈现的是学生的生活场景，通过模拟熟悉丰富的生活环境作为学习的素材来帮助学习、理解、应用钟面的相关知识，将“时间”这一抽象概念置于鲜活的环境中感知，潜移默化加深对“时间”这一抽象概念的认知，降低学习的难度。借助经验帮助认知有助于亲历知识的形成过程，学生对钟表、时间的认知起点差异不同，本节课教学应关注学生的个体差异，取长补短分层教学以促进不同的学生有不同的收获，推动全员的共同发展。如何更好地将数学经验调用服务于课堂，用旧经验帮助积累新经验，在经验积累过程中完善知识体系的建构，促进课堂教学效果的提高呢？以下这篇教学设计可能会给读者带来一些思考。

※ 教学过程

一、创设情境　诱发兴趣

1. 唱游拍手活动：嘀嗒嘀嗒，嘀嗒嘀嗒；会走没有腿，会说没有嘴；起床上学它叫你，晚上早睡它喊你。

（1）小朋友们你听出儿歌里唱的是什么呀？

（2）我们平时在哪里见过钟表呢？你知道钟的作用是什么呢？

小结：从大家的发言中听到了钟表不仅能帮助我们看时间，还是我们生活中的好帮手，这节课我们就来和钟表交朋友——板书课题：认识钟表。

【设计意图】采用听唱律动导入教学是基于一年级学生的年龄特点，唱游的形式容易调整学生的课前状态，集中注意力吸引学生的参与欲望。唱游的内容针对钟面的特点进行编排，促使学生在听唱的时候借助生活经验回忆在生活中它是谁？它的特点和作用又在哪？

二、展示钟表　初步感知

1. 展示来自小朋友家中的各种钟表大聚会

分一分：引导观察分类出带指针钟表和电子钟表

2. 展示带指针的各种钟表

（1）找一找：这些钟表中藏着共同的小秘密，你能找出来吗？

（2）验一验：你也可以将发现放在你喜欢的钟面上验证下你们发现的秘密是否一样。

【设计意图】学生对钟表信息的储存比较少，通过课件展示来自孩子们家中的钟表开阔孩子视野，拓宽学生对各种类型钟表的认识。第二个层次突显异中求同，让学生在不同形状的钟面上找相同，通过寻找共同的小秘密，数字、时针、分针激发学生的求知欲望，也初步感知钟表特点，降低对问题难度的理解，也为后面的学习做基础铺垫。

小结：钟表的现状不同、颜色不同，但是很多钟表上都有指针可以帮助我们看时间，一起走入钟面探索它的秘密吧！

三、新知建构　了解钟面

1. 认识钟面

出示完整的钟面：你都看到了什么，和大家分享吧！

2. 交流活动

（1）数一数：12 个数字按照一定的顺序排列，数字之间有一个大格，相对应。

（2）说一说：将看到的两个针用自己的语言描述它的特点，介绍时针、分针。

（3）找一找：在其他的钟面上你也能找到时针和分针吗？

小结：钟面上有 12 个大格并对应 12 数字按照一定的顺序排列，时针走 1 大格是 1 小时，分针走一圈是 1 小时，平时生活中我们可以通过看时针和分针来确定时间。

【设计意图】为了对钟面有个完整的认识，借助观察钟面给学生体验发现的过程，让学生自己去经历有什么，让学生站在自己的视角去描述时针、分针的特点。学生在前期已经认识了数字，调用知识经验让学生将数的有序排列规律应用在钟面上。时针和分针的认识，结合技术手段，同步教学闪动的时针和分针，这样能较好地吸引学生的注意力，更加直观地发现时针和分针的本质区别，从而做到课堂的高效。

小结：伸出小手一起跟着钟面时针、分针的运动绕起来。时针转，分针转，我们的小手也在转，看它停下了，你知道它是几时吗？

四、发现规律　认识整时

（1）出示时针指着 8，分针指着 12，谁认识这个时间？

（2）你来当小老师教教大家你是怎么看出来的？

（3）在数学上可以用 8 时或者 8：00 来表示这个时间。

（4）师生互动一拨一读 3 时，先读一读它是几时？说一说想法、再写一写。

（5）老师想拨出 6 时，谁来教我？

（6）小结：观察钟面 8 时、3 时、6 时你有什么发现？原来它们的分针都指着 12，时针指向几就是几时，像这样的时间就是整时。

（7）你还想认识几时？同桌小朋友互玩拨读学写时间。

（8）出示电子钟 5 时：介绍电子钟整时的读法。

小结：时间在生活中是我们的小伙伴 ，小朋友们一起走入小明的一天，体验下他是怎么合理安排时间的？

【设计意图】一年级学生的注意力比较容易分散，搭建玩学交替的课堂有助于提高学习效果，老师将自己的角色与学生平等相处，通过引导在教学中师生互动、生生互动，玩学时钟在玩中发现规律 ，在玩中认识整时的特点，在玩中体验自主成就，在玩中借助对 8 时的认知经验进行迁移，发现问题，收获规律，从而归纳出整时的特点。

五、拓展应用　感受时间

（1）同桌合作，说一说小明什么时间在做什么？

（2）学生质疑：小明上课时间 9 时和睡觉时间 9 时，为什么会有两个 9 时？

（3）寻求策略：怎么表述 9 时能让人听得更明白？

（4）选择一个小明的时间对比，这个时间你在做什么？谁的安排更合理？

小结：希望你们都像这样有规律地合理安排时间，保障学习、运动、睡觉，做个棒棒的小孩！

【设计意图】借助读、写小明的一天来巩固学习的效果，将新知学习应用到生活实践中核验学习效果。通过辨析同样是 9 时为什么做的事情不一样制造矛盾，让学生应用自己的生活经验明白有上午 9 时和晚上 9 时的区别，对时间概念有更清晰的认知建模。

六、全堂小结

29. “认识钟表”教学设计与反思（课例二）

谷敏
（四川省凉山州越西县邮电贝尔小学，青年名师）

※ 课前思考

“认识钟表”是人教版小学数学一年级上册第七单元的内容。本节课要求学生认识整时，是学生建立时间概念的初次尝试，也为以后“时、分”的教学奠定了基础。教材在编写上注意从学生的生活经验出发，让学生生动具体地学习数学。按照“认识钟面结构—整时的读写法—建立时间观念”的顺序编写。一般来说，孩子每天起床、吃饭、上课都要按照一定的时间进行，这样在生活中潜移默化就感知到了时间这一抽象概念的存在。这一节课的教学对象是一年级的学生。根据他们年龄小、好动、爱玩、好奇心强的特点，为了抓住他们的兴趣，激发他们的好奇心，我采用了愉快式教学方法，创设情境，设计了色彩鲜艳的课件，让学生在课件所创设的情境中学习，激发了他们的认知兴趣，而且充分发挥学生的学习积极性。

※ 教学过程

一、创设情境，激趣导入

师：小朋友，你们喜欢猜谜语吗？（喜欢）今天老师给大家带来了一个谜语。（出示课件）“嘀嗒，嘀嗒，走得急，日夜前进不休息。”打一日常用品，谜底是什么呢？（钟表）

师：孩子们，钟表有什么作用呢？

（学生自由回答）

师：嗯，钟表的作用这么大，想不想和它成为好朋友呀？（想）我们去超市逛一逛，看看钟表长什么样呢？（出示课件）

师：钟表不光有漂亮的外表，它的钟面上还有丰富的知识，你们想知道吗？（想）

师：好！我们一起来认识钟表。

（出示课题）

【设计意图】“谜语”贴近学生生活且富有情趣，把音、美融于数学，使枯燥的课堂教学生动活泼，为学生创设一个愉快的学习环境。

二、互助学习，自助探究

1. 初步认识钟面

师：看看我的超级大钟面。谁来说说你看到了什么？（出示钟面）

（指名学生说一说）

老师介绍钟面的组成。

* 又短又粗的针叫时针，又细又长的针叫分针。

* 还有 12 个数，我们数一数。

* 数字的旁边还有什么？再来数一数有多少格？

（课件中时针、分针、12 个数、12 个大格分别闪动）

教师小结：时针、分针、12 个数、12 大格，它们组成了一个漂亮的钟面。

2. 认识整时

师：（放铃声）听，谁家的钟表响了？（演示晶晶家）原来是晶晶的钟表响了，晶晶还没起床。快告诉她现在几时了？（出示放大的钟表）

（指名学生回答）

师：你是怎么知道是 7 时的？

* 长长的分针指着几？（指着 12）

* 短短的时针指着几？（指着 7）

* 教师小结：分针长长指 12，时针指 7 是 7 时。（学生跟着说，教师演示课件）

3. 巩固练习

a. 抢答：分针指着 12，时针指着 8 是几时？指着 4 呢？

（指名学生回答）

b. 真不错，欢迎小朋友们到智慧屋来做客，看看谁最聪明，能发现这些钟面时刻相同的地方吗？（出示 8 时、6 时、1 时）

（指名学生回答）

教师小结：8 时、6 时、1 时分针长长都指着 12。像这样分针指着 12，时针指着几就是几时，我们把这样的时刻叫作整时。

c. 能很快说出钟面上的整时吗？（能）这么自信，咱们来比一比看谁说得又对又快！（出示 9 时、4 时、10 时、8 时、5 时）

（学生抢答）

4. 认识电子钟

现在你们和有着分针、时针的钟表成了好朋友。其实还有一种表，长得很奇怪，要不要看看？（课件演示）看到了吗？这是什么表？（电子表）电子表是几时，你是怎么知道的？（教师在课件上演示 7：00）

教师小结：小圆点后面是两个零，前面是几就是几时。

7 时和 7：00 是一个时刻的两种写法，它们是一对好朋友。下面我们就来做一个找朋友的游戏好不好？（课件播放“找朋友”歌曲）

老师强调：头饰上时间相同的才是好朋友，可千万不要找错呀。时间相同的小朋友握握手做个好朋友吧！

师：“1：00，你的好朋友呢？”教师戴上 1：00 的头饰，原来在这儿呢！）

【设计意图】为了更好地突出学生的主体地位，本环节提供了丰富的感性材料，如大钟面，让孩子们感性地认知分针、时针、12 个大格子。通过让学生说一说、数一数、想一想、比一比、找一找等多种形式，让学生积极动眼、动耳、动脑、动口，引导学生通过自己的学习体验来学习新知。

三、分层练习，巩固认知

1. 小明的一天

（出示几组画面学生说几时）希望小朋友们也像小明一样合理安排作息时间，回家后制定一个作息计划表贴在床头，坚持去做。希望你们都有一个健康的身体，好好学习，好吗？（好）

2. 帮小猪修钟

小猪看到小朋友们这么能干，想起家里的钟坏掉了，想请你们帮它们添上，你们能帮它添上吗？

课件显示钟面，钟面上只有一根长针指着 12。

师：时间是 1 时，缺少什么？该怎样画？

（指名学生完成）

3. 动脑筋

（过一小时是几时）

我看小朋友们精神百倍，那咱们再来一个智力大比拼好吧！

（学生自由抢答）

【设计意图】本环节练习设计，创设了“小明的一天、帮小猪修钟、动脑筋”等情境，有效地激发孩子们的兴趣，使孩子们在情境中体验时间，形成时间观念，加强孩子们对珍惜时间和养成良好作息习惯重要性的认识。

四、课堂小结，延伸拓展

1. 介绍古代的计时法

今天我们认识了钟表，我们现在看到的这些漂亮的各式各样的钟表，都是现代人们设计、制造的。可古时候是没有钟表的，那古时候人们是怎样计时的呢？你们想知道吗？（想）我们一起走进古代去看一看。课件展示古时候人们用日晷和沙漏、铜壶滴漏计时的方法。

2. 小结

时间过得真快啊，一节课的时间即将过去，今天这节课我们学习了什么内容？你有什么收获？

（学生自由发言）

老师把我们学习的知识编成了一首儿歌，你们记住以后认识整时就难不到你喽，跟着读一遍，好吗？

小闹钟，真可爱！分针长长指 12，时针指几就几时。

电子表，真机灵！圆点后面 2 个零，前面是几就几时。

3. 欣赏歌曲《时间像小马车》

时间真的像小马车一样飞快地向前跑着，所以我们一定要珍惜时间！让我们都做时间的小主人，好吗？

【设计意图】总结反思，向学生渗透珍惜时间的教育，让学生学会科学、合理地安排自己的作息时间，养成遵守和珍惜时间的好习惯。

※ 课后反思

整节课我利用精美的课件，循循善诱，激发了孩子们的学习兴趣，教学效果好。但也存在一些问题：在小组活动中，有些孩子的合作意识较差，从动手操作到自主探索再到用语言文字表达出来，都无所适从。教学中，要加强对这些孩子的指导。

整节课教学语言还不够精练，如果教学语言能更激情、丰富些，尤其是激励学生的语言再丰富些，这样能更好地关注学生的情感、态度等方面的发展，从而调动学生的学习积极性。

总之，教学中仅仅教会学生书本的知识是远远不够的，应让学生在学习书本知识的同时，感受到数学的魅力，热爱数学，主动学习数学。

30. “认识钟表”课堂实录与反思（课例三）

勾梦阳
（北京第二实验小学兰州分校，青年名师）

※ 课前思考

认识整时是学生建立时间观念的初次尝试。由于时间和时刻都是比较抽象的概念，因此应结合大量的操作活动来学习。教材注意从学生的生活经验出发，设计了“小红起床”“小明的一天”等生动具体的生活情境，并及时渗透接近整时的内容，不仅可以深化学生对整时的认识，而且也为将来认识几时几分做了铺垫。对于一年级的学生来说，认识钟表是比较困难的：首先学生的知识储备少，理解能力还较弱；其次钟表是一个复杂的度量工具，表盘比较复杂。但入学前，学生已经在生活中积累了一定的认识钟表的经验。因此，在教学中，我们要以这些经验为起点，不能把认识钟面、认识整时作为“全新”的知识进行教学，应充分唤起学生已有的经验，结合生活实际，将抽象的时间特性转化为学生可见、可触摸、可理解的活动。师生都要准备钟表模型，以便在课堂上进行操作和演示，使课堂的学习活动成为对学生原有经验的总结和提升。

※ 教学过程

一、创设情境，激发兴趣

师：在我们生活中常用的计时工具有什么呢？

生：手机。

师：对，除了手机，还有钟表。

课件出示各种不同形式的钟表。

师：瞧！钟表王国的兄弟姐妹可真多呀！请大家仔细观察这些钟表，说说你们的发现，选你最喜欢的一个进行介绍。

学生进行简单介绍。

师：通过大家的介绍，我发现这些钟表虽然外形不同，但也有很多相似的地方，你们发现了吗？今天就让我们一起来认识钟表。

板书课题：认识钟表

二、借助经验，认识钟面

1. 在解构钟表中认钟面

（1）观察钟表模型，初步了解钟面。

师：认真观察手中的钟表，看看钟面上都有什么？（板书：钟面）

学生认真观察，并与同桌交流。

师：我想制作一个钟表，根据你们的观察快帮我看看还缺什么？

生 1：指针，数字。

生 2：时针和分针。

（2）认识时针和分针，并进行区分。

师：同桌之间互相指一指，说一说钟表上的时针和分针。

师：谁能指出哪根是时针，哪根是分针？并说一说你是怎样区分它们的？

生：短的是时针，长的是分针。

师：你观察得真仔细！时针的确要比分针短一些。

师：你们知道时针和分针在钟面上是怎样转动的吗？请大家用手比画一下。（学生先画）对了，（教师演示）像这样转动的方向，就叫作顺时针。

（3）了解钟面上的数。

师：钟面上这些数是怎样排列的？

生 1：从小到大排列的。

生 2：顺时针方向排列。

师：我们一起读一读这些数（依次指读）。有什么好办法能快速记住它们的位置呢？

生 1：钟面上有一些小点。

生 2：两个数之间有一个格子。

师：你们真聪明！两个数之间就有一个大格，我们一起数一数，钟面上一共有多少个这样的大格？（板书：12 个大格）

小结：在大家的帮助下，我的钟表做好了！钟面上有时针、分针，还有 12 个数，12 个大格。

2. 联系生活，认识整时

课件出示：小红起床图。

师：仔细观察，你知道钟面上现在表示什么时刻吗？

生：7 点。

师：对，不过在数学上我们通常把 7 点说成 7 时。你们怎么看出是 7 时的？

生 1：因为我每天 7 时起床。

生 2：因为时针指着 7，分针指着 12（多人回答）。

师：说得太棒了！分针指向 12，时针指向 7，这个时刻就是 7 时。

师：想一想，7 时在电子表上是怎样显示的？

生：两个小点后面是两个零，前面是 7。

师：你知道的真不少！认识这些钟表上的时间吗？（教具出示 8 时、3 时、6 时）

根据学生的回答，同时板书。

师：仔细观察这三个钟面上的指针指向，有什么相同和不同之处？

生：分针都指向 12，时针分别指向 8、3 和 6。

师：像这样分针指向 12，我们把这样的时刻叫作整时。看！这三个钟面上的时刻都是整时呢！那怎样确定是几时呢？

小组讨论。

师生小结：分针指着 12，时针指向几就是几时。

师：（指名学生）8 时、3 时和 6 时在电子表上又是怎么显示的？请把正确的表示方法贴在相对应的时刻下面。

学生在黑板上操作。

小结：两个小圆点后面是两个零，前面是几就是几时。

师：这就是整时的两种表示方法。都读作几时，只是书写的形式不同。

3. 动手操作，拨钟面

活动一：教师拨出 1 时、4 时、11 时和 9 时，学生认读。

师：看看谁能快速说出钟面上的时刻？

活动二：学生拿出小钟面，拨出下列时刻：6 时、12 时、3 时、5 时。

师：请你根据指令拨出正确的时刻。

学生根据指令拨出相应的时刻。

师：同桌合作“我说你拨”，要告诉对方你是怎么拨出这个时刻的？

小组合作，教师巡视倾听。

师：拨一个你喜欢的整时时刻，说说你拨的是几时？这时你在干什么？

学生活动，然后邀请学生上台演示。

三、应用新知，解决问题

1. 课件出示教材第 85 页的内容

师：请大家把课本翻到第 85 页，仔细观察图中的内容。

师：先写出每个钟面上的时刻，然后说一说，小明这一天都做了哪些事？是在什么时间做的？

学生回答，并相互补充。

师：小明几时吃午饭？

生：12 时。

师：钟面上怎么只有一根指针？

生：时针分针都指向 12。

师：原来 12 时的钟面上时针和分针重叠在一起了。

师：小明几时在看动画片？

生：6 时。

师：仔细观察，6 时的钟面有什么特点呢？

生：时针分针在一条直线上，但方向相反。

师：小明 9 时在做什么呢？

生 1：看书。

生 2：睡觉。

师：同样都是 9 时，为什么小明做的事却不一样？

生：一个是上午 9 时，一个是晚上 9 时。

师：你们同意他的说法吗？（同意）

由此可见，钟表上的时针一天转两圈：上午有 9 时，晚上也有 9 时。如：早晨 6 时起床，晚上 6 时吃晚饭。

2. 课件出示只有 4 个数字的钟面，学生辨认时刻（5 时、1 时、7 时及 10 时）

师：请你说出此时钟面上的时刻，并说明理由。

学生回答，并相互纠正补充。

四、总结回顾，课外延伸

师：通过这节课的学习，你有哪些收获？

学生交流自己的想法。

师：希望每个小朋友都能珍惜时间，合理利用时间，做时间的小主人。

作业延伸：请同学们根据自己的生活，设计一个快乐的星期天。

要求：你在几时干什么，就在对应的钟面上画出相应时刻的分针和时针。

※ 课后反思

从教学前参可以看出，大部分学生对钟表上的时针、分针，甚至秒针都有了一定的认识，对生活中的整时也有一定的感性生活经验。但学生的这种感性认识往往只停留在感知的层面上，并没有形成可操作性的思维方法。因此，在教学时，应引导学生充分经历认识钟面和认识整时的过程，在操作中学习知识，注重体验和感悟，从而掌握认识时间的一般方法，然后在解决实际问题的过程中进行巩固和深化。

为了进一步形成积极有效的师生互动，促进课堂教学高效生成，在今后的教学中应当逐渐教会学生如何前参；重视课外延伸，如出示有 4 个数字的钟表后，应紧接着再出示有 2 个数字、1 个数字以及没有数字的钟表，逐渐在学生脑海中建立起一个钟表模型；重视课堂上师生、生生之间的评价，建立有效的评价机制，才能更好地关注学生的情感、态度等方面的发展。同时，要学会倾听学生发言，捕捉学生思想的亮点，不断地学习，提高课堂的应变能力。只有数学变得有趣、直观、生动，数学课堂才能焕发出生命的活力。

31. “认识整时和半时”教学设计与反思

蒋万琼
（湖北省潜江市田家炳实验小学，青年名师）

※ 课前思考

一、对该内容的整体分析

“认识钟表”内容按照“整时，半时”（一上），“几时过几分，几时差几分”（二下），以及“时分秒”（三上），三段分层次编排。在“整时和半时”的学习中不必涉及钟表“分”的具体刻度。本内容是学生第一次学习，能整体把握时间即可。

二、对该内容的具体知识分析

主要知识内容包括两个方面：一是知道钟表可以用来计时，初步认识钟面，认识时针和分针；二是会认读整时和半时，并学会整时和半时的表示方法。

三、对学生认知特点的分析

学生虽然在生活中经常看到钟表。但是他们大多数人对钟表并不熟悉。通过课前调查发现，关于具体时刻“整时和半时”学生根本没有概念，也不清楚钟面是怎样来记录这些时间的，尤其是对半时特点认读，理解困难比较大。究其根本在于学生不知道时针和分针的运行方向，不知道怎样确定半时中的几时。

四、对教学过程的设计处理

介于以上分析，在教学设计中注重学生对学习内容的理解，强化学生对钟面的认识，重点设计怎样认识整时和半时，特别注重学生对半时的认识。

※ 教学过程

一、初步认识钟面

1. 环节一：整体感知钟面

师：（出示静止的钟面）同学们，这是什么？

生：钟面。

师：大家仔细看一看钟面，钟面上都有些什么呀？

生：数字、指针、小刻度等等。

师：谁能具体说一说有几个数字，它们分别是多少？是怎样排列的？

生：12 个数字，分别是 1 到 12，它们在钟面上从小到大围成了一个圆。

师：小刻度有什么特点？

生：均匀分布，有大格和小格。

师：对于钟面上大格和小格的研究我们后面会具体学习。

2. 环节二：具体认识时针和分针

师：请大家仔细观察一下，钟面上这两根指针有什么不一样？

生：一根粗短，一根细长。

师：对了，我们把这根粗短的指针叫作时针，这根细长的指针叫作分针。我们钟面上的时间就是根据这两根指针来表示的。时针记录几时，分针记录几分。

师：（出示钟面，并拨动钟面）请大家再看看钟面，你们还有什么发现？

生：时针和分针都在走动。

生：时针走得慢，分针走得快。

师：同学们真会观察，大家再继续观察（拨动钟面，12 时为起点），它们是怎样走动的呀？

生：它们都是一个方向，从 12 到 1，再到 2，再到 3。

师：你们能做个动作模仿一下吗？大家模仿的真棒！如果时针现在走到了数字 7，它接下来会走向谁？

生：8。

3. 环节三：了解钟面的作用

师：你们知道钟面是用来干什么的吗？

生：记录时间。

师：看来同学们对钟面的认识还真多呀，钟面上两根指针所指向的位置不同，所表示的时间也就不一样。

【设计意图】让学生初步认识钟面，了解钟面上的数字，刻度以及指针的特点，知道钟面的作用，特别是掌握时针和分针的特点，知道时针和分针运动的方向，尤其是时针的运动，为后面整时和半时的学习做铺垫。

二、具体认识整时和半时

1. 环节一：说一说，感知钟面上不同的时间

师：钟面是用来记录时间的，下面我们就一起来看看钟面记录的小明的一天，

看看小明一天都干了些什么？

生：小明早上 7 时起床， 8 时写作业，9 时半锻炼身体，中午 12 时吃午餐，下午 4 时放学，晚上 8 时半睡觉。

【设计意图】帮助学生感知“时间”这个抽象概念，建立时间与事件之间的对应关系，体会时间对于我们的实际意义，感知钟面记录时间的意义。

2. 环节二：比一比，发现整时和半时钟面的异同

师：以上是小明一天的作息时间表，他在不同的时间里做了一些不一样的事情。请大家看一看，想一想，记录这些时间的钟面有什么不一样？

生：时针位置不同，分针的位置有些相同，有些不同。

师：下面请大家根据分针的位置把这些时间分成两大类。

生：第一类：7 时、8 时、12 时、4 时。

第二类：9 时半、8 时半。

师：像第一类的时间，我们称为整时，像第二类的时间我们称为半时，同学们，你们能举出一些整时和半时的时间吗？

生：举例略。

【设计意图】通过比对钟面中时间的特点，进行分类，自然引出整时和半时的概念，帮助学生初步建立对于整时和半时的印象。

3. 环节三：认一认，弄清整时和半时的特点

师：接下来，我们先来看第一类时间的钟面，看一看时针和分针有什么共同特点？它们是怎样记录整时的？

生：它们的时针都指着一个数字，分针都指着数字“12”。

师：谁能概括地说一说钟面上整时的时候，时针和分针的指向？

生：整时的时候，分针指向“12”，时针针指向几，就是几时。

师：现在请大家看我的钟面，能告诉我钟面上的时间吗？

生：分针指向：“12”，时针指向“6”，是 6 时。

师：下面我们接着研究半时钟面上时针和分针的特点？想一想时针和分针是怎样记录半时的？

生：半时的时候，钟面上的分针都指向数字“6”，时针指向两个数的中间。

师：你们太厉害了！老师现在有个问题了？整时的时候，时针指向几就是几时，半时的时候，时针指向两个数的中间究竟记录的是几时呢？请大家仔细观察这两个半时的钟面，思考一下它们记录的时刻选取的是哪一个数字？

生：都选的小一点的数字，比如：指向 9 和 10 的时候就是 9 时半，指向 4 和 5 的时候就是 4 时半。

师：会观察发现的孩子，给你点赞。但是你们知道为什么吗？大家回忆一下，课始我们研究过时针和分针的运动方向，时针在“9”和“10”之间，表示它要走向几？

生：10，可是还没有到10。

师：对了，时针还没有到“10”，表示它超过了“9”，就是9时半。好，下面谁来说说为什么第二个半时是4时半而不是5时半？

生：因为时针是从“4”走向“5”的，还没有到“5”，所以只能表示4时半。

师：请同学们说一说表示半时的钟面上时针和分针有什么特点？

生：钟面上半时的时候，分针都指向“6”，时针指向两个数子的中间，我们要选取它已经走过的那个数字来记录几时半。

4. 环节4：拨一拨，进一步体会整时和半时的特点

师：接下来我们就来玩我说你们拨的游戏。淘气每天早上6时半起床，请大家拨出6时半。

生：动手拨后展示。

师：淘气晚上9时睡觉，请拨出9时。

生：动手拨后展示。

师：接下来请同桌之间玩你说我拨的游戏。

生：同桌互动。

【设计意图】分别针对整时和半时指针的特点进行异同点观察，进而引导学生总结整时和半时的指针特点，再通过拨钟面的活动进一步巩固对整时和半时的认识，真正明白指针与时间记录之间的联系与规律。

三、巩固对整时和半时的认识

1. 完成练一练第1题，观察情境图，说一说。

2. 完成练一练第2题，做之前弄清楚电子钟的计时方法。

3. 完成练一练第3题，课后观察后再完成，了解生活中除了钟表还有其他的计时方法，扩大学生的知识面。（布置课后观察并完成）

【设计意图】通过练习，强化学生对新知的理解，同时也丰富学生的一些与本内容相关的课外知识，比如：电子计时法，生活中其他计时法等。

四、课堂小结

1. 环节一：回顾整理所学知识

师：请大家来说一说这节课的收获吧？

生1：我认识了钟面，知道钟面可以用来记录时间，会认读钟面上的整时和半时。

生 2：我认识了钟面上整时和半时，知道了整时和半时时针和分针的特点。

生 3：我还会认读电子钟面上的时间。

2. 环节二：提出自己还想知道的问题

师：对于钟面你们还想知道什么？

生 1：除了整时和半时，其他时间是怎样认读的？

生 2：为什么有些钟面上有三根指针？还有一根是什么针？有什么用？

生 3：我想知道一天的时间，一天在钟面上怎样计时？

师：看来这节课大家都学习得不错，表扬聪明的你们。对于同学提出的问题，我也点赞，这些问题在今后的学习中会继续研究。

【设计意图】通过小结环节，引导学生回顾，帮助学生回顾整理自己一节课学到的知识，同时引导学生提出困惑，提升后续学习兴趣。

※ 课后反思

通过本教学过程的实施，教后发现还有一些不足或者需要改进的地方：

一、关于教学课时

本单元只有这一个内容，教参给出的课时建议是 1 ～ 2 课时，说明可以灵活调整，调整的前提是要了解自己学生的学情。如果希望再课堂上达成所有教学目标，建议可以分 2 课时来授新，第一课时可以认识钟面，尤其是钟面上的数字规律，指针特点，以及指针运行轨迹（对顺时针方向的感悟），至于钟面上的刻度以及大格和小格可以放到以后学习，并多放手让学生拨钟面，看清楚时针与分针的走向，以及时针和分针的不同位置就可以记录不同时间，加深对钟面作用的体验，加深对“时间”概念的理解，为后面的学习做好很有利的铺垫。

二、关于学生学习效果

本节课大部分学生会认读钟面上的整时和半时，但是在拨一拨环节，反应比较慢，尤其是拨半时的时候，有点拿捏不准，卡壳的原因，主要是对新知的不熟，对于钟面的陌生感一节课不能完全消除，这个需要课后多读，多拨，慢慢积累操作经验。

三、关于教学目标达成情况

由于课时容量比较大，有一些相对比较隐形的目标达成度不够理想，比如：感受一天的作息时间，用时间来描述自己的一天，懂得珍惜时间等。这些，需要在后续的教学中加以完善。

32. “解决问题（减去相同数）”课堂实录与反思

林丹丹

（福建省福州金山小学，青年名师）

※ 课前思考

对于一年级下学期的学生来说，他们已经历了解决问题的一般步骤，学会一些解题策略。本节课继续强化解决问题的一般步骤，特别是“知道了什么？”和“解答正确吗？”这两个环节。在“知道了什么？”环节，通过情景模拟，帮助学生理解题意和探究解题思路；在“解答正确吗？”环节，提出可以倒着想，用加法进行检验的方法，强化检验的意识。这两个环节，是学生们在平时学习的过程中，最容易忽视却缺一不可的环节。

本节课教学的例5是减去相同数的解决问题，学生很难从题目给出的两个信息中直接获得答案，必须要经过不断的尝试和探索。在探索解决问题的过程中，学生可以用已学的知识与方法，进行解决新问题的尝试，从而让他们体会到解题策略的多样化，感悟转化思想。

※ 教学过程

一、谈话引入

师：小朋友们，你们喜欢吃水果吗？（生集体喊喜欢）你最喜欢吃什么水果？

生1：我最喜欢吃苹果。

生2：我最喜欢吃西瓜。

……

师：是呀，多吃水果对我们身体有益呢！今天我们就来解决跟水果有关的数学问题。（板书课题）你们看！（课件出示题目文字）

二、理解题意

师：从中你知道了什么？（板贴：知道了什么）

生：我知道了这里有28个橘子，9个装一袋。

师：要我们解决什么问题？

生：可以装满几袋？

师：这些信息，你们读懂了吗？ 谁来说说你读懂了什么？

生 1：把 28 个橘子，9 个装一袋，9 个装一袋，这样装看看能装满几袋。

生 2：是 9 个装一袋，不能比 9 个多，也不能比 9 个少。

师：噢，有 28 个橘子，你们看，老师把它们带来了。（贴图）你们知道这里的装满是什么意思呢？（圈出“装满”）

生：每个袋子装了 9 个橘子才能算装满。

师：那如果没有 9 个呢？

生：不能算装满一袋。

三、自主探究解决问题

1. 动手操作

师：到底可以装满几袋？我们该怎样解答呢？（板书：怎样解答）有的同学已经有自己的想法了，不着急，先独立思考，如果遇到困难，可以借助橘子图帮忙解决。

师：听明白了吗？那就拿出学习单 1，把你的想法记录下来！

2. 交流汇报

（1）圈一圈。

师：已经完成的同学把你的想法和同桌小声地说一说，林老师收集了一些同学的作品，我们一起来看看吧！这是生 1 的作品，请你介绍一下你的想法。

生 1：我把 9 个橘子圈在一起，表示装一袋。

师：这是你的想法，你们有没有什么问题想问他呢？

生 2：为什么把 9 个圈在一起？

生 1：这样就表示装满一袋。

生 3：这 1 个，为什么不圈了？

生 1：因为不能装满 1 袋了。

师：你刚才说装满 3 袋，是从哪儿看出来的？

生 1：圈了 3 个 9，也就是装满了 3 袋。

师：和他想法一样的请举手。谢谢你，请回位。

小结：你们看，我们刚才把 28 个橘子 9 个 9 个地圈，发现 28 最多能分出几个 9？（生：3 个 9）所以可以装满几袋？（生：3 袋）。他们用圈一圈的方式解决了这个问题，这真是一个好办法。

（2）分步列式：28-9=19（个），19-9=10（个），10-9=1（个）。

师：你们看，这个同学是这么想的，这是谁的作品，说说你是怎么想的呢？

生：28 个橘子，9 个装一袋，还剩 19 个，再装一袋，还剩 10 个，再装一袋，还剩 1 个，不能装了。

师：那你能告诉大家这里的 -9 表示什么？

生：表示 9 个装一袋。

师：你能把这个 9 在图中圈出来吗？（生动手圈）

师：这里的 19 表示什么？

生：表示这边还剩 19 个。

师：这里又 -9 表示什么？

生：表示又装了一袋。

师：请你也把它圈出来。这里的 10 呢？又 -9 呢？

生：剩下的 10 个，还能装一袋。

师：你也把它圈出来，这里的 1 表示什么？

生：最后还剩下 1 个。

师：为什么不继续减 9 了？

生：因为不够减 9 了。

师：那答案是装满几袋呢？

生：3 袋。

师：你这里没有 3，你怎么看出装满 3 袋？

生：减了 3 个 9，就是装满 3 袋。

师：我们一起来数数看，（边圈边说 1 个 9 装满 1 袋，2 个 9 装满 2 袋，3 个 9 就装满 3 袋），这样我们也能看出 28 里最多有几个 9。（生：3 个 9）

师：哪些同学也用了这个方法？请举手。

师：谢谢你为他们代言。

（3）箭头减。

师：老师发现这位同学的方法有些特别，你们能看懂吗？

师：谁上来说一说？这位同学，你是这么想的吗？

生：28 个橘子，9 个装一袋，剩下 19 个，再装一袋，剩下 10 个，又装一袋，剩下 1 个。

师：你们看，这里的 19 跟上面的 19 一样吗？都表示装满一袋之后剩下的 19 个，这里的 10 跟这个 10 也是一样的，都表示装满两袋之后剩下的 10 个。其实这两个同学的想法是一样的，只不过他是用箭头符号来记录减的过程。

（4）连减算式：28-9-9-9=1（个）。

师：还有个同学是这么想的？可以吗？

师：咦，你们有什么发现？

生：我发现他们的做法是一样的。

师：是啊，其实连减算式的方法和上面两种方法的想法是一样的。

师：哪些同学也是这么想的？请举手。

（5）方法小结。

师：刚才我们用了这些不同的方法：圈一圈、分步列式、用箭头符号记录、连减来解决了这个问题，观察这些方法，它们有什么相同的地方吗？

生1：都有 -9，他们都减了几个 9。

生2：都有 28，都是分 28 个橘子。

生3：都有 1，最后都剩 1 个

师：也就是说不管用哪种方法，我们都是求 28 里最多有几个 9？也就是装满了 3 袋。

四、多种方法，合理检验

1. 检验

师：这个解答正确吗？我们还得检验一下，该怎么检验？

生1：重新数一次或算一次。

生2：用加法检验减法。

师：这位同学倒过来想，用加法检验，这是一个好办法。

2. 方法的回顾

师：回顾一下，我们刚才用了哪些方法解决这个问题？

生1：我们用了画图法、连减法。

生2：还用了箭头法。

五、巩固练习，拓展延伸

师：以后再遇到类似的问题，你会解决吗？这么自信呀！那就让我们到“数学城堡”中去试试看！

猜一猜（课件出示）

1. 获取信息，补充题目

31 个蛋糕，___个装一盒，可以装满（ ）盒？

师：请看，这道题你能解决吗？

生：不能，因为没有告诉我们几个装一盒。

师：那你们想几个装一盒？

生：8 个。

生：4 个。

生：5 个。

……

2. 自主探究

师：那老师给你们 4 个信息（8、6、5、4），选择一个你喜欢的数据，看看到底装满几盒，把你的想法记录在学习单 2 上。

3. 猜答案

师：我看大部分同学都完成了，还有一两个同学没写完，咱们先停下来，老师要看看谁坐得最端正。汇报答案之前，咱们先猜一猜：几个装一盒时，装满的盒数最多？

生 1：4 个装一盒，装满的盒数最多。

生 2：我也觉得是 4 个。

……

4. 交流反馈

师：他们猜对了吗？那我们先来看看 8 个装一盒时，能装满几盒？

（1）展示汇报 8 个装一盒。

师：你们看，同时展示。（这个同学是用圈一圈求出能装满 3 盒，这个同学用箭头符号来记录得到的也装满 3 盒，还有个同学用连减算式得出的也是装满 3 盒）同意吗？

师：指着课件：看来 31 个蛋糕，8 个装一盒，可以装满 3 盒。

（2）展示 4 个装一盒。

师：那 4 个装一盒呢？哪些同学选择这个信息，大声告诉大家你们的答案？

生：可以装满 7 盒。

（3）猜想：6 个装一盒。

师：嘘，现在都不出声，哪些同学选择 6 个装一盒，请你们悄悄地保密，让其他同学猜一猜，这里有没有可能比 3 盒少？

生：不可能，因为每盒装 6 个，比 8 个少，能装得更多盒。

师：那有没有可能比 7 盒多？

生：不可能，因为每盒 6 个，比 4 个多，不可能比 7 盒多。

师：他们猜对了吗？选择 6 个的同学告诉他们答案吧！（生：5 盒）真棒！看来你们很有感觉。

（4）猜想：5 个装一盒。

师：那 5 个装一盒，能装满几盒？

生：5 个装一盒，能装满 6 盒。

（5）回应猜想

师：现在知道几个装一盒时，装满的盒数最多吗？

生：4个。

师：刚才哪些同学猜对了？真了不起，那就把掌声送给自己。

5.小结提炼，渗透函数思想

师：观察这个表格，你有什么发现？

31个蛋糕	(8)个一盒	装满(3)盒
31个蛋糕	(6)个一盒	装满(5)盒
31个蛋糕	(5)个一盒	装满(6)盒
31个蛋糕	(4)个一盒	装满(7)盒

生1：8、6、5、4，每盒的数据越来越小，装满的盒数越来越多。

师：这里的数据刚好有这个规律，那其他数据是不是也有这个规律，我们到时再算算看。

生2：这个问题也可以用除法解决。

师：你知道的可真多，是的，随着以后我们所学的知识越来越多，我们还可以用更简洁的方法解决。

小结：你们看，他们都是分31个蛋糕，每盒的个数越少，装满的盒数就越多。真了不起！你们都有一双善于观察、善于发现的眼睛！

六、小结提炼，建构模型

师：通过今天这节课，你有什么收获？

生谈收获。

师：你学会了解决这类问题的方法。你知道了解答问题之后，不要忘了检验一下答案是否正确。

※ 教后反思

本节课的知识其实在第四单元的解决问题中出现过，所以题目一揭示，很多孩子就想起当时的解题策略——圈一圈。因而在自主探究环节，大部分孩子选择用“圈一圈”解决问题，只有少部分孩子用减法解决问题。那么在反馈不同做法时，要注意数形结合，将连减算式、箭头减与圈一圈的办法对应起来，帮助学生理解更抽象的连减算式、箭头减。在这个过程中，还要注意指导学生在交流中，读懂、听懂他人的想法，帮助学生完善他们自己表达不清楚的地方。新授课后的设计的那道练习综合性强，信息容量大，学生不仅需要用到今天所学的解决问题的策略，还培养学生的逻辑推理能力，借助表格的形式初步渗透函数思想。

33. “多一些、多得多，少一些、少得多”课堂实录与反思

莫忻娟
（苏州工业园区金鸡湖学校，苏州名师）

※ 课前思考

“多一些、少一些，多得多、少得多”是在学生已经认识100以内的数，并学会比较100以内数的大小的基础上进行教学的。通过教学，帮助学生学会使用“多一些”“多得多”“少一些”“少得多”等词语描述两个100以内数的大小关系，进一步培养数感。这部分内容是传统数学教科书里没有的，教学时应给予必要的关注。在教学过程中，关键是让学生结合具体情境理解“多一些”“少一些”“多得多”“少得多”这四个词语的含义，并体会到“多一些”与“多得多”、“少一些”和“少得多”是相对的。

※ 教学过程

一、创设情境，自主探究

师：春天到了，花草把世界装扮得异常美丽。瞧，小动物们也正忙着做星星来打扮它们的家呢！

（课件出示：三只小动物围在桌前，每个动物面前一堆星星）

师：有哪些小动物呢？

生：小猴、小猪、小猫。

（相机在黑板上贴出三只动物的头像）

师：看，这是小猪做的星星，它做了10个。

（课件呈现，并板书：10个）

师：小猴做了几个呢？提示可以先和小猪做的比一比，再猜猜它做了几个。

生：11、12、13……

（相机板书学生猜的个数）

师：小猫做了几个呢？用刚才的方法猜猜看。

生：30、35、40……

（相机板书学生猜的个数）

师：看来，小猴、小猫都比小猪做得多。同样都比小猪做得多，为什么你们猜小猴只做了十几个，而猜小猫做了三十几个、四十几个呢？把你的想法和同桌说一说。

（同桌互相讨论）

生：小猴只比小猪做的多一点点儿，小猫比小猪做的多了很多。

师：我们可以说成“小猴做的比小猪多一些”“小猫做的比小猪多得多”。

（相机板书：小猴做的比小猪多一些。小猫做的比小猪多得多。）

师：你们想知道它们到底做了几个吗？让我们把它们做的小星星每10个排成一排，来数一数。

（课件演示整理过程）

★★	★	★★★★
★★	★	★★★★
★★	★	★★★★
★	★	★★★★
★	★	★★★★
★	★	★★★
★	★	★★★
★	★	★★★
★	★	★★★
★	★	★★★

生：小猴做了13个，小猪做了10个，小猫做了35个。

（相机板书：小猴13个 小猪10个 小猫35个）

师：小猴做了13个，和小朋友们猜的十几个差不多，比小猪只多了几个，真的是“多一些”；小猫做了35个，和小朋友们猜的差不多，比小猪多了很多，的确是“多得多”。

师：让我们再来比比小动物做的纸花吧！

（课件呈现  85朵  50朵  30朵）

师：先比一比，再说一说：（　　）做的比（　　）多一些，（　　）做的比（　　）多得多。

生：小狗做的比小熊多一些，小老鼠做的比小熊多得多。

师：是啊，看来同学们能初步体会“多一些”和“多得多”。

师：现在我们继续回到刚开始，刚才，小猴、小猫做的都比小猪多，那么反过来，小猪做的比小猴、小猫都——？

生：少。

师：小猪做的比小猴少得怎么样？小猪做的又比小猫少得怎么样？把你的想法和同桌说一说。

（同桌互相讨论）

生：小猪做的比小猴少一些，小猪做的比小猫少得多。

（相机板书：小猪做的比小猴少一些。小猪做的比小猫少得多。）

师：谁会再用“少一些”“少得多”来比一比小动物们做的星星的个数？

（同桌互相说一说）

师：你能用同样的说法再来比一比小动物做的纸花的朵数吗？

生：小熊做的比小狗少一些，小熊做的比小老鼠少得多。

师：说得可真好！下面我们和小动物们一起到果园里去看一看！

（课件呈现：

）

师：苹果树上的苹果真多呀！小熊数了一数，说：“苹果有50个。”小兔神秘地说：“梨的个数比苹果少得多。”小朋友，梨可能有多少个？在你认为合适的答案下面画“√”。

（课本第39页“试一试”）

生：我选的是18个，因为题目中说了梨的个数要比苹果“少得多”，那肯定要比50少，但48个是少了一些，不是少得多，所以选18个。

师：小朋友们真棒！小明和小红也带来一道题考考大家。小明说：“一（4）班一共有38人。”小红说：“一（3）班人数比一（4）多一些。”小朋友，一（3）可能有多少人呢？

16人　　36人　39人

生：一（3）班肯定是39人，因为要比一（4）班多一些，也就是要比38多一些。

二、拓展内化，巩固提高

师：刚才，小朋友们学会了用“多一些”“多得多”“少一些”“少得多”来比较两个数的多少。除了比多少，我们还学过比长短、比高矮、比大小等，你能用刚才的说法来比一比老师与乾一同学的高矮吗?

生：老师比乾一同学高得多。

师：小朋友说得真好!

师：老师一次到商店买文具，售货员阿姨说：“钢笔的价钱比练习本贵多啦!”你知道“贵多啦”是什么意思吗?

生：贵多啦，就是钢笔的价钱要比练习本的价钱多得多。

师：理解得很到位！凭借刚才的经验和体验请同学们现在打开数学书，完成想想做做第 3 题。

（生独立完成）

生：英国获得的金牌数比澳大利亚多一些，前面澳大利亚获得了 14 枚金牌，也就是要比 14“多一些”，所以我选 19 枚。

生：中国获得的金牌数比澳大利亚“多得多”，也就是要比 14“多得多”，所以我选 51 枚，中国可真厉害!

师：是啊，你表述得可真清楚，你也很厉害。下面我们来玩个比数大小的游戏。怎么玩呢？两人一组，分别说一个数，再分别说一句话，比两个数的大小。

师：会玩吗？好，下面就比比谁说得好。

（学生分组进行游戏）

师：小朋友们的小嘴巴真会说！老师还想考验一下大家的眼力。有没有信心呀?

可能有多少个？在你认为合适的答案下面画“✓”。

20 个	25 个	80 个

生：草莓比苹果小得多，同样是一筐，我觉得草莓装的要比苹果多得多，所以我选 80 个。

师：说得很在理。猜对了草莓的个数，小红想请小朋友们猜一猜她爷爷的岁数。

课件呈现：

师：小红说："爷爷的岁数比 65 大，比 70 小，爷爷可能是多少岁？"有哪些可能？你是怎么想的？先和同桌说一说，待会我们全班交流。

生：也就是要大于 65，小于 70，所以可能是 66、67、68、69，四种可能。

三、猜数游戏，结束全课

师：小朋友们，今天我们一起学习了用"多一些、多得多，少一些、少得多"等词语来说两个 100 以内的两个数之间的大小关系，学会了用不同的方法比较两个数的大小。最后我们一起来做一个有趣的猜数游戏，好不好？

生：好！

师：我们来看下游戏规则，甲小朋友想好一个数，不说出来，让乙小朋友猜。乙每猜一次，甲都要作出评价，如"太大了""再小一些"等，直到猜对为止。

明白了吗？

（课件示范，学生分两人一组游戏）

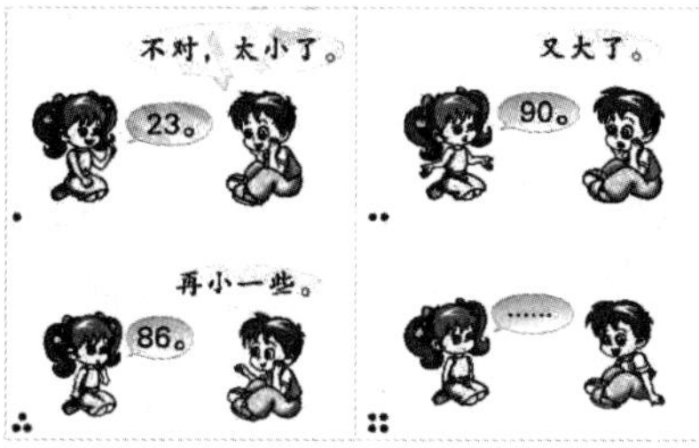

生：明白了。

师：那就是开始游戏吧。

（同桌互相玩游戏）

师：有些小朋友只猜了几次就猜对了，而有的小朋友猜了好久都没对，猜的过程中是否有秘诀呢？小朋友们课后思考一下：想一想，怎样用较少的次数猜对？下课！

※ 课后反思

本节课的课题原本是"多一些""少一些""多得多""少得多"。想要正确使用上述词语描述数的大小关系，不仅需要学生具有良好的数感，而且需要学生在具体情境中恰当把握数的相对大小，并做出灵活的选择。为了能够突破重难点，我将"多一些"和"多得多"先放在一起，而后将"少一些"和"少得多"放在一起，以便学生能够不断进行对比，进而突破重难点。为此，在设计教案时，还有以下几点思考：

一、多样化情境，激发学习兴趣

创设小动物数星星的问题情境，唤起学生已有的数数经验。之后，通过直观地感受数量的多少，初步认识“多一些”和“多得多”，借助同时和小猪做的星星比较，让学生通过交流进一步感受“多一些”和“多得多”的区别。在认识“少一些”和“少得多”时，引导学生联系之前的学习经验自主思考，并初步学会用“少一些”和“少得多”来描述两个物体数量间的关系。自主设计的比身高的情境是让学生实际比较老师和同学的身高，知道可以用“高一些”“高得多”“矮一些”“矮得多”进行描述，使学生进一步体会生活中比较大小的不同描述方式。创设商店买文具的生活情境，引导学生发现其实描述大小关系除了多（少）一些、多（少）得多外，还有许多类似的生活用语，如“大多啦”“贵多啦”等。教师结合题目，抓住时机，利用学生已有的生活经验，对知识进行拓展，让学生体会到数学来源于生活，又应用于生活。创设猜数游戏，“玩”“游戏”是儿童的天性。“游戏”能使儿童活泼、阳光、智慧。将游戏融于数学知识学习之中，学生学得投入，思维积极。通过猜数这个游戏，学生的数感、解决问题的策略以及合作精神得到了较好的培养。

二、活用教材，突破重难点

数学教材是教师进行课堂教学的重要依据，但绝不是唯一依据。教学中，教师需要立足于学生的实际，灵活性地使用教材。如在本课教学中，我除了根据教材选取熟悉的生活素材作为教学内容外，从学生的发展和需要考虑，本课还精心选取了书本上的3道题，其中有一道题进行改编作为所学知识的巩固练习，进而突破重难点。

三、合作交流，发展思维

教学过程中，对重难点的处理，并没有阻止学生的思维，引导学生充分参与，满足学生的思考和表现欲，让不同的声音回响在教室。本节课，多次的同桌合作交流，充分让学生讲出自己心中的想法与疑惑。在回答汇报时，我认真倾听，抓住学生发言时的关键点进行质疑，进一步促进他们思考、辩论，在你一言我一语中，逐步解决本课的知识点。学生在了解了“多一些”“多得多”“少一些”“少得多”含义的基础上，通过多次合作交流，尽情地让学生根据这些描述推理具体的数量，并在说明理由的过程中加深对这些描述含义的认识。

34. “100 以内数的整理与复习”课堂片段与反思

杨薪意
（四川省成都市行知小学校，特级教师，正高级教师）

※ 课前思考

爱因斯坦特别强调问题提出在科学研究中的重要作用，他认为提出一个问题往往比解决一个问题更重要，因为解决问题也许仅仅是一个数学上或实验上的技能而已，而提出新的问题、新的可能性、从新的角度去看旧的问题，却需要有创造性的想象力，它标志着科学的真正进步。因此，问题提出是科学研究中至关重要的一个环节。

自 20 世纪 80 年代起，问题提出，问题解决就已经是数学教育研究的重要领域，各国在教学大纲和数学课程标准当中对问题提出，问题解决都提出了新的要求。发现问题、提出问题成为数学学习的重要组成部分。然而，课程理念必须通过教材以及课堂教学才能影响学生。在现行的课标中，尽管许多国家在数学教材的编写中都加强了有关问题提出的教学内容。但是，根据蔡金法等人的研究发现（Cai et al.，2015），在中美小学数学教材中含有问题提出的活动内容份额不多于 5%，大部分问题都集中在数和运算的内容上。

目前，随着课堂教学的不断改进，在课堂教学中，利用问题提出促进学生对相关概念的数学学习与数学理解越来越成为一种教学手段被老师们认可和接受。于是，在课堂教学中，教师应该如何以问题提出为核心，通过问题提出来帮助学生理解数学就成为学术界和一线教师共同探讨的话题。在本文中，我们将以一节小学一年级 100 以内数的整理与复习为例，来探讨如何帮助低段学生在问题提出中拓展对数学的理解，成为更好的问题提出者。

※ 教学过程

片段一：交流同一个数的多种表达方式

师：上课前，请同学们先悄悄地在卡片上任意写一个今天你喜欢的两位数，不要告诉其他同学哦。

【设计意图】以神秘的活动开课，既能沟通师生关系，愉悦学生的学习状态，更能激发学生的学习兴趣，诱发学生的好奇心，让学生对新课充满期待，自主地为投入新课的学习做好充分的精神准备。

师：谁愿意用数学的表达方式，让大家猜一猜你喜欢的数是几？

【设计意图】通过“猜一猜”，引发学生主动思考“如何用数学表达方式描述自己这个数”。以此帮助学生自主回顾、梳理对100以内数的认识，并在全班互动交流中达到多角度认识数的组成，感受理解同一个数表达方式的多样化，培养数感。

生1：我喜欢的数比40少1。你们知道我喜欢的数是几吗？

生2：你喜欢的数是39。

生1：恭喜你答对了。请说说你喜欢的数吧。（师：板贴39）

生2：我喜欢的数在26和28中间。

生3：你喜欢的数是27。

生2：恭喜你答对了。（师：板贴27）

师追问：这个数还可以怎么表达？

生4：比30少3的数是27。

生5：比25多2的数是27。

生6：比20多7的数是27。

生7：比100少73的数是27。

生8：2个十和7个一组成的数是27。

生9：7个一和2个十组成的数是27。

生10：摆2捆小棒和7根小棒就是27。

生11：在计数器上，个位上拨2个珠子，十位上拨7个珠子就是27。

生12：不对。应该是在十位上拨2个珠子，个位上拨7个珠子才是27。

生11：不好意思，我说错了。谢谢纠正。

生12：这样也是27（生画图，如下）。

师追问：谁看懂了生12的意思？

生13：1颗大的爱心表示1个十，2颗表示2个十；1颗小的爱心表示1个一，7颗表示7个一。合起来就是27。

生 14：十位上是 2，个位上的数比十位上的数多 5 的数是 27。

……

显然，在这个镜头中，我们看到教师把有关数的组成的内容全权下放，交给学生，在貌似“猜数”的游戏交流的过程中，由学生自己采用个性化的方式，通过问题提出完成对一个数的描述和说理，并在生生互动中，进一步理解可以用多种方法表达同一个数。

片段二：讨论数与数之间的关系

师：根据 39 、27 这 2 个数，你能联想到哪些和它们相关的数?

【设计意图】通过“联想相关数”，拓展学生数感，理解位值制，认识同一个数字在不同的数位上表示不同的意义】

生 1：我联想到 72 和 93。

师指导生 1：很好！建议你最好再问问大家，有没有人知道你是怎么联想到的?

生 1：同学们，你们知道我是怎么想到这两个数字的吗?

生 2：我想你是把 27 和 39 十位上的数字和个位上的数字交换位置得到的。

生 1：很聪明！我就是这样想的。

师： 像这样把“一个数的十位上的数字和个位上的数字交换位置”得到的新数和原来的数，表示的意义一样吗?

生 3：不一样。27 的“2”在十位上，表示 2 个十，72 中的“2”在个位上，表示 2 个一。

生 4：72 比 27 多得多，27 比 72 少得多。

生 5：我想到了比 27 大，比 39 小的数有：28、29、30、31、32、33、34、35、36、37、38。

生 6：我又联想到了比 27 大，比 39 小的双数有：28、30、32、34、36、38。

生 7：我还联想到了比 27 大，比 39 小的单数有：29、31、33、35、37。

生 8：我想到 27 前面的数有 26、25、24、23……

生 9：我想到 39 后面的数是 40。

生 10：我想到 66。你们知道我是怎么想到的吗?

生 11：你是把 27 和 39 加起来得到的。

师：太好了！生 10 想到了这两个数的和。

师板书“和”，并写出算式 27+39=66。

生 12：按生 10 的想法，我又联想到了它们的差是 12。

师：板书“差”，并写出算式 39-27=12。

追问：他们都算对了吗？你能想办法证明一下吗？（鼓励学生用自己的算法验证）

【设计意图】通过检验同伴是不是算对了，帮助学生对算理进行自我的梳理，一方面巩固自己喜欢的算法，一方面理顺自己尚不熟悉的算法，体会算法的多样化，理解不同算法的思维路径，感受不同算法之间的联系。

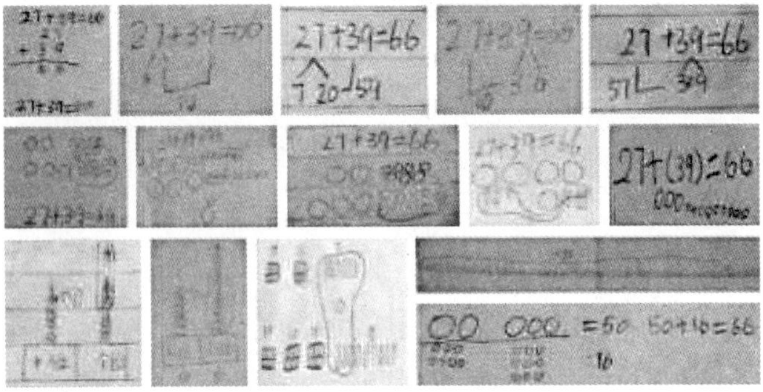

（图一：学生检验27+39=66的不同算法）

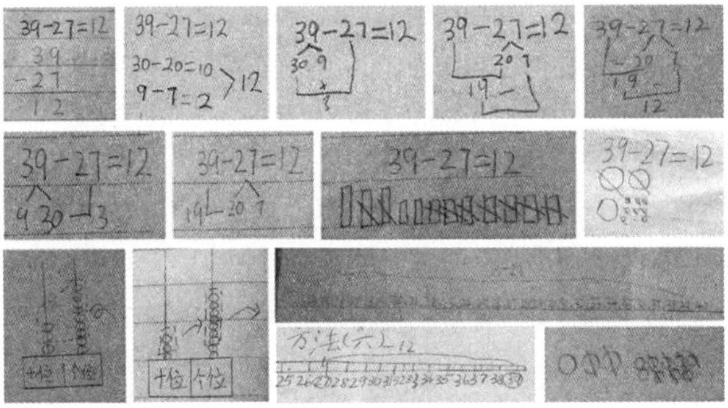

（图二：学生检验39-27=12的不同算法）

通过镜头一和镜头二，我们感受到通过问题提出展开教学，学生能主动参与学习，对一个数能从不同的角度观察，解释；对两个数能从不同的角度建立联系，沟通关系，进而理解数与数之间的运算，体会“位值”的作用。

片段三：提出加法问题

师：运用 27+39=66 这个加法算式，你能解决生活中的哪些问题？

【设计意图】借助将算式还原成生活原型的活动，引导学生回归生活，在提出不同的实际问题的过程中感受数学与生活的密切联系，体会加法、减法的数学意义。

本环节在实际教学时，不论是在城区学校还是在农村学校，学生的课堂表现都相当精彩。大部分学生都能围绕自己现实的学习环境，生活背景，提出各种鲜活而富有生活味儿的数学问题。

①红花有 27 朵，黄花有 39 朵，一共有多少朵花?

②上午挖了 27 个土豆，下午挖了 39 个土豆，一天挖了多少个土豆?

③树上有 39 只小鸟，又飞来 27 只小鸟，现在树上有多少只小鸟?

④笑笑拍了 27 下球，淘气比笑笑多拍 39 下，淘气拍了多少下?

⑤一盒饼干，我吃了 27 块，还有 39 块。饼干盒里原来有多少块饼干?

师质疑：①的问题是求“一共有多少”，“一共”这个词很好理解，就是把“红花和黄花两个部分合起来”（师手势配合），老师明白用加法计算。可是②、③、④、⑤的问题里没有问“一共”，为什么你们也用加法计算呢？”

师求助：谁能帮帮我，要怎么理解呢?

生 1：问题②“一天挖了多少个土豆？”“一天”就是要把上午挖的和下午挖的合起来（生模仿教师手势表示），所以，也是用加法。

生 2：问题③“现在树上有多少只小鸟？”“现在”就是把原来的小鸟和又飞来的小鸟合起来（生手势表示），所以，也是用加法。

生 3：问题④虽然没有用“一共”，但是，因为淘气要比笑笑多拍 39 下（生特别重读“多”）。所以，就要在笑笑“27 下”上再加 39 下，才是淘气的。淘气很厉害。

师： 你能结合这幅图解释一下吗?

生 3：我还没想好。

生 4：我可以帮他。

上面是笑笑拍的，

下面是淘气比笑笑多拍的个数，

上面和下面合起来就是淘气拍的数（画○）。

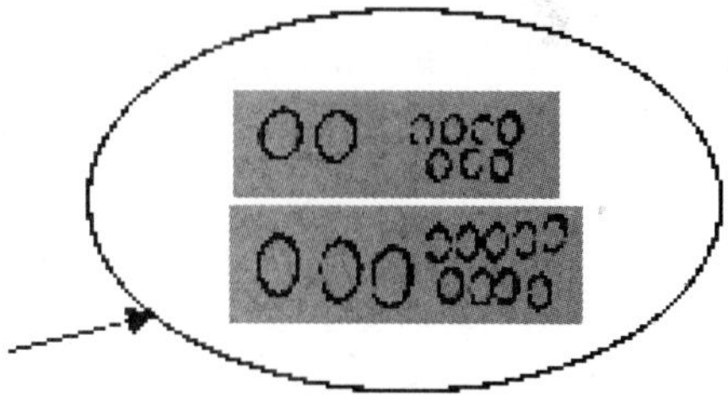

生 5：问题⑤“原来”的意思就是没有吃之前的饼干数量。所以，要把吃了的和剩下的合起来就是原来的，也是用加法。

……

在镜头三中，通过师生互动，学生共识：这些问题虽然问法不同，但是算理一样，都是要把两个部分的数合起来，求和，所以都可以用加法解决。

片段四：提出减法问题

在完成对加法算式意义的整理后，用 39-27=12 这个减法算式，又能帮助我们解决生活中的哪些问题？通常在教师的引领下，学生会生成类似以下这样的问题：

①停车场原来有 39 辆车，开走 27 辆车，还剩下多少辆？

②老师有 39 本书，发给学生 27 本，还剩下多少本？

③有 27 张凳子，来了 39 个人，还差几张凳子？

④笑笑得了 39 颗星星，淘气得了 27 颗星星，笑笑比淘气多多少颗星星？

⑤笑笑收了 27 颗废电池，淘气收了 39 颗废电池，笑笑比淘气少收多少颗？

⑥苹果有 39 个，菠萝比苹果少 27 个，菠萝有多少个？

⑦女生有 39 人，女生比男生多 27 人。男生有多少人？

⑧小白兔有 39 个萝卜，小灰兔有 27 个萝卜，小灰兔再拔几个萝卜就和小白兔的一样多？

⑨大盒子里有 39 块积木，小盒子里有 27 块积木。大盒子里要拿走几块积木就和小盒子里的积木同样多？

……

在镜头四中，我们看到学生通过问题提出，既能提出用减法解决部分数的生活问题（如问题 1 ~ 3），也能提出用减法解决相差数的问题（如问题 4 ~ 5），还能提出用减法解决比一个数多（或少）几的数是多少的问题（如问题 6 ~ 7）以及比一个数多（或少）几的数是多少的逆问题（如问题 8 ~ 9）。

在解释为什么能用减法解决这些问题时，学生也能用自己的语言或手势或画图来说明数量关系，最终达成共识：这些问题虽然场景不同，问法不同，但是算理是一样的，都是求相差数（或部分数）。因此，都可以用减法来解决。

※ 课后反思

如果说教育的目的是培养学生未来生活所需要的思考能力的话，通过本课例，我们可以看到用“问题提出”来帮助学生认识数，有助于学生数感的培养；用“问题提出”来帮助学生理解题意，有助于学生对加法、减法意义的理解。

经过一年的学习，学生经历了从日常生活中抽象出数的过程，理解了 100 以内数的意义，掌握了 100 以内数必要的加减运算技能；初步掌握了画图、借助小棒、计数器等学具独立思考问题，表达自己想法的能力；能从日常生活中发现和提出简单的数学问题，并尝试解决，知道同一个问题可以有不同的解决方法；对身边与数学有关的事物有好奇心，能参与数学活动。那么，如何在复习阶段既能帮助学生深化已有的知识和经验，又能帮助学生体会一年学习的成就感呢？综合平时的教学，我把这节课的学习目的定位为：多角度理解 100 以内数的意义，多样化计算 100 以内数的加减运算，多元化理解加减法的实际意义。采用以生为本的教学理念，将整个课堂交给学生，围绕学习目标预设了三个大环节：引出数，理解数的意义；计算数，掌握必要的运算技能；运用数，解决生活中的简单问题。

从课堂生成来看，课堂上我没有出过任何一道题，但与学生一起解决了许多不同的数学问题。从百以内数的组成到百以内数的加减法计算再到提出问题，分析问题，整节课学生从头到尾一直沉浸在主动学习的过程中，积极思考、认真倾听。我仅仅是在学生解释加减法时，协助学生一定的肢体动作以帮助学生在边比画边解释的过程中厘清自己的思维，清楚地使用语言或图画的方式来表达自己对加法、减法意义的理解。

这样的教学，让我感受到当学生的思想如骏马在草原奔驰，如雏鹰在蓝天翱翔时，他们的思考力是惊人的，发现问题和提出问题的能力是惊人的，分析问题和解决问题的能力是惊人的。在本节课的教学过程中，让我欣喜的不仅仅是看到孩子们自己解决了许多问题，而是看到当一个个鲜活的生活问题从孩子们小脑袋里迸出时，他们稚幼的脸上洋溢着的“我能行”的神采！我享受这样的课堂，它让我感受学生的快乐、学生的智慧，感受生命成长的张力。

35. “两位数加一位数（进位）”教学设计

陈祥
（江苏省苏州工业园区星汇学校，青年名师）

※ 课前思考

教师通过“拉长”游乐园游戏的教学情境，从而形成教学情节，使得学生学习不是为了取悦别人，而是自己认知的需要。教师不留痕迹地唤醒学生知识的“生长点”，引导学生摆小棒经历动作表征，通过把10根单根的小棒捆成一捆，突出了进位的算理；经历看小棒说算理，形成表象表征；最后形成运算分解式的符号化表征。在算理的基础上孕育出算法。

※ 教学过程

一、创设情境，唤醒旧知

师：同学们喜欢去游乐园玩吗？

生：喜欢。

师：今天老师带小朋友们去游乐园里，咱们一边玩游戏一边学数学，好不好？（屏幕上出示游乐园示意图，让学生说说游乐园有哪些好玩的地方）

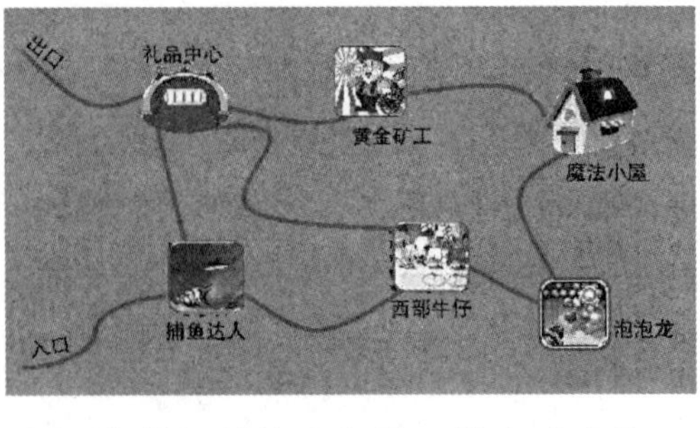

师：走进入口，我们首先来到的地方是“捕鱼达人”。如果你钓到鱼，就可以获得鱼身上的金币积分。看，我们把这条鱼钓上来，就可以获得多少积分？

生：10。

师：又来了一条鱼，如果把它也钓上来，一共会有多少积分？

生 1：21。

师：你是怎么列式的？

生 1：10+11=21。

师：如果把这只小乌龟也钓上来，一共会有多少积分？

生 2：24，21+3=24。

【设计意图】在《皮亚杰教育理论选著》一书中，皮亚杰指出：小学数学的教学要遵循四个方面的原则：1. 情境创设；2. 自主建构；3. 几何直观；4. 提升运算能力。教学情境创设的重要性由此可见一斑。教师创设学生平常最熟悉的在游乐园玩的教学情境，通过“今天老师带小朋友们去游乐园里，咱们一边玩游戏一边学数学，好不好？”这一问题的设置，一下子把学生的心绪拉到课堂，学生期待课堂的深入，学习成为学生的内在需要。

二、多元表征，“理法”相融

1. 三次表征，感悟算理

师：看，这来了两条鱼，如果只钓到一条，金币的总数会是多少？你是怎么列式的？

生：金币的总数可能是 30，因为 24+6=30。

生：金币的总数也可能是 24+9。

师：24+6 你们会算吗？

生：会，结果得 30。

师：同学们，老师有些不太明白为什么等于 30，你能试着用小棒摆一摆，先互相跟同桌说一说，等会教教老师吗？

学生在桌上用小棒摆、说计算的过程。

师：谁来用小棒摆一摆，教教我？

生（在教师引导下）：先摆两个十和四个一，就是 24。再摆六个一。我们先算四个一加六个一得十个一，就是一个十。（教师把 10 根单根的小棒捆成一捆）

然后，用两个十加一个十就等于三个十，就是 30。

师：我听明白了，谢谢你。现在，你也能这样用小棒摆一摆，互相跟同桌说一说 24+6 是怎么算的吗?

生摆小棒互说后，指名学生说。

师：现在增加难度，不摆小棒，你还会算吗?

生汇报后，教师板书运算分解式。

【设计意图】“形而上者谓之道，形而下者谓之器。”对于计算内容教学，我们不仅要让学生知道怎么算，更应该让学生明白算法背后的道理。在以上的教学过程中我们发现，在教学之前，学生已经知道 24+6=30 这一计算结果。那么，我们如何在教学中进行算理的突破？教学是一门艺术，教师通过弱化自己，问学生“老师有些不太明白为什么等于 30，你能试着用小棒摆一摆，先互相跟同桌说一说，等会教教老师吗？”一石激起千层浪，学生摆小棒的动机瞬间被激发，有效培养了学生学习数学的积极情感体验。算理生成不是一蹴而就的，在教学中，教师引导学生摆小棒经历动作表征，通过把 10 根单根的小棒捆成一捆，突出了进位的算理；经历看小棒说算理，形成表象表征；最后形成运算分解式的符号化表征。对于算理的突破做到由直观到抽象层层递进，抽丝剥茧。

2. 知识迁移，由理孕法

师：24+9 不用摆小棒，你打算怎么算？自己先想一想，然后再和你的同桌互相说一说。

生：先求 4+9=13，再算 20+13=33。

师：还有没有不同的算法?

生答略。

师：到底钓到哪条鱼呢？请看。（投影出示：钓到 9 个金币的鱼）金币变成了多少?

生：33。

师：如果钓到它，我们的金币又会变成多少？（投影出示一条有 8 个金币的鱼）

生：41，因为 3+8=11，30+11=41。

师：把它也钓上来，我们的金币又会变成多少？（投影出示一条有 9 个金币的鱼）

生：因为 1+9=10，40+10=50，所以 41+9=50。

【设计意图】直观是手段，抽象是本质。当学生理解了算理之后，教师追问：“24+9 不用摆小棒，你打算怎么算？”让学生触摸数学抽象的本质。在此教学过程中，教师注重学生思维品质的生长，通过交流 24+9 不同的算法，让学生思考得更深入、更清晰、更合理、更全面，有效地渗透对学生理性思维和批判质疑核心素养的培养。

三、经历对比，提炼算法

投影出示今天学习的四道进位加法算式 24+6=30、24+9=33、33+8=41、41+9=50，引导学生和黑板上已学过的两道算式 10+11=21、21+3=24 进行比较。

师：整体观察这些算式，它们有什么相同的地方？和我们以前学过的加法有什么不同？自己先想一想，然后再和你的同桌交流交流。

生：它们都是两位数加一位数的加法。

生：它们在加的时候，都先加个位，再加十位，不同的是今天学习的加法有进位，满十要进一。

教师总结算法，揭示课题。

【设计意图】比较可以分为直观比较、直接比较、间接比较。在教学中，教师利用直接对比，通过对 24+6=30、24+9=33、33+8=41、41+9=50 四个算式与 10+11=21、21+3=24 两个算式的比较，让学生厘清他们的相同点都是两位数加一位数的加法；在加的时候，都先加个位，再加十位。不同点是今天学习的加法有进位，满十要进一。在教学中培养了学生的观察能力，概括能力。同时，提炼了两位数加一位数（进位）的运算方法，让陈述性知识发展为程序性知识。

四、练习巩固，内化新知

1. 对比练习，形成技能

7+ 3 =	4+8=	9+ 6 =
7+23=	34+8=	9+36=
7+83=	54+8=	9+76=

引导学生先完成第一列，教师追问：在第一列算式中，你有什么发现？通过独立思考、小组交流、集体汇报，让学生感悟到，借助 7+3=10，可以快速地得出下面的算式结果。并利用第一列的发现，完成第二列和第三列的计算。

2.“西部牛仔”，套牛游戏

师：同学们，下面我们将来到“西部牛仔”，玩套牛游戏。如果你能算对套中的两个数的和，你就能获得相应的积分。敢挑战吗？

投影出示套牛游戏，并完成 46+4、28+3、69+2 三道算式的计算。

3.“破译密码锁”

师：现在我们想把积分兑换成礼品，可是到礼品中心要打开一扇有密码锁的大门。大家有信心打开吗？

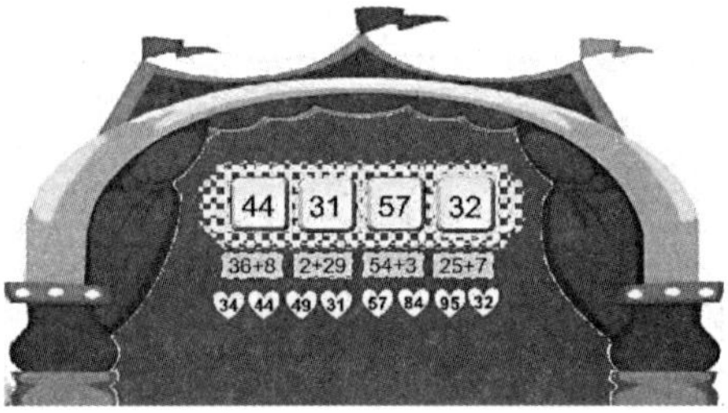

依次出示一个算式和供选择的两个得数，学生思考、交流得出“密码”，投影依次出示。

4. 礼品中心

师：同学们，在游乐场里玩得开心吗？游戏获得的金币还能兑换成礼品呢。可以兑换成积木、小飞机，还可以兑换成图书赠送给贫困山区的小朋友。大家想把金币兑换成什么呢？

生：兑换成图书赠送给贫困山区的小朋友。

师：真是一群善良、懂事的孩子。看，我们把在“捕鱼达人”获得的金币兑换成了 8 本书，把在“西部牛仔”获得的金币兑换成了 23 本书。看着这些书，你能提出什么数学问题吗？

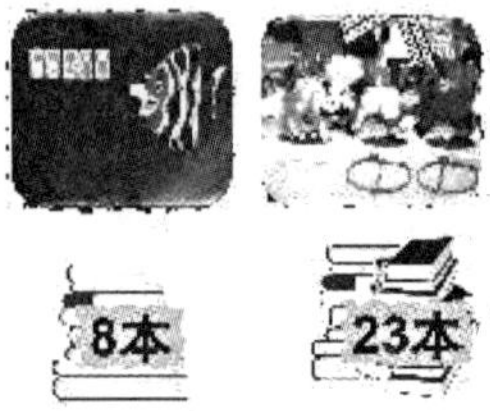

生：两次兑换的书一共有多少本？

师：这个问题我们怎么列式？

生：8+23=31（本）。（投影出示）

生：在“西部牛仔”获得的金币兑换成的书比在“捕鱼达人”获得的金币兑换成的书多多少本？

师：谁能解决这个问题？

生：23−8=15（本）。（投影出示）

师：小朋友们都能用数学的眼光来观察，提出问题，并能解决问题，老师为你们点赞。

【设计意图】游戏是儿童的生命，是儿童的工作。教师通过“拉长”游乐园游戏的教学情境，从而形成教学情节，学生学习不是为了取悦别人，而是自己认知的需要，让学生成为“乐知者”。技能的形成需要适度的练习，四组练习的次第展开，使得学生两位数加一位数（进位）的运算技能得以形成和强化，同时，在教学中还培养了学生发现问题、提出问题、分析问题和解决问题的能力。

五、畅通收获，渗透反思意识

师：上到这儿，这节课就要结束了，我们对两位数加一位数又有了新的收获。这一大黑板结论都是我们共同努力的成果。你觉得哪个对你自己的启发最大，你就上去圈哪个。大家圈的不一定一样，因为每个人的收获不一样。

生 1：（圈了小棒图片）借助小棒，可以让我们知道为什么 24+6=30。

生 2：（圈了 24+9=33 的另外两种算法）因为我之前没想到它，它告诉我同样的一个算式可能有不同的算法。

生 3：（圈了两个算式 10+11=21、21+3=24）我们学了新朋友，不能忘了老朋友。

【设计意图】没有反思的学习是肤浅的，不深刻的。通过课堂的总结反思，可以把点状的、碎片化的知识连点成线，不断丰盈学生的认知图式。以往我们在总结反思部分都会问学生：“通过今天的学习你有哪些收获？”学生在被动理答中结束一节课的教学。本节课，教师通过让学生圈一圈、说一说，学生的学习化静为动，化被动为主动，彰显学生的自主性，激发学生的内在学习动机，让学生获得了良好的情感体验，有效地落实了课堂的三维目标。

36. “两位数加一位数、整十数”教学设计与反思

赵盼盼
（宁波国家高新区外国语学校，青年名师）

※ 课前思考

在学习本节内容前，学生已经学习了整十数加一位数、整十数加整十数，并且会用数的组成来说算理。部分孩子已经能在学习之前根据经验或者直觉说对计算的得数，这节课的重点就是借助多种形式帮助学生厘清算理，因此教师可以尝试以数学活动操作为抓手，让学生通过动手、动口、比较、归纳，掌握理解计算过程与思路，在教学中提供充分的试学、展学空间，提高学生操作、归纳、交流等数学学习能力，发展自主学习意识。

※ 教学过程

【课前谈话】同学们，你们认识我吗？（不认识）我来自高新区外国语学校，我姓赵，赵老师的学生也是一年级的，而且我也教101班哦，是不是很有缘？（是）赵老师想了解一下你们，你们平时有什么兴趣爱好吗？（请多位学生发言）我们班的小朋友也和你们差不多。不过最近他们爱上了新事物——书法，你们看。（展示学生书法作品）

数学王国里的小朋友啊，也在练习毛笔字，今天这节课，我们就和他们一起学习。你们准备好了吗？

一、引学，唤醒原有认知

1. 创设情境

师：看，这是小林和小红在练字（出示主题图）

2. 获得信息

师：你们知道了什么？

（生：小林说：我已经写了25个字，还要写2个字。小红说：我才写了20

个字。）

3. 提出问题

师：根据信息，你能提出什么加法问题呢？

（小林一共要写多少个字？小林和小红已经写了多少个字）

课件出示问题，黑板板贴问题。

【评析】通过对学生亲近的谈话，引出了主题图，让学生感到数学就在身边。通过一个简单的提问调动学生参与进课堂，为接下来的学习打造了良好的氛围。

二、试学，激活自主学习

探究两位数加一位数

1. 列式计算

师：要解决这两个问题，你想怎么列式？

学生发言，老师板书

25+2=27　　25+20=45

2. 暴露潜能认知

师追问：你们都是这样想的吗？（是）这两种算式我们并没有学过，谁能说说你的理由？（手指 25+2=27）

（生：个位 5+2=7，7+20=27）

师：谁听懂了？

（两三个孩子复述）

【评析】这一环节中我直接抛出问题，组织学生尝试，充分暴露班级学生的原有认知水平。其实有一部分同学是可以说出答案的，那么这一部分内容可以不用再多说了。

三、展学，数形结合理解算理

1. 摆小棒，具体表征

师：老师还带来了小棒，谁能上来用小棒摆一摆，解释一下？

学生 1 上台摆小棒、说：先不看 2 捆小棒，5 根小棒加 2 根小棒等于 7 根小棒，再和 2 捆加在一起就是 27。

学生 2、3 上台复述。

2. 教师梳理，数形结合

（小棒归位）请你们拿出手指，和老师一起指一指、说一说。

把 25 分成 20 和 5，先算 5+2=7，再算 20+7=27。（老师提炼抽象式子并板书）

追问：请问你们能在小棒图中找到 5+2 吗？（学生指，老师圈）

3. 再反馈

（1）单独复述算法

师：你能像老师一样说一说吗？（2 个学生说）

（2）同桌互说算法

师：请你和你的同桌边用手指圈，边说计算过程。

（学生互说，教师巡视）

（3）请学生单独说算法

师：现在还有谁会说了？

【评析】学生在之前已经接触了几次小棒，知道一捆小棒和一根小棒的含义。对于处于形象思维阶段的一年级学生来说，动手摆小棒，更有助于学生把思维过程显性地表示出来。通过摆一摆，圈一圈，说一说等环节，由优生带动全班，使计算过程一步步从模糊到清晰。

四、探究两位数加整十数

1. 摆小棒

师：那这个式子呢？谁能像刚才那样用小棒说一说？

（学生上台说：把 2 捆和 2 捆加在一起就是 40，40 加 5 是 45）

1 ~ 2 位学生复述。

2. 教师梳理，提炼式子

带着全班一起说，并板书式子。

3. 再反馈

（1）请学生单独说算理

（2）同桌互说

（3）个别说

【评析】两位数加整十数有了前面一块知识的铺垫，更加开放地交给了学生，让学生说得更多，做到了详略有序。

五、研学，比较算式，沟通算理

师：请小朋友们观察这两个算式，他们在计算时有什么不同的地方？

1. 学生自由表达

（一个是 +2，一个是 +20；一个先把个位加起来，一个先把整十加起来——后一句话学生表达不清）

2. 计数器表征算理

（1）师：老师请来了计数器帮忙（已拨好 25），首先拨了 25，那么加 2 要怎么拨？（学生上台拨）为什么这样拨？（生：2 就是 2 个一，所以在个位上拨 2 个珠子）

（2）师：如果是加 20，又该怎么拨？（学生上台拨）为什么呢？（生：20 就是 2 个十，所以在十位上拨 2 个珠子）

师追问：同样都是在 25 上拨两个珠子，为什么得数一次是 27，一次是 45 呢？

（2 和个位的 5 相加，20 和十位相加）

3. 教师小结，揭示课题

师：没错，像 25+2 这样的两位数加一位数，我们先算个位加个位，像 25+20 这样的两位数加整十数，我们先把十位相加。这就是今天学习的——两位数加一位数、整十数（板贴课题）。

【评析】教师在展学环节看似一个旁观者，实际是位积极的倾听者和思考者，作为教师，要思考学生在讲学和质疑中已经解决了哪些问题，还有哪些问题需要老师进一步补充，还需要增设怎样的活动和追问才能达成课时目标。这一环节通过教师对学生的适度引领和提升，沟通了两种计算之间的关系，达到了知识的融会贯通。

4. 做一做

小试牛刀

师：你们掌握了吗？（掌握了）真的掌握了吗？（真的）敢不敢接受挑战？（敢）请你们拿出练习纸，完成第一题小试牛刀。

（1）独立完成练习纸

（2）开火车汇报

（3）抽两题说你是怎么算的

34+4=	23+30=	42+3=	47+20=
62+7=	64+30=	86+2=	76+10=

【评析】这一过程非常自然、精妙。通过展示一组完整的题目，使学生自发完成计算，把计算能力内化成自己的技能，达到自我建构的目的。

六、固学，运用知识解决问题

1. 小马过河

师：现在有一匹小马要过河去找它的好朋友小熊，可是被小河拦住了去路，你们能帮助它过河吗？

举手发言，前两题说算法。

2. 开锁金钥匙

师：在小朋友的帮助下，小马顺利地过了河，来到小熊家。可是发现，门被上了锁，小朋友们愿意帮助它吗？

举手发言。

3. 投飞镖

在你们的帮助下，小马终于和小熊见面了，他们要进行投飞镖比赛。你们玩过吗？知道飞镖的规则吗？

出示大飞镖，动画举例飞镖的规则。

（1）明确规则

（2）练习纸单独完成

（3）个别汇报

4.（备选）口算比赛

七、课堂小结

师：这节课马上就要结束了，赵老师很开心能和101班小朋友度过这段时光，你们开心吗？（开心）下次有机会，赵老师很期待再给你们上课。到时希望大家有更精彩的表现！下课！

※ 课后反思

一、以贴近学生生活的方式拉近与学生的距离

课前，我与101班的小朋友进行了谈话交流，问他们课外的兴趣爱好是什么，孩子们都发言很积极，这一个普通的话题很适合学生回答，以聊天的形式，学生不会感到压力，没有上课时的束缚感，无形之中拉近了学生和我的关系，同时又为我引出写书法的主题埋下了伏笔，小朋友不会觉得太突兀，自然顺势进入了课堂教学。再者，我在自我介绍的时候也说了，我也是教一年级的，而且也教101班，

有意识地让学生觉得和我很有缘，虽然是第一次见我，但其实也有一些共同点。这也让我们的关系拉近了不少。

二、研学具有层次，从具体到抽象

这个研学环节是我在试教过程中出现的问题最明显的地方。我的教案一直是主张根据“暴露学生潜能——借助小棒发展具体形象思维——教师带领着发展抽象逻辑思维”的，但是通过试教，各位老师都发现我的这三个环节实行得并不透彻，而且出现了环节重复和顺序颠倒的情况。经过老师们给我多次的梳理和我的反复研究，最终我在前两个环节放手让学生自己表达，特别是在摆小棒的环节，就算学生发生错误，也把问题抛给学生，老师不做过多的干涉。让学生通过自我展示和生生帮助的过程，渐渐厘清计算的顺序，然后我再带领全班用手指边指边抽象出提炼的算式。也在抽象的过程中不忘数形结合，通过小棒图和算式的沟通，增强学生的理解。

三、不拔高要求，分清口算和笔算的区别

这节课我在试教的时候，借鉴了其他教案和教学设计，在小试牛刀的时候把个位和十位的数字标成不同颜色，让学生观察，目的是引出“十位与十位相加，个位与个位相加，也就是相同数位相加”，这也是这节课大部分的教学设计会做的事情。但是郑校却不以为然，相同数位对齐相加是笔算的，如果在口算中强调数位对齐这一概念，和后面的进位加法是有矛盾的，口算还是应该按照数的组成去想。听了郑校的话，我和其他老师参考了教参，教参里也是说明：应该突出几个一和几个一相加、几个十和几个十相加。因此我在试教的教学设计中做了改变，在对比两个式子的时候突出数的组成的算理，强调巩固数位。但是避免了“个位和个位相加，十位和十位相加”这样的话。

四、关注全体学生

在试教的时候，我没有设计练习纸，因此在巩固练习的时候都是通过开小火车或者点名发言的形式。但是这样一来不能够保证让每个孩子都参与到其中。这是一节计算的新授课，虽然课的内容难度不大，但还是要让每个学生都参与其中。因此我后面又设计了练习纸，把小试牛刀和投飞镖的题放上面。这是考虑到小试牛刀是基础的口算，是在新课授教完成后立马趁热打铁加以巩固的，而投飞镖的题是综合运用，不亲自做一遍不能让所有学生体会到飞镖的规则。

37. “同数连加解决问题（100 以内）”教学设计与反思

潘霞虹
（浙江省宁波市镇海蛟川双语小学，青年名师）

※ 课前思考

“同数连加解决问题”是“100 以内的加法和减法（一）”单元中的一课时，在这之前，学生已经会计算两位数加减一位数、连加连减两步算式，掌握了解决问题的一般步骤，学习了一些基本解题策略。今天这堂课的学习，主要是在让学生充分理解题意的基础上，探索并交流解决问题的方法，初步感知解题方法的多样化，以此提高学生的问题解决能力。所以，如何更好地帮助学生理解题意、寻找多种解题方法就成了本堂课的关键。

※ 教学过程

一、创设情境，激发兴趣

1. 创设情境（出示：许愿星星）

师：小朋友，瞧，看看我今天带来了什么？（出示：许愿星星），喜欢吗？这些漂亮的星星都是我们班的小朋友在手工社团课中完成的，想不想去看看？（想）

2. 引入新课（出示例题）

二、收集信息，解决“同数连加”的实际问题

（一）收集信息，理解题意

1. 初读题目，记录信息

师：请大家仔细观察，把你认为重要的数或文字记录在老师给你的学习单上。

学生初读题目，收集信息。

2. 集体交流，理解题意

师：小朋友，通过你的观察记录，你知道了什么？能和我们大家来说一说吗？

预设：3 个同学一起折小星星，每人折了 6 个。

师：你是从哪里知道了？（文字中或者图片中）好，我把它记录下来。

板书：3 个人折小星星，每人折 6 个

师：“每人折 6 个”是什么意思？谁能来帮帮我？

引导学生变换叙述方式：佳佳折了 6 个，浩浩折了 6 个，小芳折了 6 个。在学生回答的基础上，把课件中的实物圈一圈。

师：根据这两条信息，你能提出什么数学问题呢？（生说）真棒，我也把它记录在黑板上。

引出（板书）：他们一共折了多少个小星星？

3. 画一画，内化理解

师：小朋友，信息和问题都有了，那你能用一幅简单的图来把它们表示出来吗？动手在学习单上试一试吧。

学生动手画一画，展示交流。

预设：

生 1：佳佳　　浩浩　　小芳

☆☆☆☆☆☆　☆☆☆☆☆☆　☆☆☆☆☆☆

? 个

有信息，有问题，很完整，真会动脑筋。

生 2：直接用数字表示：6 6 6（? 个）你的想法很好，真是个聪明的孩子。

师：我们班的小朋友真聪明，找到了很多不同的画法，我们一起来看一看吧。请小作者来给我们介绍下？（抽取 2 ~ 3 个不同画法的）

（二）多种策略，解决问题

1. 独立思考，尝试解答

师：通过画图，相信小朋友对题目一定有了更深的理解，那你能用自己喜欢的方式独立解答吗？在学习单上做一做。

学生独立思考，尝试解答。

2. 交流反馈，多种策略

师：谁来告诉大家你是怎样解答这个问题的？

指名学生回答。

预设：

生 1：6+6=12（个）。12+6=18（个）。

师：能说说你是怎么想的吗？

师：你是用了 2 个算式算出了 3 个小朋友一共折了 18 个星星。还有不同想法的吗？

生 2：6+6+6=18（个）。

师：你又是怎么想的呢？

师：嗯，真不错，你是用了 3 个数连加的方法来解答的。

生 3：列表法（若没有，教师加以介绍）出示表格。

人数	1	2	3
☆数	6		

师：我这里还有位小朋友，他是这样解答的，知道他用了什么方法吗？（列表格）你能看懂吗？

引出：1 表示 1 个人，6 表示折了 6 个星星；2 表示 2 个人，折了几个小星星（6+6，2 个 6 相加）；3 呢？又折了几个星星呢？（18，6+6+6，3 个 6 相加）

师：那如果每个人折的是 5 个星星呢，那 1 个人就是 1 个 5，2 个人就是（2 个 5），3 个人就是（3 个 5）。

小结：小朋友，我们在解决同一个问题时，有时可以有不同的解题方法，可以用列算式来解答，也可以用列表的方式来解答。

（三）回顾反思，熟悉过程

1. 验证结果，学习方法

师：小朋友，我们已经列了算式，有了计算结果，题目是不是已经完成了呢？

指名回答，引出：还要检查 。

板书张贴：解答正确吗？

师：那我们该怎样检查，哪些地方需要检查呢？

指名回答。

预设：数字有没有写对？（看看上面的题目）

得数有没有算对？（师生一起重新再算一遍）

单位名称？（补上单位名称）

小结：检查的本领可真大，它能帮助我们发现错误，改正错误，我希望“检查”能成为每一位小朋友学习上的好帮手。

师：我们一起来口答这个问题：他们一共折了 18 个小星星。

板书：口答：他们一共折了 18 个小星星。

2. 回顾反思，熟悉过程

师：小朋友，我们一起回想一下，刚才是怎样来解决这个问题的？

引出：第一步先读题，找到信息和问题；

第二步通过画图，选择合理的方法来解答；

师：用到了哪些方法？（列算式、列表格等方法）

师：“3个同学”这个信息在加法算式中用到了吗？它在哪里？（是3个6）

第三步检查方法和结果是不是正确，再口答。

小结：这就是解决问题的一般步骤，以后小朋友在解决问题时，也可以这样来思考和解答。（板书课题：解决问题）

师：今天学习的知识就在数学书的第77页上，请小朋友看一看，并完成口答中的填空。

三、巩固练习，选择合适方法解决问题

（一）《西游记》中解决问题

1. 每人摘了7个桃子，他们三人一共摘了多少个桃子

师：《西游记》大家都看过吗？嗯，它讲的是唐僧师徒4人去西天取经的故事，那你知道3个徒弟都是谁呢？（孙悟空、猪八戒、沙僧），他们也遇到了数学问题，小朋友，你能来帮帮他们吗？

有一天，唐僧赶路口渴了，3个徒弟都争着去摘果子，孙悟空（摘回了桃子），猪八戒（摘回了桃子），沙师弟（摘回了桃子）（课件出示），你发现了什么？

引出：每人都摘7个桃子，他们3人一共摘了多少个桃子？

（1）学生独立做在练习纸上。

（2）交流：你是怎样解答的？ 7+7+7=21（个）。

（3）师：你们都做对了吗？给自己画上一个五角星。我们一起口答。

2. 猪八戒摘了7个桃子，唐僧摘了3个桃子，他们两人一共摘了多少个桃子

师：三个徒弟都摘了桃子，师傅唐僧也去摘桃子了（出示图），我请一个小朋友来读一读。（学生读题）

（1）学生独立做在练习纸上。

（2）交流：3+7=10（个），3表示什么，7表示什么，10呢？

（3）一起口答。

3. 对比两题，感知不同

师：小朋友，刚才我们一起解决，2个数学问题中都有7和3，为什么算式不

一样，得到的结果也不一样呢？（课件出示：$\underbrace{7\quad 7\quad 7}_{?}$，$\underbrace{7\quad 3}_{?}$），同桌小朋友相互讨论一下。

（1）同桌讨论。

（2）交流：第一题3个人摘，每个人摘7个，也就是3个7相加；第二题是2个人摘，猪八戒摘7个桃子，师傅摘3个。

（3）师：通过做这两题，你想提醒小朋友什么呢？

小结：认真分析、理解题目意思，只有这样才能正确解答。

（二）购物中的数学问题

师：像这样的数学问题在日常生活中还有很多，上个星期田田和他的爸爸妈妈一起去了超市，还写了篇数学日记，我们一起来读一读。

课件出示：昨天是周末，我们一家一起去了超市，爸爸买了3袋苹果，每袋8个；买了3箱牛奶，每箱20袋。我和爸爸妈妈一起去吃了小笼包，每人吃了9个，买30个包子够吗？

我发现爸爸一共买了24个苹果，一共买了23袋牛奶。

1. 我做小老师

师：田田的数学日记里一共有3个数学问题，他解决了两个，我们一起来看看。

（1）做一做：爸爸买了3袋苹果，每袋8个，一共买了24个苹果，田田说得对吗？（配图）

（2）练习十八的第一题：爸爸买了3箱牛奶，每箱20袋，一共买了23袋牛奶，田田说得对吗？（配图）

师：谁愿意来做小老师帮他检查检查？

引导学生说出算式。

2. 解决问题

师：田田的数学日记里还有一个问题没有解决呢。出示：

想一想：我和爸爸妈妈一起吃小笼包，每人吃了9个，我们一共吃了多少个小笼包？（配图）

（1）独立做在练习纸上。

（2）交流：你是怎么做的？9+9+9=27（个）。为什么要3个9相加呢？你从哪里看出有3个人？

如果有列表方法解决的，进行展示。

（3）读了田田的数学日记，你有什么想说的呢？

师：田田喜欢用学到的知识来解决生活中的问题，是我们大家学习的榜样，但就像刚才小朋友说的，如果能再仔细点就更好了。

四、课堂总结

今天的数学课马上要结束了，通过今天的学习，你都学会了什么呢?

学生概括回答。

小结：今天我们不仅学会了可以用算式的方法解决问题，还可以用列表的方法来解答。小朋友，生活中的数学问题还有很多很多，我们要像田田一样，学会观察，学会记录，这样我们的学习智慧就会越来越多，越来越聪明。

※ 课后反思

本堂课的设计我主要围绕“题意理解”和“解题策略”两个维度展开，借助“多元表征”，依托“生活情境”，来更好地落实学生问题解决能力的培养。

一、多元表征知题意

出示例题之后，通过记一记、说一说、画一画三个过程，找重要信息、理解关键语句、最后表征内化，层层递进，步步落实，手把手帮助每一个学生理解题意，掌握方法。

二、算法多样重过程

如何解决“他们一共折了多少个小星星？”这个问题，方法是不一样的，可以是列算式，可以是教材中提供的列表法解决。但从之前实施来看，列表法是第一次出现，学生基本不会想到列表的策略。针对这一情况，我在题意理解的环节特意设了一个小铺垫——对于“每人折3个”的语句意思用列表来呈现。如此一来，个别学生就能有所启发，出现列表法，之后再让所有学生读懂“表格”。

三、生活情境助解决

数学来源于生活，又应用于生活，所以练习部分主要采用学生熟悉的“西游记”和“购物”两大生活情境，感知数学与生活的密切联系。同时通过“7+7+7”与“7+3”这两个问题的对比解决，让学生亲身经历，再次明确读懂题意的重要性。

38. “100以内数的大小比较”教学设计

王镇坤
（广东省深圳市福田区园岭实验小学，特级教师）

※ 课前思考

本课的教学以动物餐厅里举行的端盘子比赛为主线，通过创设这个情境，让学生充当小猴和小狗的啦啦队员，让学生的情感与小动物联系在一起，关心它们的比赛结果，进而掌握比较100以内数的大小。在教学过程中，100以内数的大小比较的三个典型例子，是通过创设三局比赛进行教学的，让学生以主动探索性的学习方式进行探究每局比赛的结果，允许学生用不同的方法进行比较，最后还让获胜的小动物登上领奖台，这样教学情境完整真实，而且符合儿童心理特点，能引起学生的极大兴趣，另外教学中利用电脑课件配以演示、直观、形象的画面更增强了教学效果。

本课的教学准备主要有：电脑、课件、 实物投影仪、大屏幕等。

※ 教学过程

一、创设情境

1. 同学们，前几天森林里锣鼓喧天、鞭炮齐鸣，热闹极了，这是怎么回事呢？原来有一家动物餐厅开业了，你们看（大屏幕上演示森林里木头做的标有动物餐厅字样的大门，门上挂着一个牌子，上面写着开业大吉）。

2. 动物餐厅什么样？现在你想推开动物餐厅的大门到里边去看一看吗？

3. 那你得回答出我的三道问题，闯过三关才行，谁愿意做勇敢的闯关者？

4. 出示大屏幕。

第一关：请看题。48里面有（　　）个十，（　　）个一。

第二关：填上适当的符号＞、＜。

10 ○ 7　　　　15 ○ 18

第三关：请数出 58 后面的 5 个数。

5. 祝贺同学们，你们闯关成功了，现在你可以进入到动物餐厅里去了。

【设计意图】创设情境，激起学生的兴趣，为新知的教学做一个良好辅垫。让学生感受成功的喜悦，情感有所体验。使学生进入情境。使学生亲身融入活动中去，关注小动物的比赛结果，即关注知识的学习。

二、构建模型

（一）21 与 18 的大小比较

1.（电脑演示动物餐厅）动物餐厅什么样？

学生用眼睛观看，用语言描述。

2. 今天动物餐厅的小猴和小狗要参加一次端盘子比赛，你愿意做谁的拉拉队员？请两个啦啦队员分别坐到两边。

3. 第一回合比赛开始了（电脑依次演示）。

第一个出场的是小猴（伴音：我拿了 21 个盘子）

下一个出场的是小狗（伴音：我拿了 18 个盘子）

4. 它们两个谁拿的多？（指名答）你是怎么知道的？请你利用手中的学具和小组里的同学说一说。

请各位啦啦队员前后桌为一组进行讨论。

可以利用上手中的学具（小棒、圆片、算盘等）

5. 小组汇报：谁愿意站起来跟全班同学说一说。

学生 A：我是用数数的方法，21 在 18 的后面，所以 21 比 18 大。

学生 B：21 里有 2 个十，18 里有 1 个十，2 个十比 1 个十多，所以 21 比 18 大。

学生 C：我用捆小棒方法比的，10 根小棒捆成一捆，21 根小棒能捆成 2 捆零 1 根，18 根小棒能捆成 1 捆零 8 根，2 捆比 1 捆多，所以 21 比 18 大。

学生 D：我用格尺比，21 厘米比 18 厘米长，所以 21 比 18 大。

6. 电脑演示：小猴和小狗手中的盘子从无到有，一个一个同时落下。小狗落到 18 个后不再落下，而小猴还依次落下 3 个，从而直观看出 21 比 18 多 3 个。

7. 总结出学生们的答案，小猴拿的多，怎样才能表示出小猴拿的多呢？（21 > 18）

8. 第一回合比赛结束了，谁取得胜利了？

（小猴）奖给小猴一面小红旗。

（二）32、34 的大小比较

1. 刚才的比赛小狗输了，可它不服气，要求再比一场。看第二回合的比赛又开始了。

2. 电脑演示：小猴、小狗分别出场。（伴音分别出现 32、34）

3. 这个回合它们谁拿的多呢？你是怎么知道的？给学生独立思考的时间。

4. 学生发表见解。

学生 A：34 在 32 的后面，所以 34 比 32 大。

学生 B：十位上都是 3，一样大，看个位，4 比 2 大，所以 34 比 32 大。

让学生利用计数器，边演示边说。

5. 怎样才能表示 34 比 32 多呢？ 32 和 34 中间应用一个什么号连接呢？请手势表示。

6. 第二回合的比赛谁取得了胜利？（小狗）

（三）100 与 99 的大小比较

1. 现在比赛已经变成 1 比 1 平了，就看最后一个回合的胜负了。这回小猴和小狗使出了全身的力气，把仓库里的盘子全都搬出来了，累得气喘吁吁的。

2. 电脑演示：小猴和小狗把所有的盘子都放在了地上。（伴音分别为，小猴：我拿了 100 个盘子。小狗：我拿了 99 个盘子）

3. 这个回合的比赛谁能赢呢？

4. 请学生发言阐述观点。

学生 A：99 加 1 等于 100，所以 100 大，小猴能赢。

学生 B：100 在 99 的后边，所以 100 比 99 大。

学生 C：100 是三位数，99 是两位数，三位数比两位数大。

让学生利用计数器演示讲解。

①总结出 100 > 99。

②小猴获胜，再奖励给小猴一面小红旗。

（四）颁奖

电脑演示：让我们用掌声祝贺小猴登上冠军的宝座，让我们也同样向小狗表示祝贺。

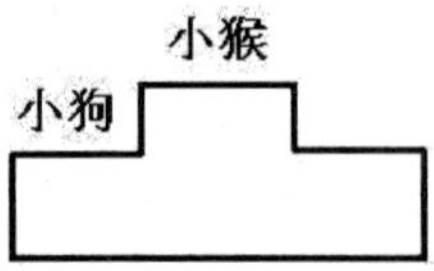

【设计意图】培养学生小组合作意识，让学生自己探索出解决问题的方法。允许学生有不同的比较方法，广开言路，鼓励发现两位数大小比较先看十位，十位上大的那个数就大的学生。电脑采用一一对应的方法演示数的大小比较。更形象、更易于学生接受新知。

三、实际应用

1. 抢答游戏

填上 >、<、=

78 ○ 76　　　　62 ○ 62　　　　54 ○ 45

69 ○ 70　　　　82 ○ 86　　　　39 ○ 63

2. 写数游戏

（1）老师在卡片写一个数字“15”要求学生写一个数字要比 15 大。

允许学生用不同的方法比较 32 和 34 的大小，只要有道理就行。

（2）老师在卡片上写一个数字“72”，要求学生写一个数字要比 72 小。

3. 找朋友

为小猴和小熊分别找到大于 60 和小于 60 的朋友，连上线。

4. 小调查

（1）提问学生课前调查出的数据，师列出表格

班级	1.5	1.6	1.7	1.8	1.9	1.10	1.11	1.12
人数	67	69	72	71	60	60	67	61

（2）你能提出什么问题，学生解答。

（3）看表写出不等式，看谁写得多。

【设计意图】生动形象的语言描述，更易于学生融入创设的情境中去与小动物同呼吸共命运，增强课堂教学效果。调动学生的情感，使之更加投入。习题设计增强知识应用的趣味性，也可增加练习内容。培养学生提出与解决问题的能力，发展学生的思维，解决学生的疑难问题，有意识地让学生总结所学新知。

四、置疑

五、结课

这节课通过到动物餐厅一游，你学会了什么？

39. “比较数的大小”教学设计与反思

陈幼玲
（福建省古田县第二小学，青年名师）

※ 课前思考

“比较数的大小”是数的认识的基本内容之一。本节课是在学生已经理解“同样多”和“多”“少”的实际意义，会比较20以内数的大小，以及会用一一对应的方法比较物体的多少，知道了100以内数的意义、顺序和组成的基础上，教学100以内数的大小比较。这个知识与学生已学过的数的大小比较内容的不同点在于：一是比较的策略多样化，并优化了比较的方法，使之适合比较的数的范围更大，20以内数的大小比较基本是用直观的一一对应的方法，而100以内数的大小比较，除了可以利用学生的直观经验，还可以依据数的含义、顺序、组成等来判断；二是由直观操作向抽象建模过渡，20以内数的大小比较大多数是直观呈现，积累的是数学的数学感性经验，而100以内数的大小比较，则让学生在抽象的建模中，概括比较的策略，使数学知识更结构化、系统化。

“比较数的大小”这节课的内容是在学生学习了百以内数的数数、读数、写数的基础上进行教学的，学生已经有了通过数数比较数的大小的经验。其次，通过一年级上册学习20以内数的大小比较，学生已经积累了一定的数的大小比较的经验，这一课，看上去简单，感觉学生不用教也会比较数的大小。但是，老师们忽视了抽象地比较数的大小，对一年级小朋友们来说，还是比较困难。同时，此内容的学习并不仅限于学生会比较数的大小，更为重要的是借助这一载体，帮助学生进一步积累比较数的大小经验，体会数位的意义，发展数感。在备课时，我主要侧重于这节课要教给学生什么。学生在此之前，根据自己的生活经验，只是会感性地比较数的大小。数的大小比较的核心是比相同计数单位的个数，无论是今天学生学习的整数大小比较，还是今后要学习的小数大小比较，看起来是位数、数位间的比较，实质上却是计数单位及其个数的比较。百以内数的大小的比较，是学生正式接触从数位的角度比较数的大小的开端，是学生后面学习大数之间比较的重要基础，因此本节课的学习至关重要。

※ 教学过程

一、创设情境，提出问题

师：孩子们，喜欢看动画片吗？（课件）瞧，他们是谁？

师：熊大、熊二为了绿化森林，进行了植树比赛。（课件）

师：从图中你知道了哪些信息？

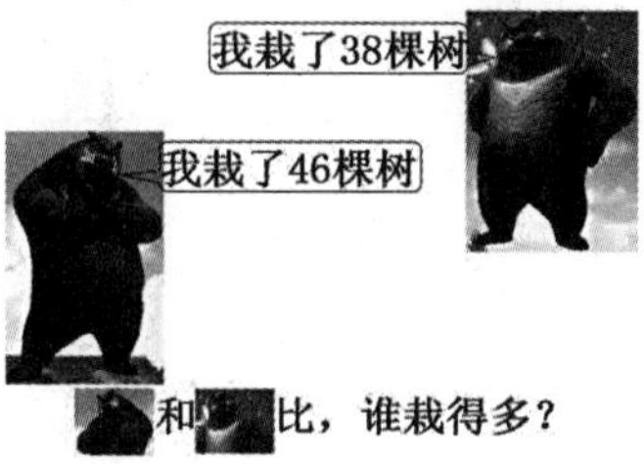

生：熊大种得多。

师：熊大和熊二比，谁种得多？你是怎么知道的？

生：46 大于 38。

师揭题：哦，比谁种得多，就是比 46 和 38 这两个数哪一个大 。（板书：46 38）这节课，我们就来学习“比较数的大小”。（板书课题）

二、自主探究，引导建构

1. 激活经验，初建模型

师：46 和 38 你是怎么比的？把你的想法和小组里的同学说一说。

汇报交流。

生 1：从小到大数数，46 排在 38 的后面，46 大。

师：利用数的顺序比大小是个好办法。

生 2：四十几比三十几多。

师：你从十位上的 4 和 3 想到四十几比三十几多，真棒！

生 3：46 比 40 大，38 不满 40，所以 46 大。

师：你很会推理，你用 40 这个标准进行比较，比标准大的数就大。

生 4：46 比 38 多 8。

师：你还会用计算的办法，了不起！

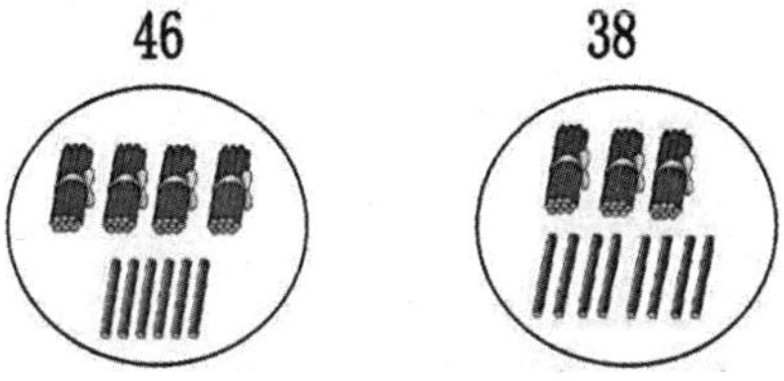

生5：摆46要4捆6根，而摆38只要3捆8根。

师：嗯，摆小棒一眼就看出来38根还不到4捆呢。

生6：这样一摆可以清楚地看出来，46里面有4个十，38不到4个十，46大于38，写成46 > 38。

师：通过刚才的交流，大家都明白了，下面请你用学具摆一摆、写一写，并与同桌说一说你是怎么做的。

师：摆好后，再在计数器上拨一拨，说说你是怎么拨的。

生7：在摆的时候，46摆了4捆零6根，我就在计数器的十位上拨4颗珠子，在个位上拨6颗珠子。

生8：38摆了3捆零8根，对应在计数器上就是十位上3颗珠子，个位上8颗珠子。

师：也就是说成捆的小棒对应的是计数器上的十位，单根的小棒对应的是计数器上的个位。接下来，请你对照计数器写一写、填一填（学生先独立完成，然后全班交流）

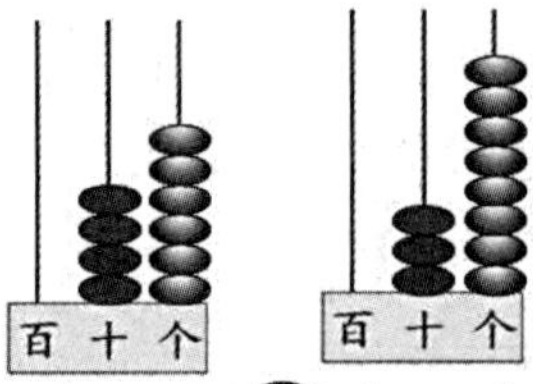

（　）○（　）

生：我发现“46”十位上有4颗，表示4个十；“38”十位上有3颗珠子，表示3个十。十位上4比3大，所以46 > 38。

……

2. 迁引比较，优化建模

师：同学们说的方法真多，两位数比大小，我们可以直接看十位，十位大的这个数就大。

过渡：小猪和小兔也加入了植树比赛，你能很快地比一比吗？你是怎么比的？57 ○ 63。

生：我是看十位，57十位上的5比63十位上的6小，所以57<63。

师：说得真好，奖励你1颗星。

还有小猴和小羊呢？谁来比？ 49 ○ 74。

师小结：刚才我们都是怎么比这些两位数的大小的？

师根据学生的交流相机小结并板书：确实两位数比大小，我们只要比十位，十位大的数就大。

课件出示：53 ○ 56。

师：那这两个数比完十位就能确定大小了吗？为什么？

生：53 和 56 十位相同，就要继续比个位，个位 3 小于 6，所以 53 < 56。

板书：53<56。

师：谁能说说要怎样比较两位数的大小的？

生：两位数比大小，看十位，十位大的数就大，如果十位相同时再比个位。

师小结并板书：是的，两位数比大小，先比十位，十位大的那个数就大，十位相同，再比个位。

3. 沟通联系，完善建模

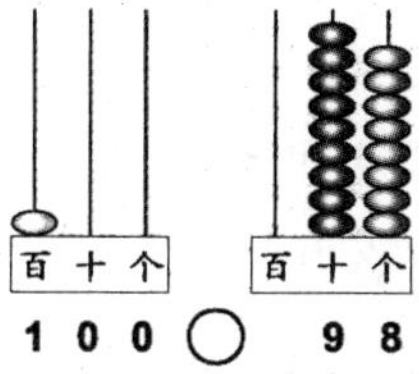

师过渡：那两位数跟三位数比大小，你们会吗？请看：100 ○ 98。

生：98 虽然有 9 个十和 8 个一，但是还是不满 10 个十，所以 100 大于 98。

生：100 是三位数，98 是两位数，三位数大于两位数，所以 100 大于 98。

师：你很善于观察、思考，是的，三位数大于两位数。看来数的大小和位数是有关系的，位数不同时，我们先比位数。

板书：100>98。

过渡：那来几道抢答题，直接说“大于”或“小于”这两个字就可以了！

7 ○ 100　42 ○ 6　53 ○ 9　□□□○□□

师：比得这么快，怎么比的？有没有什么秘诀？

生：两位数大于一位数，三位数大于两位数。

生：位数多的数就大。

板书：位数多的数就大 。

师：通过刚才这么多的学习，谁能说说怎样比较数的大小？和小组里的同学说一说。

生：位数不同，比位数；位数相同，比十位；十位相同，比个位。

师：大家同意吗？嗯，说得很有条理，谁再来说说。

三、拓展应用，巩固建模

1. 巩固应用，变式练

师：学了这么多，接下来我们来点挑战，有信心吗？

第一关　我来当裁判　　在○里填上大于号或小于号

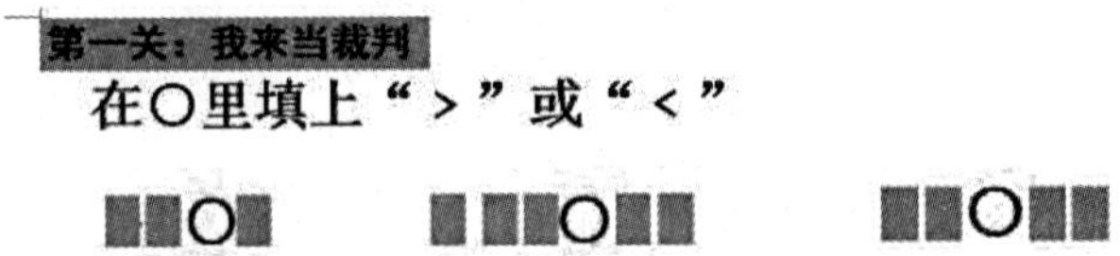

师：瞧，这几组数都被遮住了，你还能比较它们的大小吗？填什么符号？为什么？

生：三位数的大于两位数，两位数的大于一位数。

师：嗯，位数多的数就大，那这边位数相同的没法比了吧？

如果让你看，你想看十位上的数，还是个位上的数？为什么？

师：有先看个位的吗？为什么不先看个位上的数呢？

生：个位的数再大，如果十位上的数比别人小，也没用，所以先看十位。

师：5□○5□十位相同，怎么办呢？

生：十位相同时再比个位。

2. 横向拓展，发展练

第二关　能说会道（课件出示：数轴）

师：这些数有什么特点？

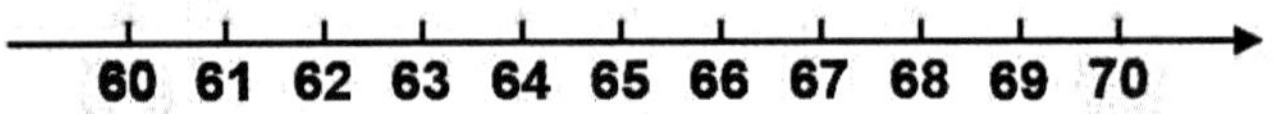

生：按顺序排列的。

师：谁能找找六十几包括哪些数？

生交流后。

师：六十几比左边的六十大还是小？怎么看出来的？

生：十位相同，再比个位，六十几个位上的数都比0大，所以六十几大于六十。

师：六十几比右边的七十呢？怎么比？

生：六十几十位上的数是6，比7小，所以六十几比七十小。

师：想象一下数轴上的数一直往右，70接下去是？再往右？再往右……

师：发现了什么？

生：数轴上的数越往右越大。

师：在数轴上也能比较数的大小，越往右的数越大。

3. 活动体验，综合练

第三关　游戏：巧手抽卡片

先听游戏规则：

（1）每一轮都是两个队比，每队派 1 人参赛；

（2）每人抽两次，每次都从 0 ~ 9 的卡片中抽，抽完卡片要放回；

（3）可以先抽个位或者十位，也可以自己决定抽到的数放在哪个数位上；

（4）哪队抽到的两位数大，哪队赢。

第一轮、先抽十位的。

9 ○

师：男生十位上抽到一张最大的，女生还要再抽吗？你们还有机会赢吗？

女生：如果我们十位也抽到 9，而且个位也比第一组抽的大，那么我们就赢了。

9 ○ 9

师问男生：接下去个位上你们最希望抽到什么数？

男生：9。

99 ○ 9 （男生组抽中 9 后，欢呼起来）

师问女生：男生觉得他们赢定了，你们觉得呢？

女生：我们还有机会赢，如果我们个位也抽中 9，那么我们也没输。

99 ○ 99

师：中间填什么符号？看来这次平局

第二轮：先抽个位的

9 ○ 1

师：男生个位上抽到 9，赢定了吗？为什么？

女生：个位上的数抽得再大也没用，得看十位上的数。

师：哦，个位上大的数真的一点用都没有吗？

男生：个位上大的数有用的。如果我们十位上抽到的数相同时，那个位上大的那个数就大。

师问男生：现在你们要抽到哪个数字一定会赢？

男生：9

79 > 51

师：这一轮是男生赢。

师：第三轮是抽到的数自己决定放哪个数位上。谁上来抽？

男生抽中了 4，女生抽中了 6。

（男）4 ○ 6 （女）

男生接着抽到了 7，女生也抽到了 7。

（男） 74 ○ 67 （女）

师问女生：确定两个抽中的数字这样放，不改了吗？

女生们：大数放十位的数会更大，调整下，就变成76，比他们74大呀。

74 < 76

……

四、总结提升，课外延展

师：这节课你学到了什么？

利用今天所学知识，你还会比较哪些数的大小？

※ 课后反思

一、关注并帮助学生逐渐形成学习策略，提倡学习方式的多样性

在比较数的大小时，在尊重学生已有的生活经验的基础上，引导学生充分利用已有的对数的含义、组成和顺序的理解，自主探究100以内数的大小比较的问题，允许并提倡比较策略的多样，如数的顺序比较、借助标准数比较及使用计数器比较等方法。这样的设计有利于学生积累学习数学的方法，逐步形成有效的、多样化的学习策略。

二、经历比较过程，培养建模思想

比较两种物体数量的多少，基本方法是一一对应，学生形成的知识以直观感性经验为主，本节课是学生系统学习数的大小比较的起始课，也就是种子课，为今后迁移学习更大数或其他类数的大小比较奠定了基础。因此教师在尊重学生个性化的各种比较方法的同时，又借助计数器位值的比较方法让学生在头脑中逐步建立起“位数不同，比位数；位数相同，比十位；十位相同，比个位”的比较方法模型。

三、直观抽象有机结合，发展数感

小棒图比实物抽象，但比计数器形象直观，在比较数的大小中设计让学生通过摆一摆、拨一拨、比一比的活动，借助小棒与计数器之间的连接，初步帮助学生从计数单位的角度来比较数的大小，突显了比较数大小的本质。较小的数，容易通过直观感受，培养孩子的数感，但是今后学生对于抽象的“万”“亿”这些大数的感知是有困难的，仅凭直观感知远远不够，本节课是学生对直观小数向抽象大数感知的一次飞跃，通过数学建模能培养学生对大数进行抽象感知，提高对数的认识，因此上好这节种子课至关重要。在建模的过程中，设计了比较两数大小的变式练、看数轴比较大小的拓展练、巧手抽卡片的综合练这三道层层递进的练习，直观抽象相结合，培养了学生简单的推理能力，有效地发展了学生的数感！

40. “整十数加减整十数”教学设计

梁丽容
（广东省韶关市武江区田家炳沙湖绿洲小学　青年教师）

※ 课前思考

一年级（上册）数学学习中，已经掌握了 20 以内的加减计算，本节课是在这个基础上，学习两位数加减法的第一节课。这节课在整个数学学习中具有承上启下的作用。“承上”体现在：整十数加减整十数，借助“整体”的数学思想，20+30 在计算时可以理解为“2 捆小棒 +3 捆小棒，一共是几捆小棒”的问题，运算上变为“10 以内加减法”，进一步引导学生观察，发现计算的实质是要对十位上的数字进行加减运算即可，这样的探究能够帮助学生理解“数位”的意义，进一步增强数感，也是“化繁为简”“化归”思想的启蒙。“启下”体现在：学习整十数加减整十数，是接下来两位数加减运算的基础，学好本节内容，就能够更好地理解和掌握“相同数位要对齐，从个位算起”逐级计算的方法。因此，本节课的学习具有特别重要的意义。本着发展学生数学核心素养的育人目标，结合一年级小学生“年龄较小、以具体形象思维为主、活泼好动、喜欢表现自己、尤其喜欢老师表扬、期待和老师的互动”等特点，本节课将打破传统教学中“讲授式教学”的授课方式，采取的是教师为主导，在“探索”中生成知识，在“讲故事”中运用数学。学生借助小棒、数线图、计数器、花生等学具进行摆一摆、做一做，在探究中生成知识；借助多媒体网络环境，利用有趣的“我讲数学小故事”等方式，让学生在家也能练习和表演，在课堂上有机会展示，家长看到了学生的学习过程、老师及时进行个性化点评、学生获得了更多的机会和肯定，更有利于学生个性化的发展！通过“探”和“讲”等有趣的数学活动，让学生动起来，成为学习上的主人，落实核心素养当中让学生“用数学的视角观察现实，用数学的语言表述生活”的要求。

※ 教学过程

一、激趣导入，初步感知

师：亲爱的同学们，昨天老师收到了大家发来的数学小故事微视频，相信大家都收到老师的点评了。同学们特别认真，表扬你们积极认真参与学习活动。部分同学讲故事的时候，用词、语调都特别精彩，老师听着他的故事，被吸引到动物王国里了。下面，老师展示 2 位同学的优秀作品，希望同学们能够向他们学习，成为更优秀的自己。

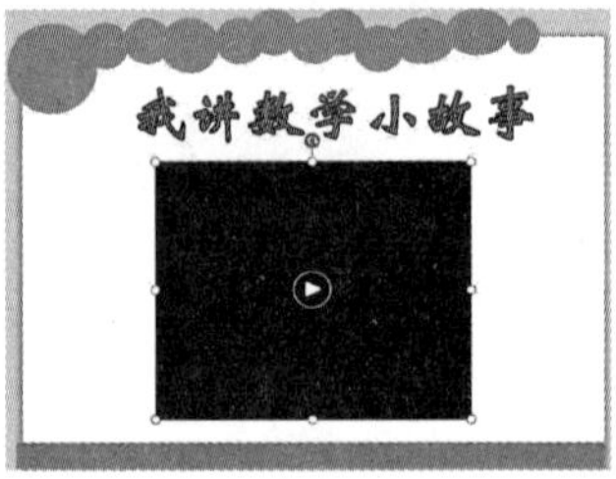

播放同学们的预习作业——微视频：我讲数学小故事。

引出问题：请你找出故事中的数学信息并列出算式解决故事中的问题。

【设计意图】一年级的学生，识字量有限，“我讲数学小故事”的活动既能满足学生好表现的年龄特点，又能很好解决课堂上有限的时间不能进行个性化评价的问题。通过讲故事，学生们的数学语言得到了较好训练，家长们也有机会参与到学生的学习中，老师通过网络平台及时进行个性化评价，学生们获得老师的鼓励、表扬、肯定后学习数学的兴趣也大大的增强。

二、互动学习，构建知识

活动一：探究整十数加整十数

原有 30 个果子，又拿来 20 个，问一共有多少个果子？

20+30=？（个）

师：这个算式我们怎么计算呢？你能不能告诉同学们，你计算时是怎么想的？

师：下面请同学们分小组，利用我们准备的学具，摆一摆，说一说，小组里面的同学互相补充完善，完成后请举手示意。

（教师巡堂指导）

师：下面请小组代表上来讲解，其他同学请仔细倾听。

生 1：方法一（借助数线图，10 个 10 个的数数）直接数数 30、40、50，所以结果是 50。

师：这个小组的方法很方便，表扬这个小组的集体智慧！请问有没有不同方法呢？

生 2：方法二（借助小棒）摆小棒。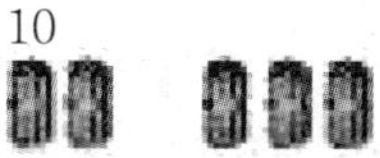

师：这个小组的方法和第一个小组的方法不一样，直观而且很好理解，这是小组共同努力的成果！表扬你们！请问还有没有不同方法呢？

生 3：方法三（借助计数器）十位上数字：2+3=5，表示：20+30=50。

师：老师发现第三小组的方法也很好！能够把两位数的加法，简单地“搬”到我们以前学过的一位数的加法。这里的关键问题是，我们要记住，这个结果还必须带上数位！十位上的 5，表示结果是多少呢？

生：50。

师：对了，特别好！表示 50。

【设计意图】利用小组讨论的方式，把课堂还给学生，让学生在探索和讨论的过程中得到更真切的体验和感受，通过操作学具，使数学知识更形象直观！符合一年级学生的认知特点。小组合作探究，是对学生合作能力的培养，也让学生们在课堂上获得更多的练习机会，优等生在小组里充当小老师的角色，能力稍弱一点的学生则可以在组员的身上模仿和学习，不同层次的学生都获得了各自的发展。

师：请同学们认真观察，刚才我们的 3 种方法中借助的学具不同，但是计算的结果都是正确的！我们发现，解决同一个问题，可以有不同的方法，数学呀，可真有意思！这 3 种方法中，你觉得哪种方法最好理解？哪种方法最方便？如果让你选择一种方法教同伴，你会选择哪种方法呢？为什么？

（学生自由回答，只要言之有理，都给予肯定）

【设计意图】让学生做“小老师”，引导学生思考 3 种方法的优点，一题多解择最优！一年级的学生，以积极发言、言之有理为鼓励原则，学生们的思维天马行空，但是只要做到积极思考、认真倾听，就达到我们的目的了！营造积极向上的课堂氛围，培养积极思考的学习习惯，这是创造性思维的基础。

师：通过同学们的发言，部分同学在解决数学问题时，选择的方法和策略有理有据！很有说服力！表扬你们！

师：老师也认为，方法 3 中，分清楚十位和个位，然后对十位上的数字相加，计算就变得很简单了。这个方法可以推广到 200+300=？、2000+3000=？这个方法，太有用了！

小结归纳：

知识点 1：100 以内整十数加整十数计算方法。

整十数相加，直接用十位上的数字相加，得到几就是几十。

（学生齐读、用 1 分钟自由理解并背诵）

例如：30+40=？

算式中 2 个数都是整十数，就可以用十位上的数字相加：3+4=7，结果是 70。

【设计意图】引导学生们归纳和总结计算的方法，对于低年级的学生是比较困难，但是这一个环节一定不能省略。从小开始引导和练习，学生们就能形成爱思考、善总结的良好习惯。

完整演示一遍答题过程：

原有 30 个果子，又拿来 20 个，问一共有多少个果子？

20+30= 50（个）。

答：一共有 50 个果子。

练习 1. 整十数加法我会算：

60+30=　　40+40=　　10+30+50=

50+20=　　70+20=　　20+40+10=

【设计意图】边讲边练，巩固学生们所学的知识，发现学生的不足，及时纠正、及时调整后面的教学。

活动二：探究整十数减整十数

课件出示教材第 49 页中间情景图，播放第 2 个微视频——我讲数学小故事。

师：请你像上一题一样，找出数学信息，并提出一个数学问题。

生：原有 50 个果子，拿走了 10 个，问还剩下多少个果子？

50−10=？（个）

师：你会计算这个算式吗？

生：十位上数字：5−1=4，表示：50−10=40。

【设计意图】有了活动一的学习经验，学生们很快就能完成活动二的探究。这个环节的设置，是探究学习的再次复习，内容上又有一点点的提升，相似的内容情境、知识的水平迁移，符合学生“最近发展区”理论，学生们很容易获得成功的学习体验！

知识点 2：100 以内整十数减整十数计算方法

整十数相减，直接用十位上的数字相减，得到几就是几十。

（学生齐读、用 1 分钟时间自由理解并背诵）

例如：70–40=？

算式中 2 个数都是整十数，就可以用十位上的数字相减：7–4=3，结果是 30。

练习 2. 整十数减法我会算：

90–20=　　　50–40=　　　90–50–20=

80–50=　　　60–50=　　　60–10–20=

【设计意图】边讲边练，既是检查学生的学习效果，又能及时发现学习中存在的问题，及时纠正和补缺。

活动三：认识算式各部分名称

师：我们每一个同学都有一个和别人不一样的名字，这样我们就能很好区分每一个同学，通过叫你的名字，能够很快地从 48 个同学中找出你，对吧？

数学算式中，每一个位置上的数，也有一个特别的名字，下面我们来认一认：

加法算式　　　　减法算式

师：请同学们说一说算式各部分名称：

加法算式中，加数是……和……，和是……。

（同学们集体回答）

练习 3. 先计算，再说出每个算式中各部分的名称。

（1）60+20=　　　（2）90–30=

（每个算式请 2 位同学说一说）

【设计意图】以同学的名字为例引出学习数学算式各部分名称的必要性，学生容易理解和接受。集体回答，让学生学会规范使用数学语言进行描述，然后马上进行练习，学生学得扎实，还能够获得成功的体验。

三、自我评价，目标检测

基础练习：（详见上面的练习 1、2、3）

趣味游戏：（希沃游戏——整十数加、减整十数计算，2 人 PK 游戏）

【设计意图】借助小游戏的方式进行口算练习，不仅利用学生爱玩游戏的特点，又能进行限时口算练习，气氛活跃，学生参与积极性高。让学生们在玩中学，提高学生数学计算能力的同时也发展了积极向上的学习情感！

课堂小结：

请你说一说，通过今天的数学课，你学会了什么？说一说你有什么收获？

1. 整十数加、减整十数的计算方法；

2. 认识了加减法算式的各部分名称；

3. 我尝试了讲故事，在故事中也可以编出数学问题，通过列算式计算可以很快地解决问题。

【设计意图】课堂小结，既是对本节课的回顾，增强学生们的获得感，同时也是良好学习习惯的培养，勤总结，善反思，学好数学不困难！

四、课外延伸，知识升华

1. 能力提高题

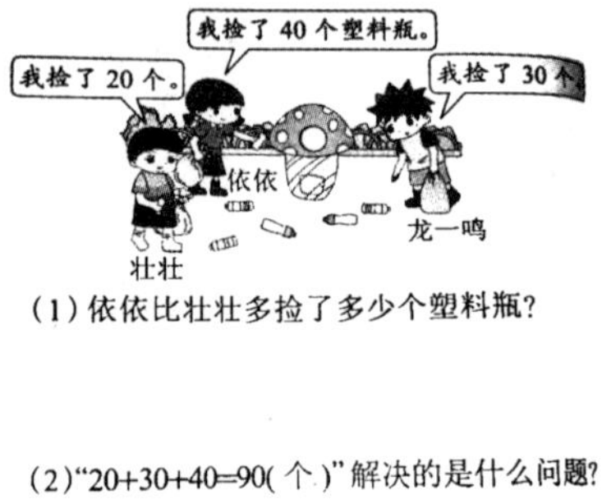

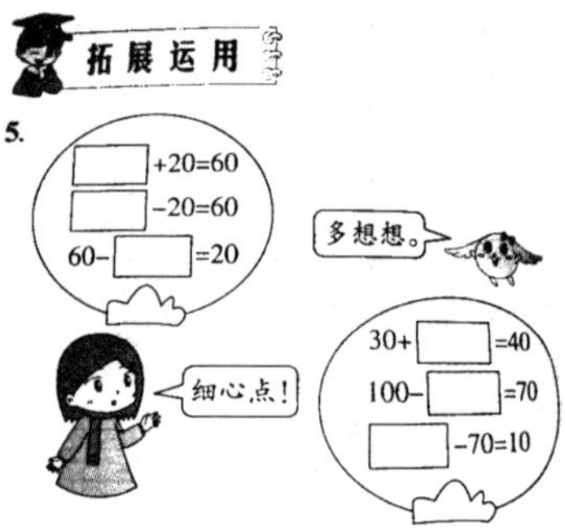

2. 我讲数学小故事

请你自由选取数线图、小棒、计数器、花生等学具，编一个有趣的数学故事，拍成视频或者录音，发给老师，老师将会及时给出积分奖励，期待你的积极参与！（视频或者录音时间不超过 3 分钟）

【设计意图】课外延伸，让学生们感受到数学知识的灵活性和应用的广泛性，同时对优等生也是一种方向的指引，让数学课堂满足不同层次学生们的需求。我讲数学小故事，采取积分奖励的方式，鼓励学生积极参加，锻炼数学语言表达的同时，也能提高学生们发现数学和应用数学的能力！

二、图形与几何

41. “前后”教学设计与反思（课例一）

刘亚楠
（河南省郑州市金水区纬五路第二小学，青年名师）

※ 课前思考

由于小学生的年龄比较小，注意力不集中，教师需要在课堂教学中激发他们的学习兴趣，例如创设一个问题情境，调动学生的认知情感，从而促进学生对问题的深入思考。因此，创设情境就成了教学设计不可或缺的组成部分。

本节课的学习重点是让学生在活动中体验前后的相对性，并能用语言描述物体间的前后位置关系。其实，学生在日常生活中已经对前后的位置关系有了实际的经验，这个知识对于他们而言并不陌生。那么，如何能用学生相对而言已经较为熟练的知识重新激发学生的学习热情呢？就需要教师在课堂中创设有意思的情境。由于本节课最后一道练习题是新龟兔赛跑，再加上本节课的情境图是森林运动会，这些其实是有关联的，也是生活中会碰到的情况，只不过将生活中的小朋友变成了课本中的小动物。我在想：可不可以在课前引入龟兔赛跑这个故事，从龟兔赛跑到森林运动会，串成一个情境链来调动学生的积极性。虽然龟兔赛跑这个故事可能有一些小朋友已经听过，但是教师在读故事的时候，用起伏的语调，生动的声音，也能抓住学生的注意力，好的情境导入可以起到事半功倍的效果。

龟兔赛跑只是其中的一个情境，对于本节课来说，我们可以用一个大的情境来将各部分知识进行串联。例如，动物园的小动物们在比赛跑步，学生通过这个情境可以学习前后知识。同样，他们还可以坐在车上进行比赛，就有了行进途中四个小动物坐在车上进行比赛的情境，这样就将新课的部分串联了起来。

但是我认为，一个好的情境是可以将整节课的知识都联系在一起的，不仅是新课，还有后面的练习题。练习题第 4 题，提到了要去动物园，虽然去动物园和森林运动会是两个情境，但是我们是不是能够把这两个情境串在一起。比如说：同学们参观了森林运动会之后，又去参观了动物园。这样简单的一句话是不是就能够让练习题不显得那么突兀。当然，这只是我提出的一个思考，具体如何设计还要有更加细致的过程。

※ 教学过程

一、故事导入、揭示问题

同学们听过龟兔赛跑的故事吗？我们再来听一听这个故事。

【设计意图】在课始，我采用学生熟悉的“龟兔赛跑”的故事导入，结合童话故事，激发学生学习兴趣，促进学生投入到新课的学习中。

二、探究发现，建立模型

1.森林运动会——百米赛跑

同学们，今天动物们正在举行一场热闹的“森林运动会”。紧张的百米赛跑就要开始了。跑了一会儿，情况怎么样？

（1）谁跑在最前面？谁跑在最后面？

（2）鹿跑在最前面，谁在它的后面？

（3）请一名同学先按比赛排名的次序介绍一下现在运动场上的情况。

小兔跑第几？乌龟跑第几？……

（4）蜗牛的前面有哪些小动物？蜗牛的后面有哪些小动物？

从数的序列 1、2、3、4、5 中，可以看到 4 的前面有 1、2、3 等数，所以在乌龟的前面有小鹿、松鼠、小兔；后面有 5 等数，所以在乌龟的后面有蜗牛。

（5）小兔在小松鼠的后面，小兔又在小乌龟的前面。一会儿前一会儿后，为什么？

小结：比较的对象不同，前后也就不一样。

猜一猜：它在松鼠的后面，在蜗牛的前面，它是谁？

请同桌两人像老师这样说一说，猜一猜。

【设计意图】通过情境图中小动物们的比赛情况，引导学生观察并结合自己的生活经验，说出谁在前，谁在后，初步感知物体的前后位置关系，感受前后位置的相对性，并能清楚表达自己的想法。

2.森林运动会——赛车比赛

紧张的百米赛跑刚刚结束，更加激烈刺激的卡丁车大赛就要开始了？哪几号卡丁车参加这场比赛？

上面 ②④③① 是这些车的编号，瞧！他们往这个方向开向终点！

①号车排在第（　　）位，是最后一辆。

一共有（　　）辆车，①号车的前面有（　　）辆车。

指导学生看书，把课本中的填空补充完整。

【设计意图】通过前面的学习经验，学生寻找信息，提出问题，独立完成，并再次感受前后位置的相对性。

三、理解运用，强化训练

1. 儿童乐园

观看了精彩的运动会，小明和他的朋友们想带我们去儿童乐园玩一玩，请你仔细听，小明遇到了什么问题呢？

2. 去动物园

周末淘气带领大家去动物园参观呢，你都发现了哪些信息，能提出哪些数学问题呢？

【设计意图】通过儿童乐园排队买票的过程，引导学生发现问题、解决问题，让学生在真实的情境中体验前后的意义和相对性。同时，通过“认识站牌”的活动，把生活和数学联系起来，使学生明白数学知识来自于生活，又广泛应用到生活中。

四、趣味游戏，内化提升

我们来玩排队游戏，大家先根据老师提到的信息来猜一猜，他是谁？我们请他站到前面来，并按照要求站好队。

（教师学生根据老师的要求自行排队，师生互动后，也可以让学生之间互相提要求排队）

【设计意图】充分利用学生的年龄特点，让学生按照老师和同学们的要求排队，让班级同学找一找教室内自己的前后对应的同学，在游戏的过程中深化了对前后的理解。

第一次比赛，兔子骄傲自大又偷懒，坚持不懈的乌龟获得了胜利，小兔子不服气，决定和乌龟再进行一次爬山比赛，这次兔子会获得胜利吗？请同学们用我们今天学到的前后来讲一讲新龟兔赛跑的故事吧。

【设计意图】通过新龟兔赛跑的故事，让学生们用自己的语言结合前后讲解，再一次感受前后在生活中的运用。

五、总结归纳，提升经验。

同学们，今天这节课你学到了什么？

在生活中，还有很多前后的存在，课后大家留心找一找吧。

※ 课后反思

一年级的学生已经初步明确前后的位置关系，有了一些实际的经验，尤其在生活中，在具体的活动中，基本能确定前后的位置与顺序。但学生年龄小，集中注意力短，持久性差，注意力注意范围有限的特点，在教学时，我通过各种形式的游戏活动激发学生的学习兴趣，让学生在轻松愉快的氛围下构建知识，使他们在玩中学，在乐中悟。由于学生之间知识经验的差异，所以出错也是难免的，通过一系列活动，进一步加深学生对前后的理解和认识，在进一步认识和理解的基础上进行前后方位的练习。

在本节课的教学中，我选择用新知和练习题串联成一个情境，通过情境来激发学生的好奇心和求知欲。其中有些地方我觉得做得还是不错的，比如，将练习题中寻找自己座位前后是谁以及儿童乐园排队的题目和在了一起，让大家来玩排队游戏。排队这个情境在生活中见到的情况很多，所以学生可以很快地融入游戏当中。要想让学生深入情境感到共鸣，就需要找现实生活中出现的情境，而不要一味地是一些虚幻的王国之类的。数学来源于生活，许多学习内容和需要解决的数学问题都可以在生活中找到原型。其实，生活中有非常多有意思的情境，都可以应用到我们的教学当中。这就提醒我们在之后的教学中，要具备收集情境的意识，注意收集相关素材，加以改造为我所用。

创设情境除了要以生活为载体之外，情境的创设也缺少不了互动。课堂教学是师生双向交流的活动，学生也应该积极参与。教师要让学生以情境主人的身份参与到其中，可以进行角色扮演，让学生经历整个过程。除此之外，创设的情境要尽可能的生动、形象、有趣，针对小学生的年龄特点，教师要选择适用于学生的方式去呈现情境，例如低年级的学生适合用讲故事或者是动画的形式呈现，当然也可以让学生亲自实践，无论是哪种样式都要突出生动、形象、有趣。同时要注意的是使用创设情境，只是为了更好地调动学生的积极性，让学生参与其中，通过情境给学生带来不一样的学习经历，让学生真正爱上数学。

42. “前后”教学设计（课例二）

王镇坤
（广东省深圳市福田区园岭实验小学，特级教师）

※ 教学预设

教学重点：理解物体“前后”的相对性。

教学准备：圆片、三角形、五角星、正方形、闯关题目卡、练习跳远、复习拼音。

※ 教学过程

一、挑战开篇，揭示“前后”

师：同学们，今天这节数学课与往常不同，我们要举办一个“挑战趣无限”的数学竞赛活动。

生：表现得非常兴奋。

师：我们竞赛的主题是 “前后” ，就是说我们竞赛的内容都和“前后”这个数学知识有关。

师：我们将以小队为单位进行比赛 。课前我们已经划分好了各种水果小队，有苹果小队、有香蕉小队，你们好！还有西瓜小队和草莓小队，大家好！

生：全班同学都被分配成为各种水果小队的成员，胸前佩戴着水果标志牌，他们高兴地与老师打招呼。

师：你们各个小队有信心在今天的比赛中获得胜利吗？

同学们胸有成竹地大声地喊——有。

师：好，现在我就是“挑战趣无限”的主持人了。（师自己佩带上“主持人”字样的胸牌）我宣布：“挑战趣无限”数学竞赛活动正式开始（老师带头鼓掌）

生：热烈鼓掌，被教师带入到创设的比赛情境中。

【设计意图】数学课程标准指出：有效的数学活动不能单纯地依靠模仿与记忆。所以我结合低年级学生好胜心强、爱玩、爱动的心理，设计了有趣的数学竞赛活动。

让学生在玩中乐，在乐中思，在赛中比，在比中做。自主感知“前后”。从而获得成功的体验和探索的乐趣。

二、挑战四关，体验“前后”

1. 挑战第一关：运动关

（1）男生组进行跳远比赛

师：首先，让我们进入趣味挑战第一关：运动关（课前指定学生参赛）

请听题：请每个小队课前选好的一名男队员到前面来，代表你们小队进行立定跳远比赛。听好规则：请同学们站到起跳线后进行立定跳远，跳完之后要原地不动，否则就算是犯规。

生：四个水果小队的男生学生代表依次跳远。

师：谁跳到了最前面？ 他的后面有几个人？

生：A 跳到了最前面，他的后面有三个人。

师：谁跳到了最后面？ 他的前面有几个人？

生：B 跳到了最后面，他的前面有三个人。

师：谁还能像我这样提有关“前后”的问题？

生 1：C 的前面是谁？

生 2：D 的后面是谁？

生 3：D 的前面有几个人？

生 4：C 站在谁的后面？

……

师：给 A 所在的小队——苹果小队加 4 分，B 所在的小队——西瓜小队加 1 分，C 所在的小队——香蕉小队加 3 分，D 所在的小队——草莓小队加 2 分。

（2）女生组进行跳远比赛

师：下面请每个小队的一名女队员代表你们小队进行第二轮跳远比赛。

生：四个水果小队的女生学生代表依次跳远。

师：他们谁在谁的前面，谁在谁的后面？

生 1：G 在 H 的前面，H 在 G 的后面。

生 2：J 的前面有 H、G。

生 3：K 在 G、H、J 的后面。

……

师：该给谁加上 4 分呢？ 为什么呀？

生：该给 G 加上 4 分，因为她跳到了最前面。

师：该给谁加上1分呢？这又是为什么呢？

生1：该给K加上1分，因为她跳到了最后面。

生2：H和J分别加上3分、2分，因为她们是第二名、第三名。

（3）给各个小队加分

师：刚才同学们用有关“前后”的语言描述了同学们所站的位置，看看在下一个环节中同学们还会不会用“前后”来解决问题。

【设计意图】闯关的游戏符合儿童年龄特点，激发学生学习的兴趣和动机。本环节还培养学生提出问题、分析问题与解决问题的能力。

2.挑战第二关：知识关

师：让我们抓紧时间，赶快进入趣味挑战第二关：知识关。

师：同学们，现在我的手里有一些题卡，我们一起来看一看！

出示题卡：

（1）（　）（　）（　）4

（2）6（　）（　）（　）

（3）（　）（　）（　）r（　）（　）（　）

（4）（　）（　）（　）ong

师：请同学们仔细审题，应该怎么填呢？它们前后之间是有规律的，看谁最爱动脑筋，能找到窍门。

师：请四个小队最前面的女生代表你们小队答题；其他同学打开练习本，也在座位上做出你们小队队员的那道问题的答案。

生：四个小队的女生代表到前面来答题。

师：我们一起来看第一题，请你讲讲你为什么这么填？你是怎么想的？

草莓小队的女生代表：（1）（2）（3）4，我是按照数数的顺序从前往后填的。

师：谁和他们填的不一样？

生1：（7）（6）（5）4，我是按照数数的顺序从后往前填的。

生2：（10）（8）（6）4，我是隔着一个数填的。

师：我们来看第二题。

苹果小队的女生代表：6（8）（10）（12）。

师：谁和他们填的不一样？

生3：6（5）（4）（3）

生4：6（4）（2）（0）

师：同学们真爱动脑筋，想出了这么多的填法！

师：我们来看第三、四题。

生：西瓜小队的女生代表解答第 3 题：（zh）（ch）（sh）r（z）（c）（s），我是按声母顺序表从前往后填的。

生：香蕉小队的女生代表解答第 4 题：（ang）（eng）（ing）ong，我是按照韵母顺序表从前往后填的。

师：你们说得都有道理，虽然想法不同，但是同样是正确的。

师：根据各个水果小队的表现，依据如下标准：

书写正确（1 分）、工整（1 分）、表述清楚（1 分），为各个小队加分。

【设计意图】数学课上融入体育与语文知识，既锻炼了身体，又复习了拼音，体现了数学学习有着广阔的空间，使学生感到生活中处处有数学。

师：两关之后，可以看到 * 小队的分数最多，暂时排在了最前面，其他小队可不能落后呀！

3. 挑战第三关：操作关

师：让我们继续投入激烈的比赛，进入挑战第三关：操作关。

师：请各个小队最后面的男生到前面来，代表你们小队进行操作比赛。其他同学也把准备好的学具（三角形、圆形、五角星、正方形）拿出来，在座位上摆。

师：请按老师的要求摆 ：把三角形放在最前面，圆形放在三角形的后面，五角星在正方形的前面，而在圆形的后面。

生：全体学生都摆。

师：评价各个小队代表摆得对与错、加分。

师：请各个小队的代表同学走到不同的小队后面，由后向前检查每个小队队员的作品，看看他们摆得是否正确？

师：判断加分与否。（全小队都对，就再加一分）

师：这一关的比赛就到此为止。

师：现在我们再来看一看，又是哪个小队的分数最多，排在了最前面呢？

【设计意图】将观察与操作结合起来使学生在真实的活动中理解“前后”，培养学生的动手操作能力。

4. 挑战第四关：

（1）游戏关

师：接下来紧张的时刻到了，让我们进入决定胜负的最后一关，挑战第四关：游戏关。

师：我们先来玩个“口令游戏”。

师：在玩这个游戏之前，我们先明确一下：（以横排为准）这里是各个小队的第一排，第二排……

师：听我的口令：第二排前面的同学指鼻子；第三排后面的同学站起来。

生：高兴地参与活动。快速反应，做出动作。

师：下面我们以小队为单位进行游戏活动，适当给予加分。

师：香蕉小队，这个同学（教师随手指一名学生）前面的第 2 个同学摸耳朵。

师：草莓小队，这个同学（教师随手指一名学生）前面的第 3 个同学摸脑袋。

师：西瓜小队，这个同学（教师随手指一名学生）后面的第 4 个同学张嘴巴。

师：苹果小队，这个同学（教师随手指一名学生）后面的第 5 个同学摆摆手。

各个小队的学生都准确地做出了动作。

（2）站队活动

师：我们再来玩第二个游戏：请各个小队从前数第三名男同学站到我的前面站成一竖排；教师向后转后又说：请各个小队从后数第三名女同学站到我的前面站成一竖排。

生：各个小队的男生走出来站到了老师的前面，各个小队的女同学与男同学的位置相反，也站到了老师的前面。与老师站成了一排。

师：都是前面，为什么他们两次站的地方不一样？

生：因为老师第二次转过身去了，女生就得调换位置了。

师：因为老师改变了方向，无论怎样站，请记住：面朝的是前面；背朝的是后面。

师：给各个小队加分。

（3）找朋友活动

师：同学们，入学这么长的时间了，在班级里你一定结交了比较要好的朋友，你最要好的朋友是谁？能运用有关“前后”的语言描述出你好朋友的位置，让我们大家猜一猜吗？

生 1：我的好朋友在 W 的后面。

同学们一起大声地说是 Q。

生 2：我的好朋友在 P 的前面。

同学们一下就猜到了是 U。

生 3：我的好朋友在 L 的前面，R 的后面。

同学们站起来向 T 看去，齐声说是 T。

（4）站排活动

师：你上间操时，谁在你的前面？谁在你的后面？出来站一站。向后转。

生 1：I 在我的前面，K 在我的后面。

师：请你们三个人站到前面来。

生：三个男生站到了前面。

师：I 的前面又是谁呢？ K 的后面又是谁呢？请站到前面来。

生：I 和 K 也出来，与前面的同学站成了一排。

【设计意图】好玩的游戏突显数学学习的“活动化”，学生在有趣的活动中体验数学、理解数学、感受数学的魅力。三维目标的实现蕴含在数学活动之中。数学新课程重要理念之一就是让学生学习现实中的数学，本环节让学生在熟悉的生活中感知“前后”的意义，在生活化的情境中建构知识，在丰富多彩的活动中体验数学。充分发挥了学生的能动性，学生在自由、宽松、活跃的学习气氛中积极、主动的探索、发现、解决问题。使原本枯燥的“前后”教学变得富有情趣。与此同时，学生在真实的体验活动中理解了“前后”位置的相对性。突破了教学难点。

三、总结活动、体验成功

1. 计算各个小队的分数

师：同学们，现在我们已经顺利地通过了四关挑战，让我们看看各个小队的得分情况。

我们一起来算一算：苹果小队 8 分，祝贺苹果小队！

西瓜小队 7 分，祝贺西瓜小队！

……

2. 奖励各个小队，颁发“合作奖章”

师：这些分数是你们每个小队队员亲密合作的结果。所以每个小队都理所当然地赢得了一枚“合作奖章”。

师：现在我为苹果小队颁发蓝色奖章、为西瓜小队颁发红色奖章。

……

各个小队的队员都非常高兴。

师：我们要给获得第一名的小队颁发一枚奖杯。

3. 寻找“金杯”活动

师：这枚金杯在哪儿呢？它在苹果小队的一个男同学的书桌里。这名男同学前面有 2 个人，后面也有 2 个人。你们能找到它吗？

生：全班同学都一起站起来往苹果小队这边看，先找到的喊了起来，在 S 的书桌里。S 同学欣喜地从书桌里拿出了金杯。

4. 为第一名的小队颁发金杯

师：有请获得第一名小队的队长到前面来，代表你们小队接受这枚闪闪发光的奖杯。祝贺你们！

【设计意图】这样的设计使本节课的教学有始有终，构成一个完整的教学情境。对于学生来说就更有吸引力，排名次其实也是对“前后”的再次理解。奖杯不直接出现，而是让学生利用“前后”的知识自己去寻找，应用数学的同时又增加了学习的趣味性。

四、课堂总结、课外延伸

师：通过今天的“挑战趣无限”活动，你学会了什么？

生 1：我学会了用“前后”说出我好朋友的位置。

生 2：我学会了“前后”这个知识。

师：你认为你今天表现得怎么样？为你们小组的比赛做了什么？

生 1：我们小队今天赢得了第一名，我非常高兴。

生 2：我们小队今天虽然没有获得第一名，可是我为我们小队赢得了 3 分，我还是很高兴，我想下次比赛我们小队一定会赢的。

师：同学们，在大家的积极参与下，今天的比赛活动愉快的结束了，我们不但在活动中学会了用“前后”描述方位，并用“前后”这个数学知识解决了实际问题。看到同学们玩得十分开心，我也很高兴，希望有机会我们还能一起来“挑战”。

【设计意图】帮助学生梳理自己的收获，进行反思，总结之中既找到学习的知识点，又发现不足。促进学生早日形成合作观念，增强集体凝聚力。

43. “上下”课堂实录与反思（课例一）

吕孝培
（河南省郑州市金水区金桥学校，青年名师）

※ 课前思考

“上下”是“位置与顺序”中的内容。这个单元的前三节都是以一维空间的位置与顺序为内容学习的。“前后”“上下”“左右”就是观察我们的生活空间与事物的三种不同的维度，是建立和发展空间观念的基础。

本节课教科书呈现了三只小动物在树上的情境，并提出四个情境问题。

第一个问题是结合三只小动物在树上的情境，通过它们之间的位置关系的比较，帮助学生直观体会谁在最上面和谁在最下面。第二个问题是了解两只动物的上下位置关系，初步体会小松鼠上下位置的相对性问题。第三个问题是在学生能够比较清晰地描述出两个小动物之间位置关系的基础上，通过两人对话的形式，进行猜一猜的游戏。第四个问题是通过学生动手摆学具的游戏活动，帮助学生在操作和描述中进一步体会上下位置的相对性。

《义务教育数学课程标准（2011 年版）》明确指出：数学教学活动必须建立在学生的认知发展水平和已有的知识经验基础之上。一年级的学生已具有初步感知上下位置关系的经验，尤其是在生活中，基本能确定上下的位置顺序。但学生对上下位置关系的相对性认识不够清晰，不能正确地表达位置关系。所以这节课要结合学生的生活经验，使之体会上下位置的相对性。

※ 教学过程

一、创设情境，导入新课

师：同学们，今天我们的课堂上来了 3 个动物朋友，看，它们分别是谁呢?

生：小鸟、小兔、小松鼠。

师：冬天来了，天气越来越冷，它们想给自己找个温暖的家，在动物森林里有一棵大树，他们决定把家安在这里，看一看，它们把家都安在了什么位置?

生：小鸟的家在树的上面，小兔的家在树的下面。

师：小鸟把家安在了树的上面，小兔子把家安在了树下。今天这节课我们就一起来学习“上下”（板书课题：上下）。

二、探究新知，理解上下

（一）两只小动物之间的上下位置关系

1. 小鸟和小兔之间的位置关系

师：那你能说一说小鸟和小兔之间的位置关系吗？

生 1：小鸟在上面，小兔在下面。

师：小鸟在谁的上面？小兔在谁的下面？

生 1：小鸟在小兔的上面，小兔在小鸟的下面。

师：我们在说两只小动物之间的上下位置关系时，要说清楚、说完整，谁在谁的上面，谁在谁的下面。谁再来说一说小鸟和小兔之间的位置关系？

生 2：小鸟在小兔的上面，小兔在小鸟的下面。

师：说得很完整，谁还想说？

生 3：小鸟在小兔的上面，小兔在小鸟的下面。

师：你的声音真响亮。我们一起来说一说。

生：小鸟在小兔的上面，小兔在小鸟的下面。

2. 小松鼠和小兔之间的位置关系

师：小松鼠把家安在了哪里呢？

生：小松鼠的家在树的中间。

师：谁能说说小松鼠和小兔之间的位置关系？

生 1：小松鼠在小兔的上面，小兔在小松鼠的下面。

师：说得很完整，谁再来说说？

生 2：小松鼠在小兔的上面，小兔在小松鼠的下面。

师：老师特别喜欢你洪亮的声音。谁还想说？

生 3：小松鼠在小兔的上面，小兔在小松鼠的下面。

师：你说得特别好。

3. 小松鼠和小鸟的位置关系

师：小松鼠和小鸟的位置关系又是怎样的呢？

生 1：小松鼠在小鸟的下面，小鸟在小松鼠的上面。

师：谁再来说一说？

生 2：小松鼠在小鸟的下面，小鸟在小松鼠的上面。

师：请你任意选两只动物，和你的同桌说一说它们之间的位置关系。

师：在说两只小动物之间的位置关系时，要注意什么呢？

生：要说清楚谁在谁的上面，谁在谁的下面。

（二）小松鼠上下位置的相对性

师：老师发现了一个问题，为什么小松鼠一会儿在下面，一会儿又在上面呢？

生：因为小松鼠在小鸟的下面，在小兔的上面。

师：也就是说和小松鼠比的对象不一样。那看来我们在说上下位置关系时，还要弄清楚是和谁比，小松鼠和小鸟比，它在小鸟的下面，小松鼠和小兔比，它在小兔的上面，比的对象不同，那么小松鼠的相对位置也不同。

（三）三只小动物之间的上下位置关系

师：刚才是两只小动物相比，现在我们让它们三个比一比。最上面是谁？最下面是谁？

生：最上面是小鸟，最下面是小兔。

三、游戏环节，深化提高

1. 我说你猜

师：同学们刚才的表现真棒，你知道吗？在三只小动物中，有 1 只是老师最喜欢的小动物，接下来，我们玩一个“我说你猜”的游戏，猜一猜老师喜欢的是哪只小动物？

师：它在小兔的上面。它是谁？为什么？

生 1：是小松鼠。

生 2：也可能是小鸟，因为小鸟也在小松鼠的上面。

师：可能是小松鼠，也可能是小鸟，我们不能确定，继续听提示，它不在最上面，它是谁？为什么？

生 3：因为小鸟在最上面，所以不是小鸟，是小松鼠。

师：你解释得真清楚，老师听明白了。

师：谁能再完整地解释解释？

生 4：它在小兔的上面，小兔的上面有 2 只小动物，所以可能是小松鼠，也可能是小鸟。它不在最上面，因为小鸟在最上面，所以不是小鸟，是小松鼠。

师：你的解释真完整，像个小老师。

师：谁能像老师这样用两句话描述喜欢的小动物，让同学们猜一猜？

生 5：它在小鸟的下面，但它不在最下面。它是谁？

生 6：它在小鸟的下面，可能是小松鼠，也可能是小兔，但它不在最下面，小兔在最下面，所以是小松鼠。

师：接下来，请同桌之间互相玩一玩，猜一猜。

2. 我说你摆

师：同学们，玩得高兴吗？还想玩吗？

师：接下来我们玩一个“我说你摆”的游戏。游戏要用到我们的数学书、本子和铅笔盒。认真听游戏要求，看看哪些同学反应最快，摆得最准。

（1）请把数学书放在桌子的上面。

（2）本子和铅笔盒放在书的上面。

（3）铅笔盒不在最上面。

谁来说一说你是怎么摆的？

生：数学书在最下面，铅笔盒在中间，本子在最上面。

师：大家和他的一样吗？

生：一样。

师：同学们反应真快，摆得也很准确，老师给你们点赞。

3. 身体上的“上下”

师：同学们，其实在我们的身体上也有“上下”，请你找一找，谁在谁的上面？谁在谁的下面？

生 1：眉毛在眼睛的上面，眼睛在眉毛的下面。

生 2：鼻子在眼睛的下面，眼睛在鼻子的上面。

生 3：嘴巴在鼻子的下面，鼻子在嘴巴的上面。

……

师：同学们真是善于观察的孩子。

四、运用新知，巩固练习

师：刚才我们不仅找到了小动物之间的“上下”位置关系，还找到了身体部位之间的上下位置关系，敢不敢跟着老师用刚刚学过的知识进行数学大闯关？同学们看起来信心满满呀，那看一看谁能闯关成功，请看第一关！

师：奇思和机灵狗家里有 1 个大书柜，里面整整齐齐摆放了很多物品，请你认真观察书柜里物品的位置，完成 4 道题目。

师：谁来说说你是怎么填的？

生：轮船在花的下面，花在轮船的上面，闹钟在招财猫的下面，闹钟在轮船的上面。

师：大家和他的一样吗？恭喜同学们闯过第一关。

师：请看第二关，有 4 只小动物们要分房子，它们分别是？

生：小狗，小猫，小兔，小象。

师：接下来请你给这些小动物分配一下房间，认真听要求：

（1）按照你的想法把它们贴在课本 65 页的房间上。

（2）分好房间后和同桌互相说一说这几个问题。

（3）完成之后，用坐姿告诉老师。

师：谁来给大家展示一下你分的房子？

生：（展台展示）小象住在最下面。小狗住在第 2 层，它在小象的上面，它的上面有小兔和小猫。小兔住在第 3 层，它在小象和小狗的上面，它的上面有小猫。小猫住在最上面，它的下面有小兔、小狗和小象。

师：第二关闯关成功，不要骄傲。

师：请看第三关。这里有 3 个盒子，分别是①号盒，②号盒，③号盒。机灵狗把宝物藏在了其中一个盒子里。看一看机灵狗给了我们的两条提示：第一条：宝物放在①号盒的下面。第二条：宝物放在③号盒的上面。

师：宝物在哪个盒子里，为什么？

生：宝物在②号盒子里。因为宝物放在①号盒的下面，可能是②号盒，也可能是③号盒，但宝物放在③号盒的上面，所以不是③号盒。

师：你的思路真清晰。下面请看最后一关。

师：小红、小英、小兰住在一栋三层的小楼里，小红住在小英楼上，小英住在小兰楼上，谁住在最上面？谁住在最下面？为什么？

生：小红住在最上面，小兰住在最下面。因为小红住在小英楼上，小英住在小兰楼上，所以小英在中间，那小红在小英楼上，说明小红在最上面。小英住在小兰楼上，说明小兰住在小英楼下，所以小英在最下面。

五、总结收获，实践应用

师：同学们，今天这节课，你有哪些收获？

（学生回答略）

师：这节课我们不仅学习了两者相比，谁在谁的上面，谁在谁的下面，还学习了三者、四者相比，谁在最上面，谁在最下面。

师：老师给大家留一个观察作业，请你在生活中找一找存在上下位置关系的物体，并说一说它们之间的上下位置关系。

附：板书设计

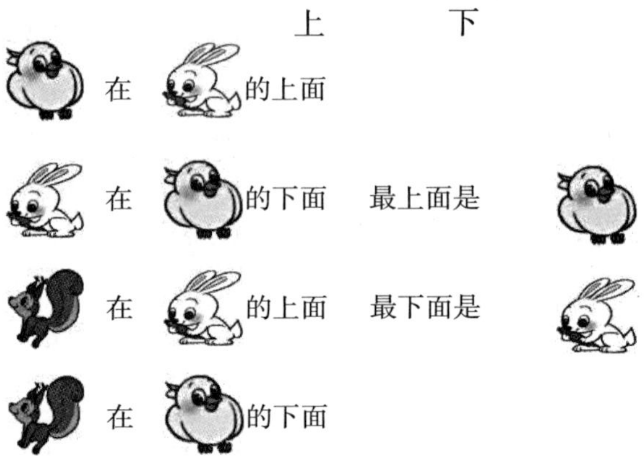

※ 课后反思

本节课是在上一节课“前后”的基础上继续为学生创设具体的情境，让学生通过观察比较两个、三个小动物之间的上下位置关系，体验上下位置关系的相对性，知道上下是相对的，是比较的结果。引导学生能确定并会用自己的语言表达上下位置的关系，初步发展学生的空间观念，培养学生应用数学的意识。

兴趣是最好的老师，教学伊始，我首先通过色彩丰富的小动物卡片，吸引学生的注意力，创设小动物们安家的故事情境，充分调动学生的学习积极性。先让学生说一说两只小动物之间的上下位置关系，并引导学生用规范的数学语言完整表达。然后引导学生发现小松鼠位置的相对性，明白比的对象不同，那么小松鼠的相对位置也不同。接着结合猜老师最喜欢的小动物、我说你摆等活动，通过引导学生用简洁有条理的语言表述自己推理分析的过程，培养学生推理分析的能力，促进学生数学思维的发展，让学生的学习看得见。之后引导学生找一找身体上的“上下”，充分调动学生参与课堂的积极性和主动性，引导学生在从指定观察到自由观察的过程中不断加深对上下位置关系知识的认识和理解，从而使学习变成一种主动探索的过程，使学生体会数学就在身边，学会用数学眼光看待生活中的问题，培养学生的数学应用意识。最后以学生感兴趣的“闯关”形式引入练习，吸引学生的注意力和参与的兴趣。在练习中，通过自主探索、动手实践、合作交流等不同的形式调动脑、口、手等多个感官参与，使学生学得生动、学得灵活、学得有趣、学得扎实，题目安排由易到难，形成梯度，符合学生的认知规律，注重思维发展，使“上下”这一概念真正纳入学生自己的认知系统中。

从课堂上的反馈来看，学生对游戏、活动、操作等比较感兴趣，参与性强，都想积极地表达自己的感受，对本节课教学目标的完成起到很好的促进作用。

44. “上下”教学设计（课例二）

余文琳
（福建省泉州市丰泽区第四中心小学，青年名师）

※ 课前思考

“上下”是义务教育课程标准实验教材第一册 “位置与顺序”中紧接“前后”学习的内容。这部分内容是让学生结合生动有趣的情境或活动，体验“上下”的位置关系，会用“上下”描述物体的相对位置，发展初步的空间观念。

学生及学生状况分析：一年级的孩子活泼好动，易接受新鲜、有趣的事物。在他们的头脑中已有生活中的上下概念，但无法体会位置关系的相对性，因此准确表述三个或三个以上物体间的相对关系对他们来说还是一个难点。

※ 教学过程

一、谈话导入，调动经验

1. 师：小朋友，你们今天都很漂亮喔！看着老师！（老师指着自己的鼻子问）“这是什么？”“鼻子下面是什么？”“那，嘴巴的上面是什么？”（可以是鼻子，眼睛等）

2. 引入课题：今天这节课我们就来认识上下之间的位置关系（板书上下）。

【设计意图】通过指点自己的眼睛，鼻子，嘴巴这样简单又有趣的活动导入，激活学生对上下已有的生活经验，调动学生的学习意愿和主动参与、乐于表达与表现的欲望。

二、创设情境，探究新知

1. 初步感知上下的位置关系

（1）引导学生看主题图，听故事情境：冬天到了，天气越来越冷，小动物们都躲进屋里……它们就到大树爷爷那寻求帮助。

（2）课件出示小鸟和小白兔

师抛出问题：谁愿意帮助小鸟来说一说它现在的位置？

学生的回答出现小鸟在上面和小鸟在小白兔的上面两种情况。

此时，老师引导：你觉得这两位同学谁的回答更详细呢？为什么？

通过思考、讨论让学生理解第二种回答不仅知道了小鸟的位置，还知道了它们的位置关系。（板书：位置　位置关系）

2.初步体会上下位置关系的相对性

（1）引入小松鼠，说说小松鼠和小鸟的位置关系。

（2）说说小松鼠和小兔的位置关系。

板书：小松鼠在小鸟的下面　小松鼠在小兔的上面

师引导：看着这幅图，你还能说出哪两只小动物的位置关系呢？现在请同桌的两个同学们一个说给另一个听，注意：要说清楚，谁在谁下面，谁在谁上面。

【设计意图】设计这一环节，是让学生通过自己的观察和思考，体会出上下的位置关系，和同桌说说任意两只小动物的上下位置关系，既培养了学生的观察能力、表达能力、解决问题能力，又培养了学生的倾听能力和交流意识。

3.深入理解上下关系的相对性

（1）师引导性提问：咦，同学们，你们发现了一个奇怪的问题吗？小松鼠位置变了吗？那怎么一会儿在下面，一会儿又在上面呢？（师指着板书）

（2）同桌之间说一说，交流想法。

（3）师小结：看来，在说上下位置关系时，还要了解是跟谁比，跟小鸟比小松鼠在下面，跟小兔比松鼠在上面。虽然小松鼠的位置不变，但比的对象不同，上下位置关系也不同。

（4）追问中深化理解相对性：小白兔的上面的有谁？小白兔和小松鼠的上面有谁？小鸟的下面有谁？小鸟与小松鼠的下面有谁？

三、感知生活，联通上下

1.摆一摆，说一说

（1）我说，你摆。

请小朋友拿出数学书，把铅笔盒放在数学书的上面，把练习册放在数学书的下面，把橡皮放在铅笔盒的上面。

（2）我摆，你说。

课件出示摆放图：

你们同它摆的一样吗？谁能说说数学书、铅笔盒的位置关系？

随意调换学习用品的位置，同桌互相说一说他们现在的位置关系。

2. 说说身体上的上下问题

（1）同位互相看一看，结合身体上的东西说说它们间的上下位置关系。

（2）组织交流。

3. 说说教室里的上下问题

（1）找一找教室里有哪些东西可以用上下来说一说。

（2）想一想生活中有哪些东西可以用上下来说一说。

四、巩固练习，夯实新知

寻找宝物。（练一练第 3 题）

有 3 盒宝物分别放在三层的架子上。先出示机灵狗的第一个提示：宝物放在 1 号盒的下面。

1. 提问

你看到了什么？你想说些什么？

2. 组织交流

再出示机灵狗的提示：宝物放在 3 号盒的上面，让生找出宝物的位置。

【设计意图】通过“寻宝”游戏，巩固三个物体之间的相对位置关系。不仅复习了上下关系的概念，而且也有利于培养学生的推理能力。

五、拓展思维，简单推理（练一练，略）

六、深入总结，评价提升

45. “左右”教学设计

王雨晴
（广东省深圳市光明区马山头学校，青年名师）

※ 课前预设

教学内容：小学数学一年级上册“左右”。

教学目标：

1. 知识目标：使学生在生活中领会左右的意义，认识左右的位置关系，理解其相对性。

2. 能力目标：培养学生用“左右”的知识解决实际问题的能力。

3. 情感目标：在活动中使学生感受学习数学的乐趣，从而获得积极的情感体验。

教学重点：认识左右的位置关系，正确确定左右。

教学难点：正确理解左右物体的相对位置与顺序。

※ 教学过程

一、激发兴趣，感知左右

师：老师们都听说一六班的同学上课非常认真，今天啊，他们就想来看看同学们上课的状态，请你们用掌声欢迎来听课的老师。（生鼓掌）

师：那你们刚刚在鼓掌时用到了我们身上的哪一对好朋友呢？（左手和右手）

师：是的，左手和右手可是一对好朋友呢，你们能分清这对好朋友吗？一起来看看吧。（出示 PPT）

师：这一只手是（左手），请你们举起左手，放下。那另外一只手是（右手）。现在请你们举起右手，放下。那请你说一说我们平时常用右手做哪些事呢？左手呢？

师：你还能找出我们身上这样的一对好朋友吗？（左耳、右耳；左眼、右眼；

左脚、右脚等）

师：你们可真厉害，找到了这么多对好朋友，那今天就来学习左右（出示有板书的 PPT 并板书课题左右）

二、强化新知，认识左右

1. 照样子比画判断左右

师：同学们，请你跟着老师出示的图片，照样子比画一下，并说一说，这是左手还是右手？（一边出示图片，一边让学生跟着做并判断左右）

师：好多同学都答对了，老师要给全班加上一分。看来你们都已经能区分左右了。现在老师就来考考你们。

师：（出示淘气上楼梯去小明家的图片）请你仔细地看看这幅图你能找出小明的家吗？（7 号，请同学单独回答并说理由）

2. 我说你做游戏

师：看来你们都学会判断左右了，这个还难不倒你们，那我们一起来玩一个小游戏吧，游戏的名字叫作我说你做，我来说口令，你来做动作。

师：举起你的左手，用你的左手摸一下右耳朵；举起你的右手，用你的右手拍一下你的左腿（出示 PPT）小朋友们真棒，都做对了，现在我们可要加快速度，加大难度啦！左手摸左耳，右手摸右耳。左手指右眼，右手指左眼，左手拍右腿，右手拍左腿。（加快节奏时边播放音乐，边请两位小朋友上黑板和学生们做同样方向的动作）再请同桌间相互说指令，相互做动作。

3. 快速摆一摆游戏

师：小朋友们，刚刚的游戏好玩吗？还想再玩吗？一起来玩快速摆一摆的游戏吧。听好要求，每次摆好之后，手都要放平身体坐正，用你端正的坐姿告诉老师你摆好了。现在请听口令，请你拿出尺子放在桌子上，请你拿出橡皮放在尺子左边，请你拿出文具盒放在尺子右边，请你拿出铅笔，铅笔要在橡皮的左边，请你拿出数学书，数学书要在文具盒的右边。（学生摆的过程中师巡视，听口令摆好后出示 PPT 图片，问学生们你摆对了吗）再开始做题。（做题时记得让学生圈出关键词左右，并在图中写出左右）

师：从左数橡皮是第几个？从右数橡皮是第几个？

从左数橡皮是第二个，从右数橡皮是第四个。

为什么橡皮一会儿排第二？一会儿又排第四？

生：数的相反、不一样？

师：什么东西反了？能讲得更清楚一些吗？

（数的顺序反了，开始是从左数，后来是从右数）

师小结：也就是说，同样一个物体，从左数和从右数，结果就可能不一样。

4. 师生对口令游戏

师：尺子的左边是什么？尺子的右边是什么？

橡皮左边是什么？橡皮右边是什么？请同桌互相对口令。

三、小小练习，体验左右

你们刚才玩游戏可真开心啊，我们一起来做一些练习吧。

师：老师举的是哪只手？（师面对学生举左手）

有的同学说左手，有的同学说右手，老师举的到底是哪一只手？

（学生七嘴八舌，还是有的说左手，有的说右手）

同组的同学讨论一下，交流一下意见。

（小组讨论交流）

汇报结果。

师转身验证。

再出示 PPT 教师上课图，让生回答谁坐在谁的左右。

再请学生说说自己的左边是谁，右边是谁？

师：（以学生的座位即兴出题）谁的左边坐着谁？谁的右边坐着谁？

师提问：我们在判断自己的左边和右边有哪些同学的时候，是以谁为标准的？

师总结：我们从一个方向看东西时，面对的东西不同，看到它左右的东西就不一样。

抽四名学生上讲台面对面站好。再让这四名同学举右手。

师：请看他们举对了没有？观察有什么特点？

师（小结）：当我们面对面站立的时候，我们举的左手或者右手的方向刚好相反。左右是相对的，我们要根据不同的方位，正确地确定左和右。

四、实践操作，理解左右

爬楼梯（出示 PPT）。

上楼梯时我们要靠哪边走？ 下楼梯时我们又要靠哪边走？

（学生说法不同）

请两位同学示范一下，把教室中间过道当楼梯，一个从前往后走是下楼梯，另一个从后往前走是上楼梯。

（生观察时师提醒：下楼梯的同学是靠哪边走）

（生还是有的说左边，有的说右边）

全体学生进行室外活动：走上楼梯，又走下楼梯。下楼梯时，师又提醒：下楼梯时你靠哪边走？

现在同学们明白下楼梯时靠哪边走了吗？

为什么上、下楼梯都靠右边走？

五、解决问题，运用左右

课件出示书 P61 第 3 题，其中有几辆顽皮的小汽车就躲在树底下，这里共有几辆车？先听听大客车是怎么说的？（课件：从右数大客车是第 5 辆，一共有几辆车）小组讨论、汇报，说一说是怎样想的？（借助课件演示，帮助学生理解）

教师用儿歌总结全课。

46. “比较长短”课堂实录与反思

钱希有
（浙江省宁波市海曙区实验学校，特级教师）

※ 课前思考

本课的教学目的是结合生活实际，让学生经历用不同方式测量物体长度的过程。学生对长短比较已经有很多的理解，本案例从比较周围的事物开始，步步深入，先后安排观察比较、同起点比较、度量比较三个层次的学习活动，深入浅出地让学生去感受长短比较的不同层次的内容。

在观察、操作等活动中，获得直观的学习经验。通过猜一猜，激发学生的学习探求欲望，再通过比周围事物、比铅笔长短、比门窗宽、量教室长宽、量桌椅长宽等多个活动，让学生掌握比较长短的不同方法，最后通过选择方法比较长短、多种方法比较长短、曲直长短比较三个练习，对所学知识进行巩固深化、综合应用。本案例还注重让学生在测量教室长宽的活动中，体会建立统一度量单位的重要性。

本课的教学力求使内容更贴近学生的生活，为学生喜闻乐见；从而使课堂教学更好地从学生的身心特点出发，切入学生的生活经验和已有知识，设计出富有情趣和意义的活动；使学生有更大的机会从周围熟悉的事物中自主地学习和理解数学，体会到数学就在身边，感受到数学的趣味和作用，对数学产生亲近感，从而达到较好的教学效果。

※ 教学过程

一、猜一猜，引发思考

1.猜一猜

师：我手中握有红、蓝两支铅笔，一头看得见，一头看不见，猜一猜，哪一支铅笔长？

生 1：蓝铅笔长。

生 2：红铅笔长。

生 3：我认为两支一样长。

生 4：我看不出哪支铅笔长。

2.说一说

师：现在有 4 种不同的猜测结果，能说一说自己的理由吗？

生 1：我看到蓝铅笔长，就猜蓝铅笔长。

生 2：看到的是蓝铅笔长，捏在手中的是红铅笔长，我认为红铅笔长。

生 3：看到的是蓝铅笔比红铅笔长一段，捏着的是红铅笔比蓝铅笔长同样段，这样两支笔一样长。

生 4：看到的是蓝铅笔长，看不到的不知道谁长，所以我不能确定谁长。

3.引题

师：听了同学们的发言，发现比较长短有不少学问呢？这节课我们就一起研究比较长短。蓝铅笔和红铅笔究竟哪支长，老师暂时不告诉你，等我们掌握了更多比较长短的本领后，同学们一定能猜对哪支笔长，好吗？

生：（一齐说）好。

二、比一比，掌握方法

1.观察比较

师：看一看周围，比一比，说一说，谁比谁长，谁比谁短。

生 1：黑板横边比竖边长。

生 2：日光灯管比铅笔长。

生 3：我比老师短。

师：比较我与你的身体高度，应该说我比你高，你比我（ ？ ）。

生 3：我比老师矮。

师：同学们刚才比较长短，是怎么做的？

生 4：我用眼睛看一看，再比一比就知道了。

师：对！当两样东西长短相差比较多时，通过观察就可以比较长短。

师：再用你的眼睛看一看周围的物体，告诉同桌谁比谁长，谁比谁矮。

2.同起点比较

师：有两支用过的铅笔（长短相差不多），一支放在王小明桌上，一支放在老师讲台上，你看一看哪支长。

生 1：王小明桌子上的这支长。

生 2：讲台上这支长。

师：为什么现在通过观察比较有不同结果？

生3：因为这两支笔相差不多，又放在不同地方，不太分得清。

师：看来相差无几的两样东西比较长短，只看一看不易比较，有什么好办法呢？

生4：两支笔放一块儿比一比。

师：每位同学都拿出两支笔放一块儿比一比，然后告诉同学怎样比出长短。

生5：我这两支笔这支长（举着），这支短，我放在一块儿就看出来了。

生6：我把两支笔都竖在桌子上，就比出有棱的这支铅笔比圆的铅笔长。

生7：我把两支笔一头弄齐，就看出这支笔长了。

师：刚才说的两支笔竖在桌上，或者两支笔一头弄齐，看另一头就比出长短了，真是好办法，这样我们又多了一种比较长短的方法了。

3. 度量比较

（1）转化为同起点比较

师：放在一块儿比一比是个好办法，用这个办法比一比教室门的宽和窗户的宽。

生1：这两个放不到一块儿比的，不能搬。

师：看来放一块儿是不可能了，同学们商量一下有什么办法。（四人小组讨论）

师：请小组代表汇报你们的办法。

生2：我们小组的办法是两手伸平，先量一量门的宽，再量一量窗的宽，就比出来了。

师：请你们小组派两人上来试一试。（两位同学配合，用手量、比）

师：你们说一说你们怎样量，怎样比的？

生2：手指尖对着门的一边，双手伸直到门的另一边，手臂上做一个记号，再用手指头对准高的一头，双手伸直，再看看另一边超过手臂了，肯定窗比门宽。

师：评一评这个办法。

生3：这个办法好，不用工具，又快又方便！

师：其他组有别的办法吗？

生4：我们组用绳子量，可以比出长短。

师：他们俩已经通过用绳子量一量，得到窗户的宽比门的宽长，请谁来说一说他们是怎么量，怎么比的。

生5：先用绳子量门的宽，绳子一头与门的一边对齐，拉紧绳子，在门的另一边的绳子上做一个记号，同样的办法量窗，这样就看出窗户宽比门宽要长。

师：（手拿绳子边指边说）门的记号在这里，窗的记号在这里，为什么就说窗的宽比门的长呢？

生 6：（指着绳子说）窗的宽从头到这里，门的宽从头到这里，所以窗的宽要长一些。

师：老师也明白了，原来两个宽都是从绳子的头开始的，也就和刚才的铅笔长一样，两个头弄齐来比较。

（2）同样长度单位个数比较

师：用绳子、尺子、人的双手伸直量一量可以比较长短，同学们想一想怎样用绳子比较教室前后和左右的长短，绳子不够长怎么比呢？

生 1：绳子量一次做一次记号，再量一次做一次记号，就可以量出来的。

师：怎样比出长短呢？

生 2：绳子量的次数多就长，量的次数少就短。

师：老师这儿有两段绳子，请两组同学分别量一量教室前后和左右的长。

师：请两组同学汇报量的结果。

生 3：我们量教室前后，量了 3 次多一小段。

生 4：我们量教室的左右，量了 4 次多一小段。

师：我们通过量一量知道，教室的前后是 3 段多一些，教室的左右是 4 段多一些，那么得出的结果是教室的前后比左右要长得多。

生 5：这是不对的，明明前后比左右要长得多。

师：4 段多一些比 3 段多一些是要长，为什么会错呢？

生 6：老师，两根绳子不一样长，所以错了。

师：那么要怎样量才能正确地比较长短呢？

生 7：要用两根同样长的绳子量。

师：我们用量教室前后的绳子来量一量教室左右的长。（学生量）

生 4：我们这次量得左右只有 2 次多一点，教室的前后比左右要长。

师：刚才我们通过量比较前后和左右的长短，一次错了，一次对了，怎样量才对呢？

生 8：用不一样的绳子量是错的，用同样的绳子去量才是对的。

师：用不同的绳子去量标准不一样，4 段短的不一定比 3 段长的长，就不能正确比较，用同样长的绳子去量，标准一样了。3 段里面的每一段和 2 段里面的每一段一样长，那么，3 段多一些就一定比 2 段多一些长。

师：我们用这根尺子（15 厘米的尺子）量一量桌子面的宽和凳子的宽，比一比长短。

生 9：桌子面宽 2 段多一些，凳子面宽 1 段多一些，桌子面长。

师：你们同意吗？

生齐：同意。

师：2 段多一些比 1 段多一些一定长吗？为什么？

生 10：一定长一些，因为都是用同样长的尺子量的。

师：你说得对，现在我们知道比较长短有哪几种办法？

生 11：可以看一看。

生 12：可以放在一起比一比。

生 13：用尺子量一量，比一比。

三、练一练，巩固深化

1. 选择不同的方法比较长短

师：比较花的高和树的高用什么方法方便？

生 1：比较花的高和树的高，用眼睛看就可以了。

师：比较汽车的长和教室的长。

生 2：量一量就可以比出长短。

师：比较王小明和李伟的高矮。

生 3：让两人站在一块，就能比出谁高。

2. 用多种方法比较长短

练习一第五题，在最短的后面画“√”。

师：你能用什么办法比出长短？

生 1：我看出来：绿铅笔最短，黄铅笔第二，小刀第三，橡皮第四。

生 2：它们放在一块，两支铅笔尖头是齐的，另一头绿铅笔长，绿铅笔最长，橡皮两头都比小刀短，小刀两头都比黄铅笔短，黄铅笔第二，小刀第三，橡皮第四。

生 3：我是数出来的，绿铅笔长 7 段，第一；黄铅笔长 6 段多，第二；小刀长 4 段，第三；橡皮 2 段，最短。

师：你们能用不同的方法比较长短，真能干！

3. 曲和直的长短比较

师：一根绳子和一根钢管两头齐平，中间被一段东西遮住，钢管和绳子谁长。

生 1：一样长。

生 2：绳子长。

生 3：钢管长。

师：三种答案都可能对。谁能说一说理由？

生 4：两样都是直的就一样长。

师：你真聪明。

生 5：看不见的地方绳子是弯的，绳子长。

师：你说的绳子是弯的，钢管呢？

生 5：钢管是直的，绳子是弯的，绳子长。

师：钢管长，又有什么理由呢？

生 3：绳子是直的，钢管是弯的，钢管长。

师：上面同学们分析得很好，从中我们知道，两头在一起，弯的比直的长。

四、课堂小结

师：这节课你学到了什么？

生 1：我知道比较长短有很多方法。

生 2：看一看，放在一块比一比，都能比较长短。

生 3：量一量比较长短，要用同样长的绳子。

生 4：弯的比直的长。

生 5：不对，弯的不一定比直的长。

生 4：两头都在一起，弯的比直的长。

师：谁能提一个要求，就知道老师握在手中的笔哪支长？

生 1：握住看不见的两个头是齐的。

师：一定知道哪支笔长吗？

生齐：一定是蓝铅笔长。

师：你们真聪明，今天回去让爸爸、妈妈也猜一猜，你握在手中的两支铅笔哪支长。

※ 课后反思

本课教学实践有以下启示：

1. 实施新课程理念，改进课堂教学，必须因地制宜，因人制宜，才能取得实效。先进的、新的教学方法，只有符合学生年龄特点，与学生知识和能力基础相适宜，才能取得预期的教学效果。超越了学生的年龄特点、知识基础和接受能力，任何先进的、新的教学方法都是不合时宜的。因此，从某种意义上说课堂教学选择教学方法永远只有最适宜的，没有最新的。

2. 强调发挥学生学习主体作用，教师不能退居二线。特别是第一学段的开始，教师更应该充分发挥组织者、引导者和合作者的作用。教师过早、过多地放手将不利于学生良好探索习惯、操作习惯和合作习惯的形成。

3. 设置矛盾冲突，有利于激发学生学习积极性和创造性，有利于集中学生学习注意力，有利于学习过程的有序化和深化。学生能通过观察比较长短→产生新问题（比较摆在不同地方、长短相仿的两支笔的长短）→产生解决问题的新办法（把一端对齐比较长短）。在不断产生矛盾和寻求解决矛盾的过程中，学生不断深入学习，发现和掌握更多比较长短的方法，获得更多学习数学的乐趣。

47. “认识物体”教学设计

姚铁龙
（广东省深圳市福田区教育科学研究院，特级教师，正高级教师）

※ 课前思考

“认识物体”没有用文字语言描述长方体、正方体、圆柱和球的特征，也没有把形体特征直接告诉学生，意在通过组织学生动手实践，让学生在充分的活动中，联系生活中的物体，调动已有的知识经验，感受这四种形体的特点。学生对形体特征的认识可以是初步的、感性的，教学时不要过多地考虑数学知识的习得。只要求学生能区分这四种物体及相应的图形就可以了，而应该更多地关注学生在学习过程中是否认真观察、积极思考、动手又动脑。

根据对教材的理解，我设定的教学目标为：

1. 让学生动手实践，经历对物体的分类、观察、触摸和比较等过程，从而形成对长方体、正方体、圆柱、球的感性认识，知道这些几何形体的名称，并能识别。

2. 培养学生初步的观察、想象和表达能力，初步建立空间观念。

3. 培养学生主动探索的精神和与人合作的意识，初步了解数学和生活的密切联系，培养学生对物体的良好审美观。

※ 教学过程

一、分一分

师（神秘的）：小朋友，今天老师给你们带来了一件礼物，高兴吗？

生：高兴！

师；猜猜看是什么？

生 1：可能是洋娃娃。

生 2：一定是玩具。

师：到底是什么呢？想不想知道？

生急切地表示：想！

师：谁来揭开它？（一名学生迫不及待地上台揭开，一个由长方体、正方体、圆柱和球拼成的机器人出现了）

师：大家喜欢它吗？

生开始小声议论流露出对机器人的喜爱之情。

师：我们以热烈的掌声欢迎机器人的到来。（全班鼓掌）

师：我们听听机器人给大家说些什么？

师模仿机器人的声音："小朋友，你们好！ 很高兴见到你们，我的样子很酷吧！这是我聪明的头，这是我结实的身子，你知道这是我的什么吗？对了，这是我的脚，这是我的胳膊。其实，我就是由你们桌上的各种形状的玩具组成的，现在我想考考你们，请找一找你们桌上的这些玩具，哪些长得像我的头，哪些长得像我的身子，哪些和我的脚长得像，哪些和我的胳膊长得像呢？（学生分别从桌上的玩具中迅速找出和机器人的头、身子、脚、胳膊长得像的球、长方体、正方体、圆柱）

师：小朋友这么聪明，机器人很高兴！下面老师也想考考你们，好不好？请你们把桌面上的这些做机器人的玩具分分类。

学生小组活动，并汇报分类结果。

师：哪个组来告诉大家，你们组把玩具分成了几类？为什么这样分？

生 1：我们组按颜色分，分成了五类。

师：有道理！还有不同的分法吗？

生 2：我们组分成了两类，会滚的一类，不会滚的一类。

师：有同学没听明白，请拿上台给大家看看。（学生拿上台在投影上演示滚和不滚的两类）

师：这样分行吗？

生：行！

师：你们组很有办法，还有哪个组来汇报一下？

生 3：我们组把长得像的放在一类，分成了四类。

师：真有意思！长得像的分在一块，也请拿上台给大家看看。

师和小组长一起把分好类的玩具端上展示台。

师：哪些长得像呢？

生在台上指。

师：现在我们一起看看他们组的这种分法，其实在数学上这里的每一类都有一个共同的名字，有谁知道？

生 1：这一类都叫长方形。

有学生马上纠正：不对！都叫长方体。

师出示图片：这样形状的物体叫长方体。

生 2：这一类都是正方体。

师出示图片：对了，小朋友知道的真多，这样形状的物体叫正方体。

师（指圆柱）：还有谁能说出这一类的名字？

生：它们叫作圆柱体。（师出示图片）

师：这些物体我们都知道他们叫什么？

生齐答：球。

二、玩一玩

师：你们愿意和长方体、正方体、圆柱，还有球做好朋友吗？

生：愿意！

师：长方体、正方体、圆柱和球都是我们的好朋友，下面我们把他们认真地摸一摸、看一看、玩一玩，然后在小组里互相说一说这些好朋友长得是什么样，摸起来有什么感觉。赶快行动吧！

每小组的学生拿着长方体、正方体、圆柱、球，摸摸、看看、玩玩、说说。老师参与小组活动和学生一起玩。

师：谁愿意上台来介绍我们的好朋友。上台介绍的同学要先说说你的好朋友是谁，其他的同学要仔细看、认真听。

* 球

生：这是我的好朋友球，他长得圆头圆脑的，摸起来圆乎乎的， 没有平平的地方，他爱滚来滚去的。我很喜欢玩球。

师：你真会观察，让他滚给大家看看（在实物投影上滚一滚），我们的下一个好朋友是谁呢？

* 圆柱

生：这是我的好朋友圆柱，有点圆，又有点长，他直直的，上面和下面都是圆的，要他站他就站，要他滚他就滚，他站着不会滚，只有躺着才会滚。

师：我们有点不明白，让你的好朋友在台上表演一下好吗？

（生在实物投影上演示）

生：你们看！这样站着他不会滚，这样躺着他会滚来滚去。

师：这真是个了不起的发现！你们还想介绍哪位好朋友？

＊长方体

生：我的好朋友是长方体，他长长的，有的地方摸起来是平平的，有的地方摸起来有点扎手，有尖尖的角，他有六个面。

师：你能有顺序的数给大家看看吗？大家都来数数。

生：六个面摸起来是平平的，有的面大。有的面小。他很听话，他不会乱滚，我很喜欢他，我家里有很多东西跟他长得一样。

师：你真聪明！对你的好朋友非常了解，你们还有好朋友介绍给大家吗？

＊正方体

生：我的好朋友正方体是方方正正的，也有六个面，六个面是一样大的，有的地方摸起来是平平的，有的地方有尖尖的角，有点扎手，他也不爱滚。

师：同学们可了不起，认识了这么多的好朋友！还有问题吗？

生1：为什么球爱滚？

师：有谁能回答这个问题？

生：球没有平平的地方，所以爱滚。

生2：为什么圆柱站着不会滚，躺着才会滚？

生：我知道，圆柱的上面和下面是平平的，所以能站稳，他的旁边是弯弯的所以会滚。

师：同学们会听，会看，还会问，很了不起！现在老师也有个问题：球和圆柱都会滚，请大家把圆柱和球放在桌上滚一滚，看看有什么不一样？

生：我发现球可以自由自在地滚，圆柱是直直地滚（放实物投影上演示）。

师：再提一个问题，长方体和正方体有什么不一样呢？

生：长方体和正方体都有六个面，但长方体是长长的，有些面大，有些面小，正方体是方方的，每个面是一样大。

师：通过我们的观察，我们今天有很多伟大的发现，收获真不小！

三、看一看

师：同学们表现特别棒！老师奖励你们看动画故事好不好？我们去看看故事里有谁？他们在干什么？

看一段动画故事：

笑笑、淘气、机灵狗在山下游玩，山脚下有各种形状的建筑材料，他们一路高歌来到了山上，山上的风景太漂亮了，有野花，有蜜蜂，还有飞舞的蝴蝶，他们商量在山上建造一座小房子。

回到山下，笑笑和淘气找来了一只长方体的箱子，往里面堆放了砖块，两人抬着气喘吁吁地往山上走，“哎哟！哎哟！”快抬不动了，他们只好放下来歇歇。

机灵狗推着一只球在旁边滚来滚去，笑笑和淘气看看机灵狗这么轻松，决定想办法，他们决定给箱子装上轮子，淘气拿来正方体一装，推一推，推不动，好不容易推动了，箱子里的东西都跳出来了。

机灵狗把球送过来了，两人把球装上去，车子摇摇晃晃，方向不好控制。

淘气和笑笑又在想办法，找来了圆柱体的轮子装上，推一推可轻松了。他们轻松地推着车子来到了山上。

来到了山上，笑笑和淘气开始建房子，他们用长方体和正方体的砖砌墙，用圆柱体的木材做房梁，很快一幢漂亮的房子建好了。智慧爷爷过来了，他夸淘气和笑笑聪明能干，大家尽情地玩着，享受着劳动的收获和快乐。

师：看了这段动画片，你想到了什么？

生 1：做事要动脑筋。

生 2：车轮都是用圆柱做成的。

生 3：盖房子的砖头用长方体或正方体，车轮用圆柱体。

师：我们的好朋友长方体、正方体、圆柱和球在生活中的作用可大了。

出示几个实物让学生判断：

师：看这个牛奶盒是什么形状？

生：长方体。

师：现在请你们想想在我们的身边，还有哪些物体的形状长得像我们这些好朋友呢？

生：冰箱是长方体。

生：饮料罐是圆柱体。

……

生：脑袋长得像球。

师摸摸学生的脑袋：你的脑袋圆乎乎的，还真有点像球。（全班大笑）

师：同学们真不错，知道的比老师还多呢！大家课后还可以继续找一找。

四、想一想

师：同学们坐好了，现在请你们闭上眼睛，跟老师一起想想，长方体是什么样的？正方体是什么样的呢？球是什么样的？那圆柱又是什么样的呢？（教室里安静极了，老师轻轻地慢慢地说，学生闭上眼睛一边想，还一边用手比画）

师：记好了他们的形状吗？请你们睁开眼睛。

五、摸一摸

师：现在我们一起玩个摸一摸的游戏，请一位小朋友先和老师一起玩一玩。我提要求你来摸，同学们当裁判，摸对了表扬他！

一名学生上台。

师：请摸一个圆柱。

师：摸对了吗？

生：对了！

生：老师，让我玩玩！

师：好！请摸一个正方体。

一名学生摸了好久没摸到。

生：老师！摸不到，可能箱子里没有正方体。

学生纷纷表示要上台。

师：到底有没有呢？再请一个学生摸摸。

生：老师！我摸到了！（这位学生摸到了，好得意！刚刚没摸到的学生不服气，还要摸）谁还想玩？（学生纷纷表示要玩）

师：大家都想玩，好！请听要求：老师为你们每组都准备了一个箱子，一会儿小组里轮流每人玩一次，组长提要求，其他的同学当裁判，摸错了组长可以多给他一次机会，现在请小组长把箱子拿上来，开始玩！

学生在小组里轮流玩摸一摸的游戏。

师：好玩吗？现在请小组长把箱子收好。后面还有更好玩的在等着你们呢。

六、做一做

师：今天我们认识了这么多的好朋友，接下来我们自己动手把你最喜欢的好朋友的样子做出来，看谁做得像！请把橡皮泥拿出来，开始做！

学生开始做，有的拿橡皮泥在桌上搓来搓去，有的拿橡皮泥在桌上拍打拍打，还有的像揉面团一样在手心里揉一揉。

学生做好后把自己的作品放展示台。

师：请大家把橡皮泥收好，我们一起来欣赏一下这里的作品，哪个做得最好？

师：我发现做球和圆柱的特别多，为什么大家都喜欢做球或圆柱呢？

生：因为长方体和正方体的 6 个面平平的，很难做。

师：这有一个正方体是谁做的，说说你是怎么做？

生：我先捏一个球，然后在桌上拍一拍，拍出六个面，让每一个面都一样大。

师：同学们心灵手巧，个个都很聪明！

七、搭一搭

师：这节课好玩吗？课后，同学们还可以一起玩玩搭积木的游戏，你们一定可以搭出比机器人更漂亮的物体。

八、说一说

师：大家看！我们今天认识的好朋友马上要跟我们说再见了，（四种形状的卡通人物出现在大屏幕上）你们还想对它们说些什么吗？

生：谢谢它们！它们帮助了我！

生：他们的作用可大了！

生：我想我会经常看它们！

师：好！我们一起跟好朋友说再见！

48. “认识图形”教学设计与反思（课例一）

杨伟华
（河南省郑州市惠济区香山小学，青年名师）

※ 课前思考

学生对长方体、正方体、圆柱和球有一定的生活经验，比较关注自己周围的事物。在本节课的教学中，我利用孩子的好奇心，激发孩子的兴趣。在课始，我把许多形状不同的物体堆放在每位学生的桌子上让学生想一想：这节数学课我们会干什么呢？激发学生强烈的学习兴趣，使学生投入到数学学习中。

接着，引导孩子仔细去观察物品，然后根据自己得出的特征，对物品进行分类，并对分类进行命名，充分感知这些物体的形状。接着我创设了让学生看一看、摸一摸、说一说、摆一摆的学习活动，既注重让学生以自己内心的体验来学习数学，培养学生的观察能力、运用数学进行交流的意识，又使学生初步感知这些实物的形状，获得对图形的感性认识。

最后，利用游戏进行巩固练习。游戏的目的不是为了好玩，是为了避免重复练习的枯燥，同时更进一步引导孩子思考，通过摸一摸、猜一猜，进一步巩固这些图形。

整节课，“思考”贯穿于有趣的活动中，以“玩”促思，以“做”促思，符合儿童的生活经验和认知特点，课堂上学生始终乐此不疲，兴趣盎然。

※ 教学过程

一、创设情境，导入新课

小朋友们，请大家看一看你的桌子上有些什么？（许多形状不同的物体）课桌上放了这么多漂亮的形状不同的物体，同学们想一想这节数学课我们会干什么呢？（把物体分类；认识这些物体；这些物体有什么用；……）

【设计意图】在课堂中创设问题情境，让学生主动提出有价值的数学问题，因为提出一个数学问题比解决一个数学问题更重要。此时导入新课，促使学生参与到新知识的探索，激发学生的学习兴趣，使学生感受到数学就在身边，就在日常生活中。

二、自主探索，合作交流

1. 分一分，初步感知

（1）大家看看你桌子上的物体，有的大、有的小、有的长、有的方、有的圆。说一说，图中有哪些物品？

这些物品把本来很整齐的桌面搞得乱七八糟，老师请大家帮帮忙，整理一下桌子上的物体。四人小组可以商量一下如何整理？并且说出你们为什么这样整理？

（2）小组讨论、交流，集体发言。（如按大小来分，可分成 2 类；按形状来分可分成 3 类，颜色不同也可以分成 3 类；也可以分成 4 类。

（3）通过大家刚才动手分物体，老师知道这些物体找到了自己的好朋友。我们一起来认识这些物体。

2. 认一认，抽象概括

（1）请学生分别动手拿一个你喜欢的物体摸一摸，然后把自己的感受和发现在小组内交流。

（汇报交流：学生可能说出长方体 、正方体 、圆柱、球的形状，表面平滑等等特点。如果学生说出长方体、正方体有 6 个面等，教师应给予肯定，但不要求学生必须说出来）

（2） 根据学生的汇报直观揭示长方体、正方体、圆柱和球的名称并且出示图形。

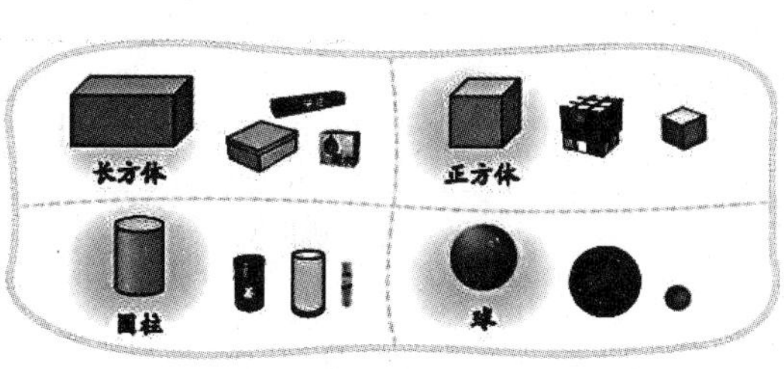

（3）闭上眼睛想一想长方体、正方体、圆柱和球各是什么形状，有什么特点。

3. 辨一辨，加深理解

（1）出示大小、颜色不同的长方体、正方体、圆柱和球的实物，让学生进行对比，然后学生拿着学具进行辨认。

（2）分别出示长方体、正方体、圆柱和球的实物，学生闭眼想四种物体的样子。（教师说形状，学生想）

（3）再让学生闭上眼睛，然后教师给出一种实物，通过学生摸物体来判断它的形状。

（4）最后学生闭眼按教师要求拿出四种不同形状的实物。

4.说一说，综合运用

学生列举日常生活中见过的形状是长方体、正方体、圆柱和球的实物。

【设计意图】在本环节，我给学生提供了直观的形象的学习材料。通过学生动手操作，让学生自己总结出物体的名称，感知物体的形状，这一操作活动体现了课堂教学氛围的民主，为学生提供了更大的探索空间，这看似简单的设计却蕴含着丰富的教育因素，体现了学生的学习活动是一种有价值的数学活动。

三、分层练习，拓展创新

1.大家已经知道了这么多物体的形状，真了不起，可是有些物体却找不到自己的朋友了，大家能帮它们吗?

也可以用你们的学具，比一比看谁的速度快，集体订正。

2.接着看第2题。图上都有什么物体？有多少个？大家同意吗？谁有不同意见?

3.今天大家自己当一个“小小设计家”，学习小组的四个同学互相配合，分工合作用你们手中的物体搭出你们喜欢的东西。把它作为礼物，送给你的爸爸妈妈，好吗?

【设计意图】“智慧自动作发端，活动是连接主客体的桥梁”，丁老师在教学中通过不同层次的练习，巩固所学的数学知识，通过“小小设计家”活动给学生提供更大的活动空间，培养了学生的创新能力。

四、自我总结，深化知识

这节课你学会了什么？你有什么收获？生活中有许多的数学问题，需要用你学过的数学知识去观察、去思考，做一个有心人。

【设计意图】学生自己小结、互相补充、共同完善，这样有利于学生学习能力的培养。

※ 课后反思

本节课集知识性、趣味性、活动性于一体。在课堂教学中，我关注了每个学生的差异，使每个学生都得到了不同程度的发展，一个关注学生发展的课堂，是充满生机的课堂，是一个朝气蓬勃的课堂。本节课有以下几个突出的优点：

一、创设情境，使数学贴近生活

长方体、正方体、圆柱体、球，在儿童的生活中随处可见。但今天这节数学课桌子上放了这么多形状不同的物体，让学生自己思考，提出有价值的数学问题。

二、合作探究，使教学走向民主

在课堂中展现了学生在自主探索活动中从不知到知，从知之不多到知之较多的过程，采用学习小组合作的学习方式，给学生提供自己活动的空间和时间，放手让学生自己去研究，去探索，通过学生自己分一分、摸一摸、说一说、认一认，来认识长方体、正方体、圆柱体、球的特征。

三、鼓励评价，使教学重视过程

评价的目的是全面考查学生的学习状况，促进学习的全面发展。在教学中，我不但使学生在课堂中知识掌握得较好，而且使学生的情感得到充分的发展。

总之，在本节课中，我通过引导学生在数学活动中充分感知图形，通过分类正确区分这些图形，真正在玩中促进学生思维的发展，促进对图形的认识。

49. “认识图形”教学设计与反思（课例二）

邓文娟
（四川省成都市天府新区华阳实验小学，青年名师）

※ 课前思考

认识图形是学习平面图形的起始课，而平面图形是比较抽象的，它不能独立存在，考虑到学生在一年级上册已经学习了立体图形的一些基本知识，所以在设计的时候充分利用平面图形和立体图形的关系，体会“面在体上”。整节课是以参加图形城堡的庆典为主线，通过魔术认识各种平面图形、通过担任美术师为平面图形画像，体会“面在体上”、通过分类探寻平面图形特征、通过担任创造师对平面图形深入认识、通过品鉴找寻身边的平面图形。一系列的活动精彩而有趣，让孩子在游戏中不知不觉掌握平面图形的特点，经历图形从“体”移到“面”上去的过程，从而发展学生的空间观念和动手操作能力。

※ 教学过程

活动一：小小魔术师

师：今天图形城堡里正在举行游戏庆典，可热闹了，我们一起去看看吧。

师：哟，对面的几位老朋友都是谁呢？（动画出示长方体、正方体、圆柱体和三棱柱：小朋友们好！）

生 1：圆柱体你好，我刚刚在城门口看见你的伙伴了，大门的柱子是你们搭的。

生 2：你好圆柱体，我知道你们容易滚动，旁边的汽车车轮是你们搭的。

生 3：长方体你好，我用你盖过房子呢，可结实了。

生 4：正方体你好，我最喜欢玩魔方了，它就是正方体，正正方方的。

生 5：（指三棱柱）这位朋友的名字我有点儿忘了。

生 6：我知道，这是三棱柱，妈妈教过我。

……

生：今天你们的庆典活动有什么好玩的呢？

长方体（动画）：你们喜欢玩“魔术”吗？我带大家去魔术商店看看吧。

（动画魔术表演：先放一张白纸在讲桌上，挡住学生的视线，隔一会儿再让学生看白纸）

“咦，白纸上怎么有一个圆？”学生很奇怪。

师：你给这个图形取了一个很好听的名字，真不错，就用你的了。（板书：圆）

师：谁知道魔术师是怎么变出圆的吗？

生：观察，桌面上的物品对学生来说并不陌生，所以他们很快明白了“魔术”的奥妙，纷纷举起小手：“我知道，我知道！”

生：魔术师是一个幌子，桌上的圆柱体趁我们不注意，先在印泥上一按，再在白纸上印一下，白纸上就有圆啦！

魔术师：（动画）“哈哈哈，真聪明，一下就发现我的小秘密了，不错，圆的家在圆柱体上。那有谁知道她们的家在哪儿吗？出示三角形、长方形、正方形。”

生：嗯，我想想。

师拿出一个长方体，摸一摸其中一个面：“这个长方体的面是什么形状？”

生 1：长方形。

生 2：我知道了，我找到长方形了。

生 3：我也找到了，我在长方体上找到的，你呢？

生 4：我在三棱柱上找到的。

生 5：哈哈哈，我找到了好几个长方形呢？

……

师：“观察得真仔细！你能从桌面上的物体中找到其他的图形吗？”

生：先独立研习，再小组研讨。

师：刚刚小朋友们找到的这些平平的面就是我们今天要认识的新朋友——平面图形。（揭示课题）

活动二：小小美术师

圆：“小朋友真棒，给我们取了好听的名字，还帮我们找到了家，听说我们班的小朋友最心灵手巧了，可以为我们画张像留念吗？”

生：可以的。

师：真是一群热心的小家伙，刚才魔术师用了印的方法为她们画了像，你还有什么办法为她们画像吗？

生 1：我想为正方形画像，我把我最喜欢的魔方放在纸上，用笔描出它的边线。

生 2：我喜欢玩沙，我想在沙盘里给她们画像，可以吗？

师：当然可以了，那请大家用你喜欢的方法来为他们画张像吧。

生分组活动，利用各种工具，印、描出不同的图形。师巡视，适时给予指导。

师：我们班的小美术师们画的像画得可真好，那现在请你仔细观察一下，你画出的像长什么样儿？再回想一下，你从哪儿把它请出来的。

学生汇报，展示作品。

生 1：我给三角形和长方形画的像，我是从三棱柱上得到的，三棱柱两头印的是三角形，中间躺下的部分印的是长方形。

生 2：我给正方形画的像，我从正方体上、长方体的两端都找到了正方形。

生 3：我给圆画的像，我从圆柱体上描的圆。

……

师：孩子们可真不错，给我们的平面图形画了漂亮的像，还找到了他们的家在哪儿？

球（配动画）：呜呜呜，我都没有小伙伴，大家都不喜欢我。

生 1：我喜欢你，我最喜欢玩篮球了，我本来想看看圆的家在你身上没，但是我没找到。

生 2：我刚刚在材料中找到一个这个（半球体），我描了一个圆，可以吗？

师：可以，当然可以，我们把圆切开，就出现了两个圆形的平面。（动画）

球（配动画）：那这么说我也是圆的家了，真高兴。

生：哈哈哈，你是圆隐藏的家。

正方体（配动画）：那我切开是什么呢？我想想。

生：你切开应该还是两个正方形的面吧，不行，下课我得用橡皮泥切切。

师：这个想法很好，小朋友都可以去试试。

师：孩子们仔细看看刚刚我们从立体图形上请下来的这些平面图形，和原来的立体图形有什么不同？

生 1：平面图形只能躺在桌子上，立体图形可以站在桌子上。

生 2：平面图形只有一个面，立体图形有几个面。

师：小朋友们观察非常仔细，我们的知识之间联系非常紧密，平面图形在我们的生活中也处处存在，找找看，你的身边有吗？

生 1：数学书是长方形。

师：这个说法不准确，应该说数学书的封面是长方形的。

生 2：门的表面是长方形。

……

活动三：小小分类师

师：刚刚我们认识了长方形、正方形、三角形、圆几个新的图形朋友，我们来玩一个我说你分的游戏吧。

生听口令，分图形。

准备好了吗?

师：根据图形朋友的长相给她们分成两类，怎么分?

生：圆一类，其他三种图形一类。

师：为什么这么分?

生：正方形、长方形、三角形的边都是直的，都有尖尖的角，圆长得圆圆的。

师：把正方形、长方形、三角形分成两类，怎么分?

生：正方形、长方形一类，三角形一类。

师：为什么这么分?

生 1：三角形是三条边、三个角，正方形、长方形是四条边、四个角。

生 2：三角形尖尖的，正方形和长方形都是四四方方的。

师：那正方形和长方形可以分为一类吗?

生 1：可以，它们都是四条边四个角。

生 2：我觉得不可以，它们俩不是一模一样的，正方形四条边都一样长，长方形不是。

师：孩子们观察得真仔细，这么细微的差别都找到了，真棒!

活动四：小小创造师

师：看来小朋友们对我们的平面图形朋友已经认识得非常到位了，那接下来就请小朋友利用桌上的小棒，变一个长方形出来。

生：小组合作，动手操作，利用桌上的小棒变长方形。

师：投屏两组摆放不同的长方形，比较异同。它们长得一样吗?

生：不一样。一个要胖一些，一个要瘦一些。

师：我想把这个胖一点儿的长方形变瘦一点儿，可以怎么办?

生：试一试。

师：老师也摆了一个图形，看看它是长方形吗?（出示斜着摆放的长方形）

生 1：不是。

生 2：长得有点像，但它是斜的。

师：因为它是斜的，所以就不像吗?那怎么试着让它看起来像一点。

生 1：我歪着头看它就像了。

生 2：把它转过来摆正。

师：移动摆放长方形的底板。现在像了吗?

生：现在是长方形了。

师：哈哈，这个长方形和刚才的图形是一样的，老师没有移动小棒的位置，只是移动了底板的位置，它的摆放位置发生了改变，我们一定要睁大眼睛，仔细辨认。

师：试试看，最少用几根小棒可以摆出一个长方形?

生：要用 6 根才可以，我开始拿的 4 根，摆出来是正方形，又拿了 2 根才摆好。

师：为什么 4 根摆不成长方形呢?

生：因为长方形有两条边要长一些。

师：其他的三个图形你会变吗? 请你迅速地变出来，组内的小伙伴相互看看是否满意。

生：动手操作，组内交流。

师：看了小朋友的设计，都非常满意，不过老师有个疑问，为什么都没有小朋友摆圆呢?

生：小棒是直的，摆不出来。

师：看来，平面图形的特点你们已经掌握得非常好了。

活动五：小小品鉴师

师：我们的家乡成都是个美丽的地方，下面就邀请大家和我们今天认识的平面图形朋友们一起去看看吧。在观看影片的时候，你们要仔细观察，我们的图形朋友们就藏在里面，请找找看。

生 1：红绿灯的表面是圆形。

生 2：人行横道线是长方形的。

生 3：人行横道线旁边的那个牌子的表面是三角形的。

师：知道那个牌子是什么意思吗?

生 4：过马路的时候要走人行道。

生 5：旁边那个圆形的牌子上次爸爸告诉我的，这里禁止停车。

师：孩子们说得很好，这些标志牌告诉我们很多交通规则，我们要学会看这些图形，遵守交通规则，注意安全。

……

※ 课后反思

上课开始，直接利用小朋友所喜欢的魔术吸引孩子的目光，迅速在各种立体图形上找到平面图形，接着借由为它们画像，通过描、印，悄然把一个个平面图形从立体图形上请了下来，对“面在体上”有了深刻的感悟，孩子们兴致非常高。在圆是否能从球上面找到，在材料的准备时做了一个埋伏，放了两个半球体在里面，结果真的有小朋友发现了截面的秘密，这个生成也丰富了“面在体上”的内涵。用小棒摆的过程，再一次对平面图形加深了感悟与认识，如何把“胖”的变成“瘦”的、为什么歪的挪一挪就又是长方形了呢、长方形最少需要几根小棒呢？都为学生积累了丰富的图形经验。最后利用身边的剪影让学生体会数学与生活的密切联系，拓展延伸更是给了学生广阔的思维空间，使学生发挥想象力和创造力，体会数学之美。

整节课，将知识点蕴含在活动中，玩中学，学中玩，在大量的操作活动中，加深了对平面图形的认识，积累了丰富的数学活动经验，发展了空间观念。

50. “认识图形”教学设计与反思（课例三）

张建伟
（天津市河西区闽侯路小学，青年名师）

※ 课前思考

这是一年级数学的一节图形认识课，体现了低年级图形认识课的特点。本节课以“雪地里的小画家”的故事导入教学，借助小画家的“脚印”顺势过渡到本节课的平面图形教学。

在学习本课之前，学生在上学期已经认识了长方体、正方体、圆柱和球。在日常生活中，学生更多接触的是立体图形，所以将平面图形的认识放在立体图形的认识之后进行教学，从学生已知的立体图形入手，通过尝试猜想、观察操作等活动，使学生体会到平面图形是立体图形的一个面，在活动中培养学生的动手操作能力，发展学生的空间观念。

※ 教学过程

一、创设情境，激趣导入

1. 师：同学们，今天我们一起来学习“认识图形”。下雪啦，雪地里来了一群小画家，让我们一起去欣赏欣赏他们美丽的作品。（动画展示）词：小鸡留下的脚印是竹叶，小狗留下的脚印是梅花，小鸭留下的脚印是枫叶，小马留下的脚印是月牙。

2. 师：我们上学期认识了几个立体图形，你能说出他们的名字吗？他们分别是圆柱、正方体、长方体。（指着三棱柱）你认识它吗？它叫三棱柱，我们目前还不用记住它的名字。

二、自主探究，学习新知

1. 师：这 4 个朋友，他们在雪地里也会留下“脚印”，同学们可以在头脑中想象一下，留下的图形是什么形状的？有学具的同学可以模仿动画中的样式摆放好，先动手仔细摸一摸它的底面，你能感觉到它的样子吗？

师：老师来揭晓谜底，看看和你们猜想的一样吗？圆柱留下的脚印是圆，正方体留下的脚印是正方形，三棱柱留下的脚印是三角形，长方体留下的脚印是长方形。得到的这四个平面图形，希望同学们通过这节课的学习能记住它们的名称和形状。

2. 师：以圆柱为例，我们试着把它的一个面描下来（课件演示）：把圆柱立起来在纸上放稳，一只手扶好，让要描的这个面和纸贴紧，另一只手用铅笔沿着这个面的边线仔细画一周，这样把圆柱拿走，和这个面一模一样的图形就会留在纸上。

师：现在请同学们也画一画吧！可以选择不同的面做底面试一试。请说一说从正方体表面能得到哪些图形？再说一说从长方体表面能得到哪些图形？那三棱柱表面呢？（没错，它的表面有 2 个三角形，除了三角形你还发现了什么图形？大家说对了，三棱柱表面除了三角形，也有长方形，先观察一个侧面，然后把它旋转一下，观察它的其余 2 个侧面，再闭上眼睛，在头脑中想象一下它的每个表面的形状）那圆柱表面呢？

3. 师：同学们，认识这些图形了吗？请按照正方形、长方形、三角形、圆把它们分类。

三、多种感官，练习深化

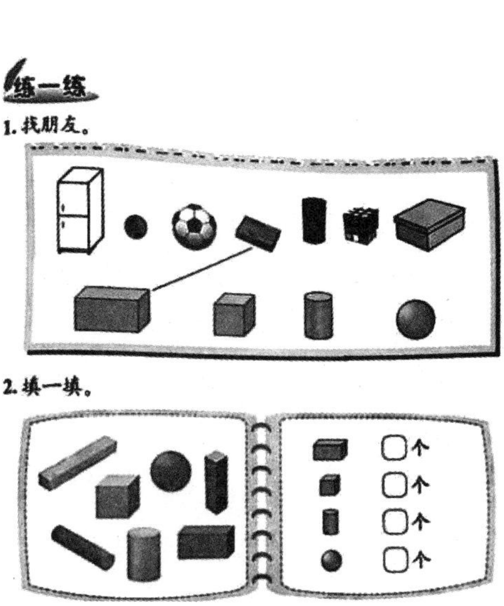

1. 师：练习分一分连一连，同时验证一下：正方形有 2 个、圆有 2 个、三角形有 3 个、长方形有 3 个，随着进一步学习，我们会知道其实长方形也包括正方形，目前长方形只连 3 个。

2. 师：做课本上的练习，你能从图中的物品中找到刚学的图形吗？（国旗的面是长方形的、钟表的面是圆形的、红领巾的面是三角形的）请你继续举出生活中的例子。

3. 师：我们在点子图中画一画这几

个图形，一个长方形应该怎么画呢？（演示过程）我们可以先画出一样长的两条长边，再分别连接得到两条短边，每条线都是水平的或者竖直的，一个长方形就画成了。

想得到正方形要怎么画？（演示过程）先确定好一条边有多长，然后每条边都画得一样长，首尾相接就可以了，同样每条线都是水平的或者竖直的。你画得正方形的每条边越长，正方形画得就越大。在格子图里我们画得恰好就行。

那么三角形呢？把三个点连接起来就可以（演示过程）。

四、应用新知，拓展创新

师：淘气和笑笑用今天学习的四个图形拼出了美丽的图案（演示拼图），同学们也可以自己动手试一试吧！

※ 课后反思

设计猜想验证和动手操作实践活动，鼓励学生大胆动手试一试，在学生描下物体的一个面之前，设计了猜脚印的环节，请学生先在头脑中猜这四个立体图形在雪地里可能留下什么脚印，随后自己进一步去验证，帮助学生建立对平面图形初步的感知。

在“数一数”和“分一分”环节中，学生利用手中的学具操作，找到图形的特点，强调了尽管大小、位置不同，只要具备图形特征就可以。

让学生多种感官参与尝试活动，通过用眼看、用嘴说、用耳听、用手写、用脑想，力求让学生学得生动，练到实处。教师的教只有通过学生的学才能发挥出作用，学生的学只有在教师的指导下才能充分体现出效果。

三、统计与概率

51. “整理房间”教学设计（课例一）

刘莹
（广东省深圳市布心小学，青年名师）

※ 课前思考

“分类”是统计与概率的基础，是数学思想的具体体现，也是一种重要的数学意识和方法。本节课是学生认识分类的起始课，对学生来说虽有一定的生活经验，但他们对分类的含义和作用认识非常薄弱。本节内容主要通过“整理房间”的活动，引导学生对具体的物品进行分类，感受分类需要一定的标准。为了让学生能比较直观地认识分类，掌握分类的方法，教材安排的整理房间内的物品都是学生经常接触的。因此，学生在学习时容易产生亲切感，有利于提高学生的学习兴趣，更重要的是可以激发学生已有经验中的“把具有同一种特性的事物归为一类”的“生活原型”，从而引导学生体会到所谓分类过程就是要对事物的某种共同属性进行抽象并运用这一属性对各种事物进行“属性判断”的过程。

对于刚入校两个多月的学生来说，他们对分类具有一定的生活经验。比如，简单整理过自己的房间、整理过自己的书包等，所以对学生来说这节课的情境并不陌生。但大多数学生在对物品分类时分得不完整，或不理解为什么要这样分，这也就是对“分类是需要一个标准的，并按这个标准去分类”没有清晰的感知；另外，学生几乎没有体会过分类的作用，这就很难形成分类的意识，也就很难在未来的生活与学习中养成良好的数学素养。这两点恰恰是本课教学的重点与价值所在，对动作思维占主导的一年级学生来说，教师只有找准学生的最近发展区，顺应学生已有经验，创设多层次的、可操作的体验活动去调动学生不断深入思考，才能促使教学目标的有效达成。

由此，我们确立了如下重点难点、教法学法与媒体资源。

教学重点：学会按一定的标准对物品进行分类，体会分类的作用，形成分类的意识。

教学难点：把分类经验提升为解决问题的意识。

教法学法：

1. 用 PPT 展示整理房间的图片，其中的淘气房间物品整理时的多媒体动画效果，能让学生直观形象地感受分类的方法。

2. 帮助淘气整理房间，通过小组成员共同完成粘贴图片，在小组合作和交流中，亲身经历分类过程。

媒体资源：PPT 课件、淘气房间物品图片一组 24 个（共 12 组）、提前画有分类框架的 A3 纸 12 张、每人一个胶棒、每人一张学习单。

※ 教学过程

一、引：联系生活——引入整理房间的话题

师：同学们，你们自己的房间里都有什么，这些物品是怎么摆放的?

引入：交流了你们的房间，我们来参观一下笑笑和淘气的房间。

【设计意图】通过孩子们熟悉的自己房间物品摆放的话题，自然地引出今天新课的学习内容。

二、探：探究生活——开展整理房间的活动

1. 对比体会，整理的必要性和优越性

（出示情境图）

师：对比笑笑、淘气的房间，你有什么感受？你更喜欢谁整理的房间呀?

师：这样说起来，如果想用数学书了，他俩谁会很快地找到？为什么?

【设计意图】熟悉的情境图对比，一下子将学生的目光和思维聚焦到房间的“整理”上，把“整理”与良好生活习惯的养成自然联系到了一起，并且还激发了学生有话可说、有话想说的主动学习欲望。

2. 观察感悟，把有相同特点的物品放在一起

师：既然大家都夸奖笑笑的房间整理得好，那我们看看笑笑房间的物品是如何摆放的?

师：笑笑是把有相同用途的物品一类一类来摆放的。分成了书籍类、服装类和玩具类。

书籍类放一起

服装类放一起

玩具类放一起

师：如果笑笑妈妈又买来了图画书和布娃娃，应该放在哪一类呢？你是怎么想的？

小结：看来同一类的物品都有相同的特点，玩具类的每一样，它们都是用来玩的；服装类的每一件，它们都是可以穿在身上的……像笑笑这样把同类的物品放在一起，就特别干净、整齐、方便。

【设计意图】在向榜样学习的过程中，引导学生观察、探究笑笑“整理”房间的好办法。抓住学生“一类一类放”的课堂生成，将学生的生活经验转化为数学认识。并通过买回的物品怎么放，逆向体会分类的特征。在小结中，体现出教师与学生在共同体会和感悟中的融洽关系。

3. 经验迁移，在小组合作分类中体会过程与方法

师：看了笑笑整理的房间，现在你能给淘气提点建议吗？

四人组合作学习：

（1）出示问题：我们一起帮助淘气整理房间，好吗？

（PPT 出示淘气房间物品图片）

（2）PPT 出示四人组合作学习要求：（时间：5 分钟）

A. 组内四人在组长带领下先分好工，一人负责一类；

B. 在一张大纸上四人同时用胶棒将图片粘贴在相应位置；

C. 完成后小组内说一说，你是怎么摆的；

D. 做好全班发言的准备。

四人组共同完成学习任务，教师巡视指导。

小组汇报展示，其他同学质疑补充评价，教师补讲点讲。

揭题：刚才在整理淘气房间时，我们把同一类的放在一起，这就是在对物品进行分类。（板书：分类）

再次对比感受分类的作用：教师课件展示淘气自己整理房间的图片。

1）整理衣服和被褥。

将被褥叠放整齐，放在床的一端，将衣服叠放整齐，放在被褥上，将两只袜子放在一块，叠放平整，放到被褥的下面。

2）整理文具。

将所有的文具放进书包，然后把书包放在写字台上。

3）整理玩具。

将汽车、球等玩具放在柜台最下面的格子里，毛绒玩具放在中间的格子里。

4）整理书柜。

第一层的书和钟表摆放整齐。

5）整理桌凳。

小结：看来淘气在同学们的帮助下也学会了整理房间，我们都是将物品一类一类摆放，这样看上去就很干净、有条理、更方便。

【设计意图】学生将整理笑笑房间所用的分类方法主动迁移到整理淘气的房间，让学生经历按一定标准对物品整理分类，感受分类在生活中的作用。并利用学具和多媒体，在小组合作交流中亲身经历了分类的过程，给足了学生思维的时间和空间，通过学生之间的合作，不同水平的学生在小组学习中进行互补互学。

三、固：变式练习——多形式感悟分类的本质与价值

师：大家帮助淘气整理好了房间，老师这里还有一些图片等大家来整理呢。

PPT 出示学习单

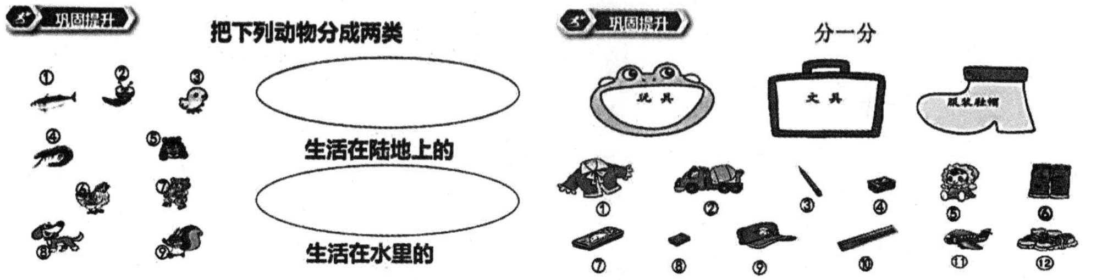

1. 学生独立完成后，教师 PPT 直接公布答案，学生根据老师提供的答案批改学习单；

2. 学生举手示意，教师统计完成正确率；

3. 针对学生较集中的错题，教师进行讲解。

【设计意图】学生在手势、语言和图示中，直观体会到了在分类中部分与整体的结构关系，初步渗透了集合思想和几何直观的意识。

四、拓：感受生活中所用到的分类现象

动画演示并讲解：左侧为机动车道，右侧为非机动车道。同学们今后在马路上行走，一定记着要看标志哟！

【设计意图】通过情境图片的播放，拓宽了学生的视野，感受到“分类” 在生活中的广泛应用和学习的必要性。

五、思：回顾提升——把分类经验提升为解决问题的意识

师：这节课你学到了什么？我们是怎么来分类的？有什么好处？

【设计意图】学生在回顾中抓住了分类的特点，回味着分类的好处，落实了本节课的教学重点。尤其是最后的引导，将“分类”从方法上升到了培养学生解决问题策略的高度。

52. “整理房间”课堂实录与反思（课例二）

张艺
（河南省郑州市金水区金燕小学，青年名师）

※ 课前思考

本节内容是学生第一次接触分类的知识和思想。本节内容主要是通过“整理房间”的活动，引导学生对具体的物品进行分类，感受分类需要一定的标准。本课教学的对象是刚入学不久的儿童，他们的认识与思维方式仍处于直观形象的阶段。在教学中要注重联系学生的实际，重视直观实物操作与言语解说引导相结合，采用多种练习方式，激发兴趣巩固所学，培养学生有条理思考的习惯，在实践中体会分类的方法及作用。分类是数学的重要思想方法之一，学好分类对学生后续认识数，发现数的特征，认识图形的特征以及正确认识统计图都有重要的迁移作用。根据一年级孩子的年龄特征，在开展教学时，没有把分类作为知识点来讲授，也没有让学生机械地记忆分类的含义，而是结合学生熟悉的事物，让学生经历分类的活动，在活动中体会分类的思想方法，感受分类在生活中的用途。

※ 教学过程

一、创设情境，导入新课

师：同学们好，今天课间的时候，我们班一位同学找老师想请同学们帮个忙，你们愿意吗？

（播放短视频）这是我的班同学——何弈潇，自从家里有了小弟弟以后，给大家带了很多的欢乐，但也带了一些小烦恼，你们看看，她今天遇到了什么烦恼？

1. 思考交流，感悟分类

师：同学们，你们会帮她整理房间吗？（出示课题），请同学们想一想，何弈潇同学的房间应该怎样整理啊？自己想想，然后再和同桌相互说一说。

师：哪位同学能给全班同学说一说，你准备怎样帮何弈潇整理房间？

生：可以先把衣服放在一起。

生：可以把学习用品放在一起。

生：可以把玩具放在一起。

生：把所有的书放在一起。

师：为什么要把学习用品放在一起呢？对，这些都是学习时需要用到的东西。把它们放在一起，需要用什么可以随手就拿到。不用再到处找了。

师：同学们是把有相同用处的物品一类一类来摆放的，而且分成了书籍类、服装类和玩具类。如果何弈潇的妈妈又买来了图画书和布娃娃，应该放在哪一类呢？为什么？

生：图画书应该放在书籍类。

生：布娃娃应该放在玩具类。

师小结：看来同一类的物品都有相同的特点，玩具类的每一样都是可以用来玩的；服装类都是可以穿在身上的 …… 像何弈潇这样把同类的物品放在一起，就是对物品进行分类，这样房间就会就特别的干净、整齐。

2. 经验迁移，尝试分类

师：同学们，在我们看何弈潇整理房间时，我们的老朋友淘气着急了，让我们看看他的房间，也帮助他整理整理房间。（课件出示淘气的房间）

师：看了何弈潇整理房间，现在你能给淘气提点建议吗？先自己想一想怎样整理，然后把你的想法轻声地跟同桌说一说。

师：现在懂得整理了吗？老师把淘气房间里的这些物品全部装进信封里了，现在请你们同桌俩人合作：拿出老师为你们准备的信封，轻轻地把它们拿出来，边讨论边整理，比一比哪个组整理的又快又好。

（1）同桌讨论整理，教师巡视指导、倾听学生的想法。

（2）汇报。

师：我请一位同学到黑板上边整理边告诉淘气，可以把哪些物品放在一起？其他同学听，看他这样整理合适吗？

生：玩具类：球、汽车、小熊、小白兔、魔方……

生：文具类：文具盒、铅笔、书包……

生：书籍：各类书。

生：服装类：衣服、裤子、袜子……

师：像这样，把学习用品放在一起，把玩具放在一起……把相同或同类的物品放在一起的方法就是分类。（板书：分类）

3. 感受分类的作用

师：现在再看看，这是淘气整理前和整理后房间。（课件出示淘气整理前和整理后的房间图片）。你有什么想说的吗？

师：如果我需要铅笔，去哪里找？魔方呢？

师小结：看来，我们学会了分类，就会让我们的生活特别有条理，更方便。

二、巩固提升

师：淘气为了感谢大家帮他整理了房间，特地去买了一些东西请大家吃。

师：他都买了些什么大家认识吗？想一想这些东西可以按什么来分类？

生：蔬菜、水果。

师：吃完了东西淘气就要收拾垃圾，他想起来一个问题，最近我们金水区的学校都在进行垃圾分类，你们知道这些水果皮、水果核应该放在哪个垃圾桶里吗？

生：放在厨余垃圾里。

师：开展垃圾分类可以实现垃圾资源利用，减少垃圾处置量，改善生存环境质量，可以变废为宝，减少污染。

师：学校开展垃圾分类活动后，这是我们学校给每个班级同学们配发使用的垃圾桶（课件出示垃圾桶图片）。

师：同学们知道什么是其他垃圾？什么是可回收垃圾吗？

生：可回收就是可以再次利用的，纸箱，啤酒瓶……

师：同学们平时扔掉的废纸、铅笔头、废水笔、圆珠笔芯等等，他们都是什么垃圾呢？

生：有害垃圾。

师：下面，我们进行一个“送垃圾宝宝回家”的游戏。把自己手边的废纸等垃圾放回它应该去的那个垃圾桶。

三、课堂小结

师：今天同学们表现都很棒！我们不但学会分类的方法，而且还学会了整理房间，老师为你们鼓掌。今天放学回家就整理整理自己的房间好不好。

四、布置作业

整理自己的书包，并能说一说你是怎么整理的。

※ 课后反思

整理学习用品、整理房间是学生每天都要做的事情。如何在整理过程中融入分类,使学生在整理过程中感受分类是需要一定的标准、学会分类是本节课的重点。所以本节课设计了从展示整理房间的范例到尝试自己动手帮淘气整理房间，再到淘气请客对水果蔬菜的分类，最后对垃圾进行分类等情境的创设，使学生初步感知分类的方法和分类的标准。这一情境的设计突显了以下几个特点：

一、情境创设的“趣味性”

创设的情境要使学生感到“趣味性”，不只是形式的新颖，更重要的是化为学生内在的需要，把学习内容和学生的生活密切地联系起来，让学生对数学学习产生兴趣。例如：观看身边同学整理房间的视频，再自己动手整理房间，感受分类的知识和生活密切相关，以及分类在生活中的重要性，只有知道学的重要性，才会体会学的必要性，因此选用感受分类在生活中的用途这一情境来导入新课，让学生对学习本身产生兴趣。

二、情境创设的“真实性”

情境创设要符合客观现实，不能因为教学的需要假造情境。本节课从观看同学整理房间到帮淘气整理房间，再到水果分类、垃圾分类等一系列的情境都是发生在学生身边的，学生熟悉的，让学生真实地感受到分类的必要性、感受到分类是需要标准的。因此，情境的创设需要关注生活性、真实性，也更要考虑学生认知的需求性。

三、情境创设的“连贯性”

情境创设可以在教学设计的导入部分、也可以在新授环节或巩固练习环节。但本节课的情境创设却源于学生的日常生活，采取了有“连贯性”的几组情境。这样设计可以使学生更有身临其境的感觉，而且，情境与情境之间过渡自然，没有跳跃感，学生更能置身其中，深度参与。

53. “分类与整理”课堂实录与反思

林丹丹
（福建省福州金山小学，青年名师）

※ 课前思考

分类思想是一种基本的数学思想。它是根据一定的标准，对事物进行有序划分和组织的过程。它既是学生学习数学的知识基础，又是发展儿童思维能力的重要途经。所以要为学生提供充分地从事数学活动和交流的机会，使学生从中体会分类的意义。本课我设计了孩子喜欢的分贺卡的活动操作，激发学生的学习积极性，并提供充分“分”的机会，使学生充分体验分类，培养动手操作的能力和合作学习的意识。

※ 教学过程

一、创设情境，引入新课

师：在森林王国里呀，有一家这样的贺卡店，店里的贺卡可受欢迎啦，你看，这些是兔老板今天售出的卡片。

二、自定标准，分类整理

1. 问题驱动，激发分类需要

师：第一眼看到这些卡片，你有什么感觉呢？

生：太乱了。

师：那该怎么办呢？

生：把它们分一分，整理一下。

师：是啊，今天这节课我们就一起来学习分类与整理的知识吧！你打算怎么分？

生 1：我打算按形状分。

生 2：我想按颜色分。

师：看来这些同学都有自己想法了，而这些卡片其实都躲在大家面前的这个

信封中，不着急，先听清老师的要求。（课件出示操作要求）

师：这里有 2 张白纸，一张用来摆卡片，一张用来记录。听明白了吗？那就动手试一试吧。

2. 动手操作，形成象形统计图

（1）分一分，说一说。

师：这是我收集的几种分法，说说你是怎么想的？

生：我是根据形状的不同来分成这几类。

师：还有哪个作品也是这么分的？谁也是这样分的，请举手。那我们把这两幅图放在左边，那另外这两幅图呢？

生：按颜色分。

师：可以吗？是这样分的也请举手？

（2）摆一摆，辨一辨。

引导观察：以按形状分为例。

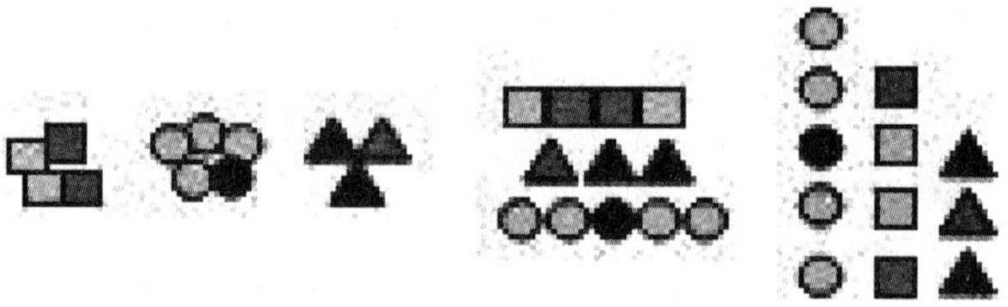

师：我们先来看看这两幅图，他们都是按照形状分的，但是摆法不同。你们更喜欢哪种摆法呢？

生 1：我喜欢第 2 种摆法，能看出分成 3 类。

生 2：我喜欢第 3 种摆法，能让我们一眼就看出谁最多、谁最少。

师：那你说谁最多？谁最少呢？

生 2：圆形最多，三角形最少。

师：你是怎么知道的？

生 2：一一对应看出来。

师：大家同意吗？那同样的，按照颜色分的这两幅图，哪一种摆法让我们看得更清楚呢？

生：一一对应的摆法。

师：刚才是他们这样摆的请举手，现在请剩下的同学也像他们这样摆一摆吧！

【请 2 名学生上台在黑板上分别按形状（竖）、颜色（横）分类】

学生动手操作。

师：为了让大家看得更清楚，我们可以在下面画上一条起跑线，表示从这开始摆。大家看第一列摆的图形都是？（生：三角形）那么我们就在这一列的线下画上三角形，第二列我们就画？（生：圆形）那圆形表示什么呢？

生：表示这一列都是圆形。

师：第三列下面画什么？

生：三角形。

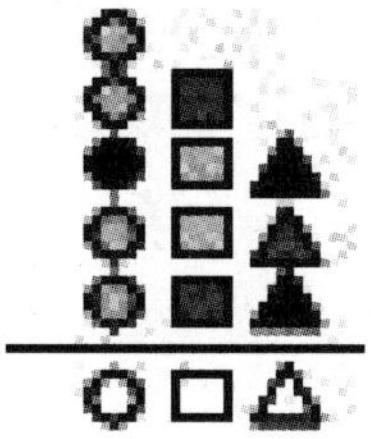

师：如果按颜色分，我们也画上起跑线，线下又可以写什么呢？

生：红色、黄色、绿色。

师：同学们不但会分类，还发现了整理的好处。

（3）对比，赏析。

师：刚才我们把分类的结果记录下来了，这是老师刚才收集的几张记录单，我们来看看吧。这张记录的是黑板上哪一幅图的结果呢？你们看懂它了吗？

师：好，我们一起来看看，三角形 3 个，对吗？圆 5 个，正方形 4 个，一样吗？你们也记录对了吗？

师：那么这张记录单就放在按形状分这边，那么这张记录单呢？他记录对了吗？正确，那我们就把它放在按颜色分这边。

师：看来记录单会说话。

三、分析数据，解决问题

1. 聚焦数据

师：兔老板看大家学得这么认真，打算出两道题考考你们，你们看——

问题 1：哪种形状的卡片最多呢？你是怎么看的呢？

生：圆形的卡片最多，三角形最少。我是从表格中看出来，圆形有 5 个，正方形有 4 个，三角形只有 3 个。

问题2：正方形卡片比三角形卡片多几个？你们从哪知道的呢？

生：正方形卡片比三角形卡片多2个，因为5-3=2。

师：分类整理得出的数据真有用！整齐地摆一摆，再认真地看一看，确实也能让我们看出来谁多谁少。

2. 交流数据

师：看着这边的图和记录单，你也能像兔老板这样提几个数学问题吗？谁会解答呢？

学生互相交流。

3. 作出判断

师：兔老板为了明天的营业做准备，要去进货了，哪种卡片要多进一些呢？

生1：圆形卡片要多进一些，因为圆形卖得最多。

生2：黄色的卡片要多进一些，因为黄色的卖出最多。

……

师：是呀，看来这些小小的图和记录单还隐藏着许多秘密呢。

四、练习巩固，升华提高

1. 初步感受“一类”和“一个”的区别

师：兔老板真粗心，漏了一张卡片，忘记记录了，它是一张黄色的爱心形的卡片。如果加入其他卡片分一分，你觉得该放在哪呢？谁愿意上来摆一摆。

生：我觉得应该放在按颜色分的这边，因为颜色这边就有黄色。

师：大家同意吗？好，那如果放在这儿，黑板上的记录单要不要改？

生：把黄色这栏的数字改成7。

师：为什么要改成7？

生：因为黄色原来有6个，再加一个就是7个。

师：除了放在颜色这种分法中，还能放在哪？同桌之间互相讨论一下，再来说一说。

生1：不能放在形状这种分法中，因为它跟它们的形状都不同。

生2：我觉得可以放在形状这种分法中，应该单独放一类，因为它与其他三种形状不同。

……

师：大家觉得哪种说法正确呢？

生：第2种。

师：看来真是这样的，一种也可以是一个，关键是看分法。那如果放进形状这边，记录单上该怎么改动呢？谁愿意上来改一改？

生：在后面加一列爱心，填 1。

师：同样是一张卡片放进去分一分，为什么结果会有不同？

生：因为分的方法不一样。

师：是的，因为分类标准不同，所以这张卡片有的时候是其中的一张，有的时候是增加了一类，结果也就不同了。

2. 统计数据相同，分类标准不同

师：你们看，这里有许多漂亮的帽子。你想怎么分类？

生 1：按形状分。

生 2：按颜色分。

生 3：按帽子上的图案分。

……

师：老板也把这些帽子进行了分类并且记了下来，这是他的记录单，上面有一个 3。你猜一猜老板是怎么分的呢？

生 1：可能是按形状分，因为高帽有 3 个，礼帽也是 3 个。

生 2：也可能是按帽子上的图案分，因为帽子上有√图案的有 3 个。

……

师：都有可能，那么究竟谁说对了呢？如果老师告诉你它们被分成了 2 类，你觉得老板是怎么分的？

生 1：我觉得是按颜色分，能分成 2 类。

生 2：我觉得老板是按帽子上的图案分类的，因为只有这样分才能分成 2 类，而且还有数字 3。

……

师：到底谁是对的呢？我们一起来看看。（展示三种分类结果）

师：同样一个数据后面可能隐藏着许多不同的信息，看你有没有一双慧眼去发现。

五、回归生活，加深体会

师：学了今天这节课你有什么收获呢？

生谈收获。

师：在生活中我们也会遇到许多问题可以用今天的知识来解决，你们看！

出示垃圾分类图片等。

※ 课后反思

本节课，我注重让学生经历动手操作、充分探究的过程，并用自己的方式呈现分类的结果。学生先自选标准分类计数，但是选择同一标准分类的同学们所呈现分类结果的形式却不同，有的是分成3堆、有的是不整齐的3行、有的是一一对应的3列，这体现了分类结果在单一标准下的一致性，再通过对比、讨论，孩子们发现当分类结果是一一对应地摆时，能一眼看出它们之间的数量关系，为后续学习条形统计图打下基础。

在分类计数后，让学生对计数结果进行简单的分析，并借助“兔老板如果要进货，哪种卡片要多进一些”进行合理地预测，体现了完整的统计过程。从而使学生经历完整的分类和收集、整理、描述数据和预测的过程，切实培养学生的统计观念。

四、综合与实践

54. “得数是 6、7 的加法”教学设计

刘冲
（江苏省苏州工业园区翰林小学，青年名师）

※ 课前思考

本课的学习内容为一年级上册“得数是 6、7 的加法”。

一年级的小朋友刚刚从幼儿园踏入小学的大门，怎么让儿童感受到，数学学习是一件非常好玩的事情呢？答案当然是游戏，学习数学，儿童需要的是有趣又好玩的游戏，而非薄薄的教材和厚重的练习。

布鲁纳提出学习的三种表征方式：动作性表象模型——形象性表象模型——符号性表象模型，这三者之间存在一种严格的递进关系，而低年级的儿童思维处于动作性表象阶段。著名数学特级教师王志江老师也在《玩数学，学数学》一书中指出：“儿童总是非常喜欢好玩儿的数学游戏——他们只是不喜欢成人眼中的、逻辑化的数学。在具有操作性的、直观具体的、互动式的、有趣好玩儿的数学游戏中，一切都是意义逻辑的方式，与儿童当下的生命直接打通的，数理逻辑还深埋在土壤之中，只要我们有耐心，他就会以自己的节奏，慢慢地、自然地生长。”

因此，在设计“得数是 6、7 的加法”时，教师不仅要关注学生已有的知识储备，更要顺应儿童的天性，还给儿童游戏、表达、思考的权利，让学生站在课堂中央，通过游戏激发学生自探、自得、自为。在教学设计时，教师借助于一堆 6 个圆片的拆分游戏，建立分与合与加法之间的联系。在自由拆分过程中，儿童很容易感知一堆圆片变少，另一堆圆片就会变多，但是圆片总数是不变的，这样从整体上认识到得数是 6 的加法算式。游戏的作用是辅助教学，通过游戏建立得数是 6 的圆盘模型，从模糊的整体感知，到局部的精确定位。在最后知识巩固环节，教师改变了单一沉闷的练习形式，创设了青蛙游戏环节，设计不同的游戏规则，师生互动，生生互动，调动儿童参与性，发展儿童思维，促进学生可持续发展。

低年级儿童在游戏的驱动下，多种感官协调参与数学课堂游戏中，对数学的学习更积极，学习方法更灵活，能主动发现数学的本质特征。让低年级数学学习活起来，玩数学，学数学，以游戏为支点撬动数学课堂。

※ 教学过程

一、复习旧知，游戏导入新课

5 以内的加法口算（开小火车游戏，卡片出示）

1+4=　2+3=　3+2=　4+1=　1+3=　2+2=　0+5=　3+0=

指出：其实想几和几可以合成几，就能正确算出加法的得数了。

二、创设情境，引导探究和是 6 的加法

1. 创情境，列算式，发现一图二式

师：在阳光灿烂的日子里，一（1）班小朋友出发了，你们瞧！（教师出示主题图）

引导学生说说你看到了什么，提出一个数学问题。并用三句话表达出来。

（原来有 5 个小朋友去植树，又来了 1 个小朋友，一共有多少个小朋友？）

师：要求一共有多少个小朋友，怎么列式呢？每个数字表示什么意思呢？

根据这幅图，我们还可以列出不同的算式吗？这里每个数字又表示什么意思啊？

让我们一起比一比这两道算式。他们哪里相同，哪里不同呢？

总结：求一共有多少个小朋友，即可以用原来 5 个小朋友加上后来的 1 个小朋友，也可以用后来的 1 个小朋友加上原来的 5 个小朋友，结果都是 6 个小朋友。所以呀 5+1=6 和 1+5=6 是一对好朋友，它们只是“+”前后的两个数位置交换了，以后我们看到 1+5=6，马上就能想到 5+1=6。他们是有联系的算式。

2. 摆圆片，填圆盘，研究一图二式

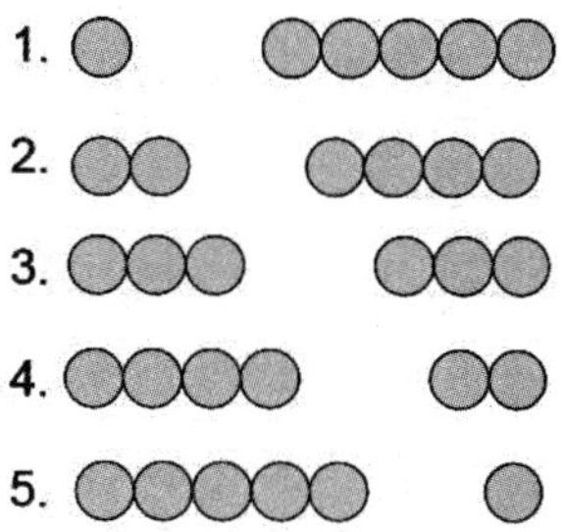

师：接下来我们进入游戏环节，老师为每个小朋友准备了一些小圆片，请小朋友先数一数每人桌上一共有几个小圆片？你能快速地把这 6 个小圆片拆分成两堆吗？

引导学生有序上黑板摆出所有的可能。师生一起检查是否正确。

师：我们先来看第 1 种分法，根据这种拆分方法，你能写出几道加法算式？

生：1+5=6，5+1=6。

师：还有哪种分法也能写出这两道加法算式呢？仔细观察第 1 种和第 5 种分法，你有什么发现？

指出：第 1 种和第 5 种分法，都是把 6 分成了 1 和 5，两种情况写出的两道加法算式相同。（老师在下面的数字盘中填上 1，5，1+5=6，5+1=6）

师：还有哪两种分法写出的加法算式会一样呢？加法算式是什么？

生：第 2 种和第 4 种分法也相同，都是把 6 分成了 2 和 4，加法算式是 2+4=6，4+2=6。（老师在下面的数字盘中填上 2，4，2+4=6，4+2=6）

师：第 3 种分法能写出几道加法算式呢？为什么不是两道加法算式了呢？

生：第 3 种分法只能写出一道算式：3+3=6。因为左右两堆都是三个圆片，所以交换“+”号前后两个数后，还是 3+3=6。（老师在下面的数字盘中填上 3，3，3+3=6）

师：也就是说只有在什么情况下，才能写出两道加法算式呢？

指出：当两堆圆片数量不相同时，可以写出两道加法算式；当两堆圆片数量相同时，只能写出一个加法算式。

师：（师指圆盘）刚才我们通过摆一摆得到了这么多得数是 6 的加法算式，你还能想到得数是 6 的加法算式吗？（指出：加法算式中，还可以有 0。完善得数是 6 的圆盘图）

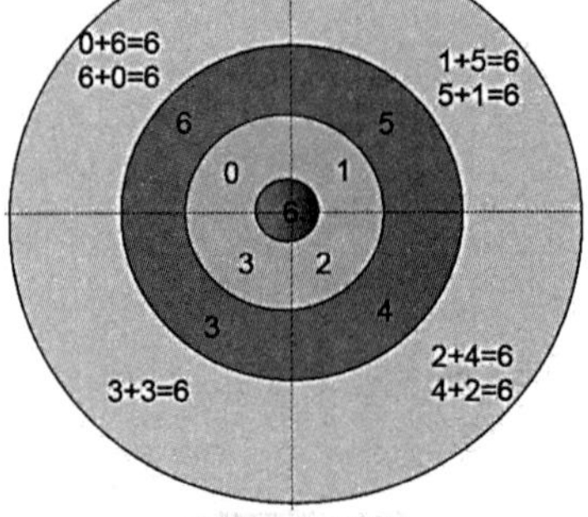

得数是6的圆盘图

三、借助经验，合作研究和是 7 的加法

过渡：小朋友们真了不起，通过玩分圆片游戏一下子找到了和是 6 的所有加法算式。下面，我们要挑战更高难度了。

1. 独立完成，书 52 页“试一试”

师：你能看图说三句话吗？如何列算式？在下面写一写并说说每个数字的意思。

2. 合作游戏，完成数字 7 的圆盘图

师：刚才我们得到 3+4=7，4+3=7，还有哪些加法算式得数也是 7 呢？下面我们同桌合作，一起来游戏。拿出 7 个圆片先分一分，再模仿上面得数是 6 的圆盘图填一填，同桌合作完成数字 7 的圆盘图。

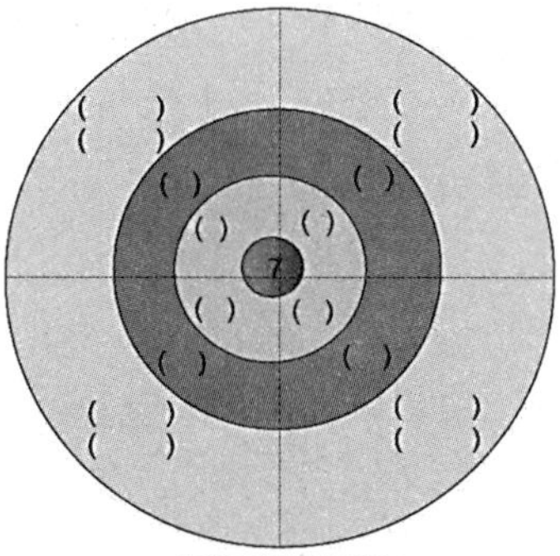

得数是7的圆盘图

师：这里所有的算式得数都是 6 或者 7，这就是我们今天要学习的“得数是 6、7 的加法”。

四、游戏激趣，熟练掌握得数是 6，7 的加法

1. 青蛙宝宝找规律

师：现在小朋友们都是青蛙宝宝，让我们比一比、赛一赛，看看哪只青蛙宝宝答题既快又准，并能最快发现每组算式的规律。

（“想想做做”第 4 题）

4 + 1 = □	3 + 2 = □	2 + 3 = □
4 + 2 = □	3 + 3 = □	2 + 4 = □
4 + 3 = □	3 + 4 = □	2 + 5 = □

引导发现规律：加号前面的数不变，加号后面的数慢慢变大，依次多 1，得数也慢慢变大依次多 1。

2. 青蛙宝宝要回家

瞧，小青蛙要回家，可他不知道哪个才是自己的家，你能把小青蛙安全送回家吗？（书后“想想做做”第 3 题 ）（让学生在希沃白板上，直接拖拉操作把小青蛙送回家，下面学生判断对错）

3. 青蛙妈妈找宝宝

师：我是青蛙妈妈，我的宝宝走丢了，您能帮我找到宝宝吗？

（老师扮演青蛙妈妈蹦蹦跳跳出场：肚皮上贴着6。同学们每人手里拿着一只小青蛙图片，要求在肚皮上写算式）

游戏规则：

看清青蛙妈妈肚皮上是几，在你手里的小青蛙肚皮上写一个加法算式，得数要和青蛙妈妈肚皮上的数字相同。

（播放音乐，逐个回答算式，并一起判断对错，并回答想到相关联的另一个算式）

（青蛙妈妈肚皮上换成7，再来一次）

4. 青蛙宝宝找朋友

生1：我是青蛙宝宝，我好孤单呀，想找几个好朋友一起玩，你们愿意做我的好朋友吗？

（一位同学扮演青蛙宝宝跳上台，肚皮上写着0 ~ 6这七个数字。同学们每人手里拿着一只小青蛙图片，肚皮上写着0 ~ 6中的一个数字）

游戏规则：

小青蛙肚皮上的数和你手里出的数加起来得数是6，你就是它的好朋友。

（小青蛙随机出示肚皮上的一个数字）

小青蛙说：谁是我的好朋友？

学生对：我是你的好朋友。（并大声说出两道加法算式）

（接在再玩得数是7的）

五、总结分享，回顾整个游戏学习过程

今天我们一起学习了“得数是6、7的加法”，玩得开心吗？这节课你学到了什么呢，和小朋友们分享一下吧？

55. “数数活动”教学设计

李志军
（四川省眉山师范附属小学，特级教师）

※ 课前预设

教学内容：数数。（小学一年级数学起始课）

教具准备：每人一张数字卡片。（根据班级人数，1 ~ 10 各数卡片张数相近）

※ 教学过程

一、对号上车

师：小朋友，今天动物王国的动物们邀请我们去参观它们的王国，大家想去吗？

师：瞧！小猴开着火车来接我们啦！

（课件展现：有 10 节车厢的一列火车）

1	2	3	4	5	6	7	8	9	10

师：小朋友，你发现这列火车一共有几节车厢？

师：你是怎么知道的？

生：我发现这列火车一共有 10 节车厢，我是一节一节数出来的。

师：你能上台来指挥大家一起数来看看吗？

众生（举起一个手指边指边数）：1、2、3、4、5、6、7、8、9、10。

师：数得非常棒！像刚才这样从前往后一节一节地挨个数，就称为“有序”的数。

师：谁还有与刚才这位小朋友不同的“有序”数法吗？

生：有！我从后往前数。

师：好！请你上台来指挥大家一起数来看看吧。

众生（举起一个手指边指边数）：1、2、3、4、5、6、7、8、9、10。

师：都是有序数法，虽然数数的方向是不一样的，结果怎么样呢？

生：一样！

师：你的理解完全正确，但在数学上把这样的结果该说成“相等”。

师：小朋友们认识车厢上的这些“数娃娃”吗？

师：谁愿意来指挥大家一起读一读？

师：小火车快开车啦，我们该上车了。请同学们拿出老师课前发给你们的车票对号上车吧。

师：请坐1号车厢的小朋友起立，高举车票，喊道：“嗨！我们上火车了！”，其余小朋友当“检票员”，检查有没有上错车厢的小朋友。

师：接下去该上几号车厢的小朋友啦？（2号）请坐2号车厢的小朋友起立，也高举车票，喊道：“嗨！我们上火车了！”……直至每个小朋友都找到自己在车厢中的位置。

师、生：呜、呜、呜……车开啦，我们出发了。

二、精选礼物——数形结合

师：呜、呜、呜……火车开到动物王国门口了。小朋友，我们去看望动物朋友吧！想想应该准备些什么礼物好呢？让我们下车后先在动物王国门口选一选好吗？

师：要求每一节车厢的每个小朋友选的礼物的数量跟你所坐的车厢上的数相等。

师：请每个小朋友在你车票的背面用你喜欢的图形表示出要选的礼物的数量。

生：好！

师：请以四人学习小组为单位相互检查一下所选礼物的数量。

三、排队送礼——一一对应

师：我们的礼物都准备好了，下面请每节车厢派出一名代表去送礼物吧。

（每节车厢派一名小朋友带礼物图片走到讲台上）

师：小朋友手上的礼物数量各不相同，我们让礼物数量多的小朋友先进门好吗？

（学生按10、9、8、7、6、5、4、3、2、1的顺序排好队）

师：现在我们已经走进动物王国了。（出示4只开屏孔雀图）看，孔雀们正在向我们开屏呢，把哪一节车厢里的礼物送给它们正好合适？快拿你们手上的礼物去送给它们吧。

生：把4号车厢里的礼物送给它们正好合适，每只孔雀都可以得到一件礼物，不多也不少。

师：每只孔雀都可以得到一件礼物，不多也不少。这就叫作“一一对应”呢。

师：看，可爱的小猴们也跑来了，（出示 9 只小猴图）把哪一节车厢里的礼物送给它们正好合适？

生：小猴一共有 9 只，就把 9 号车厢里的礼物送给它们吧……

教师逐幅出示动物图片，学生送礼物。

四、拍纪念照——倒计数

师：今天的游览就要结束了，我们和可爱的动物们一起拍张照吧。我们一起来倒计时：10、9、8、7、6、5、4、3、2、1，咔嚓！（全班同学做拍照动作）

56. “排队中的数学问题”课堂实录与反思

李海燕
（福建省福州金山小学，青年名师）

※ 课前思考

在数学教学中，“问题”是关键。新课程教学特别强调发展学生发现问题、提出问题、分析问题与解决问题的能力，这是学生素养培植的一个重要方面。“排队中的数学问题”是学生学习完 11 ~ 20 各数的认识后作为解决问题的内容而呈现的。教材中例 6 的主题图以“小朋友排队”为情境，由学生自主解决中间间隔多少人。我们通过前测发现大多数的学生不会解决类似的问题，相当一部分学生甚至读不懂题目，因此引导学生寻找信息，理解题意是教学重点之一，教师应该根据班级学生的学情，精心挖掘和设计问题，帮助学生突破教材的重难点，在解决问题的过程中积累一定的探究方法与经验，提升数学素养。

※ 教学过程

一、课前游戏

1. 数一数，感悟数序

师：孩子们，你们会数数吗？我们先来玩个数数游戏吧，听好了——从 7 数到 15；从 9 数到 20；从 16 数到 7。

2. 玩排队报数的游戏，明确第几的前面有几人

师：接下来我们来玩一个排队报数的游戏吧？这一列的孩子，从 1 开始，一个接一个往后报数。（学生报到 3 老师喊停）她排在第 3，第 3 的前面有几人？

生：第 3 的前面有 2 人。

师：包括她有几人？

生：包括她有 3 人。

师：再来一列。（学生报到 7 老师喊停）这一列一共有几人？

生：这一列一共有 7 人。

师：第 7 的前面有几人？

生：第 7 的前面有 6 人。

师：包括她有几人？

生：算上她有 7 人。

师：再来一列。这一次提高难度。假设这一列的前面有 10 人排队去图书馆了，那她排在第几？

生：她排在第 11。

师：那这一列从 11 开始报数吧。孩子们，我们看，这一列队伍，包括去图书馆的人数，一共有几人？

生：一共有 16 人。

师：×× 排在第几？她的前面有几人？算上她有几人？

生：第 16 的前面有 15 人。算上她有 16 人。

二、探索新知

1. 导入新课

师：排队报数的游戏好玩吗？排队中还有许多数学问题值得我们去研究，今天，我们就一起来研究排队中的数学问题。

2. 看图寻找数学信息，理解关键词

师：孩子们，认真观察主题图，从图中你知道了什么数学信息？

生：小丽排第 10，小宇排第 15。

师：小丽排第 10 是什么意思？ 小宇排第 15 是什么意思？

生：小丽排第 10 是指小丽排在第 10 个，她的前面有 9 人，小宇排第 15 是指小宇排第 15 个，他的前面有 14 人。

师：我们要解决的数学问题是什么？

生：数学问题是“小丽和小宇之间有几人？”

师：“小丽和小宇之间有几人？”“之间”是什么意思呢？

生：“之间”就是中间的意思。

师：那小丽和小宇之间的人，包括小丽和小宇吗？

生：不包括。

师：说得真好，小丽和小宇之间的人，不包括小丽，也不包括小宇。

师：现在谁能把题目完整地说一说？

生：小丽排第 10，小宇排第 15，小丽和小宇之间有几人？

3. 探寻解题策略，体验解决问题方法的多样性

师：小丽和小宇之间到底有几人，你知道答案吗？

（1）数一数

生：有 4 人。

师：你是怎么知道的？

生：我可以用手指数一数。

师：哦，你用的是数一数的办法。来，请你上台示范一下，再数一遍给全班听。孩子们，认真听——看明白了吗？想不想自己动手试一试？现在咱们就拿出手来，先自己数一数，再说给同桌听一听。开始吧！

生操作。

师：时间到，请坐好。刚才你们是怎么数的，谁愿意再来数一数？

生展示。

师：你数得可真细心，孩子们，我们一起像他一样再数一遍吧。来，拿出手。这是小丽，她排第 10，不能算，接着是 11、12、13、14，第 15 是小宇，小丽和小宇之间有 4 人。

师：刚才我们用了数的办法来解决问题。（板书：数）数的时候要注意，小丽和小宇——不能算。老师还想提醒大家，数的时候细心点儿，不要数错了，也别数漏了。

（2）画一画

师：除了数一数，你还有其他的办法吗？

生：摆一摆。

师：摆一摆是一种办法，还有其他想法吗？

生：算一算。

师：算一算也是个好办法，我们待会儿再来研究，还有不同的想法吗？

生：画一画。

师：画一画是个好方法，那咱们现在呀，就拿出纸张，用自己喜欢的方式来画一画。开始吧！

生操作，展示交流。

师：刚才大家在画的时候，老师收集到了很多有意思的画法，咱们一起来看看吧。

A. 示范画图的办法，数形结合解决问题

师：我们先来欣赏 ×× 的图。向大家介绍一下你的图吧。

生 1：这些三角形表示小朋友，这一队有 15 人，小丽排在第 10，小丽和小宇之间有 4 人。

师：孩子们，他画得可真认真呀。他从 1 开始，每数一个数就画一个图形来代表小朋友，一边数一边画，1、2、3、4……10，画到第 10 个，写上小丽，接着边数边画，11、12、13、14、15，画到第 15 个，就写上小宇。看，这样咱们就能一眼看出小丽和小宇之间有 4 人。

B. 感受画图时用简洁图形的优势

师：再来看看这幅图，×× 你也来介绍介绍吧。

生 2：这个女生是小丽，我只画了 3 个人，还没画完。

师：你画得还是挺生动的，但是，你为什么没画完呢？

生：时间来不及了。

师：孩子们，你们能不能帮她找一下原因，为什么他的时间会不够？

生：她画的图形太复杂了，花了很多时间。

师：那我们画图的时候应该怎样画呢？

生：用些简单的图形来代表小朋友。

师：看来，在数学上，咱们可以选择简单的图形，如○、△、□等图形来代表小朋友，把我们的想法记录在纸上，这样画更简洁，更节约时间。

C. 引导孩子用简洁的形式画图

师：接着来看看 ×× 的图，你也来介绍一下吧。

生：这是小丽，这是小宇，他们之间有 4 人。

师：孩子们，你们发现了吗？他从谁开始画？

生：他从小丽开始画。

师：为什么前面的小朋友不画出来呢？

生：因为是算小丽和小宇之间的人，和前面的小朋友没有关系。

师：你说得太精彩了。孩子们，我们来看，他从小丽开始，边数边画，每数一个数，就画一个图形。我们一起来数一数，10、11、12、13、14、15，数到第 15 的时候就标上 15，这样呀，咱们也能一眼看出小丽和小宇之间有 4 人。

师：现在，我们来对比一下这两幅图，两幅图都能解决问题，但是，谁的图更简洁？在数学上，我们可以选择简洁的方法来解决问题。

D. 引导孩子学会标注数学信息

师：好，李老师这儿还有一幅图，对比一下这两幅图，你们发现了什么？谁来提建议？

生：写上第 10 和第 15。

师：写上第 10 和第 15，我们就看得更清楚了，也更不容易弄错。真是认真观察的好孩子。

教师小结：刚才咱们用画的办法解决了问题。（板书：画）在画图的时候，要注意，尽量选择简单的图形，边数边画，画的时候还得把关键的数学信息标出来，尽量画得简单明了。

师示范画图：现在李老师也来画一画。看，我用圆形来代表小朋友。这是小丽，她排第几？接着是，11、12、13、14、15，第 15 是小宇。小丽和小宇能算吗？这样画，咱们可以一眼看出小丽和小宇之间（有 4 人）。

（3）列式计算

师：数一数、画一画，我们已经有两种办法可以解决问题啦！刚才有同学说可以列式，你是怎样列式计算的？

生：15-10-1=4。

师：在这个算式里，15 代表什么？ 10 代表什么？减 1 又代表什么呢？谁来说说？

师：为了弄得更清楚，咱们一起来看大屏幕吧——小宇排第 15，一共有 15 个小朋友排队。小丽排第 10，我们减去了小丽和她前面的小朋友，剩下的是谁呀？你们发现了吗？

生：剩下的是之间的 4 人和小宇，还要把小宇减掉。

师：是呀，我们要求的是小丽和小宇之间的人数，刚才我们在减 10 的时候，已经把小丽减掉了，我们还要再减去小宇，所以还得再减 1。

师：我们还可以用算的办法来解决问题。（板书：算）

（4）解答正确吗

师：孩子们，现在我们已经有三种办法来解决排队问题了。我们算得到底对吗，一起来检查下吧！

看屏幕——小丽排第 10，添上 4 个人，第 11 ，第……，第 14，小宇正好排在第 15，和题目给我们的信息是一样的，所以我们的答案 4 人是正确的。

现在我们一起来答一下吧。

齐答：小丽和小宇之间有 4 人。

小结：通过今天的学习，我们已经掌握了用数一数、画一画、列式计算三种办法来解决排队中的数学问题。这三种办法，你喜欢哪一种？

三、应用新知

师：这三种办法，各有各的优点，咱们在解决问题的时候，可以选择自己喜欢的方法。为了奖励咱们班的孩子这么好学，老师要带你们去游乐场逛一逛。

出示书本 P79 “做一做”。

师：从图中你知道了哪些数学信息？我们要解决的问题是什么？

看到“之间”这个词，我们要注意什么？谁来提醒一下大家？

师：现在请你选择一种自己喜欢的方法来解决这个问题。拿出纸张，开始吧。

四、全课小结

师：恭喜大家，能用这么多的办法解决问题。孩子们，今天这节课，你学到了什么，谁愿意来说一说？

※ 课后反思

这节课的教学内容较抽象，具有一定的难度，在新授课前，我们设计了“数数”游戏，创设了学生熟悉的排队情境，借助三个有层次性的问题，让学生体会到排队中隐藏着许多数学问题，为新课的探究做铺垫。在新授课环节，我们遵循解决问题的三步骤，引导学生从主题图中寻找信息、提炼关键问题，帮助学生理解题意。在老师的问题引领下，学生们破除思维障碍，厘清题意，独立尝试，自主探索出三种方法来解决问题：数一数、画一画、列式计算。在画一画的环节，老师带领同学们探究画图的方法，引导孩子用简单图形来表达数学信息，感悟数学的简洁性与抽象性并为今后的数学建模打下了基础。通过本节课的学习，孩子们感受到了解决问题策略的多样性，感受到数学与实际生活的联系，提升了数学核心素养。

57. “摆一摆，想一想”课堂实录与反思

蔡小雅
（福建省厦门外国语学校海沧附属学校，青年名师）

※ 课前思考

“摆一摆，想一想”是“100以内数的认识”后的一节实践活动课，这节课内容看似简单，却不简单，思维量较高，知识也较抽象。由于一年级孩子抽象思维较差，加上孩子的个体差异，有一些孩子并没有深刻地理解数位表中含有的位值思想。那么如何把抽象的数学知识教得简单，使孩子的思维得到提升？我想回归数学本原，构建简约课堂，排除无关的、形式化的东西，以简约的素材，清晰的设计让孩子有更多的、主动的、深刻的体会，使孩子的思维逐步得到提升。

※ 教学过程

一、提问激趣，温故导新

用一个珠子摆两个数，回顾数位的含义

师：小朋友们，今天我们要用数位表和小珠子上一节有趣的数学课。

瞧，我这里有一个珠子，你能用这个小珠子摆一个数吗？（请一生上台摆）

问：他把小珠子怎么样了呢？

生：他把小珠子放在（十位）上。

问：摆成了？

生：摆成了10。

问：还是这个珠子，你能用它摆出第二个数吗？（请一生上台摆）

师：他把小珠子怎么样了呢？

生：他把珠子放在（个位）上。

问：摆成了？

生：摆成了1。

师：刚才我们用一个珠子摆出了1和10这两个数（课件展示）。这1个珠子

怎么能表示两个数呢？是谁给了珠子这么神奇的力量？

生：数位个位和十位。

师：是呀，把 1 个珠子摆在个位上就是 1，摆在十位上就是 10。看来把 1 个珠子摆在不同的数位上表示的意思就不一样。

二、实践操作，探究规律

1. 用两个珠子摆数，感受数位的大小

师：现在老师有 2 个珠子，我用这 2 个珠子摆成

十位	个位
●	●

。

问：这是几？你怎么看出来的？

生：一个十加一个一就是十一。

师：谁能用这两个珠子摆出比 11 大的数？（请一生上台摆，摆出 20）

师：怎么他一挪，这数就比 11 大了呀？

生：把个位上的珠子移到了十位上去了，这个数就大了。

生：十位上的数比个位的大，摆在十位上就大。

师：那你能摆出比 11 小的数吗？（请一生上台摆，摆出了 2）

师：这回怎么这么一挪，这个数就比 11 小了呢？

生：把十位上的珠子移到了个位上，这个数就小了。

生：个位上的数比十位的大，摆在个位上就小。

师：看来这两个珠子在数位表中的位置太重要了，我们把珠子在数位表上挪来挪去，就表示出了 11，20，2 这三个数（课件展示）。

2. 用 3 个珠子摆数，初步感知摆法

师：想知道 3 颗珠子能摆几个数吗？那就拿出数位表（教师出示数位表）和 3 个珠子摆一摆！ 边摆边小声地说一说。

师：摆好了吗？谁愿意上来摆一摆？其他小朋友认真观察，他摆一个数，你们说一个数，看谁说得最好。

学生摆法预设：可能落了一个数。

师：他摆好了，你有什么发现？

师：哟，你观察得真仔细，他落了一个数。

师：那谁再来试一试？

学生摆法预设：可能重复了。

师：一会儿落了一个数，一会儿又重复了，想一想怎样摆才能不重复又不落掉呢？

（生 1 可能这样摆：30，12，21，3）

师：他用 3 个珠子摆出了几个数？哪几个数？

师：是的，就是这4个数，这些数有的大，有的小，怎样才能按顺序摆出来呢？

生可能这样摆：3，12，21，30。（注意引导全班注意观察）

师：谁看明白他刚刚是怎么摆的？

学生如果答不出来，教师引导：他先把3个珠子都放到哪里了？

生：个位上。

师：然后再怎么样呢？

生：然后再一个一个地挪到了十位上。

让我们再一起把他摆的重复一遍吧。教师带领学生先把珠子放在个位上，强化一个一个挪的动作。

师：这样摆出来的数是什么顺序？

生：从小到大。

师：如果要从大到小，可以怎么摆呢？请一学生上台摆一摆。

师：谁看明白他刚刚是怎么摆的？

生：他先把3个珠子都放到十位上，然后再一个一个地挪到了个位上。

摆法的小结：我们可以把珠子都放到十位上，再一个一个挪到个位上，这样摆出来的数就越来越小，也可以把珠子都放到个位上，再一个一个挪到十位上，这样摆出来的数就越来越大。

3. 用4个珠子摆数，强化有序的摆法

师：现在有4个珠子，你能像刚才那样按顺序摆一摆吗？

反馈：师：摆好了吗？摆好的把数位表和珠子收到抽屉里去。谁愿意上来摆一摆？其他小朋友认真观察，他摆一个数，你们说一个数。

生可能摆：4，13，22，31，40。

师：摆得真好，他是按？

师：他是从小到大？还可以？谁来？

生摆：40，31，22，13，4。

小结：4个珠子摆5个数。

4. 借助手指想5个珠子的摆法，逐步抽象

问：那5个珠子能摆几个数呢？

师：现在你们没有5个珠子了，怎么办呢？那就借助你们的5根手指头当作5个珠子，想一想能摆出哪几个数。想好的和同桌说一说。

师：谁愿意上台来说一说？

生：50，41，32，23，14，5。

引导全班说数，出示课件。

观察下 5 个珠子摆出来的这些数，你发现了什么？

生：个位上是 5，4，3，2，1，0。

师：哟，你发现个位上有规律了，那十位上呢？

那如果把个位和十位合起来看呢？

师：还有不同发现吗？

生：那个反过来了。

师：什么反过来了，你能举个例子吗？

是啊，那么像这样个位和十位上的数反过来了，我们给它取个好听的名字，叫作好朋友。

师：你还找到像这样的好朋友了吗？

（1）个位和十位上的数加起来都等于 5。

（2）其他好朋友（略）。

5. 脱离直观，尝试写数

师：现在有 6 个珠子了。要摆吗？不摆了，直接写下来吧，写不下来的小朋友可以再借助你的手指想一想。

根据生回答，师课件展示。

6. 观察发现规律

师：我们把刚才摆的数整理一下。1 个珠子摆出了 2 个数。2 个珠子摆出了 3 个数，3 个珠子摆出了 4 个数。4 个珠子摆出了 5 个数，5 个珠子摆出了 6 个数，6 个珠子摆出了 7 个数。

师：摆出的数和珠子数有什么关系呀？

生：摆出的数比珠子数多 1。

师：想象一下，摆出来的这些数像什么呀？

生：像一座宝塔、金字塔……

师：是啊，几个简简单单的珠子摆出来的数竟然形成了一座美丽的宝塔，这就是数学的魅力啊。

三、巩固提升

1. 猜珠子个数

8　17　26　35　44　53　62　71　80

现在给你一组数，你知道这是由几个珠子摆出来的吗？

2. 填空

9　18　27　36　45　54　□　72　81　90

这组数里少了一个，你知道□填几吗？你怎么想的？

3. 写数

□ □ □ □ □ □ □ □

问：现在一个数也没有了，只给你一些方框，你还知道这是几个珠子摆的吗？你能把它们写出来吗？

4. 判断改错

懒洋洋说“我用6个珠子摆了这组数！”你们觉得懒洋洋摆对了吗？

60，51，41，42，33，24，15，6

四、课堂小结，课外延伸

小结：这节课我们虽然只用几个珠子和数位表，但却进行了深入的探索，如果让你给这节课起个名字，你们打算叫 ×× 的珠子？

师：其实，这节课的课题叫什么不重要，重要的是我们能从这节课中学到了什么。

延伸：如果有10个珠子可以摆几个数呢？（生11个）

是这样吗？回家去摆一摆，好吗？

※ 教后反思

数学知识是抽象的，孩子的个体是有差异的，那么在教学中如何最大限度地实现课堂教学的最优化，这就要构建简约的课堂，排除无关干扰，以简洁的素材、清晰的线索，让孩子有深刻的体会，使孩子的思维逐步提升。这就是简约中的深刻的无形的财富。

数学学习的过程不只是一个照程序操作的过程，而是一个在学生已有知识经验下，经历数学活动，通过教师的精心引导，不断运用自己知识结构，思维不断进行自我建构的数学化过程。这样才能使学生的思维在不断补充、重组、提升中由建构走向深刻。

数学享有“锻炼思维的体操、启迪智慧的钥匙”等美誉，智慧是生成的，不能像知识一样直接传授，但它需要在获取知识、经验的过程中由教育的细心呵护而得到开启、丰富和发展，从这个意义上说，数学知识的获取只是手段、过程和方法，而数学智慧才是我们的方向、目标和落脚点。简约智慧的课堂通过简约的教学促进了孩子的思维发展，学生经历知识的形成过程，实际上也就是提升思维的过程。学生的思维我们看不见，但是从学生由无序摆到有序摆，由借助数位表摆到借助手指摆再到完全脱离直观，清晰地展现了学生的思考过程，这也恰恰体现了学生学习的深刻性。

58. “数学乐园（上）”（数学实践活动）课堂实录与反思

缪建平
（江苏省苏州工业园区跨塘实验小学，苏州名教师）

※ 课前思考

杜威曾说：“教育无目的。这个‘无目的’并不是指教育没有目的，而是指目的在教育活动之内。在教育上，由于这些从外面强加的目的的流行，使教师和学生的工作都变成机械的、奴役性的工作。”这里，杜威所讲的教育活动更多的是指教学活动。由此观之，如果教学能真正做到目的与手段的统一，如果能把教学上升到作为儿童生活本身来看待的话，教学就能自成目的性，教学就会成为儿童的一种真正体验过、经验过的生活，教学就会成为儿童当下生长发展的一种活动，教学就再也不会是获得知识、技能的“苦役”，教学就会成为儿童的一种生活方式，成为儿童的一种游戏。

基于上述认识，我们在学生学习了10以内数的认识和加减法之后，自行设计了“数学乐园（上）”。“数学乐园（上）”根据刚入学的一年级学生的心理特点而设计，拟通过数学实践活动，巩固复习10以内数的认识及顺序，熟练计算10以内数的加减法，在兴趣盎然的数学游戏活动中，激发数学学习兴趣，培养数学思维能力，体会学习的成功，增强学习的信心。

※ 教学过程

一、谈话引入，引发挑战

师：同学们，从开学到现在，我们学习了哪些数学内容呢？

生：我们学习了数一数、比一比、分一分。

生：我们还学习了认位置、认识物体、分与合。

生：我们学习了10以内数的认识，还有加与减……

师：同学们学得很好，今天我们一起走进“数学乐园”，一起来玩数学游戏，一起来比一比谁的数学学得好，思维头脑好。我们将采用比赛的形式，在小组里也比一比，哪个小组最强。

二、游戏活动，玩中学习

游戏活动一：认位置

师：同学们，我们已经学过“认位置”，下面是我们拍的小组图片，一起来比一比，看看谁答得快，答得对，大家有信心吗？

生：有！

师：我们先来“认左右”。①从左边数起，第 3 个是谁？（学生答）

师：②从右边数起，第 2 个是谁？（学生答）

师：③左边数第 5 个，右边数第 5 个，是同一个人吗？为什么？

师：我们再来“认前后”。（出示下面的示意图）请一个学生站起来问……

生：从前往后数，我是第几个？反过来呢？（学生答）

生：从后往前数，他是第几个？反过来呢？（学生答）

换学生再多试几次。

游戏活动二：找朋友

师：请同学们从 1 ~ 6 六张卡片中，随意挑选出 3 张卡片，使它们连加的得数是 9。同学们，该怎样拿？

学生争相抢答。

师：请同学们拿出 1 ~ 6 六张卡片中，随意挑选出的 3 张卡片，使它们连加的得数是 10。同学们，又该怎么办呢？

学生争相抢答。

师：现在我们来玩一个“加法串”的游戏。请同学们从 0、1、2、3、4、5、6、7、8、9 这些数中的任意一个数，填在下面的格子里。注意的是，每道题中，同一个数字，不可以重复出现。你能填出来吗？

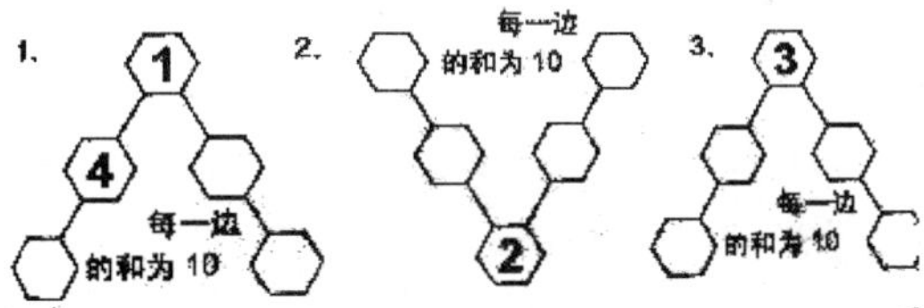

师：同学们，你们知道刚才的“加法串”来自哪里吗？它来自一本美国的数学书（出示），大家有兴趣的话，可以去网上找一找，买一买。

游戏活动三：抢 10 游戏

师：同学们，大家喜欢数学游戏吗？

生：喜欢！

师：今天，我们今天一起来玩“抢 10 游戏”。游戏规则是这样的：（1）游戏时，两个人从“1”开始依次轮流报数；（2）每人一次可报一个或两个数（不能多报，也不能少报或者不报）；（3）后面人报的数一定要紧挨着前面人报的数；（4）谁先抢报到 10，谁就赢。谁先来跟我试一试。

生：我来，我来！

师：请一个学生到前面来试，先用“石头、剪刀、布”来分出谁先谁后开始。

师：现在请同学们与同座的一起来比一比，看看谁先抢到 10。

（玩过几轮后）

师：同学们，你们觉得 ×××（指着一个一直赢的同学）一定会赢吗？这是一个秘密，现在不能告诉大家，你们一定要自己去尝试、去多试几次，也许你也能知道其中的奥秘了。实在不行，回家以后，也可以与爸爸妈妈一起玩玩“抢 10 游戏”。

三、总结回顾

师：同学们，刚才我们一起玩游戏，在游戏中学习，成绩不错，你看，特别是这个小组是最棒的！现在请同学们一起来说说，在这堂课中，你有什么收获？

※ 教后反思

对于刚进入一年级的小朋友来说，数学的学习还是有点枯燥的。如果让学生对数学学习有兴趣，数学游戏是一个很好的抓手。

教学是儿童在教师指导下探求新知的过程。儿童生活活动的具体展开，也是儿童生命活动的体现。所以，数学教学不仅仅要为儿童获得知识、形成技能，而且还要让儿童在游戏中积累经验、自我发现知识，又能体验到学习的成功。

关于“经验”，杜威认为有两层意思：一是经验的事物，一是经验的过程。经验即是有机体与环境、人与自然之间的相互作用。杜威还说：“经验包含一个主动的因素和一个被动的因素，这两个因素以特有的形式结合着。在主动的方面，经验就是尝试……在被动的方面，经验就是承受结果，我们对事物有所作为，然后它回过来对我们有所影响，这就是一种特殊的结合。”分析杜威的意思，我们可以发现，经验不是外在于人的东西，而是主客体相互作用的结果，因此，教学的过程就是儿童不断地与外在的人、事、物相互作用的过程，是儿童获得经验的过程，是儿童的一种主动的、积极地把外在的知识体系操作化、体验化、形象化的过程。

而教学中的游戏活动，正是让儿童学习具有了这种积极主动积累经验的因子，这也是我们教学所要永远追求的那种精神。

59. “100 以内数的认识和组成”（活动课）教学设计

李志军
（四川省眉山师范附属小学，特级教师）

※ 课前思考

100 以内数的认识是今后认识更大数的基础，十进制概念的建立是学习加、减法计算必不可缺的知识点。100 以内数的认识知识点很多，有数位名称、位值制、数的组成、数的大小、相邻数等。

本堂课在组织学生动手操作、联想游戏等活动中，让学生巩固数的概念，培养学生认真倾听的良好习惯和根据已有信息进行有效推理的能力。

※ 教学过程

一、穿越时空：先人计数

播放原始人和古人计数方法短片。

师：刚才的短片中，你最难忘的是哪一幕？（根据学生回答，择重重播该幕视频）

师：刚才的短片中，你认为古人最聪明的是哪一幕？（根据学生回答，重播该幕视频）

二、摆棋计数：举一反三

1. 摆棋计数

道具准备：学生人手 5 ～ 7 个围棋子或小棒；每人在作业本上制作一张空的数位顺序表。

十位	个位

师：请你用 5 个棋子（或小棒），在数位顺序表里摆数，摆一个记录一个，看谁摆出的数最多？

（展示部分学生的答案，师生共同评价）

师：请你用6个棋子（或小棒），在数位顺序表里按从大到小的顺序摆数，摆一个记录一个，看谁摆得又对又快。

师：请你用7个棋子（或小棒），在数位顺序表里按从小到大的顺序想象摆数，想象摆一个记录一个，看谁写得又对又快。

师：请你观察各数，你有什么发现？

1个棋子能表示2个数：1、10；2个棋子能表示3个数：2、11、20；4个棋子能表示5个数：4、31、22、13、40。

总结："摆出的数的个数"比"棋子的颗数"多1；个位上的数和十位上的数相加，正好是棋子的颗数。

2. 讨论交流

师：怎样摆可以做到不重复不遗漏？

师：我们找出的规律是否适用于其他的情况呢？用8个棋子试一试。

3. 举一反三

用10颗棋子可以摆出（　　）个不同的两位数，从小到大排列它们是（　　）。

用13颗棋子可以摆出（　　）个不同的两位数，从大到小排列它们是（　　）。

三、头脑风暴：联想游戏

1. 示范

师报数：29。

生1：是由2个10和9个1组成的。

生2：它是个两位数。

生3：它的相邻数是28和30。

生4：个位上是最大的一位数，十位比个位上的数小7。

生5：它最接近的数是30。

生6：从32往前数第3个数是29。

生7：它比25大4（或比一个数小几）。

2. 分组游戏

每组各派一名同学上台报一个数供全班同学联想，举手抢答，全班共同评析。以小组为单位计分，比一比哪个小组最后积分最高。

学生可以联想到的有很多，但不能重复，这样不仅练习了100以内数的知识，而且锻炼了学生的倾听能力和创造力。

四、独立作业：相关练习（略）

60. “找简单图形的变化规律”教学设计

陈娜
（广东省中山市西区铁城小学，青年名师）

※ 课前思考

本节课从关注“教”转向关注“学”，从而进一步转向关注“人”的发展，培养学生的数学核心素养。老师要提供前置性探究单先给学生自主探究的机会，并提供大量的规律图以供学生通过看一看、找一找、圈一圈、说一说、涂一涂、画一画、摆一摆等不同的探究方式，逐渐理解规律的含义，掌握找规律的方法。因此在本节课的教学设计时，主要流程是“课前探究——自主独立思考”“课中探究——体验、感悟规律”“合作交流——应用、创造规律”，培养学生的自主探究能力、观察能力、分析能力和推理能力，提升学生“学会学习”的核心素养。

※ 教学过程

一、创设游戏，感知规律

探究活动一：想一想，猜一猜

根据图形颜色的规律猜测接下来图形的颜色。

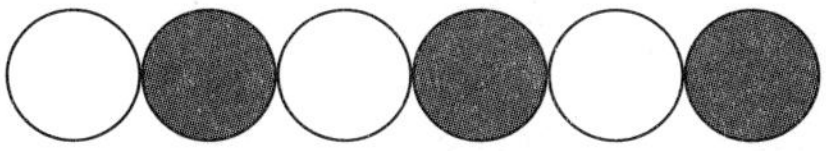

说出自己猜出颜色的原因：有规律的排列。

【设计意图】依据皮亚杰的儿童思维发展理论和杜威的活动理论，数学游戏以数学知识为目的，以游戏教学为手段，以活泼、具体的形式来学习数学知识，使学生的数学学习成为一个生动活泼、主动和富有个性的过程。低年级孩子注意力集中的时间短，用游戏导入不仅可以检验学生的课前探究效果，还可以设置悬疑，提高学生继续探究的欲望。

二、合作交流，探索规律

（一）探究活动二：圈一圈，说一说

1. 学生先仔细观察主题图呈现的事物的排列规律，然后在图中圈一圈，最后同桌之间互相交流自己的发现。

2. 学生按照自己所观察到事物的排列说规律，老师引导学生再观察，发现有规律排列的主要特征“一组”“重复”，规范学生对规律的描述。

3. 学生找到图中全部有规律排列的事物并完整描述规律。

【设计意图】教师要给学生观察主题图，发现规律，小组交流的机会。在具体的情境中，能够理解规律的含义，并能用完整的语言描述物体的排列规律。通过前置性探究，学生对规律已经有了初步的认识。所以可以让学生通过独立观察，圈一圈等活动，找出情景图中人或物品的排列规律。因为学生前置性探究活动中已经对规律有了规范性的描述，所以在此探究活动中，让学生直接描述主题图的人和事物的规律，老师针对学生的发言进行规范性的引导。

（二）探究活动三：比一比，理一理

对比主题图中所有人或者物品的排列规律，彩旗、小花、人的排列规律是以两个为一组多次重复出现的，灯笼的排列规律是以三个为一组重复出现的。

小结：

像小旗，小花，灯笼，小朋友，这样一组一组不断重复出现的排列就是有规律的排列，有规律的排列既整齐又美观。

【设计意图】这节课主要目标是让学生理解规律的含义，所以学生要通过大量的素材和事例，通过对比，小结，从个例到一般性特征，从量变到质变逐渐理解规律的含义。在学生自主探究找规律的基础上，引导学生用完整的语言描述物体的排列规律。

三、巩固练习，应用规律

（一）探究活动四：圈一圈，说一说

观察下列图形的排列规律，圈出重复的部分，并说一说它们的规律。

（1）

（2）

（二）探究活动五：划一划，圈一圈

划去不符合规律的图形或文字，圈出正确的。

（1）

（2）

（三）探究活动六：想一想，涂一涂

按自己喜欢的规律涂色。

涂完色和同桌说一说你设计的规律。

（四）探究活动七：圈一圈，画一画

找出图形的排列规律，圈一圈，并按照规律接着画一画。

△□□△□□△□□______ ______

↓→↓→↓→ ______ ______

（五）探究活动八：摆一摆，说一说

同桌两人拿出课前准备好的圆片，有规律地摆一摆。

（六）探究活动九：找一找，说一说

学生根据本节课所学内容，搜索出身边有规律排列的事物，并说一说。

【设计意图】掌握找物体排列规律的方法，能正确按规律画一画、圈一圈、涂一涂。数学核心素养中的应用意识主要表现在：认识到现实生活中蕴含着大量的数学信息、数学在现实世界中有着广泛的应用。通过看一看、找一找、圈一圈、涂一涂、画一画、摆一摆多种活动的设计，帮学生提供了很多探究的素材，使学生通过自主探究，巩固对规律的应用，培养学生初步的观察能力、分析能力、操作能力和推理能力。巩固学生对规律的应用。

四、发现数学，感受美好

带着数学的眼光观察我们的生活，你会发现原来数学一直在我们身边，悄悄改变着我们的生活。今天同学们用找规律的知识设计出了这么多美丽图案，谢谢大家让我们的课堂充满了美好。

【设计意图】生活中不缺少美，而是缺少发现美的眼睛。让学生感受到数学与生活的紧密联系，培养学生带着数学的眼光观察周围的事物。利用数学知识也可以创造出很多美丽的图案。

61. “填数游戏”课堂实录与反思（课例一）

张建伟
（天津市河西区闽侯路小学，青年名师）

※ 课前思考

1 ~ 3 岁左右的儿童是以直观的、行动的方式来进行思维的。他们通过自己的动作触及某种具体事物进行思考，这时他边玩边思。3 ~ 6 岁左右的儿童凭借头脑中的具体形象来进行思维。6、7 岁以后的儿童是以抽象的概念、判断和推理作为思维的基本形式，用分析、综合、 比较、抽象、概括来解决问题。

本节课经历填数游戏活动，巩固对数的认识，使学生初步提高分析推理能力。在尝试、探索、交流等活动中，培养学生观察、语言表达、动手和初步运用数学知识解决问题的能力。在生动活泼的情境和游戏中，体会填数游戏的乐趣，激发学生的学习兴趣，培养学生合作意识和主动探索的精神。

※ 教学过程

一、激趣入境

师：同学们，你们玩过迷宫游戏吗？在迷宫游戏中要想取胜，关键是什么？想不想一起玩一次？我们今天要一起走的数字迷宫每过一个关卡都会有一道有趣的数学问题在等着大家，只有解决了问题才能胜利从迷宫中走出，同学们有没有信心，让我们一起走进数字迷宫！

二、迷宫初探

数字迷宫

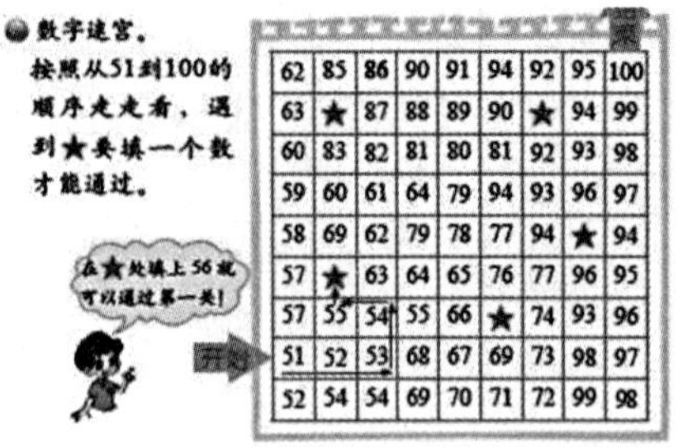

1. 师：我们先读一读迷宫规则是什么？

师：明确了要求，我们一起从“开始”处出发，大家一起来数数，开始！（51、52、53）

2. 师：走到53，我们发现了什么？（有2个54）应该往哪走？为什么？

生：往上走，因为上面的54周围有55，而下面的54周围没有55，无法继续往下走。

师：同学观察得真仔细，当我们遇到岔路时就面临着选择。老师要特别表扬同学在这里多看一步，不仅看到了54，还看到了54的下一个数55，关注到了它的左邻右舍，真好！如果往下面方向走，后面的数字就无法接下去，到达不了我们的目标数字100，这会直接导致我们走迷宫的任务失败。所以我们要往上面方向走！

3. 师：54往上走，我们又遇到了一个分岔路口，连接55该往哪走，为什么？

生：往左走，2个55周围都没有56，但左边的周围有一颗星，根据迷宫规则，这颗星一定是56！

师：同学们都学会了老师说的方法，遇到岔路多看一步。右边已经走不通了，可是左边同样遇到了困难，怎么办呢？同学们努力想办法，从迷宫规则“遇到☆要填一个数字才能通过”中找到了解决方法，这颗星就是56！

4. 师：恭喜同学们填出了第一颗星，让我们一起来看看这颗星触发了一个什么样的有趣问题吧！哦，是一个填数游戏，让我们一起来挑战它吧！

三、游戏秘籍

1. 第一关

1		
	1	
	2	1

（1）明确游戏规则

师：刚刚走迷宫的经验告诉我们游戏规则很重要，现在请同学们默读第一关的游戏规则。

（2）独立完成第一关

师：请同学们拿出练习卷独立完成第一关，边写边想一想，从哪个格开始填？

师：做完的同学可以对照游戏规则检验一下自己填得对不对。

（3）表述填数过程

师：请同学讲一讲自己的填数思路。说说从哪个格开始填？为什么？

师：有没有不同的填法？

师：虽然同学们的填法不同，但都是从数据信息量比较多的行开始入手，知二求一。做对的同学恭喜你们闯关成功！

2.59 处遇见分岔路，60 往右走。接下来怎么走呢，老师请一位同学来试试带领大家走，谁愿意来！ 74 周围没有 75，要想继续走☆只能是 75。

3. 小结方法

师：☆填对了，这次触发的不是一道题，而是收获了一个好的方法， 这个方法告诉我们从只有一个空格的行开始填，就像刚才的第一关。而且第二竖行和第三横行都只有一个空格，我们可以从标记△这两个空格同时开始填，由于我们使用的都是原始的数学信息，所以这样做更准确！

1	△	
	1	
△	2	1

4. 继续走迷宫

77 往上走、79 往上走，81 往左走，☆填 84。

四、突破难关

第二关

1. 游戏规则

5	1			3
1	3			4
4	2		1	5
2		4	3	1
3	4	1		2

师：第二关的每一横行、每一竖行有五个格子了，数也变多了。根据第一关的经验，你能制定下第二关的游戏规则吗？

2. 合作填数

师：回忆刚刚的方法，你能很快找出哪里最好填吗？为什么先填这里？

生：因为这一横行（或竖行）只有一个空格（很快填完 3 个空格）。

师：剩下的四个空格怎么填？在练习卷上试着完成第二关，同桌讨论。

3. 全班汇报

师：从哪个格开始填？为什么？填剩下四个格时怎么做的？

4. 小结

师：同学们不仅掌握了从已知数信息比较多的、缺少的数比较少的行入手。还想到了遇到困难时，以此题为例同时观察横行和竖行分别缺少哪两个数，然后用排除重复数的方法填空。

五、完成迷宫

1. 尝试通关

师：☆填 91，同学们，我们已经离终点越来越近了，也就到了第三关，请你在练习卷上自己试一试，马上就要成功了！

生：93 往下走，94 往下走，☆填 95，连续走到 100。

师：恭喜同学们通关成功，让我们一起开启宝箱！

2. 数独世界

师：打开智慧宝库的大门，我们走进一个数独的世界，它有着悠久的历史，我们刚刚闯过的两关就是数独啊！

3. 全课小结

（1）先找横行、竖行空格最少的。

（2）对于不好填的地方，先看少几，再排除重复。

（3）最后逐行检查，做到不重不漏。

※ 课后反思

学生在填数游戏中学习简单的推理方法，在交流探索中掌握填数的方法。

低年级的儿童通常表现为活泼好动，注意力的持久性较差，注意力的集中与否直接关系到课堂的学习效果。思维上具体形象占据优势，概括能力还处于初步、直观的阶段。教师一般会采用生动形象的方式授课。

以打球做比喻，教师作为二传手，请孩子站在主攻手的位置，用眼神鼓励孩子勇敢而上，给孩子传一个好球，并在旁边为孩子喝彩。鼓励和宽容是孩子自信的源泉，给孩子锻炼的机会是孩子成长的必要条件。

本节课通过激趣入境、尝试迷宫、寻找规律、应用方法四个阶段，学生们学得投入，课堂气氛热烈，大家大胆发表自己的见解，课堂效果突出。

62. “填数游戏”课堂实录与反思（课例二）

刘燕
（四川省成都市石笋街小学校，青年名师）

※ 课前思考

数学家们常说数学十分有趣，可是对于尚未对数学入门的小朋友们而言，实在很难体会数学中蕴藏的趣味。本节课从与数学相关的游戏中领略其中的奥妙，让学生体验一下其中的乐趣，倒不失为让他们迈进数学大门的一种手段。在孩子们做这些游戏的过程中，体验数学的趣味，冷静地独立思考，磨炼孩子们的毅力是一种非常好的教材编排。教师要鼓励孩子们能举一反三，创造一些新的数学游戏。

※ 教学过程

一、创设情境

师：你们知道吗？最近羊村的小羊们特别喜欢玩一种游戏，叫“填数游戏”，咱们今天去和他们一起玩好不好啊？

生：好！

师：那咱们今天就和他们一起玩“填数游戏”。（板书：填数游戏）

二、填数游戏

1.“游戏一”——弄懂规则，初步经历填数分析推理活动

（1）明确游戏规则

师：看看第一个游戏是谁带来的呢？（课件出示）

师：它带来的游戏规则是什么呢？老师来读一遍（放慢语速）：1. 每个空格中只能填 1，2，3 中的一个；2. 每一横行、每一竖行的数字都不能重复。

师：听老师读了这个规则，你觉得你在填数时需要注意点什么呀？

生：每个空格只能填 1、2、3 中的一个数字。

生：数字都不能重复。（及时评价学生）

（2）独学

师：那赶紧开动脑筋仔细观察，想一想应该怎样填呢？

（3）共学

师：你是怎么想的？谁愿意来表达一下自己的思考过程。为了让其他同学能够听清楚，在表达的时候可以先说我观察的这一横行，还是观察这一竖行，行吗？

生：我是先观察第 2 列的，我发现第 2 列的下面两个空已经填写了 1 和 2，所以第一个空一定是 3。（见图一）

生可能情况：

1	填3	
	1	
	2	1

（图一）

1		
	1	
填3	2	1

（图二）

师：谁听懂了他的话，举手让老师看一看。

师：这么多同学都听懂了，真会思考，谁能到前面把他的话在给同学们讲一遍呢？

生：复述了一遍。

师：谁能接着填？

生：我观察的是第一横行，已经有 1 和 3 了，所以最后一个空填 2。

生：我接着看的是第 3 列，填 3 就行了。

师：还有两个空，你能填吗？小眼睛全部都盯着黑板上了。

生：我填的是第二横行，只需要填 2 就可以了，最后一个空填 3。只要记住规则，就能很快填出来。

师：他说得真好，要知道我们的答案对不对，我们就得好好检查检查了。

生：按照规则，仔细观察每一横行和数列，只要数字不重复，每一行，每一列都是 1、2、3 就可以了。

师：还有别的想法吗？你能告诉我你是从哪一个开始填的吗？

生：我的填法和他的不一样，我观察到第三行有 1 和 2，所以第一个空就可以填 3 了。（见图二）

师：这是从另一个角度观察后，进行填写的，真不错，你们能按照这个想法自己再填一填吗？

生：填写其他空。

师：别忘了，要检查。

师：同样一个游戏，为什么我们可以从这个格子开始填，也可以从这个格子开始填呢？（见图三）

1		
	1	
	2	1

（图三）

生：都有1和2。

生：他的意思是说，观察这一横行，总共有3个空格，有2个格都有数了，只有1格没数，这1个格子是所有横行里面数量最少的格，这一竖行，也只有1个空格，也能确定下来这里填几。

生：就是这样。

生：我发现了一个好办法，都从只有一个空格的地方开始填。

师：真会动脑筋，这游戏难吗？

生：不难，挺好玩的。

2.“游戏二”——迁移规则，经历较复杂分析推理的思考过程

（1）猜规则

师：下面我们来玩第二个游戏，你能猜一猜这个游戏规则是什么吗？

题单2

5	1			3
1	3			4
4	2		1	5
2		4	3	1
3	4	1		2

生：我猜是1，每个空格中只能填1，2，3，4，5中的一个；2.每一横行、每一竖行的数字都不能重复。

师：很会猜，全班来读一读。

生：读规则。

（2）独学

师：那有这么多个空格，你想先从哪里开始填呢？有想法了吗？试着在你的题单 2 上做一做。

生：动手做。（教师巡视，及时鼓励）

（3）共学

师：好，同学们，我转了一圈，看到同学们都愿意先填最后一横行，填 5，倒数第二横行也填 5，然后第三横行这个空格填 3。

师：你们为什么都先填这三个格呀？

生：空格最少。

生：3 横行都缺 1 个数，先填能确定下来的数。

师：再来看看，这几个格子的数能确定下来吗？赶紧行动起来填一填吧！

师：观察第二横行，这个格子可能填几呢？已经有 1，3，4，可能填 2，5。第二横行的第二个空格为什么选择 2 呢？

生：这一列的最后一格有 5，只能填 2。

生：填了 2，3 的后面那一格就可以填 5 了。

生：剩下两个空格，就可以通过观察第 3 数列和第 4 数列来填空了，很简单了。

师：迅速检查一下，对不对。

师：你们竟然能够既观察横行，又观察竖行，多了不起啊！还有别的填法吗？

生：我们的方法差不多，都是先观察横行确定范围，再观察竖行确定填几。

生：我先观察这 4 个空格，组成了一个田字格，我发现第一横行缺 2 和 4，我再观察第三竖行，我发现这一竖列缺 2 和 5，所以第三竖列的第一个空填 2。

师：是填 2 吗？为什么这里填 2 呢？

生：这一格是第一横行和第三竖列的交叉点，第一横行有了 5，所以缺 2 填 2。

师：看来同样一个游戏，我们可以有好多不同的办法，条条大路通罗马。

3.“游戏三”——运用推理拓展新游戏

师：羊村长带来了一个迷宫，在这个迷宫当中，从 51 开始，是迷宫的入口，按照数的顺序，只能走横行和竖列，不能走斜行，一个格子也不能重复走，一直走，走到这里结束，是迷宫的出口，你会从 51 开始试试吗？

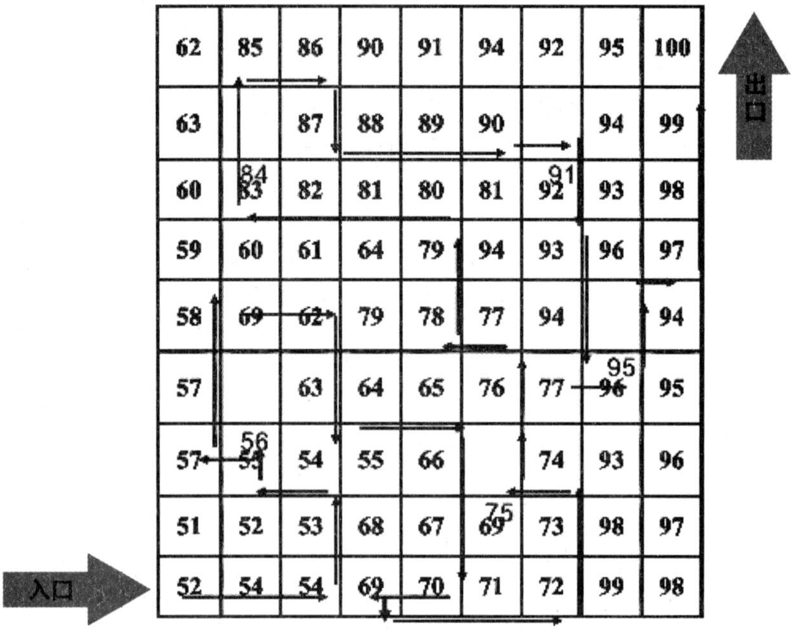

生：上台演示。

师：横着走到 53 之后，两边都有 54，为什么你往上面走？

生：如果往下走到 54，下一步就找不到相邻的 55 了。（画路线，课件演示）

师：有个空格是怎么回事啊？

生：遇到空格填 1 个数。

师：接下去我们按照横行、竖行，从 51 到 100 的行走路线，遇到空格要填一个数才能通过，你行吗？

师：拿出作业纸，同桌一组，试着画一画，帮帮羊村长。

生：在展台上演示。

师：走出迷宫了吗？你有什么感受吗？

生：不仅要会数数，从 51 数到 100。

生：在选择方向时，还得看下一步，走一步看三步。

三、课堂小结

今天，我们跟着羊村的小羊们一起来做了 3 个猜数游戏，在这填数游戏的过程当中，同学们都想到了自己的好办法，老师真的特别佩服你们！

四、拓展延伸

我们今天玩的猜数游戏中的这几个数字表叫“九宫格”，它是我国古代经典的数学游戏，老师这里还有个九宫格，看看你能帮我解决吗？

游戏规则：1. 把 1 ~ 9 这 9 个数字填到下面的方格中。

2. 使每一横行、每一竖行以及斜行上的 3 个数之和都为 15。

※ 课后反思

一、及时评价，鼓励自信

要给予学生及时评价，对有创意的想法进行充分的鼓励。比如第一个孩子上来填表格时，虽说先填的数字和我预设的不太一样，他这些有创意的回答是这节课出彩的地方。

二、填数游戏就是试错的过程

低年级的课就是要培养孩子们的兴趣，课堂上应该尽可能让更多的学生参与到课堂中来。遇到重难点的部分，就是应该让学生多帮学生，鼓励学生多试一试，不要怕错，能一次一次地在头脑中厘清思路，不停开动脑筋比老师包办更好，我应该多给学生试错的机会，不要着急，习惯和思维训练就是在这样的课堂中一步一步走出来的。

三、检查方法的指导要落实

检查的习惯并不是一朝一夕的事情。一开始，老师就要做到极好的示范：在第一个表格完成后，对照规则，引导学生对照游戏规则，一步一步检查、一条一条带着学生做，从中起到示范作用。

一次次地失败，一次次地尝试，只要从中有所收获，不管结果如何，经历也是一笔财富，让学生在课堂上勇于试错，培养坚定的意志，这个很重要。

63. “数学好玩：分扣子”教学设计

衡菊芳
（四川师大附属圣菲小学，特级教师）

※ 课前思考

如果从教学目标的知识目标达成来看，“分扣子”的学习目标，主要有以下两方面：理解和掌握“继续往下分”的多次分类模式；不管按什么标准分，只要经历了相同的分类标准，最后的结果是一致的。但是，我们还需要思考，这节课还需要培养学生什么能力？它对于学生的后续发展有什么意义？

“分扣子”是一年级的“数学好玩”内容，属于“综合与实践”。而《义务教育数学课程标准（2011 年版）》明确提出：“‘综合与实践’是一类以问题为载体、师生共同参与的学习活动，是帮助学生积累数学活动经验、培养学生应用意识与创新意识的重要途径。针对问题情境，学生综合所学的知识和生活经验，独立思考或与他人合作，经历发现和提出问题、分析和解决问题的全过程，感悟数学各部分内容之间、数学与生活实际之间、数学与其他学科之间的联系，加深对所学数学内容的理解。”

教材设计了“在情境中明确任务”“议一议”“做一做”“想一想”的过程，在分扣子的活动中，培养学生“从头到尾”思考问题，积累分类的经验，逐步提高实践能力。

在教学过程中，我们要同时达成这两个知识目标并思考基于学生发展的价值，就必须读懂学生的思维，顺应孩子的天性来进行。

学生对理解“继续往下分”有一定的难度，如果这个难点突破，那么后续的“最后结果一致性”就不会是难点。同时，基于学生后续发展的目标成为一条隐形的主线。

※ 教学过程

一、情景引入

1. 很漂亮的时装秀。但丽丽的一大堆时装还没有钉扣子，怎么办？

有扣子、有没有缝上扣子的衣服和着急的漂亮的丽丽。

【设计意图】既是激发学生的学习兴趣又让学生明白“数学不仅仅是好玩有时是需要”，同时培养学生的合作意识。（大家齐动手帮助丽丽）

2.引出课题：今天这节课我们就来一起分扣子，通过学习帮助丽丽，我们也能学到很多的东西哟。

二、分扣子活动

活动一：

1.学生自主活动

拿出 1 号口袋。两人一组，先观察扣子有什么特点，再讨论可以怎样分类。

让学生自己去观察去尝试分，自己定标准。

【设计意图】放手学生，让学生自己定标准，自己去试着分类，这也是一种能力的培养：自己观察、自己分析、自己分类，用自己已有经验去完成任务，在完成过程中建构新的知识。

多媒体呈现：

（1）说说扣子有什么特征？

（2）是按什么标准分类的？

（3）你的这种分法还能继续往下分吗？

（4）还有别的分类吗？你的这种分类也还能继续往下分吗？

预计学生可能性：直接就是四堆，也就是最后的结果。因为学生的直观感觉，在明确了特征之后，他们会本能地直接拿出来。如果遇到这类情况，我们就要体现“分享式教学”，充分让学生在实践之后分享。

【设计意图】这是这节课的知识点教学，以前只是一次分类，而今天要学的是“继续分”（延续前面的继续往下细化分）。让学生感悟这种“继续分类”的含义。

老师巡视，发现亮点随时记录，对于有些孩子，需要老师和他们一起“玩”。

2.学生分享

每一种分类分别请一位同学在黑板上演示分扣子的过程，边分边描述。

分享过程中，要通过第一个同学的分享，引导分类过程以及分类思想，同时老师把他的分类结果在多媒体上保留下来。另一组分的展示在黑板上，便于对比分类后的结果。

这个环节应该是本节课的核心。学生会直接说出自己分的结果，而不会有条理地说自己的发现，自己是按什么标准分的，更不会说“我先按什么标准分成两类，再按什么标准继续往下分……”

所以，这个环节需要老师的引导：

问题：

（1）你们观察扣子后，有什么发现？（引导学生说出特征）

（2）请先按一个标准分类，并说说自己是按什么标准分的，分成了几类？

（3）再观察分后的里两堆中任何一堆，又有什么发现？找共性

（4）你又是怎么分的？

……

【设计意图】分类思想，首先是找特征，从所有特征中找共性。这是分类思想的基础，也是孩子们后续学习的一种策略意识。在分享过程中，训练学生有条理地描述，是对学生数学素养的培养，也是对学生的语言表达能力的培养，在这个过程中还可以培养学生的自信。所有这一切都是基于学生的能力的发展和后续学习的快乐、有效的基础上的思考，通过“自主、动手”实践，让数学学得轻松、快乐！

3. 观察分类结果，你有什么发现

【设计意图】综合实践课主要包括调查与研究、实验与观察、参观与考察、设计与制作等。而“观察”是一种有计划、有目的、较持久的认识活动，它是一个人认识事物的重要途径，应该从小就培养。学生对比观察，直观感受分类的结果相同。

活动二：

1. 同桌合作

拿出 2 号口袋，两人一组，先讨论一下可以怎样分，再动手试一试。

重点是学生自己操作。体会可以按不同的标准继续往下分，分到不能再分的时候，理解所分得的结果是一样的。

【设计意图】有了前面的活动经验的积累，第二个活动可以放手让学生独立去完成，一方面是让学生获得一定数量的数学活动经验，另一方面是再次感受“数学好玩”。在活动中，初步经历发现和提出问题、分析和解决问题的全过程。

2. 全班分享

你是怎么想的？

【设计意图】这里的“你是怎么想的”，引发学生“从头到尾”地思考问题，回忆自己的实践过程，并加以描述。巩固老师引导的多层“分类”的模式；训练有序思考的习惯。同时，再次感悟不管如何分分到不能再分的时候结论是相同的。

三、回归课前任务

让学生尝试完成课前任务，小结收获。

64. “数学乐园（下）”（数学实践活动）设计与反思

缪建平
（江苏省苏州工业园区跨塘实验小学，苏州名教师）

※ 课前思考

柏拉图认为：“游戏可以引导出孩子的学习天性。”孩子们在幼儿园里，他们的主要任务是有秩序地“玩”，可是升入小学后，他们做得多的是“学习”。这样的转变不仅仅是生理上的每天坚持40分钟，更多的是心理上的，是对学习知识的渴望。那么，怎么样才能让一年级的孩子们能专注热情地投入到学习中来呢？其实答案很简单，就是让他们在学中玩，玩中学，玩中探。

数学游戏对小学低年级数学教学的意义是显然的。它可以改善孩子们的学习环境，使其绿色安全；可以延伸数学课堂中的学习任务，使其在无意中得到巩固；它可以提升学生数学思维，使学习更高阶；它可以拓展数学的知识领域，使学生的数学视野更宽泛等等。

基于上述思考，本人在学生学习、掌握一些数学知识和本领之后，适时设计数学实践活动“数学乐园”，让学生进入知识王国、游戏王国、思维王国，引领他们在数学王国里流连忘返。

本课是针对一年级第二学期学习至期中自行设计的数学实践活动。通过实践活动，复习100以内数的认识及顺序，熟练计算20以内数的减法；同时，通过有趣的、有挑战性的数学游戏活动，培养学生的数学思考能力，体会数学的乐趣和成功的体验。活动准备有多媒体课件、音乐“我的朋友在哪里”、数字卡、图卡、题卡、口算卡、奖品。

※ 教学过程

一、激趣导入

师：同学们，从开学到现在，我们学习了哪些数学内容呢？

生：减法（20以内的减法）、认数（100以内的数）、认识图形、加法和减法（一）（不进位加减）。

师：今天我们一起走进数学乐园，比一比谁的数学学得好。我们将分组进行比赛。

贴出第1～4组的比赛记分牌子。

二、数学游戏活动

数学游戏活动（一）：我说你说

师：我们一起来分组对口令，看看哪个组的选手对答得又对又快。大家准备好了吗？

①得数是12：我说_______，我说_______。

②得数是16：我说_______，我说_______。

……

数学游戏活动（二）：击中目标

师：（出示1、6、7、9），同学们看到这些数字了吗？现在请你从中选择三个数，加上“+”“-”两种运算符号，最终使它们的得数是12。你能做到吗？（如果学生不明白要求，可举例如下：6+7-1=12）

师：如果还是这四个数字，但是得数变化了，比如等于1、10、8、4、3、14或者2，你又该怎样列出算式呢？

（同学们兴致勃勃地投入到抢答比赛中）

数学游戏活动（三）：灵机一动

师：同学们，我曾经教给大家学好数学三句话：疑难问题不放过、举一反三找规律、回顾反思常总结。其中第二句“举一反三找规律”告诉我们“规律”是十分重要的，是我们理解数学的一把重要的“钥匙”，今天我就把“金钥匙”送给大家！请看——（出示实践题）

1. 热身运动：找找规律

①5、10、15、（　　）、（　　）、30

②100、90、（　　）、70、（　　）、50

③2、4、6、（　　）、10、（　　）

④1、3、5、（　　）、（　　）、11

（针对3、4提问：单数，还是双数？以便引入下文）

2. 故事游戏：比比机灵

师：同学们喜欢听故事吗？（喜欢）我给同学们讲了一个数学故事《机灵的

小白鼠》，故事中藏着一道富有挑战性的思维题呢——

大花猫是捕鼠能手，一天共抓到了 10 只老鼠。这天，它在吃老鼠以前，先要叫老鼠列成固定的一队报数，第一批吃掉报单数的；剩下的老鼠重新报数，在第二批中，花猫仍吃掉报单数的；第三批也是如此……最后剩下的一只老鼠可以被保留着，不再吃它，而与第二天抓到的老鼠一起，继续按照上面的吃法去吃。

后来，发生了一件极其有趣的事情。大花猫发现，一连好几天，最后被留下的总是一只机灵的小白鼠。

大花猫就问小白鼠："你想了什么办法，能每天都留下呢？"

小白鼠说："尊敬的大花猫先生，每天排队前我都先数一数你这一天抓到了多少只老鼠，然后，我站在一个相应的位置，就可以留下来了……"

大花猫听了小白鼠的详细回答，很感叹地说："没想到，害人的老鼠里居然也有你这样聪明的小白鼠呀！"

小白鼠行了一个礼，恭敬地说："尊敬的大花猫先生，不瞒您说，我并不是害人的老鼠，我是从科学家的实验室里溜出来玩的，您放我回去，好吗？"

大花猫高兴地放它回去，临别的时候，大花猫还感谢小白鼠给它上了一节生动的数学课呢！

师：同学们你想提什么问题？

生：那只机灵的小白鼠，应该站在几号位置呢？

师：这个同学非常不错，能够自己提出问题了不起！现在请同学们分组进行思考，如果有 20 只老鼠，小白鼠应该站在什么位置才不被吃掉呢？

（同学们分组自行探索，之后请成功的小组到讲台上来进行讲解，老师配合画图，让其他组进行理解与思考）

当抓了 5 只老鼠时，小白鼠排在第 4 个，没有被吃掉。

●●●○●

当抓了 10 只老鼠时，小白鼠排在第 8 个，没有被吃掉。

●●●●●●●○●●

20 只老鼠时，我发现小白鼠排在第 16 号，就不会被吃掉……下面是示意图：

●●●●●●●●●●●●●●●○●●●●

数学游戏活动（四）：摆摆比比

师：（拿出 1、7、8 三张卡片）同学们，从中挑选出 2 张卡片，你能摆出几个两位数？

请按从小到大的顺序写在下面的横线上：

________、________、________、________、________、________；

其中最大的是（　　　），最小的是（　　　）。

数学游戏活动（五）：金鱼调头

师：同学们，最后我们布置一个“金鱼掉头”的游戏，请大家回去试玩。它玩的方法如下（下面的移动中包含答案，便于老师学习使用中体会）：

先用3枚棋子来摆一个类似“金鱼头”的三角形（图①）。它有两个竖列，要使它从指向左变为指向右，最少要动几枚棋子呢？你一定可以很快答出：动1枚（如图②，其中黑棋子表示画线棋子移至新位置）。

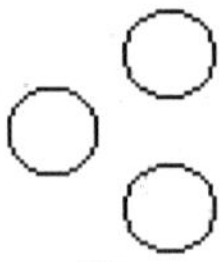
①

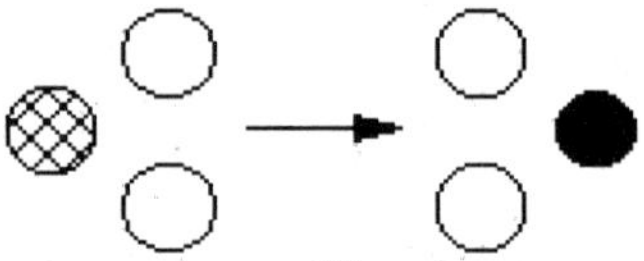
②

6枚棋子可以组成一个三角形的“鱼头”，它有三个竖列，要使它掉头，要移动2枚棋子（如图③）10枚棋子可以组成四个竖列的三角形“鱼头”，要想使它掉头，要移动3枚棋子（如图④）。

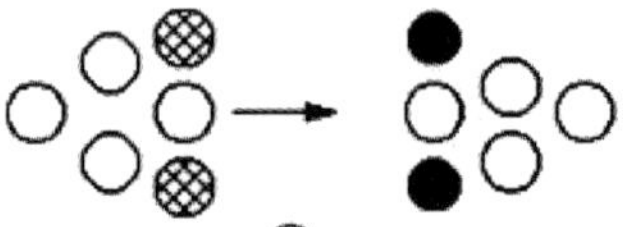
③

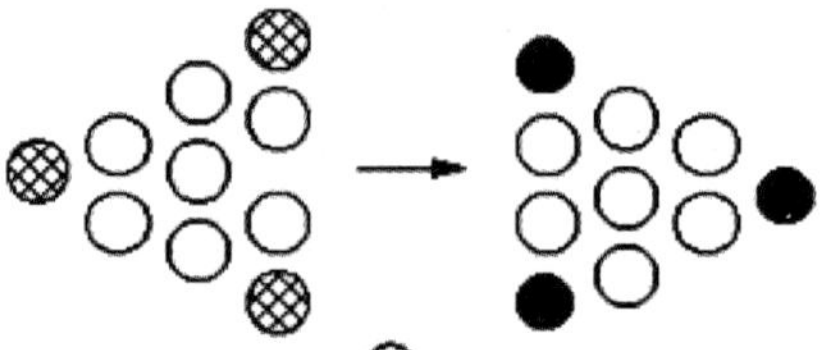
④

5个竖列的“鱼头”是由15枚棋子组成的，由6个竖列组成的三角形“鱼头”共需21枚棋子，要想使它掉头，各需要移动几枚棋子呢？随着竖列的增多，你能总结其中的规律吗？

三、课堂小结

师：同学们，今天我们一起来数学乐园里进行学习、游戏与探索，你们有什么收获呢？谁来说说？

生：我觉得今天的小白鼠游戏特别好玩，我想继续玩，还想知道如果老鼠再多些，又该站在什么位置呢？

生：我想回家继续玩“金鱼掉头”的游戏，想知道怎样去摆。

生：我觉得数学是很有意思的。

※ 课后反思

鲁迅先生说过，“游戏是儿童正当行为，玩具是儿童的天使。” 文学巨匠席勒说：“只有当人充分是人的时候，他才游戏；只有当人游戏的时候，他才完全是人。”他甚至认为，艺术和游戏的产生，是人类脱离动物界的一个最后标志，也是最重要的标志。可现实情况是，孩子们进入小学之后，“应试教育”成为最大的障碍，它在一定程度上剥夺了小孩子游戏的权利和乐趣。

为此，我在小学低年级教学中，每隔一段时间，一定会设计一些数学游戏课、数学实践课，渗透于日常教学中，既能巩固所学的知识，又能让孩子们在游戏中学习，在游戏中探究，在游戏中增智，在游戏中发展。

哲学家马丁·海德格指出：“儿童为什么要游戏呢？儿童游戏就因为他们游戏。‘因为’二字在游戏中消失了，游戏没有‘为什么’，儿童在游戏中游戏。”从这个意义上讲，“数学乐园”就是孩子知识的王国、成长的乐园，发展的家园。希望我们老师们一起来努力，让枯燥的功课、单调的学习不再成为孩子成长的阻碍，促进他们自信满满地学习，愉快地学习。

65. “认识人民币（1元及1元以内）”教学设计（课例一）

顾婷
（江苏省苏州工业园区第二实验小学，青年名师）

※ 课前思考

认识1元及1元以内的人民币，教材从一幅三名孩子在商店里买玩具的画面引入，使学生联想到“买东西要使用人民币”，由此唤起学生已有的知识和经验，再组织学生通过取币、换币、付币、找币等活动，使学生对人民币形成整体的认识。“试一试”使学生进一步熟悉元与角间的进率，为学生购物付币做准备。

学生对购物活动有一定的认识和接触，但由于现行的大多购物采用刷卡或网络支付的方式，而且价格小于1元的商品比较少，使得现在的学生对实体的人民币了解不多，小于1元的人民币接触就更少了，因此学生对人民币的认识很有限。

结合刚过春节的时间契机，所有学生基本都收到红包的情况，课始设计了红包话题，导入新课学习。考虑低年级学生的形象性思维特点以及注意力稳定的时间长度，本课主要设计了四个游戏环节：我说你举、眼力大比拼、我说你猜以及争做购物小能手，帮助学生进行高效、轻松地深度学习。

※ 教学过程

一、红包激趣，导入新课

课件出示：拜年图。

谈话：同学们今年过年你们最高兴的事情是什么啊？你们拿到红包了吗？你们拿到的是什么样的红包？（纸质红包），你们还听过有什么形式的红包啊？（微信红包）

师：同学们很有生活经验，回答得也很精彩。同学们，那红包里装的是什么啊？（钱），中国的钱有个响亮的名字叫什么？今天我们一起认识人民币。（出示课题）

生齐读课题。

【设计意图】通过有趣、轻松的红包话题直奔教学主题，唤醒学生的学习热情。

二、数学游戏，探究新知

数学游戏活动（一）：我说你举（拼手气红包，举相应的人民币）

师：老师给每个小组准备一些手气红包，每人随机抽一个，看看你的红包里有多少钱，并先在小组里分享交流。接着，老师说一种人民币，符合要求的请你举起来。

1. 1 元硬币；5 角硬币；1 角硬币

说说你是如何辨认的？（板书：元、角）

师：除了这些，谁还拿到了不同种类的人民币？是什么样的？（长方形的、纸币）

2. 1 元、5 角、1 角纸币

请学生投影展示 1 元、5 角、1 角纸币，让学生介绍辨认。

数学游戏活动（二）：眼力大比拼（快速说出人民币的面值）

师：福牛宝宝和好朋友也都拿到了红包，看看他们分别拿到了多少钱？

抢答他们红包里装的人民币面值；期间插入 5 分、2 分、1 分的钱币，说说是怎样辨认的。（板书：分）

数学游戏活动（三）：我说你猜

1. 一人描述，一人猜是什么人民币

师：纸质的，写着数字 1，最大的人民币单位。什么人民币？（1 元纸币）

生：金属的，写着数字伍，最小的人民币单位。什么人民币？（5 分硬币）

2. 猜猜小红会怎样付钱

（1）出示情境图：从图中你看到了小红想买什么？是多少钱一本呢？

师：小朋友请你想一想可以怎样付 1 元呢？小组合作从盒子里拿一拿，看看你们想到了几种不同的付法。

（学生活动，教师了解情况，选择不同的付法拍照上传）

预设一：用一张 1 元的人民币；

预设二：用 10 张 1 角的人民币；

预设三：两张或两个 5 角的人民币；

预设四：5 角和 1 角的组合。

小结：从刚才买练习本的活动中，付 1 元除了可以取 1 元的硬币或纸币外，

为什么其他方法也可以？（因为这些方法合起来都是10角，10角就是1元）

（2）想一想

提问：刚才小朋友说10角也可以买1元的东西？也就是1元和10角之间是什么关系？（1元=10角）

追问：这样推想，1角=（ ）分呢？如果我只有面值为5分、2分、1分的人民币，可以怎样付1角呢？

指出：目前以“分”为单位的人民币，面值太小，购买力弱，所以在市场上已经不流通了，老师也是找了好久才找到这些人民币的。

【设计意图】充分利用学生已有的生活经验，通过拼手气红包的游戏，激发学生认识人民币的兴趣。引导他们自发地通过正反面图案对比，区分1元、5角、1角的硬币和纸币。通过眼力大比拼的游戏形式，帮助学生巩固对人民币面值的辨认方法。并用这样的方法自主辨认：5分、2分、1分的硬币。在学生自主选择付1元钱的方法活动中，通过不同的付钱方案，自然地引出1元=10角，1角=10分，使孩子们从中获得成功的体验，增强参与的欲望。

三、闯关游戏，组织练习：争做购物小能手

游戏情境（一）：不找零超市

1.想想做做1

（1）连一连：如果拿着一张人民币，想买和面值相同的商品，出示想想做做1，你能像这样连一连吗？汇报，并说说理由。

（2）想一想：隐去商品，留下第一行人民币。追问：刚才的过程中5角买了什么物品？1元呢？1角呢？你知道生活中5角还可以买什么物品？1元可以买什么物品？1角呢？

【设计意图】首先让学生将价格和对应的人民币连接，巩固辨认面值的方法。其次通过连线的结果，引导学生感受1元、5角、1角对应的价值，培养数感。

2.想想做做2

算一算：乖乖鼠买了一块橡皮，壮壮虎买了一张明信片。他们分别是这样支付的，你知道橡皮和一张明信片的价格了吗？

游戏情境（二）：综合超市

1.猜一猜：根据提示福牛宝宝带了1元，可能买什么物品

（1）他买了一种物品，猜猜他可能买了什么？（等于或小于1元的商品）

追问：这时，营业员阿姨应给他找回多少钱呢？

（2）他买了两种不同的物品，猜猜他可能买了什么和什么？

2. 付一付：根据要求福牛宝宝想买铅笔、气球和胶水三种物品

（1）1 元够吗？应该付多少钱？（1 元 2 角）

（2）可以怎样付 1 元 2 角？

【设计意图】继续创设购物的实际情景，求购买商品时应找回的钱以及求两种商品合起来的价格，是购物中最常见的问题。通过 1 元可能买什么物品，让学生知道人民币面值和商品价格之间的关系。当买的是小于 1 元的物品时，应找回相应的钱币。当大于 1 元时，钱币就不够了，应付出至少和商品价格相等的钱币，有助于激活学生已有的付币经验。

四、总结收获

提问：今天这节课你有哪些收获？

总结：人民币是我国的法定货币，人民币上有我国的国徽图案，有旅游胜地、人物头像。所以我们一定要爱护人民币。还要学会合理消费，不管是支付实物人民币还是电子支付，我们都要养成勤俭节约的好习惯。

66. “认识人民币（1 元及 1 元以内）”课堂实录与反思（课例二）

许婷婷
（江苏省苏州工业园区斜塘学校，青年名师）

※ 课前思考

“认识人民币（1 元及 1 元以内）”是小学数学一年级下册的教学内容。本节课的教学内容为认识 1 元及 1 元以下的人民币。教材编排了以商场购物为主题的生活情境，结合生活中使用人民币的例子，让学生知道“买东西要用人民币”，以此揭示人民币在商品流通过程中的功能以及在人们生活中的重要作用；通过对人民币结构特点的分析，渗透了爱护人民币、爱国教育等；还通过引导学生正确看待人民币，发现钱不是万能的，很多东西是用钱也买不到，如：生命、时间等，正确看待人民币。

一年级儿童年龄小，缺乏社会经验，上市场购物的机会也少，对人民币只是初步的认识，对于要用钱才能买到东西这一朴素的等价交换的原则只有初步的意识。本节课的教学会使学生对人民币有进一步的认识，在模拟购物环节中，通过实际操作人民币，使学生在简单的活动中感知人民币的币值和人民币的商品功能。

※ 教学过程

一、谈话引入

师：我们已经认识了以元、角、分为单位的人民币，请你认一认它们，（贴出 1 元、1 角、1 分、5 角、5 分、2 分人民币，学生说出名称）

师：你们认识了这些人民币，能将它们分分类吗？

生：我把纸币分一类，硬币分一类。

师：根据材质分，可以。还有不同的分法吗？

生：我把元的分一类，角的分一类，分的分一类。

师：元、角、分都是人民币的单位，按人民币的单位来分，也很好。还有不同的分法吗？

生：我是按数字来分的，数字 1 是一类，数字 2 是一类，数字 5 是另一类。

师：按人民币上的数字来分类，也是可以的。

【教学思考】人民币是生活中常见的量之一，绝大多数学生都接触和使用过人民币，对它的面值、样式、作用等已经有了初步的认知经验。学生课前进行了微课的学习，在生活经验的基础上，又将人民币的知识与数学联系起来，较系统化地将生活知识上升到了科学的理论知识。本环节学生对人民币进行介绍以及分类，让学生从不同的角度获得新的认识。这样设计，既能有效激活学生已有的知识储备，激发他们参与学习和探索知识的积极性和主动性，又能使他们感受分类标准与结果之间的关联，初步感受分类思想的意义与价值。

二、知识回顾（自主学习单 1、2、3 题）

师：小丽准备去商场买东西，她自己的零花钱有 1 张 5 角和 1 张 1 角（出示如下），小丽一共有多少钱？ 你是怎么知道的？（学生回答略）

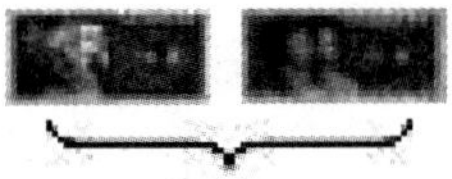

师：如果小丽的妈妈又给她 2 个 1 元和 1 个 5 分，小丽现在一共有多少钱？你又是怎么想的？（学生回答略）

师：同学们刚才说得很好！把元和元合起来，把角和角合起来、分和分合起来，就是几元几角几分。

三、比较面值大小

师：我们认识了这么多人民币，它们都有不同的面值，你们想比一比人民币的大小吗？下面我们一起来学习比较人民币的大小。

（1）出示 5 角◯1 角

师：请你比一比 5 角和 1 角，在圆圈里填上 >、< 或 =。

师：为什么填 > 呢？

生：5 比 1 大，所以 5 角大于 1 角。

（2）出示 3 角◯1 元

师：你是怎么想的？

生：1 角 =10 分，所以 1 角大于 1 分。

（3）出示 64 分◯6 角

师：你是怎么想的？

师：同学们刚才总结得很好！在比较大小的时候，要先看单位，单位相同的直接比较前面的数；单位不同的要把单位换成相同的再比较大小。

师：你们现在知道应该怎么比较了吗？和你的同桌说一说。（个别交流）

师：请你完成自主学习单第 2 页的第 4 题：

9 分◯1 分　10 角◯1 元　32 分◯3 角　10 分◯10 角

生：9 分比 1 分大，10 角和 1 元一样大。

师：为什么它们一样大？

生：因为 10 角就是一元。

生：32 分大于 3 角。

师：这又是为什么呢？

生：因为 32 分是 3 角 2 分，所以比 3 角大。

【教学思考】人民币的面值、人民币单位之间的转化、不同人民币的组合等都是生活中处处可见的实用知识，教学中一方面启发学生根据元与角之间的进率进行类推，另一方面则引导学生讨论角与分的关系，从中厘清其间的关系。

四、换币游戏

师：老师这里有 1 张 1 元，把它换成 5 角，可以换几张 5 角？请你和同桌交流想法。

生：1 张 1 元可以换 2 张 5 角。

师：为什么？

生：1 元 =10 角，10 角里有 2 个 5 角。

师：对呀，2 个 5 角合起来是 10 角，10 角就是 1 元，1 张 1 元可以换两张 5 角。你也是这么想的吗？谁还想说一说。

师：几枚 5 分可以换 1 枚 1 角呢？ 1 枚 1 角又可以换几枚 2 分呢？

五、付币游戏

师：同学们，现在有一本笔记本的价钱是 1 元，要买 1 本笔记本，可以怎样付钱呢？请大家小组讨论一下，然后再交流。

生：我想用 1 张 1 元的来付钱。（老师课件随机演示）

生：我想用两个 5 角的来付钱。

生：我想用 5 个 2 角的来付钱。

生：我想用 10 个 1 角的来付钱。

师：同学们说得不错！同样是 1 元的笔记本，有的同学直接付了 1 元，也有的付了 2 个 5 角，5 个 2 角、还有 10 个 1 角，其实他们都是付了几角？

生：10 角。（课件演示 10 角）

生：因为我们已经知道 1 元 =10 角，所以付了 10 角，就是付了 1 元钱了。

师: 同学们刚才付币的方法都是从大面值的人民币逐渐换成小面值的人民币，你现在学会怎么付 1 元了吗？

生：会了！

六、综合付币方法：“找回”“正好用完”1 元以上付币

师：（出示如下）如果用 1 元钱，你最想买哪一种？它是多少钱？

1角　7角　5角　2角　1元6角　9角　8角

师：哪个同学知道，怎样找钱吗？应该找回多少钱？谁来举个例子说说。

生：我想买第一个，给 1 元，需要找回 9 角。因为用掉了 1 角，10−1=9。

师：如果把 1 元钱“正好用完”，可以买哪几种？谁知道“正好用完”是什么意思？

生：“正好用完”就是商品的价格和你付的钱是相等的，不需要找钱。

生：我想买第一个和倒数第二个，正好加起来是 1 元，不需要找钱了。

（学生交流方法，集体验证）

师: 老师想买一个卷笔机，要付 1 元 6 角钱，谁能帮帮我付钱？（学生运用道具，探究付钱方法；然后展示交流：利用投影，学生带着人民币展示不同付钱方法）

师：（出示不同付币方法）这么多种付钱方法，你们发现什么特点了吗？

生：都是从大面值的人民币逐渐换成小面值的人民币。

师：这么多种方法，你觉得哪种最简单方便？

生：付 1 张 1 元、1 张 5 角、1 张 1 角最简单，它付的张数最少。

师：如果你去购物，你会选择最简单的付币方法吗？

生：原来不知道，但今天学会了。

【教学思考】仍然以购物为情境，将练习主要分为三个层次，首先是基本练习，重点帮助学生巩固人民币的进率。其次是应用练习，引导学生在购物情境中通过对 1 元的不同付钱方法的思考与交流，加深对人民币单位以及相邻单位之间进率的认识，感受人民币的应用价值，发展推理能力。最后是综合性练习，先后安排

了找钱问题、正好用完问题、1元以上价格的付币等三个活动，帮助学生在“用数学”的过程中加深对人民币的认识，积累购物经验，发展数学思考。

七、聪明屋

师：老师出示下面的解决问题：

小明买一块巧克力3元2角钱，他付的钱全是  。想想：小明最少有（ ）张  ，还应找回（ ）角。

师：请同学们认真读题，自主思考并完成在自主学习单上。

（学生交流是怎么想的）

八、拓展

师：除了人民币，也有许多外国的钱币，有人认识外币吗？

生：我认识的……（老师根据学生的回答，出示外币，如美元、英镑、欧元、日元等）

师：钱在我们的生活中很重要，它可以买很多很多东西，吃的用的。那么，是不是什么都能用钱买到的呢？什么是钱买不到的？

师：所以，我们应该爱护人民币，不浪费乱用，更应该知道，钱并不是万能的。

九、总结

师：你有哪些收获？还有什么疑问？

※ 教后反思

一、微课辅助，促进教智融合

奥苏伯尔说过：影响学生最重要的原因是学生已经知道了什么，我们应当根据学生原有的知识状况去进行教学。现今的家庭对孩子的教育重视程度远远高于以往，家长重视生活中数学经验的积累，因此一年级小朋友在生活中多少已经接触过人民币，他们对人民币的兴趣也异常浓厚。

本节课的例1作为微课拍摄的内容，通过购物情境引入，观察人民币的颜色、图案、面值、单位纸币与硬币的区分等特点，辨别1元、5角、1角、5分、2分、1分不同面值的人民币，知道元、角、分是人民币的单位，微课还重点突出了1元=10角、1角=10分的认识。微课作为一种全新的教学手段，在教育教学中是以促进学生的知识建构为最高目标的，因此，微课的设计与制作应体现以学生为中心的思想。本节课是在学生前学的基础上，进行的对基础知识点的巩固及深层知识的适当挖掘，从而使学生在贴近生活的情境中逐渐掌握人民币的知识，能熟练运用于生活。为了充分发挥学生在学习中的主导性，充分利用学生的前学能力，设计了微课及相应的自主学习单来引导学生完成前学。本节课是在前学的基础上展开的由巩固基础与深层挖掘相结合的教学活动。本节课中以生活情境“购物”为主线，逐步展开“如何购物”“如何付钱、找钱”等活动的情节，让学生在生活经验中学习数学，感受数学，并运用于生活中。

二、合作学习，追求固本拓新

货币是人类社会特有的度量价格的工具，是购买货物、保存财务的媒介，在本质上是一种约定。人民币是我国的法定货币，在生活中广泛存在。一年级学生虽然年龄小，社会经验不足，但在生活中对人民币或多或少见过或使用过，有一定的购物经历。对班级群体而言，学生对人民币的认识又是不平衡的。接触人民币机会多，经验会更丰富；接触人民币机会少，经验自然比别人少一些。经验上的差异，既是本节课的重要资源，也是造成部分学生学习困难的原因。而要用好这些经验，扬长避短，课堂上的合作学习就是一个明智的选择。合作学习能增加学的“自由性”，为学生提供更多的思考和交流的机会，能充分发挥每一个学生在学习共同体中的作用，促使不同水平的学生都获得不同程度的发展。

三、真实情境，增添现实意义

人民币最直接的意义在于“用”，即学会使用人民币，并在使用的过程中丰富对现实世界数量关系的认识，感受人民币的价值，获得相应的量感。因此，在教学环节，以购物为主线设计课堂活动，具体可分为以下几个层次。首先，设计了 1 元的付币方法，根据给定的要求，帮助学生巩固不同人民币单位之间转化的关系。接着，根据实际情况设计“找钱”的问题，帮助学生理解什么情况才会出现“找钱”的情况，并能正确判断找回多少钱，丰富他们的购物经验。

最后，1 元 6 角的付币方法。要求付 1 元 6 角时，方法很多，在这里对一年级学生的要求是很高的，组内合作的过程必不可少，这也是呈现的方法多样的有效途径。在付 1 元和 1 元 6 角这两个环节，最后教师都进行了付币方法的归纳总结，这既是对所有付币方式的梳理，也为了引导学生观察发现，最简洁的方式是付币张数最少的时候，更深层次地启发学生，付币张数逐渐增多的同时，人民币的面额在逐渐变小，这一过程渗透着换币和进率的内在含义。

四、渗透方法，达到深度学习

数学是思维的体操，数学思想方法是数学知识的核心。教学中教师着力体现在教学活动中的思想方法，是学生提升数学素养的关键之处。本节课的思想方法主要体现在以下几方面。首先，经历分类过程，感悟分类思想。本节课伊始，学生通过微课学习，对人民币的种类有了初步认识，课上让学生主动介绍人民币，并将它们按照不同的分类标准进行分类，得到了分别从单位、面值、材质等角度获得的不同分类结果。这不仅是对人民币再认识的过程，也是帮助学生感受分类标准与分类结果之间的关系。这种由局部到整体的认识事物的方法，有利于人们了解认识现实世界的一般方法，又促进了数学学习从浅到深的挖掘过程。

其次，经历分析问题的过程，感悟推理思想。在探究“元与角”的关系后，启发学生通过类比类推获得“1 角 =10 分”的结论。又如，在购物情境时，引导学生根据货架上商品的价格，思考“用 1 元钱，可以买哪些商品”中“用 1 元 6 角，可以选择哪些商品”等问题，在探索不同解决问题的方法过程中，逐步学会从条件出发思考解决问题的方法，加深对数量关系的理解。在整个过程中，既有由此及彼的合情推理，又有由因到果的演绎推理。这样的设计，较好地体现了“为发展学生思维而教”的教学理念，是逐步从掌握程序性知识到掌握策略性知识的元认知上的深度发展。

67. “动手做”教学设计

陈珂丽
（广东省佛山市顺德区大良实验小学，青年名师）

※ 课前思考

在学习本节课之前学生已经认识了长方形、正方形、三角形和圆等一些常见的平面图形。本节课的学习内容是利用七巧板进一步巩固所学习的知识，初步认识平行四边形，引导学生对七巧板进行比较。教材首先出示了一副完整的七巧板，并简单介绍了七巧板的历史与构成。本节课对于平行四边形，学生只要直观认识，知道形状和名称即可。教材要求学生能摆出给出的图案和自由拼摆图案，目的是发展学生空间观念，体会图形之间的关系。

本节课的学习将为学生以后认识角、长方形、平行四边形、三角形等平面图形的特征提供一定的活动经验。

本节课以活动为主线，从七巧板的“认”“拼”“摆”入手，让学生感受七巧板的“巧”“趣”“美”。在操作的过程中逐步加深对平面图形的认识，积累数学活动经验、培养学生应用意识和创新意识，激发学生的思维。

※ 教学过程

一、激趣导入，提出问题

师：同学们，你们看过喜羊羊与灰太狼的动画片吗？今天呀喜羊羊它们给我们带礼物来了，快看！

师：灰太狼给我们带来的这个正方形本领可大了，它会变身，不信你们看？（变两个三角形）谁来说一说，变成了什么图形？再变——（一副七巧板）谁知道又变成什么了？

预设生：七巧板。

师：七巧板是一种既古老又好玩的玩具。

师：谁来猜一猜，它为什么叫七巧板呢？

预设生：有七块板组成 。

师：他回答对了吗？我们一起数一数。1，2，3，4，5，6，7。原来七巧板是有7块板组成的，所以叫七巧板。那七巧板又“巧”在哪里呢？这一节课我们就来和七巧板做朋友。

【设计意图】通过创设学生喜爱的动画片情境，从而使学生产生高昂的学习需求，积极投入到认识七巧板的活动中。七巧板为什么叫“七巧板”呢？七巧板“巧”在哪里？这个问题的提出引发了孩子们的思考，也激发了孩子们探究“七巧板”的欲望。

二、交流探究，初步感知

1. 认一认

师：咦？你们知道在七巧板中哪些图形是我们以前学过的吗？

预设生：三角形，正方形。

师：那你知道它（指向平行四边形）叫什么名字吗？

预设生：平行四边形。

师：请同学们把平行四边的这块板在学具中找出来，举起来！放下。它呀，是我们今天认识的新朋友！（板书：平行四边形）

师：请你仔细观察平行四边形的形状与其他图形有什么不同！把你的发现和你的同桌说一说。

生：它有四条边，这两条边斜斜的，这两条也是。

师总结：它有四条边，但不像正方形和长方形那样四四方方。

【设计意图】这样的设计是有意让学生运用所学的知识结合自己的理解来了解七巧板的组成。进一步熟悉学过的平面图形并初步认识平行四边形，不仅使旧知识得到复习，还使得学生意识到知识是互相联系的。

2. 说一说

师：仔细观察自己桌面上的七巧板，七巧板都是有几种图形组成？其中正方形有________？三角形有________个？平行四边形有________？

总结: 三角形的个数是最多的，有5块，正方形和平行四边形最少，都各有1块。

3. 分一分

师：三角形有5个，你能将它们分分类吗？

预设生：能。学生分类。

指名学生上台分一分，并说一说这样分的理由是什么？

生：我是按照三角形的大小分的？

（这两个大点的三角形是一样大的，这两个小点的三角形是一样大的，这个只有一个，所以单独在一起）

师：谁和他分的一样？

咦？你的意思是？（指着两个三角形 ——一样大的）你是怎么知道的？（指名学生回答）

生：我把这两个三角形重叠在一起，发现的。

师：你可真了不起，你上来试一试。（请学生上台用重叠的方法试一试）

引导学生全班一起用重叠的方法验证两个大三角形的大小，并用手摸一摸！

师：同学们那你们也来比一比这两个三角形的大小吧？

同学们真厉害，不但善于观察还善于动脑！

师：我们给他们取个名字吧？

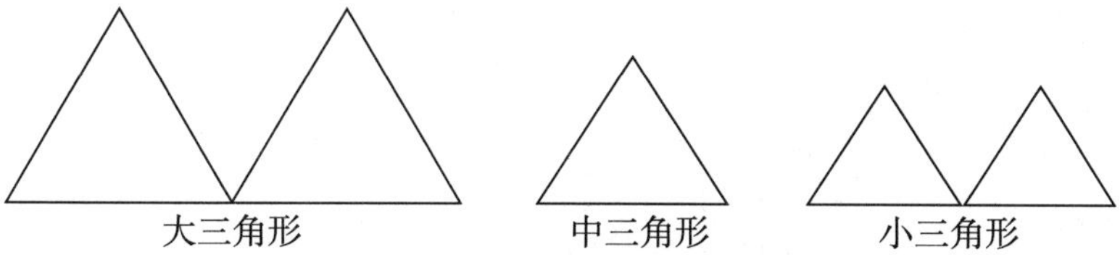

【设计意图】这样设计使学生进一步了解了七巧板的特点，并通过拼摆复习了学过的图形，为培养学生的发散思维做好准备。通过手、脑、语言三者相结合的演示，使学生有一个展示自我，锻炼自我的空间，从而增强了学生学习知识的信心。如何知道两个图形一样大，学生通过比较发现了重合法，这充分尊重了学生已有的生活经验进行教学。

4. 看一看

师：同学们想知道七巧板的由来吗？

（1）FLASH 播放，介绍历史。

（2）以课件图片的形式，欣赏现代设计师的作品。

师：至今，有些桌子也是根据七巧板来设计的。我们能不能利用七巧板拼出各种图形呢？

【设计意图】播放七巧板的由来让学生了解七巧板源远流长的历史，欣赏七巧板图案，激发学生创作的欲望和创作的热情。

三、实践操作，深入探究

1. 拼出一个新图形

（1）师：既然有这么多三角形，我们就先从三角形开始，玩转三角形！

出示操作要求，请2个学生读一遍。

（2）学生动手操作，师巡视。并和同桌说一说，你用两个三角形拼成了什么样的新图形？

（3）指名3位学生到讲台上展示自己拼出的新图形，介绍自己的拼法。

预设生1：我用两个大三角形拼成了一个正方形。

预设生2：我用两个小三角形拼成了一个更大的三角形。

预设生3：我用两个小三角形拼成了一个平行四边形。

师：你们真厉害，他拼成的这个平行四边形就是我们今天认识的新朋友。请同学们也像他这样拼一个平行四边形出来！

师：七巧板里面也有一个平行四边形，请同学们找到它，比一比，你发现了什么？

学生动手操作，通过比较发现。

预设学生回答：用两个小三角形拼成的平行四边形和原来的平行四边形是一样大的。

师总结：原来用两个小三角形拼成的平行四边形和原来的三角形是。（一样大的）

【设计意图】本环节主要是让学生用两个完全一样的三角形能拼成一个新的图形，探索三角形与新的图形之间的关系，再对比新的图形与七巧板中图形的关系，学生在对比中感悟七巧板的“巧”，为后续学生创造图形提供基础。

2.用七巧板拼平面图形

（1）师：同学们通过刚才的拼图，发现了很多的秘密。我们能用七巧板拼出我们学过的图形吗？请你试一试，并和同桌说一说：你用什么图形拼成了一个什么样的新图形？

（2）指名学生上台展示自己的新图形，并说一说自己的拼法？

预设学生学习成果：

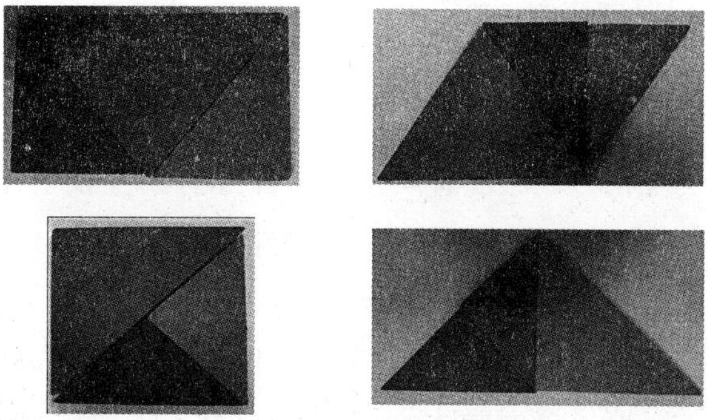

【设计意图】本环节充分地发挥了学生的主动性，教师放手让学生自主探索，学生积极参与到拼摆活动中，不仅可以培养合作学习的精神，而且可以达到互相学习、互相补充的目的。将学生各种拼法展示出来，有利于提高学生观察、比较能力，培养学生的空间观念和创新思维。

四、展示交流，拓展创新

1. 拼有趣的图形

师：同学们真了不起，可以用七巧板拼出这么多我们学过的图形！其实还可以用七巧板创造出很多有趣的图案呢？你们想试一试吗？我们来看一看活动要求：

（1）出示活动要求，学生明白活动要求后，引导学生自己动手拼一拼，并给自己拼出的图案起个好听的名字。

（2）师巡视，并拍照（学生拼不出来，可参照课件中拼好的图案去拼）。展示时，请相应的学生回答自己拼出的图案像什么。

【设计意图】利用七巧板创造出自己喜欢的图案。这个环节完全属于学生自己，给他们一个自由结合、自由想象、自由学习的机会，学生在操作、展示、交流中，潜移默化地培养了审美情趣，培养了合作交流的能力，这个环节让不同学生都有不同的发展，充分展现孩子的自主能力，而且还让学生感受到七巧板的“趣”。

2. 七巧板回盒

师：同学们，咱们比一比，看谁能够又轻又快地把七巧板收回自己的学具盒里，开始吧！

3. 欣赏生活中的七巧板

在生活中七巧板应用的也很广泛，你们看！学生欣赏生活中的七巧板。

【设计意图】学生在欣赏的同时，体会到七巧板图案的“美”，有利于培养学生审美能力，感悟到生活周围处处有数学，发展学生的空间观念，体会到了七巧板的千变万化即创造的乐趣。将七巧板回盒在培养学生整理学具的同时，也进一步培养了学生观察能力、动手操作能力和思维能力。

4. 课堂总结

小朋友们，你们觉得七巧板有趣吗？本节课你有哪些收获？学生说收获。

师：七巧板千变万化，为我们展现了一个奇妙的世界。只要大家善于观察，勤于动脑筋思考，就会拼出更多更美的图案。

【设计意图】培养学生语言表达能力的同时，也是学生对本节课收获的总结，进一步体会七巧板的神奇，激发学生创造潜能。

68. “有趣的单、双数”（数学实践活动）教学设计与反思

郭建芬
（江苏省苏州工业园区翰林小学，青年名师）

※ 课前思考

著名数学大师陈省身曾经说过：“数学好玩”。玩是孩子的天性，对好玩的事物总是兴趣盎然，乐此不疲，即使遇到挫折或困难，还是百折不挠，迎难而上。数学好玩，更要玩好数学。《义务教育数学课程标准（2011 年版）》指出：数学教学活动特别是课堂教学应激发学生兴趣，调动学生学习的积极性，引发学生的数学思考，鼓励学生的创造性思维。教学中恰当的游戏设计可以唤醒学生的学习动机，激发学生的学习兴趣。关注数学游戏，更体现了从关注“学科”到关注“全员”的教育理念的转变，也是重新选择了数学教学的逻辑起点，重新选择了一种教育哲学，重新选择了一条重塑学生学习的道路——一条让教师抵达学生内心、抵达教育真谛的道路。

基于上述思考，本人在把握儿童心理，精准对接学情，适时设计了数学实践活动课“有趣的单、双数”，合理创设有效情境，优化教与学的方式，运用希沃白板的独特功能，融入创新游戏，践行“数学好玩，玩好数学”的理念，引领孩子徜徉在数学海洋中，进行课堂对话与生成、思维碰撞与挑战，感受数学学习的无限快乐和挑战。

※ 教学过程

一、生活引入，初步感知

（出示图片）

师：小朋友们看，这些物体你认识吗？谁来介绍一下？

生：1 支铅笔、1 幅手套、1 双筷子、1 个茶杯、1 双鞋子、1 根棒棒糖。

师：把这些物体根据它们的个数分分类，可以怎么分呢？先独立思考一下，然后和同桌讨论一下。

生：我觉得可以分成两类，铅笔、杯子、棒棒糖只有1个，手套、鞋子都有2个。

师：你为什么这样分呀？

生：因为有的是一个一个的，另外一些都是两个两个的。

师：其他小朋友也这样分的吗？有没有别的分法？

师（边拖动图片整理分类边介绍）：小朋友们真聪明，像上面一排物体的个数我们可以说成都是单个的，下面一排物体的个数一般都是双个的，它们一般会成双成对地出现。其实在我们学过的数字朋友中，也有这样的现象，下面让我们一起走进聪明屋去探索吧！

【设计意图】从生活中的物品引入，让学生通过观察感知它们每个物品个数的特点，并鼓励学生用数学语言来描述它们的个数，最后通过分类引出单和双的概念，让学生经历从直观到抽象的数学思维过程。

二、借助直观，理解意义

1. 动手操作，了解单数和双数

师：聪明屋里住着很多圆点宝宝，下面我们先来数数每个房屋里分别住着几个圆点宝宝吧！

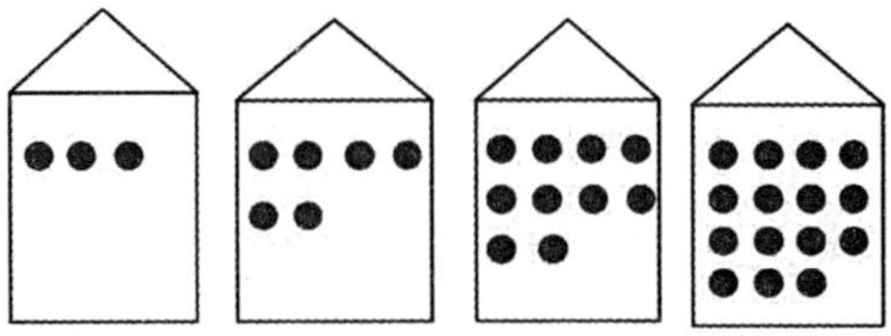

生：3、6、10、15。

师：现在圆点宝宝要我们小朋友们帮他们找好朋友，如果找到了，就像这样两个两个地圈起来，小朋友们能帮助他们完成任务吗？

学生打开学习单，动手圈一圈。

教师巡视，提示：只能在同一个聪明屋里找好朋友哦。

学生汇报展示、课件演示圈一圈。

师：观察每个聪明屋里的这些圆点，你有什么发现？

生：数字 3 和数字 15 中的圆点宝宝最后还多一个，数字 6 和 8 中的圆点宝宝最后没有多的。

师：小朋友，在数学上像这样，两个两个地圈在一起，最后还剩下一个的，这样的数叫作单数（齐读），所以 3 和 15 就是单数；如果两个两个地圈在一起最后没有剩下单独的一个的，这样的数叫作双数（齐读），所以 6 和 8 就是双数。

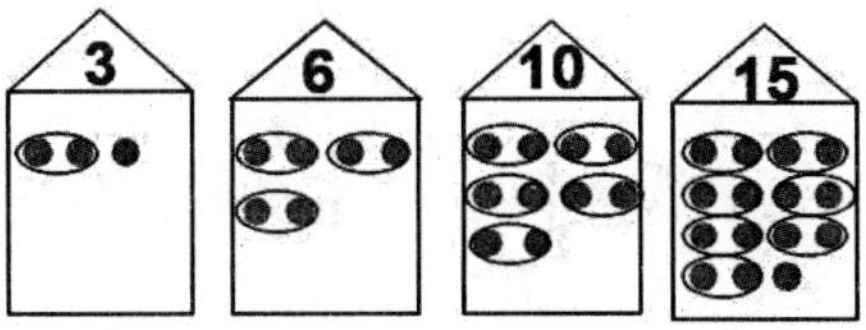

单数　双数　双数　单数

【设计意图】通过“找好朋友”的情境引入，以圆点图为载体，引导学生通过数一数、圈一圈，从图形到数字，数形结合，引领学生从具体走向抽象，初步理解单双数的意义。

2. 自主探究

师：在我们学过的 1~20 的数中，还有哪些数是单数或者双数呢？想不想把他们找出来？下面请小朋友们先听好要求。

依次播放录音，学生倾听，明确要求。

（1）选一选：请小朋友们在 1~20 之间选择一个数字写在学习单相应的位置，注意老师黑板上写过的数不能再选。

师追问：写什么样的数字？哪些数字不能再写了？

生：3、6、10、15。

（2）画一画：请你在学习单的方框里根据自己写的数字用图形或者符号画出相应的个数，比如圆圈、圆点、三角形、正方形等，然后两个两个地圈在一起。或者也可以摆一摆根据自己写的数字用小棒先摆出相应的根数，然后两根两根地分在一起。（教师示范）

（3）说一说：最后别忘记和同桌说一说你选择的这个数是单数还是双数。

展示学生作品并上讲台贴一贴自己的作品。

师：小朋友们，还记得刚开始的其中一个聪明屋里有 11 个圆点宝宝吗？现在老师用 11 根小棒来表示！现在请你想一想，和 11 相邻的两个数是几和几？它们又是什么数呢？

生：和 11 相邻的两个数是 12 和 10，12 是双数，10 也是双数。

师：谁能上台摆一摆，让我们一眼就看出来。

生：| | | | | | | | | |。

师：10 根小棒我再拿掉一根小棒，变成几了？又是什么数呀？

生：9 根，9 是单数。

师：10 的前面还能找到哪些单数和双数呢？和同桌说一说。

生：10 的前面有 1、2、3、4、5、6、7、8、9，其中 1、3、5、7、9 是单数，2、4、6、8 是双数。

师：刚刚我们已经把 11 前面的单数和双数找出来了，那么在 11 后面又有哪些单数和双数呢？请小朋友们借助手中的小棒边摆边找，注意还是两根两根地分在一起。

生（结合展示交流）：11 后面有 12、13、14、15、16、17、18、19、20，其中 13、15、17、19 是单数，12、14、16、18、20 是双数。

3. 观察规律

（1）师：小朋友们真了不起，通过动手动脑把 20 以内所有的单双数都找出来了。现在请同桌合作，将老师课前给你们准备的数字卡片先倒在篮子里，一个人负责把单数找出来排在桌上，另一个人负责把双数找出来排在桌上，开始吧！分完后可以读一读。

再请两个小朋友把这些单双数排排序。

女生：1、3、5、7、9、11、13、15、17、19。

男生：2、4、6、8、10、12、14、16、18、20。

（2）师：如果老师把这些单双数按从大到小的顺序排在一起了，你有什么发现呢？

预设：单数和双数是一个隔一个排列的。

【设计意图】在自主探究环节，放手让学生再次通过画一画、摆一摆等，自主探究 20 以内其他单双数，力求体现由扶到放，由部分到整体，从零散走向统整，深入认识单双数，探寻单双数的排列规律，在玩中学、学中玩，让课堂变得开放而灵动，让学习变得有趣又有深度。

三、游戏串联，应用提升

1. 游戏 PK：看谁对又快

师：现在你能记住这些单双数了吗？下面我们来玩一个游戏，男女生各选一个代表，上台比赛，选出单数和双数，看看在规定时间内谁得分高？

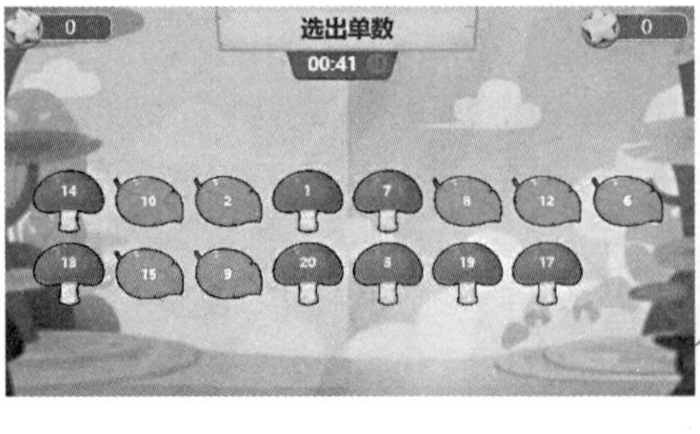

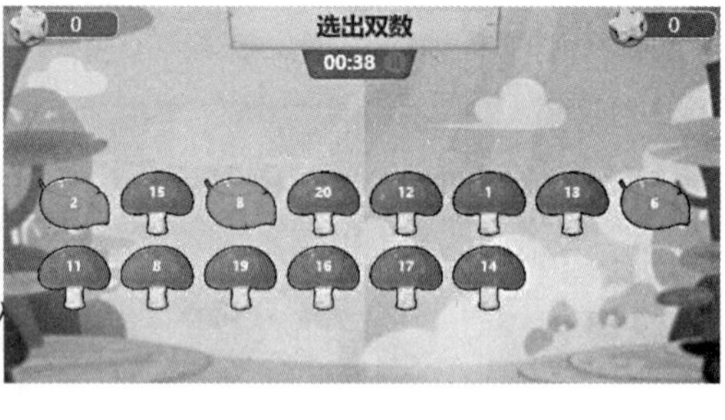

男女生触屏点击依次出现的数，进入两轮不同的游戏 PK。

2. 游戏找怪：看谁火眼金睛

师：刚才我们帮助了聪明屋里的圆点宝宝找到了好朋友，但不幸的是聪明屋里还来了几位怪客，这些怪客就藏在我们的数字宝宝中，你们有信心帮他们找出来吗？现在请你在学习单上找一找吧！

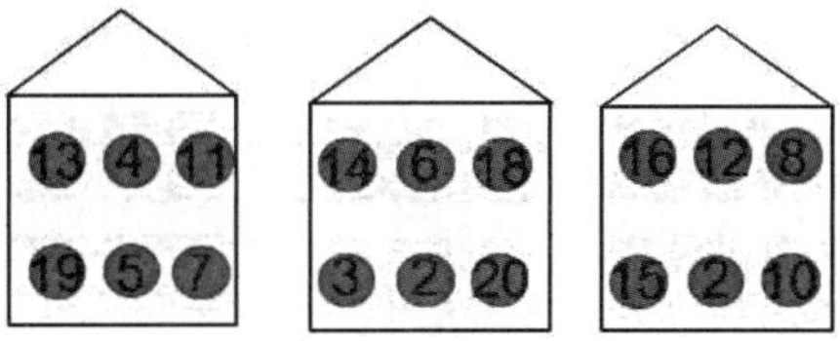

生：第一幅图中 4 是怪客，因为其他几个数都是单数，4 是双数。

生：第二幅图中 3 是怪客，因为其他几个数都是双数，3 是单数。

生：第三幅图中 15 是怪客，因为其他几个数都是双数，15 是单数。

课件演示将怪客一个一个打掉。

游戏探秘：数字对对碰！

过渡：怪客赶走后，圆点宝宝们又开始玩起了数字对对碰的游戏，茄子老师有一定的要求，我们一起来看看。

游戏规则：哪两个数字合起来是单数的，请把它们碰在一起？

学生活动，教师随机点击数字记录。

生：1+2=3。

生：1+4=5。

生：2+3=5。

生：2+5=7。

师：观察每一组中的两个数字的特点，它们原来各自分别都是什么数，合起来后的数都是什么数？

生：单数和双数合起来是单数。

师：下面茄子老师改变游戏规则了，哪两个数字合起来是双数的，请把它们碰在一起？

生：2+2=4。

生：4+2=6。

生：1+1=2。

生：1+3=4。

生：5+1=6。

师：观察每一组中的两个数的特点，你又有什么发现？

生：单数和单数合起来是双数，双数和双数合起来也是双数。

【设计意图】练习设计以游戏PK、游戏找怪、游戏探秘等系列游戏贯穿始终，再次引导学生在玩中学，学中玩，学玩结合，在游戏中加深学生对单双数的理解，同时初步渗透和的奇偶性，为后续学习助力，让学习变得生动而又富有挑战。

四、回顾反思，总结延伸

1. 师：今天我们一起又认识了我们数学上的两个好朋友，你能介绍一下吗？

2. 生活中的单双数。

出示图片：红绿灯、电梯、电影院上隐藏的数字，学生用单双数表述看到的数字。

师：你还在生活中的哪些地方见过单双数？学生交流。

师：老师还想了解一下我们班小朋友的学号情况，下面请学号是单数的小朋友起立？

师追问：你的学号是27号，你为什么觉得自己的学号是单数还是双数？

小结：其实在我们数学上还有很多很多的单双数，小朋友可以运用我们今天学到的知识课后和同学、爸爸妈妈一起去探索更多的单双数，了解更多的奥秘！

【设计意图】让学生找一找生活中的单双数，体会单双数与我们生活的密切联系，引导学生学会用数学的眼光观察生活。同时通过采访学生学号问题，让学生能够通过今天学习的内容自主迁移到判断比20大的数，延伸了学习边界，进一步激发了学生探索的兴趣。

※ 课后反思

有趣的单双数这一课是在学生已经认识了20以内的数后设计的一节综合实践拓展课程，意在进一步加深并拓宽学生对20以内数的认识与理解，体会数学与生活的密切联系。著名特级教师华应龙曾经说过：课堂不仅要传授知识，还要启迪智慧，更要滋养生命。这节课突出“边玩边学，玩学结合”理念，在多元活动中点燃学生学习的激情，在潜移默化中培养学生的迁移能力，在观察对比中渗透分类思想，在游戏挑战中提升学生的数学思维，在瞻前顾后中延续学生学习的热情，让整节课变得有趣又有料，有效又有情。

2 年级

中国名师教学设计和课堂实录

新时代小学数学名师课堂

邱学华　叶建云　主编

世界图书出版公司

图书在版编目（CIP）数据

新时代小学数学名师课堂 / 邱学华，叶建云主编
. -- 北京：世界图书出版公司，2022.6
ISBN 978-7-5192-9470-0

Ⅰ. ①新… Ⅱ. ①邱… ②叶… Ⅲ. 小学数学课 - 课堂教学 - 教学设计 Ⅳ. ① G623.502

中国版本图书馆 CIP 数据核字 (2022) 第 041721 号

书　　名	新时代小学数学名师课堂
（汉语拼音）	XINSHIDAI XIAOXUE SHUXUE MINGSHI KETANG
主　　编	邱学华　叶建云
总 策 划	吴　迪
责任编辑	冯晓红
封面设计	田雨艳
内文设计	娟　子
出版发行	世界图书出版公司长春有限公司
地　　址	吉林省长春市春城大街 789 号
邮　　编	130062
电　　话	0431-86805551（发行）　0431-86805562（编辑）
网　　址	http：//www.wpcdb.com.cn
邮　　箱	DBSJ@163.com
经　　销	各地新华书店
印　　刷	河北品睿印刷有限公司
开　　本	787 mm × 1092 mm　1/16
印　　张	127.25
字　　数	2 357 千字
印　　数	1—5 000
版　　次	2022 年 6 月第 1 版　　2022 年 6 月第 1 次印刷
国际书号	ISBN 978-7-5192-9470-0
定　　价	498.00 元（全 6 册）

邱学华

简介

邱学华，1935 年 7 月生于江苏常州，1956 年考入华东师范大学教育系，曾做过小学教师、中学教师、大学教师、师范学校校长。1984 年被评为特级教师，1988 年被评为有突出贡献中青年专家，1992 年享受国务院颁发的政府特殊津贴。他对小学数学教学进行了长达 50 多年的实践与研究，在口算表、口算量表、基本训练、标准化考试、尝试教学实验等方面进行了多项具有创新性的研究，在教育界产生了深远影响。他出版过 270 多本著作，在国内外教育杂志上发表了 600 多篇文章，尝试教学实验遍及全国 31 个省、自治区、直辖市，实验基地 2 100 多所，60 多万名老师、70 多万个班级、3 000 多万名学生参与其中。他的足迹遍布全国各地，做过 700 多场学术报告，约 60 万人听讲。

邱学华老师博学多才、谦虚谨慎、执着顽强，既有深厚的理论功底，又有丰富的实践经验，因此在教育界享有盛誉，可谓是小学教育界的泰斗。当代著名教育改革家朱永新教授称他为“创造记录的长者，教育的光明使者”。

《人民教育》2011 年第 13—14 期“尝试教学”专辑，从“专家解读”“应用案例”和“区域推广”三个方面全面、深入地介绍了尝试教学的相关理论与实践，反响很好。

叶建云

简介

叶建云，中学高级教师，岭南师范学院广东省中小学教师发展中心客座教授，江西省“国培计划”指导专家，常州大学尝试教育科学研究院兼职研究员，深圳城市学院教师继续教育授课专家，深圳市宝安区高层次教育类人才，深圳市名教师，深圳市叶建云名教师工作室主持人，广东省首届骨干教师培养人选、南粤优秀教师，深圳市宝安区官田学校小学数学教师。在《人民教育》《新教师》《小学数学教师》《中国教育报》等40多家教育刊报上发表文章100多篇，出版教育专著《追寻幸福的教育》《课堂解码——小学数学精品课评析》和《小学数学有效评课的理论与实践》等3本，合著、主编教育著作16本，先后参与、主持过近10个市级、省级和国家级课题，4次获新世纪版全国小学数学录像课、课例资源、现场辩课和主题成果评比一等奖。《小学教学（数学版）》2012年第12期和《教师》2017年第12期封面人物。

FOREWORD 前言

先说一说为什么要编写这套《新时代小学数学名师课堂》。

20世纪90年代，我们曾编写过一套《新编小学数学备课手册》，主要是为了推广应用尝试教学法，帮助教师备课，此事距今已时隔30多年了。

随着我国小学数学教学改革的深入发展，小学数学教育的水平不断提高，已达到世界一流水平，引起国际数学教育界的关注和认可。一些国家纷纷派人到中国考察，探究中国小学数学教育高质量的奥秘。

英国全面引进上海小学数学课本和练习册；浙江教育出版社出版的小学数学实验课本被译成法文；湖南教育出版社应非洲南苏丹的请求，为该国编写了全套小学数学课本及配套资料。中国的小学数学教育已走向世界，为中华民族的伟大复兴贡献了非凡的力量。

我国数学教育界已开始研究总结数学教育中的“中国经验”。所谓“中国经验”，是指数学教育中继承和发扬中华教育传统之精华，借鉴国外先进教育理念，通过中国数学教师在教学实践中不断探索与创新，逐渐形成具有中国特色的教学方法。“中国经验”大致可概括为以下十个方面：

1. 数学教学中的教育性

2. 重视自学

3. 教学导入

4. 尝试教学

5. 加强“双基”教学

6. 变式练习

7. 师班互动

8. 提炼数学思想方法

9. 当堂检测

10. 完整的教研网络

教育实践是教育理论的源泉。这十条“中国经验”主要是从许多优秀教师的课堂教学中提炼出来的。由此，我们应该从源头追溯“中国经验”，通过学习和研究优秀教师的课堂教学，达到认识、学习和发展“中国经验”的目的。

2021 年 7 月 24 日，中共中央办公厅、国务院办公厅印发《关于进一步减轻义务教育阶段学生作业负担和校外培训负担的意见》。随着“学生作业负担”和“校外培训负担”的“双减’，迫切需要一线教师提高课堂教学效率。“中国经验”在长期积淀中发展，在理论上已经比较完善，在实践中已经成熟。由此，我们萌发编一套《新时代小学数学名师课堂》的设想。《新时代小学数学名师课堂》就是“中国经验”的最好体现，期待其为新时期基础教育的减负增效助力。

再说一说怎样编写的这套《新时代小学数学名师课堂》。

当下出版的教案集不少，有各种版本小学数学课本的教学指导书（相当于备课手册）、各位名家的课堂实录、按一定教育理念汇编的教学设计等。本套书的特色主要表现在两个方面：一曰新时代，二曰名师课堂。

1. 突出新时代。这套书收录的名师课堂具有时代特征，反映新时代的教育理念、教学方法、教学手段，同时也显示了中国特色，体现“中国经验”，是诠释“中国经验”的具体写照。

2. 直指名师。被选入这套书的都是名师的教学设计和课堂实录。由于我国有优越的社会制度、尊师重教的社会风气、数学教师专业化的规定，新中国成立 70 多年来，特别是改革开放 40 多年来，涌现出一批又一批小学数学名师，包括特级教师、正高级教师、学科带头人、骨干教师、教坛新秀等。

在众多的名师中还产生了一批闻名全国的小学数学名家，他们有各具特色的教育理念和高超的教学艺术。例如，吴正宪的好吃有营养的课堂、黄爱华的智慧课堂、徐长青的简约课堂、徐斌的无痕课堂、华应龙的化错课堂、李志军的游戏化课堂、邱学华的尝试课堂等。纵观世界各国，在小学数学教育领域中有这么多名家和名师是很少见的。

名家和名师的教学设计和课堂实录大都散见在各种教育杂志上。这套书就是把它们汇集起来，想必会受到大家的欢迎。

3. 分年级按领域编排。编辑这套书必须考虑如何把这些名家名师的教学设计和课堂实录有序地编排起来。为了方便教师使用，分年级编排，一个年级一本，1—6 年级共 6 本。受篇幅所限，每个年级不可能按课本分单元编排，每个课题也不可能都能找到名师的课堂设计。本书按“数学课程标准”要求，分四个模块编排：数学与代数、图形与几何、统计与概率、综合与实践。每个模块选择有代表性的典型课例。目前小学数学课本有各种版本，如人教版、苏教版、新世纪版、西师版、青岛版等。本套书总的是按照“数学课程标准”的要求，淡化版本，这样能够满足广大教师的需要，不管使用哪种版本的教师，都能参考这套书。

4. 记录名师课堂的形式以课堂实录为主，记录课堂教学有多种形式，大致分为两种：一种是课前写的，也是上课之前预设的，一般称为备课、教案、教学案、教学设计等。一种是课后整理的，为了研究需要，课后根据教学实际情况整理，一般称为课堂实录、课堂纪要、教学片段等。课堂实录要全面反映一堂课的实况；课堂纪要只是要求记录一堂课的几个重点部分；教学片段要求更简单些，仅是记录一两个片段。

上述两种形式各有特点，满足不同需要。教学设计是为了上好课而在课前准备的，课堂实录是教师和研究者为了研究的需要而在课后整理的。如果把两者混为一谈是不科学的，也是不现实的。有的学校要求教师备课都要按课堂实录形式进行，这不就闹笑话了嘛，你还没有上课，怎么能知道学生怎么回答呢？

为了使读者能够全面学习名师的经验，这套书尽量采用课堂实录的形式，少部分采用教学设计的形式。

有些重要课题同时有几个名师课例，我们把它们编排在一起，这也是同课异构，让读者分析比较，从中体现不同名师的课堂教学特色。

最后要说的是，编写这套书是一项复杂的系统工程，必须依靠集体的力量才能完成。我们两位主编，仅仅是搬运工，为的是把名师课堂集中汇编起来，呈现给大家。所以这套书是全国名师共同协作的成果，是集体智慧的结晶。

在编写过程中出现许多动人的情景：中国教育学会小数会理事长、小学数学教育家吴正宪非常支持这项工作，她说这套书是总结“中国经验”的大事，是功德无量的好事，并同意使用她的课堂实例。广东省特级教师、深圳市教科院黄爱华把他多年来搜集的名师课例毫无保留地提供给我们。天津市特级教师、简约教育创立者徐长青，在他的名师工作室范围内，广泛向名师组稿，提供了不少好课例。湖北省教育厅刘莉、甘肃省教育厅基教研究中心张炳意都积极支持，推荐本省名师参与。江苏省苏州工业区跨塘实验小学校长缪建平、浙江省宁波市高新区外国语学校副校长郑水忠在百忙之中协助做最后的校稿工作。所有入选课例的名师都赠送样书并支付稿酬，如果有些名师联系不上，此书出版3个月后尚未收到样书和稿酬，请与叶建云先生联系，邮箱：754828511@qq.com。

这套书的顺利出版，应感谢北京师联时代公司的策划和世界图书出版公司编辑出版。

希望广大教师喜欢这套书，并提出宝贵意见。

谢谢大家。

2022年3月

CONTENTS 目录

一、数与代数

二、图形与几何

三、统计与概率

四、综合与实践

一、数与代数

1. “100以内数连加”课堂实录与反思

黄雪冰
（广东省深圳市宝安区官田学校，青年名师）

※ 课前思考

在学习本节内容前，学生已学习了20以内数的连加、连减、加减混合运算，此外，学生还学习了100以内数加（含进位加法）、减（含退位减法）运算。在这个基础上我们将要进行100以内数连加运算，这对学生来说，算理是相通的，只是数目变大了。我们将通过知识的迁移规律，帮助学生体会100以内数连加运算的计算道理，并在课堂教学过程中，培养学生分析数量关系能力、提高计算和估算能力，从而整体提升学生的数感。

※ 教学过程

一、课前热身

师：同学们，听说我们班的数学高手特别多，老师这里有几张水果卡片，里面有一些算式需要计算结果，看看哪位同学能抢答正确，好吗？

卡片依次出示：30+45=　　6+31=　　18+42=　　21+53=

52+26=　　43+6=　　7+9+3=　　36+60=

师：同学们算得又快又准确，真是名不虚传。老师真佩服大家。

师：今天笑笑和淘气在玩套圈游戏，邀请我们去当裁判。同学们，想去吗？

出示主题图，动态演示淘气和笑笑的套圈情况。

师：相信小朋友们都玩过套圈游戏，谁能介绍一下他们两个游戏的得分情况？

生：淘气第一次套中 24 分，第二次套中 30 分，第三次套中 41 分。

生：笑笑第一次套中 23 分，第二次套中 44 分，第三次套中 29 分。

师：是啊，通过表格，我们清楚地看出他们的得分情况，究竟谁赢了呢？

生：我想可能是淘气，三次比赛，淘气赢了两次。

生：我不同意，机灵狗说了，总分高的获胜。

师：是啊，我们还要看清游戏规则。小朋友们，你们估计一下，谁获胜了呢？

生：淘气第一次比笑笑多 1 分，第二次比笑笑少 14 分，第三次比笑笑多 12 分，笑笑赢了。

生：这样比有点儿麻烦。24 比 23 多 1，30 比 29 多 1，可是 41 却比 44 少 3，所以笑笑赢了。

师：孩子们真是善于观察。究竟我们估计得对不对呢？怎么验证一下？

生：我们列式计算一下。

计算淘气的总分，我们可以把三次得分相加，列式 24+30+41；

笑笑的总分，列式 23+44+29。

师板书：24+30+41=　　23+44+29=

师：你们是怎么算的？想一想，写一写，并把想法与同桌分享。

二、算法交流

生：20+30+40=90　4+1=5　90+5=95

20+40+20=80　3+4+9=16　80+16=96

师：先算整十的，再把个位上的数加上去，这种方法怎么样？

生：很不错。笑笑的总分还可以这样算，20+40+30=90　3+4−1=6　90+6=96

师：为什么要减 1 呢？

生：把 23 看成 20，把 44 看成 40，就少计算了 7 个，把 29 看成 30，多算了 1 个，所以 3+4−1=6，90+6=96。

师：看来口算真是方便，这种好方法值得大家学习。还有其他方法吗？

生：老师，我们用了竖式。（展示学生的作业、师生交流、生生交流并板书）

竖式方法一：

$$\begin{array}{r} 24 \\ +\ 30 \\ \hline 54 \end{array} \quad \begin{array}{r} 54 \\ +\ 41 \\ \hline 95 \end{array} \qquad \begin{array}{r} 23 \\ +\ 44 \\ \hline 67 \end{array} \quad \begin{array}{r} 67 \\ +\ 29 \\ \hline 96 \end{array}$$

淘气总分 95 分，笑笑总分 96 分。所以笑笑获胜。

竖式方法二：

$$\begin{array}{r} 24 \\ 30 \\ +\ 41 \\ \hline 95 \end{array} \qquad \begin{array}{r} 23 \\ 44 \\ +\ 29 \\ \hline 96 \end{array}$$

生：我们可以写连加竖式计算。

师：是啊，以前我们学习过竖式，也学过连加运算，孩子们会利用以前学习的知识来解决新问题，很了不起！

师：这些方法中，你最喜欢哪一种？为什么？

师生交流，引导学生用喜欢的方法解决问题。

三、深化问题

1. 活用主题图

师：孩子们，黄老师也参加了套圈游戏，我套了 2 次，总分 70 分，猜一猜我套中了什么动物？你是怎么算的？

生：老师套中的是企鹅和小鸭：29+41=70。

生：不一定，老师套中的也可能是小象和小猫：47+23=70。

师：考虑得真全面，不愧是数学高手。

师：如果套 3 次，总分可能为 100 吗？如果能，分别套中什么动物？

生：老师套中的可能是企鹅、小鸭和小鹿：29+41+30=100；也可能是小象、小猫和小鹿：47+23+30=100。

师：你们真是善于思考的好孩子。

师：如果套 3 次，总分最低，分别套中什么动物，总分多少？

生：那就是套中分数最低的小动物。分别是小企鹅 29 分，小猫 23 分，小兔 24 分。

20+20+20=60，9+3+4=16，60+16=76，所以 29+23+24=76（分）。

师：同学们，你们在套圈游戏中解决了很多估算和计算问题，真是善于学习的好学生。

2. 加强学生估算、计算能力

师：套圈游戏其实也是体育运动，大家都知道，我国也是体育强国，体育健儿们在世界性的比赛中取得了很多傲人的成绩。请看，这是我国运动员在近几届奥运会上获得的奖牌数。

	金牌	银牌	铜牌
2000 年	28	16	15
2004 年	32	17	14
2008 年	51	21	28
2012 年	38	27	23

师：请你估计一下，这四年获得的奖牌数大约是多少？

生：2000 年大约是 70 枚，30+20+20=70。

生：2004 年大约是 80 枚，40+20+20=80。

生：2008 年大约是 100 枚，50+20+30=100。

生：2012 年大约是 90 枚，40+30+20=90。

师：请你们用自己喜欢的方法计算一下这四年的奖牌数。

学生思考、交流、展示自己的想法。

交流口算：2000 年： 30+20+20=70，2+4+5=11，70−11=59。

2004 年：40+20+20=80，8+3+6=17，80−17=63。

2008 年：50+20+30=100，1+1−2=0。

2012 年：40+30+20=90，2+3=5，90−5+3=88。

师：当我们口算时，记得要把少算的加回去，而多算的要及时减掉。

交流竖式计算

师：同学们，用竖式连加时，要注意些什么？

生：不要漏加，不要写错加数。

生：注意满十进一。

师：你还能提出什么数学问题，并解答。

生生交流，师生、生生互动。

3. 送小卡片回家，再一次巩固学生的估算能力和计算能力，深化学生数感

师：孩子们，经过今天的学习，大家的数学计算能力更强了。老师还要请大家帮帮忙，把卡片送回家。出示题目：

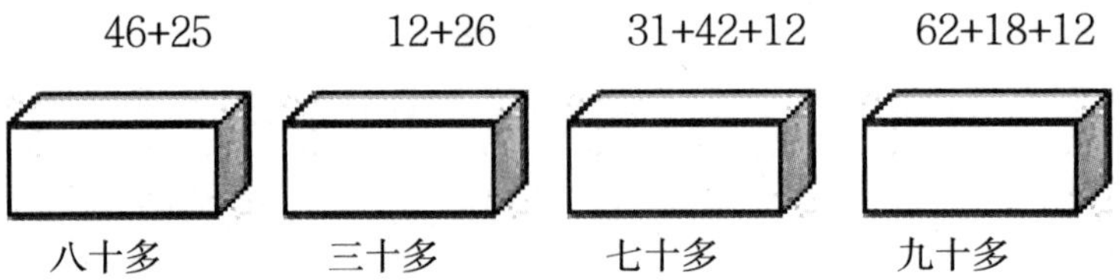

师：你能快速计算出准确结果吗？试一试。

四、总结提升

师：当我们在计算连加运算时，你有什么好方法？有什么要注意的地方吗？

五、板书设计

100 以内的连加运算：

口算 20+30+40=90　4+1=5　90+5=95

20+40+20=80　3+4+9=16　80+16=96

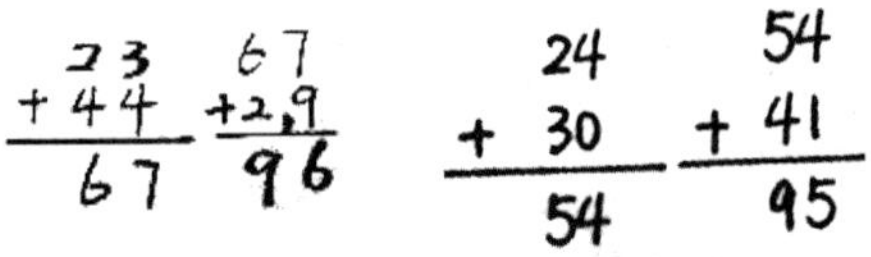

笔算：

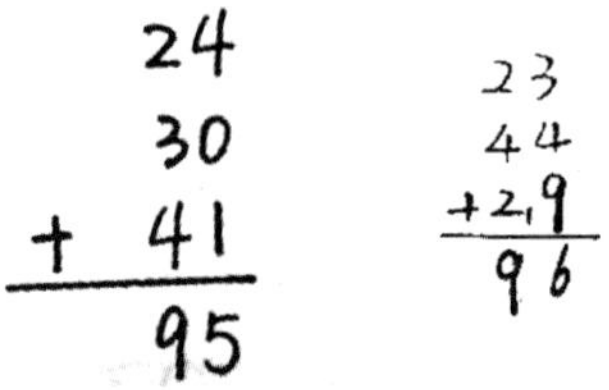

96>95，笑笑赢了。

※ 课后反思

100 以内数的连加运算，对学生来说，计算出结果是没有太大难度的，也从来不是主要目的。但是如何培养学生的估算能力，加强学生的计算能力，并让估算为计算提供服务和参考，是值得思考的。学生明白计算道理，学会与同伴交流算法，在学习的过程中体验思考的乐趣，对于培养学生的数感尤为重要。

数学不再是干瘪瘪的竖式计算，数学不再是为了多种方法而想方设法，数学思考的过程让学生经历了选择，让他们明辨了方法的优劣性，学生也在学习中经历了估算、计算的过程，从而渗透数感，感悟数感，学生数感的培养不再是空中楼阁，而是有血有肉、可实际操作的数学过程了。

2. “百以内进位加法”课堂实录与反思

邱学华
（江苏省常州大学尝试教育科学研究院，特级教师，中小学荣誉教授）

※ 教学背景

这节课是我在 1983 年 4 月在常州市实验班上的研究课。在尝试教学法实验阶段，我亲自到实验班上课，这样才能有深切的体悟。这堂课主要探索在低年级能否应用尝试教学法。这堂课的实践证明，充分利用学生的旧知识，精心设计练习，由浅入深，循序渐进，低年级学生也能尝试，而且能成功。

在本次教学中，我努力促使学生在旧知识的基础上，尝试自己学会计算百以内进位加法，使学生初步理解满十进一的位值观念，通过各种数学游戏，激发学生学习数学的兴趣。

※ 教学过程

一、基本训练

20 以内进位加法的口算题：

8+5	9+4	7+6	6+5	5+9
6+8	7+5	9+3	7+7	9+7
7+3	8+9	8+2	9+6	8+3
9+2	5+5	4+7	8+7	9+9

算完后，教师报答案，学生自己核对。

二、导入新课

基本训练后，出示一道准备题：25+14。两人板演，全班同时练，练后请一人说出计算过程和计算法则：（1）相同数位对齐；（2）从个位加起。接着，教师在准备题上改题，把准备题改成尝试题。

$$\begin{array}{r} 25 \\ +14 \\ \hline 39 \end{array} \qquad \begin{array}{r} 25 \\ +18 \\ \hline \end{array}$$

提问：这两题有什么不同？

回答：第一题个位相加的和不满 10，第二题个位相加的和超过了 10。教师板书课题，学生齐读一遍，这样从准备题很自然地过渡到尝试题。

三、进行新课

教师提问：进位加法怎么计算呢？教师先不讲，要小朋友动脑筋自己来学。我们先来请教一下不开口的“老师”——课本。

接着教师指导学生看书，边看边提问。学生有看不懂的地方也可以问老师。学生看得很仔细，提了很多问题。如“竖式上的小 1 表示什么？”教师引导学生回答：“表示个位满 10 向十位进 1 的意思。”

教师再要求学生按照书上例题的算法，试一试做黑板上的题目。学生尝试练习后，让学生说一说计算过程，同桌之间再互相说。

四、第二次尝试练习

第二次尝试题是一组题，有进位，有不进位，让学生分辨对比，加深对知识的理解。

$$\begin{array}{r} 38 \\ +35 \\ \hline \end{array} \qquad \begin{array}{r} 56 \\ +14 \\ \hline \end{array} \qquad \begin{array}{r} 27 \\ +\ \ 7 \\ \hline \end{array} \qquad \begin{array}{r} 46 \\ +23 \\ \hline \end{array}$$

计算后，归纳成计算法则，认真阅读课本上的结论。

（1）个位和个位对齐，十位和十位对齐；

（2）从个位加起；

（3）个位满十，向十位进一。

为了让大家很快地记住这三句话，把这三句话编成一首儿歌（投影出示）：

进位加法要记牢，相同数位要对齐；先从个位加起来，个位满十要进一。

引导学生用熟悉的曲调（如《新年好》《洗手绢》等）唱这首儿歌，看谁先背出这首儿歌。

五、课堂作业

做课本上的8道题目。算后及时校对订正。

六、数学游戏（漫游数学宫）

利用投影机放映出华丽神秘的画面，电子琴奏出音乐，学生象征性地跟着音乐节奏原地踏步去数学宫。

（1）数学医院，小马虎和小粗心做题不认真，他们带着两个数学病人来找小医生治病。谁来当小医生帮他们治病呢？

$$\begin{array}{r} 56 \\ +23 \\ \hline 89 \end{array} \quad \begin{array}{r} 37 \\ +25 \\ \hline 52 \end{array} \quad \begin{array}{r} 26 \\ +34 \\ \hline 50 \end{array} \quad \begin{array}{r} 48 \\ +26 \\ \hline 614 \end{array}$$

（2）智慧宫有一道题，看谁会解答。方框里填几？有几种填法？

$$\begin{array}{r} 42 \\ +1\square \\ \hline 6\square \end{array} \quad \begin{array}{r} 42 \\ +1\square \\ \hline 5\square \end{array}$$

（3）鞭炮师请小朋友来放“鞭炮”。教师拿出一个“大鞭炮”，在“鞭炮”里有写着算式的字条，谁算对了，大家说“噼啪”并做手势，拍手向上打开。算错了大家说“当”，也做手势，拍手向下打开。

※ 课后反思

这堂课最大的特点是精心设计练习。教者根据本课教学要求的需要，科学地设计不同层次的练习。每一层次的练习内容和练习形式都有所不同，运用多种教学方法。

第一层次 基本训练题

8+5、9+4……学习百以内进位的基础知识是20以内进位加法，以此作为基本训练题，就能为学习新课作好铺垫。

第二层次 准备题

用百以内不进位加法作为准备题，并通过这道题复习笔算加法计算法则，为学习新知识作好准备。

第三层次 尝试题

在准备题上采用改题的办法，把14改为18就改编成进位加法。这个办法充分发挥了旧知识的迁移作用。并要求学生举出实例来说明满十进一的道理，使学生从具体实例中领会进位的算理，这是本节课的难点。

$$\begin{array}{r} 25 \\ +18 \\ \hline 43 \end{array}$$

第四层次 第二次尝试练习

$$\begin{array}{r} 38 \\ +35 \\ \hline \end{array} \quad \begin{array}{r} 56 \\ +14 \\ \hline \end{array} \quad \begin{array}{r} 27 \\ +\ \ 7 \\ \hline \end{array} \quad \begin{array}{r} 46 \\ +23 \\ \hline \end{array}$$

第一次尝试练习，学生会受到例题的影响，依样画葫芦，必须进行第二次尝试练习，提高学生的认识水平。第二次尝试练习是一组题，促进学生形成认知结构。

第五层次 课堂练习题

这是一堂练习课，必须让学生有充分的时间做练习。练后当堂校对、当堂订正，做到反馈信息及时。

第六层次 数学游戏

以游戏形式进行思考性练习，发展学生的发散性思维，使学生的认识水平进一步提高。在欢乐的游戏中结束一堂课，使学生回味无穷。

3. “100以内加减法练习”课堂实录

钱金铎
（浙江省舟山教育学院，特级教师）

※ 课前思考

“100以内加减法练习”是在学生学习了100以内加、减计算的多种情况之后的一节练习课，教学分析中强调教师要经常组织比较，及时整理知识结构，提高学生对算法的掌握以及计算的正确与熟练程度。教材有计划地组织不同计算情况的比较，如两位数加两位数的题，有整十数和非整十数相加减，也有进位加与不进位加、退位减与不退位减，通过比较它们在计算上的不同点，进一步引导算法，进一步帮助学生理清思路，进一步让学生明白写竖式的要领，计算的步骤，进位或退位的方法。

※ 课堂实录

一、在情境中引入和展开

师：你们是二年级的小朋友，能告诉老师你们几岁吗？

生：9岁。（有的说8岁或10岁）

师：那你们能猜猜老师今年几岁吗？

生1：钱老师大约42岁。

生2：钱老师大约43岁。

生3：钱老师大约44岁。

师：有没有猜的比他们大的？

生4：钱老师大约48岁。

（师板书：42、43、44、48）

师：这四个数都有一个共同的特点，是什么特点？

生1：十位数都是4。

生2：一个比一个大。

生3：都是两位数。

师：告诉同学们，钱老师今年47岁，你们认为谁猜得最准？为什么？

生：第4个小朋友猜得最准。

师：为什么他猜得最准，谁能讲出道理？

生1：因为48和47很接近。

师：他们相差几呢？

生：1。

师：光说还不行，你们能用数学的知识来说明吗？

生：48-47=1（岁）。

（师板书：48-47=1）

师：那么42岁与钱老师的年龄相差几岁？

生：5岁。

师：这个5岁又是怎么来的？

生：47-42=5（岁）。

（师板书：47-42=5）

师：那猜43岁的年龄与钱老师的年龄相差几岁？

生：4岁。

师：这个4岁可以用什么算式来表示？

生：47-43=4（岁）。

（师板书：47-43=4）

师：44岁的年龄与钱老师的年龄相差几岁？大家把结果和算式一起讲出来。

生：47-44=3（岁）。

（师板书：47-44=3）

师：这数学还真有用！我们用刚学过的百以内的减法解决了年龄问题。（板书：百以内加减法）今天我们再用100以内的加减法来解决一些问题，大家说好不好？

生：好！

二、在观察中思考和发现

师：我们在学习数学知识时，经常要遇到数和图形。你们快来看，钱老师给你们带来的是什么有趣的图形呢？

生：太阳。

师：太阳是什么形状？

生：圆形。

师：马上算一算，这圆形一共有几个？

生：一共有 9 个。

师：有不同的意见吗？

生：10 个。

师：我们一起看看外面有几个小圆。

生：8 个。

师：那第 9 个哪里来？

生：里面还有 1 个。

师：第 10 个又哪里来？

生：还有一个大圆。

师：噢！小圆大圆加起来一共有 10 个。老师告诉你们，这一圈 8 个小圆里还藏着 8 个数娃娃呢！你们看，这 8 个数娃娃出来与小朋友见面了。

（在 8 个小圆中出现 8 个数）

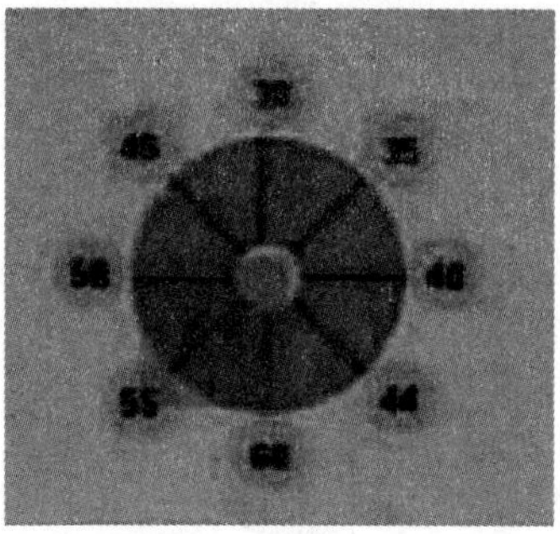

师：现在请大家仔细看看，思考一下这 8 个数娃娃之间有哪些秘密。

生 1：我发现了有 30、40、50、60。

师：这些都叫什么数？

生 1：整十数。

师：还有什么发现？

生 2：隔一个数就是整十。

生 3：55 和 44 的十位与个位都一样。

生 4：30 比 35 少了 5。

师：这里面还藏着一个数，现在它跑出来了，看看是几？

生：90。

师：为什么跑出来的是 90，而不是 80、70 呢?

生：两边两个数相加就是中间的数。

师：你举个例子。

生 1：50+40=90。

生 2：46+44=90。

师：十位上的 4 加 4 应该是 8 啊！怎么是 9 呢?

生：因为个位上的 6+4=10，所以 80+10=90。

师：还有吗?

生：35+55=90　30+60=90

师：看看你们找到的规律，什么样的两个数加起来等于 90？

生：一条线上的两个数加起来等于 90。

师：我们再看看这四个算式，如果要分成两大类，你说怎么分?

生：第 1 个和第 4 个算式放成一类，第 2 个和第 3 个算式放在一起。

生：我不同意。

师：说说道理。

生：它们相差太远啦!

师：赞成第一个同学的请举手，你们来说说为什么同意。

生：因为它们都是整十数。

师：对啊！它们都是整十数，另外两个算式不是整十数相加。那第 2 个和第 3 个算式都叫什么加法?

生：进位加法。

师：是啊！第 1 个和第 4 个算式是不进位加法，第 2 个和第 3 个算式是进位加法。如果我写（　）+（　）=90，你们会写吗?

生：会!

师：70+（　）=90。

生：20。

师：这个算式把它放在第一组还是第二组呢?

生：第一组。

三、在练习中探索和感受

师：老师给小朋友准备了两道题，一道是（　）+（　）=60，另一道是（　）—（　）=60，不许填整十数，能不能完成?

生：能!

（生活动）

师：好！这位小朋友，你是怎么填的？

生 1：43+17=60。

（师板书：43+17=60）

生 2：49+11=60。

（师板书：49+11=60）

师：我也来做一道，48+（ ）=60。

生：12。

师：我再做一道，47+（ ）=60。

生：13。

师：接下来你知道钱老师想写什么吗？

生：要写 25+35。

师：为什么你这样想的？

生：已经有 3+7，9+1，8+2，7+3，我想接下来要写 5+5 的。

师：好！我们一起来算一算 25+35 是不是等于 60？

生：是！

师：如果我们从这里往下看，49、48、47，你猜接下来要写什么？

生：46。

师：那我这里应该写几？（师指着 11，12，13）

生：14。

师：一百以内的加减法我们不但要会算，而且要仔细看它们的规律。下面有 6 道题目，看哪个小朋友做得又对又快。题就在纸上。

（生独立练习）

师：我们一起来对答案，34+42=76，37+17=54，79-25=54，91-15=76，59+17=76，83-29=54。

师：这 6 道题的结果出来了，你发现了什么？

生：有三道算式的结果是 76，还有三道算式的结果是 54。

师：如果把这 6 道题来分类的话，可以按什么来分？

生：得数是 76 的分成一类，得数是 54 的分成一类。

师：根据得数的结果来分类。（板书：得数一样）不按得数的结果来分类可不可以？怎么分？

生：可以分成三道加法，三道减法。

师：你是根据加法和减法来分的。（板书：加减方法）我也来分一分，我想按不进位不退位和进位退位的方法来分，你能找一找不进位不退位的有哪几道吗？

生：34+42=76，79-25=54。

师：进位和退位的又有哪些？

生：37+17=54，91-15=76，59+17=76，83-29=54。

四、在问题中应用和拓展

师：大家都累了吧，我们找个地方休息休息，这是什么地方？

生：儿童乐园。

师：儿童乐园有很多游乐项目，我们一起看一看，这有一个游乐价目表，你看得懂吗？

生1：飞机18元1人。

生2：碰碰车16元1人。

生3：前面三个项目都是十几元，后面的要二十几、三十几元。

师：我看了这价目表，想知道哪个项目最便宜，哪个项目最贵。

生：木马最便宜，太空船最贵。

师：想不想玩？

生：想！

师：先猜猜我玩了什么？我玩了两样，用了34元，你猜得到我玩了哪两样吗？

生：飞机和碰碰车。

师：你是怎么想的？

生：18+16=34。

师：你们想玩了吗？

生：想！

师：请你先写你要玩哪两样？再算一算需要的钱是多少？

（生活动）

师：你玩哪两样？

生：我是玩太空船和飞机，18+35=53（元）。

（师板书：18+35=53）

师：如果有小朋友说我玩两样，用掉的钱最少，大家口算，他用掉多少钱？

生：15+16=31（元）。

（师板书：15+16=31）

师：如果玩两样最贵的，要多少钱？

生：26+35=61（元）。

（师板书：26+35=61）

师：玩最便宜的和玩最贵的相差多少钱？

生：61−31=30（元）。

（师板书：61−31=30）

师：有个小朋友的妈妈给了她 50 元，她玩了三样，结果还有 1 元钱多，你猜猜她玩的三样是什么？

生：飞机、木马、碰碰车。18+15=33（元）33+16=49（元）。

【师板书：18+15+16=49（元）50−49=1（元）】

师：从我们今天学的知识看来，100 以内的加减法重不重要？

生：重要。

4. “认识乘法”课堂实录

徐斌
（江苏省苏州大学实验学校，特级教师）

一、引入新课

师：小朋友们，今天徐老师想带领大家到动物学校去看看，你们愿意去吗？

生：愿意。

师：我们去看看动物学校，到了动物学校的大门口，大门关着。

生：是。

师：原来进入动物学校，还得过大门这一关，把门上的这些加法题算出来才可能进去。这些加法题你们会算吗？

生：会。

师：每人选一道你喜欢的题计算，谁先来选一道？

（课件出示加法题：2+3+6=　4+4+4+4=　3+7+8=　5+5+5=　9+1+6=　2+2+2+2+2=　）

生：2+3+6=11。

师：（对了点头示意）好的，请坐。

生：4+4+4+4=12。

师：对吗？有的同学在摇头，你能把过程说给大家听听吗？

生：4+4=8，8+4=12，12+4=16。

师：没关系，应该等于16。

师：谁再来选一道题说一说？

生：3+7+8=18。

生：2+2+2+2+2=10。

师：我们一起算一算，2+2=4，4+2=6，6+2=8，8+2=10。

生：9+1+6=16。

师：最后一道我们一起来算，5+5+5=15，算对了！但门还没开呀，原来在这些算式里面还藏着一个数学秘密呢！这些算式我们不看得数，就看前面这些加数，你觉得哪几道题的加数比较特殊？先和同桌商量一下。这个秘密找到了，我们可能就进去了。谁来说说看？

生：4+4+4+4，它们都是一样的数加起来的。

师：这都是 4 相加的，还有哪个是一样的？

生：2+2+2+2+2。

师：嗯，都是 2 相加的。还有哪一题？

生：5+5+5。

师：我们换一下算式，是不是门上右边的算式，加数都一样？

（课件出示加法题，左侧：2+3+6=　　9+1+6=　　3+7+8=　　右侧：5+5+5=　4+4+4+4=　　2+2+2+2+2=　　）

生：一样。

师：秘密找到了，大门打开了。

（课件显示动物学校的大门缓缓打开）

二、认识“几个几”

师：这个动物学校好玩儿吗？

生：好玩儿。

师：在这张图片上你看到了几种动物？谁来说说看？

生：我看到了两种，有小鸡和小白兔。

师：这些小动物在排列的时候是怎样排的呀？

生：两只小兔在一起，三只小鸡在一起。

师：我们把鸡藏起来，先看看兔，兔是几只在一起？

（课件隐藏鸡）

生：两只。

师：兔有多少只？我们可以怎样数？

生：两只两只地数。

师：我们一起数，这里是 1 个 2。

生：2。

师：2 个 2。

生：4。

生：6。

师：6 就是 3 个 2，我们一起再来数一数：1 个 2，2 个 2，3 个 2。要求总共有多少只兔，用我们以前的方法，就是把它们加起来，等于 6，我们看着算式：2 +2 +2=6，再来一起数一数这里有几个 2，开始。算式里我们也能看到这里有 3 个 2。

（板书：2+2+2=6）

生：3 个 2。

师：这是兔的情况，我们再来看看鸡，鸡可以怎样数？

生：总共有 4 组鸡，1 组鸡里面有 3 只。

师：那么就是 1 个 3，2 个 3，3 个 3，4 个 3，用加法算式表示是 3+3+3+3=12，我们看着算式一起数一数几个 3。

（板书：3+3+3+3=12）

生：4 个 3。

师：刚才这幅图上，每堆兔是同样多的，每堆鸡也是同样多的，像这样的情况，我们在数的时候，就可以几个几个地来数。

师：下面徐老师想请同学们用小棒来摆摆看，看你能不能摆出几个几。先请你拿出两根，这就是 1 个 2，摆在桌子上。我请一个小朋友到前面来，谁愿意？先摆 1 个 2，再摆 1 个 2，请大家一共摆 4 个 2，摆好的向老师挥挥手，数一数看看是不是 4 个 2。

生：是的。

师：请你把它合起来。下面我们一起摆 2 个 4，同桌互相检查数一数。接下去徐老师想让大家自己摆一摆，想一想每堆摆几根，摆几堆，要求是每堆摆一样多的。

（生自由摆小棒）

师：和同桌说一说，每堆摆几根，摆了几个几。

生：1 个 5，2 个 5，3 个 5。

师：在动物学校，也有动物在摆东西呢，它们摆的是花片，大家看，不知道是哪一个小动物摆的，摆完就走了，咱们小朋友看看，这是摆了几个几啊？

生：这个小动物摆了 3 组，一组有 5 个。

师：你是怎么看的？

生：我是横着看的。

师：我们横着数一数，1 个 5，2 个 5，3 个 5。3 个 5，用加法你们会吗？

生：5+5+5=15。

师：这是横着看，有没有小朋友还有其他看法？

生：也可以竖着看，一堆是 3 个，一共是 5 个 3。

师：5 个 3 相加你会吗？

生：3+3+3+3+3=15。

师：他们都等于 15，为什么都等于 15 呀？

生：数的时候换过来看了。

师：你的意思我明白了，横着数就是 3 个 5 加起来，如果竖着看，就用 5 个 3 加起来。这堆花片有没有变啊？

生：没有。

师：有没有人拿走花片？

生：没有，因为花片一共就有 15 个。

三、认识乘法

师：下面我们去参观动物学校的电脑房。看，一张桌子上摆了几台电脑？

生：2 台。

师：我们数数看，这里摆了几个 2？

生：1 个 2，2 个 2，3 个 2，4 个 2。

师：4 个 2 用加法怎么表示？

生：2+2+2+2=8。

师：要求 4 个 2 是多少，我们以前学过可以用加法做，其实还有一种新的运算方法，那就是我们今天要来学习的乘法。

（板书：乘法）

师：用乘法计算，4 个 2 就可以直接写成 4×2=8，还可以写成 2×4=8。我们一起读一下。

生：4 乘 2 等于 8，2 乘 4 等于 8。

师：这就是我们要学习的乘法，那么乘法算式当中，这个运算符号、符号前面的数、符号后面的数以及得数都有自己的名称，你们想知道吗？请大家看书 20 和 21 页，在 21 页的中间，找到的同学互相说一说。

师：这个符号叫什么？

生：乘号。

师：这个乘号像什么？像小小的叉，也像我们学过的字母 x，这个符号我们叫乘号，乘号前面的数叫什么？谁来汇报一下。

生：乘数。

师：乘号后面的数呢？

生：也叫乘数。

师：算出来的得数叫什么？

生：积。

师：在动物学校，除了这一间电脑房，还有一间大一些的电脑房。这个电脑房有几个 2 呢？

（课件显示 8 个 2 的电脑）

生：8 个 2。

师：用加法怎么写算式？用乘法怎么写？

生 1：2+2+2+2+2+2+2+2。

生2：8×2或2×8。

师：你感觉加法算式和乘法算式读起来怎么样？先不说出来，我们继续参观。

师：在动物学校还有一间更大的电脑房呢！

（课件显示100个2的电脑）

生：哇！

师：这些电脑有100个2呢！用加法你们说算式，我来写，争取一口气写完。

生：2+2+2+2+2+2+2+2+2+2+2+2+2……

（师在黑板上写）

师：老师发现有的同学笑起来了，有的同学说着说着不说了，老师这里写着写着写不下去了。如果有很长很长的黑板，能不能写完？

生：可以写完的，只不过花的时间会很长。

师：有兴趣的小朋友可以课后拿张纸写一写100个2有多长。那么这100个2相加，用乘法怎么写？

生：2×100或100×2。

师：我们把乘法算式和加法算式对比一下，你有什么感觉？

生：乘法快，加法会浪费很多时间。

师：是呀！乘法不会浪费很多时间，写得快，也就是乘法简便。

师：这里有100个2，只要在100和2中间写上乘号；4个3只要写成4×3或者3×4；3个2可以写成3×2或2×3，是不是比较简便、也快一些？

生：是的。

四、练习应用

师：接下来徐老师和大家做一个小游戏。徐老师拍手，你们闭上眼睛，竖起耳朵听好，老师每次拍几下，拍了几个几，然后思考一共拍了多少下，用加法怎么写算式，用乘法怎么写算式？

（师拍手）

师：拍了几个几？

生：3个3。

师：用加法怎么算？

生：3+3+3=9。

师：用乘法怎么算？

生：3×3=9。

师：请小朋友上来。自己先思考一下，准备拍几个几，然后开始拍手。

（一生上台拍手）

生 1：每次拍了 4 下，拍了 3 个 4。

生 2：3×4=12 或 4×3=12。

师：同桌之间一起玩，一人拍手，另一人说出拍了几个几，用乘法怎么表示，然后交换过来再玩。

（同桌互相玩拍手游戏）

师：正确完成任务的小朋友向老师挥挥手。

（学生反馈）

师：我们继续参观。看，小朋友们在跳绳呢！我们看看每一组有几个小朋友？

生：5 个。

师：这里有几个 5 呢？加法怎么写，乘法怎么写？请大家在书上填写一下。

生 1：加法算式：5+5+5+5=20。

生 2：乘法算式 4×5=20 或 5×4=20。

师：小朋友们，在生活中我们也会遇到的每堆同样多的现象。比如，我们在商店里可以看到这样的情况：

（课件显示钢笔每盒有 2 支，一共有 3 个 2 支）

生：3 个 2。

师：也有可能看到插的花，这里有几个几呢？

（课件显示花的图片）

生：2 个 5 朵。

师：把书翻开，请同学们先用加法算出一共有多少，再用乘法表示一共有多少。

生 1：笔有 3 个 2 支，加法算式：2+2+2=6；乘法算式 3×2=6，2×3=6。

生 2：花有 2 个 5 朵，加法算式：5+5=10，乘法算式 5×2=10，2×5=10。

师：同学们，在生活中，有很多地方可以用到乘法。今天学习乘法之后，我们每个小朋友多了一双乘法的眼睛呢！谁来举一个例子？

生：人的手指有 2 个 5。

师：很好！用乘法怎么表示？

生：5×2=10 或 2×5=10。

师：还有谁具有了乘法的眼睛？

生 1：有一次我去买铅笔，一包 10 支，买 3 包就是 10×3=30。

生 2：买鲜花，每束 9 朵，买 5 束就是 5×9。

生 3：买火柴……

师：是呀！生活中经常会遇到每份一样多的现象，都可以用乘法计算。下课后我们小朋友就可以用乘法的眼光继续去观察周围的世界。今天这节课我们就学到这里，下课。

5. “乘法的初步认识”课堂实录与反思（课例一）

李海燕
（福建省福州金山小学，青年名师）

※ 课前思考

“乘法的初步认识”是有关乘法的种子课。关于这节课的内容编排分为三个层次：一是从具体情境中抽象出同数连加算式；二是沟通同数连加算式与乘法算式的关系，教学乘法的意义；三是教学乘法的各部分名称。乘法虽说是全新的知识点，但学生真的对乘法的知识一无所知吗？为摸清学生学情，我设计了“学情检测卡”，对同年级的不同班级进行了学前检测。前测的结果表明，年段中乘法知识掌握最好的班级，有67%的学生理解相同加数的含义，能看图列出乘法算式；年段中乘法知识渗透较少的班级，也有20%的学生理解相同加数的含义，能看图列出乘法算式。从前测中老师们了解到，现在的孩子或在课外阅读中，或在父母的提前点拨下，对乘法早有耳闻，他们已经不再是教材预设的那般一无所知。基于学生的认知基础，我准备打破常规的教学流程，把从三个情境中依次抽象加法算式的环节进行整合，为学生的自主探索争取更多时间。

※ 教学过程

一、诗歌导入，激发兴趣

师：听说咱们班的孩子古诗文诵读得特别好，能把最近学的古诗读给老师听吗？

生：《登鹳雀楼》《望庐山瀑布》

师：接下来我们来玩一个游戏，老师说古诗的上半句，你们说下半句。头上红冠不用裁——（满身雪白走将来）平生不敢轻言语——（一叫千门万户开）

师：孩子们，你们知道吗，古诗中也藏着许多数学知识呢。

二、初步搭建，学习新知

头上红冠不用裁，
满身雪白走将来。
平生不敢轻言语，
一叫千门万户开。

师：仔细观察，这首诗有什么特点？

生1：这首古诗有4行。

生2：这首古诗每行有7个字。

生3：这首古诗一共有28个字。

师：你们能提出一个数学问题吗？

生：这首古诗一共有多少个字？

师：这首古诗一共有多少个字呢？你们能不能列出算式来解答？拿出你的练习本，写一写吧。

展示交流：

生：7+7+7+7=28。

（教师板书算式）

师：说说你是怎么想的？

生：7表示一行有7个字，有4行，就有4个7相加。

师：同学们，这个加法算式，它有点特别啊，你们发现了吗？

生：它的加数是一样的。

师：是啊，这个算式的加数是相同的，都是7，我们可以把这里的7称作相同加数。有几个7相加？

生：4个7相加。

师：相同加数的个数是4个。

（师板书：4个7）

师：刚才老师还看到了不同的算式。谁来说？

生：7×4=

（师板书）

师：这是什么算式呀？

生：乘法算式。

师：真厉害，连乘法也知道。是的，这是乘法算式，乘法和加法减法一样，也是一则运算。今天，咱们就来学习乘法的初步认识（师板书）。

师：这个乘法算式是什么意思呢？

生：7表示每行有7个字，有4行。

师：你弄明白了，还有谁想说？

生：7就是加法中的相同加数7。

师：是啊，乘法中的7表示每行诗句有7个字，也就是加法中的相同加数7。那4呢？ 4从哪儿来？加法算式中没有4呀。

生：4是有4行，4是有4个7相加。

师：4表示有4行，也就是加法算式中相同加数的个数。4个7相加，我们可以把这样的加法算式改写成乘法算式7×4=28。这个"叉"是乘法的运算符号，你们知道它叫什么名字吗？叫"乘号"，（板书乘号）我们来看看关于乘号的介绍。

（播放课件展示）

师：乘号在读的时候只读一个字——乘。这个算式读作7乘4等于28，跟老师一起读一遍。

教师小结：4个7相加，除了用7×4表示，还可以用4×7表示。4×7=28和7×4=28一样，都可以表示4个7相加。

三、巩固认知

（教师出示古诗《游子吟》）

慈母手中线
游子身上衣
临行密密缝
意恐迟迟归
谁言寸草心
报得三春晖

师：这首诗，一共有多少个字？你能用算式表示出来吗？

生：5+5+5+5+5+5=30

（教师板书：5+5+5+5+5=30）是这样吗？

生：不是。

师：哪出错了？

生：漏了一个5。

师：漏了一个 5？那该怎么说，才能让老师听懂不出错呢？

生：5 个 5 相加。

师：是呀，咱们说清楚几个几相加，就不容易出错了。这个算式中的相同加数是？

生：相同加数是 5。

师：有几个相同的加数？

生：有 6 个相同的加数。

（教师板书 6 个 5）师：还有不同的算式吗？

生：5×6=30 。

师：这个乘法算式是什么意思？谁读懂了？生：它表示有 6 个 5 相加。

师：说得真好，还有不同的算式吗？

生：6×5=30。

师：这个算式是什么意思？谁来说？

生：它也表示有 6 个 5 相加。

教师小结：5×6 和 6×5 的含义是一样的，都表示 6 个 5 相加。

四、感受乘法和简便性

1. 教师出示两行《三字经》

人之初
性本善

师：孩子们，你们诵读过《三字经》吗？看看这两句："人之初 性本善"一共有多少个字呢？

生：6 个字。

师：你是怎么想的？你用的算式是？

生 1：3+3。

生 2：2×3。

生 3：3×2。

2. 教师出示 12 行《三字经》

人之初 教之道
性本善 贵以专
性相近 昔孟母
习相远 择邻处
苟不教 子不学
性乃迁 断机杼

师：现在呢？一共有多少个字？屏幕上的《三字经》一共有12句。现在，我们不用说出结果，直接说出算式。

师：你想用什么算式来算？

生1：3×12。（教师板书）

生2：12×3。（教师板书）

生3：3+3+3+3+3+3+3……=12。（教师板书）

师：对比这几个算式，你有什么想法？

生1：用乘法写很短，用加法写很长。

生2：用乘法比加法简便。

教师小结：相同加数的个数比较多的时候，用乘法比用加法要更简便啊！（板书：简便）

五、破除思维定式

教师出示宋词《归字谣》：

归

目断吾庐小翠微

斜阳外

白鸟傍山飞

师：孩子们，这首宋词一共有多少个字？能用乘法算式表示吗？

生：不能。

师：为什么不能？

生：它的加数不相同。

师：你的眼睛真亮！还有谁能说得像他一样好？

教师总结：是啊，乘法虽然简便，但它也是有要求的——只有加数相同的加法，才能用乘法表示。

六、练习提升

1.写一写

下面的算式能改写成乘法算式吗？能改写的写在横线上。

（1）8+8+8+8+8

（2）15+15+15

（3）5+4+2

展示：

师：第三个算式能不能改写成乘法算式？为什么不能？

2.画一画

师：一会儿，老师会给同学们一个算式，请你想一想，怎样用图形来表示这个算式的意思。看，这个算式是 4×3。在你的学习单的背面画一画。

师：画好的同学和你的同桌交流一下，你的图表示什么意思。

展示：

图 1：○○○ ○○○ ○○○ ○○○

（教师板书：4 个 3）

图 2：○○○○ ○○○○ ○○○○

（教师板书：3 个 4）

师：孩子们，你们发现了吗？ 4×3 既可以表示 4 个 3 相加，又可以表示 3 个 4 相加。

图 3：

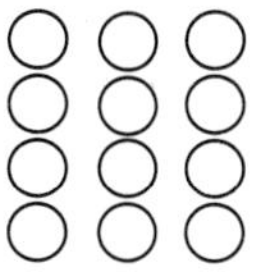

师：还有一个同学是这样画的，你们觉得可以吗？你是怎么看的？

生：横着看，一行有 3 个，表示 4 个 3 相加。

师：还可以怎么看？

生：还可以竖着看，一列有 4 个，有这样的 3 列，3 个 4 相加。

师：这幅图既可以横着看，表示 3 个 4 相加，又可以竖着看，表示 4 个 3 相加。如果，老师在这个图上再增加两个图形，现在一共有几个图形？能用乘法算式表示吗？

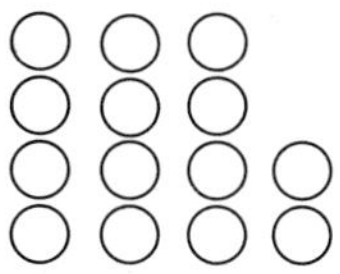

生 1：不能。

生 2：能。

师：觉得不能的孩子来说说你的理由。

生：因为它没有相同加数。

师：觉得能改写的孩子，你会怎么改写呢？

生：4×3+2=14。

师：你是把加数相同的部分改写成乘法，像这样的算式，我们把它称作乘加。今后，咱们还会继续学习。

七、联系生活，应用乘法

师：今天这节课，我们从古诗词中，学到了许多乘法知识。乘法在我们的生活中，随处可见。看——从这饼干盒中，你能找到乘法吗？

师：你明白这个乘法算式的意思吗？

师：生活中处处有数学，这节课后，同学们也用数学的眼光找一找，生活中还有哪儿有乘法？你能想明白它们的意思吗？

※ 课后反思

本节课，教师从学生熟悉的古诗词入手，激发了学生学习兴趣。本课的教学重点是理解乘法的意义，体会乘法的简便性，难点是理解乘号前后两个数所表示的含义。对于“乘法的初步认识”，学生有了一定的认知基础，从情境图中抽象出乘法并不难，但学生对乘法算式的意义并没有真正理解。在教学中，老师关注学生已有的认知结构，打破从头教学的局面，在学生的现实基础上展开教学，把教学重点放在理解乘法意义、体会乘法的简便性上，通过有层次性、有针对性的问题，引导学生将“加”和“乘”对照起来，进行对比、分析，不仅强调乘法与加法的联系，还强调乘法与图形、文字的联系，多角度建构乘法模型，提高了课堂教学实效。

6. “乘法的初步认识”教学设计（课例二）

何晓娜
（山西省运城市临猗县教研室，青年名师）

※ 课前思考

经过上一节课“有多少块糖”的学习，学生已经初步体验数物品个数时，可以几个几个数，并能用连加算式表示。本节课是学生第一次接触“乘法”概念，是进一步学习乘法口诀、表内乘除法和多位数乘除法的基础。本课教材结合“儿童乐园”的现实情境，在解决现实问题的过程中，让学生经历从相同加数连加引入乘法算式的过程，体会学习乘法的必要性，结合具体情境帮助学生理解乘法运算的意义。

学生对“乘法”的认识不是一张白纸，学习本单元之前，相当一部分学生已经会背乘法口诀；但根据调查发现：学生对于乘法的意义并不了解，更不清楚乘法是怎么产生的，为什么学了加法还要再学乘法等等。因此，本节课的重点是结合具体情境，让学生经历乘法知识形成的过程，帮助学生理解乘法运算的意义。

※ 教学过程

一、创设情境，引入新课

师：同学们喜欢去游乐场吗？我们一起去儿童乐园的游乐场看看吧。

出示“儿童乐园”主题图：

1. 仔细观察，说一说你从图中看到了什么，发现了哪些数学信息？

预设：学生可能会出现的思路：

①学生会直接说出有坐小飞机的，划船的……

②学生可能会发现每种活动的人数，如坐小飞机的有8人，划船的有9人……

③学生可能会发现图中蕴含的“一多对应”关系：每架小飞机坐2人，有4架小飞机；湖里有3条船，每条船坐3人；小火车每节车厢坐4人，有6节车厢……

根据学生的回答，教师适时进行引导进行以下教学。

如果学生出现①和②两种情况，教师适时追问：这些小朋友是怎样坐的？几个几个坐的？引导学生发现图中蕴含的信息，并强化学生进行准确表述。

如果学生直接发现图中蕴含的信息，如③的情况，则从正面鼓励学生善于观察、发现，强化其中的“对应”关系，并进行下面的学习活动。

2.师：大家真是善于观察的孩子，发现了这么多数学信息，你能根据这些信息，提出数学问题吗？

预设：坐小飞机的有多少人？划船的有多少人？……

【设计意图】课伊始，由学生喜闻乐见的“儿童乐园”这一现实情境引入新课，使学生体会到现实中存在大量的“一多对应”关系，沟通了数学与生活的联系。

二、探究新知，认识乘法

1.算一算

这些问题你会解决吗？请选择你喜欢的一个问题，算一算。

学生独立进行计算。

2.说一说

“坐小飞机的有多少人？”你是怎样算的？

交流汇报：

根据学生回答板书：2+2+2+2=8（人）

教师根据学生的回答追问：“2”表示什么？为什么要用4个2相加呢？

成果预设：2表示每架飞机上有2人，一共有4架飞机，所以用4个2相加。

谁能也像这样说一说其他几个问题？

教师根据学生回答随机板书：3+3=6（人）

3+3+3=9（人）

4+4+4+4+4+4=24（人）

组织学生观察算式，你发现了什么？

学生可能会说，每个算式中的加数都相同。

【设计意图】“请选择自己喜欢的活动算一算有多少人参加，并写出算式。”

从学生已有的知识经验出发，充分放手，引导学生运用以前学过的加法知识解决游乐场中的数学问题，使学生初步感受到日常生活中存在大量的“相同加数”“相同加数的个数”“相同加数的和”的问题，帮助学生理解乘法的含义。把学生从现实世界引向符号世界，而这些相同加数连加的算式，就是乘法的生长点。

3. 写一写

如果再增加一些小飞机，6 架小飞机可以坐多少人？ 8 架呢？怎样列算式呢？

课件随机出示图，继续写算式。

30 架飞机呢？

学生可能会说，太多了，写起来太麻烦了……

教师引导：像这种相同加数比较多时，书写起来会比较麻烦，有没有一种简便的方法呢？

预设：有的学生可能会说出用乘法表示。

师：这就是我们今天认识的新的运算方法——乘法。

【设计意图】通过写算式，使学生体会到，列出的加法算式很长，写起来会很麻烦，引发学生寻求新的简便方法的学习需求，从而体会学习乘法的必要性。这样适时引出乘法，学生亲身经历了乘法知识形成的过程。

4. 认一认

教师介绍并随机板书：像这样 4 个 2 连加的算式（2+2+2+2=8），我们还可以用乘法表示：2 × 4=8（人）或 4 × 2+8（人）。

和加法一样，乘法算式中各部分也有自己的名称，我们一起来认一认：

出示：

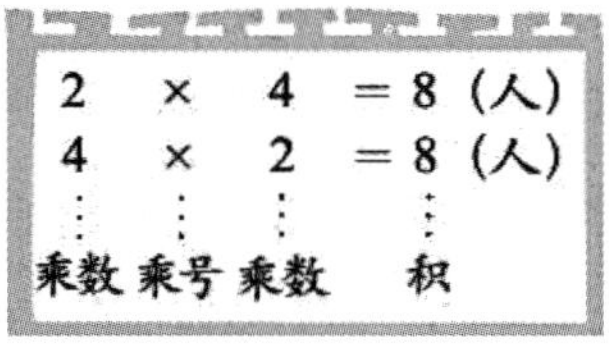

“2”和“4”都是乘数，“8”是积，“+”斜过来是“ × ”，读作：2 乘 4 等于 8。

提问：另一个算式怎么读？谁能试着读一读。

追问：“2”在加法中是什么数？表示什么意思？加法中没有 4，，为什么乘法算式中有“4”呢？ 4 从哪里来的？表示什么意思？

学生根据自己的理解回答，教师适时引导，帮助学生理解意义。

师：如果有 6 架小飞机，6 个 2 相加，怎样用乘法算式表示？ 8 架飞机呢？

指名学生回答。

师：请你和同桌互相说一说，乘法算式中的两个乘数分别表示什么意思？

【设计意图】不仅理解乘法的数学意义，更理解了乘法的现实意义，使学生进一步理解乘法是怎样产生的。

5. 写一写

把黑板上的其他算式改写成乘法算式，学生独立在练习本上完成。

教师根据学生汇报板书，并提问算式中的每个数各表示什么意思。

提问：30 架飞机可以坐多少人？怎样用乘法算式表示？

学习成果预设：30×2 或 2×30，并体会乘法的简便性。

【设计意图】通过用乘法算式表示“30 架飞机可以坐多少人”，使学生真正体会到乘法计算的简便性，再次体会学习乘法的必要性。

三、巩固练习，深化理解

1. 独立完成课本 19 页“练一练”1 题

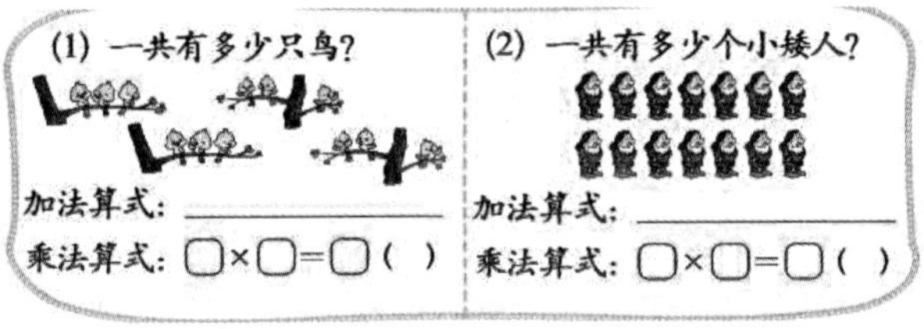

【设计意图】通过“加乘对应”练习，再次沟通乘法与加法之间的联系，使学生对知识的本质认识得更加透彻，强化学生对概念本质属性的理解。

2. 看图列乘法算式

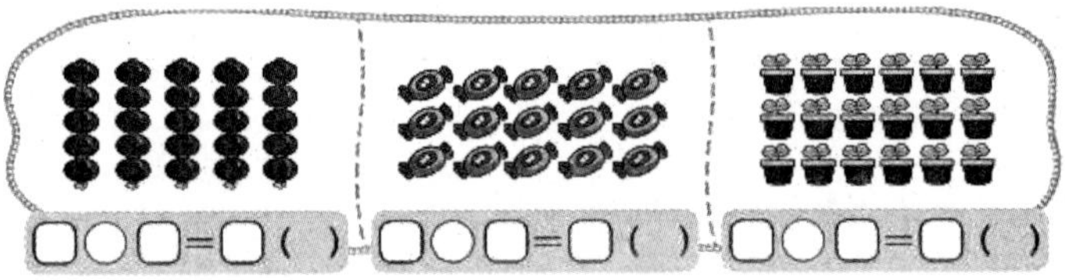

3. 填一填，算一算

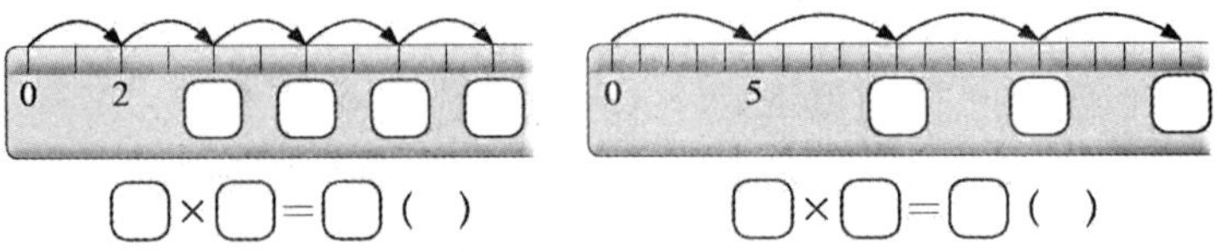

【设计意图】“乘法”概念的理解、巩固、深化等都离不开具体的情境。充分利用图形的直观性来理解乘法的意义。不同层次的练习，由易到难，由浅入深，层层递进，先基本后变式，有效沟通了知识之间的联系，促进知识的不断深化。

四、联系生活，回顾总结

生活中，还有哪些可以用乘法解决的问题？同桌互相交流，集体汇报。

师：看来，乘法可以帮我们解决生活中的许多问题，只要你仔细观察，积极动脑，就会发现生活中处处有数学！

7. “乘法的初步认识”教学设计（课例三）

黄燕群
（广东省韶关市武江区华泰小学，青年名师）

※ 课前思考

“儿童乐园”是小学数学二年级上册的内容，这一课的学习是学生进一步学习乘法口诀、表内除法和多位数乘法的基础。低年级学生的思维正处于由形象思维向抽象思维过渡的阶段，而乘法的初步认识属于一节概念课，尽管大部分学生对乘法并不陌生，甚至很多学生已经会背乘法口诀，但对于乘法口诀的意义并不了解，更不清楚乘法是怎么产生的，为什么学习了加法还要学习乘法等。因此，教学中教师应该遵循儿童的认知规律，从学生已有的经验出发，选用他们熟知的素材，从具体到抽象，引导学生沟通相同加数连加与乘法之间的内在联系，亲身经历将实际问题抽象成数学模型并进行解释与应用的过程，发展学生的数学抽象和数学运算能力，促进学生对乘法意义的认识和理解，为学生后续进一步学习乘法口诀、表内除法和多位数乘法奠定认知基础。

※ 教学过程

一、创设活动，激发兴趣

教师：同学们，我们先来一个课前小活动，看看谁是计算小达人。请看大屏幕，看谁算得又对又快。

课件出示题目：

每个盘子里有 3 个苹果，有 4 盘。（图）问：一共有多少个苹果？

每份有 5 片叶子，有 3 份。（图）问：一共有多少片叶子？

师：谁算得快，它们都有什么特点？你想到了什么好方法？除了这种方法还有一种更快更简便的方法，你想知道吗？下面我们一起进入今天的学习吧！

【设计意图】创设教学情境，激发学生的学习兴趣，唤醒学生已有的用几个相同加数连加算法求和的知识和经验，引导学生有序、分组计算，为学生学习新知，沟通加法与乘法的联系做铺垫。

二、自主探索，构建新知

师：周末淘气的班级去了儿童乐园游玩，让我们一起去看看。

（课件出示：“儿童乐园”情境图）

师：请大家仔细观察，儿童乐园里都有哪些活动？你能从中发现哪些数学信息？

学生可能会说：

有 4 架小飞机，每架有 2 人。

有 3 条船，每条有 3 人。

……

师：同学们观察得真仔细！你能根据图中的信息提出哪些和数学有关的问题？

汇报交流，学生可能会说：

有多少人坐小飞机？

有多少人坐小火车？

有多少人在划船？

有多少人在长椅上休息？

……

师：让我们一起来解决这些问题。请你仔细观察，根据图中的数学信息，想一想应该如何解决，列式计算，再和小组成员交流你的想法。

学生进行小组交流活动，教师巡视了解情况并适当给予引导。

汇报交流。

师：请大家在交流的时候先说出你的问题，再说出你是怎么计算的。可以补充，但是别人说过的不要重复，看看谁的耳朵最灵。

学生可能会说：

有多少人坐小飞机？ 2+2+2+2=8（人）。

有多少人坐小火车？ 4+4+4+4+4+4=24（人）。

有多少人在划船？ 3+3+3=9（人）。

有多少人在长椅上休息？

……

（请学生汇报并根据学生回答板书问题，把相同加数连加的算式板书在一起）

【设计意图】引导学生经历具体问题解决过程，在观察、计算人数的过程中，唤起学生已有的知识经验，主动用分组的思想来求和，能用连加算法解决一共有多少人的问题，启发学生借助已有的生活经验和学习经验，熟练地解决问题。

师：同学们都很喜欢坐小飞机，现在又有2架小飞机上坐了人，你们能列出算式吗：

学生可能会说：2+2+2+2+2。

师：再增加一些小飞机呢？

（课件出示：在已有基础上小飞机的数量增加2架，4架）

学生可能会说：

小飞机的数量增加2架：2+2+2+2+2+2+2。

小飞机的数量增加4架：2+2+2+2+2+2+2+2+2+2+2。

（课件出示加法列式）

师：如果加30架小飞机呢？随着乘坐小飞机的同学越来越多，你有什么发现？

学生可能会说：

哎呀，黑板的位置都不够写了。

算式变长了，列式也太麻烦了！

写算式要数清楚有几个2，列式容易出错。

……

（随着相同加数连加算式变得越来越长，学生切身感受到书写和计算的不便）

师：像这样的相同加数较多的加法，书写比较麻烦，有没有一种简便方法呢？数学家也像你们一样经历了同样的困惑，他们想呀想，于是想出了一个好办法，把它们改写成乘法。今天我们就一起来研究乘法。

【设计意图】在计算相同加数连加时，设置问题冲突“在计算相同加数连加时用加法算式计算太麻烦了”借此引入乘法，使学生初步体会学习乘法的必要性，为理解乘法的意义作铺垫，同时激发学生学习兴趣，让学生感受到相同加数连加的情况在生活中处处存在。

三、沟通关系，促进理解

1.沟通加法与乘法的联系，认识乘法及各部分名称和读法

师：仔细观察这些算式，它们有什么共同点？

引导学生观察这组相同加数连加算式。

学生可能会说：

每个算式中的加数都相同。

师：像这样的加数相同的连加算式可以改写成乘法算式。以2+2+2+2=8（人）

为例，这道算式中相同的加数是几？有几个这样的加数？

学生可能会说：

相同的加数是 2，有 4 个 2 相加。

师：有 4 个 2 相加，我们可以这样用乘法表示【一边板书：2×4=8（人），一边介绍乘法算式各部分名称和读法】2×4=8（人），其中 2 和 4 都叫作乘数，8 叫作积。读作 2 乘 4 等于 8。

师：还有一种表示方式，你知道吗？（学生经过预习可能会写出：4×2=8）

2. 理解乘法的意义

师：①以“2+2+2+2=8（人） 2×4=8（人）或 4×2=8（人）”为例，你能说出这个乘法算式中“2”表示什么，“4”从哪里来吗？②不看图，你能说出这个乘法算式中“2”表示什么，“4”从哪里来吗？

学生可能会说：

结合图来看，“2”表示每架小飞机上有 2 人，“4”表示有 4 架小飞机。

“2”表示相同加数是 2，“4”表示有 4 个 2 相加。

（学生可能不能完整描述，注意引导学生理解每个数的意义，强调表示几个几相加。）

3. 经历过程，尝试运用

师：现在，请选择一个问题，先写一道加法算式，再把它改写成乘法算式，并说一说你这样改写的理由。

学生动手操作，进行小组交流，教师巡视了解情况并适当给予引导。

学生汇报，可能会说：

我解决的问题是有多少人坐小火车？加法算式：4+4+4+4+4+4=24（人）。有 6 个 4 相加，所以改写成乘法算式是：4×6=24（人）或 6×4=24（人）。

……

有多少人在划船？加法算式：3+3+3=9（人），有 3 个 3 相加，所以改写成乘法算式是：3×3=9（人）。

师：4+4+4+4+4+4=4×6，6 从哪来的？3+3+3=3×3，两个“3”分别表示什么？

学生在小组内讨论，教师巡视了解情况。

4. 方法对比，发展算法优化思想

像这样求几个相同加数的和的问题，我们不仅可以用加法表示，还可以用乘法表示。你觉得哪种方法更简便？你都掌握了吗？

【设计意图】通过以上观察和探究等活动，注重让学生以自己内心的体验来学习数学，培养学生的观察能力、运用数学进行交流的意识，发展学生的数学运算和逻辑推理能力。学生经历由相同加数的连加算式抽象出乘法算式的过程，学会把相同加数的连加算式改写成乘法算式，理解乘法算式中两个乘数所表示的不同意义，进一步理解乘法的意义，体会学习乘法的必要性和简便性，感受数学的简洁美。

四、深化理解，巩固提升

1.

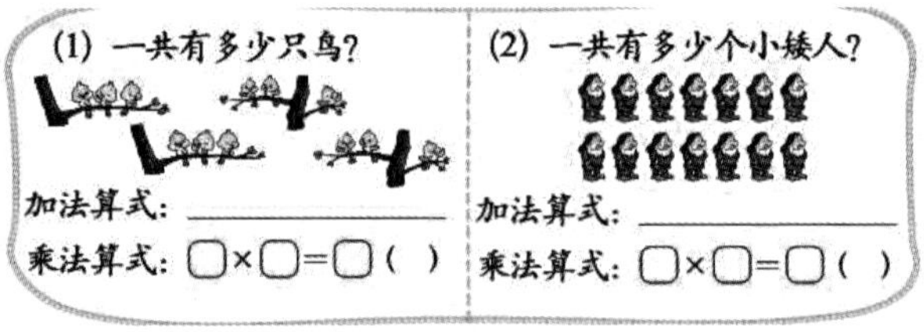

【设计意图】结合具体的情境，帮助学生体会加法与乘法之间的联系，尤其是学生要说清楚 3×4 和 2×7 乘法算式中每个数字在图中所代表的意义，同时也知道在列乘法算式时，乘数的先后顺序并不影响乘法的意义。

2. 看图列出乘法算式

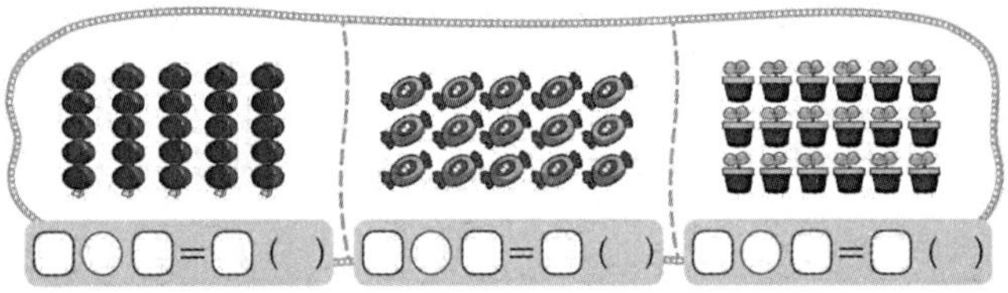

【设计意图】跳过加法算式，直接用乘法算式表示数量，进一步巩固学生对乘法意义的理解，通过这道练习也让学生明确：求几个相同加数的和的简便运算用乘法。同时考查学生对乘法意义的理解和运用。培养学生从不同角度观察、思考问题的习惯，体现解决问题策略多样化的教学思想。

3. 填一填

3. 填一填。

(1) 4＋4＋4＝12 写成乘法算式：□×□=□。

(2) 2＋2＋2＋2＋2＋2＝12 写成乘法算式：□×□=□。

【设计意图】学生直接将加法算式改写成相应的乘法算式，进一步沟通乘法与加法的联系，有利于培养思维的灵活性。

4. 填一填，算一算

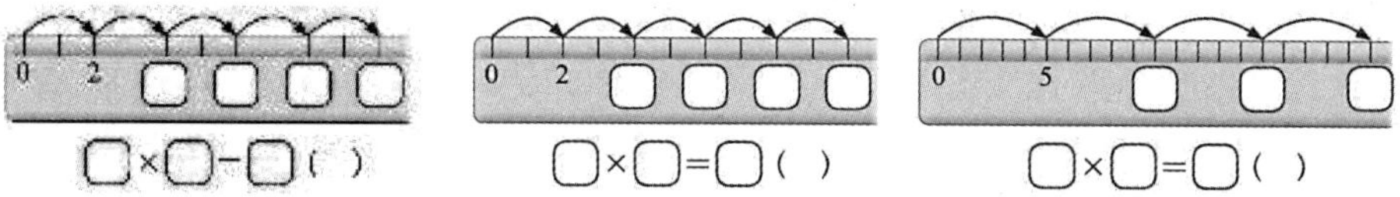

【设计意图】借助“数线”模型，进一步体会乘法运算的简便性。

五、总结梳理，回归生活

请同学们回忆这节课的学习过程，想一想，通过这节课，你有哪些新的收获？

同学们，像这样用乘法来计算几个相同加数和的例子，在日常生活中也有很多，想一想，在我们的身边还有哪些可以用乘法解决的问题？（举例：一只手有 5 根手指，2 只手一共有多少只手指？学生可能列加法算式：5+5=10，改成乘法算式：2 × 5=10 或 5 × 2=10。）

课后，同学们也去找一找生活中可以用乘法解决的问题吧！我们下节课再来一起研究。

8. “5的乘法口诀”教学设计（课例一）

衡菊芳
（四川师范大学附属圣菲小学，特级教师）

※ 课前思考

对于每一个新的知识点的学习，都应该要顺应学生的好奇、好动的天性，让学生在充分的操作中感悟、体验，同时重视对学生情感、态度、价值观的关注。

本节课的内容是关于5的口诀的教学。这是关于乘法口诀的第一节课。如果仅仅从知识点上来分析解读学生，很多孩子在家长的超前意识影响下，已经有了这方面的渗透，但是不够系统，同时为了后续能放手学生，让学生自主学习，这节课需要很扎实地进行。

※ 教学流程

环节一：出示情境（情境中的“数的旁白”暂时不出现），观察有什么发现

学生很容易发现：每5个放一堆。引发“5个5个地数”并放手学生填出表格。引出并奠定“问题解决”和“意义理解”两个编制口诀的基础。

【设计意图】相信孩子能发现这里的“5”的存在和意义。培养学生的观察能力的同时，培养“数”的敏感性。在学生对情境图的理解的基础上，渗透“5”的相关计算。同时，为后续的教学作好铺垫。

环节二：结合填表和情境中的堆数和学生一起编制口诀

任务一：阅读教材中的问题串2，尝试完成相关内容（观察“实物图——算

式——口诀”）

任务二：引导学生提出自己的问题

预设学生会遇到的问题：读不懂实物图。不会想到“松果的累加”与“5的乘法口诀”的关系。

预计学生会完成的内容：有一部分学生会结合数松果而计算出乘法算式的结果，同时部分孩子会编出口诀。

预计学生会提出的问题：一五得五是什么意思？二五一十为什么不写成“二五得一十”。

教育要让学生像一般人一样思考：“问题——思考——分享”。老师和孩子们一起解决这些问题,在解决问题的过程中,理解“图—式—口诀”三者之间的关系，以及对“口诀”的认识。

【设计意图】通过学生的阅读对内容有一个初步的了解，同时，借助学生的提问，引导学生思考如何编制，共同梳理“实物图——算式——口诀 ”流程，让学生理解和掌握“口诀教学”的“术”，便于后续的口诀的学习。

环节三：提供学习单（有图，有算和口诀的下画横线）放手编制完整5的口诀（附学习欲望单在后）

1. 放手学生独立去完成。

2. 同伴分享：自己完成的内容与自己是怎样想的。

3. 全班展示自己的“作品”，并分享自己的思考、做法。

4. 在同伴的帮助下完善作品。

预计学生会出现的问题和老师的介入状况：

1. 时间很慢，因为他们要转化加法与乘法的联系的同时要完成相关计算，但这个过程正好是学生“跳”的过程，他们需要经历这样的“慢思考”也就是“经历独立思考的过程”，这就是“学习”。老师要舍得等待，让他们慢慢思考、慢慢算、慢慢地理解。而已经学习结束的孩子，可以引导他们继续思考，比如“你想用5的口诀解决什么问题，编一道题”或“你认为同伴会不明白哪个问题，你能不能思考一下，怎么给对方讲明白”等有思维难度的内容，让他们“吃饱”。

2. 学生会在编口诀这一栏中出现不同的问题。有的孩子会很正确地编制出来，而有的孩子会编不出来，还有的用自己的语言和文字编写，这都是很正常的，“每一朵花都是一种独特”，存在即合理。我们需要做的就是建立“参与无错”的课堂文化，建构一个包容、尊重的学习环境和氛围，让学生与学生之间、学生与老师之间形成一个“学习共同体”，“人的能力是有限的，需要群聚合作而生存；

人的感官带有局限，需要智慧分享而发展”这是分享式教学的理论之一。大家在学习的过程中，相互补充、纠错、完善，建构自己的内在的知识网。所以，在这个环节，需要的是“小组学习”（二年级的孩子可以是两个人也可以是3个人一组，人数不要太多），在小组学习的过程中，除了关注知识点，更要关注“说得清楚，听得明白”。培养学生的倾听意识和表达能力。在倾听之后，要引导学生及时反馈，听懂了就要修正或自己内化，没有听懂就有权利要求再讲一遍，也可以更换小老师。最后，要求在作业本上留下正确的理解。

3. 有的孩子在课堂上不听，或者是已经完全学会这个知识点但不愿意与大家分享，这也是很正常的。人人具有自我保护意识，人人需要理解、认可和欣赏。因为我们已经习惯了“自我中心”，不愿意暴露自己的问题，也不愿意与人分享。我们需要做的就是鼓励孩子提出自己的困惑，没有听懂就是没有听懂，不会就是不会，只有把问题提出来，与大家一起讨论之后，才能真正有所收获；还要鼓励孩子“输出”，把自己明白的内容讲给同伴听，引导他们在“输出”的过程中锻炼自己，比如自己的表达能力、自己对自己思维的梳理、自己在与同伴互动过程中引发的深度思考和思维拓展。收获知识的深度与广度的同时，提升能力和收获友谊。

【设计意图】培养学生的阅读意识，在阅读过程中，思考“图—式—口诀”之间的关系，进而渗透“口诀”教学的一般流程。就教学目标来说要有两条主线：一个是知识技能目标的达成，另一个就是育人目标的渗透继而逐步达成，所以，学生除了知识技能目标之外的综合素养，也是我们的课堂上的主要任务，知识技能是显性的，一节课甚至更短时间就能凸显出来，而综合的核心素养是隐性的，长期渗透才能显现出来。

环节四：理解并记忆口诀

1. 学生记忆口诀的经验。

2. 老师的完善。

预计学生的学习情况和教师介入：有的学生在这样一节课后记住了这几句口诀，但是还有一部分学生是记不住的，这是正常现象。我们需要设置同伴之间的经验分享环节。在经验分享之后，同桌再检测；也是在经验分享过程中，老师要关注核心问题，有必要的话就逐步完善。

【设计意图】这个环节其实就是对自己的进一步梳理和完善。孩子们因学习力不同，内容的接受会有不同，接受的程度也不相同，需要有分享的产生、互动的经历，在分享中巩固知识，在互动中实现共赢。

环节五：巩固练习，总结提升

根据学生的学习情况选择完成练习题。比如选择这一道题。

5. 先在图上圈一圈，再数一数，说一说。

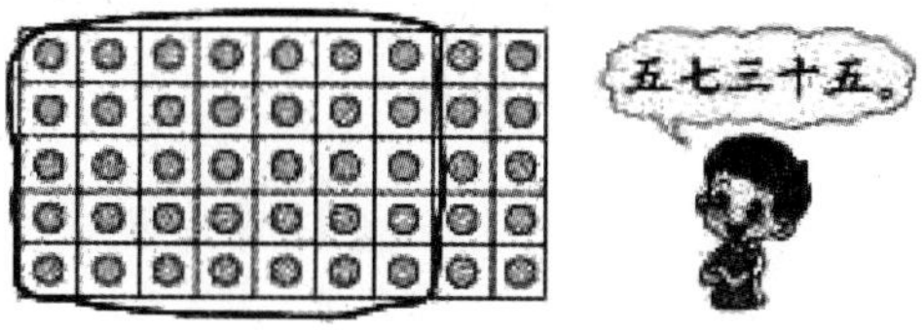

【设计意图】学习了，不一定融会贯通，互动了，不一定全部能记住。需要有一定的练习，可以是基础的加固，也可以是知识点的拓展。所以，老师对教材中的练习的解读很重要，在此基础上，选择性的布置作业就显得重要而且必要。同时，因为练习题不一定能全部做完，所以也要酌情考虑减轻学生的负担。

9. “5 的乘法口诀”教学设计（课例二）

李宇韬
（广东省中山市五桂山学校，正高级教师）

※ 教学预设

教学重点：编制、记忆、运用 5 的乘法口诀。

教学难点：探索规律，发现编制口诀的一般方法。

※ 教学过程

一、由扶到放，探索新知

1. 解决问题，建立“几个 5”和乘法、加法的联系

依次出示一盒、两盒、三盒、四盒、五盒福娃：

师：一盒有几个福娃？怎样表示？

生：有 5 个福娃，用数字 5 表示。

师：一盒有 5 个，我们可以说是几个 5？

生：1 个 5。

板书：1 个 5

师：我们用 5 个圆点代表 5 个福娃。

板书贴上一列 5 个的小圆点。

师：求“1 个 5 是多少”可以怎样列乘法算式？

根据学生的回答板书：1×5　5×1

师：再添一盒，现在一共有几个福娃？怎样表示？

根据学生回答贴上 2 个 5 的圆点，并引导学生发现：1 个 5 再添 1 个 5 是两个 5，

求“两个5是多少”可以列加法“5+5”，还可以列乘法“2×5”或“5×2”。

板书：2×5　5×2

照这样依次引导学生发现：3个5、4个5、5个5和相应的乘法算式。教师适时板书。

师：怎样计算这些乘法算式的得数呢?

生1：可以数圆点的个数。

生2：也可以用加法。

师：我们像这样依次加5，看看得数是多少。

出示带箭头的连续加：

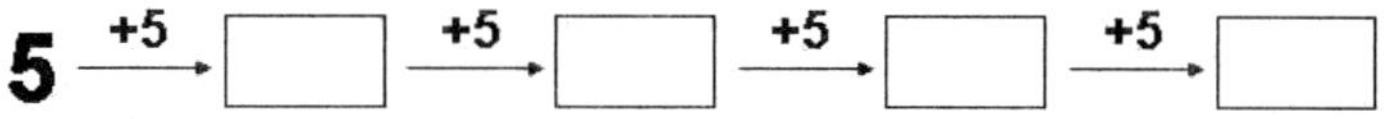

引导学生计算出得数，并完成黑板上的乘法算式。

2. 推导口诀，自主探究

师：这样依次加5是可以计算几个5的和是多少，但有点麻烦。你还有其他好办法吗?

根据学生的生活经验，很多孩子会想到用乘法口诀。

师：乘法口诀是怎样得来的呢?想试试吗?

（1）引导编制“一五得五”，发现口诀含义。

师：先看“1个5”，它可以用乘法算式“1×5”或“5×1”表示。看看圆点图，1个5是多少?

生：1个5是5。

师：对，你的回答已经非常接近乘法口诀了。我们可以把“1个5是5”编成一句口诀“一五得五”。

让学生读一读这句口诀：“一五得五”读起来是不是比“1个5是5”更顺口一些呢?

师：那你明白这句口诀的含义吗?“一五”表示什么?“得五”表示什么?

引导学生发现：口诀前半部分表示几个5，后半部分表示几个5的和是多少。

师：“一五得五”这句口诀表示什么?

引导学生理解口诀的含义。

师：以后计算“1×5”或“5×1”时，我们可以用口诀“一五得五”马上写出得数。

（2）半扶半放，编制“二五一十”。

师：我们再来看2个5，2个5是多少?怎样编口诀?

生1：二五得十。

生2：二五一十。

对比两种编法，引导学生发现第二种更顺口，更简洁（因为后面还有得数是几十的时候，再说得几十就复杂了）。

师："二五"是什么意思？（进一步让学生明白口诀的前半部分表示有几个五）

师："一十"呢？（后半部分是这几个五相加的和）

师："二五一十"是什么意思？

进一步引导学生理解口诀的含义。

师：以后计算"2×5"或"5×2"时，我们可以用口诀"二五一十"马上写出得数。

（3）自主探究余下几句口诀。

师：我们刚才编出了两句5的乘法口诀，你能根据列出来的乘法算式编完余下的口诀吗？试一试。

让学生在黑板上写出余下3句口诀，全班齐读5句口诀，同桌互相说一说每句口诀的含义。

师：同学们真棒，编制了5的乘法口诀——这就是我们今天学习的内容。

板书：5的乘法口诀

3. 小组合作，寻找规律

师：怎样才能更好地记住口诀？四人小组一起找找看，谁能发现口诀中的小秘密，并思考为什么会这样。

引导学生发现：每一句口诀比前一句口诀多5；得数的个位数字不是5就是0，而且5和0间隔着出现。

师：你们发现了这么多的秘密，下面请你用自己喜欢的方法记住这些口诀。

二、运用新知，及时巩固

1. 同桌对口诀（数学书52页第1题）

1.对口诀。

2. 把口诀补充完整（数学书53页练习十第1题）

1. 把口诀补充完整。

一五（　　）　三五（　　）　五五（　　）

四五（　　）　二五（　　）

3. 解决问题（数学书 52 页第 2 题）

2.

□×□=□（　　）

师：图中有几个 5？求 4 个 5 是多少可以列哪道乘法算式？计算“4×5”或“5×4”用哪句口诀？

学生解决问题后，引导学生发现口诀的价值：有了 5 的乘法口诀，我们就可以快速计算 5 的乘法了。

4. 背诵口诀（数学书 53 页练习十第 4 题）

师：5 的乘法口诀这么有用，你记住了吗？

5. 数手指游戏

师：同学们学得真棒，奖励大家玩一个游戏。会玩“剪刀、石头、布”游戏吗？老师有一个新的、更好玩的玩法。

规则：五人一组，游戏中只能出“布”和“石头”，看大家出的“布”的个数，说用哪句口诀能快速计算出一共伸出的手指头个数。先说对口诀的同学得 1 分，玩 5 次，谁的得分最高就是口诀小能手。

三、拓展延伸，设疑启思

课件中出示伸出了 6 只手的图片。

师：这一组有六个同学，他们都是出布，有 6 个 5，6 个 5 是多少？怎么办？

师：这个问题留给同学们课后思考。

10. “2的乘法口诀”教学设计

邓桂冰
（广东省深圳市宝安区官田学校，青年名师）

※ 课前思考

本课学习内容为2的乘法口诀，是在学生学习了5的乘法口诀的基础上进行学习的。现在大部分家庭都是独生子女，学生平时很少做家务。为了在数学课上渗透思想品德教育，教科书选取了学生每天都要接触的、又比较特殊（以双为单位）的生活素材，创设了“摆筷子”的情境，让教学置于活动之中，引导学生通过学具的实际操作，探索筷子的“双”数与筷子的“根”数之间的对应关系，为编制2的乘法口诀作准备。学生已经有了编制5的乘法口诀的经验，对如何编制口诀有了初步的了解。因此本节课的结构安排与上节课基本相同，不同的是给予学生的空间更大。在探索规律的基础上理解口诀的意义。能用2的乘法口诀进行计算，并能解决简单的实际问题。

※ 教学过程

一、创设情境，导入新课

激趣谈话，引入新课（视频展示孩子们做家务的情景）

师：同学们，你们看视频里的小朋友在做什么？（是我们在家做家务：有洗碗、擦桌子、扫地、拖地……）

师：是啊！刚才的视频里都是我们平时在家帮忙做家务的情景。看来，我们班的孩子个个都是热爱劳动的好孩子，是爸爸妈妈的好助手。老师希望你们能坚持下去，做得更好。

师：（课件PPT出示主题图）星期天，小林家来了好多客人，小林也想帮忙做家务活，你们看小林在做什么呢？

生：帮着摆碗筷。

师：这节课，我们就通过“做家务（摆筷子）”这一情境来学习 2 的乘法口诀。

（板书课题：做家务——2 的乘法口诀）

【设计意图】现在大部分学生平时很少做家务。在这选取了学生每天都要接触的、又比较特殊的生活素材，学生在家做家务的视频拉近学生生活课堂，激发他们的学习兴趣，又能在数学课上渗透思想品德教育。

二、操作探究，编制口诀

1.（小林摆碗筷的主题图）看图说一说

师：请同学们仔细观察，从图中你发现了什么？

生：桌上摆了 9 个碗、1 双筷子；可能吃饭的有 9 人，应该摆 9 双筷子；已摆好了 1 双，还要再摆 8 双……

师：你们真善于观察！那一双筷子有几根呢？（一双筷子 2 根）

师： 你们能帮助小林把筷子摆完吗？

【设计意图】从学生熟悉的摆碗筷入手，学生在熟悉的环境中，主动运用自己的生活经验去发现、去思考、去提出有价值的问题，体会数学知识在生活中无所不在。

2. 摆一摆，数一数

师：请同学们用小棒代替筷子摆一摆，想一想一共要摆几次。（9 次）要求边摆边说：1 双筷子有 2 根，2 双筷子有 4 根……

学生自己动手摆，边摆边说。

（学生活动，教师指导帮助，请个别同学用磁条在黑板示范。）

汇报交流：你摆了几双筷子？共几根？你是怎样数的（几根几根地数）？

生 1：我是一根一根地数：1，2，3，4，……，18 根；

生 2：两根两根地跳着数：2，4，6，8，……，18 根。

【设计意图】让学生经历动手操作、动脑思考的过程，独立学、自主学，有利于学生分析 2 的乘法口诀的规律和特点。

3. 填一填

有几双	1	2	3	4	5	6	7	8	9
有几根									

师：请同学们仔细读一读表格，从表格中你能知道哪些知识？

生： 第一行的 1 表示 1 双筷子，第二行的数字表示有几根。

师：请同学们根据刚才摆小棒的过程把书上的表格填完整。

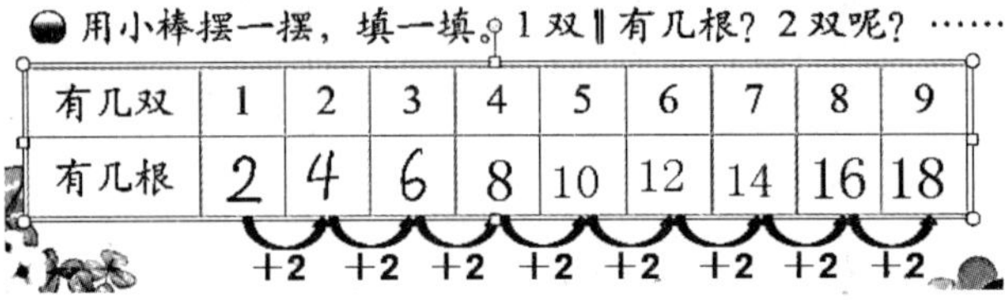
用小棒摆一摆，填一填。1双‖有几根？2双呢？……

有几双	1	2	3	4	5	6	7	8	9
有几根	2	4	6	8	10	12	14	16	18

师：同学们，看看表格的数量，你有什么发现？

生：每增加一双筷子就是增加2根。

【设计意图】表格对于学生来说是新生事物，让学生读一读表格信息，培养了学生的注意力和读表的能力。这个环节通过表格直接写出了与“双数”对应的“根数”，引导学生结合情境图边数边填写表格，感受筷子的数之间的关系，为编制2的乘法口诀提供素材。

4. 看表格，列算式，编口诀

（1）试一试根据表格写乘法算式。

师：1双筷子2根也就是几个2？（表示1个2），那么1个2是2，用乘法算式表示，你们会吗？（学生汇报，老师板书：1×2=2）

师：2双筷子呢？（表示2个2）2个2是4，用乘法算式来表示又是怎样的呢？（学生汇报，老师板书：2×2=4）

师：那么3双筷子呢？（表示3个2，乘法算式2×3=6）

（2）根据乘法算式，编一编乘法口诀。同学们，上节课我们已学了5的乘法口诀。想一想，5的乘法口诀是怎么编的呢？你们能根据这3个乘法算式编出对应的2的乘法口诀吗？（老师引导指名请学生汇报，老师板书前3句口诀）

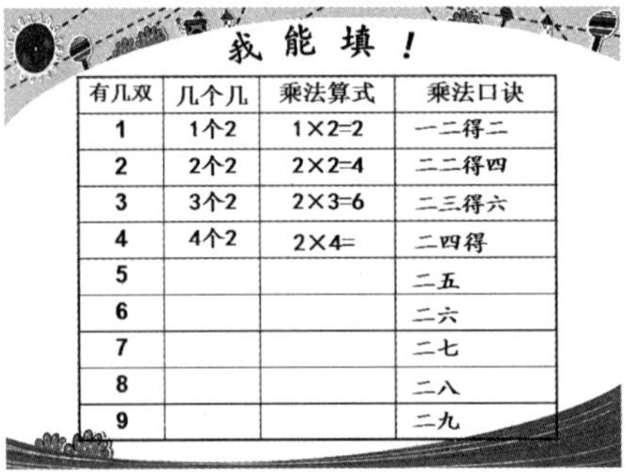
我能填！

有几双	几个几	乘法算式	乘法口诀
1	1个2	1×2=2	一二得二
2	2个2	2×2=4	二二得四
3	3个2	2×3=6	二三得六
4	4个2	2×4=	二四得
5			二五
6			二六
7			二七
8			二八
9			二九

师：同学们很聪明，那你们能根据表格写出4双、5双、6双……9双所对应的乘法算式和2的乘法口诀吗？（要求学生通过小组合作的方式完成。学生编写，教师指导帮助，请个别同学示范并找出错例讲解。）

【设计意图】在2的乘法口诀的编排上，从“一二得二”到“二三得六”这

3句口诀，教科书完整给出，而后6句口诀则放手让学生在找出一定的规律后，通过类比的方法自己编出来。尊重学生已有的数学经验，放手让学生尝试做，激励学生积极思考，并引导学生对活动进行交流和总结，提高学生的语言表达能力，鼓励学生活动的有效性。适当、合理应用错例，提醒学生认识这些错误，懂得改正，让错误有价值。

师：同学们真不简单！自己编出了“2的乘法口诀”；仔细观察，与同桌讨论“2的乘法口诀”有什么特点。（学生口述发现的规律，老师用彩色粉笔圈注）

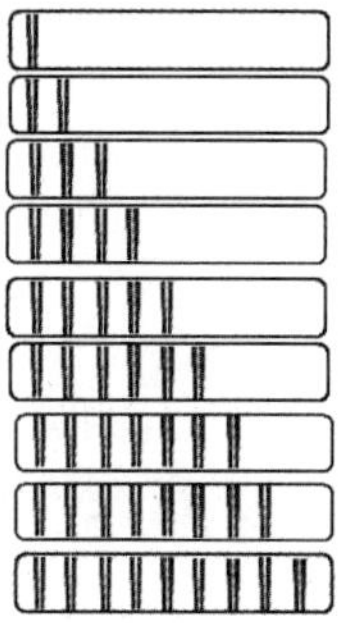

1×2=2	一二得二
2×2=4	二二得四
2×3=6	二三得六
2×4=8	二四得八
2×5=10	二五一十
2×6=12	二六十二
2×7=14	二七十四
2×8=16	二八十六
2×9=18	二九十八

【设计意图】为了使学生多种感官参与学习活动，加深对口诀意义的理解，在左边给出了与右边算式相对应的筷子图，使学生在头脑中建立相应的“图象”，充分发挥右脑形象记忆的功能。本节课的直观图和前一节课是有所区别的，呈现的是“梯形图”，体现了逐个递增的效果，每个算式对应的每一行的图就是筷子的数量。

5. 读一读、记一记

（1）视频：2的乘法口诀儿歌。（学生跟着唱）

（2）学生齐读乘法口诀。

（3）按顺序自由背诵、齐背。

（4）找规律，记口诀。

师（启发学生思考）：怎样才能快速记住这9句口诀呢？如果我忘记二六（　　）怎么办？

学生边读边思考，汇报交流自己记忆的方法。

这里要放手让学生充分地说出自己的发现。

6. 课堂小结：本节课的学习收获是什么？

【设计意图】加深学生对2的乘法口诀的记忆能力，引导学生得出2的乘法口诀的规律和特点，使学生对学数学产生更大的兴趣。

三、巩固新知，拓展思维

1. 游戏（对口令）

形式多样：可以教师与学生、学生与学生对口令；两道乘法算式与一句口诀对。如，2×3，3×2，对口诀“二三得六”；反过来一句口诀与两道乘法算式对；还可以前半句与后半句对。

2. 拍手游戏

游戏要求：

（1）先说说是几个几。

（2）再用乘法表示。

（3）口诀表示。

3. 找朋友

卡片：二四得八，二五一十，二六十二，二七十四，二八十六，二九十八，2×5=10，2×6=12，2×7=14，2×8=16，2×9=18，5×2=10，6×2=12，7×2=14，8×2=16，9×2=18，2+2+2+2=8，2×5+2=12，2×7+2=16 ……

（在课堂中奖励给学生的彩色卡片，卡片上有 2 的乘法口诀、乘法算式和加法算式等）如：请拿着口诀“二五一十”的学生说“我的朋友在哪里？”（拿着相对应的算式的学生就出来说“你的朋友在这里。”）然后，集体订正。

【设计意图】这里设计不同层次、不同形式多样的活动练习，让学生在玩中学、学中玩，使学生乐学、愿学，培养学生对数学学习的兴趣。

四、拓展延伸，回归生活

师：今天我们一起编制了 2 的乘法口诀，其实在我们周围，存在很多利用它来解决的问题，请大家课后调查与 2 的乘法口诀有关的生活知识，下节课和同学们交流一下！

11. “7 的乘法口诀”教学设计（课例一）

李怀红
（江苏省苏州工业园区唯亭实验小学，青年名师）

※ 课前思考

游戏活动是把学生引入“乐学”大门的好方法，妙趣横生的数学游戏活动，活泼的组织形式，会磁铁般地把学生牢牢地吸引到数学学习上来。儿童既然喜欢游戏，我们就可以利用游戏活动来支配他们，来养成他们的学习习惯，使智力和非智力品质得到协调发展。根据以上基本理念，我在低年级数学教学中，经常根据低年级学生的年龄特征、认知发展水平和已有的知识经验，结合教学内容设计形式丰富的数学游戏活动，使课堂教学充满了生机和活力，收到了良好的教学效果。

皮亚杰曾说过：“学生对新知的掌握最后都呈现为纳入已有的知识模式，并对已有的知识模式进行调整。”本节课的内容与前面所学的 2-6 的乘法口诀在知识结构上有很强的相似性，在教学过程中，应当注意让学生挖掘新旧知识链接的契合点，不仅为这节课的内容服务，还要沟通前后知识的联系。因此，在学习方法上，本节课注意引导学生回忆 2-6 的乘法口诀学习过程，放手让学生在各种数学活动、游戏中探索、编写、记忆和运用 7 的乘法口诀。

※ 教学过程

一、开门见山，揭示课题

师：小朋友熟练掌握了 1—6 的乘法口诀，今天这节课咱们继续学习——“7 的乘法口诀”。

二、活动探秘，编记口诀

1. 欣赏七巧拼图

语音介绍：七巧板是我国传统的智力玩具，用它可以拼出千变万化的图形，也称“七巧图”。一起欣赏同学们的七巧图（课件展示）。师生评价很有创意，也很美观。

2. 拼小船，数个数

看了同学们的拼图，老师也想拼一拼。（课件演示拼一只小船动画）

数一数，拼这样一只小船要几个▲？

如果拼 2 只这样的小船，要用几个▲？

指名回答，肯定不同算法（可以用加法，也可以用乘法）。

3. 填表格，找规律

拼 3 只、4 只……7 只呢？你也会计算吗？拿出学习单，算一算，填一填。

小船的只数	1	2	3	4	5	6	7
△的个数							

汇报交流：引导学生上下对应介绍小船只数与三角形个数，并说出计算方法。（预设：乘法计算；依次加 7 等。追问为什么）

相机引导表格中的规律。

4. 借图形，理算式

看来藏在小船中的秘密被你们发现了，我们一起来梳理一下。

一只小船一个 7，就是 7；两只小船，2 个 7 相加，是 14；一起接着往下说……

一个 7，就是 7，可以写成算式 1×7=7 。（板书：1×7=7）

2 个 7 相加，是 14，可以写成算式？（板书：2×7=14）

3 个 7 相加？ 4 个 7 相加？……分别可以写成？依次板书算式。

【评析】通过拼小船需要多少个三角形问题，组织学生计算几个 7 相加是多少，一方面引导学生初步记忆“几个 7”相加的结果，另一方面启发学生具体感知得到的这些“和”之间的关系，从而为学生编制和记忆口诀作准备。

5. 读算式，编口诀

你能根据这些乘法算式编一编 7 的乘法口诀吗？比如：【板书：一七（得七）】

拿出学习单，接着编一编，能编几句就写几句。

投影展示交流，板书 7 的乘法口诀。

小朋友真不简单，编出了 7 的乘法口诀，请欣赏自己的劳动成果，自豪地读一读。

6. 找规律，记口诀

刚才读的过程中，有没有发现 7 的乘法口诀藏着哪些小秘密？

交流中引导发现规律：第二个数都是七，第一个数是一到七，一共 7 句，得数也是每次增加一个 7……

根据发现的这些小秘密，你能快速记住这些乘法口诀吗？

自主背，齐背，男女比赛背等多种形式背诵。

哪几句容易记，哪几句难记？标记难记的口诀，想一想有什么办法能记住这几句口诀？

交流：通过一些小故事（西游记）能帮助联想口诀，借助邻居口诀（如，三七二十一，二十一减七就知道二七十四或二十一加七就知道四七二十八）也可以帮我们记住口诀。记口诀的方法有很多，只要我们多读、多动脑筋，一定能熟练记住口诀。

7. 对口令，强记忆

（1）师说上半句，生对下半句。如，师：三七（ ），生：二十一。

（2）算式对口诀或口诀对算式。如，师：5×7，生：五七三十五 或反过来。

在对口令游戏中引导补充一句口诀，两道乘法算式（七七四十九除外）。

如，师：一七得七 生：1×7 或 7×1。

（3）小老师模仿（2），出题对口令。

【评析】学生喜欢游戏活动，把游戏活动引入课堂教学会使学生感到一种快乐，一种享受。但游戏活动必须紧扣教学内容这条主线来展开，使游戏活动的玩法和知识点紧密地结合在一起，使学生在愉快而欢乐的气氛中学习新知识，建立新的认知结构。以上教学过程中，通过形式丰富多样的活动、游戏，放手让学生编口诀、记口诀，为学生提供了足够的自主学习的空间、充分的数学交流的机会，使学生在探索数学知识的过程中，体验学习成功的快乐，增强学好数学的信心。

三、灵活运用，内化口诀

1. 我会找：水果后面藏着哪些数？（渗透根据 7 的乘法口诀也可以得到除法算式）

2. 算一算，比一比

3×7+7=	4×7+7=	5×7+7=
4×7=	5×7=	6×7=
7×4=	7×5=	7×6=

6 个 7 比 5 个 7 多（ ），比 7 个 7 少（ ）。

引导通过上面三组算式纵横对比，发现规律，解决下面问题。

四、走进生活，解决问题

7是个神奇的数字，从古至今，人们生活在数的世界中。你能运用今天所学的知识解决这些问题吗？

1. 课始“七巧图”中的数学问题：5副七巧图中一共有多少个图形？

2. 医学小博士问题：医生说，每个人一天需要喝6杯水，一个星期大约要喝多少杯水？

3. 瓢虫问题：音频介绍瓢虫知识，针对图形提问：三只七星瓢虫身上一共有多少颗“星”？

4. 古诗中的数学问题：早在古代，人们与7结下了不解之缘。听！（播放《枫桥夜泊》视频）这是唐代诗人张继写的一首诗七言诗，与咱们苏州有关，你能发现这首古诗中数学问题吗？

在我们的身边，在实际生活中，还有哪些与7有关事物或现象？

七色彩虹，七个小矮人，音乐中的7个基本音符的……

【评析】熟记口诀并能正确地进行相关的计算是本课教学的重点。在编制口诀之后通过形式多样的练习，帮助学生巩固新知，促进记忆。几道生活中的问题涉及不同领域，颇具生活味，并且让学生交流解题时的思考过程，有利于学生进一步积累简单实际问题的数量关系，增强数学应用意识，为今后学习作好准备。

五、回顾总结，反思梳理

通过这节课的学习，你有哪些收获？

结合学习方法的总结，编顺口溜：

观察对比会思考，

学好数学的法宝。

读顺口溜，体会其中隐藏着7的乘法口诀知识。

用数学的眼光去观察生活，思考问题。

思考题：

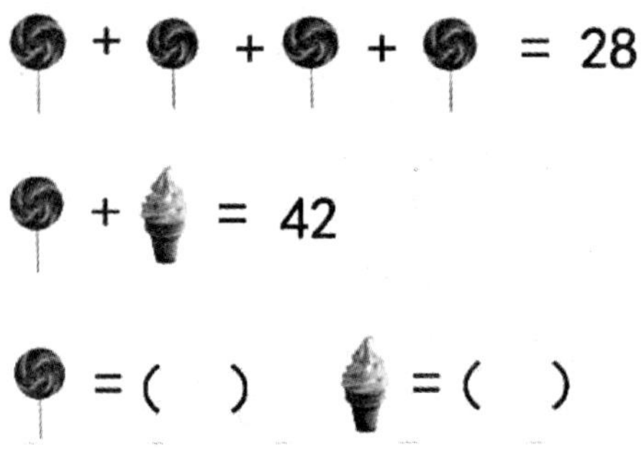

12. “7 的乘法口诀”教学设计（课例二）

刘东伟
（广东省中山市实验小学，青年名师）

※ 教学预设

学具准备：每人一张 6×20（厘米）的长方形空白卡纸、每人一支粗的深色彩笔。

※ 教学过程

一、故事引入

师：老师今天跟大家讲讲孙悟空的故事。（播放视频）

师：睁大眼睛，看看谁学习的时候，有跟孙悟空一样的火眼金睛。孙悟空大闹天宫以后，太上老君把他给抓住并放到一个炼丹炉里面，炼了多少天？（生：七七四十九天）这炼丹炉没把孙悟空炼成药丹，却炼出了孙悟空的火眼金睛。后来，他和唐僧走上取经的道路，这火眼金睛能识别妖怪，看到妖怪他不管三七二十一，举起金箍棒就打！厉害吧！

师：刚才我们说的故事里含有数学知识，你发现了吗？

生：七七四十九、三七二十一这些都是口诀。

师：口诀？是我们前面学习的 1、2、3、4、5、6 的口诀吗？

生：不是，是 7 的口诀。那今天我们一起来学习 7 的乘法口诀！

（师板书：7 的乘法口诀）

二、自编口诀

师：6 的乘法口诀有 6 条，你猜猜 7 的乘法口诀有几条？你们真会推理。你知道哪些 7 的乘法口诀呢？这么多人都知道，那这节课你们自己来编 7 的乘法口诀好不好？听清楚要求，现在拿出你们准备好的深色彩笔。小组讨论后，在老师发的卡纸上面写下一条你自己喜欢的 7 的乘法口诀，听清楚了请点头。

师：听口令，请坐正。谁的眼睛是火眼金睛？好了，我看到很多认真听讲的火眼金睛。老师再接着讲孙悟空的故事，跟7的乘法口诀有关。

师：孙悟空取经的路上，遇到了各种各样不同的妖怪，其中有一种是蜘蛛精，这个蜘蛛精一共有七只，孙悟空于是拔出一根毛一吹，变出了几只小孙悟空？

生：7只，太好了，这下打妖怪轻松多了。

师：但是蜘蛛精也不好惹，每只蜘蛛精都叫来了自己的一个朋友，孙悟空怎么办？

师：你说得对，他又拔出了一根毛，又变出七只小孙悟空。

师：一根毛变7只，一根毛变7只，这会儿有几只小孙悟空了？你怎么数得这么快？用口诀，这方法真不错！

师：继续，这个时候又来了一批7只蜘蛛！悟空又拔出一根毛，变出小猴子。现在一共有几只小猴子？你怎么数得这么快？又用口诀是吗？那看来你们编的口诀还挺有用的。如果孙悟空继续拔四根、五根、六根、七根猴毛，我们要不要一个个去数才知道小孙悟空有几只？怎么可以迅速知道？请你们分享一下刚才编制的口诀吧。

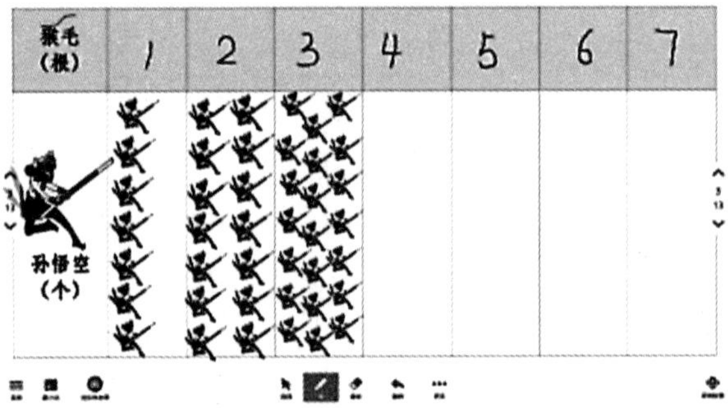

三、整理口诀

师：一根毛可以变7只小孙悟空，用的是什么口诀？7的口诀第一条，就是“一七得七”。（把学生的卡纸贴到黑板上）

师：那两根毛可以变出多少只小猴子？你们会用什么口诀？

师：二七十四。这就是7的第二条口诀。除了这两条，7还有别的口诀吗？来，请你们自己上来贴！我们得到了几条口诀？有没有漏掉的？这些口诀怎么样摆放才看得清楚？请你们讨论，我们等会儿请一个小组的同学上来整理一下。

师：按照顺序排列，我们就可以一眼看出7的乘法口诀共有7条，不多也不少，不重复也不遗漏。

四、理解口诀

师：你们知道一七得七的意思吗？一乘七，还有吗？一个七，还有没有？七乘一，七个一都对。从“得七”，我们知道结果是等于7。能根据这条口诀写出相应的乘法算式吗？

师：谁来解释一下，二七十四的“二七”什么意思？谁来把它写成对应的乘法算式？

师：是不是每条口诀都可以对应两个乘法算式？

生：不是，七七四十九这条只能写出一道乘法算式。

师：很好，我们把所有7的乘法口诀和对应的乘法算式都写出来了。

师：当我们不记得某一条口诀的时候，有什么办法可以让我们记起来？例如，我不记得四七是什么了。

生：可以想前面三七二十一，21加7是28。

师：说得真好。用加七的方法可以帮助我们，如果你记得三七二十一，只需要把21加一个7就能得到28，于是就知道四七二十八了。

师：那我不记得四七，但是我记得五七三十五，怎么办？

生：35减7就可以得到四七二十八。

师：同意吗？说得真好。现在我们通过自己的努力把7的乘法口诀搞定了。齐读一遍。请打开书本72页，根据书本里这些美丽的七巧板图形，补充完统计表，7的乘法口诀还有口诀相应的乘法算式。有困难的可以举手请教老师。

五、使用口诀

（一）简单计算

师：老师想看看你们的口诀记得准不准，我们一起做些练习吧。翻开书完成72页的“做一做”。

师：先用火眼金睛观察题目，你发现了什么？没错，这道题竖着两个算式为一组。

师：第一组算式要用什么口诀？第二组呢？第三组呢？

师：请像刚才那样，利用口诀完成73页的第2、3题。

（二）解决问题

1. 日历问题

师：生活中有很多问题可以用7的乘法口诀来解决。一起读读这道题，“一个星期有七天，两个星期有几天？三个星期呢？”谁来说说你的想法？

师：一个星期有7天，就是1个7天，那两个星期是2个7天，三个星期就是3个7天。

师：你还可以问别的问题吗？

师：一个月里会有5个7天吗？

2. 蛋糕问题

师：再用你火眼金睛看看，这些生日蛋糕有什么特别的地方？

生：一共有7个蛋糕，每个蛋糕都切成了6块，每个蛋糕上面都有3根蜡烛。

师：你能根据这些蛋糕，提出一个用乘法解决的问题吗？

生：7个蛋糕一共多少块？

师：谁来解答这个问题？六乘七等于四十二。你怎么算得那么快？

生：用口诀。

师：还有谁要提出不同的乘法问题吗？

六、课堂总结

师：生活中有很多跟7的乘法口诀有关的事情。动物身上就有，你看，这是七星瓢虫，他们为什么叫七星瓢虫？因为一只瓢虫身上有七个黑点。那两只瓢虫共有几个黑点？三只呢？

师：古诗里也有跟7的乘法口诀有关的事情。你看，《望庐山瀑布》是一首七言古诗，你们发现古诗里的什么跟7的口诀有关吗？能提出一个乘法问题吗？

师：再看，彩虹里也有7的乘法口诀，一条彩虹有七种颜色；童话故事里有7个小矮人……今天你学习了像6的乘法口诀一样整理出7的乘法口诀，7的口诀和之前的口诀有什么相同，又有什么不同呢？你猜猜后面我们会学习什么样的内容呢？那8的口诀“长”什么样呢？

13. “8 的乘法口诀”教学设计与反思

戴曙光
（福建省厦门市海沧区教师进修学校附属学校，特级教师）

※ 课前思考

乘法口诀是学习表内乘除法，乃至多位数乘除法的重要基础，它占据了二年级上册教学内容的半壁江山，可见其在小学低段数学教学的重要性。几乎每一位低段教学的老师都有一个共识：掌握与熟记乘法口诀并不难，班级学生中最落后的同学也能把乘法口诀背得滚瓜烂熟；但是中高段老师会发现：同一个班级不同学生的计算能力和解决问题的能力却有很大的差距，这是为什么呢？这是我们需要认真思考的问题。

※ 教学过程

一、编——温故知新

师：那么多的老师与我们一同上课，紧张吧？我们一起来做操放松放松。

（随着欢快的口令：一二三四五六七八、二二三四五六七八……，孩子们认真地做起了操，由于动作都是原创的，不时发出一阵笑声。）

师：有没有同学计算过，咱们一共做了多少个动作？

（同学们面面相觑，有些同学在摇头）

师：没关系！今天咱们来学习“8 的乘法口诀”。你会编吗？翻开书本 80 页试试。

同学们真会编吗？应该会的！观察的结果比我想象得还要好。3 分钟的时间，我在寻找有困难的同学，很遗憾，没找到，如果说要有区别的话，就是口诀中的数有些用大写，有些用小写，如三八（24）和三八（二十四）。

师：看看这位同学编的口诀，给他改改，对一个，画一个“√”。

对一句口诀，在它旁边画一个“√”，错一个画一个“?”。改完后，让学生互相检查与更正。

师：咦！你们是用什么办法编的？

生1：连续加8。

生2：2个8加上2个8是4个8，16+16=32；32加32是8个8，等于64。3个8等于24，24加24是6个8，六八四十八。

师：那5个8和7个8，你是怎么算的？

生2：2个8加上3个8就是5个8，5个8再加2个8就是7个8。

学生一边说，教师一边移动写有8的磁片，学生就能比较直观地理解各句口诀之间的关系。

师：这两个同学的方法好极了！每一句口诀都与其他的口诀有密切的联系，知道其中的一句口诀，就可以推导出其他的口诀。那么今天学的口诀又与前面7的乘法口诀有什么关系呢？

（屏幕上出示7的乘法口诀）

生：有！1个8比1个7多1，2个8就比2个7多2，3个8……

师：对了！用7的乘法口诀也能推导出8的乘法口诀。这就叫：温故而知新。

师：你们成功地创造了8的乘法口诀，老师为你们鼓掌！其实啊，同学们是用以前学的知识解决新的问题，这种方法是学习数学常用的。

放手让学生编口诀是有前提条件的，就是要具备一定的口诀基础和方法。学生学习了1至7的乘法口诀，经历了大量的实践操作，有了一定的经验和方法，如果我还是沿用老一套的方法引导学生操作，一句一句地编，那么学生的数学思考能力就得不到更快地提高。我在课堂上的“懒惰”行为，逼着学生“勤快”起来。学生不仅能一个一个地加8，还能用多样的算法编出口诀，又在我的提示下，发现了7和8的乘法口诀的联系。编出口诀不是最重要的，重要的是体会到了数学思想与方法以及先进的思维方式——迁移，培养了学生的数感。可谓“教师的认识有多高，学生的发展就有多远”。

二、背——规律巧记

师：你能用1分钟时间把口诀背下来吗？

同学们认真地背口诀，老师请一个同学背，背到七八五十六时，卡壳了。学生的困难与错误本身就是一种教学资源，一个新的生长点，得好好利用。

师：七八……给忘了，大家帮忙出出主意。

生1：6个8加上1个8，48加8等于56。

生2：7个7加上1个7，就是8个7。

生3：5个8是40，再加2个8，40加16等于56。

师：你为什么想到 5 个 8？

也许这位同学没有多想，只是知道把 7 个 8 分解成 5 个 8 和 2 个 8。

师：其实这个同学的方法也挺好，在八句口诀中，5 个 8 刚好是整十数，整十数加上一个数很方便。请看屏幕。

1	2	3	4	5	6	7	8	9	10
11	12	13	14	15	16	17	18	19	20
21	22	23	24	25	26	27	28	29	30
31	32	33	34	35	36	37	38	39	40
41	42	43	44	45	46	47	48	49	50
51	52	53	54	55	56	57	58	59	60
61	62	63	64	65	66	67	68	69	70
71	72	73	74	75	76	77	78	79	80
81	82	83	84	85	86	87	88	89	90
91	92	93	94	95	96	97	98	99	100

师：8 的倍数与整十数比较，你有什么发现？

生：1 个 8 比 1 个 10 少 2，2 个 8 比 2 个 10 少 2 个 2，几个八就比几个十少几个 2。

师：对了！当我们遇到困难的时候，通过数与数之间的关系，可以用很多的好办法解决问题。

师：累了吧？咱们再做一遍操，不过，做完一小节，要背一句口诀。

一、二、三、四、五、六、七、八，一八得八；二二……同学们饶有兴致地做起了操，做完后，同学们抢着回答：“64 个动作”。

化归是把要解决的数学问题变换或转化成已经解决或容易解决的问题的思维方式，这也是数学的一个重要的思想与方法。当学生忘记其中一句口诀，能够想到分解运用其他口诀或其他方法来帮助记忆，这是我想要达到的目的。引导学生巧记口诀，把 7 个 8 与其他口诀或整十数建立联系；数表中 8 的倍数的位置呈现，使学生进一步做到“心中有数”。学生心算策略的多样化的主要目标指向不是为了最优化，而是为了建立学生的数感，。我想：数感的建立，一定为后续的学习提供很大的帮助。

三、用——化难为易

师：口诀记住了，还要用得好！下面有几道算式，比一比，看谁算得快。

1. 7×8　8×2　8×8　4×6　6+8

我故意将题出示得很快，以提高学生的反应能力。当算到 6+8 时，果然，许多同学掉进了“陷阱”。

2. 8×6+8　8×6+6

师：你是怎么算的？

生1：8×6=48，48+8=56。

生2：7×8=56，6个8加上1个8是7个8。

师：这种方法好！一句口诀就解决问题。那“8×6+6”呢？

生3：把它看成9个6，9个6是……

师：9的乘法口诀还没学呢？怎么办？

生4：8×6+8=56，8×6+6比它少加了2应该等于54。

师：你的聪明才智令我佩服！

3.7×8-8　7×8-7

生1：7×8-8可以看作6个8，是48。7×8-7就用48加上1是49。

师：为什么是加上1呢？

生2：减7比减8少减了1，得数就要加1，所以是49。

师：你们都学精了！

孩子们都笑了，我也开心地笑了！在备课的时候，没想到8个6加上1个6是9个6，9个6的口诀还没学过，学生能与前一个式子做比较推算出下一个式子的得数，这是一个没有预约的精彩。

师：数一数，有多少个小方格？

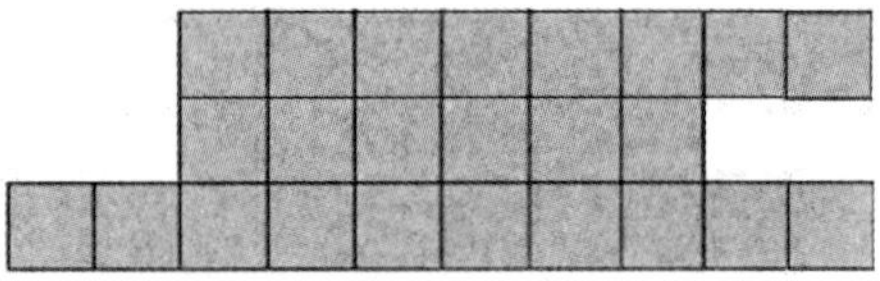

生1：8+6+10=14+10=24（个）。

生2：将左下角两个方格补到右边空缺的地方，刚好每一排都是8个，3×8=24。

师：嘿嘿！移多补少，算起来更方便。下面这个图呢？

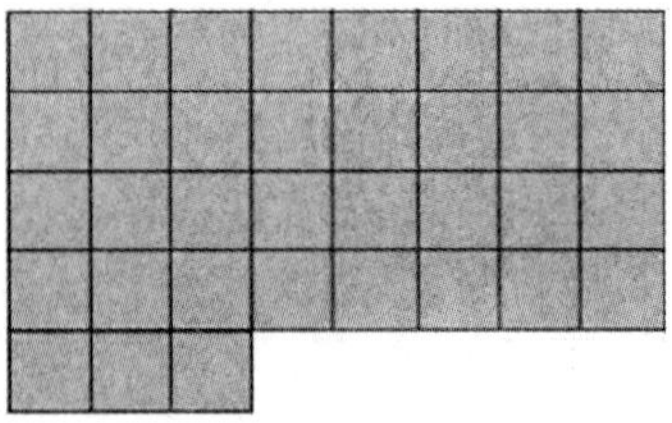

生1：4×8+3=32+3=35。

生2：5×8-5=40-5=35。

师：5个8就多算了5个，要减去5。还有没其他的算法呢？

生3：把最右边四个补到下面就齐了，每排7个，有5排，5×7=35。

师：这三种方法都很好！学好了数学本领，就能够“化难为易”。

※ 教后反思

设计这两道练习时，我在想：这是不是太难、太活了，学生的表现给了我结论和自信。正如日本教育家佐藤所说：“倘若内容平易，是不能创造性地展开思维能力的教育的。以低级的思维处理高层次的内容是可能的，但以低层次的内容培养高级的思维是不可能的。”如果停留在运用乘法口诀解决诸如“8×7”的练习层面上，相当于重复了编和记口诀的过程，学生只是在反复操练中变成“熟练工”。练习的变化不断促进学生的认知的生成，学生从多角度思维产生多样化的算法，多样化的算法交相辉映，相互碰撞，学生的思维方式得到了提升，也造就了课堂的精彩。

上完课后，我还在想：学生需要多种算法吗？在“多样化”与“最优化”的问题上，老师们有太多的争论。不管怎样，学生的“多样化”值不值，要看它有没有促进学生的思维发展。本课中学生从不同角度思考，经历“移多补少、化难为易”的思维过程，体验口诀运用的价值，更为重要的是，学生心算策略的不同是建立在已有知识基础上对新知识的再思考，并把这种思考上升为一种数学方法或一种数学思想——化归。

如果你去问学生：“学数学最讨厌什么？”学生会毫不犹豫地回答：“计算。”为什么最讨厌的是计算？那是因为学生认为计算是机械的，枯燥的，按老师教给的法则算就可以了。为什么学生会有这样的认识偏差？问题出在哪呢？长期以来，我们的计算教学迫不及待地教给学生自动化的竖式计算方法，因为在老师的眼里，竖式计算最管用，可以解决一切计算问题，而忽略了心算策略的培养，也就是数感的形成，学生感觉不到计算的“味”。因此，给计算教学赋予新的内涵，重建学生喜欢的计算课堂，是我们要努力的。

如果有人问我：再过几年，第三次讲“8的乘法口诀”，你会怎么讲呢？我实在无法回答这样的问题，因为我的课往往是在上课的前1分钟才最终确定的，有时，看着学生的眼睛和表情，可能会改变甚至推翻我原来的想法，进而改变课堂教学的路径。但有一点可以肯定，就是第三次的课和第二次的课不会一样，因为课是随着教师的认识的改变而变，随着学生的变化而变，唯一不变的是“为学生的发展而教”。

为了达到“为学生的发展而教”之目的，我们应该学习、学习、再学习。

14. “9 的乘法口诀”教学设计及评析（课例一）

邱学华
（江苏省常州大学尝试教育科学研究院，特级教师，中小学荣誉教授）

※ 教学背景

1988 年 10 月，我在云南省玉溪市召开的全国协作区第四届尝试教学法研讨会上，上了一堂“9 的乘法口诀”的观摩课，探讨在低年级如何组织尝试教学。在教师的指导下，学生不但能尝试自己编出乘法口诀，而且能发现乘法口诀排列的规律，既培养了探索精神，又发挥了创造精神。那天除来自全国 24 个省、市、自治区参加会议的代表外，玉溪市的教师也闻风而来，共有 1800 多人。在玉溪市体育馆里，小学生在体育馆的中央上课，听课教师坐在四周看台上，盛况空前。

※ 教学过程

一、基本训练

教师用录音机播放：依次播出算式：7×4，8×5，4×7，5×8，21÷3，48÷6，49÷7，8×4，7×5，7×7，8×8，要求全体学生听算，边听边在课堂练习本上写下得数。接着播放各算式的正确答案，让学生对照检查、订正。

教师用口算练习器给出算式：7×5，8×6，9×3。要求学生口算并回答各算式表示什么意思。

二、导入新课

当学生回答算式“9×3”表示 3 个 9 连加后，教师板书课题“9 的乘法口诀”，要求学生先做下面 9 的连加法：

1 个 9 是多少？ 2 个 9 连加是多少？……9 个 9 连加是多少？

教师检查学生的计算情况，请一学生回答（正确答案依次是 9、18、27、36、45、54、63、72、81），其余学生对照检查计算结果。

三、进行新课

教师指导学生阅读课本并提出问题：

1. 第一排有几个小方格？（生答：9 个小方格）

2. 第二排呢？（生答：18 个小方格）

3. 第二排比第一排多几个小方格？（生答：多 9 个小方格）

教师鼓励学生自己探索，教师说："课本上各排的小方格的排列是有规律的，老师先不说，你们自己学习填出课本上算式的得数及后面的口诀，再想一想有什么规律？"

教师用投影分别出示课本上的算式及相应的口诀：

算式	口诀
9×1=9	一九得九
9×2=18	二九十八
9×3=27	三九二十七
9×4=36	四九三十六
9×5=45	五九四十五
9×6=54	六九五十四
9×7=63	七九六十三
9×8=72	八九七十二
9×9=81	九九八十一

教师检查学生填写的情况后（全班都填对了），紧接着启发学生把相邻的几个 9 间的小方格数一数，比一比，得出 9 的乘法口诀每相邻两句之间相差 9。

【评析】数学课有书不读，教师讲，学生听，教科书只起习题集的作用。邱老师针对这一时弊，引导学生阅读课本，启发学生观察、思考，得出 9 的乘法口诀每相邻两句之间相差 9 的规律。这样从低年级起就注意培养学生的自学能力，这是尝试教学法的特点之一。

接着让学生先读 9 的乘法口诀，再默记、背诵口诀，并投影出示：

(10-1)	9×1=9
(20-2)	9×2=18
(30-3)	9×3=27
(40-4)	9×4=36
(50-5)	9×5=45
(60-6)	9×6=54
(70-7)	9×7=63
(80-8)	9×8=72
(90-9)	9×9=81

（注：10-1、20-2……90-9要到后面的师生讨论后再逐一板书）

教师要求学生认真观察上述算式中被乘数、乘数、得数之间有什么特点，边观察边想：9的乘法口诀有什么规律？

学生会得出许多规律：（1）被乘数都是9，乘数从1到9，后一个算式比前一个算式的得数增加一个9；（2）积的十位的数从1到8，个位的数却从9到1；（3）积的个位与十位数字的和等于9；（4）积的个位数字与乘数的和等于10；（5）乘数添0，再减乘数，如1个9是10减1，2个9是20减2；3个9是30减3……9个9是90减9，所以9个几相乘就是几十减几。接下来教师要求学生根据规律熟记口诀。

【评析】抽象概括能力是逻辑思维能力的一个重要方面。邱老师启发学生人人动脑积极思考、发现、总结9的乘法口诀的规律，根据规律理解记忆，进而达到熟练，这样做符合学生的心理特点，提高了课堂教学效率。

四、试探练习

做"小猫叫"游戏。在小猫美妙的叫声中（录音播出），教师用活动卡片箱，依次出示：

9×2=□　　9×3=□　　9×6=□　　5×9=□

4×9=□　　8×9=□　　9×8=□　　9×□=45

9×□=18　　9×□=36　　9×□=9　　9×□=72

让学生抢答，回答正确者可获得小红旗表扬。

五、课堂练习

让学生在优雅的音乐声中做作业。

（1）9×5　　9×6　　9×4　　9×9　　9×3　　9×2　　9×8　　9×7

（2）9×3　　9×5　　8×9　　6×9　　7×9　　8×7　　6×8

7×5　　9×9　　4×9　　7×6　　9×2

【评析】游戏式练习和让学生在美妙的音乐声中练习，为学生创设了愉趣情景，符合学生心理个性，有利于激发学生的学习兴趣，保持注意力的稳定性，提高了练习效率。

为了帮助同学们运用口诀熟练、正确地计算，介绍一个简易的、人人都有的计算器：每个人的两只手。说明使用方法：如计算9×3，乘数是3，就把左手第三指（从大拇指起数）弯下，看第三指左右两边的指头数，左边指头个数表示积的十位数，右边（连同右手）指头个数表示积的个位数。如图：

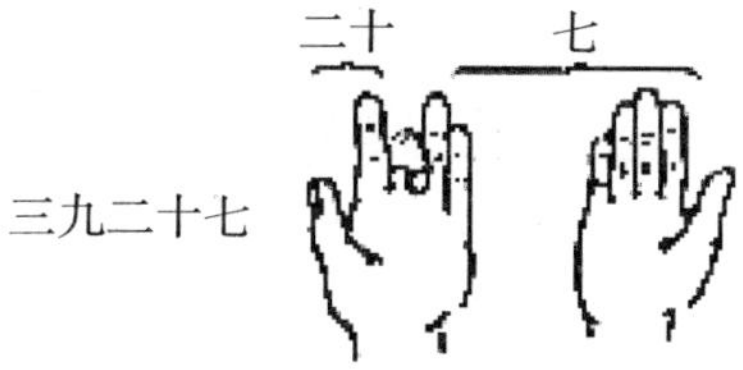

老师巡回辅导，重点帮助学习有困难的学生，并检查、批阅学生作业。

【评析】在练习过程中，反馈效应是非常有效和明显的。通过结果的信息反馈，学生一旦知道自己的练习做对了，会产生激励作用，做错了会得到老师的及时纠正。

六、课堂小结

（略）

※ 教后总评

邱老师的这一堂观摩课，获得听课的1800多位专家、学者、教师的一致好评。该班任课教师高兴地说：“孩子被邱老师教聪明了。”学生们说：“邱老师的课我们喜欢上。”

邱老师这堂课之所以取得成功，最主要的原因是他能根据低年级儿童的年龄特征和心理特点，灵活运用自己创导的尝试教学法，并配之以适当的教学手段，使学生在愉快、活泼的气氛中学习、探索，既长知识，又长智慧。（《云南教育》杂志编辑曹文整理和评析）

15. “9的乘法口诀”课堂实录（课例二）

谢晓芊
（广东省中山市实验小学，青年名师）

一、复习巩固，创设情景

出示图1：

师：每条龙舟队的人数一样吗？

师：观察这幅图，你能提出哪些数学问题？

生：一共有多少条船？

生：一共有多少个人在划船？

师：既然每条船人数都一样，要求一共有多少个人划船，那就用乘法比较简便，那我们先来看看一条船有多少个人吧！

二、合作交流，探究新知

1. 先扶后放，编制9的乘法口诀

出示图2：

师：我们一起来看看，一条龙舟上有多少人？用乘法怎么表示？

生：1×9=9或9×1=9；

师：表示什么意思呢？你能说出这个口诀吗？ 9人一条船，也可以说是1人1人数，数了9次，一九得九。

（师板书：9　一九得九　）

师：两条龙舟上有多少人？你是怎么算出来的？

生：9+9；

生：2×9=18 或 9×2=18；

师：为什么可以用乘法计算呢？根据算式你能说出什么乘法口诀？

生：表示 2 个 9 相加，所以可以用 2×9 表示；二九十八。

（师板书：9+9　二九十八）

2. 利用数轴，突出数学思想

师：小袋鼠来跳远，跳了两步，不小心遇到一只大狮子，大狮子说，观察一下，根据刚刚跳远的规律下写出相应的乘法算式，然后根据算式编出相应的乘法口诀。小袋鼠摸摸脑袋，不知从何下手。小朋友们，我们来帮帮小袋鼠吧！

出示图 3：

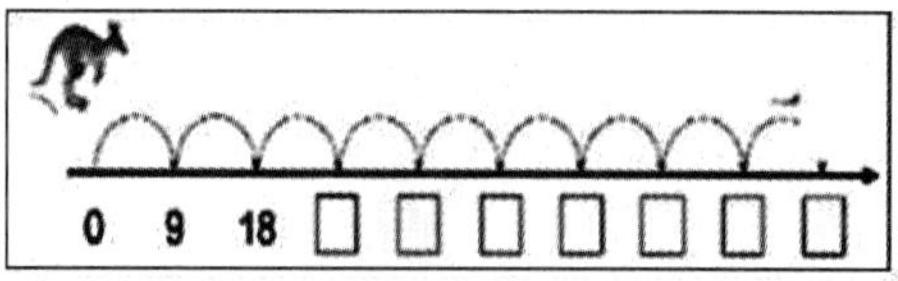

师：（1）跳远任务中隐藏了哪些规律？

（2）你能写出这些算式吗？你能根据这些算式写出对应的口诀吗？

学生整理 9 的乘法口诀，通过袋鼠的跳远自主在课本编制乘法口诀并在黑板上完善 9 的乘法口诀表。

3. 记忆困难口诀，突破学习障碍

师：大家能齐读一次 9 的乘法口诀给我听吗？仅看左边这一列，你发现有什么规律呢？和同学们讨论一下吧！

出示板书：

9的乘法口诀

1×9=9	一九得九	9×1=9
2×9=18	二九十八	9×2=18
3×9=27	三九二十七	9×3=27
4×9=36	四九三十六	9×4=36
5×9=45	五九四十五	9×5=45
6×9=54	六九五十四	9×6=54
7×9-63	七九六十三	9×7=63
8×9=72	八九七十二	9×8=72
9×9=81	九九八十一	9×9=81

生：相邻的每句口诀的积之间相差 9；

生：积的个位、十位上的数相加的和都是 9；

生：得数个位上的数逐渐少 1、十位上的数逐渐多 1；

生：27、72、36、63、45、54、18、81 都是相反的。

师：你有没有觉得似曾相识？1 和 8、2 和 7、3 和 6、4 和 5、5 和 4、这是什么？

生：9 的分与合！9 可以分成 1 和 8，9 可以分成 2 和 7，9 可以分成 3 和 6……

师：太棒了！我们运用 9 的分与合记住了 9 的乘法口诀！

三、巩固练习

1. 小游戏

出示图 4：

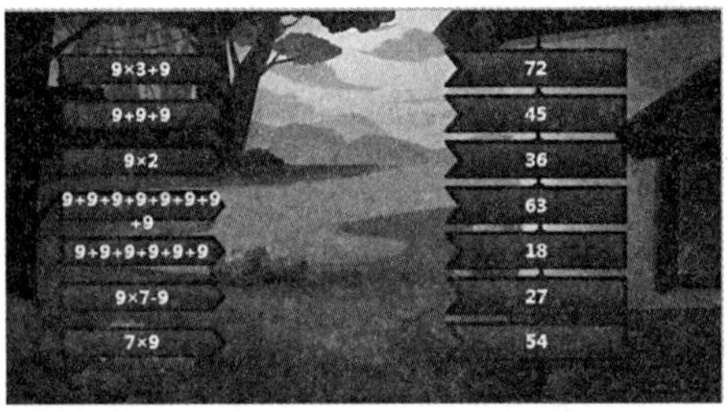

师：你能根据算式准确找到得数吗？怎样才能算得快、找得准？

生：9×3+9 就是 3 个 9 加 1 个 9，那就是 4 个 9，四九三十六，所以是 36；

生：9+9+9 就是 3 个 9 相加，三九二十七，所以是 27……

2. 擦得数记口诀

出示图 5：

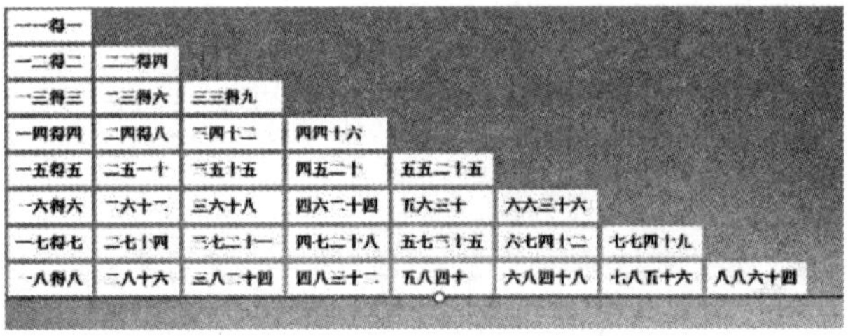

师：这是我们之前我们学过的 1–8 的乘法口诀，今天我们学了 9 的乘法口诀藏在表的下方，你能先猜猜是哪一句乘法口诀吗？我们需要一点儿线索（教师擦除，出示四九）

生：四九三十六；

师：你能在 1–8 的乘法口诀表中找到它的位置吗？（学生将四九三十六口诀移至四八三十二下方）

（教师擦除五十四）

生：六九五十四；（学生将六九五十四口诀移至六八四十八下方）

（教师擦除二十）

师：三九二十七；（学生将三九二十七口诀移至三八二十四下方）

学生在游戏中完善 1–9 的乘法口诀。

3. 看谚语猜口诀

出示图 6：

猪八戒有三十六般变化；
孙悟空有七十二般变化；
唐僧取经历经八十一难；
降龙十八掌；

师：猜猜这里藏着的口诀是什么？

生：四九三十六、八九七十二、九九八十一、二九十八。

四、整体记忆口诀

1. 手指记忆乘法口诀表

出示图 7：

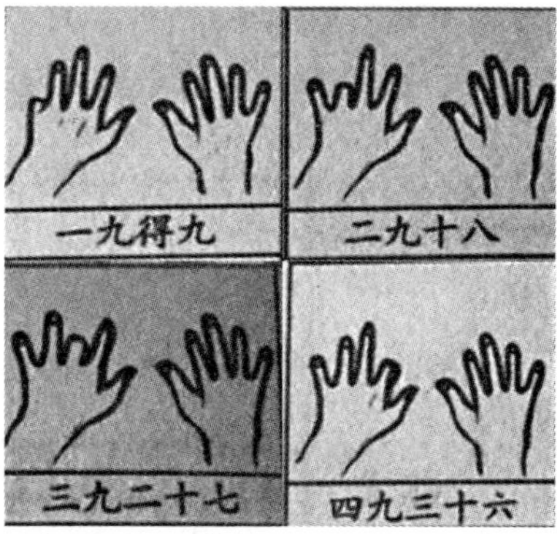

师：观察一下，每句口诀是怎样用手指表示的？弯曲的手指左边手指的个数表示什么？弯曲的手指右边手指的个数表示什么？和同学们讨论一下吧！

生：弯曲的手指左边手指的个数表示得数的十位，右边手指的个数表示口诀的个位。

师：你能自己表示一下五九四十五和六九五十四吗？

2. 盒子记忆乘法口诀

师：小袋鼠太开心了！说你们都是小数学家，它为了感谢各位小数学家，特意准备了徽章给大家，它带了几个小盒子，一个小盒子有十个格子，现在我们打开看看，一盒有多少个徽章？你是怎么知道的？

出示图 8：

生：九个，数出来的！

生：十个格子少一个就是 9；

（师板书：9 比 10 少 1；$1\times9=10-1$）

师：又打开了一盒，发现是这样的，有几个格子，现在一共有多少个徽章？

生：十八个徽章，二九十八；

生：有 20 个格子，比 20 少 2；18 个徽章。

出示图 9：

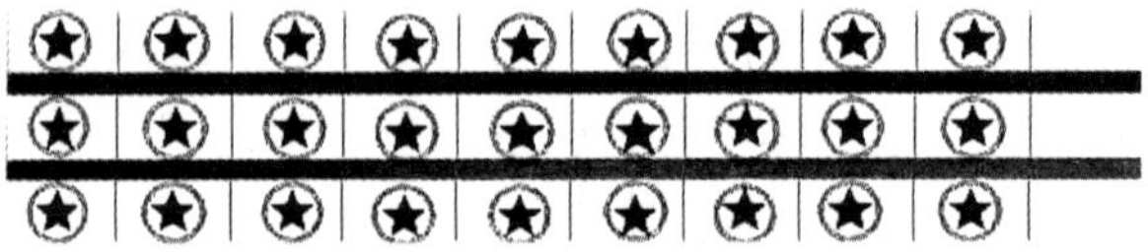

$1\times9=10-1$

$2\times9=20-2$

$3\times9=30-3$

师：你发现了记忆 9 乘法口诀的好办法吗？

生：几个 9 就比几十少几。

五、小结

师：这节课你记住了 9 的乘法口诀吗？你能说说它的规律吗？

师：你是利用什么方法记住 9 的乘法口诀的？你能说说吗？

16. “9 的乘法口诀”教学设计与反思（课例三）

姚丹
（福建省福州金山小学，青年名师）

※ 课前思考

9 的乘法口诀是在学生初步认识乘法、熟练掌握 2-8 的乘法口诀、会用乘法口诀计算乘法的基础上学习的。此时学生对编制口诀已有一定的经验，所以在教学 9 的乘法口诀时，我们想把课堂学习的主动权交给孩子。为了提高教学的针对性和有效性，我们做了前测，了解孩子对 9 的乘法口诀编写比较熟练，对 9 的乘法口诀的应用也比较熟练。所以这节课的教学的重点不在编写口诀，而是让学生理解 9 的乘法口诀的意义以及口诀之间的联系上。在此过程中培养孩子探索发现的能力与表达交流的能力。同时理解 9 的乘法口诀特殊规律性，让学生感悟数学学习的趣味性，帮助他们更好的记忆，激发他们学习数学的兴趣。

※ 教学过程

一、课前根据老师提供的核心问题，开展自主探究活动

附：学习单。如图：

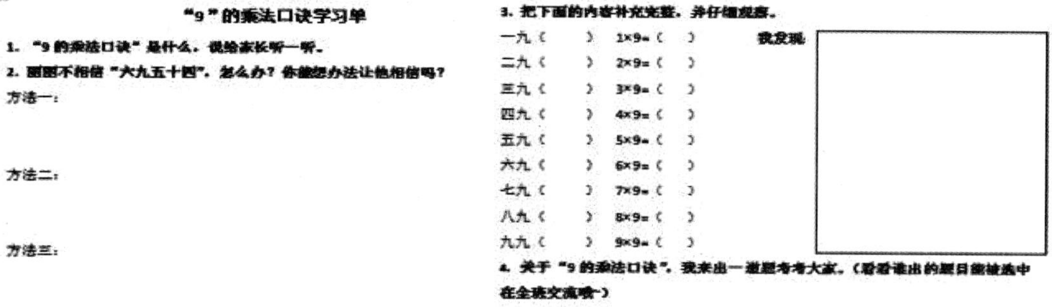
“9”的乘法口诀学习单

1. “9 的乘法口诀”是什么，说给家长听一听。

2. 图图不相信“六九五十四”，怎么办？你能想办法让他相信吗？

方法一：

方法二：

方法三：

3. 把下面的内容补充完整，并仔细观察。

一九（ ）	1×9=（ ）	我发现
二九（ ）	2×9=（ ）	
三九（ ）	3×9=（ ）	
四九（ ）	4×9=（ ）	
五九（ ）	5×9=（ ）	
六九（ ）	6×9=（ ）	
七九（ ）	7×9=（ ）	
八九（ ）	8×9=（ ）	
九九（ ）	9×9=（ ）	

4. 关于“9 的乘法口诀”，我来出一道题考考大家。（看看谁出的题目能被选中在全班交流哦~）

二、课前游戏

1. 游戏激趣，激活旧知

师：同学们，在上课之前咱们先玩一个小游戏！请1、2为一组，3、4为一组，各选一人为代表到前面来进行比拼。请下面的同学一起来思考。如果他们的选择和你一样，你们就把掌声送给你们的代表。准备好了吗？开始！

2. 揭示课题

师：同学们都很棒。之前学习的乘法口诀，你们都已经很熟练地掌握了。今天我们一起来学习“9的乘法口诀”。

三、汇报交流，探索新知

1. 整理口诀

（1）齐声汇报“9的乘法口诀”。

师：“9的乘法口诀”你们都编了吗？把你编的乘法口诀跟你的同桌说一说。（同桌互相说9的乘法口诀）

师：都说完了吗？那咱们就把它们一句一句地请出来吧！（大家一起说）

生：一九得九，二九十八，三九二十七，四九三十六，五九四十五，六九五十四，七九六十三，八九七十二，九九八十一。（一起边说边贴）

（2）看口诀说算式。

师：每一句口诀都能帮助我们快速地解决乘法算式。咱们先来看第一句口诀，“一九得九”可以解决的乘法算式是：____________。

生1：1×9=9，9×1=9。

师：那其他的呢，请你挑一句说一说？

生2：三九二十七可以解决的乘法算式是：3×9=27还有9×3=27。

师：那“九九八十一”呢？

生3：9×9=81。

师：你们有什么疑问？

生4：为什么“九九八十一”只能写一句呢？

师：谁能解答他的问题？

生5：因为都是9，交换位置还是一样的。

师：听明白了吗？（明白了）说得真好！除了“九九八十一”，其他的口诀都可以写两个乘法算式。你们看（贴上去）

师：大家对9的乘法口诀有了一定的了解。那现在就请大家一起拿出学习单，来看第二题。同桌互相交流一下方法。（2分钟，PPT显示题目）

2. 探索“六九五十四”的道理

师：大家都分享完了吗？刚刚老师收集了几位同学的方法。咱们一起来看看。

（拍照上传展示）

师：你们看，这是哪位同学的方法，请来说一说。

生 1：第二题：丽丽不相信“六九五十四”怎么办？你能想办法让他相信吗？

我的方法是利用画图的方法：一行画 9 个圆圈，画六行。这样数一共有 54 个。就可以证明六九五十四。

师：听明白了吗？他是用画图的方法证明“六九五十四”是对的。掌声送给他。咱们再来看看这位同学的。

生 2：我的想法是：把 6 个 9 相加等于 54，算式就是：9+9+9+9+9+9=54。

师：为什么用 6 个 9 相加呢？

生 2：因为六九五十四就可以理解为 6 个 9 相加的和。

师：说得真好，也把掌声送给他！我们接着看还有不一样的方法。

生 3：我是画数线图的方法。每次加一个 9。这样加 6 个 9 结果也是 54。

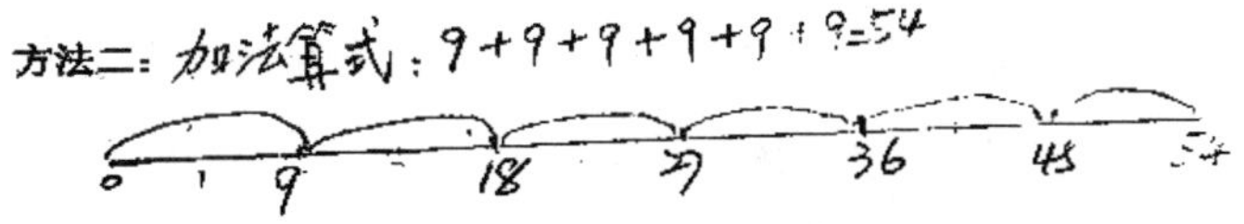

师：这样可以吗？（可以）有位同学是这样做的。也请他来说一说。

生 4：我是用箭头图的方法。其实也是 6 个 9 相加，只是用箭头的方法把每次的结果表示出来了。

师：这两种画图的方法都很好。还有同学有不同的方法。

生 5：丽丽不相信六九五十四，但相信五九四十五。五个九再加上一个九就是六个九，就是五十四。

师：也非常有想法。很不错！还有一位同学的方法也很特别。

生 6：因为 9 比 10 少 1，所以 6×9=6×10-6=54，所以六九五十四。

师：听明白了吗？大家都非常棒！

师：刚刚同学们都用了不同的方法来证明“六九五十四”这句口诀是对的，虽然方法不同，但都是在计算 6 个 9 相加或 9 个 6 相加的和是 54。都很会思考！老师知道大家还有很多其他的方法，时间关系，我们就先交流到这里。我们接下来看第三题。

3. 发现交流“9 的乘法口诀”的规律

（1）交流发现的规律。

观察9的乘法口诀，你有什么发现？（学生汇报）

一九（　　）1×9=（　　）
二九（　　）2×9=（　　）
三九（　　）3×9=（　　）
四九（　　）4×9=（　　）
五九（　　）5×9=（　　）
六九（　　）6×9=（　　）
七九（　　）7×9=（　　）
八九（　　）8×9=（　　）
九九（　　）9×9=（　　）

师：你都有哪些奇妙的发现呢？为了让更多的同学有机会回答，我们每人只说一个规律。

生1：我发现每句的第一个数是按1-9的顺序依次排列；

师：可以对照黑板，说得更具体一些。

生1：第一个数是从1-9按顺序依次排列。（指着算式）

师：很好的发现。谁有不一样的发现？

生2：积的十位上的数比乘数的第1个数比少1。比如：2×9=18，十位上的1比乘数的第一个数2少1；5×9=45，十位上的4比乘数的第一个数5少1。其他也是这样的。

师：你们发现了吗？有没有什么疑问？

生3：1×9=9，十位上没有数呀？

生2：1×9=9的积只有一位数是9，所以十位上的数可以看为0，只是没有写出来。十位上的0比乘数的第一个数1少1，也满足刚才的规律。

师：说得怎么样？把掌声送给他。

师：还有谁要分享发现？

生4：每相邻两句的积相差9。

师：为什么相邻的两句积相差9呢？

生4：因为下一句口诀比上一句口诀多一个9，所以它们的积相差9。

师：说得真好！不仅发现了规律，还知道了规律背后的原因。非常棒！谁还有发现？

生5：积的十位上的数与个位上的数的和都是9。

师：可以对照黑板，举个例子吗？

生 5：从上往下看，它们的积十位和个位上的数相加：1+8=9，2+7=9……8+1=9。

师：这个发现可真奇妙呀。积的十位和个位上的数相加如果不等于 9 就说明肯定错了。还有什么发现吗？

生 6：后一句口诀的得数与前一句口诀相比，积的十位数大 1，个位数小 1。

师：的确是这样，为什么呢？

生 6：因为它们相加等于 9，十位上的数大 1，个位上的数肯定小 1。

师：太了不起了。谁还想说？

生 7：先不看 1×9=9。其他的算式 2×9=18，9×9=81；结果是反过来的。3×9=27，8×9=72，也是反过来的。剩下的也是。

师：看来 9 的乘法口诀真的很特别，也很有趣。这些规律可以帮助我们很好地记忆 9 的乘法口诀。还有谁想说？

生 8：9 乘几的积，就把几当做几十，再减几。原因是因为 1 个 9 是 1 个 10 减 1，2 个 9 就应该是这样的 2 个 10 减 2，是 18，那么 3 个 9 就应该是 30 减 3，是 27，那 4 个 9 呢？

师：非常善于思考，你们听明白了吗？我们一起用图来看看。（PPT 播放）

师：因为 1 个 9 比 1 个 10 少 1，所以，2 个 9 比 2 个 10 少 2，3 个 9 比 3 个 10 少 3，4 个 9 比 4 个 10 少 4，5 个 9 比 5 个 10 少 5，6 个 9 比 6 个 10 少 6……

师：现在你们知道了乘法口诀的秘密了吗？我们一起说：几个 9 就是比几十少几。

师小结：同学们都很善于思考发现，从不同的角度观察，发现了许多的规律。这些规律不仅有趣好玩，还可以帮助我们更有效地记忆 9 的乘法口诀。

（2）9 的乘法口诀手指操。

师：除了上面你们所发现的这些规律，我们还可以利用我们双手的手指找到 9 的乘法口诀。你们想知道吗？我们一起来看一个小视频。（PPT 播放）

师：9 的乘法口诀多么神奇啊！

4. 运用“9 的乘法口诀”创编新题

师：不仅如此，还可以用它来解决生活问题。咱们班的同学昨天也编了一些跟它有关的问题，老师挑了几题。咱们一起来看看。

练习一

生 1：一盒饼干 9 元钱，妈妈买了 5 盒，一共需要多少钱？你们会吗？

生2：5×9=45（元）。

师：为什么用5乘9呢?

生2：要算5个9的和。

练习二：

生3：二年（1）班的同学，排成6队，每队9人，还多1人。二年（1）班一共有多少人?

生4：6×9+1=55（人）。

练习三：

生5：马路一边种10棵树，每两棵树之间种两朵小花。一共种多少朵小花?

生6：可以画图。利用图可以知道10棵树有9个间隔。每个间隔种两朵小花，就有9个2。2×9=18（朵）。

四、全课总结

师：通过这节课的学习，你有什么收获?

生谈收获。

师：看来收获真不小，同学们回家后可以跟爸爸妈妈分享。这节课我们就上到这里，下课!

※ 教后反思

传统的教学方式是老师讲，学生听。学生是被动地接受，没有太多主动学习的机会。传统的教学模式会引发学生思考惰性。所以，我们在教学9的乘法口诀时，基于孩子学习乘法口诀的经验。我们设计了学习单。通过核心问题的探究学习，让学生成为课堂的主人。通过这节课我们也从学生身上看到很多惊喜，大多数学生可以大胆表达，主动思考学习。

学生通过证明“六九五十四”这句口诀是对的。理解了它的意义是6个9相加或9个6相加。从而理解9的乘法口诀的意义。而且在孩子们各种各样的证明想法中，体会了口诀与口诀之间的联系。在发现规律中，不仅培养了孩子探索发现的能力，也更深入地体会9的乘法口诀的趣味性，激发孩子们的学习热情，帮助孩子们更好的记忆9的乘法口诀。最后，让孩子们自己编题，培养孩子的应用意识和能力。

17. “7、8、9 乘法口诀整合课”教学设计与反思

杜琳
（四川省成都高新区教育发展中心，青年名师）

※ 课前思考

长久以来教师习惯于从课时入手分析解读教材，实施教学工作。由于缺乏整体意识，大家很难从一个单元、一个主题的视角整体分析课程内容。但是随着课程改革的深入，我们发现从整体视角设计教学内容，整合式的展开教学。更有利于激发学生的学习潜能，更有利于教师深入解读教材，更有利于跨域知识内容层面实现对学生核心素养的培养。为此我们对 1-12 册教材内容分领域绘制图谱进行结构化解读，力图理清知识明线与思想方法暗线之间的交织关系；我们编制《课程纲要》，力图摒弃单课时思维，站在单元的视角整体规划教学；我们尝试根据具体内容和真实学情进行课时调整，运用核心思想方法统领整合课的教学。

※ 教学过程

一、课前检测，引入课题

师：（出示课前检测情况）课前，同学们做了一个学习检测，在这个九九乘法口诀表中，红框里面是已经学过的，而蓝框里面的还没学，那这些得数是怎么来的呢？这节课我们就一起来研究 7、8、9 的乘法口诀。

×	1	2	3	4	5	6	7	8	9
1	1	2	3	4	5	6	7	8	9
2	2	4	6	8	10	12	14	16	18
3	3	6	9	12	15	18	21	24	27
4	4	8	12	16	20	24	28	32	35
5	5	10	15	20	25	30	35	40	45
6	6	12	18	24	30	36	42	48	54
7	7	14	21	28	35	42	49	56	63
8	8	16	24	32	40	48	56	64	72
9	9	18	27	36	45	54	63	72	81

【设计意图】展示学生的检测情况，口诀都已经知道了，那还需要学习什么

呢？让学生初步感知学习乘法口诀不仅仅只是为了记住它，还要研究其本质和意义。

二、通过数形结合体会转化在学习新知识中的作用

任务一：研究 8×8 的乘法口诀。

（出示 8×8 的方格图）

学生列式表示总数并解释乘法算式含义。

教师提问：“如果有一个小朋友并不知道 8×8=64，你怎么才能教会他呢？”（出示学过的口诀表）

×	1	2	3	4	5	6
1	1					
2	2	4				
3	3	6	9			
4	4	8	12	16		
5	5	10	15	20	25	
6	6	12	18	24	30	36
7	7	14	21	28	35	42
8	8	16	24	32	40	48
9	9	18	27	34	45	54

学生独立完成研究，用圈一圈的方法表示出 8×8 的计算过程，并写出算式算一算，完成后小组内交流。

教师分享几位同学的研究方法，提问：“他们是如何研究 8×8=64 的？用到了已经学过的哪几句口诀？”

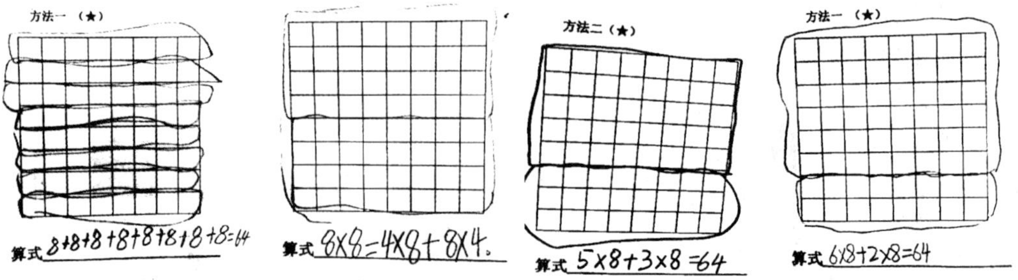

方法一：8+8+8+8+8+8+8+8=64

方法二：8×8=4×8+4×8=64

方法三：8×8=5×8+3×8=64

方法四：8×8=6×8+2×8=64

学生分享了自己的思路之后，教师引导学生发现方法之间的联系，发现都是将 8 个 8 拆开，分成几部分相加的和。得出口诀并板书：八八六十四。

【设计意图】用数形结合的方法让学生体会如何将没学过的口诀转化成已经学过的口诀，进行自主学习。

任务二：研究 7×7，9×9 的乘法口诀。

教师再次出示 8×8 的方格图，提问："7×7，9×9 能不能用这句口诀来解决呢？你可以通过在下面的方格图中圈一圈，寻找解决问题的方法。"

下面是一名学生的作品：

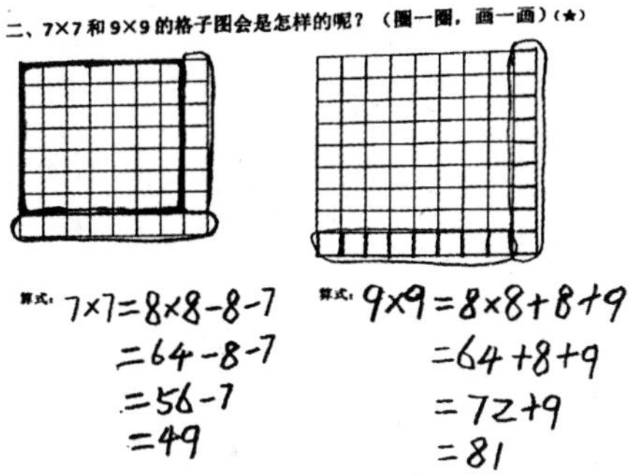

教师引导学生讨论提问："你们能看懂这位同学的想法吗？"

生 1：他是将 8×8 的方格图先去掉一行，再去掉一列，就得到 7×7 的方格图了。

生 2：那就是减掉一行 8，再减掉一列 8 啊。

生 1：不对不对，因为去掉一行后，图形就变成 7×8 了，每一列只有 7 个方格了，再去掉一列，也就是减去 7，就变成 7×7 了。

生 2：哦，我好像发现问题了。如果减去两个 8，那拐角处的小方格就被减掉了两次，就重复减了。（学生边演示边说）

老师总结：通过大家的讨论，我感受到你们对乘法意义的理解很深入。咱们从 8×8 的方格图中顺利找到了 7×7=49，口诀记为：七七四十九。

教师再次引导学生通过讨论发现：在 8×8 的方格图上增加一行，变成 9×8，再增加一列，变成 9×9。"九九八十一"这句口诀的来历巩固了学生对方格图变换的应用。

教师组织学生回顾学习历程，并发现在研究 7×7 和 9×9 口诀的过程中，七八五十六和八九七十二应运而生，可以再请学生结合方格图说一说。

【设计意图】基于知识本质，利用数形结合，从研究 8×8 的方格图入手，通过去掉一行一列得到 7×7，增加一行一列得到 9×9。经历这样的学习过程，让学生感受到口诀的学习不仅是结果的获得，更是对口诀意义的理解以及内化，将未知的知识转化成已知的知识，从而形成解决问题的重要思想方法。对转化后的算式进行方法的提炼，让学生有一个解决问题的路径，那么在后面的开放性研究中才会有章可循 。

任务三：学以致用，研究口诀。

在整理口诀中，学生发现 7×9 还没研究。教师顺势而为鼓励学生用自己喜欢的方法表示出这句口诀，并列式说明。教师选取如下方法进行全班交流：

④$7\times9=9\times9-2\times9$	③ $7\times9=5\times9+2\times9$	②$7\times9=8\times9-9$	①$7\times9=6\times9+9$
$=81-18$	$=45+18$	$=72-9$	$=54+9$
$=63$	$=63$	$=63$	$=63$

我们发现：有的同学用的拆分法，有的同学是用增加一个 9 或是减掉一个 9 的方法来进行研究。

【设计意图】在开放性研究的氛围中，不同方法的交流加深学生对乘法口诀意义的理解，让学生进一步感受基于知识的本质用旧知识解决新知识的过程，实现转化思想学以致用，培养学生能迁移、能举一反三、触类旁通，进而将知识结构化的意识，指向深度学习。

任务四：方法迁移用口诀。

师：我们已经学完了整张乘法口诀表，除了可以解决表内的计算问题，还可以帮助解决哪些计算问题呢？思考：12×8 可以怎样计算呢？你能用今天学的知识解决吗？

教师选取以下方法进行全班分享：

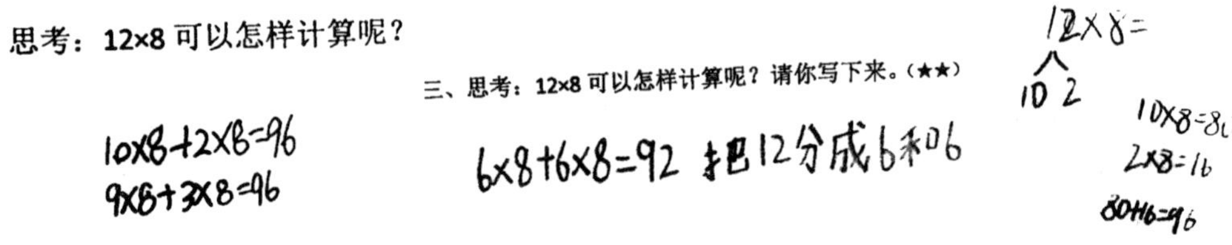

学生大多数都能用已经学过的乘法口诀分别算出这两部分的积，然后再求出它们的和，成功找到 12×8 的结果。

【设计意图】除了解决表内的计算问题，也可以帮助解决更复杂的计算问题，通过这样的问题提出让学生感受方法的学习不局限于一隅，抓住知识的本质，找到知识间的内在联系，注重方法的迁移可以帮助解决更多未知的问题，培养学生迁移、归纳和整理的能力。

※ 课后思考

这节课的教学是我们基于知识本质理解的一节整合课尝试，调整教材原有的课时安排，尊重学生现实学习基础，借助“方格图”这一重要的思维工具展开。在实际教学中，学生学习得较为主动，在“方格图”的引领下思考得越来越深入，主动地调用了前面对乘法意义的理解，对口诀编制的经验，成功实现于一节课中完成了两课时的内容。

但是课时的节省不是目的，整合的意义在于建立知识的结构，凸显暗含于知识背后的思想方法，用它们来推动学生的思考和探究。整合的意义更在于贴近学生的元认知，找准生长点，触发其参与学习的主动性。

这样的学习过程不是一帆风顺的，难能可贵的是期间充满的挑战、质疑、争论、顿悟与反思。究其主要原因，还是因为抓住了“数形结合”这一数学重要的研究方法，它赋予思维以力量，推动了学习的步步深入。未来学习之路中，它一定会伴随着学生数学学习的始终，切实提升学生解决问题的本领。

18. “口算、估算与推理”课堂实录与反思

刘德武
（北京教育学院宣武分院二部小学教研室，特级教师）

※ 课前思考

“口算、估算与推理”是在学生学习了乘法口诀后的一节练习课，教学分析中强调练习活动要多样化，不仅要帮助学生掌握乘法口诀，还能结合计算教学解决实际问题。

口算一位数乘一位数是最基础的数学技能，通常要求在学段结束时达到每分钟 8 ~ 10 题的速度。正确而迅速地口算乘法运算必须掌握并熟记乘法口诀。为此，我们安排了内容充实、形式多样、生动有趣、富有效率的练习活动。

※ 课堂实录

一、导入

师：我们这节课要上数学课，其实我们在学校里学了许多计算题，加法会吗？减法呢？乘法呢？加、减法容易些还是乘法容易些？

师：意见不一样。一句话，学好了都容易，对吗？

师：将来我们还会学一些数，小数、分数……无论是什么运算，都要有个基础，你们知道这个基础是什么？

生：乘法口诀。

师：今天就围绕乘法口诀来上一节课，大家想不想？

生：想！

师：今天的课是什么内容呢？我把课题写在黑板上，看你知不知道？

（板书：口算、估算与推理）

师：大家知道口算是什么吗？

生：知道。

师：估算呢？

生：知道。

师：谁知道推理是什么？

生：一个数据推理另外一个数据。

师：为了研究方便，刘老师把大家分为两个大组：小猴组、小兔组。“小猴组”模仿一下小猴的动作。“小兔组”模仿小兔的动作。

（教师说明分组方法）

二、口算

1.第一次抢萝卜比赛

师：接下来我们要进行口算比赛。一会儿我给大家一些萝卜。小兔爱吃萝卜，小猴呢？小猴是杂食动物，什么都吃，萝卜当然也吃。

（老师出示一些萝卜）

师：萝卜上有一道题，如果这个数大于 45 就是小猴们要了。要是小于 45 谁要了呢？

小兔组：我们要。

师：我们还要做个拔萝卜的动作。萝卜是小猴组的就指他们说“他们要”。

师：大于 45 谁要？

小猴组：我们要！（拔萝卜状）

小兔组：他们要！

师：小于 45 呢？

小兔组：我们要！（拔萝卜状）

小猴组：他们要！

师：第一个萝卜出场了。

（教师出示萝卜：9×7）

（学生抢着说）

师：要商量好了，整齐地说。

小猴组：我们要！（拔萝卜状）

小兔组：他们要！

（出示：5×3）

小兔组：我们要！（拔萝卜状）

小猴组：他们要！

（出示：9×4）

小兔组：我们要！（拔萝卜状）

小猴组：他们要！

师：为什么该小兔子们要？知道举手。

生1：因为四九三十六，比45小，所以是我们要。

师：真好！能搞清楚不容易，能说清楚更不容易。你们清楚他说的吗？他说什么？

生：四九三十六。

师：还说一句话是什么？

生：36比45小。

师：还说了一句话。

生：所以小兔要。

师：这就是逻辑，逻辑观念非常清楚。先说什么，再说什么，随后说什么。他不仅仅说得好，脑子还特别清楚。

师：很好，我们用到口算了吗？

生：用到啦！

师：用到估算了吗？

生：没有。

师：用到推理了吗？

生：没有。

师：进入下一道。小猴要不要？小兔子呢？

（出示：8×8）

小猴组：我们要！（拔萝卜状）

小兔组：他们要！

师：不仅没忘记说，也没有忘记拔萝卜，真好！

（出示：9×5）

师：刚刚抢得很欢的，现在怎么客气起来了？

生1：因为正好是45，不大也不小，所以大家都不要。

师：小猴子要不要？

小猴组：不要！

师：给小兔子？

小兔组：不要！

师：那给谁呢？

生：给刘老师。

师：谢谢！这么荣幸！这么好的萝卜都没人要，那我留着吧。再看一个萝卜。

（出示：4× □）

（学生争论）

师：行！谁来说为什么？

生 1：因为最大能填 9，算出来只是 36，比 45 小，所以小兔要。

师：谁说方框里面是 9 啊？

生：因为方框里面只能填 1 到 9，那 9 是最大的，所以四九三十六。36 小于 45。

师：那如果填 8、7 或者 6 呢？

生 1：都行。都是小兔的。

师：已经学过很多乘法，但从乘法口诀来讲最大是 9。这个萝卜归小白兔了，大家有意见吗？

生：没有。

（出示：6× □）

（学生自由争论）

师：由都不要到都可以要，这里有个进步。能不能说清楚□填几是猴子们要，填几又是小兔们要？两人先说说。

（学生自由讨论）

师：谁能来说清楚？

生：填 6 和 7 的话都小于 45，小兔子要，要是填 1 的话也是小兔子要。

师：说对了但说得不全，谁能说清楚？

生：我们可以填 0–7 这么多数，他们才只能填 8、9，所以都可以要。

师：这个萝卜到底给谁呢？等等，我发现这个小方框下面有个数。

（师慢慢地撕下，显示：8，猴子队很兴奋）

师：虽然 1–7 的可能性很大，但是很可惜，这里写的是 8。就给小猴子们啦！

2. 第二次抢萝卜比赛。

师：第一阶段的抢萝卜游戏就到此为止，不过我们还会继续抢萝卜，但是有新要求。得数大于 5，小猴们要；得数小于 5，小兔们要。好像小兔们机会少一点儿。没关系，我们先看题。

（出示 64 ÷ 8）

兔子队：他们要！

师：虽然这萝卜是小猴子要，但是我发现小兔那边声音最快。

（出示 27÷3）

小猴队：我们要！

师： 哪句口诀？

生：三九二十七。

（出示 35÷5）

（生争执，有点儿乱）

师：你光说要或不要可不行，要会说口诀才行。请一位同学来说，为什么？

生 1：五七三十五

师：接着说——

生：大于 5 。

师：接着说——

生 1：所以我们要。

师：好！这个萝卜就送给你们组啦！你作为代表收下。

（出示 54÷9）

小猴组：小猴要！

师：好！给小猴子！

（出示：2□ ÷6）

（生先讨论）

师：好！你反应最快，你来说。

生：□填 4 的话，答案也是 4，24÷6=4，如果填 8，28 不能除以 6 啊。所以只能是小兔的。

师：最后一只萝卜。

（出示：24÷ □）

（生争论，后说：都要）

师：谁也不说，自己想□里填几谁要，填几又是谁要？

师：好！说吧，说吧！

生：老师，你这个□也得撕开来。

师：现在就是不撕，撕开就没意思了，谁来说？

生 1：填 4 小猴要，填 6 小兔要。

师：说得真好，你还说了一对 4、6。

生 2：填 8 是小兔要，填 3 是小猴要。

师：要有方法，填到 8 就肯定想到几？

生：3。

师：8 和 3 是一对。为什么 8 和 3 是一对？

生：因数、因数和积，8 和 3 都是因数。

师：谁能一个人说填几小猴要，填几小兔要？

生 1：填 3 就是小猴要，填 8 就是小兔要，填 6 就是小兔要，填 4 就是小猴要。

生 2：24 ÷ 1 也是小猴要。

师：24 ÷ 1 等于几？

生：24。

生 2：24 ÷ 0 也是小猴要。

师：24 ÷ 0 可麻烦了，24 ÷ 0 可不等于 0，也不等于 24。我也说不清楚 24 ÷ 0 等于几。周一问问李老师，肯定能说得清清楚楚。请一个同学上来撕纸。

（出现：8）

小猴组：他们要。

师：好！送给小兔队。

师：刚才抢萝卜中有口算吗？

生：有。

师：有估算吗？

生：没有。

师：有推理吗？

生：有一点点。

师：是有一点点，24 要除以几谁才要就是推理。

三、估算和推理

师：萝卜大丰收，分别送到小兔家、小猴家（卡通房）。但是有个困难，从萝卜地到小猴家有一座弯弯的小桥（画），把这些萝卜分别用卡车运过去，但桥上有句话，不知道你们懂不懂？“限重 40 吨”什么意思？

生：最多只能承重 40 吨的东西。

师：那要超过 40 吨呢？

生：不行！桥会塌的。

师：那正好 40 吨呢？

生：也可以。

师：也可以，这就叫作限重 40 吨。

师：第一辆卡车开过来了，谁能说说图画是什么意思？

生：每个箱子有 9 吨，有 3 个这样的箱子，车子重 3 吨。

师：这辆车能不能安全过桥？为什么？

生：因为三九二十七，27+3=30（吨），没有超过 40 吨，所以能过桥。

（学生在黑板前开车演示）

师：第二辆卡车开来了。有这样的 4 个箱子，每箱不到 9 吨，可是卡车 3 吨多，能不能开过去？

生 1：3 吨多什么意思？

生 2：比 3 大。

师：那 5 吨、7 吨可以不可以？

生：不行！比 3 多但不到 4 吨。

师：想一想这辆卡车能不能开过去？

（学生自由思考）

生：3 吨多看成 4 吨，不到 9 吨看成 9 吨，4×9=36 加上 4 等于 40 吨，所以卡车能开过去。

师：这位同学真了不起，3 吨多看成是 4 吨，这是什么方法？

生：假设。

师：不到 9 吨看作 9 吨，这样算下去，他们最多是 40 吨。实际到 40 吨吗？

生：没有。

师：我们不知道差多少，但是总比 40 差一些。卡车到底能不能开过去？

生：能！

（学生开过去）

师：安静，用卡车运萝卜到小猴家时，有口算吗？

生：有。

师：有加法口算，也有减法口算。

师：有估算吗？

生：有。

师：这回有了，假如把它看成多少。

师：有推理吗？

生：有！

师：推理是由一个或几个已知的判断，推出新判断的过程。

师：这回要把萝卜送到小兔家，小兔家前有一条宽宽的河，有船可过河。但是有要求，一条船最多运 8 筐。看看这么多筐要运几次。

（出示：24 筐）

生：3 次。

师：哪句口诀？

生：三八二十四。

（出示：48 筐）

生：6 次。

师：哪句口诀？

生：六八四十八。

（出示：56 筐）

生：7 次。

师：哪句口诀？

生：七八五十六。

（出示：28 筐）

（学生争论 3 次、4 次）

师：到底 3 次、4 次？

生：4 次。

师：说说为什么 4 次？

生：因为 3×8=24，剩下 4 筐也要运到小兔家，所以要运 4 次。

师：说得很不错，先运过几次？3 次，那 3 次运的都是 8 筐，最后还剩下几筐啊？4 筐，这 4 筐能运过去吗？能，虽然不满一船，但也要运过去。所以一共要运几次啊？

生：4 次。

师：但是发生了困难，28 筐还没运走呢，又运来 28 筐，一共要运几次？

（学生争论 7 次、8 次、9 次）

生：7 次。

师：两个 28 筐不是 2 个 4 次，该是 8 次啊。

生 1：28+28=56（筐），56÷8=7（次）。

生 2：28 筐计划 4 次，最后 4 筐要再运一次，但又来 28 筐，那次可以再加上 4 筐，所以只要 7 次。

师：刘老师今天很高兴，高兴在哪儿呢？因为解决的方法不一样。有同学是前后考虑的，先考虑前面的 4 次，再考虑后面的 4 次，由于刚好 4 筐和 4 筐可以凑成 1 船，所以省了 1 次，8−1=7（次）。而有的同学从整体考虑，两个 28 筐不就是 56 筐嘛，56 里面有 7 个 8，所以要运 7 次。在解决这些题的时候不仅小猴会变得很聪明，小兔也会很聪明。

四、全课总结

师：好了，今天咱们的课就上到这里了。再来回忆一下今天的课，有口算吗？有估算吗？那么用到推理了吗？

生：有！

师：你觉得哪里用到推理了呢？

生：第二辆客车能不能过桥用到了推理。

※ 教后反思

一、变静态的练习为动态的活动——让练习课趣味十足

我们都上过公开课，但我们经常会选择一些概念课，很少选择计算课和复习课，因为我们都清楚练习课、复习课要出彩来很不容易。其实练习课也能上出精彩，关键在于变静态的练习为动态的活动，练习课为达到巩固新知活用新知的目的会设计一些层次性强的练习，例如我把原来的口算练习设计成了拔萝卜的数学游戏，把解决问题设计成了运萝卜的数学活动。使低年级的学生兴趣倍增。

二、变封闭性练习为开放性的练习——让练习课充满数学味

“6× □ =”这大于45，还是小于45。这是一道开放题，学生从不同角度思考将得出不同的答案。当学生说“其实，这萝卜我们都可以要。”他的思考层次明显要比前两位学生要高，因为他是在前两位学生的基础上进行归纳、概括，进一步思考的结果。因此我紧紧抓住这位同学的回答进行了及时的评价：“从都不要到都可以要，这是一个进步。”并提出“我们能不能说说方框中填几小兔子们要，方框中填几小猴子们要呢？”这样的问题引导学生进行深入思考，这样的练习有助于培养学生思维的品质（如思维的深刻性，思维的敏锐性）。

三、变直接呈现为情境创设——让练习课充满现实味

《新课标》强调“要提供丰富的现实背景”。同样我们的练习也不能以单一静态文字直接呈现，它需要我们教师适时、适度地改变呈现方式，创设情境，让学生在现实的情境中去理解数学，体验数学，应用数学。在本案例中，我创设了一个运萝卜的生活情境，让学生运用口算，估算和推理解决问题，让学生体验到口算，估算和推理是解决问题的一种重要策略。

19. “认识‘倍’”课堂实录与反思（课例一）

张艺
（河南省郑州市金水区金燕小学，青年名师）

※ 课前思考

“快乐的动物”是孩子们第一次真正接触“倍”这一抽象概念，重点是认识“倍”，理解“倍”，建立“倍”的表象概念，能够理解一个量是另一个量的几倍，同时培养学生的抽象思维能力和数学表达能力。

我对学生进行了课前调查，根据前测的情况来看，学生对于几个几的意义十分明确，但对于问到两个数量之间的关系时，绝大部分学生只有比较大小、多少的经验。也就是说在正式认识“倍”之前，学生头脑中建构的是“加减法结构”，是数量的合并与多少的比较。极少数学生听说过“倍”，对“倍”的概念只有模糊的了解。我认为主要原因是生活经验的缺失，学生很少或者没有接触过关于“倍”的生活经验，那么就要创设一些符合学生认知特点又能解释“倍”的数学本质的活动，可以利用学生已有的知识经验，把“乘、除法”意义的认识以及有关“一份”和“几份”的经验作为学习新知的生长点和支撑点，通过两个数量的比较，由“份”引出“倍”，使学生初步认识“倍”的含义，通过大量的游戏活动、操作活动、借助圈一圈，说一说等活动，不断丰富学生的表象，在“变”与“不变”的思辨中完成对“倍”从“形”到“数”的转化，逐步丰富学生对“倍”的表象认识，深化对“倍”的理解。

※ 课堂实录

一、情景创设

1. 游戏引入

师：同学们和老师一起玩“抱一抱”的游戏。

6 人上台，老师发口令 2 人抱一抱，可以抱几组？

生：可以抱 3 组。

师：3 人抱一组，可以抱几组？

生：2 组。

师：4 人抱一组可以抱几组？不够怎么办？

二、问题探究

师：同学们，森林里的小动物也想玩这个游戏，大家看一看谁来了。请你快速地读出数学信息。（出示课题）

生：小猴有 2 只，小鸭有 6 只。

（分别用红色和黄色的星星表示小猴和小鸭）

师：小猴和小鸭要比一比它们的只数，你们能帮它们吗？

生：小鸭的只数比小猴多 4 只。小猴比小鸭少 4 只。

师：小动物们说了，这是你们以前学过的比较的方法，在你们的数学书里还有一种新的比较方法，你们知道吗？

生：小鸭是小猴的 3 倍。

师：老师听到一个新的词“倍”，什么是倍呀？今天我们就一起来认识倍，研究关于倍的知识。

师：小鸭的只数是 6，（板书 6）小猴的只数是 2（板书 2），6 里面有几个 2 呀？6 里面有 3 个 2，（边说边圈）我们就说 6 是 2 的 3 倍，也就是说小鸭数是小猴的 3 倍。（边说边板书）这是用圈一圈的方法，我们能不能用计算的方法呢？

生：6 是 2 的几倍，我们可以用除法来算，6 ÷ 2=3。

师：“倍”不是单位名称，所以 2 后面就不用写“倍”字了。

师：说一说每一个数字表示的含义。

师：如果又来了几只小鸭和小猴，请你数出现在小动物的只数，你能用摆一摆，圈一圈的方法表示出现在小鸭的只数是小猴的几倍吗？

（学生尝试练习，进行讨论，再集体汇报）

小结：要求一个数是另外一个数的几倍时，除了可以用圈一圈的方法，也可以用除法来计算。

师：有同学发现，小鸭是 6 只，小猴是 2 只的时候，小鸭的只数是小猴的 3 倍；小鸭是 9 只，小猴是 3 只的时候，小鸭的只数还是小猴的 3 倍，这是为什么呢？

三、体验感悟

师：请同学们用刚刚学到的倍数知识想一想，图中小动物的只数，除了小鸭数是小猴的3倍，还能找到其他的倍数问题吗？

师：在小组内交流，可以摆一摆，算一算，然后在老师发给你们的答题纸上做好记录。

（根据学生填的情况，请小组派代表上台来做小老师）

生：讲解小鸭数是松鼠的3倍，6是2的3倍，6÷2=3。

生：小鸡数是松鼠的4倍。8是2的4倍，8÷2=4。

四、实践应用

“拍手游戏”

师：老师拍手，同学们拍手的次数要是老师的倍数。

师：找一找生活中的倍数问题。

五、小结

师：小朋友们，今天我们学习了什么知识呀？

六、布置作业

※ 教后反思

授人以鱼不如授人以渔。教给学生思考、学习的方法，才能使学生真正学会学习。这节课中，我注重数形结合数学思想的渗透，从摆一摆、圈一圈、画一画入手，把抽象的数学概念转化成具体的、直观的、形象的，学生可以看得见摸得着的数学。

在探究“倍”的过程中，充分创造机会，通过看一看、说一说、摆一摆、圈一圈、画一画、比一比、说一说等活动，让学生的眼、脑、口、手等多种感官参与学习活动，引导学生在做中学，在具体的操作活动中直观地建立倍的概念。同时，在活动中培养了学生观察、思考、操作等能力。倍是比较抽象的数学概念，学生建立和理解倍的概念，需要一个反复、持续的过程。在教学中，我充分利用教材主题情境图，创设连续的情境，让学生在有趣的“变化”中逐步理解、认识倍，感受在比较倍数关系时标准的重要性，要明确谁比谁，再找出倍数关系。

20. “倍的认识”课堂实录（课例二）

姜锡春
（重庆市巴蜀小学，特级教师）

一、谈话引入

师：同学们，今天的数学课有什么不同？

生：在梦想剧场上课。

师：上课的地点不同。还有什么不同？

生：有很多老师。

师：是啊，这么多老师来听我们上课，让我们用热烈的掌声欢迎老师们！

（生鼓掌）

师：还不够热情。

（生更热情地鼓掌）

师：为了表达我们的心意，让我们整齐地拍两次。

（生整齐地拍两次）

师：刚才同学们整齐地拍了两次。（板书：同学，并贴两张小手掌图）

师：老师也想用拍手的方式来表达对他们的欢迎，仔细听听，老师拍了几次？

生：6 次。（师贴：6 个小手掌）

师：看谁最会观察，老师和同学拍手的次数，你有什么发现？

生 1：老师拍手的次数比同学多 4 次。

生 2：老师拍的次数是同学的 3 倍。

师：他刚才说到一个字——倍，你们会写这个字吗？伸出食指和老师一起写一写。

（板书：倍）

师：“倍”字左边站着一个人，右边上面一个立字，下面一个口字。这就是今天我们要认识新朋友，可不能把它写错了，它会生气的！

师：今天我们就一起来学习“倍的认识”。（板书课题）

齐读课题：倍的认识。

二、探究

1. 感知倍的意义

师：刚才有同学说老师拍手的次数是同学的 3 倍，什么意思呢？我们一起来看看。

师：同学拍了……（教师用粉笔圈出学生的手掌图）

生：两次。

师：1 个两次。（板书：1 个两次）

师：老师拍了……

生：3 个两次。

师：我们一起来数数看。

师生：1 个两次、2 个两次、3 个两次。（教师一边圈，学生一边数）

（板书：3 个两次）

师：我们就说老师拍的次数是……

生：老师拍手的次数是同学的 3 倍。

师：听明白了吗？谁能像刚才这样再清楚地说一说？

（请一生在教师手势引导下说）

生：同学拍了 1 个两次，老师拍了 3 个两次，老师拍的次数是同学的 3 倍。

师：你们也会这样说一说吗？

（全班在老师手势引导下一起说）

师：同学们，刚才我们是用什么方法找到新朋友的呢？

生：打包。

师：很形象的比喻。

生：圈一圈。

师：好名字，记录下来。

（板书：圈一圈）

2. 在变化中进一步认识倍

师：刚才我们用圈一圈的方法认识了新朋友，接下来它想和你们玩“超级变变变”的游戏，你能找到它吗？

（1）变化比较量：

师：请看：（贴 2 个手掌）

生：老师拍手的次数是同学的 4 倍。

师：你怎么发现的？

生：因为原来有 3 个两次，现在又加了 1 个两次。

师：请同学们伸出手指，和他一起数一数。

生：1 个两次，2 个两次，3 个两次，4 个两次。

师：所以老师拍的次数是同学的 4 倍。（板书：4）

师：这一次要请你们闭上眼睛。（贴 4 个手掌）请睁眼。

生：老师拍手的次数是同学的 6 倍。

师：你能像刚才那样完整地说一说吗？

同学拍了 1 个两次，老师拍了 6 个两次。（板书：6）

师：所以老师拍的次数是同学的 6 倍。（板书：6）

（2）变化标准量：

师：刚才在黑板上很快就找到了新朋友，接下来它藏到哪里去了呢？请看大屏幕。

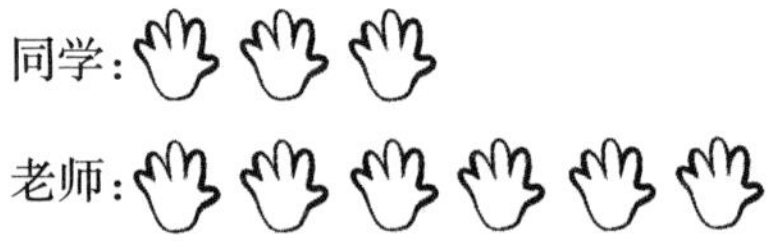

老师拍的次数是同学的（　）倍。

课件出示：

生：老师拍手的次数是同学的 2 倍。

师：你怎么看出来的？能像刚才他们那样说一说吗？

生：同学拍了 1 个三次，老师拍了 2 个三次。所以老师拍手的次数是同学的 2 倍。

师：请同学们对比这两幅图（黑板图和课件图），为什么这里是两个两个圈？这里是三个三个圈的呢？

生：因为这里同学拍了三次，所以我们就要 3 个 3 个地圈。

师：真会观察！

老师拍的次数是同学的（　）倍。

课件出示：

师：看谁火眼金睛，还能找到它！

生：现在老师拍的次数是同学的 6 倍。

师：我们来看看。

生边看边默数。

生：所以老师拍手的次数是同学的 6 倍。

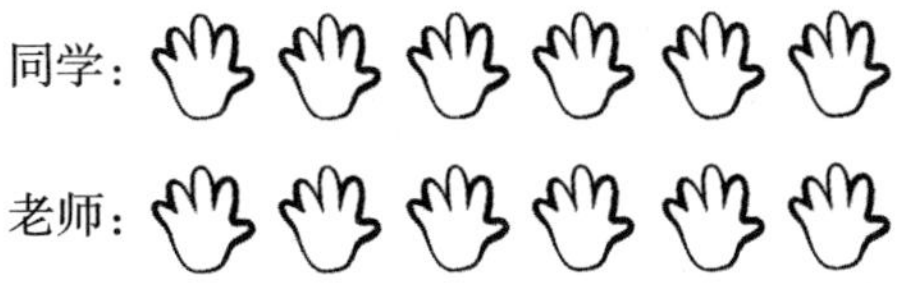

课件出示：

师：现在呢？

生：老师拍的次数是同学的1倍。

师：很多同学都点头赞同，那我们一起来看看。

师：这时同学拍了……

生：6次。

师：1个6次。

生：老师也拍了1个6次。所以老师拍手的次数是同学的1倍。

师：像这样，我们也可以反过来说……

生：同学拍手的次数是老师的1倍。

师：真是了不起的发现！

三、课堂练习

师：同学们，刚才我们用一起学习的方式来认识了新朋友，接下来我们用独立学习的方式再去找找看，它还会藏在哪里？请大家拿出学习单，完成1、2两题。

1.

● 的个数是●的（3）倍，●的个数是●的（6）倍。

师：这三位同学找得对不对，同意吗？

师：你们发现有什么不一样吗？

生：有的圈一圈，有的画竖线、画横线。

师：发现了他们用的方法不一样！那有什么相同呢？

生：虽然他们的方法不同，但都能找到正确的结果。

师（小结）：虽然圈一圈、画一画等方法不同，但都能帮我们学习数学知识！

（板书：画一画）

师：还是这幅图，你还能像这样说一句话吗？

__________的个数是__________的（ ）倍。

生1：蓝色的个数是橙色的几倍？

师：提出了很好的问题，由你来请一位同学解答。（递上彩笔）

生2：3个3个地先圈出了橙色，再3个3个地圈出了蓝色。

（下面的同学有不同的意见）

生3：先把9个橙色圈起来，再9个9个圈出蓝色。

师：为什么你要9个9个地圈？

生3：因为这里的橙色有9个，就像1个九次。所以蓝色就要按照这样9个9个地圈。

师（小结）：是的，因为蓝色是在和橙色比，所以要按照橙色的个数来圈。

2.

**的个数是****的（　　）倍。**

**的个数是****的（　　）倍。**

师：谁来订正第2题？

生：桃子的个数是香蕉的2倍。苹果的个数是梨的3倍。

师：刚才藏在图片和水果里的新朋友都被你们找到了。那你能在这幅图中找到它吗？把你的想法和小组内同学分享交流一下。

3. 拓展练习

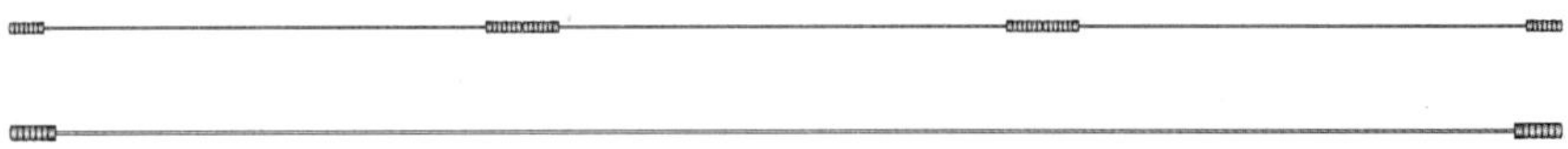

（1）

生：长绳是短绳的3倍。

师：请你上来指一指，短绳在哪里？

生：指着屏幕说短绳在这里。（师用彩笔标注一条短绳的长度）

师：这是1根短绳的长度。

师：长绳在哪里？

生：指着屏幕说，这是1根长绳的长度。

师：那么一根长绳里有几根短绳的长度呢？

师生一起数：1 根短绳、2 根短绳、3 根短绳的（师用彩笔在长绳中标注出 3 根短绳的）长度。

生：所以一根长绳的长度是一根短绳的 3 倍。

（2）

生：我还发现短绳的长度是长绳的 1 倍。

师：几根短绳的长度是长绳的 1 倍？请你来一边指一边说。

生：1 根短绳、2 根短绳、3 根短绳（老师用彩笔标注）。这是 1 根长绳的长度。所以 3 根短绳的长度是 1 根长绳的 1 倍。

师：我们发现 3 根短绳的长度和 1 根长绳的长度……

生：相同。

师：所以我们还可以说……

生：1 根长绳的长度是 3 根短绳的 1 倍。

（3）对比观察

师：同学们，同样一幅图，我们从不同的……

生：不同的角度来观察，可以有不同的发现！

师：你们真会总结！所以，我们要带上数学的眼光去观察生活，你一定会有许多收获。

四、总结

1. 全课总结

师：课上到这里，谁能说一说今天我们学习了什么？

生：我们今天认识了倍。知道同学拍了 1 个两次，老师拍了 3 个两次，老师拍的次数是同学的 3 倍。

师：很会结合板书来总结今天的收获。让我们像跟着板书来回顾一下：今天我们学习了……，我们发现……，我们还知道了，可以用……去学习新的知识。

师：现在谁能像王老师这样上台来给大家分享一下今天的收获！

生：我们今天学习了倍的认识，我们知道了同学拍了 1 个两次，老师拍了 3 个两次，老师拍的次数就是同学的 3 倍。在解决这个问题时我们用了圈一圈、画一画等方法。

师：了不起的小老师！

2. 联系生活

师：同学们，今天我们不仅在掌声中找到了新朋友，回想一下，这个新朋友还藏在了哪里？

生：我觉得，这个新朋友还藏在生活里。

师：那好，让我们带着发现的眼光在身边找一找，哪里还有新朋友的影子？

（生分享交流）

生1：一个小组有7人，一个大组有14人，所以一个大组的人数是一个小组的2倍。

生2：我买了5支铅笔，15支签字笔，签字笔的支数是铅笔的3倍。

生3：妈妈买来一袋饼干，里面有10小块，我和妹妹有2个人，所以饼干的数量是我们的5倍。

师生一起总结：原来这个新朋友就藏在我们身边，无处不在！只要我们带着数学的眼光就能找到它。

五、课后延展

师：同学们，今天的课上到这里，你有什么感受？

生：很好玩儿。

师：再送你们一个好玩儿的游戏。

请同学们收拾好学习用具，按要求离开教室。

1.首先我们有请今天的3位小老师上台。这三位同学可以带着我们今天认识的新朋友率先离开剧场。

（生用热烈的掌声欢送三位同学）

2.如果这次老师想让离开的同学是刚才的1倍，请问这次又有几位同学可以离开？

生：3位。

3.现在一共走了几位同学？还剩多少同学？

生：6位，还剩36位。

师：如果这次老师想让离开同学的数量是6的6倍，那么这次会有多少位同学离开教室？

生：都可以离开。

师：你们太聪明了，今天这节课就上到这里，下课！

21. “1000 以内数的认识”课堂片段

牛献礼
（北京亦庄实验小学，特级教师）

※ 课前思考

根据皮亚杰的研究，儿童智慧发展的程序是：动作性表象模式——映像性表象模式——符号性表象模式。也就是说，儿童对数概念的认识与理解应当是有具体现实背景的，是直观的。那么，如何依托直观，帮助学生建立抽象的数概念呢？下面以人教版二年级下册的“1000 以内数的认识”为例，谈谈笔者的实践与思考。

※ 课堂片段

教学片段一：

师：今天我们来学习数（shǔ）数（shù），大家会数数吗？

生：会。

出示图 1：

图1

师：这里一共有多少个小方块？

生：太乱了，怎么数呀？

师：可以先猜一猜，大约有多少个？

生：500 个、300 个、1000 个……

师：到底有多少个小方块呢？还是需要数一数。为了方便数数，我们把这些小方块整理一下，让它们的排列更有序。

课件演示，动态整理成图 2：

图 2

结合课件的动态演示，师生一起，先一个一个地数，数出一行，共 10 个（图 3），板书：10 个一是十；再一十一十地数，数出一片，共一百个（图 4），板书：

10个十是一百；然后，一百一百地数，数出一共有五百个小方块（图5）。

图3　　图4　　图5

【思考】华罗庚先生说：“数起源于数”。数数活动是“自然数的认识”教学中最重要最、基本的活动。什么样的“数数”才是有价值的呢？其核心是激发学生数数的兴趣与需求，让学生在数数过程中带着思考。上述“认识整百数”的教学中，呈现从“杂乱无序”到“有序排列”的方块图，使学生了解用方块图表示计数单位的方法，明确方块图与计数单位之间的对应关系，唤醒学生对计数单位“一”“十”“百”以及它们之间关系的回忆，使得抽象的数形象化，直观显示数的量化意义。学生结合方块图，经历了“一个一个地数数”“一十一十地数数”“一百一百地数数”的过程，体会“满十进一”的计数原则。

教学片段二：

师：刚才我们用五百个小方块表示五百，聪明的小猴却说，我要是表示五百的话，只需要5颗珠子就行了。你知道它是怎么做的吗？

生：小猴用的是计数器，把5颗珠子放在百位上，就表示五百。

出示：

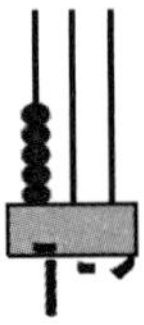

师：为什么百位上放5颗珠子就能表示五百呢？

生：因为百位上的一颗珠子表示一百，五个一百就是五百。

师（小结）：几个一百是几百。

出示：

师：这幅图中一共有多少个小方块？你是怎么数的？

生：它有5个百、2个十和7个一，所以是五百二十七。

师：由5个百、2个十和7个一组成的数是527，读作：五百二十七，你能在计数器上拨出527吗？

同桌合作，在自己的计数器上拨出527。然后，全班交流，集体评议。

【思考】半直观、半抽象的计数器显示了数位和相应的珠子数，有利于学生体会位值思想。借助方块图和计数器等直观材料认识几百几十几，有助于学生更形象地把握数的组成，理解数的含义。学生经历了“直观—半直观—抽象”的认知过程，深刻理解了1000以内数的组成，初步体会了十进制计数法的位值原则。

教学片段三：

拨珠、数数活动：

1. 老师在计数器上拨珠子，学生数数

一十一十地数，从五百四十起，数到六百三十。

2. 左边同学拨珠子，右边同学数数

一十一十地数，从六百三十起，数到七百九十。

3. 右边同学拨珠子，左边同学数数

一个一个地数，从七百九十起，数到八百零三。

4. 老师随机拨，全班同学数

师不断变化数的“对象”，从八百零三起，数到九百九十九。

【思考】教学中重视直观学具的价值，为学生提供了可操作的、直观化的计数器，让学生通过感知、操作活动体验、发现计数的方法。在拨珠、数数过程中，教师不断变化所数的“对象”：有时数“一”，有时数“十”，有时数“百”，将动作性表征、形象性表征和符号性表征有机结合起来，让学生在数数过程中体会所数的“单位”以及单位的个数决定数的大小。尤其在“拐弯数”时，教师放慢“节奏”，不断加强操作和演示，使学生直观感受到“满十进一”。从790到803、从999到1000则更是放慢速度，多次“退去10颗珠子，同时在前一位拨上1颗珠子”（10个“一”变成1个“十”，10个“十”变成1个“百”，10个“百”变成1个“千”），让学生直观感受计数单位之间的十进制关系。通过形象的“满10向前一位进一”的动作，加深学生对十进制关系的理解，同时也突破了拐弯数的难点，为学生掌握拐弯数的方法提供了形象支撑。

教学片段四：

师：999是个很特别的数，你知道它特别在哪里吗？

生：999的每个数位上都是9。

师：这三个9表示的意思一样吗？

生：不一样，左边第一个9在百位上，表示9个百；第二个9在十位上，表示9个十；第三个9在个位上，表示9个一。

生：999是最大的三位数。

生：999再加上1就是1000了。

师：999个再加上1个真的是1000吗？你会在计数器上拨一拨、数一数吗？

同桌合作，尝试拨珠、数数；然后请一生上前拨珠，全班数数：

个位满十，向十位进一；十位满十，向百位进一；百位满十，需要向千位进一。

师：百位满十要向前一位进一，需要在百位的前面添上一个新的数位，这个新的数位叫作千位，千位的计数单位是“千”，千位上的一颗珠子就是一千。999添上1就是1000。

（课件演示）让学生看着课件上逐次出现的小方块图，一百一百地数，从100起，数到1000。

生：100、200、300……900、1000

小结：10个一百是一千。

【思考】上述教学，充分借助计数器的直观，突破“接近整千数时拐弯处如何数”这一难点，让学生经历了计数单位“千”的产生过程，体会了“千位”产生的必要性，进一步加深对各计数单位之间十进关系的认识。同时，还呈现了把10片方块（每片由100个小方块组成）合并成一个大正方体的过程，促使学生借助直观表征“千”的概念，并主动发现“10个一百是一千”的结论。需要强调的是，教学时，先让学生理解：自然数是一个加一个大起来的，也就是说，1000是999加1得到的，而不是10个100相加得到的，这样学生才易于理解自然数的基数、序数的意义和大小关系。

教学片段五：

1. 看计数器读数

出示：

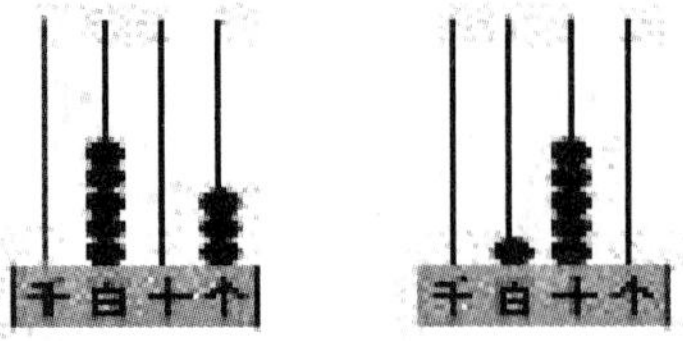

生：五百零三、一百五十。

师：这两个计数器上都有一位上是5颗珠子，它们表示的意思相同吗？

生：不同。左边的5颗珠子在百位上，表示5个百；右边的5颗珠子在十位上，表示5个十。

师：我们在认数时，不仅要数对珠子的个数，还要看清珠子所在的数位。

2. 感知一千的大小。

师：1000 到底有多大呢？我们先来看看 1000 张纸有多少。

（出示：1 包 A4 纸）

师：1 包 A4 纸是 500 张，2 包 A4 纸就是 1000 张。（把 2 包纸摞起来）1000 张 A4 纸摞起来有多厚呢？

师生一起用尺子测量，发现 1000 张的厚度大约有 10 厘米。

（出示：学校小剧场座位图片）

师：小剧场的座位全部坐满大约是 200 人，1000 人需要几个这样的小剧场？

生：5 个。

生：1000 人这么多呀！

师：是呀！1000 是一个很大的数了，我们以后还会学到比 1000 更大的数呢！

【思考】本环节的练习设计不仅继续巩固位值制，还补充了感知 1000 的大小观念的练习题。多材料多角度利用学生经验，如 1000 个小方块、1000 张纸、1000 个人等，让学生感知 1000 的实际大小，有利于学生建立起丰满的、立体的“1000 有多大”的观念。

22. “认识几千几百几十几”课堂实录与反思

吴金根
（苏州市吴中区木渎实验小学，特级教师）

※ 课前思考

苏教版教材第一学段前四册中的认数教学安排得很细致，学生经历了20以内数、百以内数和千以内数三次认数过程。他们从中积累了利用小棒、计数器、正方体木块等学具帮助认数的经验，积累了研究数的组成、理解数的意义的经验，积累了读、写较小的数以及比较两个数大小的经验，已经整理了个、十、百、千四个数位的顺序……这些都是继续学习更大数的重要资源。当学生认识了千以内数，能口算整百数加、减整百数，整百数加整十数及相应的减法，他们需要认识更大的数。这时，教材安排万以内数的认识。先通过认识整千数，再合理地安排非整千数认、读、写的教学。四位数可能各数位上都不是0，也可能某些数位上是0。某些数位上有0的四位数，0可能在数的中间，也可能在数的末尾。中间有0的四位数，可能只有一个0，也可能有连续两个0。不同情况各有读、写技巧，分析学生学习四位数的读、写，一般会出现这些情况：

1. 已经掌握的各数位上都不是0的三位数的读、写方法，能比较容易地迁移到各数位上都不是0的四位数上；

2. 已经掌握的十位上是0的三位数的读、写方法，能比较顺利地迁移到中间只有一个0的四位数上；

3. 已经掌握的整百数与几百几十的读、写方法，也能迁移到末尾有一个0或两个0的四位数上；

4. 三位数的中间不可能连续有两个0，因此中间有连续两个0的四位数的读、写是学生首次碰到的情况。

根据以上分析，教材编写时注意了三点：

（1）由一般到特殊地安排。

（2）把认、读、写数的教学有机结合。

（3）不出现文字法则。

目的是让学生在充分感受抽象出对几千几百几十几的认识。

※ 教学过程

一、课前谈话，激趣引新

师：小朋友，我们班有多少个同学？

生：46 人 。

师：三年级有 6 个班，每个班的人数和我们班差不多，你来猜一猜我们三年级大约一共有多少人？

学生自由猜。

生 1：大约 300 人。

生 2：大约 260 人。

生 3：在 280 人左右。

……

师：谁猜得更接近些呢？老师告诉你我们三年级一共有 274 人。（板书：274）这是几位数？你能从右往左说出这个数的数位顺序吗？

生：这是 3 位数，从右往左分别是个位、十位、百位。

师：我们全校 6 个年级，每个年级的人数和三年级差不多，你再猜猜我们学校大约一共有多少人？

学生自由猜。

生 1：大约 1000 人。

生 2：大约 2000 人。

生 3：在 1500—1800 人之间。

……

师：刚才那位同学说出了一个范围，确实我们学校学生的人数是在 1500—1800 之间，一共有 1565 个学生。（板书：1565）看看这是几位数？你能从右往左说出这个数的数位顺序吗？

生：这是 4 位数，从右往左分别是个位、十位、百位、千位。

教师随即板书数位顺序表，并揭题：

师：今天我们就来研究像这样的四位数。（板书课题）

【评析】数学源于生活，生活中处处有数学。学生的学习内容是现实的、有意义的、富有挑战性的，教师通过组织学生猜测、估算本年级、本校学生人数，既使学生感受了“数”的生活性，又培养了学生的估算能力。

二、交流信息，引出问题

师：昨天我们回家收集了身边的四位数，现在来和班里的同学交流一下。

生1：我家的洗衣机1654元。

生2：我家的电脑6500元。

生3：电视机1690元。

……

（教师有选择地板书）

师：老师也去超市收集了一些数据，看到一款很漂亮的手机，它的价格是……（板书：2009）

学生下面小声议论，

生1：二零零九。

生2：二千零零九。

生3：二千零九。

……

师：究竟是多少呢？学习了今天的知识你就知道了。

【评析】把课堂做大，拉动学生课前、课中和课后，组织和引领学生课前进行社会调查，采集数学研究信息，既感受了数的生活性、现实性、价值性，又培养了学生学习数学的兴趣、能力和情感，感受了数的大小，有效地把握和驾驭了数学教学的起点，使枯燥的数的教学变得鲜活。

三、自主探索，建立数感

1. 认识2365

师：老师带来了计数器，我拨一个数，你看看是多少，比一比谁看得仔细。（教师现场拨珠：2365，学生观察小声跟读）

生：是二千三百六十五。

师：你是怎么看出来的呢？

生：因为它的千位上有两颗珠子，百位上有三颗珠子，十位上有六颗珠子，个位上有五颗珠子。

师：千位上有两颗珠子表示什么？

生：二千。

师：就是二个千，我们就在千位上写几？（板书：2）百位上有三颗珠子表示什么？

生：三个百。

师：在什么位上写“3”？

生：百位。（板书：3）

师：十位上有六颗珠子表示什么？

生：六个十。

师：6写在什么位？

生：十位。（板书：6）

师：个位上有五颗珠子又表示什么呢？

生：五个一。

师：个位上写几？（板书：5）谁能连起来说说2365这个数的组成？

生：二个千、三个百、六个十和五个一组成2365。

2. 认识2065

师：下面老师要变个魔术，请你仔细看看这个数会变成多少。（教师拨珠：去掉百位上的3颗珠子）

生（迫不及待）：是二千零六十五 。

师：谁能说出这个数的组成？

生1：二个千、零个百、六个十和五个一组成2065。

生2：二个千、六个十和五个一组成2065。

师：这两个同学说的组成有什么不同呢？

生：第2个同学比第1个同学说的少了“零个百”。

师：你觉得谁的说法比较好？

生：我认为第二种说法比较简单。

师：“零个百”表示什么？

生：百位上没有。

师：像这种百位上一个也没有，我们通常就不说出它的组成了，就采用生2的说法。谁再来说说这个数的组成？

生：二个千、六个十和五个一组成2065。

师：这个数怎么写呢？请你在自己的本子上。（学生写一写后反馈）

生：千位上写2，百位上写0，十位上写6，个位上写5。

师：为什么百位上写“0”？

生：因为百位上一个也没有。

师：大家一起把这个数读一读。

生（齐）：二千零六十五。

3. 认识2005

师：好，同学再仔细观察，老师又要变魔术了。（教师拨珠：再去掉十位上的6颗珠子）

师：现在它又变成了多少呢?

生1：二千零五。

生2：二千零零五。

师：究竟是多少呢？我们先把它写下来再读一读。（学生在自己的本子上写数，集体交流反馈）

生：千位上写2，百位和十位上写0，个位上写5。

师：那这个数怎么读呢?

生1：二千零五。

生2：二千零零五。

师：你觉得哪种读法简单清楚?

生：读出一个零，比较方便。

师：这中间的两个零我们只读一个，这样比较清楚、方便。

师：我们一起读一读。

学生齐读。

师：谁能说说这个数的组成呢?

生：二个千、五个一组成2005。

师：这个数你还在什么地方看到过?

生1：在日历上看到过。

生2：在电视上也见过。

生3：在电子表上也有。

……

师：在日历上是怎样读的呢?

生：二〇〇五年。

师：在日历上出现的2005表示年份，可以读作二零零五，有时也可以读作二千零五；而在黑板上2005这个数，一般按数位来读，读作二千零五。

【评析】四位数的教学是在三位数教学的基础上进行的，学生有着一定的学习经验。教师从整体入手，把数中间有零、无零的情况，在同一个教学情景中通过“珠”变，引领“思”变，组织学生自主探究数的意识，从而认识四位数。在数例的选择中，教师精心地作排，通过组织学生联想 2005，既考虑了数的本质，又考虑了数的现实性，进一步使学生体悟了数的价值。

4. 试一试

师：今天同学们学得真认真，你会读写这样的四位数了吗？下面请你来试一试。（学生在书上完成，并说说数的组成，同时请一学生板演）

师：我们一起看看这位同学写得对不对。（师生一起校对写法）

师：我们一起把这两个数读一读。（学生齐读）

师：读了这两个数，你觉得有什么不同吗？

生 1：我发现第二个数中间多了个 0。

生 2：我发现 4 的位置变化了。

师：那么第一个数中的 4 表示什么？第二个数中的 4 又表示什么呢？

生：第一个数中的 4 表示 400；第二个数中的 4 表示 40。

师：那么读的时候又有什么不同呢？（教师示意 0 的位置）

生：第一个数中的 0 没有读出来，第二个数中第一个 0 读了，第二个 0 没有读。

师：那么你知道什么时候 0 要读出来，什么时候 0 不读出来？（学生小组讨论反馈）

生 1：在百位上的 0 要读出来。

生 2：如果这个 0 后面还有数，那么就要读出来，如果没有了，就不读。

师：大家真动脑筋，我们发现要读出来的 0 是它的后面还有数字，也就是说这个 0 在两个数字的中间，不要读出来的 0 是它的后面就没有数字了，也就是说这个 0 在这个数的末尾。

【评析】抓住重、难点组织学生在问题解决的过程中，发现和内化对数中间有零的数的进一步认识，形成读数思维和能力，符合学生的认知规律。

四、巩固深化，应用新知

1. 想想做做第 1 题

师：我们再写几个数读一读。

学生完成想想做做第 1 题：写一写，读一读。请三名学生板演。集体读一读。

教师强调一个数中间不管有几个 0 都只读一个零。

2. 再次交流课前收集的信息

师：现在大家再来看看老师看中的漂亮的手机，它的价格是多少呢？

生齐说：二千零九。

师：那么其他的数据你能读出来吗？学生读一读黑板上的数。

师：你还收集到了哪些数据？和你的同桌说一说。

同桌之间相互交流。

3. 选择

师：今天有许多小动物也参加了我们的学习，可是它们遇到了难题，你们能帮它们解决吗？

学生兴趣盎然：能！

师：长颈鹿着急地说它遇到了这样一个困难（出示选择题）：要写出“八千零一十”应该选择① 810 ② 8010 ③ 8001 三个答案中的哪一个呢？

生（争先恐后举手）：选②。

师：为什么①和③不正确呢？

生 1：这个数的最高位是千位，应该是四位数，①是三位数，所以不对。

生 2：③的 1 位置不对，1 应该在十位。

4. 对比

师：同学说得真好！那么你们能解决小骆驼的问题吗？（出示题目：写数：三千零六十、三千零六、三千六百）

学生在自己的本子上练习写数，请三位学生板演。

师：这三个数有什么不同吗？

生 1：第一个数中间有一个 0，第二个数中间有两个 0，第三个数末尾有两个 0。

生 2：这三个数中的 6 的位置不一样，第一个数的 6 在十位，第二个在个位，第三个在百位。

师：那么这三个数在读法上有什么不同吗？

生：前面两个数读出了一个零，第三个数没有读出零。

【评析】凭借童趣，抓住知识的重难点，以解决问题的形式，组织学生自主、合作、交流，使学生在多样的练习形式，在多渠道的信息交流过程中，巩固知识，发展思维。

5. 开放题

师：同学们真聪明！帮小骆驼解决了问题，你还能帮大象解决难题吗？（出示题目：用 0、0、2、4 组成不同的四位数）

学生在独立思考及自己的本子上写一写后，进行小组交流，并在全班集体交流反馈。

生：我写了 6 个数：2004、4002、2040、4020、2400、4200。

教师有意识的板书：2004　4002

2040　4020

2400　4200

师小结：用这 4 个数字写四位数时，我们可以从数位上考虑，想一想 0 能不能放在千位？

生：不能。

师：那么只有 2、4 可以放在千位，因此老师把它们分成了两排。如果千位上是 2，那么 4 可以在个位、十位或百位，这样就有 2004、2040、2400 这三个数，同样如果千位上是 4，那么 2 可以在个位、十位或百位，这样就有 4002、4020、4200 这三个数，一共可以组成 6 个数。

【评析】以开放的视角组织学生进行开放性组数，有利于学生巩固对数的进一步认识，同时提升综合应用知识解决实际问题的能力。教师在组织学生发现和寻求写数规律时，如果放手让学生自主探索，从而发现有序地写数的方法与规律，则更有利于学生的数学发展。

四、全课总结

师：今天我们认识了什么？

师：你还有什么问题吗？

※ 课后反思

一、数学是与生活密切联系的。对于四位数的认识，学生已有一定的生活基础和经验积累，教学设计时让学生经过课前、课中和课后的系统学习活动，即：课前的收集、课上的交流、课后的延伸，形成和经历对四位数的认识、应用的思维与过程。教学的主线以学生的认知基础为起点，引出数学问题，交流数学信息，形成知识和思维；再根据学生年龄特点和心理规律，创设猜数、变数、帮助小动物解决问题等学生喜闻乐见的教学形式，帮助学生建构知识，形成问题解决能力。不仅使学生体会到生活中的数学，体会到数学的生活价值，而且充分激发学生的学习情趣，提升了学生进行问题解决的求知欲。

二、学生的学习是有差距的。对四位数的认识而言，有的学生通过在生活中的积累，通过原有的学习经验迁移，已经十分清晰和熟练掌握，但也有的学生还存在一定的疑惑等认知困难。为了满足不同层次的学生的心理需求，充分体现学生学习的自主性、探索性和互动性，课前让学生收集有关数据，让学生在收集数的信息的同时，感受、感悟四位数，发现问题和产生疑问，使不同的学生积累不同的学习准备，得到不同程度认识与发展。课始让学生交流收集到的数据，既满足了部分学生的表现欲，也让其余学生获得对四位数的初步认识。再利用课中学生间的交互活动及不同层次的问题解决活动，加深对知识的进一步认识、巩固、深化和发展，让不同层次的学生再次得到不同的发展，真正体现人人学有价值的数学，不同的人在数学上得到不同的发展的教学理念。

三、学生的学习应该是开放的。开放的社会，需要开放的人才；开放的人才，需要开放的教育；开放的教育，需要开放的教学；开放的教学，需要开放的课堂；开放的课堂，就需要开放的学生学习方式。本课的教学，教师从开放教学内容、教学方式、教学评价和师生关系等方面入手，抓住教学的主线，通过问题引路，充分创设学生独立思考，自主探索，合作交流，动手操作等时间和空间，让学生在思维碰撞中欲思，在追寻答案中动手，在探索过程中发现，在观点交流中发展。

四、课堂教学是需要预设和生成的。良好的课堂教学需要教师精心的设计，需要教师结合教材、结合学生、结合生活，去精心组织和创造可开发、可发展的学生教学活动，去精心预设课堂教学的策略及根据课堂教学中学生的学习状况，课堂感受和实际反应，去捕捉和采集教学信息，处理和利用信息，机智地生成有效的教学随机策略。本课的教学内容，问题解决策略与方法，具有一定的开放性、灵活性和学生间的思维差异性，这就更需要教师关注学生学习信息，利用学生学习信息，去生成切合学生学习实际的教学方略。教师在教学过程中，较好地体现了这一点。

同时，本课教学过程中也存在着某些不足，课堂上学生对某些数学问题缺少“不同的声音”，在教学活动过程中教师要大胆地提供时间和空间，让学生充分展现思想，呈现观点，发表见解。如：0、0、2、4组成四位数等。今天的教学更需要教师能重视和容忍学生的不同意见，容忍学生的错误，甚至鼓励学生大胆尝试错误，从而使学生分析错误、认识错误、纠正错误。教学过程中，教师要善于捕捉学生所呈现的某些学习信息，并适时组织学生交流，延迟作出判断，等待发现时机。因为，等待也是一种教学的智慧和美丽。

23. “万以内数的认识的练习”教学设计

夏永立
（安徽省合肥市西园新村小学南校，特级教师）

※ 教学过程

课前让学生读《三字经》，然后让学生找出与数学有关的内容，用自己的话说说是什么意思。

一而十　十而百　百而千　千而万

一、谈话引入 明确目标

我们已经学习了万以内的数，今天我们上一节练习课。请同学们思考：

1. 为何练？

2. 练什么？

3. 怎么练？

二、多样练习 深入理解

活动一：数数

1. 数正方体方块。

（1）一个一个地数小正方体，十个小正方体组合成一个大长方体，感受一个十里面有十个一。

（2）十个十个地数，感受一百里面有十个十。

（3）一百一百地数，感受一千里面有十个百。

（4）思考：多少个这样的大方块里一共有一万个小正方体？（10个）

追问：现在你能理解《三字经》中“一而十　十而百　百而千　千而万”蕴含的数学含义了吗？

2. 在数线上数数。

在数线上数数，一段表示1、10、100、1000，让学生在数线上填数。

追问：相同的一段，可以表示哪些数？还可以表示哪些数？

3. 找规律数数。

（1）根据规律，猜出五角星中藏的是哪个数？

（2）你是怎么数的？

可以一个一个地数，还可以几个几个地数；可以顺着数，也可以倒着数。（从数数中帮助学生理解加法、减法、乘法、除法）

（3）开放性练习。

（ ）、（ ）、500、（ ）、（ ）

学生自己编一组有规律的数。

活动二：说数

1. 先让学生观察小棒图、竖式计数器、方块图、人民币图式，说说分别表示哪一个数，是怎样想的；再同时出示这四张图片，通过比较，让学生感受可以用四种不同的图式来表示数。

2. 看长短不同的小棒图，让学生说数的组成。（感悟假设的思想）

3. 出示古埃及象形文字表示数的方法，请学生猜图案中表示的数。（表示数很麻烦，感受数的演变过程）

活动三：画数

1. 用不同的图形表示计数单位，让学生用画图的方法来表示一个数。

2. 追问：你觉得用这种方法表示数怎样？（太麻烦，如果没有介绍规则，只有自己心里清楚，别人不容易看懂）用我们现在的这种计数方法表示，你觉得怎样？

活动四：玩数

1. 打靶游戏。

（1）三位选手每人射7次，由外到内的圈子里面分别表示一、十、百、千，在表示百的圈子里面射中三次，就表示成绩是300。射完后，让学生用一个数表示每位选手的成绩。

（2）比较三个数的大小，看哪个选手获胜。

2. 在算盘上拨三颗珠子表示不同的四位数（每颗珠子表示1），看谁表示的数多。

（1）审题。

（2）让学生自己尝试拨珠子，将表示的数记录下来。

（3）请学生交流，展示学生的记录结果。（从无序到有序）

（4）教师将所有的表示的结果按照一定的顺序呈现出来，与学生的作品进行比较。

思考：这里呈现的结果为什么这么多？（按照一定的顺序）都是3颗珠子，为什么表示的数却不一样？（放在不同的数位上）表示的数虽然各不相同，但这些数有什么相同的地方？（各个数位上的数加起来都是3）

（5）让学生试着读这些数，注意中间有0和末尾有0的数的读法。

（6）比较数的大小：这组数中，哪个数最大？哪个数最小？

活动五：估数

1.看直条图，让学生估数。（找标准量）

2.估计：《三字经》大约有多少字？

（1）让学生先数一数一行有多少个字。

（2）圈出一百字、二百字。

（3）估计一共有多少字。

3.推荐给学生一本翻译后的美国《数学阅读》中一篇关于估计方法介绍的文章，让学生课外阅读。

三、回顾整理 总结提升

1.为何练？

2.练什么？

3.怎么练？

24. “万以内数的加法和减法”课堂实录

邱学华
（江苏省常州大学尝试教育科学研究院，特级教师，中小学荣誉教授）

※ 教学背景

2015年9月，尝试教学理论创立者邱学华，应邀来到了广西壮族自治区河池市金城江区讲学。邱学华教授作了时长3小时题为“请不要告诉我，让我先试一试”的专题讲座。原来邱学华教授仅安排作一场讲座，但他被与会老师们的求知热情感动，80岁高龄的他，欣然主动提出下午在第三小学二年级，根据该班该时段的教学内容“万以内数的加法和减法（一）”上了一堂示范课。邱学华教授朴实有效的教法激发出的学生精彩的表现，让与会老师们啧啧称赞！

※ 教学过程

一、课前谈话

师：今天邱老师跟大家一起来上一节课，课堂上我们看看课前组建好的各学习小组的团队探究和合作精神。

师：分别介绍一下你们的小组吧，包括小组的组名、小组的口号等，第一组开始介绍。

生：我们的组名是“风车组”，口号是“风车风车，团结一致”，耶！

师：不错，10分。二组接着介绍……

二、导入新课：今天学什么？

师：请同学们打开书看看，今天该学什么内容？生：万以内数的加减法。

生：两位数加两位数。

师：例1你们已经学过了，这堂课我们来学习例2。

【评析】上课伊始，邱老师就开门见山导入新课：今天学什么？邱老师让学生通过看书去了解本课要学习的内容。

三、出示尝试题

师：看看课本中的例 2，主要讲的是什么？

生：票价。

师：非常好，他用两个字就回答得很清楚了。讲的是关于几种车的票价问题。把三种车的票价作比较，能不能提出数学问题呢？（通过比较，说出哪个车票贵一点，贵多少）今天邱老师另外布置一道题给你们做：桃树有 82 棵，梨树有 46 棵，李树有 37 棵。（卡片呈现题目）现在请各小组比赛，你能提出什么数学问题？然后把算式列出来，看哪个小组提出的数学问题多。做加法也可以，做乘法也可以。算式列出来后，再算出来，行不行？

学生充满信心地齐声回答：行！各小组一边阅读课本，一边讨论尝试题。

师：现在每组派两个人到黑板上来，一个出主意，一个写出来。其他同学在自己的本子上写，不会的可以再看书，看看书上提的是什么数学问题。

【评析】自学尝试环节，邱老师给出第二个问题：你们已经学会了什么？充分相信学生，放手让学生先自学书本上的例题，再尝试练习，最后各组展示交流。

四、反馈尝试情况

师：能写出四个数学问题的小组代表先来讲讲，当好小老师。

生：（指着黑板上自己写的算式进行讲解）82 代表桃树的棵数……

师：（着重指着 82- 46）这个算式表示什么？你是怎么算的，怎么想的？

生：这个算式表示求得桃树比梨树多多少棵。我是这样算的：用 82 先减 40 得 42，再用 42 减 6 等于 36。

生：我先用 82 减去 50 得到 32，因为多减了 4，所以再用 32 加上 4 等于 36。

师：非常好，给小组加 10 分，我们再请写 82+46 这个算式的同学来说说他是怎么算的。

生：我先把 46 分成 40 和 6，先用 82 加上 40 等于 122，再用 122 加上 6 等于 128。

师：他讲的这个已经超出了咱们现在课本上教的了，道理也讲得非常清楚了，不错，加 20 分。

学生争先恐后地讲自己提出了什么问题，是怎样计算的。

师：大家很了不起了，老师还没有教，你们就能想出很多办法来算了。

师：有没有哪个小组列出 7 个或 7 个以上的算式的？有没有 10 个的？

生：第 8 组列出了 7 个。

师：刚才同学们在几种量的相互比较中，就提出了很多数学问题。首先是桃树与李树比较，可以得出两个问题；桃树与梨树比较，又提出两个数学问题……大家能想出7个问题，计算上还能做出得数是三位数的加法了，是非常了不起的。

师：你们还有什么问题没有弄懂，请提出来。

师：都弄懂了，好！为了计算能更熟练，下面我们来进行口算比赛。

【评析】在教学中，邱老师通过激励性评价语及抢答竞争机制，不断启发引导学生提出问题，并适时点拨、鼓励。

五、巩固练习

师：请小助手来抽卡片。其他同学看卡片上的算式，把答案写在本子上。

小助手抽卡片，全班学生计算，共计10道题。

师：我还不知道是不是所有人都做对了，请小组成员互相校对。

……

六、当堂检测

师：请大家打开课本完成“做一做”。当堂检测的题目就用课本上的题目，给每道题目打上分值，合计100分。让学生单独完成，然后小组成员交互批改，发现错误，及时订正，最后小组长检查，全班每人都考100分，下课。

※ 课后反思

这一节课，简约又大气，大道至简！整堂课，学生都是自己在主动学习，学生自己能学会的知识教师不讲，不懂的问题教师组织和引导学生讨论，教师适时“导”在关键处，让学习经历了一次又一次愉悦的获取知识的过程，领悟并享受了获取知识的方法。

河池市地处广西边境，山高路远，教师的教育理念比较落后。听了邱教授的报告，又听了他亲自上的课，心服口服，山区的孩子同样可以应用尝试教学法，逐步接受“学生能尝试，尝试能成功”的观点。（广西壮族自治区河池市金城江区教研室谭春喜整理及评析）

25. “混合运算解决问题”教学设计与反思

黄铃航
（福建省福州金山小学，青年名师）

※ 课前思考

“混合运算解决问题”这节课是在学生已经学习了三种混合运算：同级混合运算，不同级混合运算，以及有小括号的混合运算的基础上进行的教学。例 4 是需要两步计算才能解决的较简单的实际问题，这是学生第一次接触这类型的问题，本课内容掌握的好坏会直接影响后续解决问题能力的培养。这节课的重点是学会用色条图（线段图的雏形）分析数量关系，尝试找到隐藏的中间问题。同时，在解决问题的教学过程中，还要注重对学生发现问题和提出问题能力的培养。

为了贴近学生的生活实际，我把原教材中烤面包的情景换成了二年级学生更熟悉的篮球问题。

※ 教学过程

一、创设情境，收集信息，提出问题

师：同学们，你们喜欢打球吗？都喜欢什么球？

生 1：篮球。

生 2：排球。

生 3：羽毛球。

师：黄老师觉得爱体育的小朋友都是棒棒哒！看，学校也为我们准备了一些篮球。（出示情境图以及题目：学校一共有 90 个篮球，被借走了 36 个，每筐能装 9 个篮球）

师：认真观察，从图中你读到了哪些数学信息？

生：一共有 90 个篮球，被借走了 36 个，每筐能装 9 个。

师：根据这些信息，你能提出哪些数学问题？

生 1：剩下的篮球有几个？

生 2：剩下的篮球能装几筐？

二、引导探究，合作交流，解决问题

1. 揭示课题

师：同学们真棒，不仅能从图中收集到数学信息，还提出了数学问题，这节课我们就一起来研究“剩下的篮球能装几筐？”这个问题。这就是我们这节课要解决的问题。（板书课题：解决问题）

师：我们一起将信息和问题完整地读一遍。

2. 借助直观图，分析数量关系

师：“剩下的篮球能装几筐？”这个问题该怎么解答呢？这么多个信息，用什么方法能弄清它们之间的关系呢？

生：画图。

师：这个方法不错，不过有个问题，有 90 个篮球啊，我得画 90 个？怎么样？

生：太多了。

师：我们可以请色条图来帮忙，弄清信息与问题之间的关系。（出示一条红色彩条）黄老师用这条红色彩条表示第一个信息：一共有 90 个篮球。（板书：90 个）

师：第一个信息表示好了，第二个信息是——被借走了 36 个，又该怎么表示呢？

生 1：去掉 36 个。

师：是从谁里面借走 36 个？

生：从 90 里面借走 36 个。

师：请你上来指一指，

生 1 到黑板前随便指了一小段。

师：有不同的想法吗？

生 2：太少了。90 个篮球有那么长，36 个不可能只有这么一点点。

师：那应该到哪里呢？请你来指一指吧！

生 2 到黑板前指。

师：那这么多可以吗？你们都同意吗？

生：同意。

师：好，黄老师听你们的。（贴一段黄色彩条表示借走的 36 个）借走了几个？

生：借走了 36 个。（板书：借走了 36 个）

师：那右边还有这一大段，是什么呢？

生：剩下的。

师：第三个信息，每筐装 9 个，我们写在这。（板书：每筐装 9 个）

师：信息都表示完整了，最后我们还要把问题标出来，问题标在哪呢？

师：在剩下的部分里面，如果每筐装 9 个，装几筐？我把问题简单地表示在这。（板书：装几筐？）

师：在同学们的帮助下，黄老师把信息和问题都用色条图表示完整了，你看明白了吗？谁来说说从图中你看懂了什么？

师：我来指，谁能很快抢答出我指的这部分在图中表示什么？

（师指黄色部分）

生：黄色表示借走的。

（师指红色部分）

生：红色的表示剩下的。

师：你们还知道什么？

生：一共有 90 个篮球。

师：看来你们看懂了这个色条图。

3. 独立尝试，解决问题

师：（贴：怎样解答）要求“剩下的装几筐？”，要先知道什么？怎样解答呢？认真想一想，把算式写在学习单空白的一面。

师：写完了吗？和你的同桌小声地说一说。

4. 汇报交流，说清思路，指名展示

师：谁来说说想法？（带着算式到投影前说一说）

生 1：第一步 90−36=54（个），第二步 54÷9=6（筐）。

师：黄老师把你说的记录下来。（板书）同学们，这是他的方法。有什么问题想问他吗？

生：为什么用两步计算来做呢？第一步求什么？

生 1：第一步求的是剩下的篮球有多少个。

生：第二步求什么？

生 1：求的是剩下的篮球装几筐。（学生边展示边说，教师板书）

师：听明白了吗？还有问题吗？

师质疑：那黄老师还有一个疑问，（手指着第一个算式）这道题并没有让咱们求剩下的篮球有几个，可你为什么第一步去求它呢？你能借助色条图给我们说说吗？

生 1：因为问题要求“剩下的篮球可以装几筐”，所以必须先求出剩下的篮球有多少个。

师：（评价生1）不仅做得好，说得更好！掌声送给他。

师：刚才这个是分步计算，老师这里还有两位同学列的综合算式，你赞成哪一种，为什么？（展示生2、生3的作业）

生2：（90 － 36）÷9 =54÷9=6（筐）。

生3：90 － 36÷8=54÷9=6（筐）。

生4：赞同生2的。生3的算式漏了括号。

师：为什么一定要加上括号呢？不加不行吗？

生：不行，90 － 36要带上小括号才能保证第一步先算出“剩下的篮球有几个”。

师：对！90 － 36应添上小括号，才能先求出“剩下的篮球有几个”，没有添上小括号是不对的。

师：以后列综合算式的时候，应该如何避免出现这样的错误呢？

生1：列综合算式的时候要根据题目的意思，想清楚先求什么。

生2：先求的要先算，这时候就要看是否需要加上小括号了。

师：你们说得很好。看来列综合算式时，根据四则混合运算法则，还要特别注意小括号的使用。因为小括号的作用是——改变运算顺序。我们一起把正确的综合算式记录下来。【板书：（90 － 36）÷9 ）】先算什么？求的是什么？

生：先算90 － 36，求的是剩下的篮球有多少个。

师：（手指到分步计算的第一步）是呀，就是咱们分步计算的第一步，（板书：=54÷9）那第二步是求什么呢？（手指到分步计算的第二步）最后算出来等于6，最后，还要记得写上单位“筐”。

师：两种方法，你更喜欢哪种？

生1：我喜欢分步解答，因为分步解答条理更清楚。

生2：我喜欢列综合算式，因为更简单方便。

师小结：不管是分步计算，还是列综合算式，我们都用了两步计算来解决这个问题。

5.回顾与反思，梳理方法

（1）检验结果是否正确。

师：通过画色条图和大家的交流，我们求出剩下的篮球能装6筐，那么这个结果是否正确？（贴：解答正确吗？）我们应该怎么办？

生：要进行检验。

师：同桌讨论一下，这道题我们该怎么检查？

师：谁愿意来检查？

生：把6筐当作已知信息，先求出剩下的篮球有几个，再加上借走的篮球，看是否等于篮球的总数。6×9+36=90（个）。

生5：把6筐当作已知信息，用篮球的总数去掉剩下的篮球，看是否等于借走的篮球个数。90-6×9=36（个）。

师：这是一种好方法，检查时我们可以把解题的结果当作已知信息来使用。我们一起倒着来检验检验吧。每筐装9个，装了6筐，6乘9等于54。这个54表示什么？（生：剩下的篮球有几个）54加36等于90，这个90就是篮球的总数。看来，咱们解答——正确。最后我们一起来口答。（板书：答）

（2）回顾梳理解题策略。

师：回头看是一种智慧，刚才为了解决这道题，我们先画了图。这个色条图到底有什么作用？

生：帮助我们读懂题目，理清思路。

师：是的，通过画图，把信息进行了梳理，我们能很清楚地看到所有的信息和问题。那这道题用了几步计算？

生：用了两步计算来解决。

师：谁能说一说解答两步计算问题的关键是什么？

生1：解答两步计算问题的关键是找到中间问题。

生2：解答两步计算问题还要注意四则混合运算的顺序，注意小括号的使用。

师引导小结：解决一个问题需要找到与它相关的信息，如果其中的一个信息没有直接告诉我们，我们要先把它求出来，再解决所求的问题。

三、变式训练，引导比较，深化理解

师：分完了篮球，我们再去操场看看，二年（1）班的同学们正在准备进行投篮比赛呢。他们遇到了一个难题，我们去帮帮他们吧。（教师出示情境图：投篮比赛）二年级（1）班男生有30人，女生有24人。平均分成6组，每组有几人？

1. 获取信息和问题

师：认真观察，说一说你收集到的信息和问题。

2. 尝试画线段图，独立解答问题

师：这道题的信息也很多，我们可以先——

生：画图。

师：老师给大家准备的学习单上有一个长条形，请试着把信息和问题补充完整。

学习单

班级：_______姓名：__________座号：__________

二年级（1）班男生有30人，女生有24人，平均分成6组，每组有几人？

答：每组有□人。

3. 理清思路，汇报交流

师：你们能介绍一下画的图吗？指着你画的图和我们说一说你的想法吧。

师：黄老师给大家一分钟时间，把你们的画再完善一下。

师：画好了吗？现在根据你画的图列式并解答。

师：同学们开动脑筋，有了自己的想法。谁愿意和大家分享一下？

生汇报算式并说解题思路。

师：解答正确吗？谁来检验一下？你们和他一样吗？

生检验。

4. 引导比较

师：今天我们利用色条图解决了这两个问题，一个求剩下的篮球有几筐，一个求每组的人数，虽然要解决的问题并不一样，但它们却有相同的地方，你们发现了吗？

生：我发现了这两道题的相同点都是用两步来解答。

师：真好，知道它们为什么都要用两步来解答吗？

生：因为解答问题需要的信息有一个没有直接告诉我们，必须先把它求出来。

师：是的，如果一个问题需要多个步骤才能解决，我们要想好先解答什么，再解答什么。列综合算式的时候还要特别注意小括号的使用。

四、课堂总结，梳理知识

师：这节课很快就要结束了，你有什么收获？在解决问题的时候需要注意什么？

生谈收获。

师：看来大家都有了自己的收获，其实数学就在我们身边，黄老师希望课后同学们要用数学的眼光去发现问题，用我们学到的数学知识和方法来解决生活中的问题，这样的你们一定会更棒的。这节课我们就先上到这。

※ 课后反思

二年级学生年龄小，思维直观，所以在课堂上我利用多媒体创设了篮球的动态情境，让学生在具体情境中发现信息，并提出问题，激发学生学习的兴趣和探索新知的欲望。画图是解决问题时经常使用的策略。通过画图能直观地表达题意，显示数量，便于发现数量之间的关系，从而形成解题的思路。我在课堂上通过画色条图，引导学生学会利用色条图理解题意，分析数量关系，从而帮助学生理解并掌握解决问题的步骤和策略，明确解决这道题的关键是找到并解决中间问题“剩下的篮球有几个”。同时在学习过程中，我鼓励学生从不同角度寻找解决问题的方法，丰富学生解决问题的策略。同时在比较解法的过程中，让学生知道如何合理地使用小括号。

26. “两步加减法应用题”课堂实录

邱学华
（江苏省常州大学尝试教育科学研究院，特级教师，中小学荣誉教授）

※ 教学过程

一、导入新课

师：以前我们学的应用题都是几步计算的？（一步）你们想不想学两步应用题？（想）好，今天我们就来学习两步计算的应用题。（出示课题后学生齐读课题：两步加减法应用题）

师：你们看了题目后都想到些什么？（学生纷纷发表自己的想法，如“两步应用题怎样做？”“两步应用题难不难？”“两步应用题是怎样编出来的？”“是有加有减的应用题吗？”等）

师：同学们想到很多问题。今天学的应用题一定要几步来做？（两步）你们学得会吗？（会）

师：现在还不能说“会”，你们还没有开始学呢！谁能开动脑筋认真学，那么这两步应用题就学会了。这两步应用题怎样来学呢？今天我们用一种新的方法来学，首先要大家把题目自己编出来，还要自己来解答。

二、进行新课

（新课分“动作阶段、图片阶段、文字阶段”三个阶段进行尝试练习）

1. 动作阶段

师：现在你们要注意看老师的动作，根据老师所做的动作编出应用题。（教师拿出 5 支红铅笔，又拿出 3 支黄铅笔，再把红黄铅笔合起来，送给小朋友 2 支，手里还有几支铅笔？）

师：（把动作重新做一遍）谁来编应用题？（全班学生纷纷举手）

师：同桌之间相互编题。

（学生互相编题，课堂气氛十分活跃）

师：现在请一位小朋友来编题。

生：老师手里拿着 5 支红铅笔，后来又拿出了 3 支黄铅笔，老师的手里有多少支铅笔？给了小朋友 2 支，老师的手里还有多少支铅笔？

师；编得好不好？（有的学生说好，有的学生说不好）

师：有的同学有意见，编得不全对。谁再来编？

生：老师左手拿着 5 支红铅笔，后来右手又拿出了 3 支黄铅笔，送给小朋友 2 支，一共有多少支铅笔？

师：他编得好一点。谁能比他编得更好？编应用题不要啰唆，把意思说出来就行了。看谁编得简洁。

生：老师有 5 支红铅笔，有 3 支黄铅笔，送给小朋友 2 支，现在还剩几支铅笔？

师：他编得好不好？（好！）

师：表扬他！（全班学生鼓掌）

师：这下编对了，大家来看一看，你们编的题和老师编的是不是一样？（用投影机打出题目）

生：一样！（全班学生一起读一遍题目）

师：这道题目你们会做吗？（会）

师：现在我们用小棒代替铅笔来摆一摆。你们摆一步，写一步算式。先摆 5 支红铅笔，再摆 3 支黄铅笔。这一步提出了什么问题？（一共有多少支铅笔？）

师：这一步会列式吗？（会！）

师：把这一步写出来。（生写出算式后读算式）

师：同学们真聪明，你们看和老师写的相同吗？（出示卡片贴到黑板上：5+3=8）跟老师这一步相同的同学请举手。（全班学生举手）

师：再来做第二步，先把小棒摆一摆，送给小朋友 2 支。从 8 根小棒中拿走 2 根，怎样列式呢？把这一步算式写出来。（学生写出算式后，集体读一遍）

教师再出示卡片贴在黑板上：8-2=6（支），全班学生订正。

师：真聪明！应用题最后还要写什么呀？

生：答案。（全班口答答案，教师板书）

师：我们已经做完一道题了，而且大家都做对了。下面再看老师的动作编题。刚才老师说了，编题的时候，不要啰唆，把事情说清楚就行了。

师：（边做动作边问）我有 6 本练习本，送给小朋友 2 本，然后又去买了 5 本，老师现在还有几本练习本？

师：（把动作重复做一遍）好，现在同桌之间互相编题。（学生互相编题，气氛活跃）

师：现在请谁来编？

生：老师原来有 6 本练习本，送给小朋友 2 本，后来又买来 4 本。现在老师一共有多少本练习本？

师：编得好不好？（不好！）

师：为什么不好？（错了一个数字）

师：编是编对了，先表扬他！（学生鼓掌）就是还有缺点，把数字说错了，以后要注意。

师：谁再来编一次？（一学生编对了）

师：表扬他！（全班学生鼓掌）同学们的进步很快。

师：（用投影机出示题目）看看与老师编的是不是一样？（一样！）

师：把题目集体读一遍。

师：这道题会做吗？（会做！）用几步做？（两步）先做什么？（减法）

生：6-2=4（本）。

师：减出来的是什么？

生：减出来的是 6 本书被送走了 2 本，还剩下多少本。

（教师要求学生完整地计算，算完后再集体校对，订正）

2. 图片阶段（要求学生看图编题，然后列式计算）

师：刚才大家是看着老师的动作编题计算，现在请小朋友看老师给出的图片来编题，好不好？

生：好！

师：（用投影机打出小鸟图）原来树上有几只鸟？（10 只）飞走了几只？（3 只）又飞来了几只？（4 只）应该求什么？

生：现在树上有几只小鸟？

师：对！请大家编一道用两步来计算的应用题。同桌之间互相编题，要大声念出来。（学生互相大声编题，气氛活跃。教师请一名同学编题）

生：树上原来有 10 只鸟，飞走了 3 只，又飞来了 4 只，现在树上有几只鸟？

师：（再请一名同学编题后，用投影机打出题目，学生集体读题）这道题用几步计算？（两步）先做哪能一步？

（学生做题，教师巡视）

师：大家都做得很好。谁把算式读出来？

生：10-3=7（只）

7+4=11（只）

（教师把式子和答案板书出来）

师：做对的请举手。（全班同学举手）

师：请同学们再看一幅图画。

师：（用投影机打出“小鸭图”，边演示边问）河里原来有几只小鸭？（7 只）游走了几只？（3 只）后来又游来了几只？（2 只）

师：请全班同学一起编题。老师指到哪里，你们就说到哪里。（教师一边操作图片，学生一边编题，齐声读出，进行两次）

生齐读：河里原来有 7 只鸭，游走了 3 只，后来又游来了 2 只，现在河里有几只鸭？（学生做习题，教师巡视、检查，然后订正、表扬）

3. 文字阶段

师：刚才同学们是看老师的动作、看图片编两步计算的加减法应用题的，现在老师不做动作，也不给图片让你们看，只用文字出一道题，你们要认真地看几遍，看看谁做得又快又对。

师：（用投影机出示题目）学校有 15 个皮球，借走了 5 个，后来又买来了 3 个，现在学校里有多少个皮球？

生：（集体读题）

（学生尝试练习，教师巡视指导，并请一名学生写在黑板上，然后全班订正）

三、课堂游戏

师：两步计算的加减法应用题你们学会了吗？（学会了！）难不难做？（不难！）小朋友都说不难，现在我们来做一个编应用题的游戏。好不好？（好）班上四个学习小组进行编题比赛，看哪能一组编得多、编得好。每个组先给 100 分（板书出组别和各组的底分）哪个组的同学编对了一题就加 10 分，编得特别好的就加 20 分；如果编错一题就减 10 分。你们编什么内容都可以，但一定要编两步计算的加减法应用题。下面开始比赛。（每个组轮流编，游戏过程中注意表扬和纠正）

四、课堂总结

师：今天你们学习了几步计算应用题？

生：两步计算的加减法应用题。

师：都学会了吗？

生：学会了。

师：你们还学会了编应用题，解题的时候要认真看题目，想好先做哪一步，后做哪一步。（公布编题比赛结果后下课铃响）

师：你们还想不想编应用题？

生：想！

师：现在下课时间到了，你们放学回家编给你们的爸爸妈妈听，好不好？

生：好！

27. “分物游戏（除法的初步认识）”教学设计（课例一）

刘燕
（四川省成都市石笋街小学校，青年名师）

※ 课前思考

“除法的初步认识”在小学低年级计算教学中是非常重要的，也是学生比较难于理解的概念类内容。对于二年级的学生来说，除法是比较难理解的概念，除法的认识是建立在平均分的基础上的。要突破除法这个难点，关键是理解“平均分”的具体意义。所以，课本安排了三次从简单到复杂的分物活动，而本节课是第一次分物。学生通过对小数目实物“分一分”的活动，初步体会平均分的意义，积累平均分物的经验，为后面正式学习除法奠定好的基础。

※ 教学过程

一、创设情境，由多到少

师：小朋友们知道花果山吗？今年，花果山上的桃子丰收了，这可把花果山的猴子们高兴坏了，瞧，这里有这么多的桃子，猴王想把桃子分给 5 只大猴子，每只猴子得到同样多的桃子，该怎么分呢？小朋友们，你能帮猴王想想办法吗？

生：桃子太多了，数都数不清，怎么分呀？

师：桃子的数量太多了，如果数量少一些就好分了，那我们就从数量少的情况入手，再分分看。（板书：多—少）

二、动手操作，探究新知

1. 初步理解平均分的意义

（1）活动一：分桃子——初步感受平均分。

① 师：4 个桃子要分给 2 只小猴，可以有几种分法？用 2 个圆片代替 2 只小猴，4 根小棒代替 4 个桃子。自己动手分一分。学生先动手分一分，然后说一说是怎

么分的。

生：1 和 3。

生：2 和 2。

生：0 和 4 。

② 讨论：如果把三种分法分成两类，你会怎么分？

生：一种是每只猴子分得同样多，另一种是一只猴子分得多，一只猴子分得少。

生：公平的分一类，不公平的分一类

③ 在学生发现的基础上，告诉学生，像这样每份分到的一样多，那我们就说是平均分。

（2）活动二：分萝卜 ——积累活动经验，明确平均分。

① 师：把 12 根胡萝卜公平地分给三只小兔子，分的时候应该注意什么？（每只兔子分到的胡萝卜同样多）

② 师：用圆代替小兔，用小棒代替胡萝卜，自己分一分，摆一摆分的过程。

③ 组织学生交流分的过程和结果。

师：怎么分的？几次分完的？结果是什么？ 把你分一分的过程告诉同桌。

生：我是一只兔子分 1 个萝卜，一个一个地分，分了 4 次后，每只兔子都分得了 4 个萝卜。

生：我是先给每只兔子分 2 个萝卜，分了 2 次后，每只兔子也分得了 4 个萝卜。

生：我是一次给 4 个，每只兔子分得 4 个萝卜。

④ 师：请观察这些分法，你有什么想说的吗？

生：刚才我们给小猴子分了桃子，给小兔子分了萝卜，虽然我们分的过程不同，但最后让它们都很满意，因为分完后它们都分得一样多。

师：这种分法在数学中我们把它叫作平均分。（板书副标题：平均分） 请学生用自己的语言说一说什么是平均分。

2. 会用画图等方法记录平均分的过程和结果

（1）活动三：分骨头 ——独立思考，实际操作。

① 15 根骨头平均分给 3 只小狗，每只小狗都分到几根？ 平均分给 3 只小狗是什么意思？

② 用 15 根小棒代替骨头，独立思考并分一分。

③ 同桌交流：摆一摆分的过程。

（2）活动四——用画图的方法记录分骨头的过程。

师：同学们，我们已经通过动手操作摆出分的过程了，你还能用画图的方法记录分一分的过程吗？

① 学生自己画分骨头的过程。

学生用彩笔在白纸上画出自己分骨头的过程。（一般，同学们都会用圆、三角形等图形表示 5 只小狗，用“骨头”图或竖线表示 15 根骨头）

② 汇报：投影展示记录的过程。

生：我用了 5 个三角形表示 5 只小狗，画在纸的下面，我又画了 15 根竖线表示骨头，然后，将第 1 根骨头分给第一只小狗，用线连起来，分完一次后，再按刚才那样分，直到分完为止，每只小狗分到了 3 根骨头。

生：我用圆表示小狗，也画了 15 根狗骨头，我把 5 根狗骨头一次连一只小狗，又把 3 根狗骨头和第二只小狗连起来，这样，每只小狗都分到了 3 根骨头。

③ 呈现静态图和动态图——加深学生的操作理解。

3. 回顾反思

师：我们用不同的图形表示小狗和骨头，你发现了什么?

生：分一次画一次，画的过程和分的过程是一样的，其实都是平均分 。

师：刚才同学们用平均分的方法给小动物们分了好吃的，虽然同学们分的次数有多有少，但最后小动物们对分的结果都很满意，因为分完后它们得到的食物的数量都怎么样?

生：一样多。

生：就是平均分。

三、课堂练习

1. 基本练习

（1）插花。

每个花瓶插的花一样多，每瓶插（　）只花。

讨论：如果不用小棒能不能分？课件演示圈一圈、连一连的方法。

（2）分铅笔。

平均每个铅笔盒放（　）支铅笔。

①发现题目中的数学信息，明确是平均分。

②用摆小棒或圈一圈、连一连的方法分，独立思考并填空。

③全班交流分法。

④小结：用摆小棒、圈一圈、连一连的方法，解决了生活中的插花和分铅笔的问题。

2. 变式练习

（1）出示两幅图并读题：

每层放的杯子一样多，每层放（　）个。

平均每人分到（　）个气球。

（2）先用圈一圈、连一连的方法分，独立思考并填空，然后选择其中的一道题把分的过程用画图的方法记录下来。

（3）全班交流分法。

（4）小结：我们用平均分的方法分了许多生活中的物品，在分的过程中，你分了几次才把物品分完，最后每一份分得的结果都同样多。

3. 拓展练习

出示一幅图，看图填空：

一共有（　）个橘子，平均分成（　）份，每份有（　）个。

（1）数一数有多少个橘子？你能把这些橘子平均分吗？先分一分，再完成填空。

平均分成 2 份，每份有（　）个。

平均分成 3 份，每份有（　）个。

平均分成 6 份，每份有（　）个。

平均分成 9 份，每份有（　）个。

（2）观察思考：观察大家分橘子的四种情况，有什么共同的地方？又有什么不同的？

四、课堂总结

1. 今天这节课我们开展了什么样的数学活动？

2. 说说这节课你有哪些收获？

3. 在生活中我们经常会遇到平均分的情况，虽然有的时候我们分了一次就分完了，有的时候分了两次、三次甚至更多次，但是分到最后每一份都是一样多的，这就是平均分。

28. “除法的认识”教学设计与反思（课例二）

林萍萍
（广东省韶关市武江区阳山小学，青年名师）

※ 课前思考

“分物游戏”是在学生已经初步理解了乘法的意义，会用2–5的乘法口诀口算表内乘法的基础上进行教学的。除法是小学低年级计算教学中的重要内容，是比较难理解的概念，对于二年级学生来说，“除法”必须是建立在平均分的基础上的。要突破除法这个难点，关键是理解“平均分”的具体意义。

教材非常重视数学活动对学生理解除法概念的支持作用，所以在“分物游戏”中，由简到难安排了“分桃子”“分萝卜”和“分骨头”三个活动，活动1：“分桃子”。在不同的分法中，引出“分得的一样多”的初步体会；活动2：分萝卜。进一步体会平均分的意义；活动3：分骨头。体会平均分的过程并尝试用画图表示分的过程。引导学生一步步加深对平均分的理解，初步建立平均分的概念，帮助学生培养了动手操作能力，初步的抽象思维能力，同时培养学生的合作精神，体会平均分与生活的密切联系。

※ 教学过程

一、课前导入中“激趣”

师：同学们，喜欢听故事吗？

生齐答：喜欢。

（课件出示图1）

师：这幅图上有什么？

生 1：2 只猴子，4 个桃子。

师：真棒！你有一双善于发现的眼睛！这就是我们图中蕴含的数学信息啊！

师：大家准备好了吗？故事要开始了。

生齐答：准备好了。（认真倾听）

（课件出示图 2，播放配音）

故事内容：猴妈妈给它的宝宝们——猴大、猴二准备了 4 个桃子，但是它们在分桃子的时候发生了争吵。猴大分到了 3 个桃子高兴得手舞足蹈，猴二只分到了 1 个桃子生气地双手插着腰说：凭什么我分到一个，你分三个？

师：刚刚在故事中说到猴二生气了，这是为什么呢？

生 2：猴大分到桃子多，猴二分到桃子少。

师：怎样分才能让猴大、猴二都开心呢？

生 2：把猴大的一个桃子分给猴二。

生 3：给两只小猴都分 2 个桃子，这样才公平。

师：是这样的吗？

此时，一部分学生继续兴趣盎然地等待着下文，一部分学生在眨巴小眼睛，似乎开始思考了……

（课件出示图 3）

师：他们现在分得怎么样？

生齐答：每只小猴分得一样多。

师：也就是“每份一样多（同样多）”，你们说的这种分法真是太重要了！我要把它记录下来。（板书：每份一样多）

师：今天我们就用这种方法来帮小动物们分食物。（板书：分物游戏）

二、课堂操作中“找趣”

1. 分萝卜

（1）找数学信息。

师：分完了桃子，小兔子也迫不及待地想请同学们帮它们分一分胡萝卜。（出示图片）。

师：从图中看到了哪些数学信息？

生 1：3 只小兔子和 12 根胡萝卜。

师: 12 根萝卜很难一眼看出来，我们一起来数一数吧，按顺序数（从左往右数），我们可以用记数字或作记号方式来标志。

生齐答：1、2、3、4、5、6、7、8、9、10、11、12。

师：把 12 根萝卜分给 3 只小兔子，你打算怎么分？

生 2：我打算 1 根 1 根地给小兔子分萝卜。

生 3：我直接给每只小兔子分 4 根。

生 4：我先给每只兔子分 3 根萝卜，再给每只兔子分 1 根萝卜。

生 5：我认为不管你怎么分，每只小兔子都要“分得一样多”。

师：真棒！你是一个公平公正的孩子，掌声送给他。

（2）根据要求动手分萝卜、全班交流。

师：在桌面的学习袋里，老师已经准备好了用 3 个红色小圆片代替小兔子，用 12 根小棒代替胡萝卜。请你们拿出需要的学具。

在分之前老师还有一个小小的要求：你能不能把分的过程用小棒摆出来，让同学们一眼就能够看出来，① 每次给每只兔子分了几根萝卜？② 分了几次分完的？③ 最后每只小兔子得到几根萝卜？

师：分好后和你的同桌说一说你的想法。大家开始吧！（学生动手操作，教师巡视）

（3）汇报

师：你们分完了吗？最后每只兔子分到了几根萝卜？

生齐答：4 根。

师：现在我们知道分的结果！老师更想知道大家是怎样分的？ 谁想分享自己的想法呢？（板演，边分边说）

生 1：我给每只兔子分到 4 根萝卜。

师追问：你怎么知道给每只兔子刚好 4 根萝卜呢？

生 1：我知道 4+4+4=12，所以刚好每只兔子分到 4 根萝卜。

师：会用你知道的数学算式来分萝卜，真是聪明的孩子！谁还有不同的分法？上来分一分。台下同学要仔细看哟！看看能不能明白他的分法？

生 2：先给每只兔子分 1 根萝卜，然后再给每只兔子分 3 根萝卜。

师：同意他的说法吗？

生齐答：同意。

师追问：最后每只兔子分到了几根萝卜呢？我们数数看！

师生齐数：1、2、3、4。最后每只兔子都分到了 4 根萝卜。

师：孩子们真了不起！想出了不同的分法！还有谁想分一分？

生 3：先给每只兔子分了 2 根萝卜，再给每只兔子分 2 根萝卜。分了 2 次，最后每只兔子都分到了 4 根萝卜。

师：虽然他们几个人的分法不同，但是有没有什么相同的地方？

生 4：最后结果每只兔子都分到了 4 根萝卜。

师：真棒！你有一双善于发现的眼睛。

（4）回顾

师：我们来回想刚才帮小动物分食物的过程。一开始我们用“每份一样多”的分法，把 4 个桃子分给了 2 只小猴，最后每只猴子分到了 2 个桃子。你能像我这样完整地说一说小兔分萝卜的过程吗？

生 1：把 12 根萝卜分给了 3 只小兔，结果每只小兔分到了 4 根萝卜。

师：像这样最后每只小动物分得一样多的分法，数学上把它叫作平均分（板书：平均分）

（5）练习

师：平均分的方法，在生活中我们常常用到。请你判断以下的分法，哪些是平均分，哪些不是平均分？

课件出示：

生 1：有三份苹果，有两份有三个苹果，一份有两个苹果，不是平均分。

生 2：有两份雪梨，每份四个雪梨，是平均分。

生 3：有四份蜡烛，每份都有四个蜡烛，是平均分。

师：这三位同学的分析都非常到位，掌声表扬！

2. 分骨头

（1）看懂题意，提出要求。

师：小兔子分到萝卜后开心极了！但是小狗可饿了，我们赶快来看看小狗请我们帮什么忙吧！（课件出示）

生齐答：小狗分骨头。

师：请大家齐读题目。

生齐读：15 根骨头平均分给 3 只小狗，每只小狗分到几根呢？

师： 它们对分骨头有什么要求？

生 1：每只小狗分的根数要一样多。

师：可是老师今天没给大家准备骨头和小狗的图片，怎么办呢？

生 1：我可以用桃子来代替？

师：可以吗？

生 2：桃子不够 15 个。

生 3：可以画。

师：是的，我们可以画，你打算怎么画呢？

生 1：用一竖表示骨头。

生 2：用正方形表示小狗。

生 3：我用星星表示骨头。

师：同学们真棒，都想到了用各种简单的图形来代替小狗和骨头，现在把你的想法在学习单 1 中，画一画、圈一圈，连一连，把自己分的过程记录下来吧。

（学生独立画，教师巡视帮助有困难的同学，追问学生图画的意思以及挑选作品）

（2）个人反馈和集体汇报。（投影展示，学生自己解释自己画的过程）

师：谁想来分享自己的作品？

生 1：竖线代表骨头，圈圈代表狗。每次分 1 根骨头，分了 5 次。

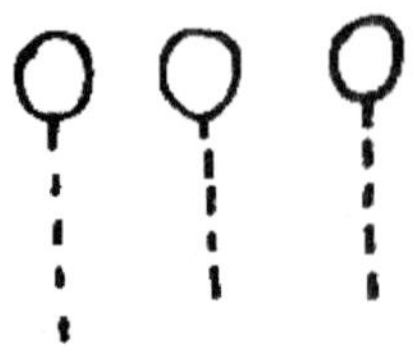

师：画得真好！把掌声送给这位同学。谁还想来展示？

生 2：长方形代表狗，星星代表骨头，第一次每只狗分了 2 根骨头，剩下的每次每只狗分 1 根骨头。

师：很有自己的想法，掌声表扬！还有哪位同学想分享分享？

生 3：

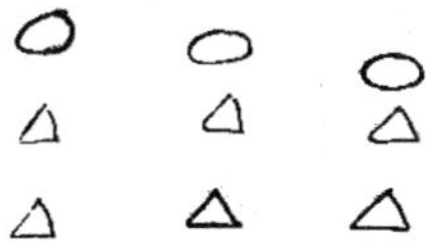

师：说说你图片的意思。

生 3：每个三角形代表 1 根骨头。

（学生有异议）

生 4：如果一个三角形代表 1 根骨头，那这里合起来就不是 15 根骨头了。这样分是不对的。

师：看来画完了，还要好好检查检查。还有谁想来展示？

生 5：

师：请跟大家说说你图的意思。

生 5：每个圈代表 1 根骨头，每个盘子就代表 1 只狗。每次分 1 个圈，每盘里有 5 个圈，就是每只小狗分得 5 根骨头。

师：同学们的分法真是多姿多彩。看看哪两种方法相同？比一比哪种方法更简便？

生 6：第一种分法和第四种是相同的，我觉得第四种比较简单。

（学生的想法不一，只要合理都给予肯定）

（3）生生合作，冲过难关。

师：（课件展示）老师这里也有一幅图，但是怎么看也不明白。你们明白吗？前后四人小组商量。

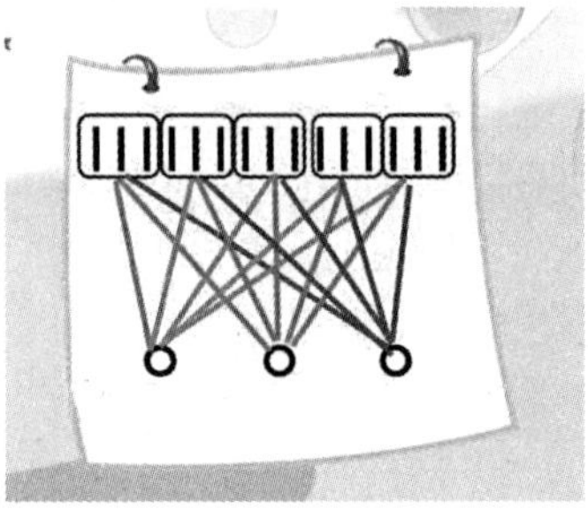

师：谁能说说这幅图的意思？

生：竖线代表骨头，小圆圈代表小狗。

生1：第一次拿了三根骨头，每只狗分了一根。

生2：第二次拿了三根骨头，每只狗又分了一根。

生3：第三次拿了三根骨头，每只狗分一根。

师：所以，我们一共分了5次，每只狗分到5根骨头。

师：同学们说得太好了，你们这次帮了老师一个大忙，这里老师谢谢大家！

师总结：大家的本领越来越强！从开始每只猴子分的桃子一样多，再到每只小兔子分的萝卜一样多，最后到小狗分的骨头一样多。它们都可高兴啦！在这个过程中我们也认识了新朋友“平均分”，平均分就是最后每份数量怎样呀？

生齐答：每份分得同样多。

三、练习游戏中“获取”

师：我们同学把平均分学得这么好，接下来我们来玩个游戏，好不好？请大家拿出学习单2。

“分杯子”游戏：

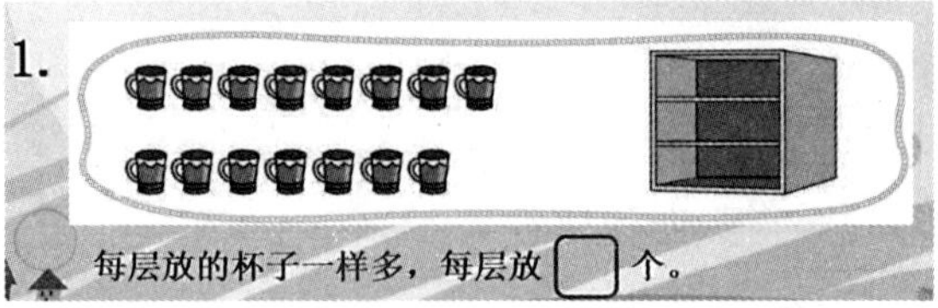

师：谁来说说图中的信息？

生1：15个杯子，放3层。

师：要每层放的杯子一样多，每层放几个？请动手分一分、摆一摆、圈一圈、画一画，再回答。

生齐答：3 乘 5 等于 15，每层放 5 个。

“分铅笔”游戏：

师：14 支铅笔，放进 2 个铅笔盒中，平均每个铅笔盒放（　　）支铅笔？

2.

平均每个铅笔盒放 □ 枝铅笔。

师：我发现某些同学的方法非常棒，可以直接在作业纸上画一画，很快就找到答案。也可以用学具摆一摆。写好的同学可以跟同桌交流交流。

师：交流好的同学请坐直，全班一起回答。

生齐答：平均每个铅笔盒放 7 支铅笔。

师：同学们对平均分掌握得真不错！想不想继续挑战一下？

生齐答：想。（声音整齐洪亮）

课件出示一幅图：

3.

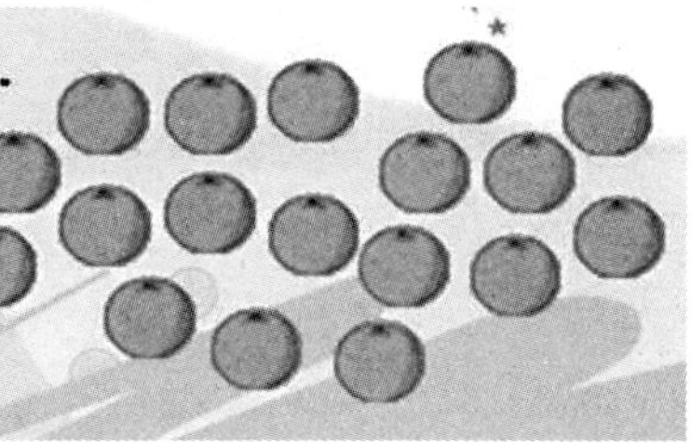

师：数一数一共有多少个橘子？

生齐答：一共 18 个橘子。

师：现在老师遇到了 4 个问题，你们能帮老师解决吗？（分小组完成，用小圆片代替橘子摆一摆，填一填）

平均分成 2 份，每份有（　　）个。

平均分成 3 份，每份有（　　）个。

平均分成 6 份，每份有（　　）个。

平均分成 9 份，每份有（　　）个。

师：哪一组的代表来说说？

生 1：平均分成 2 份，每份有（9）个。

生 2：平均分成 3 份，每份有（6）个。

生 3：平均分成 6 份，每份有（3）个。

生 4：平均分成 9 份，每份有（2）个。

师：观察这四种分橘子的情况，有什么共同的地方，又有什么不同的？

生5：共同的地方是大家都是分18个橘子。不同的是分的结果不同。

生6：当总个数不变时，份数越多，每份的数量就会越少。

师：同学们观察发现能力真不错，不仅会算，而且算得好，算得巧。

四、联系生活，趣尤在

师：今天我们共同学习了“分物游戏”，你能从自己的生活中找一找，利用平均分的方法来解决的问题吗？

生1：我们组有6个小朋友，每2人分一根跳绳，可以分到3根跳绳。

生2：妈妈买了9个苹果，平均分给爸爸、妈妈和我，每人分3个……

师：小朋友们真的太棒了！生活中这样“分物”的例子很多，回家与爸爸、妈妈一起玩一玩家庭中的“分物游戏”！

五、畅谈趣味

师：今天这节课我们开展了什么样的数学活动？

生1：分物游戏。

生2：给小动物们分食物平均分的活动。

师：说说这节课你有哪些收获？

生1：不管分任何东西都要平均分，才公平。

生2：从分物游戏中，我认识了一个新朋友“平均分”，平均分就是每份分得一样多……

※ 课后反思

如果我能将教学的起点降低，能提前估计到学生可能会出现这样的问题，先和学生一起分一分，摆一摆，那么就可以节约一次摆的时间。优化的时间也有了，课堂就会变得完整。可是，利用老师的引导代替学的独立尝试与思考，效果好吗？这里的尝试，仅仅是摆的形式的尝试，并不是实质分的方法的尝试，由老师引导，减少时间的浪费，的确很有必要。可以将记录的方法在学生汇报的过程中，一并出示，将两个环节进行融合，节省更多的时间保证课堂的练习。

29. “除法的初步认识”教学设计（课例三）

朱慧春
（广东省韶关市武江区金福园小学，青年名师）

※ 课前思考

本课是小学数学二年级上册“分一分与除法”的第一课时。本课时内容教材提出了3个问题，问题1：“分桃子”，在不同的分法中，引出“分的一样多”的初步体会；问题2：“分萝卜”，进一步体会平均分的意义；问题3：“分骨头”，体会平均分的过程并尝试用画图表示分的过程。本课的教学设计基于教材内容，通过3个分物活动让学生在操作中经历平均分物的过程，逐步引导学生从关注平均分的结果到关注平均分的过程，让学生在动手操作的活动中经历平均分的过程，体验平均分，加深对平均分意义的理解，积累平均分物的活动经验。

学生已经初步了解乘法的意义，会用2-5的乘法口诀口算表内乘法，为今后学习除法和分数打下良好的基础。“除法的初步认识”是小学低年级计算教学中的重要内容，是比较难理解的概念，对于二年级学生来说，“除法”必须是建立在平均分的基础上的，要突破除法这个难点，关键是理解平均分的具体意义。在这个单元中课本安排了三次从简单到复杂的分物活动，而本节课是第一次分物。通过对小数目实物“分一分”的活动，初步体会平均分的意义，积累平均分物的经验，为后面正式学习除法奠定良好的基础。

本节课在激发学生学习积极性与学习兴趣上进行动手操作。这是新课程倡导的重要学习方式之一，是学生建构知识的重要方法，对培养学生的“实践能力”具有重要的意义。引导学生透过现象看数学的本质和规律，让学生的思维上升到理性层面。

※ 教学过程

一、故事导入、激发兴趣

播放猴子分桃子的故事视频。

两只猴子在分 4 个桃子，但是它们在分桃子的时候发生了争吵。猴大得到了 3 个桃子高兴得手舞足蹈，猴二只分到了 1 个桃子生气地双手插着腰说“不公平不公平”。

讨论：在故事中为什么猴二生气了呢？怎样才能让猴大、猴二都开心呢？

【学习成果预设】① 1 个 1 个地分，猴大分到 2 个桃子，猴二也分到 2 个桃子。② 2 个 2 个地分，猴大分到 2 个桃子，猴二也分到 2 个桃子。

小结：分的过程不一样但分到的桃子一样多。（板书：每份一样多）

引出本节课的主题分物游戏。（板书：分物游戏）

【设计意图】提问“为什么生气呢？”“怎样才能让猴大，猴二都开心呢？”进行追问，引导学生思考问题，进而引出要研究的内容。为学生提供一个宽松、民主、和谐的学习环境，激发学生的学习兴趣，同时为解决后续的问题奠定基础。

二、探究活动，寻找兴趣

1. 分萝卜，摆小棒感受分法，体会方法的多样性

（1）找数学信息。

出示主题图，组织学生观察主题图，发现数学信息。

【学习成果预设】有 12 根萝卜，分给 3 只小兔，要求是每只兔子分到的萝卜要一样多。

（2）根据要求动手分萝卜、全班交流。

用“每份一样多”的方法把 12 根胡萝卜分给 3 只小兔子。用 12 根小棒替代 12 根胡萝卜，进行分萝卜活动。要求登记：每次给每只兔子分几根萝卜？几次分完？（教师巡视）

【学习成果预设】① 1 根 1 根地分，4 次分完，每只兔子分得 4 根萝卜；② 2 根 2 根地分，2 次分完；③ 4 根 4 根地分，1 次分完；④第一次分 1 根，第二次分 3 根……】

讨论：这些分法不同，但是有没有什么相同的地方？

【学习成果预设】最后每只兔子都分到了 4 根萝卜。

（3）师生总结。

我们用“每份一样多”的分法，把 4 个桃子分给 2 只小猴，最后每只猴子分得 2 个桃子；把 12 根萝卜分给 3 只小兔，每只小兔分得 4 根萝卜。像这样，最后每只小动物分得一样多的分法，数学上把它叫作“平均分”。（板书副标题：平均分）

【设计意图】此环节教学，分为 3 个层次：明确分萝卜的要求—经历分萝卜的过程—集体汇报。通过观察、对比，引导学生发现分物有多种方法，但是最终结果都是一样多，这就是平均分。

2. 分骨头，画图理解分法，体会作图的简便性

（1）找数学信息。

15 根骨头平均分给 3 只小狗，每只小狗分到几根？“平均分给 3 只小狗”是什么意思呢？

【学习成果预设】平均分给 3 只小狗，每只小狗分到几根？

（2）同桌合作分一分。

同桌合作探究，采用作图的方式，用圆形，五角星或者其他图形替代小狗，用小棒或者其他的物体代替骨头进行分一分活动，然后将可行的方法在练习本上画下来。

【学习成果预设】①1 根 1 根地分，5 次分完；②2 根，2 根，1 根；③2 根，3 根；④1 根，2 根，2 根……

（3）学生汇报。

投影展示 4 位同学的作品，引导学生观察哪些分法是相同的？

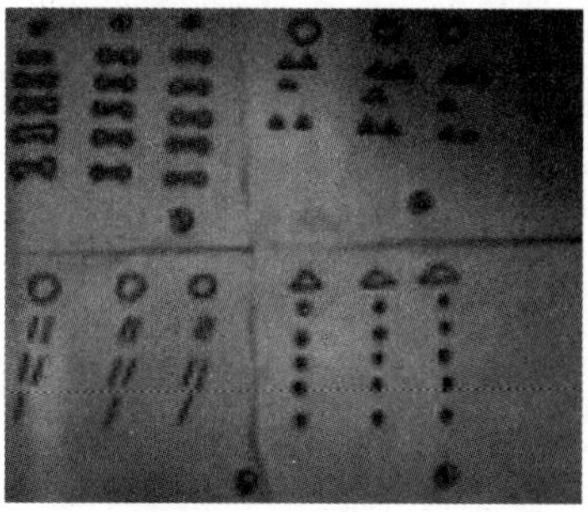

【学习成果预设】第一种和第四种的分法相同。

讨论：他们的分法相同，记录时候有什么不同的地方？

【学习成果预设】都是第一次先给每只小狗分一根骨头，第二、三、四、五次都是给每只小狗分到 1 根骨头。最后每只小狗得到 5 根骨头。

（4）生生合作，突破难点

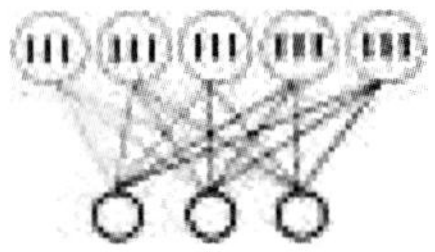

① 出示课本第 58 页的图（如右图）

② 引导学生观察图。

③ 微课展示。

用不同的图形表示小狗和骨头，分一次画一次，画出的过程和分的过程都是一样的。每次拿三根来分，每只小狗分 1 根，正好 5 次分完，每只小狗分到 5 根骨头。

3. 总结

每只猴子分的桃子一样多，再到每只小兔子分到萝卜一样多，最后到小狗分的骨头一样多。在这个过程中我们也认识了新朋友“平均分”。

【设计意图】通过观察、对比、解读三个环节进行教学。①观察相同分法，说分物过程；②比较、优化分法，使学生从实物到符号达到升华，体现符号表示方法的优越性；③插入微课课堂教学，让课堂生动的同时调动学生的积极性。

三、游戏练习，获得兴趣

1. 插画

每个花瓶插的花一样多，每个瓶插（　　）枝。

学生讲台操作演练，电脑演示圈一圈、连一连的方法。

【学习成果预设】掌握圈一圈、连一连的分法

2. 分气球

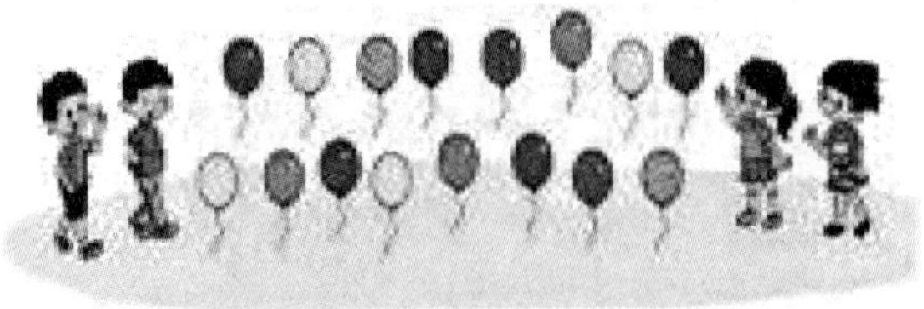

平均每人分到（　　）气球。

（1）先用圈一圈、连一连的方法分，独立思考，然后把分的过程用画图的方法记录下来。

（2）全班交流分法。

【学习成果预设】4 个小朋友，平均每人分到 4 个气球。

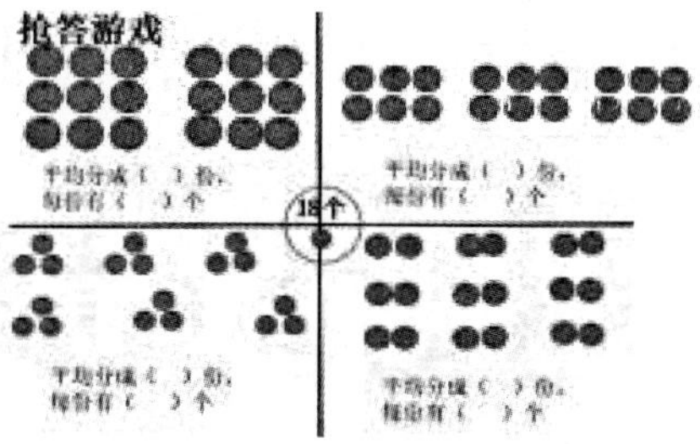

3. 抢答游戏，课件出示题目：

第 1 题：一共有 18 个桔子分成 2 份，平均分成（ ）份，每份有（ ）个。

第 2 题：一共有 18 个桔子分成 3 份，平均分成（ ）份，每份有（ ）个。

第 3 题：一共有 18 个桔子分成 6 份，平均分成（ ）份，每份有（ ）个。

第 4 题：一共有 18 个桔子分成 9 份，平均分成（ ）份，每份有（ ）个。

【学习成果预设】一共有 18 个桔子，平均分成（2）份，每份有（9）个

一共有 18 个桔子，平均分成（3）份，每份有（6）个；

一共有 18 个桔子，平均分成（6）份，每份有（3）个；

一共有 18 个桔子，平均分成（9）份，每份有（2）个。

引导学生思考：观察大家分桔子的 4 种情况，有什么共同的地方？又有什么不同的？

【学习成果预设】都是平均分 18 个橘子，不同的是分的堆数越多，每堆橘子的个数就越少。

【设计意图】激发学生参与活动的积极性，起到事半功倍的效果。轻松地学习知识，还从游戏中获得了快乐。

四、畅谈收获，总结全课

引导学生回忆本节课师生一起的活动。

1. 提问：今天帮小动物做了什么？学会了什么？

2. 总结：在生活中我们经常会遇到平均分的情况，虽然有的时候我们分了一次就分完了，有的时候分了两次、三次甚至更多次，但是分到最后每一份都是一样多的，这就是平均分。

【设计意图】学生自己参与分物游戏，总结这节课的知识、扩展学生的思路、激发学生的学习兴趣，渗透生活中的数学，彰显了数学的魅力。

五、作业

回家和爸爸妈妈一起找一找，生活中还有哪些地方会用到平均分。

30. “有余数的除法”教学设计与反思（课例一）

夏大雨
（福建省厦门外国语学校海沧附属学校，青年名师）

※ 课前思考

本节课的教学内容是“有余数的除法”，是“表内除法”知识的延伸和扩展，也是今后继续学习除法的基础，具有承上启下的作用。教学中虽然是以“表内除法”的知识为基础，但教材却赋予它新的内涵——平均分有剩余的情况。学生虽然在生活中对“余数”有一些感性认识和体验，但对于问题：余数是怎么产生的，它表示什么意思，认识模糊，理解不到位，说不出所以然。另外，课本设计的教学分为三个层次：先动手操作“分草莓”，初步感知有余数的除法；接着根据分的过程和结果，理解有余数除法的算式及余数的意义；最后，通过动手摆“正方形”，引导学生探索发现余数和除数的关系。

按照这样的流程教学，笔者发现有以下不妥之处：一、活动多。在活动的过程中一边关注分，一边引导学生理解算式的各部分含义和写法等，比较琐碎；二、目的性不强。在探究“余数与除数的关系”时，学生也动手操作了，也合作交流了，但只有一些学优生积极参与讨论，大部分学生的学习主动性不强。

于是，笔者着重思考了这样一些问题：第一，如何在教学中简化活动情境，突出重点，提升课堂实效性？第二，如何调动学生的积极性，大胆放手，让学生更自主、深入地探究“余数与除数的关系”。基于以上思考，设计本课教学时，笔者决定明确目标，简化教学活动，突出重点，把学生注意力集中在关键的问题上，提高课堂教学的实效性。

※ 教学过程

一、初步感知有余数除法的含义

1. 充分实践，对比、发现，感知有余数的除法

师：同学们，今天我们来玩一个摆小棒的游戏。（出示 12 根小棒）哪位同学

愿意上前来用这 12 根小棒摆三角形？（学生上前摆三角形）

师(出示11根小棒)：这里还有11根小棒,又有哪位同学愿意上前来摆三角形？（学生上前摆三角形）

师（指着 12 根小棒摆成的三角形）：你能从中发现什么数学信息？

生：有 12 根小棒，每 3 根摆一个三角形。

师（指着 11 根小棒摆成的三角形）：从这里你又发现了什么数学信息？

生：有 11 根小棒，每 3 根摆一个三角形，摆了 3 个三角形，第 4 个三角形还少一根小棒 。

指出：少一根，我们也可以说成：还剩 2 根。

师：这两个同学分的结果一样吗？有什么不同？

生：一个分得刚刚好，另一个还剩 2 根。

师：像这样分得刚刚好的，你会用算式表示吗？

生：会，12 ÷ 3=4（个）。

师：像这样分完还有剩的，你会用算式表示吗？

生 1：11 ÷ 3=9（个）……2（根）。

生 2（立马喊出）：错了，应该是等于 3 个，因为我们摆出的是 3 个三角形，而不是 9 个。

【这个学生从大家的提示中及之前操作的结果发观自己的错误，也就是说应该是 11 ÷ 3=3（个）……2（根）】

2. 理解有余数的除法的含义

师（确定结果后，板书）：11 ÷ 3=3（个）……2（根）。

师：你知道这里的 11 表示什么吗？（总数）第一个 3 表示什么？（每 3 根小棒摆一个三角形）第二个 3 表示什么？（摆出 3 个三角形）2 呢？（表示剩下 2 根小棒）

师：像这样分完有剩的，剩下的这个数我们就叫它“余数”。（板书）

师（揭示课题）：这就是我们今天要学的“有余数的除法”。

（板书，要求同桌互相再说说算式中各个数表示的意义）

师：怎么会有余数呢？

生 1：摆三角形有剩下的。

生 2：不够再摆一个三角形了。

师：对，像这样不够再分一份的，我们就把它当成“余数”。

3. 读出有余数除法的算式

师：那这样有余数的除法的算式你会读吗？

生 1：11 除以 3 等于 3 还剩 2。

生 2：应该是 11 除以 3 等于 3 省略号 2。

师：前面的跟我们之前学的除法算式的读法一样，但是余数的读法有困惑，我们一般读成：11 除以 3 等于 3 余 2。（全班齐读）

4. 结合生活实际，说说有余数除法的实际情况

师：生活中你遇到过像这样分完后还有剩余的情况吗？

生 1：家里有 7 根香蕉，我、爸爸、妈妈每人吃 2 根，还剩 1 根。

生 2：晚饭时，我拿出 11 根筷子，我们家有 5 口人，每人分 2 根后，还剩 1 根。

二、借助操作，探究余数要比除数小的规律

1. 按要求操作并写算式

师：余数不仅在生活中很常见，而且它身上还藏着一个重要的秘密呢，大家想不想去研究它？

师：摆过正方形吗？（出示小正方形）摆这样一个小正方形需要用几根小棒？（4 根）

师：接下来请同桌合作学习，要求：一人摆小棒，一人写算式。

师：用 8 根小棒，能摆出几个正方形？（学生同桌合作，动手操作）

师：你能用算式把摆的过程表示出来吗？（生：8÷4=2）

师：那 9 根小棒又能摆出几个正方形呢？你会用算式表示出来吗？

生：9÷4=2（个）……1（根）。

师：10 根小棒呢？

生：10÷4=2（个）……2（根）。

师：11 根小棒呢？

生：11÷4=2（个）……3（根）。

2. 组织交流，明确余数的意义

师设疑：现在不摆小棒了，我觉得 12 根小棒应该能摆出 2 个正方形，还剩 4 根小棒。你同意吗？为什么？说说你的想法。（学生交流汇报）

师播放课件，演示：刚才 8 根小棒可以摆 2 个正方形；□□

9 根小棒可以摆 2 个正方形还剩 1 根小棒；□□|

10 根小棒可以摆 2 个正方形还剩 2 根小棒；□□||

11 根小棒可以摆 2 个正方形还剩 3 根小棒；□□|||

那 12 根小棒理所当然可以摆 2 个正方形还剩 4 根小棒了。□□||||

生 1：不对，应该是摆出 3 个正方形。

生 2：剩下的 4 根小棒可以再摆出一个正方形。就没有余数了。

师：你们的意思是剩下的这 4 根如果够再摆成一个正方形，那就不能作为余数，要摆出一个新的图形喽。那我试试看。（点击课件：4 根小棒摆成一个正方形）

3. 通过观察，发现余数与除数的关系

（1）推算“13 至 16 根小棒摆正方形”。

师：哦，我明白了，原来余数只是针对不够分的那一份来说。现在如果不摆小棒了，你还能很快地说出结果并列出算式吗？挑战一下。

师：13 根小棒？（摆 3 个余 1 根）；14 根？（摆 3 个余 2 根）；15 根？（摆 3 个余 3 根）16 根？（摆 4 个）

（2）观察对比，发现”余数小于除数”。

师：（课件出示对答的结果），小组合作交流：

①仔细观察这些除法算式，你发现了什么？

②为什么余数总是 1、2、3 而不是其他的数？

③猜想并验证：余数可能是 4 或 5 吗？为什么？

组织汇报，得出结论：余数既不能比 4 大，也不能和 4 相等。余数必须比除数小。（板书：余数 < 除数）

三、巩固运用，加深理解

1. 通过活动练习，进一步提升对余数的认识

师：用一堆小棒摆 ⬠，如果有剩余，可能会剩几根小棒？你是怎样想的？（可能出现 4，3，2，1）。

师：是这样吗？我们一起来验证一下。（动手操作验证）通过操作，你有什么发现？

生：老师，我发现了一个规律：每 5 遍就会再重复。

追问：每 5 遍是什么意思？

生 2：就是每 5 个算式，余数就会重新再出现一次。

师（打开课件）：那摆正方形时，几个算式会重复一次？说说你的理由。

2. 通过“平均分”与“包含除”两种方式的对比，进一步深化认识“有余数的除法”

（出示）

（1）9 根铅笔，每 2 根分一份，可以分（　）份，还剩（　）根。

（2）9 根铅笔，平均分成 4 份，每份有（　）根，还剩（　）根。

总结归纳：虽然这两种分法不同，但都余 1 根。

四、知识梳理，促进内化。

通过今天的学习，你对有余数除法有什么新的认识？

※ 课后反思

“所有的数学知识只有通过学生自身的‘再创造’活动，才能纳入其认知结构中，才可能成为有效的和用得上的知识”。“简约·智慧”的数学课堂教学强调教知识要注重引导孩子经历知识的形成过程，让孩子“创造数学”。因此，在本课的教学中，为了使学生掌握有余数除法的意义和计算，在教学中，笔者努力创设学生自主构建知识的活动和思考的空间。本节课秉持“以生为本、简约智慧”的教学理念，基于学生学情，注重用简单素材及现实情境，引导学生理解有余数除法的意义，注重在新知的关键处进行操作、观察、想象活动的引导，重视在比较、观察中发现问题的本质、设计符合学生学习逻辑的活动和思考，“以形助学”帮助学生实现具体思维到抽象思维的转化，实现学生在操作中建构新知，内化知识、活化思维。

31. “有余数的除法”课堂片段与思考（课例二）

牛献礼
（北京亦庄实验小学，特级教师）

※ 课前思考

数学学习的过程就是新知识进入到学生个体认知结构，并与原有认知结构中的旧知识重新建构的过程。数学教学需要基于数学知识的内在关联，通过结构化教学，帮助学生建立一个融会贯通的数学认知结构，从而达到发展学生思维能力，提升思维品质的目标。为此，教师要整体把握数学内容，并能结构化地设计教学过程，帮助学生在学习过程中边学边“联”，将数学学习结构化，最终学生得到的不仅是数学“知识链”“知识网”，更多的是数学思维能力与学习能力的提升。下面，笔者以“有余数的除法”一课的教学为例，谈谈如何让结构化学习真实发生。

※ 教学片段

教学片段一：

1. 动手“分小棒”，合作填表

出示：把 10 根小棒分给小朋友，每人分 2 根，可以分给几人？每人分 3 根、4 根、5 根呢？

要求：同桌两人合作，动手分一分小棒，并把每次分的结果记录在表格里。

每人分几根	分给几人	还剩几根
2		
3		
4		
5		

学生合作分小棒，填写记录单，教师巡视。

2. 对比辨析

随着学生口述，逐步呈现如下四种分法。

把 10 根小棒分给小朋友：

分法	每人分几根	分给几人	还剩几根
①	2	5	0
②	3	3	1
③	4	2	2
④	5	2	0

师：在第②种分法中，最后剩下的 1 根，为什么不分了呢？

生：因为是每人要分 3 根，最后剩下这 1 根，不够再分给 1 个人了，就不分了。

师：在第③种分法中，最后剩下的 2 根，为什么也不分了呢？

生：因为是每人要分 4 根，最后剩下这 2 根，不够再分给 1 个人了，就不分了。

师：仔细观察这四种分法，它们有什么相同点？

小组讨论，全班交流。

生：第①种和第④种分法都是平均分，因为它们每人分得一样多。

课件演示：把每份圈一圈，发现每份确实同样多。

师：想一想，第②种和第③种分法是平均分吗？为什么？

生：不是平均分，因为最后有剩余，如果把剩余的 1 根给第 1 人，第 1 人就多了；如果给第 2 人，第 2 人就多了，每人分得不一样多。

生：我觉得它们都是平均分的，因为每份分得也是同样多的。

课件演示：把每份的根数圈一圈，直观发现“每份同样多”。

师：不管是“正好分完”还是“分后有剩余”，只要“每份同样多”，就是平均分！

3. 分类归纳

师：根据刚才的讨论，你能给这几种分法分分类吗？

生：第①种和第④种分一类，它们“正好分完”；第②种和第③种一类，它们“分后有剩余”。

板书：

正好分完 ↗
平均分
↑ ↘
分后有剩余
每份同样多

【思考】《义务教育数学课程标准（2011 版）》指出：“数学知识的教学，要注重知识的‘生长点’与‘延伸点’，把每堂课教学的知识置于整体知识的体系中，注重知识的结构和体系，处理好局部知识与整体知识的关系，引导学生感受数学的整体性。”在上述教学中，笔者把“表内除法”（余数为 0）与“有余数除法”（余数不为 0）看成一个整体，对比着学习。首先，抓住新旧知识的“联结点”——平均分，创设“分小棒”的操作情境，让学生在动手操作中体会分的过程以及得出分的结果，并引导学生发现平均分时，存在“正好分完”和“分后有余”两种情况，体会“余数”和“有余数除法”产生的必要性。接着，用一个表格整合了本节课所有操作活动的信息，直观呈现了“正好分完”和“分后有余”两种分法的不同，这样做有利于学生深刻理解平均分的本质：不管“正好分完”还是“分后有余”，只要每份同样多，都是平均分。同时，让学生经历余数与有余数除法等概念的形成过程，学生在多次操作的过程中强烈地感知“剩余”，并通过对“如何处理平均分的剩余部分”的辨析，初步了解“分后有余”时剩余部分数量与总数、每份数之间的关系，初步建立起“余数”的表象。

教学片段二：

1. 探究“有余数的除法”的算式

师：想一想，怎样用算式记录这两种“正好分完”小棒的过程？

学生口述，师板书：

10 ÷ 2=5（人）

10 ÷ 5=2（人）

师（指分后剩余 1 根的分法）：想一想，怎样用算式记录这种“分后有余”的情况呢？试一试。

学生尝试列式，在小组内交流算式和想法。全班交流时呈现以下几种典型写法：

（1）3 × 3+1=10（根）

（2）10 ÷ 3=3（人）剩 1（根）

（3）10 ÷ 3=3（人）……1（根）

（4）10 ÷ 3=3（1）

师：仔细观察这些算式，比一比，你更喜欢哪个算式？

引导学生统一写成 10 ÷ 3=3（人）……1（根）

【思考】上述让学生尝试用算式记录“分后有剩余”情况的过程，就是让学生亲身经历“分小棒”过程的数学化，经历“有余数的除法”横式模型的建构过程，这个由具象事例进行数学抽象的“建模”过程不可忽略，即便学生自己思考列出的算式并不一定准确。其实，列出的算式并无所谓对错，教者应多关注思考结果的合理性，并在此基础上规范写法即可。

师：你能结合分小棒的过程，说一说算式中每一个数表示的意思吗？

生：10 表示要分 10 根小棒，3 表示每人分 3 根，3 表示分给了 3 人，1 根表示分完后还剩下 1 根小棒。

师：在除法算式中，“10”和等号左右两边的“3”分别叫什么名称？你觉得最后的“1”根应该叫作什么？

板书：10 ÷ 3 = 3（人）……1（根）

被除数 除数 商 余数

师（指分后剩余 2 根的分法）：你会用算式记录这种“分后有剩余”的情况吗？

学生独立完成，集体评议。

板书：10 ÷ 4 = 2（人）……2（根）

师：你能结合分小棒的过程，说一说算式中每一个数表示的意思吗？（生答略）

2. 算式比较，理解“余数”与“除数”的关联性

师：请大家仔细观察这些除法算式，它们有什么相同点和不同点？

在学生回答的基础上，教师利用结构化的板书，构建完整的知识结构。（如下图）

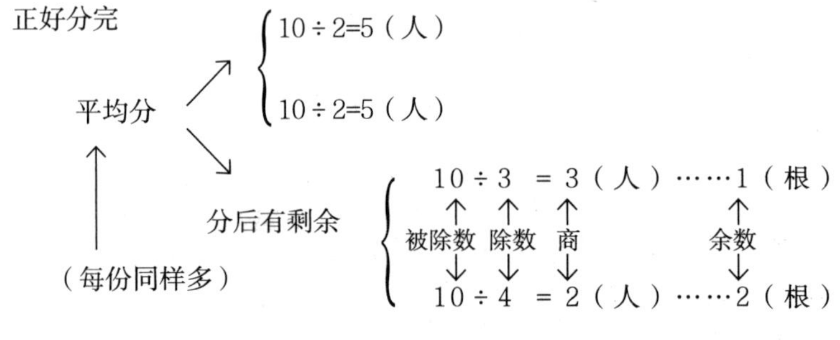

师：我们再来比较一下这两道有余数除法的算式，为什么第一道算式的余数是“1”，第二道的余数是“2”呢？

生：因为第一种分法是剩余 1 根，第二种分法是剩余 2 根。

师：第一种分法是每人分 3 根，除数是 3，剩余 1 根，余数就是 1；第二种分法是每人分 4 根，除数是 4，剩余 2 根，余数就是 2。看来余数跟除数有关。

【思考】上述教学中，借助“表内除法”的认知基础，帮助学生初步建立有余数的除法中被除数、除数、商与余数之间的结构关系，初步形成有余数除法的表象。通过结构化的板书，把新知识纳入到已有的知识结构之中，让学生体会数学的逻辑美和简洁美。这样的结构化教学，可以推动学生对学习内容的整体把握

和有效建构，促使学生慢慢养成结构化的思维方式，提升学生的迁移能力。当结构化教学的渗透成为一种自觉时，一定能激发起学生的强大学习动力，让学生的思维走向自主建构的结构化，进而形成和发展学生的数学核心素养。

教学片段三：

1. 圈一圈，填一填

（1）9 支铅笔，每人分 2 支，可以分给（ ）人，还剩（ ）支。

□ ÷ □ = □（ ）……□（ ）

（2）9 支铅笔，平均分给 2 人。每人分（ ）支，还剩（ ）支。

□ ÷ □ = □（ ）……□（ ）

学生独立完成，教师巡视指导，然后全班交流。

师：这两个问题都用算式 9 ÷ 2=4……1 解决，想一想，它们表示的意思一样吗？

小结：无论是“每人分 2 支”还是“平均分给 2 人”，都可以用有余数的除法算式来表示。

2. 拓展应用

师：除了分铅笔，你还能用“9 ÷ 2=4……1”编一个其他的例子吗？

学生围绕“9 ÷ 2=4……1”举例。

（引导学生举例的多样化）

师：无论是分小棒、分铅笔、分糖、同学分组……这么多不同的事儿都能用同一道数学算式来表示，你有什么感受？

生：我觉得数学算式很神奇！

生：数学算式很了不起！

【思考】根据顾泠沅先生的研究，学生对“有余数的除法”，其学习心理过程主要是数学化与寻找意义，这是两个互逆的过程。上述教学中，先是让学生再次经历分物过程的数学化，并将“有余数除法”模型由“包含除”迁移到“等分除”，加以完善。接着，借助编故事、举例子，将有余数除法模型由“分铅笔”迁移拓展到“分书本”“分糖”“分组”等，体现了由数学抽象返回生活原型寻找意义的过程。更难得的是，能够让二年级的学生真正感悟出“数学算式很神奇”“数学算式很了不起”，其价值远远胜过几个知识点的掌握。

32. “有余数的除法”课堂实录与反思（课例三）

林碧珍
（福建省福州金山小学，特级教师，正高级教师）

※ 课前思考

教材的解读可以分为三重境界：读懂、读通和读活。读懂是指理解数学文本描述的内容，能准确地定位该教材内容所承载的数学基础知识与基本技能。读通则是在读懂文本中所承载的知识与技能这一明线后，能透过这一明线，挖掘隐藏在知识背后的数学思想方法、数学活动经验等。读活是教材解读的最高境界，是指能根据数学的学科特点，创造性地对教材进行合理的整合，使其更符合学生的认知规律，更能有效地促进学生的发展。那么，怎样才能读懂、读通和读活教材，更好地为课堂教学服务呢？以下这篇“有余数的除法”的教学设计可能会给读者一些启发。

※ 教学过程

一、创设情境导入新课

教师为学生创设了用花瓣摆四瓣花的操作情境，并准备了总量不同的花瓣（8片、9片、10片、11片）。教师先让学生利用手中的花瓣摆四瓣花，然后引导学生观察比较摆花结果的不同并分类。学生在操作中感受平均分物体时会有剩余和没剩余两种情况，自然地引出有余数的除法，同时也感悟分类在数学研究中的妙用。

1.春天到了，公园里的花都开放了，你们看这是几瓣花呢？（出示三瓣、四瓣、五瓣花，让学生边欣赏、边数一数）

2.你们看这些花多美啊！你们想自己动手也来摆一摆吗？

（1）出示摆花要求。

（2）同桌合作，用信封中的花瓣摆四瓣花。

（3）展示不同花瓣数所摆出的不同情况。（8瓣、9瓣、10瓣、11瓣）

（4）根据摆花的结果不同，把上面几种摆法分分类。（分为有剩余的和没有剩余的两类）

（5）小结：看来平均分物体时可能会出现两种情况，有刚好分完的情况，也有分完有剩余的情况。今天这节课我们就来研究这种平均分完有剩余的情况。

二、合作交流探索新知

1. 教师结合分类，引导学生感受平均分物体时不正好分完，剩余的部分就是余数，帮助学生理解余数的意义。

（1）8 片花瓣，每 4 片摆一朵，可以摆出 2 朵，你能用算式来表示吗？

师板书算式，并引导孩子说出算式中各数字所代表的意思。

（2）9 片花瓣，每 4 片摆一朵，可以摆出 2 朵，还剩 1 片。用算式怎么表示？为什么还是用除法？这里的除法与前面这个除法最大的不同在哪里？那该怎样用算式表示呢？（生独立思考并和同桌交流讨论）师重点引导：剩余的 1 片怎么表示？并告诉孩子这个剩余的数在除法算式中叫作余数。同时板书课题：有余数的除法。

（3）指导学生读算式，并说说算式所代表的意义。

2. 师生共同合作，探索用算式来表示摆花瓣的结果，帮助学生进一步理解余数的意义，并能用有余数的除法算式来表示平均分后有剩余的情况。

（1）10 片花瓣，每 4 片摆一朵，让学生尝试把摆花的过程用算式来表示。

（2）生汇报：读并说出算式所表示的意义。

（3）11 片花瓣，每 4 片摆一朵，请学生独立用算式表示，并和同桌说一说，你是怎么写的。

3. 教师再一次引导学生观察有余数的除法算式之间的不同，引导学生得出：除数不变，余数会随着被除数的增大而增大的猜想。

（1）引导学生观察 4 个算式的不同之处。

（2）引导学生观察有余数的除法，看看有余数的除法算式中又有什么不同？（生：余数越来越大。被除数越来越大）师引导生观察是谁的变大引起余数变大？

（3）师引导猜想：是不是被除数越大，余数也越大？如果有 12 片花瓣、13 片花瓣、14 片花瓣、15 片花瓣的时候，分别可以摆几朵？余数是不是像大家猜想的那样，会越来越大呢？如果不是，那么余数又是几呢？

4. 教师增加了花瓣的总数，引导学生通过再次的操作来验证自己的猜想。在这个过程中，学生不仅实现了对有余数除法的进一步认识，同时也为后续探索余数与除数的关系提供了丰富的资源。

（1）请学生在练习单上列算式，有困难的可以借助提供的花瓣图圈一圈。

（2）学生汇报，依次出示算式：

12片：12÷4=3（朵）

13片：13÷4=3（朵）……1（片）

14片：14÷4=3（朵）……2（片）

15片：15÷4=3（朵）……3（片）

5.学生通过操作、观察，发现余数并没有像自己猜想的那样越来越大，而是循环地出现1、2、3。这一现象再一次引发学生对余数所呈现规律的猜想（余数不会超过3），并自发地提问：为什么余数不可能是4片、5片、6片、7片，甚至更多呢？

（1）验证猜想：刚才大家猜被除数越来越大的时候，余数会越来越大，通过操作，你们发现结果跟刚才所想的一样吗？那你发现余数有什么特点？

（2）生观察、讨论、交流，余数总是哪些数？为什么余数不可能是4片、5片、6片，甚至是更多片呢？

6.在不断地猜想和验证的过程中，学生自主地探索出余数要比除数小的规律，并能根据自己的操作，合理地解释这一规律存在的道理。

三、巩固新知、拓展延伸

1.如果用这些花瓣摆五瓣花，你觉得余数可能出现什么情况？

2.如果用这些花瓣摆三瓣花，你觉得余数可能是几？

3.把这些花瓣摆成3朵花，平均每朵几片花瓣？还剩几朵？

（1）课件展示一堆花瓣，师引导：要摆成3朵花，不知道总数，怎么摆？（引导孩子平均分时应一份一片、一份一片地分）

（2）摆到每朵4片时，还剩3片，够分吗？（引导孩子明确够不够分，跟每朵几片无关，而是与平均分几份有关，也就是余数与除数有关而与商没有关系）

※ 教后反思

对一线教师而言，读懂教材并不难。大多数教师在解读教材中能很好地理解教材中例1和例2所描述的内容，准确地定位知识与技能目标。教学中，大多数教师都按照教材的编排，通过分实物，感受平均分物品时，有时可以正好分完，有时分后会有剩余，从而引出“余数”的概念。通过引导学生观察比较用横式表示有余数的除法，在此基础上，教师再通过用小棒摆正方形的过程引导学生在操作、观察、对比中领悟余数与除数之间的关系……，这样的教学设计表明，教师已经基本读懂了教材。而以上的教学案例则在读懂的前提下，巧妙并且灵活地对教材中的例 1（理解有余数的除法意义）和例 2（探索余数与除数的关系）进行创造性地整合，读活了教材，有效地达成了教学目标；在教学完有余数除法的意义后，教师再一次让学生观察有余数除法的几个算式有什么不同，并引导学生大胆猜想：是不是被除数越大，余数就会跟着越来越大。

在此基础上，教师让学生带着猜想进行操作。这样既巩固了对有余数除法的理解，又为余数的变化规律的探索作好铺垫。操作中，学生发现余数的变化是有规律的，总是比除数小，结果与自己的猜想不一致。这一发现引发了学生的有效提问："为什么余数不可能是 4 片、5 片、6 片、7 片，甚至更多呢？"这一问题再一次巩固了学生对有余数除法意义的理解，为探索余数与除数的关系找准了突破口。

此外，在整节课的设计中，我们还能清晰地看出，教师在教学中，不仅很好地读懂了教材表面所承载的知识目标，还能透过数学知识本身挖掘出隐藏在数学知识背后的数学思想（分类、推理等），科学、及时地引导学生领悟数学思想、帮助学生积累探索数学知识的经验（大胆猜想—举例验证—得出结论），这样的整合和设计充分展示了读通、读活教材给课堂教学带来的无穷魅力。

33. “有余数的除法”游戏教学设计（课例四）

李志军
（四川省眉山师范附属小学，特级教师）

※ 课前思考

有余数的除法是表内除法知识的延伸和扩展，是在表内除法的基础上进行教学的。学生在前一阶段刚学会表内除法，已经接触过许多正好全部分完的事例，但二年级学生的思维还是以具体形象思维为主，想完成由形象思维向抽象逻辑思维的转变，就要借助动手操作，让学生亲自去实验，去体验知识的形成过程。在教学时，应该根据知识的系统性以及二年级学生的思维特点，使学生通过积累观察、操作、讨论、合作交流、抽象、概括等数学活动获取知识，发展学生的抽象思维。

※ 教学过程

一、初级游戏：以小制大

师：同学们喜欢玩扑克吗?

生：喜欢!

师：那好，今天老师教大家玩一个同学们从没玩过的游戏。

请看游戏规则：

①游戏道具：扑克牌（去掉大小王，其中 A 当 1、J 当 11、Q 当 12、K 当 13）

②游戏人数：2—4 人。

③每人随意抽出 2 张扑克牌，用扑克牌上的大数除以小数做除法。正好整除（师用扑克牌上的数演示解释“整除”：如 8 ÷ 4 刚好等于 2，就是“整除”）先胜；假如每人抽出的数做除法都不能“整除”，那做除法后谁余下的数最小，谁就胜（师用扑克牌上的数演示解释：如“9 ÷ 4”并不是刚好商是 2，而是商 2 后还余下 1；“10 ÷ 4”商 2 后，还余下 2，那抽到“9 ÷ 4”的人获胜）。

④计分办法：胜一次记 1 分；指出别人的错，并正确帮助了别人记 2 分；谁最先获得 3 分，谁最终获胜。

师：哪两位同学愿意上台来尝试一下？

两位同学尝试游戏，师生共同观摩、评析。

师：现在就以你们的 4 人小组开心游戏吧！

学生游戏 8–10 分钟。

师：最先取得 3 分的同学，请举手。

师：祝贺你！

师：有谁靠指出别人的错，并正确帮助了别人得过分的？

师：请把你帮助别人的过程表演给我们看看。

生 1：我有一轮抽出的数是 12 和 8，王伟抽出的数是 9 和 4，明明我是输了的，可是王伟算成了“余下的数是 7”，我就对他说：“9 ÷ 4 该商 2，最后剩余 1 不是更小吗？”，他服了，我一下就得了 3 分！

师：是这样吗，王伟？你真的服了吗？

师（纳闷状）：王伟的 9 ÷ 4 商 1 后剩下 7，好像也有理啊？

生 1：还可以分啊，还可以分出去一个 4 的！

师：好一个“还可以分”！

师：“还可以分”？那最后为什么还余呢？继续分下去啊？！

生 2：不能达到每人一个了，不够分了。

师：好一个“不能达到每人一个”！假想我们分的是苹果，那就是说最终剩余的苹果数量一定比参加分苹果的人少喽？

生：肯定是！

师：刚才大家游戏中，做除法时“剩余的数”，在数学中被称为“余数”。这样的除法在数学中就叫作“有余数的除法”，请大家看书。

师：你认为，书上哪句话对你再玩刚才这个游戏时最有提示作用？

生：余数一定要比除数小。

师：余数为什么一定要比除数小？

师：大家带着这个问题继续玩这个游戏吧！

师：老师把刚才的游戏规则换两个字：谁的“余数”最小，谁就胜。并增加一条游戏规则：按完整格式表述，才能获胜，如：9 ÷ 4，就该完整表述为“9 ÷ 4 商 2 余 1”。

4 人小组再次开心游戏。

二、手指游戏：“2”除以“1”

甲乙两个学生各自用双手分别表示出两个 1–10 的数。如下图：

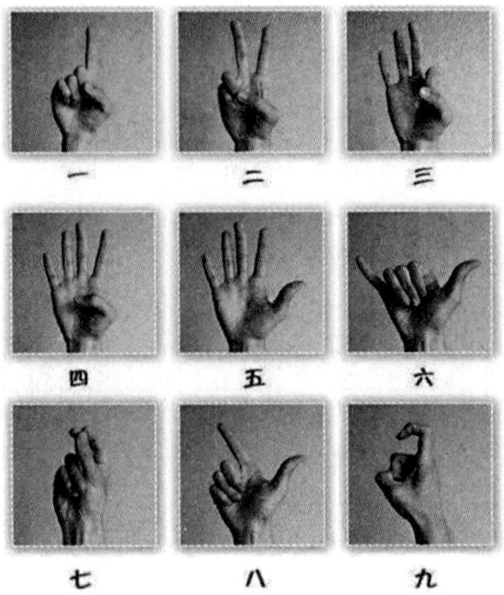

选择其中任意两数组成一个两位数作为被除数，去除以另外一只手表示的一位数作为除数，甲算出结果后并把自己手势变换为用一只手表示商，另一只手表示余数，乙继续组数进行有余数除法……。凡是凑不出来或组出的数不是有余数除法的，或者算错的都算输。如：

甲乙两人随便使用手指表示数，如甲出 3 和 2，乙出 1 和 5。

这时甲可以用 3 和 1 凑成 13，除以 2，商 6 余 1；这样甲的手势变成 6 和 1。此时乙的手势为 1 和 5 不变，甲为 6 和 1，然后乙可以用 1 和 6 组成 16，除以 5，商 3 余 1，这样乙两只手分别表示出 3 和 1。以此类推，轮到谁凑不出来或者算错就算输。

这个游戏不光要用手表示数，还得能够组成合适的被除数和除数，而且组合的方式也不唯一。因此这个游戏特别训练学生的反应能力，同时还要判断对方说的答案是否正确。

此游戏两人或两人以上玩都行。

34. “有余数的除法的整理与复习”教学设计与反思

李晓蕙
（浙江省宁波市惠贞书院，青年名师）

※ 课前思考

“有余数的除法”这一单元只有六个例题，对学生来说看懂教材、归纳整理难度不大。本节课旨在通过课前检测，收集学生对余数意义、竖式计算、试商、解决问题等知识掌握的第一手资料，引导学生自学、自查、自悟、自纠，形成完整、全面的知识网络。以循序渐进、层层深入的巩固练习，激发学习兴趣、亲历学习过程，真正体现“以学定教，以学论教，为学而教”的教育理念。

※ 教学过程

一、课前检测

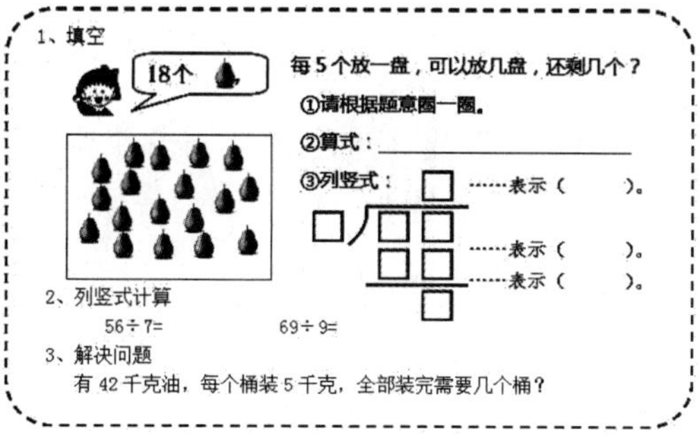

二、复习导入，知识整理

师：同学们，前几天我们已经学习了“有余数的除法”这一单元，今天这节课我们一起来进行整理与复习。（板书：有余数的除法的整理与复习）

师：先让我们一起对这个单元的知识进行整理，请大家把书翻到59页，仔细看书，想一想，也可以和同桌讨论一下：这个单元有哪几个例题？从例题中，你学会了哪些知识？

生：例 1 把有余数除法与表内除法进行比较；例 2 是告诉我们余数一定要比除数小。（板书：余数比除数小）

师：例 3 介绍的两个除法竖式，有什么不同？

生：一种是没有余数的，一种是有余数的。（板书：没有余数、有余数）

生：例 4 是教我们怎么来试商；例 5、例 6 是在用有余数的除法解决问题。（板书：解决问题）

三、课前检测，反馈跟进

1. 总体反馈，适时表扬

师：你对这一单元的知识掌握得怎么样，昨天老师请大家完成了一些检测题，一起来看看同学们完成的情况。谁来分析一下？

前测情况统计表

题型	做对人数	做错人数
填空	12	16
列竖式计算	23	5
解决问题	22	6

全对人数：11人

黄江普、李昕睦、黄子乐、黄增鸿、张涵瑞、王淑慧、丁洁、包语欣、吴毅东、曹悦、刘树臣

生：我们列竖式计算和解决问题做得不错，只有 5、6 个同学出错；但是填空题有 16 个同学出错了。

生：我还看到我们班全对的有 11 人。（优秀展示）

2. 跟进练习，查漏补缺

（1）有余数的除法的意义。

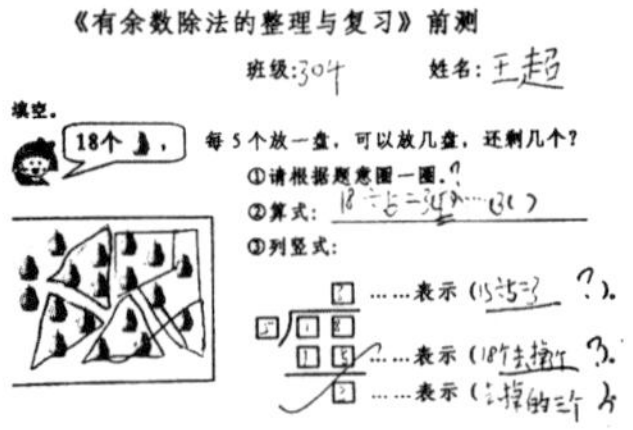

师：再来看看，他为什么圈错了？

生：应该是每 5 个圈一份。

师：竖式中各部分表示什么？这位同学做得还不够完整，谁愿意来补充？

生：商是 3，表示可以装 3 盘；15 表示装了 15 个梨，就是圈起来的 15 个梨；余数 3 表示还剩下 3 个梨。

师：大家想一想，这 18 个梨中最少去掉几个，就能正好分完？

生：把多余的那 3 个去掉就可以正好分完。

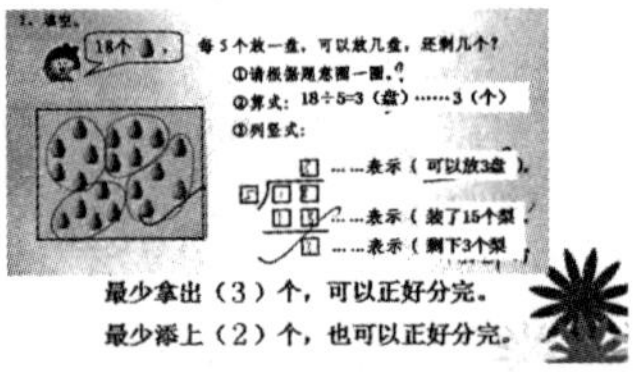

师：那最少添上几个，也能正好分完呢？

生：再添上 2 个，和多余的 3 个合起来，是 5 个，又能分一份了。

（2）有余数的除法的计算。

师：在列竖式计算这一题中，老师发现有 3 个同学出现了同样的问题，你有什么建议吗？

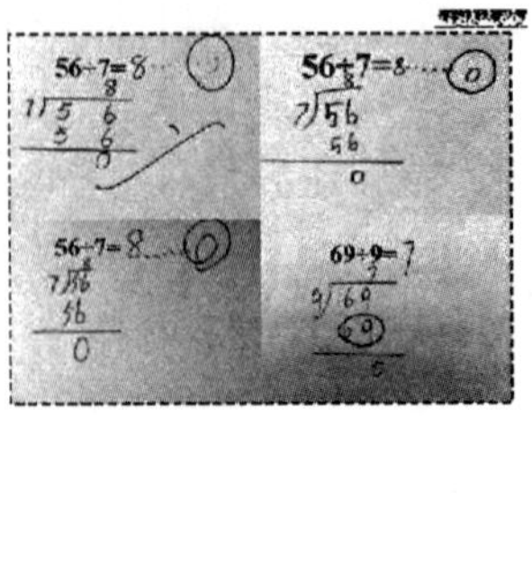

生：当没有余数的时候，横式上就不用写 0 了。

师：这个同学，他又错在哪里？

生：7 乘 9 的积应该是 63，不是 69。

师：看来，这些错误还成了我们今天学习的资源。

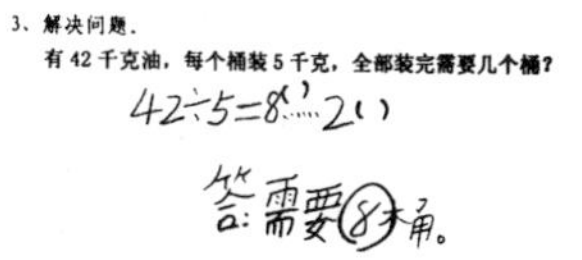

（3）用有余数的除法解决问题。

师：昨天你们做的解决问题：需要 8 个桶，够了吗？

生：如果只有 8 个桶，还多余 2 千克的油就没有桶装了，所以还需要 1 个桶，总共需要 9 个桶。

师：生活中经常会碰到这样的有余数问题，来看看这一题：有 42 颗纽扣，每件衣服钉 5 颗，可以钉几件？

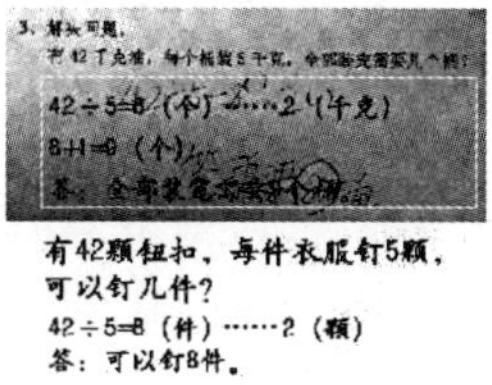

生：42÷5=8（件）……2（颗）答：可以钉 8 件。

师：你们看，被除数、除数、商和余数都一样，为什么答句中的结果却不一样呢？

生：第一题计算结果是 8 个桶，还余 2 千克油，要把油全部装完，所以要 8+1=9（个）桶；第二题计算结果是可以钉 8 件，还余 2 颗纽扣，2 颗纽扣不够再钉一件衣服，所以只能钉 8 件。

师：是啊，在用有余数的除法解决问题的过程中，要根据实际情况，有时候要根据余数再加 1，有时候却要把余数舍去，我们要学会灵活处理余数。（板书：灵活处理余数）

四、课堂回顾，方法小结

师：刚才我们一起看书，对有余数的除法这一单元的知识进行了整理，并根据课前检测情况，对学过的知识进行了巩固练习、查漏补缺。下面，让我们一起来应用所学的知识，拓展提升。（板书：知识整理——课前检测——查漏补缺——拓展提升）

五、知识拓展，深化提升

1. 提高计算能力

师：这四题，你能正确计算吗？想一想，怎么来试商？

22÷5=　　34÷9=　　29÷3=　　40÷8=　（逐题反馈）

师：再增加些难度，请你看算式，独立在练习纸上写出得数。

13÷2=　　23÷4=　　47÷7=　　54÷6=

71÷9=　　66÷8=　（学生汇报）

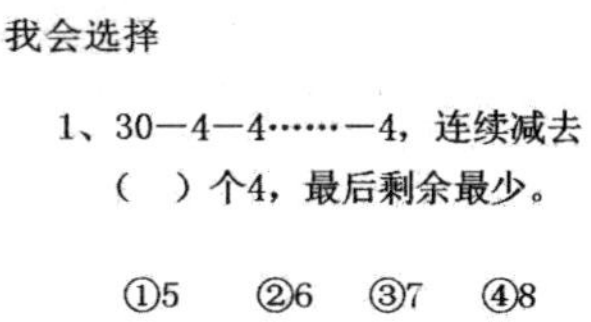

2. 拓展延伸知识

（1）选择正确答案 .

师：让我们来轻松一下，动动你们的手指，用手势来选择。

师：为什么选③，你是怎么想的？

生：我是想：（ ）×4 < 30，（ ）里最大能填7。

生：30÷4=7……2，所以连续减去7个4，最后剩余最少。

师：像这样“求连续减去几个4”就是求30里面有几个4，可以用除法来计算。

师：第2题呢？

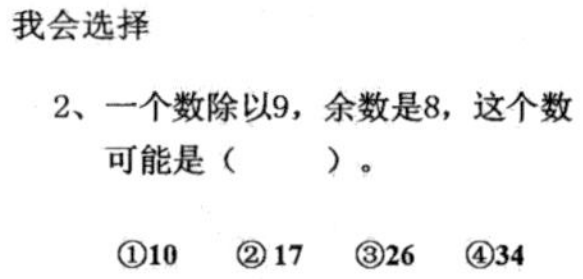

生：我选②，因为9+8=17。

生：对，我也同意17，我想的商是1，用1×9+8=17。

生：我觉得26也可以，如果商是2，2×9+8=26，也对的。

师：你们找到了两个，像这样的数还有吗？给大家一个数表，请你找一找。

生：35也是的，3×9+8=35。

生：44，53，62……老师我发现了一个秘密，这些数斜着是一条线。

生：老师，这些数他们十位加1，个位减1。

师：是的，因为除数是9，被除数就在不停地加9，就出现了十位加1，个位减1的情况。

师：同学们都很善于根据已知信息，有序地进行思考，初步掌握学习数学的一个重要本领。

（2）游乐场里的数学问题。

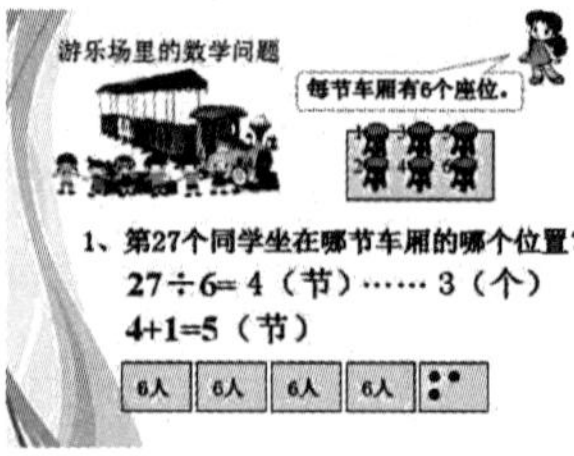

师：看看游乐场里的数学问题。

生：27÷6=4（节）……3（个），他坐在第4节车厢的第3个位置。

生：27÷6=4（节）……3（个），4+1=5（节），这个同学坐在第5节车厢的第3个位置。

师：同一个算式，出现了不同结果，你同意哪个？想一想，这个4表示什么？

生：表示坐满了4节，第27号同学应该在第5节车厢的第三个位置。

师：根据你的学号，你坐在哪节车厢的哪个位置？

生：我的学号是17号，我坐在第三节车厢的第5个位置。

生：22÷6=3（节）……4（个），3+1=4（节），我坐在第4节车厢的第4个位置。

师：请坐第5个位置的同学起立。为什么？

生：因为他们余数都是5。

师：请坐第6个位置的同学起立，为什么你们都坐在第六个位置？

生齐答：余数是 0。

生：因为正好除完，没有余数，就刚好坐在每节车厢的最后一个位置上。

师：生活中的数学问题太多了，遇到这样的题，我们可以画图帮助理解题意。

六、课堂总结，自我评价

师：这节课中我们对“有余数的除法”进行了单元复习，你有什么收获？

生：我知道了余数是怎么来的。

生：我明白了可以用有余数的除法来解决问题。

生：我想我可以通过“课前检测——知识整理——查漏补缺——拓展提升”的方法来进行单元复习。

师：是的，我们还学会了怎样复习，可以先进行知识整理，然后根据自己掌握的情况，对自己的不足进行巩固，提高计算和解决问题的能力。

※ 课后反思

“有余数的除法的整理与复习”是一节单元复习课，是表内除法知识的延伸和扩展，也是学习一位数除多位数除法的重要基础。教学中，教师力求通过“测：借助前测、了解基础”“理：细读例题、梳理知识”“习：渗透方法、习得能力”三方面达成教学目标。在掌握学生学习基础、结合学情跟进反馈的基础上，为学生创设独立学习、合作交流的平台，引导他们明确知识点、完善知识链、明晰知识源、感悟知识值，真正将复习课的查漏补缺、针对性复习落到实处，凸显“量体裁衣”的目的与价值。

35. “认识时、分”教学设计与反思（课例一）

李怀红
（江苏省苏州工业园区唯亭实验小学，青年名师）

※ 课前思考

“认识时、分”是在学生初步认识钟表，知道整时及大约几时的基础上进行教学的。本课教材分两个层次，一是教学时间单位时、分的认识；二是引导学生探索发现1时=60分。时、分是非常重要的时间单位，与我们的生活息息相关，但时间单位不像长度、质量单位那样容易用具体的物体表现出来，是一个“看不见、摸不着”非常抽象的概念，二年级学生对此比较模糊，不容易理解，很难建立起量化的时间概念。所以在课堂中需要学生充分了解钟表的结构，设计一些小活动、小游戏让学生直观感受、亲身体验。

※ 教学过程

一、谜语激趣，导入课题

猜谜语：弟弟长，哥哥短，两人赛跑大家看，弟弟跑了十二圈，哥哥一圈才跑完。（打一物）

揭示谜底“钟表”，导入课题。板书课题：认识时、分

二、操作体验，探索新知

（一）认识钟面

课件出示各种钟表，结合手中钟表模具观察它们的相同点，同桌交流。

（黑板上贴好圆形钟面，隐藏“时针、分针、数、刻度线”）

师：黑板上这个钟面和你们的比起来缺少什么？

根据学生回答，相机认识并揭开黑板上隐藏的部分：

1. 钟面上数字

先介绍12、3、6、9几个数字的特殊位置，再补齐1-12其余几个数字。

2. 时针和分针

结合学生回答，画外音介绍时针和分针。

如：我是时针姐姐，我短短的、粗粗的，我是分针妹妹，细细的、长长的。

追问：时针和分针除了有长短粗细不同，还有什么不同？课件演示：时针走得慢，分针走得快。

3. 刻度线

结合学生回答，介绍钟面上长短、粗细不同的线是刻度线。

（二）认识时、分

1. 认识整时

（1）认识“7 时、8 时、1 时”等整时。

认识 7 时：认识了钟面上各部分的名称，那你能认识钟面上的时间吗？

师（指着黑板上钟面模具）：现在什么时间？怎么看出的？指出此时钟面上时间是 7 时，也可记作 7：00。

认识8时：（PPT出示8时钟面，配小红在升旗画面）现在呢？你又是如何知道？

认识 1 时：（PPT 出示 1 时钟面，配小明上体育课画面）现在的时间能在学习单上写写吗？集体校对。

整时认读方法：观察屏幕上 8 时、1 时及黑板上 7 时钟面，有什么相同点？

小结：分针指着 12，时针指着几就是几时。

（2）拨整时。

师：认识了整时，你们能在自己的钟面上拨一拨吗？先拨一个 7 时，互相说说你是怎么拨的？（课件出示 7 时小明起床画面）再拨一个 9 时，怎么这么快？（分针已经指在 12，只要拨时针就可以了。）

（3）画时针、分针。

你能给下面钟面画上时针和分针吗？

导学单上给“3：00”补充时针、“8：00”补充分针。（配图：3：00 小明在踢足球，8：00 小明在睡觉）

师巡视，集体交流画的时候要注意：用直尺画直，时针短、粗；分针长、细。

（3）了解早晚两个 8 时：画面对比 8 时小红在升旗、小明在睡觉，质疑：怎么回事儿？

指出一个早上 8 时，一个晚上 8 时。

2. 认识大格和小格

师：钟面上有长有短的刻度线把钟面分成了许多大格和小格。

结合课件演示介绍：

（1）像这样每两根长的线之间的一段叫一个大格，如：从12到1就是 一个大格。问：还有从几到几是一大格？钟面上一共有几个大格？

（2）每两根短线之间的一段叫一个小格。（PPT放大一大格里面有5个小格。）

问：每个大格里有几个小格？一共有多少小格？

结合PPT动态讲解交流：钟面上有（12）大格，每大格有（5）小格，一共有（60）小格。

3. 认识几时

刚才我们知道了钟面上有12个大格，60个小格。时针、分针就是通过走大格和小格来计时的。那你知道时针和分针是朝哪个方向走的吗？（拨钟演示）我们把这个方向叫作顺时针方向。

（1）时针从12走到1走了多少大格？是多长时间？

语音配图介绍：时针走路走大格，走一大格是1小时。分针走路走小格，走一小格是1分钟。

所以时针从12走到1是1小时，追问，你还知道时针从几走到几是1小时？同桌交流。

（2）时针从12走到2、3，走了几大格，经过了多长时间？从3走到7呢？（结合回答PPT动态演示）

4. 认识几分

（1）自主探究交流，小老师介绍：分针走一小格是（1）分钟，从12起走到1，要走（5）小格，是（5）分钟；从12起走到3，要走（15）分钟；从12走到9，要走（45）分钟。

（2）你还知道分针从几走到几，要走多少分钟？指名回答并说明理由。

5. 认识时、分关系

（1）刚才通过学习知道了时针走一大格是1小时，分针走一小格是1分钟。那么时与分之间是什么关系呢？拿起钟表拨一拨，仔细观察，你发现了什么？

学生拨动自己钟面，交流，自由发言。

（2）课件动画演示验证：发现“时针和分针同时从12开始走，时针走到了1，分针走了一圈回到12。”

时针从12到1走了一大格，是（1）小时；分针走一圈，是（60）分。它们同时开始，同时停下，所以走的时间相等，即1小时等于60分，60分也就是1小时。板书：1时 = 60分

三、游戏活动、加强体悟

1. 体验 1 分钟

1 分钟到底有多长呢？让我们一起来体验一下吧。

等 1 分钟：等 1 分钟红灯，说感受。

看 1 分钟：看 1 分钟动画片，说体会。

做 1 分钟：数数、爬楼梯、抄古诗、画爱心、做口算题。

欣赏生活中的 1 分钟：课件展示 1 分钟点钞、跳绳等画面。

1 分钟还能做哪些事呢？课后进一步搜集。

2. 感受一小时

1 分钟很短，那 1 小时有多长呢？

谈话：一节课（ 40 ）分钟，课间休息（ 10 ）分钟，再加上（ 10 ）分钟就是 1 小时。

欣赏生活中的 1 小时，回去向爸爸妈妈了解 1 小时还可以做哪些事。

四、课堂总结、提炼升华

小朋友们，通过今天的学习，你有哪些收获呢？

世界上最宝贵的是时间，我们要珍惜时间，合理地安排时间学习，做时间的小主人。

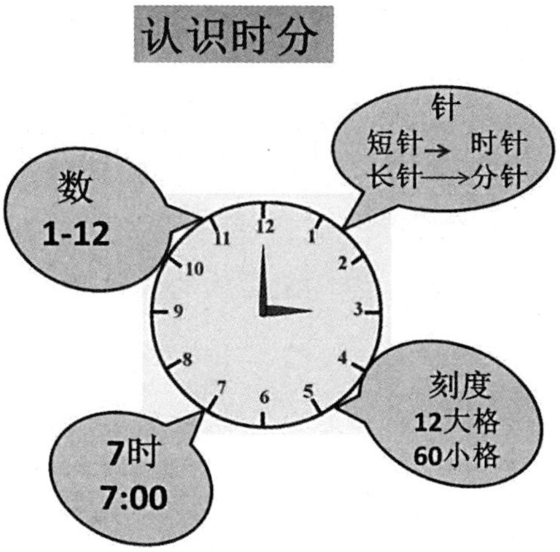

※ 教后反思

本节课学生体验得充分，理解得透彻，每一个问题都是基于真实的问题情境的需求，基于儿童视角进行数学知识的生活化探寻，自然而然地滋生，而又主动地解决，真正把学生当做学习的主人，使原本枯燥无味的课本知识点与儿童的生活体验相连接，学生的学习兴趣被有效调动。

在我心中，绿色生态的课堂应该就是充满微笑的课堂，是有创意的课堂，是师生互动的课堂，是学生自主学习的课堂。一句话，就是“以学生为本”的课堂。这样的课堂绝非易事，它是种全新的教育理念，是我们追求的理想课堂，也是一种全新的教育追求。我们坚信，随着生态课堂的不断实践，研究的不断深入，生态课堂肯定能成为课堂教学园地里的一棵参天大树。

36. “认识时、分”课堂实录（课例二）

刘松
（浙江省杭州市文海教育集团，特级教师）

※ 课前思考

“认识时、分”作为一节小学数学量与计量部分的经典课例，有一个非常重要但又特别容易被忽视的环节，就是对为什么 1 时 =60 分的原因分析。钟面上分针和时针同时开始转动同时停，经过的时间是一样的，是学生真正理解 1 小时等于 60 分的基础。但二年级的小孩子往往受分针和时针转速的影响，认为两者所用的时间不一样。为了突破这个认知上的盲点，课前有意安排了“同时开始同时停”的游戏活动，并创设了“龟兔赛跑”的情景，从而不仅让学生很快且自然地进入了学习，更为学生突破认知上的难点作好了充分的铺垫。

※ 教学过程

一、游戏引入

1. 同时开始同时停

师：请问我们班数学最好的女生是谁？请上台。体育最好的男生是谁？也请上台。你们俩会走路吗？

生：会。

师：走两步瞧瞧！（学生随意走走）走得很不错！（面对男同学示范）你会像老师这样走路吗？（教师示范一摇一摆的企鹅式走路方式，一个学生模仿，其他学生都被该学生的滑稽模仿逗笑了）

师：两位同学请站到一起，我们来个比赛，看谁先走到老师这里？女同学要走得越快越好，男同学必须按照我刚才教你的样子慢慢地走路，明白了吗？（面向其他学生）我们一起喊口令，让他们同时开始。

生：预备，开始！（学生开始比赛走路，两人拉开明显的一段距离后，教师喊停）

师：比赛结束了，谁走的路程长一些？谁走的路程短一些？（答案是明显的，学生一起回答。学生齐答完后教师立即追问）

师：他们走过的路程不同，所用的时间一样吗？

生（大部分）：不一样。

师：不一样吗？

生（大部分）：一样。

师：一样吗？

生（大部分）：不一样。

师：到底是一样还是不一样？（此时所有听课教师都笑了）刚才有同学说所用的时间一样，他们走过的路程不同，为什么所用的时间一样呢？

生：因为他们是一起开始走的。

师：有没有同时停下？

生：同时停下了。

师：说得好！同时开始同时停，走过的路程有长有短，所用的时间总是一样的。（教师再请两个学生按刚才的走法再走一次，让所有学生体会时间相等）

2. 指挥“新龟兔赛跑”

师：同学们，听过龟兔赛跑的故事吗？

生（异口同声）：听过。

师（饱含深情）：小白兔失败后非常后悔，决心再也不骄傲了。有一天，它又碰到了老乌龟。（课件出示龟兔在12棵树围成的圆圈中相遇的画面）它们决定再进行一场比赛。我们一起喊口令，让它们同时开始好不好？

生（异口同声）：好。

师：预备！开始！（课件播放龟兔从正上方的一棵树开始跑步的画面，兔子跑得很快，很快转了一圈又回到起点。而乌龟速度很慢，只跑到第一棵树的距离。由于课件制作非常精美，加上配了动感悦耳的音乐，此环节深深地吸引住了在场的每一个人，尤其是天性就喜欢看动画片的学生）

师：比赛结束了。乌龟跑了多远？

生：只跑到第一棵树。

师：也就是只跑了一个空当。（课件涂色显示从正上方的那棵树到第一棵树的距离，暗示钟面上12到1的一大格）小白兔呢？

生：一大圈。

师：一圈有多少个这样的空当？（稍停顿）我们一起来数一数。（课件一段

段涂色显示 12 个空当）

生（随着课件显示）：1、2、3、4……11、12。

师：小白兔跑得真快呀！乌龟与白兔跑过的路程不同，它们所用的时间一样吗？

生：一样。（因为有了前面的铺垫，此时学生几乎是异口同声）

师：为什么呢？

生：因为它们是同时开始同时停的。

师：说得好！同时开始同时停，跑过的路程有长有短，但所用的时间是一样的。

师：同学们！这个龟兔赛跑的画面特别像我们生活中常见的一样东西，你们猜是什么呀？

生：钟表！（课件播放龟兔尾巴拉长，幻化成时针和分针的画面。此时，一个逼真的钟面从刚才赛跑的场地中浮现出来）

师：对！真聪明！我们今天就来继续研究有关时分的知识。（教师板书课题“认识时分”）

二、探究体验

1. 认识钟面

（1）认识时针、分针。

师：同学们请看，钟面上有几根针？（课件出示标准钟面，三根针用不同的颜色明显区分开。）

生：三根。

师：知道它们分别叫什么名字吗？谁来说说看。

生：最长的是秒针，最短的是时针，不长也不短的是分针。

师：这位同学说得很好！他是根据长短来辨认这三根针的。除了长短外，还能根据什么来判断？

生：还可以根据粗细来判断。最粗的是时针，最细的是秒针，不粗不细的是分针。

师：说得好！根据粗细也可以区分。还可以根据什么来判断？

生：老师！您这个钟面上的针还可以根据颜色来判断。红色的是秒针，蓝色的是时针，黄色的是分针。

师：他真聪明！的确，有些钟面上的时针、分针和秒针可以根据颜色来直观地判断。比如老师出示的这个钟面。

师：除了长短、粗细、颜色外，还可以怎么区分？（学生陷入沉思，过了一

会儿有学生举手）

生：老师！还可以根据跑得快慢来区分。

师（故意装傻）：什么意思？

生：跑得最快的是秒针，跑得最慢的是时针，不快也不慢的是分针。

师：说得真好！看来区分钟面上的三根针，我们可以从长短、粗细、快慢等不同的角度去判断！又短又粗、走得最慢的这根针是专门指示几时的，所以叫时针。（课件在时针旁显示“时针”两个字）不长也不短、不粗也不细、走得不快也不慢的这根针是专门指示几分的，所以叫分针。（课件在分针旁显示“分针”两个字）又细又长、走得最快的这根针是专门指示几秒的，所以叫秒针。（课件在秒针旁显示“秒针”两个字）有关秒的知识，我们以后再研究，好吗？

生：好！（点击课件，隐去秒针）

（2）认识12个数。

师：钟面上除了三根针外，还有什么？

生：一些数字。

师：分别是那些数？

生：1–12。

师：我们一起来数一数。

生：1、2、3、4、5、6、7、8、9、10、11、12。

师：钟面上一共有12个数，不是有12个数字。

（3）认识大格、小格。

师：钟面上还有一些大格和小格，各有多少格呢？请拿出学具钟，先独立观察，然后同桌两人合作，把观察到的结果填在观察报告上。（观察报告事先发给学生，两人一张。学生观察后填写，教师巡视）

通过巡视，发现学生多出现以下四种结果：

观察报告

钟面上一共有（11）大格，

每大格里有（4）小格，

钟面上一共有（44）小格。

观察报告

钟面上一共有（12）大格，

每大格里有（4）小格，

钟面上一共有（48）小格。

观察报告

钟面上一共有（11）大格，

每大格里有（5）小格，

钟面上一共有（55）小格。

观察报告

钟面上一共有（12）大格，

每大格里有（5）小格，

钟面上一共有（60）小格。

师：谁来说说你们观察研究的结果？（故意找错误的答案先说）

生：钟面上一共有 11 大格，每大格里有 4 小格，钟面上一共有 44 小格。

师：噢！这是你们观察到的结果。有不同意见吗？

生： 钟面上一共有 11 大格，每大格里有 5 小格，钟面上一共有 55 小格。

师：噢！这是你们观察的结果。还有不同意见吗？

生： 钟面上一共有 12 大格，每大格里有 4 小格，钟面上一共有 48 小格。

师：噢！这是你们观察的结果。还有不同意见吗？

生：钟面上一共有 12 大格，每大格里有 5 小格，钟面上一共有 60 小格。

师: 奇怪了！同样的钟面怎么可能有不一样的结果？到底谁说的是正确的呢？请看大屏幕！（课件播放怎样的一段是一大格，用颜色显示 12—1 的一大格）钟面上这样的一段叫一大格，一共有多少大格呢？我们一起来数一数。

生：1、2、3、4、5、6、7、8、9、10、11、12。（课件随着学生数数的节奏依次用颜色显示 1—2、2—3、3—4……共 12 大格。此情景与前面数小白兔一共跑了多少个空当基本相似，只不过这里没了小白兔，已变成了纯数学情境。）

师：原来钟面上一共有 12 大格。每大格里有几小格呢？请看！（课件特写钟面上 12—1 的一大格，慢慢变大、慢慢变大，直至清晰地看到中间的 4 个格点。然后用另一种颜色清晰地显示从 12 开始的第一小格。）钟面上这样的一小段叫作一小格。估计一下，应该有几小格？

生： 5 小格。

师：为什么有人会认为是 4 小格？

生：可能是数成中间 4 个点了。

师: 有道理！中间的确有 4 个点。但究竟该有几小格呢？我们也一起数一数。（课件一小段一小段依次用颜色显示）

生：1、2、3、4、5。

师：原来一大格里有 5 小格，数 4 格的小朋友现在明白了吗？

生：明白了。

师：我们 5 格 5 格地数，钟面上一共有多少小格呢？（课件从 12-1 的一大格开始，依次 5 格 5 格显示小格）

生：5、10、15、20、25、30、35、40、45、50、55、60。

师：哦！钟面上原来一共有 60 小格。都清楚了吗？

生：清楚了。

2. 认识时、分

（1）认识分。

师：钟面我们已经很清楚了。谁知道分针走一小格的时间是几分？（点击课件，暂时先隐去时针，显示分针走一小格的图像，用鲜亮的颜色、粗线条标出分针针尖走过的痕迹）

生：1分。

师：对！分针走一小格的时间就是1分。那么，谁知道分针从12走到1是几分？（课件用鲜亮的颜色、粗线条标出分针针尖从12走到1的痕迹）

生：5分。

师：真聪明！分针从12走到1，走了5小格，当然是5分。那么，分针从1走到2是几分呢？（课件用鲜亮的颜色、粗线条标出分针针尖从1走到2的痕迹）

生：10分。

师：10分吗？

生：应该是5分。

师：很好！大家想想看，分针从1走到2，走了几小格呀？

生：5小格。

师：分针走1小格的时间是1分，走5小格的时间当然是5分了。说10分的小朋友，明白了吗？

生：明白了。

师：我们看分针的时候，可要仔细哦！一定要看清从哪里开始，走到了哪里。如果是10分的话，分针应该从哪开始？

生：12。

师：对呀！分针从12开始，走到2，走过了两个5小格，就是10分了！（课件用鲜亮的颜色、粗线条标出分针针尖从12走到2的痕迹）

师：请告诉我，分针从12起，继续往前走，走到了4，是多少分？（课件用鲜亮的颜色、粗线条连续标出分针针尖从12走到4的痕迹）

生：20分。

师：好极了！分针从12起，继续往前走，走到了9，是多少分？（课件用鲜亮的颜色、粗线条连续标出分针针尖从4走到9的痕迹）

生：45分。

师：请问你是怎么算的？

生：我是从12开始，5格5格数过来的。一共数了9次。

师：很不错！还有不同的方法吗？

生：老师！分针走到 6 那里是 30 分，再加 3 个 5 格，就是 45 分了。

师：好方法！他想到了从 6 那里过渡一下，真不错！还有不同的方法吗？

生：我是倒过来算的。一圈有 60 小格，还剩 15 个小格没走，60 减 15 就等于 45 分了。

师：这样想可以吗？

生：可以。

师：这个同学太聪明了！大家都想着从 12 开始顺着算，人家却与众不同，从 12 开始反过来算，也得出了正确的结果。真了不起！老师要与你握握手！（教师亲切地与学生握手，该学生非常开心地坐下）

师：同学们都很棒！一个小小的 45 分，同学们想出了这么多种办法，老师很佩服你们！请继续观察，分针从 12 起，现在走到了几？

生：11。（课件用鲜亮的颜色、粗线条连续标出分针针尖从 12 走到 11 的痕迹。）

师：很好！现在是多少分？

生：55 分。

师：好极了！继续观察，大声地告诉我，现在是多少分？（课件用鲜亮的颜色、粗线条连续标出分针针尖从 12 走一圈到 12 的痕迹。）

生：60 分。

师：棒极了！分针走一小格是 1 分，走一圈就是 60 分。（教师板书：60 分）

（2）认识时。

师："分"我们刚才研究过了。请看！现在时针指着几？（点击课件，淡蓝色的分针慢慢隐去，深褐色的时针浮现出来，正对着 12）

生：指着 12。

师：走到了几？（点击课件，时针慢慢从 12 走到 1）

生：走到了 1。

师：经过几小时？

生：1 小时。

师：时针现在指着几？

生：指着 1。

师：又走到了几？（点击课件，时针慢慢从 1 走到 2）

生：走到了 2 。

师：也经过了几小时？

生（少部分）：2 小时。

师：同意吗？

生：不同意！也是1小时。

师：为什么？

生：因为时针是从1走到2，不是从12走到2的。

师：说得好！时针从12走到1是1小时，从1走到2也是1小时。如果是2小时，应该从哪算起？

生：12。

师：对了！认为是2小时的各位，现在看清楚了吗？

生：清楚了。

师：时针从12走到1是1小时，从1走到2也是1小时。谁还能说说，时针从哪走到哪也是1小时？

生：从2走到3。

师：请说完整话！

生：时针从2走到3，经过的时间也是1小时。

师：很好！还有呢？

生：时针从3走到4 。

师：还有呢？

生：时针从4走到5。

师：还有呢？（学生马上明白了教师的意思，一口气说完了所有的可能）

师：真棒！时针不管是从12走到1，还是从1走到2，还是从2走到3……还是从11走到12，都是走了1大格。时针走一大格的时间就是1小时。（教师在60分前板书1小时）

3.感悟时、分的关系

师：同学们！生活中钟表上的时针和分针并不是像我们刚才那样分开的，而是在同一个钟面上同时同向转动的。（点击课件，淡蓝色的分针浮现出来，和时针一起正指着12）

师：请注意观察，你发现了什么？（课件播放分针和时针同时从12起开始转动的画面，分别用不同色彩的透明粗线条描出分针和时针的针尖留下的痕迹。分针转了1圈，同时时针只走了1大格。配的音乐与前面龟兔赛跑时一模一样。学生看到这个似曾相识的画面，都被深深地吸引了。）

生：我发现分针走了1圈，时针只走1大格。

师：都发现了吗？

生：都发现了。

师：分针走1圈是多少分？

生：60 分。

师：时针走一大格是几小时？

生：1 小时。

师：那你们说说，1 小时和 60 分是什么关系？

生：相等。（教师在 1 小时和 60 分之间板书 =）

师：为什么？（有了前面龟兔赛跑的铺垫，学生很容易答出）

生：因为它们是同时开始同时停的。

师：棒极了！同时开始同时停，时针和分针所用的时间当然是一样的，所以 1 小时一定等于 60 分。

4. 体验 1 分钟的长短

（1）静态体会。

师：通过观察，同学们自己发现了 1 小时 =60 分。现在我们来体会 1 分钟究竟有多长？请静静地听音乐。（点击播放课件：课件以黄山日出为背景，在图片左上角画一个圆。当悠扬的萨克斯乐曲《回家》的音乐响起时，圆中的 1 条半径从正上方开始，沿顺时针方向一点点扫过圆面，扫过处留下红色的扇形。1 分钟结束时，刚好扫过整个圆面。恰似一轮红日当空，又与秒针转钟面一圈极其相似。此时，精美的课件、动听的音乐紧紧地吸引住了现场的每一个人，每个人都全神贯注地陶醉在这唯美的画面和悦耳的音乐中。1 分钟到时，音乐悄然结束，跳出“1 分钟结束”的字样。）

师：音乐怎么停了？

生（似乎还没听够）：1 分钟到了。

师：对！ 1 分钟结束了。1 分钟，人们可以做许多事情。小朋友们估计一下，1 分钟，你可以做哪些事情？（学生纷纷举手，教师请 3 到 4 个学生说说，只是肯定，不予过多的评价）

生：1 分钟我可以吃碗饭。

师：哦！那是多大的碗呀！谢谢！请坐！谁还想说？

生：1 分钟我可以写完作业。

师：真羡慕你！作业负担真轻。谢谢！请坐！谁还想说？

生：1 分钟我可以帮妈妈拖好地。

师：嗯！真是一个爱劳动的好孩子。谢谢！请坐！谁还想说？

生：1 分钟我能跑圈步。

师：噢！跑得还蛮快！是多大的圈呀！好了，咱不说了。现在咱们一起来试验一下。

（2）动态体验。

师：老师这里准备了2个皮球，我请2个同学上讲台来拍球，再请2个同学分别计数。下面的同学请写我事先发的口算纸，看谁做得多，好吗？

生：好！（请4个学生上台，分别准备好拍球和计数）

师：准备好了吗？

生：准备好了。

师：各就各位！预备！开始！（课件播放动感音乐，同时大屏幕以空白背景出示一个大大的圆，口令开始后，圆中的1条半径从正上方开始，沿顺时针方向一点点动态地扫过圆面，扫过处留下红色的扇形。1分钟结束时，刚好扫过整个圆面。此时，学生各忙各的，都在争先恐后。拍球的学生因控制不住球而忙乱不堪。个别学生只顾盯着拍球的学生，却忘记了做口算。教师故意看着，并不去提醒。）

师（音乐一停，立刻示意）：停！时间到！（学生纷纷停下）

师：老师来现场采访！请问这位同学你拍了多少下皮球？

生：54下。

师：很不错！

师：请问你是拍了多少下皮球？

生：78下。

师：好厉害！谢谢4个同学！请回位！（转向台下的学生）请问你写了多少题口算？

生：18题。

师：很好！（转向另一个学生）请问你写了多少题口算？

生：21题。

师：好厉害！（再转向另一个学生）请问你写了多少题口算？

生：16题。

师：也不错。时间关系，咱们不一一汇报了。老师注意到，刚才比赛的时候，下面有个别同学只顾着看台上的同学拍球，自己的口算题却1题也没做。对他而言，这1分钟就白白地——

生：浪费了。

师（语气沉重地）：是呀！什么也不做，时间就白白浪费了！（转换语调）1分钟我们感受过了，1小时有多长呢？

5. 体会1小时的长短

【课件出示填空：1节课（　　）分钟，课间休息（　　）分钟，再加上（　　）分钟就是1小时。】

师：1 节课是多少分钟？

生：40 分钟。

师：对！（课件显示 40）在这 40 分钟里我们可以学到很多知识。课间休息是几分钟？

生：10 分钟。

师：对！（课件显示 10）在这 10 分钟里我们可以做一些有趣的游戏。算一算，再加上几分钟就是 1 小时？

生：10 分钟。

师：非常正确！（课件再显示 10）1 节课加 2 个课间休息的时间就是 1 小时。1 小时要比 1 分钟长得多。

（以上内容与人教版的旧教材完全一致，从下面开始，略有差异。人教版旧教材中是转入认识几时几分，而新教材是安排另做 1 课时，在此转入强化练习 1 分钟时间观念的建构。）

三、强化练习

1. 猜猜几分钟

师：课上到这里，老师都有点儿累了！谁能上来给大家唱首歌，让大家轻松轻松。（邀请一学生上台大声唱歌，引导全班学生一起合着节拍打节奏。学生开唱和结束时，教师偷偷记下时间）

师：谢谢你！唱得真好听！老师有个问题请教大家，刚才这位同学唱歌用时多长时间？请猜一猜。

生：10 分钟。

生：8 分钟。

生：1 分钟。

生：6 分钟。

师：好了！不猜了。老师公布正确答案。刚才那位同学唱歌大约用时 3 分钟。我们没有一个同学猜得准确。没关系，下面我们做个专项练习。

2. 比比谁的感觉准

师：请各位同学趴在桌上，闭上眼睛。我喊开始，你就默默地开始计时，你估计到了 1 分钟，就请睁开眼睛站起来；你觉得时间不到，就趴着别动。我们比比谁的感觉最准确，明白了吗？

生：明白了！

师：请趴好！开始！（课件播放只有一根针从 12 起转动的情景，其实就是秒

针走一圈，时间设定好，刚好1分钟。很快，就会有个别学生站起来）

师：哇！早呀！（该生见只有他一个人站起来，马上趴下继续等待。大部分学生会在1分钟前站起来，但也有部分学生1分钟过去好一会儿还是趴着不动）

师（调侃）：喂！起床、起床，时间到了。

师：这一次大部分同学把握得不准，我们再来一次好吗？

生：好！

（指挥学生再来一次，早早站起和迟迟不起的学生明显少了。个别学生把握得非常准确，几乎是卡着时间站起来，教师亲切地与其握手）

师：你真厉害！怎么感觉得这么准。有什么好经验给大家介绍介绍。

生（笑着）：我是偷偷数数的。

师：好办法。怎么数？

生：从1数到了60。

师：好极了！我们大家按照他的办法再来试试。（这一次，大部分学生都感觉得差不多了）

3. 再来猜一猜

师：请听一首熟悉的乐曲，从开始到结束，大约有多长时间。（课件播放《义勇军进行曲》，这是学生们熟悉的国歌。很多学生听到后，立刻站起来敬礼，教师示意其他学生也站起来。国歌连续播放2遍。）

师：请问两遍国歌的时间是比1分钟长、比1分钟短还是刚好1分钟？

生：比1分钟长。

生：比1分钟短。

生：正好1分钟。

（教师快速地询问五六个学生，基本3种意见都有，认为比1分钟长的多）

师：老师来公布正确答案。两遍国歌的时间比1分钟长，但还不到2分钟。（估计对的学生欢呼雀跃）

师：如果只播放1遍，时间是比1分钟长、比1分钟短还是刚好1分钟呢？

生：比1分钟短。

师：两遍国歌的时间比1分钟长不到2分钟，1遍国歌的时间自然是比1分钟要短。具体是多长时间呢？就需要更小的时间单位来表达，我们以后会学到。（马上有个别学生喊起来："是秒！是秒！"教师笑着走过去与其握手，对其夸奖，但不做过多说明和评价。其实，1遍国歌的时间大约就是48秒。）

师：谢谢同学们陪伴老师度过了愉快的40分钟！这节课就到这里了，再见！

37. “认识时间”教学设计

陈君
（福建省福州市鼓楼区第二中心小学，青年名师）

※ 课前思考

本节课的教学目的是在一年级上册认识钟面和整时的基础上，让学生进一步认识几时几分与几时半，同时学会合理推测事件发生的可能时间。它可以为学生以后认识时、分、秒及学习相关计算打下基础。时间单位是较抽象的概念，没有可视、可触的形状和颜色，看不见摸不着，让学生理解抽象时间难度很大，本节课的设计注重从现实情境引入，帮助学生在实践活动中进行动态的活动体验。在解决实践问题中理解和掌握本节课的重难点，使之可以感知具体的内容，使学生体验、感悟、理解时间长短，并能运用相关知识解决生活中的数学问题。

本节课主要采用情景教学模式和启发式教学策略。设计符合低年级儿童心理特点的“神笔小马良”的人物形象，贯穿整个教学环节。并在整个教学活动中采用了动静结合的方式，让学生通过猜—看—拨—辨的方式调动学生多种感官参与学习，通过老师启发式的问题方式让学生主动发现问题，探索问题，解决问题。

在此过程中，动态体验教学可以有效地引导学生主动直观地进行观察、实验、猜想、验证、推理与交流，经历数学知识的建构过程。基于儿童心理学的知识进行实验探究，发现学生在动态的体验过程中才能建立牢固的表象，有力促进学生对难点的突破，进而帮助学生轻松地掌握数学知识。

※ 课堂实录

一、猜一猜，引发思考

（一）猜

神笔小马良出场。

师：小朋友们，神笔小马良今天也来到我们的课堂，他打算现场给大家画一幅画。

你看他大笔一挥，猜一猜，他可能会画什么呢？

1. 小马良大笔一挥：出示一个大○

生1：太阳。

生2：气球。

生3：镜子。

2. 接着出示（12个数字和12个大格）

生1：太阳。

生2：钟面。

生3：钟表。

3. 接着出示：出示每个大格中的小格（放大刻度，这里有长短的刻度，他们有什么关系？）

生1：有5个小格。

生2：每个大格里都有5个小格。

师：大家说得都对，观察得很仔细。

4. 最后出示分针和时针（师逐一追问复习旧知）

师：大家都猜对了小马良画给大家的礼物了。它就是钟表，钟表可以准确地告诉我们时间。这节课我们就一起来认识时间。

揭示课题：认识时间。

二、认真观察，引起思考

师：小马良还画出陈老师一天中的重要时段的时间。你们猜猜看陈老师什么时间做什么事情呢？

出示时间：

6：00起床　7：05出门　7：30到校　11：10放学

我们已经认识了老师起床的时间：6：00

1. 认识几时多几分（认识5分）

出示钟面（这是老师出门的时间）：7：05

师：这是几时呢？是七时过多少分呢？

出示一个7时的钟面，对比观察时针和分针，说一说你的发现。

7：05 }
7：00 }

师：这个钟面和7时的钟面比，发生了什么变化？

生 1：时针都指向数字 7。

生 2：分针的位置不同。

生 3：分针走了一大格。

生 4：分针走了 5 小格。

生 5：分针指向数字 1。

生 6：分针从数字 12 走到数字 1。

生 7：时针走过数字 7 一点点了。

师：同学们观察得非常仔细。老师出门时，钟面上的分针不再指着 12，而时针却走过了数字 7。

2. 师：现在还正好是 7 时吗？那应该怎么说呢？你会说吗？请同学们和同桌讨论一下吧？

生 1：不是 7 时，是 7 时过一点儿。

生 2：应该是 7 时零 5 分。

生 3：7 时 5 分。

师：同学们讨论得好激烈呀，那么钟面上的时间到底是几时呢？我们应该怎么看时间？

3. 看钟面

看时间的时候，我们可以先看时针，因为时针刚刚走过 7 时，比 7 时多一点点，（出示“7 时”）是 7 时多几分呢？我们再看什么针？（分针）分针从 12 起走到 1，走了一大格，就是几分？（5 分）读作“7 时 5 分”。（板书：7 时 5 分）

4. 表示方法

这是其中一种表示方法，还可以简便写作 7：05，两个小圆点前面的数表示几时，圆点应该写得偏下一点，圆点后面的数表示几分，两种写法有什么不同？如果不满 10 要用 0 来占位。也读作：7：05。（板书：7：05）

5. 指导书写：你们会写吗？大家一起把两种方法写一写。

6. 指导读法：钟面上的时间你会读吗？大家看黑板一起读一读。

7. 拨出 7 时 5 分

师（指导拨时间）：你们能拨出这个时间吗？谁能上台拨一拨，边拨边说，你是怎样拨的？

师：为什么说这样的一大格是 5 分？

师：钟面上除了有时针和分针外还有——12 大格。

师：对了，钟面上除了有 12 大格外，还有和它不一样的格吗？（小格）谁来

指1个小格子？（生指）这是1小格，还能指几个吗？（手指钟面）

师：在你的钟面上，找两个小格给同桌看一看？找到了吗？

师：那我们来看一看，这一大格间有几个小格呢？（有5个小格）

师：是不是5个小格呢？咱们一起来数一数。

（数小格数出5个小格→看视频→写时间）

师：原来1大格间确定有5个小格。

讨论：这四个钟面上的时针走过几？分针指多少？是几时几分呢？

（出示：9时5分、10时5分、1时5分、3时5分的钟面一个一个出现）

师：这四个钟面上时针指向多少？分针指多少？是几时几分呢？与同桌讨论讨论。

师：谁来说给大家听？

（1）第一个钟面，谁来说一说是几时几分？你是怎么看的？

（2）第二个钟面是几时几分，你是怎么看的？

（3）第三和第四个钟面呢？

小结：时针走过几时一点，分钟走了5小格就是几时5分。

8. 拨一拨：选一个你最喜欢的时间拨一拨。（请学生说一说，你是怎么拨的？拨的是几时几分？）

9. 数一数：整个钟面一共有多少个小格

师：整个钟面上一共有多少个小格，你们有信心把它数好吗？

师：我们比比，看谁数得又快又准确。（学生讨论）

师：谁告诉大家，你数出多少个？

师：你是怎么不用数就知道钟面是有60个小格的呢？

师：你是怎么数的？（我是一大格，一大格数的）

小结：可以用5的乘法口诀帮助我们记忆，也可以用几个5相加的方法。

三、看一看、数一数（视频播放1—60个小格）

师：我们来一起数数看，看谁记得最快。

小结：钟面上的这些数字能帮助我们更加快捷、准确地认读时间。

四、游戏：对口令、贴黑板，写数字

师：老师来考考大家是不是记住了呢？我说数字，请大家大声地说出分钟数（开火车，一个一个说。老师把贴在黑板上的钟面填完整分钟数）

小马良考大家。对口令（1. 数字；2. 分钟数）

师：小马良看到大家学得这么认真，他也想来考考大家是不是真的学会了？他把问题悄悄地告诉了陈老师，让陈老师来替他提问？准备好了吗？ 10、5、9、12、40、25、55、35。

五、看视频：1 时 =60 分

师：同学们，这时分针正好走了一圈是多少分？（60 分）我们认时间时，不仅要看分针，而且要看……（时针）那么分钟走一圈时针有什么变化呢？让我们一起来看看吧！

播视频，引导观察指明同学回答。

师：是这样的吗？让我们自己动手拨拨一拨吧。

六、拨一拨（先拨出 12 时，在从 12 时拨到 1 时，观察时针和分针。你有什么发现？）

指明学生回答，师出示板书：1 时 =60 分

七、出示老师到校时间 7：30

师：你们看，这是陈老师每天到校的时间，你知道是几时几分吗？

八、视频 7：00—7：30，认识半时

九、辨析：11：10 和 10：50

师：10：50 的钟面时针在 10 和 11 之间，过了 10 还没到 11，所以就是 10 时多少分；它过了 10 时，分针继续走走走，快接近 11 时了，如果它继续往前走 10 分钟就到 11 时。如果再继续走 10 分钟，那就是几时几分？对了，就是 11：10。

38. “1 分有多长”课堂实录（课例一）

何晓娜
（山西省运城市临猗县教研室，青年名师）

※ 课前思考

“1 分有多长”是北师大版小学数学教材二年级下册第七单元“时、分、秒”中的第二节课，主要内容是认识秒，是在学生认识了钟面，知道 1 时 =60 分的基础上进行教学的。教材采用“情境 + 问题串”的呈现方式，注重通过探究、体验、感知等一系列实践活动，揭示分与秒之间的关系，让学生充分感受1秒、1分有多长。

时间单位不像长度、质量单位那样可以用具体的物体表现出来，它比较抽象，看不见，摸不着，学生不容易接受，必须通过活动让学生充分体验。

※ 课堂实录

课伊始，我借助多媒体课件的演示，让学生观察钟面，说一说钟面上除了时针和分针以外，还有什么针？学生根据自己的直观认知，说出红颜色的，最细最长的，走得最快的是秒针，从而引出秒针。紧接着，我引导学生再次观察钟面，认识 1 秒，几秒……

师：谁知道秒针走 1 小格是多长时间？

生：1 秒。

师：对，秒针走 1 小格是 1 秒，它可以记录比 1 分更短的时间。

师：秒针走 1 大格是几秒呢？

生：秒针走 1 大格是 5 秒，因为 1 大格里面有 5 小格。

师：再来看，这是多少秒？（课件演示：秒针从 12 走到 2）

生：我知道，是 10 秒，因为秒针走了两大格，所以是 10 秒。

（课件演示：秒针从 6 走到 8）

生：还是 10 秒。

师（追问）：还是 10 秒？有不同意见吗？说说你的理由。

生：秒针从 6 走到 8，还是走了两大格，所以还是 10 秒。

师：真是有理有据啊，继续观察，这又是多少秒呢？说说你的理由。（课件演示：秒针从 12 开始走到 6 后面多两个小格）

生（信心百倍）：32 秒，秒针从 12 走到 6 是半圈，也就是 30 秒，再多两个小格，就是 32 秒。

生：我 5 格 5 地数，5、10……到 6 是 30 秒，再多两个小格就是 32 秒。

师（边演示边提问）：那秒针走一圈又是多少秒呢？你是怎么知道的？

生：我是 5 格 5 格地数，一圈有 60 个小格，所以是 60 秒。

生：我知道半圈是 30 秒，一圈就是 60 秒。

师（小结）：秒针走 1 小格是 1 秒，走一圈是 60 秒。

【教学思考】在这个环节中，为了加深学生对秒的认知，我借助多媒体课件，精心设计不同层次的观察活动（如下图）：

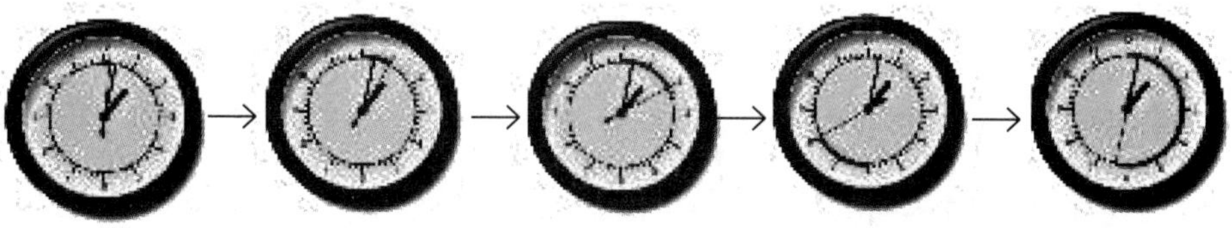

第一层，在学生了解了秒针走 1 小格是 1 秒后，知道 1 大格是 5 秒；第二层，在“1 大格是 5 秒”的基础上，再次认识“几大格是多少秒”，不但知道从 12—2 是 10 秒，从 6—8 也是 10 秒，每两大格都是 10 秒；第三层，从 12 走到 6 再多两小格是 32 秒，同时暗含“半圈是 30 秒”的生活常识，直到最后的秒针走一圈是 60 秒，为本节课的后续学习作好了铺垫，从而顺利进入后面的活动中。

活动一：认识 1 分 =60 秒

分和秒的关系即“1 分 =60 秒”是本节课的教学难点。如何突破这个难点，让学生主动地获取知识呢？我再次利用课件出示钟面，引导学生随着秒针的走动，分组观察：秒针走 1 圈，分针有什么变化？思考：分和秒之间有什么关系？并在小组内交流讨论。

师：哪一组先来汇报？

生：我们发现秒针走1圈，分针正好走了1小格。

生：秒针走一圈是60秒，分针走1小格是1分。

生：我们发现秒针走一圈的同时，分针正好走了1小格，秒针走一圈是60秒，分针走1小格是1分，所以1分就是60秒，60秒就是1分。

师：这组同学观察得仔细，讨论得好，特别是这位同学的发言，精彩！看来分和秒之间确实就有这样的关系：1分=60秒。（板书：1分=60秒）

【教学思考】第一次执教时，这一活动的设计是这样的：课件演示钟面上秒针走一圈，让学生观察，然后提问："你发现了什么？"孩子们七嘴八舌，有说"秒针走得很快，分针走得很慢"，有说"发现秒针走了一圈"，还有的说"我发现秒针走一圈是60秒"。学生的发现仅仅停留于视觉效果上，汇报的结果显得零散而主题模糊，直觉表象和理性思维之间总感觉出现了"断层"。面对这种情况我意识到"你发现了什么"这个问题提得过大，学生无从探究。

经过反复修改，再次上这节课我是这样处理的：课件出示钟面，学生随着秒针的走动，①观察：秒针走1圈，分针有什么变化？（避免观察的片面性和局限性）②思考：分和秒之间有什么关系？（有目的的思考，引导学生追根究底，避免学生的思维停留在浅表层面上）在小组内交流、讨论、汇报。结果他们的发言是那样地精彩：我们发现秒针走一圈的同时，分针正好走了1小格，秒针走一圈是60秒，分针走1小格是1分，所以1分就是60秒，60秒就是1分。真正体现了：让学生有目的地观察，有针对性地讨论，从而主动地发现，于探究和交流中获得新知！

活动二：体验1分有多长

学生知道了1分=60秒，关键是如何设计活动，让学生充分体验1秒有多长，1分有多长。让学生体验时间的长短是本节课的重中之重。

师：我们知道秒针走1小格是1秒，1秒到底有多长呢？听！

（课件演示1秒）

师：听到了什么？模仿一下。

师：对，秒针"哒"的一声经过的时间就是1秒。想一想，1秒可以做些什么？

生：可以拍一下手。

生：点一下头。

生：可以写一个数。

生：可以说一个字。

生：可以说一句话。

师：真的可以吗？待会你来试一试，好吗？

师：现在就给大家 1 秒的时间，做一做自己喜欢的动作。

（学生随着秒针做一下动作）

师（追问刚才那名学生）：你那句话说完了吗？（那名学生不好意思地吐了吐舌头）

师：1 秒真的很短，短到我们只能拍一下手，点一下头……但时间就是这样一秒一秒堆积起来的。让我们跟着秒针走动的节奏点点头，轻轻地数一数。

（学生跟随秒针走动的节奏边点头边数数。在此过程中，教师纠正“数得过快的”这种情况，以期达到和秒针走动的节奏严丝合缝。）

师：刚才我们看着钟面，倾听着秒针走动的节奏数数、点头，现在，去掉声音，你还会数吗？

生（情绪高涨）：会。

（课件去掉声音，学生继续数数、点头，在本次体验中，教师做一个旁观者和倾听者，再次纠正“不和谐”的声音。）

师：现在，让我们闭上眼睛，想象着钟面上秒针走动的节奏，再来数一数，点点头。

师：大家数得真不错，不快也不慢，和秒针走动的节奏一模一样。接下来我们来做一个游戏：我是小闹钟。游戏要求：当你听见“开始”的时候，就闭上眼睛，如果你感觉 10 秒的时间到了，就举起手，看你是不是合格的小闹钟。

（学生积极参与活动，大部分孩子体验准确。）

师：虽然是第一次当小闹钟，大部分学生“闹”得特别准，是有什么好办法吗？

生：我是在心里面默默数数的。

生：我是打着节拍数的。

师：用上了数数和打节拍的方法帮我们估计，真好！ 15 秒小闹钟准备，开始！

师：60 秒小闹钟，开始！（学生闭眼感受，或边点头边数数，或默默数数，或轻打节拍……）

师：我们静静地感受了 60 秒，60 秒也就是 1 分，现在你对 1 分有什么感受？

生：我感觉 1 分很长，我们数数都数了 60 下。

师：是吗？那我们再来感受 1 分钟的动画片吧！（课件播放 1 分钟动画片）

生：这么快就完了，还想看。

生：怎么就没了，1 分也太短了吧。

师：是吗？同样是 1 分，为什么有时觉得长，有时觉得短呢？

生：我知道了，当我们干自己喜欢的事时，就觉得时间过得特别快，如果干不喜欢的事，比如静静地坐着，就觉得时间特别长。

【教学思考】通过听秒针走动的“嘀嗒”声，观察钟面上秒针的走动，我借助数秒活动，让学生经历从“眼看耳听”“眼看无声”“闭眼感受”，一波三折，层层递进，这看似“耳失聪、目失明”的设计，实则是归还学生一个真正的“心明眼亮”！学生听、看、模仿秒针走动的节奏数数、点头，这个体验活动为后续的“我是小闹钟”活动埋下伏笔，避免了学生漫无边际的猜测，促进其估测意识的发展。

而让学生静静感受60秒，初步体会1秒和1分的长短，经历这一体验的过程，增强对两个时间单位的感受，培养时间观念。在前面体验的基础上，通过静静感受1分钟学生觉得很长，再到欣赏1分钟的动画片，学生随着剧情发出阵阵开心的笑声，动画片戛然而止之时，教室里发出阵阵惋惜声，通过对比，让学生真真切切体验1分的长短，促进学生对1分长短感受的准确性。

活动三：1分能干什么

在前面体验的基础上，学生已经基本上掌握了秒针走动的节奏，那么，1分到底有多长？1分能干些什么？必须让学生在体验感悟中认识时间，通过多种操作活动，加深学生对时间意义的理解。

师：看来，1分还真有奥秘，1分之内我们能干什么呢？

（学生说可以写字、背口诀、背古诗……）

师：请你从写字、画笑脸、背口诀、做口算这几件事中选择你最喜欢的一件，看看自己在一分钟里能完成多少。

（学生开始选择自己喜欢的事来完成）

生：我1分钟能背完2—5的乘法口诀。

生：我画了11个笑脸。

生：我写了30个字。

生：我做了15道口算题。

师：短短的1分钟，我们就有这么多收获。1分虽然很短，但只要我们珍惜每一分、每一秒，就能够创造出意想不到的价值。

师（边播放课件边解说）：1分，人的脉搏大约跳75下。1分，中央电视台播音员大约播800个字。1分，银行点钞机大约可以点1500张人民币。1分，三峡水电站大约发电162000千瓦时。世界杯足球比赛的最后1分，德国队可以夺得冠军！

（伴随着老师声情并茂地讲解，学生发出阵阵的惊叹声。）

师：大家都在为 1 分钟而感到惊叹，此时此刻，你想说些什么？

生：1 分钟真伟大！

生：1 分钟能创造这么多的价值！

生：没想到 1 分钟能干这么多事，1 分钟太了不起了！

师：说得真好！就让我们从现在起，珍惜每一分，每一秒！

【教学思考】借助实践活动，再次体会 1 分有多长，通过“1 分钟能干些什么”（让学生自主选择喜欢的事来完成）等一系列的活动，让学生自己亲身感受、体验 1 分有多长，体会时间单位“分”的实际意义。

整节课的活动，都是让学生体验、体验、再体验。在这样的不断体验中，学生充分感悟到 1 秒、1 分的长短，发自内心地感慨时间的重要性，真实地体会到时间的价值。这无声的体验犹如一把无形的度量时间的“尺子”，胜却万语千言，我相信：孩子们的体验，一定是难以忘怀，刻骨铭心的！

39. “1分有多长”教学设计与反思（课例二）

夏小燕
（广东省佛山市顺德大良实验小学，青年名师）

※ 课前思考

对于时间，学生有一定的生活经验，接触的较多。特别是具体的时间，以前的教学活动中也有学习。但对于较短的时间段的概念他们还不是很清晰，甚至有些学生是模糊的。所以在教学设计中，教师应该让学生通过有趣的活动，自主地体验1分、1秒到底有多长，从而能较准确地估计时间的长短。

在本课实际教学情境中，让学生建立一分和一秒的概念，体会分与秒的关系，知道1分=60秒；通过实践活动，让学生亲身体验1分的长短，估计1分有多长，并感受时间的意义。培养学生的估测能力及学生的动手、动口、动脑的能力和合作精神。让学生充分感受生活和数学的密切联系，培养学生从小养成遵守和爱惜时间的好习惯 。

※ 教学过程

一、创设情境，导入新课

师：小朋友们，我们中国有一个最传统，最隆重的节日，你们知道是什么节吗？（春节）除夕夜全家人最喜欢看的节目是什么？（春晚）

课件播放2018年春晚最后10秒倒计时，同时显示10秒倒计时的电子钟面。全班学生跟着视频倒数10秒。

师：小朋友们，新年倒数的10、9、8表示是什么？（时间）该用什么时间单位？（秒）

师：刚才我们倒数的这段时间很短。计量更短的时间我们通常用比分更小的单位师什么？（秒）

二、实践活动，探索新知

1. 认识秒，掌握分和秒之间的关系

出示课件：

师：生活中我们常常用这些钟表来计量秒。这是什么表？（电子表）表面显示的是什么时刻？一起读。

出示电子表课件：

详情：www.国家标准时间.cn

师：这个时刻怎么读？这些钟表可以计量秒。

出示动态电子表课件：

师：请问计量秒的针是什么针？（秒针）哪一根针是秒针？（最细、最长、走得最快的那根针）

师小结：钟面上有三根针，最细、最长、走得最快的那一根针就是秒针。

出示课件，秒针从钟面上 12 的位置开始走到 3 的位置，学生静静地观察。

师：秒针是怎么告诉我们时间过去几秒的？（秒针走过钟面上的 1 小格是 1 秒，走过 1 大格是 5 秒）

板书：秒针走 1 小格是 1 秒

出示课件，秒针继续走 1 大格，从钟面上 3 的位置走到 4 的位置。

师：时间过去几秒？（5 秒）

如果秒针从钟面上 4 的位置走到 6 的位置时间过去几秒？（10 秒）

如果从钟面上 9 的位置走到 12 的位置是几秒？（15 秒）

你们反应这么快，是怎样做到的？（9 到 12，是 3 大格，3×5 等于 15 秒）

师：如果秒针从 12 的位置再回到 12 的位置是多少秒？

学生独立思考后与同桌说一说，再指名汇报，全班交流。学生可能会说 60 秒或 1 分。

你是怎样知道的呢？（因为钟面上一圈有 60 个小格，所以秒针走一圈是 60 秒）

板书：走一圈是 60 秒

2. 理清分与秒之间的关系并揭示课题

出示课件：

师：现在时针、分针和秒针都在什么位置？

课件播放秒针在钟面上走 1 圈，分针走 1 小格。学生静静地观察。

师：你发现了什么？同桌之间说一说。

师：指名汇报，全班交流。

教师小结并板书：1 分 =60 秒

学生齐读 1 分 =60 秒后，老师引出课题并板书：1 分有多长

师：前面学习的分针与时针的关系与今天学习的秒针与分针的关系有什么不同之处？

师：小组讨论后请小组代表发言，全班交流。

根据学生的回答板书：1 时 =60 分

3. 初步体验 1 分钟

（1）看 1 分钟动画片。

课件播放一分钟动画片。

这 1 分钟让你有什么感受？学生自由说一说。

（2）1 分钟“木头人”比赛。

师：不许动，静坐 1 分钟，看谁坚持得最好？

提出活动要求，找两个学生监督，让学生开始比赛。

师：这 1 分钟又让你有什么感受？

让学生根据两个不同的活动，谈一谈对 1 分的认识和理解。

学生畅所欲言谈感受。

4. 充分体验 1 分能干什么

根据生活中的经验，1 分钟你能做多少事情？

学生自由说，指名汇报。

组织 1 分钟的体验活动。

出示课件：

课件出示自选规则：

活动规则：

1. 从5项活动中选一项你最喜欢的活动做好准备。

2. 老师说开始时大家统一动笔，说停时统一停笔并坐端正。

3. 选择数数和读古诗的同学声音要小一点，不能吵到旁边的同学。

学生在学习纸上选择自己喜欢的活动，并做好准备，然后在统一指令下进行实践活动。

1 分钟做了多少事情，学生统计好后和同桌说一说。

指名汇报 1 分钟做了什么。

课件播放其他班级的学生 1 分钟能做什么。

课件播放其他行业 1 分钟能做什么。

同学们，我们亲自体验了 1 分钟能干什么，还了解了其他班级和其他行业 1 分钟能干什么。现在你有什么想法?

小结：1 分虽然很短暂，但是却能做很多事情。所以我们可别小看这 1 分钟，如果在平时学习时我们能利用好每一分钟，相信一定可以取得优异的学习成绩。

三、估计时间，感悟新知

1. 学生静息闭眼估时间，看谁估得最接近 60 秒

课件同时播放秒针走动发出的嘀嗒声 10 秒，声音渐渐减弱直至静音。

指名汇报，总结估计时间的方法。

2. 估计音乐大约用了多长时间（以秒为单位）

课件播放《献给爱丽丝》钢琴曲，学生估计钢琴曲播放的时间。

这首曲大约用了多长时间？小组内说一说。

指名汇报。（老师把学生的汇报板书黑板）

四、实践运用、巩固新知

1. 读一段短文，把不合理的地方改正过来

上午的体育课上，小宇跑50米只用了12秒，全班第一名。为了下午上课有精神，小宇总会睡 30 秒钟的午觉。放学后，他回到家便抓紧时间写作业，一般 1 分钟就能做完。晚上，他经常会陪妈妈看 30 秒的新闻联播。有时，他知道爸爸每天工作 8 分钟很累，就说学校有趣的事让爸爸开心。

2. 选一选，画“√”

3. 下面是四位同学参加50米跑的成绩表

小明	小亮	小强	小刚
8秒	11秒	9秒	12秒

（1）（　　）跑得最快，（　　）跑得最慢。

（2）最快的比最慢的少多少秒？

4. 想一想，填一填

小亮______到校的，小力是______到校的，

________先到学校，早到了_______。

【设计意图】信息技术与教学融合，让4个梯度的练习更加生动有趣，同时提高了课堂效率，使得练习多样化。学生在声色俱全的学习氛围中学习更加积极主动。

五、回顾总结，渗透观念

1. 通过今天的学习你有哪些收获？还有什么问题？

2. 老师今天还带来了一首歌，我们一起来听听。课件播放：时间就像小马车。

3. 时间就像小马车“哒哒”地跑得很快，希望大家从今天开始做一个珍惜时间的小主人。

※ 课后反思

一、在教学设计上注重让学生多次积累活动经验。一是借助播放春节联欢晚会倒计时的视频，让学生初步感受10秒的长短。二是通过看1分钟动画片，1分钟“木头人”比赛等不同形式的活动来体验1分有多长。三是利用自选活动环节，让学生根据自己的兴趣爱好选择一项自己喜欢的事情在规定的一分钟内去做，使学生亲身体验1分钟能做多少事情。

二、在理清分与秒关系的环节，进行了随着秒针走动1圈数数的练习，让学生通过观察、比较，直观形象的动态实物操作，感受到分针和秒针是同时出发，同时停止，因此它们经过的时间是相同的，使1分=60秒的结论的得出水到渠成。直观形象地来突破重难点。

三、本节课设计的体验活动虽然多，但是注重了体验的层次性，所以并不重复，而是让学生每次的体验都有不同程度的收获，让学生真正体验到自己就是时间的主人。

40. “秒的认识”课堂片段与反思（课例一）

缪建平
（江苏省苏州工业园区跨塘实验小学，苏州名教师）

※ 课前思考

课堂教学应该是一个动态的、建构的、多元的、互动的过程，同时也是一种师生互动的生命体验和生命成长的过程。要开展好课堂的实践与创新，其关键是“把握整体平衡，寻找教学辩证”。

基于上面的思索，多年来，我一直坚守“趣、序、顺、变、度”教学五字辩证法，努力创设高质课堂。我觉得这五个字，对于课堂教学来说特别重要、特别有用，应该是教学中必须遵循的基本法度，在课堂教学中极具价值。

教学“五字辩证法”要求我们努力调动多种感官，激发学习的“趣”；遵循儿童认知规律和知识递进规律，引导学生学习的“序”；把知识内化中的同化与顺应方式相结合，“顺”着学生思维的“流”；通过变式练习、动态变化，不断“变”换学习方式；注意课堂学习的密度、高度、广度、深度、进度，努力把握扶放的“度”。

“秒的认识”是在二年级学生学习了时、分的基础上进行教学的。由于时间单位不像长度、重量单位那样容易用具体的物体表现出来，比较抽象，所以我在教学中十分注意情境的创设，力求让他们在实际情境中体会时、分、秒的实际意义，掌握有关时间的知识，培养时间观念。

※ 课堂片段

[片段一] 认识“秒针”和“1 秒”

1. 认识“秒针”和“1 秒”

通过“运动员百米赛跑用了______”（时间单位）激发学习欲望后揭题，然后就开始认识“秒针”和“1 秒”。

师：请大家一起来看钟面，（展示钟面模型）谁来说说，钟面有几个大格，几个小格。

师：这些都是什么针？其中，哪个是秒针？（板书：秒针）

生：最长、最细、走得最快，那个红色的是秒针。（板书：长、细、快）

师：谁能给大家讲一讲秒针怎样走才是一秒呢？（板书：1秒）

生：秒针走一个小格就是一秒。（板书：秒针走一个小格）

师：哦，是这样吗？我们一起看一看。

（放映课件：钟面上秒针一动，走了一小格。画外音：同学们，你看到秒针走了一秒了吗？）

师：你发现了什么？（秒针正好走了一小格就是一秒）

师：现在请同学们再来听听，秒针是怎样走动的？

（播放课件：秒针一秒“嘀嗒”一下）

生：听到了吗？怎样才是一秒？（“嘀”一下，就是一秒）

师：请同学们模仿秒钟的声音来做一做，看谁“嘀”得准。（学生模仿秒钟，发出“嘀”“嘀”……的声音）

2. 体验1秒的长短

师：一秒钟到底有多长，你还能用其他声音来表示吗？

生：嘀；嗒；咔；嚓；通；哇；叽；嗞……

师：谁能用一个动作来表示走了一秒？

生：拍一下手。（做动作）

师：（跟着做）对，很好！

生：我眨一下眼就是一秒。

师：（跟着做动作）你没错，真棒！

生：我跺下脚就是一秒。

（请大家跟着课件中的秒钟做一做，再请学生来演示，10秒左右）

[片段二] 数数估估“经过几秒”

在学生深刻体验“一秒”后，缪老师又带领学生算一算、估一估“经过几秒”。

师：（出示钟面模型）请同学仔细观察，秒针从12走到几？走了几小格，是几秒？

生：秒针从12走到1走了5个小格，就是5秒。

师：如果从12走到2，走了几大格，又是几秒？如果从12走到4，走了几大格，走了几秒？从12走到7，走了几秒呢？

师：如果秒针从 3 走到 7 呢？

师：对，从 3 走到 7，走了 20 秒，在这 20 秒时间里，你能做些什么呢？现在，我给同学们 10 秒时间，我们来开始一项比赛——数数，从 1 开始数起，看你在 20 秒时间里能数到几？（老师用秒表计时，学生数数）

师：现在进行第二项比赛：跳绳，我们进行 30 秒，看谁跳得多？

师：我们进行第三项比赛：进行 50 秒的口算比赛，请同学们拿出口算练习纸，比一比，看看你在 50 秒的时间内，你能做对多少道口算题？（老师秒表计时，同学们做口算后，对得数，并汇报做对几题）

师：老师给大家准备了一首古诗《长歌行》（电脑朗读：百川东到海，何时复西归。少壮不努力，老大徒伤悲）。谁来估计一下，读完这道古诗，需要多少秒的时间呢？（出示古诗《见下》，请两个学生说要几秒）

师：刚才有的同学估计得不太准确，我们需要调整一下哟，请同学们跟着秒表一起来校正自己这个“小闹钟”。

师：请大家欣赏一首歌《时间就像小马车》（电脑播放），老师用秒表计时，同学们在心里数秒，看谁数得准。（然后进行交流与点评）

师：同学们，刚才的古诗和歌曲，谁知道它们要表达的意思？（爱惜时间，珍惜一分一秒；时间过得很快，我们不能浪费时间……）

师：是啊，为了节省时间，同学们早上起床最好有个闹钟。大家一起来看一看，你还认识读题计量秒的工具吗？（老师先出示几个，让大家认识认识，并请同学们作简单的介绍；然后请同学回想生活中的见过的秒钟）

生：秒表、电子表、手机中的计时器、电子词典 中的计时器……

[片段三] 认识理解 1 分 = 60 秒

师：我们继续来看钟面，如果秒针从 12 开始，走了一圈，走了秒钟呢？（60 秒）

师：是吗，我们一起来数一数。（放映课件，大家看着秒钟，一起来数秒 1–60；钟表的秒针转动一圈，分针移动一个小格。）

师：刚才我们跟着秒钟的嘀嗒声从 1 秒数到 60 秒，现在我们如果不听声音，你也能让自己这只小钟表跟上钟表的节奏吗？我们来换一个钟表试试，好吗？

师：现在大家跟着这只钟表再从 1 秒数到 60 秒。（学生数，钟表无声）

师：大家在数到 60 秒的时候，你发现分钟有没有走动呢？

生：走了？没走？（学生有争论，这时老师让学生再仔细观察一遍，分针原来在哪里的，走了 60 秒之后，分针又到哪里了？重温刚才的过程）

师：分针走了多少？（请大家仔细看看钟面的格子）（一小格）

师：分针走了一小格，表示几分？（1 分）

师：当秒针走了一圈的时候，分钟正好走了一格，所以，我们可以说 1 分等于……？（60 秒）（板书：60）

生：（齐读）1 分 =60 秒（反过来再读一遍）

师：现在请大家想象一下，如果秒针再走一圈，分针又会怎么样呢？

师：同学们真是善于观察，连这么难的问题也能研究出来，真棒！

※ 课后反思

本课的三个重要片段，从“认识秒针、1 秒”“估计大约几秒”到“1 分 =60 秒”，教者在教学过程中，努力设计富有情趣和挑战的情境场景，引领学生在游戏中探索，在探索中建构；遵循知识的序列和认知的序列，步步深入；顺应中求变，变化中建构发展；努力把握知识学习的密度与梯度，让学生在一次又一次认识冲突中前行、曲折、惊喜、生成。

苏霍姆林斯基说：“教育的最重要任务之一，就是要让任何一颗心灵里火苗被点燃，要使一切天赋和才能都最充分地发挥出来。”如何点燃，如何发挥，我想就是要在教学中始终遵循“趣、序、顺、变、度”五字辩证法才行。

41. “秒的认识”课堂实录与反思（课例二）

陈真真
（福建省厦门实验小学，特级教师，正高级教师）

※ 课前思考

时、分、秒是人类发明的一种计量时间的单位和方式，如果教师在教学中只关注知识本身，只讲 1 小时 =60 分，1 分 =60 秒，要求孩子熟记这样的换算公式，认识钟表上的时间，这样的教学只是在时间概念表层开展的教学，核心素养导向的课堂要让学生所学的时间概念成为他生活中的一个尺度，可以用来计量他的生活，帮助他安排生活内容。所以在课堂上要引导学生建立 1 秒的长度，以此为标准时间，感觉 1 分钟（60 秒）有多长，能做什么事，引导学生初步形成时间观念。这样这个数学知识就成了他生活中的管理性要素，让学生有时间的生活感甚至生命感，这会关系到他行动的迟缓与紧迫，生活的从容与匆忙，就起到了规范生活甚至生命意义的作用，因而具有了价值的意义。

“秒的认识”是在学生已认识了时、分的基础上进行教学。“时间”是存在于我们的意识之外，是不依赖主观意识控制的客观存在，感知和认识时间只是客观存在的时间在我们主观意识中的反映。这节课要让学生建立时间概念，认识时间单位秒，知道秒针走 1 小格的时间就是 1 秒，走几小格的时间就是几秒，知道 1 分 =60 秒；会结合生活经验体验时间的长短，会用一定方法估计时间，知道爱惜时间，更重要的是会合理安排时间。

※ 教学过程

一、情景引入

师：孩子们，我们每天都要跟时间打交道，它可是我们的好朋友，告诉我们这个时候你该起床了，（教师指向一边学生）这个时候你该上学了，（教师指向另一边学生）上学路上可要遵守交通规则，瞧！（将学生注意力转移到大屏幕）

（课件出示过斑马线等红灯的图片，上面红灯显示数字 15）

师：过斑马线要等红灯 15……

生：秒！（学生齐答）

师：聪明！（脸上流露出对学生的赞赏）

（课件出示小朋友 60 米短跑图）

师：小明跑 50 米用了 9……？

生：秒！（学生迫不及待地回答）

师：你们怎么都知道是“秒”呢？（脸上露出疑惑的神情）

生 1：因为如果是 9 分钟就太长了嘛。

生 2：因为如果是“时”的时候很长。是“秒”的时候很短。

师：哦，因为这些都是一会儿就过去的，时间比较……

生：比较少。（学生抢答）

师：对，比较少，比较……

生：比较短。（学生再次抢答）

师：是啊，在我们日常生活当中计量比较短的时间我们一般用“秒”。（学生附和着一起说）

（板书：秒）

师：“秒”不仅出现在我们刚才的信号灯里，短跑比赛的计时器上，在这（电视台新闻联播时间），这（火箭发射倒计时），这（春晚倒计时），都能看到它的身影。在之前我们认识了时和分（学生脱口而出），这节课我们就来接着认识秒。

（板书在秒之前：时，分）

二、探究新课

1. 认识 1 秒（感悟“严格”）

（课件出示时钟的图片）

师：孩子们请看，这是我们认识过的……？（用激光笔指向时钟中最短的针）

生：时针！（学生毫不犹豫）

师：那这个呢？（用激光笔指向分针）

生：分针。（个别同学答秒针）

师：那这个呢？（用激光笔指向秒针）

生：秒针。

师：没错。这跟就是秒针。观察一下，秒针有什么特点？

生 1：比较长。

生2：比较细。

师：对了，它不仅又细又长而且在这三根针中它走得……

生：最快！（学生抢答）

师：对，它走得最快。现在注意看，老师就要让它走起来。

（课件播放：1秒）

师：看清楚了吗？它走了多少？

生：1秒。

师：你们怎么知道它走了1秒啊？一起说。

生：因为它就走了1小格。

师：走了1小格就是？

生：1秒！

（课件出示另一个大小不同的钟面，秒针也是走了1小格）

师：这个呢？

生：1秒。

师：它走了？

生：1小格。

师：多长时间？

生：1秒。

（课件再出示第三个形状不同的钟面，秒针也是走了1小格）

师：这个呢？

生：也是1秒。

师：奇怪了，这几个钟面大小形状都不一样，为什么你们都说它走了1秒。

生：虽然大小不同，但走了1格时间都是一样的。

师：你的意思就是说它们都走了1小格。那如果是这样呢？

（课件演示秒针任何地方只走1小格）

生：1小格。

师：也是走了1小格。那这个呢？

（课件演示秒针从任何地方开始再走1小格）

生：1小格。

师：走了多长时间？

生：1秒。

师：那这样呢？

生：1 小格。

师：还是……？

生：1 秒。

师：哦，那我明白了，也就是说秒针走 1 小格的时间就是？

生：1 秒。

（板书：秒针走 1 小格的时间就是 1 秒）

师：孩子们，秒针走 1 小格的时间就是 1 秒。不管是什么样的钟面，不管是在世界的什么地方，只要走 1 小格，时间就是……

生：1 秒！

（课件演示多个钟面秒针同时走 1 小格）

师：它们又一起都走了？

生：1 秒。

2. 认识几秒

师：好，看，这个走了几秒啊？

（课件演示秒针走 3 小格）

生：3 秒。（学生毫不犹豫地回答道）

师：你们怎么知道的呀？

生：因为它走了 3 小格。

师：他说得对吗？

生：对。（学生齐声回答）

师：很好，再看，这个呢？它又走了几秒？

（课件演示秒针走 5 小格）

生：走了 5 秒。

师：怎么知道的？

生：因为它走了 5 小格。

师：对不对啊？

生：对。（学生齐声回答）

师：秒针走了 5 小格也就是走了？

生：走了 1 大格。

师：所以走了 5 小格的时间也就是？

生：5 秒。

师：好，那如果秒针是从 12 走到 2 呢？

生：10 秒。（许多学生都举起了手）

师：那如果是从 1 走到 4 呢？

生：15 秒。

师：它走了多少个小格？

生：15 个小格。

师：几秒？

生：15 秒。

师：那谁也能像老师这样子说“秒针从几走到几，是几小格，几秒。”想好，谁会？来，你试看看。

生 1：秒针从 3 走到 6，走了 15 小格，15 分钟。

（其他学生纠正，是 15 秒）

师：再说一遍，走 15 小格是 15……

生 1：秒！

师：她说得对吗？

生：对！

师：掌声送给她。

（班级响起热烈的掌声）

师：谁也能像她这样说？来，你说。

生：秒针从 2 走到 5，走了 25 小格，走了 25 秒。

师：他说得怎么样？

生：对！

师：他说得很好。来，你刚刚最快地肯定他，你也来说说看。

生：秒针从 12 走到 6，走了 30 个小格也就是 30 秒。

师：太棒啦，秒针走 1 小格的时间是 1 秒，走 3 小格的时间是 3 秒，走 5 小格的时间是 5 秒……谁能用一句话来说？

生：秒针走几小格的时间就是几秒。

师：说得怎么样？

生：对！

师：说对了这时候应该有什么呀？应该有掌声。

（学生大笑）

师：对啦，秒针走几小格的时间就是几秒。多一点点，少一点点都不行。那你们认为它怎么样？

生 1：很严格。

生 2：很公正。

师：很公正很严格，真棒。

（板书：严格）

师：是啊，它多一点儿也不行少一点儿也不行。所以我们觉得它很公正很严格。那么一秒到底有多长呢，请同学们睁大眼睛看，竖起耳朵听。

3.体验 1 秒（感悟“很短”）

（课件演示秒针走 1 秒，发出“嘀嗒”的声音）

师：听清楚了吗？

生：听清楚了。（部分同学回答道）

师：再仔细听一听。

生：嘀嗒。（学生们欢快地一起跟着课件说）

师：来，同学们别急，闭上眼睛再仔细听一遍，把这一秒时间的长度记在你的脑袋瓜里面。

（学生们都安静地闭上眼睛）

（课件演示秒针走 1 秒，发出“嘀嗒”的声音）

师：记住了吗？

生：记住了。

师：那谁会用动作来表示出这一秒？来，你来。

生 1：嘀嗒。

师：哦，你用声音。你呢？

生 2：啪。（学生快速地拍了一下手）

师：哦，你用拍手。你呢？

生 3：咚。（学生用力跺了一下脚）

师：哦，你用跺脚。孩子们，我们用跺一下脚，拍一下手或者是自己喜欢的动作来表示这一秒。这些方法你们记住了吗？

生：记住了 1 秒有多久。

师：我们用这些方法来记住了 1 秒的时间。那 1 秒能做什么事呢？你们想不想来试一试？

生：想。（学生们都兴致勃勃）

师：谁愿意上来试一试？

生：我！（学生们纷纷举手）

（老师挑选两名学生上台）

师：拿好粉笔。其他同学都给他们当小裁判。两位同学一人一边，听清楚老师的要求。你们可以写自己的名字，这是你最熟悉的，也可以写乘法口诀，或者是想画图，想做什么事都可以。想做什么就做什么。你们想好了吗？

生：想好了。

师：老师说“开始”才能开始哦。老师一喊“到”，你们就要停下。老师给你们计时。下面的同学注意当好小裁判。准备……开始，到。

（台上两位学生还没反应过来，时间就到了）

师：转过来给下面的同学们看一下。

（下面的同学们都笑了）

师：我想问你，你原本想干什么呢？（问其中一位同学）

生 1：画画。

师：想画什么？

生 1：想画一个菱形。

师：画一个菱形有没有画成？

生 1：没有。（下面的同学附和着说）

师：那你原本想做什么？（问另一位同学）

生 2：画三角形。

师：哦，他动作比较快，画出了一个三角形。为什么他只画了一个三角形，而另一位同学一个菱形都没画成，你们知道为什么吗？

生：因为时间太短了。（学生们争先恐后地说）

师：因为时间太短了，是啊，这一秒很短。

（板书：短暂）

师：孩子们，这一秒很短。我们眨一下眼皮，拍一下手，跺一下脚就过去了。可是啊，就是这无比短暂的 1 秒，超乎我们想象的事正在发生着。它可以做很多很多的事情。你们相信吗？

生：不相信。（同学们纷纷摇头）

师：都是有想法的孩子。好，那我们一起来看一看。

（课件播放：世界上最快的飞机 1 秒钟大约可以飞行 2600 米；三峡水电站 1 秒钟大约可以发电 2700 千瓦时，大概可供一个普通家庭用电 150 天；全世界每 1 秒出生 5 个婴儿；在男篮世锦赛上，中国运动员王士鹏在最后 1 秒投进了一个三分球，将中国队成功地带入了八强。现代化的车间每秒可生产成千上万的零件）

师：世界上最快的飞机 1 秒钟大约可以飞行 2600 米，也就是我们学校的操场 13 圈把它拉直接起来那么长。（学生们纷纷发出惊呼声）再看看，三峡水电站 1 秒钟大约可以发电 2700 千瓦时。同学们可能对这个不太了解，那老师告诉你，它一秒的发电量大概就可供我们一个普通家庭用电 150 天。再看，全世界平均 1 秒就出生 5 个婴儿。还有呢，在男篮世锦赛上，中国运动员王士鹏在最后 1 秒投进了一个三分球，赢得了比赛，将中国队成功地带入了八强。还有呢，现代化的车间每秒可生产成千上万的零件。孩子们，这么短这么短的时间，却可以做这么多这么多的事情。你们觉得这 1 秒怎么样？

生 1：很珍贵。

生 2：很宝贵。

师：它厉害不厉害呀？

生：厉害。

师：对啊，这 1 秒很宝贵很珍贵，它很有价值。

（板书：价值）

师：这么宝贵的 1 秒，这么珍贵的 1 秒，它有多长你们都记住了吗？

生：记住了。

师：好，那你能用你自己的动作来表示出 5 秒吗？来，试一试。

（学生纷纷拍起了手）

师：不一定全班都拍手，你们可以用自己的动作。同学们到底估得准不准，下面我们来做一个小游戏。听清楚老师的要求，请用你的动作估出 10 秒的时间。下面请同学们闭着眼睛趴在桌面上，老师说“开始”就计时，“10 秒到”就抬头，看大家估得准不准。为了不互相影响大家，尽量不发出声音。要拍手的同学轻轻地拍，数数的同学在心里默数。听清楚要求了吗？

生：听清楚了。

师：听清楚了就趴好。

（学生们一齐趴在桌面上）

（课件计时，游戏开始）

（有的同学轻轻地拍打桌面，有的同学轻轻地跺脚）

师：停。哪些同学抬头刚好是 10 秒？（一些同学举手）

师：刚才好像没有这么多（听课老师笑了），我知道同学们都希望自己时间估得准，那就是牢记 1 秒的长度，掌握估的方法。

师：我刚刚发现，10 秒还没到，很多同学就抬头了，这说明什么呀？

生：估不准。

师：不准的原因是什么？他们估的这 10 秒太……

生：太快了。

师：太早抬头的说明每一秒太短了，我们就要把每一秒估得长一点儿。10 秒到还没抬头的小朋友说明每一秒太长了，这时我们就要把每一秒估得短一点儿。好，请把你的每一秒做适当调整，我们一起再感受一下真正的 10 秒有多长。

（课件再次播放）

（学生盯着课件心里一起默数 10 秒）

师：怎么样？

生：太慢啦。

师：那就说明你刚刚太快啦。要调整好自己的时间，会了吗？

生：会啦。

师：还有的同学说太快啦。同学们要记住这一秒的长度。不能太快也不能太慢，我们说了这一秒可是很严格的，多一点儿少一点儿都不行。

4. 秒和分的关系

师：孩子们，秒针从 12 走到 2 是走了 10 秒，那如果秒针走完了一圈是多少？

生：1 分钟。

师：多少秒？

生：60 秒。

师：秒针走完了 1 圈是 60 秒，我们来看看分针有什么变化，是不是像你们刚刚所说的走了 1 分钟。带着这个问题，用你专注的小眼神来认真观察。

（课件演示：秒针走了一圈）

（学生间指着课件轻声交谈）

师：有什么发现？刚刚我听到有人说又动了，说的是什么意思啊？

生：就是秒针每走 1 小格的时候，分针也走了一点点。

师：你观察得真仔细。是啊，这三根针是同时在走的。只是这时针它走得很慢，我们可能看不出来。而分针已经有同学观察到了，秒针每走 1 小格的时候，分针也走了一点点。当秒针走完一圈的时候，分针走了多少？

生：1 小格。

师：那一小格的时间是多少？

生：是 1 分钟。

师：所以 1 分钟就是……

生：60 秒。

（板书：1 分 =60 秒）

5.1 分钟有多长

师：真棒。是啊，1 分钟就是 60 秒。那么 1 分钟到底有多长呢？下面老师想请同学们跟我一起来欣赏一首诗。这首诗的时间就是 1 分钟。你们可以边欣赏边根据大屏幕上的钟面的时间默默地数数。

（课件放映：诗朗诵《时光老人的礼物》）

世界上再没有谁，
比你更慷慨更公正；
你把一年的大好时光，
同样地给我们每人一份。

三百六十五天，
谁也不多，谁也不少；
就看我们呀——
能不能把你安排得最好？

糊涂的人整天东荡西游，
你就从他身边悄悄溜走，
把一大堆没做完的事情，
一股脑儿丢在他的面前。

懒惰的人整天没头没脑，
你去远了他一点不知道；
人家都在使劲要赶上你，
他总是摇头说还早还早。

我们可不糊涂也不懒惰，
少先队员谁也不肯落后；
因为我们知道：
你的马车一去，就不再回头。

师：1 分钟我们能欣赏到这么优美，这么有意义的诗。那么 1 分钟你还能干什么呢？想不想试一试？

生：想！

师：拿出课前发的练习单。听清楚老师的要求，等老师说“开始计时”才可以开始动，想写数字就写数字，看看一分钟能从几写到几，写在第一格；如果想写乘法口诀，你可以从一一得一写到几，写在第二格；如果你想做计算题就写在第三格；还有的同学想画图就用练习单的背面的空白处。听清楚老师的要求了吗？

生：听清楚了。

师：好，听清楚了老师要计时。准备好了吗？

生：准备好了。

（开始计时，学生们纷纷动起了笔）

师：时间到。谁来说说你在一分钟内做了什么？

生 1：我把数字从 1 写到了 50。

生 2：我从 1 写到了 28 。

生：3：我画了一幅图。

（老师展示学生画的图）

师：他画了一幅画，有房子，有烟囱，还有白云和太阳。

生 4：我画了五角星。

师：他画了这么多五角星，还来不及数到底有几个呢。同学们都用了这 1 分钟去完成自己喜欢的事情。那你们平时在家里有没有试一试你 1 分钟能干什么呀？

生 1：有！我 1 分钟能跳绳跳 258 下。

师：哇，他 1 分钟能跳绳跳 258 下。

生 2：他是我们学校跳绳队的。（学生们开心地笑）

师：那他比赛有没有获奖啊？

生 3：他得了全市第三名。

师：老师真为你感到骄傲，难怪短短的 1 分钟能跳绳 258 下。

生 4：我 1 分钟能拍球 155 下。

生 5：我 1 分钟能整理好书包。

师：你们都很厉害。孩子们，1 分钟我们可以写数字；我们课前三分钟的每一分钟都可以背好几遍的乘法口诀，也可以读好几首古诗；可以读很多的英语单词。这一分钟能做这么多的事情，那你们有什么想法呀？

生：在语文课上我们学了一篇课文叫《一分钟》。

师：那谁能告诉我这篇课文是讲什么呀？

生：讲了圆圆因为贪睡 1 分钟而迟到 20 分钟。

师：因为贪睡 1 分钟为什么会迟到 20 分钟呀？

生：因为圆圆在红绿灯的时候没赶上绿灯所以就等了很久，又在公交车站没赶上公交车，只能看着公交车走了然后自己走到学校去。

师：因为多睡了 1 分钟没有赶上绿灯，又错过了公交车所以最后迟到了 20 分钟。所以我们应该怎样安排我们的生活呀？

生：该起床的时候就要起床，该睡觉的时候就要睡觉，你迟 1 分钟也不行，多 1 分钟也不行，少 1 分钟也不行。

师：她说得怎么样啊？

生：很棒！

师：她说得很完整很棒，大家把掌声送给她。

（学生们鼓起了掌）

师：是啊，这 1 分钟能做这么多的事情。就像这位同学说的该睡觉就睡觉，该起床就起床，该上学就上学，这 1 分钟很宝贵。

生：我们要好好珍惜它。

（课件出示化曲为直的 1 分时间条，两三个 1 分钟的时间条……）

师：是啊，时间就是由这样的 1 秒 1 秒组成的，60 秒就组成了 1 分钟。1 分钟 1 分钟……60 分钟就组成了 1 小时。1 小时 1 小时……24 小时就是 1 天。时、分、秒是度量时间的单位，它还是一位公正的“裁判”，同学们，瞧。

（课件出示：短跑终点画面）

师：1 号赢了还是 2 号赢了？

生：1 号。

生：2 号。

（学生间争论了起来）

师：有人说 1 号，有人说 2 号。别急，再看看。

（课件再出示选手时间）

师：谁赢了？

生：1 号！（学生们异口同声，一个同学说 2 号）

师：这时候你们为什么不争啦？时间短的赢还是时间长的赢？

生：时间短的赢。

师：那是 1 号时间短还是 2 号时间短？

生：1 号。

师：（问说2号赢的学生）谁赢了？

生：1号。

师：刚刚没有出示比赛时间的时候为什么争？

生：刚刚看不出来，1号和2号都离线很近。

师：刚刚我们只是用眼睛去看，不一定准确。这时候就要根据时间来判断了。所以时间是……

生：一个严格的裁判。

师：这样的例子，还有很多。再看。谁写得快？

（课件演示：明明写20道口算题，红红写12道）

生：明明。

师：是明明写得快吗？看。

（再出示时间：明明用时2分，红红用时1分）

生：红红。（学生们纷纷改口）

师：这个时候又是谁给我们当裁判呀？

生：时间。

师：这样的例子还有很多很多。我们还可以在日常生活中自己去发现。

三、介绍计量秒的工具

师：孩子们，上体育课跑步时，我们看到体育老师手里拿着什么？

生：秒表！

师：对，秒表。我们都在认识时间，那秒表你们会看吗？

生：会。

（课件出示秒表）

师：这个是几秒？

生：9秒。

师：这一些都是秒表，它们都可以来计量秒。你们是不是真的都会看呢？老师来考考你们。

（课件出示电子表）

生：6分55秒。

师：大家同意吗？

生：不同意，是6时55分57秒。

师：对，这个表示的时间就是6时55分57秒。是啊，孩子们，我们不仅要学会看时间，估时间，更重要的是要学会合理地安排时间。

四、课堂总结

这节课，我们又认识了一个新的时间单位——秒。你有什么想法？有什么收获？

生 1：秒是公正严格的。就像一个裁判。

师：你从哪里看出来的？为什么说它很公正严格呢？

生 1：因为 1 秒“嘀嗒”就过去了。

师：谁能说得更完整一点儿？

生 2：谁也不能多谁也不能少。

师：对啊，秒，分，时，其实都一样。走多少就是多少，多一点点少一点点都不行。所以我们说它很……？

生：很严格。

师：是啊，时间这么宝贵，希望通过这节课的学习同学们要学会珍惜时间，珍惜时间，合理安排时间，真正做时间的主人。

五、课后练习

1. 钟面上，走得最快的是（　）针，它走 1 小格是（　）秒，走 1 圈是（　）秒，也就是（　）分。秒针走半圈是（　）秒。

2. 在（　）里填上合适的时间和单位。

大约每天睡 9（　）　系红领巾大约需要 20（　）　做熟饭大约需要 25（　）

60 秒 =（　）分　3 分 =（　）秒　1 分 40 秒 =（　）秒

3. 谁跑得最快？

1号：我跑了11秒　2号：我跑了9秒　3号：我跑了10秒

50 米比赛中，跑得最快的是（　）号。

※ 课后反思

数学是思维的体操，数学教学要培养学生多种能力，归根结底就是数学思维能力。思维能力是数学能力的核心，思维价值可以说是数学的核心价值。学生核心素养的发展，一定程度上取决于思维的发展。培育学生的核心素养，需要教师从关注知识点的落实转到思维的发展。让知识变成智慧，需要突破传统知识的视野，变教学为教育。

本课主要从三个方面来体现：

一是变格思维，化抽象为具体。小学生的思维以形象思维为主，抽象思维为辅。时、分、秒是度量时间的单位，但它们又不同于其他的度量单位。长度、质量、面积、体积都可以通过具体表象来体现，而时间的流逝却无法给学生直观的体验。教学中，设计了使时间具体化的“时间条”，把“时分秒”的概念具体化，化抽象为具体，发展学生的形象思维和抽象思维让学生在线段的移动中，形象地感受到时间的流逝，体会到时间一去不复返，提高学生珍惜时间的意识。

二是辩证思维，渗透唯物辩证思想。教师在教学中引导学生知道1秒很短，正因为1秒如此之短，对于学生来说，根本不会在意它、重视它。要关注学生的思维发展，除了让学生体会1秒很短暂，还能多做点什么呢？我利用课件展示1秒能创造的价值等素材，学生在具体的数字中感受到短暂的1秒创造出很多令人惊叹的价值；让学生体会到了1秒很短暂，但它也很“长”。从辩证的角度来看待，它的长，在于它的价值创造之多、在于运动场上翻新记录的历程之难。联系社会生产与生活实际，学生理解了秒很“短”又很“长”，渗透唯物辩证思想。

三是深度思维，发挥数学知识的育人价值。“数学，作为人类智慧的一种表达形式，反映生动活泼的意念、深入细致的思考，以及完美和谐的愿望。”教学中，首先让学生依次观察几个大小、形状不同的钟面，秒针走1小格的时间都是1秒，多一点点，少一点点都不行，这是“严而有格”。其次，再演示秒针在钟面上任意的位置走1小格，让学生发现，无论秒针从哪里走到哪里，只要是走1小格，时间就是1秒，这是“严而有法”。再次，教师出示多个国家的钟面时刻，演示每个钟面上的秒针多次同时走1小格，让学生进一步理解不管是什么样的钟面，不管是在世界的什么地方，只要秒针走1小格时间永远就是1秒，这是“严而有恒”。因此它是“严格”的，就像一个“严格”的人。将数学知识赋予“人”的性格，一方面深化了学生所学的知识，另一方面时间就成了学生的榜样，使数学教学从“喻人”提升到“育人”，也使数学教学从知识本身提升到文化价值教育。

42. “认识几时几分”教学设计

张惠英
（福建省厦门市海沧区锦里小学，青年名师）

※ 课前思考

“认识时间”这课所涉及的知识，对学生来说并不陌生。在一年级认识了钟表，会认读整时，并且生活中，时间无处不在，学生或多或少积累一些相关经验。通过前测的反馈及访谈，认识非整时的时间，对于许多学生具有一定的难度，特别是表示接近整时的钟面，容易认错。针对这学情，我们思考以下几个问题：1. 认识几时几分，该如何借助动态的过程，让学生体会“几时几分”与“几时”之间的关系，帮助学生突破认读中的一些难点。2. 如何处理好学生直接动手操作在学具钟“拨某个时刻”到根据“某个时刻”学生尝试在学具钟面上画出时针和分针的位置。让学生思维深度介入，让学生深度思考。

※ 教学过程

一、课前准备，激活经验

借助“微课视频”的视频资源，提前一天发布课前微课视频“认识钟面”，让学生回家观看并完成配套小练习。

【设计意图】设置课前微课导学环节，使学生的前经验被激活，一方面让学生对钟面和整时有一个简单的回顾，对本节课的内容有一个粗略的认识和思考。另一方面前测的呈现与反馈也提升了学生学习的主动性，更是后续学习的生长点，从而提高课堂效率。

二、动态感知，操作体验

1. 任务驱动，激活经验

（1）师：懒懒在美术课上画了一个钟面，但因为时间来不及，没有画完，你们能帮他补充完整吗？

（2）小组合作，学生在学具钟面上补充钟面：一个大格分成 5 个小格，钟面有 60 小格。

（3）全班交流。（课件展示完整的钟面）

【设计意图】让学生亲手体会钟面的拼组过程，特别是在画小格中体会一大格里面有 5 小格，为学生认识时间单位“分”作铺垫。

2. 问题驱动，探究“分”

（1）理解分针走 1 小格是 1 分。

师：这位同学把一个大格平均分成 5 个小格，像这样钟面上这样每一个大格都被平均分成 5 小格。分针走过这样的 1 小格是几分呢？

生 1：老师我知道，分针走 1 小格是 1 分！

生 2：老师我也知道，分针走 1 大格是 5 分！

生 3：老师我还知道，分针走一圈是 60 分！

师：哇！你们知道的可真多呀！那谁能上来指着钟面说一说？

生上台指一指，说一说。

生：分针从 12 走到这，是 1 小格也就是 1 分，走到 1 是 5 小格，也就是 5 分。走到 2 是 10 分……走了一圈就是 60 小格，也就是 60 分。

师：说得怎么样呀，掌声送给他。

（课件演示分针一小格。）

（板书：分针走 1 小格是 1 分）

（2）认识“分针走 1 大格是 5 分”。

师：那分针走 1 大格是几分呢？你是怎么知道的？

使用放大镜，放大一个大格，数出“分针走 1 大格就是 5 分”

小结：分针走过几小格就是几分，分针走 1 大格就是 5 分。

（3）体验“分针走一圈是 60 分”

学生拨钟，观察分针走一圈是几分。根据学生的回答，数出钟面上总共有 60 小格。

师小结：真了不起！通过数一数和乘法口诀，我们发现了：分针走一圈是 60 分。（板书）

3. 动画感知，认识时与分的关系

（1）课件出示问题情境。

师：说到这里，懒懒有疑问了。（播音频）懒懒的疑问：分针走了一圈，时针呢？

（2）课件播放龟兔赛跑的动画情景。

师：孩子们，我们一起看看龟兔赛跑的动画。

音频：快来看我们跑步吧！懒懒说：小兔跑和小乌龟跑有什么不一样呢？你发现了什么？

生：小兔跑得非常快，小乌龟很慢。

（3）动画播放时针和分针的转动过程。

师：懒懒为什么说 1 时 =60 分，你觉得呢？不着急，4 人小组之间互相交流讨论一下。

生：刚刚我们看到分针转了一整圈，也就是 60 分，而同样的时间时针走过了 1 个大格，也就是 1 小时，他们所用的时间是相等的，所以我们说 1 时等于 60 分。

师引导学生动手拨钟验证发现：分针走了一圈，是 60 分，时针走了 1 大格，是 1 时。

（板书：1 时 =60 分）

【设计意图】为了让学生更为形象地体会时针和分针转动的特点，使用动态呈现，更为直观。

4. 设置冲突，认识“几时几分”

（1）呈现问题情境——懒懒迟到的情境。

师：真是一群会讲道理的小朋友。你们帮懒懒解决他前几天遇到的难题。真好，让我们一起来看看发生了什么？你们觉得懒懒会迟到吗？为什么？

生：老师，我觉得会，都已经 6 时 55 分了，比赛 7 时就开始了！我觉得懒懒会迟到！

生：老师，我觉得不会，这个钟面应该是 5 时 55 分，不是 6 时 55 分。

生：是呀，老师，6 时 55 分，时针应该快要到 7 了。

生：不对，时针指着六呢，那就是 6 时 55 分。

（2）动手拨钟，认识 6 时 5 分。

师：看来同学们出现了不同的意见，到底这个是 6 时 55 分，还是这个呢？（板书贴钟面，写问号）不着急，拿出钟表，让我们通过拨钟学习几时几分。

师：那我们从 6 时开始，请同学们拨出一个 6 时的钟面。真快！ 6 时 5 分呢？谁能说说你是怎样拨的？

生：分针指向 1，是 5 分，时针指着 6，是 6 时，这个钟面就是 6 时 5 分。

生：不对！时针不是正指着 6，时针已经超过 6 了？

师：谁的说法才是正确的呢？让我们借助放大镜来一睹真相吧！放大镜下我们看到了什么？时针并没有正指着6。谁知道这是什么原因？

生：老师，我知道！因为分针在走，时针也在走啊！

生：就像小兔在跑的时候，小乌龟也在慢慢移动！时针是在走的！

（3）动手拨钟，认识6时25分。

师：真会观察！那6时25分呢？想不想自己拨？

（4）谁来说说钟面上的非整时时刻该怎么认读？

小结：看时针，时针走过几，就是几时多；看分针，分针走过几个小格，就是几分；合在一起，就是几时几分。

（5）用电子钟表示法记录时间：

师：你会用电子钟表示法记录这几个时间吗？动手试试。

（6）动手画钟，认识6时55分。

师：那么懒懒口中的6时55分又应该是怎样的呢？现在我们不拨了，你能画出它的时针和分针吗？小组合作在钟表学具上画一画。

师：分针快走完一圈，时针也快走到7了，现在再看这两个钟面，你觉得哪个钟表的时间才是6时55分呢？

学生交流，师引导学生动手验证：从6时拨6时55分，看看钟面的时针和分针的位置。

师：为什么6时55分的钟面，时针指向接近7而不是6？请说明理由。

微课播放，突破认识接近整时时刻的钟面。

【设计意图】有了前面的铺垫，学生能够在交流和拨钟的操作中，自主学习简单的钟面读法，在突破接近整时时刻的读法时，为了使学生更加清楚地分辨究竟过整时了没有，这里采用微课更为直观而细节地呈现，解决教学难点的同时，培养学生的自主学习能力和动手操作，交流表达能力。

三、巩固新知，综合提升

闯关练习：

第一关：分一分。

出示以下几个钟面：

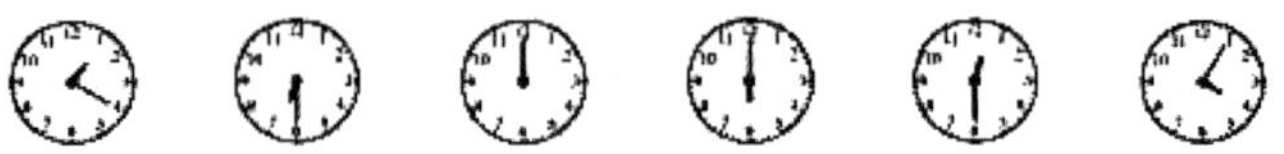

1时20分　6时半　12时　6时　12时半　4时05分

师：你能根据时间的特点将这些钟面分一分吗？这些钟面卡片就在你们的学具袋里，请你拿出来分一分，并和同桌说一说分类的理由。

第二关：理一理。

师：你能认出这两个时间吗？说说你是怎么看的。

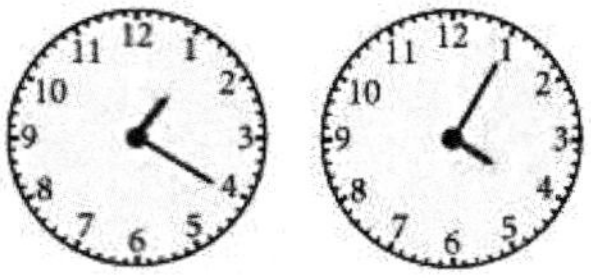

第三关：辨一辨

师：都是指向 1 和 4，为什么一个是 1 时 20 分，一个却是 4 时 05 分？

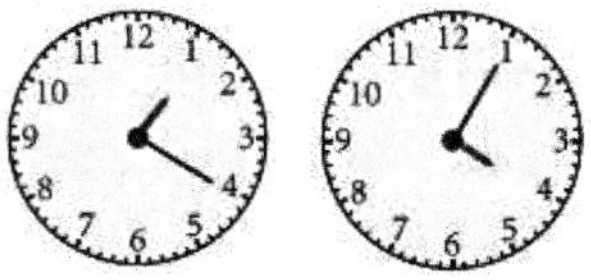

第四关：画一画。

懒懒有两个送到钟表店维修的钟面，停止前的时间分别是 8 时 55 分和 9 时 05 分，你们能帮帮他吗？这两个钟面的分针分别指向谁？表示什么时间？说说你是怎么判断的。

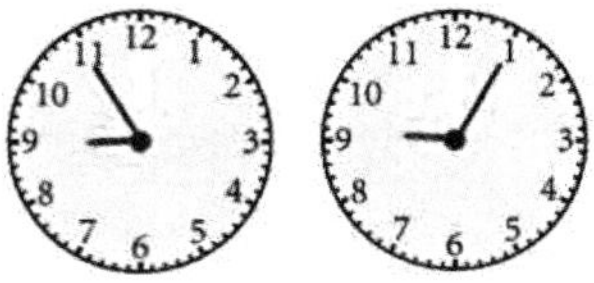

【设计意图】在练习中，呈现了一组结构化的学习材料，站在学生的视角，围绕本节课知识本质，设计了让学生主动参与的问题情境，给每个学生表达的机会。在辨析明理中，给学生自主学习的空间，在分类中辨别几个特殊的整时，半时，和一般时刻，引导学生再一次明确，看时间要看清楚时针和分针的重要性，发展学生的时间观念。

四、回顾总结，升华提高

师：恭喜大家闯关成功！不知不觉中我们一节课已经快要结束了，现在是几时几分？（出示钟面）我们要珍惜每一分钟。抓住最后的几分钟，请同学们闭上眼睛回顾一下今天的学习内容，你有哪些新收获的知识想要和大家分享的吗？

43. “教室有多长”课堂实录与反思（课例一）

林佳
（四川省成都市解放北路第一小学，青年名师）

※ 课前思考

“教室有多长”是本单元的第一课时，为什么教材要在这里有这样一课，而不直接从用直尺进行测量教学开始编排呢？在测量中选择合适的“度量单位”是关键，“度量单位”的多样性和统一性反映了人类测量活动的发生、发展历程，反映了测量的本质，因此教科书在引出长度单位之前，引导学生寻找合适的测量工具进行实际的测量活动，鼓励学生小组合作、互相交流，积累基本的与测量活动相关的活动经验，这样做是为了通过学生亲身经历测量活动的过程，感受统一度量标准的重要性。从而理解度量工具的出现有其特别的发展过程和意义，在动手操作中，增进对数学知识，数学思想的理解和感悟。

※ 教学过程

一、立足儿童，设计适当的情境，激发学生的学习动机

师：班上要组织一次班会活动，教室的两边要用彩带装饰，老师让淘气和笑笑测量教室的长度，可以怎样测量教室的长度呢？

生：可以用尺子测量。

师：对，可以用尺子测量长度。但是只能用尺子进行测量吗？如果他们没有尺子，该怎么办呢？聪明的小朋友请你帮淘气想想办法，他们可以怎样测量教室的长度呢？

生 1：他们可以用红领巾来比一比，看看教室有几条红领巾长。

生 2：他们可以用数学书来量一量，看看教室有多少本数学书长。

生 3：他们还可以用文具盒来比。

生 4：还可以用脚。

……

二、交流讨论，理解“度量”的叠加本质

师：刚才通过交流，我们发现既可以用身体的某个部分来作为工具测量，还可以用身边的实物作为工具来测量。那么当我们小组的伙伴在进行测量时我们应该注意些什么呢？

生 1：测量完一个要做好记号，下一次测量要从记号这里开始测量，一次一次的地记号，一次一次地测量。

师：也就是说如果用数学书来测量，那么数学书摆放的首尾位置要做好记号，不能有重复和空缺的地方，最后看用数学书测量了几次是吗？（是的）

生 2：我们可以拿很多本数学书并排着摆放就知道教室有多少本书长了呀！

师：你真会想办法！还会把它们全部叠加在一起。

三、在测量活动中积累经验，体会从“量”（liáng）到“量”（liàng）的过程，建立数感

这一环节是让学生分组进行实际测量活动，教师注意在学生活动中进行指导。学生的数感建立离不开具象的操作活动，通过多样的测量活动，让学生经历从具体到抽象的数学思维过程。在“量”（liáng）中体会到“量”（liàng），并能够用一定的方式表达和交流测量的结果。积累测量活动经验，为后续学习打下基础。

四、体会度量单位不同，度量的结果就不同，理解统一度量衡的意义

师：哪个小组来说一说你们测量的结果？（教室长约 9 米）

生 1：我们用我的手掌来测量的，教室大概有 75 个我的手掌那么长。（该生手掌约 12 厘米长）

师：我注意到你们用了一个词“大概”，为什么？

生 1：因为我们测量的时候有两个地方有一点点移动，可能不准，所以就是大概了。

师：你们真会思考，也很会用词语。我们在测量的时候时常会有一点小错误，这种错误叫作“误差”，它会导致我们测量不太准确，这时候就可以用“大概”“大约”这样的词语来描述。

师：你们组明明有四个人，为什么不让每个小朋友的手掌都参与测量呢？

生 1：因为我们四个小朋友的手掌长度不一样，这样测量不准确。

生 2：我们组用数学书测量的，测量出教室大概有 34 本书多一半那么长。

生 3：我们组用文具盒测量的，教室大约有 30 个文具盒那么长。

生 4：我们组用水彩笔来测量的，教室大约有 53 支水彩笔那么长。（水彩笔约 17 厘米长。）

生 5：我们用脚来测量的，教室大约有 36 只脚掌那么长。

……

师：同学们非常能干，通过小组合作，利用不同的“工具”都测量出了教室的长度。但是老师有个问题不明白，既然我们可以利用身边的物品进行测量，为什么古人还非要弄出个尺子来测量呢？

生：因为不同的工具测量出的结果都不同。

师：对，不同的测量工具，导致了测量结果的不同，会有什么问题呢？

生 1：这样就不准确，不能让我们得出一样的结果。

师：为什么一定要有统一的结果呢？

生 2：统一的结果才会更准确，我们到哪里都可以用这个结果。如果老师没有小朋友的彩色笔，他去买彩带的时候就不知道 53 支彩色笔有多长。

师：对，我们的祖先曾经也是各自用自己的方式对物体的长度进行测量，他们发现自己测量的结果，和别人的不同，带来了许多麻烦。所以古人就制作出了统一的测量工具——直尺，这就是现在我们都用尺子来测量长度的原因！我国最先在全国范围内统一度量单位的皇帝是距今2000多年前的秦始皇。他命人制作了标准器具来进行长度、重量、体积等度量衡的测量，这一举措为他管理全国起到了非常重要的作用。

※ 课后反思

度量几乎包含了数学的所有领域，数量的度量发展出了自然数、小数、分数、正数、负数等，时空领域的度量发展了时间、长度、面积、体积、角、速度等。所以保罗·洛克哈特才会将度量看成是一首献给数学的情歌！可以说度量是人类认识现实世界的基本方法，在度量过程的高度抽象中发展了各个知识领域。“教室有多长”这一课仅仅是度量瀚海中微不足道的一隅，作为学生学习度量的第一课，我们需要教给学生的是度量的基本方法和基本思想。让学生退回来，站在度量的源头，看待度量的发展！

44. “教室有多长”教学设计（课例二）

赖敏飞
（广东省韶关市武江区田家炳沙湖绿洲小学，青年名师 ）

※ 课前思考

通常的“测量”教学需要经历“直接比较、运用非标准长度单位测量、运用标准长度单位测量”三个过程，这样可以帮助学生对标准单位的意义有充分的理解。本节课作为正式学习长度单位之前的准备课，目的是通过用自选单位测量物体长度的活动，在“量”中体会到“量”，并能够用一定的方式表达和交流测量的结果，积累活动的经验，为后续的学习奠定基础。学生在一年级上册已经积累了直接比较长、短的活动经验，对长和短有了一定的认识，能想出很多测量的方法。所以无需担心方法的选择，可以放手让学生自己选择，但学生测量操作的经验就很少，有些几乎为零，而且学生年龄小，在表达和交流测量的结果时，教师要多加引导。

※ 教学过程

一、创设情境，激发兴趣

（课件出示教室情境图）

观察思考：1. 怎样才能知道教室有多长？

2. 用什么东西来测量呢？（生回答）

看看这里的小朋友：说说他们是用什么东西来测量的？（出示情境图）

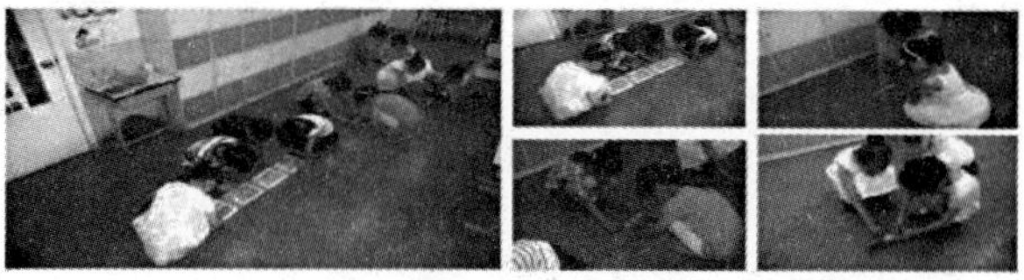

（生：书本、尺子、笔盒……）今天我们就来学习“教室有多长”。（板书课题）

【设计意图】让学生从自己熟悉的环境入手，充分感受到数学就在身边，通过观察图片，让学生了解到身边的很多物品都可以是测量教室的工具，体会测量工具的多样化，也为后面测量时工具的选择提供了依据。

二、探究交流，实践解疑

1.探究一：测量绳子

师：大家想不想亲自测量一下教室呢？但是，今天受场地的限制，教室就不测量了，改测量绳子，好吗？

师（出示绳子）：我们可以用什么东西来测量这根绳子？（书本、瓶子、尺子……）

（1）讨论：测量的过程中要注意什么？（生讨论后回答）

（2）判断：下面的三种做法对吗？

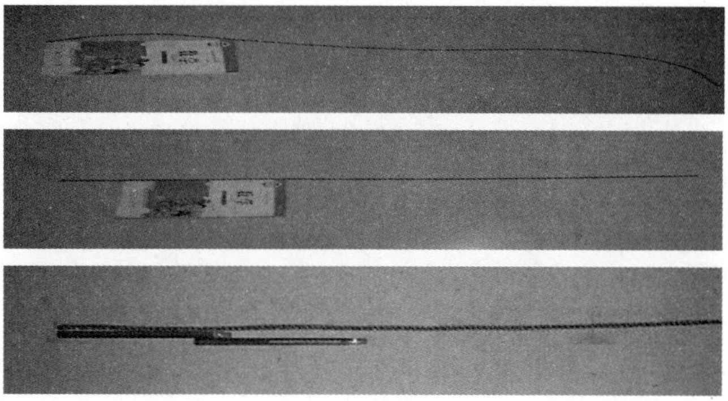

生回答，师小结（板书）：

绳子要拉直，从一头开始。

一个紧挨着一个摆放，做好标记。

【设计意图】让学生讨论测量的注意事项，同时展示学生测量时最容易犯的3种错误，让学生在测量前清楚测量的方法，有效避免了学生在测量时犯同样的错误，提高测量的准确性。

（3）探究：活动要求。

①分好工：谁测量、谁记录、谁汇报。

②边量边想：量的时候要注意什么。

③填好表格。

我们小组的测量工具	我们小组的测量结果

提示：用尺子测量的小组，不考虑上面的刻度。

（4）四人小组测量。

放手给学生，师巡视指导。

（5）学生汇报。

①汇报的要求：用什么工具测量，怎样测量的，测量的结果是什么？

②生汇报（边汇报边演示）。

师汇总（板书）：

我们小组的测量工具	我们小组的测量结果

③观察测量的结果，回答问题：

为什么都是用尺子，结果却不相同呢？（生回答，师小结：因为测量用的尺子长度不一样，测量的结果也不一样）

如果用更长的盒子，会出现什么样的结果呢？为什么？（生回答：会比这个数量少，因为这个盒子更长。师演示验证）

刚才我们每个组都用一种测量工具对同一根绳子进行了测量，可是为什么测量的结果却不一样呢？（生回答）

小结：因为我们每个组选择的测量工具的长度不一样，所以测量的结果也不相同。

【设计意图】

（1）“数学活动经验”是在“做”中积累起来的，此阶段的学生年龄和认知特点决定了很多时候学生的数学学习需要借助一定的外部活动来帮助理解，放手让学生按要求测量不仅积累了活动经验，而且在“量”的过程中掌握了正确的测量方法，感知了统一度量单位的重要性。

（2）这样一个问题串的设置一环扣一环，层层深入，让学生在质疑—释疑中理解、得出结论：选择的测量工具的长度不一样，所以测量的结果也不相同。

2. 探究二：用易拉罐摆一摆，看谁摆得高

（1）规则：把易拉罐一个一个地往上摆，不能用手扶，20 秒的时间，谁摆得高谁就获胜。

（2）选 2 人进行比赛。

（3）让学生说一说比赛的结果：谁获胜了，为什么获胜？

小结：用相同的易拉罐来摆，谁摆得多，谁就获胜。

【设计意图】这一环节在轻松、有趣的游戏活动中，渗透单位的累加思想，使学生直观感受到：相同的单位累加得越多，量就越大。

3. 探究三：猜一猜哪根木条长？

课件出示：笑笑和淘气分别用回形针测量了两根木条的长。

测量结果：

笑笑：我量的木条的长度是 3 个回形针的总长。

淘气：我量的木条的长度也是 3 个回形针的总长。

提问：两根木条的长度是一样的吗？（生猜想）

师出示两种结果并小结：

（1）两根木条一样长。

小结：当回形针的长度相等，所用回形针的个数相同，那么测量物体的长度相等。

（2）两根木条不一样长。为什么？（生回答，师小结）

小结：当回形针的长度不相等，虽然所用回形针的个数相同，但测量的物体的长度不相等。回形针长所测量的物体长度就长，反之就短。

【设计意图】让学生经历思考——猜想——豁然开朗的过程，既激起了学生的兴趣，又让学生进一步体会了统一单位的必要性。

4. 探究 4：估一估

了解：人的头长与身高的关系。

儿童：身高相当于自己的 6 个头长。

普通成人：身高相当于自己的 8 个头长。

特殊成人（姚明）：身高相当于自己的 9 个头长。

【设计意图】这一环节的设计，主要是通过具体的实例，渗透度量意识。

5. 探究 5：想一想

如果每个小组都选择同样的测量工具去量刚刚的绳子，比如：都用数学书去量，会出现什么结果？（生：一样）

小结：用相同的测量工具去测量同样的长度，结果是一样的。

【设计意图】通过这一问题的思考，让学生经历一系列的体验活动后，清楚地知道出现测量结果不一致的关键是：测量工具的不同，进一步体会统一度量单位的重要性与必要性。

三、回顾小结，反思收获

今天开展了什么数学活动？通过今天的活动，你有什么收获？

【设计意图】

1. 引导学生回顾学习过程，通过同伴讨论、学生分享的方式引导学生对本课新知进行小结。

2. 组织学生对自己的课堂表现进行回顾、反思和分享，加深学生关于测量的认识。

3. 利用自我评价表，引导学生对自己知识的掌握情况及学习习惯进行自我评价。

4. 帮助学生梳理知识，构建完整的知识体系，促进知识的内化，加强学习的信心。

5. 使学生进一步体会数学与日常生活的密切联系，拓宽学生的视野，体会测量的应用价值，在课尾掀起新一轮的探究热潮。

45. “倍数应用题”游戏练习课设计

李志军
（四川省眉山师范附属小学，特级教师）

一、尝试发现和创造数学问题，并互助合作解决

1. 多媒体观摩“捉迷藏”游戏

玩法：

a. 甲、乙各随意从同一盒扑克牌中任意抽出一张扑克牌，扣着，让对方暂不知道扑克牌上的数字。（J、Q、K 分别看作 11、12、13）

b. 甲、乙以“剪刀石头布”游戏划拳，决出谁是“隐藏人”，谁是“捉隐藏人的人”，即：谁藏？谁捉？

c. “捉隐藏人的人”亮牌（如 5），“隐藏人”依据对方亮出的数字以数学谜语方式表述出自己抽得的数字（如 7，可表述为：比 5 多 2 的数），请对方猜。

d. 计分办法：“隐藏人”和“捉隐藏人的人”都正确，各积一分；若“隐藏人”出错，扣掉 1 分，而“捉隐藏人的人”积 1 分；若“捉隐藏的人”出错，扣掉 1 分，而“隐藏人”积 1 分。谁最先积满 3 分，谁就获胜。（可用余下的扑克牌作计分工具）

师：在玩法方面，你还有哪些地方不明白？

2. 两名学生尝试演练游戏，全班学生一边观摩一边思考：你认为怎样容易取胜？

3. 两人小组第一次游戏

要求：表述时，必须用上“多”“少”或“同样多”等字词。

4. 两人小组第二次游戏

要求：表述时，必须用上“倍”等字词。

5. 小结：哪些同学获胜啦？哪些同学指正过对方？帮助别人，提高自己！

二、亲历数学建模意思

1. 两学生表演

要求：如甲先板书出“A 是 5”，乙根据甲板书的“5”一边创造题目一边板书出“B 比 5 的 2 倍少 3，B 是几？”，甲再板书解答算式“5×2−3”。

2. 教师引导示范，亲历数学建模意思

教师在学生板书基础上，添加内容板书为：有男生 5 人，女生人数比男生的 2 倍少 3 人，女生有几人？

师：解答算式怎么写？能照搬已有的算式吗？

3. 学生效仿教师利用已有数学素材，创造出带具体情境的数学问题，如植树、修路等

教师追问：还能照搬已有的算式吗？指出：题目不同，思想相同！

教师再追问：你还能提出（创造）其他数学问题吗？

三、游戏作业

两人一组上台表演：以两人游戏生成的练习素材，其余人自己创造出带具体情境的数学问题并书面解决，然后当堂展示，师生共同评析。

46. “坐得下吗？”教学设计与反思

苏铃笛
（四川省德阳市沱江路小学，青年名师）

※ 课前思考

问题解决，需要贴近学生的实际生活；解决问题，需要依靠模型去架构。本节课旨在让学生经历多角度观察，给出解决问题的多种策略，多元化解决问题，培养数学思维灵活性。可是问题解决之后呢？除了多元化解决问题，还可以带给学生怎样的思考？在《数学课程标准》有这样一句话：“让学生亲身经历将实际问题抽象成数学模型并进行解释与应用的过程，进而使学生获得对数学理解的同时，在思维能力、情感态度与价值观等多方面得到进步和发展”，这实际上就是要求把学生学习数学知识的过程当作建立数学模型的过程，并在建模过程中培养学生的数学应用意识，引导学生自觉地用数学的方法去分析、解决生活中的问题。所以，笔者认为，在本节课的教学中还需要引导学生建构几种模型：

1. 解决问题的大模型：“知道了什么？”“怎样解答？”“解答正确吗？”

2. 多种策略乘加乘减的模型：每份数 × 份数 + 去掉的 = 总数，每份数 × 份数 − 添上的 = 总数。

3. 解决“够不够”这类问题的具体模型：一算、二比、三答。

因此，本节课的重点在于引导学生展示自己的思考过程，从不同的角度选择计算方法，多元化解决问题，多方位建构数学模型。

※ 教学过程

一、情境引入

以三星堆引入，出示图片信息

一共有多少辆公共汽车？

师：同学们，你们知道吗？沉睡数千年，一醒惊天下。举世闻名的三星堆就在德阳。2 年 3 班的同学这周打算去三星堆博物馆参观，瞧，他们来到了停车场，这里一共有多少辆汽车呢？请同学来说说，你是怎么想的，又是怎么算的！

【设计意图】学生梳理有效的数学信息，解决基础问题。

生：先不看这 3 辆，每排有 6 辆车，共 3 排，所以是：3×6+3=21（辆）。

生：我先假设这里是一样满的，添 3 辆，每排有 6 辆，共 4 排，所以是 6×4−3=21（辆）。

师：同学们表达得真清楚，看来你们对之前的知识掌握得很好。我们今天要继续运用这些知识来解决问题。（板书“解决问题”）

【设计意图】以三星堆为情境，贴近生活，增强学生的民族自豪感。

教学思考：复习引入环节，以情境为切入点，根据乘法的意义复习用乘加乘减不同策略解决简单的实际问题，体验学以致用的喜悦，激发学生的学习兴趣，为学习新知作铺垫。

二、新知探究

1. 收集信息，交流信息——建构“知道了什么？”

有2名教师和30名学生，租下面这辆车，坐得下吗？

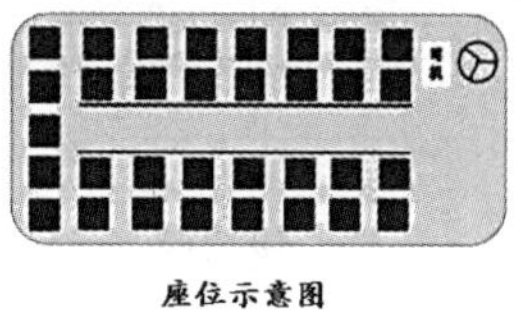

座位示意图

师：他们打算租这辆车。请问，从题中，你知道了什么？（板书“知道了什么？”）

生：2 名老师和 30 名学生，有座位示意图，方框就表示座位。问题是“坐得下吗”？

师追问：这该怎样解答呢？（板书“怎样解答”）“坐得下吗”是什么意思呢？什么情况才坐得下呢？

生：嗯，就是要用人数和座位数做比较，人数比座位数多时，坐不下；人数和座位数同样多、人数比座位数少时，就坐得下。

师：你们的思路是清晰的，那人数和座位数怎么算呢？从何得出？

生：文字信息可以算出人数是2+30=32（人），就需要32个座位。再从图中去算座位数。

师：是的，那请同学们在题单上画一画，算一算座位数是多少吧！

2.多元表征，突破关键——建构“怎样解答？”

（1）学生独立思考，计算座位数。

（2）汇报交流，形成多种思路，利用图示列出算式，体现多种策略解决问题。

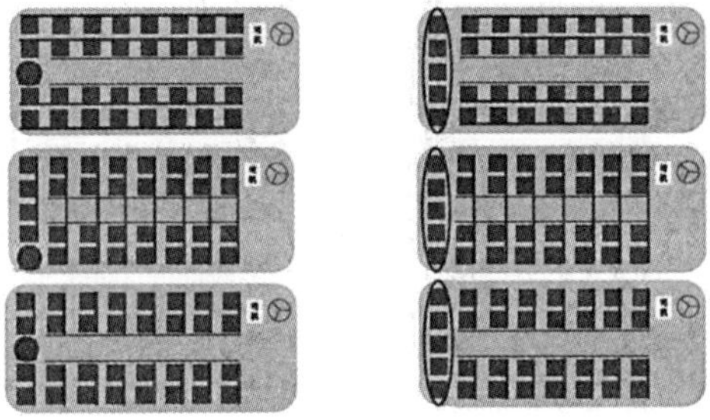

（3）解决问题“坐得下吗？”。

先算出一共的人数，再与总座位数进行比较，

2+30=32（名），32 < 33，坐得下。

【设计意图】突出两个方面的内涵。首先，通过画图利用几何直观，促进了学生对乘加乘减问题解决的理解。几何直观在解决问题教学中的价值是显而易见的。其次，通过不同表征延长体验，促进了学生对问题解决的感悟。在课中首先让学生用别人能看懂的方式表示出自己的思路，然后呈现不同孩子的图示进行交流，再次进行第三种方法的图像表征。这样有意识地延长问题解决的过程，让孩子感受不同的表征方式，使学生对解决问题的感悟有更多的时间和空间。

3.比较方法，理清思路——建构加法、乘法模型变式

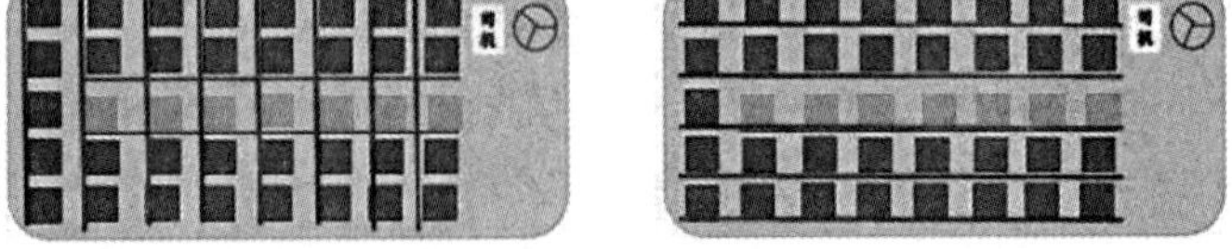

【设计意图】在学生原有的生活经验的基础上，通过情境构建、观察分析、合作交流等形式，让学生明确从不同的角度进行观察，解题的思路也有所不同，渗透多种解决问题的策略和方法，并且最终归总模型：每份数 × 份数 + 去掉的 = 总数，每份数 × 份数 − 添上的 = 总数。

4. 反馈交流，梳理检验——建构“解答正确吗？”

有2名教师和30名学生，租下面这辆车，坐得下吗？

师：通过我们的共同努力，算出了人数有 32 人，座位数是 33 个，人数比座位数少，所以坐得下。要写上单位和答。然后，还要检查一下，解答正确吗？（板书“解答正确吗？”）

师：怎样检查？

生：可以将人放到座位上去检查够不够坐。

师：是的。我们用数字代替人，将它们放到座位上看一看。（课件动画演示，直观展现结果）

生：坐得下，还多一个位置呢。

师：解决了坐车问题后，小朋友们也踏上了三星堆博物馆的参观之旅，我们跟随他们一起看看吧。（师播放三星堆视频。）

【设计意图】“三星堆”情境承接课堂，传播家国文化，同时让学生放松片刻。

教学思考：

1. 建构解决问题三大步骤的大模型，虽未向学生明确提出，但在潜移默化中做了示范，长此以往，学生也会习惯按这三大步骤去思考及解决问题。

2. 建构加减法模型的延伸变式，并以板书形式呈现给学生，是这一过程的重点。当然，它们最终还是要归于加减法（部分 + 部分 = 总体）和乘除法（每份数 × 份数 = 总数）的基本模型上。

三、练习巩固

1. 推广应用，完成建模——建构“够不够”模型

师生共32人，每人买一个面具，这些面具够吗？

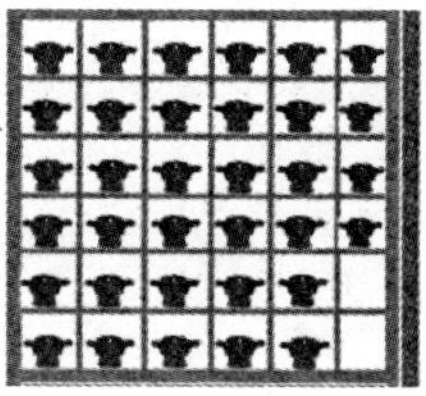

【设计意图】通过与例题的结合，梳理总结出“够不够”问题的解决模型：一算、二比、三答。

2. 拓展变式，应用模型——综合巩固几种模型

小亮一共有40个车轮，他能组装出一列有6节车厢的小火车吗？为什么？

教学思考：单凭一道例题是无法支撑模型的建构的，所以本节课最新的“够不够”模型构建是在练习题1解决之后，通过两道题让学生明确此类问题的解决思路，特别是“比较”的这一步。同时，本节课的三个模型都给出了，轻重缓和，分散给出，学生更易接收。

拓展变式题，从图形到文字，都很考验学生的观察收集信息的能力。当通过交流和提炼，把握解决问题的基本模型后，要让学生积极主动地运用模型去解决问题，让他们感受轻松解决问题的快感，激发学生学习数学的兴趣，从而培养数学应用的意识。

四、回顾总结

※ 课后反思

在经历一节课多种策略、多种模型解决问题之后，再回到最初去思考“问题解决”过程中所使用的方法。从思路上看，本节课在探究新知中，“求人数”用到分析法，“求座位数”用到综合法，从手段上看，解决问题时用到画图法，检验时用到操作模拟法表法（座位一一对应人数）。这些方法都内隐在知识的获取过程中，内隐在解决问题的过程中，都属于“缄默知识”的范畴。因“缄默”，所以容易被人忽略，所以我们在教学中想方设法地加以培养，以更好地发展学生“问题解决”能力。

板书设计：

解决问题

知道了什么？坐得下吗？	够不够？
怎样解答？人：2+30=32（个）	一算
座：8×4+1=33（个）	
32＜33	二比
答：坐得下。	三答

解答正确吗？

47. “数一数（一）”课堂实录与反思

韩晓彤
（河南省郑州市金水区金沙小学，青年名师）

※ 课前思考

《义务教育数学课程标准（2011 年版）》中提出了数感、符号意识、空间观念、几何直观、数据分析观念、运算能力、推理能力、模型思想、应用意识和创新意识十个核心概念。《义务教育数学课程标准（2011 年版）》指出：数感主要是指关于数与数量、数量关系、运算结果估计等方面的感悟。建立数感有助于学生理解现实生活中数的意义，理解或表述具体情境中的数量关系。在课堂教学时，先通过生活实例，使学生体会到生活中有大数，然后利用对正方体这一直观模型的实际操作，并结合具体情境，让学生实际感受到“千”的具体含义，培养学生数感。

※ 教学过程

一、谈话导入

师：同学们，这是老师拍摄的体育场看台的照片。（出示照片，看台人群密集）

师：大家猜猜体育场大约有多少人？（学生猜测）

师：我们班有多少人？（50 人）两个班呢？（100 人），那这里比 100 人怎么样？（多得多）

师：今天我们就来一起学习生活中的大数。（板书：生活中的大数）

二、感悟新知

师：老师手中的计数器，现在个位上拨了 9 个珠子，如果个位再添上 1 个珠子是多少？谁能上来给大家演示并讲解一下？

生：个位再添 1 个是 10 个珠子，把 10 个珠子退下去，在十位上拨 1 个珠子表示十即可。

师：现在老师计数器上的数字（九十九），如果个位再添 1 个珠子，该怎样表示？

生：这时个位添 1 个珠子，计数器的数字会变成一百。个位满十向十位进 1，十位满十向百位进 1，最后只有百位上拨的 1 个珠子，其余数位的珠子都退下去了。

师：老师再来拨一拨，现在你知道老师手中的计数器上表示的数是多少吗？为什么？

生：表示的是 999。因为百位上的 9 个珠子表示 9 个百，十位上的 9 个珠子表示 9 个十，个位上的 9 个珠子表示 9 个一，合起来就是九百九十九。

师：如果此时个位再添 1 个珠子，是多少呢？

生：是一千。

师：满十进 1，九百九十九再添 1 个就是一千。

师：大家看这是什么？（出示 1 立方厘米的小正方体）

这又是什么呢？（出示 1 立方分米）

生：1 个小正方体和 1 个大正方体。

师：这个大正方体可以用这样的小正方体组成。请同学们想一想要用多少个这样的小正方体，才能拼出这个大方体呢？（学生猜想）

师；究竟谁猜得对呢？我们该怎么办？（验证，数一数）

师：老师把这个大正方体请到了纸上。请你们用自己的方式数数，这个大正方体究竟由几个小正方体组成。

（学生先独立思考，尝试解决问题，自己数后可以在小组内交流想法，然后汇报）

生 1：竖着数一列 10 个，一面 10 列，也就是 10 个 10，是 100 个，一面有 100 个，这里有 6 面就是 6 个 100 个。

师：他说的大家同意不同意？我们一起来看看。（师引导层一层地看）

生 2：先数第一层的第一排，一排有 10 个。

师：具体说一说，你是怎么数的？（板书：一个一个地数）几个一？十个一是多少？（板书：十个一是一个十）接着你怎么数？

生：数一面有几个？

师：那现在你还是一个一个地数吗？

生：十个十个地数。

师：（板书：十个十个地数）数出几个十？

接下来你还是十个十个地数吗？

生：不是，是一百一百地数。

师：一百一百地数，你数了多少个百？

生：数了十个一百，是一千。

师：那你会一百一百地数到一千吗？（没问题）

师：刚才我们通过一个一个地数，知道了十个一是十，十个十个地数知道了十个十是一百，一百一百地数，知道了十个一百是一千，对了，“千”就是我们今天认识的新朋友。

师：现在你能从八百八十七数到一千吗？我们可以怎样数？

生1：我可以一个一个地数。八百八十七、八百八十八、八百八十九……

师：数完后有什么感觉？

生1：感觉很累。

生2：我可以先十个十个地数，当数到九百九十七时，再一个一个地数。九百九十七、九百九十八、九百九十九、一千。

生3：我先往后数一个百到987，再往后数一个十到997，最后再一个一个地数到一千。

师：同学们说的这些方法都可以，选择你自己喜欢的方法在小组里数一数，看能不能数对？

学生在小组里相互数数，教师巡视了解情况。

师：这个大正方体是由一千个小正方体组成的。一千个小正方体是这么多。

师：同学们，你们写字用过这样的纸吗？（出示方格纸）一张纸有几个格？如果我想写一千个字，那需要几张纸？

生：写满一张纸是500个字，一千个字需要写满这样的两张方格纸。

师：同学们，现在你知道一千有多大了吗？谁能举个例子来说一说？

生1：我们每个班有50名学生，这样的20个班就有1000名学生。

生2：我的文具盒里有10支铅笔，按这样计算，两个班有学生100名，那么就一共有1000支铅笔。

三、巩固应用

师：请同学们一个一个地数，从二百九十八数到三百零二，并在计数器上拨一拨。

生（在计数器边拨边数）：二百九十八、二百九十九、三百、三百零一、三百零二。

师：请同学们说一说，图中有多少个小正方体？

生：一面是100个，一列是10个，所以第一幅图中有125个小正方体。第二幅图中有106个小正方体。

四、小结提升

师：同学们，通过今天的学习，你有什么想和大家分享的吗？

※ 课后反思

本节课的教学注重引导学生深入生活实际，通过自己接触到的实例形成对较大数的初步印象。数感的培养不像学习知识和技能那么立竿见影，需要一个潜移默化、积累经验的过程。这节课在谈话导入新课时，让学生从自己班的人数到猜测体育场的人数，在新授部分感悟新知中让学生结合具体情境猜测，通过数数等方法感受一千。数数的方法和数的组成不是教师告诉学生的，而是学生在探索过程中自己感悟、总结出来的。通过估一估、数一数等数学活动帮助学生建立对“千”等数量大小的感觉，在认识数中逐步培养学生的数感。

48. “克和千克”教学设计与反思

徐海燕
（浙江省金华市湖海塘小学，青年名师）

※ 课前思考

“克与千克”这节课在“量与计量单位”这部分内容里有着非常重要的地位，也是后续学习“吨的认识”的前提和基础。虽然学生在生活中已经有了一定的轻重体验，但是他们认识事物往往比较关注物品大小、形状、长短、颜色等表面特征，对物体质量的关注比较少，而且具体的质量单位还是第一次接触，对物体的质量缺乏认识。同时质量单位不像长度单位那么直观、具体，不能靠观察得到。

因此，让学生建立起 1 千克和 1 克的观念是本节课的教学重点。难点是在建立 1 千克和 1 克观念的基础上，会以此为标准估计物体的质量，建立物与量之间的对应。因此从“掂”的体验到“估”的技能形成是一种跨越，更是对比的思想方法在教学中的渗透。

※ 教学过程

一、导入

师：同学们好！我是徐老师，你们还想知道我的哪些信息？

身高 163 厘米，体重 57 千克。

师：163 厘米表示老师有多高，57 千克是表示老师有多重。

表示物体有多重，可以用千克作单位，你们还知道哪些质量单位吗？

生：斤、公斤、克、千克……

师：斤和公斤是我国特有的质量单位，而国际上通用的是（板贴）“克和千克”，今天这节课，我们就来学习和克、千克有关的知识。克和千克还可以用字母表示，字母 g 表示克，kg 表示千克。跟着老师一起读。

二、认识1克

1. 掂一掂

师：（出示一袋南瓜子、一罐旺仔小馒头）这两样物品，你认为哪个重一些？

师：伸出你的双手，感受一下，哪个重？

判断正确吗？一起看包装上的信息。

师："净含量"是什么意思？

生：除去包装纸的质量，物体的实际量。

师：把物品分别放在两只手上，用掂一掂的方法可以感受到这罐小馒头比薯片重。

这个方法你学会了吗？

2. 初步感受1克

师：（出示2分硬币和一块橡皮）请你从学具袋中拿出一角硬币和橡皮，用掂一掂的方法，感受一下，哪个比较轻，开始。

生：2分的硬币轻。

师：大家一致认为2分的硬币比较轻。那这2分的硬币放在你手上什么感觉？

师：硬币那么轻，猜一猜，它的重量可能是多少？

生：1克、2克、3克……

师：到底有多重，我们可以请秤来帮忙。

师：（出示体重秤、厨房电子称、盘秤、天平、磅秤）

根据不同的需要，我们选择不同的秤。称这种又小又轻的物品，我们可以选择天平。

师示范称硬币并介绍天平：天平的这两个盘，左边放物品，右边放砝码，当指针指向中间时，表示两边一样重。

师：这种2分的硬币，大约重1克。放在手上，轻轻掂一掂，让我们静静感受一下1克的重量。

师：生活中，哪些物品大约重1克呢？（贴）

吃过口香糖吗？这样的一颗口香糖，大约重1克……

师：带着对1克的感受，来估一估，哪些物品比1克轻。

师：现在，你能说一说你心中的1克吗？

三、认识1千克

1. 感受500克

师：1克真轻啊，轻到只有一张人民币的重量，轻到只有1颗花生米的重量，轻到只有一枚一角硬币的重量。想一想，如果把 500 枚这样的硬币放在你手上，会是什么感觉呢？要不要试一试？ 500 枚有多重啊？（板书：500 克）

2. 感受 1000 克

师：拿出 500 克的糖，放在手上掂一掂，什么感受？再增加 500 克呢？现在有多重？ 500 克 +500 克刚好是 1000 克，1000 克还可以写成 1 千克。一起来读一读。

师：闭上眼睛、静静感受 1 千克有多重。记住这个感觉了吗?

3. 估 1 千克

师：老师准备了一些物品，需要小朋友们判断它们的重量是否接近 1 千克?（矿泉水 2 份、苹果 2 份、鸡蛋 1 份、方便面 1 份、数学书 2 份、A4 纸 2 份）

请看活动要求：四人小组组长领取一袋物品，和组员轮流感受物品的重量，再一起交流自己的想法，并说说你们是如何判断的。

4. 称重验证 1 千克

师：判断得对不对呢？这次，我们请盘秤来帮忙。

师：观察盘秤，你有什么发现？

生：每一大格表示 1 千克、指针指向几，就表示几千克、最大可以称 10 千克……（6 名学生按顺序反馈）

师：我们不仅可以借助数字记住 1 千克的感受，还可以用一叠 A4 纸的厚度去认识 1 千克。接下来，请大家用克和千克的知识，一起来解决一些问题。

三、巩固应用

1. 哪个单位比较合适？圈一圈

2. 下面物品有多重？填一填

（　　）（　　）（　　）

3. 下面物品有多重？连一连

20g　100kg　40g　3kg

四、总结

师：小朋友们，今天这节课，你学到了哪些新的知识？

生：我们知道了表示物体有多重可以用克和千克做单位。

我们知道了比较轻的物体可以用克做单位，比较重的用千克做单位。

我们知道了克用字母表示是“g”，千克是“kg”。

我们知道了 1000 克 =1 千克。

五、生活知识联系

师：之前小朋友们说体重时还用到了斤、公斤，这和今天学习的克、千克有什么联系呢？一起来读一读这个小知识。

你知道吗?

在生活中，人们还习惯用“公斤”、“斤”和“两”来表示物体有多重。如2斤苹果、2两茶叶、体重42公斤，它们和“千克”、“克”之间有什么联系呢?

1公斤=1千克　　1斤=500克　　1斤=10两

※ 课后反思

新课标指出，数学学习内容应当是现实的有意义的。显然只有让学生在充分的体验和感知中才能获得更为准确的感受，因此最终的落脚点是体验，让学生在大量的体验中，在大量的操作中，从不了解到了解，从基本的感受到建立 1 千克和 1 千克的准确感知，从而为“估”的跨越做好坚实的基础。

教学中，掂一掂 2 分硬币建立 1 克的质量观念，掂一掂 2 袋盐建立 1 克的质量观念，并且在掂 1 千克的盐和 1 克的 2 分硬币的过程中让学生不断进行横向的比较，思考生活中哪些物品的质量大约是 1 千克，哪些物品的质量大约是 1 克。让学生对质量的认识不局限于课堂上老师准备的物品，让生活中更多的物品质量进入学生的质量世界，为估计质量作铺垫。同时在课堂上也不断让学生掂自己准备的零食，老师准备的洗衣液，以及称重等活动，让学生对克与千克有了充分的感性认识，并且体会到，一些比较重的物品用“千克”作为质量单位，而一些比较轻的物品往往用“克”作为质量单位。这是一节活动体验课，调动学生多种感官参与体验，多积累一些对这些质量单位的亲身感受，逐步建立起质量单位概念。

49. “期末复习（认数与余数）”教学设计

缪建平
（江苏省苏州工业园区跨塘实验小学，苏州名教师）

※ 课前思考

课题施教是苏教版二年级下册“期末复习”第一课时（教科书第100、101页），复习内容是万以内数的认识及有余数除法。

怎样让复习富有新意，能让学生更加积极主动地投入其中，能获得真正意义的收获与变化，在复习课中焕发出学生智慧的活力，这是我们需要面对的问题。

荷兰著名数学教育家指出：既然我强调数学是一种活动，所以我对“往哪儿指导”这个问题的回答是“到一种活动中去”。换句话说，学生应该再创造数学化而不是数学，抽象化而不是抽象，图式化而不是图式，形式化而不是形式，算法化而不是算法，用语言描述而不是语言——让我就此打住吧。现在，意思已经很明显。（［荷兰］弗赖登塔尔《数学教育再探》，P68，上海教育出版社）。

因此，作为期末复习课，我们不仅要关注要“回顾”“整理”“巩固”“提升”这些关键词，更要关注从学生已有知识出发，从儿童生活经验与体验出发，以“拓展学生数的概念”以及“除法运算的视域”为核心价值的目标导向，力求让学生通过复习，对所学知识从局面认识到有结构的整体感悟，从感性的认知向更加抽象化的数学思考迈进，从一般的巩固性练习到稍深的研究性反思练习，从知识学习理解层面走向体会学习价值的层面。

至此，儿童业已同时经历了“横向的数学化”（“把生活世界引向符号世界”，即生活与数学的联系过程）与“纵向的数学化”（即抽象的数学知识之间的归纳、概括、推理、论证、推广、引伸等），慢慢地进入“深度复习”。

※ 教学过程

一、引发回忆，激发复习欲望

1. 谈话

师：这是一节复习课，希望这节课能够给大家带来新的收获。在复习中，请大家先打开目录，看看本学期学习内容主要有哪些？回顾学习过程，你有什么体会？请大家打开数学书 P100，填一填这一页中间的表格。

我最感兴趣的内容	
我学得最好的内容	
我觉得有困难的内容	

2. 交流

学生填好后，进行交流。

二、收集数据，拓展认识

1. 顾名思义，理解概念

师：今天我们先来复习万以内的数。哪个同学能给大家举出几个万以内的数？（学生举出一些万以内的数，其他学生进行评价）

引导学生进行小结：只要是比一万小的整数，都可以说是万以内的数，它可能是几位数？

2. 连连说说，巩固规则

师：请同学们完成书上 P100 的第 1 题“连一连”。

读数时，从（　　）读起，千位上是几就读（　　），百位上是几就读（　　），十位上是几就读（　　）；数的末尾的 0（　　）；中间有一个 0 或两个 0，（　　）。

师：我们不但要会熟练地读数，还要学会写数。

写出 4997 后面的五个数：______、______、______、______、______。

写出 6042 前面的五个数：______、______、______、______、______。

3. 写写比比，估估价格

师：昨天请同学们收集生活中万以内的数，谁愿意把你收集的数据向全班同学来汇报一下。

师：老师也收集了一些生活中万以内的数（出示书 P101 第 2 题的表格），可是表格还没填全，请大家一起来填一填。（老师报，学生填：电视机每台二千四百元，电冰箱每台一千零九十九元）

商品名称	价格
空调	1008元
洗衣机	1008元
电视机	
电冰箱	

师：谁能把四种电器的价格按从高到低的顺序排一排。（再请同学按从低到高的顺序排一排）

师：如果小明爸爸要买其中的两种电器，你帮他挑选两种，再估一估，大约需要几千元？

4. 想想摆摆，挑战自己

师：最后，同学们想不想挑战一下自己呢？（想）这里有四张卡片，分别是 0、5、2、8，请大家想一想，摆一摆，看看能摆出几种不同的四位数。按从大到小的顺序摆一摆，并把它们写到作业本上，同桌之间可以一起研究一下。

8520、8502、8250、8205、8052、8025；

5820、5802、5280、5208、5082、5028；

2850、2805、2580、2508、2085、2058。

师：同学们真是了不起！如果把 0 换成 1，你觉得可以写出多少种不同的四位数呢？

师：刚刚用 0、5、2、8 写出的四位数中，谁能写出最接近 8000、5000 或 2000 的数？

三、引发探究，深化认识

1. 除法比赛，查找规律

师：下面我们复习有余数的除法，先来进行一场小型比赛，看谁算得快！

题目：12 个▲，每 4 个▲为一份，可以分成这样的几份？

列算式：12 ÷ 4=3（份）

师：有 13 个▲，每 4 个一份，会有什么结果？你能画一画，再列算式吗？

列算式：13÷4=3（份）……1（个）

师：如果有14个、15个▲，你会分吗？先画一画，再列式。

师：如果是16个▲，每4个一份，可以分成几份？如果是17个、18个、19个▲呢？

教师根据学生的回答，板书整理如下：

12÷4=3（份）	16÷4=4（份）
13÷4=3（份）……1（个）	17÷4=4（份）……1（个）
14÷4=3（份）……2（个）	18÷4=4（份）……2（个）
15÷4=3（份）……3（个）	19÷4=4（份）……3（个）

师：这些算式的除数都是几？余数呢？

生：除数都是4，余数分别是1、2、3。

师：余4个，可以吗？余5个行吗？

生1：不行，因为4个又可以分成一份。

生2：也不行，因为5个还可以再分。

师：怎样才行呢？

生：余数要比除数小。

2.巩固所学，学以致用

师：请同学们打开数学书，完成书上P101页的4、5（前两题），看谁做得又快又对。如果做错了，就要加做第5题的后两题，所以要小心了。

（请做得快的4名学生，做小小巡视员和小老师，去帮助做得慢的同学；根据学生做错的情况，在实物投影仪上进行展现与评议，让学生进一步弄清除法竖式的书写格式要求、应用题的单位名称等）

3.新的挑战，新的秘密

师：同学们表现很好，想不想来一点儿更大的挑战呢？请看大屏幕：

10÷3=3……1	11÷3=3……2	12÷3=4……0
13÷3=4……1	14÷3=4……2	15÷3=5……0

师：你有什么发现？

生：一个数除以3余数总是0、1、2。

师：为了进一步关注除数是3的余数问题，我们把余数直接写在这个数后面的括号里，如11÷3=3……2，我们就写成11（2）。

师：根据余数，把这些数分类表示如下：

余0：12（0）、15（0）

余 1：10（1）、13（1）

余 2：11（2）、14（2）

师：如果从上面 6 个数中任意选两个数，你能很快算出它们的和除以 3 的余数吗？（教师板书：（□ + □）÷ 3 的余数是几？）

师：（从分类项目中圈出 10 和 12）比如，我们圈出 10 和 12（如下图），把这两个数放进刚才的两个“□”里求出和再除以 3 后，余数是几呢？

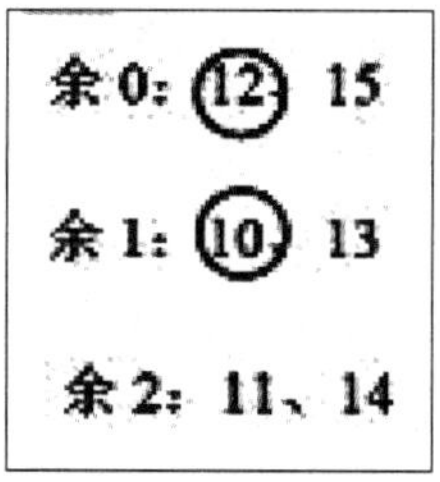

（学生可能回答：余数是 1。因为 12+10=22，22 ÷ 3=7……1）

师：你能不计算，直接说出余数是几吗？比如 12 和 13 的和除以 3，余数是多少？

生：我感觉也是 1，因为 12 除以 4 没有余数，13 除以 4 的余数是 1，所以它们的和除以 3，余数也是 1。

师：是吗？谁来验证一下。（学生验证：12+13=25，25 ÷ 3=8……1）

师：果然是这样！谁来挑出两个数，它们加起来除以 3 后，余数也是 1？挑第一排和第二排的各一个数，试试看！

生：我发现一个秘密：把两个数的余数加起来，就是他们的和除以 3 所得的余数。

师：是这样吗？再让学生多举几个数试一试。

生：因为 3 可以再分一次，所以就没有余数了。真有这么神奇吗？我们来看点子图（媒体演示）我们就以 10 和 14 为例吧。

师：10 ÷ 3=3……1，用点子图表示就是下面的第一幅图：

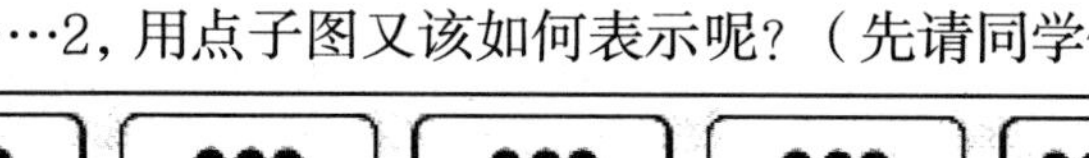

师：14 ÷ 3=4……2，用点子图又该如何表示呢？（先请同学们说，然后再表示）

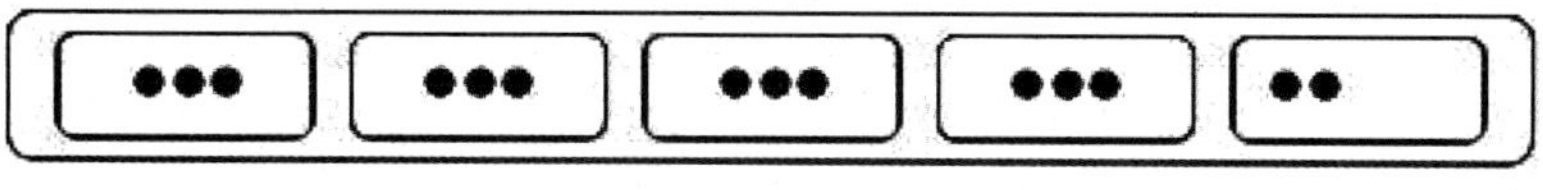

师：请大家重点看看这两个数除以 3 后所得的余数，你能发现什么吗？

生：把第一幅图余下的和第二幅余下的点子合在一起，就又可以合并成一个 3。

（动态演示剩下的点子合并的情形）

师：请同学们再找一找，上面的哪一排与哪一排的两个加起来，余数相加是3，用它们的和去除以3，就没有余数了？

4. 玩玩游戏，深度感悟

师：大家学得真不错！现在我们一起来玩个游戏。我们请7个同学，分别用A、B、C、D、E、F、G来表示，让他们围成一圈，来玩一个报数游戏。

（学生确定角色，开始报数两圈后，老师示意暂停）

师：如果报到20，是谁报的？为什么？（应该是D，因为20÷7=2……4）

师：请大家画画看。

师：谁来报个数，让大家是哪个同学报的？

（学生说30、50、80、100等，老师让同学们列式验证。）

二、图形与几何

50. “角的初步认识”教学设计（课例一）

黄碧峰
（浙江省杭州市新华实验小学，特级教师）

※ 教学预设

教学重点：
认识角和角的各部分名称，并学会做角、比角。
教学难点：
感受角的大小跟张口有关，与边的长短无关。
教学准备：
教师：数学课件、活动角（教具、学具）、信封、板贴、角模型等。
学生：活动角等。

※ 教学过程

一、直接导入

小朋友们，今天我们一起来学习角。（板贴：角）

二、探究新知

1. 认识角
【热身环节】关于角你已经知道了什么？
生1：直角、钝角、锐角。
生2：长方体上有角。
追问：你怎么知道的？
生3：角是尖尖的。
师：看来，对于角大家并不陌生。
（1）独立思考。
师：我带来了几位小朋友课前画的角，请你先观察这6幅作品，回答问题。

【提问 1】现在请你思考：它们都是角吗？为什么？

（2）小组交流。

好多同学都有想法了。现在请你在四人小组里交流一下。

师：有不是角的吗？

生 1：3 号不是。

生 2：5 号不是。

追问：还有吗？

预设：

生 3：6 号不是。

追问：谁有不同的意见？

生 4：是角。

追问：为什么？

生 5：因为它也是尖尖的，直直的边。（一个顶点和两条直边）

追问：其他的三个是不是也有这个特点？它们有什么共同点？

（3）角的基本特征。

【提问 2】那剩下的四个都是角咯？它们有什么共同点？

生 1：都是尖尖的。（你来指一指）

师：谁还想来指一指？

（动画操作："尖尖的点"配音闪烁 3 次）

师：刚才大家都找到了角的顶点。（板贴：一个顶点）还有吗？

生 5：都有两条直直的边。（请你摸一摸，指给大家看）

生 6：这里……（谁看明白了？）

（动画操作："直直的边"配音闪烁 3 次）（板贴：两条直边）

（4）小结：每个角是由一个顶点和两条直边组成的。

（板贴：一个顶点，两条直边）

师：现在，我们回头来看 3 号为什么不是？

生 1：3 号没有尖尖的（顶点），两条直直的边；

追问：谁听明白了？（不尖、不圆）

师：5 号呢？

生 2：5 号有一条边不直，是弯的。

追问：弯的不行吗？

生 3：必须是两条直直的边。

师：是的，一个角必须要有一个顶点和两条直边。（指指黑板）

2. 做角

【过渡】刚才我们认识了角，现在我们用两根小棒来做一个角。

（1）动手操作。

师：把你做好的角举起来。

（2）介绍角。

师：谁来说一说你的角顶点和边在哪里？

生 1：这里是顶点，这里是边。（谁还想来说？）

生 2：顶点在这里，边在这里。

师：你们都找到了？（找到了）请把角的顶点和边指给你的同桌看。

（3）改变张口，改变角的大小。

① 师：你能把手中的角变大一点吗？试试看。变小呢？

生：（齐）变大；变小。

师：谁上来把你的角变大？（用老师的角，长度相同）

生 1：（把它贴在黑板上）

② 师：谁还能把它变得更大（更小）？（用另一个角，长度相同）

生 2：（把它贴上去）

（师：注意齐平。）

③ 师：刚才说角在变大、变小，到底是哪里变大了，哪里变小了呢？

生 3：顶点（尖尖的）。

生 4：边变大了。

生 5：两边之间的空隙。

师：看来，这个问题要讲明白，有点困难。老师带来了一个微课，先请你看一看。

④ 微课。【解决两个问题：什么是张口？（角的符号）张口大小与角大小的关系是什么？】

配音文字：角变大变小，到底是哪里在变大变小呢？同学们认真看哦，每个角两条边所夹的、靠近顶点的部分叫作角的张口，用一段圆弧表示，这就是角的符号。当边向外拨动的时候，张口变大，角就变大了；当边向里拨动的时候，张口变小，角就变小了。因此，张口的大小决定了角的大小。小朋友们，你们学会了吗？

小结：看了这个微课，你有什么收获呢？（你知道了什么？）

生 1：两条边所夹的是张口。（你指给大家看）

生 2：圆弧可以表示张口的大小。（张口用圆弧来表示）

生 3：张口越大，角越大。张口越小，角越小。

生 4：张口的大小决定了角的大小。（那张口和角有什么关系呢？）

师：一个角，张口越大，角就……（越大）；张口越小，角就……（越小）。

表扬：小朋友们，这个发现真了不起！！

（直接板贴：张口越大，角越大；张口越小，角越小）

师：现在我们一起边玩角边说。张口越大，角越大；张口越小，角越小。

（4）平角。

【过渡】刚才大家做了一个角，现在老师也来做一个角。

师：如果红边不动，只旋转绿边（逆时针旋转），猜一猜，会出现什么情况？

生 1：会变大、变小。（向上旋转呢？）

生 1：张口变大，角变大。（还有吗？）

师：转、转，角越来越……大了。（转到平角）这还是角吗？（这是直线还是角？）

（开火车回答：你说，你说……你呢？）

预设 1：

师：这一列都认为不是角。谁有不同想法？

生 2：是角，它是平角。请你上来！

师：平角是角吗？（是）同意平角是角的请举手。

追问：认为不是角的小朋友，谁来反驳？

生 3：这是一条直线（线段），不是角。

师：好像有道理，（认为是角小朋友们）谁能说得更有道理？（谁来说服大家？）

生 4：它只是两条边在一条直线上，但它还是角的。

师：他说得有道理吗？

生 5：好像有一点儿。

如果有角，那它应该有顶点和边吧，有吗？

生 6：顶点在这，边在这。（反方，你能找到吗？）

师：原来它也是角。

预设 2：

师：现在有两种不同的观点，一种是角，一种不是角。认为不是角的请举手；（手放下）认为是角请起立。

师：认为是角的小朋友，谁上来说说你的想法。

生 2：它的角在两边。

（请你指给大家看；什么意思？谁听明白了他的意思？）

生3：它的角在里面。（你来指一指）

师：（你们都认为是角）谁能补充？（平角；平角是角吗？）不是角的小朋友，你们怎么反驳？

生4：不是角，它是一条线段。（还有补充吗？）

生5：因为它不尖。（不尖就不是角吗？）

生6：这里有一个顶点，这里有两条边。

追问：你看明白了吗？（反问反方，你来找一找）

师：现在同意是角的请举手。

生7：同意。

师：原来它也是角。

小结：师：看来，并不是每个角是尖的，比如，像这样的角。但它一定有一个顶点和两条直边。

3. 比角

【过渡】刚才我们做了角，现在我们要来比一比角的大小。

独立思考，合作探究：

师：老师带来了两个图形，请你看一看。我有三个活动要求，谁愿意代表大家来读一读？

（1）看活动要求。

数一数：你的图形里有几个角？给每个角标上角的符号。

找一找：你的图形中最小的角，指给你的同桌看。

比一比：跟你的同桌比一比，谁的角更小？

老师好像也有个地方不明白：要求3，跟你同桌比一比，要用哪两个角比一比？

生：最小的角比一比。（图形里好多角，到底是哪两个角呢？）

原来是把三角形里最小的角和四边形里最小的角来比一比，现在明白了吗？请管理员把信封里的两个图形倒出来，同桌一人一个。开始吧！

（2）学生操作。

教师巡视，了解孩子的活动进行情形，适时地点拨，轻声地提示完成1，2，3。

（3）学生汇报。（大图形给孩子）

（汇报1）师：第一个，谁来数一数？（给出两个大图形）请你们俩上来边指边说。

同桌A：三角形里有3个角。（大声数给大家看）1个，2个，3个。

同桌 B：四边形有 4 个角，1 个，2 个，3 个，4 个。

（训练 2：我的图形里有 3 个角，1 个，2 个，3 个）

师：跟他们一样的请举手。真厉害，都找到了。

（汇报 2）师：谁来找一找，这个图形中哪个角最小？（举起三角形）

生 1：这个角最小。

（举起来，给大家看）

师：你是怎么找到的？

生 2：看谁尖。

师：看一看就能找到了，谁还有不同的方法？

生 3：看张口。（还有吗？）

生 4：用活动角量。（小朋友们的方法真多呀！）

师：（举起四边形）这个，哪个角最小呢？

生 2：这个角最小。

师：你们找到了吗？（举起来）

（汇报 3）师：都找到了三角形中最小的角，四边形中最小的角，现在这两个角谁更小？谁来比一比？（黄色，蓝色）

师：谁看明白了？

生 3：重叠。（举起来，给大家看看）

方便大家看清楚，把它贴在黑板上，再来比一比。

师：他是怎么做？

生 4：重叠。（重合在一起）

师：这样呢？

生 4：不行。（那要怎么样？）

生 5：角和角重合。

师：角的什么和什么重叠呢？（顶点和顶点要重合，还有吗？）

生 6：边和边也要重合。（谁听明白了？）

师：现在能看出来谁更小吗？

生 6：黄色更小，因为蓝色外面还大一点。

师：你们听明白了吗？谁愿意再来试一试？

生 7：（边说边比）。

请同桌两人比一比。

【角的大小与边的长短无关】

师：老师这里有一个角，（直角贴在黑板上）你能做一个一样大的角吗？

预设1：（贴在旁边的）

生1：做好了。（请你把它贴在黑板上）

师：你觉得他的角会和我的一样大吗？

生2：一样大。

生3：可能不一样大。

追问：谁有更好的办法，能证明它们就是一样大？

生4：（重合在一起。）

预设2：（直接附在角上的）

师：现在你们都确定这两个角一样大吗？

生6：确定。

师（疑问）：那我奇怪了，我的边这么长，他的边这么短，怎么可能一样？

生7：不一样大。这个边长，这个边短，应该要用一样长的。

生8：张口一样，所以一样大。（看张口）

师：你觉得谁说得有道理？

师：那我们先停一停。我带来了两个小宝贝，看。你发现了什么？

生8：边长的角小；边短的角大。（说得真清楚，还有吗？）

生9：角的大小与边的长短无关。

师：现在收起宝贝，回到刚才的讨论。你有什么想说的？

生10：一样大，角的大小与边的长短无关，看张口。（还有吗？）

师：现在认为一样的大的请举手。（你为什么改变了你的想法？）

现在，老师延长边（红色边），还一样大吗？现在请你闭上眼睛，想象红边继续延长，边穿过墙壁，穿过天空，睁开眼睛，还一样大吗？

生：（齐）一样大。

师小结：看来，角的大小跟边的长短无关，是张口决定了角的大小。

4. 找角

【过渡】小朋友们，你知道是什么角吗？（是的，直角）请你在（这里）找一找。

（1）生活中找。

生1：这里。（你去指一指，顶点和边在哪？还有吗？红外线指过去）

（2）三角板上找。

师：这里有直角吗？（停顿5–10秒）

生2：这里。（还有吗？）

生 3：这里。

师：刚才大家找到了两个角，分别在外面和里面。

（3）立体上找。

小朋友们，老师还给你们带来一个大礼包。这里有直角吗？请你来找一找。

师：这个同学在绿色的面上找到了 4 个直角，真厉害。

师：（顶点朝向大家）从这个顶点出发，你还能找到直角吗？

师：它在什么颜色的面上。（请你说完整）

生 4：它在蓝色面上。还有吗？它在哪里？

生 5：它在黄色的面上。

师小结：从一个顶点出发，找到了三个角，分别在蓝色、黄色、绿色的面上。小朋友们，你们有一个了不起的发现：角是在面上的。

师：请你想一想，这个物体上一共有多少个直角呢？

生 8：8 个。

生 9：12 个。

生 10：24 个。（你是怎么想的？一个面有 4 个直角，有 6 个面）

追问：谁还有不同的想法？

生 11：24 个。（说说你的理由：一个顶点有 3 个角，8 个顶点就是 24 个角。）

师：你们同意吗？（是的，24 个，真厉害）

师小结：关于角的学习还有很多，今天我们就上到这里。

51. “认识角”教学设计与反思（课例二）

刘艳
（广东省韶关市武江区田家炳沙湖绿洲小学，特级教师 ）

※ 课前思考

本节课是小学数学二年级数学下册认识图形的第一课时“认识角”，是在学生学习初步认识长方形、正方形、三角形等几何图形的基础上进行教学的，教材结合生活情景，引导学生从观察生活中的实物开始，逐步抽象出角，并通过学生的动手操作，感知角的边和顶点，进一步加深学生对角的认识，并为学习更深的几何知识奠定基础。

※ 教学过程

一、创设情境，激发兴趣

1. 观看动物世界动物角的视频片段，感受生活中动物的角，引出数学中的角（板书课题：角）

2. 明确本节课的学习目标

（1）初步认识角，知道角的各部分名称。

（2）能画角，培养操作、抽象思维等能力。

（3）能数角，感受数学与生活的密切联系。

【设计意图】课的伊始，由动画视频导入，调动学生的学习的积极性、主动性，并设计和学生一起明确本节课的学习目标，凸显学生的主体地位，增强学生探求新知的欲望。

二、活动探究，自主发现

1. 抽象图形，形成表象

展示角：师：角到底是什么样子呢？让我们给这些角脱掉漂亮的外衣。（多媒体演示红领巾、闹钟、剪刀，将物体隐藏，出现三个角）（出示例 1 图）让学生初步感知数学中角的基本图形，形成表象。

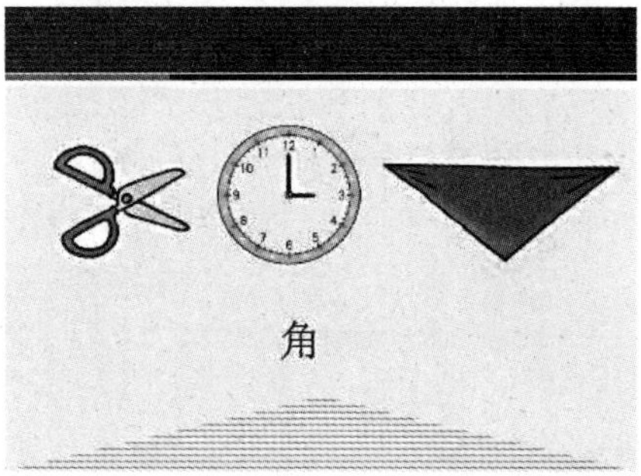

【设计意图】二年级学生感知能力差，由具体实物过渡到角的抽象图形，形成表象，有利于学生空间思维的初步形成，为学习角的知识奠定基础。

2.学习活动，形成知识

（1）活动一：找角。

①师：同学们，除了大屏幕中的角，在我们的生活中，在我们的身边，或者在我们的教室，许多物体上都有角，请大家仔细看一看，认真找一找，把你看到的，找到的角说给你的同桌听，好吗？

②交流：

（同桌交流）师：哪位小朋友愿意说说你找到了哪些角？

【设计意图】在学生对角有一定初步的感知时，通过找角活动，通过再次加深对角的感知，为突破本节课的重难点奠定基础。

（2）活动二：认识角。

①谁能说说角是什么样的？

先让学生摸教师的三角形，摸任意一个角，感受一下角是怎样的，再让学生交流，总结发现：这个尖尖的点叫作角的顶点，两条直直的线叫作角的边。

②学生任意摸摸身边的角，边摸边说角的各部分名称，从而体验角的各部分。

③形成概念：角是由一个顶点和两条边组成的。（边讲边屏幕板演）

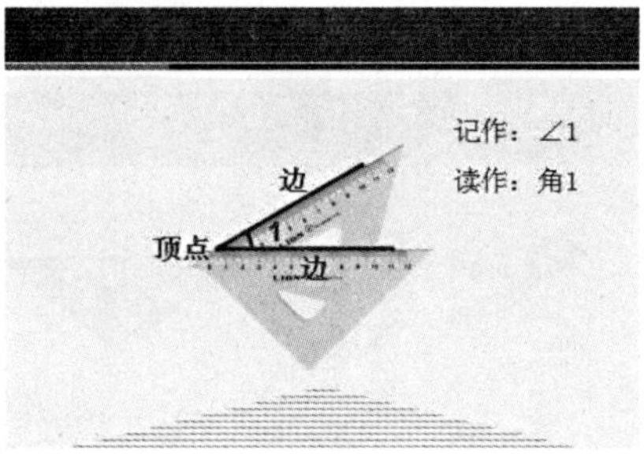

（3）活动三：画角。

①教师用多媒体课件示范画角。

②学生尝试画角。

③学生讨论、交流画角的基本方法，并引导学生自己自主总结出画角的基本步骤。

③利用学乐云平台，将学生画的角分享交流，进一步掌握画角的方法。

（4）活动四：数角。

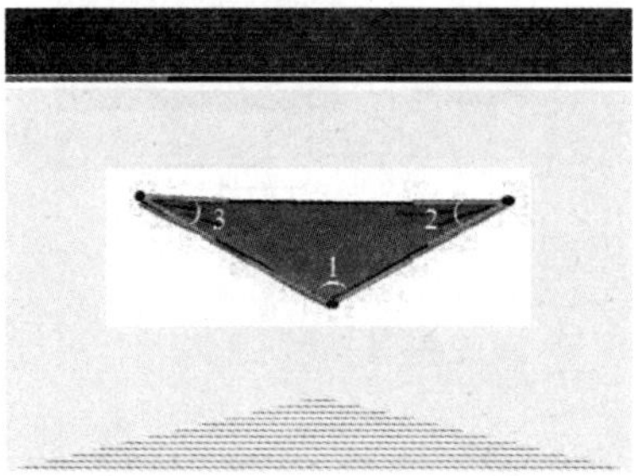

①通过课件展示学生自己观察发现任何确定角，并有序地数出角的个数。

②尝试数角。

【设计意图】《数学课程标准》指出：数学教学必须从学生的已有经验出发，为他们提供参与的机会。在这一理念下精心设计四个学习活动，力求通过探索性的学习活动，引导学生观察、比较、动手操作、主动参与、独立思考、合作交流，探索角的知识，理解角的概念，掌握画角，数角的基本技能，获得基本数学活动经验，培养学生自主学习能力，形成初步的空间观念，同时，在关注“学”的过程中，体验到了数学的魅力和学数学的乐趣。特别是在画角的学习活动中利用学乐云平台，将信息技术与学科融合智慧地处理教材，活跃了学生的思维，发展了学生空间想象力，对细节的关注促使课堂生成更“亮”。

三、尝试应用，拓展提升

1. 下面图形那些是角？那些不是角？为什么？

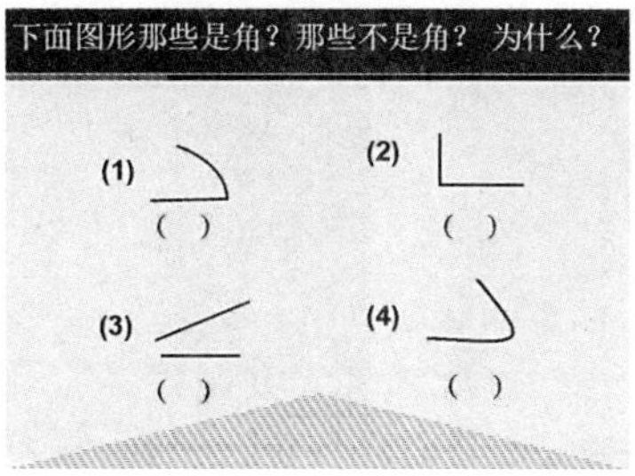

2. 在下面图形中各标出三个角

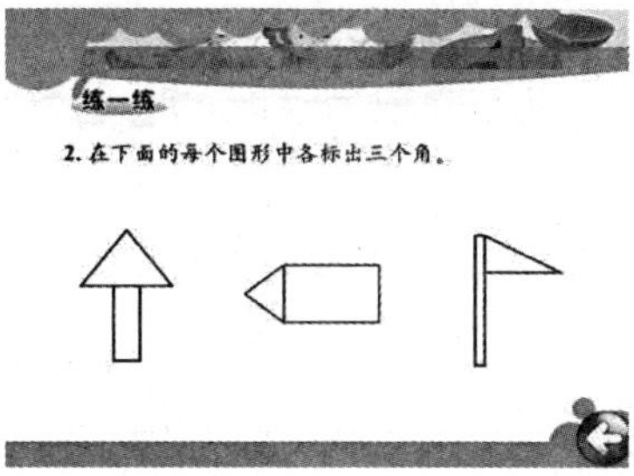

3. 数一数，下面图形各有几个角？

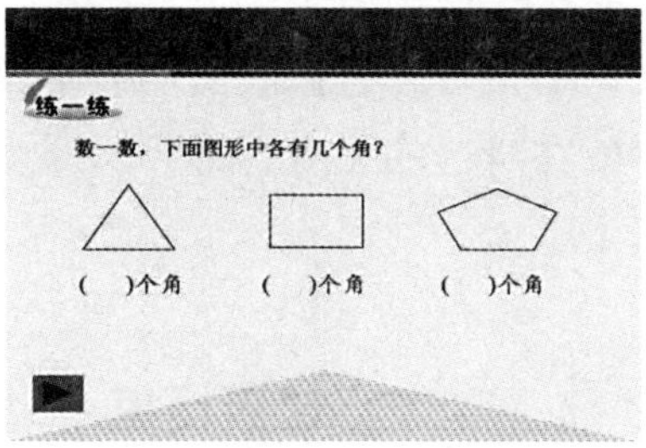

【设计意图】练习的设计让学生利用所学知识解决问题，既充分检验学生对这节课学习目标的达成情况，又让学生明白数学提炼于检验，并应用于生活。

四、微课探究，发展思维

微课展示：一张正方形纸剪一个角还剩几个角？

师：在你们的桌子上有一张正方形的纸，它有4个角，如果用剪刀剪去一个角，还剩几个角？记住要沿着直线方向剪，可以先折一折，折好以后再剪！剪好了吗？

1.

2.

3.

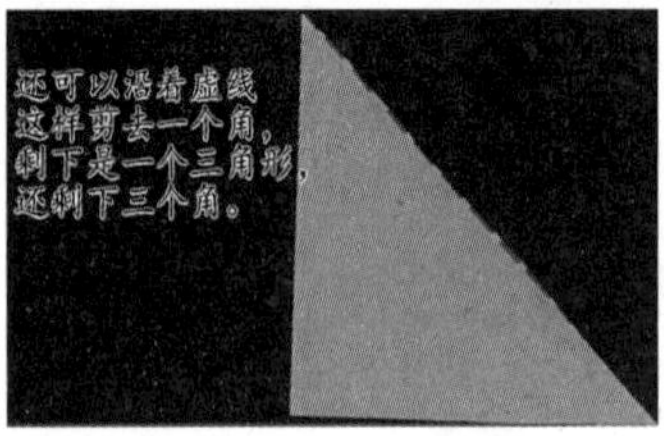

4.

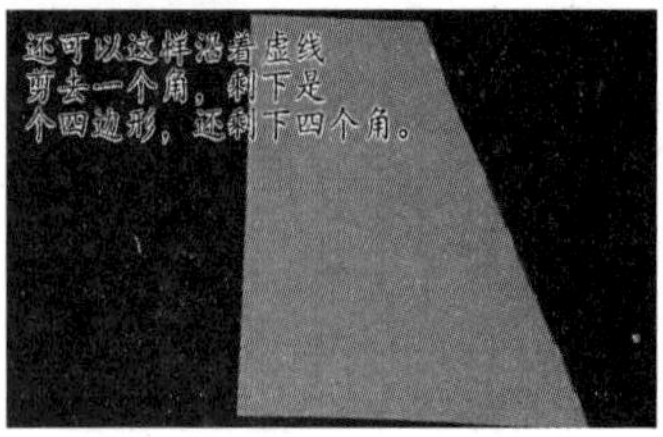

学生讨论交流，微课展示学习成果。

【设计意图】拓展练习通过微课呈现，分享交流学习过程，让学生利用微课视频这种新颖的学习资源，可不受地域、时间限制，随时进行碎片化学习。

五、回顾小结，反思收获

今天这节课你学会了什么，有哪些收获？

六、作业布置，关注发展

将探究“一张正方形纸剪一个角还剩几个角？”活动拍摄成小视频分享到学乐云平台，思考：“一张五边形纸剪一个角还剩几个角？”

【设计意图】课后让学生将思考拓展活动分享在学乐云平台，让学生带着问题走出课堂，感受数学就在身边的无穷魅力，给课堂留下一道亮丽的风景，让人意犹未尽。

※ 课后反思

本节课主要让学生经历由实物上的角抽象为几何图形的角的过程，初步认识角，知道角的各部分名称，学会画角，数角。因此在教学中我注重让学生在活动中学数学、动手做中发现数学，让孩子们在经历找角、摸角、认角、画角的学习活动中进一步深刻认识角，同时培养学生的空间观念。

整节课学生在玩中学，学中悟，不仅主动获取新知，更重要的是充分体现了以活动促发展的教学思想。

52. “认识角”课堂实录与反思（课例三）

甘建平
（北京第二实验小学兰州分校，青年名师）

※ 课前思考

二年级的孩子，思维形式以形象思维为主，随着孩子对事物充分感知，丰富表象，引导孩子进行抽象概括、分析综合，初步培养孩子的抽象思维，并逐渐从以具体形象思维为主要形式向抽象逻辑思维过渡。由于数学具有高度的抽象性，而小学生往往缺乏感性经验，教材安排了学生通过亲自操作，如：折叠、拼摆、制作活动角等多种实际操作活动，让学生获得直接的经验，帮助学生学习有关角的知识，提升他们对角的认识。体会到角的大小与边的长短无关，与边的开口度有关。

※ 教学过程

一、创设情境，导入新课

1. 课件呈现主题图“美丽的校园”

师：这是哪里？你能找到我们学过的平面图形吗？

生 1：这是在美丽的校园里。有长方形、三角形、圆形。

师：能说得更完整吗？

生 2：教学楼上窗户的玻璃是长方形，老师手里的三角尺是三角形，楼上的钟面是圆形，双杠上有长方形……

2. 揭示课题

（1）师：大家都善于用数学的眼光观察校园，其实，这里面还藏着很多的“角”，找一找，你能找到哪些角？

生 1：足球场地的边上有角。

生 2：修建树枝的叔叔手里拿的剪刀上有角。

生3：钟面上有角。

生4：老师手里拿的三角尺上有角。

（2）师：今天我们就一起来认识角。（板书课题）

【设计意图】课伊始，抓住学生的好奇心，从学生熟悉的生活情境中引入，激发学生的学习兴趣，提高学习的积极性和主动性。同时，找平面图形这一环节，既复习了学生已有的相关知识，又为新课作了铺垫。

二、动手操作，探究新知

1.认识生活中的角

（1）师：其实生活中到处都有角，你能找一找吗？

生1：教室窗户的玻璃上有角。

生2：黑板上有角。

生3：教室后面的小柜子上有角。

生4：数学书的封面上有角。

（2）师（PPT示图）：老师也找了一些，这些物体上有角吗？（从物体中抽象出角）

2.认识数学的角

（1）师：请仔细观察，想一想这些图形上面有角吗？

生1：剪刀中间夹的部分，张口的地方是角。

生2：钟面上时针和分钟张开得是角。

生3：三角尺上有三个角。

生4：铅笔盒上有四个角。

生5：窗户的玻璃上有角。

（2）师：同学们都很不错，找到了生活中的角，也大胆地表达出了自己的看法，那现在我们把刚才大家找到的图形请出来（将角剥离出来），再来看看这些图形，它们是角吗？说说你的理由。

生1：第一幅图是角，因为它尖尖的。

生2：第四幅图不是角，因为它不尖。

生3：第五幅图不是角，因为它上面是这条线是弯的。

2.师：看来你们了解了不少角的知识啊（去掉不是角的图形，将角放大）

3.探究角的特征

（1）师：好，我们一起来看留下来的这三幅图形，它们都是角，那么角有什么共同的特点呢？

生 1：都有一个尖尖的部分和两条直直的线。

生 2：尖尖的部分其实是两条线的交点，这个点叫作顶点。

师：真好，这个点就是角的顶点。这两条直直的线是角的两条边。角就是由一个顶点和两条直直的边所组成的图形。

（2）师：现在谁愿意上来为大家再指一指角在哪里。

生 1 指着角的顶点。

师：你们同意吗？

生：那是顶点，不是角。

生 1 继续指出顶点和两条边。

师问：现在你们同意吗？

生：同意。

师：角实际上是两条边之间所夹的部分，可以给它做个小标记，在两条边之间画一个小弧线。

（3）指一指其他两个角。

4. 对比分析

师：现在你能说一说刚才的这两个图形为什么不是角？

生 1：这幅图没有顶点。

师：能用规范的数学语言描述和判断，真不错！

生 2：这幅图其中一条边不是直的。

5. 巩固练习：是角的在（　）里画“√”（前测第 3 题）

师：孩子们，不知不觉中我们了解了不少角的知识，现在再来看看我们之前做的练习，你们有什么想说的吗？

生 1：有三幅图我们之前的判断是错误的。

生 2：第二幅图、第四幅图和第五幅图都不是角，我原来以为只要尖尖的就是角，现在我知道了角的两条边必须都是直直的。

生 3：我补充一下，角必须有一个顶点，顶点这儿是尖尖的，所以第一幅图和第五幅图不是角；角还要有两条直直的边，所以第二幅图和第四副图不是角。

师：说得真好，有理有据。

6. 折一折，加深认识

（1）动手操作：用圆形纸片折角。

师：（出示一张圆形纸）同学们，这是什么图形？上面有角吗？

生：没有？

师：那你们能折出角吗？

（2）集体交流：学生展示自己折的角。

师：能给大家介绍介绍你折的角吗？

生1：（圆心角）这是我折的角，这是角的顶点，这是角的边。

生2：（扇形，指着弧线与半径相交的位置）这里也有一个角。

生3：不对，这个不是角，角的两条边都要直直的，它的一条边不直。

师：听到你们的交流，老师很高兴，看来你们又加深了对角的认识。

7. 做一做，探索角的大小与什么有关

（1）动手做一个活动角。

（2）用活动角做“变大变小”游戏。拿出活动角，反复操作让角变大一点，小一点，再大一点……

（3）师：刚才角变大的时候是哪部分变大了？变小的时候是哪部分变小了？

生：两条边中夹的部分。

师：你们有什么发现吗？

生：角的大小与边的长短无关，而与两边张开的大小程度有关。

8. 画一画（例2），初步学会用尺子画角

（1）小组合作，尝试画角。

师：认识了角，我们能试着画出一个角吗？

（2）师生交流，完善画法。

师：谁愿意说说自己是怎么画的？

生1：我用尺子先画一条直直的线，再向另一个方向画一条直直的线。

生2：我先画一个点，就是我画的角的顶点，然后从顶点向一个方向画一条直直的线，再向另一个方向画一条直直的线。

（3）教师范画，小结画法。

师：从一个点起，用尺子向不同的方向画两条笔直的线，就画成一个角。

【设计意图】创设“指一指、描一描、折一折、做一做和画一画”等丰富多彩的学习活动，使学生经历数学知识抽象的过程，也使角的形成具体化、动态化，加深对角的直观体验，进一步认识角，进而使学生体验探索的乐趣和成功的喜悦。

三、巩固练习，拓展应用

1. 教材第43页练习八第2题

（1）课件出示：下面图形哪些是角，哪些不是角？

（2）学生独立判断，师生交流时强调判断的依据。

（3）在图上标上角各部分的名称。

2. 教材第 43 页练习八第 3 题

课件出示题目，判断这些平面图形中有多少个角。

3. 教材第 39 页“做一做”第 1 题

（1）说一说周围哪些物体的表面上有角。

（2）把你找到的角画出来。

4. 用角组成自己喜欢的图案

【设计意图】通过练习，让学生在观察、判断、画图等数学活动中，加深对角的认识，发展学生初步的空间观念。同时让学生到生活中找角的活动，又让数学知识回归于现实生活，感受到数学知识与实际生活的密切联系，感受数学的应用美。

四、课堂小结

1. 这节课你有哪些收获呢？

2. 你还有什么问题吗？

【设计意图】通过归纳总结、谈收获让学生享受学习成功的快乐，同时让学生带着问题下课，培养学生勤于思考的好习惯。

※ 课后反思

本节课的设计基于对学生学情的了解，更强调学生参与角的概念的形成过程，同时注重了学生对角的大小的感悟和体验。学生获得的知识是通过他们自己动手操作或交流讨论而得出的结果。

在教学中以学生的主动探索学习为基本活动形式，教师敢于放手，给学生的提供了充足的活动空间和讨论交流的时间。学生在充分的活动中，在自主探索与合作交流中建立了角的表象，丰富了对角的认识，发展了清晰的空间观念。学生在理解数学知识的同时，思维能力、情感态度等方面也得到了一定的进步和发展。

53. “辨认方向”教学设计

何晓娜
（山西省运城市临猗县教研室，青年名师）

※ 课前思考

本节课是在学生学会辨认东、南、西、北四个方向的基础上，进一步学习辨认东南、东北、西南、西北四个方向，并能用这些词语描述物体所在的位置。教材设计的活动与学生生活密切联系，为学生提供思考与合作交流的空间。教学中借助学生已有的知识和生活经验，创设现实的活动情境，增加学生探索、体验的机会，让所有学生都能参与到教学活动中去。

※ 教学过程

一、创设情境，激趣导入

师：告诉大家一个好消息，智慧老人带着淘气和笑笑来参观咱们学校，大家欢迎吗？

学生情绪高涨。（课件出示下图）

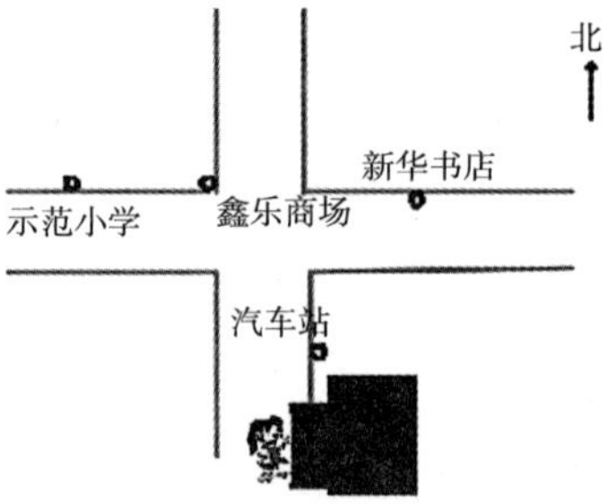

师：现在，他们已经来到了汽车站。谁来告诉他们，到我们学校应该怎么走？

生：从汽车站出发向北走到鑫乐商场，再向西走到示范小学。

师：来到了示范小学，看看示范小学四周的建筑物都有哪些？

同桌互相交流、汇报。

师：你刚才是怎么在这幅图上辨认出东、南、西、北四个方向的？

生：地图是按上北、下南、左西、右东来绘制的。

【设计意图】借助学生已有的知识和生活经验，从学生熟悉的学校周围的建筑物平面图中，回忆东、南、西、北四个方向。既激发学生主动探索，积极参与数学活动的兴趣又顺利地进入下一教学环节。

二、合作交流，探求新知

1. 认识四个新方向

师：咱们学校的周围除了这些建筑物以外，还有哪些建筑物？（课件出示）

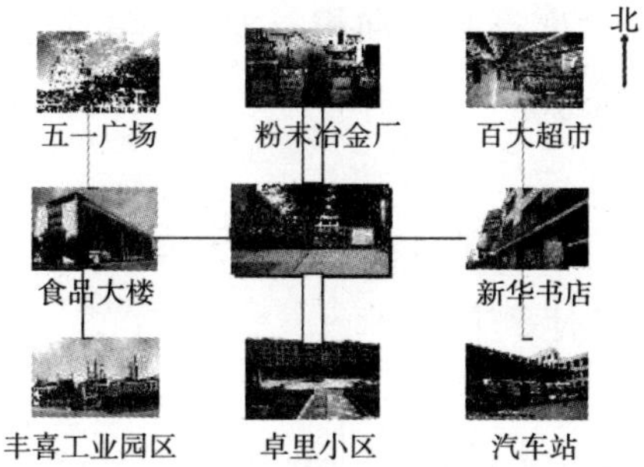

学生看图说一说。

师：谁来给大家说说五一广场在示范小学的什么方向？

学生可能说北，也可能说西。

师：看来呀，我们以前学过的知识解决不了这个问题，这节课我们就继续来辨认方向。（板书课题）

师：五一广场既不在学校的正北面，也不在学校的正西面，它在北和西之间，所以叫西北方。（板书：西北）

同桌互相说一说。

师：谁来说一说，为什么是“西北”方向？学生说理由。

师：咱们县的丰喜工业园区闻名全省，是我们临猗县的骄傲，接下来咱们就带着他们到那里看一看。说说它在咱们学校的什么方向？（西南）

接下来请同桌两人互相说一说百大超市、汽车站分别在学校的什么方向。

根据学生的回答板书（东北、东南）。

师：经过我们大家共同的努力，我们又认识了四个新的方向：东南、东北、西南、西北。东和南之间是东南，东和北之间是东北……

2. 制作方向板

师：在地图上我们会辨认方向，回到教室里，老师指一个方向，你能指出来吗？

师：听清楚了，西北。（学生指认较困难）看来，要想又快又准地辨认方向，那可不是一件容易的事，咱们来听听智慧老人有什么好办法。

（课件出示智慧老人的办法：标出方向，制成方向板）

师：现在请大家拿出课前准备的正方形纸，跟着老师一起做：先上下对折、打开，再左右对折、打开，然后对角对折、再打开、再对折。然后，照着大屏幕的样子，在上面标出北，和北相对是南，左面是西，右面是东，接下来请你标出其他的四个方向。

学生在方向板上标出其余的四个方向。

师生共同合作，制作方向板。

【设计意图】通过让学生自制方向板，对所学的新方向进行整理，培养学生动手操作能力，发展空间观念。

3. 利用方向板辨认方向

师：方向板制好了，咱们就利用它来辨认方向。

师：我们现在面向的是什么方向？

学生根据实际说方向，如：东。

师：现在就请同学们拿起方向板，把方向板平放，找到方向板上的“东”字，对准东方，指一指八个方向。

学生动手指。

师：现在请同学们起立面向北方，调整好方向板。谁来说说，你的方向板是怎么调整的呢？

（学生说不出来时，教师提醒：找到哪个字，对准什么方向？）

学生再次调整自己的方向板，动手指八个方向。

同桌两人互相指认方向。

【设计意图】能正确使用方向板，会用它来辨认生活中的方向，能用语言描述物体所在的位置，发展学生的空间观念。

三、巩固应用，拓展提升

1. 身边的方向

师：利用方向板我们会辨认教室里的方向了，那你能说说你的八个方向分别是哪位同学吗？说到哪一位同学，请哪一位同学站起来。

学生先自由指一指，说一说，再汇报。

师：同样是这位同学，他还在原来的位置，怎么一会在北方，一会又在西方呀，这是怎么回事？

学生可能会说因为中心不同。

师：看来呀，中心不同，方向就不同。

小结：在观察和辨认方向的时候，我们首先要确定以谁为中心，中心不同，观察到的结果就不同。

【设计意图】“同样是这位同学，怎么一会在北方，一会在西方？”这一问题的提出，让学生亲身体会到“中心不同，方向不同”这一常识，进一步发展空间观念。

2. 师：我们县新建了一个体育广场，非常漂亮、美观，现在我们带着淘气、笑笑他们去看一看。（课件出示广场平面图）

同桌互相说一说体育场都有什么，分别在什么方向？

【设计意图】让学生在观察、合作、学习的过程中，完成了从平面图—生活空间中辨认方向—平面图中辨别方向的抽象认识过程。

四、小结收获，全课总结

师：大家领着淘气、笑笑参观了这么多地方，自己有什么收获？

学生谈自己的收获。

【设计意图】让学生对本节课所学的知识进行归纳、总结，以便于学生更好的掌握所学的知识。

三、统计与概率

54. “分类统计”教学设计

夏永立
（安徽省合肥市西园新村小学南校，特级教师）

※ 教学预设

教学重、难点：

重点：让学生经历统计活动的过程，体验不同标准下统计结果的多样性。

难点：根据统计需要，正确地分类收集整理数据。

教具准备：多媒体课件、卡片。

※ 教学过程

一、创设情境，导入新课

师：同学们，还记得去年我们学校举行运动会时那激动人心的场景吗？今天就让我们带着这颗激动的心情去重温运动会，好吗？（课件出示一组运动会比赛的场面：跑步——扔垒球——跳远——跳高）

师：真巧，老师今天为你们带来了一场特殊的运动会，让我们一起去瞧瞧。（多媒体演示主题图）

二、自主学习，合作探究

1. 自主看图，收集有关数学信息

师：观察这幅图，你看到了什么？

生自由回答。（教师根据学生回答的随意张贴卡片）

你还想知道些什么？能够提出哪些数学问题？

生 1：我想知道猴子有几只？小兔有几只？小狗有几只？

生 2：我想知道一共有多少只小动物？

生 3：我想知道有哪些比赛项目？每个比赛项目分别有多少小动物参加？

……

2. 分类整理，生成统计表

引思：要想解决这些问题，老师看图时眼睛都看花了，你能帮助老师想想办法吗？（分一分类）

学生分类后，老师重新摆放卡片，自然生成统计表。

师生共同填写统计表。

如：我们可以根据比赛项目来统计。

项目	合计	跳高	长跑
只数			

师：知道了跳高和长跑的动物只数，我们就可以知道什么啦？（一共有多少个动物参加比赛）对，在统计表中就用“合计”来表示。习惯上把合计一栏放在前面。

我们可以根据动物种类来统计。

动物种类	合计	狗	兔	猴
只数				

师：好了，现在我们就可以用学过的统计知识完成上面两张统计表。

师生共同完成统计表。

汇报交流：看了两张统计表你知道了什么？有什么相同的地方和不同的地方？

生 1：统计的标准不同。

生 2：合计都是 13。

生 3：统计的标准可以不同，但合计数应该不变。

小结：同一个场景，我们在统计时分类的标准不同，出现了不同的结果。

在统计时，根据具体问题，选择合适的统计表。

三、 实践应用，巩固新知

1. 完成第 1 题

形　状	合　计	有把杯	无把杯
个　数			

价　格	合　计	2 元	3 元	4 元
个　数				

（1）师：运动会结束后动物口渴了，想喝点水，有这样的一些杯子。你想怎样来分一分类呢？（按照价格和杯子的形状来分类）

（2）你们会把统计表填完整，并向大家介绍一下吗？完成统计表。

形　状	合　计	有把杯	无把杯
个　数	9	5	4

价　格	合　计	2 元	3 元	4 元
个　数	9	3	4	2

师：比比两次统计的结果，说说你知道了什么？

生 1：我知道按照杯子的形状来分类，有把杯有 5 个，无把杯有 4 个，一共有 9 个。

生 2：我知道按照价格来分类，2 元杯有 3 个，3 元杯有 4 个，4 元杯有 2 个，一共有 9 个。

生 3：分类的标准不同，得到的结果也不一样。

生 4：合计数都是 9，是一样的。

（3）呈现错例：

形　状	合　计	有把杯	无把杯
个　数	9	5	4

价　格	合　计	2 元	3 元	4 元
个　数	8	3	3	2

师：这是一位同学统计的结果，有问题吗？

生：老师，他统计的结果是错误的。

师：你是怎么看出来的？

生：因为两次统计中的“合计数”不一样，肯定是错误的。

（感受合计数不一样，统计时候有错误，学会检验。）

2.完成第2题

师：小动物饿了，想吃饼干了。（出示饼干图）

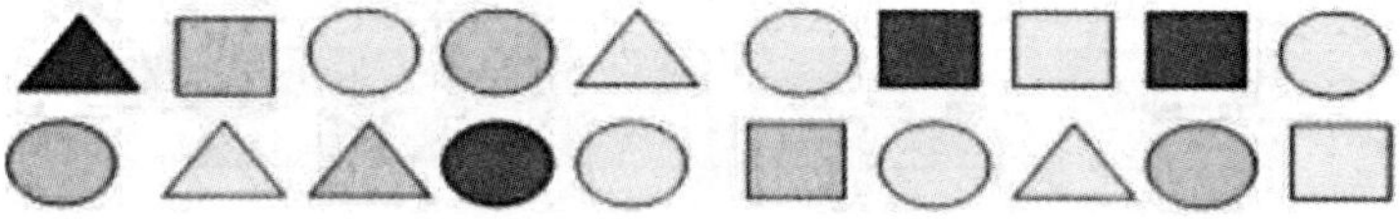

（1）看了这幅饼干图你想如何统计一共有多少个饼干呢？可怎样分呢？

（2）请按照形状和颜色分类后填写统计表。

形状	合计	三角形	正方形	圆形
个数	20	5	6	9

颜色	合计	红	绿	黄
个数	20	4	6	10

（3）反馈

分层动态呈现整理过程，将学生按照形状分类的整理过程放在一起，请学生比较，感受统计的价值。

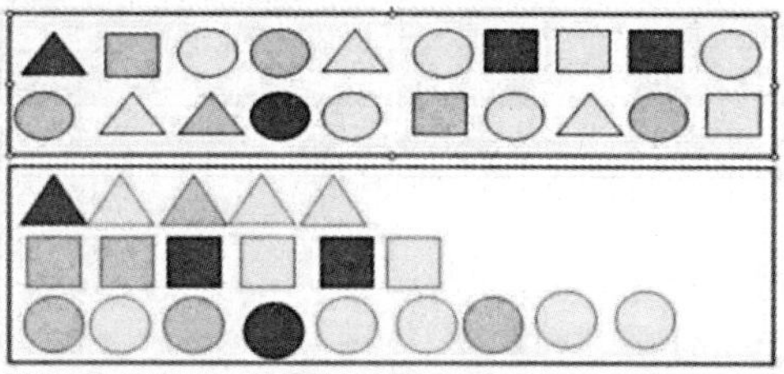

形状	合计	三角形	正方形	圆形
个数	20	5	6	9

师：比较整理前后的饼干图，你有什么感觉？

生：整理前太乱了，不能清楚看出每种形状的饼干的数量；整理后能够清楚看出每种形状饼干各有多少块，还能清楚看出圆形的饼干块数最多，三角形的饼干块数最少。

师：将整理后的饼干图再用统计表来表示，你觉得有什么好处？

生：能够直接知道每种形状饼干的块数，还能一眼就看出一共有多少块，不用再数才知道结果了。

（4）交流：这两张统计表分别适合哪种需要？

四、巩固升华，拓展延伸

1.残缺统计表的运用

出示那类两张统计表，没有告诉统计的类别，让学生猜一猜，感受分类标准的多样。

	合　计	男生	女生
人　数	32	17	15

	合　计	8岁	9岁	10岁
人　数	32	6	24	2

师：你能看出这两张统计表是按照什么标准来统计的吗？

生 1：第一张是按照性别来统计的，表中看出的是男生和女生的人数。

生 2：第二张是按照年龄来统计的，表中看出 8 岁、9 岁、10 岁的人数分别是多少。

2. 读出统计表中的隐含信息

告诉合计数和部分量，求另外的部分量。

（培养学生的逆向思维）

科　目	合　计	数学	英语	体育
节　数	14	5	6	

师：这是一张残缺的统计表，统计的是一位农村小学老师一周的课时数，你能看出什么？

生 1：这位老师一周有 14 节课。

生 2：他一周数学有 5 节，英语有 6 节。

师：你能知道这位老师一周有几节体育课吗？

生 3：3 节。

师：怎么知道的？

生 3：14–5–6=3（节）。

五、回顾整理，体验价值

这节课，我们学了什么？为什么分类整理，有什么好处？

55. “数据收集和整理”课堂实录

连阳芬
（福建省厦门外国语学校海沧附属学校，青年名师）

※ 课前思考

《义务教育数学课程标准（2011 年版）》指出：统计与概率的重点在于让学生在实际问题中经历收集和处理数据、利用数据分析问题、获取信息的过程，掌握统计与概率的基本知识和基本技能。如何让学生更好地联系生活，积累统计的经验呢？本节课教师引导学生从与生活密切联系的生活场景入手，即以“选哪种颜色做校服最合适”为载体，促使学生产生用统计解决问题的需求，并确定用调查的方法收集数据，进而确定对象（学生）、调查内容（最受欢迎颜色）、调查方式（投票）、呈现数据的方法（统计表），最后对数据进行简单分析，它涵盖了统计的各个要素，也使得学生体验了完整的统计过程，积累了统计的经验，感受到统计的价值。此外，在教学中，注重数据的分析，使得学生能根据所收集的数据进行符合其认知水平的分析和解释，做出一些判断和推理，从而锻炼提出问题和解决问题的能力，进一步体会统计对于决策的作用，培养学生的数据分析观念。

※ 教学过程

一、巧设情境，产生统计意识

师：上课，同学们好。

生：老师您好。

师：好，请坐。

师：其实咱们昨天已见过面了，和大伙儿见完面以后，我在路上碰到校长了，和他聊了一聊，他给了我一个小道消息，说接下来咱们班要定新的制服做我们的新校服，想不想看看？

生：想。

师：看！有这样的，有这样的，还有这样的……各种颜色：红色、蓝色、黄色、白色，如果要从这里面选择一种颜色做新校服，你觉得选哪一款最合适？

生1：选蓝色。

生2：选黄色。

生3：选红色。

生4：选白色。

……

师：孩子们，大伙儿意见都不一样，这下校长烦恼了，怎么办？

生：投票。

师：为什么要投票呢？

生：因为这样公平。

师：其他人呢？

生1：因为投票就能清楚哪种颜色票最多。

生2：这样就能更快地选出衣服，少数服从多数。

师： 听明白了，少数服从多数这样公平。

师：那怎么知道哪种颜色是全校大多数同学喜欢的呢？

生：全校都来参加投票。

师：全校这么多人都来投票什么感觉？

生1：感觉很多人。

生2：很挤。

师：先从哪里开始呢？

生：我们班。

师：用什么方法知道咱们班喜欢颜色的校服最多呢？

生1：起立。

生2：投票。

生3：打钩钩。

生4：喜欢哪种颜色就举手。

……

师：这些方法都可以帮助我们确定喜欢哪种颜色校服的人最多。

【设计意图】让学生从讨论“选哪种颜色做校服最合适”开始本节课，富有吸引力的情境和指令性的任务，有效激发学生探究的欲望，促使学生产生用统计解决问题的想法，让学生在解决过程中，初步感悟“抽样”思想，并确定用调查的方法收集数据，既体现了统计的必要，也体现了统计的作用和价值。

二、关注经验，经历统计过程

活动一：举手调查

1. 收集数据

师：你们想不想来试一试呢?

生：想。

师：方法这么多，咱们先用什么方法?

生：举手。

师：今天老师来这里上课，是客人，你们是主人，所以接下来老师想请你们自己来做小小统计员。

生：好。

师：好，请你来说一说，你想怎么组织大家投票?

生：喜欢红色的就举手。

师：嗯。举手之前有什么要提醒同学们要注意的吗?

生：不喜欢的颜色不能举手，喜欢的不能忘记举手。

师：其他同学有什么要补充的吗?

生1：要把耳朵竖起来认真听。要不然如果你喜欢黄色，但是你没有听清楚，那你可能会选蓝色啦！老师就会以为你喜欢蓝色的了。

生2：不能大声讲话。

师：主持人，其他同学提醒了很多，可以开始了吗？我把舞台交给你啦！

生：喜欢蓝色的举手，数1、2、3、4……

师：有几个人呀?

生：26个。

师：为了让大家看清楚，咱们把它记在这个表格中，26个。

师：继续。

生：喜欢红色的请举手，1、2、3、4……喜欢红色的有12个；

喜欢黄色的请举书，1、2、3、4……喜欢黄色的有15人；

喜欢白色的请举手，1、2、3、4……喜欢白色的有15人。

师：好，咱们把掌声送给她，组织得真不错。谢谢你！

2. 分析数据

师：孩子们，咱们整理的数据都已经在黑板上，从这个表格可以知道什么信息呢?

生1：我知道喜欢蓝色的有26个。

生2：我知道喜欢白色的有15个。

生3：我看到了喜欢黄色和白色都是一样多的，是15个。

师：除了刚才这些信息，你们还可以看出什么呢？

生：可以看出蓝色、红色、黄色、白色的一共有多少个。

师：咱们来算算一共有几个，我知道啦，我们今天来现场的总共有68个小朋友，对吗？

生：不对，有40个人。

师：哦？那刚才怎么会出现68这个票数呢？

生：要么就是数错了，要么就是数多了。

师：主持人，他说要么你数多啦！

生1：因为我看到有些人蓝色举手了，红色和黄色也举手了，所以统计员就把他们全部加进去了。

生2：还有我的同桌，每个颜色都举手啦。

……

师：都举啦！是这样的吗？小同桌？（生点头承认）

师：看样子举手投票要注意的真不少。

活动二：第二次圆卡片

1. 收集整理数据

师：除了刚才的举手投票，还有什么投票方式？

生：站起来、投纸片……

师：我们可以换个方法来试一试。看，老师给大家准备了四种颜色的票，根据刚才举手投票的经验，我们在投圆片的时候要注意什么？

生：不要多投，不要少投……

师：想好你喜欢的颜色快速拿出抽屉里的信封。拿出你选中的颜色，剩下的放回信封中，注意，每个人只能选一张卡片。

师：嗯，选好了。我要邀请速度最快的小组到黑板上去贴。比一比，哪组贴得又快又安静。

师：贴完卡片的同学，坐端正告诉老师。

2. 整理数据

师：这是大家投票的结果，什么感觉？

生：很乱。

师：怎么办？

生：整理一下。

师：你们想怎样整理？

生：按照颜色整理。

师：那我们邀请四位同学上来整理一下。

师：谢谢你们，真整齐。怎么样，这下有没有看得很清楚？找到你刚才投票的颜色，数一数，有几票？

生 1：我数的是蓝色，29 票。

生 2：我数的是黄色，3 票。

生 3：我数的是白色，6 票。

生 4：我数的是红色，2 票。

师：为了让大家看得更清楚，我们把它们请到表格中。

3. 分析数据

师：这次有没有同学多投了？有没有同学少投了呢？

生：这次投对啦！

师：你怎么知道正确了？

生：所有的表格数据加起来就是 40 人，和我们来上课的人数一样。

师：你的小眼睛特别亮，还可以看到数据后面藏着的小秘密，掌声送给他。

师：看样子通过刚才我们收集数据的经验，对我们第二次投票还是有帮助的。

4. 合作探索

师：咱们班最喜欢的颜色是蓝色，可以给校长打电话了。我们班这么喜欢蓝色，那么全校定校服就选我们班最喜欢的蓝色，你觉得合适吗？

生：不合适！

师：说说理由。

生 1：如果我们班喜欢蓝色就选蓝色的话，那其他班的人就会觉得不公平，就会产生矛盾啦！

生 2：要问高年级的同学同不同意！

生 3：要按全校的人投票最多的颜色是哪个就选那个颜色。

师：明白了！不止要看我们班，还得看高年级，还得看别的班。对吧！好，看看我们隔壁班，看看他们喜欢什么颜色。

生：白色！

师：隔壁班喜欢白色，我们班喜欢蓝色，校长又要很烦恼啦！怎么办？

生：看另一个班喜欢什么颜色。

师：听你们的，二年一班喜欢的是？

生：蓝色！

师：二年三班？

生：蓝色

师：四年一班？

生：蓝色

……

师：我不想往下看了，你们可以跟校长最建议了吗？

生 1：选蓝色，因为喜欢蓝色的班级最多。

生 2：买蓝色，因为喜欢蓝色的有七个班。

师：听出来了，大家都建议校长买蓝色。

5. 总结揭题

师：孩子们，回忆一下，刚才我们是怎么解决我们班级选校服颜色的问题的？

生：投票—分类—整理。

师：说得真好，我们刚才通过大家的投票，把卡片收集在黑板上，然后再把数据整理到这个表格，就是数据收集整理的过程。也是我们今天要学习的数据收集和整理。

【设计意图】“纸上得来总觉浅，绝知此事要躬行。”学生通过一定的活动，经历数据收集的过程，感触会比较深。这些数据是学生亲自收集和记录的，是鲜活的、有生命的，学生整理、分析数据时就会感受亲切、自然，也会感受到数学与生活息息相关，从而对课堂学习会更加投入。这样教学统计互动更有条理性和预见性。此外，通过讨论，让学生深入分析数据，基于数据进行的思考就更加深入。

三、注重应用，提升统计的意识

师：这样的数据收集在生活中很常见。看，这是长沙某个月的天气情况。

师：从这个表格中你知道了什么？

生 1：我知道晴天最多。

生 2：我知道下雪天有 3 天。

生 3：我知道阴天有 13 天。

师：大家的小眼睛都很亮。这个月有多少天？

生：31 天。因为 15 加 13 等于 28，28 加 3 就等于 31。

师：你的表达真清晰，请坐。那再往下算算，阴天比雪天多了多少几天呢？

生：多了 10 天，13 减 3 等于 10。

师：这一个月最有可能是长沙的春、夏、秋、冬的哪个季节呢？把你的想法告诉同桌。

生 1：夏天，因为晴天最多。

生 2：冬天，因为冬天才会下雪。

生 3：秋天，因为秋天快靠近冬天了，也有晴天，有时候也会下雪。

……

师：听到你们的分析，老师知道你们会用数据来讲说话和分析问题，真了不起。

【设计意图】学生通过生活实例发现数学，学习数学，还要能够把数学知识运用到自己的生活中去，真正体会到“数学有用、要用数学”。

四、综合与实践

56. “神奇的495”教学设计与反思

李培芳
（福建省厦门市华昌小学，特级教师）

※ 课前思考

“神奇的495”是一节数学游戏课，大致的题意是：从1至9这九个数字中任选3个数字，组成一个最大的三位数和一个最小的三位数，求出它们的差。再把所得的差的三个数位上的数字重新组成一个最大的三位数和一个最小的三位数，求它们的差，重复上面的过程，最后总能得到495。

教学本课，如何准确定位教学的目标，如何创设有效的情境，如何在教学中实现更好的突破……这些问题无法回避地摆在我的面前。

※ 课堂实录

一、体验魔术

师：今天，李老师给大家带来了一个魔术，同学们想看吗？（想）这个魔术是魔术中最难的魔术，叫作“读心术”！读谁的心呢？哪个同学愿意上来让李老师读一读你的心。（请一名学生上来）

师：现在请你在心里想好三个数字。你可以不用告诉李老师你心里想的数字，李老师就能猜出，用你想的那三个数字经过这样的计算，它最后结果是多少，信不信？（课件出示计算的方法：即用三个数字组成最大数与最小数再相减，求出差，再用差的三个数字组成最大数与最小数再相减，再求出差，循环下去。）

生：不信！

师：咱们试试看！你想好三个数字了没？

生：想好了！

师：好的，李老师可要开始读她的心了，我要看着她的眼睛。咦！这小姑娘的眼睛可真大！好！读出来了。

师：李老师这就将猜出来的答案写在纸片上，并且倒扣在黑板上，再不去动它了！

师：现在你可以告诉大家，你刚才心里想的那三个数字是什么了！

生：1、2、3。

师：按照这个魔术的规则：得先组成一个最大的数，那是多少？

生：321。

师：再用这三个数字组成一个最小的数是……（123）

师：然后用最大的数 321 减去最小的数 123，会算吗？差是多少？

生：差是 198。

师：差是 198，仍然是由三个数字组成，接下来，按刚才的方法，用这三个数字再组成一个最大的数是（981），组成最小的数是（189），还是用最大的数再减去最小的数。咱们一起算一算。

师：结果是 792，还是由三个数字组成，还可以重复刚才的做法，再写一个减法竖式，谁知道这第三个减法竖式该怎么写？

生：972-279。

师：请同学们用这样的方法接着往下算，看看最后的结果是多少？

学生经过计算后发现算到 495 后，就一直重复着相同的结果还是 495。

师：同学们算出了最后结果是 495，下面就是见证奇迹的时刻了。老师要请个同学来揭晓这个结果。

老师请一名同学上来翻转倒贴在黑板上的纸片，纸片上的答案赫然就是 495，全班一片惊呼：哇！

师：真是很不可思议，没有掌声最不可思议！

学生笑着鼓掌。

二、形成猜想

师：魔术最精彩的便是魔术的揭秘了，同学们猜一猜！李老师是怎么办到的呢？

师：想不出来是吗？李老师再表演一次，看谁先猜出来！哪个同学再来配合一下？（再请一名同学上来）

师：一样的操作，请你在心里想好三个数，想好了吗？（想好了）注意看，李老师要“读心术”了，结果是……（老师将刚才那张写着 495 的纸片翻转倒扣在黑板上）

个别学生奇怪地问：这一次的答案难道还是 495？

师：现在谁能大胆地猜测李老师的魔术是怎么变的？

生：会不会是所有的三个数这样算出来的结果都是 495？

师：这个同学有一个大胆的猜想：（板书）所有的三个数字通过这样的计算最后的结果都是 495。你们同意他的看法吗？

同学们有的点头同意，有的说不可能。

三、验证猜想

师：怎样能知道这个同学的猜想到底对不对？

生：换三个数字再试试。

师：你想换哪三个数字来试？

生：4，8，9。

师：咱们全班都用这三个数字去试好呢？还是每一个同学用不同的数字去试试好？

生：每一个同学用不同的数字。

师：为什么？

生：因为用不同的三位数字如果都能得到 495，就更能说明刚才的猜想是对的。

师：好一个“更能说明”啊！这话说得很有水平啊！那你想换哪三个数字？

师：老师觉得有必要去验证一下这样的三个数字：1、1、2，为什么？

生：要试一下如果三个数字中有两个数字是相同的，是不是也会算出 495 来。

师：我们还要考虑哪些特殊的情况？

引导学生考虑不同的情况去举例。

师：现在请同学们换三个数字去验证，看看是不是最终的结果都会等于 495。开始！

学生计算后，教师收集结果并投影出来。

师：有没有结果不是 495 的情况？

通过交流讨论，最后结论为：不同的三个数字经过这样的运算结果都会等于 495。

四、魔术揭秘

师：现在知道了吧，其实神奇的不是李老师，神奇的也不是魔术，神奇的其实是……

生：是数学。

师：不同的三个数字，只要经过这样的计算，结果一定有一个数在等着它，

（495）最后一定会掉到这里来，不管三个数字怎么换，谁也逃不掉，这让李老师想到了宇宙中的一个天体…

生：黑洞。

师：为什么想到黑洞？

生：因为黑洞有很大的能量，什么东西都能吸进去，连光也会被吸进去。

师：是呀！495 就像黑洞一样，不管是怎样的三个数字只要沿着这样的规则去计算，结果一定会掉到这里来，因此在数学上 495 被称为“数字黑洞”。

板书课题：神奇的 495

五、尝试解释

师：关于数字黑洞你还想知道什么？

生：为什么会这样呢？

师：对呀，为什么会这样呢？这个问题可能有点难，咱们不妨仔细观察这些算式，看看结果是怎么一步步地掉到 495 中来的。通过观察，同学们有什么发现？

生：中间都是 9。

生：每一个得数个位与百位上的数字的和为什么都是 9？

生：计算结果都是沿着“891——792——693——594——495”这样的顺序一一出现。

※ 课后反思

一、教学的形式的创新是提高教学有效性不可忽略的因素

本课以魔术贯穿教学始终，真正激发了学生学习的兴趣和探究的欲望，教学全过程浑然一体，极其流畅。这个魔术让整堂课焕发着“神奇”的色彩。这个案例给我们这样的启示：教学的形式的不断创新同样是提高教学有效性不可忽略的因素。长期以来，我们总认为应该注重教学的内容，将“教什么”始终置于“怎么教”之上，这无可厚非，然而，我们不能忘了，教学不是教师的一厢情愿，它应该是师生的和谐共振，因而如何以新颖的教学形式让教学引发学生的共鸣，引发学生的参与热情便显得尤为重要。

时代不同了，现在学生可以从很多媒体与渠道得到各种各样的信息，他们“见多识广”！很多老师都有这样的感觉：现在的学生对什么都不容易提起兴趣，不像以前，几张幻灯片或者是几张图片就能让他们眼前一亮。基于这样的现实，需要做出改变的是教师，诚如日本的谚语所说的“专拿万金油治病的医生不是好大

夫”。有效的教学需要教学形式的不断创新，因为形式的创新能让教学充满趣味，充满活力，更充满“诱惑”！

二、让数学课堂充满迷人的神奇色彩是唤起学生数学学习兴趣的有效手段

“学好数学，兴趣是关键。”中国当代著名数学家“陈省身奖”获得者杨乐如是说。那么如何唤起学习者学习数学的兴趣呢？方法有很多，而其中最有效、最长效的做法应该是通过数学的美去吸引学习者，让他们积极主动地投入到数学活动中来。而本课的教学实践给我们一个视角，那就是通过数学的奇崛之美，可以让数学课堂充满迷人的神奇色彩，让数学课堂如同一块吸铁石一般牢牢地将学生吸引到数学学习活动中来。在这里，充满神奇色彩的课堂不仅激起了学生的学习兴趣，它还成功地将学生引入了数学的深度思考之中，学生的兴趣不断地从“魔术”里出来，并立即进入了数学思考的世界，这里的“出”与“入”都是在不知不觉中完成的，数学教学毕竟还是数学教学，不能让学生只看到魔术而学不到数学。教师的智慧在于能将学生引到数学中来，而且应当引得自然，引得巧妙，引得不着痕迹。当课堂中在教师的引导下，学生由衷地道出“其实神奇的不是李老师，神奇的也不是魔术，神奇的是数学！”的时候，我们可以大胆地断言：就在那一刻，咱们可爱的孩子们，他们对数学的“喜欢度”增加得可真的不只是一点点啊！

57. “简单的排列”教学设计与反思

魏燕惠
（福建省厦门外国语学校海沧附属学校，青年名师）

※ 课前思考

“有序思考”是数学思考的重要方式，在小学数学许多知识内容的教学中有所涉及与渗透。“数学广角—简单的排列”一课，承载着“引导学生进行有序思考”的任务。教学中除了要设计操作性的活动，如摆、写、填表等让学生体验“不重复、不遗漏”的“有序”特征，更应该引导学生进行“简约而又结构化”的教学化表征，才能促使学生深刻体会“有序思考”的思维价值。

※ 教学过程

课前谈话：

师：同学们喜欢厦门吗？

师：我们都生活在美丽的厦门，那你对厦门的了解又有多少呢？现在让我们一起看看视频告诉了我们什么吧。

师：厦门市的建设和发展，离不开每个市民的努力。今天这节课，我们要用数学的眼光走进这座城市。

一、激趣导入，知识铺垫

1. 今天我给大家介绍一位新朋友，她将带领我们一起走进厦门，欣赏厦门的美。一起来认识一下吧！（课件出示——Lily）

2. 第一关：年龄问题

我的年龄是由 1 和 2 组成的两位数，十位数和个位数不一样，猜猜我今年几岁了？

预设回答：

学生可能回答：12；学生可能回答：21。

师：你们是怎么猜出她12岁的？

生：因为他是小朋友，因此12岁的可能性大些。

师：恭喜同学们，猜对我的年纪，下面我将带同学们乘坐公交车前往我们的目的地。

二、动手操作，探索规律

第二关：公交车线路问题

公交车线路号是用1、2和3组成的两位数，每个两位数的十位数和个位数不能一样。能组成几个两位数？

（1）由1、2、3三张卡片能组成哪几个两位数呢？

（2）学生2人小组，用卡片1、2、3想一想，试一试，教师巡视，参与学生的活动。

（3）汇报讨论，探究规律。学生展示不同的摆法，体会有序思考的优势与方法，怎么摆能保证不重复、不遗漏呢？

师：到底猜得对不对呢？我们来验证一下！

活动要求：怎样摆数字卡片？建议分工，一个人负责摆卡片，另一个人拿出学习单，把摆的结果记录在学习单上。

（4）交流结果。

选一组同桌上台，一人摆，一人把数写出来，你对他们的摆法，有什么想说的？

你们的答案是多少个？如果少于6个就说明他们怎么了？（板书：遗漏）

如果多于6个，就说明他们怎么了（板书：重复）

（5）探讨有序、有规律的排列方法。

（不重复、不遗漏地呈现全部结果）

师：怎么摆才能不重复不遗漏呢

①交换法——交换位置。

师：每两个数字两两搭配完了，我们来观察一下，每一次选定两个数字搭配，通过交换个位和十位的数，都能得到两个两位数，一共是6种，这种方法，我们给它取个名字：交换法。

②固定法——固定十位。

师：我是怎么摆的？（一个动，一个不动）

小结：我们先把1固定在十位，个位可以搭配2，也可以搭配3，组成的数是12、13。

我们也可以把2固定在十位，个位可以搭配2，也可以搭配3，组成的数是

21、23。

我们也可以把 3 固定在十位，个位上搭配 1，还可以搭配 3，组成的数是 31 和 32。

每两个两位数都搭配完了，一共可以组成 6 个两位数。

③固定法——固定个位。

师：是不是只有十位不动，个位呢？

A. 先固定个位上的数字为 1，可以摆成 21 和 31。

B. 先固定个位上的数字为 2，可以摆成 12 和 32。

C. 先固定个位上的数字为 3，可以摆成 13 好 23。

师：这样有顺序排列，得出的结果就能不重复不遗漏。

（6）师：是不是除了用表格呈现结果，还有其他既简洁又清楚的方法吗？请 4 人小组互相商讨。

学生汇报交流，画图展示描述：

例如“固定十位法”可以这样表示：

“固定个位法”我们同样可以表示：

“交换位置法”同样可以用结构化表示：

师：请你们观察下，这种方法与前面的表格法比较，你想说什么？

（7）你喜欢用哪种方法来解决呢？与同桌说说你喜欢的方法。

（8）师：数字的搭配可真有趣，要想做到不重复，不遗漏，我们可以按顺序，有规律地进行。这样问题就变得简单了。这就是我们今天要研究的，有趣的排列问题。

板书课题：有趣的排列

三、独立探究，运用提升

第三关：花圃配色问题

咱们继续看看，小达人要带我们前往哪里，原来是美丽的植物园，看见园林师傅用红黄绿 3 种颜色设计花圃，选 2 种颜色给两个区域涂上不同的颜色，一共有多少种涂色方法？

要求：1. 怎么解决这个数学问题？先想一想，在学习单上涂一涂，看谁完成的速度快。有困难可以向同桌和老师求助哦。

2. 全班交流结果

3. 比较 “公交线路”和“花圃配色”这两个问题，你有什么发现？

师：恭喜你们闯关成功，一起走进植物园吧。

第四关：旅游路线问题

师：孩子们，学了新知识，那你能给即将来厦门旅游的朋友们，设计一日游旅游路线吗？

一日游旅游线路攻略

1、鼓浪屿　　2、厦门大学　　3、南普陀寺　　4、曾厝垵

在4个旅游景点，按上午、下午各选一个景点，可以有几种旅游路线？

1. 这道题与前面的几个数学问题相比，有什么不同？

2. 你计划怎么解决？ 4人小组讨论

3. 看谁能解答得既快又对

五、课堂总结，知识梳理

这节课你有什么感受？今天的数学知识好玩吗？

小结：生活中有许多有趣的排列的问题，像这类问题，我们要学会有顺序地思考，才能做到不重复、不遗漏。

※ 课后反思

数学课程标准倡导自主探索、合作交流，实践创新的数学学习方式，强调从学生的生活经验和已有的知识背景出发，为学生提供充分地参与数学活动和交流的机会。排列的知识是渗透有序思考这一数学思想方法的有效载体，所涉及的内容比较简单，更强调方法的感知，更重视引导学生经历探究的全过程。

教育家叶圣陶先生说："教材只能作为教课的依据，要教得好，使学生受益，还要靠老师的善于运用。"因此，教师要注意对教材知识的整合和重组，变"教材"为"学材"，真正体现"以生为本"。本节课主要根据游玩美丽鹭岛厦门这一情境，引发学生数学思考的开启。

本课给学生留出了自己动脑思考的空间，再通过小组交流获得自我表现的机会，实现了信息在群体中多向交流。让学生感悟到生活当中有许多有趣的排列问题，我们不仅要能够按照一定的顺序思考问题，而且还要做到全面地思考问题。整堂课用游玩厦门、闯关进行串联，随着景点的到达进行相应的学习，使学生在不知不觉中完成了思考与学习，乐在其中。

58. “认识多边形”教学设计

王丹
（江苏省苏州工业园区翰林小学，青年名师）

※ 课前思考

福禄贝尔认为：游戏是一种自我主动的表征，将内心世界的冲动与需要形之于外。儿童倘若全神贯注在他周遭具体的要素，利用这些要素建立他自己的世界，他就能将自己的经验通过游戏做持续的表达，从而让他的经验得到确认和一番整顿。

数学游戏在《简明不列颠百科全书》中定义为“一种运用数学知识的大众化的娱乐活动”。数学游戏不单单只是游戏，也不是单纯地玩，它是将数学问题蕴含在游戏中，让做游戏的人获得数学活动经验，在不知不觉中掌握数学知识、数学思想、数学方法。皮亚杰认知发展阶段理论认为，7 至 11 岁的儿童处于具体运算阶段，儿童只能通过具体的事物、物体或过程来进行思维，进而发现学习的乐趣。

基于以上思考，本人以“认识多边形”为例，谈谈如何在低年级引导学生开展数学游戏，体会有序思考，发展空间想象力，为今后平面图形的认识奠定扎实的基础，给儿童探究图形与几何以生长的力量。

※ 教学过程

一、游戏中导入，找窗格图中已学的图形

谈话：认识吗？这是哪儿？——苏州园林，瞧，这是苏州园林的窗格图，你看到了什么？

预设：各种各样的图形

1. 三角形

游戏（1）：火眼金睛找图形。

先来找找我们学过的图形，谁找到了？你说。（我找到了三角形）请你上来指出一个三角形。（动画）

预设1：指得真棒！刚才这位同学是沿着三角形的边（动画）来指的。

预设2：你是沿着三角形的边来指的，让我们一眼就能看出这是一个三角形。老师也找到了一个三角形，看，这是三角形吗（动画）？

现在请你举起小手跟老师一起指。三角形有几条边呢？（板书：3条边）是的，3条边手拉手就围成了一个三角形。（板书：三角形）

游戏（2）：心灵手巧描图形。

接下来请你拿出学习单，找1个三角形用水彩笔描一描，别忘记用上我们的好朋友直尺哦。

（找一个完成速度快的同学作品拍照投影）

哦，你描出了三角形的3条边，为了让大家一下子看出来它有3条边！通过描三角形我们再一次发现三角形有3条边。（指文字“3条边”）

二、游戏中探索，了解多边形的含义

1. 边数相同的图形

你能从窗格图案中再找出一些都是4条边的图形吗？请你找1个用水彩笔描出来。

（学生活动，教师巡视，并对有困难的学生给予帮助和指导。）

把你找到的图形展示给大家看看吧！（指名带着自己描出的图形到实物投影上展示，并数出描出的每个图形的边数）

你找到的图形都有几条边？请你一边指一边数出它们的边数，其他小朋友举起小手跟他一起。机动：嗯，他还在图形中间写上了4，我们一眼就能看出有4条边。（找得很好，请回）

2. 认识四边形

（1）老师选了几个你们刚从窗格上找到的图形，把它们描了下来。仔细观察，你有什么发现？（这几个图形都有4条边）

小结：真善于观察，像这样有4条边的图形是——四边形。（板书：4条边 四边形）跟我一起读：四边形。

（2）游戏：超级变变变。今天我们认识了一个图形新朋友，想一想：以前

学过的图形中有四边形吗？（长方形、正方形）

谁能指着大屏幕来数一数它们的边数？其他小朋友跟他一起，先数长方形。（指得真好，谢谢你）

小结：长方形和正方形它们都有 4 条边，都是四边形。是的，长方形和正方形也是特殊的四边形。

变式：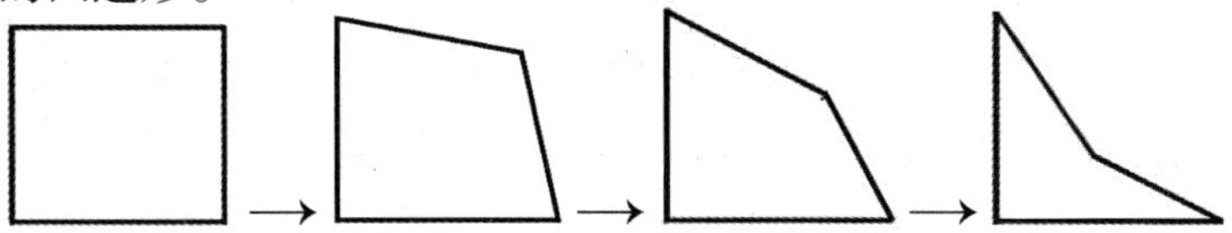

在游戏超级变变变的过程中，你有什么想说的？

（学生能够用自己的语言表述即可：形状不同，但都有四条边围成的平面图形，它们都是四边形。）

（3）游戏：我做小裁判。这些图形是四边形家族的成员吗？（放个特殊的图形）

请 2 个小朋友上来比赛，掉落的图形如果是四边形就点击图形，不是就不点，明白了吗？

其他同学做裁判，用手势表示对错。

小结：谁能说说什么样的图形是四边形？看来只有像这样（指板书）有 4 条边的图形才是四边形。

3. 认识五边形。

（1）游戏：我来取名字。

师：看，又来了一堆图形宝宝，我们来给它们起名字。先读一读游戏提示：

①拿出信封中的图形；

②把你起的名字写在图形上；

③完成后向同桌介绍你的图形。

都清楚要求了吗？那就开始吧！

（2）交流：请三名学生来展示，注意都选五边形。

师：谁先来介绍你的图形？你的图形有几条边，数一数，起了什么名字？仔细看这两个图形有什么特征？

小结：尽管形状不同，但它们都有 5 条边，都是五边形。

（板书：5 条边 五边形）请你在窗格图中找出一个五边形。

4. 认识六边形

谁还想介绍不同名字的几边形？你的图形都有几条边，数一数，起了什么名字？

小结：尽管形状不同，但它们都有 6 条边，都是六边形。

（板书：6 条边 六边形）请你在窗格图中也找出一个六边形。

5. 小结多边形

刚才我们认识了哪些平面图形？你能说说什么样的图形是四边形吗？五边形和六边形呢？那照这样的想法，如果一个图形有 7 条边，8 条边就是……（七边形、八边形）继续说下去，说得完吗？（板书：省略号）

师：是的，这么多图形要知道它是几边形，可以数一数它有几条边。（板书：几条边 几边形）一个平面图形由几条边围成，就是几边形。

归纳：像这样的四边形、五边形……七边形、八边形，它们有一个共同的名字叫多边形，这就是我们今天要认识的多边形。（板书：认识多边形）

6. 数一数，巩固多边形概念

提问：通过刚才的学习，我们认识了这么多图形王国里的新朋友，请你拿出学习单，完成练习 2，完成的小朋友用你的坐姿告诉我。（看谁完成得又对又快）

闯关练习

数一数下面的图形各有几条边，照样子写一写，再填表。

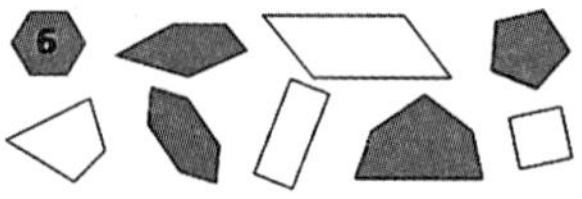

四边形	（ ）个
五边形	（ ）个
六边形	（ ）个

三、游戏中巩固，多种方法创造多边形

认识了多边形，在生活中哪些地方你见到过多边形？谁来说一说，视频播放。看见这么多丰富多彩的多边形，你想动手也创作一个吗？请看游戏操作要求。

分组活动要求：希沃白板

游戏（一）：围一围。

钉子板展示学生围的多边形。

交流：1 名学生到展台前展示，说一说围出了几边形。

游戏（二）：摆一摆。

一起来看 XX 的作品。

生：我用几根小棒，摆成了一个几边形。

师：在座位上的同学有谁用不同的方法也摆成了四边形？看来围一个四边形不一定只用 4 根小棒，但我们可以说摆一个四边形至少要用（ 4 ）根同样长的小棒。

师：接下来，请你用小棒摆成一个五边形，并且想一想至少要用几根同样长的小棒。摆一个六边形呢？

游戏（三）：拼一拼。

生交流：1.我用两个三角形拼出了一个大三角形；

2.我用两个三角形拼出了一个四边形；

3.我用三个三角形拼出了一个四边形；

4.我用三个三角形拼出了一个五边形。

小结：真棒，同样用三角形，拼出的图形各不相同。

游戏（四）：折一折。

生交流：1.我用一张长方形纸，折了一次，折出了一个四边形；

2.我用一张长方形纸，折了一次，折出了一个五边形；

3.我用一张长方形纸，折了两次，折出了一个六边形。

游戏（五）：分一分（集体游戏）

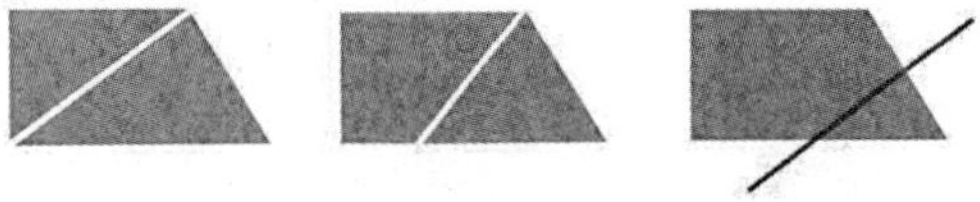

1.这是四边形，你能把这个四边形分成两个三角形吗？谁能上来分一分？直接用手指在图形中画一条线把它们分开。

2.就只能把这个四边形分成两个三角形吗？谁来试试？

3.我们还要继续挑战，还能再把这个四边形分成一个三角形和一个……开动脑筋。

游戏（六）：找一找。（集体游戏）

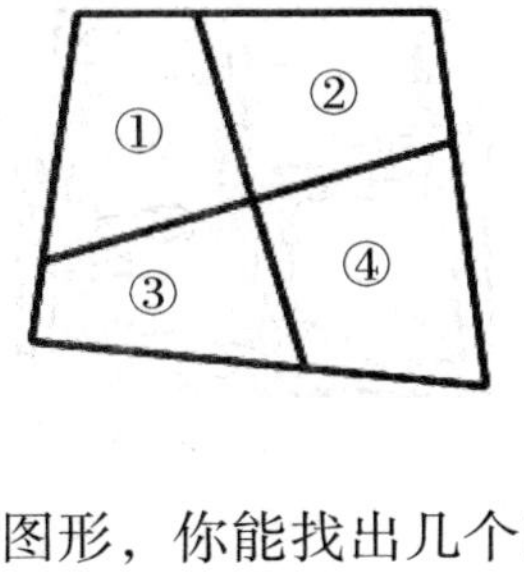

小朋友们真厉害，看这个图形，你能找出几个四边形？先出示①号图形，再出示②号图形，再将①、②号图形合并，再将③、④号出示，拼出左图。

引导：我们要学会有顺序地数。

①先可以单独数；②还可以两个两个合起来数；③最后还可以全部合起来，一共数到9个。

四、回顾总结，用数学眼光看生活中的多边形

1. 说说这节课你的收获？

2. 回到生活中的图片，您还能看到什么？

丰富的图形，美丽的苏州！现在没有图形了，你的脑海中又留下了什么？下课后，做个有心人，让我们一起用数学的眼光去观察丰富多彩的图形世界吧！

59. “小小设计师”教学设计

黄慧霞
（广东省中山市小榄丰华学校，青年名师）

※ 课前思考

这是一节“综合与实践”的主题活动课。目的是让学生在实践操作活动中，能运用所学过和平移、旋转、轴对称等图形学到的知识，欣赏并创造图案，能用自己的语言描述图形的运动，逐步发展空间观念，感受生活中的数学美，培养创新精神和实践能力。

本课活动准备有：正方形纸、学具（基本图形）、多媒体课件等。

※ 教学过程

一、温故旧知，回顾运动

师：同学们，老师这里有一个神奇的三角形。它可以变换出美丽的图案，请看，像什么？

生：像蝴蝶结。

师：它是三角形通过什么样的运动得到的呢？

生：轴对称。

师：是的，三角形通过轴对称的方式得到了这个图案。谁能像老师这样说说这个图形？

生：三角形通过平移的方式得到了这个图案。

师：这个图案呢？

生：三角形通过旋转的方式得到了这个图案。

小结：像这样用同样的图形，通过轴对称、平移、旋转的运动方式得到一个新的图案。

揭示课题：那今天我们就利用这些知识来当一回小小设计师，也来设计美丽

的图案吧。（板书）

【设计意图】通过利用三角形变换出来的图案回顾平移、旋转、轴对称三种图形的运动方式，为下面的活动做铺垫。

二、操作模仿，体验运动

1. 认识基本图形

师：小动物正在进行设计大赛，请看这个图案，它是由相同的 4 部分组成，你能帮我找出来吗？（请一个学生上来找，边找边点，并展开）

师：这三个你也能帮我找出相同的 4 部分吗？请你来指一指吧。

师：为了验证这位同学的想法，我们也可以剪开来看看，（剪另外三个图形）一样吗？

师：我们再调整一下方向，现在呢？

生：一样的。

师：像这样剪开后完全相同的每一部分，我们把它叫作图案的“基本图形”。（师指一指，基本图形可以在这个位置吗？这个呢？）为了有序思考，我们一般选定第一部分为这个图案的基本图形。

师：老师也带来了这些图案。谁来找找这个图案的基本图形在哪里？

2. 范例引领，感受运动

（1）想一想，基本图形经过怎样的运动得到了这些图案？

（2）摆一摆，基本图形经过怎样的运动得到了这些图案。说一说：每个图案的基本图形经过了怎样的图形运动。

师：你们想不想也来摆一摆？老师给你们准备了这四个图案，请先看活动要求。

活动要求：

1.四人小组在学具袋中，每人选择一个图案摆一摆。

2.边摆边说一说：基本图形是经过怎么样的运动，得到了这个美丽的图案。

汇报环节：

师：活动前，我们已经知道第一个图案是基本图形通过平移得到的。那第二个图案又是怎样得到的呢，谁来说一说？（生上板摆，边摆边说）

师：除了可以通过旋转的方式，基本图形还可以通过其他的运动方式得到这个图案吗？（轴对称）那你也上来试一试吧。

师：原来这个图案可以通过两种不同的方式得到，我们一起来整理一下。

小结：这个图案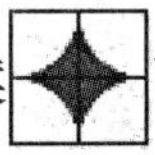可以通过旋转或轴对称的方式得到。看来同一个图案可以用不同的运动方式得到。那平移可以吗？（不可以）。

师：这两个图案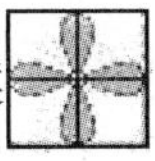 谁来说一说？这个图案还有更快的运动方式吗？

师：我们来看看同学们刚才的方法，可以通过旋转、轴对称的方式得到这个图案，还可以用旋转加轴对称等更快的方式得到。原来这三个图案都可以通过不同的运动方式得到的。

小结：有些图案只能用一种运动方式得到，有些图案可以用不同的运动方式得到。

【设计意图】通过认识基本图形，引导学生有序思考，利用已知的图案去倒推基本图形的运动，初步认识了图形运动的方法，加深学生对轴对称、平移和旋转的认识，激发学生想要自己动手尝试的欲望。

三、模仿创造，感受多样

1. 想一想：基本图形还能拼出哪些美丽的图案？

师：我们再来想一想？一个基本图形，只能拼出一个图案吗？还有没有别的拼法？给你 4 个基本图形，想一想，能拼出哪些美丽的图案？拼出你想到的图案，然后在小组里说一说，基本图形到底经过怎么样的运动得到的这个图案。

2. 拼一拼：自主选择一套基本图形，动手拼出新的图案

> 活动要求：
>
> 1.四人小组在2号学具袋中，每人选择一套基本图形，动手拼出新的图案。
>
> 2.拼完后小组里说一说基本图形进行了怎样的图形运动。

3. 说一说：让学生说一说，自己拼出的图案是基本图形经过怎样的运动得到的

将生作品贴在黑板上，（单个运动方式）每种运动方式选 1 生汇报。（更快运动方式：请 1—2 生说）

小结：同一个基本图形，通过不同的运动方式，会得到不同的图案。

【设计意图】学生在独立操作的过程中，通过不同的运动的方式进行创造，拼出不同的图案，加深了对图形运动的认识与运用，培养和发展学生的空间观念。

四、重组基本图形，综合运用

1. 基本图形的重组，感受便捷

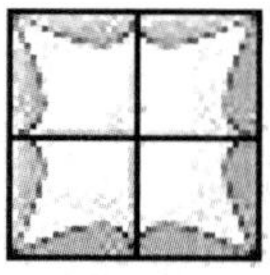

师：想要一块用这个图案装饰的桌布，有什么办法能很快铺满呢？

生：一个图形的运动，可以平移，可以轴对称。

师：每次都只（平移）一个，太慢了，有没有更快的方法？

师：把它们看成一个整体再平移，也就是说把这个整体看作新的基本图形再平移，是不是更快一些？有没有再快的？

2. 引导学生思考，不断地重组基本图形，感受重组基本图形带来的便捷。

师：如果我想把整个屏幕都铺满，怎么办？

生：再把这个整体作为一个基本图形，再平移。

师：原来，基本图形可以是 1 个，2 个，4 个，甚至是更多。

小结：基本图形可以根据需要，重新组合。

【设计意图】引导学生发现基本图形可以根据需要，重新组合，感受重组基本图形带来的便捷。

五、生活欣赏，感受应用

师：生活中，我们还有很多物品是先设计了基本图形，在通过图形的运动得到的，请看：剪纸的边框，电视背景墙，墙纸，古时候的窗花栏杆等，都是通过先设计基本图形，再通过图形的运动得到的。

所以说，生活处处充满数学美。

【设计意图】学生通过自主创作和生活欣赏，既巩固前面所学的方法，同时培养学生的创新能力和实践能力，体会数学与生活的紧密联系。

课后探究：在正方形纸上自主设计喜欢的基本图形，通过图形的运动也能创造出美丽的图案。

【设计意图】通过教师的课件演示，学生发现基本图形可以根据需要，重新组合，感受重组基本图形的便捷。

【板书设计】

小小设计师

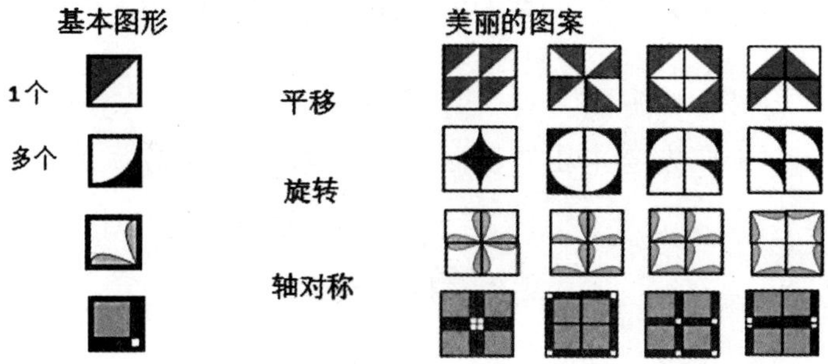

60. “数学广角——推理”教学设计与评析（课例一）

钟建萍
（广东省中山市西区中心小学，青年名师）

※ 教学过程

一、创设情境，了解推理含义

1. 随意猜年龄：猜猜钟老师今年多少岁？（让学生随便猜，老师并不判断对错）

2. 根据条件猜：

师：我给你们一点提示，钟老师和王老师两个人中，其中一个人是40岁，另一个人是42岁。请你猜猜我几岁？

师：我很奇怪，为什么没有人猜我28岁了呢？

生：因为你给了提示，你和王老师一人是40岁，另一人是42岁，所以你不可能是28岁。

师：那你能确定我是几岁吗？

生：还不能，但是只有两种可能，不是40岁，就是42岁。

师：那我再给你们一点提示，王老师说她不是40岁。谁来猜猜我几岁？

生（异口同声）：那你就是40岁。

小结并揭示课题：我们在猜测的时候要根据所给条件来猜，才能确定准确的答案。像这样根据已知条件，逐步推出结论的过程，在数学上称为推理。今天我们一起来学习数学广角的内容——推理。（板书：数学广角——推理）

二、探究新知，体验推理过程

1. 呈现例题，自主阅读

师：刚才在猜年龄时，钟老师的岁数只有两种可能？最后你们是如何确定正确答案呢？

生：根据您的提示，您的年龄只有两种可能，后来您又提示“王老师不是40岁”，那么一定是42岁，所以您就是40岁。（板书：不是……就是……）

师：如果有三种可能又怎么猜呢？想不想试一试？好，有三个小朋友正在玩猜书名游戏，我们去看看吧！（引导学生自主阅读信息，独立思考）

2. 梳理、提炼和整理信息

师：题目中告诉了我们哪些信息？（让学生自由发言）

师：“有语文、数学和品德与生活三本书，下面三人各拿一本”这句话是什么意思？

师：我发现这道题信息比较多，也比较乱，我们简单地整理一下：有哪几个人？哪几本书？

教师板书：小红　　小丽　　小刚

语文　　数学　　品德与生活

出示问题：到底他们三人分别拿的是什么书呢？请同学们先独立思考，再把你的想法和同桌小伙伴说说。

3. 全班交流、汇报推理结果

（1）说理法：因为小红说“我拿的是语文书”，所以小丽只可能拿数学书或品德与生活，小丽又说：我拿的不是数学书，所以小丽拿的是品德与生活书。

（2）连线法：学生边连线边说理，先确定小红拿的是语文书，再确定小丽拿的是品德与生活，最后确定小刚拿的是数学书。

（3）图表法：

	语文	数学	品德与生活
小红			
小丽			
小刚			

引导学生根据列表有序、全面地叙述一遍推理的过程，加强学生的表达推理能力。

4. 总结推理的过程

老师也有一个秘诀，并把它编成了顺口溜，我们来看看吧：“我是一名小神猜，根据线索猜得准，能确定的先确定，能排除的再排除，剩下越少越好猜。”

三、巩固应用，提升推理技能

1. 第一关：猜猜小狗的名字

（1）课件出示课本第 109 页“做一做”第 1 题。

欢欢、乐乐和笑笑是三只可爱的小狗。体重分别是 7 千克、5 千克、9 千克。乐乐比欢欢重，笑笑最轻。你能写出它们的名字吗？

（2）用你喜欢的方法进行推理，请确定它们的名字。（学生独立完成，指名汇报）

（3）出示下图，根据学生的回答进行连线。

7千克　　5千克　　9千克

欢欢　　乐乐　　笑笑

根据图示有序、全面地叙述一遍，加强学生的表达推理能力。

2.第二关（练习二十一第2题）

师：还有一个三种情况的问题，同学们能不能根据刚才我们总结出来的方法很快猜出来呢？听完题目后先和同桌说一说自己是先确定谁的，再来说怎么猜的，好吗？

3个人（芳芳、明明、玲玲）拍球，分别拍了32下、31下、30下。

玲玲说：我拍的30下。　　芳芳说：我不是最多的。

他们各拍了几下？ 芳芳：（　　） 明明（　　） 玲玲（　　）

3.猜图形：圆形、三角形、长方形，线索：我不是三角形。

老师用信封装了一个图形，告诉学生，信封里装的图形是圆形、三角形和长方形中其中的一种，并在信封外面露出图形其中一个角，同时又说“不是长方形”。问学生是哪一种？

学生先根据老师的语言提示确定不是长方形，再根据观察到露出的一个角确定不是圆形，那么就是三角形了。

4.小结方法：像这样有三种情况的问题，该如何进行推理呢？谁再来小结一下

四、生活运用，开启律动游戏

师：先来活动一下身体吧。老师提问，你们回答。答完之后听口令做动作。全体起立。准备好了吗？

师：拍拍你的肩，不是左肩，那是哪个肩？　　生：那是（　　）肩。（拍右肩）

师：踏踏你的脚，不是右脚，那是哪只脚？　　生：那是（　　）脚。（踏左脚）

师：摆摆你的手，不是左手，那是哪只手？　　生：那是（　　）手。（摆右手）

五、总结提升，检测实际能力

1.总结：在这节课里，你觉得有什么收获？

2.动脑筋出教室

今天我们的课就上到这儿，等会大家和老师们道过别后就离开教室，为了更有秩序，请同学们根据老师的提示分批离开教室，我们先来看提示：

（1）先请今天的班长离开教室准备整队；

（2）接着请不是男同学的到教室门口排队；

（3）最后请剩下的同学全部到门口排队。

61. “数学广角——推理”教学设计（课例二）

谢冰清
（福建省福州金山小学，青年名师）

※ 课前思考

数学是人们生活和劳动必不可少的工具，有关逻辑推理的知识在人们生活和科研中有着广泛应用。《义务教育数学课程标准（2011版）》中指出：“推理是数学的基本思维方式，也是人们学习和生活中经常使用的思维方式。”“推理能力的发展应贯穿在整个数学学习过程中。”因此，逻辑推理是进一步学习数学的基础，同时也是发展学生思维能力的良好素材。

基于《标准（2011）》的理念，课堂教学中如何培养学生的推理能力，是老师们要思考的问题。“数学广角——推理”是人教版《义务教育教科书数学》二年级下册第109页的教学内容。本节课主要要求孩子们通过观察、猜测等活动，经历简单的推理过程，理解逻辑推理的含义，初步获得一些简单的推理经验。渗透数学的思想方法，初步培养学生有顺序地、全面地思考问题的意识。

※ 教学过程

一、唤起与生成

1. 游戏导入

（1）“随意”猜。

师：孩子们，喜欢玩游戏吗？（生：喜欢）

师：那我们来玩“猜一猜”游戏。请看大屏幕。（课件出示）

师：熊大、熊二分别藏在左右两边的树后面，大家猜一猜它们分别藏在哪边？（生1生2生3猜）

（2）“确定”猜。

师：能确定吗？

生：不能。

师：为什么不能确定？

生：题目什么都没有告诉我们。

师：光头强给你们一个提示，看！（课件出示：左边的不是熊大）

师：现在谁来猜？

师：你是怎么想的？

师：你是根据提示来猜。真会思考。谁也想猜？（生2猜）

师：你的答案和他一样。（你也说说你是怎么想的？）

师：你也是根据提示来猜。真棒。

师：其他小朋友想的和他们一样吗？

生：一样。

师：这么确定，那谢老师来揭晓答案。（课件出示）猜对了，掌声送给自己。

2. 引出课题

师：孩子们，对于刚才的游戏，你们有什么想说的吗？猜的时候要怎么做呢？

生：要根据条件猜。

师：我们在猜的时候，要根据提示也就是条件来猜。像这样根据已知条件，推出结论的过程，在数学上叫作推理。这节课我们就来学习一些简单的推理。（板书课题：推理）

二、探究与解决

1. 分析问题

师：大家看！熊大、熊二和光头强也想和我们一起学习呢。（课件出示：有语文、数学、品德与生活三本书，熊大、熊二和光头强各拿一本）

师：谁来读一读？

师：从题目中你们发现了哪些信息？

生1：有三本书，语文、数学、品德与生活。（生边说师边板书）

生2：熊大熊二和光头强各拿一本。（生边说师边板书）

师：他们各拿一本，这是什么意思呢？

生3：他们三个拿的书都不相同。

师：猜一猜，他们三个分别拿什么书？（课件出示问题）（生猜）

师：到底他们分别拿什么书呢？能确定吗？（生：不能）

师：怎么办？（生：需要提示）

师：好，熊二给你们一个提示。（课件出示熊二说的话：我拿的是语文书）

师：现在呢？谁来猜？（生1，生2）

师：怎么答案还是不一样？为什么刚才猜熊大、熊二藏哪边时，给你们一个条件，你们就能确定，现在却不能？

生：刚才只有两个，不是这个就是那个，现在有三个。

师：那要怎么办？

生：再给一个提示。

师：好吧。光头强也给你们一个提示。（课件出示：光头强说“我拿的不是数学书”）

师：现在能确定了吗？（生：能）

师：不着急，谢老师有一个要求，谁来读一读。（课件出示活动要求：① 先独立思考，把解决问题的过程，用自己喜欢的方式记录下来。② 把你的想法与小组中的伙伴交流讨论。）（生读题）

师：听明白了吗？开始吧。（生活动，师巡视指导）

2.展示交流

师：我们一起来看这位同学写的。（投影展示）

（1）语言描述法。

师：能说说你是怎么想的吗？

生：熊二拿的是语文书，那光头强和熊大拿的就是数学书和品德与生活书。光头强又说他没拿数学书，他拿的肯定就是品德与生活书，剩下的熊大拿的是数学书。

师：他说的大家听得明白吗？有什么问题想问吗？

师：谢谢你，请回。

（2）连线法

师：大家看，刚刚有位同学是这样记录的。（投影展示）你是怎么想的？

生：把名字和书名写成两行，熊二拿的是语文书，就直接把熊二和语文书连上线；剩下的光头强和熊大就只能连数学书和品德与生活书了，光头强又说他没拿数学书，那熊大拿的就是数学书了，再连上线，最后把品德与生活连上线。

师：他把书名写一行，名字写一行，再分别连上线，他这样记录，你们看得懂吗？

师：你能在黑板上演示下吗？（生板演）

师：大家觉得他这个方法怎么样？

生：简洁。

师：这种方法，我们称为连线法。谢谢你，请回。

（3）表格法。

师：这还有一种方法。这位同学是用画表格的方式来记录的。（投影展示：人名写一行，书名写一行）你是怎么想的？（生汇报）

师：这位同学也是把书名写一行，名字写一行，他这样记录，大家看得懂吗？谢谢你，请回。

师：现在谢老师把这位同学写的搬到屏幕上来，大家一起看。如果老师把他们的名字移到这。再画上线，变成这样一张表格。（师白板演示）

师：谁有办法把你思考的过程在这张表格上记录下来？

生：先确定熊二拿的是语文书，就在这打个钩，光头强拿的不是数学书，在这打个叉，就是品德与生活书，在这打个勾，最后剩下数学书是熊大拿的。

师：他这样记录你们看得懂吗？（生答）

师：你真是太棒了！掌声送给他。谢谢你，请回。

师：刚刚这种方法，我们称为表格法。（师板贴）

3. 求同引思

师：孩子们，对比这几种方法，刚才推理的时候，我们都是先确定了谁？

生：熊二。

师：为什么？生：因为熊二说它拿的是语文书。

师：看来熊二的话是推理的关键。（板书：关键）推理时要先找到关键信息后再进行分析。（板书：分析）

师：确定了熊二，我们接着怎么做？（再根据谁的话确定谁？）（生答）（最后确定谁？）像这样按照一定的顺序进行思考分析在数学上叫作有序思考。（板书：有序思考）

师：孩子们，如果我们只看熊二说的话，不看光头强说的话，能得出正确结论吗？（生：不能）所以我们在分析时还应该做到全面思考。（板书：全面思考）

师：只有这样，抓住关键信息，再经过有序全面的思考分析，我们才能最终推理出结论。（板书：结论）推理的时候，可以边阅读边思考，也可以用连线法和表格法让我们推理的过程更简洁、直观。

三、训练与应用

师：学了这么多有关推理的知识，老师想考考你们，愿意接受挑战吗？（生：愿意）请看大屏幕。（课件：欢欢、乐乐和笑笑是三只可爱的小狗，乐乐比欢欢重）

挑战1：猜名字

师：谁来说说，从图上你知道哪些信息？（谁有补充吗？）

师：到底谁是欢欢，谁是乐乐，谁是笑笑，谁来猜一猜？（课件出问题）

（生 1 回答，师白板演示）

师：有不同想法吗？（生 2 生 3 回答，教师白板演示）

师：有不同情况，能确定吗？生：不能。

师：想要确定可以怎么办？

生：还要一个条件。

师：好，再给你们一个条件。（课件出示：笑笑是最轻的）

师：现在你们能确定它们的名字吗？开始吧。（生活动）

师：谁来展示一下？他用的是什么方法？（生答）你是怎么想的？

师：和他一样用连线法的请举手。

师：谢谢你。请回。谁不是用连线法的？（生展示并汇报）（课件出示答案）

师：为什么“笑笑是最轻的”这个条件一出来，情况就确定了？（生答）

师：看来这句话是我们推理的……生：关键。

师：挑战成功，我们来看挑战二。（课件出示挑战二）

挑战 2：猜图形（课件出示）

师：谁来读题？（你的声音真响亮）

师：从题目中，你们知道了哪些信息呢？（生：信封里有一个圆，一个三角形，一个长方形）

（生活动并汇报）

师：要解决的问题在这，能解决吗？开始吧。（生活动）

师：谁来说说，你的结果是什么？你是怎么想的？

生 1：绿色的是圆，因为绿色露出来的是半圆，下面肯定也是半圆，黄色，不是三角形就是长方形。

师：真是个善于观察的孩子！大家想的和他一样吗？（生：一样）

师：到底是不是这样的？我们一起来看看。（教师点击课件把信封拿掉，显示结果）

师：哇，你们又答对了。不过，谢老师又有一个问题，为什么这道题只要一个提示就能解决呢？（生）

师：也就是这里有一个隐藏的提示。你们真是火眼金睛。

四、小结与提升

师：大家连续完成了两个挑战，真了不起。今天这节数学课，你们有什么收获？

师：今天我们学习的这些都是简单的推理，今后的学习和生活中，我们还会遇到稍复杂的推理。老师相信，只要你们善于观察、勤于思考，一定会利用推理解决更多的问题。

62. “数学广角——搭配”课堂实录与反思（课例一）

刘雪琳
（福建省福州市达明小学，青年名师）

※ 课前思考

搭配就是排列与组合，这样的思想方法不仅应用广泛，而且是以后学习概率统计知识的基础，同时也是发展学生抽象思维能力和逻辑思维能力的好素材。本节课我试图在渗透数学思想方法方面探索和研究，通过学生日常生活中简单的事例呈现出来，并运用操作、演示等直观手段解决问题。在向学生渗透自主探究，掌握有序排列、巧妙搭配的这些数学思想和方法的同时，初步培养学生有顺序地、全面地思考解决问题的意识。

※ 课堂实录

一、情景创设

师：同学们，老师听说咱班的同学特别喜欢学数学，今天老师就带大家到数学广角去逛一逛。

师：数学广角的城堡可真漂亮，我们走近点吧！可是，大门被一把密码锁锁住了。小朋友们有信心解开吗？

生：有！

师：哎呀，怎么才能打开呢？旁边有提示的信封，老师念给大家听听……咦，怎么没有字，掉出两个圆片，一个红色，一个蓝色，难道……

生：老师，我来试试，我把红色贴在密码锁的第一个方框感应，蓝色第二个，（警报器响起）密码错误，怎么办？

生：我来试试，换个顺序，蓝色先来，（滴……）大门打开了！

师：我们回忆一下刚才两位同学是怎么发现密码的？她们做了几次尝试？

生：两次，一次红蓝，一次蓝红。

师：有没有第三种可能呢？

生：没有！

师：为什么？

生：因为只有两种颜色，她们只能有两种排列。

师：你们真是爱思考的孩子，发现了密码门的奥秘所在，把所有的可能都做了尝试。

二、探究新知

师：刚才的密码门有两个颜色，所以只有两种排列，如果我增加一种颜色，红黄蓝三种颜色，你们觉得有几种排列可能？

生：红黄、黄蓝、红蓝、红黄……

生：不对不对，红黄说过了。

师：多了一种颜色，难度高了，怎么办呢？

生：要按照一定的顺序，这样不会重复。

师：我们小组合作，来试试吧！

汇报总结：

师：请一个小组来汇报。

生：我先把红色摆在第一个：红蓝、红黄；接着把蓝色摆在第一个，蓝红、蓝黄；最后摆黄色第一个的，黄蓝、黄红。

师：谁听懂了他们的想法？请其他同学再来说一说。

生：我用数字 1 表示红色，2 表示黄色，3 表示蓝色，可以排列成 12、21、13、31、32、23。

师：看了这么多方法，你觉得哪种写法好一些，为什么？要注意什么？

生小结：用数字好，简洁。

师：除了 12、21、13、31、32、23 这个顺序，谁还有不同的顺序？

生：还可以 12、13、21、23、31、32。

生：还可以 21、31、12、32、13、23。

师：真厉害，三种排列都可以做到不会重复，不会遗漏，它们有什么奥秘吗？

生：第一个是交换位置，第二个是确定十位，第三个是确定个位。

师：原来如此，老师听懂了，你们都会了吗？我们一起来检验一下大家的学习成果。

三、灵活运用，解决问题

师：老师用大家发现的奥秘打开了密码门，里面有什么呢？（课件出示任务）

1. 任务一：涂颜色（教材第 97 页“做一做”）

（1）全班学生独立思考完成。

（2）指名学生（有代表性的）到前面展示。

（3）先独自思考，再全班交流。

（4）交流评价，理解方法。

师：能说说你是借鉴了黑板上的那种方法吗？

小结：看来我们今天学习的搭配知识不仅仅是数字，也能在图形和色彩中运用啊！

2. 数学广角的风景如此美丽，我们一起合影留念吧！

请 3 名同学坐成一排合影，有多少种坐法？

请坐得最端正的三名同学到讲台前演示一下。

师：坐在位置上的同学可以当导演，也可以当小裁判，动笔写一写。

师：要照相了，准备好了吗？ 1、2、3……耶！

师：赶紧换一种坐法再照。

师：同学们的办法真不错，我们这么快就掌握了有序搭配的方法了。

3. 师：小朋友们，握下手回到座位上吧！每两人握 1 次手，3 人一共握几次手？哦，同学们有的说 3 次，有的说 6 次。

小结：组数与顺序有关，握手与顺序无关。

4. 老师还想考考你们的语文知识学得怎么样？用“读、好、书”三个字一共有几种读法？（要求：不遗漏，不重复）

四、归纳总结，拓展延伸

师：今天你们在数学广角学到了什么？有什么收获？

生：有顺序、不重复、不遗漏。

师：说得真好！我们在日常生活中也要学会有顺序地、全面地思考问题，你们能到做吗？只要你们细心观察，就能发现更多有趣的数学问题，掌握了这些知识，我们就可以解决生活中遇到的问题。

※ 课后反思

二年级“数学广角——搭配”对于学生来说生活中有很多这样的例子，例如点餐的时候，穿衣服的时候等等，如何引起学生学习的兴趣？我根据二年级孩子的特点创设了猜大门密码的情景，让学生感受因为需要而学习。

第一次探秘，我们由易到难，先从简单的入手，两个颜色的排列，不是红蓝就是蓝红，学生有了成功的体验，我们加大难度，第二次探秘就变成红黄蓝三种颜色，这个时候学生的排列就出现了无序的现象，我认为这是一个很好的错误生成，我们要借助孩子的错误，让他们从哪里跌倒就从哪里爬起来，如何从无序到有序，接着把颜色简化出1、2、3三个数字排列，有了6个不同的答案，这里要充分让孩子们自己去发现，教师提炼出孩子发言中正确的数学信息，进行归纳总结出交换位置、确定十位、确定个位三种方法。

在具体的活动情境中把排列的思想方法渗透进去，通过一次次探秘充分地调动了学生学习的积极性，使他们不知不觉地去感知并发现了有序排列。做到不重复、不遗漏。

63. “数学广角——搭配”教学设计与反思（课例二）

林丹丹
（福建省福州金山小学，青年名师）

※ 课前思考

对于低年级的学生而言，游戏是启发心智与兴趣，令其身心愉悦的最佳学习方式。因此，本节课的教学围绕“数学城堡”闯关的游戏展开，激发学生的学习积极性，通过组织学生进行闯关游戏，使课堂教学充满活力。

动手操作是一种由多个感官参与的，以感知形式为主的认知活动。教学中为学生提供充分的操作活动时间，不仅让学生亲身经历思考与自主探究再创造的过程，还让学生在探究过程中领悟数学思想方法，从而培养学生的抽象思维能力和逻辑思维能力。

※ 教学过程

一、创设情境，引出课题

师：同学们，今天老师要带你们到“数学广角”的城堡里去走一走、看一看。大家想去吗？（板书：数学广角）

1.破译密码——体会排列（出示城堡大门的大锁头）

师：不过，要进去玩，我们得先经过一个小小的密码门，小精灵告诉我们：密码是用数字1和2组成的不同的两位数。请问：两位数是由哪两个数位组成的呢？

生：个位和十位。（板书：十位和个位）

师：哪位同学能来摆一摆呢？

生1先摆出12，调换卡片的位置得到21。

师：咦，刚才还是12，你是怎样又变出21的呢？

生2：交换它们的位置。

师：通过交换数字位置的方法得到了一个新的两位数。

师：究竟哪个数是密码呢？小精灵给了我们一个提示：个位上的数字比十位

上的数字小。现在你知道哪个是密码吗？

生：21。

2. 揭示课题

师：真厉害！接下来我们就用这种找密码的思路来学习今天的“搭配知识”。（板书：搭配）

二、动手操作、探究新知

1. 理解问题，明确要求

师：恭喜大家顺利进入数学城堡。数学城堡为我们设置了几道关卡，想考验考验大家，你们有信心闯关吗？

生：有！

师：那好，那我们先来看看第一关。

课件出示：用 1、2 和 3 组成两位数，每个两位数的十位数和个位数不能一样，能组成几个两位数？

师：要闯过第一关，我们看看要解决什么问题呢？（生读题）

师：你的发音真准！真棒！从题目中你们知道了什么？

生 1：用 1、2 和 3 组成两位数。

生 2：每个两位数的十位数和个位数不能一样。

生边说师边用课件圈出用 1、2 和 3 组成两位数、每个两位数的十位数和个位数不能一样。

师：“用 1、2 和 3 组成两位数”是什么意思呢？

生：只能用 1、2 和 3 来组成两位数，不能用别的数字。

师：“每个两位数的十位数和个位数不能一样”是什么意思？谁能举个例子说说什么样的数不行？

生：像 11、22、33 这样的数不行。

2. 猜测结果，思考方法

师：那你猜一猜能组成几个不同的两位数呢？

生 1：3 个。

生 2：6 个。

……

3. 动手操作，交流方法

师：大家猜得到底对不对呢？老师为你们每人都准备了数字卡片。

请你拿出数字卡片摆一摆，将摆出的两位数记录在纸上！

（1）学生动手摆卡片，尝试解答。

（2）学生汇报、交流摆法。

教师展示收集的作品：

① 3 种：12、23、31。

师：同意这位同学的想法吗？为什么？

生：没写全，还有 21、32、13。

（师随手补在后面）

②展示出现 8 种的情况：12、23、21、32、23、12、31、13

师：同意这位同学的想法吗？（生摇头）为什么？

生：重复了，有两个 12、两个 23。（师随手把重复的划掉）

师：看来我们要想把全部的两位数都写出来，就要做到既不重复也不遗漏。

师：谁愿意把你的结果展示给大家看一看？

③ 12、13、21、23、31、32。

师：请大家一起读一遍，读完你发现了什么？

生：有规律，十位数一样，改变个位上的数。

师：是这样的吗？你能在黑板上摆一摆吗？（问上台展示作品的孩子）

生：先固定十位上的数字为 1，可以摆成 12 和 13；再固定十位上的数字为 2，可以摆成 21 和 23；最后固定十位上的数字为 3，可以摆成 31 和 32。

师：那你怎么知道你摆出的两位数既不重复也不遗漏呢？

生：当十位上的数字为 1 时，个位数只可能是 2 或者 3，所以摆出 12 和 13；当十位上的数字为 2 时，个位数只可能是 1 或者 3，所以摆出 21 和 23；当十位上的数字为 3 时，个位数只可能是 1 或者 2，所以摆出 31 和 32。

师：大家都听明白了吗？所以 1、2、3 能摆出几个不同的两位数呢？

生：6 个。

师：你们现在能给这个方法起个名字吗？

生：固定法。

师：我们把这个方法叫作固定法。我们除了可以固定十位，还可以固定……

生：还可以固定个位。

师：谁能上台来摆一摆，并说一说你是怎么摆的？

生：先固定个位上的数字为 1，可以摆成 21 和 31；再固定个位上的数字为 2，可以摆成 12 和 32；最后固定个位上的数字为 3，可以摆成 13 和 23。

师：这种方法也摆出了几个不同的两位数？

生：6 个。

师：还有其他不同的方法吗？谁能上台来摆一摆，并说一说你是怎么摆的？

生：先取卡片 1 和 2，组成 12 和 21；再取卡片 1 和 3，组成 13 和 31；最后取卡片 2 和 3，组成 23 和 32。

师：用这种方法，我们也摆出了 6 个不同的两位数。你能给它起个名字吗？

生：交换法。

（3）方法小结。

师：三种方法虽然不同，但都能全面并有序地摆出 6 个不同的两位数。

师：为什么前面两位同学摆的会重复了、遗漏了？与你的同桌讨论交流看看。

生：因为他们没有按顺序。（板书：有序）

师：可见要想把所有不同的两位数既不重复也不遗漏地摆出来，有序地思考是多么的重要！

三、应用拓展，深化方法

师：大家真能干，这么快就顺利地闯过第一关，还找到了这么多有序的方法，这些方法在我们的生活中也常常会用到。下面我们来看看第二关吧。

1.课件出示：用 0、3、5 组成两位数，每个两位数的十位数和个位数不能一样，能组成几个两位数？

师：现在没有数字卡片，你能把这些两位数都写出来吗？

展示孩子的作品：30、35、50、53。

师：你们同意吗？（生：同意）为什么刚才的 3 个数字可以组成 6 个不同的两位数，而这 3 个数字只能摆出 4 个呢？

生：因为 0 不能放在高位。

2.师：大家真善于思考！来到漂亮的数学广角城堡，有三位小朋友想合影留念，谁愿意到前面来，我们演示一下？（请 3 位同学上台）

师：现在我们一起做个摄影师，给他们照个相好不好？我数一、二、三……开始！换个位置再照一张吧！

师：谢谢你们，请回位。现在要考考你们了，3 名同学站成一排合影有多少种不同的站法？

老师要你们把这些站法不重复也不遗漏地展示出来，你们准备用什么方法呢？

生 1：画图表示这三位同学。

生 2：用数字表示这三位同学。

……

师：是啊，这些方法能帮助我们有序地思考问题。现在你能把结果在作业纸上表示出来吗？快动手试一试吧！

展示孩子的作品：

生 1：男女女　女男女　女女男

生 2：123、132、213、231、312、321

生 3：△○□ △□○ ○△□ ○□△
□△○ □○△

师：大家看看这三位同学的作品，你有什么发现呢？

生 1：第一种用汉字来表示，没办法知道是哪个女生。

生 2：第二种办法用数字来表示这三个小朋友，先固定第一个人，再交换后面两个人的位置。

生 3：第三种和第二种其实是一样的，只是换成用图形表示，也有 6 种不同的站法。

师：是啊，看来用这些符号来代表这三个同学，可以帮助我们简洁地表示出这个结果，又能让其他人看明白。

四、总结延伸，提高升华

师：同学们真厉害！不仅会有序地思考问题，还会用符号来表示，老师真是佩服！不知不觉下课时间到了，这节课你们在数学广角城堡里玩得开心吗？

师：三位小朋友也舍不得离开，他们在握手告别呢！

课件出示：三位小朋友每两位小朋友握一次手，一共要握几次手呢？大家猜猜看。

生 1：3 次。

生 2：6 次。

……

师：大家猜得对不对呢？我们学习了下一节课就知道了。下课！

※ 课后反思

“数学广角”作为新编实验教材新增的内容，其目的在于将重要的排列、组合思想及其方法渗透给学生，为以后学习概率统计知识打下基础。所以本节课通过学生观察、猜测、比较、自主合作探究等活动，引导学生自主学习、合作探究，让学生在经历排列过程的基础上感受到全面、有序地思考问题的重要性，并掌握有序思考的多种方法。

本节课可以说是一节活动课，力求课堂中的“活”，通过创设“数学城堡”游戏情境，组织学生主动参与学习活动，充分保证学生自主学习的时间，并深入小组中恰当地给予指导，在学生自主学习、合作探究后，能够及时、正确地予以评价，适时激发学生学习的积极性和主动性。

64. “认识角与直角”游戏练习课教学设计

李志军
（四川省眉山师范附属小学，特级教师）

※ 课前思考

本节游戏练习课，通过用同样数量的铅笔摆不同数量的角，培养学生的发散性思维与空间想象能力；巩固对角与直角的认识，进一步理解角的大小与角的开口度有关。

※ 教学过程

一、用两支铅笔摆一个角

师：请小朋友们拿出两支铅笔（长短没有关系）。

听教师的口令摆一摆。

1. 摆一个直角。

2. 摆一个比直角小的角。

3. 摆一个比直角大的角。

师：通过刚才的拼摆，你知道怎样让角变得大些？怎样让角变得小些呢？

二、用两支铅笔摆两个角

师：刚才我们用两支铅笔摆了一个角。现在，老师要提高难度了，看谁脑筋动得快，摆得对。

师：用两支铅笔摆两个角。

三、用两支铅笔摆四个角

师：小朋友们的反应真快，一下子就摆出了这么多的角。现在老师再出一道难题，用两支铅笔摆四个角，你能行吗？试试看吧！

指定学生到实物投影仪上演示。

观察：两支笔交叉的位置变化了，角的大小有没有变化？这说明了什么呢？

师：大家想一想，如果要使这四个角大小都一样，该怎么摆？

四、用三支铅笔摆角

刚才我们用两支铅笔摆了不同的角，现在我们再增加一支，用三支笔来摆一摆角，想一想，最少可以摆几个，最多可以摆几个角。

师：同桌可以合作摆。

五、课堂作业：教材中相关内容

65. “租船的策略”教学设计与反思

黄文倩
（河南省郑州龙门实验学校，青年名师）

※ 课前思考

本节课是除法中的第五节课，通过前几节课的学习，学生已经认识除法竖式并理解竖式中各部分的意思，通过操作活动，进一步理解有余数除法的意义，并认识有余数除法竖式，在经历试商过程中，体会余数一定比除数小。本节课借助出游情境，运用有余数除法的有关知识，解决简单的实际问题。

基于二年级学生对数学故事有着较为浓厚的兴趣，喜欢动手操作，并且敢于表达自己的想法，因此，在本节课刚开始以学生感兴趣的故事引入，课中以学生提的问题为线索，让学生通过画一画、写一写等操作活动让学生在潜移默化中理解“至少”的含义，通过画图更加直观地理解租几条船的问题。最后以故事串联情境，进行巩固，加深理解“至少”的含义，运用有余数的除法解决简单的实际问题，在交流中分享收获，拓展学习的深度和广度，引领学生主动学习。

※ 教学过程

一、创设情境，获取新知

故事导入：呈现淘气班租船的情境，仔细观察图片，你能得到哪些数学信息？

（有 22 人去租船，每条船限乘 4 人）

还有补充吗？

通过不断追问，让学生解释限乘是什么意思。

【设计意图】限乘对二年级学生来说比较陌生，因此要让学生多说，通过不断地追问，让学生明白限乘也就是最多只能坐 4 人，为后面解决问题作铺垫。

二、动手操作，探究新知

1. 提出问题

仔细观察，你能提出哪些数学问题?

（至少要租几条船？）

至少是什么意思呢?

预设：

（1）至少就是最少的意思。

（2）当每条船都坐满 4 个人的时候，租的船最少。

【设计意图】“至少”对学生来说是有理解难度的，因此要让学生多说，在说的过程中理解“至少”就是每条船要坐满 4 人，最后余下的人也要再坐一条船。

估计一下，至少要租几条船?

【设计意图】估算意识的培养有助于学生选择相应的策略来解决不同情况下有关计算的问题，同时也能培养学生的数感。

教师：这么多不同的想法，那至少需要租几条船呢?

2. 解决问题

在练习本上画一画，写一写吧。写完后与同桌相互说一说想法。

学生可能会出现以下方法：

（1）画图的方法。

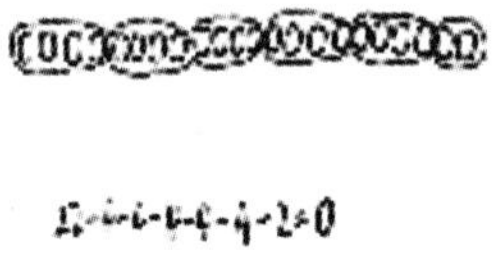

（2）列表的方法。

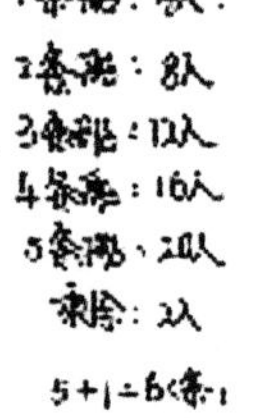

3. 展示交流

请同学上台展示交流自己的想法。

仔细观察这些方法，你发现什么?

（剩余的 2 人需要再租一条船，都是在找 22 里面有几个 4）

刚才的问题你能列式解决吗?

学生完成列式。

22 ÷ 4=5（条）……2（人）

5+1=6（条）

为什么这样列式?

有 22 人去租船，每 4 人一条船，也就是求 22 里面有几个 4，所以用除法 22 ÷ 4 等于 5 条，剩余 2 人还需要再租一条船，5 加 1 就是 6 条船。

一起去图中找一找算式中的 5 和 1 分别在哪儿。

4. 学习小结

通过刚才的活动，大家不仅想到了用不同的方法解决租船的问题，而且还用到了我们学过的除法知识，为大家的智慧点赞，敢不敢继续挑战。

【设计意图】学生在估算中产生分歧，然后通过自己尝试用画图、列表等方法解决问题的活动，体会除法意义的含义，进而列式解决问题，体会同一问题可以有不同的解决方法。通过追问算式中每个数在图中都表示什么，让学生在对结果做实际意义解释的过程中进一步体会除法的意义。

三、迁移应用，强化提高

淘气特别热心，主动承担中午订餐桌的事情，仔细观察，用自己的方法算一算至少要订几张桌子。

1. 独立思考列式计算。

2. 同伴交流

3. 班级展示

【设计意图】通过练习，鼓励学生在此经历解决有余数除法的实际问题的过程，进一步巩固对计算道理的理解。

四、总结反思，延伸课堂

同学们，回顾我们今天的学习过程你有哪些收获?

这节课我们通过画图、列表、列算式的方法解决了租船的问题，原来同一个问题可以有这么多种解决方法呀，下面的时间交给大家来探究，用数学的眼光去观察、思考生活中的数学问题，并记录在自己的数学日记本上。

【设计意图】学生主动回顾本节课学习内容，引导学生认识到现实生活中蕴含着许多与数量和图形有关的知识，并且可以用数学的方法给予解决，知道同一问题有不同的解决方法，发展学生的应用意识。

※ 课后反思

本节课的学习目标是运用有余数除法的有关知识解决生活中的简单的实际问题。学生在课堂上对于所提出的问题“至少要租几条船？”都会运用除法的知识来进行计算，但在答这个环节，有学生不明白为什么要多加一条船，有学生对于安排的合理性掌握也不算好，他们不知道怎样的安排才是合理的。但在本节课中将思考的时间交给学生，追问 5 和 1 分别指的是什么，并且带着学生去图中找一找 5 和 1 分别在哪儿，这种不断的追问和直观的引入让学生明白解决问题中的合理性，通过这种方式来潜移默化的培养学生的核心素养。

在教学过程中，你会发现孩子们错着错着就对了，问着问着就明白了，有意义的学习就是试误的过程，在这个过程中自己的认知在不断地完善，这个过程就是培育儿童核心素养的过程。

66. “‘重复’的奥妙”教学设计

王语菲
（广东省深圳市桃源居中澳实验学校，青年名師）

※ 教学预设

通过本教学，引导学生发现事物的简单排列规律，探索多层次寻找规律的方法。

※ 教学过程

一、游戏导入、发现规律

师：今天老师要和同学们做个小小的游戏，游戏的名字叫“猜性别”。请你们猜一猜，下一个进入教室的是男生还是女生？

（老师依次请学生进入教室：男—男—女—男—停）

师：下一个你们猜猜看，是男生还是女生？

（生回答各异）

师：好！我们来看一看对不对？下一个呢？看看猜没猜对！（按照 2 男 1 女的顺序请，学生回答逐渐统一）

师：同学们，这个现象很有意思，为什么开始的时候猜得不准，后面越来越准确了呢？

生：因为我们发现了规律。

师：找规律就跟找朋友一样有意思，这节课就一起来学习“重复”的奥妙。

二、创设情境，探究新知

1. 出示主题图，语言描述看到的现象

师：出示主题图课件。（图 1）

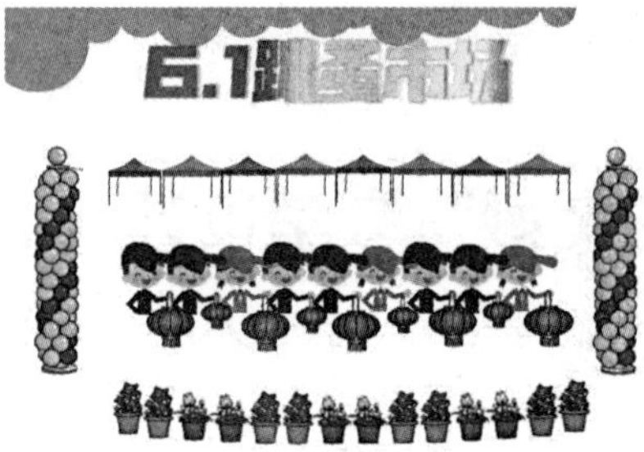

图1

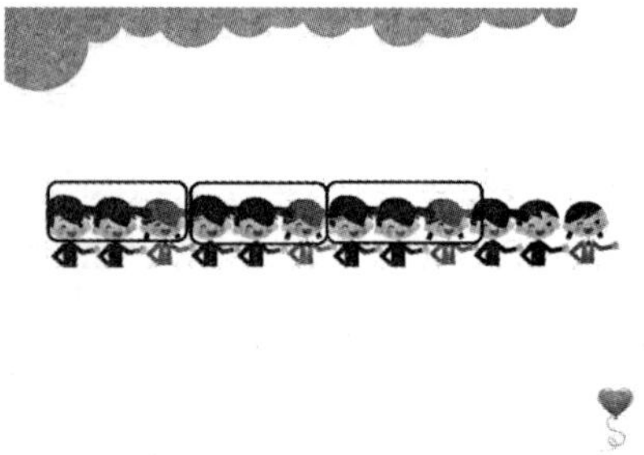
图2

师：六一儿童节马上就要到了，中澳每一年都会在这天举办“庆6.1跳蚤市场”的活动，我们来看看他们准备得怎么样。请你仔细观察图中的事物，看看其中都隐藏了什么规律，现在我们一起来看看：

①观察男女生排列的规律，指导如何用语言描述规律

师：男女生是怎么排列的？有怎样的规律？

生：是按照男男女、男男女、男男女这样排列的。

师：我们可以把第一次出现的2名男生1名女生叫作一组，（课件展示圈的过程）后面也是这样一组一组出现的，像这样，可以用“重复”这个词。第一组出现以后的每一组其实都是重复出现的。如果继续往后排，接下来应该是男生还是女生？

生：是男生。

师：你是怎么知道的，能说说你的想法吗？

生：女生之后就应该是男生了。

师：男女生的排列规律我们可以说成：两男一女为一组，重复出现。（生跟说一次）

②观察帽子的规律。（图2）

师：帽子的出现有规律吗？谁来用刚才的说法说一说？

生：两蓝一红为一组重复出现。

③观察花盆规律。

师：谁来告诉老师在这幅图中谁是一组？谁在重复出现？

师：下一盆花是什么颜色？（注意引导学生完整的说法：……为一组重复出现）

师：它们的大小相同形状相同，可以用过颜色来找规律。

④观察灯笼的规律。

师：会说了吗？谁再来说一说？

师：下一个灯笼是大的还是小的呢？

师：他们的颜色相同，我们可以通过大小不同来找规律。

2. 表示规律，加深理解

师：刚才同学们发现了这么多的规律，能用你喜欢的方式表示出来吗？请你在作业纸上画一画，写一写。4 人小组分享一下你们的表示方法。

学生独立完成，教师巡视指导。全班交流，展示学生结果。

师：我刚才发现有几个同学表示得特别有意思，来看看他们是怎样表示的？（学生板演）

师：在你们表示的时候，老师也表示了一些物品的排列规律，你们来找一找是什么规律？

√√ ×× √√ ××

生 1：可以表示花盆的颜色。

生 2：还可以表示花的颜色。

师：同学们，这一个小小的符号不但能表示花盆颜色的规律，也能表示花的颜色的规律。请你来总结一下，我用的是什么方式？（用符号）

师：接着看看，说用什么方法表示什么的排列规律？

112 112 112……

生：用数字来表示气球的排列规律。

师小结：用画图、文字、图形等作为表达方式，视觉上更简洁，规律更清楚。

3. 揭示“重复”的奥妙，联系生活实际。

师：我们仔细观察一下，黑板上有不同的图，不同物品规律不相同，同学们表达的方式也各不相同，但有一点是相同的，是什么呢？

生：他们都是重复出现的。

师：对，这就是重复的奥妙。（板书课题：“重复”的奥妙）你能找找生活中隐藏的“重复”的奥妙吗？

生：我发现教室里的桌椅的排列有规律，都是按一张桌子一把椅子的规律来排的。

师：我们一起来看看生活里还有哪些隐藏的规律吧！（师播放生活中的重复现象图片课件）。

三、联系实际，拓展简便算法

师：现在老师再请几个同学来到讲台上，（请一女二男为一组的重复规律）你发现什么？

生：我发现他们的排列顺序中有规律。

师：当老师请到第12个同学的时候，该是男生还是女生呢？能说说理由吗？

生1：我是按照1女2男为一组推算出第12个是男生。

生2：我是这么算的：3个人为一组，12名同学就是有这样的人4组，第12位同学刚好是第4组最后一个，所以是男同学。

师：真了不起！能用计算的方法快速得出答案。你能算算第20名是男同学还是女同学吗？

四、分享学习经验，动手做一做

师：今天为我们学习了“重复”的奥妙，希望你们用今天学习的知识，让掌声变得有“奥妙”些。谁来设计一下？我们按他的设计整齐地来一次，好吗？

3年级

中国名师教学设计和课堂实录

新时代小学数学名师课堂

邱学华　叶建云　主编

世界图书出版公司

图书在版编目（CIP）数据

新时代小学数学名师课堂 / 邱学华，叶建云主编
. -- 北京：世界图书出版公司，2022.6
ISBN 978-7-5192-9470-0

Ⅰ. ①新… Ⅱ. ①邱… ②叶… Ⅲ. 小学数学课－课堂教学－教学设计 Ⅳ. ① G623.502

中国版本图书馆 CIP 数据核字 (2022) 第 041721 号

书　　名	新时代小学数学名师课堂
（汉语拼音）	XINSHIDAI XIAOXUE SHUXUE MINGSHI KETANG
主　　编	邱学华　叶建云
总 策 划	吴　迪
责任编辑	冯晓红
封面设计	田雨艳
内文设计	娟　子
出版发行	世界图书出版公司长春有限公司
地　　址	吉林省长春市春城大街 789 号
邮　　编	130062
电　　话	0431-86805551（发行）　0431-86805562（编辑）
网　　址	http://www.wpcdb.com.cn
邮　　箱	DBSJ@163.com
经　　销	各地新华书店
印　　刷	河北品睿印刷有限公司
开　　本	787 mm × 1092 mm　1/16
印　　张	127.25
字　　数	2 357 千字
印　　数	1—5 000
版　　次	2022 年 6 月第 1 版　　2022 年 6 月第 1 次印刷
国际书号	ISBN 978-7-5192-9470-0
定　　价	498.00 元（全 6 册）

邱学华

简介

邱学华，1935 年 7 月生于江苏常州，1956 年考入华东师范大学教育系，曾做过小学教师、中学教师、大学教师、师范学校校长。1984 年被评为特级教师，1988 年被评为有突出贡献中青年专家，1992 年享受国务院颁发的政府特殊津贴。他对小学数学教学进行了长达 50 多年的实践与研究，在口算表、口算量表、基本训练、标准化考试、尝试教学实验等方面进行了多项具有创新性的研究，在教育界产生了深远影响。他出版过 270 多本著作，在国内外教育杂志上发表了 600 多篇文章，尝试教学实验遍及全国 31 个省、自治区、直辖市，实验基地 2 100 多所，60 多万名老师、70 多万个班级、3 000 多万名学生参与其中。他的足迹遍布全国各地，做过 700 多场学术报告，约 60 万人听讲。

邱学华老师博学多才、谦虚谨慎、执着顽强，既有深厚的理论功底，又有丰富的实践经验，因此在教育界享有盛誉，可谓是小学教育界的泰斗。当代著名教育改革家朱永新教授称他为“创造记录的长者，教育的光明使者”。

《人民教育》2011 年第 13—14 期“尝试教学”专辑，从“专家解读”“应用案例”和“区域推广”三个方面全面、深入地介绍了尝试教学的相关理论与实践，反响很好。

叶建云

简介

叶建云，中学高级教师，岭南师范学院广东省中小学教师发展中心客座教授，江西省“国培计划”指导专家，常州大学尝试教育科学研究院兼职研究员，深圳城市学院教师继续教育授课专家，深圳市宝安区高层次教育类人才，深圳市名教师，深圳市叶建云名教师工作室主持人，广东省首届骨干教师培养人选、南粤优秀教师，深圳市宝安区官田学校小学数学教师。在《人民教育》《新教师》《小学数学教师》《中国教育报》等40多家教育刊报上发表文章100多篇，出版教育专著《追寻幸福的教育》《课堂解码——小学数学精品课评析》和《小学数学有效评课的理论与实践》等3本，合著、主编教育著作16本，先后参与、主持过近10个市级、省级和国家级课题，4次获新世纪版全国小学数学录像课、课例资源、现场辩课和主题成果评比一等奖。《小学教学（数学版）》2012年第12期和《教师》2017年第12期封面人物。

FOREWORD 前言

先说一说为什么要编写这套《新时代小学数学名师课堂》。

20 世纪 90 年代，我们曾编写过一套《新编小学数学备课手册》，主要是为了推广应用尝试教学法，帮助教师备课，此事距今已时隔30 多年了。

随着我国小学数学教学改革的深入发展，小学数学教育的水平不断提高，已达到世界一流水平，引起国际数学教育界的关注和认可。一些国家纷纷派人到中国考察，探究中国小学数学教育高质量的奥秘。

英国全面引进上海小学数学课本和练习册；浙江教育出版社出版的小学数学实验课本被译成法文；湖南教育出版社应非洲南苏丹的请求，为该国编写了全套小学数学课本及配套资料。中国的小学数学教育已走向世界，为中华民族的伟大复兴贡献了非凡的力量。

我国数学教育界已开始研究总结数学教育中的“中国经验”。所谓“中国经验”，是指数学教育中继承和发扬中华教育传统之精华，借鉴国外先进教育理念，通过中国数学教师在教学实践中不断探索与创新，逐渐形成具有中国特色的教学方法。“中国经验”大致可概括为以下十个方面：

1. 数学教学中的教育性

2. 重视自学

3. 教学导入

4. 尝试教学

5. 加强“双基”教学

6. 变式练习

7. 师班互动

8. 提炼数学思想方法

9. 当堂检测

10. 完整的教研网络

教育实践是教育理论的源泉。这十条“中国经验”主要是从许多优秀教师的课堂教学中提炼出来的。由此，我们应该从源头追溯“中国经验”，通过学习和研究优秀教师的课堂教学，达到认识、学习和发展“中国经验”的目的。

2021年7月24日，中共中央办公厅、国务院办公厅印发《关于进一步减轻义务教育阶段学生作业负担和校外培训负担的意见》。随着“学生作业负担”和“校外培训负担”的“双减’，迫切需要一线教师提高课堂教学效率。“中国经验”在长期积淀中发展，在理论上已经比较完善，在实践中已经成熟。由此，我们萌发编一套《新时代小学数学名师课堂》的设想。《新时代小学数学名师课堂》就是“中国经验”的最好体现，期待其为新时期基础教育的减负增效助力。

再说一说怎样编写的这套《新时代小学数学名师课堂》。

当下出版的教案集不少，有各种版本小学数学课本的教学指导书（相当于备课手册）、各位名家的课堂实录、按一定教育理念汇编的教学设计等。本套书的特色主要表现在两个方面：一曰新时代，二曰名师课堂。

1. 突出新时代。这套书收录的名师课堂具有时代特征，反映新时代的教育理念、教学方法、教学手段，同时也显示了中国特色，体现“中国经验”，是诠释“中国经验”的具体写照。

2. 直指名师。被选入这套书的都是名师的教学设计和课堂实录。由于我国有优越的社会制度、尊师重教的社会风气、数学教师专业化的规定，新中国成立70多年来，特别是改革开放40多年来，涌现出一批又一批小学数学名师，包括特级教师、正高级教师、学科带头人、骨干教师、教坛新秀等。

在众多的名师中还产生了一批闻名全国的小学数学名家，他们有各具特色的教育理念和高超的教学艺术。例如，吴正宪的好吃有营养的课堂、黄爱华的智慧课堂、徐长青的简约课堂、徐斌的无痕课堂、华应龙的化错课堂、李志军的游戏化课堂、邱学华的尝试课堂等。纵观世界各国，在小学数学教育领域中有这么多名家和名师是很少见的。

名家和名师的教学设计和课堂实录大都散见在各种教育杂志上。这套书就是把它们汇集起来，想必会受到大家的欢迎。

3. 分年级按领域编排。编辑这套书必须考虑如何把这些名家名师的教学设计和课堂实录有序地编排起来。为了方便教师使用，分年级编排，一个年级一本，1—6 年级共 6 本。受篇幅所限，每个年级不可能按课本分单元编排，每个课题也不可能都能找到名师的课堂设计。本书按“数学课程标准”要求，分四个模块编排：数学与代数、图形与几何、统计与概率、综合与实践。每个模块选择有代表性的典型课例。目前小学数学课本有各种版本，如人教版、苏教版、新世纪版、西师版、青岛版等。本套书总的是按照“数学课程标准”的要求，淡化版本，这样能够满足广大教师的需要，不管使用哪种版本的教师，都能参考这套书。

4. 记录名师课堂的形式以课堂实录为主，记录课堂教学有多种形式，大致分为两种：一种是课前写的，也是上课之前预设的，一般称为备课、教案、教学案、教学设计等。一种是课后整理的，为了研究需要，课后根据教学实际情况整理，一般称为课堂实录、课堂纪要、教学片段等。课堂实录要全面反映一堂课的实况；课堂纪要只是要求记录一堂课的几个重点部分；教学片段要求更简单些，仅是记录一两个片段。

上述两种形式各有特点，满足不同需要。教学设计是为了上好课而在课前准备的，课堂实录是教师和研究者为了研究的需要而在课后整理的。如果把两者混为一谈是不科学的，也是不现实的。有的学校要求教师备课都要按课堂实录形式进行，这不就闹笑话了嘛，你还没有上课，怎么能知道学生怎么回答呢？

为了使读者能够全面学习名师的经验，这套书尽量采用课堂实录的形式，少部分采用教学设计的形式。

有些重要课题同时有几个名师课例，我们把它们编排在一起，这也是同课异构，让读者分析比较，从中体现不同名师的课堂教学特色。

最后要说的是，编写这套书是一项复杂的系统工程，必须依靠集体的力量才能完成。我们两位主编，仅仅是搬运工，为的是把名师课堂集中汇编起来，呈现给大家。所以这套书是全国名师共同协作的成果，是集体智慧的结晶。

在编写过程中出现许多动人的情景：中国教育学会小数会理事长、小学数学教育家吴正宪非常支持这项工作，她说这套书是总结“中国经验”的大事，是功德无量的好事，并同意使用她的课堂实例。广东省特级教师、深圳市教科院黄爱华把他多年来搜集的名师课例毫无保留地提供给我们。天津市特级教师、简约教育创立者徐长青，在他的名师工作室范围内，广泛向名师组稿，提供了不少好课例。湖北省教育厅刘莉、甘肃省教育厅基教研究中心张炳意都积极支持，推荐本省名师参与。江苏省苏州工业区跨塘实验小学校长缪建平、浙江省宁波市高新区外国语学校副校长郑水忠在百忙之中协助做最后的校稿工作。所有入选课例的名师都赠送样书并支付稿酬，如果有些名师联系不上，此书出版3个月后尚未收到样书和稿酬，请与叶建云先生联系，邮箱：754828511@qq.com。

这套书的顺利出版，应感谢北京师联时代公司的策划和世界图书出版公司编辑出版。

希望广大教师喜欢这套书，并提出宝贵意见。

谢谢大家。

2022年3月

CONTENTS 目录

一、数与代数

二、图形与几何

三、统计与概率

四、综合与实践

一、数与代数

1. “乘数中间有0的乘法”课堂实录与反思

黄爱华
（广东省深圳市教育科学研究院，特级教师，正高级教师）

※ 课前思考

“乘数中间有0的乘法”是乘法计算中的特殊情况，是在学生掌握了三位数乘一位数的基础上进行教学的。在计算中间是0的三位数乘一位数时，要先让学生掌握“0与一个数相乘得0”的知识。再让学生自己尝试进行十位上是0的三位数乘一位数的计算，竖式应该怎样算，也让学生自己完成。为了防止学生遗漏三位数十位上的0乘一位数这一步，可提示学生思考“积的十位上写几？为什么？”以引起学生的注意。应该让学生明白两点：一是中间有0的三位数乘一位数，第二步是计算0乘一位数；二是乘数中间有0，积的十位上不一定都是0。因为学生在计算三位数乘一位数时，往往会出现个位向十位、十位向百位连续进位的情况，因此，对于中间有0的三位数乘一位数，有时会出现乱进位和不进位的情况。

※ 课堂实录

一、写算式，感知所学内容特点

师：大家都知道今天这节课我们来研究计算、学计算。说实话，我由衷地佩服大家。你们才8岁左右的孩子，刚从二年级升到三年级，可都已经会算三位数跟一位数相乘啦。进位的、连续进位的，你们都不在话下。这要是在美国、加拿大，他们那些同龄的小伙伴这一点是远不及你们的。太棒了！

师：三位数和一位数相乘，老师随便写一个，比如说328，如果要跟一位数相乘，乘几你会？

生：都会。

师：乘几你都会，是不是？比如说老师写个4（如图1），对你来说难不难？

$$\begin{array}{r} 328 \\ \times\quad 4 \\ \hline \end{array}$$

图1

生：不难。

师：不是问题，就这个题目，我请同学们思考，你能不能很快地判断积是几位数？你是怎样判断出来的？小组里先聊一聊。

（生小组谈论）

师：停，停。我刚才有意识地观察了一下同学们会不会合作。咱们6个人坐在一起，有没有6个人都在说话的？同时都在说，行不行？

生：不行。

师：这就合作不起来了，是不是？必须有人说，有人听，听的这些人要认真听，听了以后还要想办法回应他。或者我赞同你的观点，或者我觉得你那里应该怎么样？这才有意思，这才是有效的。好吗？

（学生再一次讨论）

师：讨论好了。来分享一下，积是几位数？你是怎么想的？

生：我认为积是四位数，因为百位上3乘4等于12，就算后面乘起来有进位的话，也不能再进上一个位，所以积是四位数。

师：这位同学抓住了这个算式当中的3，百位上的3，百位上的3实际上是3个什么呀？

生：3个百。

师：3个百和4相乘是多少？

生1：1200。

生2：12个百。

师：12个百也就是1200，1200就基本可以断定积是 ----

生：四位数。

师：既然是四位数，那我可不可以在这下面画四个“□”？ OK。如果老师把328换成308，把十位上的“2”改成“0”，积要擦掉几个“□”？

$$\begin{array}{r} 3\ 0\ 8 \\ \times\quad\ \ 4 \\ \hline \square\square\square\square \end{array}$$

图2

生1：擦掉一个“□”。

生2：不用，一个也不用擦。

师：有人说一个，有人说不用。

生：不用。

师（故意强调）：2变成0啦！

生：不用。

师：怎么还不用呢？

生：因为百位上的3还没有变。

师：他抓住了一个关键点，尽管十位上的“2”变成了“0”，但百位上的“3”没有变，也就是说，第一个乘数仍然是三百多。那你说三百多跟4相乘，它的积是几位数？

生：四位数。

师：还应该是四位数。非常好。

师：要是换另外一道题，你还能判断吗？（生答略）请同学们打开练习本，拿好笔，请你像老师这样在练习本上写一道乘法算式，乘数是中间有0的三位数与一个一位数相乘，不写横式，直接写竖式，不计算。

（生自由写，教师巡视）

师：写好了没有？同学们看一看（投影出示202×3），这个同学写的符合老师的要求吗？

生：符合。

师：符合。这个同学还做了一个事情，他还干吗了呢？

生：画了一些方框。

师：尽管老师没有做这方面的要求，但这几个框框倒值得研究。他画了3个“□”，他干吗不画4个□？

生：因为百位上没有进位，二二得四，积应该是三位数。

师：是吧？OK，那同学们能不能像刚才那样把你手头的算式拿在手上，判断它的积应该是几位数？跟你小组的同学分享一下。

（生小组交流，师巡视并提醒小组长落实）

师：这个同学也写了。他是这样写的（投影出示），他判断它的积应该是三位数，他判断的对不对？

生：对。

师：老师在黑板上写几个题目，同学们能不能也准确地判断？

生：能。

师：抬头看，我写一个（如图3），积应该是几位数？

$$\begin{array}{r} 3\ 0\ 4 \\ \times\quad\ \ 2 \\ \hline \end{array}$$

图3

生：三位数。因为2乘百位上的3，应该是6个百，6个百不到1000，所以是三位数。

师：说得好！请坐。现在呢（如图4）？

$$\begin{array}{r} 5\ 0\ 8 \\ \times\quad\ \ 4 \\ \hline \end{array}$$

图4

生：四位数。因为百位上的5乘4等于20，20个百是四位数。

师：20个百是四位数。好，如果我不写4，我写3呢？

生：仍然是四位。

师：写 2 呢？

生：四位。

师：怎么都是四位？如果我写 5 呢？

生：更是四位了。

师：只有写谁才是三位数？

生：写 1。

师：好。想不想再来一个？下一个我这样写：先写个位 1，再写下面这个数 8，我这样相乘，能判断吗？

生：不能。

师：要是我再这样写呢？（添加一个 0）

生：还不能。

师：据你估计，这个积可能是几位的？

生：可能是三位，也可能是四位。

师：具体说说。

生：如果写 1，就一定是一个三位数。如果是 2 或 2 以上，就是四位数了。

$$\begin{array}{r} 3\ 0\ 1 \\ \times\quad\quad 8 \\ \hline \end{array}$$

图5

师: 很好！我先随便写一个，比如说3(如图 5)，我们先写这么多。

二、圈算式，自主突破教学难点

师：能判断积是几位数是我们今天学习的基础。我们先看这道题：308×4。同学们，如果我想请你们算这道题，你们估计在算哪一步的时候会有困难？

生：算十位的时候。4 和 8 乘过后，接下来 4 还要和 0 相乘，这时有困难。

师：4 和 0 相乘等于多少？

生：0。

师：凭什么说 4 乘 0 等于 0。

生 1：0 乘 4 表示有 4 个 0 相加，4 个 0 相加得 0，所以 0 乘 4 得 0。

生 2：0 和任何数相乘都得 0。

师：0 和任何数相乘都得 0。既然是 0，我先把它写上。

生：不行。

师：怎么不行？不是你们说 0 和 4 相乘得 0 吗？

生：因为个位乘 4，四八三十二，写 2 进 3，还要向十位进三呢。

师：3 写哪？

生：十位。

$$\begin{array}{r} 3\ 0\ 8 \\ \times\quad 3\ 4 \\ \hline \end{array} \qquad \begin{array}{r} 3\ \textcircled{0}\ 8 \\ \times\quad \textcircled{3}\ 4 \\ \hline 1\ 2\ 3\ 2 \end{array}$$

图6

师：（教师补充板书，如图 6）题目算完了没有？接下来怎么算？

生：算百位。三四十二，写 2 进 1。

师（完成板书）：老师这里有一支红颜色的粉笔，你们觉得这道题哪个位置我们应该圈一下，特别强调一下。

（师请一名女生演示，女生正要圈的时候）

师：OK！你等一下，（转身对全班同学）你们猜她可能圈谁？

生：0 或者进上来的 3。

师：干吗要圈 0 呢？

生：0 乘 4 可能有的同学会搞错。

师：哦！要强调一下这个 0 和 4 相乘，然后和进上来的 3 相加，是吧？所以你觉得她可能圈 0，还可能圈谁？

生：3。

师：十位上的 3，你们同意吗？

生：同意。

（师示意女生圈，女生圈出进位的 3）

师：没了？圈完了？（指另一男生）假如你圈你可能圈谁？

（男生上来圈十位上的 0 与个位上的 4）

师：他圈了 4 和 0，提醒大家注意什么？

生：4 和 0 相乘得 0，这个 0 也很重要，这个 0 在十位上占着位呢！他提醒大家，这个 4 和 0 相乘得 0 的 0 不能丢！

师：那刚才那个同学帮我们把积进位的 3 圈起来，她在提醒我们什么？

生：4 和 0 相乘得 0，不要忘了加进位的这个 3。

师：这几个同学圈得有没有道理？不知道同学们注意到了他们圈的没有？

（所有同学用力地点头）

师：来，刚才讨论了这么多，相信同学们都记住了。现在同学们手头都有一道题，你们试一试。注意，我不要求你们每个组做得有多快，但要求你们每个组人人都算对。组长落实，开始。

（生自由算，教师巡视，提醒学生如果觉得组长太忙，组员也可以互相帮忙。

一分钟后，教师请落实的小组长站起来。）

师（询问组长）：组长，在刚才这个过程当中，你们小组有没有人是通过你的帮助才解决的问题？

（组长指出受到帮助的同学，师请受到帮助的同学一起到讲台前去）

师（学生上去的间隙，教师开讲）：没有人是全知全会的，谁都会有知识的盲点，没关系的，说吧？

（实物展示平台，投影如下）

$$\begin{array}{r} 4\ 0\ 9 \\ \times\quad 4\ 5 \\ \hline 2\ 2\ 4\ 5 \end{array} \qquad \begin{array}{r} 4\ 0\ 9 \\ \underset{2}{\times}\quad 4\ 5 \\ \hline 2\ 2\ 4\ 5 \end{array}$$

图7

生：这个人。

师（纠正）：不是这个人，是你的同学，你的同伴。有什么问题？

生：他的这个0与5相乘等于0，他没有加上进上来的4。

师：他最初十位上写的是几？

生：0。

师：哦，这个同学最初写的是0啊？五九四十五，写5进4，他在十位数上写的是0。

生：是。

师（面朝另外一个男生）：现在知不知道这里应该写几了。

生：知道了，写4。

师（面朝组长）：组长，你落实了吗？

生：落实了。

师：你没落实。你再看看，你落实了没有？

（组长没有发现）

师：五九四十五，写5进4，十位上写4，后来怎么四五二十二了？

（组长解释不清）

师：4乘5怎么22呢？这个2哪来的？

生：我猜他可能是四五二十，然后要进一个2，他把2写在百位了，我认为应该写在千位，因为四五二十是指20个百，20个百是两千。

师：我觉得这个同学是个非常了不起的同学，他出了一道很有水平的题目。你们看，409，我要把它写在黑板上作为今天的板书（如图7），乘5，他第一步提醒大家，五九四十五，写五进四。他有意识地开始把它错成0，让组长去落实，结果组长落实了，这个地方应该写 4。接下来他又开始考验小组长了，四五二十，我要进 2 嘛，所以就是 22 嘛。他又开始考验小组长了，看你落实了没有？组长，过来落实一下。

（组长有些为难）

师：唉，组长不好当，组长不好当。

生（指着千位）：我觉得这里他还应该再写一个 2。

师：他说的对，组长就是组长，还是有水平的！他说四五二十，二十表示二十个百喔，所以你认为这个 2 应该写在千位这里，是不是这个意思？那这个 2 就不应该写这里了，对不对？下面这个 2 还应不应该要？

生：下面也应该改成 0。

师：没错。这个题真是非常好！太好了！这是我今天见过的最好一道题。今天你很好地考验了你的小组长，让我们全班同学也都有收获！谢谢两位。

（全班自发地鼓掌，师生共同操练黑板上其他题。）

三、梳理与回顾，融会贯通

师：大家想一想，今天我们做的三位数与一位数相乘中间有 0 的这种题目，你觉得跟昨天学的、前天学的比较，是难了还是容易了？

生：容易了。

师（追问）：哪里容易？

生：0 乘任何数都得 0。

师：因为 0 和任何数相乘都得 0。然后呢？

生：就只要写 0 就可以了。

（学生一片质疑声）

生：或者再加上进上来的一个数字。

师：是不是？相对来说，到这里并不是很难，大家有没有发现，接下来再跟百位上的数字相乘的时候，因为这个 0 的存在，使得我们并不需要——

生：并不需要再进位了。

师：并不需要再进位了，大家看看是不是这样的道理。2 和 0 相乘得 0，前面会不会进位？四八三十二写 2 进 3，等一下 4 和 3 相乘会不会有进位？

生：不会。

师：我觉得不光需要圈一圈，还要画一条线。（在十位和百位的中间用虚线分隔）你们再看看老师画的这一条线……

（学生发出惊喜地“噢”声）

师：你噢什么噢？你噢到什么了？告诉我，你有什么发现？

生：我发现这些乘数中间有0的乘法很容易！百位和另外一个乘数相乘，百位上没有进位，直接写就可以了。

师：直接写就可以了。这个同学的回答尽管声音没有那么洪亮，表达没有那么流畅，但他讲出了关键。他说百位上的那个数字和一位数相乘的时候，是多少你就勇敢地去写，因为等一下不会有进位。所以这样的题目，我从百位开始算起都不错。三四十二，直接写12就可以了；五六三十，直接写30就可以了。接下来——

生：接下来有两种情况。第一种情况个位不进位，直接写0，第二种情况个位进位，进几就写几。

师：一眼就能看出来。是不是？好，我说算式，同学们直接写得数，写横式，不写竖式。

（师出题，生操练。略）

师：同学们，你们评价一下，黑板上，画的圈也好，画的线也好，写的白颜色的数字也好，你们觉得最好的是哪一种？

生：线。

师：谁画的？

生：老师画的。

师：诶！我是受到你们的启发才画出来的，实际上是你们画的。有了这条线这个计算就容易了。所以有人说，计算计算，是用“计”来算。

（板书：计算计算，用“计”来算。）

生齐读。下课！

※ 课后反思

计算教学是小学数学教学的重点内容，作为教师的我们必须慎重把握。“乘数中间有0的乘法”看似简单，但是这节课的内容学过了还有学生做错。因此，我讲得很细，细在以下几点：

一、步步为营，层层深入

本节课，我的问题指向性明确，环环相扣。问题一：328×4，不计算你能知道积是几位数吗？怎么判断的？此问为新知做好铺垫，又自然引出下一问。问题二：谁决定了积的位数？个位？十位？百位？问题三：什么情况下积是三位数，什么情况下积是四位数？此两问循序渐进，隐射新知重点“进位与不进位”。问题四：

积的十位上一会儿是0，一会儿是4或其他数，十位上是多少，你有什么发现吗？此问紧扣重难点，突出学生易错之处。问题五：今天我们做的三位数与一位数相乘中间有0的这种题目，跟之前学的比较，是难了还是容易了？哪里容易了？此问总结归纳，将竖式计算方法上升到口算方法。

二、小组合作，生生互动

小组合作学习是好，但往往学生不知道怎样合作，因此，得让学生懂得怎样开展小组合作学习，明白小组合作学习有什么作用。只有团结起来互相学习，互相探讨、互相帮助，才能共同解决问题、习得知识、形成能力。在采用小组合作学习时，我分别在每一组任命一个同学为学习小组长，并要求小组长对组员学习情况进行一一落实，这样就等于给小组内的学习后进生找了一个小小的辅导员，及时地做好补差工作，并有利于教师及时获得反馈信息，有意识调整课堂节奏。在本节课，我为学生提供了三次合作交流的机会：一是讨论怎样很快地判断积是几位数？怎样把它判断出来？二是在小组里说出自己写的算式的积应该是几位数？三是计算自己写的算式，组内交流检查。将数学算理融于小组之间的轻松快乐的合作探究中，融于师生之间和谐愉悦的互动中，学生在合作探究的过程中轻松掌握了乘数中间有0的乘法的计算方法。

三、自主发现，自我探究

整堂课没有所谓的例题，没有所谓的讲授，我尽可能充分运用学生的生成资源作为学习材料，由学生自主发现、自我探究解决问题。首先，在讲308×4时，不是让学生直接做，而是把问题抛给学生：在算哪一步的时候会有困难？让他们自己探索，自己说说为什么”0乘4积得0”，从而总结出“0与任何数相乘得0”的结论，淡化了对0的乘法的讲解。其次，在发现容易出错的地方，要引起学生注意时，我让学生自己上台圈出“要特别强调的地方”。学生直接圈，下面其他学生由于事不关己，可能就会分心、走神。而我的一句“你们猜她可能会圈谁？”使看的学生与圈的学生的思想连在了一起，旁观者也变成了主动参与者！学生在猜和圈的过程中突破本课的重难点。再次，练习时学生自己出题，想算几乘几，就写几乘几，组长检查本组成员的计算，检查时也巩固了计算过程，小组内的合作交流，增多了题型，增长了见识。当有学生算错时，更能锻炼学生自主发现、自我探索的能力。

四、充分预设，突破难点

难点使得学生容易出错，具体会出现一些怎样的错误呢？这就需要教师对难点的教学有充分的预设，所谓“知己知彼，百战百胜”。对学生可能出现的错误有了全面的剖析，课堂上也就能更有针对性地展开教学。在备这节课时，我做了多种预设,除了乘数中间有0,积的十位学生容易出错外,我还设计了一系列的习题，包括积是三位数和积是四位数的、积的十位有0、积的百位有0、积的个位有0、积的十位百位都有0等有一定难度，学生容易出现错误的习题，然后引导学生进行探究，逐个解决学生中出现的问题，交流时还引导学生把自己认为重要的地方圈出来，最后总结方法，指出“不光要圈，还要画条线”。通过“画线”，学生们会发现，原来乘数中间有0的乘法竟然这么简单，口算都可以了。正是由于这种精心的设计，使学生在探究过程中对新知识有了深入全面的领悟。

2. “年、月、日”课堂实录（课例一）

邱学华
（江苏省常州大学尝试教育科学研究院，特级教师，中小学荣誉教授）

一、导入新课

师：今天我们分小组学习，比一比，看哪组学得好。你们有组长吗？（生：没有）那么每组推选一名组长。

〔评〕注意小组合作学习的组织。

师：你们喜欢猜谜吗？（生：喜欢！）好，现在我们开始猜谜比赛。（投影机出示）

有个宝宝真稀奇，身穿三百多件衣，

天天都要脱一件，等到年底剩张皮。

（打一日用品）

谜底是什么？要说出道理。

（学生兴趣盎然，立即开始组内讨论，很快说出了谜底和道理。教师表扬）

师（出示准备好的日历本，板书课题）：今天的年、月、日，从日历本上可以看到。年、月、日都是时间单位。以前我们学过时间单位吗？（生：学过时、分、秒）好，哪组说说，今天我们要学什么？

生：要学年、月、日的知识。

师：不错，能再具体点吗？

生：以前我们学过多少秒等于 1 分，多少分等于 1 小时，今天我们也要学年、月、日的进率。

二、尝试自学

师：现在想一想，你们都知道年、月、日的哪些知识？先小组讨论，再推出代表发言。

（小组讨论，再举手回答）

生：一年有 12 个月，小月 30 天，大月 31 天，一天有 24 小时。平年 2 月 28 天，闰年 2 月 29 天。

生：平年 365 天，闰年 366 天。

生：一年有 7 个大月，4 个小月，二月是特别的月。

生：年分为闰年和平年。

生：地球自转一圈就是一日。

生：每 4 年里有 1 个闰年、3 年平年。

师：嗬！你们知道这么多年、月、日的知识，真聪明！现在大家看看课本，看书上还有什么刚才没有讲到的。另外对书上说的有什么意见，看哪组能提出意见来。先在小组里说一说。

（学生看书、讨论，然后举手发言）

生：课本上还说，公历年份是 4 的倍数的那年一般是闰年。

生：但年份数是整百数的，必须是 400 的倍数才是闰年。

生：我们居住的地球总是绕太阳旋转的，地球绕太阳转一圈需要 365 天 5 时 48 分 46 秒。

生：平年定为 365 天，这样每过 4 年差不多就要多出一天来。把这一天加在二月里，这一年就有 366 天，叫作闰年。

生：如果不知道哪个月是大月、小月，可以数拳头。

生：12 月又叫腊月（农历）。

师：大家学得真好！不需要老师讲，就都学会了。下面再说说，你们对书上说的有什么疑问、有什么意见吗？

生：我有意见。书上的年历是 1993 年的，但今年是 1998 年，太落后了。

师：为什么会这样呢？

生：可能这本书是 1993 年出版的，过了这么久，应该把年历换一换。

师：好，我们把这条意见反映给写书的先生。（表扬这位同学）

生：我有问题。为什么一年是 12 个月，不能有 13 个月呢？

师：对呀，为什么一定要是 12 个月呢？

生：12 个月可以分成四份，一年四季，每季 3 个月。

生：16 个月也好分呀，每季延长一个月就行了。

师：这与月亮绕地球一圈的时间有关。月亮绕地球一周的时间是 29 天多一点，一年定 12 个月，每月的天数最接近这个时间。

三、大月、小月的认识

师：难的是记住哪些月份是大月，哪些月份是小月。

生（齐）：不难！

师：不难？好，谁来说说？

生：1、3、5、7、8、10、12是大月，4、6、9、11是小月。2月是特殊的月份。

师：大月的排列有什么规律？

生：用拳头数，凸起的地方是大月。

师：太麻烦，不好。

生：有一首歌，一三五七八十腊，三十一天永不差。

师：这是用歌诀来背诵，还不是规律。

生：我发现大月的月份前面，1、3、5、7都是单数，后面的8、10、12都是双数。

师：好！你叫什么名字？你真是个数学家！我们可以编个歌诀：7月前面是单数，8月后面是双数。

师：现在我们来做个游戏。一、三、五组当大月，二、四、六组当小月，我报一个月份数，月份数是大月的，一、三、五组站起来；是小月的，二、四、六组站起来。

（师生游戏）

师：再做个游戏。生日在大月的站起来；生日在小月的站起来，生日在2月的有吗？

四、平年、闰年的认识

师：大月、小月我们学好了，但是平年、闰年更难了。

生（齐）：不怕！

师：也不怕！有信心，好！找找规律看。（幻灯出示1980—2000年各年份的天数，题略）

（学生观察、讨论，然后举手回答）

生：每四年的最后一年是闰年。

生：用年份数除以4，能整除的是闰年；如果是整百数，能被400整除的是闰年。

师：能不能够一眼看出来？

生：只要是双数的就是闰年。

师：对不对？

生：不对，1982年是平年，却不是闰年。

生：只需要看双数的，再看后两位能不能被4整除。

师：好！你也是一位数学家！整百数又怎么看呢？

生：只要看头两位能不能被4整除。

师：好极了！你们都是数学家！

师：今天有香港、澳门的专家、老师参加大会，我再提两个问题：香港回归

是哪年、哪月、哪日？澳门呢？（回答略）

五、课堂游戏

师：最后我们做个游戏。我发现大人物的生日都与“9”有关，信不信？

生：不信！

师：不信？我举个例子给你们看。3月5日是周恩来总理诞辰100周年纪念日，他的生日是哪一年？（1898年）对。先写出生日的年、月、日数，再倒过来写出这个数，再求这两个数的差，最后把差的各位数字相加，一直加到一位数，如果是9的话，这个人将来就是大人物。看我计算：

$$\begin{array}{r} 538981 \\ -\ 189835 \\ \hline 349146 \end{array}$$

3+4+9+1+4+6=27，2+7=9

是不是得出“9”了？

再找一个同学的生日看看。说说你的生日（1989年4月2日）。

好，我们来算算：

$$\begin{array}{r} 249891 \\ -\ 198942 \\ \hline 50949 \end{array}$$

5+0+9+4+9=27，2+7=9

嗯，看来你也是个大人物。信不信？还是不信？！对了，这是邱老师玩的游戏。其实算命都是骗人的鬼话。按照这样计算，每个人的生日都会得出“9”，你们可以自己算一算。道理是什么？你们到中学再多学一些数学知识就会明白的。有兴趣的同学，现在也可以找课外书看看，任意几位数与其倒过来相减的差得出的数字求和，都会得出“9”。

好了，今天大家学得很好。下课！

3. “年、月、日”课堂实录与反思（课例二）

顾志能　汤燕利
（顾志能，浙江省海盐县教育研训中心，特级教师；汤燕利，浙江省海盐县实验小学教育集团，青年名师）

※ 课前思考

“年、月、日”一课，这些年来比较典型的教法有以下两种。

第一种教法，教师给学生准备学习材料（如多张年历），先组织学生进行观察和记录（如观察每个月的天数并填入表格），然后师生比较和归纳，总结出年、月、日的相关知识，最后教师引导学生用多种方式进行记忆。这种教法，我们不妨称之为观察归纳法。

第二种教法，可称为任务驱动法。它以生活实际问题为驱动，引导学生主动调用年、月、日的相关知识进行解决（解释），逐步形成年、月、日的知识体系。如：“一瓶药有30片，爷爷够不够吃一个月？”要解答这道题，就需要用到“一个月到底有几天”的知识。这样学生就会主动地去研究年历，根据每个月的天数，知道哪些月够吃，哪些月不够吃，并感知到月份的分类。于是教师顺势跟进，教学大月、小月等相关知识。课中，每一个知识点的教学均用此形式，如“一箱药（30片 ×12瓶），够不够吃一年”等。

观察归纳法，其过程简单，课堂可控，知识的得出顺畅自然，学生的观察、比较、归纳能力也能得到一定的发展，所以这种教法最为常见，广大教师已经沿用了几十年。但这种教法，学生进行的是接受指令式的被动学习，学习的积极性不高，课堂上的探究味、思考味也较欠缺。

而任务驱动法的最大特点，就是学生的学习过程相对有趣味性、挑战性，他们既能经历观察、归纳的过程，又能经历问题解决的过程，切实体验到数学与生活之间的紧密联系。但若细细品味，这种教法也存在一些缺憾，如问题情境的真实性略显牵强——日常生活中，一月（或一年）的吃药数量需要那么精确吗？还有就是任务贯穿教学始终，形式化的痕迹过于明显——有为任务而任务之感。

对上述两种教法的分析与感受，让我们在备“年、月、日”一课教学时，首先就给自己确定了一个教学创新的基本方向：教学的内容（素材）要贴近学生生活，以学生真正感兴趣的话题，调动他们学习的积极性和主动性；教学的形式和过程要清晰地指向发展学生的探究能力、交流能力、解决问题能力，尤其是要凸显数学思考能力的培养。

贴近学生，聚焦能力，这样的目标如何才能实现呢？

为此，我们对三年级学生（四个班共 150 人）进行了前测：“一年有几个月？”145 个学生知道一年有 12 个月。“一年有几天？”几乎所有学生都知道一年有 365 天，还有少部分学生知道一年有 366 天的情况。“一个月有几天？”大部分学生知道一个月有 30 天或 31 天，每个班也有几个学生知道一个月有 28 天或 29 天的情况。“关于年、月、日，你还知道什么？”每个班都有三五个学生知道“大月小月”“平年闰年”“四年一闰”等知识。

学情告诉我们，关于年、月、日，学生的已有认知不是一张白纸，点滴的、零碎的相关知识早已进入他们的脑海。而正是因为有这么多的已知，我们可以想象，在学生心中原本就可能存在着一些疑惑：为什么一年的天数不一样？为什么一个月的天数不一样……我们更可以大胆地预测，倘若在课始将学生的各种已知充分暴露，那一定会使学生心中的疑惑更加强烈，求知的愿望更加迫切。

我们的课如果这样切入，形式岂不朴素，材料岂不简单，学生岂不更有兴趣？

课堂教学一旦这样切入，以下的事情也许就会顺理成章地发生：丰富的学情暴露，引发学生主动地发现问题、提出问题；各种各样的问题，引领学生深入地探究，积极地思考；探究的过程，观察、比较、计算、推理等数学的思维贯穿其中……而这些，不正是我们渴求的学生能力的培养吗？

上述设想概括起来，是否可称之为“学生提问，以问引学”的形式，能否让“年、月、日”的教学展现出别样的精彩呢？

※ 教学过程

一、暴露已知，学生提问

1. 充分暴露

师：我们以前学过时、分、秒这些时间单位，知道 1 时等于——（60 分），1 分等于——（60 秒）（学生边回答，教师边板书）这节课，我们要学习比时、分、秒更大的时间单位，那就是年、月、日。（板书课题）

师：关于年、月、日，同学们已经知道些什么了？

生1：一年有365天。

生2：也有366天的。

生3：一年有12个月。

生4：年有平年和闰年。

生5：一个月有30天，也有31天的。

生6：二月有28天，也有29天的。平年的二月就是28天，闰年的二月就是29天。

生7：我还知道有大月、小月……

学生说到每月天数不一样时，教师组织学生现场查看年历（课前给每位学生都发了一张年历），确认每月天数情况，形成表格。黑板上板书逐步完善，知识结构图初步呈现。

2. 引导提问

师：看了年、月、日的这些知识，你心里有什么疑问吗？（鼓励学生观察板书，大胆表达自己心中的疑问）

生8：为什么一年的天数不一样？

师：咦？是呀，为什么一年会有365天，还会有366天呢？有谁知道原因吗？

学生都不知道原因，于是教师大张旗鼓地表扬提出问题的学生，并在板书处用红色的粉笔画个问号加以强调，以示重视。这时其他学生受到鼓舞，纷纷举手提问。

生9：为什么一年是12个月，而不是10个月、15个月呢？

生10：为什么一个月有几种不同的天数？

生11：为什么有大月小月之分？

生12：为什么有平年和闰年？

……

对于学生的提问，教师均询问其他学生是否知道原因，学生基本不知道，即使有"知道"的，其解释往往会让疑问越来越多。于是教师适时表扬提问的学生，并让其他学生鼓掌激励，同时用问号在板书上加以标注。

师：面对一些公认的事实却不盲从，并能够去问"为什么"，这样的同学是在进行真正的思考，这样的学习精神最宝贵。老师也问一些问题，大家如果觉得好，也给老师热烈的掌声。

师：年、月、日究竟是什么意思？为什么要用这三个字命名？

学生掌声热烈，教师进一步记录，完善板书。如下：

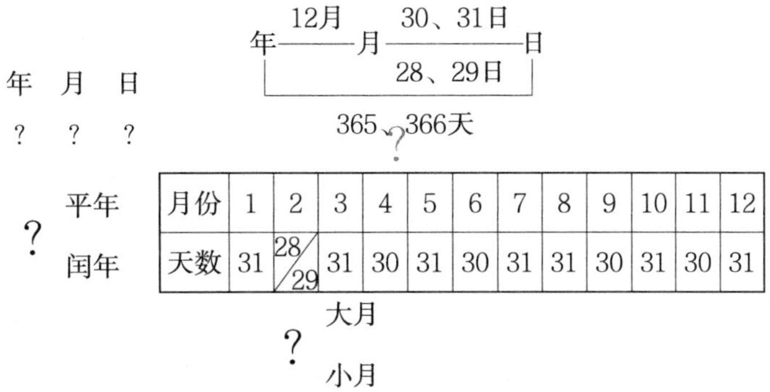

月份	1	2	3	4	5	6	7	8	9	10	11	12
天数	31	28/29	31	30	31	30	31	31	30	31	30	31

【设计说明】课始展现学生的已有认知，并通过板书形成知识结构图，使课的导入简洁大气。然后将知识结构图作为情境资源，引导学生大胆表露心中的疑惑，并通过有效的激励，让更多的学生提出更多的问题。板书中的多个问号是学生自己的疑问，也是这节课需要探究的主要内容，“以问引学”由此开启。

二、深入探究，自主建构

1.探究一年的天数为什么不一样

师：下面，我们先来解决“为什么一年的天数不一样”这个问题吧。我告诉大家，你们说的一年有365天或366天，这两种天数实际上都不对，但是又都对！（学生被吸引住了）

师：这个事情跟“年是什么意思”紧密相关，要说清楚，我们得从太阳、地球、月亮的故事开始说起，请看屏幕。

课件呈现“三球”图片，然后呈现地球“说的话”：我是地球，我总是绕着太阳转动，转一圈所用的时间就叫一年，大约是365天6时。

师：同学们，理解什么叫“年”了吗？对，年就是地球绕太阳转一圈所用的时间。一个问题解决了！（擦掉“年”那里的问号）

师：不过，一年是365天吗？（不是）是366天吗？（也不是）所以这两种天数都不对，但为什么又说它们都对呢？

课件呈现2013年至2017年的空白表格，教师告知学生统计过那几年的天数，发现情况如右表所示（每年的天数逐个呈现）。

月份	天数
2013年	365天
2014年	365天
2015年	365天
2016年	366天
2017年	365天

师：你看，这两种天数又都对。那么，究竟是什么原因呢？

在学生充满疑惑心理的时候，课件适时出示“地球绕太阳一圈大约需要365天6时”的信息。

师：同学们不妨对照刚才地球说的话，试着从数学的角度来分析一下其中的原因。

学生独立思考，讨论交流后反馈。结合学生的回答，课件逐步呈现其中的原因（如下表格）：一年若是 365 天，那就少算 6 小时；到第四年时，一共少算 24 小时，也就是 1 天；这 1 天加在第四年，那这一年就有 366 天了。

月份	天数
2013年	365天
2014年	365天
2015年	365天
2016年	365天+1

少算6时
少算6时
少算6时
少算6时
少算6时
24时=1天

地球绕太阳一圈大约需要365天6时。

月份	天数
2013年	365天
2014年	365天
2015年	365天
2016年	366天
2017年	365天
2018年	365天
2019年	365天
2020年	366天
2021年	365天

师：同学们的分析完全正确！就是因为一年的时间不是整天数，因此古人就用上了数学的方法进行计算和调整，于是就产生了两种不一样的天数——365 和 366。同学们是不是真的理解了？那就看你们能不能填对下面的表格。（课件呈现 2017 年至 2021 年的表格，如右，但天数空白）

学生口答，简单说理，得出答案。然后教师教学平年、闰年的概念，并组织学生观察，得出“四年一闰”的结论。

师：学到现在，又有哪几个问号可以擦去了？（生答略）同学们，我们提出了问题，又通过自己的探索解决了问题，这就是最有意义的学习。

【设计说明】年、月、日虽然是规定性知识，但任何一个知识的规定，其背后一定有它的道理。此环节中，引导学生通过观察、比较、计算、推理等活动，发现一年的天数为什么不一样背后的数学原理，这不仅能让教学环节彰显数学的韵味，更能够使学生切实地感受到数学的价值，体会到古人的智慧。这样教学，学生获得的不仅仅是数学的知识。

2. 探究一个月的天数为什么不一样

（1）理解“月”的含义

师：接下去的几个问号都跟“月”有关，让我们来听听月亮是怎么说的吧。

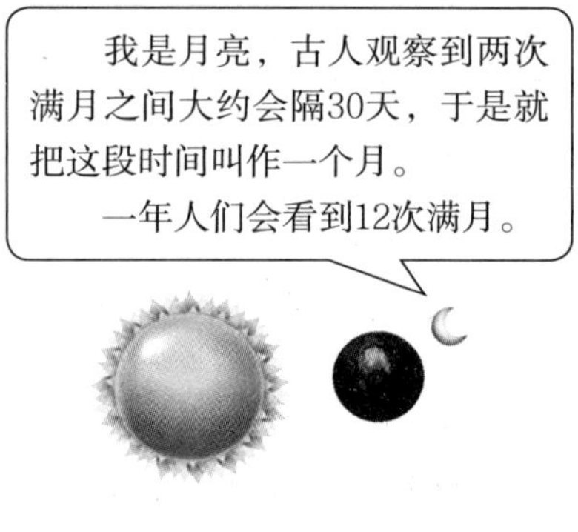

课件（如右图）呈现月亮的“话”，生默读。

师：你看懂了什么？哪几个问号又可以擦去了？

生 1：月就是两次满月之间相隔的时间，表示的也是一段时间。（师擦去“月”上的问号）

生 2：一年有 12 个月，那是因为有 12 个这样的间隔。（师擦去此处的问号）

生 3：一个月为什么是 30 天我也知道了，这个问号也可以擦去。

生（众）：不对，不对。那 31 天、28 天、29 天是怎么回事？（学生议论纷纷）

师：对，这个问号看来暂时擦不掉。这里又有什么奥秘呢？

（2）引导学生发现问题

师：在很早以前，人们根据月相的变化规律，规定一年有 12 个月，每个月都是 30 天。（课件呈现下表）不过这样一来，你发现什么问题了吗？

最早的时候，人们规定一年有12
个月，每个月都是30天。

月份	1	2	3	4	5	6	7	8	9	10	11	12
天数	30	30	30	30	30	30	30	30	30	30	30	30

你发现什么问题了吗？

生 4（激动）：那不对，不对了。这样一年只有 360 天，不到 365 天了。

师：你的计算真快！是的，这样设置，一年至少会少 5 天。12 个月的天数跟一年的天数对不上了，怎么办呢？（生思考）

师：如果你是古人，会有什么方法来解决这个问题？（组织学生讨论，交流方法）

生 5：某一个月加上 5 天。

生 6：某 5 个月各加 1 天。

生 7：前 5 个单数月各加 1 天。

生 8：各单数月加 1 天，某个双数月减 1 天。

……

教师表扬学生的个性化探究，指出，只要在这个过程中保持总天数 365 不变，均是好方法。

生 9：但不管怎么样，也不应该出现有 28 天或 29 天的情况啊！

师：对呀，你的问题意识特别强！那么，现在每月天数这么复杂的情况，究竟是怎么来的呢？

（3）微视频辅助教学

动画介绍古罗马统治者恺撒、奥古斯都在每月天数和大小月等方面所做的设置与调整。

回顾视频，课件演示，引导学生理解设置大小月、二月天数时的数学元素（每月天数在 30 的基础上有加有减，但总和不变），认识到古罗马的方法也就是对这 5 天的个性化处理。

凯撒	月份	1	2	3	4	5	6	7	8	9	10	11	12
	天数	31	28	31	30	31	30	31	31	30	31	30	31

奥古斯都	月份	1	2	3	4	5	6	7	8	9	10	11	12
	天数	31	29	31	30	31	30	31	30	31	30	31	30

学生再次发现问题：闰年一年 366 天，多出的 1 天怎么办？

师引导学生理解闰年 2 月份是 29 天的道理。

（4）知识技能教学

师：古罗马的历法传承至今，就形成了现在世界上最通用的历法设置。

组织学生对比现有年历，确认相同。师生共同整理每月的天数情况，教学大小月的含义及数量，形成如下板书。

大月（31天）：1、3、5、7、8、10、13

小月（30天）：4、6、9、11

特殊月（28、29天）：2

课件介绍“拳头记忆法”，学生记忆、练习。

（5）环节小结，擦去板书中相应的问号

师告知学生“日”的含义，使学生认识到“日”也是一个时间单位，是形成“月”和“年”的基础。

【设计说明】在探究“每月的天数为什么不一样”的过程中，继续创设问题产生的真实情境，引导学生多次发现问题、提出问题。无论是问题本身还是问题的指向，以及问题背后原理的解释，努力凸显数学的元素，尽可能淡化这个知识中“皇帝任性而为”的传奇色彩。另外，知识需要记忆，“拳头记忆法”能有效地帮助学生记住无序的大小月的设置。

三、知识运用，练习巩固

游戏“生日猜猜看”，运用年、月、日的相关知识，猜教师及学生的生日。（略）

四、课堂总结，再次提问

师组织学生观察整个板书，引导学生提出更多有价值的问题。

生 1：为什么一日有 24 小时？

生 2：为什么时、分、秒之间的进率是固定的 60，而不像年、月、日那样？

生 3：有没有比年还要大的时间单位？有没有比秒更小的时间单位？

生 4：一年有多少秒？

……

黑板上又产生了很多新的问号，教师随机解答引导了几个问题，课堂气氛再次走向热烈。

【设计说明】课中的问题都解决了，却又产生了新的问题，新的问题引发新的思考、新的探究……学生的学习，就应该在这样不断提出问题、解决问题的过程中，走得更高、更远。

※ 课后反思

如果说这节课的设计改变了“年、月、日”教学的常规模式，实现了一定程度上的“创新”，那么它最重要的元素就是“学生提问，以问引学”理念的引领和相应的教学实施。事实上，我们正是在研究这个课的过程中，意识到了这是一条改变课堂面貌、实现教学创新的可行途径，并由此确定方向，申报课题，开展实践。而“年、月、日”一课的探索成型，更让我们感受到如此的理念和形式，的确能让课堂展现别样的精彩。

一、“学为中心”的课堂形态得以更好体现

“学为中心”的课堂教学形态是当前教学研究的重要话题，要把“教为中心”的课堂转变为“学为中心”的课堂，最主要的是把学生的主体地位凸显出来。可以想象，在课堂上，如果不展现学生的问题，或者学生有问题但不给他们提问的机会，怎么谈得上学生主体地位的凸显呢？同样，如果要研究的问题都是教师提出来的，或者问题的探究都是在教师的指挥下进行的，那么学生又怎么会有学习的积极性和主动性呢？

而在本课中，一切与之相反！显而易见，课堂上学生提出了大量的问题，提出的问题还成了探究的内容，成了课堂的主线。自己提问，自己研究，自己解决，学生真正成了课堂的主人。如此的学习，学生怎会不感兴趣，怎会不积极参与？如此的课堂，或许才有“顺学而导”的味道，才有“学为中心”的样貌。

二、高质量的思维活动得以有效激发

课堂上，如果学生只会听讲，只会根据教师的提问解答问题，那么他们所经历的学习活动更多的是记忆、领会、运用，而这种学习活动的思维含量是不高的（我们常称之为低阶思维），长此以往，就会出现学生灵活性不强、思考能力弱的现象。反之，如果学生在学习过程中能主动地提出问题，尤其是提出好问题、怪问题，往往说明学生是在真思考，是在开展分析、综合、创新等高阶的思维活动。

在本课中，我们可以看到，“学生提问”成了贯穿课堂教学的主线，从头至尾、时时刻刻都有学生的提问。有的问题是在质疑常识（如一年为什么 12 个月），有的问题是在发现矛盾（如闰年一年 366 天，多出的 1 天怎么办），有的问题是在审视逻辑（如按照“月”的含义，31 天、28 天、29 天是怎么来的）……这些问题都是学生高质量思维活动的体现，都有助于学生良好思维品质的形成。课堂，也由此而显现出更为高位的立意和丰富的内涵。

三、数学课程标准的重要目标得以真正落实

《义务教育数学课程标准（2011 年版）》将“让学生初步学会从数学的角度发现问题和提出问题”作为课程的总目标之一。课程标准将其放到这么高的地位，那是因为一个人所具备的“发现问题和提出问题”的能力，是这个人是否具有创新精神和创新意识的前提与基础，而创新意识的培养是数学教学的核心目标。因此，“提出问题”的训练意义重大。

审视这节课，我们所作的最大改变，就是努力引导学生用数学的眼光去发现问题、提出问题。如呈现年月日知识的结构图，让学生提问；呈现一年 12 个月每个月 30 天的表格，让学生质疑；课末根据整个板书结构，让学生再提问；等等。如此的训练，帮助学生积淀着提问的经验和方法，锤炼着他们想问、敢问的意识和勇气。因此，这样的课堂，不就是在努力追求着“培养学生的创新意识”这个重要的课程目标吗?

关注学生的认知基础和学习心理，大胆让学生展现已有认知，引导他们自己发现问题、提出问题；精心分析学生的问题，将问题预设转化为富含思维元素的探究材料，引领学生开展有意义的探究，最终实现解决问题、建构知识、提升能力的目的。如此的课堂，一定会有别样的精彩；如此的研究，一定会有美好的明天！

4. “笔算乘法：两位数乘两位数”教学设计与反思

林碧珍
（福建省福州金山小学，特级教师，正高级教师）

※ 教学预设

教学重点：两位数乘两位数的算理理解和算法的掌握。

教学难点：十位数乘第一个因数的积的末位位置的理解。

教具准备：每组活动记录单、课件、直尺。

※ 教学过程

一、情境创设

师：3月学雷锋，悦悦到图书馆帮忙，看，一共搬了12捆书。如果每一捆书都是14本，你能提出什么问题？

生：一共搬了多少本书？

师：怎么列式解决？

生：14×12（板书）

师：为什么用乘法？

生：一共搬了12捆书，每捆14本就是12个14，用乘法计算。

师：那14乘12等于几呢？你们会算吗？

生：会。（七嘴八舌地说出自己想到的答案）

师：看来啊今天我们得好好研究一下14×12怎样计算。（板书：两位数乘两位数）

二、探究算理

1.学生活动

师：来，一捆14本，12捆，共几本？（边说边出示活动要求）我们一起借助图来分一分，帮助我们来解决问题。请看活动要求。谁能来读一读？

活动要求

议一议：如何分才好算？分一分：按照议论分一分。

算一算：根据分的来计算。

师：看明白要求我们做什么了吗？

生：明白。

师：那我要先考考你们，这里说如何分才好算，让我们分什么？

生1：分14本？

师：是分14本吗？那你的意思是要把书一捆捆拆开来分吗？

生2：不是，是分12捆，把12捆拿来分。

其他学生都同意要分12捆。

师：那好吧，就请你们先和同桌同学议一议，你准备怎么分，然后再动手分一分，最后用算式记录出你分的过程和得出的结果。开始吧！

2. 生动手操作并记录

3. 汇报交流对比优化

（1）小组汇报

师：下面请这三个小组的代表来汇报一下你们的分法吧！

生1：我们是这么分的：先把12捆分成4份，每份是3捆。

师纠正：这里应该说成怎样分四份呢？

生：平均分成4份，每份是3捆。

生1：我用的式子是（14×3×4）

师：听懂了吗？有什么问题吗？

生：你的14×3算的是什么？

生1：算的是一份3捆有几本。

师：你用手把你求出的一份3捆有几本圈给大家看一看。

生：一起动手圈出其中的一份。

师：根据学生的汇报板书：先算14×3，表示求一份3捆有几本？再乘4就是12捆一共有几本？

生2：我们是这么分的……（14×2×6）。

师：听懂了吗？有什么问题吗？

师：板书并列式：先算……表示……，再乘6也就是……

生3：我们是这么分的，我把12捆分成10捆和2捆，先算10捆有几本

14×10=140，再算 2 捆有几本 14×2=28，然后把 140+28=168。

师：听懂了吗？有什么问题吗？

生：听得懂，没问题。

师：那老师有个问题要问问他，你不平均分就算了，为什么要分成 10 和 2 呢？

生 3：因为 14×12 我们不会算，没学过，分成 10 和 2 后，14×10，和 14×2 我们都学过了，都会算。

师：怎么样？他说的有道理吗？

生：有道理。

师：那老师还有个问题要问你：你刚才说，因为 14×12 我们不会算，所以你就把 14×12，拆分成 14×10 和 14×2，把我们不会算的拆成我们会算的，那你为什么不把它拆分成 9 和 3？ 8 和 4 呢？

生：不好算。

师：那你的意思是，拆分成 9 和 3、8 和 4 也可以。就是不好算对吧？

生回答后，师板书：并列式先求……表示……，再求……表示……，最后求……

（2）三种方法比较并优化

师：仔细观察这三种方法，不论是平均分，还是不平均分，都有一个共同的特点，知道吗？

生 1：答案一样。

师：是的。都是算 14×12 的结果，答案都是一样的。

师：还有什么相同的地方？

生：都是把 12 分了。

师：（板书：分）后问孩子，分完后都做了一件什么事？

生：加起来。

师：对，分后再合并。（板书：合）

师：为什么要把 12 分了呢？

生：分了后好算。

师：分了后不仅好算，还是我们会算的。通过分，我们把新的不会的知识转化成已有的会的知识来解决。这是个好办法。这个方法就叫作转化。（板书：转化）转化是帮助我们解决问题的一个好办法。

师：哪种分法能解决所有两位数乘两位数的问题？

生：第三种？因为有的时候是不能平均分的。

师：为什么有时候平均分不行？能举个例子吗？

生：有时候两个数都不能分成几乘几，比如 23×13。

师：你们听明白他的意思了吗？ 23×13 哪个数能平均分？

生：都不能。

师：看来这种大家用先分再合的办法，把新知转化成旧知来解决，不仅能解决所有的情况，而且也很好算。好方法！

（3）几何直观，抽象竖式

师：这种先分再合的方法，我们还可以列……（竖式）来表示。想不想看看它可以怎样列成竖式呢？好，看好了，14×12。

许多学生在下面喊：我会。

师：你们会啊？那我请一个同学上来列一列。

师请一个学生上台列竖式，其他孩子一边看一边想：你有什么问题要问问他。

生 1 在黑板上板书竖式计算的过程。

生算完后，师让学生提出自己的疑问。

生 2：28 是怎么来的？

生 1：14×2 得来的。表示 2 捆几本？

师板书：分出了 2 捆。

生 3：14 怎么来的呢？

生 1：14×1 得到的，表示 10 捆几本？

生 4：10 在哪？

生 1：十位上的“1”就表示 10 捆。

生 4：那 10 捆乘 14 是 140，你怎么写成 14 了？

生 1：有困难。

师：谁来说说看。

生 5：14 写在十位上就是 140。

师：谁听懂他的意思了？

生 6：14 末尾写在十位上表示 4 个十，百位上的 1 表示 1 个百，合起来就是 140。

师：对啊，把乘的结果的末位写在十位上，就表示 14 个 10，这个 0 为了简便，我们一般不写。不写就变成 14 了吗？在写这个积的时候，有什么要提醒大家的？

师：10 捆 140 本。

师：刚才你们通过互问互答，了解了两次乘的过程。那么合的过程又是怎样体现在竖式中呢？

生 6：把两次乘的结果加起来，最后的得数就是合出来的。

师：都看懂了，了不起！你们也找到先分再合了吗？都明白了？谁能将这个过程，用先求……，再求……，最后……来告诉大家？

生 7 描述计算的过程。

三、归纳算法

师：两位数乘两位数都会算了吗？ 14 乘 12，先算什么？再算什么？有什么要提醒大家的？

生齐答计算的过程。

生：我提醒大家这里的 4 不能写在个位上。这 14 表示 10 捆一共多少本，也就是 14 个十。

师：最后算什么？

生：12 捆的本数。

四、简单应用

1. 简单计算

竖式计算 23×13　33×21

（1）生独立计算，

（2）汇报交流。

2. 解决问题

亮亮到超市买每盒 22 元的饼干，一共买了 13 盒，

（1）他带 220 元够吗？

（2）还差多少元？

五、总结经验

今天学了什么知识，我们是怎么学会的。

六、布置作业

※ 课后反思

小学阶段所学的许多知识之间都是相互联系的。新的知识都是在原有知识的基础上延伸或拓展出来的，也就是说，我们学习许多新知识的时候，都可以把它转化成已有知识来解决。因此，引导学生感悟转化与化归、数形结合等思想，积

累化新为旧的经验，就成为整个小学阶段教学中很重要的一个教学目标。从一年级9加几这节计算课开始，我们就已经引导孩子们在探索实践中感悟把新知识转化为已有知识的转化思想，领悟了这种数学思想的妙处后，孩子们在学习其他知识时，就能自觉地运用转化的数学思想，通过化新为旧的方法，解决问题。“两位数乘两位数”是学生在学习了两位数乘整十数和两位数乘一位数的基础上进行学习的。因此课堂上，老师为孩子们设计了12捆书，每捆14本的情境，让孩子们通过数形结合、分一分（平均分、分成几个十和几个一），把还不会算的两位数乘两位数，转化为会算的整十数乘一位数，和一位数乘一位数的已有知识来解决问题，然后通过比较，让学生明确，平均分的方法存在一定的局限性，而分成几个十和几个一的方法适用于所有的两位数乘两位数的计算，而这种方法也能用竖式来体现。这样的教学，把知识设置在一个知识体系中，孩子们通过自己的探索，化新为旧探究出新的知识，不仅获得知识和技能，更是让学生悟到数学学习的门道，有了这样的门道，孩子今后的数学学习就更加深刻且高效了。

5. “两位数乘两位数”教学设计与反思

陈春妮
（湖北省宜都市实验小学教育集团，青年名师）

※ 课前思考

“队列表演（一）”两位数乘两位数是学生在学习了两、三位数乘一位数的基础上进行的。教材的设计是通过让学生借助点子图探究两位数乘两位数的直观运算，并能记录计算的过程与结果，同时能理解点子图与列表运算之间的联系，体会数形结合的思想，并感悟解决问题的策略和算法的多样化。

点子图是教材解决整数乘法常用的直观模型，在三年级上学期学习一位数乘两、三位数时就出现过，点子图在这里出现对学生有什么价值？学生在学习两位数乘两位数时会出现哪些问题？为了了解学生的学习起点，我们特意去做了个前测，前测题就是 14×12，并给了学生一幅点子图。学生 52 人完成的情况如下：

	方法	图例	人数	占总人数的百分比
计算正确	竖式计算	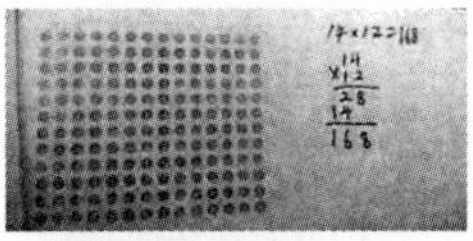	7	13.5%
	圈图拆分	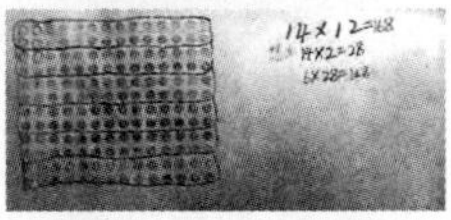	9	17.3%
	直接拆分	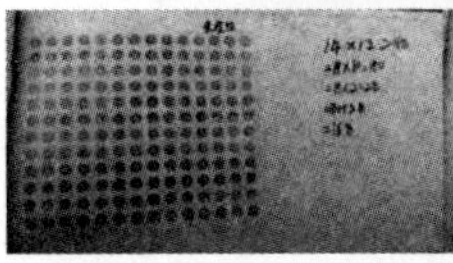 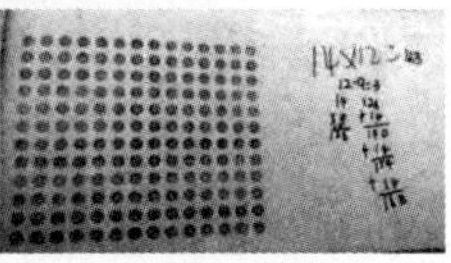	10	19.2%

计算错误	竖式计算	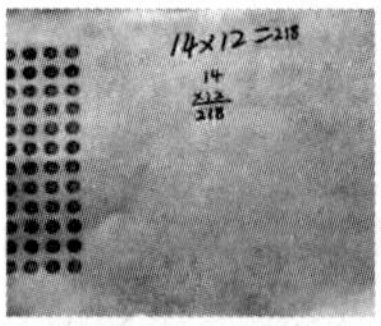 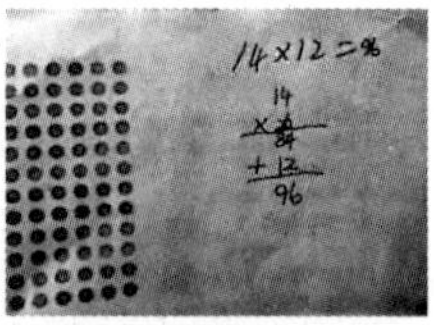	15	28.8%
	直接拆分	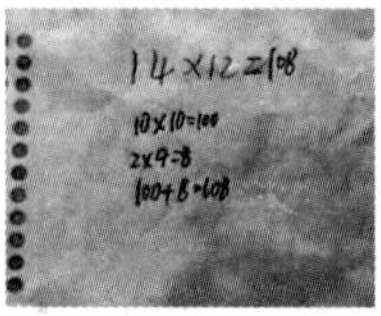 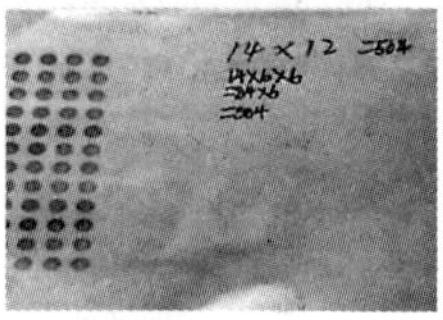	4	7.7%
	无从下手	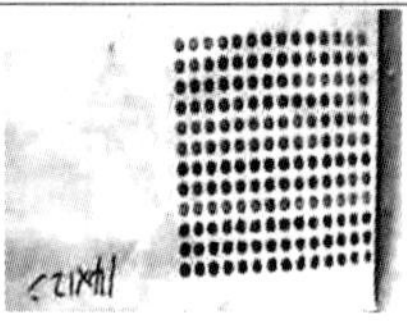	7	13.5%

从这个情况可以看出，学生的学习状态还是比较原生态的，没有太多家长提前辅导和上培训班的情况。在给出了点子图的情况下，还是有 42.3% 的孩子选择了直接列竖式计算，而从列竖式计算的结果来看，大部分学生并不理解每一步的意思。这些列竖式计算出错的孩子更善于从已有的经验中提取容易操作的部分，而不善于静下心来分析、理解。这其中有一些很有代表性的情况，例如有两个孩子的竖式是这样的 $\begin{array}{r} 14 \\ \times\ 12 \\ \hline 168 \end{array}$ $\begin{array}{r} 14 \\ \times\ 12 \\ \hline 218 \end{array}$，第一个学生是没有将两步计算的积分开，而是一次性完成的，可以看出他关注了算式的意义，乘法的意义和两位数乘一位数的笔算经验在这里发挥了作用。第二个孩子也是一次性算完的，但他计算时是按照加法笔算的顺序进行的，个位乘个位，十位乘十位，然后把第一个乘数的十位乘第二个乘数的个位的积放在百位上，笔算加法的经验给他留下的印象更为深刻，而乘法的意义他忽视了，虽然他也在将数相乘，但具体乘出来的结果代表什么他没有考虑，而是按照加法笔算顺序依次排列。从这两个孩子的计算中我们也能看出他们前期学习的风格，第一个孩子是偏重关系型理解的孩子，他虽然不知道两位数乘两位数笔算的规范形式，但他能通过算理的分析准确计算出结果，第二个孩子偏重工具性理解，他更倾向于按照既定的方法进行计算，而不去深究为什么要这样算，当他进行方法的迁移时，就很容易出现机械套用的情况。

无独有偶，我们在观察学生直接拆分的作品时也发现了类似的情况：14×12=108（10×10=100+2×4=8，100+8=108）、14×12=14×6×6=84×6=504。

从学生的作品中，我们得出这样的结论：学生以往的学习经验对学生的学习是有积极的促进作用的，尤其是乘法的意义和两位数乘一位数的经验。而加法的计算经验对这一学习产生负迁移也是因为学生没有关注到算式的意义，如果学生关注到意义则不会产生这样的负迁移。

点子图既能让学生关注到算式的意义，而且还能在学生进行计算时提供直观的解释依据，学生通过图来探究、解释、验证自己的思考，从而达到理解算理，抽象出列表计算的方法。从学生的完成情况来看，一部分学生更关注如何算出结果，而不关注为什么这样算，还有一部分学生缺乏利用点子图进行计算与说理的意识和能力，他们圈的过程与计算的过程完全没有关系，点子图与他们而言是无意义的，孩子们的几何直观能力缺乏。

※ 教学过程

一、从情境到式，关注乘法的意义

片段一：

师：（出示图片）上周，我们学校举行了运动会，同学们进行了队列操表演。通过观看表演队列，你发现了哪些信息？

生：一共有 12 行，每行有 14 人。

师：你能提出什么问题？

生：一共有多少人参加队列表演。

师：如何列式解决这个问题？

生：12×14 或者 14×12。

师：为什么这样列式？

生：因为一行有 14 人，有 12 行就是 12 个 14，所以用 12×14 或 14×12。

生：也可以竖着看，一列有 12 人，有 14 列，就是 14 个 12 是多少，也可以用 12×14 或 14×12。

师：嗯，说得真好。这两个算式既可以表示 14 个 12 的和是多少，也可以表示 12 个 14 的和是多少。

师：这两个算式和我们以前学过的乘法算式一样吗？

生：不一样，这两个是两位数乘两位数，我们前面学的是两位数乘一位数，三位数乘一位数。

生：还学过两位数乘整十的、一位数乘一位数的。

师：是啊，那两位数乘两位数应该怎么计算呢？今天我们就一起来学习“两位数乘两位数”。

二、借助点子图，促进算理的理解和算法的多样化生成

片段二：

师：（课件演示）我们就用这种点子图来代替参与队列表演的同学们来研究、

解决数学问题。请同学们拿出老师给你们的点子图圈一圈、分一分，算一算，用你学过的方法来解决 14×12 到底等于多少？记住哦，要从点子图上能看出你的想法。

师：下面就请同学们来说一说你是怎么圈的？为什么这么圈？你又是怎么算的？

生 1：我是把 12 分成 10 和 2，先圈 10 个 14，就是 140，，再圈 2 个 14，就是 28，再把它们合起来就是 12 个 14，也就是 168。

师：那为什么把 12 分成 10 和 2 呢？

生 1：因为 14×10、14×2 是我们学过的，而且很简单，很好算。

师：哦，也就是把两位数乘两位数分成了我们学过的两位数乘整十数和两位数乘一位数。

生 2：我是把 14 分成了 10 和 4，竖着看 10 个 12 就是 120，4 个 12 就是 48，一共就是 120 + 48=168。

师：她的方法和第一位同学的有什么不同和相同的地方？

生 3：他们圈的不一样，一个是横着圈的，一个是竖着圈的。

生 4：他们分的不一样，一个是把 14 分成 10 和 4，一个是把 12 分成 10 和 2。

生 5：他们都是把一个数分成了十和几，也就是把两位数乘两位数分成了两位数乘整十数和两位数乘一位数，这样算都很简单。

师：这两位同学都是将其中一个乘数拆分成整十数和一位数，再利用学过的方法来计算后相加。他们都能很好地利用点子图来表达自己的想法。还有和他们不一样的吗？

生 6：我是把 12 个 14 分成了 6 个 14 和 6 个 14。

师：你是分的谁？

生 6：我是分的 12，把 12 分成了 6 加 6。左边 6 个 14 就是 84，右边 6 个 14 也是 84，再把它们加起来就是 168。

生 7：我也是这样分的，不过我的算式是 14×6×2。

师：他是把两位数乘两位数变成了我们以前学过的连乘，想法真好。

生 8：我把点子图分成了 4 块，一块是 6×7=42，4 块就是 42×4=168。

师：6 怎么来的，7 怎么来的？

生 9：14 分成 7 和 7，12 分成 6 和 6。

师：这位同学分了两次，也是将两位数乘两位数变成了连乘。

生 10：我把点子图也分成了四份，每一份都是 3 个 14，14×3 再乘以 4，也等于 168。

生 11：我把点子图分成了两份，13 个 12 和 1 个 12。

生 12：这样分的话，13×12 还是不会算，就好像没分一样。

生 13：我也觉得这样分没有用，还把它搞复杂了。

师：对于大家的看法，你有什么想说的吗？

生 11：大家说得对，我只是想怎么分，没有想分了以后怎么算更好。

师：我们分的目的就是想把它转化成我们学过的内容，这样才能解决问题。

师：同学们展示的这几种方法，有什么共同的特点？

生：他们都是把乘数拆分后进行计算的。

生：他们是把没学过的计算变成学过的计算来做的。

师：你能给它们分分类吗？

生：我认为第一、二种是一类，他们都是把其中一个乘数分成了十和几。第三、四、五种方法是一类，他们都是把两位数乘两位数变成了连乘。

生：我认为第三、四种方法是一类，他们是把乘数平均分成了两份。

生：我认为可以分为两类，第一类是第一、三、五种方法，他们都是分的 12。第二类是第二、四种方法，他们分的是 14。

师：同学们都说得很好，有的同学是观察分哪个数来进行分类的，有的同学是通过分的方式进行分类的。总的来说，这些方法都是通过拆分，将新知识转化为学过的知识来进行的。

三、借助生成资源，比较联系，抽象算法

片段三：

师：有一位同学是这样做的，一起来看看这种方法你能看懂吗？

出示

×	10	4
10	100	40
2	20	8

100+40+20+8=168

生：他是用表格做的。

生：我看懂了。他把点子图分成了四份。第一份是 10 个 10，也就是 100，第二份是 2 个 10，也就是 20，第三份是 4 个 10，就是 40，第四份是 8，合起来就是 168。

师：他确实是将点子图分成了 4 份，你们知道他是怎么分的吗？

生：每一行 14 个分成了 10 个和 4 个，每一列 12 个分成了 10 个和 2 个。

师：这样分有什么好处？

生：这样分很好算，都可以直接口算出来。

师：你能在点子图中找到这个表格中的每个数对应的点子吗？

生：首先是把 14 分成 10 和 4，把 12 分成 10 和 2，这里的第一块就是 10 个 10，也就是表格中的 10 乘 10，结果写在这两个 10 对着的格子中；旁边这一块还有 4 个 10，也就是表格中的 4 乘 10，结果写在 4 和 10 对着的格子中；下面左边还有 2 个 10，也就是表格中的 2×10，结果写在 2 和 10 对着的格子中；最后还剩下 2 个 4，也就是表格中的 2×4，结果写在 2 和 4 对着的格子中。

师：那下面这个算式表示什么意思？

生：表示把这四块加起来，也就是 12 个 14 的和是多少。

师：还有个同学的做法和这个方法差不多，可是他的结果却不一样，我们一起来看一看，到底是怎么回事。

出示：10×10=100，

4×2=8，

100+8=108

生：他错了，不是等于 108。

生：他只算了两块，还掉了两块。

师：你能在点子图中圈出他算的部分吗？漏了哪两块？你能借助点子图来说说吗？

生：他算的是上面的 10 个 10 和下面的 2 个 4，掉了上面的 4 个 10 和下面的 2 个 10。

师：4 个 10 和 2 个 10 对应着表格里的哪两个算式？

生：4 个 10 是表格里的 4 乘 10，2 个 10 是表格里的 2 乘 10。

师：也就是说，14 里的 10 既要和 12 里的 10 相乘，还要和 2 相乘，14 里的 4 既要和 12 里的 2 相乘，还要和 10 相乘，对吗？

生：是的，分成了 4 块就要乘 4 次。

师：大家很棒，一下子就帮他把问题找出来了。

※ 课后反思

计算教学中，算理和算法必须并重，小学阶段学生的思维正处于从直观向抽象逐渐过渡的阶段，教师除了要从整体的角度来考虑知识体系，更要读懂学生，站在学生的角度去思考问题，考虑学生的现实起点，善于运用直观的教学方式，把握住有价值的生成资源，这样才会达到更有效的学习效果。

6. “探究乘法计算中的规律”教学设计

牛献礼
（北京亦庄实验小学，特级教师）

※ 课前思考

运算能力不等同于运算技能（即算得又对又快），运算能力的培养要有助于学生寻求合理简洁的运算途径解决问题，有助于学生变得“更聪明”。以列竖式计算为例，这只是一种熟练后变得自动化的操作程序。如果一味强调竖式计算，久而久之的机械训练获得的只是正确率的提高，其代价却是学生思维的单一化和学习过程的枯燥乏味，正所谓“熟能生巧，但过犹不及，熟也能生笨，也会生厌”。

数学的魅力就在于它能够对人的心智产生挑战，学生正是在攻克一个个数学“难关”中体验到学习数学的乐趣的。因此，激发学习兴趣的最好做法就是让学生在数学思考中感受到“数学好玩”。要把计算技能的训练与其他思维能力的培养有机地结合起来，引导学生由单纯的计算（“动手”）转向更为深入的思考（“动脑”）。教师的视野决定教学的境界，不断地在教学设计或者计算题目的形式上进行一些改变，会导致课堂思维含量的改变，能够使学生的思维更加深刻和灵活，也会让学生体会到计算中也有策略和发现的欣喜，平淡甚至有些枯燥的计算练习就会更多一些思维的乐趣。

基于上述思考，在教学“两位数乘两位数”时，笔者设计开发了这节“探究乘法计算中的规律”，意图通过精心设计的数学活动，使学生既进行了两位数乘两位数的练习，同时也发现了有趣的规律，把枯燥、平淡的计算练习变得更富有探索性，让学习过程充盈着思考，充满了趣味，成为“好玩”的规律探究之旅。需要指出的是，这里“计算规律”的得出与否并不是最重要的，重要的是学生在学习过程中的探究体验，是“猜想——验证”过程中的一次次“眉头紧锁”与“恍然大悟”，是探究过程中累积下来的研究问题的方法与活动经验。

※ 教学过程

一、算算——想想

出示“学习任务单一”：

（1）列竖式计算：12×11，14×11，15×11，17×11。

（2）仔细观察每道算式的因数和积，你有什么发现吗？

学生独立计算，小组内交流答案和自己的发现，然后全班交流。

12×11=132

14×11=154

15×11=165

17×11=187

生1：我发现积的百位上的数和第一个因数十位上的数一样，积的个位上的数和这个因数个位上的数一样。

生2：我发现积都是三位数，百位上都是1。

生3：我发现积的十位上的数是把第一个因数个位与十位上的数加起来。

师（追问生3）：你能举个例子吗？

生3：比如12×11=132，把12的十位和个位上的数相加，1+2=3，就是积的十位上的数3。

师：大家看一看，其他几个算式有没有这个特点？

生4：有。14×11=154，1+4=5；15×11=165，1+5=6；17×11=187，1+7=8。

【思考】通过仔细观察4道算式的因数和积，学生归纳出了这几道算式的一些特点，而教师在关键处的一个追问“你能举个例子吗？”，把一个同学的发现变成了全班同学共同关注的问题，有效地促进了学生的思考和交流的深入。

二、猜想——验证

1.（出示“学习任务单二”）先根据刚才的发现猜一猜24×11和45×11的结果是多少，再列竖式验证自己的猜想。

学生独立完成后，先在小组内交流，然后全班交流。

师：说一说你是怎么猜测的？验证后结果正确吗？

生1：我猜测24×11=264，45×11=495，列竖式计算发现是结果是对的。

其他同学大都同意他的意见。

师：观察上面的6个算式，它们有什么共同的特点？你有什么新的发现吗？

生1：都是一个两位数乘11。

生 2：我发现后两个算式积的百位不再是 1 了。

生 3：积的百位数与两位数的十位数相同。

生 4：我发现它们的积就是把两位数的两个数字向两边分开。

师：谁听懂了她说的“积就是把两位数的两个数字向两边分开”的意思？

生 5：她的意思是积的百位数字和个位数字就是两位数的两个数字分开得到的。

教师引导学生再次观察几个算式的因数和积。

师：积的百位数字和个位数字的秘密被我们发现了，那积的中间十位上的数字呢？它有什么特点？

生 6：积十位上的数字是那两个数字加起来的和。

生 7：积就是把两位数分开写两边，中间放它们的和。

师：你能举个例子说一说吗？

生 7：24×11，把 2 和 4 写两边，2+4=6 写中间，就得到 264。

师：你们真棒！发现了“两位数乘 11”的计算规律，可以把它总结成“两边一拉，中间一加”。大家再仔细观察一下这几个竖式，想一想，为什么两位数乘 11 会有这样的计算规律呢？请举例说明。

学生独立思考，小组讨论，全班交流。

生 1：就拿 24×11 来说，大家看这个竖式，先算 1 个 24，再算 10 个 24，然后把 10 个 24 和 1 个 24 加起来，240+24，百位上就是 2，十位上就是 4+2，个位上就是 0+4=4。

生 2：我以 17×11 为例，从竖式里能看出来，10 个 17 加上 1 个 17，就是 170+17，百位上是 1，十位上是 7+1，个位上 7。

师：真好！从乘法竖式里就能找到“规律”的依据。

【思考】引导学生先大胆猜想，再仔细验证，在深层次的对话中归纳出计算规律，然后引导学生从运算意义的角度解释计算规律，把竖式计算与发现的规律联系起来，使学生不仅知其然，更知其所以然。探究过程中尤其注重让学生举例子说明自己的想法，有效地促进了学生对规律的理解。

2.（出示学习任务单三）按照刚才发现的规律，先猜一猜 57×11 的结果会是多少，再用列竖式计算的方法验证。

学生独立完成，然后全班交流。

生：57×11=627。

师：按照刚才发现的规律，百位上应该是“5”呀，怎么不是了呢？

生 1：因为放在积中间的 5+7 超过 10 了，十位上的“12”应该向百位进一，就要写成627。

生2：从竖式里也能看出来，1个57加上10个57，十位上的5加7等于12，要向百位进一。

师：对呀，满十进一了，积的百位上的数字就得加上“进位1”。看来，我们需要对“两边一拉，中间一加”的规律做些补充，怎么补充呢？

生：如果“中间一加”满十了，就要在百位上再加1。

师：我们可以把它修正为“中间一加，两边一拉；中间满十，百位加1”。

【思考】让学生再次经历“猜想——验证”的过程，在探索和体验中逐步完善自己的“发现”，感受规律产生的过程，体验“再创造”的快乐。

三、引申——提升

（出示学习任务单四）计算下面各题。

23×22=　　47×33=　　52×44=

学生看了看这三道题，一开始并没有发现简算的方法，很多同学又低头列起竖式来。

师（启发）：难道只有列竖式这一条路吗？再仔细观察一下，想一想这几道题跟前面“乘11”的题目有联系吗？小组同学讨论一下。

小组讨论得很热烈，不一会儿，就有不少学生欣喜地叫了起来，“哦！我发现了！可以把22看成11×2，33看成11×3，44看成11×4，就可以用上刚才发现的规律了！”

学生独立完成后，全班交流。

生1：23×22=23×11×2，先算23×11=253，253×2=506

生2：47×33=47×11×3，先算47×11=517，517×3=1551

……

师：算完这几道题，你有什么体会？

生1：这几道题看起来好像与刚才发现的规律没有关系，但仔细看就会发现22、33、44与11有关系，可以把它们先转化成11，就可以用规律来计算了。

生2：我体会到做题的时候不能一看题目就傻乎乎地下笔做，要仔细看，多动脑筋，学聪明些。（众生笑）

师：做计算题也需要我们认真审题，仔细分析算式中数的特点，就容易找到“聪明算”的算法了。

【思考】在探索合理简洁的计算方法过程中，学生由“眉头紧锁”到“恍然大悟”，整个过程“波澜起伏”，充盈着思考。学生感悟到“计算也需要审题”，学会了“聪明地算”，也体验到了数学学习的乐趣。

四、总结——拓展

师：这节课我们发现了乘法计算中的什么规律？我们是怎么发现这些规律的？

归纳：观察——猜想——验证——再猜想——再验证

师：历史上，很多著名的数学结论都是从猜想开始的，都是经过了“大胆猜想、小心求证”的过程，我们可以用这节课中学到的研究方法去探究更多的数学规律。比如，刚才我们计算的都是“两位数乘 11”的题目，如果是“几十一乘几十一”的题目，比如 21×31、41×61，有没有什么计算规律呢？课后大家可以接着研究。

【思考】引导学生回顾发现数学规律的过程，反思探究规律的一般方法，并引出新的探究课题，“课已停，而思未止”，学生在持续地发现、探索中感受着“数学好玩”。

7. “两位数乘法（练习课）”教学设计

宋君
（河南省郑州市金水区金桥学校，青年名师）

※ 教学预设

教学重点：掌握两位数乘两位数的估算和计算方法，并能正确地计算。

教学难点：运用已有的数学知识来解决简单的实际生活中的问题。

教具准备：PPT 课件。

※ 教学过程

一、基本练习，回顾算理

我们已经学习了乘数是两位数的乘法。今天这节课我们上一节练习课。（板书课题）

下面，我们一起来看几个题目：

1. 比一比，看谁算得又对又快

12×20=　　14×50=　　60×11=　　16×30=

针对“14×50”，教师追问：你是如何计算的？

2. 圈一圈，算一算

$$\begin{array}{r} 12 \\ \times 13 \\ \hline \end{array}$$

请你在点子图上圈一圈，并说说你的想法。

结合竖式计算，教师追问：竖式每一步的意思是什么，并填在（　）里。

```
      11              16
  ×   14          ×   18
  ---------       ---------
      4 4…(11×4=44)   1 2 8…(      )
    1 1 …(      )     1 6   …(      )
  ---------       ---------
    1 5 4 …(      )   2 8 8…(      )
```

二、变式练习，突破难点

1. 选数填空

⑩ ⑳ ㉚ ㊵ ㊿ (60) (70) (80)

( )×( )=3500　　( )×( )=2800

( )×( )=4200　　( )×( )=1200

( )×( )=800　　( )×( )=2400

2. 下面的计算对吗？把不正确的改正过来

教师依次呈现如下题目：

评议时教师指出：（1）在计算时，用十位上的数乘被乘数，需要和十位对齐，因为乘积表示多少个十。（2）在计算中，千万不要忘记加进位数。

3. 下面的计算正确吗？估一估，说一说。

54×24=4526（ ）　　37×84=318（ ）

12×35=320（ ）　　35×72=315（ ）

小结：在估一估时，我们可以根据估算的结果进行判断，也可以根据末尾数字进行判断计算是否正确，在估一估中提高计算的检验能力。

三、综合练习，拓展提升

1. 在下面乘法竖式□中填上合适的数字，使算式成立。

```
      8 □
  ×   4 6
  -------
    4 9 □
  3 □ 2
  -------
  3 □ 1 □
```

在引导学生分析的过程中，引导学生说出思考和推理的过程。

2. 上学期，淘淘每天早上和中午到学校上学，大约需要步行 12 分钟，他每分钟步行 76 米。

我做得对吗？写出你的想法。

如果要计算“这一天淘淘往返家校需要步行多少米”，乐乐是这样进行计算的：

$76 \times 12 \times 2$

$=912 \times 2$

$=1824$（米）

3. 课前，宋老师请你找到两位数乘法中你最容易出错的题目，下面我们来分享同学们整理的题目。

用课件展示学生解答的过程，针对学生提出的数学问题及解答进行评价。

说到笔算，其实在我国古代就有了，我们来了解一下。

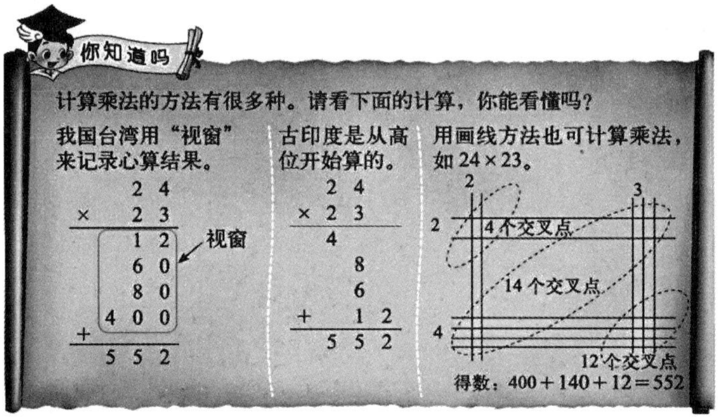

对于整数乘法，我国古人真的很有智慧，他们运用自己的智慧在不断地解决问题。

四、总结提升，布置作业

通过这节课的学习，你有什么收获？

作业（略）。

8. “小数的初步认识”教学设计与反思（课例一）

姚铁龙
（广东省深圳市福田区教育科学研究院，特级教师，正高级教师）

※ 教学预设

教学重点：把几元几角几分的人民币改成以元为单位的小数及把以元为单位的小数改写成几元几角几分的形式。

教学难点：理解小数的意义。

教具学具：便笺纸、扑克牌。

※ 教学过程

一、超级猜猜猜

孩子们，我们要开始上课了，你们看，今天老师给你们带来了一本特殊的数学书——《爱上数学》，这是姚老师自己编写的数学书，里面有好多好玩的数学游戏，你们想得到这本书吗？好，现在我们一起来玩猜猜猜的游戏，请同学们一起来猜猜它的价格是多少？猜对了的同学可以得到这本《爱上数学》。

现在老师给你们一点提示，它的价格在 6 ~ 7 元之间，谁来猜？我听到了不同的说法，每个人都想好了一个价格，请把你想好的价格写在价格标签纸上，我们要看到底谁猜得对？都写好了吗？不许修改了呵，这本书的价格到底是多少呢？答案马上就要揭晓了，请看大屏幕！会是 7 元吗？现在呢？见证奇迹的时候到了，有人猜对了吗？（课件及板书出示 6.97 元）其实价格既可以像这位同学这样，用几元几角几分来表示，也可以用这样的以元为单位的小数来表示。这个数和我们以前学过的数有什么不同？对，这是小数，中间这个小圆点叫作小数点（板书），今天我们就一起来认识小数。

师：（6.97 元）这个小数你们会读吗？

点名读一读，跟老师一起读一读，读作：六点九七，读的时候发现什么？小数点的右边部分怎么读？

师：其实小数点的左边部分和右边部分的读法是不同的，左边部分就按照整数的读法来读，右边部分要按顺序一个数字一个数字地读，就像读电话号码一样。

师：写小数的时候要注意什么呢？小数点特别重要，它把小数分成了整数部分和小数部分，一定要注意写成一个小圆点。大家在作业纸上写写这个小数。

师：那你们知道 6.97 元实际上是几元几角几分吗？

现在请大家看看你们的数学书的价钱是多少？读一读，然后和你的同桌说说这个小数表示几元几角几分。谁来说说你们数学书的价格？生活中像这样表示价格的小数还有很多。（出示图片）谁来读一读，好，大家再自由地读一读这些小数。那如果我们购买这些文具付钱的时候到底应该付几元几角几分呢？现在请同学们在四人小组里轮流说一说。

师：谁上台来说？这些以元为单位的钱到底要付几元几角几分？

问：铅笔和尺子的价格都是两个 0 一个 9，为什么我们付的钱不一样呢？

生：因为它们所处的位置不一样。

师：你们发现了没有？当我们要了解这些以元为单位的小数时要知道它们的位置。

师：现在请同学们仔细观察一下，当用元来作单位时，小数的每一位具体表示什么意思呢？和你的同桌说一说。

生：小数点前面的表示元，小数点后面第一位表示角，小数点后面第二位表示分。

师：同学们对于小数知道得真不少！关于小数，你还想知道什么？有没用想问的问题呢？

【教学思考】超级猜猜猜的游戏，从学生最熟悉的数学书本入手，一下子就让学生进入学习状态，当屏幕上一个个数字慢慢呈现的时候，学生脑海里想的可能是整数，当完整的数完全呈现出来的时候，才发现是一个小数，学生第一次正式地在数学课上学习小数，小数的出现方式，隆重而又神秘，当答案揭晓时，很多学生痛惜，以前怎么没有关注到数学书的价格呢？在猜的活动中，自然地让学生自主学习解决小数的读写问题，并且学会把以元为单位的小数改写成几元几角几分的形式。

二、超级碰碰碰

为了让你们了解更多的小数知识，老师设计了一款超级碰碰碰的游戏，我们一起来看游戏规则：组长给每个人发 6 张牌，先把手上能碰成对的牌找出来，然后从组长开始出牌，一边出牌一边报牌上的价格，其他同学手中的牌能与它碰成对就赶紧出牌。先说“碰”，然后报价格，碰成对的牌先放一边，下一轮由碰对成功的同学接着出牌，一直玩下去，谁手上的牌最快出完，谁就是第一名，其他人继续玩，直到产生第二名则游戏结束。听懂规则了吗？请记住玩牌的时候一定要先报牌上的价格。现在我们就赶紧开始玩吧。

师：游戏到此结束，你们的牌都碰成对了吗？检查检查！获得第一名的同学可以上台领取一枚勋章。

（下面是卡牌游戏截图）

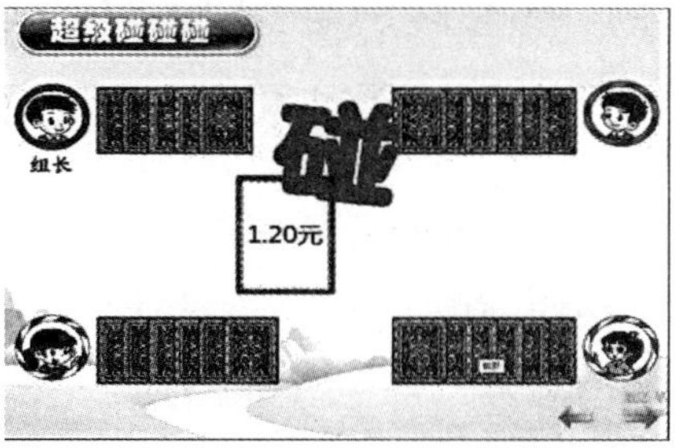

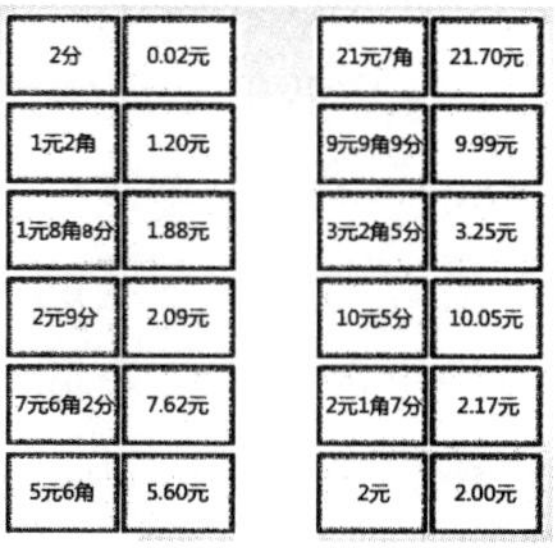

【教学思考】把教学内容与游戏思维和游戏机制进行正确的匹配才是学习和教学游戏化的王道。看似简单的卡牌游戏令人流连忘返，在学习上又行之有效。超级碰碰碰的这款游戏，符合学生的年龄特点，简单好玩，孩子们人人参与，互相监督，在游戏中读小数，在游戏中巩固具体的元角分和以元为单位的小数的互化。大量数据显示，操作类的团队游戏非常有利于提高学生的学业水平，大大提升学习的有效性，学生真的是在游戏活动中更专注、更投入、更快乐、更高效！

三、超级变变变

刚才的游戏好玩吗？我们接着玩超级变变变，现在我们要用以元为单位的小数来记录钱数，挑战一下，看谁记得又对又快。

1. 用以元为单位的小数记录钱数

学生根据课件上不断变换的硬币数记录。

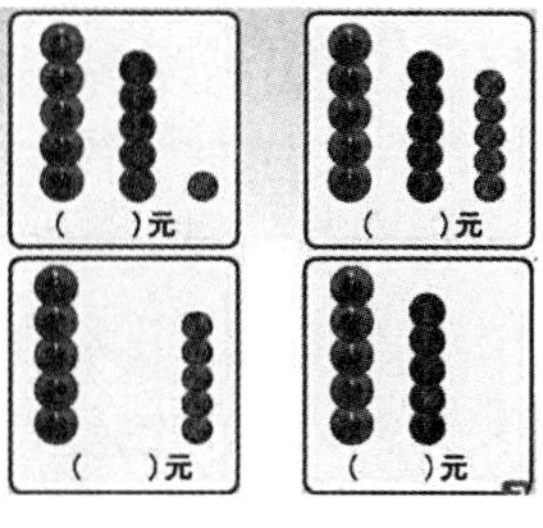

2. 展示汇报

师：谁上台来汇报？

适时提问：这个小数里有3个5，它们分别表示什么意思呢？碰到0角的情况怎么办呢？这两个数有什么不同呢？

师：同学们真棒，记录得又对又快，我们继续玩硬币。现在我们不记数了，我们来数硬币。

3. 数硬币

现在我们来数硬币，观察5.55元增加多少元？再增加一分呢？一起数，一分一分地增加，接下来是：5.56、5.57、5.58、5.59、5.60。然后一角一角地增加，一起数，接下来是：5.60、5.70、5.80、5.90、6.00。教师问：刚才数数的过程熟悉吗？虽然是小数，看来跟我们以前学过的数整数的方法差不多。

4. 视频游戏

师：现在接着来玩变变变的游戏，这里是元角分的硬币，下面是可以拨动的数字，我拨一个小数，请一个同学上台来摆硬币。同学们看他摆的对不对？再玩一轮，现在我摆好了硬币，谁能上台拨出小数？台下的同学注意观察，看他玩得对不对？

学生在白板或平板上玩，可以先在硬币区选择任意的硬币摆放，然后在数字条上拨出相应的小数。也可以先任意拨出一个小数，然后再选择相应的硬币数，按位置摆放。（下面是视频游戏截图）

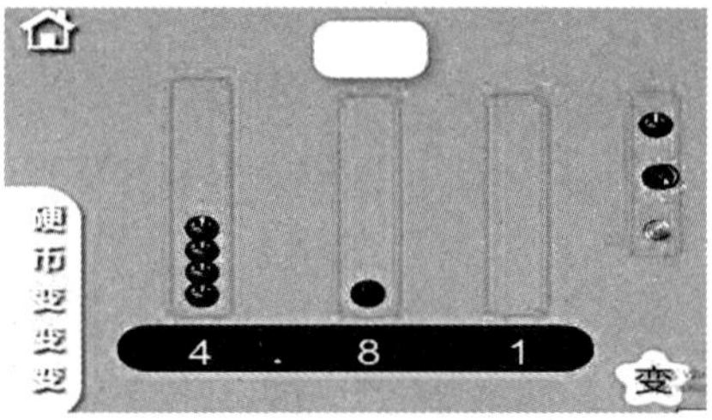

【教学思考】视频游戏的趣味性源于它的挑战、快节奏和实际任务意识。超级变变变的游戏巧妙地将硬币变成模拟计数器，让学生把几元几角几分改写成以元为单位的小数，理解整数部分表示元，小数点右边第一位表示角，小数点右边第二位表示分，帮助学生理解以元作单位的小数的具体含义，渗透位值原则及十进关系，感受同一个数在不同的数位上表示的实际意义不同。视频游戏更快的反应速度，显著快捷的手眼配合，突出的空间视觉能力，改变学习过程中的情绪体验，提升学习的魅力！此外，视频游戏还有一个最大的特点，就是学生可以重复玩，对于学困生，游戏后，像4角8分 =（　　）元这样的易错题，学困生的错误率明显下降，大大提升学习的有效性，小数概念在这样的游戏活动中不知不觉地已经建立。

知识拓展

师：今天，我们认识了一个新朋友——小数。同学们，你们知道哪里还有小数吗？（课件出示：哪里还有小数？）（同桌可以互相说一说）

师：生活中小数无处不在，我们一起来看个短片。（播放微课）

微课内容：你知道吗？中国是最早产生小数的国家，它是由我国元代数学家朱世杰提出来的。其实，生活中，小数无处不在，我们的身上就藏着很多的小数。看这位小朋友的身高是 1.40 米、体重是 34.5 千克、视力是 5.2、鞋子码数是 20.5 厘米、跑 50 米的速度是 9.9 秒，体温是 36.8 摄氏度。你们还能找到自己身上藏着的小数吗？

师：课后同学们还可以收集生活中的小数，制作数学小报。

课堂小结

上完这节课你最感兴趣的是什么？你还有什么想说的、想问的？

师：是的，我们的生活离不开小数，今后我们还要进一步学习小数。

※ 课后反思

“小数的认识”在小学教材中分两段进行编排，从内容来看，各版本教材的整体设计不尽相同，但在“初步认识小数”时都把握了共同的原则，即联系儿童的生活经验认识小数，在具体的“量”中理解小数的现实意义，这里“具体的‘量’”主要指钱数（元、角、分），是结合具体的情境，初步认识小数的含义，不离开现实背景和具体的量抽象地讨论小数。针对小学生喜欢游戏的特点，我采用设计游戏的理念来设计教学，根据教学内容设计了三个游戏活动：超级猜猜猜、超级碰碰碰、超级变变变，让孩子在玩中学，玩中悟，体现趣味性和思考性的结合。学生在卡牌游戏中读小数，巩固具体的元角分和以元为单位的小数的互化；在视频游戏中接受任务的挑战，感受同一个数在不同的数位上表示的实际意义不同。学生的数感得到了培养，知识、方法得到了进一步的理解，真正地促进了数学概念的建构。

9. “认识小数”教学设计与反思（课例二）

陈真真
（福建省厦门实验小学，特级教师，正高级教师）

※ 课前思考

小数在现实生活中有着广泛的应用，即便是儿童，也经常会接触到一些小数。为了适应儿童的年龄特征，使学生易于接受，本节课的小数认识都结合元、角、分和常用的长度单位出现，以便于学生联系实际，来初步认识小数的含义。

本课设计力求在实际教学中提高课堂教学效率，倾力实现数学教学的三个特性：一是现实性，充分关注学生已有的生活经验，准确把握教学起点。教学时充分利用了小数与日常生活的密切联系，创设了去超市购物的生活情境，调动学生的学习兴趣，让学生在熟悉的情境中轻松、快乐地感悟小数的具体含义；二是系统性，根据学生的认知规律组织教学活动，实现知识的意义建构；三是文化性，引导学生在对活泼灵动的问题诠释和“数学史话”的了解中，感受数学工具性、人文性兼备的特点。

小数的初步认识是一节概念教学课，是在学习了“分数的初步认识”的基础上学习小数的初步认识。这是小学阶段学生第一次接触小数。而在实际的生活中，特别是学生在逛商场购物或者买一些学习用品时都已经见过小数，所以教学时应该联系学生的生活实际，创设一定的生活情境进行学习，使学生初步体会小数的来源与含义，体会小数与生活的密切联系，从而实现认识的提升。

※ 教学过程

一、记忆中的小数

1. 产生小数

课件出示：1.6 元。

长度是多少？

比 1 米多一点点。

一共几瓶巧克力豆。

老师在学生回答的过程中，板书写出若干个小数：

1.6 元　1.1 米　1.02 米　0.6 米　1.5 瓶　1.4 瓶

2. 揭示（板书）课题：认识小数

3. 交流生活中的小数

从学生的列举中，适机导入“购物”情境。

【设计意图】以谈话的方式引入，选择与学生密切联系的生活环境，使学生产生亲切感，激发学生学习的兴趣，使学生感受到数学就在自己的身边。

二、“购物”活动，认识小数

1. 购物活动——与“元角分”有关系的活动

情境描述：许多同学在商场都能很轻易地找到小数。元旦快到了，班级要开联欢会，同学们想把教室布置漂亮些，我们一起去买些布置教室的用品吧。（出示文具柜画面）“彩带每捆 5.6 元，彩球每粒 0.1 元，彩笔每盒 10.65 元，彩纸每张 0.86 元，彩灯每粒 2.04 元”。

（1）简单地教学小数读法及认识小数点。

让学生读一读画面上的小数，重点是两位小数的读法指导。

（2）结合数钱币活动，认识元角分与小数的关系。

① 练习：请付钱。

根据教师手中的一些儿童钱币，让学生把“彩纸每张 0.86 元，彩灯每粒 2.04 元”准确拿出来。

指名学生练习。

② 教师出示儿童钱币，让学生直接口答“请你们用元作单位，说说老师手中的钱该怎么表示”。

换种形式，让学生能写出老师手中的钱是多少元。

把这个小数写在练习本上。

5 角　1 元　1 角　6 角　2 分

【设计意图】从情境中提出问题，并解决问题，体现了数学知识在生活中的价值。同时也让学生感受到小数在生活中的重要性。

2. 初“感”小数

（1）交流对元角分两种表示方法的看法。

（2）介绍小数书写形式的产生过程。

【设计意图】通过对元角分两种表示方法的对比，让学生初步感知小数简单明了、方便计算等作用，再结合数学史料，让学生了解小数这一知识的来源，将学生的视角从生活再次引入课堂，清楚所学与生活的联系，进一步认识到学习本课的重要性。

3. 认识小数与分数的关系。

（1）用米尺量1米的彩带，10米怎么量，100米，1000米呢。

我们可以用米尺（出示米尺）来量出1米的长度（板书：1）。如果我们想量出10米（板书：10米）可以怎么量？

10个一是十（板书：10），假如老师想量出100米（板书：100），又应该怎么量？

10个十是一百，依此类推，我们可以10个一百是一千（板书，1000），10个一千是一万（板书：10000）。从1往左看，10、100、1000一个比一个大，都是满十向前一位进一，这些十进制计数方便了我们开展计量活动。你们猜猜，如果1往右看，会是什么样的数呢？比如1角（出示一角钱币），没有达到1元，除了用“1角”来表示，还可以用什么来表示？

（2）借助米尺量0.7米的彩带，怎么表示？

（出示0.7米长的物体）没有达到1米，能怎么表示呢？组织学生讨论。

7分米 =（　）米也可以写成0.7米。

利用米尺，能找出米，写成小数就是（0.1米）。

十个1角是1元，十个1分米是1米，1角可以写成0.1元，1分米可以写成0.1米（板书：0.1）。像0.1这样的小数，就是为了方便我们计量较小的物体。

（3）小组合作：推理1的右边是0.1，再下去可能是什么呢？借助米尺或元、角、分，理解分数与小数的关系。

【设计意图】学生已经掌握10个一是十，10个十是一百，10个一百是一千……在此基础上，感悟十进制的反向延伸。因为在度量物体的过程中，需要比单位1更小的计量，按照十进制的要求，如果以个位为基础，向右扩展就是十位、百位、千位；如果向左扩展就是十分之一位（十分位）、百分之一位（百分位）等。小数是十进位制记数制度向相反的方向延伸的结果。

借助儿童熟识的事物，联系“购物”的素材，探讨未知的小数信息，以长度完成十分之几的分数到小数的递推与连等式板书的构建，给学生归纳、概括、推理提供依据。在此基础上，让学生充分观察，并表达其发现，由已知推向未知。教师在转述和肯定学生的发现中，再将未知推向已知，形成“零点几也就是十分之几”的本课新知教学。

三、感悟小数

1. 再“感”小数，从米尺、数轴到数系

（1）如何从卷尺中找出 2.6 米呢？ 1.5 米？ 3.9 米？

弃掉卷尺的外面形状，余下线段和数字。

（2）从数轴中找 0.2，4.7。

弃掉线段，留下数字。

师：同学们，静静地观察它。它们虽然形式、意义有些区别，但都是我们的生活中密切相关的,都能帮我们解决生活中的一些问题,所以我们得认真对待它们。

【设计意图】从尺子到数轴再到数系的渐变过程，让学生经历观察、感知、思考，获得对小数的直观经验，感知数系中自然数与小数的关系，渗透数形结合的数学思想，进一步培养学生的数感。

2. 品悟小数

（1）出示 0.1 米的物体跟米尺（1 米）的比较。

（2）请同学们想一下，1 米和 0.9 米差多少？用手比一比。（出示物体再进行比较）

（3）比较 0.1 和 0.2。

（4）孩子们，1 秒有多久，0.1 秒呢？联系刘翔的 110 栏成绩引发学生思考。

（5）讲述课外数学小故事——《一个小数点引发的悲剧》。

【设计意图】探索中让学生自主探究，想一想、比一比、说一说，并通过不同形式的练习加深对小数认识的理解，进一步感悟小数。小故事的环节设计出于一个简单的目的，就是让学生感受数学不仅是一门学科知识，更是一门严谨的科学！让学生体验到原来小数的作用是如此的大，并通过这样的对比进一步了解数学其实就是人类通过实践感知后再经过头脑思维加工后形成的一种文化现象。

四、课堂小结

五、练习

1. 读生活信息中的小数：课本 P94 练习二十第 1 题。

2. 标注价格。（出示几种商品，让学生用元作单位，标出这几种商品的价格）

【设计意图】采用离现实生活很近的情境让学生想一想，说一说。标注价格主要是为了激发学生的学习兴趣，让学生在玩中学到知识。并能用所学的知识解决生活中的问题，让学生体会到学会知识的快感。

※ 设计思路

一、教学前测

“认识小数”是人教版三年级下册的内容。三年级的学生已经于一年级掌握了人民币的元、角、分之间的关系，知道了以元为单位的小数表示几元几角几分，并于三年级上册初步认识了分数。本课教学是为第二学段“认识小数的意义与性质”打基础。经过对“教学前测”卷的统计，学生的现实起点如下表所示：

教学前测项目	结果分析
“小数在生活中的使用”的认识	78%的学生能列举出生活中哪里可以找到小数
小数写法	36%的学生能正确写出小数
小数读法	82%的学生能正确读出小数
元、角、分与小数	93%的学生正确地将“4.35元转化成4元3角5分”； 76%的学生正确地将“5角转化成0.5元”
米、分米、厘米与小数	65%的学生正确地将“1米4分米转化成1.4米”； 85%的学生正确地将“6.2米转化成6米2分米”
分数与小数	33%的学生正确地将“6分米写成（0.6或分数）米”； 17%的学生知道$\frac{1}{10}=0.1$
小数的位数	20%的学生知道“0.24是两位小数”
小数的产生	77%的学生非常想了解；2%不想了解

总体上，大部分学生已具有小数在生活中运用的经验基础，超过半数的学生能理解小数与元、角、分，与米、分米、厘米之间的关系。

二、教学思路

根据教学前测的结果，以学生的现实起点为基础，着重从以下几个方面进行有效教学。

1. 注重教学过程中数感的培养。学生对小数的认识已经有了一定的生活经验，所以对于小数的认识，侧重于“感”与“悟”。借助购物情境，联系生活中的数，对于建立小数的数感起到了桥梁的作用。

2. 几何直观。教学中借助教具，巧妙地直观呈现米尺，再进行等分的讨论，在直观感知中，理解分数与小数之间的关系。

3. 渗透数形结合的数学思想。在认识小数的过程中，让学生的感悟从米尺到数轴，从方形图到分数，再到小数，逐渐演变，渗透数形结合的数学思想。

三、教学方法

本教学设计的教学过程分为四个环节，第一环节“记忆中的小数”，第二环节“认识小数”，第三环节“感悟小数”，第四环节是“内化提高”。

根据教材分析和对学生已有认知水平的判断，以学生生活经验为基础，在具体的情境中展开教学活动，以直观演示法为主，辅以谈话启发法、讲练结合法、尝试法、生生互动法等方法。

10. “认识小数”教学设计与反思（课例三）

陈惠芳
（江苏省张家港市沙洲小学，特级教师）

※ 课前思考

本节课，学生第一次认识小数。教材先安排认识整数部分是0的小数，再认识整数部分不是0的小数，最后结合学习自然数、整数并引出小数，介绍小数各部分的名称和读写方法。

教材上第一个例题是认识整数部分是0的小数，从小朋友测量课桌的长度说起，当课桌的长与宽都不到1米时，可以用分米作单位，用整数表示；也可以用米作单位，用分数表示。在已经掌握这两种方法的基础上，很自然地引入用小数表示，并学习小数的读、写。

第二个例题是认识整数部分不是0的小数，从文具店里的商品价格引入，两种文具都不是整元，在学生已有的知识经验和第一个例题的基础上，就能把1元2角与1.2元，3元5角与3.5元建立直接的联系。在此基础上，将小数与过去学过的整数加以区分，并介绍小数各部分的名称。

※ 教学过程

一、生活感知，引出小数

师：同学们，前不久我校举行了读书节活动。看，这是我班师生活动的一个画面（播放视频），你们看到了什么？听到了什么？

生1：我看到了我班举行了“好书跳蚤活动”。

生2：我看到赵老师把图书分成了4叠。第一叠书的单价是5元，第二叠的单价是8.6元，第三叠是12元，第四叠是20.4元。

师：你观察真仔细。（在黑板上标出这些图书的价格）你能将这些标价牌上的数分分类吗？

生 1：我把 8.6 元和 20.4 元分在一起，5 元和 12 元分在一起。

师：为什么这么分？

生：左边的数没有小圆点，右边的都有小圆点。

师：你知道右边的这些数叫什么吗？今天我们就来“认识小数”。（板书课题）

师：关于小数，你已经知道了哪些知识呢？

生 1：我知道 0.5 元读作零点五元。

师：你已经知道小数的读法了。很好！

生 2：我的身高大约是 1.42 米。

师：哦，你的身高也可用小数表示。

生 3：5 角就是 0.5 元。

……

二、自我实践，初识小数

师：现在我们先来测量，找一找身边的小数，好吗？先听清楚测量的要求：我们要量周围的长方形物体的长与宽，可以选用哪个长度单位？为了方便测量，我们先分一下工。第一组测量教室外瓷砖的长与宽，第二、三组测量长方形纸的长与宽，第四组测量小黑板的长与宽。学生两人一组，用米尺开始测量，并记录在练习纸表格中。（电脑出示表格）

长	宽
（　　）分米	（　　）分米
（　　）米	（　　）米
（　　）米	（　　）米

师：请大家来汇报一下测量结果。（将米尺直观展示在黑板上，学生回答后，教师在米尺图上标出相应的长度。）

1 分米　2 分米　3 分米　4 分米　6 分米　8 分米

师：怎么用米作单位来表示这些长度呢？如 8 分米是几分之几米，你能用分数表示吗？

生：$\frac{8}{10}$米。

师：为什么？

生：因为8分米是把1米平均分成10份，每份是$\frac{1}{10}$米，取其中8份就是$\frac{8}{10}$米。（老师在米尺下对应填写）

师：那么，你们测量的长和宽可以用几分之几米表示呢？请你在自己的练习纸上用分数来表示出这个长度。（学生回答后，教师逐一板书）

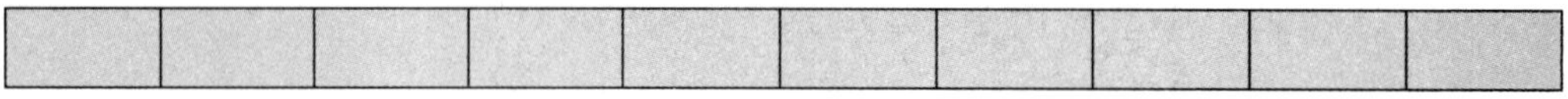

1分米 2分米 3分米 4分米 6分米 8分米

$\frac{1}{10}$米　$\frac{2}{10}$米　$\frac{3}{10}$米　$\frac{4}{10}$米　$\frac{6}{10}$米　$\frac{8}{10}$米

0.1米　0.2米　0.3米　0.4米　0.6米　0.8米

师：（对着板书），现在我们再来观察一下。你又发现了什么？怎样的分数可以写成怎样的小数呢？

生1：上面一排都是十分之几米，下面都是零点几米。

生2：我发现十分之几米就是零点几米。

生3：十分之几米可以写成零点几米；零点几米也可以写成十分之几米。

师：你的表达很完整。从上面一排分数到下面一排小数，我们真的可以发现十分之几米可以写成零点几米，反过来说，零点几米也可以写成十分之几米。现在，老师要来考考大家：完成想想做做的第1题。

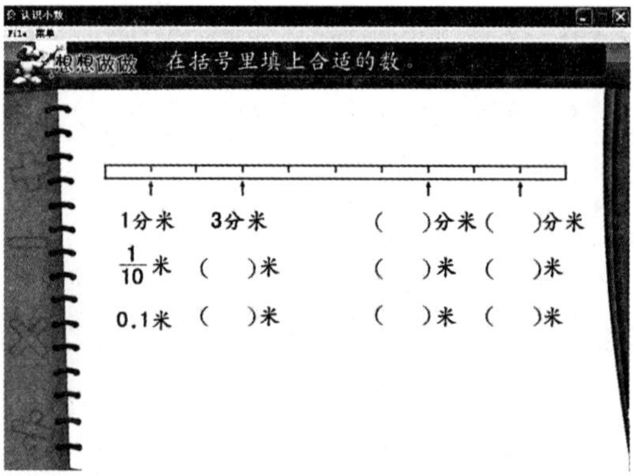

学生独立练习。

教师巡视，不时提醒学生注意书写姿势。

学生做完后进行校对。

师：有不明白的地方吗？那，为自己的成功鼓鼓掌。

教师再出示想想做做的第3题。做完后请同桌批改一下，然后教师指名说。

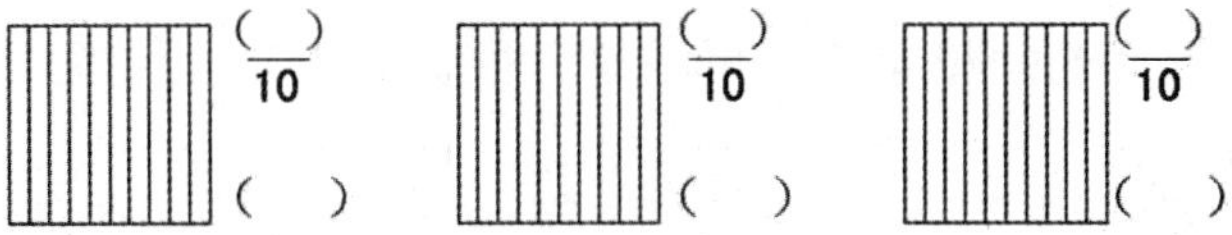

三、自主探索，加深理解

师：刚才我们学习了以米为单位的小数，是通过测量得到的。我们再一起走进商店看一看，能否找到小数。（课件播放文字及录音）试题略。

奇奇商店要开展规范营业活动，必须将标价牌上的价格用元作单位表示。店主奇奇可犯愁了，这几件商品的价格该怎么换呢？

6角　　1元2角　　3元5角

6 角是 $\frac{(\quad)}{(\quad)}$ 元，还可以写成（　　）元。

1 元 2 角可以写成（　　）元。

3 元 5 角可以写成（　　）元。

师：同学们愿意帮助店主奇奇吗？请大家试一试。

（学生先独立思考，再小组讨论，并填空。）

师：看了这些结果，你有问题问大家吗？

生：为什么 1 元 2 角不写 0.2 元，要写作 1.2 元？

师：这个问题很有价值。大家可以讨论，也可以先独立思考，再来说说理由。

生 1：我发现前面是几角。这里是 1 元 2 角，所以是 1.2 元。

师：他的解释大家听得懂吗？请听懂的同学给听不懂的同学再讲明白一点。

生：6 角就是十分之六元，不满 1 元，所以写作 0.6 元。而 1 元 2 角已经满了 1 元，所以写作 1.2 元，3 元 5 角写作 3.5 元。

四、自学课本，升华理解

师：刚才同学们帮助店主奇奇改写了标价牌，知道了几元几角可以写成几点几元。我们以这个小圆点为界线，左边的数其实就表示多少元，右边这一位上的数表示多少角。那么，这个小圆点叫作什么？（生答小数点）关于小数，还有哪些知识呢？请同学们请教课本，到书本里去寻找答案，自学第 100 页的内容。

学生自学课本后提问题，并请每个同学在自备本上写一个小数，然后考考同桌。先读一读，然后说说整数和小数部分各是多少。

师：想到小数，老师想起了一个故事，推荐给大家。（观看录像《一个小数点与一场大悲剧》）

师：看了这个故事，你有什么启发？

生：我知道因为一个小数点就导致了一场大悲剧，所以我们做任何事情都要细心。

师：是呀，我们要以严谨的态度对待学习和科学，认真地对待工作和生活。下面就请大家细心地来完成下面的练习。

师出示课件——配钥匙。指名回答。

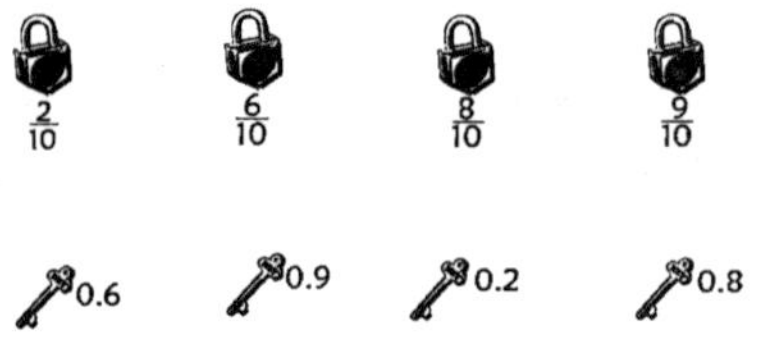

师：完成想想做做第 5 题。（数轴上的小数）

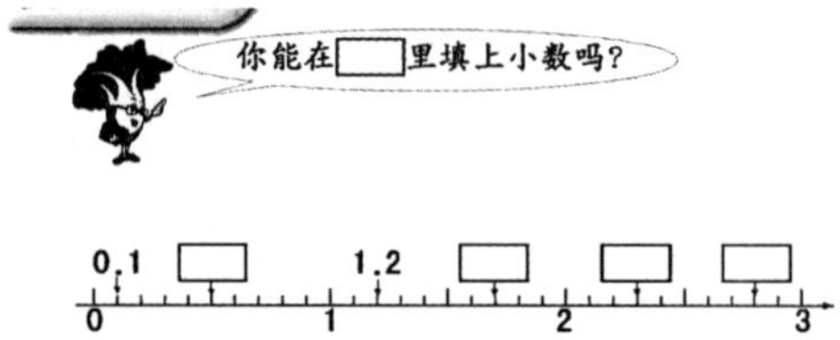

学生回答后，教师随机提问思考的过程。

师：学到这里，老师想问问大家，今天这节课你学到了哪些知识，你有什么收获呢？

生 1：我们学习了小数，我知道了小数点是非常重要的。

生 2：我知道了小数是由三部分组成的，中间是小数点，左边是整数部分，右边是小数部分。

师：同学们，你们在生活中的哪些地方见过小数？

生 1：在商店里的标价牌上看到过小数。

生 2：在菜场里见到过小数。

生 3：在妈妈买的衣服上见到过小数。（是衣服的价格，对吗？）

生 4：我发现数学书的价格是五点二十八元。

师：你观察很仔细。老师想纠正一下，（板书）5.28，读作五点二八。看看黑板上，我们刚才学习的小数有这样形式的吗？引出一位小数和两位小数。今天学习的都是一位小数，以后会学习二位小数。

生 5：我看到温度中也有小数的。（是听的天气预报吧？）

生 6：视力表上也有小数……

师：看来生活中的小数还真不少呢。老师这里也有一些信息，推荐给大家。

课件随机显示：

（1）新学期刚开学，我校师生就开展了为贫困学生献爱心活动，据统计，全校学生共捐款 3261.5 元，其中，三（2）班捐款 108.4 元。

（2）人体常温是 36.7 摄氏度。

（3）2000 年国民体质监测公报显示：中国成年男性平均身高为 169.7 厘米，成年女性平均身高为 158.6 厘米。

师生一起阅读。（学生读小数）

师：其实，我国古代数学家们在很久以前就开始使用小数了，你想了解有关小数使用的历史吗？

（课件播放图文及录音）

“小数就是十进分数，我国古代数学家刘徽在一千七百多年前，就在《九章算术注》一书中运用了十进分数。这比第一个系统地使用十进制分数的伊朗数学家阿尔·卡西要早 1200 年，比荷兰数学家斯蒂文所著、1585 年在莱顿出版的《论十进》要早 1300 年以上。”

师：听了这段话，我们知道了小数的由来。下面我们来做一个游戏。

★游戏：每位同学准备一套 0 到 9 及小数点“.”的数字卡片，同桌开展游戏。

（1）一位同学任意取出两个数字和小数点，组合成一个小数，请同桌同学认读。

（2）组内两位同学分别组合出两个小数，先读一读，再试着比较它们的大小。

（3）用三个数字和一个小数点组合出一个小数。（教师在投影上出示，学生演示）

师：其实，在小数王国里还有好多好多小数呢，我们今后还会继续研究的！

※ 课后反思

第一次试教，学生完全不知道要上这个内容。我只是叫他们做了纸卡（0—9的数字及一个小圆点）。上完后，感觉层次很清晰，课堂上学生对于分米写成几分之几米不是很熟悉（因为分数刚刚教，这个内容是提前上的），对于书上的例题1中，8分米写成$\frac{8}{10}$米，再试着用小数表示，第一个学生就用了10.8米，第二个学生说是0.8米，我让学生讨论究竟哪个对？学生通过争论，才明白应该是0.8米，因为8分米不满1米，小圆点的前面应该是0。练习部分感觉还好，只是游戏没有做，时间不够。

后来又进行了试教，还是没做任何预习指导，只布置了一个预习作业：让他们先摘录生活中的一些小数并制作了纸卡。课堂教学效果比第一次要好。学生在尝试8分米写成$\frac{8}{10}$米，再试着用小数表示时，也出现了10.8米和0.8米两种结论。我通过指导他们看图示，学生明白了0.8米的来历，整个课堂教学过程感觉比较清晰，虽然没有高潮迭起，但是练习设计部分比较好，学生之间、学生与教师之间交流得比较好，游戏只做了第一题就下课了。

正式上课时，我先进行了一个调查。90%左右的学生会读一位小数，100%的学生能找到生活中的小数。整个教学流程，我认为以下一些方面体现得比较好：

1. 教学气氛比较和谐。因为前面都是借班上课，教师与学生相对陌生些，而今天是自己班级，学生比较熟悉，所以课堂上比较有默契。整堂课中，师生之间、生生之间对话比较多，学生比较投入。

2. 教学过程比较平实，注重了知识的类比迁移。课堂上，我尽量大胆地让学生进行探究活动，从课始的测量开始，学生就能积极主动地投入到学习中。学生自学例2后，我采用了学生提问，学生相互质疑，解决问题的方法。小数的名称也通过自学检查的方式进行。

3. 关注了数学与生活的关系，新课的导入紧密联系学校的特色，从读书节活动入手，引导学生进行整理分类，课题引出比较自然。例1的教学，我大胆让学生通过测量教室外的瓷砖、教室里的小黑板及长方形纸的长与宽，联系了学校的实际，也结合学校的一些情况，引入了大量生活中常见的例子，生活味比较浓。

4. 关注了学生的学习情感，适当渗透了数学文化。课堂上大胆鼓励学生，赏识学生进行新课的学习。尤其是推荐的故事《一个小数点与一场大悲剧》，学生听后很有启发。

5. 练习形式多样，结合了课堂教学的重点、难点，密度也比较大。大部分学生掌握较好，只是时间把握上有些前松后紧。

还有一些地方，我认为课堂上处理得不太好：

1. 让学生自学探究方面，还应该大胆些：如把 8 分米改写成$\frac{8}{10}$米，我是通过提问形式进行的，评课中，老师们建议我可以放手让学生独立完成。

2. 怎样让学生体会十进分数与小数之间的关系？我觉得自己处理得还不够好。比如：书上的例 2 讲完后，有一位学生提出：1 元 =0.10 元吗？（虽然这个学生是班级里学习成绩不好，但是很喜欢问问题的那种）10 角是小数吗？我当时的解释学生究竟懂了吗？评课中老师们意见不一，只是说我抓住了学生暴露出来的思维难点，一个个解决了。但怎样处理更好些，仍有困惑。

3. 在建立分母是10的分数与一位小数间的联系中，例 1 及书上想想做做的第 1、3 题，应该结合起来，引导学生去发现，去归纳。也就是练习要抓住题组之间的异同，培养学生的创新思维能力。

4. 课堂上，对于小数的书写指导还不够到位，虽然表扬了一些学生写得好，一些学生的小数点写得不够好，假如再具体指导一下部分学生，就更好了。

5. 由于时间关系，书上的第 5 题，自我感觉数轴的功能还未及深化、拓展。应让学生除了建立数与数的对应关系外，还应该明白其他问题，如：0—1 中，像 0.1 的小数有几个，多挖掘一下教材的内涵，或许课堂教学就有些深度。

11. “小数大小的比较”教学设计

何晓娜
（山西省动城市临漪县教研室，青年名师）

※ 课前思考

“小数大小的比较”是“认识小数”单元的第二课，“认识小数”这一单元属于“数与代数”领域的内容，是学生第一次学习小数的相关内容，教材借助买文具时“货比三家”的情境，联系学生的现实生活，以元、角、分为背景，让学生经历小数大小比较的过程，体验小数大小与生活的紧密联系，激发学习的兴趣，同时为后续学习小数加减法奠定必要的基础。

※ 教学目标

1. 结合具体情境，探索并掌握比较小数大小的方法，并能正确比较小数的大小。
2. 在观察、比较、交流的活动中，学会独立思考，能表达自己的想法。
3. 在与他人交流多种比较方法的过程中，养成尊重他人、善于倾听的好习惯。

※ 教学过程

一、设疑激趣，导入新课

师：同学们，学过比较数的大小吗？今天老师带来了一些扑克牌，每张扑克牌的后面藏着1 ~ 9中的任意一个数字，现在，老师从这些扑克牌中任意抽取5张，组成两个数（出示下图）。

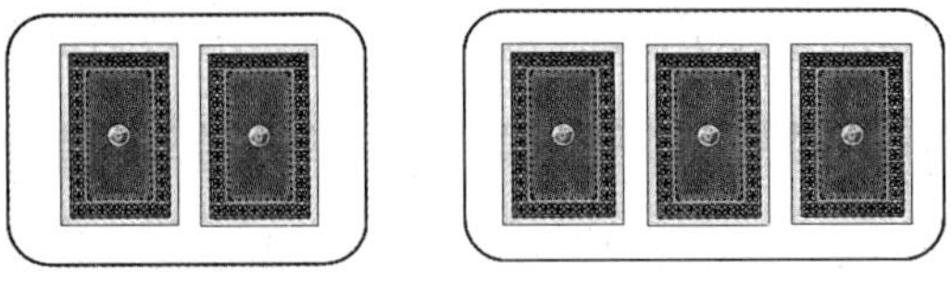

如果不翻牌，你认为这两个数哪个大？为什么？（学生能准确判断）

现在，仔细观察，我在这两个数中加上小数点，变成了两个小数：

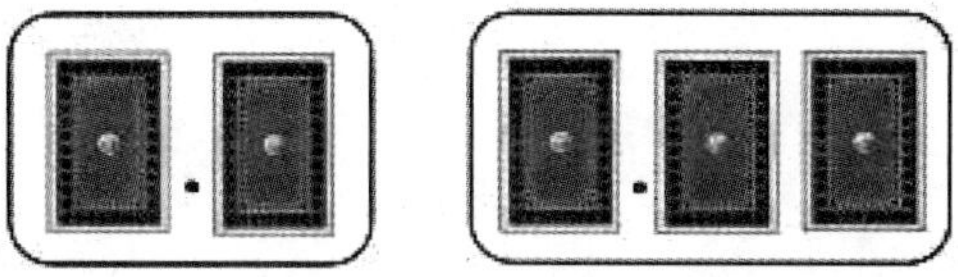

师：现在你认为哪个数大？为什么？（学生产生疑问）

师：到底谁大呢？这节课，我们就一起探究小数大小的比较方法。（板书课题）

【设计意图】以翻牌游戏引入，有效地激活学生的认知，激发学生探索比较小数大小的兴趣，既获得了积极的情感体验，又引发学生的思考，从而在愉快、自由的氛围中，自觉自愿地投入到本节课的学习。

二、合作交流，探究方法

师：元旦快到了，老师想给班里的同学买一些文具作为奖品，到底该选哪个文具店呢？出示：

1. 看一看，说一说

师：仔细观察，三家文具店里各有什么商品，价钱怎样？

学生自由回答，教师适时提问每种文具的价格及各自表示的意思。

2. 想一想，比一比

师：奇奇文具店和丁丁文具店都有铅笔盒，分别是 4.9 元和 5.1 元，哪个文具店的铅笔盒便宜？

学生先独立思考，然后同桌交流。

师：谁来说说，你是怎么想的？

学情预设：

① 4.9 元 =4 元 9 角，5.1 元 =5 元 1 角，所以 4.9 元 < 5.1 元。

② 5.1 元比 5 元多，4.9 元比 5 元少，所以，4.9 元 < 5.1 元。

③整数 4 比 5 小，所以 4.9 元 < 5.1 元。

师：大家用不同的方法比较出了 4.9 元和 5.1 元的大小，有的是把元化成角，也就是转化成整数来比较，有的是将它们分别与 5 元进行比较，还有的是只比较这两个小数的整数部分，知道了4.9元＜5.1元，所以奇奇文具店的铅笔盒比较便宜。

3. 比一比，说一说

师：如果要买橡皮，又应该去哪家文具店买比较便宜呢？请同桌两人合作，比一比，说一说。

出示合作要求：

（1）找一找，每个文具店橡皮的价钱各是多少。

（2）比一比，三家文具店橡皮的价钱。

（3）说一说，你是怎样比较的。

组织学生汇报交流：你认为应该去哪个文具店买橡皮，并说明理由。

【设计意图】小数在日常生活中有着广泛的应用，学生在生活中都看到过小数，并不陌生，如何把现实情境与数学知识紧密结合，让学生在现实情境中探索并掌握比较的方法，是我深深思考的问题。本环节，借助学生熟悉的元、角、分来展开学习，帮助学生直观的理解比较小数大小的方法和策略，从而加深并丰富学生对小数意义的理解。

4. 比一比，谁的跳远成绩好？

师：我们借助人民币比较出了小数的大小，如果不借助人民币，你还会比较小数的大小吗？

出示笑笑、淘气、机灵狗的跳远成绩表：

姓名	笑笑	淘气	机灵狗
成绩	1.5米	1.8米	0.9米

谁的跳远成绩最好，并说明你的理由。有困难的同学可以借助下面的图来说一说。

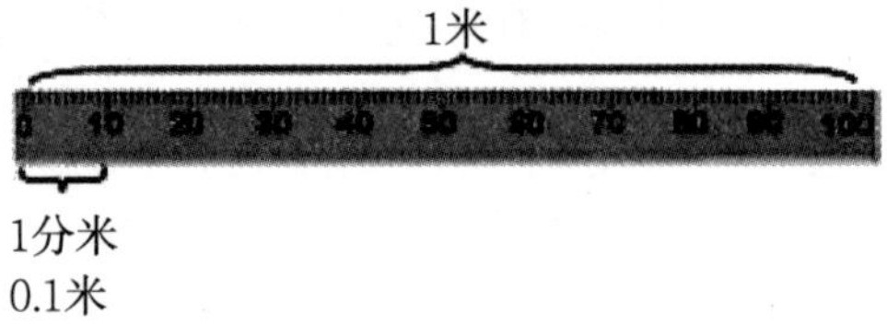

学生汇报交流比较的方法。

预设：

① 1.5米=15分米　1.8米=18分米　0.9米=9分米，所以淘气的成绩最好。

② 1.5米=1米5分米　1.8米=1米8分米　0.9米=9分米，所以0.9米＜1.5米＜1.8米。

③ 0.9米不足1米，所以0.9米最小，1.5米和1.8米整数部分都是1，分别表

示 1 米 5 分米和 1 米 8 分米，5 分米小于 8 分米，所以 1.8 米最大，也就是淘气的成绩最好。

师：回忆一下，刚才我们不论是借助人民币，还是长度单位，比较小数的大小时，你是怎样比较的？

同桌第二次交流，师生共同小结比较方法。

小结：比较小数大小的方法，先比整数部分，整数部分大的那个数就大，如果整数部分相同，就比较小数点后面的第一位小数，依次类推。

【设计意图】比较小数大小的方法本质上与整数相同，即从高位起，依次把相同数位上的数加以比较。对于三年级学生来说，对数位、计数单位等的认识还很模糊，因此不能把单纯的小数放在一起比较，在借助人民币的基础上，拓宽学生思维，借助长度单位再次比较，关注的不仅仅是比较方法的掌握，还要探索比较方法的过程，引导学生观察、比较、交流，在自主学习、合作探究、讨论交流、总结归纳的过程中，经历探索小数大小比较的过程，从而掌握方法，实现主动建构，过程与结果并重，知识与能力共赢。

三、分层练习，巩固知识

1. 比一比，填“>”“<”或“=”

0.9 元○ 1.1 元　　0.8 元○ 0.6 元

10.9 米○ 11 米　　3.3 米○ 3.2 米

学生自己独立完成，并与同桌交流比较的方法。

2. 比较下面两组数的大小

0.4 ○ 0.6　　2.5 ○ 1.8

3. 再次比较扑克牌的大小

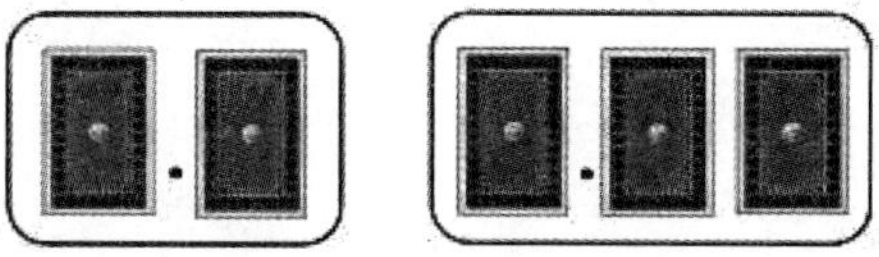

【设计意图】三道练习题的设计，既有基本练习，又有变式练习、拓展练习，从人民币模型——长度单位——直观模型，体现了从实物到模型的抽象过程，扑克牌的再次比较，首尾呼应，不仅巩固了所学知识，更发散了学生的思维。

四、总结全课，拓展延伸

这节课你学会了什么？有什么收获？笑笑要买一本 21.98 元的书，应该选择哪边的人民币？为什么？今后的学习中我们将继续研究。

【设计意图】课尾让学生回顾与总结，启发学生在日常学习中学会反思，学会总结，形成一种学习方法；而选择人民币的设计，则引发学生新的思考，将有限的课堂引向无尽的思考空间。

12. “倍的认识”课堂实录（课例一）

徐斌
（江苏省苏州大学实验学校，特级教师）

一、复习旧知，孕伏算法

师：6 里面有几个 3？

生：6 里面有 2 个 3。

师：用什么方法可以算出来？

生：6 ÷ 3=2。

师：10 里面有几个 2？ 15 里面有几个 5？

生：（略）

（分别对应显示，10 ÷ 2=5，15 ÷ 5=3。）

师：求一个数里面有几个另一个数用什么方法计算？

生：用除法计算。

二、引入新知，理解概念

师：（出示图片）春暖花开，同学们来到学校花坛。花坛里开满了鲜花。图中有哪几种颜色的花？你能分别数数有几朵吗？

生 1：有蓝、黄、红三种颜色的花。

生 2：蓝花有 2 朵。

生 3：黄花有 6 朵。

生 4：红花有 8 朵。

师：根据这些已知信息，你能提出哪些数学问题？

生 1：蓝花和黄花一共有多少朵？

生 2：蓝花和红花一共有多少朵？

生 3：红花和黄花一共有多少朵？

生 4：三种花一共有多少朵？

生 5：黄花比蓝花多几朵？

生 6：蓝花比红花少几朵？

……

师：同学们提出的问题都很好。其中，不少同学提出了比较两种花多少的问题，也就是求两个数量相差多少。其实，比较两个数量除了我们已经学过的求相差多少，还有另一种情况——倍。

（揭示课题：倍的认识）

师：关于“倍”，你了解多少？还想了解什么？

生 1：我听妈妈说过现在的物价是过去的好几倍。

生 2：我知道“倍”就是比原来多很多。

生 3：我想知道为什么要学习“倍”？

生 4：我还想知道什么时候要用到“倍”？

师：（教师根据学生数出的花朵，先把 2 朵蓝花排在一起并画上集合圈。）我们把 2 朵蓝花看作 1 份。那么黄花有这样的几份呢？

师：（把 6 朵黄花每 2 朵一份地排在一起并依次画上集合圈。）我们一起来数一数，看黄花有几个 2 朵？

生：1 个 2 朵、2 个 2 朵、3 个 2 朵。

师：黄花有 3 个 2 朵，我们就说黄花的朵数是蓝花的 3 倍。

（逐步完成板书。）

生：（齐说一遍）

师：黄花的朵数是蓝花的 3 倍，是什么意思呢？

生 1：蓝花有 2 朵。

生 2：黄花有 3 个 2 朵。

生 3：蓝花有 1 份。

生 4：黄花有这样的 3 份。

师：是呀！把 2 朵蓝花看作 1 份，黄花有 3 个 2 朵，也就是这样的 3 份，我们就说黄花的朵数是蓝花的 3 倍。

师：刚才我们比较了黄花朵数和蓝花朵数之间的倍数关系，那么红花朵数是蓝花的几倍呢？

师：我们还是把 2 朵蓝花看作 1 份，那么，红花有几个 2 朵呢？我们在图上一起圈一圈。

（教师带领学生在教材上圈一圈，填一填。）

（板书：红花有 4 个 2 朵，红花的朵数是蓝花的 4 倍。）

师：蓝花有 2 朵，红花有 8 朵，8 里面有几个 2？用什么方法计算？

生 1：8 里面有 4 个 2。

生 2：用除法计算。

师：（板书：$8\div2=4$）在这里 8 表示什么？ 2 表示什么？ 4 表示什么？

生 1：8 表示红花的朵数。

生 2：2 表示蓝花的朵数。

生 3：4 表示黄花朵数是蓝花的 4 倍。

师：那么，刚才我们比较黄花的朵数是蓝花的几倍，该怎样列算式？

生：6 ÷ 2=3。

师：（板书补充：6 ÷ 2=3。）

师：我们刚才已经比较了红花的朵数是蓝花的 4 倍。那么现在老师适当改变红花的朵数，你还能用倍来比较吗？（课件显示 10 朵红花）

生：蓝花 2 朵，红花有 10 朵，红花的朵数是蓝花的 5 倍。

师：你是怎样算的？

生：10 ÷ 2=5。

师：如果蓝花不变，红花有 12 朵，红花的朵数是蓝花的几倍？

生：红花的朵数是蓝花的 6 倍，12 ÷ 2=6。

师：如果蓝花不变，红花有 4 朵，红花的朵数是蓝花的几倍？

生：红花的朵数是蓝花的 2 倍，4 ÷ 2=2。

师：如果红花变为 2 朵呢？

生：红花的朵数是蓝花的 1 倍，2 ÷ 2=1。

师："1 倍"表示什么意思？

生：表示红花和蓝花同样多。

师：是的。不过在比较时，两个数量同样多，一般不说"1 倍"，而直接说"同样多"。

师：刚才我们已经知道，蓝花 2 朵，黄花 6 朵。现在蓝花增加 1 朵变成 3 朵，如果依旧要使黄花朵数是蓝花的 3 倍，可以怎么办？

生：下面黄花也要每个圈里增加 1 朵。

师：这时黄花几朵？怎样算？

生 1：黄花是 9 朵。

生 2：9 ÷ 3=3。

师：如果蓝花变为只有 1 朵，依旧要使黄花的朵数是蓝花的 3 倍，又该怎么办？

生：把下面黄花变成每份也是 1 朵。

师：这时又该怎样列式？

生：3 ÷ 1=3。

师：通过刚才的学习，你对倍有了怎样的认识？

生 1：倍是用来比较两个数量的。

生 2：刚才用除法计算几倍的。

生 3：刚才都是把蓝花看作 1 份，黄花和红花有这样的几份就是蓝花的几倍。

师：是啊！把一个数量看作一份，另一个数量有这样的几份，就是它的几倍，可以用除法进行计算。

三、活动探索，内化新知

师：我们来做一个拍手游戏。

（师先拍三下，要求学生拍的下数是老师的3倍。）

师：怎样拍手让别人容易听出倍数关系？

生：拍了3下后要注意停顿一下。

（首先，同桌之间进行拍手游戏，然后，教师指名两个学生演示拍手游戏，其余学生根据拍手情况列式计算。）

师：接下来我们比一比看谁摆小棒的能力强！第一行3根，第二行6根，第二行小棒根数是第一行的几倍？第二行摆15根呢？

（指名到台前摆小棒，并让学生先摆一摆，再互相说一说。）

师：怎样列式计算？

生1：6÷3=2。

生2：15÷3=5。

师：如果不摆小棒，你能直接说出18是3的几倍吗？

生：18是3的6倍，18÷3=6。

师：我们刚上课时复习的三道题，求一个数里面有几个另一个数，其实也可以表示什么？

生1：也可以表示求几倍。

生2：6是2的3倍。

生3：10是2的5倍。

生4：15是5的3倍。

师：我们再来观察两种颜色的带子——

（课件显示带子图）

师：这时，红带子的长是绿带子的几倍？

生：红带子的长是绿带子的1倍。

师：其实两根带子的长度是什么关系？

生：一样长。

师：（课件变化）这时，红带子的长是绿带子的几倍？为什么？

生：红带子有这样的5份，所以是绿带子的5倍。

师：（课件变化）现在，带子有了怎样的变化？

生：带子变细变窄了。

师：这时红带子的长是绿带子的几倍？

生：还是5倍。

师：带子变细变窄了，为什么还是5倍呢？

生：因为长度没有变化。

师：（课件变化）那么，现在两根带子又变化成什么了？

生：变成了线段。

师：第二条线段的长度是第一条的几倍？

生：还是5倍。

（学生在课本上测量并列式计算填空，然后交流反馈。）

师：通过测量，这两条线段长是几厘米？

生：第一条线段是9厘米，第二条线段是3厘米。

师：第一条线段的长度是第二条的几倍？

生：3倍。

师：你是怎样计算的？为什么？

生：9÷3=3，9里面有3个3。

（学生在课本上连线填空，独立完成。）

师：10里面有几个2？

生：5个。

师：彩球的个数是白球的几倍？你是怎么计算的？

生：5倍，10÷2=5。

师：为什么？

生：通过连线，发现10里面刚好有5个2。

四、应用拓展，积累经验

（要求先涂色，然后算出空白圆的个数是涂色圆的几倍。）

师：你是怎么涂色的？空白圆的个数是涂色圆的几倍？为什么？

生1：我涂了1个，空白圆的个数是涂色圆的11倍，11÷1=11。

生2：我涂了2个，空白圆的个数是涂色圆的5倍，10÷2=5。

生3：我涂了3个，空白圆的个数是涂色圆的3倍，9÷3=3。

生4：我涂了4个，空白圆的个数是涂色圆的2倍，8÷4=2。

生5：我涂了6个，空白圆的个数是涂色圆的1倍，6÷6=1。

师：（展示学生作品）为什么这位同学写了这么多？

生：按照顺序去涂色，不会重复，也不会遗漏。

师：怎么没有同学涂色5个呀？

（生自由讨论）

师：这样的问题目前我们不好解决，以后会有办法的。这堂课就上到这里，下课。

13. “倍的认识”教学设计（课例二）

张阳
（天津市北辰区北仓小学，青年名师）

※ 教学预设

教学重点：理解“一个数是另一个几倍的含义”，初步建立倍的概念。

教学难点：初步建立“倍”的模型，理解“倍”的含义。

教学准备：多媒体电脑及课件、实物投影仪、学习单、贴图、小棒。

※ 教学过程

一、创设情境，提出“倍”

师：请同学们欣赏一组照片（PPT 播放美丽校园照片），这是哪呀？

预设：我们的校园。

师：我们有这么美丽、整洁的环境来学习，要感谢三位保洁人员。张老师对他们近期垃圾分类的情况进行了调查，你想了解一下吗？

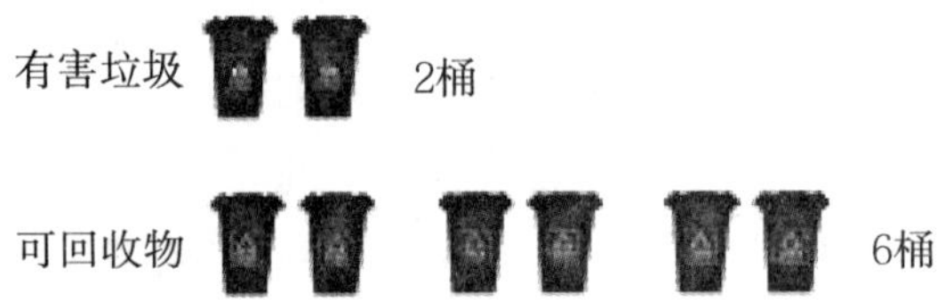

师：这是李阿姨进行垃圾分类的情况，你得到了什么数学信息？

预设：有害垃圾有 2 桶，可回收物有 6 桶。

师：李阿姨要考考大家，“请你比较有害垃圾和可回收物，它们的桶数之间有什么关系？”

预设 1：有害垃圾比可回收物少 4 桶。

预设 2：可回收物比有害垃圾多 4 桶。

预设 3：可回收物的桶数是有害垃圾的 3 倍。

师：刚才有一位同学在比较这两个量时用了一个新词“倍”，它是比较两个数量的新方法，这节课我们一起来认识“倍”。（板书课题）

二、深化经验，分析“倍”

1. 调取经验，思考“倍”

师：刚才那位同学说的没错，可回收物的桶数是有害垃圾的 3 倍。（板书：可回收物的桶数是有害垃圾的 3 倍。）我看到有些同学的表情不太明白是怎么回事儿？ 6 桶，2 桶，哪有 3 呀？为什么是 3 倍呀？谁能来说说？

预设 1：6 里面有 3 个 2，所以就是 3 倍。

预设 2：把 2 桶有害垃圾看作 1 份，可回收物有这样的 3 份，所以可回收物的桶数是有害垃圾的 3 倍。

师：两位同学说的都有道理，我们跟老师一起一边圈一边说。以 2 桶有害垃圾为标准设为 1 份，可回收物 2 桶 2 桶地圈，圈了这样的 3 份，所以说可回收物的桶数是有害垃圾的 3 倍。谁现在会说道理了？（请一位学生表达）

活动 1：同桌之间说一说确定“可回收物的桶数是有害垃圾的 3 倍”的过程。

2. 变化数据，理解“倍”

师：现在，李阿姨又收集到了 2 桶可回收物，可回收物的桶数是有害垃圾的几倍？谁能到前面给大家讲一讲！

预设：有害垃圾有 2 桶，可回收物现在有这样的 4 份，所以可回收物的桶数是有害垃圾的 4 倍。（教师引导学生先选定标准，再圈一圈确定倍数。）

师：感谢这位小老师，讲得真明白，把掌声送给他。

师：孩子们，现在你觉得什么是倍呢？

预设 1：倍就是要有两个量互相比较。

预设 2：以其中较小的量为标准，另一个量有几个这样相同的几份，就是它的几倍。

师：请同学完整地说一说。

师：以你对“倍”的理解，郭伯伯说的对吗？

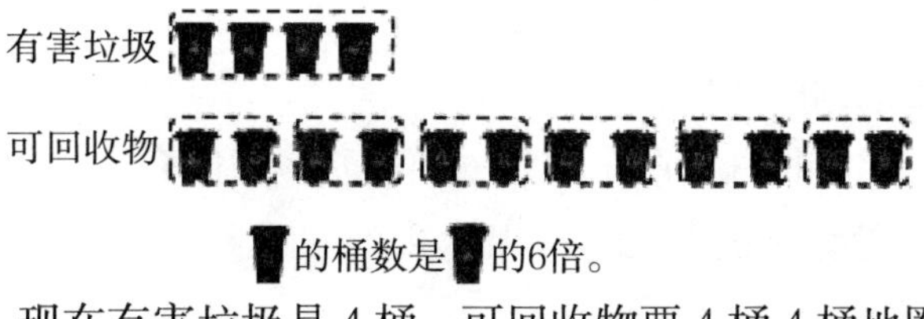

预设：不对！现在有害垃圾是 4 桶，可回收物要 4 桶 4 桶地圈，有 3 个 4 桶。可回收物的桶数应该是有害垃圾的 3 倍。（修正结果）

师：你可真细心！我们在判断时要注意找准标准量。我们再来看看祁阿姨垃圾分类的情况。

师：请同学们拿出你手中的小棒，用小棒代替可回收物，摆一摆可回收物有多少桶。

活动 2：学生动手操作，教师巡视。

预设：请两位学生到展示台进行操作，比较两种摆法（一种是平均距离摆 9 根，另一种是 3 根一组摆了 3 组），生生互评哪种更好。为什么？强调“几个几”。

3. 比较回顾，领悟“倍”

师：在我们刚才解决的问题中，你发现谁变了？谁没有变？它们之间的变化有联系吗？

预设：倍数关系不变。

预设：垃圾的桶数在变。（标准在变）

师：有什么规律吗？

预设：把有害垃圾看作 1 份，可回收物有这样的 3 份，就说可回收物的桶数是有害垃圾的 3 倍。

师：如果不是垃圾桶，比较其他物品是不是也有同样的道理呢？（将实物图片抽象成几何图片）

预设：是。

三、抽象概念，深化“倍”

师：现在你能用“倍”说话吗？（只出示 3 个红圆）

预设：不能，这里只有一个量无法比较。

师：现在可以了吗？（再出示 3 个绿圆）

预设：红圆是绿圆的 1 倍。

预设：绿圆是红圆的 1 倍。

师：这个情况比较特殊！两个数量一样多时，我们有这两种说法。

师：现在红圆是绿圆的几倍？（出示 4 个红圆 1 个绿圆）我再增加一组呢？再增加呢？

预设：红圆是绿圆的 4 倍。

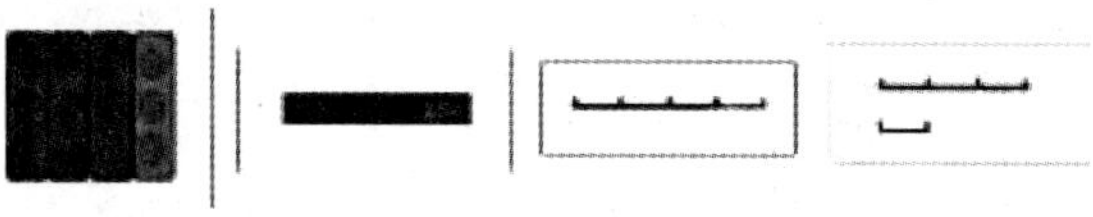

课件依次变化图形，抽象概念，领悟“倍”的本质。首先确定标准量，标准是几，就几个几个数，一共有几份就是几倍。

师：如果绿线段表示 5，红线段表示几？

预设：15。

师：如果红线段表示 30，绿线段表示几？

预设：10。

师：孩子们真了不起！

四、提升能力，应用“倍”

师：接下来我们一起进入游戏闯关环节。GO！

1. 圈一圈

▲ 的个数是 ● 的（ ）倍，
■ 的个数是 ● 的（ ）倍，
■ 的个数是 ▲ 的（ ）倍。

学生独立完成，然后请一位同学到白板上演示、讲解。引导学生发现标准量的变化，练习用圈一圈的方法发现谁是谁的几倍。

2. 画一画

第一行：

第二行：第一行的 4 倍

（1）请按照提示画出第二行小棒有几根。

（2）倍数关系不变，第一行减少 1 根小棒，第二行应该怎样变化呢？

（3）不改变小棒的总量，要使第二行小棒的数量是第一行的 3 倍，应该怎样改动原图呢？

学生边思考边画图解决这三个小问题，先独立完成，再请同学展示讲解。

3. 切一切

游戏规则：根据给出的条件，判断每次切掉哪一种水果的几个？回答正确，可以进入下一关。

第一关：鸭梨的个数是苹果的 2 倍。

预设：切掉 3 个鸭梨，鸭梨的个数是苹果的 2 倍。

第二关：鸭梨的个数是苹果的 6 倍。

预设：切掉 2 个苹果，鸭梨的个数是苹果的 6 倍。

第三关：苹果的个数是鸭梨的 1 倍。

预设：切掉 5 个鸭梨，苹果的个数是鸭梨的 1 倍。

五、回顾反思，梳理全课

师：看来同学们对“倍”这个新朋友已经有了初步的认识，通过今天的学习，你有什么收获？谁愿意和大家说一说？

结束语：同学们，短短的一节课马上就要结束了，在这一节课里大家都开动脑筋，积极思考，认识了“倍”。老师发现同学们都表现得很优秀，现在请同学们把掌声送给优秀的自己，但老师有个小小要求，你们在鼓掌的时候能不能拍出 3 的 2 倍。

附：板书设计

倍的认识

可回收物的桶数是有害垃圾的 3 倍

14. “倍的解决问题”课堂实录与反思

魏琼
（兰州市城关区宁卧庄小学，青年名师）

※ 课前思考

“倍的解决问题”一课，内容选自人教版教材三年级上册第五单元的内容，是在孩子学习了乘法与除法的初步认识以及前一节课“倍的初步认识”的基础上进行教学的。教材在编写时深入孩子实际生活，选取的是孩子们生活中常见的事物，通过情境图、示意图、线段图的方式来帮助孩子理解倍之间的数量关系，从而解决实际问题。“倍”是一个重要概念，而理解两个量的倍数关系也是从加法结构到乘法结构的转折点。

人教版教材有关倍的认识是这样安排的：包括倍的认识，解决求一个数是另一个数的几倍和求一个数的几倍是多少的数学问题，这两个解决问题都是从不同的侧面进一步丰富倍的本质，都要运用丰富的情境让孩子们通过数形结合，体验倍的概念，进而解决实际问题。

为了解学生的学情，确定教学起点，课前对宁卧庄小学三年级两个班 108 名学生做了课前相关前测。前测内容如下：

1. 看图：菠萝的个数与西瓜的个数有什么关系？

2. “三角形的个数为圆形的 3 倍”，你知道是什么意思吗？

通过前测，发现第 1 题绝大多数孩子都会将菠萝个数与西瓜个数的关系表述为比较数量多少的加减法关系，当然这也是孩子们最为熟悉的关系，符合孩子现有的认知规律，只有极少数孩子提到了它们之间可能存在谁是谁的几倍的关系，但表述模糊，通过课前提问也反映出这部分孩子其实也无法准确表述倍数关系的内涵。第 2 题，孩子们理解起来是比较困难的，具体反映在绝大部分孩子都是在举例说明，比方说三角形有 3 个，圆形有 1 个，所以说三角形的个数为圆形的 3 倍，其实这种理解是非常片面的。我们知道，其实倍数关系就是标准量和比较量之间的乘除法关系，但孩子很难理解。通过前测的第 2 题，可以观察到许多孩子用画图的方式来表达自己的看法，这对于本节课通过数形结合教学倍的解决问题起到了很好的铺垫作用。

※ 教学过程

一、谈话引入，情境激趣

同学们喜欢去游乐场吗？你最喜欢游乐场里的什么项目？今天就让我们一起去解决游乐场里的数学问题。

二、合作探究，感悟新知

活动一：收集信息，提出问题。

师：仔细看大屏幕，你获得了哪些数学信息？

生：坐小火车的有 4 人，坐旋转木马的有 12 人，坐碰碰车的人数是小火车的 5 倍。

师：根据这些信息，同学们能提出数学问题吗？

生 1：坐小火车的和坐旋转木马的一共有多少人？

师：你自己会解决吗？

生 1：会，8+4=12 人。

师：你不仅能提出问题还能解决，真棒！谁还有不同的问题？

生 2：坐旋转木马的人是坐小火车的几倍？

生 3：坐碰碰车的有几人？

师：同学们提出了两个与倍有关的问题，就让我们一起来解决。（板书问题）

活动二：建立“求一个数是另一个数的几倍”与“包含除法”的联系。

坐小火车的有 4 人，坐旋转木马的有 12 人，坐旋转木马的人数是坐小火车的几倍？

师：你能用画图的方式把你的思考过程表达出来，并用算式来记录吗？

生 2：小火车：
旋转木马：

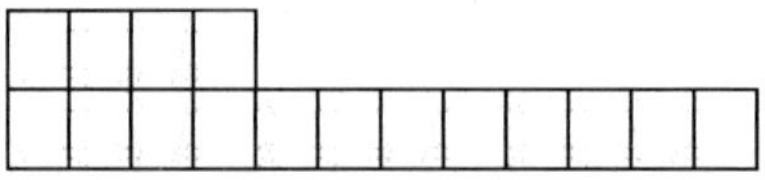

我用 4 个 □ 表示坐小火车的人，用 12 个 □ 表示坐旋转木马的人，我把坐旋转木马的 12 人每 3 个一圈，就发现坐旋转木马的人数是坐小火车的 3 倍。算式是：12 ÷ 4=3。

师：她的想法听懂了吗？你有问题问她吗？

生 1：你是怎么得出坐旋转木马的人数是坐小火车的 3 倍的呢？

生 2：12 ÷ 4=3。

生3：你这里“12”“4”“3”分别是什么意思呢？你3个一圈，3是从哪来的呢？

生2：坐旋转木马的12人是小火车4人的3倍，3人一圈我圈错了，应该4人一圈。

生4：你4人一圈，圈了三个圈就能看出3倍了。

师：其他同学还有问题吗？那你们认为是4人一圈还是3人一圈呢？

生：要4人一圈。因为坐小火车的是4人，我们拿坐旋转木马与坐小火车的人数对比，就要以小火车为标准看作一份。

师：喔，原来是这样。那让我们再来看看其他同学的吧。

生1：小火车：○○○○

旋转木马：○○○○ ○○○○ ○○○○

我用4个○表示坐小火车的人，用12个○表示坐旋转木马的人，我把坐旋转木马的12人每4个一圈，就发现坐旋转木马的人数是坐小火车的3倍。

生5：小火车：////

旋转木马：//// //// ////

我是用4根小棒来表示坐小火车的4人，用12根小棒表示坐旋转木马的12人，我把坐旋转木马的12人每4个一圈，也发现坐旋转木马的人数是坐小火车的3倍。

师：对比他们的解决过程，你有什么发现？它们有相同之处吗？

生：他们用不同的符号来表示坐小火车和旋转木马的人数，都是4个一圈，把12人平均分成了三份，得出坐旋转木马的人数是坐小火车的3倍。

师：你们为什么都要4个一圈呢？

生：因为坐小火车的有4人，我们拿坐旋转木马的与坐小火车的人数对比，就要以小火车为标准看作一份，看看12人里有几个4人？就知道了12是4的几倍？

师：原来是这样，把4人看作一份，12里有3个4人，那12就是4的3倍。同学们都用12÷4=3这个算式来记录这一过程了，又是怎么想的呢？

生：12÷4=3就是在计算12里有几个4？

师：看来，解决12是4的几倍？就是在解决12里有几个4的问题，就可以用我们之前学过的包含除法来计算了。

【设计意图】数与形是数学学习中最基本的研究对象。本片段的教学，力图使孩子们能够初步建立“倍”这个问题数与形的联系，从数与形之间的一一对应关系出发，把抽象的问题、数量关系与直观的几何图形结合起来，通过“以形助数”这个途径，使复杂的问题和数量关系简单化、直观化，再通过对比总结与梳理，从而使孩子们知道，解决谁是谁的几倍的问题，就是在解决谁里面有几个谁的问题，可以用包含除法来计算。

活动三：建立“求一个数的几倍是多少”与“乘法意义”的联系。

坐小火车的有 4 人，坐碰碰车的人数是小火车的 5 倍，坐碰碰车的有几人？

师：结合前面的学习，同学们是怎么解决“坐碰碰车的有几人”这个问题的？

生：小火车：

碰碰车：

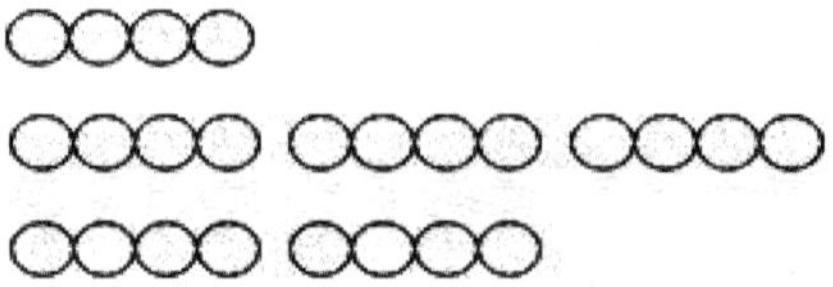

我用 4 个◯表示坐小火车的人，坐碰碰车的人数是小火车的 5 倍，就是求 5 个 4 是多少，我就画了 5 个小火车的 4 人，用算式就是 4×5=20 人。

师：如果我用这样的一段表示小火车的人数，坐碰碰车的人数应该怎样画呢？

生：画 5 段这么长的线段。

师：为什么呢？

生：因为坐碰碰车的人是小火车的 5 倍，把小火车看作一份，碰碰车就有 5 个小火车的人数，就有 5 份。

师：观察这位同学的线段图，你有什么发现？

生：这两种图都表示出了坐小火车的人和坐碰碰车的倍数关系，但是线段图更简洁。

【设计意图】数形结合不仅仅是一种数学思想，更重要的它是一种很好的解题方法，通过活动二的学习，引导孩子们解决活动三的问题，孩子们一上来就使用了画图解决的方法，孩子们在迁移知识的过程中其实已经感受到了运用数形结合的思想来解决问题可以化难为易。紧接着教师引导孩子画出线段图，这其实是孩子们第一次接触线段图，但是线段图的解题方法会伴随他们今后所有的数学学习过程，这其实就是在为孩子分析数量关系与解决问题之间架起一座桥梁。

三、对比深化，建立模型

师：游乐场里还有很多的游乐项目，我们一起来看看，你还能提出哪些数学问题？

生 1：坐摩天轮的人数是坐小火车的几倍？

生 2：坐摩天轮的人数是坐过山车的几倍？

生 3：去城堡的有多少人？

生 4：坐小飞机的有多少人？

………

师：刚刚这些问题都和倍有关，为什么有些用除法解决，有些用乘法解决呢？

生：求一共有多少也就是求一个数的几倍是多少用乘法，求一个数是另一个数的几倍用除法。

师：同学们不仅会用画图、列式的方法解决和倍有关的问题，认识了这两类问题的数量关系，而且认识了线段图这个解决问题的助手。

一起来猜猜这个线段图想告诉我们什么呢？

【设计意图】数学学习过程不仅是一个接受知识、累积方法的过程，更是一个探索创新、形成模型的过程。数形结合的思维方法是孩子构建数学模型的基本方法。在此片段教学的最后，通过一幅线段图让学生来编故事，让孩子在尝试建构数学模型的基础上描述数学问题，不仅发展了孩子的形象思维，还能通过数形结合锻炼孩子的创造性，促进其可持续发展。

四、总结梳理，体会成功

说说你本节课的收获。

※ 课后反思

在实际的课堂教学中，越来越多的老师在关注知识的同时，开始更多地关注结果形成的过程。学生主动参与的数学学习的体验、感悟，使我们的数学课堂显得更加自然、真实，数学核心素养中有一个核心词——几何直观，本节课的教学，力图使孩子们通过数形结合的思想与解题方法，让孩子亲身经历知识的形成过程。在实际教学中，有几点启发和思考，与大家共同分享。

一、通过孩子们喜闻乐见的实景图，让孩子们读懂题意，鼓励他们多提问，在课堂预设中，结合孩子们已有的认知基础，尽可能地把所有能够出现的问题预设清楚：可以提什么问题？题目的意思是什么？能用画图的方法表示吗？它们的数量关系是什么？还有其他的解题思路吗？

二、引导孩子围绕问题与图形，借直观，解抽象，反复在数与形之间切换辗转，把一个抽象问题、无从下手的问题具象化，在此基础上进行对比，总结计算思路与方法。

三、在教师的引领下，从直观图形抽象出线段图，它具有更强的普适性。通过教学，发现线段图不仅简单易画，还可以使学生利用图形的直观性和具体性发现数量关系，找到问题的解题思路和题目数量关系，从而建立数学模型。

四、数形结合，不忘操作。由形到数，尽可能地让倍的问题在有形的空间里操作实践，培养不同孩子的思维梯度，只有在动手实践的过程中，才会有“看似绝壁，另有小径”的喜悦。

15. “认识千米”教学设计

黄姗姗
（江苏省扬州市花园小学，青年名师）

※ 课前思考

“认识千米”是苏教版小学数学三年级下册第二单元“千米和吨”中的内容。学生已经学习了毫米、厘米、分米和米等长度单位，千米是他们要学习的又一个长度单位。长度单位和时间单位、质量单位、面积单位、体积单位、容积单位等都属于计量单位。对长度、时间、质量、面积、体积、容积等的感性认识统称为量感。计量单位的学习贯穿于小学数学学习的整个阶段，量感的培养更是一个持续的过程。量感的培养对学生形成正确认知、提升思维品质具有重要意义。

不少教师在进行长度单位的教学时侧重于培养学生的动手操作能力和单位换算能力，常常忽视量感。量感看不见、摸不着、教学起来费时费事，即使有教师关注到了量感教学的重要性，但是教学却不到位。“认识千米”这节课中量感的教学究其之难，主要难在“虚”。千米是一个比较大的长度单位，对于三年级的学生来说是很难想象和感知的。学习之前，学生已有哪些认知基础？如何让学生对千米这个长度单位逐步感知、形成量感？为此，笔者进行了前测，前测对象为扬州某小学三年级的53位学生。

测查分为三个维度：

1. 学生对长度单位的认识水平及感知程度。

2. 学生对1千米的测量方法的选择。

3. 学生对与千米相关的进率的掌握情况。

问题1：我们已经学过测量一枚硬币的厚度，可以用（　）作单位；测量一支铅笔的长度，可以用（　）作单位；测量一幢大楼的高度，可以用（　）作单位。你知道要测量从扬州到北京的距离，用什么单位合适呢？写下你的想法。

问题2：如果需要测量出1000米的长度，你能想到什么好方法？写下你的想法。

问题3：你能完成下面表格中的题目吗？

题目	正确人数	正确率
1千米=（ ）米	49	92.45%
3千米60米=（ ）米	43	81.13%
5800米=（ ）千米（ ）米	44	83.02%
20千米=（ ）米	46	86.80%

统计后的数据显示：

1. 有 94.3% 的学生知道千米这个长度单位。学生对千米的认识不是一张白纸，已经有一定的认知经验。

2. 有 56.6% 的学生选择用尺子测量 1 千米，除此之外，有学生提到步测、开车或用科技产品测量。将近一半的学生在测量方法的选择上有自己的思考和推理能力。

笔者认为，导致大部分学生选择用尺子测量 1 千米的原因是，尺子是常见的测量工具，在学生的潜意识中认为这样是最便捷的，但忽视了实际操作的可行性。

3. 有 92.45% 的学生知道 1 千米 =1000 米，学生已有的知识经验比笔者预想得要多，数感较好。单位换算不属于教学难点，但仍需关注部分学生。

基于 1 千米 =1000 米这一知识点，笔者首先引导学生对 1 千米的测量方法进行辨别，初步形成量感。在此基础上为他们提供多元化素材，调动他们的多种感官参与学习，让其在深度体验中对 1 千米进行深刻感知。接着通过推算、应用等方式，将“千米”这个抽象单位具体化、感性化，进而帮助学生对千米形成量感。

※ 教学过程

一、激活已有经验，初步形成表象

师：你们知道哪些长度单位？

生 1：毫米、厘米、分米、米。

生 2：我还知道千米。

师：你对千米有哪些认识？

生：千米很长。

师：这么说不准确，你想说的是 1 千米很长对吗？

生点头。

师：你能比画 1 毫米、1 厘米、1 分米、1 米的长度吗？

生比画。

师：那 1 千米的长度呢？

生 1：我能比画出 1 米，1 千米就有 1000 个 1 米。

师：是的，1 千米 =1000 米。（板书：1 千米 =1000 米）

生 2:1 千米的长度我一个人比画不出来，要找同学帮忙。

教师请 10 位同学上前，每位同学比画出 1 米，展示出一个“10 米”的模型。

师：同学们，你们看着这个“10 米”，能在脑海里想象出 1 千米的长度吗？

生：100 个这样的长度是 1 千米。

【设计意图】对于 1 毫米、1 厘米、1 分米和 1 米乃至 10 米，学生都可以通过身上的“尺”和文具尺进行直接感知，笔者从已知的长度单位及其数量关系出发，激活学生已有的知识经验，引导他们对这些具体形象的长度展开想象，建立起 1 千米与 1 米、10 米之间的数量关系，间接形成千米的表象，向千米的学习迈出了第一步。

二、优化方法选择，思考感知千米

师：既然比画出 1 千米的难度很大，你能想到用什么方法测出 1 千米呢？我们一起来看一下同学们的答案。

1. 用尺子测量（展示学生答案）

（1）用尺子量出 1 千米的长度。

（2）用 1 千米长的卷尺。

（3）用尺子一米一米地量，量 1000 次就是 1 千米。

（4）我可以用卷尺量 200 次。（一次量出 5 米）

师：看了这些答案，你有什么想说的？

生 1：他们都是用尺子来测量的。

生 2：第一种和第二种答案都不可能实现，没有 1 千米那么长的尺子。

师：那么第三种和第四种方法你们觉得可以吗？

生 1：我觉得可以，但是这样测量的话需要许多人一起测量。

生 2：而且需要很多尺子和很长时间。

师：你觉得用尺子测量这个方法怎么样？

生：很麻烦，不现实。

2. 用其他参照物测量（展示学生答案）

（1）学校跑道 1 圈是 200 米，跑 5 圈就是 1 千米。

（2）在操场上量出 100 米，走 10 个 100 米就是 1000 米。

（3）比如指示牌上一条马路长度是 2 千米，那么它的一半就是 1 千米。

（4）我会用 1 米的步子走 1000 下。

（5)先量出两个路灯之间的距离,数一数经过多少个路灯,也能测量出 1 千米。

师：有不少同学的答案和第一种、第二种类似，说明大家都认真思考了。操场的跑道有内圈和外圈的区别，内圈的长度是 200 米，所以需要在内圈跑 5 圈就能测量出 1000 米了。其他的方法呢?

生：很少有马路的长度是 2 千米这种整千米数的，怎么测啊?

师：这种马路是不太好找。

生：我们的 1 步有 1 米吗？ 1000 米肯定不只要走 1000 步。

师：小朋友们的一步大概是 40 厘米 ~ 50 厘米。假如是 50 厘米的话需要走多少步?

生：1 米走 1000 步，50 厘米等于 5 分米，那就要走 2000 步。

师：为了保证测量的准确性，我们走的时候还要尽量保证每一步的长度差不多。

生：有的马路走着走着就没有路灯了，或者有红绿灯隔断了路灯，就不能准确测出 1 千米。

师：这类用参照物测量 1 千米的方法怎么样?

生：第一种和第二种可以，别的不容易实现。

3. 用智能化手段测量（展示学生答案）

（1）爸爸开汽车的时候，看表盘上的数字，测出走了 1 千米。

（2）假如汽车一小时行驶 100 千米，行驶 1 千米需要开 1 小时 ÷100。

（3）用手机上的地图找一个距离 1 千米的地方走过去。

（4）用红外线测量。

师：你有什么想说的?

生 1：我觉得这几种方法都可以，而且很简单。

生 2：这些方法都需要大人帮助我们，我们小孩子自己不能完成。

师：有时候我们一个人的力量很弱小，需要借助外力来帮助。现在科学技术这么发达，有不少同学想出了一些智能化的手段，看来大家都善于观察、乐于思考。

4. 优化测量方法

师：为了能测量出 1 千米的长度，同学们都积极开动脑筋，有的也向爸爸妈妈请教了。刚才我们就大部分测量方法进行了交流讨论。现在再让你测量一次，你会选择什么方法?

生 1：我绕操场的内圈走 5 圈，就是 1 千米了。

生 2：我让爸爸开车带我，看里程表上经过的路程是 1 千米就行了。

生 3：我在手机地图上找一个距离 1 千米的地方，然后走过去。

师小结：这些方法都可以，如果要我们自己体验的话，绕操场的内圈走 5 圈应该是比较便捷的方法。

【设计意图】教师将前测中学生的答案进行归类，并予以展示，所有的学习材料都源自学生，让学生积极主动地探索发现，经历知识形成过程中的主要环节，充分显示了学生的学习主体性。教师作为引导者带领学生对 1 千米的测量方式进行深入讨论，引发学生一系列的心智活动，比如思考、内省和创新等。学生在不知不觉中优化 1 千米的测量方法，找到合适自己的测量方式，初步建立起较为准确的量感。

三、深度体验推导，理性形成量感

师：现在同学们一定很想知道 1 千米到底有多长。看，这是我们之前在操场上活动时拍的视频，我们数了数，走 100 米大约要 200 步。闭上眼睛想一想 100 米有多长。

师：我们走了 200 米，大约花了 3 分钟。闭上眼睛想一想 200 米有多长。

师：几位“小代表”走的路就更长了，请同学们一边看一边数他们一共走了几个 100 米？（视频快速播放几位学生走 10 个 100 米的镜头）

师：请同学们在脑海里想一想，把这 10 个 100 米连起来该有多长啊！把答案写在纸上好吗？

生完成。

师：想象一下在你常常经过的路段中，从哪儿到哪儿可能是 1 千米？让我们跟着镜头到校外的路上走一走，看看 1 千米究竟有多长？（播放视频）

师：我们还可以通过生活中常见的素材推导出 1 千米的长度。

课件出示 3 张图片：

（1）6 个小朋友手拉手的长度大约是 8 米。

（2）从老师办公室到教室的距离大约是 50 米。

（3）扬州金奥中心大厦高约 300 米。

出示活动要求：

（1）选择一个喜欢的素材推算出 1 千米的长度。

（2）闭上眼睛想象 1 千米有多长。

（3）在组内交流你的研究成果。

师：你能算一算，一个班54个同学手拉手有多长？全年级5个班的同学手拉手会有多长？全校同学呢？到1千米了吗？

生：54里面有9个6，用8×9=72米，全班54个同学手拉手就长72米。再用5×72=360米，全年级五个班的同学手拉手长360米，全校有六个年级，360×6超过1千米了。

师：你知道要有多少个从老师办公室到教室的距离加起来才是1千米吗？

生：我算出来是20个这样的距离。

师：你去过金奥中心大厦吗？闭上眼睛想象一下，3个金奥中心大厦摞在一起是什么感觉？

生：三个金奥中心大厦加在一起，那得很高很高很高，抬起头都看不到顶啊！

【设计意图】通过亲身去操场进行体验，有不少学生会产生疑惑：操场上的“1千米”是弯的，直直的“1千米”有多长呢？会从学校或者从家到哪里呢？“1千米”拔地而起会有多高？实际上，脱离了操场，他们并不知道1千米有多长。直接导致千米的教学浮于表面，千米的量感流于形式。针对这个问题，笔者教学时为学生提供多元化的素材，带领他们在活动中多维度地体验和推导1千米有多长。美国心理学家、教育学家大卫·科尔布是体验式学习的集大成者，他提出有效学习从体验开始。教师提供三种不同的生活素材，将“曲”化为直，通过算一算、想一想、说一说等活动，让学生进行深度体验和推导，逐步脱离表象，建立起丰满充实、生动活泼的量感。

四、提高应用能力，不断完善量感

1. 填上合适的长度单位

（1）世界上最高的山峰，珠穆朗玛峰大约高8844（ ）

（2）我国万里长城是世界上最大的建筑之一，大约长6700（ ）

（3）手指甲十天大约长1（ ）

（4）飞机每小时飞行1000（ ）

（5）一根钉子长4（ ）

2. 判断对错

（1）运动场跑一圈通常是400千米。（ ）

（2）京九铁路全长2553米。（ ）

（3）长度单位之间的进率都是10。（ ）

（4）10个100米就是1千米。（ ）

（5）南京长江大桥全长约7千米。（ ）

师：你做对了吗？这节课你给自己的表现打多少分？还有什么能改进的地方呢？

【设计意图】量感的建立和完善需要通过适当的练习进行检验。练习的答案准确与否取决于量感，而量感又可以通过练习得到巩固与完善。通过这些练习，促进学生对相同属性长度单位的序列形成清楚的认知，同时加深了对量的认知，巩固和强化了量感。

※ 课后反思

认知心理学研究表明，相应年龄阶段的儿童认知具有明显的阶段性特征和极大的可塑性。三年级的学生正处于从具体形象思维向抽象逻辑思维过渡的阶段，需要教师尊重学生已有的知识经验，科学合理地设计和开展教学活动。纵观“认识千米”这节课，笔者基于前测结果将学生的知识经验作为课堂教学的资源，充分发挥学生学习的主动性，一步一个脚印地引导他们建构起对千米的认识，通过各种方式感知千米。学生在思考、体验、推导应用中发展思考想象能力、合情推理能力、实践应用能力，同时量感也在真实生长，这正是他们核心素养落地生根的体现。

16. “万以内数的加法和减法（一）”课堂实录

邱学华
（江苏省常州大学尝试教育科学研究院，特级教师，中小学荣誉教授）

※ 教学背景

2015 年 9 月 13—16 日，尝试教学理论创立者邱学华教授，应邀来到了广西河池市金城江区讲学。13 日下午，邱学华教授做了时长 3 小时题为“请不要告诉我，让我先试一试”的专题讲座。本身按事前的安排，邱学华教授是仅做一场专题讲座的，但他讲座后一是被与会老师们的求知热情所感动，二是为了更好地带动广大教师领悟尝试教学法，81 岁高龄的他，欣然主动提出第二日下午在金三小二年级，根据该班该时段的教学内容“万以内数的加法和减法（一）”上了一堂示范课。邱学华教授朴实的教法激发出的学生精彩的思维，让与会老师们啧啧称赞！本课整理是广西河池市金城江区教学研究室覃喜春。

※ 教学过程

一、课前谈话

师：今天邱老师跟大家一起来上一节课，课堂上我们看看课前组建好的各学习小组的团队探究和合作精神。

师：分别介绍一下你们的小组吧。小组的组名、小组的口号等，第一组开始介绍。

生：我们的组名是风车组，口号是风车风车，团结一致，耶！

师：不错，10 分。二组接着介绍……

二、导入新课：今天学什么？

师：请同学们打开书看看，今天该学什么内容？

生：万以内数的加法和减法（一）。

生：两位数加两位数。

师：例1你们已经学过了，这堂课我们来学习例2。

【评析】上课伊始，邱老师就开门见山导入新课：今天学什么？邱老师让学生通过看书去了解本课要学习的内容。

三、出示尝试题：你已经学会了什么？

师：看看例2，主要讲的是什么？

生：票价。

师：非常好，他用两个字就回答得很清楚了。讲的是关于几种车的票价问题？把三种车的票价做比较，能不能提出数学问题呢？

通过比较，哪个车贵一点？贵多少？数学问题就出来了，这些数学问题书本上都有了。

你们已经学会了什么呢？今天邱老师另外布置一道题给你们：桃树有82棵，梨树有46棵，李树有37棵（卡片呈现题目）。现在请各小组比赛，你能提出什么数学问题？然后把算式列出来，看哪个小组提出的数学问题多？做加法也可以，做乘法也可以。

咱们先把算式列出来，算出来，行不行？

生：行！

师：现在我们每组派两个人到黑板上来，一个出主意，一个写出来。其他同学在自己本子上写，不会的可再看书，看看书上提的是什么数学问题。

【评析】自学尝试环节，邱老师给出第二个核心问题：你们已经学会了什么？邱老师并不是马上教学生学习新知，而是充分相信学生，放手让学生先自学书本上的例题，再尝试练习，最后各组展示交流。

四、反馈尝试情况：你还有什么问题没有弄懂？

师：能写出四个数学问题的小组代表先来讲讲，当好小老师。

生：（指着黑板上自己写的算式进行讲解）82代表桃树的棵数……

师：（着重指着82-46）这个算式表示什么？你是怎么算的，怎么想的？

生：这个算式表示求得桃树比梨树多多少棵？ 82-46我是这样算的，用82先减40得42，再用42减6等于36。

生：我先用82减去50得到32，因为多减了4，所以再用32加上4等于36。

师：非常好，给小组加10分，我们再请写82+46这个算式的同学来说说他是怎么算的？

生：我先把46分成40和6，先用82加上40等于122，再用122加上6等于

128。

师：他讲的这个已经超出了咱们现在课本上教的了，道理也讲得非常清楚了，不错，加 20 分。

生：……

师：大家很了不起了，老师还没有教你们就会想出很多办法来算了。

师：有没有哪个小组列出 7 个或 7 个以上的算式的？有没有 10 个的？

生：第 8 组列出 7 个。

师：刚才同学们在几种量的相互比较中，提出了很多数学问题。

首先是桃树与李树比较，可以得出两个问题；桃树与梨树比较，又提出两个数学问题……能想出 7 个问题的是非常了不起的，计算上还能做出得数是三位数的加法了。

师：你还有什么问题没有弄懂，请你提出来。

师：都弄懂了，好！为了口算和计算能更熟练，下面我们来做口算比赛。

【评析】在教学中，邱老师通过激励性评价语及抢答竞争机制，不断启发引导学生提出问题，邱老师适时点拨、鼓励。

五、当堂练习

师：请老师的小助手来抽卡片。其他同学看卡片上的算式，把答案写在本子上。

师：请全班念答案。

师：我还不知道是不是所有人都做对，请小组里再核对一次答案。

……

六、当堂检测，当堂订正

师：请大家打开课本 11 页完成“做一做”。

【总评】“今天学习什么？你已经学会了什么？你还有什么问题？”，这三个问题贯穿一节课，简约又大气，随心所欲，大道至简！整堂课，学生都是自己在主动地学习，学生自己能学会的知识教师不讲，不懂的问题教师组织和引导学生讨论，教师适时而进地“导”在关键处，让学生经历了一次又一次愉悦地获取知识的过程，领悟并享受了获取知识的方法。

17. “认识分数”课堂实录与反思（课例一）

张齐华
（江苏省南京市玄武区教师发展中心，特级教师）

※ 课前思考

教材在编写时力求引发学生的认数需要。如两名孩子在平均分三种食品，每人分得的苹果、矿泉水的数量都能用整数表示，每人只能分到半个蛋糕，无法用已经学过的数来表示。教材以此为契机，开始教学分数。

在认识几分之一这一知识点，教材集中力量教学$\frac{1}{2}$，让学生用学习$\frac{1}{2}$的方法主动认识其他的几分之一。在认识几分之几这一知识点，例题中只教学“一张正方形纸折成同样大的4份，其中3份是这张纸的$\frac{3}{4}$”，$\frac{2}{4}$留给学生自己学。以理解分数意义为重点，带出分数的大小比较。本单元教材不要求概括出比较分数大小的方法，只要求学生借助图形的直观进行比较。“想想做做”中，每一次比较分数的大小前，教材都先让学生在图形上表示出有关的分数，清楚地表明了教材的两点意图：一是理解分数的意义是重点，是基础；二是在本册教材中比较分数的大小不离开直观图形。

※ 教学过程

一、情境——冲突

1. 平均分

师：丁丁和当当在数学活动中遇到了一些数的问题。

（出示书上图：4个苹果2瓶水）

师：这是丁丁和当当在野炊，你能把这些东西分一分吗？

生 1：把 4 个苹果平均分成 2 份，每份是 2 个。

生 2：把 2 瓶水平均分成 2 份，每份是 1 个。

师：数学上把物体分得一样多，叫作……（板书：平均分）

2. 蛋糕的$\frac{1}{2}$

师：把一个蛋糕平均分成 2 份，每人分得多少？怎样分？

生：切成两半。

师：把一个蛋糕平均分成 2 份，每一份是这个蛋糕的一半，这一半该用什么样的数来表示？

生：二分之一。

3. 揭示课题

师：像二分之一这样的数就是分数。我们这节课一起来认识分数。（板书：认识分数）

二、活动——建构

1. 着力建构“二分之一”

（1）直观感知，初步认识。

师：刚才我们把蛋糕平均分成了几份？

生：2 份。

师：“一半”是其中的几份？

生：“一半”正好是 2 份中的 1 份，可以用$\frac{1}{2}$来表示。

师（追问）：这一份（指 2 份中的其中 1 份）是蛋糕的$\frac{1}{2}$，另一份（指 2 份中的另 1 份）呢？

生：也是这个蛋糕的$\frac{1}{2}$。

师：也就是说，把一个蛋糕平均分成 2 份，每份都是它的$\frac{1}{2}$。

（2）动手操作，深化认识。

师：拿一张长方形的纸，怎样表示它的$\frac{1}{2}$？先折一折，把它的$\frac{1}{2}$涂上颜色。

（学生涂色作品展示）

师：折法不同，涂色部分的形状也不同，为什么涂色的部分都是长方形的$\frac{1}{2}$呢？

生1：都是一半。

生2：都是把长方形平均分成2份，涂色的是其中的一份。

师：折法不同没关系，只要平均分成2份，折的是这个长方形的一半，每一份都是长方形的$\frac{1}{2}$。

（3）观察判断，拓展认识。

师：下列图形中，哪些图形的涂色部分可以用$\frac{1}{2}$表示？

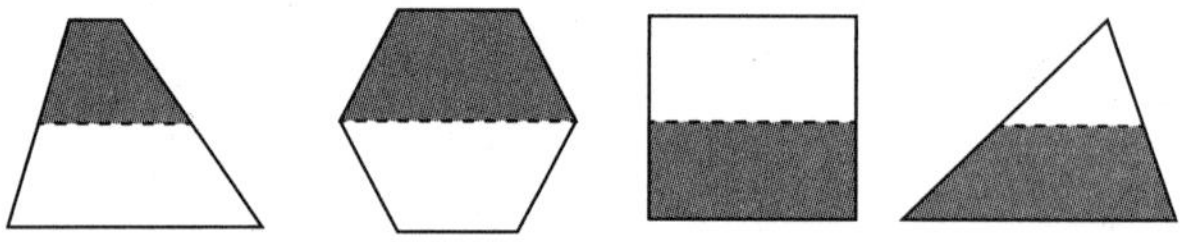

生1：第1个图形不是平均分成两份，涂色部分比较小，不是这个图形的$\frac{1}{2}$。

生2：第2个图形上下重合，是平均分成两份，所以涂色部分是这个图形的$\frac{1}{2}$。

生3：第3个图形也是平均分成两份，因此涂色部分是这个图形的$\frac{1}{2}$。

生4：第4个图形不是平均分成两份，涂色部分比较大，不是这个图形的$\frac{1}{2}$。

师：只有把一个图形平均分成2份，每份才是这个图形的$\frac{1}{2}$。

2.类比迁移，认识“几分之一”

师：认识了$\frac{1}{2}$后，你还想认识几分之一？

生：$\frac{1}{4}$、$\frac{1}{8}$、$\frac{1}{3}$、$\frac{1}{6}$……（师相应板书）

师：拿一张纸折一折，涂色表示出你想认识的几分之一。

（学生动手折长方形、正方形或圆形纸，并给其中的一份涂上颜色，表示几分之一。）

师：你把这个图形平均分成几份，涂色部分是它的几分之一？

生1：我把长方形平均分成8份，涂色部分是它的$\frac{1}{8}$。

生2：把一个圆形平均分成4份，涂了其中一份，每份是它的$\frac{1}{4}$。

生3：我把正方形分成3份，涂色部分是它的$\frac{1}{3}$。

师（指着黑板）：这是我从大家手中收集的长方形、正方形和圆三种不同图形的$\frac{1}{4}$。三种图形的形状各不相同，为什么涂色部分都能用$\frac{1}{4}$表示？

生1：因为它们都平均分成四份，涂色的是其中的一份。

生2：不管什么图形，只要平均分成4份，其中的每份都是这个图形的$\frac{1}{4}$。

3. 深入探究，比较分数大小

（1）组织比较。

师：不同的图形能表示出相同的分数。那相同的图形，能表示出不同的分数吗？

生：能！

（请操作圆形的学生从作品中选择同样大的圆的$\frac{1}{2}$和$\frac{1}{4}$。）

师：比较它们各自涂色的部分，你能说出哪个分数大？

生 1：$\frac{1}{4}$。

生 2：$\frac{1}{2}$。

师：表示哪一部分？

生：一大块。

师：$\frac{1}{4}$呢？

生：一小块。

师：中间用什么符号？

生：大于号（板书：$\frac{1}{2}>\frac{1}{4}$）

（2）想象延伸。

师：如果完全相同的圆再表示出它的$\frac{1}{8}$，猜一猜，$\frac{1}{8}$和$\frac{1}{2}$、$\frac{1}{4}$相比大小怎样？

生 1：$\frac{1}{8}$可能最大。

生 2：我折了一下，发现要对折次数比较多，越折越小，因此$\frac{1}{8}$最小，$\frac{1}{2}$最大。

（3）拓展交流。

师：同样大小的长方形、正方形能表示出不同的分数吗？

生：能。

师：老师给每组中发的图形完全相同，谁表示的分数大？谁表示的分数小呢？比一比再说一说。

（学生在小组内比较、交流，教师参与指导。）

4. 学写分数

（1）指导书写。

教师指导学生写$\frac{1}{2}$，学生书空。

（2）看图写数。

师：你能用分数表示下面每个图里的涂色部分吗？完成教材“想想做做”第 1 题。

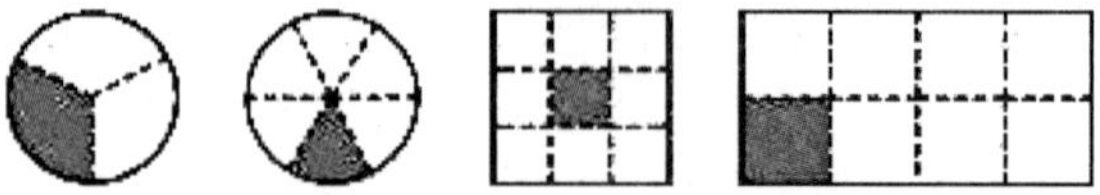

(　)　　(　)　　(　)　　(　)

5. 认识分数的各部分名称

师：请自学教材第 98 页相应的内容，结合$\frac{1}{2}$说说分数各部分的名称。中间短横是?

生：分数线（板书：分数线）

师：分数线表示平均分。

师：2 是?

生：分母。（板书：分母）

师：分母是 2 表示平均分成几份?

生：2 份。

师：1 是?

生：分子。（板书：分子）

师：分子是 1，表示其中的一份。

师：任选一个分数，在小组内说说它的分子和分母各是几。

6. 估计、比较、沟通

师：把一张纸条全部涂色，可以用数“1”来表示。（图略）

师：估计一下，现在涂色的部分是几分之一?（图略）

生：这个长方形大概被平均分成 3 份，我估计涂色的部分是长方形的$\frac{1}{3}$。

（教师通过移动色块，长方形被平均分成 3 份，验证学生的估计结果。）

师：这一次，涂色的部分是几分之一?

生：涂色的部分是$\frac{1}{6}$。

（教师同样通过移动色块，长方形被平均分成 6 份，验证学生的估计结果。）

师：你怎么一下子就估对的? 有什么窍门?

生 3：你看，图②是平均分成 3 份，图③的涂色部分是图②的一半，可以推算，图③就是平均分成 6 份，因此我认为是$\frac{1}{6}$。

师：借助观察进行估算，这是多好的学习方法。

师：观察这三幅图，它们和数“1”之间有联系吗?

生 1：把数“1”平均分成 3 份，每份就是$\frac{1}{3}$。

生 2：把数“1”平均分成 6 份，每份就是$\frac{1}{6}$。

师：如果继续往下平均分，还可能出现几分之一？

生：还可能出现$\frac{1}{12}$、$\frac{1}{24}$、$\frac{1}{48}$……

师：随着平均分的份数越来越多，每一份的大小会越来越怎样？

生：越来越小。

三、应用——提升

1. 关于分数的联想

师：下面的画面让你联想到了几分之一？

法国国旗

生 1：法国国旗让我联想到$\frac{1}{3}$。

师：你能具体说说哪一部分大约是法国国旗的$\frac{1}{3}$吗？

生 1：每一部分都是这个图形的$\frac{1}{3}$。

师：也就是说，法国国旗中的每一部分都大约是它的$\frac{1}{3}$。

生 2：五角星让我联想到$\frac{1}{5}$。

生 3：巧克力让我联想到$\frac{1}{8}$。

师：如果每人分这块巧克力的$\frac{1}{8}$，（教师出示如下左图），这块巧克力能分给几人？

生：8 人。

师：同样一块巧克力，换一个角度观察，你还能联想到几分之一？

生：$\frac{1}{4}$。

师：如果每人分这块巧克力的$\frac{1}{4}$，这块巧克力又能分给几人？

生：4 人。

师：你还联想到哪些分数？

生：$\frac{1}{2}$。

师：每人分得 1 块巧克力的$\frac{1}{2}$，这块巧克力又能分给几人？

生：2 个人。

师：同样一块巧克力，从不同角度观察，联想到的分数也各不相同。

2. 黑板报中的分数

出示黑板报及《科学天地》《艺术园地》栏目（教材“想想做做”第6题）

师：《科学天地》《艺术园地》大约占黑板报版面的几分之一。

生1：《科学天地》占黑板报版面的$\frac{1}{2}$。

生2：《艺术园地》占黑板报版面的$\frac{1}{4}$。

师：版面不是被分成了三份吗?

生：把《科学天地》再分，黑板版面就平均分成了四份。

师：同一黑板报版面的$\frac{1}{2}$和$\frac{1}{4}$，哪一个更大?

生：$\frac{1}{2}$大些。

3. 身高中的分数

师：人体中也能找到有趣的分数。这是我1周岁时的身长图。

（课件演示把一岁儿童的身长图平均分成四份）

师：张老师1周岁时，头的高度约占身高的$\frac{1}{4}$。

师：这是我现在的身长图。

（课件演示把现在的身长图平均分成七份）

师：此时的张老师，头的高度约占身高的$\frac{1}{7}$。

师：10岁左右的儿童，头的高度又大约占身高的几分之一呢? 你能先估计一下吗?

（教师现场请一名大概10岁的学生站到黑板前，让学生观察并交流估计结果。）

生：10岁儿童头占身高的$\frac{1}{6}$。

4. 广告中的分数

（播放广告：冬冬将一个蛋糕平均分成4份，可回头一看，一共来了8个小朋友。该怎么办呢? 只见他灵机一动，从中间横着切了一刀，巧妙地将蛋糕平均分成了8份，问题得以顺利解决。可正在这时，又来了第9个小朋友，这回该怎么办呢? 善良的冬冬稍作思考后，毫不犹豫地将自己的那一份蛋糕又平均分成2份，并将其中的1份给了第9个小朋友……）

师：看了广告，你能联想到几分之一？

生：能想到$\frac{1}{4}$。

师：从哪个画面中联想到$\frac{1}{4}$？

生1：第一幅画面，蛋糕平均分成四份，每人吃到一份。

生2：能想到$\frac{1}{8}$。

师：从哪个面画中联想到的$\frac{1}{8}$？

生1：第三、四画面把一个蛋糕平均分成8份，每人吃到一份

生2：能想到$\frac{1}{2}$。

师：这里的$\frac{1}{2}$是整个蛋糕的$\frac{1}{2}$吗？

生1：不是，是小男孩手上蛋糕的$\frac{1}{2}$。

生2：$\frac{1}{9}$。

师：如果开始就有9个人，平均分成9份，每人就得到这块蛋糕的$\frac{1}{9}$，但是现在冬冬得到这块蛋糕的$\frac{1}{9}$了吗？

生：没有。

师：冬冬分了$\frac{1}{2}$，他收获了什么？

生：收获了友谊。

师：在蛋糕和友谊之间，哪个重要？

生：友谊。

※ 课后反思

一、找准学生学习新知的“最近发展区”，在大背景下认识分数

分数对于学生来说是全新的，如何将这一全新的知识内化为学生自身的知识，找准学生学习的“最近发展区”是重要的，它是促使学生从“实际发展水平”向“潜在发展水平”的桥梁，学生的思维从已知世界自然而然滑向未知领域。教学时，从学生熟悉的“一半”入手，明确一半是怎么分的，从而引入用一个新的数来表示所有事物的“一半”。以往我们在初次教学分数时，总是以单个的物体进行平均分，然后“半个”无法用整数表示的时候就引入了分数，优点是这样分数出现的实际需要能够凸显，学生对分数的产生印象深刻；缺点是这样以单个的物体入手，学生对分数的认识受到局限，会导致到高学段学习分数的意义的时候，对单位“1”

难以理解和接受。其实“一半”和“半个”是有区别的，只有“半个”才用分数表示是不全面的，“所有事物的一半我们只用一个数表示出来”，那就是$\frac{1}{2}$，这样对于分数的认识放在了一个宽广的背景下来学习，学生体会到任何事物的一半都可以用$\frac{1}{2}$来表示。

二、加强直观教学，降低认知难度

分数的知识是学生第一次接触，是在整数认识的基础上进行的，是数的概念的一次扩展。对学生来说，理解分数的意义有一定的困难。而加强直观教学可以更好地帮助学生掌握概念，理解概念。在本节课的教学中，充分重视学生对学具的操作，通过折纸让学生对分数的含义有一个直观的认识，充分利用多媒体课件的演示来加强直观教学，让学生加深对分数含义的理解，降低了对分数含义理解上的难度。特别是在比较分子是1的分数大小时，尽管学生在正方形纸上折出了几个几分之一，并且用分数表示出来，但是学生在比较分数大小的时候，还是受到整数认识的影响，认为$\frac{1}{32}$比$\frac{1}{8}$大，于是课件显示猪八戒分西瓜的过程，学生直观地认识到，分的份数越多，一份就越小，从而使学生内化了分子是一的分数大小的比较这一知识。

三、根据学生年龄特征，创设有趣的问题情境

对于小学生来说，数学学习往往是他们自己生活经验中对数学现象的一种“解读”。在教学中，如果能密切联系学生的生活实际，利用他们喜闻乐见的素材唤起其原有的经验，那么学起来必然亲切、有趣、易懂了。学生的好胜心强，在认识了$\frac{1}{4}$，纸上折了$\frac{1}{4}$后，谁还能折出其他分子是1的分数，学生动手积极性很高，纷纷折出了其他分数。当问谁折的分数大的时候学生就更愿意比了。起初，学生对分数的比较这一知识停留在比较表面、比较肤浅的水平上。他们用整数的大小比较方法来比较分数，我不做出判断，而是利用学生喜欢听的故事，将知识蕴于故事中，在听故事、看课件演示中，使学生主动地构建自己的知识，而不是被动地去接受知识。

18. “认识分数”教学设计（课例二）

王志民
（福建省惠安县凤凰城实验小学，特级教师）

※ 教学预设

教学内容：小学数学第六册“认识分数（一）”

目标拟定：

1. 知识目标：结合具体情境与直观操作，使学生认识分数并初步理解分数产生的必要性及其意义，能认、读、写简单的分数，知道分数各部分的名称。

2. 能力目标：通过直观操作、观察、讨论、概括等方法，培养学生的逻辑思维能力、自学交流能力和知识迁移能力。

3. 情感与态度目标：让学生感受数学与生活的密切联系，激发学生探索的热情，在创造活动中体验和享受成功的喜悦。

※ 教学过程

一、创设情境——盘活已有经验引冲突

1. 情境激趣导入

同学们，虹猫和蓝兔为了吃东西而吵起来了，让我们来帮它们解决问题。（课件出示：虹猫、蓝兔分东西）

师：四个汉堡，平均分给两个人，每人分几个？（要求学生用拍手表示）

两瓶可乐，平均分给两个人，每人分几瓶？（孩子拍手表示）

一个蛋糕，平均分给两个人，每人分几块？（用刚才“拍手”的方法，没办法表示，学生因不知如何表示显得疑惑）你们觉得“半个”，可以用什么方法来表示？

师：大家看，现在虹猫、蓝兔笑得多开心啊！你觉得他们为什么会这么开心呢？（渗透“公平、合理”—— 强化“平均分、一样多”）

2. 把握现实起点

关于“分数”，你们知道了哪些知识？还想弄明白哪些知识？

【设计意图】① 利用学生熟悉的动画卡通人物创设情境，营造轻松活跃的气氛，激起学生的学习兴趣，激发学生强烈的求知欲。通过在具体的情境中，以“一半”的生活经验为连接，沟通生活与数学的联系，让学生经历运用已有经验却“无法表示”的认知冲突，自然引入分数，使学习在学生强烈的认知需求中展开。② 关注学生学习的现实起点和心理需求，使学习活动具有清晰的目的要求和方向。

二、组织活动——引导合作探究促建构

1. 认识$\frac{1}{2}$

师：请同学们看着大屏幕。（课件：一个蛋糕）

（1）师：仔细观察图中的蛋糕，怎样分才公平。

（2）学生活动：

①动手操作试着折出它的$\frac{1}{2}$，并用斜线涂画出来。

②交流讨论：拿的是什么图形？怎样得到这个图形的$\frac{1}{2}$的？哪部分是这个图形的$\frac{1}{2}$？

③汇报成果，师生一起大声读出分数。

④师小结：同样一个图形，可以有不同的折法，但只要是平均分成2份，每份就是它的$\frac{1}{2}$。

【设计意图】大胆替换教材，灵活选用素材，通过“折”的方法，强化“平均分”。利用合作的形式，让学生按要求折出不同图形的$\frac{1}{2}$。这一环节的设计，为学生创设了主动参与学习活动的情境，提供了探究的材料，真正实现了学生的主动建构。

2. 认识四分之几（课件演示）

师：你能不能用这张正方形纸，折出它的$\frac{1}{4}$？你是怎么折的？涂其中的一格，用几分之几表示？

师：想涂几格就涂几格，想一想：用几分之几表示？

师：我想得到$\frac{3}{4}$，该涂几份呢？

师：如果全涂满是它的几分之几？你发现了什么？（通过“折一折”“数一数”“涂一涂”“说一说”“找一找”“猜一猜”等一系列活动，调动学生在活动中的多种感官参与学习，以动促思，体现了“动中学”“玩中学”“用中学”的教学思想，有利于培养学生的参与意识、合作意识和创新意识）

【设计意图】突出数形结合，引导学生在具体情境中，说出各分数及其表示的意义，不断丰富概念表象，强化对分数意义的理解和内化，促进学生符号感的发展。通过多媒体演示操作，让学生动口交流、动脑思考，加深对分数的认识，培养学生的口头表达能力和动手操作能力。

3. 介绍分数各部分名称、读写法、表示的意思

（1）教师说明要求，让全班同学注意观察老师在黑板上写的分数，再提问：老师刚才写分数时，是按什么顺序来写的？指导用手比画书空，强化书写顺序的印象。

（2）师简介分数书写的历史。

4. 指导看书，引导质疑

交流：自己是怎样理解和记住这些知识的。你觉得有什么地方需要提醒同学的？

5. 创造分数，交流共享

①在分数王国里还有没有其他分数？你还喜欢哪些分数？

②创造自己喜欢的分数。

（教师提供有关素材，让学生通过折一折、画一画、涂一涂等操作办法来体验自己所喜欢的分数。）

③展示、反馈作品。

【设计意图】大胆放手，让学生在开放性的问题情境中，通过引导合作来折、涂并表示出自己喜欢的分数，让学生自己获取知识，充分调动学生学习的积极性、主动性，有利于扩展学生的思维，使学生对知识的理解更加深刻。同时让学生感受创造的成功体验，培养学生自主探索新知的能力、与人交流的能力，激发他们敢于创新、勇于创新的意识，从而实现“三维目标”的有效整合。

三、指导应用——强化实践练习求拓展

1. 完成课本练习 1、2 题。独立完成练习题并集中反馈

2. “小小啄木鸟”游戏。判断对错并说明理由

3. 开放题

【设计意图】灵活多样的层次性、趣味性练习形式，达到既巩固知识，又维系参与热情、延续探索兴趣、启发发散性思维的功效，实现知识在应用中巩固、在拓展中提升。

四、引导总结——激活主体意识促提升

1. 延伸

联系生活实际，找一找身边的分数，用几分之几说一句话。

（注意引导不同类型）

2. 总结

谈谈这节课的收获与感受。（教师引导学生回顾学习历程，再现知识要点，交流学习心得和感受。同时，教师委婉地提出存在的不足和建议。）

【设计意图】① 体会分数在实际生活中的应用，感受数学与生活的联系，培养学生学好数学和应用数学的良好情感，进一步让学生产生对数学探索应用的浓厚兴趣。② 渗透自主梳理、善于反思的优秀品质教育，强化学习习惯、学习方法的指导和培养。

19. “认识分数”教学设计与反思（课例三）

刘成华
（苏州工业园区新城花园小学，苏州名师）

※ 课前思考

众所周知，分数的学习是小学数学教学的一个难点。相对于小学生而言，分数概念的形成和发展是其数概念发展的一次重大突破。苏教版教材独创性地把第一学段的“认识分数”设计成两个单元，分散在上下两册教材中。上册教材安排学习把一个物体或一个图形平均分成若干份，用几分之一或几分之几表示这样的每份或几份；下册教材在此基础上学习把一些物体组成的整体平均分成若干份，用几分之一或几分之几表示这个整体里的每份或几份。如此安排，不仅让学生对分数的理解有一个循序渐进、逐步提高的过程，获得对分数较为完整的认识，而且也是教材针对学生学习过程中的难点作出的积极应答，努力为学生在第二学段学习“分数的意义”打好基础。

从认识一个物体的几分之一到认识一些物体组成的整体的几分之一，是“分数”概念学习上的一次飞跃。因此，教学时一要找准学生的学习起点，有序推进学生的认识。本课学习之前，学生对分数已有初步认识，知道把一个物体平均分成若干份，其中的每份就是几分之一。课始，要求学生举例说出$\frac{1}{4}$的含义，以此激活学生对“分数”概念的已有认知，为本课学习做好铺垫。二要充分关注小学生的概念学习心理，把握影响概念学习效果的关键因素。本课教学时，应注重引导学生通过自主探索、动手实践、合作交流等活动，展开多层次、多角度的对比辨析，让学生经历探索、发现“用分数表示等分结果”的过程，不断完善学生的认知结构。

※ 教学过程

一、复习铺垫，导入新课

1. 谈话：同学们，上学期我们初步认识了分数（板书：$\frac{1}{4}$）。以$\frac{1}{4}$为例，你能举例说说它的含义吗？

2. 提问：（课件出示长方形等图）仔细观察，涂色部分用几分之几表示？怎么想的？观察长方形、正方形、蛋糕为什么涂色部分都用$\frac{1}{4}$表示？

3. 启发：这几幅图都是把一个物体怎样分的？（平均分）都是平均分成几份？涂色部分都是表示这样的几份？

4. 归纳：是呀，把一个图形或一个物体平均分成 4 份，这样的一份就是它的$\frac{1}{4}$。这里的“它”还可以是什么？（板书：一个物体平均分成 4 份，每份是它的$\frac{1}{4}$）

5. 揭题：关于分数的知识还有很多，今天这节课我们将进一步认识分数。（出示课题：认识分数）

【设计意图】对于分数，学生已有一定的认知基础，所以教师在课始直接出示$\frac{1}{4}$让学生举例说说含义，以勾起学生对分数概念的回忆，激发其已有认知，不仅有效进行了概念的回顾与复习，也为学生思维的迁移、新知的构建做好了铺垫。而教师归纳时强调“平均分”，进一步渗透分数内容的本质——揭示整体和部分之间的数量关系。让学生知道将一个整体平均分之后，可以用分数对每一个部分给予量化的表示。

二、操作探索，感悟新知

1. 学习一盒桃的$\frac{1}{4}$

谈话：（课件出示一盒桃）猴妈妈带回一盒桃，平均分给 4 只小猴。想一想，每只小猴分得这盒桃的几分之几？你是怎么想的？

提问：回答“每只小猴分得这盒桃的几分之几”，要不要知道盒子里有几个桃？

指出：也就是说，不管盒子里有几个桃，只要平均分给 4 只小猴，每只小猴分得 1 份，就是这盒桃的$\frac{1}{4}$。

【设计意图】认识一个整体的几分之一是本课教学的重点和难点。这里设计一个不知具体个数的“一盒桃”，是新旧知识的“联结点”，巧妙地引导学生的思维由“一个物体”的$\frac{1}{4}$自然地向“一个整体”的$\frac{1}{4}$迁移、过渡，为新课教学难点的突破提前做好准备。

2. 学习 4 个桃的$\frac{1}{4}$

提问：（出示例题，学生读题）“这盘桃”是几个桃？怎样把这盘桃（4 个）平均分给 4 只小猴呢？

指出：（课件演示）数学上通常用一个圈把 4 个桃圈起来看成一个整体，再用虚线平均分成 4 份，每只小猴分得 1 份。（指导学生在练习纸上画虚线分一分、涂一涂、想一想用哪个分数表示每只小猴分得的桃。）

交流：每只小猴分得这盘桃的几分之几？怎么想的？（先与同桌说说你的想法，再在全班交流。）（板书：一个整体平均分成 4 份，每份是它的$\frac{1}{4}$）

提问：其他 3 份也是这盘桃的几分之几？分母 4 表示什么意思？分子 1 呢？

比较：刚才的两次分桃有什么不同？（第一次把一盒桃看成一个整体，第二次把 4 个桃看成一个整体）结果为什么都是$\frac{1}{4}$？

3. 学习 8 个桃的$\frac{1}{4}$

谈话：如果有 8 个桃，还是平均分给 4 只小猴，你还会像刚才那样分一分、涂一涂、填一填吗？（学生的练习）

提问：（课件演示分桃过程）8 个桃平均分成了几份？每只小猴分得其中的几份？ 1 份是几个桃？ 1 份是这些桃的几分之几？

预设：（展示结果不相同的学生的练习）有的同学认为每只小猴分得这些桃的$\frac{2}{8}$，更多的同学认为每只小猴分得这些桃的$\frac{1}{4}$。$\frac{1}{4}$和$\frac{2}{8}$，哪个更合适？（同桌讨论）

交流：为什么每只小猴分得这些桃的$\frac{1}{4}$更合适？

指出：其实$\frac{1}{4}$和$\frac{2}{8}$表示的大小是相等的。但在这里，虽然要分的是 8 个桃，并没有平均分成8份，而是平均分成了 4 份，每只小猴分得 2 个桃正好是其中的 1 份，所以每只小猴分得的桃用$\frac{1}{4}$表示更合适。

【设计意图】在学生出现认知冲突时，及时引导学生进行讨论、思辨，让学生在思维碰撞的过程中加深对$\frac{1}{4}$这个分数的理解：只要是平均分成 4 份，这样的 1 份，就是它的$\frac{1}{4}$。

4. 归纳

比较：（引导学生观察两幅图，分别说说两幅中$\frac{1}{4}$的含义）左图每只小猴分得 1 个桃，右图每只小猴分得 2 个桃，为什么都用$\frac{1}{4}$表示？

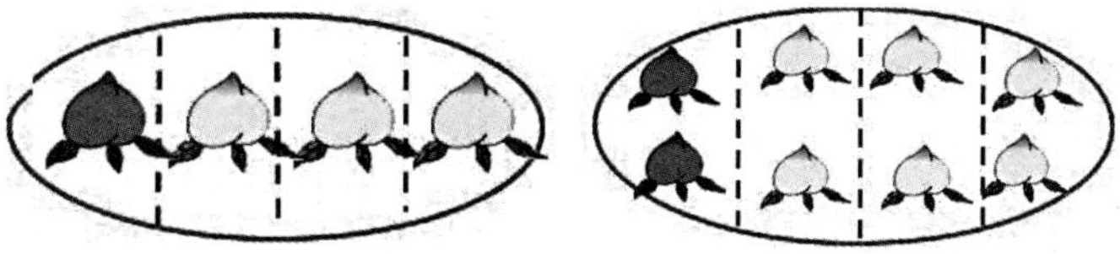

追问：还是平均分给 4 只小猴，如果猴妈妈带来的是 12 个桃，每只小猴分得几分之几？ 20 个桃呢？ 100 个甚至更多桃呢？你有什么发现？

指出：通过刚才的讨论，我们发现：不管分什么（一个物体或一些物体组成的整体），也不管多少个，只要是 4 等份中的 1 份，就是它的$\frac{1}{4}$。

【设计意图】围绕不同图形的$\frac{1}{4}$进行比较，进一步淡化分数的非本质属性，让学生感受到“一个整体”是什么、有多少并不重要，关键是“平均分成了多少份”和“表示了这样的多少份”,以此感悟分数最本质的内涵,逐步形成分数的概念表象。

三、类比迁移，强化本质

1. 学习 4 个桃的$\frac{1}{2}$

谈话：刚才猴妈妈给 4 只小猴分桃，现在把这些桃（4 个）平均分给两只小猴，每只小猴分得这些桃的几分之几?

交流：把 4 个桃看成一个整体，平均分成 2 份，每只小猴分得 1 份，是这些桃的$\frac{1}{2}$。

（板书：一个整体平均分成 2 份，每份是它的$\frac{1}{2}$）

提问：分母 2 表示什么意思？分子 1 呢?

比较：（课件出示两幅图）同样是分 4 个桃，怎么刚才的 1 份是这些桃的$\frac{1}{4}$，现在的 1 份是这些桃的$\frac{1}{2}$?

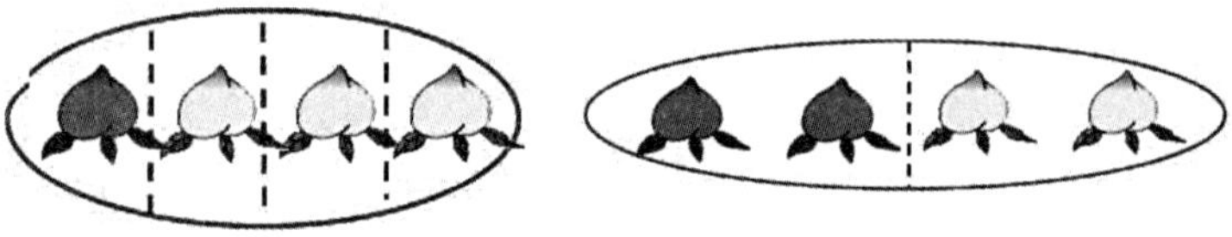

2. 学习 6 个桃的$\frac{1}{2}$

谈话：这回猴妈妈拿来 6 个桃，平均分给 2 只小猴，每只小猴分得这些桃的几分之几?

比较：（课件出示两幅图）左图每只小猴分得 2 个桃，右图每只小猴分得 3 个桃，怎么都用$\frac{1}{2}$表示?

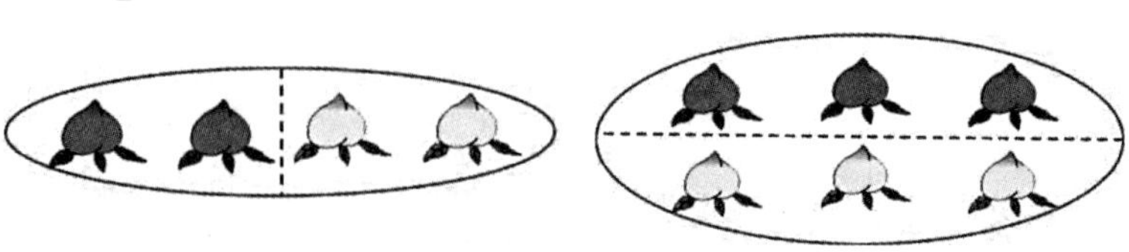

小结：两次分桃都是把所有的桃看成一个整体，平均分的份数相同，表示每份的分数也相同。

追问：还是 6 个桃，如果分给 3 只小猴，每只小猴分得这些桃的几分之几?分给 6 只小猴呢？有什么发现？［板书：一个整体平均分成（ ）份，每份是它的

$\frac{1}{(\ )}$]

【设计意图】本环节引导学生借助已有的学习经验，由认识“一个整体”$\frac{1}{4}$类比迁移到认识“一个整体”的$\frac{1}{2}$，学生的思维进一步碰撞，其对分数的认知更加深入。再一次对比与辨析，让学生进一步把握“一个整体”的概念，认识到分数的分母、分子是与平均分的份数和要表示的份数相关的，而与桃的总个数、每份桃的个数没有关系，从而加快了对分数概念的建构。

四、组织练习，深化认识

1. 基本练习

（1）教科书第 64 页第 1 题。

交流：我是怎样想的？

追问：上面的两个问题，“每个”能不能改成“每份”？下面的两个问题，“每份”能不能改成“每个”？（指第三、四两幅图）同样是 6 个苹果，为什么表示每份的分数不一样？

小结：把一些物体看成一个整体，平均分成几份，每份就是这个整体的几分之一。

（2）教科书第 65 页第 2 题。

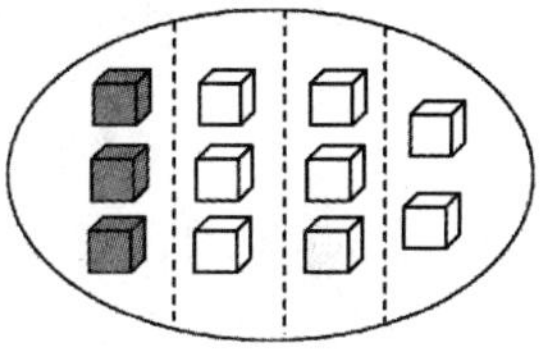

口答：涂色部分用几分之几表示？

指出：这两道题都把 12 个小方块看成一个整体，但平均分成的份数不同，所以表示每份的分数也不同。

探究：右图中的涂色部分能用分数$\frac{1}{4}$表示吗？

（3）教科书第 65 页第 3 题。

分分涂涂：在每个图里涂色表示它上面的分数。

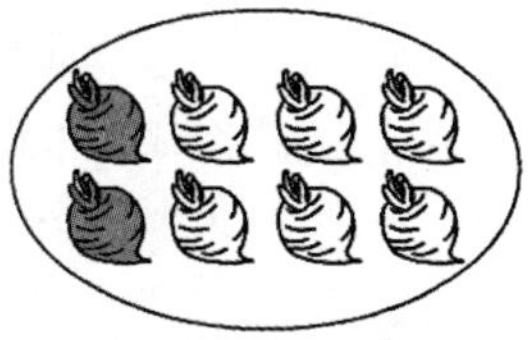

2. 拓展练习

（1）变式练习：涂色表示 8 个萝卜的$\frac{2}{8}$。

引导比较：（课件出示两幅图）涂色部分都是两个，为什么左边用$\frac{1}{4}$表示，右边用$\frac{2}{8}$表示？

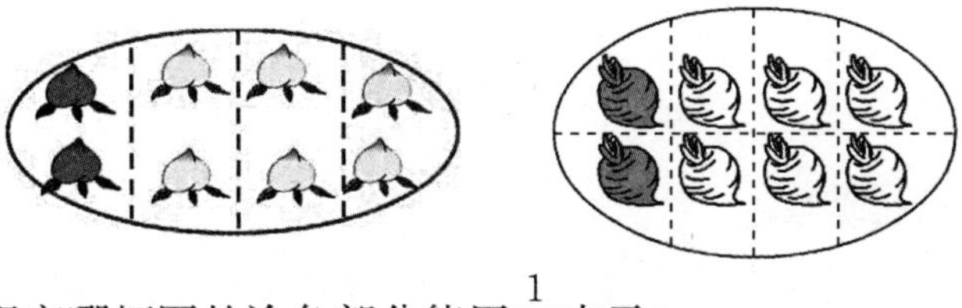

（2）仔细观察哪幅图的涂色部分能用$\frac{1}{8}$表示？

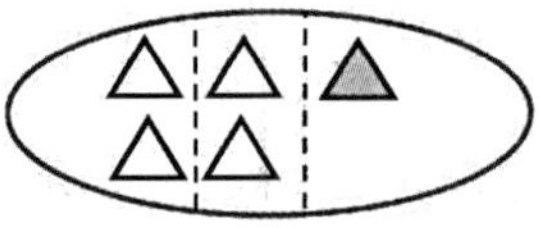
图1

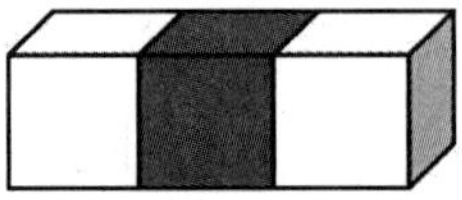
图2

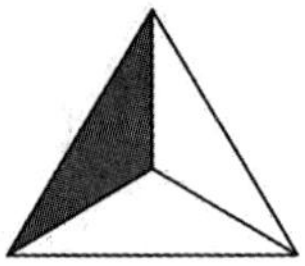
图3

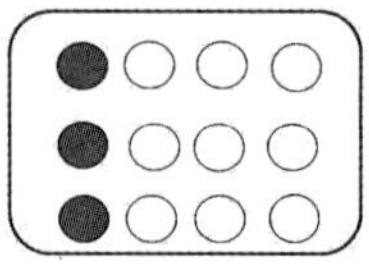
图4

谈话：把你的想法说给同桌听。

交流：重点引导学生讨论图 1 和图 4。

（3）教科书第 65 页第 4 题。

谈话：你能拿出这堆小棒的$\frac{1}{2}$吗？是几根？说一说你是怎样想的？

提问：你还能拿出这堆小棒的几分之一？（指导学生在练习纸上画虚线分一分，填一填。）

交流：（展示学生作业）

指出：同样的一堆小棒，平均分的份数不同，表示每份的分数也不同。

【设计意图】练习部分分两个层次进行。基本练习帮助学生进一步理解具体情境中几分之一的含义；拓展练习的综合性、开放性更强，具有较大的思维空间，顺应了数学知识的发展和学生的心理需求，学生在“变”中展开数学想象，在“变”中提升思维品质。

五、回顾全课，总结质疑

指出：（引导学生观察板书）上学期我们学习了把一个物体或一个图形平均分，今天学习的是“把一些物体组成的整体平均分成几份，每份就是这个整体的——几分之一”。

启发：还可以把什么看成“一个整体”？关于分数，还有哪些疑问？

【设计意图】回顾总结，注重引导学生梳理自己的认识中发生了哪些变化，而关于“一个整体”的讨论，与课始的设想相呼应，突出“单位 1”，利于学生对分数概念的初步建构。“关于分数，还有哪些疑问”的追问既让学生体验数学学习的收获与成长，又“发现”今后要进一步学习研究的内容，使学生的数学思考不断延续。

※ 总体评析

一、重点知识扎实推进

教学重点是依据教学目标，在对教材进行科学分析的基础上确定的最基本、最核心的教学内容。这节课的教学重点是将一个物体平均分迁移到将几个物体组成的“一个整体”平均分，以理解几分之一的意义。所以我特别重视例题教学，尤其是方法的指导：先将 4 个桃圈一个圈，再用虚线将它们隔开，表示平均分成 4 份，在这基础上再让学生自己在作业纸上操作，从而让学生从操作中掌握“一个整体”平均分的思考方法。

二、素材拓宽恰到好处

教材是数学课堂教学的重要资源。随着课程改革的实施，新教材也越来越显示出它的优越性，但也有它的不足。如教材中的例题表述繁杂或过度精炼，情境设置脱离儿童的实际生活等。因此，在尊重教材的基础上，教师完全可以根据实际需要灵活处理教材，使教材发挥最大效用，从而使学生能更好地发展。本节课的例题就是将 4 个桃平均分给 4 只小猴，每只小猴分得这盘桃的几分之几？我在教学时，进行了素材的拓宽，例题教学完成后，又将 4 个桃改为 8 个桃平均分给 4 只猴子，虽然是一个数据的调整，但这是认真钻研教材的深度思考，因为将 4 个桃变为 8 个桃后，每份变为 2 个桃，学生最容易表示成$\frac{3}{8}$，所以这样的拓展恰到好处。

三、思维训练落到实处

比较是一切思维的基础。这节课我十分重视比较，从而让学生从比较中深刻领会知识，发展数学思维。比如在教学完$\frac{1}{4}$后，进行比较：左图每只小猴分得 1 个桃，右图每只小猴分得 2 个桃，为什么都用$\frac{1}{4}$表示？围绕不同图形的$\frac{1}{4}$进行比较，进一步淡化分数的非本质属性，让学生感受到“一个整体”是什么、有多少并不重要，关键是“平均分成了多少份”和“表示了这样的多少份”，以此感悟分数最本质的内涵，逐步形成分数的概念表象。

四、真诚倾听贯穿始终

真正的教育应该是从心与心的对话开始的，而心与心的对话又是从真诚的倾听开始的。不会做一名真诚的倾听者，就很难做一名优秀的教师。课上学生多次出现表述分数意义时漏掉关键词“平均分”的情况，而我总能在学生回答问题后，引导学生修正补充，尽可能用数学语言描述，不断发展学生的数学思维能力。这也正是青年教师值得关注的地方。

20. “认识几分之一”教学设计（课例一）

黄碧峰　张莹莹
（黄碧峰，浙江省杭州市新华实验小学，特级教师；张莹莹，浙江省杭州市新华实验小学，青年名师）

※ 课前思考

本节课是分数的初步认识第一课时的内容，这是教材第一次安排分数的学习内容。从整数到分数是数概念的一次拓展，无论在意义、读写方法及计算方法上，分数与整数都有很大的差异。跟整数相比，分数概念较为抽象而且有多种理解方式。对于学生来说，这是学生第一次学习分数，是对数的认识的一次质的飞跃。本节课结合生活实例和动手操作，帮助学生感受和直观认识分数的含义，帮助学生初步建立分数的概念，为进一步学习分数奠定基础。

基于以上分析，确定本课教学目标为：

1. 结合具体情境，学生初步认识几分之一，会读写几分之一的分数，会比较几分之一的大小。

2. 学生经历几分之一的形成过程，提高动手操作能力、观察能力及数学思考与语言表达能力。

3. 激发学习数学的兴趣，体会分数与生活的联系，初步了解分数在生活中的应用。

※ 教学过程

一、导入

1. 出示$\frac{1}{2}$，你见过这个数吗？你觉得这个数与“1”有什么不同？举个例子说说。

2. 看来这个数很有趣，这就是我们今天要学习的内容。

【设计意图】课前通过与学生聊天得知，不少学生已在学习之前看到过分数，对于分数并不陌生，但学生对于分数所表示的含义是不清楚的，是模糊的，所以直接出示$\frac{1}{2}$，请学生说一说自己对于$\frac{1}{2}$的认识，并举例来说明。

二、探究$\frac{1}{2}$

1. 小组活动，出示活动要求。

折：折出图形的$\frac{1}{2}$。

描：用虚线把折痕描出来。

画：把图形的$\frac{1}{2}$画上斜线。

2. 小组汇报，师适时板书。

3. 小结：把一个物体或图形平均分成 2 份，每份就是它的$\frac{1}{2}$。我们在写$\frac{1}{2}$的时候，先写分数线，表示平均分，再写分母 2，表示平均分成 2 份，最后写分子 1，表示有这样的 1 份。这个分数读作二分之一。

【设计意图】三年级学生仍然处于直观形象思维的阶段，因此设计小组活动，通过动手操作，让学生在折、描、画中感悟二分之一的含义，最后教师小结二分之一的含义、写法及读法。

三、探究几分之一

1. 猜一猜，除了$\frac{1}{2}$，还有几分之一？请你想一个几分之一，并把你想到的几分之一折出来。

2. 小组活动：请你用图形创作几分之一。

3. 小组汇报，师贴图，同时板书分数。为什么这些分数都是$\frac{1}{4}$、$\frac{1}{8}$、$\frac{1}{16}$？

4. 你能折出$\frac{1}{3}$吗？拿出长方形纸，请学生先想，再边折边说。

5. 小结：像$\frac{1}{2}$、$\frac{1}{3}$、$\frac{1}{4}$、这样的数，都是分数。

【设计意图】先让学生想一个分数，再让学生把自己想的分数折出来。大多数学生都是通过对折来得到分数的，因此大多数学生折出来的分数都是四分之一、八分之一等。教师提出折三分之一，对学生来说是有一定的挑战难度的。

四、比较几分之一的大小

1. 比较你的$\frac{1}{2}$和几分之一，谁更大呢？小组交流。

2. 你能把黑板上的分数从大到小排列起来吗？说说理由。

【设计意图】通过前两次动手操作的活动，每个学生手上都有一个二分之一和自己想的分数，对学生来说，这样比较分数的大小是比较直观的。通过比较同分子分数的大小，学生能感悟到在分子相同时，分母越大的分数越小。

五、巩固拓展

1.连线，将分数和对应的图形连起来。

$\frac{1}{3}$　　$\frac{1}{2}$　　$\frac{1}{4}$　　$\frac{1}{8}$

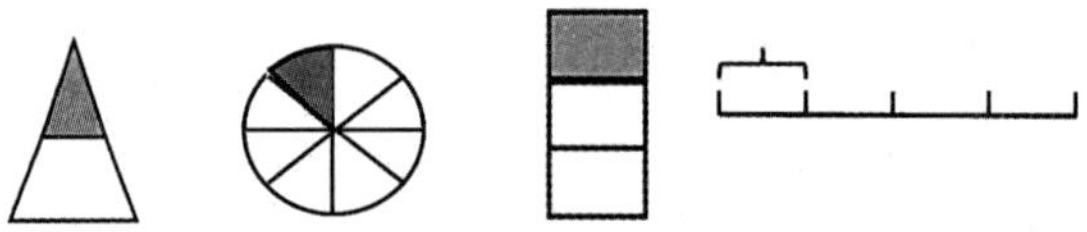

（1）你猜猜可能是几分之一呢？

（2）你有什么好办法来验证？

2. $\frac{1}{2}$、$\frac{1}{3}$、$\frac{1}{6}$分别是数轴上的哪个点？

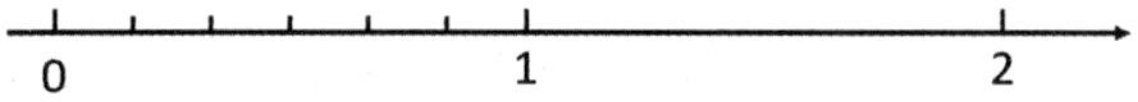

你有什么发现？

（1）独立完成，再小组交流。

（2）你有什么发现？

（3）你还能想到哪些分数？

（4）对于数轴，你还有哪些疑问？

【设计意图】第1题看似简单，实则是有陷阱的，第一个三角形涂色部分不是平均分，所以不能用二分之一来表示，但可以将大三角形分割成这样的4个小三角形，所以这个涂色部分的三角形改造后可以用四分之一来表示。第2题在数轴上找分数的点，这对三年级学生来说比较难，因为数轴是比较抽象的，可以对学生进行指导。

六、回顾整理，反思提升

这节课我们学了什么？

21. “认识几分之一”课堂实录与反思（课例二）

俞家骊
（苏州工业园区独墅湖学校，青年名师）

※ 课前思考

“认识几分之一”是苏教版小学数学教材三年级上册第七单元的内容。在这之前，学生已经学过除法中的“平均分”，这是学生的知识起点。另外，学生在生活中，也已经积累了关于“半个”的生活经验。但是，学生毕竟还是第一次面对自然数以外的数，这是学生数概念的第一次扩展。那么，面对知识的拐点，如何将学生对“半个”的认知从定性描述带向定量刻画呢？

心理学研究表明：分数概念的抽象性及其理解方式的多样性，是学生理解分数概念的困难所在。教师教学用书指出：“儿童通过不同的表征方式表征同一分数概念的能力，即表征转换能力，代表了学生对分数概念的理解水平。”“教学中要依据教材，为学生提供大量学习的素材，让学生在动手活动中体验、认识分数。”

基于以上认识，笔者想要“引导学生参与探究研讨的全过程”。首先，要充分给予学生空间，鼓励学生自己体会和理解，并用自己的方式进行表征，从而发展学生的数学表达能力和简单推理能力。其次，要尊重学生的学情，先引导学生动手操作，再引导学生观察图形，体现从易到难、螺旋上升的学习路径。

※ 教学过程

一、创设情境，设疑导入

1. 创设情境

师：同学们，你们喜欢听故事吗？

生齐：喜欢。

师：今天我们的数学课就从古人打猎的故事开始。

播放动画。

2. 复习旧知

师：4 只兔子，分给兄弟二人，可以怎么分？

生：哥哥分 2 只，弟弟也分 2 只。

师：为什么这样分？

生：这样分公平。

师：是的。像这样，每人分得同样多，叫作“平均分”。

师：把 4 只兔子平均分成 2 份，每人分得 2 只。

师：2 头鹿怎么分？谁能完整地说一说？

生：把 2 头鹿平均分成 2 份，每人分得 1 头。

3. 引出疑问

师：回家的路上，兄弟俩又摘了一个果子，把一个果子平均分给 2 个人，每人分到几个呢？

生 1：每人分到一半。

生 2：每人分到半个。

4. 引起注意

在古代，人们分东西（果实、猎物等）时经常出现结果不是整数的情况。

我国最初用算筹表示，如把半个表示成$\begin{smallmatrix}|\\||\end{smallmatrix}$。

后来，印度人发明了数字，用和我国相似的方法表示半个，他们表示成$\begin{smallmatrix}1\\2\end{smallmatrix}$。再往后，阿拉伯人添加了一条线，就成了现在的样子：$\frac{1}{2}$。

师：一半，半个，分的结果不是一个整数了，那么可以怎样表示半个果子呢？

5. 自主阅读“你知道吗”

师：请你阅读“你知道吗”，看看古人是怎么做的。你觉得重要的部分，可以圈一圈、画一画。

师：哪位同学来黑板上画一画、写一写，看看古人表示“半个”，究竟经历了怎样的过程？

生：我国最初用算筹表示，后来印度人表示成这样，再后来阿拉伯人添加了一条线，就变成这样。

 $\rightarrow \frac{1}{2} \rightarrow \frac{1}{2}$

6.出示课题。

师：看，这个数，就是一个分数，今天，我们就要来认识分数。

【设计意图】通过创设一个古人打猎的故事情境，先复习了旧知“平均分”，又引出了新知：如果平均分的结果不能用整数表示，那该怎么办？心理学研究表明：分数概念的抽象性及其理解方式的多样性，是学生理解分数概念的困难所在。教材中，关于“半个”的解读，正是教师进行文本解读的切入点，也是预设与生成的起点。笔者将教材中的“你知道吗”进行改编，通过让学生自主阅读、整理、归纳，学生不仅初步了解了“半个”的表示方法，还了解了分数的发展史。

二、动手操作，认识几分之一

1.分果子

师：观察这个$\frac{1}{2}$，你知道2表示什么吗？

生：平均分成2份。

师：1表示什么呢？

生：其中的1份。

师：能完整地说说它的意思吗？

生：把一个果子平均分成2份，这一份是它的$\frac{1}{2}$。

师：$\frac{1}{2}$是一个分数，它读作：二分之一。

师：那另外的半个果子也是它的$\frac{1}{2}$吗？你是怎样想的？

生1：我觉得也是它的$\frac{1}{2}$，因为这是另一半。

生2：是$\frac{1}{2}$，因为也是2份中的1份。

生3：我也觉得是。因为也是把一个果子平均分成了2份，取了其中的1份。

师：孩子们，你们都说得很好。把一个果子平均分成2份，每份都是它的$\frac{1}{2}$。

2.分圆

师：这里有一个圆形的纸片，如果把它当成这个果子，你能怎样表示它的$\frac{1}{2}$呢？

生：折一折。

教师先折一折，展示不是平均分的分法。

师：这样可以吗？为什么？

生齐：不可以！

师：为什么不可以？

生：没有平均分。

师：那么，平均分是怎么折的呢？

生齐：对折！

教师请学生对折圆，在其中的一份涂上阴影。

师：涂色部分，我们可以用$\frac{1}{2}$来表示，那没有涂色的部分呢？

生齐：也是$\frac{1}{2}$！

师：一个圆平均分成2份，每份是它的$\frac{1}{2}$。

3. 分长方形

师：你们能在这张长方形纸上折出$\frac{1}{2}$吗？

生：能！

学生操作。

学生展示折法：（沿长边对折、沿短边对折、沿对角线折），贴在黑板上。

师：为什么折法不同，涂色部分形状也不同，却都得到了这张纸的$\frac{1}{2}$呢？

生：因为都是把一个长方形平均分成2份，取其中的1份。

4. 判断：这些图形中的1份，可以用$\frac{1}{2}$表示吗？

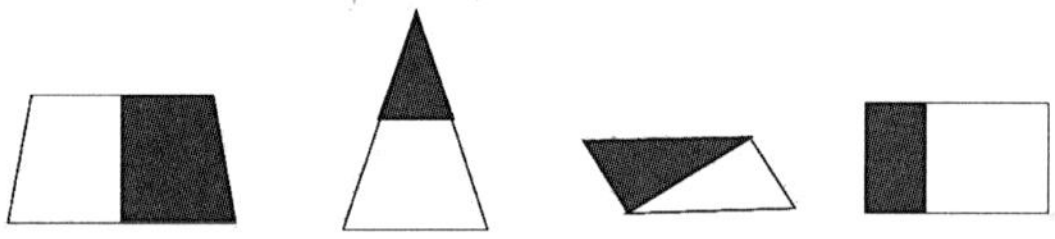

学生集体判断，个别说明理由。

【设计意图】先分果子，再分圆，然后分长方形，最后判断图形，由实物模型到面积模型，由感性到理性，由帮扶到放手，学生在多次操作和表达中，逐步丰富对分数的感受，逐步明确分数的内涵。

5. 认识$\frac{1}{3}$

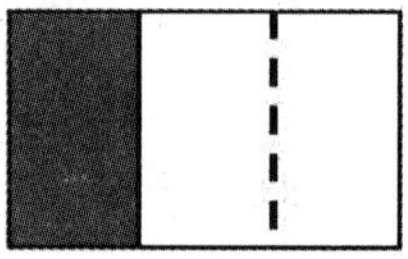

操作：在第四个长方形中，添加1条线。

师：涂色部分，让你想到了哪一个分数？

生：$\frac{1}{3}$

师：（指着另外空白的部分），这里可以用哪一个分数来表示？

生：$\frac{1}{3}$。

师：（指着左边空白的部分），这里呢？

生：$\frac{1}{3}$。

师：你能想到一句话吗？

生：把一个长方形平均分成3份，每份是它的$\frac{1}{3}$。

6. 认识$\frac{1}{4}$

操作：在第二个三角形中，添加 2 条线。

师：涂色部分又让你想到了哪一个分数？

生：$\frac{1}{4}$

师：这一份呢？这里呢？为什么？

生：把一个三角形平均分成 4 份，每份是它的$\frac{1}{4}$。

师：看，在这张长方形的纸上，可以折出$\frac{1}{4}$吗？

生齐：可以！

师：用长方形纸折出$\frac{1}{4}$，涂上阴影，同桌互相看看折法是否可行。

学生操作。

学生展示折法，贴在黑板上。

7. 创造分数

师：用长方形折了两个分数了，看看老师还为大家准备了什么图形？

生齐：圆。

出示问题：把一个圆平均分成（ ）份，涂 1 份，涂色部分是它的 $\frac{(\ \ )}{(\ \ )}$ 。

师：你能仿照折长方形的过程，把这个圆折一折、涂一涂，并标上分数吗？注意，要怎么分？

生齐：平均分。

师：取几份？

生齐：取 1 份。

师：同桌间互相说说折法和得到的分数。

全班交流折法和分数，教师写在黑板上。（$\frac{1}{8}$、$\frac{1}{16}$……）

师：这样的分数说得完吗？

生：说不完。

师：是的，只要对折，就会有新的分数，这样的分数有无数个。

8. 分数各部分的名称和读写

师：我们已经认识了$\frac{1}{2}$、$\frac{1}{3}$、$\frac{1}{4}$、$\frac{1}{8}$、$\frac{1}{16}$……这些数，它们都是分数，我们都是通过平均分物体或者是图形认识它们的。知道了什么样的数是分数，你还想知道关于分数的其他知识吗？

生齐：想。

师：请打开书本，翻到 87 页，自学分数各部分的名称。

生 1：分数由三部分组成，分别是分子、分母和分数线。

生 2：中间的线是分数线，分数线下面的是分母，分数线上面的是分子。

师：我们今天黑板上写的这些分数还有什么共同点？

生：分子都是 1。

师：是的，今天我们认识的分数，都是几分之一。

师：分数怎么读呢？自己把黑板上的分数读一读。你发现了什么？

生：读分数，先读分母，再读分子。

师：是的，读一个分数，先读分母，再读分子。

师：分数怎么写呢？先用直尺画分数线，然后写分母，最后写分子。下面，我报三个分数，大家尝试写一写。九分之一、十五分之一、三十分之一。互相检查，写对了吗？

9. 练习：用分数表示涂色部分

(　)　　(　)　　(　)　　(　)

学生先独立完成在练习纸上，再集体交流。

【设计意图】分数各部分的名称、分数的读法、分数的写法，都是约定俗成的，这些知识点比较简单又相对枯燥，但又是认识分数这节课必不可少的内容。引导学生自主阅读、整理，可培养学生筛选信息和归纳总结的能力。

三、设疑激探，比较几分之一的大小

1. 设疑

师：（揭下黑板上的两张长方形纸，多次重合），你发现了什么？

生 1：$\frac{1}{2}$的涂色部分比$\frac{1}{4}$的涂色部分大。

生 2：两个长方形一样大。

师：那么，$\frac{1}{2}$和$\frac{1}{4}$的大小关系是怎样的呢？

生：$\frac{1}{2}$大，$\frac{1}{4}$小。

2. 探究

师：老师这里还有一个同样大的长方形，涂色部分是？

生：$\frac{1}{8}$。

师：观察 3 个长方形，能把这 3 个分数排排队吗？

生：$\frac{1}{2}>\frac{1}{4}>\frac{1}{8}$。

师：观察这三个图形，以及这三个分数的大小关系，你有什么发现？

生 1：$\frac{1}{2}$的面积最大，$\frac{1}{8}$的面积最小。

生 2：同样大的图形，平均分的份数越多，每份越小。

生 3：它们的分子都是 1，分母越大的分数，越小。

【设计意图】笔者在前面的环节中，将用正方形折出$\frac{1}{4}$的环节改成了用长方形折，目的就是使认识几分之一和几分之一的大小比较联系起来。就几分之一的大小比较而言，当分子都是 1 时，分母小，就是分的份数少，分数就大。但是，对于刚接触分数的学生而言，要说出这样的规律是比较难的。因此，引导学生，让学生根据自己的理解表达自己的想法。

3. 练习

$\frac{1}{4}$ ○ $\frac{1}{8}$　　$\frac{1}{6}$ ○ $\frac{1}{5}$

先涂阴影，再比较大小。

学生独立完成后，交流。

四、学以致用——生活中的分数

师：其实在我们的生活中有很多现象都与分数有关。看，国旗里也有分数，让我们一起来瞧一瞧。

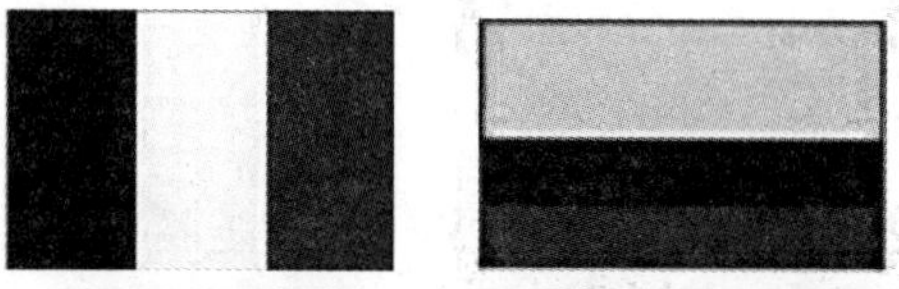

法国国旗　　哥伦比亚国旗

师：在这面法国国旗上你们找到分数了吗？

生：法国国旗上每种颜色都是$\frac{1}{3}$。

师：哥伦比亚国旗上，每种颜色也都能用$\frac{1}{3}$来表示吗？为什么？

生：不能，因为不是平均分的。

师：那你知道每种颜色各占几分之一吗？你是怎么看出来的？和同桌说说看。

生 1：黄色是$\frac{1}{2}$，正好是国旗的一半。

生 2：蓝色和红色都是国旗的$\frac{1}{4}$，因为都是一半的一半。

生3：在黄色部分的中间添一条线就看出来了，蓝色和红色是国旗的$\frac{1}{4}$。

五、拓展提高——激发学生深度思考

1. 课堂小结

师：今天我们认识了哪个新朋友？你学到了哪些新本领？生活中还有哪些地方会用到分数呢？关于这节课，你还有什么疑问吗？

师：那俞老师有一个疑问。我们用长方形和圆对折，折出了$\frac{1}{2}$、$\frac{1}{4}$、$\frac{1}{8}$、$\frac{1}{16}$……这些分数，那么，不对折可以吗？比如，如何用一张长方形的纸折出$\frac{1}{12}$呢？

2. 布置作业

“问题研究”记录单	
问题	如何用一张长方形的纸折出$\frac{1}{12}$呢？
我的研究	
我的小结	（合作人）
他人点评	

※ 课后反思

探究式的课堂是值得提倡的。“探究研讨”是指学生根据自己对问题的理解，运用自己的方式去思考、探索，并在同伴之间交流讨论自己的发现。学生按自己的方式去思考，去探索，实际就是创新。在这个过程中，获取知识不是唯一目的，学生还能获得思维的发展，体验创造的快乐，体会探究的方法，培养合作精神，最终培养起创新意识和实践能力。“引导学生参与探究研讨的全过程”，是我这节探究模式的数学课最重要的特点。

一、创设情境，激发探究的兴趣

新课标指出：教材是教学的重要课程资源，但不是唯一资源。教材创设的是学生在野餐时分食品的情境，笔者为了激发学生的兴趣，以教材第92页的“你知道吗？”为素材，进行改编，创设了一个古人打猎的故事情境，先复习了旧知“平均分”，又引出了新知：如果平均分的结果不能用整数表示，那该怎么办？心理学研究表明：分数概念的抽象性及其理解方式的多样性，是学生理解分数概念的困难所在。教材中，关于“半个”的解读，正是教师进行文本解读的切入点，也是预设与生成的起点。通过让学生自主阅读、整理、归纳，学生不仅初步了解了“半个”的表示方法，还了解了分数的发展史。而鼓励学生自己体会和理解何为“半个”，并用自己的方式进行表征，又一次激发了他们的兴趣，同时也发展了他们的数学表达能力和简单推理能力。

二、手脑并用，提高探究的能力

在初步认识$\frac{1}{2}$后，笔者进一步引导学生展开更深入的探究，要求学生“用长方形纸折、涂”，借助实物模型进一步丰富对$\frac{1}{2}$的认知。在本课中，笔者先后组织了三次“折、涂”的操作，分别是折、涂长方形的$\frac{1}{2}$、$\frac{1}{4}$，以及用一个圆创造一个几分之一。而认识$\frac{1}{3}$等其他分数，则是用到了面积模型。对学生而言，实物模型是感性的，面积模型是理性的。先引导学生动手操作，再引导学生观察图形，同时还鼓励学生大胆表达。课的最后，还设计了一道作业：如何用一张长方形的纸折出$\frac{1}{12}$？给学生提供了更宽、更广的思考空间。学生在自主探索、独立思考、动手操作、合作交流的过程中，探究的能力得到进一步提高。

三、前后孕伏，体会探究的快乐

本课的很多环节都体现了前后呼应。比如，在一组是不是$\frac{1}{2}$的判断题结束后，笔者没有直接放弃这一组素材，而是将不是$\frac{1}{2}$的面积模型进行添线变化。学生在变化后的面积模型中，又认识了$\frac{1}{3}$、$\frac{1}{4}$这两个分数。又如，在“用长方形纸折、涂$\frac{1}{4}$”的活动后，安排了用圆形纸片创造一个几分之一的环节，这一段教学重在引导学生将刚获得的关于$\frac{1}{2}$和$\frac{1}{4}$的概念以及学习经验运用到其他几分之一，从而拓展对几分之一的认识。设计这个环节，一是考虑学生刚进行过“折纸”的活动，其活动经验对于“做”其他的几分之一产生正迁移；二是这个环节后马上要学习比较“不同的几分之一”的大小，“做”几分之一为此丰富了感性积累，也为这样的理性思考做了铺垫。再如，教材中要求学生“折、涂$\frac{1}{2}$”的是正方形，要求学生“折、涂$\frac{1}{2}$、$\frac{1}{4}$”的是圆，笔者将这些环节进行了整合，并将正方形纸改成了完全相同的长方形纸，目的是把这两张纸作为后续探究几分之一的大小的实物模型。丰富的学习方式，流畅的活动过程，让学生感受到了探究是无尽的，是快乐的。

22. “同分母分数加减法”教学案例与反思

朱乐平
（浙江省杭州市上城区教师进修学校，特级教师，正高级教师）

※ 课前思考

“同分母分数加减法”一课，是学生在学习了分数的意义和性质等相关知识的基础上进行的。教材分两部分，一部分是例题，另一部分是做一做及练习。教材首先安排了一组有关分数单位的复习题，为帮助学生理解分数加、减法的算理做好准备，例题教学同分母分数加、减计算（分母不超过10）。例题让学生把一个长方形的$\frac{3}{8}$涂上红色，$\frac{2}{8}$涂上绿色。在涂颜色的活动中，从两次一共涂了8份中的5份，理解$\frac{3}{8}+\frac{2}{8}=\frac{5}{8}$，又从涂的红色比涂的绿色多8份中的1份，理解$\frac{3}{8}-\frac{2}{8}=\frac{1}{8}$。本单元教材中不概括同分母分数加、减的计算法则，要求学生以对分数的理解支持计算。做一做及练习中的1、2题是分别练习同分母分数加、减法的。第3题进行混合练习，主要是强化计算结果的，能约分的要约成最简分数，题目要求先计算再根据要求填方框，以加深学生对约分的认识。第4题是应用题，选择了学生喜欢的兴趣小组为内容，激发兴趣，培养学生的审题能力。

※ 教学过程

一、谈话导入

（师板书：单位）

师：能介绍一下你的父母在什么工作单位吗？

生1：我爸爸在建设局工作，我妈妈在银行。

生2：我爸爸在邮局，我妈妈在医院当医生。

（师板书：88）

师：8在哪个单位工作？

（学生有点懵）

师：8 在十位上工作，表示 8 个十；8 在个位上工作，表示……

生：8 个一。

（师板书：8 厘米）

师：8 厘米的单位是什么？

生：厘米。

（师板书：$\frac{2}{4}$）

师：$\frac{2}{4}$的分数单位是什么？

生：$\frac{2}{4}$的分数单位是$\frac{1}{4}$

（师板书：$\frac{1}{4}$分数单位）

（师板书：$\frac{3}{8}$）

师：$\frac{3}{8}$的分数单位是多少？

生：$\frac{3}{8}$的分数单位是$\frac{1}{8}$。

师：有几个这样的单位呢？

生：3 个。

师：$\frac{4}{5}$有几个$\frac{1}{5}$？

生：有 4 个$\frac{1}{5}$。

二、探索新知

1. 引出数轴

师：我们一年级做过这样的计算，（板书：2+3=5）还记得当时是怎么算的吗？

生 1：扳手指，先拿 2 个手指，再拿 3 个，合起来就是 5 个。

生 2：可以用小棒数，先摆 2 根小棒，再加上 3 根小棒就是 5 根小棒。

生 3：还可以用数东西来数，先数 2 样东西，再数 3 样东西，就是 5 样东西啦。

师：是啊！一年级我们学过很多数数的方法，还记得我们用数轴来数吗？请看：

出示标有单位厘米的数轴：

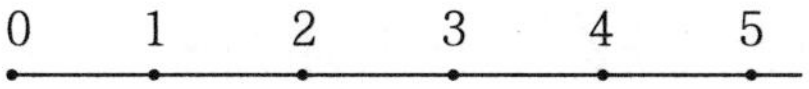

这是我们熟悉的数轴，先数 2 格再往右数 3 格就是 5 格。如果要计算 5−3，就要先数到 5 格的位置，再往左数 3 格，表示去掉 3 格，就到 2 格的位置，所以 5−3=2。

2. 同分母分数

如果每格都平均分成 2 小格，也可以用我们学过的分数来表示，分别是：

$\frac{0}{2}$、$\frac{1}{2}$、$\frac{2}{2}$、（　）、（　）、（　）

在分数单位的数轴上可以加，也可以减，会接着写吗？

生：$\frac{3}{2}$、$\frac{4}{2}$、$\frac{5}{2}$

师：如果按规律自己写。$\frac{0}{4}$、$\frac{1}{4}$…可以接着写吗？

生：$\frac{2}{4}$、$\frac{3}{4}$、$\frac{4}{4}$、$\frac{5}{4}$、$\frac{6}{4}$…

师：$\frac{0}{8}$、$\frac{1}{8}$…按规律自己写一写。

生：$\frac{2}{8}$、$\frac{3}{8}$、$\frac{4}{8}$、$\frac{5}{8}$、$\frac{6}{8}$、$\frac{7}{8}$、$\frac{8}{8}$、$\frac{9}{8}$…

师：观察上面的两行数，有什么特点？

（学生思考几分钟，教师并未让学生回答）

（教师出示：分数单位都一样　分母一样　同分母分数）

师：请同学们读一读，想一想，同分母分数是什么意思？

生：同分母分数就是分母都一样的分数。

师：谁能举例子说明？

生 1：$\frac{0}{4}$、$\frac{1}{4}$、$\frac{2}{4}$、$\frac{3}{4}$、$\frac{4}{4}$、$\frac{5}{4}$、$\frac{6}{4}$…的分母都是 4，它们是同分母分数。

生 2：$\frac{0}{8}$、$\frac{1}{8}$、$\frac{2}{8}$、$\frac{3}{8}$、$\frac{4}{8}$、$\frac{5}{8}$、$\frac{6}{8}$、$\frac{7}{8}$、$\frac{8}{8}$、$\frac{9}{8}$…的分母都是 8，它们也是同分母分数。

师：分母一样的分数，分数单位就一样，像这样的分数，我们称之为同分母分数。同分母分数是什么意思？

生：同分母分数就是分母都一样的分数。

师：请再读一读这 3 个名词。

生：分数单位都一样，分母一样，同分母分数。

3. 理解同分母分数的加法

（出示厘米尺）

师：这是一把厘米尺，请你调一调位置，计算出“2 厘米 +3 厘米”怎么得到“5 厘米”？

（一生操作）

师：看到了吗？他先找到 2 厘米，再数 3 厘米，就到 5 厘米的位置。这样的方法称为数数法。请你们都拿出厘米尺，用数数法计算“3 厘米 +5 厘米 =8 厘米”。

（全班操作）

师：$\frac{1}{4}+\frac{2}{4}=$　？你能用数轴或画图形的方法来进行分数的加法计算吗？

生 1：我先找到$\frac{1}{4}$，再数 2 小格，就到的$\frac{3}{4}$位置，所以$\frac{1}{4}+\frac{2}{4}=\frac{3}{4}$。

生 2：我是画图的，把一个长方形平均分成 4 份，先涂其中的一份，再涂其中的二份，合起来一共涂了三份，所以是$\frac{3}{4}$。

生 3：我也是画图，但我画的是圆，把一个圆平均分成 4 份，取其中的一份和两份就一共有三份，所以是$\frac{3}{4}$。

师：很清楚的方法。不错！

（出示：$\frac{0}{4}$ $\frac{1}{4}$ $\frac{2}{4}$ $\frac{3}{4}$ $\frac{4}{4}$）

师：在上面这些数中每次挑出2个，组成一个加法算式，请你写出一些算式，并用数数的方法，计算出他们的结果。

（生活动。）

三、巩固练习

师：接下来我们一起来做几道练习，不用图。

（1）$\frac{2}{8}+\frac{3}{8}=\frac{(\quad)}{8}$

生：$\frac{2}{8}+\frac{3}{8}=\frac{(5)}{8}$

（2）$\frac{2}{7}+\frac{3}{7}=\frac{(\quad)}{7}$

生：$\frac{2}{7}+\frac{3}{7}=\frac{(5)}{7}$

（3）$\frac{2}{6}+\frac{3}{6}=\frac{(\quad)}{6}$

生：$\frac{2}{6}+\frac{3}{6}=\frac{(5)}{6}$

（4）$\frac{2}{17}+\frac{3}{17}=\frac{(\quad)}{17}$

生：$\frac{2}{17}+\frac{3}{17}=\frac{(5)}{17}$

（5）$\frac{2}{19}+\frac{3}{19}=\frac{(\quad)}{19}$

生：$\frac{2}{19}+\frac{3}{19}=\frac{(5)}{19}$

师：怎么知道和的分母是19？

生：因为$\frac{2}{19}$和$\frac{3}{19}$的分母都是19，所以和的分母也是19。

（6）$\frac{2}{(\quad)}+\frac{3}{(\quad)}=\frac{(\quad)}{(\quad)}$

师：你会怎么填?

生：$\frac{2}{(20)}+\frac{3}{(20)}=\frac{(5)}{(20)}$

师：你是怎么想的?

生：分母都是一样的，分子就是2+3=5。

师：你是怎么发现的?

生：前面五道题都是这样，分母不变，分子都是5。

师：你真会发现。同学们想一想，要是不用数数的方法，如何计算同分母分数的加法。

生：分母照抄，分子相加。

师：总结得很简洁，同分母分数的加法就是分母不变，分子相加。请用这种方法计算：$\frac{2}{4}+\frac{3}{4}$　$\frac{4}{4}+\frac{5}{4}$　$\frac{5}{4}+\frac{8}{4}$　$\frac{4}{4}+\frac{5}{4}$　$\frac{13}{4}+\frac{25}{4}$

（投影一生做的：$\frac{2}{4}+\frac{3}{4}=\frac{(2+3)}{4}=\frac{5}{4}$）

师：我们看看这位同学写的，为什么在中间写上2+3=5？

生：第一个分数的分子是2，第2个分数的分子是3，和的分子就是5。

师：2+3=5也可以说2个单位+3个单位=5个单位。

师：回顾一下，怎样计算同分母分数的加法？

生：分母不变，分子相加。

师：想一想，怎样计算同分母分数的减法？

生：分母不变，分子相减。

师：能举个例子吗？

生：$\frac{3}{4}-\frac{2}{4}=\frac{1}{4}$

四、课堂总结

师：这节课我们做了什么？

※ 课后反思

一、现行教材

现行的几套教材，都把同分母分数加减法放在三年级上册或三年级下册，都创设了问题情境，用图形直观地说明其算理。

二、教学现象

同分母分数的加减法的教学一般有以下几个过程：

1. 创设情境：出示一个包含有需要用同分母分数加减法来解决的问题情境

2. 根据需要解决的问题列出算式

3. 学生独立思考尝试解决问题（也可以先师生对话解决一个问题，然后让学生独立思考解决问题，并发现规律）

4. 小组交流

5. 全班汇报；在全班汇报中，师生对话说明算理

6. 学生练习

三、思考问题

学生容易受整数加减法的影响，认为同分母分数加法是把分母相加、分子也

相加。

问题一：如何利用原有关于整数加减法的经验、知识和能力？

问题二：如何防止整数加法经验的负迁移，学生容易受到哪些负面的影响？

四、解决方法

1. 抓住“单位”

抓住计数单位可以统一整数、小数和分数加减法的运算思路。从本质上说，这些数的加减法运算都是对单位进行计数，是对单位的累计或减少。

2. 利用“数轴”和“单个长方形”

在运用直观模型时，用数轴和单个长方形比用两个长方形更直观，学生也更容易理解。一方面，在数轴上容易计数，采用逐一计数的方法，容易突破运算结果是一个假分数；另一方面，用单个长方形有利于计算方法的总结（分母不变）。

五、不同的设计思路

如果我们能对同一个教学内容研究出不同的教学设计（同课异构），则会对一线教师带来操作上的方便，“异课同构”也一样。比如：同分母分数与异分母的加减法可以在同一课时中教学吗？如果可以放在同一课时，就又有了一种新的教学设计。

二、图形与几何

23. “四边形”课堂实录与反思

郑水忠
（浙江省宁波国家高新区外国语学校，特级教师）

※ 课前思考

“四边形”一课，教材通过组织学生识别四边形、概括四边形特征，进而认识特殊四边形“长方形和正方形”的特征，从而为后续周长等知识的学习奠定基础。此前，学生已在一年级下册“认识图形”单元初步认识了长方形、正方形、平行四边形三个特殊的四边形，这种认识主要停留在直观水平层面。为了更加全面系统地了解学生的学习起点，笔者以范希尔夫妇著名的几何思维水平理论为指导，对学生的学习起点进行了大样本的前测。经过前测我们发现：

1. 学生对四边形的特征有一定的了解，对边的特征的辨识度强于角。在让学生描述四边形特征时，提到边的特征的比例比角高约20个百分点。

2. 学生识别四边形情况存在显著差异。令人意外的是，学生对长方形、正方形等常见四边形识别率偏低。经过进一步访谈得知，学生认为题目叫其圈出四边形，而这是长方形（正方形）。原来，这些学生心目中的四边形仅指一般四边形，或者说凡是已经学过、命名过的特殊四边形就不能视作四边形了。此外，学生还存在对一般四边形的识别率偏低、对标准图式的识别高于变式图式等学情特点。

3. 学生对四边形分类存在较大困难。

4. 绘制长方形、正方形比描述特征容易。

针对以上学情，笔者开展基于几何思维水平提升的教学设计，引领学生从直观水平切入，在分析水平展开，于关系水平提升，取得了良好的教学成效。

※ 教学过程

一、典型材料辨析，纠正学生直观水平认知误区

教师呈现下列学生前测作品，并请学生本人上台陈述想法。

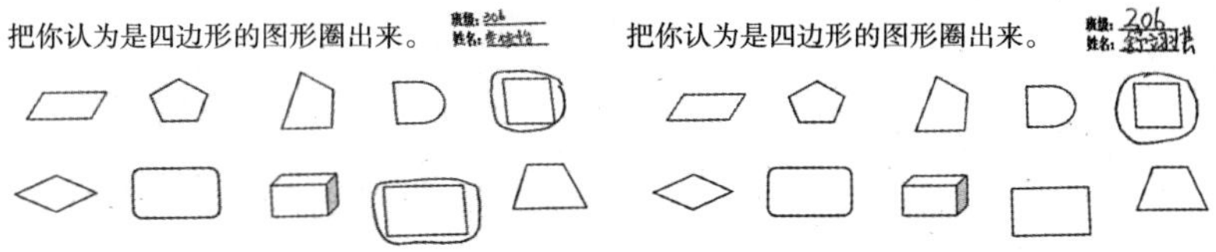

李：我们学过的图形中，长方形、正方形是四边形，所以我圈了它们。

舒：我觉得他是对的，我漏了长方形。

生 1 迫不及待质疑：那你为什么不圈平行四边形、菱形？

李：还没学过。

生 1 跑到屏幕前：没学过就不是四边形了吗？（指着菱形）你看，它也有四条边、四个角啊，所以也是四边形啊！

李、舒挠头默认。

紧接着，教师出示第二组材料，组织辨析。

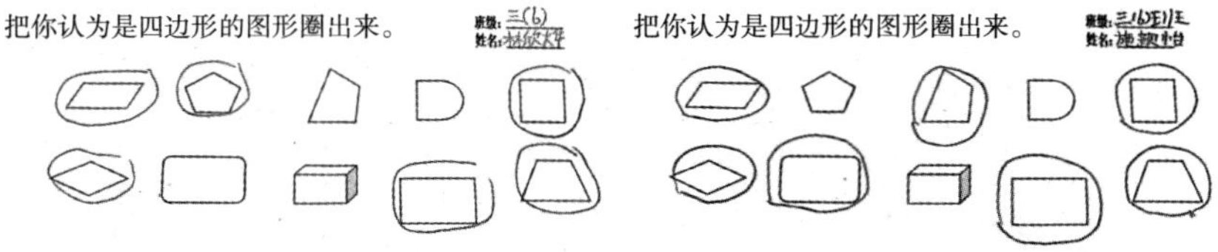

林：我觉得四边形要有四条边、四个角，所以我圈了这 6 个图。

施：我觉得你的不对，第二个图你数数看，它有五条边，是五边形。

林：哦！对的。我觉得你也有问题，为什么圈出它呢？（）

施：虽然它这边有点弯，但它也是四条边，也可以看成是四边形。

林：弯了就不能算了。

生 2：弯弯的还是角吗？角的顶点在哪里呢？连角都没有了，还能算四边形吗？

生 3 质疑林：第一行第三个图形你为什么不圈？

林：它长得歪歪的，我们都没学过，不知道它叫什么名字。

生 3：那你觉得怎样的图形是四边形？

林：有四条边、四个角。

生 3：那你自己数数看。

……

二、概括分类活动，促进思维从直观走向分析水平

1. 概括四边形特征

师：经过刚才一些小先生的精彩阐述和辩论，你们认为怎样的图形是四边形？

或者说四边形具有怎样的特征？

生1：必须有4条边，4个角。

生2：我补充一下，边必须是“直的边”。

生3：还必须是封闭的图形才可以。

2.分类引出长、正方形并验证其特征

师：现在你们觉得上图中哪些图形是四边形呢？

生：第一行的第1、3、5个和第二行的第1、4、5个。

师：请尝试将这6个四边形分为两类，请在学习单上写一写你的分类方法。

教师巡视，指名学生在黑板上展示分类结果。（教师提供两套磁性四边形材料）

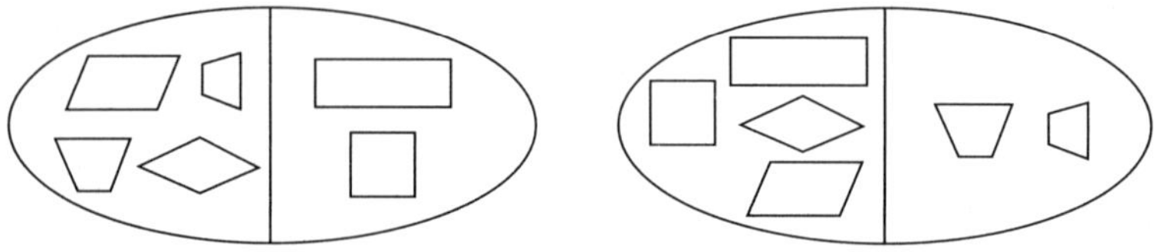

按四个角是否是直角分　　按对边是否相等分

师：观察上述两种分类，你有什么发现？

生1：我发现正方形和菱形都是四条边相等的。

生2：我发现四个角是直角的里面有长方形和正方形，对边相等的里面也有长方形和正方形。

师：看来，长方形和正方形是两个非常特殊的四边形。它们的四个角都是直角，对边又都是相等的，这个发现正确吗？我们需要通过验证来确认。

请小先生投影反馈：

生1：我是通过量一量的方法来证明的，我们知道三角尺的这个角是直角，我用这个直角去摆一摆，发现长方形和正方形的四个角都是直角。

生2：我也是用量一量的方法来证明的，我通过测量发现，长方形的两条长边都是5厘米，两条宽都是3厘米。正方形的四条边都是4厘米。

师：那么长方形和正方形的边有什么特征呢？

生2：长方形的对边一样长，正方形的四条边都一样长。

师：长方形和正方形有什么相同的地方和不同的地方？

生：相同的地方是它们的四个角都是直角，不同的地方是长方形对边相等，正方形四条边都相等。

三、辨析运用实践，提升思维从分析迈向关系水平

1.辨析活动——完善对四边形的认知

教师呈现一道判断题：

这是一个四边形。请学生思考后展开辨析。

生 1：我觉得它不是四边形，四边形都是鼓起来的，不是凹进去的。

生 2：你认为要怎样的图形才是四边形呢?

生 1：要有四条边、四个角围成的。

生 2：那它也有四条边、四个角啊！

生 3：不对！它只有 2 个角。

生 2 跑上前边指边数出 4 个角和 4 条边。

师：看来这个图形也有 4 条直的边，也有四个角，所以它也是一个四边形。

2. 想象活动——促认知从分析迈向关系水平

（1）教师首先还是出示了一道判断题：

被遮住的长方形的四边总长是 12 厘米。

生 1：我认为是错的。因为上下两边都是 3 厘米，如果四边总长是 12 厘米，那么左右两条边也是 3 厘米，那它就是正方形了。

师：那可能比 12 厘米长吗?

生：可能，只要左右两边大于 3 厘米。（教师课件演示）

师：可能小于 12 厘米吗?

生：也可能，只要左右两边小于 3 厘米。（教师课件演示）

（2）教师出示下图：

请学生想象，如果把这条线段向右移动，线段所“刷”出的面是什么形状?

生 1：长方形

教师课件演示线段缓慢移动并随时暂停：什么图形?

生：长方形、长方形、长方形……

师：可以有几个长方形?

生：无数个。

某生：不对！当线段移动到 8 厘米处时，是一个正方形。

全班同学纷纷附和。

师：会出现几个长方形？几个正方形?

生：无数个长方形，1 个正方形。

师：是啊！在这个变化过程中，会出现无数个长方形，而只有在某一时刻，才会出现一个正方形。正方形好特殊啊，所以人们常说，正方形是特殊的长方形。正方形是特殊的长方形有两层含义：① 正方形也是长方形；② 正方形和一般长方形相比有其特殊之处。谁能说说为什么说正方形也是长方形？

生：长方形要四个角是直角，对边相等。而正方形的四个角也是直角，正方形对边也是相等的，所以它也是长方形。

师：是啊，正方形四条边都相等了，对边当然也是相等的，它也符合了长方形的特征，所以它也是长方形。那正方形和一般长方形相比，又特殊在哪里呢？

生：特殊在一般长方形只是对边相等，正方形是四条边都相等。

师：现在你能画图表示一下长方形和正方形之间的关系吗？引导学生在黑板上圈一圈，画出如下的包含关系图。

3. 猜四边形活动——进一步深化关系认知

师：老师信封内有一个四边形，请你猜猜是什么四边形？

生毫无凭据地瞎猜。

师：允许你提一个问题。

生：它的对边相等吗？

师装作悄悄看了看信封：对边还真相等！

多数学生喊：长方形！

师出示，结果是一个平行四边形。

师：思考，在上面包含关系的长方形、正方形图中，平行四边形应该摆在哪里？

通过交流，学生提出应该摆在外面，即长方形、正方形都是特殊的平行四边形。

※ 课后反思

一、以直观水平为教学的重要切入点

直观，也称视觉（Visuality）。处于这一水平的学生，往往将几何图形看作一个直观的整体，并据此在思维中形成视觉表象。在辨认图形时，常常以典型的表象为依据，很少或难以关注到几何对象的性质和本质性特征。教学一开始，教师充分依托学生前测素材，把一些处于直观水平的错误认知作为教学的宝贵资源。通过暴露学生的真实想法，组织同伴之间相互交流、碰撞，促进学生认知从混沌到清晰，从直观水平逐步走向分析水平。

二、以分析水平为教学展开的重要支撑

分析（Analysis）水平，也叫描述水平。在这一水平上，学生不再仅仅从图形整体外观、借助直觉来判别图形，而是能够依据观察、度量、画图、建模等操作经验来探寻图形的性质，并遵照一组性质将对象看成一个整体。教师通过组织学生辨析、交流活动，完善对四边形特性的认识。紧接着，借助分类活动引导学生展开对长方形、正方形的定量和定性研究，为认知从分析水平向关系水平提升奠定基础。

三、以关系水平为认知提升的关键点

关系，也叫非形式化演绎（Informaldeduction）。在这一水平上，学生已能形成抽象的定义，能区分概念的必要条件和充分条件，甚至能做一些简单的推理。在这一水平上，学生推理的对象已不仅是一类图形，而是一类对象明确的性质。推理的结果，是将已有的性质与对象联系起来所形成的概念进行重新组织，从而改变概念的结构图式。通过上一环节的教学，学生已清楚长方形和正方形的特征，但多数孩子还不能认识到“正方形也是长方形”，即认知还停留在分析水平上，未达到关系水平。为此，教师通过组织学生开展两次辨析、猜想活动，逐步引导学感悟到“正方形也是特殊的长方形”，形成相应的关系图，建立正确的认知结构。最后，教师通过猜四边形活动，进一步完善学生的认知结构，将长方形、正方形进一步类化为平行四边形。

24. “长方形和正方形的认识”教学设计与反思

沈芳
（苏州工业园区跨塘实验小学，青年名师）

※ 课前思考

本节课是在学生一年级初步认识长方形和正方形的基础上，通过对日常生活中长方形、正方形的观察、操作和测量等活动，探索长方形和正方形的特征。学好这部分内容可以为后续学习其他平面图形以及长方体、正方体等立体图形打下坚实的基础。教材对这部分内容的编排首先创设现实情境，引导学生从生活中找出长方形和正方形，丰富学生对长方形和正方形的表象，在此基础上，让学生借助长方形、正方形材料纸以及三角板等学具进行折一折、量一量、比一比，在动手操作的活动中探究长方形、正方形边和角的特点，逐步发现长方形和正方形的特征以及两者之间的联系，认识长方形的长、宽以及正方形的边长。“想想做做”的习题仍然以动手操作为主要形式，在围、拼、剪、量、画等多种形式的活动中强化知识的理解掌握，发展学生的空间观念。

※ 教学过程

一、复习旧知，激活提取

1. 认出长方形

谈话：小朋友，关于长方形和正方形，我们在一年级学习过，还有印象吗？想一想，长方形是什么样的？正方形是什么样的？

师：你知道生活中哪些物体的面是长方形？哪些物体的面是正方形？（关注强调“× × 的面”）

提问：这 4 个图形中，哪个图形是长方形？哪个是正方形？（出示四个图形的图片，图略）

师：为什么②③不是呢？（② 只有 3 条边，③ 没有直直的边，3 个角）（板贴：

四条边四个角）

2. 揭示课题

长方形的边和角各有什么特点呢？这节课，我们一起来认识长方形和正方形。（板书课题：长方形和正方形的认识）

二、操作验证，探究新知

1. 探究边的特点

（1）观察比较

谈话：你知道长方形的四条边有什么特点呢？（预设：上下边一样长，左右边一样长）

说明：长方形里这两条长的边是相对的，（引导观察）这两条边就叫作一组对边，两条短的边也是相对的，这是另一组对边。（引导观察）

可以简单说：长方形对边相等。（板贴：对边相等）

正方形的四条边有什么特点呢？（板贴：四边相等）

（2）操作验证

1）谈话：这个观点对不对？是不是所有的长方形都具有这样的特征呢？你会用什么方法验证呢？师：可以用尺量一量看是不是相等（如果没有尺量呢？），启发学生折一折看是不是相等。（梳理出方法：量、折）

2）验证：同桌两人一组用你们喜欢的方法，量一量、折一折，看看长度是不是相等？如果是量，把量得的数据记下来，再说一说。

出示合作要求：

①拿：从信封中拿出长方形和正方形。

②量或折：用你们喜欢的方法验证，量一量或折一折。

③说：你们是用（　　）方法，验证了（　　）。

了解学生使用的验证方法，选择典型的作交流准备。

3）交流：哪个小朋友愿意先把你们的研究成果与大家分享？

学生验证，再交流汇报。

①量：由于学生手中的长方形有大有小，所以测量出来的数据各不相同，但每一个测量结果都证明了长方形对边相等，正方形四边相等。

请一生汇报量的过程，再展示其他情况。

②折：不借助工具，直接把长方形纸上下对折，发现上下边重合，从而得出长方形上下边相等；再把长方形纸左右对折，发现左右边重合，得出左右边相等。折两次，也能说明长方形对边相等。正方形对角折一次，再对角折一次，四边重合，

得出四边相等。

（3）阶段梳理

引导：刚才我们用量一量、折一折的方法发现了长方形的边确实是对边相等，正方形四边相等。

（边说边课件演示，摘去问号）

2.探究角的特点

（1）反例举证

（出示平行四边形）

师：这个图形也是对边相等，它是长方形吗？

［再出示菱形（有点像正方形）］

师：这个图形也是四边相等，是正方形吗？为什么？

师：看来认识一个图形，既要看边，还要看角。长方形、正方形的角有什么特点？四个角都是直角，是吗？有什么好的方法验证？（用三角尺上的直角比一比）请一生上台比一比。

（出示课件回顾）

师：现在谁能完整地来说说长方形有什么特点？正方形又有什么特点？

（2）比较异同

师：仔细观察，长方形和正方形有什么相同的地方？又有什么不同之处？（相同：四个角都是直角；不同：长方形对边相等，正方形四条边都相等。）

师：请和同桌互相说说长方形和正方形的特点。

（3）回顾梳理

师：回顾一下，我们是怎样认识长方形和正方形的？（用了量一量、折一折和比一比的方法，清楚地发现了长方形正方形的特点。既探究了边的特点，也探究了角的特点，全面认识长方形。）

（4）介绍名称

师：长方形有两组对边，一组对边长、一组对边短，通常我们把长边的长叫作长，短边的长叫作宽。正方形每条边的长叫作边长。（出示板贴：长　宽　边长）

师：认识了长和宽以及边长，我们就可以这样来描述。

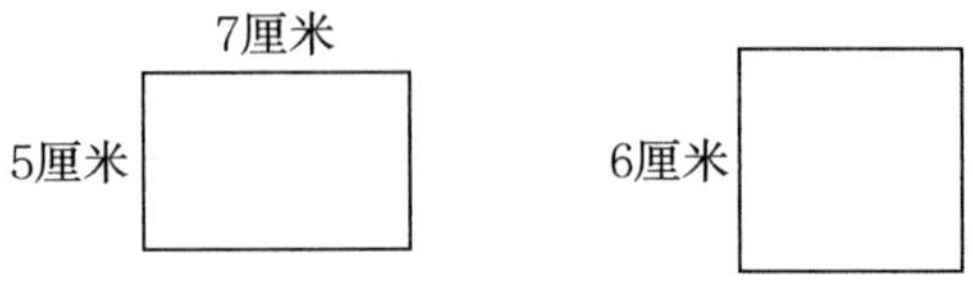

长方形长（　）厘米，　　正方形边长（　）厘米。

宽（　）厘米。

（5）辨析识别

①变化长方形的摆放位置，判断还是长方形吗？长是多少？宽是多少？现在呢？

师：看着好像不一样，怎么还是长方形呢？（只是位置发生变化，形状不变。）

②出示长方形，说说它的长和宽分别是多少。分三次缩短长方形的长，宽不变，再分别说说此时是什么图形。由此想象，如果长方形的长边再继续缩短下去，会变成一个特别的长方形吗？（正方形）再缩短呢？（长宽不相等时又变成了长方形）（在变化中感知当长与宽相等时就成了长方形。）

三、巩固运用，内化特征

接下来，让我们在动手操作中深入认识长方形和正方形。

1. 围一围

在钉子板上围一个长方形和一个正方形。

问：你围的是长方形吗？是正方形吗？你怎么确认？（围绕本质追问）

要求：要把围成的长方形改成正方形，你会怎样改？

指出：把长方形的长缩短到和宽相等时，它就是一个正方形。除了可以把长缩短到和宽相等，还可以怎样改？

小结：不管把长方形的长变短，还是把宽变长，都是为了让长和宽相等，这样就变成了正方形。所以说，正方形是特殊的长方形。（在黑板上的长方形和正方形图形间画箭头，并在箭头上方板书：长 = 宽）

2. 拼一拼

你能用两副同样的三角尺，拼成一个长方形和一个正方形吗？

让同桌两人合作拼一拼。

展示长方形和正方形是怎样拼的？

师：老师看到，小朋友都是用完全相同的两块三角尺拼成了长方形，用这样两块完全相同的三角尺拼成了正方形。你们为什么不用一副三角尺去拼呢？（在一副三角尺中找不到相等的对边。）

3. 剪一剪

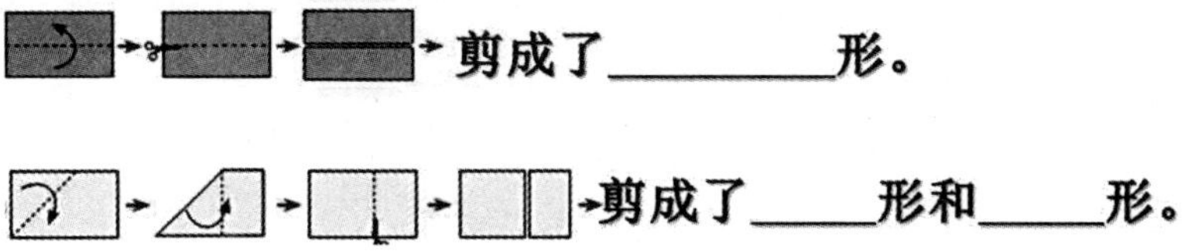

追问：第2小题剪出的是一个正方形？为什么？（长方形的长变得和宽相等了）那在这个长方形里还能剪出一个更大的正方形吗？原来这个正方形就是在这个长方形中剪出的最大的正方形。

4. 量一量

书第38页“想想做做”第4题。

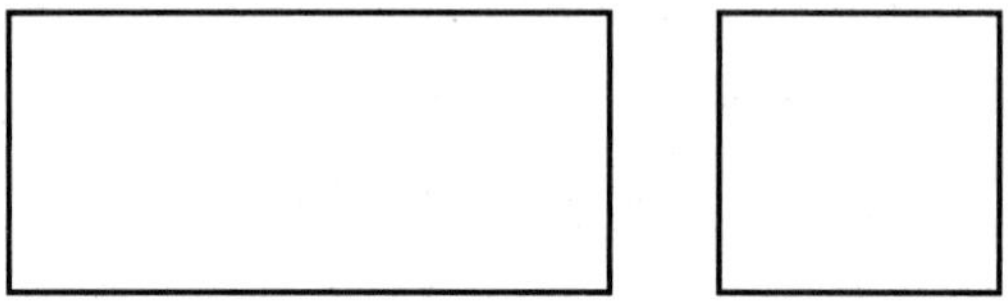

长方形长（　）厘米，宽（　）厘米。正方形边长（　）厘米。

问：刚刚老师看到有小朋友量了图形的每条边，你觉得呢？怎样更快？为什么？

5. 画一画

在方格纸上画长方形和正方形。

（1）先独立在方格纸上画长方形和正方形。

（2）交流：说说你画的长方形长、宽各是多少。正方形的边长呢？

（3）如果在这个长方形中画一个最大的正方形，正方形的边长是多少厘米？是这样吗？（出示课件）

6. 猜一猜

出示图片：

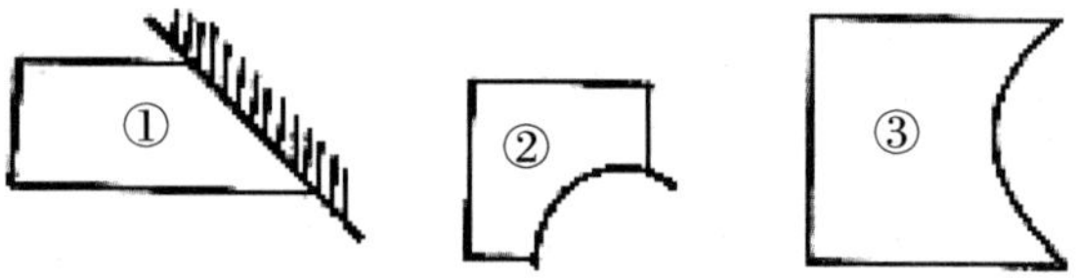

谈话引导：上面的长方形或者正方形都被遮住了一部分，猜猜看，哪个是长方形？哪个是正方形？学生判断，并说说自己的理由。（你为什么认为①不是正方形？正方形是四边相等；为什么你不猜②是长方形呢？长方形只是对边相等。）

7. 算一算（机动）

出示图片（如下图）：

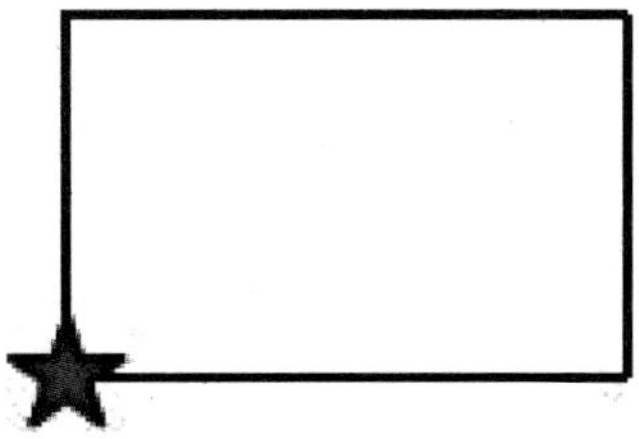

（1）谈话：一个长方形，长 5 厘米，宽 3 厘米，小蚂蚁从一个角的顶点出发，沿着边爬到了另一个角的顶点。想一想，小蚂蚁已经爬了多少厘米？如果它继续爬，回到原来的出发点，它还要爬多少厘米？

（2）思考交流。

四、回顾总结，提升经验

提问：通过这节课的学习，对长方形、正方形有了哪些新的认识？有什么收获？还有什么疑问？

谈话：长方形、正方形中还隐藏着许多的奥秘，让我们在今后的学习中继续探寻！

※ 课后反思

本课的教学设计体现如下特点；通过有序观察、实践操作、讨论辨析等活动，了解各部分名称，并掌握长方形和正方形的特征以及理解它们之间的关系；通过比较观察，认识长方形对边相等以及四个角都是直角等重要特征；通过问题解决，发展学生的数学思考能力，培养几何空间观念。

教学中，能根据学生认知的特点和教学要求，给出学生要探究的目标，让学生通过小组合作的形式有的放矢地进行探究，让学生通过触摸、观察，比较、思考、讨论、整合，先在小组内达成共识，小组代表汇报，最后总结出长方形和正方形的特征。让每位学生都能通过有效地合作学习，了解长方形和正方形的特征以及它们的关系，体现了“自主探索、合作交流、达成共识、归纳总结”的数学学习方式。既培养了学生合作交流的意识，又让学生在获取知识的同时，体验成功的喜悦，充分调动了学生学习的积极性。

总之，教者做到“吾日四省吾身”，即“学生能做的，老师不做；学生会学的，老师不教；学生进一步，老师退一步；学生问你，你去问他（她）”。

25. “周长的认识”教学设计

曾莲秀
（江西省抚州市实验学校，青年名师）

※ 教学预设

教学重点：理解周长的概念，体验用不同的方法测量周长。

教学难点：理解封闭图形，建立周长的空间观念。

教学准备：分组就座，设立小组长，每组一袋学具，每人一张练习纸。

※ 教学过程

一、建立周长概念

1. 理解“一周”

蚂蚁王国一年一度的爬行比赛就要开始了，比赛的规则是：爬这片树叶的一周。板书“一周”。小蚂蚁听了，激动得叫起来：我会爬，我来爬。

播放课件（爬叶子内部一周），学生点评。

播放课件（爬叶子外面一周），学生点评。

播放课件（沿边线爬，没爬完），学生点评。

播放课件（沿边线爬完后继续爬叶子内的图案线），学生点评。

播放课件（配乐爬，正确爬叶子的一周），学生点评。

2. 指一指“一周”

师：数学书的封面是一个什么图形？这个长方形的一周在哪儿？请你描一描，这位同学从这个起点沿着边线回到这个起点是数学书封面的一周，如果我从这个点（封面长边中间一点）开始行吗？

小结：从任意一个点开始，沿着边线绕回到这个起点，就是物体表面的一周。

组织学生指一指身边物体表面的一周，和同学说说。

【设计意图】摸数学书的边线、指身边物体的周边，目的是让学生通过比画和辨析体验从起点开始，绕边线一圈，再回到起点才是一周，切实理解“一周”。

3. 描一描“一周”，并理解封闭图形

（播放课件）师：将物体表面一周的边线描下来，就是一个个平面图形。你们想不想描一描图形的一周，拿出练习纸，用彩色笔描出图形的一周。

师巡视，展示（拍照，传电脑）反馈，集体点评，课件演示描图形一周。

讨论，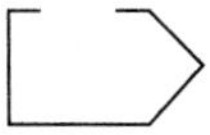这个图形有没有一周？

小结：这些图形都是封闭图形。板书“封闭图形”。

3. 理解“周长”，揭示课题

师：封闭图形有一周，一周长度有长短。在数学中，我们把封闭图形一周的长度，叫作它的周长。（板书课题：周长的认识）

师：桌面的一周的长度是桌面的周长，谁能像电脑博士这样说说周长？

学生说身边物体表面的周长，全班交流评价。

师：你能在教室里找到比课桌面一周更长或更短的物体表面吗？

师：同学们说得真好，是的，有的图形周长长些，有的图形周长短些，现在请小组长拿出学具袋，看看里面装着什么物体或图形，它们的周长到底有多长呢？

【设计意图】学生通过观察和比较找出比课桌表面一周更长（短）的物体表面一周。感受到物体表面一周有长有短，各自的一周都有一定的长度，这样就顺势引发学生测量周长。

二、小组合作，探索测量周长的不同方法

1. 测量周长活动的要求

（1）测量前仔细观察图形的特点，小组内商量测量的办法，再选择合适的工具来测量。

（2）合作时要明确分工，互相配合。

（3）小组长记录周长，测量周长的结果保留整厘米数。

（4）时间只有 5 分钟，各组在规定时间内完成任务并收拾好学具。

2. 明确要求后学生小组合作，探索测量周长的不同方法

教师巡视，用手机抓拍学生用不同方法求得周长的视频或图片。

3. 小组长按序汇报所测物体（图形）的周长

4. 交流并小结测量周长的方法

将学生测量长方形及心形周长的方法照片传送到电脑里，学生代表说说测量方法，教师适时板书。（求周长的方法：量、算绕、量）

三、应用拓展，巩固深化

1. 现在我们来到蚂蚁王国比赛现场，三只蚂蚁分别跑了这三个图形的一周，这些图形的周长是多少厘米呢？你能口算出来吗？比比同学们的计算能力。

小结：围成一个图形所有边长的总和就是这个图形的周长。

2. 蚂蚁妹妹和蚂蚁哥哥在一个长方形草地上比赛跑步，（课件播放动画）蚂蚁妹妹跑 2 号图形的一周，蚂蚁哥哥跑 1 号图形的一周，他们谁跑的路线长？

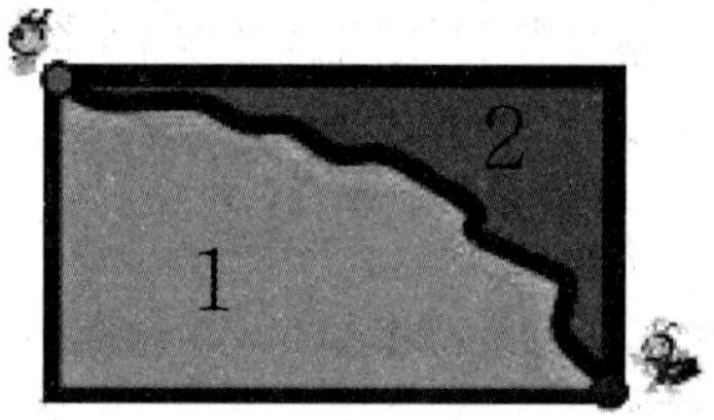

小结：图形的周长与图形的大小没有关系，与图形一周的边线有关。

四、盘点收获，总结延伸

1. 今天这节课你有哪些收获？

师：在这节课上，同学们知道了什么是图形的周长，还能根据图形的特点用不同的办法测量出周长，最了不起的是，知道了周长跟图形的大小没有关系，跟图形一周的边线有关。

2. “周长在我们身边”配词欣赏

师：今天学习的周长知识，在生活中的用处可大了！咱们一起去看看吧！（播放课件）

一席菜地，围上篱笆；一张相片，镶上花边；一扇窗户，装上边框；一棵大树，量量多粗；一片池塘，周边种树，要种多少棵呢？这都要用到今天学习的周长知识。再看！医生在给小朋友量什么？量头围。同学们课后也互相量一量头围、胸围、腰围，并记录下来，为自己建立一份“周长健康档案”吧！下课！

【设计意图】本课的结束环节安排的“周长在我们身边”欣赏短片，反映了周长与生活的密切联系。一个个鲜活的画面，使学生对周长的理解进一步得到深化，让学生切实感受到本课知识的趣味性和实用性。

26. “正方形的周长”教学设计

宋君
（河南省郑州市金水区金桥学校，青年名师）

※ 教学预设

教学内容：“地砖的周长（正方形的周长）”。

教材分析：由于学生对周长的概念以及怎样计算图形的周长已经有一定的认识和生活经验，要用“地砖周长”的情境，引导学生在活动中探索和归纳出计算正方形周长的方法。通过一系列活动让学生充分掌握正方形周长的计算方法，并能运用正方形周长的计算方法解决生活中的一些实际问题，以培养学生解决简单问题的能力。

※ 教学过程

一、自学课本，主动建构

师：今天我们来学习“地砖的周长”，请你带着这两个问题自学课本第 48 页的内容。

（屏幕呈现）

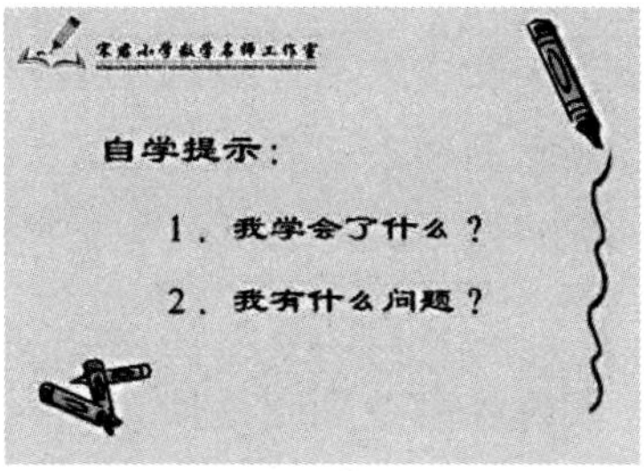

（学生进行自学，教师巡视）

【设计意图】让学生带着问题，带着自己的思想、自己的思维进入数学课堂对于学生的数学自主学习有着重要的作用。课堂上进行自主学习是理解和掌握新知识的前奏。在新课程理念背景下，课堂上的自主学习不再是单纯为掌握知识和技能而设置的学习活动，而是为了让每一个孩子发展得更好，同时，也为教学找到了认知基础。

二、合作交流，共同分享

师：很多同学已经学完了。那么，请你带着这两个问题在你的小组内进行交流。

（在小组交流时，注意每个学生都积极参与，积极发表学生的自学情况，在交流、碰撞中丰富、完善自学内容，加深对所学内容的认识。）

【设计意图】“数学课程标准”指出：“动手实践、自主探索与合作交流是学生学习数学的重要方式。数学学习应当是一个生动活泼的、主动的和富有个性的过程。”在教学时，要给学生充分的进行数学活动的时间和空间，真正使学生在自主探索、合作交流中得到发展。

三、小组展示，反馈调节

师：哪个小组愿意和大家分享你学会了什么。

小组1：我们小组学会了用加法和乘法来计算地砖的周长。加法是用60+60+60+60，乘法是60×4。

师：你能先讲一讲第一种方法吗？

生：第一种方法是加法。

师：用加法来解决，你能把它写到黑板上吗？

（学生板书）

60+60+60+60=240(cm)

生：这种方法是加法，还可以用乘法计算。

师：我们先看这种方法，你能给大家介绍清楚这种方法吗？

生：这种方法就是把地砖面的四条边都加起来了。

师：四面的加起来了，听明白了吗？

生：没有。

师：没有，那你再给大家解释清楚到底是什么？

生：是四条边的地砖，四条边的、四条边的……

师：没有关系，不紧张不紧张，你给大家说说60+60+60+60求出来的是什么？

生：求出来的是地砖四条边的长度。

师：同意吗？

生：同意。

师：哎，她一紧张就说对了，你有什么问题没有？

生：没。

师：把掌声送给这个小组。好，请回。那么我就不明白了，为什么要把60+60+60+60呢？我怎么觉得加3个60，加2个60呢？

生：因为正方形只有4条边，每一条都有60厘米，4条边加起来是60+60+60+60。

师：你的解释我好像明白了一点，那我还有一个问题，为什么不是80+80呢？

生：因为每一条边只有60厘米。

师：哪里告诉我们是60厘米了？你找到了没有？

生：找到了。

师：你说吧。

生：在书上有。

（这个学生并没有找到）

师：书上有，我也看书了，怎么没有看到呢？在书上什么地方呀？

师：看来你和我一样，都没找到哪里有，谁找到了？

生：书上告诉了“每边的长度都是60厘米”。

师：教材中笑笑说了一句话：“每边的长都是60厘米。”每边的长都是60厘米是什么意思呢？你能说吗？

生：每条边的长都是60厘米。

师：哦，也就是说，正方形每一条边的长都是60厘米，对不对？嗯！我明白了。你看看，学习就是这样，从刚开始学不太懂慢慢地我们就明白了，这就是一个学习的过程。

师：那么，我们接着看屏幕，除了这种方法还有其他的方法吗？哪个小组愿意来汇报？

小组2展示：我们小组使用60×4来计算的，60×4表示4个60，正方形有4条边，每条边的长度都是60厘米，60×4等于240厘米，240表示的是正方形的周长。大家有问题吗？

生：没。

师：既然没有，那把你的方法板书到黑板上好吗？

（学生板书）

60×4=240(cm)

师：我觉得这位同学很善于思考，他把想法写出来之后，还知道回过头再看看他写得是否正确，我们在做题的时候也要养成这个好习惯。把掌声送给这个小组。哪个小组还有解决不了的问题？

生：我认为可以用 60×2+60×2 来计算，为什么教材上没有呢？

师：这个同学问了一个很好的问题！能不能用 60×2+60×2 来计算呢？我先把它板书出来，你能读懂这个算式吗？

$$\begin{aligned}&60\times2+60\times2\\&=120+120\\&=240(cm)\end{aligned}$$

生：60×2 是先算出正方形上面一条边和下面一条边，也就是只算了两条边长。

师：后边的那个 60×2 呢？

生：后面的那个 60×2 算出来的是剩下的两条边长。

师：好，先算了正方形的两条边又算了正方形的两条边，加在一起，同意吗？

生：同意。

师：我们一齐把算式补充完整。

师：你看，书上没有的方法我们也找到了，我觉得同学们真的很棒。看来我们在学习的时候不仅要学习书本上的内容，还要有自己的思考，带着自己的思考进行展示和交流。还有问题吗？

生：能不能用（60+60）×2 计算呢？

生：可以。

师：好！我把它也写到黑板上，我们也算出来，好吧。

$$\begin{aligned}&(60+60)\times2\\&=120\times2\\&=240(cm)\end{aligned}$$

生：等于 120 乘以 2，等于 240 厘米。

师：关于这节课的学习你还有什么不懂的地方或者问题？

生：60 乘 4 中的 4 从哪来？

师：你不太明白这个 4 从哪来的？谁能给他解答？

生：因为正方形都有 4 条边，所以是乘 4。

师：大家是否真学明白了，我们看第一个题，你会解决吗？

做一做 求下面正方形的周长。

（略）

师：请看第二题。

生：22×4=88（厘米）

师：同意吗？

生：不同意。

师：别慌。

生：22×4=88（米）。

生：同意。

师：刚才通过这两个同学的交流，让我们都懂得了：在解决问题的时候一定要细心，看清单位名称。

师：我们又解决了两个问题。现在回过头来再看一看刚才我们学过的地砖的周长和这两个题，想一想：如何计算正方形的周长呢？在小组内讨论一下。

师：谁来汇报一下你们小组讨论的结果？

生：计算正方形的周长，概括来说就是边长乘 4。大家有问题吗？

生：没有。

师：好，我写到黑板上，你懂吗？

生：懂。

师：还有不同的方法吗？

生：我们可以用“边长 + 边长 + 边长 + 边长”进行计算。

师：好！我们再回过头来看第一个我们总结出来的正方形周长的计算公式，你更喜欢哪一种方法计算正方形的周长呢？

生：边长乘 4。

师：为什么喜欢边长乘 4 呢？

生：简单。

师：哎，简单一些，有时候第一种方法会让我们回到原点去思考问题，回到周长的意义去思考。当我们遇到一些崭新的情境和问题时，不妨回到原点去思考这个问题。

【设计意图】数学教育家弗赖登塔尔说过：“学生学习数学的唯一正确方法是实行‘再创造’，学习不是一种简单的‘告诉’，而是一种自我建构。”这一环节，教师引导学生充分利用已有的知识经验，自主探究并掌握正方形周长的计算方法，教师适时点拨，学生在探究和交流过程中，学生品尝到了成功的喜悦，增强了学习的自信心。

四、有效练习，巩固提高

师：我们再来看一个题目，检测一下，看我们到底学得怎么样？看第一道题，我找同学直接说结果。（略）

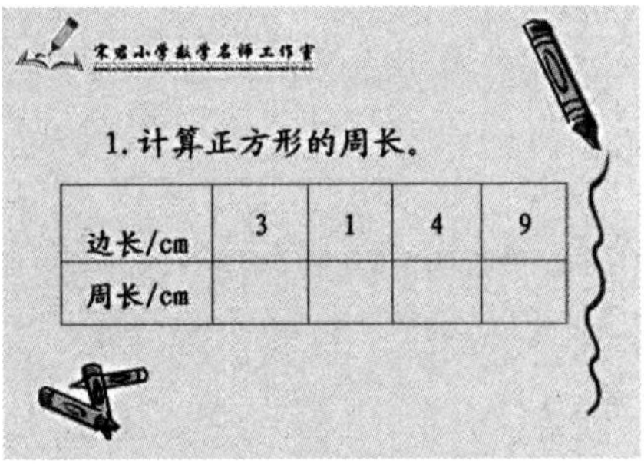

师：看屏幕，你会解决吗？

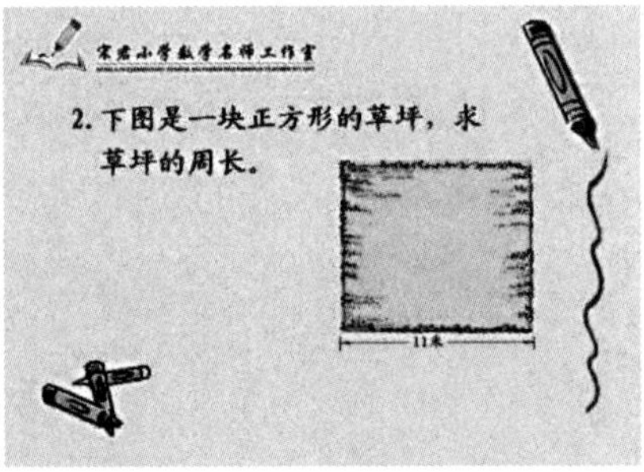

生：会。

师：把它做到你的作业纸上。

师：我请一个同学把你写的给大家介绍一下。

生：11×4=44（米）答：草坪的周长是44米。

师：你们同意这个结果吗？

生：同意。

师：做对的同学在你的练习本上画一朵小花。我们进行下一个题目，看屏幕。需要宋老师的帮助吗？

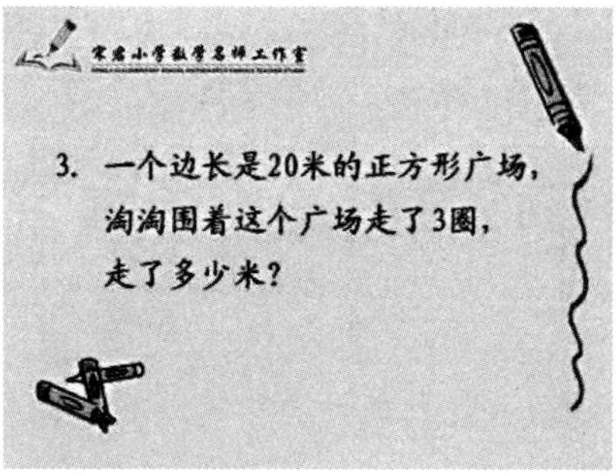

生：不需要。

师：请你做在练习本上。

生：20×4=80（米） 80×3=240（米）答：淘淘走了240米。

【设计意图】本课的练习设计，我注意了形式多样的分层次设计，既使学生进一步掌握计算方法，又锻炼了学生解决简单的实际问题的能力。

五、布置作业，拓展延伸

师：今天的课堂作业是课本48页的第1题和第2题。

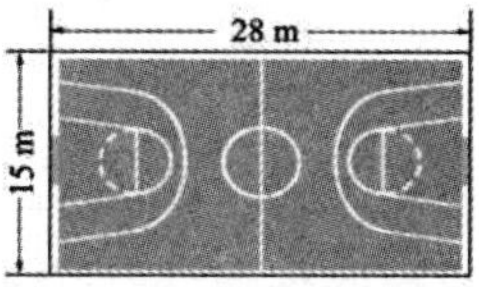
练一练

1. 篮球场是一个长方形（如右图），这个篮球场的周长是多少米？

2. 长岭小学有一块正方形实验园地，边长32米，四周要围上篱笆，篱笆长多少米？

师：课堂作业做完的同学可以做家庭作业。今天的家庭作业是数学练习册26页的第1题和27页的第2题。

师：家庭作业做完了你可以思考下面的题目。

27. “长方形与正方形的周长练习课”课堂实录

贲友林
（江苏省南京师范大学附属小学，特级教师，正高级教师）

※ 课前思考

本课的教学，要使学生进一步理解周长的意义，掌握长方形和正方形周长的算法。

通过操作、观察、比较、分析等活动，初步培养学生的数学思考能力，发展学生的空间观念，促进学生积极的数学学习情感的形成。

※ 教学过程

师：请大家拿出课前分发的一张长方形纸。今天这节课，我们借助这张纸，上一节长方形和正方形周长的练习课。（板书课题）

师：请大家观察这张纸，

用手指一指这个长方形的边线，四条边线的总长度也就是这个长方形的——

生：周长。

师：这个长方形的周长是多少？你会算吗？

生：要先量——量这个长方形的长和宽各是多少。

师：请大家先量一量，再算一算。

学生操作，教师巡视，并在学生测量之后指名汇报测量的结果：长是8厘米，宽是6厘米。教师在黑板上贴出一张长方形纸，标注数据。然后请两个学生在黑板上板演算法。

学生板演。

教师组织学生评析板演，说说每种算法每一步算出的分别是什么。

师：两种算法不同，但算出的都是长方形的周长。长方形的周长已经算过了，正方形的周长还没计算，哪儿有正方形呢？

生：可以从这个长方形中剪下一个正方形。

师：好主意！你会剪吗？动手做一做！

学生操作，教师让学生把长方形剪成的两部分分别拿在两只手上。教师在黑板上贴出相应的一个正方形和一个长方形。

师：你能剪出比这个更大的正方形吗？

生：不能。

师：其实，我们是从这个长方形中剪出了一个最大的正方形。那这个正方形的周长你会算吗？剪剩下来的长方形呢？想一想，算一算。

学生汇报，教师板书。（略）

教师指着“4×6=24（厘米）”中的“6”，在学生解释它是正方形的边长，也就是长方形的宽之后，再让学生到黑板上比画“6”是指哪条边的长。

教师再让板演计算长方形周长的学生解释每一步算式算出的是什么。

板书算式：24 + 16=40（厘米）。

师：把长方形分成一个最大的正方形和长方形，周长分别是24厘米、16厘米，他们相加得40厘米，原来长方形的周长是28厘米，怎么多了呢？

学生指着黑板上贴出的长方形和正方形纸：这里有两条边。

师：她的意思是分下来就多出了两条边，你想的和她一样吗？把你桌上的小长方形和正方形像黑板上这样分开摆好，我们慢慢地把它们拼起来。这时，你发现了什么？

生：这儿有两条边重叠了。

师：是的。有两条长6厘米的边重叠在一起，消失了。现在再把它剪开、分开，这时候你发现了什么？

生：多了两条长6厘米的边。

师：二六十二，28和40正好相差12。刚才我们把长方形一分为二，分成了一个正方形和一个长方形。如果把这个长方形分成两个一样的图形，可以怎么分呢？请大家看着长方形想一想，可以怎样分。

学生思考。

师：用课桌上的一张长方形纸折一折，把分法表示出来。然后和小组内的同学交流一下，你是怎样分的？分成的其中一部分，你会算周长吗？

学生操作，小组交流，教师巡视指导。

学生汇报。

一位学生演示对折：我把它这样对折。

师：我看明白了，把手中的长方形纸像你这样对折，再分一分，贴在黑板上。

教师在黑板上贴图 1。（图略）

生：现在小长方形的宽是原来大长方形的长除以 2，也就是 8 除以 2 等于 4 厘米、小长方形的长就是原来大长方形的宽，是 6 厘米。

教师在黑板上标注数据：4 厘米，6 厘米。

生：这个小长方形的周长是：4 + 6=10（厘米），2×10=20（厘米）。

教师板书小长方形周长的计算过程：还有不同的分法吗？

一个学生演示把长方形折成两个三角形：还可以这样折。

师：大家看，他折出了什么图形？

生：两个三角形。

教师在黑板上贴出图 2。（图略）

又一个学生示意另一种分法：还可以把长方形横着对折。

教师贴出图 3。（图略）

师：这样对折，其中一个小长方形的周长你会算吗？

学生口述算法并说明理由。

师：刚才，我们把长方形分成两个小长方形，一种分法，一个周长是 20 厘米，两个周长和是 40 厘米，比原来的大长方形周长多了——2 个 6 厘米，12 厘米；另一种分法，一个周长是 22 厘米，两个周长和是 44 厘米，比原来的大长方形多了多少？

生：2 个 8 厘米，16 厘米。

师：分法不同，多出的长度也不同。再看分成的两个三角形，这个三角形的周长你会算吗？

生：28÷2=14（厘米），14 + 10=24（厘米）。

师：请解释你的算法。

生：14 厘米是原来长方形周长的一半，也就是一条长加一条宽。10 厘米是中间被剪开的这条边。

生：还可以列式：6 + 8 + 10=24（厘米）。

教师指着黑板上贴出的三角形的各条边提问：这条边，6 厘米，对吗？这条边是几厘米？这条边，10 厘米，你是怎么知道的？

生：量的。

师：他说量的，大家量一量，这条边的长是不是 10 厘米？

学生测量验证，确认三角形斜边长 10 厘米。

师：通过测量、计算，我们算出了这个三角形的周长是 24 厘米。不过，同学们，我要告诉你们，今天我们是用量的方法知道这条边长 10 厘米，随着我们数学的学习，以后不量，也能求出这个三角形中这条边长是多少。让我们把掌声送给那个组的两位同学，他们让我们明白了怎么算三角形的周长。

学生鼓掌。

把一张长方形纸撕成两部分，如图 4。（图略）

师：刚才，我们把长方形进行了不同的“一分为二”。现在看我手中的这张长方形纸，老师也把它一分为二。

师：分成的这两部分，周长有什么关系呢？

生：相等。

师：都是这样想的吗？有不同的声音吗？为了便于大家看得清楚，我把这种分法画在黑板上。

一个学生指出：两个图形的周长不相等。

随即，发言的学生跑到黑板前，指着图讲：这边裁到角，周长才相等。现在这里多出来了。

师：她想到另外一种分法。你能把她想到的一种分法画出来吗？

学生板画，如图 5。（图略）

教师在图 4 和图 5 中标注：A、B、C、D。（图略）

生：图 A 和图 B 的周长不相等，图 C 和图 D 的周长相等。

师：我想请一位同学和我来合作演示，让大家都明白图形周长之间的关系。

教师和学生用不同颜色的粉笔分别同时描画图 A、图 B 对应的边线，再分别描画图 C、图 D 的边线。

师：看了我们两人合作描边线的演示，你想到了什么？

生：图 C 和图 D 的周长一样长。

生：图 A 的周长长，图 B 的周长短。

师：两种分法，好像一样。但我们仔细观察一下，发现——

生：不一样。

师：那得出的结论也就怎么样？

生：不一样。

师：学习数学，观察非常重要。

今天这节课，我们用一张长方形纸分成两部分，分法有很多，我们也就解决了很多问题，这些问题，都是与周长计算有关的问题。现在，你还有什么问题想提出来吗？

生：最多分成几份？

生：还有哪些不同的分法？

师：刚才我们分的图形，分别是两个长方形，两个三角形，都是完全一样的。想一想，原来大长方形能不能分成两个完全一样的正方形呢？

生：不可以。

师：仅仅是“不可以”？我想大家都不满意。我们的回答还要说明为什么“不可以”？

生：因为这个长方形的长不是宽的 2 倍。

师：他的发言告诉了我们，如果要分成两个正方形，原来长方形长和宽之间要有什么关系？

生：长是宽的 2 倍。

师：如果把原来长方形修改一下，可以怎么改？

生：把长方形的宽改成 4 厘米，长是宽的 2 倍。也就是长 8 厘米，宽 4 厘米。

师：想象一下，能分成两个正方形吗，那分成的正方形的边长是多少？

生：4 厘米。

生：还可以把长改成 12 厘米，宽不变。

师：那这样分成的小正方形，它的边长是多少？

生：6 厘米。

师：感谢大家的思考，让我们共同感受到数学思考的丰富。想一想，就产生了新的问题。例如，这个长方形可以像黑板上贴的图这样，剪一个最大的正方形。大家都是这样剪的，还有没有不同的剪法呢？就这一种剪法吗？其实我们可以研究的问题还有很多。长方形可以分成两个长方形、两个三角形，还有没有不同的分法也能分成两个完全一样的图形？大家把这些问题留到下课以后思考，好吗？期待着大家有更精彩的想法！

28. “长方形的面积与周长”课堂实录与反思

潘小明
（上海市宝山区第一中心小学，特级教师）

※ 课前思考

学生在学习完长方形、正方形面积计算后，往往容易与以前学习的长方形、正方形的周长计算混淆。针对这一问题，教材中专门安排了一节面积和周长的对比，以便让学生能正确区分。教材通过例题给出长方形的长和宽，让学生计算出它的面积和周长。接着引导学生从三个方面去区分：首先，从概念上分清哪是长方形的周长，哪是长方形的面积；其次，从计算方法上分清各自该怎样计算；最后，从计量单位上分清各自该用什么单位。然后再列式计算。同时，教材还安排学生在实际生活中注意区分周长和面积的概念。例如，在“做一做”中让学生分别指出手帕、桌面的周长和面积。在其他练习中也加强了对比练习，并适当出一些联系实际的问题，巩固所学的知识，提高学生解决实际问题的能力。

本课的教学目标：

1. 通过面积和周长的比较，使学生正确区分、理解、掌握面积和周长这两个概念，熟练掌握长方形、正方形面积和周长的计算方法。

2. 运用比较的方法，培养学生分析、概括能力以及解决实际问题的能力。

3. 渗透事物之间是相互联系和发展变化的辩证唯物主义观点。本节课创设“有两根铁丝，一根长 24 厘米，另一根长 20 厘米。用这两根铁丝分别围成一个长方形，哪根铁丝围成的长方形的面积大？”的问题场，在教学时注意充分发挥学生的主动性，为学生的活动留出足够的探究空间和时间，让学生在生活实际的问题情境中动手操作，发挥自己的聪明才智去发现问题并解决问题。

※ 教学过程

课堂导入，略。

（屏幕显示：有两根铁丝，一根长 24 厘米，另一根长 20 厘米。用这两根铁丝分别围成一个长方形，哪根铁丝围成的长方形面积大？）

生：24 厘米的铁丝围成的长方形面积大。

师：同意的请举手！（几乎所有学生都不假思索地举起了手）谁能说说理由？

生：因为 24 厘米的铁丝长，围成的长方形的周长也就长，周长长的长方形的面积就大。

师：同意吗？（学生异口同声说同意。教师板书：周长长的长方形，面积就大）我也在想，如果“周长长的长方形面积就大”这句话是正确的，那么“周长 24 厘米比周长 20 厘米长”，所以，“用 24 厘米铁丝围成的长方形的面积就大”这个结论当然应该是正确的！如果“用 24 厘米铁丝围成的长方形的面积就大”这个结论是错的，那又说明了什么呢？“周长长的长方形面积就大”这句话，你们有没有验证过？（许多学生都在摇头）你们验证一下，好吗？

生：好！

师：怎样进行验证呢？

生：老师发给我们的纸上有许多个点（课前教师发给每个学生一张印有格点的纸，格点间相距 1 厘米），譬如说，我们可以画一个长方形，它的宽是 4 个点，长是 5 个点，把四条边加起来算出它的周长；再画一个周长短一点的长方形，用我们学过的方法算出它们的面积，看看这句话到底对不对。

师：同学们，他的意思是不是想围两个周长不等的长方形，分别算出它们的面积，再来验证周长长的长方形的面积是不是真的就大？

生：是的。

师：那好，我们就直接用 24 厘米和 20 厘米这两根铁丝分别围一个长方形，去进行验证吧。

（学生各自在纸上画出想围成的长方形，进行着实践验证，之后，在 4 人小组内进行了交流。）

师：下面，请发表意见。

生 1：我认为“周长长的长方形的面积就大”这句话是对的。因为我围了一个长是 7 厘米，宽是 5 厘米的长方形，还围了一个长是 7 厘米，宽是 3 厘米的长方形，周长 24 厘米的长方形的面积是 35 平方厘米，周长 20 厘米的长方形的面积是 21 平方厘米，所以，我们认为这句话是对的。

（“不对！不对！”有几位学生神情激动，有点坐不住了。）

师：同学，人家对你的回答有意见呢！（转向生 2）你说。

生 2：我用 24 厘米的铁丝围成了一个宽是 1 厘米，长是 11 厘米的长方形，用20厘米的铁丝围成了一个宽是4厘米，长是6厘米的长方形，周长24厘米的长方形的面积是11平方厘米，而周长20厘米的长方形的面积是24平方厘米，所以，我们认为这句话是错的！

生1：我对刚才的回答还有一点补充。我突然想到了，凡是围成宽是1厘米的长方形，这句话对于它而言就是错的。

师：你的意思是说，不能用24厘米的周长去围成宽是1厘米的长方形，对于围成的宽是2厘米、3厘米等的长方形，那么“周长长的长方形的面积就大”这句话就是对的了，是吗？

生1：是的。

师：那我们就来围一个宽是2厘米的长方形，同学们想，这个长方形的长是几厘米？面积是多少？

生2：长是10厘米，面积20平方厘米。

师：请再看刚才围成的长6厘米、宽4厘米的长方形，你们有什么想法？

生3：周长24厘米的长方形面积反而小，所以这句话还是错的。

师：通过举例验证，请大家现在来判断，“周长长的长方形面积就大”这句话到底是对还是错？

生4：我认为这句话有时候是对的，有时候是错的。

（听课老师一阵哄笑。）

师：我再想问，当试卷上有这样一道判断题时，你是不是也想在括号里写上“这话有时候是对的，有时候是错的”，若真是这样写上，我不知道你们的老师将会怎样评判呢？

（其他学生都乐坏了，哈哈大笑。）

生5：我发现是这样的，如果用24厘米和20厘米的两根铁丝围成的长方形的宽是相等的话，那么，“周长长的长方形的面积就大”这句话是对的。

师：同学们都听清楚了，当围成的长方形的宽相等的时候，周长长的长方形的面积肯定大！你们同意吗？知道为什么呢？

生5：因为这时候周长长的长方形的长肯定要长一些，所以面积就一定大。

师：有道理！你把“有些时候”分得很清楚了，真会动脑筋！

生6：我认为这句话不是有时候对有时候错。因为已经举出一个例子，说明周长长的长方形面积不比周长短的长方形的面积大，所以，这句话是错的。只要举出一个反面例子，就能说明这句话是错的。

（一些同学开始表示赞同。）

师：我举双手赞同这位同学的观点！你说周长长的长方形的面积一定大，那我就用24厘米围成了长11厘米、宽1厘米的长方形，比起周长20厘米的这些长方形（屏幕上），面积哪里是大了呢？所以，这话肯定是错了！

我刚才听到有同学说，是在寻找反例进行验证的。如果我们找遍了所有的例子，都是周长长的长方形的面积大，那就证明这句话是正确的。但是，如果找到了反例，哪怕只有一个反例，就足以证明这句话是错的。所以，在验证时要关注有没有反例。

现在，我们都知道这句话是错的，那么怎样改才是正确的呢？

生：把“就”改成“不一定”，也就是“周长长的长方形的面积不一定大”。

（其他学生都表示同意。）

师（出示在屏幕上的一组图形）：从这组周长都是24厘米的长方形中，你有什么发现吗？从这三个长方形中要找规律，数据材料是不是少了一点？

（学生纷纷点头，于是，学生又说出围成的几个长方形。）

师：现在，数据材料多了，同学们发现了什么吗？（大多数学生面露难色，有的摇了摇头）看来，从一堆杂乱的材料中很难发现有什么知识规律的，这时怎么办？

（学生说需要将材料进行整理，而且要有序整理。）

结合回答板书（见下表）（表略）

（师还没有写完，小手开始陆续举了起来：“我知道了！”“我知道了！”）

生1：周长相等的长方形，当长与宽越接近时，面积就越大。

生2：当长与宽相等时，面积就最大。

生3：如果铁丝的长度是42厘米，这时是不能围成正方形的，只能围成长是11厘米、宽是10厘米的长方形。所以，不能说一定是围成的正方形的面积是最大的。

生4：用42厘米的铁丝怎么不能围成正方形？围成的正方形的边长是10.5厘米。

生3：这样，边长是小数，那是不可以的。

生4：题目中又没有规定围成的长方形的边长必须是整数的，为什么不可以呢？

生5：就算可以，那正方形的面积也不是最大的，11乘10等于110平方厘米才是最大的。

师：那我们再计算一下10.5乘10.5的积，是110.25平方厘米，还是正方形的面积大。

师：同学们刚才发现，周长相等的长方形，当长与宽越接近时，长方形的面积就越大；当长与宽怎样时，面积最大。反过来，当长与宽相差越大，长方形的面积就越小，什么时候面积最小？

生 1：当围成宽是 1 厘米的长方形时面积最小，是 11 平方厘米。

生 2：我不同意。也可以围成宽是 0.5 厘米、长是 11.5 厘米的长方形，面积就更小了。

师（引导学生看着屏幕）：宽由 1 厘米减少到 0.5 厘米，长增加到 11.5 厘米，数方格得面积大约是多少？

生 1：比 6 平方厘米还小。

生 2：还可以围成宽是 0.1 厘米、0.001 厘米的长方形，所以没有最小的长方形。

师：同学们，这是我们从周长都是 24 厘米的这组长方形中发现的规律。对于周长不是 24 厘米的长方形，是不是也存在“周长相等的长方形，长与宽越接近，面积就越大；长与宽相等时，面积最大”的规律呢？

生：这也要验证一下。

师：好，应该！我们就一起来观察周长是 20 厘米的这组长方形，看有没有这样的规律？

（学生通过验证发现同样有着这样的规律。）

师：只举一两个正例是很难证明的。不过，老师告诉你们，“周长相等的长方形，当长与宽越接近时面积就越大，当长与宽相等时，面积最大”这话是正确的。同学们，刚开始的时候，我们以为“周长长的长方形面积就大”，后来，我们对这句话进行了验证，举了一个反例就把这句话给彻底推翻了，并发现周长长的长方形面积不一定大。接下去，我们的同学从周长 24 厘米的这组长方形中发现，周长相等的长方形，当长与宽越接近时，面积就越大，当长与宽相等时，面积最大，并且得到验证。你们真棒！

※ 课后反思

最近一直在思考数学知识、数学思维、数学情感这三者到底如何在数学课堂上交织并实现，却总是找不到确定的语言来表述。

在这样的痛苦中煎熬已经有一段时间了，直到偶然间重温了海明威的“冰山原理”，我才豁然开朗：数学知识、数学思维、数学情感这三者不就好比海明威“冰山原理”中所指的具体可见的文字和形象、寓于文字和形象之中的情感和思想吗？数学知识是显性的，是浮出水面的“山头”，数学思维、数学情感是隐性的，是在水面下面但支撑着整座“山”的重要基座，而数学思维是一个重要的中介，数学知识、数学情感都是寓于数学思维活动中的。

一个好的问题情境，应该是具有数学思考价值的，它能激活经验，产生意向，激发创造。因此，它必须是开放的，使得各层次学生都能参与并产生自己的想法，并通过不同的想法挑战学生的思维，经过实践验证等活动，让学生发现知识规律。

“有两根铁丝，一根长24厘米，另一根长20厘米。用这两根铁丝分别围成一个长方形，哪根铁丝围成的长方形的面积大？”学生普遍认为周长长的长方形，面积就大。少数学生却认为不一定：“我认为这话有时候是对的有时候是错的。”“我认为当围成的长方形的宽相等时，这话是对的。”“我认为只要举出一个反例，就说明这话肯定是错的。”……“问题场”就这样形成了。

在思维的碰撞中又产生了新的问题：已经举出了正例为什么还不能证明这话是对的呢？应该怎样去举例验证呢？周长长的长方形面积不一定大，那么，周长相等的长方形的面积会不会也不一定相等？当长与宽相等时面积最大，有没有最小的面积……这些新问题环环相扣，层层深入，自然地构成“问题串”。

“问题场”与“问题串”纵横交错拉起了一张思维的网，学生的思维随之不断被拓展和加深，我将其称为数学课堂上的“思维场”。“思维场”在问题情境中产生。而构建一个具有长度、宽度、深度的“思维场”，应该从创设一个具有数学思维价值的问题情境开始。从某种程度上来说，一堂数学课，老师教得得不得意，学生学得幸不幸福，就取决于这个“思维场”的长度、宽度和深度。

实践体验因“悟”而深。深切的体悟必定来自亲身实践，但亲身实践未必自然会有深切的体悟，教师必须适时引导，而且必须导在数学思维上。

例如，“怎样验证‘周长长的长方形，面积就大’这话到底是否正确呢”？我预想到有学生会举一个正例来验证，也明知这样的证明是不科学的，但还是先让学生从各自的思维实际出发放手去举例验证。对于那些举了正例以为结论是正确而坐等的学生，我没有马上提示他们去寻找反例，而是让他们继续白白等待。因为我认为，让学生学习举例验证正确的思维方法，比结论本身更为重要！所以看似浪费了时间，为的是让学生在之后的交流、碰撞中自己发现错误之所在，因为一丝后悔或自责而产生更深体验：不应坐等的，应思考有没有反例呀！

再如：“在周长都是24厘米的这些长方形中，你有什么发现？”少数学生已经有所发现，通过生生互动，其他学生也能知道知识规律。如果我们的数学课就此打住，这样的知识规律对学生又有多大的意义呢？学生的数学思考还没有真正开始呢？于是，我针对学生的困惑，进行启发引导，一起收集数据材料，进行有序整理等，再进行观察比较。结果，学生不仅发现了“周长相等的长方形，当长与宽越接近时，面积就越大；当长与宽相等时，面积最大”，而且，还提出了“长与宽相差越大时面积就越小，有没有最小的面积”的问题。甚至还有意外的发现难住了教师：随着长与宽的变化，面积变化也有规律的，分别相差 9、7、5、3、1 平方厘米，这是巧合还是必然？到底有什么道理？这样的思维深度，这样的深刻体验，怎能不让学生得意，老师高兴呢？

一个数学教师，要学会往下看，透过水面去发现并抓住支撑着数学知识的数学思维，让学生亲历数学思维活动的过程，不仅获得扎实的知识技能，而且产生积极的情感体验和科学的探索精神。

如此，你的学生会因为你的每一节数学课而终身受益。

29. “面积单位”课堂实录与评析

许淑一 吴正宪
（许淑一，北京市东城区东交民巷小学，青年名师；吴正宪，北京市教科院，特级教师）

※ 课前思考

通过本课教学，认识常用的面积单位“平方厘米”“平方分米”“平方米”，初步形成这些单位的实际大小观念。经历面积单位统一的过程，体会统一面积单位的必要性。通过估一估、猜一猜等数学活动，发展学生的空间观念，感受学习数学的乐趣。

本课的教学重点是认识三个常见的面积单位，初步形成这些单位实际大小的观念。

教学准备：学具袋里准备若干个学过的图形纸片（▭ □ ○ △ □），另外准备面积为1平方厘米、1平方分米、1平方米的三个正方形以及教学图片。

※ 教学过程

一、创设问题情境，引发学习需要

【课堂设计】通过比较不同物体表面的面积大小，经历面积单位产生的过程。

黑板面的面积和数学课本的面积比较，谁大谁小？

两张长方形纸的面积，谁大谁小？（红色：长5厘米、宽3厘米；黄色：长8厘米、宽2厘米）

【设计意图】“问题”往往被视为学习数学的核心。学生探究体验的兴趣来自疑问，来自问题情境中。通过比较两个长方形面积大小，引出要探究的问题——不折不剪，怎样比出哪个长方形的面积大呢？

【课堂实录】师：黑板面和数学课本的封面，谁的面积大？

生：黑板面的面积大。

师：大家通过观察就能比出它们面积的大小。

师：这两张长方形纸的面积谁大？

（学生出现不一致的意见）

生 1：我认为红色长方形面积大。

生 2：我认为黄色长方形面积大。

生 3：我认为两个长方形面积一样大。

师：怎么比的？

（生到讲台上比画）

生：我把两个长方形这样对齐（如下图），用剪刀把多出来的两部分剪下来，再比就知道了。

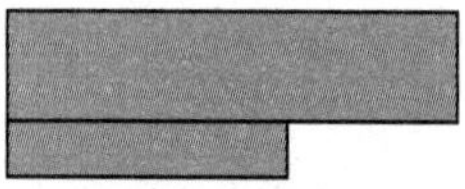

师：这的确是一个办法，如果不剪，有没有办法比出哪个长方形的面积大呢？

【课后自评】本环节的实施在意料之中，当学生利用观察法、重叠法不能直接比出两个长方形的面积哪个大时，把学生带入要产生面积单位的情境，产生求知的欲望。

二、动手操作探究，学习面积单位

【课堂设计】这是本节课的重点。本环节设计了两个层次。首先让学生经历产生面积单位的过程，体会面积单位统一的必要性；再通过观察、操作、猜想等数学活动，感知“平方厘米”“平方分米”“平方米”三个面积单位，发展学生的空间观念。

【设计意图】这个环节是想让学生通过自己探究体验获得知识，并在参与的过程中享受到学习的乐趣。尤其是通过拼摆不同图形来比较两个长方形面积的大小，让学生经历实验、交流、反思的过程，深刻认识面积单位统一的必要性。

课堂上让学生先通过多种活动感知面积单位，采用观察、测量、手势、估测等多种方式帮助学生认识面积单位，感受面积单位的大小，初步形成表象，为学生的估测提供支架。之后学生在估测活动中，一次次修正、深化三个面积单位，逐步建立正确的表象，发展空间观念。

1. 体会面积单位统一的必要性

【课堂实录】

师：两个同学一组，用 1 号学具袋中的学具在长方形上摆摆，看能摆几个小图形？

（学生活动后汇报）

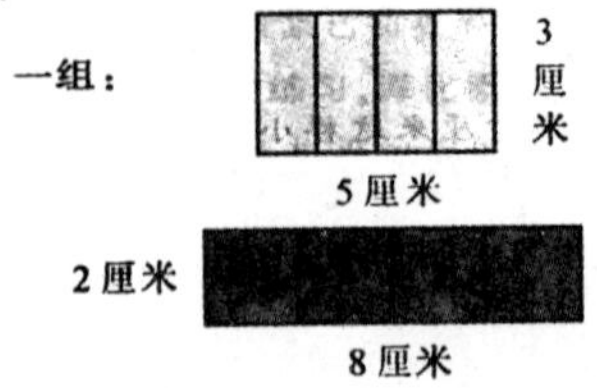

师：都用了 4 个小图形摆满了长方形，能说说这两张长方形纸的面积一样大吗？

生：（齐说）不能！

师：为什么？

生 1：我觉得不能，因为两个长方形上摆的图形不一样，这样不好比。

师：是的，在比较面积大小时，要选用同样的图形。

师：我们再看看这两个小组摆的。

生 2：我用正方形摆，摆了 15 个。

生 3：我也用正方形摆，摆了 4 个。

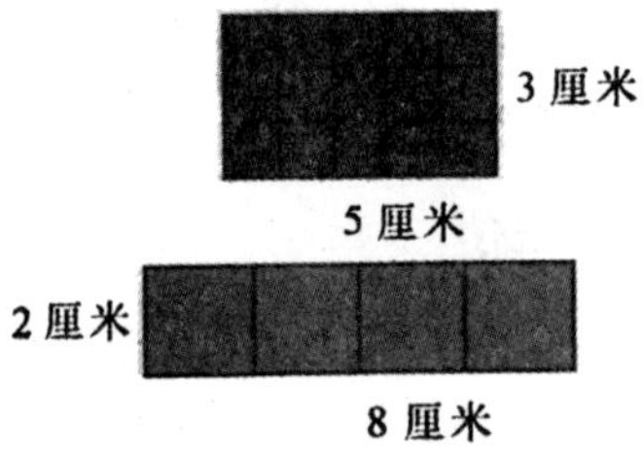

师：这次都用了正方形，这组 15 个，这组 4 个，能一下比出面积的大小吗？

生：不能！

（其中一个男生站起来）

生：老师，我能比出来！

（男生边说边走到前面给大家演示）

生：我发现一个大正方形正好等于 4 个小正方形，这张粉色长方形上摆了 4 个大正方形，也就相当于 16 个小正方形，绿色长方形上摆了 15 个小正方形，这样就能比出粉色长方形的面积大。

师：你不仅观察得细致，找到了两个正方形之间的关系，而且还通过转化得出粉色长方形的面积大一些，了不起啊！

师：刚才 ×× 通过找到关系比出了两个长方形面积的大小。同学们有什么想法吗？

生 4：×× 这样是能比出来，但还要绕一个弯儿才能比，能不能一眼就看出来呢？

生 5：其实选用的图形一样大就可以了，这样标准就是相同的了。

生 6：我也同意，比的时候，不但要选择相同的图形，而且图形的大小也要相同。

师：对，也就是需要统一比较的标准。

【课后自评】1 号学具袋中的学具有长方形和大小不同的两种正方形。操作时，班里出现了几种不同的摆法，抽样时仅选取了有代表性的两组，汇报过程中关注其他几组不同摆法的学生，使他们在交流中完善自己的想法，从而体会面积单位统一的必要性。课上，那个聪明的男生通过转化得到粉色长方形的面积大的结论，我在为这个学生的聪慧感到高兴的同时，也在思索：教具呈现得有问题吗？那个男生是不是同样体会到了面积单位要选用同样的图形、图形的大小要一样呢？

2. 体验选用什么样的图形为标准

【课堂实录】

师：老师为大家准备了统一的图形，打开 2 号学具袋，看看都有些什么？

（正方形、圆形和三角形）

师：四人为一组，看哪个组能很快比出两个长方形纸面积的大小？

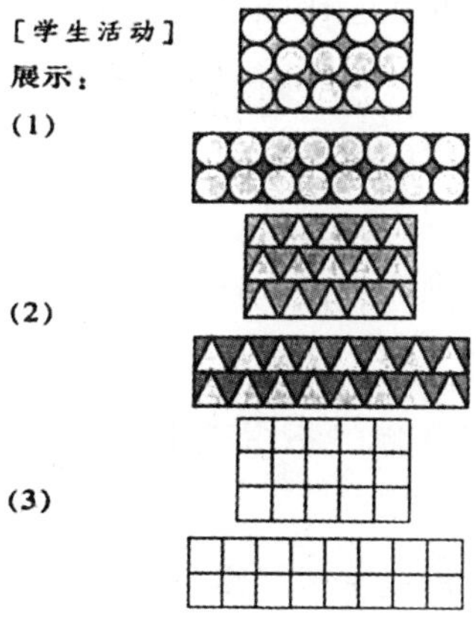

师：同学们用不同的图形比出了粉色长方形的面积大，选择哪个图形更方便呢？

生 7：我一开始也想选三角形来摆，但我发现用三角形和圆形都不能把整个长方形覆盖住，我觉得还是用正方形更好，摆起来也很方便。

生 8：而且，我发现用正方形来摆没有缝隙，这样测出来的更准确。

（众生表示同意）

【课后自评】学生有了前面充分的操作体验，在进行本节课的第二次操作中用时不多。我行间巡视，发现大部分学生都用正方形来摆，其中一部分说正方形很方便，也有一部分同学说早就从书上看到要用正方形来摆，至于为什么是这样，通过呈现其他的两种图形，学生就自然发现了使用正方形的优越性，汇报也不曾有分歧。

3. 初步感知面积单位

【课堂实录】

师：你知道哪些面积单位？

生：我知道有平方厘米、平方分米、平方米、平方千米。

师：这节课我们来认识三个常见的面积单位。

（板书：平方厘米、平方分米、平方米。学生读一遍）

（1）认识1平方厘米

师：刚才我们比较面积大小的时候，就用到了1平方厘米，每个人迅速拿出一个来，这就是1平方厘米。

师：谁能试着说说什么样的图形，它的面积是1平方厘米？

生：边长1厘米的正方形，面积是1平方厘米。

师：那它的边长是不是1厘米？请大家用尺子量一量。

师：用手摸一摸它的面。谁能边比画边把自己看到的说一说？

（学生边指边说）

师：他说得很完整，比画得也很准确。还有谁能说一说？

（学生边指边说）

师：找找看，生活中哪些物体表面的面积是1平方厘米？

生：手指甲盖！

师：拿1平方厘米的学具在你的指甲盖上比比，看哪一个指甲最接近1平方厘米？

师：这枚邮票的面积大约是几平方厘米？

生：我估计大约有8平方厘米吧？

生：6平方厘米。

生：10平方厘米。

师：估得怎么样呢？我们利用手中的学具来量一量。

师：停下来。哪个小组量出了结果？

生：这枚邮票的面积大约是6平方厘米。

师：在邮票的表面大约摆了几个1平方厘米，这张邮票的面积就是几平方厘米。

（2）认识1平方分米

师：刚才拿1平方厘米测量了邮票的面积，再拿这个1平方厘米测量一下课桌面的面积吧！

（一部分学生想动手量，另一部分学生马上提出意见）

生：老师，1平方厘米这样小，用它来测桌面的大小，要用好多好多，可能一节课都测不完呢！

师：找一找学具中还有哪个面积单位？

（生把1平方分米举起来）

师：那什么是1平方分米？两个同学互相说说。

师：能用手势比画一下吗？

师：两人一组，一个同学比画，另一个同学检查对方比得准不准确，并且去摸一摸比画出来的1平方分米。

师：找一找，我们身边哪些物体的表面面积大约是1平方分米？

（生纷纷举例）

师：每组的学具中，有一块手帕，请你估计一下，这个手帕的面积大约是几平方分米？

（学生先估计，再进行小组合作测量）

（3）认识1平方米

师：下面，我们来认识1平方米。通过刚才的学习，知道什么是1平方米吗？

生：边长1米的正方形，面积是1平方米。

师：（出示）这个正方形的面积就是1平方米，谁能一边指一边说说。

（一生到黑板前摸1平方米）

师：摸完有什么感觉？

生：比1平方厘米大得多呢！

师：闭上眼睛想象，1平方厘米、1平方分米、1平方米有多大？

师：1平方米的地方能站多少个同学呢？我们一起来站一站。

师：啊，能站12个同学呢。

师：能再估一估，教室这扇门表面的面积大约是多少平方米吗？

（学生估计，然后一起测量）

【课后自评】这个环节学生玩得很高兴。他们沉浸在说一说、比一比、猜一猜的快乐中。从学生的反馈来看，三个面积单位的表象及意义的形成一步一个脚印，落到了实处；从“平方厘米”的模仿表述到“平方分米”边比边述，再到“平方米”的尝试描述，学生的抽象概括能力得了提高；从“平方厘米”的量一量、摸一摸，到“平方分米”的同桌互相比一比、验一验，再到“平方米”的摸一摸、闭上眼睛想一想，学生对三个面积单位的表象已初步形成，发展了空间观念。

三、多样递进练习，深化概念认识

【课堂设计】① 根据给出的物体，直接判断出选用哪个面积单位最合适。

② 根据给出的面积单位，判断可能是什么物体表面的面积。

【设计意图】两个练习不仅是对本节课新知巩固深化的过程，更是将新知应用于实践、消化理解的过程。练习由浅入深，逐步开放，使学生在学会运用恰当面积单位测量的同时，将学生的空间观念进一步提升，三个维度的教学目标在课堂上整体落实。

【课堂实录】

1. 根据给出的面积，判断面积单位

师：根据老师给出的物体（橡皮和笔记本），直接判断出选用哪个面积单位最合适。

生：量橡皮表面，用平方厘米！

生：量笔记本表面，用平方分米！

2. 根据给出的面积单位，判断可能是什么物体表面的面积

师：屏幕上有三幅图，老师的信封中也有这些图片，请一名同学来抽一张，根据图片上的物体说出测量时要使用的单位，其他同学猜猜看，他抽到的是哪幅图？

生：（抽到旗杆图）测量它要用“米”。

师：猜到的同学用手势表示。

（众生出示②）

师：为什么？

生：只有第二幅图用“米”合适。

师：咱们今天学了面积单位，怎么测量旗杆不用“平方米”呢？

生：（抢着说）老师，要测旗杆的高度，那是长度，要用长度单位呀！

师：噢，明白了，继续。

生：（抽到数学书封面图）这个物体表面的面积用“平方分米”作单位。（众生手势表示①）

师：还有一个，说说该用哪个面积单位？

生：（齐说）平方厘米。

师：这节课我们不仅体验到了选用面积单位要有统一的标准，还认识了三个常见的面积单位。那么除了在物体表面或封闭图形上拼摆面积单位，可以得出它们面积的大小以外，还有没有其他更简单的方法呢？我们下节课再来学习。

【课后自评】本环节的实施，学生和我都有意犹未尽的感觉，“抽图片”的游戏充分调动了学生的积极性，参与面广，学习的热情高，但从习题的呈现来看，还略微显得单薄，呈现的素材应该更丰富，干扰因素应该多一些，这样对学生来说挑战性会更大。

※ 课后点评

“面积单位”这节课，从教材的知识结构和学生原有认知结构出发，让学生在自主探究和实践操作中，经历了面积单位统一的过程，认识了三个常用的面积单位，并形成了正确的表象。现仅就本节课，谈些感受，愿和大家共同商讨。

一、创设问题情境，引发认知冲突，产生学习“面积单位”的需求

“问题”往往被视为学习数学的核心。学生探究体验的兴趣来自疑问，来自问题情境中。课上，老师把学生带入与面积单位相关的问题情境，使学生产生了求知的欲望。

通过“黑板面和数学课本的封面，谁的面积大”这一问题，开始了本节课的学习。学生直接运用观察法，就比较出了它们的大小。

接着，问题进一步深入。教师给出两张不一样的长方形纸，要求比较面积的大小。学生用观察法已得不到统一、标准的答案，便尝试用重叠法解决，重叠后发现并不能直接解决问题。于是，学生想出了可以剪下来再比，这样引出要探究的问题——“如果不剪，有没有办法比出哪个长方形的面积大呢？”

二、学生在观察、猜测、实验等数学活动中，建立面积单位实际意义，发展空间观念

本课通过两次体验活动，利用直观操作的方法，展现了面积单位统一的必要性及常用面积单位表象的形成过程。

第一次体验活动，是学生两人一组利用手中的学具进行操作、体验，得出在比较面积大小时，不但要选择相同的图形，而且图形的大小也要相同。这样，学生通过动手操作感受到统一面积单位的必要性。之后，再进一步体验，统一了面积单位的标准后，“哪一个更方便呢？”学生选用不同的面积单位，再次进行拼摆，充分感受了选用正方形作为面积单位的优越性。

课上第二次体验，是让学生通过多种活动，感知面积单位并初步形成表象，为学生的估测提供支架。学生在估测活动中，一次次修正、深化三个面积单位，逐步建立正确表象，发展空间观念。

1. 对1平方厘米、1平方分米、1平方米三个面积单位的充分感知。

2. 灵活选用合适的面积单位，测量物体表面。

3. 先估计给出物品表面的面积，再实际测量。教师充分相信学生的学习能力，为他们创设自我思考、自由探究活动的空间，使学生通过自身体验来逐渐形成认知结构和科学素养。

三、多种教学策略有机结合，促进学生积极主动学习。

教师的“教”应该真心实意地为学生的“会学”“乐学”服务。教师要以热情的鼓励、积极的引导、耐心的期待、客观的评价，把学生推向自主学习的舞台上，让学生在感受、猜测、思考、操作、交流与反思中获取知识，培养能力，完善人格。上面的案例中，注意让学生在动手操作、自主探索、合作交流等一系列活动中学习，发挥学生的主体作用，使他们真正成为课堂学习活动的主人。

课上为了激发学生的学习热情，调动起学生参与学习的积极性，结合教学需要，教师采取了形式多样的教学方式。有让学生直接观察直观进行判断的；有让全班学生带着一分期待的心情，共同分享成功体验的；有采取小组合作的方式，进一步理解面积单位的；还有启发学生用数学的眼光去寻找与今天学习有关的知识，把课堂学习内容向课外延伸的。

“面积单位”一课的教学，整体实施效果是好的，但还有些问题需要进一步认真研究。如怎样更好地利用学生已有知识经验展开更有针对性的教学；如何充分调动学生学习的潜能，利用课堂资源，关注学习生成，使学生在数学学习中获得更有效的发展，我会在不断地自我反思中进一步成长。

30. “认识面积”教学设计与反思

陆建英
（宁波国家高新区外国语学校，青年名师）

※ 课前思考

“面积的认识”一课是三年级下册第五单元第一课时的内容。在此之前，学生已经学习了有关长度的知识，认识了所有长度单位。学习这一课，重点要求学生明确面积的含义，认识度量面积的三个单位：平方厘米、平方分米和平方米。这也是之后认识体积与体积单位的基础。由此可见这一课知识的重要性。教材对这一课做了如下安排：分为三个部分，先认识什么是面积，然后体会统一面积单位的必要性，最后认识三个面积单位，建立表象。从学生的现实情况来看，大部分学生能够结合具体情境用“大小”来描述“面积”；学生在学习“周长”时对封闭图形已经有所认识，绝大多数学生能够正确判别哪些图形有“大小”。同时也发现，“面积”与“周长”作为同时存在于封闭图形中的两个量度，不管在概念形成时，还是在应用阶段，学生均容易混淆：一是认为图形的大小指的就是图形的周长；二是认为两个图形的周长相等，它们的面积也必定相等。根据以往的教学经验，即使学生认识了面积，学习了面积的计算，在解决问题时仍然会出现面积和周长不分的现象。究其原因，是由于长度概念中的“长短”在学生头脑中先入为主，加上学生对抽象的“面积”概念缺乏认识的感性支撑所导致。因此，在教学“面积”时，一是要尽早地将其与“周长”进行比较，让学生更早地辨析两者的区别；二是在学生形成“面积”概念的过程中，不仅要有大量丰富的材料作为概念认识的感性支撑，而且要把“面积”概念形成过程的活动（特别是面积与周长的辨析、比较类的活动）作为概念认识的实践支撑。

※ 教学过程

一、导学

今天我们要研究什么？你听说过面积吗？在哪里听说过？

二、试学

看来同学们在生活中都听说过面积。那你们心目中面积到底是什么样的呢？

老师给同学们带来了几个图形，请看，你能找到他们的面积吗？用彩笔表示出来。

课件呈现：

【设计意图】通过找图形的面积了解学生心目中对面积的感知。

三、展学

1. 初步感知周长和面积的区别

投影呈现学生作品：描周长的，涂面积的

（1）你心目中的面积在哪里呢？描周长的学生介绍，其余学生质疑①

复习：刚才同学们说到了周长，那么什么是周长呢？图形一周的长度是周长。

【设计意图】概念的建立离不开比较与辨析，在“面积”与“周长”的对比中，帮助学生剥离“周长”与“面积”。

（2）涂面积的学生介绍。

师：角为什么没有面积？想象一下，如果要涂色会出现什么情况。

课件演示：我们在空中摸摸这些图形的面积。

找到了面积，那到底什么是面积呢？比如长方形，你觉得什么是长方形的面积呢？

生：周长包着的里面部分的大小。

在数学上，我们就把长方形的大小叫作它的面积。什么是圆形的面积呢？

2. 感知物体表面的大小是物体表面的面积

除了这些封闭图形有面积，其实我们生活中很多物体的表面也有面积。

（1）比如数学书的封面，你知道它的面积在哪里？

学生指——全班同学用手掌摸。

原来我们周长是怎么指的？看来面积和周长在指法上也是不一样的。

规范语言表达：那到底什么是数学书封面的面积呢？

板书：数学书封面的大小面积。

（2）数学书除了封面有面积，其他地方还有面积吗？

封面、侧面、底面这些面都是数学书的表面。

师：那这个面（封面），与这个面（侧面）比较起来，谁更大些呢？

生：封面的面积比侧面的面积大。

师：这封面的面积与底面的面积比较起来呢？

生：面积一样大。

同桌互相找一个面，先摸摸这个面，然后像这样说说什么是它的面积。

（3）呈现圆柱。它有面积吗？在哪里？（师指曲面）这个面和刚才数学的封面相比有什么不同？

（板书：平面　　物体表面　　曲面）

曲面也是有面积的，如果把曲面展开，变成一个平面。你们是不是一眼就可以看出它的面积了。这样摸起来就更方便了。

【设计意图】在教学中给学生留出充分的时间去感知“面”，并采用比较策略去组织“面积”的教学。不仅比出“谁的表面比谁的表面大、谁的表面比谁的表面小”，更要让学生体会到“面是有边界的”，有了边界才使“面有了确定的大小”，每个面的大小是这个面的面积，从而形成初步的面积概念。

四、研学——面积的大小比较

看来同学们已经很轻松地和面积交上了朋友，

1. 现在老师这里有四个图形，你能指指他们的面积在哪里吗？

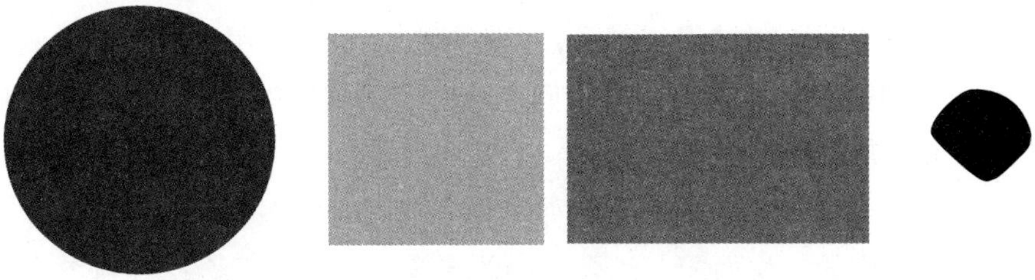

2. 你能判断谁的面积最大？谁的面积最小吗？你是怎么知道的？

通过观察一下子就看出来了！面积最大的图形和面积最小的图形。（板书：观察）

3. 那中间两个图形的大小呢？（隐去第 1 个和第 4 个）为什么是长方形的面积大呢？

4. 怎么来验证呢？（板书：重叠）

我们也来比一比（重叠法）

果然是长方形的面积大，那长方形的面积比正方形到底大多少呀？

预设：量，你打算用什么来量？（尺子）

我们的尺子好像只能测量长度呀，能直接测量出面积吗？

预设：可以用长乘宽来计算面积。

师：你太能干了，连后面怎么计算长方形面积都知道了，但是很多小朋友可能还不是很明白！要不，我们再来想想其他办法。

5. 老师也给你们带来了测量的工具。瞧，我给你们带来了四种测量工具，分别是正方形、圆形、三角形，每个同学都静静地想想，如果让你来选，你会选谁去测量？都有想法了吗？

6. 游戏。我想邀请四个同学来玩个抢图形的游戏，游戏的规则是这样的：请你们从四个图形中抢一个你认为最合适的图形进行测量。你最想抢哪一个呢？看看谁先下手为强。准备好了吗？

7. 师采访：我很好奇呀，你们怎么都冲向了正方形呢？怎么抛弃了圆形和三角形呢？

（1）学生用圆形和三角形展示不能铺满的过程。

（2）学生用大正方形展示铺满的过程。

果然，用正方形可以铺得很密实，没有缝隙。看来选用正方形来做测量面积的单位是一个明智的选择啊。如果我们说这一个正方形的面积是 1，那么长方形面积比正方形大几呢？

（3）可以用小正方形来测量吗？数一数，有几个？多 12。

8. 明明是同样的一块面积，怎么一会儿多 3，一会儿又多 12 了呢？所以，为了数学研究得到统一的结果，在测量面积的时候我们需要一样大小的正方形进行测量，这就是我们后面要进一步研究的面积单位。

孩子们，通过刚才的学习，你们不仅学会了面积比较的方法，还知道了选用怎样的图形测量比较合适。接下去，我们就要用我们所学的知识进行挑战了！相信你在挑战中又会有新的收获和发现！

【设计意图】为了帮助学生体会面的大小是可以“测量”可以“加”的，丰富学生对面积的认识，理解引进“面积单位”的必要性，教师设计了两个关联性问题。问题一是“想办法比较两张纸的面积大小”。在已有经验的基础上，学生尝试用重叠、剪拼的方法比较两张纸的大小，但过程过于烦琐，不易操作。从而产生了认知冲突，激发了学生进一步探索比较面积方法的强烈愿望。教师因势利导，帮助学生体会每个面的大小可以用更小的“面”测量得到，自然引出了“面积单位”。问题二是“谁的面积大？”，帮助学生深一步思考：测量或比较“面”的大小应该统一标准，这也对后续“面积单位”的学习做好了必要的铺垫。

五、固学

1. 格子中数面积（教材 p62）

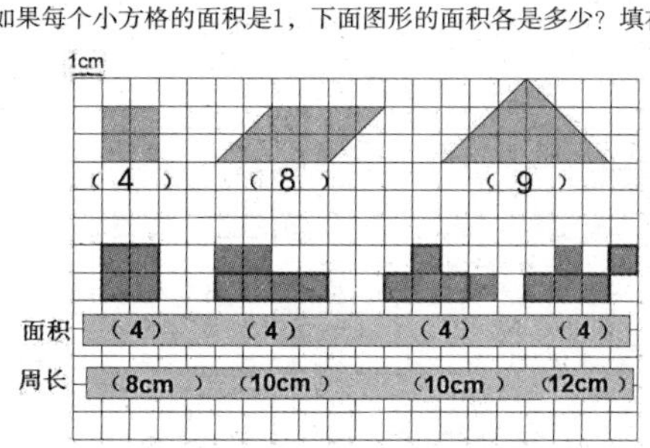

（1）数面积。

（2）积守恒，转换并拼接图形，面积发生变化吗？

（3）计算面积和周长，体会面积相等周长不等。

【设计意图】“面积”与“周长”虽然有本质的区别，但也有密切的联系。学生在观察一个封闭图形时，看到图形边的长短时，同时也会看到图形面的大小。在以往的教学中经常是把“面积”与“周长”完全割裂开来的，教师在教学“周长”时，没有从面的大小的角度来辨析“周长”，在教学面积时，又没有及时与周长进行比较，这也是导致学生对这两个重要概念容易产生混淆的一个重要原因。本环节试图通过一系列相关联的数学活动比较“周长与面积”，让学生体会到围成图形的线的变化会引起图形周长的变化，也会引起面积的变化。但周长增加，面积可能增加，也可能会减少；周长不变，面积却可能会变化。从而体会到“周长”与“面积”有联系，但也有区别，从而深化对面积意义的理解。

2. 小蚂蚁跑步比赛

今天我们的课堂上还来了两只可爱的小蚂蚁，今天它们要进行一场跑步比赛，裁判员规定：红蚂蚁绕着乙场地跑一圈，绿蚂蚁绕着甲场地跑一圈，你觉得这样安排公平吗？

接下去，它们要进行扫地比赛，裁判员想，既然周长是相等的，那扫地比赛的时候，绿蚂蚁就扫甲场地，红蚂蚁就扫乙场地。对于这个安排，你觉得公平吗？

※ 课后反思

一、为什么把“认识面积”和“面积单位”分成两课时？

“认识面积”一课安排在人教版三年级下册，主要是帮助学生初步建立面积的概念。到底什么是面积呢？教材是这样定义的：“物体的表面或封闭图形的大小就是它们的面积。”可见，面积有两层含义：一是指物体表面的大小；二是指封闭图形的大小。这里的“大小”是“每个面各有确定的大小”的意思。面的大小需要通过测量得到，测量是将一个待测的量和一个公认的标准量进行比较的过程，这个标准量就是“面积单位”。以往的教学常常把“面积”和“面积单位”的教学放在一课时完成，但在实际执教中，我把它分为两个课时完成。主要原因是：“面积和面积单位”一课涉及的知识点很多，一节课中既要展现面积概念的形成过程，又要区分“面积”和“周长”这一对容易混淆的概念，还要在观察、比较等活动中让学生感受常用面积单位的实际大小，初步形成常用面积单位实际大小的表象，还要进行面积单位与相应的长度单位之间的辨析，等等，在有限的时间内完成如此多的学习任务，学生的活动过程很难做到充分到位，一节课的学习内容应该“少而精”，忌“多而杂”，要在核心概念的深度、广度和贯通度上做文章，才能真正把数学课教懂、教活、教深。

二、我是怎样根据学生的经验展开教学的？

学生的生活经验对于学生学习数学和积累数学活动经验打下了不可或缺的基础，在教学中，教师要在此基础上加以引导和提升，让学生模糊的经验变得更加清晰，把学生不完整的经验变得更加完整。在将生活经验“数学化”的过程中，把生活经验转化为数学经验，从而实现生活经验和数学经验“高效对接”。本节课中多次把“面积”和“周长”的比较和辨析贯穿整个教学过程中，学生在学习过程中不断地比较，在观察、辨析、反思中“顿悟”，感受面积与周长的联系和区别。

当然，在教学中，也要充分让学生在观察、比较、测量、操作等实践活动中，发展空间观念。教材中有大量的“量一量、比一比、估一估、画一画”等数学活动，我在教学中都把它变成现实，让学生在课堂中亲身经历活动过程，把培养和发展空间观念的目标落到实处。

31. “长方形的面积”教学设计与反思

陈春妮
（湖北省宜都市实验小学教育集团，青年名师）

※ 课前思考

布鲁纳（Bruner）认为学习者的学习有三种表现形式：活跃（做事），标志性（图像和感觉）和象征。活跃（做事）的表现特别适用于物质对象的世界，但它也适用于任何可以自信地操纵的东西。标志性模式涉及图像世界和“有感觉”。象征模式对应于符号世界，这些符号从它们代表的东西中移开并与原始上下文隔离。

长方形的面积一课是三年级下册“面积”这一单元的内容，学生是在已经学习了面积概念和面积单位的基础上进行的。以往的教学都是通过让学生利用1平方厘米的小正方形测量给定的长方形的面积或拼摆长方形，从而根据拼摆得出的数据结合图形归纳得出长方形的面积计算公式。在这一过程中，学生缺少了标志性模式的想象，直接从“活跃”（拼摆的行为）到“象征”（长方形的面积公式），这就导致学生的操作变成了简单的、缺乏思维含量的仅为得到数据的活动，随后公式的推导也就成了无本之木，无源之水，由此出现学生在被活动和被发现的过程中探究出公式的情况也就很自然了。

基于以上考虑，我选择让学生从生活中的事物入手，通过选择不同层次的素材，让学生在操作活动中产生新的思考，经历从“做”“想象”到“对象”的学习过程，积累相关的数学活动经验，从而在丰富、多层次的度量过程中实现从面到线的抽象，再到式的表达。具体过程如下。

※ 课前准备

学生每人准备10个1平方厘米的小正方形和4个1平方分米的正方形，还有软尺和直尺。

※ 教学过程

一、选材激趣，进行估测

师：同学们，我们认识了面积，也认识了测量面积的面积单位，今天我们就来学习测量长方形的面积。看看我们身边的物体，你想测量哪些物体的面积？你能先估一估它的面积吗？

生：我想测量教室的面积。

师：教室的面积是指的什么？

生：就是教室地面的面积。

师：是的，也就是教室的占地面积。教室的面积用什么作单位会比较好？你能估一估吗？

生：我觉得用平方米作单位好，因为它的面积很大。我估计有 30 平方米。

生：我想测量这块橡皮的面积。

师：橡皮有几个面？你想知道哪个面的面积？

生：橡皮有六个面，我想知道最大的面的面积。我估计它有 8 平方厘米。

生：我想知道墙上这个宣传栏的面积。我估计有 30 平方分米。

生：我想知道桌面的面积。我估计有 16 平方分米。

生：我想知道饭卡的面积，我估计饭卡有 25 平方厘米。

师：老师这儿有一个手机，谁能帮我估计一下这个手机屏幕的面积？

生：我估计有 50 平方厘米。

……

根据学生的回答，我在黑板上板书如下。

物体	面积	
	估计	测量
橡皮（最大的面）	8平方厘米	
宣传栏	30平方分米	
手机屏幕	50平方厘米	
桌面	16平方分米	
饭卡	25平方厘米	
教室地面	30平方米	

二、初次测量，积累经验

师：接下来我们以四人为一组，选择自己想测量的两种或三种物品进行测量，然后来介绍你们是怎么测量的，结果是多少，与你们的估计相差大吗？

三、汇报交流，建立表象

师：刚才大家分小组进行了测量，接下来就请大家分享一下。首先我们来看看橡皮的面积。哪个小组测量的是橡皮的面积？给大家说说。

生：我们是用 1 平方厘米的小正方形来量的。首先我们在橡皮上横着摆，用了 3 个小正方形，摆满就用了 15 个小正方形，就是 15 平方厘米。

师：你们先是摆了一行，用了 3 个小正方形。然后呢？

生：然后又摆了 5 行，一共是 15 个。

生：你为什么说就是 15 平方厘米呢？

生：一行摆了 3 个，一共摆了 5 行，5 个 3 就是 15 个，每个都是 1 平方厘米，15 个也就是 15 平方厘米。

师：我们在测量的时候，可能会出现一些误差，我们得到的都是一个大概的结果，所以我们就说测量的面积大约是 15 平方厘米。你们原来的估计是多少？相差大吗？

生：我们原来估计是 8 平方厘米，相差有点大。以后我们可以看看一行可能摆几个，这样估的话就会准一些。

生：我觉得还要竖着看看可以摆几个才能估得准。

师：看来他们通过测量橡皮的面积，意识到面积的大小不仅要横着看一行有几个，还要竖着看有这样的几行。

师：接下来说一说宣传栏的面积。

生：我们是用 1 平方分米的正方形来量的。我们先是一行摆了 5 个，然后这样摆了 5 行，一共是 25 个。我们原来估计是 30 平方分米，我觉得还是比较准的。

师：哪一组量的是我的手机屏幕？

生：我们组量的是陈老师的手机。我们用的是 1 平方厘米的小正方形来量的。开始我们也是和他们一样横着一行一行来摆的，一行摆了 5 个，可是摆了几行后发现正方形不够用了。于是，我们就从上面摆好的中间拿了几个下来，摆到竖着的边上了，这样竖着的摆了 15 个，我们就想象它摆满了，一行是 7 个，有 15 行，所以就是 $7\times15=105$ 个，手机这个面大约是 105 平方厘米。

生：我觉得你们不用摆那么多，只要摆两条就行了。一条横着是 7 个，另一条竖着是 15 个，再用 $7\times15=105$ 个。

生：你说的对。我们可以用更少的正方形来摆。

生：我觉得你们的结果有问题。因为105平方厘米就是1平方米还多5平方厘米，一个手机的面积怎么可能比1平方米还大呢?

这个学生的问题一出，让许多学生一下子蒙了，接着有部分孩子跟着点头："是啊，一平方米那么大，手机这么小。"他们指着我贴在墙上的1平方米的报纸开始附和起来。不过马上有几个孩子举起了手。

生：结果没有问题，因为100平方厘米不是1平方米，是1平方分米。

生：10平方厘米才是1平方分米，100平方厘米为什么是1平方分米?

生：因为10个只能摆一排，1平方分米横着可以摆10个1平方厘米的小正方形，竖着也可以摆10个，10个十就是一百个。

师：我们拿出1平方分米的正方形看一看，想一想，1平方分米到底是10平方厘米还是100平方厘米?

生：是100平方厘米。因为横着摆10个，竖着也是10个，应该是10×10=100。

师：大家有没有发现，这个好像跟我们以前学得1分米等于10厘米不一样，为什么会这样呢?

生：因为1分米等于10厘米只需要横着看，1平方分米不仅要横着看，还要竖着看，所以就是100平方厘米。

师：是的，面积和长度是不一样的。这位同学虽然利用以前的知识得出了错误的结论，但他是很爱思考问题的，也正是因为他的思考，让我们弄清了长度单位和面积单位的不同。

师：这一小组的分享让我们知道不用将这个面铺满，只需要摆一行一列也能知道面积的大小。下面我们继续看桌面的面积和饭卡的面积。

生：我们是用1平方分米来测量的。横着摆了6个，竖着摆了4个，所以桌面的面积大约是24平方分米，我们原来估计的是16平方分米。

生：我们是用1平方厘米来测量饭卡的面积的。横着摆了8个还多一点，竖着摆了5个还多一点，8×5=40个，边上多出来的估计有4平方厘米，所以饭卡的面积大约是44平方厘米。

生：我们也是测量的饭卡的面积，不过我们是用1平方分米来测的。我们首先把饭卡放在1平方分米的正方形上，边儿对齐后剪下多出的部分，再把多出的部分拼在饭卡上，还多一点，所以我们认为饭卡大概比半个1平方分米少一点。

生：那你们量出的饭卡的面积到底是多少呢?

生：1平方分米是100平方厘米，半个1平方分米就是50平方厘米，所以应该是四十几平方厘米吧。

师：这两组同学选择的测量单位不同，测量的方法也不同，但得出的结论都是很接近的。

生：我们量的是教室的面积。我用的是1米长的软尺来量的，教室长16米，宽5米5分米，面积就是16×5等于80个1平方米，还多的五分米就是1米的一半，16个一半就是8个1平方米合起来大约是88平方米。

这个小组的介绍一说完，孩子们就发出了“哇”的声音，还有的孩子说：“没想到教室这么大。”不过马上有学生开始举手质疑了。

生：我们都是用面积单位来量面积的，你们为什么用尺子来量？尺子不是量长度的吗？

生：因为教室太大了，我们没有1平方米的正方形，所以就用尺子来量。而且尺子量了教室有16米长，就说明一行能摆16个1平方米的正方形，宽5米，就可以摆5个，也就是有5行，也就是5个16平方米。

生：宽还多的5分米怎么办？不能摆一个了。

生：是不能摆一个了，1米是10分米，5分米就能摆半个，那这一行就是16个半个，就是8个1平方米啊。

师：这一组用到的工具和大家的都不同，他们是利用尺子量出了教室的长和宽后得出面积的，你们认为可以吗？

生：我觉得可以，他们这样就和我们刚才只摆边上的两行是一样的，不见得都要摆满。

生：我也觉得是对的，他们量出了长是16米，那就是说，一行有16个，宽是5米，就是说有5行，用长乘以宽，也能知道是多少个1平方米的正方形，就求出面积了。

四、经历抽象，提炼归纳

师：既然你们都觉得是对的，那能不能利用量长和宽的方法求出我们前面量过的物体的面积呢？试一试，量完后小组内交流一下，再将你们测量后得到的算式写在黑板上。

学生们很快完成了。

师：先请量橡皮的小组说一说，你们测量得到的长和宽各是多少？怎么计算面积呢？

生：橡皮长5厘米，宽3厘米。面积就是5×3=15平方厘米。

生：为什么用5×3求面积？

生：因为长是5厘米，就可以摆5个1平方厘米，宽是3厘米，就可以摆3行，所以就是5×3。

生：我们量手机的长是15厘米，宽是7厘米，所以就是一行摆15个，摆了7行，就用15×7=105平方厘米。

师：这三个小组都是用长乘宽来计算长方形的面积的，那长和宽分别代表什么？

生：长就是看横着摆了几个，宽就是看竖着摆了几个。

生：长是看一行摆几个，宽是看有几行。

师：长代表一行有几个面积单位，宽代表有这样的几行。这样用长乘宽也能计算出长方形的面积。

师：接下来请测量宣传栏的小组交流。

生：我们量了宣传栏的长和宽，发现都是5分米，所以就是5×5=25平方分米。

师：大家有什么发现？

生：我发现宣传栏是一个正方形，正方形的面积可以用边长 × 边长计算。

师：第一个边长表示什么？第二个边长呢？

生：第一个边长表示一行有几个，第二个边长表示有几行。

生：我发现正方形的面积和长方形的面积一样，只不过长方形的是长乘宽，正方形的边是一样长的，就是边长乘边长。

师：说得很好，长方形的面积等于长 × 宽，正方形的面积等于边长 × 边长，它们其实都是在说什么？

生：都在说面积。

生：都在说用一行有几个乘以几行求面积。

师：是的，这就是我们今天学习的内容。

※ 课后反思

这节课中活跃（做事）、标志性（图像和感觉）和象征三种形式是重叠和交织的，每种模式都丰富并且被其他模式丰富。学生能意识到他们正在做什么，所以他们走出了“行动”本身。

一、变被动为主动，让操作更有意义

让学生自主选择任务是使学生能够遇到重要的数学思想和主题，并使他们能够运用自己的能力来理解数学和数学意义，从老师的任务变为学生自己的需求。

为了能更好地调动学生对面积度量的兴趣，积极参与到度量活动中去，我通过“看看我们身边的物体，你想测量哪些物体的面积？”让学生从自己感兴趣的素材出发，随后从学生们感兴趣的对象中挑选出了适合不同面积单位的大小迥异的6个素材，让学生的测量面临着更多挑战，为测量形式的多样化埋下了伏笔，有利于学生积累更多的数学活动经验。在测量前，让学生估一估这些面积，这一问题实际上是在引导学生关注选择什么面积单位，积累估测的经验，有利于学生进一步深刻理解面积概念。

二、从生疑到释疑，积累数学活动经验

学生在进行操作、交流的过程中，出现了多次生疑并释疑的过程，这些生疑的过程就是学生进行深入思考的过程，疑问恰恰是学生学习中出现的认知冲突点。生疑、释疑的过程不仅能诱发学生主动思考，更能为他们积累丰富的数学活动经验。

例如在进行测量时，当正方体的个数不够时，怎么办？孩子们想到了许多办法，通过部分想象出整体，只摆出一行一列，或者量出长和宽等，这些方法的运用是学生后续进行象征模式必不可少的基础。

学生以往学习的长度单位之间的关系也影响到了学生对于面积单位关系的认识，基于已有的认知，有学生认为相邻的两个面积单位的进率也是十，于是就有学生对于手机屏幕是105平方厘米的结论出现了质疑，他们认为105平方厘米就是1平方米5平方厘米，而实际生活中手机的屏幕是不可能有1平方米的，这里出现的认知冲突是一个非常好的建立面积单位之间关系的契机。这时我没有实施干预，学生通过争论将这个问题转化成“1平方分米是10平方厘米还是100平方厘米”的问题，随后他们利用前面摆正方形的经验很好地解决了这一矛盾，即1平方分米一行可以摆10个1平方厘米，可以摆这样的10行，10个10就是100平方厘米。这一矛盾化解的过程也是充分运用已有经验解决问题的过程，让学生既认识到面积单位之间的关系，也进一步强化了这一活动经验。

三、从直观到抽象，实现知识的本质沟通

本节课我引导学生从操作出发，经历了密铺、铺一行一列到利用长与宽求面积，从而归纳推导出长方形的面积公式，学生完成了从动作表征到图像表征，再到符号表征的学习过程。

这一节课我放手让学生真正经历了一次面积测量活动，学生的活动为教学上有效的互动创造了机会，这种富有成效的活动导致学生感知或思考的方式发生了转变。这种转变提高了他们的空间观念和意识，也增加了他们解决问题的行动选择。在活动中学生呈现出活跃的、深入思考的学习状态，学生在这一过程中产生的认知冲突、思维碰撞、知识转化都是那样的真切、清晰可见，学生在学习过程中真正发声！

32. “长方形和正方形面积的计算”教学设计（课例一）

钱守旺
（北京市朝阳区教育研究中心，特级教师）

※ 课前思考

“长方形和正方形面积的计算”一课的教学，是在学生已经掌握了长方形和正方形的特征，并会计算长方形和正方形周长，知道了面积和面积单位的基础上进行教学的。小学生从学习长度到学习面积，是空间形式认识发展上的一次飞跃。学好本单元的内容，不仅有利于发展学生的空间观念，提高解决简单实际问题的能力，而且还能为以后学习其他平面图形的面积计算打下基础。教材在讨论长方形、正方形的面积计算时，注意创设适宜的问题情境，使学生在任务驱动下，亲身经历比较完整的探究过程。本节课，主要使学生探究并掌握长方形、正方形的面积公式，获得探究学习的经历；会应用公式正确计算长方形、正方形的面积。

因此，我在教学过程中，大胆改变教材的呈现方式和学习方式，使得本节课的知识变成学生易于和乐于接受的信息。学生的数学学习也不再是一个被动吸收的过程，而是一个以学习者已有的知识经验为基础的主动建构的过程，从而充分体现了新课程的一个重要理念：就是为学生提供“做”数学的机会，让学生在学习过程中去体验数学和经历数学。

※ 教学过程

（课前游戏：考考你的观察力。教师出示两幅图片让学生观察，说一说自己看到了什么。）

一、观察发现

师：人们都说“桂林山水甲天下”，这话一点不假！这次钱老师到桂林来，亲眼看见了桂林的山，桂林的水，我看比文人描写得还要美！你们看，钱老师一到桂林，就迫不及待地在象鼻山照了一张相。（教师出示自己前一天在象鼻山的照片。）

师：（教师在大屏幕上播放六幅桂林山水的图片，一边播放，一边富有感情地描述）你们看，桂林的山加上桂林的水，再加上水中那静静的倒影，简直就是大自然创作的一幅幅精美的图画。

生：（欣赏老师出示的几幅桂林山水的图片，被老师富有感情的描述所吸引，个个脸上露出自豪的表情。）

师：桂林的美景激发起了钱老师创作的欲望，老师也创作了三幅画。（教师出示第一幅面积是 6 平方分米的画）你们看老师画得怎么样？

生：（异口同声）很好！

师：谢谢同学们的夸奖！既然今天是数学课，那老师就提个数学问题。你们大胆地估计一下，这幅画的面积可能是多少？

生 1：我认为可能是 4 平方分米。

生 2：我认为可能是 8 平方分米。

生 1：我认为可能是 6 平方分米。

师：到底是多少平方分米呢？（教师把这幅画的背面展示给学生，画的背面画有面积是 1 平方分米的小方格。）你们数一数，这幅画的面积是多少？

生：6 平方分米。

师：（教师接着出示面积是 12 平方分米和 20 平方分米的画，让学生估计每幅画的面积。教学过程同上。）

师：同学们看，刚才三幅画的面积，有的大，有的小，凭你们的经验，请你大胆地猜测一下，长方形的面积可能与它的什么有关系？

生 1：我认为长方形的面积和它的周长有关系。

生 2：我认为长方形的面积和它长有关系。

生 3：我认为长方形的面积和它宽有关系。

（学生回答后，老师结合课件的动态演示，让学生确信长方形面积的大小与它的长和宽有关系。

教师结合课件演示，启发学生思考：长方形的宽不变，长发生变化，它的面积怎么变化？长方形的长不变，宽发生变化，它的面积怎么变化？长方形的长和宽都发生变化，它的面积怎么变化？

（教师在大屏幕上出示：长方形的面积与它的长和宽有关系）

二、自主探究

师：长方形的面积与它的长和宽到底有什么关系呢？

（教师引导学生观察刚才教师出示的三幅画的长和宽：第一幅画的长是3分米，宽是2分米；第二幅画的长是4分米，宽是3分米；第三幅画的长是5分米，宽是4分米。）

至此，黑板上形成下面的板书：

面积（平方分米）	长（分米）	宽（分米）
6	3	2
12	4	3
20	5	4

师：同学们观察前面的板书，你能发现什么？

生1：我发现用长方形的长乘宽正好等于它的面积。您看$3\times2=6$，$4\times3=12$，$5\times4=20$。

生2：（兴奋地）老师，我也发现这个规律！

师：其他同学发现没有？

生：（异口同声）发现了！

教师把板书补充完整，形成下面的板书：

面积（平方分米）		长（分米）		宽（分米）
6	=	3	×	2
12	=	4	×	3
20	=	5	×	4

师：其他长方形的面积是不是也可以用“长 × 宽”来计算呢？请同学们以小组为单位进一步验证。

（教师让学生任取几个1平方分米的正方形，拼成不同的长方形。边操作，边填表。）

长（分米）					
宽（分米）					
面积（平方分米）					

学生以小组为单位进行操作后，组织学生汇报，教师板书面积、长、宽的数据。

启发学生思考：你发现其他长方形的面积与它的长和宽有什么关系？

引导学生得出：长方形的面积 = 长 × 宽。

教师追问：在面积公式中，长 × 宽实际上表示的是什么？

教师通过课件的动态演示，使学生直观地看到：长是几厘米，沿着长边就可以摆几个面积是 1 平方厘米的小正方形，宽是几厘米，就可以摆这样的几排。

由此使学生理解：长 × 宽实际上表示的是长方形中所包含的面积单位的个数。

对于正方形面积公式的得出，教师采用了下面的方式：

教师通过课件出示下面几个图形，让学生计算每个图形的面积。

长 9 米、宽 8 米；长 8 米、宽 7 米；长 7 米、宽 6 米；长 6 米、宽 6 米（实际上是边长 6 米的正方形）。

教师通过课件演示将长方形逐渐变成正方形。提问：要求正方形的面积，该怎样计算呢？

引导学生由长方形的面积公式推出正方形的面积 = 边长 × 边长。

三、实践应用

1. 教师出示情境图（几位小朋友正在测量黑板的长和宽，从图中小朋友的对话中可以知道，黑板的长是 4 米，宽是 2 米）。

教师提问：根据上面的信息，你能提出什么数学问题？

生 1：这块黑板的周长是多少米？

生 2：这块黑板的面积是多少平方米？

（学生提出问题后，教师让学生口头回答，并引导学生比较周长和面积在计算方法上的不同。）

2. 计算下面各图形的面积。（单位：厘米）（口答）

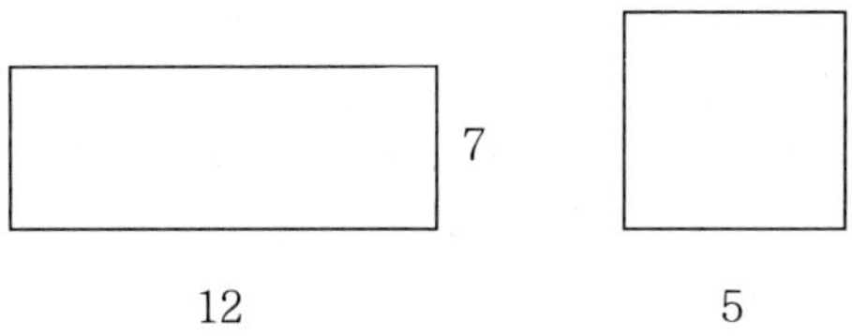

3. 计算下面草地、花坛的占地面积。（单位：米）（图略）

4. 小红的床长 20 分米，宽 14 分米，要铺上与床同样大小的席子，这块席子的面积是多少平方分米？

5. 教师出示情境图，让学生计算出篮球场的面积和半场的面积。

6. 教师出示情境图，计算长 16 米、宽 4 米的草地的面积和周长。（图略）

7. 边长为 12 厘米的正方形，可以剪成多少个面积是 4 平方厘米的小正方形？

8. 估一估、量一量、算一算。

（1）估计一下课前老师发给每组的长方形和正方形纸的面积。

（2）量出所需要的数据，计算出长方形和正方形纸的面积。

（3）你估计得怎么样？与准确结果相差多少？

9. 李小林要从下面的长方形纸上剪下一个最大的正方形。剩下部分是什么图形？它的面积是多少平方厘米？

10. 你能求出下面这块草坪的面积吗？

［教师出示情境图（图略），图中通过三个小动物的对话告诉学生草坪的周长是 32 米。］

四、拓展延伸

1. 一块正方形的菜园，有一面靠墙，用长 24 米的篱笆围起来，这块菜地的面积是多少平方米？（图略）

2. 图中每个小方格表示 1 平方厘米，你能计算出下面长方形的面积吗？（图略）

五、课堂小结

通过这节课的学习，你有什么收获？我们是怎样推导出长方形的面积公式的？

33. “长方形和正方形面积的计算”教学设计（课例二）

侯占秋
（天津市滨海新区汉沽盐场小学，徐长青工作室成员，青年名师）

※ 教学预设

教学重点：理解长方形、正方形面积计算公式的本质，掌握计算方法。

教学难点：长方形、正方形面积计算公式与周长计算公式的辨析。

教学准备：多媒体课件、实物投影、长方形图形、面积单位若干。

※ 教学过程

一、复习旧知，明确研究内容

1. 回顾度量方法

师：数一数，下面几个图形的面积哪个大，哪个小？

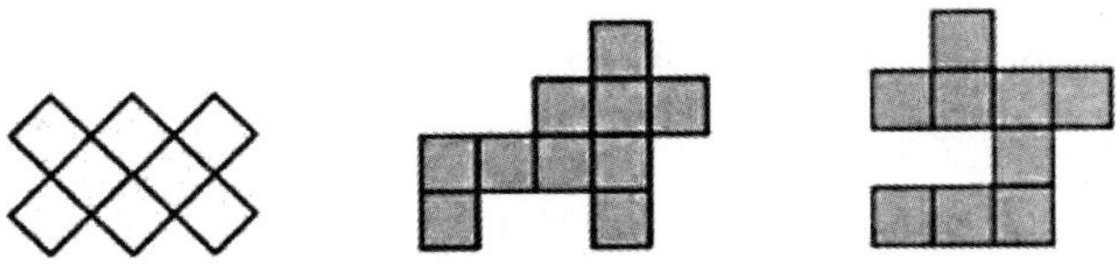

预设：第一个图形有 8 个小正方形，第二个有 10 个，第三个有 9 个，所以第一个最小，第二个最大。

2. 明确研究内容

师：今天我们学习什么知识？

预设：长方形、正方形面积的计算（板书课题：长方形、正方形面积的计算）

师：哪位同学知道长方形的面积怎么求？

预设：长 × 宽（板书：长方形的面积 = 长 × 宽）

师：哪位同学知道长方形的面积为什么等于长乘宽呢？

预设：沉默。

师：今天这节课我们就来一起研究研究。

二、教学新知，理解公式本质

1. 动手操作，摆一摆

师出示一个长 5 厘米、宽 3 厘米的长方形，并提问：下面这个长方形的面积你能求出吗？

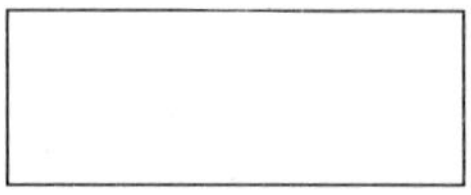

为学生提供边长为 1 厘米的小正方形，让学生自己动手摆一摆。

2. 反馈交流，请学生结合图说说自己的想法。

预设 1：全都摆满。用数一数的方法，我用了 15 个边长为 1 厘米的小正方形全部摆满。每个小正方形的面积是 1 平方厘米，15 个就是 15 平方厘米（如左下图）。

预设 2：我只摆出了长方形的一行和一列，长可以摆 5 个，宽可以摆 3 个（如右下图）。说明有 3 个 5，一共 5×3=15（个），也是 15 平方厘米。

3. 总结长方形面积计算的实质意义

师出示一个长 6 厘米、宽 2 厘米的长方形，并提问：谁能求出它的面积是多少？请用你喜欢的方法再摆一摆。

预设：长摆了 6 个，可以摆 2 行。6×2=12（平方厘米）

师提问：6 代表什么，2 代表什么，12 代表什么？

预设：6 代表单位面积每行的个数，2 代表行数，12 代表单位面积的总个数

师生共同总结长方形面积计算的方法，长方形的面积等于单位面积每行的个数 × 行数。长代表每行摆几个，宽代表摆这样的几行。（板书：长代表每行摆几个，宽代表摆这样的几行）

4. 进一步抽象，再次理解长方形面积公式所表示的意义

师出示一个长 10 厘米，宽 3 厘米的长方形。

师提问：你们能求出这个长方形的面积吗？

预设：10×3=30（平方厘米）

师：你是怎么想的？

预设：长 10 厘米，说明沿长可以摆 10 个边长是 1 厘米的正方形。宽 3 厘米，说明可以摆 3 行。10×3 就是共有 30 个边长是 1 厘米的小正方形，也就是 30 平

方厘米。

师小结：长 × 宽的积就是边长为 1 厘米小正方形的个数，也就是求长方形面积的大小。

5. 概括正方形面积计算公式

师出示一个边长 4 厘米的正方形。

师：这是什么图形？

预设：正方形。

师：你能自己探索、总结出正方形的面积计算公式吗？

预设 1：正方形一条边长 4 厘米，说明可以摆 4 个边长为 1 厘米的正方形。另一条边长 4 厘米，说明可以摆这样的 4 行，所以用 4×4=16（平方厘米）。

预设 2：正方形是长和宽相等的长方形，长方形的面积 = 长 × 宽，所以正方形的面积 = 边长 × 边长。（板书：正方形的面积 = 边长 × 边长）

6. 辨析面积计算方法与周长计算方法的区别

师出示一个 8 厘米、宽 6 厘米的长方形。

师：你能求出这个图形的周长吗？

预设 1：这个图形一周的长度就是它的周长，我们可以描出它的边线。

预设 2：因为长方形有两条长和两条宽，所以长方形的周长 =（长 + 宽）×2，（6+8）×2=28（厘米），因为求的是周长，所以要用长度单位。

师：你能求出这个图形的面积吗？

预设：长方形的面积 = 长 × 宽，6×8=48（平方厘米）

三、课堂练习，巩固新知

1. 计算下面各图形的面积。（单位：厘米）

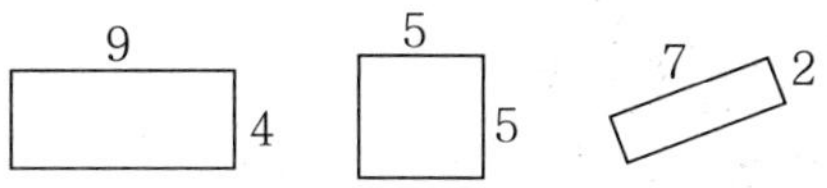

2. 一张长方形的餐桌，桌面长 14 分米、宽 9 分米。要配上同样大小的玻璃，这块玻璃的面积应该是多少平方分米？

四、拓展练习，发展思维

1. 一个长方形花坛，长 50 米、宽 25 米。（1）求这个花坛的占地面积。

（2）在花坛的四周围一圈围栏，求围栏的长度。

2. 从一张长 10 厘米、宽 8 厘米的长方形纸上剪下一个最大的正方形。剩下部分是什么图形？它的面积是多少平方厘米？

附：板书设计

长方形、正方形面积的计算

长方形的面积=	长	×	宽
	↓		↓
	每行摆几个		摆这样的几行
正方形的面积=	边长	×	边长

34. “周长和面积的练习”教学设计

苏赛丹
（福建省宁德市蕉城区实验小学，青年名师）

一、图式解读，比较中理解概念

师：同学们，我家养了一只可爱的小狗。瞧，它来了，它可讲卫生了。这不，我特意给它买了一个正方形睡垫。（教师出示睡垫图和算式 4×4，如图 1）

小正方形的边长是 1 分米

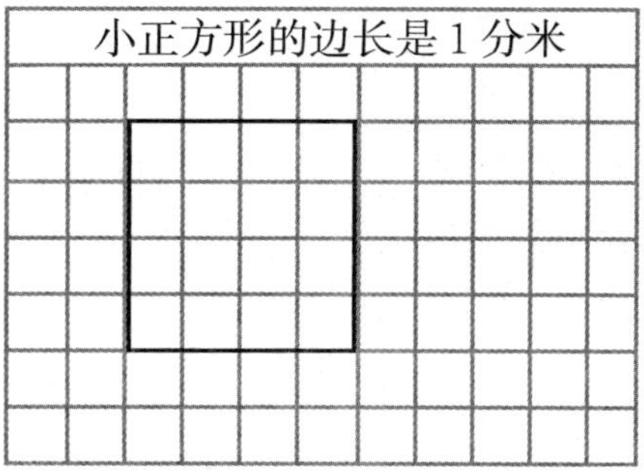

图1

师：看到这个算式 4×4，你觉得可能解决这个正方形睡垫什么问题，说说你的想法？

生 1：可以求出正方形睡垫的周长，4×4=16（分米）。

生 2：还可以求出它的面积，4×4=16（平方分米）。

教师适时板书：周长：4×4=16（分米）　面积：4×4=16（平方分米）

师：算式中的 4 有什么不同？

生：第一个 4 都是指边长，第二个 4，在周长中表示 4 条边，在面积中还是表示边长。

师：谁能说说周长与面积有什么不一样的地方？

生 1：它们单位不同，周长是分米，面积是平方分米。

生 2（自主上台边指边说）：周长表示正方形四周总长度，而面积表示的是正方形面的大小。

生 3：求周长的公式是边长乘 4，而求面积的公式是边长乘边长。

生 4：周长求的是一条一条线段的长度，而面积求的是一块一块面的面积。

（板书：面积→面，周长→线）

师：有相同的地方吗？

学生答不出来，然后教师出示：一分米线段和一平方分米纸片。

学生上台一一依次粘贴演示：这里面有 16 个一平方分米（红色、黄色、蓝色、紫色各 4 个）；周长有 16 个 1 分米（用白色 1 分米的小棒演示）。

师：不管是算面积还是算周长，都是算有几个单位。从完全不同的东西中，能看出相同的地方，特别高级也特别神奇。

【思考】周长和面积是两个极易混淆的概念。引导学生从不同的角度比较，有利于学生精准理解、分化概念；从不同中发现相同，沟通了概念的联系，把握了度量的本质。

二、自主探究，比较中发现规律

师：为了这只小狗能够自由地活动，又不影响到邻居的安全，家里决定买 12 米的围栏，在院子中间围一个长方形活动区域（课件出示）。这 12 米指的是什么？

生：12 米是围成的长方形的周长。

师：根据这个条件，你能提出一个问题吗？

生 1：围成的长方形面积是多少？

生 2：可以围几种不同的长方形？

生 3：怎样围面积最大？

师：（出示：怎样围面积最大？）大家都喜欢围得大，有没有喜欢围得小的？是多少平方米？

师：这个长方形的长知道吗？宽知道吗？只知道周长，你能把它拆开，先求出长和宽吗？你会怎么围？在头脑中画画看，这些长方形会是怎样的一些形状。

学生动笔独立解决后，教师指名汇报。

生：长 6 米，宽 6 米，面积 36 平方米。

师：这个答案有问题吗？

生 1：这个不对，这样周长就不是 12 米了。

生 2：周长 12 米包括两条长和两条宽，不是一条长和一条宽的和。

生 3：应该先用周长 12 米除以 2，得到一条长和一条宽的和。

（板书：12÷2=6，长 + 宽 =6 米）

生 4：有长 5 米、宽 1 米，长 4 米、宽 2 米，长 3 米、宽 3 米三种情况。

汇报交流，完善板书：

周长（米）	长（米）	宽（米）	面积（平方米）
12	5	1	5
12	4	2	8
12	3	3	9

师：谁来说说这三种长方形大概是什么样子？

生：长 5 米、宽 1 米，是一个又长又窄的长方形；长 4 米、宽 2 米，是一个变得稍微短而宽一点的长方形；长 3 米、宽 3 米就是一个正方形了。

教师出示相应的图形。

师：观察这张表格，你发现了什么？

生：从上往下看，长数字越来越小，宽越来越大，面积也越来越大。

师：这样排列好吗？好在哪？

生 1：排列得好，按顺序，不会漏了，也不会重复，看得又清楚。

生 2：我发现周长一样时，面积不一定一样大。

生 3：长 5 米、宽 1 米时面积最小，长 3 米、宽 3 米时，面积最大。

生 4：我发现了长和宽相差大的时候，面积小；长和宽一样时，面积最大。

生 5：我发现长和宽越接近，面积越大。

师：同学们真了不起，通过列表验证，发现了周长相等的长方形，长和宽越接近时面积越大。那么是不是所有周长相等的长方形都有这样的规律，同桌合作再选择一个周长来验证一下，填写在表格中。

展示作品，汇报交流：

周长（米）	长（米）	宽（米）	面积（平方米）
14	6	1	6
	5	2	10
	4	3	12

周长（米）	长（米）	宽（米）	面积（平方米）
20	9	1	9
	8	2	16
	7	3	21
	6	4	24
	5	5	25

师：这时你想说些什么？

生：长方形周长相等的时候，长和宽会有很多种情况。长方形的长和宽越接近，面积就会越大；长和宽相等时，变成正方形，面积最大。

师：你们的验证结果都符合这样的规律吗？

生（众）：是的，符合。

【思考】在自主探索、合作交流中，对几组数据尝试、分析、观察、发现，建构了相关的认知模型，形成了稳固的知识结构，学会了“猜想——验证”的科学研究方法，培养了严谨务实的理性精神。

三、变式重构，比较中深化思维

师（出示情境图）：围成的图形面积还能更大吗？

生：可以靠墙围。

师：你为我们提供了思路，大胆想象一下，有几种不同的靠墙方法？

生：可以一面靠墙。

生：还可以两面、三面靠墙。

师：接下来你可以选择靠一面墙，填写在表 A 上。选择靠两面墙，填写在表 B 上，选择靠三面墙，填写在表 C 上。（课件出示一面靠墙图例，帮助学生思考）

要求：同桌商量选择其中一种情况思考，并用画图、列表或列式的方式，有序地表达思考过程。

学生完成后，全班汇报交流。

生 1：一面靠墙时，面积最大的是长 4 米，宽 4 米，面积 16 平方米。（教师出示图 2）

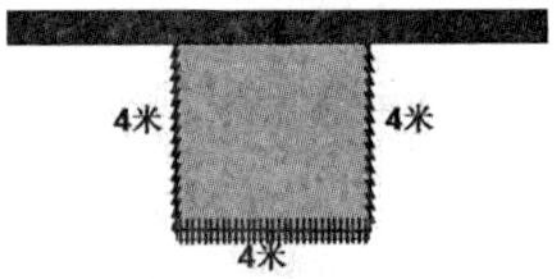

图2

生 2：我不同意他的说法，还有面积更大的情况。那就是长 6 米，宽 3 米时，面积是 18 平方米。

师：带上你的表格上来，具体说说你的思路。

生 2（表格放在展台上，边指边说）：我想一面靠墙，当宽是 1 米时，两条宽的长度加一条长的长度等于 12 米，（师适时板书：宽 ×2+ 长 =12）得到长是 10 米，面积是 10 平方米；当宽是 2 米时，长是 8 米，面积是 16 平方米；当宽是 3 米时，长是 6 米，面积是 18 平方米；当宽是 4 米时，长是 4 米，面积是 16 平方米。所以一面靠墙时，面积最大，应该是长 6 米，宽 3 米，面积 18 平方米。

周长（米）	长（米）	宽（米）	面积（平方米）
12	10	1	10
	8	2	16
	6	3	18
	4	4	16

然后，教师课件出示相应的四种示意图（如图 3）。

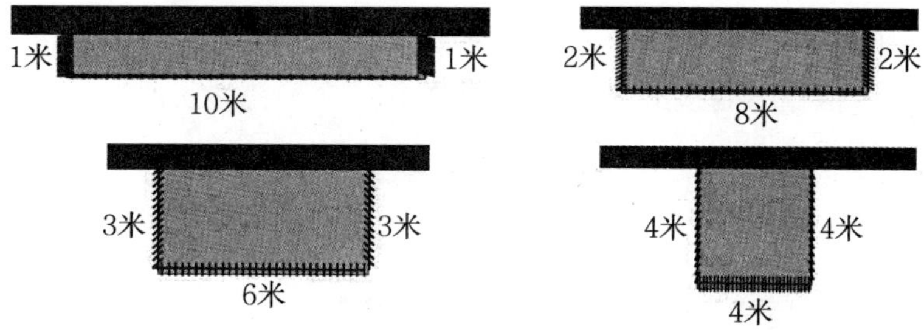

图3

师：前面明明是正方形面积最大，到这边却是长方形面积最大，这是为什么呢？

引导学生辨析：第 1 个问题中长与宽的和一定，长和宽相等时面积最大；第 2 个问题中宽的两倍与长的和一定，所以宽的两倍和长相等时面积最大。

师（课件演示）：想像那面墙是一面镜子，补上一个同样的长方形，然后挥动你想像的翅膀，升到空中，往下鸟瞰，从空中看，仍是正方形（如图 4）。当宽的两倍与长的和一定，宽的两倍与长相等时，正好变成一个正方形，所以这时的面积最大。

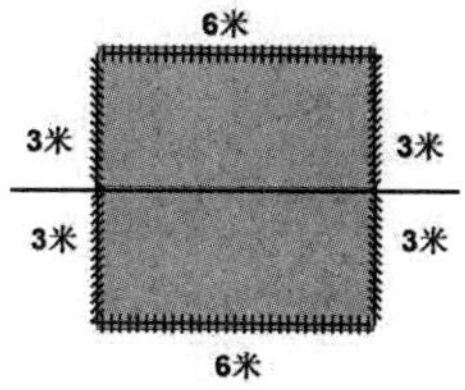

图4

生：我明白了，其实与前面长方形长和宽的和一定（也就是周长一定），长和宽相等时面积最大，道理相同。

生 3（上台展示表格）：两面靠墙时，一条长加一条宽就直接等于 12 米，所以有 6 种情况，发现长 6 米、宽 6 米时，面积最大，是 36 平方米。

周长（米）	长（米）	宽（米）	面积（平方米）
12	11	1	11
	10	2	20
	9	3	27
	8	4	32
	7	5	35
	6	6	36

生 4：三面靠墙的情况在生活中极少出现，面积是无法计算的。长靠墙可以无限延长下去，但宽不能超出 12 米。（如图 5）

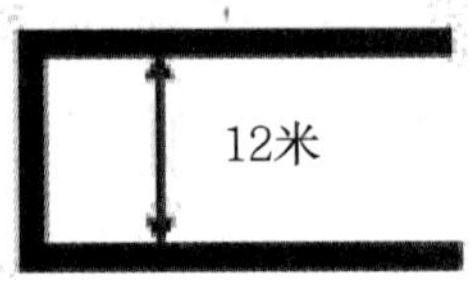

图5

【思考】从不靠墙到靠墙，模型从标准到变式；从一面靠墙到多面靠墙，情境从简单到复杂。在如此的建构、解构、再建构的过程中，学生的视野越来越开阔，思路越来越贯通，思维越来越深刻。

四、拓展设计，比较中提升素养

师：如果要给小狗建造一个面积是 24 平方米的活动区域，不靠墙，并在周围围一圈木栏，怎么设计使得用到的木栏长度最短？回家帮助小狗设计一下，同学间互相交流分享作品哦！

【思考】这道题是问题情境的再延续、思考方法的再迁移。问题起点低、切口小，为不同层次的学生提供了探究的机会，使学生能够品尝到探究成功的喜悦。能力强的学生可以从“周长一样，正方形面积最大”，猜测到“面积一样，正方形周长最小”，进行有方向、有目标的调整。大多数学生可能暂时想不到，但可以用上已经习得的画图、列表等方法逐一尝试、探究，从而设计出符合要求的方案。

35. “平移与旋转”课堂实录

吴正宪
（北京市教育科学研究院，特级教师，正高级教师）

※ 课前思考

平移和旋转是生活中常见的物体运动的两种不同方式，对学生来说这种物体运动的现象是观察得到、体悟得到的，但一般都是无意和无序的。本课的教学是帮助学生将生活现象数学化，将无意认识有意化，无序思维有序化。本节内容是认识简单的平移和旋转现象，教材通过引导学生对生活中一些运动物体的平移和旋转运动现象的观察和思考，使学生认识平移和旋转这两种物体运动的方式，再通过组织学生寻找生活中物体的平移和旋转运动，帮助学生建构平移和旋转知识，建立概念，从而组织学生应用所建立的空间概念，进行问题解决，判定运动物体在运动过程中的运动方式，深化对平移和旋转的认识，建立和发展学生的空间观念。教材在编写时注意以生活中丰富的例子引导学生观察、比较、体会，初步认识平移和旋转现象。安排了两个例题，第一个例题选取学生熟悉的游乐项目为素材，让学生结合实际，观察和想象它们的运动特点，体会平移和旋转。第二个例题是把平面图形在方格纸上进行平移，引导学生观察图形平移的方向和距离并画出平移图。

本课的教学目标是：通过实例观察，使学生初步认识物体或图形的平移和旋转现象，并能正确判断运动物体的平移和旋转运动方式，能判定平面图形在平面上平移的方向和距离，能在方格纸上将图形按要求进行平移，并画出平移图；通过联系生活，充分挖掘和利用学生的生活经验，使学生体会平移和旋转的特点，感受平移和旋转的运动过程，培养空间观念；通过设计图案等活动，使学生初步感受平移在生活中的应用，并初步体验几何图形的美。

本课的教学重点、教学难点是：使学生感受和认识运动物体的平移和旋转现象及运动特点，能正确判断物体的平移和旋转方式及平移的距离，学会在方格纸上将图形平移并画出平移图，培养和发展空间观念。

本单元是第一次教学“平移与旋转”问题，其中第一道例题是教学日常生活里的平移和旋转现象。列举的火车、电梯、缆车的运动和风扇、螺旋桨、钟摆的运动都是学生比较熟悉的，他们能根据画面想象出实际状态。教材通过这些物体的运动，让学生初步体会生活里的平移和旋转现象很普遍，具有对物体平移、旋转的感性认识。平移和旋转教材没有下定义，也没有用语言描述，只要求学生有初步的认识。教学时可以让学生说说这些运动有什么相同点，通过观察、想象、比较等学习活动初步感受平移和旋转。“想想做做”第1题要求学生凭借初步的感受判断九幅图中各个物体的运动是平移还是旋转。第2题到生活中去寻找平移和旋转。这两道题既帮助学生充实感知材料，又引导学生从数学的角度观察生活现象。第3题要求学生用手势表示平移或旋转，让他们用动作表达、交流自己对这两种运动的认识，也是对众多现实的平移、旋转现象的初步概括。可见，教材在安排平移、旋转的教学活动时，充分考虑了小学生的年龄特点和认知发展水平，有层次地逐渐递进。

第二道例题及“试一试”有两个教学任务：一是认识平面图形的平移，二是学会在方格纸上平移简单的图形。例题的重点是观察图形向什么方向平移了几格，用定性描述和定量刻画相结合的方式描述图形的平移。“试一试”则按要求平移图形，体会图形的运动。例题和“试一试”是连贯的，“试一试”比例题更有挑战性。学生初次观察图形在方格纸上是怎样平移的，会有一些困难。教学时应就“小房图向右平移了6格”是怎样看出来的，组织学生讨论，让他们自己找到观察的方法。如可以看小房图屋顶尖那一个点，可以看小房图的某一条边……学生观察小房图平移的格数，各人选择了各自的着眼点。虽然这些着眼点各不相同，但结论都一样，即小房图平移了6格。通过交流，他们能看到小房图的所有点、所有面、所有线都朝相同方向移动相同距离。这样，学生对平移的感受又深入了一步。所以，这些方法不应是教师告诉他们的，应是学生自己发现并体会的。在方格纸上平移图形稍难一些，教材安排“试一试”让学生自己研究。教学时可以先让学生动手画一画，然后交流画的方法和思考。平移图形的方法一般有两种：一种是先平移图形的各个顶点，然后依次联结顶点围成图形。另一种是把图形的各条边逐一平移。平移图形的方法仍然应是学生的思考、探索、交流、选择，尽量避免被动接受式学习。让学生平移的图形要简单些。

※ 教学过程

一、创设情境，初步感知平移和旋转

大屏幕出示游乐园欢乐的活动场景。

师：接下来，我们就走进美丽的游乐园。今天我们在玩的时候，要换一个角度，用另一种眼光来看看，在玩儿当中有没有值得我们研究的问题。

（全体起立）

师：一会儿要进美丽的游乐园，你在进行每一样活动的时候，用你自己的声音、表情和动作把你的感受表现出来。

（随着波浪飞椅、观览车、勇敢者转盘、弹射塔、滑翔索道等游乐项目的出现，学生和老师一起转动身体模仿波浪飞椅、伸出手臂前后平移模仿观览车、将身体上伸下蹲模仿弹射塔……课堂上满是学生的欢笑声。）

师：刚才我们玩得很开心，同学们，能不能把你的活动方式，给它起个名字？

师：你刚才这样的活动（手势 ）叫它什么？

生：旋转。

师：还有别的运动方式吗？

生：还有平移。

生：（我转的时候）头晕。

师：请出六位同学，每个同学选择一个你最喜欢的活动，比如说滑翔索道，先模仿一下，坐滑翔索道的时候，是什么样一种运动，模仿完了后，像同学们说的，有的运动方式是平移，有的运动方式是旋转（贴游乐项目的图片），就把你认为它是旋转的贴在旋转类，你认为它是平移的，就贴在平移类。

学生模仿，并分类贴。

师生一起边模仿边归纳：滑翔索道，这样向前推，也可以说这样向前平移；弹射塔，这样向上向下的平移；激流勇进，这样斜着就下来了。这些运动方式我们称之为平移。像波浪飞椅、勇敢者转盘和观览车这样的运动方式都称为旋转。

这时，一个学生正好走回座位。

师：停！这个同学他的整个身体在怎样？

生：向前平移。

师：请继续走到座位旁边，他一定会做一个什么动作？

生：旋转。（那位学生果然旋转，坐下，同学们都轻松地笑了。）

二、操作观察，进一步感知平移与旋转

出示卡通人物小兰。

师：请一位同学帮助小兰做一下向不同方向的平移动作。

师：向上平移。

学生平移图片。

师：对了，回来。哪位同学来发口令？

生1：向左平移。

生2：向右平移。

生3：向下平移。

生4：向右上角平移。

生5：向左上方平移。

在向左上方移动时，学生把小兰的身体旋转了一下。

师：刚才你是这样平移的（动作），现在你又这样（动作），这叫平移吗？怎样才算平移？

学生做正确的动作：向左上方平移。

师：这才叫平移呢！

生1：（继续发口令）向右下方平移。

生2：向左下角平移。

师：刚才，在小兰平移的时候，你发现了什么是平移？

生1：我发现直着走就是平移。

生2：向一个方向走就是平移。

生3：我觉得是人不能歪，不管向哪个方向走都叫平移。

师：人不能歪（老师手势）？小兰老得站直直的，是这意思吗？

老师演示小兰直直的上下平移，左右平移。

师：可以直直的平移，我们还可以斜着平移（演示斜者平移）。

师：小兰不能歪？我懂了，就是说，小兰在平移的时候，小兰本身的方向不能歪，不能发生变化。

师：（手势）这叫平移吗？

师：（手势）这叫平移吗？这叫怎样的平移？

生：斜斜的。

师：对，小兰还可以斜斜地平移。

师：请刚才扮演小兰的同学表演向前平移、向后平移；

师：到座位旁，他一定做个什么动作？

生：旋转。

三、解释拓展，灵活运用平移与旋转解决问题

1.大屏幕出示：汽车能听你指挥吗？

你是一名出租汽车公司的调度员，你的任务就是应客户要求，调度车辆到达客户指定的地点，你能做到吗？试一试吧！

师：拿出学习卡片，两人一小组移动汽车并讨论：出租车怎样平移，向哪个方向移动多少格子、再向哪个方向移动多少格子才能接到A顾客或B顾客呢？

学生汇报。

生1：往左平移5格，向下平移6格，接到顾客A。

生2：往下平移6格，向左平移5格，也接到顾客A。

师：接顾客A还有别的路线吗？

生：可以斜着走。

师：为什么选这条路呢？

生：因为它比较短。

师：如果真有这么一条路，是既省时间又省油。

生：我还可以两个顾客一起接。

师：平移和旋转可以帮助我们接顾客。生活中哪些地方还有平移和旋转？

屏幕出示方向盘、水龙头、铝合金窗户等，学生判断哪是平移、哪是旋转？

屏幕出示三个栏目：聪明的设计师、楼房会搬家吗、彩灯的长度。

师：你最想研究哪个栏目呢？

很多学生喊出：楼房会搬家吗？

屏幕出示新闻联播片段：上海音乐厅顺利平移66.4米的路程。

师：你想说什么？

生1：真神奇呀！

生2：真是不可思议！

生3：我觉得真奇怪，楼房是怎样搬过去的呢？

师：这是一件真实的事情，就发生在我国的上海，上海音乐厅这幢高高的大楼就这样老老实实地、稳稳当当地平移了66多米的路程，太神奇了！这就是知识的力量，为什么能稳稳地平移呢？这里面有很多的知识，我们长大了去了解它。知识就是伟大！

师：有人想研究聪明的设计师。

屏幕出示：小明想给卫生间安装一个门，马桶离门口只有30厘米，这里有两个门：旋转门，距离50厘米；平移门，距离10厘米。你选择哪种门，为什么？

生：选择平移门（电脑演示，正合适。）

生：选择旋转门（电脑演示，朝里推不开。）

这时有学生提出，门可以朝外拉开。

师：你真智慧！

师：朝外开，外面一定要比较宽敞。选择哪种门，要看具体的情况而定。

屏幕出示第三个问题：过节了，为了让大楼更漂亮，工人叔叔打算在大楼楼顶四周围上一圈彩灯，你能帮工人叔叔算一算彩灯的长度吗？

学生画出示意图。

怎样计算彩灯的长度呢？学生很快想出了通过平移、把这个图形转化成长方形，再求长方形的周长。

四、课堂总结

通过今天的学习，你最大的收获是什么？还有什么遗憾？

……

36. “搭一搭”教学设计（课例一）

李培芳
（福建省厦门市华昌小学，特级教师）

※ 课前思考

“搭一搭”，意在通过“搭小正方体”的数学活动发展学生的空间观念。大部分老师觉得这个内容相对简单，便以各种练习题代替学生的操作和体验。笔者曾经在一个小型的教学研讨会上，看到同课异构的两节“搭一搭”出现这样的局面：其中一节课复习导入的题目却恰巧是另一节课新授的主要例题。看来，每一位老师对教材的理解，对学情的判断，对目标的追求都有自己的判断。然而，究竟怎样的教学更有助于学生空间观念的发展呢？我们的教学实践从不可回避的思考开始。

※ 教学思考

备课之初，我们主要思考这样几个问题：①为什么要搭？搭的意义何在？②仅只是搭吗？发展空间观念的主要手段是什么？③不搭行吗？本课的学习的重点是什么？

本质上，这都是一些关于教材编排意图的问题，教材的意图是通过操作发展学生的空间观念。笔者认为：发展学生空间观念离不开动手、动眼、动口与动脑，相对应的便是课标所倡导的操作、观察、表达与想象。具体到本课，即是能根据指令搭出立体图形（操作）；能从不同的角度观察并判断所看到的立体图形的形状（观察）；能描述立体图形是怎样搭出来的（表达）；能根据从正面、上面和右面看到的形状还原出立体图形（想象）。

然而，即便如此，一定要经由“搭一搭”吗？需要将学习还原到如此简单的地步吗？带着这一问题，笔者在教学设计之初走进学生进行教学调研。通过调研笔者发现：没那么简单！

首先，表达没那么简单！

本课教学要求中的“表达（描述）”是指：学生能以形如“横着放三个，然后在中间小正方体的前面放一块”这样的句式进行描述。通过课前调查，我们发现学生对“横、竖、上、下”几个方位词的描述没有问题，而对“左、右”的描述常常出错，这属于正常现象，因为即使是成人对左右的判断也常出错。

然而，令人费解的是，学生对“前、后”描述的出错率却高达 36%。在随后的访谈中，我们发现这是一个有趣的“聪明者的错误”。以右图为例，我们都认为 1 号面是前面，出错的同学却认为 1 号面是后面，理由是 1 号面的对面显然在更前面。很有道理呀！因为我们一般以眼光所及的远处为“前”。可是为什么却以近在眼前的 1 号面为前面呢？突然之间，笔者为这部分学生的思维所折服。这其实是一个以什么角度进行观察的问题，如若以观察者角度观察则“1 号面为后面”，而如果以物体本身的角度进行观察则“1 号面为前面”。那么小学阶段“观察物体”这一内容的观察角度正是观察者角度。当我们说“2 号面是右面”时，其实就是观察者角度。这样看来，这些错的学生反倒成对的了。

为此，我们认为以“正面”来描述可能更好。当然，以“前面”来描述也已经成了一种表达习惯了。为了交流，必须遵循固有的习惯，这在数学发展史上并不鲜见。

其次，观察没那么简单！

本课教学要求中的“观察”指的是：学生能通过观察判断从“正面、上面、右面”三个不同角度所看到的形状。

在前测中，学生回答“图①从上面看，看到的是什么形状”时，有 32.5% 的学生认为看到的形状是图②。

图①

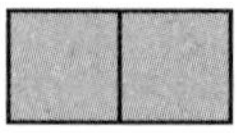

图②

基于教学的前测，我们认为学生对本课的学习大略应当经历如下的学习过程：

一是动手操作：学生应当经由动手操作把立体图形从无到有地“搭”出来。

二是动口表达：学生将动手搭的过程描述出来，明确几个小正方体的相对位置。

三是动眼观察：从不同的角度观察所搭成的立体图形（实物），判断所观察到的形状，并对观察到的形状进行描述，描述几个小正方形的排列情况与相对位置。

这个环节的达成需要“二”的知识基础与经验。

四是动脑想象：一方面，通过观察平面上的立体图形（非实物），想象从“正面、上面、右面”三个不同角度所看到的形状；另一方面，根据从正面、上面和右面看到的形状还原出立体图形。

教学是慢的艺术，所谓“三分教，七分等”，这样的教学，或许可以慢慢地发展起学生的空间观念。

※ 教学过程

活动一：边说边搭

师：同学们，今天咱们来玩搭积木的游戏好吗？（好）

板书课题：搭一搭

师：今天老师给大家提供的是这样的积木，其实就是一些小正方体，请看屏幕，这节课咱们只搭面和面完全重合的情况，不搭其他的这几种情况（如右图等）。

师：下面咱们来玩第一个游戏“边说边搭”，怎么玩呢？大家看，老师是这样搭的，先“横着搭 3 块，在左边方块的上面搭一块”。注意，老师在说的时候用到了“横着、左边、上面”这样的词语，这样就可以说得很清楚。（课件上相应地将这几个方位词变成红色）

师：同学们，请拿出你们桌上的 4 块小正方体“边说边搭”。

学生活动。

汇报展示：谁来说说你的立体图形是怎么搭出来的。

小结：同学们在说的时候，都能用上“横、竖、上、下、左、右、前、后”这样的词语，说得准确、简洁，真好！

活动二：我说你搭

（1）冲突中体会指令要清楚、完整。

师：下面咱们玩第二个游戏，叫“我说你搭”。怎么玩呢？老师搭了一个立体图形，不过藏起来了，你们想知道老师搭的立体图是什么样的吗？（想）

师：那得听清楚老师发的指令才能知道。老师是这样搭的，“横着放 3 块，上面放 1 块”。请你们根据指令搭一搭。

（学生在反馈中出现如下三种搭法）

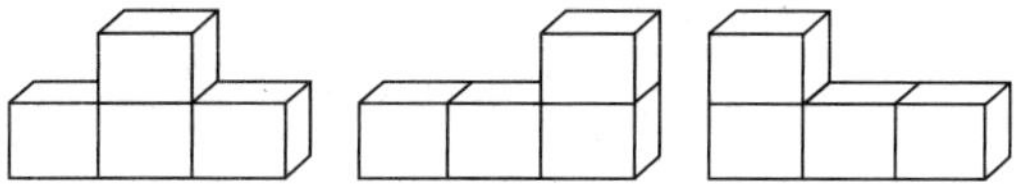

师：老师搭的立体图形究竟是什么样的呢？咱们一起来揭开谜底好不好。教师拿出立体图形（如右图）。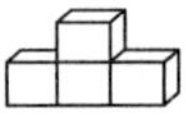

师质疑：同学们，李老师是想让你们搭这种，可你们却搭出了 3 种，你们觉得问题出在哪？

生：老师没有说清楚上面的 1 块是放在哪里。

师：看来是老师发的指令不够明确。

师：谁能帮老师修改一下指令？

生：把“上面放 1 块”改为“上面的中间放 1 块”。

师：看来呀，指令要说清楚，要说完整。

（2）冲突中体会指令要简洁。

师：同学们，刚才老师这指挥官当得不好，发的指令不够完整。换个指挥官，谁呢，请看，呵呵……

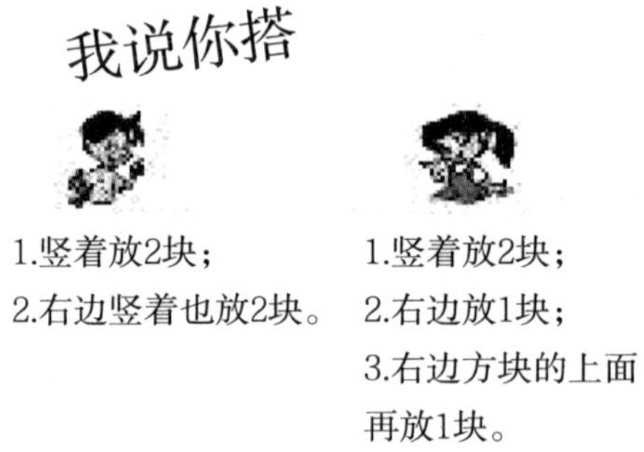

是淘气和笑笑。同桌两个同学，左边的同学根据淘气发的指令搭，右边的同学根据笑笑发的指令搭。

学生活动。

师：看看你同桌搭的立体图形，你有什么发现？

生：指令虽然不同，可是搭出来的却是相同的。

师：是啊！真神奇啊！那么，你们觉得谁发的指令好呢？

生：淘气发的指令好，因为他的指令比较少。

生：我也觉得淘气发的指令好，因为用他的指令搭比较快。

师：嗯，看来啊，发指令不但要完整，还要尽量简短。

（3）“你说我搭”：同桌互发指令搭立体图形。（略）

活动三：我搭我看

（1）观察立体图形实物。

教师出示立体图形。（如右图）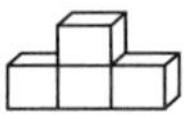

引导想象：从正面、上面、右面看到的是什么形状？

动手操作：让学生动手搭出立体图形。

观察验证：从不同的角度到相应的位置上观察，验证想象的结果是否正确。

适时小结：从不同的角度观察同一个立体图形，所看到的形状有可能是不同的。

（2）观察平面上的立体图形

课件出示右图。

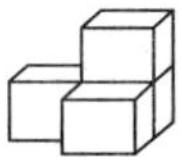

激发思考：现在这个立体图形咱们没办法拿下来观察了，你还能想象出从正面、上面、右面看到的是什么形状吗？

独立思考：静静地思考，如果想好了，可以拿出抽屉里的答题卡，在上面连一连。

交流分享：学生交流自己的观察方法。

活动四：你搭我猜

师：同学们，下面咱们再来玩一个有挑战性的游戏："你搭我猜"。老师请一个小朋友到上面这个暗箱里来搭立体图形。搭完后，老师只要通过提问就能搭出与它们一样的立体图形来，你们信吗？咱们试一试。

学生搭完后，教师提出问题①：从正面看到几个面？（2个面）

师用立体图摆出6种，并画个圈（如下图）。

引发思考：同学们，观察圈里的这些立体图形，虽然它们的形状在变，但什么不变？

生：都是用3块正方体；从正面看都是2个面……

教师提出问题②：从右面看，看到几个小正方形的面？（3个面）

教师引导学生将符合条件的两个立体图形圈起来。

引发思考：说说圈起来的立体图形什么变了？什么不变？

生：形状变了，不变的是从右面看都是2个面。

教师引导学生提出问题③：上面的一块在前面还是后面。（后面）

引导学生将最后符合条件的图形圈出来。

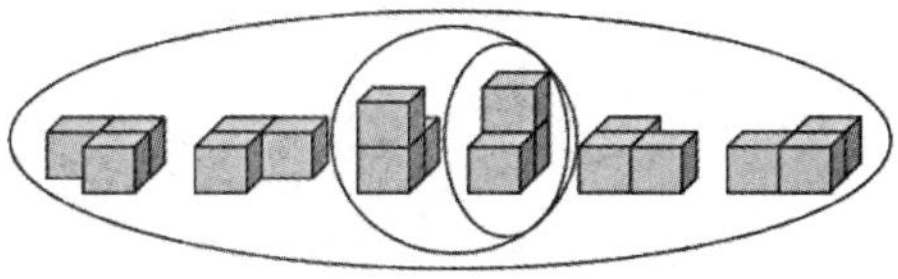

揭开谜底，见证奇迹。

适时小结：同学们，刚才咱们通过逐步缩小范围的方法，慢慢地找出了答案，真好。看来逐步缩小范围是一种很好的办法。

活动五：拓展延伸（略）

37. “搭一搭”教学设计（课例二）

张丹
（河北省保定市永华南路小学，青年名师）

※ 教学预设

教学重点：通过动手搭一搭的活动认识几何体的特征。

教学难点：根据一定要求搭一搭。

※ 教学过程

一、回顾基础，明确目标

1. 情景激趣

师：小朋友们，你知道房子是怎样建成的吗？上课前，老师带给大家一个好看的小动画，请你仔细找一找，你能发现跟数学有关的知识吗？（播放盖房子打地基和从下到上搭建的动画片。）

同桌交流后指名回答。

师：你的小眼睛可真亮，一眼就发现了盖房子之前我们要把房子最下面那层，也就是底层打好，这样才能使房子坚固，不容易倒。你还发现了底层的形状，就是用岩石、碎石、沙土等浇筑的形状是之前挖出的长方体！你真会活学活用！今天我们就来玩一玩搭一搭，看看怎么用上节课学过的立体图形像盖房子一样搭出有趣的形状！

2. 学习基础

师：小朋友们，上节课我们跟老师一起认识了长方体、正方体、圆柱、球这些立体图形，它们都迫不及待地出来跟大家打招呼了，快来看看它们是谁？对了，这是长方体，长方体说：“我长得长长方方的，有6个面，你还记得我吗？”我们来数一数吧，先数长方体四周围的面，1、2、3、4，再数上下的面，5、6，嗯，是这样的。（课件展示长方体上下及左右旋转过程。）正方体说：“我长得四四方方的，有一模一样的6个面。”（课件展示正方体上下及左右旋转过程及展开图。）圆柱说：“我直直的，上下一样粗细，两头是圆的，平平的。”我们来看一看，圆柱的两头真的是又圆又平！把它放倒以后，一推就容易滚动。（课件展示圆柱上下及左右旋转过程和放倒滚动动画。）球又说：“我是圆圆的，很光滑。”快瞧呀！它就像一个圆圆滚滚的小淘气，到处乱跑。（课件播放球滚动动画。）

同桌之间说一说你最喜欢哪个立体图形，为什么？

师：这节课要把它们组合起来像盖房子一样搭一搭，是不是很期待呢？

二、例题精讲

1. 导入新课

出示教材第 36 页主题图。

师：小朋友们，数学王国的小精灵聪聪又来找我们了，她还带来了一个问题呢：把所有的积木都要用上，看谁搭得又稳又高。这里“所有”“又稳又高”两个词特别重要，这两个词告诉我们，要把所有积木都用上，一个都不能剩下，而且还要高，不能倒。

2. 探索操作

（1）我的发现

师：请你观察这些积木的特点，思考每种积木怎样摆放才能搭得又高又稳？快动手试一试吧！

要求：组内共同搭建，看谁搭得又高又稳。

提问：通过搭一搭的过程，你发现了什么？遇到了什么问题吗？

指名回答，班内交流。

预设：

生 1：把球放稳很困难，这个小淘气有点不听话，一放到地上就到处滚动。

生 2：把圆柱放倒以后也不容易放稳，它也像球一样跑了起来。

师：因为球的表面和圆柱的侧面不是平的。你真善于发现！给你点赞！有的同学还发现了，搭积木就像盖房子一样，要打地基，积木的地基怎样打才牢固呢？

组内讨论、交流。

师：有的同学很快就想到了，下面要放这些长方体、正方体或直立的圆柱比较稳，因为它们和地面接触的地方又大又平，这样盖出来的房子才稳。到底是不是这样呢？我们来看一看！真的是这样的！同学们，玫红色的这几个面真的很大，很平（课件展示）！把它们放在最下面一定能搭得又稳又高！你真会思考！那么这样的像火柴棍一样的小长方体呢？

生：直立在地上不稳。

师：你说得真好，它和地面接触的地方很小，最下面只放一个这样直立的，细细长长的长方体有点不稳！把这三个一起放在下面行吗？带着这样的问题一会儿我们再动手试试看！

刚才这位同学说："这个淘气的球特别爱乱跑。"看来，球不适合放在最下面，应该把它放在哪里呢？

生：最上面！

师：你真善于思考！

（2）怎样搭

师：小朋友，你是怎么搭的呢？

生：搭高一些。

师：对了！你说得真好，要想搭得又高又稳，我们要尽量往高处搭，而且球也要用上。但是小朋友们已经发现了，这个球老是乱跑。我们该怎么让它安静下来呢？怎么让它放稳呢？快来帮帮它吧！

生：我们可以用3个长方体搭成一个基座，再把球放在上面，就可以放稳了。

师：原来这三个细细长长的小长方体还有大用处呢！它们像一只手，牢牢地抓住了淘气的小球！所以这三个长方体不能放在最下面，如果那样的话，球就不能放在最上面了！你明白了吗？

（3）谁搭得高

师：我们怎么做就能知道谁搭得高了？

生：比一比就知道了。

师：怎样比呢？你有好办法吗？是的，可以下端和上端对齐进行比较。快来跟你的同学比一比，谁搭的积木是最高的？

三、课堂练习，巩固认知

提出要求，我说你搭。

教材第 38 页第 7 题，同桌两人一组完成。

师：同桌两个人之间用东西挡起来，一个同学一边说一边搭，你通过同桌的描述来搭，最后看看你们两个搭的是否一样。当然还可以再换角色，你边说边搭，让同桌边听边搭。

四、拓展练习，发展思维

教材第 37 页第 5 题，搭积木，说一说你搭的像什么。

师：小朋友们已经掌握了搭积木的基本方法，知道怎样搭才能又高又稳。下面让我们再来挑战一下，搭积木，说一说你搭得像什么，只要抓住这些立体图形的特点并合理组合起来都是可以的。

预设：让同学们根据搭的各种事物形状说一说搭的过程。

生：我搭椅子的时候可以先搭下面的 4 个椅子腿，再搭椅子面，最后搭椅背。

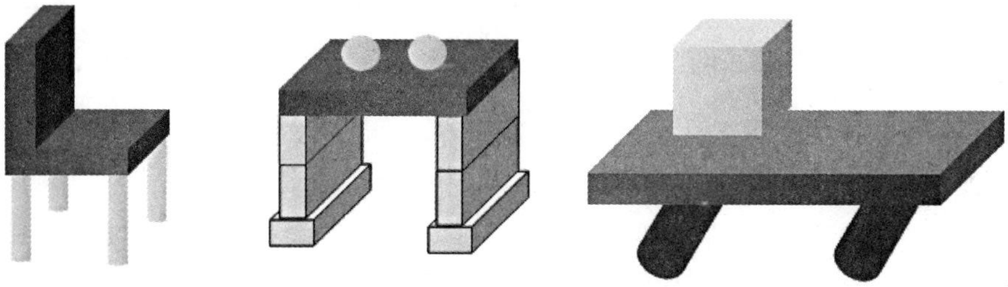

师：小朋友们，你们真的特别心灵手巧，就像一个个小设计师，有的同学搭出了椅子，有的搭出了一扇门，这就像一扇智慧之门，只要你养成爱动脑筋的好习惯，智慧的大门会永远向你敞开！有的同学搭出了小汽车，你设计的小汽车真漂亮，老师都想坐进去看看呢！老师真喜欢你们的作品！给心灵手巧的你们再点一个赞！

五、总结

师：小朋友们，今天我们通过“搭一搭”的活动进一步地了解了各种立体图形的特征，希望你在以后的学习和生活中继续保持认真观察、主动探索、勤于思考的品质。

六、作业

回家和爸爸妈妈一起搭一搭，看谁搭得又快又高。

38. “地图上的方向”教学设计

李虹
（天津市红桥区洪湖里小学，青年名师）

※ 教学预设

教学重点：会辨认地图上的东、南、西、北，并能描述物体在地图上的方向。

教学难点：能灵活使用两种辨别方向的方法，根据给定的一个方向辨别其他三个方向。

教学准备：校园中各建筑物的方位叙述、绘制好的校园平面图、多媒体课件，每人准备两张图画纸，师准备指南针。

※ 教学过程

一、复习导入

师：昨天，我们学习了认识方向，今天，我们继续研究。（板书课题）

请同学们全体起立，面向太阳升起的方向，小声地自己说一说怎样辨别东南西北四个方向。

生独立辨别四个方向：面向太阳，前面是东，后面是西，左北右南。

师：这是我们昨天学习的辨别方向的第一种方法，也就是以东为标准来辨别方向，可是通过实践，我们发现，当给你南北两个方向让你辨别东西时，有一定的难度，虽然大家利用第一种方法解决了这个问题，但好像比较麻烦，也许学完今天这节课，你会找到更加简单快捷的方法来解决这个问题。

二、自主探究

1. 师：小明站在校园的中间，描述了各个方向都有什么建筑物，（用课件出示：校园的中间是操场，东面是图书馆，西面是体育馆，北面是教学楼，南面是大门）你能用长方形代替这些建筑，来尝试着画一幅校园平面图吗？你觉得要想画一幅平面图最重要的是要先干什么？

（辨清方向是关键）

师：请大家四人一组，试着画校园平面图，比一比，看哪个组画得又美观位置又准确。（生四人一组绘制平面图，师巡视）

2.生展示各自的平面图，师挑出其中不一样的几幅图提问：他们画的都对吗？那为什么他们的图却略有不同呢？

预设：因为他们向上的方向定的不同。有的同学是把北定为上，有的同学是把东定为上，所以他们画出的图就不一样。

师：如果是一名新生想找图书馆，看到这几张不一样的图，会很迷惑，为了统一，人们规定：按“上北下南左西右东”来绘制地图或平面图。假设我们站在一张大地图上，这张图的上面，也就是我们的前面就是北，这张图的下面也就是我们的后面就是南，左面是西，右面是东，它同时也是今天我们要学习的辨别方向的第二种方法。下面我们就练习用这种方法辨别方向。

（师用指南针给定北方，请生四人一组练习用第二种方法辨别方向）

师：现在再给你北或南两个方向去辨别东和西还会像昨天那么难吗？闭上眼睛思考，这两种辨别方向的方法，哪种更好用？如果你觉得有必要，也可以两种方法配合着使用，根据不同的题目，选择合适的方法。

师：另外，在绘制平面图时，还要在图上标明方向。可以只标一个标准“北”，也可以把四个方向都标明。

3.四人一组，按新的方法辨别方向，重新绘制美观、准确、统一的校园平面图。后展示。

师：请同学们好好保存自己画的第一幅平面图，也许你将来画得要比这好很多，但它毕竟是你最珍贵的第一次。

三、发散延伸

1.师给定一个方向，请生想办法辨别其他三个方向。

（1）师：假设太阳从黑板所在的方向升起，请你辨别方向。你是怎样辨别的？

预设：面向太阳升起的方向，也就是东，用第一种方法，前面是东，后面是西，左面是北，右面是南。

师：为什么今天学习了第二种辨别方向的方法，你还用第一种方法呢？

预设：因为给定了东方，选第一种方法更简便。

师：看来，根据不同的题选择合适的方法才更简便。

（2）师：假设太阳从黑板所在的方向落下，请你辨别方向。

预设：生可能会说出两种不同的方法：①太阳落山的方向是西，它的对面就是东，还用第一种方法。②上北下南左西右东，把左手指向西，然后上北，下南，右东。

师：这两种方法都可以，而且第二名同学不仅学会了第二种辨别方向的方法，还能灵活应用，我真为你们感到骄傲！

（3）师：假设黑板所在的方向是北，请你辨别方向。这次你们怎么能这么快？（因为给定的是北方，所以能直接用第二种方法）

（4）师：假设黑板所在的方向是南，请你辨别方向。（有了南，就能找到北，再用第二种方法。）

2.怎样在大自然中辨别方向

师：如果李老师旅游时在山上迷了路，又没有带任何工具，你能告诉我在大自然中有什么东西能帮助我辨别方向吗？请生四人一组进行小组讨论，请一名同学记录下你们组辨别方向的方法，一会儿汇报。

预设：由于学生曾经学过《如果你在野外迷了路》这篇课文，所以学生们的回答可能会丰富多彩。

（1）看树叶，树叶茂盛的一面对着南，树叶稀疏的一面对着北。

师：没错，因为，南面是阳光照射最充足的一面，所以树叶茂盛的一面朝南。现在，这有一棵树，这一面树叶非常茂盛，而我的营地在东面，我应该朝哪走？

（2）看太阳的升和落来辨东西。

师：可以，但前提是晴天的时候，太阳升起的方向也就是我的营地所在的方向。

（3）看岩石也可以辨别方向。

师：你的课外知识真丰富！由于南面朝阳，所以岩石干燥、光秃的一面指向南，而潮湿、长满青苔的一面指向北。

（4）看树的影子。

师：你太棒了！我真佩服你，我也是昨天上网查资料时才知道这种方法。一般，上午的树影指向西北，下午的树影指向东北，而正午，也就是树影最短时，这时的树影指向正北，也是树影指方向最准的时候。

（5）看树的年轮也能辨别方向。

师：对，年轮间隔大，说明生长的粗壮，是朝阳的一面，对着南。

（6）看蚁穴。

师：是的，一般小动物是最能辨别方向的了，蚂蚁在修建洞穴时，一般都会把洞口朝南。

师：同学们告诉了我这么多在大自然中辨别方向的方法，我真感谢你们，但是光了解这些课外知识还不够，还要掌握扎实的数学知识，了解辨别所有方向的方法，才能不迷路！

四、反思归纳

师：今天你有什么收获？还有什么问题吗？老师要为棒棒的你们点个大大的赞！

五、作业

教师给定北，绘制教室平面图。

六、知识拓展

师：请同学们通过看中国地图、网上查阅资料等方法找到祖国最北、最南、最西、最东的四座城市，明天上课我们在班里进行交流。

三、统计与概率

39. “复式统计表”教学设计

乔利荣
（安徽省合肥市师范附属第三小学，徐长青工作室成员，青年名师）

※ 教学预设

教学重点：会填写统计表，并对表内数据进行简单的分析比较。

教学难点：把简单的单式统计表合并成复式统计表。

教学准备：多媒体电脑及课件，实物投影仪、头饰、作业纸。

※ 教学过程

一、情境引入，引发统计需要

1. 师：老师想采访大家一下，你们参加过学校组织的哪些兴趣小组活动？（挑选几个学生回答）

师：今天老师也带来了青云小学五年级四个乐器兴趣小组活动的图片，一起来看一下吧。（课件出示四张图片）

2. 有哪几个兴趣小组？（古筝兴趣小组、葫芦丝兴趣小组、笛子兴趣小组、小提琴兴趣小组）

3. 师：为了更清楚地看出各兴趣小组的情况，我带来了四张统计表。（课件出示四张单式统计表）

古筝兴趣小组人数统计表

2012年11月

性别	合计	男	女
人数	28	7	21

葫芦丝兴趣小组人数统计表

2012年11月

性别	合计	男	女
人数	27	17	10

笛子兴趣小组人数统计表

2012年11月

性别	合计	男	女
人数	22	16	6

小提琴兴趣小组人数统计表

2012年11月

性别	合计	男	女
人数	30	14	16

师：这是我们以前学的单式统计表。

4. 说说四张统计表的相同点和不同点。

小组讨论交流。

师相应板书：性别、人数、组别

5. 回答问题。

师：请大家仔细观察这四张统计表，回答老师提出的问题：古筝兴趣小组男生有多少人？葫芦丝兴趣小组女生有多少人？小提琴兴趣小组一共有多少人？指名回答。

师：为什么你们回答得这么快啊？

预设：因为从表中直接能看出来。

6. 师小结：是啊，这就是单式统计表的优点，让我们一目了然看出各组的信息，但是它也有不足之处，不能反映各组总的情况。有什么好的办法，既能看出各组男、女生的情况，又能反映各组总的情况呢？

预设：把四张统计表合并成一张统计表。

二、合作探究，获取统计方法

1. 合并、完善统计表。

（1）合并统计表。

师：把这四张统计表怎样合并呢？

（2）四人小组合并、完善统计表。

学生拿出四张单式统计表尝试合并、完善。

（3）小组汇报，可能会出现以下结果：

预设一：上下合并，这样更合理。

预设二：都有性别、合计、男、女这一栏，可以把下面重复的三栏去掉。

师相机指出：把保留的这一栏叫横栏类别。（板书：横栏类别）

预设三：竖栏都是人数，把人数换成四个小组的名称。

师相机指出：修改后的这一栏叫竖栏类别。（板书：竖栏类别）

预设四：左上角一格“性别”不合适，应该分成三部分：性别、人数、组别。

师相机介绍表头。（板书：表中数据）

预设五：这张统计表还缺少总计，可以在最下边填上总计，也可以填在上面。

课件演示增填总计一栏。

（4）起表名。

师：我们给这个统计表起个什么名字呢？（青云小学五年级乐器兴趣小组人

数统计表）课件出示。

师指出：表名的右下角还要有日期。

（5）填写统计表。

师：孩子们，你们太棒了，在大家齐心协力努力下，我们终于把这张统计表制作好了，现在你能把这张统计表填完整吗？打开课本 84 页填在书上。

学生填写统计表，并汇报填表过程。

青云小学五年级乐器兴趣小组人数统计表

年　月

性别 人数 组数	合计	男	女
总计	107	54	53
古筝小组	28	7	21
葫芦丝小组	27	17	10
笛子小组	22	16	6
小提琴小组	30	14	16

预设一：学生计算总计可以把各小组人数加在一起，也可以把男女生的总数加在一起，起到相互检验的目的。

预设二：学生提醒不要忘了填写右上角的日期。

揭示课题。

师：我们以前把那四张统计表叫单式统计表，这张统计表也给它起个名字，叫复式统计表。（板书课题）它反映两个或两个以上的内容。

2. 复式统计表的优点。

（1）师：快速回答老师提的问题：男生一共有多少人？四个组一共有多少人？哪个组男生最多？哪个组女生最少？（学生回答）

（2）从这张复式统计表中你还获得哪些信息？同桌交流再汇报。

（3）师小结：你觉得这张统计表跟单式统计表相比，有哪些优点？（板书：信息全面，便于分析比较）

3. 组织学生实际调查。

古筝　葫芦丝　笛子　小提琴

上面的四种乐器，如果只选一种，
你想学习什么？
其他同学呢？
男女生对这些乐器的喜好有什么区别？

（1）出示课本 85 页练一练。

（2）学生先猜测喜欢哪种乐器的人数最多，喜欢哪种乐器的人数最少。

（3）挑选各兴趣小组组长，带着头饰，拿着单式统计表现场进行统计。

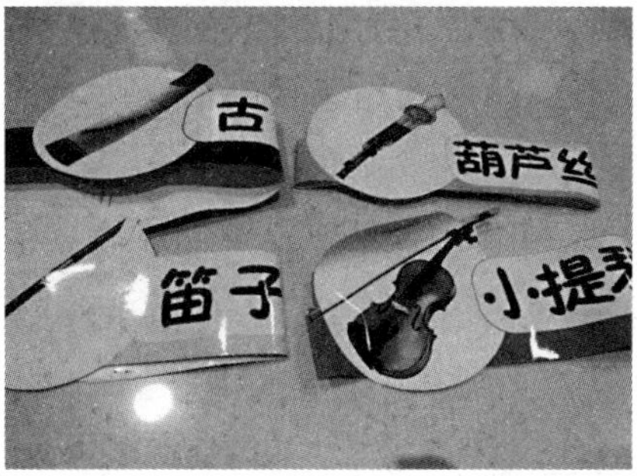

（4）完善表格，回答问题，小结。（板书：收集、整理、分析）

五年级　班同学想学习的兴趣小组情况统计表

年　月

组别 人数 性别	合计	古筝	葫芦丝	笛子	小提琴
总计					
男生					
女生					

（1）你们班同学想学习哪种乐器的最多？

（2）男生想学习哪种乐器的最多？女生呢？

你还能提出什么问题？

三、巩固运用，感受统计价值

1. 师：同学们，刚才我们在统计兴趣小组人数时用到了复式统计表，其实在生活中，我们经常用到复式统计表。（出示补充习题）

2. 课件出示：三位同学家庭（都是三口之家）9 月份使用水、电、煤气的情况：

王红家：水费 28 元，电费 30 元，煤气费 35 元

李明家：水费 62 元，电费 82 元，煤气费 65 元

张浩家：水费 30 元，电费 35 元，煤气费 40 元

3. 让学生把这些信息填入下面的统计表中。（作业纸）

三位同学家庭9月份使用水、电、煤气情况统计表

年月	合计	水费	电费	煤气费
王红家				
李明家				
张浩家				

4. 学生投影展示填写完整的表格。

师：你觉得这张统计表少了什么？

师：其实呀，这三个家庭各交各的钱，他们觉得没有必要算总计，可以不设计总计。但如果作为一名会计，你觉得需要设计总计吗？

小结：在设计复式统计表时，可以根据实际情况，灵活设计。

5. 师：仔细观察这张统计表，你发现了什么？

预设：李明家用电用水用煤气太多，要节约，不能浪费。

师：是啊，地球上的能源是有限的，请我们每一个同学在平时都能节约每一滴水、每一度电，能做到吗？

四、回顾总结，升华统计意识

1. 师：这节课，我们学习了什么，有哪些收获？（指着板书回顾）

2. 师：走出课堂，愿大家能更好地利用复式统计表解决生活中相关的问题。

五、知识拓展

课后请同学们选择自己比较感兴趣的一个生活问题进行调查并制成复式统计表。

附：板书设计

复式统计表

优点：信息全面，便于分析比较

表头
- 横栏类别：性别
- 表中数据：人数
- 竖栏类别：组别

40. “小小鞋店”教学设计

林巧芳
（福建省武夷山市武夷中心小学，青年名师）

※ 课前思考

“小小鞋店”属于“数据的整理和表示”的教学内容，是学生在学习了“一年级上册——分类”和“二年级下册——调查与记录”的基础上继续学习统计的相关知识。本单元主要学习收集、整理和分析数据。所用的方法有列表、画图等。为后续学习条形统计图、折线统计图以及平均数的知识奠定基础。

※ 教学过程

一、谜语导入

师：同学们，你们喜欢猜谜语吗？今天林老师给大家带来了一个迷语：小小两只船，没桨又没帆，白天带它到处走，黑夜停在床跟前。

学生很快就猜出了鞋子，于是，顺利地引入新课：“小小鞋店”。

【设计意图】本节课的教学从猜迷语创设情境，激发学生学习知识的兴趣。

二、研究探索

活动一：收集数据

1. 淘气同学想模拟开一个鞋店，为了“进货”需求，需要调查哪几方面的数据？

2. 同桌交流后，指名回答。

教师指导：可以从鞋号、颜色、种类、数量、价格、款式等方面考虑。

3. 找出最重要的数据信息——鞋号。

4. 小组长收集提交数据。

【设计意图】要解决鞋店“进货”问题，需要知道我们班同学的鞋号，因此分组调查班中同学的鞋号。从班里要开“小小鞋店”这一实际需要引入，激发学生的学习兴趣，通过讨论对“进货”需要调查鞋号、款式、进价等问题的思考，引发对调查数据的研究和讨论。通过分男、女生两个小组分别调查鞋号，引导学生掌握收集数据的方式，并从中体会到数据来源于现实生活，以及收集数据过程中的随机性。学生在调查数据的过程中逐步体会合作的重要性。

活动二：整理数据

1. 鼓励学生用自己喜欢的方法进行整理，用正字统计、打“x”、画“o”、线段……的方法来表示学生汇报整理好的数据。

2. 男女生分工整理原始数据……

【设计意图】学生独立运用各种方法进行整理，在此基础上学习画点线图整理数据。由于统计表比较乱，所以需要进行整理。让学生自主尝试用不同的方法整理原始数据，学习用点线图整理数据的方，从中体会数据整理的多样性，以及数据整理的准确性，在此过程中使学生体会整理数据的有序性可以使数据的准确性更高，从而培养学生严谨的学习态度。

活动三：分析数据

观察统计结果

师：从这些数据中你可以得到哪些信息？

生 1：男生鞋最大号码是 38 号，最小号码是 33 号。

生 2：女生穿 32 号鞋的人最多。

生 3：女生穿 32 号鞋的人数是 36 号的 2 倍。

……

【设计意图】通过从整理后的数据中寻找、发现有用的信息，对数据进行有效的分析、筛选，最后为解决问题提出合理的建议，培养学生分析、归纳与概括的能力。

活动四：得到信息，做出决策

1. 从这个统计结果中你还可以提出哪些数学问题？

学生自由提问题。

2. 说一说你发现了什么，对鞋店“进货”有什么建议？

生 1：男生穿 34 号码鞋的最多，需要多进些。

生 2：女生没有穿 38 号码鞋的，不要进。

……

【设计意图】通过看整理后的点线图寻找有用的信息，并作出决策。

三、课堂小结

师：通过刚才同学们自己的统计，确定了我们需要进的鞋号，那么淘气的小小鞋店就算正式开业啦！（板书课题：小小鞋店）

四、巩固练习

师：同学们，下面老师请你们用刚才学到的知识解决数学书上练一练的相关问题，你们敢挑战吗？

五、交流收获

师生共同交流本节课的收获。

四、综合与实践

41. “搭配中的学问”教学设计与反思（课例一）

李培芳
（福建省厦门市华昌小学，特级教师）

※ 课前思考

搭配中的学问到底是什么？在以往的教学中，几乎所有的教学都将“全面、有序地思考”作为搭配中的学问，并将其作为教学的主要追求，这样的做法应该是无可厚非的。然而，通过对本课的深入思考后，笔者发现了“搭配问题”另外的一种教学追求，那就是引领学生感悟数学的模型思想，因为“搭配问题”其实就是一个乘法模型。当然，教学中到底要学生感悟什么样的模型，是否直接给乘法模型，这些在“课堂实录”中都将进行讨论。

那么，如何在“数学思考”与“数学思想”之间进行教学的选择，这便是一个仁者见仁智者见智的问题了。值得注意的是：首先，这不是一个“对或错”的问题，而是一个“好或坏”的价值判断的问题，“教学是一种选择”，笔者只是希望提供教学“搭配问题”的另一种可能的选择而已；其次，这也不是一个非此即彼的问题，而是“可以兼得”的美事，何乐而不尝试乎？

※ 教学过程

一、链接生活，唤醒经验

教师板书“搭配”一词后，问：生活中见过搭配的现象吗？

生：衣服和裤子搭配。

师：对啊，穿的东西可以搭配，呵呵！

生：牛奶和面包搭配。

师：是啊，吃的也可以搭配，对吧，还有谁要说？

生：稀饭和鸡蛋可以搭配。

师：同学们，吃的东西可以搭配，穿的衣服可以搭配，生活中搭配的现象可真多啊！其实大家最有经验的应该是这样的搭配。（课件出示）请看，谁会在括号里的填空？

生：温暖的棉被，温暖的家，温暖的阳光……

师：这里可以填很多很多的词语，老师也准备了几个，请看（课件出示图1），这是语文中的词语搭配。

“搭　配”

温暖的（春天）
温暖的（阳光）
温暖的（家　）

图1

师：今天，咱们要用数学的眼光来看看这些搭配的问题中有什么学问。（板书课题：搭配中的学问）

【设计意图】本环节的教学旨在唤醒学生在生活中与学习中积累的大量的有关“搭配”的经验，这些经验的唤醒不仅可以让数学学习内容更加“可亲可近”，还可以让学生的学习站在更高的起点上。

二、尝试解决，探索模型

1. 提出问题

师：观察图中的信息（图2），你看到了什么？你想提出什么数学问题吗？

图2

生：2件上衣和3条裤子，一共可以搭配出几种不同的穿法？

师：好问题，不过，还要说明是每种穿法都用一件上衣与一条裤子搭配。

师：这个问题请同学们先在头脑里想一想。（生纷纷举手）把你想到的那几种搭配全部写在练习本上。

【设计意图】本环节让学生根据数学信息发现并提出数学问题，“发现和提出问题是数学建模的起点”。当学生从具体情境中抽象出数学问题后，意味着对问题的讨论已然从生活世界进入数学世界。

2. 方法交流

（1）展示方法1（图3）：

1	绿色+紫色
2	绿色+黑色
3	绿色+粉色
4	红色+黑色
5	红色+紫色
6	红色+粉色

图3

师：看得懂吗？说说，你看懂了什么？

生：绿色上衣跟其他颜色的裤子搭配，红色上衣也跟其他颜色的裤子搭配，一共有6种搭配。

师：觉得他的方法怎么样？

生：方法挺好的，很清楚。

（2）展示方法2（图4）：

1和1、1和2

2和2、2和3

1和2、1和3.

图4

师：看得懂吗？ 1和1是什么意思？

生：第一件衣服和第一条裤子搭配。

师：觉得这种方法怎么样？

生：很好，用数字来代替，可以少写很多字。

生（激动地）：老师，有错误！他出现了两次“1 和 2”。（其他同学也激动地附和）

师：哇！是啊！重复了！哎呀！方法是很好，可惜重复了！咱们一起想想，为什么会重复搭配呢？

生：因为在搭配时没有按顺序，搭配过的又重复写了。

师：看来，搭配时要注意按顺序搭配，这个同学的作业提醒了我们，最重要的一点就是搭配时要做到“有序”。（板书）

（3）展示方法 3（图 5）：

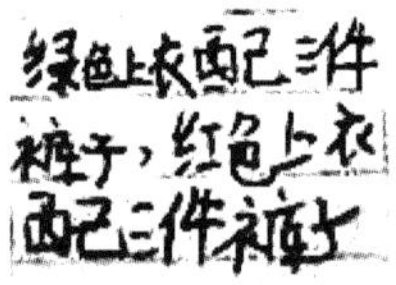

图5

师：咱们请这位同学自己来说一说。

生：就是绿色上衣配下面三条裤子，红色上衣也配下面三条裤子。

师：可以吗？（可以）这种方法怎么样？（很快）为什么能很快？

生：他没有全部写出 6 种来，而是分类来写，就很快。

师：分类来写，说得真好！这样的记录方法多简洁啊！

（4）展示方法 4（图 6）：

图6

师：呵呵，这方法地球人都看得懂，怎么样？

生：很好，就是画图会麻烦一点。

师：了不起啊！只连线，一个字都不写就能表示出搭配的方法。

（5）展示方法 5（图 7）：

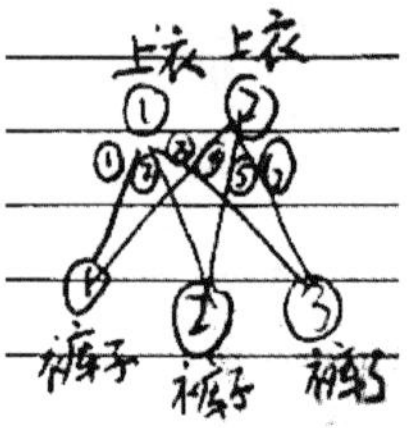

图7

生：我跟前面的方法差不多，也是用连线。我用①②③来表示上衣和裤子，没有画图。

师：嗯，他用的是编号，她用的是画图。同学们，你们觉得画图快还是编号快？（编号快）看来数学符号有数学符号的好。

（6）展示方法 6（图 8）：

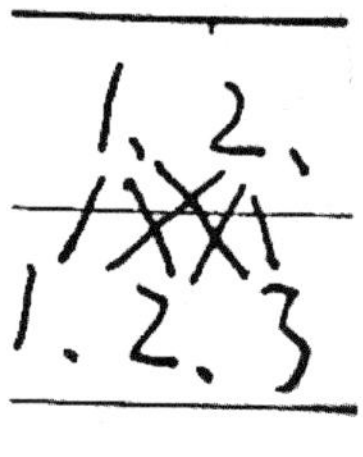

图8

师：李老师最感兴趣的是，他在搭配的时候有没有顺序呢？咱们请这个同学上来把连线的顺序说一下。（学生上台按顺序指）这方法，怎么样？

生：一个字都不写，真快。

生：和前一种方法是一样的，不过更简单。

【设计意图】“你有一种思想，我有一种思想，我们彼此交换，每人就拥有两种思想。”（萧伯纳语）。这个环节充分展示了不同孩子不同的数学思考，而伴随着不同方法的分享与交流，孩子们的想法得到了极大的丰富。值得一提的是，这里展示的六种方法不是简单的“量”的累加，这些方法都有某种“质”的不同，如方法 3 中乘法模型已然呼之欲出，方法 4 到方法 6 则层层递进、抽丝剥茧地活脱脱地让一个几何直观的数学模型“款款”走近学生的视野，走进学生的心里。

3. 抽象模型

师：咱们再来欣赏一遍，边看边想，你最喜欢的是哪一份作业？为什么？

生：我喜欢编号的，因为很快。

生：我喜欢有数字的，因为比较简便。

师：哦，比较简便！这句话说得特别好。

生：我喜欢编号的，既快又看得很清楚。

生：我喜欢编号加连线。因为连线比较快，再加编号更清楚。

师：连线比较快，而编号看得更清楚。说得真有道理。在这种方法中，刚刚这位同学是这样编的（见上图方法 6），这样编号有没有什么问题？

生：用相同的数字表示上衣和裤子容易混乱。

师：有道理，同学们想想，怎么改一下这个编号会更好？

生：上面一行数字前面写上衣，下面一行数字前面写裤子。

生：上面一行写 1、2，下面的数字用①②③。

师：老师的方法和刚才这个同学有点一样，1、2、3 代表裤子，上衣就不用 1、2 了，换个符号，请看（图 9），可以吗？

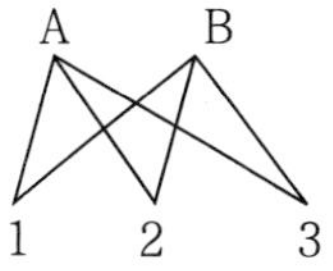

图9

（可以）

师：看来，懂得用数学符号可以把事情变得很简单。

【设计意图】教学至此，师生共同完成了这一几何直观的“数学模型”，在本课的教学中，给学生一个怎样的数学模型一直是笔者慎重思考的一个问题，相比于直接给学生乘法模型，这个“图”更具形象性与过程性，学生更容易理解。另一方面，随着教学的展开，通过这个“图”，学生可以更真切地感受到生活问题变化而内在的“数学模型”不变的深刻道理。同时，笔者相信，随着这个模型的运用，学生将在运用中自行发现“乘法模型”。而数学发现显然要比数学接受有意义得多！

4. 感悟模型

（课件出示图 10）

师：请同学们用最喜欢的方法进行搭配。

学生汇报（略），大部分学生用“编号再连线”的方法。

图10

师：想想，刚才衣服的搭配是六种，主持人搭配这是一个不同的问题，为什么也是六种呢？

生：虽然题目不同，但是形式是一样的。

生：数量是一样的。

师：具体说一下。

生：上面一行都是 2 个，下面一行都是 3 个。

师：这个同学很有数学眼光，他看到了数量上的相同。

生：这两幅图都可以编成相同的算式：2×3。

师（板书 2×3）：你说要写成 2×3，除非你能说清楚这里面有 2 个 3，有 2 个 3 吗？

生：第一个男生可以搭配出 3 种，第二个也可以搭配出 3 种。这样就有 2 个 3。

师：厉害！佩服佩服，真会思考！

师：刚才同学们找到了它们很多相同的地方，注意看屏幕，下面就是见证数学奇迹的时候了，这两个问题看起来很像。其实，你用数学的眼光看，它们不仅是像啊，睁大眼睛，它们简直就是(一模一样的)(课件演示慢慢将背景的图片隐去，只剩下符号，再将两个模型合二为一，如图 11。)

师：同学们，这就是数学的神奇。不同的两个问题，解决的方法是一模一样的，数学美也就美在这里，当我们找到一个解决问题的方法时，这个方法往往可以解决很多类似的问题。比如这个“图”，除了可以帮我们解决服装的搭配、主持人搭配的问题，你猜，还可以解决什么问题？

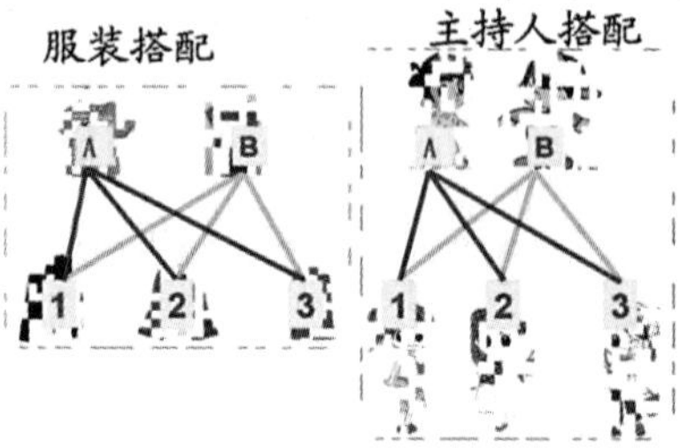

图11

生：食物搭配的问题、道路搭配的问题、颜色（搭配）……

【设计意图】“现实中不同的问题，其内在的实质可能是相同的，解决问题的方法可能是一样的”。这对于小学生来说是多么有意义的感悟啊！一方面，学生能够感受到数学的价值与魅力、数学方法的高度抽象性以及数学方法在问题解决中的一般性与普适性。另一方面学生在这样形象的教学中真切地看到了“数学模型”，且这个模型同时是他们在解决问题中自己探究得来的，这样的发现、这样的体会所形成的数学体验无疑是十分美妙的。本环节极好地彰显了“数学模型”的价值，彰显了数学方法的魅力，彰显了数学本身的美妙与神奇。

三、运用模型，感受价值

（1）有三个荤菜与三个素菜，一个荤菜搭配一个素菜，有几种不同的搭配方法？

（2）如图 12，从学校经过少年宫，一共有几条路可以走？

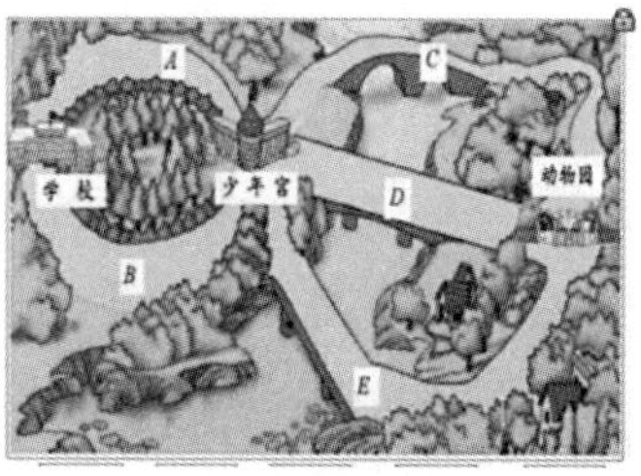

图12

（3）教学中，课件上出示“主持人搭配”的问题（图 11），而后慢慢增加男生和女生，引导学生不断地思考：有几种不同的搭配？图 13

图13

四、回顾总结，反馈评价（略）

※ 课后反思

一、模型思想的感悟应当引导学生慢慢领悟

对模型思想的领悟是一个逐步的、缓慢的过程，强调慢慢领悟是为了摒弃脱离学生的理解能力与认识体验而进行所谓的模型思想的教学。本课让学生通过在生活问题中发现数学问题，进而提出问题，并在尝试问题解决的过程中进行个性化、多样化的数学思考，在随后的分享数学思考时，一个几何直观的“图”慢慢地出现在学生的面前，这个“图”由繁到简，最后定型为“编号加连线”的简洁形式，在问题解决中，这个“图”充分发挥了“既快又清楚”的优势。通过回顾以上的教学过程，我们不难发现：模型抽象的主体是学生；模型抽象的过程是缓慢的、水到渠成的过程；模型抽象的受益者是学生。在模型感悟的学习全过程中教师以“勇敢地退”（李烈语）成全了学生“慢慢领悟”思想的体验过程。值得一提的是：教师不道明“乘法模型”其实也是为了不剥夺学生“慢慢去领悟”的机会与权利。

二、模型思想的感悟应当注重引导学生感受模型的价值

“数学与外部世界的联系，是数学发展到今天其在自身的舞台上最精彩的表演”，而建立模型思想的本质就是使学生体会和理解数学与外部世界的联系，而且它也是实现上述目的的基本途径。这就是数学模型的价值。学生对这一价值的领悟或许没办法达到这个层次，但是我们应该让他们感受到数学模型在解决生活问题中的价值与作用。如本课中，在“方法交流”中，学生在多种方法的比较中已经初步感受到数学模型的价值，它能又快又清楚地表达数学思考，而后在“感悟模型”中，学生在解决“主持人搭配”的问题中“几乎全班”自发地使用了这个数学模型，并且在“道路搭配”问题中竟然也有学生利用这个数学模型来解决问题，这充分说明，当教师把模型运用的选择权与自主权交到学生手里时，学生认同了这个数学模型，这种认同是源于对模型价值的感受和体验，只有感受到价值才有真正意义上的认同。因而，模型思想的感悟应当注重引导学生感受数学模型的价值。

三、模型思想的感悟应当注意避免“模式化”

著名小学数学教学研究专家王永老师在“教学模式的利与弊”的讨论中说过一句极为经典的话：模式没什么不好！不过，模式化就不好了！借鉴王老师的思考，在模型思想的感悟中，对于运用数学模型解决问题时还需要有这样清醒的认识，那就是应当避免学生在问题解决时简单地套用“模型”，用套用模型解决问题，而不是用数学思考解决问题。试想：对于数学思想的感悟本应是为了促进学生的数学思考，而不是要用数学模型代替学生进行数学思考。真若如此，那便是本末倒置了！

42. “搭配中的学问”教学设计与反思（课例二）

毕波
〔广东省深圳市龙岗区外国语学校（集团）如意小学，特级教师〕

※ 课前思考

2002年8月，在北京国际数学家大会期间，91岁高龄的国际数学大师陈省身教授为少年儿童题词，写下了“数学好玩”四个大字。“数学好玩”也是北师大版小学数学教材综合实践活动课的主题词。“搭配中的学问”则是北师大版三年级上册“数学好玩”中的内容。

搭配是数学中排列与组合的问题，涉及类别很多，可能出现的情况也很复杂。有过一定教学经验的老师，会自然地想到解决此类问题经常用到的“加法原理”和“乘法原理”。即用加法或者乘法算式来解决排列或者组合的问题。本课学习的是在两类不同的对象之间进行搭配的问题，属于排列与组合问题中比较简单的组合类型的问题，教材并不要求学生用算式来解决此类问题，只要求学生用图示的方式把所有搭配的情形列举出来。所以我们的教学要做到“到位”而不“越位”。在设计本课时，我们最终把有序思考、简洁表达（数学思考符号化）的过程作为这节课教学的重点内容。

一节课设计的起点在于对学生的了解。上这节课之前，我们抽取了10名学生试着完成教材中给定的搭配任务（2顶帽子搭配3条裤子），结果是有3名学生能够有序地进行搭配；有2名学生经过多次调整，也能找到有序搭配的方法；有3名学生能够找到6种搭配的方法，但是没有顺序；有2名学生不能完整地进行搭配。基于此，我们认识到，如果给予学生一定的时间和空间，他们大部分是能够自主完成有序搭配的任务的，而作为教师，教学时要帮助学生通过不同搭配方法的展示与对比，凸显有序搭配的特点——就是不重复、不遗漏，让更多的学生积累到有序思考的活动经验。

在教学设计与前期试教的过程中，老师们之间还有一个教学上的争议——要不要直接向学生给出抽象的符号表达的方式？因为几次试教大多数学生最初只会想到用文字来记录搭配的方法，充其量也只能想到文字加连线的方式，很难想到用图形、字母这种更简洁的方式来表示搭配的结果。有老师提出，是否可以让学生通过阅读课本，从课本上习得如图形、字母这样更加简洁的表达方式，把教学重点放在运用简洁的方式来解决实际问题上，没有必要花太多时间让学生自主设计搭配结果。教材在内容呈现上采取的也是上述教学思路。但是最终我们还是选择了更具有挑战性的教学思路——即让学生在摆一摆的基础上自主想办法表示搭配的过程，这个过程在进行的过程中可能开始会有一些困难，也会花上一些时间，但是通过教学实践我们感受到，只有当学生真正亲身经历了自我设计的学习过程之后，才能对简洁表达这个问题有更深刻的认识，也更有助于学生符号意识的强化与培养。

※ 教学过程

一、情境导入

出示，小丑奇奇，创设为奇奇搭配服装的问题情境。（如图 1）

师：这是小丑奇奇，今天，他要参加演出，看！这是他的演出服装，都有些什么？

生：绿帽子、蓝帽子；粉裤子、红裤子、绿裤子。（用颜色对服装加以区分，便于后面的交流）

师：奇奇可以怎样搭配服装呢？谁给他出出主意？

图1

二、自主求知

1. 核心问题一：可以怎样搭配？（请你摆一摆，说一说）

（1）学生利用学具先独立进行操作，再和同伴交流。

（2）展示交流学生中的不同摆法。

第一次：搭配方法不完整。

第二次：无序摆。

第三次：有序摆，完整摆出 6 种不同的搭配方法。（具体摆法如图 2）

图2

（3）引发思考：你认为哪一种摆法好，为什么？

生 1：第三次摆法好，因为他是按照一定的顺序来摆的。

生 2：第三次，他是先选帽子，然后分别去搭配粉裤子、黄裤子和绿裤子。

生 3：这样按照一定的顺序来搭配，就不会出现重复，也不会遗漏。

（4）强调有“顺序”在搭配中的作用——不重复、不遗漏。

（5）思考：我们还可以按怎样的顺序来摆？引导学生运用不同的顺序进行搭配，比如可以先选定一条裤子，然后用这条裤子分别去搭配两顶帽子。（如图 3）

图3

2. 核心问题二：如果没有了这些衣服图片，我们该如何表示出不同的搭配方法呢？

（1）学生独立尝试。

（2）展示学生作品，（如图 4）通过逐次地对比，帮助学生感悟到“简洁”的意义。

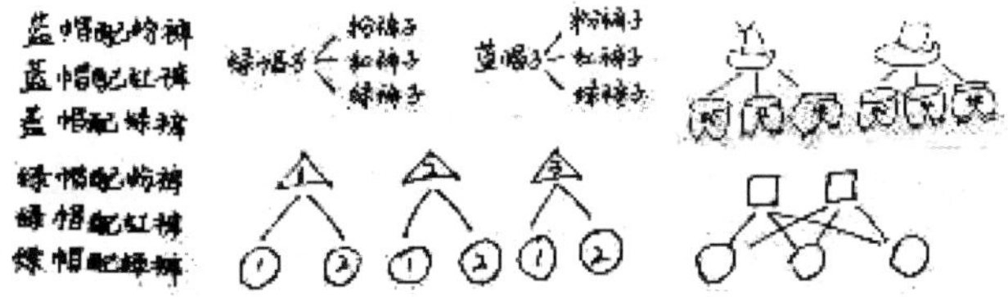

图4

（3）观察和解读用字母表示的方法。（如图 5）

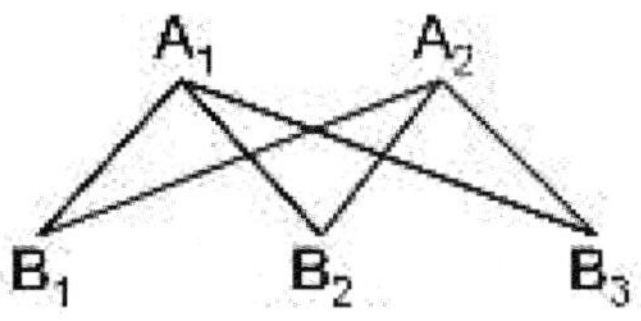

图5

生 1：这里的 A 表示的是帽子，B 表示的是裤子。

生 2：字母下面的小数字可以表示帽子或者裤子的编号。

生 3：我认为这种方法也非常简单明了。

……

师：我们学习数学就要追求这种简洁，用更简单的方法来记录。

三、应用拓展

1. 营养配餐问题：一份盒饭含一种主食和一种炒菜，一共有多少种不同的配餐方法？（如图 6）你能用简洁有序地方式表示出所有的搭配方案吗？

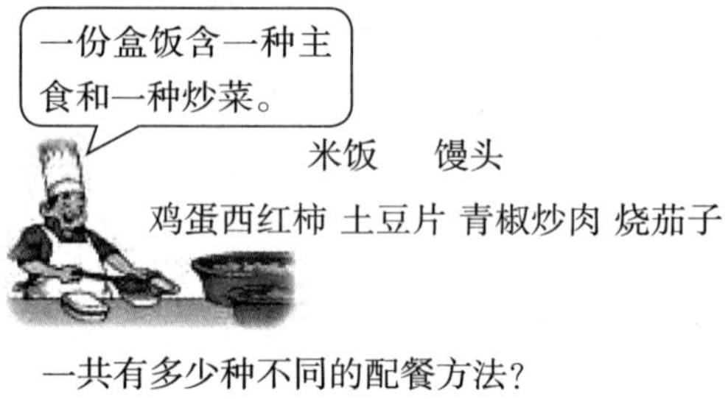

图6

（1）学生独立完成。

（2）展示学生作品，（如图 7）交流反馈。

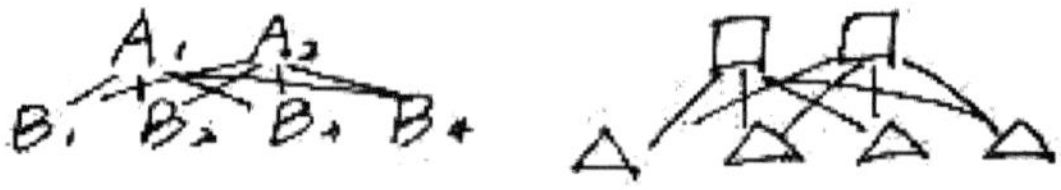

图7

（3）思考：如果再增加一种主食——面条，现在一共有多少种方法？

2. 交流：生活中还有哪些搭配的问题？

3. 去动物园的路线：奇奇吃饱了，要从学校出发去动物园了，去动物园的路线，（如图 8）你看得懂吗？

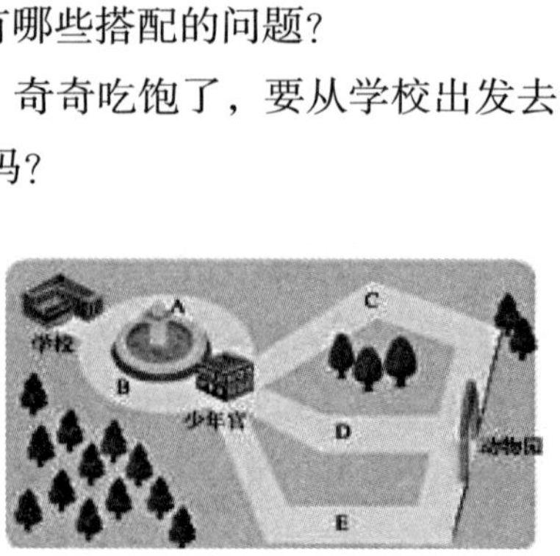

图8

（1）问题：奇奇从学校到动物园去，总共有几种走法呢？

（2）完成：学生用自己的方式来表示不同的行走路线。

（3）展示与比较：与小丑奇奇搭配服装的图进行比较，你有什么发现？

※ 课后反思

在与老师们交流的过程中，总有一些老师认为这节课应该教给学生用乘法算式来表示搭配结果的方法。运用算式来解决排列组合的问题固然是一项很重要的学习技能，但是这节课的定位显然并非如此。“探索如何按一定顺序思考，找到所有搭配方法，并用简洁的方式表示出来。”这才是这节课最重要的学习目标。有序思考是学生学习数学过程中非常重要的一种学习方法，特别是在面对复杂的数学信息或是解决复杂的数学问题时，能够按照一定的顺序找到有用信息，或者是按照一定的顺序理清解决问题的思路，这对于学生来说是非常具有现实意义的。而用简洁的方式表示搭配方法，则是对学生符号意识的一种有效培养。“符号意识”作为数学课程核心素养写在《义务教育数学课程标准（2011 年版）”中，建立符号意识有助于学生理解符号的使用，是数学表达和进行数学思考的重要形式。当教师明白了本节课所需要达成的这两个重要学习目标之后，也许就能明白为什么不需要急于用算式来表达搭配过程的真实用意了。让学生在充分地动手操作中去感知有序思考的方法和价值，让学生在自主创造、交流评价的过程中，去发现符号对于数学表达的重要价值，这些比起会简单运用算式来解决搭配问题显得更加重要和更有实践活动的意义。

43. “搭配中的学问”课堂实录（课例三）

叶建云
（广东省深圳市宝安区官田学校，青年名师）

一、创设情境，引入新课

（教师播放儿歌《三个和尚》）

师：三个和尚没水喝，会怎样呢？

生：会渴死的！

师：你有什么建议？

生：一人挑一天水。

生：两个两个地轮流抬水喝。

师：你打算怎么让两个两个地轮流抬水喝呢？

生：可以先让胖和尚与瘦和尚抬水喝，接着让胖和尚与高和尚抬水喝，最后让高和尚与瘦和尚抬水喝。

教师用课件进行展示，如下图。

师：生活中像这样的搭配问题还有很多，这节课我们就一起来学习“搭配中的学问”。（板书课题：搭配中的学问）

二、尝试探究，展示方法

1. 放手尝试，探寻方法

教师以笑笑姐姐过生日为情境，展开教学。

师：笑笑姐姐要过生日了，她选了两件上衣和三件下装，如果一件上衣搭配一件下装算一种穿法，一共有几种不同的搭配方法？请同学们帮她搭配衣服。大家可以通过学具，自己动手摆一摆、连一连、画一画、写一写，从中知道有多少种搭配方法。如果有困难，可以向同桌请教。

（学生动手操作，教师边巡视边观察、收集同学们想到的各种搭配方法）

2. 展示方法，分析交流

教师依次展示学生的不同搭配方法（既有对的也有错的）并让学生评价。

（1）展示第一种含有错误的搭配方法。

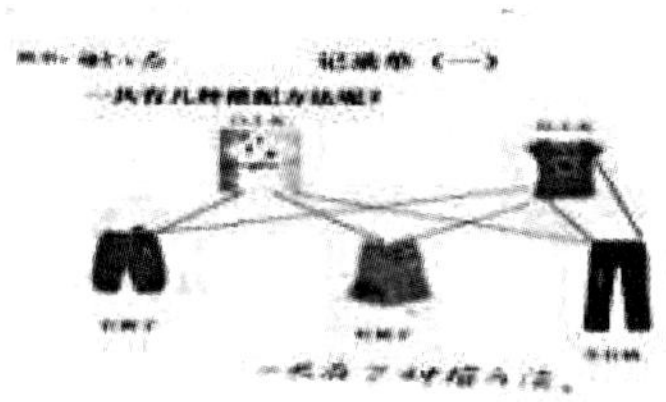

师：谁来说说自己的想法？

生：这里的红上衣和牛仔裤重复搭配了。

（教师板书：重复）

（2）展示第二种含有错误的搭配方法。

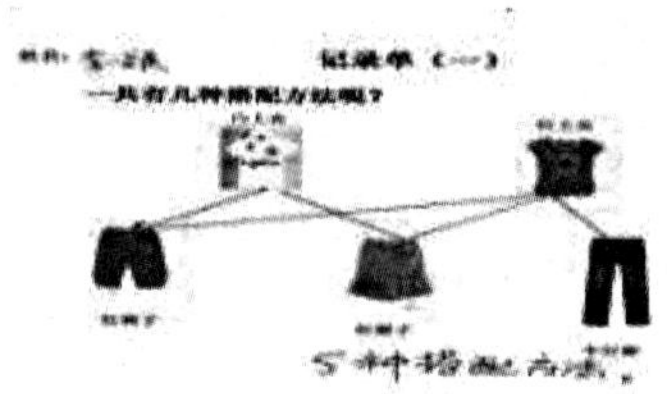

师：大家有什么看法？

生：这位同学把白上衣和牛仔裤搭配遗漏了！

（教师板书：遗漏）

（3）展示两种正确的搭配方法。

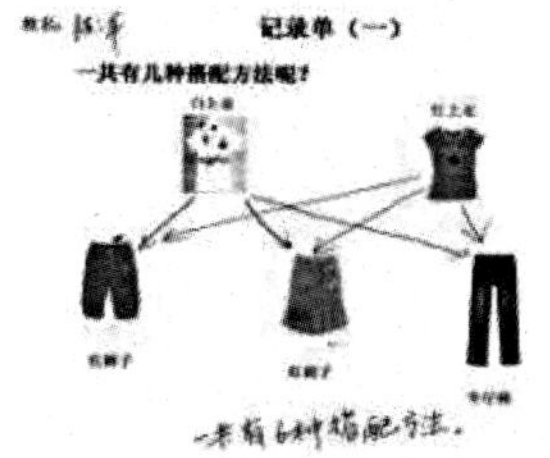

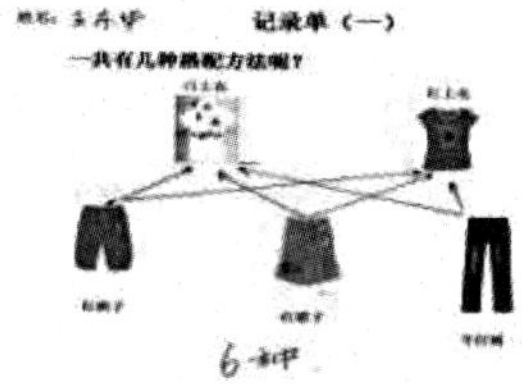

师：下面，我们分别请这两位同学说说自己的看法。

陈洋：我是用上衣分别去搭配下装的。

王东华：我是用下装分别去搭配上衣的。

师：谁来发表自己的看法？

生：他们两个搭配得都很有顺序。

（教师板书：有顺序）

师：请同学们小组讨论，仔细观察前面两种错误的搭配方法，我们要注意什么？

生：我们在搭配过程中要做到有顺序。

生：我们在搭配过程中还要注意不重复，不遗漏。

（教师在原有板书“重复”“遗漏”前分别添上“不”字，成为：“不重复”“不遗漏”）

三、巩固应用，适度拓展

1. 怎么走？

师：笑笑穿好大家帮她搭配好的衣服从家出发去参加生日宴会，经过学校到肯德基餐厅，她一共有几条路可以走呢？

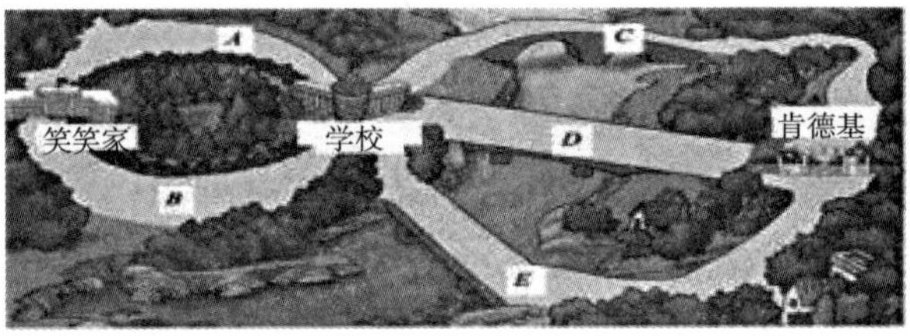

学生独立完成后汇报。

2. 怎么吃？

师：笑笑姐姐按照大家帮她选的路线来到肯德基，肯德基提供 3 种汉堡和 4 种饮料，如果一种汉堡和一种饮料搭配，一共有几种不同的搭配方法？

鸡腿汉堡　牛肉汉堡　素菜汉堡

可乐　雪碧　橙汁　苹果汁

（给学生一定的时间，让学生独立完成，教师通过巡视、指导，切实关注、帮助学习有困难的学生解决问题）

3. 怎么选？

师：笑笑生日餐后，同学们准备了许多节目要进行表演：如果一个男同学和一个女同学组成一对担任主持人，共有几种不同的搭配方法？要解决这个问题，首先要想什么？

生：先把男、女同学分开。

（课件展示：四个男同学，两个女同学）

师：这样，有几种搭配方法？

生：8 种。

师：又来了一个女同学，现在有几种搭配方法？

生：12 种。

师：此时，又来了一个男同学，现在，又有几种不同的搭配方法？

生：15 种。

师：如果此时，又来一个女同学，不用计算，你能知道增加了几种搭配方法吗？

生：增加了 5 种搭配方法，因为又来的这个女同学要分别和这 5 个男同学搭配。

4. 怎么买？

师：过几天，老师要去旅游，老师在商场看中了两个箱子，它们的密码锁外形如下，你认为老师该买哪个箱子？

哪个锁更安全呢?

（学生有的说要买第一个，有的说要买第二个）

师：请你猜测一下，哪个箱子的安全性更好一些？

（大部分学生猜测：第二个箱子的密码会多，自然安全性会好一些）

师：下面请同学们小组合作，看看每一个箱子的密码分别有多少个，并填写在记录单上。

（学生小组完成。教师请不同小组学生汇报，并利用课件进行展示）

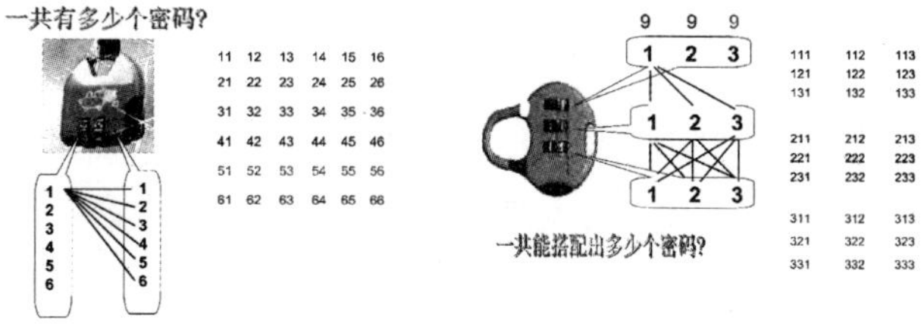

学生豁然开朗：没想到还是第一个箱子的密码多！

44. “数学广角——集合”教学设计与反思

张帅
（重庆市渝中区人和街小学，青年名师）

※ 课前思考

“集合”是人教版三年级上册“数学广角”第一课时的内容。数学中的集合，是一种简洁、准确、符号化的数学语言。本课涉及的就是最基本的数学思想方法——集合思想。学生在低年级计数和计算的学习中接触过集合思想，最多的是一一对应的思想，还有分类的思想与方法，对于两个集合间的运算，尤其是交集的体会并不多。这节“集合”的学习，对学生来说，既是一个认知的跨越，也是一个思维的跨越。本课通过生活中最容易理解的题材让学生经历观察、操作交流、猜测等活动，在合作学习中经历维恩图的形成过程，数形结合，感悟集合思想，受到数学文化、思想方法的熏陶。

※ 教学过程

课前交流：

1. 老师先给大家出一道脑筋急转弯：两位爸爸和两位儿子一同去看电影（每人都得买一张票），可是他们只买了 3 张票，便顺利地进了电影院。这是为什么?

2. 小明排队去做操，从左边数小明排第 6，从右边数小明排第 8，你猜这排小朋友一共有几人?

看来我们班上的孩子确实很聪明，相信大家能够很好地进行今天的学习，大家有信心吗？好了同学们，准备好了吗？咱们开始上课！

一、设疑引入

师：前几天体育老师下发了一个通知，哪位同学大声地读一读?

课件 1 出示通知内容：本次运动会请三年级各班选派 9 人参加跳绳比赛，选派 8 人参加踢毽比赛。

师：根据老师的通知要求，你认为三（1）班一共要选多少人参加比赛呢?

生：17 人。

师：你是怎样计算的?

生：9+8=17（人）

师：同意吗?

生：同意。

师：真的是这样吗?（在 17 的后面打一个大大的问号?）请看三（1）班参赛学生的名单。（出示课件名单）（稍停），看到这份名单，你有什么想说的?你觉得我们刚才的答案怎么样?

预设 1：有重复的。

预设 2：有的同学两样都参加了。

（老师的目的是往重复上引导，如果出现预设 1，那师可以问：再用 8+9=17 可以吗？如果出现预设 2，师可以说：也就是有同学的名字重复了）

师：看来，重复问题有时会给我们带来很多的不方便，该如何解决这个问题呢？这节课我们一起来研究一下。（板书课题，边板书边说）生活中重复现象的问题，在数学上属于集合的一部分。

二、探究新知

1. 激发求知欲，明确探究要求

师：刚才我们通过仔细查看三（1）班参赛学生的名单，发现有同学的名字重复了，但是在这份名单中，你能一眼就看出是哪几个同学的名字重复了吗?（稍停）有困难是吧？看来我这样记录不够清楚，请大家想想办法，如果这份名单在你的手中，你应该怎样重新设计整理一下，让我们看得更清楚呢？你可以选择表格，画图或者其他你喜欢的方式呈现在你的题单上，开始吧。

2. 学生探究画法，师巡视。从中找出有代表性的作品准备交流

3. 展示交流

预设 1：用彩笔把杨明、李芳、刘红圈起来或者连线。

预设 2：把重复的同学名字摆在一起，放在了最前面。

预设 3：把重复的同学名字放在中间……

师：我发现咱们班同学的想法很有创意，我从中选了几份，与大家一起分享。咱不用这个同学自己介绍，只把他画的图让大家看，我觉得不用自己介绍就能让别人看懂的方法才是好方法。

展示作品 1：你们看这组同学的方法，他这样画的意思谁看懂了?

生：他把重复的同学圈起来了。

师：这种方法与刚才的名单比较，你觉得怎么样？

生：这样比较清楚地看出谁重复了。

生：这样比较醒目。

展示作品 2：我们再来看这位同学的方法。他这样表示你们觉得怎么样？

生：他把重复的同学的名字摆在了一起，放到了最前面。

师：那你觉得这种摆法与刚才的作品比较怎么样？

生：这样更清楚地看出谁重复了。

师：如果我们借鉴作品 1 的画法，把他们圈在一起怎么样？老师把他们圈起来。

生：这样比刚才的要直观形象了。

师：我们再来看这位同学的表示方法，大家觉得怎么样？

生：他把重复的两个同学放中间了。

生：我觉得这种方法很好。

生：这样能一下子就看出杨明、李芳和刘红两项比赛都参加了。

教师可以提示：重复的同学他写了几次？（1 次）你是怎么看出他们是重复的？

师小结：他把参加两项比赛的同学单独放到了一边更清楚了，而且重复的同学他只写了一次，比刚才两边都要写的方法要简便多了。可是踢毽子的同学有 8 人，那为什么左边只剩 5 个人了呢？

生：中间的杨明、李芳和刘红既参加了踢毽子比赛也参加了跳绳比赛，所以是 5+3=8。

师：那哪位同学能把踢毽子的 8 个同学用一个大圈把他们圈起来放在一起呢？（找生圈一圈。再把跳绳比赛的 9 个同学也圈起来放在一起）

师指导学生用不同颜色的笔圈出来，出现了维恩图的“雏形”。

师：孩子们，看明白了吗？这时你有什么发现？

生：杨明、李芳和刘红圈了两次。（师及时表扬，你的眼睛可真亮）

师：你觉得这种表示方法怎么样？

生：我觉得这种方法很好，能一下子就看出参加踢毽子比赛的和跳绳比赛的各是哪些人，而且还能清楚地看出两项都参加的是哪三个人。

师：看来咱们班孩子很有创意，老师把刚才这种方法让电脑大师给咱们展示出来。（点课件边展示边说）是这样吗？杨明、李芳和刘红圈了两次，表示……

生：他们两人既参加了踢毽子比赛又参加了跳绳比赛。

4. 图形与表格比较

师：看到这个图，咱们与刚才的名单比较一下，他有什么优点？课件显示。（略）

生：它可以使我们看名单时看得更清楚，并且很快看出是哪两个同学重复了。

生：它可以使我们一目了然，知道是谁重复了

师：是啊，这个图既美观又简单，既让我们看出了重复参加比赛的人数，还看出了参加两项比赛的总人数。

5. 揭示维恩图

你们太棒了，知道吗？你们设计的这种图形和大数学家维恩的方法一样，你们不知不觉也当了一次数学家，心里感觉怎么样？是不是很自豪？这种图形也叫维恩图，是 19 世纪英国的哲学家、数学家维恩发明的。孩子们是不是来点掌声给自己鼓励一下呢？（板书维恩图，点课件）

6. 整理画法，完成板书

师：在这里需要告诉你们的是：在数学里维恩图一般用椭圆表示。（师画维恩图，讲解维恩图的画法）

师：从这个图中能得到什么信息？能看懂吗？老师考考你？当我指一个区域时，你说一下这个区域代表什么？（点课件。重点介绍维恩图，分别介绍大圆、小圆、交叉部分、左边月牙、右边月牙，共五部分）

师：刚才，咱们只用了简单的两个圆就清楚地表示出来这么多的信息，维恩图好不好？维恩的发明简单不简单？原来发明创造就是这么简单！你们可以吗？其实我们每个人都可以有自己的创造！

7. 数形结合，解决问题

对于维恩图各部分表示的意思咱们已经很明白了，老师这还有一个问题：现在你能不能根据维恩图列算式来计算一下：三（1）班一共有多少人参加比赛？

整理算法预设 1：8+9-3=14

（找生说为什么减 3？）

生：因为三个人重复算了两次，所以减去 3。

师：还有其他的算法吗？

预设 2：5+3+6=14

（师找生回答每个数字表示的意思。如果有 8-3+9=14 或 9-3+8=14 也要给予肯定，如果没有就不必说）

师：从刚才这个维恩图中，我们了解到这么多的信息，并且学会了解决三（1）班参加比赛的总人数的方法。

8. “回头看”维恩图的形成过程和计算方法

好了，孩子们，现在让我们静静地思考一下，我们是怎样一步一步得到这个

既美观又简单的维恩图的呢？（稍停）请看，我们的第一幅作品是通过圈一圈来找到重复参加比赛的同学，这样比表格要清晰一点；第二个同学把重复参加比赛的同学摆在一起，这样更容易看出，但还不是最直观形象的；最后一幅作品和上两幅比较，他把参加两项比赛的同学单独放到一边，而且重复的同学他只写了一次，比刚才两边都要写的方法简单多了。我们通过圈一圈、画一画，在不知不觉中用到了一种很重要的数学思想方法——集合思想。在以后的学习中，我们将用这种方法解决更多的数学问题。（板书集合思想）

三、练习巩固

1. 师：接下来我们看三（2）班的报名情况，他们的报名方式是学号。

跳绳	9	13	17	18	25	29	33	38	42
踢毽子	17	25	28	30	31	39	40	44	

你能把三（2）班的报名情况填在下面的维恩图上吗？（图略）在填之前要仔细地想一想，先填什么？后填什么？

生：先填两项都参加的。

生：先填重复的同学。

生：再填只参加踢毽子比赛的和只参加跳绳比赛的。

师：从这个图中，你能得到什么信息？同桌说一说。（半分钟）

师：男生齐说红圈表示……女生齐说绿圈表示……男女齐说交叉得少部分表示……

师：根据这些信息，你能算出三（2）班参加比赛的人数吗？

汇报：8+9-2=15 或 7+2+6=15

师：回答得真好！在我们解决生活中重复现象的问题时可以把每个部分加起来，再把重复的部分减去，只计算一次。

看来，咱们今天借助维恩图解决重复问题就简单多了。那么你能用今天所学的知识解决生活中的重复问题吗？

（题目：同学们到动物园游玩，参观熊猫馆的有 25 人，参观大象馆的有 30 人，两个馆都参观的有 18 人，去动物园的一共有多少人？）

2. 拓展练习。

师：课上到这儿，同学们还这么有精神，真的很棒！回过头来想一想，根据学校的通知要求，三（3）班可能派多少人参加比赛呢？（课件展示）

让学生说出自己的猜测和理由，然后课件展示答案，边展示边板书，当不重复时是 8 + 9=17 人；当重复 1 个时，是 16 人；当重复 2 个时是 15 人……依次板书完。最后重复8个时，简单一提，也就是踢毽子比赛的同学全部参加了跳绳比赛。最后出示三（3）班派了12人参加比赛，那么想一下，12是不是在9—17这个范围内呢？是几个人重复报名了呢？

师：同学们，这样一个我们本来觉得很简单的问题，进过我们深入的思考，原来还有这么多的学问啊！

四、畅谈收获

师：这节课我们学会了什么？（学生谈完收获后师总结）其实这节课，我们用到的维恩图只是集合思想中的一种，叫交集思想，以后我们将用其他集合思想解决更多的数学问题。这节课就上到这里。下课！

※ 课后反思

本节课力求将新课程理念融入学生的学习中，主要特点在于：

一、把“解决问题”作为整节课的教学线索

“问题是数学的心脏”（哈尔莫斯语），新课伊始，老师以一个表面上看似简单的问题：算出三（1）班一共要选多少人参加比赛？引发认知冲突，激起学生的学习动机，课程进行中，问题发展：“怎样重新设计整理一下，让我们看得更清楚？”推动学生自主探究、建构，完善维恩图，并数形结合，感知集合思想。接着：算一算三（1）班一共有多少人参加比赛？课终了，问题又出现：三（3）班可能派多少人参加比赛？引发新的挑战。正是有了以上环环相扣的问题设计，自始至终，学生对集合的学习都十分投入，充分展现了自己的学习热情与数学智慧。

二、把“数学化”活动作为整节课的重点环节

“数学广角”是新课程标准下人教版教材中新增设的单元，是教材的一个亮点。提倡将学习活动置于模拟情境中，给学生提供操作和活动的机会。本课中，在老师一连串精心设计的问题下，学生通过观察，自主探究怎样能一眼看出参加的人数情况、怎样填写集合图、怎样计算一共参加的人。在充满了数学味的活动中亲历集合图形的形成过程，体会集合图的优点，并应用集合思想解决了生活中的问题。本课的活动设计与有的教师强调通过肢体活动激发学生的参与热情、引发学生的活动感悟不同，更注重数学层面思维活动的质量，注重活动的实效性，因而课堂之上洋溢着浓浓的“数学味”。

三、把“渗透数学思想方法，感受数学文化”作为重要的教学任务

渗透数学思想方法是新教材设置“数学广角”的意图，教材以学生熟悉且又

感兴趣的生活场景为依托，重在向学生渗透这些数学思想方法，初步培养学生有序的、全面思考问题的意识，为学生今后学习组合和概率统计奠定基础。

本课，以解决生活中的重复问题为切入点，老师没有把教学重点放在怎样解决“一共有多少人参加？”这个问题上，而是把集合图形形成的过程以及集合图的认识、运用作为了教学重点。华罗庚说：“新的数学方法和概念，常常比解决数学问题本身更重要。”本课中，放手让学生自主探索“怎样能清楚地看出有几位同学参加比赛？”在学生的展示中，有的用了连线方式，有的用了表格，还有的用了类似于维恩图但不是标准的图，只要能清楚地表示出两个集合的关系，教师都给予了充分的肯定。教学到此时，教师顺势将数学文化——维恩图介绍给学生，让学生真切感受到原来自己刚才的探究学习数学家们也曾这样经历过，既受到了数学文化的熏陶，也潜移默化得到了学好数学的激励。通过展示学生的多种思路和方法，学生清楚地感觉到，维恩图比文字、表格更能够清楚、简洁地表达出题目中的信息。

在后面的数形结合、感悟集合思想的环节上，借助直观，注重学生的语言描述，让学生用表达逻辑关系的语言，如“既……又……”和“只”描述维恩图中每一部分的含义，能在图示与语言这两种表征之间进行转换，加深对集合的理解。例如，当学生列式为 9+8 － 3=14 后，让学生结合维恩图说一说求出的是哪一部分，体会两个集合的并集，再说一说这样列式的理由，体会“求两个并集的基数，就是用两个集合的基数的和减去它们的交集的基数”这一基本方法；再如，学生列式为 8 － 3=5，9+5=14 时，让学生说明“8 － 3 表示只参加踢毽比赛的”，在维恩图上指一指是哪两部分相减，体会差集；在说明“9+5 表示参加跳绳比赛的加上只参加踢毽比赛的”的同时，在维恩图上指一指是哪两部分相加，体会并集。华罗庚还说：“数缺形时少直观，形少数时难入微。”在数形结合的学习中，学生直观、深刻地感受到集合思想的奇妙与作用，让人尤为称道的是，这一切都与发展学生的“数学素养”恰到好处地融合在了一起，从而使维恩图的教育功能淋漓尽致地释放出来——这对于我们的学生而言，可谓弥足珍贵。

思想方法是数学学科的精髓，是数学素养的重要内容之一，在平时的课堂教学中，教师有意识地渗透数学思想、方法，让学生感受数学文化，而学生在学到数学知识与技能的同时，掌握一些数学思想和方法，体会数学的价值，这也是学生学习数学的主要任务和长远目标。

45. “把一张长方形纸折出$\frac{1}{12}$”课堂实录与反思

缪建平
（苏州工业园区跨塘实验小学，苏州名教师）

※ 课前思考

当今课程改革的目的是努力改变学生的学习方式，其核心是探究学习。探究源于问题，没有问题就没有探究。从这个意义上讲，基于“问题”的探究学习就显得特别重要。

大家知道，任何学习愿望总是在一定的情境下发生的。而“问题情境”与“问题研究”，因其对学习者具有强大的吸引力，所以更能激励学习者深入其中，享受其中。

因此，我们设计的教学，一定要把知识学习融于问题探究之中，让学生发现问题，提出问题，又在自我探究、对话、合作与交流中分析问题与解决问题，进而促进学生建构知识经验，实现智情和谐发展。

“问题是数学的心脏”，好的问题就像“春风吹过大地，万物充满了生机！”当孩子的好奇心和探究欲被“点燃”之后，一定会出现“生机盎然”的景象的。

※ 教学过程

一、启发谈话，学会生疑

师：宋代教育家朱熹说得好：“学贵有疑，大疑则大进，小疑则小进，不疑则不进。”现代教育家陶行知也说过：“发明千千万，起点是一问。”（PPT 出示名言），同学们，你们知道这些话都告诉我们什么吗？

生：这两句话都说明学习中有“疑问”很重要。

生：要学会提问。只有学会提问了，才能深入思考。

生：学习要学会提问，深入思考了，才能进步。

生：解决了一个疑问之后，还可以产生新的疑问。要不断地解疑，才能不断产生新问题……

师：是的，我们的学习能力、探究能力就在“质疑—答疑—再质疑—再答疑”的循环往复中不断地提高。所以，我们一定要激发学习中的疑问和困惑，学会在学习中提出问题。

二、理解问题，学会提问

师：同学们，什么是问题？

生：问题就是我们在学习和工作中产生的疑难，也就是不懂的地方。

师：是的。“问题”是指一个人在学习或做事时，不能马上知道这件事如何做。因为面临一定的困难，所以需要我们通过努力去克服它，解决它，寻找一个好的办法或途径。

师：上课前，我发了一张“提问卡”给大家，现在我们来交流一下吧。（出示空白“提问卡”如下）

孩子，你会提出数学问题吗？　　姓名：　班级：

	我提的数学问题（可以是课外的）	备注
1		
2		
3		
4		
5		
6		
7		
8		
9		

下面是同学们提的一些问题列举：

- 无数个有多大？无数个里面有几个1000呢？
- 数学是什么？数学为什么叫数学，不叫其他名字呢？
- 数学有什么用呢？为什么要学习数学？
- 有三位数和四位数的乘法吗？应该怎样算？
- 小数和分数也有无穷大的吗？
- 为什么要有闰年、闰月？
- 把一张纸折成3等分怎样折呢？

……

师：同学们提出的问题都很有价值，也很会提问题。下面我们针对其中的一个问题展开研究。其他问题请同学们下课后自行研究。这是问题研究卡，可把研究的过程与结果填在下面的“问题卡”里面，比一比看谁研究得好。（出示“问题研究卡”）

小学数学“问题研究”记录单

姓名		班级		等第		日期	月　日
问题							
我的研究							
我的小结							
他人评点							

三、针对一问，深入探究

师：下面的问题来自学“分数的初步认识”中同学们的提问。当时，我们通过折纸来理解分数的意义，同学们很快就通过对折、对折、再对折、再对折的方法，认识了$\frac{1}{2}$、$\frac{1}{4}$、$\frac{1}{8}$、$\frac{1}{16}$。这样的折纸很有规律，没有难倒大家，甚至有的学生由此肯定地说：我能折出$\frac{1}{32}$、$\frac{1}{64}$等。但是，有没有其他类似的问题呢？

生：老师，如果不对折行不行呢？比如，我想把一张长方形纸折出$\frac{1}{3}$，又该怎么折呢？

也有同学提出类似的问题：如何把一张长方形纸折出$\frac{1}{5}$（或$\frac{1}{6}$、$\frac{1}{10}$、$\frac{1}{12}$……）呢？

同学们一下子愣住了！看得出，他们遇到学习障碍了！

通过商量，我们最终决定统一研究一个问题：如何把一张长方形纸折出$\frac{1}{12}$。要求同学们自行探索，并把研究过程记录在统一印制的小学数学“问题研究”记录单上。

至此，我们把孩子们的学习从课堂延伸到课外，从校内延伸到校外，延伸到更广阔的天地里去了，让学生带着问题时时去学习、时时在探索！相信这样的持之以恒式的学习探究活动，一定会产生令人惊喜的效果。

四、讨论交流，思维碰撞

不一会儿，同学们争相展示与交流他们的“研究成果”。

比如，一位女生在课堂上展示了下面的“问题研究”记录单，提出了自己的折。

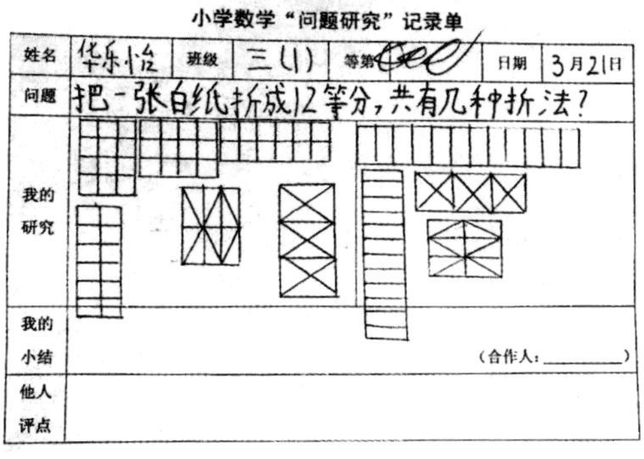
小学数学“问题研究”记录单

姓名	华乐怡	班级	三(1)	等第		日期	3月21日
问题	把一张白纸折成12等分，共有几种折法？						
我的研究							
我的小结	（合作人：________）						
他人评点							

孩子们仔细听，认真看，提出自己的质疑。

生：这里所用的纸张的大小不一，这样虽然说明了问题，但是不够准确。

生：这里的图形中，有两个 12×1 和 6×2 的图形，一个是横着的，一个是竖着的，其实它们是一样的，只能算一种。

生：折成三角形的图形，也重复了。

生：我数了一下，其实这里面包括五种折法，折成长方形的有 3 种，折成三角形的有 2 种……

生：我是这样想的，首先我们必须有一个固定大小的长方形，这样标准统一，便于操作与验证。我们可以把这个问题分成两部分来考虑，先考虑折成长方形的情况，再考虑折成三角形的情况。

师：这个想法很好，同学们也一起沿着这一方向再进行深入思考吧。

渐渐地，大家有了统一的意见：如果折成长方形，通过把 12 分解成两个因数，得到如下 6 种折法，即：6×2，2×6；12×1，1×12；4×3，3×4。

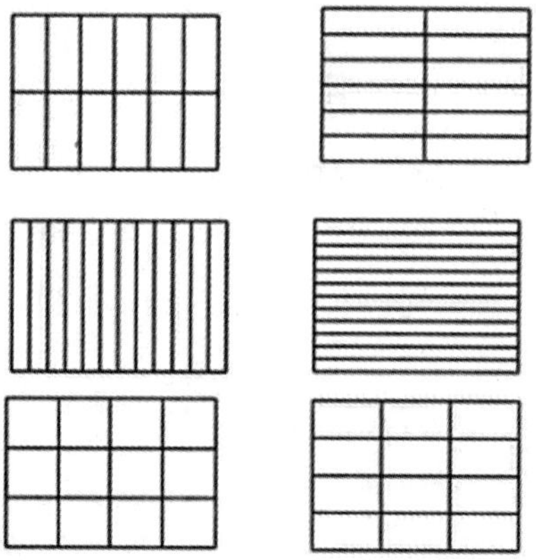

五、思维进阶，突破界限

师：同学们真是不错，按照一定的顺序来思考问题，所以把各种情况都想到了！

生：老师，我觉得还有一些情况。我们可不可以折出 12 个相等的三角形呢。

生：对啊，我也在想这个问题。

于是，我引导同学们再去探索。孩子们有的在画图，有的在折纸，有的在冥想……

因为有前面的探索经验，学生的研究进程也大大加快。通过讨论交流，孩子们渐渐发现：三角形必须是最后一次折，否则折不成，所以要先把长方形折成六等分。

受刚才研究的启发，把 6 可以分解成两个因数相乘时，有四种情形，即

6×1，1×6，2×3，3×2。

师：同学们，这里的4个乘式是不是一定对应4种折法呢？

孩子们基于上面列出的4种情形，进行了操作验证，最终证实：4种情形都是可以的！（下面是孩子们的研究成果，图中的斜线表示最后一次折纸操作）

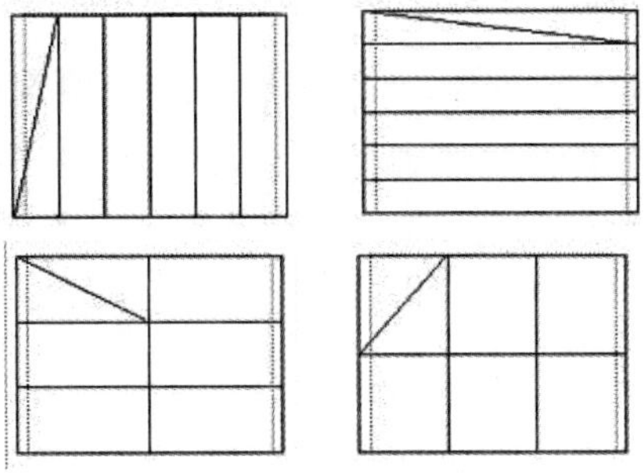

生：太好了，噢耶！

孩子们不禁为自己研究成功欢呼起来……

六、全课总结，升华思维

师：同学们，刚刚我们一起研究了“把一张长方形纸折出$\frac{1}{12}$”这一问题，现在我们一起来反思回顾一下，你有什么收获？

生：我觉得这个问题最大的难度在于必须在某一环节把一个图形平均分成3份。

生：“三等分”和“对折”完全不一样，这对我们是一个挑战。

生：头脑风暴好，大家一起想办法，出主意，进行“思维碰撞”，所以又有了新的想法与折法，这样才有更大的收获。

※ 课后反思

“一石激起千层浪！”回顾整个课堂的学习探索过程，我深深地感受到：因为一个好的氛围，产生了一个好的疑问；因为一个好的疑问，聚成一个好的问题；因为一个好的问题，，激发了一群孩子的好奇心和探究欲；因为一群“生机勃勃”孩子的探究流，带动了“疑中精进”……于是，课堂学习，顺次完成“提出问题→解决问题→提出新问题→解决新问题……”的良性循环过程，最终不由自主地“慢慢走向答案”！——此时，过程与答案同样重要，因为过程是让人享受的，答案是让人振奋的。

这一教学案例让我联想到伟大的科学家爱因斯坦曾提到的“善于教育”的两个最美好的条件：一个是“神圣的好奇心”，即探索事物的强烈兴趣，以及在探索中所获得的喜悦和满足感；另一个是“内在的自由”，即能够进行独立思考、探索和自由合作交流。上述学习与探索过程，不正是向着“神圣的好奇心”和“内在的自由”迈进吗？

一般说来，根据问题内容可将问题分为低级型、中级型、高级型三种。低级型问题是由他人呈现的问题，解决的方法是已知的，解决这类问题，学生只需记忆。中级型问题也是由他人呈现的问题，可解决的方法和结果是未知的，解决这类问题，学生需运用推理。而高级型问题是由学生自己发现的问题，解决这类问题，不仅靠记忆和推理，还要运用创造性思维。

对于上面“把一张长方形纸折出$\frac{1}{12}$”这一问题的探究，我们正是让学生从低级型问题向中级型问题和高级型问题进发。课堂上，在引导同学们探究出折成长方形的6种方法后，我以为教学该结束了。但是，由于思维的碰撞，从完成依靠操作到借助纸笔，再到用因数相乘的形式进行推理与验证，这其实就是一个不断“建模→检模”的过程，同学们的合情推理能力在这个过程中进一步增强了！

至此，简单罗列一下“探究学习”的效用。

通过探究学习，可以让学生学会做事，一件一件地做，培养学生的专注力；可以让学生在数学的原野上，将探究集中于一个焦点，培养细致观察、深入思考的习惯；可以在深度探究中生成“从特殊到一般”的研究方法，养成“寻找规律”的习惯；真正让学生成为学习的主人，在场地学、主动地学、探索地学；可以让学生在学习过程中，有掌控感、节奏感和成就感；可以让“数学思想”扎根脑际，让学生养成“瞻前顾后，力求穷尽”的数学美学追求；等等。作为一名数学教师，我们必须努力追求这样的教学境界。

46. “购物〔两、三位数乘一位数（不进位）〕”教学设计

宋君
（河南省郑州市金水区金桥学校，青年名师）

※ 课前思考

“购物”是小学数学三年级上册的内容，学习两、三位数乘一位数（不进位），“购物”是学生学习笔算乘法的开始，是在学生会做表内乘法，掌握了整十、整百的数乘一位数口算和两位数乘一位数口算的基础上进行教学的。本节课使学生理解两、三位数乘一位数（不进位）的算理，掌握计算方法，并能正确进行计算。本节课内容既是对前面知识的巩固和熟练，也为学生后继的学习做铺垫。

中年级学生思维的基本特点是以具体形象思维为主要形式逐步过渡到以抽象逻辑思维为主要形式，“过渡”是其学习特点的主要表现。学生在经过两年多的数学学习后，掌握了一定的数学知识，逻辑思维和智能有了一定的发展，学生在接受程度、分析问题的能力以及语言表达的能力上都有较明显的提高，已经能够根据学习内容尝试着去提出数学问题、分析问题并解决问题，能够比较有效地进行小组合作学习。在教学中，我们应该充分发挥教师的主导作用和学生的主体作用，调动学生学习的积极性和主动性，培养学生良好的自学习惯，切实提高学生的数学学习能力。

本节课，我教学的理念是将课堂真正还给学生，体现学生的主体性。采用生生互动、师生互动的方式进行教学，让学生在探索的过程中理解算理，掌握计算方法，并能够正确进行计算。

计算关注的不应仅仅是计算。要使学生会算，首先必须使学生明确怎样算，也就是加强对法则及算理的理解，《全日制义务教育数学课程标准》明确指出：“教学时，应通过解决实际问题进一步培养学生的数感，增进对运算意义的理解。”因此，我教学时，不把法则的得出、技能的形成作为唯一的目标。而是关注学生的学习过程，提供自主学习的机会，给学生充分思考的空间与时间，允许并鼓励他们有

不同的算法，尊重他们的想法。在此基础上，组织学生讨论交流，在不断的尝试探索中，不仅强化了学生的基础知识，而且发展了学生的智力，培养了学生的学习能力。

※ 教学过程

一、自学课本，主动建构

今天，我们来学习课本第 28 页“买书”，请同学们打开课本自学。想一想，通过自学，你学会了什么？还有什么问题？

（学生进行自学，教师巡视）

【设计意图】让学生带着问题，带着自己的思想、自己的思维进入数学课堂对学生的数学自主学习有着重要的作用。课堂上进行自主学习是理解和掌握新知识的前奏，在新课程理念背景下，课堂上的自主学习不再是单纯为掌握知识和技能而设置的学习活动，而是为了让每一个孩子发展得更好，同时，也为我们的教学找到了认知基础。

二、合作交流，共同分享

刚才我们已经进行了自学课本，请你围绕上述两个问题进行小组交流。

在小组交流时，注意每个学生都积极参与，在交流、碰撞中丰富、完善自学内容，加深对应所学内容的认识。

【设计意图】《全日制义务教育数学课程标准》指出：“动手实践、自主探索与合作交流是学生学习数学的重要方式。数学学习应当是一个生动活泼的、主动的和富有个性的过程。”在教学时，要给学生充分的从事数学活动的时间和空间，真正使学生在自主探索、合作交流中得到发展。

三、小组展示，反馈调节

哪个小组来汇报一下你们的收获？（分小组展示学习成果。汇报不重复前面汇报的内容）

分小组进行汇报，先汇报学到了、学会了什么，再汇报不懂的问题，在各个小组不断丰富、完善的基础上展示小组学习成果。

在汇报时，学生可能会汇报如下情况：

方法一：12＋12 ＋ 12＋12=48（元）

方法二：10×4=40（元），2×4=8（元），40＋8=48（元）

方法三：

$$\begin{array}{r} 12 \\ \times\ \ 4 \\ \hline 8 \\ 40 \\ \hline 48 \end{array}$$

方法四：

$$\begin{array}{r} 12 \\ \times\ \ 4 \\ \hline 48 \end{array}$$

……

汇报方法四的学生会多一些，引导学生重点讲清方法四的计算方法。

重点辨析：先算什么？再算什么？最后算什么？

组织小组讨论：① 4 先和 12 哪一位上的数相乘？乘得的积写在哪一位上？

② 4 再和 12 哪一位上的数相乘？乘得的积写在哪一位上？表示什么？

引导学生评价这几种方法，你认为哪一种方法更好？大部分学生回答乘法竖式的方法好，因为竖式书写起来比较简便。

想一想：怎样检验计算是否正确？强调在竖式计算中养成认真检验的好习惯。

独立完成课本“试一试”。

【设计意图】数学教育家弗赖登塔尔说过：“学生学习数学的唯一正确方法是实行“再创造”，学习不是一种简单的“告诉”，而是一种自我建构。这一环节，教师引导学生充分利用已有的知识经验，自主探究两位数乘一位数的算理，掌握计算方法，教师适时点拨，在探究和交流过程中，学生品尝到了成功的喜悦，增强了学习的自信心。

四、巩固练习，拓展延伸

（1）基本练习

$$\begin{array}{r}14\\ \times\ 2\\ \hline\end{array}\qquad \begin{array}{r}31\\ \times\ 3\\ \hline\end{array}\qquad \begin{array}{r}123\\ \times\ 3\\ \hline\end{array}\qquad \begin{array}{r}214\\ \times\ 2\\ \hline\end{array}$$

（2）综合练习

①一件大衣的价钱是一件羊毛衫的 3 倍。

你会提出什么数学问题？并进行解答。

②猜花片

$$\begin{array}{r}22\\ \times\ 3\\ \hline *6\end{array}\qquad \begin{array}{r}42\\ \times\ *\\ \hline 84\end{array}\qquad \begin{array}{r}*2\\ \times\ 4\\ \hline 48\end{array}$$

③张老师和淘淘一起去游乐场玩，游乐项目价格表如下：

游乐项目	价格（每人每次）
摩天轮	23元
过山车	34元
冒险岛	112元

A. 请你推荐一种游乐项目，并帮张老师和淘淘计算出这个项目需要花多少钱？

B. 如果张老师和淘淘两人一共带了 300 元去游乐场，他们俩先玩了冒险岛，剩下的钱还能一起去玩过山车吗？说出你的理由。

【设计意图】本课的练习，采用形式多样的分层次设计，既使学生进一步掌握计算方法，又锻炼了学生解决问题的能力。

五、课堂小结，布置作业

通过这节课的学习，你有什么收获？

47. “解决问题”教学实录

姜锡春
（重庆市巴蜀小学校，特级教师）

一、谈话引入

谈话交流：同学们学了几年的数学了？

生：三年。

师：学数学的目的是什么呢？

生 1：以后能考上大学。

生 2：解决生活中的实际问题。

师：你会写“解决问题”这几个字吗？

教师让学生上黑板板书课题，然后全班齐读课题。

师：谁能举个例子来说一说你在生活中运用数学知识来解决问题的例子呢？

生 1：星期天我去商场买了 5 支笔，每只 2 元，一共用了 10 元钱。

生 2：我每天写 20 个毛笔字，一周可以写 140 个毛笔字。

……

师：每次解决问题之后是一种什么样的感受呢？

生 1：心里面感到特别的舒服，感到数学太有意思了！

生 2：我们的生活离不开数学！

二、探究新知

谈话：（屏幕上出现小三峡美景）这次和老师一起来你们这里（重庆巫山）老师有很多，他们听说巫山的小三峡特别的漂亮，就决定去看看。在去小三峡游览的过程中，遇到了一些数学问题，你们愿意来帮他们解决吗？

问题一：

1. 逐步呈现探究素材

先板书了解到的信息：老师们分成两组，每组坐了 4 只快船。

问：你现在能提出一个什么数学问题？怎么解决呢？

生：一共有多少只快船？

（让学生口头列式并解答。）

教师再添上“每只快船坐了5人”，又问：现在又能提出什么数学问题呢？

学生争先恐后地提出许多问题，教师分别予以表扬和评价，然后选择“一共有多少个老师？”这个问题完善题目。

2. 学生独立试做

（1）指名读题。

（2）学生独立解答。

（教师巡视，指导学生用不同的方法解答。）

3. 交流汇报

让学生把不同的解答方法板书到黑板上，并说出思考过程。

生1：4×5=20（人） 20×2=40（人）我是用分步算的，先算的每个小组有多少老师，再算的两个小组一共有多少老师。

生2：4×5×2=40（人）我只写了一个算式，也是先算的每个小组有多少老师，再算的两个小组一共有多少老师。

生3：2×4×5=40（人）我的算法与他们两个有点不同，但结果是一样的。我是先算的两个小组一共坐了多少只船，再算的一共有多少老师。

（无论学生是用分步算还是用综合式算，都让他们写到黑板上，评价时关键要让学生说出先算的什么？再算的什么？）

比较每种算法的不同，得出：同样一个数学问题，同学们敢于从不同的角度去思考，找到了不同的解决方法，真了不起！

问题二：

师：老师们在游览小三峡的过程中，被小三峡的美景所深深他吸引，照了很多张照片。屏幕随机呈现：

照片装满了6本相册，每本相册有15页，每页可以放4张照片，________？

你能根据提供的数学信息，补充一个什么数学问题呢？

教师在学生所提出的问题中选择“一共照了多少张照片”这个问题填在横线上。然后引导学生读题后问：要求这个问题，你是怎么想的呢？

生1：必须先算出相册一共有多少页，再算一共照了多少张照片！

生2：也可以先算出每本相册可以放多少张照片，再算一共照了多少张照片！

师：同学们真善于动脑筋，那请你们用你自己喜欢的方法解决这个问题吧！

（学生在练习纸上独立解决这个问题。然后老师让学生把不同的解决方法写到黑板上，并说出自己的思考过程。）

三、比较观察

仔细回顾我们刚才解决这两个数学问题的方法，你有什么发现吗？

生 1：都是用乘法计算的。

生 2：都是用乘法计算的，而且都是两步计算的。

生 3：都是用两个乘法计算的，我还知道这叫“连乘”。

师：你怎么知道这叫“连乘”呢？你是哪里知道的呢？

生：连续两个加法在一起叫“连加”，连续两个减法在一起叫“连减”，连续两个乘法在一起当然就叫“连乘”啦！

师：你真聪明，不仅能解决问题，还善于运用以前的知识展开联想。那如果是连续两个除法在一起呢？

生：就叫“连除”！

师：你太了不起了，我建议全班同学给他热烈的掌声！（学生鼓掌）那你们还有什么发现吗？

生思考后：我还发现这些题都有不同的解法！

师：同学们真聪明，不仅能解决问题，而且还发现了这些问题都是用连乘的方法来解决的，都有不同的解答方法。

四、知识运用

1. 现在我们就继续运用我们刚才学的知识来解决问题。

（1）先出示教材第 52 页例 3。让学生独立解答。要求学生在汇报时简要说出思考过程。

（2）再出示教材第 52 页做一做。让学生独立解答。要求学生在汇报时简要说出思考过程。

尽量让学生独立地用不同的方法去分析、解决问题，只要是说得有道理，答案正确，教师都给予肯定和鼓励。

教师：同学们真了不起！想出了这么多解决问题的方法，在这些方法中，你认为哪些方法最简单，最容易理解呢？

教师在学生回答的基础上强调：在解决问题时，我们可以尽量选用比较简便的方法。

2. 某车间有 20 人，平均每人每天做 25 个机器零件，一星期共做零件多少个？

生 1：25 × 20 × 7=3500（个）

生 2：25 × 20 × 5=2500（个）

师：同样一道题，怎么会有两个不同的算式和结果呢？！请同学们说说，到底哪种算式是符合实际情况的呢?

学生通过教师引导并交流后明白:解决问题时一定要根据生活实际情况,具体问题具体分析!

五、体验课堂

这节课我们学了什么?你有什么收获和体会呢?

生1:这节课我们学会了用连乘来解决生活中的实际问题。

生2:我还知道用连乘来解决问题时往往可以有不同的解决方法,而且具体问题要具体分析。

生3:我感到学习数学真是太有用了,因为它可以让我们解决生活中的问题,而且可以让我们变得越来越能干!

……

教师总结:其实在我们的生活中处处都有数学问题,只要我们每位同学都能注意观察、发现,就能提出很多数学问题,希望同学们能多提出问题并努力用所学的知识正确地解决这些问题。只要我们这样坚持下去,那么我们每个同学就一定会变得越来越聪明、越来越能干!

六、课堂练习

练习十二的第1、2题。(请同学们独立认真地把这些题做在练习本上。)

48. “制作 2020 年主题年历”课堂实录与反思

缪建平
（苏州工业园区跨塘实验小学，苏州名教师）

※ 课前思考

在三年级学生学完“年月日”这一知识之后，我设计并进行了“制作 2020 年主题年历”数学实践课的教学。通过本课的教学，期望能达到如下的教学目标：

（1）复习巩固本学期所学的年、月、日的知识；（2）掌握年历的一般制作方法和注意点；（3）通过实践活动，让学生感受到“数学有用，能帮助我们解决生活中的实际问题”；（4）使学生手工和美术方面的特长得以发挥，培养他们良好的个性。

在教学本课前，学生要做下列准备：（1）每人搜集一份或多份旧年历，通过自主探索和咨询，初步了解年历一般是怎样制作出来的，选出自己最喜爱的年历，在班上进行交流，说说为什么喜爱这份年历；（2）学生自行准备主题年历需要的材料，预先准备好 12 张纸质较好的纸（旧挂历的背面也可），画好图画或写好诗句名言，并预留一定的空白，用铅笔画上表格（每行 7 格，画上 6 格），待上课填写日期；（3）根据自己的喜好，把班上学生按自由组合的方式分成 4—6 人一个制作小组。

※ 教学过程

一、复习导入

师：同学们，本学期我们学习了“年月日”的知识，你们到底学得怎么样呢？现在我来考考大家。请大家拿出带来的年历，在小组里说说……（同时出示填空如下）

一年有______个月。其中大月是______、______、______、______、______、______、______月，每个月有______天；小月是______、______、______、______月，每个月是______天。

2019年是______年，所以明年的二月有______天，明年一年有______天。

教师根据学生回答，完成内容填空。

二、引入新课

师：根据年月日的一般常识，人们编制出各种各样的年历。老师今天也带来了几种不同的年历（出示年历）。请大家讨论一下：①日历有什么用呢？②它跟我们的学习、生活有什么联系呢？（学生拿出自己带来的各种年历进行交流。）

（学生能回答一些重要的日子，如国庆节，六一儿童节、元旦、教师节、国庆节等；还有的记住亲人的生日……）

生：我们有了年历，可以很好地安排好学习、生活中的许多事情。

生：有了年历就不至于出现遗漏现象，生活和学习就有规律了，等等。

师：既然年历跟我们有这样密切的关系，今天我们就一起来“制作2020年主题年历”。（出示课题）

三、制作年历

1. 小组合作

师：要制作好2020年的新年历，我们必须首先研究一下以前的年历是如何制作成的？下面请大家再次拿出年历，以小组进行讨论：制作年历要注意什么？

学生小组讨论后交流。

生：年历一般要有一个主题，并要标明“2020年”字样。

生：要把12个月的日期都写出来，每个月又以星期来编排。

生：一月份的元旦即第一天要与2019年的最后一天相衔接。我看了一下年历，2019年的最后一天12月31日是星期二。

生：一年的天数和每月的天数一定要搞清楚。2020年是闰年，共366天，其中大月31天、小月30天、二月是闰月有29天。

生：还有，后一个月的第一天一定要与前一个月的最后一天衔接准确。

生：我想把我爸爸妈妈、爷爷奶奶的生日写进去，提醒自己为他们祝贺生日。

生：我爸爸开公司，我想巧妙地做一些广告上去，为爸爸的公司宣传宣传。

2. 指导填写日期，进一步突破难点

①渗透双语教学：认识月份和星期的英语读法

师：现在，请大家看，老师已经为大家准备好了填写日期的表格。请大家想一想，一月到十二月，在英语里面怎么说？（学生个别说或全体说，教师同时出示英汉对照表）

一月 January　　二月 February　　三月 March
四月 April　　五月 May　　六月 June
七月 July　　八月 August　　九月 September
十月 October　　十一月 November　　十二月 December

师：我们再来看每个月的表格，表格的最上面应该怎么写？

生：分别写上星期日、星期一、星期二、星期三、星期四、星期五、星期六。

生：还可以简写成日、一、二、三、四、五、六。

师：大家说说，星期的英文又该如何缩写呢？

生：我知道的，因为星期日 Sunday，星期一 Monday，星期二 Tuesday，星期三 Wednesday，星期四 Thursday，星期五 Friday，星期六 Saturday。所以它们的缩写分别是“S”“M”“T”“W”“T”“F”“S”。（教师同时出示表格）［此步中“双语”部分可基于学生“双语”水平而取舍。］

日（S）	一（M）	二（T）	三（W）	四（T）	五（F）	六（S）

②分散难点：填写一月份的日期

师：刚才大家已经初步讨论出一些编制年历的注意点，现在就开始着手进行制作了。制作年历一般按以下三步进行：一是布局设计，二是填写日期，三是美化加工。（出示步骤板书）其中第一步我们在课前已经基本完成，今天的课上我们重点是完成第二步和第三步。

师：首先是第二步填写日期，同学们准备的纸上已经画好的 2020 年的表格，也已经标明了 12 个月份。现在先请大家说说一月份的日历该如何编写呢？

生：一月份是大月，它有 31 天，所以要从 1 填到 31。

生：填写星期六和星期日要用红笔来填。

生：一月一日是元旦，也要用红笔来填。

生：我还知道，1 月 25 日是春节，也就是农历正月初一，我想把这一天画一个圈，并在旁边写上“春节”。

师：说得不错！这说明同学们在生活中观察得很仔细，生活知识越来越丰富了。接下来请同学们开始填写，谁先填好一月份的表格，就告诉教师，它的最后一天是星期几？

生：一月份的最后一天是星期五。

一月 January

日（S）	一（M）	二（T）	三（W）	四（T）	五（F）	六（S）
			1	2	3	4
5	6	7	8	9	10	11
12	13	14	15	16	17	18
19	20	21	22	23	24	25（春节）
26	27	28	29	30	31	

③突破难点：继续填写二月份的日期

师：现在，我们又要开始填写二月份日期表格了。大家说说，填写二月份的日期要注意什么？

生：2020年是闰年，二月份是29天，不是28天。

生：要注意与一月份的最后一天衔接好。因为一月份的最后一天是星期五，所以二月份的第一天就是星期六。

师：如果2月1日是星期六，那么这个月还有哪几天一定是星期日？你又是怎么知道的？

生：它们是8号、15号、22号、29号。因为一个星期是7天，只要把1依次加上7的倍数就行了。（老师出示投影图演示验证）

师：现在请同学们填写二月份的日期，看谁填得又对又快！

④以小组填写剩下的表格

师：下面几个月的填写，就请同学们自行完成了。在填写之前，我们再一起来总结一下填写的注意点。

生：后一个月的第一天一定要紧接着前一个月的最后一天。

生：注意每个月份的天数是不一样的。大月是31天，小月是30天。剩下的月份中，大月三月、五月、七月、八月、十月、十二月，它们每个月是31天。小月有四月、六月、九月、十一月，它们每个月是30天。

生：在每个月的表格中，每一列的上下两个数总是相差7。

生：星期六、星期日，还有一些重大节日用红笔填写。

生：我想把我家人的生日贴上一个♥形，让它更醒目些，不容易忘记。

生：为了防止发生连锁错误，我建议每填好一个月，就在小组中核对一下，再开始填下一个月。

生：我把家里的电子词典带来了，上面有万年历，我可以随时对照，看看自己有没有写错。

师：同学们想得真周到！下面就开始填写吧。

放音乐《日历歌》。老师巡视，发现错误，及时纠正。同时出示如下“2020年每月最后一天的星期数”表格，让学生进行核对：

3月 31日	4月 30日	5月 31日	6月 30日	7月 31日	8月 31日	9月 30日	10月 31日	11月 30日	12月 31日
二	四	日	二	五	一	三	六	一	四

3. 完成第三步——美化加工

师：你准备怎样进行美化加工呢？

生：可以配上花边，写上吉祥和祝福的话语。

生：我们把小组组员的生日都贴上了漂亮的贴纸，到时候要一起庆祝呢。

生：我还为几幅唐诗配上了图画，这样看上去是“诗中有画”了。

四、展示、交流与评比

1. 展示（每组推荐1人）与交流

学生上台说说自己制作挂历的过程和想法，要说出自己作品的独到之处。对于一个同学的想法，其他同学可以发表意见和建议，并问介绍人：“××建议，你能接受吗？”能，为什么？不能，又为什么？老师注意引导学生使用一些礼貌用语。如，“首先谢谢你的建议（意见），这条建议我会接受的……”“谢谢你的建议（意见），但是，我是这样想的……”“谢谢你对我的鼓励，你虽然提的意见很尖锐，但是我表示理解……”

2. 说说本课的收获

师：说说通过这节制作日历的课，你有什么收获呢？

师：制作好的年历，你准备做什么？（给自己用，送给朋友，送给老师）

师：通过制作年历，你有没有发现什么新的问题？你有没有什么任务没有完成？（让学生带着疑问或未完成的任务离开课堂，继续进行学习和探究）

※ 课后反思

一、“制作 ×× 主题年历”数学活动，学生受益多多

本课教学设计，既让学生巩固了所学的年月日知识，又进行了知识的拓宽，并与手工劳动、美术、语文（诗词）等学科融合，让学生在综合化的STEM学习中，感受到数学与生活的联系，享受到数学学习的乐趣和成功的体验。总之，这样的数学实践活动，学生的发展和受益是多方面的。

本活动适用已经学过“年月日”的中年级学生，而且每年学到这一知识的学生都可进行，年历主题还可以“与时俱进”，教师可常教常新。

二、数学实践活动首先是“数学”的，而不是其他的

本课堂实录是在经过改进后的教学过程。而我在第一次进行此主题数学活动的教学时，却不是这样的。第一次教学时，我把手工制作部分都是放在课堂进行的，学生兴趣也十分浓厚，但是却没能完成预期的教学任务。在教研组讨论时，有老师提出这样一个十分尖锐的问题：“这堂课到底是手工课，还是数学课？”一石激起千层浪！大家对这个问题展开了热烈的讨论。

有的说：“课堂教学本来就是学生生命成长的地方，既然是这样，我们首先要考虑的是学习过程，学生在学习过程中有没有新的体验和收获。从这一堂来看，学生在活动过程中，不仅学到了数学知识，而且还进行了手工制作，学生的设计能力也得到了发展，可谓一举多得！”

有的说：“我是这样想的。数学课首先要有‘数学味’，如果一堂课在设计年历和手工制作上花的时间太多，数学课不就成了手工制作课了？我有个建议，可以把设计制作向两头延伸，而把讨论如何在填写日期这一重点内容进行得充分些，这样既巩固了知识，又拓展了能力。”

在讨论中，我也在反思：我课中的“数学”的东西是不是少了些？因为它毕竟是数学课，而不是手工课或美术课。于是，我又一次重读了《全日制义务教育数学课程标准》，希望从中找到答案。

《全日制义务教育数学课程标准》指出：“学生学习应当是一个生动活泼的、主动的和富有个性的过程。认真听讲、动手实践、自主探索、合作交流等，都是学习数学的重要方式。学生应当有足够的时间和空间经历观察、实验、猜测、计算、推理、验证等活动过程。”从上面可以看出，数学实践活动首先一定是“数学的”，是数学的活动、数学的实践、数学的思维——一句话，数学课一定是“数学味”，就如同语文课要有“语文味”，科学课要有“科学味”一样。可以适当加点佐料，

但“主味”不能变，更不能“串味”！

于是，我接受大家的建议，对此活动课进行了改进。为了不让手工和美术的东西在课堂中占用过多的时间，首先，我把第一步“布局设计”放在课前。课前，我就让学生搜集材料，通过讨论交流，自主选择和确定年历的主题。然后，我又大胆放手让学生进行布局设计，并把要画的画、要填写的诗词等进行先期处理。其次，对于第三步“完善加工”，我进行了弹性的预设。如果有些同学课堂上来不及完成，我会鼓励他们在课后继续不折不扣地高质量完成。在课后，我还增加了“评比”这一环节，让学生看到自己的收获，体验制作的成功体验。这样做的目的只有一个，就是让学生把更多的时间花在“数学”上来，以重点完成第二步“制作年历”。

对于第二步，我则进行了充实和加强。开始，我通过安排一定时间的复习，让学生更好地巩固所学的知识，也为下一步制作年历打下了基础。在制作过程中，我注意采用“由扶到放”的教学策略，重点进行一月份和二月份的表格填写。因为一月份是一年的开始，既要注意与上一年衔接好，又要注意如何把一个月的天数填到以星期为周期的表格中；二月份既要注意与一月份的衔接，又要注意它是29天，而不是28天。通过这两个月的填写，学生会在其中逐步熟练，并会慢慢体会到一些规律性，以后的填写就容易多了。以后，我开始由慢到快，但注意每月的月尾进行一次核对，以防发生连锁错误。在填写过程中，我总是注意让学生不断总结注意点，循序渐进不失时机地让学生发现规律性的东西。比如在一、二月份填写完成后，让学生总结注意点，在填写过程中发现了什么（原来上下两排的数字之间正好相差7；前一个月的最后一周多余了几天，后一个月的第一周就要空出几天，这才是正确的衔接；如果前一个月没有多余的天数，则后一个月从第一格填写；把一些重要的节日、爸爸妈妈和自己的生日都用红笔进行标注，这样看起来比较醒目明了……）

三、把探究兴趣延伸到课外，使每个学生享受学习的成功

这堂课下课后，我把学生制作的年历挂满了教室，让大家欣赏、交流和评比，又把这些好消息告诉家长，许多家长也很感兴趣。一天，一个学生兴冲冲地跑过来告诉我：“老师，我爸爸说，今天我家不买挂历，说我的挂历制作得够水平，准备挂在客厅里呢！”这对学生来说，可是最大最大的表扬和鼓励了。

看着教室里琳琅满目的挂历，读着荡漾在孩子脸上的兴奋和喜悦，你难道不觉得你是和学生一起在享受生活的情趣和生命的快乐吗？

49. “谜之藏宝图”课堂实录与反思

姚铁龙
（广东省深圳市福田区教育科学研究院，特级教师，正高级教师）

※ 教学预设

游戏准备：谜之藏宝图闯关游戏APP、智慧教室平台，需要pad、即时投影等技术支持。

知识准备：认识基本图形，认识轴对称图形、平移及旋转。

游戏规则：闯过所有关卡，获得五颗星及以上就可以获得YTL探险王者的勋章。

设计说明：本课虚拟4位勇士在古堡历险寻宝，勇士们运用数学智慧破解机关、战胜神兽、寻得宝箱的探险故事为情境。

游戏环节：第一关“快手夺钥匙”、第二关“炸毁神秘墙”、第三关“召唤神兽”、第四关“动物战争”、第五关“宝藏密码”。

※ 教学过程

第一关：快手夺钥匙

师：孩子们，你们喜欢玩游戏吗？

生：喜欢。

师：今天老师要上一节数学游戏课，我要带着大家一起来玩数学游戏，高不高兴？

生：高兴。

师：掌声欢迎“谜之藏宝图”。（屏幕上展示图1）想玩吗？

生：想。

师：传说在源码大陆的一座古堡里，藏着上万年的远古宝藏，可是能够打开宝藏的只有4位勇士，他们是编程猫、火焰熊、大黄鸡和雷电猴（见图2），在古堡里有很多的机关，用我们的智慧破解这些机关，就可以夺得宝藏，有勇气挑战吗？

师：现在请我们的班长作为代表来选择一位英雄开始我们的寻宝之旅。

（生选择勇士形象）

师：孩子们，准备出发，第一关快手夺钥匙。带着藏宝图来到古堡门口，可是古堡的大门却紧闭着，怎样才能打开大门呢？谁来说一说？

生：通关规则：记住盒子的形状就能找到钥匙，翻错了钥匙便会收回。闯关所花的时间越短，获得的越多。根据星的数量决定勇士获得的勋章的等级。

师：看钥匙在哪？（点击屏幕，出现小块图形，附有钥匙，很短时间后出现大正方形板，刚才的小块图形就藏在上面。见图 3）

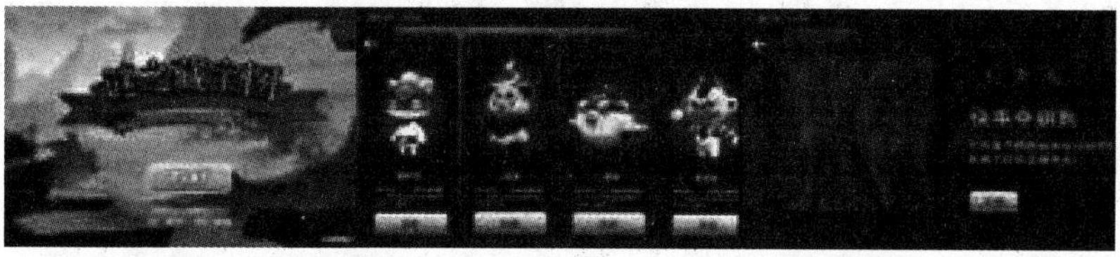

图1　　图2　　图3

师：你找到了吗？上台。

（生点击，屏幕出现钥匙）

师：恭喜你找到了第一把钥匙，他的观察能力是不是特别强，你要跟大家分享一下体会，要找到钥匙应该怎么办？

生：要记住形状，不能开小差。

师：你们记住了吗？谢谢你，为我们开了一个好头。看看第二把钥匙在哪？看谁又快准。请你来。

师：恭喜你找到了第二把钥匙，我们只差最后一把钥匙了，最后一个人上台压力有点大，因为你如果找错了这些钥匙就会被收回，要不要认真观察呀？

师：集中注意力，点击屏幕，小朋友们要注意啦，有陷阱。

（生点击，屏幕出现第三把钥匙。响起胜利的音乐声）

师：哇，给他掌声。孩子们，勇士们，你们胜利地通过了第一关。

第二关：炸毁神秘墙

师：大门打开了，可是眼前出现了一面神秘墙，怎样才能过关呢？和你的同桌说一说。

（屏幕显示通关规则：移动红色方块，拼出对称数字。见图 4）

师：读懂规则了吗？这有个对称数字，会是几？

生：8。

师：谁能用数学语言描述姚老师这个动作。（移动小方块）

生：平移。

师：怎么平移的？

生：向上平移。

师：平移了几格？

生：1格。

师：知道玩法了吗？哪位勇士上台来？你来移动，下面的同学负责说，怎么平移，平移了几格，开始。

（生上台操作。见图5）

（生向上平移了2格，向右平移了1格，向下平移了1格，向左平移了1格）

师：想炸毁神秘墙了吗？由你来炸毁好不好？赶紧。（轰隆一声响，神秘墙爆炸了。见图6）

图4　　图5　　图6

第三关：召唤神兽

师：我们成功地找到了数字8，炸毁了神秘强，难度要升级了，神秘强被炸毁了，接下来又有什么挑战在等着大家呢？经过了神秘墙，可是眼前却出现守护古堡的神兽，怕是要过不去啦！你们能打败怪兽吗？有勇气吗？（见图7）

生：有。

师：藏宝图提示，选中对称的神兽脸谱就可以召唤神兽，愿不愿意充当勇士。现在我们先来浏览一下两侧的图案，认真观察。（滑动屏幕）哪两位勇士一起上台合作完成，找到一个问一下同学们“这是不是对称脸谱啊”？

生：这是不是对称脸谱啊？（见图8）

生：是。

师：赶紧召唤。（屏幕闪光，出现脸谱）你们还想接着找吗？

生：这是不是对称脸谱啊？

生：是。

师：你们敢召唤吗？

（生画面一闪光，召唤出神兽。见图9）

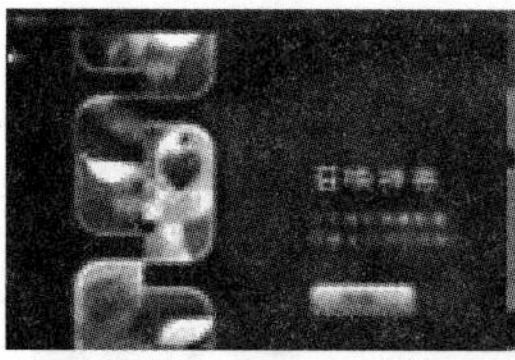

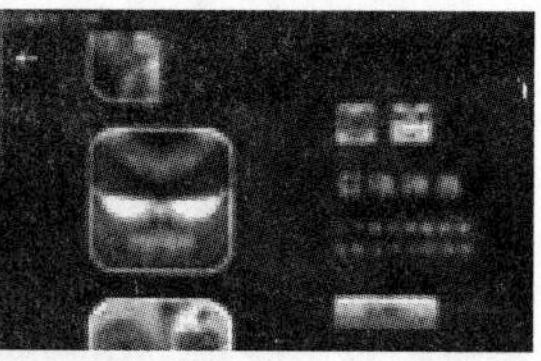

图7　图8　图9

【教学思考】什么是游戏化？美国布隆伯格大学教学技术专业的卡尔 M·卡普教授指出：“游戏化是采用游戏机制、美学和游戏思维来吸引他人，鼓励行为，促进学习并解决问题。”其中，最为核心的部分就是游戏机制和游戏元素的应用。在这三个教学片段中，游戏元素恰当地融进教学各个环节当中，游戏化的故事背景（源码大陆寻宝）、挑战性（闯关）、虚拟化身（选择勇士形象）、控制感（学生操作）、反馈系统（画面、音效的出现）、神秘性（任务未知）、时间限制、奖励结构（星级勋章）……这些重要的游戏元素构成了“勇士寻宝——闯关升级”的游戏机制并与教学深度融合，为学生营造了一项令人恋恋不舍、心潮澎湃的学习活动。学生完成游戏活动的同时也在完成数学知识的构建，且学习的专注度更高，学习兴趣更浓厚，学习效果更好！游戏还有高度的融错能力，即使在游戏过程中学生会遇到许多困难，但他们绝不会放弃，会斗志盎然地坚持到底，这就是游戏精神，也是“游戏化”学习的美妙之处。

第四关：动物战争

师：孩子们，我们再一次出发了，经过了千辛万苦，终于来到了藏宝间，可是藏宝间里面发生了动物战争，我们必须要维护动物和平，将动物们按一定的规则摆放，才能拿到藏宝箱！（见图 10）请大家看，这些规则，你们能看懂吗？请一位同学上来给大家讲解规则。

生：动物不能和它们的天敌或者喜爱的食物毗邻而居，让动物们维护和平，这样才能解开密码。

师：看来维护动物和平非常需要开动脑筋！需要自己动手来拼一拼，拼的时候有要求，到底应该先从那一块拼图开始摆呢？（见图 11）

师：（巡堂指导）太好了，让老师给你们拍个照好吗？（巡堂过程，教师与学生交流，并对部分成果进行拍照，有困难的小组还是没摆好，教师拍照上传大屏幕）

师：孩子们你们观察这几幅图？你们发现什么没有？这是一个组正在摆的过程。（见图 12）

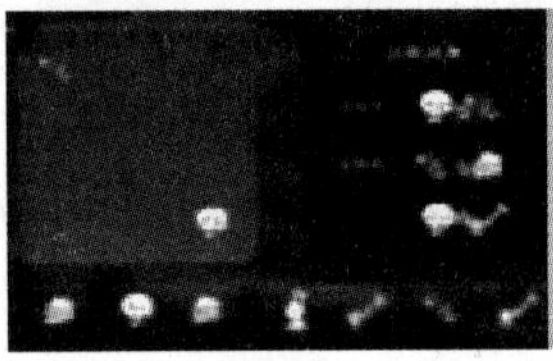

图10

图11

图12

生：前两幅是对的，后面的错了（指着屏幕）这里是不能放猫的！

师：你们跟他们一样吗？

师：我们切换到屏幕上再操作下，一边操作一边跟大家说明你想怎么摆？（图片左上角是老鼠，右下角是猫）

生：我想从这块（芝士）开始摆，摆猫的旁边。（学生开始骚动）

师：大家同意吗？摆在这里有什么困难没有？大家积极讨论。

师：请这位同学说。

生：不可以，这样摆的话，第三行只剩一个格子，剩下要摆的图形都是2个格子的，横着摆的。

师：大家想想芝士只能摆在哪里？

生：只能摆第二行，而且是猫的上面。我们可以移动看看（移动过程参考图10理解），所以芝士只能摆在猫的上面的一行。继续移动，点击。（胜利的音乐响起）

师：恭喜你们，维护了动物的和平。

【教学思考】藏宝间里的动物战争看似简单，其实不然。怎样让知识构建过程“可视化”，从而突出“从哪一块开始摆”策略的重要性呢？“智慧课堂”中及时投影技术的应用非常必要，巡视过程中随时捕捉学生实时作品，这些都将是展示交流时的“新鲜”学习素材，特别是“错误”的作品，是宝贵的生成资源，它能够充分暴露学生思维过程中的不足之处，也是我们提炼策略最有效的载体。课堂上，当拼图过程中出现错误的作品呈现时，学生之间的交流碰撞达到了一个小高潮，全班同学一起发现问题、解决问题，不同的人有不同的游戏策略，其背后都由不同的思维方式支撑，直观的操作支撑抽象的思考“可视”，促成知识的有效建构。这正是老师们所说的：“游戏课的玩可不是随便地玩，因为我们要在玩中学，学中思，只有这样的玩才会让我们变得越来越聪明。”

第五关：宝藏密码

师：我们一起来到最后一关——宝藏密码。我们顺利地拿到了藏宝箱，可是所有的宝藏都被锁在这个密码箱里，打开密码箱的唯一办法是什么呢？（见

图 13）

生：破解密码。

师：真棒，我们一起来看下，通关规则是什么？

生：用这三种不同形状的石块填满方格图，也就是填满方格图三种形状都要用上，才算过关。（见图 14）

师：要用几种方格，还要怎样？

生：三种，摆满。

师：我们需要动手拼一拼，请大家听清楚操作要求：

（1）先是独立地操作完成，一边操作一边想想有什么策略？还要想想你最多能找到几种拼法？（2）拼完以后再和你的同桌交流你的想法。（3）现在请大家拿出学具赶紧开始。（巡堂观察拼摆和交流情况）

师：好，我们拼得差不多了，黑板上有两个拼好的作品，请作品的小主人来给大家说说你是怎样摆的？（学生上台讲解）

生：先把方块贴这里（右上角），再把这块（长方形）贴在最下方，剩下两块“L”型就贴在中间。

生：我先把长条摆出来，再摆方块，最后把两块“L”摆上。

师：大家听明白了吗？他们一个是正方形、长条、两块 L 型，一个是长条、正方形、两块“L”型。他们都用了两次 L 型，可不可以用两次正方形？或者两次长方形的长条呢？谁能分析下。

生：（学生上台操作）两个正方形，剩下的就只能摆 2 个正方形，获得两个长方形，不符合题意（要用三种图形摆）。两个长条的话，剩下的也没法摆正方形和 L 型。长条只能摆在上边下边。

生：（举手补充）长条还可以摆在左边右边。

师：也就是说长条只能摆哪？

生：边缘。

师：你看，姚老师做个动作，转一下，再转一下，发现了什么？（见图 15）

生：这是旋转，长条的位置其实只有一种，就是在边缘。

师：太棒了，还有不同的摆法吗？请上来。为了方便观察，我们都把图案旋转，使长条旋转放在最下面。（同学们纷纷旋转手中的图案，并把不同的图案贴黑板上）

师：好的同学们，我们来看这幅图，（见图 16）你发现了什么？

生：我发现上面的图只要旋转一下，其实都是一个图形。

师：也就是说，有的图形通过旋转一下就是一样的了。我们把长条都通过旋转放在最下边，找出相同的图形。（黑板上相同的图案一个一个被挑出来了）

师：看这两个图（见图 17，左上角两个图），如果把这两个图形沿着中间的线对折，会……

生：重合。（轴对称）

师：对，它们会重合，其实关于这种游戏还有很多玩法，老师给大家准备了游戏作业纸，回家后可以继续玩。现在我们赶紧完成屏幕上最后一关，用我们刚才找到的策略，这里有什么不一样吗？

生：可以旋转、翻转。

师：我把正方形放在这。哪位同学来试一试。

生：学生上台在电子屏幕上操作。（见图 18。操作成功后音乐响起，宝箱打开，学生笑得非常灿烂）

图13

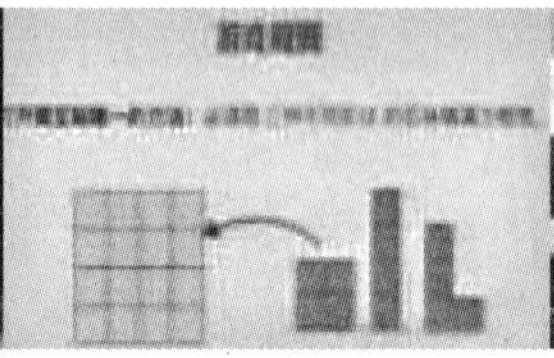
图14

图15

图16

图17

图18

※ 课后反思

在最后两个环节，我们将线上游戏转移到线下，提供实物，让人人得以动手操作，并在实践操作中提升综合能力，开发高阶思维。在游戏器材的帮助下，多数同学能完成游戏任务“用三种不同形状的石块填满方格图”，但在这里，完成任务并不是我们的终级目标，游戏背后的思考才是我们关注的。“先选什么图形？”不同的取材蕴含着不同的逻辑，“田字形”可摆放在 9 个不同的位置上，一旦确定了它，“L 字型”就只能追随左右，顺藤摸瓜完成任务。“一字型”只能有一处位置，先摆它，剩下两个就比较容易了……从“拼出符合要求的图形”到“尽可能多地拼出图形”，从“发现共性与规律”到“应用规律解决问题”，学生学会正确地综合分析信息，从一到多，再发散思维，最后着眼于实际应用解决问题。

一堂精彩的数学游戏课落幕了，数学游戏化教学的研究还在路上！数学原本就源于游戏，未来的学习也必将是基于游戏的学习！从游戏到学习，原本不应该人为地划出鸿沟，是我们自己落后的思维制造出那些隔阂。“谜之藏宝图”这一课例让我们看到了游戏的力量，游戏化的课堂令人心动！这正是卡尔教授在《游戏让学习成瘾》一书中说的：“绝大多数研究都表明，游戏化可以促进学习和教育活动的效果。”是的，科学的游戏化教学让孩子在游戏中学习，在游戏中成长，在游戏中构建自己的价值观。相信这样的模式也必将进一步激发学习领域的变革。

50. “数字编码”课堂实录（课例一）

邱学华
（江苏省常州大学尝试教育科学研究院，特级教师，中小学荣誉教授）

※ 课前准备

布置学生到邮局、派出所、家庭调查电话区号、邮政编码、身份证号码、汽车牌照号码等，想一想有什么规律，有什么疑问。

※ 教学过程

一、导入新课

上课一开始，老师就开门见山说，数字只有十个，但是按照不同要求、不同顺序编排起来，就会千变万化，传递各式各样的信息，这堂课就来学习“神奇的数字编码”。（板书）

二、提出问题，确定目标

接着询问学生，课前调查哪些地方用上了数字编码。学生纷纷回答：汽车牌照号码、自行车牌照号码、门牌号码、电话区号、邮政编码、身份证号码、商品条形码……

老师鼓励学生提出问题，学生把调查中遇到的疑问提出来：

（1）电话区号是怎样编出来的？为什么最前面一位都是0？

（2）身份证编码都是18位很难记，为什么要这么长？是怎样编出来的？

（3）为什么要用邮政编码？邮政编码是怎样编出来？

（4）为什么商品、图书上都有条形码？既然已经有了数字编码，为什么还要条形码？

师：同学们提出了很多问题，说明你们在调查中认真观察，积极思考，会提出问题是一种重要的学习方法和研究方法。根据大家提出的问题，这堂课就来解决电话区号、邮政编码、身份证编码、商品条形码四个方面的问题。

三、探索电话区号规律

师：你们会打电话吗？怎样打外地电话？

生：先拨电话区号，再拨要打的电话号码。

师：让我们来看一看这个电话号是从哪里打来的？

（利用多媒体课件在屏幕上展示出电话机并响铃，话机显示：021-59144590）

生：是从上海打来的。

师：你是怎么知道的？

生：021 代表上海的电话区号。

（屏幕上立即出现打电话的人像，并用上海话说出：“侬好，阿拉上海贸易公司。”同学们都笑了。利用多媒体课件按上述同样的办法，由学生自己说出从北京、常州、沈阳、美国等地打来的电话。）

师：在调查中你们还知道哪些城市的电话区号？

学生争先恐后地说出国内、国外许多城市的电话区号，积极性非常高，课堂气氛热烈。

师：你们的调查工作做得非常出色，知道了这么多电话区号，现在看谁能找出电话区号编码的规律，先分小组讨论。

学生座位是分组围坐，讨论起来很方便。经过热烈讨论，学生分组派代表说出编码规律：

A. 国内电话区号开头是一个 0，国外电话区号开头是两个 0。

B. 国内电话区号有的大城市是三位，北京 010、广州 020、上海 021，一般城市都是四位。

C. 国内电话区号在一个省里第二位数字都是相同的。

D. 第二位数字好像是按照由北向南、由东向西逐步增大的。

四、探索邮政编码规律

师：写信要写上邮政编码，邮政局分信人员只要看到邮政编码，就能知道这封信寄到哪里？

（利用多媒体课件，屏幕上出现明信片，明信片上又出现邮政编码 100001，学生说出是由北京寄出的，再出现北京的地址。屏幕上出现明信片，邮政编码是 213203 并发出声音解释。）

师：你们通过调查知道了哪些城市的邮政编码？

学生纷纷说出各地的邮政编码，并主动写到黑板上。

师：你们还有什么问题吗？

学生提出的问题有：为什么电话区号是4位，而邮政编码是6位？能不能让邮政编码同电话区号一致？全国各地邮政编码编排起来有什么规律？

老师先要求大家分组讨论，发表自己的看法，再引导大家达成共识：电话区号只是一个城市的代号，具体打哪一家电话，还要拨电话号码，因此四位就够了。邮政编码里必须要有哪个城市、哪个区县、哪个街道的信息，四位是不够的。邮政编码的排列同电话区号一样也是由北向南、由东向西逐渐增大，内蒙古是01、西藏是85。

五、探索身份证编码规律

师：按目前规定，年满16岁以上公民都有身份证，每个人身份证号码各不相同，在公安局只要输入这个号码到电脑里，就能找到这个人。课前你们调查父母、亲戚的身份证号码，请到黑板上把它写出来。能不能说出是怎样编出来的。

学生纷纷主动到黑板上写出身份证号码，各自说出18位号码各表示什么。

师：身份证编码有18位，比较复杂，同学们通过自己的调查已经知道其中的奥秘。想不想知道邱老师的身份证号码？现在我写出来，请大家说说从中可以获得哪些信息。

320404193507260617

生：邱老师是江苏省常州市人。

生：邱老师生于1935年7月26日。

生：061最后一位是单数，表示是男人。

生：从出生年月看，邱老师已经68岁了，我总觉得邱老师只有50多岁，是不是弄错了。

（全场哄堂大笑）

师：邱老师真是68岁了，不信可以给你看身份证。现在你们还没有身份证，按照编码的规律，能否先给自己编一个身份证号码，可以在小组先讨论一下，编好后写到黑板上。

学生热烈讨论，纷纷把编好的将来自己身份证的号码写到黑板上，并说明编码的理由。教师提出两个号码讨论：

320705199105060516

32070519920226xx单x

经过讨论学生一致认为第2个写得合理些，因为前面6位地区码，8位出生时间码都可以确定，后面4位不能确定，是公安局电脑里编的，所以用x表示比较合理，因为是男生，倒数第2位可以确定是单数。

师：你们把为自己编的身份证号码保留起来，到 18 岁时拿到身份证以后对照一下，这是一件很有意义的事。

六、认识条形码

师：课前请大家调查商品和图书上的条形码，请把自己带来的商品和图书上的条形码相互看一看，并把编码写到黑板上。

教师利用多媒体课件，在屏幕上映出录像，超市收银员用读码机逐一在商品的条形码上照一下，最后电脑计算出总价结账。图书馆管理人员用读码机在图书的条形码上照一下，登记借书记录。

师：大家看到条形码的用处很大。你们还有什么问题吗？

学生纷纷提出问题：

（1）有了条形码为什么上下还有两排数字码？

（2）上下两排数字码同条形码之间有什么关系？

（3）条形码有粗条有细条，各表示什么？

（4）条形码上下两排数码表示什么？

（5）下面一排数码最后还有一个大于号表示什么？

……

师：同学们提出很多问题，说明大家在积极思考，学问学问，要又学又问。这些问题要靠你们自己去解决，可以请教别人，查阅书本，也可上网查询。推荐一个条形码的专业网站叫“条形码搜索大全（WWW.barcodes.com.cn）”。

七、课堂总结

最后是课堂总结，让学生自己谈这堂课有什么收获，学到了哪些学习方法和思考方法。

51. “数字编码”教学设计（课例二）

邱洋明
（福建省龙岩市长汀县馆前中心学校，青年名师）

一、情境导入，激发兴趣

同学们，看过《今日说法》这个节目吗？今天啊，我们一起走入“今日说法”，来侦破一个案件，一起来看。

二、探索交流，感知编码

1. 破案情境，激趣导学

师：同学们，你认为谁是犯罪分子呢？

预设：我觉得有三个人可能是犯罪分子，第二个、第三个和第五个，因为他们都是1972年出生的。（创设问题情境，有利于学生凭借生活经验主动探索，调动学生探究问题的兴趣。）

师：大家和他的想法一样吗？你们同意他说的吗？

生：同意。

师：身份证号码为什么能帮助我们破案呢？

预设：身份证号码的数字表示不同的含义，可以给我们提供信息。

师：嗯，身份证号码可以给我们提供很多信息，其实像身份证号、银行卡号这样的由一组数字组成的号码，也叫“编码”。（板书课题：编码）

【设计意图】“破案推理情境”激发学生的好奇心、求知欲，猜测犯罪分子，充分调动学生学习的积极性。

2. 小组合作探究，学生汇报

师：身份证号码是人们按照一定规则进行排列的，编码到底有哪些秘密呢？今天我们一起来探究编码。

师：有谁知道自己的身份证号码？

（生说自己的身份证号。教师板书）

师：那咱们班有没有和他一样的身份证号？全国有没有跟他一样的身份证号？

生：没有。

师：一个身份证号只能他自己使用，说明身份证号是“唯一的”。（板书）

师：哪个女生说一下自己身份证号？（板书这一身份证号）

师：观察、对比这两组身份证号，结合你的预习，你能说一说身份证号码数字表示的含义吗？（小组讨论，学生汇报）

师：其实咱们可以把身份证前6位表示出生地址的数合在一起称为“地址码”，表示出生年月日的数统称为“出生日期码”，这三位是表示顺序的，我们称之为“顺序码”，最后一位称之为“校验码”。

师：一个身份证就是由这四级组成的，从多个角度描述了一个人的信息。（板书：统一、科学、简洁）

（PPT研究残破的身份证，说一遍它的组成，证明孩子们之前对三位嫌疑人的猜想是对的）

师：通过刚刚我们一起对身份证号的探究，老师还有一个疑问，双胞胎的身份证号一样吗？

预设：不一样，因为顺序码和校验码不一样。

【设计意图】小组合作交流，通过观察、对比、猜想、验证等探究过程，体验编码的一些规则和方法，让学生通过描述某些事物的特征，进一步理解数的意义，逐步建立数感。

3. 通过银行卡号，顺利破案

师：刚才大家通过身份证确定了三个嫌疑人，那到底谁是犯罪分子呢？还得从哪儿入手查案？

生：银行卡号。

师：银行卡号也是编码。

（PPT出示信息，观察表格信息回答）

师：你现在知道谁是真正的犯罪分子了吗？

预设：知道，最后一个，因为他既是1972年出生的，也持有甲银行卡。

师：今天咱们能够顺利破案，正是因为这些编码。

【设计意图】通过环环相扣的破案推理过程，了解编码的一些规则、方法和意义，顺利破案，验证前面学生的猜想，首尾呼应，体会编码的科学性、优越性，尝试解决生活中的实际问题。

三、联系生活，巩固练习

练习题——导学案

1. 利用四张身份证，检查孩子对身份证信息的掌握情况，学生汇报

2. 设计学号，学生汇报

3. 根据学号，写出数字表示的信息

4. 提升学生利用规则进行编码的能力

【设计意图】让学生尝试编制号码，自主探索编码规则，是为了让学生体会到编码编排的合理性、科学性。

师：同学们，你还知道生活中哪些常见的编码吗？（观看视频）

【设计意图】认识生活中的编码，进一步让学生体会编码在日常生活中的广泛应用，感受编码在表达与交流中的简明与科学。

五、分享收获，课堂小结

师：这节课你有哪些收获？跟大家分享一下。

52. “数字与信息”教学设计与反思

缪建平
（苏州工业园区跨塘实验小学，苏州名教师）

※ 课前思考

“核心素养”是一个人知识、技能和态度等的综合表现，是人一生受用的关键能力和必备品质。就数学而言，应既包括问题解决、探究能力、批判性思维等“认知性素养”，又包括情感态度、兴趣习惯、自我反省、交流交往等“非认知性素养”。

在太仓市实验小学举办的苏州市教科院“聚焦核心素养，促进深度学习”专题研讨活动中，我施教“数字与信息”，采用“问题引领，探究学习”的教学策略，始终引导学生在疑中学，探中学，思中学，帮助学生积淀探究经验，促进学生走向“深度学习”，努力培养学生的数学“核心素养”。

※ 教学过程

一、“喜欢读课外书吗？”——学好数学三句话

即使是课前谈话，本人也不忘运用“问题”进行巧妙引领学生在学习方式上的转变。

教学片段如下：

师：同学们，喜欢读数学课外书吗？你读过了哪些数学课外书？（学生答略）缪老师从小就喜欢读数学课外书。请看，这些这是缪老师从小学开始收集的数学课外书……我一共收集了 300 多本呢。这是我们班同学在淘宝上淘到的新的数学课外书，他们多开心啊！这是我们班同学们在凉亭下、在数学空间读数学课外书呢。

师：今天老师给大家推荐一本书《从此不怕学数学》。这本书的开始还有一个题目，在这里跟同学们分享一下。（出示 PPT）

①　　②　　③　　④

哪个图形与众不同？为什么？

（有的学生说第一个，因为它最小；有的说第二个，因为它曲线弯弯；有的说是每三个，因为它有棱角；有的说是第四个，因为它不是封闭图形。）

师：其实啊，我们每个同学就像这 4 个图形一样，与众不同。有的同学可能像第一个图形，虽然个头小一点，但很聪明；有的同学可能像第二个图形，长得胖嘟嘟的，但很可爱；有的同学可能像第三个图形，有棱有角，有自己的性格；有的同学可能像第四个图形，虽然有缺点，但其他方面却很优美。总之，他们都与众不同。那么，在后来的课堂学习中，你如何与众不同呢？

（学生说：要积极动脑，踊跃发言；要发表与别人不同的意见；要敢于质疑……）

师：今天老师给送来大家学好数学“三句话”：“疑难问题不放过、举一反三找规律、回顾反思常总结”。谁来说说它们的意思。

（出示 PPT 提示）

● 疑难问题不放过：静下来，随时记下当下的疑问，以及对疑问的猜想与求索过程。

● 举一反三找规律：慢下来，通过“举例子”找到规律；然后运用规律解决新问题。

● 回顾反思常总结：停下来，回顾学习与思考的过程，把重要的方法、规律写下来。

二、“你是怎么知道的？”——学会获取知识的方法

课堂伊始，我就要求学生分享自己收集的各种编码及其含义。（出示如下）

下面各是什么电话号码？你知道吗？一石激起千层浪。随后，老师根据学生的回答逐一点击答案：110（匪警），119（火警），120（救护），114（本地电话号码查询），96121（天气预报）、12117（报时）、12345（便民服务热线）、12315（消费者投诉热线）……

在这一环节中，我的核心问题不是知道这些号码的含义，而是“你们是怎么知道这些号码的含义的？”学生的回答各不相同，有的是问爸爸妈妈的，有的是查找书本的，有的是百度搜索的，有的是询问同学和其他老师的……

于是，我接着进行了重要点评：同学们，获取知识的方式可比知识本身重要

多了。当今世界，学习无处不在，时时是学习之时，处处是学习之地，人人是学习之人。只要你做有心人，一定会比别人学得更多，理解得更深。

三、“知其然且知其所以然”——培养质疑解疑的习惯

在接下来的“认识身份证号码的含义”这一环节中，我也一改以前一讲到底的做法，请学生踊跃举手到前面来做“小先生”，给大家讲解。其他学生在听讲的过程中，可以提问，可以质疑。这一小小的改变，学生探究学习的积极性一下子被点燃。讲解的同学十分投入，提问的同学紧问不放，一时间，精彩不断。下面是部分课堂探究学习片段：

生：我来讲解。前 6 位是地址码，分别代表省、市、县区。中间 8 位是出生日期，分别代表年、月、日。后面三位是出生的顺序码，最后一位是校验码。

生（质疑）：我想问一下，为什么我、爸爸、妈妈的身份证中前 4 位是一样的，但紧接着的 2 位不一样？

生：我知道，因为，你的爸爸妈妈是同一个大市的，但不是一个县区的。

生：我知道，出生顺序码的最后一位，如果是单数代表男性，双数代表女性。

生：请问这位同学，顺序码三位数够用吗？顺序码是什么意思呢？

生：一个县区的在同一天出生的人数不可能超过 999，所以三位数够用了。另外，它是从当天的零时开始计数的，第一个出生的男孩是 001，第一个出生的女孩就是 002。

师：我也来凑热闹。这位小老师，我想问一下，刚才的电话号码只有几位就行了，现在需要 18 位吗？那么多位，是不是太麻烦了？

生（一人抢着回答）：我知道，位数不能少，因为如果位数少了，就不能表示唯一的人了，身份证可能就会重复了，这样肯定是不行的……

同学们就这样，你一言我一语，在争论中学习，在思辨中理悟。《易经·蒙卦》曰：“匪我求童蒙，童蒙求我。”意思是说：（学习）不是老师苦口婆心地求学生学习，而是学生主动请教老师。这个道理至今仍然具有普遍意义。我们现在的教学就应该努力培养学生质疑、解疑的能力，通过数学思维，学生能够用逐步抽象概括的方式方法去思考，能够持续地研究问题，想得更深入一点，学得更清晰一点，这些才是培养数学核心素养所必需的。

四、“设计没有标准答案”——成就与众不同的精彩

本课的教学目标是有两个，一是知编码，即了解编写规律，体会编码特点，学会“举一反三”；二是学编码，即商定编码规则，正确学会编码，做到“学以致用”。在学生“知编码”之后，就开始引领学生一起来学习编码了。我设计了

两个挑战练习。

【挑战一】

某宾馆有一幢15层的客房大楼，每层都有30个房间。怎样为宾馆的房间编号，才能保证旅客拿到房间号就能明白自己房间的位置。要求：用方框表示编码，并在下面注明表示什么。（这个问题不并难，学生很快有了答案，画了四个方框，前两位表示楼号，后两位表示房号。）

【挑战二】

如果第一幢15层，每层30个房间；第二幢16层，每层30个房间；第三幢20层，每层32个房间，又该如何编号呢？

※ 课后反思

记得在前一次同一内容的课堂教学中，我最后帮同学统一了答案：用五个方框表示。

在本堂课教学时，我在巡视中也发现了两种答案：五个方框和六个方框。我决定不再拿出所谓的“标准答案”，让两个答案的同学们进行争辩。结果，因为“预留”了足够的探究空间，因而生发出许多意想不到的精彩。

一位同学这样说：我也知道五个方框比较简洁，也是可以的。我的想法是，既然刚刚这家宾馆从1幢楼到有了3幢楼，就极有可能会从3幢楼发展到10幢楼以上，所以我现在设计成比如010204来表示第一幢第2楼第4号房间，这样以后就不用更换号码了，避免了浪费呢！（听课老师禁不住为这位同学的想法鼓掌了）

我对这位同学的想法大赞特赞。我说，这位同学能够有长远的眼光，想到了为房间号预留足够的编码空间，这是超前思维的表现。其实，现在的社会生活中有许多方案都是有“预留”的，大家能够说说，生活中哪些地方用到了“预留”方式？同学们的思路一下子开阔了许多。有的说：一号地铁建设中预留了二号地铁的接口；有的说，商场在建设第一期工程时为选项工程预留了公用的走廊……

好一个“预留”，“留”出了一片精彩！

总之，无论是这堂课，还是以前的日常课堂中，我总是用这三句话来引领全体学生参与到多层次讨论互动、多水平深度加工中，鼓励学生追根溯源、刨根问底、自我反省，有效改变学生原有的浅表学习或浅表思维的习惯，让数学学习变成信息加工、思维激活、体验强化、领悟深入的综合性学习，使学习信息不断优质化、个人化，进而“转智成识”，让落实双基的“一课学习”变成触及心灵的“一生学习”。

53. “称一称”课堂实录与反思

张素英
（江苏省金湖县育才小学，特级教师）

※ 课前思考

千克、克是常见的质量单位，苏教版教材把这一单元内容编排在三年级上册。在学生认识千克和克后，又安排了“称一称”实践活动课。本节实践活动课先让学生通过“称一称”的活动，使他们经历称物品的过程，了解生活中常见的1千克物品的数量，并体验1千克有多重。然后分小组让学生称每人的体重，再相互比一比轻重。这一系列的称物和交流活动，不仅使学生加深了对千克的认识，还能培养学生的操作能力和应用能力，增强了学生学好数学的信心。最后学习教材中的“你知道吗”，向学生介绍6～10岁儿童体重的一般计算方法，让学生算一算自己的体重，再与测出的体重进行比较，了解自己的身体发育情况，引导学生养成良好的生活习惯。学好千克和克可为后续学习其他质量单位奠定基础。

本节课的关键是让学生在实践中体验，在体验中理解。教师要组织学生在课前做好充分的准备，以保证课堂上的活动能正常有序进行。

※ 教学过程

一、调查汇报

师：前面我们已经认识了千克和克，课前布置你们到超市调查哪些商品的重量是用千克作单位的，各是多少？谁来说一说。

生：1盒牛奶重1千克。

生：1桶油重5千克。

生：1袋大米重10千克。

师：用千克作单位的商品有很多，比如今天我们带来的水果、蔬菜的重量也可以用千克作单位。

二、实践操作

师：请同学们观察一下你们带来的物品，能猜一猜这堂课我们要学习什么知识吗？

生：称物品。

生：称体重。

师：对呀。今天这堂课我们要参加称一称的活动。（板书课题：称一称）

【评析】从生活情境引入，能使学生体验到生活与数学的密切联系，感受到生活处处有数学，增强了学生学习和应用数学的信心，激发了学生的求知欲，调动了学生学习的积极性。

师：首先我们来看一看，图上这几个同学在干什么？（出示教学挂图：称水果、蔬菜）

师：首先称的是什么？

生：这几个同学在称苹果。

师：你们知道称的苹果是多少千克吗？

生：苹果的重量是1千克。

师：1千克苹果大约有多少个，能把书中的苹果数一数吗？

生：大约有7个。

生：大约有6个。

生：大约有8个。

……

师：同学们的意见有所不同，你们想自己称一称吗？

生：想。

师：你们认为称的时候要注意什么呢？

生：拿物品要轻拿轻放。

生：要读准台秤上的千克数。

生：称之前，我们要合理分工，这样才不会乱。

师：同学们说得真不错，就请每个组的组长进行分工，明确各人的任务。（每个小组长给组员布置任务。）

师：分好了吗？请同学们按照组长的分工，把自己带来的水果、蔬菜各称出1千克，再数一数大约各有多少个，并且把数的个数填在表格里。然后展示在黑板上让同学看一看。（学生进行活动，并把得出的结果填在表格里展示在黑板上。）

师：请小组长上来汇报一下。

第一小组				
物品	苹果	橘子	西红柿	黄瓜
1千克的数量	6个	7个	4个	5条

生：我们小组称出的1千克苹果大约有6个，1千克橘子大约有7个，1千克西红柿大约有4个，1千克黄瓜大约有5条。

第二小组				
物品	苹果	橘子	西红柿	黄瓜
1千克的数量	5个	6个	4个	5条

生：我们小组称出的1千克苹果大约有5个，1千克橘子大约有6个，1千克西红柿大约有4个，1千克黄瓜大约有5条。

第三小组				
物品	苹果	橘子	西红柿	黄瓜
1千克的数量	6个	6个	5个	4条

生：我们小组称出的1千克苹果大约有6个，1千克橘子大约有6个，1千克西红柿大约有5个，1千克黄瓜大约有4条。

第四小组				
物品	苹果	橘子	西红柿	黄瓜
1千克的数量	4个	6个	6个	4条

生：我们小组称出的1千克苹果大约有4个，1千克橘子大约有6个，1千克黄瓜大约有4条。

师：刚才听了各个小组的汇报，看着表格里这些数据，你们有什么发现？（先由小组长带着大家在小组里说一说）

师：谁把你的发现说给大家听一听。

生：我发现了有3个小组称出的1千克橘子大约都是6个。

生：我发现了4个小组称出的1千克橘子的个数差不多。

生：我发现了4个小组称出的1千克苹果都在5个左右。

生：我发现了4个小组称出的苹果、蔬菜每千克的个数都没有超过10。

生：我发现了4个小组称出的苹果、蔬菜每千克的个数相差不大。

生：我们第2小组称出的1千克西红柿大约是4个，第4小组称出的1千克西红柿有6个，我想看一下第4小组的西红柿是不是小一些呢？

师：这个问题提得好，请第2小组和第4小组的2号同学把你们带来的西红柿举起来给大家看一看，是不是第4小组的西红柿小一些呢。

生：是。

生：我想看看第1小组的苹果和第3小组的苹果是不是差不多大。

生：应该是差不多大的。

师：为什么呢？

生：因为第1组和第3组称出的1千克苹果大约都是6个，所以两个小组的每个苹果应该是差不多大的。

师：请这两个小组的3号同学把你们带来的苹果举起来给大家看一看。

师：刚才同学们知道了1千克苹果有6个，也有5个的。老师今天也带来了6个苹果（比同学们带来的大），这6个苹果的重就是1千克了。

生：（齐说）不可能。

师：为什么不可能呢？

生：因为老师带来的苹果比我们的苹果大，所以6个苹果不可能是1千克。

师：你们能估一估老师带来的苹果1千克大约有多少个？

生：1千克苹果大约是4个。

生：1千克苹果大约是3个。

生：1千克苹果大约是7个。

生：老师，他说的不可能。因为我们称的苹果最多的也就是1千克大约是6个，而你的苹果比我们的大，怎么是7个呢？

生：老师。我认为1千克苹果大约是4个也不太可能，因为我的小组称出1千克苹果大约有4个，而你的苹果好像比我们的苹果大一些呢。

师：好！发生争议了，是好事。这几个同学谁猜得准一些呢？我们来称一称不就知道了吗？谁愿意到讲台上来称出1千克苹果。（找一个学生到讲台上称苹果，其他学生在下面看秤面）

师：老师带来的苹果1千克大约是几个？

生：（齐）3 个。

师：刚才猜对的是哪些同学？请举手，你们真了不起！

【评析】“让学生做学习的主人”已成为共识，但如何转化为具体的教学行为，有一个重要的方面，就是如何设计有效的学习活动。在本环节中，教师充分调动学生的学习积极性和主动性，以活动代替老师的讲解，激发了学生的学习兴趣和求知欲，全班学生都参与到活动中来，提高了课堂教学效益。

师：都是 1 千克苹果，但是大小不一样，所以个数就不一样。每个苹果大，个数就少，每个苹果小，个数就多。

【评析】通过估计 1 千克苹果大约有多少个，既培养了学生的估计意识，又对学生进行初步的辩证思想的启蒙教育。

师：刚才我们称了水果和蔬菜，你们想称一称自己的体重吗？

生：（齐）想。

师：称体重还用台秤吗？

生：不行。可以用我们带来的健康秤来称。

师：首先让我们来认识一下秤面。（秤面上有表示重量的刻度和数字，1 个刻度表示 1 千克，2 个刻度表示 2 千克，这是数 10，如果红指针指向 10 就表示重量是 10 千克……）今天有几个同学也在称体重，想看看吗？

生：（齐）想。

出示称体重的场景图，同时播放录音（称的时候，人要站在秤的中间，不要晃动，读准数）

师：你们能知道小明的体重是多少吗？（图略）

生：小明的体重是 30 千克。

师：小芳的体重又是多少？（图略）

生：小芳的体重是 28 千克。

师：再看看小华的体重大约是多少千克？（图略）

生：比 23 千克重一些。

生：比 24 千克轻一些。

生：在 23 和 24 之间。

生：大约重 23 千克。

师：根据刚才这几个同学称体重的情况，你们能估一估自己的体重吗？请同学们先估一估，并把估计的重量汇报给小组长填在表里。（学生活动）

师：刚才每个同学都估计了自己的体重，谁来说一说你估计的是多少？

生：我的体重大约是 25 千克。

生：我的体重大约是32千克。

师：你们的体重究竟是多少千克呢？我们一起用秤称一称。请组长安排本组同学有序地称，称好后把自己的体重汇报给组长，组长再将每人称出的体重记录在表格里，在小组里比一比，谁最重，谁最轻。（学生称体重活动）

师：通过刚才的估和称，有哪些同学估的和称的体重差不多的？

生：我估了30千克，称了29千克。

生：我估了27千克，称了28千克。

生：我估了25千克，称了25千克。

师：你估得真准，了不起。谁再说说你们小组谁最重，谁最轻。

生：我们小组张华的体重30千克，最重。潘平的体重20千克，最轻。

生：我们小组李明芳的体重45千克，最重。姚平的体重24千克，最轻。

生：我们小组李明的体重35千克，最重。陈小军的体重25千克，最轻。

生：我们小组赵平的体重36千克，最重。闵奕婷的体重31千克，最轻。

师：看来你们组同学的体重都不轻，是重量级的。

师：自己的体重不仅可以称一称，还可以用一种方法算一算，想知道是用什么方法算的吗？请同学们打开书，读一读“你知道吗”（6至10岁儿童体重的千克数一般是实足年龄 ×2 + 7或+ 8）。

师：书上告诉我们怎样的计算方法？

生：实足年龄 ×2 + 7或实足年龄 ×2 + 8

（师板书）

师：这种方法究竟准不准，我们一起用这个公式算一算自己的体重。谁来告诉大家你今年几岁了。

师生共同用这个方法算一算这个同学的体重。

师：每人运用这种方法算一算自己的体重，并由组长把每人算出的体重也填到表格里。比较自己称的体重与算出的体重有无差别？相差多少？在小组内交流。

师：称的体重和算的体重差不多的同学请举手。（大概有一半的人举手）你们的体重比较标准，也是科学的。

师：称的体重和算的体重差距较大的同学请举手。

师：你们能告诉大家你称的体重和算的体重各是多少千克吗？

生：我称的是45千克，算的是28千克。

师：称的比算的重多了，还有哪些同学也和他一样？你们要注意什么呢？

生：他们太胖了，要少吃肉，多吃蔬菜。

生：他们要加强锻炼。

生：他们要少吃甜的食品。

师：有没有称的体重比算的轻很多的，请举手。这些同学又要注意什么呢？

生：他们太瘦了，要不挑食，不偏食。

生：加强营养和锻炼，让身体长得更壮些。

师：刚才这些同学说得很有道理。这个公式一般适合 6 ~ 10 岁的儿童，当然也有特殊情况不完全符合这个计算方法的。

【评析】教师设计了小组合作的学习方式，给学生自己进行活动的时间和空间，放手让学生去研究、探索，通过对自己体重的称、算，使学生的实践能力，分析推理、判断等思维能力得到提高。教师结合称体重、算体重所得到的数据进行比较，对学生又进行了健康教育，体现了教师对学生的关爱。

三、全课总结

师：今天这节课我们进行了称一称的活动，在这个活动中你知道了什么？

生：知道了不同的水果、蔬菜 1 千克大约有多少个。

生：我还学会了称体重和用公式算体重的方法。

生：在活动中我了解到自己的身体发育状况。

四、课外延伸

师：这节课给同学们带来的收获还真不少，请同学们根据今天的数学活动内容完成一个课外作业。

【评析】通过谈收获，引导学生对本节课的活动进行总结，布置的作业与课堂学习首尾呼应，使作业充满活力，鼓励学生走出教室，走进生活，巧妙地培养了学生应用数学知识的能力。

实践活动题：

根据今天数学活动的内容，回家后调查了解爸爸、妈妈或其他人的体重，并填在下表中。

	体重（kg）			提出你的建议
	估一估	称一称	算一算	
爸爸				
妈妈				

注：成人体重的千克数一般是：男性体重=身高厘米 - 100

女性体重=身高厘米 - 105

※ 课后反思

“实践与综合应用”是小学数学教材中一个新的内容，也是新课标中内容体系的一个特色。作为生活与数学沟通的桥梁，“实践与综合应用”十分重视让学生经历有关的活动，使学生在活动中获得自己的体验。苏教版数学教材十分重视学生直接经验的获得，在每册教材中安排了多次实践活动。而在现实的教学中，由于部分教师受传统教育观念的影响，对数学实践活动的目的认识不足，不太愿意上这类课。再者，实践活动课的纪律难以维持，课前还要准备较多的材料和工具。为了省事，他们把教材中安排的实践活动内容给学生讲一讲，让学生做一做，使学生失去了亲身体验的机会。

回顾我以前教学认识质量单位的课程，当时我将教学的重点放在单位的换算上。教学中我采用讲授记忆的方式，学生只要能记住几个常用的质量单位，并能正确进行单位之间的换算就算完成了学习目标。现在想起来，这样的教学，只重视书本知识，忽视实际经验，这无疑降低了综合实践活动的教学目标，将其丰厚的教学价值异化为简单的数学练习，使学生失去了活动的空间和展示个人才华的机会。难怪学生学习了质量单位后，还常常会出现一个鸡蛋重 60 千克，小明的体重 35 克等众多笑话。闹出这样的笑话，主要原因是教师关闭了学生实践活动的大门，把新课程标准中这一领域的教学目标给“架空”了。

所谓“听见了，就忘记了；看见了，就记住了；体验了，就理解了”，讲的就是这个道理。体验源于活动，若离开了丰富生动的实践活动，体验只会是空中楼阁。因此，我们要充分利用教材，给学生提供实践活动的机会，让学生把所学的知识运用到生活中，帮助学生加深对知识的理解，增强学好数学和运用数学知识的信心，培养学生解决实际问题的能力，使学生体验到数学在生活中的运用及其价值。

以本课为例，如果仅从传授知识的角度出发，5 分钟足矣。如果是从“走过场”的角度出发，提供给学生“标准事件”，由教师把带来的水果和蔬菜称一称，告诉学生每种水果、蔬菜 1 千克大约各有多少个，再由教师帮助学生称一称体重，告诉他们自己的体重是多少千克，让他们记住由老师告诉他们的这些数据，15 分钟也足以完成。但这样学生获得的仅仅知识而不是智慧，仅仅是知道而没有感悟。

本课例的教学中，本人以经历过程的视角设计教学过程，从学生已有经验出发，设计了三个层次的实践活动：

一是让学生称出 1 千克水果和蔬菜，看看大约各有多少个，体验 1 千克有多重，巩固已初步建立的千克的概念，体验千克单位在生活里的应用。通过比较，使学生体验不同物品1千克的数量，并且从中发现即使相同的物品由于物品大小不同，1千克的数量也会不同的道理，感受到常见物品1千克数量大约有多少个。

二是分小组称一称每人的体重，同学之间相互比一比轻重，在称体重的活动中，学生明白称体重可不能再用台秤，想到要使用健康秤，同时感受到称不同物体使用不同秤的合理性，并学会用不同的方法表述自己称的结果。特别是让学生根据书中介绍的方法算出自己的体重，并与自己实际体重相比较时，学生能从中感受到自己的体重是否正常，让学生意识到要有一个健康的身体，必须合理膳食，加强体育锻炼。

仅仅让学生称出1千克水果或蔬菜，了解1千克大约有多少个，再称一称自己的体重，活动显然还不够丰富。于是在上面这两个活动的教学中，我还注意培养学生的估算意识，让学生估计老师带来的苹果1千克大约有多少个，估一估自己的体重。这些活动都是在学生称过水果、蔬菜，以及让学生看几个小朋友称体重的情景图，并说出每个小朋友的体重大约是多少千克的基础上安排的。目的是让学生在估计老师带来的苹果，以及估自己的体重时有一定的参考数据，使学生意识到估测并不是凭空瞎猜的。这样的活动有利于培养学生的数学意识，使学生认识到数学的严密性和科学性。

三是在新课结束时，我安排了让学生根据今天的活动内容，在课外调查爸爸、妈妈或其他人的体重，并按成人算体重的方法算一算，并提出合理的建议。

这样的活动对学生而言，既有现实性，又有趣味性、思考性和开放性，增强了活动的吸引力，提升了数学实践活动的价值。

在上面的教学中，如果没有具体的操作活动的介入，学生很难体会和理解数学知识，也很难体会数学知识与生活现象的密切联系。

在这几年的实践中，我深深地体会到，数学实践活动的目标颇具弹性，要将这些多层面、综合性的要求真正落实到位，必须给学生足够的活动时间，才能保证活动的有效性，使学生在活动中学习，在活动中成长。

4年级

中国名师教学设计和课堂实录

新时代小学数学名师课堂

邱学华 叶建云 主编

世界图书出版公司

图书在版编目（CIP）数据

新时代小学数学名师课堂 / 邱学华，叶建云主编
. — 北京：世界图书出版公司，2022.6
ISBN 978-7-5192-9470-0

Ⅰ. ①新… Ⅱ. ①邱… ②叶… Ⅲ. 小学数学课 - 课堂教学 - 教学设计 Ⅳ. ① G623.502

中国版本图书馆 CIP 数据核字 (2022) 第 041721 号

书　　名	新时代小学数学名师课堂
（汉语拼音）	XINSHIDAI XIAOXUE SHUXUE MINGSHI KETANG
主　　编	邱学华　叶建云
总 策 划	吴　迪
责任编辑	冯晓红
封面设计	田雨艳
内文设计	娟　子
出版发行	世界图书出版公司长春有限公司
地　　址	吉林省长春市春城大街 789 号
邮　　编	130062
电　　话	0431-86805551（发行）　0431-86805562（编辑）
网　　址	http：//www.wpcdb.com.cn
邮　　箱	DBSJ@163.com
经　　销	各地新华书店
印　　刷	河北品睿印刷有限公司
开　　本	787 mm × 1092 mm　1/16
印　　张	127.25
字　　数	2 357 千字
印　　数	1—5 000
版　　次	2022 年 6 月第 1 版　　2022 年 6 月第 1 次印刷
国际书号	ISBN 978-7-5192-9470-0
定　　价	498.00 元（全 6 册）

邱学华

简介

邱学华，1935 年 7 月生于江苏常州，1956 年考入华东师范大学教育系，曾做过小学教师、中学教师、大学教师、师范学校校长。1984 年被评为特级教师，1988 年被评为有突出贡献中青年专家，1992 年享受国务院颁发的政府特殊津贴。他对小学数学教学进行了长达 50 多年的实践与研究，在口算表、口算量表、基本训练、标准化考试、尝试教学实验等方面进行了多项具有创新性的研究，在教育界产生了深远影响。他出版过 270 多本著作，在国内外教育杂志上发表了 600 多篇文章，尝试教学实验遍及全国 31 个省、自治区、直辖市，实验基地 2 100 多所，60 多万名老师、70 多万个班级、3 000 多万名学生参与其中。他的足迹遍布全国各地，做过 700 多场学术报告，约 60 万人听讲。

邱学华老师博学多才、谦虚谨慎、执着顽强，既有深厚的理论功底，又有丰富的实践经验，因此在教育界享有盛誉，可谓是小学教育界的泰斗。当代著名教育改革家朱永新教授称他为“创造记录的长者，教育的光明使者”。

《人民教育》2011 年第 13—14 期“尝试教学”专辑，从“专家解读”“应用案例”和“区域推广”三个方面全面、深入地介绍了尝试教学的相关理论与实践，反响很好。

叶建云

简介

叶建云，中学高级教师，岭南师范学院广东省中小学教师发展中心客座教授，江西省“国培计划”指导专家，常州大学尝试教育科学研究院兼职研究员，深圳城市学院教师继续教育授课专家，深圳市宝安区高层次教育类人才，深圳市名教师，深圳市叶建云名教师工作室主持人，广东省首届骨干教师培养人选、南粤优秀教师，深圳市宝安区官田学校小学数学教师。在《人民教育》《新教师》《小学数学教师》《中国教育报》等40多家教育刊报上发表文章100多篇，出版教育专著《追寻幸福的教育》《课堂解码——小学数学精品课评析》和《小学数学有效评课的理论与实践》等3本，合著、主编教育著作16本，先后参与、主持过近10个市级、省级和国家级课题，4次获新世纪版全国小学数学录像课、课例资源、现场辩课和主题成果评比一等奖。《小学教学（数学版）》2012年第12期和《教师》2017年第12期封面人物。

FOREWORD 前言

先说一说为什么要编写这套《新时代小学数学名师课堂》。

20 世纪 90 年代，我们曾编写过一套《新编小学数学备课手册》，主要是为了推广应用尝试教学法，帮助教师备课，此事距今已时隔30多年了。

随着我国小学数学教学改革的深入发展，小学数学教育的水平不断提高，已达到世界一流水平，引起国际数学教育界的关注和认可。一些国家纷纷派人到中国考察，探究中国小学数学教育高质量的奥秘。

英国全面引进上海小学数学课本和练习册；浙江教育出版社出版的小学数学实验课本被译成法文；湖南教育出版社应非洲南苏丹的请求，为该国编写了全套小学数学课本及配套资料。中国的小学数学教育已走向世界，为中华民族的伟大复兴贡献了非凡的力量。

我国数学教育界已开始研究总结数学教育中的“中国经验”。所谓“中国经验”，是指数学教育中继承和发扬中华教育传统之精华，借鉴国外先进教育理念，通过中国数学教师在教学实践中不断探索与创新，逐渐形成具有中国特色的教学方法。“中国经验”大致可概括为以下十个方面：

1. 数学教学中的教育性

2. 重视自学

3. 教学导入

4. 尝试教学

5. 加强“双基”教学

6. 变式练习

7. 师班互动

8. 提炼数学思想方法

9. 当堂检测

10. 完整的教研网络

教育实践是教育理论的源泉。这十条“中国经验”主要是从许多优秀教师的课堂教学中提炼出来的。由此，我们应该从源头追溯“中国经验”，通过学习和研究优秀教师的课堂教学，达到认识、学习和发展“中国经验”的目的。

2021 年 7 月 24 日，中共中央办公厅、国务院办公厅印发《关于进一步减轻义务教育阶段学生作业负担和校外培训负担的意见》。随着“学生作业负担”和“校外培训负担”的“双减’，迫切需要一线教师提高课堂教学效率。“中国经验”在长期积淀中发展，在理论上已经比较完善，在实践中已经成熟。由此，我们萌发编一套《新时代小学数学名师课堂》的设想。《新时代小学数学名师课堂》就是“中国经验”的最好体现，期待其为新时期基础教育的减负增效助力。

再说一说怎样编写的这套《新时代小学数学名师课堂》。

当下出版的教案集不少，有各种版本小学数学课本的教学指导书（相当于备课手册）、各位名家的课堂实录、按一定教育理念汇编的教学设计等。本套书的特色主要表现在两个方面：一曰新时代，二曰名师课堂。

1. 突出新时代。这套书收录的名师课堂具有时代特征，反映新时代的教育理念、教学方法、教学手段，同时也显示了中国特色，体现“中国经验”，是诠释“中国经验”的具体写照。

2. 直指名师。被选入这套书的都是名师的教学设计和课堂实录。由于我国有优越的社会制度、尊师重教的社会风气、数学教师专业化的规定，新中国成立 70 多年来，特别是改革开放 40 多年来，涌现出一批又一批小学数学名师，包括特级教师、正高级教师、学科带头人、骨干教师、教坛新秀等。

在众多的名师中还产生了一批闻名全国的小学数学名家，他们有各具特色的教育理念和高超的教学艺术。例如，吴正宪的好吃有营养的课堂、黄爱华的智慧课堂、徐长青的简约课堂、徐斌的无痕课堂、华应龙的化错课堂、李志军的游戏化课堂、邱学华的尝试课堂等。纵观世界各国，在小学数学教育领域中有这么多名家和名师是很少见的。

名家和名师的教学设计和课堂实录大都散见在各种教育杂志上。这套书就是把它们汇集起来，想必会受到大家的欢迎。

3. 分年级按领域编排。编辑这套书必须考虑如何把这些名家名师的教学设计和课堂实录有序地编排起来。为了方便教师使用，分年级编排，一个年级一本，1—6 年级共 6 本。受篇幅所限，每个年级不可能按课本分单元编排，每个课题也不可能都能找到名师的课堂设计。本书按“数学课程标准”要求，分四个模块编排：数学与代数、图形与几何、统计与概率、综合与实践。每个模块选择有代表性的典型课例。目前小学数学课本有各种版本，如人教版、苏教版、新世纪版、西师版、青岛版等。本套书总的是按照“数学课程标准”的要求，淡化版本，这样能够满足广大教师的需要，不管使用哪种版本的教师，都能参考这套书。

4. 记录名师课堂的形式以课堂实录为主，记录课堂教学有多种形式，大致分为两种：一种是课前写的，也是上课之前预设的，一般称为备课、教案、教学案、教学设计等。一种是课后整理的，为了研究需要，课后根据教学实际情况整理，一般称为课堂实录、课堂纪要、教学片段等。课堂实录要全面反映一堂课的实况；课堂纪要只是要求记录一堂课的几个重点部分；教学片段要求更简单些，仅是记录一两个片段。

上述两种形式各有特点，满足不同需要。教学设计是为了上好课而在课前准备的，课堂实录是教师和研究者为了研究的需要而在课后整理的。如果把两者混为一谈是不科学的，也是不现实的。有的学校要求教师备课都要按课堂实录形式进行，这不就闹笑话了嘛，你还没有上课，怎么能知道学生怎么回答呢？

为了使读者能够全面学习名师的经验，这套书尽量采用课堂实录的形式，少部分采用教学设计的形式。

有些重要课题同时有几个名师课例，我们把它们编排在一起，这也是同课异构，让读者分析比较，从中体现不同名师的课堂教学特色。

最后要说的是，编写这套书是一项复杂的系统工程，必须依靠集体的力量才能完成。我们两位主编，仅仅是搬运工，为的是把名师课堂集中汇编起来，呈现给大家。所以这套书是全国名师共同协作的成果，是集体智慧的结晶。

在编写过程中出现许多动人的情景：中国教育学会小数会理事长、小学数学教育家吴正宪非常支持这项工作，她说这套书是总结“中国经验”的大事，是功德无量的好事，并同意使用她的课堂实例。广东省特级教师、深圳市教科院黄爱华把他多年来搜集的名师课例毫无保留地提供给我们。天津市特级教师、简约教育创立者徐长青，在他的名师工作室范围内，广泛向名师组稿，提供了不少好课例。湖北省教育厅刘莉、甘肃省教育厅基教研究中心张炳意都积极支持，推荐本省名师参与。江苏省苏州工业区跨塘实验小学校长缪建平、浙江省宁波市高新区外国语学校副校长郑水忠在百忙之中协助做最后的校稿工作。所有入选课例的名师都赠送样书并支付稿酬，如果有些名师联系不上，此书出版3个月后尚未收到样书和稿酬，请与叶建云先生联系，邮箱：754828511@qq.com。

这套书的顺利出版，应感谢北京师联时代公司的策划和世界图书出版公司编辑出版。

希望广大教师喜欢这套书，并提出宝贵意见。

谢谢大家。

2022 年 3 月

CONTENTS 目录

一、数与代数

二、图形与几何

三、统计与概率

四、综合与实践

一、数与代数

1. “认识更大的计数单位”课堂实录与反思

顾志能
（浙江省海盐县教育研究中心，特级教师）

※ 课前思考

课堂，应当根据学生的已有知识状况开展教学；数学课堂，还应当将启发学生思考、发展学生思维作为重要的目标来追求。备“认识更大的计数单位”一课时，萦绕在我耳旁的，时刻呼唤着我的，就是这两条基本的教学理念。

因此，我首先要摸清学情。作为四年级上册第一课时的内容，只能选择三年级的学生进行实践研究。三年级的学生对此已经有什么了解呢？有针对性地前测开始了（书面问卷）。

• 10 个一是十，10 个十是一百，10 个一百是一千，10 个一千是（　　），10 个一万是（　　）。

• 你听到过或者见到过比万还要大的数吗？如果有，请你介绍一下。

之所以出第一个问题，是因为有学者五六年前曾开展过调研[1]，结论是：在学生的头脑里，认为比“万”大的计数单位是“亿”，不认可“十万”也是一个计数单位。同理，也可能不认可“百万”“千万”是计数单位。得出这个结论，主要是因为面对“10 个万是一个（　　）”的测试题，有 41.5% 的学生填了“亿”。

而出第二个问题，则是想探探学生的底，看看学生在这方面的知识积累情况到底如何。因未教过“计数单位”一词，所以题中表述有意“含糊”处理。

为使数据更有价值，我分别选择了在浙江嘉兴、宁波的城市学校，上海的民工子弟学校，湖南平江的县城学校开展前测。

不测不知道，一测让人思。

---

[1] 刘加霞、孙庆辉，熟悉而又陌生的“十万”. 小学教学 [J]，2010（1）.

	浙江嘉兴	浙江宁波	上海[2]	湖南平江
10个一万是十万	86.9%	66.7%	64.7%	49.5%
10个一万是一亿	13.1%	27.3%	8.8%	46.8%
填其他答案	0%	6.0%	26.5%	3.7%

从表中可见，大部分学生填了“10个一万是十万”。看来，对“十万”这个计数单位,学生似乎并不陌生。猜测其原因,笔者以为,这些年社会经济的快速发展,与“十万”有关的大数广泛地出现在了我们身边，孩子们听到得多，见到得多（尤其是在经济相对发达地区），与五六年前相比，情况自然有异了。当然，前测中还是有部分学生以为“10个一万是一亿”，看来这的确也是我们教学不得不面对的一个“坎”。

对于第二个问题，学生的表现可以说是“吓人一跳”。绝大多数学生都能写出“十万”“百万”“千万”“亿”“十亿”等（一个或几个），有少数学生写出了“兆”“万亿”或者“亿万”“万万”之类的“数”,更有个别学生写出了“极”“恒河沙”“无量”等我们未曾见过的“数”……但是，毕竟是未曾学过的知识，学生即使写出了不少更大的“数”，但大多数人都写得散乱而无序。

通过以上前测及分析，学情已清晰可见：关于更大的计数单位，学生头脑中不是一张“白纸”，他们认知的那张“纸”上，早已描画上各种各样的“印迹”。对他们而言，缺乏的，无非是对这些“印迹”的深刻理解——是不是正确，是什么含义，有什么联系?

很显然，要根据学生的已有知识状况开展教学，那就让学生把这些“已知”暴露出来，让他们基于“已知”去探寻“未知”。那么，暴露的过程中，探寻的过程中，我的另一个追求——让学生思考，又如何去实现呢?

课堂，一定是我们研究的主战场!

※ 课堂实录

场景一：

师：之前，我们学过一、十、百、千、万这五个计数单位。今天，我们要学

[2] 上海的测试中，26.5%的学生中，很多人是写了“10个一万是100000”。

习更大的计数单位。你还听说过或见到过比“万”大的计数单位吗？

生1：我听说过“亿”。（教师根据学生回答，黑板上贴出印有该单位的卡片，以下每次相同处理）

生2：我还听说过“兆”。

生3：我见到过“十万”“百万”“千万”，电视里、书上经常有。

生4：还有“十亿”“百亿”“千亿”。

生5：还有“万亿”呢！

生6：那还有“亿万”和“万万”。

生7：没有“万万”的，“万万”就是“亿”。

师：同学们，黑板上现在贴出来的“计数单位”（如图），有些是对的，有些是不对的。比“万”大的计数单位，到底有哪些？这节课，我们就来深入地研究吧。

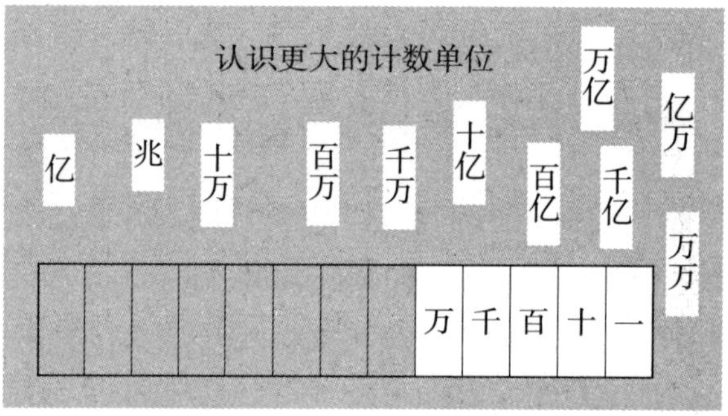

【课堂随感】直截了当，简简单单，短短几分钟，学生的东西都暴露了出来。看到黑板上贴得满满的“计数单位”，学生都瞪大了眼睛——怎么有这么多？哪些是，哪些不是呢？听课的老师也不禁思索——怎么搞出“万万”“万亿”和“亿万”来了呢？这怎么收场呢？好奇，那是学习、探索的最大动力。课，由此而开启精彩之旅！

场景二：

（教师用课件中的计数器，从个位上开始拨珠，依次满十进一，引导学生回忆“十、百、千、万”计数单位的含义。）

师：现在万位上有一颗珠子，表示1个万。我接着拨珠，大家一起跟着数。1个万、2个万、3个万……10个万。10个万，又要满十进一了。（课件上，十颗珠子并成一颗，进到了前一位上。）

师：现在这颗珠子，就表示了一个新的计数单位。你知道吗，这个计数单位叫什么名称？

生1：十万。（连续多人都说叫“十万”）

师：有不同意见吗？

生2：我觉得叫“亿”。（附和的人并不多）

师：到底是“亿”还是“十万”？大家来说说各自的意见吧！

生3：十万，就是10个一万的意思，所以它就是排在“万”前面的计数单位。

生4：我觉得是“亿”，因为计数单位都是一个字的，如“一、十、百、千、万”，而“十万”是两个字了。如果加个“十”可以当单位，那么为什么不讲“十百、十千”呢？

师：对呀，说得挺有道理。

生5：不可能是“亿”的，“亿”没这么小，它是1万个万。

（学生议论纷纷，莫衷一是……）

师：很多同学认为应该是“十万”，那么到底“十万”是不是一个计数单位，我们可以这样来想——如果这个单位在我们生活中已经用上了，就说明有这个计数单位；如果没有用上，那就说明没有这个计数单位。你能找到这样的例子吗？

生1：我们家买一辆车大约用了二十万元。（师：二十万，就是2个十万，用上了“十万”。）

生2：买房子都要几十万，这里就有“十万”。

生3：一本书叫“十万个为什么”。

……

师：看来，10个一万，的确就叫“十万”。这个单位，它都已经被我们广泛地使用了。那么，为什么要用两个字的“十万”当单位，而不是用一个字的“亿”呢？[3]我们待会儿就会明白。

【课堂随感】为什么加一个“十”字就可以变成一个新的计数单位，为什么不像以前那样用一个字作新的计数单位，对于学生学习而言，这是一个重要的“坎”。然而，因为生活经验的关系（见过了太多的“十万”），很多学生已经忽略了这个问题。但这个问题，教师不能忽略——让学生理解知识背后的原理，这是教学的原则。怎么跟学生讲呢？此处尚未到时候！所以，先借助拨珠体会“十万”的意义，再利用生活经验认可“十万”，逐步地烘托出“为什么要用两个字”的浓浓氛围，为学生思维的迸发积蓄能量。课，正慢慢地接近核心。

场景三：

师：现在“十万”的前面，还空了很多格子。剩下的计数单位，若要有顺序

[3] 10个万，可以叫十万，也可以叫亿，这只是一种规定而已。古人就有不同的规定。详见笔者拙文《杂谈“计数单位”》。

地放到这些格子里，应该怎么放呢？

（教师组织学生进行讨论，然后请学生以小组为单位上黑板摆放卡片。）

组 1：我们认为依次应该是百万、千万、万万、亿万、亿、十亿、百亿……

组 2：我们认为依次应该是百万、千万、亿、十亿、百亿、千亿、万亿……

组 3：我们觉得没有万万和亿万，亿前面应该是十亿、百亿、千亿、万亿、兆。

（各个组都说出不一样的想法，课堂气氛热烈。）

师：同学们敢于发表不同的想法，值得表扬。老师听下来，发现大家虽然意见不一，但还是有一些相同之处。

生：是的，我们觉得，十万前面一定是百万和千万。

师：这是为什么呢？

生：既然有十万，那当然就一定会有百万和千万。

（教师依托课件，用计数器拨珠子的形式，引导学生理解“10 个十万是一百万”“10 个一百万是一千万”。）

师：对于千万前面的计数单位，大家开始有争议了。现在，我们还是借助计数器，一起来拨一拨、读一读。

（教师从一千万开始拨珠，一颗珠子一颗珠子地拨，学生数着“一千万、两千万、三千万……九千万”。当第十颗珠子拨上去，往前一位进的时候，大多数学生喊出的是“一亿”，但也有不一样的声音。）

师（故作惊讶）：你们怎么会数出“一亿”来呢？让我们重新数起。

生（依据拨珠）：一千万、两千万、三千万……九千万、十千万（有人说“十千万”，有人说“一亿”）。

师：怎么会是一亿，不明明就是十千万吗？

生（嘈杂）：没有十千万，十千万算什么呀？（师板书“十千万”）

生：十千万，十千就是万，所以应该叫一万万。（师改板书为“万万”）

生：不对，没有万万这个单位，万万就是亿。

师：怎么没有万万这个单位？这不是我们刚才数出来的吗？凭什么说它不能当单位呢？（教师将“万万”这张卡片贴在了“千万”的前面）

（课堂瞬间安静了下来，学生们显然“迷惘”了——是呀，明明数出来的“万万”，怎么就不可以当单位呢？课堂，显得极为安静，但安静的背后，一股力量正在积蓄。）

师：同学们，如果这一位上的计数单位是万万，那么我们就可以这样数：一万万、二万万、三万万……十万万。再接下去呢？（二十万万、三十万万……一百万万）。再接下去呢？（……一千万万）。再接下去呢？（……一万万万）。再接下去呢？……

（教师引导学生从“万万”开始数起，逐步得出“万万万”“万万万万”等新的“单位”，教师将这些单位写在黑板上。学生一片哗然……）

师：同学们，出什么问题了？

生 1（激动）：那这样永远“万”下去了，没止境了。

生 2：这样写下去，太麻烦，要写多少个万呀？

生 3：如果这样，亿什么时候出现呀？

生 4：这算什么单位呀，这个方法太笨了。

师：对呀，同学们，这样就出大问题了。但你发现了吗，这一系列的问题都是由什么引起的呢？

生（思考后）：把 10 个一千万叫做了万万。

师：是的，10个一千万尽管的确就是一万万，但是，如果取了“万万”这个单位，就会引发很多问题。因此，要避免这些问题的发生，我们就得从这个根子上下手。怎么办呢？（学生都在思考着，有人说“把万万叫亿吧”）

师：是呀，人们就想到了把“万万”用一个字来替代，这个字就是——“亿”。（教师将“亿”这张卡片覆盖在了“万万”卡片之上，学生的眼神都聚焦了）

师：如果这一位上是亿，前一位呢——十亿，再前一位呢——百亿，再前一位呢——千亿。

（随着学生口答，课件逐步呈现完整。）

师：同学们，你们有什么发现？（学生说到“十、百、千”等字重复出现）

师：如果我把这里的两个单位略微变一下，你就会看得更清楚了。（课件上的“万”和“亿”两字慢慢地变成“一万”和“一亿”，如图。）

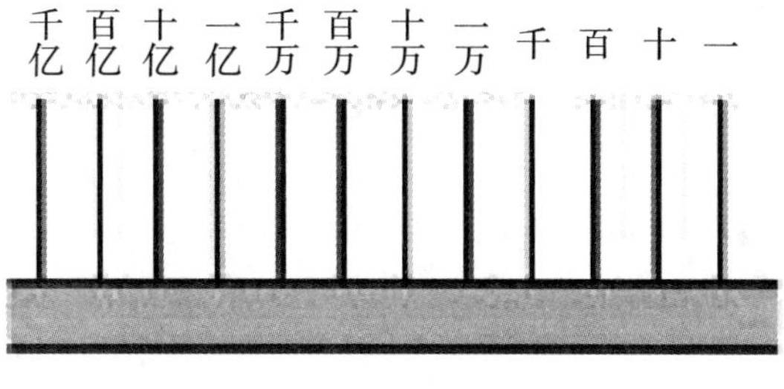

生（群情激动）：我发现了，我发现了……

生：计数单位是有规律的，就是“一、十、百、千”在重复，只不过先多了个“万”字，后来就多了个“亿”字。

生：就是四个一组，四个一组，有规律的。

（教师课件演示，将计数单位四个一组地圈了出来。）

……

※ 课后反思

课至此，教师已无须再讲什么——讲再多的话，也无法平复学生自我发现后的喜悦心情。如果非得做点什么事情，那就是等学生激动之后，根据学生的“说法”，把“十亿、百亿、千亿”这些卡片贴在格子中，把“万亿”和“兆”作个说明，把“亿万”作个排除，让黑板上原本杂乱贴满的“计数单位”各归其位！若还不够，那就再问一下：“现在知道为什么‘万’之前不用一个字的‘亿’了吗？”

这节课，近年来我在全国各地上了很多次，每次上到“场景三”时，我都与学生一样，难以掩饰激动的心情。我深深地沉醉于学生思维激烈碰撞，沉醉于学生智慧精彩绽放的那段美妙时光。我更是真切地感受到，当思考成为数学课堂的主旋律时，课堂是何等地充满魅力呀！

所以，每每需要“说课”时，我总是用以下三点来介绍我的做法和想法：

一、充分暴露，以蓄思考之势

杜威曾说：“教育，即经验连续不断的改造。”在他看来，教育必须建立在经验的基础上，教育就是经验的生成和改造，学生从经验中发现问题，而问题又可以激发他们探索，从而产生新的概念。

的确，我们面对的每个学生，他们都有自己的经验。而让他们把经验充分地暴露出来，才有可能形成丰富的学习资源。丰富的学习资源，则会引发学生的关注，学生会对比经验，发现问题，引发好奇，而好奇恰是思考的起点。“怎么有这么多的计数单位？”“亿万和万万是怎么回事呢？”“到底是两个字的‘十万’还是一个字的‘亿’？”课一开始的暴露，课推进中的暴露，形成了越来越多的资源和问题，这些问题不断加深着学生的疑惑心理，不断刺激着学生的探究欲望。当学生主动探究以求突破时，充满思考的课堂就已蓄势待发了。

二、激烈碰撞，以扬思考之帆

“10个一万到底叫什么？”“10个一千万到底是十千万，还是一万万，还是亿？”放手让学生表达不同的观点，哪怕观点看似价值不大乃至错误片面，教师都要舍得给时间。不仅给时间，而且放大做强，让学生争辩起来，自己还搅和进去。这样做，意义何在呢？

这正是在展现数学教学最值得坚守的理念——促人思考！我们的学生，当他们与别人的思维发生激烈碰撞时，他们就需要理解、辨析别人的思维成果，就需要梳理、反思自己的思维过程。而理解、辨析、梳理、反思等，都是思考的重要内涵。数学课堂，一旦指向于“思考”两字，那才是在体现数学教学最本质的追求。

我们的教学，不就是要想办法营造这样的氛围，让学生扬着思考之帆而远航吗?

三、巧妙引导，以展思考之美

问题的答案，事物的原理，若是能让学生自己感悟而得，那就是教学的最高境界。建构主义理论也告诉我们：学习不是由教师把知识简单地传递给学生，而是要由学生自己建构而得。

怎么让学生真正理解“为什么10个一千万不叫一万万而叫一亿”，怎么让学生牢牢地记住计数单位间的结构顺序，教师需要成为学生建构知识的帮助者和引导者。故意按照学生的想法写下去，“万万”“万万万”“万万万万”，学生就自己悟到了这样命名的问题；适时呈现“一十百千、一万十万百万千万、一亿十亿百亿千亿”的课件，学生就有机会发现如此规定的奥妙所在。教学的高境界，不是“教会”，而是让人自己“悟得”——悟时，就是在绽放思维之花，就是在展现思考之美！

一节课，稍有收获；略作记叙，与老师们分享。

2. “亿以内数的认识和读法”课堂实录与反思

钱守旺
（中国人民大学附属小学，特级教师）

※ 课前思考

“亿以内数的认识”是人教版义务教育课程标准实验教科书四年级上册第一单元的第一课时。本单元是本册教材的起始单元，是在学生认识和掌握万以内数的基础上学习的。生活中大数广泛存在，对大数的认识既是万以内数的读写巩固和扩展，也是学生必须掌握的最基础的数学知识之一。从万以内数的认识到亿以内数、亿以上数的认识，是学生数概念的又一次扩充。学生在读大数时常常出现错误，这往往与数的概念不清楚、数的感受不丰富有关。为此，课标教材提供了较为丰富的素材，让学生感受大数，这不仅为学生认识大数提供了丰富的内容，也为对学生进行国情教育提供了极好的素材。经过第一学段数的认识学习，学生已经具备了大量关于数的认识的直接经验，尤其对万以内数的组成和计数单位等有了较深的了解，这就为将数的知识扩充到万级、亿级做好了铺垫。

※ 课堂实录

一、创设情境，导入新课

1. 出示雅典奥运会的图片及有关资料。

本届奥运会上共颁发金牌 982 枚，银牌 982 枚，铜牌 1109 枚。

参加本届奥运会的运动员中男运动员为 6575 人，女运动员为 4524 人。

参加本次雅典奥运会的中国运动员共有 407 人。中国体育健儿在本届奥运会上共获得 32 枚金牌。

结合以上数据提出与本节课相关的问题。

（1）在上面这些数据中，有几个一位数？有几个二位数？有几个三位数？有几个四位数？

（2）在“6575”中，左面的“5”与右面的“5”有什么不同？

（3）在“4524”中，左面的“4”与右面的“4”有什么不同？

2. 出示雅典奥林匹克主体育场和北京 2008 年奥运会主体育场图片，说明：雅典奥林匹克主体育场可以容纳观众 55000 人，北京 2008 年奥运会主体育场可容纳观众 100000 人。

学生试读“55000”“100000”，并结合图片，培养学生对大数的感受。

3. 出示 2000 年第五次全国人口普查数据，让学生感受日常生活中大数的存在。

4. 揭示课题：亿以内数的认识。

二、自主探索，合作交流

1. 结合人民币的演示和计数器使学生认识计数单位

师：今天钱老师给同学们带来了很多钱。

师：（教师在大屏幕上出示一张 100 元人民币）这是多少元？

生：100 元。

师：（教师在大屏幕上出示九张 100 元人民币）现在是多少元？

生：900 元。

师：（教师在九张 100 元的基础上又增加一张 100 元人民币）如果再增加一张是多少元？

生：1000 元。

师：10 个 1000 元是多少元？

生：10000 元。

师：将 100 张 100 元人民币捆成一捆就是 10000 元。

师：（教师在大屏幕上出示九捆人民币）现在是多少元？

生：90000 元。

师：（教师在九捆的基础上又增加一捆人民币）如果再增加一捆是多少元？

生：100000 元。

师：100000 元可以干什么呢？（教师出示一辆小轿车的图片）100000 元可以买一辆漂亮的小轿车。

师：刚才我们数人民币的过程也可以在计数器上形象地表示出来。（教师在大屏幕上出示计数器）

师：通过刚才数人民币，我们已经知道，10 个 100 是多少？

生：10 个 100 是 1000。

师：10 个 1000 是多少？

生：10 个 1000 是 10000。

师：你们还能继续数下去吗？

生：能！

（教师拨珠，学生数数，通过计数器的演示使学生看到：10 个一千是一万，10个一万是十万，10个十万是一百万，10个一百万是一千万，10个一千万是一亿。）

师：刚才我们在数数的过程中提到的一（个）、十、百、千、万、十万、百万、千万、亿……你们知道叫什么吗？

生 1：叫单位。

生 2：叫计数单位。

师：对！它们都是计数单位。

2. 发现计数单位间的关系

师：从刚才一边拨珠、一边数数的过程中，谁发现相邻的两个计数单位之间有什么关系？

生 1：我发现都是满十进一。

生 2：我发现相邻两个计数单位之间的进率是 10，即十进关系。

师：其他同学同意他的说法吗？

生：同意。

师：同学们观察得真仔细！对，每相邻两个计数单位之间的进率都是 10。

3. 认识数位和数位顺序表

师：要把一个数字写出来就要用到数字。用数字表示数的时候，每个计数单位要按照一定的顺序排列起来，它们所占的位置你们知道叫什么吗？

（教师在大屏幕上出示下面的表格。）

								千位	百位	十位	个位

师：接下去的数位，你们知道是什么吗？互相说一说。

（学生们互相交流，然后教师指名回答，教师在数位顺序表中依次填上万位、十万位、百万位、千万位、亿位……）

（教师指出：一个数字所在的数位不同，表示的数的大小也不同。）

师：按我国的计数习惯，从右起每四个数位是一级。个位、十位、百位、千位是个级，表示多少“个”；万位、十万位、百万位、千万位是万级，表示多少“万”。

（教师在数位顺序表里填上个级、万级、亿级。）

（教师引导学生明确：个位上的计数单位是一，十位上的计数单位是十……千万位上的计数单位是千万；几个一写在个位上，几个十写在十位上……几个千万写在千万位上。同一个数字，把它写在不同的数位上，它表示的计数单位就不同。）

（教师根据学生的回答把数位顺序表补充完整。）

4. 完成“做一做”中的题目

一万一万地数，从九十六万数到一百零三万。

十万十万地数，从七十万数到一百万。

一千万一千万地数，从八千万数到一亿。

5. 口答

（1）从低位到高位，按照顺序说出个级和万级的每一个数位。

（2）从个位起，第几位是万位？第几位是百万位？第几位是亿位？

（3）万位的右面一位是什么位？左面一位是什么位？

6. 学习读数

（1）出示中央电视台《鉴宝》节目中三件藏品的价格，让学生试读。

三件藏品的价格分别是 200000 元、500000 元 、1500000 元 。

（2）在大屏幕上出示北京、西藏、四川、河南、新疆和黑龙江的人口普查数据，让学生感受大数在日常生活中的存在。

①师生一起读北京的人口数。

②根据学生读数中遇到的困难，教师和学生在计算器上输入一些数据，学生试读。

（3）小组讨论：

含两级的数怎样读？

万级的数和个级的数在读法上有什么不同？

数位上出现 0 又该怎么读？

（4）引导学生总结出含有两级的数的读法：（只要意思对就给予肯定）

①先读万级，再读个级；

②万级的数，要按照个级数的读法来读，再在后面加上一个“万”字；

③每级末尾不管有几个 0，都不读，其他数位有一个 0 或连续几个 0，都只读一个“0”。

三、巩固练习，拓展延伸

1. 读出下面各数

2008，5690000，24600，708000，80060001，6407000，85000300。

小组交流，怎样读比较方便。

2. 读出横线上的数

据美联社 2005 年 3 月 2 日报道，在去年 12 月 26 日的印度洋大地震和海啸灾难中，遇难人数为 172674 人到 182340 人，失踪人数为 107807 人到 129897 人，据估计大部分失踪者也已经遇难。

教师结合两个网页说明：在印度洋大地震和海啸过后，我国民间援助印度洋海啸灾区捐款近 5 亿元；李肇星外长称中国对海啸灾区捐款逾 12 亿人民币。显示了中国在国际事务中的大国地位。

3. 选择题（把正确答案的序号填写在括号里）

（1）个位、十位、百位、千位、万位、十万位……都是（　　）。

A. 计数单位　　B. 数位　　C. 位数

（2）在 5060040 中的“6”表示（　　）。

A.6 个百　　B.6 个千　　C.6 个万

（3）不属于万级的数位是（　　）。

A. 十万位　B. 百万位　　C. 千位　　D. 千万位

（4）读 80080008 这个数时，要读出（　　）个零。

A.1　　B.2　　C.3

（5）20052008 这个数的最高位的计数单位是（　　）。

A. 十万　　B. 百万　　C. 千万

（6）一个七位数，它的最高位是（　　）位。

A. 十万　　B. 百万　　C. 千万

（7）下面各数中，一个零也不读出来的是（　　）。

A.50006000　B.2500026　　C.56000001

（8）最大的四位数比最小的五位数（　　）。

A. 多 1　　B. 少 1　　C. 少 1 万

4. 判断（对的打“√”，错的打“×”）（打手势判断）

（1）在 54 的后面填上三个 0，就成了 54 万。（　　）

（2）万级的数，要按照个级数的读法来读，再在后面加上一个“万”字。（　　）

（3）5406000 这个数，读数时，一个零也不读。（　　）

（4）85000300 读作八千五百万三百。（　　）

（5）个、十、百、千、万、十万、百万、千万、亿……都是计数单位。（　　）

（6）十万十万地数，数 10 次是一百万。（　　）

（7）和万位相邻的两个数位是十万位和千位。（　　）

5. 摆一摆

用四个“5”、四个“0”按下列要求摆出八位数。

（1）一个“零”都不读出来的八位数。

（2）只读出一个“零”的八位数。

（3）读出两个“零”的八位数。

（4）读出三个“零”的八位数。

四、课堂小结

师：通过这节课的学习，你有什么收获？

五、课后作业

小调查：生活中哪些地方要用到亿以内的数？把这些数写下来，再读一读。

※ 课后反思

亿以内数的认识是在学生认识万以内数的基础上，对大数的认识和学习，怎样根据学生已有的认识基础和认识规律，并结合“以学生的发展为本”的教学理念设计教学，是这节课着重研究的内容，这节课要完成的任务是，让学生在具体的情景中，感受大数的意义，培养数感，认识所有的计数单位。万、十万、百万、千万，了解相邻两个单位间的十进制关系，并加深对十进制关系的理解。借助计数器掌握大数的数法，了解数的组成，加深对数的概念的理解。

在设计教学时，我突出了以下几点：

一、调动学生已有知识经验，促进知识迁移

学生在前面所学的 100 以内的数的认识、1000 以内的数的认识、10000 以内的数的认识，以及相邻两个计数单位间的十进关系等知识和经验，都可以在本课的学习中发挥积极的迁移作用，在教学中，充分利用这些有利条件，激活学生的相关知识基础促进知识的迁移。

二、通过情境教学，进一步建立数感

大数在日常生活中有着广泛的应用。为了让学生感受日常生活与大数的这种联系，我自行开发和补充了大量鲜活的学生生活中的资源。在课的开始，巧妙地通过雅典奥运会开幕式的图片，引入了一组有关雅典奥运会的数据，并结合这组数据提出了与本节课相关的几个数学问题，不仅复习了万以内数的知识，还加强了对学生数感的培养。再出示雅典奥林匹克主体育场和北京2008年奥运会主体育场图片，让学生感受万以上的大数，最后才让学生了解我国第五次进行人口普查的数据，并且让学生说说生活中见到过的大数，使学生感受大数在生活中的应用。

三、自主探索，解决难点

我始终围绕坚持以学生发展为本，遵循儿童心理规律和认知规律。课始，我出示各种有代表性的数据，想以此来唤起学生已有经验的同时，使学生能找出知识间的内在联系和区别，为学生自主地探究新知做好准备。在探究新知过程中，根据教材的编排，分为亿以内数的读法和写法。每个环节，我都大胆放手，让学生带着（如亿以内的数怎样读？和万以内数的读法有相似之处吗？等等）这类问题独立思考，并通过同桌合作交流（如讨论、试读）等数学活动寻找方法，让学生自己悟出亿以内数的读写方法。

通过教学这节课，我感受到数学教学中数形结合能不失时机地为学生提供恰当的形象材料，可以将抽象的数量关系具体化，把无形的解题思路形象化，不仅有利于学生顺利、高效率地学好数学知识，更有利于学生学习兴趣的培养、智力的开发、能力的增强，使教学收到事半功倍之效。最关键一点，能使抽象枯燥的数学知识形象化、具体化，使得数学教学充满乐趣，相信巧妙地运用数形结合，一定会引导学生由怕数学变成爱数学。

3. “以‘万’‘亿’为单位的数的改写”课堂实录

宋君
（河南省郑州市金水区金桥学校，青年名师）

※ 课前思考

本节课是在学生学习了多位数的读法和写法的基础上进行大小比较和以“万”“亿”为单位的数的改写，通过各省国土面积的比较，得出“位数不同时，位数多的数比较大”“位数相同时，从高位开始比较”的结论；通过整万整亿的数的改写，让学生发现，改写成以万为单位的数是去掉4个0，加上“万”字；改写成以亿为单位的数是去掉8个0，加上“亿”字。四年级是小学生涯的重要阶段，是承上启下的年级，是学生直观形象思维向抽象逻辑思维的过渡期，是小学数学开始进入系统学习的开始。经过前三年的教学，学生在掌握的数学知识有了一定的基础，逻辑思维和智能有了一定的发展，学生在接受程度上，分析问题的能力上，以及语言表达的能力上都有较明显的提高。在教学中，我们应该充分发挥教师的主导作用和学生的主体作用，调动学生学习的积极性和主动性，培养学生自觉学习的习惯，激发学生的学习兴趣。

在本节课的教学中，我充分发挥学生学习的积极性，是在课前充分搜集资料的基础上进行设计教学的。在教学的过程中，我引导学生积极主动地思考，在数学学习的过程中学会学习。本节课有以下几个突出的优点：

1. 学生成为数学学习的主人

荷兰教育家弗赖登塔尔也认为，学习数学唯一正确的方法是让学生进行“再创造”。因此，当学生对某种感兴趣的事物产生疑问并急于了解其中的奥秘时，教师不能把现成的知识灌输给学生，令他们得到暂时的满足，而应充分相信学生的认知潜能，鼓励、引导、帮助学生在自主探索中进行“再创造”的工作。我引导学生在课前收集有关大数的信息，课中积极主动参与教学的过程，引导学生主动交流和合作。尊重学生这个主体，促进学生学习方式的改变，使学生真正成为数学学习的主人。

2. 课程资源得到了有效的开发和利用

在教学中，教师要积极开发并利用各种课程资源。而在本节课的教学中，我注重学生课下资源的搜集和整理，真正让教学活动资源成为课程资源的重要组成部分，成为课程实施的主要途径。在本节课中，我关注学生，倾听学生的发言，及时捕捉与众不同的在矛盾冲突中不断产生的课程资源，使课程变成一种动态的、发展的过程。

3. 教学过程扎实有效

作为教学，我们总要引导学生主动参与教学过程。教师不仅要研究教学方法，还要研究学生的学习方法。凡是学生自己能学会的，就应该创造条件让学生自己学；凡是学生能自己动手做的，就应该创造条件让学生自己做，尽量给学生提供表现自我展示能力的机会。在课堂上要给学生一些学习上的主动权，多给学生一些思考的时间和机会，尽可能激发他们的自我投入意识。

4. 练习设计突出趣味

课堂练习是课堂教学的重要组成部分，是学生学习过程中不可缺少的重要环节，是学生掌握知识、形成技能、发展智力、挖掘创新潜能的重要手段。儿童的心理特点是好奇、好动、好玩。设计练习时要考虑到儿童的心理特点，从新的练习形式、新的题型、新的要求出发。我设计了“把下面的汽车按一定的顺序排排队”“看哪些同学抢到的气球多？”“你能用下面的钥匙打开锁吗（连一连）？”“从小到大连图”等有游戏性、趣味性、竞赛性的练习，既能激发学生的求知欲望，培养学生做练习的兴趣，又能取得满意的练习效果，使学生在轻松、愉快的氛围中完成练习，在生动具体的情境中加深对所学知识的理解，在不知不觉中巩固所学的知识，变“要我练”为“我要练”，更增添了练习的乐趣。

※ 课堂实录

一、组数游戏，引入新课

师：老师这里有 4、7、9、3、0、0、0、0 八个数字，按要求组成一些数。请你组成一个零也读不出的八位数。

生 1：我组成的数是 47930000，它一个零也读不出来。

（教师板书。）

师：还可以组成哪些八位数？

生 2：49730000，97340000，……

师：谁组出的数与刚才几位同学不同？

生 3：70009430。

（教师板书。）

师：你是怎样想的？

生 4：我们除了把 0 放在个级，还可以把零放在个级的末尾，因为每级末尾的 0 都不读。

师：谁还能组成这样的八位数？

生 5：40009730，49007300，37409000，……

师：谁能组成的八位数只读出一个零？

生 6：49300007。

（教师板书。）

生 7：90000374，73040009，……

师：这样的八位数有什么特点？

生 8：只读一个零，我们只能把 0 放在个级或万级的中间，这样就能读出一个零。

师：谁能组成的八位数读出两个零？

生 9：30049007。

（教师板书。）

生 10：90370040，73040900，……

师：怎样才能组成读出两个零的八位数？

生 11：要组成读出两个零的八位数，我们需要把 0 放在个级和万级的中间，这样就能读出两个零。

二、类比迁移，学习新知

1. 巧妙引导，比较大小

师：黑板上的这四个数你能比较大小吗？

（47930000，70009430，49300007，30049007）

生 1：30049007<47930000<49300007<70009430

师：你是怎样比较的？

生 1：因为黑板上的四个数都是八位数，我们就直接从最高位进行比较，所以，通过比较，我就把这四个数用小于号表示出来了。

师：你能从大到小排列吗？

70009430>49300007>47930000>30049007

师：如果老师这里添了几个数，你还能把它们排列大小吗？

（49300007　70009430　8791642　990004）

生 2：70009430>49300007>8791642>990004。

师：最高位上最大的数字不是 9 吗，为什么是最小的呢？

生 2：990004 最高位上的数字是 9，但它是六位数，而其他的三个数是七位数和八位数，在比较时，位数多的数比较大，当位数相同时，才从高位开始比较。

师：老师也布置了在报纸、杂志等媒体中搜集一些有关大数的信息，谁能把你搜集到的信息给大家交流一下？

生 3：2008 年末，河南总人口 99180000 人，占世界总人口的 1.5%，2008 年北京市的常住人口 16330000 人，郑州市常住人口 7356000 万人。

（教师板书在黑板上：99180000　16330000　7356000）

师：你能很快地把这三个数排列大小吗？

生 4：99180000>16330000>7356000。

生 5：老师和同学们，我搜集到的是世界上陆地面积排在前五位的国家，巴西（8547000 平方千米），俄罗斯（17075000 平方千米），中国（9600000 平方千米），加拿大（9971000 平方千米），美国（9364000 平方千米），怎样比较这些数的大小？

生 6：17075000>9971000>9600000>9364000>8547000

师：我国的国土面积位居世界第几？

生 7：我国的国土面积位居世界第三。

2. 观察思考，学习改写

师：看来，大家掌握得不错！在刚才大家搜集的数据中，对于 99180000、16330000、9600000 这些数据，仔细观察这些数，有什么特点？

生 1：都是整万的数。

师：我们还可以把它们改写成用万做单位的数，想一想，如何改写呢？

生 2：99180000=9918 万。

生 3：16330000=1633 万，9600000=960 万。

生 4：个级的 4 个“0”变成一个“万”字。

师：把整万的数改写成以“万”为单位的数，只要把个级的 4 个 0 去掉，然后在数末尾写上“万”字。

师：下面是我国一些省份、自治区的土地面积的数据，请你把他们改写成用“万”做单位的数。

全国陆地国土面积约9600000 km^2

黑龙江省土地面积约450000 km^2

江苏省土地面积约100000 km^2

新疆维吾尔自治区土地面积约1660000 km^2

西藏自治区土地面积约1220000 km^2

生 5：450000=45 万。

生 6：100000=10 万，1660000=166 万，1220000=122 万。

师：如果是整亿的数，想一想，如何改写呢？我们来看两个数据，1200000000，561000000000。

生 7：1200000000=12 亿，561000000000=561 亿。

生 8：不对！ 561000000000 应该等于 5610 亿。

生 7：哦！应该是末尾去掉 8 个 0，然后写上“亿”字，我多去掉了一个“0”，谢谢你的提醒。

师：看来，把整亿的数改写成以“亿”为单位的数，要把个级和万级的 8 个 0 去掉，然后在数末尾写上“亿”字。

三、趣味练习，巩固提高

师：你能把下面的汽车按一定的顺序排排队吗？

3400760，11203400，4001290，980968，3400670

生 1：11203400>4001290>3400760>3400670>980968

师：还可以怎样排？

生 2：980968<3400670<3400760<4001290<11203400

师：同学们这么快就排出了大小，谁来介绍一下你的方法？

生 1：我在比较的时候，位数多的数比较大，11203400 是 8 位数，最大，980968 是 6 位数，最小，3400670、3400760 和 4001290 的位数相同，才从高位开始比较，从而比较出大小。

生 3：我的方法是把这几个数末位对齐，把各个数位上的数字都对齐，这样更能比较快的进行比较。

师：你能把自己的做法写在黑板上吗？

学生边说边板书。

师：刚才的同学们总结的方法非常好，也希望同学们在数学学习的过程中也有自己的方法，让我们的数学学习更简单。

师：下面，我们进行抢气球游戏，看哪些同学抢到的气球多？（教师利用多媒体课件播放气球从屏幕下方飞到屏幕上方的上升过程）要求把气球上面的数改写成以“万”或“亿”为单位的数。

20500000　36000000000　8000000　10200000000　1200000900000000

（学生根据屏幕上出现的数进行抢答。）

师：你能用下面的钥匙打开锁吗（连一连）？

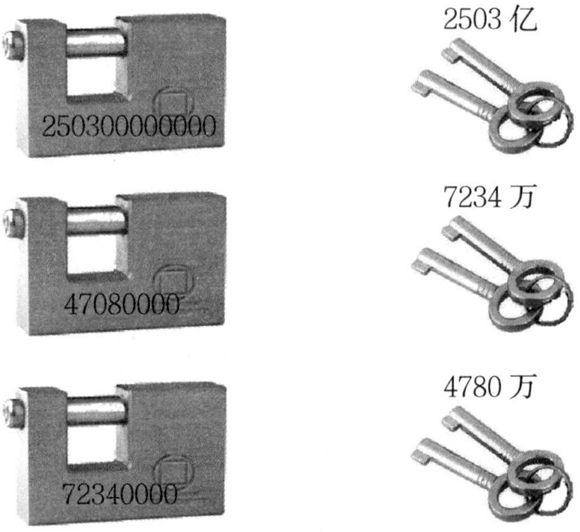

（学生进行连线，教师适时进行评价，过程略。）

师：课本上还有一个有趣的活动，你能把图中的点从小到大连接起来吗？请同学们打开课本第 10 页完成第 3 题，我们在连线的时候，我们用直尺比着连。

（学生进行连线。）

师：谁能把自己连好与大家分享？

（学生利用实物展台进行展示交流。）

师：怎样比较才方便？

生 4：数写法不一样，我们可以先把这些数统一写法，再比较就比较快。

生 5：我是直接进行比较的，我觉得也比较快。

生 6：把图中的点从小到大连接起来后，我发现是一幅很有趣的图，淘气在看着机灵狗在玩跷跷板，真有意思！

师：看来，同学们用自己的方法来解决问题，非常好，希望在以后的数学学习中继续发扬这种学习精神。

四、看书质疑，小结提升

师：今天，我们学习的内容在课本的第 9 页，请你认真地把课本看一下，有什么不明白的地方可以提出来。

生 1：为什么要把整万、整亿的数改写成以“万”或“亿”为单位的数？

生 2：方便我们读数、写数。

师：说得真好！还有问题吗？通过今天的学习，你有什么收获？

生 3：通过今天的学习，我知道了把整万的数改写成以“万”为单位的数，只要把个级的 4 个 0 去掉，然后在数末尾写上“万”字；把整亿的数改写成以“亿”为单位的数，要把个级和万级的 8 个 0 去掉，然后在数末尾写上“亿”字。

生 4：在比较时，位数多的数比较大，当位数相同时，才从高位开始比较。

……

4. “三位数乘两位数”课堂实录（课例一）

廖敏
（四川省成都市泡桐树小学天府校区，青年名师）

※ 课堂实录

一、直接导入

师：（出示课件首页）今天我们要学习“卫星运行时间”，你们觉得这是我们的数学课题吗？

生：是。

师：你们不觉得这个题目也能上成语文课或者科学课吗？

生：也能。

师：出示数学信息。

二、新课探究

1. 列式，理解算式的意义

出示课件第二页

师：想一想，老师在屏幕中所提出的问题，是让我们做什么？你们看懂这个题目的意图了吗？看懂了请举手。不要怕说错，记住了，说错了有我在。

生：老师是让我们估一下绕地球 21 圈，需要的时间。

师：除了估，还要让我们干吗？

生：算（师板书）。

师：无论是估还是算，我们都需要先列式。你们对列式有困难吗？没有困难应该全班都举手，是不是？这才表示我们没有困难哦！好，你说。

生：114×21。

师：看来我们全班都一致了，无论是估还是算，都是这个算式，我先把它写出来（板书）

师：那这个算式在题目中表示什么含义？

生：表示一颗人造卫星绕地球转一圈要 114 分钟，如果绕 21 圈需要多长时间？

师：你把我们题目的意思表达出来了。那这个乘法算式的意思是什么？

生：114 的 21 倍相加是多少？

师：说倍数，我们一般这样说：114 的 21 倍是多少？一起跟老师说一次。刚才又提到相加，就是说几个几相加？

生：114 个 21 相加或 21 个 114 相加。

师：我刚才听到了两个答案，到底应该是哪一个呢？

生：21 个 114 相加。

师：21 个 114 相加，非常好，你们回应我的时候我会觉得非常温暖，十分感谢你们。

师：好，现在明白这道题的意思了，你们能做了吗？

来，我们一起来看看要求：

完成学力单要求

1.完成学力单的第一个问题：算一算。

2.用算式表达自己的想法。

3.不懂的地方可用“？”标记，留到小组与全班分享时讨论。

师：我最喜欢问号，当然你要填满了，我也喜欢。然后有问号的地方，我们留给小组和全班一起讨论。可以吗？待会儿，我会下来看一下，如果我让你把你的答案写在黑板上，你就大大方方地写出来。可以吗？

生：可以。

师：行，现在开始做。

（老师在黑板上写好法一、二、三、四，规划好黑板布局，再请同学上台写出自己的答案。8 分钟。）

2. 提问，生本视角探究新知

师：在我们等待黑板上同学写完的时候，想一想，你刚才在做题时，有没有遇到什么困难？请把你的问题勇敢地说出来，我们全班同学都要感谢你。在廖老师班上，凡是提问题的孩子是可以获得奖励的，敢于说出自己的困惑的同学，那是肯定可以获得奖励的，谁能把自己刚才做题时的困惑说出来？有吗？

生 1：我刚才在做表格算法的时候，算出的答案和别的方法结果不同。（师板书问题）

生 2：在分的时候，不知道分 114 还是 21 ？

生3：表格法和黑板上的同学不同。

生4：估算的时候不确定是把114估了还是把21估了，还是把两个一起估了。

生5：表格法能不能分成100和10和4呢？

生6：竖式的每一步分别是什么意思？（板书）

生7：列竖式的时候，2×4到底应该写在十位还是个位？

师：2×4的积应该写在哪儿（板书）？

师：我们班的孩子非常不错哈，提出这么多的问题。现在请你们带着这些问题，和你们的方法，也可以对比黑板上的方法，在你们组内进行分享。

小组合作要求

1.四人小组讨论，组长组织，人人都要发言。

2.组内如果有不能解决的，可在分享时提出，进行全班交流。

3.欣赏组内好的办法，可用红笔写下好的办法。

（学生讨论4分钟）

3. 共享，理解运算方法

教师拍手中止讨论。

师：谢谢你们的回应，再一次让我感觉到了温暖。好，谁来给大家说一说？敢的孩子把手举高一点。

估一估：

生1：同学们，我来讲估的第一种方法。

师：可以把三种方法都讲了。

生1：如果估的话，我们要为了方便好算，所以呢，我们要估出整十整百数。

师：我刚才听到一个词一定要把它写下来。他刚才说估的目的一定是要——

生：方便好算（教师板书）。

生1：就是将估的114估成一个整实数，将114估成110，将21估成20，答案是2200. 我觉得这个答案是行的，我们把它们估小了，所以是行的。

师：来，114，我们是把它——

生：估小了。

师：把21估成了20，也是把它——

生：估小了。

师：最后的结果是2210，也是比精确值怎么样——

生：小一些。

师：那我写个小于符号——

生 1：第二种方法是把 114 看成 110，而 21 没有看大也没有看小，是 110×21=2310，我觉得也是把值估小了。

师：那你们觉得他把 114 看成 110，最后算出的值与精确值——

生：更接近。

师：更接近是大了还是小了？

生：小。

生 1：第三种是把 21 估成 20、114 估成 100，20×100=2000. 他这种方法也是可以的，但与精确值相差更远一些。

师：那也就是说这个算法也能估出一个范围，但与精确值相差更大。我们的精确值应该比 2000 更——

生：大。

师：同学们，你们是不是应该送点掌声给他。

师：刚才回答清楚了估的问题，我们在估的时候可以怎么估？我们可以把一个数估成整十整百的数，也可以把两个数改成整十整百的数。

算一算：

师：现在我们来看算一算，一共有四种方法，想讲哪一种就上来讲哪一种，这次廖老师绝不让你一次讲四种。

法一：

生 1：同学们，把 21 分成 20+1，用 20×114，再用 1×114，再把结果加起来。

师：讲得很清楚了，掌声送给他。就是把 21 拆分了，先算 20 个 114，再算 1 个，再把它们加起来。

法二：

生 2：我来讲第二种竖式法，先用 1×114 等于 114，再用 20×114，等于 2280，再用 114+2280=2394。

师：明明是 2×114，我听到这位同学说 20？为什么？

生：因为 2 标志在十位上（教师重复）。

师：那这个 2×114 的结果，到底应该放在哪儿？可以解释吗？

生：因为是 20×114，所以写在十位上。

师：我觉得还可以说得更清楚一点。

生：我们可以把 2 看成是一个猎人，因为是 2 打的上面那个 4，所以应该写在它下面。

师：他是把2看成什么呀（猎人），它的猎物就要对准它的下面。很形象，从数学的角度还能怎么解释？

生：20×4应该是80，80个十，8就应该写在十位上。

师：很清晰了，2个十 ×4=8个十，8个十就应该写在十位上。那你们能告诉我这个算式应该怎么列？

生：20×114=2280。

师：那你们现在跟着廖老师一起，再写一次这个竖式。

法三：

师：还有两种方法，谁来讲？

生：表格法，把114分成110和4，再分别乘21。

师：这个方法有没有改进？

生：把114分成100、10和4，再分别乘20和1。

法四：

师：最后一种方法，一起回答我。把114分成？

生：100、10和4。

师：再分别乘21，得出结果。

法五：

师：非常好，我们来看一个新的方法（出示PPT），谁看懂了？

生：这是把21分成3和7，来依次乘114。

师：分成了7和3的积，然后来乘。请问这种方法和前面的方法有什么不同？

生：这里是把21分成两个数的积，再与114相乘。

师：也就是说前面的方法是把一个乘数分成2个数或3个数的和，而这个方法是把它分成两个数的积。而且它们转化之后其实是，你看这个三位数是把它转化成三位数乘一位数的积，这都是咱们学过的方法。

4.联想，构建知识结构化

师：仔细观察刚才所展示的方法，哪些是有联系的？

生：竖式和表格都是把21分成20和1。

师：请大家一起回忆一下我们刚才展示的竖式，你们能不能再说一说竖式在计算时，怎么算的？

师生：先算个位上的1乘三位数，再用十位上的2去乘三位数，算的结果，一定要对准十位。

师：所以这节课我们学的内容是什么？

生：三位数乘两位数（师板书）。

师：这就是今天这节课我们所学的内容。

5. 勾画，提炼学生所得。

师：现在给你一只红笔，让你上来圈，你觉得哪些内容是有必要的？

生：我圈估，因为估可以让我们知道大致的范围。

生：我圈 21，因为在计算时，我们要将它分开算。

生：我圈数位，因为在计算时，用哪位上的数去乘，结果的个位就要与它对齐。

生：我把整个竖式都圈了，因为竖式计算，错一步就全错了。

师：真好，计算时，我们一定要仔细，每一步都不能错。

生：我圈我们提的问题，因为我们都将它们解决了。

师：是呀，本节课我们解决掉了大家的问题，那想想，今后遇到新的知识，你又可以采用怎样的方式来研究呢？

生：我们可以像今天这样，转化成学过的知识。

生：我们可先自己思考，再大家一起分享，想到好的方法。

生：我们还需要将方法间建立联系。

师：真厉害啊。那你们想对廖老师说什么？

5. “三位数乘两位数”课堂实录（课例二）

苏赛丹
（福建省宁德市蕉城区实验小学，青年名师）

※ 课堂实录

一、在探索过程中明理

1. 合理估算，明了范围

师：（课件出示情景图）今年国庆期间福州的10个好朋友来宁德旅游，作为东道主的我们，准备带这10个好朋友去福鼎太姥山玩一玩。有家旅游广告特别吸引我，我们一起去看看。

师：（出示：12人组团，每人只需283元）这次的团费需要多少钱？怎样列式？

生：283×12。

师：为什么用乘法计算？

生：求总价，要用单价乘以数量。

师：请你大胆地估计一下，这次团费大约需要多少钱？

生1：把12看作10，大约需要2830元。

生2：把283看作280，12看作10，大约需要2800元。

生3：把283看作300，12看作10，大约需要3000元。

生4：把283看作300，大约需要3600元。

师：哇，这么多种估算的方法！现在你能看出这次的团费大约在什么范围内吗？

生（众）：在2800~3600之间。

2. 回忆旧知，激活经验

师：今天我们要学习的是三位数乘两位数，那在这之前，我们学过类似这样的乘法算式吗？

生（众）：两位数乘一位数，两位数乘两位数，三位数乘一位数。

师：我们一起来回顾一下它们的算法。（课件出示：14×2、14×12及相应的竖式）

生：14×2先得到8个一，再得到2个十，最后相加等于28。

生：14×12是两位数乘两位数，先用个位上的2去乘14，得到28个一，再用十位上的1去乘14得到14个十，最后再相加。

师：十位上的1去乘14，得到14个十，所以这个4要写在——

生（众）：十位上。

师：那现在你能大胆地尝试计算三位数乘两位数吗？

学生独立尝试竖式计算，教师巡视。

3. 探究算法，明晰算理

指名板书并说说计算过程。

生：先用第二个乘数个位上的2去乘283，得到566个一，再用第2个乘数十位上的1去乘283，得到283个十，最后再相加。

师：现在你们还有什么问题问问这位小老师？

生：最后为什么从千位上加起，不从个位加起？

生：为什么先算283×2？

……

师：566在题目里表示什么意思？

生：2个人的钱。

生：283个十表示什么？

生：10个人的钱。

生：2个人的钱和10个人的钱合起来表示什么？

生：12个人的钱。

师：为什么2830在竖式里只出现283？

生（众）：2830的0被省略掉了。

师：是这样的吗？

生（七嘴八舌）：0写上麻烦，可以去掉。

师：2830表示——283个十，所以3要与哪一位对齐？

生：十位。

教师在与孩子互动过程中，完善板书。

师：计算的结果在你们估计的范围内吗？看来估算是检验计算结果是否错误的好办法。

二、在练习过程中建模

1. 基本练习，利于建模

师：带着10个好朋友继续前行，来到第1个景点，瞧，这是密室逃亡。一道

门三个密码，三道算式的答案就是密码。（出示：12×222，375×24，203×53）

学生独立完成后，教师展示收集的作业：先展示第 1 道和第 2 道的正确答案，再展示第 3 道的错误答案。

师：这样做对吗？说说你的理由。

生：我用估算的方法来判断它是错的。把 203 看作 200，53 看作 50，积大约是 10000。

师：会用估算的方法来判断，真好！那到底错在哪里呢？哪位同学上来订正？

学生上台订正，师追问：计算乘数中间有 0 的乘法时要注意什么？

回顾例题和三道题的计算方法，引导学生总结笔算三位数乘两位数的计算法则，并在例题旁边板书（如下图）。

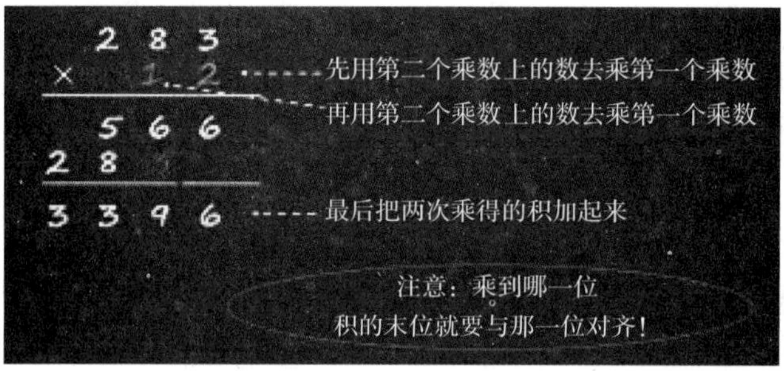

师：今天学习的三位数乘两位数，和我们以前学习的两位数乘两位数有什么相同的地方？

生：都是先用两位数个位上的数去乘三位数，得到多少个一，再用十位上的数去乘，得到多少个十，最后再相加。

2. 变式练习，发展思维

师：找到了密码，让我们继续前行。眼前出现了 4 条道路，我们到底选择哪一条路呢？闯关秘籍就在这路标上。（如下图）

请利用 60 秒时间，同桌合作选择正确路线。

生 1：我把第一个数想象成 103，看作 100，11 看作 10。积最小是 1000，所以把 453 选项排除。

生 2：我把第一个数想象成 193，看作 200，11 看作 10，这时候积大约为 20000，所以去掉 50003 选项。

生 3：个位 3 和 1 相乘，积的个位一定是 3，所以要把 3231 选项排除。

师：是的，我们在计算的时候，可以先通过估算，锁定积在什么范围内。然后可以用个位相乘的方法，确定个位是几，这样通过逐个排除就可以解决问题。

三、在沟通过程中迁移

师：今天我们学习了三位数乘两位数，猜猜以后还会学几位数乘几位数?

生(你一言,我一语):四位数乘三位数,四位数乘四位数,五位数乘四位数……

师：非常遗憾地告诉大家，在我们的课本里，以后再也不会出现这些整数乘法计算了。你知道为什么吗?

生：没有挑战性了。

生：算法都是一样的。

师：什么意思?

生：三位数乘两位数竖式中是两层“楼”，四位数乘三位数只不过多了一层“楼”。（教师课件直观演示）

生：我知道了，五位数乘四位数多了两层“楼”……

师：你们真是太会思考了!

6. “三位数乘两位数”教学设计与评析（课例三）

邱学华
（江苏省常州大学尝试教育科学研究院，特级教师，中小学荣誉教授）

全国第20届尝试教育年会在线上以云端论坛的形式举行，除专家报告外，有全国各地16所学校举行展示活动，又称云端博览会。

出人意料，尝试教育创始人邱学华先生竟然给聋哑学生上了一堂研究课。20世纪90年代，他在常州市聋哑学校搞实验，把尝试教学法引进特殊教育。这次85岁的邱老师披甲上阵，用尝试教学法上课，显示了他勇于探索的尝试精神。

常州市聋哑学校现在改名为中吴实验学校，邱老师借用五年级学生，所用的是普通学校四年级课本，“三位数乘二位数”，这个班有5个学生，有的学生装了人造耳蜗，经过多年的康复训练，已有轻微的听力，会发出含糊不清的呀呀的声音。为了顺利展开教学，激活孩子的主动参与热情，邱老师精心准备了笑脸牌和哭脸牌，利用课前时间跟孩子们交流分组、评价规则。

※ 教学过程

一、准备练习

1.乘加两步口算训练，为笔算奠定基础

（1）教师板贴：5×7+6，8×3+3……指名一个学生上来写得数，其他同学用“笑（哭）脸牌” 判断对错，熟悉规则。

（2）分组竞赛，两人一组，轮流上黑板写得数。

第一组题目：5×7+6，8×3+3，6×8+5，7×9+8，4+9×3，6+7×7，9+9×5，8+9×6。

第二组题目：5×3+4，7×6+3，8×3+5，4×7+3，9×3+6，3×6+5，5×7+6，8×8+6。

反馈由各组之间相互检查，找出错题并订正。

2.三位数乘一位数练习

教师板书如下竖式，学生解答后反馈交流。

$$\begin{array}{r} 125 \\ \times \quad 3 \\ \hline \end{array}$$

二、尝试学习新知

1. 教师在上述竖式基础上变化，呈现尝试题：125×23

$$\begin{array}{r} 125 \\ \times \quad 23 \\ \hline \end{array}$$

（1）学生尝试，遇到困难。

（2）自学课本，再次尝试

（3）反馈交流

2. 二次尝试

$$\begin{array}{r} 236 \\ \times \quad 43 \\ \hline \end{array} \qquad \begin{array}{r} 432 \\ \times \quad 56 \\ \hline \end{array}$$

做完两题后，邱老师指着算题问，为什么第二排的 4 要写在十位上呢？这是本节课的难点，也是学生必须弄清的算理。可是学生说不出道理。邱老师在算式上面写上：40×6=240，学生恍然大悟，这个 4 是 40，应该写在十位上。右边的算题，学生也会悟出道理了。

三、巩固练习

接着再做 4 道题，连坐在中间的成绩最差的女孩也明白了道理。

※ 课后评析

聋哑学生本来就听不见，说不出，教师多讲没有效果。尝试教学法让学生自学课本，自己尝试去做尝试题，错了再来。经过多次尝试，学生终于学会了。这个办法也是邱学华主张的“学生在练中学，教师在练中讲”。整堂课以练习为主线，在练中逐步体悟，在练中逐步学会。这个办法连聋哑学生都学会了，何况正常的学生呢？

邱学华老师给聋哑学生上的这堂课，让我们再次领略到了他炉火纯青的高超课堂教学艺术，更是让我们感受到了他如此高龄还挑战给聋哑学生上课的尝试精神。

7. “积的变化规律”教学设计与反思

林碧珍
（福建省福州金山小学，特级教师，正高级教师）

※ 教学过程

一、课前互动，回顾规律

1. 出示 475+283=758，让学生想一想：根据这一算式，怎样又对又快地写出其他等于 758 的算式；出示 475+263，根据上面的算式，你能很快说出答案吗？说说你是怎么想的？

2. 出示 475−287=188，请学生根据算式很快地写出等于 188 的算式；根据算式很快说出 475−297=？ 465−287=？并说说自己是怎么想的。

3. 小结：看来在加法和减法中存在着和与差的变化规律。今天我们要一起来研究积的变化规律。

二、发现问题，提出猜想

1. 同学们，今天我们要研究积的变化规律。请你们猜一猜：要想探索积的变化规律，要在什么样的算式中进行研究？再猜一猜：乘法算式中谁的变化会引起积的变化？

2. 请学生在本子上写一个乘法算式，变化其中一个因数，看看因数变了，积是否也会随着发生变化。来验证猜想。

3. 学生举例并汇报自己的发现。

4. 师小结：因数的变化果真会引起积的变化，那么因数的变化和积的变化之间到底存在什么样的关系呢？我们接着继续研究。

二、结合情境，探索新知

1. 结合绿地扩建的过程，引出算式。

（1）出示例题：某小区计划要建一块长 30 米、宽 2 米的绿地，这块绿地的面积是多少？（图略）根据学生的回答引出算式：30×2=60（平方米）。

（2）后来社区扩建这块绿地，长不变，宽增加到 6 米，扩建后的绿地面积是多少？（图略）

让学生说说自己是怎么想的。【（1）30×6=180，（2）6 是 2 的 3 倍，面积就是原来的 3 倍，60×3=180，教师演示并引出算式。】

（3）旧城改造后，这片绿地再一次扩建，长不变，宽增加到 12 米，现在的绿地面积是多少？（图略）让学生说说自己是怎么想的。（30×12=360，12 是 2 的 6 倍，面积就是 60 的 6 倍，12 是 6 的 2 倍，面积就是 30×6 的 2 倍。结合学生的说明，教师演示并引出算式。）

2. 引导学生小组合作观察这一组式子，探索并发现因数的变化和积的变化之间的规律。

3. 学生观察比较并交流发现的规律。

4. 举例验证

（1）举例验证：刚才我们是通过这几个乘法算式得到这些规律的，但只是从几个算式中就概括出结论，这在数学研究中是不严谨的，我们还需要进行验证，怎么验证呢？我们可以再举些例子，看看这些规律在其他乘法算式中是不是也同样存在呢？

（2）学生举例验证，教师总结。并借助长方形草坪图理解积的变化规律的道理。

（3）概括结论。

5. 回顾与反思：对于积的变化规律，我们是怎样进行研究的？

（1）先确定积的变化规律该在怎样的算式中研究，然后举一个乘法算式，猜想验证谁的变化会引起积的变化。

（2）通过观察一组数据得出与积的变化规律相关的猜想。

（3）举大量的例子来验证猜想，得出结论。

三、沟通经验，拓展应用

1. 让学生回顾：在日常生活和之前学习中掩藏着积的变化规律的例子。

2. 出示乘法口诀表，观察口诀，发现其中掩藏着的积的变化规律。

3. 速度不变，路程与时间之间的变化关系，并利用规律解决问题。

暑期的自驾游：

福州—宁德　1 小时　里程 110 千米

福州—温州　5 小时　里程（　）千米

福州—上海　（　）小时　里程 880 千米

4. 单价不变，总价与数量之间的变化规律，并利用规律解决问题。

妈妈打算买6千克苹果和4千克香蕉，应付多少钱？

5. 小结：积的变化规律在我们的学习生活中处处都得到运用。

6. 速算大师游戏，体验积的变化规律的妙用：

（1）先出示 12345679 × 9= ？（让学生选择口算还是用计算器计算）

（2）再出示：12345679 × 18= ？（让学生选择口算还是用计算器计算，并说明原因）

（3）继续出示 12345679 × 45= ？ 12345679 × 72= ？（感受规律对于计算提供的便捷。）

四、课堂总结，迁移运用

今天研究了什么？我们是怎么进行研究的。（猜想—验证—结论）如果下个单元学完除数是两位数的除法后要探索商的变化规律，你们准备怎样研究？（先思考商的变化规律要在怎样的算式中研究。想一想，商的变化可能与谁有关？再写一个除法算式，变化它的被除数或除数，验证一下自己的想法。然后从一些例子中探索规律，再举例验证规律，验证后才能得出结论。）

五、布置作业（略）

※ 教后反思

“积的变化规律”是学生经历用不完全归纳的思想方法探索规律的好素材，因此，我认为，“积的变化规律”的教学，不能仅停留在让学生理解并掌握积的变化规律上。经历合情推理的整个过程，感受不完全归纳的数学思想方法才是本节课的重点和难点。当学生积累了合情推理的探索经验后，在学习“商的变化规律”时，学生就完全可以在此基础上自觉运用这种思想方法探索商的变化规律。基于这样的思考，在教学“积的变化规律”时，我开门见山地引出要研究的课题“积的变化规律”，引导学生思考：研究积的变化规律要在怎样的算式中研究？谁的变化会引起积的变化？并引导学生自己动手对这些猜想进行验证。在此基础上，教师借助小区草坪扩建的生活情境引出一组算式，让学生通过观察、比较得出对积的变化规律的猜想，并举例验证猜想，得出结论。接着，教师引导学生回顾与反思探索积的变化规律的过程，在反思中渗透归纳的数学思想，形成探索规律的一般策略与方法。总结环节，教师还对探索积的变化规律的方法进行拓展与运用，引导学生思考，如果要探索商的变化规律该如何探索，在迁移运用中形成了探索规律的见识，为今后规律的探索打下了坚实的基础。有了这次探索“积的变化规律”的经验，相信到了教学“商的变化规律”时，当我们呈现课题后，学生就都会非常自然地提出：商的变化规律要在什么式子中研究？商的变化与谁有关？商的变化与被除数的变化之间存在什么样的关系？商的变化与除数之间又存在什么样的关系？商有变化的规律，那在什么情况下商会不变呢？……从学生提出的这些直指数学本质的系列问题中，我们不难发现，通过积的变化规律的教学，学生对不完全归纳的数学思想方法有了深刻的感受。这样的教学为学生今后自觉运用不完全归纳的数学思想方法探索其他知识奠定了良好的基础，也有助于学生探索能力的提升。

8. “路程、时间与速度”课堂实录与反思（课例一）

牛献礼
（北京亦庄实验小学，特级教师）

※ 课前思考

核心素养的培育须依靠学生经由日常的课程学习长期习得，逐渐积淀，日积月累而成，因此，数学基础内容的课堂教学是核心素养培育的主渠道。为了提高每一节“家常课”对于培育学科核心素养的贡献度，需要深入把握基础知识的学科内涵，并与“四能”相结合。

以常见的数量关系——“路程、时间与速度”的教学为例，数学课程标准（2011版）中的要求为“在具体情境中，了解常见的数量关系——路程 = 速度 × 时间，并能解决简单的实际问题”。“在具体情境中”这一前提条件说明教学不能离开具体的情境空谈数量关系，学习材料的选取要贴近生活、贴近儿童，要将数量关系的学习建立在学生的经验基础之上，通过呈现富有启发性的现实情境，让学生用数学的眼光去寻找、发现数量之间的关系。

教学“速度”概念及其数量关系，以往的设计大多满足于引出“速度”概念、规范“速度单位”的书写和归纳数量关系，重心放在了“双基”的落实上。能否在让学生深刻理解概念内涵的同时，借助情境加强推理素养等核心素养的培育呢？笔者做了如下尝试。

※ 课堂实录

教学片段一：

教学时，首先让学生观察如下情境图：

师：仔细观察，题目中告诉了我们哪些信息？

生：从家到学校，喜羊羊刚好用了 6 分钟，美羊羊也用了 6 分钟，懒羊羊只用了 4 分钟。

师：根据这些信息，你能提出什么数学问题呢？

生：它们三个谁走得最快？谁最慢？（板书：谁走得最快？谁最慢？）

生 1：懒羊羊走得最快，因为它用的时间最少。

生 2：那不一定！有可能是懒羊羊家离学校近，喜羊羊和美羊羊的家离学校远一些。

师：生 2 说得有没有道理？

生（一致同意）：有道理！

师：也就是说，要比出快慢，只知道时间还不行，还需要知道它们从家到学分别走了多长的路。一共行了多长的路叫做路程。（板书：路程）

课件出示：

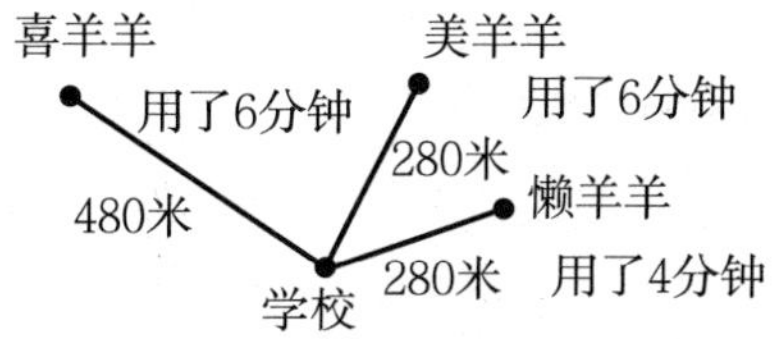

让学生先独立思考，尝试计算，然后组织全班交流。

生 1：喜羊羊和美羊羊用的时间都是 6 分钟，但是喜羊羊走的路程长，所以喜羊羊比美羊羊快。

师：时间相同，可以直接比路程。

生 2：美羊羊和懒羊羊都走了 280 米，美羊羊用的时间长，所以懒羊羊比美羊羊快。

师：路程相同，可以直接比时间。再看喜羊羊和懒羊羊，它们用的时间、跑的路程都不同，又该怎么比较呢？

生 3：可以列算式比较。480 ÷ 6=80（米），280 ÷ 4=70（米），80 > 70，所以喜羊羊比懒羊羊快。

师：80 > 70，生 3 在比什么？你们看懂了吗？

生：比的是“1 分钟走的路程”，70 米是懒羊羊 1 分钟走的路程，80 米是喜羊羊 1 分钟走的路程。

师：求“1 分钟走的路程”为什么要用除法呢？

生：因为求“1 分钟走的路程”，就是把 480 米平均分成 6 份，把 280 米平均分成4份，所以要用除法。

师：把480米平均分成6份，其中的1份就是喜羊羊“1分钟走的路程”，把280米平均分成4份，其中的1份就是懒羊羊“1分钟走的路程”，我们可以在线段图上表示出来。（教师边说边课件演示线段图）

师：从图上看，它俩谁走得快?

生：喜羊羊走得快。因为都是1分钟，喜羊羊走的路程多。

师：像这样表示1分钟走的路程叫“速度”，是怎么求速度的?

生：路程 ÷ 时间 = 速度（板书）

师：启示，计算“速度”就是把“时间不同”转化为“时间相同”。现在它们三个，两个两个比，已经比出快慢来了。能比出谁最快，谁最慢吗?

生：能。因为刚才已经知道了喜羊羊比美羊羊快，懒羊羊也比美羊羊快，说明美羊羊最慢；喜羊羊又比懒羊羊快，所以喜羊羊是最快的。

板书：

喜羊羊 > 美羊羊
懒羊羊 > 美羊羊 } 美羊羊最慢

懒羊羊 > 美羊羊
喜羊羊 > 懒羊羊 } 喜羊羊最快

【思考】学生的数学学习是以经验为基础的。学生的数学学习过程就是一个经验的激活、利用、调整、提升的过程，是建立在经验基础上的一个主动建构的过程。“路程、时间、速度”这三个数量中，“速度”是最难理解的，但却是最核心的。教学中，注重把抽象的“速度”概念与学生熟悉的“比快慢”生活经验紧密联接，将教师的“学术”经验与学生对“速度”的已有经验对接，教师进入学生的话语系统，进入学生的思维系统，师生深度对话，有效促进了学生数学素养的提升。与此同时，上述以解决问题“谁跑得快”为载体的教学过程，在实现基础知识教学目标的同时，让学生经历了一系列的用口头语言表达的演绎推理活动，在基础知识教学中落实推理素养的培育得到了充分的展现。

教学片段二：

出示：（1）“神舟十号”飞船在太空中5秒飞行了约40千米，“神舟十号”飞船的速度约是（　　）。

（2）张老师骑自行车，2小时骑行了16千米，张老师骑自行车的速度是（　　）。

学生独立思考，列式计算，然后全班交流。

生：40 ÷ 5=8（千米），16 ÷ 2=8（千米）。

师（故作惊讶地）：哎呀！我发现张老师骑车的速度真快呀！竟然和“神十”飞船的速度一样，都是 8 千米。

生（笑）：速度不一样！“神舟十号”飞船的速度是每秒 8 千米，张老师骑车的速度是每小时 8 千米。

师：可是，从算式的得数和单位名称上看不出来它们有什么不一样啊？都是 8 千米呀？你能想个办法把这两个 8 千米区分开吗？

学生先独立思考，在练习本上写出自己的想法，然后全班交流。

生 1（在黑板上算式得数的下方写出了自己的想法）：每一秒 8 千米；每小时 8 千米。

师：添上时间，就能把两个 8 千米区分开了，真是个好办法！还有别的办法吗？

生 2：在 8 千米前面分别加上“每一秒”和“每小时”。

师：他的方法和生 1 类似，都是添上走的时间，也能区分开，而且写得更简单了。数学就是追求简洁的，还能写得再简洁些吗？

生 3（跑上前）：把 8 千米前面的“每一秒”和“每小时”改成“每秒”和“每时”。

师：他又省去了两个字，更简单了！

生 4：还可以在“千米”后面直接添上“秒”和“小时”（在黑板上写出了自己的想法：千米秒、千米时）。

不少学生对生 4 的写法提出了异议：不行，“千米秒”不通顺。

“我有办法！”生 5 跑上前，在黑板上写出了自己的想法：8（千米）秒和 8（千米）小时。

师：你为什么把秒和小时写到括号外面呢？

生 5：这样就不会把“千米”和“秒”混在一起了。

师：我非常佩服大家！为了区分两个“8 千米”，大家动脑筋想出了这么多好办法！而且大家的想法已经非常接近数学家的方法了，数学家们是在“千米”和“秒”之间加个“/”加以区分，把“神舟十号”飞船的速度写成“8 千米 / 秒”，把骑车的速度写成“8 千米 / 时”。大家很了不起！让我们把掌声送给自己！

师：不知道你发现了没有，速度的单位名称很特别，谁发现它特别在哪儿？

生：哦，我知道了，速度单位包含两个单位名称。

师（追问）：哪两个单位名称？

生：千米、秒或者千米、时。

师：是的，速度单位是由长度单位“千米”和时间单位“秒”“时“复合而成的。你觉得速度单位中的“/”除了把“千米”和“秒”分开之外，还相当于什么符号？

生：相当于“÷”。

生：我在我家的计算器上见到过用“/”代表“÷”。

师：通过速度的单位也能看出路程、时间和速度的关系是——

生：路程 ÷ 时间 = 速度

……

【思考】速度单位和速度的意义紧密相连，因为速度是单位时间内运动的路程，所以速度的单位一般写作“长度单位 / 时间单位”的形式，这样的复合单位学生是第一次接触，需要结合具体情境理解。

在上述教学中，教师通过让学生计算“神舟十号”飞船的速度和张老师骑车的速度，发现得数都是“8 千米”，顺势引导学生思考“张老师骑车的速度是不是跟‘神舟十号’飞船一样快呢”，由此引发学生产生新的疑问，产生强烈需要区分这两个“8 千米”的需求。学生经过思考之后，自然而然地想到速度单位不能只用路程的单位来表示，还与时间有关，从而建立起复合单位的意识，这样的教学让学生充分经历了知识的“再创造”过程，有效地突破了复合单位的难点。在促进学生对数量关系理解的同时，抽象、推理素养与创新意识的培育也落在了实处。

9. “路程、时间与速度”教学设计(课例二)

牛小永
(安徽省鹤壁市淇滨小学,青年名师)

※ 教学过程

一、自学

1. 自学汇报

同学们,昨天老师让大家在家通过学校网站或微信观看老师录制的微课“路程、时间与速度”,大家看了吗?那么比较小兔和松鼠谁跑得快,解决这个问题你用了几种方法呢?那现在能不能在小组内派一名“小老师”给组内的“学生们”讲一讲呢?其他同学可一定要认真听“小老师”的讲解,也可以提出你的问题。如果小老师解答不了,就记下来,一会儿全班交流的时候再解决。好,现在开始吧!

教师巡视。

【设计意图】在自学环节就突出了“翻转课堂”的先学后教和当小老师的学习方式。课前通过自学观看老师录制的微课视频(这是翻转课堂的前提),学生对路程、时间与速度有了初步的了解,这时候就要学生用“当小老师”这种学习方式来巩固学习效果。“当小老师”的讲不同于平时课中的回答问题,也不是个别学生当小老师的表演,而是全体同学的共同参与。这是再次和“当小老师”相结合,每个四人小组都派代表当小老师,其他同学扮演学生提问和质疑,初步整理出已会的和不会的。

2. 新知初探

师:老师通过刚才的巡查,发现同学们已经基本上都能比较出松鼠、猴子和小兔谁跑得快了,那么你想不想看看老师的比赛?

出示自己的照片和博尔特的照片及简介。

师:老师和博尔特比赛了三次,你们猜猜谁会赢?

(1)出示第一次比赛数据:

老师:4 秒

博尔特:4 秒

师：我俩这不是跑得一样快吗？

引导出示：

老师：4 秒　32 米

博尔特：4 秒　40 米

师：哦，时间相同的情况下我们得看路程，路程多的说明跑得快。那么我们用这种方法比较出了课本上谁比谁跑得快呢？（比较出了松鼠比猴子跑得快）

（2）出示第二次比赛数据（顺序同上）：

老师：400 米　50 秒

博尔特：400 米　40 秒

师：哦，路程相同的情况下我们得看时间，时间少的说明跑得快。那么我们用这种方法比较出了课本上谁比谁跑得快呢？（小兔比猴子跑得快）

（3）出示第三次比赛数据：

老师：3 秒

博尔特：5 秒

能比较出来吗？先猜一猜博尔特可能跑了多少米？

生猜（略）。

出示完整数据：

老师：3 秒　24 米

博尔特：5 秒　50 米

这里的时间和路程都不一样，就相当于课本中比较小兔和松鼠那种情况。既然大家昨天基本上会解决这类问题，那么现在就请小组长发一下学习单，在学习单上写一写、记一记。用红笔圈出不会的问题。

学习单：

老师3秒跑了24米，博尔特5秒跑了50米，谁跑得快一些？

方法1：

方法2：

方法3：

思考：

（1）这几种方法有什么联系？

（2）你能用上面的例子说说什么是速度吗？它与路程、时间的关系是什么？

【设计意图】学生有了课前自学微课视频的基础，这里再次通过学生感兴趣的事例，把课本中静态的呈现方式改为逐步动态呈现，引导学生再次深入探究。在教学活动中，教师积极营造悬念，让素材的呈现成为学生的需要，激发起学生对教学内容产生浓厚的兴趣。学生在教师的引导下，有序思考，符合学生最近发展区理念，初步理解比较快与慢，只知道一个量是不可以的。通过对几个数的分析，学生明白了线段的长短对应着路程的长短，这是线段图能够直观揭示问题本质的原因之一。这样的教学迅速地完成了数学化的过程，并让学生在愉悦中将线段图印在了脑海深处，为以后解决行程问题打下了坚实的基础。这也是我对教材的补充。

二、互学

1. 同桌之间请先互相把自己的方法讲一讲吧。

2. 面向全班的方法展示：（预设）（学生上台板书并讲解自己的方法）

方法 1：$24 \div 3=8$（米）

$50 \div 5=10$（米）

8 米 < 10 米

方法 2：$24 \div 3=8$（米）

$8 \times 5=40$（米）

40 米 < 50 米

方法 3：$50 \div 5=10$（米）

$10 \times 3=30$（米）

24 米 < 30 米

3. 比较归纳。

师：听了这几位同学的讲解，你基本知道了他们的不同，那你有没有发现这几种方法有什么相同之处?

预设：

（1）都把时间弄成一样的再比较路程。

（2）都要先求出每秒的路程，也就是速度。

学生质疑：也可以弄成路程一样比时间呀?

教师要及时引导，最终是统一到比速度的优势。

4. 将速度与路程建立联系。

请同学们看看老师的路程线段图，你能在这里表示出老师的速度吗?

指明学生操作（三等分，并指出速度）。

师：如果把老师的速度换一种说法，还可以是什么?

师：请在你的学习单上标出博尔特的速度。

5. 概括提升。

师：谁来结合上面的例子，说说你是怎么理解速度的？

预设：

（1）我觉得 1 秒走的路程就是速度。

（2）我觉得 1 分走的路程就是速度。

（3）速度都是用除法算出来的，都是路程除以时间。

（4）路程 ÷ 时间 = 速度路程 ÷ 速度 = 时间。

速度 ÷ 时间 = 路程。

师：谁还有问题？

预设：为什么速度单位是这两部分组成？

（速度既和路程有关，还和时间有关。）

谁会正确读出来？

【设计意图】数学结论就是一种自然存在，不属于发明创造。所以，培养学生对比、观察、概括、分析的能力尤其重要。本环节引导学生从不同解法的对比中发现路程、时间与速度之间的关系，层层递进，结合线段图，让学生的理解深刻而全面。本环节充分发挥分享式教学“方法由学生自己去探究，联系由学生在分享中总结”的特点。

6. 理解生活中的速度。

自学课本 79 页“看一看，说一说”

其中重点理解闪电现象。

三、评学

1. 在课本上标出本节课的三个主人公松鼠、猴子和小兔的速度，掌握速度写法。

2. 解决生活中的问题。

出示限速标志（120 千米 / 时）。

师：谁来说一说这个标志什么意思？那请大家尝试着解决下面几个问题吧。一会儿请同学上台来当小老师。

（1）如果从鹤壁到北京全程 600 千米，4 小时到达，那么司机超速了吗？

（2）如果司机以最高限速开 3 个小时后，离开鹤壁有多远了？

（3）如果司机以最高限速开车，几小时可以到北京？

3. 自学课本 1 分钟，回忆本节课主要内容。

说一说自己的收获。（面向全班讲，大家评价打分。）

引导学生从知识、情感、学习方法等不同方面加以总结。

师：今天这一节课咱们认识了速度，还初步认识了速度与路程、时间之间的关系。知道这些关系可以帮助我们解决生活中的问题。比如，鹤壁到郑州的路程是 150 千米，如果我问你，老师从鹤壁到郑州得花多少时间，你知道吗？

（预设：不能确定）

师：是呀，不同的交通工具它们的速度是不同的。如果步行、骑车、开车或坐高铁，用的时间会一样吗？如果你感兴趣，不妨算一算，选择一种你喜欢的交通工具算一算它们到达的时间。

最后，让我们为自己伟大的发现鼓鼓掌吧。

【设计意图】如果说互学环节以教师引导和学生自主学习相结合，那么评学环节就是完全采用了“当小老师”的学习方式，教师退居后台，让学生在“说”的过程中进一步巩固理解所学的知识。在学生总结收获时，不仅注重知识的收获，还注重方法和情感的收获，体会学习数学的快乐。精心设计的练习题，层层递进，既贴近生活，又紧扣课本，让学生感受到数学与生活的紧密联系。

10. “除数是两位数的笔算除法”教学设计

吴嫦云
（福建省厦门市翔安区教师进修学校附属小学，特级教师，正高级教师）

※ 教学过程

一、创设情境，引入新课

同学们，这是我们学校图书阁，外观很气派，看看写了什么标语？金庸老爷子说，只要有书读，做人就幸福。

1. 获取信息，提出问题。

为了丰富同学们的业余生活，学校图书馆又买了一些图书准备分给同学们，（出示：学校图书馆买了 92 本连环画，每个班分 30 本）你能读懂什么数学信息？能提出什么数学问题呢？解决这个问题可以怎样列算式？（92 ÷ 30）

2. 估一估，引入新课。

请估一估，大约可以分给几个班？到底是不是 3 个班呢？我们可以动笔准确地算一算。今天这节课我们就来研究笔算除法。（出示课题）

二、尝试计算，理解算法

1. 鼓励学生尝试计算例 1：92 ÷ 30。（教师巡视、收集不同的计算方法）

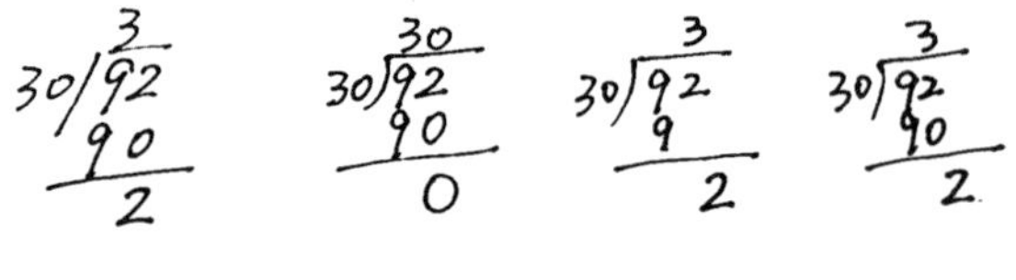

2. 汇报交流。

（1）教师针对学生的不同算法，组织学生进行评价。

（2）在评价交流过程中注意数形结合，利用小棒图帮助学生理解算理。

（3）小结梳理计算过程，掌握算法。

92 除以 30，首先想 92 里面有几个 30？根据小棒图，我们知道有 3 个 30，所以就在商的个位上写 3。然后把 3 乘 30 等于 90，表示分掉的 90 本书。最后用

92 减 90 等于表示剩余的 2 本书。

（4）既然是有余数的除法，我们还得注意什么？

（5）强调小结：让学生说一说为什么把“3”写在个位上呢？（重点引导学生理解 3 写在个位的道理）

3. 教学例 2：178 ÷ 30。

出示信息：学校图书馆又买了 178 本故事书，每个班分 30 本，可以分给几个班？

（1）出示 178 ÷ 30，先估一估，它的结果大约是多少？

（2）动笔尝试计算，算完后跟同桌说一说你是怎么算的。（请一学生板演）

（3）质疑、交流评价。

同学们，我们来一起先听听他是怎么做的？

生：178 里有 5 个 30，所以商 5，5 乘 30 等于 150，178 减 150 等于 28。

师：和你们算的一样吗？刚才在计算的过程中有什么问题想问他吗？

生 1：……（你是怎样想到这个 5 的？）

生 2：那这个 150 是怎么来的？表示什么吗？

师：我记得刚才估算的结果明明是 6，为什么现在的商却是 5 呢？那商 4 可以吗？

师：怎样才能找到这个刚刚好的商呢？（引导学生说出，想 30 乘几比 178 小，又最接近 178。）

师：5 为什么要写在个位呢？

三、对比分析，深度理解

问题：今天我们研究了两道竖式，请大家认真观察比较一下，你有什么发现？（它们的相同点是什么？被除数有不同点吗？）

问题：刚才咱们计算的 92 ÷ 30，商是一位数，现在被除数变大了，变成 178 了，商怎么还是一位数呢？

总结：92 ÷ 30，除的时候要看被除数的前两位，所以商就写在个位上。178 ÷ 30，被除数的前两位不够除，要看被除数的前三位，除到被除数的个位，商就写在个位上。为了方便记忆，老师把除数是两位数的除法的计算步骤编成了歌谣：除数两位看两位，两位不够看三位，除到哪位商哪位，余数要比除数小。（出示歌谣）

四、巩固练习，内化新知

1. 数学乐园。

2. 数学医院。

3. 解决问题：

有 420 吨货物，每节车厢限载 60 吨，需要多少节车厢才能装完？ 500 吨呢？

五、梳理归纳，问题延伸

通过今天的学习，你有什么想说的吗？同学们还有什么想问的吗？

11. “商不变规律”教学设计

王志民
（福建省惠安县凤凰城实验小学，特级教师）

※ 课前思考

本课教学立足于为学生搭建探索和交流的广阔空间，关注学生的生活经验和知识背景，注重盘活经验，大胆用活教材，努力激活课堂。教学预设主要体现为“情境为媒—活动搭台—应用唱戏—总结延伸”的过程，立足于学生主动探索、主动建构、主动反思学习方式的渗透，并由此达成三维目标。

※ 教学过程

一、创设情境——盘活已有经验巧引入

1. 找规律，填一填

2、4、8、16、（ ）、（ ）

10000、1000、100、（ ）、（ ）

师：这些数都是怎么样变化的？

2. 快速算，猜一猜

9 ÷ 3=　（9 × 999）÷（3 × 999）=

师：被除数与除数都变了，商会有什么变化吗？我相信学完这节课后，你们就能找到答案。

【设计意图】利用学生熟悉的“找规律填数”情境，营造轻松活跃的气氛，激起学生的学习兴趣，激发学生强烈的求知欲；关注学生学习的现实起点和心理需求，使学习活动具有清晰的目的要求和方向。

二、组织活动——引导合作探究促建构

1. 创设情境，激发假想，感知规律

师：同学们玩过溜溜球吗？最近甲天下广场正在进行展销会，徐老师进行了

一个市场调查：某一个品牌的悠悠球，1 号摊位：8 元可以买 2 个；2 号摊位：80 元可以买 20 个；3 号摊位：800 元可以买 200 个；4 号摊位：8000 元可以买 2000 个。

师：你认为在哪一个摊位买最便宜？

师：你能列出算式吗？

板书：8 ÷ 2=4

80 ÷ 20=4

800 ÷ 200=4

8000 ÷ 2000=4

师：请你观察这几个算式，看看你有什么发现？

自己思考，四人小组交流，全班汇报。

引导小结：你能用一句话概括你刚才的发现吗？

2. 验证猜想，总结规律，验证结果

师：是不是所有的除法算式中，被除数和除数同时乘或除以任何一个数，商都不变呢？下面我们就一起来验证一下。

（验证方法：同桌合作，其中一个人选一个除法算式，另外一个人选择一个数，用这个除法算式中的被除数和除数同时乘或除以这个数，观察商是否发生变化。）

汇报验证结果。（验证发现：“0”除外）

3. 利用规律，简便结算，尝试应用

出示 950 ÷ 50=

师：可以怎样做？

让学生独立计算后，组织全班交流。

教师渗透讲解“竖式”应用的规范写法，并提供拓展应用：

240 ÷ 30=　360 ÷ 90=　4800 ÷ 400=

【设计意图】注重关注学生的已有经验和知识背景，通过交流、反馈，使他们的自主建构在活动中不断得到自我修正。大胆放手，让学生在开放性、趣味性的问题情境中，通过“提出猜想—进行验证—应用规律”的科学历程，让学生自己获取知识，充分调动学生的学习积极性、主动性，有利于扩展学生的思维，使学生对知识的理解更加深刻。同时让学生感受创造的成功体验，培养学生自主探索新知的能力、与人交流的能力，激发他们敢于创新、勇于创新的意识，从而实现“三维目标”的有效整合。

三、指导应用——强化实践练习求拓展

1. 知识空白，快速填空

师：运用这个规律，你能很快地填空吗？

90÷18=（90×5）÷（18×□） 720÷36=（720÷4）÷（364÷□）

（1500×□）÷（300×5）=5

2. 是非正误，准确判断

36÷12=（36×2）÷（12÷2）（ ）

（36+12）÷（12+12）=3（ ）

32800÷400=328÷4（ ）

30×4=（30÷2）×（4÷2）（ ）

3. 运用规律，简便计算

400÷25=

4. 强化练习，拓展应用

150÷25= 2000÷125=

【设计意图】以多样的形式设计层层递进的练习，既满足学生的基本需要，又让学有余力的同学有展示创造力的舞台，使其成为知识拓展的有效载体，实现了“让不同的人在数学学习上有不同的发展”。

四、引导总结——激活主体意识促提升

1. 总结

通过这节课的学习，你一定有很多的收获吧！谁来说一说，让大家和你一起分享。（学生畅所欲言，积极交流。）

师：同学们真了不起！希望同学们在以后的学习中，能留心自己的学习和生活，相信你会发现更多有趣的规律！

2. 延伸

今天同学们通过猜测、观察、分析和验证自己发现并总结出了商不变的规律，并运用这个规律在除法计算中进行简便运算。那么，同学们有兴趣的话，可以继续使用这样科学的学习方法来思考：如果只有被除数变化或只有除数变化，商又会怎样变呢？这些留给同学们在今后的学习中继续发现。

【设计意图】体会“规律”的应用，感受数学的简洁性，培养学生学好数学和应用数学的良好情感，进一步让学生产生对数学探索应用的浓厚兴趣；渗透自主梳理、善于反思的优秀品质教育，强化学习习惯、学习方法的指导和培养。

12. “交换律”课堂实录与反思

张齐华
（江苏省南京市玄武区教师发展中心，特级教师）

※ 课前思考

“交换律”是四年级数学“运算律”单元的内容，这一单元教学加法交换律、结合律，乘法交换律、结合律。在学生掌握了四则计算和混合运算顺序的基础上，进一步教学运算律，有利于学生更好地理解运算，掌握运算技巧，提高计算能力。教材的安排是先教学加法的运算律，再教学乘法的运算律；先教学交换律，再教学结合律；先教学运算律的含义，再教学运算律的应用。这样安排有三个好处。首先，由易到难，便于教学。交换律的内容比结合律简单，学生对交换律的感性认识比结合律丰富，先教学比较容易的交换律，有利于引起学生探索的兴趣。其次，能提高教学效率。交换律的教学方法和学习活动可以迁移到结合律，加法运算律的教学方法和学习活动可以迁移到乘法运算律，迁移能促进学生主动学习。再次，符合认识规律。先理解运算律的含义，再应用运算律，使一些计算简便，体现了发现规律是为了掌握和利用规律。

※ 课堂实录

一、巧妙导课，在良好的氛围中开始对“根”的探寻

（这节课，张齐华老师是这样开始的）

师：同学们，你们知道张老师是哪个学校的吗？

（张老师借华南师范大学附小的孩子上课）

生：（结合屏幕提示）知道。你是江苏省南京市北京东路小学的。

师：关于张老师的学校，有一个有趣的故事，你们想听吗？

生：想。

师：我有一个朋友，有一天，他非说我调到北京去工作了。他说他在网上看到的，我在北京市南京东路小学。原来，他把“北京”和“南京”两个词调换了。

大家说，可以调换吗？

生：不可以。

师：看来啊，有些时候位置不能任意调换。一调换就闹笑话啦！看屏幕上这句话：我最喜欢骑马。能交换吗？

生（笑）：不能。

师：一交换成啥了？

生：马最喜欢骑我。

师：再看：小明在钓鱼。

生（笑）：鱼在钓小明。

师：孩子们，能这样调换吗？

生：不能。

师：数学和生活有时候是一样的，不能交换，请看25这个数中的“2”和“5”可以调换吗？

生：也不可以。

师：3/4的分子和分母能交换吗？意思还一不一样？

生：不一样。

师：但是，在数学中有些情况是可以交换的。今天这节课我们就来研究数学中有关交换的问题。

二、层层递进，探寻数学教学的“根”

师：张老师说一道题，如果你有答案了，迅速地悄悄地跟你的同桌说。准备，“7+8”。

生：15。

师：再继续，“8+7”。

生：15。

师：19+5。

生：24。

师：5+19。

生：24。

师：21+36。

生：57。

师：36+21。

生：57。

师：数学光会算是不够的，还要会思考。谁发现了张老师出这些题的规律？

生：我发现，交换两个加数的位置和不变。

教师出示：7+8=8+7

19+5=5+19

21+36=36+21

师：这是他的发现，确实我们可以看到这三个式子的加数交换位置后得数仍然不变。但是是不是任意两数相加，交换它们的位置，和都不变？

生 1：我认为是。

生 2：我认为不是。

师：现在出现了两种情况，怎么办？

生：验证。

师：怎么验证呢？

生 1：我觉得可以再举一些这样的例子。

师：怎样的例子？能否具体说说？

生 1：比如再列一些加法算式，然后交换加数的位置，看看和是不是跟原来一样。（学生普遍认可这一想法）

师：那你们觉得需要举多少个这样的例子呢？

生 2：五六个吧。

生 3：至少要十个以上。

生 4：我觉得应该举无数个例子才行。不然，你永远没有说服力。万一你没有举到的例子中，正好有一个加法算式，交换加数的位置和变了呢？

（有人点头表示赞同）

生 5：我反对！举无数个例子是不可能的，那得举到什么时候才行？如果每次验证都这样做，那我们永远都别想得到结论！

师：我个人赞同你（生 5）的观点，但觉得他（生 4）的想法也有一定道理。综合两人的观点，我觉得是不是可以这样，我们每人都来举三四个例子，全班合起来那就多了。同时大家也留心一下，看能不能找到“交换加数位置和发生变化”的情况，如果有，及时告诉大家，行吗？

（学生一致赞同，随后在作业纸上尝试举例。）

师：正式交流前，老师想给大家展示同学们在刚才举例过程中出现的两种不同的情况。

［教师展示如下两种情况：（1）先写出 12+23 和 23+12，计算后，再在两个

算式之间添上“=”。（2）不计算，直接从左往右依次写下“12+23=23+12”。]

师：比较两种举例的情况，想说些什么？

生 6：我觉得第二种情况根本不能算举例。他连算都没算，就直接将等号写上去了。这叫不负责任。（学生笑）

生 7：我觉得举例的目的就是看看交换两个加数的位置，和到底等不等，但这位同学只是照样子写了一个等式而已，至于两边是不是相等，他想都没想。这样举例是不对的，不能验证我们的猜想。

（大家对生 6、生 7 的发言表示赞同。）

师：哪些同学是这样举例的，能举手示意一下吗？

（几位同学不好意思地举起了手。）

师：明白问题出在哪儿了吗？（学生点头）为了验证猜想，举例可不能乱举。这样，再给你们几位一次补救的机会，迅速看看你们写出的算式，左、右两边是不是真的相等。

师：其他同学，你们举了哪些例子，又有怎样的发现？

生 8：我举了三个例子，7+8=8+7，2+9=9+2，4+7=7+4。从这些例子来看，交换两个加数的位置，和不变。

生 9：我也举了三个例子，5+4=4+5，30+15=15+30，200+500=500+200。我也觉得，交换两个加数的位置，和不变。

（注：事实上，选生 8、生 9 进行交流，是教师有意而为之。）

师：两位同学举的例子略有不同，一个全是一位数加一位数，另一个则有一位数加一位数、两位数加两位数、三位数加三位数。比较而言，你更欣赏谁？

生 10：我更欣赏第一个同学，他举的例子很简单，一看就明白。

生 11：我不同意。如果举的例子都是一位数加一位数，那么我们最多只能说，交换两个一位数的位置，和不变。至于加数是两位数、三位数、四位数等等，就不知道了。我更喜欢第二位同学的。

生 12：我也更喜欢第二个同学的，她举的例子更全面。我觉得，举例就应该这样，要考虑到方方面面。

（多数学生表示赞同）

师：如果这样的话，那你们觉得下面这个同学的举例，又给了我们哪些新的启迪？

（教师出示作业纸：0+8=8+0，6+21=21+6，1/9+4/9=4/9+1/9。）

生：我们在举例时，都没考虑到 0 的问题，但他考虑到了。

生：他还举到了分数的例子，让我明白了，不但交换两个整数的位置，和不变，交换两个分数的位置，和也不变。

师：没错，因为我们不只是要说明“交换两个整数的位置和不变”，还要说明，交换——

生：任意两个加数的位置，和不变。

师：看来，举例验证猜想还有不少学问呢。现在，有了这么多例子，能得出“交换两个加数的位置，和不变”这个结论了吗？（学生均表示认同）有没有谁举例时发现了反面的例子，也就是交换两个加数的位置，和变了？（学生摇头）这样看来，我们能验证刚才的猜想吗？

生：能。

（教师重新将“？”改成“。”，并补充成为：“在加法中，交换两个加数的位置，和不变。”）

师：回顾刚才的学习，除了得到这一结论外，你还有什么收获？

生：我发现，只举一两个例子，是没法验证某个猜想的，应该多举一些例子才行。

生：举的例子尽可能不雷同，最好能把各种情况都举到。

师：我们从三个例子，形成猜想。随后，又通过举例，验证了猜想，得到了这一规律。该给这一规律起什么名称呢？

（学生交流后，教师揭示“加法交换律”，并板书。）

师：从个别特例中形成猜想，并举例验证，是获取结论的一种方法。但有时将已有的结论通过适当变换、联想，同样可以形成新的猜想，进而形成新的结论。比如（教师指读刚才的结论，加法的“加”字予以重读），“在加法中，交换两个加数的位置，和不变”。那么，在——

生1：（似有所悟）减法中，交换两个数的位置，差会不会也不变呢？

（随即有人做出回应：“不可能，差肯定会变！”）

师：不急于发表意见。这是他（生1）通过联想给出的猜想。

（教师随即板书：“猜想一：减法中，交换两个数的位置，差不变？”）

生2：同样，乘法中，交换两个乘数的位置，积会不会也不变？

（教师板书：“猜想二：乘法中，交换两个数的位置，积不变？”）

生3：除法中，交换两个数的位置商会不变吗？

（教师板书：“猜想三：除法中，交换两个数的位置，商不变？”）

师：通过联想，同学们由“加法”拓展到了减法、乘法和除法，这是一种很有价值的思考。现在，同学们又有了不少新的猜想。这些猜想对吗？又该如何去验证呢？选择你最感兴趣的一个，用合适的方法试着进行验证。

（学生选择猜想，举例验证。教师参与，适当时给予必要的指导。然后全班交流。）

师：在这三个猜想中，哪个猜想是成立的？

生：第二个。

师：口说无凭，把你的例子告诉大家。

生 1：10×21=21×10。

生 2：341×31=31×341。

师：其他同学有举出两个数相乘，交换它们的位置，积不变的例子，举手！好！有了这么多例子，第二个猜想能成立吗？

生：能！

师：第一个猜想能成立吗？

生：不能。

师：又是怎样验证的？

生：7–5 不等于 5–7。所以我认为，减法中交换两个数的位置，差会变。

师：根据他举的例子，能得出这个结论吗？

生 1：能。

生 2：不能！刚好我们可是举了很多例子才证明一个结论的。

师：到底能不能说明，把你的理由先说给同桌听。

（同桌讨论）

生 1：我觉得，只要有一个例子不符合猜想，那猜想肯定就是错的。

生 2：即使后面可以举出很多例子证明猜想成立，但是只要有一个例子证明它是错的，那结论就不能成立。

师：同学们怎么理解他的观点？

生：我突然发现，要想说明某个猜想是对的，我们必须举好多例子来证明，但要想说明某个猜想是错的，只要举出一个不符合的例子就可以了。

师：瞧，多深刻的认识！事实上，你们刚才所提到的符合猜想的例子，数学上我们就称作“正例”，至于不符合猜想的例子，数学上我们就称作——

生：反例。

师：第三个猜想，你们又有怎样的发现？

生：也是错的。

师：举个例子来说明。

生：9÷18 不等于 18÷9。

师：还要再举其他例子吗？

生：不用，一个就够了。

三、拓展补充，延伸对“根”的探索

师：通过刚才的学习，有收获吗？

生：有！

师：先看看我们这节课所研究的问题，这是加法交换律，那下面这个呢？给它取个名字。

生：乘法交换律。

师：我们发现在四则混合运算中，加法和乘法都有交换律，减法和除法有吗？

生：没有。

师：加法和乘法都有交换律，我们是怎么得出这两个结论的？

生：举例子。

师：可是数学家不满意这么做，他们认为即使你举了100个例子，那能证明101个例子都对吗？即使你举了一万个例子，能保证一万零一个例子都对吗？即使你举了一亿个例子，能证明一亿零一个例子都对吗？想知道数学家是怎样解决这个问题的吗？

生：想。

师：瞧！这有一些红色的小圆点（下图左侧），还有一些黄色的小圆点（下图右侧），现在把红色和黄色的小圆点合到一起来，看！用一个圈把它们圈起来。

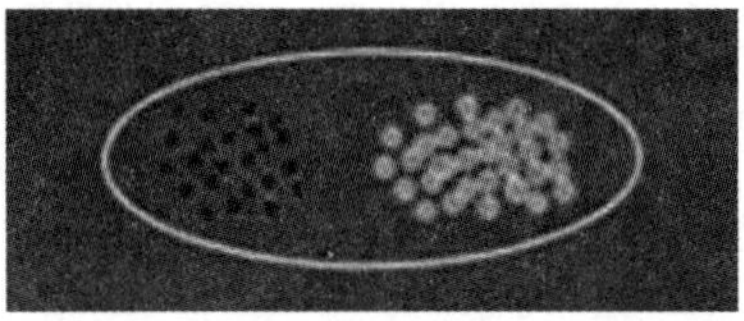

孩子们，你们认为是红色的加黄色的总数多呢？还是黄色加红色的总数多？

生：一样多。

师：都是什么？

生：都是圈里的个数。

师：红加黄，还是黄加红，不管谁加谁，最后都是圈里的个数。瞧！加法交换律在数学家眼里竟然有这种直观的表示。

师：再看。（出示12个小圆点）你能用算式说出一共有多少个小圆点吗？

（学生小声说来）

师：我听到了两种算式。4×3和3×4各表示什么意思？先看横排，一行有4个，一共有3行，所以是4×3；我们也可以竖着看，一竖排有3个，一共有4竖排，所以是 3×4。不管是 4×3 还是 3×4，其实求的都是一些小圆点的个数。出示：

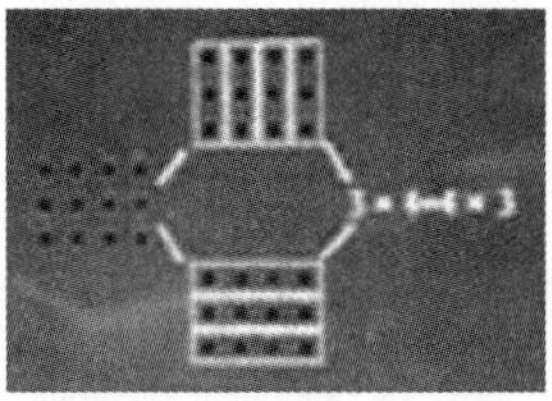

师：接着看，(出示 20 个小圆点) 你能横着、竖着用两道不同的算式来表示吗？

生 1：4×5。

生 2：5×4。

师：不管是 4×5 还是 5×4，算出来的都是谁的个数？

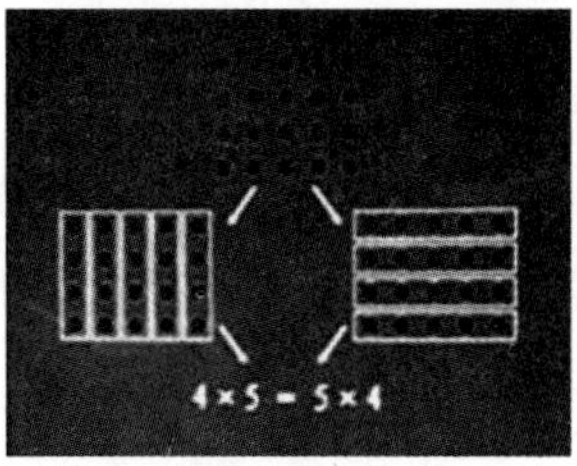

生：小圆点的个数。

师：再想想，7×8 和 8×7，或者 19×20 和 20×19 等一些乘法算式能不能用这样的点子图来说明？

生：能！

师：原来，对于乘法交换律，我们的数学家就是用这样的点子图来说明的。

师：孩子们，今天我们研究了交换律，以前有没有接触过交换律？请看大屏幕，我们一起来回顾以前悄悄地接触到的交换律。课件出示低年级数的组成、看图写 2 道乘法算式、交换加数（因数）位置验算等教材图片。

师：两个数相加，可以怎样验算？两个数相乘，可以怎样验算？

生：交换两个数的位置。

师：掌握了这两个规律，我们来做一下练习。96+35=35+（　）。

生：96。

师：204+57=（　）+204。

生：57。

师：请问，你们在填这两道题的时候运用到了什么？

生：加法交换律。

师：来一道难一点的。4527×1685=1685×（　）。

生：4527。

师：我敢说，这刚才那么短的时间里，很难算出 4527×1685 的积是多少，但是你凭什么知道这里可以填 4527？

生：因为我们已经知道了乘法交换律。

师：看来，填数难不倒大家，填符号。72 ○ 12=12 ○ 72。

生 1：加。

生 2：乘。

师：为什么加和乘都可以？

生：都有交换律。

师：能填减号或者除号吗？

生：不能。

师：继续往下，（ ）+（ ）=（ ）+（ ）。

生 1：6+5=5+6。

生 2：1000+160=160+1000。

生 3：100+200=200+100。

师：这样下去能填完吗？

生：不能。

师：谁有办法填一种就能把所有的答案都包括进去？

生 1：无数 + 无数 = 无数 + 无数。

生 2：$a+b=b+a$。

师：可以吗？

生：可以。

师：她用字母来表示数，这个 a 可以表示哪个数？

生：任何一个数。

师：b 呢？

生：也是任何一个数。

师：那倒是挺可行的。那乘法呢？

生：$a\times b=b\times a$。

师：没错啦！ $a+b=b+a$ 和 $a\times b=b\times a$ 分别是加法交换律和乘法交换律的字母表示式。

师：好！同学们！今天这堂课有收获吗？

生 1：我得到了加法和乘法两大交换律。

生 2：我明白了，加法和乘法中有交换律，建议却没有减法交换律或除法交换律。

生 3：我发现，有了猜想，还需要举许多例子来验证，这样得出的结论才准确。

生 4：我还发现，只要能举出一个反例，那我们就能肯定猜想是错误的。

师：张老师还想通过这节课让同学们都有这样一个收获，什么收获呢？我给大家讲个故事，希望你能从故事中有收获和启迪。三位科学家由伦敦去苏格兰参加会议，越过边境不久，发现了一只黑羊。“真有意思，”生物学家说，“苏格兰的羊都是黑的。”

生：不对。

师：物理学家的说法有意思，他说“苏格兰有一些羊是黑色的”。

生：对。

师：想知道数学家是怎么说的吗？

生：想！

师：数学家的说法更有趣啦！他说：“你们都不对，正确的说法是，在苏格兰，至少有一个地方，至少有一只羊，至少从这个侧面看，它是黑色的。”谁更准确？

生：数学家。

师：这就是数学家非常特殊的思维方式。希望咱们班的同学好好学习数学，今后也拥有数学思维的大脑。

※ 课后反思

关于数学和教学，你更关注哪个词？

我想既然是数学教师，教的自然是数学。“教什么”的问题似乎是不值得一提的，看起来，这是无须求证的事实。怎么能说教什么比怎么教更重要呢？教什么都是教材提供好的，三维目标谁不知道，有什么难的呢？我们在平时的教学中究竟对我们的教学内容了解多少呢？很多东西连自己都不明白，就生搬硬套地去教学生，这样的教学致使学生食而不知其味，更谈不上有什么发展了。曾听过身边有很多老师发出这样的感叹：现在孩子太难教了，教什么忘什么，其实需要反思的是我们！我们有没有扪心自问：我们究竟教给孩子什么了？

就拿“交换律”这课来说，什么是交换律？为什么加法和乘法有交换律？作为小学生，他们是如何得出加法和乘法交换律的？很多老师可能比较熟悉“朝三暮四”这个场景（养猴人早上给猴子吃三颗橡栗，晚上吃四颗橡栗，猴子们不满，于是改成早上吃四颗橡栗，晚上吃三颗橡栗，猴子们感到很高兴。）学生们都知道是一样多的。由此场景作引导，然后通过不完全归纳法得出交换律。可什么是不完全归纳法呢？为什么要使用不完全归纳法呢？需要举多少例子才够？例子越多就越好吗？要不要关注反例？不完全归纳法得到的是结论吗？如哥德巴赫猜想，虽然至今都还没找到反例，但它依然是猜想而不是结论。（如果是一种猜想，这可靠吗？）在广东上“交换律”一课，在验证乘法交换律时，一个从美国转来的学生说他还听说过负数，由于没学过负数的乘法而无法验证，因而他不能完全信服，弄得最后我被“逼”着在早已准备好的“任何两个数相乘，交换两数的位置，积不变”中加上了基本两个字，变成了“任何两个数相乘，交换两数的位置，积基本不变”。后来的教学中及时做了变更：“在整数乘法中，交换两数的位置，积不变。”这样说更能让学生信服一些。

小学数学是小儿科，大学问！

13. “结合律”课堂实录

陈慧蓉
（福建省龙溪师范学校附属小学，正高级教师）

※ 课前思考

加法、乘法结合律是主要采用不完全归纳法，通过观察、比较、分析、推理等途径，引导学生找到实际问题不同解法之间的异、同联系，自主发现并验证、归纳定律，使学生在合作与交流中对运算律的认识由感性逐步发展到理性，合理地建构知识。

在学习本课内容之前，学生已经学习过“交换律”，对运算定律的研究路径“猜想—验证—结论—联想—验证—新结论”有了初步的认识，但实际在教学中发现：学生学会了定律，但对内容结构相关联的同类知识“结合律”却不会举一反三、自主学习。这说明之前的学习只能定位为“学会”，仍没有达到“会学”的阶段，但已经初步积累了一些并不明确、缺乏数学思考的经验。

※ 课堂实录

一、回顾方法，唤起经验

1. 提出问题：回顾学习加法交换律和乘法交换律的过程和方法。

2. 梳理板书：猜想—验证—结论—联想—验证—新结论。

片段一：

师：我们前面学习了交换律，还记得我们是怎么学习的吗？

生：都是从一组算式中发现规律，再举具体的算式验证。

生：还要用生活中的例子来说明。

生：也可以通过画图来验证。

师：嗯，除了计算、说理，也可以用画图的方法验证定律成立。

生：获得结论后，再通过联想发现新的猜想，再举例验证。

生：联想时可以从四则运算、运算顺序等方面来展开。

师：同学们说得真好，能想起学习交换律的过程和方法，今天我们将继续用这种方法来学习新知识。

【设计意图】在平常教学中，教师们习惯于重视学生知识的积累和运用，却常常忽视了学生研究知识的路径和方法经验的积累，以致很多学生不能运用“类比”的方法研究结构相似的内容，实现“以少驭多”目标。本环节的设计旨在唤醒学生原有的学习经验，并引导学生再次经历数学问题的完整研究过程，积累可以远迁移的数学学习和研究经验。

二、自主探究，数形建模

1. 个体独学：独立完成学习单任务，初步感知加法结合律。

（1）计算下面各式的得数。

（64+47）+53=　　　　64+（47+53）=

（14+9）+41=　　　　14+（9 +41）=

（135+165）+217=　　　　135+（165+217）=

观察上面题组，将你的发现写下来：

（2）你能用下面 2 个事例解释你的发现吗？生活中还能找出这样的例子来验证你的发现吗？

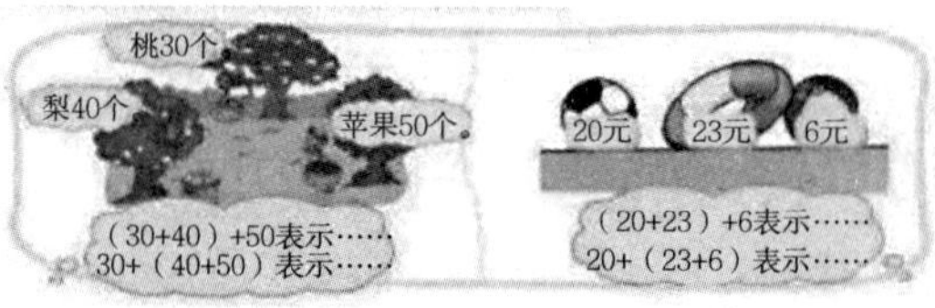

（3）我想对这一发现做进一步的说明。

2. 同伴互助：四人小组逐个交流，建立加法结合律表象。

小组交流任务 1：四人小组轮流汇报，重点听听同伴的想法正确吗？你的想法与同伴的想法有什么联系与区别？同伴的想法对你有什么启示？

小组交流任务 2：小组成员交流互评完成后，要对自己的研究进行修改、补充和完善。

小组交流任务 3：推选最优方案，准备汇报。

3. 交流展学：全班汇报展示，建构加法结合律模型。

（1）成果展示：以小组为单位，将各组研究结果通过展台演示并汇报。

学生倾听，可以提出问题或建议。

片段二：

师：哪一组先来分享第一个问题？

生：我们发现每组算式都是三个相同的数连加，但运算顺序不同，结果却相同。

生：老师，我们有不同意见。我们发现：三个数相加，可以先把前两个数相加，再同第三个数相加，或者先把后两个数相加，再同第一个数相加，它们的和不变。

生：我们组也发现了这个定律。

生：我们组也是。

……

师：都发现了这个定律，你们觉得老师会提出问题吗？

生：会。比如：是不是任意三个数按照这样的方式相加，和都不变呢？

师：你怎么知道老师会提这个问题？

生：因为老师说过，仅凭几个例子并不能说明定律成立，得想道理。

生：我还知道我们的例子永远都举不完，那叫不完全归纳，可以换种方式来说明。

生：我们的研究单里面有用生活中的例子说明和最后一道题的补充说明，就是让我们从不同的角度来验证这个定律的。

生：我们在学习凑十法、加法口算时就用了这个规律。如：36+29=36+（20+9）=（36+20）+9=65。

（教师利用 PPT 呈现教材内容。）

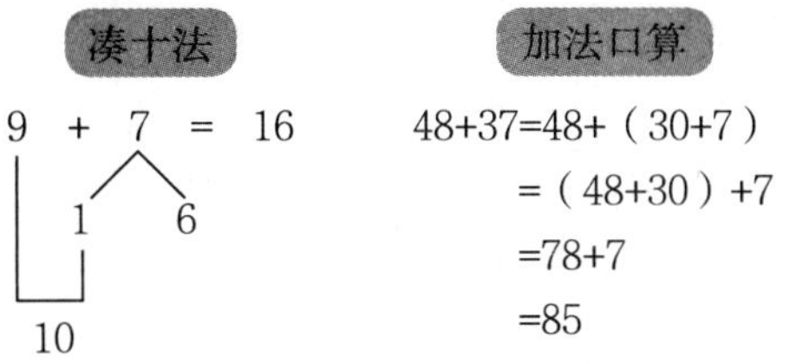

生：我还知道举例时只要找到一个反例就能说明定律不成立。

师：同学们可真厉害，把我想问、想说的话都说了。那接下来，大家继续汇报。

小组汇报交流展示、学生提问质疑、教师疏导解惑……（以研究单第 2 题为范例展开）

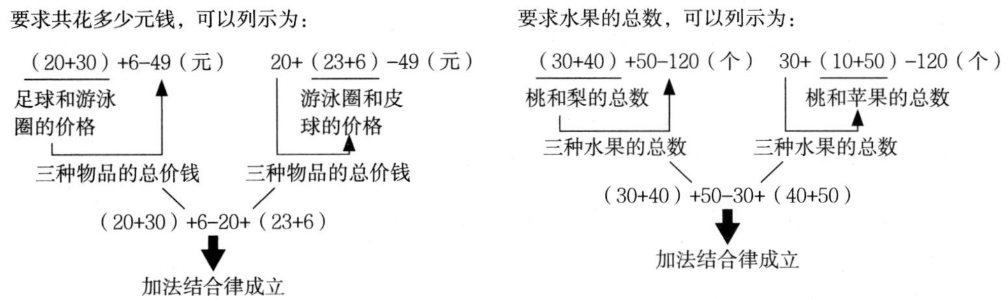

（2）揭示规律：三个数相加，可以先把前两个数相加，再同第三个数相加，或者先把后两个数相加，再同第一个数相加，它们的“和不变”，这就是加法结合律。

（3）建立模型：如果用字母 a、b、c 分别表示三个数，你能用字母简洁地表示出这个规律吗？学生自我尝试、展示，教师规范并板书：$(a+b)+c=a+(b+c)$。

（4）联想迁移：从加法结合律中，通过联想，可以获得什么新的猜想呢？

预设：

在连减中，先把前两个数相减，或者先把后两个数相减，差不变。

在连乘中，先把前两个数相乘，或者先把后两个数相乘，积不变。

在连除中，先把前两个数相除，或者先把后两个数相除，商不变。

分组验证、集体交流，是否都成立？有没有反例？

结合书上例题，重点交流乘法结合律（课围绕书上例题展开说明）

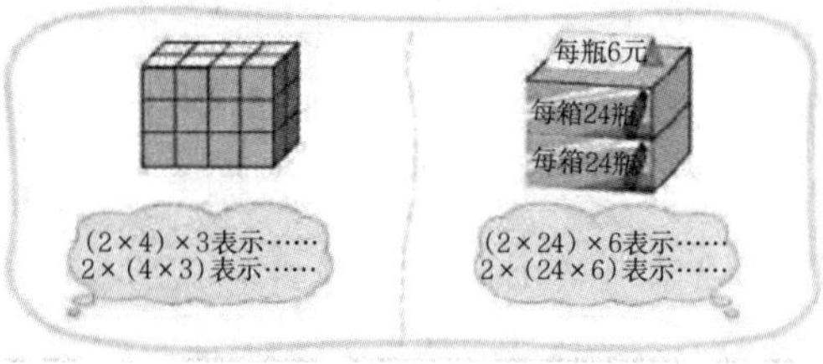

板书提炼：乘法结合律　$a\times b\times c=a\times(b\times c)$

小结：加法结合律和乘法结合律可以统称结合律。

【设计意图】本环节以探索“加法结合律规律”为任务驱动，以“交换律”学习过程中提炼的方法为模型，让学生自主开展学习研究，凸显“猜想—验证—结论—联想—验证—新结论”的探究规律路径和方法应用。整节课通过个体独学、同伴互助、交流展学等方式，让学生充分经历分享、互评、再构的过程，及时修正、补充和完善自己与同伴的观点，主动探索并发现抽象运算定律潜在的元素（运算、顺序、结果），对知识的结构有一定了解。特别是对减法和除法是否有结合律进行探究时，学生很快就找到了反例，并在正、反例对比中，对于“律之所以为律”有了新进行认识和感受。

三、升华完善：整体建构

1. 比一比，交换律和结合律之间有什么相同点和不同点？（梳理完善表格）

	变（不同点）	不变（相同点）
交换律	数的位置	数字大小不变
运算结果不变		
结合律	运算顺序	

2. 练一练：谁是计算小达人？

38+24+36　18×25×4　23+42+57+58　125×8×25×4　25×32

3. 议一议：通过刚才的比较与练习，你觉得计算时要注意些什么？

片段三：

生：做题时要先观察题中的数据特点。

生：还要观察运算符号。

生：再想能不能用学过的运算律使计算简便。

师：算完后还要做什么？

生：验证。

生：也就是我们常说的回头看：做完题目时还要检查。

师：对，这是计算的四部曲。

（板书：一看、二想、三算、四查）

【设计意图】通过两种运算律的异同点梳理、对比，深化学生对运算律中“变”与“不变”的理解，使学生对运算律的认知从感性走向理性，帮助学生整体建构交换律和结合律，同时让学生在“交换律、结合律”练习的解决中细细体悟要注意些什么，并进一步把技能内化为习惯。

4.理一理：我们学习这些定律有什么相同的方法？可以借助教材来说明（包括后续要学的乘法分配律）。

对比发现教材的编排结构都是四个步骤：观察仿写、发现规律—实例验证、确认规律—字母表示、概述规律—据理解释、应用规律。

【设计意图】本环节着力引导学生回头看教材，观察发现教材的编排情况，是紧扣定律研究这一对象的特点，力图通过观察、类比、联想等推理活动发现和形成定律研究思路、找到研究方法、感悟数学思想、积累数学活动经验，为后续在新知的学习和研究中，能将已有的经验迁移到新的情境中，解决挑战性问题，这也是实现数学学习“以简驭繁”的关键。

四、拓展延伸、前置作业

“乘法分配律”知识小研究

研究内容	我的发现	我的例子	提醒或注意	我来挑战
知识点1				
知识点2				
我的问题				

【设计意图】以学生为主体，注重培养学生学会学习的能力已成为教育领域的基本理念，也是教育的意义所在。在上个环节教学中，教师通过引导学生主动将离散的知识点进行梳理、归纳和整合，让知识呈现整体结构，已形成了更适合学生认知建构的体系，为本环节学生的自主学习奠定了良好的方法论基础，符合学生的最近发展区。

14. “乘法分配律”课堂实录与反思（课例一）

潘小明
（上海市宝山区实验小学，特级教师）

※ 课前思考

“乘法分配律”是九年义务教育六年制小学数学四年级的教学内容。本课是在学生已经学习掌握了乘法交换律、结合律，并能初步应用这些定律进行一些简便计算的基础上进行学习的。乘法分配律是本单元的教学重点，也是本节课内容的难点，教材是按照分析题意、列式解答、讲述思路、观察比较、总结规律等层次进行的。然而乘法分配律又不是单一的乘法运算，还涉及加法的运算，是学生学习的难点。因此，本节课不仅使学生学会什么是乘法分配律，更要让学生经历探索规律的过程，进而培养学生分析、推理、抽象、概括的思维能力。同时，学好乘法分配律是学生以后进行简便计算的前提和依据，对提高学生的计算能力有着重要的作用。在本节课的教学过程的设计上，我注重从学生的生活实际出发，把数学知识和实际生活紧密地联系起来，让学生在体验中学到知识。

※ 课堂实录

一、开门见山

师：同学们，我们已经学习了乘法的交换律和结合律。今天，希望同学们能探究发现乘法的又一个新知识。

二、展开探索过程

1. 初步感知

（电脑出示：一件儿童上衣是 5 元，一条儿童裙子是 4 元，买 3 套这样的儿童服装应付多少钱呢？）

师：买 3 套这样的儿童服装应付多少钱呢？你能用几种方法解答？请列式计算。

（学生各自独立计算，不一会儿，纷纷举手。）

生 1：我先算出 1 套服装的价钱，再求出 3 套的价钱，算式是（5+4）×3。

（结合学生回答，教师进行板书，并故意地——）

师：你列的算式里共有几个括号？

生 1：就一个括号。这样说吧，5 与 4 的和乘以 3，得数是 27。买 3 套服装应付 27 元。

师：明白。

生 1：我还有另一种方法，先分别算出三件上衣和三条裙子的价钱，再算出三套服装的总价钱。算式为 5×3+4×3。

[结合学生回答，教师板书：（5+4）×3；5×3+4×3]

师：是这样吗？

生 1：是的。

师：还有其他不同的方法吗？

生 2：我的方法是：5+5+5+4+4+4=27。

生 3：我的方法是：5+4+5+4+5+4=27。

生 4：我觉得这两个同学的想法与前面同学的两种想法是一致的。但是，上面的算式比较简单。

（众生点头以示同意）

2. 类比展开

师：我们再来看看小强在做什么呢？

（电脑出示：小强摆木块，每行摆 6 个绿木块、8 个红木块，共摆了 4 行。）

师：请你想象一下，小强是怎样摆的？

生 1：他可能是先在第一行的左边摆 6 个绿木块，右边摆 8 个红木块，然后后面的三行也都是一样。

结合学生回答，电脑逐步出示下图：

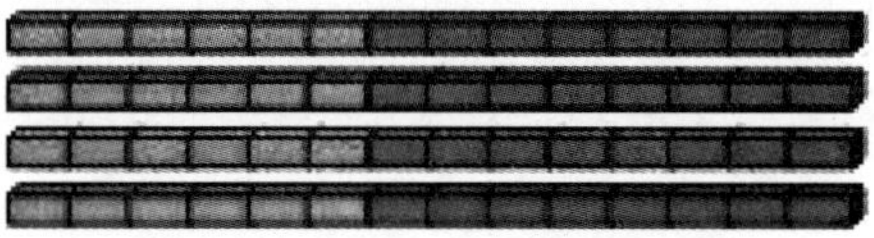

生 2：他也有可能是左边摆 8 个红木块，右边摆 6 个绿木块，然后后面的三行也都是一样。

结合学生回答，电脑逐步出示下图：

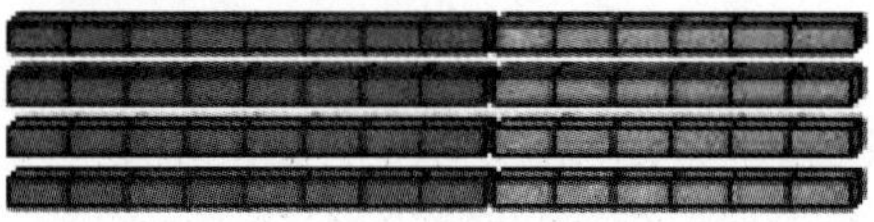

师：是，这两种情况都有可能，也都可以。不过不管怎样摆，我们总能知道什么？

生：一共有多少个木块。

师：是啊！小强一共摆了多少个木块呢？你能用几种方法解答？都列出来。

（学生再次各自列式计算。）

生1：第一种方法是，先算出一行有多少个木块，6+8=14个，再用14乘以4行，就可以得到一共摆了56个。算式是（6+8）×4。

生2：还有另一种方法是，先算出绿木块一共摆了多少个，6×4=24个，再算出红木块一共摆了多少，8×4=32个，最后把绿木块和红木快的总数加起来就是小强一共摆的木块的个数，24+32=56个。算式是6×4+8×4。

结合学生回答，教师接着上题板书如下：

（6+8）×4　　　　　　6×4+8×4

三、发现规律

1.引导发现规律

师：从上面的算式中你有没有发现什么规律？

（同学们的眼睛注视着黑板上的算式，在寻找着其中的规律。渐渐地，一些学生举起了手，有些学生开始有些激动，急着与周围的同伴说起了悄悄话……此时，教师没有急于指名学生个别回答，而是——）

2.学生交流讨论

师（惊奇地）：你们真的发现了这些算式中隐含着的规律，请与你的同桌交流一下，好吗？

（教室里的气氛一下子热烈起来了，同学之间指点着、交流着，一些心急的同学忍不住又高举着小手。）

3.举例验证规律

师：从大家的神态和脸部表情中，老师知道你们一定觉得自己发现了什么规律。同学们，你们发现了什么，我能猜到。不过，你们所看到的也许只是一种偶然现象，是一种猜想而已。你们能再举些例子对自己的猜想进行验证吗？ 请在你的本子上举些例子。

（同学们认真地在本子上任意地写着算式，进行着计算。很快，他们举起了手，积极地汇报自己验证的结果。）

生1：（8+3）×4=8×4+3×4。

生2：（5+1）×3=5×3+1×3。

生3：（1+9）×5=1×5+9×5。

生 4：我觉得不一定对。我也举了例子，（1+1）×7 ≠ 7+1×7 。

（该生的回答引起了轩然大波。）

生 1：左边算式的答数是几？

生 4：1+1=2，2×7=14。

生 2：右边算式的答数是几？

生 4：1×7=7，7+7=14。

生 3：这两个算式，你说相等吗？

生 4：相等，我算错了。

师：从同学们举的大量例子中，可以确定你们的发现是正确的吗？

生 5：老师，虽然举了许多例子，可万一还是碰巧遇到不正确的，怎么办？

（该生的这一提问，还引来了一些学生的赞同。）

生：是呀，万一还是碰巧呢？

（教师被这意外的“一问”问住了，稍后——）

师：会有这种“万一”吗？你能举出一个反例吗？

（教师的反问，引起同学们的深入思考……）

生 6：不可能有反例出现。我们以“（8+3）×4=8 ×4+3 ×4”为例吧，左边算式括号里算得 11，表示有 11 个 4，右边算式的“8×4”表示有 8 个 4，“3×4”表示有 3 个 4，加起来共有 11 个 4。等号两边的算式形式不同，但它们的意思是相同的，都表示 11 个 4，所以是相等的。其他的式子，道理是一样的。

师：同学们还有不同意见吗？

（众生摇头，以示没有意见。）

4. 抽象概括

师：同学们，你们可知道，你们发现的这个知识规律，叫做乘法分配律。什么叫乘法分配律？请同桌再交流一下。

（学生积极地与同桌交流着，又踊跃地参加集体交流。）

师：好！说说你对乘法分配律的认识。

生 1：我认为乘法分配律就是把括号里的两个数加起来后乘以一个数，等于把括号里的两个数都去乘以一个数，再把乘出来的积加起来。

生 2：乘法分配律是左边把两个数加起来乘以乘数，等于括号里的一个加数乘以乘数加上括号里的另一个加数乘以乘数。

师：你们想表达的是这样的意思吗？

（教师板书：两个数的和与一个数相乘，可以用两个加数分别与这个数相乘，再把两个积相加，结果不变。）

生：是！

5. 用字母表示规律

师：这叫做乘法分配律。你能用字母来表示乘法分配律吗？

生：$(a+b)\times c=a\times c+b\times c$

［结合学生回答，教师板书：$(a+b)\times c=a\times c+b\times c$。］

师：对于乘法分配律，用字母来表示，感觉怎样？

生1：比较方便。

生2：比较简单。

师：比较简洁、明了，这就是数学的美。

四、练习巩固

1. 基本练习

师：请运用乘法运算定律，回答下面各题：

①（32+25）×4=□×4+□×4

②（64+12）×3=□×□+□×□

③ 25×（4+9）=□×□+□×□

④ 75×64=□×□+□×□

生1：（32+25）×4=32×4+25×4

生2：（64+12）×3=64×3+12×3

生3：25×（4+9）=25×4+25×9

生4：75×64=70×64+5×64

师：你是怎么想的？

生4：我把75看成70+5，然后根据乘法分配律就行啦！（70+5）×64=70×64+5×64。

生5：还可以这样，75×64=75×60+75×4，我把64看成60+4，75×（60+4）=75×60+75×4，也是运用了乘法分配律。

师：不错！两种想法都很好！

2. 扩展练习

师：选择，请用手势表示正确答案的编号。

与25×（4×8）相等的算式是（　　）。

① 25×4+25×8；② 25×4×25×8；③ 25×4×8

（全班学生中有一位选①，三位选②，其余都选③。）

师：怎么想的？请选①的同学来说一说。

生 1：啊！我看错了！我把 4×8 看成 4+8，如果是 4+8，才是选①。

师：那选②的同学又是怎么想的呢？

生 2：根据乘法分配律的情况，如果括号里面的“+”变成“×”，那等号右边的“+”不是应该相应变成“×”吗？

生 3：那你算算 25×（4×8）会等于 25×4×25×8？

生 2：25×（4×8）=800，25×4×25×8=20000，不相等。

生 3：并且，你想想，这道题不就是我们刚学的乘法结合律吗？只有连乘的才可以任意结合两个数。

师：是啊！我们要把乘法分配律与乘法结合律区别开来。

五、课堂总结

师：今天我们探究发现乘法的一个什么新知识？是什么意思？公式是怎样的？有什么用？

※ 课后反思

小学数学乘法运算定律之乘法分配律，是在学习乘法意义，混合运算式题，乘法交换律、结合律的基础上学习的，是乘法运算定律中的重点，也是教学中的一个难点。通过本课的学习，拟达到以下目标：理解和掌握乘法分配律，并能初步应用乘法分配律进行一些简算；培养观察能力和抽象概括能力，提高学习能力；感受数学内在美，体验学习数学的兴趣，渗透唯物主义思想。本节课的教学是要通过理论联系实际，有步骤地观察、猜测、分析、比较，初步理解乘法分配律，掌握其数学特点和结构形式，在教学中重视学生主体参与，让学生观察比较，主动探究。

本节课想在传统的概念教学中有所创新，有所突破。主要体现在：

从学习目标上看：变教学生学会知识为指导学生会学知识。

从教学方式上看：变重视结论的记忆为重视学生获取结论时的体验和感悟。

从学习方式上看：变模仿式的学习为探究式的学习。

一、为学生提供了充分的从事数学活动的机会

数学教学应该是数学活动的教学。传统的教学活动往往只重视结论的记忆，而这节课老师把学生的活动定位在感悟和体验上，引导学生用数学的思维方式去发现、去探索。尤其是在学生初步感悟到两种算法相等关系的基础上，继续为学

生提供具有挑战性的研究素材——算式，使学生在辨析与争论中，自然而然地完成猜测与验证，形成清晰的认识。这些学习活动使学生经历了知识的形成过程，十分自然，十分到位，给人一种水到渠成的感觉。

二、为学生学习方式的转变创设了条件

模仿式学习，学生只知其然，而不知其所以然，知识易遗忘。改变学生的学习方式，让学生进行探究性学习，不能是一句空话。教师教学方式的转变将极大地促进学生学习方式的转变。我们要给学生提供丰富的感知素材和具有挑战性的研究素材，提供猜测与验证、辨析与交流的空间，把学习的主动权还给学生，点燃学生的学习热情，激起他们创造的火花，他们的学习方式就不再是单一的、枯燥的、以被动听讲和练习为主的方式，而是被观察思考、自主探究、合作交流所取代，他们积极的思考与探究一次次不断把课堂气氛推向高潮，在概括规律的过程中，多次出现全班学生都站起来争先恐后举手发言的场面。尽管定律内容的叙述烦琐，但学生仍然热情地参与。丰富的感性材料、深入的体验与感悟，积极的探究与思考，使得他们的发言闪现着思维的火花，使得规律的概括总结水到渠成。

15. “乘法分配律”课堂实录（课例二）

杨建欣
（天津市北辰区佳春里小学，青年名师 ）

※ 课堂实录

一、提出问题，分析条件

1. 师：这幅是我们十分熟悉的主题图，看看提出了什么新问题？

课件出示：“一共有多少名同学参加了这次植树活动？”

2. 师：同学们要先弄清楚解决这个问题，需要哪些条件？

学生根据主题图寻找所需条件，班上交流确认。

生：与“一共有多少名同学参加了这次植树活动？”这个问题有关的条件就是：“一共有 25 个小组。每组里 4 人负责挖坑种树，2 人负责抬水浇树。”它们是和求总人数相关的。

师：明确了题目要求和条件，你打算怎么做呢？请同学们先独立思考，在自己的练习本上写一写、算一算。

二、在探索解决方案中初步感知乘法分配律

展示学生不同的解决问题的方案。

1. 方案 1——合着算

（1）师：大家来看看第一种思路，你来说一说是怎样做的？

生：先把每个小组做这两项任务的人数合起来，求出每个小组的人数，那就是 4+2=6 人，随后再求出 25 个 6 就可以得到总人数了。

教师用课件来展示第一种解题过程：课件出示把一个小组围在一起的动态图，再动态连续出示 25 组，最后用大括号合在一起。

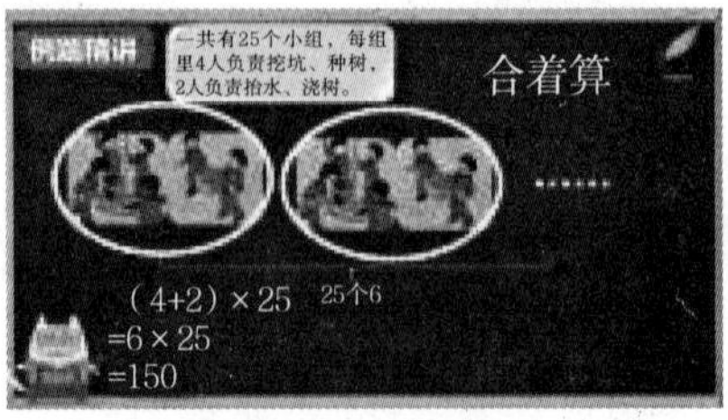

（2）探讨：师：根据乘法的意义，25 个 6 要这样列式——4+2×25，如果这样列式，符合我们的思路吗？说一说你的理由。

生：不能。因为这个式子中含有两级运算，所以要想先算加法，就要加上小括号——（4+2）×25，这样就可以了，结果是 150 人。

（3）小结：这种方法是先把一组做不同任务的人数合起来，再根据组数，一块求总人数。我们给它起个好记的名字，叫“合着算”！要先算加法，必须加上小括号。

2. 方案 2——分着算

（1）师：我们再来看看另一种思路，你知道这位同学是什么思路吗？

生：是分别计算出干不同活的人数，再合起来算总人数。先算挖坑种树的人数是 25 个 4，即 4×25，再求抬水浇树的人数是 25 个 2，即 2×25，最后再把它们加在一起，就是一共参加这次植树活动的人数。

教师课件出示 25 个植树组和 25 个浇水组的图，最后动态将它们合在一起围起来。

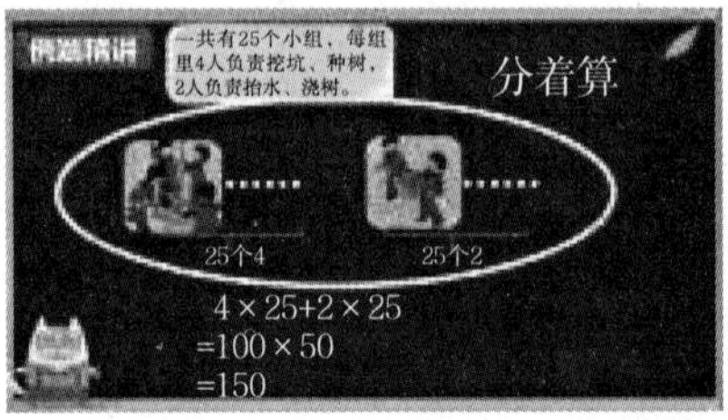

（2）探讨：如果写成综合算式，4×25+2×25 这样写可以吗？在小组内交流一下。

组内代表反馈探讨结果：在式子中含有乘法和加法两级运算，按照先乘除后加减的原则，仍然先算乘法，最后把乘积相加，符合解题思路，也不用再添加括号，结果也是 150 人。

（3）小结：第一次是合着算，这次呢？能不能给它也起个名字？——“分着算”。

3. 对比观察，建立认知

（1）初步观察

师：老师把这两种解法同时呈现给你，请你来观察思考，我们能够发现什么呢？

学生根据观察自主发言。

小结：合着算，（4+2）×25=150，先加后乘，添括号。分着算，4×25+2×25=150，先乘后加没问题，结果都是一样的。

（2）引导发现

师：这样我们就可以用等号把这两个式子进行连接。板书："="

那么接下来就该发挥你的聪明才智了，请你来认真观察一下等号两边的式子，又是怎么乘和怎么加的呢？你又能发现什么规律呢？自己先想一想，在小组内试着说一说！

学生在组内进行充分交流。

师：用箭头来表示一下，能发现规律吗？（4+2）×25=4×25+2×25，左边两个数的和与 25 相乘，也可以先让 4 和 2 分别与 25 相乘，再把积相加。由合着乘变成了分着乘，再相加。

（3）形式区别

师：根据以往寻求规律的经验，还要再举些例子来验证我们的发现。来看下面这道题，请比较一下 25×（4+2）和 25×4+25×2 这两个式子，你发现了什么？

生：乍一看，和上面的题很相似，但略有不同：左边还是两个数的和与一个数相乘，只不过是把要乘的那个数放在了前面，再看看右边，也是用这个数分别和两个加数相乘后再相加，通过计算，左边是 150，右边也是 150，所以它们是相等的，即 25×（4+2）=25×4+25×2。

师：真的太棒啦，隐藏在式子中的规律被我们发现了！

（4）总结规律

师：同学们用你喜欢的符号来表示我们刚才发现的规律吧！

学生自主书写，小组内交流，班上展示。

小结：两个数的和与一个数相乘，可以用两个加数与这个数分别相乘，再相加，它们的结果是相等的！

三、从算式所蕴含的乘法意义的角度引导学生理解乘法分配律的内涵

1. 利用乘法的意义验证规律

（1）师：大家是否发现这个规律有加又有乘，有些复杂呢？有没有一个好办法来帮助我们理解记忆呢？告诉大家一个小秘密，那就是从乘法的意义上去想，会轻松简单很多。

（2）出示 25×（4+2）和 25×4+25×2，看看左边和右边分别是求什么呢？

你来说一说！

生：左边（4+2）个也就是6个25是多少，右边是求4个25与2个25的和。

师：太对啦，左边合着算，是一共求6个25是多少，右边分着算，是求4个25与2个25的和，合起来还是6个25。从算式背后的意义去理解我们发现的规律，是不是非常简单呀？

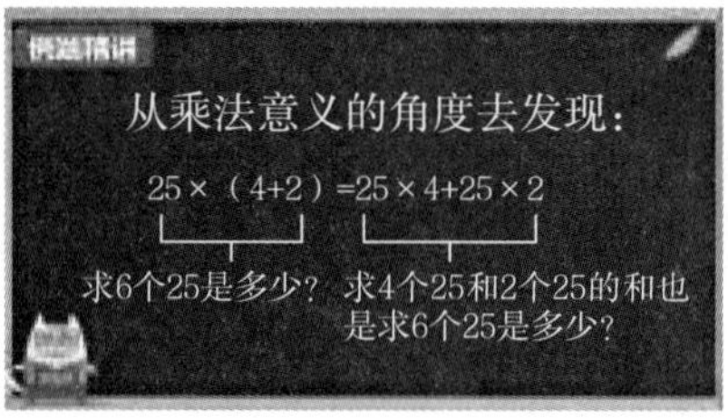

2. 概括规律，建立模型

（1）师：大家一定猜到这就是我们今天要学习的乘法分配律，它看似复杂，其实只要你明白算式其中隐藏的意义，就一定能够掌握它、弄懂它！给大家点时间说说你所理解的乘法分配律是什么样子的？

（2）来看看和书上总结的一样吗？如果用字母来表示，你能写出来吗？试着写写看吧！订正一下你写的正确吗？

学生看书，自主书写练习。

（3）小结：第一个式子两个加数是 a 和 b，它们都要和 c 乘，第二个式子两个加数是 b 和 c，它们都要和 a 相乘。都是两个数的和与一个数相乘，可以先把两个加数分别和这个数相乘，大家可不要弄错哟！

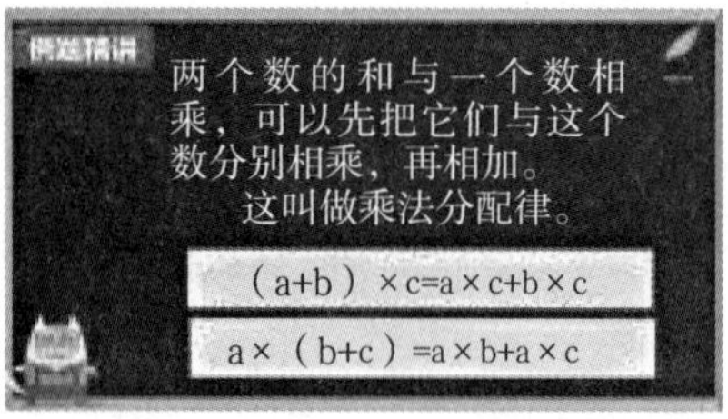

老师把今天这节课的学习要点编成了一首小儿歌，让我们来一起说一说吧：

一数乘上两数和，
可以分别来相乘，
减轻负担好计算，
两积相加要见面。

四、课堂练习，巩固认知

1. 完成做一做中的题目

下面哪些算式是正确的？正确的画“√”，错误的画“×”。

56×（19+28）=56×19+28　（×）

32×（7×3）=32×7+32×3　（×）

64×64+36×64=（64+36）×64　（√）

学生独立完成，并说说是否运用了学过的运算定律，一一对照来进行解答。班上交流，集体订正。

观察下面的竖式，说一说在计算的过程中运用了什么运算定律。

$$\begin{array}{r} 25 \\ \times\ 12 \\ \hline 50 \\ 250 \\ \hline 300 \end{array}$$

学生在小组内交流自己的想法，组内代表汇报本组的交流成果。

2. 练习七第 4 题

下面哪些算式运用了乘法分配律？

117×3+117×7=117×（3+7）（√）

4×a+a×5=（4+5）×a　（√）

24×（5+12）=24×17

36×（4×6）=36×6×4

学生独立完成，集体订正。说一说判断的依据是什么？

3. 练习七第 6 题

用乘法分配律计算下面各题。

103×12	20×55	24×205
=（100+3）×12	=20×（50+5）	=24×（200+5）
=100×12+3×12	=20×50+20×5	=24×200+24×5
=1200+36	=1000+100	=4800+120
=1236	=1100	=4920

每个小组自选一道喜欢的题目完成，班上集体交流、订正。

4. 练习七第 9 题

下面哪些算式是正确的？正确的画“√”，错误的画“×”。

（1）26×57+43×26=26×（57+43）（√）

（2）35×（100+1）=35×100+1（×）

（3）125×（8×4）=（125×8）×4（√）

（4）64×12=64×10×2（×）

学生独立完成，集体订正。

五、总结

同学们，迄今为止，乘法的三个运算定律都学习完了，这些乘法运算定律会成为你数学学习的强大基石，为你今后的学习奠定下坚实的基础。

六、作业

教材练习七第 5、10 题。

七、知识拓展

帮助小动物们解决问题。

小熊胖胖：28×25
=（30−2）×25
=30×25−2×25
=750−50
=700

小兔乖乖：28×25
=4×7×25
=4×25×7
=700

谁的方法快？它们分别使用了什么运算定律？你有什么启示？

16. “乘法分配律”教学设计（课例三）

殷家骅
（江苏省高邮市第一实验小学，特级教师）

※ 教学过程

一、基本训练

1. 写出已学过的运算律及相应的字母公式。

2. 公布答案，相互批改，统计对错人数（做错的自正复批）。

二、创设情境，提供学材

1. 观察演示，复述过程

今天学什么呢？先请同学们观察老师干什么，然后请大家说一说。

操作（1）师将 3 支黄色笔和 4 支红色笔分别放入①②号玻璃杯。

操作（2）师又将 1 支黄色笔和 2 支红色笔放入①②号玻璃杯。

学生口述以上操作过程。

师请学生在③④号空玻璃杯里放入与①②号支数同样多的黄色笔、红色笔。

根据这样的操作，你能提出什么样的数学问题？

三、筛选问题合作探究

1. 可以怎样算出 4 个杯子里一共有多少支笔？

2. 生边挪动玻璃杯边在黑板上写出算式。

（1）4+ 6+4+6=20（支）

（2）（4+6）×2=20（支）

（3）4 ×2+6×2=20（支）

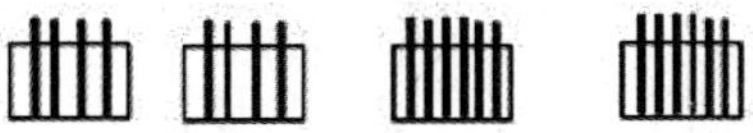

（4）（4 +6）×2=20（支）

师：观察（3）、（4）这两个含有乘法的算式，你们想说些什么吗？

3. 学生说发现、谈感受。

（1）两个数的和乘一个数，可以把他们分别乘这个数。

（2）这两个算式结果相同，可以用等号连接。

（3）用（4 +6）×2 计算，比较简便。

4. 教师随着学生的回答板书并指导读式。

4 ×4+6×2=（4 +6）×2

读作：4 乘 2 加 6 乘 2 等于 4 与 6 的和乘 2

师：你能用字母表示这个算式吗？

生：$a\times b+c\times b=(a+c)\times b$

$x\times y+y\times z=(z+x)\times y$

……

师：习惯上在教学上用 $a\times c+b\times c=(a+b)\times c$ 表示运算规律。

四、揭示课题，板书归纳

师：至此，我们一共学习了哪些运算律？

完整板书：

加法交换律：$a+b=b+a$

加法结合律：$a+b+c=a+(b+c)$

乘法交换律：$a\times b=b\times a$

乘法结合律：$a\times b\times c=a\times(b\times c)$

乘法分配律：$a\times c+b\times c=(a+b)\times c$

五、联系生活，学用合一

1. 学生举例说明乘法分配律在生活中的应用。

2. 小明和小芳同时从家出发走向学校（如图），经过 4 分钟，两人在校门口相遇，他们两家相聚多少米？

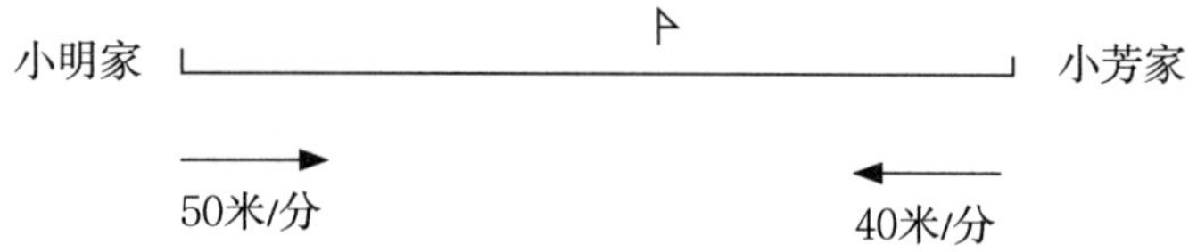

3. 四年级有 6 个班，五年级有 4 个班，每班领 24 跟跳绳。四、五年级一共领了多少根跳绳？

4. 在□里填数，在○里填运算符号。

（42+35）×32=42 ○□ +35 ○□

27×12+43×12=（27 + □）× □

15×26+15×14= □○（□○□）

72×（30+6）=□○□○□○□

六、巩固拓展，提升认识

1. 看图提问题并解答

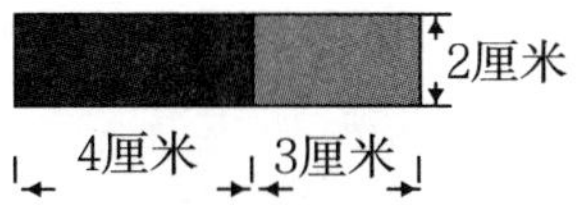

2. 中国象棋每副 32 元，围棋每副 58 元，一共要付多少元？

师：解答完这两道题，你们还想再说些什么吗？

生 1：求红色部分的面积比黄色部分的面积大多少，想到（$a-b$）×$c=a\times c-b\times c$ 用（4–3）×2 来计算。

生 2：第二题，购买相同数量的两种物品，一共多少钱，可以用乘法分配律解答；购买单价相同、数量不同的两种物品，一共要付多少钱，也可以用乘法分配律解答。

七、全课小结

师：通过这节课的学习。你印象最深的是什么？

生：其实，很多知识老师不用讲，我们能学会……

师：我也想说几句，好吗？

尝试、探索有时不一定有发现，但没有发现的尝试和探索是有意义的、有价值的……古往今来，有很多科学家，他们经过不断努力，最后取得了成功。

八、当堂检测

1. 横着看，在得数相同的算式后面画“√”。

（1）15×39+45×39=（15+45）×39 □

（2）74×25+26×25=25×（74+26） □

（3）（80+8）×125=80×125+8×125 □

（4）40×50+50×90=40×（50+90） □

（5）79×6+21×6=6×（79+21） □

（6）35×（20+1）=35×20+35 □

2. 学校买来 40 盒彩色粉笔和 200 盒白色粉笔，每盒 40 支，一共有多少支粉笔？（用两种方法解答）

3. 我校四年级有 8 个班，五年级有 6 个班，平均每班有 40 人。两个年级一共有多少人？

九、互相批改，反馈矫正

17. “小数加减法”课堂实录（课例一）

吴嫦云
（福建省厦门市翔安区教师进修学校附属小学，特级教师，正高级教师）

※ 课堂实录

一、创设情境，提示课题

师：孩子们，你们刚才听到的是什么歌曲？喜欢吗？爸爸带你们去过哪些地方？都说见多才能识广，一个人的行走范围就是他的世界！有机会一定多出去走走，一个人的眼界不同，高度也就不一样了。孩子们，不管爸爸带你们去过哪儿，肯定都去过超市吧！超市里有两样物品，请看！（出示屏幕）你们看懂了什么？这里的1、3、5分别表示什么？2和5呢？

师：说得真清楚！根据这两个信息，你能提出什么数学问题？（逐一出示两个问题）

师：要解决你们提出的这两个问题，该怎么列式呢？（板书：1.35+2.5　2.5−1.35）（手指算式）

师：这是小数加法和减法。这节课我们就一起来学习小数加减法的计算。（出示课题并板书）

二、自主探究，理清算理

师：先来看1.35+2.5，我们已经学过一位小数的加减法，这道题你会计算吗？

师：单单会算得数还不够，还要把道理讲清楚。想一想，你能用什么方法，把你是怎么算的理由表示给别人看。可以用文字记录自己想的过程，也可以画图说明，还可以用算式表示，等等。你觉得怎样写清楚就怎样写。听清楚了吗？先想一想，再把你的方法写在纸上，看看谁的方法多，看谁的想法妙！动手吧！

学生独立尝试，教师随机指导，并请速度较快的、方法有代表性的学生到黑板板书。

师：黑板上是同学们中比较有代表性的几种方法。请静静地看一看，你能看懂吗？选择其中一种你喜欢的方法说给大家听。（稍停）谁先来？请同学们认真听，有疑问的可以提出来，也可以互相补充。

第一种：我用竖式计算，我们学过一位小数的加法计算，只要小数点对齐，也就是相同数位对齐。百分位上是 5 个 0.01，就在百分位上写 5；十分位上 3 个 0.1 加 5 个 0.1，就是 8 个 0.1，就在十分位上写 8；个位上的 1 加 2 就等于 3。最后还要点上小数点。

师：你们听懂了吗？能运用写过的知识来解决新问题，触类旁通，了不起！

第二种：（运用生活中元、角、分的知识，帮助我们解决问题。）

生 1：1.35 元等于 1 元 3 角 5 分，2.5 元等于 2 元 5 角 0 分。元加元、角加角、分加分就可以算出来。

师：我觉得她刚才说了一句很重要的话，（等待片刻）是谁和谁相加？

生：元和元相加，角和角相加，分和分相加。

师：为什么这个很重要呢？

生：因为只有相同的单位才能相加减。

师：能理解吗？它是运用生活中元、角、分的知识，解决了问题。真是生活的有心人！

第三种：先把 1.35 元和 2.5 元换算成以分为单位的整数，也就是把小数加法转化成了整数加法，算出和是 385，然后再把 385 分换算成 3.85 元。135+250=385（分）=3.85（元）。

师：孩子们？谁再说说！他是把小数加法转化为整数加法计算。真聪明！

第四种：1.35 是 135 个 0.01，2.5 是 250 个 0.01；135 个 0.01+250 个 0.01=385 个 0.01=3.85。

师：他又是怎么想的呢？根据小数的意义，把小数转化成整数计算。有自己的思考，思考着就是美丽的！

第五种：学生画了一个计数器，在投影仪上显示。

生：我用计数器来表示，白色的珠子表示铅笔的价钱，也就是 1.35 元，再画出黑色的珠子表示尺子的价钱，也就是 2.5 元。它们在计数器上合起来就是 3.85。

师：你看清楚了吗？是啊！真是一目了然！

第六种：用画图的方法表示，让学生在投影仪上演示。

生：我把小数用图表示出来了，1.35 就是一个片，三个条，五个格；2.5 就是两个片，四个条。片加片、条加条、格加格就是三个片、八个条和五个格，也就是 3.85。

生：我帮他补充一下，他的片表示的是个位（上的数）；条表示的是十分位（上的数），格表示的是百分位（上的数）。

生：他说的片和片相加、条和条相加、格和格相加，很重要。其实就是相同单位才能相加。

师（出示课件）：数形结合，有创意！为了使大家看得更清楚，老师把这个过程做成了课件，大家一起欣赏一下！

（在交流的过程中，我没有全部让学生各自展示自己的作品，说自己的想法。采用的是“介绍别人作品”的方式，让其他学生来说。学生介绍别人的方法，必须自己先“读懂”，不仅给学生创造了理解别人想法的空间，也留给学生二次发展的机会。）

师：同学们能灵活运用学过的知识来解决我们遇到的新问题，每一种方法都说得很有道理。你们让我刮目相看啊！

三、讨论比较，优化算法

1. 讨论比较

师：黑板上这几种不同的方法，都运用了哪些知识来解决新问题呢？它们有什么共同的地方呢？请大家仔细观察黑板，再把你们的发现和想法先和同桌说说，待会儿再来说给大家听！（学生独立思考，同桌交流讨论后全班交流。）

生：有的根据一位数小数加法的竖式计算推算出怎么列竖式，有的用生活中元、角、分的知识，有的根据我们学过的整数知识，还有的用图形来帮助我们理解为什么要这样算的道理。

生：每种算法得数都是3.85。（是啊！你们用了很多种方法算出了得数。板书：3.85）

生：每一种算法都要相同单位相加。

2. 优化算法

师：这么多种方法有相同的地方，都能算出得数。那你们觉得哪种方法最简洁，也就是最方便？

列竖式计算时只要怎么做？还可能遇到什么问题？（哪一位相加满十，就要向前一位进一；强调小数点对齐；得数也要点上小数点并用红笔标示出）

师：那你觉得小数加减法与整数加减法有什么相同和不同呢？

生：相同点就是相同数位上的数要对齐。

生：数位对齐其实就是为了使相同数位上的数相加减。

生：不同就是小数一定要注意小数点对齐，而整数要末尾对齐。

生：计算小数时一定要注意不要忘了点小数点。

（课堂需要处理好思维的发散与聚敛的关系。这里对学生思维的聚敛，是学生学习策略的总结。我帮助学生总结出三类解决问题的策略和方法：联系实际；数形结合；重组已知经验。希望学生从别人的思维方式中借鉴到有益于自己的东西，在交流中产生影响，但这种影响和改变不是教师强加的，而是学生自己主动地调整与选择。）

四、自主迁移，探究减法

师：看来，同学们都会算小数加法了，那么 2.5−1.35 这道小数减法，你们会算吗？试试看！

（学生自主计算后，全班交流。）

师：谁到黑板来做，并给大家讲讲你是怎么做的？

师：怎么知道答案对不对呢？你能进行验算吗？动手吧！

（板书：2.5−1.35 和 1.35+1.25）全班学生验算，两人板演，共同评正。

五、引导比较，深化算理

师：孩子们，不知不觉中，你们已经学会了小数加减法的计算了。那你觉得计算小数加减法的时候，我们应该注意些什么呢？

生：注意小数点要对齐。

生：小数点对齐才能使个位与个位对齐，十分位与十分位对齐，百分位与百分位对齐，这样才能正确加减。

师：这句话很关键，我们可以用一句话来概括：相同数位上的数对齐。

师：相同数位对齐其实就是为了使相同数位上的数相加减。

生：不要忘了得数也要点上小数点。

师：我们班的同学真会总结，说得太好了！小数点对齐，就是相同数位对齐。相同数位对齐，相同数位上的数才能相加减。）（出示板书）小数点对齐，相同数位上的数相加减。这就是计算小数加减法的计算方法。大家齐读一遍。

六、尝试练习，巩固应用

师：学以致用，其乐无穷。你们有信心用今天学到的知识解决问题吗？

1. 计算两题

老师给大家带来一道生活中的实际问题，自己读一读，看看会解决吗？

2. 改错题

小虎看到大家做得这么开心也来凑热闹了，请看！

七、全课总结，拓展延伸

师：很高兴，和你们度过了一段愉快的学习时光。看得出，同学们都是乐于学习的好孩子。关于这节课，今天回家你想跟你妈妈说些什么？来！我是妈妈，请说！都是乖孩子！送给你们一个非常励志的数字公式（出示）：这是日本一个小学贴的一张海报。

师：1 代表每一天的努力，365 次方代表一年的 365 天，1.01 表示每天多做 0.01；0.99 代表每天少做 0.01，你看差别太大了，365 天后，一个增长到了 37.8，一个减少到 0.03！

师：0.01 到底是什么？它是我们每天上课多回答一个问题、多练一个字、每天多读的一页书、解决问题时多一种思路。任何事情，都可以积少成多。1 人生如逆水行舟，不进则退，细微的差别将影响你的一生。每天早上醒来，问下自己，是选择 1.01，还是 0.99？

18. “小数加减法”课堂实录（课例二）

王昌胜
（湖北省宜昌市宜都创新实验学校，青年名师）

※ 课堂实录

一、找准起点，提高预期

师：（出示购物小票）从这张购物小票我们可以获得什么信息？

生：知道买了一盒酸奶 1.25 元，一袋饼干 2.4 元。

师：好，同学们挺有数学眼光，一下就能抓住数学信息。根据这两个数学信息，我们能提出什么数学问题呢？

生：可以提“一共用了多少钱？”

生：也可以提“一袋饼干比一盒酸奶贵多少钱？”

……

师：要解决一共用了多少钱，怎么列算式呢？

（教师刚板书完 1.25+2.4，学生就毫不费力地把答案也顺口说出来了：“等于 3.65 元”。）

师：（教师故作一脸的诧异）没有学就会？

生（齐）：会——（全班孩子回答得斩钉截铁）

师：都会？那我们这节课就不必学了？

生：嗯！

生：老师，这太简单了。

生：小数加减法和整数是一样的……

（类似的回应此起彼伏）

师：好，是不是真的会了呢？ 达到“三清”的要求，我认为才是真的会了。哪三清呢？一要想清，二要写清，三是要说清。想清和写清只是自己明白了，这不行，还要说得别人也清楚，这才算是会了。

二、尊重差异，相互启发

师：现在请大家把自己的算法想清，并写在这张纸上，还要考虑怎么说才能使别人也明白。

怎么才能写清楚呢？我们可以用文字记录自己想的过程，可以用画图说明，也可以用竖式……你觉得怎样写清楚就怎样写。请在5分钟内完成任务！

（学生独立尝试，教师随机指导，并请速度较快的、方法有代表性的学生在黑板上板书。）

师：孩子们，黑板上是同学们中比较有代表性的五种算法。请静静地看一看，你都能看懂吗？选择其中一种你最喜欢的算法，待会儿同大家交流。

师：五种都看明白了的孩子请用坐正的姿势告诉大家。（所有的孩子立刻坐得端端正正，聚精会神。）

第一种（是用文字加数学符号描述的）：

师：谁来介绍第一种？请认真听，听了介绍有疑问的，可以提问质疑。

生1：1.25元等于1元2角5分，2.4元等于2元4角。元加元，角加角就是：1元+2元=3元，2角+4角=6角，5分+0分=5分。3元+6角+5分=3元6角5分=3.65元。

师：我觉得她刚才说了一句很重要的话，（等待片刻）是谁和谁相加来着？

生：元和元相加，角和角相加。

师：　元　角　分

　　+元　角　分

（教师随机竖式板书后问）为什么这个很重要呢？

生：因为只有相同的单位才能相加减。

师：谁听明白了？（举起来一片小手）

生2：（这时候一女孩的手高高举起要质疑，于是生1示意让其提问）我其实也没有什么问题，只是觉得这样做太复杂了，后面的方法更简单。

师：别急，待会请你介绍你认为简单的。这种方法明白了吗？能达到三清的要求吗？

（在学生都认同“三清”后，画了一个笑脸。）

第二种（与第一种类似，不过是用数学符号表示的）：

　1元　2角　5分
+2元　4角　0分
―――――――――
　3元　6角　5分

师：（示意第二种）明白的请举手。（全班都举起了手）都明白？那不用讲了？

生：这与前面的那种方法差不多，也是用元加元、角加角、分加分的方法来计算的，道理和前面的一样。

（全班一致同意达到了“三清”，也得到了一个笑脸☺。）

第三种（学生在黑板上画了一个计数器）：

师：谁来帮助解释一下第三种（见下图）？

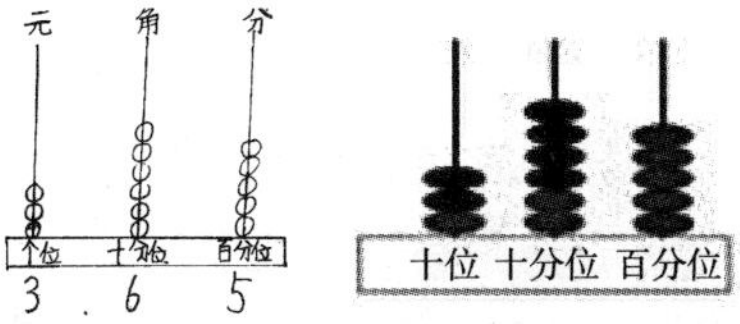

生：意思是用计数器来表示，红（黄）色的珠子表示酸奶的价钱，也就是 1.25，再画出黑（白）色的珠子表示饼干的价钱，也就是 2.4。它们在计数器上合起来就是 3.65。

（也得到了一个笑脸☺.）

第四种（见下图）：

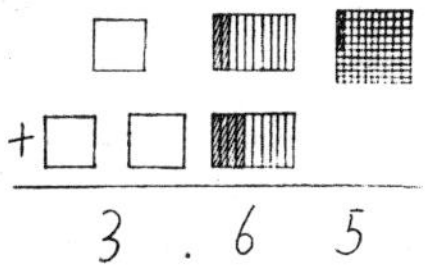

师：这种是谁的呢？我允许他画得简略一些，但要能讲明白，我们请这位同学自己上来讲解吧！

生：我把小数用图表示出来了，1.25 就是一个块，两个条，五个格；2.4 就是两个块，四个条。分别相加：块加块、条加条、格加格就是三个块、六个条和五个格，也就是 3.65。

生：我帮他补充一下，他的块表示的是个位（上的数），一个块就是 1，两个块就是 2；条表示的是百分位（上的数），一个条就是十分之一……

师：他也说了一句非常重要的话，你们觉得是哪句呢？

生：我觉得很重要的那句话应该是：分别相加，块和块相加，条和条相加，格和格相加。

师：非常好，刚才有同学用了一句非常关键的话，说什么和什么加来着？

生（齐）：块加块、条加条、格加格。

 块 条 格

+块 条 格（教师随机竖式板书）

师：出示 ppt，展示过程由实物抽象成竖式的过程。（见下图）

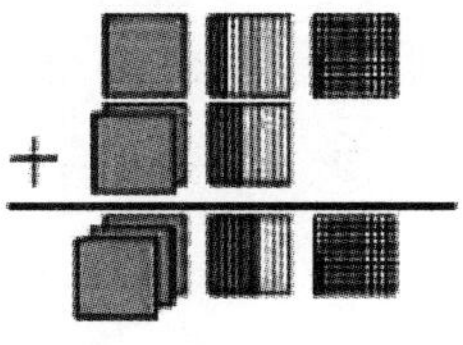

……（也同意达到三清，得到了一个笑脸☺。）

第五种：

师：最后的这种方法是谁的？自己来介绍吧！

$$\begin{array}{r} 1.25 \\ +2.4 \\ \hline 3.65 \end{array} \longleftrightarrow \begin{array}{r} 125 \\ +240 \\ \hline 365 \end{array}$$

生：我把 1.25 看作是 125，2.4 看作 240，加起来就是 365，然后点上小数点，就是 3.65。

师：谁听明白了？（小手如林）

生：她是把小数看成整数来计算的，再把整数变成小数。

师：先把小数变成整数来算，得到整数的结果后又变成小数。这变来变去变了两次，但是结果没有变错，没有把自己变糊涂，厉害。

（也得到了笑脸，在学生的掌声中回到了座位。）

三、归类分析，突破局限

师：回过头来看这五种算法，哪几种属于同一种类型，我们可以把它们分为几类呢？

（学生独立思考后回答）

生：第一种、第二种、第五种是同一个类型的，因为它们都是用算式解决的，第三、四种是一类，用的是画图的方法。

生：第一、二种是一种，都是竖式。第三、四、五种都是横式。

师：同学们的分法都很有道理。在老师眼里，这五种方法都很好。但如果要我来分类，我会分为这三类：

第一种和第二种分为一类。想到这类办法的孩子非常聪明，运用我们生活中元、角、分的知识，来帮助我们解决问题。我们学习数学知识就应该结合生活来学，并运用到生活中去，这样才能越学越聪明。

第三种和第四种分为一类。它们是用图形来解释和帮助理解算式的。这是数学家们非常看好的一种方式，数学家给它起了个名字叫数形结合，什么意思呢？就是一看到这个数字，马上就有一个图形出现在我们的脑袋里了，这也是数学中很重要的一种思想。

第五种是一类。它是根据我们已经学过的整数知识，来推理出小数的计算方法的。这是一种非常高级的抽象思维。学习数学，我们应该灵活运用学过的一些知识，来学习新知识，来解决我们遇到的新问题。

师：我们用五种方法都计算得出了 3.65，对不对呢？我们能用什么方法检验一下吗？

生：加法可以用减法验算：3.65−1.25=；3.65−2.4=。

师：好，请同学们用竖式进行计算。

……（学生汇报的时候，借助学生的语言着重解决占位 0 的问题）

 3.6 5

−2.4 0

……

四、“理”“法”融合，相得益彰

师：同学们，这三类不同的方法，有没有相同的地方呢？（小组讨论后汇报）

生：有相同的地方：

第一类是	第二类是	第三类是
元 角 分	块 条 格	个位 十分位 百分位
+元 角 分	+块 条 格	+个位 十分位 百分位

其实都是一样的，就是相同的才能相加减。

师：哇，谁听明白他的话了？

生：他的意思是说相同的单位要对齐，只有相同的单位才能相加减。

师：用我们的数学语言来说，就是……

生：“相同数位上的相加减。”（有零散的语言附和着）

师：今天学习了小数加减法，计算小数加减法的时候，我们应该注意些什么呢？

生：注意小数点要对齐。

师：他说了一句很重要的话，是什么呀？

生：小数点要对齐。（教师随着学生的回答板书）

师：为什么要对齐呢？小数点对齐就那么重要吗？

生：小数点对齐才能使个位与个位对齐，十分位与十分位对齐，百分位与百分位对齐，这样才方便加减。

师：这句话很关键，个位对个位，十分位对十分位……我们可以用一句话来概括：相同数位上的数对齐……

师：小数加减法与整数加减法有什么相同点和不同点呢？

生：相同点就是相同数位上的数要对齐。

生：数位对齐其实就是为了使相同数位上的数相加减。

生：不同点就是小数一定要注意小数点对齐，数位对齐，而整数就是末尾对齐就行了。

生：计算小数时一定要注意不要忘了点小数点。

生：……

师：非常好，我们同学真会总结：小数点对齐，相同数位上的数相加减，这就是计算小数的方法。而同学们说的要注意小数点对齐，要认真仔细，这是学习的态度。我们有一个公式：（端正的）态度+（正确的）方法=成功！在学习数学时，只要我们有端正的态度，再加上正确的方法，我们的数学一定会越学越好。

师：现在我们回过头来想一想，这节课你达到了三清的要求了吗？达到了的孩子笑一笑。

19. “小数加减法”教学设计（课例三）

张和平
（河北省枣强县第一小学，青年名师）

※ 教学过程

一、激活经验，直切主题

师：同学们，大家好！三年级时，我们认识了小数。在本册教材的第三单元，我们又学习了小数的意义和性质。小数在我们的生活中应用非常广泛。从今天开始，我们学习第六单元“小数的加法和减法”，这节课我们学习第一课时“用竖式计算小数的加法和减法”。

板书课题：用竖式计算小数的加法和减法

【设计意图】通过揭示以前认识小数的章节，唤起学生对小数的记忆，为下面的学习铺平道路。

二、试着举例，大胆猜测

师：现在请你在练习本上写出两个不同的小数，然后大胆猜一猜，怎样计算小数的加减法。并按照你的想法算一算。

【设计意图】正如牛顿所说，没有大胆的猜测，就没有科学的实践。让学生大胆猜测是培养学生探索兴趣、激发潜能、解除禁锢的重要教学策略。

三、创设情境，自主探究

1. 观察发现，提出问题

利用多媒体呈现教材 71 页的主题图。

师：同学们，在生活中，我们几乎天天与小数打交道。你看，酷爱阅读的小丽和小林到书店买书就遇到了小数。请你认真观察，这里面有哪些数学信息？你又能提出哪些数学问题？

师：有想法了先在组内交流。

学生可能会有这样的答案。

小丽买了两本书：一本是《数学家的故事》，价钱是 6.45 元；另一本是《童话选》，价钱是 4.29 元。

两本书一共花了多少钱？《数学家的故事》比《童话选》贵多少钱？《童话选》比《数学家的故事》便宜多少钱？

学生提出的问题只要合理就可以。

【设计意图】提出问题比解决问题更重要，没有问题就没有了数学的生命。提出问题对于发展学生思维有很大的帮助。

2. 迁移经验，解决问题

（1）自主迁移，探究用竖式解决小数的加法

师：我们先来解决第一个问题：两本书一共花了多少钱，列式为 6.45+4.29，怎样计算呢？

①估一估

师：请同学们先估一估结果。

师：这个结果比 10 大点。

【设计意图】遇到计算先让学生估一估，可以提高计算的正确率，提高计算的速度。要让学生养成这个好习惯。

②想一想

师：你能想出几种计算 6.45+4.29 的方法？想出来以后，先在小组内交流。

【设计意图】组内的交流与沟通，不但能锻炼学生的表达能力，也能促进学生对知识的掌握。

③说一说

以小组为单位进行全班汇报交流。

学生可能会想出以下几种计算的方法（如果学生不能说出，教师要加以引导）：

方法一：把小数加法转化为整数加法。

6.45+4.29=10.74（元）　6.45 元 =645 分　4.29 元 =429 分

$$\begin{array}{r} 645 \\ +\ 429 \\ \hline 1074 \end{array}$$

1074 分 =10.74 元

答：一共花了 10.74 元。

先让学生说出其中的道理，教师相机做必要的补充。

师：根据上面这个竖式说一说“用竖式计算整数加法的方法”。

师：我们回过头再看看解题的过程，总结一下规律、方法。对于这个解决问题的方法，我们称其为转化的方法。转化就是解决新问题用已有的知识和经验，把不会的转化为会的。对于这个题来说就是把小数的计算转化为整数的计算。我们不会计算小数的加法，可是我们会计算整数的加法。

【设计意图】培养学生创新能力的根本途径需要在数学教学过程中不断渗入数学思想方法。转化就是将未知解法或难以解决的问题，通过观察、分析、联想、类比等思维过程，选择恰当的方法进行变换，这种思想方法在学生今后的生活和学习中应用非常广泛。

方法二：利用知识迁移，直接用竖式计算。

6.45+4.29=10.74（元）

$$\begin{array}{r} 6.45 \\ +4.29 \\ \hline 10.74 \end{array}$$

答：一共花了 10.74 元。

先让学生说出其中的道理，教师相机做必要的补充。

师：上面这个方法我们迁移了“用竖式计算整数加法的方法”，它们的计算方法是一致的，都是要保证“相同数位对齐”。所以说，整数加法与小数加法是相通的，计算的方法是一致的。首先要小数点对齐，也就是相同数位对齐，百分位上的 5 和 9 对齐，十分位上的 4 和 2 对齐，个位上的 6 和 4 对齐。然后从哪一位加起呢？应该从百分位加起，5+9 已经满十，就向前一位十分位进一。最后可不要忘记在得数中点上小数点。得数是 10.74，不是 1074。在横式上写上得数、单位名称，最后写上答语。

师：下面请同学们对照“用竖式计算整数加法的方法”来总结“用竖式计算小数加法的方法”。有想法了先在小组内交流。

全班交流订正。

相同数位对齐（或者说小数点对齐）；从低位加起（有的同学可能说从百分位加起。那如果是三位小数、四位小数等等呢，不管有几位，我们都是从低位加起）；哪一位相加满十，向前一位进一（这与整数加法是一样的）；和的小数点要与加数的小数点对齐（这也是你们切记的，千万不要忘记得数的小数点，小数点个头小作用大，苏联宇航员科马洛夫的遇难就跟小数点有关系）。

【设计意图】联想、类推等思维方法的运用，能提高学生想象、联想的能力，能提高学生解决问题的能力。

④练一练

用竖式计算并对第一个进行验算。然后思考这两个与 6.45+4.29 有什么不同?

5.75+7.25=　　25.75+75.39=

先让学生在小组内交流，再在全班交流，教师相机做必要的补充。

师：他们的不同之处，算式 25.75+75.39 与 6.45+4.29 第一个不同的是连续进位，对于连续进位的计算，你们更要细心啊，否则出错率会上升的。算式 5.75+7.25 与 6.45+4.29 第二个不同的是和的小数部分的末尾有 0，根据“小数的基本性质”可以省去不写，得数写 13 就可以。

【设计意图】边讲边练能及时巩固所学的知识，便于学生对解决问题方法的掌握。

（2）自主迁移，探究用竖式解决小数的减法

师：我们解决了如何利用竖式计算小数的加法。下面我们解决如何利用竖式计算小数的减法。

师：我们先来解决第二个问题：《数学家的故事》比《童话选》贵多少钱，列式为 6.45−4.29，怎样计算呢?

①估一估

师：请同学们先估一估结果。

师：这个结果比 2 大点。

【设计意图】遇到计算，先让学生估一估，可以提高计算的正确率，提高计算的速度。要让学生养成这个好习惯。好习惯在老师不断的揭示中逐渐养成。

②想一想

师：你能想出几种计算 6.45−4.29 的方法？想出来以后，先在小组内交流。

【设计意图】不断地让学生在组内交流与沟通，能尽快地提高学生的表达能力，促进学生对知识的掌握。

③说一说

学生想出计算 6.45−4.29 的几种方法以后，以小组为单位进行全班汇报交流。学生可能会想出以下几种计算的方法（如果学生不能说出，教师要加以引导）；

方法一：把小数减法转化为整数减法。

6.45−4.29=2.16（元）　6.45 元 =645 分　4.29 元 =429 分

$$\begin{array}{r} 645 \\ -\ 429 \\ \hline 216 \end{array}$$

216 分 =2.16 元

答：《数学家的故事》比《童话选》贵 2.16 元。

先让学生说出其中的道理，教师相机做必要的补充。

师：这个解决问题的方法我们称其为什么方法?

师：你是怎么理解转化的方法的?

方法二：利用知识迁移，直接用竖式计算。

6.45−4.29=2.16（元）

$$\begin{array}{r} 6.45 \\ -4.29 \\ \hline 2.16 \end{array}$$

答：《数学家的故事》比《童话选》贵 2.16 元。

师：能说出这样列式的道理吗？能总结一下用竖式计算小数减法的方法吗?

先让学生在小组内交流，然后全班交流，教师相机做必要的补充。

师：上面这个方法我们迁移了“用竖式计算整数减法的方法”它们的计算方法是一致的，都是要保证“相同数位对齐”。所以说，整数减法与小数减法是相通的。

全班交流订正。（1）相同数位对齐（小数点对齐）；（2）从低位减起；（3）哪一位不够减，向前一位借一；（4）差的小数点要与被减数、减数的小数点对齐。

师：你的总结是不是更加完美？其实啊，同学们，不管是小数的加减法还是整数的加减法，它们的方法是相通的。“世间万物其理相通”嘛。

④练一练

用竖式计算 90.14—75.39 并验算。并思考与 6.45—4.29 的不同之处。

先让学生在小组内交流，再在全班交流，教师相机做必要的补充。

师：他们的不同之处在于，计算 90.14—75.39 需要连续退位，被减数中有 0。对于连续退位的、被减数中有 0 的计算，你们更要细心啊，否则出错率会上升的。

四、练习巩固，应用拓展

1. 完成教材 72 页“做一做”第 2 题

教师用多媒体课件出示题目。

师：从这幅图中你们发现了哪些数学信息？能解决提出的这两个问题吗?

学生独立思考后尝试计算，尝试解决问题。然后在小组内交流，最后在全班进行交流，形成共识。

2. 完成教材 74 页练习十七第 2 题

采取小组选做的方式。汇报时说说是怎样计算的，用什么方法进行检验的。重点说清连续进位、连续退位、中间有0的情况，引导学生对比、反思，找到解决问题的重点。

3. 改错

$$\begin{array}{r} 6.05 \\ -4.29 \\ \hline 2.86 \end{array}$$

$$\begin{array}{r} 61.45 \\ +43.29 \\ \hline 104.64 \end{array}$$

【设计意图】练习题的设计由易到难，着眼于学生的易错点，形式多样，不至于使学生产生疲倦感。在解决问题的过程中，学生能进一步感受数学与生活的联系，发展数学应用意识。

五、课堂总结，反思评价

师：通过今天这节课的学习，你有哪些收获？还有哪些问题？

师：老师相信你又学到了一些新的解决问题的方法，你觉得哪些方法会在以后的学习、生活中用到？

学生有了自己的想法以后，先在小组内交流，然后再在全班交流。

作为老师，应当相机给学生补充、梳理。

梳理如下：

1. 知识方面

学会了用竖式计算小数的加减法的方法。

2. 方法方面

学会了用“转化”的方法解决问题。

3. 特别注意：小数点要对齐

具体来说：加数与和的小数点要对齐，被减数、加减、差的小数点要对齐。小数部分位数不同时，可以根据需要在末尾添“0”后再计算。连续进位、连续退位、被减数中有0的，这几类算式易出错，一定要注意。

【设计意图】帮助学生回顾学习过程，在整理知识的基础上，使学生积累数学活动经验，为今后的学习、生活奠定基础。

六、丰富课后，联系生活

留意观察生活中的小数，生活中小数无处不在，尝试用所学知识解决问题。

（1）周末与家长一同到超市购物，记录下所买商品的价钱，算一算一共花了多少钱？

（2）调查一下最近两个月的水费、电费等，然后完成下面的统计表。并说说有哪些体会。

月份	水费	电费	其他	合计

【设计意图】让学生运用所学知识去解决生活中的实际问题，深刻感受生活与数学的密切联系，学会用数学的眼光去看周围事物、想身边的事情，拓展数学学习的领域。

二、图形与几何

20. “公顷的再认识——平方百米”教学设计

夏永立
（安徽省合肥市西园新村小学南校，特级教师）

※ 教学过程

一、唤醒经验，激发需求

1. 在下面括号里填上合适的单位名称

一张银行卡的面积大约有 40（ ）

数学书封面的面积大约有 4（ ）

我们的教室地面面积大约有 50（ ）

我们学校的占地面积约为 4（ ）

2. 谈话

你知道 1 公顷究竟有多大？我采访了许多成人，有些还是老师，他们都难以表述，在脑海中更没有清晰建立起深刻的印象。如果有一天你也忘记了，怎么办？这一节课，我们再次认识公顷这个面积单位。（板书课题）

二、自主提问，揭示目标

师：看到这个课题，你想提出什么数学问题？

学生可能回答：

1. 1 公顷究竟有多大？

2. 为什么需要有公顷这一新的面积单位？它和以前学习的面积单位有什么关系？

3. 公顷在生活中有哪些应用？

4. 为什么课本上的面积单位都用正方形来表示？

5. 如果忘记了公顷和其他面积单位之间的关系，用什么方法能够记住它？

……

三、构建知识，丰富表象

1. 观察一组生活中的图片，再现公顷的实际大小。

引思：1 公顷究竟有多大？

2. 再现长度单位

（1）引导学生回忆常见的长度单位：毫米、厘米、分米、米。让学生用手势比画长度。

（2）追问：这些长度单位之间的进率是多少？

（3）推想：按照这样的关系，你觉得和米相邻的下一个单位是什么？（十米）接着是哪个长度单位？（百米）

3. 由长度单位建构面积单位

（1）1 平方厘米的大小是怎样规定的？让学生闭眼想象。

（2）边长是 1 毫米、1 分米、1 米的正方形的面积分别是多少？它们之间的进率是多少？请学生闭眼想象这些面积单位的大小。

（3）认识“平方十米”。

边长是十米的正方形面积可以怎样命名？

1 平方十米究竟有多少平方米？请学生自己推算。

举例：28 位小学生围成一个正方形，面积大约是 1 平方十米。

2 个教室地面的面积大约是 1 平方十米。

让学生自己尝试举例。

（4）认识“平方百米”（公顷）

边长是一百米的正方形面积可以怎样命名？

1 平方百米究竟有多少平方十米？ 1 平方百米究竟有多少平方米？请学生自己推算。

教师讲解：1 平方百米也叫 1 公顷。公顷是它的“小名”，在中国习惯称这样呼它。

推算：我们教室地面的面积是大约是 50 平方米，算一算，多少个这样的教室地面面积大约是 1 公顷？

让学生闭眼想象，再举例说明 1 公顷的大小。

追问：比平方百米更大的面积单位还有哪些？

（5）记忆面积单位的方法

借助手指，让学生记忆常见面积单位之间的关系。

师：平方毫米、平方厘米、平方分米、平方米、平方百米这五个单位怎样放在这五个手指上？

让学生自己尝试放，试着说理由。

追问：平方十米这个面积单位放在哪里？为什么？

请学生伸出手指，记忆学过的面积单位。

四、强化应用，感受价值

1. 基本练习

5 公顷 =（ ）平方米

80000 平方米 =（ ）公顷

0.45 公顷 =（ ）平方米

2. 修改日记

马小虎的一段数学日记：

我们一家在 1 平方厘米的方桌上吃午饭，我一不小心把 1 平方分米的门 牙磕坏了，鲜血直流。妈妈赶紧掏出一块 4 平方米的手帕，捂住我的嘴巴，爸爸抱起我向占地 1 平方米的门诊楼跑去。

小朋友的一段数学日记：

强强学习的教室面积约为 500000 平方厘米，感觉明亮又宽敞；课桌的面积为 0.4 平方米，两个人合用感觉有点挤；强强的橡皮的一个面的面积约为 0.12 平方分米，是全班最大的……

先让学生尝试修改，再让学生体会这些面积单位不适合，应该改为：

教室面积 50 平方米

课桌面积 40 平方分米

橡皮面积 12 平方厘米

3. 拓展练习

开发商的广告

小区简介：本小区环境优雅、景色宜人，是绿色花园模范小区。占地面积 14 公顷，其中公馆、儿童游乐场、老人健身房、网球场、道路等公共设施占地 2.5 公顷，绿化面积达 5 公顷。

图图在小区里走了一圈，发现该小区共新建了住宅楼 80 幢。图图估计了一下每幢楼的长约 102 米，宽约 11 米。请你帮图图一起算一算，房屋开发商的广告是否真实？

4. 常识介绍

1 公顷绿荫在夏天相当于 189 台空调的制冷效果。

1 公顷湿地 1 年可以释放 600 千克氧气，吸收 900 千克二氧化碳。

1 公顷森林一年可以制造 32 吨氧气。

五、观察板书，完善认知

引导学生观察板书，让学生谈这节课最大的收获。

21. “线段、直线和射线”课堂实录与反思

顾志能
（浙江省海盐县教育研究中心，特级教师）

※ 课前思考

“线段、直线和射线”一课是小学四年级的教学内容，它承载着引导学生完善几何知识体系和进一步发展空间观念的重要任务。

当前的教材编排，直线和射线都是基于线段而产生的（图 1、图 2），学生在二年级学过线段这个知识点，所以这节课一般是从复习线段入手，依次教学直线和射线。

把线段向两端无限延伸，就得到一条直线。

图1

把线段向一端无限延伸，就得到一条射线。

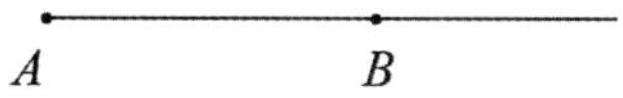

图2

这样的编排体系，跟以前是不一样的。如 1995 年浙教版小学数学教材，就是在二年级时先教学直线和线段（图 3），然后在五年级时再教学射线（图 4）。其他版本的教材也类似。

直线 ____________

直线可以向两端无限延长。

线段 ___|________|___

直线上两点间的一段，叫线段。

图3

直线上的一点把这条直线分成两部分，这一点一旁的部分就叫射线。这一点就是射线的端点，射线可以向一个方向无限伸展。

图4

现在的教材为何反过来编排了呢？据笔者所知，这样的调整，体现了“从教材知识逻辑走向学生认知逻辑”的理念。因为在欧氏几何里，直线是原始概念，线段、射线都是基于直线而产生的，所以先教直线再教线段和射线，这符合欧氏几何的知识逻辑。但是，因为直线太过抽象，低年级学生不太好理解，而线段相对抽象度不高——可度量、可找到一些“生活原型”等，所以在二年级时先行教学，

然后随着学生心智的发展，中高年级再学习抽象度高的直线和射线，这样的编排更符合小学生的认知逻辑。

那么，按现在教材的编排方式开展教学，逻辑顺畅，还有什么问题呢？我们觉得，这样教学与学生认知逻辑（主要是思维发生发展的过程）的切合度还是不够，下面以直线的教学为例试作分析。

其一，看图 1 可知，直线是基于线段向两端无限延伸而得到的。很多教师按此思路，引导学生根据这个发生式的定义去尝试表征直线，然后感受特征，认识形状。然而，如此教学引入，显然忽视了学生对直线的已有知识状况——学生在本课之前，难道没见过直线？他们对直线的已有认知是怎样的？这些已有认知是否有可利用的价值……对这些事情，教师一般缺少关注和研究，因此实施的教学，还没有紧密切合学生的思维。

其二，根据教材的定义，学生得到的直线是线上有点的（如图 1 所示）。但学生看到这样的直线，头脑里是有疑惑的：这直线怎么跟以前见过的直线不一样？——学生见过的直线都是线上无点的。这种疑惑心理在新课学习后会更强烈，因为学生后续遇到的直线又都是没点（如图 5 是课后练习）的了。

下面的图形，哪些是直线？哪些是射线？哪些是线段？

图5

上述的学生疑惑，说明简单地按教材照本宣科，与学生思维的过程并不完全切合。的确，直线形状的有点和无点本质上是一样的，但其“演变”过程究竟是怎样的？如何说理，如何打通，概念建构的过程如何对接学生思维发展的过程……教材的内容，需要我们基于学生思维进一步优化其使用逻辑。

为把握学生的认知基础和心中想法，使教学更切合学生的思维，我们开展了前测。

小朋友，你听说过线段、直线、射线这三种线吗？你会画这三种线吗？请你画一画，不会画的小朋友也请尝试想象着画一画。

前测结果让人吃惊，因为超过 90% 的学生都能正确画出直线，而射线基本上没人会。

全班40人(城镇学校某班)			
线段	画对35人	画成直钱的有5人	0人未画
直线	画对38人	画成线段的有2人	0人未画
射线	画对3人	画成直线的有15人，画成发散状的有6人。画成由线的有2人……	10人未画

直线没教过，学生怎么会画对呢？我们更换班级，针对直线再进行测试。如下：

小朋友，你听说过直线吗？请你试着画一画。画完之后，请你写一写，为什么你认为你画的这条线就是直线？

学生的正确率极高！看来，绝大部分学生都能画出直线。那么，他们心里是怎么想的呢？摘录部分学生的想法：

全班45人（城镇学校某班）	画对45人	
全班33人（农村学校某班）	画对29人	4人画成线段

因为直线是直的。

因为这条线直直的，没有弯。

因为直线是很直很直的。

因为我画的这条线是直的，不弯，不曲，不抖。

……

原来，几乎所有的学生都认为：直线就是直的线！

根据前测结果，结合课前分析，我们隐约地感受到了一条更切合学生思维发展过程的教学路径。那么，怎么实施教学呢？课堂是检阅我们想法的最好阵地。

※ 课堂实录

一、初画直线：暴露学情，激发兴趣

（通过课始谈话，学生都认为自己会画直线，教师请学生画出）

两位学生画在黑板上：

校对，全班学生画法相同；教师补充两种画法，学生都同意这样的线也是直线。

师：你们觉得，什么样的线叫直线？

生1：直线就是直的，没有拐弯的线。

生2：直线就是直的线，没有弯的，向什么方向没关系。

生3：我觉得直线就是一条笔直笔直的线。

师：你们的意思是说，直线就是一条——

生：直的线。

师：哦，原来你们都认为因为这些线是直的，所以叫直线！孩子们，如果这样理解，那说明你们对直线的认识还是不够的。（学生都显现出极大的关注）

师：直线还有一个更大的特点！请看屏幕，一起读。

生（齐）：直线是一条向两端无限延伸的线。

师：理解这“向两端无限延伸”吗？（教师手势表达）那你刚才画的线，难道就是一条无限延伸的线吗？（学生似乎有点感觉）

师：那么，如果要表示出“无限延伸”直线，它到底是长什么样的？不知道你现在有没有新的想法？如果有，那请你再画一画吧。

【设计意图】根据前测，我们知道，关于直线，学生自以为都“已知”，实则却是“未知”。所以，课始顺应学情，直接让学生画直线，然后放大处理，充分暴露学生的前概念，在此基础上，设置一个有意义的认知冲突。如此切入教学，符合学生的认知基础，激发了学生的学习愿望，效果较为理想。

二、再画直线：扣住特性，初步感知

（学生再画，教师巡视、反馈）

作品1：

师：同学们，这是什么意思，老师没看懂，谁来解释一下？

生1：他把这条线画到纸的两边了，表示无限延伸。

师：哦，原来是这样。那么，同学们，这条线就表示出无限延伸了吗？

生2：没有，因为它不够长，它就只有一张的宽度那么长，还是有限的。

师：是呀，这条线并没有把无限延伸表示出来。下面，大家来看第二种画法。

作品2：

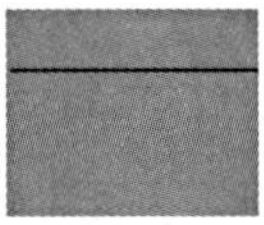

师：这位同学把无限延伸表示出来了吗？

生：还是没有。

师：为什么？他都已经把纸横过来了呀？

生 3：这条线还是有限的，它的长度无非就是这张纸横过来的长度，只不过比刚才这条线稍微长一点而已。

师：是呀，同学们，要是你们都这样想，那么别说你这张小小的纸了，老师就是画在大黑板上也不行。不信？那我们来试试看。（教师在黑板上画一条长长的线）

师：长度够了没有？（没有）怎么办？（还要延伸）够了没有？（还要延伸）（线不断变长，逐渐撑满黑板，学生还是说不够，说要延伸到地板，要延伸到地球中心……）

生：要延伸到宇宙深处，到无限远的地方！（课堂气氛热烈，学生若有所思。）

【设计意图】引导学生扣住直线“向两端无限延伸”这个特性，尝试表征。尝试、反馈、说理的过程，尤其是跟着教师在黑板上经历画、想、说直线的过程，不断地感知着“无限延伸”的特性，增强观察比较和空间想象等思维的能力。

三、三画直线：个性表征，强化感知

师：同学们，直线是人们想象的产物，它是一条无限延伸的线。要想在有限的材料中把无限的线全部画出来，显然是不可能的。那么，到底怎么样才能把直线无限延伸的特点表示出来呢？你现在又想到什么好办法了吗？再试试看吧。

（学生再画，教师巡视，了解情况，再次反馈）

作品 3：

师：看得懂他的想法了吗？（有学生做了解释，其他学生都认可）

师：好的，那以后全世界的人就这样画直线吧，你觉得怎样？

生 1：我觉得不行，写了中国字，外国人看不懂呀。

生 2：那就写英文。

生 3：写英文也不行，别的国家的人看不懂呀。

生 4：那这样还不得把全世界所有的语言都写上去？（大家哈哈大笑）

师：是呀，这样表示无限延伸的想法很好，但看来还有点小问题。我们来看第二种画法吧。

作品 4：

生：我用箭头表示无限延伸，两个箭头就表示可以向两边无限延伸。

师：这个办法真有创意，来点掌声！那么，同学们，以后我们画直线就这么画吧？

生 5：那不行，这样别人怎么知道你是在表示这个意思呢？

生6：我觉得这样会跟我们平时画的箭头串混了，别人不知道你画的是箭头，还是表示无限延伸。

师：是的，同学们，这位同学的想法很有创意，非常好。但是这种方法，别人不太容易理解，也容易混淆，所以我们数学上不是这么画直线的。来看下一种。

作品5：……————————……

师：谁读懂了她的心思？

生7：她用省略号就代表两端省略了无限延伸的线。

生8：这种方法也有问题……

师：是的，这种想法很好，可是数学上的直线也不是这么画的。

【设计意图】从学生呈现的作品来看，学生努力地以符号化的方式表征着“无限延伸”。无论是标文字、用箭头还是用省略号，都展现出学生符号化思想的发展，都绽放出学生的个性思维和创造能力。虽然各种方法再次被否定，但学生对“无限延伸”的感知却在不断地增强着、累积着……

四、四画直线：突破束缚，回归数学

师：那么，直线向两端无限延伸的特点，到底怎样才能表示出来呢？（学生一筹莫展了）

师：同学们，数学的知识，我们要用数学的眼光去观察，用数学的方法去分析。今天我们画不出直线，但是以前的线段我们都能画出来吧？（教师随手在黑板上画一条线段，学生齐说特点，教师板书：两个端点。）

师：这两个端点有什么用呢？

生9：端点就是挡住了这条线，不让它再过去了。

生10：端点就是限制了这条线的长度，这条线就表示只有从这里到这里那么长。（学生手势示意两点间的部分）

师：对了，线段有两个端点，说明我们要研究的就是两点间的这一段。只有一段，所以就叫线段，这一段的长度是有限的。（板书：长度有限）

师：这就是端点的作用。现在，你能不能从线段里面汲取一些智慧，想一想，要表示出一条向两端无限延伸的线，有什么好办法吗？（教师引导：只要将线段做一点点巧妙的变化，就能得到直线。）

（学生自由讨论，同桌交流，再尝试，很多学生纷纷表示找到了好办法，教师反馈）

作品6：————————

生 11：线段有两个端点，我觉得这两个端点阻止了它无限延伸，要是把它的两个端点去掉，就可以无限延伸了，因为它没有挡着的东西了。

师：同学们，你们听懂了没？谁再来说一说。

生 12：只要去掉两个端点就能表示出无限延伸了。（学生纷纷附和）

生 13：我还有一种办法。我把这条线冲破这两个端点，画到端点的外面去，这样不就说明它是向两端无限延伸的了吗！（见作品 7）

作品 7：

（学生受到启发，都认为这也是好办法）

师：同学们很厉害，都从线段里面找到了智慧。对的，这两种画法都正确，都表示出了直线向两端无限延伸的特点。我们再来梳理一遍吧！

教师引导学生再次分析两种画法的原理，并帮助学生理解第二种画法中的两个点不能叫端点，最终得出直线的特征：没有端点，向两端无限延伸。（板书）

师：也许有同学觉得不服气——课一开始的时候，我们不是画出过这样的直线吗？当时为什么没说我们画对了？（点着师生最开始时画在黑板上的“直线”，学生嚷道：“是呀，我们一开始就画对了！”）

师：同学们，开始时你们说什么是直线？（直的线）对，你们只看到它们是直的。但是现在，你们除了看到它们是直的之外，你们还想到了它们是——向两端无限延伸的！

师：对了，同学们，如果你们看到直线就能想到这些特征，那说明你们真正掌握直线这个概念了。而且，对直线的这种认识，在以后的几何学习中非常重要。

※ 课后反思

引导学生的思维回归到数学上。他们在教师的引导下，借助对线段端点的理解，通过再次的探究，对“无限延伸”的表征得到突破。这样，用数学的方式表征直线的方法学会了，直线上有点无点之间的情况打通了，数学思维方式的美妙体悟到了，对直线的原始认识发生了质的提升。

课的后续是射线的教学，很简略；然后是通过练习，教学用线上的点给线命名的知识，让学生感受到线上有点的用途；最后是沟通三种线之间的关联。限于篇幅，本文不再具体介绍。

一节形式朴素、过程创新、效果理想的“线段、直线和射线”课产生了。回顾该课的研究，我们觉得，成功的关键在于我们寻找到了一条更切合学生思维发展的教学路径。

教学导入时符合学情。我们准确暴露了学生对直线的已有认知——以前见过直的线（线上无点），教学从学生的已有认知起步，基于此制造认知冲突，激发学生兴趣，引发学生不断深入探究。奥苏伯尔说过："影响学习的最重要因素是学生已经知道了什么，我们应当根据学生的已有知识状况进行教学。"精准、有效的教学导入，那是好课的基础。

教学推进时顺学而导。我们关注了学生的学习心理，顺应了学生的思维，引导学生由浅入深地开展了探究活动。从画满整张纸，到个性化创造性表征，到"无路可走"，学生不断增强着对直线认知的渴求，加深对直线本质特征"无限延伸"的感知，发展空间想象的能力。这样展开教学，精准切合学生思维发展的过程，使学生真正理解与掌握所学知识。

知识形成时有效释疑。我们既启发学生借助对线段端点的处理获得直线的两种画法，又引导学生将新学的直线与原来的"直线"进行对比。如此设计，学生不仅清晰地感受到了新旧知识之间的联系，更深刻地理解了直线上有点无点的含义。学生心中疑问真正消除之际，就是思维水平突破提升之时，更是直线概念真正建构之时。

教学，只有更贴合学生的思维，才会展现出更精彩的教学过程，才会收获更理想的课堂效果。

22. “直线、射线和角”教学设计（课例一）

杨雨
（河北省雄安新区容城县教师发展中心，青年名师）

※ 教学过程

一、课前谈话，创设教学情境

播放歌曲《敢问路在何方》。

师：同学们，你们知道刚才播放的是哪部电视剧的主题曲吗？（生：《西游记》）

师：《西游记》里有许多典型的人物，你最喜欢的是谁？能跟老师和同学们一起分享一下吗？

师：你们想不想知道老师最喜欢的是谁？

师：你们看（出示课件），他是谁？（孙悟空）他有一件非常厉害的武器，是什么？

学生回答。

师：昨天，老师到花果山借来了孙悟空的这根金箍棒，可是临行前他让我给同学们带来了几道难题，你们怕不怕？（不怕）我也相信同学们上课只要认真听，细心想，一定会有精彩的表现。

二、复习引入

师：同学们看（出示金箍棒），现在给你一把直尺，你能测量出它的长度吗？怎样测量？

（0 刻度和金箍棒的一端对齐，看另一端对着多少就是多少。）

师：像这样一条直直，有起点和终点的线，叫什么？（同时出示课件）

学生回答。

师：那么，线段有什么特点呢？……

看来呀，关于线段的问题是难不住你们了。

三、探究新知

1. 直线的教学

师：同学们都知道孙悟空的金箍棒千变万化，老师也学了一两招。你们看：（演示金箍棒两端延长）金箍棒有什么变化？它的哪端在变长？（两端）

师：如果用线来表示会怎样？我们看：（出示直线的课件）

这是一条直的线，它可以向两端无限延伸，延伸、延伸……再延伸的话，就穿到屏幕外面去了。

在数学上，我们把这种没有端点，可以向两端无限延长的直直的线叫直线。（板书：直线。）

好了，请闭上眼睛，静静地感悟一下，听听老师对直线的描述（闭眼）：直线是直直的，它没有端点，可以向相反的两个方向无限延伸，它可以穿过屏幕，穿出这间教室，穿过操场，穿出地球，穿向茫茫宇宙，无限地延伸延伸延伸，永远都没有尽头。

好了，睁开眼睛，通过刚才老师的描述，你能说说直线有什么特点吗？

学生回答。

师：同学们真棒。因为直线是无限长的，我们画的时候呀，不可能画完，只能画其中的一部分。（教师边说边画一条直线）。看到了吧，画直线比画线段更简单，你想画多长，就可以画多长，想画多短，就可以画多短。明白没有？

生：明白了。

2. 射线的教学

师：孙悟空的金箍棒不仅可以像刚才一样变化，还可以这样变，同学们看（立在桌上一端无限延长），现在金箍棒也变长了，和刚才一样吗？怎么不一样？

学生回答。

师：如果也用线来表示会怎样？我们看：（出示射线的课件）

请闭上眼睛，静静地感悟一下，它是直直的，只有1个端点，可以向一个方向无限延伸，它也可以穿过屏幕，穿出这间教室，穿过操场，穿出地球，穿向茫茫宇宙，无限地延伸延伸延伸，永远都没有尽头。

好了，睁开眼睛，在数学上，我们把这种只有1个端点，可以向一端无限延长的直直线叫射线。（板书：射线。）

师：射线有什么特点呢？

师：像射线这样只有1个端点，可以一端无限延长的现象，你在生活中见过吗？

学生回答。

预设举例：（太阳光、手电筒……）教师展示一些图片。

师：你们对生活中的现象观察得真仔细。长大了肯定会成为一个了不起的人。

师：认识了射线，你们知道射线的画法吗？请个同学来说说。

预设：先画一个点，然后向一个方向引出一条直的线，就得到一条射线。

师：说得真好。让人一听就明白了。大家会不会画射线？

生：会。

师：想不想画一条射线？

学生回答。

师：想啊，那有的是机会。我们等一下再画。

3. 区分线段、直线、射线

师：现在我们认识了三个线条朋友：线段，直线和射线。它们之间有什区别？你们能区分它们吗？

学生回答。

那好，我们来区分一下，以小组讨论的方式，完成下列表格（表格略）。（出示课件）开始讨论吧。

师：好了，讨论结束。老师也把这个表格填好了，和老师的这个参考答案比较一下，你们认为自己小组填对了，请举手。

师：看来呀，同学们的学习能力很强，真不错。

4. 实践活动

师：刚才同学们不是想画射线吗？那我们就来比一比，做个游戏，想不想？听好游戏规则：先在纸上画一个点，然后从这一点出发，看你在 20 秒的时间内可以画多少条射线。明白没有？

生：明白了。

师：好，比赛开始。

时间到，停止。汇报一下，你们都画了几条射线。（投影展示学生作品）

师：如果老师给你们时间，还能画吗？

生：能。

师: 那我们是不是可以得出这样一个结论: 从一点出发, 可以画无数条射线。

5. 角的教学

（1）认识角

师：现在老师又要变魔术了（遮挡射线，只剩两条）现在这种图形还认识吗？是什么？

（同学们的眼光真敏锐，能够用数学的眼光来观察和分析事物。的确，这个图形就叫角。板书：角。）

教师引导学生一起画角。

师：根据我们对角的认识，你能说一说什么是角吗？

学生自由说，教师适时出示课件。

（2）判断角（出示课件）

说一说图形（1）、（4）（图略）不是角的原因。

（3）角各部分的名称

两条射线相交的那一点叫角的顶点。两条射线分别叫角的边。

师：一个角有几个顶点、几条边？

结合实物指出角各部分的名称。

（4）角的表示方法

师：知道了角各部分的名称，那么这个角又怎样表示呢？想不想知道？

数学上，角通常用符号“∠”来表示。要想表示这个角，就在角的内部靠近角的顶点处画一条弧线，旁边写上1，记作∠1，读作角1。

用同样的方法表示自己画的角。

（5）比较角的大小

①比较大小、两个三角尺中相同角的大小。

学生猜→教师演示→得出结论。

②利用活动角旋转一条边。

同桌合作活动→汇报发现→教师演示概括。

③用一句简短的话概括角大小变化的规律。

四、课堂巩固

师：大家的表现真不错，可是你们能经得起美猴王孙悟空的考验吗？

那就试试吧！

完成“勇闯智慧岛”的1—4关。

五、课堂小结

师：时间过得真快，这节课该下课了。我想问问大家，这节课开心吗？觉得自己有没有收获？有什么收获？同桌之间互相说说，自己这节课都有哪些收获。

23. “直线、射线和角”教学设计（课例二）

郑水忠
（宁波国家高新区外国语学校，特级教师）

※ 教学过程

一、活动中探新复旧

1. 学习射线

（1）课件出示几幅激光束图片，问：你看到了什么？它们有什么共同的地方？闭眼想象无限延伸。

（2）你能把刚才想到的线在纸上画出来吗？教师巡视搜集学生作品（描述式的、不用尺子的、未标端点的、画到纸边沿的、规范的等各类情况，教师自己也要提前准备上述各种情况，以备学生素材单一时之用）。

（3）反馈交流：

①投影描述式的，找到发光点和向何处无限延伸？

②投影未用尺子、铅笔作图的，明确射线必须是“直的”。

③投影画到纸边沿的情况，问：你是怎么想的？这样是否就画完了呢？如果要一直往下画，需要一张怎样的纸？

④师：看来这种线是可以无限延伸的，我们可以想象出它的这一特点，但要真的把它全部画出来，是不可能的。但为了数学交流的需要，我们还是要选择一种合适的方式来表示它，老师这里还找到一个同学的画法（教师展示规范画法），我们请这个同学来说说他的想法。你们知道，像这样的线在数学中叫什么线吗？

⑤教师示范画射线，学生尝试规范画一条射线。

（4）初步应用

①教师用激光笔照射墙面，谁能上来指一指这条光线的路线？它是射线吗？为什么？板书线段，并画线段。

②那应该怎么照？教师照向室外，指名一学生指光线，一直跑到教室外。

师：他指完了吗？能指完吗？如果照到远处被某棵树挡住了，是什么线？要怎样才可以近似地看成是射线？

2. 学习直线

（1）刚才还有一个学生画的射线是这样的（呈现未标端点的图），你们有没有什么建议？如果没有端点，会出现什么情况？请大家闭上眼睛想象一下这个情况。

（2）教师课件演示直线向两端无限延伸，问：这样的线叫什么？我们画的时候是否也要向两边不停地画下去呢？教师板书：直线，示范画直线。

（3）生活中你见到过直线的例子吗？课件呈现孙悟空图，演示金箍棒不断变长，直至长出屏幕。

3. 沟通比较特征

（1）刚才我们又认识了哪些新朋友？你能用手分别比画一下线段、射线、直线的各自特征吗？引导向各种方向。

（2）独立思考：线段、射线和直线之间有什么不同的地方？

（3）四人小组交流自己的想法（交流的同时，教师下发表格）。评价交流的情况。

（4）四人小组合作填写表格。（教师此时在黑板上画表格）

（5）反馈交流，教师板书。

	图形	端点个数	延伸情况
线段		2个	不能
射线		1个	一端无限
直线		没有	两端无限

（6）同桌之间再次交流三者特点。

（7）初步应用。完成练习纸第 1 题。

写出下列各种线的名称。

反馈后总结共同点并完善板书表格。

4. 初步应用

（1）体验经过一点可以画无数条直线。

学生在纸上用笔尖点一个点，思考：经过这个点可以画几条直线？先想象一下，然后再画。

课件展示直线逐渐增多到最后爆炸式增长情景。

（2）体验从一点出发可以画无数条射线。

课件出示一个点，问：从这点出发，可以画出几条射线？回答后课件演示若干条。

5. 学习角

（1）结合刚才所画射线图，从中抽出一部分（角）（课件演示，抽出几个不同开口朝向的角），问：这是什么图形？

（2）这么多各种形状的图形为什么都可以叫角？它们都有什么共同的地方呢？学生独立思考。

（3）同桌交流后反馈。学生说都有一个点时，教师就课件演示一个点，并板书一个点。学生说到两条边时，教师引导说出边是两条射线，课件演示从刚才的点出发引出两条射线，并板书：两条射线。最后完善角的概念。

（4）根据这个定义，你能用手比画一下，角该怎么画吗？

（5）教师示范角的画法后，学生试画两个开口朝向不同的角。

（6）教师介绍角的各部分名称及表示方法。强调角的符号不要写成小于号。然后学生试标刚才所画两个角的各部分名称及表示方法。

三、检测中完善认知

1. 练习纸结合课件反馈。

2. 看下面几幅图，你想到了什么？

3. 判断

（1）两条射线一定可以组成角。

（2）下面这条直线的长度是 5 厘米。

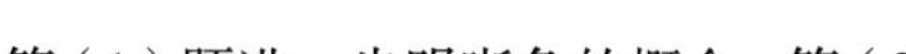

第（1）题进一步明晰角的概念，第（2）题明晰直线和射线是不能度量长度的，而线段是可以的。进一步补充板书。

4. 同时经过下列两点可以画几条直线？

学生比试画后，交流。

四、总结揭题

今天学习了什么知识？如果取个课题，你会怎么取？你还有哪些收获？还有什么问题？

24. “角的度量”课堂实录与反思（课例一）

华应龙
（北京第二实验小学，特级教师，正高级教师）

※ 课前思考

关于“角的度量”一课，我的问题和困惑是：

1. 以往的教学，我们让学生量了很多的角，各种各样的角，学生感受到了量角的用处吗？量角的大小是屠龙之技，还是生活中必不可少的技能？

2. “角的度量”一课教学的难点是什么？为什么会有这样的难点？量角器的结构很复杂。量角之前先要认识量角器，那认识量角器的什么呢？怎么认识量角器？教师交代“中心点”“零度刻度线”“内外圈刻度”，到底是为了让学生会去量角，还是为了教师教时表述的方便？教学中简要概括出了“二合一看”“0度刻度线在左边看外圈，0度刻度线在右边看内圈”等话语，为什么学生还是不会量角？

3. 我们的教学有三个层次：教知识，教方法，教思想。以前我们只是教了量角的知识和技能，那么这一节课可以给学生什么方法和思想的提升呢？

经过查阅资料，思考消化，和老师们交流，比较选择，最后我确定这样来解决这三个主要问题：

1. 关于情境问题

刚开始，我搜寻生活中的角，发觉生活中的角都不需要量，因为大多数的角是直角。后来发现衣柜里衣领的角千差万别，我很兴奋。进而发现牙刷上也有非常讲究的角，椅子靠背向后倾斜一定的角……

怎么设计出好的问题情境呢？开始，像我讲“初步认识分数”一样，创设一个父子对话的情境，很有趣。因为在电话中对角的大小没法比画，也不好拓印，必须量化表达。什么图形呢？扇形玻璃，一个圆心角 60 度，另一个圆心角 150 度。学生可以用三角尺上的角去比。用 60 度的角去比，分别是 1 倍、2 倍多。如果再用 30 度的角去比，精确些了，分别是 2 倍、5 倍。如果不是这样正好整倍数的呢？用来量的角再小一些就好了。这样既达到了教材的编写目的，又很好地解决了教材上用小角量角不易操作的问题。

可是，和其他老师们讨论时，觉得这个情境不真实，是“伪情境”。

再创设什么情境呢？我从孩子们的生活中搜寻着。我画出一个滑梯，又画出一个角度小一些的滑梯，想让学生选择喜欢玩哪个滑梯。后来，我接着画了一个角度更大的滑梯。“谁敢玩这个滑梯？”哈哈，哈哈，我禁不住笑出声来。“你为什么笑了？”“滑梯的角多大才合适呢？”

把所思考的问题及其条件进行理想化假设，当假设被一步步地推到极端时，问题的实质就会水落石出。我以为：这样的情境简单地引出了问题，有趣地体现了作用，还巧妙地埋下了伏笔。就像潘长江说的：“浓缩的都是精华。”

2. 关于认识量角器

认识量角器的什么？又怎么认识量角器呢？我回忆起学生拿着量角器手足无措，茫然无绪，往往是用量角器的直边和圆弧夹的角比在要量的角上。原来学生找不到量角器上的角。因此，我让学生讨论：这是不是角，能在量角器上找到角吗？我大胆地想：能让学生先画角再量角吗？进而，我再追问：“量角的本质是什么？”重合。如果在量角器上清晰地找到角了，量角就迎刃而解，应该不是什么问题了。因此，我决定让学生在量角器上画角，学生画完角，再交流有没有不同的角，这样顺势就可以介绍“中心点”“零度刻度线”“内外圈刻度”“1 度的角”“度数的写法”等等。

我们提供给学生量的角，往往是开始的几个开口向右，然后才开口向左。我现在觉得，那样做是我们在有意制造难点。先让学生形成动力定型，然后再改变。哈哈，我们是在干什么呢？因此，我这次的设计，第一个开口向右，第二个开口就向左。实践表明：效果很好，大部分学生没有问题，个别学生出现问题正好是难得的资源。整节课上，我没有设计看图读角度、看图判断量角器摆放得对不对的习题，而是从学生的学习过程中捕捉值得讨论的话题。学生是我们的教育对象，也是我们的教育资源。

3. 关于度量意识

角的大小是一种二维特征，和长度的一维特性有着较大的差异，但以数量来刻化特征，它们又具有一致性。几经推敲，我确定了在一个长方形上做文章，从长度、面积、角度等维度的归纳中帮助学生建立起度量意识。华罗庚的话起到画龙点睛的作用。

两年前，我上“角的度量”，组织学生经历角的度量单位的统一和产生的必要，我享受了学生用直尺成功解决两个角比大小等智慧的方法。但这次我想就突破量角这一操作技能课的难题。因此，确定的教学目标是：①认识量角器、角的度量单位。②会用量角器量角。③感受量角的意义，进一步形成度量意识。

※ 课堂实录

一、创设情境，引入课题

师：孩子们请看屏幕。（出示第 1 个倾斜度比较小的滑梯）玩过吗？

生：玩过。

师：滑梯谁没玩过？！（出示第 2 个倾斜度稍大的滑梯）想玩哪个？

（大多数同学说："第 2 个。" 老师出示第 3 个倾斜度比较大的滑梯。"第 3 个。"大多数同学不禁笑着改变了主意，"第 2 个"。）

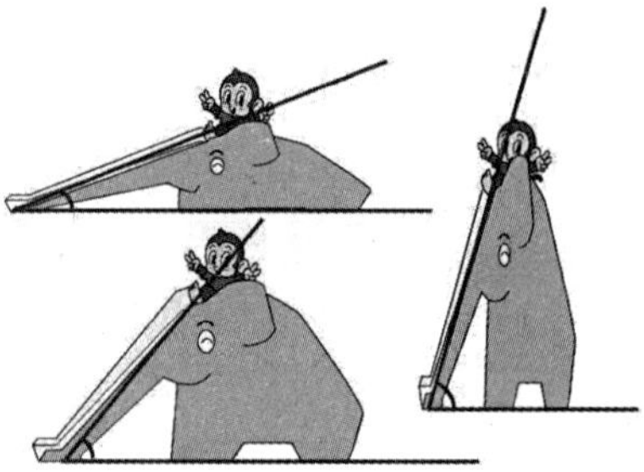

师（笑着）：有人笑了，笑什么？

生：第三个太斜了。

师：这个"斜"字用得很好。

生：第 3 个太陡了。

师：那这三个滑梯不同在哪呀？

生：这三个滑梯有高有矮。

师：对，有高有矮。还有什么不同呢？

生：有胖有瘦。

师：哈哈……是，有胖有瘦。你说呢，小伙子？

生：有宽有窄。

师：（惊讶状）还有宽有窄。说出的这些都有点像。不过有一个很重要的不同，那需要有数学的眼睛才能看得出来。

（众生：角度！）

师：哎呀，厉害！是不是这样啊？（抽象出三个角。）

生：是。

师：最主要的是因为他们的角度不同。（隐去两个角，留下第 2 个滑梯的角。）那么滑梯的角多大才算合适呢？这就需要量角的大小，是不是？

生：是。

师：今天这节课我们就一起来学习——（板书：量角的大小）

二、自主探究，认识量角器

师：怎么量角的大小呢？

生：用量角器。

师：（一怔，轻声问同学）用量角器，同意吗？

（学生异口同声：“同意。”）

师：（板书：量角器）都知道啊？那会量吗？

（好多学生：“会。”）

师：先来试试看，好不好？

生：好。

师：华老师发的纸片上有一些角，我们先用量角器试着量一量∠ 1。

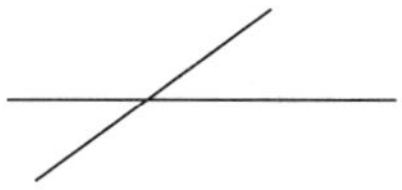

（学生尝试用量角器量∠ 1。）

师：（巡视中）哟，真会动脑子，虽然没学过，有的人还真量对了。有人虽然不会，但在动脑子，我觉得也挺好的。小伙子，带着你的量角器，到投影这儿来，把你的方法展示一下（如下图）。

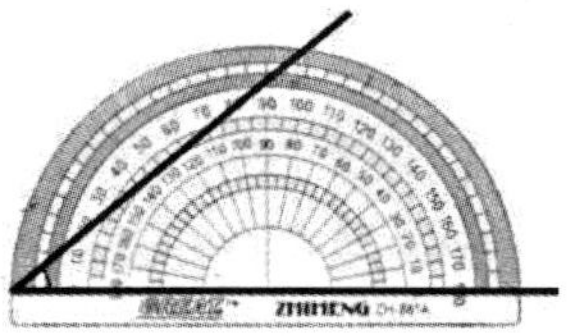

（该生投影自己的量法后，有同学小声嘲笑，老师摇头制止，示意学生解说。）

生：我先用这个尖放到这个角上，然后看这条边。

师：那这个角多大呢？

生：不知道。

师：（摸着学生的头，微笑着说）还没学，不会很正常，但敢于尝试值得表扬。我提议大家为这样敢于尝试的精神鼓掌！（鼓掌。）以前我们量长度的时候，就是这样从 0 开始的。这一点你做得非常棒！（热烈的掌声。）要量角的大小，他已经想到了用角来比着，真不简单，这个思路是正确的！我提议大家再次鼓掌！

（演示的学生在同学们起劲的鼓掌中坦然回到自己的座位。）

现在的问题是我们从量角器上能找到角吗？

（有学生指着量角器的一端。）

师：这是不是角？认为是角的，请举手。有几位？大部分同学不同意，为什么？

生：（指着量角器的圆弧）这条边不是直的。

师：我们已经知道了角是由一个顶点、两条边组成的（板书：角，顶点，一条边，另一条边），并且这两条边都是直的，都是射线。那现在来看看，（指量角器的一端）这是角吗？

（众生：不是。）

师：这不是角，那量角器上有没有角？角在哪儿？

生：这是一个角。（用手比画一个直角。）

师：这是一个角吗？

生（众）：是。

师：这个角多大呢？

生（众）：90度。

师：大家注意这个角的顶点在哪里？这个角的顶点就是量角器的中心点。（板书：中心点）这条边上有一个“0”，所以这条线叫0度刻度线。（板书：0度刻度线）她刚才指的另一条边就是90度刻度线。我发的纸片反面印了四个量角器，在第一个纸量角器上画一个90度的角好不好？

（学生安静地画直角。）

师：这个90度的角的顶点在哪呢？

生：在中心。

师：对！量角器的中心。一条边是这个量角器的0度刻度线，另一条边呢，是90度刻度线。我们画得怎么样？互相交流一下，欣赏一下。

（学生互相交流欣赏。）

师：在第二个纸量角器上画60度的角，尽可能和同学画的不一样，想想怎么画？

（学生安静地画60度的角。）

师：（边巡视，边说）不能随手画，角的两条边是射线，必须用尺子。

师：（挑选了3位同学画的）好，我们来看看这三位同学画的。（实物投影一个学生画的60度的角）同意吗？

生：同意。

师：（实物投影另一个学生画的60度的角）这个同意吗？

生：同意。

师：（两个 60 度的角同一屏展示）哎，这两个角不同在哪？

生：方向，一个向左，一个向右。

师：说得真好！同学们注意到了量角器上有两条——

生：0 度刻度线。

师：一个向左的，一个向右的。找到了吗？

生：找到了。

师：孩子们，我们一起来看这位同学画的 60 度的角。（实物投影展示第三个学生的画法）同意吗？

（“嗯？”学生中发出纳闷的声音。）

师：这个 60 度的角画得怎么样呢？

生：这是 120 度。

师：觉得画的是 120 度的同学请举手。

（绝大多数同学举起了手。）

师：不过，我觉得这个同学画得有道理。这里不是标着 60 吗？

生：因为从那个右面开始画，应该……

师：请上台来，我想你会说得更清楚。

生：（学生走上台）如果从右面开始画，应该看里面的，他看成外面了。所以他画的是 120 度了。

师：噢，0 度刻度线是表示起点的。从这边开始数，0 度，10 度，20 度，30 度……到这就是 60 度了。如果到这里，那就是 120 度了。看外圈的 60 度，应该从哪边开始？

生：左边。

师：对，从左边开始数，0 度，10 度，20 度，……这么转，转到这是 60 度。如果这条线不改，要画 60 度的角，怎么办？

生：从这边开始。

师：我想刚才举手的人和笑的人跟她想的是一样。佩服！不过，我觉得要感谢这位同学，是他画的角提醒我们：量角器上有两个 60 度，究竟看哪一圈，我们要想一想是从哪边开始的。

（学生主动地鼓起掌来。）

师：（课件演示，分别从左、右两条 0 度刻度线开始旋转而成内外圈刻度的角。）量角器上有两圈刻度，究竟看哪一圈，主要决定于——

生（整齐而响亮地回答）：0 度刻度线！

师：其实，我们还可以这样想，60度的角肯定比90度的角小，如果画成这样（指120度的角），就比90度大了。如果要画一个120度的角，你会画了吗？

（众生：会！）

师：那就不画了。来，挑战一下，请在第三和第四个纸量角器上分别画一个1度的角和157度的角。

生：1度？（学生纷纷怀疑自己是不是听错了？）

师：对，1度！

（学生画1度的角。）

师：画完了吗？

生：画完了。

师：相互欣赏一下，觉得画1度角怎么样？

生：（面有难色）难呀。

师：（笑着说）为什么？

生1：太窄了。

生2：难画。

生3：最小的就是10度，怎么会出来1度呢？

师：是啊，刚才就有同学说，哪有1度啊？有人能到上面来指一指1度的角在哪？

（一生指一小格。）

师：1度的角在哪儿呢？请指出顶点、一条边和另一条边。

（学生指1度角的顶点及两条边。）

师：真棒！（鼓掌）画1度的角是挺难画的。水彩笔笔头粗，我看到有同学改用铅笔画了。1度角画完了，想想看，量角器上有多少个1度的角？

生：180个。

师：是啊，全世界就是这样规定的：把一个半圆平均分成180份，每一份所对应的角就是1度的角。（课件演示半圆平均分成180份的过程）那么，量角器上有多少个1度的角？

生：180个！

我看到绝大部分同学们画的157度的角都对了。画157度的角要——

生：先找150度，再数7小格。

师：（展示一个学生的作品）从这里开始数，是157度。画得准不准呀？真准！应该给他掌声！

（师生热烈鼓掌。再展示另一个学生的作品，这个学生自己在座位上说“我画错了”。）

师：错在哪了？

生：我给画反了。

师：你同意他现在的看法吗？

（众生：同意。）

师：157 度的角应该比 90 度大。找到 157 度了，但是他的方向错了，应该从哪边开始？现在你会画 157 度的角了吗？

生：会了！

师：请看着我们在纸量角器上画的四个角。它们有什么相同的地方？

生 1：都有一个顶点、两条边。

生 2：顶点都在量角器的中心。

生 3：都有一条边在 0 度刻度线上。

（教师欣赏地频频点头。）

三、尝试量角，探求量角的方法

师：现在，请大家看着量角器，你看到了什么？

生 1：中心。

生 2：0 度刻度线。

师：（环顾全班，微笑着制止了想说“两圈刻度”的学生。）刚才画了角，你从量角器上看到了角；现在不画角，你就看不到角了？哈哈，就像一个人穿了马甲，你认识；他把马甲脱了，你就不认识了？

（众生开怀大笑。）

师：从量角器上能看到角了吗？

（众生：能！）

师：有一双数学的眼睛，我们就能在量角器上看到若干个大小不同的角。那怎么用量角器来量角呢？想一想，再试着量量∠ 1 是多少度。

（学生再次量∠ 1 的大小。大部分同学说“50 度”，也有人说“130 度”。）

师：小组内交流一下∠ 1 是多少度，我们应该怎么量角。

（学生们兴致盎然地交流着。）

师：有人说 130 度，怎么回事？怎么量这个∠ 1 ？

（请开始不会量的学生再次到台前量∠ 1。0 度刻度线没有和角的一边重合好，有些错位。）

师：同意吗？

生：不同意。

师：你哪儿不同意？用语言来提醒她。

生：她那边没对齐。

师：哪没对齐？

（学生口欲言而不能，想离开座位，上台来指点。）

师：（示意他回座位）哈哈，只能在座位上说。

生：（想了想）把0度刻度线和那条边对齐。

（老师在台前配合着指了指那条边，台上的学生将量角器放得很到位了，台下的同学纷纷说："对了，对了，50度。"）

师：（满意地点点头）你发现刚才她放量角器的时候注意什么了？

生1：角和量角器上的角重合了。

生2：角的顶点和量角器的中心点重合。

生3：0度刻度线和一条边重合。

生4：还有一条边和量角器上的边重合。

师：听大家这么一说，我觉得量角其实就是把量角器上的角和要量的角重合，是不是啊？

（学生纷纷点头。）

师：我们量角的时候，一条边和50度刻度线重合，0度刻度线和另一条边重合。这两个重合，应该先重合哪个？

生：0刻度线。

师：（看到众生同意，满意地点了点头）刚才有人说50度，有人说130度。到底是50度还是130度呢？

生：50度。

师：为什么是50度呢？

生：因为是从右边的0刻度线开始的。

师：这句话说得多好！这个"50度"还有一个很有数学味道的写法，有没有人会？（无人应声。）是这样的。（在∠1内板书：50°）这就是50度。

（众生：噢——）

师：知道怎么写了？数学就是追求简洁。每人在自己的∠1内也写一个"50°"。

（学生写"50°"。）

师：有同学写字的姿势真漂亮！写50度那个小圆圈应该怎么样？写大了就像500了。

师：现在请大家看一看∠ 2。先不量，估一估，与∠ 1 比，哪个角大？

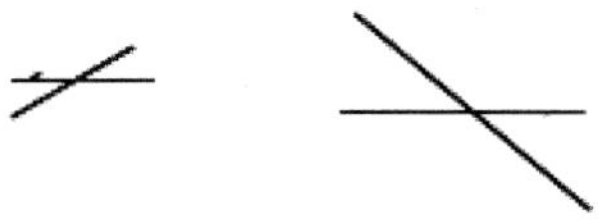

（有的说∠ 2 大，有的说∠ 1 大，有的说一样大。）

师：究竟你的判断对不对呢？量一下。

生：（迅速地说）一样大。

师：都量出来了？！是多少度呢？

生：50 度。

师：回头再想想，刚才为什么有人说∠ 2 大？

生：因为∠ 2 的边长。

师：现在你有什么收获？

生：开始以为∠ 2 大，实际上是一样的。角的大小真的与边的长短没有关系。

师：对，角的大小与所画的边的长短没有关系。当角的边画得不够长，不好量时，我们就可以把边延长后再量。最后，请大家量出∠ 3，∠ 4，∠ 5 是多少度？把度数标在角上。

（学生安静地量角，标角。）

师：（边巡视边说）同学们心灵手巧，把这三个角的度数准确地量出来了。真佩服同学们，我看到大多数同学量的都是对的。∠ 3 的度数是 115 度，有同学写的是 116 度，可以算对。因为量角的时候，可能稍微有一点误差，所以相差 2 度，我们都可以认为是对的。有人量得的是 125 度，怎么回事呢？（出示∠ 3，放上量角器。）

生：他读错度数了。

师：是的，他把量角器和∠ 3 重合得很好，遗憾的是读错度数了，方向性错误。0 度刻度线在哪？明白啦？再看∠ 4，是 43 度。

生：42 度，41 度。

师：42 度，41 度也是对的。∠ 5 是 67 度。

生：65 度，66 度。

师：三个角的度数我们都知道了，∠ 5 大于∠ 4。不量，你知道不知道∠ 5 大于∠ 4？

（有的学生说“知道”，有的说“不知道”。教师在∠ 5 的对边上画出足球球门。）

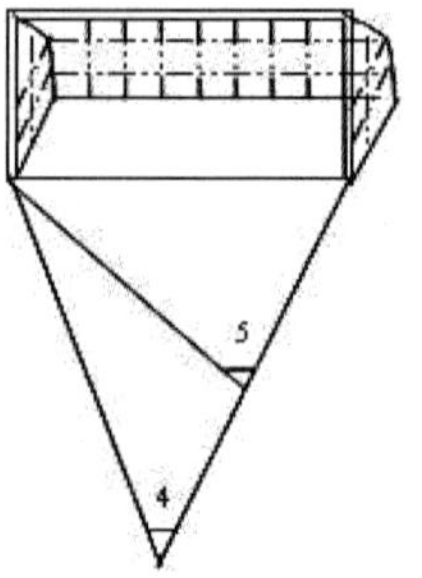

（学生脸上流露出惊喜的神情。）

师：哈哈，足球运动员就知道，他们总是尽可能把足球带到球门前，离球门越近，角度就越大，射中的可能性就越大。德国足球博物馆里就放着一个量角器，表明他们射门角度的精准。

四、体会量角的用处

师：同学们会量角了，那量角在生活中有什么用呢？（出示学生放风筝的图）玩过吗？

生：玩过。

师：参加过风筝比赛吗？

生：没有。

师：风筝比赛是用同样长的线比谁的风筝放得高。怎样才能量出风筝的高度呢？能不能用梯子爬上去量，那是个笑话。那怎么比呢？是把风筝线放到地上，（出示两个角度，如下图）然后量一量谁的风筝线与地面的夹角大，夹角大的风筝飞得就高。哈哈！

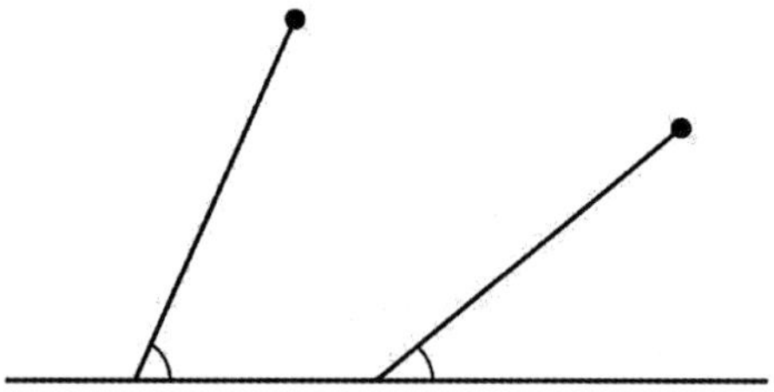

（出示椅子图）椅子的靠背总是向后倾的。用于学习的椅子的靠背向后倾斜8度，吃饭的椅子靠背向后倾斜9度，沙发的靠背一般向后倾斜11度左右。

（出示课前的滑梯）滑梯的角度多大才合适呢？我请教了3位工程师，他们告诉我：滑梯的角度应该是——（板书40°—56°）。

五、总结全课

师：（出示长方形）要知道它的长，怎么办？

生：用直尺量。

师：（出示直尺）1 厘米、2 厘米……4 厘米。要知道它的面积呢？

生：量出长和宽，再用长乘宽。

师：对，也就是用面积单位来量。（出示摆方格的过程。）1 平方厘米、2 平方厘米……12 平方厘米。要知道这个角的大小呢？

生：用量角器来量。

师：（出示量角器）以前我们说它是直角，现在我们可以说它是 90 度的角。看来，要表达一个数量，先要找到一个度量单位，再数有多少个这样的单位。大数学家华罗庚说过“数（shù）起源于数（shǔ），量（liàng）起源于量（liáng）。”

（出示开始量∠ 1 时学生不会量时的情形。）开始我们同学这样量角，可以理解，因为以前我们只是量长度，量长度就是这么量的。而量角的大小是要量两边张开的大小。（两手合成一个角，慢慢张开。）现在我们会量角了吗？量角其实就是把量角器上的角重叠在要量的角上。要量得准，就要重合得准。怎样才叫重合得准呢？（师生合作，完成板书。）

量角的大小

量角器	中心点	0度刻度线	？度刻度线
↓	↓	↓	↑
角	顶点	一条边	另一条边

（出示量角器）量角器很有用，但要用好不容易。如果你是量角器，你会对同学们说些什么呢？把你想说的话写出来，好不好？

生：好！

师：下课。

※ 课后反思

上完课，有老师问：“操作技能性的课还要让学生探究吗？”说实话，我没有特别意识到自己是在组织学生探究。在我看来，教和学是一回事，应当追问四个问题：第一，教（学）的是什么；第二，为什么要教（学）；第三，怎么做；第四，为什么这么做。这一次教“角的度量”，我只是多问了两个为什么，顺着学的路径去思考教的路径。我们的教学不仅仅是要把事情做正确，更重要的是首先要思考做正确的事。其实，学生是天生的学习者，学习就像呼吸一样自然，好为人师的我们往往会好心地做出一些费力不讨好的事。

以前，我们习惯于将问题分解为若干个可以掌握的部分，这种视野狭窄的过程使我们看不到解决问题的整个系统。而当我们先见森林，再见树木，先看到整个系统，再回头进入细节时，我们对各个部分的重要性就有了更好的理解。诚如孟子所言："先立乎其大者，则其小者不可夺矣！"看来，我们小学老师为了更有效地教学生学，真应该"变成小孩子"，习惯于感知性思维，着眼于全局，而不仅是局部。

陶行知先生说："先生的责任不在教，而在教学，而在教学生学。""事怎样做就怎样学，怎样学就怎样教；教的法子要根据学的法子，学的法子要根据做的法子。"现在这样认识量角器，不就是依据了量角器的做法吗?

通过这节课，我认识到教师的教怎样才能有效地促进学：一是要把握"做"的本质，昏昏的教师是教不出昭昭的学生的；二是创设好的情境，调动"学"的兴趣，让学生愿意学；三是学生自主尝试，教师相机诱导，"好风会借力，送生上青云"。上完这节课，我相信了人本主义心理学家罗杰斯说过的一句话——"没有人能教会任何人任何东西。"

弗雷登塔尔说："泄漏一个可以由学生自己发现的秘密，那是'坏的'教学法，甚至是罪恶。"以前我们教"角的度量"时，课堂上是少有笑声的，学生几乎成了教师教的附庸和工具，学生在课上的活动似乎是玩偶式的活动。现在的课堂上，学生有开怀大笑，有小声窃笑，还有会意的微笑，学生先试先量，先想先说，正确的地方充分肯定，存在的问题一起探讨，学习活动顺着孩子们学习的天性展开，"教师之为教，不在全盘授予，而在相机诱导"。（叶圣陶语）真是"上善若水"，因物赋形。

以前我们教"角的度量"时，一节课下来，教师教得累，学生学得苦，不少学生还不会量角，量角器都不知道怎么摆放；而今天，学生都会量角了，并且理解了量角的本质。也正因为学生理解了量角的本质，所以变得"自能""自得"了。为什么以前我们那么费力地教，总结概括出"二合一看"等等要诀，学生学的效果反而不好呢? 上完这节课，我明白了，因为以前的我们"只见树木不见森林"。我们讲了"角的顶点和量角器的中心重合，一条边和0度刻度线重合，看另一条边所对应的刻度"，但没有讲量角的实质是什么，缺乏整体把握。"二合一看"等等要诀，看似简洁，颇得要领，其实这是我们成人的偏好，对孩子来说却是不得要领的，要孩子们想象出这四个字背后的内涵是挺难的。因为孩子们是以形象思维为主，老师抽象概括出的词语反而增加了学习的难度，老师附加的认知负荷挤占和压缩了学生生成的认知负荷，所以说我们原来的教法是干扰了学生自由的“呼吸”。而今天，在学生已进入“洞口”，感觉恍惚若有光的时候，“量角其实就是把量角器上的角重叠在要量的角上”一语点破，是可以为学生的量角操作提供表象支持，促进学生更顺畅的“呼吸”的。

还是老子说得好，“少则得，多则惑”“不自见，故明；不自是，故彰；不自伐，故有功；不自矜，故长”。总之，一句话：“道法自然”！

原来如此。

25. “角的度量”教学设计（课例二）

王昌胜
（湖北省宜昌市宜都创新实验学校，青年名师）

※ 课前思考

为什么要测量角的大小？学生感觉到量角的必要性了吗？角的大小如何描述？作为一种测量技能，是否一定要按量角步骤一步步教？为什么要用量角器度量角的大小？量角的本质是什么？除了掌握量角的基本技能外，我们还能让学生有什么收获？如何能够转变技能的教学方式？

“角的度量”这一内容历来是小学数学教学的难点，因为角是学生空间观念由一维到二维转换的过渡，对孩子思维来说，是质性的飞跃。传统教材一般是按照认识量角器——揭示量角方法——进行量角练习的顺序组织编排的。教学过程中花费时间长，教得仔细，效果不明显。

有了这些认识以后，我们（教研组）对学生进行了前测和访谈。前测用问卷。问卷发放了2个班，72人；访谈26人。问卷中指向角的组成、角的大小判断等等，指向知识性的内容多，整体情况较好。但在访谈中，呈现出了很多问题：

1. 对角的大小体会不深

访谈的26人中，只有1个孩子能比较清楚地说明角的大小指的是什么，其余25人中，14人错误，11人开始能模糊地回答指开口大小，但在追问（哪里是开口，是哪部分）时说不清楚或者说不知道。这可能是因为，学生先前经验都是用直尺测量，而角的大小要看两条边叉开的大小，测量对象从一维到二维的飞跃，因此无所适从，不知道角的大小到底指的是什么。

2. 对量角器的本质认识不到位

量角器的本质是单位小角的集合，但由于量角的基本单位“一度”的角太小，在量角器上难以完整反映，量角器上一度的分割线去掉了大部分，只在圆周上留下一些刻度。因此学生很难理解“量角器就是单位小角的集合”。

3. 对测量方法的原理体会不深

访谈中，有1个孩子知道量角的方法，但那也只是技能的简单模仿，对量角器的原理理解一片空白。我们又随机对5个五年级孩子（已经学习过了的孩子）进行访谈，发现他们对测量原理理解有偏差，4个孩子会测量，但对原由不清楚。分析原因：不容易在量角器上找到“角”，因为量角器经过美化，小空间涵盖了大量信息，干扰太多，很难正确辨认；找到了角，也不知道怎样才能使量角器上的“角”与所度量的“角”重合；即使都重合了，但没有把握读出数据，因为要考虑的因素太多，外圈内圈、张口方向、量角器上中间的隔断等等，都得考虑到。

基于此，我们认识到，对量角原理的把握和对量角器的认识应融为一体。所以，我们尝试引导孩子自己创造一个量角器，在创造过程中，理解量角测量原理，以深化对量角器的认识，达到正确测量的目标。

1. 在直面问题的场景中，暴露学生原始思维，发展问题解决能力

角的大小指的是什么？如何刻画角的大小？用什么单位度量角的大小？这些最原始的问题，是根本性的问题。

实际教学中，往往我们因为学生在生活中已经知晓量角器，于是就拿量角器学测量。为什么可以用量角器测量？量角器的本质是什么？量角的原理是什么？学生是怎么知道这些的？学生让如何体会到这些？诸如这些最为原始、最为核心的问题，往往被屏蔽，被视为理所当然的事。

或许，我们引导学生思考：用什么来刻画角的大小呢？学生经过独立思考，没有一点儿思路，仍然需要教师引导启发，但至少学生有了思考的机会，总比剥夺孩子思考的机会要好得多。如此设问，将孩子的思维逼到没有退路，只有直面问题，暴露孩子面临问题头脑的原始状态和思维方式。只有在这样一次次的“没有退路”的锤炼中，学会思考，发展思维，最终才能独立前行。

经过直面后，再引导学生：测量长度是……测量面积是……如此类比，有助于学生形成测量经验。

2. 在创造量角器的过程中，深刻理解量角原理，发展度量意识

学生认识一维的，线性空间比较容易，为了避免这种局限，是否可以重新设计量角器？量角器毕竟只是一个“工具”，而“工具”是人创造的，只要合理、无矛盾并能够解决实际问题，创造什么样的工具皆可由人来决定。因此，我们为什么非要给学生制造难点，而不顺应他们的思维特点，从一个简单的量角工具开始呢？

引导学生创造量角器的过程中，逐步地面对和解决认知冲突，一步一步完善量角工具。完善工具的过程，就是深刻理解量角器原理的过程。在制造量角器的过程中，体会度量单位的累加、连续；在运用量角器测量的过程中，体会量角的本质：

重合。

因此，创造、完善量角器，不仅只是掌握了测量方法，更是理解了测量原理。让孩子不仅知其然，也知其所以然。

※ 教学过程

一、体会度量角的必要性

围绕“角的大小指的是什么？”这个问题，请学生说一说，并指一指。学生明确角的大小不是边的长短（边可以无限延长，角的大小与边的长短无关），也不是角的符号（弧线）的长度（这弧线不固定，在哪里都可以画），更不是角两条边中间空白部分的面积(角的两条边可以延长，不是一个封闭的图形，没有面积。

【设计意图】角的大小虽是旧知，但前测发现此处仍是学生认知的难点。学生对于角的大小是否取决于角两边的长短等问题，理解并不深刻，而这些都是角概念的基本内容。脱离对概念深刻理解的技能教学容易演变为简单的模仿、记忆、强化训练。此处试图强化对角概念的理解。

以“人们发明创造量角器之前，是用什么来表示角的大小的呢？”启发孩子思考。然后教师启发孩子：“这个问题很难，我们回忆一下以前测量过什么呢？”通过回忆“长度用 1 厘米、1 分米这样的小长度单位来测量；面积是用是用 1 平方厘米、1 平方分米这样的小面积单位来测量”，从而得到：大角可以用小角来量。

【设计意图】通过回忆对长度、面积的测量，类比推理得出：角的大小可以用小角来度量，发展度量意识。此处的类比，引导学生积累测量活动经验（长度是用小长度量大线段，面积是用小面积测量大面积，如此类推，小角测量大角，小体积测量大体积）。类比，是培养创新意识的重要途径。

二、体会统一单位的必要性

分组量一量、摆一摆，测量大角（全班统一）里有几个小角。因为各组提供的小角不一样，所有得到结果不一，有的大角有三个小角大，有的大角有四个小角大，而有的大角有五个小角大。这样不便传意，所以学生说“要用同样大的小角来量”，“要确定一个标准大小的角”。

【设计意图】因为测量单位不同，所以结果不一，体会统一测量单位(标准角)的必要性。虽然单位本身是规定的结果，此处着重引导学生理解统一单位的必要性。让学生在拼角的过程中体会度量的意义。测量首先得要有一个单位，为了交流，这个单位要统一。其次是用统一的单位，一个单位一个单位去量，连续累加。

量的过程中，体会度量的可加性、可减性。

标准小角到底多大才合适呢？当时数学家找到了这样一个标准小角。

资料：两千多年前，人们发现地球绕着太阳旋转，旋转的轨道近似一个圆形，在数学上这个圆形成了一个周角，但是当时的天文科学不发达，人们认为旋转一圈的时间不是现在的365天，而是360天，所以他们把这个周角平均分成了360份，定义其中的一份为1度。介绍1度的写法。

三、发明量角器，理解量角原理

得到了统一的标准角（1度），接着开展估测的活动：借助1度角，估测5度、10度角；借助10度角，估测20度、60度角。在检验估测结果的时候，课件采取用1度、10度的角逐步累加，让学生在数的过程中，感受到角的可加可减性。

【设计意图】估量意识对于学生数学素养的培养具有重要作用。但估量能力的培养不是一蹴而就的，需要提供充足的表象支撑，所以本设计试图由1度、5度、10度、20度循序渐进，培养学生的估量意识。因为1度不好把握，所以着重让学生体会10度角，以便形成表象。

接着让学生思考：用1度的角可以拼出每个角的度数，那是不是每个角我们都这样拼呢？（出示一个60度的锐角）这个角，也用1度的角一个一个去量吗？

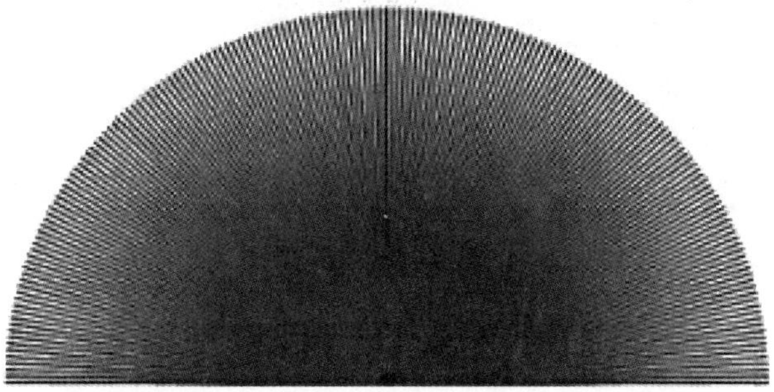

图1

学生想到用量角器。但没有量角器，只能靠我们自己创造一个量角器，如何做呢？学生集体的办法是“用1度的角拼起来再量”，拼成的量角工具可以是直角、周角、半圆。

课件演示用1度的角拼成一个半圆形的雏形量角器，介绍所有1度小角的顶点是量角工具的中心点。

接着讨论怎么量，如何对齐（角的一条边和量角器的一条边要对齐）。然后数数这角有多少度。有的学生在老老实实地数，有的学生数了数就放弃了，说“太麻烦了”。于是引导学生改良，标上刻度，不用数，一眼就能看出度数。学生进

一步完善：1 度 1 度地标太密集，看不清，10 度 10 度地标比较合适。（如图 2）

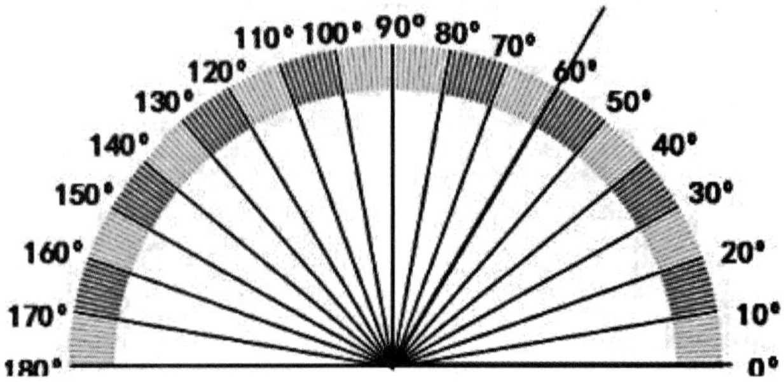

图2

【设计意图】用统一的角度测量单位“1 度”，可以度量角的大小，但用 1 度一个个去累加很麻烦。由此学生创造一个量角器雏形：将 1 度角累加在一起，做一个可测量角的工具。并引导学生逐步完善：标上刻度，方便读出度数。

学生尝试用创造的量角器（图 2）量角。通过交流对话，并在纠正教师的错误示范中初步明确量角的一般方法：量角器的中心点和角的顶点对齐，角的一条边和量角器的 0 刻度线对齐，另一条边读出度数。

再让学生测量角 3（开口向左）的度数。学生有说 40 度的，也有说 140 度的。学生发现这种情况下不能直接读出度数，所以进一步完善量角器：在外围再反向（从左至右）标一圈刻度，里面的这圈叫内圈刻度，外面的这圈叫外圈刻度。这样，就成了一个比较完善的量角器。

【设计意图】不断解决这些矛盾冲突的过程，其实是逐步完善量角器的过程，更是深刻体会量角器原理的过程。有了对量角器的深刻认识，有助于学生量角方法的掌握。

四、使用量角器，掌握测量方法

先出示钝角和锐角，让学生判断应该读外圈刻度还是内圈刻度。接着出示只画了一条边与 50 度重合的角，猜猜它可能是多少度。学生猜可能是 50 度或 130 度。到底这个角是多少度呢？课件出示图 3（70 度），学生解释 70 度是怎么得到的。

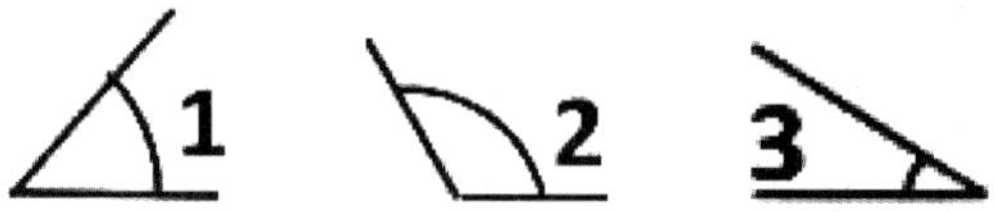

图3

【设计意图】让学生在量角器上读出三个角的度数，解决度数容易读错的问题。并明晰读哪圈刻度取决于与哪条 0 度刻度线对齐。

引导学生观察自制量角器上什么地方最关键，与市场销售的量角器对比。进一步认识量角器之后，在真实量角器上找角、画角，并使用真实的量角器量角，巩固和总结测量方法。

【设计意图】孩子们自己创造的量角器，因为信息单一，比较容易理解。而市场上销售的量角器，因为经过美化处理，干扰信息比较多。引导孩子们对比，有助于认识工业量角器。

26. “角的度量练习课”课堂实录

牛献礼
（北京亦庄实验小学， 特级教师）

※ 课前思考

“角的度量”单元中有一道思考题：“利用一副三角尺，你能画出哪些不同度数的角？”

笔者认为，此题目内涵丰富，教学不能仅仅局限于解决这样一个具体问题，而应深入挖掘三角板中有关数学思考的内容，将之拓展、开发成一节数学活动课，提高学生的学习能力和思维水平，增强学生对数学的积极情感，从而更好地发挥数学内容的教育价值。那么，围绕三角板的数学活动，又该以怎样的逻辑线索展开呢？

弗赖登塔尔认为作为教育任务的数学，不应该是现成的数学，而应该是学生做出来的数学。“学生应当通过再创造来学习数学，这样获得的知识与能力才能更好地理解，而且能保持较长久的记忆”。他这里强调是“再创造”，也就是说，学生的创造不是创造人们不知道的东西，而是创造人们已经创造出来的东西。可能他创造的东西，成人都知道，老师都知道，但是对儿童来说，它是新的。所以，“再创造”的核心是数学过程再现，这是儿童的数学化和数学家的数学化的不同之处。而在数学化过程当中，老师的教和学生的学应该在数学的活动中实现统一，实现“有指导的再创造”。教师的责任就是创设适合于学生进行数学化活动的具体的、现实的情境，并有效地指导他们参与到数学化的各个方面中去。

基于此，本节课的教学思路逐渐清晰了起来，教学应该围绕“用一副三角板能画出多少度的角”这个核心问题展开探究。指导学生从已有的事实出发，凭借经验和直觉，通过合情推理去探索思路，推断结果，发现结论，促使学生在“再创造”过程中不断迸发出学习热情和创新“火花”。有序思考、数学推理、几何直观一个不少，综合地发生在“画角、拼图”的探究性学习过程之中，不仅加深了学生对于相关知识的理解，同时也使学科核心素养的培育得到了有效的落实。

※ 课堂实录

教学片段一：

师：三角板是我们平时经常用到的一种学习用具，如果用数学的眼光来观察，三角板中还有许多数学奥秘呢！今天这节课我们就来研究研究三角板中的奥秘（板书课题）。

把你的三角板拿出来看一看，一副三角板有几块？知道每块三角板中三个角的度数分别是多少吗？

学生拿出三角板观察。

生：一幅三角板有两块，一块三角板三个角的度数是90度、30度、60度；另一块三角板三个角的度数是90度、45度、45度。

师：你平时都用三角板做什么呢？

生：画线。

生：画角。

师：你会用三角板画角吗？

请一名学生在黑板上示范画角，课件演示对比，强调角是由一个顶点引出的两条射线组成的。

【思考】让学生观察三角板，回忆三角板中每个内角的度数以及三角板的用途，唤醒学生的已有知识经验，为接下来的探究活动做好铺垫。

教学片段二：

1.（出示）研究任务

用一副三角板画角，能画出哪些度数的角？

（1）可以用一块三角板画角，也可以用两块三角板拼起来画角。

（2）在画出的角中标出角的度数；如果是两块三角板拼起来画出的角，要标出是两个多少度的角拼成的。

（3）把你画出的所有角按照从小到大的顺序排列起来，你有什么发现吗？

学生独立思考、尝试画角，教师巡视指导。然后，在小组交流的基础上，全班交流。

生1：画出的角从小到大是30°、45°、60°、75°、90°、105°、120°、135°、150°、180°。

师：这些角中有哪些角是依照三角板上的角直接画出来的？

生1：30°、45°、60°、90°。

师：有哪些度数的角是用两个三角板拼起来画成的？分别是由哪两个角拼成的？

生：75° 角是由 30° 角和 45° 角拼成的；105° 角是由 45° 角和 60° 角拼成的；120° 角是由 30° 角和 90° 角拼成的；135° 角是由 45° 角和 90° 角拼成的；150° 角是由 60° 角和 90° 角拼成的；180° 角是由 90° 角和 90° 角拼成的。（板书）

师：除了这些角之外，还能画出其他度数的角吗？

生 2：还能画出 15° 的角。

师：怎么画呢？

生 2：先画出 45° 的角，再在里面画出一个 30° 的角，剩下的就是 15° 的角。

课件演示画 15° 角的过程

生 3：还可以用 60° 和 45° 的角画出 15° 角。

师：怎么画？

生 3：先画出 60° 的角，再在它里面画出 45° 的角，60° −45° =15° 。

师：非常好！现在我们仔细观察这些从小到大排列起来的角，你有什么发现？

生 4：我发现它们都是 15 的倍数。（全班同学都表示赞同）

生 5：我发现它们之间都是相差 15° 。

生 6：不对，有两个角相差的不是 15° ，150° 和 180° 相差的是 30° 。

师：还真是这样啊！前面这些角都符合这个规律，只是到了最后规律“乱”掉了。

生 7（兴奋地）：我有个想法！很可能有一个 165° 的角我们还没有画出来，如果画出来了，每两个角之间都会相差 15° 。

生 7 的发言引起了班里部分同学的响应：对！对！有可能！

师：这倒是一个很有价值的猜想！不过，凡是猜想都需要验证。怎么验证呢？其实只要能画出来，就验证了猜想是正确的。可是，165° 的角怎么用一副三角板画出来呢？

全班学生又一次陷入了沉思。

生 1：先画出 15° 的角，再以一条边为基础，画出 150° 的角，15° 和 150° 加起来就是 165° 。

师：可以是可以，但是感觉——

生：太麻烦了！

师：有没有更简便的画法呢？

生 2：先画出 15° 的角，再把 15° 角的一条边延长，就得到了 165° 的角。（图略）

师：谁听懂了他的意思？说说这个角为什么是 165° ？

生：这两个角合起来是一个平角，就是 180° ，180° −15° =165° 。（掌声响起！）

2. 引导反思

师：这种画法确实简便多啦！我们回顾一下刚才寻找角的过程，哪个角最不容易想到？

生：165° 的角。

师：那我们是怎么找到 165° 的角的？

生：我们是先根据规律猜想到会有 165° 的角，再去画一画，去验证。

师：没错！我们是先找到了这些角的排列规律，发现相邻的两个角都是相差 15° ，只有 150° 和 180° 相差了 30° ；接着，我们就猜想可能它们之间还有一个角没有找到，这个角就是 165° 角；然后，我们就想办法画出 165° 角，根据 15° 角画出了 165° 角。你觉得在找到 165° 角的这个过程中，什么最重要？

生：猜想最重要。

师：确实，猜想最重要，但猜想并不是“瞎猜”，而是从已有的事实出发，根据规律进行合情推理（板书：推理），科学家们在科学研究中经常用到这种研究方法，比如，天文学家就是运用这样的方法发现了太阳系中的海王星。

教师介绍科学史上“海王星的发现过程”：

海王星最开始并不是用望远镜发现的，而是“在笔尖上”被发现的。自从发现太阳系的第七颗行星（天王星）之后，天文学家便开始研究天王星运行的轨道，在研究过程中发现天王星实际运行的轨道和计算出来的轨道不完全一样。天文学家推测有可能在天王星之外还有一颗未知的行星在干扰天王星的运动规律。但是，这颗新的行星究竟在哪里呢？天文学家运用数学的方法进行分析，用了 2 年多时间终于推算出了这颗新星的位置。后来，天文学家把望远镜指向用数学方法推算出的新星位置，在那里果真有一颗新的行星存在。这个“在笔尖上”被发现的新星就是太阳系的第八颗行星——“海王星”。

师：生6很了不起！她发现了角度中的“海王星”！（同学们的掌声又一次响起。）

【思考】上述以解决问题“用一副三角板能画出多少度的角”为载体的探究学习过程中，学生积极参与其中，经历猜想、验证等探索活动，在收获经验与感悟的同时，创新火花不断迸发。学生将画出的角度从小到大有序排列，其实就是在进行理性思维；学生依据已有规律猜测出165°的角，实际上是在进行合情推理；“海王星发现过程的介绍”开阔了学生的视野，让学生更加深切地感受到数学的魅力与价值。可见，学科核心素养的培育在上述探究性学习中得到了有效落实。

教学片段三：

师：想一想，如果不把拼成的角度画出来，你知道能画出哪些度数的角吗？你是怎样想的？

学生独立思考后，全班交流。

生1：可以这样想，一副三角板中一共有6个角，分别是30°、60°、90°，45°、45°、90°。30°可以和60°拼成90°，但是与90°重复了，不要；30°再跟90°拼在一起，可以画出120°；30°与45°拼起来是75°；再用60°与其他角拼，重复的就不要了，以此类推，就能把画出的角找全了。（教师演示画图。）

师：你们发现生1思考问题时有什么特点？

生：很有序！

师：确实，他的思考很有序，这样的有序思考有什么好处呢？

生：不容易重复，不容易漏掉。

师：这种有序思考的方式值得我们学习！（板书：有序思考）

【思考】通过追问：“如果不把拼成的角度画出来，你知道能画出哪些度数的角吗？”，再一次激发学生的思维，让学生学会用数学的思维思考问题，提升学生的思维品质。

27. “平行四边形和梯形”课堂实录与反思

李晓蕙
（宁波市惠贞书院，青年名师）

※ 课前思考

“平行四边形和梯形的认识”，是在学生已有初步认识的基础上进行学习的。学生在一年级下册就对“平行四边形”有直观的认识，对“梯形”也有生活经验，通过二、三年级的数学学习，进一步积累了认识。在学生已具备直观认识两种图形的能力基础上，将两种图形以对比辨析的方式展开教学，有助于凸显平行四边形和梯形的概念本质，明晰两者的概念关系，通达两者的概念结构。

※ 课前检测

前测一：

同学们，你们对四边形已经有了一些了解，能尝试给下面的图形分分类吗？

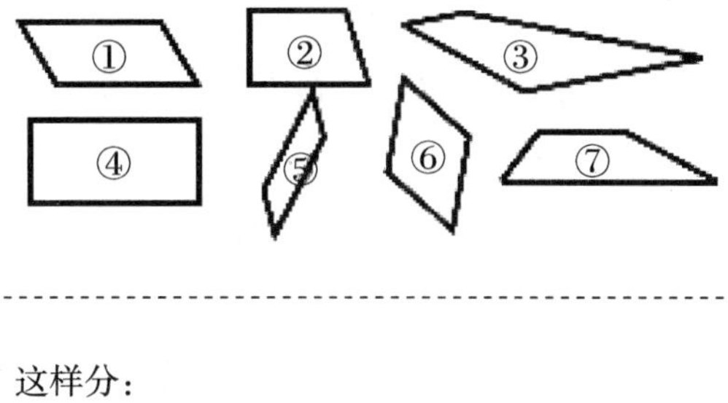

（　　　　）这样分：

____________________分为一类，它们都是（　　　　）形。

____________________分为一类，它们都是（　　　　）形。

前测二：

请你写一写：怎样的图形叫平行四边形？怎样的图形叫梯形？

____

____

※ 课堂实录

一、基于前测，暴露原有认知

谈话呈现前测中出现的分类情况。

方法	分类情况			人数
一	①⑤⑥	②③⑦	④	8
二	①④⑤⑥	②③⑦		7
三	①②③⑤⑥⑦	④		6
四	①⑤⑥	②③④⑦		5
五	①⑤⑥	②⑦	③④	5
六	①②④⑤⑥⑦	③		4

引导学生发现：大多数同学都把①⑤⑥（平行四边形）分为一类，②⑦（梯形）分为一类。

师：那你认为怎么样的图形才是平行四边形？怎样的图形是梯形呢？

生1：我认为平行四边形两组对边是相等的。

教师板书：对边相等。

生2：我觉得平行四边形有两组对边平行，而梯形只有一组对边平行。

板书：对边平行、一组对边平行。

生3：老师，我是从角的角度来看的，平行四边形有两组对角，对角应该一样大；这两个梯形，它们的对角都不一样。

板书：对角相等。

二、对比验证，凸显概念本质

1. 操作验证

学生小组合作，验证上述 5 个图形是否具备所述边、角的特征。

2. 教师巡视，了解学生情况

3. 学生反馈

选择 2—3 个小组进行汇报：请大家来看我们的测量结果——①号图形上边是 5 厘米，下边是 5 厘米，左边是 2 厘米，右边也是 2 厘米；两个角是 65°，另外两个角是 115°。⑤号图形一组对边长为 5 厘米，另一组对边长为 2 厘米，四个角为 40°、140°、40°、140°。⑥号图形一组对边长为 4.5 厘米，另一组对边长为 3.5 厘米，四个角为 125°、55°、125°、55°。我们的结论是：这三个图形对边平行、对边相等、对角相等。②号图形和⑦号图形只有一组对边平行，它们的对角和对边都不相等。

师：通过同学们的验证，我们发现这三个图形两组对边分别平行、两组对边分别相等，两组对角分别相等。在数学中，我们把具有这些特征的四边形叫平行四边形。而这两个图形只有一组对边相等，就叫梯形。

师：现在你能来说说怎样的四边形叫平行四边形？怎样的图形叫梯形？

学生先尝试自主概括，教师板书规范表述。

师：认识了平行四边形和梯形，你认为它们之间有什么区别呢？

生：平行四边形有两组对边分别平行，梯形只有一组对边平行。

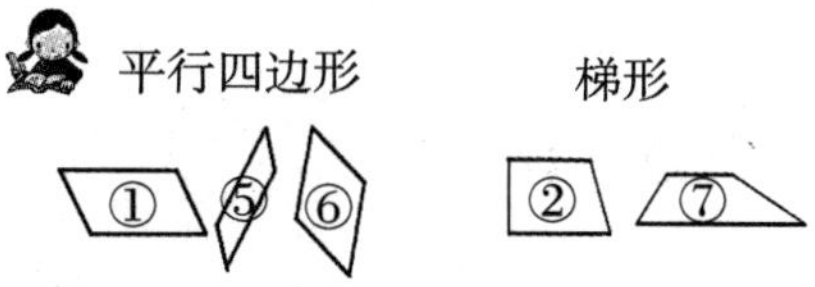

两组对边分别平行　只有一组对边平行

三、辨析比较，明晰概念关系

师：大家还记得前测中的③号和④号图形吗，放哪儿呢？

生 1：单独一类，它们既不是平行四边形，也不是梯形。

生 2：④是平行四边形。长方形也具有平行四边形的特征，有两组对边分别平行，因此长方形也是平行四边形，要和平行四边形放在一起。

生 3：老师，我觉得长方形是特殊的平行四边形。

师：什么意思？

生 4：长方形是平行四边形，它还有 4 个直角，所以它是特殊的平行四边形，要把④号放在平行四边形里。

师：大家同意吗？

学生们表示赞同。

生5：我觉得③号图形是梯形，它只有一组对边平行，另外一组对边不平行。（学生上来指示一组平行的对边）

师：很多时候用肉眼看看还不能最终下定论？有什么办法？

生6：用两把尺子推一推。（学生演示）

师：看来，③号图形确实是梯形。那四边形的大家族里，还有谁？它着急啦！

学生们跃跃欲试，抢着回答：正方形。（教师给出图片）

师：那把正方形放哪里呢？

生：7：正方形的两组对边也是分别平行的，它也是平行四边形。

生8：我是这样想的，原来我们知道正方形是特殊的长方形，刚刚又知道了长方形是特殊的平行四边形，所以正方形也是特殊的平行四边形。

师：你的推论太精彩了，把掌声送给他。

小结：通过刚才的学习，你们知道“正方形是特殊的长方形”“长方形是特殊的平行四边形”。今天认识的平行四边形和梯形，它们都属于四边形。经过同学们的补充，我们的集合圈也完整了。（师生一同小结，边说边完成集合图。集合图略。）

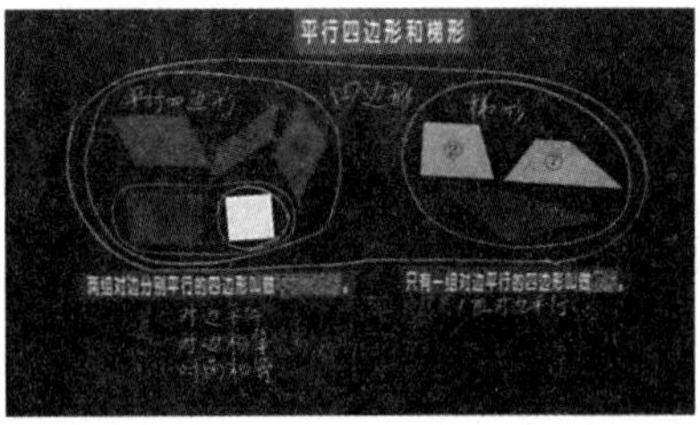

四、视频观看，体会易变形特性

我们学习的平行四边形和梯形在生活中应用很广泛，你在哪里见到过？一起来看看视频。这些物品为什么会伸缩？容易变形是平行四边形的特性。（板书：易变形）

生活中的平行四边形

全课小结：同学们，今天这节课我们通过分一分、量一量研究了平行四边形和梯形，知道了两组对边分别平行的四边形叫平行四边形，只有一组对边平行的四边形叫梯形，还知道了平行四边形具有易变形的特性。

五、实践运用，通达概念结构

师：我们学过的图形之间有着密切的联系，你能在这组平行线上添加两条线，使它成为下列图形吗？

画一画：

在一组平行线上添加两条线，使它成为下列图形。

（平行四边形）　（长方形）　（梯形）

1. 学生自主完成

2. 学生反馈

选择 1 名学生上台边画边介绍画法。

生：我在一组平行线上再添一组平行线，它就成了“两组对边分别平行的四边形”，就是平行四边形。在这一组平行线上添加一组不平行的线，就成了“只有一组对边平行的四边形”，是梯形。在一组平行线上添一组相交的线，而且交点在其中一条平行线上，就成了一个三角形。

师：你们利用所学概念来帮助画图，真不错。其实，图形之间存在着一定的联系，我们借助几何画板看一看。

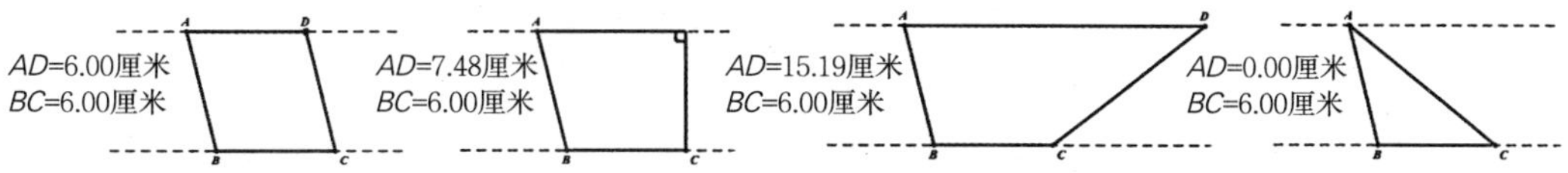

平行四边形　梯形（直角梯形）　梯形（上底长、下底短）　三角形

教师通过移动图形中的点，依次呈现平行四边形、梯形（含特殊）、三角形，让学生直观感悟图形之间的联系与变化。

3. 趣味七巧板

师：请你选几块，闭起眼睛想一想，拼出一个我们学过的、你喜欢的平面图形，比如：长方形、正方形、梯形、平行四边形、三角形。

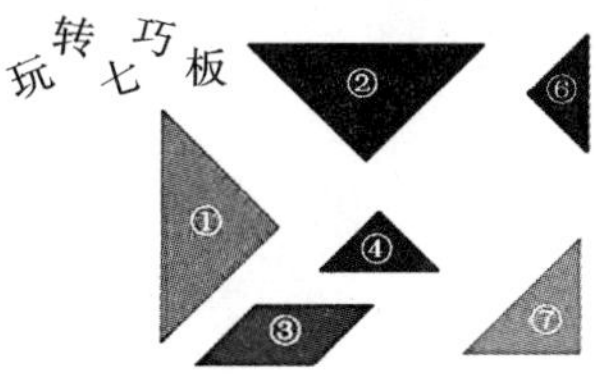

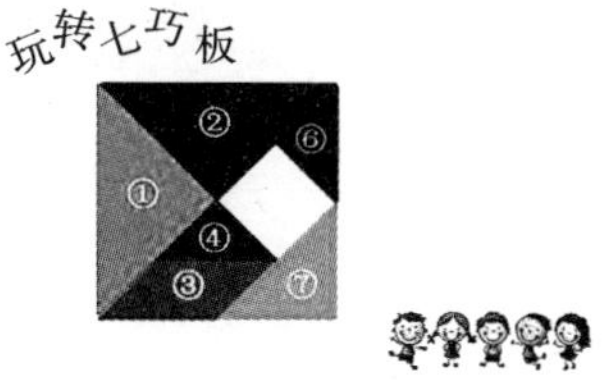

（请两位学生操作演示）

师：他拼的会是什么图形呢？大家猜一猜。

生1：长方形。

生2：梯形、平行四边形。

师：七巧板变化无穷，你想拼吗？把你脑海里想的图形拼出来吧！

六、全课总结，形成知识扩充

今天这节课中你有收获吗？让你最受启发的是什么？

※ 课后反思

“平行四边形和梯形”是一节依据学生认知水平、打破教材课时划分的整合课。教学从大量的课前检测着手，暴露原有认知，遵循从直观到抽象、从具体到一般的教学顺序，由直观图形概括共同特征，提炼本质属性。教师以范希尔夫妇关于几何思维发展理论中提出的“小学阶段儿童几何思维一般呈现直观—描述、分析—抽象、关系的三个水平”为依据，多侧面、全方位地分析教材，在把握教材意图的基础上，尝试处理教材。教学中呈现“前测分类—找寻共同特征—下定义—结构关系”的学习步骤，引导学生通过对比辨析的学习方式联结两类图形之间的关系，创设思辨而动态生成的学习过程，逐步加深对“平行四边形”和“梯形”概念的理解，实现认知结构的扩充与改变。

28. “平行与垂直”教学设计与反思

邱晶
（浙江省杭州市莫干山路小学，青年名师）

※ 课前思考

空间想象力指的是人们对客观事物的空间形式进行观察、分析和抽象的能力。数学课程标准指出，发展学生的空间观念是空间与图形学习的核心目标之一，要重点培养学生的空间想象能力，真正地让学生学会思考。在空间想象力的培养过程中，教师应当为学生创设多维的体验途径，包括组织学生实物观察、动手操作等直观活动的体验，也包括引导学生进行想象、描述、分析和推理等思维活动的体验。

“平行与垂直”是四年级“空间与图形”这一领域的内容，学生已经认识了线段、射线、直线和角等概念。学生从单一的线的知识，进入研究两条直线间的位置关系，对于空间观念的发展来说是由“线”扩展到“面”。从学生的生活经验看，在日常生活中广泛存在垂直与平行的现象，学生在生活中已经接触了许多表象；但从认知水平看，四年级的学生空间观念及空间想象能力尚不丰富，“水平”和“平行”、“垂直”与“竖直”的概念容易混淆，正确理解“同一平面”相对困难。能正确认识平行、垂直等概念，是学生今后学习平面图形和立体图形特征等几何知识的基础。同时，对于两条直线的位置关系的研究是培养学生空间观念、提升学生空间想象力的一个很好的载体。

鉴于以上的思考和分析，笔者围绕“平行与垂直”这一教学内容，着力于唤醒并运用学生已有的活动经验和思维经验，通过创设观察想象、操作验证、分类比较等多维体验活动，引导学生初步理解垂直与平行是同一平面内两条直线的两种特殊的位置关系，在初步认识垂线和平行线的基础上培养学生的空间观念，发展空间想象能力。

※ 教学过程

一、观察想象，唤醒已有经验

1. 直接揭题

今天咱们要一起来研究两条直线的位置关系。

2. 想一想

在一张纸上画两条直线，有几种不同的位置关系？（想不明白的可以用两支笔在桌面上摆一摆）。

3. 画一画

要求：①一张纸只画一种位置关系。②两条直线分别用红笔和黑笔画。

【对小学生来说，空间观念的形成建立在直观操作的基础上，学生在操作中发展思维能力，可以有效帮助自身提升空间想象能力。这一环节的教学设计让学生经历“想一想，摆一摆，画一画”的数学活动，通过动手操作、动脑思维让学生尝试经历数学抽象的过程，初步感知两条直线的位置关系，是学生基于观察展开的第一次抽象活动，充分暴露学生的学习起点，帮助学生实现由抽象到具象再到抽象的提升，从而激发学生的探究热情，最大化地提升学生的空间观念，培养学生的空间想象力。】

二、分类比较，建构知识体系

1. 小组活动，导探结合

接下来，我们以小组为单位，看看小组内其他同学画的是不是你想的？对小组内所画的情况先进行分类整理。

（1）思考：你们小组的这些情况可以分成几类？每一类有什么特点？

（2）小组交流并准备汇报。（学生操作时教师巡视，观察学生的分类情况并进行适时点拨。）

【建构主义认为，学习不是知识由外到内的简单传递，而是学习者主动建构自己的知识经验，通过自主探究与合作交流来主动获取知识的过程。在实施教学时，教师安排了小组活动，创设一个平等、和谐、自主、合作的学习环境，通过导探结合，让学生在观察比较的基础上进行分类，激发学生学习的积极性和主动性。通过感悟基于一定的标准去发现每一类的特征，培养学生分析、比较、归纳的能力。】

2. 整理汇报，描述分析

（1）分好的小组请举手，你们分成了几类？有哪一小组愿意分享下你们的想法？

（2）你们听明白他们的分类依据了吗？有需要调整的吗？

（3）小组汇报时可能会出现的分类情况：

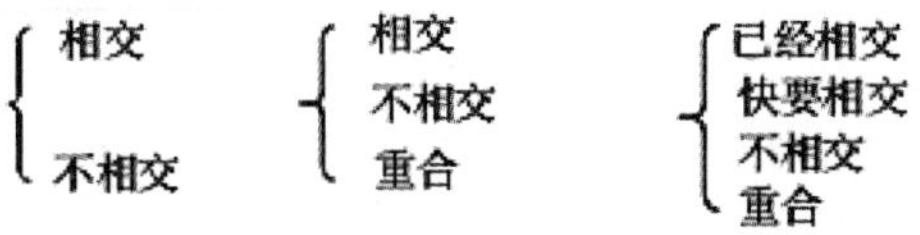

（4）借助想象和多媒体演示，理解看似不相交实际是相交的情况，找到1个交点。

（5）借助想象和多媒体演示，理解永不相交，找不到交点，即两条直线互相平行。

（6）借助想象和多媒体演示，理解两条直线重合有无数个交点。

（7）根据交点个数来整理一张纸上两条直线的位置关系分类如下：

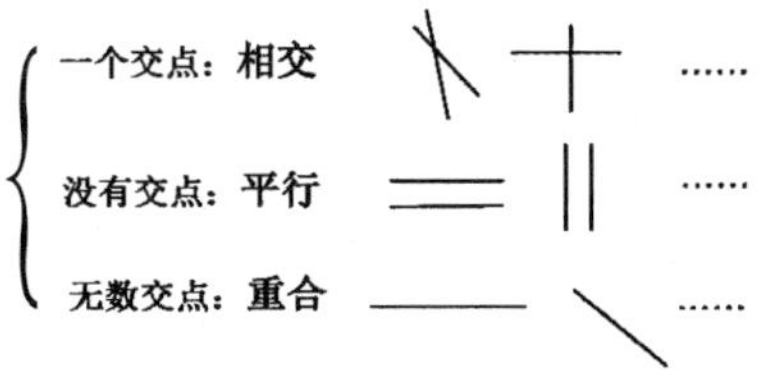

【本环节在交流与辨析的体验过程中引导学生理解“相交”“不相交”与“重合”。具体四点考虑：（1）在学生独立思考和汇报交流中明确研究两条直线的位置关系可以按两条直线之间交点的个数这个标准进行分类研究；（2）抓住同一个分类标准却产生了不同的分类结果这个矛盾冲突，引发学生质疑与深入思考；（3）聚焦矛盾的焦点（即看似不相交，实际上是属于两条直线相交的情况）。（4）引导学生理解“重合”有无数个交点。在实施教学中，不管学生出现哪种分类情况，教师都要让学生展开充分的讨论，激发学生辨析，引导学生以交点的个数这个标准把两条直线的位置关系进行分类：只有一个交点的就是“相交”、没有交点的就是“不相交”即“平行”、无数个交点的就是“重合”。让学生体会到研究直线是需要展开想象的，从而正确理解两条直线的“相交”“不相交”与“重合”。

关于研究两条直线的位置关系中是否要研究“重合”，笔者认为作为数学课堂教学，只要学生能够接受，那么就要尽可能地建构完整知识体系，所以当学生出现两条直线重合时，笔者并没有回避，而是通过多媒体演示与想象相结合，理解“重合”有无数个交点。】

3.动态分析，建立联系

教学材料：格子图，可操作移动的红线、黑线

（1）请你摆一摆，使两条直线平行。

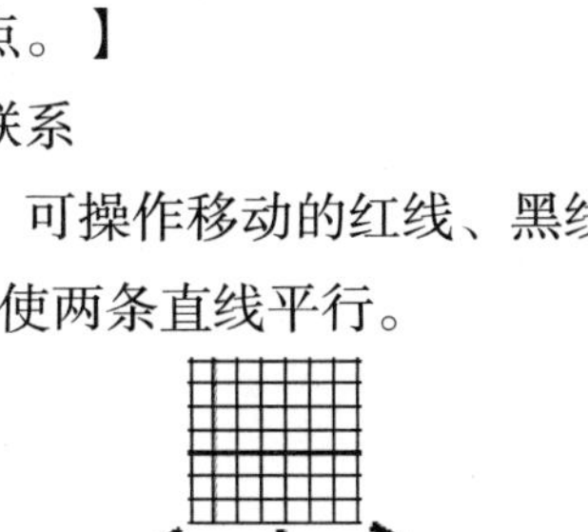

（2）在验证中理解平行：为什么这么移就是平行了呢？

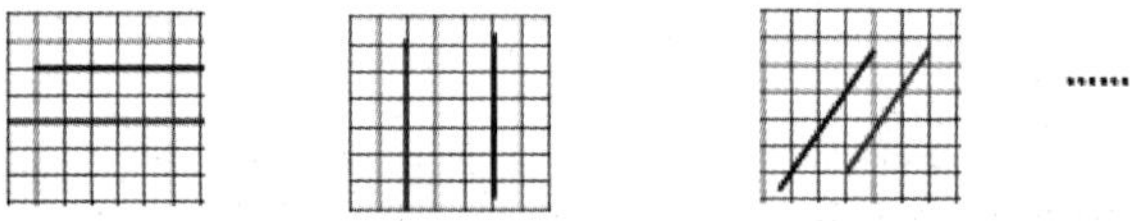

（3）旋转其中一条直线，观察什么变了？（线的位置变了）还有什么变了？（角变了）。

（4）说一说旋转到什么角度的时候它是特殊的相交？你怎么知道是直角？除了格子图，还有别的工具吗？（拿三角尺上的直角去比一比）

（5）这时候两条直线相交成了直角，是很特殊的一种相交，你们知道这样的位置关系是什么吗？（互相垂直）

（6）再次旋转，深化垂直概念的理解：还是垂直吗？怎么不是了？你能把它转回垂直吗？

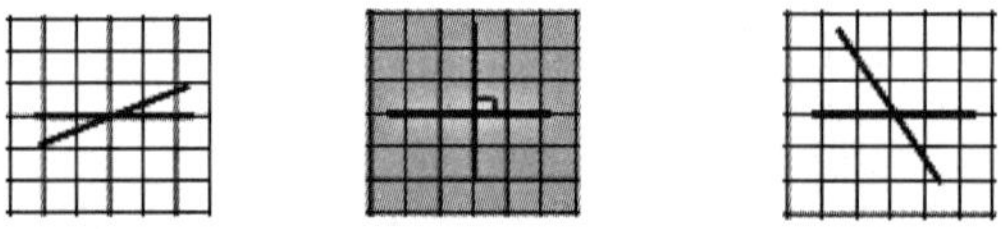

普通相交　红线与黑线相交成直角　普通相交
红线上黑线

【本环节笔者提供了格子图、可操作的两条直线模型。分两个层次展开教学。在第一层次中要求两条直线平行。这里学生在格子图上可以水平摆，也可以竖着摆，还可以斜着摆，通过不同的摆法将“平行”与“水平”区分开。学生在操作体验中直观地感悟到平行是永不相交的知识本质。在第二层次中通过旋转其中一条直线，学生会发现两条直线相交的角度会变，同时因为有了格子图的辅助，学生会较容易发现成90度时这个特殊的位置关系，这就是垂直，垂直是一种特殊的相交。

通过在格子图上摆一摆两条直线的操作活动，让学生在动态操作的过程中，进行两条直线不同位置关系的沟通梳理，进一步理解平行的知识本质，理解垂直是特殊的相交，从而帮助学生形成空间观念，培养学生的空间想象力。】

三、知识应用，引发认知冲突

1. 基础练习，快速判断两条线的位置关系

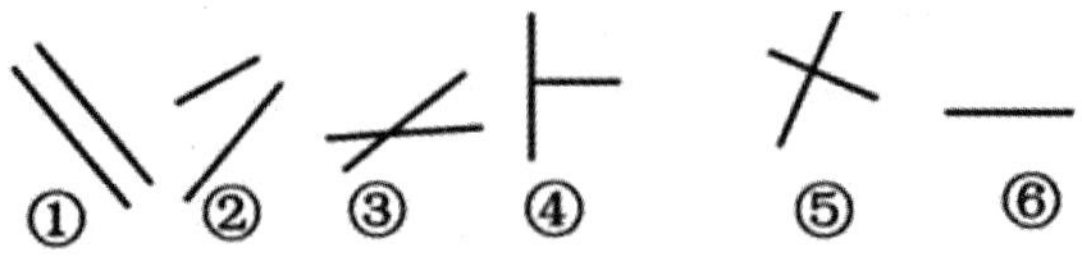

2. 寻找生活中的平行与垂直

（1）请在教室中找找互相平行与互相垂直的两条直线。

（2）出示路牌图，用所学过的知识来判断路牌上两条路之间的位置关系。

3. 思考立交桥代表的两条直线的位置关系

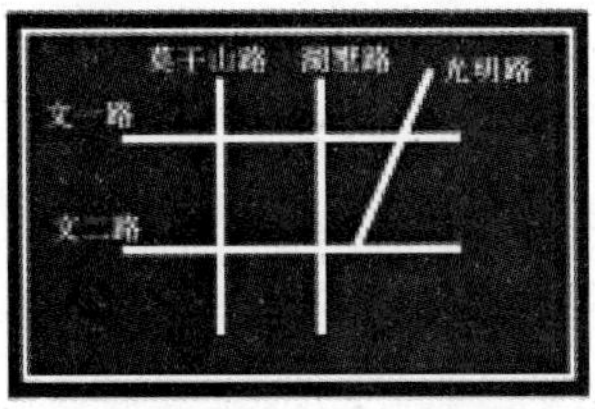

【这样三个层次的知识应用带给学生的体验是丰富的，一是垂直与平行是看得见、摸得着、用得上的几何知识，不再是单纯的思维训练，这也有利于培养学生用数学眼光来观察周围事物的兴趣、态度和意识。二是通过捕捉生活中的垂直与平行现象唤起生活经验，以学生所熟知的立交桥这一现象让学生感受到异面不相交也不平行的现象，完善“平行”的认知：在同一平面内，不相交的两条直线互相平行。三是拓展多元化知识视野，活化认知，助力于空间想象力的提升。】

四、拓展探究，深化概念理解

1. 出示探究主题

不同面上不相交的两条直线，可能平行吗？

2. 提供探究材料

A. 方便切割的花泥模型　B. 透明长方体盒子，在不同的表面贴上直线 + 红色颜料水

3. 以小组为单位开展探究活动

（1）你们小组的材料和工具是什么？

（2）请找到材料上的两条直线。

（3）你有什么办法证明这两条直线是互相平行的？

你有什么办法证明这两条直线是不平行的？

4. 交流汇总

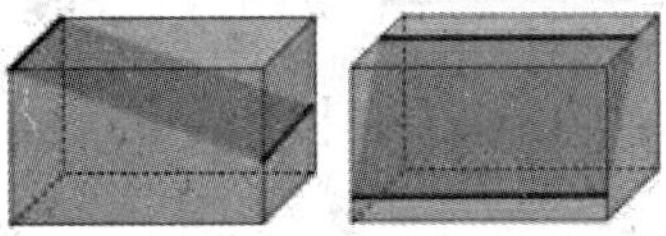

方向一致的两条直线其实在同一平面。

⇩

互相平行

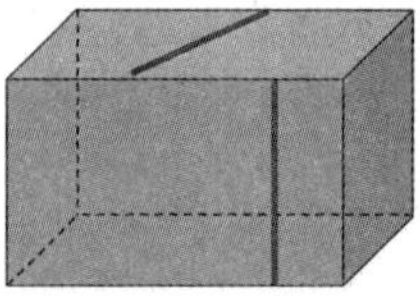

方向不一致的两条直线不在同一平面。

⇩

不平行

5. 深化概念，揭示本质

理解判断两条不相交的直线是否平行，关键看它们是不是在同一平面内。

【教学如何做到有深度，更重要的是让孩子经历推导的过程，经历抽象的过程。立足学生已有的认知基础，唤醒学生丰富的生活经验，创设富有张力的探究活动，在认知冲突中促进学生对知识的深层思考，逐渐完善垂直与平行的概念。本环节笔者先让学生基于观察开展想象：不同面上不相交的两条直线，可能平行吗？再通过精心创设的教学具和多媒体的动态演示来帮助验证想象，直观形象地帮助学生理解是否在同一平面是判断两条直线是否平行的前提条件，从而获得对知识本质内涵的理解，使得知识建构更加完善。】

※ 教后反思

作为“图形与几何”领域的概念教学，“平行与垂直”是几何学习中的一个基础性的重要内容，是培养学生空间观念、发展空间想象力的一个很好的载体。本节课笔者通过创设观察想象、操作验证、分类比较等多维体验活动研究了同一平面内两条直线的位置关系，在基于一定知识理解进行猜测的基础上探究了异面两条直线的位置关系，建立了“线—面—体”间的联系，帮助学生不断建立与完善图形与几何的知识体系，不断刺激和提升学生的空间想象力。

赵鑫珊教授说过，“想象力是能动的知识，是创造力和智慧的必要背景”。在几何图形教学领域，空间想象力的培养应该成为重要目标。

空间想象力的培养得益于在观察活动中对各种物体表象的积累，得益于在已有知识经验基础上展开想象，得益于通过实践操作验证猜想来发展想象能力，因此，教具和学具的精心设计，媒体的动态呈现，至关重要。

空间想象力的培养要以丰富学生的多维体验为前提，因此，创设观察想象、操作验证、分析比较等多维体验是培养学生空间想象力的必要经历。

29. “三角形的认识”课堂实录与反思（课例一）

沈百军
（宁波市鄞州蓝青小学，特级教师）

※ 课前思考

小学数学教材中，“三角形的特性”，教材编排了一幅现实情境图和两个例题。情境图是让学生在现实情境中找三角形，体会三角形的广泛应用性。例 1 有两部分：第一部分是通过画不同三角形来归纳三角形的严格定义——由三条线段围成的图形（每相邻两条线段的端点相连）叫作三角形；第二部分是认识三角形的高，会作三角形图形内指定底边上的高。例 2 是通过观察现实生活中三角形的应用体会三角形具有稳定性。由于三角形是所有平面图形中最基本的多边形，也是教材中首次比较规范的以严格定义出现的教学内容，而且又是启始课，因而成了公开课高频率展示的课例，也不乏成功的案例。但多数的公开课上，往往因为内容多、操作多、小组合作交流多而完不成预设的教学内容，最后草草收场，很难看到学生静悄悄独立思考和解答的现象。作为一节经典老课，能否上出新意？能否简单而高效呢？我决定大胆地尝试。上课前我在思考：

1. 这节课教什么？教到什么份上？

首先，要教“三角形的概念”，但又不能停留在简单的记忆和背诵概念上。我认为在概念的学习过程中，最为核心的思维活动是概括。应让学生经历“具体实物→一般图形→科学概念”的概括过程，在学习活动中习得概括的思维方法。

其次，要教“三角形的高”，不仅要让学生真正理解高的含义，而且要让学生会画三角形的高。由于三角形的分类滞后于三角形高的学习，所以钝角三角形短边上的高可以不做要求，本节课应该让学生理解三角形有三条高，但只掌握正确画三角形内部的高。（把利用多媒体动态演示高从内部到外部的过程放在三角形分类之后，并让学生会画任意三角形任意边上的高。）

最后，要让学生了解现实生活中大量使用三角形是由于三角形具有稳定性，不仅要通过拉模型来感悟，而且还要通过三根小棒只能拼一个完全一样的三角形来体会三角形具有稳定性的实质。

2. 这节课怎么教?

反思一些公开课完不成教学任务的原因是把上述三块知识都当作独立的新知进行讲授，虽然学生和老师都很下功夫，但效率不高。事实上，四年级的学生对三角形的认识已相当的丰富，能正确判断辨析，也有不少学生知道三角形的所有特性，包括内角和为 180 度。主要原因是在这之前学生已经认识了平行四边形，知道平行四边形有不稳定性，会画平行四边形底边上的高。如果在教学本节课时能唤起学生头脑中储存的旧知和生活经验，学习就会变得顺势而就、事半功倍，因此，我想到用平行四边形作为教学的道具贯穿始终。关键是要在学生学习的难点处下工夫。

根据多次的教学实践，本节课的第一个难点是学生不太容易用规范的语言来描述三角形的定义，尤其是“围成”两字说不上来。我想到了用小棒演示围三角形的过程，借助动作和直观图形帮助学生理解首尾相连是围成，首尾不相连就不是围成，围成的关键是端点相连。接着画规范的三角形，在展示和比较学生作品的过程中进一步理解是由三条线段围成的。这样做分散难点，降低概括的难度，可以避免无为的时间浪费。本节课的第二个难点是真正理解高的含义。由于生活中的高都是垂直方向的，如人的身高、树的高度等等，在平行四边形的学习过程中学生也比较容易画垂直方向的高而不容易画非垂直方向的高。如何打破多数学生已经形成的思维定式，真正理解“从一个顶点出发向对边所画的垂直线段就是三角形的高”，就要借助动态的演示和对文本语言的深度理解。我想到了采用“旋转三角形辨析是否是高”的方法来突破难点，一旦学生真正理解了高的含义，画高就只是操作技能了，多画几条就能画得好了。至于三角形的稳定性，我想让学生在生活中感知、实际拼图形中理解、多媒体演示验证的方式来进行。

※ 课堂实录

一、导入，借助平行四边形引出三角形，激活旧知

1. 师（出示一个平行四边形，然后拉动对角使其变形）：你们有什么办法能让这个平行四边形不变形?

学生回答对角再放一根小棒，教师演示，引出三角形。

2. 关于三角形，你们已经知道了哪些?

学生自由发言，教师有选择地板书。

师：今天，让我们走进三角形的世界，进一步来学习和认识三角形。

二、概括三角形的定义

1. 师：如果要用老师手中的小棒拼一个三角形，需要几根？（3 根）老师手中的三根小棒能拼成怎样的三角形？（学生头脑中想象）

2. 教师演示拼三角形的过程，先在黑板上摆两根（如右图），请学生发表意见。

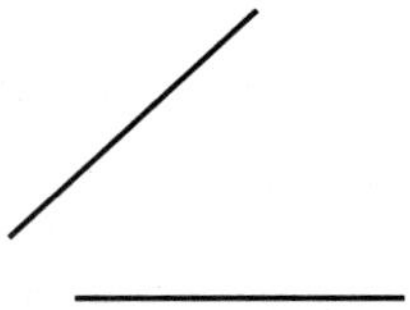

生：两根小棒的头没有接起来，不能拼成三角形。

师：你们的意思是小棒的端点必须相连（边说边把小棒摆正确），那么第三根小棒摆的时候要注意什么？

生：第三根小棒的两个端点必须和前两根小棒的端点相连。

师（根据学生的意思摆好小棒，得到一个三角形模型）：像这样首尾相连，我们称之为“围成”，你们说说围成的关键点是什么？

生：端点相连。（也有学生说首尾相连）

3. 师: 通过三根小棒拼三角形，理解了什么是围成，现在你能画一个三角形吗？（能！）先举起手，书空一个三角形（学生做动作），想一想，你画的时候应注意什么？

生：最后要回到开始的那个点。

师：这个同学的话，你们明白吗？为什么呢？

生：意思是首尾相连才能围成三角形。

生：画的时候手指移动要直，不能弯，因为三角形的边是直直的。

4. 师：请在自己的练习本上画一个三角形。（学生动手画三角形，教师巡视并选择学生作品展示。

师：仔细观察下面几个作品，评价一下，哪几个比较好，好在哪里？

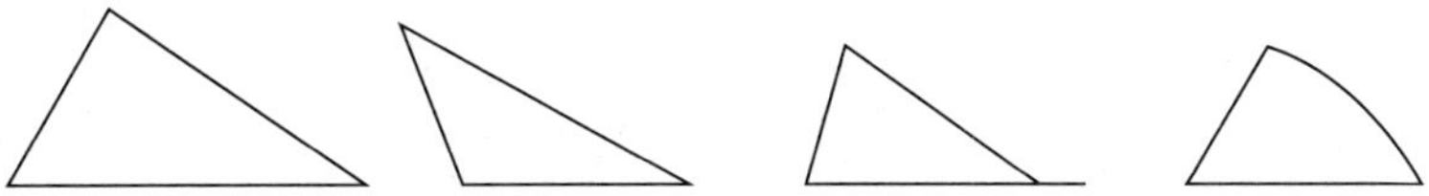

生：前两个三角形比较好，是直直的，端点都相连了。

生：第三个图形不是三角形，因为没有端点相连。

生：第四个图形也不是三角形，因为边画弯了。

师（指着学生的成功作品）：根据同学们的意见，画好一个三角形，三条边必须是直的，而且端点与端点要相连。再想一想，在这个图形中，这三条边是我们学习过的哪种线呀？

生：线段。

生：三角形中有三条线段，而且要首尾相连。

5. 师：通过刚才的拼、画三角形，你们想一想“什么样的图形就是三角形？”

生：由三条线段围成的图形。

师：这里的“围成”是什么含义？

生：指每条线段的端点与其他两条线段的端点相连。

师：简要地说就是每相邻两条线段的端点相连。

6. 教师在黑板上画三角形并标上字母 A、B、C，让学生说出三个顶点、三个角和三条边。

7. 你们在现实生活中见到过三角形吗？说来给大家听听。

在学生交流的基础上，播放课件，让学生欣赏金字塔、大桥、三脚架等等。

师：为什么现实生活中很多物体和工具是三角形形状呢？

生：三角形具有稳定性。

三、认识三角形的稳定性

1. 教师出示平行四边形教具和三角形教具，请两位同学上台来拉一拉。比较中感知：平行四边形具有易变性、三角形具有稳定性。

2. 师（指着黑板上摆好的三角形）：老师这里还有完全一样的三根小棒，你能拼出与它不一样的三角形吗？谁有勇气上来拼一拼？

学生多数表现出一定能拼出不同三角形的样子，两个同学合作拼三角形。

3. 仔细观察刚才拼的三角形，与原来的不一样吗？

学生中间出现了两种观点：一种认为不同；还有一种认为相同，只是方向不同，转一下就一样了。

教师提供完全一样的三角形教具，分别与黑板上两个三角形进行比较，发现所摆三角形与原来完全一样。

师：通过刚才的比较说明三根同样的小棒摆出的三角形完全一样。请继续欣赏老师为大家准备的课件。（课件演示三根同样的线段围成的三角形经过旋转后完全重合，再次说明三条同样的线段围成的三角形是完全一样的。）

师：通过拼小棒和观察课件演示，你又有什么收获？

生：三条线段最多只能围成一个三角形。

师：这就是三角形稳定性的实质。

四、三角形的高

1. 师：刚才我们主要研究了三角形和平行四边形的不同之处，三角形有稳定性，而平行四边形却是不稳定的，但它们之间也有着很多联系。（课件出示一个平行四边形和三角形，并演示平行四边形的一条垂直方向的高。）想一想，三角形有高吗？如果有，在哪里？该怎样画高？

学生独立思考，很快发现了秘密，纷纷举手想表达自己的观点，挑选个别同学上台来示范，其余判断，基本正确。

2. 课件演示规范画高的过程，请学生说一说应注意的问题，并在自己画的三角形上画一条高。

3. 课件动态演示三角形旋转（如下图），思考原来画的高还是三角形的高吗？为什么？

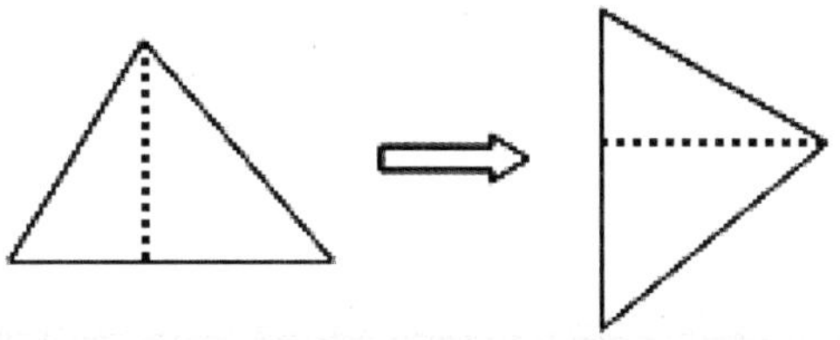

（学生当中出现两种观点：一种观点认为不是高；还有一种观点认为是高。）

4. 教师不立即下结论，而是引导学生看书 81 页，通过看书，很多学生改变了自己的观点。

生：因为这是从三角形的顶点出发向对边所作的垂直线段，所以是高。

课件继续演示三角形旋转的过程，学生逐渐理解：不管三角形怎样转动，所画的虚线都是三角形一条底边上的高。

5. 课件标出三角形三个顶点的字母，让学生指出每个顶点所对应的对边，然后用手势表示出每个顶点出发的高。

师：想一想，一个三角形可以画几条高？分别在哪里？

生：有三条高。每个顶点出发向对边引垂直线段就是高，有三个顶点就有三条高。

师：每条高和所对应的底边之间有怎样的关系呢？

生：必须互相垂直。

6. 请学生独立画出下面两个三角形规定底上的高。（学生独立完成，个别展示交流。）

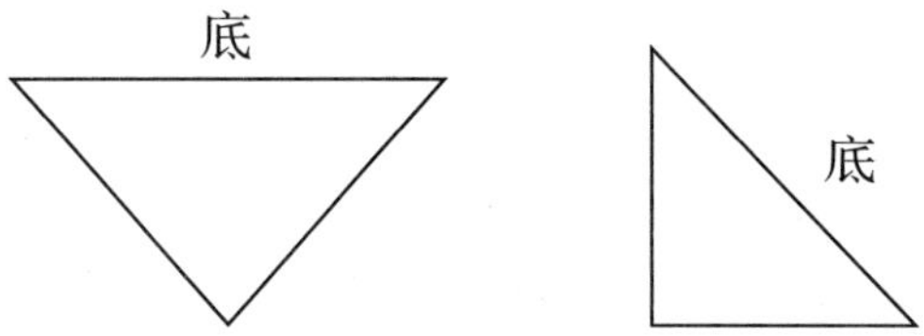

五、课堂小结和独立练习

1. 刚才我们主要研究了什么？是如何学习的？你有什么收获？

2. 独立完成下列习题（时间 6 分钟左右）。

（1）由三条围成的图形叫三角形（每相邻两条线段的相连）。

如下图三角形 DEF 中，顶点 D 的对边是（　），顶点 E 的对边是（　），顶点 F 的对边是（　）。

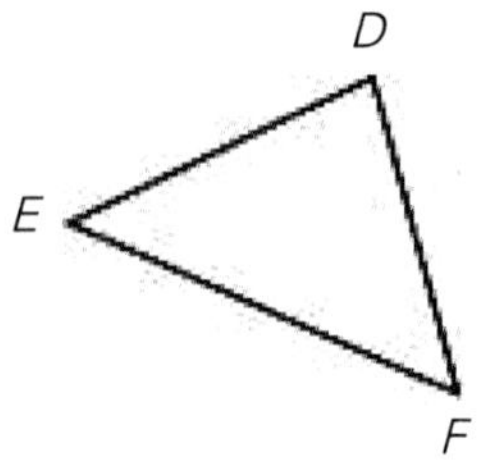

（2）用三根小棒最多只能围成（　）个三角形，三角形具有（　）性。

（3）教材 86 页第 3 小题：

（4）画出下列三角形中指定底边上的高。

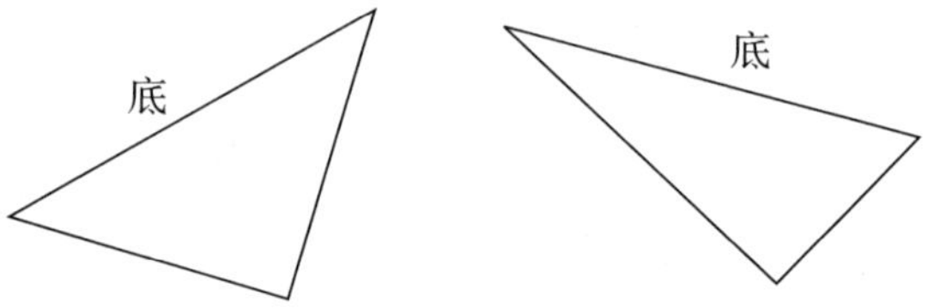

3. 交流展示学生的独立作业，针对学生中的问题反馈和解释。

4. 思考和探讨实际问题，拓展学生的思维。

（1）一个同学不小心把一个三角形镜框里的玻璃打破了，现在要到玻璃店去配一块完全一样的玻璃，你认为应怎么做？

生：把装玻璃的师傅请过来修一修。（听课的师生都发出了笑声，为孩子的机智而笑。）

生：把三角形镜框拿到修理店去。

师：如果镜框钉在墙上不能摆动，你又有什么好办法呢？

生：量出镜框三边的长度就可以了。

师：你们知道这是利用了今天所学的哪一条知识呀？（三角形的稳定性）

（2）如果玻璃被打成下面这样的三块，要求只能拿其中的一块去玻璃店配玻璃，你认为应该拿哪一块？

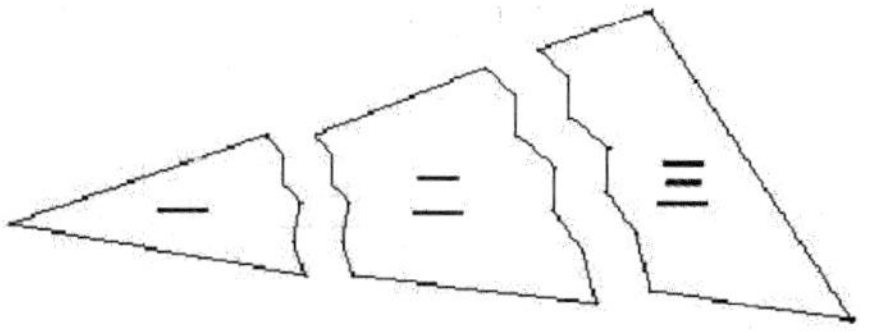

选择图形一、二、三的都有。课件演示图一或图二中的任意一个后，多数学生会选择正确答案图三，因为只有图三可以确定三角形，而且跟原来的玻璃一样。

师生怀着非常愉悦的心情结束本节课的学习。

※ 课后反思

这节课先后在城区的中心学校和乡镇的完小进行尝试，都受到学生的欢迎和听课老师的好评。参加宁波市领雁工程培训班的学员听了之后感慨地说：沈老师把这么深奥的知识演绎得如此简单，把这么多的内容处理得如此轻松，学生还有8分钟独立做课内作业和交流反馈的时间，真是不简单，看着学生如此快乐而积极地学习，真是一种享受。从自己班级学生后续学习该单元知识的状况来看，这是一节非常高效的数学课。由此可以做出判断，这样教三角形的特征是比较成功。细细回味这节课，我个人以为它成功的关键是基于儿童的认知规律设计并开展教学，符合了儿童学习数学的规律，满足了孩子求知成功的欲望。

首先，要正确把握学生的现实起点，在学生最近发展区开展教学活动。这里有两个要素很重要：一是要找准学生的学习起点，二是要确定学生的发展点。就三角形的概念教学，一般的老师都会提供一组图形，让学生判断和说理，在辨析中理解三角形的定义。这是因为很多老师把理解和记忆三角形的概念作为本节课的首要目标。笔者课前了解到所有学生都能正确判断某一图形是否为三角形，教学的目标是借助三角形这个数学概念发展学生的概括能力，因此就删去判断辨析的环节，重点花在拼三角形、画三角形，逐步理解“端点相连、围成、三条线段”关键要素后让学生顺势归纳三角形的概念，让学生经历了概念的抽象概括过程，又避免了低层次的简单学习。

其次，教师要善于把握学生的学习难点，把时间和精力用在最需要的刀刃上。很多老师把画高当作本节课的难点，这是正确的，但在处理上除了多花时间提供不同三角形反复操练外，没有从三角形高的本质含义上下功夫，不能制造矛盾冲突让学生豁然顿悟。在这节课中我首先借助平行四边形这个有效工具让学生通过联想和知识迁移获得三角形高的初步认识，紧接着三角形摇身一变，原先垂直方向的高变成了水平方向，多数学生头脑中固有的高的认识受到了冲击，自然形成了两种对立的观点，再让学生看书，在文本和图像之间寻找连接点，逐步理解了只要是从顶点出发与对边垂直的那条线段，不管怎样变，都是三角形底边上的高。三角形高的含义就从文字转化为直观的图像，逐渐明了起来。这样的教学活动先立再破，再从破中求立，一波三折，在变化中显现不变的数学本质，学生学得有味道，而且十分深刻。

再次，教师要了解学生的学习心理，设计有效问题激活学生的思维。小学生喜欢新鲜事物，喜欢挑战自我，喜欢多变，如果我们一味地顺应学生的口味挑选学生喜欢的素材、多搞一些活动，课堂就会走向过度生活化和形式化而失去本应有的数学味。我个人以为，在教学内容确定的情况下，改变素材的呈现方式、增加问题的有效性是满足学生心理、提高教学效率的好办法。在本节课中，一开始就出示一个可以拉动的平行四边形模型，问学生"你们有什么办法能让这个平行四边形不变形？"既熟悉又有挑战性，而且这个道具起到了串联的作用。在用小棒拼三角形时，教师故意把两根小棒分离开，学生就很容易发现不能拼成三角形，教师就顺势追问：第三根小棒摆的时候要注意什么？"端点要相连"就自然出来了。在探索三角形的稳定性时，教师故意提出有挑战性的问题：你能拼出与它不一样的三角形吗？谁有勇气上来拼一拼？显然有很多学生愿意掉进教师设置的陷阱，为后面引发学生的争论，弄清三角形稳定性的本质奠定了基础。又比如最后一道思维拓展训练题，教师的问题从开放到定向，步步深入，既让孩子天真的原始想法得以展现，又让学生顺着老师的追问聚焦到所学知识的理解和应用上，看似随意，实为精心设计。

最后，教师要掌握学生形成知识能力的规律，设计有效练习，留出宝贵时间，让学生当堂完成、及时巩固。这句话很多老师都懂，但在很多公开课上得不到有效落实。"听听懂了，看看会了，做做错了"是相当一部分学生的真实写照，归其原因是知识方法还没有内化成学生自己的东西。事实上，课堂独立作业是学生内化所学知识逐步转化为自身能力的重要途径。本课设计的独立练习分基础和拓展两个部分，基础部分重点检测三角形的概念、各部分名称、稳定性的解释应用和作高，能检测学生当堂的学习效果，一旦发现问题可以及时补救，这样能保证全体学生基本目标的达成。拓展部分具有一定的开放性，通过学生的交流和课件演示，可以促进学生的发散性思维，能帮助学生更加深刻地领会稳定性的数学本质含义。实际的教学证明了这样的练习设计是高效的。

关于三角形这节课，肯定还有很多成功的案例，笔者只是想如何根据儿童的认识规律开展教学做一些力所能及的探索，希望得到大家的支持和理解，更希望广大一线教师都来关心和探索这个问题，有更多优秀的课例产生。

30. “三角形的认识”教学设计（课例二）

郑水忠
（宁波国家高新区外国语学校，特级教师）

※ 教学过程

一、三角形的定义与分类

1. 定义

（1）用尺子和铅笔在练习纸上画一个三角形。

（2）前后左右相互检查，大家画的是不是三角形。

（3）你觉得全班同学所画的这个图形会一模一样吗？既然都不一样，你凭什么说每个人画的都是三角形？

（4）结合学生回答板书：三个角、三条边、三个顶点；请学生上台指指黑板上三角形状中的边、角和顶点。追问：如果让你说说什么叫三角形，你会怎么说？

（5）人们曾给三角形这样下定义：由三条线段围成的图形叫作三角形（板书），你同意吗？谁能解释一下“围成”是什么意思？补充板书：每相邻两条线段的端点相连。

2. 分类

（1）课件呈现若干三角形（放置在一个大集合圈里），如果按照角的不同，你会怎么分类？独立思考后小组交流。

（2）反馈结合学生回答课件演示，请学生说每一类的理由后课件呈现：三个角都是锐角（锐角三角形）；一个角是直角（直角三角形）；一个角是钝角（钝角三角形）。

（3）审视自己所画的三角形，属于三类中的哪一类？有没有不属于这三类的？能否画出一个不属于这三类的？

（4）介绍：三角形除了按角分类，还可以按边进行分类，我们在以后的课中还将继续学习。

二、三角形的高

1. 回顾此前画三角形的方法，问：连续首尾相连画三条线段的同学有哪些？有没有别的画法？

2. 教师课件呈现网格图，先画好一条水平的底，要接下去画，最关键是什么？思考：这个点可以点在哪里？是否是这个平面中的任意一个地方？现在如果让你说说什么是三角形，你还可以怎么说？

3. 教师选择图中高低各一处为三角形的另一顶点，连接得到两个三角形，问：它们有何不同？结合回答，请学生上台指一指他所说的高。介绍底。

4. 三角形比高

（1）呈现两个三角形教具，按下图摆放，请学生比高。

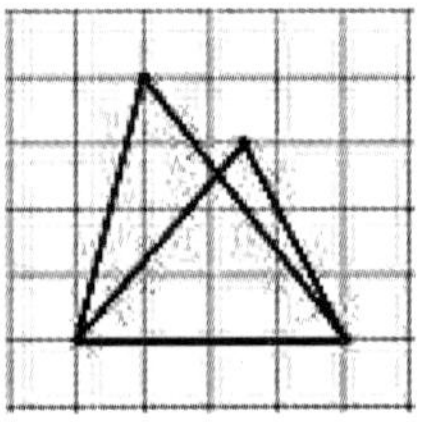

指名上台说说比的方法，然后指出高之所在，再用三角板规范摆出高。

（2）顺时针旋转两个三角形，请学生再次比高，用三角板比画。

（3）现在老师不转动了，请同学们想象一下，如果把另两条边贴在桌面上，哪个三角形高？高在哪里？请学生先用手指，再用三角板摆。再找另两条未贴在桌面上的底上的高。

（4）课件分三个图呈现一个三角形三条底边上的高，思考：现在你对三角形底和高的认识与你原来认为的有什么不一样的地方？

（5）课件演示三角形的某一高经旋转后仍然是它的高。

5. 画高

（1）尝试画出练习纸中指定底边上的高。

（2）搜集作品投影判断，着重交流直角三角形的高（投影交流后课件演示）。

三、三角形的稳定性

1. 教师出示三根长短不一的小棒，首尾相连搭出一个三角形（吸在黑板上）。再出示一组同规格的小棒，问：你能用这三根小棒首尾相连，搭出一个和老师黑板上不同的三角形吗？

2. 指名搭，搭后验证。

3. 教师演示用四根小棒搭出一个平行四边形，然后再出示用同样四根小棒搭出的平行四边形，问：你能用这个平行四边形，变化出和另一个不同的平行四边形吗？指名上台演示。

4. 思考：通过刚才两个实验，你发现，三角形和平行四边形具有怎样的不同特性？

小结：同样边长的平行四边形，形状可以不断变化，这叫平行四边形“容易变形”的特性；而同样边长的小棒，只能搭出一种形状的三角形，这叫三角形的“稳定性”。板书。

（1）思考：如何让老师手中的平行四边形不变形？指名操作。

（2）三角形稳定性和平行四边形易变形在生活中的应用欣赏。

四、小结拓展

1. 通过这节课的学习，你还有什么问题？

2. 出示网格图，思考：如果一个三角形的底是4，高是3，另一个顶点可以画在图中哪些位置？根据学生的回答，教师课件演示，指出高。动画演示从锐角三角形到直角三角形再到钝角三角形，高的位置是如何变化的。

31. “三角形的认识”教学设计（课例三）

吴嫦云
（福建省厦门市翔安区教师进修学校附属小学，特级教师，正高级教师）

※ 教学过程

一、联系生活，揭示课题

今天吴老师给同学们带来一些漂亮的图片，请看！这些图片中有我们认识的一个平面图形，用数学的眼光找出来！

三角形在我们的生活中应用很广泛，把我们的生活装扮得很漂亮，今天这节课我们就来进一步认识三角形。（板书课题：三角形的特性）

二、理解三角形的意义和特征

1. 画一个三角形

三角形有很多奥秘，想不想动手研究一下？

（1）请你动手画一个你喜欢的三角形。（让学生画三角形，请一个学生到黑板上画一个三角形或教师出示一个。）

（2）师：画好了吗？那互相看一看，画的是不是三角形。你画的跟他一样吗？有没有一样的地方？

2. 概括出三角形的特征（板书：三角形有三条边、三个顶点）

3. 判断三角形

下面的图形是三角形吗？

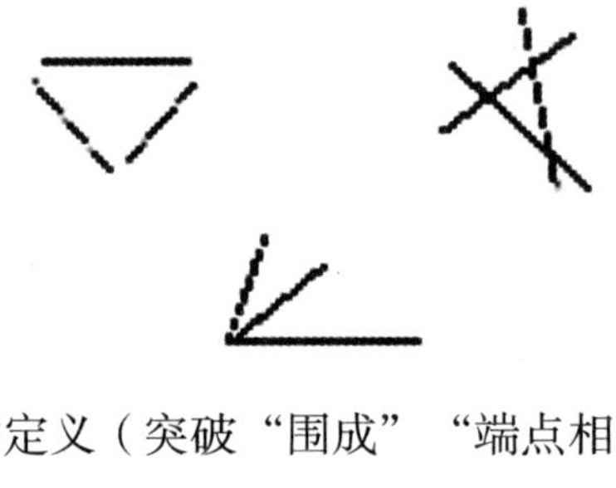

4. 尝试概括三角形的定义（突破“围成”“端点相连”）

师：想一想，什么样的图形是三角形？（同桌试说—学生汇报—出示定义—

重要字眼）什么叫“围成”？（生：每相邻两条线段的端点相连。）

5. 小结

看来判断一个图形是不是三角形，既要看它是不是由三条线段组成的，还要看这三条线段是不是围在一起，也就是每相邻两条线段的端点是不是都相连。

6. 认识三角形各部分的名称

（1）你知道三角形各部分的名称吗？（我们一起看看，课件出示三角形）由老师直接边问边引导，课件随之呈现三角形各部分的名称。

（2）师：三角形共有几个顶点、几条边、几个角？

（3）用字母表示三角形

①师：我们每个人都有自己的名字，三角形也有自己的名字。为了表达方便，我们习惯用连续的大写字母 *A*、*B*、*C*，分别表示三角形的三个顶点。介绍顶点 *A*、顶点 *B*、顶点 *C*、*AB* 边、*AC* 边、*BC* 边，角 *A*、角 *B*、角 *C*。

②师：标上字母还有个好处，我们可以把这个三角形称为三角形 *ABC*，写作△ *ABC*。（板书：△ *ABC*）

③如果换上不同的字母，怎么叫呢？（指名说说）如：三角形 *DEF* 、 三角形 *FGH* 等（出示另一三角形，让学生读读。）

三、认识三角形的高

1. 比一比

这两个三角形谁高啊？

2. 找一找

你从哪儿看出来，你来比画比画！

3. 画一画

（1）你能在你的画的三角形上试着画出它的高来吗？

（2）指名学生上台画 BC 边上的垂直线段，大家看看你的方法和他一样吗？

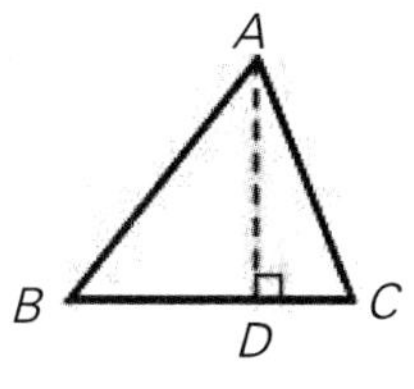

4. 议一议

（1）怎样摆三角板？

（2）从哪里开始，画到哪里？画什么？

师：说说你是怎样摆三角板的？（把三角板的直角边与对边重合）教师旋转另外一条直角边与对边重合，问：这样摆行吗？

师：从哪里开始，画到哪里？画什么？

画垂直线段要用到三角板的哪里？（直角）组成直角的这两条边我们把它叫

作直角边。引导学生边画边介绍画垂直线段的方法：把三角板的直角边与 *BC* 边重合，另一条直角边通过 *A* 点。从 *A* 点开始，画到 *BC* 边，也就是对边。画的是什么？（垂直线段）

5. 揭示高的定义及要求（出示课件）

（1）师：从三角形的一个顶点到它的对边作一条垂线，顶点和垂足之间的线段叫三角形的高，这条对边叫三角形的底。（板书：高和底）高与底相交的这一点叫做什么呢？

（2）友情提醒：画高一般用虚线；记得标上底和高；还有一个很重要的东西，它就像一块正方形的胶布把高和底牢牢地粘在了一起，它就是直角符号。请根据老师的提示将你画的高修改一下。（改成虚线，标上底、高、直角符号）

6. 介绍三角形的另外两条高

师：从顶点 *A* 到对边 *BC* 能画出一条高。那么，我们能从顶点 *C* 到对边 *AB* 能画出一条高吗？从顶点 *B* 到对边 *AC* 呢？

（这两条高，由老师边问边画出来，让学生知道三角形有三条高即可，不要让学生去画。）

7. 练习

判断下面图形中的红色虚线是不是三角形的高，并说说你是怎么想的？

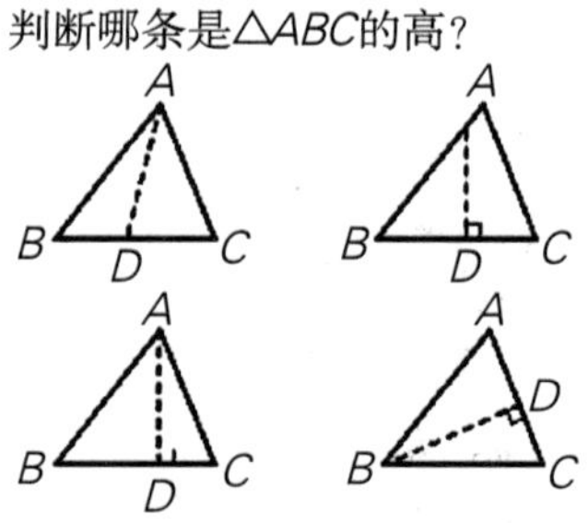

四、巩固练习，拓展新知

1. 画出下面三角形指定的底边上的高（学生动手画高，教师巡视指导。）

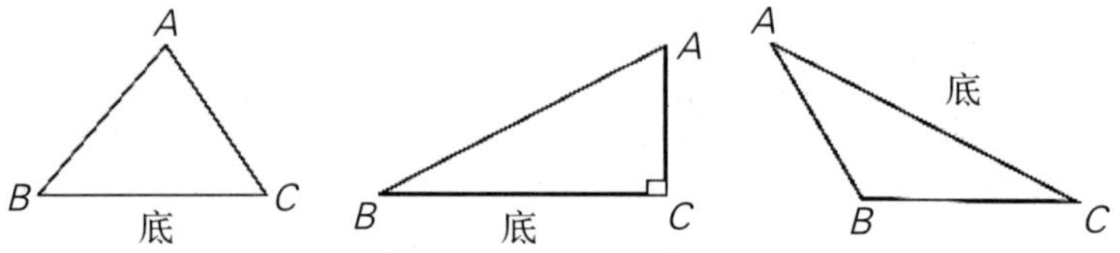

（1）学生独立画高。

（2）师：谁愿意上来说说你是怎么画的？（指名上台汇报：将一条直角边与

底边 *AB* 重合，另一条直角边通过顶点 *C*，从顶点 *C* 到对边 *AB* 作一条垂线，顶点 *C* 到垂足的线段就是三角形的高。

（3）师：是这样的吗？同桌互相检查一下，有错的话，会的同学教一下不会的。

（4）师：哪位同学愿意上来给大家介绍一下自己是怎样画第二个图的高？（指名学生上台汇报）

师：告诉大家，这个三角形底边上的高，你画在哪里？（学生指 *AC*）

师：这不是三角形的边吗？怎么会是底边上的高呢？（生：*AC* 与 *BC* 的边互相垂直。从 *A* 点画 *BC* 边的垂直线段，就是 *AC* 这条边，两条边重合了。）

师：哦，也就是说，*AC* 这条边既是三角形的边，也是 *BC* 边上的高。

师：如果以 *AC* 为底，它的高在哪里？（生：*BC*。）

师（小结）：原来，这两条互相垂直的直角边，一条边为底，另一条直角边就是它的高。

（5）师：哪位同学愿意上来介绍自己怎样画的第三个图的高？（方法同上。指名上台展示、汇报）

引导学生用自己的话说说怎样画三角形的高。（顶点到对边的垂直线段就是三角形的高。）

师（设问）：过三角形的三个顶点，可以画几条高？你还能画出其他高吗？（生：不能。）

师：这么说，三角形一共有多少条高？（板书：三条高。）

学生画第三个三角形的高。

2. 判断

（1）由三条线段组成的图形是三角形。（　）

（2）三角形有三条高，三条底。（　）

（3）这是三角形 *ABC* 的一组底和高。（　）

3. 填空

写出一组三角形的底和对应的高。

五、交流收获，全课总结

师：同学们，不知不觉中，就要下课了。请你谈一谈这节课的收获吧！

学生交流（略）。

师：关于三角形的知识远不止这些，随着我们学习的不断深入，大家的收获会更多。

32. “三角形的分类”教学设计

者书霞
（西宁市晓泉小学，青年名师　）

※ 教学过程

一、课前谈话，感受分类

师：“分类”在生活中到处会用到。（板书“分类”）相信同学们对分类也一定不陌生，那么，你能把教室里的同学们分分类吗？

预设1：可以分成男生和女生两类。

预设2：可以按照年龄进行分类。

预设3：可以按照喜欢不同的体育运动进行分类。

……

师：同学们说了这么多分类，那老师有个疑问：班里就这些同学，为什么会分出这么多类别呢？

预设：因为我们分类的标准不同，所以分类的结果也是不一样的。

教师相机板书：分类标准不同，分类结果就不同。

师（追问）：那我可不可以把全班同学分为胖的和戴眼镜的两类呢？

预设：不可以，因为分类的标准不统一。（板书：同一标准）

师：为什么必须统一标准呢？

预设：因为只有标准统一了，分类的时候才不会重复或者遗漏。（板书：不重复、不遗漏）

二、自主探究，进行分类

1.揭示课题，确定分类标准

师：通过前面两节课的学习，我们认识了三角形的特性，知道了三角形三边的关系。今天这节课，我们将对三角形进行分类，请同学们思考一下：你打算按照什么分类标准对三角形进行分类？

预设：我们在学习三角形特征的时候，是按照“边”和“角”去进行观察的，所以我认为分类的时候也应该按照“边”或“角”的不同进行分类。

师：真是一个善于思考的孩子啊！（板书：按“边”分；按“角”分）

2. 动手操作，进行分类

师：请同学们拿出你们课前准备好的各种三角形，和小组里的同学商量一下：你们打算怎样分类？并把分类的结果记录下来。

学生小组活动，教师巡视，适时予以指导。

3. 全班交流，统一结果

师：同学们都分好类了，现在请小组代表来汇报一下你们组的分类结果和你们使用的方法。

（1）按“角”分类

预设 1：我们组是根据一个三角形中有没有直角，把三角形分成了两类：一类是有直角的，另一类是没有直角的。

预设 2：我们组把每个三角形的三个角分别进行了度量，分成了三类：“三个角都是锐角的”“一个角是直角，另外两个角都是锐角的”“一个角是钝角，另外两个角都是锐角的”。

师：这两个组哪个组分类的方法和结果是正确的呢？

预设：都对。

师：为什么都对呢？

预设：因为按照他们的分类标准，最后的分类结果都没有重复也没有遗漏。

师：没错，只要分类标准统一，分类结果就会不重复也不遗漏。那么，你们能给这些三角形起个名字吗？

我们先按照第一种分法起名字吧！……你们遇到什么障碍了吗？对哦，按照第一种分法，第二类三角形没办法起统一的名字。

那么第二种分法呢？

预设：这个起名字容易。分别是锐角三角形、直角三角形和钝角三角形。

（课件出示分类结果）

师：在直角三角形中，直角所在的两条边，叫作“直角边”；直角所对的那条边，叫作“斜边”。请你拿出你手中的直角三角形，量一量直角边和斜边，再比一比，你发现了什么？

预设：直角三角形的斜边都比直角边长。

（2）按“边“分类

师：哪个小组是按“边”进行分类的呢？请你们和大家交流一下吧！

预设 1：我们组用的是对折的方法，发现按“边”分类可以分成两种：一种是对折以后不能重合的，另一种是对折以后可以完全重合的。

预设 2：我们组用的是量每个三角形各边的长度的方法，我们发现按“边”分类可以分成三种：一种是三条边都不相等，一种是两条边相等，一种是三条边相等。

师：那你们能给你们分类的这几种三角形起个名字吗？

预设 1：轴对称三角形和非轴对称三角形。

预设 2：不等边三角形、等腰三角形和等边三角形。

师（对第二组的代表）：看来你都预习过了啊？那你能不能给大家讲讲有关等腰三角形和等边三角形的知识啊？

预设 2：好的！两条边相等的三角形，叫作等腰三角形。其中，相等的两条边，我们叫作等腰三角形的“腰”；第三条边，我们叫作等腰三角形的“底”。两条腰的夹角叫作顶角，两条腰与底边的夹叫作底角。

三条边都相等的三角形，我们叫作等边三角形，也叫作正三角形。这三条边，都叫作等边三角形的“边”。

教师相机课件出示。

师：同学们观察一下，等腰三角形的角有什么特点吗？等边三角形的呢？

预设：等腰三角形的两个底角相等，等边三角形的三个角都相等。

师（追问）：等边三角形的三个角都相等，那都是多少度呢？

预设：60°。

师（对第一组代表）：你同意第二组同学的分法和命名吗？

预设：我同意，但是我认为我们组的分法也是对的。因为等腰三角形和等边三角形都是轴对称图形。

师：同学们，你们同意吗？那么你们能不能想想看，等腰三角形和等边三角形之间有什么关系呢？

预设：等边三角形也符合“两条边相等”的特征，所以等边三角形是一种特殊的等腰三角形，就好像正方形是一种特殊的长方形一样。

师：同学们，此处应该有掌声！（带头鼓掌）

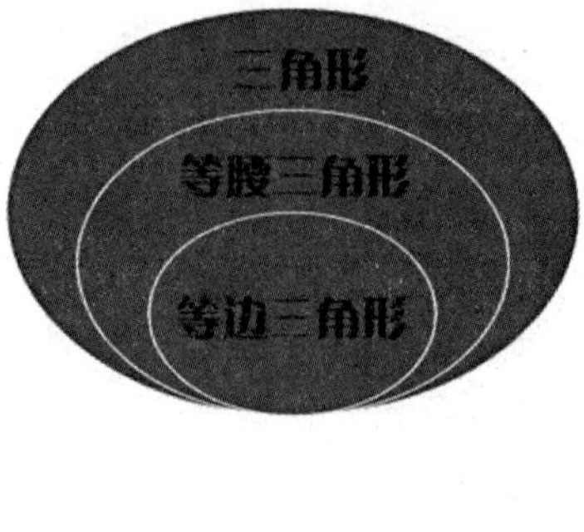

三、达标检测，解决问题

1. 我当小判官

（1）3个角都是钝角的三角形是钝角三角形。（　）

（2）直角三角形中只有一个直角。（　）

（3）最大的角是锐角的三角形是锐角三角形。（　）

（4）有一个角是锐角的三角形是锐角三角形。（　）

（5）等边三角形一定是锐角三角形。（　）

2. 分一分

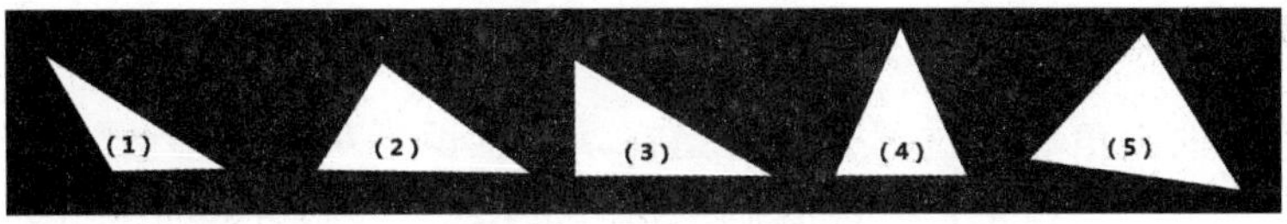

锐角三角形：　　　　钝角三角形：

直角三角形：　　　　等腰三角形：

等边三角形：　　　　不等边三角形：

3. 小蚂蚁进洞

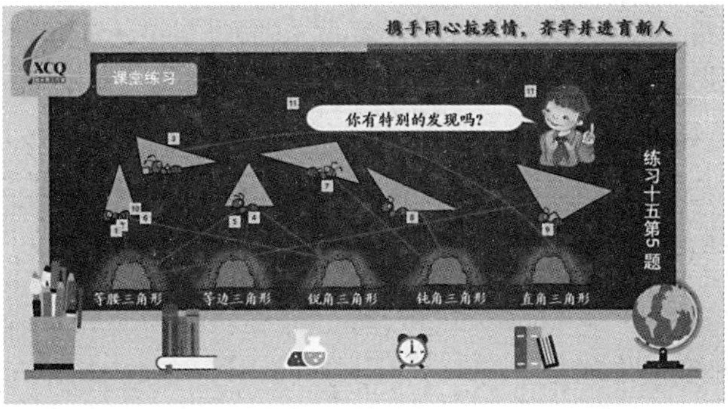

（此题在学生完成后重点引导学生发现：同一个三角形，按照不同的分类标准，可以得到不同的答案，所以有些小蚂蚁可以进两个甚至三个洞。）

33. “三角形的内角和”课堂实录与反思

陈慧蓉
（福建省龙溪师范学校附属小学，正高级教师）

※ 课前思考

“三角形的内角和”这部分内容是在学生认识了角，会用量角器量角，初步认识三角形，了解三角形分类的基础上进行教学的。教材内容的数学核心内容是让学生理解和探索“三角形的内角和是180度”这个重要性质，数学核心思想是转化。此内容教学，有助于学生进一步认识三角形的特征，为进一步学习积累知识基础、思想方法和活动经验，即为后续再研究奠定基础。

从几套教材的编排看，探索“三角形的内角和180度”常用的方法有三种：测量求和法、剪拼法和折拼法。前两种方法均贴近学生的思维水平，操作简单，结论直接，但因误差使得测量结果非但不能验证结论，相反却给人以误导；剪拼时会破坏原有图形，不能很好地体现剪拼后的图形与原三角形间的联系与变化；折拼法在一定程度上弥补了上面两种方法的缺陷，但原理解释起来费劲，学生操作起来困难。而且在课堂教学中经常会遭遇如下“尴尬”：（1）多数学生只是机械模仿书上的方法，一旦脱离教材，一般只会想到用测量的方法进行验证，探究大多浮于形式；（2）“测量求和”因无法消除误差，只能是走过场，“折拼”等方法也只是在教师指令下进行的“走秀”。（3）无论哪种方法，都因缺乏严密性，使得“三角形内角和是180度”对学生来说只是毫无底气的 “应该是”，而不是理直气壮的“一定是”的内化建构。于是乎，在我们的教学研讨中就出现了这样的声音：小学生，知道个大体的来龙去脉就行了，没必要那么较真，等到上中学，他们就明白了。对此说法，本人不敢苟同，倒是牢记一位名师说过的一段话：在小学阶段“不追求严密”并不说明小学阶段就“可以不严密”，在孩子“能力许可范围内”尽可能地培养他们的严密思维，这是需要的，也是必要的。我们有理由相信，通过教师适时地恰到好处地点拨，学生会在“三角形的内角和”探究过程中感悟、体验到该如何进行科学探究，其隐性的作用远远超过本内容的探究活动。

基于以上思考，本课紧扣以下四个问题展开教学：（1）关于三角形的内角和，学生的真正起点是什么？（2）课堂上学生的探究没有头绪，探究方法浮于形式怎么办？（3）如何处理动手实验中误差的必然性和结论的科学性之间的关系？（4）如何沟通三角形的内角和与其他数学知识之间的内在逻辑关系？

学情分析：

（1）知识基础：已具备了角的度量、平角、三角形的认识和三角形的分类等知识；知道三角板上每个角的度数，能算出“它的内角和为180度”，但对于“是不是和为什么所有的三角形内角和是180度”不是很明白，学生普遍缺乏批判思考，更缺乏理性推断。

（2）学习能力：经历过猜想—验证—结论—应用的探究过程，积累了一定的活动经验，但还不能自觉沟通知识间的联系，不能运用“转化”的数学思想方法解决问题。

（3）学生困难：在动手操作过程中，由于学生的年龄特点和个性特征，有的学生测量误差大，怎样折、撕后拼成平角有困难；在合作交流的过程中，有些学生合作能力较差。

※ 课堂实录

一、激发猜想

1. 介绍内角

借助常用的三角板，引出内角：由三角形相邻的两条边组成的，并且在图形内部，我们就把这三个角分别叫这个三角板的内角。

2. 经验感知

学生介绍三角板的内角度数；观察数据，找出共同点，并引出内角和。

3. 引发猜想

由两个完全相同的三角板分别拼成钝角三角形和锐角三角形，计算内角和，引出猜想。

揭示课题——三角形的内角和

片段一：

师：孩子们，最近我们一直在跟什么图形打交道？（手拿三角板）

生：三角形。

师：那我们今天就继续来研究三角形的有关知识。（出示课题：三角形内角和）

师：从这课题中，您能看出我们要研究三角形的什么知识吗？

生：内角和。

师：嗯，两个关键词。（在“内角”“和”下面画重点符号和波浪线）

师：谁来给大家指一指，三角形的内角在哪？（出示一个大三角形，反面标出角1、角2、角3）。

师：对，其实就是三角形的三个角。

师：我们今天要研究的就是三角形三个内角的——？

生：和。

师：和什么意思？

生：就是三个角相加、合并。

师：听明白什么是内角和了吗？

生：就是三个内角相加的总和。

师：我觉得这个大三角形内角和一定比这个小三角形内角和大。（出示大小不同的两个三角形）

生：不对，三角形的内角和都是180度。

师：嗯？

生：这怎么可能呢？它们形状、大小都不一样？

师：见过形状不一样，可内角和却一样的三角形吗？

生：有！如三角板大小很多都不一样，但内角都分别是45度、45度、90度或30度、60度、90度，和都是180度。（课件展示三角板内角和图）

师：懂得用数据来说话，真好！

师：但仅凭三角板这样一个例子就断定所有三角形的内角和都是180度，行吗？

生：不行。

师：像这样没有经过验证的结论，只能当作——

生：一种猜想。（板书：猜想）

【设计意图】借助学生非常熟悉的事物 ---- 三角板，找到了三角形在生活中的原型，明确了三角形的内角、内角和的概念。在此基础上引发学生思考，提出问题，探讨由特殊到一般的认知过程。

二、探索研究

1. 确定研究思路

根据课题，您觉得要抓住哪些关键词？师生交流互动，确定初步研究方向和思路。

2. 讨论取样范围

组织学生阅读下面的操作要求，并根据要求进行讨论、分工合作，最后形成小组意见。

操作要求：

（1）每组同学的桌上都放了一些形状、大小不一的三角形，四人小组先讨论：应该选择什么三角形来研究才具有代表性；

（2）根据讨论结果，小组成员先分工，找到各自要研究的三角形，并给每个内角标上序号；

（3）独立思考采用什么方法来验证猜想，并试着研究自己的三角形，再共同研究小组里其他同学的三角形，看看各种三角形内角和是不是 180 度；

（4）最后判断你们的猜想是否成立，并把结论写在练习本上。

3. 汇报研究成果

以小组为单位进行汇报，交流中重点围绕几个问题：

（1）如何取样才具有代表性；

（2）在探究过程中有没有遇到什么麻烦或困难，是如何解决的？

（3）根据学生的汇报情况，随机引导学生辨析测量时的两种不同做法，第一：先分别量出三个角，再相加；第二：分别量出两个角，再用 180 度去减两个角求出第三个角。

（4）折的技巧：折“高”找到对应的“垂足”；然后将三角形三个“顶点”分别对准“垂足”进行折叠就行了。

（5）比较组际间的验证过程与方法，提炼转化数学思想；形成初步结论：三角形内角和在 180 度左右，渗透严谨、科学的探究精神。

片段二：

师：既然是猜想，就需要验证。有什么办法可以知道三角形的内角和呢？

生：测量。

师：用测量的方法很直接。那该画什么三角形来测量呢？

生：锐角三角形。

师：这个有代表性。

生：钝角三角形。

生：等边三角形、等腰三角形。

生：直角三角形。

师：我至少会画三个三角形来测量。猜猜我会画什么三角形？

生：等腰三角形、等边三角形。

生：我觉得应该会锐角三角形、直角三角形和钝角三角形各画一个。

师：理由？

生：三角形按角的大小可分为三类，老师把每一种三角形都考虑到了。

师：嗯，三角形按角来分可以分为这三类，这样我所举的例子就不仅具有代表性，还考虑到了全面性。（板书：举例全面）

师：都说众人拾柴火焰高，我们每人画一个三角形，全班就有 40 多个不同的例子。先请第一组同学任意画一个锐角三角形，第 2 组同学任意画一个钝角三角形，第 3 组同学任意画一个直角三角形，第 4 组同学任意画一种三角形。（学生按要求画三角形）

师：画完三角形，接下来做什么？

师：量出它们的内角和，看看是多少度。

师：那就动手吧。

师：有个同学在测量出了三角形内角和后，发现结果不等于 180 度，于是就———（学生画一会，教师发现问题后干预）

生：用 180 度减去两个角的和，求出第三个角。

师：有不同意见吗？

生：再量一遍，会不会是算错了。

师：这个态度好，严谨。

师：还有不同处理方法吗？

生：用 180 度减去其中两个角的度数，得到第三个角的度数，最后得到内角和也是 180 度。

生：我多量了几个三角形的内角和，结果都不是 180 度，难道三角形的内角和不是 180 度？

师：难能可贵，敢于大胆质疑！

师：刚才这位同学发现测量结果不是 180 度，觉得肯定是自己量错了，就更改了其中一个角的度数，用180 度减去另外两个角的度数，求出第三个角，可以吗？

生：不行。

生：内角和 180 度还没验证。

师：这一点很重要，我们现在要验证猜想，需要通过测量，看看三角形的内角和是不是 180 度，所以能把 180 度当成结论来用吗？

生：不行。

师：所以，我们应该实事求是地把测量结果记录下来。

师：谁来说说你们的测量结果，内角和是多少度呢？（分别请画锐角三角形、钝角三角形和直角三角形的小组汇报并板书测量结果）

师：看到这些数据，你发现了什么？

生：三角形的内角和就在 180 度附近？

生：三角形并不是每个内角和都是 180 度？

师：难道我们的猜想错了？你是怎么想的？

生：测量工具有误差，或者测量方法不够精细，应该就是 180 度。

师：那在这种情况下能给“三角形内角和是 180 度”下定论吗？

生：不行。

师：确实没有说服力。那我们换个思路吧，既已经初步验证三角形内角和在 180度左右，那是不是可以考虑如何把三角形三个内角拼在一起？如果能组成平角，猜想成立，不能，则猜想不成立？

生：对。

师：除了量一量，加一加，还有什么办法可以把三角形三个内角拼在一起？

生：撕、拼。

师：这个想法很大胆，既然是研究，当然可以撕。

师：还有其他方法吗？

生：折。

师：同学推荐的方法到底能不能把三角形的三个内角拼到一起呢？请同学们试一试。

生：想。

师：好，在你们的抽屉里有一块磁板，看看有几个三角形。

生：三个。

师：能了解为什么准备这样的三个三角形吗？

生：每种三角形类型都考虑到了。

师：非常好，已经能注意到考虑问题要全面。

（教师示范小磁铁怎么贴）先请听操作要求。

①同桌分工，给每个三角形的内角标上序号；

②每人先任选一个三角形，独立思考怎样把三角形的三个内角拼到一起，动手试一试，发现了什么？

③同桌共同研究余下的三角形，最后得出什么结论。

师：已经有结论的小组，可以带着你们的意见，去跟其他组同学交流。

【设计意图】教师的适时干预，杜绝了学生以偏概全、以特殊证一般的认知误区，培养了其严谨的思维习惯。同时，通过讨论取样范围，对选用什么样的三角形来验证达成共识，渗透研究问题时素材的选择要具有代表性和全面性。

片段三：

师：不少同学已经成功地对自己的假设进行了验证，哪位同学愿意和大家分享研究思路和成果？

生：我们先把每个三角形的三个角撕下来，再拼在一起，发现这三个角正好组成平角，所以我们得到的结论是三角形的内角和180度。

师：你们是先剪，再拼。

师：其他组呢？

生：我们是把三角形的三个角折在一起，发现也是成了一个平角，所以我们的结论也是三角形的内角和180度。

师：还有不同方法吗？

师：我发现有的同学是这样折直角三角形的，可以吗？

生：可以。将直角三角形的两个锐角都折向直角，与直角重合，说明这两个锐角的和是90度，再加上直角，三个角就是180度。可以吗？

师：通过动手折一折、撕一撕，发现每一类三角形的三个内角都可以拼成一个平角，所以结论是：三角形的内角和180度。

师：在操作过程中，有没有遇到什么问题需要拿出来交流的或者说需要特别提醒大家注意的？

生：折痕要和底边平行。

生：折时是经过好几次调整才折成平角的。

师：你很细致。折也是要讲究方法的，一起来看。（课件演示：首先是折出三角形的高，找到对应的“垂足”；然后将三角形三个“顶点”分别对准“垂足”进行折叠。）

师：如何知道折出来的这个角就是180度？

生：三个角在一条直线上，成了平角，平角180度。

师：同学们通过各种方法把三角形内角和转化成了平角，利用旧知识解决了新问题。（板书：平角）

师：现在是不是可以确认三角形的内角和是180度？

生：是。

师：那我们把这个结论读一读。（把结论补完整）

师：严谨的科学家并没有满足于这样的验证方法，他们觉得，测量会有误差，拼也会有隙缝。有没有更严密的方法呢？

【设计意图】学生在操作活动中因“误差”导致没能实现对“三角形的内角和180度”的精确感知，其所经历的似乎是“不够严密的数学”，但正是由于误差的产生，才让学生从另一个角度体会数学是一门严谨的学科，从而产生对更严密的“证明”法的好奇和渴望，萌生进一步探究学习的欲望。

4. 引导分析推理

（1）引导学生从长方形入手，采用分的方法分析推理得出：直角三角形的内角和 180 度。

（2）学生交流想象，分析推理：锐角三角形和钝角三角形能转化成直角三角形来考虑吗?

（3）根据已经确定的结论进行分析推理，避免了在量、剪、拼过程中由于操作出现的误差，能精准证明三角形的内角和是 180 度。

片段四：

（课件出示一个直角三角形）

师：请看，这是个长方形，每个角的度数都是 90 度。

生：长方形 4 个角的和是 360 度，沿长方形对角线分成两个完全相同的直角三角形，一个直角三角形的内角和就是 180 度。（课件动态演示转化过程）

师: 既然这个结论是确定的,那有没有办法利用这个结论来推理出锐角三角形、钝角三角形的内角和也是 180 度。（同桌先交流想法）

生：先画出锐角三角形的一条高，这条高把它分成两个直角三角形。而每个直角三角形内角和是 180 度，那两个就是——180 度 × 2，而我们要求的是原来三角形的内角和(原来是指画红色弧线部分,所以里面的这两个直角就要——减掉。（电脑演示：列式直接写在课件上 180 度 × 2- 90 度 × 2=180 度）

生：钝角三角形的道理是一样的，……

师：都是把它们转化成直角三角形来考虑。

师：像这样根据确定的结论进行分析推理，避免了操作中出现的误差，是一种比较科学的验证方法（板书：分析推理）现在我们得到的结论就是准确的。

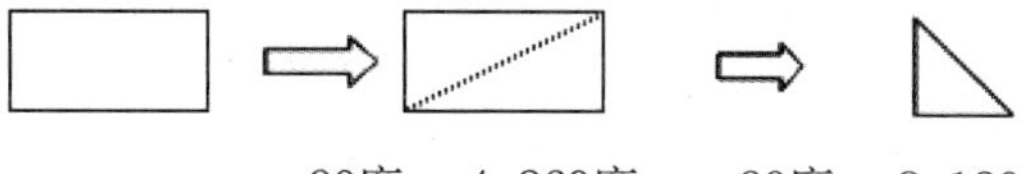

90度× 4=360度　　90度 ÷ 2=180度

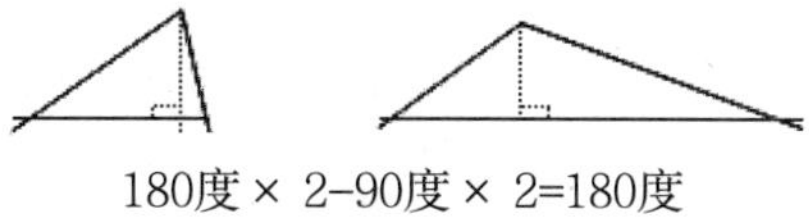

180度× 2-90度× 2=180度

【设计意图】在直观操作无法科学验证的基础上力求寻找科学验证的办法，而且这种验证的办法既接近于学生已有知识点，又不超越小学的教学目标。

三、拓展延伸

1. 观察比较（用几何画板演示三角形三个内角的变化过程）

（1）引导学生观察变化，充分感知三角形的形状、大小都在变，内角和却不变；

（2）进一步发现只要其中一个角变化，必定引起其他两个角的变化规律；

（3）用自己的语言交流所思所想，进一步丰富对三角形内角和的认识。

片段五：

师：仔细观察，发现了什么？（用几何画板展示三角形内角和的变化：操作由小到大，形状、大小、面积、高矮都在变，内角和始终不变。）

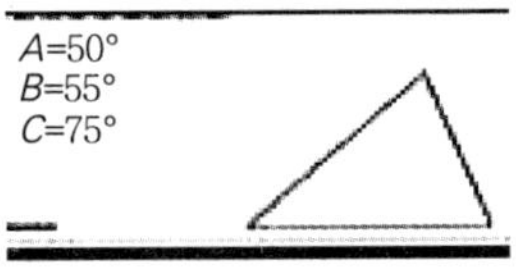

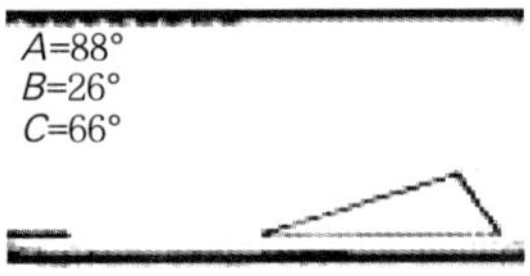

生：三角形内角的度数一直在变化。

生：边的长短也在变化。

生：形状大小都在变，内角和不变。

师：只要其中一个角变化，必定引起其他的角变、边变，还有它的形状大小通通都在变，可神奇的是——它的内角和却始终不变！真没想到，变与不变可以这样和谐地相依相存。

师：现在我们就可以理直气壮地把这个重要的结论读一读了。

【设计意图】通过几何画板的动态演示，使学生清晰地感受到三角形三个内角的度数变化引起三角形形状的相应变化这一必然联系，感受到三角形的内角和是 180 度这个结论的真实可靠性，并体会到在函数思想统领之下“变”与“不变”的辩证关系。

2. 沟通联系

（1）为什么“看到有一个角是直角或钝角的三角形就能确定为直角或钝角三角形，而有一个角是锐角的三角形不能判断为锐角三角形”？

（2）解释为什么三角形按角进行分类时是这样界定的？

片段六：

师：孩子们，都说学要能致用，您能用今天的知识回答下列问题吗？

生：当我们看到图 1 的直角时，能否确定其余的两个角一定是锐角？

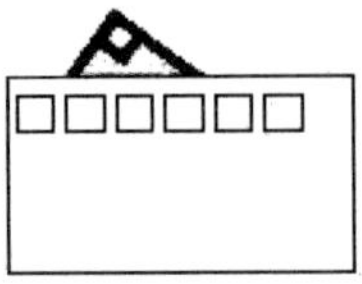
图1

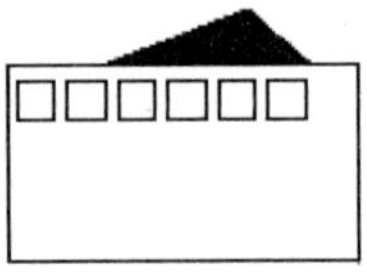
图2

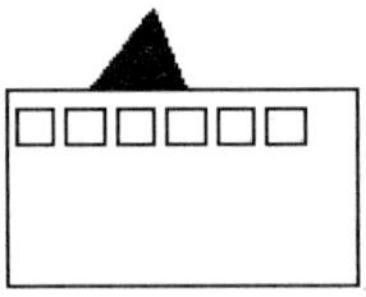
图3

生：三角形的内角和是 180 度，去掉直角，剩下的两个角总和是 90 度，所以其余的两个角一定是锐角。

教师举例：如果其中一个角为 45 度，那么另一个角为 45 度；如果其中一个角为60度，那么另一个角为30度；如果其中一个角为70度，那么另一个角为20度；如果其中一个角为 89.9 度，那么另一个角为 0.1 度。

师：现在明白了吗？只要看到一个角是直角，就能确定它是直角三角形。

师：那钝角三角形呢？

生：也是这个道理，看到一个角是钝角，就能确定其余的两个角是锐角。

师：那锐角三角形呢？为什么？

生：露出一个锐角，剩下的两个角总和就超过 90 度。

师：能举个例子吗？

生：假设露出来的这个角是 30 度，剩下的两个角之和是 150 度，那如果其中一个角是 10 度，另一个角就是 140 度，是钝角；如果一个角是 60 度，另一个角就是 90 度，是直角；如果一个角是 65 度，另一个角就是 85 度，是锐角。

生：所以只看到一个锐角，并不能确定它是什么三角形。

生：我明白了，难怪要说“三个角都是锐角的三角形是锐角三角形”，而其他两类都说“有一个角是直角或钝角的三角形就是直角或钝角三角形”。

师：你很善于思考，已经用今天的知识很好地解释了三角形分类中的问题，我们在学习上就是要注重知识之间的沟通与联系。（板书：联系）

【设计意图】“通过解释促进学习”是本课教学的另一个着力点，而且这个“解释”过程，可以看作是学生对新知的“主动迎合”与“自动补充”的过程。通过本环节的教学，学生们不仅解释了“有一个角是钝角或直角的三角形是钝角或直角三角形”命题的成立，同时也解释了为什么“有一个角是锐角的三角形不能判断为锐角三角形”的道理。对于钝角三角形、直角三角形中两个锐角度数和以及锐角三角形任意两个锐角度数之和的判断，更是拓展了学生思考的空间，其本质都是对“三角形的内角和是 180 度”从不同角度的理解和灵活运用，学生思维得到强有力的提升，对新知的理解也逐步走向深化。

四、梳理总结

1. 回顾

通过学习，除了这一结论，您还有什么收获？

2. 联想

想研究什么问题？打算怎么研究？

3. 质疑

出示收集到的一份资料，这是怎么回事呢？

片段七：

师：今天要研究的问题解决了吗？

生：解决了。

师：我们能把获得结论当成唯一的重点吗？

生：不行。

生：还要学会从结论中展开联想，发现并提出新的问题？（板书：联想）

师：那从这个知识出发，你能联想到哪些问题呢？

生：三角形有没有外角？如果有，是多少度？

师：由内想到了外，不错。

生：为什么要研究三角形的内角和？

师：嗯，用途。

生：四边形的内角和是多少度？（由三想到了四，还可以是五、六，甚至更多。）

生：三角形的边有没有什么规律？（由角想到边）

生：三角体（由面想到了体）

生：……

师：是呀，联想可以把我们带到新的学习领域，回家后就可以选择自己感兴趣的问题继续研究。

师：最后我想搞个小调研，假如我们要研究四边形的内角和，下面有三种方法供您选择，您会选择第几种？

第一，用量角器量出每个内角的度数，并相加。

第二，把四边形的四个角剪下来，拼在一起。

第三，把四边形分为两个三角形，再把两个三角形的内角和相加。

生：前两种是重复开头的方法慢慢研究，容易产生误差。

生：第三种是利用今天学的“三角形的内角和为180度”来比较着进行研究。

师：也就是第三种方法不是对原来方法的重复。

生：把四边形转化成已经确定的三角形的内角和来解决。

师：知道了三角形的内角和，实际上是多了一个学习工具。

师：知道这个工具是谁发现的吗？

师：早在古希腊时代，欧几里得就已经发现了这个定律。可是到了19世纪30年代，罗巴切夫斯基却发现“三角形三个内角和小于180度”；而19世纪50年代，黎曼又发现了“三角形三个内角和大于180度”。（视频播放）

师：这是怎么回事呢？他们的研究和我们今天的结论会有冲突吗？

师：其实，所有的数学结论都是有条件的，我们今天获得的这个结论只在平面几何中成立。那这两个结论又是怎么回事呢？回去可以查一查资料，相信你一定会有更多的收获！

【设计意图】为了不让一个数学活动结束后而使学习者终止对它的学习，本节课的教学设计是由一个个问号连接起来的学习活动，方法的习得，态度的确立，必将为学生探究新知识打下一个良好的基础。

※ 课后反思

英国著名数学教育家斯根普说："我先前总认为数学教师都是在教同样的学科，只是一些人比另一些人教得好而已。但我现在认为在'数学'这同一个名词下所教的事实上是两个不同的学科。"我们需要超越那种机械的、让师生都觉枯燥乏味的"教育"，从更有利于提高学生数学素养的视界出发，把数学教学阐释得生动一些，为教育正本清源，还以教育的实质与内涵。

一、在追问中超越自我

对于相同的教学内容，可以从不同的教学立意出发，做出不同的教学安排，即教师的数学观直接影响着其教学实践的状况。因此，教师在教学活动开展之前要反复追问，在不断的追问中与课标、编者、教材和自己展开对话，避免教学过程中的盲目与偏颇。

关于"三角形的内角和"，我追问得最多的是：多数学生在上课之前就已经获得了"三角形的内角和是180度"这个信息，还需要猜想吗？教材已经介绍了量、剪和折三种验证方法，还需要怎样的探究？上述方法都缺乏严密性，如何处理动手实验中误差的必然性和结论的科学性之间的关系？

事实上，课前多数学生只是听或看到并机械地接受了"三角形的内角和是180度"这样一个信息而已，既不确定也没验证过无论形状、大小怎样的三角形内角和都是180度。于是换个角度引导学生猜想，出示两个大小差距特别大的三角形，问："这两个三角形的内角和都是180度吗？"学生原本就模糊的概念一下子受到了冲击，出现了两种声音。我随即追问："怎么可能呢？一个这么大，一个这么小。你见过两个形状、大小都不一样，但内角和一样的三角形吗？"学生想到了三角板，想到了用数据说话。再次追问："仅仅凭三角板这样一个例子就能说明所有三角形的内角和都是180度吗？"很自然地就进入探究阶段。

然而现实中的科学探究，没有人会提醒你注意什么，朝什么方向思考，因此，教师需要做的是还原探究过程，让更多的“支架”撑起一个简单而深刻的结论。如先从解读课题入手，明确研究什么内容（三角形的内角和），用什么办法研究。通过课堂事实，证明了一点：“用度量三个内角”的方法验证“三角形的内角和是180度”是学生唯一能够借助已有经验想到的方法。尽管学生通过预习了解了书上介绍的几种方法，但是当老师提出可以用自己喜欢的方法验证时，只有两三个学生选择撕或折的方法。究其原因，是学生并未建立起“内角和”与“平角”之间的联系，在这种状况下，采取分步走的方法不失为一种明智的选择。通过先引导学生测量、观察、分析数据，发现三角形的内角和在180度左右，进一步领悟：因为180度是个平角，所以可以想办法把三角形的三个内角合并在一起，看看能否组成一个平角。

如果说科学和严密是数学的特征之一，那么，在以上直观操作无法科学验证的情况下，我们又该做些什么呢？答案是：除了帮助学生完成对结论的正确感知，更重要的是要帮助学生形成数学研究严谨、科学的一种态度。基于这样的思考，采取先引导学生进行量、撕、拼的操作，再从长方形角的特征分析、推理，最后利用几何画板动态演示，使学生清晰地感受到“三角形的内角和是180度”这个结论的可靠性，逐步引领学生走上从特殊到一般、从大概到精确、从不完全到完全、从肤浅到深刻的探究之路。也许解读的过程是艰难的，会因困惑而倍受折磨，会因思考而上下求索，会因抉择而享受自得，这本身就是提升，就是超越！

二、在实践中超越常规

“三角形的内角和”是一节探究课，需要经历提出猜想、检验猜想和论证猜想等环节。在验证猜想这一环节中，我们通过课堂观察，发现学生在测量时，常常故意凑180度，即便是让同桌交换测量，他们也是斩钉截铁地告知答案是180度。仅仅是验证的第一个阶段，处境就已如此尴尬，学生又怎会想到后两种方法？怎会去思考和确定取样范围？如此，整个探究过程只能在教师的指令下机械地模仿与操作。如果停留在这样的教学层面，怎能唤起学生的探究意识，培养其探究能力呢？我最初的教学方案设计了这么一个环节：每组学生的桌上都放了一些形状、大小不一的三角形，四人小组先讨论“应该选择什么三角形来研究才能体现全面性”。几次下来，学生的答案五花八门，有从大小、颜色、形状角度考虑的，但很少有想到从分类的角度确定取样范围的。这恰恰反映出了教学的缺失，反映出了学生的盲点，新的教学方案也是在此背景下出炉。

教师只有看清数学活动对领悟方法、生成策略以及启迪智慧的价值，才能跳出常规看活动，较好地把握对学生思维、能力的培养方式，努力发现在知识形成过程中对学生发展有益的内隐成分，如数学思想、数学思维、数学活动经验等，并通过恰当的渗透、及时的干预，杜绝学生以偏概全、以特殊证一般的认知误区，培养其良好的思维习惯，从而使学生的学习由简单走向深刻。

三、在对话中超越文本

数学的文化要义在于它可以最大限度地展现思考的魅力，并改变一个人思考的方式、方法和视野，因此，研究三角形内角度数的最终目标不应仅仅体现在“会计算”上，更应通过一种润物细无声的对话与思辨帮助学生对旧知进行解释，对新知进行建构，对未知进行探索，从而领悟数学知识的丰富、数学方法的精巧、数学思想的博大、数学思考的美妙，感受数学的文化价值。

教育家普鲁塔克认为，儿童的心灵“不是一个需要填满的罐子，而是一个需要点燃的火种。”因此，在本节课的练习部分，我着力于让学生将方法、策略和思想运用于实践，让学生根据所学知识选择四边形内角和的计算方法，于无形中渗透转化思想；在总结部分，我提供了三角形内角和的数学史料，拓宽了学生的视野，再次激发了学生的探究兴趣与欲望。

总之，只有在教学实践中不断地超越常规，超越文本，超越自我……才能实现学科教学本质的回归，实现教师专业发展的回归，实现理念与实践的对接。也许，这正是我，我们大家所需要的。

34. “三角形边的关系”教学设计（课例一）

周盈
（泰安市泰山区邱家店镇前燕村光彩小，青年名师）

※ 教学过程

一、建构问题情境，启发学生生疑

1. 活动一：教师拿出三根能围成三角形的磁性小棒，问：能围成三角形吗？

学生回答，让学生在黑板上展示。

2. 活动二：当着学生的面，用剪刀把其中一根小棒剪短，追问：现在的三根小棒还能围成三角形吗？

学生动手试一试，结果出乎学生预料——围不成。师：能否围成三角形与什么有关？

启发学生生疑。

二、激发大胆猜测，引导学生探疑

1. 师：三角形的三条边究竟有什么关系？

预设：两边之和大于第三边。

小结：这只是我们的猜想。

板书：猜想

2. 师：我们的猜想对不对，应该怎么办？

学生回答。

板书：验证

3. 师：三角形三边之间到底有什么样的关系呢？我们一起动手研究一下吧。请拿出学具袋（不同颜色、不同长度的 4 根小棒）。

布置探究任务：

（1）从这 4 根小棒中任意选取 3 根围一个三角形；

（2）摆完后观察，并把结果记录在表格中。

三条边长度	围成画√，围不成画 ×

（3）任选一组数据算一算，两边之和与第三边的关系。

学生动手操作，自主记录，算一算，小组内交流。

三、鼓励合作交流，促使学生议疑

1. 议中见疑

（1）学生汇报研究结果，教师分类板书：

能围成三角形的：5 厘米，4 厘米，6 厘米；10 厘米，5 厘米，6 厘米；

不能围成三角形的：10 厘米，5 厘米，4 厘米；

有疑问的：4 厘米，6 厘米，10 厘米；

（2）师：4 厘米，6 厘米，10 厘米（两边之和等于第三边），到底能不能围成三角形？

学生动手操作，小组内交流再议。

（3）师：请有疑问的学生到展台给大家摆一摆。

借助放大镜展示，让学生明确必须三条边首尾相连才能围成三角形。

师：小棒有误差，我们用线段来表示。现在请你闭上眼睛，想象一下，把 4 厘米、6 厘米两条线段往下压，再往下压，最后拼成了一条 10 厘米的线段，现在相当于两条线段。现在请睁开眼睛。课件动画演示 4 厘米、6 厘米往下压成一条 10 厘米的线段的过程。

师：同学们说一说，两根一样长的小棒，能不能围成一个三角形？

学生经历思想实验，两根一样长的小棒不能围成一个三角形。

（4）初步结论：三角形两条边之和大于第三条边。

2. 议中探疑

师：同学们通过观察 4 厘米、5 厘米、10 厘米这一组，根据刚才的结论，$10+4>5$（$10+5>4$），但为什么不能围成三角形呢？

学生探究发现：$4+5<10$，这组数据不满足“任意”两边之和大于第三边。

完善板书：三角形任意两边之和大于第三边。

3. 公理释疑

（1）师：如果不用数据说话，你能用以前学过的知识揭示为什么“三角形任意两边之和大于第三边”吗？

预设：两点之间线段最短，所以两边之和都比第三边长。

（2）师：你能举出能围成三角形的三边数据吗？

学生举出多种例子。

师：同学们，看来能围成三角形的三条边数据有很多，举例子也举不完。如果用 a、b、c 表示三条边的边长，a、b、c 之间有什么关系？

学生自主尝试，小组内交流。

完善板书：a，b，c（$a+b>c$，$a+c>b$，$b+c>a$）

四、灵活选择练习，促进学生解疑

1. 师：判断下面的小棒能否围成三角形？

（1）2 厘米　3 厘米　8 厘米　　（　）

（2）4 厘米　7 厘米　8 厘米　　（　）

（3）6 厘米　5 厘米　8 厘米　　（　）

（4）5 厘米　14 厘米　9 厘米　　（　）

（5）5 厘米　9 厘米　13 厘米　　（　）

师：上面的题目，有的同学很快就做出判断，有什么诀窍吗？

学生小组内交流。

预设：只比较两条最短边的和与长边之间的关系。

小结：最优化判定“两条短边之和大于第三边”。

2. 师：老师要去小雨家家访，走哪条路近？请你用今天学习的知识来解释。

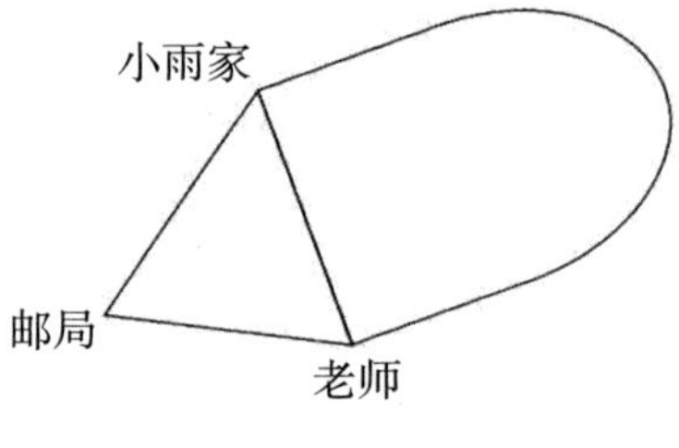

预设：走小路最近，三角形两边之和大于第三边。

师：（PPT 显示草坪）还走这条路吗？

预设：不能走这条路，因为我们要保护草坪，要爱护环境，要有社会责任感。

五、鼓励创造反思，引导学生质疑

师：学校到公园的距离是 5 千米，学校到图书馆的距离是 2 千米，图书馆可能在哪？图书馆到公园的距离可能是多少千米？

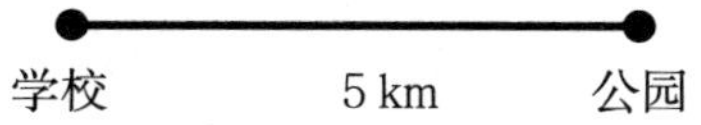

预设 1：

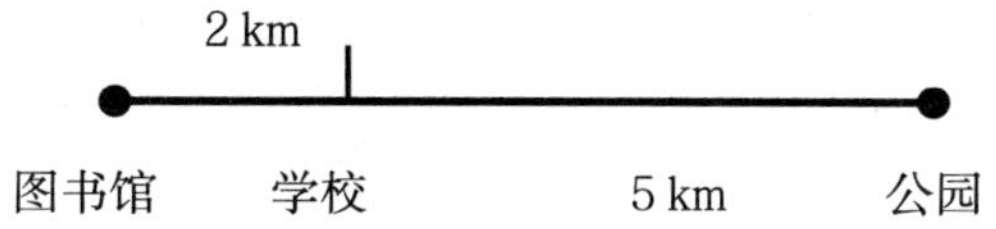

预设 2：

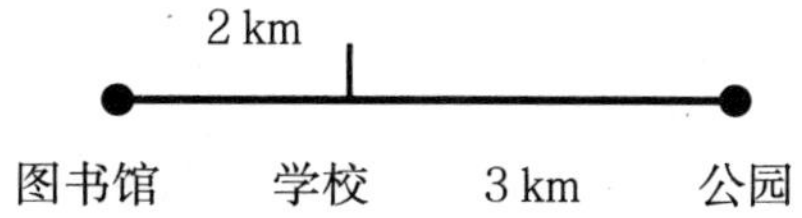

师：还有其他位置吗？结合今天所学知识思考一下。

预设 3：其他位置与学校和公园形成三角形。

师：需要满足什么条件呢？

预设：图书馆与公园的距离大于两边之差，小于两边之和。

师：今天我们学习了三角形任意两边之和与第三边的关系，那么三角形两边之差和第三边有什么关系呢？课下大家继续研究。

35. “三角形边的关系”课堂实录与反思（课例二）

陈千举
（北京市海淀区中关村第一小学，青年名师）

※ 课前思考

“三角形边的关系”，意在通过学生动手操作，收集、观察数据之间的关系，通过交流，发现三角形三条边之间的关系——“三角形任意两边的和大于第三边”，并能应用该结论判断所给条件能否围成三角形。教材先是安排“摆一摆”，选择四组长度有典型性的小棒，让学生摆后将结果填入记录表中，记录表中主要体现图形情况和任意两边的和与另一条边的大小比较，学生通过对表的观察得出结论：三角形任意两边的和大于第三边。在练一练部分，（1）（2）题采取数形结合，（1）题让学生判断每组小棒是否能摆成三角形，（2）题融入判断与全面考虑；（3）题需要学生想象、判断并归纳规律；（4）题知两边长度，求第三边，是一道开放题目，考查学生全面考虑问题的能力。教学内容的数学核心思想：图形性质的研究方法；极限和轨迹的思想。

※ 课堂实录

一、激趣引入

师：孩子们，知道三角形吗？

生：知道。

师：那什么是三角形？

经过短暂思考，举手的同学越来越多。

生 1：三角形有三个角。

生 2：三角形有三条边。

师：很好，你们说出了它的特点。（走到投影前，边操作边说）这里有两根小棒（10 厘米，6 厘米）作为三角形的边，能围成三角形吗？

生：不能。

师：那你们的意思呢？

生：再加一根。

师：好，就听你们的，又来了一条边（7 厘米），谁来完成这个三角形？

生 1：很快在投影下摆好了三角形。

师：和你们想的一样吗？

生：一样。

师：哦，我明白了。你们的意思是把三条边首尾连接就围成了我们的三角形。刚才我们加入一条边完成了这个三角形，都是这样吗？我也可以给你这条边（3 厘米），谁再来试试？

生 1 怎么摆也摆不成，干脆不摆了。其他学生慢慢开始小声议论。

生 1：这两根合起来也不够长，所以它根本也摆不成三角形。

师：嗯，还有自己的理由呢！你们明白他的意思吗？

生：明白。

师：看来并不是任意三条边都能围成三角形，能围成三角形的三条边应该有着一定的学问，到底有什么学问，你们想不想自己研究发现？

生：想。

二、探索发现

师：在利用学具研究之前，咱们来一起看看活动要求。

1. 每次从所给的五根小棒中任选三根摆三角形。（小棒长度分别为 9 厘米，6 厘米，5 厘米，4 厘米，3 厘米。）

把实验数据和结果记录在表中并加以思考：能摆成三角形或不能摆成三角形的三根小棒之间有什么关系？

2. 注意同伴之间合理分配任务，声音尽可能不影响其他小组。

指名读活动要求

师：对于要求，大家清楚了吗？

生：清楚了。

师：那我们可以开始了。

教师观察参与学生小组活动 7—8 分钟。

学生活动之后开始交流结果。在学生交流过程中，我提醒学生在听其他组汇报时，注意看是否与自己小组的研究结果一致，并做好标记，以便一会儿有针对性地进行补充。并引导学生在选择小棒时，注意研究方法的科学性，做到有序，按一定的规律来选。

结果当第1组学生汇报时，大家对于4、5、9和3、6、9这样的三条边是否能组成三角形，出现了分歧，我在这两组作了“？”标记。交流结果板书如下：

能	？	不能
3 4 5	3 6 9	3 4 9
3 4 6	4 5 9	3 5 9
5 6 9		
4 5 6		
3 5 6		
4 6 9		

师：看来，现在我们出现了三种情况。其中有两种是我们公认的，而中间的这种是我们存在分歧的。

学生们点头。

师：那我们先来统一意见，好吗？

生：好。

师：哪些小组认为中间这种情况不能摆成？那我称你们为“反方”。

4个小组举手。

师：那其他几个小组就是认为能摆成的了？我称你们为“正方”。

学生点头。

师：两种意见的同学看来都很自信，能坚定自己的观点，很好！认为能摆成的，看来已经摆成功了，谁愿意到前面来摆一下？

生1：我摆的是4、5、9。

师：“反方”做好准备呀！

生1不太顺利，但最终还是摆成了自己比较满意的样子。“正方”的同学也连连点头。

师：嗯，看来真的摆成了？你们有什么说的？

“正方”的人得意，“反方”的人有的有些紧迫，有的着急得举着手。

生2：老师，我认为根本就摆不成。您看4+5=9，也就是说4和5摆成一条直线时才和9一样长，所以根本就摆不成。

师：听起来有道理，你们明白他的意思吗？

“反方”的人认同地点头，“正方”的人疑惑的不想接受。

师：谁再来说说？

生3：我还是觉得能，我们稍微向上动一下不就行了吗？前面不是摆出来了吗？

师：你的意思是证据就在这里？

生3：对。

师："反方"的怎么看？

生4：老师，我觉得摆不成。我觉得他们摆的那个看起来好像是，但其实那几条边都没挨上，如果真的挨上了，就应该是两条直线了。

师：看来你们都各自坚持自己的看法，很值得敬佩。其实你们遇到这个问题我也很感兴趣，想不想了解一下我的想法？

师：我这里有个动画，看后也许对你们有帮助。

（教师演示9厘米固定，4厘米和5厘米分别一端以9厘米的一端和另一端为圆心做圆形运动，产生轨迹。）

师：我先把9厘米固定，然后把4厘米和5厘米能摆到的地方都摆到，你们看看会是什么样？

图：

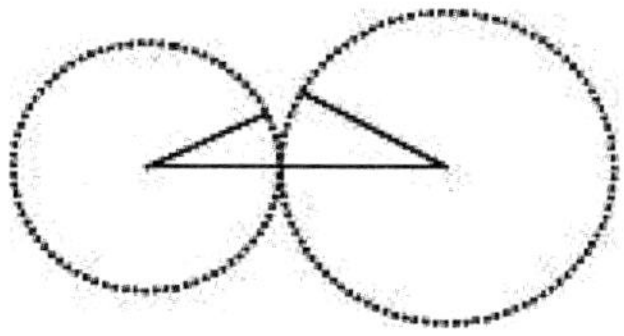

生：哇！挨上了！

师：谁来说说，你发现了什么？

生2：那两条边只有和9重合时才能挨上。

生：没错！

也有暗暗点头的。

师：都认为到这才能挨上，是吗？（动画演示两边重合到9厘米上）

生：嗯！

师：那说明这种情况能摆成三角形吗？

反方：不能！

正方此时没有什么声音，但也不太想这样屈服。

师：看来有的人有点疑惑，你们是不是觉得，没重合之前的那一点也好像挨上了？

生（正方）：对呀！

生（反方）：那时根本就没挨上，只不过看不出来而已。

师：如果还有分歧，那咱们再换个角度想想。

再次出现另一组课件：先出现9厘米，然后把9厘米分成4厘米和5厘米两部分，用不同颜色区分；之后分步演示以分点为折点，两条边向上折的过程。

师：我们不妨先给出一条9厘米的边，那另外那两条边的和应该和它相等？

生：对！

师：那我们就用这条边分成两部分（动画分成红、蓝两种颜色，4厘米和5厘米。），既然你们有人认为这种情况能摆成三角形，那我们从这个分点向上折就应该可以，对吗？

生：对。

（教师动画演示向上折一点。）

生：行了！

师：形成了吧？

生：嗯！

师：真的形成了？这个过程发生了什么变化？

学生开始疑惑。

生1：我发现两个点之间的距离越来越近了。

生2：我发现折起来时两头就不挨着了。

师：你们发现了吗？

生：发现了。

师：那刚才折起一点的时候，好像还挨着呢？

生3：没挨着，只不过离开得太近了，我们肉眼看不出来。

师：你们同意吗？

生：同意。

师：那现在说明这种情况能摆成三角形吗？

生：不能！（部分学生更坚决了，部分学生在笑。）

师：那为什么刚才我们有的同学就真的摆成了呢，而且人数还不少？

学生开始反思，有的认为是小棒太粗了，如果尽可能细就有可能避免出现这种情况了。有的认为小棒的长度也不见得那么准确，所以也会有影响。

师：嗯，他在怀疑小棒的长度。这可是我特别认真做的，怎么会不准呢？

学生开始笑着七嘴八舌起来。

生3：您再怎么认真，也不能保证这么多根都准确。

生4：小棒这么粗，您怎么都会有误差。

师：孩子们，我很佩服你们。你们清楚地解释了我们产生分歧的原因，其实不仅是我们，就连大科学家们在做实验时也会遇到这个问题。我们的工具有可能很精密，我们也许万般仔细，但一些小的偏差能完全避免吗？

生：不能，只不过有可能他们的偏差更小。

师：没错，其实这就是你们刚刚说到的“误差”；正像你们所说，我们不能避免它，但我们可以科学地认识它，减小它。

师：同学们，现在我们的意见统一了，我这个问号可以擦掉了，它们应该属于哪边？

师：此时我们再观察我们的试验结果，谁来说说能摆成三角形或不能摆成三角形的三条边之间有什么关系？同组之间可以互相说说。

生 1：能摆成三角形的，两条短边加起来应该大于那条长边；两条短边的和比长边短或相等都摆不成。

生 2：我也觉得只要两条短边的和大于最长边了，就能摆成三角形。

师：你们都同意吗？

生：同意。

师：那如果是 3、3、1；你们怎么解释呢？

生 1：1 是最短的了，再加一个 3 等于 4，4>3 不就行了吗？

师：你们是这么想的吗？

生：是。

师：噢，如果有一样长的，随便选一个作为短的都可以，我明白你们的意思了。

师：孩子们，当我发现问题后，我们进行了小组研究；通过交流与观察，我们总结出了“三角形边的关系”（板书课题）。现在我们对这个问题的认识更清楚了，是吗？

生：是。

三、巩固练习，提升认识

1. 还记得课前老师曾经给你们出示的小棒吗？开始出现的两根分别为 10 厘米和 6 厘米，而第一次增加的第三根小棒长 7 厘米，现在有什么想法？

那你们猜猜第二次换上的小棒长多少呢？

教师随后告知，3 厘米。

2. 仔细观察，在这个过程中有两条边始终是 10 厘米和 6 厘米，但在加入另一条边时，有时能形成三角形，有时就不能，你想到了什么？

3. 中长跑运动员外道选手如合“切线”问题？

师：你们参加过中长跑吗？

有人参加过，有人有些陌生。

师：运动员们从第一个弯道弧顶出发后，跑过两个弯道就可以向内切线了。如果你是外道选手，你准备怎么切？

生 1：赶紧切到内线。

师：大家是不是都是这个意思？

学生点头。

师：当然我们切线的路线会很多（边说边演示另外几条路线），那到底怎么切比较合理呢？

学生恍然大悟，开始争着举手。

生1：最外边斜着那条。

师：都谁是这么想的？

师：能说说为什么吗？

生：最近。

生2：那条路线和其他路线形成了三角形，其他路线是两条边，而它是另一条，所以它短。

师：你们听明白了吗？

生：明白了。

师：真了不起，三角形中两条边的和一定是大于第三条边的，用我们今天所学的知识解释了这个问题，我们也为他和我们自己鼓掌。

※ 课后反思

关于这节课我的思考：

本节内容是一个探索发现的内容，应带给学生一种研究的意识、一种研究方法的意识。这个内容所提供的是一种学生活动的学习方式，这种学习方式为学生创设了更多的参与空间，培养其动手、动口及合作的能力，学生也比较感兴趣；所以我认为应理解教材的用意，多给学生独立探索发现知识的时空，教师把教学环节有机地过渡好，当学生获取知识的本质后，教师再设计一些和本节内容有关的、具有挑战性的题目，让学生在自我实现中获得快乐。

根据以往对本节课教学内容的了解，学生在实验活动后的总结时，对“任意”的表述存在问题，但并不是学生真的不理解，我们如果出个反例让学生来判断，学生绝大部分还是可以判断得很准确的。可以说学生总结的“两边之和要大于第三边”或许另一层意思是“不能有两边之和小于或等于第三边”。如果是这样，我想不妨在组织学生活动时，在组织观察实验结果时，可以引导学生从正、反两个角度去表达这个结论。“在什么情况下三条边可以围成三角形；在什么情况下不能围成三角形？”从两个角度说明同一个问题，也许学生的选择会多一些。

另外，当在本节课上学生面对“两边之和等于第三边”；学生面对实际操作的近乎可以与理论认识的冲突时有发生，有的甚至持续时间会很长，乃至有的学生带着疑惑走出课堂。分析其原因：有的学生属于认知冲突，而有的学生有可能出于表现欲、完成欲（我就要能做到！）大多的教学在此环节会让不同观点的学生阐述自己的理由，但此时认为能围成的学生的理由是可以摆出证据，而正方则经常是以说理来回复（这些学生已具备了一些证明的意识）。而老师在此经常会采用动态的课件来加以说明，但课件的效果也不会很让人满意。对此，我个人认为，围三角形时，“两边之和大于第三边的”与“两边之和小于第三边的”两种情况学生会体会得很顺利，而“两边之和等于第三边的”情况，学生如果见到可以操作的模具能围成，也许此时有的学生的一些已有的数学理论意识便被事实战胜了，所以站到了反方的立场，而即使是这样，还是有一部分学生会合理地分析不行的原因，他们的数学理论意识较强。为解决此问题，我想设计一种“两边之和等于第三边的”反思维的动态课件，在较长边上分出另外两条边，然后演示从分点向起折的过程，这样孩子会体会到只要向起折，两个端点就应该距离越来越小，它就应该离开了原来的两个端点。这样，让学生体会了极限的思想，也能引出“误差”的理解。

课后我的反思：

1. 教学目标达成效果比较到位，课堂气氛也比较和谐。

2. 课前认识到了研究方法的重要，但作为教师，应在课前较深刻学习查阅有关研究方法内容，有了较高的认识，在课堂设计和把握上都会带给学生更多、更准确的收获。

3. 由于课堂把握有所不足，有时时间分配不太合理，从而出现了一些学生学习不够充分的地方，在引导时“牵”得太多了。

4. 教学设计预设了很多，这也是课堂比较成功的原因；但课上抓学生生成还不够及时，错过一些更好的教学时机。

36. “四边形内角和”教学设计

冯江浩
（河北省保定市河北小学，青年名师）

※ 教学过程

一、旧知复习，经验传递

师：上节课我们学了三角形内角和，谁来说一说三角形内角和是多少度？

预设：三角形内角和是 180°。

师：我们是用什么方法探索出来的？

预设：剪一剪、拼一拼、量一量、算一算。

师：带着这些知识和方法的经验，一起走进四边形内角和的研究。

揭示课题：四边形内角和。

二、主题探索，成果分享

（课件出示不同的四边形图片）

师：我们今天的学习就从猜想开始，看到这么多不同的四边形，想一想四边形的内角和是多少度？

预设：因为长方形和正方形四个角都是直角，我用 90° ×4=360°，所以长方形和正方形的内角和都是 360°。

师：通过计算我们知道长方形和正方形内角和是 360°，由此猜想所有四边形内角和是不是都是 360° 呢？拿出手中的四边形材料，用你喜欢的方式进行研究来验证我们的猜想吧！

学生操作探究，在黑板分别用磁贴展示。

师：请你来为大家介绍介绍你验证的方法和初步的结论。

预设 1：学生将四边形的四个内角撕下来，拼成周角，初步获得“四边形内角和是 360°”的信息。

师：方法迁移，真是会学习。这就是我们上节课用到的方法，叫作撕拼。这两位同学来介绍介绍，你们是怎么做的，得到了什么结论？

预设 2：学生利用量角器度量不同四边形的内角，并求和；教师组织学生展示两组成果。

师：这就是上节课的方法，量加。你们用量角器量，测量中难免有误差。我用专业的几何画板软件也来量一量。首先随意构建一个四边形 *ABCD*，分别度量四个角的度数，并把这四个角的度数加起来，你们看内角和是多少度？（360° ）

师：请一位同学来拖动其中一个点，就会出现很多不同的四边形，看看这些数据，认真观察什么变了？什么没变？

学生根据几何画板中的动态演示发现：角 *A*、角 *B* 和角 *D* 的度数都变了，角 *C* 的度数没变，内角和 360° 也没变。

师：我们再请一个同学拖动 *C* 点，再来看一看，哪个度数依然没变？

学生发现四边形的内角和 360° 这一数据始终不变。

师：你们用量角器量了两个，咱们一起用几何画板量了很多个，此时你有什么想法和感受？

学生表达观点。

师：对于猜想的可信度越来越高了，我们在研究同类问题时，选择同类的验证方法，初步归纳四边形内角和是 360° 。而我们接下来要请出的这两位同学却创造了新方法，还不忘旧知识。快掌声有请他们来为大家展示展示。

预设 3：我是把一个四边形分割成两个三角形，因为每个三角形的内角和都是 180° ，我就用 180° +180° ，得数是 360° 。所以四边形内角和是 360° 。

教师继续组织一名学生汇报这样的研究方法。

师：如果给你们的方法起个名字，叫做什么呢？

预设：分割。

师：哪位同学有想补充或质疑的？

教师引导学生主动质疑，激活学生的主观思考认识。

师：那老师也来质疑质疑，你们都可以回答。一个 180° 对应的是三个内角的和，这两个 180° 是不是对应六个内角的和呢？是不是多了呀？

预设：这三个角的和是 180° ，这三个角的和是 180° ，是六个角，但是这里和这里有两个角合成了一个角，加起来就是 360° ，正好是四边形的四个内角。

预设：我用红色弧线表示的三个角和用蓝色弧线表示的三个角，正好是原来黑色符号表示的四个内角，不多也不少。

师：比一比撕拼、量加、分割这三种方法，你认为哪种方法更好？

学生通过比较交流分享观点。

师：那老师有问题想问问你们，（手指“量加”法的作品）这两幅图是用量角器量，（手指“分割”法的作品）而他有没有量？

预设：没有量，因为他没有用量角器。

师：其实他量了，你猜猜，他是用什么量的？量了几次？

预设：用三角形内角和 180° 去量，量了两次。

师：180° 一次，180° 两次，光量这两个图形哪行啊？屏幕上还有这么多的四边形，伸出手来用手画分割线再来分一分、量一量。

课件回放至不同的四边形图片页，学生比画分割的动作，课件跟随呈现分割线及 180°，在此过程中感知不同的四边形都用“180°”来度量两次的过程。然后课件呈现其中一个四边形放大和缩小的过程。

师：如果我把最后这个四边形放大和缩小，还能分，还能量吗？

预设：一样的，因为只要是四边形就能分成两个 180°。

师：这么多的四边形形状不同，大小也不同，为什么内角和都是 360° 呢？

预设：因为任意四边形能分成两个 180°，180° ×2 就是 360°，所以每个四边形的内角和都是 360°。

师：分割法把四边形内角和转化成了两个三角形内角和，用已知三角形内角和推出了四边形内角和。那此时我们的猜想还只是猜想吗？

学生从而确定结论：任意四边形内角和都是 360°。

三、课程延展，深度研究

师：之前研究了三角形内角和一节课，今天研究了四边形内角和，接下来的时间，我们还能研究什么呢？

预设：五边形内角和、六边形内角和、七边形内角和、n 边形内角和。

师：怎么一下能研究这么多？

预设：找规律。

师：是呀，我们在同类问题的研究中，要善于找规律。请你在研究纸上把图形分一分、算一算来填表，看看你能发现什么？

图形	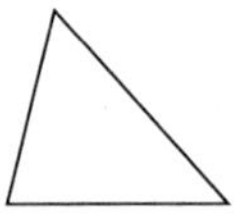	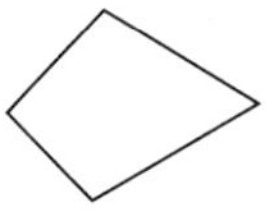	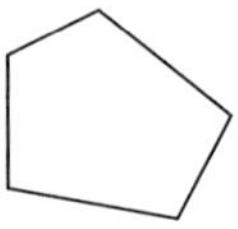	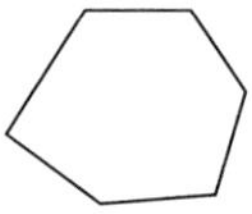	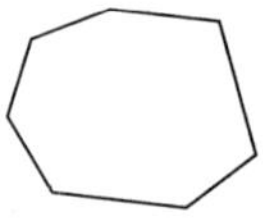	……
边数	3	4	5	6	7	
内角和	180°	360°				

学生研究、展示不同的思考：

预设 1：我把五边形分成了 3 个三角形，就是 3×180° =540° ，我把六边形分成了 4 个三角形，就是 4×180° =720° ……我发现边数减 2 的差乘 180° 就是多边形内角和的计算方法。

师：我们用五边形图例代表他的分法和量法，记录下他的计算方法：（n−2）×180° 。伸出手来比画一下他是怎么分的？

引导学生理解第一种方法：他是从一个顶点向不相邻的顶点连出分割线的。这样五边形就分成了 3 个三角形，六边形就分成了 4 个三角形，七边形就分成了 5 个三角形，几边形就分成了“边数 -2”个三角形。

预设 2：我来介绍一下我的方法：我把五边形分成了 5 个三角形，然后用 180° ×5，发现多算了一个 360° ，然后减去 360° ，这个五边形的内角和是 540° ；我把六边形分成了 6 个三角形……

师：就像切西瓜。我再来贴一个图形，记录下他的算法就是有几条边就有几个 180° ，只是还要减去多余的 360° ，即边数 ×180° −360° 。

预设 3：我把一个五边形分成了一个四边形和一个三角形……

师：对比三种想法，大家有什么想说的？

学生评价并实践，用不同的方法试试六边形、十二边形的内角和算法。

如六边形：第一种：4×180° ；第二种：6×180° −360° ；第三种：分成两个三角形和一个四边形。

如十二边形: 第一种: 10×180° ; 第二种: 12×180° −360° ; 第三种分法多样、计算多种。

师：看来，这种方法（第三种）由于边数增加了，用三角形和四边形等不同单位去度量有诸多不同的分割情况，我们可以把这种用不同标准分割度量的方式，转变成像第一种方案一样，标准简单些，思路就清晰了。

学生继续画线分割，转化为由三角形内角和度量的情况。

师：老师把这两种方法画在几何画板里，看来由于取点不同，导致计算角度不同。第一位同学在内部取点，好处是每条边都对应着一个三角形，但是由于点在里面，就出现了多余的周角。看老师把这个点向下拉，拉到原有的一个顶点处，五条边内部有 3 个三角形了，就没有了多余的角。

再以六边形为例，把内部取的点拖拽至原有顶点处，没有了多余的角。那么此时大家发现减去的“2”应该是什么意思？

学生通过观察几何画板拖拽演示发现五边形中有 3 条边对应着 3 个三角形，六边形中有 4 条边对应着 4 个三角形，减去的“2”是因为这两条边对应的三角形已经数过了。

师：谢谢同学们的分享，让我们深入了解了这里的“边数 -2”表示的意义。

四、总结提升，归于本质

师：今天你有什么收获？

预设：我知道了四边形内角和是 360°，多边形内角和是用（边数 -2）×180°。在研究过程中，我们先提出猜想，从不同的方法角度进行验证，从而归纳总结。

师：如果今天你们要感谢一个图形的内角和，应该是哪个图形的内角和呢？

预设：三角形内角和，因为多边形都能分割成三角形。

师：三角形内角和是多边形内角和研究的起点，它是多边形内角和的组成单位。我们把多边形内角和通过分割转化成三角形内角和，然后通过归纳得到这样的计算方法。希望同学们就像今天这样善于发现、善于推理。

37. “探究三角形外角的秘密”课堂实录

洪婷
（浙江省杭州市建新小学，青年名师）

※ 课前思考

“三角形的外角”是四年级学生在学习了三角形的有关概念、性质、三角形的内角和定理及推论等概念的基础上进行的一节探究活动课，既是对三角形有关知识的拓展和应用，也为后续学习多边形的外角和应用打下了坚实的基础，对学生以后的数学学习及数学能力的培养有着重要的意义，在教材中起着承上启下的作用。四年级的学生理论推理能力还没有提高到一定程度，但是他们对新事物充满着好奇心，因此教师需要尽量多地呈现直观图形，从而引导学生探究规律。

※ 课堂实录

一、猜想：创造情境，认识外角

师：同学们，三角形有内角，那它可能有外角吗？

生：有。

师：猜猜外角在哪里？谁来指一指？

生：这个角是外角（优角）。

师：你怎么想的？

生：我觉得内角在里面，那么外角就在外面。

师：有不同意见的吗？

生：这个不是，我觉得这个是外角。

生：我觉得这个才是外角。

师：你是怎么想的？

生：我学过，这样的角才是外角。

师：对，外角是三角形的一条边与另一条边的延长线组成的角（板书）。

【设计意图】创设情境，引入三角形外角的概念。突破知识的局限，让孩子意识到三角形除了内角还有外角。那么什么样的角是外角？通过激发学生的好奇心，让学生主动去寻找外角，在交流中寻找知识的本源，找到概念的本意。

下面我们一起来画一画外角，看要求，开始吧。

探究一：

1.尝试画一画

2.找一找三角形的外角，并标出来。

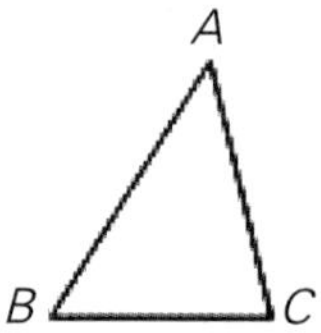

【反馈】教师探究的时候指导学生 .

投影一份需要补充的孩子作品或是有一点错误的作品 .

师：大家一起来看看他们的找的外角。你们来介绍一下：

生：我们先把角的延长线画出来，然后找到外角，角 1、角 2……9 个

师：你们同意吗？有不同意见吗？

生：我们觉得这个角不对，因为这个角两条边都是延长线。所以不是外角。

师：你们觉得有道理吗？

生：有道理。

师：那去掉后，一共找了几个外角？

生：6 个外角。

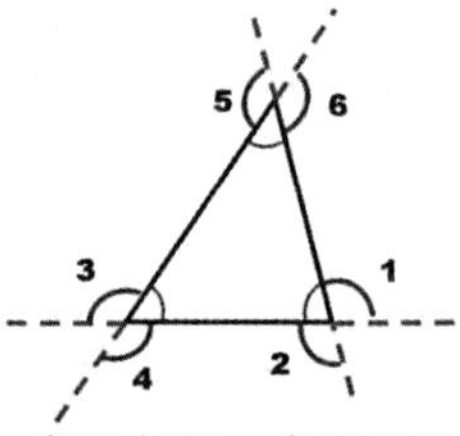

外角是三角形的一条边与另一条边的延长线组成的角

师：这 6 个外角有什么特征？

生：有两个两个对着的，一样大。

师：对的，三角形 6 个外角中，可以分成 3 组外角。

【设计意图】通过找一找、画一画进一步认识三角形的外角。通过动手实践和合作探究发现三角形的外角一共有 6 个。在画画的过程中孩子再相互之间议一议。找一找外角有什么特点，初步感悟外角的基本外显特征，从表象中对外角的特点有一个初步的感悟和认知。

二、尝试：合作解决，探究外角

师：下面认识了外角后，我们先来研究一个外角，仔细看要求，没问题的话就开始。

探究二：（四人小组讨论完成）

1.找一个外角

2.研究它和内角可能有什么关系。

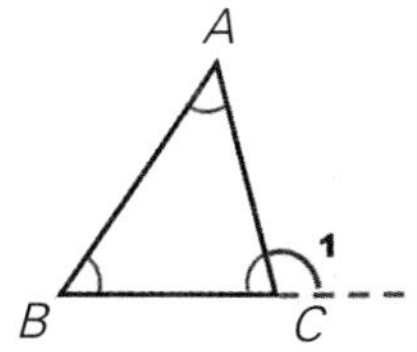

（说明：有些材料上的外角是角 2，角 3，在另一边，不同方向）

【反馈】

师：你们小组有什么发现？怎么发现的？

生 1：这个内角 + 这个外角 =180 度，因为这两个角合起来是一个平角。

师：还有吗？

生 2：这个外角 = 不相邻的两个内角和，因为 $\angle A+\angle B+\angle C=180^\circ$，$\angle 1+\angle C=180^\circ$，所以，$\angle 1=\angle A+\angle B$。

师：这个外角 $\angle 1$ 和这个内角 $\angle C$，它们是什么位置关系？

生：挨着的，旁边的，一起的。

师：对，它们是相邻的角。那么 $\angle 1$ 和 $\angle A$、$\angle B$ 是什么位置关系？

生：不相邻的。

师：所以我们可以说，三角形外角 = 不相邻两个内角和。

师：谁来找找，你们研究的外角等于哪两个不相邻的内角和？

生：$\angle 2=\angle A+\angle C$。

生：$\angle 3=\angle B+\angle C$。

【设计意图】初步认知三角形的外角等于不相邻的两个内角和。这个内容是初中数学平面几何的内容。但是在小学我们作为拓展部分，让学生根据等量代换的思路是可以理解，并且通过讨论很容易发现的规律。

三、发现：拓展提升，探寻规律

1. 一个角

师：同学，老师这里有一个奇怪的外角，角 1（课件动起来）。它奇怪在哪里？

生：这个外角会变大，也会变小。

师：向上拉，你们发现这个三角形的外角角 1，有什么变化？

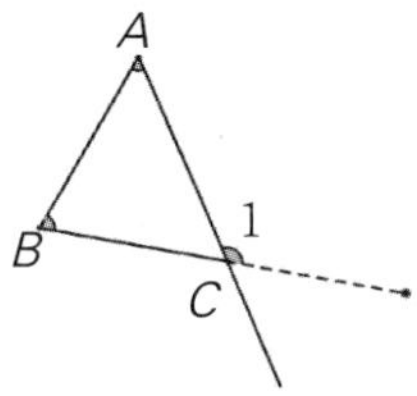

$\angle 1$最小是几度？最大是几度？

生：变小了。

师：最小是几度？

四人小组讨论一下，教师和学生去交流。

最大几度怎么变？谁帮我操作一下。

生：向下拉。

几度呢？ 180 度。

师：所以角 1 的范围是 50—180 度之间。

【设计意图】让学生在发现规律的同时，首先发现的是一个角的变化情况随着角 1 的延长线上下拉动，会发现角 1 的大小是在发生变化的，那么角 1 最大能变成几度，最小能变成几度呢？打破现有的思路，引导学生思考极限问题。

2. 两个角

师：现在我们来看 2 个外角，∠ 1+ ∠ 2 会大于 180 度吗？（练习纸第二题）

生：会。

师：怎么想的？

生：$\angle 1=\angle A+\angle B$，$\angle 2=\angle A+\angle C$，$\angle 1+\angle 2=\angle A+\angle B+\angle A+\angle C$，大于 180 度。

【设计意图】两个角的变化是发现规律的难点，教师可以适当通过引导发现角 1 和角 2 的和，正好等于三角形内角和再加上角 A。在小学阶段，通过推理，等量代换等方法培养孩子数学思考的能力。

3. 三个角

师：如果再增加一个外角呢？现在有三个外角，你又发现什么规律？完成练习纸第三题。

生：三个角是 360。

和他想的一样的同学举手。看来，三角形的三个外角是 360 度，是三个内角和的 2 倍。板书（略）。

小结：短短一节课，同学们经过探究发现了那么多的规律。真是太了不起了。

【设计意图】最后的发现反而是简单的、易懂的。当孩子发现两个角的特点之后，那么三个角的特点就变得容易得多了。学生可以通过各种方法，首先可以通过折一折，其次也可以通过两个角的特点迁移到三个角，得和等于 360 度。因此，数学思考是递进的不断发展的过程。

38. “轴对称”课堂实录

林良富
（浙江省万里教育集团，特级教师）

※ 课前思考

“轴对称”是学生在二年级初步认识对称的基础上，进一步探索图形成轴对称的性质。二年级时学生已经认识了日常生活中的对称现象，有了轴对称图形的概念，并能画出一个轴对称图形的对称轴和它的另一半。但学生的所有这些认知都还停留在直观感性阶段，主要是借助“对折完全重合”这一动作思维方式理解对称，尚不能上升到“点的对应”这一理性思维角度理解。本课时要进一步认识两个图形成轴对称的概念，探索图形成轴对称的特征和性质，并学习在方格纸上画出一个图形的轴对称图形。教学之前我重点思考了以下问题：（1）采用何种有效方式唤醒学生原有认知，丰富学生表象，促进学生语言表达，同时激发学生进一步探究欲望。（2）如何有效突破“对应点所连的线段被对称轴垂直平分”这一认知难点，并把握好度。（3）如何落实“进一步增强学生的空间观念和发现美、创造美的能力，激发创造美的热情”的目标等。

当笔者研究教学思路时，首先就被对称图案深深吸引，从战国铜镜、唐代花鸟纹锦到瓷器、花边、剪纸等，无不闪耀着中国传统元素的魅力，这些素材的有效利用与整合，是我设计之初思考的第一个问题；本节课的重点与难点如何突破，设计怎样的活动体验最利于学生突破难点、理解“对应点所连的线段被对称轴垂直平分”这一特性，又不能太深，这是设计之初思考的第二个问题。带着这份思考，遵循五年级孩子的思维特点和认知规律，从孩子的已有知识基础和生活经验出发，沿用教材编排的基本路径，兼顾学生学习的重难点与有效学习路径，凸显知识形成的过程与学生的深度体验，大胆设计了五个核心板块活动：“汉字中的轴对称”“画龙点睛”“数格子”“摆小草”“设计轴对称美图”等。

在本案例中，我以学生做数学、板块活动为依托，充分挖掘每一份素材的最大利用价值。在素材选择上兼顾科学性、趣味性相结合的原则，并把相关素材进行整合，作为活动板块进行推进；每一个板块的活动设计有明确的目的性和层次性，充分尊重学生的原有认知与学习心理。

1.“汉字中的轴对称”：由于学生之前的认知大都停留在感性经验阶段，加之二年级到五年级的时间跨度很长，如何有效唤醒学生原有认知是教学能否成功的重要因素。在本设计中，我想到了利用“中国传统元素”——汉字作为学习素材，并巧妙地将教师姓名“林良富”融入教学。首先，林老师的姓名中“林”字是对称的，而“富”字将“、”调整后也是对称的，这样的素材本身就是充满生命力的。其次，教师“将自己的姓名作为学生的学习素材”这一行为本身，无形之中就打破了师生之间的心理隔阂，激活了学生的学习兴趣，学生很自然地就主动投入学习当中。最后，教师在呈现手写和美术字“林”的同时，还提供纸剪的“林”字，在唤醒旧知的同时，更巧妙地为学生语言表达提供了帮助，无形中还让学生体验了汉字之美。

2.“画龙点睛”：这一充满中国传统韵味的活动，激活了学生的探究欲望。同时，该活动又将本课学习难点巧妙包融其中，使学生在“点睛”活动中自然悟出“两只眼睛到对称轴的距离要相等”，甚至有学生提出“两只眼睛要在同一水平线上”，这样的思维水平实际上已经离“垂直平分”无限接近了。其实，难点这么被轻松、有效突破的根本原因，就在于“画龙点睛”这一经典、充满中国元素的学习素材的有效利用，且在使用过程中凸显了趣味性、活动性和思辨性。

3.“数格子”：在解读教材、把握学生认知特点的基础上，我们把书本中例1分行分解，设计成两个层次的独立活动板块——数格子和摆小草。学生经历了“整体感知、动作认知（折叠、画对称轴）、体验感知（点睛）”等活动之后，找对应点、数格子就已经顺理成章。延续前面练习中的松树图，衬托上方格，自然把数格子凸显出来了，通过验证、数等活动，把学生的认知引入到更高层次——理解对称的性质，为后续八年级的学习奠定直观感知的认识基础。

4.“摆小草”：在很多老师的课堂实践中，对摆小草的认识比较浅显、对学生“关于图形的轴对称”学习困难预估得过于乐观。在充分的学情调查与研讨基础上，我们把“摆小草”活动进行了单列，分层突破本堂课的最大学习难点（方向相反、对应点到对称轴的距离相等）：先让学生想象，再出示三棵小草供学生选择，突出方向相反这一特性，然后运用对称的性质确定小草的位置，让学生对图形的对称有一个深刻的认识与整体的判别策略。

5.“设计轴对称美图”：在学生完成基本练习（一次判断、两次画图）之后，为了让学生学习“更好的数学”，关注学生发现美、欣赏美以及创造美等能力的培养，安排了“设计轴对称美图”这一活动。在课结束之前，教师让学生欣赏了各色书法剪纸的同时，又带领学生走进了一个“中国传统元素”渗透对称美的世界，加深了学生对中国过传统元素之美的认识的同时，激发了学生创造美的热情，使课的境界进一步升华。

对于本课，我在不同的城市、不同的学校实践过，通过五大活动板块的教学，使学生的知识、技能、审美、思维等各个方面都获得长足进步。教师在课堂里和孩子们一起享受“更好数学”学习带来的快乐、享受愉悦的生命历程。

※ 课堂实录

一、复习轴对称图形的特征

1.“汉字中的轴对称”活动——激活原认知。

师：今天这节课林老师要考考大家有没有带着数学的眼光来上课。

教师出示纸剪的“林”字，问：这个“林”字和黑板上的“林”有什么不一样的地方？

生：黑板上的“林”不对称，林老师手中的“林”是对称的。

师：为什么说它是对称的呢？

生 1：因为它是由两个“木”字组成的。

生 2：因为它对折以后两边会完全重合。（学生演示对折、重合）

教师板书：对折——两边完全重合　轴对称图形

师：中间这条折痕叫什么？教师继续板书：对称轴。

教师点击课件出示美术字“林良富”，问：你还有什么发现？

（学生很开心地发现，“林”就是轴对称图形。）

生 1：“富”字也是轴对称图形。

很多学生反对：不是！“富”字上面那一点是斜的，不是对称图形，除非把那个点摆正。

师：“富”现在还不是轴对称，你能把它变一变，让它变成轴对称吗？

（师生一起演示，把“富”上面的一点慢慢变正，就成了轴对称图形。）

师：你能上来指一下，现在这个“富”的对称轴吗？

师：同学们找一下，在你们的名字中有没有轴对称的字？（学生举例）

师：生活中还有哪些图案是轴对称图形？（学生举例）

2.老师也收集了四幅美丽的图案，请你画出它们的对称轴。（见练习纸第一题）

（学生独立画图——个别学生汇报第 1、2、4 幅图的对称轴画法，并说理由。）

（争论的焦点落在了龙头图案上，自然引出下一环节。）

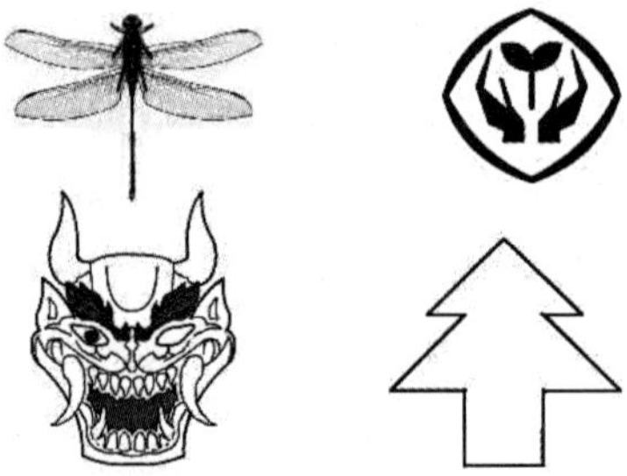

二、探究轴对称图形的性质

1.“画龙点睛”活动——突破学习难点。

师：（课件出示独眼龙图）这个龙头图案是对称的吗？

生：不是，它只有一只眼睛里有眼珠。

师：确实，这个龙头图案，同学们发现是一只独眼龙，下面我们就来做一次“画龙点睛”的游戏，让它变成对称图形。为了方便点睛，老师先画好对称轴。（课件演示）

师：请同学们先想一想，同桌商量一下该怎么点睛？

（指名上台进行“点睛”活动。）

第一个学生画了之后，课件验证发现有偏差。

第二个学生上台“点睛”。

师：你是怎么想的？

生：最好用尺子来量一量。

师：为什么想到用尺子来量一量？

生：如果差一点怎么办？

师：你能用数学语言来说说吗？

生1：用尺子量可以保证两只眼睛到对称轴的距离相等。

生2：两只眼睛要平行。

师：平行是什么意思？

生2：（解释不清）……就是不能一只高、一只低。

师：是的，两只眼睛应该在同一水平线上，而且到对称轴的距离要相等。

板书：同一水平线，到对称轴的距离相等。

2.“数格子”活动——理解对应点到对称轴的距离相等。

师：（课件点击已经画好对称轴的松树图，下面衬托上方格），追问：你有什么办法检验你画的对称轴是对的？

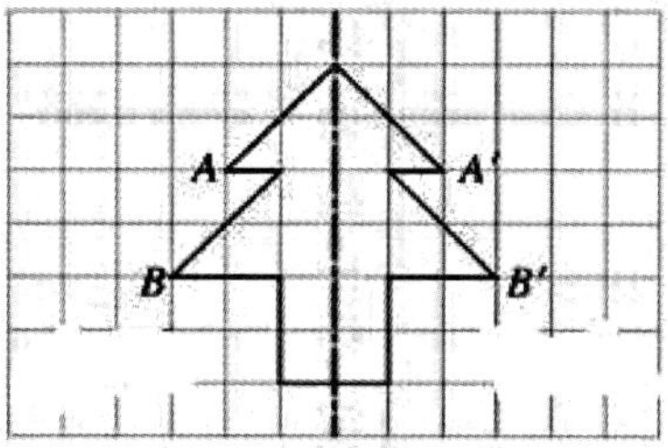

生 1：对折，看是否重叠。

生 2：这个很难对折，除非剪下来，可以数格子，看两边是否一样大小。

生 3：数点到点的格子数，比如……（学生上台指：点到点的格子数）

师：标上 A 和对应点 A'，谁说说 A 到对称轴、A' 到对称轴的距离是几个。小格子？

（一名学生上台指，其他所有学生数练习纸上的格子。）

师：老师标出其中一个点 B，请你找出对应的点 B'，并数出两个点到对称轴的格子数。

（学生开始找——数——交流——校对）

3.“摆小草”活动——图形的对称。

师：（点击：在对称轴左下角补充一棵小草），请你想象一下，对称轴的右边会有一棵怎样的小草与它相对应？（学生想象、思考）

师：这里有三棵小草，你认为选择哪一棵更合适？理由是什么？

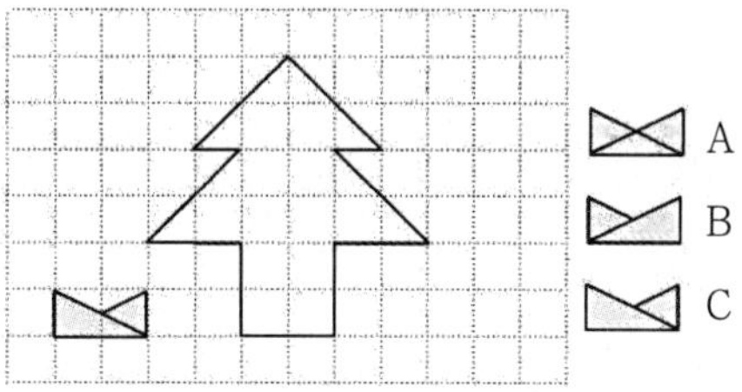

生 1：我选择小草 C，因为对称图形两边必须一模一样，这样才能重合。

生 2：我选择小草 B，因为对称图形对应点到对称轴距离相等，选 C 没办法重叠。

师：你们上来把小草摆摆看？究竟哪一棵适合？（学生移动小草，学生做评判员、统一认识，选 B。）

师：A 为什么不行？（学生争吵着说：变形了、多了一条边。）

师：这棵小草该放在什么位置比较合适？理由是什么？

（学生说理由，学生摆小草。）

师：说一说形成轴对称图形要具备哪些条件？（图形相反、对应点距离相等）

4. 判断方格中的图形是否是轴对称图形？理由是什么？

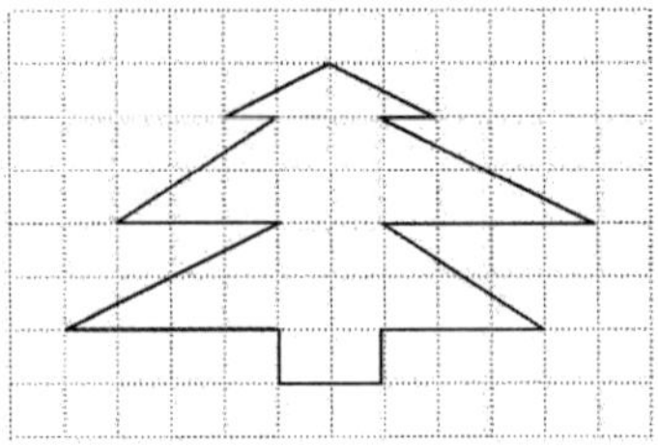

三、尝试画、创造轴对称的美丽图案

1. 在方格中画出小红旗的轴对称图案，并说说你是怎样画的？（见下图）

2. 画出房子的另一半（书本第 4 页）。先思考：先画什么、再画什么，每条线段画多长？

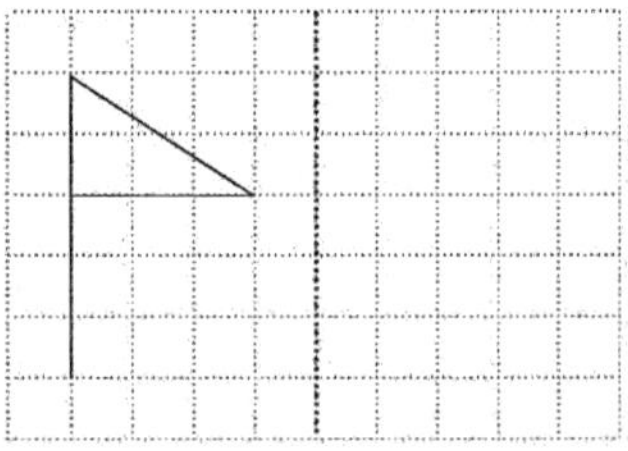

3. 全课小结：今天有什么新的收获？

4. “设计轴对称图形”活动——激发创造美的欲望。

师：要成为优秀的设计师不仅要会画，还要有充分的想象力，老师考考你们如何？

老师将一张纸对折对折再对折，然后在上面写一个木，剪下来之后结果会怎样？

生 1：6 个“木”子。

生 2：不对，应该是 8 个“木”字。

生 3：也可以说是 4 个“林”字。

教师演示课前准备的剪好的一串 8 个木，观察一下还像什么？

生 1：像是 8 个人手拉手。

生 2：像是在跳天鹅舞！

师：你真有想象力！这样的图案美不美？

生：美！

师：（边说边展示）老师这里还有一串用篆书“木”剪出的花边。

全班学生：哇！

师：（边说边呈现一些图片）其实，中国五千年历史中，积淀的很多传统元素身上都有轴对称的影子，从中国书法、篆刻印章、青铜器、鼎、中国结、建筑、华表、京戏脸谱、剪纸、风筝到中国各类乐器、织绣等等，无不闪现着中华民族对对称美的理解和追求。下面，就请同学们发挥你们的想象力，运用对称的知识，画一画、剪一剪，创造出最美的图案。

三、统计与概率

39. “平均数”课堂实录（课例一）

徐斌
（江苏省苏州大学实验学校，特级教师）

※ 课堂实录

一、创设情境，引出平均数

师：前几天在活动课上徐老师带大家做了“套圈”这个游戏，你套得准不准？

（有的学生说“准”，也有学生说“不准”。）

师：大家看大屏幕，这里有一个班级的同学也在进行套圈游戏。同学们，假如就两个人来进行比赛，可以制定怎样的比赛规则？

生1：每人4个圈，看谁套中的多。

生2：还可以在规定的时间内看谁套中的多。

师：既要看你套得准不准，还需要你速度快，太快有时候不太容易瞄得准。两个人比，制定这样的规则就可以了，如果有两队人，看看哪一队套得准，该怎么比呢？

生1：把每个人套中的个数加起来然后比较。

师：可以，这也是一种办法。

生2：把每个人套中的个数加起来然后除以一共有几个人。

师：你的想法很有道理。我们来看看这个班级男女生比赛套圈时的比赛情况。

（课件出示：四年级第一小组的男、女生进行套圈比赛，每人套15个圈。）

师：左边是男生套圈的成绩，右边是女生套圈的成绩。仔细观察图，一个箭头的线是往右的，另一个箭头的线是往上的。往上的箭头表示的是他们套中的个数，往右的箭头表示是等会儿他们要出场的队员。首先来看，男生队派出了四大高手。女生队呢？

生（齐）：也是四大高手。

师：我们看看他们套圈时套中的情况。

（课件出示：4个男生，每人都套中了7个。）

生（齐）：（很惊讶！）男生每个人都套中了7个。

师：用一个数来表达男生套圈的情况，你觉得可以用哪个数？

生：数字 7。

师：对呀，他们每个人都套中了 7 个。这个 7 就代表了男生队的？

生：整体水平。（板书：整体水平）

师：下面轮到女生队了，女生队也是每人 15 个圈。

（课件出示：4 个女生，每人都套中了 6 个。）

师：奇迹又发生了，女生每个人都套中了 6 个。不过你觉得是男生套得准还是女生套得准？

生：我觉得男生套得准。

师：为什么？

生：因为男生每个人套 7 个，而女生每个人只套了 6 个。

师：7 个 > 6 个。第一场比赛就这样结束了，女生不服气，说再来一场比赛，男生同意吗？

生（多数人）：同意。

师：第二场比赛的成绩没有那么巧，大家看，男生四个人套中的还是一样多吗？

生（齐）：不一样。

师：最多的套了几个？最少的呢？

生：最多的套了 9 个，最少的套了 6 个。

师：有多有少。（板书：多 少）再来看看女生的情况。

（课件出示：4 个女生分别套中了 10 次、4 次、7 次、5 次。）

生（齐）：哇！

师：也有多有少。你觉得哪个队赢了？

生：我觉得男生队赢了。

师：怎么看出来的？

生：因为男生套中的个数加起来比女生多。

师：我们一起来算一算。

（学生说算式，教师板书：男生 6+9+7+6=28 个，女生 10+4+7+5=26 个。）

师：不过女生有点儿不服气，你总数比我们多，但是我们有一个人套中的可多了！她套中了 10 个。如果你是男生队的一员，你觉得女生这样想可以吗？

生：虽然女生队有一个人比我们套的多，但是她们的整体水平不如男生。

师：女生的整体水平不如男生，我们加起来比一比就行了。第二场比赛结束了，女生很不服气，说再比一场，男生们，有信心吗？

生：有！

（课件出示：4 个男生每人都套中了 7 个。）

师：奇迹又一次发生了，第三场比赛男生每个人都套中了 7 个。女生呢？

（课件出示：4 个女生每人都套中了 6 个。）

师：4 个女生套完了之后，女生提出申请，女生力气小，我们还有一个女生套圈也很好，能不能再加一个人？男生非常大度，也同意了。新加入的女生也套中了 6 个。女生非常高兴，觉得赢了，男生们，你们怎么想？

男生 1：你们人数比我们多，不公平。

男生 2：女生的整体水平还是 6 个，男生的整体水平还是 7 个，还是男生赢。

师：人数虽然不一样，但从整体水平看，男生每个人都是 7 个，更高一些。这时，女生说：“要不我们再来比场决赛？”男生敢接受挑战吗？

男：好！

师：这时，场上女生有 5 人，叫谁下去都不好。女生又弱弱地提了一个要求：要么我们就 5 个人吧？男生竟然也同意啦！

（课件出示：第四场男、女生套圈成绩统计图。）

师：你觉得这次是男生赢了还是女生赢了？

生：女生赢。女生总共套中 30 个，男生只有 28 个。

师：男生们，你们服气吗？

生：不行，女生现在人数比男生多，女生是 5 个人，男生只有 4 个人。

生：如果每个人套中的一样就好办了。

师：你的意思我听明白了。现在每个人套的个数不一样，不能一眼看出他们的整体水平，另外人数也不一样多，总数多了也不一定说明水平高。这个时候就需要想一个办法，让男生和女生都能够服气。数学往往就在人们最需要的时候产生了，你觉得需不需要一个量来比较比较呢？

生：需要，把女生套中的个数加起来除以 5 个人。

师：什么样的量来比较呢？

生：平均的量。

师：我们以前学过平均，以前学的是？

生：平均分。

师：今天我们学习的是一个新的统计量，叫平均数。（板书：平均数）有了它，我们就能比较男生和女生的套圈水平了。

二、讨论探索，理解平均数

师：下面，我们就来探索平均数。先来看男生的（6、9、7、6），现在不动手，仔细观察图，假如图上的方格可以移动，你能一下子让人看出男生的整体水平吗？

生：可以把多的移给少的。

师：你上来移一移。

（请一个学生上台操作。）

师：现在情况怎么样？

生：都是 7 个。

师：我们可以说，男生套中的平均数是 7 个。7 个到底是什么意思啊？真的是每个人都套了 7 个吗？

生：不是，是每个人的平均水平。

师：那平均数的 7 和王宇的 7 个完全一样吗？

生：不是。

师：哪儿不一样？

生：王宇本来套的就是 7 个，李晓刚和陈晓洁是从 9 个那里分来一个以后才变成 7 个的。

师：你这个“分”用得太好了，它们是分来后变成的数。而且是怎么分？

生：平均分。

师：看来平均数跟平均分也有一定联系。

生：就是把多的多出来的给少的，要和中间的一样。

师：真聪明！把多的匀点给少的，像课件这样，把多的移过来给少的，这其实就是一种重要的方法。这就是移多补少。（板书：移多补少。）这是求平均数的一种重要的方法。

师：当然除了用移多补少的方法，我们还可以用计算的方法求平均数。大家想试试看吗？在作业本上，你能算出男生平均每人套中多少个吗？

生：先把男生所有的成绩全都加起来，6+9+7+6=28 个，因为男生有 4 个人，然后就是用 28 除以 4 个人，每个人平均水平是 7 个。

［板书算式：6+9+7+6=28（个），28 ÷ 4=7（个）。］

师：这个 7 就是什么数啊？

生（齐）：平均数。

师：7 就是这 4 个数的平均数，看来这种方法也不错。计算时第一步把 4 个数加起来，得到的是什么呢？

生：他们的总数。

师：求完总数，再干什么？

生：求平均分。

师：这也是一种表示平均数的方法。（板书：求和平分）

（课件出示：将所有的方格放到一起再平均分。）

师：用移多补少与求和平分的方法都能求平均数，这两种方法各有什么特点？

生：移多补少看起来比较直观。

生：但是，如果数据很多，移多补少就比较麻烦，用求和平分就比较简单。

师：看来，两种方法各有各的优点。一个直观形象，一个简单明了。

师：求女生套中圈的平均数，你想用什么方法？

生：求和平分。

生：移多补少。

师：都可以。估计一下，它的平均数在什么样的范围？

生：比 10 个少，比 4 个多。

师：那是多少呢？大家移一移、算一算。

[根据学生的回答板书：10+4+7+5+4=30（个），30÷5=6（个）。]

（在两个统计图上画出表示平均数的一条虚线）

师：现在可以比较出男生套得准还是女生套得准一些吗？

生：男生平均每人套 7 个，女生平均每人套 6 个，男生套得准。

生：男生的更准一些。表示他们平均数的那条线更高。

师：通过刚才的套圈活动，你觉得平均数是什么样的数？

（引出：平均数比最大数少，比最小数多。）

（板书：最大和最小之间。）

三、巩固练习，应用平均数

师：接下来我们就用刚才学到的知识来解决一些实际问题。首先看，这里有三个笔筒，分别装了几支笔？（课件出示）

生：5 支、6 支、7 支。

师：你能很快地告诉我平均每个笔筒有几支笔吗？

生：平均每个笔筒里有 6 支。

师：是怎么想的？

生：6+7+5=18（支），18÷3=6（支）。

生：可以从 7 支笔里分出 1 支笔给装 5 支的那个笔筒。

师：大家一眼就看出来了，这个方法叫什么？

生：移多补少。

师：你觉得哪种方法更加简便？

生：移多补少。

师：为什么？

生：只需要移动一支铅笔。

师：如果我把铅笔的支数画成条形统计图，能看出来怎么移吗？（课件出示）

生：能，把多的移给少的。

师：老师想改动一下，我把这个条形统计图横轴和纵轴换个方向，这个时候怎么移呢？

生：把那个长的取下来放到短的后面去。

师：有一个成语是怎么说的？

生：取长补短。（板书：取长补短。）

师：取长补短在数学上就是移多补少。大家接着看，三条不同颜色的丝带。（课件出示）

师：求平均长度，如果让你来取长补短，你能一下子就知道从哪儿剪下来放到哪儿去吗？

生：不知道。

师：为什么这时候不能？

生：三条丝带的长度还不知道。

师：看来，我们需要具体的数据。（课件出示丝带的具体长度）怎么剪呢？独立算一算。

生：平均数是 18 厘米。把 24 厘米的丝带先剪去 4 厘米给红色丝带，再剪 2 厘米给黄色丝带。

师：现在为什么能解决了？谁帮了我们的忙？

生：丝带的长度。

师：确实，求平均数时，数据很重要！

师：接下来我们来模拟当经理。（课件出示：苹果和橘子 5 天所卖个数的统计图。）

师：如果你是经理，员工向你报告：下周多进一些哪种水果？你怎么回答？

生：苹果平均每天卖 8 箱，橘子平均每天卖 7 箱。苹果要多进一些。

师：你是一个优秀的经理。但是员工还有个疑问，为什么星期一卖得少，而星期五卖得多？

生 1：星期一，大家都上班了。

生 2：星期五，马上就是周末，大家比较有时间。

师：作为经理，你会怎样调整营销策略？

生1：星期一，打折促销，让更多人来买。

生2：星期五，涨价。

（全班笑）

师：很有想法，称职的经理常常能根据市场需求做出调整。不过涨价的幅度要控制好呀！

（课件出示学校篮球队图片：平均身高是160厘米。）

师：这个160厘米是什么意思？

生：是所有的队员身高加起来后平均数是160厘米。

师：李强是学校篮球队队员，他身高155厘米，可能吗？

生：有可能。

师：有没有可能有一个队员的身高超过160厘米？

生：也有可能。

师：看来这个160厘米是这个篮球队队员身高的什么水平？

生：平均水平。

师：我去找了找他们队员的名单和身高情况，果然不仅有155厘米的，还有150厘米的。（课件出示5名队员的具体身高：150厘米，155厘米，160厘米，165厘米，170厘米。）

师：某一天一个神秘人物加入了篮球队后，这个人的身高和原来5个队员的身高合起来得到一个平均身高之后，原来五个人的身高是171厘米。有可能谁来了？

生：姚明。

师（课件出示）：姚明身高是226厘米，姚明一来之后，平均数发生了什么变化？

生：被拉高了。

师：而且高到这5个人都达不到的高度。看来，平均数也会受极大数据的影响。

师：同学们，今天我们学习了平均数。人们为什么需要平均数？

生1：有的多，有的少，有的个数不一样多。

生2：这样比总数不公平，就要比平均数。

师：所以，平均数有什么特点？

生1：分一分、匀一匀后，每个同样多。

生2：比较公平。

师：生活中哪些地方会应用到平均数？

生1：考试的平均分。

生2：楼房的均价。

生3：开车的平均时速。

……

师：最后，女生想再进行一次终极比赛，你们敢接受挑战吗？

男生：敢！

师：之前的5个女生请来了一位神秘高手，请问第六个女生至少要套多少个，男生和女生一样准？（课件出示：第五场比赛男、女生套中个数。）

生：12个。

师：你是怎么想的？

生1：如果女生平均数也是7，6×7=42（个），去掉原来的30个，还需再套中12个。

生2：还可以这样想，周晓红可以先套6个，这时平均数还是6个，要使平均数变成7个，每个人还要再多套中1个，6个人还要再多套中6个，6+6=12个。

（学生自发地鼓掌。）

师：真会想办法！如果女生想赢男生，那么至少要套中多少个？

生：至少要套中13个。

师：对！关于平均数，还有更多的应用，下节课我们继续学习。下课！

40. “平均数”课堂实录与反思（课例二）

张齐华
（江苏省南京市玄武区教师发展中心，特级教师）

※ 课堂实录

一、建立意义

师：你们喜欢体育运动吗?

生（齐）：喜欢！

师：如果张老师告诉大家，我最喜欢并且最拿手的体育运动是篮球，你们相信吗?

生：不相信。篮球运动员通常都很强壮，就像姚明和乔丹那样。张老师，您也太瘦了点。

师：真是哪壶不开提哪壶啊。不过还别说，和你们一样，我们班上的小强、小林、小刚对我的投篮技术也深表怀疑。就在上星期，他们三人还约我进行了一场“1 分钟投篮挑战赛”。怎么样，想不想了解现场的比赛情况?

生（齐）：想！

师：首先出场的是小强，他 1 分钟投中了 5 个球。可是，小强对这一成绩似乎不太满意，觉得好像没有发挥出自己的真实水平，想再投两次。如果你是张老师，你会同意他的要求吗?

生：我不同意。万一他后面两次投中的多了，那我不就危险啦！

生：我会同意的。做老师的应该大度一点。

师：呵呵，还真和我想到一块儿去了。不过，小强后两次的投篮成绩很有趣。

（师出示小强的后两次投篮成绩：5 个，5 个。学生会心地笑了）

师：还真巧，小强三次都投中了 5 个。现在看来，要表示小强 1 分钟投中的个数，用哪个数比较合适?

生：5。

师：为什么?

生：他每次都投中 5 个，用 5 来表示他 1 分钟投中的个数最合适了。

师：说得有理！接着该小林出场了。小林 1 分钟又会投中几个呢？我们也一起来看看吧。

（教师出示小林第一次投中的个数：3 个。）

师：如果你是小林，会就这样结束吗？

生：不会！我也会要求再投两次的。

师：为什么？

生：这也太少了，肯定是发挥失常。

师：正如你们所说，小林果然也要求再投两次。不过，麻烦来了。（出示小林的后两次成绩：5 个，4 个。）三次投篮，结果怎么样？

生：（齐）不同。

师：是呀，三次成绩各不相同。这一回，又该用哪个数来表示小林 1 分钟投篮的一般水平呢？

生：我觉得可以用 5 来表示，因为它最多，第二次投中了 5 个。

生：我不同意，小强每次都投中 5 个，所以用 5 来表示他的成绩。但小林另外两次分别投中 4 个和 3 个，怎么能用 5 来表示呢？

师：也就是说，如果也用 5 来表示，对小强来说——

生：（齐）不公平！

师：该用哪个数来表示呢？

生：可以用 4 来表示，因为 3、4、5 三个数，4 正好在中间，最能代表他的成绩。

师：不过，小林一定会想，我毕竟还有一次投中 5 个，比 4 个多 1 个呀。

生：（齐）那他还有一次投中 3 个，比 4 个少 1 个呀。

师：哦，一次比 4 多 1，一次比 4 少 1……

生：那么，把 5 里面多的 1 个送给 3，这样不就都是 4 个了吗？

（教师结合学生的交流，呈现移多补少的过程，如图 1。）

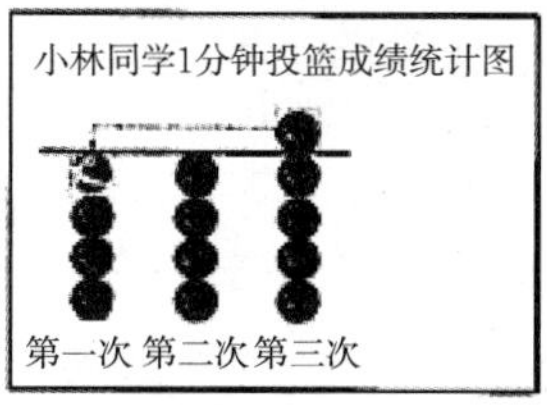

图1

师：数学上，像这样从多的里面移一些补给少的，使得每个数都一样多。这一过程就叫“移多补少”。移完后，小林每分钟看起来都投中了几个？

生（齐）：4 个。

师：能代表小林 1 分钟投篮的一般水平吗？

生（齐）：能！

师：轮到小刚出场了。（出示图 2）小刚也投了三次，成绩同样各不相同。这一回，又该用几来代表他 1 分钟投篮的一般水平呢？同学们先独立思考，然后在小组里交流自己的想法。

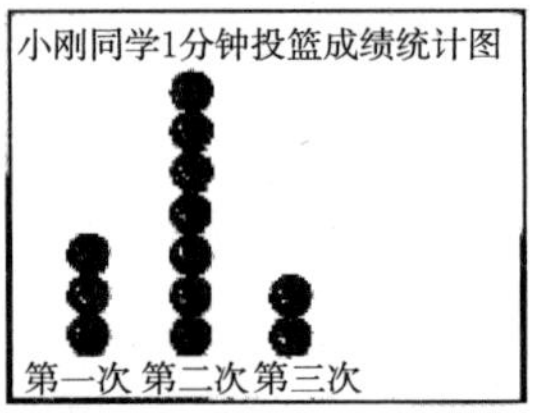

图2

生：我觉得可以用 4 来代表他 1 分钟的投篮水平。他第二次投中 7 个，可以移 1 个给第一次，再移 2 个给第三次，这样每一次看起来好像都投中了 4 个。所以用 4 来代表比较合适。

（结合学生交流，教师再次呈现移多补少过程，如图 3。）

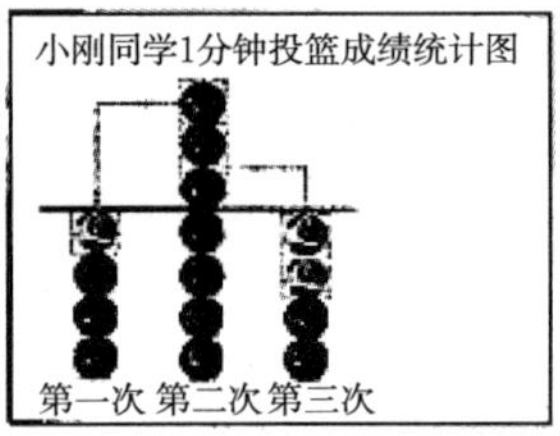

图3

师：还有别的方法吗？

生：我们先把小刚三次投中的个数相加，得到 12 个，再用 12 除以 3 等于 4 个。所以，我们也觉得用 4 来表示小刚 1 分钟投篮的水平比较合适。

教师板书：3+7+2=12（个），12÷3=4（个）。

师：像这样先把每次投中的个数合起来，然后再平均分给这三次（板书：合并、平分），能使每一次看起来一样多吗？

生：能！都是 4 个。

师：能不能代表小刚 1 分钟投篮的一般水平？

生：能！

师：其实，无论是刚才的移多补少，还是这回的先合并再平均分，目的只有一个，那就是——

生：使原来几个不相同的数变得同样多。

师：数学上，我们把通过移多补少后得到的同样多的这个数，就叫原来这几个数的平均数。（板书课题：平均数）比如，在这里（出示图 1），我们就说 4 是 3、4、5 这三个数的平均数。那么，在这里（出示图 3），哪个数是哪几个数的平均数呢？在小组里说说你的想法。

生：在这里，4是3、7、2这三个数的平均数。

师：不过，这里的平均数4能代表小刚第一次投中的个数吗？

生：不能！

师：能代表小刚第二次、第三次投中的个数吗？

生：也不能！

师：奇怪，这里的平均数4既不能代表小刚第一次投中的个数，也不能代表他第二次、第三次投中的个数，那它究竟代表的是哪一次的个数呢？

生：这里的4代表的是小刚三次投篮的平均水平。

生：是小刚1分钟投篮的一般水平。

（教师板书：一般水平。）

师：最后，该我出场了。知道自己投篮水平不怎么样，所以正式比赛前，我主动提出投四次的想法。没想到，他们竟一口答应了。前三次投篮已经结束，怎么样，想不想看看我每一次的投篮情况？

（教师呈现前三次投篮成绩：4个、6个、5个，如图4。）

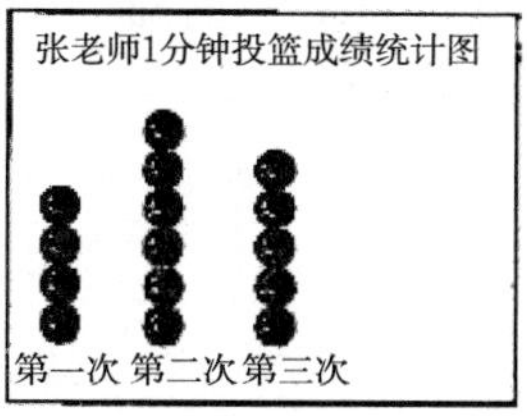

图4

师：猜猜看，三位同学看到我前三次的投篮成绩，可能会怎么想？

生：他们可能会想：完了完了，肯定输了。

师：从哪儿看出来的？

生：你们看，光前三次，张老师平均1分钟就投中了5个，和小强并列第一。更何况，张老师还有一次没投呢。

生：我觉得不一定。万一张老师最后一次发挥失常，一个都没投中，或只投中一两个，张老师也可能会输。

生：万一张老师最后一次发挥超常，投中10个或更多，那岂不赢定了？

师：情况究竟会怎么样呢？还是让我们赶紧看看第四次投篮的成绩吧。

（教师出示图5）

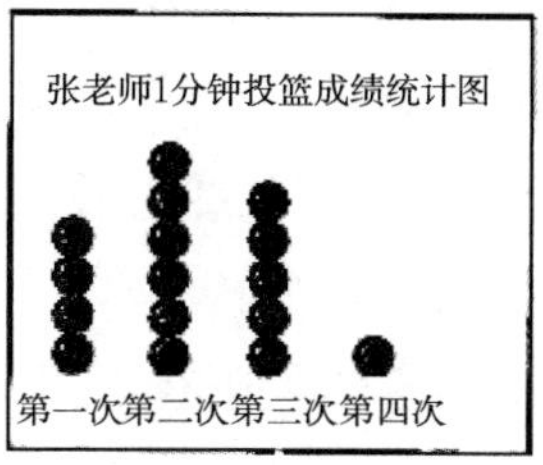

图5

师：凭直觉，张老师最终是赢了还是输了？

生：输了。因为你最后一次只投中1个，也太少了。

师：不计算，你能大概估计一下，张老师最后的平均成绩可能是几个吗？

生：大约是4个。

生：我也觉得是4个。

师：英雄所见略同呀。不过，第二次我明明投中了6个，为什么你们不估计我最后的平均成绩是6个？

生：不可能，因为只有一次投中6个，又不是次次都投中6个。

生：前三次的平均成绩只有5个，而最后一次只投中1个，平均成绩只会比5个少，不可能是6个。

生：再说，6个是最多的一次，它还要移一些补给少的。所以不可能是6个。

师：那你们为什么不估计平均成绩是1个呢？最后一次只投中1个呀！

生：也不可能。这次尽管只投中1个，但其他几次都比1个多，移一些补给它后，就不止1个了。

师：这样看来，尽管还没得出结果，但我们至少可以肯定，最后的平均成绩应该比这里最大的数——

生：小一些。

生：还要比最小的数大一些。

生：应该在最大数和最小数之间。

师：是不是这样呢？赶紧想办法算算看吧。

［学生列式计算，并交流计算过程：4+6+5+1=16（个），16÷4=4（个）。］

师：和刚才估计的结果比较一下，怎么样？

生：的确在最大数和最小数之间。

师：现在看来，这场投篮比赛是我输了。你们觉得问题主要出现在哪儿？

生：最后一次投得太少了。

生：如果最后一次多投几个，或许你就会赢了。

师：试想一下：如果张老师最后一次投中5个，甚至更多一些，比如9个，比赛结果又会如何呢？同学们可以通过观察来估一估，也可以动笔算一算，然后在小组里交流你的想法。

（学生估计或计算，随后交流结果。）

生：如果最后一次投中5个，那么只要把第二次多投的1个移给第一次，很容易看出，张老师1分钟平均能投中5个。

师：你是通过移多补少得出结论的。还有不同的方法吗？

生：我是列式计算的。4+6+5+5=20（个），20÷4=5（个）。

生：我还有补充！其实不用算也能知道是 5 个。大家想呀，原来第四次只投中 1 个，现在投中了 5 个，多出 4 个。平均分到每一次，每一次正好能分到 1 个，结果自然就是 5 个了。

师：那么，最后一次如果从原来的 1 个变成 9 个，平均数又会增加多少呢？

生：应该增加 2。因为 9 比 1 多 8，多出的 8 个再平均分到四次上，每一次只增加了 2 个。所以平均数应增加 2 个。

生：我是列式计算的，4+6+5+9=24（个），24÷4=6（个）。结果也是 6 个。

二、深化理解

师：现在，请大家观察下面的三幅图，你有什么发现？把你的想法在小组里说一说。

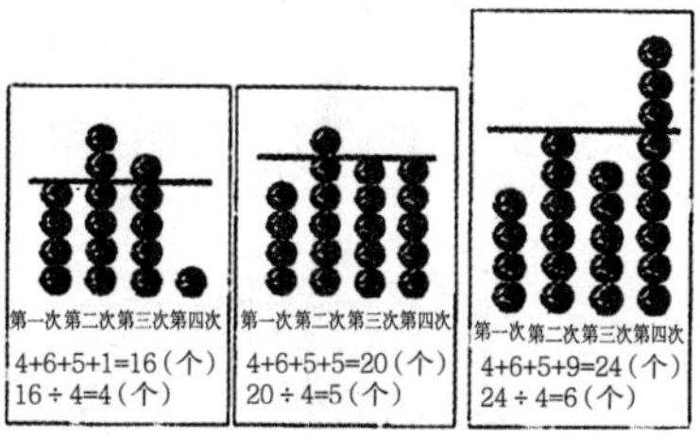

图6　　图7　　图8

（教师出示图 6、图 7、图 8，三图并排呈现。）

（生独立思考后，先组内交流想法，再全班交流。）

生：我发现，每一幅图中，前三次成绩不变，而最后一次成绩各不相同。

师：最后的平均数——

生：也不同。

师：看来，要使平均数发生变化，只需要改变其中的几个数？

生：一个数。

师：瞧，前三个数始终不变，但最后一个数从 1 变到 5 再变到 9，平均数——

生：也跟着发生了变化。

师：难怪有人说，平均数这东西很敏感，任何一个数据的“风吹草动”，都会使平均数发生变化。现在看来，这话有道理吗？（生：有）其实呀，善于随着每一个数据的变化而变化，这正是平均数的一个重要特点。在未来的数学学习中，我们将就此做更进一步的研究。大家还有别的发现吗？

生：我发现平均数总是比最大的数小，比最小的数大。

师：能解释一下为什么吗？

生：很简单。多的要移一些补给少的，最后的平均数当然要比最大的小，比最小的大了。

师：其实，这是平均数的又一个重要特点。利用这一特点，我们还可以大概地估计出一组数据的平均数。

生：我还发现，总数每增加 4，平均数并不增加 4，而是只增加 1。

师：那么，要是这里的每一个数都增加 4，平均数又会增加多少呢？还会是 1 吗？

生：不会，应该增加 4。

师：真是这样吗？课后，同学们可以继续展开研究。或许你们还会有更多的新发现！不过，关于平均数，还有一个非常重要的特点隐藏在这几幅图当中。想不想了解？

生：想！

师：以图 6 为例。仔细观察，有没有发现这里有些数超过了平均数，而有些数还不到平均数？（生点头示意）比较一下超过的部分与不到的部分，你发现了什么？

生：超过的部分和不到的部分一样多，都是 3 个。

师：会不会只是一种巧合呢？让我们赶紧再来看看另两幅图（指图 7、图 8）吧！

生：（观察片刻）也是这样的。

师：这儿还有几幅图，（出示图 1 和图 3）情况怎么样呢？

生：超过的部分和不到的部分还是同样多。

师：奇怪，为什么每一幅图中，超出平均数的部分和不到平均数的部分都一样多呢？

生：如果不一样多，超过的部分移下来后，就不可能把不到的部分正好填满。这样就得不到平均数了。

生：就像山峰和山谷一样。把山峰切下来，填到山谷里，正好可以填平。如果山峰比山谷大，或者山峰比山谷小，都不可能正好填平。

师：多生动的比方呀！其实，像这样超出平均数的部分和不到平均数的部分一样多，这是平均的第三个重要特点。把握了这一特点，我们可以巧妙地解决相关的实际问题。

（教师出示如下三张纸条，如图 9。）

图9

师：张老师大概估计了一下，觉得这三张纸条的平均长度大约是 10 厘米。（呈现图 10）不计算，你能根据平均数的特点，大概地判断一下，张老师的这一估计对吗？

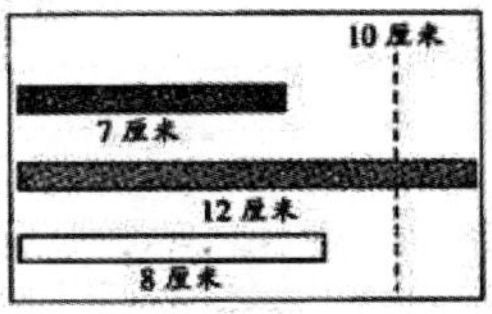

图10

生：我觉得不对。因为第二张纸条比 10 厘米只长了 2 厘米，而另两张纸条比 10 厘米一共短了 5 厘米，不相等。所以，它们的平均长度不可能是 10 厘米。

师：照你看来，它们的平均长度会比 10 厘米长还是短？

生：应该短一些。

生：大约是 9 厘米。

生：我觉得是 8 厘米。

生：不可能是 8 厘米。因为 7 比 8 小了 1，而 12 比 8 大了 4。

师：它们的平均长度到底是多少，还是赶紧口算一下吧。

……

三、拓展展开

师：下面这些问题，同样需要我们借助平均数的特点来解决。瞧，学校篮球队的几位同学正在进行篮球比赛。我了解到这么一份资料，说李强所在的快乐篮球队，队员的平均身高是 160 厘米。那么，李强的身高可能是 155 厘米吗？

生：有可能。

师：不对呀！不是说队员的平均身高是 160 厘米吗？

生：平均身高 160 厘米，并不表示每个人的身高都是 160 厘米。万一李强是队里最矮的一个，当然有可能是 155 厘米了。

生：平均身高 160 厘米，表示的是篮球队员身高的一般水平，并不代表队里每个人的身高。李强有可能比平均身高矮，比如 155 厘米，当然也可能比平均身高高，比如 170 厘米。

师：说得好！为了使同学们对这一问题有更深刻的了解，我还给大家带来了一幅图。（出示中国男子篮球队队员的合影，图略。）画面中的人，相信大家一定不陌生。

生：姚明！

师：没错，这是以姚明为首的中国男子篮球队队员。老师从网上查到这么一则数据，中国男子篮球队队员的平均身高为 200 厘米。这是不是说，篮球队每个队员的身高都是 200 厘米？

生：不可能。

生：姚明的身高就不止 2 米。

生：姚明的身高是 226 厘米。

师：看来，还真有超出平均身高的人。不过，既然队员中有人身高超过了平均数——

生：那就一定有人身高不到平均数。

师：没错。据老师所查资料显示，这位队员的身高只有 178 厘米，远远低于平均身高。看来，平均数只反映一组数据的一般水平，并不代表其中的每一个数据。好了，探讨完身高问题，我们再来看看池塘的平均水深。

（教师课件出示图）

师：冬冬来到一个池塘边。低头一看，发现了什么？

生：平均水深 110 厘米。

师：冬冬心想，这也太浅了，我的身高是 130 厘米，下水游泳一定没危险。你们觉得冬冬的想法对吗？

生：不对！

师：怎么不对？冬冬的身高不是已经超过平均水深了吗？

生：平均水深 110 厘米，并不是说池塘里每一处水深都是 110 厘米。可能有的地方比较浅，只有几十厘米，而有的地方比较深，比如 150 厘米。所以，冬冬下水游泳可能会有危险。

师：说得真好！想看看这个池塘水底下的真实情形吗？

（教师出示池塘水底的剖面图）

生：原来是这样，真的有危险！

师：看来，认识了平均数，对于我们解决生活中的问题还真有不少帮助呢。当然，如果不了解平均数，闹起笑话来，那也很麻烦。这不，前两天，老师从最新的《健康报》上查到这么一份资料。

（教师出示：《2007 年世界卫生报告》显示，目前中国男性的平均寿命大约是 71 岁。）

师：可别小看这一数据哦！ 30 年前，也就在张老师出生那会儿，中国男性的平均寿命大约只有 68 岁。比较一下，发现了什么？

生：中国男性的平均寿命比原来长了。

师：是呀，平均寿命变长了，当然值得高兴喽。可是，一位 70 岁的老伯伯看了这份资料后，不但不高兴，反而还有点难过。这又是为什么呢？

生：我想，老伯伯可能以为平均寿命是 71 岁，而自己已经 70 岁了，看来只能再活 1 年了。

师：老伯伯之所以这么想，你们觉得他懂不懂平均数。

生：不懂！

师：你们懂不懂？（生：懂）既然这样，那好，假如我就是那位 70 岁的老伯伯，你们打算怎么劝劝我？

生：老伯伯，别难过。平均寿命 71 岁，并不是说每个人都只能活到 71 岁。如果有人只活到六十几岁，那么，你不就可以活到七十几岁了吗？

师：原来，你是把我的幸福建立在别人的痛苦之上呀！（学生笑）不过，还是要感谢你的劝告。别的同学又是怎么想的呢？

生：老伯伯，我觉得平均寿命 71 岁反映的只是中国男性寿命的一般水平，这些人中，一定会有人超过平均寿命的。弄不好，你还会长命百岁呢！

师：谢谢你的祝福！不过，光这么说，好像还不足以让我彻底放心。有没有谁家的爷爷或是老太爷，已经超过 71 岁的？如果有，那我可就更放心了。

生：我爷爷已经 78 岁了。

生：我爷爷已经 85 岁了。

生：我老太爷都已经 94 岁了。

师：真有超过 71 岁的呀！猜猜看，这一回老伯伯还会再难过吗？

生：不会了。

师：探讨完男性的平均寿命，想不想了解女性的平均寿命？有谁愿意大胆地猜猜看？

生：我觉得中国女性的平均寿命大约有 65 岁。

生：我觉得大约有 73 岁。

（教师呈现相关资料：中国女性的平均寿命大约是 74 岁。）

师：发现了什么？

生：女性的平均寿命要比男性长。

师：既然这样，那么，如果有一对 60 多岁的老夫妻，是不是意味着，老奶奶的寿命一定会比老爷爷长？

生：不一定！

生：虽然女性的平均寿命比男性长，但并不是说每个女性的寿命都会比男性长。万一这老爷爷特别长寿，那么，他完全有可能比老奶奶活得更长些。

师：说得真好！走出课堂，愿大家能带上今天所学的内容，更好地认识生活中与平均数有关的各种问题。下课！

※ 课后反思

我为什么重上平均数？

对很多人而言，超越别人容易，超越自己难。而在我，情况似乎略有不同。事实上，在很多情形下，要想判断是否能够或者已经超越别人，很难有一个既定的标准。既无标准，又何谈对别人的超越？倒是自我超越，似乎显得稍容易一些。毕竟，每一天的学习、思索、实践，必然会使今天的你超越昨天的你，进而又被明天的你再次超越。人总是在这样一次又一次的自我超越中实现进步的。而于我，这样的体验尤为鲜明与深刻。

如果说从2003年的“走进圆的世界”到2007年的“圆的认识”，向数学本身回归的这一次自觉转身，是我从教以来教学实践层面的第一次自觉跨越的话，那么，从2000年第一次执教“平均数”，时隔八年后再度磨砺同题课，多少也算是实践之路上的“梅开二度”吧。成败与否先搁下不论，怎么着也得为自己再次拿自己开刀的勇气与精神喝彩。

2000年，时值《义务教育数学课程标准（实验稿）》即将颁布，对于即将到来的新一轮数学课程改革，正是“山雨欲来风满楼”的关键时刻。清晰地记得，师父张兴华老师不知从何处为我们觅得《义务教育数学课程标准（征求意见稿）》。急急读来，其中的种种观念、建议、变革，对于正在数学教学改革路途中左冲右突的我们而言，无疑是一次莫大的精神洗礼与引领。印象尤其深刻的是，《义务教育数学课程标准（征求意见稿）》中对于统计与概率部分的全新阐释，让我们大开眼界，更是萌生出一种“试一试”的实践冲动。

于是，趁着一次教研活动的契机，在认真通读《义务教育数学课程标准（征求意见稿）》中关于“平均数”这一内容的相关课程目标与实施建议后，“平均数”一课以其别具一格的课题（注：以往，这一课通常都叫“平均数”，是作为应用题的一类教学的）及其“作为一种统计量”这一全新的视角，在实践层面赢得了广泛的认同与好评。至今，我仍清晰地记得，为了使学生认识到“平均数”是一个统计量，我撇开了教材中具有应用题意味的相关题材，选择了从学生的平均身高、平均体重、家庭的平均收入等内容入手，进而在如何恰当估计平均数、如何强化移多补少、如何根据求出的平均数预测未来数据等问题上做出了初步的尝试。

八年弹指一挥间。《义务教育数学课程标准（实验稿）》正式颁布后，对于“平均数”这一内容的理论认识也随之渐入人心，相关的教学实践更是层出不穷。

而真正促使我重备这一课的契机，现在想来，恐怕还得追溯到前年的那次南通教研活动。

在那次活动中，北京市第二实验小学的施银燕老师执教了“众数和中位数”一课，而其呈现的课题却是“数据的代表”，课题一出示，当即引起台下一片热议。现在想来，当时热议的话题与内容或许早已烟消云散，但正是那一次的深入思考与交流，使我越来越清晰地认识到，平均数也好，众数与中位数也罢，其实都是一组数据的代表。不同的是，同样作为数据的代表，平均数受所有数据的制约，更能反映一组数据的全貌，因而也就更加显得敏感、易变。而众数与中位数则相对不易受极端数据的干扰，因而也就体现出其比较稳定、不受极端数据干扰等特点。带着这样的认识，再重新翻看多年前的平均数教案，总觉得作为一种“反映一组数据集中趋势的统计量”，其统计的意味并不明显。或者说，从教学的设计线索上看，似乎已经关注到其统计的内涵，但在真正的实践层面上，其作为一种统计量，尤其是作为数据代表的意义，并没有得到真正的开掘。从而，“形似”而“神异”的意味，便不可避免地成为那一堂“平均数”的鲜明烙印。重备这一课便显得日渐迫切起来。

之后也听过几节“平均数”的研究课，较为典型的思路是：通过组织两组人数不等的比赛，在学生初步体会到“比总数”不公平的前提下，自然过渡到“通过求出平均每人的数量，再做比较”的思路上来。“平均数”由此自然生成。作为一种较为成熟的版本，此种教学思路的优点无疑是十分明显的。尤其是，从“比总数不公平”到“比人均数公平”的自然转折，将平均数的来龙去脉刻画得极为生动、细腻。但一直困扰我的问题是，当学生面对“比总数不公平”的情境，纷纷给出“先求出平均每人投中的个数再比较”的建议时，我始终不太明白：为什么求出“平均每人投中的个数”再比较就公平了？（笔者曾就此问题询问过不少教师与学生，均未获得十分清晰的回答）此为其一。再者，就算学生真正理解了个中的意义，那么，“平均每人投中的个数”是否就可以直接与“每人投中个数的平均数”画上等号？细微的文字表述差异的背后，又表征着学生怎样的微妙的思维差异？

事实上，“求出平均每人投中的个数”，对于一个三年级学生而言，其心理活动的表征往往是“先求总和，再除以人数”。而这一心理运算对学生而言，其直观背景十分模糊。至于其最终运算后得出的结果又是如何成为这组数据的代表的，其意义的“联结点”对学生而言更是很难直接建立。由此可见，仅仅从“比较的维度”揭示平均数的意义，看似顺畅的教学现象背后，实则还潜藏着学生难以跨越、教师也很难察觉的认知障碍与思维断点。

于是，备课的思维焦点再次落到“数据的代表”上来。能不能从“数据的代表”

的角度，重新为平均数寻找一条诞生的新途径？于是，便也有了这一版本的新尝试。

真正尝试备课时，其实还遇到不少新的障碍。比如，最初选择的情境是：三（1）班仅小林一人参加年级组投篮比赛，1 分钟投中 5 个。如果你是裁判，在他们班的计分牌上，该用哪个数表示他们班的整体水平？三（2）班小刚、小强二人参加比赛，1 分钟分别投中 3 个、5 个。他们班的计分牌上，又该用哪个数代表他们班的整体水平？结果，“数据的代表”的表面意义呈现了出来，但“公平与不公平”“求出平均每人投中几个再比”的观点再度浮出。“新瓶”实质上只是换上了“老酒”而已，无本质差别。此为其一。其二，又一更现实的问题摆在面前：作为数据的代表，平均数既可以代表“不同对象呈现的一组数据”（比如小林、小刚、小强平均每人 1 分钟投中的个数），以反映这一组对象的整体水平，也可以代表“同一对象某几次呈现的数据”（比如小明三次量得某木棒的长度各若干厘米，该木棒长度究竟几何），以反映这一对象在参差变换的随机数据背后所潜伏着的一般水平。究竟哪种情形更有利于学生顺利建立“平均数”的意义？思辨的最终结果让我把天平倾向后者。毕竟，前者在某种情形下，完全可以用总数去表征他们的整体水平，而对于后者，求总数似乎就显得有些“不合情理”，而找出这组数据的代表值，进而用代表值去刻画这组数据的一般水平，似乎更合情合理些。

于是，在例题教学中，我有意设计了“小强三次均投中 5 个”的特殊数据组，以此促进学生自然建立起“用 5 代表他的一般水平最合适”的心理倾向，进而为随后的学习活动中学生主动避开“求总数”的窠臼，而直接通过“移多补少”或“先求和再均分”的思维活动，努力寻找几个数据的代表值，为平均数意义的建立奠定坚实的基础。“平均数”作为“数据的代表”的真实含义，在这一过程中得到了自然而然的呈现。

当然，仅仅从正面角度凸显平均数作为“数据的代表”的意义，显然还不够充分、丰富、饱满。于是，在随后的深化板块中，我借助学生的观察、比较、交流，从平均数的“敏感与易变性”（任何数据的变化都会带来平均数的相应变化）、平均数的“齐次性”（每一数据的相同变化，如都加 2，会带来平均数的同样变化，也加 2）以及平均数的“均差之和为 0”的特性（即一组数据中各个数据与平均数的差之和为 0），帮助学生从各个不同侧面进一步丰富了对平均数这一“反映一组数据集中趋势的统计量”的意义的构建，深化了学生对平均数内涵的理解与把握。

也有遗憾。尤其是，随着备课和思考的不断深入，我越来越强烈地感受到，自身数学素养的肤浅对“平均数”课堂的深度开掘构成了致命的制约。“教什么比怎么教更重要”的命题再一次得到验证。期待能够得到专家与同行的批评指正。

41. “平均数”教学设计（课例三）

刘霞
（天津市和平区万全小学，青年名师）

※ 教学过程

一、采集数据求总数

师：四年级1班的同学们为了提升环保意识，举行了一场关于垃圾分类知识的对抗赛，非常有意思，想体验一下吗？

挑选两名学生进行比赛。

师：四年级1班的男生就像他们这样进行对抗赛的，接下来我们就看看他们的比赛情况。

（课件出示：四年级1班一共有17个男生，分成四个队。）

学生读出比赛结果：第一组9、5、8、5，第二组8、8、5、4。

师：在这一局比赛中，谁取得了胜利？说明原因。

学生讨论，指名口答。

师：第一局比赛，通过求总数第一组获胜！

师：接下来第三组对战第一组。9、8、6、6、7、7、5、9。

学生利用求总数判断比赛输赢。

二、数据处理多方法

1. 移多补少求平均

师：第四组不服气，强烈要求挑战第一组，一决胜负。可是第四组一出场，第一组就提出罢赛，这是怎么回事呢？

学生讨论在比赛人数不同的情况下如何决出胜负。

师：这正是我们今天这节课要研究的内容——平均数。（板书课题：平均数）

出示第一组的比赛成绩：10、9、9、8。第四组的比赛成绩：10、8、10、7、10。

师：你们说要求平均数。在这局比赛中，谁能一眼就看出来胜负？

小组讨论，交流。

小组代表讲解方法。

师：第一小组的 10 给 8 一个，得到 9。我们借助统计图来直观感受一下。把多的一个移给了少的。从而得到 9 是这 4 个数的平均数。

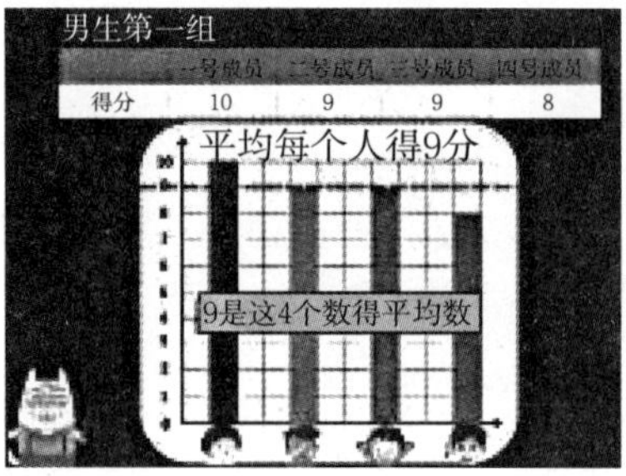

请一位同学到前面来演示，得出第四组平均每人得多少分。

师：第四组没有 9 分，那么 9 为什么能代表第四组的最终成绩？

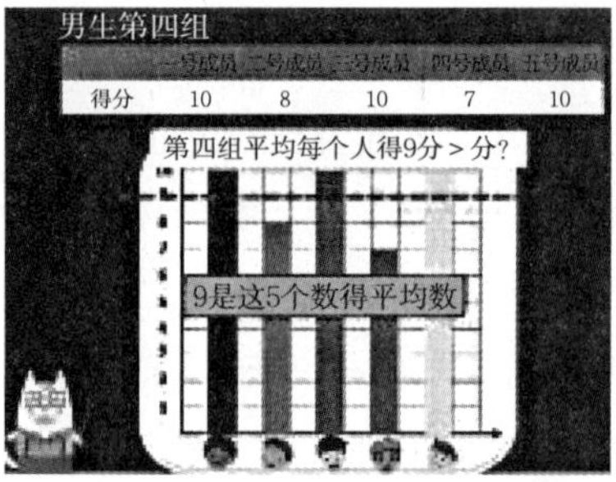

小结：9 是这 5 个数的平均数。它代表着这组数据的整体水平。平均数是一个新的统计量。原本几个不都相等的数，在总数不变的情况下，通过把多的补给少的，使它们成为几个相等的数，这种方法简称移多补少。（板书：移多补少）

学生手势演示移多补少。

2. 除法算式论平均

师：除了用移多补少的方法，还能怎样也求平均数？

学生列算式。（10+8+10+7+10）÷ 5=45 ÷ 5=9（分）

师：谁能说一说算式中除号前面和后面都分别表示什么？

小结：用总数量除以总份数得到平均数。

3. 利用平均求总数

师：有四位老师对垃圾分类的比赛表现出极高的兴趣，临时组队，想看看他们的成绩吗？

课件出示：平均数 10 分。

师：通过这个平均分，你能进行一下数据分析吗？

小结：我们根据一组数据不仅了解了平均数、会求平均数，还可以根据平均数分析的最大值与最小值的区间，得到总数。

三、实际应用平均数

师：请大家看看女生两队收集矿泉水瓶的情况。

女生一队

姓名	矿泉水水瓶个数
王小飞	19
刘虹	21
李丽	15
张雨	20
赵含	15

女生二队

姓名	矿泉水水瓶个数
杨扬	15
李玲	23
于艳	16
郭晓	14

师：仔细观察两队收集的数量。谁说说应该怎么比？还有没有更好的办法？

学生讨论得出人数不同，不能算总数，要用平均数。

师：二队的李玲收集的最多，23 个，是不是二队的成绩好于一队？

学生说明不行的理由。并解答。

预设：一队（19+21+15+20+15）÷5=18 分。

预设：二队（15+23+16+14）÷4=17 分。

师：为什么不用移多补少的方法啦？

小结：数据较小时，可以用移多补少的方法。数据比较大时，用算式计算更准确，更简便。

教师出示：《2017 年我国卫生健康事业发展统计公报》显示，目前中国男性的平均寿命大约是 77 岁。

师：比较一下，发现了什么？

师：是呀，平均寿命变长了，当然值得高兴喽。可是，一位 76 岁的老伯伯看了这份资料后，不但不高兴，反而还有点难过。这又是为什么呢？

预设：老伯伯可能以为平均寿命是 77 岁，而自己已经 76 岁了，看来只能再活 1 年了。

师：老伯伯之所以这么想，你们觉得他懂不懂平均数。

师：你们懂不懂？你们打算怎么劝劝这位老伯伯？

预设：老伯伯，别难过。平均寿命77岁，并不是说每个人都只能活到77岁。

预设：老伯伯，我觉得平均寿命77岁反映的只是中国男性寿命的一般水平，这些人中，一定会有人超过平均寿命的。

师：再看（呈现相关资料：中国女性的平均寿命大约是79岁）。

师：发现了什么？

师：如果有一对70多岁的老夫妻，是不是意味着，老奶奶的寿命一定会比老爷爷长？

四、总结

师：走出课堂，愿大家能带上今天所学的内容，更好地认识和解决生活中与平均数有关的问题。

五、作业

教材练习二十二第4题。

六、知识拓展

收集历届奥运会中国奖牌数，进行数据收集整理分析，感受我们国家的体育事业蒸蒸日上的前进趋势。

42. “较复杂的平均数”课堂实录与反思

黄爱华
（广东省深圳市教育科学研究院，特级教师，正高级教师）

※ 课前思考

“较复杂的平均数”是小学数学高年段的内容。“平均数”是统计学中一个非常重要的概念，在现实生活和实际工作中有着广泛的应用。在小学里分两次学习平均数，一次是低年段的简单的平均数，即“算数平均数”；一次是高年段的较复杂的平均数，即“加权平均数”。本节课教学的就是加权平均数。加权平均数的关键是把原始数据按照比例来计算，这是与算数平均数直接用所有数据的总和除以总频数的最大区别，亦是本节课的着重点所在。

※ 课堂实录

一、回顾平均数

师：黄老师今天要上的数学课与这个知识有关（投影：平均身高）学过吧？如果老师要你算一算这个平均身高，你会收集哪些数学信息？

生：每个人的身高和有多少个人。

师：然后呢？

生：把每个的身高加起来再除以人数就可以算出所有人的平均身高。

师：把每个人的身高加起来就得到了什么？

生：总身高。

师：总身高。有了总身高再——

生：除以总人数。

（教师补充板书：总身高 ÷ 总人数 = 平均身高）

师：这样就能得到平均身高。好，看屏幕，现在告诉我们平均身高是 142 厘米。看到这个数据，你又想到什么？

生 1：我想到所有人的总身高除以总人数就是 142 厘米。

生 2：我想到如果告诉我总人数，我就能算出这几个人的总身高。

生 3：我补充一点，如果告诉我总身高，我也能算出有多少人。

师：那同学们能不能想到这个，这几个同学的身高数据的情况。会不会每个人都比 142 厘米高呢？

生：不会。

师：还有呢？

生：也不会每个人都比 142 厘米矮。

生：我觉得有的人可能在 142 厘米以上，有的人可能在 142 厘米以下，有的人可能刚好就是 142 厘米。

二、平均身高的范围

估计平均身高的范围。

师：非常好。我跟你说的这个 142 呀，是一个小组里男同学的平均身高（投影补充：男同学）。现在你们想到了什么？

生：女同学的平均身高是多少？

师：好的，我们来看看（投影出示：女同学的平均身高是 140 厘米），看到这两个数据，你又想到了什么呢？

生：我想到了男生的平均身高比女生的平均身高高。

生：我想到了如果把男、女同学的平均身高算出来，这个平均身高应该就是这个小组里所有人的平均身高。

师：是吧？老师给你准备了一些数据，（投影：环保小队共有 10 名同学，男生平均身高 142 厘米，女生平均身高 140 厘米，这个小队学生的平均身高是多少厘米？）这个小组的平均身高是多少？同座位的同学讨论一下，应该是多少？

生：老师，条件还不够，看不见男生和女生各有几人。

师：看不见男生有几人，女生有几人，你的意思是什么？

生：还应知道男生有几个人，女生有几个人。

师：这是一个想法，有没有不一样的想法？

生：我觉得就是 141 厘米。男生的平均身高加上女生的平均身高的和除以 2，就得到这个小组的平均身高。

师：这个同学很快就口算出来了，他觉得应该是 141 厘米，同意吗？那么多的同学不赞成，为什么？

生：因为题目只说环保小队共有 10 名同学，没告诉我们男、女生人数情况。

如果男生是 6 人、女生是 4 人，环保小队的平均身高就不会是 141 厘米了。

师：男生 6 人，女生 4 人，平均身高就不是 141 厘米，同意吗？

生：同意。

师：有没有可能是 141 厘米？

生：可能，当男生与女生的人数相等时，小队的平均身高就是 141 厘米。

师：如果在黑板上画一条线段，表示这里是 141 厘米，并视为第一种情况。你认为当男生比女生多的时候，他们的平均身高会怎么样？

生：会超过 141 厘米。

师：不会超过多少厘米？

生：不会超过 142 厘米。

师：我们把高于 141 厘米而低于 142 厘米视为第二种情况。还有没有可能出现其他情况？

生：有，当男生人数比女生人数少的时候，平均身高就会低于 141 厘米。

师：会低于 140 厘米吗？

生：不会。

师：我们把高于 140 厘米而低于 141 厘米标为第三种情况。

师：这三种情况是结论吗？

生：不是，是我们猜的。

师：对的，这只是猜想。有了猜想，还需要——

生：验证我们的猜想。

师：好！ 6 个人一个小组，每个组研究一种情况。首先看工作纸（投影如下），工作纸最左边写的是——

生：第几种情况。

师：大家想一想，我们刚才谈到了几种情况？

生：三种。

师：现在每个小组商量一下，你们准备研究第几种情况？（学生商量）稍微商量一下就可以了。现在全班汇报一下，你们准备研究第几种。

生：第一种。

师：第一种是男生女生都是 5 人的情况。除了他们这个组研究第一种，还有哪一个组是研究第一种的？

师：OK，你们这一组，这一组，一共有三个小组研究第一种情况。是吧？那么研究第二种情况的？就是男生比女生多的？

（学生举手，教师统计略。）

师：那这样我们就很清楚了。继续看，当我们把几种情况弄清楚了之后，我们就要开始确定人数啦。那么第一种情况是5人和5人，这是不能变的了，填5人和5人就可以了。第二种情况的哪两个组？你们准备研究几和几？

生：6和4。

师：男生6人，女生4人。OK。你们呢？

生：8和2。

师：第三种情况呢？你们准备研究几和几？

生：3和7。

师：你们呢？

生：4和6。

师：4个男生，6个女生。可以的。继续看，接下来是猜想、验证。填猜想的时候你只要把你刚刚的这个数据填在这里就可以了。不过对于验证的过程，我们要求把整个计算的过程都写在这个格子里，我强调一遍，整个——

生：计算过程。

师：好。我们再看最后一竖行。要我们写出研修的结论。我认为我们今天8个小组，哪个小组研究的水平最高、最厉害就表现在这个结论上。要发挥集体的智慧，把这个结论写出水平来。好不好？

生：好。

师：OK。都清楚了没有？

生：清楚了。

师：那么接下来的时间就留给你们做这个事，工作纸在你们的桌面上，开始。

三、分组验证，自主探究

（7分钟左右）

师：同学们，汇报之前，请大家再琢磨琢磨你这个结论有没有写清楚，等一会一说大家能不能马上明白。我们最后要评一评哪个小组是最厉害的。

（学生再一次斟酌。）

师：我高兴地看到，有些小组每个人都写了结论，然后组长把它们综合在了一起。非常好！不过我还想问的是，在刚刚我们小组共同研究的过程当中，你在做什么？你是参与讨论了，还是参与计算了？抑或动笔去写啦？还有你们组刚才得出的结论是什么？同座位的同学聊一聊，分享一下小组的结论。

学生交流，教师巡视。

师：停！刚才我们说了，你是我们整个班8个小组中的一个组，你们这个组研究的只是一种情况，你们这个时候再想想，别的小组可能会得出怎样的结论？

（学生独立思考后交流。）

师：我发现很多同学都已经按捺不住了，跃跃欲试了：老师，快点让我们来分享吧，快点让我们看看整个班上别的小组研究的情况吧。好的，要不这样，我们分情况依次上来汇报。好吗？每种情况一个组选一个代表。

学生点头同意。

师：我们先请第一种情况的，就是 5、5 的，哪几个组是研究第一种情况的？来，到前面来站好！现在有 4 个小组，他们都是研究男生 5 人、女生 5 人的情况，大家抬头想一想，他们研究得出来的结论、计算得出的结论应该是多少？

生：141 厘米。

师：猜想是 141 厘米，他们通过计算算出来的结论也应该是 141 厘米。对不对？

生：对。

师：OK。我们一个组一个组地来看。来，请你放这里。来，拿着话筒。

生（接过话筒，直接说）：我们研究的是第一种情况。

师（拍着学生肩膀）：要不要跟大家打声招呼，说大家好。

生：大家好，我们研究的是第一种情况，男生 5 人，平均身高 142 厘米，女生 5 人，平均身高 140 厘米，我们的猜想是小队平均身高是 141 厘米。我们的验证是（142×5+141×5）÷10=141 厘米。我们的结论是当男女生人数相等的时候，全组人的平均身高就等于男女生平均身高的总和除以 2。如果人数不等，就不能这样算。

师：那你们也没这样算呀？

学生迟疑。

师：来，我问你两个问题。第一，你们验证的过程我们每个人都听了，她的算式大家都看到没有？

生：看到了。

师：通过算式，我们看到了通过计算算出来的得数的确是多少？

生：141 厘米。

师：141 厘米。符不符合你们的猜想？

生：符合。

师：那么你的意思就是说，当男女生人数相同的时候，求整队人的平均身高除了算式这一种算法，也可以把男女生的平均身高加起来除以 2。是不是？下面有两行字，如果人数不等，就不能这样算。我觉得讲的蛮好的，给他们掌声。好的，我们再看看另外一个小组。

生：大家好，我们是第六小组，我们算的是第一种情况。就是男生有 5 人，平均身高 142 厘米，女生有 5 人，平均身高 140 厘米。我们的猜想是小组的平均身高是 141 厘米。我们验证出来的结果是（142+140）÷2=282÷2=141 厘米。我们的研究结论是——

师：我能请你稍微等一下吗？他的算式跟另一组算式的写法一样不一样？

生：不一样。

师：我刚刚问有没有这样算的，看，他们就这样算的。看他们多轻松。（142+140）÷2 就完了。再看他们的结论。

生：我们的结论是当男生与女生人数相同时，把男女平均身高相加除以 2，就可以得到环保小组的平均身高。如果人数不同，不能这样计算。

师：他们有共同的想法，是吧。好。给他们掌声。第三位同学是第几组的？

生：大家好。我们是第二小组的。

师：我想请问你一下，你觉得有必要把前面整个过程全部再说一遍吗？

生：不用了。

师：你能不能给我们分享一些你们小组独特的想法？

生：我们认为在人数相等的情况下，［男生平均身高 × 男生人数）+（女生平均身高 × 女生人数）］÷ 总人数 = 小组平均身高，这个算式是任何情况下都通用的算法，它没有凸显出男女人数相等这一条件的特殊性。如果男、女人数相等，我们觉得第六小组介绍的方法更简便。

师：不仅归纳了自己独特的想法，还总结出了一个对于所有情况都能够用的数量关系。非常好。掌声。下一组。有压力吗？第四个发言可是要求最高的。

生：大家好，我们的结论和其他小组大致一样，不过不相同的是我们验证的是过程。验证的时候我们用了两种方法：方法①，加在一起除以 2，列式是（142+140）÷2=141 厘米；方法②，用男同学的总身高加女同学的总身高除以总人数，列式是（142×5+141×5）÷10=141。用两种方法计算后发现，如果男女生人数相等，是可以直接用平均数除以平均数的份数的。

学生自发地鼓掌。

师：我们回顾一下，四个小组都上来汇报了。他们都是研究男生 5 人、女生 5 人的情况。现在我们再来看男女生不相同的时候是怎么样的，哪几个组研究的是第二种情况？男生比女生多的？

生：大家好，我们是第七小组的，我们研究的是第二种情况。男生 8 人，女生 2 人，我们猜想小队的平均身高应该在 141 到 142 厘米之间。经过计算，我们算出来的结果是 141.6 厘米。我们的结论是如果男生多、女生少，小队平均身高最大可能性是 141.6 厘米。

师：最大的可能性是 141.6 厘米是什么意思？能具体说说吗？

生：因为男生多、女生少不是只有男生 8 人和女生 2 人这一种情形，男生 7 人、女生 3 人，男生 6 人、女生 4 人，也属于这一种情形。在这所有情形中，141.6 应该是平均身高数值最大的。

师：好的。我们来看看下一小组。

生：大家好，我们是第一小组的，我们研究的是第二种情况。我们猜想平均身高在 141—142 厘米之间。我们验证的结果是小队的平均身高是 141.2 厘米。这的确是在猜想的范围之内，并且我们发现男生越多，平均身高就越大，越接近 142 厘米。

师：大家注意到没有，这个组的结论是多少？

生：141.2 厘米。

师：刚刚前面那个组呢？

生：141.6 厘米。

师：没错，要是把这两个组的结论联系在一起分析，你有什么新发现？

生：把这两个组的结论联系在一起，正如第一小组所说的，男生人数越多，平均身高就越接近 142 厘米。

师：联系起来思考，是一种方法，更是一种智慧。谢谢你们，给他们掌声。接下来我们看第三种情况。

生：大家好，我们研究的是第三种情况，男生 4 人，平均身高 142 厘米；女生 6 人，平均身高 141 厘米。我们的猜想是平均身高在 140—141 厘米之间，经过验证，当女生人数比男生人数多的时候。

师（插话）：你们算出来的结论是多少？

生：我们算出来的结论是 140.8 厘米。

师：在不在你猜想的范围内？

生：在。

师：说说结论。

生：经过验证，当女生人数比男生人数多的时候，小队平均身高一定在 140 厘米到 141 厘米之间。并且女生人数越多，小队的平均身高就越靠近 140 厘米。

师：你们注意她的结论，她强调了几点？

生：两点。第一，当女生人数比男生多的时候，小队的平均身高一定在 140 厘米到 141 厘米之间；第二，如果平均身高是 140 厘米的女同学越多，小队的平均身高就越接近 140 厘米。

师：好不好？掌声！好，下一个组。

生：大家好，我是第八小组，我们小组研究的也是第三种情况，我们研究的数据是男生 3 人、女生 7 人，我们猜想小队的平均身高应该在 140 厘米到 141 厘米之间，经过验证，发现答案是 140.6 厘米。经过研究，我们得出了当男生和女生人数变化时，平均身高也在变化，女生越多，平均身高越矮。

师：他们这个小组说了两段话，我们可得出两个结论。第一——

生：男生和女生人数变化时，平均身高也在变化。

师：然后呢？女生——

生：女生越多，平均身高越矮。

师：掌声。谢谢你们！好了，我们利用比较多的时间，去验证、讨论、分享了大家的结论，现在请大家回过头来想一想，总人数没变，男同学的平均身高没变，女同学的平均身高没变，为什么刚才 8 个小组算出来的得数却不尽相同呢？

生：男生与女生具体的人数变了。

师：也就是说我们这时候算出的平均数不一样，是受到什么的影响？

生：受到具体人数的影响。

师：具体说说。

生：如果人数相同，平均数就在中间的位置。如果人数不同，男生越多，就越接近 142 厘米；如果女生越多，就越接近 140 厘米。

师：非常好。最后请同学们回顾一下你们小组验证的是第几种情况，得出的结论是什么。再回忆一下别的小组的研究情况，整体思考一下。

四、根据结论，灵活解决实际问题（略）

※ 课后反思

教数学，还是教学生学数学，不同的选择彰显着教师不同的价值取向。作为教师，我更倾向于后者。所以今天这节数学课，正如大家看到的，教学的重心没有放在对平均数问题的问题结构和解题方法的学习上，而更多的是聚焦在加权平均数的本质（即人数对平均数的影响），力图让学生在对平均数本质的认识过程中，不仅能够收获知识，还能收获一种重要的数学思想方法。具体地说，课一开始，问题解决之一“男、女生相等时平均身高即 141 厘米”这一结论即出，但此时学生的认识是肤浅的、断裂的，因为缺乏联系的、整体的思维去支撑，片面也就成了必然。而随着对“男、女生人数到底对平均身高有着怎样的影响”的猜测、验证与探究的不断推进，首先得以革新的是学生的思维，矛盾的形成、冲突的爆发慢慢随着小组合作的探究性学习得以冷却与平息，随之而来的是“怀疑→猜想→验证→结论”这一科学研究思路得以固化。而这，对学生的影响是终身的。

强调学生的主动参与，往往走向另一个极端，即忽略教师的主动引导。这是一个误区，其实每一个学生精彩的生成背后都渗透着教师的引导，这在这节课中有所体现。具体表现在：

第一，注重预设。我一直强调，没有课前精心的预设，就很难有课堂上精彩的生成。虽然孩子们在研究和解决问题的过程当中，从问题的提出，到猜想，到验证，再到最后我们收回来结论，更多地呈现出一种动态参与，但我个人认为我在教学过程当中，我的课前预设，可能对今天课堂中的教学的一种真实是直接相关联的。我以为在问题的提出、假设到验证，再到结论的过程当中，老师的引领以及每一个环节当中过程的设计还是非常重要的。我想表达的是这一节课看起来以学生的探究为主，我们老师的引领仍然需要精心地预设。我坚持一条，没有课前精心的预设，就很难有课堂上精彩的生成，这是第一个想法。

第二，就是孩子们在探究的过程当中，我们不要简单地认为只要孩子们研究，就一定有最后的结论。所以不知大家有没有注意到，我在课堂上有意跟学生说：“同学们，你们在研究的时候，我干什么？我说我就在你们的身边，你们随时可以找我，事实上孩子们最后得出来的这许多有价值、有分量的结论不是一下子就能写出来的，而是有一个过程，开始不太清晰逐步明朗化的过程，在这个过程当中，老师起着至关重要的作用。正如大家看到的，在这个过程当中作为教师的我不断地跑来跑去，是为了在有限的时间内对所有孩子都能进行实在的引领，让孩子们在对话的过程中能够得出相应的结论。我觉得这个时候最忙的应该是老师，虽然孩子们也都在积极地思考。

第三，小组合作的时候，问题的提出、猜想，特别是验证的过程，如何处理，需要斟酌。我采取了两个动作。第一，孩子们分头研究之后，每一个小组验证结论初步形成之时，我没有让他们直接汇报，而是有意识地让他们坐在座位上，让同座位的同学相互之间琢磨琢磨，本小组得到的到底是什么样的结论；第二，你们猜想一下，别的小组可能得出什么结论。这两个环节费时不多，但效果很明显，它真正地使自己与别人、自己小组与别人小组发生了联系，使班级成为一个学习共同体。更重要的，学生小组汇报时，学生就不会事不关己，高高挂起。相反，我刚才的猜想是否正确，是否与别人雷同，别的小组是否有与众不同的答案，进而学会倾听，每一个学生的思维成果真正地让所有学生共享。

第四，教师要善于拎与收。具体地说，小组汇报时，有四个小组都是研究第一种情况，四个小组如果都从头至尾地汇报要耽误很多时间，这时教师就应强调学生汇报自己小组独特的思考，哪里独特？这就需要教师去拎。当教师帮学生拎出独特想法之后，孩子们在汇报的过程当中，我们还需要统整。这表现在两个方面：第一，就是都研究同一种情况的四个小组的结论整体来分享，放在一起来分享。这有助于学生得出人数相同是什么情况，人数不同，男生多会怎么样；反之，女生多会怎么样。所以几个小组的结论放在一起对比分享，我的是 141.6 厘米，你的是 141.2 厘米，这是非常有意义的，有助于得出整体的结论。第二，每个组都分享了，这节课的一个重点与关键也就出现了。那就是要把大家的结论收回来。“你们大家有没有发现呀，我们每个小组得出来的数据都是不相同的，但 10 个人没变，142 厘米没变，140 厘米没变。那为什么我们得出来的平均数是不同的呢？”进而指向今天这节课一个本质的问题：人数不同，所以平均数不同。可能有些老师有疑问，先前不是有的小组得出了相应的结论吗？个人认为这是不够的，还没有成为全班学生的共识。所以这个时候要特别注意拎，要收得回来：人数不同的时候，平均数就不应该是一样的，人数影响着平均数。男生越多，越接近 142 厘米；反之，越接近 140 厘米。只有这样，学生的印象才深刻，也只有这样，一个小组的结论才真正地成为全班同学的共同结论。

43. “复式条形统计图”教学设计

宋君
（河南省郑州市金水区金桥学校，青年名师）

※ 课前思考

“复式条形统计图”是在学生前五年经历简单的统计过程，学习了认识简单的统计表，学习了统计图，了解了刻画数据集中趋势的统计量（平均数、中位数和众数）的基础上进行学习的。教材为我们创设了一个有趣的投球游戏的情境，比较单手投球远还是双手投球远，在猜测的基础上呈现数据，然后引入复式条形统计图。而我并没有采用课本上的这个情境。2008 年 8 月是我国人民热血沸腾的时刻，在我国举行的第 29 届奥运会万众瞩目，金牌排行榜更是人们议论的一个焦点，在和学生课下的交流中，我发现学生谈论最多的就是奥运会，于是我萌生了采用奥运会的金牌排名来进行本节课的学习，这样结合学生感兴趣的话题来开发课程资源更有利于调动学生学习的积极性和主动性，让学生更积极主动地参与到统计的全过程，同时，在经历统计的过程中，引导学生学习统计的一些知识和方法。根据数据，能绘制复式条形统计图，并继续注意结合实际问题，进一步教学根据统计图进行简单的数据分析，做出合理的判断和决策。这样就把数据分析与解决问题结合在一起，使学生更好地理解统计在解决问题中的作用，逐步形成统计观念。

总之，这样进行教学设计，密切联系了学生的生活实际，把统计思想作为教学的主线，创造性地使用教材，培养了学生的统计意识。

我校是一所市区公办学校，而现在的六年级学生大部分来自城市，极个别来自农村，学生基础相对均衡，学生经过五年的数学学习，已经能够自主收集数据，能够根据学习内容尝试着去提出数学问题、分析问题并解决问题，能够比较有效地进行小组合作学习。

为了更好地把握教学设计的起点，课前我在我校六年级二班随机找了 10 个学生进行调研，同时也抽取了 8 个学生进行个别访谈。通过调研，我明显地感受到学生对于条形统计图掌握得很好，正确率是 98%，而在方格纸上绘制统计图大约需要 4—6 分钟的时间，所以，我打算在课堂上采用小组分工合作的方式在方格纸上绘制统计图。大家对北京奥运会的金牌排行榜很清楚，但对往届的金牌排行榜就不是很了解，需要对奥运会金牌榜进行调查，于是，我把调查金牌排行榜作为课前作业布置，课上汇报，这样更能提高课堂的实效性。

根据学生的实际情况和《义务教育数学课程标准（2011年版）》提出的要求，结合教材提供的范例，我对本节课进行了大胆的设计，具体设想如下：

1. 教学内容与生活紧密联系，激发学生的统计意识

数学教学必须从学生熟悉的生活情境和感兴趣的事物出发，为他们提供观察和操作的机会，使他们感到数学有趣。我在设计本节课时，从29届奥运会的金牌排行榜入手，这样设计和开发的课程资源更鲜活，更具有时代性，更能激发学生的统计意识，引导学生积极经历搜集数据、整理数据、分析数据的全过程，调动学生学习的积极性。

2. 引导学生在亲身体验、自主探究、合作交流中绘制统计图

在汇报调查奥运会金牌排行榜的基础上，引导学生思考如何更直观地进行呈现数据，让学生分组探索画法，在制作复式条形统计图时，提出一个问题："如何在一个统计图里描述上面你们所说的这信信息？"给予学生充分的时间与空间，寻找绘制方法。让学生小组合作，尝试完成条形统计图，经历了整理数据的过程，并在相互的评议和交流过程中，不断改善各自的统计图，逐步明确复式条形统计图的特点。

整个过程使学生亲身经历了统计的全过程，因为学生在绘制复式条形统计图的过程中已经掌握了一些特点，教师再适时提出问题进行点拨，完全发挥学生的主动性，通过学生的观察、交流，自然而然地发现绘制统计图的方法。完成统计图后，引导学生从中发现问题，表述自己的想法。这样设计，既激发了学生收集、整理数据的兴趣，又提出了更深层次的问题。对学生的鼓励很重要，可以增加活动的趣味性和挑战性。

※ 教学过程

一、课前调查，汇报交流

圆满闭幕的第29届奥运会，给我们每一个中国人都留下了美好的回忆。昨天，老师布置了让同学们搜集第28、29届奥运会金牌排行榜排在前三名的国家，谁来汇报一下你的调查结果？

【设计意图】学生总是对自己身边发生的事情十分感兴趣，抓住了学生的这

个心理特点，我从统计学生感兴趣的第 28、29 届奥运会金牌排行榜排在前三名的国家入手，充分调动了学生的积极主动性，使学习的真正需要来源于学生的内心世界，当学生感受到数学在生活中有如此重要广泛的使用价值，他们学习数学的内在动机被激发，学习的欲望不断强烈。这样的教学，真正关注了学生的需要，激发了学生的统计意识，学习的效果是最显著的。创设便于统计的情境，激发学生学习的兴趣，让学生经历收集数据、整理数据、分析数据的过程，逐步形成统计观念。

学生的汇报可能采用表格统计，也可能是一些原始的记录，无论形式如何，教师可以选择有代表性的调查结果进行展示。

第28届奥运会金牌榜前三名的国家

名次	国家	金牌
1	美国	35
2	中国	32
3	俄罗斯	27

第29届奥运会金牌榜前三名的国家

名次	国家	金牌
1	中国	51
2	美国	36
3	俄罗斯	23

在汇报交流的同时，教师适时追问：你是怎样进行调查的？

【设计意图】让学生去亲身体验数据产生的过程，使学生的认识不仅仅停留在表面，积极组织学生参与，以学生为主体。作为原始数据的调查，我采用有选择的展示，在展示的过程中，引导学生体会数据搜集中借用表格统计的简洁性，同时追问“你是怎样进行调查的？”使学生明白数据的获得有多种渠道，学会根据实际情况进行选择。

二、小组合作，探究画法

刚才，我们已经把调查的数据进行了交流和展示，请同学们想一想：怎样把调查的数据直观地表示出来呢？学生思考后交流。

【设计意图】引导学生讨论“怎样把调查的数据直观地表示出来呢？”，使学生体会到用统计图来描述这组数据比较合适，使学生再次体会条形统计图的特点。

小组合作把调查结果用统计图的形式表示出来，完成后交流展示。

对于这个统计图，学生完全可以借助教师提供的方格纸进行完成，而在小组交流碰撞中，学生可能会有以下几种方案：

方案一：画成两个独立统计图。

方案二：画在同一个统计图中的两个统计图。

方案三：画成比较规范的统计图。

仔细观察上面3个统计图并进行比较，你有什么发现？

引导学生通过观察发现上面的第一个统计图看起来不方便。为了两者的比较看起来更直观更清楚一些，可以把两个统计图合并成一个统计图，像这样的统计图就是复式条形统计图。

完成方案三的学生介绍复式条形统计图的画法。特别要让学生知道什么是图例和图例的作用。

【设计意图】有效的数学学习活动，不是单纯的记忆和理解，有效的探究是一种有情感参与的思维活动，只有经过体验，才能把一个不太熟悉的对象变成熟悉的、可以交流的对象。这样设计，引导学生在数据统计的活动中学习统计的知识和方法。在绘制条形统计图时，我采用小组合作、自主探究、汇报交流的形式，让学生思考怎样才能把分别表示第28届奥运金牌榜前三名国家和第29届奥运会金牌榜前三名的国家的单式条形统计图，合成一个统计图。通过同学之间相互讲解、操作、争辩等活动让学生开动脑筋，互相讨论，找出解决问题的途径，充分发挥了学生的主观能动性，突出了学生的主体地位，由“要我学”内化为“我要学”。

那现在你能不能把刚才小组合作完成的复式条形统计图进行修改完善。

现在让我们来比较一下，今天学的复式条形统计图和以前学过的单式条形统计图，有什么相同和不同的地方？（相同：都是用条形的长短来表示数量的多少。不同：单式条形统计图只用一种直条来表示数据，而复式的要用到两种或两种以上的直条。复式条形统计图需要图例说明，而单式的则不需要。）

【设计意图】引导学生观察分析复式条形统计图，了解这种统计图的特点作用。让学生体会到复式条形统计图在描述数据方面的优势——便于对两个数据进行直观的比较。

三、看图分析，解释应用

从统计图中你能看到哪些信息？

通过看统计图，你有什么发现？让学生在观察、分析、比较中发现我国奥运会的金牌数在增多。

【设计意图】教师引导学生观察复式条形统计图，鼓励学生能从统计图中获取尽可能多的信息，体会数据是蕴含着信息的。同时养成认真仔细的学习习惯，弄清统计图中的每个细节。

四、梳理小结，深化学习

老师这里还收集了第 28、29 届奥运金牌榜前三名的国家所有奖牌的数据，请你任意选择一组数据制成复式条形统计图。

第28届奥运会金牌榜前三名国家

名次	国家	金牌	银牌	铜牌	奖牌总数
1	美国	35	39	29	103
2	中国	32	17	14	63
3	俄罗斯	27	27	38	92

第29届奥运会金牌榜前三名国家

名次	国家	金牌	银牌	铜牌	总计
1	中国	51	21	28	100
2	美国	36	38	36	110
3	俄罗斯	23	21	28	72

【设计意图】在练习环节设计开放的题目，更有利于学生的自主选择、自主解答，充分发挥学生的主观能动性。

关于绘制复式条形统计图，我们还可以利用电脑中的 Excel 来完成，教师介绍操作方法。

【设计意图】此环节意在告诉学生随着现代信息技术的飞速发展，我们可以借助一些现成的工具来进行简单绘制复式条形统计图，提高学生的信息技术素养。

通过这节课的学习，你有什么收获？学生交流总结。注重学生回顾整理、反思与自我评价。

通过今天的学习，大家对条形复式统计图的知识有了更深入的了解。条形复式统计图在生活中的应用非常广泛，我们随处能见到它们的身影。（课件演示条形复式统计图在生活中的应用）其实，只要大家留心，就会发现，数学就在我们身边。愿大家在以后的日子，爱数学，学数学，用数学，做生活的有心人。

五、联系奥运，拓展延伸

预测一下第30届奥运会金牌榜前三名的国家和金牌数量，并和第29届奥运会金牌榜相比，制成复式条形统计图。并说明你预测的理由。

四、综合与实践

44. “一亿有多大”课堂实录

李培芳
（福建省厦门市华昌小学，特级教师）

※ 课堂实录

一、揭题：一亿有多大

师：今天咱们要一起去感受“一亿有多大”。

板书课题：一亿有多大。

师：你能想象一下，一亿有多大吗？

生：沙坑里的沙子可能有一亿粒。

生：一亿米大概有 33333333 层楼高。

生：一亿个人大概有三个省份的人的总数那么多。

生：……

二、想象：一亿有多大

师：同学们在想象一亿有多大时，很自然地结合生活中的具体事物来说明，这是很好的描述大数的方法。比如，这是一张普通的复印纸，咱们可以去想象：如果一亿张这样的复印纸叠起来，那会有多高呢？会不会有这礼堂高，或者比这礼堂还要高？

师：再比如，这是一粒米，谁能结合今天咱们要学习的内容来提一个问题。

生：一亿粒米堆起来有多高？

生：一亿粒米有多重？

师：这个同学真会提问题，他提出了这样一个问题，一亿粒米有多重，你可以想象一下，要是让你吃，你得多久才能吃完呢？

师：你们还能提出这样的问题吗？

生：一亿棵树有多少？

生：一亿粒沙有多少？

师：这是大家感兴趣的话题，也是老师感兴趣的话题，老师先把它们写下来，看看这节课咱们能不能一并给解决了。

教师板书出学生提出的问题。

师：请大家眨一下眼睛，刚才大家眼睛一闭一睁，这一秒就过去了，谁结合今天咱们学习的内容来提一个问题。

生：眨一亿次眼睛要多少时间？

师：是啊！一亿秒那会是多长的一段时间呢？是几天，几个月，还是几年？大家可以大胆地去猜测。

师：我要请一个小朋友上来，来，你上来，手张开，这是一个小朋友手张开的距离，老师与其手拉手，这是两个小朋友手拉手的距离。谁来提一个问题。

生：一亿个小朋友手拉手站成一排有多长？

师：请你大胆地想象一下，一亿个小朋友手拉手站成一排，可以从这里排到哪里呢？是排到福州呢？还是排到北京？

课件出示：一亿张纸叠起来有多高？

一亿粒米有多重？

一亿秒有多久？

一亿个小朋友手拉手站成一排有多长？

师：同学们可以选择其中的一个或几个问题大胆地猜测，自由地想象。

生：一亿张纸叠起来可能有这个礼堂高。

生：一亿张纸叠起来可能有两个礼堂叠起来那么高。

生：一亿张纸叠起来可能有 100 个礼堂叠起来的高。

生：一亿粒米可能要吃三个月。

生：一亿粒米可能要吃上一年。

生：一亿秒大概是一个月吧！

生：一亿秒有将近一年。

生：一亿个小朋友手拉手站成一排可能从这里排到南平。

生：一亿个小朋友手拉手站成一排可能从这里排到北京。

生：……

三、探索：一亿张纸摞起来有多高

师：刚才大家对这几个问题都有自己的猜测，像有的同学猜测一亿张纸叠起来可能有 100 个礼堂叠起来的高，真是这样吗？用什么方法才能知道一亿张纸叠起来到底有多高呢？是不是得找来一亿张纸，然后叠起来，再去量一量有多高啊？

生：这样太麻烦了。

师：谁有不麻烦的方法？来，说一说！

生1：可以先量出一张纸的厚度，再乘以一亿。

生2：一张纸的厚度很难量出来，我认为可以量出10张纸的厚度再去算。

生3：10张纸的厚度还是太薄，量100张纸更好。

师：大家更赞同哪个同学的意见。

生（齐）：生3。

师：真不错，这是一种很好的解决问题的数学方法，先测量出小数量，然后再去推算出大数量。

板书：

小数量 $\xrightarrow{\text{推算}}$ 大数量

师：刚刚说，要先测量多少张纸的厚度呢？

生：100张。

师：为什么不测量137张？

生：不好算。

师：大家想得真周到，测量完还得算呢！看来选择小数量还是有学问的。

师：第一步，咱们先请一个同学测量一下100张纸的厚度。

学生测量后汇报：100张纸的厚度大约是1厘米。

师：这100张纸的厚度是1厘米，那么1000张纸的厚度是多少？

生：10厘米。

师：为什么是10厘米？

生：因为1000里面有10个100，所以1000张纸的厚度就是100张纸的10倍。

师：就这样往下算，你会算吗？（会）那好，请大家将一亿张复印纸叠起来有多高给算出来。

师生共同推算得出：一亿张复印纸叠起来高约10000米。

师：一亿张纸叠起来高大约是10000米，课前咱们说了，这礼堂的高大约是8米，这10000米，那得是多少个礼堂的高啊？用计算器算一下。

生：是1250个礼堂的高。

师：咱们再跟这个高度做个对比，这是世界最高峰——珠穆朗玛峰，它的海拔高约8844.43米，经过汶川大地震后，现在这个数据可能有变化了，而一亿张叠起来的高度竟然超过了珠穆朗玛峰的高度，真是太不可思议了。

师：是纸张太厚吗？还是珠峰太低啊？

生：不是，是因为一亿太大了。

师：刚才咱们用小数量推算大数量的方法，知道了一亿张纸叠起来比世界最高峰还要高，感受了一亿真的比我们想象的要大很多。

师：现在，咱们就从这儿将一亿张纸给叠起来，你抬头看这一亿张纸，高吗？（高）

师：真是太高了！

师：再想想如果将一亿张纸换成一亿个一元钱硬币，也把这一亿个硬币叠起来又会有多高呢？

课件出示：趣味 ABC

一亿个一元钱硬币叠起来大约有多高呢？

（1）相当于 100 层楼的高。

（2）相当于 2 个珠峰的高。

（3）超过 15 个珠峰的高。

师：为什么选 C？

生：因为一个硬币不只是两张纸的厚。

师：这回答虽然简短却十分深刻啊！通过对比一张纸与一个硬币就能相对准确地做出选择了。咱们一起来看看正确答案。（课件揭晓答案是 C）

师：这一亿个一元钱硬币总共是多少钱，你们知道吗？（一亿元）一亿元能造几所小学，你们知道吗？老师在网上查过了，一所希望小学的造价大约是 100 万元，一亿元能造 100 所小学，你感觉一亿元多吗？（太多了）

师：知道了一亿元这么多，咱们再来读一读这一组数据，你一定有新的感受！

课件出示：汶川大地震造成的直接经济损失达 8451 亿元。

师：说说你的感受吧！

生：造成的损失非常大啊！

师：是呀，多沉痛的数据啊！

生：国家的财产就这样白白地流失了。

师：小小年纪有忧国忧民的情怀，不简单啊！

生：地震太可怕了。

生：我们应当多捐一些钱，帮助灾区的人民。

师：好孩子，说得多好！相信你们会做得更好！

四、再想象：一亿有多大

师：咱们再回到刚才猜测的几个问题上来，反思一下刚才你对“一亿张纸叠起来有多高”的猜测，现在想不想重新调整一下你对这几个问题的猜测呢？

- 一亿粒米有多重？

● 一亿秒有多久？

● 一亿个小朋友手拉手站成一排有多长？

生：一亿粒米可能够吃五年。

生：一亿粒米可能够吃 50 年。

课件揭晓：一亿粒大米重约 2 吨，能让一个成年人吃上 13 年。

师（追问）：让你吃，得吃多久？

生：我们小孩子的饭量应该比成年人小，所以大概得吃 30 年吧。

师：可是在 30 年间你还会长成成年人，你考虑过这个问题吗？这个问题看来有点复杂，大家可以课后再去讨论。

生：一亿秒可能有十年。

生：一亿秒有 38.5 个月。

课件揭晓：一亿秒有 3 年多。

师：现在我们来研究，一亿个小朋友手拉手站成一排有多长？

生：一亿个小朋友手拉手站成一排，可能从这里排到日本。

生：一亿个小朋友手拉手站成一排，可能从这里排到美国。

生：一亿个小朋友手拉手站成一排，可能从这里排到俄罗斯。

师：在刚才的猜测中，大家一定有这样的感受，一亿太大了，太难于想象了，猜测总是很难猜对，那么用什么方法才能知道一亿个小朋友手拉手站成一排有多长呢？

生：用推算的方法。

师：是啊，那么咱们就来推算，老师先给大家一个小数量，一个小朋友手张开的距离大概是 1.3 米。请大家动笔算一下，开始！

师生共同得出：一亿个小朋友手拉手站成一排，长 120000 千米。

师：一亿个小朋友手拉手站成一排，能排到美国吗？老师给大家一个数量，（板书：40000 千米）对照一下，绕地球一圈的长度是 40000 千米。你发现了什么？

生：一亿个小朋友手拉手站成一排能绕地球三圈多。

生：哇！太长了！

生：真的吗？

师：大家简直都不敢相信这是真的！咱们经过推算，结果就是这样，事实也是这样的。

师：是小朋友的手太长？还是地球太小呢？

生：都不是，是因为一亿太大了。

师：通过这些信息，大家对一亿有多大一定有更进一步的认识了。现在，就凭着你对“一亿有多大”的感受，咱们一起来完成两道选择题。

课件出示：趣味 ABC

1. 你估计李老师走一亿步能走多远？

（1）能走到北京。

（2）能走到美国。

（3）能绕地球一圈多。

师：要完成这个选择，应该以前面的哪一条信息为参照？

生：应该以“一亿个小朋友手拉手站成一排，能绕地球三圈多”为参照。

生：我选 C，因为李老师一步大概是一个小朋友手张开距离的三分之一，所以应该选能绕地球一圈多。

师：咱们一起来看看正确答案——选项 C。

师：看来，绕地球一圈并不难啊！

生：可是我怀疑你能不能走一亿步呀？走一亿步可能要很长的时间。

师：是啊！如果一秒走一步，走一亿步得用三年多的时间，而且是不吃不喝不睡，不是容易的事啊！

生：我知道人的一生所走的路程能绕地球 2 圈。

师：如果是真的，这应该是一个经常走路的人，不过老师不能说你对，也不能说你错，因为老师不知道（学生笑），你知识面真广，待老师查后再和你交流。咱们继续看下一道题。

点击课件，出示世界头号寿星——葡萄牙老人玛丽亚·德热苏斯的照片。

师：这是葡萄牙老人玛丽亚·德热苏斯，世界头号寿星，享年 115 岁 114 天。吉尼斯世界纪录将其列为世界最长寿老人。

2. 请问她的寿命与下面哪个选项最接近？

（1）一亿天。

（2）一亿小时。

（3）一亿分钟。

点击课件分别揭示：

（1）一亿天相当于 27 万多年。

（2）一亿小时相当于 1 万多年。

（3）一亿分钟相当于 190 多年。

师：一分钟并不长，可是一亿分钟竟然是 190 多年，咱们一起来看看我国著名数学家华罗庚说过的一句话，你就会觉得他说得特别深刻，特别有道理。

课件出示：时间是由分、秒积成的，善于利用零星时间的人，才会做出更大的成绩来。——华罗庚

师：用数学的眼光来看待这句话，用数学的角度来理解它，谁来说一说？

生：一分钟很短，可是一亿分钟就有190多年，我们不能小看短短的一分一秒，积累起来那也是一段很长的时间，要珍惜每一分每一秒。

学生自发鼓掌。

师：说得太好了，同学们都把掌声送给你了，正如这个同学说的，我们应当珍惜时间，珍惜每一分每一秒，将这些时间用在学习上，将来还可以用在工作上，这样，必定能做出更大的成绩来。

五、感受：身边的一亿

师：为了让大家更形象地认识一亿有多大，老师费尽心思想把一亿带到咱们课堂来让大家见识见识，不过，大家知道，这一亿太大了，老师能带得进来吗？

生：不能。

师：所以我请大家帮李老师带来了字典，请大家拿出字典，举高！大家知道，这字典里有什么？（有字）大家带来的50本字典里的字够得上一亿个字吗？

生：应该够吧！

师：一本字典的字数约66万个字，用计算器算一下，咱们全班同学带来的这50本字典里的字，够得上一亿个字吗？

生：不够，才3300万个字！

生：总共要152本才够！

学生惊呼：一亿太大了。

师：帮老师再找找，有没有现成的一亿就在咱们身边。

生：头发。

师：你说的是谁的头发？

生：全班同学的头发一共可能有一亿根。

师：盯着我看干吗？在数我的头发，是吗？别数了，数是数不出来的，李老师查过了，一个人大约有10多万根头发，这样算来，要近1000个人的头发才有一亿根。会场里的近1000位老师头发的总数大约是一亿根。这些头发算不算是李老师带来的？

生：不算。

师：不瞒大家说，老师呀，真带来了一个一亿，就放在老师的口袋里。

学生露出惊讶的神色。

教师从口袋里取出一张小纸条，上面写着“100000000”。

师：这个数请读一下。

生（笑着）：一亿！

师：你看，那么大的一亿，在数学上用一个 1 和八个 0 就表示出来了，可见数学真是太简洁了！

生（笑着）：这不能算！

师：这要不算啊，老师现场就给大家找出一个一亿来，睁大眼睛！

教师在黑板上画一条 1 分米长的线段。

师：这是一分米，这个长度正好也是一亿纳米。

六、寻找：亿的“身影”

师：下面让我们通过一个短片一同到生活中去寻找“亿的身影”。

- 光的速度达到每秒 3 亿米。
- 太阳的半径约 7 亿米。
- 多如繁星——人用肉眼只能看见大约 3000 多颗星星。而用最大的天文望远镜至少可以看到 10 亿颗星。
- 一滴水有 15 万亿个分子。

学生纷纷惊呼。

师：“哇”完了之后，有什么感受？

生：一亿虽然很大，可是在生活中还是处处可见的。

生：一滴水有 15 万亿个分子，说明一亿说大也大，说小也小！

师：是呀，一亿有多大，要看它结合什么量，结合大的量它就大，结合小的量它就小。

七、评价反馈

师：同学们，这节课我们学习了什么？（一亿有多大）这节课学完了，换我问你了：一亿有多大？

生：太大了

师：回答完了，是吗？太大了，是吗？

师：大得超出你的（想象），大得不可（思议），大得实在是不能再（大了）。

生：还能再大！

师：一亿到底有多大，李老师想给大家三条建议：第一，你可以去想象；第二，

你还可以再想象；第三，你不能老是想象！（学生笑）

师：最后，黑板上大家提出来的两个问题，能解决吗？

生：一亿粒沙子比一亿粒米要轻一点，大约是一吨多吧！

生：一亿棵树如果倒下来，可以围地球好几圈。

师：大家课后还可以找出自己感兴趣的问题去研究，去推算，你会发现一亿会让你一次次地感受它实在是太大了。

45. “滴水实验”课堂实录与反思

余文琳
（福建省泉州市丰泽区第四中心小学，青年名师）

※ 课前思考

这节“滴水实验”是“综合实践”领域的内容，它以“滴水实验”为背景素材，主要基于两点考虑。第一，我国是淡水资源贫乏的国家，但生活中有很多浪费淡水的现象，通过本节课的活动，意在让学生通过数据，激发环保意识，促进养成节约用水的良好习惯；第二，“滴水实验”活动能够在课堂中完成，学生喜欢动手操作的学习方法，能积极参与到学习活动中来。《21世纪的中小学教育行动纲领》中指出：“学生学习只有通过自身的操作和主动参与地做，才有可能是有效的。学生学习数学只有通过自身的情感体验，树立坚定的自信心，才有可能是成功的。”而小学生年龄小，实际经验少，活泼好动，喜欢动手操作，无疑这是一节他们感兴趣的课。但作为新型的数学实验课，如何区别于科学实验课呢？如何让学生在动手操作的同时获取数学体验，得到发展呢？这是本节课所要思考和解决的问题。

根据以上的思考，我设置了如下教学目标：

1.结合现实的问题情境，能够综合运用已有知识和经验分析问题和解决实际问题，发展解决问题的策略，增强应用意识和实践能力，并渗透节约用水的意识。

2.针对“滴水实验”任务，能够提出解决问题的思路，知道简单的解决问题方案；并能根据方案，经历有目的、有设计、有合作的用实验收集数据的过程，积累“从头到尾”思考数学问题的数学活动经验；在解决问题的过程中，发展学生独立思考、合作探究、反思质疑的学习意识和能力。

3.在综合运用所学知识解决问题的过程中，了解所学知识与方法之间的联系，加深对所学内容的理解。

※ 课堂实录

一、谈话导入

1. 课前观看视频

师：同学们，喜欢看电视吗？

生：喜欢！

师：试过在这里看电视吗？

生：没有。

师：那我们先看会儿电视，好吗？

（课件播放 eau 法国矿泉水广告）

2. 谈话引入问题情境图

师：看懂了吗？电视里的主人公在很夸张地追什么？

生：水珠。

师：看来这颗水珠很——

生：珍贵。

师：这节课就让这滴水带我们走进水的世界，欣赏滴水，玩滴水，研究滴水，好吗？

生：好！

二、情境对话

1. 欣赏滴水图片

师：美吗？

生：美！

2. 课件出示水龙头滴水图

师：这是什么？

生：水龙头。

师：美吗？

生：美！

3. 水龙头滴水视频

师：这样一直滴下去，还美吗？

生：不美。

师：看见这种现象，你会怎么做？

生：我会关上水龙头。

师：你呢？

生：关上水龙头。

师：我相信在场的同学都会这么做。

三、实验展开

1.提出问题，寻求方法

（1）提出问题

师：面对这些滴水，你能提出数学问题吗？

生1：一共滴了多少水？

生2：一天能滴多少水？

师：今天我们就来解决这个问题，一个没拧紧的水龙头，一年会滴多少水？（课件显示）齐读问题。

师：要解决一个没拧紧的水龙头“一年”浪费多少水？要先知道什么？

生1：一个月浪费多少水？

生2：一秒浪费多少水？

生3：一小时浪费多少水？

师：不管是要知道一秒、一分、一时，还是一个月，是不是都需要收集滴水量呢？那我们今天就做一个滴水实验来收集滴水量。

揭示课题：

（2）指导实验思路

师：要做这个实验就必须明确两个问题。（课件显示：①滴水多长时间合适？②水龙头用什么来代替？）现在就请同学们围绕这两个问题在小组内进行研究讨论。

（3）小组讨论解决的办法

（4）汇报交流

师：滴水多长时间合适呢？

生1：一分钟。

师：其他组呢？

生2：一天。

师：你们觉得怎样？

生3：不好，这样太浪费水了。

生4：太浪费水了。

师：我们能在这等一天吗？多久合适？（学生集体回答一分钟）

生5：我觉得5分钟好。

师：5 分钟虽然不长，但对我们一节课 40 分钟还是太久了。那我们就确定用一分钟吧。

师：我们的水龙头用什么代替呢？

生 1：用瓶子。

师：瓶子怎么代替水龙头呢？

生 1：扎一个洞就可以了。

师：还能用别的吗？

生 2：打点滴用的针，拔掉针头就可以了。

师：真聪明！今天余老师也给大家准备了一些材料来做这个实验。有什么？（课件显示纸杯、牙签、量杯、手表、水）

2. 讨论实验方案

（1）师：在做这个实验之前，我们要先定一个实验方案，在小组内讨论好这几点：每个工具怎么用？确定实验步骤。如何分工？填写实验方案。

（2）讨论实验步骤及分工情况。

（3）填写实验方案。

（4）汇报实验方案。

生 1：先装好水，再打洞。

师：同意吗？

学生集体回答同意。

生 2：要先打洞再接水。

师：为什么？

生 2：如果先装水再打洞，水会一直流，就来不及装水了。

师：也就是说先装水再打洞就好比水龙头没开关，容易失控，是吗？你们现在认为要先做什么？

生：先打洞，再接水。

师：接着呢？

生 2：再开始计时。

生 2：同时开始计时。

师：最后呢？

生：读量杯中的数。

师：我们再来确定一下方案［课件出示：（1）打孔；（2）接水同时计时；（3）读出数据］。

3. 实验操作

（1）分小组实验

师：现在就请同学们根据刚才的方案，在小组内分工合作做这个实验。

（有的小组在实验中发现，纸杯孔扎太大，要求做第二次。）

（2）汇报数据

生 1：30 克。

生 2：35 克。

生 3：20 克。

……

（3）分析数据间的误差原因

师：为什么数据不一样呢？

生 1：有的孔大，有的孔小。

生 2：跟孔大小没关系。

师：有关系吗？刚才有的小组嫌孔大，滴太快了，又换了个杯子，扎小孔了，滴水量变小了吗？

生 3：有。

师：看来跟孔的大小有关系吗？

生：有。

生 2：水放的多也会滴得快。

师：同意吗？为什么？

生 3：水多的话，压力比较大。

师：你观察得很仔细。滴水量不仅跟孔的大小有关，还和水量的多少有关。

4. 全班计算一年的滴水量（用计算器计算）。

5. 汇报结果，教师板书记录。

6. 感受数据的大小

（1）感受 1 分钟、10 分钟、30 分钟、1 小时的滴水量。

师：这些数据，大不大？原来能滴出这么多的水呀！真是不算不知道，一算——

生：吓一跳。

师：这些数据到底有多大呢？我们一起来感受一下吧。

教师拿出一个矿泉水瓶：这是一分钟 20 克的水量，估计十分钟会滴到哪呢？（小半瓶）30 分钟呢？

生：1 瓶。

师：一小时就是几瓶？

生：2 瓶。

课件显示一小时2瓶。

（2）感受一天的滴水量

师：一天呢？

生1：24瓶。

生2：48瓶。

师：我们来看看48瓶是多少？（课件显示）

48瓶相当于我们的桶装水两桶。（课件显示）

（3）感受一年的滴水量

师：那么一年又是多少桶呢？

生（思考片刻）：700多桶。

课件显示一堆的桶装水（学生张大嘴巴）。

师：这只是其中的三分之一，700多桶有这样的3倍多。

一天是两桶水，那一年365天就相当于700多桶水（课件显示）。

7. 节水的意义

（1）师：同学们，这些节约的水有什么意义呢？请看（课件显示）：

这是云南受灾地区的小朋友，知道摆在他们面前的水是干什么用的吗？

生：喝的。

师：这碗水如果摆在你们的面前，你愿意喝吗？

学生摇头，嘀咕：死也不喝。

师：这碗水大约200克，而1小时1200克的滴水量可以满足几个小朋友的健康饮水呢？

生：6个。

（课件出示第二个画面）

师：这是什么情况，知道吗？

生1：小朋友在捡矿泉水瓶。

师：这是干旱地区的小朋友，他们喝水必须爬山越岭去找水源背水。而一个没拧紧的水龙头一天的滴水就可以让七八个小朋友不用爬两个小时的山路去背水了。

（学生面色庄重）

师：同学们，算完了，感受完了，你有什么想说的吗？

生：我们应该节约用水。

（2）说说生活中有什么浪费水的现象。

师：你们在日常生活中有过浪费水或见过浪费水的现象吗？

生1：有的人在用水的时候水龙头一直开很大。

生 2：水龙头坏了一直漏很多的水。

师：在我们平常生活中，多注意这些行为就可以节约很多的水。比如这种现象：出示书中洗手图。

（3）观看浪费水的图片

师：看明白意思了吗？谁能说说图中的意思？

生：第一幅图中的小朋友在洗手时水流开得很小，而第二幅图中的小朋友一直开很大的水洗手。

师：是呀，这样很浪费水，我们在洗手用洗手液时也应该先关上水龙头，用完再冲水。这是我们统计的数据，请同学们读一读。

8. 感受一滴水的乾坤

师：同学们，这节课我们欣赏了滴水的美，感受了节约滴水的意义，现在让我们走进滴水的乾坤，感受滴水的力量，好吗？

（课件播放：滴水穿石的自然景观及滴水汇成小溪、小河，再汇入黄河、长江，最后汇入大海。）

师：同学们，我们要时刻记住。

生（齐）：大海的源头，是每一滴的水！

让我们时刻行动：

请节约珍贵的每一滴的水！

四、总结提升

师：同学们，这节课余老师也悄悄做了一个滴水实验，在上课开始时到现在快 40 分钟的时间了，想不想看看滴了多少水？

生：想。（很吃惊）

教师出示滴水收集瓶。

师：大半节课的时间就滴了这么多的水。所以下课时同学们检查一下我们学校的水龙头有没有滴水现象，别再浪费水了。那做实验的水能利用起来吗？

生 1：可以浇花。

生 2：冲厕所。

师：那下课时请你们把做实验的水利用起来，用到学校中需要的地方，好吗？今天的作业是调查水价和你家每月用水量，和家里人探讨如何进行家庭节水，通过上网、查阅报刊、走访，搜集有关水资源的信息，在下一节课中交流。

五、自我评价

师：今天的数学课和往常一样吗？（不一样）你喜欢这样的课吗？

生：喜欢，比较好玩。

师：这是你们对余老师的最高评价，现在请你们也对自己在这次活动中的表现进行评价（课本中的星级评价），谢谢大家！再见！

※ 课后反思

我通过课前让学生观看一段水的广告和美丽的滴水图片，将学生带入“水”的主题，感受水的美好。再用一个不断滴水的龙头的生活镜头做对比，让学生自发产生看到这样的情境“我要怎么做？”并将学生带入一个需要探究解决的问题情境，使学生形成问题意识，提出一个（或几个）需要解决的问题，并产生要解决这一问题的愿望。

在引出需要探究解决的问题后，我提供充分的时间、适当的材料，放手让学生针对“滴水实验”任务，提出解决问题的思路，知道简单的解决问题方案；并让学生在小组内根据要解决问题的实际情况，热烈地讨论实验方案并进行动手模拟操作实验。通过一番思考，汇报，辩论得出把求一年的滴水量转化成求一分钟的滴水量，经历把大问题转化成小问题的过程，感受转化和类比的数学思想。最后根据方案，学生们经历了有目的、有设计、有合作的得到实验数据的过程，积累“从头到尾”思考数学问题的数学活动经验。而这一过程正是操作实验教学的核心，是整堂课的重点。在这一操作实验过程中，我不急于求成，不做过多引导，而是让学生充分地思考和反复地实验，培养学生学会思考、主动运用知识解决问题的能力。当看到学生认真地记录实验数据，与同伴之间互帮互助，在交流中逐步体验数学、发展数学，感受到学数学的价值，数学的有趣、好玩，我想这节课已经成功了一半！

通过前面的实验，我们不仅关注了学生用数学知识来解决问题的行为表现，还收获了难能可贵的情感体验。而接下来的“节水的意义”“一滴水的乾坤”环节又让学生的情感体验得到了进一步的升华。在总结过程中，教师展示了从上课开始到课末悄悄收集的滴水，再一次让学生体验到滴水的力量，赋予这节数学味的实验课更深远的意义！这，或许是学生实践的另一层意义：实践中出真知，实践中还出真情！

此外，本课最后引导学生进行自我评价。通过对本次活动的自我评价，帮助学生在回顾中梳理自己参与活动、解决问题的全过程；反思自己做得如何，更好地改进后续的学习，提升元认知能力。

46. “烙饼问题”教学设计

楼利娟
（浙江省杭州市新华实验小学，青年名师）

※ 课前思考

“烙饼问题”是通过探究烙饼时如何合理安排操作最节省时间，让学生体会在解决问题中优化思想的运用。这部分知识对学生来说，比较抽象，难以理解，学生对于“烙饼”这个说法也没有生活经验，学生更习惯于“煎饼”“烤饼”这样的说法。所以，在这节课的教学中，我就以观看“烙饼”的视频为切入口，丰富学生的生活经验，通过操作、讨论、优化，形象地帮助学生理解3张饼的最快烙法，探索烙饼问题中的规律，发现烙饼问题中的资源优化和操作流程优化。

基于以上分析，确定本课教学目标为：

1. 通过操作和讨论，理解烙饼问题2张饼和3张饼的最省时间烙饼方法，并以它们为经验，转化双数饼和单数饼最省时间烙饼方法。

2. 在解决问题的过程中，认识到解决问题策略的多样性，渗透优化意识。

3. 在活动和交流中培养动手操作和论证思辨能力，感受在生活中的烙饼模型广泛应用，尝试用数学的方法解决生活中的简单问题。

※ 教学过程

一、视频导入，引出问题

1. 播放“烙饼”视频（10秒）

视频下方出示问题：

①你获得了什么数学信息？

②你能提出什么数学问题？

2. 反馈

师：从刚才的视频中你获得了什么数学信息？

预设：每一面要烙3分钟，两面都要烙。

师：你能提出什么数学问题?

预设：1 张饼一共要几分钟？ 2 张饼一共要几分钟？ 3 张饼一共要多少时间？……（马上口答解决）

师：这些问题都是几个 6 就能解决的，太没意思了，谁能提出更有挑战性的问题?

预设：2 张饼最短多少时间？ 3 张饼最短多少时间？……

师：你这个问题有意思，是啊，烙 2 张饼的时间有没有可能不用 12 分钟呢？烙 3 张饼的时间有没有可能不用 18 分钟呢?

【设计意图】四年级的学生已经具备了一定的生活经验，但“烙饼”的说法学生并不熟悉，是一个相对比较陌生的名词。通过观看烙饼视频，丰富学生的生活经验，了解“烙饼”的意思，便于后续学习的开展。通过让学生自己提出问题，引出探究主题，激发学生的学习兴趣。

二、尝试探究，体验优化

1. 探究 2 张饼最快烙法

师：那我们就以 2 张饼为例，来研究烙饼的优化问题。现在有一个锅，每次最多只能烙 2 张饼。烙 2 张饼，最快需要几分钟?

预设 1：12 分钟。

预设 2：6 分钟。

师：12 分钟，你是怎么想的？ 6 分钟，你是怎么想的?

请认为最快需要 12 分钟和 6 分钟的学生分别说一说或者演示自己的想法。

师：所以，最快需要几分钟?

预设：6 分钟。

师：那我们要怎么把这种方法记录下来，让别人一看就明白呢?

板书记录方法：1 正 2 正，1 反 2 反。

师：会了吗？会了就请你在自己的记录表上填一填。

饼数	面数	最省时间烙法（请表示出每次烙饼号数和正反面）							总次数	总时间
		第1次	第2次	第3次	第4次	第5次	第6次	第7次		
2	4	1正2正	1反2反						2	6

填完后轻声地说一说：2 张饼，共有 4 个面，第一次烙 1 号饼的正面和 2 号饼的正面，第二次烙 1 号饼的反面和 2 号饼的反面，一共烙 2 次，用了 6 分钟。

同桌相互说。

【设计意图】发现2张饼的最快烙法对学生来说没有难度，很好理解，但用“1正2正，1反2反”这样的方式来记录，学生是第一次遇到。通过2张饼的烙法，指导学生用准确且清晰的方式记录操作方法，并能够用简单易懂的语言表达自己的想法，为后面探究过程的记录与反馈做好铺垫。

2.探究3张饼最快烙法

师：现在老师想把2张饼变成3张饼，其他条件不变，怎么烙最省时间呢？（停2秒）

师：别急，我们先来看任务要求。自己轻声读一读。

探究活动一：

摆一摆：用1—3号圆片饼摆一摆，找到最省时间烙法。

填一填：把你的烙法记录下来。

比一比：跟同桌比一比，谁的烙法更省时间，谁的记录一看就明白。

说一说：把你的烙法说给同桌听。

教师巡视，找到“1正2正，1反2反，3正，3反”的烙法，并投影。

师：我们请这位同学说说自己的烙法。

该同学汇报完后教师提问其他同学：你们有不同意见吗？

预设1：1正2正，3正1反，2反3反。

师：你能把你的烙法演示给大家看吗？

学生边演示边说。

你们听明白这种烙法了吗？谁再来说一说？

再请一位学生说说烙法。

师：哪些同学跟他的想法一样？（学生举手）

师：你是怎么想到第二次烙3号饼的正面和1号饼的反面的？

预设：因为要想最省时间，就不能让锅空着，每次锅里都要尽量放满2张饼才行。1号饼和2号饼正面都已经烙好了，如果接着烙这两张饼的反面，3号饼就只能一面一面烙，锅里就放不满两张饼。我就想到了第二次锅里放3号饼的正面和1号饼的反面。

师：刚才没想到的同学，现在想到了吗？

预设：想到了。

师：对的同学闭上眼睛，回忆一遍你刚才的烙法。错的同学，把你的烙法擦掉，重新摆重新填。完成后，同桌相互说一说9分钟的烙法。

饼数	面数	最省时间烙法（请表示出每次烙饼号数和正反面）							总次数	总时间
		第1次	第2次	第3次	第4次	第5次	第6次	第7次		
2	4	1正2正	1反2反						2	6
3	6	1正2正	3正1反	2反3反					3	9

【设计意图】理解 3 张饼最省时间的烙法是本节课的重点，也是难点，部分学生想不到 3 张饼交替烙，习惯性地把两张饼两面都烙完以后再烙第三张饼，这就会出现锅里只有一张饼的情况，资源没有得到充分利用，烙饼操作过程也不够优化。学生只有掌握了烙 2 张饼、3 张饼的经验，才能进一步探究烙 4 张饼、5 张饼乃至更多的饼的最省时间方法，从而发现烙单数张饼和偶数张饼的规律。

三、深入探究，发现规律

师：看来大家对烙 2 张饼、3 张饼最省时间的烙法都没问题了，现在饼的数量还要变，还能怎么变？

学生猜测。

师：借助 2 张饼、3 张饼的经验，你的表格上是几张饼，你就拿出几张饼烙一烙，按照饼号顺序拿。看看谁的烙法能让大家一眼就看明白。

出示活动二。

探究活动二：

独立操作：按表格中的饼数烙一烙，并完成记录。

合作交流：相同饼数的同学组成新的学习小组，说一说自己的烙法。

学生独立操作完成后合作交流，教师巡视。

【设计意图】基于 2 张饼、3 张饼烙法的经验，让学生自主探究，相同饼数的同学合作交流是为了给学生创造一个自我修正的思考氛围。通过交流，检查自己的烙法是否是最省时间的，记录下来的操作流程，组员是否能看明白，从而让学生自发地去优化自己的操作流程。

1. 反馈 5 张饼最快烙法

师：大多数同学都记录好了。你们烙饼的数量都不一样。这样，我们先请烙 5 张饼的同学来说说她是怎么烙的？

预设：1 正 2 正 ，1 反 2 反， 3 正 4 正， 3 反 5 正 ， 4 反 5 反。

师：你们能在里面找到 2 张饼吗？ 3 张饼在哪里？

师：原来你是把 5 张饼分成 2 张和 3 张来烙的，还有不同的烙法吗？

预设：呈现对但无序的，比如：1 正 2 正，1 反 3 正，2 反 4 正，3 反 5 正，4 反 5 反。

师：这两种烙法饼都烙完了吗？所用的时间一样吗？

预设：都烙完了，都烙了 5 次，用了 15 分钟。

师：你们更喜欢哪一种？为什么？

预设 1：喜欢第一种，把饼分成 2 张一组和 3 张一组，刚才我们已经研究了 2 张饼和 3 张饼最省时间的烙法，组合在一起就好了，很有序。

师：谁来点评一下第二种烙法？

预设：第二种烙法虽然时间也是最短的，但记录有点乱，看不太明白。

师：看来啊，除了要考虑最省时间，我们还要优化我们的操作流程，让大家可以看明白。

【设计意图】5 张饼的烙法是关键，基于前面的学习经验，学生发现 5 张饼可以分成 2 张饼和 3 张饼，发现烙饼的组合策略，为后面更多张饼的组合策略探究指明了思考方向。

2. 反馈 4 或 6 张饼最快烙法

师：5 张饼搞定了，烙 4 张饼的同学，你是怎么烙的呢？你能找到 2 张饼吗？3 张饼有吗？6 张饼呢？

提问 1：烙 6 张饼与前面烙 4 张饼、2 张饼有什么相同的地方？

预设：双数张饼都是两张两张烙的。

【设计意图】通过找 6 张饼烙法与 4 张饼、2 张饼烙法的共同点，让学生发现双数张饼都可以 2 张 2 张烙。

3. 反馈 7 张饼最快烙法

师：那 7 张饼怎么烙？

提问 2：① 7 张饼烙法与前面 6 张饼烙法有什么不同？

② 7 张饼烙法和几张饼烙法会有相同之处？

预设：单数张饼都有一次是一正一反烙的。

单数张饼可以分成 2 张、2 张，最后 3 张来烙。

【设计意图】通过找 7 张饼烙法与 6 张饼烙法的不同点，发现单数张饼都有一次是一正一反烙的。找 7 张饼与 5 张饼烙法的相同之处，让学生发现单数张饼都可以分成若干个 2 张饼和一个 3 张饼的组合。

4. 反馈先正后反的烙法

师：老师这里还有一种烙法，你能看明白吗？

出示：7 张饼先正后反的烙法。

师：2 张饼、3 张饼、4 张饼能这样烙吗？ 10 张饼、15 张饼能这样烙吗？那一共要烙几次呢？你是怎么知道的？

预设：7 张饼一共有 14 面，锅里每次放 2 张饼，也就是 2 个面，14 除以 2 等于 7 次。

四、巩固应用，拓展提高

师：你们知道吗？烙饼的优化策略可以解决很多生活中的许多问题。想不想试试。

下面有两组信息，是不是都能用它说的这种方法来解决？

①老师一复印 17 张文字资料，正反面都要印。如果复印机里一次最多放两张图片，最少要复印几次？

②妈妈要小英用平底锅烙饼，每次最多能烙 4 张饼，两面都要烙。烙 6 张饼，至少要烙几次？

师：这道题好像难到了我们好多同学，放学前想出来的同学把你的解答过程悄悄放到老师桌上，对的小朋友有神秘奖励。

47. “鸡兔同笼”课堂实录与思考

牛献礼
（北京亦庄实验小学，特级教师）

※ 课前思考

“鸡兔同笼”出自《孙子算经》，该题虽不具有实际意义，却可以成为一类问题的数学模型。同时，题目情节有趣但不简单，解答有挑战但不艰涩，是集趣味性、思考性、人文性为一体的数学素材，成为历史名题实至名归。。

假设作为画图、列表和列式的起点，除了假设全是鸡或全是兔，还可以假设鸡或兔的数量为 0 至头数和之间的任一自然数。显然，假设全是鸡或者全是兔，是从最特殊的情况入手，这是解决数学问题的常用策略。因为最特殊的情况往往容易把握，容易推算。这些不同的假设，其共同的数学实质是在两个已知条件中先满足一个条件，如“头数和是 8”，再通过调换，来满足另一个条件——“脚数和是 26”。

课前调研发现，笔者所任教班级中的大多数学生对列表法非常陌生，缺乏用此方法解决问题的经验；多数学生能尝试用画图法解决问题；极个别学生能用算式正确解答出“鸡兔同笼”问题，但追问其解题思路却表述得不够清楚，不知算式的内在含义。众多一线教师的教学实践也证明了这一点，不少已学过“鸡兔同笼”问题的学生对于假设法仍感到困惑。那么，如何为学生的自主探究活动搭建合适的“脚手架”？又如何针对学生学习的“盲点”和“瓶颈”帮助其实现“真正意义上的理解”呢？在实际教学中，笔者注重从以下三个方面沟通联系，收到了较好的效果。

1. 沟通正向思维与逆向思维之间的联系

在导入环节，先出示“求鸡、兔的总头数与总脚数”的问题，这相当于“鸡兔同笼”的原型题，学生只需正向思维计算，然后将条件与问题互换，改编成“求鸡、兔各几只”的问题。学生发现“原来‘鸡兔同笼’问题是这样编成的”。同时，从正向思维过渡到逆向思维，也为学生克服列表和验算的障碍做了铺垫，有利于后续自主探究活动的展开。

2. 沟通直观画图与抽象列式之间的联系

全班交流不同的方法时，笔者选择了先让学生说说假设法的算式和算理。由于假设法的高度抽象性，学生很难说清楚算理！尤其是“用多出的脚数 ÷2，这里的‘2’的含义究竟是什么？”“假设全是鸡，先求出的为什么是兔？”“假设全是兔，先求出的为什么是鸡？”等问题，是学生的学习难点。在学生说不清或其他学生听不懂时，再呈现“画图”的过程，借助图示来说明每一步算式的道理。这样才能彰显直观对于抽象的辅助作用。

3. 沟通三种方法之间的内在联系

“画图、列表、列式”这几种方法本质上是一致的，都是假设法的不同体现。在画图法中，无论是先画鸡再添加脚，还是先画兔再减少脚，都是直观的假设，而且都是先假设全是一种动物，先满足一个条件，然后通过与实际的脚数比较，逐步调换，满足第二个条件。同样，采用列表法，两种顺序（从鸡或兔为 0 只开始）也是先假设全是鸡或全是兔。可以说，从画图、列表，到假设法列式，每一种方法都是“假设——比较——调换”这样一种循环往复的思维过程，所体现出来的数学智慧是一样的，都是先满足一个条件，然后设法满足第二个条件。因此，笔者在提问、评价、总结中都注重从假设的角度去把各种方法融会贯通，引导学生把看似不相同的方法，化归为一般方法，让学生不仅对解题方法清晰明了，更对假设的思想有了深刻的认识。同时，也让学生感受到通过对比、梳理能让数学知识从“厚”到“薄”，更具系统性。

※ 课堂实录

一、教学片段一

师：大家都知道，一只鸡有 2 只脚，一只兔有 4 只脚。如果现在笼子里有鸡和兔共 3 只，一共有几只脚呢？

生：如果笼子里有 1 只鸡和 2 只兔，2×1+4×2=10（只），一共有 10 只脚；笼子里还可能有 2 只鸡和 1 只兔，2×2+4×1=8（只），一共有 8 只脚。

师：我们可以把想法用列表的方式记录下来。

出示如下表格：

鸡（只）	1	2
兔（只）	2	1
脚数（只）	10	8

师：感觉怎么样？

生：很有序！很清晰！

师：还可以用画图的方法。

出示学生的画图法例子。

师：画图的方法怎么样？

生：很直观！也很清楚。

【思考】从解决简单问题入手，实则是让学生在解决问题的过程中提炼此类问题的基本数量关系，即“2× 鸡的只数 + 4× 兔的只数 = 总脚数”。通过开放式的问题，唤醒学生的学习经验；表格和画图的出现，为学生解决问题的策略打开了思路，为后续自主探究活动做好了铺垫。

二、教学片段二

出示：有 23 只鸡、12 只兔，一共有多少个头？多少只脚？

学生口答，集体评议。

课件显示：头数：23+12=35（个）

脚数：23×2 + 12×4=94（只）

师：如果把 35 个头、94 只脚作为已知条件，能不能改编成求鸡、兔各几只的问题呢？

随学生回答，出示：笼子里有一些鸡和兔。从上面数，有 35 个头，从下面数，有 94 只脚。鸡和兔各有几只？

师：这就是在我国流传很广的数学名题——“鸡兔同笼”问题（板书）。中国古代的数学文化非常先进，大约 1500 年前，我国古代数学名著《孙子算经》中就记载了这个问题。

（出示）今有雉兔同笼，上有三十五头，下有九十四足，问雉兔各几何？

【思考】通过将问题的条件和问题互换，改编成“古算题”，由正向思维过渡到逆向思维，拉近了古算题与学生的距离，让学生感受到“原来鸡兔同笼问题是这样编成的”。同时，也为学生克服列表和验算的障碍进一步做了铺垫。介绍“鸡兔同笼”问题的悠久历史，给数学课堂带来了浓厚的文化气息，让学生感受到我国数学文化的源远流长，激发了学生的自豪感和学习热情。

三、教学片段三

师：这道题目中的数据比较大，为了便于研究，数学上常用的方法是“化繁为简”（板书），先研究较小的数，找到解题规律之后，再去研究较大的数。

出示：一个笼子里有鸡和兔共8只，它们的脚一共有26只，鸡和兔各有几只？

学生独立尝试，自主探究。选取学生的典型解法进行全班交流（有意先展示“列式法”）。

生1：我的方法是列算式先假设全是鸡，脚的只数就是2×8=16（只）。再用26−16=10（只），说明少了10只脚。再用10÷2=5（只），这是兔的只数。最后用8−5=3（只），求出鸡的只数。

师：听了生1的讲解，大家有什么疑问吗？可以向生1提问。

生2：我想问问，“10÷2”中的“2”是什么意思？

生1：这个“2”的意思是鸡有2只脚，所以要除以2。

生3：我不同意，这个“2”应该是鸡比兔少的2只脚。

师：大家同意谁的说法呢？

（同学们意见不一）

师：画图是很直观的方法，谁能用画图法解释一下这里的“2”究竟是什么意思？

生4（边画边讲）：我先画出8只鸡，每只鸡有2只脚，一共16只脚，可是实际上有26只脚，少了10只，我就把鸡换成兔，换一只兔就添上2只脚，10只脚就需要换5只兔。所以，我认为算式里的“2”应该是“把1只鸡换成1只兔，添上的2只脚”。

借助直观的画图，生4的讲解赢得了全班同学的赞同！

师（追问生4）：你刚才画图时，为什么先画出8只鸡呢？

生4：我也是假设全是鸡。

师：看来，画图法也是先“假设”！请大家再观察，假设全是鸡，先求出的5只是鸡的只数还是兔的只数？

生：兔的只数。

师：为什么假设全是鸡，先求出的是兔的只数呢？

生：假设全是鸡，算出的脚的只数就少了，需要把鸡调换成兔，换成1只兔就添上2只脚，需要换成5只兔才行。所以，先求出的是兔的只数。

师：每一步画图都对应着每一步算式，画图法和算式法尽管方法不同，但是道理是相通的。

【思考】实践证明，画图法能使学生直观地理解推理、调换的过程，理解推算过程中每一步的含义。数形结合，是讲解抽象算理的一条捷径。

四、教学片段四

生5：我是用列表的方法做的。先假设有7只鸡、1只兔，算出有18只脚，发现比实际的脚数少，就改成 6 只鸡、2 只兔，发现脚数还是少，就再改，一直改到 3 只鸡、5 只兔，脚数就是 26 只了。所以，一共有 3 只鸡、5 只兔。

师：列表也是一种好方法！从 7 只鸡、1 只兔开始尝试，其实也是一种假设。既然是“假设”，我们还可以考虑得更极端一些，从假设 8 只全是鸡开始（补充完善生 4 的表格，如下表）。

鸡（只）	8	7	6	5	4	3	2	1	0
兔（只）	0	1	2	3	4	5	6	7	8
脚（条）	16	18	20	22	24	26	28	30	32

师：仔细观察表格，你还有什么发现?

生：我发现每减少一只鸡，增加一只兔，脚数就增加 2 只；每减少一只兔，增加一只鸡，脚数就减少 2 只。

师：其实，列表的时候还可以跳着尝试，由 8 只鸡开始，发现算出的脚数比 26 少很多，就不用一只一只地进行调换了，可以跳着尝试。

生 6：我觉得还可以从中间数开始尝试，假设“4 只鸡、4 只兔”，算出脚数是 $4\times2+4\times4=24$（只），比 26 只少 2 只，就把 1 只鸡换成兔，3 只鸡、5 只兔，就符合 26 只脚的条件了。（全班同学自发响起了掌声！）

师：真好！刚才我们用几种不同的方法解决了“鸡兔同笼”问题，这些方法有相同之处吗?

生：有，它们都是先假设全是鸡，再拿脚数跟实际脚数进行比较，然后再把鸡换成兔，找到答案。

师：是的！“鸡兔同笼”之所以成为历史名题，是因为解答时需要同时满足“8 个头”“26 只脚”这两个条件。三种方法尽管形式不同，但道理相通，都是先通过“假设”，满足第一个条件，再与正确的脚数“比较”，然后“调换”，设法满足第二个条件。（板书：假设——比较——调换）

【思考】从假设的角度去融会贯通，引导学生从看似不同的各种方法中找到其共同之处，沟通了各种方法之间的联系，进一步明确了“假设——比较——调换”这一解决问题的基本策略，揭示了“先满足一个条件，然后设法满足第二个条件”的规律。同时，多样中锁定“假设法”这一重点，突出了假设思想，提高了学生的逻辑推理能力，引导学生感悟数学内在的理性美。

五、教学片段五

（1）解决“古算题”

学生独立完成，集体反馈。重点追问“假设全是鸡，为什么先求出的是兔的只数？”和“假设全是兔，为什么先求出的是鸡的只数？”

（2）介绍古人的解法

师：大家想不想了解古代人是用什么方法解决“鸡兔同笼问题”的？他们用的方法是“抬脚法”，也就是“金鸡独立，兔子站起”。

课件动态演示：

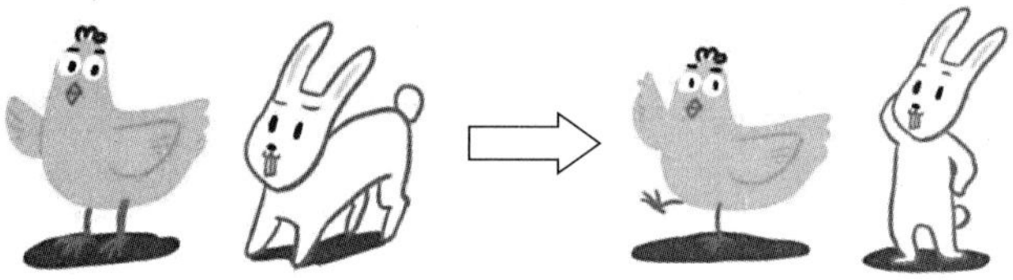

着地的脚数：94÷2=47（只）

1只鸡对应着一只脚，而1只兔却对应着2只脚。每多出一只脚，说明就有一只兔。

兔只数：47−35=12（只）。

鸡只数：35−12=23（只）。

师：是不是很巧妙？美国数学家波利亚非常欣赏这种方法，他在自己的著作《数学的发现》中把这个方法详细介绍到了美国。日本还有个“龟鹤算”问题。

（出示：龟鹤的图片）

师：日本人说的“龟鹤”和我们说的“鸡兔”有联系吗？

生：是一样的意思，龟就相当于兔，都是四只脚；鹤就相当于鸡，都是两只脚。

师：日本的“龟鹤算”问题就是从我国的“鸡兔同笼”问题演变来的。其实，这里的鸡不仅仅是鸡，兔也不仅仅是兔，“鸡兔同笼”只是这类问题的一个统称。生活中有许多类似“鸡兔同笼”的问题，也能用今天学习的方法去解决。

（出示）（1）自行车和三轮车共10辆，总共有26个轮子。自行车和三轮车各有多少辆？

（2）信封里放着5元和2元的钞票，共8张，34元，信封里5元和2元的钞票各有多少张？

【思考】通过“鸡兔”“龟鹤”问题的比较，提炼出简单的问题模型。然后，将模型演绎到各种生活现象和问题情境中，促进模型的进一步内化。

48. “神奇的莫比乌斯带”课堂实录与反思（课例一）

华应龙
（北京第二实验小学，特级教师，正高级教师）

※ 课前思考

莫比乌斯带属于拓扑学内容，它是德国数学家莫比乌斯最早发现的，这部分内容是新教材新增加的内容，作为一个数学游戏的介绍来安排，共安排一节课。怎样在有效的一节课里取得教学效果的有效化，离不开有效性学习材料的创设。莫比乌斯的材料，由普通的一张纸条，通过各种折法，得到不同个数的面、不同条边的边；通过沿着莫比乌斯带的中线的两次剪、三分之一线的一次剪，变幻出神奇的结果；通过欣赏回忆创造莫比乌斯带的一些应用，让学生感受莫比乌斯带的作用。学生通过猜想 — 验证 — 惊奇 — 猜想 — 验证 — 惊奇，一次又一次感受数学的神奇魅力。

※ 课堂实录

师：我带来一个礼物（神秘地看着学生），魔术。想看吗？

生：想。

（教师拿出准备好的一根，再拿起一个信封，把信封两头打开，将红绳从中间穿过，用剪刀从中间剪下，信封分成了两半，而红绳却完好无损。）

师：有人举手了，想说什么来着？

生：这个魔术我在哪本书上见过。好像是信封后面有一个洞和一条线什么的，从洞里剪过去的，线就没有断。

师：很大胆的想法。还有没有不同的想法？

生：从书上看看。

师：哎，大家想一想，他想去实实地看一看，去瞧一瞧，那现在我们不看，就用脑子想，你觉得可能怎么做？

生：我觉得可能信封后面有一条被剪过去的，线从信封外面就穿过去了。

师：跟刚才那位女孩的想法差不多，是吧？谁还有不同的想法？有三位同学举手，四位，五位。不同的想法？

板书：大胆猜想。

师：好，这位小伙子。

生：我觉得你有两根线，一根线剪断了，另一根线没有剪断，你就拿出来了。

师：他考虑是两根带子。还有不同的想法吗？

生：我猜想信封后面有两条缝，你把线从一边拉出来，再从另一边穿过去，然后，中间部分不剪，直接拉出来就可以了。

师：好。这个想法跟刚才的第一个、第二个想法有相似的地方。刚才我们想到是信封了，想到是两根带子了，谁还会从不同的角度想？来，你说。

生：老师，我想问一下，如果用其他形状的信封，你还能不能玩这个魔术？

师：我觉得这个女同学考虑了非常特别的角度。换个其他信封行不行？是不是跟信封的形状有关？想得真好。好了，现在老师告诉你们，这个魔术是华老师专门到中国杂技团去学的，（同学们将信将疑）真的，我真的去请教了魔术师。想知道究竟是怎么做的吗？

生（齐）：想。

师：还是不告诉你们。

生：哎呀！（非常失望）

师：同学们想想看，我们在看魔术表演，除了那些魔术教我们怎么做的而外，魔术表演告不告诉你是怎么做的？

生：不告诉。

师：不告诉我们，让我们想象，让我们展开想象的翅膀去做猜想，那样是不是更有味道？

师：家里能找到信封、带子、剪刀吧？回去试一试。到底能不能做成呢？想知道正确的答案，自己去寻找。现在我们开始上课。

师：刚才这番活动，我已经感受到了同学们的聪明劲儿，希望接下来的课堂同样如此，让我加强这份感受，加强这份欢快，我和同学们一起快乐学习。好，请看——

教师拿出一张准备好的长方形纸条，问：这张纸有几条边？几个面？

生：四条边，两个面。

师：四条边，两个面，一个正面，一个反面。那么，谁能将这张纸条变成两条边、两个面？（学生思考，教师观察）有五位同学举手了，但我们先不说话，让其他同学想一想，给其他同学机会。我看到，有的同学已经动手去试了。

教师走到一位女同学面前，给出话筒。

生：我觉得可以把纸条两边粘起，这样就是两个面、两条边。（边说边演示）

师：我看见很多同学都做完了，举起来吧（教师演示），是不是做成这样一个纸圈？

师：还真是。我们应该掌声祝贺这位女同学，她非常快地想到了。现在，谁能把它变成一条边、一个面？

师：应该尝试一下，动脑筋想一想，想到以后动手做一做。（教师巡视）

师：好，我请这位女同学说说她的想法，来，说一说你是怎么想的？重要的是尝试。

生：我觉得可以把它卷成很小很小的。

教师要求演示。

师：看到她的尝试了吗？她这种怎么样？（其他同学发现是两条边、一个面）这样卷，你是怎样想到的？

生：我就是随便想就想出来了。

师：哈哈，随便想就想出了一个非常有价值的想法，她是想越卷越紧，由两个面消失掉一个面，就成一个面了，但是这样行吗？

生：不行。

师：哪儿不行？

生：还是有两条边。

师：还是两条边。看来，还可以做其他的猜想。

生：我觉得可以把它揉成一个团。

师：哈哈，揉成一个团，行不行？

生：不行，没有边了。

师：对，揉成一个团，就好像是一个面了，可是有没有边呢？似乎找不到边了。（环视教室）很好，同学们都在动手尝试。我看到两名同学做出来了。来，你认为自己做出来了，请到前边来教教大家。

生：（边演示边汇报）我觉得把这张纸条像刚才一样做成环，再把这边翻一面，就做成了。

师：（打开课件，指着屏幕）其实就是像这样一根带子，她觉得这样做就可以了，大家会做了吗？

师：有的同学最后重叠时没有重叠好，所以没做好。好，现在做成的举起来，（学生纷纷举了起来）不错，现在我们一起来学习怎么做。

师：（边演示边讲解）首先把它做成一个普通的纸环，然后，左手、右手各拿一端，右手这一端旋转 180 度，重叠好，就做成了。好，打开，重来一遍。（教师再次演示，讲解）最后用胶棒粘起来。（学生操作，教师巡视指导）做完以后同桌互相看一看，是不是这个样子？如果不会，可以请同桌教你。做完的同学举起手来，看还有谁不会？把接头部分粘紧。相互欣赏一下作品。

师：现在我们做成了这样一个纸圈，你们看一看这个纸圈，有没有什么问题？

生：我觉得它还是两条边。

师：非常好。同学们只提问题，尽可能跟别人不一样，不做回答，不做判断，他说还是两条边，刚才要求一条边，是一条边吗？很好的问题，还有问题吗？

生：我觉得还是有两个面。

师：非常好。是一个面呢还是两个面？第二个问题。

生：我不知道为什么沿着外面走会走到里面，沿着里面走会走到外面去？

师：很好，为什么？真有水平！第三个问题。

生：我想问把它压平了会成什么形状？

师：非常好的一个问题。第四个问题。不做答案，我们只提问题。

生：我不知道它怎么求面积？

师：太好了。第五个问题。

生：这个图形怎么求周长？

师：对，顺势而来，怎么求周长？你看我们能提这么多问题，真好。其实，我们小时侯就特别喜欢提问题，妈妈，这是什么？妈妈，为什么？来，这位女孩。

生：我有一次在家里试过，我从这里剪开，永远也剪不成两个圈，只能剪成一个圈，而且这个圈越来越长，最后就绞成一团了，我不知道为什么？

师：这位女同学以前还研究过。从中间剪开会是怎么样，非常好。

生：我不知道求这个图形的面积和周长的条件，梯形的面积是上底加下底的和乘高除以 2，它的该怎样求呢？它没有求面积的条件。

师：我觉得他问得很好。好在他想到梯形的面积是上底加下底的和乘高除以 2，它是个什么图形呢？有什么条件呢？非常好，还有。

生：求这个图形的面积公式是什么？

师：行，还是跟面积有关。

生：如果要求它的边长，可不可以把它压平了，用尺子来量呢？

师：行，还有同学继续在举手，继续，有问题提出来，非常好，这和我们课前做活动一样，我们可能有不尽的问题，很多很多的问题，有的问题不可能很快地解决掉，有的问题可能还解决不了。现在来回答。刚才有的同学说它看起来还是左、右两条边，是一条边还是两条边？这个问题谁来解决，有什么好办法？

生：我认为是一条。因为把边当作一条路，一直走，又会走到原点，边是连起的，就不能当作两条边。

师：看到他是用什么走的吗？手指。好，大家用手指走一走，（学生操作）我发现这两位同学用笔在边上标出起点，然后再走，你认为哪种方法更好？做完了吗？发现了什么？

生：又回来了。

师：又回来了。说明它是一条边还是两条边？

生：一条边。

师：我们看起来像是两条边，但是我们用手指沿着它的边走，会怎么样？是一条。第二个问题，它是一个面呢还是两个面？为什么？

生：我觉得也可以用刚才的方法，用手指沿着它的面走，最后会走到原点。

师：我觉得他的表达非常准确，用手指沿着这个面来走，还有没有更好的办法呢？

生：我可以用水彩笔在上面涂。

师：你觉得用哪种方法好？用水彩笔可以留下痕迹，我们可以看到哪些已经走过。但是，第一个同学的想法是基础，他想到用手指走，而后又想到用水彩笔画更清楚。好，大家试一试。（学生操作，教师巡视）

师：画完以后发现了什么？（学生自由发言）我觉得同学们说得特别好。

师：我听到两种声音。第一个声音说走回来了。第二个声音说都画上了。这很重要，说明它是几个面？

生：一个面。

师：好，第二个问题解决完了。第三个问题。刚才那位女同学问为什么？对，我们经常追问为什么，我们会越来越聪明，越来越智慧。为什么从这个面就滑到了另外一个面呢？为什么两条边就变成了一条边呢？多好的问题。泡桐树小学的同学真棒。很多同学想到了，举手不说，很好。为什么？这个问题有点难。前后小组同学交流一下。（同学们激烈地讨论起来）

师（击掌示意停止讨论）：刚才我看到了同学们很会在小组里面讨论交流，声音控制得真好，小组内同学能听到，又不干扰其他同学，特别好。现在谁来交流想法？你们小组研究以后是什么结果？最后一个小组请一名同学代表发言。

生：我们小组认为那个转弯点让这个图形变成了一条边、一个面。因为一转过来一条边就可以和另一条边连在一起了，一个面也可以和另一个面连在一起，粘在一起就可以来回转了。

师：其实，孩子，我认为你回答得非常好，你看到那么多同学还在举手补充，觉得还没说完，对吗？刚才他的回答很好的一点是启发我们从这个做法上来讨论。

谁能说得更明白些呢？我们请提出问题的这个同学。

生：我们小组讨论了。因为交接点是正面和反面接在一起的，所以像跨过一道门一样，从正面跨到了反面，所以它才会永远绕不完。

师：说得好不好？

生（齐）：好。

师：是不是更清楚一些了？好了，孩子们，既然大家都明白了，我们把它表达得更清楚些。华老师把这张纸条一面画上颜色，一面没有画，刚才同学们已经给了启发，从它的做法上考虑，（再次演示做法）发现什么了？

生、师：里面转到外面，外面转到里面。

师：正面和反面接在一起了，就成了一个面，明白了吗？

生：明白了。

师：有时候追问为什么很有价值。刚才我们研究了为什么是一条边、一个面，能解决了吗？

生：能。

师：为什么是一条边？

生：我觉得是它是一条线，永远也绕不完，最后这条线也要绕回原点。

师：我们现在回答的是为什么？你刚才说绕回原点是验证，我们回答为什么是一条。可能刚才我没说清楚。好，那位穿红衣服的小伙子。

生：我觉得还是做法上的问题。因为它正面和反面的交接处旋转了 180 度，才造成了它是一条边的。

师：他说得很简单，又击中要害，还是跟做法有关的，能用这张纸条说说吗？

学生再次演示讲解，教师带头鼓掌。

师：学习都是这样。有时候我们要把它说具体，难度就大了，跟做法有关就是最好的答案，怎么做的？（教师再次演示、讲解）怎样说得更明白？

生：上边旋转 180 度就变成了下边，和下边连接在一起，上边和下边交错了位置，我认为就只有一条边。

师：说得非常清楚明白了。当我们把这边旋转 180 度的时候，上边在往下走，下边在往上走，最后上边和下边连接起来了，下边和上边连接起来了，这样两条边就连在一起，成了一条边。那么，沿着中间这条线剪开会是什么结果？先猜测，想象一下会是什么结果。

生：我觉得可能还原了。

师：还原了，成一根纸条了，非常大胆的猜想。

生：我认为把它一分为二了。

师：一分为二了，这个成语用得真好，分成两个这样的了。

生：我觉得是两个圈靠在一起，掉不下来了。

师：又不一样了。谁还有不同的想法？

生：我认为可以分成两个完全一样的图形。

师：刚才这么多的想法，非常大胆。究竟是怎么样的？怎么办？

生：试一试。

师：做吧。

（学生尝试，教师巡视。）

师：做出来的举起来，是一个圈还是两个圈？

生：一个。

师：没想到吧。我们想象的应该是两个，结果还是只有一个，但是比刚才那个大了。我有一个新发现，这个同学剪成的是一张纸条，怎么回事？

生：我沿着交接处剪的。

板书：小心求证。

师：（看见有的同学还在继续剪）行，既然大家特别想剪，那就剪吧。如果再沿着中间剪开，又会怎样呢？先猜猜，会是什么结果？

生：我觉得会更大。

师：一个、两个，还是四个？

生：还是一个。

师：你说呢？

生：我觉得再剪开就断了。

生：我觉得会更细、更长，再剪下去就会断。

师：来，同学们，试一试。

（学生操作，教师巡视。）

师：剪完了举起来，你发现是几个圈？

生（齐）：两个。

师：这两个圈怎么样？

生：套在一起的。

师：想到了吗？

生：没想到。

师：好，放下，孩子们。我觉得刚才那个声音非常好听。咦？真奇怪啊，做了那么多的猜想，动手实际去做，我们感受到了这个纸环真奇妙。在我们的生活中，我们能创造性地把这个纸圈用上吗？

生：我觉得可以把我们的眼睛也做成这样，就可以当潜水员的潜水镜了。

师：想到眼镜了，不错。

生：我想到两个。因为剪成两个圈了，可以拿来当狗套，还可以做成橡皮筋将汽车套起，一个连一个拉着走。

师（指着屏幕）：这个纸圈有什么特点？像这种一条边一个面的东西在生活中哪些地方可以用？

生：我觉得以后可以做翻滚列车的铁轨，永远也走不完。

师：同学们玩过过山车吗？（屏幕展示）如果把过山车的轨道设计成一条边一个面的，就永远也走不完。下次同学们玩的时候观察一下是不是，如果不是，可以设计，申请专利。还有哪些地方可以用？

生：还可以用来当皮带用。

师：很大胆的想法。至于做腰带，想想怎么样去完善。

生：可以做捆犯人的手铐，怎样挣脱也挣脱不断。

师：这又是一个大胆的想法。来，我想这个镜头大家都很熟悉。（出示屏幕：一个小男孩在听录音）

生：磁带里的带子第一面用完了还可以用第二面，它是翻过来的。

师：听歌的时候，一面听完了，就换一面。学了今天的内容，你有没有想法？

生：可以把带子弄成这个样子，就不用换面了。

师：如果把磁带的两个接头这样接上，那样的磁带还用不用换带？

生（齐）：不用。

师：只要你愿意，可以一直听下去。真应该去申请专利，不过，遗憾地告诉你，这专利已经被日本人申请注册了。刚才我们已经感受了这样一个奇妙的带子在生活中非常有用，其实，我们在课堂中也享受到了惊讶，总是出乎我们的意料。刚才有同学说这个图形的周长、面积怎么求？公式是什么？下课的时间已经到了，（学生们很遗憾），不过，别灰心，这个图形是没办法求周长、面积的。

生：（主动举手作答）因为它是一直循环着的，所以没办法求。

师：你是这样理解的。今天我们接触的纸圈和我们以前学习的长方形、正方形是不一样的，那些图形能求出周长和面积，而我们今天学的是一个全新的内容，（板书：拓扑学），是拓扑学研究的内容，什么叫拓扑学呢？简单地说，它还有一个有趣的名字叫橡皮泥上的几何，橡皮泥可以拉长，也可以压缩，你想既然是一会儿拉长了，一会儿压缩了，就算不算它的周长和面积了？

生：不算。

师：这个图形叫什么名字？知道吗？给它取个名儿。

生：我觉得可以叫混循环图形，因为它是由圆形转变而来的。

师：这个同学特别能逗，循环小数的概念在这儿拓展一下。孩子们，它有一个很特别的名字叫（板书：莫比乌斯带）。为什么叫莫比乌斯带？

生：可能是由莫比乌斯发明的。

师：正是这样。在1858年，德国数学家莫比乌斯在一个偶然的情况下发现了这个神奇的带子，只有一条边一个面的带子，后来就把它叫作莫比乌斯带。好了，孩子们，（出示课件：中国科学技术馆大厅“三叶纽结”）在中国科学技术馆大厅里面的“三叶纽结”，它每天不停地旋转，（课件展示旋转的过程，学生们发出阵阵惊叹）同学们，这个特别美妙的“三叶纽结”就是根据莫比乌斯带的原理设计的，最后那位男同学问如果把这个带子压平了会是什么样子，有一个大数学家就这样研究过。今天的时间已经到了，不过，我想还有很多的问题，就像这不停旋转的“三叶纽结”带给我们美的享受。好了，孩子们，下课。

生（静息、坐直、起立）：老师，再见！

※ 课后反思

从整节课来看，较好地完成了教学目标，学生们在“动手做”中深切地感受到了莫比乌斯带的无穷魅力，激发起了强烈的好奇心和创造欲望。“数学好玩”几个大字写在他们脸上，写在他们眼中，写在他们心里。

我为新课标加入这样的学习内容鼓与呼，我为自己成功的教学创造乐悠悠！

用一张纸片做魔术导入，比直接出示莫比乌斯带或者提出一个传统的在一般情况下无法解决的问题引出莫比乌斯圈，更能让学生真切地感受到莫比乌斯带像魔术般神奇的变化，并为学生琢磨其中的奥妙做了铺垫。在这个变化过程中，我并不是将莫比乌斯带和盘托出，而是给学生创造和想象的时空。教学实践证明：不单莫比乌斯能发现这个带子，我们的学生也能够创造出来。只不过莫比乌斯是无意间的发现，而我们的学生是有目的的诉求。

在动手探寻莫比乌斯带的奇妙特点时，我坚持让学生先想一想、猜一猜，剪完以后再想一想“我为什么没有猜中？为什么会是这样的？”这样，就不只是让学生动手做，还要学生动脑想，有效地培养了学生的空间想象能力、“大胆猜测，小心求证”的意识以及勤于反思的习惯。

针对一般的课上，学生的动手操作多是遵师命而为，学生只是操作工，不是探究者，我适时地放手，给了学生充分的自主创造的时间和空间，学生开动脑筋提出猜想，动手验证，愉快体验，它十分有效地激发了学生的创造热情和发现欲望。

最后的教学环节不是定位于“介绍应用”，而是立意在“创造和欣赏”。当学生发出“唉——我妈妈早生我几年就好了”，我窃喜不已，我要的就是这个效果：“人皆可以为尧舜”，我们一样能创造！

在此，我要特别感谢在本课的研究过程中，刘兼、张梅玲、张丹、张思明、刘可钦、吕建生、孙晓天等老师给予的热忱指导！

教学，同样是一门遗憾的艺术。满足之余，我在品味那几处遗憾——

在学生按1/2线剪完后，我问“现在，你有什么想法吗？”我的预设正是后两位学生回答的，“我觉得这太神奇了，可是我想知道这是怎么回事？”“我觉得这个圈本来应该是分开的，为什么会变着变着又缠在一起了？”而当第一位学生说“老师还能剪”时，我该不该让学生再剪？我没试过，可以让学生去试吗？整节课，对学生来说是处处出乎意料，但对我——教者来说，都是意料之中的。没让学生继续剪，潜意识里是怕出乎我的意料，不可收拾？还是要完成我的教案，否则没有时间按1/3线来剪了？不是怕出乎我的意料（说句老实话，我现在上课心底里是渴望着出现“节外生枝”的场面，觉得那样的课堂够刺激，有挑战，充满着张力，展现着功力），真正的是为了完成教案，为了展示那按1/3线剪后的神奇，同时也是为学生后面的创造积蓄能力。

那么，按1/3线来剪是非剪不可的吗？是根据学生的反应来组织教学，还是根据老师的主观预设来控制课堂？老师的设计肯定是较为理想的，但脚下走出来的才是路。自然的才是最美的！

虽然为了上这节课，我看了20多本相关的专业书籍，知道莫比乌斯带有很多有趣的、神奇的性质；虽然发给学生的画好1/3线的纸条，都是忙碌的我亲手一张一张地做成的，但是想起鲁迅先生《作文秘诀》中的“有真意，去粉饰，少做作，勿卖弄”，想起普罗泰戈拉的“人是万物的尺度”，我该以“生”为本还是以“圈”为本呢？再想到教学目标，我知道该怎么做了。

爱因斯坦说过——旧学校给学生太多的“好胜心”，很少培养学生的“好奇心”。这节课最根本的不就是培养学生的“好奇心”吗？这么看来，那个“单侧曲面”“双侧曲面”也是可以不出示的，就用“一个面还是两个面”来区分就行了。

49. “神奇的莫比乌斯带”教学设计与反思（课例二）

杨薪意
（四川省成都市行知小学，成都市特级教师，正高级教师）

※ 课前思考

教材以“情境＋问题串”的形式，通过有趣的蚂蚁想吃面包屑的情境，抛出一个令学生十分感兴趣的问题1：“如果不让蚂蚁爬过圆环的边缘，它能吃到面包屑吗？”极大激发了学生的探究欲望，促进学生主动思考。通过问题2“做一做，想一想”帮助学生发现圆环与带子的不同，感受到带子的神奇。通过问题3在圆环和带子上各取一点，并从这个点开始涂色，不能翻过边缘，一直涂下去，你发现了什么？引导学生通过动手操作，体会莫比乌斯带的神奇之处；通过问题4帮助学生在对比圆环和带子的操作中，进一步感受莫比乌斯带神奇之美。

为了体现综合与实践的基本过程，教科书依据学生的认知基础，呈现学生活动的具体过程，引导和启发学生开展循序渐进的研究，经历探究的全过程，即“从头到尾”思考问题，有助于学生形成坚持真理、修正错误、严谨求实的科学态度。

莫比乌斯带属拓朴学的内容，是新教材新增的内容。作为一个数学活动，这个内容对于教师来说，是一个不好组织的内容，对于小学生来说也是一个不好理解的内容。但是这个内容又是一个激发学生学习兴趣、拓展数学视野的好题材。在教学中，可以通过“提问题—做纸圈—剪纸圈—画纸圈—证明纸圈”这样一个环环相扣的探究活动，为学生提供大量的观察、猜测、思考、操作、验证、自主探索和合作交流的空间，使学生能真正理解和掌握基本的数学知识与技能、数学思想和方法，获得广泛的数学活动经验，进而提升空间想象力，发展空间观念。建议本课一课时完成。

※ 教学过程

一、谈话引入，以学定教

值日生：同学们，关于莫比乌斯带，你都了解到了哪些知识？

生 1：通过百度，我知道：公元 1858 年，德国数学家莫比乌斯（Mobius，1790 ~ 1868）和约翰·李斯丁发现：把一根纸条扭转 180° 后，两头再粘接起来做成的纸带圈，具有魔术般的性质。普通纸带具有两个面（双侧曲面），一个正面，一个反面，两个面可以涂成不同的颜色；而这样的纸带只有一个面（单侧曲面），一只小虫可以爬遍整个曲面而不必跨过它的边缘。这种纸带被称为“莫比乌斯带”。

生 2：通过百度，我知道：莫比乌斯环其实是我们思想太过于局限，用面的看法去理解体，莫比乌斯环已经不是一个单纯的面了，而是一个体，任何体都只有一个面，就是表面，而在莫比乌斯环上爬行的小虫不过是在一个不规则体的表面爬行。

生 3：我想知道，莫比乌斯带是怎么做出来的。

生 4：我想知道，莫比乌斯带有什么作用？

生 5：莫比乌斯带是什么样子的？

生 6：莫比乌斯带有什么神奇的地方？

教师小结学生的收获和困惑，揭示本节课的学习目的。

二、合作交流，探究新知

出示已经做好的各种颜色的莫比乌斯带，激发学生的好奇心和探知欲。

师：如果想知道它们是怎么做出来的，接下来的活动你可要步步紧跟，仔细观察。

1. 活动一：认识长方形纸条。

师：（出示一张长方形纸条）这是什么？它有哪些特点？

（板书：纸条，4 条边，2 个面）

2. 活动二：初步感知圆环。

师：现在老师把长方形纸条做成了什么？（演示制作圆环）

课件演示主题图 1：

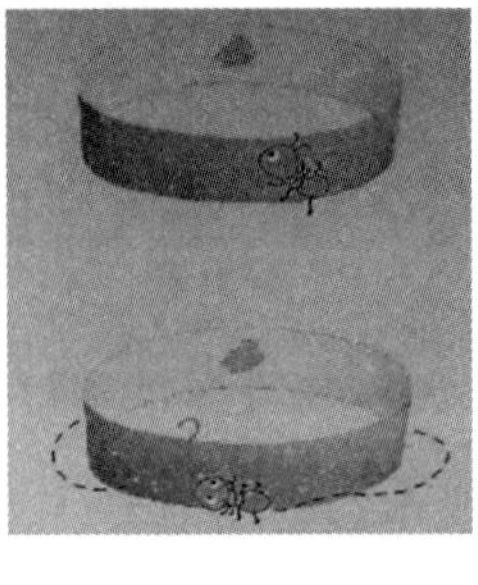

在这个圆环的内壁上有一点面包屑，外面有一只蚂蚁。如果不让蚂蚁爬过圆环的边缘，它能吃到面包屑吗？

学生独立思考，小组讨论“为什么？”

全班交流，达成共识：如果不让蚂蚁爬过圆环的边缘，蚂蚁只能沿外面打转，无法爬到里面。因此，蚂蚁吃不到面包屑。

集体思考：有办法帮助蚂蚁吃到香甜可口的面包屑吗？

教师鼓励学生动手实验。

3. 活动三：初步感知莫比乌斯带。

师：（演示制作莫比乌斯带）现在老师把圆环拆开，把一段扭了一下，做成了这样一根带子，蚂蚁现在可以吃到面包吗？（指名现场试一试）为什么蚂蚁现在又能吃到面包了？

交流，共识：此时，这个“带子”只有一个面、一条边，蚂蚁能顺利爬到面包屑的位置。

思考：怎么只有一个面、一条边了？

交流，共识：

师：这个带子叫莫比乌斯带，是由德国的数学家、天文学家莫比乌斯在 1858 年发现的。当时，他是受到了一片卷曲的玉米叶的启发，将一条纸带的一端旋转 180°，再和纸带的另一端粘起来。人们就以他的名字命名为“莫比乌斯带”。也有人叫它“莫比乌斯圈”，还有人管它叫“怪圈”。

4. 活动四：探究圆环和带子的不同点。

师：同学们，你要知道圆环和带子有什么不同之处？

我们可以从哪些方面研究圆环和带子？

交流，共识：先分别做一个圆环和带子，并在圆环和带子上各取一点。从这个点开始涂色，不能翻过边缘，一直涂下去，看看能发现什么？

课件再次演示圆环和莫比乌斯带的制作方法，重点说明莫比乌斯带的制作方法：先把长方形纸条一端翻转 180°，再用胶带粘牢。

动手实验，教师巡视指导。

全班交流探究结果与探究方法，共识：

纸条：2个面，4条边。

圆环：2个面，2条边（双侧曲面）。

带子：1个面，1条边（单侧曲面）。

三、动手实践，感受神奇

师：这根带子不仅是只有一个面、一条边这么奇特，它还有许多神奇之处，你们还想继续找一找吗？

1.活动一：1/2剪莫比乌斯带。

（1）拿两张长方形纸条，在每张纸条中间画一条线，再分别做一个圆环和带子。

（2）学生猜测：沿着中间这条线把它们剪开会怎样呢？

（3）学生自己动手验证一下。

（4）交流验证结果：变成了一个更大的圈。

2.活动2：1/3剪莫比乌斯带。

（1）把一张纸条三等分，做一根带子。

（2）学生猜测：沿着三等分线把带子剪开，要剪几次？剪的结果会是怎样呢？

（3）学生动手操作验证，同桌合作帮助，小组内交流结果：一个大圈套着一个小圈。

（4）问题：这个小圈和大圈是莫比乌斯带吗？请用刚才的方法证明一下。

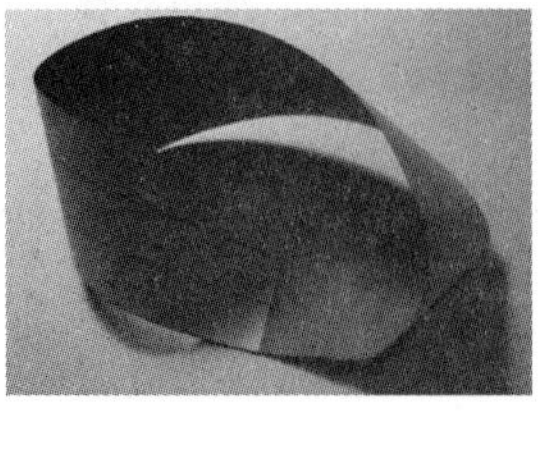

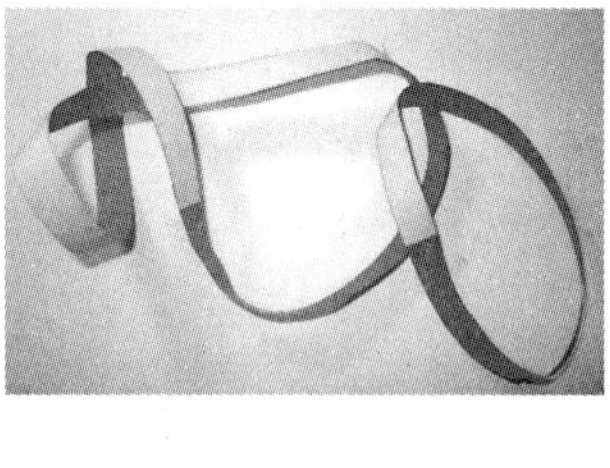

3. 活动 3：其他剪法。

师：从中间或是从三等分线剪这根带子，得到的结果是不一样的，那你们还想怎样剪？结果会怎样呢？在小组内说说看。

鼓励学生打开思维，尝试不同的剪法产生的效果。

比如：平均分成四等份，剪开后变成一个大圈套着两个小圈。

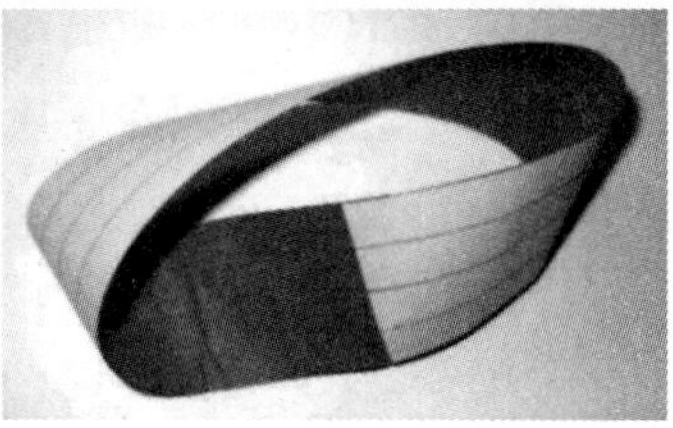
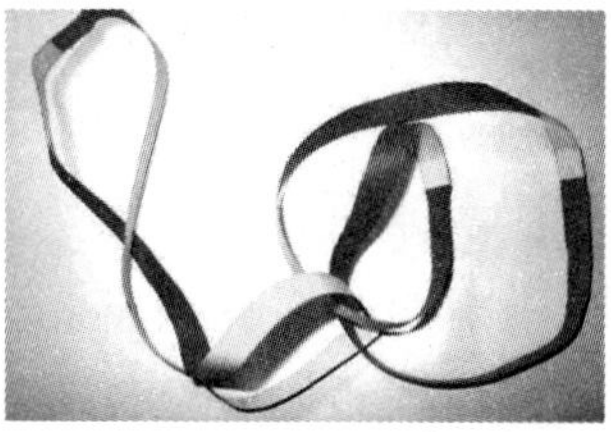

比如：平均分成五等份，剪开后变成两个比原来大一倍的圈套着一个和原来一样的小圈。

师：同学们的想法真好，课后还可以继续去实践一下，看看是不是你们猜想的结果。

四、课堂小结，应用拓展

师：同学们这节课有什么收获？

师：通过今天这节课的学习，大家发现莫比乌斯带充满了奥秘，其实莫比乌斯带不仅好玩有趣，而且还被应用到生活中的方方面面。请欣赏图片（课件展示）

1. 用皮带传送的动力机械的皮带就可以做成“莫比乌斯带”状，这样皮带可以磨损的面积就变大了。

2. 如果把录音机的磁带做成莫比乌斯带状，就不存在正、反两面的问题了，磁带就只有一个面了。

3. 过山车：有些过山车的跑道采用的就是莫比乌斯原理。

4. 莫比乌斯爬梯。

5. 哈萨克斯坦全新国家图书馆。

……

特别讲解：

莫比乌斯带是一种拓展图形，它们在图形被弯曲、拉大、缩小或任意的变形下保持不变，只要在变形过程中不使原来不同的点重合为同一个点，又不产生新点。换句话说，这种变换的条件是：在原来图形的点与变换了图形的点之间存在着一一对应的关系，并且邻近的点还是邻近的点。这样的变换叫拓扑变换。拓扑有一个形象说法——橡皮几何学。因为如果图形都是用橡皮做成的，就能把许多图形进行拓扑变换。例如一个橡皮圈能变形成一个圆圈或一个方圈。但是一个橡皮圈不能由拓扑变换成为一个阿拉伯数字8。因为不把圈上的两个点重合在一起，圈就不会变成8，莫比乌斯带正好满足了上述要求。

莫比乌斯带还有更为奇异的特性。一些在平面上无法解决的问题，却不可思议地在莫比乌斯带上获得了解决。比如在普通空间无法实现的“手套易位”问题：人左、右两手的手套虽然极为相像，但却有着本质的不同。我们不可能把左手的手套贴切地戴到右手上去；也不能把右手的手套贴切地戴到左手上来。无论你怎么扭来转去，左手套永远是左手套，右手套也永远是右手套！不过，倘若你把它搬到莫比乌斯带上来，那么解决起来就易如反掌了。

※ 教后反思

“神奇的莫比乌斯带”是一节数学游戏课。本节课内容很新颖，趣味性强，很具有吸引力。因为有大量的动手操作的活动时间，加之莫比乌斯带本身的神奇，学生整节课兴致盎然，尤其是对莫比乌斯带进行不同的等分后会是什么样的情况，充满了好奇和期待。教学时，教师应处理好“从猜想到验证”“从模仿到创造”“从符号到想象再到验证”“从数学到现实”的几个环节，每次操作时，让学生先想一想，猜一猜，剪完以后再想一想：为什么会是这样的？这样，就不只是让学生动手做，还要学生动脑想，培养了学生的空间想象能力，“大胆猜测，小心求证”的意识以及勤于反思的习惯。真正落实让学生在操作中进行研讨，在研讨中进行分析，在分析中进行验证。另外，教师还需要提醒学生安全使用剪刀等工具。

50. “数形结合玩数学”教学设计

宋新军
（山东省德州市光明街小学，青年名师）

※ 教学过程

一、情境导入课题：“数形结合”玩数学

师：同学们，开学第一课，咱们上一节“玩”的数学课，怎么样？（生：好。）怎么“玩”呢？这节课咱们就用“画图”学习的方式学数学，也就是“数形结合玩数学”，你们准备好了吗？（生：准备好了！）（板书课题：“数形结合”玩数学）（课件出示国际数学大师陈省身的名言：数学好玩）

二、“数形结合”玩数学一：认识、理解、掌握“铺地锦”的乘法算法

师：同学们，五上第一单元我们要学习小数乘法，小数乘法的基础是整数乘法，以前我们学习过整数乘整数吗？（生：学习过。）是用什么方法计算的？（生：竖式计算。）好，请同学们用竖式计算 32 × 12= ？（一人板书，全班齐练，教师巡视，提醒学生数位对齐，横线画直），如右图。

```
   32
 × 12
 ----
   64
  32
 ----
  384
```

师：这节课，老师带你们了解我国古代劳动人民是怎样计算整数乘法的，这种算法叫“铺地锦”，很有趣，很直观，很好看，想看吗？（生：想。）

1.“铺地锦”的具体画法：以 32 × 12= ？为例，如下图，教师边画边讲解，要求学生和老师一起画。

（1）左上角三条红色斜线代表 30，右下角两条红色斜线代表 2，合起来是 32；

（2）左下角的一条蓝色斜线代表 10，右上角两条蓝色斜线代表 2，合起来是 12；

（3）两两相互交叉后，中间画两条黑色竖线，竖线左边 3 个交点表示 300，两条竖线中间 8 个交点表示 80，竖线右边 4 个交点表示 4，合起来表示积是 384。

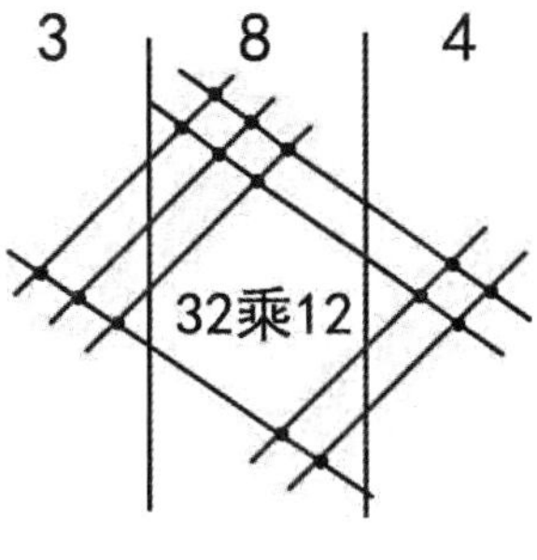

师（小结）：好玩吗？（生：好玩。）好，这种算法在我国明朝的《算法同宗》有介绍，在清代长篇小说《镜花缘》79 回中有详细的说明，这充分体现了我国古代劳动人民的聪明智慧。同学们想不想练习“铺地锦”的画法呢？（生：想。）

2.“铺地锦“的画法练习：24×13=？一人板演，全班齐练。

（1）学生独立思考、自主探究完成，有问题请教老师，也可同桌讨论。

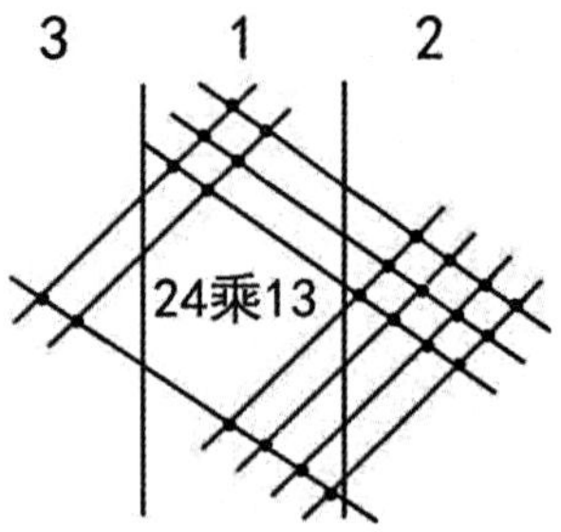

（2）板演学生讲解，学生补充，教师重点、难点、关键点适时点拨。

师生总结“铺地锦”口诀：铺地锦先画线，左斜代表因数一，右斜代表因数二，中间再画两竖线，交点表示得数积，满几十要进几，从左到右百、十、一。

3.深度思考“铺地锦”算法。

（1）“铺地锦”算法和列竖式做法有什么联系？（生：“铺地锦”用两条竖线区分数位，竖式则相同数位对齐；“铺地锦”的相同数位交点的个数和竖式计算的几个几计算结果相同；“铺地锦”算法和竖式计算都要从个位算起，满几十则进位几等。）

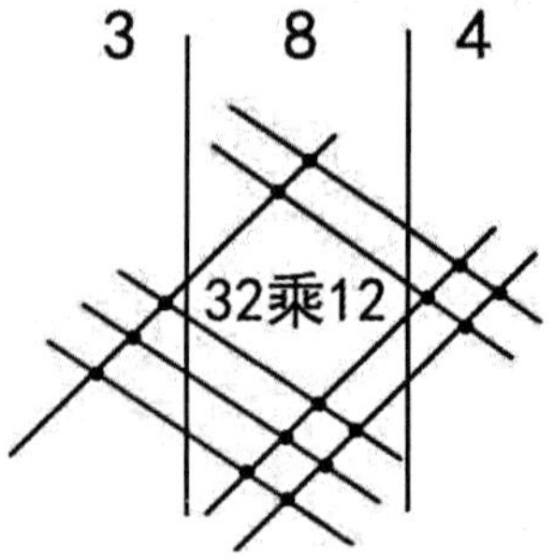

（2）“铺地锦”算法还有其他的画法吗？（生：可以变换因数画线的位置等。）（如右图）

（3）三位数乘两位数可以用“画地锦”的算法吗？多位数乘多位数呢？（生：可以。）（可让学生尝试算法。）

三、“数形结合”玩数学二：认识、理解、掌握“格子乘法”算法

师：还有一种好玩的“数形结合”的乘法算法，你们想学吗？（生：想学。）好，这种算法叫“格子乘法”。

1.“格子乘法”的具体画法：以 246×75=？为例，如右图，教师边画边讲解，要求学生和老师一起画。

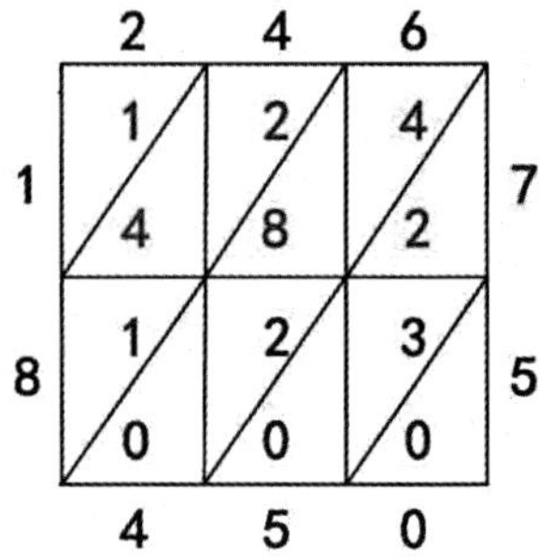

（1）先画一个大方格，再按照两个因数的数位个数多少，分别将大方格横竖平均分成若干个小方格。

（2）把两个因数分别写在大方格的上边和右边，注意要和均分的小方格中间对齐。

（3）先用 246×7，将 246 每一数位上的数乘 7 所得的乘积，分别按顺序填在第一行的竖格中。

（4）再用 246×5，将 246 每一数位上的数乘 5 所得的乘积，分别按顺序填在第二行的竖格中。

（5）最后将每一斜线上的数分别相加，先从右下角开始，把所得的和写在方格的左边和下边，注意满几十要向前一位进几，最后结果 246×75=18450。

师（小结）：“格子乘法”是 15 世纪中叶，意大利数学家帕乔利在《算术、几何及比例性质摘要》一书中介绍的一种两个数相乘的计算方法，相传，这种方法是最早记载在 1150 年印度数学家婆什迦罗的《丽罗娃提》一书中，12 世纪以后广泛流传于阿拉伯地区，后来通过阿拉伯人传入欧洲，并很快在欧洲流行，这种方法后来传入我国，我国明朝数学家程大位在《算法统宗》中对此有介绍。同学们，“格子乘法”好玩吗？（生：好玩。）想不想练习“格子乘法”？（生：想。）

2.“格子乘法“的练习：258×37=？一人板演，全班齐练。

（1）学生独立思考、自主探究完成，有问题请教老师，也可同桌讨论。

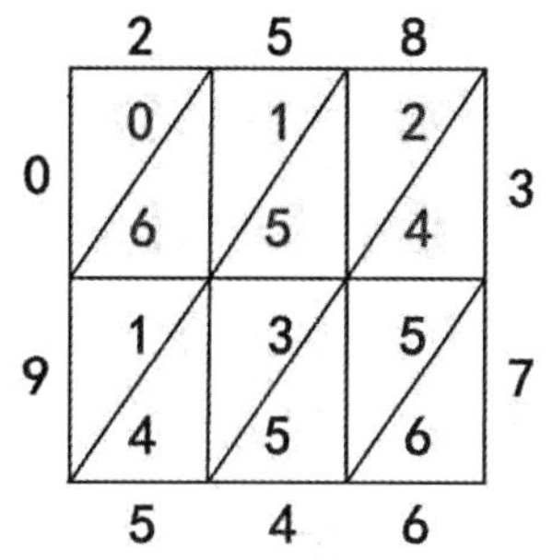

（2）板演学生讲解，学生补充，教师重点、难点、关键点适时点拨。

师生总结“格子乘法”口诀：格子乘法先画格，大格小格分辨清，大格右上是因数，小格里面写乘积，分别相乘要牢记，逐位相加莫迟疑。

3. 深度思考“格子乘法”。

（1）观察“格子乘法”的算法，哪里体现了“数”，哪里体现了“形”？（生答：用大、小、斜格等“形”表示“因数”“和”“积”等“数”。）

（2）三位数乘三位数可以用“格子乘法”吗？多位数乘多位数呢？（生：可以，只要多画格。）

四、“数形结合”玩数学三：认识、理解、掌握“十字相乘法”

师：宋老师也发明了一种“数形结合”的乘法算法，同学们想知道吗？（生：想。）好，宋老师发明的这种算法叫“十字相乘法”。

1.“十字相乘法”的具体画法：以 32×12=？为例，如右图，教师边画边讲解，要求学生和老师一起画。

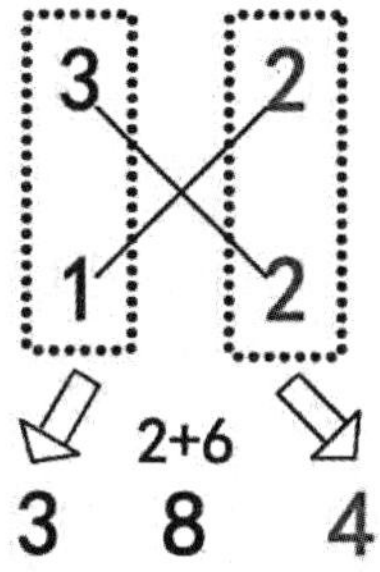

（1）将两个因数数位对齐，先用两个因数的个位乘个位得 4，写在积的个位。

（2）再用个位和十位交叉相乘，然后相加得 8，写在积的十位。

（3）再用十位乘十位得3，写在积的百位，答案是384。

师（小结）：“十字相乘法”，同学们觉得好玩吗？（生：好玩。）你们愿意用“十字相乘法”做题吗？（生：愿意。）好，我们练习一道进位的两位数乘两位数。

2.“十字相乘法”练习：39×12=？一人板演，全班齐练。

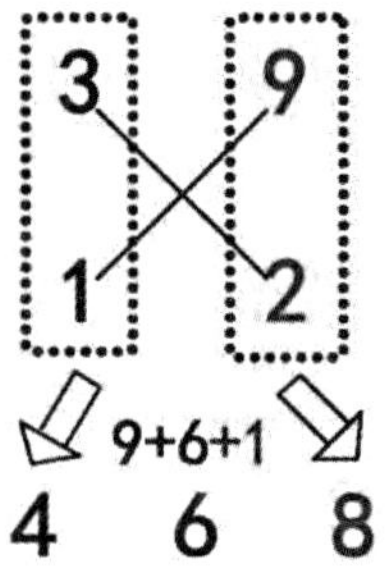

（1）学生独立思考、自主探究完成，有问题请教老师，也可同桌讨论。

（2）板演学生讲解，学生补充，教师重点、难点、关键点适时点拨。

3.师生总结口诀：尾乘尾写在后，交叉乘加放中间，头乘头写在前，满十要进位。

4.深度思考“十字相乘法”。

“十字相乘法”适用于几位数乘几位数？（生：适用于两位数乘两位数。）

五、“数形结合”玩数学的奥妙

1.“数形结合”的好处。

师：同学们，这三种“数形结合”的乘法算法，你喜欢哪一种，为什么？（生答：喜欢“铺地锦”的乘法算法，因为它好看、简便；生答：喜欢“格子乘法”的乘法算法，因为它适用于所有的整数乘法；生答：喜欢“十字相乘法”的乘法算法，因为它美观、易学等）

师：同学们，“数形结合”的乘法算法有什么好处呢？（生答：可以检验乘法竖式的得数；生答：有趣好玩；生答：可以帮助理解乘法算理等）

师生总结：“数形结合”的乘法算法的确好处多多，它能让我们了解学习数学有窍门、有方法、有思想，“数形结合”就是一种很好的数学思想方法，它可以让数学学习直观有趣、浅显易懂，可以打开思路，化难为易、化繁为简，今后同学们要多思考，多尝试“数形结合”学数学，找到“数形结合”这个学习的好帮手，老师相信你们上五年级一定能大有收获。

2.“数形结合”的思想文化发展。

（1）“数形结合”的思想文化。（课件演示）

①中国古代第一部数学专著《九章算术》：“析理以辞，解体用图”。

②古希腊数学：“任何代数问题都要转化为几何问题”。

③古希腊的毕达哥拉斯学派：将“数”与平面上“点”联系起来，这是早期的“数”与“形”相结合的体现。

④17世纪笛卡尔：用代数的方法来研究几何问题，“数”与“形”再一次结

合，达到了至善至美的地步，数学又获得了空前的发展。

⑤近代数学发展史上的三次危机：“数形结合”蕴含数学思维方式的转换。

（2）“数形结合”名人名家名言。（课件演示）

①数学大师华罗庚：“数与形，本是相倚依，焉能分作两边飞。数无形时少直觉，形少数时难入微。数形结合百般好，隔离分家万事非；切莫忘，几何代数统一体，永远联系，切莫分离！”

②法国数学家笛卡尔：“形是数的翅膀，数是形的灵魂。”

③恩格斯：“数学是研究现实世界的量的关系与空间形式的科学。”

④国际数学大师陈省身：“数学好玩，走进美妙的数学花园”

⑤美国学者哈里：“千言万语不及一张图。”

3. 欣赏数学神曲《数形结合》视频。

《歌词》

数与形，
本是相倚依，
焉能分作两边飞。

数缺形时少直观，
形少数时难入微，
数形结合百般好，
隔离分家万事非，
数形结合双翼飞，

切莫忘，
数形本是统一体，
永远联系，
切莫分离！

5年级

中国名师教学设计和课堂实录

新时代小学数学名师课堂

邱学华　叶建云　主编

世界图书出版公司

图书在版编目（CIP）数据

新时代小学数学名师课堂 / 邱学华，叶建云主编
. -- 北京：世界图书出版公司，2022.6
ISBN 978-7-5192-9470-0

Ⅰ. ①新… Ⅱ. ①邱… ②叶… Ⅲ. 小学数学课 - 课堂教学 - 教学设计 Ⅳ. ① G623.502

中国版本图书馆 CIP 数据核字 (2022) 第 041721 号

书　　名	新时代小学数学名师课堂
（汉语拼音）	XINSHIDAI XIAOXUE SHUXUE MINGSHI KETANG
主　　编	邱学华　叶建云
总 策 划	吴　迪
责任编辑	冯晓红
封面设计	田雨艳
内文设计	娟　子
出版发行	世界图书出版公司长春有限公司
地　　址	吉林省长春市春城大街 789 号
邮　　编	130062
电　　话	0431-86805551（发行）　0431-86805562（编辑）
网　　址	http：//www.wpcdb.com.cn
邮　　箱	DBSJ@163.com
经　　销	各地新华书店
印　　刷	河北品睿印刷有限公司
开　　本	787 mm × 1092 mm　1/16
印　　张	127.25
字　　数	2 357 千字
印　　数	1—5 000
版　　次	2022 年 6 月第 1 版　　2022 年 6 月第 1 次印刷
国际书号	ISBN 978-7-5192-9470-0
定　　价	498.00 元（全 6 册）

邱学华

简介

邱学华，1935 年 7 月生于江苏常州，1956 年考入华东师范大学教育系，曾做过小学教师、中学教师、大学教师、师范学校校长。1984 年被评为特级教师，1988 年被评为有突出贡献中青年专家，1992 年享受国务院颁发的政府特殊津贴。他对小学数学教学进行了长达 50 多年的实践与研究，在口算表、口算量表、基本训练、标准化考试、尝试教学实验等方面进行了多项具有创新性的研究，在教育界产生了深远影响。他出版过 270 多本著作，在国内外教育杂志上发表了 600 多篇文章，尝试教学实验遍及全国 31 个省、自治区、直辖市，实验基地 2 100 多所，60 多万名老师、70 多万个班级、3 000 多万名学生参与其中。他的足迹遍布全国各地，做过 700 多场学术报告，约 60 万人听讲。

邱学华老师博学多才、谦虚谨慎、执着顽强，既有深厚的理论功底，又有丰富的实践经验，因此在教育界享有盛誉，可谓是小学教育界的泰斗。当代著名教育改革家朱永新教授称他为“创造记录的长者，教育的光明使者”。

《人民教育》2011 年第 13—14 期“尝试教学”专辑，从“专家解读”“应用案例”和“区域推广”三个方面全面、深入地介绍了尝试教学的相关理论与实践，反响很好。

叶建云

简介

叶建云，中学高级教师，岭南师范学院广东省中小学教师发展中心客座教授，江西省“国培计划”指导专家，常州大学尝试教育科学研究院兼职研究员，深圳城市学院教师继续教育授课专家，深圳市宝安区高层次教育类人才，深圳市名教师，深圳市叶建云名教师工作室主持人，广东省首届骨干教师培养人选、南粤优秀教师，深圳市宝安区官田学校小学数学教师。在《人民教育》《新教师》《小学数学教师》《中国教育报》等40多家教育刊报上发表文章100多篇，出版教育专著《追寻幸福的教育》《课堂解码——小学数学精品课评析》和《小学数学有效评课的理论与实践》等3本，合著、主编教育著作16本，先后参与、主持过近10个市级、省级和国家级课题，4次获新世纪版全国小学数学录像课、课例资源、现场辩课和主题成果评比一等奖。《小学教学（数学版）》2012年第12期和《教师》2017年第12期封面人物。

FOREWORD 前言

先说一说为什么要编写这套《新时代小学数学名师课堂》。

20 世纪 90 年代，我们曾编写过一套《新编小学数学备课手册》，主要是为了推广应用尝试教学法，帮助教师备课，此事距今已时隔 30 多年了。

随着我国小学数学教学改革的深入发展，小学数学教育的水平不断提高，已达到世界一流水平，引起国际数学教育界的关注和认可。一些国家纷纷派人到中国考察，探究中国小学数学教育高质量的奥秘。

英国全面引进上海小学数学课本和练习册；浙江教育出版社出版的小学数学实验课本被译成法文；湖南教育出版社应非洲南苏丹的请求，为该国编写了全套小学数学课本及配套资料。中国的小学数学教育已走向世界，为中华民族的伟大复兴贡献了非凡的力量。

我国数学教育界已开始研究总结数学教育中的“中国经验”。所谓“中国经验”，是指数学教育中继承和发扬中华教育传统之精华，借鉴国外先进教育理念，通过中国数学教师在教学实践中不断探索与创新，逐渐形成具有中国特色的教学方法。“中国经验”大致可概括为以下十个方面：

1. 数学教学中的教育性

2. 重视自学

3. 教学导入

4. 尝试教学

5. 加强“双基”教学

6. 变式练习

7. 师班互动

8. 提炼数学思想方法

9. 当堂检测

10. 完整的教研网络

教育实践是教育理论的源泉。这十条“中国经验”主要是从许多优秀教师的课堂教学中提炼出来的。由此，我们应该从源头追溯“中国经验”，通过学习和研究优秀教师的课堂教学，达到认识、学习和发展“中国经验”的目的。

2021 年 7 月 24 日，中共中央办公厅、国务院办公厅印发《关于进一步减轻义务教育阶段学生作业负担和校外培训负担的意见》。随着“学生作业负担”和“校外培训负担”的“双减’，迫切需要一线教师提高课堂教学效率。“中国经验”在长期积淀中发展，在理论上已经比较完善，在实践中已经成熟。由此，我们萌发编一套《新时代小学数学名师课堂》的设想。《新时代小学数学名师课堂》就是“中国经验”的最好体现，期待其为新时期基础教育的减负增效助力。

再说一说怎样编写的这套《新时代小学数学名师课堂》。

当下出版的教案集不少，有各种版本小学数学课本的教学指导书（相当于备课手册）、各位名家的课堂实录、按一定教育理念汇编的教学设计等。本套书的特色主要表现在两个方面：一曰新时代，二曰名师课堂。

1. 突出新时代。这套书收录的名师课堂具有时代特征，反映新时代的教育理念、教学方法、教学手段，同时也显示了中国特色，体现“中国经验”，是诠释“中国经验”的具体写照。

2. 直指名师。被选入这套书的都是名师的教学设计和课堂实录。由于我国有优越的社会制度、尊师重教的社会风气、数学教师专业化的规定，新中国成立 70 多年来，特别是改革开放 40 多年来，涌现出一批又一批小学数学名师，包括特级教师、正高级教师、学科带头人、骨干教师、教坛新秀等。

在众多的名师中还产生了一批闻名全国的小学数学名家，他们有各具特色的教育理念和高超的教学艺术。例如，吴正宪的好吃有营养的课堂、黄爱华的智慧课堂、徐长青的简约课堂、徐斌的无痕课堂、华应龙的化错课堂、李志军的游戏化课堂、邱学华的尝试课堂等。纵观世界各国，在小学数学教育领域中有这么多名家和名师是很少见的。

名家和名师的教学设计和课堂实录大都散见在各种教育杂志上。这套书就是把它们汇集起来，想必会受到大家的欢迎。

3. 分年级按领域编排。编辑这套书必须考虑如何把这些名家名师的教学设计和课堂实录有序地编排起来。为了方便教师使用，分年级编排，一个年级一本，1—6 年级共 6 本。受篇幅所限，每个年级不可能按课本分单元编排，每个课题也不可能都能找到名师的课堂设计。本书按“数学课程标准”要求，分四个模块编排：数学与代数、图形与几何、统计与概率、综合与实践。每个模块选择有代表性的典型课例。目前小学数学课本有各种版本，如人教版、苏教版、新世纪版、西师版、青岛版等。本套书总的是按照“数学课程标准”的要求，淡化版本，这样能够满足广大教师的需要，不管使用哪种版本的教师，都能参考这套书。

4. 记录名师课堂的形式以课堂实录为主，记录课堂教学有多种形式，大致分为两种：一种是课前写的，也是上课之前预设的，一般称为备课、教案、教学案、教学设计等。一种是课后整理的，为了研究需要，课后根据教学实际情况整理，一般称为课堂实录、课堂纪要、教学片段等。课堂实录要全面反映一堂课的实况；课堂纪要只是要求记录一堂课的几个重点部分；教学片段要求更简单些，仅是记录一两个片段。

上述两种形式各有特点，满足不同需要。教学设计是为了上好课而在课前准备的，课堂实录是教师和研究者为了研究的需要而在课后整理的。如果把两者混为一谈是不科学的，也是不现实的。有的学校要求教师备课都要按课堂实录形式进行，这不就闹笑话了嘛，你还没有上课，怎么能知道学生怎么回答呢？

为了使读者能够全面学习名师的经验，这套书尽量采用课堂实录的形式，少部分采用教学设计的形式。

有些重要课题同时有几个名师课例，我们把它们编排在一起，这也是同课异构，让读者分析比较，从中体现不同名师的课堂教学特色。

最后要说的是，编写这套书是一项复杂的系统工程，必须依靠集体的力量才能完成。我们两位主编，仅仅是搬运工，为的是把名师课堂集中汇编起来，呈现给大家。所以这套书是全国名师共同协作的成果，是集体智慧的结晶。

在编写过程中出现许多动人的情景：中国教育学会小数会理事长、小学数学教育家吴正宪非常支持这项工作，她说这套书是总结“中国经验”的大事，是功德无量的好事，并同意使用她的课堂实例。广东省特级教师、深圳市教科院黄爱华把他多年来搜集的名师课例毫无保留地提供给我们。天津市特级教师、简约教育创立者徐长青，在他的名师工作室范围内，广泛向名师组稿，提供了不少好课例。湖北省教育厅刘莉、甘肃省教育厅基教研究中心张炳意都积极支持，推荐本省名师参与。江苏省苏州工业区跨塘实验小学校长缪建平、浙江省宁波市高新区外国语学校副校长郑水忠在百忙之中协助做最后的校稿工作。所有入选课例的名师都赠送样书并支付稿酬，如果有些名师联系不上，此书出版 3 个月后尚未收到样书和稿酬，请与叶建云先生联系，邮箱：754828511@qq.com。

这套书的顺利出版，应感谢北京师联时代公司的策划和世界图书出版公司编辑出版。

希望广大教师喜欢这套书，并提出宝贵意见。

谢谢大家。

2022 年 3 月

CONTENTS 目录

一、数与代数

二、图形与几何

三、统计与概率

四、综合与实践

一、数与代数

1. “小数乘法复习课”教学设计

杨亚静
（北京十二中朗悦学校，青年名师）

※ 教学过程

一、回顾基础，明确目标

师：这一单元我们学习了小数乘整数、小数乘小数的计算方法，在计算中学习了如何取积的近似值，还知道了整数乘法的运算定律在小数乘法中同样适用。本单元我们还解决了很多类型的实际问题，积累了解决问题的经验，今天我们就来复习这一单元。

二、复习小数乘法的计算方法

1. 师：（出示题目）超市大米每千克售价 2.85 元，李阿姨买了 4.5 千克大米，需要准备多少元钱？

2. 师：请你列式计算，完成后思考：在学习小数乘法的计算方法时，我们运用了什么样的学习方法？怎样计算？为什么这样计算？在计算的过程中，我们应注意什么？

预设 1：这道题中每千克大米 2.85 元，4.5 千克大米就是求 2.85 的 4.5 倍，或者说 4.5 个 2.85，当然要用乘法了。列式是：2.85×4.5。

预设 2：这道题比较复杂，我们需要用竖式计算。

计算时先按照整数乘法的方法用 5 乘 285，得数是 1425，再用 4 乘 285，得数是 1140，然后把上下两部分加起来。得数是 12825，2.85 是两位小数，4.5 是一位小数，因此积的末尾应该是 2+1 = 3 位小数，从积的末尾数出 3 位，得数就是 12.825。

3. 师：为什么要这样计算呢？

预设 3：我们把小数乘法转化成整数乘法时，2.85 扩大到了原来的 100 倍，4.5 扩大到了原来的 10 倍，两个因数相乘就扩大到了原来的 1000 倍，因此积要除以 1000 才能得到正确的结果。

4. 师：算完后要在横式上写好得数。你发现了吗？积的结果是三位小数，12.825元，表示多少钱呢？12元8角2分，5呢？人民币的最小单位就是分，因此，后面的位数可以用四舍五入法舍去，更符合实际情况。这道题最后的结果可以写成12.83元，我们在横式中写上约等于12.83，最后写好答题就可以了。

5. 师：在学习小数乘法的计算方法时，我们运用了什么样的学习方法？怎样计算？在计算的过程中，我们应注意什么？

预设4：在学习小数乘法时，主要运用了转化的方法，把小数乘法转化为整数乘法，计算时先按照整数乘法算出积，点小数点时看因数中一共有几位小数，就从积的末尾起数出几位，点上小数点。

预设5：计算中提示大家注意：积的小数位数不够要在前面用0补足，再点小数点。

三、小数乘法与整数乘法的联系

1. 师：（出示题目）根据 $34 \times 29 = 986$ 口算出下面题目的得数。

$3.4 \times 29 =$	$3.4 \times 2.9 =$	$0.34 \times 2.9 =$	$0.34 \times 0.29 =$
$34 \times 2.9 =$	$0.34 \times 29 =$	$3.4 \times 0.29 =$	$0.034 \times 2.9 =$

预设1：第一组中两个因数只有一位小数，因此积的末尾也有一位小数，得数是98.6。

预设2：第二组中两个因数一共有两位小数，积的末尾也有两位小数，得数都是9.86。

预设3：第三组中两个因数一共有三位小数，积的末尾也有三位小数，得数是0.986。

预设4：第四组中两个因数一共有四位小数，积的末尾也应该有四位小数，得数是0.0986。

2. 判断：$8.3 \times 6.12 = 50.76$（50.796）

$2.4 \times 0.05 = 0.12$

$10.8 \times 5.4 = 5.12$（58.32）

预设5：$8.3 \times 6.12 = 50.76$，两个因数一共有三位小数，积的末尾也应该有三位小数，而这个得数是两位小数，所以一定是错误的。

预设6：根据这个规律，2.4和0.05两个因数一共有三位小数，积的末尾也应该有三位小数，而0.12是两位小数，因此也不正确。

师：这道题不难算，我们计算一下吧。

$2.4 \times 0.05 = 24 \times 5 \div 1000 = 120 \div 1000 = 0.120 = 0.12$ 怎么回事呢？这个小数本

来是三位小数，因为末尾是0，就把它去掉了，这样不影响小数的大小。所以，我们在判断小数位数时，不能只简单看因数中一共有几位小数，还要考虑是否有末尾的0被去掉这种情况。

预设7：$10.8\times5.4=5.12$ 这道题也是错误的。5.4大于1，那么10.8和5.4相乘一定大于10.8，这个得数太小了。

3. 出示题目、填空。

一个两位小数乘一个一位小数，积可能是 ____ 位小数，积最多是 ____ 位小数。

一个数（0除外）乘大于1的数，积比原来的数 ______ 。

一个数（0除外）乘小于1的数，积比原来的数 ______ 。

生按顺序说出答案。

师：灵活应用这些规律能大大提高我们的学习效率。

四、典型问题应用

1. 填空：

3.16中的6表示6个 ______ 。（ 百分之一 0.01）

0.8中的8表示8个 ______ 。（十分之一 0.1）

2.528中的8表示8个 ______ 。（千分之一 0.001）

生按顺序说出答案。

师小结：这些十分之一、百分之一、千分之一都是计数单位。在相乘的过程中计数单位也在乘。十分之一乘百分之一就是千分之一。

2. 师：你能画图表示出 0.2×3 和 0.02×3 吗？

学生自己完成画图，教师展示讲解。

师：（1）0.2×3，先要找到0.2，我们可以把一个正方形平均分成10份，其中的2份就是0.2，0.2乘3表示3个0.2，就是这样的3个2份，一共就是6份，表示6个十分之一。你看，最后得数就是0.6。

（2）0.02×3，先要找到0.02，可以把一个正方形平均分成100份，其中的两份就是0.02，0.02乘3表示3个0.02，就是这样的3个2份，一共也是6份。但是这6份可不是刚才的6份，这是6个百分之一，就是0.06，因此 $0.02\times3=0.06$。

（3）第三幅图：（图略）把一个正方形平均分成10份，一份就是十分之一。取了其中的2份，一看就是0.2。右边呢？把每个十分之一又平均分成了10份，取了这0.2的十分之三，最后的结果也是0.06。

师小结：通过这三道题，我们更直观地理解了小数乘法的算理，这些学习的方法和经验对我们今后学习小数除法以及分数的四则运算都有很大的帮助。

五、复习回顾

师：我们一起来回忆一下小数乘法这一单元都有哪些知识点呢？

学生梳理知识点：

1. 小数乘法的意义。
2. 小数乘法运算的道理可以用方格图表示，这样能更直观地理解算理。
3. 小数乘法的计算方法进行了总结。
4. 知道了整数乘法的运算定律在小数乘法中同样适用。
5. 解决实际问题。

2. “除数是整数的小数除法”教学设计

夏永立
（安徽省合肥市西园新村小学南校，特级教师）

※ 课前指导

课前，学生独立完成下面的“小数除以整数”研究学习单：

妈妈到水果超市买了3千克苹果，共9.6元；买了5千克香蕉，共12元；买了6千克橘子，共5.7元。

估算每种水果的单价。

我是这样估的：

用自己喜欢的方法计算出苹果的单价。

我是这样想的：

用竖式计算每种水果的单价。

我的提醒：

我的疑问：

※ 教学过程

一、创设情境，提出问题

师：出示例题，尝试解决。

（1）你能提出哪些数学问题？

（2）尝试列式，分析数量关系。

要求“每种水果的单价是多少？应该怎样列式？”（学生口头列式，教师板书）

【评析】问题是学习的心脏。在这里，教师结合学生的“你能提出哪些数学问题”，展开进一步的“尝试列式，分析数量关系”，过程自然、顺畅。

二、组内交流，分享成果

四人小组在一起交流研究学习单中的问题，初步完善自己的想法。（教师巡视，

了解学生思维活动，参与小组交流，给予适当指导）

三、全班交流，建构新知

1. 交流估算过程

（1）你是怎样估算的？

（2）教师在相应的算式后面板书估算结果。

2. 交流不同算法

（1）计算苹果的单价，谁来说一说你们的想法？

（2）请学生展示交流。

预设一：把 9.6 元转化成 96 角，利用整数除法的计算方法来解决。

预设二：把 9.6 元分成 9 元 6 角，借助生活经验，利用口算的方法来解决。

预设三：列竖式计算。

（3）比较：比较这几种方法，沟通它们之间的内在联系以及不同的地方。

（4）用方块图直观演示计算过程，帮助学生理解算理。

3. 理解竖式计算

（1）用竖式计算出香蕉的单价。

①学生说说自己是怎样算的，同学之间互相提问。

②比较：和二年级学习的有余数除法有什么区别？

③用方块图直观演示计算过程，帮助学生理解算理。

（2）用竖式计算出橘子的单价。

学生说说自己是怎样算的，同学之间互相提问。

（3）比较：这三道除法计算题有什么相同的地方？（板书课题）

4. 交流“我的提醒”

让学生在三道计算题竖式中的相应部分进行圈画，并讲解注意的问题。例如：

（1）在写商的过程中点小数点，而不要算完以后点小数点；

（2）商的小数点要和被除数的小数点对齐；

（3）除到被除数的末尾仍有余数，就在末尾添 0 再继续除；

（4）整数部分不够除，在个位商 0，点上小数点继续往下除。

5. 交流“我的疑问”

引导学生提出疑问，例如：

（1）商的小数点为何要和被除数的小数点对齐？

（2）除数是小数的除法和除数是整数的除法有什么联系？

（3）除数和商相乘的积要点小数点吗？

四、课堂练习

1. 题组练习，深化比较

36 ÷ 3	75 ÷ 25	40 ÷ 8
3.6 ÷ 3	0.75 ÷ 25	4 ÷ 8

（1）指导学生按题组计算，在计算中比较每组的两题有什么相同，有什么不同。

（2）引导学生通过对比，理解它们的计算方法相同，不同的是商的小数点的处理。

2. 错题诊断，对症下药

（1）搜集学生典型错题，引导学生纠正。（例如忘记了在商中点小数点）

（2）阅读一段数学小故事，培养学生细致认真、严谨负责的学习品质。

3. 自主编题，建构模型

给一道除数是整数的小数除法算式，请学生自己编一道生活中的数学问题。

五、课堂总结

通过这节课的学习，把你感受最深的一点说给大家听一听！

3. “一个数除以小数”课堂实录与反思（课例一）

林碧珍
（福建省福州金山小学，特级教师，正高级教师）

※ 课堂实录

一、创设情境，导入新课

师：（出示中国结）同学们请看，这是什么？

生：中国结。

师：是啊，中国结是吉祥和团圆的象征。因此到了节庆的时候，家家户户，大街小巷都会挂上中国结。

师边说边出示情景图。（图略）

师：你看，这位刘奶奶可是编中国结的能手。在这张图里，藏着一些信息，你们都读到了吗？

谁来说说看。

生：我知道了这里有 15.3 米丝绳和编一个中国结需要 0.85 米。

师：根据他提供的这两个信息，你们能提一个数学问题吗？

生：我提的问题是刘奶奶一共能编多少个中国结？

师：这是一个非常好的问题。刘奶奶用这些丝绳可以编几个中国结呢？估一估。你觉得刘奶奶大致可以编几个中国结？

生：我觉得刘奶奶大概能编 15 个中国结。

师：你是怎么想的？

生：我是把 15.3 估成 15，0.85 估成 1，15 除以 1 等于 15。

师：她这样估合理吗？

生：合理。

师：非常好。可是，老师现在要准确地知道刘奶奶能编出多少个中国结，你们会列式吗？

生：会！

师：都会呀，别急着举手，在你的本子上写出算式来。

师：请大家一起告诉老师，怎样列式。

生：15.3 除以 0.85。

师：（板书：15.3 ÷ 0.85），它跟我们之前学过的除法有什么不一样的地方呢？

生：我们之前学的小数除法除数是整数，而这个算式除数是小数。

师：（板书：除数是小数，除数是整数）今天我们就一起来探索除数是小数的除法。（板书课题：一个数除以小数）

二、合作交流，探索新知

师：除数是整数是我们之前学过的除法，我们已经都会了，今天我们遇到的这道除数是小数的除法，是我们今天遇到的新问题，有办法解决它吗？

生：有。

师：你想到了一种怎样的学习方法呢？

生：我认为可以化新为旧。

师：化新为旧是什么意思呢？

生：把我们学的新的东西转化成我们学过的旧的东西。

师：你的意思是要把除数是小数的除法……

生：我的意思是要把除数是小数的除法算式变成除数是整数的除法。

师：哦，是把除数是小数的算式变成除数是整数的除法算式。也就是要把新的知识转化成我们学过的旧知识。（板书：转化）对吗？非常棒！好了，既然你们想到了要把除数是小数的转化成除数是整数的，那你想不想尝试着自己转化转化呢？不要列竖式，直接把你认为 15.3 ÷ 0.85 可以转化成谁除以谁，写在你的本子上。

师：老师刚才下去看了一下，我发现大家有这几种转化的方法，你们帮老师当裁判好不好？仔细看：投影呈现“153 ÷ 85”、板书“153 ÷ 8.5”和“1530 ÷ 85”。

师：一眼看过去，你能知道哪一种是错误的吗？

生 1：唯一正确的是最后一个。

师：你是认为正确的是最后一个，那老师问你的问题是，一眼看过去，你觉得哪一个是错误的。

生 1：剩下的两个都是错误的。

师：他觉得两个都是错误的。其他同学怎么想的？

生 2：我认为，一眼看过去是错的就是第一个。

师：为什么你一眼就能看出第一个是错的呢？

生 2：因为他把 0.85 转化成了 85，也就是扩大了 100 倍。

师：扩大了 100 倍，是扩大到原数的 100 倍，我们可以说是乘 100。（板书：↓ ×100）

生 2：然后呢，它把 15.3 转化成了 153，才扩大了 10 倍。

师：这才扩大 10 倍，扩大到原数的 10 倍，也就是乘 10。（板书：↓ ×10）

生 2：被除数乘 10，除数也要乘 10。

师：被除数也要乘 10 才能保证商不变。也就是说，要想转化成功，必须符合商不变的规律。（板书：商不变）而这道题，商怎么样？

生：变了。

师：所以一眼看过去就知道，它一定是错误的。他是从商不变的规律上去判断它的对和错。有没有谁火眼金睛地就能够判断出它一定是错误的呢？你有什么想法？

生：要使商不变，被除数扩大几倍，除数也扩大几倍。

师：你还是用商不变的规律来判断，那扩大要说扩大到原数的 10 倍、100 倍，所以讲扩大到几倍比较麻烦，我们直接就说乘几是更好的。好，你们都是从商不变的规律来判断。其实，老师还有一种更巧妙的方法，你们想学吗？你们看：153 除以 85，你估一估，只能编几个？生：只能编一个。

师：刚才我们说了，15.3 除以 0.85 大概可以编 15 个呢，所以一估我就知道这样的转化一定是错误的。我们班同学很棒哦，可以用以前的知识来告诉大家这道题这样计算是一定不对的，因为在道题中，15.3 变成 153 是乘 10，0.85 变成 85 是乘 100，被除数与除数乘的数不一样，商一定变了，商变了怎么能求出原来的商呢。所以我要转化，要根据商不变的规律（板书：规律）来转化。

师：再来看第二个算式，天泽同学刚才说他认为是错的，你们的意见呢？

生：我觉得是因为这样子不好算，因为前面说是要化新为旧，旧的知识是除数是整数的，它这个除数是小数，所以我觉得是错的。

师：她说的意思你们听明白了吗？哪些人听明白了，举手告诉老师，都听明白啦？那这位同学这样转化，得数有没有变？

生：没有。

师：没变，因为被除数乘 10，除数呢，也乘 10，按道理来说商是不变的，是可以的，可是问题出在哪呢？

生：变来变去，除数依然是小数。

师：是啊，你们看到了，除数依然是小数，除数是小数本来就不会算，你转来转去还是不会算呀，对不对？所以，虽然转化过程没有错，可是这个结果还是不能实现除数变成整数，也就是说，转化的最终目标是要达到除数是整数。所以，我们在转化的时候要先关注谁？

生：除数。

师：是的，转化时先关注除数，要把除数转化成了整数，才能让我们……

生：化新为旧。

师：很好，那看最后一个算式。为什么对，你们能说理由吗？

生：我认为最后一题是对的，因为这道题，我们化新为旧，把它变成除数是整数的除法。

师：能具体地说说，你转化的过程吗？

生：先把除数变成了整数，乘 100。

师：（板书：×100）

生：再把 15.3 变成整数，扩大 100 倍。

师：扩大到原来的 100 倍，也就是乘 100。

师：你乘 100，我也乘 100。也就是说，在这个转化的过程中，既满足了除数是整数，又满足了商不变规律。太棒了。要把除数是小数的除法转化成除数是整数的除法，必须满足两个条件。谁能来说说？

生：第一个条件，要把除数变成整数；第二个条件符合商不变的规律。你乘了几，我也要乘几，才能保证商不变。

师：哇，我们班的孩子真的很棒啊！那接着，老师要告诉大家了，刚才这个转化的过程，如果我要在竖式上把它体现出来，你们会吗？不急，先独立思考。如果我要列竖式来解决这个问题，你觉得我们该怎么做呢？（板书：15.3÷0.85）

师：先独立独立思考一下，咱们得先做什么，再做什么，最后做什么？想好了就和你同桌交流交流。

师：你们讨论出过程了吗？谁愿意来汇报一下。

生：我觉得应该先把除数转化为整数。

师：怎么把除数转化为整数呢？

生：把小数点向右移动两位。

师：把除数的小数点向右移动两位，它就变成了整数。0 在整数中放在第一位有用吗？

生：没有用。

师：所以我把它去掉。它就变成了整数了。那可以算了吗？

生：可以。

师：可以算啦？

生：还不行。

师：不行，那还要干什么？接着干什么？请你来说。

生：接着要把被除数也乘 100，先把小数点向右移两位。还有一位用 0 来占位。

师：哦，位数不够了，用 0 来补足了。现在会算了吗？那请你们在本子上试一试。

生：独立完成，师请一位孩子上台在黑板上板书。

师：巡视学生完成情况。

师：算好了吗？我们一起看看这位同学算得对不对。

生：对。

生：因为它现在就是整数除以整数，太容易了。

师：好的，孩子们，你们都做对了吗？那我们回顾一下刚才这道题，15.3 ÷ 0.85（课件出示算式“15.3 ÷ 0.85”）。我们是怎样解决的呢？第一步先做什么？

生：先把除数和被除数扩大 100 倍，转化成整数来计算。

师：那你做的时候，先转化谁？也就是先关注除数。

生：先把除数扩大到原来的 100 倍，变成 85。

师：怎么扩大啊？

生：乘 100。

师：乘 100 就是把小数点……

生：向右移动两位。

师：移的目的是把它……

生：变成整数。

师：接着做什么？

生：再把被除数小数点也向右移动两位。

师：为什么要向右移动两位呢？

生：因为向右移动两位才能确保商不变。

师：因为刚才的除数，它移了两位，所以被除数……

生：被除数小数点也要移动两位。

三、课堂小结，巩固练习

师：谁来总结一下，我们是怎样进行除数是小数的除法的计算的？

生 1：我们要先把除数转化成整数，根据除数的小数点向右移动几位来确定被除数的小数点向右移动几位。

生 2：要注意在移动的过程中，如果位数不够了，我们就用 0 占位。

生 3：这样的转化完成了以后，就可以按整数除法的方法来计算。

师: 所以你们看，其实啊，除数是小数的除法我们不会，可是我们一点儿也不怕，因为我们掌握了……

生：化新为旧。

师：对，我们可以先把除数的小数点向右移动两位，使它变成整数。

生：再把被除数的小数点也向右移动两位，位数不够用 0 占位。

师：对了，然后按照除数是整数的计算方法进行计算。一点儿困难也没有。好的，既然没有困难，那老师给大家一道题，你能解决吗？（课件出示题目“7.98 ÷ 4.2”）

生：能!

师：试试看，用你认为最巧妙的方法解决出来。

（请两位同学上台板演）

师：做好的孩子仔细观察黑板上两种算法，老师请了两位小朋友上去，想想，我为什么请他们上去呢？他们都算对了吗？

生：对了。

师：结果都对了。计算的过程有没有什么不同呢？

生 1：不同的地方在第一位同学做的是 7.98 ÷ 4.2，他 7.98 小数点没有移动。

生 2：他移动了，他把它去掉了，移到这儿了。

生 1：4.2 向右移动两位，变成了 420。而第二个做的 4.2 没有移动。

生 3：有移呀，移成了 42。

生 1：就是没有添 0，只移动了一位。

生 4：第一个同学的计算中 4.2 只移动了一位，被除数也移动了一位。第二个同学是把 7.98 移动了两位，这边的 4.2 也移动了两位。

师：这是这位同学发现的，还有谁，能够发现他们思路背后的想法的不一样。

生 5：我觉得第一种做法是先把被除数换算成整数，第二种做法是先把除数换算成整数。

师：怎么样？真的是火眼金睛对不对？她能够从他们做的题目的表面看出他心里是怎么想的，掌声送给她。这就是学数学，不能只看表面，要看出表面之下它所隐藏的思考。你看，第一位同学他为什么要把 4.2 变成 420 呢？他想要实现把 7.98 这个被除数变成整数，被除数变整数了，除数也变整数，当然可以算对不对？可是，一定要把被除数变成整数吗？

生：不要。

师：为什么？

生：因为，我们之前就已经学过被除数不是整数的除法了，所以，今天不会因为只是我们的除数是小数，被除数是不是小数不会妨碍我们计算。

师：说得多好啊！所以我们在转化的时候，先不关注被除数，只要关注除数就好了。你看，把除数转化成整数，我就会算了。那把被除数转化成整数，也许就会出现把除数变得太大了，算起来就麻烦。所以第一位同学在黑板上算了很久对不对？而这个呢，就简单了一点。这是一种，还有刚才，我把被除数变成整数了，就会遇到除数可能还是小数。所以我们的关注点不要关注在被除数上，而是关注在除数，先把除数转化成整数，一切困难就解决了。

师：（课件出示练习题：62.4 ÷ 2.6、1.56 ÷ 1.2、5.2 ÷ 0.38、1 ÷ 0.25，请学生直接把这里的几道题在竖式上转化成你能算的除数是整数的除法，看看谁能很快地把它们转化好。

生：自主独立完成任务。

师：组织学生进行汇报交流。

师：出示练习的第二题：尼克参加庆国庆“希望杯”的比赛，他拿到了这道题不会做了，你们会做吗？试试看。

$$0.\underbrace{00\cdots0}_{8个0}837 \div 0.\underbrace{00\cdots0}_{9个0}9$$

生独立完成后，汇报交流。

师：孩子们，太厉害啦，这么难的题都被你们解决了，今天上到这儿有什么收获吗？好，你说说你的收获。

生 1：我知道了怎样可以把除数是小数的除法算出来。

师：谁来说说，一个数除以小数，是怎么算的？

生：我是把它的小数通过移动小数点来把它变为整数。

师：是的，通过移动除数的小数点把除数是小数的除法转化为除数是整数的除法来计算。所以学数学要学会转化，转化能帮我们解决很多的数学问题，好的孩子们，你们今天的表现棒棒的。

四、布置作业（略）

※ 课后反思

“一个数除以小数”是人教版五年级上册的内容，是在学生学习了“除数是整数的小数除法”，具备了用转化的思想把新知识转化为旧知识的经验后进行教学的。教材中安排了两个例题，第一个例题呈现的是被除数和除数均是两位小数的情境，第二个例题则呈现被除数和除数的位数不同的情境。站在编者的角度思考，我们发现，教材例 4 中被除数和除数的位数相同，学生能轻松地运用转化的数学思想把除数和被除数转化为整数，再根据整数除法的法则进行计算。在此基础上，教材再呈现例 5，学生有了前面转化的经验，这时只要把关注点放在被除数和除数的小数位数不同时，要先把除数转化为整数，再根据商不变的规律，移动被除数的小数点位置即可。这样分两个例题进行教学，可以大大避免学生的错误，分散并降低难度。但站在学生的角度思考，我们发现这样的编排给学生搭的脚手架太多，不利于展示学生个性化的解决问题策略，也不利于学生解决问题能力的提升。根据小学生的认知特点，我们认为，把教学点定位在学生的最近发展区，例题设计有一定的挑战性，或者能诱发学生出错，更有利于激发学生的探索热情，更能促进学生的发展。通过这样的解读与思考，我对教材的例题进行了改造。我把教材例 4 中的数据改为被除数和除数位数不同的情境：刘奶奶编一个“中国结”需要 0.85 米丝绳，有 15.3 米的丝绳，可以编几个“中国结”？这样一来，被除数和除数位数不同，学生在解决问题的过程中就会出现三种不同的解决方法：把 15.3 ÷ 0.85 转化为 153 ÷ 85、153 ÷ 8.5、1530 ÷ 85。我们在展示三种不同的方法后，充分利用把 15.3 ÷ 0.85 转化为 153 ÷ 85（小数点移动的位数不同，转化后商会发生变化）和把 15.3 ÷ 0.85 转化为 153 ÷ 8.5（虽然转化正确，但还是不能有效地解决问题）这两种资源，引导学生在观察比较中深刻理解除数是小数的除法计算的算理和算法，在正误的对比中突出了重点，突破了难点。通过整合，所呈现的例题更具有挑战性，满足了学生个性化解决问题的需求，同时在发现错误、纠正错误中深化了学生对除数是小数的除法计算方法的认识。课堂教学中，学生兴趣盎然，探索味特别浓。由此可见，教师要在解读教材时站在学生的角度思考，巧妙地整合例题用活教材，使教学更符合学生的认知规律。

4. “一个数除以小数”课堂实录（课例二）

邱艳萍
（江西师范大学附属小学，特级教师）

※ 课堂实录

一、激趣导入

师：阳春三月，多美的季节，让我们乘着快乐号列车出游吧！

1.把下列小数变成整数各扩大多少倍？（7.2，0.67）

生：7.2 小数点向右移一位，扩大 10 倍。

生：0.67 小数点向右移两位，扩大 100 倍。

【设计意图】学生边说边演示课件，演示动态的小数点移动过程。让学生经历小数点的移动过程能准确说出变化规律。为除数化整作铺垫。

2.把 15.26 扩大 10 倍、100 倍、1000 倍各是多少？

【设计意图】除数是小数的除法，把除数转化成整数后，被除数可能出现的三种情况：152.6 被除数仍是小数；1526 被除数恰好也成整数；15260 被除数还要补“0”。此复习题是要解决被除数在转化时的变化，分散教学难点。

3.填一填你发现了什么？

被除数	78	780	7800	7.8
除数	2	20	200	0.2
商	39			

师：猜一猜 7.8÷0.2 商会是几？为什么？

生 1：是 0.39，被除数和除数都扩大 10 倍得 39，再将商缩小 100 倍所以得 0.39。（形成知识碰撞的火花，两种观点产生争执）

生 2：我认为 0.39 是不对的，因为对比 7.8÷2，被除数和除数同时缩小 10 倍，商是不变的，商还是 39。（引起共鸣孩子们都点头称是）

生 3：上学期我们学习过“商不变的规律”，被除数和除数同时扩大或缩小相同的倍数（零除外），商不变。只要根据这规律就能直接判断商还是 39。

师：7.8÷0.2 与 78÷2 比较，被除数和除数都缩小了 10 倍，所以商不变，还是 39。

师：谁能归纳出它们的变化规律吗？

生：被除数和除数同时扩大或缩小相同的倍数，它们的商不变。（学生归纳后课件演示这一规律）

师：在这句话里，哪几个字比较重要呢？（相同）对，要使它们的商不变，就要把除数和被除数同时扩大，并且扩大的倍数要相同。（师在“相同”下面画上着重号）

【设计意图】利用“商不变的规律”为学生提供将除数转化为整数的依据。

二、探究算理

1. 噢！我们到达了首都北京。让我们给家人报平安吧！淘气正给在国外工作的爸爸打电话。（课件演示情境图）

师：说一说你从图中得到哪些信息？

生 1：国内长途每分 0.3 元；国际长途每分 7.2 元。笑笑打国内长途花了 5.1 元，淘气打国际长途花了 54 元。

生 2： 机灵狗对淘气说：“哇，花这么多钱，打电话时间太长了吧？”淘气不高兴了，说：“我还没笑笑打电话时间长呢！”

师：你能根据图中信息提出哪些数学问题？

生 1：淘气、笑笑各打了多少分钟？

生 2：两个人谁打电话时间长？

师：好，这问题提得不错，你们打算怎样解决呢？请同桌之间讨论一下。

生列式：笑笑打电话的时间：5.1 ÷ 0.3。

淘气打电话的时间：54 ÷ 7.2。

2. 揭示课题

师：这两个算式与我们以前学习的除法有什么不同？

生：除数由整数变成了小数，以前我们学习的小数除法中的除数都是整数。

师：今天我们一起来研究“除数是小数的除法”。（板书课题：除数是小数的除法）

3 . 探究算理

（1）小组讨论：我们学习了除数是整数的小数除法，现在除数是小数该怎样计算？请帮笑笑算一算打了多少分钟？

（2）尝试计算：

板演学生做的结果，并由学生讲解：

生 1：除数是小数的除法我们没学过，但我们可把单位名称进行改写后再进行计算。

方法一：

5.1 元 ÷0.3 元 = 510 分 ÷30 分 = 17（分钟）

生 2：我们组的方法也差不多，我们认为把单位化成角更简便一些。

方法二：

5.1 元 ÷0.3 元 = 51 角 ÷3 角 = 17（分钟）

方法三：

生 3：0.3 是 3 个 0.1，5.1 是 51 个 0.1，51 ÷ 3 = 17（分钟）

方法四：我们组将 5.1 和 0.3 都同时扩大 10 倍。

5.1 ÷ 0.3 =（5.1 × 10）÷（0.3 × 10）= 51 ÷ 3 = 17（分钟）

师：为什么要把被除数、除数同时扩大 10 倍？（讲道理）

生：将除数 0.3 扩大 10 倍后变成整数 3，根据“商不变的规律”要使商不变，被除数 5.1 扩大 10 倍后变成 51，除数化成整数，计算更方便。

师：同学们说得都很有道理，这道题我们可以通过哪些方法把除数化成整数？

（① 改写单位名称；② 利用商不变规律）

（3）练习：独立用竖式完成 5.1 ÷ 0.3。

思考：你用哪种方法转化？为什么？

同桌互相说说转化的方法及道理。

师：利用商不变的规律，把被除数和除数同时扩大多少倍，由哪个数的小数位数决定？

（由除数的小数位数决定。因为我们只要把除数转化成整数就成了，除数是整数的小数除法。如 5.1 ÷ 0.3 =51 ÷ 3 = 17 在竖式讲解中用“划、移、点”三个字将小数点移位形象具体，学生所得到的印象深刻）

【设计意图】在试做的基础上引导学生初步感受转化时小数点的移位方法，为自主概括算理作铺垫。

（4）师：现在你们能帮淘气算一算打电话的时间吗？要把除数 7.2 变成整数，怎样转化？

生：① 在竖式时，要使除数变成整数，把除数 7.2 扩大 10 倍转化成 72，要使商不变，被除数也应扩大 10 倍。

② 被除数 54 扩大 10 倍是 540，位数不够时末尾补“0”。

③ 学生试做：54 ÷ 7.2 = 540 ÷ 72 = 7.5。

（5）师：比较 5.1 ÷ 0.3 与 54 ÷ 7.2 有什么不同？

生：被除数在移动小数点时，位数不够时，末尾用“0”补足。

生：笑笑打电话时间长。

生：除数是小数的除法，把除数转化成整数后，被除数可能出现三种情况：*A*. 被除数仍是小数；*B*. 被除数恰好成整数；*C*. 被除数末尾要补“0”。

【设计意图】对被除数小数点移位后补“0”的方法，引导学生在复习题中发现并掌握。学生试做后先不急于讲评，让他们对照教材中的两个例题，启发学生观察、比较两道例题的不同点与计算时的注意点。引导学生分析、比较，逐步抽象出移位的方法。让学生在充分积累经验的基础上归纳出除数是小数的除法的算理，会收到水到渠成的效果。

（6）师：试算 8.4 ÷ 0.56 = ？（学生独立试算后交流）

生：被除数和除数同时扩大 100 倍，8.4 ÷ 0.56 = 840 ÷ 56 = 15。

师：为什么要扩大 100 倍，而不像前两道那样同时扩大 10 倍呢？

生：如果同时扩大 10 倍，除数仍是小数，不能直接计算。

师强调：根据同学们的意见，被除数和除数要扩大多少倍，是由除数决定的。

（将算理以儿歌形式出现：除数是小数，使它变整数；除数小数点，向右移几位，被除数小数点，也向右移几位，位数不够时，用“0”来补足；再按照除数是整数的方法来计算。）

三、展开练习

1. 根据 41.6 ÷ 2.6 = 16，填空：

（1）416 ÷ 26 =（　　）　　（2）4.16 ÷ 0.26 =（　　）

（3）0.416 ÷（　　）= 16　　（4）4140 ÷ 260 =（　　）

2. 填一填：先让学生尝试独立解题，再引导学生讨论：为什么可以把除数转化为整数？

0.78 ÷ 0.2 =（　　）÷ 2　　0.7 ÷ 0.25 =（　　）÷ 25

4.06 ÷ 0.58 =（　　）÷（　　）　　32 ÷ 0.08 =（　　）÷（　　）

（　　）÷（　　）=（　　）÷（　　）（此题学生可灵活使用）

3. 用竖式计算

6 .21 ÷ 0.3　　6.3 ÷ 0.42　　41.6 ÷ 2.6

0.21 ÷ 0.025　　0.012 ÷ 0.25　　7 ÷ 0.35

【设计意图】通过各种形式的练习提高学生学习兴趣，巩固算理，强化重点，突破难点。

四、总结评价

1. 通过今天的学习你有什么收获？

2. 除数是小数的计算方法明白了吗？让我们再来读一读那首儿歌。

5. “商的近似值”教学设计与反思

殷家骅
（江苏省高邮市第一实验小学，特级教师）

※ 课前思考

1. 在学习了求积的近似数的方法、小数除法后，学生来学习本节课的内容。小数除法经常会出现除不尽或者商的小数位数较多的情况。但在实际生活和工作中，并不总是需要求出很多位小数的商，而往往只要求出商的近似值就可以了。本节课让学生掌握，在一般情况下用四舍五入的方法求近似值，但也有特殊的情况，要根据实际情况保留位数。

2. 通过动手操作加强对商的近似值含义的理解，教师尽可能地创造学生互相学习、互相讨论的机会，实施有效追问，积极启动学生思维，发挥学生的主观能动性，让每位学生突破自己，展示自己，同时应重点引导学生能根据实际情况正确地分析，选择正确的方法取商的近似数。同时，引导学生善于观察、发现求商的近似数的简便方法。

※ 教学过程

一、生活信息，激活思考

长沙市位于湖南省东部偏北，湘江下游和长浏盆地西缘。总面积 11819 平方公里；辖 6 个区、1 个县、代管 2 个县级市；2018 年，常住人口 815.47 万，城镇化率 77.59%，地区生产总值 11003.41 亿元。境内地势起伏较大，地貌类型多样，地表水系发达。气候温和，四季分明，湘江穿城而过。

师追问：

1. 上面信息中的数，哪些是准确数？哪些是近似数？
2. 你是怎样理解准确数与近似数的？
3. 得到的准确数、近似数分别运用什么数学符号？

二、关键问题，探索生成

1. 课件出示例 12

下面是几种动物在水中的最高游速。（审题指向（千米 / 时）解读）

动物名称	海狮	海豚	飞鱼
速度/（千米/时）	40	50	64

2.（出示问题）海狮的最高游速大约是多少千米 / 分？（得数保留两位小数）

指向：千米 / 分 求的是准确数吗？何以见得（1）……（2）……

3. 怎样列式？根据是什么？（40 ÷ 60，把千米 / 时平均分成 60 份）

4. 集体试算，指名板演。40 ÷ 60 ≈ 0.67（千米 / 分）

追问：你是怎样得出近似数 0.67 的？

三、对比问诊，诱发思考

能求海豚和飞鱼最高游速大约各是多少千米 / 分吗？

1. 集体试算，指名板演，反馈评奖（提示：把竖式保留在黑板上）

50 ÷ 60 ≈ 0.83（千米 / 分） 64 ÷ 60 ≈ 1.07（千米 / 分）

追问：你们是怎样得出 0.83、1.07 的？（四舍五入）

说得真有道理，把掌声送给他！

2. 请看大屏幕，填写表格中其他的数据有困难吗？请拿出表格填一填。

三种动物最高游速情况表

动物名称	列式	准确值	近似值（千米/分）			
			保留整数	保留一位小数	保留两位小数	保留三位小数
海狮	40 ÷ 60				0.67	
海豚	50 ÷ 60				0.83	
飞鱼	64 ÷ 60				1.07	

3. 填表订正。

4. 如果要判断哪一种动物游得最快或最慢，只要看哪一列的数就可以了？

5. 小结：学到这儿，大家有什么想说的吗？我也想说两句好吗？

保留小数的位数越多的近似值越接近准确值。但保留小数的位数要从实际情况考虑。比如：海狮的最高游速就没有必要保留五位小数（1.66667 千米就是 1666 米 6 分米 7 厘米）。

这就是我们今天学习的商的近似值。（板书课题）

求积的近似值和商的近似值有什么相同点和不同点呢?

6.回看“求小数除法的商的近似值时，一般先除到比需要保留的小数位多一位，再按照四舍五入的方法取近似值”。这里的一般是什么意思呢?

7.问题诊所。0.186÷0.56 只除到第一位小数能求出商的近似值，可以吗？为什么?

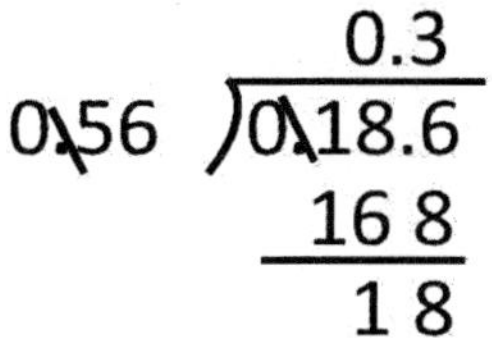

四、思维导图，探寻思维价值

1.思维导图复习，回应本课如何学习“求小数除法的商的近似值”。

2.P74 页 练习十三 10–11 题。提醒：审题一字不漏，解题一丝不苟，做完验查不停手。

3.拓展延伸：一个小数保留一位小数后得到近似值是 1.4，这个小数可能是多少， 最大是多少，最小是多少。

【设计意图】加深巩固所学内容，利用已有的生活经验，利用思维导图，引导学生把所学的数学知识应用到现实生活中去，以体会数学在现实生活中的应用价值，让学生学会结合实际求商的近似数。

※ 课后反思

本节课，教学时建构“以用激趣、以用助学、学用结合、以学促用、学以致用”的致用学堂范式，采取有效追问策略，培植数学特征的关键能力与思维品质。尽可能地调动学生进行想、猜、议、验、评、练等数学实践，引导学生在用中学，在学中用，主动地进行创造性学习，并主动地将所学应用于课堂，应用于生活，促使学生“数用”能力得到最大可能的发展。

一、要抓住有关联的问题进行发问

从“准确数"的视角打通了近似数之间的联系，体会到了新旧知识之间的关联，这样的学习方式让学生“不仅学会了，而且会学了”，让学生的思维得到了极大的拓展和提升。

二、要抓住关键处适时追问

关注方式，归还自主权，引发思维的创造性。课堂出彩的不应是老师，而是学生。一节课成功与否，就看学生是否出彩。适当的追问，把话语权让给学生，归还学生学习的自主权。

三、要创设有挑战的问题情境进行跟问

在数学学习过程中，教师要积极创设挑战的学习任务、设计合理的问题情境，引发学生的思维冲突，组织深度探究的学习……教师的有效追问，能引导学生形成走向深度思维具备的基本素养。

6. “循环小数”课堂实录与反思

黄爱华
（广东省深圳市教育科学研究院，特级教师，正高级教师）

※ 课前思考

循环小数是在学生学习了小数除法的意义、小数除法的计算及商的近似值的基础上进行教学的。是学生较难准确地理解和表述的一个概念，特别是表述其意义的一些抽象说法，学生难以理解。教材通过除法的实例，引导学生观察比较，使学生掌握循环小数的特征，理解循环小数的意义。在此基础上，认识循环节、纯循环小数和混循环小数，并学习循环小数的简便写法。

※ 课堂实录

一、故事引入，做好铺垫

1. 揭示课题

师：同学们，我们一起来听一段配乐故事好吗？

生（众）：好！

（教师播放录音）

“从前有座山，山上有座庙，庙里有个老和尚，他对小和尚说，从前有座山，山上有座庙，庙里有个老和尚，他对小和尚说，从前……”

（学生们听着配乐故事，不由自主地笑了）

师（笑着关掉录音机）：哪位同学能接着往下讲？

（全班同学人人举手，都要求讲，老师指名一位同学站起来，接着往下讲）

生：从前有座山，山上有座庙，庙里有个老和尚，他对小和尚说，从前有座山，山上有座庙，庙里有个老和尚，他对小和尚说——

（这位同学讲到这里停了）

师：怎么不讲了？

生：这个故事讲不完？

师（对着全班同学）：这个故事能讲完吗？

生（齐答）：讲不完！

师：为什么呢？

生：因为这个故事总是不断地重复说这几句话。

（板书：不断地重复）

师：说得很好。在数学王国里，就有一种小数，这种小数，小数部分的数字也会像这个故事里几句话一样，不断地重复出现。同学想认识它吗？

生（众）：想。

师：今天这节课我们就来学习循环小数。（板书课题）

2.结合讲故事的过程，理解关键词

师：如果老师让那位同学不断地重复，一直讲下去，不叫停止，想一想，他要讲多少遍？

生：要讲很多很多遍。

生：要讲无数遍。

师：像这样讲的遍数是“有限的”还是“无限的”？

生：是无限的。

师：他刚才讲的遍数呢？

生：是有限的。

师：同学们，我们听、讲这个故事的时候，总是有顺序地说着四句话，“从前有座山，山上有座庙，庙里有个老和尚，他对小和尚说”，然后不断地重复。这样，又可以叫作“依次不断地重复”。

二、在实践中探究概念

1.什么叫循环小数

师：请同学们用竖式计算一道题（出示 10÷3），看看它的商有什么特点？

生：老师，我发现这道除法题除不尽，商总是重复出现 3。

师：为什么会重复出现“3”呢？

生：因为余数重复出现“1”了，所以……

师：这么说，10÷3 的商里有多少个“3”呢？

生：有无数个“3”。

师：既然是无数个，可以怎么表示呢？

生：我认为可以用省略号表示有无数个“3”。

（板书：10 ÷ 3 = 3.3333……）

师：（出示 58.6 ÷ 11）这道题的商又有什么特点？

（学生除到商是五位小数时，教师要求停笔）

师：想一想，如果继续除下去，商会怎样？

生：商里会依次不断地重复出现“2”和“7”。

师：你是怎样想出来的呢？

生：因为余数重复出现“3”和“8”，所以商就会重复出现“2”和“7”。

师：是不是这样的情况呢？继续除除看。

师：谁能说出这道题的商。

生：58.6 除以 11 等于 5.32727 等等。

师：“等等”用什么符号表示？能不能不写省略号？为什么？

生：不能不写省略号。因为只有写上省略号，才能表示商后面还有很多 27。

师：（出示下组题）能说出省略号表示的意思吗？

2 ÷ 9 = 0.222……

5 ÷ 12 = 0.4166……

9 ÷ 55 = 0.16363……

生 1：第一题省略号表示 2 循环。

生 2：第二题省略号表示 6 循环。

生 3：第三题省略号表示 63 不断重复出现。

师：你有没有什么要提醒同学的？

生 1：最后一题不要以为是 3 循环，而是 63 在循环。

师：这么说循环小数要写出两个。

生 2：重复出现的数字可以是一个也可以是两个。

生 3：第二题是 6 循环。

师：也就是说重复出现的不一定是从小数部分的第一位开始的。

师：像这些小数，就是我们今天要学习的“循环小数”（板书课题），谁能说一说什么叫“循环小数”？

生：一个小数，几个数字重复出现。

生：一个小数，几个数字依次不断地重复出现。

生：一个小数，从某一位起，一个数字或者几个数字依次不断地重复出现。

师：你们认为哪位同学说得最好？再请同学们看看书上写的与这位同学刚才说的还有什么不同？

生：书上多了“小数部分”这几个字。

师：书上为什么要强调从“小数部分”的某一位起呢？

生：这就是说循环小数是从“小数部分”而不是从整数部分的某一位起，一个数字或者几个数字依次不断地重复出现。

师：请同学们判断下面几个数是不是循环小数，为什么？（投影显示）

（1）0.999……

（2）5.02727……

（3）6.416416……

（4）3.212121

（5）3.1415926……

（学生判断后，教师组织讨论）

师：同学们，你们判断这些小数要注意些什么问题呢？

生1：老师，我发现第（4）个小数3.212121的小数部分的个数是有限的，是一个有限小数，不是循环小数。

生2：老师，第（5）个小数3.1415926……它是无限的，但没有数字重复出现，所以它不是循环小数，是无限不循环小数。

生3：老师，我发现小数是有区别的：有的是循环小数，有的是不循环小数；有的是有限小数，有的是无限小数。

（板书：有限小数、无限小数、无限不循环小数、循环小数）

2.循环节

师：（指板演题）“3.333……”中不断地重复出现的数字是哪一个？（3）在“5.32727……”中依次不断地重复出现的数字是哪几个？（2、7）在“6.416416……”中不断地重复出现的数字是哪几个？（4、1、6）

师：我们能不能想一个办法，让循环小数的写法简单一些，比如，去掉省略号，依次不断重复出现的数字也只写一次，却依然能让人看出这个循环小数的意思？

生1：我想了一个办法，3.333……写作3.（3）；5.32727……写作5.3（27）；6.416416……写作6.（416）。

生2：我的办法是这样的，3.333……写作3.3；5.32727……写作5.327；6.416416……写作6.416。

生3：我的办法是这样的，3.333……写作$3.\dot{3}$（无限）；5.32727……写作5.327（无限）；6.416416……写作6.416（无限）。

生4：我的办法是这样的，3.333……写作3.3（3无限）；5.32727……写作5.327（27无限）；6.416416……写作6.416（416无限）。

生 5：我的办法是这样的，3.333…… 写作 3.3；5.32727…… 写作 5.327；6.416416……写作 $6.\dot{4}\dot{1}\dot{6}$。

师：你认为哪种符号比较好？

生 1：不要有汉字比较好。

生 2：第 5 种办法比较好。

师：在循环小数中，依次不断重复出现的数字有个名称，请看课本。书上介绍的符号是大家已经约定俗成的，我们以后就遵循好了。与第 5 种办法很接近，但更简洁。

师：什么叫循环节？请找出以上判断题中循环小数的循环节。（教师指数，学生口答）（当教师指第（4）小题时）

生：这个数的循环节是“21”。

师：对吗？

生：不对，因为这个数不是循环小数，所以它没有循环节。

师：对！循环节只有在循环小数里才能出现，如果不是循环小数也就没有循环节。

3. 循环小数的简便记法

师：循环小数一般的写法是把循环节写出两遍或三遍，然后写上省略号。不过这样写比较麻烦，简便写法是只写出一个循环节，然后在循环节的首位和末位数字上各记一个圆点，这个点叫循环点，如 $5.3\dot{2}\dot{7}$。读着：五点三二七，二七循环。

师：请同学们试一试。

（1）写出 3.333……的简便写法。

（2）写出判断题中循环小数的简便写法。

4. 纯循环小数和混循环小数

师：比较一下：“3.67”和“这两个循环小数的循环节的位置有什么不同？

生：3.67 的循环节是从小数部分的第一位就开始的，而 3.267 的循环节不是从小数部分第一位开始的。

师：这是两种不同的循环小数，我们给它们分别起上名字。请看教科书。

（板书：纯循环小数、混循环小数）

师：请同学们再试一试。

（1）教师出示循环小数，让学生判断是纯循环小数还是混循环小数。

（2）做一做。（教科书）

（3）学生举例。（先让学生写在练习本上，而后汇报）

5. 小结学习内容

师：今天我们学习了哪些新知识？谁能说一说。

师：你能用今天所学知识说明这几道题的商吗？

再次出示：$2\div9=0.222\cdots\cdots$

$5\div12=0.4166\cdots\cdots$

$9\div55=0.16363\cdots\cdots$

三、解决问题

1. 判断题（对的画“√”，错的划“×”）

（1）0.7777 是循环小数。（　　）

（2）$0.0\dot{7}$ 是混循环小数。（　　）

（3）$0.27=2.0\dot{7}$（　　）

（4）$1.\dot{3}>1.333$（　　）

（5）循环小数 13.24324……可以写作 $1\dot{3}.\dot{2}\dot{4}$。（　　）

2. 找数

在下列数中，

比 1 小，循环节是三位数字的纯循环小数有（　　）

比 1 大，循环节是一位数字的混循环小数有（　　）

$10.10\dot{1}$　$3.\dot{2}1\dot{2}$　$0.0\dot{7}$

$0.\dot{4}1\dot{4}$　$2.4\dot{5}$　$0.\dot{1}0\dot{1}$

四、课堂小结

※ 课后反思

“循环小数”这部分知识概念多，比较抽象，内容枯燥乏味，学生不容易理解。为了让学生能在仅有的 40 分钟内很好地学习较难理解和掌握的概念，取得较好的教学效果，我运用了奥苏伯尔“先行组织者”理论模式来设计本课。

一、先行组织者的呈现

开课时，一改教材中从单调的计算引出概念的做法。用“从前有座山，山上有座庙……”这个耳熟能详的故事作为“开场白”，不仅营造了轻松、愉悦、民主的学习氛围，使学生很快进入最佳的学习状态；而且唤起了学习者知识和经验的意识。概念中的关键词有意无意地在讲故事中得到体现，学生在欢声笑语中初步感知了“循环、无限、不断重复、依次不断重复”等重点词语的含义，让学生对新知识有大体的了解，分散了教学难点。我所提供的事例与将要学习的内容有很恰当的联系，给学习者在已知与未知之间架起一道桥梁，从而更有效地学习新知识。

二、学习任务和材料的呈现

在这一阶段，我遵循逐步分化的原则将学习材料呈现给学生，将概念分化为不同的层次：循环小数的意义——循环节——循环小数的简便记法——纯循环小数和混循环小数，学习的材料由浅入深，学生学习不同层次的知识，了解不同层次知识之间的关系，不仅容易理解，而且使学生形成良好的认知结构。在教学过程中，我尽量做到每一个概念的形成，学生都知道它的形成过程，而不是知道结论，我充分利用教科书，尝试练习，互相讨论，师生对话等方法，让每一位学生都在积极的状态下参与学习。

三、认知结构的加强

在“判断正误”和“找数”这两个练习环节，我都让学生说出为什么对、为什么错、为什么选这个数不选那个数，让学生主动去评价学习过的内容，分析又联系概念的相似点和不同点，阐明道理。这个环节似乎在现在的数学课上比较缺乏，但是我认为对学生形成明晰的数学语言却很有好处，更能加强学生刚刚建立起来的对“循环小数”的认知结构。最后，我运用综合贯通的原则引导学生进行课堂小结，增强学生认知结构中有关概念之间的联系。学生自己组建已有知识与新学知识的“网络系统”，整个过程都是让学生自己思考、组织、解决，并没有只是老师简单的说与学生简单的听，随着我的板书，学生形成的知识体系终于明晰了。

7. “用字母表示数”教学设计与反思（课例一）

顾志能
（浙江省海盐县教育研究中心，特级教师）

※ 课前思考

字母可以表示任意数，表示一类数、变量、特定的未知数，等等。小学生学习“用字母表示数”，最直接的目标是为“方程”的学习做准备，而小学阶段的“用方程解决问题”，其中的未知数都是一个特定的暂时未知的数。基于此，我们认为，教学“用字母表示数”，从“字母表示一个特定的未知数”这个角度引入更为合适。（张奠宙先生在《把数学思想方法适当地说出来——从“文字代表数”的意义说到方程本质》一文中也曾明确提出过这样的观点，我们的想法是与其一致的。当前很多教材都是从变量的角度引入“用字母表示数”的教学，有一定争议）

我们按照“用字母表示特定的未知数”这个思路开展了尝试，课堂呈现出可喜的新面貌。但是在研讨时，一位团队成员率真的发言引发了我们更深的思考，他说：“如果我是小学生，我最想不通的，就是未知的数用字母表示，那还是不知道它到底是几，这到底有什么用呢？”

轻轻的一句话瞬间钻入我们的心底。的确，在已经知道用字母表示数前因后果的教师眼里，未知数用字母表示是再正常不过的数学常识。然而，对于第一次遇到这种现象的学生，他们哪有那么容易接受和理解呢？要知道，在人类认识的历史上，这个知识的形成历时三千多年。

为了了解学生学习用字母表示数时的心里想法，我们设计以下问卷。

1.我们将学习一个数学内容“用字母表示数”。看到这个课题，你心里肯定会有很多问题，请把你的问题写下来吧。

问题一：________________________

问题二：________________________

2.一个袋子里装了很多乒乓球，不知道有几个，有人说这时可以用字母来表示，如“一袋球有x个”。看到这样的表示方法，你有什么疑问吗？

____

3.一袋球原有x个，又放入3个，现在一共有（　　）个。

上述三道题功能不同：第 1 道是了解学生对课题的感受；第 2 道是想模仿课堂实际（当有学生提出未知的数可用字母 x 表示时），测查其他学生的心理活动；第 3 道是测试学生是否能写出含有字母的式子。

第3道担心学生写不出，因为毕竟只是前测，学生未经历前半节课的真实学习，会影响此时的能力表现，所以我们还把这道题目改成选择题（如下图，模拟课堂上出现了学生的各种回答），前两题不变，组成了另一张前测卷。

3.一个袋球原有x个，又放入3个，现在一共有（　　）个。

括号里怎么填？下面有四个答案，你赞同哪个，请在相应的答案下打√。

①x　　② y　　③ x +3　　④ x +3=y

我们测试了农村 4 个班、城镇 4 个班的 331 名五年级学生，统计结果让我们感到意外。

第 1 题：看见“用字母表示数”这个课题，你有什么问题？

为什么要用字母表示数？（有什么好处？有什么用处？……）56.8% 的学生提出此类问题（188 人次）；怎么用字母表示数？（可以用哪些字母？什么是表示？哪些数可以用字母表示？字母有限，怎么表示出无限的数？怎么计算？……）74.3% 的学生提出此类问题（246 人次）。

第 2 题：对“一袋球有 x 个”，你有什么疑问吗？

为什么用 x 表示？（可以用其他字母或方法表示吗？……）42.9% 的学生提出此问题（142 人次）；x 个到底是多少个？（那不是还是不知道几个吗？怎样才能知道它是几？……）49.8% 的学生提出此问题（165 人次）。

第 3 题：一袋球有 x 个，又放入 3 个，现在一共有（　）个。

●填空（167 人参与）

填写内容	x	y或其他字母	$x+3$	$3x$或$x3$	具体数字	其他（如空白）
人数	21	9	71	27	33	6
百分比	126%	5.4%	42.5%	16.2%	19.8%	3.6%

●改成选择（164 人参与）

选择项	x	y	$x+3$	$x+3=y$
人数	2	16	66	80
百分比	1.2%	9.8%	40.2%	48.8%

前测数据中隐含的信息清晰可见：

1. 学生对课题充满了疑惑，这是一个有价值的“教学资源”

为什么要用字母表示数？怎么用字母表示数？ 56.8% 和 74.3% 的比率显示出出学生对该内容的强烈兴趣。那么，是否可用这两个问题来引领全课，让学生带着问题进行学习？一节课下来，学生若明白了怎么用字母表示数（用任意字母代替未知数，写出含有字母的式子表示新的数），初步感受到了用字母表示数的作用（在为学习方程做准备），那不就是教学目标的绝佳实现吗？

2.“为什么要用字母来表示”是一个好问题，教师需直面相对

x 个到底是多少个？那不是还是不知道几个吗？……将近一半的学生对于“一袋球有 x 个”存疑。可见，教师觉得顺理成章、无须讨论的知识点，却是学生心中的一个真问题。的确，人类几千年的探索成果，要在这么片刻间，通过简单的告知，就让学生欣然接受，这未免理想化了。那么，这么好的问题要不要暴露？暴露以后又该怎么应对？我们觉得，若敢直面这个问题，并有相应的策略，还能较好地引导释疑，这节课或许就创出了新的教学之路。

3. 含有字母的式子很不简单，这是教学的难点之处

x 个球，放入 3 个，现在有几个？若是填空，情况多样，其中 $x+3$ 仅为 42.5%。可见，从字母到字母式，是不容易的，此处是认知上的一次跨越。更让人深思的是选择题，选 $x+3=y$ 的比例高达 48.8%。这个比例虽高，但在填空时却无一人如此填写，这是为何？我们大胆猜测，想到 $x+3=y$ 的学生是极少的，但课堂上若有个别学生写出这种式子后，其他学生看到后都会欣然采纳。采纳的背后，展现出的是学生心中“一个算式一定要有结果”的算术思维定式。由此也可见，含有字母的式子，学生头脑中的认知，他们对此的接纳，思维很复杂，过程不简单，它是这节课的教学难点，要引起高度重视。

带着对学情的充分把握，我们定下了思路：以恰当的材料引发学生提出真实的疑问，扣住学生的问题，有层次地推进教学；过程中特别关注教学难点的有效突破，引导学生深刻建构知识，切实提升思维。

※ 教学过程

一、教学导入

直接揭题，学生读题，引导提问，记录问题。

【说明】尽管“见课题提问”，往往都是浅层次的形式化提问，但本课的课

题，学生的确有很多真实疑问。此处设置提问，有益于学生学习兴趣的激发和学习方向的聚焦。学生的问题有“哪些字母，怎么表示，表示什么数，有什么用”等。采用的问题记录方式是划线与标记问号，简单，醒目。

二、新授展开

1. 旧知唤醒

教师举例：事物的数量确定时，都可以直接用一个数表示，这样的数叫“已知数”（板书）。

2. 新知教学

（1）情境引入，聚焦问题。

教师以一袋乒乓球为情境，板书：一袋乒乓球有（ ）个。

①让学生猜数量，学生猜不出，教师告知“暂时不知道的数叫未知数”。

②遇到这样的情况，括号里怎么填？有学生提出可以用字母来代替未知数，如 x、y 等；有学生说 26 个英文字母都可以……

③教师给予肯定，记录“一袋乒乓球有 x 个”。呼应课始学生的问题，解决“哪些字母，怎么表示，表示什么数”三个问题，逐一擦去问号。

④引发学生思考，学生提出质疑：用 x 表示，还是不知道到底有几个？用字母表示未知数到底有什么用？

教师表扬学生的质疑，在“作用”后面加标问号，支持学生的强烈疑惑。

【说明】学生在课前接触过或学过某个知识是常见的现象，所以当有学生介绍“经验”（用 x、y 或其他字母来表示未知数），就一定会得到其他学生的认可。基于这样的认可，回应之前的三个问题，自然恰当。然后再引发学生深入思考，提出更大的质疑，思维由此聚焦，课堂由此深入。

（2）变化情境，直击难点。

教师又放入 3 个乒乓球，板书：放入 3 个，现在一共有（ ）个？

①让学生独立表示，巡查、了解学情。

②请学生将不同的写法写到黑板上，有 x、y、$x+3$、$x3$、$x+3=y$ 等。

③“同意谁的方法？”组织学生讨论，请学生上台说理。

• 引导学生理解 x 不对——不同的数要用不同的字母表示；引导认可 y 等单个字母的表示方法。

• 引导排除 $x3$——没有表达出多了 3 个；引导理解 $x+3$ 这个“含有字母的式子”表示出了现在的个数；对比 y，体会 $x+3$ 更佳——能看出关系。

• 引导认可 $x+3=y$；对比 $x+3$、$x+3=y$，体会不需要写“$=y$”——等号左右

的意思是一样的，用字母式 $x+3$ 已经表示现在的个数，这样更简洁。

④呼应“有什么作用”，引导学生发现“借助字母写出了字母式，表示出一个新的数”。（不求学生能回答出或此时有深刻体会）

【说明】此处是本课教学的难点处，也是关键处。让学生表示现在乒乓球的个数，学生展现出了丰富的想法。将这些想法作为学习资源，有意设置讨论与说理，顺序合理地开展反馈，巧妙地进行引导和点拨，帮助学生切实突破原有思维，实现认知的真正提升。“字母式”的说法不严谨，但便于学生理解，便于师生表述，可以一用。

（3）再变情境，加深感知。

拿出放进去的 3 个。告知每个 2 元钱，原来这袋球一共需要（　）元?

①学生尝试，反馈，理解 $2\times x$ 或 $x\times 2$；教学简便写法 $2x$。

②再次呼应“有什么作用”。

（4）更多情境，学生练习。

每个重 3 克，一共重（　）克?

正好能平均分给 5 个人，每人分得（　）个?

学生尝试，同桌交流；快速反馈 $3x$ 和 $x\div 5$，巩固基础知识。

（5）环节小结，呼应问题。

引导学生观察板书，回顾学习过程，请学生尝试说说“用字母表示数到底有什么作用”。

形成板书：未知数→字母→字母式（表示出一个新的数）。

【说明】教学的推进，既是在落实用字母表示数的“双基”，又是在扣着“到底有什么作用”而深入。因认知发展的阶段性特征，学生不一定能深刻体会或准确表达“有什么作用”，但教师需要反复“敲击”这个点，不断引领学生感知。

三、练习巩固

1. 新设情境，巩固知识

以教师年龄为例，是未知数，用字母 a 表示，请学生写出与它有关的字母式，并思考含义。

组织反馈，学生只要讲得出含义，皆予以肯定并记录，如 $2a$（老师年龄的 2 倍），$a+5$（老师五年以后的年龄），$a-1$（老师去年的年龄），$a+11$（老师和同学的年龄和），等等。

观察板书，再次引导学生感受“有什么作用”——基于字母 a 又得到了各种各样新的数。

2. 孕伏后学，强化体验

教师给出 $2a+10$，请学生说意义。（老师年龄的 2 倍再加 10 岁）

告知学生，教师的“目标”是 100 岁，板书形成 $2x+10=100$；引导学生初步感知方程的产生——由字母式形成方程；最后一次呼应“有什么作用”（一旦形成了方程，未知数就可求出）；擦去板书上的问号，结课。

【说明】此环节是进一步引导学生体会“有什么作用”。尽管学生的认知可能未到这个程度，但是结课时的释疑，包括问号的擦去，是对学生一节课探究的必要回应。同时，这样的处理为后续学习留了伏笔，或者照应了那些对方程充满好奇的学生，所以是一件有意义的事——对用字母表示数好处的真正理解，学生需要几年的学习积淀。

※ 教后反思

“用字母表示数”如上的教学演绎，效果总体是不错的。每次课后，总有很多老师到台上来拍摄留在黑板上的全课板书图（这节课没有用到课件），他们都心怀喜悦地说：“这节课真好，思路创新，过程清晰，形式简单，我们回去就可以学着这么教。”还有老师说：“听了几十年的‘用字母表示数’，想不到竟然还可以有这么创新的教法，受启发了。”

老师们对这节课的认可，说明我们的教学探索是可行的，这让我们倍受鼓舞。反思整节课的设计及实施，我们自己觉得最值得一说的，无非就是课前定下的设想有了较好的实现，概括而言就是以下两点。

一、以问引学充分展现，课堂内涵彰显

本课教学中一个非常显著的特点是学生提出了很多问题，课堂就是扣着这些问题而展开的。之所以这样设计，不仅是因为在前测中发现学生对该知识存在诸多疑问，课堂需要展现疑问和解答疑问，更为主要的原因，这是在践行一个重要的数学教学目标——引导学生从数学的角度发现问题和提出问题。正是基于如此思考，所以我们有意创设多处时机，精心设计恰当材料，努力引导学生暴露疑问、提出问题。可以看到，无论是课始对课题的多个提问，还是经历初始情境后对“用字母表示数有什么用”的再次质疑，以及课推进过程中对此问题的不断叩问，都显现出了学生对知识的深入思考和大胆质疑。而这种思考和质疑，正是课堂的内涵追求——学生批判性思维和创造性思维的培养。

课始的提问“哪些字母，怎么表示，表示什么数”，激发了兴趣，引出了最基础的知识；课中的提问“用字母表示数到底有什么用”，成了核心问题，引领了课堂后续几乎所有的教学活动。如此的设计，效果是明显的——既点燃了学生主动学习的愿望，引发了学生的深入探究，课堂显现出浓浓的生本特征；又促成了教与学的整个过程，目标集中，思路清晰，课堂展现出简约和朴素之美。

二、教学难点切实突破，学习深度发生

正如课前思考所说，本课最大的难点就是让学生跨出“数可以进行运算，运算一定要有结果”的算术思维，初步触摸“字母参与运算，含有字母的式子可以表示一个数”的代数思维。为了突破这个难点，我们抓住关键环节（$x+3$），全面暴露学情（呈现所有答案），丰富学习方式（讨论、说理），充分碰撞思维（逐个辨析），有意引导学生走了一段“曲折坎坷”的学习过程。然而，正是在这样的过程中，学生才真正理解并接受了“不同的数要用不同的字母表示，含有字母的式子能表示出关系，能表示一个新的数”等新的思维方式。学生如此的学习过程，是思维真正发生发展的过程，凸显深度。

引导学生初步感知学习用字母表示数就是在为学习方程做准备，这也算是一个难点。教学中，我们采用了“悬念引领”（一直扣住这个疑问）、“反复刺激”（反复地引导感知、呼应问题）等手段，使得学生思维聚焦、思考深入、感悟深刻。整个过程，学习的深度发生也有一定体现。

一节传统老课，因“学生提问，以问引学”的融入，呈现出全新的面貌。课也许还有很多的不足，但我们从中再次感受到了“生问课堂”的迷人魅力，这也激励着我们在这条教学创新的宽广大路上努力前行。

8. “用字母表示数”教学设计与评析（课例二）

彭小强
（四川省眉山师范学校附属小学，青年名师）

※ 课前思考

本节课的学习内容是《义务教育数学课程标准（2011年版）》（以下简称《课标》）中四个学习领域之一“数与代数”中“式与方程”部分的一个重要内容。

在第二学段的式与方程部分，《课标》中提出的要求是：在具体情境中会用字母表示数。从具体情境中使学生感知字母表示数的含义，并了解这种表示方法的作用，初步体验符号在数学表示中的作用，初步建立符号意识。

“用字母表示数”是西师版小学数学五年级下册第五单元第一课时的教学内容。在学习本节课之前，学生已经接触过一些用字母表示数和运算定律的知识，这些都是学生学习本节知识的基础。同时本节知识又是学生学习代数知识的开始，是学习方程的基础。

※ 教学过程

一、谈话激趣

师：孩子们，很高兴认识你们！我先做个自我介绍吧：我来自a校，今年b岁，我姓c。今天，我带来了我们学校x名老师和y名同学对你们的诚挚问候与祝福！（课件出示）

师：从你们的表情中我看到了许多迷茫疑惑，可能大家都在心底嘀咕着：你这是什么介绍嘛，我们连一点儿有用的信息都没得到。

师：但我觉得你们应该还是有收获的，至少你们已经发现了在我的介绍中很多信息都选择了用什么来代替？（字母）（板书）

师：就在今天上课之前哪，在我们已知的数学王国里，我们已经习惯了踏踏实实地进行数学学习研究，1就是1，5就是5，8乘8就是64，对吧！其实，在我们生活中，在很多未知的数学领域里，有很多数和数量关系人们都不约而同地选择了用字母来表示。

课件出示生活中字母表示信息的现象：*NBA*（美国男子篮球职业联盟）；*CBA*（中国男子篮球职业联盟）；WC（厕所）；楼牌字母5、车牌字母……引出“字母在生活中被广泛应用，给人们的生产生活带来了很大的便捷。

师：看来学好字母的作用还真不小。那你想了解我介绍中的哪个信息？（根据生的回答依次揭示字母所表示的信息）

师：想知道我姓啥，你得先猜猜。可不可以姓王，姓李，姓张……一切皆有可能！看来字母所代表的信息还挺多的。

二、游戏铺垫：猜年龄

师：之所以不告诉你们我的年龄，就是想和大家玩个游戏。这样，让我先猜猜你们的年龄，好吗？

生：好！

（师先猜几个孩子的年龄，并简要说说猜的依据）

师：我猜得还算准吧，想不想知道我是怎样猜的？

生：想。

师：我说我会看相，你会信吗？但我会用眼睛看，用数学的眼睛观察；我还会用脑想，用数学的大脑思考。那你们能猜猜我的年龄吗？请生回答。（板书：老师的年龄）

师：很不好猜，对吧。没关系，马上我会让这种竞猜变得容易得多。（悄悄走到一学生面前用悄悄话询问他的年龄，再根据我和他的年龄关系给大家一个数学信息）我比小刘大26岁。（板书）

师：生活中当两个或几个数量在进行比较时，把这些个数量连接在一起的逻辑关系我们把它叫作数量关系。那你能找找我给出的数量关系是什么吗？（板书：数量关系）（引出数量关系的重要性——开门之匙）

三、探究新知

1.教学例3

师：当小刘1岁时，老师多少岁？（27岁）算式？（1+26）根据什么？（师比小刘大26岁）请生板演。

师：那当小刘3岁时呢？8岁呢？（同上）

师：如果这样说下去，一时半会儿说得完吗？语文当中的哪个符号可以帮我呢（……）那我们还可以选择一个字母来表示小刘的年龄呀！你准备选哪个字母

来表示呢？（分别请不同的学生说出自己想要的字母，强调字母选择的任意性、优越性）

请小刘报出自己的年龄后，全班算师年龄。当 $a=10$ 时，$a+26=10+26=36$（岁）

师：当 a 代表 20 岁、38 岁时，生算出相对应的老师年龄分别是多少？你的依据是什么？（唉，我怎么听有人在小声地说他算错了呢，你能告诉大家他错在哪儿呢？）

师：你认为 a 可以表示哪些数？如果当 $a=100$ 时，那我得谢谢你，因为你让我活了那么久；如果当 $a=1000$ 时，那我成什么啦，千年老妖啊！看来，如果用字母表示数时还要根据实际情况来确定数值的大致范围，要不然我们可能吃不好午饭哪，因为牙都笑掉啦！

师：请你从题中找找规律：什么在变，什么不变？

生：小刘的年龄和老师的年龄在变，而师比刘大 26 岁却没有变。

指出变化的数与固定的数（板书：在变、不变）引出数学名言。（课件出示）

师：多么神奇的数学呀，在变与不变研究中就可以解决我们生活中很多难题，看来学好数学对我们生活的帮助还是很大的。

师：如果老师的年龄用 b 来表示，那小刘的年龄怎样用字母表示呢？

生：$b-26$。

师：能说说你的依据吗？

生：我根据的是小刘比老师小 26 岁，老师 b 岁，所以小刘的年龄用 $b-26$ 来表示。

2. 教学乘法中的字母表示式

师：我们小金的特产是沙棘，维 C 之王嘛！（板书：罐数、总价）你能说说我给出的这两个信息的意思吗？生交流。

师：嗯，罐数就是所买沙棘的数量，而总价是花钱的总数。那它们之间有没有直接的联系呢？（没有），缺什么，你能补充出来吗？（缺单价）

师：那我给每年罐沙棘定个价，就 m 元吧！你能用字母表示出 2 罐的总价吗？

生：$m+m$。

师：还可以……？

生：$m\times2$；$2\times m$。

师：大家对字母的应用还真快，真不错！

那买 5 罐呢？（$m\times5$）

8 罐呢？（$m\times8$）

n 罐呢？（$m\times n$）

师：你能找出题中什么在变？（罐数和总价）什么没变？（每罐 m 元）题中的数量关系是什么呢？（几罐沙棘的总价就是求几个 m 是多少，所以用 $m\times$ 几）

师：孩子们的数量关系找得真准。字母在乘法中比较顽皮，总爱变化，请你们看看教材，看上面是如何规定的。（生看书，并作必要的勾画）

师：想不想知道字母在乘法中为什么会做这些规定呢，让我们更进一步地了解一下。（课件依次呈现，学生根据自己的学习情况用点头或摇头来表示是否明白掌握）

师：嗯，很多孩子都点头，那我得考考你们，请大家完成教材下面的“试一试”。

生自主完成，并集体评定。

师：如果我告诉你们我买沙棘共花 x 元，你能列出求买了多少罐的字母式吗？（$x\div m$）数量关系呢？（求 x 里面有几个 m）

四、课堂练习

1. 儿歌：数青蛙（课件出示）

生：1 只青蛙 1 张嘴，2 只眼睛 4 条腿；2 只青蛙 2 张嘴，4 只眼睛 8 条腿……

师：如果接着往下数，数得完吗？（数不完）那可以用什么来表示呢？（字母）

课件出示：______ 只青蛙 ______ 张嘴，______ 只眼睛 ______ 条腿。

师：你能用你选定的字母来完成横线上的内容吗？你能找找题中所隐藏的数量关系吗？

生：嘴与只数相同，眼睛是只数的 2 倍，腿是只数的 4 倍。

2. 用字母表示行程中的数学（课件出示题目，并说出每个算式所根据的数量关系）

五、小结下课

孩子们，四十分钟的时间太短了，真想让这节课再长些，再长些，那样我就可以和大家继续在数学的字母王国里学到更多有用的知识。数学中对字母的学习对于我们整个学习生涯来说或许只是一小步，但就数学的领域的学习来说却是一大步。希望你们在数学的王国里每一步都能脚踏实地，每一步都能步履坚实，每一步都能步步为营！

谢谢孩子们，再见。

※ 教后反思

1. 以数量关系为教学内容的突破口，让每个孩子都能感受到用字母表示数的理论支撑与依据。

2. 以孩子身边的素材为教学内容，让孩子充分感受到数学来源于生活，服务于生活，真正体会到数学生活化，生活数学化。

3. 以数学游戏为练习形式，充分调动学生的积极性与参与性，并且在游戏的过程中培养学生遵守规则、自发评判等好品性。

4. 努力创设一种平等、开放、自主、幽默、和谐的课堂氛围，让孩子学得轻松，并学有所得。

5. 课堂是师生实况直播式的一种生成，对于课堂的关注是看课的结构是否完整还是关注学生对知识的理解与掌握？

6. 更多地关注学生，更多地将教师个人的激情与智慧融进课堂，真正地让课堂成为学生交流与展示的平台，让课堂成为教师和学生共同提高、共同成长的阵地。

9. “等量关系”课堂实录

李培芳
（福建省厦门市华昌小学，特级教师）

※ 课堂实录

一、制造冲突，聚焦“数量关系”

出示问题：鸡的质量是 2 千克，鹅的质量是 6 千克，求鸭的质量。

师：请同学们在练习本上解决这个问题。（学生独立解答）

师：算出结果的举手（约 10 多个同学），来，说说你的想法。

生：我是用 6+2＝8（千克）。

生：鸭没那么重的，我是用 6−2＝4（千克）。

生：这个问题没办法解决，因为鸭的质量和鸡和鹅的质量有什么关系没有告诉我们。

大部分同学附和：没法算！

生：还要给我们一些提示。

二、辨别比较，引入“等量关系”

师：这个提示是什么提示呢？

生：鸡的质量、鹅的质量和鸭的质量有什么关系。

师：咱们来看看电脑有没有提供它们的关系。（课件出示右图）

师：这个关系谁看得懂吗？

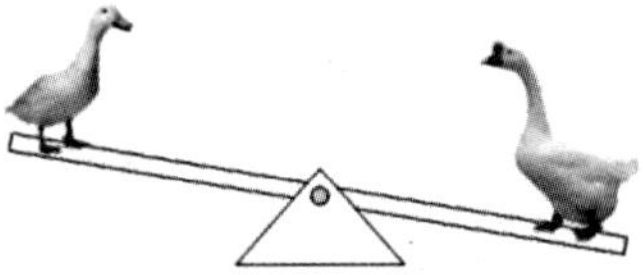

生：鹅的质量比鸭的质量重。

师：是的，静静地思考，现在能算吗？

生：不能。

生：这样的关系只能知道鸭的质量小于 6 千克。小于 6 千克还有好几个数呢。

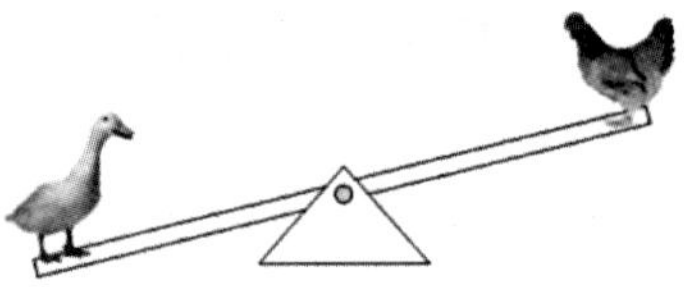

师：这个关系呢？（课件出示右图）

生：这个也不行。

师（结合手势）：这样的关系不行，这样的关系也不行。你们到底想要什么样的关系？能用手比画一下吗？

生比画（众说纷纭）：要平衡，要平等的关系，要相等的关系。

师：我们来看看电脑有没有这样的关系。（课件出示下图）

师：看来电脑碰到难题了，同学们帮电脑写一个相等关系吧。

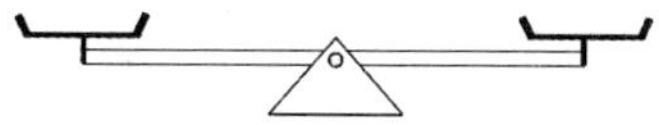

（教师提供学习卡片“如右图”让学生创造等量关系）

三、自由创造，感知“等量关系”

学生展示汇报：

生 1：左边放 1 只鸭，右边放 2 只鸡。这样鸭的质量就是 4 千克；

生 2：左边放 2 只鸭，右边放 1 只鹅。这样鸭的质量就是 3 千克；

生 3：左边放 1 只鸭和 1 只鸡，右边放 1 只鹅。这样鸭的质量就是 4 千克；

生：……

师：真好，同学们找到了很多不同的关系，看来，这样的关系在数学解决问题中是很重要的。

生：必不可少的。

师：是啊，在解决问题时，我们不仅要知道已知的数量和要求的数量，同时还要知道未知量和已知量的相等关系。像这种数量之间相等的关系在数学上称为“等量关系”。

教师板书课题：等量关系

四、自主尝试，表示“等量关系”

师：既然等量关系这么重要，那么，咱们就要学会在问题解决中找出等量关系，请同学们找一找哪一句反映出数量间相等的关系。

（1）妈妈的体重是 50 千克，爸爸的体重是妈妈的 2 倍，求爸爸的体重。

（2）妈妈 35 岁，爸爸的年龄比妈妈多 3 岁，爸爸几岁？

（3）爸爸的收入比妈妈的 2 倍多 500 元，妈妈的收入是 3000 元，爸爸的收入是多少元？

生：题 1“爸爸的体重是妈妈的 2 倍”反映出数量间相等的关系。

生：题 2“爸爸的年龄比妈妈多 3 岁”反映出数量间相等的关系。

生：题 3 的等量关系是“爸爸的收入比妈妈的 2 倍多 500 元”。

师：其中题 3 的等量关系你是怎么理解的，你能不能把你对这个等量关系的理解用“图”或者“式子”表示出来。

学生自主尝试后，展示交流：

生 1：妈妈的收入 ×2+500＝爸爸的收入。

生 2：线段图。（略）

生 3：天平图。（略）

生 4：爸爸的收入 ÷2−500＝妈妈的收入。

师生借助线段图说明“生 4”的式子是错的。（略）

师：比较一下，咱们会发现线段图能很清楚地反映出数量相等的关系，相比于式子，线段图更……

生：直观。

师：说得好，直观是什么意思知道吗？

生：直观就是可以“直接地看出来”。

师：说得真好，比老师说得还要好，佩服佩服！

五、数形结合，感悟“等量关系”

师：同学们，请注意观察，你能发现其中的等量关系吗？（课件动态演示：两条长度相等的线段，一条围成长方形，一条围成正方形。如下图：）

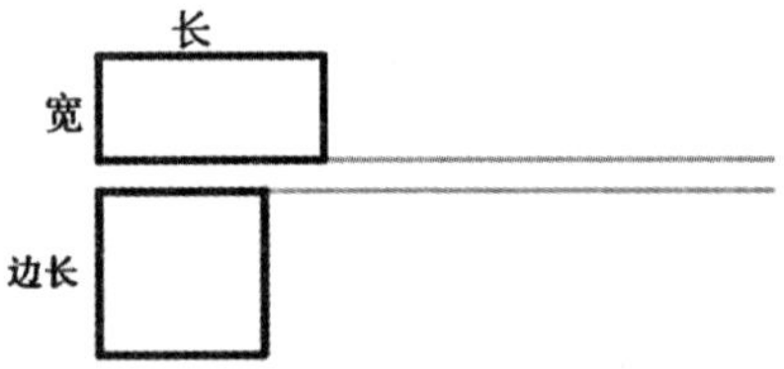

生：绿色线段的长度＝红色线段的长度。

生：长方形的周长＝正方形的周长。

生：（长＋宽）×2＝长方形的周长。

生：边长 ×4＝正方形的周长。

生：（长＋宽）×2＝边长 ×4。

师：同学们，这个等量关系的左右两边似乎讲述着两个不同故事，一个是绿色的线段围成长方形的故事，一个是红色线段围成正方形的故事，它们在数量上相等，同学们体会一下。

师：仔细观察右图，你能找出题中的等量关系吗？能找出几个，试着在本子上写一写。

学生自主完成后汇报。

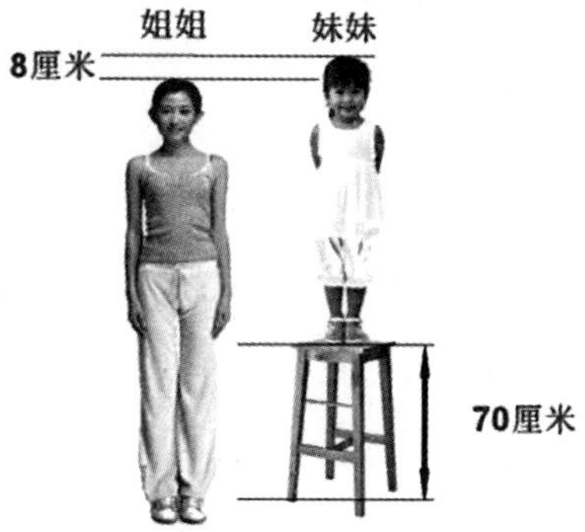

生：姐姐的身高 +8 = 妹妹的身高 + 椅子的高度。

生：姐姐的身高 −70 = 妹妹的身高 −8。

……

六、走进生活，寻找“等量关系”

1. 广告中的等量关系。

2. 生活中的等量关系。

10. “等式的性质”课堂实录与反思

李晓蕙
（宁波市惠贞书院，青年名师）

※ 课前思考

等式的性质是等式固有的一种规律。一般的教学形式是通过观察天平两边同时增加或减少（包括成倍增加或减少）相同质量的物品，而天平依旧平衡的现象，把它们转化成等式，再类比等式中的变化，逐步概括出等式的性质。这样的教学过程，虽然规范了学生的思考过程，但是也压缩了学生的思维空间。能否引导学生亲历学习过程，自主从一架天平中发现不同的等式，再依据所积累的等式，推理发现等式的两个性质？带着这样的思考，笔者对这一课的学习内容与教学过程进行了调整与尝试。

※ 教学过程

一、探究交流，合作学习

1. 课前交流，激发兴趣

师：同学们，今天我们一起来学习“等式的性质”。等式有哪些性质呢？我们借助天平来探索。想一想，怎样让天平保持平衡？

生 1：左边放上什么，右边也放上什么。（实物或砝码）

生 2：左右两边放上相同重量的物品。

师：看，现在天平上放了什么？如果花盆用 a 表示，花瓶用 b 表示，怎样写出等式？（天平左边 1 个花盆 1 个花瓶，右边 4 个花瓶）

生 3：$a+b=4b$。

师：如果要将左右两边的物品发生变化，但天平依旧保持平衡，你有什么办法？

生 4：同时放上 1 个花瓶。

生 5：可以在左边放上 1 个花盆，在右边也放上 1 个花盆。

师：刚才两个同学表达了他们的想法，其他同学的想法是怎样的呢？如何用等式表达出你们的想法呢？请同学们拿出学习单，按照要求小组合作。

合作要求：

（1）独立思考，用等式表示你的想法；

（2）小组交流，记录员汇总组内成员的想法；

（3）选派两名同学进行汇报。

2. 交流汇报，积累经验

生 1：我们小组的这位同学在天平两边同时添上 1 个花盆，天平保持平衡。用式子表示为：$a+b+a=4b+a$。第二位同学在天平左右两边同时添上 1 个苹果，天平依旧保持平衡。用式子表示为：$a+b+c=4b+c$。

生 2：这位同学在天平左右两边同时去掉 1 个花瓶，天平保持平衡，现在的等式是：$a+b-b=4b-b$。最后一位同学在天平的两边分别加上了 1 个花瓶，天平保持平衡，现在的等式是：$a+b+b=4b+b$。

我们小组一致发现：在等式两边同时加上或减去相同的数（或物品），等式依然成立。

3. 学友补充，引发思考

师：其他同学还有不同的想法吗？

生 3：我在天平两边同时添上 2 个花盆，天平保持平衡。用式子表示为：$a+b+2a=4b+2a$。

4. 教师引导，规范表述

师：我们写出了那么多的等式，你们有什么发现？

生 4：等式两边同时加或者减同一个数，等式两边仍然相等。

生（众）：等式两边同时加上或者减去同一个数，等式两边仍然相等。

师：一起把我们的发现说一说。

二、大胆猜测，亲历过程

1. 迁移经验，猜测验证

师：同学们，刚才你们画图、写等式，通过小组合作交流，得出了等式性质 1。数学上，有没有等式性质 2 呢？猜一猜。

生 1：等式两边同时乘或除以同一个不为 0 的数，等式两边仍然相等。

生 2：等式两边乘同一个数，或除以同一个不为 0 的数，等式两边仍然相等。

师出示性质 2：真的如你们所说。那它会成立吗，让我们一起来验证。

2. 交流汇报，验证猜测

师：谁愿意来交流？呈现两幅作品。

生3：我在天平左侧放2个苹果，天平右侧放1个西瓜，天平保持平衡，等式为 $2a=b$。再在天平左侧放4个苹果，右侧放2个西瓜，天平左右两边加上同样质量的物品，依旧保持平衡，等式为 $2a\times3=b\times3$，$6a=3b$。

生4：我先在天平左侧放上4个苹果，右侧放上2个西瓜，这时天平保持平衡，等式为 $4a=2b$。接着，我将左边的4个苹果平均分成2份，去掉其中的1份，再将右边的西瓜也平均分成2份，去掉其中的1份，天平依然保持平衡，等式是：$4a\div2=2b\div2$。

3. 学友补充，完善提升

师：你还有不一样的式子吗？

生5：$8a=4b$，$8a\div2=4b\div2$

生6：$3x=9y$，$3x\div3=9y\div3$

……

师：同学们真棒，你们勇于猜想、乐于验证，得到了等式性质2是成立的。把我们的验证成果读一读。

三、性质应用，拓展提升

1. 利用等式性质解决问题

师：学习了等式性质，想一想：“？”后面藏着谁？（图略）

生1：“？”后藏着3个爱心。左边去掉2个爱心，要使天平平衡，右边也要去掉2个爱心，所以1个笑脸等于3个爱心。

生2：等式右边 150×3 等于450，根据等式性质，右边乘3，等式左边也要乘3，所以“？”里是 $9t$。

生3：等式左边5个排球除以5，等于1个排球，根据等式性质，等式右边也要除以5，所以“？”后面是5个小足球。

师：看来，同学们利用等式的性质解决了不少问题，学得不错。

2. 根据等式性质判断

如果字母 $a=b$，下面正确的等式是（　　）。

（1）$a+2=b+3$　$a-x=b+5$　$3a=b+b+b$

师：看大家的选择情况，出奇一致。你们为什么都认为第3个等式是对的？

生1：因为 $a=b$，$3a=a+a+a$，也就是 $b+b+b$。而第一选项，$a+2=b+3$，左右加的数不一样；第二选项，$a-x=b+5$，左右加减不同，数也不同；只有第三选项的等式是正确的。

（2）$a=2b$　$a\div c=b\div c$　$a\div7=b\div7$

师；这一题，选 2、选 3 的都有，到底哪个答案是正确的呢？把你的想法告诉你的组内同学，再来选一次。

师：从大家选择的情况来看，有不少组的同学都修改了选项。通过讨论，你的想法发生了什么变化？

生：原来我选择的是第二个选项，但经过讨论，我觉得第三个选项是正确的。因为 $a \div c = b \div c$，c 有可能为 0，当 c 为 0 时，等式不能成立。而 $a \div 7 = b \div 7$，等式左右两边同除以 7 是可以的，所以选项三才正确。

师小结：通过小组讨论，同学们修正了自己的答案，看来数学学习就是需要这样的认真细致与相互切磋。

3. 利用等式的性质拓展应用

师：一道趣味数学题，用今天学习的知识能解决吗？请同学们在学习单上试一试，把相关等式记下来，做完后和小组里的同学交流。

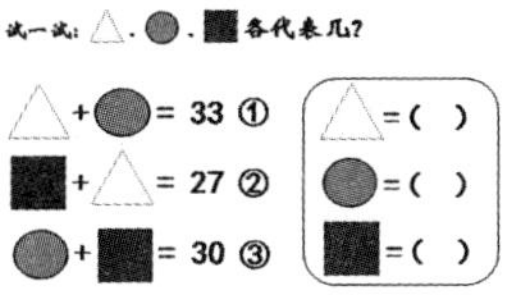

（图一）

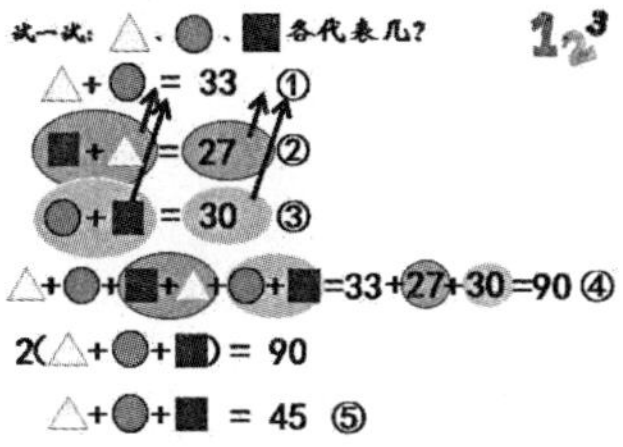

（图二）

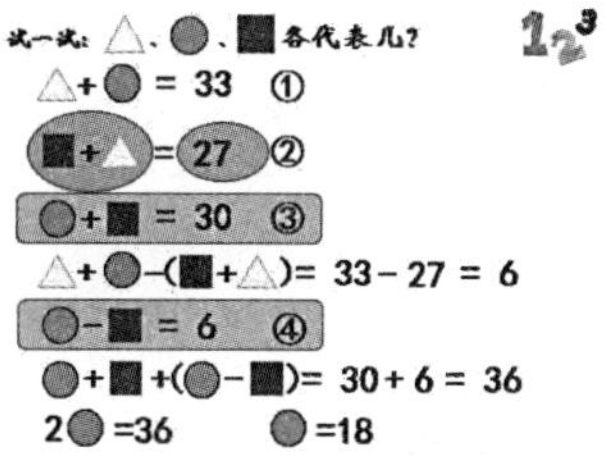

（图三）

师：谁愿意上来介绍你的方法？

生 1（图二）：我用等式①减等式②，得到△ + ○ -（□ + △）= 33-27，○ - □ = 6，记作等式④，○ + □ = 30，左右两边同去掉 30，等式还是相等的；2 个○ = 36，再根据等式性质 2，两边同除以 2，得到○ = 18。然后在等式①中求出△，在等式②中求出□。

师：指着△ + ○ -（□ + △）= 33-27 为什么左右两边依旧相等？

生 2：根据等式的性质 1，等式左右两边减去同一个相等的量，等式两边依旧相等。

师：是的，两个等式的左边减左边，就等于右边减右边。

师：谁还有不同的思考方法？

生 3（图三）：我把三个等式的左边都加起来，右边也都加起来：△ + ○ + □ + △ + ○ + □ = 33+27+30，就得到了 2（△ + ○ + □）= 90，△ + ○ + □ = 45，再根据这个等式和等式①，可以求出□；根据这个等式和等式②，可以求出○；根据这个等式和等式③，可以求出△。

师：2（△+○+□）=90，△+○+□=45，这个等式怎么得来的？

生4：利用等式的性质2，左右两边同时除以2，等式依旧成立。

※ 课后反思

《义务教育数学课程标准（2011年版）》指出：在观察、实验、猜想、验证等活动中发展合情推理能力，能进行有条理的思考，能比较清楚地表达自己的思考过程与结果。本节课组织学生发现等式性质的教学过程，就是一种合情推理的过程。在教学中，利用智慧软件实现组际交流、组间互补，设计有层次的练习活动，引导学生从观察、归纳、联想、类比等活动发现规律、猜测结论、进行验证。

11. “猜数游戏”课堂实录与反思

赖华东
（广东省深圳大学附属教育集团外国语小学，青年名师）

※ 课前思考

“猜数游戏”是在学生认识了方程并会解简单方程的基础上，学习解形如“$ax \pm b=c$（$a \neq 0$）”这样的方程，并经历用方程解决实际问题的完整过程，对学生继续学习用方程解决问题起着承上启下的作用。教材创设了“猜数游戏”这个有趣的情境，设计了解读游戏、列方程解决问题、做猜数游戏的问题串，让学生经历从“头”到“尾”的思考过程。

学生通过前面的学习，已经积累了一些解方程和用方程解决问题的经验，但对形如“$ax \pm b=c$（$a \neq 0$）”这样的方程，在解方程时，先消去a还是先消去b不太容易理解，这是在解方程时要着力解决的问题。方程方法能够实现顺向思考，很多学生因为列方程解应用题需要设未知数等环节，觉得很麻烦，不愿意用方程解决问题，所以，本节课着力让学生去体会列方程解应用题的优越性。

※ 课堂实录

一、游戏导入新课

师：同学们，喜欢玩游戏吗？

生：（齐）喜欢。

师：智慧老人和淘气正在玩猜数游戏，让我们一起去看看。

【思考】快速导入新课，让学生尽快明确要研究的问题。

二、新课学习

1. 解读游戏

课件呈现智慧老人与淘气的对话（音频与文字同时出现）。

师：懂了这个游戏的向老师点点头。

师：谁来把游戏的玩法给大家介绍介绍。

生：淘气先在心里想一个数，乘 2，再加上 30，把得到的数告诉智慧老人。智慧老人就能把淘气心里想的数猜出来。

【思考】将教材静态的图片结合音频动态呈现，有利于调动学生通过多种感观来理解游戏。学生说游戏规则的过程，也是学生理解题意，感悟等量关系的过程。

2. 三种方法

师：智慧老人猜出了淘气心里想的数是 30，智慧老人是怎么猜到答案的呢？把你的方法写在作业纸的第一部分。

（1）学生独立写，教师巡视，请学生板演。

（2）同桌之间相互交流。

（3）请学生讲三种方法。

①讲算术（倒推）的方法。

生 1：我先用 80−20＝60，得到心里想的数乘 2 是 60，再用 60÷2＝30，求出心里想的数。

师：他的方法大家明白吗？我们一起来回顾下。（边回顾边板书）

师：看来大家真的明白了，给这种方法起个名字吧？

生 2：倒推法。

师：你跟老师想到一块了，说说你怎么想的？

生 2：这种方法是从后往前推的。最后一步是加 20，所以算的时候就先减去 20；第一步是乘 2，所以算的时候要除以 2。

②讲尝试的方法。

师：请大家看看，这种方法你能看明白吗？

生 1：他先在心里想 10，10 乘 2 加 20 等于 40，不对；他又在心里想 20，20 乘 2 加 20 等于 60，不对；他先在心里想 30，30 乘 2 加 20 等于 80，这次对了，也就找到这个数了。

师：大家同意吗？（同意）

师带着学生回顾并且板书。

师：这种方法大家也给它取个名字。

生 2：叫排除法，一个个排除，再找到正确的。

生 3：叫枚举法，因为它是一个个举例得来的。

生 4：叫尝试法，因为是一个个数去尝试而得到的。

师：三个同学取的名字都可以，我们就把它叫作尝试法吧。

③方程方法。

师请写的同学来介绍。

生：我用 x 表示心里想的数，得到方程 $x\times2+20=80$。

师：智慧老人是不是可能用这段时间我们一直学的方程法来猜数？只要方程列出来了，是不是有办法求出 x 是多少？（是的）

【思考】三种方法，来源于学生，并在生生互动中让全班学生理解。方程方法只是列出方程，并明确可以求出未知数，是为了趁热打铁，比较三种方法。

3. 比较方法。

（1）师：通过刚才的学习，我们发现可以用尝试法、倒推法、方程法去猜数，我们来把这几种方法比较一下。为了研究方便，我们先以两种方法来比较。

（师分好工，学生明白后，开始讨论）

（2）学生研究，教师巡视。

（3）展示交流。

①比较方程法和尝试法。

师：我们先来比较方程法和尝试法，谁先代表小组同学来说说？

生 1：我们认为方程法比较简单。用尝试法很麻烦，特别是如果淘气心里想的数如果不是一个整数，那就很麻烦了。

师追问：简单在哪里？

生 1：方程法只要解方程就可以，而尝试法有时很难找到那个数。

师：这两种方法有什么相同的地方？

生 2：它们都是先乘以 2，再加上 20。

师：大家看看题目，也是怎么样？

生 3：也是先乘以 2，再加上 20。这两种方法都是从前往后做。

生 4：从前往后做，这是顺向思维。

生 5：顺向思维就是题目怎么说，我就怎么做。

师结合学生的回答再次引导全班同学体会顺向思维解题的特点，让学生再一次体会“题目怎么说，我就怎么做”。

②比较尝试法和倒推法。

师：我们再来比较尝试法和倒推法。

生1：尝试法比较麻烦，倒推法比较容易，两步就算出来了。

生2：尝试法要一个个试，倒推法可以直接去求淘气心里想的数。

师：这两种方法有什么不同的地方？

生3：我认为尝试法是顺向思维，而倒推法是逆向思维。

师：你给大家说说你的想法。

生3：顺向思维是从前往后想，而逆向思维是从后往前想。

③比较方程法和倒推法。

师：我们再来比较方程法和倒推法。

生1：我认为方程法比较好，如果用算术法比较复杂，那就不容易想到，而方程法就能比较容易想到。

师追问：你的意思是方程法的什么比较简单？

生2：方程法更容易想到，思路比较简单。

生3：我觉得倒推法比较简单，因为方程法要做很多步计算，而倒推法只需要两步，二三年级的同学也能做。

生4：我觉得方程法比较简便，因为方程法是顺向思维，倒推法是逆向思维。

师总结：孩子们，其实每个孩子的想法都是值得肯定的。觉得倒推法好的，是因为它的计算简便；觉得方程法好的，是因为方程是顺向思维。如果我们把方程法和尝试法比较，其实方程法的计算也是比较简便的。所以，方程法既有尝试法顺向思维的优点，又有倒推法易于计算的优点，大家同意吗？（同意）

④比较三种方法。

师：两两比较后，我们再来比较比较这三种方法。这三种方法，都依据游戏中的什么关系？（等量关系）

师带领学生找出等量关系并板书。

【思考】有比较才有鉴别。学生单纯地比较方程法和倒推法，大部分孩子都会觉得倒推法简单。有了尝试法，让学生比较，能让学生体会到方程法不仅能用顺向思维来思考，计算也并不复杂。

⑤再次感悟方程法。

师：因为方程兼具尝试法和倒推法的优点，我们重点来研究下方程的方法。这个方程是怎样依据等量关系得出来的？

生1：x 就是想的数，$x\times2+20=80$，就像一个天平一样。

生 2：想的数用一个字母来表示更简便，而后面是一样的。

生 3：想的数是未知数，我们用一个字母 x 来表示，而后面的照写就可以了。

师：为了让大家都知道 x 表示什么，我们是不是要交代一下？怎么交代呢？想不想学？（想）

师：我们先写“解：设心里想的数是 x。”，然后再把方程列出来。会解这个方程吗？请大家在作业纸上尝试下。

4. 学习解方程

（1）学生尝试，教师巡视，收集学生的写法。

（2）投影呈现以下方法，并请学生来讲。

①学生讲方法。

②老师带领同学梳理。

$2x=60$ 是怎么得来的？（两边同时减去 20）可以吗？依据是什么？（等式两边同时减去 20，等式依然成立）$x=30$ 是怎么得来的？（两边同时除以 2）可以吗？依据是什么？（等式两边同时除以 2，等式仍然成立）

（3）请大家把解方程的过程与倒推法比较一下，你发现了什么？

生 1：倒推法的每一个算式解方程时都出现了，倒推法和解方程有相同之处。

生 2：倒推法比较容易，只需要两步，而方程法需要很多步。

生 3：倒推法是先减去 20，方程法也是两边要先同时减去 20。

（4）呈现简写的方法。（投影呈现）

这种方法和刚才的方法比较，有什么不同？（省略了一些步骤）省略的是一些什么步骤？（学生说）

教师总结：解方程时，可以口算的步骤，我们可以省略。

（5）记录写法，梳理解法。

好，我们来把教法记录一下。方程两边先同时（减去 20），得到 $2x=60$；然后，方程的两边同时（除以 2），得到 $x=30$。

（6）检验：$x=30$ 这个结果对吗？说说你是怎么想的。

生：这个结果是对的，因为 $30\times2+20$ 正好等于 80。

【思考】学生新接触形如“$ax\pm b=c$（$a\neq0$）”这样的方程，对于先消去 a 还是先消去 b 会困惑。让学生把解方程和倒推法联系起来，有助于学生理解“两边先同时减去 20”。

三、巩固运用

师：用方程来解决猜数问题，大家会了吗？怎样才能知道大家会了呢？

生：再做一道。

师：好，我们换个规则，心里想的数，乘4，再减去2，请大家把这个规则读一下。

师：按照这个规则，我心里想了一个数，得到的结果是42，你能用方程猜出我心里想的数吗？记得，先设未知数再列方程解答啊。

学生独立做，师选择一个同学的展示。

学生说自己的做法，其他同学补充。

四、全课小结

回忆一下，这节课有什么收获？

生1：猜数游戏用方程来解答是多么有趣！

生2：方程法是顺向思维，题目怎么说，我就怎么做。

生3：用方程的方法解答问题很简单。

师总结：看来，通过这节课的学习，大家感受到了方程方法的优点。随着学习的深入，大家会越来越感受到方程方法的神通广大。

※ 课后反思

本堂课最大的特点是学生体会到了方程方法的优越性，究其原因，有以下方面：

一是快速导入新课，为新课探索留足时间。两个问题，1分钟不到，就导入了新课。

二是让学生在生生互动中尽快明白三种方法，在给方法命名的过程中体会三种方法的特点。倒推法，重在理解每一步的意思；尝试法，重在理解思考的方法；而方程法，重在理解可以用方程方法来解决。

三是给足时间学生讨论，教师也参与进去。因为给学生讨论的时间充分，教师参与了每个小组的讨论，既能给学生一定的指导，又能把握学生的想法。

四是汇报交流时让学生充分表达，教师根据学生的回答给予适当的指导。例如，当学生比较尝试法和方程法时，学生都在说方程法比较简单，学生说完后，教师问：这两种方法有什么共同的地方呢？让学生体会顺向思维。再如，对于倒推法和方程法，有的学生认为方程法好，有的认为倒推法好，教师没有统一要求，强求学生接受方程的方法，而是充分尊重每个学生的意见，并指出方程方法兼具尝试法与倒推法的优点。

总之，本堂课采用小组合作的方式，让学生在比较三种方法的过程中去体会方程的优越性，是一个不错的尝试，收到了较好的效果。

12. “稍复杂的方程”课堂实录与反思

戴曙光
（福建省厦门市海沧区教师进修学校附属学校，特级教师）

※ 课前思考

学生喜欢用算术方法解决问题，而不喜欢用方程解，为什么？

其实，学生的任何一个选择，都有其充分的理由，我们应该尊重并理解他们的这种选择。学生从一年级开始接触的都是使用算术方法解决问题，这种解决问题的方式已经扎根于他们的头脑里，形成了相对固定的思维方式，想要让学生体会方程的优势并使学生喜欢上方程并不是一件容易的事。再者，使用方程解决问题的书写需要假设，分析数量关系列出方程，解方程和作答，步骤多，比较麻烦。

然而，方程是数学知识系统中一项最为重要的内容，初高中的问题解决大多需要方程，让学生喜欢方程和使用方程非常重要。

那么，怎样才能让学生喜欢并自觉地用方程解？

教学“稍复杂的方程”正是实现这一目标的极好的契机，因为简单的逆向思维的数学问题，学生使用算术方法解并不困难，学生选择用算术方法的理由充分，教师强迫学生用方程解不够理直气壮；而“稍复杂的方程”中的数学问题，学生使用算术方法解，可能会遇到很大的困难，大部分学生容易出现错误，用方程解就体现出强大的优势，促使学生自然、自觉并自愿地喜欢使用方程。

无论用算术方法还是用方程解决问题，最为关键的是分析题中的数量之间的关系并抽象成等式，教材中“A 比 B 的 2 倍少 4，求 B”的问题与前面二年级学习简单的“比多比少”的问题在分析数量关系时有没有共通的地方？在列出方程后，教师提醒学生：先把 $2x$ 看成一个整体，怎样让学生理解“为什么要把 $2x$ 看成一个整体”呢？

教学思路慢慢地明晰起来。

※ 课堂实录

一、戴老师的年龄有多大?

师：上课之前，我想让同学猜猜老师今年多大了。

生1：30多岁。

生2：40多岁。

生3：60多岁。

（最后一个学生的猜测把大家逗乐了）

师：请看屏幕，屏幕上的信息可能对你们有帮助。

出示：老师的年龄比“我”大32岁。

生1：42岁。

生2：43岁。

师：五年级的学生年龄应该是10周岁，老师的真实年龄是42岁。有了这一条信息，老师的年龄与你的年龄就建立了一种关系，谁能用一个等式表示出老师年龄与你的关系？

生1：老师的年龄 − 我的年龄 = 32。

生2：我的年龄 +32 = 老师年龄。

师：还有吗？

生3：老师年龄 −32 = 我的年龄。

师：对了！要想正确表示两者间的关系，就要想明白“谁与谁比”和“谁多谁少”。

（板书：谁与谁比？谁多谁少？）

师：求老师年龄，你选用哪个等式？

生1：第二个等式，10+32 = 42。

生2：第一个和第三个等式也可以知道老师的年龄，可能要用方程吧？

师：说说看。

生2：用第一个等式，老师的年龄减去10等于32，可以求；第三个等式，老师的年龄减去32等于10，也可以求。

师：答案一样吗？

生（齐）：一样，都是42。

生：用方程太麻烦了，还要用上x呢！我还是喜欢直接算！

生：是，用方程太麻烦了！

二、王老师的年龄有多大？

师：我的同事王老师，比我长得帅又年轻，请看。

出示：戴老师今年42岁，比王老师年龄的2倍少4岁，王老师今年多少岁？

生：你想知道王老师的年龄吗？算一算。

（学生在自己的练习本上列式计算）

师：谁来说说，你是怎么算出王老师的年龄的？

生1：42÷2—4=17（岁）。

生2：42×2-4=80（岁）。

（这一个算式遭到了大家的反对，师在算式后面画了一个“？”）

生3：42÷2+4=25（岁）。

生4：（42-4）÷2=19（岁）。

生5：（42+4）÷2=23（岁）。

（很少同学支持生2和生5的意见，竟然没有一个学生用方程解）

师：这么多的算法，结果都不一样，看来，王老师的年龄还是个谜。

（同学们各抒己见，争论不休）

师：解决“比多比少”的问题，首先要思考哪一个问题？

生：谁与谁比？

师：对！谁与谁比？

生：戴老师的年龄与王老师的年龄比。

师：同意！戴老师的年龄比王老师多多少？

（学生一时回答不上来，你看看我，我看看你）

师：再看看这句话，准确地说，戴老师的年龄与谁比？

生：与王老师年龄的2倍比。

（板书：戴老师年龄　王老师年龄的2倍）

师：对了！思考的第二个问题是……

生：谁多谁少？戴老师的年龄小，王老师的年龄的2倍多。

师：请你像刚才一样，用一个等式表示出戴老师的年龄和王老师年龄的2倍之间的关系。

生1：王老师年龄的2倍－老师年龄=4。

生2：戴老师年龄+4=王老师年龄的2倍。

生3：王老师年龄的2倍-4=戴老师年龄。

（板书这三个关系式）

师：你会选择哪个关系式求王老师的年龄？

生：都要用方程解。

师：设王老师的年龄为 x，列出方程。

根据学生的选择，板书对应的方程：

$2x-42=4$　$42+4=2x$　$2x-4=42$

师：这三个方程比较复杂，我们暂且叫它“稍复杂的方程”，怎么解呢？

生：先求出 $2x$ 等于多少。

师：对！先求 $2x$，把 $2x$ 当作一个整体，就是先求王老师年龄的 2 倍。开始解方程吧。

师请三位同学在黑板上解三个方程。讲评时，师强调等号要对齐和验算、写答。

生：也可以用算式（42+4）÷2＝23（岁）。

师：为什么刚才第五种算式计算是对的？

生：先求王老师年龄的 2 倍。

师：回过头来看看，你有什么新的收获？

生：原来没想明白，就是凭着感觉算，现在知道了，先求王老师年龄的 2 倍，因为戴老师的年龄与它的 2 倍比。

生：解题前先要想明白“谁与谁比？”“谁多谁少？”然后列出两者间的关系式。

师：列方程解，不是挺麻烦吗？

生：有些时候，用算术方法解容易出现错误，用方程更容易了。

师：是呀！如果所有的数学问题都能用算术方法解的话，为什么要花那么多时间学习方程呢？学习方程不就是为了帮我们解决比较复杂的问题吗？

※ 课后反思

解决数学问题最为重要的是分析数量关系，新课程背景下的课堂教学似乎淡化了这一重要环节，但我认为不仅不能淡化，还要更加重视，因为它有利于培养学生分析与综合的能力，从而提高学生解决问题的能力。

猜一猜、算一算戴老师的年龄有多大，拉近了老师与学生之间的关系，营造了良好的课堂学习氛围。更为重要的是，抓住了“谁与谁比”与“谁多谁少”这两个关键问题，分析并列出关系式，明确借助哪个关系式都可以算出戴老师的年龄，用算术方法解，也可以用方程解，既唤醒了旧知，又为教学稍复杂的方程问题设下了孕伏。

“戴老师的年龄比‘我’的年龄大32岁”是小学二年级的内容，对五年级的学生来说显得很是简单，而“戴老师的年龄比王老师年龄的2倍少4岁”与之相比，只是相比较的两个量中的其中一个量变化了，与“年龄的2倍”相比，其他没有什么不同。但正是因为这一小小的变化，学生习惯用算术方法解出现了错误，而有了这些“错误”，才能使学生深切感受到方程的必要，充分体现方程的价值。

苏霍姆林斯基说：“在我看来，教给学生能借助已有的知识去获取新知识，这是最高的教学技巧之所在。”在破解稍复杂的问题时，没有另起炉灶，延用二年级的知识，分析“谁与谁比”“谁多谁少”，明确戴老师的年龄是与王老师年龄的2倍比，这样，正确的关系式就建立起来了。教材中“把 $2x$ 看作一个整体，先求 $2x$”就是先求相比较的两个量中其中的一个量，也就把“王老师年龄的2倍”这一难点不露痕迹中破解了。

简简单单的两次“比年龄”活动，学生自觉地接受了方程，自愿地选择了方程，这样的教学没有强制，而是相机诱导，是自然的，流畅的。

数学教学，其实就这么简单！

13. “实际问题与方程”课堂实录与反思

蒋晓明
（四川省德阳市沱江路小学，青年名师）

※ 课前思考

本节课是人教版小学数学五年级上册第五章第二节第四部分例3的内容，探索用方程解决问题的不同方案。教材在此章安排了用字母表示数、方程的意义、等式的性质、解方程等内容。这些内容是在学生学习了一定的算术知识，如整数、分数的四则运算及其应用，已初步接触了一点代数知识，如用字母表示运算定律等内容的基础上来学习的。本节内容是解方程模型的扩展，旨在贯通方程与现实生活的联系，是学生用方程解决较复杂的实际问题的学习奠基。

学好本节内容，有助于学生抽象概括能力的培养，发展学生的数学语言与符号意识，落实数学课程“四基”“四能”的培养目标，巩固和加深理解之前学习的算术知识，更重要的是有利于加强中小学数学学习内容的衔接，为进一步学习更丰富的代数知识做好认识准备和铺垫。

本节学习的具体内容为，解答能提炼出形如 $a(x \pm b)=c$ 的方程的生活中的实际问题，能用乘法分配律的模型用两种不同方案解决实际问题。对部分学生来说，这部分内容有一定的难度，而且课堂所能呈现的生活情景是有限的，如何串联有限的生活情景，在回顾反思和解决问题的过程中潜移默化建立相应的数学模型，让学生提升抽象概括、解决问题等相关的数学素养，是本节课要关注的重点。

本节课，我打算利用教材提供的生活情景，从问题中抽象出等量关系，培养学生对等量关系数学化、符号化、模型化的能力，在解决实际问题的过程中重视化归思想和建模思想的渗透。当然，教学时应该根据课堂现场的反馈及时调整教学节奏，通过一系列的数学练习活动，尽量让更多的学生融会贯通，提升解决问题的能力。

※ 课堂实录

一、复习交流

1. 课前交流

师：咱们的课程还是从一段老掉牙的视频开始。（播放相关视频）知道老师为什么要再次播放这段视频吗？是因为老师特别珍惜咱们一起摆拍的那个夏天。转眼一年时间过去，咱们在一起生活学习了一年。不在一起时，老师常常会想念大家。大家想念老师吗？

生：想。

师：谢谢大家善意的谎言。

生：（笑）

2. 复习旧知

师：老师是真的想念大家，有时候想大家想得睡不着觉。老是想着大家在学校里学的东西到底有学进去没有？比如咱们的第五章，一直在研究什么啊？

生：方程！

师：方程，对吧？（板书：方程）第五章，学了很多内容是吧？你到底学到些什么？谁愿意来分享分享？

生：列方程和解方程，还有用字母表示数。

师：谢谢。你学会了列方程、解方程，还学会了用字母表示数！（板书相关内容）大家掌声感谢何思澄！还有其他内容要分享吗？

生：用方程解决实际问题。

师：余好还会用方程解决实际问题。（板书，完善课题：实际问题与方程）也就是说，余好把实际问题与方程联系起来了，对吧？

生：对！

师：还有补充吗？

生：我们还学习了等式的两条性质。

师：哦，我们还学习了等式的性质。（板书：等式的性质）

生：还学习了方程的意义。

师：哦，那什么是方程？

生：……

师：反正学了，但是我不知道。

生：（笑）

师：谁来帮他？

生：方程是含有未知数的等式。

师：你重复一次吧！

生：我们还学习了如何检验方程。（板书：检验）

师：谢谢！

生：我们还学习了怎样设未知数。

师：哦。也就是说如果咱们想用方程来解决实际问题的话，首先要设……

生：未知数。

3. 理解建模

师：谢谢大家，其实大家在刚才的讨论中，已经把用方程解决问题的基本步骤给罗列出来了。咱们拿到一个实际问题，如果想用方程来解决的话，咱们首先要……

生：设未知数。

师：然后……

生：找等量关系，列方程。

师：对，先找到等量关系，才可以列出……

生：方程。

师：列出方程后，咱们得想办法来……

生：解方程。

师：解方程你有什么办法呢？

生：可以依据四则运算各部分之间的关系。

师：如加数等于和减……

生：另一个加数。

师：很棒！是不是解方程只能依靠四则运算各部分间的关系呢？

生：还可以根据等式的性质来解方程。

师：是的，解方程可以有不同的依据。我们根据实情选择更简便的方法就好。最后，如果我们想看看我们的计算是不是正确的，我们还要对方程的解进行……

生：检验！

二、学习新课

1. 学习例 3

第一环节：情景引入

师：看来大家对列方程解决实际问题的步骤已经很熟悉了，老师很感动。小明的妈妈也很感动！妈妈打算去超市买点儿水果犒劳一下他。咱们来看看，你在图片上能获得哪些数学信息？（PPT 出示教材上图片的部分信息）

生：知道苹果和梨的数量，还知道两种水果的总价。

师：哦，他找出了这么关键信息，很不错！（板书：数量、总价）那你觉得还有什么信息是目前咱们不知道的？

生：单价不知道。

师：那给你一个单价吧。（结合 PPT 出示）现在知道了梨的单价。你能提出怎样的数学问题？

生：苹果的单价是多少？

师：咱们想知道苹果的单价，有办法吗？按咱们目前正在研究的方法，咱们可以用……

生：方程来解。

第二环节：操作建模

师：非常好，按咱们刚刚罗列用方程解决问题的步骤走的话，第一步要干吗？

生：设未知数。

师：谁来说？我来写。

生：设苹果每千克 x 元。

师：（板书：设苹果每千克 x 元）未知数找到了，也设好了，现在应该找什么了？

生：找等量关系。

师：找一找吧，和同桌商量一下，你能找到等量关系吗？

（同桌之间互相讨论表达）

生：苹果的单价乘 2 加梨的单价，等于 10.4 元。

师：苹果的单价乘 2，那是苹果的什么？

生：总价。

师：好，苹果的单价乘 2，是苹果的总价。（板书：苹果的总价）苹果的总价加梨的单价吗？你再想想，梨也买了几千克？

生：2 千克。

师：那买梨的钱怎么算？

生：梨的单价乘 2。

师：也就是梨的……

生：总价。

师：那我们这里的等量关系是……

生：梨的总价 + 苹果的总价 = 两种水果总价。

师：刚刚向婉雪还说到，这里不管是梨的总价，还是苹果的总价，都是……

生：单价 × 数量。

师：非常棒！那咱们按这边的模型流程走，现在又应该做什么工作啦？

生：列方程。

师：会列方程吗，谁来帮老师列一个？

生：$2x+2\times2.8=10.4$。

师：现在大家在教材上把这个方程解出来。有谁愿意来板演给大家看？（一生板演，其余学生写在教材上。师巡视）李明旭你来给大家解读一下你解方程的过程。

生：$2x+2\times2.8=10.4$，第一步，先算出 $2\times2.8=5.6$。然后方程两边同时减去 5.6，$2x=4.8$。最后一步，方程两边同时除以 2，$x=2.4$。

师：说得太好了，完整且流畅！掌声送给李老师！我想了解一下，全球人民都是这样想的吗？有没有不同的声音？这个题目是不是只有这样一种等量关系？同桌之间商量商量吧，看你能不能找到另外的等量关系。

（先同桌之间交流，再全班交流）

生：梨的单价加苹果的单价的和乘 2，等于总支出。

师：梨的单价加苹果的单价其实就是两种水果的单价……

生：和。

师：（板书：两种水果的单价和……）然后呢？

生：乘 2，等于总价。

师：新的等量关系找到了，你会列方程吗？谁来说说？

生：2 倍 x 加 2.8 的和等于 10.4。

师：非常棒！现在大家仍然把这个方程在教材上解出来。然后老师请一位同学板演给大家看。

（一生板演，其余学生把解决方案写在教材上。师巡视）

师：现在咱们来看看，先设未知数，再找等量关系列方程，解方程。两种方法算出的结果都是 2.4，也从一个侧面说明咱们的解决方案和计算都是……

生：正确的。

师：如果平时咱们并没有用两种方法，那计算结果出来之后咱们就要老老实实地进行……

生：检验。

师：是的，如果题干里没有要求检验按格式书写，我们也可以口头把方程的解代入方程进行检验。比如 2 乘 2.4 是……

生：4.8。

师：2.8 乘 2 是……

生：5.6。

师：它们相加的结果是 10.4 吗？

生：是。

2. 巩固模型

师：水果的费用问题解决了。周末了，妈妈带着小朋友出去玩儿。平时学习辛苦，咱们也需要放松一下。请看大屏。谁来找一找图片里的数学信息。

生：两个成人带着两个儿童去游乐场。每张成人票 4 元。4 张门票一共花了 11 元。要求的是儿童门票多少钱。

师：我们来解读一下，几个成人？

生：两个。

师：几个儿童？

生：两个。

师：好，成人票的单价是多少？

生：4 元。

师：儿童票的单价呢？

生：不知道。

师：我想知道成人票会买几张？

生：两张。

师：儿童票呢？

生：两张。

师：何思澄的解读好不好？

生：好！

师：咱们掌声鼓励一下，非常不错。现在就请大家找未知数，列方程解决这个问题。看你能找到几种不同的等量关系。

（生独立完成“做一做”设计的题目。师巡视）

师：现在咱们请吴慧烨来分享一下她的解答。

生：设儿童票单价 x 元，$2x+2\times4=11$。先算 $2\times4=8$。$2x+8=11$。方程两边同时减去 8，得 $2x=3$。方程两边同时除以 2，得 $x=1.5$。

师：掌声鼓励。有不同的解决方案吗？找个男生吧，谁来分享，有没有信心超过吴慧烨的？请曾友旭来分享。

生：（x+4）×2＝11，方程左右两边同时除以2，得x+4＝5.5。方程两边再同时减去4，得x＝1.5。

师：你们能读懂他的方程后面的隐藏的等量关系吗？

生：两种票的单价和乘2等于票价总和。

师：很棒！愉快的周末结束了，周一咱们得回学校了。回学校得穿学生服是吗，那现在老师有个关于学生服价钱的问题想考考大家，咱们一起来看看。

三、拓展练习

1.解决生活中的实际问题（学生服费用问题）

师：现在咱们有几条信息。你来做选择。选择其中的一部分信息作为条件，有些不需要的信息可以不用，然后选择其中的一条信息作为问题，来编写一道能用方程解决的实际问题，大家愿意尝试一下吗？

生：愿意。

师：好，那请大家抓紧时间，开始工作，如果实在不知从何着手，你也可以跟同桌商量商量。大家可以不用重新抄写条件，就在原题干里钩画就可以。

（生选择信息，设未知数，编写实际问题。师巡视指导）

师：现在咱们请李子寒来分享一下她的选择。

生：我选择的条件是沱江路小学购进200套学生服，共支出2万元。一条裤子45元。舍去的条件是上衣总价比裤子总价高2000元。设的问题是一件上衣多少钱？200x+45×200＝20000，方程两边先减去9000，得200x＝11000，方程两边再同时除以200，得x＝55。

师：掌声感谢李老师！现在请郑弘毅老师给大家分享！

生：我选择的条件是沱江路小学购进200套学生服，上衣总价比裤子总价高2000元，一条裤子45元。舍去的条件是共支出2万元。设的问题是上衣单价多少元？（x−45）×200＝2000，方程两边先除以200，得x−45＝10，方程两边再同时加45，得x＝55。

师：同样，让我们用最热烈的掌声感谢郑老师！说得不错！

2.介绍方程的历史沿革，鼓励大家像诗人一样去生活，像数学家一样去思考

师：大家知道，早在3000多年前，埃及人就会……

生：用方程解决问题。

师：厉不厉害？2000多年前，咱们中国的数学家写了一本书叫做……

生：《九章算术》。

师：书里就有跟方程相关的内容。大家自豪不？咱们的先辈们也特别厉害！直到300多年前，法国科学家……

生：笛卡尔……

师：首次提倡用字母表示数，就形成了我们今天方程的样子。同学们也很厉害，也学会了用方程解决实际问题。老师相信，大家以后也一定会像历史上的科学家一样，在自己擅长的领域为社会做出更多的贡献！

生：好！

四、结束全课

1. 回顾全课

师：今天这节课，谁的表现你最欣赏？为什么？

生：何思澄给我留下很深刻的印象，她课上比较活跃，积极思考回应老师的问题。

师：还有哪些收获？

生：……

2. 延伸谈话

师：大家今天表现都很棒！后续我们还会继续学习稍微复杂一点儿的用方程解决实际问题的内容，希望大家不怕困难，永攀知识高峰！请大家抽时间完成提单上未完成的内容，及时提交。如果大家有时间，可以先预习一下后续的内容！今天的课，咱们就先上到这儿。

※ 课后反思

实际问题与方程部分紧跟在用等式的性质解方程的后面，通过教学旨在让学生会运用所学知识，把简单的实际问题抽象成方程。教学列方程解决实际问题，需要引导学生在解决问题的过程中，进一步掌握相关方程的解法，积累分析数量关系以及把实际问题抽象为方程的经验，进而适时地把获得的知识和方法应用于生活。

基于此，笔者上完这节课，有如下几点想法想与大家分享：

一、巧设情境引领，树立数学建模意识

例3创设了购买两种水果的现实问题情境。“做一做”创设了游乐园购买门票的现实问题情境，数量关系与例3一致。笔者上课时，结合教材设置的教学情景，再有机地把“做一做”的内容和拓展问题的内容用同一情景贯通，激发学生学习的热情，树立数学建模的意识。

二、注重资源整合，丰富数学建模素材

课堂所能呈现的生活情景是有限的，教材能提供的资源也是有限的，所以我们要结合教材，对相关教学资源进行整理分类，也可以根据班级和学校的具体情况，搜集整理一些接地气的实例，从中提炼出教学资源，丰富数学建模的素材。

三、开展抽象训练，锻炼数学建模能力

例3中，撇开各种数量的具体内容，就它的数学意义来讲，可抽象为两积之和的数量关系。这种数量关系在生活中经常遇到。如果学生理解了两积之和的数量关系，也就容易理解两积之差，两商之差的数量关系。因为本例中有相同的因数，可以根据分配律，得到含小括号的方程，用不同的方法解决，举一反三。学生通过与老师的对话，与同学的对话等数学活动，可有效开展抽象训练，锻炼数学建模能力。

四、关注拓展延伸，培养数学建模习惯

数学学科里狭义的建模，就是我们用所学知识解决问题的一整套方案，是一种框架。其实建模是一个内涵很丰富的概念，数量关系式也是建模的一种表达方式。一节课的容量是有限的，我们可以结合后续的练习课，适当拓展延伸，逐步培养学生的数学建模习惯。

总之，列方程不仅是解决问题的一种策略，更是一种十分重要的数学思想和方法，本课的教学对学生今后的学习起着至关重要的作用。对于学生来说不能仅仅满足于用方程做出了这道题就可以了，而是要让学生真正认识到算术法与方程方法的联系与区别，使学生深刻地体会用方程解决实际问题的优势，并使学生认清什么样的问题适宜用算术方法解， 什么样的问题适宜用方程解，学生能选择适合自己的方法，从而达到培养学生灵活选择解决问题的方法，达到提高解决实际问题能力的目的。

14. “因数和倍数”教学设计

王晓军
（苏州工业园区新城花园小学，青年名师）

※ 教学过程

一、谈话引入

师：刚才课间的时候，我通过了解记住了五（3）班一些同学的名字，你叫×××，我还知道你和某某同学是好朋友，对吧？我还知道你叫×××，你是好朋友？（学生哄堂大笑），你们笑什么？哦，对了，我应该说你和谁是好朋友，那就对了，我们不能说一个人是好朋友。

今天我们就来学习研究自然数之间的一些朋友关系。（板书：自然数）

哪位同学告诉我，你知道的自然数有哪些呢？（指名回答）

【设计意图】通过轻松、愉快的谈话引入，说明“一个人是好朋友”这样的关系不能成立，从而为说清楚“倍数”和“因数”这两个好朋友之间的关系打下基础，而且明确交代了研究“倍数”和“因数”是在自然数的范围之内。

二、教学“倍数”及探究找一个数的倍数的方法

1. 教学“倍数”

师：好，下面我们先来看一组非常熟悉的画面。屏幕出示3朵红花，6朵黄花。红花几朵？黄花呢？你能告诉大家黄花的朵数是红花的几倍吗？（2倍）

师：说得真好，再看下一题：屏幕出示3朵红花，12朵蓝花。红花几朵？蓝花呢？你知道蓝花的朵数是红花的几倍吗？知道的同学一起说。（4倍）

师：通过刚才的两幅图我们知道了：6是3的（　）倍；12是3的（　）倍。

那我们先来看看第一句话“6是3的（　）倍”，在这句话中，“6”“3”这两个数都是自然数，那么6和3之间就有一种关系，是什么关系呢？是“倍数”关系，（板书：倍数）那谁是谁的倍数呢？

生：6是3的倍数。

师：说得真好。

师：再看下面 “12是3的（　）倍”这句话，12和3也是自然数，那么12和3之间也有这种“倍数”关系了，我们也可以说12是3的倍数。

2. 找一个数的倍数

师：你还知道哪个数也是3的倍数？（让学生说清楚谁是3的倍数）

师：我能说30是倍数吗？不行，这就像我刚才说 ××× 一个人是朋友，那就不对了，一定要说清楚哪个数是哪个数的倍数！

【设计意图】为了联系学生的生活实际，先让学生由熟悉的概念“倍”唤醒了对已有知识的记忆，再通过引导让学生知道了“倍数”的概念，而且着重训练了“哪个数是3的倍数”这样科学、完整的说法，和前面“好朋友”的说法自然而然联系在了一起，学生印象更加深刻。

师：哦，真的太多了，那你能不能从小到大不重复、不遗漏地写出3的倍数呢？

生：能。

师：好，那就开始写。

（学生在练习纸上写）

师：停！我想如果我不说停的话，大家就会这么一直写下去了，我想找位同学说说，你写的数有哪些？

生报出写的3的倍数（多请几位学生说说）在此讨论得出3也是3的倍数。

师：我想听听你是怎么找的？

（从3的1倍数开始找起3×1，然后2倍就是3×2、3倍是3×3、4倍是3×4……）

师：这样可以按照从小到大的顺序而且不重复、不遗漏地找到3的倍数了，你会了吗？

师：我看同学们都信心十足，那我们来试一试，

请你口答：2的倍数有：

5的倍数有：

师：同学们已经学会了找一个数的倍数了，那么大家看看屏幕，（师读出3的倍数、2的倍数和5的倍数）观察一下，你有什么发现？

比一比，一个数最小的倍数，你有什么发现？

找一找，一个数最大的倍数，你有什么发现？

数一数，一个数倍数的个数，你有什么发现？

同桌之间讨论后，得出结论：

（板书：最小本身、最大没有，个数无限个）

三、认识倍数和因数之间的关系

1.引出倍数和因数的概念

师：我们已经认识了自然数中两个数之间的一种关系——倍数关系，还有和倍数紧密相连的知识。我们先来研究一道题：这里有12个完全一样的正方形。把它们拼成一个长方形，想一想，每排摆几个？可以摆几排？

师:如果请你用一道乘法算式,来把你所要摆得长方形的形状表示出来,行吗?

生回答出一个算式。

师：你是这样摆的吗？（课件出示图形）

师：还可以怎样摆？

师：还有吗？

师：用12个完全一样的小正方形摆成长方形，可以有三种基本摆法，由此得到三个不同的乘法算式。这三道乘法算式，看起来是多么简单，多么熟悉。我们就看这个算式，$3\times4=12$，从3、4、12这三个数中，你可以知道哪个数是哪个数的倍数吗？倍数关系有了，那么12和4之间、12和3之间还有什么样的关系呢？请打开课本第70页，自己阅读。

学生阅读课本后，问学生：你通过自学知道了哪些知识？（因数）

师：很好，那什么是因数呢？你和结合这个算式说一说吗？（板书：因数）

学生说完后，出示课本一段话："$4\times3=12$，12是4的倍数，12也是3的倍数，4和3都是12的因数。

师：看来这位同学看书看得很认真。那么请你根据$2\times6=12$也来说说，谁是谁的倍数，谁是谁的因数？（指名说）

那么$1\times12=12$，这个算式谁来说说。

师：说得真好，我刚才听到这位同学在说的时候有两句特别有趣，是哪两句啊？（12是12的因数，12是12的倍数）

师：在数学上还真是这么回事，12的确是12的因数，12也是12的倍数。

师：还有问题吗？你们有没有注意到书上有一行小字："为了方便，我们在研究倍数和因数时，所说的数一般指不是0的自然数。"就是我们刚才所说的，我们今天研究的好朋友是不包括0的自然数。

【设计意图】通过设疑，存在着"倍数"关系的两个数之间还有另外一种怎样的关系呢？让学生带着疑问去自学课本，了解"因数"的概念，培养学生的自学能力，在师生的问答之间完成了学习任务。学生更加明确了"倍数"和"因数"两者之间的关系。

2. 练习倍数和因数

师：下面有几道算式，请同学们说说哪个数是哪个数的倍数，哪个数是哪个数的因数，可以吗？

屏幕出示：$11\times4=44$　　$12\times5=60$　　$24\div4=6$

四、探究找因数的方法

师：我们已经会找一个数的倍数了，现在来学学如何找一个数的因数。

（屏幕出示：请你说出12的所有因数，不重复、不遗漏）同桌之间讨论后汇报结果。

师：你真棒，你能说说是怎么找到的吗？

师总结：原来你是想（　）×（　）= 12，那么这两个数就都是12的因数，而且一下子就可以找到几个啊？（2个）

为了不重复、不遗漏，我们可以从1开始想起，有了1就有12；然后看看用2再试试有了2就有6，然后用3试试，有了3就有4。

师：那为什么不继续往下找呢？

【设计意图】以找“12的所有因数”为例题，引导学生找一个数的所有因数。这样做，一是结合学生在自学时的已有知识，他们会很容易地找出12的所有因数；二是降低了课本上找“36的所有因数”的难度，有助于学生提高学习的自信心。

师：你会找一个数的所有因数了吗？还有没有问题？没有问题的话，让我们试一试下面的题目，屏幕出示：

16的因数有：________（师：4为什么不是1对啊？）

36的因数有：________

（生自己完成在作业纸上）

师提问：我们也能像刚才一样，从最小、最大和个数三个方面来看一个数的因数，你有什么发现？

教师板书出一个数的因数的特点：最小是谁啊？（1）最大的因数有吗？（是它本身）个数虽然不一样，但是有限。

五、课题小结及巩固练习

师：我们今天这节课主要学习了倍数和因数，还学会了如何找一个数的倍数和因数了。下面我们一起来检验一下你今天学得怎么样，好不好？

1. 小侦探，巧填数字

（1）7的因数有________。

（2）从小到大写出 5 个 10 的倍数 ___________ 。

（3）5 最小的倍数是 ___________ ，9 最大的因数是 ___________ 。

（4）在 6，10，14，18 这四个数中 ___________ ，是的倍数 ___________ ，是 ___________ 的因数。

2. 小法官，明辨是非

（1）因为 2×3＝6，所以 2 是因数，6 是倍数。（　　）

（2）17 的最小倍数是 34。（　　）

（3）8 是 8 的倍数，8 也是 8 的因数。（　　）

（4）因为 18÷3＝6，所以 18 是 6 的倍数。（　　）

（5）所有不是 0 的自然数都是 1 的倍数。（　　）

3. 师：同学们的表现都不错，下面我们来简单的做个游戏，好吗？大家请听好：

请学号是 2 的倍数的同学起立；

请学号是 40 因数的同学起立；

请学号是 1 的倍数的同学起立。

4. 头脑风暴

8 是（　）的倍数　师：（　）其实填的是 8 的因数。

8 是（　）的因数　师：（　）其实填的是 8 的倍数。

8 是（　）的因数，也是（　）的倍数。

师：你能填上同样的数吗？

25 的因数的个数一定比 15 的多！是这样吗？

【设计意图】练习的设计由易到难，既巩固了基础，又有所提升。游戏的设计，让学生在快乐的氛围中不知不觉运用了本节课上所学的知识；头脑风暴的设计，让学生对“因数”和“倍数”的概念有了清晰的认识，从而达到学以致用的目的。

15. “因数和倍数单元复习”教学设计

廖敏
【四川省成都市泡桐树小学（天府校区），青年名师】

※ 课前思考

本课的问题“‘倍数和因数’单元怎样整理复习？”，建议方法用“图谱整理、错例收集、问题反思”。建构策略：一是运用思维导图等图谱方式整理每课知识要点与方法，沟通本单元课时之间的联系。二是通过错例收集与分享，积累问题解决的经验。三是通过问题收集，聚焦核心问题，展开讨论。教学策略：基于学生问题探究的分享式教学。

※ 教学过程

一、回顾整理过程，聚焦核心问题

课件出示学生整理作品（略）。

师：同学们，你们已经对三单元“倍数和因数”的知识进行了整理，说说你在整理的过程中，用了哪些方法，遇到了哪些问题?

学生独立思考，梳理整理的方法，提出自己的问题，老师逐一板书学生的方法和问题。

师：提出一个问题比解决一个问题更重要。在这些问题中，我们首先来解决“怎样将知识整理全？”这个问题。

【设计意图】让学生提出整理中的困惑，在提问的过程中进一步整理思维与方法的不足，培养学生发现问题和提出问题的能力。

二、问题探究，掌握整理方法

1. 探究“怎样将知识整理完整”

（1）独立思考。

师：请看着自己的作品，独立思考，自己整理了哪些知识？是怎样整理的?

独立思考 1 分钟。

（2）小组交流。

师：小组交流时，组内每个同学都要根据具体内容，说说是怎样整理的，并准备全班分享。

老师巡视，对不会交流的小组进行帮助；选择有典型方法的作品，编上序号，准备在全班分享。

（3）全班分享。

师：你整理了哪些知识？别的同学还有补充吗？

引导学生整理的知识内容包括：倍数、因数的概念；如何找因数；如何找倍数；如何找质数；以及 2、3、5 的倍数特征。

师：你是怎样整理的？别的同学还有不同的整理方法吗？

引导学生总结整理的方法：翻书：逐一看每课内容进行整理；找关键：对每课总结性语言或智慧老人说的话要特别注意；看笔记：浏览课堂笔记，将重要的知识分类整理；看错例：错例中有些知识是书上没有的，进行补充。

师：请大家在自己的思维导图上补充完整。

（4）方法小结。

师：怎样将知识内容整理得比较全面？

引导学生小结：运用分类的方法，将本单元的概念进行逐一列举。

【设计意图】本环节探究的是“怎样将知识整理完整”的问题，之所以要进行这个问题探究，是因为本单元概念多，学生很容易进行混淆。建构策略是：根据教材编排的内容逐一整理，通过翻书、看笔记、看错例的方式尽量做到知识无遗漏。采用的教学方式是：学生先独立思考、小组交流、全班分享补充，老师基于学生的典型作品进行点拨，引导学生总结方法，体现以学生的问题为起点、以老师的问题为导引、以学科问题为核心。

2. 探究“怎样整理知识间的区别与联系”

（1）独立思考。

师：请同学们看着刚才补充后的作品，想想，本单元的知识概念多，很容易就混淆了。想想，你能找到哪些知识和方法间的联系以及容易混淆的概念的区别呢？可以用序号进行标注。

老师巡视，发现学生的问题个别点拨。

（2）小组交流。

师：把自己找到的与小组内的同学交流一下，可以选择印象最深的进行全班分享。

老师巡视，选取学生典型的作品标序号，准备全班分享。

（3）全班分享。

展示学生找到的作品，进行全班分享。

①倍数和因数

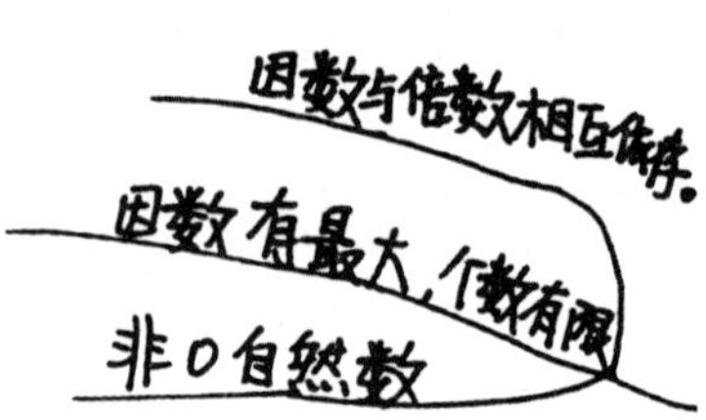

②质数与合数。

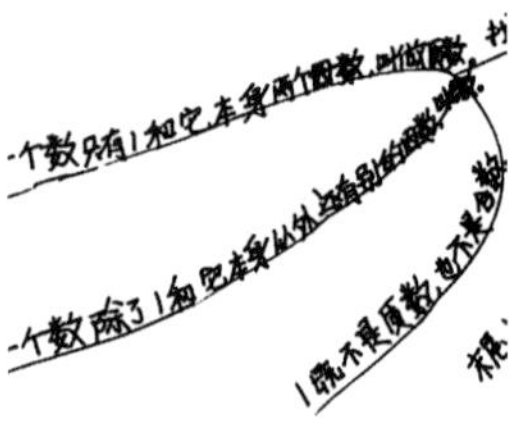

③奇数和偶数

师（追问）：作品①找倍数和因数的方法上有什么区别和联系吗？作品②寻找质数和合数的方法与倍数和因数有什么关系？作品③奇偶性与 2 的倍数特征有关，思考一下，寻找到数的倍数特征的方法有什么联系与区别？

学生回答后，老师强调：倍数和因数相互依存，都可以通过列举的方法有序找到一个数的因数或倍数。判断一些数的倍数特征时，可以看尾数找规律，如 2、5 的倍数特征；也可以通过数字之和寻找规律，如 3、9 的倍数特征；还可以通过某些数位上的数字关系来寻找特征，如 7、11 等。

（4）方法小结。

师：谁来说说，怎样整理知识间的区别与联系？

引导学生小结：将易混淆概念对比分析，从概念、方法等方面进行观察。

【设计意图】本环节探究的是“怎样整理知识间的区别与联系？”的问题，帮助学生建构策略是：运用数学对比分析的方法，寻找其异同。教学方式跟上一个环节相同：基于学生独立思考、小组交流、全班分享的基础上，老师引导学生小结方法，体现以学生的学习为主体，老师起舵手、助手、推手的作用。

3. 交流“我的易错题”

（1）小组交流。

师：请同学们看看自己整理的易错题，先在组内进行分享，一个组挑选出最有代表的 2 道题，准备进行全班大比拼。

老师巡视，选取学生典型的作品标序号，准备全班分享。

（2）全班分享。

展示学生找到的作品，进行全班分享，出题人问，其余同学答。

①一个数越大，它的因数个数就越多。

②若 $a \div b= 5$（$a.b$ 都是整数），那么 a 和 b 的最大公因数是（ ），最小公倍数是（ ）。

③一张长方形纸条，长 96 厘米，宽 80 厘米，要把它剪成同样大小的正方形纸片且没有剩余，正方形的边长最长是多少厘米？可以剪成几块？

【设计意图】本环节探究的是“易错题是否真的会？”的问题，帮助学生建构策略是：通过学生间的互动交流，进一步明晰方法，掌握知识技能。教学方式是学生自己当小老师，老师适当引导、组织。

三、回顾总结，建立结构

师：这节课我们解决了什么问题？你有什么收获？有什么疑问？

【设计意图】帮助学生总结“整理复习如何做到知识全，找到联系等”方法，建立认知结构，培养学生结构化的意识和能力。

四、巩固练习，形成技能

师：完成书第 46 页第 4 题；第 47 页第 9 题；第 48 页 14 题。

【设计意图】学生梳理单元知识后，还要进行适当的综合练习，形成技能技巧，解决简单的实际问题。

16. “3 的倍数特征”教学设计

宋君
（河南省郑州市金水区金桥学校，青年名师）

※ 课前思考

“3 的倍数特征”这节课主要目的是要让学生经历探索知识的过程，找出 3 的倍数特征。教材利用 100 以内的数表来研究，先让学生找出 3 的倍数，再观察特征，说说有什么发现，学生可能受知识迁移的影响去研究个位上的数与十位上的数，但都无法发现规律。适当的时候，教师可以作一定的提示：“将每个数的各个数位上的数字加起来试试看。”以帮助学生逐步发现规律。在初步得出结论的基础上，教师应进一步提出“这个规律对更大的数成立吗？”的问题，促使学生能自己找几个更大的数来验证规律。

《义务教育数学课程标准（2011 年版）》指出：数学教学是数学活动的教学。在数学教学活动过程中，探索是数学的生命，问题是数学的心脏。在教学“3 的倍数特征”时，我没有利用百数表进行研究，我设计了引导学生动手摆珠子，从而发现了 3 的倍数特征。整节课突出学生的主体地位，充分发挥学生的主体作用，放手让学生自主探索，实现学生主体发展，使学生自己发现并掌握 3 的倍数特征。

我校是一所市区小学，现在的四年级学生大部分来自城市，个别来自农村，学生基础相对均衡，经过四年多的数学学习，学生已经能够根据学习内容尝试着去提出数学问题、分析并解决问题，已经养成了动脑思考的习惯，能根据呈现内容选择相关的信息进行讨论、交流与研究，能够比较有效地进行小组合作学习。当学生面对一个挑战性的问题时，能够对数学问题有着浓厚的研究兴趣，并能够积极主动地投入到数学学习的过程中来。

※ 教学过程

一、魔术表演，激发兴趣

同学们，你喜欢魔术吗？刘谦的魔术，留给我们很多的精彩和快乐。今天老师来表演一个魔术，无论你说什么数，老师只要在这个数的前面或后面加上一个数字，最后变成的数一定是 3 的倍数。大家相信吗？下面我们来试一试。

看来同学们对这个魔术都很感兴趣，你想知道其中的奥秘吗？通过这节课的学习，你也会进行这样的魔术表演，下面我们准备上课！

【设计意图】“良好的开端是成功的一半。”在新课之始，我从学生感兴趣的魔术入手，在魔术般的判断过程中引起学生的兴趣，吸引学生的注意力，激起学生的求知欲，引导学生积极主动地投入到数学课堂的学习中来。

二、摆珠探索，总结特征

1. 珠子摆数，感受特征

同学们都很喜欢游戏，我们就从游戏进行研究，揭开魔术的秘密。请大家看屏幕：

游戏要求：每组用给定数量的珠子（2、3、4、6、8、9），在数位表上任意组成一位、两位、三位数……然后记录在表中，计算一下它是否是 3 的倍数，是的画“√”，不是的画“×”。

数位顺序表

……	百位	十位	个位

珠子颗数	组成的数	是否是3的倍数

学生合作探索，教师巡视参与。

谁来代表你们小组汇报研究的情况呢？教师投影板书，学生可能会出现如下情况：

珠子颗数	组成的数	是否是3的倍数
2	2、11、20、101、110	×
3	3、21、30、120、300……	√
4	4、13、22、211、310……	×
6	6、15、24、222、303……	√
8	8、17、62、170、530……	×
9	9、18、27、36、45、90、108……	√
……	……	……

仔细观察上表，你能发现什么？

归纳小结：凡是用 3 颗、6 颗、9 颗珠子组成的数都是 3 的倍数。用 2、4、5、8 颗珠子组成的数都不是 3 的倍数。

【设计意图】我采用在动手摆珠子的过程中来感受 3 的倍数的特征，改变了以往先列举几组 3 的倍数，然后引导学生归纳特征的教学，这样教学，不但让学生感受到学习资源的开放性和真实性，而且，引导学生在动手操作中感受，在积极思考中梳理，在动脑动手中得到和谐统一。不仅提高了数学知识本身的趣味性，还引导学生更好地经历了探究 3 的倍数的特征的过程。

据刚才的研究，我们把 3 的倍数的分成了一类，把不是 3 的倍数的分成了一类。

为什么会出现这两种情况呢？请同学们讨论一下，在用珠子摆数的过程中，什么变了，什么没变？

小组讨论，教师参与讨论。

（学生可能会出现如下情况：数的顺序、大小变了，组数时珠子总数没有变）

追问：组数时珠子总数没变就是组成数的什么没变？（数字和）

引导学生计算各组数的数字之和，理解各位上的数字之和的含义和算法，并用课件将珠子总数替换成数字之和。

在用数字组数的过程中，数字之和为什么没变？（因为在用数字组数的过程中，组数用的珠子总数没变，所以数字之和也没变。）

到底什么样的数是 3 的倍数？谁能来说一说？

我们通过摆珠子得到的结论是否正确呢？你能再举几个数进行验证吗？

【设计意图】通过学生任意选取几个数进行验证，引导学生在观察、比较、分析、交流中，进一步丰富前面活动得出的结论，促使学生主动地发现规律，为更好的验证和总结特征作好准备。

通过刚才的活动，我们发现 3 的倍数的一些特点，谁能归纳一下是 3 的倍数的数有什么特征吗？得出结论：一个数各位上数字之和是 3 的倍数，这个数就是 3 的倍数。

2. 下面我们利用 3 的倍数特征进行一些练习，看大家掌握得怎么样！

（1）下面的数，哪些是 3 的倍数？

28　45　5387　3665

（2）写数游戏。

①写出两个是 3 的倍数的偶数；

②写出两个是 3 的倍数的奇数。

（3）在每个数的□里填上一个数字，使这个数是 3 的倍数。

7□　　20□　　□12　3□5

提问：如何很快地判断一个数是不是3的倍数？

【设计意图】这是一道开放题，留给学生更大的思维空间。学生可以选择不同的数字，而且这个数字放在任何位置，也就是说与数字的摆放顺序无关，以加深对“各位上数的和是3的倍数”的理解。

（4）老师这里还有两个数，你能很快地判断吗？说说你的理由！

63992　　379699346

实质上，这个同学讲的是3的倍数判断的一种简便方法，“弃9法”，也就是当一个数数位比较多时，不必把所有数位的数相加，可以先把能凑成3、6、9的数舍去，再看剩下的数是不是3的倍数，如果是，说明原数是3的倍数。反之，就不是3的倍数……

（5）听声音判断。

请大家闭上眼睛，听老师拨算珠的声音（6颗）。这个数是3的倍数吗？为什么？

结合孩子们的回答、交流，让孩子们明白，这里老师拨的是6颗算珠，不论它们分别放在哪里、形成什么数，这个数的各个数字的和都是6，这些数自然都是3的倍数。

17. “和的奇偶性”课堂实录

梁艳
（天津师范学校和苑附属小学，青年名师 ）

※ 课堂实录

一、复习旧知，温故知新

1. 出示复习题：

把下面各数分别填入合适的括号里：39 48 51 207 420 801 8976

奇数（　　　　　）　　偶数（　　　　　）

2. 指名汇报：谁来把这些数分到相应的括号里，并说一说你是怎样分类的？

课件出示：（1）在整数中，是 2 的倍数的数就是偶数，否则就是奇数。

（2）个位上是 0、2、4、6、8 的数是偶数；

个位上是 1、3、5、7、9 的数是奇数。

3. 揭示课题：看来大家对奇数和偶数的特点十分了解，其实它们二者还有一定的联系呢！今天这节课我们就来一起学习奇数和偶数之间的性质。（师板书课题：奇偶性）

二、探索操作，例题精讲

活动一：引发思考，提出猜想

1. 出示例题：奇数与奇数的和是奇数还是偶数？奇数与偶数的和是奇数还是偶数？偶数与偶数的和呢？

2. 指名读题：根据题意用另一种形式把问题表述出来可以更加清晰地明确我们这节课的学习任务——研究两数之和的奇偶性。

（师板书）

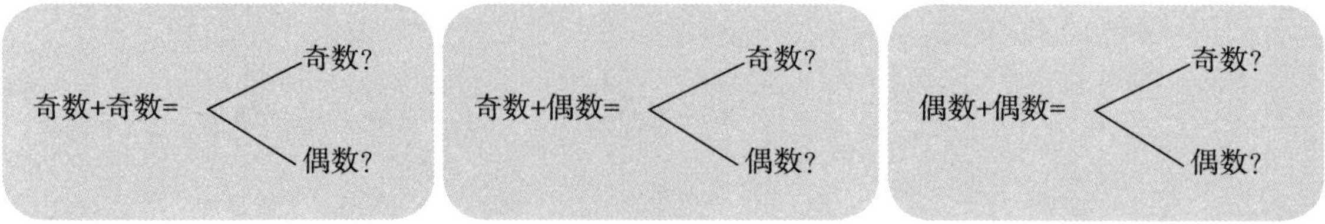

活动二：验证猜想，方法多多

1. 小组讨论：老师给每组准备了一些小正方形，不知大家是否能够用得上，用你喜欢的方法来证明你的猜想。

2. 学生汇报：

预设 1：列举法。

生：我们可以举几个不同的例子来得出相同的结论。（投影学生算式）

5+7 = 12　　5+8 = 13　　8+12 = 20

7+9 = 16　　7+8 = 15　　12+24 = 36

……　　……　　……

师：追问省略号什么意思？

生：我们组内每个人都列举了不同的算式都能得出相同的结论。

（师板书：奇数 + 奇数 = 偶数　奇数 + 偶数 = 奇数　偶数 + 偶数 = 偶数）

预设 2：图示法。

生：我们用到了您给的小正方形。

师：请你来演示一下好吗？

生：用数目不同的小正方形拼一拼。

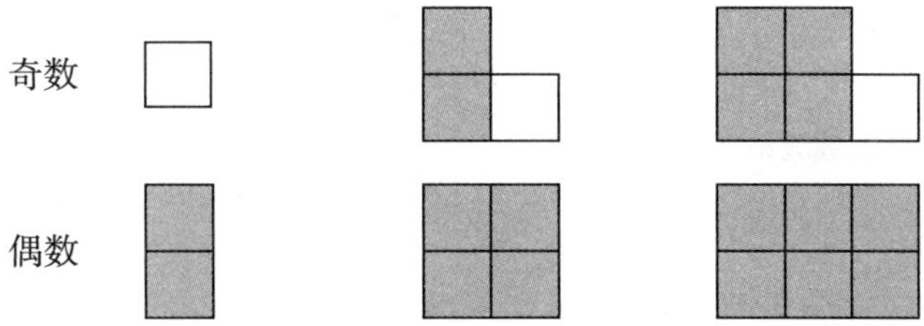

第一种，把偶数看成是成双成对的图形，把奇数看成是总有一个单个的图形，如果把成双成对的图形拼起来还是成双成对没有多余的，说明偶数 + 偶数 = 偶数。如 2 个 +4 个 = 6 个。

（动手演示）

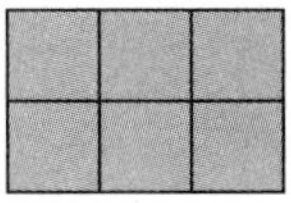

第二种，一个奇数和一个偶数的加起来怎么也拼不成成双成对的样子，说明奇数 + 偶数 = 奇数。如 1 个 +2 个 = 3 个。

（动手演示）

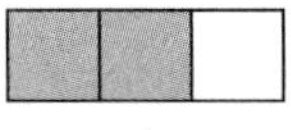

第三种，两个奇数图形加起来得到了偶数个，由此说明奇数 + 奇数 = 偶数。

如 1 个 +3 个 = 4 个。

（动手演示） 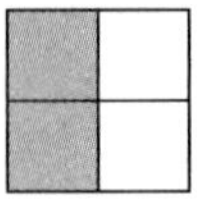

（同学们鼓掌奖励）

师：这位同学讲得哪里最吸引你？

生：将图形用来说明数字的关系，就是老师平时所说的数形结合。

师：你们现在是不是觉得小小的图形多么神奇，它可以让原本枯燥无味的文字变得生动起来，这也是本节课的学习目标之一，数形结合思想对我们思考数学问题真是太重要了！

师总结：老师把刚才的证明方法整理一下，分别是用了列举法，图示法。不知道你和谁的做法不谋而合呢！其实刚才大家思考问题的过程都用到了之前所学习的知识，这就是数学上经常用到的化繁为简的数学思想。

活动三：知识迁移，学新知新

师：根据刚才我们发现的和的奇偶性，不知同学们有没有联想到新的知识呢？

预设：可以想到他们差的关系。（师随机配合板书）

师表扬评价：所谓化繁为简其实也是化难为易的过程，根据加减法的互逆关系，借助两数和的奇偶性我们又有了新的发现，而这一发现就是刚刚才学的新知识又产生了一个新知识。所以说，学习无难事，只要有心人。

三、巩固基础 拓展提升

1. 不计算判断下列算式的结果是奇数还是偶数。（课件）

（1）2569+385 结果是（   ）。

（2）685−592 结果是（   ）。

（3）一个奇数与 2 相乘是（   ）。

（4）11+12+13+14+15+16+17+18+19 的结果是（   ）。

2. 独立思考，再小组交流想法

3. 汇报答案，说明想法

生 1：第一题结果是偶数。因为奇数 + 奇数 = 偶数，或者直接计算各位相加就可得出结论。

生 2：第二题结果是奇数。因为奇数 − 偶数 = 奇数，或者直接计算各位相减就可得出结论。

师：同学们真聪明！不仅可以利用刚刚学过的知识来判断，还可以找出小窍门！

生 3：第三题结果是偶数。可以举个例子，3 × 2 = 6。

师：如果不计算能用别的方法来说明吗？

预设 1：一个奇数 ×2 就是求两个相同奇数相加的和，也就是奇数 + 奇数 = 偶数。

预设 2：用小正方形也可以证明。如 3 × 2 = 3+3。

（动手演示）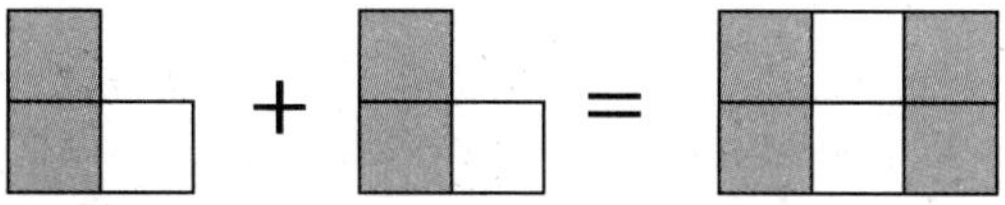

用小正方形还有其他发现吗？

（师板书归纳：奇数 × 偶数 = 偶数，奇数 × 奇数 = 奇数，偶数 × 偶数 = 偶数）

师：你们真是太了不起啦！这个问题就是教材 16 页第 4 题。

生 4：第四题结果是奇数。

预设 1：按照顺序得出最后的结果

预设 2：分类讨论，因为 11+13+15+17+19 = 奇数，12+14+16+18 = 偶数，所以奇数 + 偶数 = 奇数。

四、总结

师：我们今天的收获真不少，我们用和的奇偶性推导出差的奇偶性，而积的奇偶性又是转化成和的奇偶性得出的结论。你们看，只要我们找到知识间的联系，并把它们串联成线就可以轻松掌握所学的知识。（师完善板书）

18. “分数的再认识（一）”教学设计与反思（课例一）

毕波
【广东省深圳市龙岗区外国语学校（集团）如意小学，特级教师】

※ 课前思考

“分数的再认识（一）”是学生在初步认识分数的基础上开展学习的。“再”表示再续的意思。显然，这里的“再”并不是对分数知识的简单重复，而应该是对分数的再一次深化学习。所以，教师在备课的过程中应该着力思考——对于本节课而言，学生对于分数到底应该获得哪些新的认识？只有弄清楚这个问题，才能将本节课与三年级分数初步认识的教学加以区分，帮助学生真正实现对分数的深化认识。通过对教材的认真研读，我们认为本节课的学习内容主要有两个，一个是引导学生概括分数的意义；另一个是进一步理解分数所表示的部分与整体的关系，尤其是单位“1”的变化所带来的部分量的变化。教学的重点在于对单位“1”的多元理解。这些内容都是三年级初步认识分数时未曾涉及的问题。作为一节概念课，学生在描述概念的过程中往往比较难表达清楚，我们想到教师可以借助具体的操作活动，在生动有趣的活动中帮助学生对学习素材进行观察、分析、归纳和整理，从而逐步概括出分数的意义，逐步丰富对单位“1”的认识和理解。为此，本节课的设计，我们基于教材的编排，为学生设计了三个学习活动，这三个学习活动分别指向教材问题串中的三个问题，从而帮助学生从多角度去理解单位“1”，并由此进一步理解分数的意义，感受分数表示多少时的相对性等。具体的活动设计意图如下表：

活动名称	指向问题（教材）	设计意图
创意大比拼	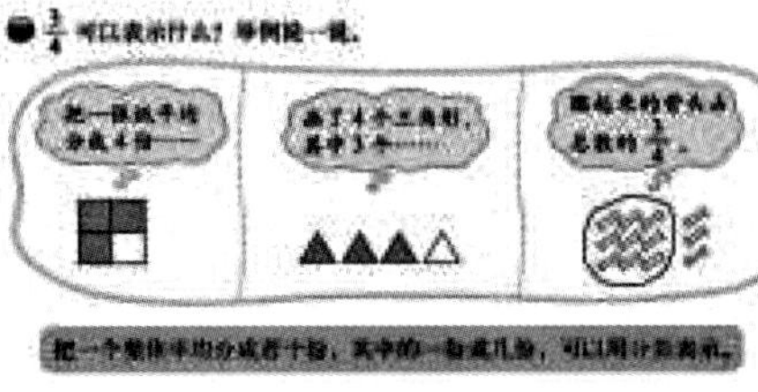	鼓励学生用不用的方式“画”出，通过对比观察发现一个整体即单位“1”的三种不同情形（单个、多个、多组）。

<table>
<tr><th>活动名称</th><th>指向问题（教材）</th><th>设计意图</th></tr>
<tr><td>图画还原</td><td>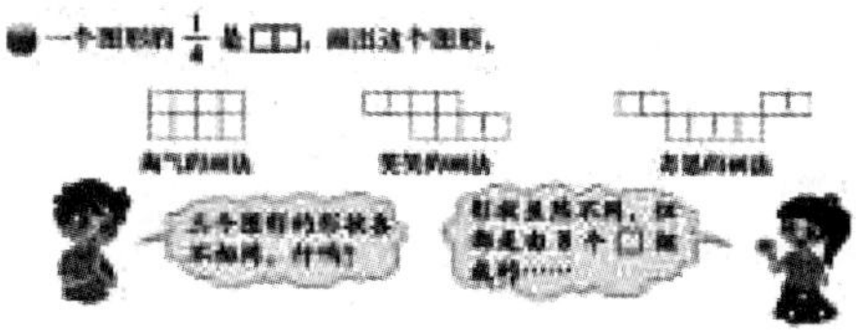</td><td>通过逆向思考促进学生对分数的意义的理解。帮助学生认识到表示1份的图形即使是一样的，单位“1”的形状也有可能不同；但如果1份的数量确定了，总量是不变的。</td></tr>
<tr><td>我说你做</td><td>
</td><td>从数量的角度进一步认识整体与部分的相对性。单位“1”的总量不同，对应的部分量就会不同。</td></tr>
</table>

※ 教学过程

一、引发思考，导入新课

1. 由“再”字引发的思考：（出示课题——分数的再认识，把其中的“再”字圈起来）今天我们要对分数进行再认识，“再”是什么意思？

2. 学生自由解读

3. 提出问题：既然分数已经认识过了，为什么还需要再一次认识呢？关于“分数”我们还能学到什么？

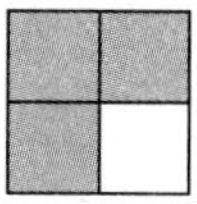

$\frac{3}{4}$

图1

二、活动促学，再识分数

1. 活动一：创意大比拼

（1）提出活动的核心问题：$\frac{3}{4}$可以表示什么？

（2）学生用自己的话说一说，特别强调“平均分”是分数产生的基础。

（3）课件呈现一幅作品（图1），请学生说一说这个同学是如何表示$\frac{3}{4}$的。

（6）启发提问：$\frac{3}{4}$只能这样表示吗？

（5）开启活动：让我们来一次“创意大比拼”！请同学们发挥自己的创意，画一画，说一说。

（6）学生独立完成，与同桌交流自己的想法。

（7）展示学生作品。（如图 2）

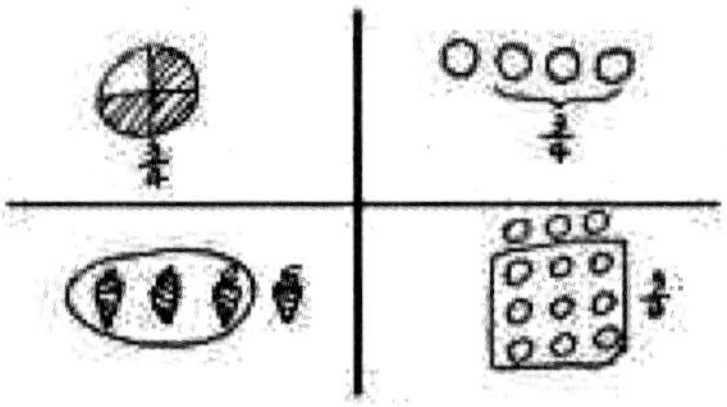

图2

（8）引导观察：都是表示$\frac{3}{4}$，这些作品有什么不同的地方？

生 1：它们的形状不一样。

生 2：它们表示的东西不一样。

生 3：整体的数量不一样。

生 4：对，有的是 1 个，有的是 4 个，还有的是 12 个。

（9）小结：看来，在平均分时，平均分的这“一个整体”的数量可以是 1 个，也可以是几个，还可以是几组。在数学上，我们把“一个整体”也可以叫作单位“1”。只要把单位“1”平均分成 4 份，这样的 3 份就可以用$\frac{3}{4}$表示。

（10）启发提问：为什么单位“1”中的 1 需要打一个双引号呢？（再次强化整体的数量不只有 1 个）

（11）表达：请学生尝试说一说$\frac{1}{4}$，$\frac{2}{5}$，$\frac{7}{10}$的意义。

（12）概括分数的意义：把单位“1”平均分成若干份，其中的一份或几份，可以用分数表示。

2. 活动二：图画还原

（1）提出活动的核心问题：一个图形的$\frac{1}{4}$是 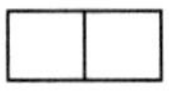，你能画出这个图形吗？

（2）学生在老师提供的方格纸上画出这个图形。

（3）展示学生的不同画法。（图 3）

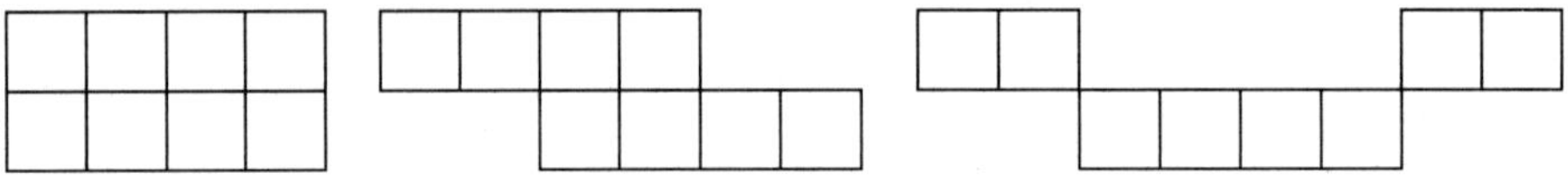

图3

（4）评价：大家的画法各不相同，都对吗？

生 1：对，因为他们都画了 8 个。

生 2：对，他们画的每一个图形都能找到 4 个 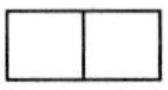。

（5）小结：分数真的很有特点，即使每一份的形状是相同的，但是整体的形状依然有可能不相同。不过，如果 1 份是 2 个图形，4 份就一定会是 8 个这样的图形。

3. 活动三：我说你做

（1）实施活动：请三位学生上台，给每一个学生分发一个信封，信封里分别装有 2 支、4 支和 6 支铅笔。完成指令：拿出你所有铅笔的$\frac{1}{2}$。

（2）判断：这些同学拿得对吗？（请台上的学生分别拿出信封里剩下的铅笔，请全班学生判断台上的学生是否拿得正确）

（3）提出活动的核心问题：都是$\frac{1}{2}$，拿出的铅笔数为什么会不一样多呢？

（4）学生交流讨论：

生 1：因为铅笔的总数量不一样。

生 2：也就是单位“1”的数量不一样，所以 1 份的数量也就不一样了。

……

（5）拓展练习（图 4）：先让学生独立完成，再邀请学生上台边圈边说，分享自己的想法。

3.圈一圈，填一填。再说一说。

这些草莓的$\frac{2}{3}$是（　）个。　这些草莓的$\frac{2}{3}$是（　）个。　这些草莓的$\frac{2}{3}$是（　）个。

图4

三、梳理回顾，课堂总结

1. 课件呈现三个主要的学习活动。启发学生思考：关于分数你又学到了哪些新的知识？

2. 完成课本 P64 页的其他练习。

※ 教后反思

数学教学活动，特别是课堂教学应激发学生兴趣，调动学生积极性，引发学生的数学思考，鼓励学生的创造性思维。作为一节内容相对枯燥的概念课，如何把学生的学习热情调动起来，如何把学生的数学思考激发起来？给学习活动设计一个有趣生动的“外壳”是一种比较有效的教学方式。以活动为牵引，带着学生去探索分数意义的本质，学生参与学习的投入度是比较高的。对于学习活动的设计，在尝试活动设计的趣味性的同时，更应该把设计的重点落在对学习目标的把握上，教师在设计活动时需要明确：通过活动，要帮助学生从怎样的维度去感受分数的相关特点。活动的设计应具有明确的目标指向性，指向性越精准，所能实现的活动效果也就越明显。

19. “分数的再认识（一）”教学设计与反思（课例二）

蔡扁
（广东省韶关市武江区至和汤邓淑芳纪念学校，青年名师）

※ 课前思考

本节课“分数的再认识（一）”，在内容框架上是数与代数领域中数的认识模块的学习内容；在单元结构上，是小学数学五年级上册“分数的意义”的第一课时的内容。

在三年级，学生是从部分与整体的关系来认识分数的。在此基础上，本节课通过创设三个具体的问题情境继续引导学生进一步认识和理解分数。第一个问题是对学生已学的分数的知识加以梳理；第二个问题是由部分推知整体，从逆向的角度来促进对分数的意义理解；第三个问题是从相对量的角度理解分数意义中部分与整体的关系。练习中第一题数形结合，让学生掌握用分数表示图形，第二题练习结合直观图形和事物，侧重由部分去推知整体；第三题在新情境中，再次理解分数表示多少相对性。

这样的内容编排，结合具体的问题情境，“以形表数、以数释形”，数形结合，经历概括分数意义的过程，理解分数表示多少的相对性；在具体情境中，发展数感，体会分数与生活的密切关系。通过练习掌握再次经历概括分数意义的过程，进一步理解分数的意义，理解分数表示多少的相对性；在与他人交流的过程中，学会表达自己的想法，学会倾听别人的想法，学会用数学的思维表达世界。

学生在三年级以直观模型为主，借助直观操作，对分数已经有了初步认识的基础，本课在此基础上引导学生从感性认识进一步上升到理性认识并抽象概括分数的意义。由于整个四年级没有安排分数知识的学习，时隔一年多，学生才再次接触分数，抽象概括出分数意义有一定的难度，所以本节课主要是在真实的贴近生活的情境中，依托数形结合，引导学生通过动手操作、观察、发现、交流，主动探索分数意义并感受分数整体与部分相对性的过程，发展抽象概括能力。学习分数的再认识，不但为本单元的后续知识奠定基础，同时本节课还是下一阶段学习分数运算的必备知识。

“分数的再认识（一）”课题中的“再认识”告诉我们，这里学习的分数知识与原来学习的分数知识是有区别的：一、在具体的情景中体会“整体1”更丰富，分数所表示的意义也不同；二、结合具体的情景进一步理解“整体”与“部分”的关系，让学生进一步理解分数表示多少的相对性。所以本节课为学生提供丰富的现实背景以及充分思考、操作交流的空间与时间，以数形结合帮助学生在实践中进一步理解分数的意义，发展学生的抽象概括能力。

※ 教学过程

一、揭示课题，谈话导入

1. 板书课题：分数的再认识（一）

看到课题，你有什么想说或者想问的吗？

（根据学生的问题追问：什么是分数？再认识认识什么？）

说一说什么是分数？强调“平均分”。

你还想认识什么？

那我们就带着这些疑问进入今天的学习吧。

【设计意图】出示课题，学生结合课题回忆知识，自主提出问题，带着疑问学习，激发学生的求知欲。温故知新，学生举例什么是分数的过程就是复习旧知、唤醒记忆的过程，同时呈现出本节课学生的认知起点。

二、活动探究，理解概念

活动一：深化分数的认识

1. 请你用喜欢的方式表示$\frac{3}{4}$，举例说一说你是怎样表示的？

学生口头汇报自己想法。

2. 相信每个同学都有自己的想法，请把你的想法画在学习单上

展示学生作品，学生汇报：

预设：1个图形平均分。

4个图形平均分。

多个图形平均分。

3. 出示课本例子，找出它们各自的$\frac{3}{4}$

为什么图形形状，数量不同，都可以用分数$\frac{3}{4}$来表示？

（它们有什么相同的地方）

小结：一个图形、多个图形、多组图片都可以统称为“一个整体”。

把一个整体平均分成四份，取出其中的三份就是四分之三。

（板书：把一个整体平均分成四份，取出其中的三份就是四分之三）

4. $\frac{1}{3}$可以表示什么？举例说一说。再说一说$\frac{5}{8}$、$\frac{7}{11}$……

小结：把一个整体平均分成若干份，其中的一份或几份，可以用分数表示。（板书）

【设计意图】通过举例说一说，画一画，学生结合丰富的生活经验交流自己如何表示$\frac{3}{4}$，展示具有代表性的例子，并加以分类和总结，使学生感受分数整体比起三年级更加丰富，明白不管整体是哪种情形，把一个整体平均分成4份，其中的3份就可以用$\frac{3}{4}$表示。再通过$\frac{1}{3}$，$\frac{5}{8}$，$\frac{7}{11}$等等，结合多个分数意义，通过“以数思形”进一步概括分数的意义，培养学生的抽象概括能力和合作能力。

活动二：探究“部分”与“整体”的关系

1. 老师取出一幅画的$\frac{1}{4}$是 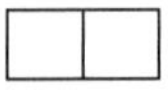，你能拼出这个图形吗？

学生独立在方格纸上画一画。

同桌交流，说说自己是怎样想的。

作品展示，集体汇报。（使用希沃白板信息技术展示作品）

2. 同学们都很有创意，请大家仔细观察，这些图案形状都不相同，但为什么你们都同意？

追问：它们有什么共同点吗？

归纳：一个图形的$\frac{1}{4}$是2个小正方形，所以原来的图形只要有8个正方形就可以了，图形的形状可以不同。

整体相同，同一个分数，所对应的部分也相同。

【设计意图】通过画一画，拼一拼活动鼓励学生独立画出原图形，并交流不同的画法，引导学生思考分数中“部分”与“整体”的关系。在动手动脑中使学生明白，不管画出的图形是怎么样子，都是由4个 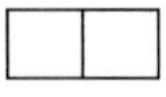 组成的，将 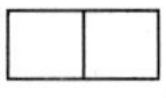 看成一份，即为整体的$\frac{1}{4}$。从而培养学生动手操作能力和语言表达能力。

活动三：探究分数的相对性

1. 分一分，拿一拿

下面我们来做个“拿一拿”的游戏，请同学们拿出桌面上笔芯的总数的$\frac{1}{2}$。

（课前准备好，四人小组一堆笔芯，笔芯总数设置为2的倍数，且有些组总数相同，有些组总数不同。）

班长根据学生汇报，记下笔芯的总数数的$\frac{1}{2}$，在黑板上填写记录表。

2. 猜一猜，验一验

（1）大家听了这些同学的汇报，能猜一猜这些同学桌子上笔芯的总数吗？

学生猜，班长记录。

（2）设疑：老师要求拿出笔芯的总数的$\frac{1}{2}$，为什么有些同学拿出笔芯的数量一样？为什么有些同学拿出笔芯的数量不一样呢？小组讨论汇报。

（3）生：因为大家桌面上的笔芯的总数可能相同，可能不同。

3. 比一比，说一说

从刚才游戏记录的数据中，你有什么发现？小组讨论汇报。

归纳：整体相同，同一个分数，所对应的部分也相同。

整体不同，同一个分数，所对应的部分也不同。

【设计意图】借助“拿笔芯”的情景，猜一猜，使学生认识到，对于同一个分数，整体数量不同，所对应的部分的数量也不同，若整体的数量相同，则对应部分的数量就相同，从相对量的角度理解分数意义中的“整体”与“部分”的关系。

三、分层练习，巩固概念

1. 用分数表示下面各图中的涂色部分

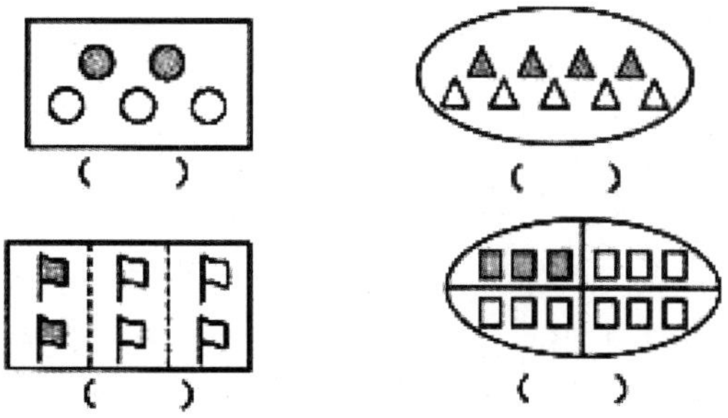

2. 选一选，在□里画“√”

（1）一根圆棒的 $\frac{1}{3}$ 是 ▭，这根圆棒是下面三根中的哪一根？

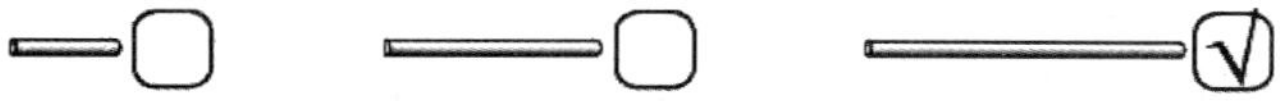

（2）一个圆的 $\frac{1}{4}$ 是 ◔，这个圆的 $\frac{3}{4}$ 是下列图形中的哪一个？

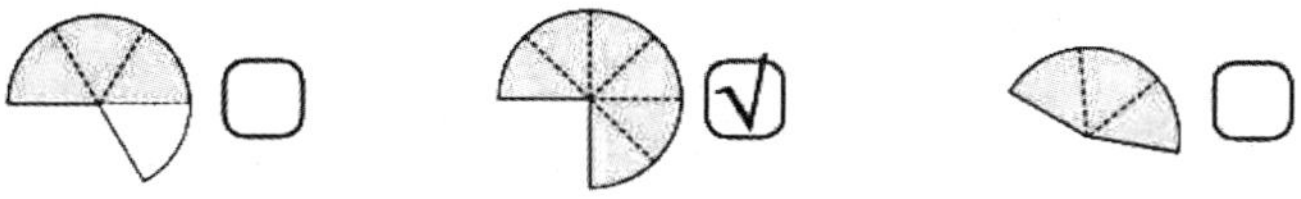

3. 圈一圈，填一填，再说一说

这些草莓的$\frac{2}{3}$是（　）个。　　这些草莓的$\frac{2}{3}$是（　）个。　　这些草莓的$\frac{2}{3}$是（　）个。

【设计意图】通过练习，进一步学生引导理解分数的意义，理解分数“整体”与“部分”的关系，感受分数的相对性，体验数学与生活的密切联系，体验数学的价值。

4. 你能画出下面图形的$\frac{3}{4}$吗？

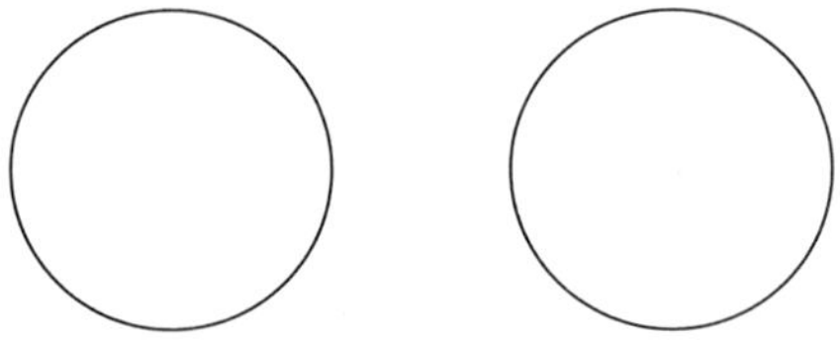

【设计意图】通过分不能刚好平均分的整体，进一步引导学生理解分数的意义，引导学生从数量比过渡到份数比的认识。

四、总结梳理，深化概念

通过今天的学习，你对分数有什么新的认识？

学生先用自己语言说一说后，出示思维导图引导学生系统地总结本课知识。

【设计意图】让学生汇报自己的学习情况，给学生渗透学会总结和反思的学习方式，进一步深化概念。

※ 教后反思

深入研读教材是教学走向深度的基础，教材是国家课程标准的具体化表现，它承载着将学科知识的科学性、人文性、道德性于一体的重要教育任务，通过教材编排的内容研读，读准课程的整体目标，使目标走向深度；通过教材编排的逻辑研读，读通现实生活与学科知识、知识与知识之间的内在联系，使关系走向深度；通过教材编排的素材研读，读明概念的本质属性，使学科走向深度；通过教材编排的问题研读，读透数学的思维价值，使思维走向深度。从而使我们的教学超越表层的知识符号，进入知识内在的逻辑形式和意义领域，使我们的教学走向深度。

本课的学习，是学生在三年级以直观模型为主，借助直观操作，对分数已经已有初步认识的基础上，引导学生从感性认识进一步上升到理性认识和概括分数的意义。抽象概括出分数意义有一定的难度，所以本节课紧贴现实生活，依托数形结合，引导学生通过动手操作、交流，主动探索分数意义并扩展体会分数整体与部分相对性的过程，经历操作、观察、发现、抽象、概括过程，发展学生的抽象概括能力。

本节课在抽象概括分数意义环节，紧紧围绕生活实际，由学生多说多举例，通过生活经验积累，抽象出单个分数$\frac{3}{4}$的意义，再通过多个分数，如：$\frac{1}{3}$，$\frac{7}{8}$，$\frac{9}{11}$等等，由丰富的素材体会整体与部分，从而抽象概括出分数的意义。但本节课例子都是刚好能平均分的情况，如果出现两个大饼取出其中$\frac{3}{4}$？是否能给予学生更加深刻的印象，无形从三年级的数量比过渡到五年级的分数比提供更加全面的素材。

体会整体与部分关系设计了两个活动。第一个环节使用希沃白板现代信息技术，在课堂高效展示学生作品，以及作品制作思路，直观展示部分与整体的联系，便于学生发现总结规律。第二个环节考虑学生心理特点，设计游戏活动，设计问题“都是桌面笔芯数的$\frac{1}{2}$，为什么有些同学相同，有些同学不同？”，由问题引发认知矛盾，从而引导学生更加全面概括整体与部分的关系。

纵观整节课，紧紧抓住目标深度、关系深度、学科深度、思维深度，进行教学设计，依托数形结合，发展学生抽象概括能力，让学生前后知识关系得到深度链接，内容深度得到纵向扩展，思维得到训练，目标得到深度的实现。

20. “分数与除法”课堂实录与反思

李颖
（兰州市城关区宁卧庄小学，青年名师）

※ 课前思考

刚拿到这节课，觉得这节概念课很少有人上，外出听课学习也没有听到过，是因为太简单还是因为太难？说难，无非就是“被除数相当于分子……”这样的几句话，简单点就是“$a \div b = a/b$（$b \neq 0$）”而已。说简单，为什么很少有人接触到该课呢？不管怎样，还是先把教材好好熟知一下。

静下心来，看了一下教材，如下所云：“分数与除法”是在学生掌握了分数的意义，理解了单位“1”的广泛意义及平均分的意义的基础上进行教学的。主要学习单位“1”平均分的两种方法与除法间的联系。使学生初步知道两个整数相除，只要除数不是 0，不论被除数小于、等于、大于除数，也不论能否除尽，都可以用分数来表示商，既加深和扩展学生对分数意义的理解，同时也为讲解假分数以及把假分数化为整数或带分数做好准备。前面讲分数的产生时，曾提到计算时往往不能正好得到整数的结果，常用分数来表示，这实际上已经初步涉及分数与除法的关系。教学分数的意义时，讲到把一个物体或一些物体组成的一个整体平均分成若干份，也蕴含着分数与除法的关系，但是都没有明确点出来。

对于分数学生并不陌生，在三年级的时候，他们已经初步接触了分数，通过直观和动手操作，初步理解了分数的含义，知道了分数各部分的名称。在这节课内容之前，又进一步学习了分数的产生和分数的意义，这些都是学生学习本节内容的基础。教材安排了两个例题，例 1 初步沟通除法与分数的关系，例 2 明确指出可以用分数表示两个数相除的商。例题后通过适当的练习，在学生应用知识，解决问题，巩固关系的同时，培养他们的探究能力。本课时内容为学生进一步学习分数的有关知识奠定了基础。分数是一个内涵丰富的数学概念，它的意义是多层次的。本节课学习分数与除法的关系，则是对分数的进一步理解，分数可以表示除法运算的结果。

※ 课堂实录

一、教学片段一：探究新知

1. 课件出示：把 3 个蛋糕平均分给 4 个人，每人够分一个蛋糕吗？为什么？

生：每人分不到一个蛋糕，三个蛋糕平均分给 4 个人就有一个人分不到一个蛋糕，那如果有 4 个蛋糕，每人就分得一个蛋糕。

2. 师：每个人分得多少个？怎样列式？（生说师板书：3 ÷ 4 = ）问：每人分得多少个呢？你来猜一猜？

生：$\frac{1}{4}$个，$\frac{3}{4}$个，$\frac{1}{3}$个，$\frac{2}{4}$个。

师：同学们猜得对不对呢？让我们一起来验证一下。

3. 学生动手操作，深化认识。

（1）提要求：请大家用圆片代替蛋糕，小组合作，动手操作，分一分，看一看，每人分得多少个蛋糕？

（2）学生合作，动手操作。（教师巡视指导、点拨）

4. 指名小组代表上台汇报结果，并展示分法边叙述边操作过程。鼓励学生说出不同的分法，但结果一样。

小组 1：我们有三个蛋糕，可是我们组有 4 个人，每人没法得到一个蛋糕，所以我们把每个蛋糕平均分成 4 份，我们每个人先拿走第 1 个蛋糕的$\frac{1}{4}$，我们每个人就有一个$\frac{1}{4}$，然后我们再分第 2 个蛋糕，我们每人也拿走一个$\frac{1}{4}$，这时我们每人就有两个$\frac{1}{4}$，接着分第 3 个蛋糕，这时我们每人就有三个$\frac{1}{4}$，合起来就是$\frac{3}{4}$。最后我们每个人就得到了$\frac{3}{4}$个蛋糕。

小组 2：我们把一个蛋糕平均分成 4 份，三个蛋糕我们就分成了 12 份，我们有 4 个人，所以我们每人就可以得到三份。每人也就是分得了三小块。

师：拿出你们每人分得的蛋糕，同学们，他们跟你们每人分得的蛋糕一样多吗？三小块到底是多少个蛋糕呢？$\frac{3}{4}$个，你是怎么知道的？我们可以把这三小块蛋糕动手拼一下，拼完之后你发现了吗？

生：我发现动手拼完之后，刚好是$\frac{3}{4}$个蛋糕，如果再添一小块就是一个蛋糕，那也就是$\frac{3}{4}$个蛋糕。一个蛋糕的$\frac{3}{4}$就是$\frac{3}{4}$个蛋糕。

小组 3：如果这三个蛋糕各有各的口味，比如苹果味呀，桃子味呀，巧克力味呀，4 个小朋友都想各吃一种味道，就吃了三个$\frac{1}{4}$，也是$\frac{3}{4}$个蛋糕。

师：我们刚才费了这么大的劲儿，分了蛋糕，看来蛋糕无论怎么分，每人都分得$\frac{3}{4}$个蛋糕，所以 3 ÷ 4，最后的结果，应该是$\frac{3}{4}$，看来前面这两种猜测是不正确的，擦去不正确的，让我们一起来读一下，$3\div4=\frac{3}{4}$个。

5.通过这组同学的演示老师发现同学们有两种不同的分法。现在我们就一起来看一下：

方法一：一个一个分，把每个蛋糕平均分成4份，每一份就是一个蛋糕的$\frac{1}{4}$块，把12个$\frac{1}{4}$块平均分给4个人，每人可分得3个$\frac{1}{4}$个蛋糕，也就是$\frac{3}{4}$个蛋糕。

方法二：把3个蛋糕摞在一起再平均分成4份，每人分得其中的一份，这一份占这三块蛋糕的$\frac{1}{4}$，相当于一个蛋糕的$\frac{3}{4}$。

6.这两种方法大家最喜欢哪种分法？为什么？（相比较而言，方法二比较简单，方便）

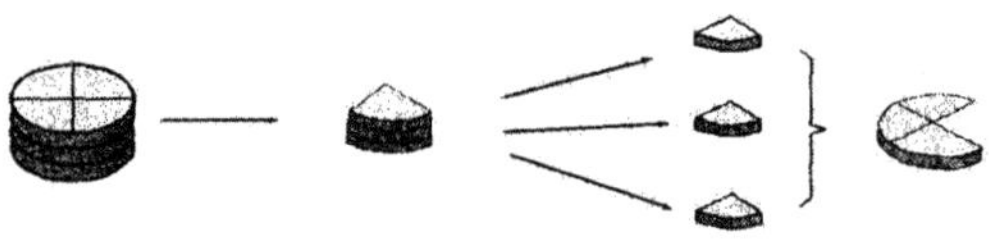

老师：$\frac{3}{4}$块既可以表示1块蛋糕的$\frac{3}{4}$，也可以表示3块蛋糕的$\frac{1}{4}$，所以3除以4的商就是$\frac{3}{4}$。（板书：$3\div4=\frac{3}{4}$）

【片段分析】前面孩子们已经对$1\div4$和$\frac{1}{4}$之间建立了相等的关系。对于$3\div4$的结果，需要通过操作来得出。所以我们在这里设计了先自主探究，再交流反馈的环节，既给了学生操作观察思考及讨论的空间和时间，又在师生互动，生生互动中对操作过程进行“慢镜头播放”，学生一方面感受到了分数是分数单位的合成，即“确定单位量”才是分数与除法这节课应该引导学生突破的思维障碍点，从而进一步构建够分数的多重意义。另一方面也理解了两种方法在本质上的区别，为量和率之间的关系进行了沟通。

二、教学片段二：巩固理解

1.刚才大家都是借助学具操作得出结果的，如果不借助学具，你能解决这几个题吗？（课件出示）

（1）把5个蛋糕平均分给7个人，每人分得多少个？

生回答并板书：$5\div7=\frac{5}{7}$（个）

（2）把7个蛋糕平均分成9个人，每人分得多少个？

生回答并板书：$7\div9=\frac{7}{9}$（个）

师：孩子们，我们刚才没有操作，你们怎么这么快就得出了结果呢？你们是不是发现了小秘密？同桌之间可以互相说一说。

生：我发现$3\div4$等于$\frac{3}{4}$个，那个3刚好是分子，4刚好是分母，7个蛋糕平均分给9个人，那个$\frac{7}{9}$，7是分子，9刚好是分母。

生：我发现除数是分母，被除数是分子。

师：那个除号呢？是分数线。谁还想把这个秘密告诉大家。

（学生自由发言）

师：孩子们，为这个伟大的发现鼓鼓掌吧。

2. 让学生观察黑板上的算式，教师提出问题。除法算式确实跟分数有关系。你能发现分数与除法之间有什么关系吗？（鼓励学生尝试）

学生充分讨论后，教师引导学生归纳出：两个整数相除可以用分数表示整数除法的商，用除数作分母，被除数做分子，除号相当于分数中的分数线。

3. 你能用一个等式表示分数与除法的关系吗？

（1）被除数 ÷ 除数 $=\frac{\text{被除数}}{\text{除数}}$（除数不为 0）（板书）

（2）若用 a 表示被除数，b 表示除数，那么你能用字母表示分数与除法之间的关系吗？（指名回答）

老师依据学生的总结板书：$a\div b=\frac{a}{b}$（$b\neq 0$）

（3）分母为什么不能是 0？（因为分母相当于除法算式中的除数，除数不能为 0，所以分母不能是 0）

4. 讨论：那么分数与除法有没有区别呢？

学生回答后教师小结：

分数是一种数，表示具体的数量，而除法是一种运算。

【片段分析】从操作或想象来推断结果，再到观察算式进行类推，这是一个不断递进的过程。以三个算式为基础，在教师的追问中学生很自然地将注意力关注于等式两边算式与结果之间的联系，这时学生对分数与除法的理解所缺的仅仅是如何正确的表达。在充分交流的基础上，引导学生用字母来表示分数与除法的关系，已经不是一件难事了。

※ 课后反思

通过本节课的教学，我进行了如下的教学反思：好课多磨，确实如此，在吴正宪小学数学教师工作站城关分站启动会的讲台上，我执教了“分数与除法”，这节课短短 40 分钟，背后却经历了近两个多月的磨课，确定框架，打磨细节，反复斟酌，我收获的不仅仅是一节好课，更多的是对课的思考以及全方面的成长。

“分数与除法”是在学生掌握了分数的意义，理解了单位“1”的广泛意义及及平均分的意义的基础上进行教学的。因此，在本节课引入课题之前，先是创设了问题情境，为探索新知识作好铺垫。把 8 个蛋糕平均分给 2 人，每人得到多少个？再把4个蛋糕平均分给4人，每人得到多少个？和把一个蛋糕平均分给4人，每人分得多少个？以唤醒学生对整数除法的记忆，整数除法的商可以用整数、小数表示，也可以用分数表示，从而把分数与除法联系起来。从学生的生活经验和已有知识出发，使学生感到数学就在自己的身边，在生活中学数学。由此导入本节课与学生共同研究分数与除法的关系。

探讨新知识的引入对于学生来说是一个比较难，而且抽象的内容，而在本节课的教学能被学生理解和掌握，主要是师生共同探究，合作尝试的结果。在此环节的教学上，学生主要通过自主观察、思考和教师耐心的引导，使学生渐而渐之发现分数与除法的关系，并初步认识，再通过一系列直观图片的演示，动手操作，以及合作交流等方式，使学生自然而然地对分数与除法的关系进一步理解和认识，并能用自己的话概括出分数与除法的关系。

在拓展巩固训练这一环节，我根据需要设计了不同层次的练习题，学生能在自主尝试中汇报交流，进一步加深了学生对分数与除法之间关系的理解与运用，并学以致用。

当然在这节课的教学中我觉得有三个方面很值得我考虑。一是在动手演示汇报说明中，小组操作参差不齐。只选取了两三个小组动手操作汇报，如果能让更多的孩子参与，会对分数与除法的关系理解得更好更快。二是小组成员参与的合作意识不够，学生在动手操作之前，如果我能为学生营造参与学习、动手合作的氛围，让小组长布置好明确的任务分工，让每个人都有事可做，这样一来，每个学生都能在合作学习中起到相应的作用，展开讨论、动手尝试以及汇报交流，既能培养学生合作、探究学习的意识，又能让他们在自主发现、尝试、讨论、交流的基础上总结归纳知识，达到合作学习的效果，促进整个课堂教学的实效性。三是由于孩子们对分数的意义理解没有那么透彻，所以在第一课时教学时删去了“统一单位‘1’”的环节，降低了学习的难度，也留下了一个小小的遗憾。

从课到教材，从教材到课堂，从课堂到学生，上好一节课，带来的是全新全面的思考。教师要用心走进儿童的世界，真正读懂儿童，按照儿童的认知规律教学。只有做到理解儿童，理解数学，才能真正把握实施“好吃又有营养”的数学教育。所以，在今后的数学教学中，我要把孩子放在自己的心上，保护他们，爱护他们，在教学中倾注对儿童的爱。能够真正从心底欣赏孩子，赞扬孩子。做一名幸福的小学数学教师。

总之，在本节课的教学中我有收获，也有不足之处，在今后的课堂教学中，我会以课堂创新为目标，精心设计好教学的每一个环节，专心致志地带领着孩子们创造“好吃又有营养”的数学课堂。

21. “分数的基本性质”教学设计与反思

林其敬
（广东省韶关市武江区田家炳沙湖绿洲小学，青年名师）

※ 课前思考

“分数的基本性质”是小学数学五年级上册“分数的意义”单元的内容，是在学生初步学习了分数的意义，商不变性质和分数与除法的关系上进行教学的，是后续学习约分和通分的基础。

本课安排了三个活动，活动一是借助面积模型，用分数表示涂色部分，找出相等关系，使学生直观体会分数的基本性质。活动二是借助算式，通过观察几组相等的分数及比较，发现分数间分子与分母之间的变化关系。活动三是归纳发现，揭示分数的基本性质。通过这三个活动，旨在让学生经历从“图形”感知到“算式”感知再到归纳分数基本性质的探究过程，深入理解分数的基本性质，发展学生的合情推理素养。

如何通过本节课的学习发展学生的合情推理素养？如何从直观的“图形”表示过渡到抽象的“代数”表示？教材从几个例子推断出的分数的基本性质，具有一般性吗？这对学生素养的发展和培养具有一定的意义，基于以上对教材的研读和思考，本课我先从形的角度切入，通过观察图形的涂色面积写出相等的分数，接着开展“画一画，涂一涂，说一说”的动手操作活动，让学生经历结合图形找出多组相等分数知识生长的过程，初步感知分数的基本性质；其次从数的角度，借助算式，观察几组相等分数中分子与分母间的变化关系，进一步感知分数的基本性质；再次通过小组交流说发现，教师加以引导揭示出分数的基本性质。最后是性质验证，让学生经历再次举例子验证的过程，加深学生对性质的理解与应用。同时，结合商不变的规律进行解释说明分数的基本性质。整节课力求让学生经历探究分数基本性质知识的生长过程，发展合情推理的素养，使教学走向深度。

※ 教学过程

一、复习导入，初步感知

1. 口算

（1）$120 \div 30 =$

（2）$(120 \times 3) \div (30 \times 3) =$

（3）$(120 \div 10) \div (30 \div 10) =$

课前我让学生观察这几组式子，你发现式子中什么变了？是怎样变的？什么没变？你还想到了我们之前学过的什么规律？

师小结：商不变的规律就是从大量除法式子中变与不变的研究中归纳发现的。接着在括号里填上适当的数，说说你的想法。沟通分数与除法间的关系，为分数的基本性质做好铺垫。

2. 填空

（1）$\frac{(\ )}{4}=3$，（2）$8=\frac{6}{(\ )}$

揭示本课课题“分数的基本性质”。（板书课题）

【设计意图】商不变的规律是学生经历了观察，发现，猜想到归纳的过程得到的性质，这和分数的基本性质极为相似。因此，让学生从已有的商不变的性质出发，再一次体会并应用这一思维方法，去类比发现新的性质，发展学生的合情推理素养。

二、互动学习，构建新知

环节一：借助面积模型，初步感知分数的基本性质

1. 用分数表示涂色部分，你能得到一组相等的分数吗？生边说，师边用课件出示相应分数。

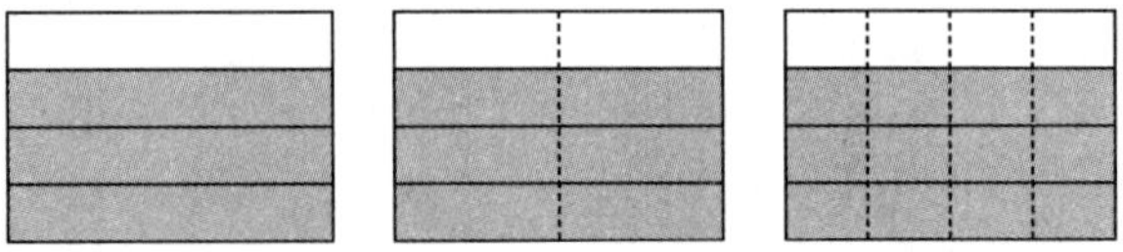

2. 仔细观察，这三个图形前后什么变了？什么没变？

3. 比较这些分数的大小，你有什么发现？

【设计意图】本环节设计了两个内容：（1）用分数表示涂色部分，沟通数与形的联系。（2）引导学生观察发现三个分数之间的大小关系。结合图形的几何直观，发展学生数形结合的思想，引导学生在“变”与“不变”中发现规律，师生

齐总结出当整体“1”相同，涂色部分的面积也相同时，对应的分数就相等。初步感知分数的基本性质。

环节二：借助算式，观察比较，进一步感知分数的基本性质

1. 通过刚才的观察与思考，发现了与$\frac{3}{4}$相等的一组分数，你能像这样找到与$\frac{1}{2}$相等的分数吗？其他分数呢？

【设计意图】从简单的分数$\frac{1}{2}$入手，学生凭借已有的知识经验，类比去发现更多组相等的分数。

2. 动手操作，利用学习单完成以下任务

（1）涂一涂：涂色表示长方形纸片的$\frac{1}{2}$，试着找出几个与$\frac{1}{2}$相等的分数。并记录下来。（学生动手操作并建立若干个等式）

（2）比一比：整体“1”相同时，比较涂色部分的大小，想想你有什么发现。

3. 展示与分享

挑选部分学生作品展示，分享自己的想法。

学生说出$\frac{1}{2}=\frac{2}{4}=\frac{4}{8}$，$\frac{1}{3}=\frac{2}{6}=\frac{3}{9}$。（师同步板书）

【设计意图】五年级的学生，已经具备一定的探究与实践能力，本环节通过组织学生进行动手操作，采用小组合作的方式，经历“画一画，涂一涂，说一说”的实践活动，结合图形再次感悟相等分数间分子、分母的变化关系，进一步感知分数的基本性质。

4. 借助算式，说说一组相等的分数间分子与分母的变化关系

仔细观察$\frac{1}{2}=\frac{2}{4}=\frac{4}{8}$，$\frac{1}{3}=\frac{2}{6}=\frac{3}{9}$，这两组式子，说说它们的分子、分母是怎样变化的？什么是不变的？

请从左往右观察，能用一句话来表达你的发现吗？

从右往左呢？能用一句话来表达你的发现吗？

【设计意图】从特例出发，引导学生仔细观察算式中分子与分母的变化情况，通过比较，引发联想，初步得出猜想，分子和分母同时扩大或缩小相同的倍数，分数的大小不变，让学生经历归纳推理的思维过程，发展合情推理素养。

环节三：归纳发现，揭示分数的基本性质

1. 通过刚才的探索与发现，能用一句话说出你发现的结论吗？

预设：分数的分子和分母同时乘或除以相同的数，分数的大小不变。这叫作分数的基本性质。

2. 提出质疑，下面这样的列式可行吗？为什么？

$\frac{1}{2}=\frac{1\times0}{2\times0}=?$

3.讨论：请同学们再试着说一说，还需要补充什么条件？

总结：在数学上，分数的分子和分母同时乘或除以相同的数（0除外），分数的大小不变。这叫作分数的基本性质。

【设计意图】这是用数学语言揭示新知识的数学活动。分数的基本性质要告诉学生的基本事实是：任何形式不同、大小相等的分数都是同一个分数的不同形式，在同一个分数的不同形式之间可以根据需要互相转化。本环节通过观察发现、猜想，交流讨论，归纳验证，一步一步地得出分数的基本性质，层层递进，环环相扣，发展学生的抽象思维和归纳推理能力。

4.验证性质：从几个例子推断出的分数的基本性质，具有一般性吗？

（1）$\frac{15}{20}$还会与$\frac{3}{4}$相等吗，$\frac{300}{400}$呢？你还能举出别的例子吗？一共有多少组呢？

（2）用商不变的规律来解释说明分数的基本性质。

【设计意图】本课从特例作为切入点，引发学生思考、发现分数的基本性质，是否所有的分数都满足？让学生经历再次举例子验证的过程，加深学生对性质的理解与应用。同时，结合商不变的规律进行解释说明分数的基本性质，这本质上是一个类比推理的过程，虽算不上严格意义的证明，却以学生可接受的方式经历了“证明”过程，进一步发展学生合情推理的能力。

5.知识升华：你能找到与$\frac{a}{b}$（$b \neq 0$）相等的分数吗？

【设计意图】再举一例对分数的基本性质进行验证，加深学生对性质的认知，你能找到与$\frac{a}{b}$（$b \neq 0$）相等的分数吗？引发学生深度思考：发展学生的数学抽象思维能力和归纳推理能力。

三、自我评价，目标检测

1.涂一涂，填一填

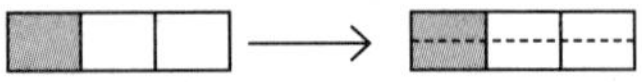

$\frac{1}{3}=\frac{(\quad)}{6}$

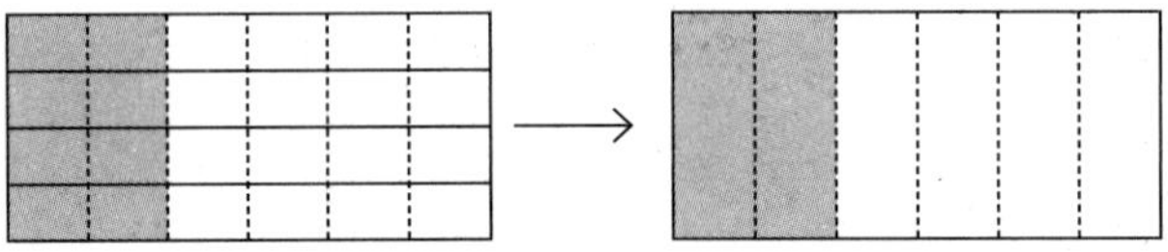

$\frac{6}{18}=\frac{2}{(\quad)}$

2.接龙游戏

老师给出一个分数，同学们迅速说出与它大小相等的分数。

3.若把$\frac{3}{8}$的分子加上9，要使分数的大小不变，分母应增加多少？

4.$\frac{1}{a}=\frac{7}{b}$（a.b是自然数），当$a=1$，2，3，4……时，b分别等于几？

讨论：a 与 b 之间的关系是怎样的？为什么会存在这样的关系？依据是什么？

【设计意图】第 1 题借助直观图加深学生对分数基本性质的理解；第 2 题采用游戏的形式，学生积极性高，同时进一步加深学生对分数基本性质的理解。第 3、4 题是能力提升，通过探究 $\frac{1}{a}=\frac{7}{b}$（$a.b$ 自然数）中 a 与 b 的倍数关系，既对知识的应用进行强化，同时渗透了函数思想。习题的设计由浅入深，层次分明。

四、课外拓展，知识升华

※ 教后反思

一、经历知识回顾，沟通前后联系

课前通过三道除法口算题进行知识回顾，让商不变的性质和分数与除法的关系在学生的脑海中重现，为接下来自主探索“分数的基本性质”作铺垫，同时也能激发学生的学习热情，调动课堂气氛。接着逐一出示涂色的图形，提问：“你能用分数表示吗？并找到一组相等的分数。”引发学生思考，初步感知分数基本性质。

二、以动手实践活动为纽带，发展合情推理能力

心理学家皮亚杰说过：“活动是认识的基础，智慧从动作开始。”通过观察图形找出相等的分数后，让学生利用课前发放的学习单，学习单上有同样大小的 4 种长方形图形，进行小组合作，经历动手画一画、涂一涂、比一比的操作活动，深刻地理解当整体“1”相同，涂色部分面积也相同时，分数大小就相等，从而更加直观地感知分数虽然形式不同，但是大小相等。接着，让学生从“数”的角度自主探索、发现规律、归纳性质，分数的分子与分母同时乘或除以相同的数（0 除外），分数的大小不变，再到验证性质，通过有序的交流和讨论，在思维的碰撞中，得到分数的基本性质。而 0 除外的设计是本节课的难点，许多学生定会忽略 0 这个特殊的数，因此在教学中，我设计了这样的一个式子，引导学生进行深入思考，通过教师有效的指导，使学生经历一个不断完善、修正、充实的过程。让学生经历整个探索分数基本性质知识的生长过程，很好地发展了学生的合情推理素养。

三、关注思维培养，渗透数形结合思想

“数学知识、思想、方法必须由学生在实践活动中理解、感悟、发展，而不是单纯依靠教师的讲解去获得。”根据这一理念，在教学中从几何直观角度出发，通过观察涂色图形写相等分数和画一画，涂一涂，比一比的操作活动，从直观到抽象，经历从“形”到“数”的探究过程，让学生在脑海中构建认知结构，发展合情推理能力，渗透数形结合的思想。

22. “异分母分数加减法”课堂实录（课例一）

夏永立
（安徽省合肥市西园新村小学南校，特级教师）

※ 课堂实录

一、口算练习，开启思想——“不知不觉中开始”

（1）267+12 =

（2）2500−250 =

（3）2.67+1.2 =

（4）2.5−0.25 =

（5）$\frac{1}{7}+\frac{3}{7}=$

（6）$\frac{9}{14}-\frac{1}{14}=$

（7）3 平方米 +4 平方分米 =

（8）5 升 −500 毫升 =

（9）6 千克 +300 克 =

1. 教师逐一出示上面的口算题，引导学生口算出结果

2. 观察左边的一组算式，引导学生思考：

师：整数加减法要注意什么？

生：个位对齐。

师：小数加减法呢？

生：小数点对齐。

师：同分母分数加减法怎样计算？

生：分母不变，分子直接相加减。

师：整数、小数、同分母分数加减法计算有什么相同点？

生：都是相同的计数单位才能够直接相加减。

3. 观察右边的一组算式，引导学生思考：

师：这些式子里含有单位名称的数量能够直接相加减吗？

生：不能，因为它们的单位名称不同。

师：噢，看来“单位”不仅是指“计数单位”，还可以是“单位名称”。每个“单位”之间都是有围墙隔着的，不同“单位”的数可不能乱串门。

4. 最后出示：$\frac{1}{10}+\frac{1}{11}=?$

师：你能直接口算出结果吗？

生：不能。

师：为什么？

生：因为算式中两个分数的分母不同，不能直接相加。

师：前面的一组题，同学们不是算得很快吗？这道题怎么会突然“卡壳”呢？没关系，等学了今天的知识以后同学们就能熟练口算了。（板书课题）

二、尝试探究、学习新课——“不露痕迹中理解”

1. 联系生活，提出问题

出示题目：

有一块长方形的试验田：

（1）其中的$\frac{1}{2}$种黄瓜。

（2）其中的$\frac{1}{4}$种番茄。

（3）其中的$\frac{1}{8}$种萝卜。

（4）其中的$\frac{1}{16}$种辣椒。

学生读题，说出题目中的数学信息。

教师隐去文字，用图形来替代。请学生读图。

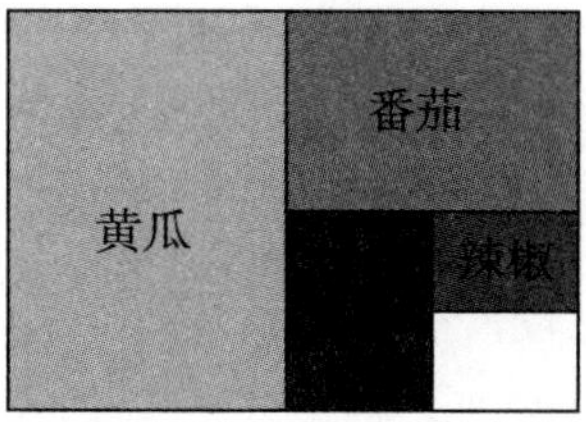

引发思考：

师：看图，从图中任意选择两个条件，你能提出哪些用分数加法或减法解决的数学问题？怎样列式？

生1：种黄瓜和番茄的面积一共占这块地的几分之几？列式是$\frac{1}{2}+\frac{1}{4}$。

生2：种黄瓜比番茄的面积多占这块地的几分之几？列式是$\frac{1}{2}-\frac{1}{4}$。

生3：种黄瓜和萝卜的面积一共占这块地的几分之几？列式是$\frac{1}{2}+\frac{1}{8}$。

生4：种黄瓜比萝卜的面积多占这块地的几分之几？列式是$\frac{1}{2}-\frac{1}{8}$。

生5：种黄瓜和辣椒的面积一共占这块地的几分之几？列式是$\frac{1}{2}+\frac{1}{16}$。

生6：种萝卜和辣椒的面积一共占这块地的几分之几？列式是$\frac{1}{8}+\frac{1}{16}$。

生 7：种番茄比辣椒的面积多占这块地的几分之几？列式是$\frac{1}{4}-\frac{1}{16}$。

……

2.尝试探究，交流算法

（1）师：我们先来看$\frac{1}{2}+\frac{1}{4}$这题，请同学们独立思考，你准备用什么方法解答这道题？

（2）学生尝试、交流、反馈。（板书）

学生尝试练习，教师巡视，捕捉学生中出现的算法。

师：哪位同学愿意来交流自己的算法？

①生：先通分$\frac{1}{2}=\frac{2}{4}$，$\frac{1}{2}+\frac{1}{4}=\frac{2}{4}+\frac{1}{4}=\frac{3}{4}$。

师：为什么要先通分？

生：它们的分母不同，就是分数单位不同，要把它化成同分母分数后才能够直接相加减。

②生：$\frac{1}{2}+\frac{1}{4}=0.5+0.25=0.75$

师：为什么要把分数化成小数？

生：转化成小数，运用以前学习的小数加法的计算方法来解决。

③生：我是用画图的方法。（投影展示学生作品）

师：你是怎样看出$\frac{3}{4}$的，原来的$\frac{1}{2}$被看作了几分之几？

生：把一个长方形平均分成四份，原来的$\frac{1}{2}$被看作了$\frac{2}{4}$。

师：无论是画图、分数化成小数、还是通分计算，相同点是什么？

生：都要“转化”成相同的计数单位。

师：你喜欢用哪种方法？为什么？

生：我喜欢用通分，它比较便捷。

生：我喜欢画图，它非常直观。

师：你能任意选择上面的另一道算式，用自己喜欢的方法解决吗？

学生试练。

（3）“试一试”。

师：计算下面各题，得到的结果能约分的要约分。

$\frac{5}{6}-\frac{1}{3}$　　$1-\frac{4}{9}$

学生试算后，组织学生交流。

师：你们是怎样计算的？

生：先通分，把异分母分数化成同分母分数。

师：还有同学用别的方法计算吗？

生：题目中的分数不能化成有限小数，画图比较麻烦。

师：画图太烦、化成小数计算有局限性，而应用通分方法适合所有异分母分数加减法。

师：异分母分数加减法可以怎样计算呢？

生：第一步是通分；第二步，按照同分母分数加减法的计算法则进行计算；第三步，能约分的要约分。

师：你觉得哪几步比较重要？

生：通分比较重要。

生：约分比较重要。

师：我们在解答异分母分数加减法题目时，最大的问题一是通分不熟练，二是能约分的不约分。如果把这两个关键的步骤处理好，就容易成功了。其实这种计算方法早在古代，就被人们总结出来了，源远流长到现在。

课件播放：在我国古代，《九章算术》对分数四则运算法则就有详细论述，里面记录的方法步骤与我们今天的基本相同，其中就有提到“约分术”和“齐同术”。

三、巩固内化，拓展创新——“潜移默化中掌握”

1. 基本练习

师：要想进行异分母分数加减法的计算，要学会用口算熟练地进行“约分”和“通分”。下面的题如果你能顺利过关，就获得了做题的“资格”。

（1）通分

$\frac{5}{6}$和$\frac{3}{10}$　$\frac{3}{5}$和$\frac{2}{3}$　$\frac{7}{8}$和$\frac{5}{6}$　$\frac{3}{7}$和$\frac{1}{35}$

（2）约分。

$\frac{10}{25}$　$\frac{6}{18}$　$\frac{12}{40}$　$\frac{14}{21}$　$\frac{26}{39}$

2.“练一练”

师：同学们通过了通分和约分这两关，获得了做题的资格。现在请同学们把作业本打开，选择其中的一道或者几道来做。

$\frac{3}{4}+\frac{1}{6}$　$\frac{4}{5}-\frac{2}{3}$　$\frac{7}{12}+\frac{1}{4}$　$1-\frac{3}{7}$

师：先估计哪些算式的结果比较接近1、$\frac{1}{2}$或0？

学生估计。

学生再独立练习，自己验算。

师：你们是怎样计算的？如何验算的？计算中要注意什么？

学生交流。

3. 探究练习

（1）先口算，再发现规律。

$\frac{1}{2}+\frac{1}{3}=$　　$\frac{1}{3}+\frac{1}{5}=$　　$\frac{1}{8}+\frac{1}{9}=$　　$\frac{1}{4}+\frac{1}{7}=$

$\frac{1}{2}-\frac{1}{3}=$　　$\frac{1}{3}-\frac{1}{5}=$　　$\frac{1}{8}-\frac{1}{9}=$　　$\frac{1}{4}-\frac{1}{7}=$

师：你能很快口算出每道算式的计算结果吗？

生口答。

师：观察每组算式的分数，有什么特点？

生：每组算式中的两个分数的分子都是1，分母的公因数只有1。

师：你能发现其中的计算规律吗？

生：两个分数相加，两个分母相乘的积作为和的分母，两个分母相加的和作为和的分子。

生：两个分数相减，两个分母相乘的积作为差的分母，两个分母相减的差作为差的分子。

师：呵呵，看来，计算还需要用“计”来算啊。这组题看似简单，其实蕴含着深刻的数学规律。只要把每一道简单的题目做好就是不简单，把每一件平凡的事情做好就是不平凡。

生会意地点头。

师：现在你能根据发现的规律，再做口算题$\frac{1}{10}+\frac{1}{11}$吗？

生：等于$\frac{21}{110}$。

师：现在我们就可以把问号改成句号了。

（2）思考

$\frac{(\ )}{(\ )}+\frac{(\ )}{(\ )}=\frac{11}{12}$

要求：括号里填两个异分母的最简分数，这两个分数各是什么？

学生尝试练习。

（当学生在盲目尝试时，教师引导学生有序地写出几个同分母分数相加，再将其中不是最简分数的约分，引领学生思考方法）

师：怎样才能将所有可能的情况都写出来呢？做到既不重复也不遗漏？

生：可以按照一定的顺序。

师：那么怎样有序地将$\frac{11}{12}$写成两个分数的和呢？

生：先写成两个同分母分数相加，再将其中不是最简的分数约分。

$\frac{11}{12}=\frac{1}{12}+\frac{10}{12}=\frac{1}{12}+\frac{5}{6}$

$\frac{11}{12}=\frac{2}{12}+\frac{9}{12}=\frac{1}{6}+\frac{3}{4}$

$\frac{11}{12}=\frac{3}{12}+\frac{8}{12}=\frac{1}{4}+\frac{3}{3}$

$\frac{11}{12}=\frac{4}{12}+\frac{7}{12}=\frac{1}{3}+\frac{7}{12}$

$\frac{11}{12}=\frac{5}{12}+\frac{6}{12}=\frac{5}{12}+\frac{1}{2}$

师：看来，不仅异分母分数通过通分可以转化成同分母分数，同分母分数通过约分也可以转化成异分母分数。

4. 拓展练习

数形结合，发展思维。

师：（学生观察改编后例题的情境图）黄瓜、番茄、萝卜、辣椒的种植面积一共占这块地的几分之几？

（学生列式后尝试计算）

师：怎样计算？

（学生用连加的方法列式计算）

师：谁有更简便的方法？

生：$1-\frac{1}{16}$。

师：你是怎样想的？

生：把整块地的面积看作单位“1”，减去空白部分的面积就可以了。

师：你真会思考，借助于图形，可以把复杂的问题简单化。

四、回顾总结，完善认知——“春风化雨中提升”

1. 反思回顾

师：通过这一节课的学习，你有什么收获？

生：我知道了异分母分数加减法的计算方法。

生：我知道了怎样用“转化”来解决新的计算问题。

生：我知道了与异分母分数有关的数学事实。

生：借助图形可以解决复杂的计算问题。

2. 欣赏史实，提升素养

师：通过努力，我们学会了计算异分母分数加减法的方法，在古代，人们又是怎样表示和应用分数的呢？请大家看屏幕：

课件播放：古埃及的分数运算是十分烦琐的，它们习惯于把分数写成分子是1的分数，如果遇到分子不是1的分数，就把它表示成几个分子是1的分数之和的形式。受古埃及的影响，欧洲人对分数计算的烦琐望而生畏。7世纪时，欧洲有个数学家解决了一道8个分数相加的计算题，这件事竟被看成是一件出色的成果。在德国有一条谚语——“掉进分数里”来形容一个人所处的困境。

23. “异分母分数加减法”教学设计（课例二）

王志民
（福建省惠安县凤凰城实验小学，特级教师）

一、再现生活 游戏引导入

1. 师：（播放《喜羊羊与灰太狼》背景音乐）羊村村长听说我们班的小朋友都喜欢看它们的动画片，想邀请我们去它们的羊村参观，想去吗？

2. 师：让我们开着载满口算题的火车出发吧！（多媒体出示口算练习）

【设计意图】以孩子喜闻乐见的动画素材激发学生兴趣，迅速调动了他们参与的欲望和学习的热情，使得课一开始，学生便有了良好的情绪状态。

二、激发兴趣 活动促参与

1. 创设情境串

师：羊村大门口张贴着什么呀？

（羊村公告：今天羊村要举行趣味竞赛活动，为防止灰太狼进入破坏，凡要进入羊村的朋友都要参加“折纸活动”方可取得入村通行证）

2. 师生同折纸：（提出折纸要求，如对折）

3. 展示学生作品：

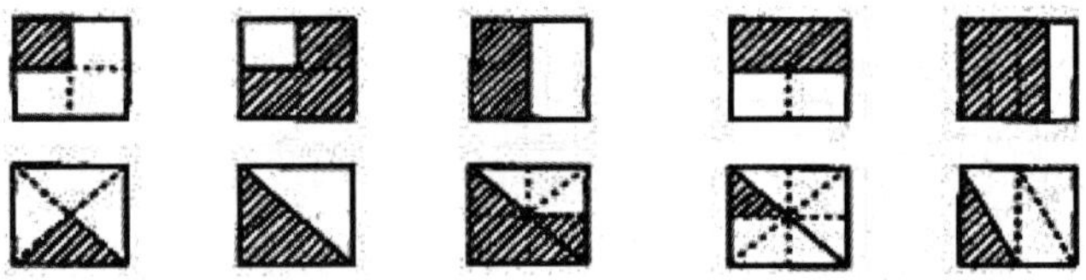

4. 根据折纸活动情况，列出自己喜欢的算式：

师：恭喜大家，我们通过了折纸活动的第一关，让我们进入第二关——根据折纸结果，列出自己喜欢的分数算式。（生列式师板演）

$\frac{1}{4}+\frac{3}{4}$　$\frac{1}{2}-\frac{1}{4}$　$\frac{1}{2}+\frac{3}{4}$　$\frac{1}{4}+\frac{2}{4}$　$\frac{5}{8}-\frac{1}{4}$　$\frac{5}{8}+\frac{1}{2}$　$\frac{5}{8}+\frac{1}{8}$

5. 给所列的算式进行分类（要求：同分母分数算式和异分母分数算式）

请同学们根据两个加数分母的特点给这些分数分类，这些算式可以分成几类？（2类）

（1）同分母：$\frac{1}{4}+\frac{3}{4}$　$\frac{1}{4}+\frac{2}{4}$　$\frac{5}{8}+\frac{1}{8}$

（2）异分母：$\frac{1}{2}-\frac{1}{4}$　$\frac{1}{2}+\frac{3}{4}$　$\frac{5}{8}-\frac{1}{4}$　$\frac{5}{8}+\frac{1}{2}$（师板书：异分母）

6. 计算同分母分数的加法

师：同学们的分类方法很有创意，直接进入第四关——口算出分母相同的算式的得数。

（再现计算方法：分母相同的分数相加减，分母不变，分子相加减）

【设计意图】通过情境串的形式，发挥“鲶鱼效应”，让孩子们在“动手操作、多样展示、尝试解决、合理分类、感悟方法”等丰富的“脚手架”中触摸知识的原型，感受数学的魅力。

三、激活经验 合作同探究

1. 合作尝试，探索算法

共同研究异分母分数加减法的计算方法。

（合作要求：以小组为单位，选择一道你们最喜欢的算式，试一试。小组长负责记录整理研究得出的方法）

师：现在请大家选择一道自己喜欢的加法算式，试一试如何计算？

（学生进行独立的尝试，汇报各自的探索过程）

2. 反馈交流，展示算法（小组派代表上台汇报，全班学生展开讨论，充分发表各自的意见）

组 1：我们组是先把$\frac{1}{2}$和$\frac{1}{4}$化成小数得出 $0.5+0.25=0.75=\frac{3}{4}$；

组 2：我们组是用画图法来探究的，$\frac{1}{2}$相当于$\frac{2}{4}$，$\frac{2}{4}+\frac{1}{4}=\frac{3}{4}$；

$\frac{1}{2}+\frac{1}{4}=\frac{2}{6}$　$\frac{1}{2}+\frac{1}{4}=\frac{2}{4}+\frac{1}{4}=\frac{3}{4}$

师：比较上面的计算方法，你认为哪一种方法比较合理？

师：你们有什么办法来验证我们的结论是否正确？

3. 折纸验证，规范建构

师：刚才有很多同学汇报了他们的探索过程，那么为什么同样的算式，会出现不同的结果呢？到底谁是正确的？谁是错误的呢？

师：我听了很多同学的不同意见，但现在谁也说服不了谁，那该怎么办呢？能不能观察刚才所折的纸，从折纸的涂色部分中，思考、验证哪一种计算方法正确。

师：通过大家的交流，同学们都认为先通分后相加是正确的，但为什么要这样做？$\frac{1}{2}$和$\frac{1}{4}$为什么不能直接相加？

生 1：我们探究过直接相加，但用画图法验证就错了，所以不能直接相加。

生 2：我们联系过去学的“3 克 +3 千克 = ？”，把 3 千克化成 3000 克才能相加。

师：在刚才的讨论中，你们认为哪个方法好呢？计算分母不同的分数相加减时，该怎么算？大家交流一下。

师生共同小结异分母分数加减法的计算方法：把异分母转化同分母。（师板书：异分母 转化 同分母）

（对计算步骤对的，但过程表述不清楚的，师多请几位同学加以表述完整，注意书写格式的规范）

4. 应用练习，接受挑战

师：懒羊羊非常感谢你们，看，谁来了？同学们都知道，灰太狼总想混进羊村抓小羊，聪明的喜羊羊为了不让灰太狼混进来，特意设计了两道题来检验大家的通行证，敢接受检验吗？

$\frac{3}{4}+\frac{5}{8}$　$\frac{9}{10}-\frac{1}{6}$

（1）指名板演。

（2）全班交流反馈。（温馨提醒：计算结果能约分的，要化成最简分数）

【设计意图】注重关注学生的已有经验和知识背景，以“尝试探索、交流展示、规范建构、应用练习”的流程，让学生经历了知识的产生和发展过程，而且通过交流、反馈，使他们的自主建构在一系列自主活动中不断得到自我修正。

四、层层递进 深化求拓展

1.“健康体检”（判断正误）

师：为了避免“交叉感染”，所有要进村的朋友都要接受健康体检。

（1）$\frac{1}{3}+\frac{1}{5}=\frac{1+1}{3+5}=\frac{2}{8}=\frac{1}{4}$（　　）　（2）$\frac{3}{4}-\frac{1}{12}=\frac{3}{12}-\frac{1}{12}=\frac{2}{12}$（　　）

（3）$\frac{4}{5}-\frac{3}{10}=\frac{8}{10}-\frac{3}{10}=\frac{5}{10}$（　　）

2.“爬山比赛”

师：进入到羊村了，大家高兴吗？羊村正在举行爬山比赛，我们一起去参加吧！（比赛规则：谁先到达山顶的红旗 处为胜者。）

$\frac{8}{9}-\frac{5}{6}$

$\frac{1}{6}+\frac{3}{8}$　$\frac{4}{5}+\frac{1}{3}$

$\frac{2}{3}+\frac{1}{4}$　$\frac{5}{7}-\frac{5}{14}$　$1-\frac{2}{5}$

3.“探索实验”

师：参加完了运动会，羊村村长邀请我们跟他一起去实验室，研究一些有趣的算式。

（1）$\frac{1}{2}+\frac{1}{3}$　$\frac{1}{3}+\frac{1}{4}$　$\frac{1}{4}+\frac{1}{5}$……

（2）$\frac{1}{2}-\frac{1}{3}$　$\frac{1}{7}-\frac{1}{8}$　$\frac{1}{5}-\frac{1}{6}$……

【设计意图】以游戏的形式设计层层递进的练习，既满足了基本的要求，又让学有余力的同学有展示创造力的舞台，使其成为知识拓展的有效载体，实现了“让不同的人在数学学习上有不同的发展”。

五、回顾反思 交流梳理促建构

师：这节课我们学习了什么？你有什么体会或者收获？跟大家交流一下。

【设计意图】注重引导回顾、梳理反思，一是有利于培养学生的自我反思意识和能力，二是有利于学生个性化学习成果资源的共享，三是有利于认知的修正和优化。

24. “喝牛奶问题”教学设计

卓杨晶
（福建省福州金山小学，青年名师）

※ 课前思考

这是教材新增加的解决问题的内容，是在学生已经理解分数的意义、掌握分数的加减法基础上安排的，因为涉及的内容比较抽象，需要用分数的知识来解决，特别是分数乘法学生还没学过，不能直接计算$\frac{1}{2}$杯的$\frac{1}{2}$是多少，所以要借助实物演示、引导学生通过画图、分析数量关系，渗透几何直观解决问题的策略，并引导学生探究规律，建立数学模型，培养学生的数学思维能力。

基于以上分析，确定本课教学目标为：1.经历解决问题的全过程，探索解决问题的途径、策略和方法。体会图示在理解问题、分析解决问题中的作用，学习用几何直观分析解决问题的策略；2.感受数学知识与日常生活的联系，体会解决问题过程中的快乐。

本课的教学准备：多媒体课件，一瓶矿泉水、3个透明的量杯，其中一杯装满蓝色墨水（代替牛奶）。

※ 教学过程

一、情境引入，揭示课题

1.师生交流，揭示课题

师出示一盒牛奶。

师：同学们，你们看，这是什么？喝过吗？喝牛奶有什么好处？

师：（结合学生的回答）看来，喝牛奶的好处还真不少，那你们知道吗？这营养丰富的牛奶中还隐藏着很多有趣的数学问题呢，今天这节课，我们就一起来研究喝牛奶中的数学问题。（板书）

【设计意图】从学生熟悉的牛奶引入，激起学生的好奇心，为新课的探究做好积极的心理准备。

2. 出示课题

一杯纯牛奶，乐乐喝了半杯后，觉得有些凉，就兑满了热水。他又喝了半杯，就出去玩了。乐乐一共喝了多少杯纯牛奶？多少杯水？

二、巧妙引导，探究新知

1. 阅读与理解

师：通过读题，你知道了什么信息？要我们解决的问题是什么？

生汇报，师整理信息、问题。如下：

第一次：一杯纯牛奶，喝了（$\frac{1}{2}$）杯。

第二次：兑满热水，又喝了（$\frac{1}{2}$）杯。

问题：一共喝了多少杯纯牛奶，多少杯水？

师：你们看，通过这样的整理，咱们看起来是不是更清楚些了？

【设计意图】让学生用自己的语言说题目的意思，通过摘录，呈现相关信息，渗透阅读理解题意的方法，同时，借助对已知条件和问题的进一步梳理和内化的过程，培养学生整理信息的习惯，并学会在理解的基础上规范表述，将生活中的问题初步抽象成数学问题。

2. 探索交流

（1）实物演示。

师：这究竟是什么意思呢？你们看，这是一杯蓝色的水，我们就把它看成一杯纯牛奶，乐乐是怎么喝的呢？ 谁愿意上来演示给大家看看。

师：为了便于观察，老师这还准备了两个杯子，我们把乐乐第一次喝的倒在1号杯中，第二次喝的倒入2号杯中。

学生上台演示：

第一步：将杯中的一半“纯牛奶”倒入1号杯中。

第二步：往杯中注入水，注满为止。

师：这时的一整杯还是纯牛奶吗？（不是，有一半的水和一半的纯牛奶）

第三步：又将兑满后的半杯水与牛奶的混合液倒入2号杯中。

【设计意图】通过实物演示，加深学生的印象，通过教师适时的提问，引发学生的思考。用蓝色水代替牛奶，更能从浓淡颜色上清楚、直观地看出两次喝的半杯中纯牛奶量的不同，给学生的思考提供一个拐杖，感受一半的一半。

（2）对比，引发冲突。

教师同时举起1号、2号杯子问：乐乐两次都喝了二分之一杯，这两个二分之一杯有什么不同？

师：第二次乐乐究竟喝了多少杯纯牛奶呢？

学生自由发表见解。

（可能有的认为$\frac{1}{2}$杯的，也有认为$\frac{1}{4}$杯的）

（3）自主探究。

师：看来大家都有自己不同的想法，这里面到底有多少杯的纯牛奶呢？你能用自己的方式把它表示出来吗？

学生操作。

（4）汇报。

① 言语表述：第二次喝的半杯里有一半的纯牛奶，一半的水，$\frac{1}{2}$的一半就是$\frac{1}{4}$，所以第二次应该是喝了$\frac{1}{4}$杯的纯牛奶，$\frac{1}{4}$杯水。

② 画图表示，如下：

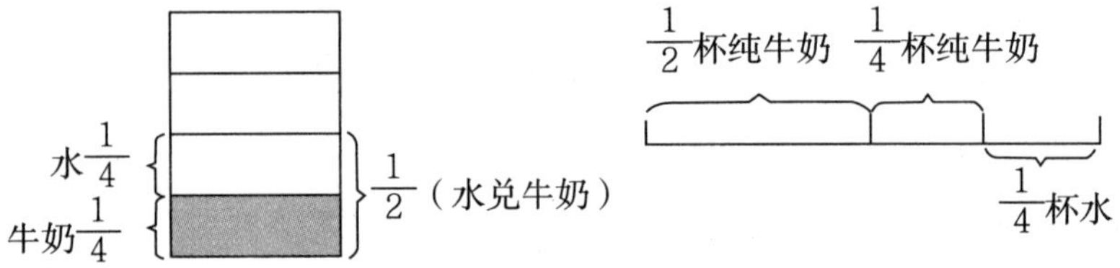

【设计意图】放手让学生经历分析问题的过程，学生通过画图、语言表达等方式，明确数量关系。并通过交流，使学生感受到画图是解决问题的好方法。

（5）教师课件动态演示

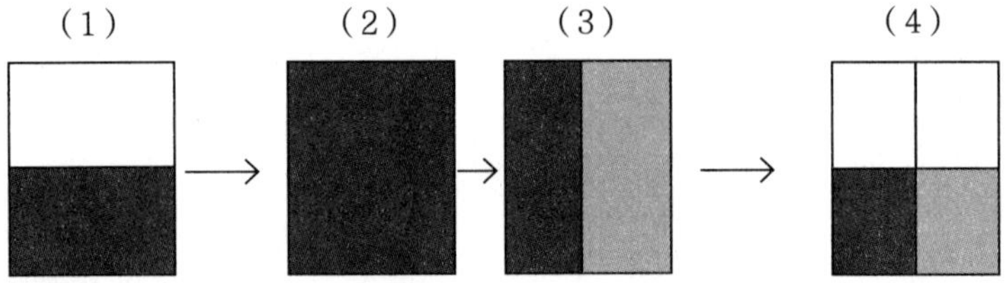

第一次喝了$\frac{1}{2}$杯纯牛奶

加满水后，水是$\frac{1}{2}$杯，纯牛奶还是$\frac{1}{2}$杯

第二次喝的$\frac{1}{2}$杯里有一半的纯牛奶和一半的水

【设计意图】多媒体的运用很直观地显示了抽象的数学知识，在第一次喝完$\frac{1}{2}$杯后，再往杯中兑满水的一整杯里如图（2），只是颜色淡了些，在引导学生分析里面有$\frac{1}{2}$杯的纯牛奶和$\frac{1}{2}$杯的水后演变为图（3），非常形象直观，再喝去半杯，学生就能很清楚地看出来第二次喝的半杯里水是$\frac{1}{4}$杯，纯牛奶是$\frac{1}{4}$杯了，如图（4）。

教师板书：

第一次喝的$\frac{1}{2}$杯 → $\frac{1}{2}$杯纯牛奶

第二次喝的$\frac{1}{2}$杯 → $\frac{1}{4}$杯纯牛奶；$\frac{1}{4}$杯水

（6）画图指导。

师：刚才老师在画图的过程中哪一步最重要？（图3）

师：是啊，就是这一步，当往里面兑满水后又成一整杯了，这时我们得思考：这一整杯里纯牛奶有多少？水有多少？所以我们把纯牛奶和水分开画出来，这样是不是看得很清楚？看来画图也得讲究技巧。

【设计意图】由于杯中的纯牛奶和水是混合在一起的，所以如何用图清晰地表示出来呢，老师课件的演示及画图的指导都对学生起到了很好的引导示范作用。

（7）解决问题。

师：现在你能求出乐乐一共喝了多少杯的纯牛奶吗？怎么列式？（生答板书）

$\frac{1}{2}+\frac{1}{4}=\frac{3}{4}$（杯）

3. 回顾与反思

（1）检验。

师：这个解答结果是不是正确的呢？我们还得对他进行检验。这题可以怎么检验？

（2）反思。

师：解决这道题的关键是什么？（第二次喝掉的纯牛奶是多少杯）

师：那我们刚才是借助什么方法来解决这道题的？（画图）

师：是啊，画图确实是一个好方法，咱们数学学习得经常用到它。（板书）

【设计意图】通常，学生解决问题的三步骤为：阅读与理解，分析与解答，回顾与反思。可是在平时的教学中，老师和学生都很容易忽略最后这一环节，所以这里的回顾与反思不仅要引导学生学会检验解答结果的正确与否，还得回顾解决问题的过程、方法是否合理、规范，感受解决问题策略的多样性。

三、巩固练习，发现规律

1. 师：猜猜看，乐乐回来之后，他又会怎么喝这剩下的$\frac{1}{2}$杯呢？

生猜。

【设计意图】迎合学生的心理，尽情猜测，有利于调动学生的学习情感。

师：刚才大家都对乐乐会怎么喝这剩下的$\frac{1}{2}$杯做了不同的猜想，到底会怎么喝呢？想知道吗？我们来看看？

课件出示：乐乐玩了回来后，觉得杯里剩下的牛奶太凉了又兑满了热水，他又喝了一半，第三次乐乐喝了多少杯纯牛奶？

2. 探究

（1）教师指导：要解决这个问题，我们可以用什么办法来帮助我们研究？（画图）

那在画图之前我们得先弄清什么问题？（这里面还剩下多少杯纯牛奶，多少杯水）

（2）学生自主画图解决，并与同桌交流。

（3）生汇报。（略）

【设计意图】此刻的画图已没有第一次的画图那样有老师的实物演示作为支撑，抽象程度更高了，但因为有前面教师的指导示范，所以学生大都能清晰表示出来，而且解释得也非常好。

（4）师课件演示。

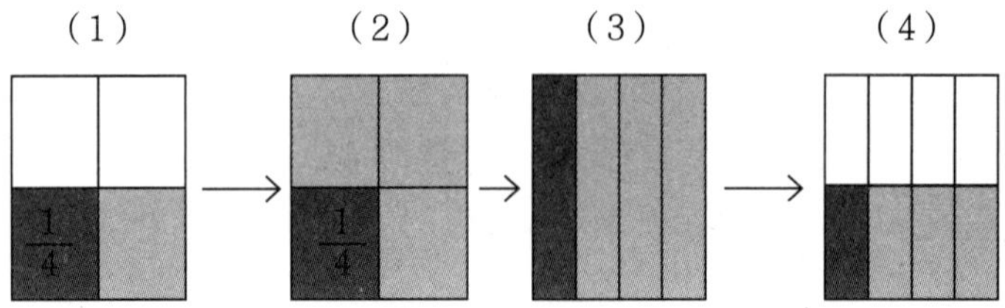

【设计意图】借助多媒体的直观、动态演示，很好地解决了此题中的难点：当第二次再往里面兑满水后，纯牛奶还是$\frac{1}{4}$杯，如图（2），为了便于观察，课件动态演变成图（3），纯牛奶还是整杯的$\frac{1}{4}$，再喝去其中的一半，如图（4），学生就很直观地看出第三次喝的半杯中纯牛奶是$\frac{1}{8}$杯了。

3. 拓展、发现规律

（1）（课件）逐次出示乐乐第一次、第二次、第三次喝的纯牛奶。

（2）师：照这样喝下去，乐乐第四次又会喝多少杯的纯牛奶呢？

（3）生猜，课件演示。

（4）学生说发现的规律。（每次喝的纯牛奶都是前面一次喝的一半；每次喝的纯牛奶的分母都是前面喝的纯牛奶的分母乘 2，分子都是 1）

（5）师：继续下去，第 5 次呢？第 6 次呢？

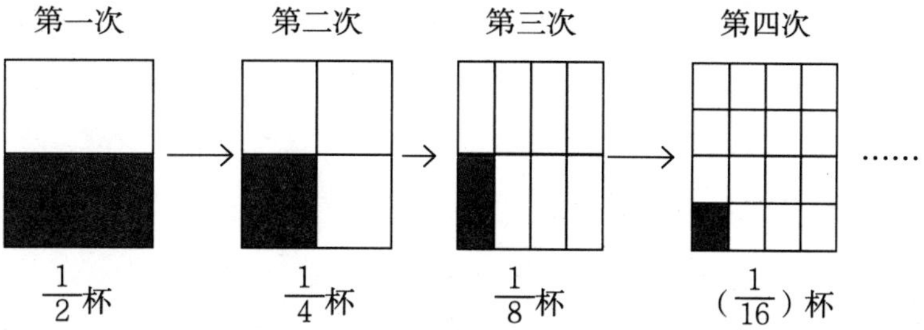

师：按这样的规律继续喝下去，这杯牛奶能喝得完吗？

师：是啊，正如同学们说的，里面总有牛奶的成分在，所以我们可以一直喝下去，但是里面的纯牛奶会越来越少。

【设计意图】培养学生发现、探究规律、应用规律的意识，并通过建立模型的过程，渗透模型思想。

（6）渗透数学文化。

师：其实我们古人对这个现象早就有所认识了，我国伟大的哲学家、思想家庄子在他的著作《庄子·天下篇》中就有说过："一尺之棰，日取其半，万世不竭。"这是什么意思呢？意思是说"一尺长的木杖，每天取去它的一半，万世都取不尽"。跟咱们这道题不就是一样的道理吗？

师：关于这里的纯牛奶能不能喝完的问题，随着咱们以后学习的深入，还会有一个新的认识。

【设计意图】教师在这里和孩子们谈"一尺之棰，日取其半，万世不竭"，加深学生对分数知识的理解，同时培养对传统文化的自豪感。

四、畅谈收获，总结全课

这节课，你有什么收获？让学生在畅谈收获中总结全课的学习之旅。

【设计意图】让学生谈谈自己的学习的收获，在反思、总结中完成全课的学习。课已结束，课堂的思考还将继续。

二、图形与几何

25. “用数对确定位置”教学设计与反思（课例一）

毕波
【广东省深圳市龙岗区外国语学校（集团）如意小学，特级教师】

※ 课前思考

用数对确定位置，是北师大版小学数学四年级上册第五单元第2课时的内容。是用一对数来确定方格纸上点的位置，也是平面直角坐标系的雏形，类似研究平面直角坐标系中第一象限中点的坐标问题。在平面上确定点的位置，其实是非常抽象的问题。如何帮助学生理解这个抽象的数学问题呢，教材借助了学生非常熟悉的座位情境展开学习。座位中关于第几组、第几个的描述和用数对确定位置的方式高度相似，便于学生在具体情境中掌握数对确定位置的规则。

对于平面直角坐标系中的点而言，方向和顺序是两个核心的描述要素。用数对确定位置，就是需要让学生明白这对数背后的规则——按照怎样的方向数；行和列先说什么，再说什么等。教学时，我们希望通过半抽象的座位情境（没有明确第几组和第几个）去引导学生思考，数对背后的规则到底是什么？由于没有规定方向和顺序，不同的解读自然会产生不同的结果。我们希望通过这种由规则的不确定所产生的冲突和矛盾来激起学生的探索与思考的兴趣。虽然这样的教学设计可能需要多花一些时间，但是我们觉得对于学生更好地内化知识是有积极意义的。

※ 教学过程

一、情景体验，构建新知

1. 直奔主题：上节课我们学习了用方向和距离来确定位置，其实，在数学上还有一种确定位置的方法——用数确定位置。

2. 出示座位图：老师有一个好朋友，叫做小齐。瞧，这是小齐班的座位图（如图1）。一共有多少人？

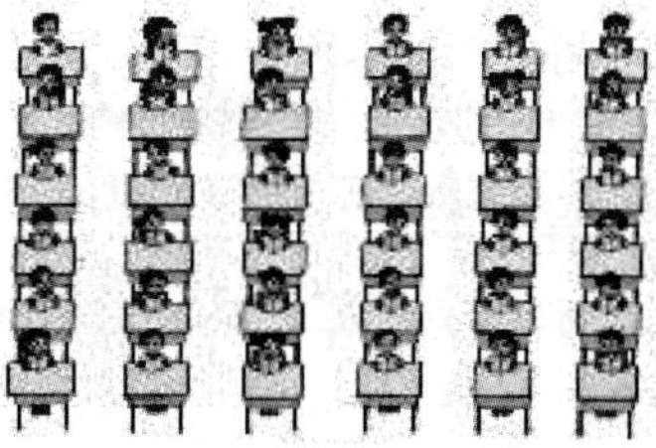

图1

3. 借助座位图，帮助学生理解“列”与“行”。

4. 提出核心问题：小齐在哪儿呢？

5. 制造矛盾冲突：

师：给你一个数——6。你觉得小齐在哪儿呢？

（学生指出若干小齐可能的位置）

师：看来光给一个数，不太够。那就再给一个数——2。现在有一对数“6，2”。你觉得小齐坐在哪儿？（请一个学生上来指，边指边说）

师：小齐一定在这儿吗？（同学两人合作，圈一圈、说一说，看看小齐可能在哪儿？）

师：小齐只有一个，同一个“6，2”为什么会出现这么多种不同的结果？

生1：因为刚才我们看的方向不一样。

生2：对，比如第一个6，有的同学是从左往右数的，有的同学是从右往左数的。

生3：大家说的顺序也有些不一样。有的同学是先说第几列，再说第几行，有的同学则是先说第几行，再说第几列。

6. 探索背后规则：

师：小齐究竟在哪儿呢？看，这就是他（课件用红色的框标出小齐的位置，如图2），爱动脑筋的你们，能根据小齐的位置明确这一对数的方向和顺序到底是如何规定的吗？

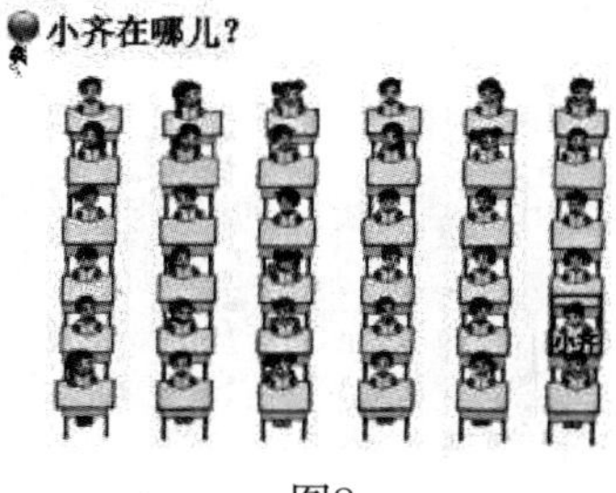

图2

（学生交流讨论，最终确认小齐正确的位置是从左往右第6列，从下往上第2行）

7. 明确数对意义。

师：同学们，通过刚才找小齐的位置，从最初的多种可能到唯一的位置。谁能说说我们是怎样用数来确定位置的？

生1：我们可以用两个数来确定位置，第一个数代表第几列，第二个数代表第几行。

生2：对，第几列是从左往右数的，第几行是从下往上数的。

……

师：我们把用来确定位置的这一对数叫作“数对”，为了避免混淆，两个数中间要用逗号隔开，外面要添上小括号。（附：板书设计）

用数对确定位置

方向 → ↑

顺序 列 行

（6 ， 2）

第6列 第2行

二、真实体验，巩固内化

1. 师：现在回到我们自己的教室，从老师的角度看，左边第1组在哪儿？第一行又在哪儿呢？

（用数字牌在教室里标注好每一组，每一行）

2. 师：现在同学们已经弄清楚了我们教室里的行和列，你能用数对表示出自己在教室里的位置吗？

3. 小游戏：我说你站。（老师说数对，该数对对应的同学站起来）

（1）第一轮：（5，4）

（2）第二轮：（7，1）

（3）第三轮：（3，2）（2，3）

师：这两个数对都有一个3和一个2，表示的位置相同吗？

（4）第四轮：（5，2）（6，2）

师：这两个同学的位置有什么特点？为什么会在同一行？

三、变化情境，灵活应用

完成课本练一练的第1题和第2题。

四、抽象成点，拓展延伸

1.介绍笛卡尔的故事

师：说到数对，同学们一定要记住一位数学家——笛卡尔，有意思的是，他是从蜘蛛拉丝这样一件最平常不过的小事中受到的启发。

2.将座位图进行连线，将人物逐渐抽象成线与线之间的交点

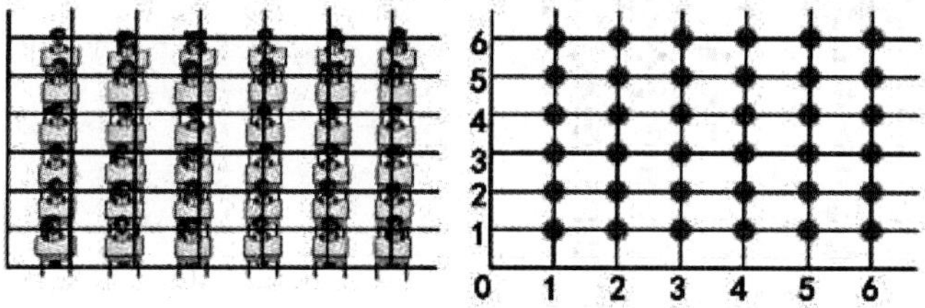

图3

师：数学有时就是这样奇妙，注意看，同学变成了点，用线将点连起来，就形成了这样一幅方格图。你能用数对确定方格图中点的位置吗？

（1）第一次：（3，2）（这是学生第一次在方格纸上用数对确定位置，需要引导学生分别说一说，这个点在从左往右数的第几列，从下往上数的第几行？）

（2）第二次：（5，5）

（3）第三次：（0，0）（这是平面直角坐标系中的原点，与真实的座位图是有区别的，但是对于坐标系而言却是非常重要的，教师要特别引导学生去观察、思考和理解。）

※ 教后反思

用“数对”确定位置，根据座位图来引出数对，将第几组与第几列，第几个与第几行勾连，是一种适合学生更好学习的情境，运用座位图情境教学往往进行得比较顺利。在很多的教学设计中我们可以看到，教师更多的是在如何实现表示位置方式的简洁性的描述上做文章。比如从最初的文字描述第几组第几个，让学生觉得很麻烦，再引导学生将文字表示的方式进行抽象，逐步过渡到用符号描述直至用数对描述位置。从平面直角坐标系的角度来看“数对”，类似研究平面直角坐标系中第一象限中点的坐标问题，既然是坐标问题，必然涉及看的方向和写的顺序的问题。我们希望通过教学让学生对方向和顺序这两个要素有更深入的思考，帮助学生对此留有更深刻的印象。如何让学生在学习数对的过程中，能够感受到方向与顺序的重要性呢？我们想到的比较有效的教学方式是引发矛盾，产生

结果上的冲突，让学生在冲突中探寻数对“背后”的规则。所以我们采取了一种更加直接的方式——直接给数，让学生根据给定的数和座位图来寻找某位同学的位置。座位图在设置时有意隐去了讲台、门等参照物，让矛盾冲突成了一种可能——由于在描述这位同学位置时由于方向和顺序的不同必然造成结果的不同。由此产生用数来确定位置统一规则的必要，再引导学生去观察和思考这个同学的位置到底是如何确定的。整堂课学生的注意力更多地集中在了方向和顺序的思考、尝试与判定过程中，实现了教师设计时想要着力达成的教学效果与目标。

26. “用数对确定位置”课堂实录（课例二）

姜锡春
（重庆市巴蜀小学校，特级教师）

※ 课堂实录

一、创设情境，引入新课

师：请看大屏幕。

大屏显示：

事半功倍　事倍功半
外柔内刚　外刚内柔
鹤立鸡群　鸡立鹤群
重义轻利　重利轻义

师：请大家仔细观察（停顿）、发现了什么？

板书：观察、发现

师：有请那位女同学。

生：我发现它们虽然大概字都一样，红色的字标红的位置不同。

师：说了一个非常关键的词，位置。

板书：位置

师：接着说，后果是什么？

生：后果是这些成语的意思都不一样了。

（师动作）竖起大拇指。

（生活动）学生鼓掌。

师：一句话，位置发生了变化，意思就发生了变化。那可见位置对我们的学习非常……

生：重要。

师：那今天这节课我们就专门研究这个问题，可不可以？

生：可以。

师：预备起。

生齐读课题：位置。

二、在丰富的观察、发现、比较活动中，学习新知

师：在掌声中，我把这面小红旗送到这位同学的面前。（老师双手托着红旗，非常庄严地送达学生桌面）

（生活动）鼓掌。

师：此时此刻，我想采访一下你现在的心情。

生：激动紧张，没想到第一个放红旗的人是我。

师：除了激动、紧张以外，现在还有什么？

生：还有欣喜。

1. 认识“数对”

师：那就请大家带着欣喜的心情，用你喜欢的方式在你的作业纸上准确地写出这面小红旗现在的位置。（生活动）学生观察小红旗的位置，并在作业纸上写出小红旗的位置，写完的安静主动举手示意。

师：走动并了解学生的情况，选择已完成的同学准备到平台展示。

师：把目光聚焦到大屏幕上。（活动：做好展示准备）

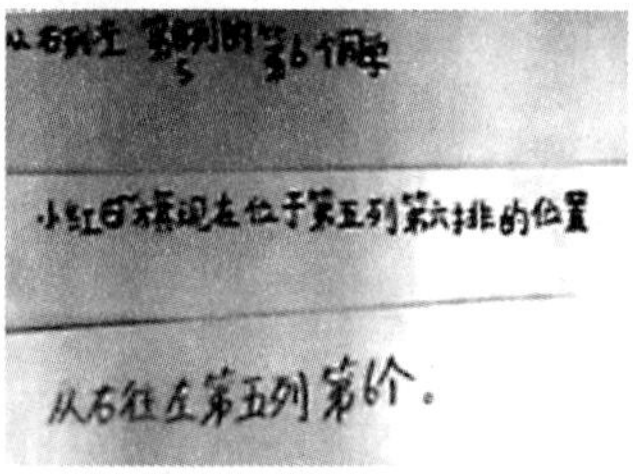

师：（阅读答案）从右到左，第5列，第6个同学。小红旗现在位于第五列第六排的位置。从右往左第五列第6个。（语言有停顿，语速慢，并呈现出思考的状态）

师：如果我是一个语文老师，我会给这三个同学都打上一个……

生：勾。

师：而且我会建议大家将热烈的掌声送给他们。

（生活动）鼓掌。

师：你们知道我是什么老师吗？

生：数学老师。

师：有请我的小助手，展示另一份作业纸。

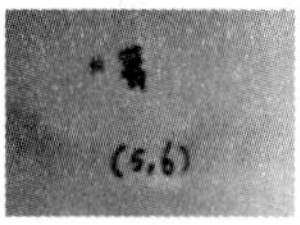

师：谈一谈你的想法。

师：我先给你写在黑板上可以吗？

板书：（5，6）

师：贵姓啊？

生：姓王。

师：掌声欢迎王老师。

生：我写的是第五排的第六个同学，中间用逗号隔开【边说边指板书（5，6）】。

师：（指着板书 5）这是第 5……

生：第 5 列。

板书：（5， 6）
　　　↓
　　　列

师：数列，继续。

生：这个是第 6 排。

师：排，我们说横排，也可以说横行。（动作：沿着学生的横排座位方向划过去）

板书：（5， 6）
　　　↓　↓
　　　列　行

师：请你仔细观察一下，它的第一个数字表示的是什么？

生：列。

师：我们加一个字。

板书：先

师：这里是什么字？

生：先列后行。

板书：板书：（5， 6）
　　　　　　↓　↓
　　　　　先列后行

师：加了这个字后有什么好处呢？

生：可以让我们很清楚地记住，第一个数字是 1 列，第二个数字是 1 行。

（生鼓掌）

师：（指着板书）第一个数字表示的是……

生：一列。

师：第二个数字表示的是？

生行。

师：知道天才是怎样诞生的吗？

生：就是像她这样诞生的。

师：（指着板书）几个数字？

生：2个。

师：一对。是不是？给它取个名字。

生：数对。

师：会写这两个字吗？（不说话，动作示意学生上来写）

生板书：数对

（全体学生鼓掌）

师：（动作示意让学生回到座位）看我写。

板书：比较

师：同样是表示这面小红旗现在的位置，你觉得这位数学天才，她的表示方法和前边这些表示方法，（手指板书：比较）请读出来。（语速慢，节奏合理）

生：比较。

师：有什么不同？

生：这位天才的表达方法和前面同学表达方法本质的区别是：前面三位写出很多汉字，而且在很小的地方写小红旗在哪。这样就需要很大的位置，浪费很多的时间，用这个数对就能很快地在有限的时间内表示出小红旗的位置。

师：我把你的话浓缩成一句话：小天才的表示方法比这些方法更简洁。（动作：从板书挪到大屏）

师：这才是数学语言，简洁。她的表示方法也怎么样？

生：简洁。

2.根据“数对”确定位置的活动中使学生深化“数对”中数字“列和行”的认识

师：让我们用掌声，将这面小红旗送给这位发言的同学可以吗？

（生鼓掌，并传送小红旗）

师：好，现在请在你的作业纸上，用这位小天才的方法写出现在小红旗的位置。

（生在作业纸上写出现在小红旗的位置）

师：请你像小天才一样用简洁的语言来给大家讲一讲你这样写的想法，有请！

（为学生指明了表达要求）

生：这个小红旗的位置从左往右数，第四列，所在的位置在第六个横排。

师：（追问）从哪往哪数呀？（动作手从右往左移）

（生不说话）

师：（再次重复）从哪往哪数呀？（动作手从右往左移）今天我说了以谁为观测点？

生：老师。

师：也就是说，你这个 4 表示的是第……

生：第 4 列。

师：6 表示的是……

生：第六行。

师：有多少人写对了？

（大部分学生举手）

师：小天才的数量在增加。手放下，现在我把难度加一点。

师：有请后面的小红旗同学起立。

板书：（2，5）

师：你能把小红旗准确地送到指定位置吗？

（生准确地送达了小红旗，其他同学鼓掌）

师板书：（5，2）

师：手势指向坐标为（2，5）同学

【（2，5）位置的同学将小红旗移动到（5，2）同学，其他同学鼓掌】

师：（手指板书：观察、比较）大家一起读一读。

生：观察、比较。

师：请观察、比较一下这两个数对，有什么相同和不同？

生：它们都有相同的数字和符号组成。它们的位置互换就导致它们的数字表示的意义就不一样了。

师指着板书中（2，5）中的 2。

生：这里的 2 表示列，后面的 5 表示行，所以是第二列的第五行（同时转身指向对应的位置）。

师指着板书中（5，2）中的 5。

生：是指第五列，第二行，这个人就是……。所以，尽管数字相同，表示出来的位置不同。

师：此时又有一个小天才诞生了。我把老师送给我的字送给你可以吗？你们一起帮我说出来。

生：我爱你。

师：我爱你。

师：好了，全班同学都要注意。

板书：（3，1）

师：请起立。

板书：（3，2）

（3，3）

（3，4）

（3，5）

（3，6）

（对应位置的同学依次起立）

师：（指着板书）观察、发现。

生（读）：观察、发现。

师：举手（告诉学生积极举手发言）

生：我发现这几个数字，前面的数，也就是列数都是一样的，都是3，但是后面的行就不一样了，分别是1，2，3，4，5，6，这就代表第一行，第二行，第三行，第四行，第五行，第六行的位置。

师：数学语言讲究“简洁”。

生：就是。

师：（打断）我发现……（提醒用准确的数学语言表达）

生：我发现当表示列数的数字相同时，后面的数字依次增加的话，站起来的同学在同一列上的，也就是说前面的数字相同，后面的数字就 ......

师：数学语言讲究？

生：简洁。

师：（传递话筒）请另一位同学回答。

生：如果列数相同，行数递增，那么位置就一直往后推移。

（师手扶额头思考）

生：这里的列数相同，所以他们都会从第三列起立，而后面的行数是一个变量，所以从第三组的某些位置起立。

师：（手指板书）从上往下依次指列数3，我发现这些同学的数对的第一个数……

生：数相同。

师：说明它们是……

生：同一列。

师：掌声送给我。

（全班鼓掌）

师：再重复一遍，数学语言要讲究……

生：简洁。

板书：（3，7）

师：谁来准确地站到这个位置上？

【生活动：A 同学准确地站到（3，7）位置】

（师生一起鼓掌）

师：（动作示意）第 3 列的同学全部坐下。

板书：（4，y）

师：请对应位置的同学站起来。

（第四列的全部同学站起来了）

（师手势示意举手）

生：我发现当表示列数的数字相同时，后面的数字却不知道，这样的话整列的同学都有可能是 y。

师：（停顿）你有没有办法让全班同学都站起来？（示意学生到黑板上写出位置）

生板书：（y，y）

师：我终于等到你了。

师：（询问举手的同学）你想说什么？

生：我想说的是如果两个数字都一样的话，说明列和行都一样。这样的话有一定的局限性，所以，我们得用两个未知数来表示。

师：别慌，如果按她这样写，哪些人要站起来？

生：（思考）第一排第一个，第二排第二个，第三排第三个，第四排第四个，第五排第五个，第六排第六个。（这些位置的学生依次纷纷站起来）

师：此时此刻，我没想到，老师和同学一样，没有一点儿掌声。

（台下老师和台上学生一起鼓掌）

师：而大家再想想老师们为什么没有表情？而老姜刚刚提的是一个什么问题？

生：让全班站起来。

师：他只让？（手势依次指向 6 位站起来的同学）

生：6 个人站起来了。

师：你能做到吗？

生板书：（x，y）

（生鼓掌）

师：（手势示意）站着的同学全部坐下。

师：无需要太多的语言，此时此刻还需要我介绍吗？

生：（摇头）不需要。

师：（追问）还需要我介绍吗？大声说？

生：不需要。

师：教不如学，学不如悟。如果每节课你像这样把它悟出来，那才是学习的最高境界。明白我的意思吗？

（知识小结）

师：现在请大家深情地望着我，刚刚我们是在具体的生活情境中来学习了……（手指板书课题：位置）

生：位置。

师：而且我们运用了？（手指板书课题：观察、发现、比较）

生：观察、发现、比较。

师：现在如果我把你们这些可爱的小朋友抽象到这些方格纸上，你还会吗？（手势：从同学挪到白板）

生：会。

三、学以致用，解决实际问题

完成教材第 20 页例 2。

师：请打开书 20 页，完成第 20 页例 2。（将练习题投屏到大屏）

生：自主完成第 20 页的例 2，写完的同学举手示意，几分钟后，交流展示。

师：请你回答第（1）小题。

生：熊猫馆在（3，5）的地方。

师：她说完了吗？

生：没有。

师：（请另外一位同学补充）请你说。

生：大象馆在（1，4）的位置，猴山在（2，2）的位置，海洋馆在（6，4）的位置，熊猫馆在（3，5）的位置。（学生在回答的同时播放课件展示对应的位置）

师：第（2）题，在图上标出下列场馆的位置，第一个标哪个地方？

生：（1，1）。

师：第一个要标哪个场馆？

生：飞禽馆。

师：它的位置是？

生：（1，1）。

师：我把难度提高，你能来示意一下，你怎么找到飞禽馆的位置吗？来，小朋友，姿势要美，动作要帅。

（生走进大屏去指）

师：（老师制止，往后退）你做动作，我们心领神会。

生1：首先我们知道，第一个1是列，我们看一列（手指第一列第一行的位置），然后我们看第二个1，表示第一行，就是在0点的斜上方。

师：数学语言讲究？

生：简洁。

生2：首先看第一列，再看第一行，交叉点的位置就是。（老师制止学生靠近屏幕）

师：飞禽馆的数对是多少？

生：（1，1）。

师：我先找到？

生：第一列。

师：（配合手势，在第一列的位置从下往上移动）然后找到……

生：第一行。

师：（配合手势）在第一行的位置，从左往右移动。小手先找到？（配合手势，在第一列的位置从下往上移动）

生：第一列。（学生跟随老师的手势在第一列的位置从下往上移动）

师：再找到……（配合手势，在第一行的位置，从左往右移动）

生：第一行。（学生跟随老师的手势，在第一行的位置，从左往右移动）

师：它们的……（手势两个食指靠一起）

生：交叉点。

（课件动画动态演示一遍，并提示学生手势跟随动画移动）

师：那猩猩馆呢？手势？从哪开始？

生：0。（配合手势）

师：由下……

生：到上。（手从0开始从下往上移动，动画播放）

师：还需要做同样的动作吗？

生：不需要。

师：第三个馆。

生：狮虎山。

师：先找到几？

生：4。

师：小手准备好，由……（下）到……（上）。（配合手势）

师：可以了吗？

生：可以了。

四、联系生活实际，让数学走向生活

师：亲爱的同学们，我们今天研究的数对，在数学里的历史上，经历了一个非常漫长的过程，而且是一个有趣的过程，谁的课文读得好？

师：要让全世界都听到你的声音。

生 1 看大屏朗读“数对的产生”。

师：（手势示意坐下，并指向板书）发现。

生：发现。

师：看到这些文字，你有什么……（手指：发现）

生 1：就是我发现这个数对在生活当中很多地方都能用到，不仅在书本上的题，就连蜘蛛网上都有，而且蜘蛛网特别复杂。

师：蜘蛛网随处可见对不对？但谁把它发现了？

生：笛卡尔。

师：我也发现了蜘蛛网，但我并没有发现……（手指板书：数对）

生：数对。

师：其实数学就在我们的……

生：身边。

师：向谁学习？

生：笛卡尔。

师：请同学再次读。

（生大声朗读课件内容）

师：正如这位小妹妹说的，在生活中随处都可以看到……

生：数对。

师：围棋盘上的纵线和横线，地球上的……

生：经度和纬度。

师：其实就是数对当中的……（手指板书：列，行）

生：先列后行。

师：（重复）数对当中的？

生：列、行。

师：其实生活当中不是缺乏数学，而是缺乏一双发现数学的……

生：眼睛。

五、课堂总结升华，回顾全课学习内容和方法

师：今天这节课上到这个地方要和大家说再见了。在再见之前呢？谁能像我这样潇洒地总结一下今天我们学习了什么内容？来，掌声欢迎。

生 1：（指着板书总结）今天我们学习了位置，通过一个简单的发现，发现观测点不同，位置的表示方法也不同。然后我们写出了小红旗的位置，但是一开始的时候，都是用不同的方法表示的，而且很复杂，然后我们就用了数对的方式表示出来，然后我们还学习了行和列，列表示的是纵线，行表示的是横线，比如说：（5，2）就表示第五的位置。然后我们还学习了未知数，（4，y）凡是第 4 列的都符合这个位置，而（x，y）表示所有的都可以符合，今天我们就学习了这么多。

（生鼓掌）

师：有补充的吗？

生 2：我们通过观察、发现、比较才了解到了你所说的这些内容。

（师手势大拇指点赞）

师：这位同学是从哪个层面上总结的？数学的……

生：内容。

师：而这位同学呢？

生：方法。

师：所以我们总结一节数学课，不光要总结学习的内容，更要总结学习的……

生：方法。

师：有请这两位同学到前面来。幸好我今天做好了两手准备，我以前很吝啬只买一颗棒棒糖，今天买了两颗。（把棒棒糖发给两位发言学生）吃在嘴里什么味道？

生：甜。

师：此时此刻，你仅仅觉得嘴里面甜吗？大声说出来？

生：心里面也甜。

师：学习数学最高的境界就是每节课上完以后，有心甜的感觉，请让我们带着这种心甜的感觉，再次看大屏幕，临走之前，我会把一句话留给你们，你能用你善于发现的眼睛，找出哪句话吗？（手势示意学生写下来）

心	秋	数	狗	火	在	姜	简
洁	锡	列	言	好	的	路	狼
夕	逐	是	巴	语	开	蜀	男
春	西	杨	曲	去	学	最	谢

（3,4）（6,1）（3,2）（7,1）（8,4）（1,3）（6,3）（5,2）（4,3）！

师：（手势示意）全班一起回答。

生：数学是最简洁的语言。（大屏展示答案）

师：亲爱的同学们，说得太好了。数学可以让人简洁，数学可以让人变得更加智慧，只要我们，留心……（手指板书：观察）

生：观察。

师：用心……（手指板书：发现）

生：发现。

师：细心……（手指板书：比较）

生：比较。

师：你会发现学好数学非常的……

生：重要、简单。

师：非常的重要也非常的简单。最后，让我们一起大声地把这句话读出来。

生：数学是最简洁的语言。

师：最后，我还有两个字送给你们，也请你们大声读出来，也送给在座的老师们。

生：谢谢！

师：亲爱的同学们，这节课就上到这里了，下课。

生：起立，站如松。

师：同学们，我爱你。

生：老师，我爱你。

师：收好我们的东西，向后转，我在门口送你们。

27. “平行四边形的面积”教学设计与反思（课例一）

古燕丹
（广东省韶关市武江区东岗太阳城小学，青年名师）

※ 课前思考

“平行四边形的面积”属于“图形与几何”领域中“图形的测量”这一模块。《课标》第一学段课程内容中指出：“结合生活实际，经历不同方式测量物体长度的过程、体会建立统一度量单位的重要性。”

那什么是测量？测量的本质是什么？又该如何定义长度、面积、体积呢？张奠宙先生给测量下的定义是：“测量，不仅仅是拿刻度尺去量测一条线段的长短（那属于物理学范围），数学测量的本质是给每一条线段以合适的数。”因此，测量作为“图形与几何”的主题，对于学生理解把握图形测量的问题有比较重要的意义，不仅能渗透度量意识，还能发展学生的数感和空间观念，以及认识图形测量的本质。

学生对面积大小认识到了什么程度？学生是否具有度量意识？为了了解学情，在设计和教学本节课之前，我对本班44名学生进行前测调研，特设置了三道有关长度度量、角度度量、面积等和度量本质有关的题目，了解学生对物体面积大小认识的程度，了解学生是否具有度量意识。

对象：东岗太阳城小学 五（3）班 44 人

调研题目	调研意图
题目1： 你是如何度量物体的长度？如何度量角的度数呢？	调研学生除了会用刻度尺度量物体的长度，用量角器度量角的度数，是否知道度量的本质，是否有度量意识，用任意单位长度进行度量（例如在学习刻度尺度量前，学生在一年级学过用一本书度量教室的长度）。

调研题目	调研意图
题目2： 回忆一下，长方形的面积是怎么推导出来的？	调研学生是否理解度量图形面积的本质，即求长方形面积就是求图形里面有多少个这样的面积单位。是否知道长方形面积的推导过程，即长边、宽边摆相应的小正方形，行数×列数=长×宽。
题目3： 1.你会计算这个图形的面积吗？ 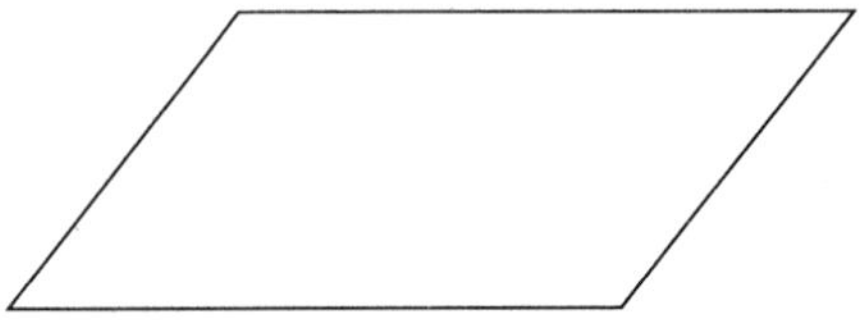 （1）如果会，请你算一算，并写出你的想法。 （2）如果不会，请你猜一猜怎么算。	在题目2的基础上，再一次调研学生是否理解度量面积的本质，同时是否会把未知图形转化成学过的长方形。

【调研结果】

题目 1：你是如何度量物体的长度？如何度量角的度数呢？

作答情况	刻度尺量	其他物体量长度	量角器量	其他物体度量角度
人数及占比	40（90.9%）	4（9.1%）	43（97.7%）	1（2.3%）

从调研结果可以看出，用刻度尺测量、量角器度量占比较大，大部分学生选择用刻度尺测量、量角器度量，这是一种物理测量的方法，虽然是课本最后总结出的通用测量方法，但是在第一学段接触度量时，课本呈现的是可以用教科书来度量课桌的长，用步长或脚长度量教室的长度，这才是有数学意义的数学度量方法，但是在教学中，很多老师忽略度量本质的教学，或者没有开展过此类的数学活动。张奠宙先生在《深入浅出，平易近人——怎样测量长度、面积和体积》说：“在这样的视角下，可以说，长度、面积、体积测量的数学意义很遗憾地在小学教科书中被淹没了。”

题目 2：回忆一下，长方形的面积是怎么推导出来的？

作答情况	直接写公式	铺小方格推导
人数及占比	34（77.3%）	10（22.7%）

调研结果看出近三分之二的学生只是单纯地记忆长方形面积公式，并用公式解决问题，只有三分之一的学生依稀记得是用铺面积单位的方法推导出长 × 宽。大部分学生虽然知道长方形的面积公式，但是不能说出长方形的面积为什么是长乘宽，以此看出学生的头脑中没有用二维的小正方形去度量图形的体验，当遇到一个面的时候，学生想到的不是找一个单位面积去覆盖它，而是一看到求面积就用尺子去度量长度，并将数据相乘得到面积，这也是为什么学生容易把求面积和求周长混淆，究其原因还是度量的本质没有理解到。

题目 3：你会计算这个图形的面积吗？

作答情况	割补法	铺小方格	直接写公式	其他
人数及占比	24（54.5%）	1（2.27%）	10（22.7%）	9（20.4%）（其中4名学生用邻边相乘，1名学生求成周长，4名学生不会）

调研结果看出大约一半的学生会用割补的方法，把平行四边形转化成学过的长方形来解决问题，会沟通新旧知识联系，把新知转化成旧知，利用长方形面积公式推导出平行四边形面积公式。只有一位学生在转化后，再铺小方格，知道回归度量的本质。四分之一的学生基于预习或平时积累的基础，直接用平行四边形面积公式计算出。较少的学生用邻边相乘或求成周长，这是一个比较可喜的结果，看出学生不会因为长方形面积等于长乘宽，就因此认为平行四边形面积等于两个邻边的和。

通过对调研结果的分析，也引发了我的思考。刘珈霞教授说：“度量的核心要素，一是度量单位，二是度量单位的个数就是量的大小。”由此可知，教师应结合具体的教学内容，让学生不断感悟度量本质，发展度量意识。

为了激起学生对面积的本质的理解，在导入部分（图 1），除了让学生利用长和宽计算长方形面积，同时，出示三年级时学生学过的长方形面积推导过程，即用单位面积铺满整个长方形，学生回顾了面积单位的度量方法，唤醒了学生已有的经验，初步感受面积单位和图形面积之间的关系。

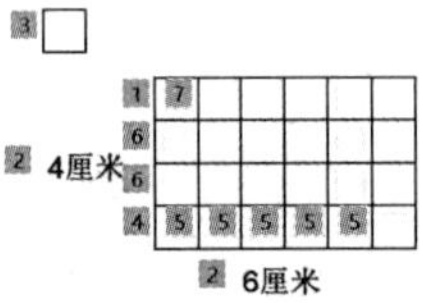

（图1）

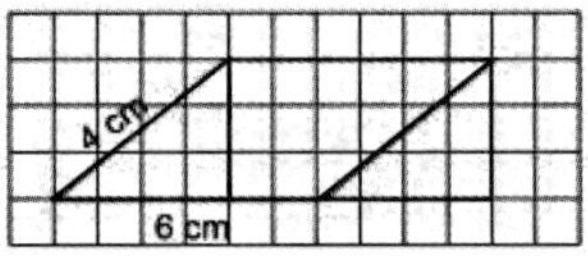

（图2）

接着，在实践操作环节（图 2），学生体验把平行四边形转化成长方形，也是在方格纸上完成，这一设计的意图，不仅让学生发现转化前后的变化和关系，更重要的是学生再一次体验度量面积的本质——用单位面积铺满整个图形，图形的面积就是度量面积单位的个数。借助几何直观，使学生体会到面积的意义，为面积公式的形成做好充分准备。

公式的计算只是便于操作化的形式，度量的本质才是学生理解概念的核心，只有让学生找到度量面积的方法，才能真正理解度量的本质，从度量的角度帮助学生学习几何概念，感受空间，发展空间观念。

※ 教学过程

【环节一】变形导入，引发质疑

1. 出示长方形活动边框教具。

长方形的长是 6 厘米，宽是 4 厘米，学生计算出它的面积是 24 平方厘米。

2. 用面积是 1 平方厘米的面积单位去密铺这个长方形，长边可以铺几个？（6 个）宽边可以铺几个？（4 个）一共可以铺几个？（24 个）引导学生回忆图形面积的本质“求一个图形的面积实际上就是求这个图形里面有多少个这样的面积单位。”

3. 将长方形活动边框拉伸成一个平行四边形。引导学生观察并判断，拉伸后的平行四边形周长和面积是否有变化。

4. 引导学生验证面积是否改变

（1）用课件演示重叠法，通过割补、平移，发现，平行四边形面积变小了。

（2）拉着长方形的两个对角往外拉，直到成一条直线，这个过程可以帮助学生从动态的角度直观感知长方形变成平行四边形再到一条直线，面积越来越小。

【设计意图】用长方形教具变形引入本课，激发学生学习兴趣，引发学生对“变”与“不变”的认知冲突，同时，在计算长方形面积时出示学生学过的用小方格的方法，既复习了旧知，又渗透了“图形的面积实际上就是求这个图形里面有多少个这样的面积单位”这一数学本质。

【环节二】实践探究，沟通联系

活动一：

先独立操作，再同桌交流：数一数这个平行四边形的面积是多少？你是用什么方法？（每个小方格代表 1 平方厘米，不满一格按半格算）

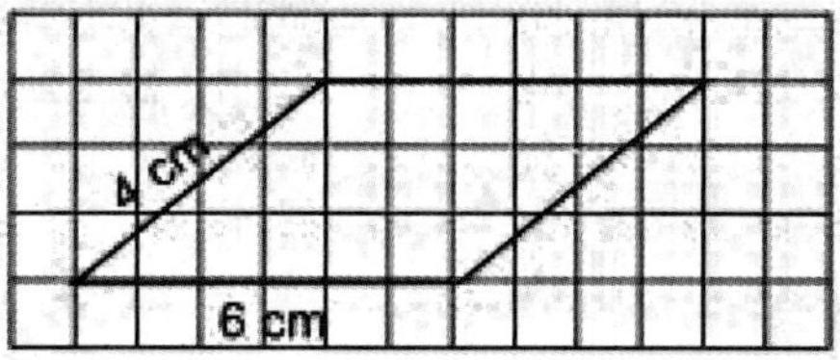

（图3）

2. 学生反馈探究结果

（1）沿着高切割，再移补，变成一个长方形；

（2）引导学生思考：为什么沿着高剪呢？（沿着高剪才能转化成长方形）为什么要转化成长方形？（每个小方格能占满格，好算，我们学过它的面积计算方式）在这个转化的过程中，什么变了？（形状）什么没变？（面积）

（同时板书平行四边形转化成长方形，平行四边形面积 = 长方形面积）

活动二：

1. 学具准备：三角尺（画高），剪刀，平行四边形纸片

2. 剪一剪、拼一拼：把平行四边形转化成已学过的图形

3. 在剪、拼的过程中，除了面积相等，平行四边形和转化后的图形还有什么相同或不相同的地方，和同桌议一议

4. 课件出示两组转化的图

（图4）

（图5）

想一想，议一议：长方形的长与平行四边形的底有什么关系？长方形的宽与平行四边形的高有什么关系？

5. 小结，师生共同推导出：

长方形面积 = 长 × 宽

↓　　↓　↓

平行四边形面积 = 底 × 高

$S=a\times b$

感受数学的简洁美！（德育渗透）

6. 回到本课开始时拉伸出的平行四边形，现在你能计算它的面积了吗？

【设计意图】本环节设计了两个活动。活动一，让学生经历数格法，发现先沿着高切割，再移补成长方形，格子能够占满格，比较好数，由此理解为什么把平行四边形转化成长方形；活动二，让学生在实践剪一剪的过程中，发现平行四边形的底和高，与长方形的长和宽之间的关系，顺势推导出平行四边形的面积公式，体会数学的简洁美。

【环节三】综合应用，巩固拓展

1. 先说说平行四边形的底和高是多少？再算算面积是多少？

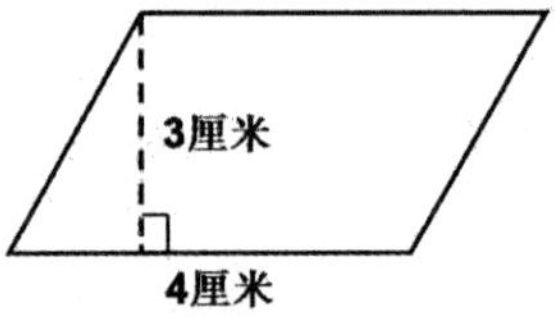

（图6）

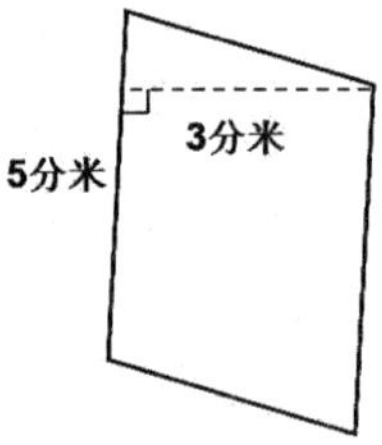

（图7）

2. 下面哪种方法正确？为什么？

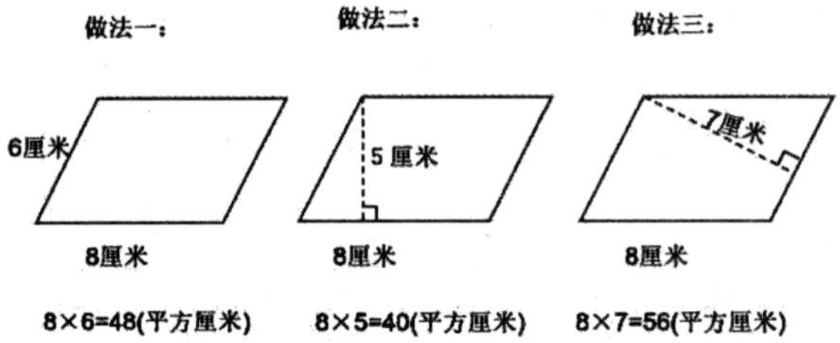

（图8）

3. 解决问题：一个平行四边形停车位的底是5米，高是2.5米，这个停车位的面积是多少平方米？

4. 拓展延伸

课后思考：为什么长方形变成平行四边形，这个平行四边形的面积和长方形的面积不一样？而把平行四边形转化成长方形，平行四边形的面积是否等于长方形面积？

【数学文化介绍】观看视频《九章算术》小知识

《九章算术》是中国传统数学最重要的著作，奠定了中国传统数学的基本框架。一共有九个章节：方田、粟米、衰分、少广、商功、均输、盈不足、方程及勾股。第一章“方田”： 主要讲述了平面几何图形面积的计算方法。包括长方形、等腰三角形、直角梯形、等腰梯形、圆形、扇形、弓形、圆环这八种图形面积的计算方法。

【设计意图】第一题为基础题，巩固平行四边形面积计算的公式运用；第二题让学生发现要对应的底和高才能相乘；第三题运用面积公式解决实际生活中的问题；第四题为拓展题，给学生思考的空间。同时，通过《九章算术》的介绍，让学生感受我国古代数学的伟大，对学生进行德育渗透。

※ 教后反思

本节课内容是在学生已经学会长方形、正方形的面积计算的基础上，掌握平行四边形的特征，并认识平行四边形的底和对应的高的基础上进行的教学。我能根据学生已有的知识水平和认知规律进行教学。新课标指出“有效的数学活动不能单纯地依赖模仿与记忆，教师是要引导学生通过动手实践、自主探索、合作交流等学习方式真正理解和掌握基本的数学知识、技能、思想和方法。”这节课，让他们动手实践，在做中学，经历平行四边形面积公式的得出过程，让孩子们体会数学就在身边，培养学生发散思维，进一步激发学生学习思维，进一步激发学生学习数学的热情。反思这节课，总结如下：

一、注重数学思想方法的渗透，新知联系旧知，渗透“转化”思想

我在教学本节课时采用了“转化”的思想，先通过数方格求面积发现数方格太麻烦，引导学生大胆猜想平行四边形的面积可能与谁有关，该怎样计算，接着引出你能将平行四边形转化成已学的什么图形来推导它的面积。学生很自然地想到把平行四边形转化成长方形，再来探究它们之间的关系。这样启发学生设法把所研究的图形转化为已经会计算面积的图形，渗透“转化”的思想方法，充分发挥学生的想象力，培养了创新意识。

二、重视实践操作，发展学生思维

数学教学的核心是促进学生思维的发展。在这节课中，我设计了数方格、剪一剪等学习活动，逐步引导学生观察思考：长方形的面积与原平行四边形的面积有什么关系？长方形的长和宽与平行四边形底和高有什么关系？充分利用多媒体课件演示，形象、直观地使学生得出结论。在此，我特别注意强调底与高应该是相对应的，通过观察、交流、讨论、练习等形式，让学生在理解公式推导的过程中学会解决问题。学生掌握了平行四边形的求证方法，也为今后求证三角形、梯形等面积公式和其他类似的问题提供了思维模式。这个求证过程也促进了学生猜测、验证、抽象概括等思维能力的发展。

三、基于教材研读的“图形的测量”深度教学策略

1. 充分挖掘面积的数学本质

从学科核心素养来看，面积计算是小学数学教学一直以来一项重要的内容，但学生对图形面积记忆最深刻的就是用公式计算，虽然公式背得滚瓜烂熟，可是却时常会用混、用错。主要原因还是对面积本质的不理解，只停留在记公式上。因此，在教学图形的面积时，理解面积的数学本质，知道求面积实际上是求什么，才能真正把知识内化，转化成自己的东西。

马云鹏教授在《深度学习，走向核心素养》一书中提到，“面积测量”的本质是用一个度量单位来刻画一个物体的长短、大小、多少。本节课求平行四边形的面积，实际上就是看平行四边形转化成长方形后，里面有多少个这样的面积单位。因此，在教学图形的面积时，让学生在探索的过程中发展其对面积的本质的理解，有助于数学素养的提升。

2. 沟通新旧图形的内在联系

本节课是在学生理解和掌握了长方形面积的计算方法的基础上，探究平行四边形的面积，探索如何将平行四边形转化成长方形，发现平行四边形与长方形之间底和长、高和宽的关系，并借助长方形面积公式推导出平行四边形面积的过程，而掌握这个过程和方法，将为学生后续探索三角形、梯形等面积的计算打下基础。因此，在教学图形面积相关知识时，应引导学生通过比较、观察、动手操作等方法，尝试探索图形之间的关系，明确异同点，进而把分散的图形进行关联，整体建构，沟通新知与旧知，让所积累的经验为新知服务。

28. “平行四边形的面积”教学设计（课例二）

于蕊
（山东省泰安市第一实验学校，特级教师 ）

※ 教学过程

一、看图导入，提出问题（生疑）

师：今天的学习从观察一幅图片开始，你看到了什么？

学生回答玻璃是平行四边形的。

师：你用数学的眼光观察到玻璃的形状是平行四边形的。（课件从玻璃中抽象出平行四边形）（板书：平行四边形）

师：关于这块玻璃你想知道些什么？

学生会想知道平行四边形玻璃的周长或是面积。

师：今天我们就一起研究平行四边形的面积。（板书：平行四边形）

二、教学平行四边形的面积（探疑、议疑、解疑）

1. 举例

师：咱们给工人叔叔打个电话，请他们给咱们送几块这样的玻璃来研究吧！你们笑什么？

学生意识到不可能，用平行四边形的纸片来研究就可以。

师：真有经验。先以你手边的小一些的平行四边形为例开展研究。

2. 猜想

师：猜猜它的面积是多少。

学生可能猜出的结果：18 平方厘米；26 平方厘米；30 平方厘米……

师：请看这个平行四边形的相关数据（课件依次出现平行四边形的底，高及底边的邻边的长度）。现在再来猜一下这个平行四边形的面积。

学生会猜到：$7\times5=35$（平方厘米）

师：这种猜想的灵感来自哪里？

学生会根据已学的长方形的面积公式，猜到平行四边形的面积是邻边相乘。（板

书：邻边相乘）

师：有依据的猜测。还有其他猜测吗？

还有学生猜到用它的底乘高，$7 \times 4 = 28$（平方厘米）

3. 验证

师：有没有方法能验证到底哪种猜想是正确的呢？

学生想到用老师发给他们的面积测量器来测量一下。

师：同桌两人一起数一数吧。

师：数方格也是讲究方法的，你是怎么数的？

学生可能先数整格的，再把两个半格的合成一个整格，数出最后是28平方厘米。

师：有序地数不易产生错误，咱们用这种方法一起数一下。（课件显示）

师：哪个答案是对的？怎么得到的？

学生得到28是对的，用平行四边形的底乘高是对的。

师：刚才我发现还有别的数方格的方法。你来说一下。

有学生会想到把这个平行四边形剪拼成一个长方形来算面积。

师：分开的地方是平行四边形的（高）这个方法怎样？谁来评价一下他的方法！

学生对比发现这样直接算长方形的面积就可以了。

师：这个变化后的长方形与原来平行四边形的面积是否相等？

学生看图回答并说明理由。

师：是啊，这样一变，就成了长方形了，多巧妙啊！不沿高剪开，沿着任意一条线可以吗？

学生思考得到，那样平移之后还是平行四边形，还是不好数。

4. 探究

师：计算平行四边形面积用的哪个式子？为什么？观察大屏幕上的图形，能找到答案吗？

学生发现长方形的长就等于平行四边形的底，长方形的宽就等于平行四边形的高。

师：是不是任何一个平行四边形都可以用这种方法拼成一个面积跟它相等的长方形？你自己准备的那个平行四边形能吗？试一试！

学生通过思考、操作交流发现，沿平行四边形任意一条高剪开，都可以拼成一个长方形。

师：（课件播放）我们一起看一下，谁能清楚地回答这几个问题？

“把一个平行四边形沿高剪开，平移后拼成……。它与原平行四边形的面积……，长方形的长就相当于原平行四边形的……，长方形的宽就相当于……，长方形的面积等于……，所以平行四边形的面积……。”

（随着学生的推导过程，教师在黑板上板书推导过程）

学生思考回答。

5. 得出结论

师：现在可以理直气壮地说出平行四边形面积计算公式了吗？

学生能够顺利回答。

师：我们通常用 S 表示平行四边形的面积，a 表示底，h 表示高，平行四边形的面积用字母怎么表达？

学生写出，$S=ah$

师：回忆我们刚才研究问题经历了几个步骤。

生：问题——举例——猜想——验证——结论。

师：这是我们研究数学问题的一般步骤。大家在研究今后的问题时就可以这么去研究。

把平行四边形转变成长方形求面积，没学过的转成已学过的、复杂的转成简单的，这种方法叫做转化。转化是数学上常用的思想方法。

6. 解决问题

师：现在你能解决“玻璃的面积是多少”这个问题了吗？

学生用已知的底和高直接相乘算出结果。

三、自主练习

1. 完成自主练习题 1

学生根据题目中给出的数据独立计算面积，集体订正。

2. 完成自主练习题 2

借助本题引导学生明白，求平行四边形的面积必须是相对应的一组底和高相乘，学生利用平行四边形公式独立完成，集体订正。

四、小结

师：同学们，这节课你有什么收获呢？

再次引导学生说出平行四边形面积计算公式的推导过程。

师：这节课先对平行四边形的面积进行猜想，然后验证，又进行了探究知道了平行四边形的面积为什么用底乘高，最后我们能应用得到的结论解决实际问题，以后大家研究问题也可以这样去做。学了今天的知识，你还想知道什么图形的面积？还有什么问题？

学生说出自己新的问题。

29. “平行四边形的面积”教学设计与反思（课例三）

郑水忠
（宁波国家高新区外国语学校，特级教师）

※ 课前思考

1.“平行四边形的面积”学习的逻辑起点分析

逻辑起点是学生学习某内容之前应该具有的知识技能和能力基础，其标准是教材和课标的要求。对教学的逻辑起点进行分析，是在把握教学起点的一种应然状态，这种分析可以使教学更有系统性、计划性、全局性，克服教学中的随意性。我们可以从以下几方面对学生学习“平行四边形的面积”的逻辑起点展开分析。（注：笔者使用教材版本为义务教育人教版教材，五年级上册第六单元）

（1）知识技能。学生在三下“面积”单元已经认识面积含义并会求长方形、正方形的面积。在四上“平行四边形和梯形”单元已经学习了平行四边形的特征，知道底和高并会画高。

（2）方法能力。学生经历了用面积单位度量长方形面积并沟通长、宽与每行单位面积个数及行数的关系，最终抽象出长方形面积公式的过程。因此，对数格子解决面积问题有了一定思维及经验层面的积累。此外，学生面积守恒观的发展也基本成熟，教材在三下“面积”单元就安排了等积变形练习（下左图）。在四下“图形的运动（二）”单元安排了借助平移（割补转化）来求不规则图形面积的解决问题（下右图）。

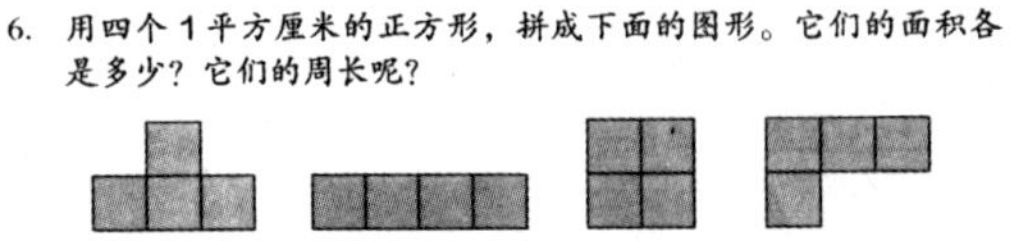

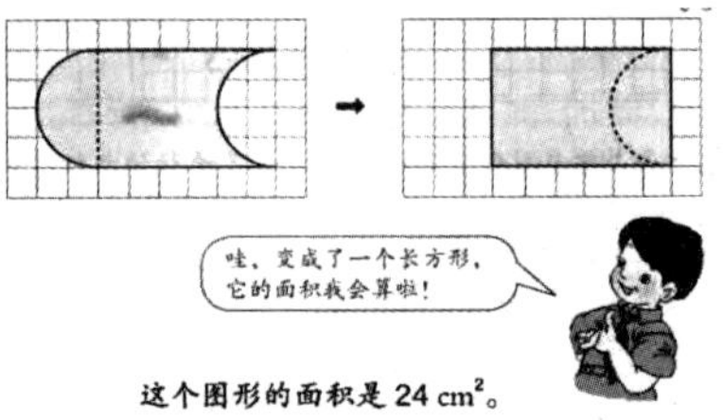

（3）数学思想。研究平行四边形面积教学，必然离不开转化思想方法，一方面这是转化思想在几何领域的一次极其典型、直观的运用，同时其背后的思考过程是演绎推理在小学几何领域的首次较严密地运用。当然，从另一个角度而言，整个小学数学教材的逻辑上升体系，其背后都是借助转化思想在演进，因此，这也是学生最熟悉的一个思想方法。

2.“平行四边形的面积”学习的现实起点分析

把握教学的现实起点，可以使教学更有针对性，克服教学的浅层次性。对于学生而言，学习的现实起点包括学生已具备的、直接可以提取运用的知识、能力、心理、思维和情感状态等，是在把握教学的一种实然状态。

笔者选择了本地区某校五年级两个班级的 70 人进行了全面的前测，这两个班级学生的整体数学学业水平处在区域中等行列，具有一定的代表性。

前测具体结果如下：

水平层次	人数	百分比	典型错误或情况说明
水平0	21	30%	认为1平方厘米小正方形的面积是4；计算长方形面积用周长公式等
水平1	26	37.1%	计算长方形面积没问题，但无法解释为何“长乘宽”
水平2	15	21.4%	具备水平0和1，但计算平行四边形面积时用邻边相乘或邻边及高三个数相乘
水平3	6	8.6%	无格子图无法求出平行四边形面积，有格子图后能用“底乘高”解决并解释
水平4	2	2.9%	无格子图能计算平行四边形面积，且能通过转化思路进行具体解释

水平 0：有高达 30% 的学生事实上尚未建立好面积或面积单位的概念，很多学生无法辨别周长与面积两个概念。在这 21 人当中，有 11 人求长方形面积时用了周长公式。而基本概念的理解、掌握程度会直接制约学生对更高层次的公式的理解和记忆。带给我们的教学启示有两点：一是核心概念是数学大厦的基石，在教学一些核心基础概念时应高度重视，夯实学生对概念内涵的理解；二是有相当部分学生的现实起点未达到我们期待的逻辑起点——水平 2，甚至有不少学生面积概念尚未建立扎实。

水平 1：有高达 37.1% 的学生处于这个水平，即会计算长方形面积，但无法解释公式含义，即使教师提供格子图铺摆以后，很多同学仍无法对公式意义作出解释。对我们教学的启示是，一方面在教学长方形面积等类似知识过程中，要延缓公式的抽象、提炼进程，加强意义建构。另一方面，教材要缩短长方形面积与平行四边形面积的编排时空跨度或者编排相应的准备课对相关知识进行复习。以人教版为例，长方形面积编排在三年级下学期，平行四边形面积则编排在五年级上学期，三个学期的跨度，学生对知识及意义的遗忘是非常严重的。

水平 2：在格子图的帮助下，有 21.4% 的学生能正确计算并解释长方形面积意义，但无法求出平行四边形面积。这个水平至关重要，因为我们希望现实起点与逻辑起点基本一致，即多数学生在学习平行四边形面积之前能计算并解释长方形面积公式。然现实情况是，总计只有 23 人（水平 2：15 人；水平 3：6 人；水平 4：2 人）真正达到了这一水平，占样本数的 32.9%。这进一步带给教学以启示，学生的现实起点确实没有我们想象的那么高，尤其是从意义角度而非形式推演角度解释平行四边形面积，学生的基础很不扎实。

水平 3：这 6 位同学在没有方格图的情况下，无法求出平行四边形面积（多数都是邻边相乘），在有了方格图以后，促进了其从割补转化角度思考，并最终用“底乘高”求出了面积。这给我们教学的启示是，虽然意义理解的基础很缺乏，但格子图在促进学生认知建构中还是有一定作用的。

水平 4：真正达到这一水平的只有 2 个同学，他们在没有方格图的情况下就能求出平行四边形面积，并能解释转化过程，而且此前能从意义角度解释长方形面积公式。

通过前述系统分析可以得出几个整体结论：1. 学生的整体现实起点是比较低的。真正达到水平 2（理想现实起点）的只有 32.9% 的同学。2. 多数学生只是形式化记忆，对公式的意义理解非常缺乏，需要在教学中加以弥补。3. 格子图能在一定意义上帮助学生理解，促进学生从割补转化角度探究平行四边形面积公式。因此，本节课的教学起点定位在“将平行四边形转化成长方形，然后探究两者联系”上有所偏高，会使很多学生的学习缺失基础意义理解的支撑，而应该进一步下探至借助格子图理解面积。

※ 教学过程

一、等积变形——唤醒原有认知

课开始阶段，笔者设计了以下准备练习。

1. 如果用□代表 1 平方分米，那么下图的面积是多少？

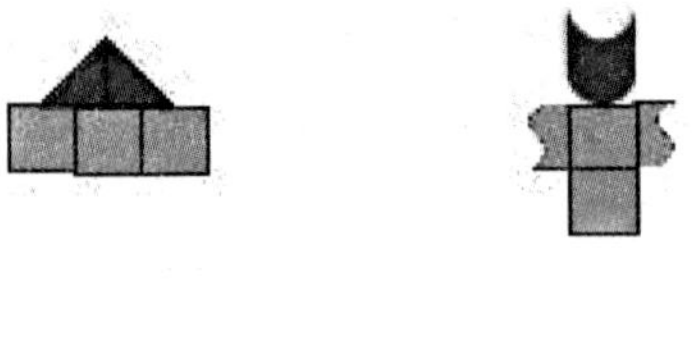

这两个图形状完全不同，为何面积都是 4 平方分米？（都包含有 4 个 1 平方分米）

2. 如果每个小格面积是 1 平方厘米，这两个图的面积分别是多少？为什么这个长方形面积是由 4 乘 3 决定的？

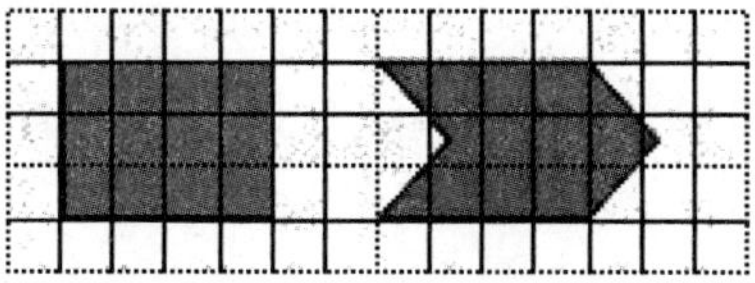

小结：看来，长方形的长决定一行可以摆多少个单位面积，宽决定可以摆这样的几行，所以长乘宽就决定了长方形一共包含了几个单位面积，也就是它的面积。

【设计意图】上述准备练习 1 意在唤醒学生从包含“单位量”数量的角度理解面积。准备练习 2 则有三个意图：1. 进一步巩固从包含“单位量”角度理解面积的意识；2. 唤醒学生“转化”经验，渗透面积守恒观；3. 唤醒或指导学生对长方形面积公式意义的理解。

二、自主创造——解释面积确定性

学生尝试画面积是 12 平方厘米的平行四边形。一般包括以下几种：

1.4×3（3×4 的视同）

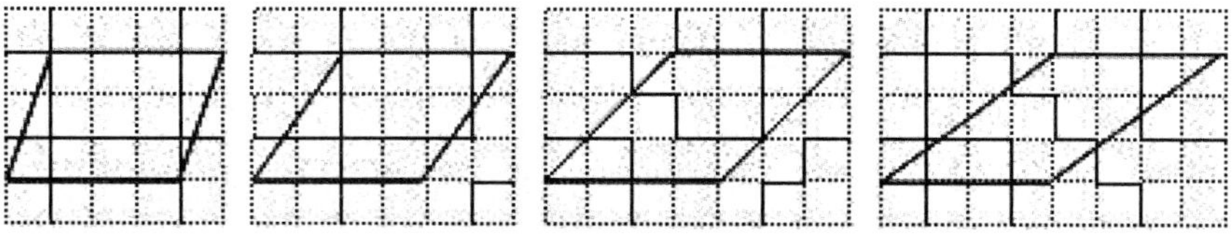

2.6×2 的少量学生创作，12×1 的极少数学生创作。

3. 少数学生有错误，主要是画成 3×3 或 5×2 的。

教师巡视搜集学生各类作品，组织学生观察辨析：你是怎么想的？你如何确定它的面积是 12 平方厘米？

【设计意图】平行四边形面积教学的一般路径是：将平行四边形转化为长方形，并探求其相互之间的联系，从而推导出面积公式。而前面的起点分析已告知我们，这样教学不符于学生的现实基础，不利于学生的意义建构。本设计的创新之处在于，先告知学生面积，再让学生创造一个指定面积的平行四边形。这样一方面学生是在格子图中创造的，创造过程本身就是在面积意义指导下进行的；另一方面可以实现学习素材的丰富化，为学生后续探究提供了大量的变式材料，而丰富的变式材料是实现概括、抽象意义的重要现实支撑和逻辑基础。

三、意义支撑——抽象面积公式

1. 课件呈现 4×3 的四个平行四边形，追问：这几个平行四边形形状都不一样，面积为什么都是 12 平方厘米？

2. 如果要列一个乘法算式计算这些平行四边形的面积，你会列出哪个算式？4 在哪里？3 在哪里？

3. 为什么这两条线段的长度决定了平行四边形的面积？独立思考，小组交流后反馈。

【设计意图】在本环节教学中，教师引导学生充分利用他们创造的平行四边形素材，自己想办法说明其面积确实是 12 平方厘米。随着交流的不断深入，“悟”出平行四边形的面积是由底乘高决定的，因为“底决定一行摆几个，高决定摆几行，所以底乘高决定面积。”上述探究过程，改变了纯粹转化思路（演绎推理）的抽象性和理性化特征，通过大量例证感悟（合情推理）出面积公式，更有利于绝大多数学生理解和意义内化。

4. 分层练习——拓展意义认知

（1）下列平行四边形的面积中包含几个 1 平方分米？（每个小正方形 1 平方分米）

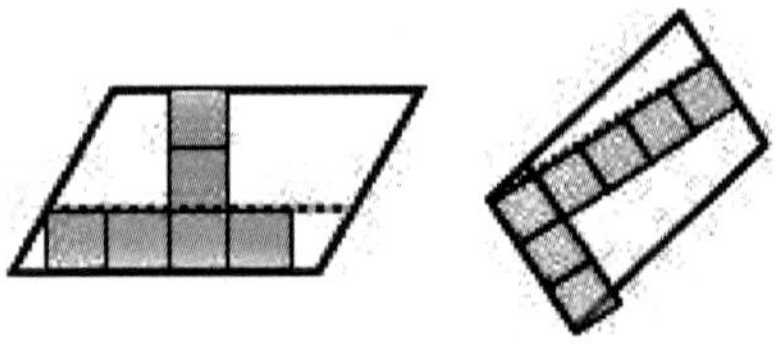

（2）先画出下列平行四边形的底和高，再测量长度并计算出面积。

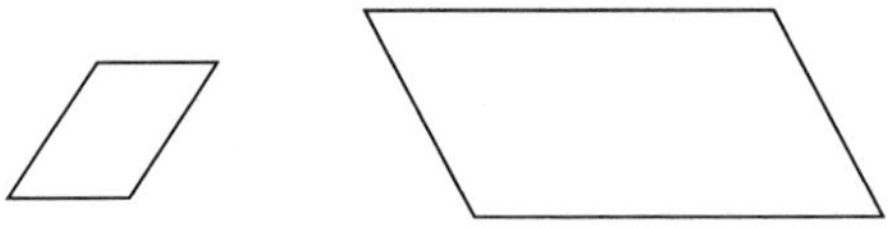

（3）下图是一个平行四边形的底和高，你想到了怎样的平行四边形？

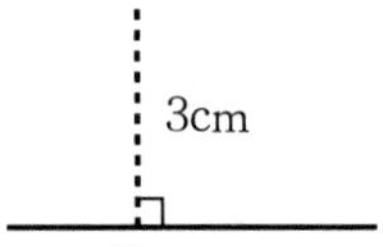

交流中引出“等底等高的平行四边形面积相等”。

（4）现在让你画一个面积是 12 平方厘米的长方形，你会怎样画？

【设计意图】常规的教学往往有一个问题，即过早的抽象化、走向形式化操练。以本课为例，很多老师在探究出平行四边形面积公式后，练习环节就是纯粹利用公式解决问题，这更多的是起到识记公式的作用而已。而且这种机械训练越多，越容易覆盖学生对公式本源意义的理解。笔者在练习环节，仍高度重视对公式的意义理解，延缓抽象的进程。同时，通过想象活动自然感悟“等底等高的平行四边形面积相等”，渗透“变与不变”辩证思想。课的最后与课始呼应，进一步检验学生对决定平行四边形面积本质要素的认识。

30. “三角形的面积”课堂实录

王栋昌
（广东省深圳市宝安区滨海小学，特级教师，正高级教师）

※ 课堂实录

一、在已学图形的面积计算中，引入新课

师：我们已经学过了一些图形的面积计算，下面大家一起来复习一下，看一看学得怎么样？请同学们看屏幕上的题目。【屏幕显示：“说一说下列图形的面积是多少平方厘米？”以及下列图形中的第①幅图（单位：cm）。】

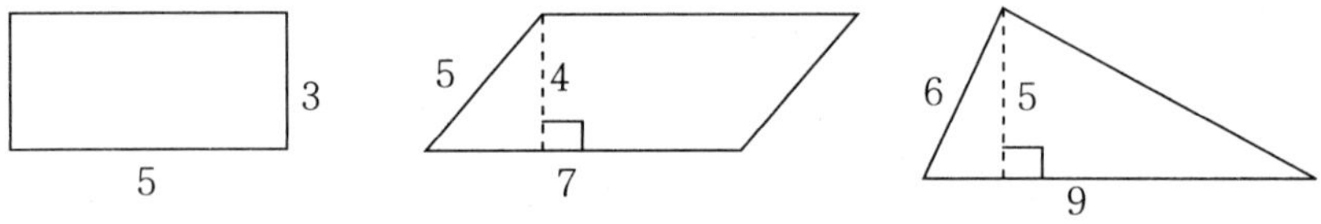

① ② ③

生：15 平方厘米。

师：你是用什么方法计算出来的？

生：长乘宽。

师：为什么？

生：因为长方形的面积等于长乘宽。

师：对了！（出示第②幅图）第②幅图的面积呢？

生：28 平方厘米。

师：说一说，你的思考过程。

生：这是一个平行四边形，底是 7 厘米，高是 4 厘米。5 厘米是多余条件。

师：与他的答案相同，又认为他的思考过程是正确的请举手。

（大部分学生举手）

师：看来同学们长方形与平行四边形的面积计算学得不错！下面一幅图形的面积可要认真思考了，老师要求说出计算过程与结果。

【屏幕显示第③幅图。学生有的说没有学过，不会做的，教师鼓励试一试算错了没关系；也有举手很快说出答案的，教师根据学生的回答，板书三种不同的

计算情况：①$9\times5=45(cm^2)$；②$9\times6=54(cm^2)$；③$6\times5+9\times5=75(cm^2)$。】

师：到底哪种算法是正确的？今天这节课我们就一起来探讨三角形面积计算这个问题。（板书：三角形的面积）

二、在纸片“拼接”过程中，探索三角形面积计算公式

1. 探索锐角三角形面积计算公式

师：（课件出示探索活动要求见下）请同学们拿出学具袋中的学具，按屏幕上的要求认真完成。

拼一拼，想一想：

（1）用两个完全一样的红色锐角三角形纸片，拼成我们认识的图形。

（2）每个三角形的面积与新拼成的图形面积有什么关系？

（3）三角形的面积怎样计算？

（学生各自拿出两个与上图③形状一样的三角形纸片进行拼接、思考活动）

师：谁来说一说你是怎么拼的？

生：我拼成了一个学过的平行四边形（用纸片示意）。

师：请你到讲台来演示。

（学生到讲台演示拼接情况，教师要求拼出平行四边形纸片的都举起来给大家看，大部分学生已经拼出了这种形状的纸片，教师用一个放大了的纸片贴在黑板上，见下图所示。）

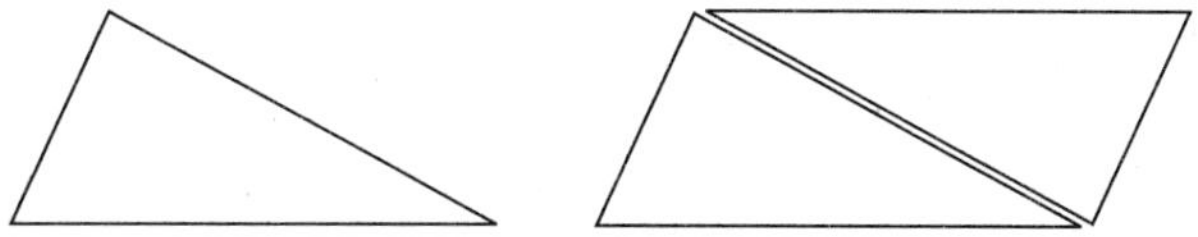

师：谁来说说拼成的平行四边形的“底”和“高”与三角形的“底”和“高”有什么关系？

生：一样。

师：什么与什么一样，说具体一些。

生：平行四边形的“底”与三角形的“底”一样长，平行四边形的“高”与三角形的“高”一样长。

师：这种情况，我们可以说平行四边形与三角形等底等高，或同底同高。那么三角形的面积与平行四边形的面积有什么关系？

生：一半关系。

师：能不能说得完整一些。

生：三角形的面积是平行四边形面积的一半。

师：如果告诉你们三角形的底和高的长度，现在你知道三角形的面积计算方法吗？

生：知道，三角形的面积 = 底 × 高 ÷ 2 。

师：（板书：三角形的面积 = 底 × 高 ÷2）谁来说一说这里的“底 × 高”算出来的是什么？

生：平行四边形的面积。

师：也就是与这个三角形等底等高的平行四边形的面积。因此还有一种说法：三角形的面积等于和这个三角形等底等高的平行四边形面积的一半。大家把这个计算公式自由地读一遍。

（生读公式，此略）

2. 探索直角三角形、钝角三角形的面积计算方法

师：刚才我们同两个完全一样的锐角三角形通过拼接推导出锐角三角形的面积计算方法，同学们学得很认真。那么直角三角形、钝角三角形是不是也可以通过这种方法来推导呢？请同学们再拿出学具袋中两个完全一样的蓝色直角三角形纸片，两个完全一样的绿色直角三角形纸片，拼一拼，试一试。

（生各自动手拼接实验，得到与上面相同的结论。此略）

3. 锐角三角形、直角三角形和钝角三角形面积计算公式探索过程梳理小结

师：我们刚才用拼接的方法推导出所有三角形的面积计算公式。下面大家一起来回忆一下推导过程。

（师课件依次播放锐角三角形、直角三角形和钝角三角形面积计算公式的拼接推导过程）

师：刚才三角形面积计算公式我们是用什么方法推导出来的？

生：两个三角形（纸片）拼接的方法。

师：（拿出两个一大一小的三角形纸片做拼接演示）怎么我这两个三角形拼了很久都没有拼接成一个平行四边形？

生：因为要两个完全一样的三角形纸片才能拼成一个平行四边形纸片。

师：一个三角形的面积我们先不会计算，后来用两个完全一样的三角形拼接成一个我们学过的图形，就会计算了。这是什么推导方法？

生：拼接方法。

师：拼接的目的是什么？

生：把不会计算面积的图形转化成学过的图形来计算面积。

师：刚才这位同学说出了一个很重要的推导公式的思想方法——转化（师板

书）。在学习求平行四边形的面积计算时，通过“割补”把平行四边形转化成长方形，今天在推导三角形面积计算方法时，我们是用拼接的方法把三角形转化成平行四边形，都是把未知的问题转化成已知的问题来解决。转化是学习数学时非常重要的思想方法。根据转化这种思想，三角形的面积计算公式还有其他推导方法，有兴趣的同学课后可以再进行探索。

师：现在回过头来看一看最先我们是怎样计算三角形面积的。【师指着引入新课时板书的三种不同计算情况：① $9\times5=45$（cm^2）；② $9\times6=54$（cm^2）；③ $6\times5+9\times5=75$（cm^2）。师生共评，师并提示学生：像① $9\times5=45$（cm^2）这样计算三角形的面积是刚学的同学最容易出现的问题，强调如果没有“÷2”，就会变成等底等高的平行四边形的面积；第②题是邻边相乘。教师用下面的两个图示演示说明“邻边相乘的算法是错误的”。】

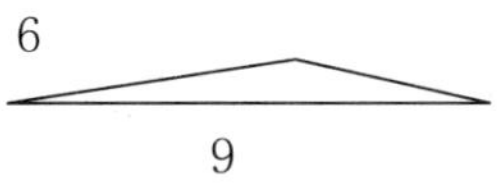

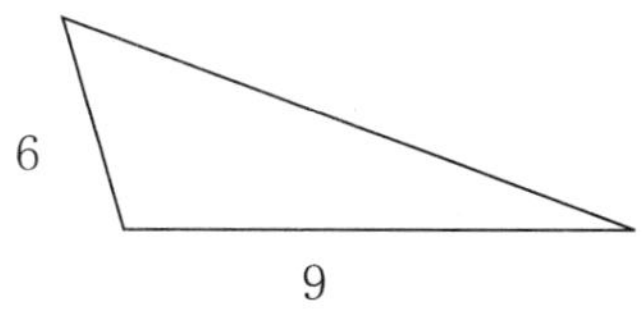

三、在三角形面积计算公式的应用中，巩固深化计算方法的认识

1. 应用公式计算图形面积

师：刚才我们知道了三角形面积的计算方法，请大家应用公式求出下图中阴影部分的面积。【课件出示题目：计算下图阴影部分的面积（单位：cm）。图见下】

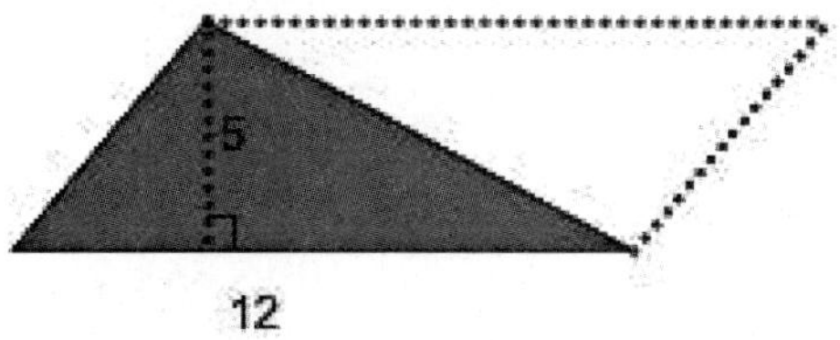

（学生在课堂练习本上完成这道练习题。实物投影展示学生的解答过程，师生共评时，教师要求学生说出“12×5”表示的意思）

2. 应用公式计算红领巾的面积

师：（出示红领巾图①）这是什么？

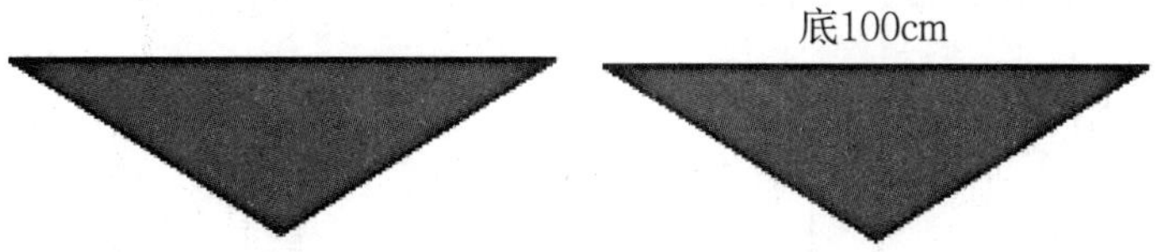

图①　　图②

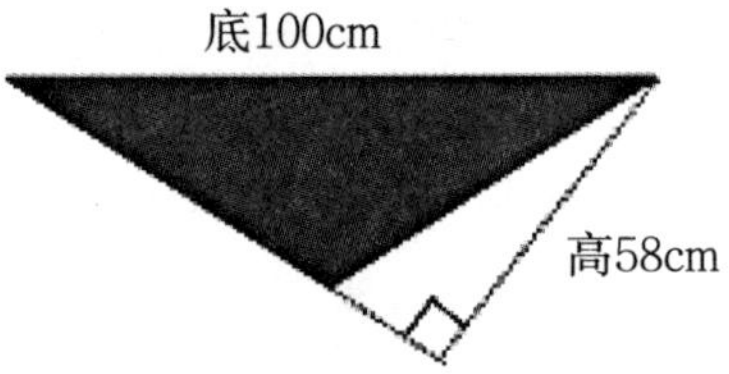

图③

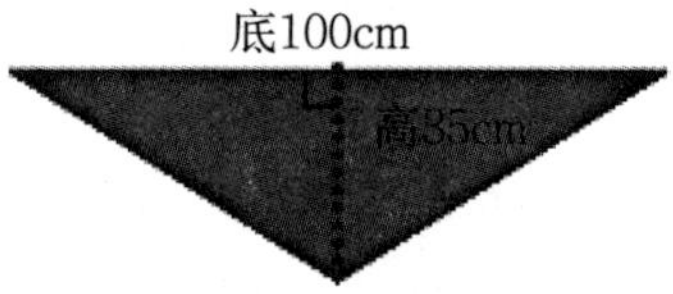

图④

生：红领巾。

师：你会用今天的知识计算它的面积吗？

生：会。

师：会的现在开始计算。

师：（等一会儿）怎么大家不动手计算呢？

生： 老师，没有条件怎么计算？

师：如果没有条件怎么办？

生：可以量出需要的条件。

师：老师课前就量好了，你们不要量了，看屏幕。（课件显示红领巾的底长100cm，如上图②）现在开始算吧！

生：条件不够，还要知道高是多少？

师：老师再告诉你们它的高（课件显示短边上的高 58cm，如上图③），现在开始算吧！

生：这个高不是底边 100cm 边上的高。

师：你们想知道的是这个高吧！（课件显示长边高 35cm，如上图④）现在条件够吗？

生：够了。

师：请同学们尽快算出结果。

师：【根据学生计算说出的结果板书：$100\times35\div2=1750$（cm^2）】1750 平方厘米就是我们每天佩戴的红领巾的面积，请你记住这个面积数量。

3. 根据公式判断能否求出三角形的面积

师：刚才我们用三角形面积计算公式求出了红领巾的面积，求三角形面积时，特别要注意必须知道对应的底与高的长度。下面的三角形看一看能不能计算出它们的面积。【课件出示题目：下面的图形能求出它们的面积吗？（单位：m）三个图形依次出现。】

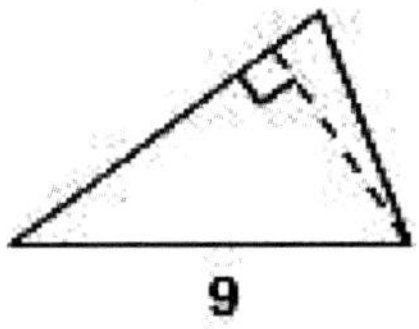

①

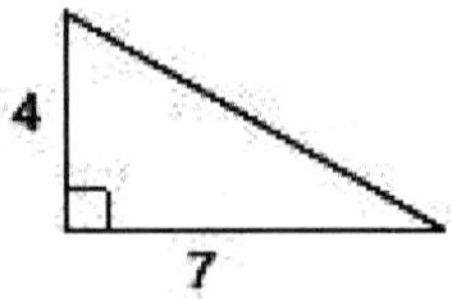

②

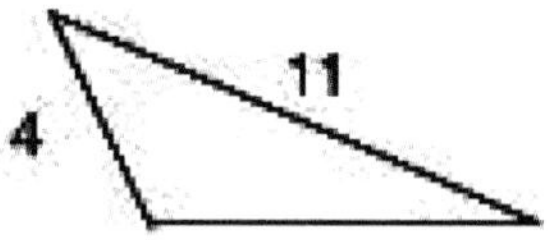

③

师：第①题能不能？

生：不能。

师：为什么？

生：已知的底和高不是对应的。

师：对。（显示底边 9m 对应的高）如果知道这条高的长度，这个三角形的面积就可以求了。

师：第②题呢？

生：可以。

师：怎么求。

生：用“$7\times9\div2$”。

师：刚才学过不能用“邻边相乘”求三角形的面积，怎么现在又可以了？

生：因为这是直角三角形，刚才的是锐角三角形。

师：对了。有些规定是有条件的，我们要根据情况进行分析。（课件显示与图②完全一样的另一个三角形，与它拼成了一个长方形）请看由两个完全一样的直角三角形拼成的一个长方形，“7×9”就是这个长方形的面积。

（第③幅图学生判断“能”，教师课件显示两个完全一样的三角形拼成的平行四边形图，加以说明）

4. 根据公式求广东省的陆地面积。

问题：

（1）广东省地图的陆地面积大约是多少平方厘米？

（2）如果 1 平方厘米相当于实际面积的 0.2 万平方千米，求：广东省的实际陆地面积大约是多少平方千米？

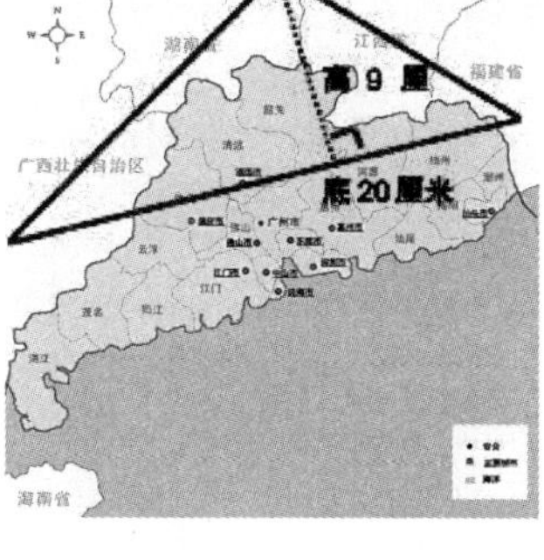

（教学时，广东省地图、三角形图、三角形的底与高依次出现，先让学生求出广东省地图的陆地面积大约是多少平方厘米，再要求学生求出它的实际面积。实物投影显示学生解答过程，师生共评。）

四、在三角形面积计算学习的回忆中，梳理小结数学思想与方法

1. 说一说三角形的面积计算方法是怎样推导出来的？

2. 在这节课的学习中，你学到了哪些思想方法？

五、在课后作业中培养学生的学习兴趣与动手能力

课后作业：

1. 上网查一查：你算出的广东省陆地面积与实际相差多少？

2. 找一个有三角形表面的物体，算出这个三角形表面的面积。

31. “组合图形的面积”课堂实录（课例一）

管振峰
（广东省深圳市宝安区松岗第二小学，青年名师）

※ 课堂实录

一、图片引入

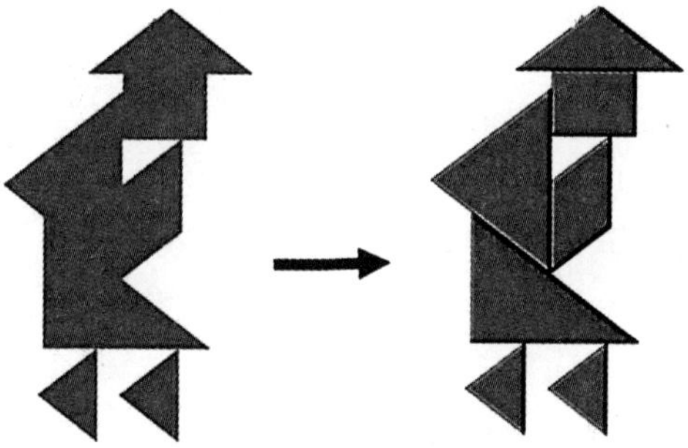

师：同学们，玩过七巧板吗？老师带来一张有趣的图片。看，它像什么？

生1：像一个老人，戴着帽子。

师：想象力真丰富！这个图片由哪些我们学过的简单图形拼成呢？

生2：由三角形、正方形、平行四边形拼成。

生3：除了三角形、正方形，还有梯形。

师：你真会思考！梯形在哪里？你上来指给大家看看。

师：这个方法很新，大家同意吗？（同意）在数学王国里，我们把由几个简单图形组合而成的图形叫组合图形，今天我们就来学习组合图形的有关知识。

（板书：组合图形的面积）

二、自主探究，合作交流

1. 分一分

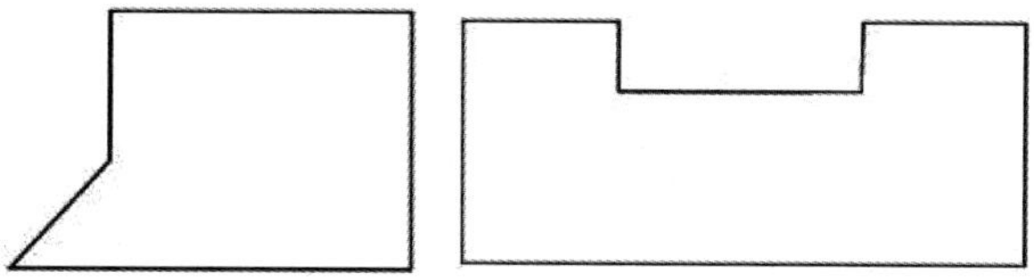

师：我们已经知道什么是组合图形，那么这两个图形你能把它转化成哪些简单图形呢？

生1：第1个图形转化成长方形和一个梯形。

师：还有其他分法吗？谁上来分一分？

生2：还可以分成一个长方形和一个三角形。

师：声音真洪亮，大家同意吗？第2个图呢？

生3：我把它分成3个长方形，横着画一条线。

生4：我是竖着画2条线，分成3个长方形。

师：大家同意吗？这些图形我们有很多种分法。这些组合图形除了出现在我们的数学书里，还出现在我们的生活中。

2. 生活中的组合图形

师：我们一起来欣赏一下这些图片。

（课件出示生活中的组合图形）

3. 联系实际，给出问题

淘气家买了新的房子，计划在客厅铺地板 （客厅平面图如下）。请你算一算他要买多大面积的地板？

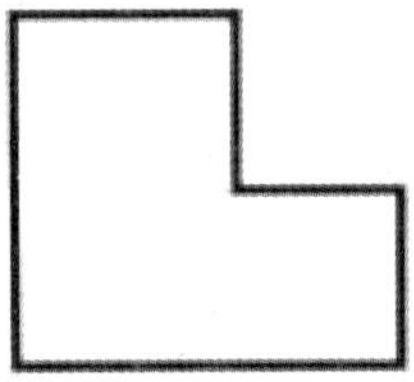

师：这个组合图形的面积是多少呢？先独立思考，拿出你的学习单，算一算它的面积是多少？你会有多少种算法呢？请注意，作辅助线时要画虚线，请用铅笔和直尺作图。

4. 小组合作，交流探讨

师：我看好多小手已经举起，请大家放下手中的笔，现在是小组讨论时间，听好要求：4人小组讨论，小组长统计一下小组内不同的计算方法，不会的同学要听一听别人的想法，看哪个小组方法最多，现在开始。

（老师巡堂，表扬好的小组，用不同的方法指导不同的学生）

5. 小组汇报

师：时间到，我最喜欢这个同学，反应真快，能快速坐好，大家注意一会儿有同学来展示，其他同学要注意认真聆听。哪个小组想来汇报？（用实物投影演示学生方法）

生 1：我们小组是把这个图分成 2 个长方形，算出 2 个长方形的面积和为 33 平方米

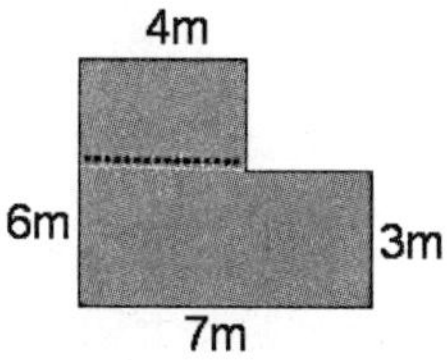

生 2：我觉得那个 3 怎么来的要写出来，6−3 = 3（米）。

师：观察得真仔细，题目中没有这个长方形的宽，一定要写出来。

（板书：组合图形面积 = 长方形的面积 + 长方形的面积）

师：还有其他方法吗？

生 3：我们小组是把这个图分成 1 个长方形和 1 个正方形，算出他们的面积和也是 33 平方米，我要强调的是 7−4 = 3（米）要写出来，正好是一个正方形。

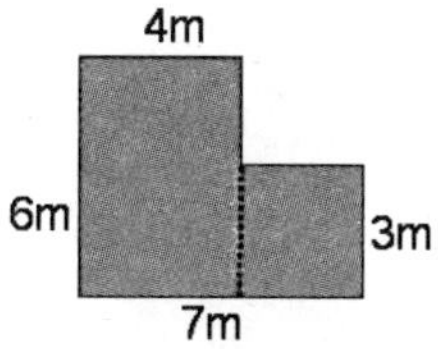

师：谢谢你，表达很完整，声音也很响亮。

（板书：组合图形面积 = 长方形的面积 + 正方形的面积）

师：还有其他方法吗？

生 4：我们小组是把它分成 2 个梯形，算出 2 个梯形的面积和，也是 33 平方米。

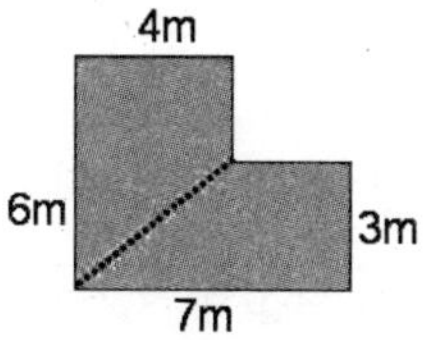

师：说得太好了，老师佩服你，为你感到骄傲！

（板书：组合图形面积 = 梯形的面积 + 梯形的面积）

师：还有哪组和他们的方法不一样？

生 5：我们是补上 1 个正方形，先算出打长方形的面积为 42 平方米，减去小正方形面积是 9 平方米，结果也是 33 平方米。

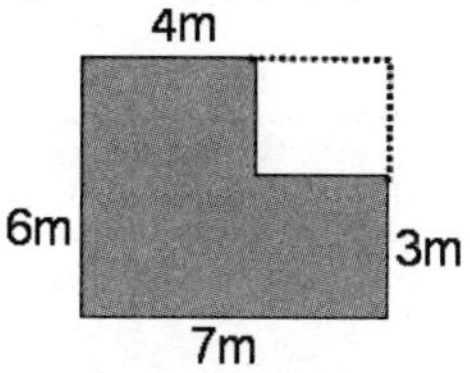

师：谁听懂了他的方法，再给大家讲一遍。（请其他学生复述过程）

师：了不起啊！这种方法非常新颖，连老师都没想到。

（板书：组合图形面积 = 大长方形的面积 - 小正方形的面积）

生 6：老师，我还有其他方法，分成 3 个长方形的面积算。

师：这个方法也不错，但是大家发现了什么？在计算过程方面。

生 7：我觉得这个方法太复杂了，实际上就是第一种方法，多分一个长方形。

师：说得真好，你真是一个善于思考的孩子！图形并不是分得越多就越好，要便于计算。通常，我们尽量用最简单的方法解决问题，是这位同学提醒了我们，让我们把掌声送给他！

（学生鼓掌）

6. 小结方法

师：同学们，我们用了这么多方法来解决这个问题，看看这些方法和算式，你有什么发现？

生 1：我发现前面 3 种方法是加法，最后一种是减法。

生 2：我觉得用最后一种方法，我可以直接口算出面积。

生 3：前面是分割图形，最后一种是补了一个图形。

师：了不起啊，像这样有自己的数学思考的学生一定能学好数学！来，我们看看前面 3 个方法是加法，我们在数学里叫分割法，最后用减法的方法叫添补法。

（板书：分割法、添补法）

三、实践应用，拓展提高

师：既然我们已经总结出了什么是分割法，什么是添补法，什么样的图形用分割法呢？什么样的图形用割补法方便呢？请思考下面这个题目。

1. 根据你学过的方法，下面图形用哪种方法更简便呢？

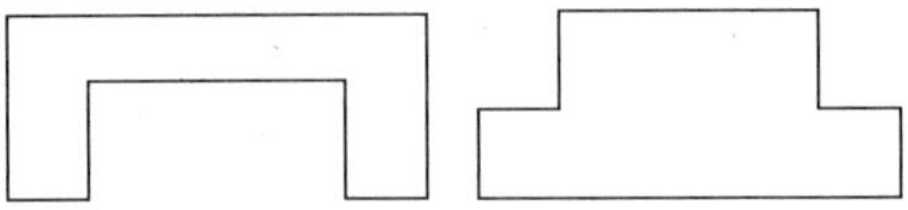

学生先独立思考，同桌交流讨论，请代表发言。

2. 中国少年先锋队的中队旗是五角星加火炬的红旗，请你算一算它的面积。（单位：厘米）

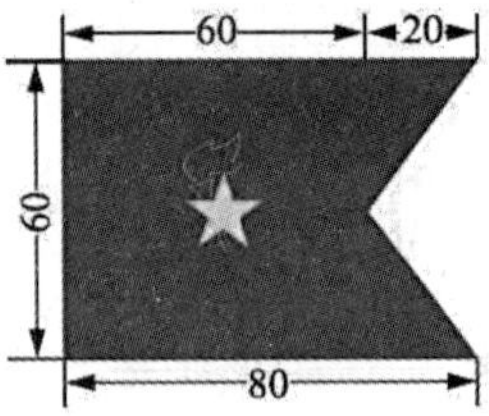

先独立思考，然后小组内订正。

四、及时梳理，总结全课

师：大家今天的表现真不错！回顾一下，这节课你学到了什么？有哪些收获呢？

生 1：我知道了什么是组合图形。

生 2：我学会了计算组合图形的面积。

生 3：我知道了分割法是 2 个面积相加，添补法是 2 个面积相减。

师：同学们真了不起，经过积极思考、不仅解决了新的问题，还掌握了获取知识的方法，合作探究、观察发现、推理总结是学习数学的好方法，相信有了这些方法，同学们的数学一定会越学越好。

32. “组合图形的面积”课堂实录（课例二）

谢光玲
（安徽省六安市城北小学，青年名师）

※ 课堂实录

活动一：观察图形的变化，说一说发现了什么？

PPT 出示：两个大小不一的长方形

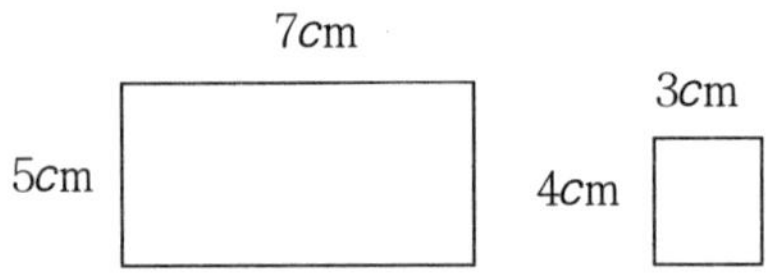

师：仔细观察，这两个图形发生了什么变化？（多媒体演示：两图形组合的过程）

生：两个长方形在逐渐靠拢。

师：逐渐靠拢的时候，这两个图形什么发生了变化？

生 1：公共部分在变化。

生 2：重合部分越来越大。

生 3：周长在减小，总面积在减小。

生 4：图形的形状变了。变成不是长方形了。

生 5：我知道像这样的部分重叠的图形叫不规则图形。

师：同学们真善于发现，首先像这样两个长方形有部分重合在一起，既不是长方形又不是我们曾经学习过的任何一种图形，我们习惯上把它叫作组合图形或者不规则图形。（板书，PPT 出示三种组合图形）

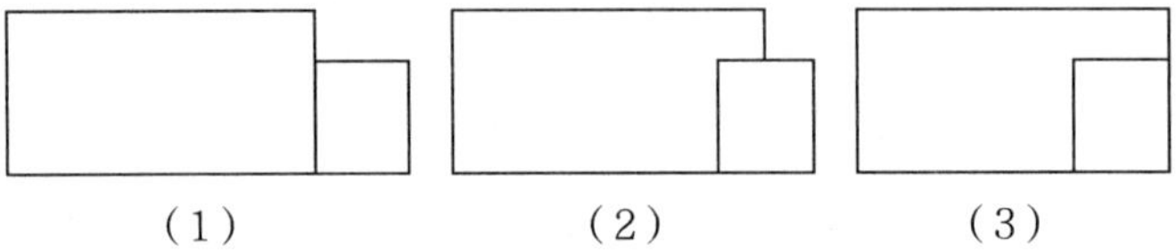

同时，你们还发现了组合图形的面积不再是原来两个长方形的面积之和了，那么它的面积还能像以前那样用某一个公式直接算出面积吗？为什么？

生：不能，因为它是组合图形，是不规则图形，所以不能用规则的图形面积公式来计算。

师：那么就无法求出这几个组合图形的面积了吗？你有什么想法？

（稍做思考）

生 1：我觉得可以把它变成我们已经学过的图形。

生 2：对，平行四边形、梯形，我们开始也不会算，但是可以转化成已经学过的图形就可以计算了。

师：好方法！此处应该有掌声。

仔细观察组合图形（1）你觉得它可以转化为哪种已经学习过的图形呢？

生 1：长方形，它在大大的长方形里。

生 2：它可以看成是一大一小两个长方形。

师：你为什么这样想？

想法很多，那把想法变成成果吧！

（生动手实践）

活动二：操作验证，说一说为什么这样做？

展示作品：

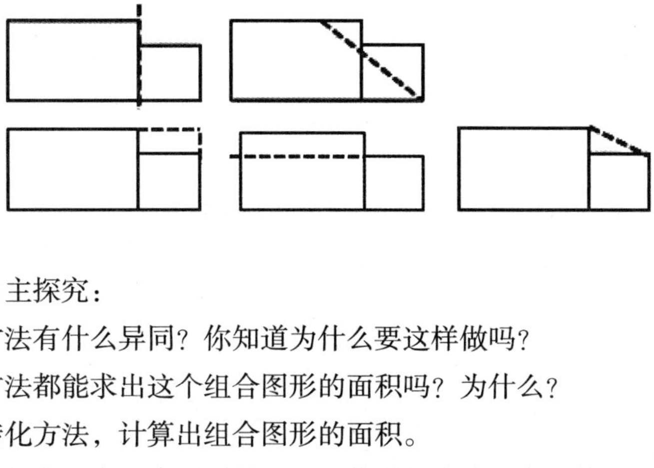

独立思考、自主探究：

1. 以上所用方法有什么异同？你知道为什么要这样做吗？

2. 以上转化方法都能求出这个组合图形的面积吗？为什么？

3. 选择一种转化方法，计算出组合图形的面积。

4. 对于用转化的方法求组合图形的面积，你觉得应该注意些什么？为什么？

在以上问题的解决中，有的学生这样说：“我突然发现一个有趣的现象，我眼睛里虽然看见的是组合图形，但看着看着就发现这些图形变了，变成一个个我已经学过的图形了，特别简单，一下子就算出来了。”“你说得还不够准确，变成规则图形也不一定就能算出来面积。”“只要是规则的就可以用公式算，不过这个规则图形要是我们已经学过的。”“我也不同意你的观点，我画给你看，这个样子你还能算出面积来吗？”

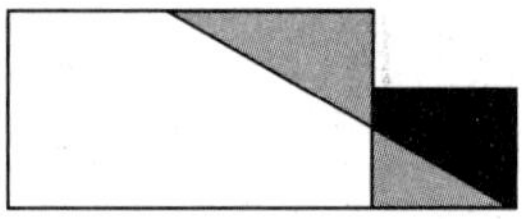

（全班惊叹）

“所以，还要在他想法的基础上加个条件，数据够用才可以。”（上台补充板书）

（全班鼓掌）

“我结合自己和别人的解法发现：用割的方法，面积都没有变大，还在原图形内所以都用加法；补的时候，原图的面积变大了，所以要用减法。”

“确实，割的时候要合并求和，补的时候要去空求差，我老爸说的。”

“你说的是简单的问题，还有的题会把两种方法都用上，这时加法、减法都会用到。”

师：你能举个例子，让同学们看看吗？

生板书：

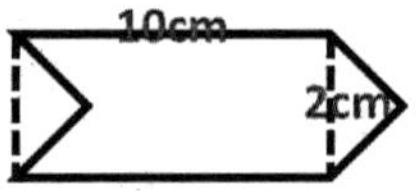

师：这个问题特别好，请各自尝试能否解答出来。

（生口答即可）

活动三：对于这个组合图形，有人列出了这样的算式，你知道是怎么转化的吗？

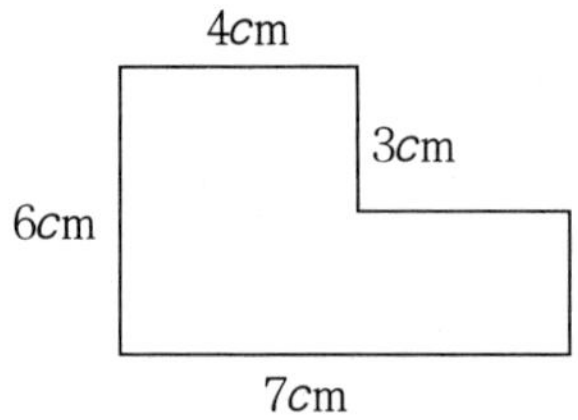

$6\times5.5=33$（平方米）

【设计意图】这道题是课本中主情境问题，是一个有特殊解法且是学生已经“会”的，那么会到什么程度？反其道出示，让学生由数想形，既能考查学生“会”的程度，让学生由形算数再到有数想形，锻炼、培养学生的空间想象能力。

（学生先思考，再做尝试）

展示汇报，并说说你是怎么想到这样转化的？

生1：我看见 6×5.5 就想到长方形的面积，于是我就想办法把这个图形转化为长方形，但是式子中没有加也没有减，所有单一的割、补都不行的，那么就试试又割又补，再看着数据 6，不变，7 和 4 要变成 5.5，我就想到从多出来的那一块竖着从中间割开,而割下来的宽正好是3,正好补到上面就可以了,我再验证一下，确实是对的!

（全部掌声）

生 2：其实我想到的比他的复杂一点，想象成梯形，割下三角形再补上去，但是算式要变一下形，这道题好有意思哦。

活动四：在一个又一个的问题解决中，你最深的感受是什么?

生 1：我感受到图形在运动，规则、不规则可以互相转化、复杂、简单之间也能互相转化。

生 2：我最深的感受是思考问题要全面，有序。

师：有故事哦，请你说说为什么有此感受。

生 2：第二个问题，我没有想到还有那样的解法，割、补可以分开用，也可以同时用，因为我没有看到图中数据的特殊，就没想到同学们那种“美妙”的方法。太神奇了!

生 3：我感受最深的是，学无止境。这节课我已经学过了，结果还是有这么多问题我没有思考到，以后要更加虚心了。

33. “多边形的面积复习”教学设计与反思

黄静
（河南省罗山县第一实验小学，青年名师）

※ 课前思考

本节课是人教版小学数学课标教材五年级上册第八单元总复习中关于“多边形的面积”复习课内容。通过对多边形面积的复习，旨在让学生进一步明确平面图形面积的意义，加深理解平行四边形、三角形、梯形的面积计算公式及其推导过程，并进行熟练应用，同时构建知识网络，深化知识体系，培养数学建模能力。这对于学生系统地掌握小学阶段的平面几何知识有非常重要的作用，也为学生进一步学习其他平面几何知识与立体几何知识奠定基础。

因为本课的复习对象是五年级学生。虽然，这一阶段的学生的思维能力仍以具体形象思维为主，但其抽象逻辑思维能力已获得了一定的发展。他们已经具备了主动探究，自主尝试思考的能力。所以在本节课的教学中，我通过问题引领，激发学生主动回忆知识，在主动复习内驱力的激励下，让学生对这一部分知识进行自主系统梳理，自主构建数学模型。然后，组织学生在小组内充分交流、展示汇报，同时教师适时引导梳理，进而完善知识体系，最后通过课堂练习、深化知识体系，进一步培养学生数学建模能力，达到查漏补缺、温故而知新的效果。

※ 教学过程

一、问题导引，模型再现

1. 问题导引

师：在学习“多边形的面积”时，我们都学过了哪些知识？你们能用自己喜欢的方式整理出来吗？

2. 模型再现

（学生用自己喜欢的方式整理这一部分所学习的知识）

【设计意图】让学生用自己的方式整理多边形面积的有关知识，在尊重学生个体差异的基础上启发学生对所学知识进行回顾，使学生头脑重现数学模型的表象，初步建立知识体系，为后面梳理知识，完善知识体系做好准备。

二、梳理知识，建构模型网络

1. 小组合作，梳理知识

（1）小组交流。

师：请同学把整理的相关知识在组内交流、组长负责有条理地记录。

（2）温馨提示。

① 这一单元学过哪些图形？

② 这些图形的面积公式是什么？它们分别是怎么推导出来的？

（3）小组合作，梳理知识。

【设计意图】在学生独立整理这一部分所学的知识之后，安排学生小组内交流。通过这样的方式，小组成员间能够取长补短，交流提升，同时渗透学法的指导。在组织组内交流时，教师以“温馨提示”的方式为学生的讨论交流指明方向，让学生理清思路，为后面的展示交流，完善体系作好铺垫。

2. 引导梳理，培养建模能力

（1）复习多边形面积计算公式

师：这一单元学过哪些图形？

（生汇报后教师将准备好的图形卡片贴在黑板上）

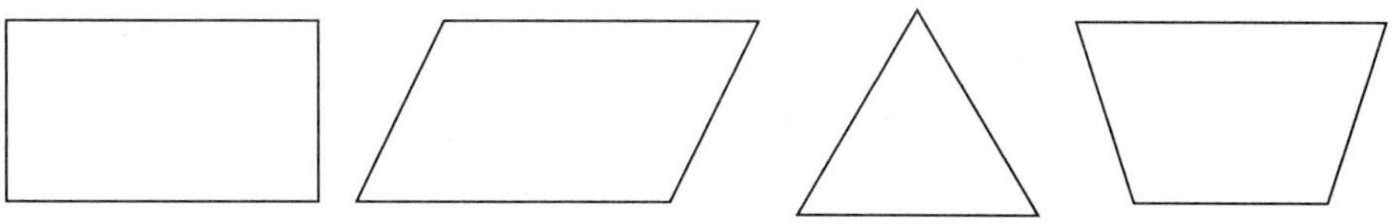

师：怎样用字母表示这些图形的面积计算公式？

（小组代表在黑板上展示）

（2）梳理模型推导过程。

① 展示

师：大家还记得平行四边形、三角形，梯形这几种平面图形的面积计算公式分别是怎样推导出来的吗？

（小组代表根据已经制作的学具，说一说推导过程）

② 交流。

师：通过你们的认真倾听，对刚才同学的展示成果有什么要补充的吗？

③ 小结。

（老师依据学生展示、交流的情况用课件演示并总结）以上三种图形都运用了什么方法来推导出它们的面积计算公式？转化，都是把一种图形转化成另一种已学过面积计算的图形。

（板书：转化）

【设计意图】学生在自主整理、组内交流后已经有了充分的活动经验并已初步建立了模型体系。在这一环节，应给予学生充分展示的机会，教师的任务则是引导补充、组织评价。让学生在亲历参与的过程中调动学习的积极性、获得学习的成就感。

（3）整理知识结构。

① 整理。

师：这些图形面积公式推导之间有什么联系？

（板书：联系）

②建构知识网络图。（生黑板上摆图形、汇报）

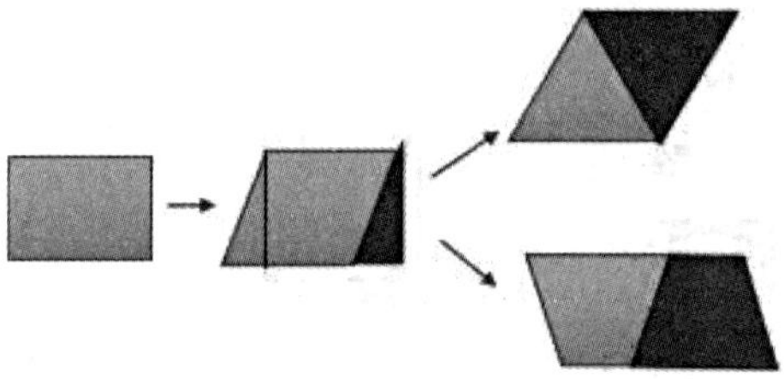

【设计意图】在引导学生梳理知识体系之后，让学生把准备好的图形卡片以网络图的形式摆放出来。学生在摆放、汇报思路的过程中进一步丰富知识体系，同时锻炼了学生动手、动脑、动口的能力。

（4）小结。

引导学生观察：从左往右看，根据长方形的面积公式，可以推导出其他图形的面积公式。从右往左看，我们在探讨一种新的图形面积时，都能把它转化成已学过的图形。（板书：转化 ⟺ 建模）

【设计意图】经历以上的环节之后，学生已经建立了非常丰富的相关知识体系。在这一环节，通过引导经历学生从左往右观察、从右往左观察，让学生更清晰、更完整地形成知识体系，达到建模能力培养的目的，同时让学生更深切地体会数学中的转化思想。

三、多层练习，能力培养

师：同学们对这些图形面积计算公式非常熟练了，但是是否真正理解了呢？

老师要考考大家。

1. 对错我来判

（1）平行四边形的底越长，它的面积就越大。（　　）

（2）三角形的面积是平行四边形面积的一半。（　　）

（3）两个三角形可以拼成一个平行四边形。（　　）

（4）正方形、长方形是一种特殊的平行四边形。（　　）

2. 争做填空高手

图形	底（cm）	高（cm）	面积（cm^2）
平行四边形	25	12	
		12.5	100
三角形	28	16	
	25		125
梯形	上10下20	10	
	上8下12		480

3. 我当设计师

我们罗山县第一实验小学准备扩建操场，在西边的围墙边有一块长 25 米，宽 30 米的空地，学校准备在这儿建一座花圃，你能做这个花圃的设计者吗？在图纸上画出你的设计方案，并计算出花草的实际种植面积。

（先让学生自己独立完成，然后组织交流）

【设计意图】采用激励性的方式激发学生的兴趣，同时通过变式练习加强对多边形面积计算公式的巩固。“小小设计师”涉及的事就是学生身边的事，让学生感受到数学与生活的密切关系，培养学生用所学知识解决生活中问题的意识。

四、总结归纳，深化知识

在这节复习课中，运用了哪些复习方法？是怎样建构数学模型的？这对你今后的学习有什么帮助？

【设计意图】“授人以鱼不如授人以渔。”在复习课中不仅要关注知识的巩固、体系的完善，更应该关注复习方法的渗透，建模能力的培养。所以在总结部分，我让学生整理并掌握这节课所运用的复习方法，为以后学生自主复习能力的形成打下扎实的基础。

※ 教后反思

本课设计时，教师的总体思想是要充分考虑到“以学生的发展为本、多方式调动学生的积极性”，通过“自主整理—组内交流—引导构建数学模型知识体系—练习提高”等环节，充分让学生动脑、动口、动手、动眼，让学生在自主尝试后的合作学习、展示交流中，理清知识脉络，形成知识网络，构建知识体系，提高学习与运用的能力,激发学生的学习兴趣。复习课是小学课堂教学的重要课型之一，复习课不是旧知识的简单再现和机械重复,而是要使学生在复习中把旧知识转化，把平时相对独立的知识，以再现、整理、归纳等办法串起来，进而加深学生对知识的理解、沟通，并使之条理化、系统化，形成知识体系。

一、回忆整理，建构知识模型网络

在复习课中，教师要引导学生找出知识之间的内在联系，将平常所学孤立的、分散的知识串成线，连成片，结成网。这样有助于学生从整体上理解和掌握知识之间的内在联系，以便记忆和运用。

这节课一开始，教师先让学生自主整理、初建体系，然后组织学生组内交流、梳理知识，最后在学生展示交流、教师引导整理的过程中形成知识体系。在这一过程中通过让学生说说平行四边形、三角形和梯形面积公式的推导过程，然后让学生说一说这些多边形面积公式的推导有怎样的联系，并用图形摆一摆，整理出网络图。通过这些活动能帮助学生清楚地理解这些图形面积推导之间的关系：三角形、梯形是通过转化成平行四边形求面积的，它们的面积等于拼成的平行四边形面积的一半；平行四边形是通过转化成长方形求面积的，它的面积等于所转化的长方形的面积。

在教学过程中教师放手让学生整理知识，建构知识模型网络图，充分发挥了学生学习的自主性，学生能清楚地理解知识之间的联系，也就能清楚地记忆这些图形面积计算的方法和更好的运用知识。

二、展示交流，培养建模能力

整理与复习要重温学过的知识，但不是简单地重温，而应在原有知识的基础上体现生长、发展。知识要向外延伸拓宽，方法要更灵活，有利于学生创新。学生在通过自主整理、组内交流、教师引导梳理之后，已经建立了非常丰富的相关知识体系。可教师并不是浅尝辄止，而是通过引导学生经历从左往右观察、从右往左观察，让学生更清晰、更完整地形成知识模型体系，同时让学生更深切地体会数学中的转化思想。

三、多层联系，提高应用能力

复习课更注重考查学生知识间的沟通与联系，学生能通过综合性题目所提供的信息，搜寻解决问题的相关知识点。将这些知识点灵活组合，找出解决问题的方法。教师在这节课中设计了多种形式的练习题帮助学生巩固，提升应用能力。

总之，在复习课中，教师不是让学生只做“听众”“观众”，而是把复习的主动权归还给学生，通过多种策略激发学生的复习兴趣，让学生自己去完成回忆、整理、归纳、应用、评价等过程，使学生真正成为学习的主人，从而提高复习课的效率。

34. “长方体和正方体的认识”教学设计

邱学华
（江苏省常州大学尝试教育科学研究院，特级教师，中小学荣誉教授）

※ 课前思考

这堂课的教学，拟充分发挥尝试操作的作用，让学生在尝试操作中认识长方体和正方体的特征，建立空间观念。在教学步骤上灵活应用尝试教学法的基本操作模式，说明教师必须根据教学需要灵活运用教学操作模式，不能生搬硬套。

基于以上考虑，确定本课教学目标为：通过观察分析，初步掌握长方体和正方体的特征；通过操作和观察分析初步建立长方体和正方体的空间观念；培养学生自学、尝试、操作等能力。

※ 教学过程

一、导入新课、出示课题

采用投影（上面画着各种平面图形）复习已经学过的各种平面图形。然后以旧引新，说明过去学的都是平面图形，今天开始学习立体图形。开门见山，出示课题：长方体和正方体的认识。（板书）

二、自学课本、提出教学目标

这部分教材内容，课本中叙述得比较详细，可先指导学生自学课本，让他们初步了解所学的知识。自学课本前向学生提出要求，看完课本后，回答这堂课要学的知识，也就是这堂课的两个教学目标；也就是3个尝试问题。

1. 长方体和正方体的特征。

2. 长方体和正方体的认识。

三、尝试观察、得出结论

教师出示长方体的模型，指导学生认识长方形的面、棱、顶点。长方体的特征主要说明长方体有几面、几条棱、几个顶点，以及各有什么特点。此时教师并不把结论告诉学生，而是要求同桌学生共同观察各自在课前准备的模型（一个长方体和一个正方体），共同讨论，得出结论，教师一边在黑板上板书：

长方体
- 6个面　相对面的面积相等
- 12条棱　相对的棱的长度相等
- 8个顶点

正方体
- 6个面　面积都相等
- 12条棱　长度都相等
- 8个顶点

通过上述图表，让学生分析比较，长方体和正方体的相同点和不同点，然后再借助集合图说明长方体和正方体的关系；正方体是一种特殊的长方体，长方体包含了正方体。

四、课堂作业、应用知识

除课本中的习题外，补充判断题

1. 正方体的六个面一定都是正方形。（　　）
2. 长方体的六个面一定都是长方形。（　　）
3. 长方体是一种特殊的正方体。（　　）
4. 长方体从中间切开，可以分成两个正方体。（　　）
5. 正方体棱长 2 厘米，棱的总长 20 厘米。（　　）

五、游戏练习、巩固知识

1. 用小刀在马铃薯上切出一个长方体，看谁切得又快又好。

2. 抢答游戏：说出周围近似长方体和正方体的物体，看谁在规定的时间内说的物体多。

3. 摸物游戏：布袋里藏有各种形体的物体，要求学生摸出长方体或正方体。使学生通过触觉来体验长方体和正方体的特征。这里只有少数学生上讲台摸物，因此可让全班学生闭着眼睛摸一下各自课桌上的长方体和正方体的模型。

游戏中又要求学生摸出最小的一个长方体，学生分辨不出哪个大、哪个小。教师提出需要计算它们的体积才能知道，这就为学生下一节课学习长方体和正方体的体积打下埋伏。

六、课堂小结、概括提高

按照开始时提出的两个数学目标，借助于板书的图表，进行归纳小结，做到前后呼应，概括提高。

35. “长方体的认识”教学设计与反思

朱仕辉
（广东省韶关市武江区黄田坝小学，青年名师）

※ 课前思考

在低、中年级学生已初步认识了长方体、正方体等立体图形，并掌握了一些平面图形的特征，为本节课“长方体的认识”的学习奠定了知识基础。在此基础上，学生第一次较深入地由研究平面图形扩展到研究立体图形，是发展空间观念的一个飞跃。这节课，通过对长方体特征的认识，为进一步学习其他立体图形打下基础，所以本节课尤为重要。

深度教学理论认为，学生只有从本质上把握概念的内涵，才能形象感知，深度理解，灵活应用概念，促进其思维的“生长”。如何构建有意义的深度教学，使教学走向深度呢？为此，课前我着重从这四个方面研读教材：

从教材编排的内容中读准课程的整体目标，使目标走向深度；

从教材编排的逻辑中读通知识的内在联系，使关系走向深度；

从教材编排的素材中读明概念的本质属性，使内容走向深度；

从教材编排的问题中读透数学的思维价值，使思维走向深度。

1. 从教材编排的内容中读准课程的整体目标，使目标走向深度

学生在第一学段已经认识了长方体和正方体的形状特征，会辨认长方体与正方体，本节课就在此基础上，深入到长方体与正方体的内部，进一步认识长方体、正方体各部分名称和长方体、正方体的结构特征。教材中设计了三个问题：第一个问题是认识长方体与正方体的结构要素：面、棱、顶点；第二个问题是探究长方体和正方体的结构特征；第三个问题是认识长方体、正方体的长、宽、高，理解正方体是特殊的长方体。

纵观本课教材的编写，注重从学生已有的生活经验出发，结合生活中熟悉的具体实物来帮助学生认识长方体和正方体，在活动中逐步理解长方体和正方体的特征，从而建立概念，初步形成空间观念。

2. 从教材编排的逻辑中读通知识的内在联系，使关系走向深度

本节课之前，学生已学过的相关内容有：

已学过的相关知识

第一学段

· 直观认识长方体、正方体、圆柱、球

· 认识面积

本课对长方体、正方体特征的认识，也为后续学习长方体、正方体的表面积和体积以及六年级相关知识打下基础：

本单元的主要内容

· 长方体（正方体）的认识

· 认识表面积、体积

· 长方体（正方体）的表面积和体积

后续学习的相关内容

五年级下

· 认识体积和容积

· 长方体（正方体）的体积（容积）

· 体积（容积）单位及换算

· 不规则物体体积的测量

六年级

· 圆的相关内容

· 圆的柱和圆锥的相关内容

· 圆柱与圆锥

· 圆柱的表面积和体积

· 圆锥的体积

3. 从教材编排的素材中读明概念的本质属性，使内容走向深度

本课教材还特别重视帮助学生在做和思的过程中积累活动经验，经历认识长方体和正方体的过程，加深对概念及特征的理解。

4. 从教材编排的问题中读透数学的思维价值，使思维走向深度

只有充分地参与其中，学生的空间观念在头脑中的形成才是丰富的，学生的知识建构才能由感性的理解上升到理性的高度，因此，本课采用探究发现法、互动教学法、讨论交流法，让学生通过自主探究、实践操作、合作交流，着力于对图形的概况能力、转化能力、想象能力、记忆能力以及表达能力的培养，实现空间观念走向视觉空间推理能力的发展。

※ 教学过程

一、从零维到三维，初步认识长方体

1. 观察长方体的形成过程，发现点动成线、线动成面、面动成体

（PPT 课件：动态演示长方体的形成）

2. 认识长方体各部分名称

长方体中有面，面和面相交的线段是——棱，棱和棱的交点是——顶点。

（PPT 课件：动态呈现各部分名称）

我们今天就从面、棱、顶点这三个方面展开对长方体的研究。

【设计意图】研究图形要从三维、到二维、到一维、到零维，把高维度的图形分解成低维度的元素。开课利用 PPT 动态演示：点动成线、线动成面、面动成体；课末再回到点、线、面、体，让学生感知生活中的所有事物组成的元素，突出数学概念的本质属性。

二、想象推理，概括长方体特征

1. 预学单学习交流质疑

同桌互查预学单，交流质疑，带着问题展开对长方体的研究。

《长方体的认识》预学单

姓名：______　　学号：______

关于长方体，你又什么发现？请填写下表。

长方体	面	棱	顶点
数量	（ ）个	（ ）条	（ ）个
关系	哪些面完全相等？ ______	哪些棱长度相等？ ______	

2. 点击资源包自主学习

（1）呈现学习要求：

任意选择 pad 上的学习资源包，展开对长方体的研究，边学习边修正预学单。

①数出长方体面、棱、顶点的数量。

②研究长方体面与面、棱与棱之间的关系。

③用红笔修改自己的预学单。

（2）学生用 pad 进行资源包的学习，自我修正预学单。

（pad 学习资源包内容）

① *cab*ri 3D 动态几何软件：将长方体旋转——长方体的外衣展开——脱掉长方体的外衣——剩下长方体的棱。

② PPT 动态互动视频课件：推动相对的面重合，推动相对的棱重合。

3. 全班反馈思维碰撞

全班交流明确：

抽象图形，并认识长方体的长、宽、高。

（1）先引导学生观察实物，并讨论：在同一个方向，最多可以看到物体的几个面？这些面看起来是什么形状的？

（2）利用课件把这些面从实物中隐化，抽象出长方体物体的图形。

（3）出示一个长方体物体，将它横放、竖放、侧放，让学生指出长、宽、高。

【设计意图】cabri 3D 动态几何软件能将长方体旋转，并将长方体的外衣脱掉剩下棱，非常利于学生观察，从而把握长方体的特征。我们借助 3d 软件，组合成的学习资源包，学生点击 pad 上的学习资源包，展开自主探究、合作交流，在辨认的过程中使学生明白，物体放置的方式不同，其长、宽、高所指的边也会发生改变，真正理解了长宽高的含义，既解决本课的另一个教学难点，且又一次发展了学生的空间观念，让不同层面的学生开展个性化学习，从具体形象思维向抽象逻辑思维过渡。

4. 研究要素之间的联系

（1）PPT 动态演示：将长方体压缩变成两个面是正方形的长方体。

学生观察，思考：什么变了？什么没变？变化后每个面是什么形状？

发现：当宽和高长度相等时，变成两个面是正方形的长方体。

（2）PPT 动态演示：继续将长方体压缩变成正方体。

观察发现：当长方体的长宽高都相等的时候，就变成了正方体。

（3）根据演示结果，填写表格。

<table>
<tr><td rowspan="2">图形</td><td colspan="3">面</td><td colspan="2">棱</td><td>定点</td></tr>
<tr><td>个数</td><td>形状</td><td>大小关系</td><td>条数</td><td>长度关系</td><td>个数</td></tr>
<tr><td>长方形</td><td></td><td></td><td></td><td></td><td></td><td></td></tr>
<tr><td>正方形</td><td></td><td></td><td></td><td></td><td></td><td></td></tr>
<tr><td>关系</td><td colspan="6"></td></tr>
</table>

【设计意图】通过演示长方体的压缩，在数据的动态变化中，体会其中的变与不变，发现面、棱、顶点之间的关系、以及长方体与正方体之间的关系。

三、逆向思维，深化空间观念

1. 想象配面，找出长方体每个面对应的图形号数

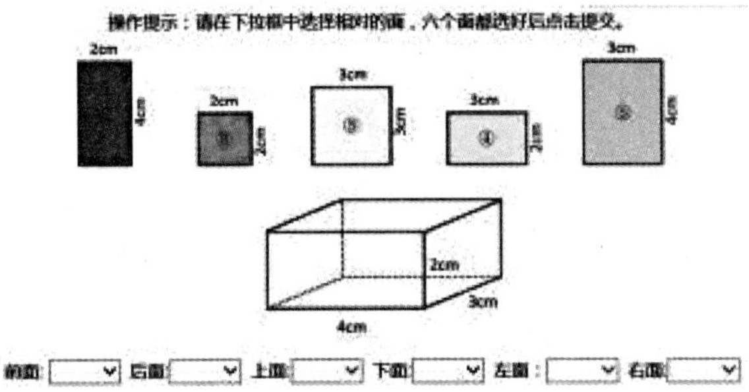

学生利用 pad，选择数据并提交。

老师根据网络生成的数据，进行反馈，学生体会面和棱之间的内在联系。

2. 自由拼图，任意选择图形，围成长方体或正方体

学生利用 pad，选择数据提交，电脑检验能否拼搭成功。

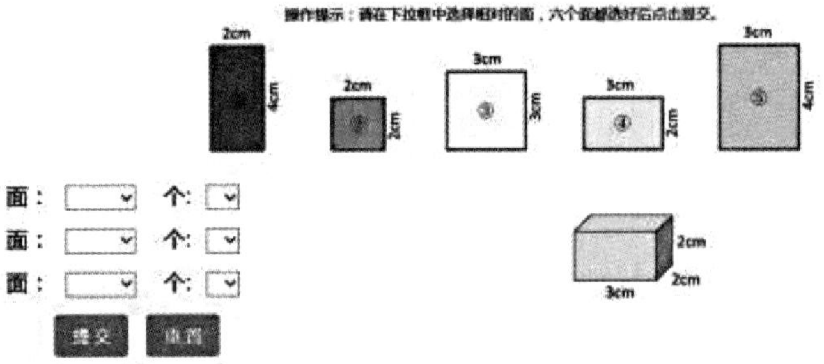

学生利用 pad，选择数据并提交。

老师根据网络生成的数据，进行反馈，学生体会面和棱之间的内在联系。

3. 联系生活，文化拓展

今天我们从点、线、面的角度认识了长方体，其实我们的生活也离不开点线面。（播放视频）让我们继续在这个美丽而又神秘的风景中，享受数学给我们带来的乐趣。

【设计意图】我们编辑制作了网络程序“给长方体配面”“根据图形搭建长方体”，学生可利用 pad 进行练习，通过生成数据的统计，了解学生的掌握情况，及时调整教学，让针对不同层次学生的教学成为可能，真正实现以学定教。

四、应用拓展，巩固练习

综合练习：

1、看图说出下面每个长方体的长、宽、高各是多少？

2、数学小法官。（对的打“√”，错的打“×”）

（1）凡有6个面，8个顶点，12条棱的立体图形都是长方体。（　　）

（2）长方体有6个面一定是长方形。（　　）

（3）相交于三个顶点的三条棱分别叫做长、宽、高。（　　）

（4）长方体是特殊的正方体。（　　）

创新思维练习：

把一块长、宽、高分别是16厘米、12厘米、4厘米的长方体，平均切成两块小长方体。

（1）每块小长方体都有（　　）个面、（　　）条棱、（　　）个顶点。

（2）切开后增加了多少个面？每个面的长和宽可以是多少？

【设计意图】练习是对所学知识的巩固、应用、提升。这一环节我设计了综合训练、创新思维两部分的练习，整个练习设计涵盖了本节课的所有知识点，体现了层次性、发展性。使学生对所学知识能够灵活运用，培养学生的数学应用意识。第二个问题，沿着长方体的长、宽、高三种不同的切法，不同的思路会出现不同的答案，发散了学生的思维，发展了学生的空间观念，体现了学生的创造才能。

五、梳理知识，反思总结

本节课我主要采用提问方式进行总结：

这节课你学会了什么？你是怎么学到的？小组内借助MindMapper软件设计一个“关于长方体的认识”的思维导图。

【设计意图】通过让学生利用MindMapper设计思维导图总结本课所学知识，不仅总结了所学的知识，而且进一步让学生感受到学习数学的乐趣。

※ 教后反思

本节课每一个活动的设计与落实都给予学生充分的时间去操作、去感悟。在做中学、在做中悟，对于小学生来说是最为有效的学习方法。实践证明，借助信息技术，通过充分的活动实践，学生对概念的理解更深刻、更灵活，在教学过程中渗透数学核心素养，主要体现在以下几点：

一、借助信息技术，创设情境，激发学生学习兴趣

教学有法，但无定法，贵在有法，妙在得法。由于小学生具有好奇、好动、有意注意时间短、持久性差等特点，往往影响课堂学习效果。因此，利用信息技术辅助教学的课件不仅用来传递教学内容，而且还会改变传统的教学方法和学习方式，有利于调节课堂气氛，创设学习情境，激发学生学习数学的兴趣。本课伊始，我设计利用 PPT 动态演示：点动成线、线动成面、面动成体；课末再回到点、线、面、体，让学生感知生活中的所有事物组成的元素，突出数学概念的本质属性。

二、借助信息技术，化抽象为直观，促进学生理解数学知识

小学生生活知识面窄，感性知识少，抽象思维能力较弱，运用信息技术能直观形象地把整个过程显示出来，可以给学生身临其境的感觉，为他们学习数学知识架设一座由形象思维到抽象思维过渡的桥梁，帮助他们理解知识。本课中我充分利用 cabri 3D.pad 上的学习资源包，展开自主探究、合作交流，在辨认的过程中使学生明白，物体放置的方式不同，其长、宽、高所指的边也会发生改变，真正理解了长宽高的含义，既解决了本课的另一个教学难点，且又一次发展了学生的空间观念。

三、借助信息技术，化静为动，让学生学以致用

应用信息技术教学，能根据教材的内容和教学需要化静为动，动静结合，直观生动地展示出来，这样不仅可以激发学生探究新知识的兴趣，而且使学生学得主动，同时加深对知识的理解，培养了学生思维的灵活性和创造性。在课堂总结环节，通过让学生利用 MindMapper 设计思维导图总结本课所学知识，不仅总结了所学的知识，而且进一步让学生感受到学习数学的乐趣。

36. “长方体的体积”课堂实录与反思

牛献礼
（北京亦庄实验小学， 特级教师）

※ 课前思考

素养导向下的数学教学，要以数学知识与技能的学习为载体，启发学生理解知识的本质，感悟知识所蕴含的数学基本思想，积累数学思维和实践的经验，进而形成和发展数学核心素养。以“长方体的体积”的教学为例，毋庸置疑，这节课的重要学习目标是理解、掌握“长方体的体积计算公式”，并学会运用该公式解决一些简单的实际问题。那么，除了这些显性的知识技能目标之外，还能让学生有哪些收获呢？特别是，本节课的学习能对学生数学核心素养的培育做出哪些贡献呢？笔者带着上述思考做了如下尝试。

※ 教学过程

教学片段一：

课件出示：

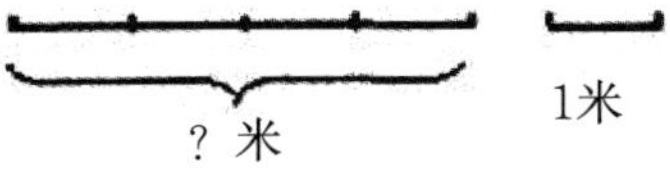

师：这条线段有几米长？你是如何知道的？

生：有 4 米长，因为它里面有 4 个 1 米。

师：线段的长度，就是它所包含的长度单位的个数。

课件出示：

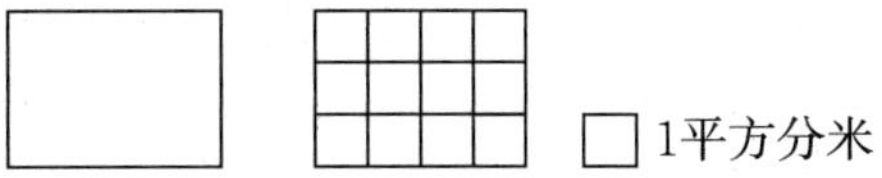

师：长方形的面积是多少？你又是如何知道的？

生：面积是 12 平方分米，因为它里面有 12 个小方格，一个小方格的面积是 1 平方分米。

师：长方形的面积就是它所包含的面积单位的个数。

课件出示：

师：怎样才能知道这个长方体的体积是多少呢？

生 1：必须知道长方体的长、宽、高，才能知道体积有多大。

生 2：我知道“长方体的体积 = 长 × 宽 × 高”。

师：长方体的体积为什么跟它的长、宽、高有关呢？能依照刚才求线段长度和长方形面积大小的方法，讲一讲怎样求长方体的体积吗？

小组讨论后，全班交流。

生：长方体的体积大小，就是它所包含的体积单位的个数。长度单位是线段，面积单位是小正方形，体积单位应该就是小正方体。知道了长是多少，就知道了长方体的长边上能摆几个小正方体；知道了宽是多少，就知道了宽边上能摆几排；知道了高是多少，就能知道长方体中能摆几层；然后就可以算出长方体中有多少个小正方体，长方体的体积就知道了。

【思考】数学需要讲道理。帮助学生“悟出”数学知识蕴含的道理，能更好地把握知识的本质，促进学生数学素养的提升。“长方体的体积 = 长 × 宽 × 高”这一公式背后的数学道理是什么呢？就是长方体的体积等于其包含的体积单位的个数。那么，又该怎样引导学生关注“长方体中包含的体积单位个数”呢？有没有相关的已学知识与经验可以和新知建立联系呢？

基于此，笔者从“线段的长度就是它所包含的长度单位的数量”“长方形的面积就是它所包含的面积单位的数量”，顺势引出了“怎样知道长方体的体积有多大？”的问题。由于有了前面两个问题的铺垫，学生自然想到要用体积单位去度量。这样不仅赋予体积单位以实际的意义，同时也顺利地引出“用边长为 1 的正方体摆长方体”这一实践活动。这样，新知识就从学生原有的知识里面自然生长出来，让学生感觉到这个经验与我原来的经验是相关的，而且新的经验对我是有用的。上述教学好处不仅如此，更重要的是由于教师并没有“一叶障目”，孤立地看待“长方体的体积”这一个“知识点”，而是从长方体的体积这一具体的教学任务中跳离出来，将长方体的体积公式的教学提升到“度量”的高度，进而，与线、面的度量统一到一起，不仅顺利实现了学生知识的迁移，同时，也让学生体会到线、面、体的测量其实质是一样的，都是用相应计量单位去度量，有几个计量单位，其数量就是几。有利于学生构建起良好的认知结构。

教学片段二：

师：同学们认为“长方体的体积与长、宽、高有关”，还有同学提到“长方体的体积 = 长 × 宽 × 高”，那么，怎样去验证这个想法呢？可以怎样去研究呢？

学生讨论后，全班交流。

生 1：可以用一些小方块摆长方体，找到长、宽、高与体积的关系。

师：为什么用这种方法呢？说说你的想法。

生 1：因为数一数摆长方体用了多少个小方块，就知道了体积；再数一数长、宽、高分别是几，再比较比较，就知道它们的关系了。

师：大家明白他的意思吗？

生：明白。

师：讲得很清楚，说明头脑中想得很清楚！那好，下面我们就用这种方法研究一下长方体的体积与长、宽、高的关系。

让学生小组合作，用若干小正方体拼摆长方体，并填写下表。

拼出的长方体	长	宽	高	体积	我们的发现
1号					
2号					
3号					
4号					

生 1：我们拼出的 1 号长方体的长是 4，宽是 1，高是 1，用了 4 个小正方体，体积是 4。我们发现：4 × 1 × 1 = 4。我们摆出的 2 号长方体的长是 3，宽是 2，高是 1，体积是 6，我们发现：3 × 2 × 1 = 6。由此证明，长方体的体积 = 长 × 宽 × 高

生 2：我们组摆成的长方体的长是 4，宽是 3，高是 2，用了 24 个小正方体，体积是 24，我们发现：4 × 3 × 2 = 24，长方体的体积 = 长 × 宽 × 高。

师追问：这里的 4 × 3 是什么意思？

生 2：表示一层是 12 个。

生 3：我们摆的长方体的长是 4，宽是 4，高是 3，方块数是 4 × 4 × 3 = 48 个，体积就是 48。

师：能解释一下这个算式的意思吗？

生 3：4 × 4 表示一层有 16 个方块，因为有 3 层，所以再乘 3 就得到总共有

48 个方块，体积就是 48。

师：现在你发现体积与长、宽、高之间的关系了吗？

生 1：用长 × 宽 × 高就得到体积单位的个数，也就是体积。

师：我们刚才交流的这几个长方体的体积确实都等于长 × 宽 × 高，那么是不是所有的长方体都是这样呢？

出示：长、宽、高分别为 8、4、4 的长方体。

师：这个长方体的体积是 8×4×4 吗？为什么？

生：用小方块去摆，长 8 就可以摆 8 个，宽 4 就可以摆 4 行，高 4 就可以摆 4 层。计算一共有多少个小方块，就用 8×4×4。

课件动态呈现拼摆的过程，验证学生的想法。

师：想一想，“长 × 宽”算出的是什么？

生：一层能摆多少个小方块。

师：再乘上高呢？

生：高代表有几层，乘上高就算出了长方体所包含的小正方体的总个数。

师：所以，长方体的体积就是……

生：长 × 宽 × 高。

（板书：长方体体积 = 长 × 宽 × 高）

师：长方体的体积公式用字母表示就是：$V=abh$。除了这种长方体之外，还有一种特殊的长方体，你们知道吗？

生：正方体。

师：正方体特殊在哪儿？

生：长、宽、高都相等。

师：那么，正方体的体积公式是什么呢？

生：正方体的体积 = 棱长 × 棱长 × 棱长。（板书）

师：如果用字母 a 表示它的棱长，那么它的体积公式是怎样的？

结合学生回答，板书：$V=a^3$

【思考】数学教育的基本目标是通过数学教学帮助学生学会思维，它比知识本身更具有可持续发展的价值。在上述教学中，学生在教师的启发引导下，进行着这样的思考：长方体体积的大小，就是指它所包含的体积单位的个数。长方体所包含的体积单位的个数，与它的长、宽、高之间有着怎样的关系呢？能否利用小正方体摆一些长方体，试着从中去寻找体积与长、宽、高的关系，以找出长方体体积的计算方法？学生通过观察所呈现的长方体，收集相关数据，寻找体积与长、宽、高之间的联系，归纳出其体积的计算方法。学生亲身经历利用数形结合探究问题的过程，不仅获得了长方体的体积的计算公式，而且积累了如何进行探究的思维经验和实践经验，对学生核心素养的形成和发展方面所产生的作用，是那种在教师指令下进行的动手操作所远不能及的。

教学片段三：

出示：计算下面长方体的体积。（单位：厘米）

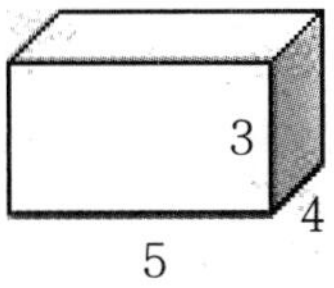

学生代入公式计算得：$V= abh$

$=5\times4\times3$

$=60$（立方厘米）

师：这里的“5×4”表示什么意思？

生 1：5×4，是长 × 宽，算出的是面积。

师：算出的是面积，这个得数 20 的单位名称就是……

生 1：平方厘米。

师：他说表示的是面积，20 平方厘米，同意吗？

生 2：不对，应该是它一层的体积。

师：这体积单位是……

生 2：立方厘米。

师：有意思了，现在出现了两种不同的意见：一种认为是体积，是 20 立方厘米；还有一种认为是面积，是 20 平方厘米。到底谁的对呢？

学生小组讨论。

组 1：我们组的意见，“5×4”算出的是体积。因为“5×4”表示的是它下面一层的体积。

师：这下面一层的体积，是什么样子呢？你们能想象出来吗？

在学生展开空间想象的基础上，课件进行直观演示。

师：这就是你们所说的“20 立方厘米”？

生：是的。

师：对他们这种说法，都同意吗？

生 2：“5×4”没有乘 1，算出的不是体积，而是面积。

师：你们认为体积应该怎么算？

生 2: 应该是“长 × 宽 × 高”，可是这里只是“长 × 宽”，所以算出的是面积。

在学生展开想象后进行直观演示。（如下图）

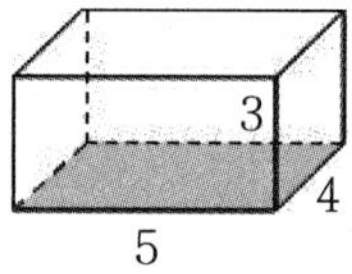

师：“5×4”到底表示什么呢？（指着底面）这个图形肯定是一个面。如果是体积的话，它肯定得有高度，那这个高度是多少呢？算式呢？

结合回答板书“5×4×1”，并进行“面的运动”形成高为1厘米的长方体。

接着，课件演示：又将“面”向下移动到0.5厘米的高度。

师：这样得到的是“面”还是“体”？现在这个长方体的体积怎么算？

生：5×4×0.5。

然后，课件演示：继续将“面”向下移动至高为0.1厘米、0.01厘米、……学生展开想象，进行类推，得出体积是2立方厘米、0.2立方厘米、……

最后，课件演示：将“面”移动至于底面重合。

师：现在没有高度了，它还有体积吗？

生：没有体积了，因为它是一个面，面积是20平方厘米。

师：是啊，现在它是一个面，面积是20平方厘米。但是，只要把这面往上稍微平移一下，它就形成了……

生：体。

师：对呀！把一个点移动后就形成了“线”；把一条线移动后就形成了“面”；把“面”移动后就形成了“体”。所以，长方体的体积与它的底面的面积和高有关。

板书：长方体体积＝底面积 × 高

$V=Sh$

师：长方体体积除了可以用“底面积 × 高”计算，还能怎么算？

课件出示：

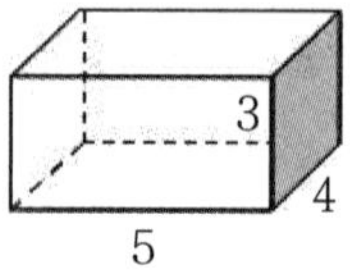

生：可以用右面的面积乘长方体的长，因为如果把长方体竖起来，右面就变成了底面，长就变成了高。

师：生活中通常把长方体的左面或右面称作“横截面”，长方体的体积也等于横截面的面积 × 长。（板书）

课件显示：动态移动右面形成不同长度的长方体，让学生分别说出长是4厘米、3厘米、0.5厘米时计算长方体体积的算式。

【思考】从上面的交流互动中不难发现，学生对于推导得出的“长方体体积=底面积 × 高”并不容易接受，因为之前计算长方体所含体积单位的个数时，那“一排的个数 × 排数 × 层数”给学生留下了深刻的印象，学生头脑中的“5×4”就是表示一层长方体的体积。因为，在学生看来，“面积是平面图形的，而平面图形是没有厚度的，怎么能叠成长方体呢”，这些才是学生的真问题。

为此，教师站在学生的视角进行质疑：“5×4”表示什么意思？让学生充分发表自己的观点，进行思维的碰撞，并借助课件直观地演示“面”的移动。学生展开想象，进行类推。学生从中感受到了量变引起的质变，实现着二维平面与三维空间的转换。接着，启发学生联想：后面的面、左面的面移动形成的长方体，发现其体积的计算公式，举一反三地与长方体的体积计算公式进行沟通，形成结构化的知识。

经过这样的探究活动过程，学生不仅解决了存在于头脑中的真问题，对数学知识的本质有了更为深刻的理解，而且通过图形的运动变化、进行空间想象及平面与立体的转化，直观想象素养也得到了培养。

教学片段四：

师：想一想，我们是怎么得到长方体的体积公式的？

生：我们先提出“猜想”，再通过操作等活动去“验证”。

师：在这个过程中用到了哪些有用的方法呢？

生：举例子、找规律……

【思考】数学思维的发展主要是指由较低层次上升到更高层次。但是，“只要儿童没能对自己的活动进行反思，他就达不到高一级的层次”。（弗赖登塔尔）因此，教学中，要有意识地提供给学生反思自己学习的机会，帮助学生借助反思更有效地发展思维，实现自我指导与监控的学习。上述教学中教师的反问，就是在教学生学会用数学的思维方式思考问题，教学生总结有价值的学习方法。

37. “体积和体积单位”教学设计

马克岩
（河北省保定市前卫路小学，青年名师）

※ 教学过程

一、视频导入，由知到信

1. 师：同学们，看到这张图片，你想到了哪个故事？

（课件出示：乌鸦喝水的图片）

2. 师：乌鸦真的有那么聪明吗？水里放上石子，水面真的会上升吗？

（课件出示：乌鸦喝水的新闻视频）

原来乌鸦真的很聪明，水里放进石子，水面就会上升。

二、概念学习重联系

1. 认识“体积”

（1）师：大家都看到石头进入水杯后，水面会上升，谁能用自己的话说一说，水面为什么会上升？

学生说出自己的理解，但是对于“空间”一词，比较陌生。

（2）教师演示实验

师：老师这里有两个完全相同的水杯，一个里面装满了水，另一个水杯里面有几块小石头，如果把这杯水倒入装有石头的水杯，结果会怎样？

学生统一的观点是，水会溢出来，因为石头占了地方。

师：放慢演示速度，一边倒一边问“还能不能倒，为什么？”。

学生在观看的过程中慢慢感受到开始能倒，是因为水杯里还有“空间”，最后再倒就会溢出，是因为水杯里面已经没有“空间”了。学生自然理解了“空间”的含义。

（3）师：水杯里面有空间，哪里还有空间，请你说一说。

学生讨论，交流，找空间。

师：感受课桌放书包的地方，摸一摸长，宽，高。感受空间是要三个维度才能衡量。而我们原来学习的平面，两个维度就可以衡量。

（4）小结：大家感受了空间，也知道了物体是占有空间的，大家看一看，洗衣机，影碟机和手机，谁占的空间大？谁占的空间小？（学生很容易分辨）我们把物体所占空间的大小叫做物体的体积。（板书：体积）

2. 认识“体积单位”

（1）师：刚才的几个物体体积的大小很好比较，大家再看看这两个长方体，哪个体积大，你能比较出来吗？

怎样比较下面两个长方体体积的大小呢？

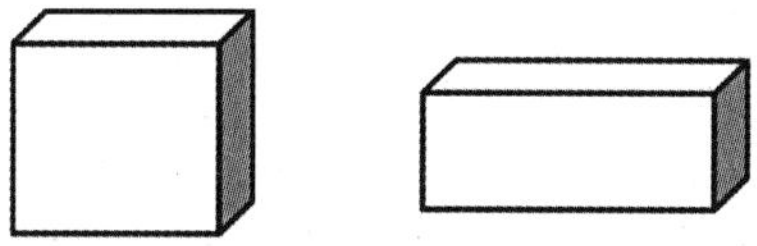

学生讨论比较的方法。

师：想一想，大家在学习面积的时候，是怎样比较图形面积大小的？

学生回忆，教师出示课件比较。

（2）以此类推，立体图形的体积大小可以怎样比较？

学生想到可以划分成同样大小的方块。（课件演示）

（3）师：这样的方法可以比较物体的体积大小了，那么要想知道物体的体积到底有多大？又该如何衡量呢？

学生讨论，需要有统一的体积单位去测量。（板书：体积单位）

师：长度单位用线段去定义，面积单位用正方形去定义，猜一猜，体积单位会用什么来定义？

联系前面学过的知识，学生很容易猜出，体积单位用正方体来定义。

（4）师：那么常用的体积单位是什么？又是怎样定义的？请同学们自学数学书 28 页的内容。

学生自学后共同交流，并和现实生活相联系，说一说生活中接近 1 立方米，1 立方分米，1 立方厘米的物体有哪些。

（5）小结：大家知道了常用的体积单位，也就有了标准，可以去估计我们身边的物体体积的大小，当然要想知道一个立体图形的体积有多大，接下来还会学习精确的计算方法。

三、摆一摆

1. 师：请大家拿出手中的 1 立方厘米的小正方体，按要求摆一摆。

学生在摆的过程中得出，体积为 8 立方厘米的立体图形不一定是正方体或长方体，也可能是不规则的，物体的体积大小就是其包含体积单位的数量。

2. 小结：平面图形的面积大小就是其包含的面积单位的数量。同样，物体的体积大小就是其包含的体积单位的数量。

四、总结

师：大家对于图形的学习从“点”到“线”到“面”，再到今天的“体”，是一个维度不断发展的过程，它们既有本质的区别，又有不可分割的联系，同学们只有在对比中学，在联系中学，才能从整体上把握所学的知识。

五、作业

教材练习七第 1、2、3、4 题。

六、知识拓展

估计身边的物品的体积大小，比如一本数学书，一个铅笔盒，一台电视机，一台冰箱等等。把你估计的数据记下来。学会从数学的角度观察世界。

38. “体积与容积”教学设计

缪建平
（苏州工业园区跨塘实验小学，青年名师）

※ 教学过程

一、出示课题，引发疑问

提问：同学们，今天我们一起来学习“体积与容积”，疑难问题不放过，看到这个课题，你觉得这堂课我们要研究什么问题？

学生可能的回答：什么是体积？什么是容积？体积与容积有什么关系？体积与容积有什么相同与不同？有什么不一样？……

小结：同学们提出的问题很有价值，下面我们就一起来研究。

二、引导探究“体积”

1. 认识物体占空间

（1）故事引入：石子占有水的空间。

师：同学们都喜欢听故事，今天老师带给同学们一则儿时故事《乌鸦喝水》。在听的时候，请同学们带着数学的眼光去听，还要提出数学的问题，好吗？请同学们仔细听……（播放故事视频）

师：这只乌鸦真聪明，想了个什么办法喝到瓶子里的水呢？

师：为什么石头丢进瓶子里，瓶子里的水就升高了哪？师随着学生的回答小结：原来石头要占一定的空间。（板书：占空间）

（学生也许会说：是石子把水挤上来了。这时老师可以告诉一个新词：空间）

（2）验证橘子占有空间。

出示两个完全一样的杯子，边操作边讲述：同学们请看，这里有两个完全一样的杯子，左边的盛满水，右边的放了一只橘子，同学们猜想一下，如果把左边杯子里的水倒入右边的杯子，结果会怎样？（倒不完）谁来倒一下试试？（学生倒水）

师：那谁来说一说，为什么会剩下一些水？

引导学生说出：原来两个杯子装的水是一样多的，现在放进去一个橘子，杯中有一部分空间被占去了，能装水的空间就少了。使学生体会到物体占有一定的空间。

小结：通过刚才的实验，我们发现物体是占有空间的。（板书：空间）

2. 通过实验，使学生体会到物体所占的空间是有大有小的

举一反三找规律。出示两个完全一样的玻璃杯，边操作边讲述：还是这两个玻璃杯，一个杯子里放的是橘子，另一个杯子里放的是樱桃，（教师准备时，可选择大小差异较大的两种水果）同学们想一想，往这两个杯子里倒水，倒进哪个杯里的水会多一些？

学生自由发表意见。

师：实际的结果会怎样呢？我们一起来试试。

方法一：老师让一个学生到前面倒水（老师只给学生一个杯子），把装橘子的和装樱桃的杯子分别倒满。

提问：怎样验证刚才同学们的猜想呢？

引导学生说出：把两种水果拿出来，就可清楚看出哪个杯子装的水多了。和你们刚才的预测一样吗？

提问：同学们想一想，这是为什么呢？

通过交流，使学生明确：两个杯子能装的水同样多，橘子占的空间大，因此相应杯中的水就少；樱桃占的空间小，因此相应杯中的水就多。

方法二：把杯子装相同的半杯水，然后把两只水果放进去，看哪个杯子的水升高得较多。（备用）

方法三：把杯子先装满水，然后把橘子和樱桃放进去，看哪个杯子溢出的水比较多。（备用）

小结：通过这个实验，我们知道物体不仅占有空间，而且占有的空间还有大有小。

3. 揭示体积的含义，引导加深理解

（1）揭示概念。

提问：通过刚才的 2 次活动，你有什么感受？

引导学生说出：物体是占有空间的，一个物体越大，它占有的空间就越大，反之，一个物体越小，它占有的空间就越小。

小结：通过刚才的活动，同学们感受到物体不仅占有空间，而且占有的空间还有大有小，我们把物体所占空间的大小叫做物体的体积。（板书课题：体积，小黑板出示体积的含义）（生齐读概念：给 30 秒开火车背）

（2）举出生活中的例子，说明比较体积大小的方法有多种。

师：如果有三个水果，我们能比较出它们的体积大小吗？（课件出示橘子、苹果、樱桃图片）

师：想一想，你是如何比较它们大小的？

生：可以用观察的方法。也可以像刚才一样，通过实验的方法，把它们放在同样大小的水杯里，先加满水，再拿出来，看看水量的变化，进而判断哪个体积大或小。

师：比一比，老师的体积与这个同学比谁大？

像这样的例子你还会举吗？（生举例）

师：老师也给同学们带来了一些例子，请看——

●下面的这些物体，谁的体积大？（课件出示电视机、电冰箱、手机图片）

●比一比，谁搭的长方体体积大？为什么？

师：原来这些长方体都是由同样大小的标准立方块搭成的，要比较搭成的长方体的大小，只要数一数哪个物体用的立方块多，它的体积就大。用的块数少，体积就小。看来数方块也是不错的方法。以后我们还会进一步学习用标准单位的体积来测量和计算体积的大小。

以下是备用：

师：如图：哪个物体的体积较大，你们能帮助他们吗？

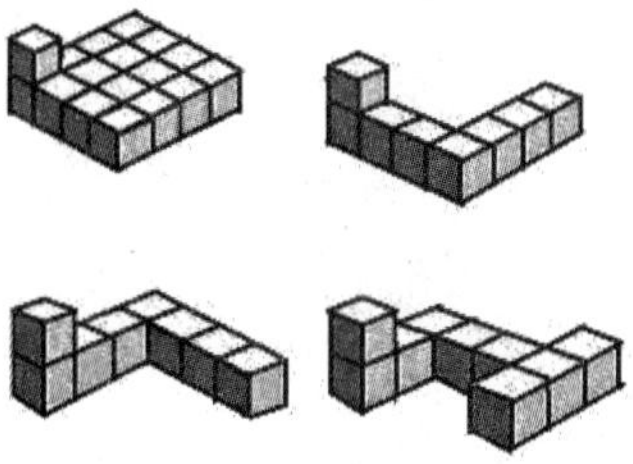

生：数了一下，有 17、9、两个 8 块。17 块的那个体积最大。

（3）体积与形状无关，与占有空间的大小有关。

举一反三找规律。引导学生理解体积与什么有关，与什么无关。

师：老师为你们每人准备一块橡皮泥，拿出你的橡皮泥，我们来玩儿橡皮泥。

师：你们每人拿到的橡皮泥颜色一样吗？体积一样大吗？同桌之间看一看，比一下。

师：现在你们听老师的口令，把这块橡皮泥捏扁，成为一个烧饼的样子。

师：橡皮泥捏成烧饼的形状后，体积发生变化了吗？为什么？

生：没变，还是一样大。因为用的是同一块橡皮泥，所以无论捏成什么形状的物体，体积都是一样大的。

师：那么，什么样的情况下体积就会不一样大呢？

生：两次捏的物体用的橡皮泥不一样多的情况下体积就会不一样大。

师：好，请同学们把这块橡皮泥，分成一大一小两块小饼，我们小的留给自己吃，大的送给别人。请大家先一起举起小块的，再一起举起大块的，看看同桌举得对不对？

师：回顾反思常总结，现在我们来思考总结一下：体积的大小跟什么有关？与什么无关？

生：物体体积的大小与它们所占空间的大小有关，与它们的形状无关。

三、自主探索“容积”

1. 布置自学任务

师：刚才我们一起学习了体积，那么什么是容积？容积与体积之间有什么区别和联系？请同学们一起来自学课本。自学要求如下：

先自学课本 P11，再与同桌交流，完成如下任务：

（1）什么是容积？举例说一说；

（2）完成书 P11 的“试一试”和“练一练”；

（3）容积与体积有什么区别与联系？

2. 感知容积

师：谁能说一说，什么是容积？

生回答，老师板书：容器所能容纳物体的体积，叫做容器的容积。

师：谁能举例说一说？

生：如果水杯装满了水，水的体积就是水杯的容积；如果茶叶盒装满了茶叶，茶叶的体积就是茶叶盒的容积……

师：我们生活中还有哪些物体有容积？

生举例说明：盆子，饭碗，茶杯，柜子，冰箱等。

师：石头和砖有没有容积呢？为什么？

生：没有，因为它们是实心的，不能容纳其他物体。

师：只有什么物体才有容积呢？（生：容器）

师：那么什么是容器呢？

师：像这样可以用来装东西，容纳别的物体我们把它称之为容器。（板书：容器）

做一做：请同学们用橡皮泥做一只容器，你能做出来吗？然后请你讲一下，你做的容器的容积指哪里。

3. 比较容积大小

一号杯　　二号杯

师：如果用上面的这两个杯子装水，哪个装得多一些，哪个装得少一些？

鼓励学生猜想。然后同桌交流讨论（2分钟）。

方法一：

把一号杯装满水倒入二号杯中，如果倒不完，说完一号杯的容积大一些。如果倒不满，说明二号杯的容积大一些。

方法二：

把一号杯和二号杯分别装满水，然后倒入两个同样大小的杯子，哪个水面高，哪个的容积就大一些。（或者一个溢出，一个没溢出，哪个杯子溢出的水比较多，说明哪个杯子的容积大一些。）

4. 理解体积和容积的异同

师：看来大家对容积已经理解了。回顾反思常总结，现在我们回顾一下刚才所学的内容。

师：什么是体积？（生：物体所占空间的大小叫作物体的体积）

师：什么是容积？

生：容器所能容纳物体的体积叫做容器的容积。

师：如果我用一个杯子装着半杯水，我说现在水的体积就是这个杯子的容积，你们同意吗？应该装多少才是这个杯子的容积？

生说完后，师指出，“所能容纳”就是装满的意思。

师：现在同学们知道了什么是容积和体积。

师：（出示冰箱图片）这个冰箱的体积和容积一样吗？你能看着冰箱的图片说说体积与容积的区别吗？

生：冰箱的体积是指冰箱所占空间的大小。

生：冰箱的外壳加里面的空间的和是冰箱的体积，冰箱的容积光指里面的。

师：从这个角度来看，冰箱的容积大一些还是体积大一些？是不是所有容器的体积都比容积大一些呢？

回顾反思常总结。引导学生进行知识小结：体积与容积的区别：（1）从意义方面说，体积表示的是物体所占空间的大小。容积表示的是容器所能容纳物体的体积；（2）从测量方法来说，体积是从物体的外部测量，而容积是从物体的内部测量；（3）从它们的大小来说，同一个容器，体积大于容积，当容器壁很薄时，容积近似等于体积。如果容器壁忽略不计时，容积就等于体积。

四、分层练习

师：刚才我们已经通过实验、观察与推理，学习了体积和容积的概念，知道了它们的区别和联系，现在我们一起来解决一些问题：

1. 挑战一：

下面的物体是求体积，还是求容积？

（1）求一个化妆盒有多大是求（　　）。

（2）化妆盒能装多少东西是求（　　）。

（3）求一个长方体的木块占空间的大小，是求长方体的（　　）。

（4）求一个油桶最多能装多少油，是求油桶的（　　）。

2. 挑战二：

判断下面的说法对不对，对的画“√”，错的画“×”。

（1）长方体的体积一定比正方体的体积大。　　（　　）

（2）两个容器从外面看体积相等，那么它的容积也一定相等。　　（　　）

（3）游泳池注入大半池水，水的体积就是游泳池的容积。　　（　　）

3. 挑战三：

同一瓶饮料，用小红的杯子装能装 2 杯，用小明的杯子装能装 3 杯，你觉得有可能吗？为什么？

拓展：

小明、小红各有一瓶不一样多的饮料，小明用这瓶饮料倒了 3 小杯，而小红用这瓶饮料倒了同样的 4 小杯，你认为有可能吗？原来哪瓶饮料多一些？为什么？

五、总结与课外作业

师：回顾反思常总结，这堂课你对什么印象最深？为什么？

提示：把课堂的疑问带回家去解决，同时扫描二维码，关注缪老师微信公众号“缪不可言行知录”，学习其中“探学写学”版块的项目案例。

39. “图形的旋转”课堂实录

卓杨晶
（福建省福州金山小学，青年名师）

※ 课堂实录

一、创设情境，导入新课

师：老师还给你们带来了这几幅图，请看——

师：你知道它们是在做什么运动吗？

生：旋转。

师：是啊，我们在二年级的时候就认识了旋转运动，这里的什么在做旋转运动？谁来具体说说。

生 1：电风扇的扇叶在做旋转运动。

生 2：风车的叶片在做旋转运动。

生 3：钟面上的时针在做旋转运动。

师：那这两个呢？停车场的车杆，还有这个钟摆，你们怎么不说了呢？

生 1：停车杆不是在做旋转运动，而是在做上下运动。

生 2：我认为钟摆是在摆动，不是旋转运动。

生 3：停车场的车杆是在做旋转运动。

师：看来同学们的意见不统一，它们到底是不是在做旋转运动呢，我们今天继续研究旋转，相信到时同学们就明白了。（板书课题：旋转）

（学生在二年级的时候就已经认识旋转了，所以原教材在出示的几个图片：风车、停车杆、荡秋千后有追问：你还记得这是什么现象吗？原意是想唤起学生的已有经验。但是学生已有的经验有哪些呢？关于旋转又都有哪些认识？基于这些疑问，我备课前调查了 25 名孩子，结果有 20 名孩子都认为停车杆不是在做旋转运动，5 名孩子认为是在做旋转运动，29 名孩子认为钟摆的运动不是旋转现象，只有一个同学认为是，究其原因，认为不是的同学都觉得旋转一定要转 360 度，而且这两个物体的旋转还同时在做顺时针和逆时针的交替运动，更是增加了他们判断上的难度，而认为是旋转的同学也只有一个同学是联系到四年级上册学习的“角的分类”中关于角的另一种描述：“角可以看作是一条射线绕着端点从一个位置旋转到另一个位置所形成的图形”这一知识类推出来的。再翻阅二年级的教材，我们会发现教材提供的实例都是绕一个点或者一个轴在做圆周运动，所以才造成了认知上的误区。）

二、认识旋转三要素

1. 认识旋转方向

师：继续看屏幕，你又看到了什么？

生：两个风车在做旋转运动。

生：一个是顺时针旋转，一个是逆时针旋转。

师：观察得真仔细，你们还发现了它们旋转的方向不一样。顺时针旋转的是哪一个？

生：左边。

师：用手势比画出来。

（学生用手势比划顺时针旋转）

师：像这样旋转的方向跟时针走动的方向一致的，我们就称为顺时针旋转，相反，右边这个旋转的方向跟时针走动的方向是相反的，就称为逆时针旋转。

（以两个不同旋转方向的风车作为素材，通过学生的观察对比，感受现实生活中的物体旋转是有方向的，并认识顺时针和逆时针这两个方向。）

2. 认识旋转中心、旋转角度

师：通过刚才的观察，我们发现旋转要具备的一个特征就是要按一定的方向旋转。旋转还有哪些特征呢？下面就我们从钟面上指针的旋转来入手研究。请看，这里有两个钟面，为了研究的方便，我们只选取其中的一根指针。

师：仔细观察两个钟面上的指针的变化，看看它们是怎么旋转的？

生：它们都是顺时针旋转的。

生：一个从 12 转到 1，一个从 12 转到 3。

师：这两个钟面指针的旋转有什么相同点和不同点？

想一想，然后小组讨论讨论。

师：谁来跟大家分享你的发现？

生：它们旋转的方向都是相同的，都是顺时针旋转。

生：它们旋转的弧度不同。

师：旋转的弧度不同，我们也可以说它们旋转的什么不同？

生：旋转的角度不同。甲钟（指针）旋转了 30 度，乙钟（指针）旋转了 90 度。

生：都是从 12 出发的。

师：哦，也就是旋转的起点是相同的。

生：旋转的终点不同，一个是到 1，一个是到 3。

生：都是绕着中间的那个点旋转。

师：你们观察到了吗？它们都是绕点 O 在旋转的，数学上我们把这个点称为旋转的中心点。

教师根据学生的回答实时板书如下：

旋转

	中心	方向	角度
甲：指针从“12”到“1”	绕点0	顺时针旋转	30°
乙：“12”到“3”			90°

师：咱们刚才从旋转的中心点、方向，以及旋转的角度三个方面研究了甲乙两个钟面上指针的旋转，现在，谁愿意来试着完整地说一说甲钟面上指针是怎么旋转的？

生：指针绕点 O 从 12 顺时针旋转 30° 到 1。

生：指针从 12 到 1 绕点 O 顺时针旋转 30° 。

师：乙钟面上指针的旋转你们会说吗？同桌互相说一说。

【设计意图】通过同时呈现的两个钟面上指针的旋转，引导学生自主去探究、对比，寻找它们的异同点，明确旋转的三要素：中心、方向和角度，并通过学生的描述，体验到要把一个旋转现象描述得具体而准确必须说清这三个要素，为钟摆的运动与车杆的运动的辨析作铺垫。

3. 学生练习

师：钟面上指针的旋转会了吗？拿出老师给你们准备的小钟面，同桌互相拨一拨，说一说。

师：我也请一组同桌上来边拨边说给大家听。

生：指针从 3 到 6 绕点 O 顺时针旋转 90 度。

生：也可以说指针从 3 到 6 绕点 O 逆时针旋转 270 度。

师：现在我们不拨钟面了，想象一下指针从 3 到 9 该怎么旋转？

生：指针从 3 到 9 绕点 O 顺时针旋转 180 度。

生：也可以说指针从 3 到 9 绕点 O 逆时针旋转 180 度。

4. 辨析

师：好，那我们再来看看刚才你们有争议的车杆的运动，现在你们认为呢？

生：它是在做旋转运动。

生：它绕着点 O 在做顺时针、逆时针旋转。

师：请看，这时有车要进去，车杆要怎么旋转？

生：车杆绕点 O 逆时针旋转 90 度。

师：车进去后，车杆放下，又该怎么旋转?

生：绕点 O 顺时针旋转 90 度。

师：再来看看这个钟摆，你们觉得呢?

生：它也是在做旋转运动。

生：它也是在做顺时针旋转和逆时针旋转。

生：它有旋转的中心点、旋转的方向和角度，所以也是在做旋转运动。

师：说得太好了，那为什么开始对你们认为它们不是在做旋转运动?

生：因为它们都没有绕一圈，而我们认为只有绕一圈的转才是旋转。

师：那你现在认为呢？一定要绕一圈吗?

生：不是，只要有旋转中心、方向和角度就可以了。

师：看来，旋转运动不一定要绕一圈。只要是绕着一个点朝某个方向旋转一定角度的运动都是旋转运动。

三、感悟旋转的性质

1. 研究线段的旋转

师：如果把这里的车杆、指针变成一条线段，用 OA 表示。想想看，这条线段能旋转吗？那我要把线段 OA 绕端点旋转 90 度。可以怎样旋转?

师：每人桌面上都有一张方格纸和一根小棒，请你用小棒来代替线段 OA，在方格纸上转一转。

学生旋转后汇报。

生：我是把线段 OA 绕点 O 顺时针旋转 90 度。

师：可以吗？老师特别欣赏他，不仅说得很好，操作的时候也非常规范，一个手指按住小棒的一段，另一只手旋转，让别人看得清清楚楚，明明白白。还有不同的吗?

生：线段 OA 绕点 O 逆时针旋转 90 度。

生：线段 OA 绕点 A 顺时针旋转 90 度。

生：线段 OA 绕点 A 逆时针旋转 90 度。

师：（课件）咱们同学出现了这四种不同的旋转结果，大家都认为是可以的，那我可就不明白了，不是让你们旋转 90 度吗？怎么出现了 4 个不同的答案?

生：因为这里既可以绕点 O 旋转，也可以绕点 A 旋转。

生：既可以顺时针旋转也可以逆时针旋转。

生：老师没有明确告诉我们旋转的中心点和旋转的方向。

师：那如果老师要让大家的旋转结果都统一，该怎么办?

生：要知道旋转的中心点和旋转的方向。

师：好，听你的，现在把线段 OA 绕着点 O 逆时针旋转 90 度，可以吗？

生：可以。

师：看来咱们在描述线段的旋转时也一定得说清：旋转的中心、方向、角度。

师：那它旋转后会停在什么位置？想一想，请你把它画在方格纸上。

生汇报。

师：咱们来看看这些同学画的。这是谁画的？你们画的和他一样吗？

师：再来看看这张，可以吗？

生：不行，因为它只画了 6 格，画短了。

师：为什么画 6 格不行？

生：原来的线段 OA 有 8 格，现在也要画 8 格。

师：为什么一定得画 8 格？

生：这样两条线段才会重合。

生：线段 OA 旋转后，位置虽然变了，但是长度是不变的，都是这一条线段。

师：再看看这个同学画了，有什么想对他说的吗？

生：你画太长了。

生：你的方向画错了，变成顺时针旋转了。

师：你现在知道了吗？赶紧改正过来。

【设计意图】线段的旋转在此处起着承上启下的作用。这时学生已经由生活中的旋转现象上升到图形的旋转，先让学生在方格纸上绕端点自由旋转 90 度，引发学生思考：为什么答案不唯一，要想答案唯一该怎么办？再次强调了旋转的三要素。接下来让学生由“转”变为“画”，通过操作，看清旋转后图形的位置，以及画的时候该注意的地方，为后面研究画旋转图形打下了坚实的基础。

2. 研究面的旋转

师：现在，线段我们会旋转了，那平面图形呢，想想，如果把这两个端点连接起来会成为什么？请你们在方格纸上，把这两条线段的端点连接起来，看成了什么？

生：一个等腰直角三角形。

师：这个三角形绕点 O 顺时针旋转 90 度，又会是怎样的？现在咱们不画了，想一想，这个图形旋转后会停在哪个位置？想好了吗？

师：好，现在拿出你们的三角板代替这个三角形，动手在方格纸上验证一下。跟你们想象的一样吗？

师：谁愿意上来演示给大家看？

同学们看，他旋转得对吗？你们有什么问题想问他的吗？

生：你旋转的中心点偏上了。

师：哦，他对你的操作提出了更高的要求。

生：你怎么知道它旋转了 90 度。

师：这个问题提得很有水平，是呀，我也很想知道。

生：我是看这个三角板的蓝色直角边，从这旋转到这里，刚好是 90 度。

师：他是看其中的一条边来确定的，可以吗？

生：也可以看另一条红色的直角边。

师：是呀，这条直角边绕点 O 顺时针旋转了 90 度，我们就可以确定这个三角板也跟着旋转了 90 度。

师：我们看看课件的演示。

师：这个三角形在旋转的过程中。什么变了，什么不变？

生：三角形的大小不变。

生：三角形的形状不变。

生：位置变了。

生：中心点不变。

生：两条边都绕点 O 顺时针旋转 90 度。

师：关于图形的旋转还有很多知识，咱们以后再研究。

【设计意图】这里设计了在方格纸上将三角板旋转 90 度的活动，先请学生想象三角形绕点 O 顺时针旋转 90 度会在方格纸的什么位置，其次利用三角板学具进行操作验证。并引导学生探究如何能准确判断旋转了 90 度，在学生讨论交流的基础上感悟到核心问题：“看直角边旋转了多少度”。

四、感受旋转的应用

师：今天，我们认识了旋转，旋转不仅是一种运动，它更像是一支神奇的画笔，请看，这是什么？（课件播放动态的雪花、紫荆花、三角形旋转图案）

师：艺术家们也利用这一知识创造了很多唯美壮观的场景，请看，这是前段时间杭州 G20 峰会演出晚会上的一个节目《美丽的爱情传说》。

师：音乐家听到了优美的音乐，美术家看到了唯美的画面，小小数学家们，你们看到了什么？

生：旋转。

师：今天这节课我们就上到这。

三、统计与概率

40. “可能性”课堂实录与反思

王镇坤
（广东省深圳市福田区园岭实验小学，特级教师）

※ 课堂实录

一、游戏激趣，引出课题

师：欢迎同学们走进“开心课堂”，今天我为大家准备了两个游戏题，分别装在红、蓝两个不同颜色的信封里。其中，有一个信封里装着一个有趣的“抛硬币”的游戏，你们猜，它可能在哪个信封里呢？（生兴趣浓厚）

生1：它可能在红色信封里。

生2：蓝色。

师：告诉你们正确答案：在红色信封里。（猜对的孩子一片欢呼）下面我们就一起来玩这个游戏。（板书：抛银币）

【设计意图】“在游戏中度过数学课”符合小学生年龄特点，使学生产生良好的情感体验，以 “开心课堂”为题眼引入新课，激发学生的学习欲望，吸引学生参与到数学学习中来。

二、实践验证，探究新知

1. 活动一：抛硬币游戏

师：这是什么？

生：1元钱硬币。

师：写有1元字样的是正面，画着菊花的是反面，我把它往上一抛，你们猜，硬币落地后哪面朝上？（生争先恐后地猜）

生1：正面朝上。

生2：反面朝上。

师：到底哪面朝上？验证一下，请一个学生和我一起来玩这个游戏。（生积极参加，师每次抛之前都先请生猜一猜哪面朝上，玩3次）

师：你们想玩这个游戏吗？请2人一组，1人抛，1人猜，每人轮流抛5次，抛硬币前先让同桌猜一猜哪个面朝上，然后再抛。

生兴高采烈地玩抛硬币游戏，师巡视并指导。

师：你们抛出来的硬币都是正面朝上或者都是反面朝上吗？

生：不是。

师：那是什么情况？

生：不都是正面朝上，也有反面朝上的时候。

师：你每次都能猜对吗？

生：不能。

师：为什么不能每次都猜对？

生1（无奈）：我猜正面朝上时，硬币摇了摇，又反面朝上了。

师：看来硬币落地之前到底是正面朝上，还是反面朝上，我们是不确定的，对吗？

生（十分同意）：对。

师：正因为硬币有正面和反面，所以当硬币落下后有两种情况，可能正面朝上，也可能反面朝上。这就是我们这节课要研究的数学问题——可能性。（板书：可能性）

【设计意图】“抛硬币”游戏充分使学生感知事件发生的确定性与不确定性。培养了学生用数学的眼光去观察世界，让学生初步认识了可能性，体会到数学与现实世界的联系。

2.活动二：摸球游戏

师：现在我的手里只有蓝色的信封，也只剩下最后一组题了，这组题在哪个颜色的信封里呢？

生：蓝色。

师：你是怎么判断的？

生（肯定地说）：只有蓝色信封了，所以一定就在蓝色信封里。

师：说的好，（师打开信封）真的在这里了。这组题是一个请同学们自己动手实验的“摸球游戏”。

（1）摸球比赛。（体验“一定”“不可能”）

（出示2个盒子：其中一个盒子里面装着6个白球，另一个盒子里面装着6个黄球。）

师：这是一个比赛项目，我们请男、女生进行比赛。比赛规则是男、女生各摸5次，摸到黄球次数最多者获得胜利，要求是不许向盒子里偷看。

男生代表摸球（男生摸的是装6个白球的盒子）：

第一次摸到了一个白球。

第二次摸到的还是白球。（男生向盒子里偷看，师忙将盒口遮住，观众笑）。

第三次摸球（闭眼睛摸，很有信心），一看，还是白球。

第四次、第五次摸球，依旧是白球。（男生很失望，下面同学七嘴八舌地说：盒里面肯定都是白的）

女生代表摸球（女生摸的是装有6个黄球的盒子）：

第一次摸到了一个黄球。

第二次摸到的还是黄色的球。

师走下讲台，背对摸球的女生自信地说：这一次我不看了，我能猜到她摸的一定是黄色的球。

女生第三次摸到的果然是黄色的球。

随着女生第四次、第五次摸球，老师背对着她大声地猜：黄色，还是黄色。

（女生高兴地与老师一起喊着：黄色、黄色。同时，学生们好像发现什么了，不禁地说：盒子里一定都是黄色的。）

师：这次比赛谁赢了？

女生：女生。（男生明显不服气）

师：男生输得服气吗？

男生：不服气。

师：为什么？

男生1（迫不及待）：因为女生摸的盒子里都是黄色的球。

师：你是怎么判断出来的？

男生1：你看都没看，就猜到女生摸的是黄色的球，所以那个盒子里一定都是黄色的球。

男生2：老师，男生摸的盒子里都是白色的球。

师：你又是怎么判断出来的？

男生2（极力争辩）：男生刚才摸的球都是白色的球，所以那个盒子里都是白色的球。

男生3：老师，我们男生才摸了5次，我们不能放弃。（同学们为他的执着笑）

师：看来你还要继续摸，好，那你到前面来，再给你个机会，再摸一摸。（师拉着男生3的手，把他领到前面去摸球）

男生3又摸了3次，还都是白球。

师：这是怎么回事啊？

男生3：因为男孩子摸的是A盒，女孩子摸的是B盒。（同学们为他的发现而高兴地笑）

师：根据你的判断，这两个盒子里装的球有什么不同呢？

男生 3：这个盒子里装的全都是白球，那个盒子里装的全都是黄球。

师：他判断得对不对，我们把两个盒子里的球都倒出来看一看。

师：（分别打开两个盒子）大家一起数：*A* 盒里有 6 个白球，*B* 盒里有 6 个黄球。

师： 看来我们的这个游戏是不公平的，比赛不能算数了。

师：同学们想一想，在 *B* 盒里摸球，只要任意摸一个，就会怎样？

生 1：全是黄色的。

师：还可以怎么说？

生 2：都是黄色的。

生 3：因为全都是黄色的，不可能摸到白色的。

师：（板书：不可能）还不可能摸到什么颜色的球？

生 1：绿色的。

生 2：黑色的。

师：为什么？

生：因为盒子里都是黄色的，不可能摸到其他的颜色。

师：想一想，生活中什么事情不可能发生？动动你的小脑瓜。

生 1：买东西的时候，不可能不要钱。（观众大笑）

生 2：公鸡不可能下蛋。

师：那么，在 *A* 盒里摸球，只要任意摸一个，会怎样？

生 1：全是白色的。

生 2：肯定是白色的。

师：（板书：一定）你们知道什么事情一定会发生？

生 1：睡觉前一定要洗脚。

生 2：口渴的时候一定要喝水。

……

【设计意图】学生在这个“不公平的摸球比赛”中真切地体验到“一定”和“不可能”，随着游戏的进行，学生对事件发生可能性的判断也逐步清晰了，有助于学生“可能性观念”的形成和判断力的提升。

（2）摸球实验。（体验“可能”）

师：你们大家想不想也来玩玩摸球游戏啊？我们每个小组的桌子上都放着一个装有3个黄球和3个白球的盒子，从这个盒子里任意摸出一个球，会是什么颜色？谁来猜一猜？

生 1：白球。

生 2：黄球。

师：有不同的说法吗？

生 3（沉稳地）：会是黄球，也许是白球。

师： 也就是不一定是什么颜色的了，到底是不是这样的呢？你们想不想亲自验证一下？

生（急切地）：想。

师：请同学们以组为单位进行摸球游戏，合作要求：小组同学每人摸一次，摸之前大家先猜一猜每次摸到的会是什么颜色的球，再摸球。组长负责组织大家摸球，记录员做好纪录。每次摸球前将盒子摇一摇，不许偷看。

生进行摸球游戏，师巡视，指导小组合作。（生活跃，不断发出欢呼声和失望声）

师：哪一个小组来汇报一下摸球的结果？

生 1：我们组摸到了 7 次白球，9 次黄球。

生 2：白球一共摸到了 6 次，黄球一共摸到了 6 次。

……

师：从统计的结果来看，你发现了什么？

生 1：我发现第 2 组和我们组摸到的结果是一样的。

生 2：我发现有的组黄球摸到的次数多，有的组白球摸到的次数少。

师：这次摸球，每次摸之前，有没有全都猜对了的？

生：没有。

师：这是什么原因？

生：因为盒子里的球颜色不一样。

师：说得太对了，因为盒子里有黄球，也有白球，这次摸到的可能是白球，下次摸到的——

生：可能就是黄色的。

师：（板书：可能）在生活中什么事情可能发生？

生 1：我可能会生病。

生 2：我生病的时候有可能要吃药，还有可能要打针。

师：他说的真好，一下子说出了两种可能。

……

【设计意图】“做数学”是目前数学教育界的一个重要的观点，极具数学趣味的摸球活动让学生经历了观察—猜测—试验—验证—交流的思维过程，感悟到事件发生的“可能性”， 培养了学生小组合作学习的意识。

三、灵活运用，巩固新知

1. 抽奖游戏

师：同学们这节课表现得真棒！为奖励大家，给大家一个抽奖的机会。

出示盒子：里面有 2 个黄球，10 个白球，摸到黄球就中奖。

生兴奋地抽奖。

师：为什么大部分同学都没有中奖？

生（失望地）：因为白球多，黄球少，所以大部分同学都没中奖。

师：生活中很多商家的抽奖活动就是这样设计的，所以想要中奖的可能性就很小。

2. 果冻拼装

出示三种口味的果冻：香橙、草莓、苹果。

师：请按要求装盘：

A. 随手拿一个，一定是苹果味的。

B. 随手拿一个，不可能是苹果味的。

C. 随手拿一个，可能是苹果味的。

生按要求进行了方法多样的拼装。（出乎教师意料）

【设计意图】学以致用，才能很好地体现数学的应用价值。抽奖活动紧密联系生活，更渗透了“可能性有大小”的思想；果冻拼装的方法不唯一，呈现了应用设计的开放性，为学生提供更多的思考与探索的机会。

四、总结谈话，课外延伸

师：这节课你过得快乐吗？你觉得最大的收获是什么？

生 1（高兴）：我赢得了礼物，获得了快乐。

生 2：我获得了知识。

生 3：我知道了“可能性”。

师：刚才同学们的一番话让我感到非常高兴，今天王老师是不虚此行了，我给同学们带来了快乐，带来了知识。其实，在生活中，有些事情是一定发生的，有些事情是可能发生的，有些事情是不可能发生的。请同学们多留心生活中的事情，看哪些事情是可能发生的、哪些事情是不可能发生的、哪些事情是一定发生的，把你的发现告诉家人，好吗？

【设计意图】赢得快乐、获得知识，对于一个教育工作者来说，还有什么比这些更重要的呢？可以看出在这节课上，孩子们学得开心，学得愉快，教学达到了预期的效果。

※ 课后反思

一、目标成功实现——教学改进策略

著名的数学家拉普拉斯说："生活中最重要的问题，其中绝大多数在实质上只是概率问题。"概率已经渗透到社会的各个角落，而"可能性"则是儿童掌握概率概念的必要基础。

事件发生的"可能性"对于学生来说是一种全新的思想，如果缺乏对"可能性"现象的丰富体验，学生则较难建立这一观念，因此，本节课我依据学生的认知规律，灵活组织了"抛硬币"等这样既促进学生理解、又有应用价值的五个不同层次的数学活动，为学生提供大量实践环境，使学生在活动中初步体验到事件发生的可能性，感受到有些事件的发生是确定的，有些是不确定的，并且向学生渗透了猜测、实验等数学思想方法，与此同时好玩的游戏也给同学们带来了良好的情感体验，实现了预期的教学目标。

教学中，令我惊喜的是，学生在抽奖活动中已经发现可能性是有大小的了，而且学生在根据要求进行果冻拼装时还使用了多种方法。可以说，正是我给学生创设了探索的情境，提供了发展的空间，学生的潜能才得以发挥，教学已经明显地超越了目标，这恰是本节课大胆设计的成功之处。

学生在用"不可能""一定"表达事物发生的情况时，个别学生显现出困难，我想其原因是学生年龄小，缺少生活经验和此类现象的感知。改进此处的教学策略应是教师可以举出几个范例，比如：太阳不可能从西边升起，我一定会长大。

二、突发事件处理——课堂高潮呈现

在男女生"不公平的摸球比赛"活动结束后，没想到还有这样一个执着的"男生3"表达了不服输、不想放弃的愿望，我顺势手拉手将他领到台前，又给了他摸球的机会，可他还是摸出了3个白球，这时这个可爱的孩子说出了他的发现：他摸的盒子和女生摸的盒子不是同一个才出现了这种失败的结果。我追问，根据你的判断这两个盒子里的球有什么不同呢？"男生3"道出了自己的发现：男生摸的盒子里装的全都是白球，女生摸的盒子里装的全都是黄球。到底是不是这样的呢？我将球全部倒出来，公布了真实的情况。这一教学行为把课堂教学推向了高潮。

思考过后，我想对这一突发事件更好的处理方法是不是应该在公布盒子里的真实情况，体会到"不可能""一定"之后，再让学生们想一想："怎么往盒子里装球，才能使比赛变得公平？"，进而推向下一个教学环节：在装有3个黄球和3个白球的盒子里进行摸球实验，以便进行"可能性"的教学。

41. “可能性大小”教学设计

宋君
（河南省郑州市金水区金桥学校，青年名师）

※ 课前思考

在四年级的数学学习中，学生已经认识了可能性的大小，在上节课的学习中，学生又认识了可能性，而本节课的核心内容是进一步体会可能性的大小，初步感受数据的随机性。

教材首先创设问题情境，教师引导学生在看懂图意的基础上，然后提出问题，并引导学生进一步认识客观事件发生的可能性大小，初步感受数据的随机性，为学生后继的概率学习做好铺垫。

五年级学生思维的基本特点是以具体形象思维为主要形式逐步过渡到以抽象逻辑思维为主要形式，在经过四年多的数学学习后，学生在分析问题的能力、语言表达的能力上都有较明显的提高，已经能够根据学习内容尝试着去提出数学问题、分析问题并解决问题，能够比较有效地进行小组合作学习。

作为五年级的学生，他们已经初步感受了不确定现象，并能用“可能”“不可能”“一定”这样的词语描述这些现象。在此基础上本节课通过摸球游戏引导学生感受事件发生的可能性是有大有小的，并能用“不可能”“可能性大”“可能性小”等词语进行描述，本节课引导学生在摸球游戏的过程中去感受可能性的大小，为今后学习用数值表示可能性的大小打下坚实的基础。

在教学中，学生对于随机的认识还是肤浅的，为了引导学生进一步加深对可能性大小的认识，感受数据的随机性，我在小组进行摸球游戏后，结合刚才的摸球游戏，引导学生进一步思考：“如果老师从小组使用的袋子里摸出一个黄球，把黄球放回去，摇一摇，第二次摸出一个黄球，第三次摸出黄球的可能性就比较大，对吗？”“淘淘第一次从这个袋子里摸出一个黄球，把黄球放回去，摇一摇，第二次还是摸出了一个黄球，这样连续 7 次都是摸出了黄球，你认为可能吗？”教师引导学生对摸球游戏进行思考的同时，深入思考摸球带给我们的启示，感受数据的随机性。本节课，我充分发挥学生的主体性，使其在课堂中积极主动地获取新知，在自主学习、合作交流中主动进行数学学习，调动学生学习的积极性和主动性，激发学生的学习兴趣。

本节课，我将课堂还给学生，充分体现学生的主体地位，我一直践行“简单地教，智慧地学”的课堂教学理念。在课堂教学中，我注重在对话、互动、生成中进行智慧的思考和分享，采用生生互动、师生互动的方式进行教学。

在教学时，我关注学生的学习过程，提供自主学习的机会，给学生充分思考的空间与时间，允许并鼓励他们展示不同的思维过程，尊重他们的真实想法。在此基础上，组织学生在讨论交流中，发展学生的智力，培养学生的数学学习能力。

※ 教学过程

一、谈话导入，引入新知

课前，宋老师做了一个调查，知道同学们都很喜欢摸球游戏。今天，我们一起来研究摸球游戏中的数学。（板书课题）

二、小组合作，体验新知

下面我们先来玩一个摸球游戏。宋老师为每个小组准备了一个袋子，袋子里装有黄球和白球共 10 个。每个小组袋子里的球是一样的。

请看：（出示“小组活动要求”）

（1）分小组进行摸球。小组内的同学轮流从袋子里摸球，每次只能摸出一个球，记录员负责做好记录。每次摸球后再把球放回去，摇一摇，然后下一个同学再摸球。每人摸球 5 次。（注意：摸球时不能用眼睛看，摸球结束后也不能打开袋子）

（2）小组活动时，比一比，哪个小组最安静、速度最快。

（3）根据你们组的摸球结果，你们会想到些什么？

第______小组摸球情况统计表

第几次	1	2	3	4	5	6	7	8	9
颜色									

共摸（ ）次白球，（ ）次黄球。

【设计意图】现代教学理论表明，只有重视学生的学习过程，放手让学生研究，使学生的学习过程变为研究问题的过程，才能最大限度地促进学生的思维发展。

通过摸球游戏，学生在学习中自己去发现，这样的数学学习贴近学生实际，更能引起他们的探究欲望。

谁来汇报一下你们小组的摸球结果？

预设一：例如，一个小组汇报，我们摸了 20 次，10 次白球，10 次黄球。

看到这些摸球结果，你觉得袋子里摸到黄球和白球的可能性如何？

一个小组汇报，我们摸了 20 次，18 次白球，2 次黄球。

看到这些摸球结果，你觉得袋子里哪种颜色的球可能多？

预设二：例如，一个小组汇报，我们摸了 20 次，17 次白球，3 次黄球。

看到这些摸球结果，你觉得袋子里哪种颜色的球可能多？

另外一个小组汇报，我们摸了 20 次，12 次白球，8 次黄球。

看到这些摸球结果，你觉得袋子里哪种颜色的球可能多？

每个小组袋子里放球的情况是一样的，为什么每个小组摸球的结果不一样呢？

昨天，宋老师也用这个袋子和女儿进行摸球，我们一共摸了 20 次，8 次白球，12 次黄球。

看到这些摸球结果，女儿觉得袋子里黄球多、白球少。

各个小组之间猜测的结果不一样，怎么办呢？

汇总全班摸球结果。

五班摸球情况汇总表

颜色 / 摸球次数 / 小组	白球次数	黄球次数
第一小组		
第二小组		
第三小组		
第四小组		
第五小组		
第六小组		
…		

看到这些摸球结果，你又觉得袋子里哪种颜色球多？哪种颜色的球少？

请你认真想一想，你能推断出袋子里有几个白球，几个黄球吗？

学生可能会有以下猜测：（1）9个白球，1个黄球；（2）8个白球，2个黄球；（3）7个白球，3个黄球；（4）6个白球，4个黄球。

宋老师和我们学校的学生也进行了许多次的摸球游戏，我们摸球的结果是这样的：我们一共摸了1000次，摸到白球798次，摸到黄球202次。请你再推断一下，上面4种情况，你认为哪种情况最有可能？

同学们通过观察摸球的结果，有了自己的思考和猜测，现在我们打开盒子验证一下。

正如大数学家开普勒所说：数学就是研究千变万化中不变的关系。大家根据各个小组的汇总数据进行了猜测，然后根据全班数据再次进行猜测，最后在大数据的猜测中找准了白球和黄球的个数。

【设计意图】《义务教育数学课程标准（2011年版）》指出："动手实践、自主探索与合作交流是学生学习数学的重要方式。数学学习应当是一个生动活泼的、主动的和富有个性的过程。"在教学时，要给学生充分的从事数学活动的时间和空间，真正使学生在自主探索、合作交流中得到发展，最大限度地调动学生学习的积极性和主动性。

怎么能让这个袋子中摸到黄球的可能性大呢？

反过来，怎么能让摸到白球的可能性大？

怎么做就一定能摸到黄球？

怎么做就不可能摸到黄球？

从这个袋子里摸出一个白球，把白球放回去，摇一摇，第二次摸出黄球的可能性就比较大，对吗？

淘淘第一次从这个袋子里摸出一个黄球，把黄球放回去，摇一摇，第二次还是摸出了一个黄球，这样连续7次都是摸出了黄球，你认为可能吗？说说你的想法。

【设计意图】在教师引导学生对摸球游戏进行思考的同时，深入思考摸球带给我们的启示，感受数据的随机性。

三、巩固练习，拓展延伸

1. 基本练习

（1）想一想，说一说。

盒子里有两种不同颜色的球，淘淘摸了30次，魔球的情况如下表。

颜色	红色	蓝色
次数	9	21

根据表中的数据推测，盒子里有（　）色的球可能多，（　）色的球可能少。

（2）

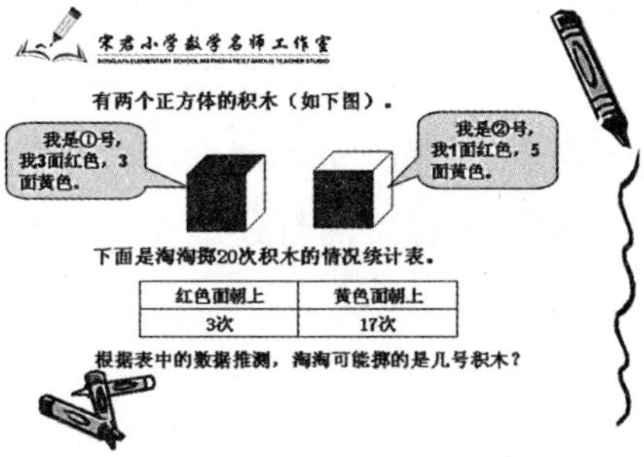

【设计意图】从学生熟悉的情境中引出数学问题，学生定会兴趣盎然。通过不同游戏的呈现，设置多种不同形式的练习，使学生进一步感受可能性的大小。学习的目的是应用，通过进一步引导学生运用数学知识去发现和解决实际问题，从而进一步增强学生数学应用的意识。

2. 综合练习

（1）

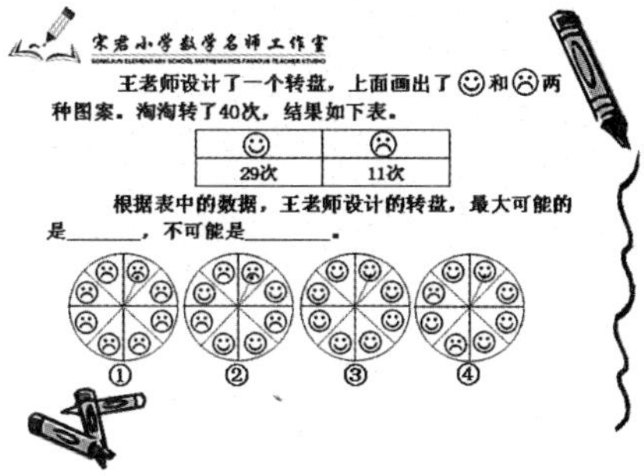

（2）把9张扑克牌洗好，反扣在桌子上，从中任意摸出一张扑克牌。

1）他们说得对吗?

①摸A的可能性最大。

②摸到红色牌的可能性最大。

③摸到奇数牌的可能性最大。

2）想一想，摆一摆。

把9张扑克牌洗好，反扣在桌子上，从中任意摸出一张扑克牌。

①一定能摸到黑桃，可以怎样选牌？

②摸到黑桃比红桃的可能性大，可以怎样选牌？

【设计意图】可能性与生活实际联系密切，这里设计了多种形式的练习题目，给学生搭建了一个平台，让学生在解决实际问题中，用学到的数学知识去解释和解答实际问题，不但能巩固所学内容，而且还能感受到数学的趣味和价值，更能提高学生解决实际问题的能力。

四、课堂小结，布置作业

通过这节课的学习，你有什么收获？

42. “游戏规则的公平性”课堂实录

华应龙
（北京第二实验小学，特级教师，正高级教师）

※ 课堂实录

一、创设情境

1. 教师出示鸟巢图片

师提问：请看大屏幕，这是哪儿？

生齐答：鸟巢。

师：举世瞩目的北京奥运会圆满地、无与伦比地结束了。去过北京，现场看过奥运会的请举手。没有人，的确，就是北京当地的人也买到不奥运会的门票。我有一位朋友，知道我当年是学校篮球队的队长，就专门帮我找了一张男子篮球决赛的门票。（出示篮球票）只有一张。我儿子也是篮球迷。怎么办呢？饭桌上，我和儿子商量。我儿子看到桌子上有一个啤酒瓶盖，就说：“爸爸，我们抛啤酒瓶盖吧。如果正面朝上就我去，如果反面朝上就您去。”我说：“儿子，什么是正面朝上？什么是反面朝上？”（出示瓶盖正、反面图片，并标注“正——儿子、反——爸爸”）你们想一想，（板书：问题）这个办法好不好？认为好的举手。

（学生纷纷举手表示认可。）

师：为什么好？谁能说一下你是怎么想的？

生 1：我觉得是靠命运决定的，所以公平。

生 2：我认为是公平的，因为儿子的机会是二分之一，爸爸的机会也是二分之一。

师：二分之一，就是这个瓶盖抛起来的时候，可能是正面朝上，也可能是反面朝上，只有两种可能，（板书：可能性）并且抛一次的话，一定会有一面朝上。所以说是公平的。有没有不同的想法？

生 3：我认为在现实生活中会有所争议，因为啤酒瓶盖打开过，会有一定的折痕，会影响最终的公平性。

师：你想得很好，不过我们选的啤酒瓶盖如果就是平的，好像就没问题了。

用抛啤酒瓶盖的办法，刚才大家都说好了。现在在他的启发下，有没有认为不好？

生4：我认为瓶盖的反面那一圈是折起来的，这一面的重量会比正面的重量大，所以爸爸胜的可能性比较大。

师：能用“可能性”这个词很好。同意这个观点的请举手。

（部分同学同意。）

师：看来现在有两种意见了。

生3：（一直坚持举手，最终获得发言的机会）我认为，瓶盖上的锯齿也会影响最终的结果。

师：经过刚才的讨论，我们发现问题（指板书：问题），用抛啤酒瓶盖的办法来决定谁去看比赛，到底公平不公平，答案不一致。怎么办呢？

生4：做个试验呗。看一下到底有没有问题。

师：非常好！做个试验来看一看到底公平不公平。（板书：试验）有这样的想法非常好。实践是检验真理的唯一标准，试验一下。

师：孩子们，我还真给大家准备了啤酒瓶盖，在组长那儿，请大组长将装有瓶盖的水杯分给每个小组。（学生按要求分瓶盖）想一想，就试验一次行吗？（不行）假设我们试验10次的话，你觉得我们试验以后得到怎样的数据才能支持我们刚才的判断？（板书：数据）不要说，只要想。然后根据数据，可以得出一个结论，推断用啤酒瓶盖来做决定到底公平不公平。（板书：推断）

师：我建议做的时候（拿起装有瓶盖的水杯），可以上下使劲晃动三次（教师边说，边动手演示），然后看一下，是正面朝上还是反面朝上。怎么记呢？在表一里，“正面”记“1”，“反面”记“0”，并数出合计数填在（ ）里。

表一

1	2	3	4	5	6	7	8	9	10	合计	
										正面	反面
										（ ）次	（ ）次

二、组织研讨

（学生分工合作，动手操作，小组汇总后汇报。）

生1：我试验之后发现，正面有3次，反面有7次。我推断反面的次数比较多。

师：反面次数比较多是你们小组统计出的结果，能做出什么推断呢？

生2：可以说爸爸赢的概率比较大。

师：你们同意吗？（同意）对，我们做试验的目的就是要解决问题。刚才的问题是用抛啤酒瓶盖的办法到底好还是不好，现在我们能得出一个推断——不好，爸爸赢的可能性要大一些，不公平。还有不同的结果吗？

生 3：我们组试验的数据是正面 5 次，反面 5 次，我们觉得这个办法是公平的。

师：根据她的试验结果，你同意她的推断吗？

（同学们纷纷点头。）

生 4：我们试验的结果，正面没有一次朝上，全是反面朝上。

师：你只说了试验的现象，没有说你的推断。

生 4：所以我推断是爸爸赢定了。

师小结：现在我们有三种意见了，第一种是认为反面朝上的可能性大，第二种是反面、正面朝上的可能性相等，第三种是反面一定朝上。还有不同的意见吗？

生 5：我们试验的结果是反面 8 次朝上，正面 2 次朝上，所以我们得出的推断是爸爸赢的次数多，所以这个游戏不太公平。

师：还有正面朝上的次数多，进而推断出正面赢的可能性大的吗？

生 6：我们得到的试验数据是，正面抛了 7 次，反面只抛了 3 次。所以我们推断儿子赢的可能性比较大。

师：我们的结论太丰富多彩了。现在回过头来看，我们碰到一个问题，通过试验可以得到一些数据，根据不同的试验数据可以得出不同的推断。（板书：问题—试验—数据—推断）因此，准确地说，每个小组的推断只能说是“可能这样”。

（同学们点头同意，教师在“推断”后板书“？”。）

师：通过各组试验 10 次，全班没有形成统一的意见，我们又该怎么做呢？

生 1：可以用举手表决的方法，就是根据试验，同意一个观点的举手，哪一个的可能性大，哪一个举手的人就多。

（有几个同学附和，举手同意。）

师：请大家想一想，这个问题能用举手表决的办法吗？是你认为怎样就怎样的吗？

生：（纷纷摇头）不是。

生 2：全班合计，反面的次数合计一共是多少，正面的次数合计一共是多少，合计起来看哪个总数比较多，就能做出推断。

师：试试看，六个大组分别先合计四个小组的，填在表二里。

表二

	正面	反面
1号		

2号		
3号		
4号		
合计		

各组合计后，按组汇报，教师输入汇总表三。

	正面	反面
1	10	30
2	13	27
3	12	28
4	6	34
5	7	33
6	12	28
合计		

师：我们看看各大组得出的数据，能看出什么？

生1：反面赢的可能性一定大于正面。

（众生同意。）

师：当试验的次数比较少的时候，偶然性就比较大。试验的次数多一些的时候，本来的面目就表现出来了，我们就看到了一个规律（板书：规律）：啤酒瓶盖反面朝上的可能性大。为什么反面朝上的可能性比较大呢？请同学们观察思考。

（生沉默。）

师出示踢毽子图。

生1：毽子的羽毛下面有皮圈，会增加重量，和瓶盖的道理是一样的。

生2：瓶盖的正面重，所以反面朝上的可能性就大。

师：（频频点头）我在备课的时候，问过一位博士，他觉得反面朝上的可能性会大，但是不会大得太多。我们试验的结果是什么呢？

生：大很多。

师：（满意地微笑）通过试验我们知道，用抛啤酒瓶盖做出这样一个决定是不公平的，因为啤酒瓶盖不均匀（板书：均匀）。那我们抛什么才公平？（板书：游戏公平）

生：抛硬币。

师：孩子，请说明一下，为什么抛硬币就公平？

生1：硬币是均匀的，两面都有花纹。

生2：抛骰子。

师：骰子有六个面，抛一次的话，怎么决定谁赢？

生2：谁大，就决定谁赢。

师：怎么决定谁大呢？

生2：点数大。

师：抛两次当然能决定谁大。就抛一次，怎么定规则？

生3：抛到双数就是儿子赢，抛到单数就是爸爸赢。

师：行吗？

生4：有二分之一的可能。

师：抛到单数的情况有哪些？

生：1、3、5。

师：双数呢？

生：2、4、6。

师：所以说，抛到单数和双数各有二分之一的可能。

生5：骰子是由红色和蓝色组成的。根据颜色不同，抛到红色就是儿子赢，抛到蓝色就爸爸是赢。

（大部分学生附和同意。）

生6：红色只占骰子的六分之二，蓝色占骰子的六分之四。

（教师不做声，出示大骰子，让学生观察，生5发觉自己的想法不好。）

师：如果这样确定：大于3，儿子去；小于3，爸爸去，行不行？

生：3算不算？

师：3不算。

生：不行！

师：怎么不行呢？

生：大于3的有3个，4、5、6，小于3的只有2个，所以不公平。

师：抛一次的话，还可以制定出很多公平的规则。但必须有个前提条件，那就是骰子必须是均匀的。如果让你来判断一个骰子是否是均匀的，你有什么办法？

生：抛一下。

师：我还真给大家准备了两种骰子，一种骰子是均匀的，另一种骰子是不均匀的，但不知道哪种是均匀的，哪种是不均匀的。1、2、3组用一种骰子，4、5、

6组用另外一种骰子。每个小组抛15次，记录分别得到几点，然后我们简单统计一下，只统计“1”点出现几次，“6”点出现几次，因为这两个点正好在相对的两个面上，记在表四里。

表四

1		2		3		4		5		合计（次）	
6		7		8		9		10		“1”	“6”
11		12		13		14		15			

师：刚才我们已经有经验了，次数少了不能说明问题，所以小组做完后，大组要将四个小组的数据合计起来，记入表五。

表五

	“1”	“6”
1号		
2号		
3号		
4号		
合计		

师：请组长将骰子分给四个小组，把瓶盖换成骰子。注意：要上下使劲晃动3次。

（学生操作并汇报。教师根据学生的汇报填表六。）

点数	“1”	“6”
1组	8	10
2组	6	14
3组	14	9
合计	28	33
4组	13	7
5组	15	11
6组	12	9
合计	40	27

师：请看我们试验的数据，你能得出什么推断？

生1：我们组每次抛的都是“6”。

师：就像开始抛啤酒瓶盖，有的小组抛10次都是反面朝上，但是我们能不能得出那个结论？

生1：不能。

生2：1、2、3组的骰子是均匀的，4、5、6组的骰子是不均匀的。

师：他的结论你们同意吗？28和33也不一样呀？

生：差距比较小。

师：第二组呢？

生：差距大。

师：我们就做出推断，4、5、6组的骰子，可能是不均匀的。想知道谜底吗？

（学生们迫切地、兴奋地期待：“想！”）

师：1、2、3组的骰子和4、5、6组的骰子是一样的，都是我从商场买回来的同一种规格的骰子。（大部分学生的脸上表现出困惑的神情）不过，4、5、6组的骰子，我在“6”点上加重了，哪一面朝上的可能性大？

生：“1”点朝上的可能性大。

师：这说明我们的试验成功了！掌声祝贺自己！

（学生们热烈鼓掌，有的还自豪地点着头。）

三、回顾总结

师：刚才有同学问我，最后究竟谁去看篮球了？你想知道吗？

生：（齐声地）想！

师：（出示课始：“正——儿子，反——爸爸”的图片）我儿子已经是复旦大学二年级的学生了，他是知道啤酒瓶盖反面朝上的可能性大的。想到这一点，我心里特别幸福：有这样的儿子真好！我把啤酒瓶盖给我爱人，请她抛了一次……

（学生们好奇地等待。）

师：正面朝上！

（学生的表情，有的惊讶，有的兴奋，有的不解。）

师：不是反面朝上的可能性大吗？为什么呢？

生1：妈妈做手脚了，把反面加重了。

生2：因为虽然反面朝上的可能性大，但是正面朝上的可能性也不是没有，所以说这只是一次偶然。

生3：随机性。

（教师不做评价，无声出示“一切皆有可能”。学生们会意地笑了。）

师：正因为“一切皆有可能”，一个啤酒瓶盖让我们玩得那么起劲，充满了兴趣；正因为“一切皆有可能”，我们的生活才丰富多彩，充满了希望，充满了情趣。

师：可能性相等就是公平的（在“可能性”后接着板书：相等），也就是机会均等就公平。正因为这样，盛大的奥运会上，很多的比赛项目都是通过抛硬币来做出一些决定的，请看画面——

（播放北京奥运会乒乓球、羽毛球、足球、网球等比赛开始时裁判抛硬币的录像，背景音乐是北京奥运会主题歌《我和你》。）

……

43. “折线统计图”教学设计与反思（课例一）

姚铁龙
（广东省深圳市福田区教育科学研究院，特级教师，正高级教师）

※ 教学过程

一、蒜苗隐形记

师：同学们，在前面的学习过程中，我们每个人都有种植蒜苗，老师根据你们的蒜苗种植情况，制作了一段视频，现在我们一起欣赏一下同学们的蒜苗成长记。有的同学不仅种植了蒜苗，还每隔一天就用照片和数据记录蒜苗的成长过程，这就是照片（同时出示六张倒扣的照片），想看吗？那先给大家看一张（点击翻开第一张图片），上面有什么信息？（第二天小蒜苗长到了1厘米高）是的，到第四天小蒜苗就已经长到3厘米高了（点击翻开第二张图片），蒜苗后面的长势如何？谜底暂不揭开，现在我们要先玩一个蒜苗隐形的游戏。

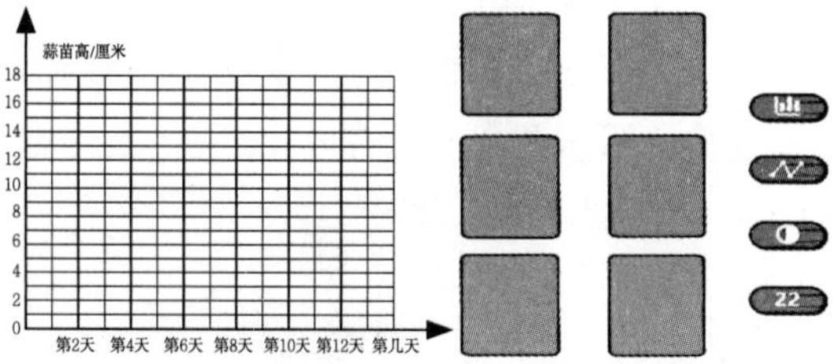

师：集中你们的注意力，见证奇迹的时候马上就要到了，蒜苗要隐形了，变变变，咦，蒜苗图不见了，谁看懂了游戏规则？

师：谁上来帮第二张蒜苗图片隐形？说说你是怎么找到这个位置的？

师：还有四张蒜苗图片在这里，你们愿意帮助它们隐形吗？好，不过，老师有个提示，这四张照片可不是按顺序摆放的，谁愿意上台挑战？

师：请任意点击一张图片，想想它到底应该放在哪？还有谁愿意上台？还剩最后两张图片，谁来挑战？

师追问：现在出现了什么问题，怎么解决？

学生依次翻牌后，根据自己的判断放在合适的位置并说出理由，学生有可能放错位置。等所有的牌翻开后再让他们重新排序。

天数	第2天	第4天	第6天	第8天	第10天	第12天
高度	1	3	7	10	14	15

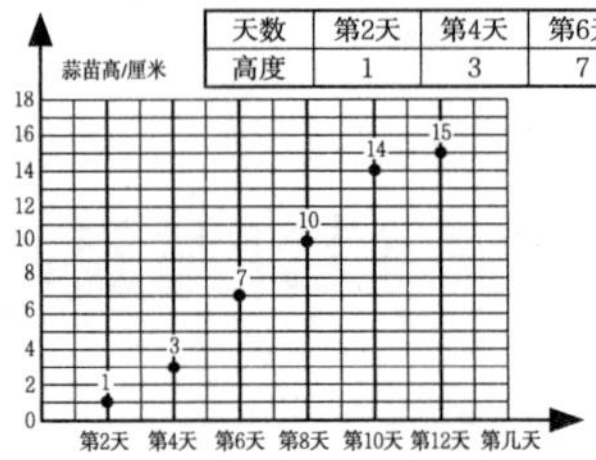

师：恭喜你们给每张蒜苗图片都找到了位置，现在我们知道，找到的这些点代表的是什么？对！蒜苗生长的高度，看来这些点非常重要。（课件动态出示条形统计图的过程）

蒜苗生长情况统计图

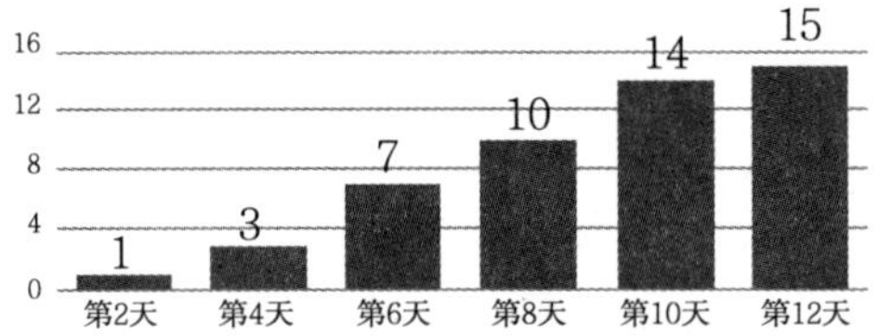

师：蒜苗就是这样一天一天地长高，原来找到了这些点就可以画出条形统计图。看到这幅条形统计图，你们能获取什么信息？

师：是的，条形统计图通过观察直条的长短就能清楚地看出数量的多少。（按键后隐去条形）

师：这些天蒜苗的生长情况是怎样变化的呢？谁来描述一下？

师：你是用语言来描述变化情况的，可以不用语言描述吗？（学生用手势比画）

师：我看到有几个同学在用手势比画，大家都用手势比画比画，用手势比画可以感受到蒜苗的生长变化，那么我们比画的其实是一条什么呢？（将点连成线）

蒜苗生长情况统计图

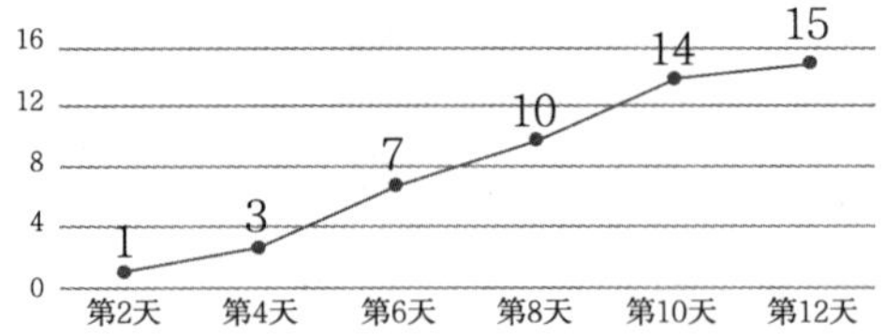

师：这样的统计图你们知道叫什么名字吗？（出示课题）

师：在这幅折线统计图中，你们读到了哪些信息？你们还能提出什么问题吗？（出示问题，鼓励学生大胆提问）

师追问：老师现在有个问题，这些点表示什么？（板书：点表示数量的多少）那点的作用我们知道了，线在这里有什么作用？可不可以不要？（按键去掉线）和你的同桌说一说。

生：用线将这些点连起来，可以帮助我们看出蒜苗高度的变化趋势。

师：现在我们知道折线统计图中线表示数量的变化。（板书：线表示数量的变化）

师追问：观察这个统计图，还有没有人发现别人看不到的信息？线段越陡，说明数量变化越大。线段比较平缓，说明数量变化很小。

师追问：蒜苗 12 天以后的长势会怎么样呢？谁来预测一下？（出示一个 22 天生长情况统计表）我们看看这幅统计图，你们又有什么发现？

师：条形统计图你们能看懂，折线统计图你们也能看懂，这两幅图放在一起你们有什么问题要问吗？（出示两种统计图）

师追问：要体现蒜苗的生长变化情况，你们觉得选用什么统计图比较好？小组讨论交流一下。（对比两种统计图，折线统计图不仅可以看出数量还可以看出生长变化，条形统计图只能看出数量的多少。）

二、图图是道（画折线统计图）

1. 看微视频

师：刚才大家分析得头头是道，其实我们刚刚找点连线的过程就是制作折线统计图的过程，想不想自己画一幅折线统计图呢？我们先一起看一个微视频。（播放如何制作折线统计图的微课）

2. 画折线统计图

师：现在请大家拿出课前收集好的数据，在作业纸上绘制折线统计图，开始！

师：绘制完了的同学，可以和同桌交流交流。

3. 展示与评价

师：现在请一个同学看着自己画的折线统计图给大家介绍介绍你的蒜苗生长情况是怎样的？（学生上台看图讲解）

师：有没有哪一组的蒜苗比他们组的长得高？请给大家介绍介绍。

师：从图上可以看出你们组的蒜苗长势确实不错。

师：你认为他的蒜苗会一直比你的高吗？请你预测一下你的蒜苗接下来的高度，蒜苗会一直长吗？你会一直长吗？

小结：看来我们进行预测时，需要联系生活实际。

4. 各组蒜苗高度折线统计图（体现统计图的选择）

师：这就是你们十个组课前收集的蒜苗生长数据。其实，老师根据每个组蒜苗的高度绘制了一幅折线统计图，（出示各组的蒜苗高度折线统计图）看到它你们有什么话想说？我还绘制了一幅条形统计图，你们觉得统计各组蒜苗的高度，用哪幅统计图会更合适呢？（小组讨论讨论）

（各组蒜苗的高度还是用条形统计图比较好，绘制成折线统计图没有意义，因为不是一棵蒜苗，是很多棵蒜苗比较高度，我们比的是结果，不是过程，条形统计图更好、更直观。）

师：折线统计图可以直观地展示出发展变化的趋势，但不是所有的情况都适合做成折线统计图。我们要根据统计目的选择合适的统计方式。

三、按图索城

师：折线统计图在我们的生活中应用非常广泛，你们见过哪些折线统计图呢？

师：下面我们再来玩个游戏，这个游戏的名字叫作按图索城，也就是说我们要根据统计图提供的线索找到城市。

我们一起来看一下游戏规则：答题正确直接进入到下一题，答题错误城墙就会像这样迅速地关闭。

首先我们看一下我国三个城市的月平均气温统计图。

出示 A（哈尔滨）、B（长沙）、C（海口）三个城市月平均气温折线统计图。

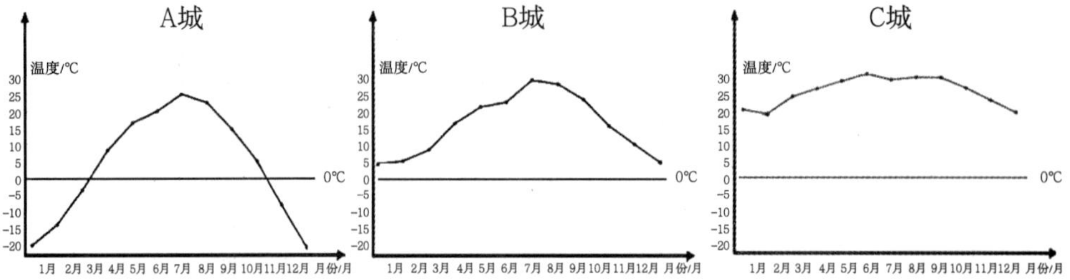

师：请大家拿出统计图，认真地读图，看看从图上你能获得什么信息？读完图后，我们就开始答题。

师：现在我们要分成男队和女队来进行 PK，每队每次派一名同学上台挑战，答对一题就可以获得一枚答题王者的勋章，最后看到底是男队获胜还是女队获胜？

师：好，第一轮答题开始！请女生派代表上台答题。（每人答一组题）请选择一个关键词：旅行、名字、词语、气温。

师：请听题！你有 20 秒的答题时间，现在开始倒计时！

师：好，现在请你讲解选择答案的理由。

1.“旅行”例题

（1）寒假，要去 A 城市旅行，应该带上图几的衣服？

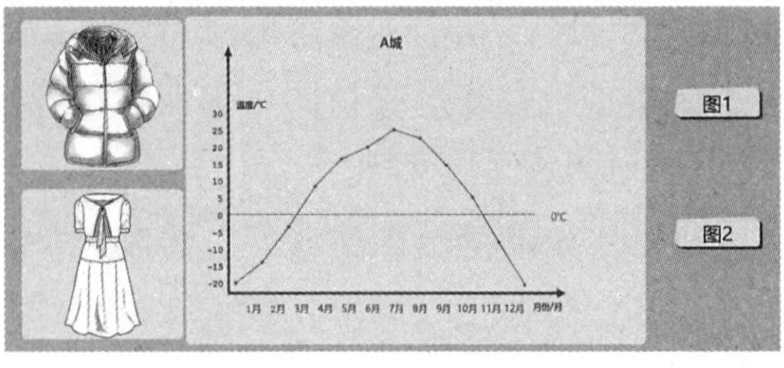

（2）这是鹏鹏元旦在老家拍的照片（穿一件 T 恤、一条长裤），请问他的老家是哪个城市？

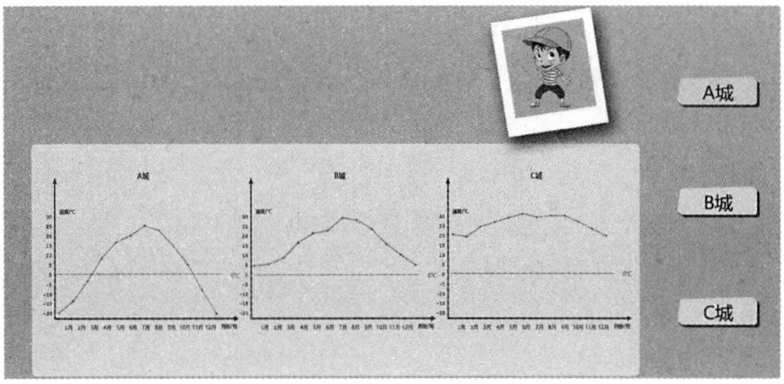

2.“词语”例题

（1）观察 A 城月平均气温统计图，以下词语，准确描述了这个城市气候特点的是哪一个？

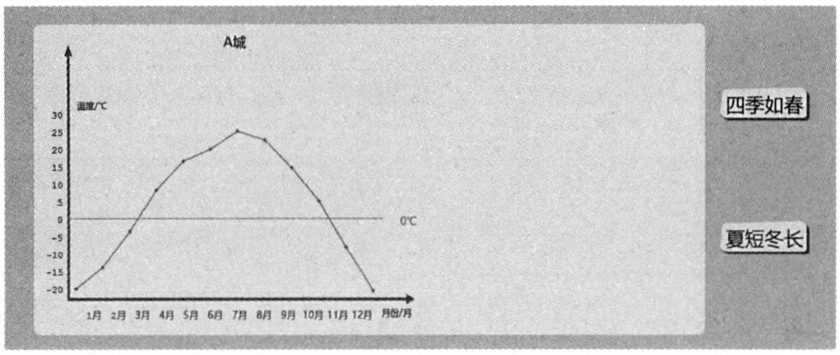

（2）观察3个城市的气温统计图，一年中气温变化较小的是哪个城市？（C 城）用一个词语描述这个城市气候特点，准确的是哪一个？

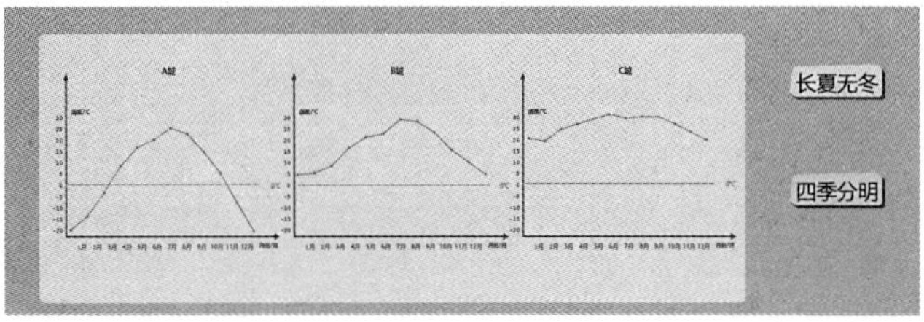

3.“名字”例题

（1）观察 A 城的统计图，下面哪一个是这个城市的名字？

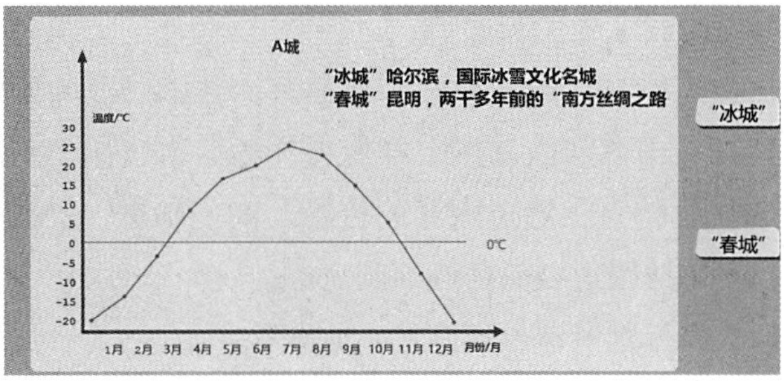

（2）鹏鹏的老家海口别称“椰城”，地处热带，哪一张统计图是海口的月平均气温统计图？

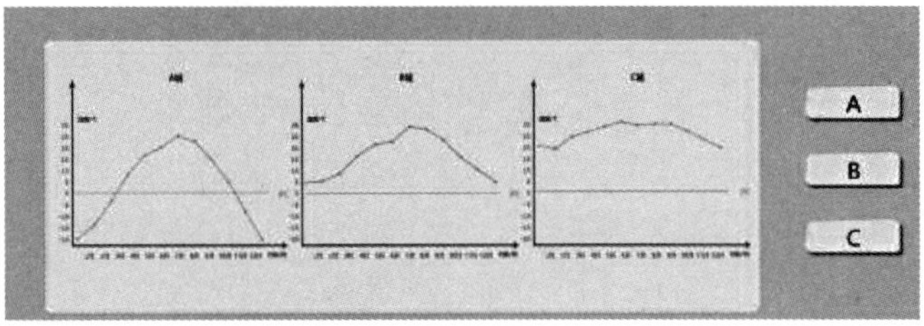

4.“气温”例题

（1）A 城 2 月到 3 月的气温可以用右面的哪幅图来描述？（大幅上升）

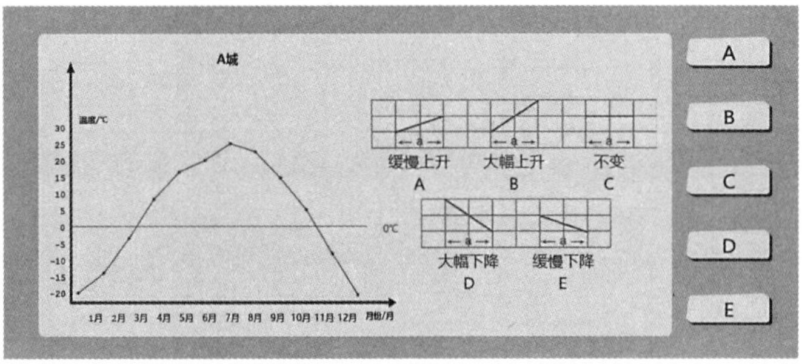

（2）B 城 7 月到 8 月的气温可以用下面的哪个词来描述？（缓慢下降）

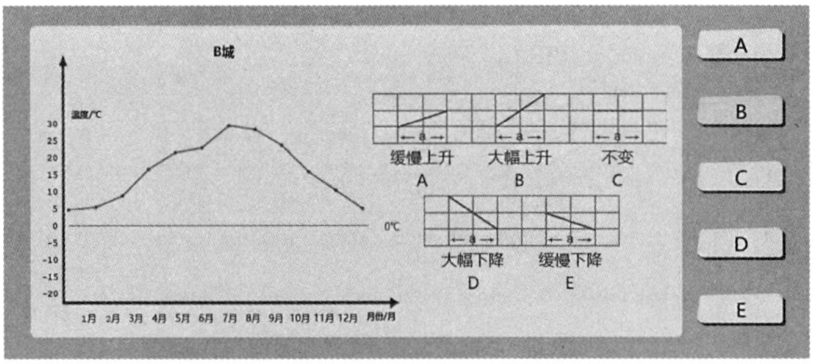

师：孩子们，刚才的游戏好玩吗？获胜的是 × 队，不过输赢不重要，重要的是我们在这个过程中收获了知识和能力。

师：同学们，我国幅员辽阔，地域差异显著，其中气温的差别就非常明显。老师特意选取了北部、中部和南部三个有代表性的城市，让大家通过月平均气温图了解这些城市的气候特点，通过刚才的抢答，我们知道，A 城是指哪个城市？B 城呢？C 城呢？我们按图索城的任务顺利完成。

小结：同学们，今天这节课你们有什么收获呢？

师：通过今天的学习我们不仅会认折线统计图，会画折线统计图，更重要的是我们还会用折线统计图。

※ 教后反思

“折线统计图”这种游戏课程的实践，是将数学课程的内在知识体系进行提炼，挖掘数学学习本身具有的游戏特征，将其由隐转显，以激发学生兴趣、增强学生技能、引发学生思考来探究数学知识。

我们可以清晰地感受到这种游戏课程的特点，首先是它的游戏性，将游戏与数学知识有机的融合，学习内容被设计成了嵌入式游戏活动，游戏就像塞子，嵌入学习内容中。其次是它的参与性，游戏活动是学生最愿意参与的学习活动，在这样的学习活动中，学生全情投入，人人参与。最后是它的思考性，游戏的快节奏刺激学生快速地思考和反应，有利于激发学生的数学思考性。在数学游戏活动中，开拓学生的思考时序和思考空间，既保证了游戏的趣味性也保证了数学的思考性。

44. “折线统计图”教学设计与反思（课例二）

郑水忠
（宁波国家高新区外国语学校，特级教师）

※ 教学过程

一、设疑引学

1. 每年双十一，郑老师都会为老妈抢购一些蜂胶。今年郑老师的准备工作启动得比较早，8 月份的时候我就浏览、收藏了两家销量靠前的网店，你们觉得我应该到哪家店购买？为什么？（两家店价格都是 179 元，*A* 店月销量 2.4 万瓶，*B* 店月销量 2.1 万瓶）

2. 在今年双十一来临之前，郑老师发现这两家店都打出了促销广告，双十一时竟然都卖 119 元，幸好，郑老师了解到了这两家店最近几个月的销售数据。

A店5—10月销量

月份	5月	6月	7月	8月	9月	10月
销量/万瓶	3.2	3.0	2.7	2.4	2.0	1.8

B店5—10月销量

月份	5月	6月	7月	8月	9月	10月
销量/万瓶	1.5	2.0	2.0	2.1	2.8	3.0

3. 根据表中的数据，请你用手势比画一下 A 店的销量变化情况？谁能用手势比画一下 B 店的销量变化情况？请在学习纸两个空白坐标图中，分别用草图表示一下这两家店的销量情况。

4. 教师搜集投影学生所画草图，引导学生辨析。

5. 课件呈现 *A* 店规范的折线统计图，问：这样的统计图你们知道叫什么名字吗？板书课题。

【设计意图】通过真实任务情境的创设，暴露学生关于折线统计图最真实、本原的认知。可以发现，面对以上销量数据，几乎所有学生都自然地产生用手势、线条草图来表示销量的情况，说明在孩子的潜意识认知中，是藏着折线统计图的原型的。面对这样的情境和数据，部分孩子已能自动与他日常生活中所见到的折线统计图建立联结。这样的设计，既有学习任务的驱动，又有效暴露了学生认知的现有发展区。

二、新知探究

（一）绘图

1.B 店的数据如果要画成规范的统计图，你会画吗？

2. 学生尝试在练习纸上独立完成整个折线统计图。

3. 教师巡视，搜集典型问题进行反馈。

（1）未标数据的。

（2）从 0（坐标原点）开始连线的。

4. 指名交流 B 店 9 月“2.8 万”位置的确定。

5. 课件演示绘制过程，交流绘制方法。（板书：描点、连线）

【设计意图】与以往教材相比，现在教材对学生绘图技能的要求有所降低。如对标题、纵横轴量的合理确定等一般都不作要求，只要求学生根据数据描出点并连线即可。这从某种意义上说，也是信息技术发展的必然趋势，今后类似绘图的过程相关电脑软件能很快速精确地完成。当然，基本的绘图技能还是要确保扎实到位，为此，绘图中典型问题的反馈，点位确定方法的交流等就很有必要。整个绘图过程也是坚持让学生先尝试，再围绕关键问题交流完善认知，这是学生现有发展区的第二次有效暴露。

（二）读图

1. 从这个统计图中你能获得那些数学信息？交流中明确上升最快的辨识方法。

2. 预测 B 店 11 月份的销量，说想法。（板书：变化趋势、合理预测）

3. 同步呈现 A、B 两店的统计图，观察，现在你会建议我到哪家店购买？一开始你们都建议老师到 A 店购买？现在为什么都改成 B 店了？（板书：作出决策）

4. 回到 B 店折线图，请大家想象一下：这些数据，如果画成条形统计图会是怎样的？（课件演示）那刚才大家为什么首先想到的都是画成折线统计图？这样的数据，画成折线统计图有什么好处？

5. 小结：看来，这两种统计图都能清楚地看出数量的多少，但折线统计图能更清楚地看出数量的变化趋势，从而帮助我们合理预测，作出决策。

【设计意图】绘制统计图的目的是从中获取信息，从而帮助我们合理预测、作出决策，因此，读图能力的培养就显得尤为重要。本环节中，既要引导学生明晰数据多少及增减变化情况的辨识方法，又要引导学生根据这种变化趋势作出合理预测和决策，并在与条形统计图的比较中体会到折线统计图的特性：既能看出数量多少，又能清楚看出数据的增减变化情况。在上述教学中，首先引导学生主动读图，获取信息、作出预测和判断，是第三次暴露学生的现有发展区。教师在此基础上适度引领，引导学生迈向认知的最近发展区。

（三）适应性辨析

1. 教师播放今年双十一火爆销售情况的视频。当中的哪些信息令你印象深刻？郑老师看完这段视频时，就会由衷地产生一种自豪感！你们呢？

2. 老师也摘录并搜集了两组信息，你们觉得这样两组信息画成什么统计图比较好？

2017年天猫双十一各省成交排行榜

地区	广东	浙江	江苏	上海	北京
金额/亿元	203	183	170	155	145

2013—2017年天猫双十一成交金额

年份	2013	2014	2015	2016	2017
金额/亿元	350	571	912	1207	1682

交流中明确，表一数据不是某个量一定时段内的变化情况（离散量），所以不适宜画成折线统计图，画成条形统计图即可。而表二是同一量在不同时段的情况记载（连续量），画成折线统计图更能清楚地看出其变化趋势。

3. 如果你是马云，你会把 2018 年双十一的目标定为多少？你觉得成交金额能突破 2000 亿吗？究竟能否破 2000 亿，何时见分晓？

4. 小结：今天这节课我们学习了什么内容？你有什么收获？

【设计意图】很多老师在教学中会着力强调折线统计图的好处，结果使孩子认知出现误区：认为什么数据都是画成折线统计图好。而事实上，数据画成什么统计图既跟主体面临的任务有关，也跟数据特性有关。如上述表二，制图者如果只想单纯掌握各年数据多少，则画成条形统计图甚至统计表足矣。事实上，凡是能用折线统计图刻画的数据就肯定可以画成条形统计图，反之则不一定正确。上述关于两类统计图适用性的思辨，往往是孩子现有发展区所不能触及但又非常重要的一个认知，因此需要教师引导学生充分辨析，再次提升学生最近发展区。

三、应用提升

1. 生活中你曾经在哪里见到过折线统计图？教师介绍几例：微信计步、心电图、股票走势图。

2.（1）呈现下面第一幅图，猜测这个图可能刻画的是什么事情？

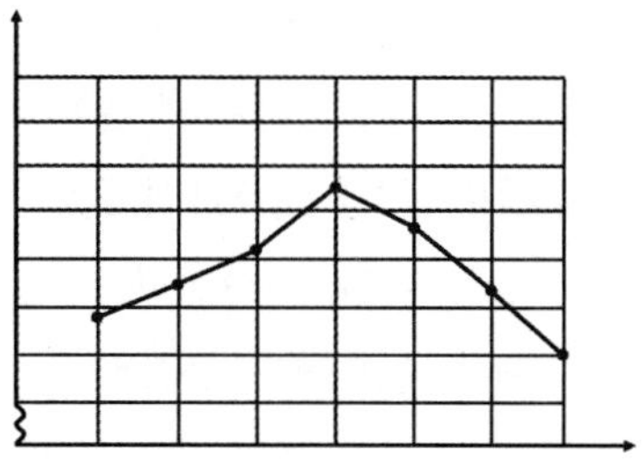

（2）出现数据（第二幅），再次猜测。（气温或体温）

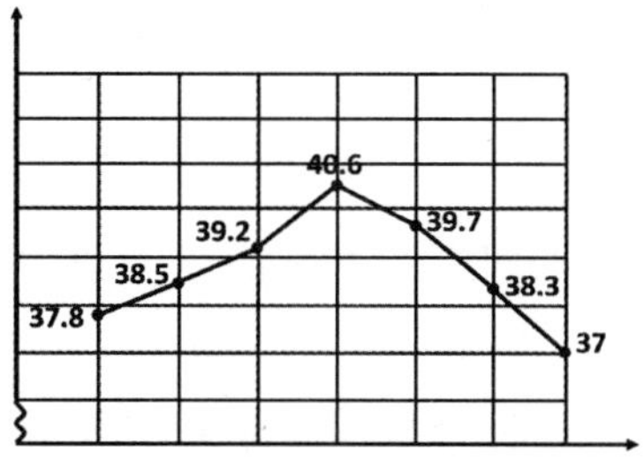

（3）呈现横纵坐标信息及标题（第三幅），确认。

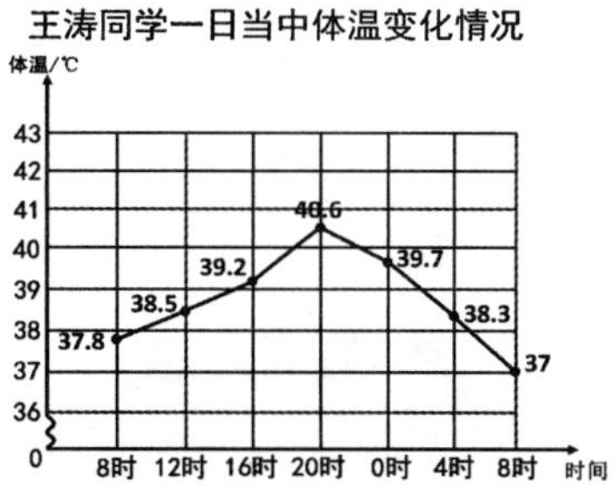

（4）2 时王涛的体温可能是多少？可能是 38℃吗？引发辩论。

【设计意图】现实中很多数据刻画成折线统计图后其形态是相近的，此题巧妙地通过隐藏数据等信息，让学生调用生活经验及认知进行猜测，逐步逼近信息本来面目。此处，教师还巧妙地安排了学生对连续量的中间量的深入辨析。一开始，很多孩子认为 2 时体温应是 39℃或在其附近，随着思考、思辨的深入，孩子逐渐明晰，38℃也是有可能的。这是学生对折线统计图总体趋势认识基础上的对连续量的中间量认识的飞跃，是学生认知的提升，也是学生最近发展区提升的重要突破。

3. 某城市 2007—2015 年人均直接消费粮食情况如下表。

年份	2007	2009	2011	2013	2015
粮食/千克	130	110	94	85	80

先想象，再画图并解答，然后反馈几个问题。

（1）人均直接消费粮食千克数整体呈（　　）趋势。

（2）（　　）年到（　　）年下降得最快，（　　）到（　　）年下降得最慢。

（3）我预计，2017年该城市的人均直接消费粮食数量约（　　）千克。

追问：出现这种情况，背后的原因可能是什么？

小结：食消费量下降，恰恰说明这个地方人民的生活越来越富裕了，看来有时折线统计图的趋势下降不代表是坏事情，上升也不一定是好事情。

【设计意图】在孩子心目中，对折线统计图往往还有一个认知误区，就是认为趋势上升就是好的，下降就是不好的。通过这道题的练习和辨析，巧妙创设认知冲突，有效突破了学生的认知误区，是学生最近发展区的又一次认知提升。

四、拓展延伸

学了这节课，你的心情如何？请在下面空白图中表示自己整节课的心情变化情况。

我学习这节课的心情指数

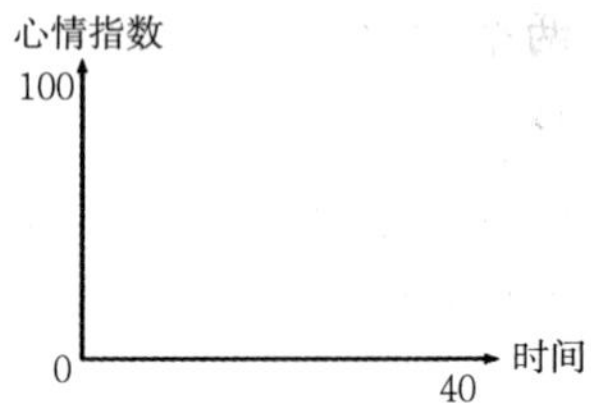

【设计意图】本环节的设计既是对学生整节课学习情态的了解，同时该任务又很受学生欢迎，几乎全班学生都想展示自己的心情，因此，这是本节课学生学习情态的再次升华。除此之外，这也是在拓展学生对折线统计图的认知。

※ 教后反思

一、积极关注学生认知起点

近年来，在“折线统计图”教学中，我们常看到这样的设计：从统计表到条形统计图，再将条形统计图的直条缩窄成线、缩微成点，最后连点成线。我们一直在思考，这样的路径科学吗？折线统计图真的来之于条形统计图吗？经过深入分析，我们觉得折线统计图与条形统计图是数据表征的两种不同方式，是并列关系而非递进关系，即折线统计图和条形统计图均是在统计表数据基础上的进一步的形象表征，具体采用何种统计图因内容及任务需求而定。

与此同时，我们通过学情调查发现，学生虽不一定叫得出折线统计图名称，但在生活中都有接触，甚至基本的画图和读图，多数学生都有所掌握。所有这些，都是教学中必须关注的要素。

二、充分暴露学生现有发展区

著名心理学家维果斯基提出了最近发展区理论，最近发展区是相对于学生学习的现有发展区提出来的。所谓现有发展区，主要是指儿童独立完成任务的心理水平，即儿童在没有教师指导下在原有认知基础上所能达到的学习水平。而最近发展区，则是指学生未经帮助所能达到的程度与经他人帮助后可达到的程度间所形成的跨度。这就启示我们，在学生现有发展区内，教师不能过多干预，而应该积极为学生现有发展水平的暴露创造机会，教师的作用更多是激励、唤醒并提供合适的任务。在郑老师这节课中，一开始让学生用手势、草图等表示销量情况，绘图、读图中让学生先自主尝试等都是在有效暴露学生的现有发展区。

三、有效提升学生最近发展区

最近发展区理论认为，教学创造着最近发展区，儿童的现有发展区和最近发展区的动力状态是由教学决定的。换句话说，不同的教师、不同的教学将决定学生在现有发展区基础上取得不同的教学增量。提升学生最近发展区的着力点，应该是在学生的认知盲区、误区上。就这点上说，郑老师的课有很多亮点，如通过两个素材选择什么统计图刻画更合适的比较，明晰两类统计图的各自特点和适用性；结合体温素材，开展对连续量的中间量的深入辨析；结合消费粮食素材，打破很多学生“上升即好、下降即坏”的原有认知等。所有这些着力点，都是学生认知的盲点、误区，而这些，恰恰是教学立意提升的抓手。

45. “复式折线统计图”课堂实录与反思

许卫兵
（江苏省海安县实验小学，特级教师）

※ 课前思考

“复式折线统计图”是小学高年段学习的内容，其先前基础是单式折线统计图和复式条形统计图，学习重点是体验复式折线统计图能比较清楚地表示两组数量的增减变化情况的优点，掌握复式折线统计图的制作方法，并能根据数据的变化进行简单分析和初步预测。从具体的教学实际来看，着重点在体会复式折线统计图存在的必要性，凸显它的统计意义；整体感知复式折线统计图的结构要素，能绘制复式折线统计图（主要是描点、补充、完善不太完整的统计图）；能捕捉统计图里的信息，会进行初步的分析、比较和判断，以进一步提高统计能力，发展统计意识。

※ 课堂实录

一、谈话导入

师：孩子们，过了年，每人都长了一岁，你今年几岁了？

生 1：我今年 11 岁。

生 2：我是 12 岁。

师：我们五年级的孩子大多是十一二岁吧。老师看大家的个头也高了不少，知道自己现在的身高吗？

生 1：我身高 135 厘米。

生 2：我身高 154 厘米。

师：你怎么会比她长得高呢？大家猜猜是什么原因？

生 1：她的妈妈个儿高。

师：哦，遗传的，还有其他原因吗？

生 2：她的营养很充足。

生 3：她喜欢运动。

师：你们的分析都很有道理。在人的成长中，营养和运动都很重要，当然还有——（老师做出睡觉的动作）。

生：睡眠。

师：是啊，充足的睡眠也不可缺少。人多半是在夜间生长，睡眠多有助于长个儿。身高是衡量孩子们身体发育情况的一个重要指标。有人曾对某个地区 7 至 12 岁孩子的平均身高进行过统计，这是统计后绘制的一幅统计图。（课件出示图 ）

某地区7—12岁男生平均身高统计图

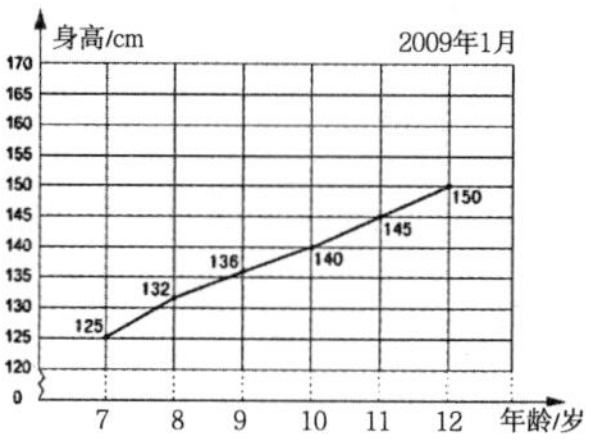

二、分析比对

师：认识这种统计图吗？

生：（齐）折线统计图。（板书：折线统计图）

师：我们已经学过折线统计图，能说说折线统计图有哪些特点吗？

生：不仅能表示数量的多少，还能表示数量的增减变化趋势。

师：那从这一幅折线统计图中，你能看出什么？

生：这幅图统计的是 7 到 12 岁男生的平均身高。

师：你从哪里看出来的？

生：图上写了“某地区 7—12 岁男生平均身高统计图”。

师：（指着标题）这叫作总标题，一起读一读。（生齐读）

生：从图中我知道了 7 岁男生的平均身高是 125 厘米，8 岁男生的平均身高是 132 厘米，9 岁男生……

师：这就是刚才大家说的，它表示出了数量的多少。

生：我还看出，一个人年龄越大，身高越高的变化趋势。

师：“年龄越大，身高越高”，长到七八十岁了，还会长吗？（学生笑）

生：我是说 7 到 12 岁的男孩子的平均身高随着年龄的增长在增加。

师：这样表述就清晰准确了。看来，如大家所说，折线统计图的作用真不小，不仅表示了每个年龄的平均身高，还能形象地表示出数量的增减变化情况。（指着竖轴）这下面有一小段曲折的虚线，是什么意思呀？

生：这是将 0 到 120 厘米这一段给省略掉了。

师：干吗要省略这么一大段数据啊，把它们也画出来有什么不好吗？

生：这一段数据无关紧要，省略掉可以更容易看出上面的数据变化。

师：（带头鼓掌）你真是个专业的统计师啊！男生的情况看完了，再来看看女生吧（出示某地区 7—12 岁女生平均身高统计图）。从这幅折线统计图上你又能看出什么？

某地区7—12岁女生平均身高统计图

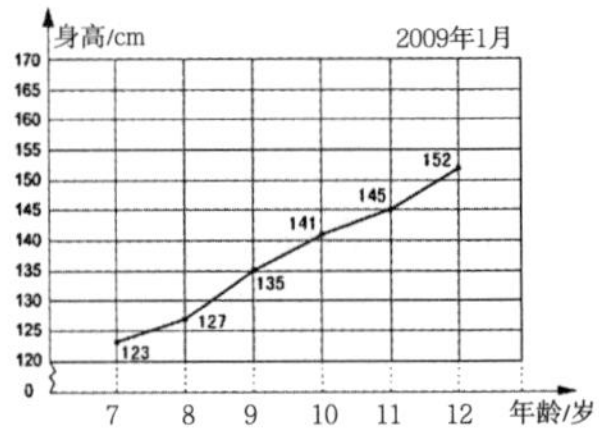

生：7 岁女生的平均身高是 123 厘米，8 岁男生的平均身高是 127 厘米……

生：7 到 12 岁女生的平均身高也是随着年龄的增长在增高。

师：（同时出示两幅图）从这两幅图中大家看出了，7 岁到 12 岁时，男生平均身高是随着年龄的增长而增加，女生的平均身高也是随着年龄的增长而增加。那男女生的平均身高在同时增长中，又有什么细微的差别吗？

生 1：好像是男生开始高些，后来比女生矮了。

生 2：7 到 9 岁时，女生比男生的身高要矮，10 到 12 岁时，女生比男生长得高。

师：（竖起大拇指）你的眼光真厉害！有和他同样发现的同学请举手。（为数不多的人举手）如果想要一眼就看出这位同学的发现，你有什么好办法吗？

生：把两幅图重叠起来就好比了。

师：重叠是什么意思？

生：就是把男生那条折线移到女生图上去，或者把女生的折线移到男生图上去。

师：也就是把两幅统计图合并成一幅统计图吧。

（学生都露出赞同的神情，老师让学生动手在“半成品”图上添加两条折线。）

三、汇报交流

师：（展示一个学生的图形，图中缺少图例）告诉大家你是怎样来完成这幅图的？

生 1：我是先把男生的折线画上去，标上数据，再画女生的折线。

师：哪条折线是男生，哪条折线是女生，别人拿到你的图好像看不出来啊。大伙儿说是吗？（老师提问后，学生纷纷举手）

生 2：（展示自己的图）我是将两条折线用红色和蓝色来区分。

生 3：（展示自己的图）我是用钢笔画男生的折线，用铅笔画女生的折线。

生 4：我是一条画的虚线，一条画的实线。

师：你们想到了用不同的方式来区分两条折线，很好。那刚才我们没有碰到这个问题吗？

生：刚才的图中只有一条折线，现在的图中有两条线了。

师：（出示第二个同学的图）这位同学是用红色线和蓝色线来区分的，自己是画明白了，可我们还是不知道红色线代表什么，蓝色线代表什么呀？

生：要加上“说明”。

某地区7—12岁男、女生平均身高统计图

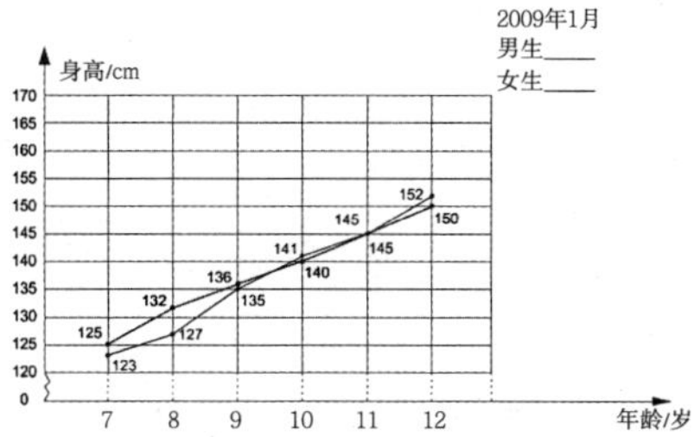

师：这样的“说明”，我们以前碰到过吗？什么时候碰到的？

生：复式条形统计图中，有这个“说明”。

师：是啊，这样的“说明”叫作“图例”，小小的图例作用实在——大！

（课件逐步演示，依次添上大标题、统计日期、图例、男女生平均身高的折线。）

师：像这样在一张统计图中表示两组不同数量的折线统计图，我们给它取个名字吧。

生：复式折线统计图。

（板书“复式”，补充完整课题。）

师：从这张复式折线统计图中能很快看出男女生平均身高有什么细微的差别吗？

生：能。

生：7 到 9 岁时，男生长得高一些。

生：10 到 12 岁时，女生长得高些。

师：知道这是为什么吗？

（生露出疑惑的表情，摇头。）

师：这是因为，10 岁以后，女孩子比男孩子要发育得早一些呀。你们估计估计，13 岁的男生和女生的平均身高会是什么情况？

生 1：都长高了。

生 2：还是女生高些。

生 3：也可能男生追上来了。

（显示：13 岁时，男生的平均身高是 157 厘米，女生是 156 厘米。）

师：如果我们把这两个数据也加到图上来，谁能在图上指一指？

（生指出在 12 岁后面的一条竖线上添加 13 岁的平均身高。）

师：还有需要修改的吗？

生：总标题要将“7—12 岁”改成“7—13 岁”。

师：经过统计，发现该地区 15 岁的男生平均身高达到 167 厘米，女生是 158

厘米。这组数据也添加到图上去，又该怎么加呢？同桌商量一下。

生：在 13 岁的后面再加两格，表示 14 岁、15 岁。

师：为什么要加两格，14 岁并没有没统计呀？

生：前面是一岁一格。14 岁没有统计，但要空下它的位置。

师：也就是说横轴上时间的间隔必须是——

生 1：平均的。

生 2：均等的。

生 3：如果有空缺的时间，要留下空缺时间的位置。

（在原图上继续添加两空格，在横轴上写上 14、15，并补上数据和折线。）

师：看着图上的曲线变化，有什么想说的吗？

生：13 岁后男女生的身高差距很大，男生比女生高好多。

师：这又是为什么呢，知道吗？

生：男生到了长身体的时候吧。

师：是啊，十二三岁正是我们大家长身体的关键期。生活中要注意些什么？

生：注意营养。

生：保证睡眠。

生：多多运动。

四、拓展应用

师：刚才，我们亲手制作了复式折线统计图，通过分析男女生身高复式折线统计图，我们知道了不同年龄、性别的孩子身高增长变化情况。其实这种研究，也常常应用于对不同民族、不同地区的人的平均身高进行对比。

2005年8—18岁汉族、朝鲜族男生平均身高统计图

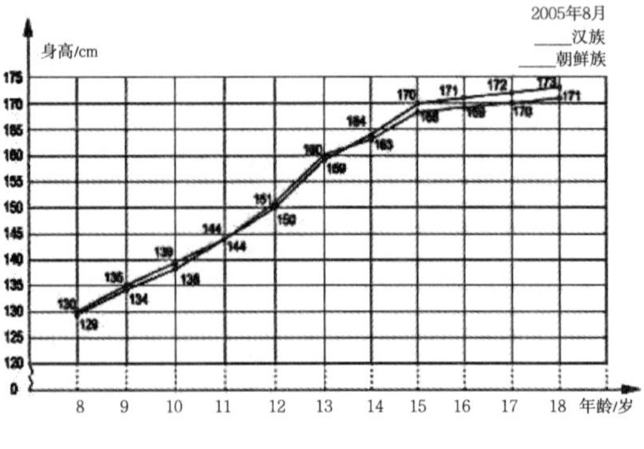

（出示 2005 年 8—18 岁汉族、朝鲜族男生身高统计图。）

师：比较一下汉族和朝鲜族男生的身高变化，你能得出什么结论？同桌之间先交流，然后全班交流。

生：8 岁的时候都差不多高，到 13 岁时开始有变化，汉族的孩子越来越高了。

师：如果现在的你就是一个十一二岁的朝鲜族男孩，你看到这幅图后会怎么做？

生：我会天天喝骨头汤，增加钙质，就会长高了。（全班大笑）

……

师：不同的民族有不同的身体形态，再加上生活环境、民族习惯的不同，都会影响着青少年身高的发展。在宝岛台湾，也有人对小学生身高进行了一次统计。

师：这是一幅什么图？

台湾地区四年级男生、五年级女生2002—2005年平均身高统计图

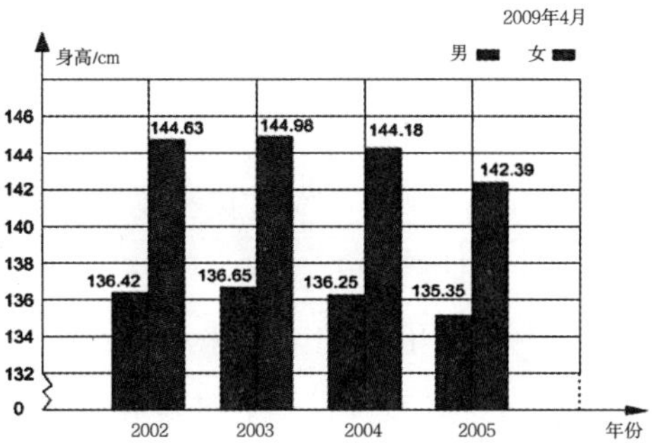

生：条形统计图。

生：复式条形统计图。

师：从图上你能看出什么名堂吗？

生：女生比男生高出好多。

师：这是几年级女生？（五年级）男生呢？（四年级）相差一个年级呢，女孩子高些是应该的。再仔细看看，有新的发现吗？

生：从 2003 年开始，台湾地区的男生、女生平均身高好像变矮了。

师：哦，是这样吗？如果我们将这幅条形统计图换一种形式来表达（原图转换成折线统计图），现在是不是看得清楚些了？

师：是啊，小小统计图，作用非常大。这样的一个事实，引起了全社会的广泛关注，中央电视台为此还进行了报道。（播放中央电视台“新闻频道”报道视频）

播音员：台湾有关部门根据小学体能、身高统计发现，四五年级小学生 2005 年度平均身高和2003年度相比，四年级男生矮了0.65厘米，五年级的女生下降了1.3厘米。对比周边的日本、韩国等地的小学生，平均身高都有增加，台湾的小朋友身高不增反降，专家表示，这可能是饮食和运动量不足造成的，再不调整，台湾人的身高可能会越来越矮。

师：相比周边地区，韩国、日本的孩子平均身高都在增加，台湾地区儿童身

高却在下降，真是一个很严峻的问题。那我们内地的孩子和邻近国家的孩子身高情况又是怎样的呢？老师这里还有一幅复式折线统计图。

（分步出示 1979—2000 年中国和日本 7 岁男生平均身高统计图。）

下面是1979—2000年中国和日本7岁男生平均身高统计图

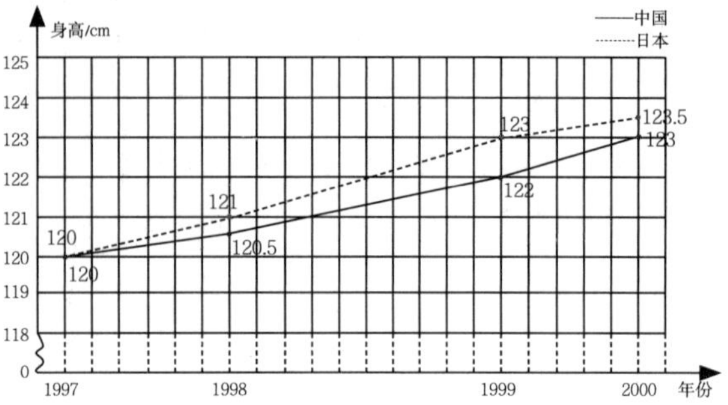

师：这幅统计图统计了什么？

生：1979 年至 2000 年中国和日本 7 岁男孩平均身高变化情况。

师：看了统计图后你有什么话想说？

生：日本孩子的身高和中国孩子相比，越来越高。

生：日本 7 岁男孩的平均身高在 1979 年时是相同的，后来就比我们长得高些了。

师：到 2000 年时，7 岁男孩的平均身高相差多少？

生：0.5 厘米。

师：能比画一下 0.5 厘米有多少吗？（学生用两个手指比画着）观察折线统计图，你能想象到在 1979 年之前中日两国 7 岁男生平均身高的情况吗？

生：应该是中国孩子的平均身高高一些吧。

生：看以前的电影，日本人都比较矮。

生：从图中可以看出，1979 年以来，中日两国 7 岁男生平均身高都是在增加，但是日本增加得更快一些。那么，1979 年之前应该没有中国孩子高。

师：你的分析有理有据。这是一组跨越 70 年的调查数据（出示下表），你能从中发现什么？

1937年、1955年、1965年北京地区调查，7岁男童的身高均高于日本。

	1937年	1955年	1965年	…
北京	117.4	117.9	119.0	…
日本	112.1	114.6	117.8	…

资料来源：中华人民共和国国家统计局网

生：1937 年时，北京 7 岁男孩比日本 7 岁男孩高 5.3 厘米呢。

师：能比画一下 5.3 厘米有多长吗？（学生比画）和刚才的 0.5 厘米相比，怎样？

生：差距大好多啊！

生：1955 年时，北京 7 岁男孩比日本 7 岁男孩高 3.4 厘米。

生：1965 年时，差距就缩小到 1.2 厘米了。

师：看来大家的猜想是正确的，不过，随着时间的推移，差距在渐渐——（生：缩小），到现在，反而被人家——（生：超过了）。而且，据最新统计——

屏幕出示：据资料介绍，日本年轻一代的身高已略高于我国。2005 年统计的全球男子（20 岁—25 岁）平均身高中日本排名第 29 位（170.7 厘米），中国排名第 32 位（169.7 厘米）。

师：虽然平均身高 0.5 厘米、1 厘米的差距只是一点点，不过也是差距啊。很多人对此进行专门研究，发现营养差别是很重要的一个原因，我们国家这几年倡导的“大豆工程”“牛奶工程”，就是希望通过合理的营养在增强孩子们的体能，增加孩子们的身高。小小统计图，作用特别——

生：（齐声说）大！

师：民以食为天嘛，这是老师收集的 2000 年至 2008 年世界粮食产量与消费量的统计图。

2000年—2008年世界粮食产量与消费量统计图

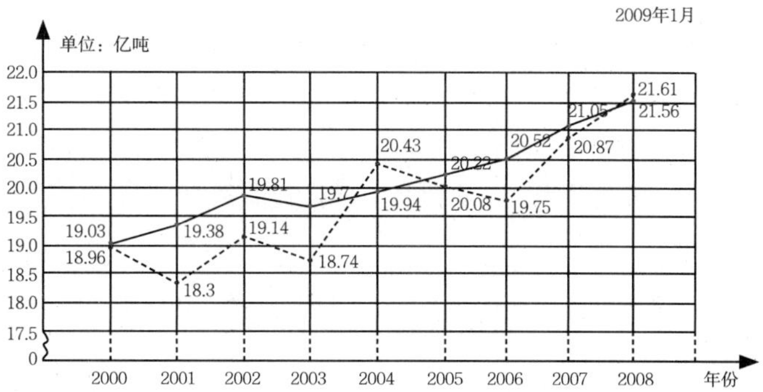

看图回答问题：

1. 2000—2008 年，粮食消费量最高的是（　　）年，产量最低的是（　　）年，产量高于消费量的是（　　）年；粮食产量增幅最大的是（　　）年至（　　）年，增产粮食（　　）亿吨。

2. 以下说法正确的是（　　）。

A.2000—2008 年，世界粮食消费量在增长，粮食产量没有增长。

B.2000—2008 年，世界粮食产量与消费量都呈平稳增长趋势。

C.2000—2008 年，世界粮食产量与消费量都呈增长趋势，但产量的增长起伏较大。

3.2009 年，世界粮食消费量（　　），世界粮食产量（　　）。

A. 呈增长趋势的可能性大

B. 呈下降趋势的可能性大

C. 呈增长和下降趋势的可能性都有

4. 粮食危机是当前全球共同面对的问题，粮价在不断上涨，出现饥荒的国家和地区在增多。从这幅统计图中可以发现造成粮食危机的一个重要原因，它是什么？（产量低于消费量，供不应求）

（学生完成后，师生一同解决上述问题……）

四、课堂总结

师：通过今天的学习你有什么收获呢？

生：学习了复式折线统计图，复式折线统计图可以清楚明确地看出两种数量的变化趋势。

生：小小统计图，作用特别大。

师：你觉得在生活中或者我们的学习中哪些地方会用到这种折线统计图呢？

生：……

师：作为一种常用的统计分析方法，折线统计图在实际运用时有着丰富多彩的姿态。我们一起来欣赏，看你能不能找到每个图与众不同的地方。

五、欣赏结课

1. 出示图 1：1995 年至 1998 年全国国产与进口 54 厘米彩电平均零售价统计图。

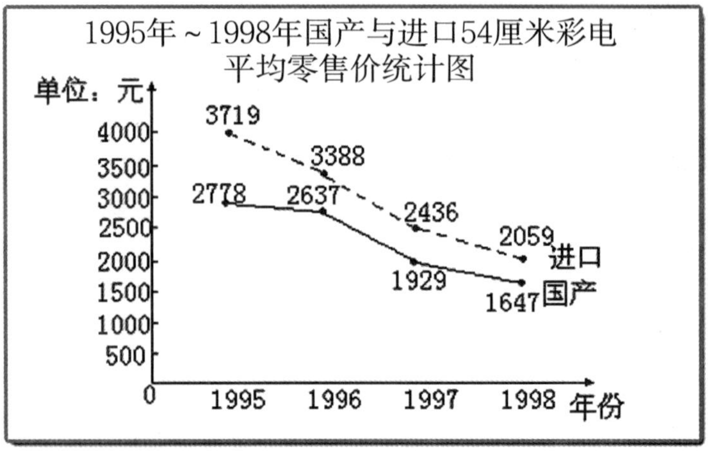

生：图中没有格子。

生：图例写到折线旁了。

2. 出示图 2：2008 至 2009 全国居民消费价格指数。

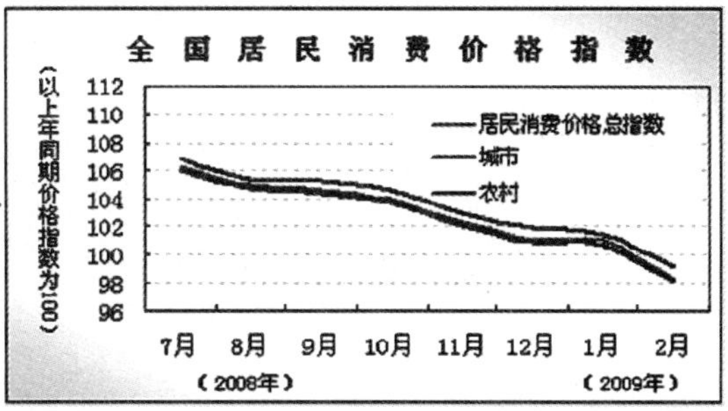

生：图中没有数据。

师：没有数据，也没有格子，再看看它表示了几组数量。

生：三组数量。

3. 出示图 3：2004 年至 2008 年 1—10 月份全国城镇固定资产投资图。

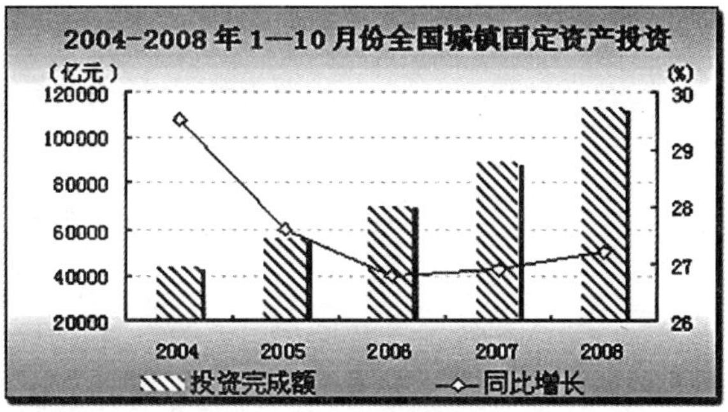

生：图中既有折线统计图，又有条形统计图。

生：图例画在图形的下面。

师：是啊，组合统计图，有意思吧。（生点头）你们再看看，条形统计图表示的是什么？为什么这个数量选择用条形统计图来表示？

生：条形统计图表示的是“投资完成额”，我想它是想让我们主要看投资的钱数吧。

生：图下面说折线是表示“同比增长”，我想，就是指增长、下降的变化情况吧。

师：嗯，你们联系统计图的不同特点来分析，真会学习。

4. 出示图 4：股市图（图略）。

师：这幅图都知道吗？

生：股市图。

师：股市图是将每分每秒的数量变化情况都通过折线的变化表示出来，多条折线同图呈现。复杂吧？

生：太复杂了。

师：数学在生活中的运用就是这样的精彩和神奇，越深入探究，越是充满着魅力。

（屏幕上出现一串大大的“……”，下课。）

※ 课后反思

复式折线统计图是老师们普遍认为没有“味道”的教学内容，因此，在日常教学中基本上都是“照本宣科”，公开教学的舞台上更少见它的身影。如此一杯“白开水”真的不能成为“茅台酒”吗？

在备课思考时，看到张奠宙教授在谈起“注重数学本质，提高数学素养”时的一段论述：“我们首先要关注小学数学教材背后的内容，也就是要源于教材又高于教材；其次，要居高临下，有一些更高的观点来观察小学教材的内容；小学教材看起来比较简单，但是它与时俱进，还是有许多时代特色需要我们展示，需要我们深入地了解。”（唐彩斌著《思想改变课堂》，第 11 页）“源于教材，高于教材”“关注现实，激活思考”，循着张奠宙教授的教学指导，我开始了复式折线统计图的教材分析和素材寻找。

翻看苏教版、北师大版、人教版等几套现行教材，复式折线统计图的编排是非常相似的，都是将两组数量的比较由单式折线统计图过渡到复式折线统计图，体现了新旧知识之间的联系，突出了螺旋上升的结构层次。但细细研读，教材的编排也有些值得思考的方面，一是教材中选取的素材，如“两个城市的月平均降水量”“中国和韩国亚运会金牌获奖情况”等离学生的生活比较远，对学生学习的“诱惑”性不大。二是对数据分析时提出的问题，并不十分贴近复式折线统计图的特点，比如，研究“两个城市的月平均降水量”，提出的问题是“你能很快看出这两个城市哪个月的降水量最接近，哪个月的降水量相差最多吗”；在研究“中国和韩国亚运会金牌获奖情况”，提出的问题是“中国和韩国在哪一届亚运会上获得的金牌数最多”“哪一届亚运会两国相差的金牌数量最少”“根据金牌数，简单分析两国在历届亚运会上的表现”。这些问题的提出，都是两组数据中“平行量”的直接比较，用具有“直观地表示出数量多少”的复式条形统计图来解决似乎更合适，对复式折线统计图的特点凸显不够，或者说不是很明确地指向于复式折线统计图的统计优势。

基于这样的分析，在进行本课教学设计时，我从两个方面来着力构架：

一、盘活教学内容，选择贴近学生生活的教学素材，吸引学生的参与热情

现实生活中，涉及统计的素材是非常多的，但除去那些自编自撰的“伪”统计资料外，真正和学生的生活实际贴近的似乎少之又少。而教学素材的鲜活程度，是直接影响着学生的学习情绪和学习效果的。于是，我在对教材认真研读后，决定放弃教材原有例题的使用，而将“练一练”中有关小学男、女生平均身高的习题前移改造成例题。一来，有关身高的素材是每个学生都比较熟悉的，很亲近；二来，身高是衡量学生身体发展水平的重要指标，不但有着广泛的统计意义，且具有一定的生命意义，容易引发学生的关注，激发学生的学习热情。对小学生而言，这是一个“有价值的数学”。

从课堂教学的组织来看，教学情境和素材的相对集中，是比较有利于凸显教学主题的，因此，在确定了将“身高”作为教学的题材后，我就通过资料查找、网络搜索等方式，试图能尽量多地使用相同主题的题材将整个教学串联成线。于是，有关台湾小学生近年来身高变矮的报道、最新的世界男子身高排名等素材很快进入我的视线。但是，这些内容有些是视频，有些是文字，极少有用折线统计图的方式呈现，于是，我就将原素材加工成为我教学所用的折线统计图。

当然，相对于一节课而言，这么一点点儿的素材量是非常少的。为了拓宽“材”路，我又购买了“中国知网”消费卡，到“中国学术文献网络出版总库”中搜索有关的材料，自费下载了 20 多篇文档，从中筛选出了“汉族和朝鲜族学生平均身高”“中国和日本学生 1937 年至 2000 年平均身高”等有价值的资料，绘制成图。而世界粮食产量和消费量的统计图，则是委托一位朋友从有关权威资料上，一年一年地查找合成的。这样几经努力，沙里淘金，再将一个个珍珠串成项链，全课的教学素材框架终于搭建完成。这样构架，应该达到了预期的效果，一位老师在听完课后说：“这看似平常，但其中所涵盖的知识点和引发的思考，是令人牢记和深思的。”

二、激活数学思考，设计贴近图形特征的数学问题，增强学生的学习感受

素材是为教学服务的，再好的素材，如果不能充分表达课堂教学的思想和要求，也只能是一堆毫无生机的符号而已。如何将上述素材运用好，我结合相关图示，设疑促思，以思促学，拾级而上，一“境”到底，将教学的重点和难点一一展开。

比如在导入环节，“男女生的平均身高在同时增长中，又有什么细微的差别吗”的追问，让学生自然产生绘制“复式折线统计图”的需要；课中，“比较一下汉族和朝鲜族男生的身高变化，你能得出什么结论”的提问，直接指向于两组数量的变化比较；在研究台湾学生身高下降时，“如果我们将这幅条形统计图换

一种形式来表达（原图转换成折线统计图），现在是不是看得清楚些啦”的环节，在对比和变化中，凸显复式统计图的特殊功能；最后放眼世界时，“粮食危机是当前全球共同面对的问题，粮价在不断上涨，出现饥荒的国家和地区在增多。从这幅统计图中可以发现造成粮食危机的一个重要原因是什么”的提问，将本课教学的核心主题——小小统计图，作用特别大——推向高潮。而整节课，围绕“平均身高”话题，从个人，到民族，再到地区、国家、世界，浑然一体。

吴正宪老师说，让学生在“好吃”中享受“有营养”的数学，就是要创造孩子们喜欢的学习内容和学习方式，在充满喜悦和灵动的过程中让孩子们更多地感受数学的精髓。盘活教学内容，激活数学思考，就是在力求实现“好吃”和“有营养”的双赢。简约中寻求不简单，平淡中开掘鲜活，是我选上“复式折线统计图”最初的念头，也是不断追求的教学方向。

从课堂教学的实际效果来看，这一目标基本实现。

四、综合与实践

46. “正方体的涂色问题”教学设计

刘悦
（天津市北辰区普育学校，青年名师）

※ 教学过程

一、复习旧知，导入新课

师：老师带来了一个正方体，谁来说一说正方体有什么特征？

预设：正方体有 8 个顶点、12 条棱、6 个面。

师：我们在此基础上，一起来研究正方体的涂色问题。（出示课题）

二、合作交流，探究规律

1. 棱上有 2 个小正方体——发现

（1）拼摆正方体。

师：至少用几个小正方体可以拼成一个大正方体呢？我们快速摆一摆，摆完请坐好。

（2）研究小正方体的涂色情况。

师：现在给这个大正方体的表面涂上红色，那这 8 个小正方体分别有几个面被涂上红色？

预设：都是三面涂色。

师：那为什么都是三面涂色呢？

学生认真思考、交流分享。

2. 棱上有 3 个小正方体——探究

（1）拼摆正方体。

师：如果拼一个比这个再大一号的正方体，你们想至少需要多少个小正方体呢？猜猜？

学生猜测。

师：那我们就带着疑问，看看至少需要多少块？小组内动手摆一摆，咱们比一比看看哪组最快最安静。

师：谁来说一说你们组用了多少块小正方体？

（2）研究小正方体的涂色情况。

师：我们也给这个正方体的表面涂上红色，这 27 块小正方体分别有几个面被涂上了红色？

预设：三面涂色、两面涂色、一面涂色、没有涂色。

师：那现在我们一起来看看这 27 块小正方体的涂色情况到底是怎么样的？我们带着下面的问题来研究研究，并把结果填在学习单上。

（3）出示问题并汇报总结。

① 三面涂色的用红笔标记，在大正方体的什么位置，数一数有几块。

② 两面涂色的用蓝笔标记，在大正方体的什么位置，数一数有几块。

③ 一面涂色的用绿笔标记，在大正方体的什么位置，数一数有几块。

④ 没有涂色的记在心里，在大正方体的什么位置，数一数有几块。

⑤ 小组交流、分享汇报。

⑥ 小结。

三面涂色的在大正方体的顶点处，两面涂色的在大正方体的棱中央，一面涂色的在大正方体的面中心，没有涂色的在大正方体的体中心。

师：那同学们，我们发现的规律，适用不适用于其他的大正方体呢？我们再来验证一下。

3. 棱上有 4 个小正方体——验证

（1）想象。

师：孩子们，请你闭上眼睛想象，如果再拼成比这个大一号的正方体，至少需要多少块小正方体呢，想象一下。

（2）验证。

师：我们先看看棱上有 4 块小正方体，也把它表面涂上红色，那这 64 块小正方体的涂色情况是怎么样的呢？带着刚才的经验，在组内说一说。

结合动画演示来看一看没有涂色的块数。

师：的确是 8 块，如果不拆的话，你们有什么好办法，能让大家知道没有涂色的块数呢？

师: 还有别的办法吗？大家都在想形，其实我们也可以利用数来解决这个问题。

师生交流计算的方法。

4. 棱上有 5 个小正方体——应用

师：当一个数学规律被发现后，可以帮助我们解决更多的数学问题，那我们快速应用一下规律，说一说正方体的棱上有 5 个小正方体的涂色情况。

三、巩固拓展，应用规律

师：我们不再研究了，相信规律你们已经烂熟于心了，我们再加大难度，敢挑战吗？如果我从顶点拿下一个小正方体，再给它表面涂色，那你知道所有小正方体的涂色情况吗？

预设：三面涂色的有10块，因为有10个顶点。

师：看来和我们刚才发现的规律是一致的，三面涂色看顶点，有10个顶点，所以三面涂色的有10块。

预设：两面涂色的有21块、一面涂色的有24块、没有涂色的有8块。

师：刚才是从顶点处拿走一块小正方体，那你们想一想，还有可能从哪里拿走呢？

师生交流从棱上拿下一个小正方体、从面上拿下一个小正方体的情况。

四、课堂小结，内化规律

师：老师真为你们骄傲、自豪，解决了这么多有趣的问题，我们不仅知道了正方体的每种涂色情况的块数，还找到了它们所在的位置，而且也经历了猜想—验证—应用的探究过程，希望你们能带着今天的学习经验去解决更多的生活问题，等到那个时候，你们不要老朋友相见不相识啊。

47. “植树问题”教学设计（课例一）

李志军
（四川省眉山师范附属小学，特级教师）

※ 课前思考

本课教学内容为“植树问题”，是一节建构数学模型、发展学生思维、渗透数学思想方法的好课。我们确定本课教学目标为：1. 利用熟悉的生活情境，通过动手操作等实践活动，理解并掌握“两端都要种”的“植树问题”中间隔数与植树棵树之间的规律；2. 在合作探究、解决问题中，建构数学模型，感受数学的简化思想和应用价值；3. 渗透数形结合的思想，培养学生借助图形解决问题的意识。

※ 教学过程

一、引入新课游戏

游戏道具准备：学生整理扑克牌，去掉大小王，按花色分类；留下红桃、梅花两类，剩下的全部装入盒内。

师生合作游戏：

1. 手指游戏

一只手几个手指？（板书：手指 5）

手指之间有几个这样的“间隔”？（板书：间隔）

你能借用这个“5”，用一个算式表达这个间隔数吗？（板书：对应“间隔”二字，板书“5–1”）

3 个这样的“间隔”（板书：对应“间隔”二字，在上方板书“3”），该出几个手指？请你出手指。你能借用这个“3”，用一个算式表达这个手指数吗？（板书：对应“手指”二字，在上方板书“3+1”）

2. 站队游戏

请第 1 小组起立，几名同学？（板书：将“手指”二字划去后补充板书“人数 8”）

你能借用这个“8”，用一个算式表达出这些同学之间的间隔数吗？（板书：对应“间隔”二字，板书“8-1”）

100名同学站成一横排，有多少个间隔？你能借用这个“100”，用一个算式表达这个“间隔”数吗？（板书：对应“间隔”二字，板书“100-1”）

教师指出：这些数学问题都蕴含同一个道理，并板书“以小见大”。

1000个这样的“间隔”（板书：对应“间隔”二字，在上方板书“1000”），该有多少名同学站成一横排？你能借用这个“1000”，用一个算式表达参加站队的人数吗？（板书：对应“人数”二字，在上方板书“1000+1”）

教师再次指出：这些数学问题都蕴含同一个道理，“以小见大”是学习数学时经常用到的“绝招”！

“人数”与“间隔数”之间藏着一个怎样的秘密？

真的是“人数比间隔数多1”吗？（教师板书一个大大的“？”，不对学生回答做评判，带着悬念进入新知探索）

二、探究新知游戏

1. 应用“一一对应”思想解决问题

A.“我种桃，你栽花”游戏。

道具：红桃、梅花两种花色扑克牌各13张。

玩法：

a. 确定“种桃人”“栽花人”：两人划拳，胜者为本轮“种桃人”，掌握13张红桃扑克；败者为本轮“栽花人”，掌握13张梅花扑克。

b. 种法：在直道上种，两端都要种下“桃树”，每两棵“桃树”之间栽一株“梅花”。

c. 规则：两人划拳，胜者先种。如“种桃人”先种，“种桃人”随机抽出一张扑克牌，如“6”（J当11、Q当12、K当13，抽出“*A*”时，重抽），“种桃人”就数出6张红桃扑克牌代表“桃树”种上，“种树”时要留下间隔“种花”。“栽花人”一次性准备刚好够栽的5株“梅花”后并栽下，若多准备或少准备，皆算输。待“栽花人”栽花完毕，“种桃人”用算式“6-1＝5（株）”表达出“梅花”株树，若表达出错，算输。

d. 胜者一轮计1分，平局各计1分。谁最先获得3分，谁就先胜。

两名学生上台演示玩法，师生观摩、评析。通过演示，让学生感知“一一对应”思想。（板书：一一对应）

同桌合作游戏：“我种桃，你栽花”。

B.“我种桃，你栽花”拓展游戏。

a. 在直道上种，两端都种不下“桃树”但可栽花，每两棵“桃树”之间栽一株“梅花”。

b. 在直道上种，有一端种不下“桃树”但可栽花，每两棵“桃树”之间栽一株“梅花”。

c. 在一条10m长的直道上，每隔2m种下一棵“桃树”（两端都要种），每两棵“桃树”之间栽一株“梅花”。（将游戏规则更改为：边说算式边准备“树”或“花”）

d. 在一条1000m长的直道上，每隔2m种下一棵“桃树”（两端都要种），每两棵“桃树”之间栽一株“梅花”。

针对第四个游戏引发的问题（扑克牌数量不够），怎么办？快准备啊！那你用算式告诉我需要准备的棵数也行的。

小结：刚才游戏时，你认为哪些地方容易犯错需要提醒一下同学注意？

2. 数学建模

手指问题、排队问题、种树问题有间隔问题，还有哪些地方有间隔问题？请你一边发现一边欣赏数学书中展现的间隔问题吧。（请最先发现者上台在相应位置板书：路灯问题、锯木问题、排队问题、爬楼问题、敲钟问题等等）

想一想，生活中这些数学问题，与刚才玩的 “种树游戏”是一个道理吗？可以用刚才的方法来解决吗？

三、应用：书面练习教材中相关内容（略）

48. “植树问题”教学设计（课例二）

吴嫦云
（福建省厦门市翔安区教师进修学校附属小学，特级教师，正高级教师）

※ 教学过程

课前游戏：看游戏猜成语。同学们，想看老师玩一个小游戏吗？可不能免费欣赏，看完得说一个成语。请两个同学上来帮帮忙！来，拉住绳子的两端，说：是什么成语？

一、旧知铺垫，新课导入

师：今天这节数学课就从“一刀两断”开始，我们借用这个成语，替换一个字。（老师将“断”换为“段”，请学生齐读）

请一位同学用画草图的方式，把“一刀两段”的结果表示出来，谁愿意上来画一画？我来帮帮忙！（师用尺子画一条直线）如果这是一根绳子，一刀两段。（谢谢你！）请看这个图，画得很简单，却让我们一目了然。

师：刚才我们剪了几次？剪成几段？（边问答边板书：次数1、段数2）

师：（再绳子上又点一点）像这样剪两次一共剪成几段？（3段）

师：3次几段？（边问答边在线上画并板书：3、4）

师：2次3段，3次4段，还需要继续画吗？

师：那么你找到规律了？让我考考你们，如果我剪了50次，有多少段？

师：如果我想剪100段呢？你们说说你想剪成几段？（找学生随意说段数）剪几次？

师：看来这个规律真的找到了，在剪绳子的时候，次数和段数之间有怎样的规律呢？谁愿意来说说看？

师：听明白了吗？还有其他说法吗？

师：同一个规律，我们有不同的表达方式。看来画一个简单的草图，却能使我们以小见大，找到规律来进行推算。今天这节课我们就用画、找、推来解决数学广角中的植树问题。（板书并出示课题：植树问题）

二、动手种树，初步感知

师：还是从小处入手吧！

1. 出示题目：一条路总长 20 米，每隔 5 米栽一棵树，可以怎样栽？栽几棵？

师：哪位同学来读一下题目？先想一想，可以怎样栽？然后用一条线段表示小路，用你喜欢的图案表示小树画一画，画在老师发给你的练习纸上，再和同桌交流交流，你有几种植树方案。动手吧！

2. 学生独立完成，教师巡视指导。

3. 反馈交流：你们种了几棵树苗？（5 棵，4 棵，3 棵）

师：为什么同样的要求，种的棵数却不一样呢？请同学们来展示一下你们的设计方案。（实物投影）

生 1：我设计分成 4 个间隔，种 5 棵树，两端都栽树。

生 2：我设计分成 4 个间隔，种 4 棵树，一端不栽树。

生 3：我设计分成 4 个间隔，种 3 棵树，两端不栽树。

4. 师生小结：就一个要求，同学们就能设计出这么多不同的植树方案，真有创造力！我们来看看你们设计的方案，（课件展示方案）第一种是两端都栽树的；第二种是只栽一端的；第三种是两端都不栽的。今天，我们主要研究“两端都栽”这种种树情况。（电脑只显示两端种树的图并板书：两端都栽）

三、再次探究，构建模型

1. 出示题目，提出问题。（屏幕显示）

在全长 20 米的小路一边植树，平均每隔 5 米栽一棵树（两端要栽）。一共需要多少棵树苗？

（1）理解题意。

a. 指名读题，跟刚才要你们设计的有什么不同要求吗？

b. 理解“两端”是什么意思？

（2）算一算，一共需要多少棵树苗？

（3）列式解答，发现规律。说说算式表示的意义。

20 ÷ 5 = 4（个）——4 表示什么意思？（间隔数、段数）

4+1 = 5（棵）——4 为什么不是 4 棵，而是 5 棵呢？

（4）小结：通过这个例题，你明白了什么？（棵数与间隔数有关，求棵数得先求间隔数）间隔数怎么求？求出间隔数以后可以怎么求棵数？（间隔数 +1 = 棵数）

（5）小组合作讨论交流：是不是所有的这种问题都有这样的规律呢？请同学们动手完成“植树问题研究报告表”。开始吧！（屏幕显示）

植树问题研究报告表（两端都种）

全长（米）	间距（米）	段数（段）	棵数（棵）
20	5	4	
我的发现			

2. 谁来说说你是怎么填写研究报告表的？整理表中的信息，你发现了什么？

（1）小结：你们真了不起，发现了植树问题中非常重要的规律，谁再来说一说！（板书：间隔数 +1= 棵数）

（2）发现了这个规律我们就可以进行推理，如果间隔数是 5，那么棵数就是 6；如果间隔数是 6，那棵数就是 7……

（3）师：其实植树问题并不只是与植树有关，生活中还有许多现象和植树问题很相似，我们一起来看一看。（课件出示有间隔的图片：人民大会堂、楼层）这些图片中的事物都存在着间隔，在我们的生活里，还有很多事物中也存在着这样的间隔问题，你能举个例子吗？在数学上，像栏杆、队列、摆花篮、装路灯等等这类的问题我们统称为“植树问题”。我们今天学的只是在一条直线上两端都种树的情况。这种种树情况有这样的规律，（手指黑板）一起大声说一遍。学以致用，其乐无穷！我们用今天学的知识来解决实际问题。

四、利用规律，解决问题

1. 我们要在全长 100 米的小路一边植树，每隔 5 米栽一棵（两端要栽）。一共需要多少棵树苗？

2. 王老师去某班教室，从一楼开始，每走一层有 24 个台阶，一共走了 72 个台阶，你知道王老师去几楼的教室吗？

3. 广场上的大钟 5 时敲响 5 下，8 秒敲完。12 时敲 12 下，需要多长时间敲完？

4. 园林工人沿着公路一侧植树，每隔 6 米栽一棵小树，一共栽了 36 棵。从第一棵到最后一棵的距离有多远？

五、总结延伸，画龙点睛

师：这些题是不是应用植树问题的规律解决的？看来，应用植树问题的规律，不仅仅能解决植树的问题，生活中很多类似的现象也能用植树问题的规律来解决。

师：大家掌握了解决植树问题的这把“钥匙”了吗？说说看，你懂得了什么？

师：就连刘翔的跨栏运动也包含着植树问题呢！请看，以后我们还会继续学习植树的有关问题，今天，先上到这儿。

49. “点阵中的规律”课堂实录与反思（课例一）

李培芳
（福建省厦门市华昌小学，特级教师）

※ 课前思考

“点阵中的规律”一课是继四年级下册学习“图形中的规律”之后，学生继续探究数与形的规律的学习内容。在这个探究活动中，学生要尝试学习如何“分析模式的结构以及某个模式是怎样发展起来的，系统地组织信息，并且利用他们的分析对模式里的数学关系进行概括”，并能用文字或符号数学化地把所发现的规律表达出来。

一、理解函数关系

小学阶段最重要的数学思想可能是函数思想了。如若通过本课学习能发展学生的函数思想则是教学最为“功德无量”的事。仔细分析教材之后我们不难发现，其实“点阵中的规律”一课是最为合适的理解函数关系的学材。因为所谓点阵中的规律是指在点阵的序列中，点阵中的点数与该点阵在序列中的序数之间的对应关系。而发现点阵中的规律其实是发现其中第几个点阵的点数与点阵对应的序数之间确定性的关系，这样的关系就是函数关系。正方形点阵中的规律，就是其中任何一个点阵的点数都等于这个点阵的序数的平方。根据这个规律很容易计算第100个正方形点阵的点数是10000，第 n 个正方形点阵的点数是 n^2。

教师出示下面的正方形的点阵序列，如图：

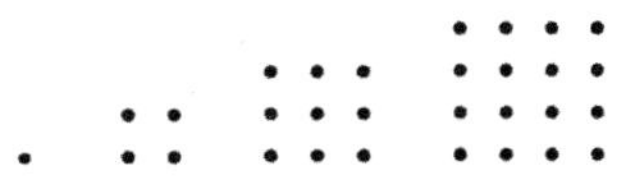

师：为了区分这几个点阵，老师给这几个点阵分别编上了序号。同学们注意了，这个序号对于咱们今天的探索是有帮助的。

教师用1、2、3、4为这几个点阵编上序号。

师：这样，1、2、3、4这几个数分别代表的就是这几个点阵的序数。

师：认真观察，你觉得这几个点阵的排列有规律吗？根据你的发现，请完成两件事。第一件事是接着画出第5个点阵；第二件事是试着算出第10个点阵的点数。

同学们独立思考完成，大部分学生都能准确快速地完成任务。

师：谁来汇报一下你完成这两个题的情况？

生1：我画的是5行5列的正方形点阵，因为第1个点阵是1行1列的。

师："第1个点阵"接下来我们就简单地说成"1号点阵"行吗？都这样说好吗？

生1：好的，2号点阵是2行2列的；3号点阵是3行3列的；4号点阵是4行4列的；所以5号点阵是5行5列的。第二个问题，我算出来第10个点阵的点数应该是100个点，因为同样的道理，10号点阵有10行10列，所以可以用10×10来计算它的点数。

生2：我们可以看到后面的点阵都比前一个点阵多了1行1列，比如2号点阵比1号点阵多了1行1列；3号点阵比2号点阵多了1行1列；4号点阵比3号点阵多了1行1列；5号点阵只要比4号点阵多画出1行1列来就行了。

师：你很善于观察，你的这个发现很有价值，对于我们等会儿更深入地探索点阵中的规律很有帮助。

生3：1号点阵的点数是1×1；2号点阵的点数是2×2；3号点阵的点数是3×3；4号点阵的点数是4×4；所以10号点阵的点数是10×10。

师：看出来了，同学们都已经发现了这个正方形点阵的规律了，这样，谁来说一说，正方形点阵有什么规律？

生3：1号点阵的点数是1×1；2号点阵的点数是2×2；3号点阵的点数是3×3；4号点阵的点数是4×4……

师：同学们都发现了规律，然而，这样的规律就这样一直说下去，说也说不完的！你能不能就用一句话将这条规律概括出来。

师：同学们可以这样想，点阵的点数与什么有关系？

生：点阵的序号。

师：有什么关系？

生：几号的点阵，点数就是几乘几。

师：了不起呀！一句话就可以概括这个说也说不完的规律。最可贵的是同学们找到了点阵的点数与点阵的序号之间的关系。这样的关系咱们可以借助下面的表格再来体会一下。

课件出示下面的表格：

序号数	1	2	3	4	5	6	7	8	9	…
点数	1×1	2×2	3×3	4×4	5×5	6×6	7×7	8×8	9×9	…

师：从左往右看，点阵的序号数一直在变大，点阵的点数也——

生：跟着变大。

师：从右往左看，点阵的序号数一直在变小，点阵的点数也——

生：跟着变小。

师：但是，不管怎么变，什么没变？

生：点阵的点数都是等于序号数乘序号数。

师：如果用字母来概括可以怎么说？

生：第 a 个点阵的点数就是 $a \times a$。

师：我们一般用字母 n 来表示“任意的自然数”，这样就可以说成“第 n 个点阵的点数就是 $n \times n$”。

【设计意图】在这个学习活动中，老师有意识地暗示学生“为了区分这几个点阵，老师给这几个点阵分别编上了序号。而这些序号对于今天点阵规律的探索是有帮助的”。这样的暗示将学生的关注点引向关注点数的同时还应当关注序数。在寻找规律的活动中学生自然而然地联系序数与点数的关系来寻找规律，而当这样的对应关系建立起来时，其实学生已经在不知不觉中建立起函数关系。在之后的教学中，教师进一步引导学生观察“从左往右看，点阵的序数一直在变大，点阵的点数也变大，从右往左看，点阵的序数一直在变小，点阵的点数也变小”。在这样的观察、比较、概括的思维过程中，学生对函数关系有了更进一步的理解。

二、理解模式结构

对于五年级的学生能否通过这样一个恰当的学习材料去试着体会与理解“模式结构”，在一开始的教学设想中只是一个“奢望”，但在深入的备课之后，我们找到了一个“恰当的路径”。

※ 课堂实录

一、片段一：分析“模式的结构”

让学生观察板书：

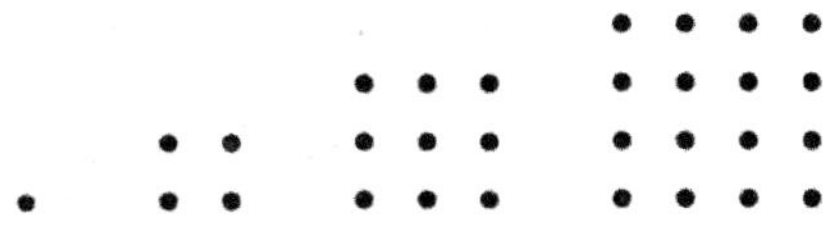

序号数：1　2　3　4

点数：1×1　2×2　3×3　4×4

师：在计算正方形点阵的点数时，比较一下，这些算式是完全一样的吗？

生：不是完全一样的。

师：可李老师要告诉大家，从数学的角度看这几个算式，它们可以说是一模一样的，你能从不同中看出相同来吗？

生：它们是相同的，都是用序号数乘序号数。

【设计意图】在这个探究活动中，首先试着让学生感受“模式的相同结构”，在得出 1×1，2×2，3×3，4×4 四个式子之后，老师问“这些算式是完全一样的吗”，当学生回答“不是完全一样的”后，老师故弄玄虚地说“从数学的角度看这几个算式，它们可以说是一模一样的，你能从不同中看出相同来吗”，通过这样的思辨，学生找到了四个式子的相同结构。其实，“找到前面 4 个点阵点数的相同结构”便是在“分析模式的结构”。而所谓的相同结构就是表示点阵点数的相同的数学式子。通过这样的学习活动，学生真切地感悟到了。

二、片段二：理解“模式是怎样发展起来的”

让学生观察板书：

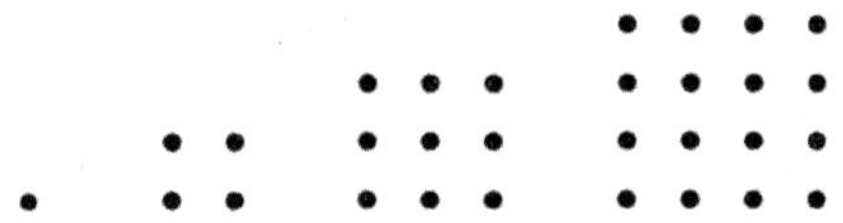

序号数：1　　2　　3　　4

点数：　1　　4　　9　　16

师：从第二个点阵起，每一个点阵与前一个点阵的点数之间有什么关系？

生：第二个点阵比第一个点阵多 3 个点；第三个点阵比第二个点阵多 5 个点；第四个点阵比第三个点阵多 7 个点。

板书得出：

$$1 \xrightarrow{+3} 4 \xrightarrow{+5} 9 \xrightarrow{+7} 16$$

师：根据你的观察，请你在下表中的括号内填写适当的数字。

序号数	点数	前后两个点阵点数的关系
1	1	1
2	4	4 = 1+（　）
3	9	9 = 4+（　）= 1+（　）+（　）
4	16	16 = 9+（　）= 1+（　）+（　）+（　）

学生独立填写后交流展示。

师：通过刚才的观察与填表活动，你认为正方形点阵是怎样“变大”的呢？

生：后一个点阵总是比前一个点阵多出奇数个点。

生：后一个点阵都是比前一个点阵多 1 行 1 列。

师：同学们都同意刚才两个同学的看法吗？

生：同意。

师：那么，这里便有一个很有意思的问题了，你看多 1 行 1 列，按道理应该是多出偶数个点才对的呀？比如 4 号点阵比 3 号点阵多了 1 行是 4 个点，再多 1 列也是 4 个点，这样应该是多 8 个点，怎么会多 7 个点呢？

生：因为 1 行与 1 列的交叉处重复了 1 个点，这样 8−1＝7 个点。

师：了不起的发现啊！

生：其实第 n 个点阵，就是比前一个点阵多 $2n-1$ 个点。

师：为什么？

生：因为后一个点阵都比前一个点阵多一个“外围”，这个“外围”刚好是 1 行 1 列，第 n 个点阵的 1 行有 n 个点，1 列也有 n 个点，1 行加 1 列就有 $2n$ 个点，但是 1 行 1 列重复了 1 个点，所以多的这个“外围”就有 $2n-1$ 个点。

师：这个同学太厉害了，发现了老师都没发现的秘密。我们借助前面的几个点阵来理解一下他的发现。比如 3 号点阵比 2 号点阵是不是多了 1 行 1 列，这 1 行是 3 个点，1 列也是 3 个点，3×2 还得减 1，因为重复了 1 个点，所以多出来的点数就是 3×2−1。理解了吗？住后谁来说一说。

生：4 号点阵比 3 号点阵多了 1 行 1 列，这 1 行是 4 点，1 列也是 4 点，4×2 还得减 1，因为同样是重复了 1 个点，这样，多出来的点数就是 4×2−1。

师：咱们这时候是不是能明白刚才那个同学所说的“第 n 个点阵，就是比前一个点阵多 $2n-1$ 个点”这句话了呢？

同学们大都点头赞同。

师：根据上述的发现，你能写出第 10 号正方形点阵的点数怎么算吗？请你写在作业纸上。

生：1+3+5+7+9+11+13+15+17+19。

师：认真想想，为什么用这样的数学式子来表示第 10 个正方形点阵的点数？

生：因为 3 号点阵是 1+3+5，是 3 个奇数相加，4 号点阵是 1+3+5+7，有 4 个奇数相加，说明几号点阵就应该是几个奇数相加，所以 10 号点阵应该用 10 个奇数相加，列式就是 1+3+5+7+9+11+13+15+17+19。

师：如果是第 n 个点阵呢？这式子又该怎么写。

根据学生的回答，得出板书：

1+3+5+7+9+⋯（n 个奇数相加）

1+3+5+7+9+⋯+2n−1

【设计意图】在这个探究活动中，学生通过分析“正方形点阵是怎样变大的”，明白了正方形点阵序列是怎样发展起来的，从而学习了如何“分析某个模式是怎样发展起来的”，紧接着，学生从不同的角度去分析，发现不同的观察可以用不同的数学式子表达出来，进而系统地组织信息，并且利用他们的分析对模式里的数学关系进行概括，然后尝试用文字或符号数学化地把所发现的规律表达出来，从而对“模式的相同结构”有更进一步的体会与感悟，当然这样的感悟更多是停留在“意会”层面之上的，教师不用点破，也不宜点破。

三、感悟数形结合

师：你认为每次增加的点数对应在正方形点阵中是哪几个点？请在点阵上画出来。

展示学生的作品：

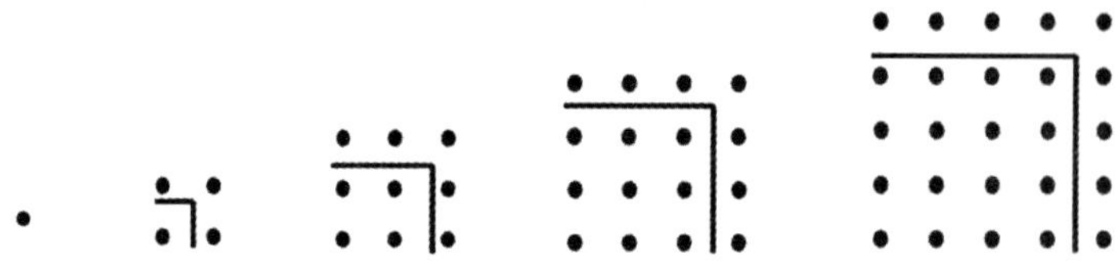

师：观察画出来的点阵图的情况，你有什么发现？

生：我发现后一个点阵都是比前一个点阵多一个“拐弯”。

生：每一个拐弯分别是 3 个点，5 个点，7 个点，9 个点，都是奇数个点。

生：我将 5 号点阵沿着这样的方法把整个点阵分下去，同样发现了 5 号点阵的点数是：1+3+5+7+9。

师：是啊！同学们发现了吗？如果把前一个正方形点阵都镶嵌到下一个正方形点阵的“角上”，那么就相当于把 5 号点阵中的点按下面的方法进行划分：

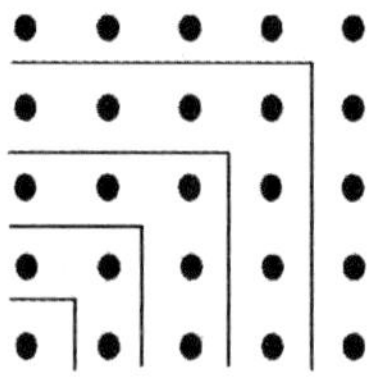

师：这样可以轻易地得出了 25 = 1+3+5+7+9，回顾刚才我们用“25 =

16+（　）=1+（　）+（　）+（　）+（　）”这样的方法发现了 1+3+5+7+9 的学习的过程，你觉得哪种方法更巧妙？

生：在点阵上分，可以更形象、更直接地发现规律，更加巧妙。

师：有同感吗？

生：有。

师：其实，早在两千多年前，古希腊数学家就发现了在表现数的特征方面，点阵更加直观。同学们试一试在正方形点阵上用不同的分法有规律地分一分，然后写出有规律的算式，看看能有什么发现。

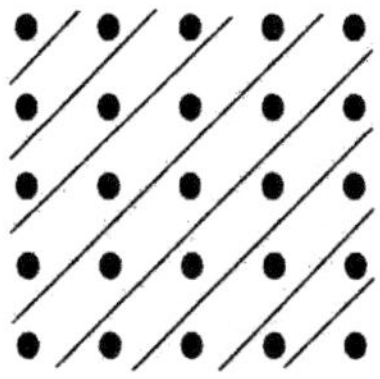

以第 5 个正方形点阵为例，学生有以下不同的发现。（图略）

1+2+3+4+5+4+3+2+1　1+8+16　1+2+3+4+5+1+2+3+4

师：通过刚才的活动，同学们有了很多很好的发现，知道了表示正方形点阵中规律，还有很多不同形式的算式，同时也再次体会了“用图形研究数，更直观”这句话。

※ 课后反思

经历探究点阵规律的过程，可以体会表达同一个点阵的规律，可以有不同的数学表达式。当然还能进一步发现新的数学关系：$1+3+5+\cdots+(2n-1)=n^2$。但发现这些等式已经超越了小学数学的范围，它是高中数学将要进一步学习和研究的对象。

《数学课程标准》指出：“数学思想蕴含在数学知识形成、发展和应用的过程中，是数学知识和方法在更高层次上的抽象与概括”，“数学活动经验需要在‘做’的过程和‘思考’的过程中积淀，是在数学学习过程中逐步积累的”。本课的教学让我深刻体会到根据“数学是一种活动”的理念与“围绕核心概念组织数学活动”的策略所设计的数学课堂教学，能够成为学生感悟数学思想、积累数学活动经验的有效载体。没有先进的数学教育思想，没有体现先进的数学教育思想的教学设计，是创造不出这样优秀的教学案例的。

50. “点阵中的规律”教学设计（课例二）

廖敏
（四川省成都市泡桐树小学天府校区，青年名师）

※ 课前思考

本课的问题是“怎样探索图形中的规律”，方法是“经历直观操作、探索规律的过程，沟通图与数（式）的联系”。建构策略：一是经历直观操作，通过摆、画、数等方法，发现规律。二是从简单情境入手，通过寻找变与不变之间的关系，寻找并归纳总结规律。教学策略：基于学生问题探究的分享式教学。

※ 教学过程

一、游戏引入，聚焦本课核心问题

师：这节课我们来玩点阵游戏。请看 PPT，你想提哪些数学问题？

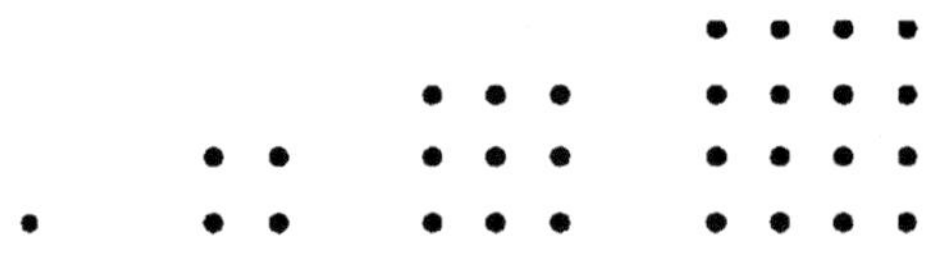

生可能提：第 10 个点阵有多少个点？用 100 个点能摆几个这样的点阵？除了横着、竖着观察规律，还可以怎么观察点阵中的规律？点阵中是否有别的规律呢？

师：特别好，大家能感觉到，前面两个问题都是特别容易解答的，根据我们学过的两个相同数相乘，即平方数的计算就能解决。但后面两个问题很值得大家思考。今天这节课，老师将和大家一起研究点阵中的规律以及规律间的联系，相信，你会有神奇的发现。（板书：点阵中的规律）

【设计意图】让学生根据所摆图形提出自己的问题猜想，在思考的过程中主动探索图形的规律，培养学生发现问题和提出问题的能力。

二、问题探究，探索图形中的规律

1. 探索图形中规律的方法

（1）独立思考。

师：请拿出点阵图纸，尝试从不同的角度观察点阵，并用算式表达你的发现。

老师巡视，发现有不会的同学，老师点拨；发现已经探索规律的学生，老师鼓励表达规律或想多种方法继续探索。

（2）小组交流。

师：小组交流时，先分享是怎样观察的，再分享用算式是如何表示自己发现的规律。每个人都说一说，先从方法少的同学开始分享，每个同学讲清自己的方法、理解别人的方法、记录自己没有的方法。

老师巡视，对不会交流的小组进行帮助；选择有典型方法的作品，编上序号，准备在全班分享。

（3）全班分享。

师：请分享你们的发现。

学生可能有下面的发现：

①横着（竖着）看，每行与每列个数一样，总数就是行数乘列数。总数正好是平方数。

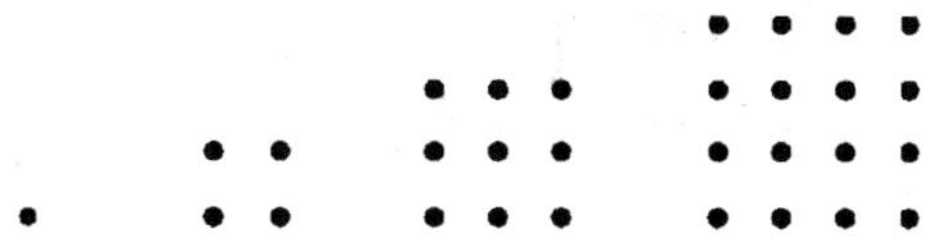

1×1　2×2　3×3　4×4

②斜着看，发现最中间的斜行数最多，两头都是从 1 开始，正好对称。

1　1+2+1=4　1+2+3+2+1=9　1+2+3+4+3+2+1=16

③拐弯看，发现全是从 1 开始的奇数相加。

1　1+3=4　1+3+5=9　1+3+5+7=16

师引导：法①请大家观察，规律中的每个数表示什么？如果是第 n 个点阵，点子总数应该是多少？可以怎样表示呢？

法②请大家观察，规律中的最大的那个数与谁有关？其余的数又有什么特征？如果是第 n 个点阵图，点子总数应该是多少？可以怎样表示呢？

法③请大家观察，规律中每个数有什么特征？奇数的个数与谁有关呢？

如果是第 n 个点阵图，点子总数应该是多少？可以怎样表示呢？

（4）方法小结。观察我们找到的规律，看看都是从哪些角度观察的，又是如何表示出规律的？引导学生发现，除了常用的横着、竖着、斜着观察规律，还可以拐弯观察。而从不同角度观察，可以有不同的算式表达。算式表达时，观察数的特征以及数与图形个数的关系。

【设计意图】本环节探究的是“探索点阵中规律的方法”问题，建构策略是通过画一画、算一算，发现观察角度不同，算式表征就不同，得出的规律也不同。采用的教学方式是学生先独立思考、小组交流、全班分享，老师基于学生的典型作品进行点拨，引导学生总结方法，体现以学生的问题为起点、以老师的问题为导引、以学科问题为核心。

2. 探究“规律之间的联系”的问题

课件出示对比图：

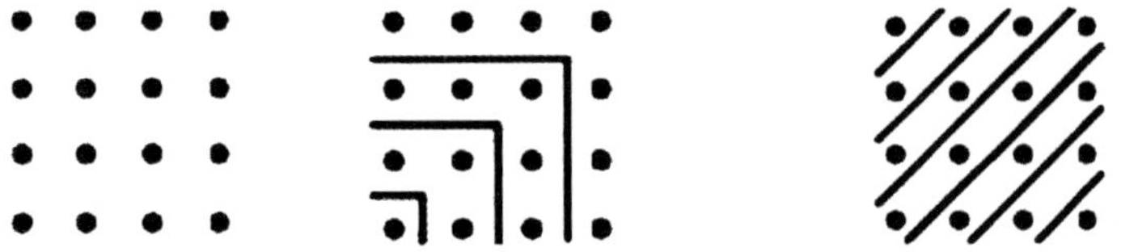

4 × 4　　1+3+5+7=16　　1+2+3+4+3+2+1=16

（1）独立思考。

独立思考，观察同样的点子图，当从不同角度观察时，我们得到不同的算式表达，这些算式之间也会存在一些联系，请想一想，它们之间到底有怎样的联系，给了你哪些启发？

老师巡视，发现学生的问题个别点拨。

（2）小组交流。

师：把自己的困惑或方法跟同桌交流，若两人都不会，可以在四人小组交流，寻找解决问题的方法。

老师巡视，倾听学生思考，准备全班分享。

（3）全班分享。

学生可能有以下发现：

①觉得这几个算式是可以用等号联系的。因此，今后计算后面两个复杂的算式，都可以转化成平方数的方式进行计算。

②发现这几个算式中，都与 4 有关系。图 2 奇数个数正好等于 4，就用 4 的平方来计算；图 3 的最大数是 4，也用 4 的平方来计算。

③得到两个公式：$1+3+5+7+\cdots+(2n-1)=n^2$

$1+2+3+4+\cdots+(n-1)+n+(n-1)+\cdots+4+3+2+1=n^2$

④数形结合。今后见到这样复杂的算式，就想到正方形的点阵图，这样，比记公式还容易些。

师（追问）：法①中，第一个同学提出的想法，大家认同吗？原来像这样复杂的算式，我们可以用简单的平方数就解决了。

法②中，如果是个横 8 竖 8 的点阵图呢，想想奇数个数是几？算式是怎样的？可以怎样计算？

看懂法③的规律了吗？ $2n-1$ 是什么意思？ $n-1$ 是什么意思？

法④，是呀，我们不仅能由图想到数或算式，还可以由算式回到图形，这样的思考方法很值得提倡。在五年级下学期学习分数时，老师还会与大家探讨这方面的相关问题。

（4）方法小结。

师：通过探索规律间的联系，你有什么收获？

引导学生发现：当从不同角度观察规律后，可以将复杂的计算简单化。同时，我们可以由图想到数或式，也可以将复杂的算式想成简单的图形，使理解变得更加容易。

【设计意图】本环节探究的是“规律中的联系”的问题，帮助学生建构策略是通过对比分析，发现算式之间的联系；通过图与式的关联，构建由图到式、由式到图的数形结合思想。教学方式跟上一个环节相同：基于学生独立思考、小组交流、全班分享的基础上，老师引导学生小结方法，体现以学生的学习为主体，老师起舵手、助手、推手的作用。

三、回顾总结，建立结构

师：这节课我们解决了什么问题？你有什么收获？有什么疑问？

【设计意图】帮助学生总结“探索点阵中规律”的方法，建立认知结构，培养学生从头到尾提问的意识和能力。

四、巩固练习，形成技能

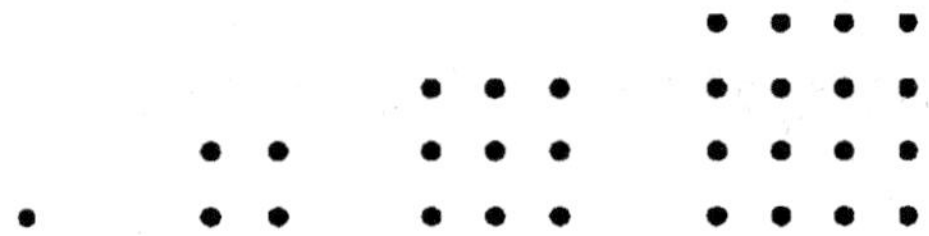

观察上图中的长方形点阵，你从哪些角度观察它的规律？并用不同的算式表示出来。

【设计意图】学生理解了“正方形点阵中的规律”的方法后，还要进行适当的练习，形成技能技巧，并解决简单的实际问题。

51. “图形中的规律”课堂实录与反思（课例一）

赖华东

（广东省深圳大学附属教育集团外国语小学，青年名师）

※ 课前思考

“图形中的规律”是“数学好玩”部分的内容，教材安排了两个内容，让学生经历发现规律、运用规律的过程。第一个内容是“摆三角形”，在明确了摆法后，让学生自主探索摆10个三角形需要几根小棒，并引导学生观察数据，发现“每多摆一个三角形就增加2根小棒”“摆2个三角形需要的小棒数比6少1……”等规律，并运用发现的规律去解决“如果一直摆下去，一共用了37根小棒，你知道他摆了几个三角形吗”这个问题。接着，教材安排了“点阵中的规律”这个内容，让学生通过观察，从多个角度去发现点阵中的规律，体会数形结合及数学的奇妙。

本课教学中，如何给学生尽可能大的空间，让学生的潜能充分发挥？如何尽可能地将所有的学生卷入课堂，暴露学生真实的想法，更多地通过生生之间的互动，将课堂整体推进，让学习在每个孩子身上发生？这些是教师在设计教学内容时反复思考和琢磨的问题。

※ 课堂实录

一、提出问题

师：同学们，如果用长度相等的小棒，摆一个等边三角形，需要几根？

生：3根。

师：2个呢？

（有的学生会说6根，有的同学会说5根。）

师：说5根的同学，是不是打算这样摆。（课件演示）

（生纷纷点头。）

师：怎么5根就能摆出2个？

生：因为有一条边共用了。

师：原来是有一条公共边。（公共边闪烁）

师：像这样摆成一排，摆 10 个三角形需要多少根小棒，愿意去研究一下吗？把你的想法在这张 A4 纸上画一画、写一写，开始吧。

【思考】开门见山，导入研究问题，放手让学生去探索。

二、解决问题

1. 摆 10 个三角形需要几根，体会规律的作用

（1）学生独立探索，小组交流，教师巡视，收集学生的画，同时，把学生使用了的计算的方法书写到黑板上指定位置上。

（2）交流。

①画的方法。

师：刚才同学们研究得很投入，讨论得很热烈，现在，我们来交流一下。大家看，有同学用画的方法，为了让大家看得更清楚，老师在黑板上摆出了 10 个，我们一起来数一数。

（生一起数。）

师：看来，摆 10 个三角形需要 21 根。

【思考】画一画、数一数，是学生首先会想到的方法。

②算的方法。

第一种方法：3+9×2。

师：除了画一画、数一数的方法，还有算的方法。比如这一种，这是谁写的，请你上来。

学生到了之后，师说：请你结合图形把你的算式讲一讲，下边的同学认真听，看能不能听明白。

生 1：我先用 3 根小棒摆第一个三角形，后面的 9 个三角形每个只需要 2 根，所以可以列式为 3+9×2＝21（根）。

（下边有同学举手。）

师：你的讲解引发了大家的思考，你点名让大家来说一说。

生 2：9×2 是什么意思啊？

生 1：除了第一个三角形，后面的 9 个三角形每个都只需要 2 根小棒，9×2 表示的是后面 9 个三角形需要多少根小棒。

（没有同学举手提问。）

师：对于他的这种方法，大家都明白了吗？

生齐答：明白了。

师: 好,那我有个问题要问大家,大家看,这是他的作业纸,我看到他并没画完,怎么就能得到这个算式呢?

生：因为除了第一个三角形需要 3 根，后面不管摆几个三角形，每个三角形都只需要 2 根了。

师：原来，他通过画图、看图，发现了这个图形中的规律，谁能把这个规律再说一说。

生说完后。

师：正是依据这个规律，他不必画完，就能算出摆 10 个三角形需要多少根小棒。（教师板书）

【思考】对于很多用画的方法的同学来说，会有一个疑问：没有画完，怎么就可以列式计算呢？通过对这个问题的讨论，引导全体学生去体会这个图形中的规律，感悟数形结合的思想。

第二种方法：

师：除了这种方法，还有同学列的算式是 10×2+1 = 21（根）。明白这种方法的同学请举手，谁来给大家讲讲。

生：（把图形中最左边那一根移开）大家看，如果把这根移开，每个三角形都是用了 2 根，就是“10×2”，再把这一根加上，就是“10×2+1”。

（生纷纷点头，表示明白了。）

第三种方法：

师：这里还有一种方法 10×3-9，谁来给大家讲一讲。

生 3：我们可以先假设每个三角形都需要 3 根，那就是“10×3”，但是后面的 9 个三角形每个只需要 2 根，这样就多算了 9 根，所以要“10×3-9”。

（刚讲完，下边就有同学举手。）

生 4：为什么要减 9 呢？

生 3：因为第一个三角形需要 3 根，后面的每个三角形多算了 1 根，所以是减 9 而不是减 10。

生 4：明白了，谢谢！

师：现在，我们把大家得到的几种方法来梳理一下。请大家看。（课件演示三种方法）

【评析】讲解—讨论—梳理，生生互动中明白三种算的方法。

2. 由个别上升到一般

师：这几种方法，大家都明白了吗？

师：那我来考考大家，比如这种方法，摆 10 个需要多少根小棒，是这样列式。比 10 更小的，我就不考大家了。考一个比 10 大的吧，摆 66 个三角形需要多少根小棒？

三角形个数	小棒根数
1	3
2	3+1 × 2
3	3+2 × 2
4	3+3 × 2
…	…
10	3+9 × 2
…	…
66	3+65 × 2
…	…

师：现在，请大家观察表格中的数和算式，你有什么发现？

生 1：我发现，算式中第一个数 3 总是不变的，乘法中的第二个因数 2 也是永远不变的，变化的只是乘法算式中的第一个因数，而这个因数正好是三角形的个数减 1。

师说：你的意思是，不论多少个，根数都会等于“3+（个数 −1）× 2”，对吗？

（教师板书，生齐读“根数 = 3+（个数 −1）× 2”。）

师：借助列表和列举，他得到这个等式，根据这个等式，摆 100 个需要几根？怎么算？

生：3+（100−1）× 2 = 201（根）。

师：这个等式表示出了根数和个数之间的关系。再来考考你们，（指着第二种）结合这种算法谁也能得到这样的一个等式？

生：根数 = 个数 × 2+1。

师：根据这个等式，要求 1000 个三角形需要几根小棒，可以怎样列式？

生：1000 × 2+1 = 2001（根）。

【思考】借助列表和列举，让学生计算由 10 个到 100 个、1000 个，由具体到一般，发展抽象概括能力。

三、应用拓展

1. 解决 37 根小棒可以摆成多少个三角形

师：有了这样的式子，不管多少个三角形需要多少根小棒，都难不住大家了。那么，告诉你用了多少根小棒，要求摆了多少个，还会吗？好，请看屏幕，看懂了之后，把你的方法写下来。

屏幕出示：

如果一共用了 37 根小棒，摆了几个三角形？

（生尝试解决，并在小组内交流，教师收集学生的做法。）

师：好，同学们，老师收集了同学们的一些做法，我们一起来看看。

师出示第一种方法：

（37–3）÷2＝17（个）。

（马上有同学举手。）

生：第一个三角形用了 3 根，其余三角形每个用 2 根。这个算式只是算出了用 2 根的三角形有多少个，还要再加上 1 个，是 18 个。

（其他同学都同意。）

师出示第二种方法：

（37–1）÷2＝18（个）。

（学生都同意这种方法，师请一个同学解释这种方法。）

【评析】解决这个问题，既是验证规律，也是运用规律。

2. 解决点阵图中的问题

师：三角形中的规律，大家不仅发现了，还能应用。如果换成别的图形，你还能发现规律吗？出示点阵图。

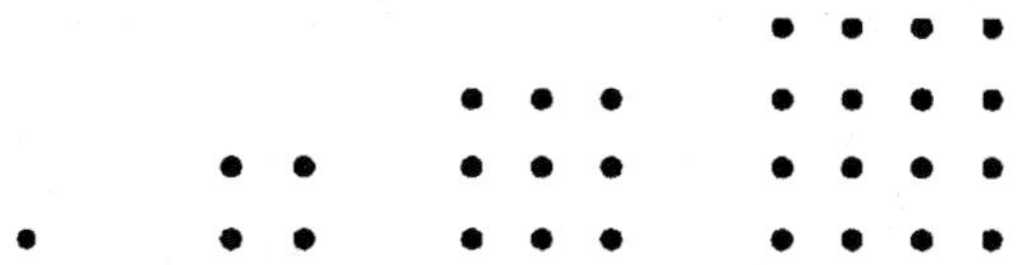

师：这是一个点阵图，请你仔细观察，尝试把发现的规律用算式写下来。

（教师巡视，请学生小组内交流后，组织全班交流。）

师：好，同学们，把你们发现的规律来说一说。

生 1：我发现第一个点阵的点的个数是 1×1，第二个点阵中的点的个数是 2×2，第三个是 3×3，第四个是 4×4。

师：那第十个你觉得会是几呢？

生 1：10×10。

师：还有不同的发现吗？

生2：我发现第一个点阵中的点的个数是1，第二个是1+3，第三个是1+3+5，第四个是1+3+5+7。

师：那第六个你觉得会是几？

生2：1+3+5+7+9+11。

师：还有吗？

（没有学生回答，师出示下图让学生思考。）

生3：我发现这一个点阵中的点的个数是1，第二个是1+2+1，第三个是1+2+3+2+1，第四个是1+2+3+4+3+2+1。

师：根据他发现的规律，第五个点阵中的点的个数有多少个？

生：1+2+3+4+5+4+3++2+1。

【思考】点阵图的引入，是发现规律方法的应用，进一步引导学生体会数形结合思想。

四、全课总结

师：好，同学们，这节课我们学习了图形中的规律，通过这节课的学习，你有什么收获？

※ 课后反思

课堂如何由线性推进到网状推进，让每个学生都参与进来，通过交流、达成共识、实现目标？这节课做了有益的探索，取得了不错的效果。

一、放手，给学生探索的空间

“像这样摆成一排，摆10个三角形需要多少根小棒？”面对这个问题，学生有多样化的解决方法。有的同学会画一画、数一数；有的则是画了几个，发现了规律，列式解决；有的则是进行列举。引入问题后，教师没有做过多的提示，放手让学生去思考、去解决问题。每个同学根据已有的经验和思维的水平，选择适合自己的方法去探索，并在探索过程中有所得、有所悟，为进一步的交流做了很好的准备。

二、信任，给学生交流的空间

交流方法时，老师没有做过多的介入，而是让学生在互动中探索解决问题的方法。学生结合图讲解算法—同学提问—学生解释答疑，围绕着数学问题，学生展开了讨论、争辩，使其疑惑得以解决，思维得以清晰。

以上，教师的“无为”，促成了学生的“有为”。那么，放手的课堂，教师在哪些方面要“有为”呢？

三、了解，顺应学生的思维

课前，老师精心设计了前测题，并对前测结果进行分析，通过前测，发现50个同学的班级，20人用画一画、数一数的方法，有5人用列举的方法，有20人用算的方法，还有5人没能解决；通过多次试讲，对学生面对每个问题的思考状态和可能出现的情况有了比较准确的把握。在此基础上，设计出了顺应学生思维的教学过程。导入问题、放手探索—互动交流、感悟规律—列出表格、发现关系—应用拓展、提升思维，每一个环节都是前一个环节的自然发展，顺应学生思维的教学设计，使学生积极参与，收获成长。

四、调控，提升学生的思维

每一堂课都会有一些不一样的生成，教师要身在其中，整体把握课堂的进程；要机智敏锐，及时地、巧妙地引导学生进行探索交流，从而提升学生的思维能力。

52. “图形中的规律”课堂实录（课例二）

殷家骅
（江苏省高邮市第一实验小学，特级教师）

※ 教学过程

一、引入新课

1. 对话

师：我们已学过哪些图形？

摆1个三角形至少要用多少根同样的小棒？摆2个同样大的三角形呢？

生1：摆1个三角形要用3根小棒，摆2个三角形要6根。

生2：摆1个三角形要用3根小棒，摆2个三角形要5根。

生3：摆1个三角形要用3根小棒，摆2个三角形要4根。

师：请这3位同学在黑板上摆一摆，好吗？

2. 操作

生1：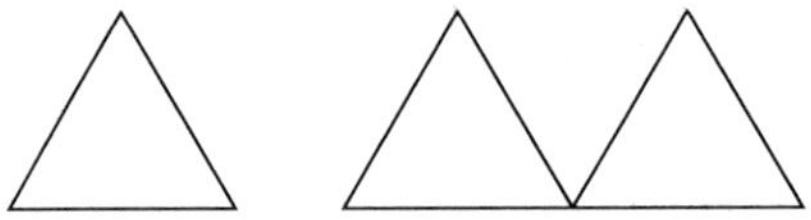

生2：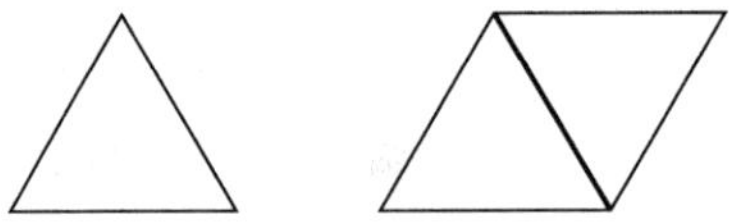

生3：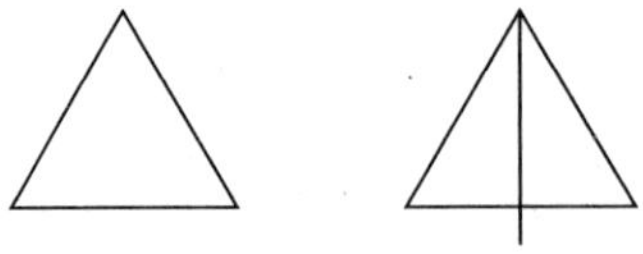

生3：（自言自语）这不是三角形。（拿掉了）（笑声）

师：是的，摆两个三角形的图形中，第一种在数学上叫作单个排列图形，第二种叫连接排列图形。（板书，齐读）

二、探索生成

这节课我们就研究连接排列图中三角形的个数与所用小棒根数之间的关系。

师板书：三角形个数 2　1　2

小棒的根数 2　3　5

师：那么摆 3 个三角形、4 个三角形要用多少根？

生 4：摆 3 个三角形要用 7 根，摆 4 个三角形要用 9 根。

师：你们是怎么知道的呢？

生 5：我是摆图形数出来的。

生 6：我是这样想的，每增加一个三角形小棒的根数要增加两根。

师：是吗？请你上来摆小棒说一说再写一写，好吗？

生板书：…3　4

…5　7

（生自发鼓掌。）

师：摆 10 个、14 个三角形呢？

生：（思考片刻）21 根，29 根。

师：说一说你是怎么样想的。

生：我发现小棒的根数总比三角形的个数的两倍多一。

师：会计算吗？

生：用 10×2+1、14×2+1 算出摆 10 个、14 个三角形所用的小棒根数 21 和 29。

生 7：我用 10×3-（10-1）算出摆 10 个三角形要用 21 根，用 14×3-（14-1）算出摆 14 个三角形要用 29 根。

师：怎么讲？请说说你的想法。

生 7：（侃侃而谈）单个摆 10 个三角形要用 30 根，连接排列成一行或一列中间有 10-1 = 9（根）重复计算了，所以用 10×3-（10-1）算出摆 10 个三角形要用 21 根。

师：那么摆 n 个三角形呢？

（静堂片刻。）

生 8：n ×2+1。

生 9：n ×3-（n-1）。

生 10：用 n ×2+1 计算比较简便。

师：你们真会思考，我为你们的表现鼓掌！（生和）

师：（赞赏地）是啊，你们能用字母概括出连接排列成一行或一列图形中的规律，真不简单！在数学中，习惯用 $2n+1$ 表示。（板书：$2n+1$）

（完整书写板书课题：连接排列图形中的规律。）

师：请同学们用 $2n+1$ 去检验我们刚才所学习的三角形个数与小棒根数，好吗？

三、即学即练

（指名板演。）

（1）摆 20 个、42 个三角形要用多少根小棒？

$20\times 2+1$　$42\times 2+1$

（2）/69 根小棒可以摆出多少个三角形？ 2019 根小棒呢？

（69−1）÷2　（2019−1）÷2

（生评讲。）

四、继续探究

（1）师：接下来给大家 5 分钟时间独立研究正方形个数与小棒根数之间的规律，计时开始！

（2）板书：

正方形个数：　1　　2　　3　…　20　…　31　…　n

小棒的个数：（　）（　）（　）…（　）…（　）…（　）

（教学现场回放：有的学生摆小棒，有的静坐思考，有的写算式和数据，有的画图形，有的交头接耳……）

（3）交流汇报分享成果。

① 生 11 在黑板上板书 4、7、10、61、94、$3n+1$。

② 生操作小棒演示并板书。

师：我被同学们积极探索的精神深深地感动了，相信大家在下面挑战自我的环节中会有更精彩的表现！

五、全课小结

通过这节课的学习，你印象最深的是什么？这些知识我们是怎么获得的？

53. “展开与折叠”教学设计与反思

姚铁龙
（广东省深圳市福田区教育科学研究院，特级教师，正高级教师）

※ 游戏设置

这是一节闯关游戏课，设置四个关卡，既有个人独立操作又有两人、多人合作，在一次次闯关挑战中学生逐渐认识正方体展开图并探究其种类，空间想象能力也得到提升。

注意事项：

1. 学具有磁性和扣条两种，也可以自己用卡纸等制作。

2. 通过翻转或旋转能完全重合的两个正方体展开图，算同一种。

游戏说明：

1. 倒扣的学习卡：3 张倒扣的学习卡，隐藏着 3 个不同的学习任务。

2. 闯关游戏：“看微课”“玩学具”“通有无”“辨真假”“巧分类”五个游戏贯穿全课，层层递进探究正方体展开图种类。

3. 头脑王者：不借助任何操作，只通过想象，判断图形能否围成正方体，挑战你的空间想象能力！

4. 拓展游戏：一半涂色的正方体展开后，涂色部分是怎样的呢？

※ 教学过程

一、倒扣的学习卡，激发兴趣、引入新课

出示包装精美的礼盒，黑板上预先贴上倒扣的学习卡。

师：今天，老师为你们准备了一份神秘的礼物，想要得到这份礼物，你得通过这 3 张召唤卡的考验，只有最聪明最棒的孩子才能通过，你们有信心吗？

【设计意图】将学习任务藏起来，营造神秘的氛围，完成一个关卡才能解锁下一关，利用稀缺与好奇激发孩子探索的欲望。

二、闯关游戏，层层递进认识正方体的展开图

1. 看微课，认识正方体的展开图

微课演示：把正方体沿着棱剪开，得到 6 个相连的不断开的面，这样的平面图形就是正方体的展开图。

师：现在你知道什么是正方体的展开图了吗？

生：沿着正方体的棱剪开，得到相连不断开的平面图形就是正方体的展开图。

（板书：正方体的展开图）

师：第一关顺利通过，庆祝一下！

【设计意图】简单的概念通过微课展示更直观，学生通过看和说，迅速理解正方体展开图的概念。过关后的庆祝效果，会鼓舞孩子，激发孩子继续挑战闯关的自信心。

2. 玩学具，探究正方体展开图的种类

（1）探究达人。

游戏规则：双人合作，一人操作学具，一人画图。 比一比，谁找出来的正方体展开图种类最多。

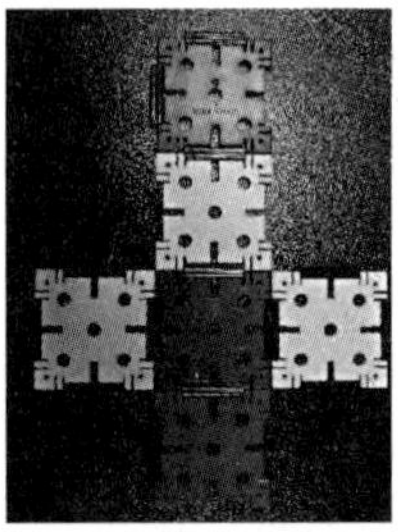

左图即为该环节所需学具，由6片正方形塑料片组成。方便拆卸与组装，也利于展示。

活动一开始，A 学生操作学具，通过“拆”或者“围”的方法探究，B 同学将正确的正方体展开图记录下来。如果 B 同学有想法，可交换分工后再合作，通过两位同学的努力，找到各种正方体展开图并把它们画下来。

注意事项：通过翻转或旋转能完全重合，就算是同一种。

待双人合作完成，各小组记录一共找到了多少种正方体展开图，教师适时推动，激发学生继续探究“正方体展开图”到底有几种的欲望。

【设计意图】探究之初，学生需要独立思考，一人摆一人画最大限度地保证了每个人都参与到学习活动中来，此时的合作是互补型的，每个人都是不可缺少的个体，是真正有需求有意义的合作。

（2）互通有无。

游戏规则：小组合作，互相检查是否有错误、重复、遗漏。

注意事项：

这个游戏要求6人一个小组互相合作，大家都把工作纸拿出来，互相检查，将错误的，重复的划去，发现有遗漏及时补充。

第二次探究正方体展开图的种类，学生的探究形式已经从纯粹的直观操作进阶到“由形到体”的过程。通过观察他人作品图来判断是否能围成正方体。当出现争议时，又能借助实物验证。两次探究老师均无须介入太多，让孩子在反复尝试中建构空间观念。但第二次操作时，可建议学生先不急于操作学具验证，而是在脑海中先想一想，再尝试。

【设计意图】从2人合作到6人合作，并不仅仅是形式上的改变。一轮过后，如果还是两人合作，那结果可能是片面的，此时我们需要更多的人参与到合作中来，集思广益，突破难点，6个人互相检查、纠错补漏，逐步提炼出小组所有的正方体展开图种类。

（3）火眼金睛。

游戏规则：全班合作，挑选找到展开图种类最多那一组的作品进行展示，全班一起来找“茬”，直到全班找到11种正方体展开图。

师：哇，刚才最多的一组找到了9种，真了不起！接下来，我们要全班合作啦，一起来看看，有没有遗漏？

生1：我对第一种有怀疑。

师：哦，第一种这么奇怪（3-3型），我也感觉是错的。

生2：是对的。

师：有争议了，不错，再发挥一下你的空间想象能力，确认一下，到底是对的还是错的？

生3：对的！

生4：眼见为实，耳听为虚，你看，（展示）可以围起来的！

师：真的，（电脑展示）瞧，果然可以围起来！

师：还有怀疑的吗？

生：没有重复的，但是有一个漏掉了。

师：你的意思是，你还有补充？

（生展示2-2-2型）

师：想象一下这种能不能拼成？

生：可以。（学具展示）

师：（电脑展示）哇，原来这种真的能够拼成正方体！你们真是探究小达人！所以正方体的展开图有多少种？

生：11 种。

师：对了，正方体展开图有 11 种，“探索正方体展开图的种类”任务完成，恭喜你们！一起来庆祝一下！

【设计意图】本环节对全体学生都是一个挑战。因为小组作品中展开图数量比较多，学生很难通过比对的方法来进行校验，这就“逼”学生看图判断是否能围成正方体，这个过程就是培养空间想象能力的过程。遇到不能确定的复杂图形，不要急于给出答案，要引导学生先想一想，再用学具验证，最后课件展示。

（4）分类大师。

游戏规则：将正方体展开图的 11 种图形进行分类并说说分类理由。

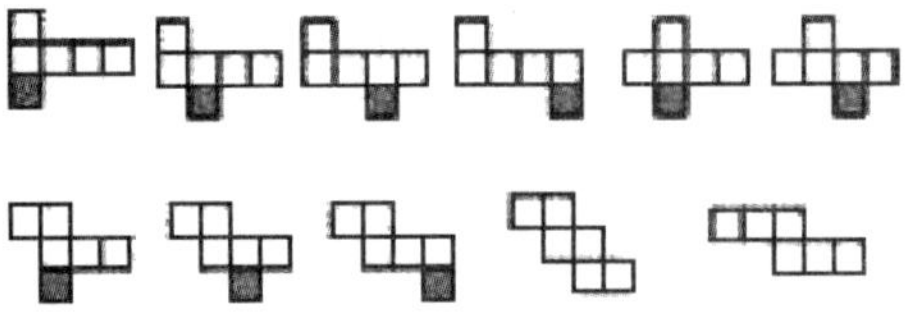

小组交流，全班汇报。

生：（指向 1-4-1 型正方体展开图）这几个图是有规律的，第一层 1 个，第二层 4 个，第三层的 1 个正方形不断移动。

师：你的观察能力真不错。像这样的正方体展开图，我们给它起个名字叫 1-4-1 型正方体展开图。这一类的展开图最多，一共有 6 种。剩下的还可以分吗？

生：还有 2-3-1 型。

师：举一反三，真不错，说说你是怎么想的。

生：第一层 2 个，第二层 3 个，第三层 1 个不断移动。

师，是的，用移动的方法，2-3-1 型一下子全齐啦，最后还有 2 个比较特殊的展开图。

生：可以分为 2-2-2 和 3-3 型。

师：是的，现在，我们就找齐 11 种展开图了。“探索正方体展开图的种类”任务顺利完成，庆祝一下吧！

【设计意图】把 11 种正方体展开图进行分类，有利于学生快速掌握正方体展开图的种类。同时，也借这个机会使学生悟到：有序的操作能帮助我们更好地探究。整个探索活动，由四个游戏组成，根据游戏命名简单清晰原则分别名为“探究达人”“互通有无”“火眼金睛”“分类大师”，在课堂最后回顾总结时，我们发现，学生均清晰地记得四个游戏环节，并能够有针对性地从中分享自己的收获，这正是好名字带来的效应。

三、头脑王者，紧张刺激中熟悉正方体展开图

1. 精确判断

游戏规则：不借助任何操作，只通过想象，判断图形能否围成正方体。

正确或错误用手势表示。

全班集体答题。

共 4 题，每题预留 5 秒，超时未完成不得分。

【设计意图】4 道习题都是学生最容易出错的，但是，以游戏的形式出现学生却丝毫没有畏难情绪，兴致勃勃地玩起来。这正是学生主动学习的体现，也是因为学生已经在之前的学习过程中通过动手操作积累了大量的直观经验，此时仅仅“脑中思”已经可以把直观经验转化为抽象思维，达到培养学生空间想象能力的教学目标。

2. 准确填空

游戏规则：独立思考，将答案记录在工作纸上。

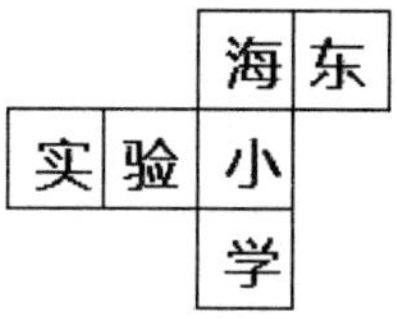

一个正方体的平面展开图如图所示，将它折成正方体后，“东”和“(　　)”相对，“海”和“(　　)”相对，“实”和“(　　)”相对。

【设计意图】前一个练习游戏“快”，学生思维敏捷反应迅速，后一个练习游戏“静”，学生静静地思考，此时，每一个学生都在慢慢地消化本节课所学的知识，他们依靠刚刚建构的空间认知完成练习，巩固和提升了自己的空间想象能力。

四、拓展游戏，勇闯正方体展开图迷阵

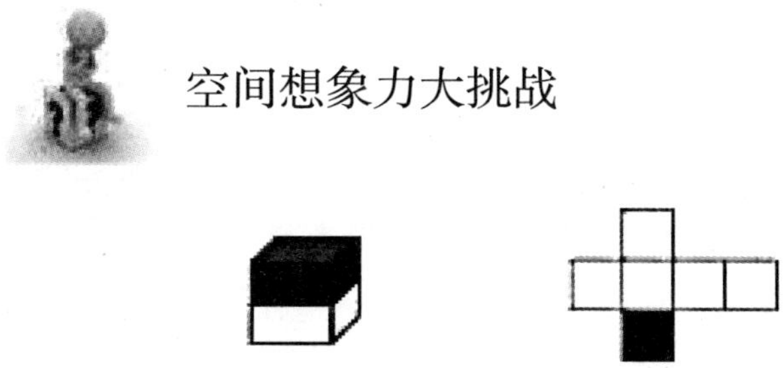

左边的正方体一半涂了蓝色，如右图展开，你能把剩余蓝色块补充完整吗?

用一道有趣又烧脑的智力题，结束今天的游戏之旅，数学的魅力，在于它的复杂——当独自解开一道思索已久的难题时，会感到发自内心的喜悦与自豪；在复杂迷离的题海中，总有人被它所吸引，并希望发现和解开更多的谜团。加油，孩子们！

※ 教后反思

思考：本节课的游戏元素有哪些，使用合理吗？在进行游戏化教学时，要巧妙地运用各种游戏元素，在本节课中，我使用了哪些游戏元素，运用是否恰当呢？

一、倒扣的学习卡

有人说,中国的教育是知识的贪婪鬼,教师们恨不得把自己知道的都塞给学生，课堂上，学生根据老师的安排按部就班地学习，很多时候，他们不知道学习任务是什么，也不好奇。因此，我使用“倒扣的学习卡”这一游戏元素进行教学设计，课一开头营造一种神秘的气氛，将学习任务“藏”起来，利用学生的好奇心激发孩子们去主动探究，玩得就是“饥饿营销”。

但从课堂实际效果来看，并不十分出彩，反思其因，或因三张学习卡学生不能随机挑选，只能按序打卡，神秘性削减；又或者因教学语言稍显平淡，不能将学生完全带入到游戏情境中来，充分调动学生的积极性。根据后续教学实践看，这一元素在复习、练习等课型中，运用效果最佳。

二、游戏音效

在游戏化教学中使用游戏音效比较简单易行，如游戏开始的“Let's go”、游戏结束的嘀嗒声和游戏结束以后的欢呼等等，均可以从经典的游戏音效中截取下来。不要小看这些游戏元素，这些烘托气氛的音效不仅仅营造了游戏氛围，促使学生积极参与学习过程，还能使学生获得成功后的满足。以本节课为例，当“Let's go”的音效响起，学生仿佛就浸身于游戏世界，立刻全身心投入学习中，操作、交流、分享，而当游戏结束的音效响起，学生就自觉地停下来，遵守游戏规则变成了一件顺理成章的事，这正是游戏精神的体现。需要提醒的是，合理地设置游戏时间也是教师必须认真思考的，过短则走马观花无深度，过长则让课堂庸长无效。

三、闯关模式

本节课两次使用闯关模式，第一次在探究正方体展开图种类时，从双人合作、小组合作到全班合作，层层递进。第二次在练习时，“头脑王者”+“纸上谈兵”，动静适宜。在时间分配上，第一次闯关共4个活动，“探究达人”“互通有无”“火眼金睛”“分类大师”各5分钟，充分保证学生有足够的时间操作、思考、交流，从而逐步建构空间观念，提升空间想象能力。第二次闯关活动耗时较短，“头脑王者”总计不到1分钟，“纸上谈兵”也只需要2分钟左右，充分体现出游戏快节奏带来的刺激感。而这时的快、正是探究时间足、学生感受充分、空间想象能力提升的表现。

四、及时评价

游戏最迷人的元素之一恐怕当属及时反馈与评价，尤其是带着浓浓竞争意味的评价体制，每一局结束以后，得分与排名立即可见，奖励如潮水般涌来……这也是本堂课最为缺失的，或许可以归因于技术的缺失，但恰恰因为平时的课堂技术支撑也是不足的，所以，一线教师研究游戏教学更要下大功夫去研究，即使评价如何落地，这也是接下来，我们在实践过程中的重点研究对象。

54. “解决问题的策略（一一列举）”课堂实录

徐斌
（江苏省苏州大学实验学校，特级教师）

※ 课堂实录

一、唤醒经验，引入策略

师：今天我们要学习一个新知识，大家把课题一起读一遍。（师板书课题）

生：解决问题的策略。

师：请大家回想一下，以前我们学过哪些解决问题的策略？

生1：从条件想起。

生2：从问题想起。

生3：画图、列表。

师：是的。其实，从一年级开始，我们就开始学习解决问题的策略了。比如说，我们在认数和认图形的时候，动手摆一摆学具，也就是动手操作，其实也是一种策略。（板书：操作）

师：请看，在我们日常生活当中，经常出现的飞镖游戏，大家玩过吗？

生：玩过。

师：这是飞镖的靶子，如果让我们全班每人都来投一镖，大家有可能得多少环呢？

生1：有可能是10环、8环、6环。

师：（相应板书）还有其他可能吗？

生2：可能是0环。

师：对，可能连靶子都没有射上，那就是0环。

师：这些都是可能的结果，现在老师把它们都——

生：列举出来了。

师：说得很好！（板书：列举）列举就是一种策略，那刚才为什么要把它们列举出来呢？

生：我觉得应该是要知道它一共有多少种可能。

师：对，把每一种可能都列出来，就叫作一一列举。（板书：一一）

师：今天这堂课，我们就来学习一一列举的策略。

师：其实一一列举也不是什么新的策略，比如说，在我们四年级的时候，学习找规律（出示找规律例题）——两顶不同的帽子，要搭配到三个不同的木偶娃娃上面去，求有多少种不同的搭配方法。我们把每一种搭配方法都怎么样啊？

生：都一一列举出来。

师：这学期我们也用过一一列举的策略。在我们认识小数的时候，就有这样一道题（出示练习题）——用 1、2、3 三个数字和小数点来组成不同的两位小数，我们也是一一——

生：列举出来。

师：今天这堂课，我们继续应用一一列举的策略来解决一些实际问题。

二、合作交流，探究策略

师：（出示准备题）请看，王大叔家里养了很多羊，最近他想围一个羊圈，他用什么来围呢？

生：（把题目读一遍）王大叔用 18 根 1 米长的栅栏围成一个长方形羊圈，有多少种不同的围法？

师：这道题告诉我们什么？

生：王大叔用 18 根 1 米长的栅栏围成一个长方形羊圈。

师：这句话里有一个重要信息——18 根 1 米长的栅栏，这里的“18”是指什么呢？

生：是羊圈的周长。

师：18 米其实就是羊圈的周长，（板书：周长）这是什么形状的羊圈啊？

生：是长方形。

师：对，由周长是 18 米，你还能想到什么？换一句话说，周长和长方形的什么有关呢？

生：周长与长方形的长和宽有关。

师：那由 18 米你们可以推想出什么？

生：可以推想到长方形的长和宽一共是多少。

师：你能算出来吗？

生：用周长除以 2。

师：（板书：$18 \div 2 = 9$）9 米就是长与宽的什么？

生：和。

师：那到底有多少种不同的围法？接下来，我们运用以前学过的几种策略，（指着板书中的操作、画图、列表）每人来选择一种，可以用小棒在桌子上围一围，两个人合作，一个人围，另外一个人记录；如果你想画图，在练习纸的反面方格图上去画一画，画完之后，把几种不同的情况再整理到一个表格里（出示表格）。

（生操作或画图、填表。）

师：大家探索出结果了吗？有的可能摆着摆着就不需要再摆了。还有的同学呢，在脑子里直接想好结果再列表，说不定也是一种好办法。那么，你们发现有几种不同的围法？

生：4 种。

师：谁来汇报一下你们合作操作小棒的情况。

生：我们探索下来，发现有 4 种不同围法。

师：哪 4 种？

生 1：第一种长是 5 米，宽是 4 米。

师：大家来看看，这一种符合不符合题目要求？长加宽的和就是——

生：9 米。

师：继续说，还有呢？

生 2：第二种长是 6 米，宽是 3 米。

生 3：第三种长是 7 米，宽是 2 米。

生 4：最后一种长是 8 米，宽是 1 米。

师：其他同学答案和他一样吗？

生：一样。

师：答案是一样，你们每次摆都是按照这样的顺序吗？像刚才那位同学说的，这样的排列方法，你感觉怎么样？谁来评判一下。

生：我觉得不错，因为这样长是 8、7、6、5，宽是 1、2、3、4，可以看得更清楚。

师：嗯，像这样，宽是从小到大，长是从大到小，这样就比较有——

生：规律。

师：对，比较有规律，我们就可以有顺序地把它列举出来（板书：有序）。

师：那么，不同的围法就这 4 种吗？有没有漏掉的呢？

生：没有。

师：你怎么知道没有漏掉的？

生：因为，如果再写下去的话，长是 4 米，宽就是 5 米。

师：（指表格）那其实就跟刚才一种是一样的。那么再摆下去，又会出现跟它一样的结果，只是长和宽颠倒了一下，对不对？

师：像这样子，一一列举出来，有没有重复的？

生：没有。

师：也就是说，在一一列举的时候，要注意不重复、不遗漏（板书：不重复、不遗漏）。其实，不重复、不漏掉，就是我们一一列举的基本要求。

师：这是长和宽的情况，这几个长方形的周长都是多少？

生：都是 18 米。

师：那它们的面积一样吗？

生：不一样。

师：我们来算算看（表格出示面积一栏，如下图所示），第一种长方形的面积是多少？

长（米）	8	7	6	5
宽（米）	1	2	3	4
面积（平方米）	8	14	18	20

生：8 平方米。

师：第二种呢？

生：14 平方米。

师：第三种呢？

生：18 平方米。

师：第四种呢？

生：20 平方米。

师：在这里，几种长方形的面积为什么会不一样呀？你有没有发现什么规律呢？

生：因为长和宽不一样，它们的面积就不一样。长和宽相差越大，它们的面积就越小，长和宽相差越小，它们的面积就越大。

师：是啊，长和宽相差越大，面积反而越小。像最后一个长方形长和宽只相差 1，它的面积却达到了 20 平方米，这又是什么原因呢？如果我们联系图来看一看的话，说不定会更加清楚。（出示四种形状图）

师：如果你是王大叔，让你来选择一种形状做羊圈，你会选择哪一种，为什么？

生：我会选择长 5 米、宽 4 米的这种羊圈。因为它的面积比较大，羊也可以生活得比较好一点。（师生都笑了）

师：刚才这道问题我们已经解决了，我们用的策略是——

生：一一列举。

师：而且我们在列举的时候，如果按照一定的顺序来列举，就会——

生：不重复也不遗漏。

三、灵活运用，提升策略

师：其实在我们的生活中经常要用到一一列举的策略。最近我听说同学们在订一些杂志，在订杂志的时候，也要用到这种策略。比如说有一个班级的学生想订这三种杂志，大家看看分别是《科学世界》《七彩文学》《数学乐园》。

师：现在，有这样的一个问题，需要同学们来思考——“最少订阅一本，最多订阅三本，那会出现多少种不同的订阅方法？”

师：什么叫“最少订阅一本”？

生：就是只订其中的一本。

师：能不能不订呢?

生：不能。

师：“最多订阅三本”是什么意思?

生：全订。

师：那么这道题目我们怎样列举呢？像刚才有的同学说了，可能只订一本，可能最多订三本,也可能订二本。从订的本数情况来看,我们可以把它分成几类啊?

生：三类。

师：（板书：分类）分类之后，请同学们再来试一试，用列表的方法来整理信息，再用打钩的方式，把它们一一列举出来。（学生在表格里打勾列举）

师：谁来说说，你是怎样打钩的?

生1：在只订一本中，只钩一本。

师：可以勾什么呢?

生1：第一次钩《科学世界》。

师：对，一种。

生1：第二次钩《七彩文学》。

师：两种。

生1：第三次钩《数学乐园》。

师：这是只订一本的情况，一共有三种方法，谁能接下去说？订两本的话——

生2：第一次是订《科学世界》和《七彩文学》；第二次是订《科学世界》和《数学乐园》；第三次是订《七彩文学》和《数学乐园》。

师：噢，像这样又是三种，对不对？那订三本的，有几种呢?

生：1 种。

师：一共有几种啊？

生：7 种。

师：（板书：3+3+1 = 7）刚才是老师给大家画好表格再打钩的，如果让你独立解决问题，你能不画表格，用简单一点的方法来列举吗？

生 1：画图。

生 2：操作。

生 3：计算。

生 4：写字母。

师: 大家说得都很好！现在每人选一种你认为简单的方法来一一列举试试看。

师：（生列举活动，教师巡视）看看和我们刚才得出来的结论是否一样。

师：下面我请同学汇报一下你用的是什么方法？

生 1：写字母。

师：你具体说说看，写哪三个字母？

生 1：A、B、C。

师：那订一种就是——

生 1：A 一种，B 一种，C 一种，共三种。

师：那订二本呢？

生 1：AB，AC，BC，也是三种。

师：那订三本呢？

生 1：ABC，共一种。

师: 很好！也是算出一共 7 种。那么，除了写字母，其他同学还有不同方法吗？

生 2：我用的是写数字。

生 3：我用连线的方法。

师：同学们的尝试都很有创意！刚才我们又一次使用了一一列举的策略，那我们刚才使用的一一列举的策略，与王大叔围长方形羊圈的问题相比，同样是一一列举，有什么不一样吗？

生：我觉得第二种方法比较简便。

师：简便在哪里？

生：只要打打钩就可以了。

师：是的，在表格里打钩很简便，而且更重要的是，在表格里打勾之前，首先要干什么？

生：要先把表格里的几种情况分一下类。

师：围羊圈的时候，大家一定注意到了，如果按照一定的顺序列举，就不会重复和遗漏；订杂志问题，先分好类再列举，也不会重复和遗漏。其实在运用一一列举策略的时候，不同的问题情境需要不同的对应策略。

师：接下来请大家一起来看新的问题。（出示题，学生自己读题）

师：第一次同时发车是什么时间呢？我们来整理整理看。

（生填表整理。）

师：通过列举，第一次同时发车时间你找到了吗？

生：找到了！是6时40分。

师：对！这就叫“第一次同时发车”。那么，你能接下去列举并且找到第二次同时发车的时间吗？

生：第二次同时发车的时间是7时10分。

师：你能具体说说一一列举的过程吗？

生：1路车接下去是6：50、7：00、7：10、7：20等时间发车。

师：对！再具体说说2路车的发车时间。

生：6：55、7：10、7：25等等。

师：那这两路车第二次同时发车是什么时间？

生：7：10。

师：如果大家感兴趣，下课之后，可以继续往下找，看看第三次、第四次同时发车是什么时间。

师：现在我们回过头来看一下，像刚才这道问题（指发车表格），我们是先列举（板书：先列举），然后再怎么样啊？

生：比较。

师：对！比较、观察，然后要找到规律。（板书：再找规律）

师：是不是每次解决问题都要先列举呢？请看像这样的问题（出示题）。

生：（读题）有一个音乐钟，每隔一段相等的时间就发出铃声。已经知道上午9：00、9：40、10：20和11：00发出铃声，那么下面哪些时刻也会发出铃声？

师：这个钟比较奇怪，隔一段时间它就发出铃声，你能很快判断出下面哪个时刻会发出铃声吗？（13：00、 14：40、15：40）

生：拿不准。

师：是啊！我不知道从哪儿开始列举，哪个同学能给大家一点提示？

生：从11：00开始列举。

师：那从11：00开始列举，接下去又该怎么写呢？

生：我发现，从9：00到9：40是40分钟，从9：40到11：20又是40分钟，这样，每隔 40 分钟就往后写一个时间。

师：说得真好，也就是要先找规律（板书：先找规律），再列举。不过要注意的是，每隔 40 分，加的时候要注意，不能加错时间。（学生尝试先找规律再列举）

师：哪位同学来汇报一下？

生：11：00、11：40、12：20、13：00、13：40、14：20、15：00、15：40、16：20。

师：13：00 在你们列的时间里面吗？

生：在。

师：打上钩。那 14：40 呢？

生：不在。

师：15：40 呢？

生：在。

师：16：00 呢？

生：不在。

师：这道题我们也解决了，而且我们用的还是哪一种策略？

生：一一列举。

师：同学们，大家来回想一下，我们这堂课是怎样用一一列举的策略来解决问题的。大家还记得王大叔围羊圈的问题吗？

生：记得。

师：这样的问题我们在列举的时候，要注意什么？

生 1：要注意长和宽的和一定要等于 9。

生 2：要注意不要重复或者遗漏。

师：对，要做到不重复不遗漏，那我们最好按照一定的——

生：顺序。

师：那我们在解决订杂志问题的时候，首先要把订杂志本数的情况——

生：分类。

师：像刚才我们解决公交车发车的问题时，我们是先——

生：列举。

师：再找规律。

师：而音乐钟问题，我们要——

生：先找规律，再列举。

师：是啊，生活中的问题常常是复杂多变的，要靠我们仔细观察，开动脑筋，灵活运用策略。

四、总结评价，回顾提升

师：同学们还记得上课开始，徐老师给大家看的飞镖游戏吗？

师：（出示练一练第一题）现在就有这样一个数学问题，请看——还是刚才的飞镖靶子，投中内圈得 10 环，中圈得 8 环，外圈得 6 环，问题是小华投中两次，可能得到多少环？请同学们自己想办法，独立完成。

（生列举，师巡视，随机交流。）

师：刚才我听有的同学说一共有 6 种情况，还有的说是 5 种情况，你们认为呢？

生 1：我认为是 6 种。第一种是 6+6 = 12 环；第二种是 6+8 = 14 环；第三种是 6+10 = 16 环；第四种 10+8 = 18 环，第五种 8+8 = 16 环；第六种 10+10 = 20 环。

生 2：但是 6+10 和 8+8 都是 16 环，只能算一种，所以应该是 5 种。

师：有道理。从环数的角度，可能得到 5 种不同的环数。最少是多少环？

生：12 环。

师：最多呢？

生：20 环。

师：但是要注意，同样得 16 环，那它一定是 6+10 吗？也可能是——

生：8+8。

师：所以，从环数的情况来看，应该是几种？

生 1：5 种。

师：刚才我们注意到，题目中是“投中”两次，如果老师把题目改一改，把投中的“中”改成“了”，情况还跟刚才一样吗？

生 1：不一样。

生 2：要复杂多了。

师：如果大家感兴趣，可以参照刚才的策略一一列举出来，然后同学之间互相交流一下，好吗？

生：好。

师：今天这堂课我们就学习到这里，下课。

55. “解决问题的策略（转化）”课堂实录与反思

胥庆兰
（山东省济南市莱芜区胜利小学，青年名师）

※ 课前思考

小学是学生学习数学的启蒙阶段，这一阶段让学生真正理解并掌握一些基本的数学思想对数学学科的后续学习，对其他学科的学习，乃至对学生的终身发展都具有十分重要的意义。五年级上学期“多边形的面积”这一单元中最突出的数学思想方法就是“转化”，这一思想方法在小学阶段已经多有应用，我认为有必要对“转化”思想进行梳理。

我在教材编写意图的基础上，挖掘出以“数学思想方法”为内线开展教学活动。教学明线是在学生学习平面图形经验的基础上，借助“四巧板”学具，引领学生通过拼一拼、画一画等活动方式，进一步探索组合图形面积的计算策略，暗线实则是体会“转化”的思想在众多领域中的广泛应用，帮助学生积累数学活动经验，提高解决问题的能力，为以后继续更好地应用转化的策略解决问题（如学习圆、圆柱、圆锥、百分数等知识）打下基础。

整节课通过四个有层次的数学活动贯穿始终，让学生感受到数学知识的学习就是某一形式向另一形式转变，即化新为旧、化繁为简、化曲为直、化数为形等。所以可以把本节课定位成是一节转化思想方法去梳理和拓展的应用课。

※ 课堂实录

师：老师给同学们带来了一件智力学具——四巧板，大家了解四巧板吗？四巧板是一种类似七巧板的传统智力玩具，源自中国，用这 4 块板能拼出各种动物、工具、字母等很协调的图形，中国古代又称它为“调合板”； 因为能拼出大写字母 T，西方叫它“T 字板”；用四巧板拼出各种图形，是非常需要动脑筋的智力活动，日本人把它称为“博士板”。四巧板这 4 块板的尺寸和形状设计得很巧妙，其中也蕴含着许多数学知识，这节课，让我们一起去探索吧！

【设计意图】简单介绍四巧板知识，调动学生研究四巧板的兴趣，激发探究的欲望。

活动一：观察形状，联想旧知，提出问题。

师：观察这四块板的形状，你会联想到关于平面图形的哪些知识？

生1：我想到了以前我们学习过的三角形、梯形的面积计算方法。

生2：我还想到了以前我们学习过的长方形、平行四边形等图形的周长和面积的计算。

生3：观察这四块板，我发现其中有三块是我们以前研究过的图形，还有一块  是不规则图形。

……

师：同学们不仅很善于观察，还能联想到这么多与平面图形有关的知识，真是会学习的孩子！看这四块板的形状，你最想提出什么数学问题？

生1：我想知道这块板  是什么形状的板，叫什么名字？

生2：我想知道怎样计算这块板  的周长和面积？

生3：我想知道怎样用这四块板拼成图形？

……

师：同学们的想法可真不少，先看看同学们最关心的这块板，（教师用课件出示凹五边形板，并逐步抽象成几何图形 ）为了研究方便，我们有必要给它取个名字，根据以前命名平面图形的经验，你会给这个图形 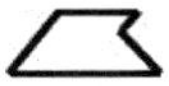 取个什么名字？

生1：我觉得可以叫“五角形”。

生2：“五角形”和“五角星”容易混，我觉得可以叫“五边形”。

师：从同学们给这个图形取的名字就能看出，大家知道研究平面图形是从“边”和“角”两方面研究的！根据这个图形有一处凹下去的特点，咱们就叫它“凹五边形”。怎样计算这块“凹五边形板”的面积？用这四块板能拼成什么样的图形？我们逐个研究！

【设计意图】解决数学问题总是从观察与联想开始。通过观察四巧板的形状，学生对四巧板产生一定的感性认识，进而根据其形状展开广泛的联想，这为教师了解学生平面图形的知识基础提供了重要信息和依据。本着“以学定教”的思想，在联想旧知的基础上启发学生提出自己的问题，在明晰学生需要的前提下，有的放矢地开展学习活动。

活动二：探索凹五边形板的面积计算方法。

师：这个图形  我们以前没有研究过，但同学们以前有学习“长方形、平行四边形、三角形、梯形”等基本图形的经验，老师相信大家一定能够想出办法！

课件出示活动要求：请同学们先独立思考，想出办法后在小组内相互说一说，并把想到的方法在图中用虚线表示出来，每张记录单上记录一种方法。看看能想出几种比较简单的方法。

学生在小组内开展学习活动，教师巡视指导。

师：大家集思广益，都已经想出不止一种方法，为了让更多的小组有展示的机会，每个小组上台最多展示两种方法，其他小组有不一样的分法再上台展示。

学生上台展示方法，每介绍完一种，教师适时追问：这种方法是把凹五边形变成了哪几个基本图形？

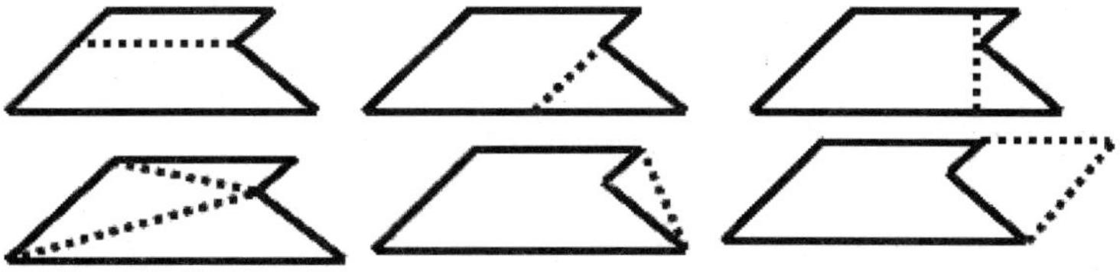

师：同学们真善于思考，想出来这么多方法！观察这些你想到的或者没有想到的方法，这些不同的方法有什么共同特点吗？

生 1：虽然方法不同，但计算出来的面积是相同的。

师：这真是一个有价值的发现！方法不同，面积相同，这真是“殊途同归”啊！

生 2：我发现，这些方法都是能把这个不规则的图形变成学过的规则图形来计算。（教师顺势板书：不规则——规则）

生 2：我发现，加上辅助线后，我们可以把没有见过的图形变成原来学过的图形。（教师顺势板书：未知——已知）

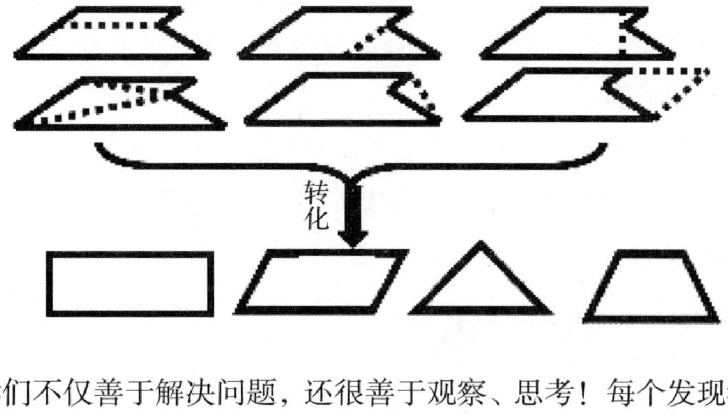

师：同学们不仅善于解决问题，还很善于观察、思考！每个发现都很了不起！（课件出示，这些方法无论是“割”还是“补”，都是把凹五边形变成了咱们已经学习过的“基本图形”。这种图形之间的“变化”，在数学上叫“转化”，是一种被广泛应用的解决问题的策略。（教师板书课题：解决问题的策略——转化）。

【设计意图】不规则板面积的计算，对于同学们来说是一种挑战，教师指导同学们借鉴研究“长方形、平行四边形、三角形、梯形”等基本图形面积计算方法的经验，鼓励学生自主探究，合作交流，找到多种解决问题的方法，体验把“不规则”转化为“规则”，把“未知”转化为“已知”的神奇。

活动三：在回顾旧知、解决问题中感受转化策略。

师：“转化”帮我们把“复杂”的图形转化成了“简单”的图形，其实在以往的数学学习中，我们已经用转化的策略解决过许多问题，比如：计算方法、公式的推导等等都有应用，你能举个例子吗？

生1：推导三角形、梯形的面积时，都把它们转化成了平行四边形。

生2：小数乘法是用转化为整数乘法的方法计算。

生3：异分母分数加减法转化为同分母分数加减法计算。

……

【设计意图】回顾我们曾经应用的转化的策略解决过哪些问题这个环节，学生充分交流后一定会恍然大悟：原来转化的策略早就会用了，更能使其体会到这种数学思想方法的应用之广泛。

师：看来，“转化”的策略的确能帮助我们解决好多问题，遇到“未知”的问题时，通过观察、联想已有的知识经验，就可以将“未知”转化成“已知”来解决。下面，让我们用“转化”的策略来解决几个问题。

练习一：用分数表示涂色部分。

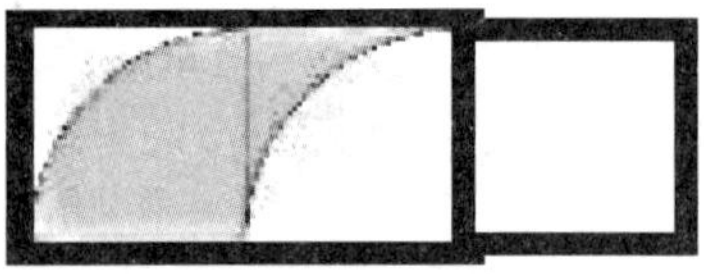

生：把第一个正方形中的涂色部分平移到第二个正方形的空白处，就能看出涂色部分是整个图形的三分之一。

师：为什么要这样做？这样做有什么好处？

生：这样就可以把不规则图形转化成规则图形。

练习二：你有什么办法测出树叶和硬币的周长？

当看到部分学生有困难时，教师询问：你们觉得这个问题难在哪儿？

生 1：树叶和硬币的一周都是弯弯曲曲的，怎么测量？

生 2：我们可以用一条绳子绕树叶围一圈，然后测量绳子的长度！

师：这样做有什么好处？

生 3：可以把曲的转化成直的。

【设计意图】“化曲为直”的转化思想是小学数学曲面图形面积学习的主要思想方法。它可以把学生的思维空间引向更宽更广的层次，形成一个开放的思维空间，为学生今后的发展打下坚实的基础。解决完“用分数表示涂色部分”这个问题之后，教师提醒学生反思“这样做有什么好处？”让学生反思解决问题的过程其实就是将不会的生疏的知识转化成了已经会了的、可以解决的知识，从而解决了新问题。在此过程中转化的思想也就随之潜入学生的心中。

练习三：计算$\frac{1}{2}+\frac{1}{4}+\frac{1}{8}+\frac{1}{16}$。

学生有各种算法：异分母转化成同分母，或者利用分数的意义将数转化成图，加法转化成减法等。

练习 4：用什么方法测出一张 $A4$ 纸的厚度？

生：一张纸太薄，没法测量，我们可以测量一摞纸的厚度，然后除以这一摞纸的张数，就可以知道一张纸的厚度了！

师：古人也曾经用转化的策略巧妙地解决过许多难题！（课件出示）“曹冲称象的故事”是怎样利用转化策略的？美国著名的发明家爱迪生“测量灯泡的容积”时是怎样利用转化策略的？

生 1：曹冲是把大象的重量转化成了石头的重量。

生 2：爱迪生是把灯泡的容积转化成了可以测量的水的体积，也就是把不规则的转化成了规则的。

师：同学们巧妙地运用转化的策略解决了许多问题，方法特别灵活，老师真为你们骄傲！在以后的学习中，我们可以用转化的思想，学习更多的知识，解决更多的问题！比如圆、圆柱、圆锥等图形的研究、百分数的学习等等都可以大胆借鉴前面的学习经验，将“新知”转化成“旧知”。

【设计意图】任何一个新知识，总是原有知识发展和转化的结果。在教学中，总要给新知寻找一个合适的生长点。在这个回顾、练习的环节中，教师引导学生把感到生疏的问题转化成比较熟悉的问题，并利用已有的知识加以解决，促使其快速高效地学习新知，已有的知识就是这个新知的生长点。“曹冲称象的故事”是怎样利用转化策略的？美国著名的发明家爱迪生“测量灯泡的容积”时是怎样利用转化策略的？这几个看似简单的问题，却直指转化的实质，让学生进一步感受到了“转化”策略的价值。

活动四：拓展延伸，在游戏活动中提升转化策略。

师：转化策略在学习和生活中应用真是很广泛！在四巧板拼图游戏中也包含着转化的思想呢！将这四块板巧妙拼组，就能将“零散”的板转化成有美感的“整体”图案。同学们想不想挑战一下自己的智慧？（课件出示四幅图）

石条　　角铁　　路标　　帆船

师：上面的几个图形都能用四巧板拼出来，选择其中你喜欢的一个尝试拼出来！

同学们试拼过程中，教师巡视，发现有拼成某种图案的请到黑板前展示。

师：同学们真是心灵手巧！四巧板还能拼出上百种不同的图案，根据拼成图案难易程度的不同，它还成为人们测量智商的工具。（课件出示不同水平的四巧板拼图）有兴趣冲击博士水平的同学课下可以继续研究。

师：下课时间快到了，你能把这套四巧板通过合理拼组，装进盒子里吗？

生：能！

师：大家行动真迅速，短短几分钟就把四块板拼组成了长方形，这样就很容易收进学具盒了。学具用完就放回原处是好习惯。有这样的好习惯，我们就能把“无序”转化成“有序”。数学学习的过程就是不断转化的过程，解决问题就是不断地将未知问题转化成已知问题的过程。学好转化的策略对于我们今后的学习和生活会有很大的帮助。

【设计意图】用四巧板拼图创作出形式多样的组合图形，这样的设计符合小学生的年龄特点，具有极强的开放性和挑战性，能极大地调动学生创造的欲望。在这个活动中，学生充分利用四巧板的特点，感受拼组图形的多样性和趣味性，感受从“零散”的板到创造出具有美感的“整体”图形的乐趣。进一步感悟转化思想的妙用的同时，培养学生的想象能力和创新思维。用收拾学具作为本节课的结束，既是运用转化策略进行拼组游戏，又引导学生养成良好的学习生活习惯。

※ 课后反思

曹培英教授在谈到“如何运用数学思想方法”教学时，明确提出的观点是要渗透，不要强加，像春雨一般润物无声最好。

怎样在教学中“渗透”？就需要把一些抽象的数学思想方法逐渐“融进”具

体的数学知识内容之中，使学生对这些思想有一些初步的感知或直觉。为了实现这个目的，课前我苦苦思索，如何“润物无声”梳理转化思想？“四巧板”激发了我的灵感，就让学生去研究这块不规则板的面积吧！

这节课从认识“四巧板”入手，同学们都很感兴趣，特别是在研究一块“不规则板面积的计算”活动中，学生全神贯注地投入，想出来多种解决问题的方法，汇报交流环节充分而热烈，智慧火花不时迸发出来，体会到了成功的愉悦感！经过交流，同学们不仅回顾了组合图形面积的计算方法，意识到组合图形面积计算方法的多样化，在各种不同方法的对比中还看到了不同方法内在的联系，将“转化”的意识撬动起来。

依靠“凹五边形的面积”如何计算，及时帮助学生回忆总结已经用过“转化”的领域，比如平行四边形的面积、三角形的面积公式的推导方法、小数加减乘除计算等，学生能清楚地意识到：“转化”是解决问题的有效方法。整节课将“转化”思想贯穿于整个教学过程中，学生体会到转化不仅在数学学习中有着重要作用，在生活中的其他领域同样有着重要的作用。

整节课，我都本着“以学定教”思想，尊重学生的认知基础，给学生充分展示的空间和舞台，孩子自己以师者的身份自主、自觉、自信地完成了数学学习，既有参与的热情，也学得特别有激情，是一次快乐的数学思想方法探寻之旅。

重视加强对学生进行数学思想方法的渗透不但有利于提高课堂教学效率，而且有利于提高学生的数学文化素养和思维能力。但是，对学生数学思想方法的渗透不是一朝一夕就能见到学生数学能力提高的，而是有一个过程。因此，在教学过程中，要有机地结合数学知识的内容，做到持之以恒、循序渐进和反复训练，才能使学生真正地领悟数学思想方法。

56. “打电话”课堂实录与反思

牛献礼
（北京亦庄实验小学， 特级教师）

※ 课前思考

数学家冯·诺依曼认为：“科学的目的不只是解释现象，科学的主要任务是建立数学模型。”那么，究竟什么是数学模型（模型思想）？什么是数学建模呢？史宁中教授指出：“数学模型是指用数学的语言描述现实世界所依赖的思想，是构建数学与现实世界的桥梁。通俗地说，数学模型是借用数学的语言讲述现实世界的故事。”建立数学模型解决实际问题的过程，就是将实际问题除去非本质因素，抽象成数学问题进而运用数学解决问题的过程。可见，对数学问题本质的追问与思考，直接关系到课堂教学效果，只有深刻理解了数学问题的本质，才能够帮助学生经历“建模”过程，以此为基础才能诊断出学生的真正困难，才能在教学中有的放矢。下面以“打电话”一课为例加以说明。

“打电话”一课的一个重要目标是要让学生在设计打电话方案的过程中发现规律，建立解决这类问题的“最优模型”，从而帮助学生建立初步的模型思想，激发学生学习数学的兴趣，培养学生运用数学知识解决实际问题的能力。人教版教材中提供的活动分为三个部分：1.探讨最优方案。教材通过三个逐步递进的提示：可以一个一个地通知—分组通知会更快些—是不是分的小组越多用的时间就越少，由此引出最优方案；2.寻找规律；3.应用规律解决问题。从学生的视角分析，由于已经有了“烙饼问题”等优化思想的知识和经验基础，理解“知道消息的人不能闲着，都去通知”这个方法实际上并不困难，并不需要花费太多时间，而探索规律和建构“最优模型”才是教学的重点和难点，教学中应给学生提供充足的时间，让学生在充分积累数学活动经验的基础上建立模型。

综观已有的诸多教学设计，大都是从教材例题提供的“打电话通知15个人”情境引入，从教学实践来看，学生能想到“分组通知”比“逐一通知”省点时间，但大多数学生只会将人数平均分成几个小组，且由于学生还未很好地学会用直观图示表达自己的思考，所以在分小组通知的过程中思维比较零乱，活动的目的性较差，最后多数学生根本计算不出最短用时到底是几分钟。同时分组打电话的方案有很多种，教师面对杂乱无章的生成资源很容易陷入窘境。殊不知，最节省时间、最优化的方案其实并不是将学生分成几组，它其实是一种单线联系的“树型”设计方案，“让知道消息的人都去通知”才是“打电话”所提出的问题的本质所在。

教学中，应当让学生抓住“知道消息的人都去通知”这个问题的本质进行想象和推理，引导学生的思维逐步深入，辅之数形结合的直观演示的方法，使数学现象、数学规律和数学模型之间建立起联系，使学生发现规律，真正理解规律背后的道理，促进学生有效建立数学模型。

※ 课堂实录

一、教学片段一

出示：周五晚上，学校健美操队贺老师打电话紧急通知三名队员（珂珂、睿睿、小朱）在周六上午去学校排练节目。如果每分钟通知一个人，最少需要几分钟呢？怎么通知呢？请把想法用你喜欢的方式表示出来。（可以画图、文字叙述等）

学生独立思考、尝试解决，小组讨论后全班交流。

生 1：第 1 分钟通知珂珂，第 2 分钟通知睿睿，第 3 分钟通知小朱，一共需要 3 分钟。

生 2：我觉得 2 分钟就够了。第 1 分钟通知珂珂，告诉珂珂让她通知睿睿，这样，第 2 分钟贺老师去通知小朱，珂珂去通知睿睿。

师：谁听明白生 2 的意思了？

生 3：他的意思是贺老师通知小朱的时候，珂珂同时去通知睿睿。

师：为什么会节省 1 分钟呢？

生：因为珂珂知道消息后也去通知，第 2 分钟就会同时通知两个人，所以省时间。

师：是的，人多力量大！知道消息的人都不闲着，都去通知，就能节省时间，这是一种优化思想。我们可以用下面图示来表示这种打电话的方式。（课件显示）

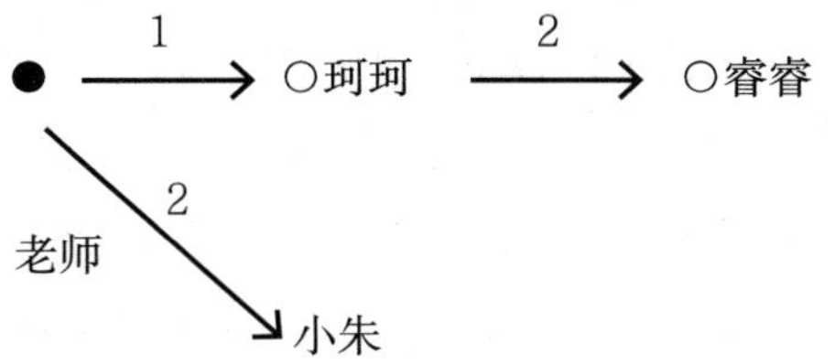

【思考】教学中，为学生搭建更恰当的探究“脚手架”，把教学起点放得再

低一些，不从例题设置的“通知 15 人”开始，而是从“通知 3 人”入手，改造后的问题让所有的学生都能参与到通知方案的设计当中。交流时，教师注重通过不同方案直观图示的对比，引导学生分析“知道消息的人都去通知”的方案省时的原因，自然地引出优化思想。起点的降低和教师适时的“介入”换来的是探究活动得以实实在在地展开，学生接下来“通知更多人”的探究不再盲目，规律的发现也不再“难产”，从而提高了自主探究的有效性和学习效率。

二、教学片段二

师：想一想，照这样的方式打电话，第 3 分钟能再通知多少人？

让学生尝试画图表示通知的方案，然后全班交流。

生 1：能再通知 4 个人，因为知道消息的一共有 4 个人，他们都去通知。

课件动态呈现知道消息的人都去打电话通知的过程。

师：像这样打电话通知，会不会有什么规律呢？我们先把数据整理一下，大家仔细观察，看看有没有什么发现。

	1分钟	2分钟	3分钟	4分钟	5分钟	…
新通知的人数	1	2	4			
知道消息的总人数	2	4	8			

学生小组讨论后，全班交流。

生 1：我发现后 1 分钟的人数总是前 1 分钟的 2 倍。

师：能举个例子吗？

生 1：第 1 分钟“知道消息的总人数”是 2，第 2 分钟“知道消息的总人数”就是 4，4 是 2 的 2 倍，第 3 分钟“知道消息的总人数”是 8，8 是 4 的 2 倍。

生 2：我补充，第 2 分钟“新通知的人数”也是第 1 分钟人数的 2 倍，第 3 分钟“新通知的人数”是第 2 分钟人数的 2 倍。

师：确实，不管是“新通知的人数”，还是“知道消息的总人数”，每多 1 分钟，人数都是 2 倍 2 倍地增加的，数学上叫作“倍增”，这是一个重要发现！还有别的发现吗？

生 2：我发现“新通知的人数”跟前 1 分钟知道消息的人数一样。

师：你能举个例子吗？

生 2：比如第 2 分钟“新通知的人数”是 2 人，第 1 分钟“知道消息的总人数”也是 2 人，第 3 分钟“新通知的人数”是 4 人，第 2 分钟“知道消息的总人数”

也是 4 人。

师：明白为什么会是这样吗？

生：因为知道消息的人都去通知，所以前一分钟有多少人知道消息，后一分钟就会再通知多少人。

师：说得真好！我们再来观察一下，知道消息的总人数跟时间有什么样的关系？

小组讨论后全班交流。

生：第 1 分钟时人数是 2，第 2 分钟时是 2 个 2 相乘，就是 4，第 3 分钟时是 3 个 2 相乘，就是 8。所以，是第几分钟就用几个 2 相乘，就能算出知道消息的总人数。

师：了不起！又是一个重要发现！照这样，你推测一下，第 4 分钟能再通知多少人？为什么？

生：因为第 3 分钟时已经有 8 个人知道了消息，他们都去通知，就能再通知 8 人。

师：那么，第 4 分钟知道消息的总人数是多少人？（16 人）

课件演示，验证猜想。

师：那么，4 分钟一共通知了多少人呢？

生：16 人。

师：4 分钟一共通知了 16 人？确定吗？我们再来仔细读一读问题。

生齐读问题："4 分钟一共通知了多少人？"

师：有什么发现吗？

生 1：哦，我知道了，应该是一共通知了 15 人，不是 16 人。

师：说一说你的想法。

生 1：题目中问"一共通知了多少人？"，老师是已经知道消息的，所以不能把老师也算上，应该用 16−1 = 15 人。

生 1 的发言使全班同学恍然大悟，计算"一共通知了多少人"不能把老师也算上，应该用"知道消息的总人数 −1"。

师：算一算，5 分钟一共能通知多少人呢？

生：因为 5 分钟知道消息的总人数是 5 个 2 相乘，是 32 人，去掉老师，通知的人数就是 31 人。

师：6 分钟呢？

生：6 个 2 相乘再减 1，64−1 = 63 人。

师：健美操队一共有 24 名队员，想一想，照这样的方式，通知完这 24 名同学一共需要几分钟呢？

生：需要 5 分钟，因为第 4 分钟有 16 人知道了消息，第 5 分钟就有 32 人知道了消息，去掉老师，一共通知的人数是 32−1 = 31 人， 24 比 31 小，5 分钟不到就通知完了。

师：我们全年级大约有 120 名同学，照这样的方式打电话通知这 120 人，一共需要几分钟？

生：需要 7 分钟，第 5 分钟有 32 人知道消息，第 6 分钟就有 32 × 2 = 64 人知道消息，第 7 分钟就有 64 × 2 = 128 人知道消息。

师：通知 120 个人，7 分钟都用不完，看到这个结果，你有什么想法？

生：我觉得数学的涵盖范围真广！

生：我觉得数学很神奇，运用好的数学方法真能节省不少时间！

生：我想以后在生活中要多应用数学方法。

师：看来大家已经体会到数学的魅力了。想一想，为了使这个最优方案在现实生活中切实可行，还需要注意些什么？

生 1：每个人在接到电话后应该很清楚：他接下去第 1 个要通知谁，第 2 个要通知谁，以此类推，不能重复。

生 2：知道消息的人都要通知，不能遗漏。

……

【思考】上述教学，注重引导学生抓住数学问题的本质进行猜想、尝试、想象、归纳，促使学生真正理解数学模型。在学习过程中，特别重视数形结合思想的渗透，让学生用直观图示来呈现打电话的方案，使学生内隐的认知过程外显化。虽然学生明白“让知道消息的人都去通知”才最节省时间，但在具体画图时，很可能还会出现知道消息的人没有去通知或重复通知的情况。因此，教师紧紧抓住问题的本质，数形结合，既让每个学生扎实掌握“怎样才能做到不重不漏”的画图方法，又让学生在画图的过程中初步认识到每分钟新通知的人数就是上一分钟知道消息的总人数，感悟模型，为建立数学模型积累丰富的数学活动经验。

三、教学片段三

师讲述故事：国际象棋发明人的酬劳。

这是古印度的一个传说故事，国王打算重赏国际象棋的发明人——宰相达依尔。这位聪明的大臣的胃口看来并不大，他跪在国王面前说：“陛下，请您在这张棋盘的第一个小格内，赏给我一粒麦子，在第二个小格内给两粒，第三个格内给四粒，就这样下去，每一小格内的麦子都是前一小格内麦子数的 2 倍。

陛下，把这样摆满棋盘上所有六十四个格的麦粒，都赏给您的仆人吧！”国王听了，心里为自己不致破费太多而暗自高兴，于是命令如数付给达依尔。计数麦粒的工作开始了，第一个格内放 1 粒，第二个格内放 2 粒，第三个格内放 4 粒，……还没有到第二十格，一袋麦子已经空了。一袋又一袋的麦子被扛到国王面前来。但是，麦粒数一格接一格地飞快增长着，国王很快就看出，即便拿出全印度的粮食，也兑现不了他对达依尔的诺言。原来，所需麦粒总数是 $2^{64}-1=18446744073709551615$。这些麦子究竟有多少呢？打个比方，如果造一个仓库来放这些麦子，仓库高 4 米，宽 10 米，那么仓库的长度就等于地球到太阳的距离的 2 倍。而要生产这么多的麦子，全世界要两千年。

学生不断发出阵阵惊叹。

师：听完这个故事，你有什么想说的？

生 1：我觉得数学真是太神奇了！

生 2：我以前在书上读到过一句话：“知识就是力量！”原先不怎么懂，现在觉得这句话真的很有道理！

……

【思考】“国际象棋发明人的酬劳”故事的引入，既使学生感受到了数学在生活中的应用价值，增强了学生对数学学习的积极性，又开拓了学生的视野，增长了见识。

57. “找次品”教学设计

赵丽娟
（安徽省芜湖市北塘小学，青年名师）

※ 教学过程

一、创设情境

1. 找次品

师：人类总在不断地进步和发展，可是也曾发生过这样的事情。（课件播放有关次品的视频）

师：在刚才的视频中，你们看到些什么？

学生自由回答。

师：生活中有的产品外观不合格，有的产品成分不合格，有的产品轻重不合格。我们把这些不合格的产品统称为“次品”。（板贴课题：次品）

师：次品虽小，危害却大。今天咱们就一起去找轻重不合格的次品。（板贴课题：找）

2. 比尔·盖茨有关 81 个玻璃球的问题

课件出示比尔·盖茨招聘的问题。

比尔·盖茨
微软公司前总裁
世界首富

让学生自由猜测称的次数。

师：同学们猜的结果各不相同，可能是数量太大了。数学中有种方法叫作“化繁为简”，让我们从数量较小的开始研究吧！

问：你想从几个球开始研究？

二、探究新知

（一）集体研究

1. 研究 2 个球

师：我们先来研究 2 个玻璃球，其中有一个球比正常的球稍重，如果只能利用没有砝码的天平来测量，怎样可以找出次品呢？

学生叙述称球的过程。（课件演示）

问：如果次品比正常的球稍轻呢？

师：无论次品是轻还是重，研究的方法是一样的。那么在接下来的研究中，我们就假设次品都是稍重的。

2. 讨论 3 个球的问题

师：如果增加一个球，3 个球，至少几次可以保证找出次品呢？学生叙述称球的过程。（课件演示过程，师板书树状图）

师：次品可能是这 3 个 1 中的任意一份，但无论哪一个是次品，都只需要一次就可以保证找出次品了。

（二）动手探究

1. 动手探究 4 个球

师：如果再增加一个球，4 个球，一次可以保证找出次品吗？

学生自由回答。

师：咱们还是自己动手去探究吧。

课件出示小组活动要求：

（1）4 人一组，用棋子代替玻璃球，用尺子代替天平，摆一摆。

（2）边摆边说：

① 4 个球被分成了几份？每份几个？

②如果天平平衡，次品在哪里？如果天平不平衡，次品又在哪里？

③我们的研究结果：4 个球，至少（　）次可以保证找出次品。

学生分组探究。

学生上实物展台汇报，师追问：你既做到了“至少”，也做到了“保证”吗？

教师根据学生的汇报板书树状图。

师问：4 个球分成 2 份，每份是 2。2 个球可以不分了吗？（引导学生利用前面已经研究过的结果直接记录，无须再分）

师小结：4 个球，有两种不同的测量方法，但测量的结果都是一样的，至少需要 2 次才能保证找出次品。

问：如果只测量一次，最多可以保证在几个球中找出次品？

2. 动手探究 9 个球

师：如果球的个数再多一些，例如 9 个，至少需要几次才能保证找出次品呢？

师：球的个数增加了，测量的方法可能更多了，但研究的方法还是一样的，仍然请同学们动手分一分。

学生在实物展台上汇报 9 个球的测量方法，师将板书写在黑板上。

学生可能出现的方法：

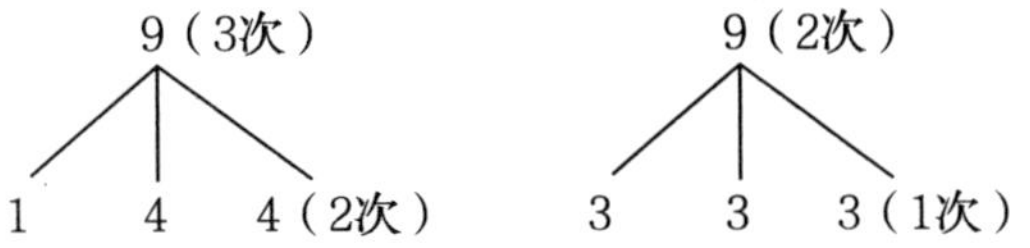

引导学生观察、比较板书："哪种方法符合题意？"

课件演示最符合题意的分法。

问：为什么把9个球分成（3，3，3），只要2次就可以找出次品？

引导学生发现：问题的关键在于每份分出的数量。第一种方法有2份分出的数量是4，4个球需要2次才能找出次品，9个球就需要3次才能保证找出次品；但第二种分法每份分出的数量是3，次品一定在某一份的3个球里，不管是哪一份，3个球只需要一次就只可以找出次品来，所以9个球只需要2次就可以保证找出次品。

师小结：如果球的数量在9以内，要想既做到"至少"，也做到"保证"，每份分出的数量不能超过3。

（三）画图验证

1. 5—8个球的研究

师：4个球需要2次可以保证找出次品，9个球也只需要2次就能保证找出次品来，那么大胆猜测一下，在4与9之间的5、6、7、8个球至少需要几次就能保证找出次品呢？

要辨别的物品数目	保证能找出次品至少需要测的次数
2	1
3	1
4	2
5	2
6	2
7	2
8	2
9	2

学生猜测。

师：请同学们自己画图来验证。

学生自由画图分析，然后汇报。

在课件中将研究结果填入表格中。

2. 10个球的研究

师：10个球，称2次还能保证找出次品吗？

请学生试着自己画图分一分，然后汇报。（引导学生发现：10个球至少需要称3次，因为无论怎么分，肯定有一份超过3个球）

问：两次最多可以在几个球中找出次品？（9个）为什么？（利用板书中的树状图让学生明白每份最多3个，3个3就是9）

问：20个球至少几次可以找出次品？

（四）推理猜想

1. 根据板书初建模型

师：3次最多可以在多少个球中找出次品呢？（引导学生根据板书推想、发

现每份最多放 9 个，3 份就是 3 个 9，即 3×3×3＝27 个）

问：4 次最多能在多少个球中找出次品？（每份最多 27 个，3 份就是 3 个 27，即 3×3×3×3＝81，最多 81 个）

在课件中将研究结果填入表格中。

呼应前面的小比尔盖茨的问题。

师：如果测量的次数更多，每份可分的数量就更多，就可以在更多的物品中找出次品。

要辨别的物品数目	保证能找出次品至少需要测的次数
2	1
3	1
4	2
5	2
6	2
7	2
8	2
9	2
10	3
…	…
27	3
28	4
…	…
81	4
…	…

2. 利用表格建立模型

师：我们来仔细观察记录表。

要辨别的物品数目	保证能找出次品至少需要测的次数	最多可测球的个数	
2	1	3（3）	
3			
4～9	2	9（3×3）	
10～27	3	27（3×3×3）	
28～81	4	81（3×3×3×3）	
82～243	5	243（3×3×3×3×3）	
244～729	6	729（3×3×3×3×3×3）	
…	…	…	

① 2 个球、3 个球都需要一次可以保证找出次品，1 次最多可以在几个球中找出次品？

② 4 至 9 个球都需要 2 次可以保证找出次品，2 次最多可以在几个球中找出次品？

③ 10 至 27 之间的数量需要几次可以保证找出次品呢？3 次最多可以保证在几个球中找出次品？（引导学生说出 3 个 9，或 3 个 3 相乘）

④ 28 个球至少几次可以保证找出次品？4 次最多可以保证在多少个球中找出次品？

⑤ 82 个球呢？5 次最多可以保证在多少个球中找出次品？5 次可辨别的物品的数量从多少到多少？

⑥ 6 次最多可以保证在多少个球中找出次品？

⑦如果测量的次数更多呢？

师：以此类推，测量的次数增加，可保证在更多的球中找出一个次品来。

3. 快速抢答

问：50 个球至少需要几次可以找出次品？200 个球呢？

师引导生发现 1 次最多可测 1 个 3，2 次最多可测球的个数是 2 个 3 相乘，3

次最多可测球的个数是 4 个 3 相乘……

要辨别的物品数目	保证能找出次品至少需要测的次数	最多可测球的个数	
2	1	3（3）	1个3
3			
4～9	2	9（3×3）	2个3相乘
10～27	3	27（3×3×3）	3个3相乘
28～81	4	81（3×3×3×3）	4个3相乘
82～243	5	243（3×3×3×3×3）	5个3相乘
244～729	6	729（3×3×3×3×3×3）	6个3相乘
…	…	…	

师小结：测量几次最多可测球的个数就是几个 3 相乘。

三、巩固应用

师：100 个球至少几次才能保证找出次品来？（引导学生发现 100 在 4 个 3 相乘和 5 个 3 相乘之间，需要 5 次）

同桌互相提问、回答。

四、总结提升

师：这节课快要结束了，你们有什么想说的，想问的吗？

师：我们所探究出的找次品的方法其实和以前所探究的烙饼问题、等候问题、田忌赛马问题等一样，都是最优化的问题。生活中解决问题的方法很多，如果你发现了解决问题的最佳策略，那么解决问题时一定能够事半功倍！

58. “生活中的‘平均拥有’”教学设计

缪建平
（苏州工业园区跨塘实验小学，青年名师）

※ 课前思考

本课是一节数学“综合与实践”课，它是在学生学过小数的四则运算、常见图形（长方形、正方形、平行四边形、三角形、梯形）的面积及平均数知识进行教学的。如果学生会使用计算器（电脑中也有计算器）就更好了。通过本课的教学以期巩固小数的四则运算、面积的计算及“平均数”相关知识；使学生进一步深刻理解“生活中的‘平均拥有’”，会用“观察”和“计算”的方法分析、解决日常生活、社会生活的相关问题，在活动中形成初步的运用数学的意识，会从数学角度去看待生活中类似的问题，初步学会开展相关探究学习。

教学准备：制作课件，收集的有关数据备用（学校土地面积、绿化面积、学校在校生数、苏州市、宿迁市及江苏省土地面积及人口数）。

※ 教学过程

一、出示课题，激发疑问

师：本学期我们已经学习了多边形的面积和小数乘除法，今天我们请同学们运用所学的知识来解决生活中的数学问题。（出示课题：生活中的“平均拥有”）看到这个课题，你想提什么问题？

生：什么是……？怎样计算……？为什么要学……？

师：同学们提的问题很好。我国古代教育家说得好：学贵有疑，大疑则大进，小疑则小进，不疑则不进。下面我们就一起来研究这个问题。

二、设置“教室”情境，引导解决问题

师：生活中的“平均拥有”的现象其实较多，为了便于大家理解，我们不妨从身边开始研究起，同学们请看——

1. 讨论解决问题一

师：（多媒体出示下图）下面是两个教室的示意图，我们用“×”代表学生，请大家比一比：哪个教室显得拥挤些？

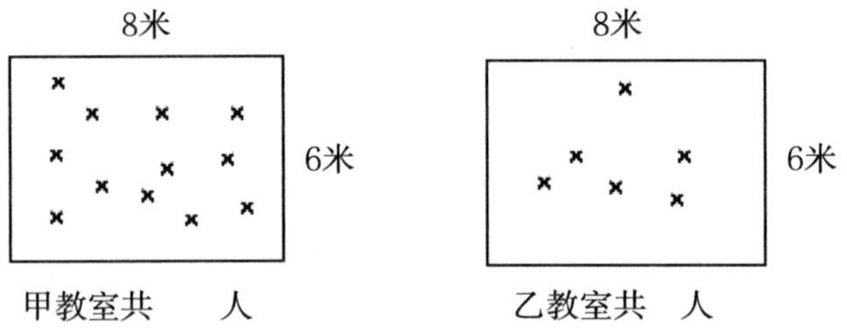

师：从这个模拟场景提供的信息，你能很快知道哪个教室显得更拥挤些呢？

生：我知道，是甲教室更加拥挤些。

师：你是怎样知道的？为什么这么快就能判断出来呢？

生：我是看出来的。因为这两个教室的实际面积是相等的，都是 48 平方米，我数了一下，甲教室有 12 个人，而同样的面积，乙教室只有 6 个人。

师：同学们同意他的意见吗？（大家会意地点点头）

师：有没有其他解决这个问题的方法呢？

生：我用计算的方法。先算出教室的面积，再用面积除以人数，就行了。

师：你是想用分步解答，还是综合算式解答？……如果用分步算式的得三颗星，用综合算式的得四颗星，能用两种计算方法进行解答的得五颗星。先大家大胆去尝试吧！

学生自行尝试用计算的方法来解决这个问题，然后交流；老师在巡视中注意观察有没有第二种方法的学生，如果有，也让他们有展示的机会。

师：如果能把自己的解题过程给大家讲清楚，说明理由，你就是超五星了！

生（汇报交流）：我是这样计算的：甲教室：（8×6）÷12＝4（平方米）（板书），乙教室：（8×6）÷6＝8（平方米）（板书），答：因为甲教室平均每人拥有的面积少，所以甲教室拥挤些。

生：（可能有学生这样计算）我也可以用人数去除以面积数，即“人数 ÷ 面积＝平均每平方米的人数”，算式是甲教室：12÷（8×6）＝0.25（人），乙教室：6÷（8×6）＝0.125（人），因为甲教室平均每平方米站的人数多，所以甲教室拥挤些。

师：很好！这是另一种解决问题的计算方法。为这位同学鼓掌！

2. 学生自行解决问题二

师：刚才，同学们开动脑筋，自己解决了一个生活中的平均拥有问题。如果两个教室的相关信息发生了一些变化，你能算出来吗？请看——

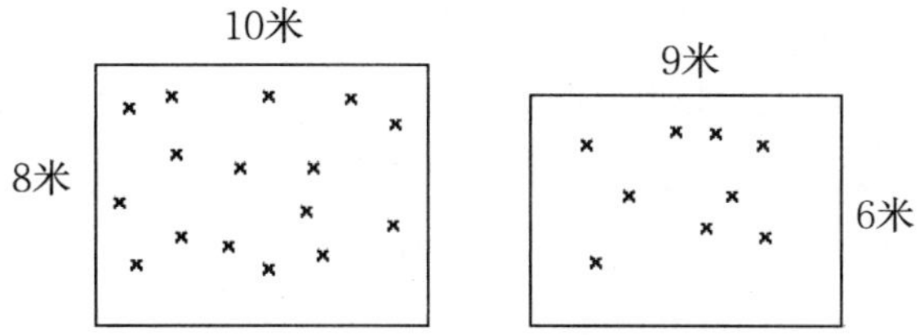

甲教室共16人　乙教室共9人

师：对照一下，你发现两个教室的信息发生了怎样的变化？你想怎么算？

师：很好！这样再来比一比，哪些同学能得三星，哪些同学能得四星，哪些同学能得五星？

学生自行解答后交流解答方法，即求平均每人拥有多少平方米。

甲教室：（10×8）÷16＝5（平方米），乙教室：（9×6）÷9＝6（平方米）

答：因为甲教室平均每人拥有的面积少，所以甲教室显得拥挤些。

3. 把问题一和问题二进行比较（回顾反思）

师：同学们把问题一和问题二比较一下，说说有什么相同的地方？有什么不同的地方？

生：解题方法是相同的，都是用面积去除以人数，得到了平均每人拥有多少面积，就能比较哪个教室显得更拥挤些。

生: 不同的是,问题一可以用观察法和计算法,但问题二只能计算,不能看出来。

三、迁移拓展，实践应用

1. 举一反三，解决“游泳池问题”

师: 同学们,刚才我们通过观察和计算的方法,解决了教室的拥挤程度的问题。现在，请同学们利用刚才的方法来解决类似的问题（多媒体显示），你能解决这个问题吗？

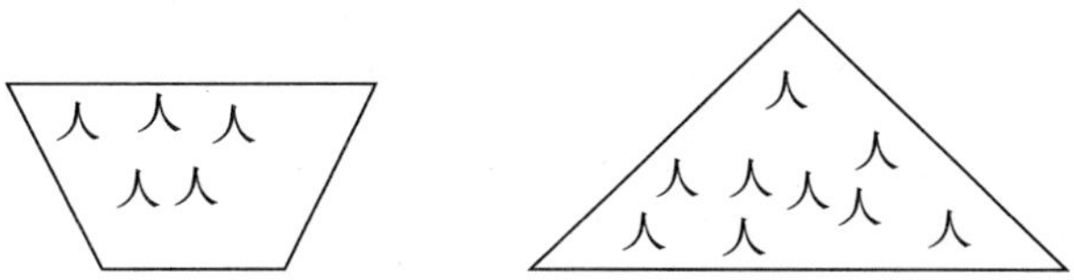
第一游泳　第二游泳

生：可以的，只要算出了图形的面积和每个游泳池的人数，就能通过计算判断哪个游泳池显得拥挤些了。

师：好，我们就来提供一些数据给大家，请大家一起来计算。

多媒体出示数据：甲游泳池是梯形，梯形的上底是 20 米，下底是 50 米，高是 30 米，游泳池中的人数是 105 人；乙游泳池是三角形，三角形底是 60 米，高是 40 米，游泳池中的人数是 120。

以下是同学们列式计算和得出的结论：

第一游泳池：（20+50）× 30 ÷ 2 = 1050（平方米），1050 ÷ 105 = 10（平方米）。

第二游泳池：60 × 40 ÷ 2 = 1200（平方米），1200 ÷ 120 = 10（平方米）。

答：两个游泳池的拥挤程度是一样的。

2. 认识“人口密度”，解决相关问题

师：刚才的教室和游泳池问题，都是一个关于拥挤程度的问题。生活中还有与他们相似的情况，如人口密度。（出示：人口密度）

师：谁知道什么是“人口密度”？

生：就是指一个地方人口的多少或是一平方千米的面积内平均拥有的人数。

师：什么是一平方千米，就是边长是一千米的正方形。（多媒体演示）

板书：人口密度 = 人数 ÷ 平方千米数。

师：大家请看——这是苏教版修订后的四年级课本“你知道吗”中提供的信息。（注：此信息正好现在的五年级没有见过，如图）

比一比苏州市与宿迁市的人口密度。（人口密度 = 人数 ÷ 平方千米数）

市名	人口总数	土地面积	人口密度	结论
苏州市	1055万人（2012年）	8848平方千米		
宿迁市	555万人（2012年）	8341平方千米		

3. 列举生活中的“平均拥有”问题

师：刚才我们一起讨论并解决了教室和游泳池中的“平均拥有”问题，那么谁来说说，我们的生活中还有哪些“平均拥有”方面的问题。

（生说了很多，比如，学校每人拥有电脑数、家庭人均拥有住房面积、苏州市人均拥有绿化面积、小区中平均每户拥有汽车数、四年级学生平均每人拥有图书的本数……）

4. 根据提供资料填写并计算

师：下面请同学们根据提供的资料，解决下面的实际问题。（学生可用计算器进行计算，所有得数均保留一位小数）

①苏州工业园区某实验小学现有在校学生 1912 人，学校绿化面积数是 1756 平方米，那么，校人均拥有绿化面积是多少平方米？

②苏州工业园区某实验小学图书馆总藏书量 70230 册，在校学生数 1912 人，

那么，______________________________？（先提问题再解答）

5. 解读生活信息，加深知识理解

（1）媒体中的生活信息。

师：同学们，其实我们生活中，我们的电视报刊等中，类似“平均拥有”的情况还有很多很多，下面这一条信息，就来自我们身边。请同学们仔细倾听，说说自己的感想，好吗？（媒体播放下面的信息）

谁来养活中国？

据中国某经济网报道：2013 年中国的汽车拥有量已达 1.37 亿辆，如果我国也像发达国家那样达到每 2 人 1 辆，到那时汽车总数就会猛增到 6.5 亿辆。假设每辆汽车占用 0.002 公顷土地，6.5 亿辆汽车就要占用 130 万公顷的耕地，而这些耕地按每公顷产粮 11.2 吨计算，可以生产 1456 万吨的粮食。如果这些粮食没有了，到那个时候，谁来养活中国？

生：我来说说。现在的车真是太多了，如果大家都开车，路上拥堵了，也快不起来了。所以，我建议，如果乘公交合适，还是乘公交较好。

生：我也说说感想。粮食很重要，如果粮食没有了，我们还会想着开汽车吗？另外，我们平常也要爱惜粮食，不能浪费粮食，粒粒皆辛苦啊！

（2）学生的数学小论文。

生活中的“平均拥有”

张瑜

随着经济的发展，越来越多的家庭拥有了小汽车，我家在去年也买了一辆小汽车。我家住在苏州工业园区，我们社区拥有私家车的情况是怎样的呢，我和同学一起进行了一番调查。

询问了小区物业公司的刘叔叔后，我们了解到：我们社区是苏州工业园区中的一个大社区，一共有 3667 户住户，整个社区大约有 1885 辆私家小汽车。

我们根据调查结果计算起来，用“总车辆数”除以“总户数”，得到平均每户拥有小汽车的数量是 $1885 \div 3667 \approx 0.51$（辆），即每户住户大约拥有 0.51 辆小汽车。换句话说，大约每 2 户住户就拥有 1 辆小汽车。

当然，这个数并不是精确的。因为我发现每隔一段时间小区里就会有新的小车出现，看来要想掌握精确的数，还要定期重新统计，这样就更加准确了。

通过这次的调查，我深深地感受到苏州的发展真是太快了，工业园区的发展更快。

四、布置课外任务，提出探究要求

师：（总结）今天我们一起研究了生活中的“平均拥有”这一课题，同学们根据不同情况，运用不同的方法进行解答，在学习中，大家或自主探索，或合作交流，拓展了数学的视野。课快要结束了，我要在这里提出课外探究任务。（出示探究要求与探究表格）

完成一份“探究作业”。

作业要求：选择一个自己喜欢的“平均拥有”问题，利用课余时间进行探究，并写成数学日记。（下面的问题可供参考，也可另外选择）

· 学校平均每几个学生拥有一台电脑?

· 学校平均每个学生拥有多少本图书?

· 我住的小区内平均每户拥有多少辆小汽车?

· 超市双休日平均每平方米大约有多少顾客?

……

“生活中的‘平均拥有’”探究学习记录表

班级：　　姓名：

探究问题	
合作伙伴	（同学或家人等）
研究目标	
研究准备	
研究方法	
研究过程	
研究结果	
研究感受	
未解决的问题	

6年级

中国名师教学设计和课堂实录

新时代小学数学名师课堂

邱学华　叶建云　主编

世界图书出版公司

图书在版编目（CIP）数据

新时代小学数学名师课堂 / 邱学华，叶建云主编
. -- 北京：世界图书出版公司，2022.6
ISBN 978-7-5192-9470-0

Ⅰ. ①新… Ⅱ. ①邱… ②叶… Ⅲ. 小学数学课 - 课堂教学 - 教学设计 Ⅳ. ① G623.502

中国版本图书馆 CIP 数据核字 (2022) 第 041721 号

书　　名	新时代小学数学名师课堂
（汉语拼音）	XINSHIDAI XIAOXUE SHUXUE MINGSHI KETANG
主　　编	邱学华　叶建云
总 策 划	吴　迪
责任编辑	冯晓红
封面设计	田雨艳
内文设计	娟　子
出版发行	世界图书出版公司长春有限公司
地　　址	吉林省长春市春城大街 789 号
邮　　编	130062
电　　话	0431-86805551（发行）　0431-86805562（编辑）
网　　址	http：//www.wpcdb.com.cn
邮　　箱	DBSJ@163.com
经　　销	各地新华书店
印　　刷	河北品睿印刷有限公司
开　　本	787 mm × 1092 mm　1/16
印　　张	127.25
字　　数	2 357 千字
印　　数	1—5 000
版　　次	2022 年 6 月第 1 版　　2022 年 6 月第 1 次印刷
国际书号	ISBN 978-7-5192-9470-0
定　　价	498.00 元（全 6 册）

邱学华

简介

邱学华，1935 年 7 月生于江苏常州，1956 年考入华东师范大学教育系，曾做过小学教师、中学教师、大学教师、师范学校校长。1984 年被评为特级教师，1988 年被评为有突出贡献中青年专家，1992 年享受国务院颁发的政府特殊津贴。他对小学数学教学进行了长达 50 多年的实践与研究，在口算表、口算量表、基本训练、标准化考试、尝试教学实验等方面进行了多项具有创新性的研究，在教育界产生了深远影响。他出版过 270 多本著作，在国内外教育杂志上发表了 600 多篇文章，尝试教学实验遍及全国 31 个省、自治区、直辖市，实验基地 2 100 多所，60 多万名老师、70 多万个班级、3 000 多万名学生参与其中。他的足迹遍布全国各地，做过 700 多场学术报告，约 60 万人听讲。

邱学华老师博学多才、谦虚谨慎、执着顽强，既有深厚的理论功底，又有丰富的实践经验，因此在教育界享有盛誉，可谓是小学教育界的泰斗。当代著名教育改革家朱永新教授称他为“创造记录的长者，教育的光明使者”。

《人民教育》2011 年第 13—14 期“尝试教学”专辑，从“专家解读”“应用案例”和“区域推广”三个方面全面、深入地介绍了尝试教学的相关理论与实践，反响很好。

叶建云

简介

叶建云，中学高级教师，岭南师范学院广东省中小学教师发展中心客座教授，江西省“国培计划”指导专家，常州大学尝试教育科学研究院兼职研究员，深圳城市学院教师继续教育授课专家，深圳市宝安区高层次教育类人才，深圳市名教师，深圳市叶建云名教师工作室主持人，广东省首届骨干教师培养人选、南粤优秀教师，深圳市宝安区官田学校小学数学教师。在《人民教育》《新教师》《小学数学教师》《中国教育报》等40多家教育刊报上发表文章100多篇，出版教育专著《追寻幸福的教育》《课堂解码——小学数学精品课评析》和《小学数学有效评课的理论与实践》等3本，合著、主编教育著作16本，先后参与、主持过近10个市级、省级和国家级课题，4次获新世纪版全国小学数学录像课、课例资源、现场辩课和主题成果评比一等奖。《小学教学（数学版）》2012年第12期和《教师》2017年第12期封面人物。

FOREWORD 前言

先说一说为什么要编写这套《新时代小学数学名师课堂》。

20世纪90年代，我们曾编写过一套《新编小学数学备课手册》，主要是为了推广应用尝试教学法，帮助教师备课，此事距今已时隔30多年了。

随着我国小学数学教学改革的深入发展，小学数学教育的水平不断提高，已达到世界一流水平，引起国际数学教育界的关注和认可。一些国家纷纷派人到中国考察，探究中国小学数学教育高质量的奥秘。

英国全面引进上海小学数学课本和练习册；浙江教育出版社出版的小学数学实验课本被译成法文；湖南教育出版社应非洲南苏丹的请求，为该国编写了全套小学数学课本及配套资料。中国的小学数学教育已走向世界，为中华民族的伟大复兴贡献了非凡的力量。

我国数学教育界已开始研究总结数学教育中的“中国经验”。所谓“中国经验”，是指数学教育中继承和发扬中华教育传统之精华，借鉴国外先进教育理念，通过中国数学教师在教学实践中不断探索与创新，逐渐形成具有中国特色的教学方法。“中国经验”大致可概括为以下十个方面：

1. 数学教学中的教育性

2. 重视自学

3. 教学导入

4. 尝试教学

5. 加强“双基”教学

6. 变式练习

7. 师班互动

8. 提炼数学思想方法

9. 当堂检测

10. 完整的教研网络

教育实践是教育理论的源泉。这十条“中国经验”主要是从许多优秀教师的课堂教学中提炼出来的。由此，我们应该从源头追溯“中国经验”，通过学习和研究优秀教师的课堂教学，达到认识、学习和发展“中国经验”的目的。

2021 年 7 月 24 日，中共中央办公厅、国务院办公厅印发《关于进一步减轻义务教育阶段学生作业负担和校外培训负担的意见》。随着“学生作业负担”和“校外培训负担”的“双减’，迫切需要一线教师提高课堂教学效率。“中国经验”在长期积淀中发展，在理论上已经比较完善，在实践中已经成熟。由此，我们萌发编一套《新时代小学数学名师课堂》的设想。《新时代小学数学名师课堂》就是“中国经验”的最好体现，期待其为新时期基础教育的减负增效助力。

再说一说怎样编写的这套《新时代小学数学名师课堂》。

当下出版的教案集不少，有各种版本小学数学课本的教学指导书（相当于备课手册)、各位名家的课堂实录、按一定教育理念汇编的教学设计等。本套书的特色主要表现在两个方面：一曰新时代，二曰名师课堂。

1. 突出新时代。这套书收录的名师课堂具有时代特征，反映新时代的教育理念、教学方法、教学手段，同时也显示了中国特色，体现“中国经验”，是诠释“中国经验”的具体写照。

2. 直指名师。被选入这套书的都是名师的教学设计和课堂实录。由于我国有优越的社会制度、尊师重教的社会风气、数学教师专业化的规定，新中国成立 70 多年来，特别是改革开放 40 多年来，涌现出一批又一批小学数学名师，包括特级教师、正高级教师、学科带头人、骨干教师、教坛新秀等。

在众多的名师中还产生了一批闻名全国的小学数学名家，他们有各具特色的教育理念和高超的教学艺术。例如，吴正宪的好吃有营养的课堂、黄爱华的智慧课堂、徐长青的简约课堂、徐斌的无痕课堂、华应龙的化错课堂、李志军的游戏化课堂、邱学华的尝试课堂等。纵观世界各国，在小学数学教育领域中有这么多名家和名师是很少见的。

名家和名师的教学设计和课堂实录大都散见在各种教育杂志上。这套书就是把它们汇集起来，想必会受到大家的欢迎。

3. 分年级按领域编排。编辑这套书必须考虑如何把这些名家名师的教学设计和课堂实录有序地编排起来。为了方便教师使用，分年级编排，一个年级一本，1—6 年级共 6 本。受篇幅所限，每个年级不可能按课本分单元编排，每个课题也不可能都能找到名师的课堂设计。本书按“数学课程标准”要求，分四个模块编排：数学与代数、图形与几何、统计与概率、综合与实践。每个模块选择有代表性的典型课例。目前小学数学课本有各种版本，如人教版、苏教版、新世纪版、西师版、青岛版等。本套书总的是按照“数学课程标准”的要求，淡化版本，这样能够满足广大教师的需要，不管使用哪种版本的教师，都能参考这套书。

4. 记录名师课堂的形式以课堂实录为主，记录课堂教学有多种形式，大致分为两种：一种是课前写的，也是上课之前预设的，一般称为备课、教案、教学案、教学设计等。一种是课后整理的，为了研究需要，课后根据教学实际情况整理，一般称为课堂实录、课堂纪要、教学片段等。课堂实录要全面反映一堂课的实况；课堂纪要只是要求记录一堂课的几个重点部分；教学片段要求更简单些，仅是记录一两个片段。

上述两种形式各有特点，满足不同需要。教学设计是为了上好课而在课前准备的，课堂实录是教师和研究者为了研究的需要而在课后整理的。如果把两者混为一谈是不科学的，也是不现实的。有的学校要求教师备课都要按课堂实录形式进行，这不就闹笑话了嘛，你还没有上课，怎么能知道学生怎么回答呢？

为了使读者能够全面学习名师的经验，这套书尽量采用课堂实录的形式，少部分采用教学设计的形式。

有些重要课题同时有几个名师课例，我们把它们编排在一起，这也是同课异构，让读者分析比较，从中体现不同名师的课堂教学特色。

最后要说的是，编写这套书是一项复杂的系统工程，必须依靠集体的力量才能完成。我们两位主编，仅仅是搬运工，为的是把名师课堂集中汇编起来，呈现给大家。所以这套书是全国名师共同协作的成果，是集体智慧的结晶。

在编写过程中出现许多动人的情景：中国教育学会小数会理事长、小学数学教育家吴正宪非常支持这项工作，她说这套书是总结“中国经验”的大事，是功德无量的好事，并同意使用她的课堂实例。广东省特级教师、深圳市教科院黄爱华把他多年来搜集的名师课例毫无保留地提供给我们。天津市特级教师、简约教育创立者徐长青，在他的名师工作室范围内，广泛向名师组稿，提供了不少好课例。湖北省教育厅刘莉、甘肃省教育厅基教研究中心张炳意都积极支持，推荐本省名师参与。江苏省苏州工业区跨塘实验小学校长缪建平、浙江省宁波市高新区外国语学校副校长郑水忠在百忙之中协助做最后的校稿工作。所有入选课例的名师都赠送样书并支付稿酬，如果有些名师联系不上，此书出版3个月后尚未收到样书和稿酬，请与叶建云先生联系，邮箱：754828511@qq.com。

这套书的顺利出版，应感谢北京师联时代公司的策划和世界图书出版公司编辑出版。

希望广大教师喜欢这套书，并提出宝贵意见。

谢谢大家。

2022年3月

CONTENTS 目录

一、数与代数

二、图形与几何

三、综合与实践

四、整理与复习

一、数与代数

1. “认识分数”课堂实录与反思

张齐华
（江苏省南京市玄武区教师发展中心，特级教师）

※ 课前思考

有整数乘法和分数加减法作为基础，学生能够通过尝试，自己学会分数乘法。分数乘法有两种意义，一种是同整数乘法的意义相同，求相同加数的和，一种是求一个数的几分之几。第一课先学前一种。计算法则并不难，难点在于理解为什么整数只要乘分数中的分子。教学中要注意引导学生突破这个难点。根据学生学习的规律，尽可能把课上得既简单、扎实，又有深度、高度，按照学生上课会产生的四个问题进行：一、这堂课学什么？二、我已经学会了什么？三、我还有什么问题？四、我学得怎样？

※ 教学过程

一、基本训练（夯实基础，以旧引新）

把分数乘法的准备知识作为基本训练的内容。

把下面的加法算式转化成乘法算式：

（1）25+25+25+25+25+25+25=

（2）8 + 8 + 8 + 8 + 8 + 7 =

（3）$\frac{3}{8}+\frac{3}{8}+\frac{3}{8}+\frac{3}{8}+\frac{3}{8}+\frac{3}{8}=$

（4）$\frac{3}{10}+\frac{3}{10}+\frac{3}{10}+\frac{3}{10}+\frac{3}{10}=$

（5）$\frac{4}{9}+\frac{4}{9}+\frac{4}{9}+\frac{4}{9}+\frac{4}{9}+\frac{4}{9}=$

练后引导学生说出整数乘法的意义，教师补充说整数乘法的意义，可推广到分数。

二、这堂学什么？（导入新课，揭示目标）

从准备题引出尝试题：$\frac{3}{8}\times 6$　$\frac{3}{10}\times 5$

这堂课学习分数乘整数，学生打开课本看目录，再看第 28 页“分数乘法例 1”。

三、你已经学会了什么？（自学课本，尝试练习）

请大家自学课本，尝试做 2 道尝试题，自学课本中有问题可以在小组内讨论，也可以提出来问教师。

学生可以边看书，边做尝试题。各组派代表板演。板演后让学生自己上台讲解演算过程。

预计学生会提问：演算的中间过程能否省略？

$\frac{3}{10}\times 3=\frac{3}{10}+\frac{3}{10}+\frac{3}{10}=\frac{3\times 3}{10}=\frac{9}{10}$

注意：整数乘分数的分子，分母不变。中间环节可以省略不写。

第二次尝试练习：

再出 2 道题考考你们是否真的学会了。

$\frac{4}{9}\times 3$　$5\times\frac{5}{8}$　（练后小组内互批，自己订正）

四、你还有什么问题？（质疑问难，创新求真）

今天这堂课学习分数乘法，你还有什么问题吗？提出问题的小组可以加分。

预计学生会提出：为什么整数去乘分数的分子，而不是分母呢？

引导学生回忆同分母分数加法$\frac{4}{9}+\frac{4}{9}=\frac{8}{9}$，为什么只要分子相加而不是分母相加呢？因为$\frac{4}{9}$的分数单位是$\frac{1}{9}$，4 个$\frac{1}{9}$加 4 个$\frac{1}{9}$，一共是 8 个$\frac{1}{9}$，得数应是$\frac{8}{9}$。同理$\frac{4}{9}$是 4 个$\frac{1}{9}$，乘 3 应是 12 个$\frac{1}{9}$，得数应是$\frac{12}{9}$。

用分数单位解释，学生比较容易理解，促使学生对分数单位有进一步的理解。

五、你学得怎样？（当堂检测，反馈矫正）

用课本 29 页上的练一练作为当堂检测题。

1. 先在右边的长方形中涂出 4 个$\frac{3}{16}$，再算出涂色部分一共是这个长方形的几分之几？（20 分）（图略）

2. $\frac{2}{7}\times 3$　$4\times\frac{5}{6}$　$\frac{7}{10}\times 5$　$9\times\frac{5}{12}$　（每题 20 分）

3. 加分题：$5\times\frac{2}{5}\times 3$　（50 分）

小组内当堂互批评分，批后交给本人订正，有困难小组内互帮，订正后交给小组长检查。都考 100 分的小组站起来。

六、课堂总结（概括提高，布置预习）

教师根据学生当堂检测情况，进行当堂总结，并让学生谈收获。最后布置下堂课的尝试题（30 页练一练中第 1 题）。

先涂一涂，再用乘法计算。

（1）12 的$\frac{1}{3}$是多少？

（2）20 的$\frac{4}{5}$是多少？

2. “分数乘整数”教学设计（课例一）

张浩
（山东省泰安市岱庙办事处小学，青年名师）

※ 教学过程

一、激活经验，迁移引入

1. 师：前面我们已经学习了有关整数乘法和小数乘法的知识，你能口算下列各题吗？

$20\times3=$　　　$0.2\times3=$

$200\times3=$　　　$0.02\times3=$

$2000\times3=$　　　$0.002\times3=$

2. 交流 2000×3 和 0.002×3 的计算方法。

3. 小结：整数乘法、小数乘法都是求几个相同加数的和的简便运算。

二、探究新知，深化思考

1. 自主探究、感知算法多样化。

（1）师：小新、爸爸、妈妈一起吃蛋糕，每人吃了$\frac{2}{5}$个，三人一共吃了多少个？

（2）学生列出算式$\frac{2}{5}\times3$，然后独立探究计算方法。

（3）全班交流，感知算法多样化。

预设 1：画一画。

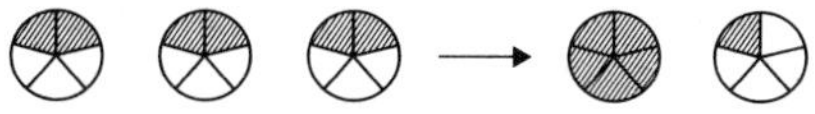

师：小新吃了$\frac{2}{5}$个，全家吃了几个$\frac{2}{5}$？3 个$\frac{2}{5}$是多少？1 个蛋糕够吗？

预设 2：$\frac{2}{5}\times3=0.4\times3=1.2$（个）。

师：利用转化思想把$\frac{2}{5}$转化成了小数来计算。

预设 3：$\frac{2}{5}\times3=\frac{2}{5}+\frac{2}{5}+\frac{2}{5}=\frac{2+2+2}{5}=\frac{6}{5}$（个）。

师：分数乘整数还没学，我们退回到同分母加法来解决。

预设 4：$\frac{2}{5}\times3=\frac{2}{5}+\frac{2}{5}+\frac{2}{5}=\frac{2+2+2}{5}=\frac{2\times3}{5}=\frac{6}{5}$（个）。

师：分子 2×3 中的 2 表示什么？ 3 表示什么？

师小结：一个简单的$\frac{2}{5}\times3$，我们用了画图、加法、小数、乘法来计算，这是一件了不起的事情。我们学习不仅仅是为了得到一个计算结果，更重要的在于研究的过程，学习数学就要善于多角度思考。

2. 内化反思、优化算法。

（1）刚才呈现了这么多方法，你会计算分数乘整数了吗？

生独立计算：$\frac{2}{7}\times3$　$\frac{3}{20}\times3$　$\frac{2}{11}\times9$

（2）通过计算，再来看一看刚才四种方法，你有什么想说的吗？

学生交流。

师小结：通过讨论发现，计算不能仅仅停留在多角度思考上，我们还要更进一步，选出更简单、更通用的方法。现在用咱们选出的最优办法完成例题的解答。

$\frac{2}{5}\times3=\frac{2\times3}{5}=\frac{6}{5}$（个）。

（3）试着用自己的语言总结怎样计算分数乘整数，比一比谁的语言更简洁明了。

总结算法：分数乘整数，分子乘整数的积做分子，分母不变。

3. 新旧联系、剖析算理。

现在咱们回头看一看刚才计算的整数乘法、小数乘法和分数乘整数，有什么相同的地方？

20×3=60	0.2×3= 0.6	$\frac{2}{5}\times3=\frac{2\times3}{5}=\frac{6}{5}$
200×3=600	0.02×3=0.06	$\frac{2}{7}\times3=\frac{2\times3}{7}=\frac{6}{7}$
2000×3=6000	0.002×3=0.006	

预设：都用到了 2×3=6。

小结：看来整数乘法、小数乘整数、分数乘法都是“求几个相同加数和的简便计算”，都是在求计数单位的个数。

4. 对比分析、完善算法。

小新的班里 45 个同学，假设每个家庭吃$\frac{6}{5}$个蛋糕，45 个家庭吃多少个蛋糕？你会解决吗？

师：在解决这个问题的时候，怎样计算才简单？

预设：先约分后计算，可以把数变小，计算起来更简便。

补充计算法则：分数乘整数，分子乘整数的积做分子，分母不变。先约分，再计算。

三、练习巩固，发散思维

1. 计算下列各题。

$\frac{3}{8}\times2=$　$\frac{3}{10}\times9=$　$\frac{2}{15}\times0=$　$\frac{a}{b}\times c=$　$(b\neq0)$

2. 小朋友做了长$\frac{3}{10}$米、宽$\frac{1}{5}$米的长方形蛋糕，班里 45 名同学的蛋糕连起来，长多少米？你还能提出什么问题？

预设 1：$\frac{3}{10}\times45=\frac{27}{2}$（米）。

预设 2：$\frac{1}{5}\times45=9$（米）。

预设 3：蛋糕的总面积如何计算？$\frac{3}{10}\times\frac{1}{5}=$？

师：分数乘分数既是我们下节课学习的内容，也是我们利用多角度思考问题的非常好的素材，期待大家进一步的研究。

四、作业

教材练习一第 2、3 题。

3. “分数乘整数”教学设计（课例二）

何晓娜
（山西省动城市临漪县教研室，青年名师）

※ 课前思考

“分数乘法（一）”是分数乘法单元的起始课，学习本课之前，学生已经认识了分数，会计算分数加减法及应用，为了准确地把握本节课的教学起点，我对46名五年级学生进行了课前调研，从数据统计结果来看，对于分数与整数相乘，学生的计算正确率达91.2%，算法的选择相对多元和灵活，但对于意义的理解不够全面。为此，本节课的重心应放在对分数乘法意义的理解上。

计算教学在小学数学教学中可谓占据大半壁江山，运算能力是《义务教育数学课程标准（2011版）》10个核心概念之一，是学生在义务教育阶段数学课程中最应该培养的数学素养之一。

本课教学设计立足于三个基点，让课堂拥有丰富的内涵，使课堂成为提升数学素养的有效载体。问题一，让学生画一画，算一算，初步理解算理，体会学习的必要性；问题二，在学生自主计算的基础上，借助直观模型帮助学生建立图示与算式之间的联系，助推学生深层次理解分数乘法的算理，即2个3的和就是(2×3)个；问题三，探索分数乘整数的计算方法。三个问题层层递进、环环相扣，借助直观模型帮助学生理解算理、探索算法，有效培养学生正确、合理、灵活、简洁的运算能力，助推数学素养的提升。

※ 教学过程

一、谈话激趣，引入新课

师：老师给大家带来了一张亲手做的贺卡，贺卡的花边中隐藏着数学问题，你们能帮忙解决吗？

二、活动引领，探究算理

问题一：1个占整张纸条的$\frac{1}{5}$，3个占整张纸条的几分之几？

1. 理解题意。

这道题是什么意思？（求 3 个$\frac{1}{5}$的和）

2. 解决问题。

学生用自己喜欢的方法解决问题。

（学情预设：学生的方法可能会有①用加法解决，②画线段图或条形图，③用乘法解决。）

3. 交流展示。

（1）展示学生解决问题的不同方法。（画图、加法、乘法等）

（2）交流要点：

A. 画图法。分享自己用直观图解决问题的思路。

B. 连加。交流用加法算式进行计算的理由。

C. 乘法。（重点交流）

师："为什么用$\frac{1}{5}\times 3$"？

（理解——求几个相同"分数"的和，也可以用乘法计算。）

组织学生汇报不同的算法。

（对比算法，交流思维过程，建立新旧知识之间的联系。）

教师根据学生的回答适时追问：$\frac{1}{5}\times 3$是怎样计算的？为什么要用"$\frac{1\times 3}{5}$"？3 个$\frac{1}{5}$的和还可以怎样列式？

4. 优化方法。

师：如果求 4 个$\frac{1}{5}$的和，可以怎样列式？

10 个$\frac{1}{5}$的和呢？ 100 个$\frac{1}{5}$呢？还用加法吗？

小结：求几个相同加数的和，个数越多，乘法的优势就越明显！

【设计意图】借助已有的整数乘法和同分母分数加法的经验，学生通过画一画、算一算，体会解决问题方法的多样性，在交流、对比、辨析中初步探索分数乘法的计算方法，为理解分数乘法的意义奠定坚实的基础。

问题二：2 个$\frac{3}{7}$的和是多少？

1. 自主计算。

（1）算一算，认真写出计算过程。

（2）想一想，你为什么这样算？

2. 分享算法。

教师巡视，抽取代表性算法进行板书。

学生可能会出现：① $\frac{3}{7}\times 2=\frac{3}{7}+\frac{3}{7}=\frac{6}{7}$

② $\frac{3}{7}\times 2=\frac{3\times 2}{7}=\frac{6}{7}$

3. 明析算理。

学生汇报交流自己计算的方法及理由。

师：下面的算法你能看懂吗？请你对照图说一说算式中“7”表示什么意思？为什么用“3×2”？

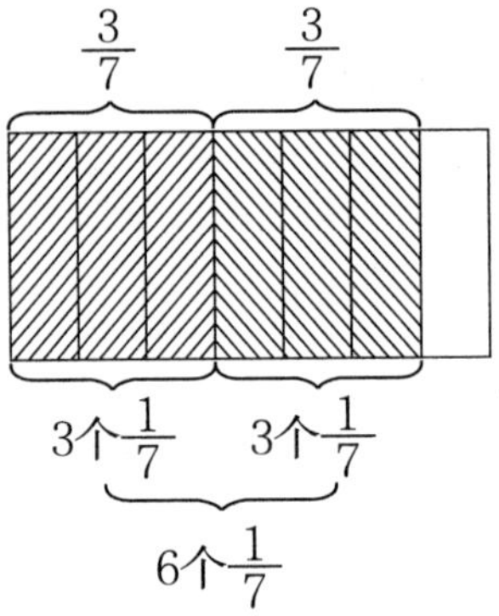

$\frac{3}{7}\times 2=\frac{3}{7}+\frac{3}{7}=\frac{3\times 2}{7}=\frac{6}{7}$

学生在观察与思考中明析：一个$\frac{3}{7}$里面有 3 个$\frac{1}{7}$，2 个$\frac{3}{7}$里面有“3×2”个$\frac{1}{7}$，也就是 $\frac{3\times 2}{7}=\frac{6}{7}$。

【设计意图】大胆放手让学生自主计算，并借助“面积模型”帮助学生建立图示与算式之间的联系，助推学生深层次理解分数乘法的意义，并优化算法。同时，在看图分析、看图说理的过程中，渗透“数形结合”的数学思想。

问题三：你能快速计算下面两道算式吗？

$\frac{15}{16}\times 3=$　　$2\times\frac{5}{9}=$

说一说你是如何计算的？

师：仔细观察，这些乘法算式和我们以前学习的，有什么不同？

分数与整数相乘，到底应该怎样计算呢？先和小伙伴们交流交流。

师生共同总结算法：分数与整数相乘的积作分子，分母不变。

【设计意图】在理解意义的基础上，学生通过独立分析，小组合作，经历观察、类比、归纳，总结出分数与整数相乘的计算方法。

三、巩固练习，应用提升

1. 4 个 $\frac{2}{15}$ 是多少？（涂一涂，算一算）

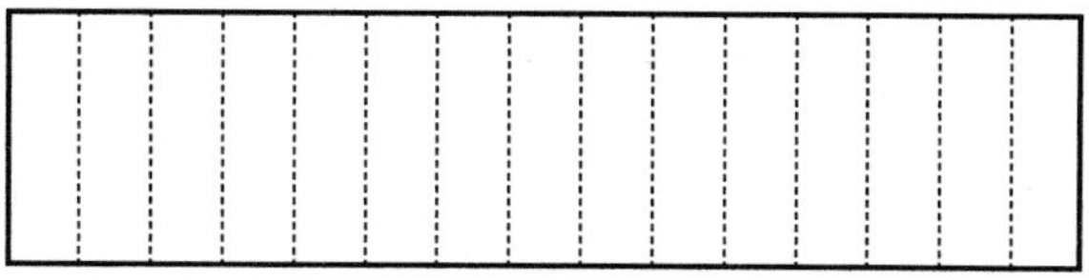

2. 填一填，与同伴交流为什么可以这样计算。

$\frac{4}{9}\times 2=\frac{(\ )\times(\ )}{(\ )}=\frac{(\ )}{(\ )}$　　$2\times\frac{2}{11}=\frac{(\ )\times(\ )}{(\ )}=\frac{(\ )}{(\ )}$

3. 说一说生活中，哪些问题可以用$\frac{2}{5}\times 2$来表示？请你举一个例子。

【设计意图】通过基础练习、变式练习、拓展练习，培养学生灵活解决问题的能力，并在解题过程中再次反馈学生对分数乘法意义的理解，真正使学生真实感受数学与生活的紧密联系和价值。

四、课堂总结，适度延伸

大家举出了这么多有关分数乘法的例子，可见，分数乘法与我们的生活息息相关，相信通过今天的学习，一定能解决更多的实际问题。

4. “倒数的认识”教学设计（课例一）

吴嫦云
（福建省厦门市翔安区教师进修学校附属小学，特级教师，正高级教师）

※ 教学过程

一、情境导入，引出问题

1. 谈话理解“互为”。

老师愿意和六（5）班的同学成为朋友，你们愿意吗？（愿意）那老师就是你们的——（朋友），你们是老师的——（朋友）。你们和老师互为朋友。（指板书：互为）

2. 游戏，按规律填空。

吞——吴　呆——（　）　$\frac{3}{8}$——（—）　$\frac{10}{7}$——（—）

（1）学生观察填空，指名回答，并说出是怎么想的。

（2）师：你们能按照上面的规律再说出几组数吗？（学生举例，教师板书）

3. 学生观察板书的几组分数，看看每组中的两个数有什么特点？

同桌讨论交流，然后全班汇报每组中两个分数的特点，教师注意引导。

4. 师：能根据每组中两个分数的特点，给这几组分数起一个合适的名字吗？

5. 揭示课题：倒数的认识。

二、合作探究，解决问题

1. 探究倒数的意义。

（1）观察$\frac{3}{8}$与$\frac{8}{3}$，说说哪两个数互为倒数？还可以怎么说？

（2）谁能说说$\frac{10}{7}$与$\frac{7}{10}$中谁和谁互为倒数？也可以怎么说？

（3）小组讨论，什么是倒数？

学生独立思考后，组内交流。

全班汇报，教师根据学生的汇报点拨引导。

学生可能有的答案是：

A：分子、分母相互调换位置的两个数叫作互为倒数。

B：乘积是 1 的两个数叫作互为倒数。

师生共同归纳倒数的意义：乘积是 1 的两个数叫作互为倒数。（教师板书）

2. 探究求倒数的方法。

（1）学习例 1：写出$\frac{7}{8}$、$\frac{5}{2}$的倒数。

A：学生试写，教师巡视，提醒书写格式。

B：指名回答，教师板书：$\frac{7}{8}$的倒数是$\frac{8}{7}$，$\frac{5}{2}$的倒数是$\frac{2}{5}$。

师：互为倒数的两个数相等吗？怎么样表示它的结果？也可用——（破折号）表示。

C：学生交流求一个分数倒数的方法。

（2）师：同学们已经会求一个分数的倒数了。想一想，我们还学过哪些数？（整数、小数、带分数）那么怎么样求整数、小数、带分数的倒数呢？选择一种，在小组内探究。

A：学生选择一种研究，教师巡视指导。

B：学生交流汇报，教师分别板书一例。

C：引导学生概括求倒数的方法。

（3）教师引导质疑：0 有没有倒数？为什么？学生讨论释疑。

1×（　）=1，所以 1 的倒数是 1。而 0×（　）=1 呢？

1 的倒数是它本身，0 没有倒数。

求一个数（0 除外）的倒数，只要把这个数的分子、分母互相交换位置就行了。

三、巩固联系，拓展深化

1. 下面哪两个数是互为倒数。

$\frac{4}{3}$，　$\frac{7}{6}$，　8，　$\frac{6}{7}$，　$\frac{3}{4}$，　$\frac{1}{8}$

2. 写出下面各数的倒数。

$\frac{4}{11}$，　$\frac{16}{9}$，　35，　$\frac{15}{8}$，　$\frac{1}{5}$

3. 争当小法官，明察秋毫。

4. 填空。

5. 游戏：找朋友。

一名学生说出一个数，谁能又对又快地说出这个数的倒数，谁就和这名同学互为好朋友。

四、总结反思，评价体验

这节课你们有什么收获？还有什么疑问？

5. “倒数的认识”教学设计（课例二）

史小英
（河北保定师范附属学校，青年名师）

※ 教学过程

一、创设情境导入

师：孩子们，你们每人都有自己的好朋友，是不是？现在我来考考大家的语文学得怎么样？修改病句：张紫涵是好朋友。

指名回答。

师：对，我们不能单独地说某人是好朋友。我们同学之间存在的这种关系在数学上也有，想一想，你在哪儿见过？

生讨论交流，指名回答。

师：今天我们要讲的倒数也存在着这样一种关系。我们先来看一组计算。

二、探究交流，学习新知

1. 精讲倒数定义。

（1）开火车说计算结果。（要求：读题并说出答案）

$\frac{3}{7}\times\frac{7}{3}=$　$\frac{2}{5}\times\frac{5}{2}=$　$\frac{1}{5}\times5=$　$\frac{1}{12}\times12=$　$\frac{11}{15}\times\frac{15}{11}=$　$\frac{2}{9}\times\frac{9}{2}=$

师：观察这几个式子，看看有什么规律？

学生讨论交流，指名回答。

根据学生的回答出示倒数的定义：乘积为1的两个数互为倒数。（板书）

师：也就是说（ ）和（ ）互为倒数，也可以说（ ）的倒数是（ ）。谁能像这样说说其他组？

同桌互相说。

师：在这个概念里你认为哪个词比较关键？为什么？

预设1：“乘积为1”，因为必须是乘积为1，不能是商为1、差为1、和为1。

预设2：“两个数”，不能是一个数为倒数。

预设3：“互为”不能说一个数是倒数。

师：大家分析得非常到位，那我们有重点地把它读一遍吧！

生齐读。

（2）判断练习，加深概念理解。

①$\frac{3}{4}\times\frac{4}{3}=1$，所以$\frac{3}{4}$和$\frac{4}{3}$互为倒数。（ ）

②计算结果得 1 的两个数互为倒数。（ ）

③因为$8\times\frac{1}{8}=1$，所以 8 是倒数。（ ）

④$\frac{4}{3}\times0.75=1$，所以$\frac{4}{3}$的倒数是 0.75。（ ）

学生判断对错，并说明理由。

2. 结合前置预学探究求一个数的倒数的求法。

（1）出示：把互为倒数的两个数用线连起来。

$\frac{3}{5}$ $\frac{7}{2}$ 6 1

$\frac{1}{6}$ $\frac{5}{3}$ $\frac{2}{7}$ 0

要求：说一说你是怎么找到的？并举例说明。

师：1 和 0 这里还没有连线，那 1 和 0 有没有倒数呢？如果有是多少？如果没有为什么？

同桌讨论，然后全班交流。

师板书：1 的倒数是 1，0 没有倒数。

（2）学生提出困惑。

根据学生前置预学中遇到的困难提出自己不会的问题。

预设 1：带分数的倒数怎么求？

预设 2：小数的倒数怎么求？

学生之间互相帮忙：

假分数的倒数求法：把带分数转化成假分数，再分子、分母交换位置。

小数的倒数的求法：把小数化成分数，再分子、分母交换位置。

三、课堂练习

1. 快问快答。说出下面各数的倒数。

3 $\frac{16}{9}$ 1 $\frac{2}{3}$ 0 $\frac{5}{4}$ 0.25 $1\frac{3}{5}$ 0.5 0.125

2. 看数轴找规律。

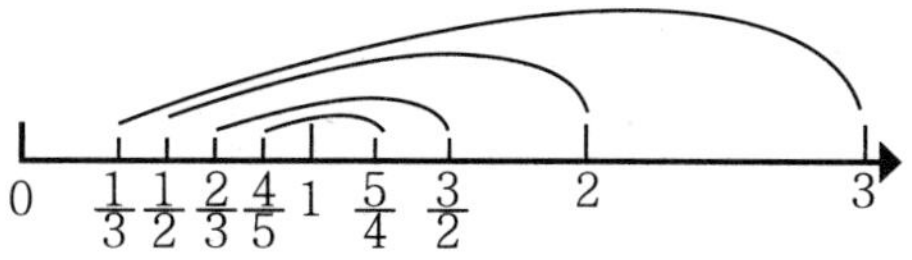

师：看来同学们掌握得很不错，我选了咱们刚才说的其中几组倒数，把它们放在了数轴上，请同学们仔细观察，看你能发现什么规律？

要求：先独立思考，然后和同桌说一说。

3. 看图找规律。

仔细观察看你有什么发现？

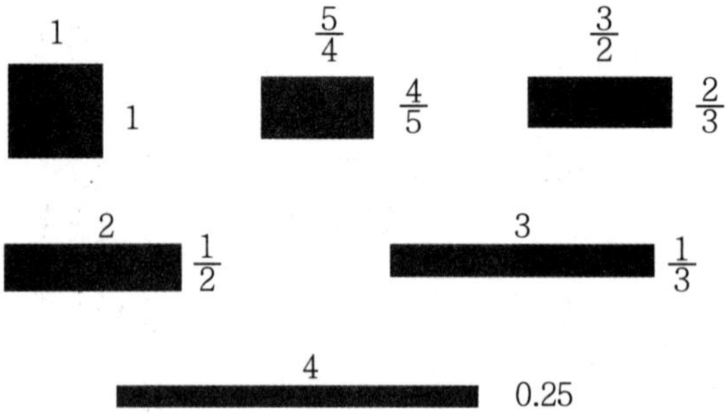

4. 拓展练习。

$\frac{1}{3}\times a=b\times\frac{3}{4}=2.6\times c$（$a$、$b$、$c$ 均不为 0），请把 a、b、c 这三个数按从小到大的顺序排列。

三、课堂小结

师：同学们，一节课很快就结束了，说一说你通过本节课的学习有什么收获？

6. “分数除以整数”教学设计与反思（课例一）

王金发
（广东省东莞外国语学校，特级教师，正高级教师）

※ 课前思考

算法多样化后的优化已经成为大多数教师的共识。但是，算法优化在什么时候开始？为什么要进行算法优化？很多教师在教学中没有把握好，只是生拉硬扯，学生没有切身体验。笔者近期执教了“分数除以整数”一课，对此进行了探究、尝试，现将课堂片段和感想写下来，与大家交流。

※ 教学过程

一、算法多样化

分数除法的计算方法是怎样的呢？今天我们先来探究一下分数除以整数的计算法则，看看谁更会动脑筋，好吗？（板书课题）

（1）出示例题 2：把一张纸的$\frac{4}{5}$平均分成 2 份，每份是多少？

师：你会列式吗？为什么这样列式？

（2）引导探究。

$\frac{4}{5}\div 2$等于多少呢？你是怎么想的？请同学们开动脑筋，用学过的知识，也可以通过画图、折纸等方式表示。开始吧！

（3）反馈探究。

方法一：根据题意用折纸或者画图表示。（图略）

方法二：利用分数单位思考。

把$\frac{4}{5}$平均分成 2 份，就是把 4 个$\frac{1}{5}$平均分成 2 份，每份是 2 个$\frac{1}{5}$，就是$\frac{2}{5}$。

$\frac{4}{5}\div 2=\frac{(4\div 2)}{5}=\frac{2}{5}$

方法三：根据算式的意义思考。

把 $\frac{4}{5}$ 平均分成2份，就是求 $\frac{4}{5}$ 的一半是多少？也就是 $\frac{4}{5}\div 2=\frac{4}{5}\times\frac{1}{2}=\frac{2}{5}$。

方法四：转化成小数。

$\frac{4}{5}\div 2=0.8\div 2=0.4$

二、归纳整理

同学们经过探究，找到了四种不同的方法，大家想想，你认为哪一种方法好？为什么？

生1：我认为画图的方法好，比较好理解。

生2：我们认为转化成小数计算好，这样我们就会做了。

生3：我认为第二种方法好，它好计算。

生4：第三种方法好，我们把除法转化为乘法，就可以计算了。

师：究竟哪一种方法好？老师不做定论，大家等一会做题体验以后再说，好吗？

三、自主体验优化

（1）$\frac{6}{100}\div 2$，你准备怎么做？试一试？

反馈做题情况：

生1：我们是用6除以2，分母不变这种方法做的。

生2：我们是用第三种方法，就是 $\frac{6}{100}\div 2=\frac{6}{100}\times\frac{1}{2}=\frac{3}{100}$。

生3：我们把它化成小数，$\frac{6}{100}\div 2=0.06\div 2=0.03$。

师：有没有用画图的办法，为什么不用？（学生都说，分母太大，画图很麻烦）

师：对，有时候画图很麻烦，但是老师要提醒同学们，虽然有时画图很麻烦，但是画图能帮助大家很好地理解，也是一种不错的方法，只不过它有一定的局限性。

（2）$\frac{10}{11}\div 5$ 又怎么做呢？

反馈做题情况：

生1：我们是用10除以5，分母不变这种方法做的。

生2：我们是用第三种方法，是 $\frac{10}{11}\div 5=\frac{10}{11}\times\frac{1}{5}=\frac{2}{11}$。

师：为什么没有人把它转化成小数进行计算？

生：因为$\frac{10}{11}$这个分数不能化成有限小数。

（3）再看$\frac{7}{12}\div 4$，它该用什么方法？

学生做题以后发现，只能用一种方法，就是$\frac{7}{12}\div 4=\frac{7}{12}\times\frac{1}{4}=\frac{7}{48}$。

师：为什么不选用许多同学喜欢的“用分子除以整数，分母不变”的方法？

生：因为分子7除以4，不能整除。

（4）讨论心得： 在练习中你们发现了怎样的情况？哪一种方法比较适用？具有普遍性？

学生经过这样的一个做题训练，都一致认为第三种方法比较有普遍性，值得大家去共同掌握。这时我抓住时机，立即对这种方法进行了归纳、强化。

四、 归纳法则

$\frac{4}{5}\div 2=\frac{4}{5}\times\frac{1}{2}=\frac{2}{5}$

（1）观察：前后对比，你发现什么变了？什么没有变？（被除数不变，除号变成乘号，除数变成它的倒数）

（2）归纳分数除以整数的计算方法：分数除以整数（0除外），等于分数乘以这个整数的倒数。

（3）剖析概念：0除外；除以变乘以；整数变整数的倒数。

（4）用你发现的规律填空，不计算。

$\frac{8}{9}\div 5=\frac{8}{9}\times(\quad)$　　　$\frac{7}{12}\div 2=\frac{7}{12}\square(\quad)$

$\frac{9}{10}\div 3=(\quad)\times(\quad)$　　　$\frac{3}{8}\div 2=(\quad)\square(\quad)$

※ 课后反思

学生经历算法多样化后，通过实际计算体验各种计算方法在不同情境中的局限性，从中自主体验各种方法的优点与不足，给算法优化一个理由，从而顺理成章地实现“算法多样化后的优化”，有效推动后续学习。

7. “分数除以整数”课堂实录（课例二）

卓杨晶
（福建省福州金山小学，青年名师）

※ 课前谈话

师：孩子们，我们最近都在学习跟分数的计算有关的知识，上课之前，先请同学们看一道算式：$\frac{4}{5}\div 2$，这是一道分数除以整数的算式，看到这个算式，你想到了什么？

生1：把一个蛋糕平均分成5份，先吃了一份，剩下的四份要分给两个人吃，每人吃一样多，每人吃多少？

生2：把一根绳子平均分成5份，取其中的4份，再把4份平均分成两份，每人分得这跟绳子的几分之几？

生3：$\frac{4}{5}\div 2=\frac{2}{5}$。

师：咱们班的同学都很了不起，很有数学的思维，能从一道算式中想到了这么多。那就让我们带着对数学的这份敏锐，进入咱们今天的数学课堂。

※ 课堂实录

一、开门见山，直入新课

教师根据学生课前提出的问题写板书。

师：刚才在课前聊天的时候，有同学说到了这样的一个问题：把一个蛋糕的$\frac{4}{5}$，其实也就是几个蛋糕（$\frac{4}{5}$个蛋糕），平均分给两个小朋友，求每人分得几个蛋糕？你们认为可以用这道算式解决吗？为什么可以这么列式？

师：为什么可以用这个算式来解决？

生1：因为这里是平均分，要用除法。

生 2：这里是把$\frac{4}{5}$平均分成 2 份，求一份是多少，要用除法。

师：看来分数除以整数的意义与咱们之前学的整数除法的意义是相同的，都是表示把一个数平均分成几份，求每份是多少。今天这节课我们就一起来探究：分数除以整数。（板书课题）

二、自主探究，获取新知

1. 探究例 1，感受方法多样化。

（1）猜测。

师：刚才有的同学说$\frac{4}{5}\div 2=\frac{2}{5}$，到底是不是呢？愿意尝试一下吗？请看活动要求：

> 写一写：把你的算法写在学习单（一）上。
> 画一画：用图表示出你的思考过程。
> 说一说：把你的想法跟同桌说一说。

（2）学生独立尝试后与同桌交流。

（3）全班交流。

师：同学们都用各自的方法算出了它的结果，老师这也收集了几份作业单，来看看他们是怎么思考的？

① $\frac{4}{5}\div 2=\frac{4\div 2}{5}=\frac{2}{5}$。

生 1：（支支吾吾）这里是$\frac{4}{5}$，除以 2 就是$\frac{2}{5}$。

师：他画的图你们看懂了，谁能帮他说说，他是怎么想的？

生 2：他把这条线段看成一个蛋糕，平均分成 5 份，取其中的 4 份就是$\frac{4}{5}$，$\frac{4}{5}\div 2$就是要把 4 份平均分成 2 份，也就是它的一半，从图中可以看出是 2 份，这 2 份占整条线段的$\frac{2}{5}$。

师问生 1：你是这么想的吗？

师：同学们，他刚才解释了图的意思，那这个算式$\frac{4}{5}\div 2=\frac{4\div 2}{5}=\frac{2}{5}$中为什么可以把分子 4 直接除以 2，你们知道是什么意思吗？

生 3：把拿出来的 4 份再平均分成 2 份，每份就是 2 份。

师：你们刚才说这里的 4 份，每一份你知道是几吗？

生：$\frac{1}{5}$。

生4：老师我知道，也就是4个$\frac{1}{5}$平均分成2份，每份就是2个$\frac{1}{5}$，就是$\frac{2}{5}$。

师：哪些同学是这么算的，举手示意一下。我把这种方法记录下来。

师展示其他几个算法一样、但是图不一样的作业单。（有的用一个圆表示一个蛋糕，有的用一个长方形表示一个蛋糕）

②将分数化成小数来计算。

生：我是将$\frac{4}{5}$化成0.8，用$0.8\div2=0.4$（个）。

③根据分数乘法的意义。

生5：我是这样想的，$\frac{4}{5}\div2$就是表示把单位“1”平均分成5份，取其中的4份，再从4份中取一半。而$\frac{4}{5}\times\frac{1}{2}$也是表示把$\frac{4}{5}$平均分成2份，求其中的一份是多少，他们是相等的，所以我把$\frac{4}{5}\div2$变成$\frac{4}{5}\times\frac{1}{2}$来计算。

师：对于他的回答，你们有什么疑问吗？

生6：为什么这里$\div2$可以变为$\times\frac{1}{2}$？

师：是呀，明明是除法，怎么就变成了乘法了呢？

生5：因为$\frac{4}{5}\div2$是表示把$\frac{4}{5}$平均分成2份，求其中的一份，$\frac{4}{5}\times\frac{1}{2}$也是表示把$\frac{4}{5}$平均分成2份，求其中的一份。

生7：老师，我的思路跟他是一样的，但是画的图不一样。我是用线段图来表示单位“1”的，把单位“1”平均分成5份，取其中的4份就是$\frac{4}{5}$，要把这4份平均分成2份，也就是求4份的一半是多少，也就是求这个数的$\frac{1}{2}$是多少，而求一个数的几分之几是多少要用乘法，所以我转化为乘法计算。

生7：我还可以补充一点，因为分数乘法我们之前学过了，分数除法没学过，所以变为乘法就能算了。

师：我们来看看课件的演示：这是一个蛋糕的$\frac{4}{5}$，也就是$\frac{4}{5}$个蛋糕，要把它平均分成两份，求一份是多少，其实就是求它的$\frac{1}{2}$是多少，所以可以转化为$\frac{4}{5}\times\frac{1}{2}$，这样一转化，新知识就变成咱们已学过的旧知识。转化可是咱们数学学习的好方法。

（4）小结。

师：刚才，我们用了不同的方法求出了$\frac{4}{5}$ ÷2 等于$\frac{2}{5}$。那现在分数除以整数你们会算了吗？

2.探究例 2，优化方法。

（1）（板演）$\frac{4}{5}$ ÷3。

师：$\frac{4}{5}$ ÷3 又该怎么算呢？请你借助作业单（二）的图动手画一画，算一算。

（2）独立尝试，汇报交流。

生：我是这样想的，这里的涂色部分表示$\frac{4}{5}$，除以 3 就表示把$\frac{4}{5}$平均分成 3 份，求其中的一份也就是求$\frac{4}{5}$的$\frac{1}{3}$是多少，结果等于$\frac{4}{15}$。大家有什么问题吗？

生：我觉得要先把这个长方形看成单位“1”，才能把涂色部分看成$\frac{4}{5}$。

师：是的，这样就更严谨了，其他同学还有问题吗？那你们能不能再跟老师说说这里把除以 3 转化为乘$\frac{1}{3}$是为什么？

生说。（略）

（3）对比。

师：刚才在计算上面一道题时，同学们用了不同的方法计算，现在这一题都是用转化为乘法来算了？

生：第一题分子 4 是 2 的倍数，可以直接把分子除以 2，而第二题分子 3 除以 2，没法得到整数的商。

生：第一题$\frac{4}{5}$转化为小数后除以 2 可以除得尽，但是 0.8 除以 3 得到的是一个循环小数。

师：是呀，不论是转化为小数还是分母不变，直接用分子除以除数，他们都是有局限性的，像这一道题，分子不能被除数整除，所以这里还是转化为乘法的方法来计算比较方便。

那我们就用这个方法来算算下面这道题。

（4）独立尝试计算$\frac{5}{6}$ ÷4。

生独立计算后点名上台板演。

生：$\frac{5}{6}$ ÷4 也就是把$\frac{5}{6}$平均分成 4 份，取其中的一份，也就是求$\frac{5}{6}$的$\frac{1}{4}$是多少，所以转化为乘法计算。

师：到底是不是呢？我们也用图来验证一下。（课件）看来同学们的计算是正确的。

3.引导观察，发现规律

师：观察我们刚才计算的这三道除法算式，你有什么发现？

生：我发现了它每除以一个整数，后面都是乘以这个整数的倒数。

生：我发现一个分数除以整数就等于这个数乘以整数的倒数。

师：哦，是这样的吗？我们来看看……

师：这三道算式确实是这样的，那是不是所有的分数除以整数的计算都有这样的规律呢？确定吗？

生：这个规律是成立的，你看吧，$\frac{4}{5}\div 2$是表示把$\frac{4}{5}$平均分成2份，求其中的一份，也就是求它的$\frac{1}{2}$是多少。为了保证全部，再看$\frac{4}{5}\div 3$，表示把$\frac{4}{5}$平均分成3份，求其中的一份，也就是求它的$\frac{1}{3}$是多少，分子的1就是整数3份中的一份。

生：这里虽然只有除以2、3、4，但是如果除以5，除以6道理也是一样的。

生：把一个数除以某一个整数，就是把这个数平均分成几份，求其中的一份是多少，而求其中的一份是多少就是就它的几分之一是多少，所以我可以确定地说这个规律是存在的。

师课件出示结论。

师：有什么需要提醒大家的吗？

生：0没有倒数。

生：0不能作为分母，如果分母是0，就没有意义了。

师：看来这里还得把“0除外”。

三、巩固练习，拓展提高

师：通过咱们班同学的共同努力，我们探索出了分数除以整数的计算方法，还知道了这方法背后的道理。

1.基础练习。

$\frac{5}{6}\div 3=\frac{(\quad)}{(\quad)}\times\frac{(\quad)}{(\quad)}=\frac{(\quad)}{(\quad)}$

$\frac{3}{8}\div 2=\frac{(\quad)}{(\quad)}\times\frac{(\quad)}{(\quad)}=\frac{(\quad)}{(\quad)}$

$\frac{5}{7}\div 4=(\qquad)\times(\qquad)$

$(\qquad)\div 5=\frac{7}{12}\times(\qquad)$

2.发展练习：一个等边三角形的周长是$\frac{9}{10}$分米，它的边长是多少厘米？

生 1：$\frac{9}{10}\div 3=\frac{9}{10}\times\frac{1}{3}=\frac{3}{10}$（分米）。

生 2：$\frac{9}{10}\div 3=\frac{9\div 3}{10}=\frac{3}{10}$（分米）。

师：第二种计算方法也是可以的，我们在平时的计算中可以根据数据的特点选择合适的方法计算。

生 3：老师我发现，如果分子是除数的倍数的时候就可以用第二种计算方法。

3. 看图列式。

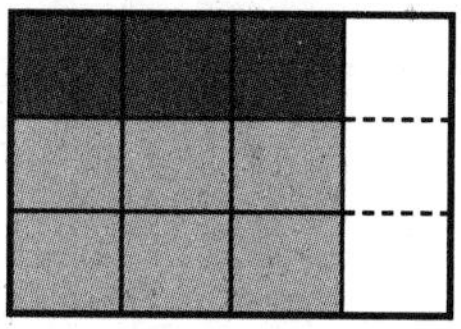

生 1：$\frac{3}{4}\div 3$。

生 2：$\frac{3}{4}\times\frac{1}{3}$。

生 3：$\frac{9}{12}\div 3$。

师：同样的一幅图，既可以用分数乘法算式来表示，也可以用分数除法算式来表示，看来分数的乘法与除法之间确实存在着很密切的联系。

四、回顾与反思

师：今天我们探究了分数除以整数的计算方法，回顾一下我们都用了哪些探究方法。（生答略）

师：这些都是咱们学习数学的好方法，关于分数除法，除了咱们今天学习的分数除以整数之外，还有很多，我们以后会继续学习。

师：而且你们知道吗？在我们古代也有很多关于分数除法的记载，最早还可以追溯到秦朝或者先秦时期呢，有兴趣的同学可以在课后到网上查询，把你感兴趣的知识或者阅读后的感受与同学们进行交流、分享。

8. “工程问题”课堂实录与反思（课例一）

牛献礼
（北京亦庄实验小学，特级教师）

※ 课前思考

数学模型是“借用数学的语言讲述现实世界的故事”（史宁中语），是现实世界的简化而又本质的描述。构建数学模型（简称“数学建模”）即指“从数学的角度，对所需研究的问题作一个模拟，舍去无关因素，保留其数学关系，以形成某种数学结构”。

《高中课标（2017）》明确把数学建模作为数学区别于其他学科的核心素养。《高中课标（2017）》指出：“数学建模是对现实问题进行数学抽象，用数学语言表达问题，用数学方法构建模型解决问题的素养。”小学阶段的数学建模不同于高中阶段，模型的内容与建模过程比高中及一般意义上的要求低很多，但建模思想在小学数学内容中的渗透，可以说无处不在。那么，数学建模素养在小学数学教学中如何渗透呢？下面以人教版六年级上册中的“工程问题”为例，谈谈笔者在教学中的做法。

※ 课堂实录

一、教学片段一

出示例 1：修一段 420 米长的路，甲队单独修需要 10 天完成，乙队单独修需要 15 天完成。如果两队合修，几天能够完成？

在引导学生读懂题意的基础上，让学生独立思考、尝试解答，并鼓励学生写出数量关系式。

生：420÷（420÷10+420÷15）=6（天）。

生：工作总量 ÷ 工作效率 = 工作时间。

师：如果把这道题的条件改变一下，变成“210 米”，猜猜看，多少天能够

修完呢？（板书：猜想）

生：3天能够修完。

师：为什么呢？

生：因为工作总量减少了一半，其他条件没有变，所以工作时间也会减少一半。

师：听起来很有道理！这个猜想到底对不对呢？还需要——

生：验证。（板书：验证）

出示例2：修一段210米长的路，甲队单独修需要10天完成，乙队单独修需要15天完成。如果两队合修，几天能够完成？

学生独立列式计算，验证猜想。

生（很惊讶）：怎么还是6天？！

师：说说你们的列式。

生：210÷（210÷10+210÷15）=6（天）。

师：为什么工作总量减少了一半，工作时间却没有变化呢？什么原因呢？讨论一下。

学生小组讨论后全班交流。

生1：尽管工作总量减少了一半，但是工作效率也变慢了，210÷10=21（米），比上题中的工作效率420÷10=42（米）也慢了一半，所以工作时间还是6天。

生2：我发现不管是修420米还是210米，甲队单独修都是10天完成，乙队单独修都是15天完成，这个时间不变，合修的时间就不会变。

生2的意见赢得了绝大多数同学的认同。

师：大家的意思是，无论工作总量怎样变化，只要甲、乙各自修完路的时间不变，合修的时间跟工作总量无关，还会是6天？

生：是的。

师：这又是个听起来很有道理的猜想，我们再来验证一下。（板书：再猜想——再验证）

出示例3：修一段150米长的路，甲队单独修需要10天完成，乙队单独修需要15天完成。如果两队合修，几天能够修完？

生独立列式，计算验证。

生（兴奋地）：150÷（150÷10+150÷15）=6（天）

师：果然如此！合作完成的时间和道路总长度真的没有关系！那么，既然这样，我们干脆把道路总长这个条件省略掉，行不行？

生：行啊。

出示例4：修一段路，甲队单独修需要10天完成，乙队单独修需要15天完成。如果两队合修，几天能够修完？

学生先独立解答，再小组交流，然后全班反馈。

少数学生感到有困难，无从下手；部分学生想到了举例子的方法，假设路长是某个具体的数，再列式解答；但是，也有更多的学生想到了下面的方法。

生3：用“1”来表示工作总量，$1\div10=\frac{1}{10}$，算出来甲的工作效率；$1\div15=\frac{1}{15}$，算出来乙的工作效率；$1\div(\frac{1}{10}+\frac{1}{15})=6$（天）。

其他同学听完之后恍然大悟——原来还可以这样做！

师：刚才我还发现，在得数$\frac{1}{10}$和$\frac{1}{15}$的后面有同学加了单位“米”，生3却没有加单位“米”，到底该加不该加呢？

生3：我认为不该加，因为这里的$\frac{1}{10}$表示的是甲队一天修了全长的几分之几，表示的是甲队一天修的路和全长的关系，不是一个具体的数量，所以不能加单位。

生3的回答赢得了全班同学的赞同。

师：刚才我们把这道修路的问题不断变换条件，得出了黑板上的这四种算法，比较一下，哪种方法更加简便？

生：第四种方法。

师：想一想，前三道题目能用第四种方法做吗？为什么？

生：适用，因为不管工作总量是420米、210米，还是150米，都可以看作“1”。

师：是的，这种问题在数学上叫作“工程问题”（板书课题：工程问题），它的特点是把工作总量看作单位“1”；谁几天完成，谁的工作效率就是几分之一；用工作总量单位“1”÷工作效率之和，就可以求出两队合修的工作时间。

【设计意图】数学建模是一个复杂并具有挑战性的过程，建模的过程，实际上就是数学化的过程，是学生在数学学习中获得某种带有模型意义的数学结构的过程。由于小学数学没有复杂的数量关系和数学结构，其基本内容是以四则运算为基础的问题解决，从成人角度看数学模型过于简单，但学生自主思考、建构与解决这些问题的过程并不简单，许多问题的解决过程都是学生“再创造”的过程。学生学习能力和思维水平的提升需要依赖教师设计的好活动，尤其是在小学阶段，数学建模思想的渗透既要经历过程，又要兼顾不同层次和水平的学生的需求，这就更加需要教师的精心设计。上述教学从相应的整数问题引入，引出了丰富的学习材料。为便于比较，促进抽象概括，对这些学习材料采用精细的呈现顺序，并让学生经历了“猜想—验证—再猜想—再验证”的思维过程。在组织比较这些材料时，引导学生在数量关系上求同，在工作总量、工作效率的表示形式上辨异，使感性认识上升为理性认识，既加深了学生对工程问题基本数量关系的理解，又突出了工程问题的结构特点与解题规律。在建模过程中，教师注重暴露学生的难点，引导学生在质疑、争论、举例、追问中逐步澄清，慢慢由具体走向抽象。纵观整个学习过程，每一次探究，每一次比较，每一次抽象，学生都在体会题目的结构特点，都在感悟数学思维，抽象、模型等思维在建模过程中得到有效的渗透。

二、教学片段二

出示：一批货物，大车单独运，10 次可以运完，小车单独运，15 次可以运完。如果大车和小车合运，几天可以运完？

生：跟刚才修路的问题一样，可以把这批货物的总量看作“1”，1÷（1÷10+1÷15）=6（次）。

出示：甲、乙两地相距 300 千米，快车 3 小时可以行完全程，慢车 6 小时可以行完全程。快车和慢车同时从甲、乙两地相对开出，经过几小时可以相遇？

学生尝试解答，然后全班交流。

生 1：300÷（300÷3＋300÷6）=2（小时）。

生 2：还可以把全程看作“1”，先求出快车的速度 $1\div3=\frac{1}{3}$，再求出慢车的速度 $1\div6=\frac{1}{6}$，然后用路程 ÷ 速度和，算出相遇时间，$1\div(\frac{1}{3}+\frac{1}{6})=2$（小时）。

生 2 的做法赢得了全班同学的赞叹和掌声！

师：看来大家是赞同生 2 的做法的。这种解决问题的方法跟前面学的“工程问题”的解法有什么相同之处呢？

生：快车和慢车从两地相对开出直到相遇，相当于两辆车合作走完这段路，这段路的全长就是工作总量，它们的速度就相当于工作效率。

师：真好！这里的修路问题、运货问题、相遇问题，都可以归结为同一类问题，都可以按照工程问题的方法来解决。

【设计意图】人们认识客观世界，把握客观事物规律，要通过探究事物与事物之间的异同，寻找事物之间错综复杂的内在联系来实现，这就需要对事物进行比较。比较，是把一些事物的个别属性加以分析综合，而后确定它们之间异同的逻辑思维过程。通过比较，找出不同事物共同的本质属性，促进归纳概括，建立数学模型。设计上述两道题的目的就是想让学生能主动地运用数学模型去比较、分析、解决一些同类的现实问题，感悟模型思维。通过对“运货问题、相遇问题、修路问题”进行分析、比较，学生会发现抛开具体情境，这些问题的本质和结构是相同的，这样才真正有了“模型”的影子。学生在问题解决的过程中不仅加深了对建立的数学模型的认识，建模的过程还能够帮助学生超越具体情境，向抽象思维迈进。

9. “工程问题”教学设计与反思（课例二）

谢晓燕
（四川省德阳市沱江路小学，青年名师）

※ 课前思考

本节课是体现解决问题中问题解决能力的一节课，除了让学生自发感知并学会运用“假设法”之外，还有一个模型的构建在其中，许多信息靠模型去架构。价格模型能不能解决行程问题？我们要找不变的东西（模型），无论是价格问题、行程问题，还是工程问题，最后，都回到了加减法和乘除法上。而本节课，要让学生明白他们熟悉的很多题型其实都可归为工程问题，通过构建模型去解决相应问题。

※ 教学过程

一、复习铺垫，迁移导入

师：同学们，这段时间我们在学习用分数除法来解决生活中的实际问题，今天我们先来看看，你能解决下面的问题吗？

（1）修一条 360 米的公路，甲队每天修 18 米，多少天能完成？

预设：360 ÷ 18=20（天）。

师：你是怎样列式的？为什么？（教师板书：工作总量 ÷ 工作效率 = 工作时间）

（2）修一条 360 米的公路，甲队修 12 天完成，平均每天修多少米？

预设：360 ÷ 12=30（米）。

师：你是怎样列式的？为什么？

（3）修一条路，计划 8 天完成，平均每天完成这条路的几分之几？

预设：$1 \div 8=\frac{1}{8}$。

师：你是根据什么来列式的？

（4）加工一批零件，计划 8 小时完成，平均每小时加工这批零件的几分之几？

（这里的 1 指什么）把工作总量看作单位“1”。

师小结：不知道工作总量时，我们可以用单位“1”来表示，相对应的工作效率就用时间分之一来表示。

1. 修一条360米的公路，甲队每天修18米，多少天能完成？

360 ÷ 18=20（天） 工作总量 ÷ 工作效率=工作时间

2. 修一条360米的公路，甲队修12天完成，平均每天修多少米？

360 ÷ 12=30（米） 工作总量 ÷ 工作时间=工作效率

3. 修一条路，计划8天完成，平均每天完成这条路的几分之几？

$1 \div 8 = \frac{1}{8}$ 把工作总量看作单位“1”

师：像上面的修路、加工零件等工作，这些统称为工程，今天我们就继续来研究“工程问题”。

【设计意图】通过快问快答，将学生已有的知识经验唤醒，为新课的模型建构奠定基础。

二、探究新知，建立模型

1. 初建模型。

（1）情景导入：为了建设新农村，各地都在进行乡村公路的建设。张村也准备新修一条公路。请看：

出示例 1：修一段 420 米长的路，甲队单独修需要 10 天完成，乙队单独修需要 15 天完成。如果两队合修，几天能够完成？

师：题中你知道了哪些信息？你能提出什么问题？学生可能提出简单的问题，根据学生的问题进行工效的板书。

在引导学生读懂题意的基础上，让学生独立思考、尝试解答并鼓励学生写出数量关系式。引导学生写出综合算式。

预设 1：420 ÷（420 ÷ 10+420 ÷ 15）=6（天）。

预设 2：1 ÷（1 ÷ 10+1 ÷ 15）=6（天）。

（2）对比发现。

师：通过对比，你发现了什么？

预设：我发现他们的结果是一样的？

追问：为什么都是 6 天。

（3）举例验证，初建模型。

师：那是不是不管是什么长度，都能得到这样的结果呢，我们来举例验证一下，请学生出数据并进行验证。

小组讨论：

师：对比这几个算式，你有什么想说的吗？什么在变，什么没变？

预设：不管总长怎么变，只要两队每天修的占总长的几分之一没有变，那最终的结果就不变。

师：那现在，老师把这个 420 的数据去掉，变成（ ），请问（ ）里能填什么数？学生口答。

师：这么多的数都可以表示，那么我们就可以把所有非 0 数看成——

生：单位 1。（板书：单位 1）

【设计意图】只有工作总量变化，其他条件均不变。通过问题与变式进行对比，激发学生的认知冲突：为什么工作总量缩小了一半，工作时间却没有变呢？从而引发学生的思考与猜想：无论工作总量怎样变化，只要甲、乙各自修完路的时间不变，合修的时间跟工作总量无关，还会是 6 天。让学生思考从猜想到去验证“完成时间和道路总长真的没有关系”，从而过渡到把道路总长这个条件省略掉，激发学生思考如何解决一般的工程问题。

2. 深度探究，形成模型。

（1）出示例题。

师：既然如此！当我们不知道一段路有多长的时候，还能够解决它吗？请看。

出示例题：这条道路，如果我们一队单独修，12 天能修完，如果我们二队单独修，18 天才能修完。如果两队合修，多少天能够修完？ 学生先独立解答，再小组交流，然后全班反馈。

预设：$1\div(1\div12+1\div18)=\frac{36}{5}$。

师：你的这个 1 是哪里来的呢？

预设：我把它假设为单位 1。（板书：假设法）

师：假设法是数学里很重要的一种思想方法。

师：那这个 1 在这道题里表示的是什么呢？（这条道路）

师：是的，我们今天学习的就是把工作总量看作单位“1”的工程问题；（板书：把工作总量看作____）同学们，再回到这道题，解决这样的工程问题，思路是什么？小组交流讨论汇报。

预设：将工作总量看作单位“1”。

（2）找到工效和。

工作总量 ÷ 工作效率和 = 合作工作时间（补充板书）。这个工效和在这道题里是两个队，如果是三个队呢？五个队呢？

【设计意图】把道路总长这个条件省略掉，引导学生发现单位“1”可以表示所有的总长，并通过与前面三道习题进行方法比较，感知第四种方法最具代表性，从而帮助学生建立“工程问题”的数学模型。

三、类推应用

实例探究。

师：下面的题，看看能否用这个思路来解决呢？

出示模型一：下面按哪些算式合理？说明理由。

A、B 城市相距 300 米，甲车从 A 城市到 B 城市要行驶 2 小时，乙车从 B 城市到 A 城市要行驶 3 小时。两车同时分别从 A 城市和 B 城市出发，几小时后相遇？

A.300 ÷（300 ÷ 2+300 ÷ 3）

B.300 ÷（$\frac{1}{2}+\frac{1}{3}$）

C.1 ÷（$\frac{1}{2}+\frac{1}{3}$）

四、应用拓展

出示模型二：

1. 一批货物，甲车单独运，3 次可以运完，乙车单独运，5 次可以运完，丙车单独运，6 次可以运完。如果三辆车合运，几次可以运完？

师：你是怎么做的，这个 1 代表什么？它的工效和是什么？

出示模型三：

2. 某泳池有两个排水口。换水时单开 A 口 8 小时可排完，单开 B 口 6 小时可排完。若单开 A 口 4 小时后再打开 B 口，两个排水口还需几小时排完池内的水？

形成系统模型：

师总结：这里的修路问题、运货问题、相遇问题、排水问题，都可以归结为同一类问题，都可以按照工程问题的方法来解决。

五、回顾反思，归纳方法

【设计意图】工程问题不单单是做一项工程，“工程问题”的一般类型是一项工作由两队进行，已知两队单独完成的工作时间，求两队合作完成的时间。通过习题，引导学生感知只要是符合上述特征的问题都属于这一类“工程问题”，通过对比归纳，形成系统模型。

※ 课后反思

在《数学课程标准》中有这样一句话——“让学生亲身经历将实际问题抽象成数学模型并进行解释与应用的过程，进而使学生获得对数学理解的同时，在思维能力、情感态度与价值观等多方面得到进步和发展”，这实际上就是要求把学生学习数学知识的过程当作建立数学模型的过程，并在建模过程中培养学生的数学应用意识，引导学生自觉地用数学的方法去分析、解决生活中的问题，在整个小学阶段都是需要重点培养学生的“共通能力”。本节课从生活中随处可见的“修路”情境入手，学生在其中进行探究，从而建立起“假设工作总量为单位‘1’的工程问题模型”，然后将模型类推运用，验证出修路问题、运货问题、相遇问题、排水问题，都可以归结为同一类问题，都可以按照工程问题的方法来解决，形成了此类问题的模型系统。

10. “认识比”课堂实录与反思（课例一）

牛献礼
（北京亦庄实验小学，特级教师）

※ 课前思考

数“比”是一个重要的数学概念。在以往“比的认识”教学中，教师关注更多的是“比”的概念的形式化解读，教学设计一般是通过表示两个数之间的相除关系引入比，即先是两个同类量的比的教学（如某班男、女生的人数），再是两个不同类量的比的教学（如路程与时间），然后引导学生观察、概括，着重说明上面的例子都是通过除法来表示两个数量间的关系，都可以用比来表示，在此基础上概括出比的意义——两个数相除又叫作两个数的比。接着，引导学生比较“比”与除法的区别，说明除法是一种求两个数相除的商的运算，而“比”则表示两个数之间的相除关系。然后，提供正例和反例（如球赛中的比分），进一步加深对“比”的概念的理解。这种设计突出了比与除法的联系，但是，比的独特性和优越性却体现不够，学生对两者的区别印象不深。另外，综观整个教学过程，教师提供信息、发出指令、解释意义，学生读取信息、回应教师、建构理解。在高效传递知识的同时，学生被置于被动应答的状态，缺乏积极参与、主动探索的热情。显然，这样的形式化学习并不能让学生深刻理解“比”的概念的本质。

那么“比”的概念的本质究竟是什么？如何改变学生被动应答的局面，营造主动探索的氛围呢？笔者从“比”的概念的本源出发来思考，对“比”形成了如下认识：

1. 比表示的是两个数之间的一种关系。“比”不是除法运算，只是在求比值时才是除法。如 3∶2 只是一种状态，表示两个变量之间的不变关系，而 3÷2 则是一种运算，二者在意义上不一样。

2. 比为比例的学习做准备，并可以扩展为一种变量之间的正比例函数关系。这种比例关系，其含义远超“除法”。这就是说，小学里“比”的学习，不等于重学一遍除法。

3.“比”原本是同类量的比较关系，但是也可以推广到不是“同类量”的情形。

不过，不同类量的比，不宜作为“比”的主要情境引入。这是因为，同类量之比是“源”，不同类量之比只是“流”。区别源流，分清主次，是概念教学的要义。比如，路程除以时间等于速度，明明是计算速度的除法问题，并没有比较路程与时间大小的含义在内。若用不同类量作为主要引例，就会颠倒了源流关系，增加了学生理解的难度。

※ 课堂实录

一、教学片段一

师（板书课题：比的认识）：大家在哪儿听说过比？

生：金龙鱼广告 1∶1∶1。

生：足球比赛 2∶1。

……

师（出示和面图片）：看一看，这里会是谁和谁的比？

生：面粉和水。（板书）

师：做馒头时，面粉和水的比是 2∶1。（板书： 2 ∶ 1 ）
面粉 水

师：大家知道 2∶1 的意思吗？

生：“2”就是放 2 份面粉，“1”就是放 1 份水。

师：如果面粉放 100 克，水应该放几克？

生：50 克。

师：如果面粉放 200 克，水应该放几克？

生：100 克。

师：如果面粉放 500 克，水应该放几克？

生：250 克。

师：如果水放了 500 克，面粉应该放几克？

生：1000 克。

师：观察黑板上这些数据，你有什么发现？

生：我发现面粉扩大几倍，水也扩大几倍。

师：面粉和水在不断地发生变化，但不管怎么变化，有没有不变的？

生：我发现面粉一直是水的 2 倍，水永远是面粉的二分之一。

师：说得真好！“比”是由三部分组成的，中间的“∶”叫作比号，比号前面的数叫作前项，比号后面的数叫作后项。前项和后项可以不断发生变化，但它们的倍数关系是不变的。

形成如下板书：

前项	比号	后项
2	:	1
面粉		水
2 份		1 份
100g		50g
200g		100g
500g		250g
1000g		500g

【设计意图】“比较两个同类量的关系时，如果以 b 为单位来度量 a，称为 a∶b”，这是关于比的概念本质的描述。如何让学生体会这一本质？笔者以“面粉与水的比是 2∶1”为例，引导学生理解：“面粉是 2 份，水是 1 份”“面粉的质量是水的 2 倍”……从元概念“份”“倍数”出发，迁移归纳，揭示“比”的本质意义。学生充分经历了概念同化的过程，自然地将新知纳入已有认知结构，实现了概念之间的关系沟通。同时，引导学生思考：面粉 100 克，水应该几克？面粉 200 克，水应该几克？你有什么发现？……让学生体会“变量中的函数关系”。显然，函数思想的渗透还原了“比”的本质。

二、教学片段二

师：刚才我们认识了“和面中的比”具有“前项和后项的倍数关系不变”的特点，老师还收集了一些比。

课件出示：

（1）天安门图片长和宽的比是 4∶3。（出示图片）

（2）一场足球比赛的比分是 2∶1。

（3）搅拌混凝土，水泥、沙子和石子的比是 2∶3∶5。

师：这些比有没有这样的变化特点呢？

学生先独立思考，然后小组交流，最后全班汇报。

生：照片中的比跟和面的 2∶1 一样，是有倍数关系的。如果长变成 8，那么宽就变成 6。

课件出示：在方格纸上显示把照片放大，长∶宽 = 8∶6

师：如果长变成了 8 格，宽不变，会怎么样？

生：照片就变形了，形状会不一样。

课件显示：印证学生的想法。

生：搅拌混凝土 2∶3∶5 也有这个特点，2∶3∶5 可以是 2 吨、3 吨、5 吨，也可以是 4 吨、6 吨、10 吨。

师：你们同意吗？还可以怎样配混凝土原料的质量？

生继续举例。

师：混凝土一共是 10 份，水泥、沙子、石子各占 2 份、3 份、5 份。想一想，如果不按这样的关系搅拌混凝土，会发生什么情况？

生：会不牢固。

师：是呀！这样的工程就会不安全。想一想，比在这里起到什么作用？

生：这个比就像是一个标准，按这个标准来搅拌混凝土，就会牢固。

师：说得好！比，就像是一把尺子。大家再看一下，这个比有 3 个数，你怎么看出倍数关系？（引导看出有 3 组倍数关系）像这样的比，称为连比（板书）。

师：还剩下比赛中的比分，有倍数关系吗？

学生之间有分歧。

生：我觉得没有倍数关系，本来 2∶1 是相差一个球，4∶2 就相差 2 个球了，不公平。

师：我有点听懂你的意思了，如果能这样变化，那比分是不是可以变成 20∶10？

生：比分是不能这样变化的，不公平。

师：比分的变化是没有规律的，没有倍数关系。另外，比赛的比分中可以出现 0 吗？

生：可以。

师：比如足球比赛的比分是 2∶0，但和面中的面粉和水能是 0 吗？

生：不能。如果面粉是 0，那就只有水了；如果水是 0，那就只有面粉了。没法和成面了。

师：看来，比分只是比赛得分的记录而已（板书：得分记录），并不是数学上要研究的有倍数关系的比。学习到这里，你觉得人们为什么喜欢用比来表示数量之间的倍数关系呢？好处在哪里？

生：用比表示倍数关系比较简单。

生：用比表示比较清楚，一看就知道是多少。

……

【设计意图】概念教学既要求教师准确把握新知的本质和来龙去脉，又要求教师洞悉学生的疑惑之处，参透学生建构新知的路径与障碍。上述教学中，通过用比赛中的比分来去伪存真，把学生带入对“比”的更深刻的思考中，从而更为有效地沟通比和除法的关系；借助长方形图片的长与宽的变化让学生感悟“比源于度量”；而石子、沙子和水泥的关系从两个量拓展到三个量，也就沟通了两个量的比和三个量的比的关系，拓展了对比的意义的本质理解，也提升了学生对数学概念理解的深度。

三、教学片段三

课件出示：下面情境中的数量能用比来表示吗？如果能，请你写出来。

（1）婴儿的头长约占身高的1/4。

（2）小亮身高155cm，小明身高1m。

（3）从北京到上海的铁路长约1500km，需要行驶5小时。

学生独立思考、写比，然后全班交流。

生：婴儿的身高是4份，头长占1份，所以，婴儿的头长和身高的比是1∶4。

师：以头长作为标准，头长是1份，身高就有这样的4份，头长和身高的比就是1∶4。

生：小亮和小明身高的比是155∶1。

生：不对，单位要统一，应该是1.55∶1或者是155∶100。

师：是的，用比来表示数量关系时，数量的单位要统一。

生：第三个不能写，因为单位不一样了，1500km和5小时，这样比出来不是倍数关系。

生：我认为能写，因为1500km需要行驶5小时，就相当于300km需要行驶1小时。（板书：1500∶5，300∶1）

师：这个比的前项是什么？后项是什么？

生：前项是路程，后项是速度。

师：这个比表示的确实不是倍数关系。路程∶时间，（板书：1500∶5=300）得出的是一个新的量——速度，速度是300km/时。以前我们说“路程 ÷ 时间 = 速度”，今天学了比，我们还可以说“速度就是路程和时间的比”（板书）。请大家再推想一下，1小时行300km，会是什么交通工具？

生：高铁。

师：速度是路程和时间的比，可以用比来帮助判断。

【设计意图】好材料、好任务驱动学生自主建构。婴儿头长占身高的1/4——

实现了“比”与“分数”概念之间的关系沟通，自然将新知纳入已有认知结构，实现知识的贯通理解；小亮155cm，小明1m——实现了从“同单位”到“不同单位”的变化，自主形成单位统一的认识；从北京到上海全程1500km，行驶5小时——实现了从“同类量”到“不同类量”的变式，丰富“比的类型”，由“倍数关系”扩展为“相除关系”，进一步丰富了学生对比的内涵和外延的认识。

11. “认识比”课堂实录与反思（课例二）

李晓蕙
（浙江省宁波市惠贞书院，青年名师）

※ 课前思考

“比的意义”教学是在学生学习分数与除法的关系、分数乘除法意义和计算方法、分数乘除法解决问题的基础上进行教学的。比的概念实质是对两个数量进行比较，表示两个数量之间的倍比关系。教学中遵循“问题创设—建立模型—解释应用与拓展”这一基本结构模型的框架，旨在引导学生重视知识形成与发展的过程，强调学习过程的体验与感受，在思考与交流中真正理解同类量和不同类量之间的比，概括出比的意义。

※ 课堂实录

一、摸球感悟：体会两个数的比表示两个数相除

师：同学们，看，盒子里放着红球和绿球，你能猜出红球、绿球各有几个？很难猜是吧，给你一个信息。

师：现在谁来猜猜。

学生猜：红球8个，绿球2个；红球24个，绿球6个……

师：你是怎么想的?

生：红球和绿球的比是4∶1，红球是绿球的4倍，绿球是红球的四分之一。

师：看来，不管数量怎么变，红球与绿球之间的关系是不变的，红球是绿球

的 4 倍，都符合 4∶1 的要求。这里的 4 倍关系，用算式怎么表示呢？

生：4 ÷ 1= 4。

师：像这样的倍数关系，我们以前用除法来计算，现在还可以用 4∶1 这个比来表示。我们今天就来学习“比”。

师：我们已经知道红球是绿球的 4 倍，还可以怎么说？算式怎么列？

生 1：绿球是红球的四分之一。

生 2：$1 \div 4=\frac{1}{4}$。

生 3：老师，我还可以写成比的形式 1∶4。

师：这里的 1∶4 是谁和谁的比呢？

生：绿球数量与红球数量的比。

师：如果盒子里红球与绿球的数量比是 2∶3 呢，怎么算呢？谁能用式子表示出它们之间的关系？

生 1：红球与绿球的比是 $2:3=2 \div 3=\frac{2}{3}$。

生 2：绿球数量与红球数量的比是 3∶2=3 ÷ 2=1.5。

师小结：同学们，刚才我们一起用这两个信息研究了比，你觉得比表示什么意思？都是用什么方法来计算的？

生：比表示红球数量与绿球数量之间的关系，用除法计算。

师：你的发现真有价值，比表示两个数的关系，是这两个数相除的关系。

二、深入体会：同类量相除可以用比表示

师：我们用比表示了两个量之间的关系，看看这里的信息，把你想到的比写出来。先独立写一写，再和同桌说一说你写的比表示什么。

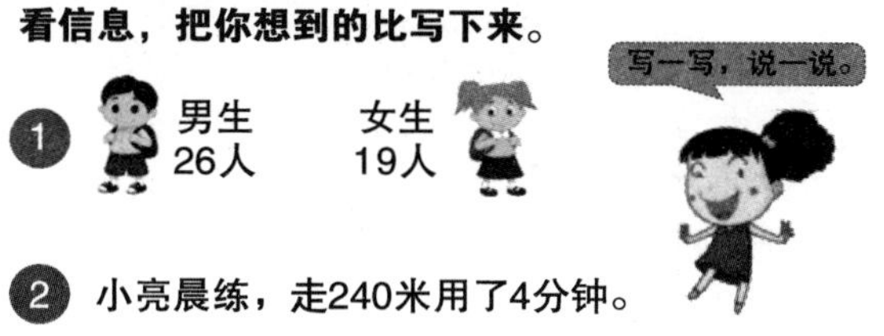

生 1：26∶19 表示男生人数与女生人数的比，19∶26 表示女生人数与男生人数的比。

生 2：我写的是 26∶45，是男生人数与全班人数的比。

生 3：19∶45 是女生人数与全班人数的比。

生4：老师，我交换一下两个数的位置，45∶26表示全班人数与男生人数的比；45∶19表示全班人数与女生人数的比。

师：怎么往下算？

生：26∶19=26÷19=$\frac{26}{19}$，19∶26=19÷26=$\frac{19}{26}$。

师：这个比值表示什么？

生：表示女生人数是男人人数的$\frac{19}{26}$。

师：我们写出了这么多比，第二题呢？为什么想到这个比？你是怎么算的呢？

生：路程 ÷ 时间 = 速度，用240÷4=60来计算。

师：路程除以时间也可以写成比的形式，一起说，240∶4等于谁和谁的比吗？

生齐答：路程与时间的比。

师：路程∶时间 = 速度。像这样数量关系的比，你还能想到什么？

生1：总价∶数量 = 单价。

生2：工作效率 = 工作总量∶工作时间。

师：这三组，都是两个不同类量之间的比，得到的是一个新的量。

师：通过刚才的学习，你对比又有什么新的认识？到底比表示什么意思呢？和你的同桌讨论讨论。

生：比表示的是一种倍数关系。两个不同类的类量的比，产生了一个新的量。

生：比可以表示倍数关系，还可以表示一种数量关系。

生：比都可以用除法来计算。两个数的比就表示两个数相除。

师：说得真好，两个数的比就表示两个数相除，这就是比的意义。

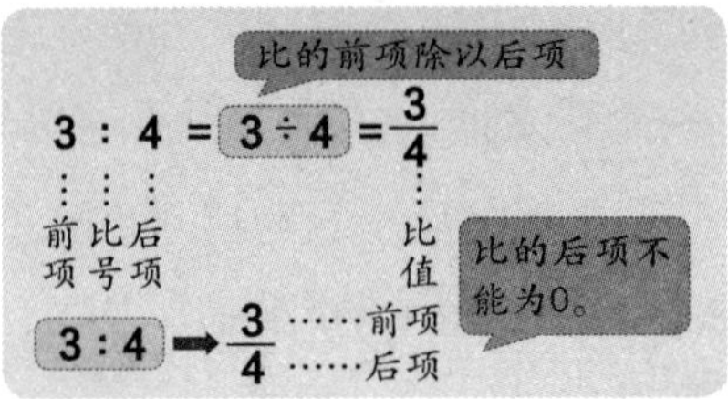

三、微课观看：深化完善比的其他知识

师：关于比，还有不少知识呢？让我们来看一段微课视频。

师：你都听懂了吗？有什么问题要问问同伴们吗？

生1：比的后项不能为0，为什么呢？

生2：比的后项相当于除法中的除数，除法算式中除数不能为0。

生1：我明白了。比的后项相当于除法中的除数，比的前项相当于除法中的被除数，比号相当于除号，比值相当于除法中的商。

生 3：你把比与除法之间的联系解释清楚了，那比和分数之间应该也有联系吧？

生 4：是啊，比的前项相当于分数中的分子，比的后项相当于分数中的分母，比号相当于分数线，比值相当于分数值。

师：看来，比、除法和分数之间有联系，但也有区别。

师：你们通过观看视频、独立思考、相互交流，分享了那么多比的知识，太棒了。比表示两个数之间的一种关系，除法是一种运算，分数是一种数值。

四、尝试练习：巩固加强比的内涵

师：学得这么好，能接受挑战吗？来看看这几题，在学习单上算一算。

1.算一算。

$0.6:2=$

$\frac{1}{3}:\frac{1}{2}=$

2.填一填。

（1）小正方形与大正方形的边长比是$\frac{(\quad)}{(\quad)}$，比值是$\frac{(\quad)}{(\quad)}$。

（2）25∶9表示（　　　　　　）和（　　　　　　）的比。

（3）小正方形的周长与边长比是（　　），比值是（　　）。

师：怎么求比值？

生：用比的前项除以比的后项，得到的比值可以是分数、整数或小数。

师：指着两个$\frac{3}{5}$，问：它们俩表示的含义一样吗？

生：不一样。第一个表示比，第二个是比值。

师：大正方形的周长与边长比是多少呢？再大一点呢？你想到什么？

生 1：大正方形的周长与边长比是 20∶5，就是 4∶1。

生 2：小正方形的周长与边长比也是 4∶1。

生 3：老师，我觉得所有正方形的周长与边长比都是 4∶1。因为所有正方形的周长都是边长的 4 倍。

师：学得这么好，奖励一杯糖水给你们。

1.将5克糖完全溶解在100克水中。

糖与糖水的比是（　　）。

①5∶100　②105∶5　③5∶105

师：大家都选了 5∶105。为什么不选这两个比呢？

生 1：5∶100 表示糖和水的比。105∶5 表示糖水和糖的比。

师：你们的眼睛真亮啊！都看清了要求的糖与糖水的比。大家这么乖，糖水一定要甜一点。你会选哪一杯。

师：为什么选 B 杯？

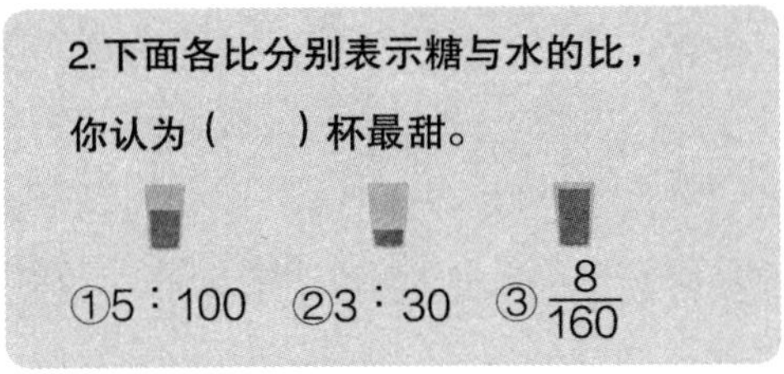

生：$\frac{1}{20}$，$\frac{1}{10}$，$\frac{1}{20}$。我根据糖与水的比的比值来判定的，比值越大，口味就越甜。第 1 杯和第 3 杯的比值相等，所以它们一样甜。

五、举例拓展：身边、生活中比的应用

师：你们学得那么棒，李老师的心里也像喝了糖水一样甜滋滋的。这节课你学到了什么？生活中，有听到或看到过比吗？

生 1：我们班的男女生人数比是 18∶24。

生 2：篮球比赛 25∶31。

师：老师学校正开展校园足球赛呢，3∶0 这个比分是我们今天学习的比吗？

生：不是，它只是记录了两队各自的得分。

生 3：金龙鱼 1∶1∶1。

师：金龙鱼倡导人们饮食结构中饱和脂肪酸、单不饱和脂肪酸和多不饱和脂肪酸达到 1∶1∶1 的比例。

师：老师也收集了一些生活中的比。一起来看一看。

六、拓展延伸：用比的方法解决实际问题

师：李老师今天能和 606 班的同学一起学习数学，真是太难得了。刚开始上课的时候我可紧张了，是你们的笑脸给了我信心。这张灿烂的笑脸照，我想把它放大，放进相框，你能用今天学过的知识算一算，帮我选个相框吗？

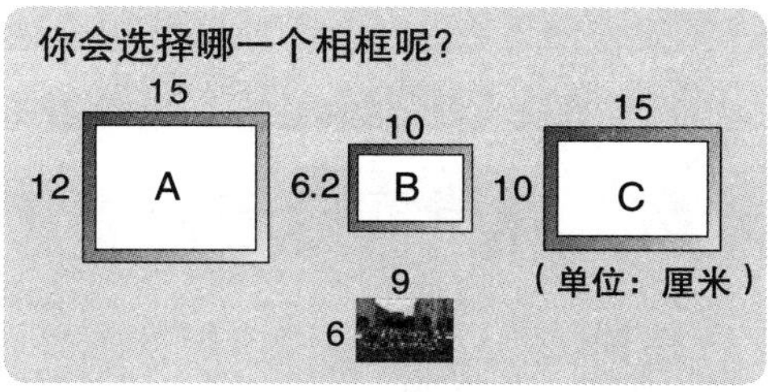

※ 课后反思

本堂课的教学设计努力达成：1. 数学来源于生活，又应用于生活。从学生熟悉的摸球游戏引入，练习中设计配置糖水、生活中的比、相框选择等极具生活气息的数学题。2. 重视知识的形成过程，在教学比的意义时，采用“初步感悟”和“深入体会”两个环节的循序渗透，每个环节末，请学生用自己的语言交流比的意义，不断概括提炼、自主表达，最终形成规范的概念内涵。3. 培养学生的学习能力和质疑态度，课堂中有关简单的比的知识，通过观看微课、独立思考、交流互动等方式，放手让学生自学，拓展课堂的宽度，提高学生的素养。

12. “百分数”课堂实录与反思（课例一）

华应龙
（北京第二实验小学，特级教师，正高级教师）

※ 课前思考

百分数在生产、生活中应用很广，尤其是统计和比较，通常使用百分数。人类历史上，百分数是实际应用中逐渐形成和完善的一种特殊形式的数，表示一个数是另一个数的百分之几的数。有关百分数的意义和表示方法是“数与代数”领域的内容，百分数又经常出现在统计表或统计图里，许多统计的问题，尤其是求概率经常要计算百分数。可见，百分数的知识不应局限在“数与代数”领域里教学，教材努力使两个领域相联系，把“数与代数”“统计与概率”两个领域的内容有机结合起来。教学百分数的意义——以分数、比的知识为生长点。分数和百分数是两个有联系的概念，教材利用它们的共同属性，从分数引出百分数，初步揭示百分数的意义。百分数与比也有联系，人们往往把百分数说成百分比，换个角度揭示百分数的本质特征。

※ 课堂实录

一、创设情境，引发思考

1. 凭经验猜测

师：同学们，喜欢踢足球或看足球吗？（播放足球比赛录像片段）2001 年我国足球史上发生了一件大事，我想你肯定知道啦——

生：中国男子足球队冲出了亚洲，走向了世界。

师：对！踢球的 11 个，赢球的 13 亿！全国人民喜气洋洋。如果在今年的世界杯比赛中，我们中国队获得一个宝贵的罚点球的机会，如果你是米卢的话，将会安排哪位球员来主罚这个点球？

生 1：郝海东！

生 2：祁宏！

生 3：范志毅！

师：你为什么安排郝海东来主罚？

生 1：郝海东在十强赛中进球最多！

师：那你为何让祁宏来主罚？

生 2：祁宏的脚法最好！

师：（看着生 3）请说说你的理由。

生 3：范志毅是三朝元老，心理状态最稳定。

2. 凭数据说话

师：三位都言之有理。那究竟安排哪位主罚呢？我想，米卢会比较一下队员中罚点球最好的那几位的成绩，然后再定夺。你认为呢？

同学们点头称是。教师出示表格（略）：

师：看了这张表格，你认为谁去主罚最好？为什么？

学生大多说“范志毅”。

生 4：我觉得应让范志毅来主罚，因为他罚球最稳、最准。

生 5：我觉得哪位失球最少，就该让哪位主罚，所以安排范志毅去罚。

师：有道理。郝海东失球数是 25−22=3，范志毅失球数是 20−18=2，祁宏失球数是 50−43=7，这样看来是应让范志毅去罚。同意这一理由的，请举手。

全班学生都举手了。

师：考虑好了吗？不改啦？

生齐：考虑好了！不改啦！

3. 理顺思路

师：按这样的说法，如果我罚点球的成绩是罚 1 个球，可踢飞了。我的失球数是 1−0=1，最小，那个点球倒该我去罚了不成？

学生们都笑了。笑过之后是思考，少顷——

生 6：我会安排范志毅来主罚。因为郝海东踢 25 个进了 22 个，照这样计算，郝海东踢 100 个会进 88 个；范志毅踢 20 个进了 18 个，那么，范志毅踢 100 个会进 90 个；祁宏踢 50 个进了 43 个，那么，祁宏踢 100 个会进 86 个。这样一比较，我会安排范志毅去踢这个点球。

师：是个好主意！乍看不明白，照这样计算之后，都踢满 100 个球就一目了然。

生 7：（抢着说）应算进球数与罚球总数的百分比。郝海东是 88%，范志毅是 90%，祁宏是 86%，所以应让范志毅去踢。

学生们眼睛一亮，颔首赞同。

【设计意图】将对孩子极具吸引力的足球与数学学习巧妙结合起来，引领孩子们进入数学的园地是件十分有趣的事。学生们见仁见智，个性化的见解，颇值称道。在“山穷水复疑无路”之时，学生6、7的发言似一颗石子投进了平湖，激起了层层涟漪，因而才有了“柳暗花明又一村”。

二、自主探究，合作交流

1. 百分数的意义

师：好主意！为什么要算百分比呢？如果不求进球数是罚球总数的百分比，而是求几分之几，行不行呢？这88%、90%、86%又是怎么算出来的？生6和生7的想法有联系吗？请前后桌四人一小组讨论讨论。

学生们热烈地讨论起来。

【设计意图】教者不是在学生说出“百分数”后，迫不及待地以“裁判”自居，而是组织学生讨论。这样，既尊重学生的主体地位，让学生自探明之，自求得之，又以完成“由谁来主罚点球”这一具体任务为驱动，巧妙地把教学内容隐含其中，抓住了本节课的教学重点。

师：借助百分数，可以很好地解决由谁主罚点球的问题了。看来百分数是个好助手！

2. 分享百分数

师：你课前收集到哪些百分数？在小组内交流交流，说说这些百分数表示的意思，然后小组推荐代表在全班交流。

（小组交流后分享。）

生1：（视频展示台上投影“异乡人”商标）我找到的妈妈衣服商标上有“成份：100%棉”。我认为这个“100%”是说这件衣服是全棉的，不含涤纶等等。

生2：（投影“小柴胡冲剂使用说明书”）这上面有“临床验证表明其对病毒性肝炎的有效率达70%”，这个“70%”是说100个有病毒性肝炎的人喝了这种冲剂，有70个人会产生效果。

生3：（投影品王酒商标）品王酒商标上有“酒精度：42%（v/v）”，我认为这个“42%”是说酒精的重量是整瓶酒重量的42%。

生4：我基本同意他说的42%的意思，但酒精度不是指酒精的重量而是指酒精的体积，是说酒精的体积是整瓶酒的体积的42%。

师：其他同学有意见吗？

生5：是体积比不是重量比，我问过我老爸。大家请看——［指商标上的“酒精度：42%（v/v）”］括号内“v/v”“v”就是指体积。

师：你爸爸是——

生 5：我爸爸是我们品王酒厂的办公室主任。

师：噢，请教了权威人士！我原来也以为是重量比呢。谢谢您！

生 6：（投影“消疲灵”滴眼液药盒）这个药盒上有个“0.012%”，我不知道这个“0.012%”是什么意思，向同学们请教。

师：这是个很特别的百分数，究竟是什么意思呢？

生 7：可能是指某种药的成分占整个眼药水的 0.012%。

师：我们都说不准，怎么办呢？

生 8：放学后请教医生。

师：好主意！

生 9：（出示《半月谈》杂志 2001 年第 22 期上《“9.11”后的全球经济》一文）这篇文章中说“墨西哥经济亮红灯：今年增长率为 0%”，这个“0%”是说今年墨西哥经济没有增长。

生 10：我们在电脑上装载一个软件时，显示屏上会不断地显示一串百分数，从 0% 变化到 100%。那些百分数是表示已完成的占整个任务的百分之几。

生 11：（出示“佳雪植物护肤”说明书）这个说明书上说“极高度保湿配方：相对保湿率 >180%，尤其适合干性或偏干性肌肤使用”，我想这个“180%”是说这个化妆品中的水分是化妆品总质量的 180%。

有好多学生反对。

师：是啊，这个百分数非常特别。

生 12：这个“180%”是说，用了这种化妆品后，皮肤中的水分是原来的 180%。

师：其实我对这个“180%”也不理解，怎么会是“180%”呢？但听他这么一说，我觉得有道理。

学生纷纷点头。

生 13：（快步上前，指着说明书下面的两行字）这个说法是对的。这两行广告语可以证明：“晶莹·水灵，只在佳雪芦荟”。

学生们兴奋得鼓起掌来。

【设计意图】学生交流收集到的百分数的意义，可以说是精彩纷呈，教师不断地赞赏学生独特性和富有个性化的理解和表达，师生之间弥漫、充盈着一种融洽的学习氛围，师生共识、共享、共进，形成了一个真正的“学习共同体”。虽然学生只是举了一两例，但怀海特说过，“教育的问题就在于使学生通过树木而见到森林”。

3.深入学习百分数

师：课前你通过查找资料、请教他人，已经知道百分数的哪些知识呢？

生1：百分数也叫百分率、百分比。

生2：表示一个数是另一个数的百分之几的数叫百分数。

生3：百分数相当于分数中的分率。

生4：百分数后面不带单位。

师：有没有看到百分数带单位？是根本没有，还是你看丢了？为什么不带单位呢？

（教师出示下面一题，组织学生口答。）

师：下面哪几个分数可以写成百分数来表示？哪几个不能？说说为什么。

一堆煤45吨，运走了它的$\frac{1}{5}$。

$\frac{1}{2}$米相当于1米的$\frac{1}{2}$。

生5：$\frac{1}{5}$可以写成百分数20%。

生6：$\frac{1}{2}$米不能写成百分数。$\frac{1}{2}$可以写成50%。

生7：百分数是没有单位的。

……

【设计意图】知识，在交流中增值；思维，在交流在碰撞；情感，在交流中融通。学生学习的不只是“文本课程”，而更是“体验课程”。

4.写百分数

师：从交流过程中，我已经知道同学们会读百分数了。会写吗？会写的请到黑板上来写一个。

（学生一拥而上，在黑板上写下大大小小、上上下下各不相同的百分数。）

师：同学们写了各种各样的百分数，这些百分数表示什么意思呢？你愿意说哪个就选哪个，好吗？

生1：我选50%。如果你今天身体不好饭只吃了一半，那就是吃了这碗饭的50%。

生2：我选16.7%，因为它有点特别，百分数的分子是个小数。拳王霍利菲尔德和鲁伊丝第四番较量，网上调查统计，鲁伊丝赢的可能性是16.7%。

师：那就是霍利菲尔德赢的可能性很大，他赢的可能性是多少呢？

不少学生答：83.3%。

生 2：（十分得意地）不对，还有两人打平的可能性是 4.3%，所以霍利菲尔德赢的可能性是 79%。

学生们笑了：没想到确实存在这种情况。

师：（微笑着）你这是一则虚拟新闻，是吗？

生 2 笑得非常开心。

生 3：我选 1010%。一辆汽车装货，严重超载，装的货物是限载重量的 1010%。这个司机要被吊扣驾照。

全班同学都笑了。

师：再看这些百分数，哪些写得规范、好看呢？你认为写百分数时要注意些什么？

……

师：（出示 10 个百分数）请同学们练习写百分数，比比谁写得好看。写完了的话，你可以自己出题再写几个。

（学生看着板书或课本认真书写起来。）

师：停。数一数，你写了几个百分数？直接说出你写了几个百分数，这太简单了。你能用刚学的百分数说一句话，让大家猜一猜你完成的情况吗？

生 1：我完成了 80%。

生 2：你写了 8 个？

生 1：（点头）

生 3：我只完成了任务的 65%。

生 4：你写了 6 个半。

生 5：我完成了 120%。

生 6：你写了 12 个？

生 5：是的，我自己出题加写了 2 个。

【设计意图】黑板上，教师只写“百分数”三字，惜墨如金，但允许学生涂鸦，写满了百分数。这种做法，充分体现出学生独特性的彰显和主体性的弘扬。

三、总结提升

师：对百分数你还有什么不懂的，可以提问。

生 1：有没有十分数、千分数、万分数？

生 2：是不是分数能百分之百地化成百分数？

生 3：我在电视上听到什么增长几个百分点，那是不是百分数？

生 4：百分数为什么不约分？

……

学生提出的问题，先让同学解答、讨论，然后教师再帮助。有的留着课后查询。

【设计意图】在教师请学生说出所写百分数的意义的一刹那，我想每个百分数后面都藏着那句经典的概念。学生的交流无不是将已经获得的主观印象投射在所写的百分数中，从学生饶有趣味的解说中完全折射出了学生对百分数的认识。

※ 课后反思

许多孩子都对足球感兴趣。他们差不多都有自己崇拜的球星，这个球星是多少号，有什么嗜好，他们简直如数家珍。我把对孩子极具吸引力的足球与数学学习巧妙结合起来，引领孩子们进入数学的园地。“如果你是米卢，你安排哪位球员去主罚这个点球？”学生们见仁见智，个性化的见解，颇值称道。如果开课就让学生交流收集的百分数，然后学习百分数有关知识，在回答为什么生活中要用百分数时安排“罚点球”一题，也是可以的。不过，那样的话，“罚点球”一题的解答将是例行公事，思路闭锁，空间狭小，了无生气。知识是知识，生活是生活。陶行知先生说过：“生活与教育是一个东西，而不是两个东西。”前后次序的调整，有时会别有洞天，生发出意想不到的教育效果。“朝三暮四”的成语故事也是个很好的例证。“灵感总青睐有准备的头脑。”“学了知识，原来是可以用上的。”我想学生头脑中会有如此等等的认识，应该说这样的教学处理学生学到的绝不只是“百分数”的知识，而是知识与技能、过程与方法、情感态度与价值观的综合发展。

“为什么要算百分比呢？如果不求进球数是罚球总数的百分之几，而是求几分之几，行不行呢？”在学生说出“百分数”后，我不是迫不及待地以“裁判”自居，而是组织学生讨论。这样，既尊重学生的主体地位，让学生自探明之，自求得之，又以完成“由谁来主罚点球”这一具体任务为驱动，巧妙地把教学内容隐含其中，抓住了本节课的教学重点。

学生交流收集到的百分数的意义一环精彩纷呈，师生共识、共享、共进，形成了一个真正的“学习共同体”。虽然学生只是举了一两例，但怀海特说过，“教育的问题就在于使学生通过树木而见到森林。”现在的学生生活是丰富多彩的，他们接触到的世界是五彩缤纷的，他们能够用不同的生活来感悟书本。这样，把生活和知识关联起来，建立意义的联系，使学生明白知识来自生活，帮助学生在生活中发现意义和充满意义。知识，在交流中增值；思维，在交流在碰撞；情感，在交流中融通。学生学习的不只是“文本课程”，而更是“体验课程”。这正是《数学课程标准》中提出的新的境界：数学教育应该“在学生的认知发展水平和已有的知识经验基础之上”，“帮助他们在自主探索和合作交流过程中真正理解和掌握基本的数学知识与技能、数学思想和方法”，“获得广泛的数学活动经验”。

诚然，数学学习过程实质是现实世界各种数量关系内化上升为形式化的过程，但是，我们对小学生的要求应“淡化形式，注重实质”，一切以学生的发展为本，不能过分地刻意地去体现数学教学的严谨性，而应以解决问题为中心，以引导学生发现问题、分析问题、解决问题的逻辑性来体现教学的严谨性，深刻地理解明确知识与默会知识的联系。

13. “百分数”课堂实录与反思（课例二）

顾志能
（浙江省海盐县教育研究中心，特级教师）

※ 课前思考

六年级学生在学习“百分数”时会有什么问题吗？

我们经常会看到有教师在课始问学生：“关于百分数，你们有什么问题吗？”学生们往往这样提问：“什么是百分数？”“学百分数有什么用？”……我们认为，这种问题不是真问题，因为这是不需要太多思考的形式化的提问——任何一个知识点都可以提“是什么”“有什么用”的问题。也曾见过有学生提问：“百分号怎么写？”这样的问题更没有意思——要是没见过百分号，会这么问吗？我们认为，类似上述的学生提问以及基于这种问题的教学展开，会让学生提问失去意义，更会让数学学习浮于表面。

关注学生学习中的真问题，引导学生聚焦真问题进行探究，解决疑问，掌握知识，提升能力，这是我们团队目前的教研方向。因此，在教学“百分数”一课前，我们非常关注学生对这个知识的真实疑问。

为了走进学生心底，我们编制了一张前测卷，其中有两组题目，分别指向学生对百分数意义的理解和对这个知识的疑问（如图1）。

2.你能解释下面每个百分数的具体含义吗？

（1）下载一部电影，已经下载了28%。

____

（2）一件衣服的面料，棉的成分为80%。

____

（3）一种商品，顾客的好评率为95.7%。

____

3.关于百分数，你还有什么真实的疑问吗？请大胆地提出来吧！

（1）______________________________

（2）______________________________

（3）______________________________

图1

测试后汇总结果，我们发现请学生解释百分数含义的三句话，其中前两句，学生的回答情况非常好，正确率达 95%。如有人仿照“分数意义”的表达方式，说是“将一部电影平均分成 100 份，已经下载了 28 份”，有人说是“已经下载了 28%，还有 72% 没有下载”。显然，普通情境中的一个百分数，学生大多已经知道其意义了。存在的不足，只是学生表达形式的“不规范”——很多人没有像教材要求的那样说成“已下载的是整部电影的 28%”。

但第三句话的回答，引发了我们的关注。少数学生能说成“这种商品，买的顾客中有 95.7% 的人给了好评”，但大量学生用重复原句来答题，有 10% 的学生无法回答，有学生写了“100 个人里面有 95.7 个人给了好评”（图 2），还有学生答“顾客的好评率是 $\frac{957}{1000}$”，但他自己都忍不住对这个解释打了个问号（图 3）。

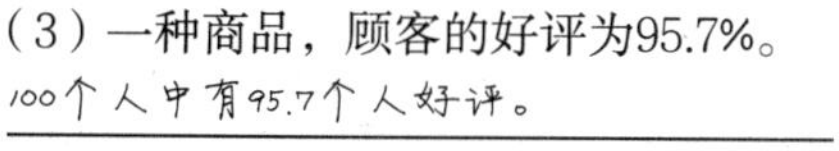

图 2

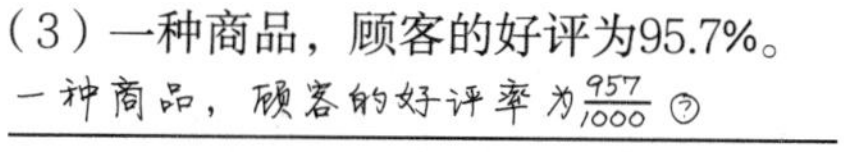

图 3

可见，百分号前有小数是怎么回事，对此，学生尚不能正确解读或者还存在一些疑问。我们觉得，这就是学生学习百分数时的一个真问题。

前测卷第 3 题是让学生提问，答题情况让我们惊讶——90% 以上的学生都提出了三个问题，问题提得精彩，提得丰富！（图 4）

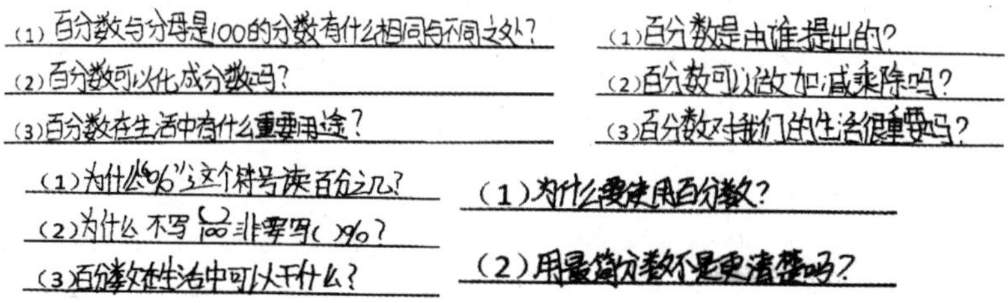

图4

很多学生提问：百分数是谁发明的？百分数为什么这么写？百分数在生活中到底有什么用？它与分母是 100 的分数有什么联系？它能不能计算？……

学生的这些问题引发了我们深深的思考：在平时的教学中，我们关注学生心中的这些真实疑问了吗？我们有去了解并应对这些疑问了吗？

我们更留意到不少学生有一个疑问：到底有没有大于 100% 的百分数？提出这个问题的学生很多（如图 5），因此我们觉得，这一定也是一个本课教学需要重视和突破的真问题。

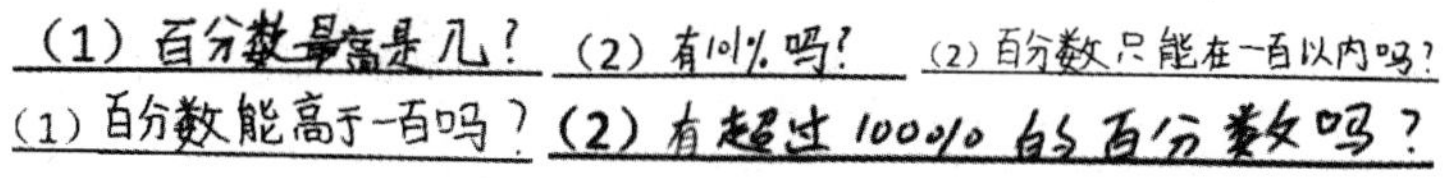

图5

通过问卷及分析，我们看到了学生真正的疑问，这为教学设计指出了方向（教学重难点与创新点）；我们更看到了学生提问的价值，这为教学目标的制定、教学过程的推进提供了思路。指向学生真学习的“百分数”教学，由此产生。

※ 课堂实录

一、导入新课，形成素材

1. 直接揭题，请学生写百分数，快速教学读写法。

2. 反馈学生写的百分数，形成教学资源。

学生报百分数，教师板书：20%、42%、90%。

师：有没有“与众不同”的百分数？

随着学生的回答，板书逐步增加了100%、7.5%、120%等百分数。百分号前是小数、大于100%的百分数出现在黑板上了。

【设计意图】鉴于学生的认知基础，读写百分数，一带而过。板书学生报出的百分数，尤其是引导学生报出“与众不同”的百分数，既是让学生展现已有的经验，又是在巧妙积累学习的素材。

二、以问引学，逐步建构

1. 引发提问。

师：同学们，仔细观察这些百分数，你有什么疑问吗？（独立思考后反馈）

生1：怎么会有超过100%的百分数啊？（部分学生嘀咕着“百分数最多100%”）

师：大家见过大于100%的百分数吗？（有学生说见过）这样的百分数是怎么回事呢？（这个问题学生无人举手）

师：看来这是一个值得研究的好问题！这位同学能提出这样的好问题，说明他在真思考，来，献上我们热烈的掌声。（师在120%后标上一个大大的“？”）

生2：我有一个问题。百分数为什么不写成分数的样子，却要这么写呢？

生3：对，我也想问这个写法是谁发明的？

师：有人知道吗？没人知道！好问题！（师表扬并板书“写法？”）

生4：我不理解7.5%，百分号前是小数，怎么可以是小数呢？（师同样予以表扬，并在7.5%后标上“？”）

生5：生活中很多地方都用到百分数，百分数究竟有什么好处？

师：问得好！（师板书“好处？”）

其他学生不再举手提问，教师阶段性小结，鼓励学生在学习的过程中有问题随时提出来。

【设计意图】20%、42%、90%、100%、8.9%、120%，这是纯数学的情境，却是可以引发学生思考的好素材。学生通过观察对比，疑问心理不断增强，几个真问题逐步暴露。教师的引导和激励，营造了良好的提问氛围；问题的记录方式简洁清楚，指引着后续的教学展开。

2. 建构意义。

（1）建立表达范式。

师：我们来深入研究这些百分数吧。你能结合生活经验，任选一个黑板上的百分数，用它来“造句”吗？

学生先独立思考，再同桌分享，学习气氛很热烈。教师组织反馈。

生 1：我妈妈的手机电量只有 20% 了。

生 2：一瓶饮料的果汁含量是 42%。

生 3：一件衣服含棉 100%。

……

师：同学们都很有生活经验！刚刚有位同学说到手机电量只有 20% 了，谁能具体说一说这个 20% 表示什么意思？

生 1：手机一共的电量是 100 份，还剩下的电量是 20 份。

生 2：把手机总电量平均分成 100 份，剩下的电量占其中的 20 份。

师：你们的理解都对。那 20% 就是谁和谁在比较而得到的？

生：是剩余电量占总电量的 20%。（师完整书写这句话）

师：刚才有同学造句，果汁含量是 42%，这又是什么意思，你能用黑板上这句话的形式来说一说吗？

师生共同得出“果汁的成分是整瓶饮料的 42%”，同理得出“棉占整件衣服的 100%”。（板书书写这两句话）

【设计意图】前测告诉我们，对于常见的百分数，95% 的学生都能正确解释，只是表达形式“不规范”而已。因此，尊重学生，认可他们的表达方式，不纠结于学生讲得是否“规范”，教师快速、直接地呈现“标准方式”，帮助学生建立表达的范式，这样的处理较为恰当。

（2）聚焦难点研究。

师：有谁是用 8.9% 造句的？（学生有困难，教师安排学生交流讨论）

生：一个文件，已经下载了8.9%。

师：下载8.9%，可不可以？

生：可以的，就是8%多了，但9%还没到。

师：那这里的8.9%，说具体了，又该怎么说呢？

生：已经下载的是总文件的8.9%。（学生紧接着又说"就是$\frac{89}{1000}$"，教师引导学生理解两者关联，指出前者的写法也是对的）

师：其实生活中像这样的百分数很多见。老师前几天在网上购物时，也看到了这样的百分数。（课件出示图片"一种商品的好评度是95.7%"）

师：有人说，这就是100个人里有95.7个人给了好评。对此，你有什么疑问吗？

生：人数怎么会是小数？

师：是呀，那怎么理解这里的95.7%呢？

组织学生讨论，学生提出这是指把评价的总人数平均分成100份，好评的是95.7份。教师举例总人数是1000人，好评的就是957人，写成分数就是$\frac{957}{1000}$；要把这个分数的分母变成100，就需要除以10，那么分子除以10就产生小数了。教师再呈现实际情况"全部评价1300人，好评1244人"，进一步引导学生理解这种百分数产生的原理，最终明白95.7%不是表示具体的人数，表示的是一种关系。

师：现在，我们可以把8.9%后面的问号擦掉了。

师：这个120%，没人选它造句。这样的百分数到底有没有，是什么意思，请大家仔细想一想，拿出事实来说明。（独立思考，同桌交流，反馈）

生1：我认为没有，就看黑板上的这些例子，最多只能到100%。

师：是这样吗？我们来看看，电量（最多100%）、果汁含量（最多100%）、衣服含棉（最多100%）。是啊，看来百分数最多只能到100%。

生2：有的，我能造句，例如，我妈妈这个月的工资是上个月的120%。

师：可以吗？（生都说可以）这说明了什么？（妈妈这个月的工资比上个月要多）

师：看来好像有超过100%的百分数。谁还能造句？

生3：实际产量是计划的120%。

生4：汽车的速度是电瓶车的120%。

……

师：大家的例子都举对了。你们发现，什么样的情况下就会产生这样的百分数吗？

生（齐）：一个数比另一个数大的时候。

师：下面的例子你看了就更明白了。（课件出示足球、篮球情境，图 6）

学生看课件口答填空。足球的个数逐个增加，百分数从 70% 逐步变化至 80%、90%、100%、120%，甚至变化至 150%、200%（图 7）。在这个过程里，学生体验到大于 100% 的百分数的产生过程，教师也适时地将百分数与假分数（$\frac{12}{10}$）、倍数（1.2 倍、1.5 倍、2 倍）进行比较。

足球个数是篮球个数的（　）%。

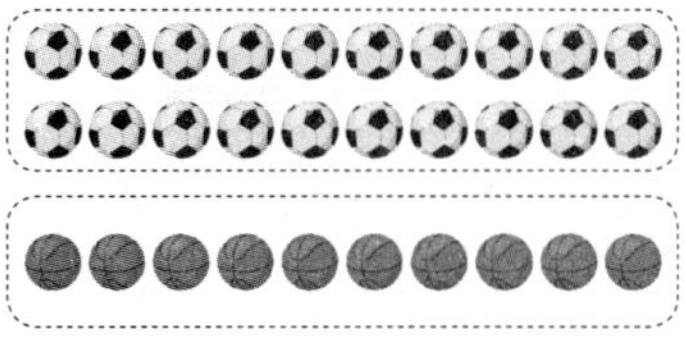

图 6

足球个数是篮球个数的（　）%。

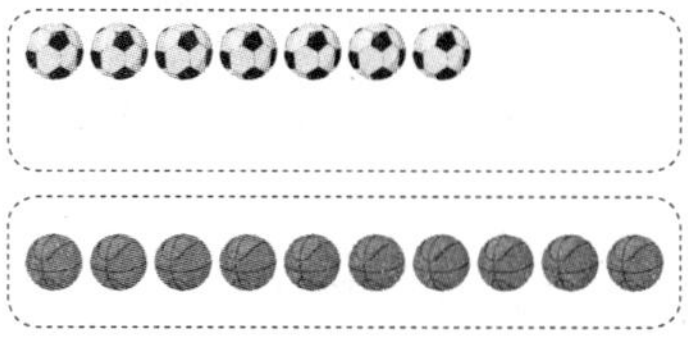

图 7

师：看来超过 100% 的百分数很正常。（擦掉 120% 后的问号）

【设计意图】以上是这节课中两个重要问题的处理。对于这两个问题，教师有意放大，敢于质疑。从认知障碍的暴露，到聚焦问题的探究，到初步的认识体验，再到跟进素材的研究，最后实现深刻的理解。如此细腻扎实的教学推进，让学生经历了一个“真学习”的过程，使学生从心底里抹去了两个问号。

（3）形成概念。

师：学到现在，相信大家都理解百分数的意义了吧，谁能来说说？

生 1：百分数就是分母是 100 的分数。

生 2：百分数是两个数比较出来的结果，只不过分母是 100。

生 3：百分数有的时候最多只能是 100%，有的时候会超过 100%。

师（小结）：是啊，百分数是两个数比较出来的结果，它表示一个数是另一个数的百分之几的数（板书）。如果两个数量是部分与整体的关系，那么最多到 100%，如果两个数量是并列的关系，那可能就会超过 100%。

3. 解决其他问题。

（1）百分数的写法。教师课件介绍一段“历史”（图 9），学生看懂，教师擦去问号。

“%”这个符号，起源于15世纪的意大利商人。当他们为自己的货物降价时，会使用一种特定的缩写符号：一个小小的P，旁边是一个充满艺术风格的C，上面还画着一个小圆圈，用来代表Per Cento（一百中的）。

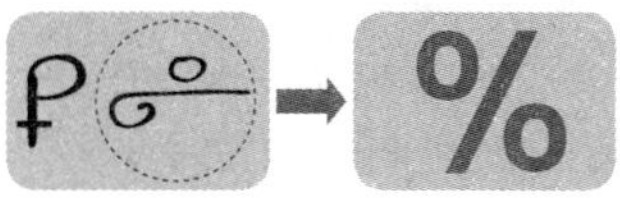

图 9

（2）百分数的好处。

师：百分数有什么好处？大家想一想，讨论一下。

生 1：我觉得百分数写起来比分数方便，不用上面下面地写，而且省了一条分数线。（很多学生开心地笑了）

生 2：我觉得百分数看起来“一目了然”。

师：一目了然？你能具体说说是什么意思吗？

生：就像好评度的百分数，如果有几个数据，我们一看就能知道哪个商品好哪个不好。（学生们纷纷点头表示赞成，但个别学生还不是很明白）

师：老师也给大家准备了一个材料，我们再来深入体会一下吧。

师：这是一个商标（图 10），上面就有百分数，面料成分含量我们一看就清楚了。如果不用百分数，用分数会怎样呢？（根据学生口答，如图 11）

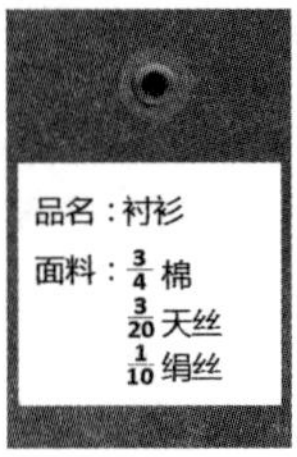

图 10　　图 11

生：用分数的话，分母分子都不同，比较起来很不方便。

师：是啊，百分数的分母是 100，分母统一，比较起来很方便。

【设计意图】上述两个问题，也是学生感兴趣的真问题，但教师处理方式不一。百分数的来历，仅是一个数学文化的小问题，因此简单告知，快速处理；而百分数的好处，则指向这个知识的重要特性，需要学生深刻地体验和理解，因此教师作了必要的展开。

三、再度提问，深入思考

师：百分数会读、会写了，意义也明白了，好处也知道了，现在你们还有什么疑问吗？（学生深思，一会儿后，有些学生举手了）

生 1：百分数能像以前的分数那样进行加减乘除吗？（师板书“计算？”）

生 2：既然百分数这么好，分数就可以不要了，那为什么还要分数？

生 3：是啊，百分数除了有好处，会不会有“坏处”？

师（愣）：你说的坏处，是不是说它有什么“不足”？（生同意）这是个好问题，百分数相比分数，有什么不足的地方吗？（师板书“不足？”）

师：那我们就来研究这个问题吧！

通过讨论和反馈，学生意识到分数既可以表示关系又可以表示一个具体的量，但百分数只能表示关系，教师擦去此处的问号。（具体展开略）

师：还有一个关于“计算”的问题，老师告诉大家，百分数可以进行计算，这些知识后续我们还会深入学习。

【设计意图】这个提问点，设置在学生对知识有了一定的积淀之后。此时的提问，对学生要求更高——需要基于已有知识，跳出已有知识，需要以创新的视角，想得更深更远。因此，这是培养学生发现问题、提出问题能力的好时机。

四、课堂总结，方法引领

引导学生梳理全课知识，回顾整个学习过程，特别是“提问”的学习经历，给予方法引领。（略）

※ 课后反思

听过课的老师都认为这是一节颇有新意的“百分数”，尤其是教学的形式、过程的展开等多个方面，让人印象深刻。但我们自己认为，该课最大的新意，是对学生真实疑问的高度关注和有效应对。

一、引导学生提出了真问题

学生在数学学习过程中，若能提出自己的问题，尤其是提出真问题，那么教师的教学就会有更好的针对性，“以学定教，顺学而导”才更有可能实现。同时，学生提得出真问题，说明学生是在真思考，是在开展“分析、综合、评价”等高质量的思维活动，而这种思维活动直指批判精神和创新意识的培养。

基于此理念，我们觉得，教学中若能引导学生主动地把他们心中对百分数的真实疑问提出来，那是一件极有意义的事情。为此，我们结合前测信息，设计了合适的载体，采取了恰当的形式，努力去追求这个目标的实现。如在载体方面，我们让学生报出“与众不同”的百分数，将引发思考的信息蕴含其中，学生对比生疑，一系列真问题由此产生；我们呈现好评度 95.7% 的图片，营造认知冲突，学生主动发问，聚焦重难点的真问题自然暴露；等等。而在形式方面，对学生提问的表扬，对所提问题的深度跟进，标问号擦问号等，都有力地激励影响着学生，于是学生课始有问，课中又有问，从敢问到善问，意识逐步提升。

二、帮助学生实现了真学习

用学生提出的问题来引发教学的推进或深入，使之成为教学的主要线索或重要部分，这就是我们正在研究的“学生提问，以问引学”。在这样的教学形态中，学生在教师引领下深刻经历释疑解惑的过程，是体现真学习的主要特征。

在本课中，学生所提的问题，尤其是那些直接关乎百分数意义理解、特性认识的重要问题，学生都在教师的精心预设和巧妙引领下，开展了高质量的学习活动。如研究百分号前是小数、大于100%的百分数时，学生就经历了一系列有意义的探究学习——“造句”以及对句子的详细解读，出现认知冲突后的交流讨论，看到新的学习材料后的再思考等。学生也由此不断地解决着自己的疑惑，增强着对百分数的感知，最后深刻地建构起百分数的意义。自己提问，自己释问，如此的学习，生态自然，真实有效。

14. “百分数”教学设计与反思（课例三）

刘凌芳
（福建省福州市麦顶小学，青年名师）

※ 教学过程

一、创设情境，提出问题

今天，刘老师和同学们一起来探讨一个有趣的数学问题。在日常生活中，我们常常遇到这样的问题，请看大屏幕：（电脑演示）

1. 甲、乙两杯水都是 100 克，甲杯水中放入糖 21 克，乙杯水中放入糖 11 克，请你说说哪一杯甜，为什么？

2. 现在甲杯水 20 克，乙杯水 25 克，甲杯水中放入糖 3 克，乙杯水中放入糖 4 克，现在你认为哪一杯更甜呢？

二、探索问题，形成概念

1. 形成概念。

师：到底哪一杯更甜呢？要研究这个问题，大家想提什么数学问题呢？大家想想每一杯糖水甜的程度与什么有关？我们能不能用一个数表示每一杯糖水甜的程度，怎样表示？（四人小组讨论）生汇报，略。

师：刚才我们用糖水是水的几分之几或水是糖的几倍来表示每一杯糖水的甜度。这是应用我们过去学过的什么知识呢？

师：对！这是应用“求一个数是另一个数的几分之几”这个知识。

下面再看一个例子：

张、李师傅产品质量合格情况计表

生产者	产品总数（件）	合格件数	产品质量合格情况
张师傅	100	93	
李师傅	20	18	

请你说说谁的产品质量更高，为什么？

师：刚才我们是怎样来表示产品质量合格情况的？

师：我们用一个数表示两个量之间的关系，这样的数在我们日常生活中还有很多很多，请同学们听一段录音。（边听边电脑出示健康教育题图，图略）

师：这里的$\frac{30}{100}$、$\frac{40}{100}$各表示什么意思？我们在解决各种实际问题时，还常常需要考虑哪些数据便于比较与统计。请同学们观察，以上哪些数便于比较与统计呢？

师：以上这些数有什么共同的特点？

师：既然这些数分母都是100,也都是表示一个数是另一个数的百分之几。

师：像这样的数，我们给它起个名字好吗？

师：好，那什么叫百分数呢？

百分数的意义书上是怎么说的？请同学们看书第125页第二自然段，请你把自己认为重要的画下来，有不明白的地方请提出来。

2. 指导读写。

师：刚才我们已经认识了百分数，和百分数交了朋友，但百分数通常不写成分母是100的分数，怎么写呢？请同学们自己看书学习。

生汇报，师范写，突出百分号。

请同学们把黑板上这些分母是100的分数写成百分数。

说明：像这些分母不是100的数，也是表示一个数是另一个数的几分之几，它们也可以化成百分数，我们下节课再继续学习。

师：那百分数怎么读呢？我们试着读读看。

观察：百分数的分子与分数的分子有什么区别？

说明：百分数的读法与分数的读法很相似。

三、联系实际，巩固应用

1. 判断下面说法是否正确。

（1）一张桌面宽是长的40%。（　）

（2）一张桌面的宽是40%米。（　）

讨论：百分数和分数在意义上有什么不同？

2. 看录像，了解百分数在生产、生活中的应用。

3. 看数据，提有关百分数的问题。

四、谈谈体会，总结方法

师：今天我们学习了什么知识？我们是怎么来学习这个知识的？我们是通过举出具体的事例，联系已学过的知识，经过大家集体讨论，探索问题来学会这个知识的。以后我们学习数学时也可以用这种方法。

五、调查实践，自主交流

调查实践：收集5个以上日常生活中遇到的百分数，并和同学们交流。

※ 课后反思

百分数是在学生学过整数、小数特别是分数的概念和应用题的基础上进行教学的。百分数实际上是表示一个数是另一个数的百分之几的数。因此，它同分数有密切的联系。百分数在实际生活中有广泛的应用，其中，大量的是求一个数是另一数的百分之几。由此可见，学生只有理解了百分数表示的是一个数量是另一个数量的百分之几，也就是百分率的含义，才能正确地运用它来解决实际问题。

基于以上认识，本节课的教学设计，旨在引导学生体验百分数的产生过程，并应用新学过的知识，认识百分数的意义，通过小组讨论，共同探索，形成概念，最后安排学生运用新学知识，联系实际，提出身边有关百分数的问题。

一、重视情境的创设和探究式引入

首先，通过电脑演示，比较甲、乙两杯糖水的甜度，创设问题，激活学生的生活经验。让学生了解百分数就在我们身边，是从日常生活中产生，使学生体会数学与人类社会的密切联系，体会数学的价值，增进对数学的理解和应用数学的信心。接着要解决哪一杯糖水甜的问题，让学生自己提出数学问题：（1）每一杯糖水甜的程度与什么有关？（2）能不能用一个数表示每一杯糖水甜的程度？

二、重视概念的产生、形成、应用

重视概念的产生、形成与应用符合现代小学数学教学思路的过程原则和实践性原则。让学生经历知识产生、形成和应用的全过程，通过他们亲身参与的实践活动，获得数学活动的体验和经验，解决问题，学到知识。以比较“两杯糖水哪杯更甜些？”为例，引导学生探究怎样用一个数来表示水的“甜度”，使学生经历了百分数从产生、建模到应用的全过程，使学生认识到糖水的甜度既与糖水中糖的含量有关，又与其中水的含量有关，是由这两者的关系即它们的比较决定的，为了便于观察和计算，在数学中比的后项经常定为100，实际生活中诸如此类的问题是很多的。

三、以学生为主体，采取各种学习形式

教学中，个人独立思考与小组、同桌讨论相结合，多层次信息反馈，全班的教学活动与个体差异很好地结合起来，使学生处于积极思考的状态。

四、多媒体计算机辅助教学，提高课堂实效

电脑媒体的图像、文字、声音的综合同步使用，教学中，电脑演示、录音、录像的使用使学生了解百分数在工业、农业、生活生产中的应用，使学生饶有兴趣地投入学习，达到优化课堂教学的目的。

15. “百分数的应用（一）”教学设计

郭见兰
（广东省深圳市龙华区玉龙学校，青年名师）

※ 课前思考

百分数应用（一）是在学生已经理解了百分数的意义，了解百分数、分数、小数互化的基础上进行学习的，而且在第二单元“分数混合运算”的学习过程中学生对“谁比谁多（少）”也有了一定的认识和了解，知道如何用画图的方法体现出“谁比谁多（少）”的数量关系，这些知识基础为本课的学习提供了直接经验。

基于此，我把本节课的教学目标设定为：（1）在具体情境中理解“增加百分之几”或“减少百分之几”的意义，加深对百分数意义的理解，体会百分数与现实生活的密切联系。（2）能计算出实际问题中“增加百分之几”或“减少百分之几”，提高运用数学解决实际问题的能力。（3）渗透数形结合的数学思想，加深对百分数意义的理解。教学重难点为理解“增加百分之几”或“减少百分之几”的意义以及如何找准题中的“基准量”。

我们知道虽然学生已经有了解决分数应用题的经验，但是对根据题意找“基准量”会有一定的困难，体积增加百分之几到底是增加了谁的百分之几呢？面对这个问题，该如何去思考？这时，我们要鼓励学生看图说话、看图发现问题：“增加百分之几”是拿增加的部分与原来水的体积进行对比，看增加的是原来的百分之几。让学生多次读题，通过观察—思考—画图—列式—对比—理解，明确“增加百分之几”或“减少百分之几”的问题的学习路径和解题方法。最后归纳出“增加百分之几”的问题实际上是把“求一个数比另一个数多百分之几的问题”转化为百分数的意义来解决。

※ 课堂实录

一、引入新课，看图说话

师：同学们，听科学老师说，你们在科学课上做过一个水结冰的实验，大家

还有印象吗？水结成冰，体积会变吗？会发生怎样的变化呢？请看下图。（PPT 呈现教材情境图）

你能看懂吗？

学生从情境图中发现第一幅图显示水有 $45cm^3$，第二幅图显示冰有 $50cm^3$，从 45 到 50，看到这两个数据，你想说什么？冰的体积比水的体积增加了 $5cm^3$。

【设计意图】充分利用教材情境图所提供的信息，引导学生观察并读懂两幅图，引发学生思考，冰的体积比水的体积增加了。通过自己的观察知道水结成冰后体积会增加，学生体会数学与生活的密切联系。

二、结合情境，提出问题

1.结合情境，提出问题，在问题中反思。

冰的体积比水的体积增加了 $5cm^3$，相信这个问题大家都会解决。谁能根据这两幅图提出有关百分数的问题吗？

· 水的体积是冰的体积的百分之几？

· 冰的体积是水的体积的百分之几？

· 冰的体积比原来水的体积增加了百分之几？

· 水的体积比冰的体积减小百分之几？

这些问题哪些是我们学过的？你能不能很快列出算式？

第一、二个问题是学过的。那这节课我们先来研究第三个问题“冰的体积比原来水的体积约增加百分之几”。

师：这个问题，该怎么解决呢？

师：谁来读一读题，在读这道题的时候，你认为这道题的重点是哪里？

有学生认为是“增加了”。还有学生认为是“增加了百分之几”。

师：这两个问题有什么不同之处？

增加了多少可以直接用减法计算，得出的是一个实际相差量。而增加了百分之几是拿增加的部分与原来的水的体积对比，增加的是原来的百分之几。

都是相同的量相比，为什么有两种截然不同的算式呢？

师：是呀，相比的两个量没有变，但比的标准变了，列的算式就截然不同了，这就是两种问法的最大区别。

【设计意图】根据教材情境，提出有关百分数的问题，不同问法，列式完全不同，引发学生的思考，虽然相比的量不变，但比的标准变了，所以列出的算式就不同。让学生在解题中反思，在反思中升华，从而真正明白在解决百分数问题时，不仅要看清楚“谁和谁比”，还要弄清“以谁为标准”。

2.数形结合，理解数量关系，解决“增加百分之几”的问题。

“冰的体积比水的体积增加百分之几”这个问题，我们再一起来读一读，看看能读出什么？

有学生说读出方法，把水的体积看成“1”，冰增加的体积是它的百分之几？

谁能读懂他的意思？

你可以画示图来帮忙理解吗？

引导学生用自己的方式理解“增加百分之几”的意思。

学生先独立思考，再小组交流自己的理解。

全班汇报，从文字语言描述引出画图帮助理解。

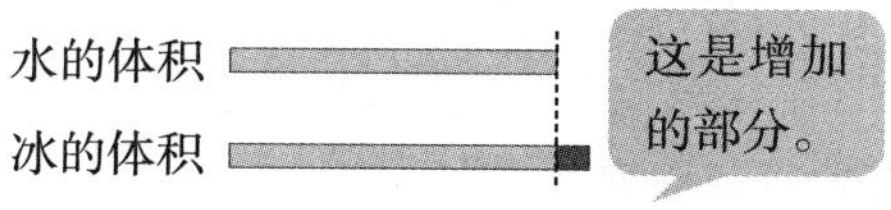

从上图可以看出，表示冰的体积的这条线段比表示水的体积的线段长一些，那么长出来的部分就是冰的体积比水的体积多的部分，所以用冰的体积减去水的体积得到的是冰比水的体积增加了多少，即 50−45=5（cm^3）；再用增加的部分除以水的体积，得到的就是冰的体积比原来水的体积增加了百分之几，即 $5 \div 45 \approx 11.1\%$。

还有谁和他一样是用线段图表示的呢？谁的画法和他不一样？

生：我是这样画的。（图略）

我先算出冰的体积是水的体积的百分之几，即 $50 \div 45 \approx 111.1\%$，再用这个结果减去标准量，也就是减去 100%，即 111.1%−100%=11.1%。

师：这两种方法都可以解决“冰的体积比水的体积增加百分之几”这个问题，思考：你有什么发现？

学生经过思考发现，要求冰比原来水增加了百分之几，先求增加了多少（绝对相差数），再求增加的是原来水的百分之几，然后得出增加的是原来水的百分之几。也可以先求出增加的部分是原来水的百分之几，再减去 100%。

【设计意图】让学生结合线段图说出算式所表达的意思，渗透数形结合，帮助学生建立线段图与算式之间的联系，从而激活学生的思维。

16. “百分数的应用（二）”教学设计

林其敬
（广东省韶关市武江区田家炳沙湖绿洲小学，青年名师）

※ 课前思考

“百分数的应用（二）”是北师大版小学数学六年级上册第七单元“百分数的应用”第3课时内容。教材主要结合“火车提速”的情境设计了有层次的内在联系的三个问题：（1）提出思考性问题，引发学生从速度变化的量上进行思考，理解比一个数增加百分之几的含义；（2）借助直观图呈现数量间的关系，突出速度的增加量，本环节给足学生思考的空间、时间让学生充分理解“比原来速度提高了50%”的含义；（3）探究解决比一个数多百分之几问题的方法。这样的编排旨在让学生经历发现问题、提出问题、分析问题、解决问题的过程，进一步丰富对百分数在实际生活应用价值的认识，积累分析、解决问题的经验。借助画图的策略帮助学生分析数量关系，将抽象的文字形象化，渗透“数形结合”的思想，发展学生的几何直观。

※ 教学过程

一、激趣导入，温故引新

课前检测

（1）已知六（3）班的人数是40人，六（1）班比六（3）班多$\frac{1}{5}$，六（1）班比六（3）班多（　）人。

A.8　B.10　C.12

（2）已知六（3）班的人数是40人，六（1）班比六（3）班多$\frac{1}{5}$，六（1）班有（　）人。

A.48　B.32　C.50

（3）六（1）班比六（3）班的人数多$\frac{1}{5}$，也可以说六（1）班的人数是六（3）班的（　）。

A.$\frac{4}{5}$　B.$\frac{6}{5}$　C.$\frac{5}{4}$

1.方式：课前2分钟利用平板进行前测，立足学生已有知识经验，让需求与新知“无痕”对接。

2. 根据检测情况，回顾已知一个数，求比一个数多几分之几的数是多少的求解方法。

方法一：一个数 +（一个数 × 多的分数）。

方法二：一个数 ×（1 + 多的百分率）。

3. 设疑：如果让你求比一个数多百分之几的数是多少？你会吗？

今天我们就来进一步学习有关百分数应用的知识，加深对百分数的理解［板书：课题百分数的应用（二）］。

【设计意图】通过课前 5 分钟的前测，利用大数据分析，立足学生已有的知识经验及掌握情况，让教学更加有针对性。同时，沟通知识间的联系，总结比一个数多几分之几的数是多少的方法，唤醒学生已有旧知，发展学生类比迁移的能力，为探究新知做好准备。

情境导入：播放 20 秒左右短视频（中国高铁），请学生说说观看后的感受。

预设：中国的高铁速度很快；中国的经济发展迅速；中国高铁使人们出行便利……

【设计意图】观看微视频，感受中国高铁的速度，吸引学生的注意力，激发学生的学习兴趣，增强学生探究新知的欲望，让学生感受中国的强大，激发民族自豪感及爱国情怀。

二、互动学习，构建新知

探究一：初步理解“比一个数增加百分之几”的意义。

1. 发现问题。

根据情境图，你能获得哪些数学信息？

（课件出示教材 90 页情境图）

（原来的列车每时行驶 180 km，现在高速列车的速度比原来的列车提高了 50%）

2. 提出问题。

学生根据获取的有效数学信息，提出数学问题。

预设：现在的高速列车每时行驶多少千米？

（1）现在的高速列车的速度比原来的列车快多少千米？

（2）分析问题，理解题意。

独立思考：

（1）现在的高速列车的速度比原来的列车提高了 50%，谁是基准量（单位“1”）？谁是比较量？

（2）提高了 50% 是什么意思？

答：指的是提高了（　　）的 50%。

现在的高速列车速度与原来的列车有什么数量关系？

预设 1：

（1）把原来列车的速度看作是单位“1”，现在的高速列车的速度作为比较量。

（2）指的是提高了原来列车的速度的 50%。

预设 2：

（3）现在高速列车的速度是原来列车速度的（1 + 50%）。

（4）原来列车的速度加上原来列车速度的 50% 就等于现在列车的速度。

【设计意图】《数学课程标准》中提出课程目标：要使学生初步学会从数学的角度提出问题、理解问题，并能综合运用所学的知识和技能解决问题，发展应用意识。因此，本环节让学生经历发现问题、提出问题、分析问题、理解题意的过程，增强学生的应用意识，发展学生的创新意识。

探究二：借助直观图，进一步理解“比一个数增加百分之几的数是多少”的意义。

画图表示现在的速度和原来的速度之间的关系，请动手画一画。

1. 学生自由画图，教师巡视指导。

2. 组内交流画法，教师巡视指导。

3. 全班交流，教师适时引导。

借助直观图让学生充分理解“现在高速列车的速度比原来的列车提高了 50%”的含义。

【设计意图】课堂教学体现“自主探索，合作交流”的特点，《数学课程标准》指出：“学生的数学学习应该是一个生动活泼的主动的富有个性的过程。”因此，本环节创设更多的机会让学生动手操作、动口表达自己的想法，充分发展学生的语言表达能力及探究能力，利于学生对知识的“再创造”和个性发展，同时为后面列式解决问题、归纳解题方法做好铺垫。

探究三：“比一个数增加百分之几的数是多少”的解题方法。

1. 类比迁移，寻求解法。

质疑：我们能否将求“比一个数多几分之几”的方法迁移到求“比一个数多百分之几的数是多少”的问题呢？

2. 列式计算，解决问题。

（1）基于以上思考，解答现在的高速列车每时行驶多少千米。

学生独立解答，教师巡视。

（2）汇报交流。

教师引导学生结合所画的直观图分析，体会两种解题的思路与直观图的联系。

方法一：先求现在高速列车的速度比原来列车每时多行驶了多少千米，再加上原来的速度，就可以得到现在高速列车的速度。

180×50% + 180 = 270（km）

方法二：先求现在高速列车的速度是原来列车的百分之几，再求现在高速列车的速度。

180×（1 + 50%）= 270（km）

3. 归纳方法。

师生共同归纳出求“比一个数增加百分之几的数是多少”的解题方法。

方法一：先求出增加的数量，再加上单位“1”所对应的数量。

即一个数 + 一个数 × 多的百分率。

方法二：先求出增加后的数量是单位“1”的百分之几，再用单位“1”的数量乘以这个百分数。

即一个数 ×（1 + 多的百分率）。

【设计意图】引导学生通过类比迁移的思想，在独立思考、互动交流中，寻求“比一个数增加百分之几的数是多少”的解题方法，进一步发展学生分析问题和解决问题的实践经验，发展学生的归纳概括能力，增强应用意识。

4. 百分数在生活中的应用。

全球各国感染新冠病毒死亡人数

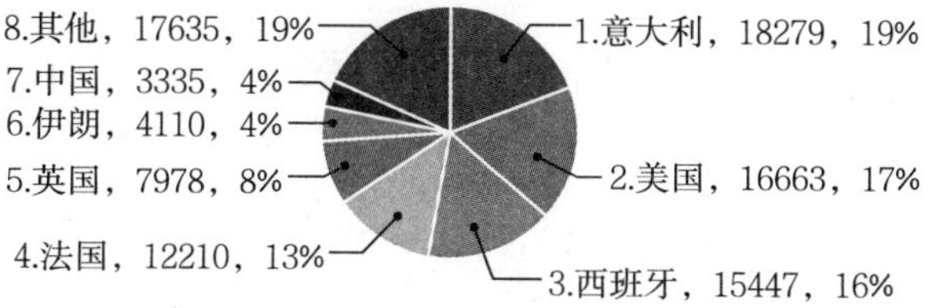

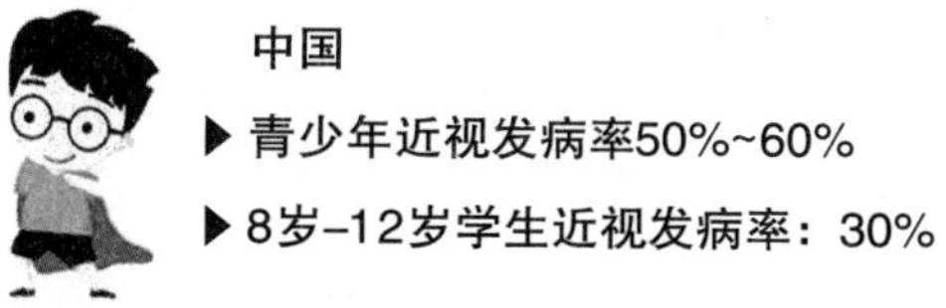

请学生先观察图片，说说从图中能获取的信息？

老师小结时再从中国疫情的防护工作取得的成效方面加以总结，激发民族自豪感，小学生近视的激增让学生意识问题的严峻性。

【设计意图】数学源于生活，寓于生活，用于生活，培养学生善于用数学的眼光观察世界，让学生感受数学的价值，从数的角度及统计的角度引导学生认识百分数，感受百分数在实际生活的应用，并渗透德行教育。

三、自我评价，目标检测

1. 田家炳沙湖绿洲小学去年毕业生 160 人，今年毕业的学生比去年毕业的学生增加 15%，今年毕业的学生有多少人？

（1）画图表示出今年毕业的学生与去年毕业的学生之间的关系。

（2）列式解决问题。

2. 课中检测（平板）。

（1）田家炳沙湖绿洲小学六（1）班跳绳比赛达标的有 30 人，六（3）班比六（1）班多 20%，六（3）班跳绳达标的人数是（　　）

A.36　B.40　C.24

（2）笑笑的存钱罐中有 40 元，淘气的存钱罐中的钱比笑笑多 25%。淘气的存钱罐中有多少元？

A.30　B.50　C.40.25

（3）笑笑的存钱罐中有 40 元，淘气的存钱罐中的钱比笑笑少 25%。淘气的存钱罐中有多少元？

A.50　B.39.75　C.30

3. 水果店进了两批水果。第一批水果热销，比成本价高了 20% 卖出；第二批水果滞销，低于成本价 20% 卖出。两批水果售出的总钱数都是 240 元，水果店是赚了还是赔了？

【设计意图】通过设计有层次地练习，第 1 题是巩固对“比一个数增加百分之几的数是多少”的问题求解，第 2 题是利用信息技术，即时反馈，结合大数据分析更精准地掌握学生学习的情况，第（3）小题及最后一题是培养学生利用类比迁移的思维解决“比一个数减少百分之几”的问题，发展学生的知识迁移能力，拓展学生的思维。

四、拓展延伸，知识升华

1. 通过今天的学习，你对百分数有什么新的收获？（全班交流）

2. 以思维导图形式对本课知识进行梳理。

本课我们借助直观图表示数量关系，沟通数与形的关系，通过类比迁移，探索“比一个数多百分之几的数是多少”的方法，这其中蕴含了我们数学中两个重要思想——类比迁移、数形结合。

我们的科学家很早就使用到了百分数，留下了这样的一句名言。

爱迪生：天才 =99% 的汗水 +1% 的灵感。

【设计意图】此环节让学生交流对百分数的应用有哪些新的认识，在学生畅所欲言中，培养学生用数学的语言表达。结合思维导图的形式梳理与总结今天的学习过程，不仅积累数学的学习经验、方法，还能体会数学的简洁美。课尾，通过爱迪生的名言，既能凸显了百分数的作用，又渗透了数学文化。

17. “认识负数”课堂实录与反思（课例一）

于芳
（广东省东莞市东城第五小学，青年名师）

※ 课前思考

一、研读教材，确定教学内容

“认识负数”进入小学数学教材已经十多年了，义务教育课程标准对小学阶段负数认识的要求非常明确：在熟悉的生活情境中，了解负数的意义，会用负数表示日常生活中的一些量。

六年级下册学习“负数”，一共有三个例题。例题 1 和例题 2 分别以气温和存折记录为学习素材，呈现了以下几个知识点：

· 用列举式定义什么是正数什么是负数；

· 重新定义 0，0 既不是正数也不是负数；

· 正负数的读法与写法，正号的省略；

· 用正负数表示生活中相反意义的量；

· 用冷暖比较温度的高低。

例题 3 则是在前两个例题学习的基础上，在一条直线上表示反方向行走的距离和方向，抽象出数轴，在数轴上表示正负数，进一步加深对正负数意义的理解。

二、查阅数学史，了解“负数”认识的历程

“负数”在数学史上的地位如何？它是如何发生发展的？它的发展历程对我们的教学有何参考借鉴作用呢？

在查阅了《数学史》《中国古代数学思想》《西方文化中的数学》等书籍后我们发现：

1. 中国人很早（至少在两千多年前）就开始使用负数，“正为余，负为亏”是最初的正负数观念。

2. 三国时期（1700 多年前）数学家刘徽从运算的角度定义了负数。

3. 西方对负数的认识和承认比较晚，16、17 世纪欧洲大多数数学家不承认负

数是数。

4. 从运算的角度，负数的引入，解决了在正数领域减法不能总是进行的问题。

再进一步分析，我们看到帕斯卡认为从0减去4是纯粹的胡说，这是基于把“0”仅仅看作表示“一无所有”。

中国古代数学家注重实际应用和需要，因此他们能够迅速地接受和使用负数，而西方数学家更多的是研究负数存在的合理性，因此他们在19世纪建立了整数理论基础，解决了负数在逻辑上的合理性。这是两种不同的思想，在数学的发展历程上，各有优劣。

从教育价值的角度思考上述发现，我们有了这样的疑问：数学家对“0”的认识能否让学生产生同样的思考？在介绍历史上“负数”认识历程，培养民族自豪感的同时，能否也让学生学会批判性地看待问题？

三、前测先行，把握学生的学习起点

为了了解学生对负数已经有了哪些认识，我们设计了一些问题，对我校六年级学生开展了调查。

1. 你在哪里见过负数？

2. 你认为负数表示什么意思？例如 -1 表示什么意思？

3. 你会算吗？ 0-5=（　）。

4. 淘宝店主在记账的时候把收入500元记作+500，那么支出500元可以怎么记录？

5. 找出下面的正数和负数。

-1，23，-1.8，+4，0，3.5，-150

通过前测发现：

1. 约85%的学生提到在电梯里见过负数，还有约10%的学生在与温度相关的情境中见过负数。

2. 有51%的学生认为负数表示的是“比0小的数”，44%的学生从“下降”“支出”“欠钱”“扣分”等实际情境中理解负数。

3. 约95%的学生能够正确计算“0-5”。

4. 约80%的学生能够用-500表示支出500元，但通过访谈我们发现学生这样表示并不是从“相反意义来理解”“+”“-”号，实际上学生是从运算意义上理解“+500”和“-500”，即“加500”和“减500”。

5. 分类时90%的学生出现错误，他们认为没有写正号的数不是正数，把0归入正数或者负数。

进一步分析数据，我们认为学生对负数已经有了一定的认识，体现在：所有学生都在某个场合见过负数；绝大多数学生对负数的意义有一定的了解，并且能够正确计算“0-5”。

同时，学生对正负数的认识也存在一定的误区：学生对正负数的理解会受加、减运算的干扰和影响；学生对0的意义缺乏思考，并不了解“0”是正负数的分界线，是一个重要的标准，因此，也就不能正确判断哪些数是正数。

综合前测情况，我们认为本节课的教学应该在充分尊重学生已有认知的基础上，引导学生在大量的生活情境中再次了解和认识“0”，重新定义“0”的意义，进而深刻认识到正负数就是在以“0”为标准的基础上，表示两种相反意义的量。

※ 课堂实录

一、数学家的困惑——引发冲突

1. 开门见山，板书课题。

师：今天我们来认识一种新数——负数，你在哪里见过负数？

生：电梯里有 -1 楼、天气预报中……

2. 质疑启思，引出问题。

师：负数到底表示什么？谁能说说你对“-1”的理解？

生：-1 就是比 0 还少 1。

师：17 世纪的数学家对负数又是怎么看的，我们一起来看一看。

（笛卡尔：-1 就是比 0 还小 1。）

（帕斯卡：胡说，0 表示没有，怎么可能比没有还少 1。）

师：是啊，帕斯卡说的也有道理啊！负数到底表示什么？“0”真的只表示没有吗？

【设计意图】通过谈话导入主题，了解学生的认知起点，激活学生的生活经验；并由数学家对 0 和负数的争论引发学生思考：负数的意义究竟是什么？0 除了表示没有，还表示什么？

二、多种素材，理解负数

（一）温度计上的正负数——解决基本问题。

1. 初步感知高低相反。

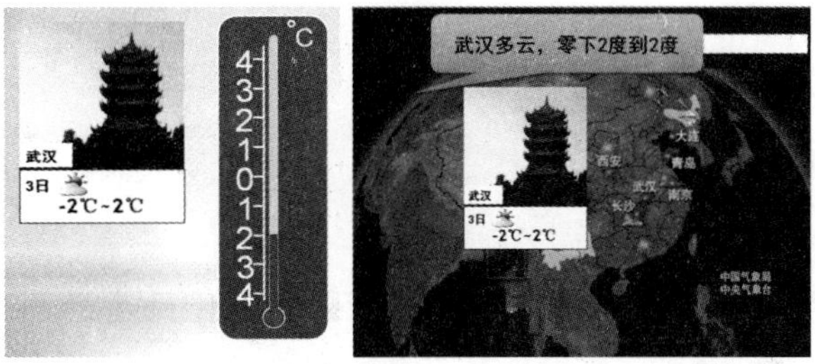

呈现学习素材后，小组探究：

（1）-2℃和 2℃分别表示什么意思？

（2）温度计上的 0℃表示什么意思？是没有温度吗？

汇报交流。

生：-2℃和 2℃分别表示零下 2℃和 2℃。

师：你能在温度计上拨出这两个温度吗？

生：-2℃就是比 0℃低 2℃，从 0℃向下拨两格，2℃比 0℃高 2℃，从 0℃向上拨两格。

师：我听明白了，原来 -2℃和 2℃都是在跟 0℃进行比较。那温度计上的 0 表示什么？是没有温度吗？

生：0 是淡水刚刚结冰的温度，它是一个标准温度，比它高的就是零上温度，比它低的就是零下温度。

【设计意图】在温度计上找 2 度和负 2 度，可以让学生初步在动态中感受正负 2℃是一对相反意义的数。

2. 理解 0 既不是正数也不是负数。

师: 同学们说得真清楚，怎样才能让别人一眼看出这个温度计上哪些数是正数，哪些数是负数呢？谁能上来标一标？

学生标注正负号后教师追问：咦，这个 0 怎么不标呢？

生：0 是标准，它既不是正数也不是负数。

【设计意图】在温度计上标正负号则能够让学生将相反意义由个别推广到一般。同时引导学生发现，由于“0”是确定温度的标准和分界线，因此它既不是正数也不是负数。

3. 初步感受负数的大小。

师：天气预报说西伯利亚寒流来了，武汉出现降温，你觉得最低温度可能是多少？

请学生上来拨出新的最低温度。

生：从 -2℃继续往下拨，可能是 -4℃。

师：如果再低点呢？

生：可能是 -5℃、-6℃、-7℃……

师：你能发现什么？

生：越往下，负的越多，温度就越低。

【设计意图】通过拨出更低的温度，帮助学生借助生活经验和直观感受，初步感知负数的相对大小。

（二）多种情境中的正负数——让认识逐渐丰满

1. 呈现素材，小组探究。

呈现海拔高度、行走路线、身高表格等 3 个学习素材，请学生小组探究：

（1）“0”在哪，表示什么？

（2）每幅图中的正负数分别表示什么？

2. 交流碰撞，理解意义。

（1）类比迁移，理解意义。

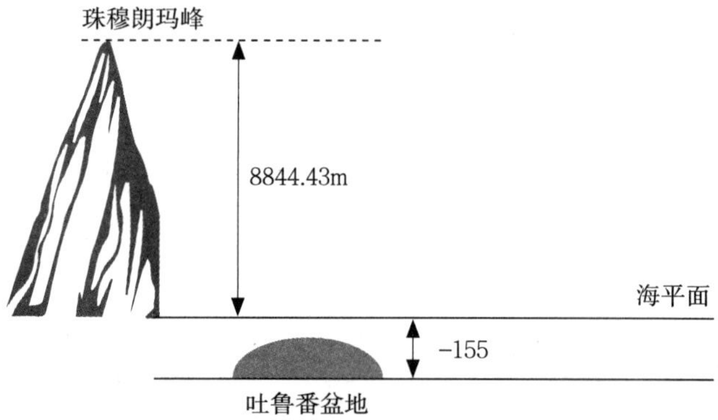

生：这幅图中的 0 就是海平面。以海平面的高度为标准，8844.43 表示珠穆朗玛峰比海平面高 8844.43 米，-155 表示吐鲁番盆地比海平面低 155 米。

【设计意图】海拔高度与温度计类似，学生可以将温度计上认识正负数的经验迅速迁移到这一情境中。

（2）意义扩展，方向相反。

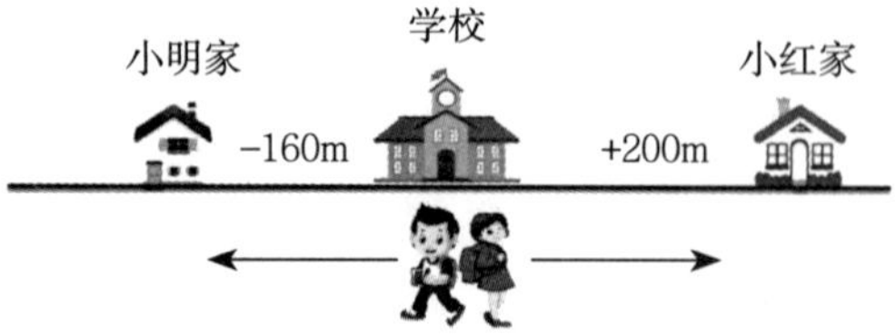

生：这幅图中 0 就是学校。“+200”米表示从学校出发向上走 200 米，“-160”表示从学校出发向下走 160 米。

生：我不同意，向上走向下走说不通，我认为“+200”米表示从学校出发向右走 200 米，“−160”表示从学校出发向左走 160 米。

生：我觉得也可能“+200”米表示从学校出发向东走 200 米，“−160”表示从学校出发向西走 160 米。

师：如果向北走是 +200，那 −160 表示什么？

生：−160 表示向南走 160 米。

师：看来这里的正负数表示的是相反的两个方向。以哪个方向为正，哪个方向为负都是人为规定的，但不管怎么规定，这两个方向都是相反的。

【设计意图：这里的正负数与“0”的大小无关，只表示“相反的方向”，有助于学生突破思维定式，更好地理解负数的意义。】

（3）标准变化，提升认识。

姓名	身高（cm）
刘强	+2
王平	−2

师：这里的正负数又表示什么？身高怎么会有负数呢？

生：我觉得可能是规定了一个标准身高，然后王平比这个标准身高要低 2cm。

此时教师将表格适时补充完整：据资料表明 2018 年六年级男生的平均身高大约是 150cm，如果以这个身高作为标准的表格如上所示。

师：同学们真善于思考，看到这里，你知道刘强和王平的实际身高了吗？

生：刘强的实际身高是 152cm，王平的实际身高是 148cm。

师：那有办法让王平的身高用正数表示吗？

生：我们可以把标准变一下，例如用 140cm 做标准。王平的身高就可以用 +8cm 来表示了。

师：同样是王平，身高为什么一会儿负，一会儿正呢？

生：因为标准变了。

师：看来标准很重要，一旦标准改变了，用正数还是负数表示可能也会跟着改变。

【设计意图】一方面，这个素材中的“0”是隐含的，是需要学生在前面学习的基础上通过思考发现的。另一方面，标准是变化的，让学生体会正负数的相对性。

（4）归纳概括，明确意义。

师：那么究竟什么样的两种量可以用正负数来表示呢？

生：意义相反的两种量。

三、数的发展历程——总结提升

1. 跨时空对话，回应课前问题。

师：如果你可以乘坐时光机回到 17 世纪，你会对帕斯卡先生说什么？

生：帕斯卡先生，你错了，0 不光表示一无所有，它还可以表示一个标准，负数就是比这个标准低的数。

2. 了解数学史，培养批判性思维。

师：到现在为止，我们已经认识了自然数、分数、小数和负数，让我们一起来看看数的发展历程。

（播放微课，介绍数的发展史，知道中国早在 2000 多年前就开始使用负数，而 17 世纪的西方数学家还在为负数存在的合理性而争辩。）

师：你有什么感想？

生：我们中国人真了不起！

生：我们古代的数学比西方先进多了！

师：那你觉得西方数学家为负数的合理性争辩真的很可笑吗？

生：不可笑，这也是一种科学精神。

师：我们来看看历史的发展——随后的一百年，西方数学家建立了整数理论，解决了负数合理性的问题。

师：中国古代数学家注重的是实用，西方数学家则追求建立完整的逻辑体系。两种数学观各有优劣，它们都推动着数学的发展。

※ 课后反思

1. 将数学史引入课堂，能够使我们的数学教学更为厚重。

2. 问题引领，层层递进，引导学生逐渐丰富了对“0”和“正负数”的认识，使研究和思考更为深入。

3. 给学生足够的时间和空间，让对话和学习真实发生。

18. “认识负数”课堂实录与反思（课例二）

赵震
（北京市昌平区昌盛园小学，青年名师）

※ 课前思考

在一至四年级的数学教材里，“数与代数”领域主要教学整数的知识，这些整数都是自然数（0和正整数）。本单元教学负数，是过去小学数学里没有的内容。在小学数学里教学负数的知识（只涉及负整数的初步认识）出于两点考虑：第一，负数在日常生活中的应用还是比较多的，学生经常在生活中看到负数。让他们学习一些负数的知识，有助于他们理解生活中遇到的负数的具体含义，从而拓宽数学视野。第二，适当了解一些负数的知识，扩展对整数的认识范围，能更好地理解自然数的意义。

※ 课堂实录

一、情境引入

1. 记录相反意义的量

师：同学们，每天我们都要和数打交道，你们对学过的数熟悉吗？

生：熟悉。

师：那我现在说几件事，你能把听到的数据信息，准确地记录下来吗？

生（异口同声）：能！

师：好，请同学们准备好记录单，拿好笔。（投影记录单）

足球比赛	转学情况	账目结算
上半场　个	四年级　人	三月份　元
下半场　个	五年级　人	四月份　元

先听要求：独立思考，选择自己喜欢的方式来记录。关键是让别人一眼就能看明白你所表示的意思。咱们开始！

第一件事：足球比赛，中国国家队上半场进了 2 个球；下半场丢了 2 个球。

第二件事：学校四年级共转来 25 名新同学，五年级转走了 10 名同学。

最后一件事：张阿姨做生意三月份赚了 6000 元，四月份亏了 2000 元。

2. 交流汇报

（生记录，师边说事，边巡视）

师：写完的同学，双手把你的记录单举起来，让老师看一看。（师边看，边收集部分学生的记录单）

师：好的，同学们，我选取了部分同学的记录单，咱们一起来欣赏一下，也许里面就有你的想法。看大屏幕。

师投影生 1 的记录单。

足球比赛	转学情况	账目结算
上半场 2个	四年级 25人	三月份 6000元
下半场 2个	五年级 10人	四月份 2000元

师：这样记录，大家有什么看法?

师：这个小伙子，你先说。（指名生 1）

生 1：这样记录，大家不知道你上半场是进球还是失球。

师：有没有这个问题?

生（异口同声）：有!

师：同学们想想看，第一件事当中，都是两个球，但一个是进球，一个是丢球（到此生异口同声跟着老师说道），它们俩的意思正好相反（生异口同声）。对，好极了！那仅仅用我们学过的数还能表示这些相反的意思吗?

生（异口同声）：不能!

师：那后面的转来和转走，它们的意思呢，也是相反（生异口同声）；赚和亏，也是相反的（生异口同声）。但有同学想出了其他的方法，咱一起来看：

投影生 2 的记录单。

足球比赛	转学情况	账目结算
上半场进2个	四年级转25人	三月份赚6000元
下半场丢2个	五年级走10人	四月份亏2000元

师：这怎么样? 看这，意思清楚不清楚?

生：清楚。

师：还有谁是这么想的？好的，这种记法很好地解决了这个问题。这（指被投影的记录单）是哪位同学记录的？好的，拿话筒，你能告诉我们刚才说亏2000，为什么这个字写拼音了。

生2：我写不来。

师：刚才你可能遇到点小麻烦是吗？这位女同学很坦诚，也谢谢你。

师：还有其他的方法呢？想不想看？

生：想！

投影生3的记录单。

足球比赛	转学情况	账目结算
上半场 ☺ 2个	四年级 ☺ 25人	三月份赚 ☺ 6000元
下半场 ☹ 2个	五年级 ☹ 10人	四月份赚 ☹ 2000元

师：这是哪位同学记录的？那你快来给我们介绍一下，你又是怎么想的呢？（拿话筒）

生3：因为这样可以写清楚，上半场他是进了多少球，还是丢了多少球。

师：好，这样吧，你重点介绍一下这种（指账目结算），好吗？怎么想的，这是什么符号？

（师指了指记录单中的"☺"和"☹"）

生：笑脸、哭脸。

生3：笑脸就是表示赚了多少钱，哭脸就是表示亏了多少钱。

师：能理解吗？

生：能。

师：啊，很了不起，很有创意，谢谢你，请坐。那么同学们边看边说，你觉得这样的方法怎么样？

生：好。

师：就是好，说说你的看法，都是挺好的？你先来说。（指一名学生）

生：这样的方法，可以简单明了地告诉我们好还是不好。

师：小姑娘用词很准确——"简单明了"。同学们，再来看，除了一些同学用笑脸和哭脸这个符号之外，还有一些同学用到了向左"←"、向右"→"方向的箭头。还有同学用到了"√""×"符号。

投影生4、5的记录单。

足球比赛	转学情况	账目结算
上半场 → 2个	四年级 → 25人	三月份 → 6000元
下半场 ← 2个	五年级 ← 10人	四月份 ← 2000元

足球比赛	转学情况	账目结算
上半场 √ 2个	四年级 √ 25人	三月份赚 √ 6000元
下半场 × 2个	五年级 × 10人	四月份赚 × 2000元

师：那请同学们思考一下，不知你们想过了没有，你用的符号，意思你明白，他用的符号，意思他明白，我用的我明白。但是数学的符号是数学的语言呀！是帮助我们进行人与人之间交流的呀！怎样才能让我们大家都明白呢?

（给学生思考时间并指名回答。）

生 1：应该统一。

3. 认识正、负数

师：啊，真棒！也说是要找到一种统一的形式、统一的方法。对了！再来看，我们班还有一部分同学用到了这样的方法来记录。

投影生 6 的记录单。

足球比赛	转学情况	账目结算
上半场 + 2个	四年级 + 25人	三月份 + 6000元
下半场 - 2个	五年级 - 10人	四月份 - 2000元

师：这是哪个同学的？你来介绍，你是怎么想的。

生 6：上半场进了球，就表示多了，就用加号来表示，下半场丢球了，就可以用减号来表示。

师：噢，那后面的也是这个意思 , 对吗？哎呀！你知道吗？你用到的符号，跟数学家规定的一模一样！很了不起的小伙子！

师：同学们，你们说说看，这种方法好在哪?

生 1：可以看清楚。（啊，很清楚）

生 2：很明了。（对）

生 3：它是一种统一的方法。（真好）

师：现在的人们就用这种形式来区别意思相反的量。那同学们，你知道像上面这样的数，都是什么数吗？真有知道的！这个小伙子，你说说看。

生 1：正、负数。

师：你们知道吗？在上面的数，都是正数。（板书：正数）那 0 下面这样的数呢？

生（齐声）：负数。

师：真好！（板书：负数）

4. 读上面各数，并写在黑板上

师：在刚才好多同学把进 2 个球，用这样一个数来表示（板书：+2），会读吗？（生：会）怎么读？一起说吧？

生（齐声）：正 2。

师（笑）：准确的读法是正 2。一齐来。

生（齐声）：正 2。

师：再来一次。

生（齐声）：正 2。

师：那他把丢 2 个球用这样的一个数来表示（板书：-2）。猜猜看，怎么读？

生 1：负 2。

师：真棒！猜对了！准确的读法是负 2。（生齐声跟读）

师：继续往下看，转来 25 人写成——大家说，（生齐声：正 25）别拉长说，什么 25？（生齐声：正 25）好极了！（师板书 +25）

师：转走 10 人。

生：10。（个别同学说得不清楚）

师（笑）：哈哈，负 10。把数说准了！（板书：-10）

师：赚了 6000 元。

生（齐声）：正 6000。

师：写左边呢，还是写右边呢？

生（齐声）：右边。

师：就听你们的。（板书：+6000）

生（齐声）：负 2000。

师：亏了 6000 元。

师：好极了。（板书：-2000）

师：很明显。这里用到的加号（板书：+）和减号（板书：-），和以前的意义不一样了。加号在这叫作正号（板书：正号），减号叫作——？

生（齐声）：负号。

师：好，注意读的时候读准确。（板书：负号）会读了吗？

生（齐声）：会。

师：那接下来咱们来个快速抢答。看到数你就读，不用举手，行吗？（生：行）睁大眼睛，准备！我往后一点，开始！（师用小卡片出示 -100）

生（快速地抢答）：-100。

师：好极了！（把数贴到黑板上）再出。（出示 -1.5）

生：负 1.5。

师：正数？负数？

生：负数。

师：正好（笑着将卡片贴到黑板上）。最后一个，抓住机会，看到就读！（小卡片出示 3.6）

生：3.6。

师：正数？负数？

生：正数。（回答声此起彼落，但不够坚定，也有不少同学没回答）

师：没数了！没数了！谁谈谈自己的看法。你说说看为什么是正数？（指名学生）

生：因为它虽然没有加号，但是它比 0 大。

师：人们在记录的时候，为了简便，像他说的把正数前边的正号，可以省略不写，但去掉正号之后，这个数依然还是正数（生跟上说），原来他的解释是正确的。同学们，如果我们把这些正号（把黑板上的正数）都去掉的话，这些数大家熟悉不熟悉。

生：熟悉。

师：嗯！正数就是我们以前学过的整数。同学们，刚才我们说正号我们可以省略不写，那么痛快点，我们把负号也省略掉！

生：不行！

师：为什么不行？多简单呀！你来说。（指名学生）

生：这样就变成了正数了。

师：对，那也就没法区分开我们提到的那些意思相反的量。是这样吧？

生：是！

二、介绍负数的历史

师：同学们，刚才通过分析和讨论，我们已经认识了负数这个新朋友。其实呢，对于负数的认识，咱们中国有着悠久的历史。古代的人，遇到这样问题的时候，也想出了不同的方法。想知道吗？

生：想！

师：看大屏幕，我们一起来了解负数的历史。（播放：负数的历史，师旁白）：

中国是世界上最早认识和运用负数的国家，早在2000千年的《九章算数》中，就有正数和负数的记载。在在古代人民的生活中，以收入钱为正，以支出钱为负；在粮食生产中，以产量增加为正，以产量减少为负。古代的人们会区别正负数，常用红色的算筹表示正数，黑色的算筹表示负数。而西方国家认识正负数要比咱们中国晚了数百年。

师：听了关于负数历史的介绍之后，你有什么感受？就你来说吧。

生1：古人非常聪明！

生2：我们的祖先是很了不起的。

师：挺好！请坐。看得出来，同学们都在为我们的祖先，为我们的国家而感到骄傲！其实，同学们也非常了不起啊，在这么短的时间里面，咱们就想出了文字呀、符号呀这么多种方法来区别正负数。我为你们感到骄傲！在接下来的时间，就到我们自己的生活中去了解负数、认识负数，好不好？

生（异口同声）：好！

（师板书课题：生活中的负数。）

三、负数在生活中的应用

1. 四个城市的气温

师：每天晚上7时30分，中央电视台的新闻联播之后都会准时地播放各大城市的天气预报。看过吗？

生：看过。

师：我这也记录了我们国家几个城市，今年二月份的某一天的气温情况，一起来了解一下。

（多媒体播放城市天气预报：哈尔滨 −15℃ ~ −3℃；北京 −5℃ ~ 5℃；上海 0℃ ~ 8℃；海口 12℃ ~ 20℃。）

师：这里，有咱们刚提到的负数吗？

生：有。

师：谁能读出来？没发过言的同学，你先来，这个，就是你，对，拿话筒。

生：北京的温度就有负数。

师：哪个？

生：零下5℃到5℃。

师：哪个是负数？

生：零下5℃。

师：噢，零下5℃。你的意见。（指另一名同学）

生：哈尔滨也有。

师：读出来！

生：零下15℃。

师；给出规范的读法是负十五摄氏度，当然读作零下十五摄氏度也是可以的，是吧。好啦，同学们，北京的温度是 -5℃到5℃，这两个温度的意思一样吗？

生：不一样。

师：怎么不一样啊？说说你的看法。

生：一个是正数，一个是负数。

师：噢，从名称上来看不一样。你呢（指另一名同学），跟他一样。有没有别的想法？

师（启发）：-5℃指的是零下五摄氏度。那5℃呢？可以说成零上五摄氏度。是不是不一样，可不可以这样说。再来一次。这是零度（手势比画），5℃，指的就是零上五摄氏度（手势向上）；那 -5℃，就可以说成零下五摄氏度（生继续说，师手势向下比画）。对，那继续想：零上的温度用什么数去表示？

生：（个别的学生思考后答）正数。

师：同意吗？

生：同意。

师：那零下的呢？

生：负数！

师（右手掌表示零的位置，左手分别指“零”上和下）：正数、负数。那零度在这，就是一个——

生：正数。

师：换一个说法：分界点可以吗？

生：可以。

师：一起来说：零正好是正数和负数的分界点。（生齐跟老师说）零度真的很重要。（师板书“0”）

师：那气温是0℃的时候有什么感觉？

生：太冷了。

师：有点冷！你的意见（指生2）。

生2：不是很冷。

师：噢，不是很冷。据我的了解呀，瑞典天文学家摄尔修斯，他把自然状态下水刚开始结冰时的温度，规定为 0℃。现在有时也简单地说成零摄氏度，了解吗？那你知道生活中，用什么工具来测量温度吗？

生：温度计。

2. 温度计

师：我这呢，准备了一个大号的温度计。咱们一起来了解一下。（出示温度计模型尺，给出刻度，遮住数字）

师：在我这个温度计上，一个小格就表示 1 摄氏度。那很自然了，十个小格就是——10 摄氏度（生继续说）。

师：我这绣带代表水银柱，上下可以动，（师演示）谁愿意来试试？咱们就拨一个 5℃。（指名学生演板）（要求学生：拨的时候侧过身子，让老师和同学都能看到）

师（拨好后问）：有不同意见吗？（生安静）都同意啦？

生：同意。

师：同意了，真好！那麻烦你把 -5℃拨出来。

（生操作不了，笑了。）

师：乐什么？怎么了，小伙子？出现什么问题了？

生：这是 1 摄氏度，下不去了！

师：下不去了？ -5℃没法表示了。有没有这个问题？

生：有。

师：那怎么才能把 -5℃表示出来？或者说，怎么才能表示零下的温度呢？你的意见！（指另一名学生）

生 2：在 5 摄氏度的前面加一个负号。

师：加个负号，让人一眼就认出 -5 对吗？继续想：如果我们想在这个温度计上表示正数，还有负数，先得找到谁的位置？

生：零的位置。

师：都异口同声地说零。那为什么要先抓到零的位置呢？

生 1：因为那是它们夹在中间的那个数。

生 2：因为那是一个分界点。

师：同意吗？

生：同意。

师：那在我这个温度计上，这儿是 0 摄氏度，这是 10 摄氏度，这是 20 摄氏度，这是摄氏 30 度。（分别揭开遮盖数字的纸片）越往上，温度越——

生：高。

师：感觉就越来越——

生：热。

师：好！看零下的。这是零下的 10 摄氏度、20 摄氏度（生继续说，师分别揭开遮盖数字的纸片）。好了，刚才有点难为你了（指板演的学生），这次把机会再让给你，你把 5℃再次表示出来行吗？我再找一个同学到前面来拨 -5℃（指生 2 板演，师出示第二个温度计模型）。

（生 2 板演拨 -5℃，师要求侧过身子让大家都能看到。）

师：他们拨得对吗？

生：对。

师：大家看，这个是 5℃（指名拨的），这个是 -5℃（指生 2 拨的）。看这相差了（生说：10℃）这么多。（师手势，在温度计模型上比画）

师：还想不想拨？

生：想。

师：再拨一个哈尔滨的 -15℃。（指生 3 板演）

师：有没有不同意见？

生：没有。

师：那大家看，这个是 -5℃，这个是 -15℃，（分别指温度计模型）人家拨得很准确。两个温度要相比的话，哪个温度更冷？（指名学生回答）

生 1：-5℃。

师：更冷，是吗？别的同学呢？她认为 -5℃更冷，你呢？（指生 2）

生 2：-15℃。

师：-15℃，哪个正确？

生（多数齐答）：-15℃。

师：怎么才能说明 -15℃比 -5℃更冷一些？你怎么知道呢？说出你的理由。（指生 3）

生 3：温度计上有明显的表示！

师：温度计上有明显的表示，你的意思就是一个水银柱高，一个水银柱低，就能看出谁冷，是吗，你呢，小伙子？（指生 4）

生 4：因为那个 -15℃在 -5℃的下面。

师：在 -5℃的下面。你的意思是说，越往下——

生（齐答）：越冷。

师：同学们，如果气温真的在 -15℃的话，什么感觉呀？用你的表情或动作告诉我。

师：（生做出各种受冻的表情）是这样吗？啊，真的够冷了，好，放松一下。根据我的了解呀，咱们国家新疆的北部地区，到冬天的时候，有时候最低气温能达到 -40℃。哇！更冷了是吗？（生做出冻得更厉害的表情）那还能在我这个温度计上表示出来吗？

生：不能。

师：谁能到前面来，大概地指一下，-40℃应该在哪儿？试试看，最后一个同学。（指名学生演示）

师：这儿，你怎样想到在这儿的？

生：因为这长度差不多。（生边比画边说）

师：这位同学不仅会估计，还想到了一些好的方法，谢谢你。（生很高兴）

师：刚才咱们已经通过温度了解了一些正数，还有负数。你还能不能再随便地说几个正数和负数？

生 1：-10。

生 2：-11。

师：一对一对地说，把正数也说上。

生 3：10。

师：+10，-10，可以。

生 4：-20，+10。

师：真棒！还有没有？这么多踊跃的同学呀！说得完吗？

生：说不完。

师：那咱们用一个什么符号来表示？

生：省略号。

师：省略号。同意吗？

生：同意！

师：就听你们的！（师板书“……”）

师：那同学们想一想看，所有的正数要和零比的话，有什么关系？正数、0，有什么关系？（师提示，并指名回答）

生：正数比 0 大。

师：比 0 大，同意吗？

生：同意。

师：正数都比 0 大。那所有的负数和 0 比呢？一齐说。

生：小。

师：把话说完整，负数都——

生：比0小。（师板书“<”）

师：刚才我们知道了正数都比0大，负数都比0小，那所有正数、负数都是这样的。那谁能到前面来，用一个圈把所有的正数圈出来？（指一名同学圈正数，同时指另一名同学圈负数）

师（生圈完后，准备回位）：不着急回去，站开这儿让大家来看。同意吗？

生：（多数同学）不同意。

师：噢，都不同意，先听听大家的意见好吗？（指名同学说看法）

生1：因为底下还有好多正数和负数。

师：那怎么办呢？你的意见？

生2：应该把底下的省略号也圈进去。

师：为什么圈？再解释一下。

生2：因为还有好多的正数和负数。

师：听明白了吗？你们呢？（问板演的两个同学。）

生：明白了。

师：嗯！马上纠正一下。你们来修改，谢谢这位女同学提出了自己明确的观点。（生纠正）

师（生纠正完后）：嗯，挺好的。

师：这回满意了吗？（问全体同学）

生：满意。

3.正数、负数和0的关系

师：那我还有个问题：这个“0”可够孤单的呀！你们正数没零，你们负数也没零！那这样说“0”算正数，还是负数？（生稍耳语，指名答）

生1：是一个分界点。

师：分界点。有不同意见吗？

生2：两个数的分界点。

师：都算两个数的分界点。有没有不同的意见？你们俩呢？（问板演的两名同学），你说说看，你说“0”是什么？正数，还是负数？（又问其中一名同学）

生1：也是分界点。

生2：是两个数的分界点。

师：啊。你们怎么都说是分界点呢？我的问题是“0”到底算正数，还是算负数？这样吧，咱们六个人一组，赶快讨论讨论，找到一个明确的理由。

（生讨论，师巡视，然后指名回答）

生 1：算一个自然数。

师：一个自然数。

生 2：它是一个正负数。

师：一个正负数。

生 3：它一个数都不是，就当作一个特别的数。

师：一个特别的数，好的，我们看黑板。刚才我们说，正数都比 0（生续：大）。

师：0 比 0 大吗？

生：不。

师：那 0 是正数吗？

生：不是。

师：负数都比 0（生续：小）。

师：0 比 0 小吗？

生：不。

师：不小，那 0 是负数吗？

生：不是。

师：那可以下结论了吗？ 0 既不是（生续：正数，也不是负数），而是正数和负数的（生续：分界点）。好的，刚才咱们通过讨论呀，已经认识了负数这个新朋友。那在我们生活中还有好多时候需要用正数和负数来表示呢。想不想再来了解一下？

生：想。

4. 生活中的应用

（1）电梯

师：（多媒体播放生活情境一：电梯上下楼）王叔叔说要到五楼去开会，李阿姨准备到地下一层支取车。请问大家应该按那两个键？（屏幕特写）

生：应该按 5 和 –1。

（2）海平面图

师：接下来的问题跟咱们黄山有关，黄山被称为天下第一山，很有名气的呀！

（投影：黄山的最高峰莲花峰比海平面高出 1864 米，记作：+1864 米；吐鲁番盆地比海平面低 155 米，它的高度应记作：________米。）

生：–155 米。

（3）数轴图

师：第三个问题，填空题。（投影）

下图（略）每格表示 1 米，小华刚开始的位置在 0 处。

① 小华从 0 点向东行 5 米，表示为 +5 米，那么从 0 点向西行 3 米，表示为（　　）米。

② 如果小华的位置是 +7 米，说明他是自（　　）行（　　）米。

③ 如果小华的位置是 −8 米，说明他是自（　　）行（　　）米。

师：上图每格表示 1 米，小华刚开始的位置在 0 处，拿出你们的练习纸，完成上面的三个练习。

（生上前回答问题。）

师：同意吗?

生：同意。

师：都有谁写对了？举手。你呢？哪出错了？

生：我第一题 −3 写成了 −13。

师：没看准数据，现在理解了吗?

生：理解了。

师：再来看最后一个问题，跟一个奥运冠军有关。认识他吗？（投影刘翔跑步冲刺画面）

生：刘翔。

师：我曾经看到过这样一个信息，我不是很明白。（投影问题）

刘翔在第十届世界田径锦标赛半决赛中，110 米栏的成绩是 13.42 秒，当时赛场风速为每秒 −0.4 米。

师：同学们，风速怎么还有负的呀？别着急，讨论讨论，集体的力量最大。想想看。（生讨论，师巡回）

师：有同学已经找到自己的理由了。在这边这角上，这个男同学你来说。（指名学生）什么意思？风速怎么还有负的?

生：因为它是跟刘翔对着跑。

师：对着跑，风也对着跑。你能不能给我们表演一下？到前边来，你可以随便找个伙伴来帮忙。

（两个同学分别代表刘翔和风进行表演。说明风的方向与刘翔的前进的方向是对着的，即相反的。）

师：好，同学们，刚才刘翔前进的方向和风前进的方向正好（生续：相反，师手势比画），所以这时的风速就可以用（生续：−0.4 米 / 秒表示）。理解了吗？那如果当时赛场的风速是每秒 +0.4 米的话，又是什么意思，留给你们课下思考，有兴趣，也可以表演，好吗?

生：好！

师：好了，同学们，在今天的课堂上，我们已经了解了负数的用途，那么在我们日常生活中还有更广泛的应用，等待着你们去了解、去发现。你们愿意去了解更多的知识吗？

生：愿意！

师：一言为定！下课。

※ 课后反思

这点感悟来自2005年我代表北京市参加在安徽黄山举行的全国第七届深化小学数学课堂教学改革观摩交流活动。从2005年3月份参加区里的邀请赛，到5月份参加市里的选拔赛，直到10月底参加全国比赛，是我永生难忘的一段经历。

记得2005年5月中旬，我作为远郊区县的一名年轻教师参加市里19个区县的选拔，我以一种虚心、坦然的心态参赛，力求有一个令人满意的表现，但没想到最终意外地获得了代表北京参赛的机会。

兴奋与激动的同时，我也感受到了一种从未有过的紧张和压力。我将代表北京参赛，要和来自全国32个省、市、自治区的选手们同台竞技，只许成功不许失败的感觉真的不好受。平常的准备工作不用多说，五一、十一长假等休息时间我都用来备课，在多次试讲当中我都以认真负责的态度充分重视，虚心求教，真正做到了全身心的投入。

记得2005年7月5日，吴老师和几位专家要到我们学校定教学设计。但就在6月底，我由于长期熬夜备课、制作电脑课件以及要带两个毕业班学生进行期末复习，一下子我的身体就坚持不住了。到医院检查，低压115，高压130。那时的我确实吓了家人一跳。可说心里话，我真正担心的不是自己的身体，而是担心能不能完成预定好的7月5日的课，尤其担心自己由于身体的原因失去这次参加全国大赛的机会。

还有一点感悟是“细节决定成败”。

在课后练习中有这样一题，“刘翔在第十届世界田径锦标赛半决赛中，110米栏的成绩是13.42秒，当时赛场风速为每秒 −0.4 米”。就在这时我们猛然发现问题，那就是刘翔参加的是第十届世界锦标赛吗？对于这个问题的准确性我们有些怀疑，偏偏原稿记不清了。当晚我就再次查阅资料，并对教学课件做了最后的更改。

到黄山现场比赛时，课前我到休息室组织学生准备入场，无意中翻看了一名学生手里的教材，当时我就出了一身冷汗。“学生使用的教材，在练习题的设计上与我手里的教材内容不一致”，但课件上已经按我的安排准备好，来不及修改，还得赶快变。好在出发前有准备，已经按预期设计把相关练习题打印出来。最终，在实际教学中，我把“打开书做练习”变成“拿出练习纸做练习”。虽然改动后效果没有受到影响，但回想起来，若没有这些细节上的注意，后果不堪设想。

正是类似这样的周密准备和深刻思考，使得“生活中的负数”一课得到了众多专家、老师的一致认可，获得了大赛一等奖。

对我个人而言，这次参加全国现场课比赛，所获得的不仅仅是一等奖，更重要的是找到了自己今后努力的方向，为自己今后的数学教学找到了新的起点。

19. “认识负数”教学设计（课例三）

缪建平
（苏州工业园区跨塘实验小学，苏州名师）

※ 课前思考

“负数的认识”人教版在六年级，苏教版在五年级，专家对它有不同的理解，我们要能清晰地认识到其中的实质是什么。这个实质我的理解是两个方面：一是相反意义的量如何去刻画和突破；二是如何感受 0 从静态走向动态。对于第一个问题，我们要知道以孩子的经验来理解“相反”与数学意义上的“相反”有着本质的不同，数学意义上的相反符号表征具有多元性和规定性的统一，我们既不能强化，也不能弱化，要努力把好这个“度”；对于第二个问题，在学生的潜意识之中，“0”表示没有，是静态的，现在的教学中要注重的是让学生大概能够理解“0”规定性能让我们感受到正负数相对性的结果与意义。这样我们就把生活中的负数与数系中的负数进行一定的连接了。

※ 教学过程

一、创设情境，谈话导入

师：提出问题：举例说明小学数学中我们学过哪些数？看谁举得全？

学生活动：思考讨论，学生们互相补充，可以回答出：整数，自然数，分数，小数，奇数，偶数……

师小结：为了实际生活需要，在数物体个数时，1、2、3……出现了自然数，没有物体时用自然数 0 表示，当测量或计算有时不能得出整数，我们用分数或小数表示。

【设计意图】学生对小学学过的各种数是非常熟悉的，教师提出问题后学生会非常积极地回忆、回答，这时教师注意理清学生的思路，点出学生已学过的数的精华部分。

师：在生活中，我们经常用数表示结果，比如我的身高是 166 厘米，我们班

有 41 个同学……谁还能举例生活中的数？（指名学生回答）

师：小学数学中我们学过的最小的数是谁？有没有比零还小的数呢？今天我们就一起来学习这样的数。

【设计意图】教师利用问题“有没有比 0 小的数？”制造悬念，并且这时学生有一种急需知道结果的要求。

二、建立模型

1. 观察并回答。

师：请大家仔细观察屏幕上的第一幅图（图略），再联系自己的生活实际想一想，圆圈里的数表示什么？

生：20℃。（提醒学生注意是水温还是室温，并板书）

师：下面一幅（图略）呢？你从哪里看出是零下 20℃，（从温度器、符号、衣服、风很大、雪……），记作 –20℃。

再看第三幅图（图略），圆圈里的数表示什么？（板书 10℃）

最后一幅图（图略）呢？圆圈里的数表示什么？（板书 –5℃）

请同学们合上书本。

2. 分类并理解。

师：你能不能把白板上的四个数分成两大类？哪些是正数？哪些是负数？

今天这节课我们一起学习“生活中的正负数”（板书课题）。

3. 你了解哪些正负数的知识？

4. 怎么读，怎么记？

20℃、10℃都比什么高？怎么读？可记作 +10℃。

–20℃、–5℃呢？可以怎么读？

5. 负数在生活中的应用。

师：出示投影，小芳家上月的收支情况如下：

父母工资总收入：3500 元　　购买食品支出：940 元

水电煤气及话费支出：760 元　　其他支出：800 元

（1）同桌相互说说看。

（2）有几种情况？你能不能分类？怎样表示上列 4 个数？为什么用“–”表示？

其余两题完成在书本上，+3500，–940，________，________。

（3）你写的两个数都是什么数？指名学生回答。

（4）为什么你们都用负数表示？

哪些同学是用尺画的？为了书写美观，请大家用尺来画。（表示鼓励及时纠正的同学）

师：这个月的零花钱够不够花，有没有多？你怎会知道的？谁要汇报一下？（结合寒假生活）

师：有没有同学知道世界最高的山峰？高度是多少？

师出示投影片：珠穆朗玛峰比海平面高 8848 米，吐鲁番盆地比海平面低 155 米。

在中国地形图上，珠穆朗玛峰和吐鲁番盆地处都标有表明它们高度的数（单位：米），都在与什么相比？（课件演示海平面）

（可用班上评出的优秀学生进行数码录像，然后出示在课件中，让学生有亲近感。）

这个数通常称为海拔高度，它是相对于海平面来说的。海平面的高度用 0 表示。 比海平面高 8848 米，用正数表示，称作海拔 8848 米。比海平面低 155 米，用负数表示，称作海拔 -155 米。

师：同学们还知道一些相关的地理知识吗？向大家介绍介绍。

6. 小结与举例。

师：在 0℃以上的温度用正数表示，0℃以下的温度用负数表示；高于海平面的地方用正数表示它的高度，低于海平面的地方用负数表示它的高度。在实际生活中还有一些与温度、海拔高度类似的量也常常用正负数表示，你能列出一些吗？

学生活动：分组讨论，互相补充，两个学生回答。要求学生先说出一个正数或负数，并说明想用它表示什么？（如 - 25，我想用它表示冬天的气温；-298，我想用它表示这个月的支出的金额。）

师小结，并随着叙述给出板书。（学生齐读）

像20，10，950，8848等大于0的数叫作正数。

像-20，-5，-500，-155等小于0的数叫作负数。

“0”既不是正数，也不是负数。

【设计意图】在以上例子的基础上，对正数尤其是负数的引入已到了水到渠成的地步，这时教师描述性地指出正数、负数的概念，学生不仅认识了什么是正数与负数，还清楚地知道正数与负数是相对的。

7. 试一试。

（1）读出下面各数，说一说哪些是正数，哪些是负数。

-5，+4，+9，-11，15，0，-30，-100

指名学生正确读数。哪些是正数？（指名学生回答）哪些是负数？（指名学生回答）那么0呢？

（2）“一个数，如果不是正数，必定就是负数”这句话对不对？为什么？

（3）我们可以把数分类，可分为正数、0、负数。你能从大到小排列吗？你能从小到大排列吗？（做成标牌，让学生上台演示）

三、巩固练习

1.大家对正负数掌握得不错，现在，请大家再来做一做练习。（完成书上的练习）

以下是补充题：

（1）－50表示支出50元，那么＋100元表示__________。

（2）正常水位为0，水位高于正常水位0.2记作__________，低于正常水位0.3记作__________。

（3）乒乓球比标准重量重0.039记作__________；比标准重量轻0.019记作__________；标准重量记作__________。

2. 一个学生演示，教师提出要求规定：向前走为正。

（1）向前走2步记作________________。

（2）向后走5步记作________________。

（3）“记作6步”他应怎么走？“记作－4步”呢？

（4）原地不动记作________________。

四、了解历史，加深感悟

师：这里有一段话，请同学们试着读一读，再来说说你学到了什么。

中国是最早使用负数的国家

我国古代的科技成就是令世界各国瞩目的，我国在西汉时代（公元前2世纪）就会用负数，当时的人用红色算筹表示正数，用黑色算筹表示负数。在古代中国工商业活动中，以收入钱为正，以付出钱为负；以余钱为正，以亏钱为负。在农业活动中，以增加粮食为正，以减少粮食为负。

直至近代，外国的数学家们对于“中国人毫不费力地就得到负数的概念，并在算筹中以红表示正数，以黑表示负数”惊叹不已。外国出现负数，要比我国晚600多年。

四、课堂小结

大家自由地说说，都学到了些什么？

20. “比例的意义”教学设计（课例一）

郑水忠
（宁波国家高新区外国语学校，特级教师）

※ 教学过程

一、导学

课件呈现本人四幅照片（第四幅变形），学生发笑。

师：你为什么笑？（师板书：比例失调或变形）前两幅你们为什么不笑？

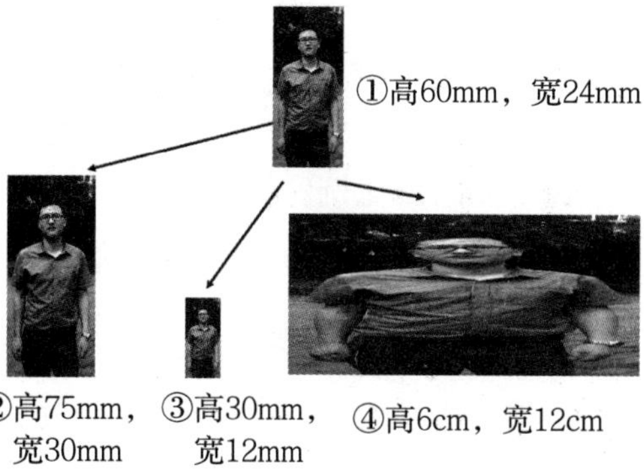

二、试学

1. 通过直观观察，大家都认为第四幅图和原图比，出现了比例失调的情况，前两幅则没有。但数学研究不能仅凭肉眼，老师提供给大家这些照片高度和宽度的具体数据（课件出示上图中的数据），你能通过计算来证明，和原图相比，哪些比例没有失调？哪些比例失调了吗？

2. 学生试学，教师巡视，指名板演。

3. 组内交流。

三、展学

1. 请板演的小先生介绍自己的想法。（要求：说清我证明的是几号和几号，我认为它们的比例没有失调，我的理由是……）

2. 同伴质疑。

四、研学

1. 教师结合第 1、2 幅照片规范板书求比值过程，介绍比值相等可以用等于号连接。

2. 知道这样的一个等式叫什么吗？（板书：认识比例）

3. 图中还可以组成哪些比例？

4. 课件呈现素材：

数据 姓名 项目	马强	王涛	李忠	刘明
生产的零件总数/个	120	300	200	320
生产时间/小时	3	6	5	8

你能从这个表格中找出一些比例吗？板书后追问：它们的比值代表什么？

5. 试着写一写什么叫作比例？反馈交流后，结合学生回答板书关键词，最后完善概念。你们的意思和它一样吗？

6. 比例和比有什么区别？

五、固学

1. 下面哪组中的两个比可以组成比例？把组成的比例写出来。

6∶10 和 9∶15　　　　20∶5 和 1∶4　　　　$\frac{1}{3}:\frac{1}{4}$和 6∶8

强调按板书规范书写过程，1、2 题随机指名板演，第三题寻找错例板演，反馈第 3 题后及时跟进$\frac{1}{3}:\frac{1}{4}$和 6∶8 能否组成比例？

2. 下列图形或数据中能找到比例吗？请写一写。（先独立思考，再组内交流，最后反馈）

（1）

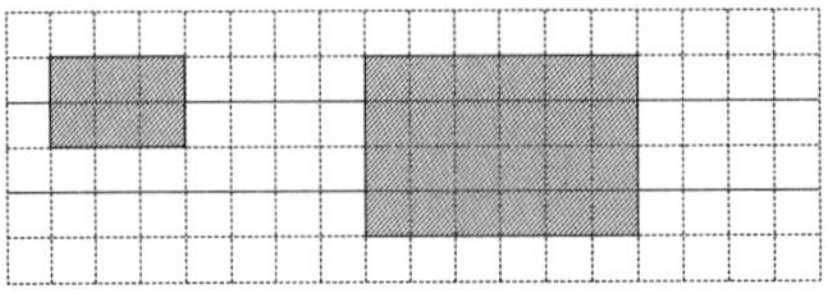

反馈注意点：

A. 谁来说说你写的比例，解读。（长宽比，长长比）

B. 强调：类似这样的把一个图形按比例放大缩小的知识我们还将在后面进一步学习。

（2）

钢笔数量/支	2	5
总价/元	30	75

反馈注意点：写出各种比例；交流各个比例的含义。如：数量比 = 总价比、

单价相等等。

（3）一辆汽车行驶的时间和路程如下图。

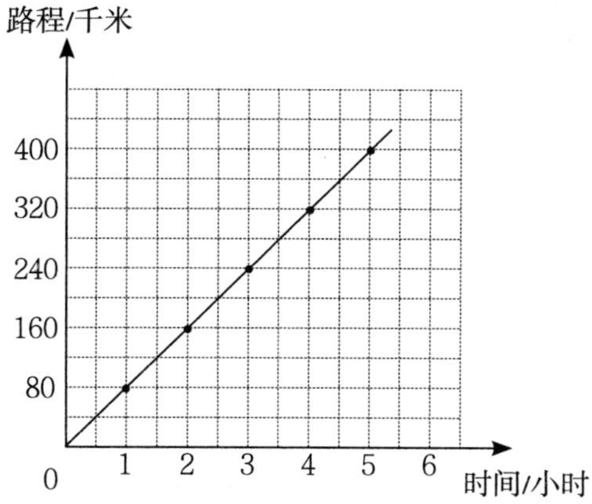

反馈：生口头汇报，师板书比例；为什么都可以组成比例；观察图像，汽车行驶速度一定，图像有什么特点？

师：有关这一类知识我们还将在后续学习中进一步研究。

六、延学

1. 回到教师照片，以变形照片为基准，高宽各缩成 50%，问能否组成比例？和原图呢？

2. 组成的是一个怎样的比例？（板书：8∶12=4∶6）你还能想象出一张这样的照片，它的长宽也可以和 8∶12 组成比例吗？板书后追问：你们在构造这些比例时的根据是什么？

3. 看来，利用比值、化简比可以判别比例，理由是比的基本性质也可以构造比例，既然以前学的比有基本性质，你还想到了什么？请同学们带着这个问题：比例有没有基本性质？如果有，是怎样的？课后进一步思考。

21. “比例的意义”教学设计（课例二）

张洁炜
（北京市朝阳区芳草地国际学校，青年名师）

※ 教学过程

一、创设情境，引出新课

1. 师：开学初我们都需要布置班级文化。张老师选择了一张照片，请大家帮我一个忙，由于在布置过程中，有的地方需要把这张照片放大，有的地方需要把这张照片缩小，所以就请你设计一下这张照片的数据，但是有一个要求，别把帅气的我弄变形了。

2. 师：谁听清了，张老师想让大家帮什么忙？

预设：放大照片和缩小照片的数据，别弄变形了。

3. 师：请你把设计照片的数据记录在课堂练习本上。

预设：学生不动。

师：我看同学们没有动笔，你们遇到什么问题了？需要这张照片的什么数据？

预设：没有长和宽的数据。

4. 师：看来你们要设计的大照片、小照片和我这张照片的长和宽有着密切的关系，我们来看，这张照片的宽是多少？长是多少？好了，现在开始设计照片的数据吧。

5. 学生设计照片，老师收集资源。

二、产生数据，初步感受比例

师：黑板上都是大家设计的照片数据，都符合张老师的要求吗？

师：张老师把数据输到电脑里，看一看，你发现什么了？

1. 预设 1（不变）：大小变了，但形状没变。

师：大小变了，也就是什么变了？但形状没变，符合要求吗？

预设：长和宽变了，符合要求。

师：我们把符合要求的放在这边，如果我们把长和宽用比的形式来写就是

（120∶80）。

师：我们再来看一组数据，你发现什么了？符合老师的要求吗？

预设：形状不变，符合要求。

师：嗯，符合要求，那我们也用比的形式写在这边。

预设 2：出现了形状变化的数据。

师：我们再来看一组数据，你发现什么了？符合老师的要求吗？

预设：形状变了，不符合要求。

师：嗯，不符合要求，那我们也用比的形式写在另一边。

预设 3：如果没有出现形状变化的数据。

师：刚才你们设计的数据都符合要求，接下来咱们随意想一个，看看这组数据行吗？怎么了？符合要求吗？

师：嗯，不符合要求，那我们也用比的形式写在另一边。

2. 小结：看来有的时候变，有的时候不变，变与不变的背后一定隐藏着什么？小组内交流一下，看看你们有什么发现吗？

3. 集体研讨：

师：谁来说一说你们组有什么发现。

预设 1：长∶宽的比值等于$\frac{3}{2}$。

师：谁听明白他的意思了？

如：12∶8=$\frac{3}{2}$　24∶16=$\frac{3}{2}$（教师板书）

预设 2：长∶长 = 宽∶宽

12∶24=$\frac{1}{2}$　8∶16=$\frac{1}{2}$

师：不变的有着这样的规律（比值不变），那这些变了的呢？

预设：比值变了。

师：比值变了，你能举个例子说一说吗？（举两个例子）

预设：长扩大了 a 倍，而宽扩大了 b 倍，长和宽扩大的倍数不同。

三、探究新知，揭示比例的意义

师：我们继续看这些不变的数据，从这些比中你能写出相等的式子吗，谁来说一说？

学生说，教师板书。

汇报交流。

师：左右相等吗？凭什么相等？

预设：相等，因为比值相等。

师：像这样的等式我们就叫作比例，今天我们学习的就是比例。

师：那你觉得什么是比例呀，用自己的话能说说吗？

小结：表示两个比相等的式子叫比例。

1. 认识比例的各部分名称。

师：像比一样，比例也有各部分的名称，组成比例的四个数叫作比例的项。

例如：5∶8=10∶16，5，8，10，16都叫作比例的项，两端的两个项叫作比例的外项，中间的两个项叫作比例的内项，比例也可以写成分数的形式。

2. 探究比和比例的区别。

师：你觉得今天学的比例和之前学的比一样吗？比和比例有着怎样的区别？

小结：看来比与比例的意义不同，组成、各部分名称也不同。

3. 师：我们在设计照片中学习了比例，知道了比例各部分的名称、它与比的区别，两个比要想组成比例，关键是什么呀？接下来我们看一些题目，看看大家是不是真的掌握了，行吗？

四、巩固练习

1. 请在能组成比例的一组比的后面画"√"。

（1）6∶10和9∶15　　（　）

（2）20∶5 和1∶4　　（　）

（3）$\frac{1}{2}:\frac{1}{3}$和6∶4　　（　）

（4）$0.6:\frac{3}{4}$和$\frac{1}{4}:\frac{1}{5}$　　（　）

师：你是怎么想的？判断是否能组成比例的关键是什么呀？

师：我们会判断两个比是否可以组成比例了，你能写出比例吗？我们来看一下。

2. 买本情境。

（1）出示题目：

	买练习本的钱数（元）	买的本数
第一次	1.2	3
第二次	6	15

（2）师：请根据两次买练习本的钱数和本数的情况，写出比例。

（3）学生独立完成，教师搜集资源。

（4）师：这是比例吗？你是怎么想的？组成比例的关键是什么呀？

3. 在括号中填上适当的数，与 1.2∶0.6 组成比例。

1.2∶0.6 = (　) ∶ (　)

师：看看你能写出几个？只要保证什么就可以了？

4. 比例在生活中的应用。

其实，比例在生活中经常用到，某小区发生了盗窃案，警察锁定了 4 个嫌疑人，警察到现场发现了一个脚印，已知脚长和身高的比是 1∶7，很快就抓住了小偷，你知道他是怎么找到的吗？把你的想法写在课堂练习本上。

这四名嫌疑人身高：

A. 身高 158cm　　B. 身高 185cm

C. 身高 175cm　　D. 身高 160cm

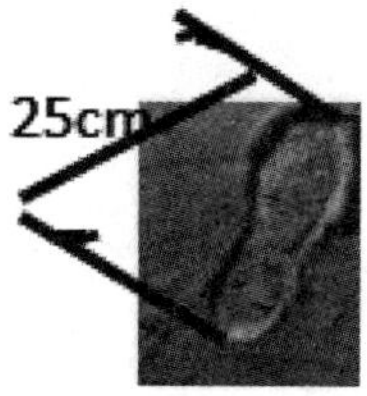

预设：25 × 7=175。

师：你是怎么想的？ 7 是什么意思？

五、课堂小结，畅谈收获

通过设计照片这个活动我们认识了比例，知道了比例各部分的名称，也能判断两个比能否组成比例，而且我们还感受到了比例在生活当中的价值，就让我们用数学的眼光去观察生活、走进生活，去学习更多更有趣的知识。

22. “正比例”课堂实录与反思

牛献礼
（北京亦庄实验小学，特级教师）

※ 课前思考

正比例关系和反比例关系作为正比例函数、反比例函数的雏形，是小学阶段渗透函数思想的重要内容。函数是指一个变化过程中两个变量之间的相互依存关系，而正比例关系和反比例关系正是两个变量之间相互依存关系中的两种情况。可见，“相互依存关系”是正比例关系的上位概念，教师要结合具体情境引导学生理解“相互依存关系”的内涵，体会生活中存在着大量相互依存的变化的量，对这些变化的量有一个整体的结构化的感知。

调研发现，学生理解生活中变化的量并简单描述它们是如何变化的，并不困难。但是，大多数学生往往停留在容易观察到的“横向的同时扩大、同时缩小”的现象表面，将正比例关系理解成“一个量如果越来越大，另一个量也越来越大”，或者“一个量如果越来越小，另一个量也越来越小”，而不容易抓住正比例关系的本质特征——“比值不变的两个变量间的关系”，因此，引导学生感受“两个变量间变化的内在联系”，进而发现“纵向的比值不变”是教学的难点。

基于上述学习内容分析和学情调研，围绕学生学习能力的培养，笔者采用“自学·讨论·引导”的教学方法，以期帮助学生真正学会学习，促进学生自主学习能力的提升。

※ 教学过程

一、教学片段一

课始，安排学生先自学北京版六下教材中的例1和例2，并设计“引导性问题”如下：

1. 自学教材时有什么看不懂、想不明白的地方吗？请在书上标注并写出自己的疑问。

2. 想一想：例 2 中“路程与时间”的关系和例 1 中“年龄与体重”的关系相比，有什么相同点和不同点？

3. 你能用自己的话说一说成正比例关系需要符合哪几个条件吗？

课堂上留给学生充足的自学时间，教师巡视，解答学生自学时的困惑，收集学生的典型问题。

【设计意图】自学能力是学生未来终身学习必备的能力，自学能力的提升又非一日之功，需要教师在日常教学中持之以恒地培养。数学教材是学生学好数学的重要素材，自学应从读懂教材开始。学生自学，教师绝不能“一放了之”，学生只有在教师的引导下才能实现有意义、有质量、有效率的自学。在自学前，从学生学习的角度精心设计了指向明确、层次分明、思考空间适度的“引导性问题”，为学生的自主学习导航护航。同时，学生自学时，教师要随时获取反馈信息，对学生感到困难的问题及学生的质疑做出及时的点拨与指导，特别要关注那些学习有困难的学生，了解他们的学习障碍所在，帮助他们顺利完成自学任务。

二、教学片段二

先让学生在小组内交流对“引导性问题”的思考，然后组织全班交流。

1. 问题一：自学教材时有什么看不懂、想不明白的地方吗？

生 1：原先我看不懂书上这个“一定”的意思，刚才小组交流时同学给我讲了，“一定”就是“不变”的意思，现在我懂了。

生 2：我看不懂书上写的“路程和时间相对应的比值一定”是什么意思，我们组讨论得也不是太清楚。

师：有同学能解答这个问题吗？

生 3：我是这样想的，比如 1 小时行 90 千米，1 小时就和 90 千米对应，2 小时行 180 千米，2 小时就和 180 千米对应，所以 90 应该除以 1，180 应该除以 2，不能用 90 除以 2，180 除以 1。

生 2（恍然大悟）：哦！我懂了！90 除以 1，比值是 90；180 除以 2，比值也是 90，比值 90 是不变的，所以说“相对应的比值一定”。

师：生 3 讲得很清楚！生 2 也特别会学习！大家想一想，这个不变的“比值”90 表示什么意思呀？

生：速度。

师：路程应该除以它对应的时间才等于速度。书上还提到“相关联的量”，大家知道“相关联的量”是什么意思吗？

生：“相关联”就是有关系的意思。

生：“相关联的量”就是一个量变了，另一个量也会变。

师：说得好！一个量变化，另一个量也跟着变化，我们就说这是两个“相关联的量”。想一想，除了书上这两个例子，生活中还有哪些“相关联的量”？

生：比如，看一本书，看的页数越多，剩下的页数就越少，看的页数和剩下的页数是“相关联的量”。

生：拿钱到超市买水果，买的水果越多，花的钱越多，买的水果数量和花的钱数是“相关联的量”。

……

【设计意图】着眼于自主学习能力的培养，学生能够通过自主学习解决的问题，老师不讲；课堂上有同学能回答的问题由生生互动交流解决，老师也不讲。教师引在精要处，导在发展处，针对学生自主学习中超越“现有发展水平”而指向“潜在发展水平”的问题，抓住关键，顺势引导，促成学生思维的不断深化。

2. 问题二：例 2 中“路程与时间”的关系和例 1 中“年龄与体重”的关系相比，有什么相同点和不同点？

课件整体呈现：

（1）王明的体重变化情况统计表。

年龄	出生时	6个月	1周岁	2周岁	…
体重/千克	3.4	6.2	10.5	13.4	…

（2）某汽车行驶的时间与路程情况统计表。

时间/时	1	2	3	4	…
路程/千米	90	180	270	360	…

生 1：相同点是它们都是相关联的两个量，一个量变化，另一个量也跟着变化。不同点是随着年龄增加，体重并不是一直增加的，有可能还会减少，比如减肥成功了，还有可能体重好几年都不变，我爸爸就是这样的。但是，路程会随着时间的增加一直增加。

生 2：我补充，路程与时间的变化是有规律的，时间增加，路程也增加，时间减少，路程也减少；但是，体重随年龄的变化而变化，可能减少也可能增加，还可能不变，是没有规律的。

师：路程与时间的变化有什么规律呢？

生 3：时间每增加 1 小时，路程就增加 90km。

生 4：时间扩大几倍，路程也扩大几倍。比如，1 小时变成 2 小时扩大了 2 倍，路程就由 90 千米扩大到 180 千米，也扩大了 2 倍。

师：生 4 是从左往右观察，如果反过来观察呢？

生 5：时间缩小几倍，路程也缩小几倍。

师：为什么时间扩大或缩小几倍，路程也扩大或缩小相同的倍数呢？

生：因为汽车行驶的速度不变。

师：速度不变？你怎么知道的？

生 4：90 ÷ 1=90，180 ÷ 2=90，270 ÷ 3=90，……

师：这里的 90 就是路程与时间的比值，它表示什么意思？

生；速度。

师：汽车行驶的时间在变化，路程也随着变化，但是路程与时间的比值（也就是速度）是不变的，我们就说路程与时间成正比例关系。

在师生交流、互动过程中，逐渐形成如下板书：

相关联的两个量 → 年龄与体重的变化没有规律

相关联的两个量 → 路程与时间的变化有规律（比值一定）→ 正比例关系

↑

一个量变化，另一个量也随着变化

【设计意图】《义务教育数学课程标准（2011 版）》指出：“数学知识的教学，要注重知识的‘生长点’与‘延伸点’，把每堂课教学的知识置于整体知识的体系中，注重知识的结构和体系，处理好局部知识与整体知识的关系，引导学生感受数学的整体性。”在上述教学中，结合具体情境引导学生理解“相互依存关系”的内涵，体会生活中存在着大量相互依存的变化的量，对这些变化的量有一个整体的结构化的感知。同时，把两个学习材料对比着学习，在比较、辨析中体会变量之间关系的不同，体会“两个变量间变化的内在联系”，理解“不变的量”。以反衬正，以反激正，正比例关系的特征更加突出和鲜明。

3. 问题三：你能用自己的话说一说成正比例关系需要符合哪几个条件吗？

生 1：我认为必须符合三个条件，一是“两个相关联的量”，二是它们的比值一定；三是一个量变化，另一个量也跟着变化。（全班同学都表示赞同）

师（板书）：（　）÷（　）=2，谁来说一说，括号里可以填哪些数？

生 2：10 ÷ 5=2。

生 3：8 ÷ 4=2。

……

师：观察这几组数，你有什么发现？

生：除数变大，被除数也变大；除数变小，被除数也变小。

师：除数变了，被除数也跟着变化。像这样一个量变化，另一个量也跟着变化，我们就说这两个量是相关联的量。也就是说，“两个相关联的量”已经包含了“一个量变化，另一个量也跟着变化”的意思，第一条和第三条可以合并为一条。

生 4：我还要补充，两个量的变化方向相同。

师：“两个量的变化方向相同”是什么意思？

生 4：也就是一个量变大了，另一个量也变大；一个量变小了，另一个量也变小。不能是一个量变大了，另一个量却变小。

师：有道理！还有补充吗？

生 5：应该是“两个量相对应的比值一定”，加上“对应”两个字。

师：这样就更严谨了！正比例关系必须符合两个条件：一是两个量必须相关联，二是两个量相对应的比值一定。

（出示下图）仔细观察一下，想一想，下面哪一幅图能表示路程和时间的这种关系？

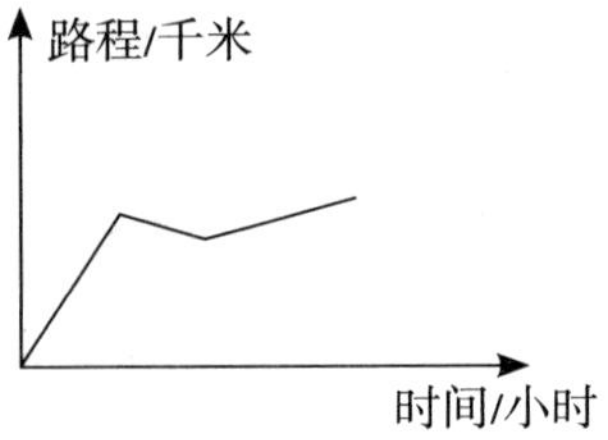

图1

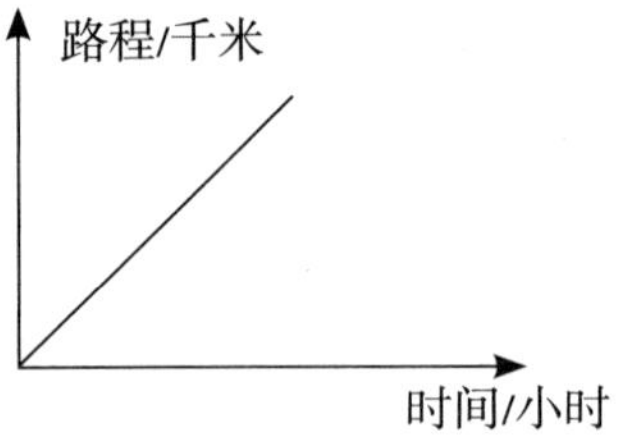

图2

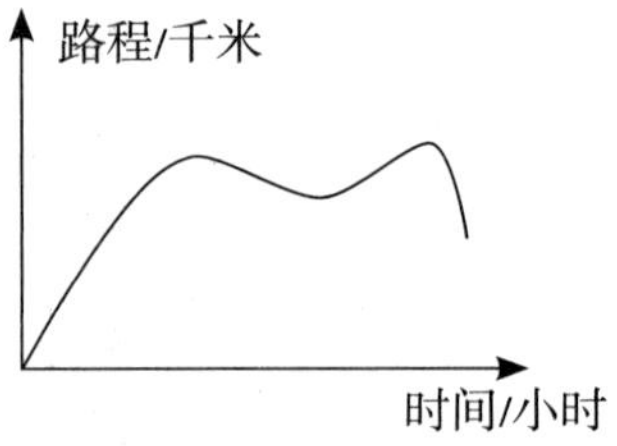

图3

生 6：第二幅图合适。因为第一幅图中的时间在增加，但是路程并不是一直在增加，第三幅图也是这样。

生 7：我也选第二幅图，因为路程随着时间的变化而变化，而且变化得很有规律，时间增加路程也增加，时间减少路程也减少。但是其他两幅图中的变化没有规律。

课件显示：根据统计表中的数据“描点”，并把几个点连成线（如下图）。

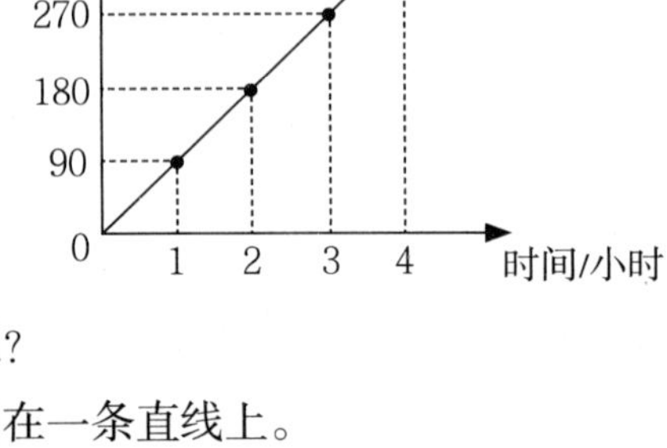

师：你有什么发现？

生：我发现这些点在一条直线上。

师：是的，路程和时间之间的正比例关系图像就是一条直线，这条直线经过 0，直线上的每一个点都可以找到相对应的时间和路程，每一个时间都对应着一个路程，每一个路程也都对应着一个时间，而且路程和时间的比值是一定的。不计算，根据图像判断，如果汽车行驶 4 小时，行驶的路程是多少千米？

生：行驶 4 小时，行驶了 360 千米。

师：行驶 5 小时呢？

生：90 × 5=450 千米。

……

师：除了路程和时间，生活中还有“成正比例关系”的例子吗？

生：买东西。买的东西越多花的钱就越多，但每件东西的价格是不变的。

师：每件东西的价格叫作单价，买东西花的钱叫作总价，买多少东西叫作数量，大家觉得总价和数量成正比例关系吗？为什么？

生：因为总价和数量是两个相关联的量，而且总价 / 数量的比值一定，所以总价和数量成正比例关系。［板书：总价 / 数量 = 单价（一定）］

师：总价和数量成正比例关系，路程和速度也成正比例关系，类似的例子还有很多。如果用 x、y 表示两个相关联的量，用 k 表示它们的比值，正比例关系可以怎样表示？

随生回答，小结并板书：y/x = k（一定）。

【设计意图】依托图像实现“可视化”，数形结合，引导学生发现对于一个量中的每一个数值在另一个量中都有唯一的一个数值与之相对应，一个量发生变化，另一个量也随之发生变化，但比值是不变的，促成学生对正比例的变化规律有一个形象鲜明的表象，初步感受函数思想。教师在关键的学习点处，不断提供有助于深层思考的问题（质疑、追问），增强学生对“正比例”内涵的理解。

三、教学片段三

判断下面每题中的两个量是否成正比例，并说明理由。

（1）乐乐看一本书，看过的页数和剩余的页数。

（2）正方形的周长和边长。

（3）圆的面积和半径。

学生独立思考后，全班交流。

生：“看过的页数和剩余的页数”不成正比例，因为它们的比值不一定。

师：可是，看过的页数和剩余的页数相加的和是这本书的总页数，“和”是一定的呀？为什么不成正比例呢？

生：成正比例关系是两个量的“比值”一定，不是“和”一定。

生：正方形的周长和边长成正比例关系。因为 $C=4a$，$C/a=4$（一定）。

师：我们举个例子看看。出示图（略）。

……

师：观察上面的表格和图像，你还有别的发现吗？

生 1：我发现每次增加的都一样。

师：你是怎么发现“每次增加的都一样”的？

生 1：我先看统计图感觉到的，然后通过表格里的数据来计算，发现真的是这样。

生 2：圆的面积与半径成正比例关系，因为 $S=\pi r^2$，所以 $S/r^2=\pi$（一定）。

（对于生 2 的回答，班里出现了争议。）

生 2：正比例不就是比值一定吗？它们的比值是 π，π 是一个固定不变的数，当然是一定的了。

师（追问）：这个 π 是哪个数和哪个数的比值呀？

生：π 是圆的面积与半径的平方的比值，不是圆的面积与半径的比值。

生 2：哦！我明白了，$S/r=\pi r$，因为 r 是一个变量，所以 πr 也是变量，比值不一定，所以圆的面积与半径不成正比例。

师：对于正比例，不能只是记住“比值一定”，还要关注到是什么与什么的比值。

……

【设计意图】仅仅“会背定义”或者“形式上”的理解是不够的，能够运用概念去判断才能对概念的本质内涵有透彻的理解。正例有利于丰富概念，而典型反例的恰当提供，有利于明晰概念，可以对错误防患于未然，把将发生而未发生的错误消灭在萌芽状态。比如，上述“圆的面积与半径是否成正比例关系”的讨论，就使学生不仅关注到“比值一定”，还要关注到“什么与什么的比值”，促成了对正比例概念的深度理解。另外，对正比例意义的理解，也不能仅仅是抽象表达式的套用，而必须使他们对正比例关系的多种表达方式有比较丰富的感知。上述“正方形的边长和周长”一例的辨析中，引入了表格语言、图像语言，直观形象的表示方法起到了抽象的关系式无法替代的作用，更有利于学生对函数思想的理解。

23. “比例尺”课堂实录与反思（课例一）

叶建云

（广东省深圳市宝安区官田学校，青年名师）

※ 课前思考

思考一：“比例尺”仅仅是一节计算课吗？

听过不少“比例尺”教学的随堂课、公开课，不少教师都把这一内容上成计算课了。在课后的交流或议课中，老师的看法是，本课的教学，如果学生知道“图上距离∶实际距离 = 比例尺”并能进行相关的计算（如已知图上距离和比例尺，求实际距离；已知图上距离和实际距离，求比例尺；或已知实际距离和比例尺，求图上距离），则本课的教学任务达成。似乎，前几版的北师大教材也印证了特别重视计算的倾向，请看原教材图片：

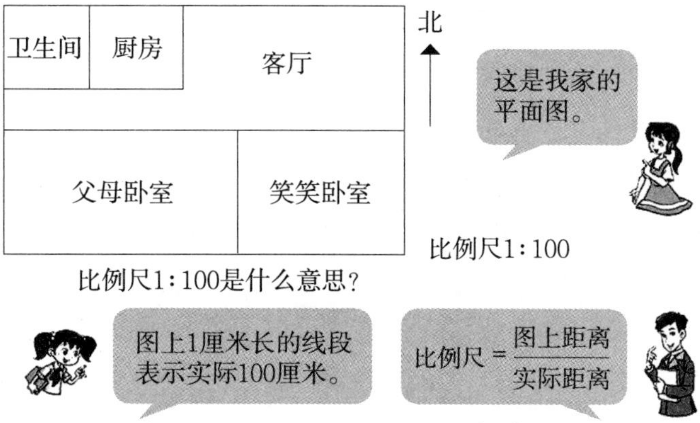

在学生明白比例尺是什么意思后，就是进行“已知图上距离和比例尺，求实际距离”的计算，第 3 个问题则是在计算出实际长和宽后进行求面积的计算。请看：

> 2.量一量平面图中笑笑卧室的长是____厘米，宽是____厘米。笑笑卧室实际的长是____米，宽是____米，面积是____米^2。
>
> 3.笑笑家的总面积是多少平方米？

我们再看看现在的北师大第四版新教材本课的主题图：

● 淘气和笑笑分别根据右边的信息画了图，他们画得合理吗？与同伴交流。

超市在学校正北方向200m，
邮局在学校正西方向100m，
书店在学校正东方向300m。

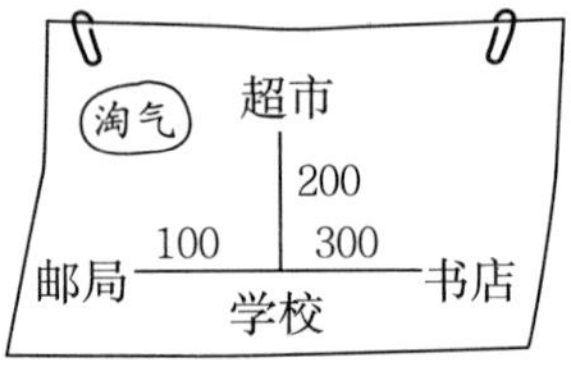

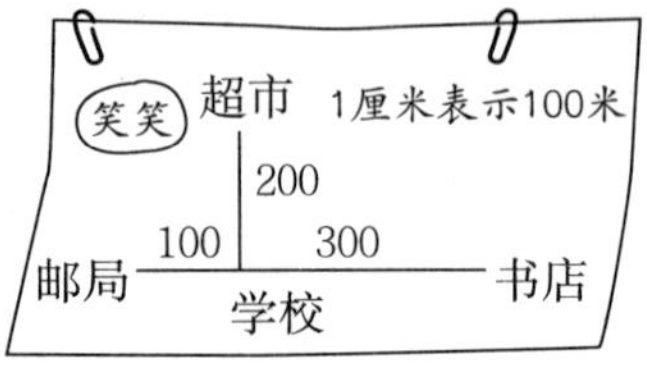

● 认一认。

图上距离和实际距离的比，叫作这幅图的比例尺。

$$\frac{\text{图上距离}}{\text{实际距离}}=\text{比例尺}$$

我画的图中，图上1cm表示实际100m，即10000cm，比例尺就是1:10000。

面对“根据信息画图：超市在学校正北方向 200m，邮局在学校正西方向 100m，书店在学校正东方向 300m”这个有一定难度和挑战性的问题，学生可以结合自己的生活经验和所学知识尝试解决，然后凭借自己所画的，同时结合淘气和笑笑两人不同的画法进行比较，从中感悟比例尺的“再发现”“再创造”的过程。

教材的调整，其实已为教学的转变和学生的自主发展提供了基础。虽然，这样的过程也需要学生进行计算，但其本身更立足学生的生活，更贴近学生的探究心理，为学生探索数学提供了更充足的时间与空间。这样的课，应该不仅仅是计算课了。

思考二：走出课堂，学生在心灵深处还能留下什么？

有的学者认为，当你教的学生离开学校后，留在大脑深处、融入其身心的素养才是真正属于学生的。我们的思考是，学生学了“比例尺”一课后，除了概念、知识、过程与方法，在心灵深处还能留下什么？

※ 课堂实录

一、课始交流

师：同学们，我们上学期来到了新校区学习，喜欢吗？

生：喜欢！

师：请看屏幕。

生看屏幕。

师：说说吧，你都看到哪些地方？

生：很壮观的学校大门和操场。

生：很漂亮的学校中学部教学楼。

生：我们自己现在学习的教学楼。

师：是啊，我们的新校区很美。今天，我们以在官田学校学习为荣，明天，官田学校将以你们为荣。

【设计意图】当熟悉的学校新校区图片出现在学生面前时，学生的感觉是亲切的、温暖的。这样引入新课，自然，贴切，温暖。这样的引入，浸润着学生热爱学校的情怀。同时，“今天，我们以在官田学校学习为荣，明天，官田学校将以你们为荣”饱含着教师对学生未来的期望与祝福。

二、初学比例尺

1. 试画示意图。

师：我们看最后一幅图片，它是咱们现在所在的官田学校 B 栋教学楼。这里的一层是一个长方形，长 30 米，宽 10 米。请你把它画在本子上，行吗？试试看。

学生尝试完成，教师巡视。

教师选择三位学生的作品上来展示。（长和宽分别为 3 厘米和 1 厘米、6 厘米和 2 厘米、4 厘米和 1 厘米）

师：你有什么发现？

生：第三个明显不像。我们的一层长是宽的三倍，它的长是宽的 4 倍了，不行的。

生：我们的一层长和宽的比是 3∶1，它的长和宽比是 4∶1，所以就不像了。

师：看得真仔细！

师：请看这个同学画的长方形，它的长和宽分别是——

生：长 3 厘米，宽 1 厘米。

师：这是画在图上的长度，数学上我们把它叫作图上距离。请大家算出它的长和实际的长的比，开始！

学生计算。

师：谁来说说？

生：3 厘米：30 米 = 3 厘米：3000 厘米 = 1：1000。

师：和她一样的请举手！

大部分学生都举手了。

师：同学们，像这样，图上距离和实际距离的比，叫作这幅图的比例尺。

教师板书：

$$\frac{\text{图上距离}}{\text{实际距离}}=\text{比例尺}$$

师：如这位同学，他画的这幅图的比例尺就是——

生：1∶1000。

师：谁能算一算看，这位同学的图上的宽和实际的宽的比是多少？

学生计算后汇报：也是1∶1000。

师：你有什么发现？

生：这个比和前面的比是一样的。

生：同一个图，比例尺都是一样的。

师：说得真好，把掌声送给他！

同学们鼓掌！

师：我们再看一下另一位同学画的图，它的长方形的长和宽分别是——

生：长6厘米，宽2厘米。

师：请大家也算出它的比例尺，开始！

学生计算并汇报：是1∶500。

师：奇怪了！同样是我们的这座教学楼一层，比例尺怎么不一样呢？

生：这个图比较大一些，那个图小一些，比例尺自然就不一样了。

生：同样的实际长度，比例尺不一样，图上距离自然就不一样了。

师：说得好！

【设计意图】让学生试画自己所在教学楼一层的平面示意图，融趣味性、思考性与挑战性于一体，让学生在不知不觉间经历了“比例尺”的再发现过程，切实培养了学生的创新意识。

2. 淘气和笑笑分别画了图，他们画得合理吗？

请看屏幕要求，试着画一画。

题目：超市在学校正北方向200m，邮局在学校正西方向100m，书店在学校正东方向300m。

学生画，教师巡视。

师：请画好的同学同桌交流一下。

学生同桌交流。

师：请看淘气和笑笑画的，你认为如何？

（1）一块橡皮长 4 厘米。

（2）一支钢笔长 10 厘米。

（3）教室的长 8 米。

（学生根据老师的要求，很快把前两个画完了。）

生 1：教室的长 8 米，太长了，我们画不了。

生 2：我想到一个好办法，能不能缩小点画呢？

生 3：应该可以吧，刚才小蚂蚁也是在缩小的地图上爬行的吗？

师：可以。不过你们要说明是用多长的线段来表示 8 米的。

学生画出不同的线段来表示 8 米长的教室。教师相机板书。

2 厘米表示 8 米，4 厘米表示 8 米，8 厘米表示 8 米……

【设计意图】通过这一环节的设计，让学生动手后明白，当物体或距离太长时，可以把它缩小画下来，感受空间美，体现出比例尺产生的必要性。

2. 认识比例尺。

师：在这里，我们把 8 米长的教室叫作实际距离，把画在纸上的距离叫作图上距离。图上距离与实际距离的比就是比例尺。（板书）

出示淘气和笑笑所画的图。让学生仔细观察，看看谁画得对。

通过对这两个人所画方位图的观察、比较、讨论、交流，明白在同一幅图中，图上距离与实际距离的比要相同。

师：我们现在把表示画 8 米长线段的比例尺算一算。算完后交流一下，说一说，计算比例尺的时候要注意什么。学生计算自己画的线段的比例尺，通过交流、讨论得出：要算比例尺，图上距离与实际距离的单位必须化为相同。

活动二：（课件出示）师生共同搜集生活中不同的比例尺。引导学生交流讨论，说说自己的发现。学生小组讨论。（学生积极展开讨论与研究，各抒己见）

教师归纳为三点：

· 比例尺是一个比，不带计量单位。

· 比例尺的前项和后项一定是同级单位。

· 为了计算方便，比例尺通常都写作是前项为 1 的比。

【设计意图】多角度理解比例尺的含义，使学生对比例尺的意义、形式、求法有初步了解，为解决实际问题打好基础，初步培养学生空间观念。

活动三：课前，老师测量了一下我们学校操场的长是 50 米，宽 30 米，现在老师就请同学们当一回小小设计师，将学校操场的平面图画在老师发给的白纸上并填好表格。（友情提醒一下：我们画图时用的单位是厘米，而已知的实际距离单位是米）

（1）学生操作、教师巡视并注意收集不同的汇报素材。

（2）小组交流。

师：设计好了吗？下面请同学们围绕下面三个问题将自己的设计在小组内交流一下。（电脑出示讨论题）

① 说一说你是怎么画的?

② 在操作过程中遇到什么问题?

③ 你是怎么解决的?

在学生交流时，教师将学生在操作过程中出现的各种情况的平面图贴在黑板上。

3. 汇报；说说自己的设计方案。（你是怎么想的）

4. 引导学生进行总结归纳：已知图上距离、实际距离、比例尺中的两个量怎样求第三个量。

【设计意图】让学生试着画一画操场平面图，亲身体验当设计师的感觉。在动手实践的过程中，学生可以利用比的意义、比例尺的含义等知识和经验来解决这些问题，让学生感受到空间的美妙，同时，有利于学生提高解决问题的能力 。

三、拓展引申，巩固新知

课件出示中国地图。

1. 找到自己的家乡。估一估家乡到北京的距离，求一求实际距离。

2. 放暑假时，你打算从 _____ 到 _____ 去旅游，两地间的实际距离大约是 _____ 千米。

引导学生交流各自的想法。

【设计意图】通过一定具有开放性和挑战性的练习，既沟通了数学与生活的联系，又培养了学生应用数学知识解决生活实际问题的能力。

四、运用所学，解决问题

1. 学了本节课，你有获得了哪些知识?

2. 怎样画我们教室的平面图呢？（长 8 米，宽 6 米）

引导学生交流自己的看法，自定比例尺，画出平面图。

【设计意图】回顾前面的问题，首尾呼应，为学生提供充分的自由发展空间，让他们在倾听、协作、分享、交流中成长。

※ 课后反思

“比例尺”是在学生已经掌握了化简比以及比例的知识的基础上进行教学的。我在设计教学环节时，仔细分析了教材的设计意图，同时又思考如何将概念教学恰到好处地与学生的生活实际联系起来。反思整个教学过程，我认为成功的地方主要有以下几点：

一、建立数学与生活的紧密联系

本课内容距离学生生活较远，虽然在今后的地理、制图等知识中会有所体现，但是以目前六年级学生的生活经验来讲，却不会接触。所以，我将导入情境设置在画一些物品和教室的长度，逐渐引入相关的概念，利用这样的导入，很快拉近了本课教学与学生生活经验之间的距离。在讲授知识的时候，我又以学校平面图引出了计算练习，加深了数学与生活的联系，为空间观念的培养打下基础。

二、在动手操作中得出概念

通过让学生设计制作校园平面图，亲身体验当设计师的感觉，让他们在实践中体会如何确定比例尺的大小、如何计算数据、如何作图等。在汇报交流时，恰地地传授知识。这一环节让学生充分总结出比例尺的定义，认识缩小比例尺，针对学生们得到的很多结论，我将他们的作品一一展示给同学们看，课堂充满了探索的气息，让学生初步感受空间概念。

三、适当点拨，大胆放手

新课标提倡把课堂还给学生，让学生成为课堂的主人。而教师只是教学活动的组织者、引导者和参与者，教师如何充当这一角色呢？我认为，教师既然是引导者，教学中的讲解和点拨是必需的，教师既然是组织者、参与者，讲解和点拨又应是适时适度的。在将本课概念讲授清楚以后，教师大胆放手，引导学生通过独立思考、小组讨论的方式，自主完成任务，而教师的大胆放手也取得了很好的效果。在交流汇报的过程中，教师再进行一些适当的点拨，既实现了教学目标，又使教师的教学过程变得轻松自如，同时发展了学生的空间观念。

四、及时肯定和评价学生

以人为本是新课标的基本理念，在这一理念指引下，数学课堂教学中应重视数学学习的个性化发展，教师要尊重学生的学习，既要尊重学生对数学的不同理解，又要尊重学生的数学思维成果。

在教学中，求比例尺时，学生出现了多种求法，我遵循着学生的思路展开教学，我在认真倾听学生讲解的同时，对不同的方法加以肯定与评价，得出求比例尺的基本方法，并且说明学生可以有自己不一样的解法，但要注意书写的规范与完整。

总之，要遵循学生学习心理规律，就要尊重学生的理解，让学生在不断的体验和感悟中总结和调整自己的学习，在掌握知识提高能力的同时，浸润空间观念，从中学会学习。

二、图形与几何

25. “圆的认识”课堂实录与反思（课例一）

张齐华
（江苏省南京市玄武区教师发展中心，特级教师）

※ 课前思考

“圆的认识”一课选自小学数学教材第 11 册，是在学生认识了长方形、正方形、三角形等多种平面图形的基础上展开的，也是小学阶段认识的最后一种常见的平面图形。教材的编排思路是先借助实物揭示出“圆”，让学生感受到圆与现实的密切联系，再引导学生借助“实物”“圆规”等多种方式画圆，初步感受圆的特征，并掌握用圆规画圆的方法，在此基础上，再引导学生通过折一折、画一画、量一量等活动，帮助学生认识直径、半径、圆心等概念，同时掌握圆的基本特征。这样的编排，学生对于圆的相关概念及特征的理解和把握一般都是建立在教师的明确指引和调控之下，学生相对独立的探索空间不够，而与此同时，学生对于圆所包含的文化特性也无从感受、体验，对于圆在历史、文化、数学发展过程中与人类结下的不解之缘感受不深。

基于这样的认识，我试图对本课的教学思路进行重新调整：一方面，通过拓展空间，将学生进一步置身于探索者、发现者的角色，引导学生在认识完圆的一些基本概念后，自主展开对于圆的特征的发现，并在交流对话中完善相应的认知结构；另一方面，我又借助媒体，将自然、社会、历史、数学等各个领域中的“圆”有效整合进本课教学，充分放大圆所包含的文化特性，努力折射“冰冷”图形背后所散发的独特魅力。

想起美国学者泽布罗夫斯基，曾因为“在凝望波涛的时候”而产生了写作《圆的历史》这一迷人著作的冲动，而我——一个普通的年轻教师，又是如何想起要在自己的课堂里打破常规、冲破樊篱，演绎“走进圆的世界”这一多少有些另类的教学案例的呢？如今回想起来，是平静水面上漾起的一圈圈涟漪？是阳光下朵朵绽放的金色向日葵？是慈母心中那轮永恒的明月？是“长河落日圆”中夕阳下落日的余晖？是伟大思想家墨子笔下“圆，一中同长也”和数学巨著《周髀算经》中“圆出于方，方出于矩”的召唤？是古老的阴阳太极图所给予的神秘诱惑？是“没有规矩，不成方圆”这一古训背后的力量？还是西方数学哲学中“圆是最美的图形”所带来的无限诱惑？似乎都是，又不完全是。只是有一种莫名的冲动，一直萦绕心头，那就是：怎样让数学课堂再厚重些、开阔些、深邃些、美丽些……藉此，想到了圆，继而，便有了“走进圆的世界”这一大胆尝试。

※ 课堂实录

一、教学片段一

师：对于圆，同学们一定不会感到陌生吧？（是）生活中，你们在哪儿见到过圆形？

生：钟面上有圆。

生：轮胎上有圆。

生：有些纽扣也是圆的。

……

师：今天，张老师也给大家带来一些。见过平静的水面吗？（见过）如果我们从上面往下丢进一颗小石子（播放动态的水纹，并配以石子入水的声音），你发现了什么？

生：（激动地）水纹、水纹、圆……（声音此起彼伏）

师：其实这样的现象在大自然中随处可见，让我们一起来看看。（伴随着优美的音乐，阳光下绽放的向日葵、花丛中五颜六色的鲜花、光折射后形成的美妙光环、用特殊仪器拍摄到的电磁波、雷达波、月球上的环形山等画面一一展现在学生的眼前）从这些现象中，你同样找到圆了吗？

【设计意图】在导入部分，老师用电脑课件演示了一个石子投入池塘的画面，屏幕中碧波如镜，飞石入水，波纹荡漾，产生了一个又一个同心圆，老师从这里的圆入手，又播放了大自然中的圆：太阳、向日葵、花朵等一组组美丽的图片让学生惊叹不已，流连忘返。学生深刻感受到了圆的曲线美，虽然新课还未展开，学生却对圆产生了浓厚的兴趣。

生：（惊异地，慨叹地）找到了。

师：有人说，因为有了圆，我们的世界才变得如此美妙而神奇。今天这节课，就让我们一起走进圆的世界，去探寻其中的奥秘，好吗？

生：（激动地）好！

二、教学片段二

师：俗话说：“没有规矩，不成方圆。”意思是说，如果没有圆规，是——

生：画不出圆的。

师：同学们都准备了圆规，你能试着用它在白纸上画出一个圆吗？

生：能。

（学生尝试用圆规画圆，交流，明确圆规画圆的基本方法。）

师：可要是真没有了圆规，比如在圆规发明之前，我们就真画不出一个圆了吗？

生：不可能。

师：今天，每个小组还准备了很多其他的材料。你能利用这些材料，试着画出一个圆吗？

生：能。

（学生以小组为单位，利用手中的工具和材料画圆。）

师：张老师发现，每个小组都有了各自精彩的创造。让我们一起来分享。

生：我们组将圆形的瓶盖按在白纸上，沿着瓶盖的外框画了一个圆。

师：那叫“拷贝不走样”。（生笑）

生：三角板中就有一个圆形窟窿，利用它，我们很方便地画出了一个圆。

师：真可谓就地取材，挺好！（笑）

生：我们组在绳子的一端系一支铅笔，另一端固定在白纸上，绳子绷紧，将铅笔绕一圈，也画出了一个圆。

师：看得出，你们组的创作已经初步具备了圆规的雏形。

生：我们组在绳子的一端系上一块橡皮，抓住绳子的另一端一甩，也同样出现了一个圆。

师：尽管这一方法没有能在白纸上最终“画”出一个圆，但他们的创造仍然是十分美妙的，不是吗？（生热烈鼓掌）

【设计意图】面对学生的意外生成，教师不是置之不理，而是积极予以尊重和肯定。所以，课堂里响起了热烈的掌声。这掌声，源于学生内心的一种欣赏与感激，一种接纳与认可，是一种真情流淌。

师：可是，既然不用圆规，我们依然创造出了这么多画圆的方法，那么俗语中为什么还会有“没有规矩，不成方圆”的说法呢？

生：我想，大概是古时候的人们没想到这些方法吧？（生笑）

生：我觉得不是这样，因为，或许一开始，“没有规矩，不成方圆”指的是没有圆规和“矩”画不出方和圆，但是流传到后来，它的意思已经发生了改变，不再仅仅指原来的意思了，而是指很多事情，必须讲究规矩，遵循章法。（不少同学投以赞许的目光）

师：真没想到，一条普通的数学规律，经过千年流传，竟逐渐成为我们生活中一条重要的人生准则。当然，同学们能够利用各自的智慧，成功演绎“没有规矩，仍成方圆”，足以说明大家不凡的创造力了。

【设计意图】教师的评价语言清新自然、精炼洒脱。有人说，语言的舒展即是思想的流畅，语言的优美源于思想的精致，语言是世界上最美的智慧之花。教师用富于哲理和流转自如的教学语言，亦诗亦歌亦画的教学韵味，用渲染创设美好的意境，用真情激起心灵的震撼，使课堂一开始就弥漫着与生命萌发相通的浓郁的人文气息，同时也很好地诠释了“教学是语言的艺术”的丰富内涵。

三、教学片段三

（通过自学，学生认识了半径、直径、圆心等概念后。）

师：学到现在，关于圆，该有的知识我们也探讨得差不多了。那你们觉得还有没有什么值得我们深入地去研究？

生：（自信地）有。

师：说得好，其实不说别的，就圆心、直径、半径，还蕴藏着许多丰富的规律呢，同学们想不想自己动手来研究研究？（想）同学们手中都有圆片、直尺、圆规等等，这就是咱们的研究工具。待会儿就请同学们动手折一折、量一量、比一比、画一画，相信大家一定会有新的发现。两点小小的建议：第一，研究过程中，别忘了把你们组的结论，哪怕是任何细小的发现都记录在学习纸上，到时候一起来交流。第二，实在没啥研究了，别急，老师还为每一小组准备一份研究提示，到时候打开看看，或许对大家的研究会有所帮助。

（随后，伴随着优美的音乐，学生们以小组为单位，展开研究，并将研究的成果记录在教师提供的“研究发现单”上，并在小组内先进行交流。）

【设计意图】教师在课堂上为孩子搭建了一个个展示自我的舞台，通过个人动手折折、量量、比比，小组说说、议议，让孩子在独立探索和小组合作中学习，在体验的过程中去丰富对圆心、直径、半径的认识，获得丰富的动态表象，从而建构起圆的基本特征。

师：光顾着研究也不行，我们还得善于将自己的发现和大家一起交流、一起分享，你们说是吗？（是）很多小组都向张老师推荐了他们刚才的研究发现，张老师从中选择了一部分。下面，就让我们一起来分享大家的发现吧！

生：我们小组发现圆有无数条半径。

师：能说说你们是怎么发现的吗？

生：我们组是通过折发现的。把一个圆先对折，再对折，这样一直对折下去，展开后就会发现圆上有许多条的半径。

生：我们组是通过画得出这一发现的。只要你不停地画，你会在圆里画出无数条半径。

生：我们组没有折，也没有画，而是直接想出来的。

师：噢？能具体说说吗？

生：因为连接圆心和圆上任意一点的线段叫作圆的半径，而圆上有无数个点（边讲边用手在圆片上指），所以这样的线段也有无数条，这不正好说明半径有无数条吗？

师：看来，各个小组用不同的方法，都得出了同样的发现。至少直径有无数条，还需不需要再说说理由了？

生：不需要了，因为道理是一样的。

师：关于半径或直径，还有哪些新发现？

生：我们小组还发现，所有的半径或直径长度都相等。

师：能说说你们的想法吗？

生：我们组是通过量发现的。先在圆里任意画出几条半径，再量一量，结果发现它们的长度都相等，直径也是这样。

生：我们组是折的。将一个圆连续对折，就会发现所有的半径都重合在一起，这就说明所有的半径都相等。直径长度相等，道理也是一样的。

生：我认为，既然圆心在圆的正中间，那么圆心到圆上任意一点的距离应该都相等，而这同样也说明了半径处处都相等。

生：关于这一发现，我有一点补充。因为不同的圆，半径其实是不一样长的。所以应该加上“在同一圆内”，这一发现才准确。

师：大家觉得他的补充怎么样？

生：有道理。

师：看来，只有大家互相交流、相互补充，我们才能使自己的发现更加准确、更加完善。还有什么新的发现吗？

生：我们小组通过研究还发现，在同一个圆里，直径的长度是半径的两倍。

师：你们是怎么发现的？

生：我们是动手量出来的。

生：我们是动手折出来的。

生：我们还可以根据半径和直径的意义来想，既然叫“半径”，自然应该是直径长度的一半喽……

师：看来，大家的想象力还真丰富。

生：我们组还发现圆的大小和它的半径有关，半径越长，圆就越大，半径越短，圆就越小。

师：圆的大小和它的半径有关，那它的位置和什么有关呢？

生：应该和圆心有关，圆心定哪儿，圆的位置就在哪儿了。

生：我们组还发现，圆是世界上最美的图形。

师：能说说你们是怎样想的吗？

生：生活中，我们到处都能找到圆。如果没有了圆，我们生活的世界一定会缺乏生机。

生：我们生活的世界需要圆，如果没有了圆，车子就没法自由地行驶……

师：当然，张老师相信，同学们手中一定还有更多精彩的发现没来得及展示。没关系，那就请大家下课后将刚才的发现剪下来，贴到教室后面的数学角上，让全班同学一起来交流，一起来分享，好吗？

生：好。

【设计意图】刚才是“动手做数学”，现在是在学生充分探索、交流的基础上交流研究成果。这样，学习的过程成了一种分享。这样的师生交往意味着对话，意味着参与，意味着心态的开放，个性的彰显。教师结合不同的学习内容和学习的不同阶段，采用了多样化的学习方式，体现了对学生学习过程的真切关注。在教学过程中，教师更多的是作为学生学习的引领者、组织者和欣赏者来完成教学任务的。

四、教学片段四

师：其实，早在二千多年前，我国古代就有了关于圆的精确记载。墨子在他的著作中这样描述道：“圆，一中同长也。”所谓一中，就是指一个——

生：圆心。

师：那同长又指什么呢？大胆猜猜看。

生：半径一样长。

生：直径一样长。

师：这一发现，和刚才大家的发现一样吗？

生：完全一致。

师：更何况，我国古代这一发现要比西方整整早一千多年。听到这里，同学们感觉如何？

生：特别自豪。

生：特别骄傲。

生：我觉得我国古代的人民非常有智慧。

师：其实，我国古代关于圆的研究和记载还远不止这些。老师这儿还搜集到一份资料，《周髀算经》中有这样一个记载，说“圆出于方，方出于矩”，所谓圆出于方，就是说最初的圆形并不是用现在的这种圆规画出来的，而是由正方形不断地切割而来的（动画演示：圆向方的渐变过程，如图①）。现在，如果告诉你正方形的边长是6厘米，你能获得关于圆的哪些信息？

生：圆的直径是6厘米。

生：圆的半径是3厘米。

师：说起中国古代的圆，下面的这幅图案还真得介绍给大家（出示图②），认识吗？

生：阴阳太极图。

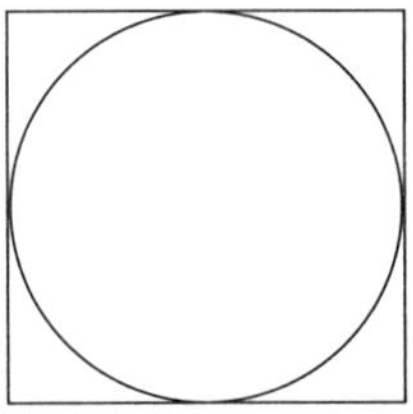
图1

图2

师：想知道这幅图是怎么构成的吗？（想）原来它是用一个大圆和两个同样大的小圆组合而成的。现在，如果告诉你小圆的半径是3厘米，你又能知道什么呢？

生：小圆的直径是6厘米。

生：大圆的半径是6厘米。

生：大圆的直径是12厘米。

生：小圆的直径相当于大圆的半径。

……

【设计意图】在学生实现独立知识建构的过程中，让文化润入学生的心灵之中，且实现了知识习得与文化影响的有机融合。这样，拓展了学习活动的外延，将学习活动立体化，使学生在习得知识的同时，积累文化，积淀人文精神。

师：看来，只要我们善于观察，善于联系，我们还能获得更多有用的信息。现在让我们重新回到现实生活中来。平静的水面被丢进的石子荡起的波纹为什么是一个个圆形？现在，你能从数学的角度简单解释这一现象了吗？

生：我觉得石子投下去的地方就是圆的圆心。

生：石子的力量向四周平均用力，就形成了一个个圆。

生：这里似乎包含着半径处处相等的道理呢。

师：瞧，简单的自然现象中，有时也蕴含着丰富的数学规律呢。至于其他一些现象中又为何会出现圆，当中的原因，就留待同学们课后进一步去调查、去研究了。

师：其实，又何止是大自然对圆情有独钟呢，在我们人类生活的每一个角落，圆都扮演着重要的角色，并成为美的使者和化身。让我们一起来欣赏。

（伴随着优美的音乐，如下的画面一一展现在学生眼前：生活中的圆形拱桥、世界著名的圆形建筑、中国著名的圆形景德镇瓷器、中国民间的圆形中国节、中国传统的圆形剪纸、世界著名的圆形标志设计等等。）

师：感觉怎么样？

生：我觉得圆真是太美了！

生：我无法想象生活中如果没有了圆，将会是什么样子。

生：生活中因为有了圆而变得格外多姿多彩。

……

师：而这，不正是圆的魅力所在吗？

五、教学片段五

师：西方数学、哲学史上历来有这么一种说法，“上帝是按照数学原则创造这个世界的”。对此，我一直无从理解。而现在想来，石子入水后浑然天成的圆形波纹，阳光下肆意绽放的向日葵，天体运行时近似圆形的轨迹，甚至于遥远天际悬挂的那轮明月、朝阳……而所有这一切，给予我们的不正是一种微妙的启示吗？至于古老的东方，圆在我们身上遗留下的印痕又何尝不是深刻而广远的呢。有人说，中国人特别重视中秋、除夕佳节；有人说，中国古典文学喜欢以大团圆作结局；有人说，中国人在表达美好祝愿时最喜欢用上的词汇常常有“圆满”“美满”……而所有这些，难道就和我们今天认识的圆没有任何关联吗？那就让我们从现在起，从今天起，真正走进历史、走进文化、走进民俗、走进圆的美妙世界吧！

【设计意图】文化，从来没有像这节课这样，以一种厚重、开阔、深邃、美丽呈现在小学的数学课堂。短短的一节课，呈现在我们眼前的不再是一两页薄薄的教材，而是一幅源远流长的数学画卷。这节课，张老师努力地用课堂的精彩来演绎文化的厚重与缤纷。它让人感受到数学不再是枯燥无味的，而是有着一种让人赏心悦目的、心旌摇动的形式美和隐蔽的、深邃的内容美，一种感性与理性融合的美，一种彰显人文精神的科学美。张齐华的这一节《走进圆的世界”，一改传统教学中“紧扣知识与技能的教学方法”，用充满个性化的理解，打造出属于他个人也属于新课程改革“学校文化重建背景”下的一块亮丽的文化品牌。

※ 课后反思

多少年来，在孩子们的心目中，在教师们的课堂里，数学一直与定理、法则、记忆、运算、机械等联系在一起，难学难教、枯燥乏味一直成为阻碍学生数学学习的绊脚石。事实上，造成这一现象的原因是多方面的，而一味注重数学知识的传递、数学技能的训练，漠视数学本身所包含的鲜活的文化背景，漠视浸润在数学发展演变过程中的人类不断探索、不断发现的精神本质、力量以及数学与人类社会（包括自然的、历史的、人文的）千丝万缕的联系，显然是造成这一现象的重要原因之一。

众所周知，数学本质上是一种文化，《数学课程标准》在前言中明确指出：数学的“内容、思想、方法和语言是现代文明的重要组成部分”。如何在课程实施过程中践行并彰显数学的文化本性，让文化成为数学课堂的一种自然本色，我立足从过程与知识凝练两个角度进行探索。“圆的认识”一课正是我所作的一次粗浅尝试。

数学发展到今天，人们对于它的认识已经历了巨大的变化。如今，与其说数学是一些结论的组合，毋宁说它更是一种过程，一种不断经历尝试、反思、解释、重构的再创造过程。因而对于圆的特征的认识，我并没有沿袭传统的小步子教学，即在亦步亦趋的“师生问答”中展开，而是将诸多细小的认知活动统整在一个综合性、探究性的数学研究活动中，通过学生的自主探索、合作交流、共同分享等，引领学生经历了一次“研究与发现”的完整过程。整堂课，“发现与分享”成为真正的主旋律，而知识、能力、方法、情感等恰恰在创造与分享的过程得以自然建构与生成。

在承认“数学是一种过程”的同时，我们也应清晰地意识到，作为人类文化重要组成部分的数学，在经历了漫长的发展过程后，“凝聚”并积淀下了一代代人创造的智慧的结晶，我们有理由向学生展现数学所凝聚的这一切，引领学生通过学习感受数学的博大与精深，领略人类的智慧与文明。藉此，教学伊始，我们选择从最最常见的自然现象引入，引发学生感受圆的神奇魅力；探究结束，我们介绍了中国古代关于圆的记载，从宏观的视野丰富学生的认识视域；最后，我们更是借助“解释自然中的圆”和“欣赏人文中的圆”等活动，帮助学生在丰富多彩的数学学习中层层铺染、不断推进，努力使圆所具有的文化特性浸润于学生的心间，成为学生数学成长的不竭动力源泉，让数学课堂摆脱原有的习惯思维与阴影，真正美丽起来。

当然，“理想的课程”如何转化为“现实的课程”，这当中仍然有许多值得深切关注的话题。就拿本课教学而言，实施下来，应该说，学生对于“圆”这一冰冷图形背后所蕴含的文化特性的感受还是十分真切的，然而，作为问题的另一方面，对于基本的数学知识、数学技能的掌握，在教学后的反馈中也确实暴露出了一些问题，尤其表现在部分学生对于圆的半径、直径等概念的理解不够到位，对于半径、直径及其与圆之间的关系的掌握不够透彻等。因而，今后我们在数学课堂演绎数学文化、数学精神等层面的同时，如何兼顾知识与技能的教学，如何使我们的课堂活中有实，实中见活，应该还是有一定的启示意义的。

26. “圆的认识”课堂实录（课例二）

姜锡春
（重庆市巴蜀小学，特级教师）

※ 课堂实录

一、创设情境，激趣引入

屏幕出示一瓶可乐。

师：这是什么？

生：可乐。

师：如果有三个同学分别站在这三个点上，每人拿上一个相同的圈，同时来套这瓶可乐，谁先套上算谁赢，你觉得公平吗？

生：不公平。

师：为什么？

生：因为他们每个人离可乐的距离不相等。

师：只有距离相等才是公平的！现在老师让他们站成距离是相等的（课件演示三个点重新站成一个等边三角形，可乐放在中间），现在你觉得公平了吗？为什么？

生：因为他们每个人离可乐的距离相等。

师：如果四个人来套，你觉得这样站公平吗？（课件出示四个点围成一个正方形，可乐放在中间）为什么？

师：如果八个人来套，你觉得这样站公平吗？（课件出示八个点围成一个正八边形，可乐放在中间）

师：如果我们全班的同学都同时来套这瓶可乐，甚至邀请更多的人都同时来套这瓶可乐，请同学们大胆猜想一下：这些人最终会围成一个什么样的图形才公平呢？

生：圆形！

师：一个近似的圆形！（课件出示许多个点围成的一个近似圆形，可乐放在

中间）

师：为什么站成圆形来套这瓶可乐就公平了呢？圆又有什么特点呢？我们今天就来研究这个问题！

（板书课题：认识圆。）

二、探究新知

1. 老师这里收集了一些圆形图案，请同学们把小手伸起来，随着屏幕的显示，边看边用手指画这些图形的形状，准备好了吗？

课件出示生活中的各种圆形图案，学生根据图案用手指画圆。

师：生活中有圆的地方真是太多了！你觉得圆与我们学过的长方形、三角形、平行四边形有什么不同？（引导学生说出圆是一种平面上的曲线图形）

初步画圆，了解圆各部分的名称。

你能利用学具框里的工具，画一个圆吗？

教师收集一张用茶杯盖画的圆和一张用圆规画的圆，并举着画圆的工具，问：为什么这个圆中间有个小点？这个小点是这个圆的什么呢？（学生回答后板书：圆心）用茶杯盖画的这个圆中间没有小点，是不是就没有圆心呢？你能想办法，找出它的圆心吗？

让一个学生上台用对折的方法折出圆心后问：你也能像他这样拿出框里的圆片纸找出圆心吗？（教师把刚才学生示范时折的稍大的圆片纸贴在黑板上，并提醒学生用笔打上圆点来表示圆心）

师：谁还知道圆的什么知识呢？（根据学生的回答依次板书：半径、直径）

你是怎么知道的？

师：看书是一种很好的学习方法！让我们一起走进教材，看看教材第56页的最后一自然段告诉了我们什么？

2. 汇报交流，理解圆的特征。

师：谁来告诉我们，你从书中知道了些什么？

生：我从书中知道了什么是圆心。

师：你能读出这句话吗？（在圆片纸上标上O）

师：你还知道什么？

生：我还知道什么是半径。

师：请把这句话读出来。

师：（学生读后教师用粉笔指着圆外一点问）这是圆上一点吗？

生：不是！

师：这是圆外一点。

师：（教师又用粉笔指着圆内一点）这是圆上一点吗？

生：不是！

师：这是圆内一点。谁能上来指出圆上任意一点呢？

师：（学生指出后，教师又问）你还能指出这样的一点吗？你还可以指出一点吗？你可以指出多少个这样的点呢？

生：无数个！

师：（教师示范画半径，并标上 r，然后又问）这样画可以吗？

师：这段话还告诉了我们什么？

生：还告诉我们什么是直径。

师：请读出这句话。

师：（学生读后教师用直尺做出一个没有经过圆心的动作）这是直径吗？

生：不是！

师：为什么？

生：因为它没有经过圆心。

师：（然后教师把直尺经过圆心，在圆外的两个点上故意做出一个很夸张的动作）我这样连接，这条线段是这个圆的直径吗？

生：不是。

师：为什么？

生：因为它的两端不在圆上。

师：（教师再正确示范画直径，并标上 d，然后又问）这样画可以吗？

师：请同学们在圆片纸上画出一条半径和一条直径，并用字母表示。

师：（学生画好后展示）请你再画两条半径好吗？

师：（学生画好后）如果老师让你再画 20 条半径，你行吗？如果老师让你这样一直不停地画下去，你能够画多少条呢？（板书：无数条）

师：在同一个圆中，这无数条半径的长度又有什么关系呢？！你能用你手中的直尺来量一量吗？（板书：且相等）

师：同样的道理，在同一个圆中，直径又有什么特征呢？

生：无数条且相等。

师：在同一个圆中，直径和半径又有什么关系呢？请同学们相互议论一下！

（学生议论时，教师趁机在直径后板书：无数条且相等。）

生：直径是半径的两倍，半径是直径的一半。

师：（教师拿出一个小圆片纸对着黑板上的大圆片纸）这个圆的直径是黑板上的圆的半径的两倍吗？

生：不是。

师：要怎样说才准确呢？

生：在同一个圆中，直径是半径的两倍，半径是直径的一半。

师：你能用字母来表示吗？

（根据学生的回答板书：$d=2r \quad r=\frac{d}{2}$。）

反馈练习：填表。

在同一个圆中	半径	3cm		0.8m	
	直径		10dm		

3. 学习用圆规画圆，并从中感悟圆心与半径的作用。

（1）出示圆规后问：这是什么？它是用来干什么的？它有几只“脚”？

屏幕出示：请在作业纸的左上角画一个 $r=3$cm 的圆，并标出圆心和半径。

学生画圆时，教师巡视并提示：如果你有什么困难，可以看书第 57 页的下面，看书上是怎样说的？你也可以与同伴交流。

请一名画得比较好的同学上台汇报，教师在倾听学生汇报时注意提示：

· 针尖固定的这一点也就是什么？

· 圆规两脚间的距离是什么？

· 注意旋转的技巧。

在和学生的交流中适时书写板书：定圆心、定半径、旋转一周。

然后再展示两张画得不好的圆：一张是把半径画成了 6 厘米，一张是画得不流畅的，让学生分析原因。

（2）教师在黑板上示范画圆。

为了让同学们看得更清楚一些，老师画一个半径 20 厘米的圆，你觉得圆规两脚的距离应该是多少呢？

教师演示画圆，提醒学生，不要忘记要标出圆心和半径，然后标出圆心和半径。

师：同学们会画圆了吗？请看屏幕：请在作业纸的右上角画一个 $r=2$cm 的圆，并标出圆心和半径。

师：（学生画完后）请你观察画的两个圆，哪一个大？哪一个小？为什么呢？

（板书：半径确定圆的大小。）

三、实际应用，深化新知

师：老师今天还给你们带来了一组精彩的动画。

（屏幕出现：设计成三角形车轮、长方形车轮、正方形车轮和椭圆形车轮的汽车行驶的滑稽场面。）

师：坐这样的车会是一种什么样的感受？

生：很抖动。

师：如果你是一个汽车设计师，你会把车轮设计成什么形状呢？

生：圆形。

（出示圆形车轮、但车轴没有装在圆心的汽车行驶场面。）

师：这又是怎么回事呢？

生：车轴要装在圆心。

（出示圆形车轮、车轴装在圆心的汽车行驶场面。配上轻快的音乐。

师：为什么车轮做成圆形，车轴装在圆心上，车跑起来就又快又平稳了呢？

生：（回答后总结）因为从圆心到圆上任意一点的距离是相等的，把车轴装在圆心上，就能保证车轴到地面的距离始终不变，因此，车子跑起来就又快又平稳了！

四、数学文化渗透

师：刚才我们在做套圈游戏的时候，这里的可乐就相当于圆的——圆心，每个人就相当于圆上的一个点，每个人到圆心的距离就相当于圆的半径。因为同一个圆的半径都相等，所以站成圆形来套圈是公平的！

其实，早在两千多年前，战国时期的《墨经》里就有了关于圆的精确描述：圆，一中同长也。（课件显示：圆，一中同长也）

师：这里的“一中”指的什么呢？“同长”又是指的什么呢？

古人的这一发现要比西方早了整整一千多年，作为一个中国人，此时此刻，你有何感想？

生：特别骄傲、自豪。

全体起立，让我们带着对古人的崇敬，用自豪的神情，并结合手势来读出这句话！注意要读出古人的韵味！

五、课堂小结

师：请大家回忆一下，通过刚才的学习，我们都学会了哪些知识？

（认识了圆各部分的名称，知道了圆的特征，学会了用圆规画圆……）

师：亲爱的同学们，今天，你们用自己的努力为我们今天这节课画上了一个圆满的句号！但老师更希望这个句号能变成一个新的起点，伴随你们走向更加圆圆满满的幸福生活！

（随着教师的话，大大的圆慢慢缩小成一个句号。再由句号缩小成一个圆点，慢慢地放射出许多个五彩斑斓的同心圆，同时“同心圆”这首歌的音乐响起。）

师：今天这节课就上到这里，下课！

27. “圆的认识”教学设计（课例三）

杨松
（广东省深圳市盐田区教育科学研究院，特级教师）

※ 教学过程

一、新课学习，探究发现

1. 出示课题，举例说圆。

同学们，你们知道圆吗？举例说说，生活中哪些物体上有圆？

学生根据生活感知自由回答，教师同时多媒体演示从实物抽象到圆的过程，并以此揭示课题。（板书课题：圆的认识）

2. 放手画圆，感知特征。

（1）关于圆你还知道什么？

学生凭借已有知识回答，教师顺势引导：

①既然大家对圆这么熟悉，那你们会画圆吗？都有哪些画法？

学生以小组为单位，利用手中工具自由画圆后，指名说各种画圆方法并引导得出：人们一般用画圆工具——圆规来画圆。

②你能说说用圆规怎么画圆吗？想不想自己尝试一下？

学生口述画法，教师演示圆规画圆过程后，学生尝试用圆规画任意圆。

（2）你能在画出的圆上标出圆心、半径、直径吗？

师生共同在黑板上标记出圆的圆心、半径、直径并用字母表示出来，其余学生在自己所画圆上标记。与此同时，师生双向完成圆心、半径、直径三个概念的教学。

3. 操作探究，发现特征。

（1）折一折，画一画，量一量。

①教师出示圆形纸片提问：这是一个圆，可我们不知它的圆心在哪儿？该怎么办呢？

学生动手操作，对折发现圆心。

②通过刚才的操作和尝试，你发现了什么？

学生汇报、交流小组发现结果，教师引导：圆心一般用字母 O 表示，集体用字母表示圆心。

（2）交流讨论，探究特征。

①刚才，同学们想出了一个巧妙的办法——通过对折，发现了圆的圆心。将圆对折以后，圆面上留下了许多折痕，现在，请同学们仔细观察这些折痕，你还能发现些什么？

学生以小组为单位，相互启发，集体讨论，共同发现。

②谁愿意向大家汇报一下你们组的发现呢？

学生汇报发现，教师同时板书：

半径：无数条，长度都相等。

直径：无数条，长度都相等。

半径与直径：直径长度是半径长度的 2 倍，半径长度是直径长度的$\frac{1}{2}$。

③师生共同用字母表示半径、直径关系。

$d=2r$　　$r=\frac{1}{2}$

（3）画指定圆。

在学会了如何用圆规画任意圆后，如果我们要画半径是 2 厘米的圆，该怎么画呢？直径是 5 厘米的圆又该怎么画呢？

指名说画法后，学生自己尝试画指定圆。

①画半径是 2 厘米的圆。

②画直径是 5 厘米的圆。

二、观察辨析，巩固新课

1. 判断。（手势判断）

（1）下面哪个图中的线段是这个圆的半径？（课件出示）

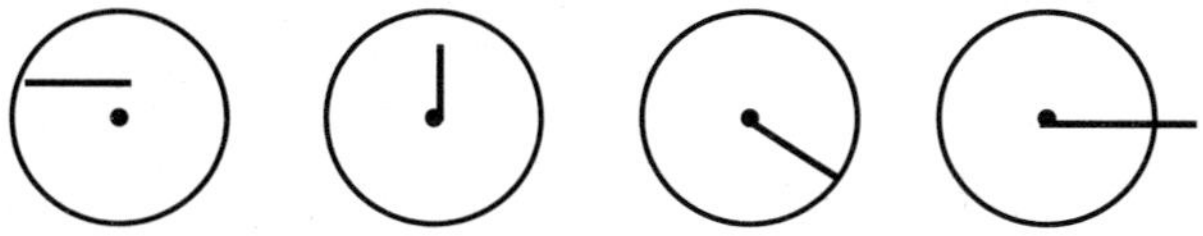

A　B　C　D

（2）下面哪个图中的线段是这个圆的直径？（课件出示）

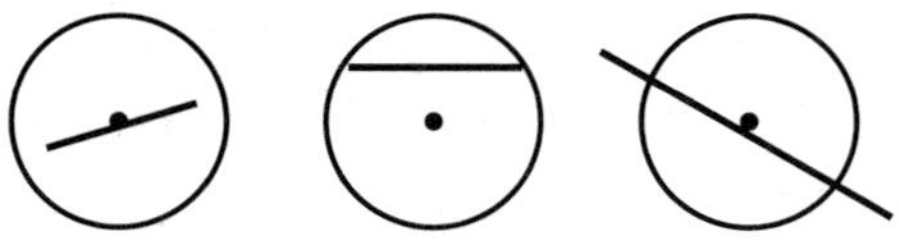

A　B　C　D

2. 选择。（集体抢答）

（1）画圆时，圆规两脚间的距离是（　　）。

A. 半径长度　B. 直径长度

（2）从圆心到（　　）任意一点的线段，叫半径。

A. 圆心　B. 圆外　C. 圆内　D. 圆上

（3）通过圆心并且两端都在圆上的（　　）叫直径。

A. 直径　B. 线段　C. 直线　D. 射线

（4）在同一个圆里，半径和直径的比是（　　）。

A. 2∶1　B. 1∶1　C. 1∶2

3. 观察下图，你发现了什么？（课件出示）

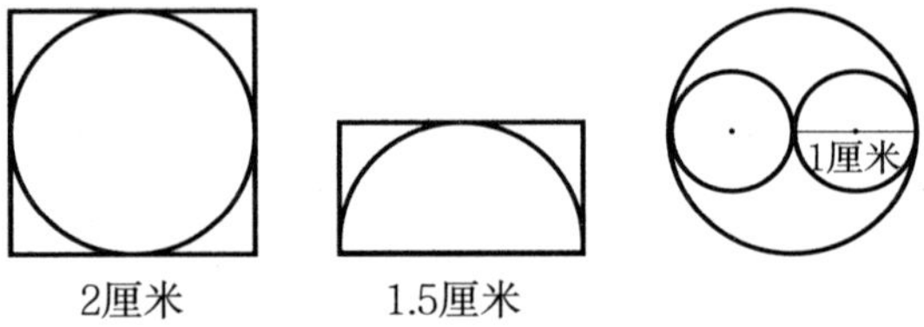

三、联系实际，深化拓展

1. 试一试。（学生操作）

试试看，有什么方法可以测量出硬币的圆心？谁的办法最多？

小组操作、讨论，教师巡视。

（1）用直尺量出硬币上最长的线段就是直径。

（2）在纸上画圆，然后把它剪下来再对折找出直径。

（3）用直尺和两块三角板配合量。

……

2. 有趣的动物运动会。（课件演示）

车轮为什么要做成圆的？车轴应该装在车轮的什么位置？如果车轮做成椭圆形、正方形，车子跑起来会怎么样？

学生自由发表见解后，教师归纳讲解：因为从圆心到圆上任意一点的距离是相等的，车轴装在圆心上，就能保证车轴到地面的距离始终不变，这样，车子跑起来就又快又稳了。

四、联系旧知，优化结构

我们今天学习的圆形与过去学过的长方形、正方形、平行四边形、三角形、梯形等图形比较，有什么相同点？有什么不同点？

五、回顾总结，质疑延伸

1. 这节课你学到了什么？印象最深的是什么？

2. 思考。（课件出示）

（1）留意观察生活中哪些物体上有圆？做成圆有什么好处？

（2）同学们课外活动时，要在操场上画一个半径是 5 米的大圆做游戏，该怎么画呢？

28. “圆的周长”课堂实录与反思

夏青峰
（北京市朝阳区教育委员会、北京中学，特级教师）

※ 课前思考

教材创设了一个“为圆镜镶边框”的简单情境，帮助学生认识圆的周长，体会测量圆的周长的必要性。教材中呈现了两个直径不同的圆镜，结合具体情境引出圆的周长并使学生直观地感受直径大的圆的周长大、直径小的圆的周长也小。

1. 做一做

教材安排了测量圆的周长的活动，引导学生根据周长的意义想办法测量圆的周长。教材中呈现了比较常用的两种方法：一种是在直尺上滚动的方法；一种是用线绕一圈，再量出线的长度的方法。教学时，教师可以鼓励学生用硬纸板剪好直径分别是 5 厘米和 8 厘米的两个圆，小组合作共同想办法测量圆的周长。在得出两个圆的周长后，可以让学生比较一下，直径大的圆的周长要大一些，为下面对圆的周长的进一步研究提供感性认识。

2. 探究活动

在初步认识圆的周长和测量圆的周长后，教材安排了探究活动，即探究“圆的周长与什么有关系，有什么关系”。教材先引导学生进行猜想：由正方形的周长是边长的 4 倍，类比猜想圆的周长与直径之间也有一定的关系。

然后，组织学生开展实践研究活动，通过测量、计算，研究发现圆的周长与直径的关系，从而得出圆的周长计算公式。教学时，教师可以让学生课前准备几个大小不同的圆，通过滚动、绕线等方法得出圆的周长，再测量出圆的直径，并利用测量得到的数据进行计算，即计算每个圆的周长是直径的几倍，填入表格内。最后，引导学生观察表格，这样每个学生都有了动手操作及计算得出结果的体验，而且把不同的圆的有关数据通过表格的形式呈现出来，更利于学生观察、比较，初步发现圆的周长总是直径的 3 倍多一些。在实践探究的基础上，教师再介绍圆周率并得出圆周长的计算公式。

教学时需要注意的是，测量会有一定的误差，教师要利用课堂上生成的资源使学生认识测量时总会有一些误差，同时让学生认识到测量方法正确、测量过程仔细等可以减小误差，也可以多测量几次求平均数。由于圆周率是一个无限不循环小数，教材指出计算时圆周率的值通常取3.14，即计算时教材凡没有具体规定的，“π”都取近似值3.14，计算结果用“=”连接。

最后，教材回顾了最初的实际问题，鼓励学生直接运用周长的计算公式进行计算，解决实际问题。教师如果补充这样的习题要注意数据，不要使计算太繁杂。

※ 课堂实录

一、认识圆的周长

师：（屏幕动画显示）请同学们看一幅画面。清晨，两只米老鼠在草地上跑步，黄老鼠沿着正方形的路线跑，蓝老鼠沿着圆形的路线跑。要求黄老鼠所跑的路程，实际上就是求这个正方形的什么？

生：正方形的周长。

师：什么叫正方形的周长呢？怎样计算正方形的周长呢？

生：围成正方形四条边长的总和叫作正方形的周长。正方形的周长等于边长乘以4。

师：（板书：围成，动画显示）对，正方形的周长与它的边长有关系，周长是边长的4倍。

师：要求蓝老鼠所跑的路程，实际上就是求圆的什么呢？（动画显示）

生：圆的周长。

师：你很聪明！那什么叫圆的周长，又怎样计算圆的周长呢？这节课我们就来研究这个问题，好吗？（板书课题）

师：（动画显示）我们已经知道，围成圆的这条线是一条什么线？

生：一条曲线。（板书：曲线）

师：这条曲线的长就是什么的长？

生：圆的周长。

师：那谁来依照正方形周长的定义说说什么是圆的周长呢？

生：围成圆的曲线的长叫作圆的周长。

师：（完成板书：围成圆的曲线的长叫作圆的周长，并拿出一个用铁丝围成的圆）谁来说说这个圆的周长就是指哪一部分的长？（学生边指边说）

师：请同桌之间相互讨论，说说我这个圆片的周长就是指哪一部分的长。（学

生相互指说）

【设计意图】在直观的动画情境中，巧妙地由正方形周长的概念推出圆周长的概念，由强调正方形的周长与它的边长有着倍数关系为新知教学埋下伏笔，引起学生联想圆的周长是否也与圆内某条线段长存在着一定的倍数关系。通过创设情境、实际感知、迁移类推，使学生在头脑中建立了清晰的圆周长的表象。

二、测量圆的周长

师：（用铁丝和直尺演示）圆的周长如果用直尺去直接测量方便吗？为什么？

生：不方便。因为直尺是直的，而圆的周长却是弯曲的。

师：噢，这条线是弯曲的，有没有办法把这条曲线变直呢？

生：有，只要把它截断拉直就行了。

师：（用手比画截断拉直）同学们想象一下，它就变成了什么呢？

生：一条线段。

师：（屏幕显示，化曲为直再化直为曲）我们看，把圆这条曲线切断展开拉直以后，它就变成了一条线段。这条线段的长就是什么的长？

生：就是圆的周长。

师：你现在能知道这个圆的周长吗？

生：只要用直尺去测量这条线段的长度。

师：对，圆的周长虽然不能用直尺把它直接测量出来，但是我们可以用展开的方法，通过“化曲为直”，只要测量出这条线段的长，我们就可以知道这个圆的周长。

师：（出示一教具圆片）但是，这个圆的周长要展开就很麻烦了，我们用什么方法也可以化曲为直测量出它的周长呢？看谁最聪明！

生：用线去绕。

师：怎么绕？可以绕给同学们看看吗？

（师生合作用绕线的方法去测量圆周长。）

师：这样绕了以后，怎样就知道了圆的周长呢？（生说明）

师：同学们听清楚了吗？用线绕圆一周以后，捏紧这两个正好连接的端点，把线拉直，这两点之间线段的长就是？

生：圆的周长。

师：这种方法同样可以化曲为直，你们也会绕吗？请同桌之间相互合作一下，用这种绕线的方法去测量出一个圆片的周长。精确到0.1厘米，并把结果填写在表格中。

（生实际操作。）

师：除此以外，还有什么别的方法也能测量出圆的周长吗？

生：把圆放在直尺上滚动一周。

师：（师用直尺和圆片演示）怎么知道圆正好滚动一周呢？

生：在圆上做个记号就行了。

师：（动画显示）看屏幕，在圆上取一点作个记号，并对准直尺的零刻度线，然后把圆沿着直尺滚动，直到这一点又对准了直尺的另一刻度线，这时候圆就正好滚动一周。圆滚动一周的长就是什么的长？

生：圆的周长。

师：请同桌之间再相互合作，用滚动的方法去测量另外一个圆片的周长，结果精确到 0.1 厘米，并记录在表格中。

（生实际操作。）

师:（预先在黑板上画好一个圆）现在老师给你一个圆，你会测量它的周长吗？

生：会。

师：真的吗？谁再来试试。

一生上台用线绕黑板上的圆。

师：有什么感觉？

生：不方便！

师：那你可以把它搬下来滚动呀！（生齐笑）这就说明用绕线和滚动这两种方法测量圆的周长，还有一定的——

生：局限性。

师：这就需要我们探讨出一种求圆周长的普遍规律。

【设计意图】通过层层设疑，不断给学生造成思维冲突，从而激发学生去思考、发现方法。在“用直尺直接测量不方便——化曲为直——直接地化曲为直有困难，间接地化曲为直——有局限性，需找普遍规律”一个个矛盾的设立和解决的过程中，既帮助学生掌握了“化曲为直”的数学方法，又使学生主动探索和实践的精神得到了培养。多媒体动画显示的“化曲为直”过程也给学生留下了深刻的印象。

三、引导发现圆的周长与直径的关系

师：我们已经知道正方形的周长与它的边长有关，周长是边长的 4 倍，圆的周长是否也与圆内某线段长有关系呢？

（媒体演示：以三条不同长度的线段为直径，分别画出三个大小不同的圆。

然后再把这三个圆同时滚动一周，得到了三条线段的长分别就是三个圆的周长。）

师：观察一下，在这三个圆中，哪个圆的直径最短？哪个圆的周长最短？

生：第一圆的直径最短，第一个圆的周长最短。

师：哪个圆的直径最长，哪个圆的周长最长？

生：第三个圆的直径最长，第三个圆的周长也最长。

师：同学们看，圆的直径越短，圆的周长也就（越短），圆的直径越长，圆的周长也就（越长）。这就说明圆的周长肯定与圆的什么有关系？

生：圆的周长与直径有关系。（屏幕显示这句话）

师：圆的周长与直径到底有什么关系呢？这个问题要同学们自己去发现。现在请同桌之间相互分工一下，每位同学测量一个圆片的直径并计算出你那个圆片的周长除以直径所得的商，得数保留两位小数，并把数据填写在相应的表格中。

（生实际测量、计算、填表。）

师：请一个小组的四位同学依次汇报一下你们的数据。（生报数，师填表）

师：从他们汇报的数据看，同学们发现了什么吗？

生：他们的商都是三点一几。

师：也就是每个圆的周长大约是它直径的 3 倍多一些。其他小组你们每个圆的周长与直径的关系也是这样吗？请四人一组相互交流一下。

（生小组交流。）

师：谁来代表小组汇报一下，你们那些圆的周长与直径的关系怎样？

生 1：我们这个小组每个圆的周长也大约是直径的 3 倍多一些。

生 2：我们这个小组圆的周长与直径的关系也是这样。

师：凡是通过测量计算发现你的圆周长是直径的 3 倍多一些的同学请举手。

学生都举起了手。

师：这就说明圆的周长除以直径的商肯定是有规律的。在我们所测量的这些圆中，每一个圆的周长都是它直径的 3 倍多一些！再看屏幕上这三个圆的周长与直径的关系怎样呢？

（媒体演示：用每个圆的直径分别去度量它们的周长并引导学生观察，每个圆的周长也分别是它直径的 3 倍多一些。）

师：在这三个圆中，不管是大圆还是小圆，每一个圆的周长也是它直径的 3 倍多一些。如果再换成其他的圆来度量或者计算的话，同学们还会发现，每一个圆的周长还是它直径的 3 倍多一些。那么我们可以用一句话来概括圆的周长与直径的关系吗？

生 1：圆的周长都是直径的 3 倍多一些。

生 2：圆的周长总是直径的 3 倍多一些。（屏幕显示此句话）

师：这就是圆的周长与直径的关系。这个表示 3 倍多一些的数，它还需要一个固定的数，我们称它为圆周率。用式子表示就是“圆的周长 ÷ 直径 = 圆周率”。（板书在表格下面）。圆周率用字母“π”来表示。

（媒体播放录音并同时显示祖冲之像等画面，介绍圆周率的知识及祖冲之对圆周率的贡献。）

【设计意图】教学遵循不完全归纳法的过程，通过“是”“也是”“还是”的三个层次，让学生在充分感知的基础上发现了圆周长与直径的关系，得出“总是”的结论。学生在观察思考、既合作又分工的操作测量计算以及小组交流等不同学习方式的交互运用中，主动地投入了知识规律的形成和发现过程。同时，生动的多媒体动画有效地突破了教学难点，使学生更容易接受。

四、计算圆的周长

师：现在我们要得到这个圆的周长（指刚才画在黑板上的圆），其实我们只要测量出它的什么就可以计算出来了？

生：测量出它的直径。

师：那么已知这个圆的直径该怎样求它的周长呢？

生：用直径去乘以圆周率。

师：为什么？

生：因为圆的周长 ÷ 直径 = 圆周率，所以圆的周长就等于直径乘以圆周率。

师：说得真好！（板书公式并教学用字母公式 $C=\pi d$ 表示，过程略）

师：（屏幕显示）会求这个圆的周长吗？（$d=2$ 厘米）

生：等于 $3.14\times2=6.28$（厘米）。

师：怎样求这个圆的周长呢？（$r=1$ 厘米，屏幕显示）

生：$3.14\times2=6.28$（厘米）。

师：为什么要乘以 2？

生：因为已知的是半径。先要算出直径，再算周长。

师：也就是先要计算 $2r$，即 d，再和 π 相乘。公式可简写为 $C=2\pi r$。

师：计算这两个圆的周长。（屏幕显示：$d=2$ 分米，$r=1.5$ 分米）

（生计算。）

师：“2、3.14、1.5”怎样计算比较简便一些？

生：先计算 2×1.5 的积，然后再和 3.14 相乘。

师：我们既然学过乘法的一些运算定律，在平时的计算中，就应当要经常运

用它。现在老师就要看看同学们能否把今天学习的知识运用到实践中解决问题。(出示例1)

师：（屏幕动画显示）求车轮滚动一周的长度，也就是求什么？

生：求这个车轮的周长。

师：对，就是求这个车轮外圆的周长。会做吗？

（生尝试解答，师评讲，略。）

师：同学们，今天我们学习了一个新的知识“圆的周长”，谁来说说，我们掌握了哪些知识呢？

（生总结。）

五、巩固和练习（略）

【设计意图】始终把学生放在学习的主体地位，让学生面对困难自己想办法解决。巩固练习设计精巧，针对性和层次性强，学生当堂完成，高质高效完成了教学任务。

29. “圆的面积”课堂实录与反思（课例一）

麻明家
（山东省烟台市芝罘区官庄小学，青年名师）

※ 课前思考

把未知的问题转化为已知的问题是常用的思想方法，而“化曲为直”是推导圆的面积公式的基本思想，教材注重这些思想方法的渗透，引导学生用这个思想来推导圆的面积的计算公式。教学时应帮助学生在具体情境中了解圆的面积的含义，体会计算圆的面积的必要性并引发研究圆的面积的兴趣。

教材安排了“估一估”的活动，目的是使学生进一步体会面积度量的含义，感受“化曲为直”的思想，同时培养学生的估计意识。在了解圆的面积的含义和估计圆的面积的基础上，教材安排了“探索圆的面积计算公式”的活动，引导学生经历圆的面积公式的推导过程。有的学生可能已经知道了圆的面积的计算公式，教师不能因为学生知道就压缩了探究过程，可以鼓励他们验证这一公式的正确性。教材体现了“化曲为直”的思想，即把圆进行分割，再拼成一个近似平行四边形或长方形的图形，如果分割的份数越多，拼出的图形越接近平行四边形或长方形，由此用平行四边形的面积计算公式或长方形的面积计算公式来推导出圆的面积计算公式。教材分三个层次来呈现：第一步呈现了把圆平均分成 8 份，拼成一个近似平行四边形的图形；或者把其中的一份再平均分成 2 份，拼成一个近似长方形的图形。第二步呈现了把圆平均分成 16 份和 32 份，拼成一个近似平行四边形或长方形的图形，使学生初步感知把圆等分的份数越多，拼成的图形就越接近平行四边形或长方形，从中渗透极限思想。第三步是在操作的基础上，分析原来的圆和拼成后的图形各部分之间的关系，推导出圆的面积计算公式。教学时，教师要注重两个方面：一是重视学生的实际操作活动，通过实际操作活动使学生体会“化曲为直”的思想，要让学生剪出一个圆形纸片，把它平均分成 8 份、16 份进行拼摆，操作体验。二是要重视分析推导的过程，引导学生仔细观察拼成的图形，分析拼成的图形与原来的圆的各部分之间的关系，如拼成的平行四边形的底相当于圆周长的一半（π），高相当于圆的半径（r），平行四边形的面积等于“底 × 高”，所以圆的面积等于“$\pi r\times r$”；再如拼成的长方形的长相当于圆周长的一半（πr），宽相当于圆的半径(r)，长方形的面积等于“长 × 宽”，所以圆的面积等于“$\pi r\times r$”。在此过程中，学生理解“极限”思想时可能有困难，教师要充分利用信息技术，展示等分 64 份或者更多份的过程，激发学生开展想象。

最后，教材回顾了最初的实际问题，鼓励学生直接运用面积计算公式进行计算，解决实际问题。

※ 课堂实录

一、课前谈话

师：麻老师在给自己的学生上课时，经常会在课前来一段热身，讲个小故事。我们班同学说这是“小故事，大道理”，今天咱们也来试一试。《曹冲称象》的故事，你们都知道吧？

生：知道。

师：老师有个问题不明白，本来想知道大象的重量，曹冲为什么要称那些石头呢？

生：石头的重量和大象的重量相等。

师：你说的这点很关键，必须保证石头和大象的重量相等，这样称出的石头的重量就是大象的重量。那曹冲为什么不直接称大象呢？

生：因为大象太重，不能直接称出大象的重量。

【设计意图】看似轻松随意的谈话，却体现了教者的独具匠心，教者用小故事的形式，激活了学生经验中已有的“转化”思想，巧妙地为新课的教学、为后面学生的探究提供了思想基础。

二、开门见山，揭示课题

师：（黑板上出示一个圆）大家看，这是什么图形？

生：圆形。

师：我们已经认识了圆，学习了圆的周长，这节课我们一起来学习圆的面积。（板书课题：圆的面积）

【设计意图】由于学生熟悉了研究平面图形的思路：认识特征—周长—面积，所以老师采用了开门见山、直奔主题的引入方式，既有利于学生形成研究问题的思路，把新知识纳入已有的认知结构，又简洁明快，结构紧凑，为学生后面的探究提供了时间上的保证。

三、第一次探究，明确思路，体会“转化”的数学思想方法

1. 圆的面积概念。

师：请你想一想，什么是圆的面积呢?

生：圆的大小就是圆的面积。

2. 唤醒记忆，实现方法迁移。

师：就是说圆所占平面的大小就是圆的面积。那怎么求圆的面积呢?（学生沉默）大家好像遇到了困难，请你在大脑中搜索一下，以前我们研究一个图形的面积时，用到过哪些好的方法?

生：可以把新图形转化成已学过的图形，比如平行四边形可以通过剪拼转化成长方形求出面积。

3. 布置第一次探究任务。

师：那圆能不能转化成我们学过的图形呢?（能）空说无凭，请你用手中的工具、圆纸片试一试。

4. 学生活动，教师巡视。（约五分钟）

【设计意图】圆与学生以前探究的长方形、正方形、平行四边形、三角形、梯形等都有所不同，因为它是平面上的曲线图形，因此当老师提出“怎么求圆的面积”，学生并不能马上找到解决的方法。有的学生一开始无从下手，这时，老师没有作指导，而是把时间给学生，把探究的空间给学生，充分相信学生能行，引导学生从头脑里检索已有的知识和方法，让学生把“圆”这个看似特殊的图形（用曲线围成的图形）与以前学过的图形（用直线段围成的图形）有机地联系起来了，沟通了知识之间的联系，促成了迁移。

5. 学生反馈。

师：刚才老师发现有的小组已经有想法了。我看你们小组的想法就很好，谁代表小组上来说一说?大家认真听，看看他们是怎么想的。

生 1：我们把圆纸片对折得到 4 个扇形，求出一个扇形的面积，但是扇形面积不会求，可以再继续折。

师：你们折成 4 个扇形后，为什么还要继续折?

师：看来你们已经发现问题了，继续折，折成的图形就更像三角形了。（把学生的作品贴在黑板上）

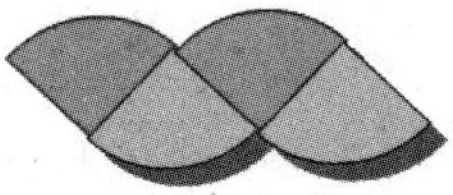

【设计意图】其实这种方法也能推导出圆的面积，而且推导方法比较简单，但在以往“圆的面积”的教学设计中却很少出现。老师能深入了解学生探究圆的

面积的心理，知道有的学生脑子里不是一片空白的，会根据生活经验自然而然地把圆纸片进行对折（这是儿童生活经验作用下的原发思维），发现和三角形类似，说明老师很尊重学生的原创思维。

师：这种方法多好呀，有的小组采用的方法不一样，也请他们上来展示一下。

生 2：我们把一个圆剪成 4 个相等的扇形，把这些扇形重新拼一拼，拼出的图形有些像平行四边形。（老师也把学生的作品贴在黑板上）

师：这个小组很有创意，把圆剪成 4 份，又重新拼成了新的图形（板书：剪拼），刚才拼出的图形像平行四边形吗？

生：不像。

6. 方法比较。

师：有点轮廓了，看来要如何让拼出的图形更像一个平行四边形，值得研究。刚才我们有两种思路，可以把圆折一折，转化成三角形；也可以通过剪拼把圆转化成平行四边形。这两种思路有什么共同点？

生：都是想把圆这个新图形转化成已经学过的图形求出面积。

【设计意图】通过第一次探究，学生产生了两种很有价值的思路，即通过折一折，把圆转化成近似的三角形；通过剪拼把圆转化成近似的平行四边形。教师设计了“你们发现这两种方法的共同点了吗”这一关键问题，旨在引导学生通过回顾反思，达到渗透“转化”这一数学思想方法的目的。

四、第二次探究，明确方法，体验“极限思想”

1. 布置第二次研究任务。

师：刚才我们发现不管是折成的三角形，还是剪拼成的平行四边形都不是很像，怎么才能更像呢？值得我们继续研究研究，请每个小组在两种思路中选择一种继续研究。

2. 小组合作，教师巡视指导。

3. 学生反馈。

师：各个小组都研究出结果了，谁想先来展示一下？请你们小组先说。

生 1：我们把圆对折平均分成 16 份，折出的形状很像是三角形。

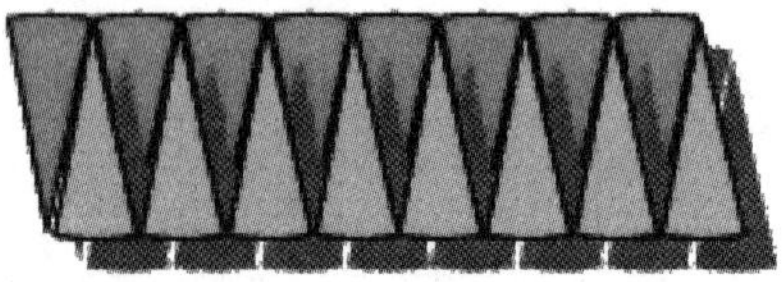

师：为什么要折这么多份？

生 1：因为折成 4 份的话，折出的形状是扇形，和三角形相差太大。折的份数越多，折出的形状越像三角形。

师：把一个圆对折平均分成16份后的形状，确实很像三角形了，那么，怎么能让折成的图形更像三角形吗？

生：折成32份。

师：你再折试试看。

（生不动。）

师：看来同学们再继续折纸有困难了，老师在电脑上给大家演示一下。这是同学们刚才把圆平均分成16份的形状（课件演示“正十六边形”），这一份看起来像是三角形了。现在我们再把它平均分成32份，有什么变化？（课件演示正三十二边形，并突出其中一份的形状）

师：如果折成64份、128份……闭上眼睛想一下，会怎么样？

师：大家请看屏幕，把圆平均分成4份，其中的一份和三角形差得确实比较大。请大家观察把圆继续分下去时会发生什么变化。（利用课件从4份开始演示，分的份数逐渐增加）

生：（感觉很神奇）越来越接近三角形了。

师：和大家想的一样，把圆分的份数越多，其中的一份越接近三角形。三角形的底可以看成这段弧，三角形的高可以看成是圆的半径。你们会求三角形的面积吗？

生：会！

【设计意图】操作、演示、追问、想象、贯通，层次分明。通过课件的动态演示，弥补了动手操作过程中的不足，让学生清晰地体验到随着等分的份数增加，得到的扇形的圆弧逐渐在变直，并且也感受到当等分的份数无限地多下去，那么最后得到的扇形也就无限地接近三角形。

师：用这个方法，我们成功地把求圆的面积转化成求三角形的面积。刚才有的小组方法不一样，上来说一说。

生2：我们把圆平均分成8份，剪下来是8个近似的三角形，拼在一起是个近似的平行四边形。

师：（把这个小组的作品贴在黑板上）和刚才剪成4份拼成的图形相比，有什么变化呢？

生：更像了。

师：能更像吗？有的小组有新的方法了。

生3：我们把圆剪成16份，拼成了平行四边形。（把这个小组的作品贴在黑板上）

师：和前两次拼成的图形比，又有什么变化？

生4：更像平行四边形了。

师：这两种和刚才第一种比，更像平行四边形了，如果还要更像呢？怎么办？

生4：可以继续分下去，分成32份。

师：再像呢？

生：把圆平均分成64份、128份……

师：现在如果老师让你把圆剪成128份，有什么感觉？

生：太麻烦了。

师：我们让电脑来帮忙。大家看，老师在电脑上把这个圆平均分成了32份，看拼成的新图形，你有什么发现呢？（课件演示）

生：拼成的图形更接近于平行四边形。

师：如果把圆平均分成64份呢？（课件演示）

生：更接近于平行四边形了，有些像是长方形了。

师：把圆平均分成64份，拼成的图形有些像长方形了。大家想象一下，如果把圆分的份数再多呢？

生：拼成的图形更接近于长方形。

师：大家请看屏幕（课件演示），把圆平均分成128份，拼成的图形看起来很像长方形了，分的份数再多呢？

生：简直就是长方形了。

师：把圆剪一剪、拼一拼，得到的图形越来越接近于长方形。这样就把求圆的面积转化成了求长方形的面积。我们把圆转化成了长方形，形状变了，什么没变呢？

生：面积。

师：只要求出长方形的面积，就可以求出圆的面积。

【设计意图】当动手操作已经无法再完成时，老师用课件动态演示，弥补操作与想象的不足，帮助学生进一步感知平均分的份数越多，剪拼成的图形越来越像平行四边形。老师围绕着“怎样更像”进行了一次又一次的追问，让学生充分地体验了“极限思想”。

五、第三次探究，深入思考，推导公式

1. 布置第三次探究任务。

师：刚才同学们借助学具通过动手操作，找到了解决问题的方法。可以折一折，也可以剪一剪、拼一拼，得到学过的图形。但数学学习不能仅停留在动手操作上，

还要借助数字、字母和符号等进行动脑思考和推理。现在，老师想给大家提个更高的要求：能不能在动脑思考的基础上推导出圆的面积计算公式呢？这可是一个很有挑战性的任务！大家有没有信心完成？

生：有！

师：刚才大家利用圆纸片折的、剪拼的图形都不太标准，老师给大家准备了屏幕上呈现的这两种方法的示意图帮助你思考，大家可以对照示意图把推导的过程写在图的下面。

2. 教师按照每个小组选择的方法分发学具。学生讨论，教师巡视指导。

【设计意图】操作对于小学生学习数学是必不可少的手段和方法，但数学思维的特点是要进行逻辑思考和推理。因此在这里，麻老师用下面的这段话“数学学习不仅需要动手操作，更需要借助数字、字母和符号等进行动脑思考和推理”，把学生的思考推向深入。同时，针对学生操作结果不标准的问题，麻老师为了提高推导的正确性，设计了示意图，帮助学生更加有效地推导圆的面积的计算公式。

3. 学生反馈。

师：这个小组迫不及待地想展示他们推导的结果了，我们一起来看看。

生 1：（剪拼法）把圆剪一剪、拼一拼变成了长方形，它们的面积是相等的。长方形的长相当于圆周长的一半，用 $C\div2=\pi r$ 表示，宽相当于半径，用 r 表示。长方形的面积 = 长 × 宽，圆的面积 $=\pi r\times r=\pi r^2$（实物投影呈现）。

师：大家听清楚了吗？谁愿意再起来说一说。

（教师再请一个同学说自己的想法。）

师：（边讲边板书）老师也听明白了，把圆转化成长方形，面积是相等的。长方形的长相当于圆周长的一半，宽相当于半径，因为长方形的面积 = 长 × 宽，所以圆的面积 $=\pi r\times r=\pi r^2$。现在要求圆的面积是不是很简单了？知道什么条件就可以求出圆的面积了？

生：圆的半径。

师：你们表现得真好！我们再来听一听这个小组的想法。

生 2：圆的面积 $=C\div32\times r\div2\times32=2\pi r\times r\div2=\pi r^2$。

师：你们的式子还挺复杂，能说一说每一步表示什么吗？

4. 反思小结。

师：你们可真聪明呀！刚才两个小组推导的结果都是 πr^2，真是条条大路通罗马呀！圆的面积可以用 S 表示，圆的面积计算公式：$S=\pi r^2$。现在看来，求圆的面积需要什么条件就可以了？

生：圆的半径。

师：知道了半径，用 π 乘以半径的平方就求出了圆的面积。

六、解决问题

1. 师：现在你能求出黑板上这个圆形纸片的面积了吧？需要什么条件？这个圆的半径是 10 厘米，面积是多少呢？请大家做在练习本上。

（请一名学生到黑板上板演。教师组织交流。）

2. 师：知道圆的半径可以求出圆的面积，那么，知道直径和周长能不能求出圆的面积呢？

（教师出示直径为 6 分米的圆和周长为 12.56 厘米的圆，学生思考后说出求面积的方法，即要求圆的面积必须先根据直径或周长求出圆的半径。）

师：这些问题下一节课我们还要继续进行研究，这节课先做到这里。

【设计意图】本课重点是引导学生去经历探究圆的面积公式的过程，充分体验“转化”和“极限”思想，所以安排比较少，虽然这节课只设计了几个基本练习来检验学生对圆的面积的理解和掌握程度，但这并不妨碍这节课的精彩。

七、全课总结

师：时间过得很快，一节课就要结束了，大家有什么收获？

生：我会求圆的面积了，公式是 $S=\pi r^2$。

师：这是知识上的收获，在解决问题的方法上有没有什么收获呢？

生：可以把圆转化成学过的图形推导出圆的面积计算公式。

师：同学们不仅学会了怎样计算圆的面积，更重要的是大家运用转化的方法，把圆这个新图形转化成了已经学过的图形，从而求出了圆的面积。以后大家遇到新问题，都可以尝试一下，看看能否把它转化成已经学过的知识来解决。

【设计意图】数学学习，不仅是数学知识的学习，更重要的是数学思想与方法的学习。因此全课总结时，当学生回答出知识技能上的收获后，麻老师通过“这是知识上的收获，在解决问题的方法上有没有什么收获呢”这样的设问，引导学生一起回顾了解决问题的思想方法。这一“画龙点睛”之笔，进一步强化了本节课的设计意图。

30. “圆的面积”课堂实录与评析（课例二）

邱学华
（江苏省常州大学尝试教育科学研究院，特级教师，中小学荣誉教授）

※ 课前思考

1990年10月在江苏省金湖县举行的全国协作区第五届尝试教学法研讨会上，我上了一堂研究课——“圆的面积”，由于是几何初步知识，必须增加尝试操作，增加讨论，因而采用尝试教学模式中的增添式。这堂课充分让学生动手实践，在操作中引发学生思考，自己推导出圆的面积的计算公式。

※ 课堂实录

一、谈话引入

师：前面我们认识了圆，学习了圆的周长，今天学习圆的面积。（教师板书课题，学生读题）看到这个课题后，想一想，这堂课要解决什么问题呀？

生：这节课我们要学习圆的面积是怎样求出来的。

师：要求圆的面积必须知道什么？

生：知道圆的面积公式。

师：那么告诉你们圆的面积公式，你们还想到什么问题？

生：圆的面积公式是根据什么推导出来的？

师：对！刚才同学们与老师想的一样，这节课我们要解决的问题：一是计算圆的面积公式是什么？二是这个公式是怎么推导出来的？

（教师出示小黑板上的板书，学生齐读。）

【设计意图】这样揭示课题，设计新颖，启发学生自己提出教学的要求，这样既创设了问题情境，激发了学生学习的兴趣，又使学生明确这堂课的教学目标。

二、准备练习，自学课本

1. 准备练习

师：现在请大家回忆一下，我们以前学过哪些基本图形的面积计算。

生：我们已经学过长方形、正方形、平行四边形、三角形、梯形的面积计算。

（教师随着学生的回答，逐一用投影机放出上述图形及面积计算公式。）

师：我们已学过的五种图形和今天学习的圆形有什么显著的区别？

生：已学过的五个图形是由线段围成的，圆形是由曲线围成的。

师：因为圆是由曲线围成的，计算圆的面积就比较困难了。能不能直接用面积单位去量呢？

生：它是圆的，用面积单位直接量是有困难的。

2. 自学课本

师：究竟用什么方法，请大家阅读课本，在课本中寻找答案。

（学生阅读课本后，纷纷举手要求回答。）

生：我们用图形转化的方法求圆的面积。

师：这个办法很好。那么把圆形转化成什么图形呢？

生：长方形。

师：以前我们学习一些图形也是转化成长方形来推导出其面积计算公式。

（用投影机放出几种图形的转化图形，边出示边讨论。）

割补方法转换

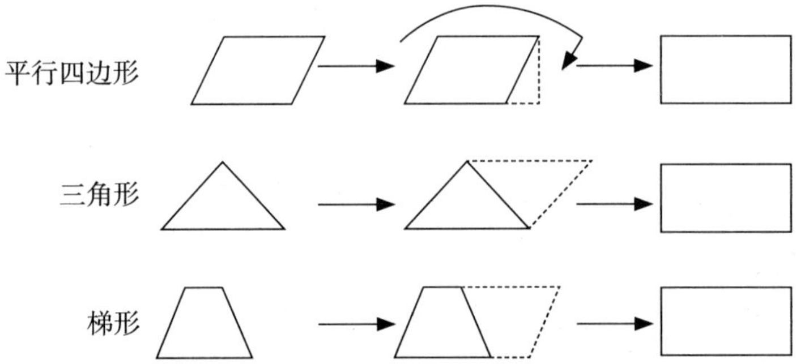

【设计意图】启发学生运用转化的数学思想解决问题。这种设计既复习了旧知识，又为学习新知识做好铺垫，能够促进学生充分运用迁移规律把新旧知识联系起来组成一个新的知识结构。

三、观察分析，尝试猜想

师：我们先用一个简单办法，猜想一个圆的面积的公式。把一个圆分成 4 等份，用半径作边长画一个正方形。这个正方形的面积可用 r^2 表示。在这个圆上可以画同样的 4 个正方形，他们的面积可以用 $4r^2$ 表示，你们观察一下这个圆的面积等不等于 $4r^2$？

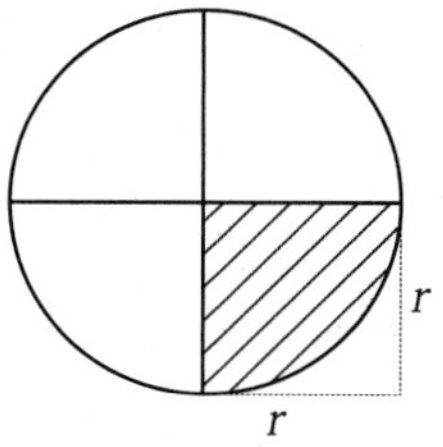

生：不等于。

师：为什么？

生：因为这个圆的面积要加上外面的 4 小块，才是 $4r^2$。

师：这个圆的面积比 $4r^2$ 小，等不等于 $3r^2$ 呢？

生：看上去比 $3r^2$ 又要大些。

师：现在我们可以大致估计一下，这个圆面积要比 $3r^2$ 多一点，也就是 r^2 的 3 倍多一点。至于多多少，现在就来推导圆的面积的计算公式。

四、尝试操作，合作交流

教师要求学生把预先准备好的一个圆分成 16 个相等的扇形，拼成一个近似的长方形，学生可以一边看书，一边操作。

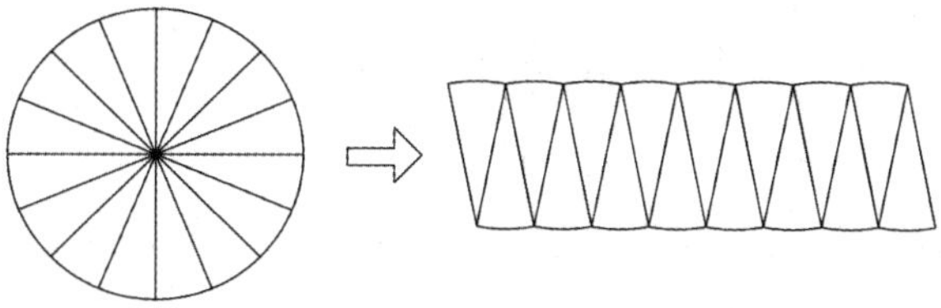

师：同学们观察一下，拼成的是什么图形？

生：近似于长方形。

师：说得很好，为什么说是近似于长方形，哪里不太像？

生：长边都是许多条弧线组成的，不是直线。

师：这里我们把圆分成 16 等份，还能分吗？

生：可以分成 32 等份、64 等份、128 等份……

师：究竟能分多少份呢？

生：无数份，可以永远分下去。

师：对。这就是说，分的份数是无限的。你们可以闭上眼睛想一想，如果分的份数越多，长边就越接近直线，这个图形就越接近于长方形。

五、师生合作，归纳结论

师：把圆转化成长方形后，这个长方形的面积怎样计算？

教师要求学生观察自己在课堂上拼出的图形，一边讨论，一边逐步写出推导的过程。

长方形面积= 长 × 宽

圆面积= 圆周长的一半 × 半径

$= \pi r \times r$

$= \pi r^2$

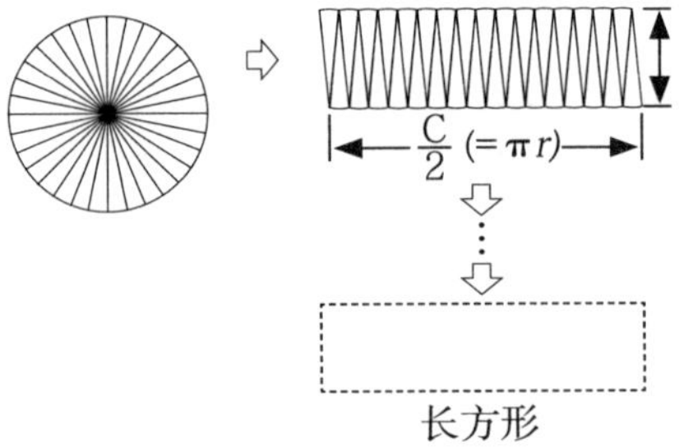

师：现在可以回答前面提出的问题了，圆的面积是以半径为边长的正方形的面积的多少倍呢？

生：π 倍。

生：约等于 3.14 倍。

师：刚才我们的猜想是正确的，圆面积是 $3r^2$ 多一点，现在推导出来的圆面积公式是 πr^2，也就是约等于 $3.14r^2$。

现在请同学们把圆的面积公式的推导过程再完整地说一遍。

（学生回答略。）

【设计意图】打破了过去教师演示教具给学生看的框框，而是要求每个学生动手操作，并渗透转化、无限等数学思想，让学生自己从尝试中推导圆的面积的公式。

六、抢答比赛，巩固新知

采用抢答比赛的形式巩固新课。把学生分成 4 组，每组的底分为 100 分，答对 1 题加 10 分，答错 1 题扣 10 分。（抢答题用投影机逐题出示）

（1）计算圆的面积必须具备哪些条件？

（2）一个圆的直径与正方形边长相等，圆和正方形哪个面积大？

（3）半径是 1 米的圆，面积约是 3.14 平方米，半径是 2 米的圆的面积是多少平方米？

（4）圆能不能转化成三角形，来推导出圆的面积的公式？

七、尝试操作，发展思维

引导学生先用学具摆一摆，然后观察，再写出推导过程。

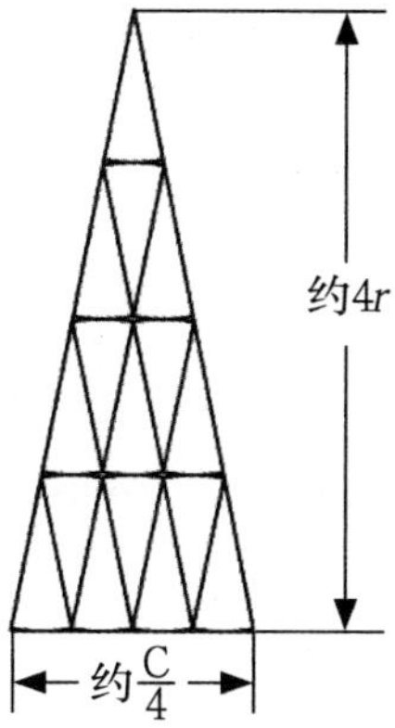

反馈学生积极上台演示：

$$\begin{aligned}三角形面积 &= 底\times高\div 2\\ &=\frac{2\pi r}{4}\times 4r\div 2\\ &=2\pi r\times r\div 2\\ &=\pi r^2\end{aligned}$$

【设计意图】用抢答形式巩固新课，设计新颖，激发学生兴趣，调动积极性，把课堂教学推向了高潮。特别是第四题作为思考题，有助于发展学生的创造性思维。

八、课堂总结，师生合作

师：这堂课大家学到了什么？有什么收获？

学生热烈发言。最后教师总结，解答本课一开始提出的两个问题。下课铃响了，这堂课在轻松愉快的气氛中结束。

【设计意图】课堂小结时间虽短，但能使学生的认识进一步升华，同时做到前后呼应，使整堂课结构严谨，层次清楚。这堂课最大的特点是，能充分调动学生的主动性和积极性，使学生既学得生动活泼，又能充分发展思维。

31. “圆锥的体积”教学设计（课例一）

桑光伟
（广东省深圳市宝安区官田学校，青年名师）

※ 教学准备

教师：一个圆锥和两个圆柱（一个与圆锥等底等高，另一个不等底等高）。

学生：一个圆锥和两个圆柱（小组）。

※ 课堂实录

一、复习准备，引入新课

1. 回顾圆柱的体积公式，并计算下面圆柱的体积。

（1）底面半径是 2 厘米，高是 5 厘米。

（2）底面周长是 6.28 米，高 3 米。

2. 说一说圆锥有哪些特征？

（1）高？

（2）底面？

（3）侧面？

二、自主探索，操作实验

课件展示建筑师用的铅锤（圆锥体），你能测算出它的体积吗？

为了研究圆锥的体积，分小组进行两个试验，小组单位以 4—6 人为宜。

探究活动一：圆锥与两个圆柱的底和高分别有什么关系？

学生拿出准备好的圆锥和圆柱，通过自己的方法，试验、记录结果。

圆锥与圆柱 1 的对比：底　　高

圆锥与圆柱 2 的对比：底　　高

师选两组记录结果展示，并介绍数学专用名词：等底、等高。

探究活动二：研讨圆锥与两个圆柱之间的体积关系。

1. 学生大胆猜想：圆锥与等底等高的圆柱的体积之间大约是几倍？

2. 验证猜想：将圆锥装满细沙子，用尺子将多余的沙子刮去，倒入圆柱中，观察几次能倒满，并填写实验报告。（学生以小组为单位，合作完成）

3. 师引导学生归纳、总结：圆锥的体积是等底等高的圆柱的体积的$\frac{1}{3}$，或圆柱的体积是等底等高的圆锥体积的 3 倍。

4. 猜测和验证：不等底等高的圆锥和圆柱体积是否也是 3 倍关系？

小组用沙子试验、汇报结果。

师引导：在什么情况下，圆锥的体积才是圆柱的？

生总结：只有在等底等高的情况下，圆锥的体积才是圆柱的体积的$\frac{1}{3}$。

5. 结合圆柱的体积公式（$V=Sh$），学生独立推导出圆锥的体积计算公式：

圆锥的体积 =× 圆柱的体积

$V=Sh$

说明：为了让学生印象深刻一些，教师可以用不同颜色的笔将写得特别大一些。

三、实践运用，提升技能

练习 1：计算这个圆锥的体积。

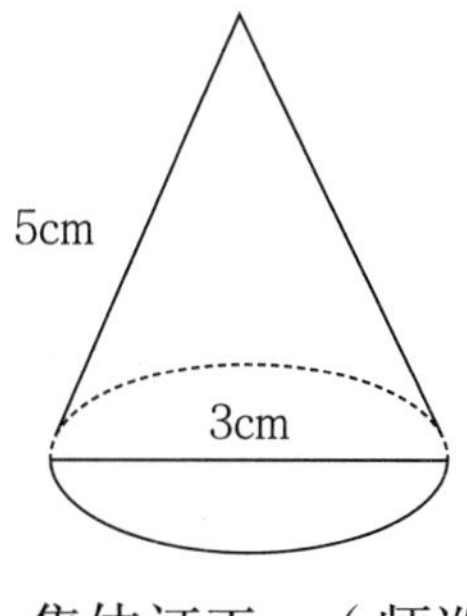

学生在练习纸上独立完成，集体订正。（师巡视时如发现有写了乘，计算时却忘记乘了的，展示讨论）

师提问式小结：由此看来，要计算一个圆锥的体积，我们需要知道哪些条件？

生 1：圆锥的底面半径、高。

师：还有不同的想法吗？

生 2：知道圆锥的底面直径、高也可以算出体积。

师：还有吗？

生 3：知道圆锥的底面周长、高。

生 4：知道圆锥的底面积、高。

练习 2：

根据生 2、生 3、生 4 的回答，课件展示相对应的练习题，学生独立完成、集体订正。

1.（教材 34 页例 3）工地上有一堆沙子，近似于一个圆锥，这堆沙子的体积大约是多少？如果每立方米沙子重 1.5 吨，这堆沙子大约重多少吨？

沙堆的底面积：$3.14\times(\frac{4}{2})^2=3.14\times4=12.56$（$m^2$）

沙堆的体积：$\frac{1}{3}\times12.56\times1.2=5.024\approx5.02$（$m^3$）

沙堆的重量：$5.02\times1.5=7.53$（t）

2. 一个圆锥的底面周长是 18.84 厘米，高与底面直径相等，求这个圆锥的体积。

圆锥的底面半径：$18.84\div3.14\div2=3$（cm）

圆锥的高：$3\times2=6$（cm）

圆锥的体积：$\frac{1}{3}\times3.14\times3^2\times6=56.52$（$cm^3$）

3. 一个圆锥形的容器，底面积是 $12.5dm^2$，高是 8dm，这个圆锥的体积是多少？

圆锥的体积：$12.5\times8=100$（dm^3）

四、小结收获，延伸课堂

1. 今天你学到了什么知识？

2. 在计算圆锥的体积时，我们需要注意什么？

3. 在生活中，找找看，圆锥的体积有哪些应用？

32. “圆锥的体积”课堂实录与反思（课例二）

刘全祥
（广东省深圳市福强小学，青年名师）

※ 课前思考

“圆锥体的体积”是人教版课标实验教科书六年级上册第三单元的内容。以往教师教学的着眼点主要放在增大学生思维空间上，如探讨圆锥体和等底等高的圆柱体体积的关系时，增加一些不等底不等高的圆柱体，让学生自主挑选实验器材，进而增大探究空间。但这在加强学生思考性的同时也给教学带来了不便：学生如何顺利挑选出等底等高的圆柱体与圆锥体？学生在挑选实验器材时的反复会不会耽误宝贵的课堂教学时间，进而影响课堂教学的效率？如何将课堂的每一分钟都真正落到实处？带着对这些问题的反思，我们进行了如下实践。

※ 课堂实录

一、巧分蛋糕，导入新课

师：（出示图1）老师想把这块蛋糕平均分成两份？怎么分？

生：沿着上底面中线竖着切（图2）。

生：也可沿着高的中点连线横着切（如图3）。

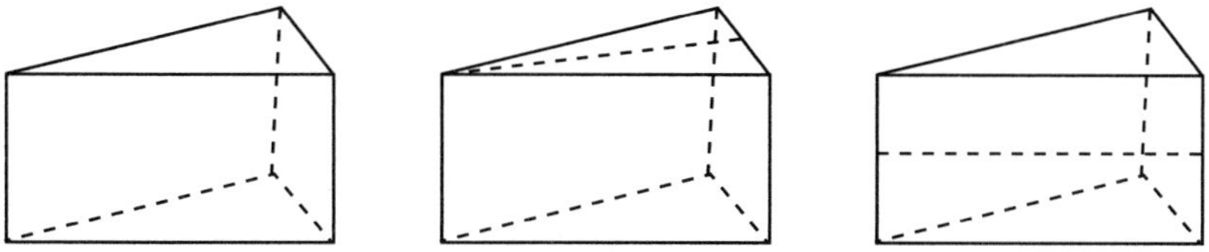

图1　　图2　　图3

师：很好，这两种切法都可以将这块蛋糕平均分成两半。除了这两种分法还可以怎样分？（生沉默不语）

师：早上卖蛋糕的师傅告诉我，这样（图4）分也可以把蛋糕平均分成两半，同学们你们同意吗？

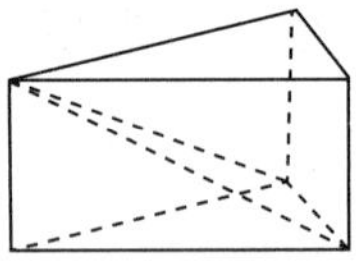

图4

生：不同意。蛋糕如果这样斜着切，那么可以把蛋糕分成两部分（老师帮学生把蛋糕切成两块）。两部分厚度都是一样，都可以看作从0逐渐增长到高，横着看长度也一样，但是左手拿的这一块（图5）最厚的地方最窄，几乎可以看作0；而右手（图6）不同，最厚的地方最宽，这样比较两块蛋糕可能不一样大。

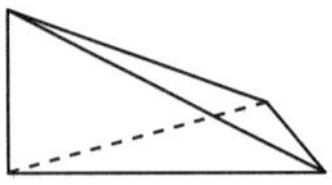

图5

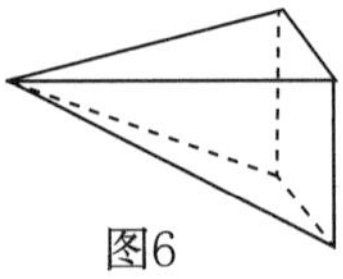

图6

师：同学们，他说的什么意思听明白了吗？那你们认为哪一块大？（生答略）大约大多少呢？通过今天的学习，相信同学们会有明确的答案。

二、观察想象，大胆猜测

师：（出示长方形）这是一个什么图形？将这个长方形绕着这条宽旋转一周，形成什么图形？（学生想象回答后CAI课件演示）

生：将这个长方形绕着这条宽旋转一周，会形成一个圆柱。（学生想象回答后CAI课件演示）

师：如果沿着长方形对角线剪去一半剩下的成（生：直角三角形），将三角形旋转，形成的又是什么图形？（学生回答后CAI课件演示）

生：圆锥。

师：很好。长方形绕着宽旋转一周形成圆柱，三角形绕着直角边旋转一周形成圆锥（如图7）。那么长方形旋转一周形成的图形和三角形旋转一周形成的图形，其体积有什么关系？

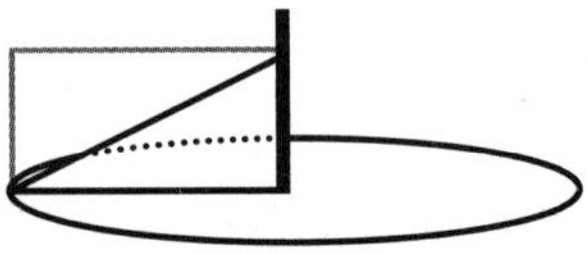

图7

生：我认为三角形旋转一周形成的圆锥是长方形旋转一周形成的圆柱体积的一半。因为圆柱体是由长方形旋转而成的，而一个长方形可以分成两个三角形，这样长方形旋转一周就可以看作两个一模一样大的三角形同步旋转一周，两个三角形形状、大小、面积一样，它们旋转一周所占的空间也应该完全一样。这样，一个三角形旋转出来的图形也就是圆锥，应该就是一个长方形旋转出来的圆柱体积的$\frac{1}{2}$。

（生讲完，全班响起热烈的掌声。）

师：说得很精彩！谁还有不同意见？

（生沉默不语，师出示三棱锥的蛋糕，学生仍然没有反应。）

师：（指着图 7）在这一幅图中圆锥是由哪一部分旋转得到的？（生答略）圆柱呢？（生答略）

师：同学们想一想，长方形绕着宽旋转一周形成了一个圆柱，如果把这个圆柱平均分成 2 份，会得到什么图形？

生：半圆柱。

师：平均分成 4 份呢？平均分成 8 份、16 份、32 份呢？

（学生回答后 CAI 课件演示。）

生：我知道了。圆柱可以看作是由许多完全相同的三棱锥组成的。

师：说说你的理由。

生：在研究圆的面积公式时，首先是把圆平均分成很多份，当分的份数足够多时，扇形的弧度就不“存在”了，变成了一条条“直的线段”。其实，圆柱也是这样，圆柱平均分的份数足够多时，每一份也可以看作一个三棱锥。

师：听明白了吧？

（生答后，CAI 课件演示变化过程，并闪烁抽出其中的一份。）

师：同学们看，这一份就可以看作一个三棱锥。在这个三棱锥里，哪是直角三角形旋转得到的部分？

（生比画后，CAI 课件闪烁演示。）

师：是这样的吗？现在同学们请再想一想，三角形旋转形成的圆锥的体积究竟是长方形旋转形成的圆柱的体积的多少？现在有没有不同意见？

生：老师，我认为可能不是$\frac{1}{2}$。我把这个圆柱平均分成许多份，那么同步旋转的圆锥也跟着分成了相同的份数。每一小份就好像我们刚才那块蛋糕（图 1），沿着蛋糕的这条线切过去（图 4），下面的这部分就是由直角三角形旋转得到的，刚才上课之前讨论了，这两部分并不相等。

师：他说的是什么意思老师不大明白，谁能再给老师解释一下？（生答略）

师：看来三角形旋转形成的圆锥并不等于这个长方形旋转形成的圆柱的体积的一半。究竟是多少呢？同学们估一估。

生：我认为应该比2倍要大。

生；我认为应该差不多是3倍左右。

师：为什么是3倍左右呢？能具体说说吗？

生：刚才我们说了，把蛋糕切成两部分，其中一块比另一块大。大多少呢？我感觉比1倍多，3倍好像又不够，所以我猜想由长方形旋转而成的圆柱的体积是由三角形旋转而成的圆锥体积的2倍到4倍之间。

师：同学们分析得很有道理。长方形旋转而成的圆柱体积究竟是三角形旋转而成的圆锥体积的多少倍呢？实践出真知，我们不妨做一做实验。

三、细心实验，验证猜想

师：在同学们的抽屉中，有老师为同学们准备的一些器具（CAI课件呈现圆柱体容器一个；与之等底等高、等底不等高、等高不等底、不等高也不等底的圆锥体容器各两个；沙土一盘）。同学们首先观察实验器具，然后小组讨论，你们准备用哪些器具做实验？怎样做实验？怎样分工？实验时注意填好实验记录单。

（学生先分组讨论，实验操作；然后交流分享，汇报发现。）

师：哪一小组先来汇报你们的成果。在汇报之前，老师想先问问你，你挑选的实验器具是什么？

生：我挑选的器具有圆柱体容器、圆锥体容器和沙土。不过圆柱体容器和圆锥体容器必须是等底等高的。

师：为什么要是等底等高的，能具体说说吗？

生：因为我们研究的是长方形和长方形的一半直角三角形绕着直角边旋转一周形成了的图形的关系。形成的图形有这样的特点：它们的高是一样的，是长方形的宽；底面半径也是一样的，是长方形的长。所以我认为要研究旋转形成的圆柱和圆锥的体积的关系，就应该挑选等底等高的圆柱和圆锥。

师：其他同学也是这样认为的吗？是这样挑选的朝老师微微笑一笑。

※ 课后反思

研究学生的核心是对学生“问题”的准确诊断。刚教书时，导师常常这样告诉我们。那么，圆锥体的体积学生的困惑究竟在哪呢？

在圆柱体、圆锥体的教学中，老师常常这样询问学生：“将长方形旋转一周形成什么图形？”“圆柱体。”“将直角三角形绕着直角边旋转一周形成什么图形？”“圆锥体。”应该说，这样的导入是非常巧妙的，它有利于培养学生的空间观念。但是这不知不觉也带来了一个麻烦。什么麻烦？长方形绕着宽旋转一周形成的图形是圆柱体；各位老师想一想，圆锥体是由长方形旋转而成的，而一个长方形可以分成两个三角形，因此，长方形旋转一周就可以看作两个一模一样大的三角形同步旋转一周，两个三角形形状、大小、面积一样，它们旋转一周所占的空间也应该完全一样。这样，一个三角形旋转出来的图形也就是圆锥体，应该就是一个长方形旋转出来的图形——圆柱体的体积的1/2。

是1/2而不是其他的几分之一？学生的这一猜想顺理成章，合情合理。面对这一猜想，作为一名老师，特别是作为一名以“传道、授业、解惑”为己任的新课程理念指导下的教师，我们应该怎么办？是退避三舍还是勇敢跟进？是置若罔闻还是直面面对？

答案无疑是后者。那么，一个长方形沿对角线切开，得到的两个完全一样的三角形绕着同一条轴旋转360度后得到的体积为什么不同呢？学生错误的根源是什么？

思考了很久，茫然没有头绪。但学生吃早点的事给了我启发。那是一个早晨，一个学生拿来一块三角形（准确说三棱锥）的蛋糕，要求老师帮忙把它平均分成两半。怎么分呢？很显然是沿着中线分？那么如果我们不这样分？比如说我们沿着三棱锥的一个顶点，向它下底面的对边对切，这时候蛋糕也分成了两部分，这时候任意拿一部分是不是也是蛋糕的1/2呢？很显然，学生会不同意。为什么？因为直观演示学生看得很清楚，这样分成两部分，A最厚的部分很窄，就一个角，几乎没有，而B最厚的部分很宽，是最宽的。这豁然给我们以启示，因此有了上面的教学尝试。

一、跳出章节看教材，找准知识前后关联的节点

正如案例中呈现的，圆柱体是由长方形旋转而成的，圆锥体是由直角三角形绕着某一直角边旋转得到的。而一个长方形可以分成两个三角形，因此，长方形旋转一周就可以看作两个一模一样大的三角形同步旋转一周，两个三角形形状、大小、面积一样，它们旋转一周所占的空间也应该完全一样。这样，一个三角形旋转出来的图形也就是圆锥体，应该就是一个长方形旋转出来的图形——圆柱体的体积的1/2。

是1/2而不是1/3！学生已有基础和教材现有结论存在着矛盾。老师敏锐地把握到了这一点。之所以能敏锐地把握了这一点，是刘老师没有局限在一节、一堂课中去把握教材，而是站在一个更高的层次，从整个单元出发去解读教材，从知识的前后联系中剖析教材，因而慧心独具，看到了知识可能前后“自相矛盾”

的地方，进而也就找准了课堂教学应该努力突破的方向。

二、分析知识所处的背景，找准学生能够理解的角度

圆锥体的体积为什么是等底等高的圆柱体体积的1/3而不是1/2呢？这是因为面的旋转和面的平移不同。在面的平移中，任何两点划过的轨迹都是相同的，因此面的平移可以看作面的叠加，其面上任意形状相同的两部分，平移后对应的“体”的体积都相等。而旋转则不同，面进行旋转时，旋转的角度虽然一定，但旋转点离中心点的位置不同，那么它移动的距离也不相同，比如图上的j点和k点，旋转同样的角度时，j所移动的距离要明显的大于k所移动的距离（如图8）。同样的道理，两个图形即使形状、大小、面积完全一样，但是如果它们离旋转轴的远近不一样，那么越远的图形旋转一周所占的空间也就越大。

将图7转换成图9（为了叙述方便并标上字母）。这里△AOD和△BOC旋转后虽然所占空间完全相同，但由于△AOB比△COD离旋转轴CD更远，理所当然其旋转一周所占空间就要比△COD旋转一周所占空间大，而△AOB旋转一周与△COB旋转一周所占空间的和可以看作是△ABC旋转一周所占的空间，△AOD旋转一周与△COD旋转一周所占空间的和也可以看作是△ACD旋转一周所占空间，这样△ABC旋转一周所占的空间就应该大于△ACD旋转一周所占的空间。

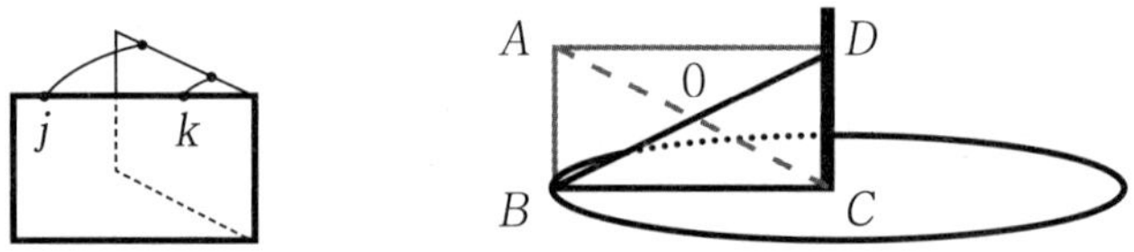

图8　　图9

毋庸否认，上述论述有些烦琐，而且超出了学生的知识范围。不过这实质上正凸显了我们课堂教学必须努力解决的一个问题，即我们成人、当老师的都感觉如此吃力，那么我们的学生能听得懂吗？我们有没有办法以学生能够理解的形式让学生深入浅出地理解上述道理。

欣喜的是，上述案例作出了宝贵的尝试：课一开始，刘老师出示一块蛋糕，这个三棱锥体的蛋糕怎样把它平均分成两部分呢？学生想出了各种方法：沿着上底面的中线竖着切；沿着高中点的连线横着切。沿着三棱锥体的一个顶点，向它下底面的对边对切，这时候蛋糕是不是也平均分成了两部分呢？由于有直观演示学生看得很清楚，这样分成的两部分，一部分最厚的部分很窄，就一个点，几乎没有，而另一部分最厚的部分很宽，是底面中最宽的部分。因此两部分当然不相等。这样，一块学生熟悉的蛋糕，一个简单的切蛋糕的动作，就使学生直观地认识到圆锥体

的体积不是等底等高的圆柱体的体积的 1/2。

那么，究竟是几分之一呢？有了上面直观操作的启示，学生就大致地估计，可能占 1/2 少一点，也可能是 1/3。显然，这时学生的猜测就不是漫无根据的乱猜，而是一种基于理性思考后的合理推测。

特别值得一提的是，上述教学还解决了长久以来困扰老师的一个问题：即前文所说的“增大探索空间与学生挑选实验器材反复进而导致宝贵的课堂教学时间流失”的矛盾。长方形旋转一周成一个圆柱体，长方形的一半三角形旋转一周成一个圆锥体，这里实质已向学生暗示了圆柱和圆锥是有密切关系的，它们的底相同，高相同，所以当学生要考量圆锥体与圆柱体的体积究竟有什么关系时，自然地学生都会联想到作为研究器具的圆柱和圆锥要等底等高。

小学数学，从做题意义上来讲，确实很简单；但是从奠基意义上说，却很不简单。仰望星空的人，看得到 1+1=2 中的函数思想，看得到“试商”等“笨方法”中“大智若愚”的一面，看得到如此初等的数学背后长长的思想隧道；有教育智慧的人，会把复杂的东西教得简单，会把简单的东西教得有厚度，会让人从一个概念、一个公式、一个算法中看到整个学科的魅力。让我们朝这一个目标继续努力！

33. “图形的放大与缩小”教学设计

杨树会
（北京市昌平区实验学校，青年名师）

※ 教学过程

一、生活引入，初步感知

1. 师：这是雨后的校园，学校目前的校园建设已有 30 年历史，校园前面的黄杨和草坪的设计也是 30 年前流行的欧式设计，即使是 30 年后的今天依然显得古朴而典雅。

学生听得饶有兴趣，窃窃私语“图片太小了”。

2. 师：我看到同学们不无遗憾的表情，图片太小影响了欣赏的效果，看来图片的大小很重要。怎样调整图片的大小？要用到计算机课上的知识。我们可以通过鼠标的拖动，把图片灵活地放大或缩小。

3. 师：同学们都有着丰富的计算机经验。对下面四张放大后的照片，你有什么感觉？ 你知道我是怎样将图片分别进行调整的吗？（图 1 拉宽；图 2 拉高；图 3、图 4 按比例放大，图略）

学生对照原图观察发现：图 1 是将长边拉长得到的，照片有被“压扁”的感觉；图 2 是将宽边拉长得到的，照片就被“拉长”。这样不仅大小变化了，形状也发生了变化。图 3、图 4 是将长边和宽边同时拉长得到的，这样将长边和宽边同时拉长放大后的图片大小变了，形状不变。

师：仔细观察，从直观上我们感觉图 3、图 4 和原图比，具有“大小变了、形状不变”的特点。到底是不是这样呢？怎样放大或缩小才能使图片的形状不发生变化呢？这就需要我们用数学的眼光进行思考，那么这节课，我们就从数学的角度来研究图形的放大与缩小。

二、自主探究，构建新知

（一）合作探究“图形之间的关系”——图形的放大

一号学习单印有原图、图 3、图 4，出示学习任务要求：

1. 师：观察与思考，请你先独立尝试研究，再把自己的想法动手试一试。

学生利用直尺进行测量，小组交流讨论：放大后的图形与原图的大小之间有什么关系？

学生集体反馈小组研究成果：

反馈图 3 与原图比：经测量发现，原图长 4cm，宽 3cm；图 3 长 8cm，宽 6cm。

（1）图 3 的长是原图长的 2 倍，宽也是原图宽的 2 倍。或者说，放大以后图形的长与宽都是原图对应边的两倍。

师：如果用比来说，可以怎样说？

（2）图 3 的长与原图的长的比是 2∶1，宽的比也是 2∶1。放大以后图形的长与宽与原图对应边的比是 2∶1。

（3）两张照片长与宽的比值是相等的。比值相等说明形状不变。

2. 师：像这种情况，我们就说图 3 是原图按 2∶1 放大后得到的图形。

预设：若有学生提出“比较面积”，引导学生明确“面积与边长不是按相同的比变化的”。

反馈图 4 与图原比：图 4 长 13cm，宽 9cm。

（1）图 4 的长是原图长的（3.25）倍，图 4 的宽是原图宽的（ 3 ）倍。或者说，放大以后图形的长与宽与原图对应边的倍数不相等。

（2）图 4 的长与原图的长的比是（13）∶（4 ），宽的比是（ 3 ）∶（1 ）。

（3）两张照片长与宽的比值是不相等的。说明形状发生了改变。

3. 师：像这种情况，我们就说图 4 不是原图按一定比放大的图形。

4. 师小结：通过测量和计算，我们经过对数据进行分析、研究发现：以原图为标准，图 3 是原图按 2∶1 放大的，图 3 具有“大小变了、形状不变”的特点。而图 4 不是原图按一定的比放大的，图 4 形状改变了，只是它的改变我们用眼睛不易看出来。看来，只有用数据说话，才是科学、严谨的，希望同学们保持这种科学严谨的态度。

（二）自主探究图形的缩小

1. 师：我们把原图作为标准，图 3 是原图按 2∶1 放大后得到的。如果把图 3 作为标准，反过来相比较呢？“现在的图 3”是原图按 1∶2 缩小后得到的。你怎样表达自己的想法？

学生按照图形的放大现象的语言描述图形的缩小现象。

2. 师：这里的 2∶1 和 1∶2，前项和后项分别指什么？

学生对照图分别说明，前项是指放大或缩小后的图形，后项是指原图。

（三）生活中的现象

1. 师：生活中有很多放大和缩小的现象，你见过下面这些现象吗？这些现象中，哪些是把物体放大？哪些是把物体缩小？（教材 P59 图）

学生先独立完成，再集体反馈。

2. 师：你还能举出生活中放大和缩小的现象吗？

学生举例：用显微镜观察番茄果肉细胞等。

3. 师：有这样一条消息，陕西西安农民在距西安大约 30 公里处发现了 1∶1 的兵马俑，这里的 1∶1 是怎么回事？

学生理解 1∶1 是指兵马俑的大小与实际人马的大小相等。

4. 师小结：放大与缩小的现象是广泛存在的。

三、操作实践，内化新知

（一）教学例 4 按 2∶1 画出下面三个图形放大后的图形。（出示）

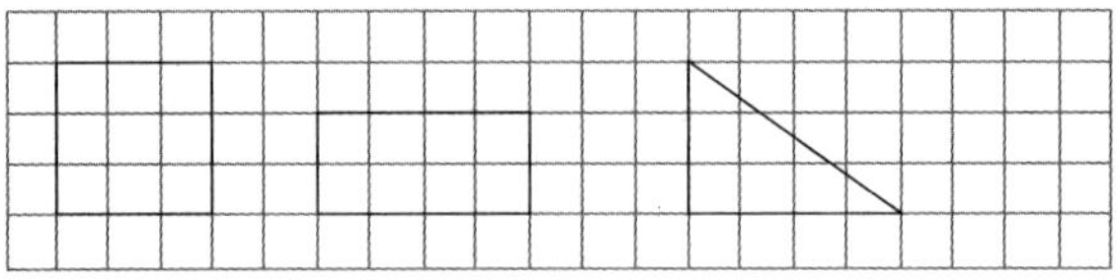

1. 师：现在我们运用学过的知识来解决问题，独立完成例 4 的绘图，请同学们按要求将图画在方格图中。

学生独自画图后反馈，让学生相互评价并交流画法。

（1）正方形每条边的长放大到原来的 2 倍，3 格 ×2=6 格；

（2）长方形的长和宽分别放大到原来的2倍，长4格 ×2=8格，宽2格 ×2=4格。放大后的长方形与原长方形对应边长的比是 2∶1。

（3）三角形的两条直角边放大到原来的 2 倍，底是 4 个格，高是 3 个格，底 4×2=8 个格，高 3×2=6 个格，再把两个端点相连。

2. 师：斜边是否也变为原来的 2 倍呢？

3. 师：观察并比较三图形放大后的图形与原图，比较它们的内角、边长、周长，你能发现什么？

引导学生讨论得出：内角没有变，边长和周长都变成原来的 2 倍。大小发生了变化，形状不变。

（二）按要求画出三个图形缩小后的图形

师：如果把放大后的正方形按 1∶3、长方形按 1∶4、三角形按 1∶2 缩小，各个图形又会发生什么变化？在方格纸上画画看。你又发现了什么？

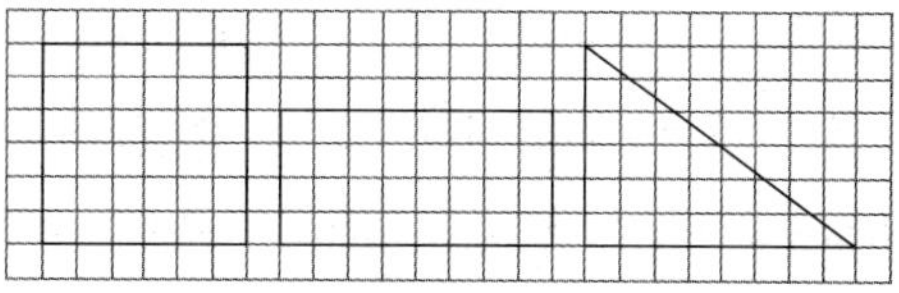

学生试做后反馈：

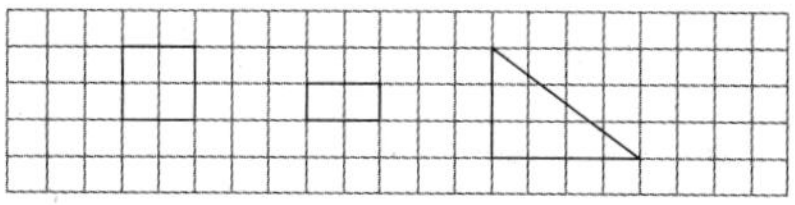

（1）已知正方形的边长是 6 个格，6 ÷ 3=2 个格。

（2）已知长方形的长是 8 个格，宽是 4 个格，8 ÷ 4=2 个格，宽 4 ÷ 4=1 个格。

（3）已知三角形的底是 8 个格，高是 6 个格，8 ÷ 2=4 个格，宽 6 ÷ 2=3 个格。

（三）比较辨析图形放大与缩小

师：在图形放大和缩小的过程中，怎样才能做到形状不变？

学生明确，对应边长必须按照相同的比变化，才能做到形状不变。

四、巩固练习，拓展延伸

1. 练一练。（P63）下面哪个图形是图形 A 按 2∶1 放大后得到的图形？

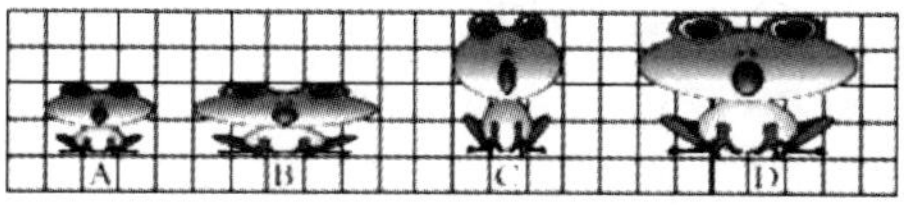

师：放在方格纸上，看看原图 A 是什么形状的，长是 3 个格，高是 2 个格，3∶1 放大以后的图形长应该是 6 个格，高应该是 4 个格。因此，图形 D 是 6 个格，高是 4 个格。

2. 回顾比例尺的知识，回头看“瓢虫”问题、“操场”问题。

师：在绘制地图和其他平面图形时，需要把实际距离按一定的比缩小或放大，再画在纸上。回头看我们曾经解决过的问题，“瓢虫”的长和宽是同时缩短的，“操场”的长和宽是同时扩大的。

3. 欣赏。

师：应用图形放大与缩小的特点组成的奇妙图案，请你欣赏。

你能发现它们有什么共同的特点吗？

学生欣赏谢尔宾斯基三角形、雪花曲线等不同图案。

师：化复杂为简单，用简单去逼近复杂，这正是科学家经常使用的思维方法。还有更多奇妙的图案等待我们去发现、去创造。

五、总结（略）

三、综合与实践

34. “数说长征”课堂实录

李培芳
（福建省厦门市华昌小学，特级教师）

※ 课前活动

1. 播放：红军翻越雪山的视频片段。（视频源自央视 8 集纪录片《长征》）

2. 谈话：今天这节课，有一个字很重要，老师写在黑板上——感！学音乐需要乐感，打球需要（球感），游泳需要（水感），学数学需要（数感）。今天这节课，让我们来一起寻找数的感觉！

※ 课堂实录

一、引入话题，数量转化，初步感受长征

1. 引入话题。

师：长江是中华民族文化的摇篮，长城是中华民族文明的象征，长征是中华民族精神的丰碑。（停顿）看到有关长征路程的里数了吗？

生：25000 里！

2. 数量转化。

师：25000 里有多长？对这个数，你有感觉吗？

生 1：我感觉它的长度相当于 4 条长江的长。

生 2：我觉得大约是 12500 千米。应该不是长江的 4 倍。

师：12500 千米，怎么想的？

生 2：我知道 1 里 =500 米，1 千米 =2 里，所以 25000 里就是 12500 千米。

生 1：哦，25000 里的单位不是千米。

师：忘了转化单位就直接比较了，对吗？（学生点头）同学们，其实学习中的每个错误都是一种提醒，我们应该感谢生 1 的错误，他让我们知道比较之前要先统一单位，还让我们更加清楚了“里”和“千米”之间的关系。

（课堂上响起了热烈的掌声。）

师：现在问题转化了，12500 千米有多远？怎么形容它呢？

（学生独立思考后，同桌交流。）

生 1：我觉得这个距离大约是从南京到新疆的距离。

生 2：12500 千米大约是 2 个长城的长度。

生 3：大约是地球赤道周长的 1/160。

师：（疑惑地）怎么想的？

生 3：地球赤道周长是 40 万千米。

师：你确定吗？（确定）会不会记错了？

生 3：（微笑着）应该不会吧！

二、参照标准，数量比较，再次体验长征

1. 问题一：12500 千米有多长？

问题："12500千米"有多长？

① 小明每天坚持跑5千米。② 马拉松赛程是42.195千米。③ 地球一圈长40000千米。

师：同学们的方法都很好，其实大家不约而同地都用到了一种数学方法——（板书：比较）比较是感受数量大小的一个很好的方法。我也给大家提供了几个数量，请看屏幕。

PPT 出示图片：

师：生 3，地球一圈多长？

生 3：（不好意思地）4 万千米！

师：从 40 万到 4 万，你只记错了一个 0，说明你知识渊博，很了不起！（教师竖起了大拇指）不过，差一个 0，可就是千差万别啊！对于数据，我们还是要更加谨慎、精准才好！

（生 3 狠狠地点了点头，微笑着坐在了座位上。）

师：请你选择一个或两个数量与"12500 千米"做比较，比一比，估一估，"12500 千米"到底有多长呢？

（学生独立思考，教师选择 3 名学生黑板前板演。）

交流一：小明每天坚持跑 5 千米。

生 1：我用红军长征的总路程除以小明每天坚持跑 5 千米，算出来等于 2500 天，也就是小明每天跑 5 千米，要跑 2500 天才能跑完长征的总路程。

生 2：我想帮你补充一下，2500 天相当于 7 年的时间。我们可以用 2500 天除以一年 365 天，大约就是 7 年。

师：2500 天、7 年，你更喜欢哪个答案？

生：7年！

师：为什么？

生3：我觉得7年的单位更大一点，数更小一点，更简洁。

生4：我觉得一说7年就知道是多久了，但是说2500天，我们还要想一下那到底有多久？

（学生们纷纷点头表示认可，生1也主动地在他原来的算式下面又加上了“2500天≈7年”，教师赞赏地带头鼓起掌来。）

师：对于现在的做法，大家还有什么问题吗？（没有同学举手）那我问几个问题，行吗？（行）这位同学她估算了吗？

生：她前面没估算，后来说的7年估算了。

师：为什么有的估算，有的不估算呢？

生：因为12500是5的倍数，可以直接算出结果，所以不用估算。但是7年不好算，所以需要估一下。

师：真棒！我们是在需要估算的时候才估算的，而不是为了估算而估算。

（学生们点头表示赞同。）

师：7年到底是什么意思？谁能再说一说？

生1：就是小明每天都要坚持跑，不能落下一天，连续跑7年才能跑完长征的路程。

生2：不管刮风、下雨，什么恶劣的天气。每天都要跑5千米，而且要一直跑7年。

……

师：同学们，是小明每天跑得太少了吗？（不是）那为什么要跑7年？

生：（七嘴八舌）因为12500千米数太长了！太大了！

师：12500千米的长征路啊！长征真是漫漫的征程啊！

交流二：马拉松赛程是42.195千米。

生1：42.195千米是一圈马拉松赛，如果直接用12500÷42.195太麻烦了，所以我把42.195四舍五入为40，用12500÷40，得到312.5圈。

生2：我算出来的结果也是312.5圈，然后我又四舍五入，大约是300圈。

师：你是对312.5这个结果又估算了一次吗？

生2：是的。

生3：我把42.195估成40，12500估成12000，直接得到300圈。

生4：我是按42千米来算的，因为我觉得将42千米中的2去掉，结果就太不准确了。

……

师：大家想到了这么多种方法，真棒！其实啊，在估算的时候，把一个数估成多少，是源于你心中对这个数值的期待。你希望它相对精确的时候，就可以估成 42 来算；你觉得不需要那么精确的时候，也可以估成 40、12000 来算。不过，对于生 2 的做法，我觉得没有太大的必要。我们估算是为了方便计算，是为了过程简便，而不是为了结果漂亮，你觉得呢？

生 2：（点了点头）明白了！

师：真好！经过计算我们知道，大约要跑 300 多圈马拉松才相当于长征的路程。是马拉松赛程太短吗？

生：（七嘴八舌）不是！是长征的路途遥远！长征太长了！

交流三：地球一圈长 40000 千米。

生 1：我用地球一圈的长度除以长征的路程，约等于 3。

师：有什么想和他交流沟通的吗？

生 2：我想再问问，这个 3 是什么意思？

生 1：这个 3 表示地球一圈的长度大约是长征的 3 倍。

生 3：这个 3 是怎么求的呢？

生 1：我用计算器算出的结果是 3.2，所以我说大约是 3 倍。

生 2、生 3：谢谢你的回答，我们清楚了！

师：还有不同的方法吗？

生 4：我估算的结果是 4，我将 12500 估成 10000，用 40000 除以 10000 得 4。

师：工欲善其事必先利其器！在解决这个问题时，有的同学选择了计算器，有的同学选择了估算，我觉得这两种选择都特别好。掌声送给他们！

（课堂上响起了热烈的掌声。）

生 5：我用的也是估算的方法，不过我估的是 3。我把 12500 估成 12000，用 40000 除以 12000，结果是 3。

生：（其他同学纷纷投去了质疑的目光）啊？不对吧！

生 5：$3 \times 12000=36000$ 比较接近 40000，但如果结果是 4，$4 \times 12000=48000$ 和 40000 相比差得更多了，所以我把结果估成了 3。

（课堂上不约而同地响起了热烈的掌声。）

师：（竖起大拇指）佩服！佩服！生 5 的回答让我们明白，估算，不是仅仅为了结果好算，在估的过程中，也要考虑到越精准越好！我提议，再一次把掌声送给生 5！

交流四：跨界对比。

师：刚才我们用数学的眼光感受了长征的路途遥远，其实在文学方面、音乐方面也有很多关于长征的描述。著名作家魏巍就写了一部关于长征的书——《地球上的红飘带》；“长征组歌”里有一句歌词唱的是“战士双脚走天下”！这些都是在形容长征那漫漫的征程……（停顿）历史有很多种打开方式，这些不同的打开方式都在等待着你们，等待着你们去打开、走进、理解与感受。有兴趣的同学，下课之后可以再去了解它们！

2. 问题二：长征走了多久？

师：看着“小明要坚持跑7年”这个数量，同学们猜一猜，长征走了多久呢？（学生猜测，教师板书：368天。）

生：（惊讶地）啊！

师：368天和7年，368天和300次的马拉松，你有什么想说的？

生1：我觉得红军差不多是每天就要跑完一个马拉松。

生2：368天相当于1年的时间，小明要跑7年，说明了红军的工作效率是小明的7倍。

师：工作效率？长征是一项工作？也是啊！长征是一项艰难的工作。

生3：红军战士相当于每天跑35千米，因为时间比是7∶1，速度的比就是时间比的反比1∶7。

（教师带头鼓起掌来！）

生4：我想给生3补充一下，红军不一定每天都走35千米，比如，跨雪山可能就少走一些，过草地比较平坦可能就多走一些，红军行军的速度不是在一个稳定的数值上。

（课堂上情不自禁地再一次响起掌声！）

师：（竖起大拇指）你考虑得真全面啊！不过，你刚才说“过草地比较平坦”，等会儿我们一起看一个小视频，看看过草地是不是真的像你想的那样平坦。

三、寻找关联，数量运算，深刻体验长征

1. 数量关联，深刻体验长征。

（出示PPT：长征中，红军战士牺牲超过10万人。数据引自《光明日报》）

师：10万人有多少？你准备怎么描述？

（同桌两人互相交流之后，全班汇报。）

生1：12500千米牺牲10万人。所以我估算差不多每走1千米，就牺牲10个人。

师：认为对的同学请举手，认为不对的同学请举手。（两次统计只有零星的几位学生举起了手）没举手的同学请举手！（同学们不好意思地笑了）其实，对

于任何的答案，在你自己没亲自去计算、验证的时候，都不要轻易地认可，都应该抱有怀疑的态度，所以举手与没举手都可以！（微笑着）到底对不对呢？动手验证一下！

生：（七嘴八舌）对的！ 100000 ÷ 12500=8！ 1 千米牺牲 8 人！

师：10 万人，这个数太大了，没有感觉。这名同学借助了长征中另一个数量“12500 千米”，通过数量与数量之间的比较，利用两个数量的关联进行运算，让我们对 10 万有了感觉。这个方法，真好！

生 2：我们学校大概有 5000 人，用 100000 ÷ 5000，大概需要 20 个小学。

生 3：中国的人口大约是 13 亿，长征牺牲的人数相当于全中国人口的 1/13000。

师：真厉害，你一定是对数很有感觉的人，而且你的计算一定很好！不过啊，我和你分享，10 万对很多同学来说已经不太有感觉了，13 亿就更没感觉了！（同学们会心一笑）把一个没感觉的数量和谁作对比，才更会有感觉呢？值得思考哦！

生 4：如果牺牲的 10 万人站成一排，每个人占 1 米的距离，全长有 100 千米。

师：这是一个革命性的回答！刚才大家都是拿人数比人数，没想到这位同学将人数转化为一个队伍的长度。他把我们的思路打开了，谢谢这位同学！

生 5：我和他想的一样，不过我还没有算呢！我本来想算牺牲的红军躺着，一个接一个是多长。

师：是啊，这些红军就是倒下的啊，他们永远长眠在长征这条路上。谢谢这位同学的思考！

……

2. 数量运算，深刻体验长征。

师：同学们，我们不断在感受数量的大小，刚才有同学用到了“关联”的方法，“12500 千米、368 天、100000 人”，这三个数量都来自长征这一历史事件，将同一事件的数量关联起来思考。比如，将“12500 千米”与“368 天”联系起来，你能想到什么？如果将“368 天”与“100000 人”联系起来，你又想到了什么……

生 1：我用“12500 千米”除以“368 天”，我发现红军平均每天行军大约 34 千米。

生 2：我用“100000 人”除以“368 天”，算出平均每天牺牲战士 270 多人。

生 3：我用“12500 千米”除以“10000 人”，算出每走 125 米就有一名红军战士牺牲。

生 4：我用“368 天”除以“100000 人”，算出每 0.00368 天就牺牲一名红军战士。

师：0.00368 天，这个答案能不能再进一步处理？

生：可以乘以 24 转化为小时，再乘以 60 转化为分钟。

师：谢谢你的方法，老师算过了，大约是 5 分钟，平均每 5 分钟就有一名战士牺牲。

（学生很惊讶，这个数据显然超出了他们的想象。）

3. 数说长征，感受精神力量。

师：为什么有这么大的牺牲呢？（停顿）战争是一个原因，不过，原因不仅仅是战争。

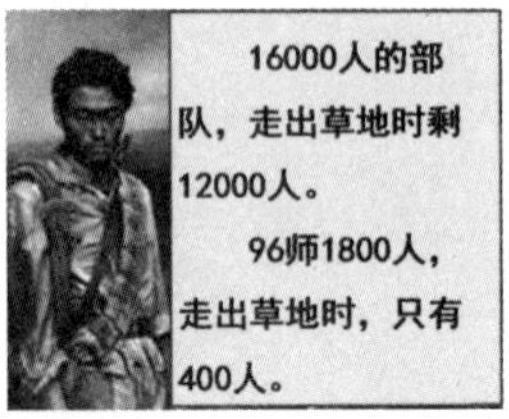

PPT 播放视频。视频定格在左图。（视频和数据源自央视八集纪录片《长征》）

师：（沉重地）长征苦，最苦的是过雪山草地。当时红军要过夹金山时，藏族同胞说，“别过去啊，鸟儿都飞不过去。”鸟儿都飞不过去的雪山，红军过去了，从无人类穿越过的草地，红军穿越过去了，靠的是什么？

生：（七嘴八舌）毅力！精神！坚持不放弃！……

师：穿的是单衣，穿的是草鞋，靠的是什么？

（学生们陷入了沉思。）

（PPT 出示文字，学生们不约而同地齐读了起来。）

阅读长征的故事使我感到，人类的精神一旦被唤起，其威力是无穷无尽的。

——索尔兹伯里（美国作家协会主席）

师：学习长征，就是学习长征的精神，因为每个人都要走自己的长征路。在自己的长征路上，我们也不能轻言放弃，应当凭着一股精神坚持到底！

4. 实践作业，课堂延伸。

师：今天，咱们被几个长征数字深深地震撼到了，然而，长征数字远不止今天提到的这些，最后老师给同学们留了这样的作业（下图），相信大家一定可以完成得很好。下课！

实践作业：

（1）手机长征中的数据。

（2）想办法描述这些数量的大小。

（3）与家人、同学分享你的感受。

35. “数学思考”教学设计与反思

林碧珍
（福建省福州金山小学，特级教师，正高级教师）

※ 教学过程

一、大胆猜想，感受复杂

1. 师出示：20 个点能连成多少条线段？请同学们大胆地猜一猜。

2. 师设疑：那到底 20 个点能连成多少条线段呢？哪个答案是正确的呢？你们觉得可以怎样来验证？

生认为：可以动手画 20 个点连一连。

3. 师请学生尝试着动手连一连。

学生连着连着就不愿意连了，因为点数太多，连着连着就乱了。

4. 师请学生谈谈连线的感受。

二、探索新知，渗透思想

1. 引导学生感受点数多，用画图连线的方法比较麻烦、有点复杂。（板书：复杂）

2. 引导学生复杂问题可以从简单入手。

师：这么复杂的问题我们可以怎样着手解决呢？（从简单的想起）

师：那至少有几个点才能连成线段？（2 个）

师：2 个点能连成几条线段？（1 条）

师：再多些，3 个点能连成多少条线段呢？你们是怎么想的？（渗透有序的思考方法）

生回答后师板书。

3. 学生独立探索 4 个点和 5 个点连线的问题。

（1）师出示学习要求：A. 独立画一画、算一算：如果有 4 点、5 点分别可以连成几条线段？ B. 与同桌同学进行交流，看看你能从这些简单问题中发现什么规律？ C. 想一想：运用发现的规律，你能解决 20 个点能连成多少条线段这个复杂的问题吗？

（2）生以小组为单位合作探索。

（3）生探索学习后汇报交流。

4个点：3+2+1=6条。（A与自己除外的3点连；B与自己、A除外的2点连；C与D连）

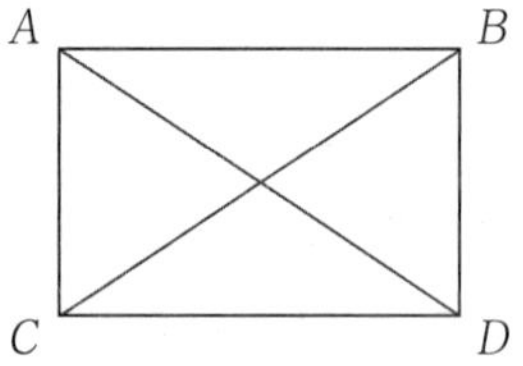

5个点：4+3+2+1=10条。（A与自己除外的4点连；B与自己、A除外的3点连；C与自己、A除外的2点连；D与E连）

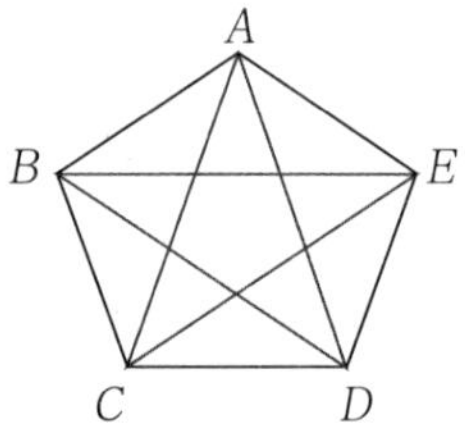

4. 生应用规律解决20点连成线段的问题。

生汇报20点能连成多少条线段的结果。19+18+17+16+…+3+2+1=190 。师让学生说说是怎么想的？同时渗透怎样速算的方法。

5. 总结渗透转化与数形结合的思想方法。

（1）师：刚才我们初见这个问题时感觉它很（复杂），遇到复杂的问题时我们采取了什么样的解决问题的策略，（从简单的问题入手）当我们从简单的例子中归纳得出规律时我们就可以利用这个规律解决复杂的问题了。

（2）师：我们又是借助什么发现规律的呢？（图形）把图形与数量相结合帮助我们更形象直观地发现规律，这种方法被科学家们称为数形结合的方法。把复杂问题转化为简单问题，从简单例子中归纳出规律再利用规律解决复杂问题，数形结合的方法也能化抽象为形象帮助我们找到解决问题的方法，今后我们在解决问题时要常常想到这些方法，并充分地应用它来帮助我们解决问题。

三、运用数学思想方法解决相关问题

1. 自觉运用化繁为简的方法解决问题。

（1）掌握了这些方法后，你们想利用这些方法自己解决几个问题吗？请大家闭上眼睛。

师出示：11111111×11111111=？

（2）提问：你们看到了什么？8个1乘以8个1看来挺复杂的，你们决定怎么解决它呢？

（3）生提出用化繁为简从1×1、11×11、111×111这些简单的例子中归纳出规律再利用规律解决问题。

（4）生动手解决问题。

（5）利用竖式验证结论的正确性。

2. 自主解决问题，体会数形结合的妙用。

（1）出示：$\frac{1}{2}+\frac{1}{4}+\frac{1}{8}+\frac{1}{16}+\frac{1}{32}+\frac{1}{64}+\frac{1}{128}+\frac{1}{256}=?$

（2）让学生自主解决问题。完成后汇报从简单入手的思路和方法。

（3）老师启发学生用画图的方法解决问题。

师：刚才我们从简单例子入手用归纳的方法解决了这个问题，实际上这道题还有一个更妙的解决办法，你们想学习吗？这就是画图的方法。

师：$\frac{1}{2}+\frac{1}{4}$用图怎么表示？

师引导学生观察图形：引出$\frac{1}{2}+\frac{1}{4}$可以用通分的方法计算得出结果是$\frac{3}{4}$，也可以换个角度思考：$\frac{1}{2}+\frac{1}{4}$还可以看成是从1中减去空白部分的$\frac{1}{4}$。

师：同样的道理，$\frac{1}{2}+\frac{1}{4}+\frac{1}{8}$可以看成把剩下的四分之一再平均分成两份，其中的一份就是$\frac{1}{8}$。从图中看出$\frac{1}{2}+\frac{1}{4}+\frac{1}{8}$可以看成从1中减去$\frac{1}{8}$……

（4）感受数形结合的妙用。

师：通过画图，我们把像$\frac{1}{2}+\frac{1}{4}+\frac{1}{8}+\frac{1}{16}+\frac{1}{32}+\frac{1}{64}+\frac{1}{128}+\frac{1}{256}$这么难的题目转化成了$1-\frac{1}{256}$这么简单的算法。看来数形结合真好，它能把复杂的数量关系简单化。今后我们在解决问题时要常常记得通过画图来帮助我们解决问题。

3. 感悟从简单例子入手，找规律时应多举些例子，以免被特例误导，得出错误规律。

（1）出示：$\frac{1}{3}+\frac{1}{6}+\frac{1}{12}+\frac{1}{24}+\frac{1}{48}+\frac{1}{96}+\frac{1}{192}=?$

（2）故意误导学生得出$1-\frac{1}{192}=\frac{191}{192}$的结论。并引导学生画图验证。在验证的过程中发现这个结论是错误的。

（3）引导思考：这两道题形式是相同的，相加的数之间都是后一个加数是前一个加数的一半，按理来说这两道题的规律应该是相同的，为什么这两题的结论会不相同呢？到底出在谁的身上？

生对于谁是特殊例子有争议。这时教师引导学生，自己再举一个类似的算式。

生：举$\frac{1}{5}+\frac{1}{10}+\frac{1}{20}+\frac{1}{40}+\frac{1}{80}+\frac{1}{160}$的例子，通过画图归纳这类题目的结果是两个第一个数减最后一个数，从而得出：$\frac{1}{2}$是一个特殊的数据，2个$\frac{1}{2}$正好是1，因此误导我们归纳出错误的计算规律。

（4）引导学生得出$\frac{1}{2}+\frac{1}{4}+\frac{1}{8}+\frac{1}{16}+\frac{1}{32}+\frac{1}{64}+\frac{1}{128}+\frac{1}{256}$这道题是这类题的特殊例子，从特殊例子中归纳出的规律不是正确的结论，因此我们从简单的例子中去探索归纳规律时所举的例子要全面，得出结论后要进行验证才能应用规律去解决其他类似的问题。

四、课堂总结

通过今天的学习你们有什么收获？

※ 课后反思

“数学思考”是六年级下册毕业总复习的一个内容。笔者上这一节课的目的，不仅是希望让学生在小学毕业之前进一步体会“化繁为简、归纳概括规律、利用规律解决问题”的思想，感受“数形结合”对于解决问题的妙用，更为重要的是希望通过探索归纳形如：$\frac{1}{2}+\frac{1}{4}+\frac{1}{8}+\frac{1}{16}+\frac{1}{32}+\frac{1}{64}+\frac{1}{128}+\frac{1}{256}$ 这类题目计算结果的规律，感受特例对于归纳结论的误导，让学生深刻感悟数学是一门严谨的科学，直觉、归纳、类比等推理都要经过严格的证明，让学生对归纳的思想有更进一步的认识。

36. “数与形”教学设计（课例一）

徐长青
（天津市红桥区教师发展中心，特级教师，正高级教师）

※ 教学过程

一、回顾知识，引出数形

师：什么是数学？

学生根据自己以前学习数学的经验说出自己的理解。

师生共同总结：数学是研究数量关系与空间形式的科学。

这里注重学生读题、审题能力的培养。通过隐去课件的结论，让学生说出自己刚才看到的内容。再次让学生读题，隐去汇报，达到知识入眼又入脑。

师：数学是研究数量关系与空间形式的科学。数量关系就是“数”，空间形式就是“形”，数学就是研究数和形的，数和形是相伴而来的，从你们一开始学习数学就是这样的，不过大家有时疏忽了。今天我们在“数”和“形”中再认识一下数学。

二、看形说数，用形解数

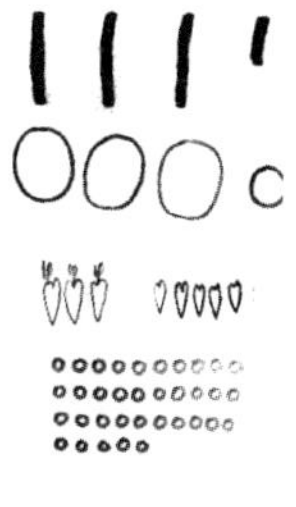

师：我给一年级的小学生出了一个数，让他们用图画一画。大家看看一年级学生画出了的图，猜一猜我给学生说的什么数？

师依次出示右面的四幅图让学生猜一猜表示的数。

生大胆猜测。预测有学生说是 1，有的说是 4，有的说是 3.5，有的说是$3\frac{1}{2}$。

师揭秘答案，给一年级学生说的是 35。

师：通过这些形我们能找到数，因此数与形有关系，有的数学家还把数与形进行单独的研究，请看这是华罗庚。他说：“数无形时少直觉，形无数时难入微。”今天我把华罗庚的数学文化传递给你们。

三、自主探究，疑疑释疑

师：我们继续研究数与形，请看大屏幕，你看到了什么？

课件出示一个正方形。

学生数出有一个正方形。

课件再出示3个正方形，引导学生可以数也可以算出一共有多少个正方形。课件再出示5个正方形，再次引导学生用算式的方法计算得出一共有多少个正方形。（板书：1+3=4；1+3+5=9）

课件再次出示7个正方形，现在一共有多少个正方形呢？

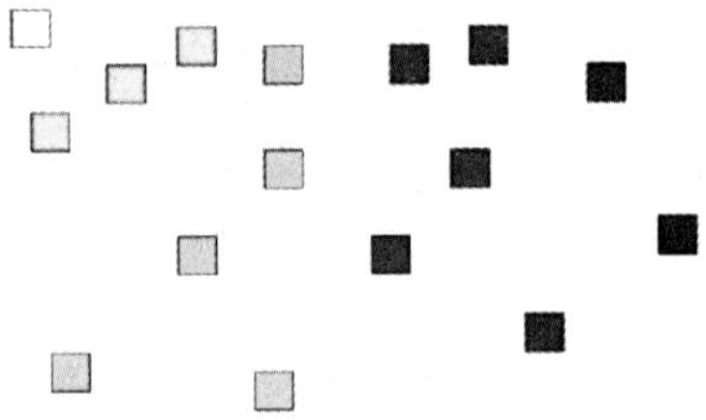

预设学生计算1+3+5+7=16。

师：你们怎么这么快就知道结果了？

引导学生发现每次出示正方形的数量有什么规律，鼓励学生大胆猜想出示的数是什么，总共是多少个。（再次板书：1+3+5+7+9=25）

师生总结：算式是以“1”开始的连续奇数的和。

师：你能说出下一个算式吗？能写完吗？写不完怎么办？

预设学生：可以用省略号来表示这些写不完的算式，但是这些算式又蕴含着规律。

师：通过之前研究的算式，你们发现了规律，左边的算式特点我们已经发现了规律，提高点难度，观察算式的结果又有什么特点吗？

小组合作交流想法。

师：1、4、9、16、25、36有什么特点呢？

生独立思考，小组交流后汇报。

预设：都是两个相等的数相乘得出的，$1\times1=1$，$2\times2=4$，$3\times3=9$，$4\times4=16$。

师：你看到了1^2、2^2、3^2、4^2你想到了哪个图形呢？

预设：正方形，因为正方形的面积就是边长乘以边长，也就是$S=a^2$。

师：1^2表示边长是1的正方形的面积。2^2表示什么图形呢？

生思考再汇报。

师：你能用图形表示刚才的算式吗？万事开头难，咱们先看第一个算式画一个图形表示1，第二个呢？1+3=4怎么用图形表示这个算式呢？

生思考后汇报。

预设：在一个的基础上再画出三个。

师：你们看到了什么图形？想到哪个算式？

引导学生说出看到了边长是 2 的正方形，想到了算式 $2^2=4$，1+3=4。

师：我们把杂乱变得有规则，一下就看出了结果。$1+3=2^2=4$。接着往下挑战！再加 5，看看你能想到怎么画吗？

生再次汇报自己的想法，展示自己的画法。

师：看到这个图，你会想到什么图形，又能想到哪些算式呢？

师生总结：我们把一个算式用一个图形来表示，计算出结果就更快了。

师：请同学们再看。你能猜到右上格里填几？加法算式是什么？一共有多少个小正方形？

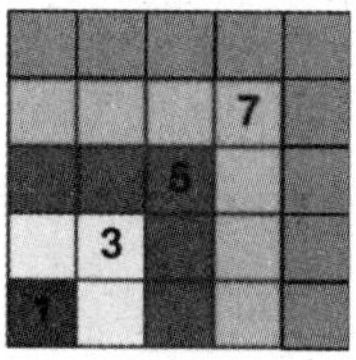

预设学生说出答案是9,算式是1+3+5+7+9=,但是结果是多少学生可能有困难。引导学生思考结果有什么规律，从图中是怎么体现出来的？

师生总结：这个正方形的边长是 5，所以加法算式 1+3+5+7+9=25。

当把一个数变成形的时候，解决的方法多了，而且便捷了，简单了。

师：下面这张图的右上角填哪个数呢？又能表示哪个加法算式？结果又是多少呢？

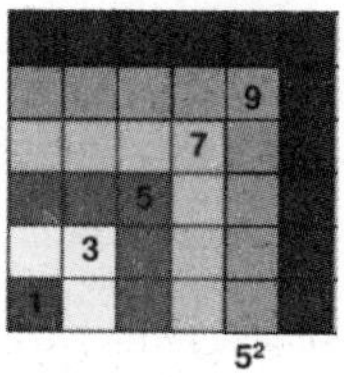

生思考后汇报。感知规律与方法。

师：现在这张图又能表示哪个算式？结果又是怎么计算的呢？

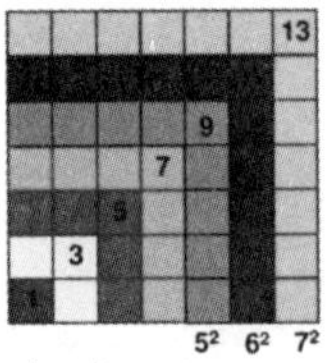

生再次思考，深度感知规律与方法。

教师追问：你怎么知道它的边长是 7？

生独立思考交流汇报。

师生总结：按照这个规律，有 5 个数相加就是 5 的平方，有 6 个数相加就是 6 的平方，有 7 个数相加就是 7 的平方。因此从“1”开始，连续几个奇数相加的和就等于加数个数的平方。

你能利用规律直接写一写吗？

$1+3+5+7=(\quad)^2$

$1+3+5+7+9+11+13=(\quad)^2$

______________________ $=9^2$

师提醒：规律并不重要，找到规律的方法才是重要的。在这个问题中，我们将不好解决的数字问题与图形结合在了一起，运用图形来解决数字的问题。这才是重要的方法。

四、规律应用，质疑提升。

师：这样的题目该如何来解决呢？

生独立思考，然后汇报交流。

初步感受利用规律来解决相关问题，达到学以致用。教师引导学生用前面的经验来快速得出研究的结果。

师：这道题的结果是多少呢？（出示“1+3+5+7+5+3+1=”类型的题目）

预设 1：$7^2=49$。

预设 2：$4^2+3^2=25$。

小结：把这些数分为两部分，一部分是 1+3+5+7，另一部分是 1+3+5，这样，前一部分是 4 的平方，后一部分是 3 的平方，就是 16 与 9 的和，所以是 25。这就是数与形的奇妙之处，它们之间有关系，当数向前走着走着，走不动了，可以把数变成形；当形向前走着走着，走不动了，可以把形想成数。它们会互帮互助。

师：你们发现了什么？ $4^2+3^2=5^2$ 这个算式也和一个图形有关系？哪个图形呢？

一个直角三角形，如果这个直角三角形的两条直角边分别是3和4，它的斜边肯定是5。这是勾股定理，是古人给我们留下的文化遗产。

师：如果把直角三角形的三边长用a、b、c来表示，你会发现什么算式呢？

预设：$a^2+b^2=c^2$。

师：这是假设，这是数学里的特殊性，它有一般性，从特殊到一般要走过一个复杂的论证过程。你们得到的结论不一定可靠啊！咱们来看看老师给大家带来了一位古希腊的数学家，它就发现并证明了这一结论。

师：一共367种证明方法，你们会几种呢？

我们可以利用图形来证明，数学家用形来解决了。让我们走进科学馆的数学厅，感受数学文化的魅力！去领略形对数的帮助吧！

学生观看视频。

师：你们发现了什么？

生汇报自己的发现，感受数与形的关系。

五、课堂小结，渗透思想

师：数与形有什么关系？

生思考汇报。

师引领学生回忆小学学过的小棒、分数乘法、线段图等知识，帮助学生再次感受在数学知识的获得的过程中形对数的伟大作用，并回归到自然界中，找到数与形的例子，感受数与形的结合无处不在。

师生总结：数是数，形是形，不是数是形，形是数。

师：把数与形中的“与”去掉，后面加上“结合”，大声读出来。

生：数形结合。

37. “数与形”教学设计与反思（课例二）

陈真真
（福建省厦门实验小学，特级教师，正高级教师）

※ 课前思考

本课教学，要引导学生自主探索图形中隐藏着的数的规律，会利用图形来解决一些有关数的问题并学会应用所发现的规律。“形”的问题中包含着“数”的规律，“数”的问题也可以用“形”来帮助解决。教学时，通过学生的自主探究、合作交流，既要让学生充分利用图形的直观、形象特点，用图形来表示数的规律性，感受化数为形的简捷性；同时，又要让学生寻找图形中所包含的数的规律，用数来表示图形，建立模式，感受用数或者代数式表示的概括性。学生在解决问题的过程体会到数与形的完美结合，并逐步培养学生的抽象概括能力。

体会和掌握数形结合、归纳推理、极限等基本数学思想。通过数与形的比照，引导学生从不同角度探索规律。在利用数形结合解决问题的过程中积累基本的数学经验，培养基本的数学思想。

小学生思维的抽象程度还不高，经常需要借助直观模型来帮助理解，所以数与形相结合的例子在小学数学中有很多。但教材并没有系统的数与形结合的内容，所涉及的练习也比较分散。通过这一节课的学习，学生自主探索图形中隐藏着的数的规律，会利用图形来解决一些有关数的问题并学会应用所发现的规律，帮助学生积累经验；同时体会和掌握数形结合、归纳推理、极限等基本数学思想。

※ 教学过程

一、趣味导入，初步感受数形关联

出示图片：

师：同学们，看到了什么？（比萨）你们都看到了比萨，还能看到与数学相关的东西吗？老师看到了 1，$\frac{1}{6}$……谁来解释一下？

师：我们不仅看到了图形，用数学的眼光看现实物体，还看到了数。看来数和形之间有着紧密的联系呢。今天我们就一起来研究数与形的奥秘。

【设计意图】一张平均分成 6 块的比萨图，不仅可以看到实物的“形”，还可以看到“数”，激发学生的探究兴趣，同时初步感受“数”与“形”之间的关联，突破数形认知转换的障碍，为后续数学问题的解决埋下伏笔。

二、自主探究，体会数形结合妙处

1. 形中有数，教学例 1

（1）出示图片

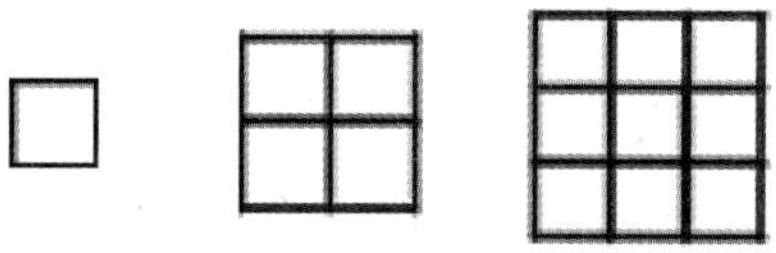

师：这是一组图形，你发现它们之间的规律了吗？请用数或式子表示出来。

学生思考、表达，老师巡视，然后全班交流。

①规律一：1　4　9

②规律二：1×1　2×2　3×3

③规律三：1　1+3　1+3+5

师：同样的图，为什么表示的不一样？

讲解：

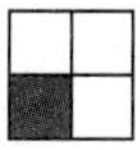

$4=2^2=1+3$

师：4 直接是小正方形的个数；2×2 从边长的角度描述，第二个图形的边长是 2；1+3 这是什么规律？“1”是指原始有 1 个小正方形；“1+3”表示在第一个图形的基础上外围增加了 3 个。

小结：这几个规律观察的角度不一样，规律一是从小正方形的数量来观察的，规律二从图形边长的特点观察的，规律三从图形外围增加的小正方形个数观察的。但是同学们都能用数来表达这个图形的规律。

师：请你尝试解释一下 9 的形状和式子的表示。

（9 直接是小正方形的个数；3×3 从边长的角度描述；1+3+5 在第二个图形的基础上外围增加 5 个。）

师：沿着这个规律思考，接下来的图形是怎样的？用式子又如何表示呢？请你接着往下画一画、写一写。

教师巡视，全班展示交流。动态展示外围依次增加 9、11、13 后对应的图形，验证学生的猜测。

探究图形对应的算式，总结规律。

师：通过数与形的探究，我们得到了规律二和规律三，结合它们，我们再进一步研究。

师：小组观察讨论这里面有什么规律吗？

学生讨论后汇报交流：从 1 开始，连续奇数相加的和等于加数个数的平方。

（2）反馈练习

通过数与形的综合探究，我们得到的结论可以帮助我们快速解决一些计算问题。同学们试一试。

① 1+3+5+7+5+3+1 ＝（　）

② 3+5+7+9=（　）

师：回顾刚才的探究过程，我们在图中联想到了数，形中有数并探究出了规律，帮助我们解决了问题。从其他角度观察，我们还能发现不同的规律呢！那接下来的数字问题能不能借助图形来解决呢？我们来继续探究。

【设计意图】引导学生从不同角度观察同一幅“正方形方格图”，通过看一看、说一说、比一比、想一想等活动充分调动学生的多种感官，让学生体会“形”中有“数”；在探究过程中，层层递进。这一环节中，学生在观察、分析、发现、想象、推理等过程中经历“数与形”的对应、转化和结合，使学生感受到了数形结合的神奇魅力。

2. 以形助数，教学例 2

（1）提出问题，尝试探究规律

出示$\frac{1}{2}+\frac{1}{4}$，提问：你能口算吗？

出示$\frac{1}{2}+\frac{1}{4}+\frac{1}{8}$，再问：这个呢？

出示$\frac{1}{2}+\frac{1}{4}+\frac{1}{8}+$（　），追问：如果继续加，你猜接下来会加多少？

师：你怎么看出来的？（后一个分数是前一个分数的$\frac{1}{2}$）

师：等于多少？说说你是怎么算的？

预设：通分。

师：通分计算，虽然最后能得出结果，但是速度慢且容易出错。

（2）发现规律，感悟极限思想

师：这个算式还能继续往下加吗？

师：这个算式中省略号表示什么意思？（无数个）

师：无数个分数相加，和是多少呢？猜一猜结果是多少？

师：今天我们学习了数与形，这里的式子能不能用图形表示？借助图形找找思路，从一个圆形、一个正方形任选一个，然后在你选择的图形中找到它的$\frac{1}{2}$，在$\frac{1}{2}$的基础上加上它的$\frac{1}{4}$，再加上它的$\frac{1}{8}$，按算式的要求一直加下去，看看能不能找到和是多少。

学生自主探究，全班交流。

① 正方形图（图略）。

② 圆形展示。

师：继续往下加，空白部分会怎么样？

预设：空白部分越来越少。

师：如果继续无休止地加下去，空白部分最终会怎么样？

不停地加下去，空白部分会越来越少，小到看不到，无限接近于0；涂色部分越来越大，大到最终充满整个正方形，结果无限接近于1。

师：可能有的同学难以理解这个算式为什么等于1，总觉得差一点。这就是极限思想的精髓和魅力，同学们到了初中、高中时还要继续学习。随着你们学习越来越深入，就能理解得越来越深刻。

小结：同学们这样一个无止境的算式，我们可以借助正方形图、线段图、圆形图发现它的最终结果是1。这样复杂的计算用图形来解释就变得直观简单。看来数与形联系非常紧密。

【设计意图】选择正方形、圆形模型，让学生去尝试探究，简单易操作，理解并得到结论后，通过课件呈现线段模型再次验证结论，整体表示“1”，学生结合分数意义，在线段上分别有规律地表示这些加数，当这个过程无止境地持续下去时，所有的线段就会把整条线段占满，即和为“1”，用画图的方法来表示计算过程和结果，让学生感受到什么叫无限接近，什么叫直观形象，使抽象的极限问题，变得直观便捷。

3. 借助实例，体会数形结合的特点

数与形相辅相成，相得益彰，形中有数，数中有形，在数学上应用广泛，其实在我们之前的学习中我们就已经领略过它们的风采。

（1）形助数，直观

佳美电器商店电视机一周销售情况统计表（表略），哪两天销售量最多，哪天销售量最少？只看数据，感觉不太直观。把这些数据制成条形统计图，大家再来感受一下。条形统计图清楚看出数量多少，便于比较。

（2）数辅形，准确

用图（图略）中这辆卡车运沙坑里的沙子，一次能将沙子全部拉走吗？老师把车厢的形状和沙坑的形状简化出来，请你判断一下。想要看能不能拉走，需要借助数据算一算。

【设计意图】通过实例，理解数与形之间的联系，形中有数，数中有形，各有优势，学生的思维能力逐渐提升。

4. 拓展贯通，感悟数形结合的价值

师：数形结合的例子比比皆是，在概念学习、计算学习、解决问题中都有。

播放微课。

师：这些例子都体现出数形结合，这样的例子还有很多很多。

【设计意图】通过微课回顾小学阶段借助数字和图形之间的关系来解决问题的例子，拓展贯通，感悟数形结合的价值、妙处。

三、总结拓展，激发课后探究兴趣

1. 小结

师：同学们，在表达事物时，数更准确，形更直观。其实华罗庚先生很早之前就说过这样两句话："数缺形时少直观，形缺数时难入微。数形结合百般好，隔离分家万事休。"

2. 拓展

学习了数与形，可以帮助我们更好地理解所学的数学知识，甚至还能帮助我们理解以后的知识。

抽象的完全平方公式，如$(a+b)^2=a^2+2ab+b^2$，通过数形结合，就变得通俗易懂，我们已经掌握了初中知识。

※ 设计思路

一、教学前测

"数与形"是六年级上册教材第八单元"数学广角"的内容。小学生思维的抽象程度还不高，经常需要借助直观模型来帮助理解。所以数形结合的例子在小学教材中很多，例如数的认识、线段图、分数计算等。同时六年级学生逻辑思维能力已有一定发展，大部分同学能借助知识的迁移和推理，理解体会数与形的紧密关系，并会初步应用。

二、教学思路

从数形结合的渗透情况看，注重由低年级的感悟数形结合思想逐步提高到高年级能够运用数形结合解决问题。根据教学前测的结果，以学生的现实起点作为基础，着重从以下几个方面进行有效教学。

1. 体会形中有数，数中有形，数形相关；体会以形助数，以数解形，数形相助。通过例 1 的“正方形方格图”和例 2 的“正方形模型”“圆形模型”“线段模型”等让学生通过数与形的对照，探究发现图形中隐藏的数的规律，进一步体会数与形之间的内在联系，感受用形来解决数的有关问题的直观性与简捷性，并能把数形结合的思想迁移到解决其他一些实际问题，帮助学生积累经验。

2. 引导学生掌握推理的方法。通过探究正方形图 1、4、9、16……和 +……的规律，推理得到一般性的结论，再把这一结论应用到所有符合这一模式的情形中去，这是典型的归纳推理的思想和方法，重在让学生体会这一思路。

三、教学方法

本教学设计的教学过程分为三个环节，第一环节“趣味导入，初步感受数形关联”，第二环节“自主探究，体会数形结合妙处”，第三环节是“总结拓展，激发课后探究兴趣”。

根据教材分析和对学生已有认知水平，在具体的情境中展开教学活动，以直观演示为主，辅以谈话启发、自主探究、讲练结合等方法，层层深入，提高学生的抽象概括能力。

38. “解决问题的策略（替换）”课堂实录

陈真真
（福建省厦门实验小学，特级教师，正高级教师）

※ 教学过程

一、创设问题情境，激活相关经验

（出示两幅天平图，引导学生观察思考。）

师：（指图 1，图略）这是一架平衡的天平，从图中你能看出一个苹果的质量和一个梨的质量之间有什么关系吗？谁来用数学语言说说它们之间的关系。

生 1：一个苹果的质量是一个梨的 2 倍。

生 2：一个梨的质量是一个苹果的$\frac{1}{2}$。

师：（图 1 和图 2，图略）根据两幅天平图，你能推想出一个苹果和一个梨的质量吗？

生：一个苹果重 200 克，一个梨重 100 克。

师：你是怎样推想的？

生 1：把图 2 中左边一个苹果换成两个梨，就成了 4 个梨重 400 克，可以求出一个梨重 100 克，再求出一个苹果重 200 克。（图 3 略）

师：刚才这位同学的想法是把苹果换成梨。

生 2：把图 2 中左边两个梨换成一个苹果，就是 2 个苹果重 400 克，一个苹果就重 200 克，再求出一个梨重 100 克。（图 4 略）

师：是的，还可以把梨换成苹果。

（课件动态演示把一个苹果换成两个梨或者把两个梨换成一个苹果。）

师：在解决刚才这个问题时，大家用到了“换”的方法。一换之后，发生了什么变化？

生 1：题目变得简单了。

生 2：两种水果变成了一种水果。

师：其实，这就是数学中一种非常重要的策略——替换。（板书）

师：替换也不是一个新的策略，早在一千七百多年前有一个小朋友，就用替换的策略解决了一个大人也无法解决的问题，你们知道是谁吗？

师：（出示“曹冲称象”的图片）这个小朋友就是曹冲。

师：曹冲是如何用替换的办法称出了大象的重量？

生：曹冲是用石头替换大象的。

师：想一想，为什么这样替换呢？

生：那个时候没有那么大的称，而大象不好分开来称，石头可以分开来一块一块地称。

师：通过替换，把不好直接称的大象转化成能够称的石头，问题也就解决了。

二、自主探索实践，研究替换策略

师：（出示例题，生读题）小明把 720 毫升果汁倒入 6 个小杯和 1 个大杯，正好都倒满。小杯的容量是大杯的$\frac{1}{3}$。小杯和大杯的容量各是多少毫升？

师：题中告诉了我们哪些已知条件？我们把它摘录下来。

（板书：小杯　6　　大杯　1　　总量　720）

师：怎么理解“小杯的容量是大杯的$\frac{1}{3}$”？大杯和小杯容量的关系还可以怎样说？

生 1：大杯容量是小杯的 3 倍。

生 2：1 个大杯可替换成 3 个小杯。

生 3：3 个小杯可替换成 1 个大杯。

师：现在能直接求出小杯和大杯的容量吗？

生：不能。

师：怎样用替换的策略来解决这个问题呢？

生 1：（互相说一说后回答）可以把大杯换成小杯，这样都是小杯，就好算了。

生 2：也可以把小杯都换成大杯。

师：你能把替换的过程画出来吗？试试看，在老师发给你的纸上，纸上有图，你可以把替换掉的杯子用圆圈圈起来，替换成什么杯子也在旁边画出来，使人一眼看出你是把什么杯替换成什么杯的。然后根据示意图，列式算出大杯和小杯的容量。

（学生画图，列式计算，同桌交流。）

师：谁能把你的方法介绍给大家？

（学生代表在投影仪上展示和介绍。）

生 1：我把 1 个大杯换成 3 个小杯，这样就有 9 个小杯，一共是 720 毫升，$720\div 9=80$，可以算出一个小杯的容量是 80 毫升；$80\div\frac{1}{3}=240$，一个大杯的容量就是 240 毫升。

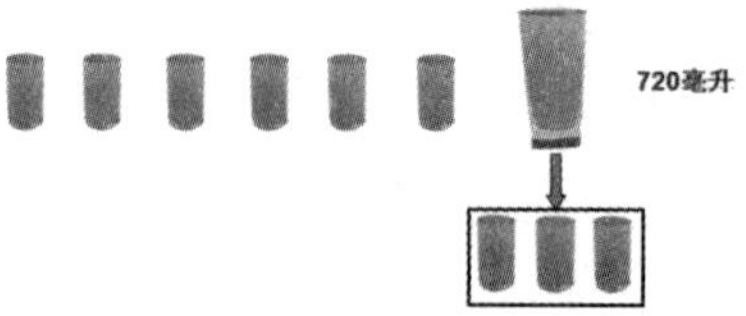

生 2：我是把 6 个小杯换成 2 个大杯，这样就有 3 个大杯，$720\div 3=240$，先求出一个大杯的容量是 240 毫升；$240\times\frac{1}{3}=80$，再求出一个小杯的容量是 80 毫升。

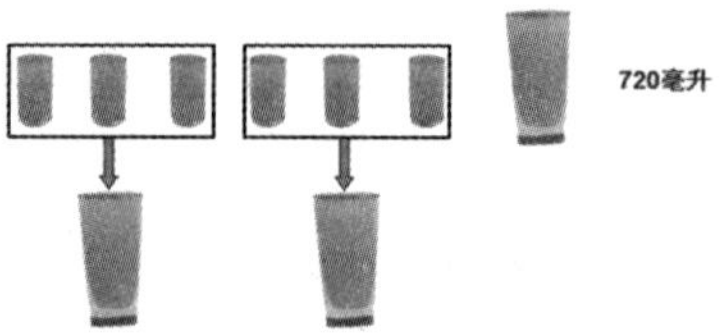

（教师结合学生汇报，逐步形成板书。）

三、回顾解题过程，凸显替换价值

师：刚才同学们都算出大杯的容量是 240 毫升，小杯的容量是 80 毫升，那么算出的结果对不对呢？我们来检验一下，可以从哪些方面入手进行检验？

生 1：可以看小杯的容量是不是大杯的$\frac{1}{3}$。

生 2：还可以看 6 个小杯和 1 个大杯的果汁是不是 720 毫升。

（板书：$80\times 6+240=720$（毫升） $80\div 240=\frac{1}{3}$）

师：要看结果是否同时符合题目中的两个已知条件，即看 6 个小杯和 1 个大杯的果汁是不是 720 毫升；小杯的容量是不是大杯的$\frac{1}{3}$。

师：刚才我们运用了什么策略解决了这个问题？

生：运用了替换的策略。

师：解决问题时，大杯和小杯为什么要进行替换？

生：替换能使题目变得更简单。

师：你能说得更具体些吗？

（生迟疑。）

师：替换之前既有大杯，也有小杯，是几种量与总量之间的关系？

生：两种量。

师：替换之后呢？

生：要么都替换成大杯，要么都替换成小杯，是一种量与总量之间的关系。

师：两种量与总量之间的关系不能直接求出每种量，一种量与总量之间的关系可以直接求出。

师：我们替换的依据是什么？是根据哪个条件进行替换的？

生：根据“小杯的容量是大杯的$\frac{1}{3}$”进行替换的。

师：两种量之间的关系就是替换的依据。

四、灵活应用，巩固替换策略

师：现在老师把替换的依据改成“大杯的容量是小杯的 4 倍”，其他条件不变。你想怎样替换？

生：把 1 个大杯替换为 4 个小杯。这样就变成了 6+4=10 个小杯，720 ÷ 10 = 72，每个小杯装 72 毫升；72 × 4 = 288，每个大杯装 288 毫升。

师：有同学把小杯替换成大杯吗？谁来谈谈自己的想法。

生 1：我觉得这样替换的话，比较麻烦，不能正好得到几个大杯。

生 2：小杯替换为大杯，一共相当于 2 大杯和半个大杯。

生 3：我认为虽然替换起来大杯个数不能正好得到整数，但是计算也是可以算出大杯的容量的：720 ÷ 2.5 = 288。

师：大家说的都有道理。替换作为一种策略，不仅可以帮助我们进行实物操作，还可以帮助我们进行推想和计算。

师：老师把替换的依据改成“大杯的容量比小杯多 20 毫升”，其他条件不变。现在还可以替换吗？

师：小组讨论，能替换说说怎样替换，不能替换说说理由是什么。

（小组讨论。）

生 1：我们认为不好替换。因为不是正好装 720 毫升果汁。

生 2：我们认为似乎可以替换，就是替换之后有可能 720 毫升果汁装不下。

生 3：我们也认为可以替换，不过替换之后也有可能没有 720 毫升果汁。

师：是啊！表面上看好像不好替换，但是如果把替换的结果一同考虑，说不定能有新的发现呢。

师：请大家在练习纸上试一试，看能否解决问题。可以画图，也可以直接列式计算。不过要特别注意，在替换时，果汁的总量会有什么样的变化？

（生画图尝试，列式计算，检验。）

师：谁来说说自己的替换过程呢？

生：我把大杯替换成小杯。

师：现在有几个小杯？

生：7个。

师：现在就行了吗？（有部分学生点头同意，师及时点拨）替换后果汁的总量怎样了？

生：少了20毫升。

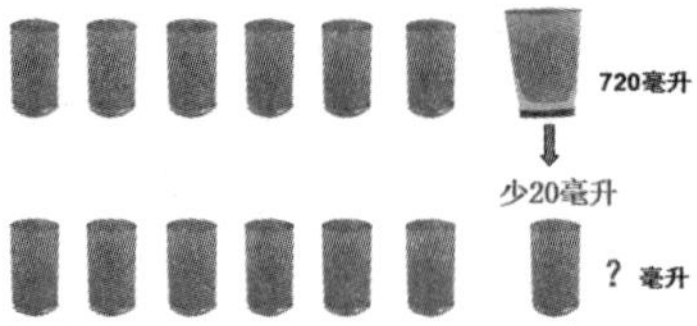

师：那么7个小杯果汁的总量只有多少毫升呢？

生：7个小杯果汁的总量是720－20=700（毫升），那么，小杯的容量是700÷7=100毫升，大杯的容量是100＋20=120毫升。

生：我是把小杯替换成大杯，一共有1+6=7个大杯。

师：替换后7个大杯的果汁总量有什么变化？

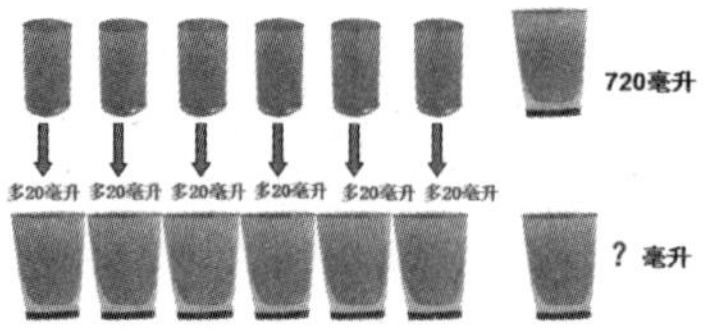

生：把小杯替换成大杯，每个大杯多出20毫升，这样果汁总量就变为720＋6×20 = 840毫升。那么，大杯的容量是840÷7=120毫升，小杯的容量是120-20=100毫升。

（师完成板书。）

师：比一比，这个题目与刚才的例题有什么不同？

生1：替换的依据不同。例题中，两个数量是倍数关系；改编的题中，两个数量是相差关系。

生2：替换后的总量不同。例题中，替换后总量还是720毫升；改编的题中，替换之后的总量发生了变化，变多了或者变少了。

（总量后面板书：不变、变化。）

师：为什么倍数关系替换之后总量不变，相差关系替换之后总量发生了变化？

生：倍数关系大杯换小杯，它们的容量之和没有变化，所以总量也不变。相差关系大杯换小杯，容量发生变化，所以总量也发生变化。

师：是啊！由于替换的依据不同，替换后的总量会不一样。如果我们观察替换前后杯子的个数，你有什么发现？

生 1：倍数关系的替换，替换之后杯子的总个数变化了，变多了或者变少了。

生 2：相差关系的替换，替换之后杯子的总个数没有变化。

（杯子数前面板书：变化、不变。）

师：同学们观察真仔细！数学就是这么奇妙！在变化与不变中存在着内在的联系。

五、迁移延伸，应用替换策略

师：接下来我们运用替换的策略解决生活中的一些问题。

师出示题目：六（1）班 40 名同学和赵老师、高老师一起去公园秋游，买门票一共用去 220 元。已知每张成人票是每张学生票的 2 倍，每张学生票多少元？每张成人票多少元？

师：同学们读一读，可以把替换的依据画一画，然后填写替换的方法，不用列式计算。

生 1：可以把它们都看成学生票，可以把 2 张成人票换成 4 张学生票。那么 220 元相当于买了 44 张学生票。

生 2：可以把它们都看成成人票，可以把 40 张学生票换成 20 张成人票。那么 220 元相当于买了 22 张成人票。

师再出示题目：在 2 个同样的大盒和 5 个同样的小盒里装满球，正好是 100 个。每个大盒比每个小盒多装 8 个，每个大盒和每个小盒各装多少个？

师：先想一想怎样替换，再填一填，然后列式解答，最后检验一下。

生 1：我把 2 个大盒换成 2 个小盒，总个数比原来少 16 个。这样一共装 100−16=84 个。先算小盒：84 ÷ 7=12 个，再算大盒：12+8=20 个。

生 2：我把 5 个小盒换成 5 个大盒，总个数比原来多 40 个。这样一共装 100+40=140 个。先算大盒：140 ÷ 7=20 个，再算小盒：20−8=12 个。

师：生活中是不是都可以用替换的策略解决问题呢？比如说这样的问题：

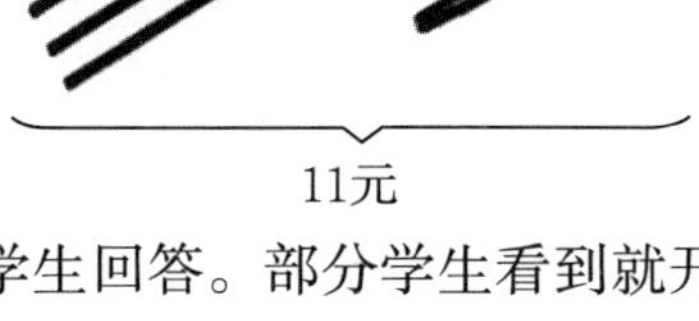

（师出示问题后等待学生回答。部分学生看到就开始列式，部分学生没有马上列式，少数学生举手发问。）

师：有谁想说点什么吗？

生1：这道题似乎缺少什么条件？

生2：这道题目没有告诉我们铅笔和钢笔单价之间的关系，因此不好做。

师：聪明的同学善于发现问题！如果运用替换的策略，就需要明白替换的依据。那么，要想用替换的策略解决这个问题，可以补充什么样的条件？

生1：可以补充倍数关系的条件，钢笔的单价是铅笔的8倍。

生2：也可以补充相差关系的条件，钢笔的单价比铅笔贵7元。

师：同学们课后选择一种情况补充条件，看看能否解答。

师：刚上课时，我们观察了天平图，采用了替换的策略分别求出了两种水果的重量。现在我们继续观察天平图。

师：第一幅天平图，显示了两种水果之间的重量关系；第二幅天平图，出现了第三种水果——菠萝；第三幅天平图，右边托盘里，如果放一种水果，你想放哪种水果，放几个？

生1：可以放6个梨。

生2：可以放3个苹果。

生3：可以放一个半菠萝。

师：同学们说得都有道理。如果右边托盘里放了一个600克的砝码，天平保持平衡。你能分别求出一个梨、一个苹果和一个菠萝的质量吗？

生1：600克相当于6个梨的质量，1个梨重100克，那么1个苹果重200克，1个菠萝重400克。

生2：600克相当于3个苹果的质量，1个苹果重200克，那么1个梨重100克，1个菠萝重400克。

师：刚才题目中出现了几种量？

生：3种量。

师：我们在运用替换的策略解决问题时，有的时候不仅仅是两种量，也有可能是3种量、4种量，以后我们还会遇到更复杂的情况。但只要我们掌握了最基本的两种量之间的关系如何替换的话，我想，再复杂的问题也难不倒大家。

师：其实在我们的生活中还有很多这样替换的现象。老师真心希望同学们能用智慧的眼睛去发现它，并能灵活运用替换的策略解决问题。今天这节课我们就学到这里，下课。

39. “解决问题的策略（假设法）”教学设计

赵文慧

（山西省太原市第三实验小学，青年名师）

※ 教学过程

一、复习铺垫，导入新课

口答：

1. 小明把480毫升果汁倒入6个同样大小的小杯，正好倒满，小杯的容量是多少毫升？

2. 小明把480毫升果汁倒入同样大小的2个大杯，正好倒满，大杯的容量是多少毫升？

3. 小明把720毫升果汁倒入6个小杯和1个大杯，正好都倒满，小杯和大杯的容量各是多少毫升？

师：谁有办法像刚才那样解决第三道题？

预设1：把小杯全换成大杯。

预设2：把大杯全换成小杯。

师：也就是说假设全是小杯或者假设全是大杯。

出示：假设全是小杯假设全是大杯

预设：好像没有办法解决，这道题好像出错了，不能做啊！

师：不能做怎么办啊？

预设1：如果告诉大小杯的关系，就能做了。

预设2：大杯的容量是小杯的2倍。

预设3：小杯的容量是大杯的$\frac{1}{2}$。

预设4：小杯的容量是大杯的$\frac{1}{3}$。

……

在学生充分说的基础上，老师小结并写出学生补充的条件“小杯的容量是大杯的”。

出示教材第68页例1：小明把720毫升果汁倒入6个小杯和1个大杯，正好都倒满。已知小杯的容量是大杯的$\frac{1}{3}$，小杯和大杯的容量各是多少毫升？

师：这道题怎样解决呢？今天我们一起来研究解决这样的实际问题的策略。

二、自主探索，认识策略

1.出示例1，理解题意。

指名读题，说出题里的条件和问题。

师：这道题的关键句是什么？它的含义是什么？

预设：小杯的容量是大杯的$\frac{1}{3}$。

师：和刚才的复习题对比，这道题复杂在哪里？

引导：你是怎样理解题中数量之间的关系的？

明确：6个小杯的容量+1个大杯的容量=720毫升。

大杯的容量 $\times\frac{1}{3}$ = 小杯的容量。

小杯的容量 ×3= 大杯的容量。

2.思考交流，初探策略。

师：现在有两种大小不同的杯子，这是这道题的“难点”，根据对题里两种杯子容量之间的关系的理解，我们可以想办法把复杂的问题转化成简单的问题，请你试着想一想。

（1）学生独立思考，独立完成。

（2）实物投影仪展示，全班汇报交流。

方法1：

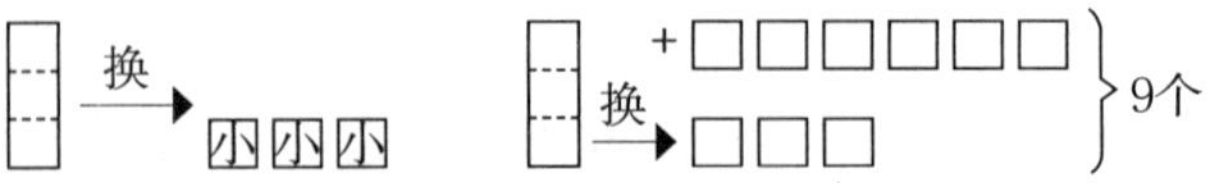

6+3=9（个）	6+3=9（个）
720÷9=80（mL）	720÷9=80（mL）小
80×3=240（mL）	80×3=240（mL）大

预设1：我利用画图法，把1个大杯换成3个小杯……

预设2：我也是利用画图法，先画出1个大杯＋6个小杯，然后把1个大杯替换成3个小杯，由此推出由原来的1个大杯和6个小杯替换成3个小杯＋6个小杯=9个小杯。

小结：生1和生2都是利用画图法，但是生1的图不够完整，没有画出原有的6个小杯。生2的图比生1的更加直观、完整，数量关系一目了然。通过这样“画图”审题的方式，帮助大家很好地理解数量关系。

方法 2：

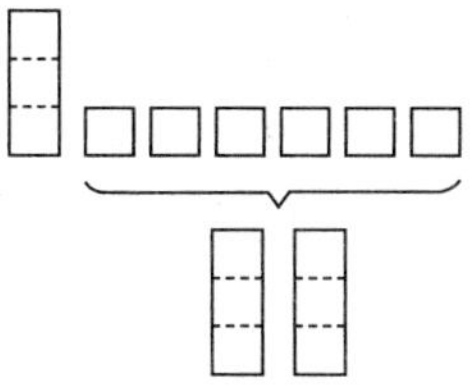

假设全是大杯

小杯：大杯=1：3

6÷3=2（个）

大：720÷（2+1）=240（mL）

小：240÷3=80（mL）

预设：我是假设把 6 个小杯换成 2 个大杯，从图上一眼就能看出 720 毫升对应的是 3 个大杯。

小结：表达完美，数形结合，借助直观示意图使数量关系一目了然，直观地看到把 6 个小杯替换成 2 个大杯，由此推出由原来的 1 个大杯和 6 个小杯替换成 1 个大杯 + 2 个大杯 =3 个大杯。在这个过程中，我们将“转化思想”和“数形结合思想”根植于头脑中。

方法 3：

假设全是小杯

$1\div\frac{1}{3}=3$（个）

3+6=9（个）

720÷9=80（mL）小杯

3×80=240（mL）大杯

预设：我是假设全是小杯，那就要把大杯换成小杯，这样 1 个大杯就换成 3 个小杯。

小结：这位同学尽管没有画直观示意图，但思路清晰，数量关系分析透彻、准确，数学思考较之前上升了一个台阶。

方法 4：

解：设每个小杯放x毫升

大杯放3x毫升

3x+6x=720

9x=720

x=80

80×3=240（毫升）

预设：不管是几个大杯 + 几个小杯，饮料的总量 720 毫升不会变，所以我找的“等量关系”是，1 个大杯 +6 个小杯 =720 毫升，通过该等量关系列出方程，就求出来 1 个小杯的容量。

小结：本题“等量关系”清晰，用方程解答也很顺畅。

方法 5：

摘条件：

6小+1大=720ml

3小=1大

720÷（6÷3+1）=240（mL）大杯

240÷3=80（mL）小杯

预设：我没有画图，我是把题里的已知条件进行整理并“摘录”，看着摘录的条件进行“转化”的，数量关系很清晰，我觉着挺简单的。

师：非常值得称赞的审题方法。该生有较强的分析信息和整合信息的能力，把已知条件和问题由 2 个算式“摘录”出来，数量关系清晰呈现，顿时将该题化繁为简、化难为易。

小结：根据题中的数量关系，同学们想到了解决问题的不同思路。这几种思路都是把两种大、小不同的杯子假设成相同的杯子，这样原来的两个未知量转化成了一个未知量，数量关系就变得简单了，解决问题也就容易了。像这样通过假设把复杂问题转化为简单问题的方法，就是常用的解决问题的策略——假设法。（补充板书：假设法）

3. 解决问题，理解策略。

（1）全班交流，取长补短。

师：你喜欢哪种方法，为什么？

预设：这种方法特别好，不用画图，而且在读题的同时就可以“摘条件”，题读完了，条件也摘录完毕，数量关系简单、明了、清晰，解题步骤简洁。

（2）模仿练习，独立解题。

书第 69 页“想一想”。

小明把 720 毫升果汁倒入 6 个小杯和 1 个大杯，正好都倒满。已知小杯的容量是大杯的$\frac{1}{3}$，把 720 毫升果汁全部倒入大杯，可以倒满几个大杯？

6小+1大=720mL

3小=1大

720÷（1×3+6）=80（mL）小杯

80×3=240（mL）大杯

小结：大家通过“摘条件”解决问题，是在前期直观图分析的基础上进行提升优化，使数量关系的呈现更加简洁，解题思路更加清晰。

4. 丰富体验，体会策略。

师：其实，假设法对于我们来说并不陌生，在以前的学习中，我们曾经运用假设的策略解决过哪些问题？

预设 1：四年级学的和差问题，就是把较大数假设成和较小数相等，或者是把较小数假设成和较大数相等。

预设 2：除数是两位数的笔算除法，把除数看作和它接近的整十数。

预设 3：乘法估算 39×21，可以看作 40×20。

三、巩固提高，内化策略

1. 完成教材第 69 页“练一练”。

学生独立思考，独立解答，一个学生板演。

追问：为什么这道题假设全部买椅子而不是假设全部买桌子？

明确：为了计算方便，要根据两个量之间的倍数关系合理选择假设。

2. 完成教材第 72 页练习十一第 1 题。

这道题是对假设策略的一个巩固，学生可以独立完成，同桌之间互相说说自己的想法。

指出：先弄清两个数量之间的关系，再通过假设正确地把两个数量转化成一个数量。

3. 完成教材第 72 页练习十一第 2 题。

提问：根据题里的想法，这道题应该怎样假设？

追问：还可以怎样假设？指名回答。

四、全课总结

我们今天一起学习了用假设的策略解决问题，你有哪些收获和体会？还有什么疑问？

五、作业

教材第 72 页练习十一第 3 题。

40. “可爱的小猫”课堂实录与反思

杨薪意
（四川省成都市行知小学，特级教师，正高级教师）

※ 课前思考

本节课属于空间与图形领域中图形与变换方面的内容，是一节既涉及数对知识，又涉及图形缩放知识的综合应用实践活动课。教材设置了“填写小猫乐乐的轮廓数对”“观察数对规律，填写天天、晶晶、欢欢的数对”“在方格纸上画出天天、晶晶、欢欢的轮廓”“根据自己的喜好给图形 M 变形”四个活动，将“找数对—观察数对规律— 画一画— 比较图形—找到图形变形的原因—动手验证”这样环环相扣的数学活动连成一体，有助于学生手脑眼口心协调并用，促进学生空间观念的发展。

本节课因为数对的变化，使得图形具有“哈哈镜”的功效。教学时，为了激活学生的想象力，充分调动学生积极参与的兴趣，建议采用“想象 + 操作 + 结论 + 再操作 + 再验证”的模式，让学生经历活动的全过程，在充分的想象后，通过动手操作验证并修正自己的想象，得出一般性结论，再通过二次操作，验证结论的合理性。以此，帮助学生积累一定的探究经验，体会数对与图像缩放之间的妙趣，感受数学的魅力，使其热爱数学，愿意学好数学。建议本课一课时完成。

※ 教学过程

一、谈话引入，以学定教

值日生：同学们，生活中，我们经常会看到形状相同、大小不同的一些图形。今天我们就以这只可爱的小猫为主题，共同来研究这个问题。

师：研究这个问题需要用上我们原来学过的“数对”。关于“数对”你们还记得什么？

生 1：数对就是一对数字。

生 2：第一个数表示第几列，第二数表示第几行。

生 3：两个数中间用逗号隔开，外面还要用括号括起来。

师：看来，同学们对数对掌握得还不错。今天我们在学习时，除了用数对解决问题，还需要用上一些学过的知识。会是哪些知识呢？我们一起来找找看。

二、观察操作，合作探究

师：这是一只名叫乐乐的小猫。

根据我们学过的数对的知识，你能将表示小猫乐乐轮廓的点的数对正确地填写出来吗？

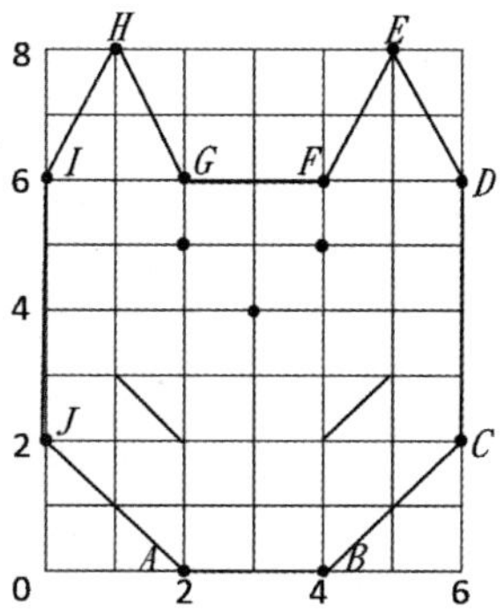

活动 1：

1. 说一说点 A（2，0）中，2 和 0 分别表示什么？

（1）学生尝试说说自己的理解。

（2）教师明确说明，2 表示列，0 表示行。

2. 分别说说 B（4，0），C（6，2），D（6，6）各数对中的数字所表示的意义。

3. 把表示点 E、F、G、H、I、J 的数对填入相应的空格。

	乐乐	天天	晶晶	欢欢
A	（2，0）	（4，0）	（2，0）	（4，0）
B	（4，0）	（8，0）	（4，0）	（8，0）
C	（6，2）	（12，2）	（6，4）	（12，4）
D	（6，6）	（12，6）	（6，12）	（12，12）
E	（5，8）	（10，8）	（5，16）	（10，16）
F	（4，6）	（8，6）	（4，12）	（8，12）
G	（2，6）	（4，6）	（2，12）	（4，12）
H	（1，8）	（2，8）	（1，16）	（2，16）
I	（0，6）	（0，6）	（0，12）	（0，12）
J	（0，2）	（0，2）	（0，4）	（0，4）

观察发现：

（1）与乐乐相比，表示天天轮廓的点的数对是第一个数乘 2，第二个数不变。

（2）与乐乐相比，表示晶晶轮廓的点的数对是第一个数不变，第二个数乘 2。

（3）与乐乐相比，表示欢欢轮廓的点的数对是两个数都乘 2。

活动 2：

根据上表，在下面的方格纸中分别画出三只小猫的轮廓。

学生独立描点。

师巡视指导，重点关注困难学生。

4. 展示学生的作品。

生生互评，给出肯定和修正建议。

师：观察比较，说说哪只猫长得像乐乐。你知道为什么吗？

生 1：与乐乐相比，表示天天轮廓的点的数对是第一个数乘 2，第二个数不变。这样列数在变，行数没变。图形水平方向被拉长，天天看着更胖。

生 2：与乐乐相比，表示晶晶轮廓的点的数对是第一个数不变，第二个数乘 2。这样列数没变，行数在变。图形垂直方向被拉长，晶晶看着更瘦。

生 3：与乐乐相比，表示欢欢轮廓的点的数对是两个数都乘 2。这样列数和行数同时变化。图形水平方向和垂直方向同时被拉长，欢欢看着更像乐乐。

5. 课堂小结：什么情况下，变化前后的图形像？

共识：只有当数对的两个数同时扩大相同的倍数时，所形成的图形与原来的图形相似。

三、应用知识，拓展思维

1. 生活中，我们可以利用上面的方法将图案进行“变形”，你能将这个图案“变形”吗？

（1）先独立思考，再到小组里谈谈自己的想法，猜猜变形后的图形可能是什么样的？

（2）小组代表汇报，全班交流。

2. 举生活中的例子。

3. 有关数对的知识。

数对是法国著名的哲学家、物理学家、数学家、生理学家，解析几何的创始人——笛卡尔发明的。有一次，笛卡尔生病了，躺在床上，看到墙角蜘蛛网上有很多的交点，这些点是横着和竖着的蜘蛛丝相交而成的。他忍不住叫起来：“有了，用两个数不就可以将点的位置确定下来嘛！”就这样笛卡尔经过认真的观察和思考，把蜘蛛的位置作为开始（0，0），用数对的方式表示出了蜘蛛网上的所有交叉点。有了数对，我们就能很容易地表示出某一点的位置。数对不仅能表示二维空间（长，宽），还可以表示三维空间（长，宽，高）或四维空间（长，宽，高，时间），世界上的所有点都可以用数对表示，那么数对将给我们的生活带来极大的便利。

四、小结收获，总结全课

通过这节课的学习，你有什么收获？

※ 课后反思

对于图形的“变形”，六年级的学生具有一定的生活经验和自己的元认知。但是，这一认识是感性的、概括的、模糊的，只能是基于自身经验的理解，不能清楚地用数学的语言描绘变化的关系。就本课而言，利用方格纸通过找数对确定小猫轮廓，感受小猫轮廓点位置的移动变化，能使简单图形产生相应的“变形”效果，“体会图形的相似”是图形与变换的一个重要教学目标。它要求我们在教学中，要注意从简单图形开始，借助实物或计算机演示，再让学生动手操作。教学时，建议老师：一要注意面向每一位学生，激发每一个学生的学习欲望，营造良好的学习环境。二要培养学生的主体意识，尊重学生的主体地位，让学生动手操作、仔细观察、自主思考并根据自己的理解，推断出结论。三要承认学生的个体差异，注意因材施教、分层教学，为每一位学生创设施展才能的空间，使每一位学生都能获得不同程度的成功。

41. “绘制校园平面图”课堂实录与反思

杨薪意
（四川省成都市行知小学，特级教师，正高级教师）

※ 课前思考

安排“绘制校园平面图”这一“综合与实践”活动，目的是让学生结合自己熟悉的、陪伴自己成长六年的学校环境，通过观察学校主要建筑、设施的位置布局，探索一些实践问题。这部分内容的编排有以下特点：第一，活动场所是学生熟悉的、倍感亲切的校园，有助于培养学生的观察能力和提出、分析和解决问题的能力；第二，探究问题的过程既能培养学生的科学精神，又能综合应用比例尺等相关知识；第三，能让学生了解绘制平面图的一些科学知识。

为了体现综合与实践的基本过程，教科书依据绘制过程，呈现学生活动的具体过程，引导和启发学生开展实地研究，经历研究的全过程，即“从头到尾”思考问题：明确活动任务—设计活动方案—动手实验—交流反思。在活动最后设计了“自我评价”的栏目，鼓励学生对自己的活动过程进行评价，有助于学生形成坚持真理、修正错误、严谨求实的学习态度。

教学以激趣的形式提出：我们在可爱的学校里已经生活六年了，在毕业前夕，给母校留一张大家亲手绘制的校园平面图吧。先观察，再绘制。然后按四个步骤指导学生完成任务。

※ 设计方案

主要引导学生在动手绘制前，先在小组内针对活动讨论设计实施方案，以保证绘制的顺利完成。教科书在此设计了 3 个问题。

1. 观察上面两张平面图，说说这些平面图有什么共同的地方？

引导学生先独立观察，再全班交流，认识到绘制平面图就是将主要的建筑物占地大小按一定的比例尺缩小到图纸上。

2. 想一想，绘制校园平面图前，要先做哪些方面的准备？

（1）在校园平面图中需要绘制哪些主要建筑物？

让学生充分发言，表达自己心目中学校的主要（或重要）建筑物，在全班或组内达成统一认识，罗列出清单。

（2）需要收集哪些数据？如何收集这些数据？

明确绘制过程中需要收集的数据以及收集数据的方法和如何记录数据，做好绘制前的准备。

（3）如何确定这幅图的比例尺呢？

结合实体建筑物的大小以及要绘制的图纸大小，预设本组校园平面图的比例尺。

3. 设计绘制校园平面图的活动方案，包括主要步骤与分工等。

小组合理分工才能保证绘制顺利完成。在明确了绘制步骤、需要收集的数据等以后，才能进行合理分工。

※ 动手实验

在确定绘制方案后，分组进行数据收集。此步骤分两个环节：

1. 分小组实际收集相关数据，并用适当的方式记录下来。可以采用用尺实地测量的方式，也可以采用用脚步量的方式或其他可行的方式获取数据。

2. 按照设计方案及收集到的数据，把校园的平面图画下来。根据收集到的数据，确定比例尺后，画在图纸上。比如：可采用组内分工的方式，一人负责画教学楼，另一人画实验楼等。让每个学生都能在校园平面图上留下自己的笔迹。

※ 交流反思

意在绘制后引导学生从五个方面进行交流反思。

1. 全班交流一下，观察各小组绘制的平面图，每张图是否画得准确、合理？哪几个小组的图有自己的特色？

意在通过观察各组的“平面图”，促进学生主动回顾绘制的要求，并在逐一评价中学会合情合理的评价。

2. 把你们喜欢的其他小组的平面图画下来。

意在帮助学生养成认真倾听、动脑思考的学习习惯，通过画其他组的“好图”，既读懂了他人的想法，也接纳了他人的方法，更体会到方法的多样性，拓展了自己的眼界。

3. 在上面的活动中，运用了哪些知识？采用了哪些收集数据的方法？

意在引导学生从绘制中用到的已有知识、方法和经验的角度进行交流反思，体会数学知识与生活现象之间的联系。这是一个开放的问题，教师应鼓励学生从自我不同的需求层面来交流自己是如何灵活运用知识解决问题的。

4. 利用所绘制的校园平面图，可以帮助人们解决什么问题？

意在帮助学生体会绘制“平面图”的实际意义，能结合自己的生活经验有意识地运用知识解决简单的实际问题，感受数学与生活的密切联系。

5. 在上面的活动中，你有什么收获？还有哪些想要进一步研究的问题？

第一个问题意在引导学生从绘制的收获和绘制中遇到的困难进行交流反思，帮助学生积累操作经验，同时启发学生主动思考，发展空间想象力，清楚地表达自己的思考过程和结果。第二个问题意在引导学生发现新问题，并尝试自己解决问题，感受学无止境。

※ 自我评价

引导学生绘制后对活动过程中自己的表现进行有效的评价。总结自己的进步、反思自己的不足以及需要改进的地方，同时学习他人好的经验。这里关注的是绘制过程的评价，因此，设计了“平面图整洁、美观”“平面图中包含了校园中的主要建筑”“主要建筑的方向正确，位置比较准确”“选用的比例尺合理”“积极参与活动，小组分工合理”五个指标，主要对学生在活动中的思考、能力和作用以及学习态度、水平进行自评，体现了对于这个活动中学生表现的主要关注点。

※ 课堂实录

一、谈话引入，以学定教

值日生：同学们，昨天我们了解了什么是平面图。现在请大家分享一下你的收获或者疑问。

生 1：通过百度，我知道将地面上各种地物的平面位置按一定比例尺、用规定的符号缩绘在图纸上，并注有代表性的高程点的这种图。

生 2：通过观察，我知道平面图上有比例尺、方向、图例和标注四个要素。

生 3：我想知道平面图是怎么画出来的。

生 4：我想知道比例尺如何确定?

师小结学生的收获和困惑，揭示本节课的学习目的。

二、合作交流，探究新知

1. 出示生活中的各种平面图并欣赏。

七星小学校园平面图

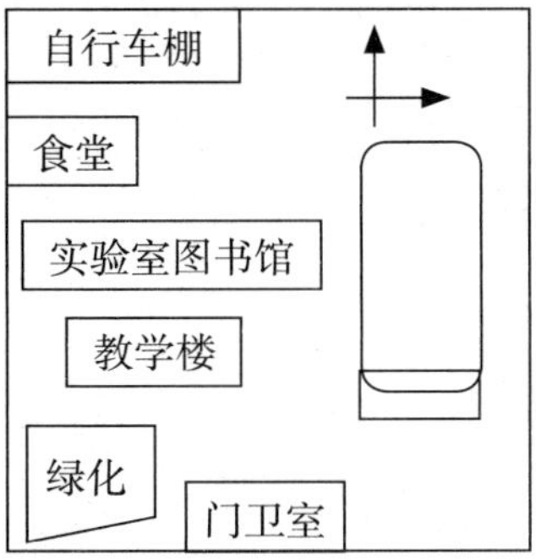

1∶2000

会展中心平面图

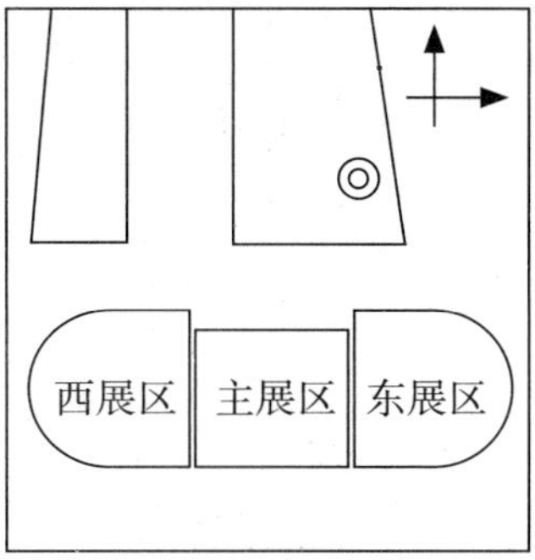

1∶3000

师：同学们，仔细观察这 2 张平面图，找一找，它们有哪些相同点?

生：都有方向标。

生：都有地名（比如：第一幅图有教学楼、实验室等。第二幅图有西展厅、东展厅等）。

生：都有很多不同的小图形。

生：都有比例尺。

形成共识：认识到绘制平面图就是将主要的建筑物占地大小按一定的比例尺缩小到图纸上，它们都只是把该地区的主要事物简略地表示出来，并且都是按“上北下南、左西右东”的方位表示。

2. 布置任务：给母校留一张自己亲手绘制的校园平面图。

（1）师：同学们，不久的将来你们即将毕业，即将离开我们一起共同生活了六年的小学校园。在毕业前夕，你们能用学到的数学知识亲手给母校留一张手绘的校园平面图吗?

生：能!

（2）师：想一想，要绘制一张校园平面图，你需要知道哪些信息？需要用到哪些数学知识?

生独立思考后，小组交流。

①需要绘制哪些主要建筑物?

②需要收集哪些数据？如何收集?

③如何确定这幅图的比例尺呢？

小组汇报分享，达成共识：要绘制一张校园平面图，需要确定学校占地面积的大小、主要建筑的大致形状以及占地面积的大小以及各建筑物在学校的大概方位与摆放，确定合适的比例尺，等等。需要用到测量、比例尺、绘画等知识和技能。

3. 设计绘制校园平面图的方案。

师：同学们考虑得非常周全！现在，请把你们考虑到的这些细节按绘制的步骤排一下顺序。

（1）小组二次合作，制定绘制步骤。

① 明确分工。4 人一组：测量 2 人，数据记录 1 人，主要制图 1 人。

② 制定绘制步骤。

③ 确定学校总体形状，记录需要测量的数据。

④ 确定主要建筑物所在方位以及各建筑物的大致形状，记录需要测量的数据。

⑤ 根据纸张大小，预估绘制校园平面图的比例尺。

⑥ 根据绘制情况，调整合适的比例尺。

⑦ 绘制校园平面图（1 人主要制图，其他学生可以按自己的选择部分绘制，都要在图上留下自己的笔迹）。

⑧ 完善平面图的结构。在合适的位置标注比例尺、方向、图例和平面图的名称等。

⑨ 动手操作，实地收集相关数据。

⑩ 分小组实地收集数据并记录。

（2）绘制校园平面图。

学校校园平面图

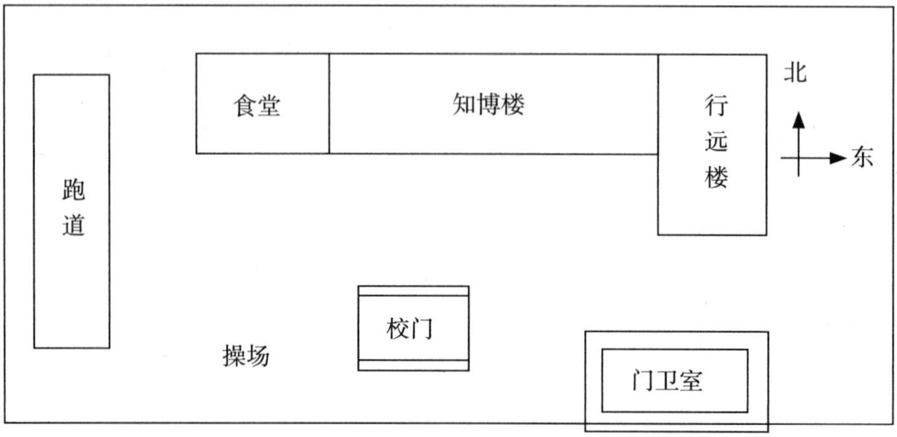

4. 交流汇报，作品展示。

（1）全班交流一下，观察各小组绘制的平面图，每张图是否画得准确、合理？哪几个小组的图有自己的特色？

（2）把你们喜欢的其他小组的平面图画下来。

（3）在上面的活动中，运用了哪些知识？采用了哪些收集数据的方法？

（4）利用所绘制的校园平面图，可以帮助人们解决什么问题？

（5）在上面的活动中，你有什么收获？还有哪些想要进一步研究的问题？

5. 自我评价反思。

（1）我的平面图是否整洁、美观？

（2）学校主要的建筑物我有遗漏吗？

（3）主要建筑物的大致形状、位置是否准确？

（4）平面图的整体比例尺的选用合适吗？

（5）活动中我最精彩的表现是什么？遗憾的操作是什么？

（6）活动中，我学会了（　　　　　　　　　　　　　）。

三、知识外延，拓展视野

结合实例，向学生介绍各种地图的特点或绘制过程。

1. 中国古代地图绘制采用的是形象画法，即见山画山，见水画水，直观生动，富有艺术性。

2. 现代地图的制作过程：勘测→记录数据→手工绘制样图→排版→印刷成品地图。

3. 卫星地图的制作过程：卫星拍摄航片→扫描入计算机→进入工作站→成品地图。

※ 课后反思

本节课既涉及数学、美术和地理等多学科知识，也考验学生对观察记录、合作分工等方法的掌握与运用，同时，对教师的知识结构和室外教学的组织能力也同样是一次挑战。要使学生能充分、自主地参与“综合与实践”活动，选择恰当的问题是关键。这些问题既可来自教材，也可以由教师、学生开发。因此，认真倾听、捕捉生成是关键。

42. “认识五角星”课堂实录与反思

唐彩斌
（杭州市时代小学，特级教师，正高级教师）

※ 课前思考

作为浙教版新思维小学数学六年级下册的综合与实践内容，“五角星”走进了数学课堂，根据学生对五角星的了解以及小学数学学习的相关目标，拟定的教学目标：（1）通过观察五角星，提出相关的数学问题，并能利用已学的知识和技能解决问题，增强提问能力的培养；（2）经历观察、操作、推理的过程，了解五角星的形、边、角、顶点的特点，并尝试应用已学知识求一个角的度数和五角星的面积和周长，增强应用数学的能力；（3）结合五角星的现实材料和数学作品，感受五角星的数学美，体悟五角星的文化价值。经过几次教学，感悟颇多，现将相关教学流程与教学反思陈述如下，与大家分享，并求教大家。

※ 教学过程

一、引出五角星，提出数学问题

课件出示国旗、国徽图。

1. 师：这是我们国家的国旗和国徽，在国旗和国徽上都有一个共同的图形，是什么图形？

生：五角星。

师：你们认识五角星吗？

生：认识。

2. 师追问：那你们能不能说说什么样的图形是五角星？（学生虽说认识但表达比较难）

师：有些事物我们很熟悉，但当有人突然问是什么的时候会觉得困难，那我们就改改，说说五角星是怎样的？（学生尝试解答）

3. 师：尽管你们很难说出五角星的特点，但是你们一定能判断下面哪个是标准的五角星？

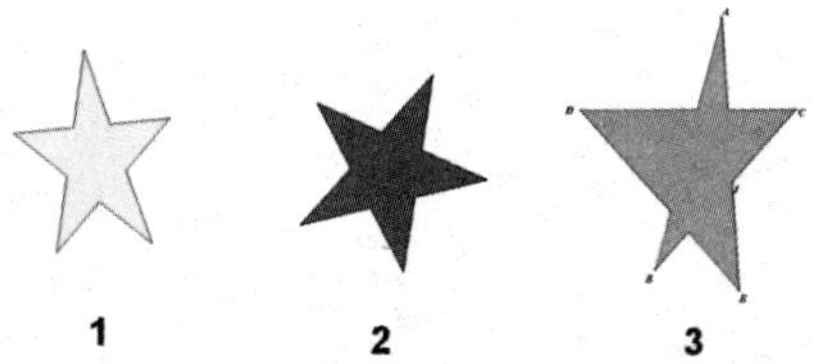

（说明：3 号五角星在超级画板中是可以变化的，在变化的过程中让学生判断是否是标准的五角星。）

4. 师：那么五角星到底有哪些特点呢？今天我们就一起来研究它。

5. 师：请同学们观察标准五角星（强调标准是为了限定研究的范围），结合我们所学的知识和研究其他平面图形的方法，能不能提出一些数学问题？

6. 学生可能提出的问题：五角星是不是对称图形？五角星的角是多少度？怎么计算五角星的周长和面积？图中有多少个顶点和交点？中心点在哪里？五角星的五个点是不是在同一个圆上？如果把五个顶点连起来是一个什么图形？

7. 师：刚才大家提出了关于五角星的很多问题，我们选择其中的一些按照一定顺序来尝试解决。

二、独立思考，合作解决

1. 研究五角星的“形”。

（1）师：五角星是不是对称图形？有几条对称轴？学生做出判断。

（2）画出五角星的对称轴。（作业纸上有两个大小不同、角度不同的五角星，稍加变式）

2. 研究五角星的“点”。

师：五角星的点有什么特点？

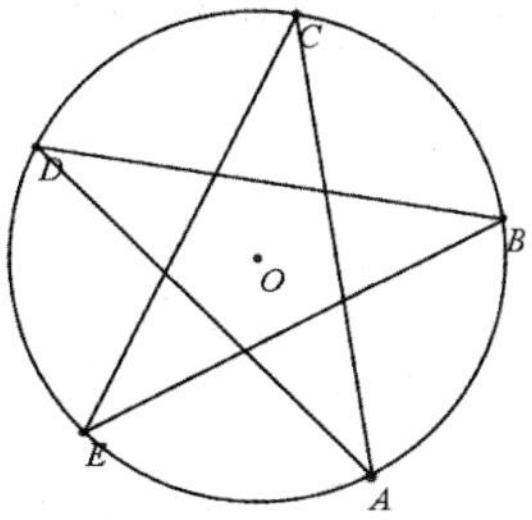

生：对称轴的交点就是中心点。

生：五角星中每行 4 个点，一共有 5 行；一共不是 20 个点，而是 10 个点。

生：我刚才画了一个圆，发现五角星 5 个顶点都在一个圆上。

师追问：是不是所有的五角星都是这样的呢？

生：应该是的。

（应用超级画板画，拖动其中一点，五角星任意变大变小，但是无论哪个五角星，其中五个顶点都在一圆上。）

3. 研究五角星的“角”。

师：我们再来研究五角星的角，主要研究 5 个顶角。五角星的一个角是多少度？

启发学生说出下面的方法：

（1）方法 1：$\angle 2+\angle 4=\angle 6$，$\angle 3+\angle 5=\angle 7$，$\angle 1+\angle 6+\angle 7=180°$。那么 $\angle 1+\angle 2+\angle 3+\angle 4+\angle 5=180°$；所以五角星一个角的度数是 $180°\div 5=36°$。

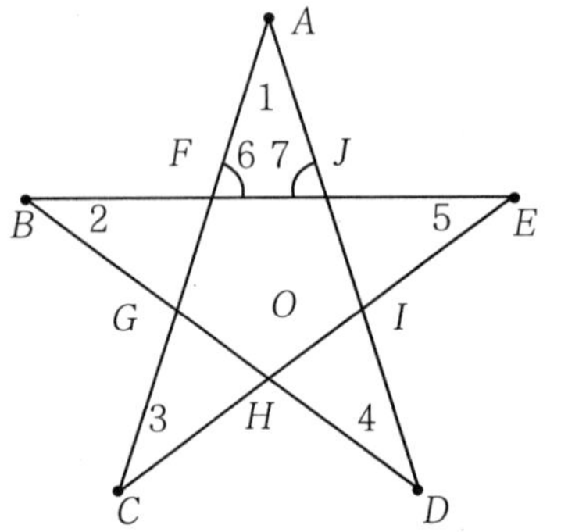

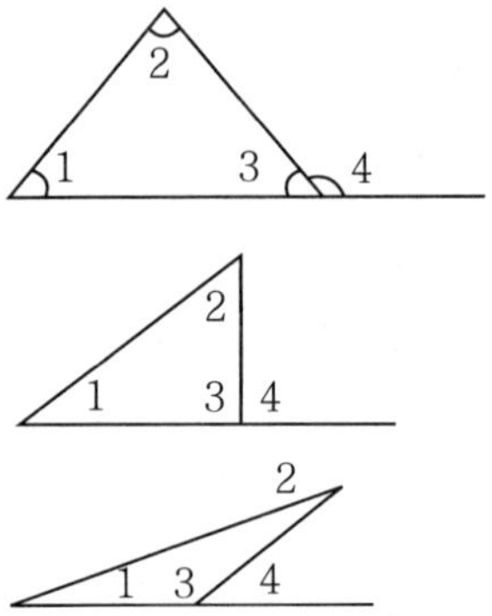

上面右图中这组图用来启发学生发现一个外角等于不相邻两内角和。学生所需要的推理基础是已学内容三角形的内角和是 180°，平角的度数是 180°。

（2）方法 2：根据三角形内角和 180°，推算出正五边形的内角和是 540°，正五边形有五个内角，所以一个内角是 108°。这样可以推算出 $\angle 6=72°$。那么 $\angle 7=72°$，$\angle 1=180°-72°\times 2=36°$。

（3）方法 3：五角星所在五边形的内角和为 $180°\times 3=540°$，$540°\div 5\div 3=36°$。

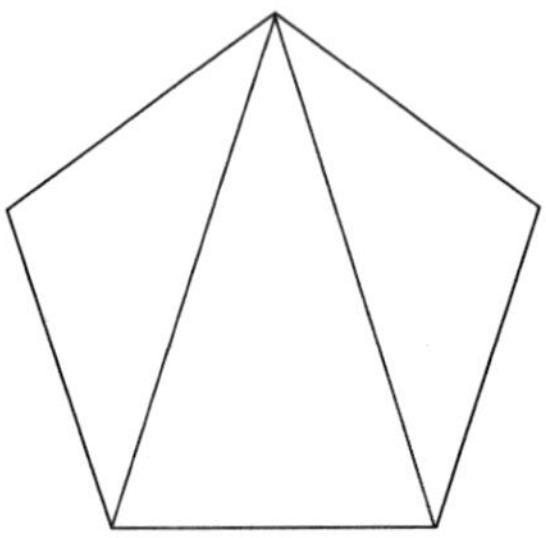

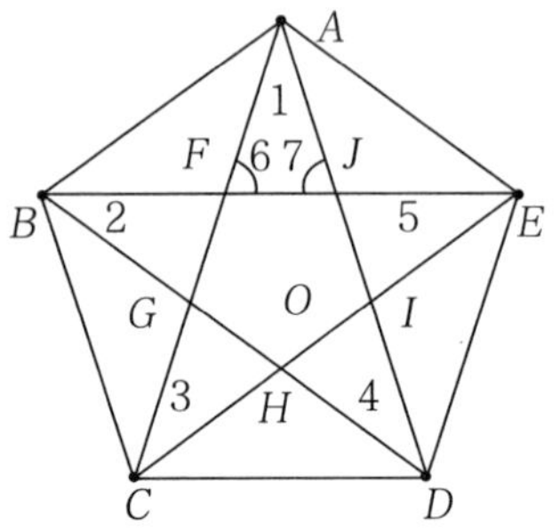

4. 研究五角星的“周长和面积”。

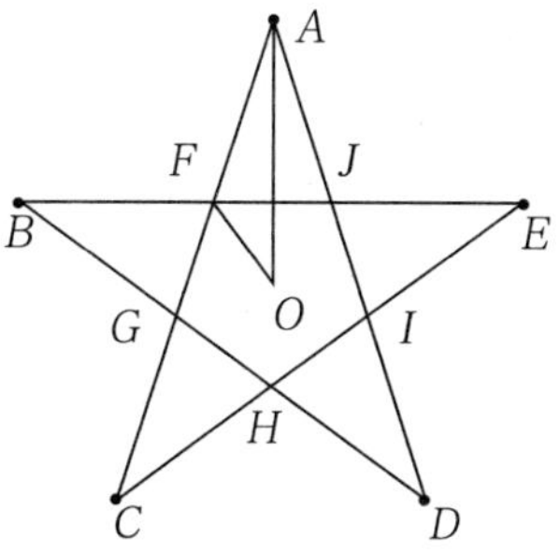

（1）师：怎样计算五角星的周长和面积？要求周长只要量出哪一条线段就可以求得周长了？

生：只要量得一条边的长度，乘 10 便是五角星的周长。

（2）师：计算面积最少需要度量哪几条线段？为什么？生尝试测量与计算。

师组织学生同伴之间的交流，引导学生发现度量出 OA，以及 OA 边上的高，求得三角形 OAF 的面积，然后乘 10 就是五角星的面积。

（3）视学习情况补充问题：五角星的面积与外圆中空白部分的面积哪个大？（提供一个样例：所在圆半径为 3 厘米）

5. 研究五角星的“黄金比”。

（1）师：五角星中有很多的线段，这些线段之间有着怎样的关系呢？你能不能在五角星中找出几组具有黄金比的线段。生按照提示找出对应的线段：

IH∶(　　) =EI∶(　　) =EH∶(　　) =0.618

（2）应用超级画板展示动态五角星，验证不同的五角星相应的线段都具有黄金比的性质。拖动五角星，相应线段的长度立即显示变化后的长度，但对应线段的比不变，都是 0.618。

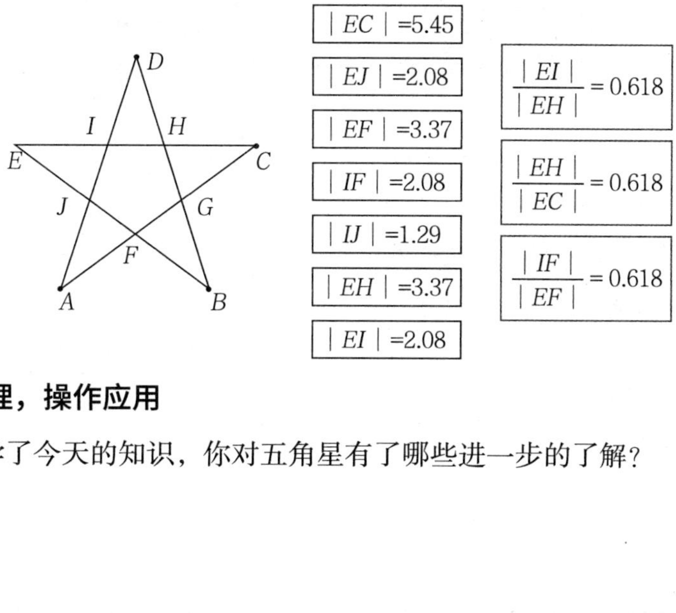

三、回顾整理，操作应用

1. 师：学了今天的知识，你对五角星有了哪些进一步的了解？

生1：五角星有5条对称轴，一个角的度数是36°。

生2：我还知道了只要测量其中一条线段就可以知道五角星周长，知道2条线段长度就可以计算出面积。

生3：五角星里有很多的黄金比。

生4：五角星的五个顶点在同一个圆上。

2.对于学习数学有哪些体会？

引导学生回忆研究五角星的过程是如何分门别类地逐项研究的。

四、数学欣赏，课外延伸

1.师：关于五角星的数学问题有很多，例如著名的“奇妙的五点共圆”：给出一个五角星，每一个小三角形的外面都可以画一个圆，每相邻的两个圆交于两个点，其中之一是所得五边形的顶点，另五点在同一圆上。还有很多美妙多变的五角星：转动的五角星，美妙的五角星和五边形，还有奇妙的五角星风车。

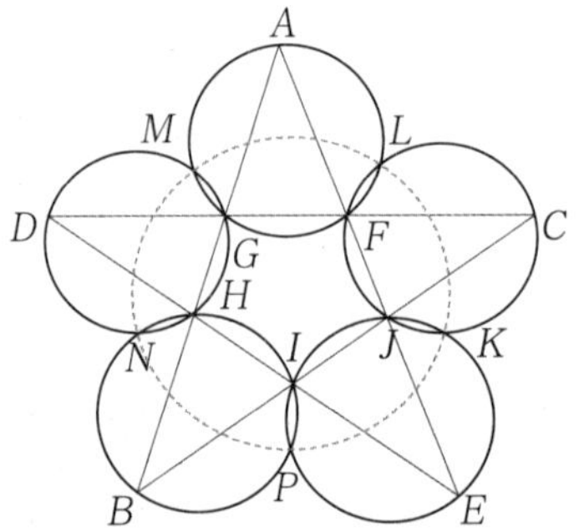

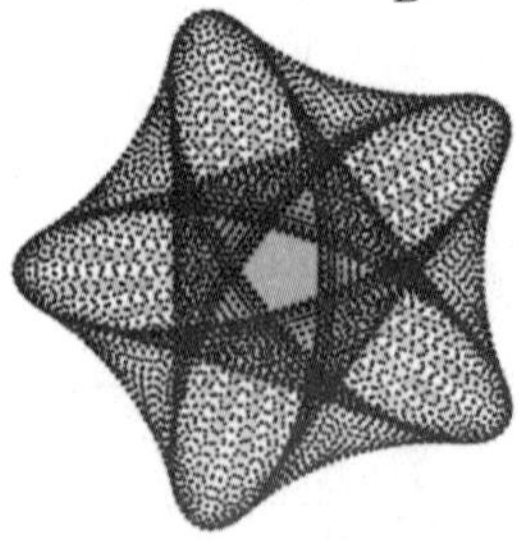

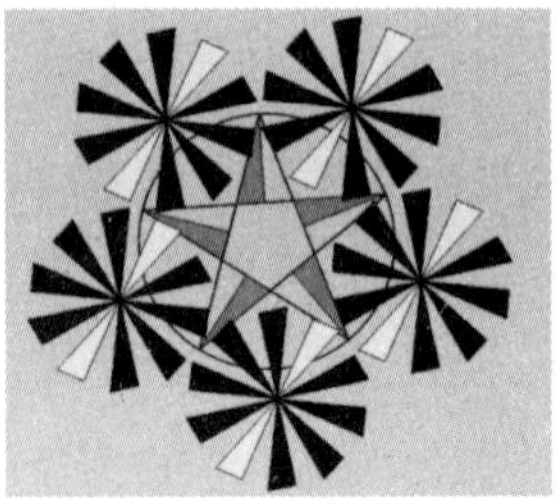

2.数学百花园：之所以五角星如此奇妙，除了中国，世界上有50多个国家的国旗中都有五角星，如美国、澳大利亚、新加坡等。另外，五角星的起源其实很早，现在发现最早的五角星图案是在幼发拉底河下游（现属伊拉克）发现的一块公元前3200年左右制成的泥板上。更有趣的是，古希腊的毕达哥拉斯学派用五角星形作为他们的徽章或标志，称之为“健康”。还有更多的关于五角星的美妙问题等待着我们去发现！

3.实践作业：课后请同学们根据所学的知识制作一个五角星。

※ 课后反思

一、有数学味的材料才可作为数学综合实践的内容

作为课程的“综合实践活动”与数学学科中的四大领域之一“综合与实践活动”应该是有着不同的教学定位的，作为学科的“综合与实践活动”应该更关注数学的学科性。目前笔者凭借已有的研究还无法说出数学学科综合与实践的活动有哪几类，具体又有哪些内容可供不同年级的学生选用。但是已经渐渐明晰了方向，那就是借助一些现实生活中的事物针对数学内容开展实践活动，应该把数学知识和技能的应用、数学活动经验的积累以及数学思想的渗透作为活动本身是否有价值的标准。若综合实践活动仍然停留在浅浅综合泛泛实践，或许只是形式而已，不是数学综合与实践课程的目标所在。

从这节课具体说来，一是关注学生提问能力和解决问题的策略。看着一幅简单的图从数学的角度提出问题，而这些问题恰恰是教学所预设要解决的问题，当面对纷繁的问题时，如何分门别类地解决，从整体到局部，从点到线到图形的周长和面积，在解决问题的过程中学会解决问题。二是借助五角星巩固已有技能拓展思维。判断是否是轴对称图形，怎样画圆，怎样应用已有知识“三角形的内角和”来推算五角星的一个角的度数，怎样计算五角星的周长和面积，怎样估计出哪些线段之间存在黄金比……这些问题的解决都是数学基本知识和基本技能的应用，但在这节课上，这些知识和技能已经不再是孤立的存在，而是贯穿在一起。从另一个角度来说，这些技能也不是在原有水平上的重复，而是在综合应用中有了新的拓展，尤其是五角星的一个角的度数的推导，虽然有“估”和“量”的基础，但严谨的推导是对学生缜密的逻辑思维能力的重要挑战。三是数学欣赏与文化导引。与五角星相关的图案的欣赏，一方面是增强学生欣赏数学美的素养，萌发学习数学的兴趣，更重要的是能够激发学生继续探索更多数学美妙的欲望。另外，相关的文化史料也是富有教育意义，从中国国旗到世界各国的国旗，从公元前 3200 年的一块石板到毕达哥拉斯学派的标志，还有名字“健康”，都充满着人文气息，我们应该承认这些也是数学，“作为教育任务”的必需的“数学”。

二、有数学味的软件才能成为数学教学的独特手段

在 IT 界有句俗语：一个软件什么都能做，就说明它什么都做不精。数学软件也一样。而在这节课上，除了用常用的 PPT 做基本软件来辅助数学教学，还特别引用了超级画板（由张景中院士研发，拥有我国自主知识产权，免费版），在判

断是否是标准五角星的过程中，可以任意调整五角星的每条边，在验证五角星的5个顶点是否一定共圆以及五角星中的线段是否存在黄金比等环节中，拖动五角星其中的一个点，都可以随意改变五角星的大小，在变化中更容易引导学生发现不变的特性。与日常教学相比，一点直接的感触是，超级画板能让“任意”变得更“任意”。这种状态便于学生理解数学本质属性，概括出一般的特点。当然，在欣赏的环节中，所展示的用超级画板制作而成的“转动的五角星”“五点共圆”“五角星风车”更是奇妙无比，美轮美奂。

三、有数学味的眼光才是数学教学追求的目标

五角星，一个非常熟悉的图形，在现实生活中熟悉得有些普通。但当它出现在数学的课堂时，就唤起了学生从数学的角度来看待它的热情，借助五角星，不断激活学生已有的数学经验，试图引导学生用数学的眼光来看待五角星。

然而，五角星是充满数学味的，值得挖掘的数学还有很多。实事求是地说，开始笔者还是觉得五角星是个比较简单的图形，随便看看说说画画，就可以组成一节课。后来在备课的过程中，不断找资料，却越来越发现原来五角星奇妙无比，深不可测。王方汉先生把五角星写成了专著，已故数学家和数学教育家傅种孙的教育文选中有一篇名文《从五角星谈起》，从易到难，旁征博引，纵横内外，娓娓道来，深不可测……

五角星的点除了植树的问题外还有古题：十人抬五杠，每杆用四人，一人抬两，如何抬法？可以应用五角星点的排列原理，由此可以推广到：nc 人抬 n 杠，每杆用 $2c$ 人，一人抬两，如何抬法？从五角星，到六角星，七角星……居然都适用。五角星内一共有三类角，大小的比为1:2:3，没想到这是可以引而申之的，七角星的角的比是1:2:3:4:5，九角星的角的比是1:2:3:4:5:6:7……五角星的黄金比除了不同长度的线段成等比级数，其实五角星每一个角上的三角形底角都是72度，顶角是36度，这样的三角形是黄金三角形。五角星的面积：如果只量一条线段能不能测量五角星的面积，比如测量出半径能否求出所在圆内的五角星的面积？答案是肯定的。五角星的面积与所在圆的面积的比是确定的，那么这个比是多少呢？正五角星的轮廓线围成的区域面积约占其外接圆面积的1871/5236。你可能觉得这个数据太大，如果用一个分母较小的分数来表示：正五角星的轮廓线围成的区域面积约占其外接圆面积的4/15。至于原委，在此不赘述……

五角星，用日常的眼光看来“简单得不能再简单了”，但是从数学的眼光看来却“美妙得太美妙了”。

四、整理与复习

43. “总复习：数的认识”教学设计（课例一）

宋君
（河南省郑州市金水区金桥学校，青年名师）

※ 课前思考

“总复习：数的认识”一课是六年级下册总复习的第一课的内容。从本节课开始，我们进行复习小学六年所学习的内容，在学习内容的安排上教材注重为学生提供自主梳理知识的时间和空间，在个人反思、小组合作、班级交流和教师指导下不断提升学生的认知结构。在复习的过程中，不断积累复习活动的经验，引导学生逐步养成整理回顾和反思的习惯，增强数学的应用意识。

在教学中，教师要重视学生的情感体验，采用多种形式（如采用“小测试”活动、自主整理“知识树”、采用形式多样的练习方式、开展丰富多彩的学习活动等）调动学生的学习积极性，另外教师还要特别重视学生的差异，对学习有困难的学生有针对性地进行辅导，在复习的过程中帮助他们解决学习上的困难，树立学好数学的自信心。

教材内容的数学核心思想——数形结合的思想、极限的数学思想。在复习中，将抽象的数学语言与直观的图形结合起来，来解决数学问题，实现数形结合，使抽象思维与形象思维结合。而在本课中不管学生通过梳理知识树、用数轴来整理知识还是用表格来整理知识，都是数形结合思想的应用。在整理和复习中渗透极限的数学思想，本课示出“整数、小数、分数、百分数”。分类后，教师追问：除了黑板上的这些数，你还能再写几个吗？在学生写的过程中，引导学生体会数的个数是无限的，体会极限的数学思想。

此前，学生在经过五年多的学习，已经能够根据学习内容尝试着去提出数学问题、分析问题并解决问题，能够比较有效地进行小组合作学习。这个年级的学生，经过近几年自主整理能力的培养，具有很强自主整理知识的能力，能够很快地整理出“知识树”。

为了更好地把握教学设计的起点，课前我在我校六年级一班随机找了10个学生进行了调研。同时也抽取了8个学生进行了个别访谈。通过调研，看到本班“小测试”的正确率是10%，学生仍然没有养成先审题、再下笔的习惯。对于知识的整理，学生个人需要6—8分钟的时间，能够把所学的知识进行一定的梳理，看来学生有一定的生活经验，但缺乏方法。所以，我打算在课堂上采用小组分工合作的方式进行知识整理。

※ 教学过程

一、热身测试，跌入陷阱

六年的数学学习即将结束，同学们学习得怎么样？下面我们来做一个小测试。请同学们在2分钟内完成，看看哪些同学能圆满地完成。

（师提醒学生，等试卷全部分发完后，大家同时看试卷，然后答卷。）

1. 请你认真地把试卷读完，然后请在试卷左上角写上自己的姓名。

2. 一个五位数，加上1就成了六位数，这个五位数是（　　）。

3. 5千克煤发电12度，每度电需要（　　）千克煤，每千克煤能发电（　　）度。

4. 按要求，填一填。

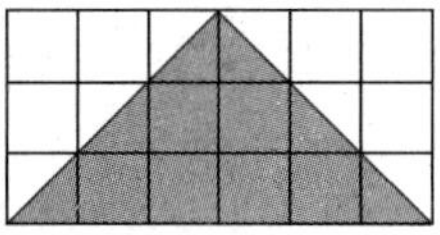

用分数表示是______，
用小数表示是______，
用百分数表示是_____。

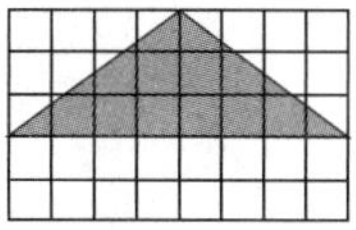

用分数表示是______，
用小数表示是______，
用百分数表示是_____。

5. 当a是（　　）时，分数是真分数，当a（　　）时，分数是假分数。

6. 小明从家到学校要走1.5时，30分钟可以走全程的几分之几？（详细写出你的思考过程）

7. 如果你已经认真读完了以上6道题目，只完成第1题。完成的同学请不要出声，静静地等待2分钟的到来，好吗？

【设计意图】设计“小测试”活动，目的是引导学生学会反思，反思自己认真审题的习惯，给学生心灵带来深深的震撼，引导学生在体会中感悟，在感悟中反思，在反思中促进学生数学学习习惯的养成。

（教师提醒学生，时间已经过去一半了。）

时间到！现在我了解一下，谁按要求完成的请举手！（没人举手）啊？不会吧，怎么一个同学也没有做完？

谁能说一说现在你有什么收获？

【设计意图】在谈收获的活动中，加强学生的情感体验，让学生时时提醒自己认真审题，让学生内心深处有所触动，养成良好的学习习惯。

小结：从“小测试”活动中我们再次感受到认真审题的重要性，希望在以后的数学学习中大家能够养成认真审题的好习惯。

二、创设情境，自主整理

刚才我们进行了一个测试，看来审清题目的确很重要，下面我们一起来看一幅图，比一比看谁最细心？

这个图片熟悉吗？这个图片是我们五年级数学课本里的一幅图，请你再认真观察这幅图，说说图中有哪些数？

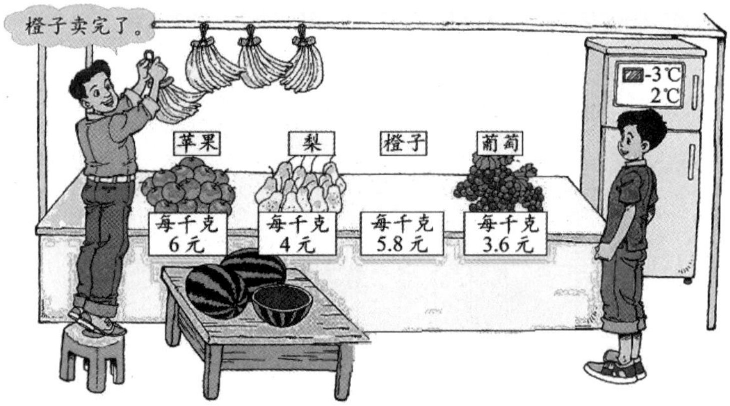

你能把这些数分分类吗？

【设计意图】创设情景引导学生找一找图中的数，在回顾的基础上进行分类，让学生在回顾中梳理知识。另外，在分类过程中，多样化的分类为知识整理进行了很好的铺垫，分类的过程也是教师引导学生深入学习的过程，通过师生对话使学生加深对所学知识的梳理。

学生进行分类，从而揭示出“整数、小数、分数、百分数”。分类后，教师追问：除了黑板上的这些数，你还能再写几个吗？

【设计意图】在学生写的过程中，引导学生体会数的个数是无限的，体会极限的思想。

回顾一下这些数有什么联系和区别，自己独立想一想，你会如何整理？在小组内交流自己的想法，老师给4分钟的时间，每个小组整理出一份你们满意的“知识树”。

学生展示汇报。

调研时学生现场整理的“知识树”：

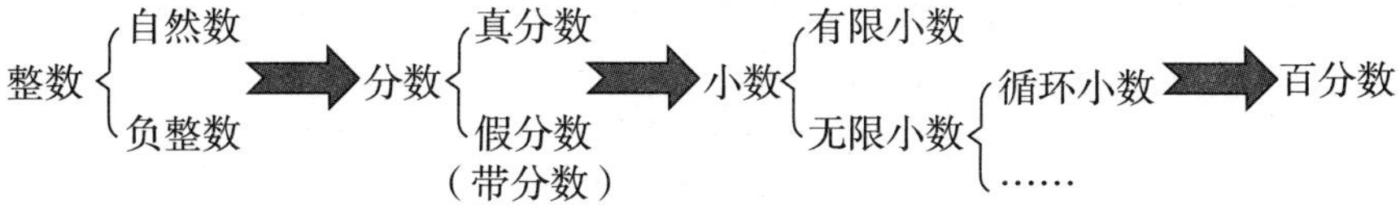

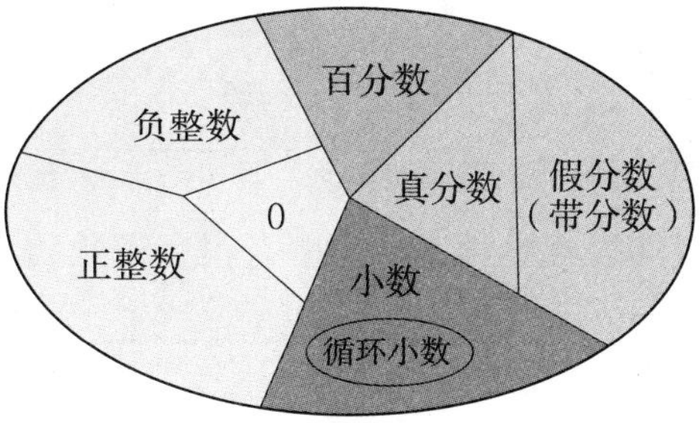

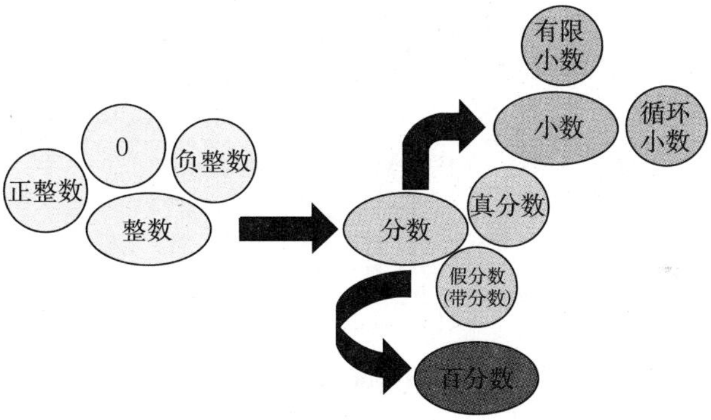

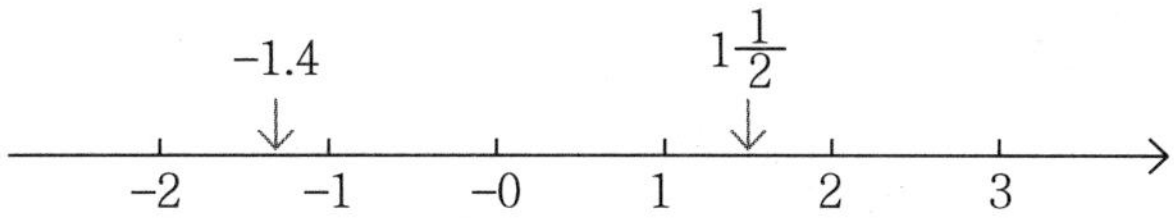

<table>
<tr><td colspan="3">整数</td><td colspan="2">分数</td><td colspan="3">小数</td><td>百分数</td></tr>
<tr><td colspan="2">自然数</td><td rowspan="2">负整数</td><td rowspan="2">真分数</td><td rowspan="2">假分数</td><td rowspan="2">有限小数</td><td colspan="2">无限数</td><td rowspan="2"></td></tr>
<tr><td>正整数</td><td>0</td><td>循环小数</td><td>……</td></tr>
</table>

教师根据学生的汇报相机强调：

（1）最小的自然数是 0，没有最大的自然数；最大的负整数是 -1，没有最小的负整数。

（2）带分数是由整数和真分数合成的数。

【设计意图】学生是数学学习的主人，课堂上要充分发挥学生的主体作用，使其自主整理，整体建构，在对话、交流、协商中构建自己的知识体系。

三、拓展阅读，加深理解

数的发展经历了一个漫长的过程，数起源于数（shǔ）。远古时代，人们在狩猎、捕鱼和采集果实的劳动中，数的概念开始萌生。

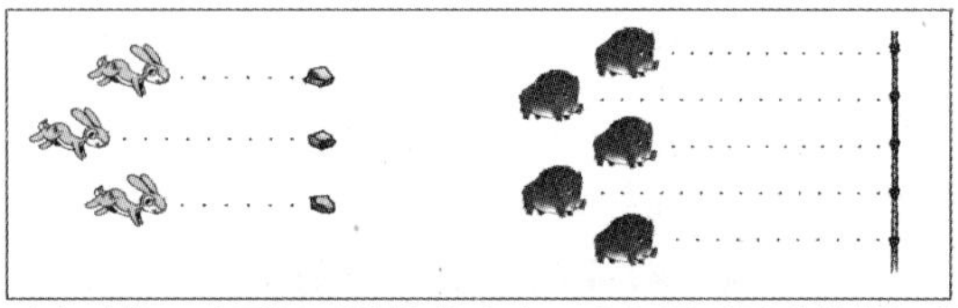
远古时代，为了记下猎物的多少，人们用石子或结绳记数。

在我国河南省发现的殷墟甲骨文卜辞中有很多记数的文字，说明早在三千多年前人们已经能用一、二、三、四、……十、百、千、万等记数，下面是甲骨文中的一些数：

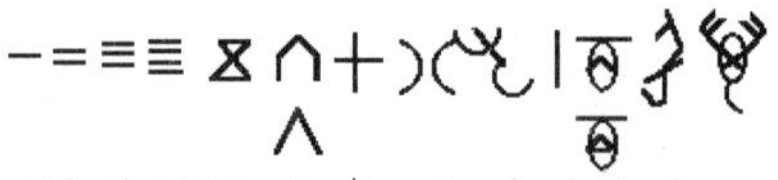
一 二 三 四 五 六 七 八 九 十 百 千 万

我国最早使用的算筹。下面是算筹记数的两种形式：

经过了很长的时间，才产生了现在通用的阿拉伯数字。

1 2 3 4 5 6 7 8 9 0

以上是老师搜集到的一些关于整数的发展，课下请同学们也搜集一下关于分数、小数、负数发展的资料进行交流。

【设计意图】再次感受数的发展过程，感受数与现实生活的密切联系，总复习不仅是所学知识的简单回顾和整理，还需要了解一些数学的发展史，从整体上将学生的数学思想加以提升。

请你认真阅读课本第 41 页的内容，说一说现在你有什么收获？

四、利用情境，巩固练习

通过刚才的展示，我发现我们班的确是很棒的！现在请大家完成第 2 — 6 题，时间为 2 分钟。你认为哪个题目需要老师帮助？

课下，我们针对所学的这部分内容，自己出一些题目，谁能够像老师这样来考考大家？

调研时学生所出的部分题目：

1. 填空。

（1）桌子上有一堆糖，小红数了数，共 22 颗，可以用（　）数表示糖数。

（2）十五万九千零四十写作（　），改写成用“万”做单位的数是（　）。

（3）最小的自然数是（　），最小的合数是（　），（　）既不是质数，也不是合数。

（4）小数点左边第五位是（　）位，小数点右边第二位是（　）位。

（5）将下面的数从小到大排列。

3.2　3　20%　$\frac{1}{2}$　0

（　）<（　）<（　）<（　）<（　）

2. 判断。

（1）负数都是整数。（　）

（2）奇数 + 奇数 + 偶数 = 质数。（　）

（3）负 6 摄氏度写作 -6 摄氏度。（　）

（4）整数分为正整数和负整数。（　）

【设计意图】作为教师要充分挖掘每个题目的价值，使每个题目得到充分的利用。另外，让学生展示自己出的题目来考大家，形式新颖，学生参与练习的积极性高，在寓教于乐的学习活动中促进学生的发展。

五、看书质疑，小结新知

今天我们所学的内容在课本的第 40 页、第 41 页，请同学们认真看一看。

通过这节课的学习，说一说你又有什么收获与体会?

【设计意图】看书回顾，谈谈收获，从总体上对本节课进行回顾，使学生对所整理的内容再次整体建构，加深对所整理内容的理解。

44. “总复习：数的认识”教学设计与反思（课例二）

曹丽
（湖北省大冶市保康小学，青年名师）

※ 教学过程

一、提问引入

回顾知识。

1. 课件出示 P72 情境图。

学生提取信息：

人数总计 10500 名运动员

花费 4.96 亿英镑

约占总人数的 3.77%

金牌数约占总数 302 枚的八分之一

第 29 届奥运会出现了 25.5%的负增长

提问：这些都是什么数？每个数有什么含义？

完成第 73 页做一做。

2. 同学们课下都收集了一些数据，请你汇报生活中用这些数的例子，并说说每个数的具体含义。（学生边说，教师边板书）

提问：有什么感受？

3. 请你给这些数进行分类。

好，我们来看这些数，如果把这些数分类，可以怎样分？

（1）学生按照整数、小数、分数、百分数进行分类。

（2）这些数叫整数，还可以叫什么？（自然数）

（3）什么叫自然数？

（4）自然数和整数有什么关系？

（5）小学阶段我们研究的自然数就是整数，但以我们现在学习的知识来看整数还不止这些，我们还研究了负整数。

（6）想一想，整数和自然数的范围哪个更大？

过渡：这节课我们就对这些数的知识进行复习，整理。

二、小组合作，整理概念

（一）小组合作，进行数的整理

出示整理提示：

1. 根据数的特点找到数之间的联系，并用树形图的形式进行整理。

2. 先小组讨论它们之间的联系，然后分工合作，汇报时要说清整理的理由。

3. 如果不能够面面俱到，可以选取一部分数进行整理。

【设计意图】为学生提供整理知识的机会，引导学生进行知识学习，并在合作过程中复习知识，找到它们之间的内在联系。注意，学生的整理还可能不够完善，这是允许的，要在汇报过程中进行指导与完善。

（二）汇报整理

1. 汇报，说说自己的理由。

2. 边回顾整理过程，边完善知识整理的步骤。

（1）回忆知识点。

（2）熟悉这些知识的概念。

（3）抓住知识点间的关系。（将黑板上的知识进行分类）

（4）整理知识。（将每一大类进行整理，梳理成知识网络图）（板书）

【设计意图】通过学生的动手操作，让学生经历整理知识的过程，并渗透知识整理的方法。

（三）分块复习基本概念，并进行简单应用

刚才同学们通过找到知识间的包含关系，将知识整理成网络图，其实，这些知识之间还存在着共同之处。

1. 正数、0、负数、小数、分数都可以用数轴清楚地表示出来，出示例题：

我们学过的数还可以在直线上表示。请你在直线上表示几个数。

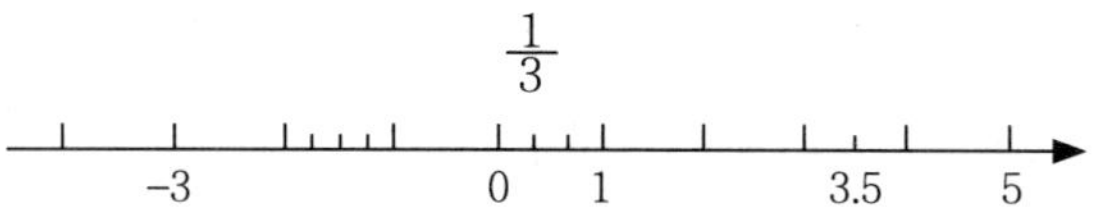

（1）请在数轴上把蓝点的位置表示的数写出来。

（2）你在数轴上表示出 4、2.5、$-\frac{1}{4}$、-2.5。

（3）观察数轴你发现了什么？

数轴上的点都以0为对称点，它们是相互对应的。

没有最大的整数也没有最小的负整数，也就是说整数的个数是无限的。

正数和负数中都存在着整数、分数、小数。

2. 小数和整数是十进制计数，而分数是计数单位。

（1）数位顺序表。

从数位顺序表中你知道了什么？

能将小数与整数联系在一起的是数位顺序表。请你在表中写出30、3和3.3这三个数，根据数位顺序表说出“3”的不同含义。

同样是“3”，为什么含义不同？整数与小数有哪些联系与区别？

教师说明：整数和小数都是按十进制计数法写出的数，其中个、十、百……以及十分之一、百分之一……都是计数单位。各个计数单位所占的位置，叫作数位。数位是按一定顺序排列的。

口答：27038=2×（　）+7×（　）+0×（　）+3×（　）+8×（　）

（2）提问：分数单位指的是什么？和计数单位有什么不同？

根据 $a \div b = c$（a、b、c 均为整数，且 $b \neq 0$）说明因数与倍数的含义？

3. 分数和百分数。

百分数是分数中的一种特殊形式。二者的联系与区别是什么？

（1）联系：都能表示率，百分数所表示的含义是百分之几，是分数的一种表示形式。分数和百分数可以互相转化。

（2）区别：①百分数和分数的写法不同；②分数既可以表示率，也可以表示量，但百分数只可以表示率；③分数可以约成最简分数，可是百分数不能进行约分。④分数的分子只能是整数，而百分数的分子既可以是整数，也可以是小数。

三、巩固提高

1. 分数单位是$\frac{1}{10}$的最大真分数是（　），它至少再添上（　）个这样的分数单位就成了假分数。

2. 在直线下面的□里填整数或小数，上面的□里填分数。（略）

四、课堂小结

师：在本节课的学习中，你有哪些收获？

学生自由交流各自的收获、体会。

五、课后作业

P74—75 练习十四第2、3、4题。

※ 课后反思

复习是对已经学习过的知识进行整理和回顾，同时对已经学习过的知识进行查漏补缺。课堂上首先对知识点进行回顾，然后马上进行独立自主的练习，最后根据反馈的情况再进行有针对性的练习，力争做一个会一类。这样做以后，我感觉到学生作业的错误量明显减少了。当然，复习课仍然要调动学生的积极性，只有使学生真正投入到学习中来，才会获得事半功倍的效果。

45. “总复习：量的计量”教学设计

杨松
（广东省深圳市盐田区教育科学研究院，特级教师）

※ 教学过程

一、课题引入

1. 自我介绍：大家好！我姓杨，来自世界第二大瀑布黄果树瀑布的故乡——贵州。

2. 以黄果树瀑布及泰山有关数据引出我们的日常生活、生产劳动和科学研究都离不开量的计量。

3. 揭示课题：量的计量。

二、分类整理

1. 复习量与计量的有关知识。

师：现在，请同学们回忆、讨论一下，在小学阶段我们都学过哪几种量？

学生讨论，指名口答，教师板书：长度、面积、体积（容积）、重量、时间。

师：每种量都有各自的计量单位，你学过哪些常用的计量单位？

教师引导，指名口答，回答中当学生讲到米、平方厘米、立方厘米等计量单位时，让学生动手比画，加深印象。

（1）1米的长度大约有多长？

（2）1平方厘米的面积大约是多大？

（3）1立方厘米的体积大约是多大？

（4）在日常生活中，哪些物体的重量是用吨来计量的呢？

2. 集体展示自己的整理方案。

师：刚才同学们回忆起了很多的计量单位。但是，如果我们把这些计量单位像刚才这样全放在一起，会有什么感觉？

生：零乱、无序，不便于记忆。

师：非常正确。那么，我们该怎么办呢？

生：分类，有序、系统地进行整理。

师：对了，如果我们把这些计量单位分类，并有序地进行整理，使它们系统化，那就便于我们回忆和运用了。同学们预习的时候是不是已经按照自己的想法进行了整理呢？

生：是。

师：现在，请同学们拿出自己试做的整理图，以小组为单位进行讨论，互相补充、完善，稍后选出最能代表你们组的作品，上台进行展示。

3. 小组成员互相交流，讨论各成员的整理方法是否有序、系统，从而取长补短，完善自己的整理方案，构建新的认知结构。

4. 小组代表讲解思路。

5. 教师出示、讲解、引申整理结果。

（1）出示整理结果。

师：同学们整理得都很好，也很全面，其余的作品，课后我们再一起交流。现在，请看老师的整理，请看屏幕。（课件出示表 1、表 2、表 3，表略）

（2）讲解说明，总结规律。

①长度：两点之间的距离。

规律：除 1 千米 =1000 米以外，相邻两个长度单位之间的进率都是 10。

②面积：物体的表面或围成的平面图形的大小。

规律：除 1 公顷 =10000 平方米以外，相邻两个面积单位之间的进率都是 100。

③体积（容积）：物体所占空间的大小。

规律：相邻两个体积单位之间的进率都是 1000。

④重量：

规律：相邻两个重量单位之间的进率都是 1000。

⑤时间：

规律：除时、分、秒之间的进率是 60 以外，其余都很特殊。

（3）填写整理图，巩固、完善认知结构。

学生填写，教师巡视辅导。

（4）知识点剖析。

①体积和容积有什么区别？

教师讲解：体积是指物体所占空间的大小。容积是指箱子、油桶、仓库等所能容纳物体的体积。

②怎样判断某一年是闰年还是平年？

公历年份能被 4 整除的一般是闰年，但公历年份是整百数的，必须能被 400

整除才是闰年。

三、发散思维及提出问题能力训练

课件出示情景：奇特的生日聚会。请同学们仔细观察这个生日聚会，然后提出你觉得奇特的问题。

教师引导学生发散思维，提出见解性问题：从8根蜡烛可以看出小明8岁，可为什么只过了两个生日？它究竟是哪年出生的？

（由日历上的时间2月29日可知小明是在闰年1992年出生的，虽然他8岁，但四年才有一个闰年，所以他只过了两个生日。）

四、巩固练习

1. 教材练习二十八第1题。

课件出示，小组以接力形式口答。

2. 教材练习二十八第6题。

课件出示，集体抢答。

3. 教材练习二十八第7题。

课件出示，集体练习，手势判断。

4. 教材练习二十八第5题。

课件出示，集体练习，指名说出解题思路。

五、总结

今天，我们对量的计量进行了系统的复习和整理。现在，请同学们想一下，对于这些内容，你认为我们要特别注意些什么？

学生回答，教师板书。

六、作业

教材练习二十八第2题。

七、知识扩展

介绍光年和纳米以及当今世界纳米技术的运用，引发学生对科学的崇尚与向往。

46. “总复习：分数加、减、乘法”课堂实录与反思

陈春妮
（北京亦庄实验小学，特级教师）

※ 课前思考

如果说新授课是育树，那么复习课就是育林。数学复习课与新授课、练习课不同，复习并不是简单地将知识堆砌出来，不可否认，回顾学过的知识和方法是很重要的一环，但如果仅仅停留在这一步是很难起到真正复习的作用的。复习不仅需要关注具体的知识和方法，更要建立起知识、方法之间的联系，学会对自己的元认知进行反思，让学生学会用结构化的眼光和联系的眼光来看待学习。上好复习课，对学生系统学好数学，培养有条理的逻辑思维方式，发展核心素养来说是极其重要的。

“分数加减法”与“分数乘法”是北师大版五年级下册第一、三单元的内容，教材在学期中段安排了知识的整理与复习，如何引导学生围绕这两个单元的内容进行有针对性的复习呢？我们立足整体，把握全面，在学生对这两个单元的知识进行整理后，通过引导学生从整体上建构前后知识间的联系，将以往计算（加、减、乘）学习中点状、零散的知识和经验系统化，促进学生知识系统的生成，最终达到提纲挈领的目的。

※ 课堂实录

一、教学片段一

师：异分母分数加减法和我们之前学过的知识有联系吗？它和我们之前学的哪些内容有联系？

生：异分母分数加减法和同分母分数的加减法有联系。

师：有什么联系呢？

生：先把异分母分数通分，转化为同分母分数后再加减。

师：那我们一起做一个看看。

$\frac{3}{4}+\frac{1}{2}=\frac{3}{4}+\frac{2}{4}=\frac{3+2}{4}=\frac{5}{4}$

师：这里的分子 3 和 1 不能直接相加，为什么分子 3 和 2 可以直接相加呢？

生：因为它们的分母不同，后面分母相同就可以直接相加了。

生：分数单位不同，分子是不能直接相加的。

师：看来分数单位相同才能直接加减，通分也就是为了把分数单位统一。它们后来的分数单位是多少？$\frac{5}{4}$表示什么？

生：后来的分数单位是$\frac{1}{4}$，$\frac{5}{4}$表示 5 个$\frac{1}{4}$。

师：说到单位相同才能相加减，你还想到了什么？

生：我们以前学过的整数加减法也是相同数位上的数才能相加减。

师：大家想一想，是这样吗？我们来举个例子看看。135+24 用竖式怎样计算？

生：个位和个位对齐，十位和十位对齐。

师：为什么要数位对齐？

生：数位对齐才可以相加，计数单位才相同。

师：也就是相同计数单位上的数才能相加减。

师：那 159 里面的这个 5 表示什么呢？

生：表示 5 个十。

师：除了分数、整数加减法都是单位相同才能直接加减，还有吗？

生：小数加减法也是这样的。

师：我们也来举个例子看看是不是这样的。1.35+0.24 怎样计算？

生：小数点对齐，整数部分 1 加 0 等于 1，十分位上的 3 加 2 得 5，百分位上 5 加 4 得 9，也就是 1.59。

师：为什么小数点要对齐？

生：小数点对齐也就是把相同单位对齐了，这样才能相加。

师：这里十分位上的 5 表示什么？

生：表示 5 个 0.1。

师：我们刚才说到了分数加减法、整数加减法、小数加减法，大家观察一下，它们之间有什么相同？又有什么不同呢？

生：它们其实都是要单位一样，才能直接加减。

生：它们也有不同的地方，整数和小数把数位对齐就可以直接加减了，而分数要先通分变成同分母分数才能直接加减。

师：哦，通分也就是变成单位相同，表面上看不一样，其实异分母分数也都是变成单位相同才能相加减。

师：看一看过程和结果，还有什么不一样？

生：我们在学习这些计算时，都用到了画图的方法。

师：是的，画图是我们学习过程中非常重要的方法。画图能帮助我们更好地理解为什么这样算。

生：它们的单位也不一样，分数的单位是几分之一，小数的单位是0.1、0.01等，整数是个、十、百等。

生：小数的单位也可以是十分之一、百分之一、千分之一……

师：虽然单位不同，但它们都是在通过加或者减，看有多少个这样的单位。

【设计意图】在小学阶段学习过整数、小数、分数加减法，异分母分数加减法的计算方法看上去与学生以往学习的方法完全不同，但其本质相同。这一环节教师通过举例子的方式引导学生自主建构起这些知识之间的内在联系，让学生能尝试通过联系的眼光透过外在的形式关注到加减法的本质。

二、教学片段二

师：刚才我们通过举例子的方式寻找到异分母分数加减法与我们以前学过的知识有着千丝万缕的联系，你能用这样的方式，去找一找分数乘法和哪些知识有联系吗？大家小组交流一下。

学生分小组尝试。

师：分数乘法与学过的哪些知识有联系，哪组来给大家分享一下你们的想法？

生：分数乘法和分数加法有联系。$\frac{2}{7}\times 3$ 就是 3 个 $\frac{2}{7}$ 的和，也就是 $\frac{2}{7}+\frac{2}{7}+\frac{2}{7}$。

师：看来“乘法是加法的简便运算”这句话对于分数乘法来说也是适用的。

生：分数乘法和整数乘法、小数乘法也有联系。比如 50×2，就可以变成 5 个（10）×2，也就是 10 个（10）；0.5×2，可以变成 5 个（0.1）×2，也就是 10 个（0.1）。

师：那分数乘法呢？

生：$\frac{2}{3}\times\frac{3}{4}$，可以写成 2 个（$\frac{1}{3}$）×3 个（$\frac{1}{4}$），也就是 6 个（$\frac{1}{12}$）。

师：你发现了什么呢？

生：分数乘法和整数乘法、小数乘法一样，也都是通过计算看有几个这样的计数单位。

师：非常好，乘法是加法的简便运算，乘法与加减法也有相同的地方，这些计算都是计一计，算一算，看有多少个这样的计数单位。

【设计意图】“授人以鱼不如授人以渔”，这一环节让学生尝试自主寻找分数乘法与已有知识的联系，让学生搭建新旧知识的联系的桥梁，让学生把前后所学的数学知识、方法、思想与已有的经验连接起来，扩充、完善了自身的认知体系。

三、教学片段三

师：数学知识和我们的生活也是密切联系的，例如$3\times\frac{1}{2}$，哪些生活中的问题可以用它来解决？

生：做一个千纸鹤要$\frac{1}{2}$张纸，做3个千纸鹤要多少张纸？可以用$3\times\frac{1}{2}$来解决。

生：我有3元钱，淘气的钱数是我的$\frac{1}{2}$，淘气有多少钱？这个也可以。

师：这位同学说的“我有3元钱，淘气的钱数是我的$\frac{1}{2}$，淘气有多少钱？”除了可以用$3\times\frac{1}{2}$来解决，还可以用别的算式来解决吗？

生：可以用$3\div2$来解决。

师：$3\times\frac{1}{2}$和$3\div2$都可以解决这个问题，那我能不能用等号连接这两个算式？

生：可以，它们都是求淘气有多少钱。

师：大家观察一下，你有什么想说的？

生：我发现除法和乘法也是有联系的。

生：3除以2就是把“我”的3元钱平均分成2份，取其中的一份，也就是3元钱的$\frac{1}{2}$，这两个算式一个是乘法，一个是除法，但其实是一个意思。

师：说的很有道理，你从意义出发找到了它们之间的联系。我们后续还会学分数除法，相信大家一定会用联系的眼光借助我们已有的知识和方法来学好它。

【设计意图】培养学生用联系的眼光看问题，整体建构知识体系不仅要和以前学的知识建立联系，也可以和后面要学的知识沟通起来，达到承前启后的作用。教师借助生活与数学的联系，为学生种下一颗“寻找联系”的种子，从而引发学生新的思考，为后续知识的学习创造了新的可能。

47. “总复习：运算律”教学设计

牛小永
（安徽省鹤壁市淇滨小学，青年名师）

※ 课堂实录

一、定向诱导

1. 凑数游戏

课件出示：$\frac{5}{11}$、25、7.36 三个数。

请同学们用最洪亮的声音读出这三个数。（生读）你们的热情打动了它们，可是它们依然觉得自己很孤单，它们都想找一个数字做好朋友。如果是你，你准备分别给它们找哪个数字做朋友，为什么？下面我们一个一个来说。

生汇报，并解释为什么选择这个数。引出“凑整”的数学思想。

师：刚才大家不由自主地都想到了凑整，其实简便运算的时候我们经常会用到“凑整”的数学方法。除了凑整，要使计算简便就免不了运用“运算律”。今天我们就一起来复习“运算律”。

揭示课题：运算律总复习。

2. 出示学习目标

（1）分类整理学过的运算律。

（2）能合理选择运算律使计算简便。

学生齐读学习目标，了解今天的学习任务。

【设计意图】凑整是小学生简便运算时的惯性思维，利用这一游戏，发散学生思维，调动学生学习积极性，顺利引入新课。让学生读一读学习目标，主要是让学生明确学习任务。这里的学习目标主要是知识技能目标，主要是有可操作性、可检测性。

二、自学探究

1. 整理运算律

除了我们刚才用到的运算律，那么小学阶段我们还学过哪些运算律呢？课前老师让大家进行了分类整理。下面我们2人一个小组，在组内汇报交流自己是如何分类整理的？为什么这样整理？

合作要求：

（1）举例说一说每一种运算律表示的意思。

（2）说一说自己是如何分类整理的。

2.展示交流

第一组：一人展示说明，一人板书。

第二组：只介绍和第一组的不同之处。

【设计意图】知识梳理是复习课的一项重要内容。通过课前的准备，课堂上直接进行集体交流分享，一是为了节省课堂教学时间，二是让学生自学探究，在交流展示过程中实现知识的巩固与提升。学生不仅要回忆学过的运算律，关键是还要进行分类。不同的分类标准得到不同的结果，也建立了知识之间的联系。

三、讨论解疑

同学们整理得这么好，我们看看书上是怎么说的。请同学们打开课本第79页，看谁能提出最有价值的问题，老师有奖励哦。

预设问题：

（1）整数运算律在分数、小数中是否同样适用？

（2）如何来验证这些运算律的正确性？

【设计意图】这个环节是生成的，老师只是预设了两个学生可能会提出的问题。该环节旨在培养学生的质疑精神和发现问题、提出问题的能力。如果学生没有问题可以抛出，老师预设的问题，也可以继续进行后面的环节。

四、反馈总结

1.练习

（1）下面4道题，请你判断哪些可以简便运算。

$43.7+2.7\times2+4.6$　　　　$\left(\frac{7}{12}+\frac{3}{8}\right)\times24$

$(20.4-12.49-7.51)\times5$　　　　$24\times\frac{24}{25}$

生汇报后，引导学生观察比较，说出哪道题直接运用了运算律。

如果我们把这种可以直接运用学过的运算律使计算简便的情况叫作“直接运用”，那么那另外三道呢？（教师引领学生对不同情况进行分类，建议学生自己起名字）

板书：直接运用、过程运用、转化运用（间接运用）、部分运用。

【设计意图】该环节旨在让学生进一步学会灵活运用运算律，通过分类、起名字等环节，做到旧瓶装新酒，使复习课不再枯燥重复。

（2）你认为以前学的学习和考试中哪个运算律用得最多，也最容易出错？举例说明。

比较 125×（80×8）、125×（80 + 8）。

（3）比较辨析（机动）。

下面几道题哪些可以直接运用学过的运算律使计算简便？为什么？

$\frac{5}{11}+\frac{6}{11}\times22$　　$\frac{2}{5}+\frac{5}{11}+\frac{6}{11}$

$56\div4\times25$　　$56\times4\times25$

通过这些题目的辨析，你觉得在做计算题时要提醒大家注意什么？

引导回答：仔细观察、认真分析、灵活选择。

【设计意图】两道辨析题目，除了提醒学生要认真细心以外，更重要的是解决运算律运用过程中的常见错误，既是突破难点又是提醒和总结。

2. 应用

不仅在计算题中会用到运算律，在解决实际问题时也会用到运算律。

（1）“迎五一”六年级（1）班 35 名同学 2 小时做了 420 个中国结，平均每人每小时做了多少个中国结？（口答）

（2）一个圆环，外圆半径 7 厘米，内圆半径 3 厘米，求圆环的面积。（口答）

【设计意图】用运算律解决生活中的实际问题，让学生再次体会简便运算不是一种屠龙之技，而是生活中的“必需”，进一步感受数学与生活的密切联系。

3. 谈收获

今天你学会了什么？

4. 作业拓展（扩题）

$\frac{5}{9}+1.07$　　$9.3-2.8$　　$\frac{5}{9}\times\frac{7}{11}$　　$12.5\div0.3$

要求：

（1）任选一道补充数字和运算符号，使它成为一道能简便运算的题目。

（2）星级奖：直接运用奖 1 颗星；部分运用奖 2 颗星；转化运用奖 3 颗星；过程运用奖 4 颗星。

板书设计：略。

【设计意图】拓展作业是对今天学习的“新知识”的发散练习，学生在挑战中进一步巩固运算律的运用技能。学生编题要比学生做题有更高的要求，学生必须深刻理解运算律的意义才能编出高质量的简便运算题目。

48. “总复习：正比例与反比例”课堂实录与反思

汤玉嬛
（湖北省宜昌市西陵区滨江小学，青年名师）

※ 课前思考

“正比例与反比例”是六下总复习数与代数的知识，在本课的学习前，我让学生对“正比例与反比例”的知识进行了归纳整理，学生能较好地将本节学习的知识点进行有序的整理，并通过交流整理达到对知识的再复习，在交流中查缺补漏，相互学习，同时掌握正确的复习方法。

由于本课的知识点是学生六年级才学习过的，解决书上的习题对于学生来说也是游刃有余，没有太大的困难。直到我读到了一位同学在数学日记中记录的学习疑惑：

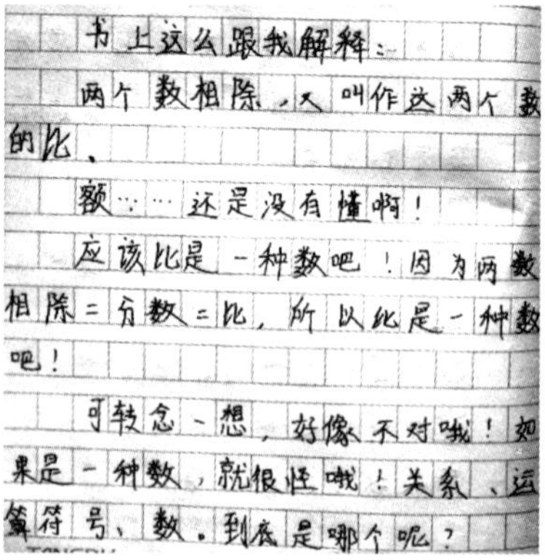

书上这么跟我解释：

两个数相除，又叫作这两个数的比、

额……还是没有懂啊！

应该比是一种数吧！因为两数相除=分数=比，所以比是一种数吧！

可转念一想，好像不对哦！如果是一种数，就很怪哦！关系、运算符号、数，到底是哪个呢？

“两个数相除又叫作两个数的比”，这个解释好像并不能说服学生。比、比例、正比例、反比例是小学阶段数与代数领域重要的内容，特别是正比例、反比例关系作为正比例函数、反比例函数的雏形，是刻画现实世界的重要模型之一，但这类知识非常的抽象，要真正理解它，并非易事，看来学生虽然能够解决此类问题，多数情况下是依赖着解题的思维惯性，并非真正达到对概念的通透理解，因此在解决问题时缺乏灵活性，不能主动运用相关知识解决生活中的常见问题。

看来要上好这节复习课，就要对本课学习的内容进行再加工、再创造、再整合，通过创设有趣的生动的情境，吸引学生在实践中思考，创造性地参与问题解决过程，从而深度理解这类知识“为什么而来”“有什么优势”“能解决哪类问题”等相关问题。

若能创设更有意义的问题情境，为学生创设更多的实践和思考空间，学生的学习活动不就生动了吗？

若能引导学生创造性地思考与探究，不断触摸知识的内涵，享受思维渐进的乐趣，学生对知识的理解不就深刻了吗？

整理复习课若能够做到既生动又深刻，学生定能感受到数学学习的美好，从而爱上数学学习。

※ 课堂实录

一、展开话题，导入复习

师：今天，我们一起来复习“正比例与反比例”（板书课题），希望大家通过本课的学习会有新的收获！

师：课前，每位同学对“正比例与反比例”的知识自主进行了整理复习，那我就要考考大家了，快问快答。

（1）两个正方形的边长比是 1∶3，周长比是（　），面积比是（　）。

（2）9 元可以买 2kg 鸡蛋，总价与数量的比是（　），比值是（　）。

（3）汽车 3 小时行 150km，路程与时间的比是（　），比值是（　）。

师：通过快问快答，你能举例说明什么是比，什么是比例吗？

生：两个数相除又叫作两个数的比，比如两个正方形边长分别是 1 厘米和 3 厘米，用 1 厘米除以 3 厘米，就得到它们的边长之比为 1∶3；它们的周长分别是 4 厘米和 12 厘米，所以周长之比是 4∶12；化简后也是 1∶3，周长之比也可以是 1∶3。

生：9 元可以买 2kg 鸡蛋，用总价除以数量，比是 9∶2，这就是总价与数量的比；同样的道理 18 元就可以买 4kg 鸡蛋，总价与数量的比是 18∶4，这个 9∶2 与 18:4 比值相等就组成了比例，表示两个比相等的式子就是比例。

师：两个数相除又叫作两个数的比，学了比后，有同学就觉得这个比怪怪的，总有哪里不太明白，用总价除以数量得到的是单价，用路程除以时间得到的是速度，比与除法惊人的相似，把除号变成了比号，就得到了比？学习除法就行了，还学比干什么？你能解释这一问题吗？

【设计意图】唤起已有的知识经验，引发认知冲突，为进一步明确比与比例概念的内涵和外延构建知识体系奠定基础。

二、触摸本质，提升认识

1. 返回原点，比的再认识。

师：还记得这张图吗？我们在学习比、比例时都出现过这张图。我们要想说明照片“像与不像”可以用测量长和宽那样的方法来测量吗？

生：不能，比如说图 B 与图 E 的宽相等，都是 2 格，但它们并不像，靠测量照片的长和宽，不能说明图片像与不像。

生：照片的像与不像我们要看它的长与宽的关系。

生：图 A、图 B、图 D 他们很像，它的长与宽的倍数相等。宽是长的三分之二或者长是宽的二分之三时两张图片很像。

师：图片的周长或者面积都与长和宽有关系，那能不能说明照片的像与不像呢？（展示图片，学生观察）

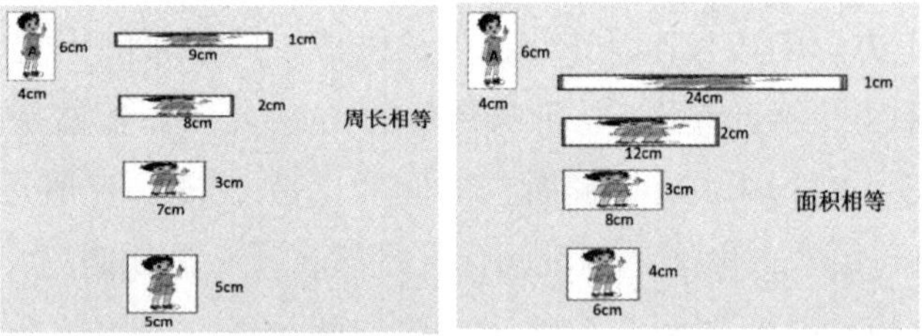

生：也不能，周长相等的图形，说明这个图片的长和宽相加的和是相等的；面积相等的图形，说明这个图片的长和宽相乘的积是相等的，但它们要么太扁、要么太长，一点也不像。只有在长与宽的倍数一样时，这些照片就锁定了长与宽的比，就很像。

师：从这个角度上说比就是两个数的倍比关系，是两个数相除的结果。对比两个量的倍数关系，我们可以把不可测量的“像与不像”解释清楚，你还能举出这样的例子吗？

生：调配同样的颜色，我们用 2 桶红色，加上 3 桶白色，调出来的粉红色是一样的。

生：比如说想让糖水一样甜，只要蜂蜜与水的比一样就可以做到。

生：说一个人长得美不美，看肚脐到脚底的距离与头顶到脚底的距离比是

0.618，人就好看。眉毛到脖子的距离与头顶到脖子的距离比是0.618，人就好看。

师：你视觉看到的美有共同的属性，就是黄金分割比“0.618”。金字塔的高与金字塔底座的边长比是0.618，金字塔看起来雄壮有气势。希腊古庙的高与宽的比是0.618，看起来就柔和美观。我国的华罗庚发明的0.618优先法运用于生活实际，让办事效率更加高效。

【设计意图：从讨论像与不像、美与不美，甜与不甜，深化学生对比与比例的认识。】

2. 动手实践，活用比与比例。

师：大家学了那么长时间了，我们来杯咖啡提提神吧。

卡布奇诺/Cappuccino
1份浓缩咖啡+0.5份热牛奶+1.5份奶泡

师：要配制一杯卡布奇诺咖啡，它的配方是这样的：1份浓缩咖啡、0.5份热牛奶和1.5份奶泡，如果想调制口味一样的咖啡，你可以怎么配制？

生：咖啡、牛奶、奶泡的份量比为1∶0.5∶1.5，也就是咖啡、牛奶、奶泡按2∶1∶3的比例来调配。

师：老师为大家准备的原料在每一组的桌子上，我还为你们配备了测量工具（量杯、小匙、小杯等）。

小组合作讨论配比的方案并记录。

小组发言人交流本组调配方案。

第一组：我们组分到的是个小匙，那么，就用咖啡、牛奶、奶泡分别为2匙、1匙、3匙来调。

第二组：我们组用的是量杯，我们就用咖啡、牛奶、奶泡分别为200mL、100mL、300mL来调配卡布奇诺咖啡。

第三组：我们组是用咖啡、牛奶、奶泡质量分别为40克、20克、60克来调配卡布奇诺咖啡。

第四组：我们组是用咖啡、牛奶、奶泡分别为20匙、10匙、30匙来调配卡布奇诺咖啡。

教师记录：	咖啡	牛奶	奶泡
	2匙	1匙	3匙
	200mL	100mL	300mL
	40克	20克	60克

师：检验一下每组调配的口味是不是一样的？

生：是的，虽然我们用的测量工具不一样，但是这些比化简后都是2:1:3，所以口味应该是一样的。

小组按方案调配，品尝一下口味如何，并说说你有什么发现？

生：有的组调了一大杯，有的组只调了一小杯，我品了品口味都差不多。

【设计意图】在动手操作中，学生运用比与比例的相关知识解决了生活中的问题，深化了对比例的认识。

3. 故事揭秘，应用正反比例。

在古希腊，国王让人做了一顶纯金的王冠，但他又怀疑工匠在王冠中掺了银子。可问题是这顶王冠与当初交给金匠的一样重，谁也不知道金匠到底有没有捣鬼。国王把这个难题交给可阿基米德。阿基米德为了解决这个问题冥思苦想，他起初尝试了很多想法，但都失败了。有一天他去洗澡，他一边想，一边坐进澡盆，一边看到水往外溢，同时感觉身体被轻轻地托起，他突然恍然大悟。

师：还记得阿基米德与黄金王冠的故事吗？阿基米德看到水往外溢怎么就知道黄金王冠的真与假了？你知道吗？若黄金王冠的质量是490g, 它的体积大约是50立方厘米，黄金王冠是真的吗？

生：……

师：水往外溢测出王冠的什么属性？

生：可以测出黄金的体积。

师：王冠的什么属性也是可以测量的？

生：王冠的质量也可以称出来。

师：好了，我们还要借助一块真正的金子，就可以说明王冠是不是真的了。

生：我们只要测出王冠的质量与体积的比与真金子质量与体积的比，就可以说明王冠的真与假了。

师：出示图片，从图中你知道了什么？

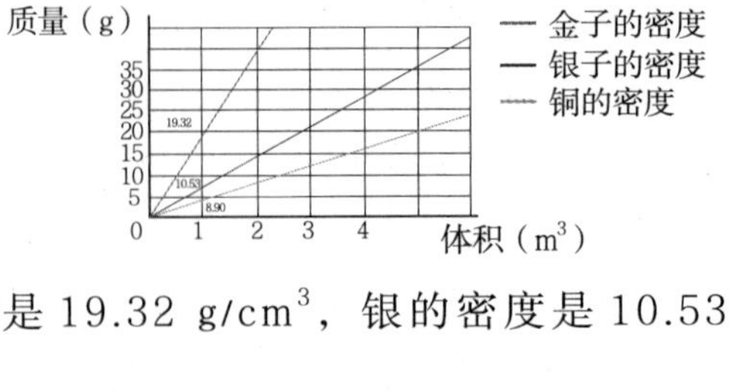

生：纯金密度是19.32 g/cm³，银的密度是10.53 g/cm³，铜的密度是8.90g/cm³。

生：从图中我们看出如果这种物质体积增加，它的质量也会跟着增加；物质体积减少，它的质量也会跟着减少，但比值也就是密度是一定的，如果比值变了，就变成另一种物质了。

生：这种物质的密度一定，质量与体积成正比例。所以图中都是直线。

生：我可以肯定，王冠里一定掺了铜，因为 490 ÷ 50 ≈ 9.8，比纯铜的密度高一点，可能里面还有一点点银，我觉得没有金，金的密度太高了。

【设计意图】在故事情境中，学生运用正反比例相关知识解决生活中的问题，深化了对比例的认识。

三、生活体验，解决问题。

出示练习：为扩大鸡舍，王大爷将长 37.68 米的圆形拆开，靠墙围成半圆形，面积增大了百分之几。

生：圆形栅栏的周长是 37.68 米，那么半圆形的田地的周长就是 37.68 米。圆形栅栏的半径：37.68 ÷ 3.14 ÷ 2=6（米），半圆形的田地的半径就是 37.68 × 2 ÷ 3.14 ÷ 2=12（米）。圆形栅栏的面积：6 × 6 × 3.14=113.04（平方米），半圆形的田地的面积就是 12 × 12 × 3.14 ÷ 2=226.08（平方米）。

田地的面积增加了（226.08−113.04）÷ 113.04=100%。

师：这道题能用到我们今天复习的知识来解决吗？

生：$C1:C2=r1:r2=1:2$，S1∶S2 = 1∶4，S1∶（S2 ÷ 2） = 1∶2，（S2/2−S1）∶S1 =（2−1）∶1 = 1∶1 = 100%。

田地的面积就增加了 100%。

师：看来运用比例解决生活中的许多复杂的问题可以使解决方法变得很简单。

【设计意图】通过运用比例的知识解决问题，体会运用比例解决复杂问题的简洁性，增加解题的灵活性。

※ 课后反思

要想把复习课上好并不容易，对学生来说，复习课既不像新授课那样有新鲜感，也不像练习课那样有成就感，因此学生就不喜欢；而对教师而言，复习课要教会学生获取新的信息，将旧知识以新形式呈现，引导学生从新的角度去探索学习、去分析思考解决问题，比上新授课、练习课更麻烦、更困难。很多时候，复习课就是练习题的堆积。老师带领学生，一道一道地做各种各样的基础的或者变化的练习题，整节课下来，变成了练习题的展示课，复习课怎么上，才能让学生学得有滋有味，又能激起思维碰撞的火花，乐于参与其中呢？我决定创新思维，另辟蹊径，不走寻常路，上一节颠覆性的复习课。

课前，我让学生们将本单元的知识进行梳理，绘制思维导图，然后结合学生在这一单元学习时写下的数学周记以及错题分享的内容，通过试教后我发现学生们对已有的书本知识掌握程度较高，不需要再花费大量时间来再次复习，而且这么多的教学流程易分散学生上课的注意力，所以我大胆地决定不求本次复习的完整性，而是抽取学生更为感兴趣的知识点进行有针对性的复习，大胆地砍去了学生掌握较好的知识点，再次修改的课程结构如下：

（一）回到情境，再认识比例意义。

（二）动手实践，活用比与比例。

（三）故事探秘，应用正反比例。

（四）生活体验，灵活解决难题。

一节好的数学课的标准，不应该仅仅教会学生学会一点书本上的知识然后去背去记忆，会做一点点重点题、难点题，我认为将大量的课外知识引入课堂，会用课堂学习的知识解决生活在中的诸多问题，渗透数学文化、数学传统思想精髓的传播，能提高孩子们对本课知识的兴趣，让他们爱上数学，从而更愿意打开思路探索数字的奥秘，那么数学课上就不愁学生不肯动脑筋，他们会主动地思索、提出质疑、反驳他人观点提出更精观点。使每一节数学课要都成为学生思维的盛宴。亲手调一杯卡布奇诺咖啡，阿基米德故事的讲述，王大爷家的鸡舍，学生发现我们学的比竟然是这么有趣，思路也为此大开。可能有部分能力差的孩子他没有机会回答老师提出的问题，但我认为：学生做对了多少道题目这时已然并不重要了，这节课为他带来的是快乐，他的思索也是因整个课堂而动的，我的教育目的就已经达到了。

本课这样的设计，仍有值得商榷的地方，这样颠覆教材可不可取也是值得探讨的，但把每一节数学课上成这样的研究课，每一堂课都如此生动有趣，将教材内容进行再创造，学生将知识内容再创造，复习课也可以生动且深刻。

49. “总复习：线和角”课堂实录与反思

赵云峰
（苏州工业园区新城花园小学，特级教师）

※ 课前思考

本课的教学内容是苏教版第十二册几何初步知识复习。通过线和角有关知识的复习，让学生学会复习概念的一般方法，会根据所学知识的特点自己整理已学过的内容，培养学生归纳整理的能力，渗透数学就在我们身边的思想。抓知识之间的联系，让学生在广泛的联系中加深对线和角的理解。首先，数学复习课中要体现出学生主体的回归，让数学复习课充满生命活力，引领学生在尝试中学会一些复习方法。其次，数学复习课要渗透策略意识，在知识探究中掌握一些数学方法，数学方法是针对各种不同的数学知识而确定的一种解题策略，是学生终身受用的一把解决问题的钥匙。在数学教学中，让学生掌握必要的数学方法，不仅是数学课程标准提出的要求，也是促进学生发展的重要手段。复习阶段应让学生掌握并巩固如下一些数学方法：分析法、综合法、分析综合连用法、逆推法、假设法、举例法、反证法、建模法（建立数学模型）等。最后，要优化教法，在多种活动中感悟学习乐趣。教学过程既是引导学生科学地获取知识的过程，更是促进学生精神成长的过程。数学复习课要改变枯燥乏味、兴趣索然的状况，让学生在复习课上体验探索的激情、视野的拓展、超越的快感和生命的力量。这就要求教师精心设计复习方法，突出学生的主体地位，让学生在多种活动中感悟复习的乐趣。

※ 课堂实录

一、激趣

师：同学们，你知道老师来自哪儿？

生 1：赵老师来自江苏海门市。

师：海门在哪里？

（学生摇头示意。这时，电脑出示一幅地图。）

师：海门在宜兴向东偏北 25° 的地方。

（教师一边介绍一边在电脑地图上用点、线、角演示出海门在宜兴向东偏北 25° 的地方。）

师：你能从地图上看出已学过的哪些数学知识？

生 2：经过一点可以画无数条直线。

生 3：经过两点只能画一条直线。

生 4：连接两点的线中，线段最短。

生 5：从一点引出两条射线就组成了角。

师：说得好！这节课我们就一起来复习有关线和角的知识。（板书课题：线和角的复习）

【设计意图】学习兴趣是学习活动的催化剂，在学生的认知过程中起着巨大的推动作用，它能集中注意，引导观察，活跃思维，引发联想，强化记忆，又能促进情感、态度、价值观的发展。课开始，赵老师通过“海门在哪里”的介绍，无痕地创设了一个与复习旧知识相关的教学情境，激活学生对点、线、角有关知识的回忆。自然合理的情境创设，巧妙独特的构思，引发了学生对数学知识的思考，激发了学生的兴趣。

二、授渔

师：复习不只是记住几个概念，会做几道题，而是要学会将所学的知识进行整理。如，要整理一下直线、射线、线段之间有什么联系和区别，你们会吗？请各小组合作完成。

名称	图形	联系（相同点）	区别（不同点）
直线			
射线			
线段			

（待学生完成后，展示表格并评析。）

师：这张表你们是怎样填的？如果给这种整理的方法起一个“名字”的话，你们认为叫什么比较合适？

生 1：我们是根据这三种线的特征来填写的。

生 2：我们是对这三种线比较之后填写的。

生 3：我们是从端点、度量、形状三个方面来填写的。

生 4：我们小组起的名字叫表格法。

生 5：我们小组起的名字叫图表法。

生 6：我不同意，这里是用列表的方式整理，所以叫列表法比较合适。

师：同意叫列表法吗?

生：同意。

师：列表法是我们整理数学知识时常用的方法。它是用一张表将相关教学知识的分类、特点等简要地整理出来，让人看了一目了然。（板书：列表法）

练一练。

1. 数一数下图中有几条直线、几条射线、几条线段，填在下面的括号里。

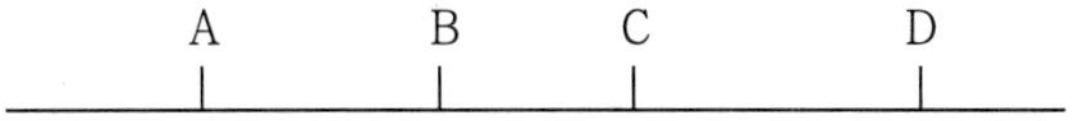

有（ ）条直线，（ ）条射线，（ ）条线段。

2. 下面的直线中，哪组的两条直线互相垂直，哪组的两条直线互相平行。〔互相垂直的，在（ ）里面画“○”，互相平行的，画“△”〕

（ ）（ ）（ ）（ ）（ ）（ ）

（反馈略。）

师：刚才我们复习了在同一平面内两条直线的位置关系，为使我们学过的知识形成系统，除了用列表的方法整理知识外，还可以用网络图的方式来整理知识。

板书：

同一平面内两条直线的位置关系
- 平行
- 相交
  - 垂直
  - 斜交

【设计意图】复习旨在让学生把知识点串成线，把线连成知识网，在头脑里留下清晰的知识网络，同时，通过介绍列表和网络图两种整理知识的方法，不仅让学生体会到这些整理方法简明扼要的特点，更重要的是向学生“授渔”，培养他们自主整理的能力，并为其激发创造性思维打下了基础。

三、创新

师：刚才我们用了列表法和画网络图的方法整理复习了“线”的知识，其实，除了这两种方法外还有多种整理知识的方法。现在请大家用画网络图法或列表法自己整理复习“角”的有关知识，也可以用你在资料中看到的或者自己创造的整理知识的方法整理。不过老师非常希望看到同学们用自己喜欢的方式来整理。（学生进行整理，教师巡视并做个别辅导）

反馈中出现了以下几种整理复习方法。

第一种：

名称	锐角	直角	钝角	平角
图形	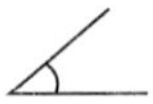			
特征	小于90°	等于90°	大于90° 小于180°	等于180°

第二种：

角的分类
- 锐角：小于90°
- 直角：等于90°
- 钝角：大于90° 小于180°
- 平角：等于180°

第三种：

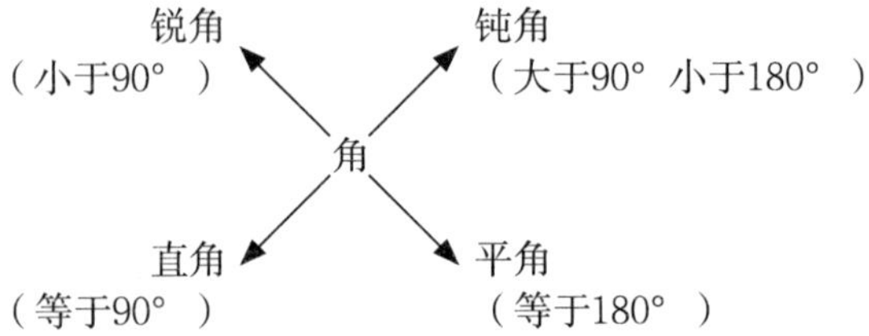

第四种：

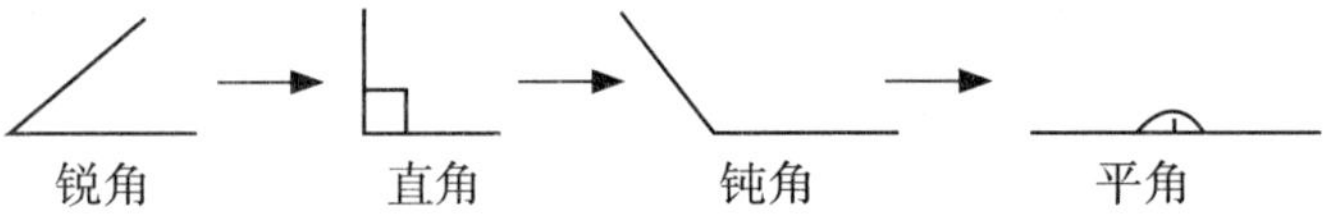

【设计意图】教师不但重视帮助学生总结复习方法，更注重激发学生的创造能力。当用列表法和画网络图法整理复习了“线”的知识后，告诉学生还有多种整理知识的方法，再次激起学生的“挑战”欲望，同时，要求学生用喜欢的方法整理复习角的知识，并鼓励学生自己创造整理方法。这一环节的设计，促使学生积极思考创造了“回宫格”“动态图”等整理复习方法，培养了学生的创新能力，让学生终身受益。

四、全课练习

1. 判断下面的说法是否正确。对的在（ ）里打“√”，错的在（ ）里打“×”。

（1）射线没有端点。 （ ）

（2）线段是直线的一部分。 （ ）

（3）不相交的两条直线叫作平行线。 （ ）

（4）角的两条边画得越短，这个角就越小。 （ ）

（5）一条直线长 5 厘米。 （ ）

（6）小于 90° 的角是锐角。（ ）

（7）大于 90° 的角是钝角。（ ）

（8）两条直线相交，它们的交点叫作垂足。（ ）

2. 拓展。

请以宜兴市第二实验小学作为观察点，根据下面的信息进行操作。（图上每厘米代表 100 米）

（1）东山中医院在正西，离“二实小”400 米。

（2）宜兴电大在东南，与正南成 30° 的角。

（3）龙潭路经过宜兴电大，与东山路平行。

（4）陶都路经过中医院，与东山路垂直。

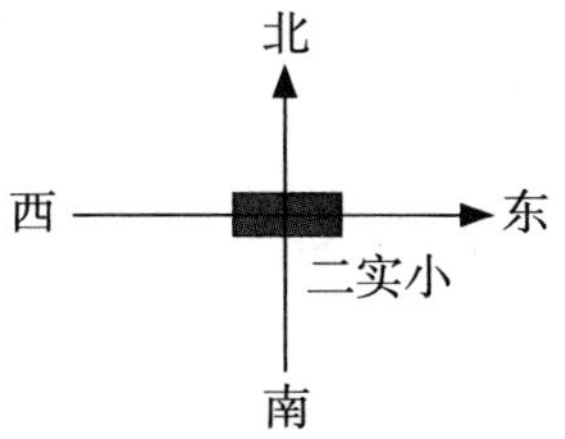

（反馈略。）

【设计意图】现实生活中的事物一旦被赋予数学的内涵时，学生便会由衷地感受到数学是有用的，从而产生学习数学的兴趣。该题是赵老师为我校学生量身定做的一道鲜活的富有生活气息的习题，是一道综合应用知识的拓展题。旨在让学生学会应用知识，并渗透“数学就在我们身边”的思想。

※ 课后反思

数学复习课，由于其内容学生已学过，而且知识容量大，许多老师认为是没有激情的课，加上练习题的综合性强，学生差错率相应也比较高，容易在师生之间产生情感危机。那么，如何在数学复习课中突出学生的主体地位，让数学复习课充满生命活力呢？

一、教师引领：在主体尝试中理清复习思路

教师的职责就是要给知识注入生命活力，把孩子带到美好的数学殿堂去遨游，点燃孩子求知的欲望，引领他们主动发现、自我发现。授人以鱼，三餐之需；授人以渔，终身之用。数学复习课中要体现出学生主体的回归，让数学复习课充满生命活力，引领学生在尝试中学会一些复习方法。

二、渗透策略：在知识探究中掌握数学方法

数学方法是针对各种不同的数学知识而确定的一种解题策略，是学生终身受用的一把解决问题的钥匙。在数学教学中，让学生掌握必要的数学方法，不仅是数学课程标准提出的要求，也是促进学生发展的重要手段。

复习阶段应让学生掌握并巩固如下一些数学方法：分析法、综合法、分析综合连用法、逆推法、假设法、举例法、反证法、建模法（建立数学模型）等。

三、优化教法：在多种活动中感悟学习乐趣

教学过程既是引导学生科学地获取知识的过程，更是促进学生精神成长的过程。数学复习课要改变枯燥乏味、兴趣索然的状况，让学生在复习课上体验探索的激情、视野的拓展、超越的快感和生命的力量。这就要求教师精心设计复习方法，突出学生的主体地位，让学生在多种活动中感悟复习的乐趣。这样组织复习，学生兴趣盎然，课堂气氛活跃。学生大胆设想、互相启发、彼此唤醒，新的认知在活动中不断地被发现和生成，生命的价值也随之提升。

四、“多解”“多变”：在思维碰撞中张扬学生个性

每个儿童都有他自己独立的人格和精神世界，都有他自己的生命追求和体验，都有他自己独特的见解和主张，都有他独特的感情和体验。数学教学中的“多解”“多变”是拓宽思路、发展思维、培养学生创新意识的有效途径，也是张扬学生个性、突出主体回归的重要手段。我在组织学生复习时，注意适时运用“多解”“多变”，让学生在思维的碰撞中“豁然开朗”“浮想联翩”。

复习课中“多解”“多变”老师们运用得最多，这里不再举例和赘述。但需强调两点：一是“多解”“多变”不仅仅表现在应用题的复习中，其他如概念、计算、操作等复习环节，都可以运用“多解”“多变”的方式让学生讨论、思考。二是学生从多个角度找出问题的答案后，要对解题思路进行分析、比较，要注意分析思维过程，让他们从比较中求最佳解法。

五、学生命题：在构思题目中得到自主发展

命题权在老师手中，这本无可厚非，学生按试卷上的要求解答，教师根据学生的答题情况裁定，这是现实环境下的一种模式。然而，在新课程背景下，能不能在命题时也能突出个性的主体回归，将命题权下放给学生，让他们在构思题目中得到发展，在检测中体验到学习的快乐呢？在总复习的后一阶段，让学生每人或两三人合作出几道题目，这些题目可以是填空、判断题，计算、文字题，也可以是操作、应用题，但必须是自己会解决的问题，又是在平时最容易出错的题。

接着从中挑选好的试题拼成一份新的试卷作为综合练习，并将命题者的姓名写在考卷相应的题旁。最后，请相关同学谈谈设计这道题目的意图，其他同学进行评价。学生在命题时要找资料，要计算，要想出命题的理由，还要分析其他学生对自己出的题有什么评价。不难看出，这样的命题、检测过程，其实就是学生的知识再现和复习过程，也是学生自主发展的过程。

六、精编练习：在问题解决中展现学习能力

复习阶段精编练习，可以使学生对知识的遗忘得到弥补，认知结构得到进一步扩展。总复习时的练习，不是单纯模仿、重复操练问题的解决，而是适度增加情境性综合练习，让学生在练习中展现学习能力，感悟数学复习的乐趣。

知识是形成人的生命智慧的基础，情感则赋予生命中的知识以意义和灵性，生命因为有了知识而丰盈，也因为有了情感才多姿多彩。因此，数学复习课突出生命的主体回归，就是要营造一个积极健康的氛围和环境，让学生在认知与情感方面得到和谐发展。

50. “总复习：平面图形的面积”教学设计（课例一）

赵改玲
（山西省太原市杏花岭区外国语小学，青年名师）

※ 课堂实录

一、谈话导入，明确目标

师：同学们，今天这节课，我们一起来复习平面图形的面积（板书课题），以前我们都学过哪些平面图形呢？

预设：长方形、正方形、平行四边形、三角形、梯形、圆形。

二、引导自学，展示交流

（一）小组交流

1. 师：课前，同学们整理了这部分知识，请你拿出整理的内容，在小组内进行交流。交流之前想听听老师的建议吗？

2. 我的建议。

（1）个人展示交流。

（2）组内补充完善。

师：每个同学先在组内展示交流，注意不要重复交流别人说过的内容，组内同学互相补充完善，达成共识，进行全班交流。

（二）展示汇报

1. 展示预习成果。

师：刚才大家交流得很投入，现在哪个组的同学愿意把你们组整理的结果给大家说说？能先说说你们组整理了哪几方面的内容吗？

预设 1：我们小组整理了面积意义、单位和进率、推导过程、计算公式这四个方面的内容。

师随学生预设汇报板书：面积意义、单位和进率、推导过程、计算公式。

师：请你们每人选择一个内容具体说说好吗？

预设 2：面积的意义是指物体表面或围成平面图形的大小叫作它们的面积

预设 3：常用的面积单位有平方米、平方分米、平方厘米、平方千米和公顷。

1 平方千米 =100 公顷、1 平方米 =100 平方分米、1 平方分米 =100 平方厘米。

预设 4：将平行四边形剪拼成长方形推导出它的面积公式；将两个完全相同的三角形、梯形拼合成平行四边形，推导出三角形和梯形的面积公式；借助这些方法将圆形剪拼成一个近似的平行四边形或长方形，推导出圆的面积公式。

预设 5：长方形面积 = 长 × 宽、正方形面积 = 边长 × 边长、平行四边形面积 = 底 × 高、三角形面积 = 底 × 高 ÷2、梯形面积 =（上底 + 下底）× 高 ÷2、圆的面积 =π × 半径 × 半径。

师：汇报完了，问问同学们，你们讲清楚了没有？还有没有问题问你们？

师：看来这个小组整理得不仅完整全面，形式也很新颖，让大家看了一目了然。这颗“合作之星”奖励给你们小组。

师：对照这个组整理好的内容，看看自己还有什么需要补充的内容，请迅速补充完整。

2. 提炼整理。

师：通过刚才的交流汇报，我们知道了面积的意义、常用的面积单位（课件出示），谁能说说它们之间的进率是怎样的呢？

预设：1 平方千米 =100 公顷、1 平方米 =100 平方分米、1 平方分米 =100 平方厘米。

师：那你能用一句话概括一下吗？

预设：除了公顷和平方米外，每相邻两个面积单位之间的进率都是 100。

师：你很善于观察，一下子就找准了面积单位之间的联系。

师：谁知道这几个平面图形的面积公式是怎样推导出来的？

预设 1：平行四边形的面积公式，是沿着高将一个角剪下来，平移过去，拼成长方形后推导出来的。

师：那你的意思就是将平行四边形怎么样了呢？

预设 2：平行四边形的面积公式，是将平行四边形转化成长方形后推导出来的。

师：谁能像他一样来说说其他几个平面图形的面积公式的推导过程吗？

预设 3：三角形的面积公式，是把它转化成平行四边形后推导出来的。

预设 4：梯形的面积公式，是把它转化成平行四边形后推导出来的。

预设 5：圆的面积公式，是把它转化成近似的平行四边形或长方形后推导出来的。

师：那正方形的面积公式，是根据谁推导出来的呢？

预设6：正方形是特殊的长方形，所以正方形的面积公式，是根据长方形的面积公式推导出来的。

三、内化提升，达成共识

（一）梳理图形间的内在联系

1.师：仔细观察它们的推导过程，你有什么发现和体会？

预设：它们都用到了转化的方法。

师：对，这种把新知识转变成已有知识再进行研究的方法，是数学学习的重要思想，称作：转化（板书）。“转化”的数学思想在今后学习数学知识的过程中会经常用到。

师：谁还有不同的发现？

预设：我发现正方形、平行四边形和圆形与长方形有联系，三角形和梯形又与平行四边形有联系。

2.师：你发现了，它们彼此之间是有联系的。你能用一个简单的图示整体地把每个图形之间的联系表示出来吗？下面请你利用手中的学具，小组合作，在长方形纸上用自己喜欢的方式把它表示出来。

预设展示交流。

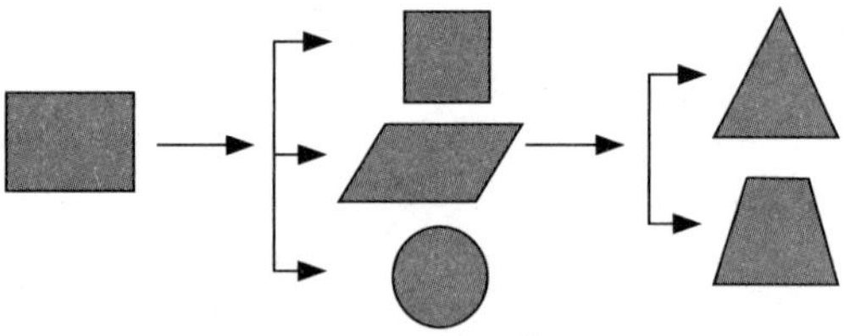

3.师：看，这是这个小组的表示方式，你们和他们组的一样吗？有什么不同的看法？

预设：我认为正方形、平行四边形、圆形应该摆在长方形的后面。

师：那你能上来重新摆一摆吗？

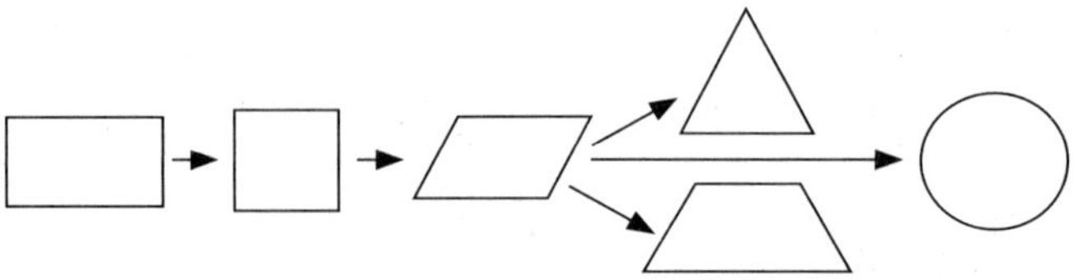

4.师：比较这两组的摆法，你们认为哪种摆法更好呢？由此可见，长方形是根基，是基础，由它可以推导出正方形、平行四边形、圆形的面积计算公式，由平行四边形又可以推导出三角形和梯形的面积计算公式。而把这些图形联系在一起的不正是“转化”这一重要的思想吗？

（二）沟通平面图形面积公式间的联系

1. 师：根据平面图形面积公式的推导过程，我们寻找到了图形间的联系。看着它们的联系，谁能说说它们的面积公式分别是什么？

预设：长方形面积 = 长 × 宽、正方形面积 = 边长 × 边长、平行四边形面积 = 底 × 高、三角形面积 = 底 × 高 ÷2、梯形面积 =（上底 + 下底）× 高 ÷2、圆的面积 = π × 半径 × 半径。

师：那你们能像刚才一样，通过找联系试着将它们的面积计算公式分分类吗？独立思考，同桌交流意见。

2. 师：谁来说说你的想法？是按什么标准来分的？分了几类？

预设 1：我是根据它们的面积公式推导的联系将长方形、正方形、圆形分为了一类，平行四边形和三角形、梯形分为了一类。

预设 2：我是根据它们的面积公式计算的特点来分类的，将长方形、正方形、平行四边形和圆形分为了一类，三角形、梯形分为了一类。

师：同学们根据不同的分类标准，将计算公式进行了分类，可见只要我们仔细找出它们之间的联系加以整理，就可以将凌乱的知识变得更有条理，更加系统化。

3. 师：在梳理这些知识的过程中，不知同学们想过没有，这些平面图形能不能用同一个公式来计算它们的面积呢？

预设 1：我认为可以用长方形的面积公式来计算。

师：有不同意见吗？

预设 2: 三角形和梯形的面积还要除以 2，长方形面积是不除以 2 的。

师：老师也有一些自己的想法，你们想看看吗？（课件演示）大家仔细观察，这是什么图形？（梯形）看，发生了什么变化？（变成三角形了）梯形在什么情况下变成三角形了？（上底为 0 时）再仔细观察发生了什么变化？现在变成了什么图形？（长方形）梯形在什么情况下变成了长方形？（上底和下底相等时）

师：现在，请你再大胆地想一想，它们都可以用哪个图形的公式来计算呢？

预设：它们都可以用梯形的面积公式来计算。

4. 师：这只是一个猜想，你能想办法去验证一下吗？把你的想法和组内的同学交流一下。

师：哪个同学来说说你是如何验证的？

预设 1：$S=(a+a)b\div 2=2ab\div 2=ab$、$S=(a+0)h\div 2=ah\div 2$。

预设 2：我是用假设的方法，假设三角形的底为 2，高为 1，用梯形的面积公式计算的话就是（2+0）×1 ÷ 2=1，用三角形的面积公式计算也是 2×1 ÷ 2=1 。

师：同学们，你们真了不起，在梳理旧知识的同时，还发现了它们都可以用梯形的面积公式来计算，真的是“温故而知新”啊！接下来让我们一起运用这些知识去解决预设中的问题。

四、学态检测，拓展提升

（一）基础关

我能很快判断。

1. 三角形面积是平行四边形的一半。（ ）

2. 两个面积相等的三角形一定能拼成一个平行四边形。（ ）

3. 面积相等的两个梯形，形状不一定相等。（ ）

4. 下面的图中，阴影部分面积比空白部分面积大。（ ）

（二）图形关

求出下列组合图形的面积。（只列式不计算）

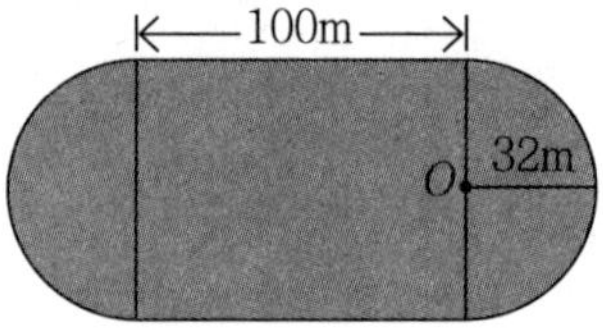

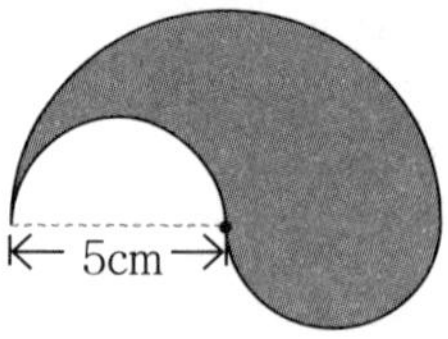

（三）解决问题关

新华小区要设计一个正方形花园，正方形的最外层是 2 米宽的草坪，里面一层种了月季花，正中心是直径为 4 米的喷泉（如下图）。已知草坪的面积是 96 平方米，你能求出月季花的面积吗？

五、提炼方法，全课小结

师：同学们，通过今天的复习你有什么收获呢？

预设：我知道了这些图形之间的联系，还知道它们都可以用梯形的面积公式来进行计算。

师：可见事物之间彼此都是有联系的，今后，我们每学习完一个内容，就可以回头看看这些知识之间有着怎样的联系，通过梳理它们的联系，找到复习的方法才是最重要的，你们说是吗？

51. “总复习：平面图形的面积”课堂实录与反思（课例二）

胡国华
（湖北省宜昌市伍家岗区实验小学中南校区，青年名师）

※ 课前思考

“平面图形的面积整理与复习”是图形与测量的内容，本课时是在学生已经学习了面积的概念及基本图形的面积计算公式的基础上，对小学阶段平面图形的面积进行整理和复习。笔者进行了多次教学实践，并在此基础上浅谈对六年级整理与复习的认识。

※ 课堂实录

第一次教学

先出示课题：“平面图形的面积”。

师：同学们，回顾一下在小学阶段学过哪些平面图形？

生：圆形、正方形、长方形、三角形、平行四边形、梯形。

师：大家还记得它们的面积是怎样计算吗？

生：圆的面积 $=\pi\times$ 半径 $\times$ 半径、正方形的面积 = 边长 × 边长、长方形的面积 = 长 × 宽、平行四边形的面积 = 底 × 高、梯形的面积 =（上底 + 下底）× 高 ÷2、三角形的面积 = 底 × 高 ÷2。

师：这些公式是又怎么推导出来的呢？

生：圆是把它剪开，拼成近似的平行四边形。

师：怎样剪？

生：沿着半径，等分剪成扇形，拼接成近似的平行四边形。

生：平行四边形是沿着高剪开，割补成长方形。

生：三角形和梯形是转化成平行四边形。

师：你能具体讲讲它们是怎么转化成平行四边形的吗？

生：用两个一模一样的三角形，将一个翻转180°后和另一个三角形相同的边重合，就转化成一个平行四边形了。梯形转化也是需要两个一样的图形，旋转拼接得到。

师：大家对平面图形的面积计算公式及推导过程都掌握得非常好。接下来，看看大家能不能求出下面图形的面积。

生练习书本第95页第4题和第6题。

图形A，B，C的面积分别是多少平方厘米？图形D的面积大约是多少平方厘米？（每格面积表示$1cm^2$）

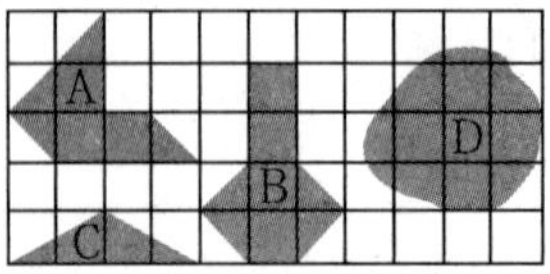

求下面各图形中涂色部分的面积。

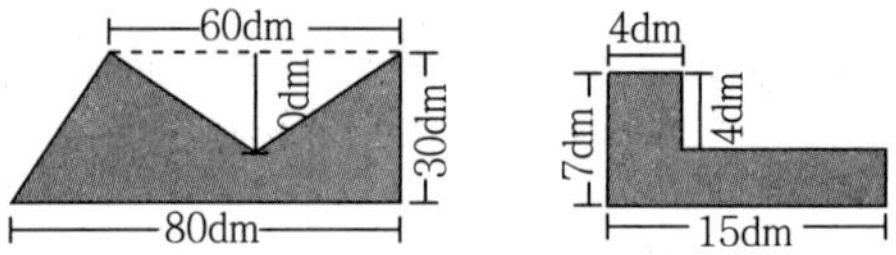

※ 课后反思

笔者此次的复习课是以传统讲练相结合的方式进行。

课堂上更多关注的是学生学习的结果，对小学阶段已经学过的图形面积的相关知识进行了复习回顾。从学生的上课状态来看，回顾知识环节枯燥无味，主动参与的积极性较低；从回答的顺序和逻辑中可以看出，他们对面积公式的知识记忆比较零散，只注重了单一知识的学习，而很少关注学习的方法以及知识之间的联系。

练习环节：在课堂上因带领学生回顾每种图形的面积推导过程花费时间过长，导致没有多余的时间进行练习。只能抽取书本上两个练习题进行练习。练习题缺少趣味性和综合考查学生能力的作用。这就启发笔者去思考：复习课如何设计教学能够激发学生深层次的学习？

第二次教学

一、趣味游戏，课题导入

师：（电子白板上操作）今天老师给你们带来了装了平面图形的文件袋，我们来看看里面有哪些图形。

师：第一个文件袋，里面可能是我们学过的什么图形？

生：圆形、半圆。

师：一定是圆吗？看来是不能确定，那我继续往外拿。什么图形？

生：圆形。

师：看来这个圆形没有悬念。

师：（第二个文件袋）这个呢？猜一猜？

生：长方形、正方形、直角三角形、直角梯形。

师：到底是什么？我再拖出来一点？排除了哪些图形，为什么？

生：长方形、正方形、直角梯形。排除了三角形，因为有两个直角，所以至少有四条边。

师：（继续往外拿）现在呢？又会排除什么图形？

生：长方形，排除了正方形，因为邻边不相等。

师：如果我把一个长方形框架对角拉一拉，会变成什么？

生：平行四边形。

师：刚才你们说的都是我们小学阶段已经学过的平面图形，我们今天就来整理和复习这些平面图形的面积。

二、知识内化，复习巩固

任务学习单

1.请你回忆一下小学阶段学过哪些平面图形？你会计算它们的面积吗？写一写。

2.这些图形的面积公式是如何推导出来的？你还记得吗？画一画。

课前老师给大家布置了有关平面图形的面积有关的学习任务单，大家完成的怎么样？我们现在请几位同学向大家汇报一下他的学习成果。

1. 长方形：

生 1：长方形的面积就是多少，其实就是看里面有多少个面积单位的小方格，长决定了一排有几个方格，宽决定有几排，面积单位的个数 = 长 × 宽，所以长方形的面积 = 长 × 宽。

2. 正方形：

生 2：因为正方形是特殊的长方形，四条边都相等。所以正方形的面积 = 边

长 × 边长。

3. 平行四边形：

生 3：在研究平行四边形的面积的时候，我们将平行四边形沿着高割开，平移到另一边，转化成一个长方形。转化之后得到的长方形，它的长和宽就是原来平行四边形的底和高。所以平行四边形的面积 = 底 × 高。

4. 三角形：

生 4：用两个大小完全一样的三角形拼成一个平行四边形，这个平行四边形的底和高就是三角形的底和高，然后用平行四边形的面积 ÷2，所以三角形的面积 = 底 × 高 ÷2。

5. 梯形：

生 5：两个大小一样的梯形拼在一起，拼成一个平行四边形。转化之后的底和高就是原来梯形的上底 + 下底和高，梯形的面积 = 平行四边形的面积 ÷2= 底 × 高 ÷2=（上底 + 下底）× 高 ÷2。

6. 圆：

生 6：我们是把圆切成很多个小扇形，然后拼成近似的平行四边形。圆的面积 = 平行四边形的面积 = 底 × 高 =π × 半径 × 半径。

师：通过他们的汇报，你有没有什么新的发现？

生 1：我发现三角形、梯形和圆形都是通过转化成平行四边形来推导面积公式的，都和平行四边形有关。

师：你找到了图形面积推导之间的关系，你们还能发现哪些图形之间是有关系的吗？

生 2：正方形的面积公式是通过长方形的面积推导出来的，平行四边形的面积公式是通过长方形推导出来的。

师：如果把这几种图形排个顺序，该怎么排？

生：

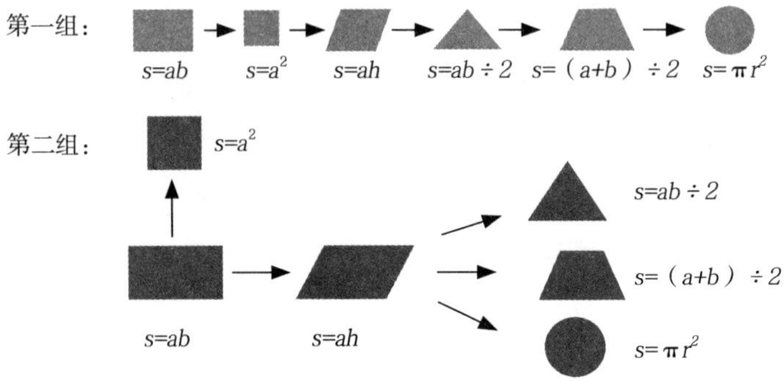

师：通过对平面图的面积推导，我们将平面图形进行了这样的整理，你还有

没有什么想说的？

生：所有图形的面积都和长方形有关。

师：图形之间都是有联系的，可以互相转化。我们把没有学过的知识转化成已经学过的知识来研究，这不仅体现了数学中转化的思想，而且也是一种知识迁移的能力。

三、逆向思考，思维拓展

师：今天老师又带来一个文件袋，里边装着一个平面图形，它的面积可以用 9.42×3 来计算，猜一猜，会是什么图形呢？为什么？

1. 小组活动：同桌两人一起想一想，说一说，算一算。

2. 集体交流。

生 1：我觉得是长方形，因为长方形的面积用长 × 宽来求，9.42 是长，3 就是宽。

师：看来你是没有上 9.42 的当，非常好。有没有受他的启发，想到其他图形？

生 2：我认为有可能是平行四边形，底是 9.42 厘米，高是 3 厘米。

师：可不可能是别的平行四边形？也可能是底是 3 厘米、高是 9.42 厘米的平行四边形。

师：像这样的平行四边形在这两条平行线之间还能画出用这个算式计算出面积的形状不同的平行四边形吗？

生：能，可以画无数个。

师：真好，会从不同的角度思考。有没有可能是其他的图形，打开你们的脑洞想一想？

生 3：我认为有可能是圆形，因为 9.42 就是 3×3.14，这个算式就可以看成 $3.14 \times 3 \times 3$，其实就是一个半径是 3 厘米的圆形。

师：你们看懂了吗？将 9.42 拆成 3.14×3。为什么都没人提到可能是三角形或者梯形呢？

生：我认为不可能是三角形和梯形，这两种图形的面积都需要除以 2 后得到。

师：如果说这个算式是经过一步运算之后得到的，那它可能是三角形或者梯形吗？

生 1：可能是一个底为 18.84 厘米、高为 3 厘米的三角形，或者是底为 9.42 厘米、高为 6 厘米的三角形。

生 2：如果梯形的高是 6 厘米，上下底的和就是 9.42 厘米，如果是 3 厘米的话，上下底的和就是 18.84 厘米。

师：老师这还有一个文件袋，里边装着一个平面图形，猜一猜，会是什么图形呢？

生：长方形。

师：一定是长方形吗？

生：不一定。

师：再接着看——

生：我觉得有可能是一个L的组合图形。

师：孩子们，想象一下他刚才说这个图形是什么样。（生想象）

师：（揭示谜底）这确实是一个组合图形。

师：最开始你们怎么没有想到是这样的图形呢？有什么值得反思的？

生：老师给我们挖坑。我们以为应该只是一个普通的图形，而没有想到是一个组合图形。

师：对，遇到一个问题时，不能被表面所迷惑，我们要多思考，想得全面一些，打破自己的思维定式。

师：那你们算算这个图形的面积。

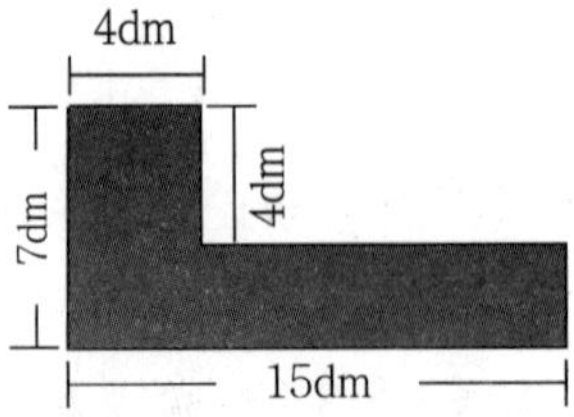

四、课堂练习，巩固提升

师：看来大家对我们学过的基本图形的面积计算方法已经掌握得很透彻，我要增大难度了，这个图形，你们会算吗？尝试一下。

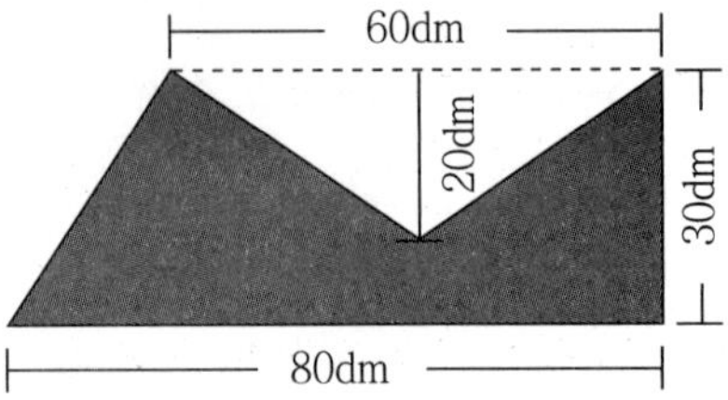

生独立完成后交流。

师：同学们在计算这两个组合图形的面积时是使用什么方法很快得到它们的面积的？

生1：将组合图形分割成一些学过的基本图形计算，最后把各个部分加起来。

生2：我是把这些图形看成基本图形，然后把多余的部分减掉。

师：你们真会想办法，运用到割补的方法，将新的知识转化成我们学过的知识来解决，还善于总结做题方法。今天的课就上到这儿，下课！

※ 课后反思

笔者此次教学改变了教学方式，运用了课前任务单＋课堂探究和练习相结合的方式。

通过多次教学，使笔者对复习课有了一点自己的思考：

1. 重学生。教学应以学生为主，了解学生的学习水平，帮助学生达到他们的最近发展区，以学定教。通过第一次的教学，我发现学生对于基本图形的面积的推导过程的理解不是本节课的难点，而很少有学生关注面积公式之间的联系。所以我就将面积的推导作为课前学习任务布置给学生，学生可以提前通过回忆或者翻阅书本等方式学习，而在课堂上重点解决学生的难点，大大提高学生的学习效率。

2. 重联系。在复习课上，教师需要把零散的知识点梳理分类、融会贯通，形成知识结构，课堂上学生汇报教师加以引导，通过思维导图的方式把数学知识点之间的本质联系用画图的方式形象直观地表示出来。这样学生才能更好地理解并掌握系统的数学知识，提升学生的思维品质。以教材编排顺序的问题入手，启发学生去思考平面图形的面积之间深层次的联系，沟通各种面积公式以及其推导过程的内在联系，通过画脉络图进一步体会数学知识和方法的内在联系，体会到不管是什么图形的面积都是面积单位的累加，在体验中知其然也知其所以然。

3. 重思想。数学基础知识与数学思想方法是数学教学的两条主线。数学基础知识是一条明线，写在教材里；而数学思想方法是一条暗线，一般体现在知识的形成过程中。作为知识的数学，通常在出校门不到一两年就忘掉了。然而不管他们从事什么工作，那种铭刻于头脑中的数学精神与数学思想方法，却长期地在他们的生活和工作中发挥着重要作用。学生在回顾面积推导过程中，多次运用到了转化的数学思想，同时进一步发展空间观念以及推理能力。通过今天的学习，学生在学习其他新的内容的时候能够受今天学习的启发，能够将旧知迁移到新知来解决新的问题。

4. 重练习。复习课上的练习非常重要，但是因为总复习涉及的内容过多，如何进行有效的练习非常重要。因而巩固练习设计就要少而精，具有综合性、发散性。本节课的练习从一个算式出发，可以将新旧知识有机组合在一题，便于学生看到内容的相关性，培养学生综合运用知识的能力将已学的知识系统化、条理化。这样不仅可以提高学生的思维能力、拓宽学生的知识层面，而且能进一步提高课堂教学效率。

虽然经历了这样的一个磨课过程，对复习课有了些许想法，但是复习课该如何上，如何能够上好，还需要笔者不断地尝试和实践。

52. “总复习：平面图形的面积”教学设计与反思（课例三）

鲁泽强
（河南省罗山县子路镇中心学校，青年名师）

※ 课前思考

复习课是站在终点回望起点，它是学生对已学内容的一种更高层次的学习，起着查漏补缺、系统整理以及发展提高的作用。复习课难上，因为它既没有新授课的“新鲜感”，也没有练习课的“成就感”。“平面图形的面积”这节复习课，涉及的知识面跨越了“时空”：纵向穿过多个年级，横向跨过多个知识点，就如同一张复杂的网络结构图。平面图形的面积从回顾长方形的面积公式推导开始，并以此为依托，以学生为主体，整理回顾各平面图形的面积公式推导，在整理中沟通联系，明方法、提思想，将长方形、正方形、平行四边形、梯形和三角形等平面图形进行知识间的拓展联系练习，增加了数学学习的乐趣，强化了转化的数学思想。学生在老师的点拨下自己完成整理，及时反馈，从而理清知识之间的脉络，及时查漏补缺，找准各平面图形面积之间的联系，有助于学生更好地形成清晰的知识网络。练习设计力求做到既要注重基础，又要让学生体会到数学来源于生活，引导学生运用数学知识、数学思想解决生活中的问题，让学生体会到数学在我们生活中无处不在，增强学生学好数学的信心。

※ 教学过程

一、创设情境，激发兴趣

1. 师：老师这里有一组图片，从这些图片中你能发现哪些数学信息？哪一些是我们所学过的平面图形？

2. 学生观察反馈。（同学们可能会说出如下的形状：三角形、长方形、梯形、圆形等）

3.师生小结：同学们所说出的几种形状就是我们原来所学过的几种平面图形。（同时利用课件出示小学学段学过的几种平面图形）

【设计意图】利用“一组图片”引入，一方面考查了学生的生活经验，另一方面把生活与数学很好地结合起来了，体现出了“数学生活化”的观点，在学生说出图形时投影“小学阶段所学平面图形”很好地把生活情境引入了课堂教学，过渡自然。

二、复习公式，引入教学

1.教师提问：你们还记得这些常见的平面图形的面积是怎样计算的吗？试着把它们的面积计算公式写下来。

2.小组内交流后，师将部分学生的成果进行展示。

3.师：我们刚才回顾了常见平面图形的面积计算公式，你们还能清楚地说出每种图形面积计算公式的推导过程吗？（同桌间相互交流）

【设计意图】因为是复习课，所以必须让学生充分地展示已有的知识基础，不仅要唤醒学生对已学平面图形知识点的回忆，更要在小组合作中不断巩固提高，学生个体不一定能准确地说出每种图形面积的推导过程，但在同伴互助的学习环境下会将知识回顾得更全面。

三、复习推导过程，方法再现

（一）复习长方形、正方形的面积计算公式

1.教师提问：谁能说一说长方形的面积公式是怎么推导的？（请学生说一说，师以课件形式出示）正方形面积公式是怎样推导的？

2.师生小结：正方形是长和宽都相等的特殊长方形，所以长方形的面积计算公式当然适用于正方形的面积计算。

（二）复习平行四边形、圆的面积计算公式

1.教师提示：我们一起想想平行四边形和圆的面积公式又是怎么推导出来的？（学生小组讨论后利用课件呈现推导过程）

2.师生小结：平行四边形和圆都可以转化为一个长方形，因此长方形的面积计算公式同样适用于平行四边形和圆的面积计算。

（三）复习三角形、梯形的面积计算公式

1.教师提问：三角形、梯形的面积计算公式是怎么推导出来的？它们又转化成了什么图形？（学生小组讨论后利用课件呈现推导过程）

2.教师提问：仔细观察平行四边形、圆、三角形、梯形的面积计算公式的推导过程，你发现了什么？

3. 师生小结：我们发现，正方形、平行四边形、圆都可以转化成长方形来计算面积；三角形、梯形可以转化成平行四边形来计算面积。这种把新知识转化成旧知识的“转化”是一种常用的数学思想和数学方法。

（四）巩固练习

因为S长 =________，而正方形是________和________相等的长方形，所以S正 =________；平行四边形可以割补成长方形，它的底相当于________，高相当于________，所以S平 =________；两个形状、大小相同的三角形，可以拼成一个________，所以S三 =________；两个形状、大小相同的梯形，可以拼成一个________，所以S梯 =________；圆可以割补成一个近似的长方形，这个长方形的长相当于圆的________，长方形的宽相当于圆的________，所以S圆 =________，最后推出S圆 =________。

【设计意图】复习课教学的价值在于让学生在复习中既得到知识的巩固提高，又能让其得到学习方法与技能的培养，因此在设计时注重学生应用能力的锻炼，并且注重数学方法的灌输和总结，使其转化成为学生的一种思维方法。

四、知识梳理，形成知识网络图

1. 教师：大家能不能利用自己的知识，把与平面图形的面积计算有关知识制成一张知识网络图呢？

2. 学生画结构图，同桌间相互合作。教师巡回指导，选择性地让不同类型的结构图在投影上显示。看看哪一组的结构图更合理？

3. 教师出示结构图：同学们画的结构图各有各的道理，老师画了这样一个知识结构图（课件显示平面图形的面积计算方法结构图），你能说说老师依据的是什么关系吗？

4. 师生共同小结平面图形的内在关系：长方形的面积公式是最基本的，由此可以计算出正方形、平行四边形和圆的面积，同时平行四边形的面积计算方法又可以帮助我们解决三角形、梯形的面积计算。依据它们内在的逻辑关系，我们分成了“长方形”“正方形、平行四边形、圆”“三角形、梯形”三个层次。

【设计意图】单纯地让学生被动接受学习是新课改最忌讳的，所以我设计了一个“自画知识结构图”的练习，目的是让学生通过绘图更好地理解知识间的深层联系。

五、利用知识，解决生活中的问题

1. 判断。

（1）把一个长方形的木框拉成平行四边形，面积一定比长方形小。（　　）

（2）一个三角形和一个平行四边形面积相等，底边也相等，那么平行四边形的高是三角形高的 2 倍。（　　）

（3）两个面积相等的梯形一定可以拼成一个平行四边形。（　　）

（4）两个等底等高的三角形，它们的形状不一定相同，但面积一定相等。（　　）

（5）一个正方形和一个长方形的周长相等，那么正方形的面积一定大于长方形的面积。（　　）

2. 解决问题。

（1）小红的房间长 4 米，宽 3.2 米，她爸爸准备把南墙刷上彩漆，这面墙上窗户的面积是 2.8 平方米。算一算，小红爸爸至少需要买多少千克彩漆？（每平方米大约用彩漆 0.4 千克）

（2）小华家菜地的长边靠墙，长边是 8 米，四周围上篱笆共用了 12 米，你能计算出他家菜地的面积吗？

（3）一个直角三角形，三条边分别是 10 厘米、8 厘米、6 厘米，它的面积是多少？

（4）张大伯靠一面墙用篱笆围成一个面积是 72 平方米的直角梯形养鸡场，高是 6 米，斜边靠墙，至少需要多少米的篱笆？

【设计意图】习题的设计可以让学生能够避免机械地应用公式的失误，培养学生正确分析问题、解决问题的良好习惯，习题的设计体现了数学来源于生活、服务于生活。

六、课堂小结

通过本节课的学习，你有哪些收获？

※ 课后反思

人们经常把数学新授课、练习课和复习课三者之间的关系比喻成“种下一棵苗”“栽活一棵树”“育好一片林”。整理与复习课的目的就是引导学生通过回顾知识并进行系统整理，进而归纳总结，把握知识的内在联系，形成知识网络，使学生的知、能、情、感、行等方面都得到发展和提高。

本节课是对长方形、正方形、平行四边形、三角形、梯形、圆的面积计算公式的推导乃至它们之间内在联系的整理和复习，教师在教学中关注了以下几点：1. 充分发挥了学生的主体作用，重视了学生已有的经验，使每个学生都尽可能地参与到教学活动的各个环节之中，思考、交流、想象、转化、对比、推理，培养了学生的问题意识、应用意识和创新意识。2. 加强了知识之间的联系，引导学生按知识发展的逻辑关系对这六个基本图形的面积进行了梳理，通过图形的变化使学生进行回顾、整合，进一步体会到公式形成的来龙去脉，完成了对知识的重新构建，使各个基本图形的面积计算公式不再是孤立的，而是形成了一个良好的知识网络。3. 对于面积计算来说，只要学生掌握了公式，一般来说，计算不会有多大问题。因此教师把重点放在了思维训练上，不仅突出了知识方面的要求，而且突出了智能发展的要求；不仅注意了使学生理解和掌握基本的数学知识和技能，而且还注意了使学生体会和运用数学思想和方法。

53. “总复习：立体图形的体积”课堂实录与反思

黄峰
（湖北省宜昌市猇亭区长堰堤小学，青年名师）

※ 课前思考

本课属于总复习图形与测量第三课时立体图形的测量，是在经历了整理和复习平面图形认识、周长和面积的基础上系统整理和复习立体图形的表面积计算方法和体积计算方法，沟通体积计算公式之间的联系，解决一些与表面积和体积计算相关的简单实际问题。然而在日常教学中，很多老师上复习课时，认为归纳整理知识、建构知识框架既在短时间内检测不到学生的学习效果又占用了学生的习题练习时间，所以弱化了整理的功能。如何在有限的时间里引导学生将各知识点串连，整合成线，并连线成网，建构知识网络？如何打破复习课的沉闷，让其“鲜活”起来，让复习课充满生长的动力？这些问题值得大家深思。

※ 教学过程

一、重梳理，在自主探究中完善认知

【教学片段一】

师：课前，每位同学都对学过的立体图形进行了整理与复习，请同桌之间学交换复习整理笔记。

全班展示：给大家展示一下你整理的结果。

师：你在整理复习时，是从哪几个方面进行的？

生：立体图形的特征、每一个立体图形的展开图、计算公式以及在生活中的应用。

师：在这些立体图形中，我们首先学习的是长方体的体积计算公式，这是为什么？

生1：因为这几种立体图形紧密联系，所以只有学了长方体的体积计算公式才能推导出其他立体图形的体积计算公式。

生 2：因为正方体、圆柱的体积计算公式都是在长方体的基础上推导出来的，圆锥的体积公式又是在圆柱的体积计算公式的基础上推导出来的。

生 3：我们在学习圆柱的体积时是通过把圆柱等分切割转化成长方体，再找出圆柱和转化后的长方体之间的联系，长方体的宽相当于圆柱的底面半径，长方体的长就是圆柱的底面周长的一半，也就是说它们的底面积相等，圆柱的高就是长方体的高，所以体积也相等。

师：同学们说得都很有道理，这几种立体图形之间是有联系的。你能用自己喜欢的方式表示出图与图形之间的联系吗?

呈现两幅学生作品。

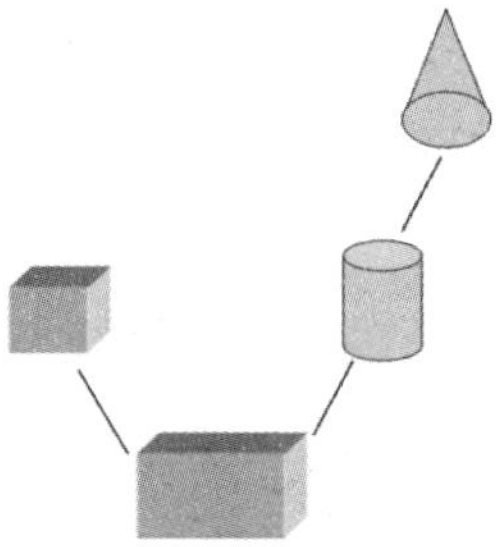

图 1

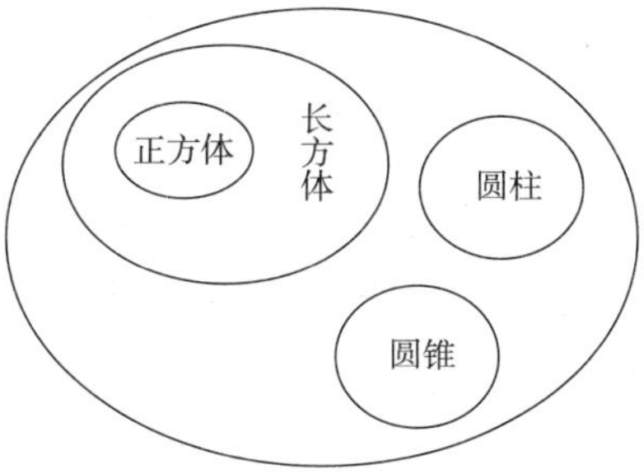

图 2

生 1：因为正方体、圆柱的体积计算公式都是通过转化成长方体进行推导的，所以我围绕长方体来画图。

生 2：我用上面的图（图 2）表示，因为正方体是特殊的长方体，圆锥不是特殊的圆柱体，但是圆锥的体积又是在圆柱的体积计算公式的基础上推导出来的。

【设计意图】在上述教学片段一中，立足与小组合作，采用自主整理的主体性复习方式，放手让学生根据对这些立体图形的体积计算公式之间的内在联系，构建知识网络，优化知识结构，感悟数学的思想方法，提升数学素养。课前，学生自己整理“长方体、正方体、圆柱、圆锥”的特征、计算公式及在生活应用等方面的知识，并把所学知识进行归纳、同化，学生的主体性得到了充分体现。复习课的主要目的是“加强知识梳理，完善认知结构”。所以在上述教学片段中，教师不仅放手引导学生回顾复习每个知识点，而且让学生用自己喜欢的方式来表示学过的立体图形之间的关系，逐步将零散的、点状的知识构建成有序的、网状的知识体系，从而丰富学生对立体图形的认识，形成认知结构的纵横联系。

二、重提升，在知识联系中明晰知识源

【教学片段二】

师：在这些立体图形中，你最喜欢的立体图形是什么？

师：在立体图形的复习过程中，你有什么问题与困惑？

生：这么多的计算公式，不知道怎么去选择？

生：为什么圆柱、长方体、正方体的体积都可以用 $V=sh$ 来表示？

生：圆锥的体积是不是等底等高的长方体体积的三分之一？

师：同学们提的这些问题都十分有价值，如何正确选择公式我们就要弄清楚这些公式都是怎么得来的？选择一个你认为最难记的公式，说说它的由来。

小组内交流。

师：请同学们认真观察一下长方体、正方体、圆柱、圆锥这四种立体图形和计算公式，你发现了什么？

生：我发现正方体、长方体、圆柱这三个立体图形上下粗细相同，上下两个面完全相同。（教师用不同颜色的笔勾画引导学生观察）

师：你有一双善于发现的眼睛，找到了这几个立体图形的“形似”之处，那再看看这几个立体图形的计算公式，（师一一画出 $a\times b$、$a\times a$、S）横线上表示的是什么？你又有什么新的发现呢？

生：这些都表示底面积。

生：它们的体积计算公式都可以概括成“底面积 × 高”。

生：我有补充，圆锥的体积计算公式不行，长方体、正方体、圆柱这三个图形可以。

师：为什么长方体、正方体、圆柱这三个图形的体积可以用“底面积 × 高”来计算，圆锥的体积计算公式不行？

生：正方体、长方体、圆柱这三个立体图形上下粗细一样，上下两个面完全相同，就可以用“底面积 × 高”来计算体积，而圆锥上下不一样粗，它只有一个底面。

师：由这三个立体图形的体积计算方法一致，请大家展开丰富的联想，你能想到什么？

生：任何一种立体图形，只要它的上下粗细相同，那么它的体积计算公式都可以用 $V=sh$ 来表示。

师：你们能大胆地想象，真厉害！正如你们想的一样，像这样上下一样，直直的形体，都叫作柱体，柱体的体积都可以用“底面积 × 高”计算。

师：你能判断下面哪些立体图形的体积可以用“底面积 × 高”计算？（课件展示三棱柱、五棱柱、六棱柱以及其他的直柱体）

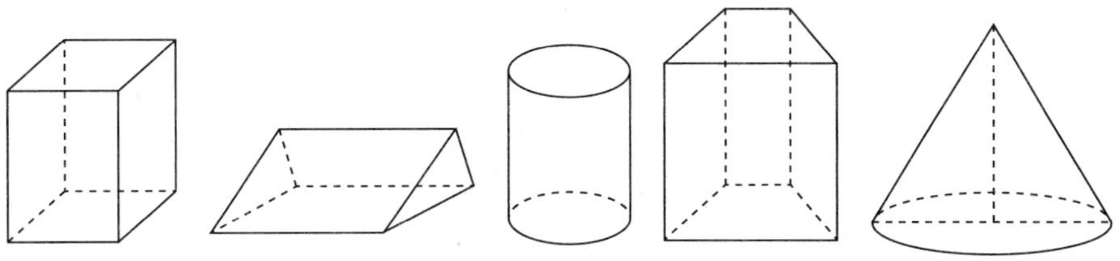

【设计意图】常言道："温故而知新"。复习课中如何做到既"温故"又"知新"呢？上述案例中，通过对"长方体、正方体和圆柱的体积可以用底面积乘高计算，而圆锥不可以"这一问题的探讨，将复习的重点放在沟通体积计算公式之间的联系上，既在类比中加深理解，又引导学生得出新的假设，只要它的上下粗细相同，那么它的体积计算公式都可以用 $V=sh$ 来表示，引导学生抽象出长方体、正方体和圆柱的形体特征的共同点，再通过判断练习，促使学生对立体图形体积计算的认知由特殊向一般扩展，从而达到"温故而知新"。在温故和知新相结合的过程中，让学生的思维活动不断递进，达到深层次的状态，并生成新的见解。

三、重应用，在问题解决中发展知识力

【教学片段三】

师：咱们班正在创建完美教室，老师想去买一个鱼缸饲养几条金鱼。发现有以下几种型号。请同学们想象一下，这三种鱼缸的形状大致是怎样的？

尺寸 型号	长（分米）	宽（分米）	高（分米）
1号	6	4	8
2号	7	7	7
3号	5	5	8

生 1：2 号鱼缸看起来像是一个正方体。

生 2：1 号鱼缸是一个长方体。

生 3：3 号鱼缸是一个特殊的长方体，它的底面是一个正方形。

师：大家动手画一个鱼缸，然后展示给小组的同学看看。

师：3 种鱼缸都需要用玻璃制作，各种型号的鱼缸需要怎样去割玻璃？

生 1：我选 2 号，它只要割 5 块边长是 7 分米的正方形玻璃就可以了。

生 2：1 号鱼缸需要 1 块长 6 分米、宽 4 分米的长方形玻璃，2 块长 6 分米、宽 8 分米的长方形玻璃，2 块长 8 分米、宽 4 分米的玻璃。

生 3：3 号鱼缸要两种形状的玻璃，1 块边长是 5 分米的正方形玻璃和 4 块长 5 分米、宽 8 分米的长方形玻璃。

师：观察 3 个鱼缸，你想知道什么？

生1：哪个鱼缸的容积最大？

生2：哪个鱼缸用料最少？

师：那就来计算一下它们的容积和用料的面积吧。（学生汇报）

师：我想把鱼缸放置到书柜旁边的空桌上，你建议老师买哪种型号的鱼缸？

生1：我建议选1号鱼缸，因为它底面积小，占地儿小。

生2：我选2号鱼缸，因为它方方正正，既宽阔又比较深，方便金鱼游来游去。

生3：我觉得选哪种型号的鱼缸，还要看空桌的面积有多大，还要去量一量，算一算，然后再进行比较。

※ 课后反思

复习课的习题设计要上升到数学思想的高度，贯穿数学方法主线，要从适应学生学习发展的高度出发，灵活、合理设置习题，尽量减少重复操练的机械内容，而应适当增加情境练习，综合应用解决实际问题的拓展练习。教学片段三中的习题包含了表面积和底面积、体积与容积知识，通过创设买鱼缸的情境，激发学生结合所学有关立体图形的知识解决实际问题。学生敢于联系生活实际表达自己的想法，在解读情境中自主重现知识点，充分锻炼了学生的独立思考能力和综合应用能力，体现了数学与生活的实际联系，避免了复习课上的题海战术，提高了复习的效率。

上述案例中的三个环节从整体到局部、从知识建构到综合应用，教师精心设计数学活动，激活学生内在学习的动力，激发学生积极思考，主动参与到知识的梳理全过程中来。六年级的数学总复习应该凸显学生的主体性，遵循“梳理、提升、应用”的实践策略，着眼于培养学生学习力，引导学生在自主探究中完善认知，在知识联系中明晰知识源，在问题解决中发展知识力，让我们的数学复习课堂焕发新活力，绽放新光彩！

54. “总复习：找规律”课堂实录

王昌胜
（湖北省宜昌市宜都创新实验学校，青年名师）

※ 课堂实录

一、数的规律

教师出示三组数据，每组数据的每个数都用贴牌盖着，让学生依次猜出每个数，再揭示。

（1）1，2，4，7，11，…

（2）1，4，9，16，25，…

（3）1，1，2，3，5，8，…

出示第（1）组：

师：我们来看看第一组，第一个数是1，猜猜第二个是？

（学生有说2的，也有说3的，也有说4的，不一而足。）

师：看来不能确定，掀开看看，是2。那接下来第三个数应该是多少呢？

（学生答案还是不能确定。）

师：我们继续看，（揭开第三个数）是4。猜猜下一个？

生：7。因为1+1=2，2+2=4，4+3=7。

生：不一定，也可能是8。因为1×2=2，2×2=4，4×2=8。

师：嗯，有道理。看来还是不能确定。我们继续看，（揭示第四个数）是7。

生：接下来就可以确定了，是11、16……

师：同意吗？有什么规律？

生：同意，规律是后一个数是在前一个数的基础上，依次加1、加2、加3、加4……

出示第（2）组：

师：第一个还是1，猜猜第二个？

生：不能确定，有很多可能。

师：好，第二个，是4。下一个是？

生：7。

生：8……很多可能。

师：不能确定，继续看，是9。猜猜下一个？

生：可能是16。

师：呵呵，还真是16。怎么发现的？

生：因为：1+（3）=4，4+（5）=9，9+（7）=16，下一个就是16+（9）=25。

生：还可以这样看，分别是1、2、3、4、5……的平方。

师：嗯，找到规律就简单了。接下来应该是……

出示第（3）组：

按上述方法让学生逐步“猜”出数据，得出规律。

生：这个我知道，这是斐波那契数列。

师：对，是反映小兔繁殖的一组数，有兴趣的同学可以课外查一查。

概括小结：

师：做完这三组找规律，有何体会？

生：要不断思考有什么规律，多个角度考虑。

生：开始出示的时候我们找不到规律，或者说有很多种可能。但后面我们就能确定是什么规律了。

师：他说的什么意思？谁听明白了，用自己的话再说一遍。（生略）

师：为什么前面不能确定，后面就能确定规律了呢？

生：因为前面出示的数少，不好看出规律，多了就容易找到规律了。

师：对，找规律得多看几个数，不能简单下结论。一般情况下，至少要看3个数，才能确定有什么规律。

（教师板书：至少3次。）

师：事实上，我们概括一个规律、归纳一个结论，一般都需要从多个例子中找相同点，比如我们教材中的计算规律等。

二、形的规律

按下面的方式摆三角形：

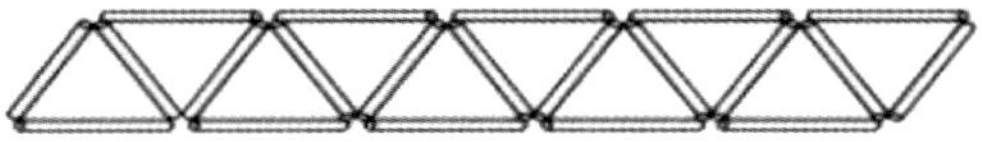

（1）摆10个三角形要多少根小棒？

（2）摆100个三角形要多少根小棒？

学生独立完成，教师巡视，并挑选有代表性的答案写在黑板上。呈现的答案有两种：一是 10 个三角形要 21 根小棒，100 个三角形要 201 根；二是 10 个三角形要 21 根小棒，那么摆 100 个三角形就是要 21×10=210 根小棒。

师：有两种答案，那 100 个三角形到底需要 201 根小棒，还是要 210 根小棒呢？

（90% 以上的孩子回应是 201 根，因为他们计算的结果也是 201。）

师：我觉得也应该是 210 根呀？摆 10 个三角形要 21 根，摆 100 个三角形可不就是 21×10=210 根吗？

（少数学生虽然还坚持着 201 根，但是，显然，他们还没有经过深刻思考。）

师：好，为什么是 201 根，而不是 210 根呢？先独立思考一下，然后再回答。

生：是 201 根。因为第一个三角形是三根，后面的每个三角形都是两根，3+99×2=201 根。这样，无论多少个三角形都可以用“3+2（n−1）”计算出总根数。

生：还可以这样来看，我们先不看第一根（如红色标示），那么每个三角形都需要两根，100 个三角形就要 200 根，再加上第一个就是 201 根。n 个三角形就要“2n+1”根小棒。

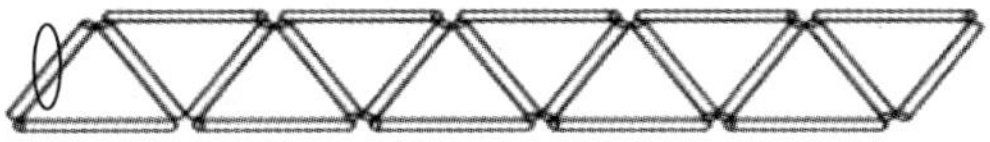

师：嗯，分析得有道理，但为什么就不是 210 根呢？

生：我们还可以这样分析，先都不看上面的那根小棒，这样就有 3×50=150 根小棒，150+50+1=201 根，如果用公式表示就是“3×n/2+n/2+1”。

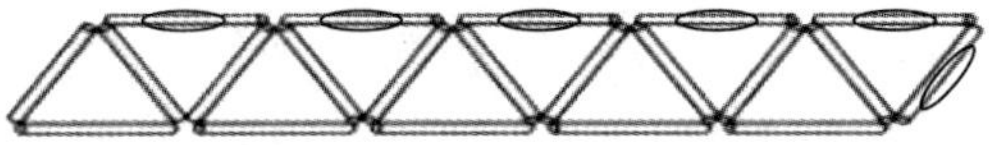

师：同学们分析得都很有道理，但都只是说明了为什么是 201 根，而没有很好地说明为什么不是 210 根。210 根究竟错在哪里呢？同桌之间相互讨论讨论。

生：210 根是错误的，多了 9 根，不然就不是 201 根了……

（虽然经过了小组讨论，但大部分孩子还是不明就里。）

生：我们可以用画图来说明 210 根是错误的。（边说边走向黑板）10 个三角形确实是用了 21 根小棒，但 100 个三角形并非是 10 个 10 排这样摆的（如图），而是连着往后摆的，并没有重新起行。如果这样摆的话，就摆成了 10 个 10 组，从第二组开始每组前面都多了 1 根，那么总共就多了 9 根，210−9=201 根。所以应该是 201 根，而不是 210 根。

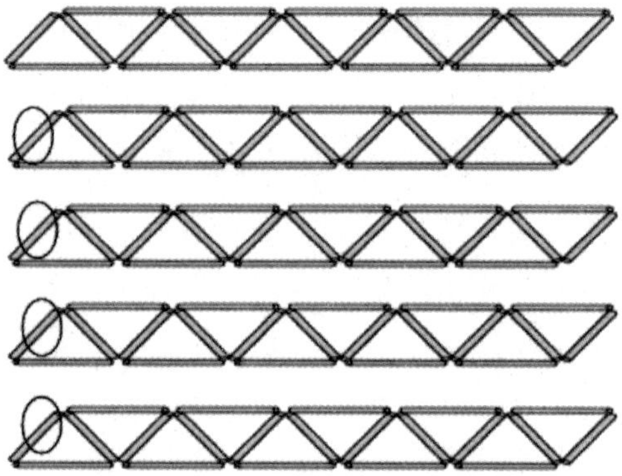

（这个孩子发言完毕后，教室没一点声音，孩子们都在思考着。大概 10 秒钟后，孩子们才活跃起来。）

师：谁明白他的意思了？

生：一画图就非常清楚了。

师：画图可以帮助我们理解。是什么原因造成我们犯错，怎样才能不犯错呢？

生：规律没找准，100 是 10 的 10 倍，我们就认为摆成 100 个三角形需要的根数是 10 个三角形根数的 10 倍。

生：我们将数字上的规律（100 是 10 的 10 倍）用在了这里，不合适。画图帮我们理解了不是 10 个 10，而应该是连续的（边说边用手势比画）。

师：要想少发生一些这样的错误，应该注意什么呢？

生：读懂题意。

生：多画图。

师：大家说的都对。但对于找规律，其实还有一个密招，那就是一一递推，不要跳跃（板书）。找规律要一个一个依次、连续去找，比如一个三角形需要几根小棒、两个三角形需要几根小棒、三个三角形需要几根小棒……这样依次类推，不然，发现的规律可能就不是真规律。由 10 个到 100 个，这就是跳跃，容易出错。

其实，这是老师设计的一个陷阱，我们课本（如图）就是依次递推的，没有跳跃。

三角形个数	摆成的图形	小棒根数
1		3
2		5
3		7
4	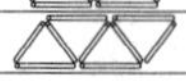	9
…		…
10		

教材中还有很多这样的例子，都经过了一一递推的方式。比如（如图）摆放

桌椅的规律，我们用这种方式，独立尝试找找规律。

2.按下图方式摆放桌子和椅子。

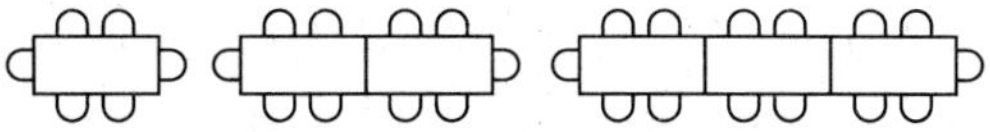

（1）一张桌子可坐6人，2张桌子可坐____人。

（2）按照上图方式继续摆桌子，完成下表。

桌子张数/张	1	2	3	4	5	n
可坐人数/人	6	6+4	6+2×4			

三、生活中的规律

师：日历表中，有很多有意思的规律。这份日历中绿色方框中的 9 个数又有何规律？

下面是2000年8月份的日历。

星期日	星期一	星期二	星期三	星期四	星期五	星期六
		1	2	3	4	5
6	7	8	9	10	11	12
13	14	15	16	17	18	19
20	21	22	23	24	25	26
27	28	29	30	31		

生：上一排数字加 7 就是下一排的数字，因为每个星期有 7 天，所以加 7。

生：对角线上的两个数加起来的和都是 20。比如 2+18=20，4+16=20，3+17=20。

生：每条对角线上的三个数的和都是 30。

生：中间的数字 10，是这 9 个数的平均数。

师：他说的什么意思？真是这样吗？

生：是的，因为 10 是各条对角线上的平均数，所以是 9 个数的平均数。

生：我计算验证了，9 个数的和是 90，平均数是 10。

生：这个不用计算的，我有更为简便的方法。大家看，可以将 10 作为中间数，这样的话“2，3，4…”就可以分别看成是“10−8，10−7，10−6 … 10−1，10，10+1，10+2 … 10+8”，相互抵消，所有都是 10，中间数也就是 10。

师：（沉思 5 秒钟后）谁听明白了？

生：……

师：真厉害，我们不仅发现了数字之间的规律，还发现了隐藏在数字和中的规律。这个规律在其他这样的方框是否成立呢？同桌试一试。

生：是成立的。

师：在不同的方框中都成立，我们才能说规律是成立的。我们寻找规律得注意多看几个（指板书“至少3个”），才能确定我们找的规律是否成立。如果用含有字母的式子来表示它们之间的关系，如何表示呢?

生：可以用“$n-8$，$n-7$，$n-6$ ⋯ $n-1$，n，$n+1$，$n+2$ ⋯ $n+8$”来表示。

四、易错举例

1.（ ）中应填什么?

○○□○○□○○（ ）

师:这题很简单,但一年级的小孩有说填什么都行,比如说填△、◇、★都可以。猜一猜，这个小孩是什么想的?

生：他填错了，可能是没发现规律，乱填的。

生：我在低年级的时候，也这样迷糊过。他可能是这样想的，确实填什么都行，就比如填三角形吧，规律就是○○□○○□○○△○○□○○□○○△……

生：（众生恍然大悟）哦，原来这样。

也有学生问“那这样可以吗？”

师：其实这不合适，这叫自定规律。在一道题中，规律已经蕴含其中，不能自己再造一个规律，那就失去意义了。

2.（ ）中应填什么? ⬡∠⬠△□□（ ）（ ）

学生独立思考了很长时间，举手的人还是不多。

师：这道题比较难，同桌相互讨论一下。

生：应该填三角形和五边形。

生：为什么呢?

生：这个题得两个两个地看，前两个是六边形和两条边（角）；接下来是五边形和三角形，一个减了一条边，一个加了一条边；再接下来，是继续减一条边和加一条边，就是正方形和正方形；括号里就是三角形和五边形。

生：你说的是对的，但太复杂了，这样简单些，看边的数量是“6，2，5，3，4，4”，这样转化成数字后就好发现规律了，接下来肯定就是“3，5”，就是三角形和正五边形。

师：有道理吗?

生：有道理。

师：这道题需要脑筋转弯，先将图形变成数字，找出规律，然后再转换成图形。所以思维难度要大一些。如果接着下去应该填什么呢?

生：接下来应该是“2，6”，也就是角和正六边形。

师：还能继续往下吗?

生：能，完整的应该是“6，2，5，3，4，4，3，5，2，6，1，7”。

师：还能继续吗？

生：再继续就没有了，那就是“0，8”了，不能再往下了。

师：为什么？

生：因为就没有图形了。

师：看来，规律是有限制的，在一个期间内是成立的，但超越了这个期间，规律就不存在了。（板书：期间限制）

五、归纳概括

师：能为今天的课起个名字吗？

生：规律的奥秘。

生：规律的规律。

师：好，就用规律的规律。那我们找规律的时候，有些什么规律呢？

生：（结合板书）找规律要注意得多找几个，至少找3个；要一一递推，不要跳跃；再就是规律有一定的范围的，超出了范围，规律就不存在了。

55. “总复习：解决问题的策略”教学设计

牛小永
（安徽省鹤壁市淇滨小学，青年名师）

※ 课前思考

1. 解决问题活动的价值不只是获得具体问题的解，更重要的是让学生在解决问题的过程中获得发展。其中重要的一点在于使学生学习一些解决问题的基本策略，体验解决问题策略的多样性，并在此基础上形成自己解决问题的某些策略。有时人们在解决问题时会同时应用两种或多种策略。

2. 学生所采用的策略，在老师的眼中也许有优劣之分，但在学生的思考过程中并没有好坏之别，都反映出学生对问题的理解和所做出的努力。只要解题过程及答案具有合理性，就值得肯定。

3. 本教学应为三课时。作为第一课时，一是要让学生整理回忆我们在解决问题时都用到过哪些策略；二是有重点地分析课本中列举的四大策略之一——画图；三是通过学习让学生感悟策略在解决问题中的重要性和普遍性，同时通过解决有难度的问题提高学生运用策略解决问题的能力和信心。为了帮助学生形成解决问题的一些基本策略，教师主要从两个方面着手：一是明确一些策略；二是为学生提供使用这些策略的情境。

4. 让学生感觉数学复习课并不枯燥，学习数学很有趣是本节课设计的另一个方向。

※ 教学过程

一、定向诱导

1. 揭示课题，初步认识“策略”。

今天老师在上数学课之前先问大家一个语文问题：今天我们学习解决问题的策略，那么，什么是“策略”呢？如果让你换一个词代替策略，你准备用哪个词呢？

预设：方法、思想……

刚才这位同学把“策略”换成“方法”，让大家基本明白了什么是策略，但是策略和方法还是不一样的。比如面对一道难题，我们都选择了用方程解决问题的策略，可是两个同学列出来的方程不一样，我们就说他们的方法不一样。刚才我们用一个词来代替另一个词来解决问题，这就是一种策略，我给这种策略起个名字——替换。可见，解决问题的策略在我们的生活中到处可以遇到。今天我们就来复习一下我们已经学过的策略。

【设计意图】通过谈话，初步感知“策略”的含义，知道今天要学什么内容。结合生活唤起学生对“策略”一词的理解，同时也让学生体会“策略”在生活中的广泛应用。

2. 出示学习目标。

（1）回忆并整理我们学过的一些解决问题的策略。

（2）面对不同的问题能选择合适的策略。

学生齐读学习目标，了解本节课的学习任务。

二、自学探究（一）

我们能不能完成今天的目标呢，让我们共同努力吧，大家有没有信心？

1. 我们先来试着解决一个五年级解决过的中国古代经典问题，看看有多少种策略可以用来解决这个问题。

出示题目：鸡兔同笼，一共有 30 个头，84 只脚。鸡和兔各有多少只？

谁来说说你是准备用什么策略解决？并简要叙述解决过程。

不同的学生汇报，预设有：假设法、方程法、列表法、猜想与尝试、画图法……

【设计意图】选择鸡兔同笼问题，一是因为它是中国古代经典问题，具有典型性，另外也是因为解决这个问题可供选择的策略较多，学生容易解答，也容易体会解决问题的策略的多样性。

2. 从这个问题的解决我们再一次看出来同一个问题，有不同的策略。书上给我们列举了小学阶段学习过的解决问题的策略，我们一起来回忆并来整理一下有哪些策略。那么除了刚才提到的策略外，你还知道哪些策略呢？

预设：画图、猜想与尝试、列表、从特例开始找规律、列方程、替换、转化、动手操作、逻辑推理、逆向思考、倒推……

【设计意图】这里主要是回忆整理自己知道的策略，这也是复习课一个重要的功能。对于学生回答的策略名称不去过多加以规范要求，毕竟专家尚无定论。

学生只要能简要举例说明即可。

3. 大家有这么多的策略，我来列举几种情况，大家看看用什么策略解决比较合适。（可以有不同的策略）

出示题目：

（1）比较一个西红柿和一个土豆的体积。（预设：动手操作、转化）

（2）一个外地人来到淇滨小学门口问路：请问到高铁火车站怎么走？（预设：画图）

（3）如果你是班长，班主任让你汇报咱班同学这一学期订杂志的情况，怎么办？（预设：一一列举、画表格）

（4）我们还记得抢 30 的游戏吧。我们是怎么知道取胜的秘密的？（预设：倒推）

【设计意图】让学生学会根据不同情况灵活选择不同的解决问题的策略。而且这些问题不见得都是数学问题，但是不会让学生感到陌生和遥远，也再次体会策略在生活中应用的广泛性。

三、反馈总结（一）

1. 看来大家真的非常聪明，都能很快选择合适的策略解决问题了，那么下面我们真刀实枪地来试一试解决几个数学问题，好不好？下面几道题，请你任选其中一道或者几道来尝试着选择合适的策略解决它，给大家 5 分钟时间，一会找同学汇报。题目：

（1）有两支铅笔，第一支用去$\frac{2}{3}$时，第二支用于$\frac{4}{5}$，两支铅笔剩下的部分一样长，求原来两支铅笔的长度的比。

（2）有一杯盐水，盐和水的比是 1∶10，如果再放入 2 克盐，新盐水重 35 克。新盐水中有盐多少克？

（3）六年级三个班种了一片树，其中 56 棵不是一班种的，65 棵不是二班种的，61 棵不是三班种的。问：三个班各种了多少棵？

【设计意图】通过练习，让学生体会策略在解决问题中的重要性。解决问题，首先是作为学习策略，有助于在解决问题时走出无从下手的“沼泽地”；解决问题，有助于加深对策略的认识、理解与掌握。解决问题策略的学习，不可能脱离解决问题的过程，必须和解决问题紧密结合在一起。也就是说，解决问题策略的学习是基于为了解决问题的。

2. 我现在找一位同学，把你解决的问题和你用到的策略用“当小老师”的形式给大家讲一讲。

四、讨论解疑（一）

听了 ×× 同学的讲解，你有不明白的地方吗？可举手请教，让我们的 ×× 老师再给你解释一下。

时间关系我们不能让更多的同学上讲台，那么就让我们 3 人一个小组，在组内把你解决的其他问题说一说吧。

【设计意图】通过学生当小老师活动，把学习主动权交给学生，调动学生学习积极性。

五、自学探究（二）——回顾画图策略

1. 课本上也为我们列举了四种常见的解决问题的策略，今天我们重点来回忆画图的策略。请大家自学课本第 89 页。一会儿找同学说一说我们在什么情况下会用到画图的策略。

预设：搭配、数的认识、数的运算、变化量之间的关系、分析数量关系、有关图形的计算……

【设计意图】这里是再次对学过的知识进行整理，这是复习课不可缺少的环节；而这个复习整理的过程主要是通过学生自学和自主汇报完成的，重点培养学生的自学能力。

2. 我想书上的例子已经很清楚了，我就找一个同学来讲一讲$\frac{1}{3}\times\frac{1}{4}$怎么能用画图的办法说明它等于$\frac{1}{12}$呢？谁愿意？

学生“当小老师”讲解。

六、讨论解疑（二）

听了 ×× 同学的讲解，你有不明白的地方吗？可举手请教，让我们的 ×× 老师再给你解释一下。

师：看来画图真的能帮助我们直观地理解问题，找到解决问题的思路。希望大家以后能用好这一策略。

七、反馈总结（二）

下面让我们来对照学习目标，看看你今天完成学习任务了没有。

1. 思考题：你能用什么策略让大家很容易地解决$\frac{1}{2}+\frac{1}{4}+\frac{1}{8}+\frac{1}{16}$等于多少。

2. 数学小魔术：请你想一个整数，把它乘 2 加 7，再把结果乘 3 减 21，告诉

我计算结果，我立即能判断出你想的整数是多少？

师生验证。

是不是觉得很神奇？相信大家课下一定能通过我们学过的策略找到其中的奥秘。今天的课就到这里，下课。

【设计意图】思考题作为机动题出现，第一个问题可以运用“画图”的策略来完成，也让学生领略了“数形结合”的思想，因为这是今天复习的一个重点策略。第二个数学小魔术旨在让学生带着好奇离开课堂，激发学生继续学习的欲望。

56. “总复习：审题”课堂实录与反思

华应龙
（北京第二实验小学，特级教师，正高级教师）

※ 课前思考

“审题”是六年级“总复习：数与代数”中的一课，在学习内容的安排上教材注重为学生提供自主梳理知识的时间和空间，在个人反思、小组合作、班级交流和教师指导下不断提升学生的认知结构。在复习的过程中，不断积累学生复习活动的经验，引导学生逐步养成整理回顾和反思的习惯，增强数学的应用意识。

在解决实际问题方面，学生仍然没有养成先审题，再下笔的习惯。因此在教学中，教师要重视学生的情感体验，采用多种形式调动学生的学习积极性，通过比较、认真讨论各道题的等量关系，说说是怎样找的，交流寻找等量关系的体会和经验，梳理强化概念，理解解决问题的基本思路，利用条件之间、问题与条件之间的联系分析数量关系，设计解题步骤，以提高学生解决问题的能力。

教材内容的数学核心思想为数形结合的思想、极限的数学思想。在复习中，将抽象的数学语言与直观的图形结合起来，来解决数学问题，实现数形结合，使抽象思维与形象思维相结合。

※ 课堂实录

一、口算导入

师：口算下面 10 题。比一比谁能全部做对！

（学生练习。3 分钟后，教师出示答案，学生自己判断。）

师：刚才 10 道口算题全对的请举手。

师：饶有兴趣地数着：哦，不错，20 位同学全对。真棒！全对的同学有没有经验告诉大家？做错的同学是不是有疑问要请教呢？请前后四人一小组交流一下。

（学生交流，几分钟后，组织全班交流。）

师：交流后，自己有没有收获？你觉得最大的收获是什么？

生：我最大的收获是锻炼了自己的口算能力。

师：真棒！还有特别的吗？（学生正思考中）

老师发现没人举手，便说：刚才大家说了有收获，但是这个收获呢，却一时无法表达出来，或者说自己还不想表达，没关系。其实不管做对还是做错，我想大家都有自己的收获！不急，等一会儿再表达。

二、全盘定夺，整体审题

师：刚才做的10道口算题，有20位同学全对。还没有做对的，接下来要好好表现了。现在，我们来完成一张练习卷，5分钟内，看哪些同学能圆满地解答这些题。

（为了公平起见，拿到试卷后，先不要看，等一会儿一起看试卷，师分发试卷，几分钟后，学生开始答卷。）

综合测试：

1. 请认真地把试卷读完，然后在试卷左上角写上自己的姓名。

2. 脱式计算：$1.25\times32\times0.25$

3. 解方程：$6.8+3.2x=26$

4. 甲、乙两地相距300千米，一辆汽车从甲地开往乙地，平均每小时行60千米，4小时后离甲地多少千米？

5. 带着小狗的小明和小兵同时分别从相距1200米的两地相向而行，小明每分钟行55米，小兵每分钟行65米，小狗每分钟跑240米。小明的小狗遇到小兵后立即返回向小明这边跑，遇到小明后再向小兵这边跑……当小明和小兵相遇时，小狗一共跑了多少米？

6. 如果你已经认真读完了7道题目，就只要完成第1题。这样的测试有意思吗？那就笑在心里，等待5分钟的到来，好吗？

7. 小红的房间长4米，宽3.2米。她爸爸准备把南面墙刷上彩漆，这面墙上窗户的面积是2.8平方米。算一算，小红爸爸至少需要买多少千克彩漆？（每平方米大约用彩漆0.4千克）

师：时间已经过去一半了。快，快！（接着，屏幕上出现了第六题）

听课老师抬头一看，纷纷窃笑，估计很多学生要上当了。

师：（善意地提醒）不要说话，自己独立做。

师：时间到！现在我了解一下，把这张试卷做完的请举手！

没人举手。

师吃惊地问：啊，不会吧，怎么一个同学也没有做完？

生 1 怒气冲冲地说：华老师，你耍我们。

师：我哪里耍你呢，为什么这样说？

生 2 语气坚决地说：看了第 6 题，就觉得你在耍我们。“如果你已经认真读完了 7 道题目，就只要完成第 1 题。这样的测试有意思吗？那就笑在心里，等待 5 分钟的到来，好吗？”

师惊奇地说：哦，我真在耍你们吗？

生 3 非常冷静地说：我认为华老师并没有在耍我们，因为试卷上第一题“请认真地把试卷读完，然后在试卷左上角写上自己的姓名”已经告诉我们要把试卷读完，如果认真读完试卷，应该可以看到第六题。

师惊喜地说：这个小老乡真好，善解人意，真是我的知音。我有没有耍你们？我开始不是说明白了吗？拿到试卷第一件做什么事情？

生齐读：请认真地把试卷读完，然后在试卷左上角写上自己的姓名。

师反问：要做几件事情？

生齐答：两件事情。

师：刚才我发现了，有的同学做了第一件事情，还有的同学名字也没有写，赶紧去做题了。刚才要求大家除了写名字，还要求做什么？

生：还要认真读题。

师感叹地说道：你看，老师提醒你了，你没有读完，这能怪我吗？

（很多学生低头，作自责状。）

师：你说能不能在 5 分钟内把试卷做好呢？

生：能。

师：这份特殊的试卷是可以的，用 5 分钟看完，再写上名字。不过，平时的试卷是来不及完成的，是吧？说说现在你有什么收获？

生：以后解决问题时，先审题，再好好做。

三、分析条件和问题的关系

师：那好，现在请大家完成第 4、5、7 三题，时间为 6 分钟。

（生独立解答。稍后进行反馈。）

生 1：300-4×60=60（千米）。

师：还有别的答案吗？

生 2：60×4=240（千米）。

师怀疑地说：啊，还有不同的答案？认同第一个答案的请举手！同意第二个

答案的呢？（生举手表决）

师：哎，怎么这题有两个不同的答案呢。平时一直说有不同的解题方法，怎么出现不同的答案呢？

（生都低着头思考。）

师：那你们究竟同意哪一个？同意第一个答案的请举手？

（很多学生改变了自己的选择。）

师：为什么改变自己的想法了？

生3：因为“从甲地开往乙地，平均每小时行60千米，4小时后离甲地多少千米”就是说，求4小时行了多少千米？

师：是这个的意思吗？那么，会画线段图吗？把问题标在哪里呢？

（学生独立画线段图。）

师：停笔，刚才有人画好了，有的在头脑里画了图。画出图以后，是不是不会错了，看好问题求什么？

生齐答：求4小时后离甲地多少千米？

师：我们一开始以为求什么了？

生4：以为是离乙地多少千米？

师：刚才做这一题，最关键是把题目认真读完。当你看完题后，把图画出来，问题就解决了。

（学生想想刚才的表现，都不好意思地笑了。）

师：做完这题有收获吗？

（生默默点点头。）

师：第5题已经做出答案的请举手。（发现全班只有几个人做好）

师：那么多人没有答案，我就好奇地想：没有答案一定是碰到难处了，那就请你来说说。如果把自己碰到的难处说出来，那就是水平。

（稍停片刻。）

老师接着说：是不是题目看不懂啊？这个题目特别长，能不能看清楚这个题目讲什么事情，哪里看不明白？

师：你第一个勇敢地举手，请你说。

生：小明的小狗遇到小兵后立即返回向小明这边跑，遇到小明后再向小兵这边跑。

师：接着是省略号。什么意思？

（一个学生解释。）

师：题目意思明白了，那现在会做了吗？

生 1：我是这样做的：

55 + 65=120（米）

1200 ÷ 120=10（分）

240 × 10=2400（米）

师：跟他一样答案的请举手。

师：除了这个答案，还有什么答案？

生 2：还用 55 + 65=120（米）

1200 ÷ 120=10（分）

240 × 10=2400（米）

2400 × 2=4800（米）

师：很好，刚才别人都同意这个答案，你还有答案。究竟哪个答案对呢？（师指着板书问）我们先来看：

55 + 65=120（米）——求的是什么？（是指速度和）

1200 ÷ 120=10（分）——是指什么？（相遇的时间）

师：为什么用 10 × 240？

生 1：小狗用的时间就是 10 分钟，再用速度乘时间，就是小狗走的路程。

师：抓住问题来想，就会想明白了。那么，这两个答案究竟哪个对呢？我很好奇，这位同学为什么还要用 2400 乘以 2 呢？

生 2：我以为小兵也带了一条狗。

师哈哈大笑：对，对，对，原来他以为小兵也带了一条狗，一共两条狗了。这就又提醒我们以后看题目时要——

生齐说：看清楚，仔细读。

师：很好，这题确实可以这样理解，“带着小狗的小明和小兵”有可能两人都带小狗，也可以理解为小明带着一条狗。两条狗，就走了 4800 米。我还真的没有注意到这个问题，这可不是华老师有意设计的。

师：现在请大家说说最后一题，谁来汇报？

生 1： 4 × 3.2=12.8（平方米）

12.8 + 2.8=15.6（平方米）

15.6 × 0.4=6. 24（千克）

（其他同学笑了，看出来第二步好像不对。）

师：哦，别说人家错了，还有不同想法就大声说出来。

生 2：4×3.2=12.8（平方米）

12.8−2.8=10（平方米）

10×0.4=4（千克）

师：好！孩子，还有不同答案吗？很好！哪个答案对呢？

生齐说：第二个答案对！

师：第一个与第二个的不同在哪里？看得出来，这也是一个本领。

生 3：他们解题中的第二步不同：上面是加，下面是减。

师：对，区别就在这里。那究竟应该是加上 2.8 还是减去 2.8 呢？

生 4：应该是减，因为窗户上不要涂漆，应该用减法。

师：说得真逗！窗户上不要涂油漆，所以要用减法。那这题应该选哪个结果呢？

生齐声说：应该选第二个。

师故意放慢速度问：第二个答案是对的？

生 5 充满自信地说：我认为这两个答案都不对！因为题目里“小红的房间长 4 米，宽 3.2 米。要求南墙刷上彩漆”这样就必须知道房间的高，而题目里没有告诉我们，所以我认为这两个答案都是错的！

（发言精彩，全班学生主动鼓掌。）

师微笑着说：佩服，真佩服！我佩服他两点：一是发现刚才大家做试卷时，他只做了第一题，后面没有做，我猜他在认真审题；二是发现在大家声音这么高，意见这么集中的时候，他有勇气站起来发表自己的想法，这是很不容易的。掌声！请大家为他鼓掌！

四、全课总结

师：上完这节课，现在你有什么收获？

生 1：审题时看清楚题目，不能盲目下笔。

生 2：看题目的时候，看清楚条件与问题、条件与条件之间的联系。

师：（板书：审题）那怎么审题呢？

生 3：仔细读条件，看清楚条件与问题是不是相干。

生 4：做应用题时，看问题最后求什么？就像刚才第 4 题，实际上仔细看了，就明白了。

师：还有其他的想法吗？

（生窃窃私语。）

师：从刚才的练习可以看出，我们在解决实际问题时，要认真读题，不能想当然，不能根据已有的经验，盲目判断，经验有时候也会害了我们。

师放慢了速度，与学生一起总结：第一步要认真把题目读完，第二步分析题目里的条件、问题，还要注意条件与条件、条件与问题有没有关系？有怎样的关系？当然，解决问题还有其他的一些技巧，我们以后再交流。下课！

※ 课后反思

几道“意外”的题目导致了学生接二连三的“中计”，也从中折射出学生们的意识中所固有的种种模式：所有试卷中的题目都应该完成；题目中所有的条件在解题时都应该用尽……这些模式的存在使得学生在这样的课堂中屡屡碰壁。

当然，作为数学教师的我们，可能会利用各种理由去责备学生，但是，学生在课堂中的这些表现是否与我们的教学生活有着密不可分的关系呢？今年的菲尔兹奖、三角形内角和可以不等于180度……我们是否清楚？专业知识的封闭、匮乏使得我们局限于方圆之内而不敢越雷池半步！教学不再纯粹服务于学生，不在关乎数学的内在规律，一切都为了那学期结束的一“试”，于是一份又一份标准的试题扑面而来，在这种境况下，标准变得愈加标准，容不得半点歧义。于是，自身的不足加上现实的责难，从学生做题的习惯到解题时的思路，越来越程式化、规范化。在学生的意识中形成的诸多想当然也就是一件顺理成章的事情了。

殊不知，规范化的数学教育，在一定程度上使数学成了一个相对封闭的系统，一个与外界现实生活联系较少的、与真实的数学世界往来较弱的系统。这样的系统，长此以往，必定会使数学教学演练成空洞的解题训练，从而缺失了真正的理解和深入的独立的思考。如就审题这一教学内容而言，我们在教学的过程中，不管是针对哪一类的数学知识，一般都只是要求学生仔仔细细地观察、判别某一细微之处（如某一句的意思、某一关键词的意思），很少从整体入手、对问题的解答先做出整体的判断。而对众多信息的整体处理又是现实生活中时时需要解决的问题，是数学教学所必须承担的任务。当学生审题时的思维意识被长久规范之后，面临的当然只有碰壁了。同样，为了训练学生的解题模式，让学生解答的习题都被“好心”修改，剔除了所有的细枝末节，剩下的都是每一个条件都必须用上、每一个问题都有结果的“精粮”，然而，真实的数学问题是这样的吗？在规范的重重约束下形成的思维模式的僵化，导致了学生对所有信息筛选的能力薄弱，使得学生无法真正理解题意，无法深入思考后快速有效地解答多余条件、复杂条件、无解的问题。可以说，规范桎梏了学生的思维，使得他们在这些鲜活的题目前频频“中计”。

当然，并非全盘否定规范化教学——数学学科的本质属性决定了数学的教学不可能脱离规范。严密的演绎推理，丝丝入扣的抽象概括……无一不和规范如影随形，同是“一家人”。因此，数学教学不能没有规范。然而，当我们的学生已经形成了一定的规范时，我们是否还应该做点别的事情？我们能否再次地打破这个规范，提出更高的要求，使学生的思维更开阔、更活跃；我们能否“异想天开”，向一切既定的规范挑战，以培养学生的批判精神、创新能力……这些值得我们深思。